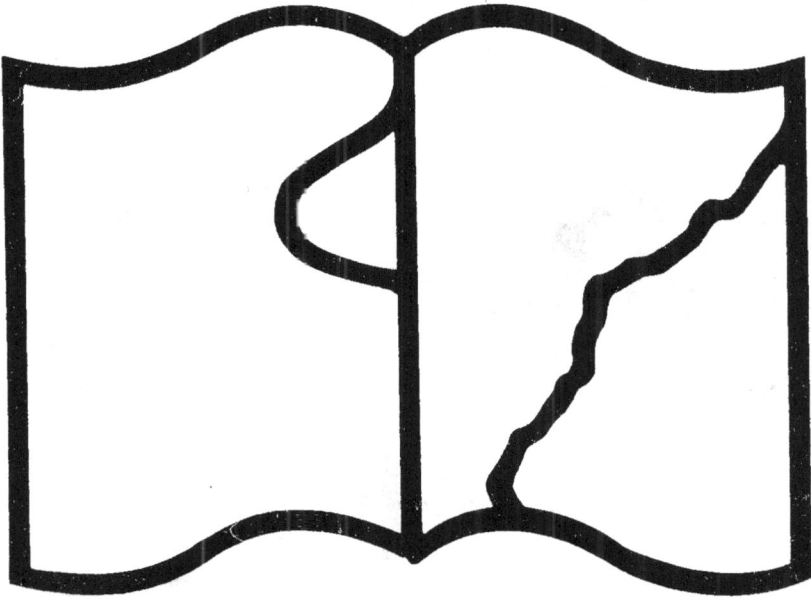

Texte détérioré — reliure défectueuse

NF Z 43-120-11

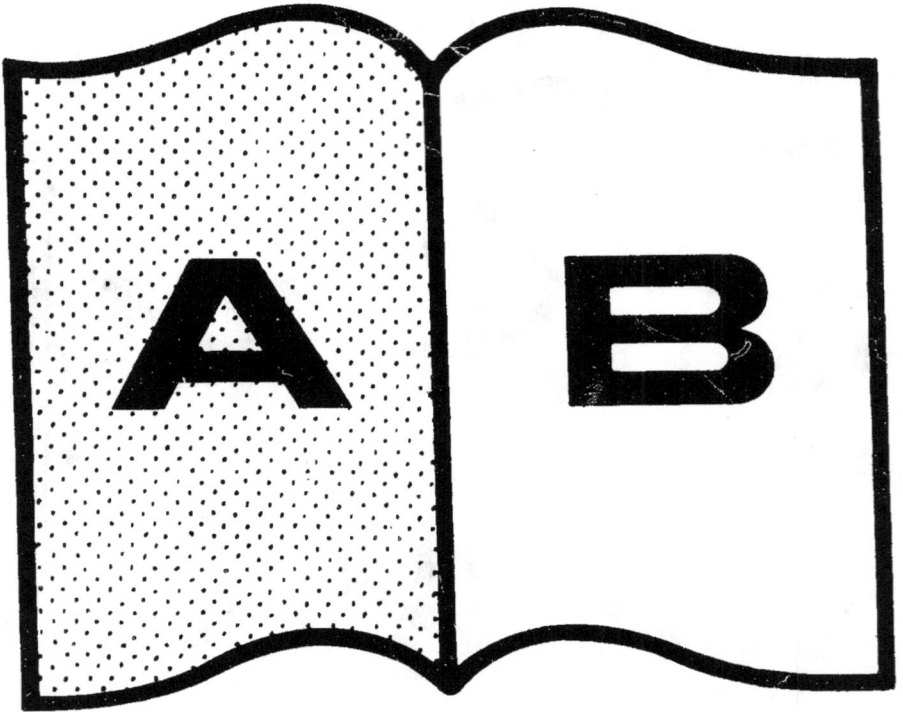

Contraste insuffisant

NF Z 43-120-14

me Série 81

Prix : 50 centimes

CAMILLE FLAMMARION

5177 — 83

DICTIONNAIRE

ENCYCLOPEDIQUE

UNIVERSEL

31579

ILLUSTRÉ DE
20000 FIGURES

SCIENCES
ARTS
LETTRES
INDUSTRIE
HISTOIRE
GRAMMAIRE
GÉOGRAPHIE
DÉCOUVERTES

PARIS

E. FLAMMARION

LIBRAIRE-ÉDITEUR

26, RUE RACINE, PRÈS L'ODÉON

S° 78/1

DICTIONNAIRE ENCYCLOPÉDIQUE

TOME CINQUIÈME

IMPRIMERIE E. FLAMMARION, 26, RUE RACINE, PARIS.

CAMILLE FLAMMARION

DICTIONNAIRE
ENCYCLOPÉDIQUE
UNIVERSEL

CONTENANT TOUS LES MOTS DE LA LANGUE FRANÇAISE, ET RÉSUMANT L'ENSEMBLE
DES CONNAISSANCES HUMAINES A LA FIN DU XIXᵉ SIÈCLE

Illustré de 20.000 figures.

G-K

PARIS

ERNEST FLAMMARION, ÉDITEUR

26, RUE RACINE, PRÈS L'ODÉON

PRINCIPAUX COLLABORATEURS

La partie *scientifique*, étant celle dont le progrès est le plus sensible, a été rédigée avec la collaboration des principaux savants de notre époque. Déjà notre *Revue mensuelle d'Astronomie* (1882-1894) et le *Bulletin de la Société astronomique de France*, fondé en 1887, nous ont mis entre les mains toutes les données des derniers progrès des sciences mathématiques et physiques, exposées par les auteurs eux-mêmes, parmi lesquels nous aimons à citer les noms célèbres de MM. FAYE, président du Bureau des Longitudes ; TISSERAND, Directeur de l'Observatoire de Paris ; LAUSSEDAT, Directeur du Conservatoire des Arts et Métiers ; JANSSEN, CALLANDREAU, BOUQUET DE LA GRYE, général PARMENTIER, A. CARNOT, NAUDIN, A. CORNU, ALBERT GAUDRY, MILNE-EDWARDS, HIRN, CROOKES, SCHIAPARELLI, A. HERSCHEL, WILLIAM HUGGINS, EDISON, etc., etc. Nous avons fait appel, lorsque cela a été nécessaire, à la plupart de ces auteurs pour la rédaction nouvelle des articles, et nous n'hésitons pas à déclarer que toute la partie scientifique de ce Dictionnaire a été traitée de main de maître.

Les mêmes soins ont été appliqués à la rédaction de tous les sujets, quels qu'ils soient, avec la collaboration dévouée et désintéressée de plusieurs savants et écrivains célèbres, en dehors des auteurs que nous venons de nommer. Nous devons signaler principalement, à des titres divers :

MM. MAURICE FOUCHÉ, agrégé des sciences mathématiques, ancien élève de l'École polytechnique, professeur au collège Sainte-Barbe, qui a rédigé de nombreux articles de science et de philosophie, et qui, de plus, a bien voulu se charger de centraliser et coordonner les travaux de nos collaborateurs ;

VICTOR DURUY, ancien ministre de l'Instruction publique, de l'Académie française, de l'Académie des Sciences morales et politiques, de l'Académie des Inscriptions, etc. ;

G.-A. DAUBRÉE, de l'Institut, ancien directeur de l'École des Mines ;

VICTORIEN SARDOU, de l'Académie française ;

ANATOLE FRANCE, de l'Académie française ;

CHARLES GARNIER, de l'Institut, architecte ;

CAMILLE SAINT-SAENS, de l'Institut ;

JULES OPPERT, de l'Institut, professeur au Collège de France ;

R. POINCARÉ, docteur en droit, député de la Meuse, ancien ministre de l'Instruction publique ;

CHARLES BRONGNIART, docteur ès sciences naturelles, attaché au Muséum d'histoire naturelle de Paris ;

LOISEL, docteur en médecine et docteur ès sciences naturelles ;

FÉLIX GRÉLOT, ancien préfet, Secrétaire général de la Préfecture de la Seine ;

Colonel DE ROCHAS, administrateur de l'École polytechnique ;

LOUIS VIGNON, maître des requêtes au Conseil d'État, ancien chef du cabinet du ministre des Finances ;

HÉRAIL, agrégé de l'École de pharmacie, professeur de botanique à l'École de médecine d'Alger ;

CH. DETAILLE, agrégé des sciences physiques, professeur au lycée de Saint-Brieuc ;

ERNEST MONIN, docteur en médecine de la Faculté de Paris ;

AZOULAY, docteur en médecine de la Faculté de Paris ;

CHATINIÈRE, docteur en médecine de la Faculté de Paris ;

MARTINEAU, ancien député de Paris, géographe ;

ALPHONSE DAUDET, homme de lettres ;

BARTHOLDI, sculpteur ;

ANTOINE BERNARD, contrôleur général de l'exploitation des chemins de fer de l'Algérie ;

JEAN KOZLOWSKI, ingénieur du chemin de fer du Nord ;

LOUIS GOBRON, docteur en droit, rédacteur au ministère de l'Instruction publique ;

JULES COHEN, actuaire à la Compagnie d'assurances la *Confiance* ;

DIETSCH, professeur de chimie ;

ÉMILE RIVIÈRE, docteur en médecine, lauréat de l'Institut ;

HENRI MORIS, ancien élève de l'École des Chartes, archiviste des Alpes-Maritimes ;

VERNEUIL, chimiste, lauréat de l'Institut ;

E. PAGÈS, agrégé de philosophie, professeur au lycée de La Roche-sur-Yon ;

Commandant BORNECQUE, attaché à l'administration de l'École polytechnique ;

G. ARMELIN, rédacteur au Ministère de la Guerre ;

ÉMILE BERNARD, rédacteur au Ministère de la Guerre ;

O. DE RAWTON, chimiste.

C. F.

G

G. s. m. La septième lettre de notre alphabet, et la cinquième de nos consonnes. Suivant l'appellation ancienne et la plus usitée, on la nomme *Gé;* suivant la mode *ao Ge. Un grand G. Un petit g.*

Obs. gram. — Cette consonne a deux sons : un son propre, celui du *g* dur dans *garçon,* représenté quelquefois par *gu* comme dans *guide,* et deux sons accidentels, JE et KE. Elle conserve le son propre au commencement et dans le corps des mots, avant les voyelles *a, o, u,* ainsi qu'avant les consonnes, exemple : *galon, gosier, guttural, gloire, gramme, Bagdad, Ghelma, dogme, stigmate,* etc. A la fin des mots, G conserve quelquefois le son dur, comme dans *joug, Agag;* mais le plus souvent il devient muet, comme dans *faubourg, étang, coing, long, hareng, seing.* — G prend le son accidentel JE avant les voyelles *e* et *i* : ex., *gelée gibier.* — Quand on veut donner ce dernier son à la lettre G, devant *a, o, u,* on se contente de placer entre le G et la voyelle qui le suit un *e* qui est muet et n'a d'autre rôle que d'adoucir le son du G. Ainsi on écrit : *partageons, mangeâmes,* pour les faire prononcer comme s'il y avait, *partajons, manjâmes.* Si, au contraire, on veut donner le son dur au G, quand il précède l'une des voyelles *e* ou *i,* il suffit de le faire suivre immédiatement de la lettre *u,* qui toutefois ne se fait point sentir dans la prononciation, comme on le voit par les exemples suivants : *guide, guitare, guérir, guetter.* Cependant il y a des mots, tels que *aiguille, aiguiser, inextinguible,* etc., où l'*u* intercalé se prononce : nous indiquons cette exception à chacun des mots où elle a lieu. — Quant au son accidentel KE, il s'observe assez rarement. A la fin de certains mots où le G est muet, il prend le son de *k,* lorsqu'il est suivi d'un mot qui commence par une voyelle : ex., *suer sang et eau; avoir un rang honorable,* qu'on prononce *sank et eau, rank honorable.* Cependant, dans beaucoup de mots, *g* est muet, même devant une voyelle : Ex. : *seing, étang.* G est quelquefois muet au milieu même d'un mot, comme dans *vingt, vingtaine, doigt, doigter, signet, legs,* etc. — G, suivi de la consonne *n* a différents sons. Quand il conserve le son qui lui est propre, on fait entendre un G dur suivi d'un N, ce qui forme deux articulations ; mais *gn* prend aussi son accidentel, appelé son mouillé. Nous observons le son propre de *gn* dans *gnome, gnostique, agnat, diagnostic, stagnation, igné, inexpugnable,* etc., et le son mouillé *gne* dans *régner, magnanime, agneau, incognito, signer, assignation,* etc. Il est à remarquer que le son mouillé *gne* n'a jamais lieu qu'au milieu des mots. Au reste, notre dictionnaire indique la prononciation de cette consonne dans tous les cas où il peut y avoir lieu d'hésiter.

La lettre G occupe le septième rang dans notre alphabet, et le troisième dans celui de la langue grecque et de la plupart des langues orientales. Elle correspond au *gamma* des Grecs, au *gimel* des Hébreux et des Phéniciens, au *go* et des Syriens, et au *djim* des Arabes. — Cette consonne figure souvent dans les inscriptions latines, où elle signifie *gratis, gra-*

tia, genius, gens, gaudium, gloria, etc. Parmi les formules les plus fréquentes où on la rencontre, nous citerons les suivantes : G. L., *genio loci;* G. S., *genio sacrum;* G. V. S., *genio urbis sacrum* ou *gratis votum solvit,* etc. En physique, *g* représente le nombre qui exprime l'intensité de la pesanteur. Dans le comput ecclésiastique, G est la septième et dernière lettre dominicale. En musique, le G représente la cinquième note de l'échelle diatonique, c.-à-d. le *sol.* Enfin, sur nos anciennes monnaies, il indique l'atelier monétaire de Poitiers, supprimé en 1772, et les monnaies françaises frappées à Genève de l'an VI à l'an XIII.

GABAA, v. de la tribu de Benjamin (Palestine), où David remporta une victoire sur les Philistins.

GABALITAIN, AINE. s. et adj. (lat. *gabalitanus,* m. s.). Habitant du Gévaudan.

GABAON, v. de la tribu de Benjamin (Palestine), cap. des Gabaonites.

GABARDAN, anc. pays de France (Gascogne), dép. des Landes et de Lot-et-Garonne.

GABARE. s. f. (bas-lat. *gabbarus,* bateau de passage). Bateau à voiles ou à rames, pour charger et décharger les navires. || Bâtiment de transport. || T. Pêch. Seine de grande dimension.

Navig. — Dans le principe, on nommait ainsi de grands bateaux plats et larges, pontés ou non pontés, munis d'un seul mât, et naviguant, tantôt à la voile, tantôt à l'aviron, dont on se servait dans les ports et sur les rivières, comme bâtiments de transport. On fait encore usage dans nos ports de bateaux de ce genre pour porter les marchandises ou approvisionnements d'un navire à l'autre, ou d'un navire au port. Cependant on désigne plus habituellement sous le nom de g. des bâtiments qui n'ont guère de commun avec la g. primitive que leur destination. Les gabares de la marine militaire transportent d'un port à l'autre, et jusque dans les colonies, les munitions, les objets d'armement, l'artillerie, les troupes, les vivres, et en général tout ce qui est nécessaire pour l'équipement des vaisseaux de l'État, pour ravitailler les ports et les escadres.

GABARET. s. m. T Pêche. Petite gabare.

GABARIAGE. s. m. Action de gabarier, résultat de cette action. || Il se dit de la courbure entière de deux pièces qui composent un couple.

GABARIER. s. m. Le maître ou patron d'une gabare. || Se dit aussi des portefaix qui chargent et déchargent les gabares. == GABARIER. v. a. T. Mar. Façonner une pièce de bois conformément aux indications du gabarit.

GABARIEUR. s. m. Ouvrier qui trace et taille les gabarits.

GABARIT ou **GABARI.** s. m. (esp. *galibo*, modèle, de l'arabe *qâlib*, moule). Modèle en vraie grandeur, fait d'une planche ou d'une feuille mince de métal. || Proportions d'un navire. *Frégate d'un beau g.* || *Faux gabarits*, Pièces de bois qui soutiennent momentanément les lisses.

Techn. — En termes de construction navale, un *Gabarit* est ce que, dans les autres industries, on nomme tout simplement un *patron*. C'est un modèle sur lequel travaillent les charpentiers en donnant aux pièces de bois qui doivent entrer dans la construction du bâtiment la même forme, les mêmes contours et les mêmes proportions en grand que ces pièces ont en petit dans le g. Les gabarits se font le plus souvent avec des planches de sapin. Quelquefois cependant on les établit en fer, parce que les premiers sont sujets à se déformer par la sécheresse et à devenir hors d'emploi. A bord des grands vaisseaux, on conserve les gabarits de certaines pièces, afin de pouvoir les reproduire en cas d'avarie. — On fait encore usage de gabarits dans les ateliers de construction de l'artillerie. Ces derniers sont communément construits en fer. — En termes de chemins de fer, on nomme g. un arceau sous lequel on essaie les wagons chargés, pour s'assurer qu'ils peuvent passer sous les tunnels. — Enfin dans diverses industries on appelle g. une planche de bois mince ou une feuille de métal découpée qui sert à vérifier la forme d'une pièce construite par son application simple sur cette pièce.

GABAROT. s. m. ou **GABAROTE.** s. f. T. Mar. Petite gabare de commerce non pontée, gréée d'un mât et d'une voile placée au milieu de l'embarcation.

GABARRET, ch.-l. de c. des Landes, arr. de Mont-de-Marsan ; 1,200 hab.

GABATINE. s. f. (R. *gaber*). N'est usité que dans cette locut. fam., *Donner de la g. à quelqu'un*, Lui en faire accroire.

GABEGIE. s. f. Fourberie, machination. *Il y a là quelque g.* Pop.

GABELAGE. s. m. (R. *gabeler*). Espace de temps que le sel devait demeurer dans le grenier avant d'être mis en vente. || Se disait encore de certaines marques que les commis des greniers mettaient parmi le sel pour reconnaître s'il était du grenier ou de faux-saunage.

GABELER. v. a. *G. du sel*, Le faire sécher dans les greniers de la gabelle pendant un temps convenable. == GABELÉ, ÉE. part.

GABELEUR. s. m. Homme employé dans la gabelle.

GABELLE. s. f. [Pr. *ga-bè-le*] (anc. all. *gaffel*, impôt, de *gaben*, donner; *gabe*, don; ou bien arabe *al-kabala*, espèce). Autrefois, l'impôt sur le sel. || Par ext., le grenier où l'on vendait le sel. || Administration chargée de percevoir l'impôt du sel. || *Frauder la g.*, Faire quelque fraude pour ne pas payer les droits sur le sel, ou, par extens., quelque autre droit; et fig., se dispenser par adresse d'une chose qu'on est obligé de faire, et que tous les autres font. *Il était obligé de faire cela comme les autres, mais il a fraudé la g.* Fam.

Fin. — Dans le principe, le terme de *Gabelle* s'employait, conformément à son étymologie (*gabe*, don), dans la signification générale de contribution, et s'appliquait à diverses taxes publiques : c'est ainsi que l'on disait G. *de vin*, G. *de drap*, G. *de tonlieu*, etc. Cependant, au XIV° siècle, ce mot n'em-ployé seul commença à désigner spécialement l'impôt sur le sel, et bientôt on ne lui attacha plus d'autre signification. Voy. CONTRIBUTIONS (*impôt sur le sel*).

GABELOU. s. m. (Corrupt. de *gabeleur*). T. de mépris par lequel les gens du peuple désignaient autrefois les commis de la gabelle, et qu'ils appliquent aujourd'hui aux employés des contributions indirectes.

GABER et **GUABER.** v. a. (scandin. *gabb*, raillerie). Railler, se moquer. *Il a cru nous g.* || Neutralem., Plaisanter, dire des propos joyeux. *Ils gabaient à qui mieux mieux.* == GABÉ, ÉE. part — Ce mot est vieux et fam.

GABÈS ou **CABÈS**, v. et port de Tunisie sur le golfe du même nom, à 340 kil. au sud de Tunis; 10,000 hab.

GABET. s. m. [Pr. *ga-bè*]. T. Vén. Gros ver qui se loge dans la peau du cerf, du daim et du chevreuil. || T. Mar. Pinnule qu'on adapte à certains instruments propres à déterminer en mer la hauteur des astres. — Girouette placée au sommet des mâts.

GABIAGE. s. m. T. Mar. Service des hunes; travaux et ouvrages du ressort des gabiers.

GABIE. s. f. (ital. *gabia*, hotte). T. Mar. Dans la Méditerranée, demi-hune en caillebotis qui est appliquée sur l'un des côtés de la tête des mâts à antennes.

GABIER. s. m. (R. *gabie*). T. Mar. Se dit des matelots qui se tiennent dans les hunes, et qui sont spécialement chargés du service de la mâture. *Les gabiers du grand mât.* G. *de beaupré.*

GABIES, v. de l'Italie ancienne (pays des Volsques).

GABIEU. s. m. Outil de cordier, qu'on appelle aussi *toupin*.

GABINIUS, tribun du peuple à Rome, 67 av. J.-C. ; contribua à l'exil de Cicéron.

GABION. s. m. (ital. *gabione*, de *gabia*, hotte). T. Guerre. Panier rempli de terre qui sert à protéger les soldats et les travailleurs dans la tranchée. Voy. FORTIFICATION, III.

GABIONNAGE. s. m. [Pr. *gabio-naje*]. T. Guerre. Ouvrage fait de gabions. *Un g. protégeait les tirailleurs.*

GABIONNER. v. n. [Pr. *gabio-ner*]. Couvrir avec des gabions. *G. une batterie.* — GABIONNÉ, ÉE. part.

GABIONNEUR. s. m. [Pr. *gabio-neur*]. Celui qui travaille à faire ou à poser des gabions.

GABLE. s. m. (all. *giebel*, faîte, sommet). T. Archit. Sorte de fronton qui couronne un mur de façade dans les périodes romane et ogivale. Voy. PIGNON.

GABON, ancien Comptoir français de la côte occidentale d'Afrique, englobé aujourd'hui dans la colonie du *Congo*. Voy. ce mot et la carte qui y figure.

GABORD. s. m. (angl. *garboard*, m. s.). T. Mar. Bordage extérieur qui se place sur les varangues de fond et s'emboîte dans la rainure, appelée *Râblure*, qui existe de chaque côté de la quille.

GABORIAU (ÉMILE), romancier français (1835-1873).

GABOURD (AMÉDÉE), littérateur français (1809-1867).

GABRIAS, fabuliste qu'on croit être le même que Babrius.

GABRIEL (hébr. : homme de Dieu), archange qui, d'après la tradition chrétienne, serait apparu à la Vierge Marie pour lui annoncer l'incarnation du Sauveur.

GABRIEL (JACQUES-ANGE), architecte français, construisit l'École militaire, les deux bâtiments à colonnes de la place de la Concorde, à Paris, etc. (1710-1782).

GABRO. s. m. T. Minér. Nom donné par les marbriers florentins à plusieurs espèces de marbre, et réservé depuis à la roche appelée *Euphotide.* Voy. ce mot.

GABRONITE. s. f. T. Minér. Substance compacte, blanche ou jaunâtre, quelquefois bleuâtre, à cassure écailleuse, composée de silice, d'alumine et de soude.

GABURON. s. m. T. Mar. Pièce de bois nommée autrement jumelle, qu'on applique contre un mât pour le fortifier.

GABURONNER. v. a. [Pr. *ga-buro-ner*]. Fortifier à l'aide de gaburons.

GACÉ, ch.-l. de c. de l'Orne, arr. d'Argentan ; 1,700 hab.

GÂCHAGE. s. m. (R. *gâcher*). Action de délayer le plâtre, le ciment ou le mortier. || Sorte de peignage qui subit le duvet du cachemire avant le filage. || Action de perdre quelque chose, faute d'ordre ou de soins.

GÂCHE. s. f. (orig. inconnue). Pièce de fer percée, dans laquelle entre le pène de la serrure d'une porte. | Anneau de fer qui est scellé dans un mur pour soutenir et attacher un tuyau de descente, une boîte de lanterne, etc. *Fixer une gâche. Cette gâche est mal scellée.*

GÂCHE. (all. *waschen*, laver; prop. instrument à battre l'eau). Outil de maçon qui sert à détremper la chaux ou le plâtre. || Sorte de spatule en bois qui sert aux pâtissiers pour manier leurs farces.

GÂCHER. v. a. (all. *waschen*, laver). Détremper, délayer; ne se dit que du plâtre ou du mortier que l'on délaie pour maçonner. *G. du plâtre. G. du mortier.* — *G. lâche,* Mettre peu de matière dans l'eau de façon que le mélange soit presque liquide. *G. serré,* Ne mettre que peu d'eau de manière qu'elle soit entièrement absorbée. || Par ext., *G. une meule de paille,* La recouvrir de terre délayée : *G. le blé,* Recouvrir de terre les racines de la plante. || Fig. et fam., Faire un ouvrage grossièrement, négligemment, sans goût; ou faire mauvais usage d'une chose. *Vous avez gâché cet ouvrage. Il a gâché sa fortune.* = GÂCHÉ, ÉE. part.

GACHET. s. m. Hirondelle de mer à tête noire.

GÂCHETTE. s. f. [Pr. *gâchè-te*]. Petite pièce d'une serrure qui se met sous le pène. Voy. SERRURE. || Morceau de fer qui fait partir la détente d'un fusil. Voy. FUSIL. || Machine qui sert à détraquer un piège. || Levier coudé qui se meut sur son axe, et qui fait partie du métier à bas.

GÂCHEUR. s. m. Ouvrier qui gâche le mortier, le plâtre. || Par ext., Aide d'un ouvrier menuisier, charpentier, etc. || Fig. et pop., se dit d'un homme qui travaille mal, négligemment, sans goût, ou d'une personne qui fait mauvais usage d'une chose. — On dit aussi au fém. *Gâcheuse. Ce n'est pas une couturière, c'est une gâcheuse.* Très fam.

GÂCHEUX, EUSE. adj. Détrempé d'eau, bourbeux. *Chemin g.* Terme vieilli.

GÂCHIS. s. m. [Pr. *gâ-chi*] (R. *gâcher*). Mortier fait de plâtre, de chaux, de ciment et de sable, détrempé avec de l'eau. || Ordure, saleté causée par l'eau ou par quelque autre chose liquide. *Quel g. vous avez fait là !* Fig. et fam., se dit d'une affaire désagréable dont il est difficile de se tirer. *Je ne vois aucun moyen de vous tirer de ce gâchis.*

GÂCHOIR. s. m. (R. *gâcher*). Caisse dans laquelle le potier mélange les matériaux de la pâte.

GACILLY (LA). ch.-l. de c. du Morbihan, arr. de Vannes; 4,600 hab.

GACON, poète français, né à Lyon (1667-1725).

GAD, septième fils de Jacob, donna son nom à l'une des douze tribus de la Palestine.

GADE. s. m. (gr. γάδος, merlan). T. Icht. Genre de poissons. Voy. GADOÏDES.

GADÈS, v. de l'ancienne Hispanie, aujourd'hui Cadix.

GADININE. s. f. (R. *gade*). T. Chim. Ptomaïne oxygénée, non vénéneuse, extraite de la chair de morue putréfiée. Elle a pour formule $C^7H^{16}Az^2O^2$. Son chloroplatinate cristallise en aiguilles jaunes d'or, peu solubles. — Son dérivé méthylé, la *Méthylgadinine* $C^8H^{18}Az^2O^2$, a été rencontré dans la chair de cheval putréfiée; il est toxique et exerce une action tétanisante.

GADOÏDES. s. m. pl. (R. *Gade*). T. Icht. — Le grand genre *Gade (Gadus)* de Linné forme le type d'une famille de poissons osseux appartenant à l'ordre des *Anacanthiniens,* et désignée sous le nom de *Gadoïdes* ou de *Gadidés.* Cette famille, qui a pour types bien connus la Morue et le Merlan, est facilement reconnaissable à ses nageoires ventrales attachées à la gorge et aiguisées en pointe. Les poissons qui la composent ont le corps médiocrement allongé, peu comprimé, couvert d'écailles molles peu volumineuses. Presque tous portent deux ou trois nageoires sur le dos, une ou deux derrière l'anus, et une caudale distincte : toutes ces nageoires sont molles. Leur tête est bien proportionnée et sans écailles; leurs mâchoires et le devant de leur vomer sont armés de dents pointues, médiocres ou petites, faisant la carde ou la râpe; leurs ouïes sont grandes et à sept rayons; enfin, ils ont une vessie aérienne volumineuse, à parois robustes, et souvent dentelée sur les côtés. La plupart de ces poissons vivent dans les mers froides ou tempérées et font l'objet de pêches importantes. Leur chair blanche, aisément divisible par couches, est généralement saine, légère et agréable au goût. — Les Gadoïdes se subdivisent en quatre genres principaux : les *Morues,* les *Merlans,* les *Merlus* et les *Lottes.*

1. — Les Morues se distinguent par la présence de trois nageoires dorsales, de deux nageoires anales, et d'un barbillon au bout de la mâchoire inférieure. — *La Morue proprement dite (Gadus morrhua)* [Fig. 1] est longue de 70 centimètres à 1 mètre. Sa couleur est un verdâtre mêlé de jaune sur le dos, qui passe par degrés au blanc argenté des parties inférieures; le vert est parsemé de points jaunes. Les nageoires supérieures tirent au verdâtre, les inférieures sont blanchâtres. Ce poisson habite les mers du Nord et multiplie telle-

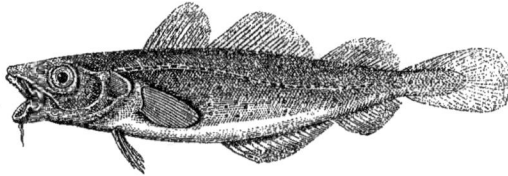

Fig. 1.

ment dans les parages septentrionaux, que des flottes entières s'y rendent chaque année pour se livrer à sa pêche. On estime à 9 millions le nombre d'œufs contenus dans un ovaire de Morue longue de 80 centimètres à 1 mètre.

Les lieux principaux de cette pêche sont, en Europe, le Doggers-Bank, la côte nord de l'Irlande, le cap Nord, et, en Amérique, le grand banc de Terre-Neuve, les atterrages des îles Saint-Pierre et Miquelon, et les côtes du continent depuis la Nouvelle-Écosse jusqu'au golfe Saint-Laurent. Mais la pêche la plus considérable se fait au banc de Terre-Neuve, qui a 200 lieues de long, et d'où, chaque année, 5 à 6,000 navires de toutes les nations rapportent environ 36,000,000 de Morues. — La Morue prend différents noms, selon la préparation qu'on lui donne après l'avoir pêchée. On l'appelle *Morue fraîche, Cabillaud* ou *Cabeliau,* d'après le nom hollandais de ce poisson, lorsqu'elle est encore telle qu'elle sort de l'eau; *Morue verte,* celle qui a été salée sans être séchée; *Morue sèche,* celle qui a été salée et séchée; le *Stockfisch,* celle qu'on a fait sécher sans la saler. On connaît encore dans le commerce la *Morue en grenier, en baril, en boucauts,* etc. — La pêche de la *Morue fraîche* se fait surtout à l'entrée de la Manche et dans la mer du Nord. Les Morues désignées dans le commerce sous le nom de *Morues de la Meuse* sont surtout fort estimées. — Quant aux Morues que l'on veut *préparer en vert,* ou surtout les chercher au banc de Terre-Neuve. Leur pêche se fait en avril, mai et juin. Les bâtiments frétés pour ces expéditions sont munis de bateaux destinés à faire provision de mollusques et de poissons pour servir d'appâts. Les appâts les plus estimés sont les Capelans, les Équilles, les Harengs à demi-sel. Lorsque le navire *terre-neuvier* est arrivé à sa destination, chaque pêcheur, chaudement vêtu et protégé par un tablier qui lui monte jusqu'au cou, s'établit dans un tonneau à double fond, amarré le long du bordage : c'est de là qu'il laisse filer sa ligne, qui consiste en une corde très forte, longue de 150 à 160 mètres, et munie à son extrémité d'un plomb dont la pesanteur varie de 4 à 6 kilogrammes. On attache à la ligne principale une corde plus fine, appelée *Empile*, qui porte le *Haim* ou hameçon, et qui a de 6 à 10 mètres de longueur. Le pêcheur, lorsqu'il a jeté sa ligne, doit la remuer pour qu'elle flotte entre deux eaux et qu'elle soit plus visible au poisson. Dans certains fonds, les Morues sont tellement serrées, qu'on en accroche un certain nombre en promenant les lignes à sec, c.-à-d. sans amorce. Quand la Morue a mordu, le pêcheur la tire à fleur d'eau, la saisit avec un *gaffot* et l'amène à bord. Alors, il l'attache par le derrière de la tête, à un petit instrument de fer qu'on appelle *Étangueur*; puis il lui arrache la langue, lui ouvre le ventre, et en retire les entrailles dont il se sert pour amorcer; enfin, il passe le poisson à bord, où on lui fait subir les préparations nécessaires à sa conservation. Sur le pont du navire est installée une table appelée *Étal*. Un matelot, appelé l'*Étêteur*, y pose la Morue, lui coupe la tête, retire le foie qu'on met à part pour faire de l'huile, enlève les œufs dont on fait la *Rogue* employée à la pêche de la Sardine, et passe le poisson à un second matelot appelé l'*Habilleur*. Celui-ci ouvre la Morue, ôte l'arête, ce qu'on appelle *désosser*, et nettoie la cavité abdominale. La Morue est alors jetée dans la cale où on lui donne son *premier sel*. Pour cela, on empile les poissons les uns sur les autres en séparant chaque lit par une couche de sel. Au bout d'un ou deux jours, les Morues ont rendu leur eau et leur sang; alors on les *sale à demeure* et on les empile, soit dans la cale, soit dans les tonneaux. — C'est par le nombre de langues de morues que chaque homme apporte le soir au capitaine, qu'on connaît le produit de la pêche et que le pêcheur sait ce qu'il a gagné. Un bateau monté par quatre hommes, et placé dans de bonnes conditions, peut prendre dans un jour de 5 à 600 Morues. Quand les Morues sont préparées à la façon hollandaise, on leur donne une nouvelle préparation aussitôt qu'elles sont arrivées dans le port. On les lave, on les fait égoutter pendant une huitaine de jours, et on les place dans des tonnes qui contiennent 120 à 130 kilogr. de poisson et 20 kilogr. de sel. C'est ce qu'on appelle la *salaison à sec*. — La préparation de la *Morue sèche* se fait à terre et non à bord. Le premier jour on étend les poissons sur la grève, on leur donne le *premier soleil*; le deuxième jour, elles reçoivent leur *second soleil* jusqu'à midi, puis on les rassemble trois par trois; le lendemain, leur *troisième soleil* se prolonge jusqu'au soir, où on les rassemble en tas de huit, appelés *Javelles*. Après le *cinquième soleil*, on les réunit en las plus gros appelés *Moutons*. Au *sixième soleil*, ces las forment des piles d'environ 50 quintaux métriques. Les piles restent de dix à douze jours sans qu'on y touche; puis on étend de nouveau les poissons pour refaire les piles en mettant ceux qui sont les moins secs au sommet; on a ainsi donné le *septième soleil*. On répète ensuite cette opération au bout de quinze jours: c'est le *huitième soleil*; un mois après, nouvelle répétition (*neuvième soleil*). Enfin, 40 jours après, on leur donne le *dixième soleil*, et on les laisse ainsi de 50 à 60 jours. Après cette série de préparations, on étend de nouveau les Morues sur la grève, on met à part celles qui sont sèches, et l'on achève de faire sécher celles qui ne le sont pas, de façon à pouvoir les embarquer. La Morue ainsi préparée se conserve beaucoup mieux que la Morue verte, et peut être exportée dans les pays chauds. — Dans quelques contrées du Nord, on conserve encore la Morue en la faisant dessécher par l'action de la fumée, sans avoir besoin d'employer le sel. La Morue ainsi *boucanée* ou *fumée* est connue sous le nom de *Stockfisch*. — La pêche de la Morue est une des branches les plus importantes des expéditions maritimes de la France. Sans parler du coût des navires, elle met en mouvement un capital de 12 à 13 millions; elle emploie environ 400 navires, jaugeant 48,000 tonneaux et montés par 12,000 marins; enfin, elle fournit près de 30 millions de kilogr. de poisson. Douze millions sont consommés en France; le reste est exporté.

Une seconde espèce de Morue, presque aussi nombreuse que la précédente, mais d'un goût moins agréable, est l'*Égrefin* ou *Églefin* (G. *Æglefinus*). Elle a le dos brun, le ventre argenté, une ligne latérale noire, et une tache noirâtre sur chaque flanc, derrière la pectorale. On pêche ce poisson en

grande quantité sur les côtes de la Bretagne : quand il est salé, on le nomme *Hadou*, d'après son nom anglais *Hadok*. — Le *Dorsch*, ou *Petite Morue*, appelée à Paris *Faux Merlan*, est tacheté comme la Morue; mais il s'en distingue par sa taille, qui est beaucoup plus petite, et par sa mâchoire supérieure, qui est plus longue que l'inférieure. Le Dorsch abonde sur les côtes de la Norvège et dans la Baltique : sa chair est fort estimée. — Le *Capelan*, ou *Officier* (G. *minutus*), n'a pas plus de 15 à 16 centimètres de longueur. Quoiqu'il soit très bon à manger frais, on pêche surtout ce poisson pour amorcer les hains des lignes à morues.

II. — Les *Merlans* se distinguent essentiellement des

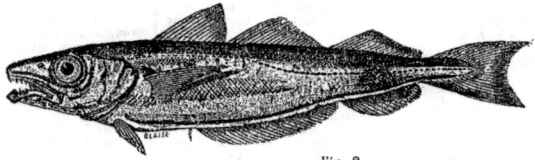

Fig. 2.

Morues par l'absence de barbillons, car ils ont le même nombre de nageoires. Le *Merlan commun* (*Merlangus vulgaris*) [Fig. 2] est long d'environ 30 centim. Son dos est d'un gris qui tire un peu sur le verdâtre, tandis que le reste de son corps est d'un éclat argenté très brillant. Ce poisson habite en abondance les mers septentrionales de l'Europe, et l'on en fait des pêches considérables dans la Manche. Sa chair est surtout estimée à cause de sa légèreté. — Le *Lieu*, ou *Merlan jaune* (M. *pollachius*), et le *Sey*, ou *Merlan vert* (M. *virens*), ainsi nommés à cause de leur couleur, sont de la taille du Merlan ordinaire; mais leur chair est moins recherchée. Au contraire, le *Colin*, appelé aussi *Merlan noir, Charbonnier* (M. *carbonarius*), à cause de sa couleur d'un brun foncé, atteint quelquefois la taille d'un mètre. On le pêche avec activité et on le prépare comme la Morue. D'après Valenciennes, sa chair, quand elle est séchée et salée, peut se vendre comme celle de la Morue, sans qu'il soit possible de les distinguer l'une de l'autre, du moins au goût.

III. — Les *Merlus* n'ont que deux nageoires dorsales et une seule à l'anus. En outre, ils manquent de barbillons, comme les *Merlans*. — Le *Merlus ordinaire* (*Gadus merlucius*) est long de 40 à 80 centim. Il a le dos d'un gris plus ou moins blanchâtre et le ventre d'un blanc mat. Ce poisson abonde dans l'Océan et dans la Méditerranée, où les Provençaux l'appellent très improprement *Merlan*. On le sèche et on le sale comme la Morue. Il se vend sous le nom de *Merluche*, quand il n'est pas très dur, et sous celui de *Stockfisch*, quand il est devenu roide et sec.

IV. — Les *Lottes* ont, comme les Merlus, deux nageoires dorsales et une anale; mais elles sont munies de barbillons plus ou moins nombreux. — La *Lotte commune* (*Lota vulgaris*) [Fig. 3] se distingue aisément des autres espèces de la famille par sa tête un peu déprimée et son corps presque cylindrique; en outre, c'est la seule qui remonte fort avant dans les eaux douces. Sa longueur varie de 35 à 65 centim., et sa couleur est le jaune marbré de brun. On estime beaucoup sa chair et surtout son foie, qui est très volumineux. — La *Lingue*, ou *Morue longue* (L. *molva*), est olivâtre

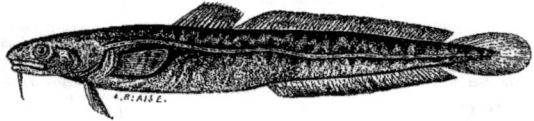

Fig. 3.

dessus, argentée dessous, et longue de 1 à 1m,30. Cette espèce est presque aussi abondante dans les mers du Nord que la Morue proprement dite; elle se prépare de la même manière, se conserve aussi aisément, et fait un article de pêche fort important.

GADOLINITE. s. f. (R. *Gadolin*, nom propre). T. Minér.

Roche découverte à Ytterby, en Suède, qu'on n'a jamais trouvée qu'en Scandinavie et qui contient, outre plusieurs substances, des oxydes de métaux rares : *Yttrium, erbium, scandium, cérium,* etc.

GADOUARD. s. m. (R. gadoue). Vidangeur. Peu us.

GADOUE. s. f. (origine germanique). On désigne sous ce nom les immondices de toutes sortes : débris de légumes, vidanges de poissons, de volailles, déchets de plumes, poils, cheveux, balayures de l'intérieur des habitations, boues et détritus de toutes sortes qui sont ramassés dans les rues des grandes villes et que les cultivateurs emploient après les avoir soumis à une préparation particulière. La g., si recherchée par les jardiniers intelligents, qui forme un engrais chaud, fermentant avec une grande énergie, est très avantageuse pour précipiter la végétation des légumes hâtifs, et pour toutes les autres récoltes qui ne restent que quelques mois en terre. Toutefois, il est convenable d'attendre, pour l'employer, qu'elle ait subi une certaine fermentation, et que l'hydrogène sulfuré qu'elle dégage soit entièrement évaporé. On l'abandonne donc en tas considérables pendant trois mois ou plus. On hâtera, singulièrement le moment de s'en servir en introduisant dans sa masse un vingtième de chaux, brassant le mélange à plusieurs reprises, de manière que toutes les parties subissent les effets de l'alcali terreux. Quelques praticiens ont adopté l'excellente méthode suivante : entre chaque lit de g., on dispose une couche de fumier d'étable et de cendre de houille ou de sable de route, ces derniers dans la proportion d'un tiers. On arrose ensuite le tas tous les jours avec le purin des étables. La fermentation envahit rapidement toute la masse, et au bout d'un mois, le fumier est arrivé à point. La g. est convenable pour les céréales, pour les liliacées, ail, oignon, poireau, ciboules, et pour les crucifères, navets, colza, turneps, en raison du soufre que ces végétaux contiennent et dont ils ont besoin pour prospérer. L'action de la g. se prolonge pendant plusieurs années. Aux environs des villes, le cultivateur qui vend sa paille et son fourrage, en ne gardant que le produit nécessaire à l'entretien de ses animaux, et qui emploie une partie du produit de la vente à acheter de la g., fait toujours une excellente affaire. Voy. ENGRAIS.

GAÉLIQUE. adj. 2 g. Se dit d'un dialecte de la langue celtique, et des ouvrages écrits dans ce dialecte. *Il siècle* (g.) *Poésies gaéliques.* ‖ Subst. Ce dialecte lui-même, qui n'est autre que *la langue des anciens Écossais.* Voy. CELTIQUE.

GAËLS, GALLS, ou **GALS**, peuples d'origine vraisemblablement asiatique, qui paraissent avoir immigré, entre le XVe et le Xe siècle av. J.-C., dans le pays compris entre le Rhin et les Pyrénées, auquel ils ont laissé le nom de *Gallia,* en français *Gaule,* d'où l'on a fait *Gaulois.* Les Romains les nommaient *Galli;* les Grecs les appelèrent Γαλάται (*Galates*). Ceux d'entre eux qui traversèrent la mer, peuplèrent les îles Britanniques et se sont conservés sans mélange, jusqu'à nos jours, dans la partie occidentale de l'Angleterre et de l'Écosse, et en Irlande, ont donné encore le nom de *Gallois* ou *Gwalhaëls* et de *Gaëls:* ces derniers parlant une langue appelée le *Galloey.* Mais il y a lieu de penser, avec Amédée Thierry, que ce redoublement de l'*l* de *Galli,* l'*u* de *Gaule* et l'*ë* de *Gaël* ne sont que des moyens différents d'allonger l'*a* d'un nom qui devait réellement se prononcer *Gall.*

On a longtemps confondu ces peuples avec les Celtes, qui habitaient les mêmes régions, mais depuis une époque bien plus reculée. Les mots Κέλται et Γαλάται, dont se servaient indifféremment les Grecs, paraissaient être la corruption l'un de l'autre. Dans la péninsule hispanique, que les Celtes envahirent dès l'an 1500 av. J.-C., se fusionnant avec les Ibères, la province de *Galice,* peuplée de Gallo, à l'angle nord-ouest, se trouva voisine des *Celtibériens.* Voy. CELTE et CELTIQUE.

La vérité probable, c'est qu'il y avait entre ces deux peuples une certaine parenté, mais des différences assez marquées : les *Celtes,* venus les premiers, paraissent s'être fortement croisés de *Ligures,* et devaient être bruns ou châtains, à en juger par les populations qui en descendent aujourd'hui (la moyenne partie des Français) et dont le mieux conservé doit être celle de l'Auvergne, en raison de sa situation en pays de montagne; tandis que les *Galls,* plus récemment arrivés, nous sont dépeints par les Romains comme blonds et ceux qui sont restés sans mélange, en Écosse, sont blonds également. Broca établit en outre que les Celtes étaient brachycéphales et les Galls dolychocéphales.

Ce sont les Galls que les Latins connurent seuls tout d'abord, parce que, dès le XIVe siècle avant l'ère chrétienne, une de leurs tribus à laquelle on donna le nom d'*Ambrons,* de son cri de guerre : « Ambra ! » envahit l'Italie et y fonda l'Ombrie. Au VIIe siècle, les chefs Sigovèse et Bellovèse, neveux du roi des *Bituriges,* Ambigat, se jetèrent avec leurs bandes l'un sur le nord de l'Italie, l'autre sur les Alpes Illyriennes, et, pendant des siècles, luttèrent contre les peuples des deux grandes péninsules. Bientôt maîtres de la vallée du Pô (Gaule Cisalpine) et de l'Étrurie jusqu'au Tibre, les premiers (Lingous, Senons et Cenomans) s'emparèrent un moment de Rome (390) et par la suite formèrent contre cette même Rome le principal contingent des armées du Carthaginois Annibal; les autres, lancés vers la Grèce, servirent quelque temps le roi de Macédoine Alexandre, et, passant sous le nom d'Asie Mineure, fondèrent la *Galatie,* qui fut plus tard détruite par les Romains, alors maîtres du monde connu.

Quand Jules César envahit les Gaules (50 ans av. J.-C.), il fut surpris de voir que les *Galli* qu'il y croyait trouver se donnaient le nom de *Celti.* C'est que pendant ces migrations de Galls, les Celtes étaient restés pacifiques dans leurs vallées du Rhône, de la Garonne et de la Loire, dans leurs montagnes de l'Auvergne, des Cévennes et de l'Armorique, et étaient demeurés inconnus pour Rome. Mais la distinction ne tarda pas à s'établir, au moins par la différence des langues. Un mandement des premiers temps du christianisme vise les prédications dans l'une et dans l'autre idiome (*vel celtice, vel gallice*). Les Celtes furent reconnus vers le centre, des des Alpes à l'Océan, et ce fut la Gaule *celtique;* les *Galls,* du Rhin à la Manche et, leur plus importante agglomération étant celle des *Belges* ou *Bolges,* venus vers le Ve siècle av. J.-C., ce fut la Gaule *Belgique.* Certains d'entre eux, les *Volsques* ou *Bolges Tectosages* avaient gagné la Garonne et fondé Toulouse; d'autres, les *Boïes,* ayant franchi le Rhin, avaient laissé leur nom à la Bohème (Boïhelm) et à la Bavière (Bayern). D'autres encore, appelés *Britain,* en l'honneur de leur chef Bryd ou Pryd, traversant deux fois la mer, donnèrent leur nom à la Grande-Bretagne et plus tard à la Bretagne française. Tous ces peuples étaient *Kymris.* Voy. ce mot.

A partir de l'invasion teutonne du Ve siècle, et partout où elle domina, le nom de Galls subit une importante corruption : le remplacement du G par un W. Le pays de *Galles* s'appela *Wales;* les Galls de la Belgique devinrent les *Wallons;* de même que, encore aujourd'hui, tandis que les Bretons modernes (mélange de Celtes et de Kymris) nous appellent toujours *Gallec,* les peuples d'outre-Rhin, lesquels nous sommes les descendants des Gaëls, nous désignent sous le nom de *Welche,* nom que les Anglais donnent également à la langue des *Gallois.*

Les Gaëls pur sang étaient, et ceux qui se sont perpétués sans croisement sont encore des hommes grands, à la fois forts et svelstes; ils se vêtaient et se vêtent toujours, dans les montagnes de l'Écosse, d'étoffes aux couleurs vives entremêlées. Ils étaient gais, alertes, belliqueux, entreprenants, industrieux, ergoteurs, caustiques, adonnés aux exercices violents et habiles aux harangues. Mais la plupart des renseignements que l'on a sur eux dans l'antiquité émanent des Romains, qui, outre qu'ils étaient leurs ennemis, les ont trop souvent confondus avec les Celtes pour qu'il soit possible de démêler leur caractère propre. On peut mieux les apprécier dans les îles Britanniques où la race, restée pure, a produit, vers le IIIe siècle de notre ère, les poèmes dits d'Ossian, et, par la suite, semble avoir transmis à la nation anglaise ses points de ressemblance avec la nation française, cet amour de la liberté et cet esprit d'aventures qui ont placé la France et l'Angleterre à la tête des peuples dans la marche du progrès et qui les ont poussées à se disputer l'empire du monde. Voy. GAULE.

GAERTNER (JOSEPH), botaniste allemand (1732-1791).

GAETANI, illustre famille romaine qui a fourni un pape, Boniface VIII, et divers princes souverains.

GAETANO (SAINT), fondateur de l'ordre des Théatins (1480-1547).

GAËTE, v. et port de la Terre de Labour (Italie), sur la mer Tyrrhénienne ; 17,000 hab.

GAFFE. s. f. [Pr. ga-fe] (all. gaifen, tailler en crochet). Perche munie d'un croc de fer à deux branches, dont l'une est droite et l'autre courbe. *Pousser un bateau au large avec* *la g.* || Croc pour tirer à terre les gros poissons. || Vases de diverses grandeurs dont on se sert dans les salines pour transporter le sel. || Fig., Maladresse. *Faire une g.*

GAFFER. v. a. [Pr. *ga-fer*]. Accrocher quelque chose avec une gaffe. || Fig., Commettre une maladresse. = GAFFÉ, ÉE. part.

GAFFOT. s. m. (R. *gaffe*). Sorte de gaffe qui sert à saisir la morue. Voy. GADOÏDES.

GAGA. s. m. (R. *gâteux*). Homme tombé en enfance. Pop.

GAGE. s. m. (lat. *vas*, *vadis*, répondant, garant). Tout objet mobilier qu'on dépose entre les mains de quelqu'un ou que la loi affecte particulièrement pour sûreté d'une dette. *Prêter sur gages. Prendre des gages. Les meubles du locataire sont le g. du propriétaire.* — Par ext., se dit quelquefois des immeubles. *Cette maison qui est affectée à ma dette, est mon g.* — G.-*mort*, Voy. MORT-GAGE. — Par ext., Ce que l'on consigne, ce que l'on met en main tierce, lorsque, dans une contestation entre deux ou plusieurs personnes, on est convenu que celui qui sera condamné paiera à l'autre une somme ou quelque autre chose, *Mettre des gages entre les mains de quelqu'un. Garder, rendre les gages.* || À certains jeux, se dit des objets que les joueurs déposent chaque fois qu'ils se trompent, et qu'ils ne peuvent retirer à la fin du jeu qu'après avoir subi une pénitence. *Donnez un g.* — Fig. et fam., *Rester* ou *Demeurer pour les gages*, se dit de ceux qui sont pris ou tués dans quelque combat d'où les autres se sont sauvés; de ceux qui, dans une hôtellerie, un cabaret, sont retenus afin de payer pour leurs compagnons qui se sont échappés; et quelquefois même d'une chose qu'on a perdue. *Cette loc. est aujourd'hui peu us.* || Fig. *G. de combat* ou *G. de bataille*, Le gantelet ou le gant que l'on jetait autrefois par manière de défi à celui contre qui l'on voulait combattre. || Fig., se dit de tout ce qui peut servir de garantie, d'assurance, de preuve. *Un g. d'amitié, d'amour, de tendresse. Elle m'a laissé son portrait comme g. de sa foi. Ce prince donna un roi telle ville pour g. de sa fidélité.*

Ce fils, que de sa flamme il me laissa pour gage.
RACINE.

= *Gages*, au plur., se dit pour Salaire, appointements. *Le grand chambellan avait tant de gages. Recevoir des gages.* — Aujourd'hui, ne se dit guère que de ce que l'on donne par on à un domestique pour paiement de ses services. *Les gages d'une servante. Être aux gages de quelqu'un. Se mettre aux gages de quelqu'un. Il n'est pas à vos gages. Vos gages courront de ce jour.* — On dit aussi quelquefois, *Les gages d'un capitaine de navire, d'un matelot, etc.* — *Casser aux gages*, Ôter à quelqu'un son emploi et les appointements qui y sont attachés. — Fig. et fam., se dit aussi dans le sens de disgracier. *Il avait la confiance du ministre, mais maintenant il est cassé aux gages.* || *À gages*, s'emploie quelquefois ou manière d'épithète et sign. qui est payé pour faire quelque chose. *Un homme à gages. Des applaudisseurs à gages.* = Syn. Voy. APPOINTEMENT.

Jurisp. — La loi définit le *Gage*, le nantissement d'une chose mobilière, par opposition à l'*Antichrèse*, qui est le nantissement d'une chose immobilière. Toutes les choses mobilières dont on a la libre disposition peuvent être données en g. — Le contrat de g. confère au créancier le droit de se faire payer sur la chose qui en est l'objet, par privilège et de préférence aux autres créanciers. Il peut, pour obtenir son paiement, la faire vendre et s'en attribuer le prix jusqu'à due concurrence; mais il faut préalablement qu'il fasse ordonner en justice que la chose lui sera donnée en paiement ou vendue aux enchères. Toute stipulation contraire est nulle : la loi a voulu par là éviter qu'un débiteur aux abois abandonne d'avance au créancier, pour le cas de non-paiement, un objet dont la valeur dépasserait de beaucoup celle de la dette garantie. Jusqu'à l'expropriation du débiteur, s'il y a lieu, ce dernier reste propriétaire de l'objet remis, le g. n'étant, entre les mains du créancier, qu'un dépôt assorti d'un privilège. En conséquence, d'une part, le créancier répond de la détérioration ou de la perte du g. qu'il a en main, lorsque cette détérioration ou cette perte est survenue par sa faute; et d'autre part, le débiteur doit tenir compte au créancier des dépenses utiles et nécessaires que celui-ci a faites pour la conservation du g. — Comme la constitution du droit de g. intéresse le tiers, qui seraient facilement fraudés, si l'on pouvait les tromper sur le fait même de la constitution, sur

son époque, sur le montant de la créance, et sur l'identité des objets donnés en nantissement, la loi exige, comme condition de l'existence du privilège, la rédaction d'un acte par écrit, l'authenticité ou du moins l'enregistrement de l'acte, la déclaration de la somme due, et enfin la désignation, également dans l'acte, de l'espèce et de la nature des choses remises en g. Toutefois, la loi n'exige cet acte que dans le cas où la somme excéderait 150 francs. — Le g. est indivisible nonobstant la divisibilité de la dette entre les héritiers du débiteur ou ceux du créancier. L'effet de cette indivisibilité est que la totalité et chaque portion de la chose engagée sont affectées au paiement de la totalité et de chaque portion de la créance (Code civ. 2071 à 2083).

GAGÉE. s. f. (R. *Gage*, nom d'un botaniste anglais). T. Bot. Genre de plantes Monocotylédones (*Gayea*) de la famille des Liliacées. Voy. ce mot.

GAGER. v. a. Donner des gages, des appointements à quelqu'un. *C'est un homme que j'ai gagé pour cela.* Fam. *Il semble qu'il soit gagé pour cela.* || Parier, convenir avec quelqu'un, sur une contestation, que celui des deux qui sera condamné paiera à l'autre une somme ou quelque autre chose. *Je gage que cela est. Que voulez-vous g.? G. avec quelqu'un contre quelqu'un. G. une discrétion.* Fam. *Je gagerais ma tête à couper.* — Elliptiq. et fam., *Gage que si, gage que non*, Je gage que si, je gage que non. || Servir de gage à, garantir. *G. un emprunt.* = GAGÉ, ÉE. part. = Conjug. Voy. MANGER.

Syn. — *Parier.* — Il existe entre *gager* et *parier* deux différences sensibles. En premier lieu, quand on *gage*, on se préoccupe plus particulièrement de la chose qui doit arriver; quand on *parie*, de la somme qu'on hasarde. On ne *gage* pas, on *parie*, une somme. On *parie*, la gageure, le pari est déjà accepté moyennant un gage convenu, le *pari* est un jeu joué tout à but. On *gage* quand on prend l'engagement de faire quelque chose; on *parie*, quand, entre deux probabilités, on se déclare pour l'une d'elles. Les concurrents *gagent*, les spectateurs *parient.*

GAGERIE. s. f. (R. *gage*). T. Pratiq. Saisie de meubles sans transport de ceux-ci. Voy. SAISIE.

GAGEUR, EUSE. s. Celui, celle qui gage ou qui est dans l'habitude de gager souvent. *Un grand g. C'est une gageuse perpétuelle.* Fam. et peu us.

GAGEURE. s. f. [Pr. *ga-jure*]. Action de gager; ce que l'on gage. *Faire une g. Faire g. contre un autre. Gagner, perdre une g. Soutenir la g. Voilà la g. que je vous dois.* || Fig. et fam., *Soutenir la g.*, Persister, persévérer dans une entreprise, dans une opinion où l'on s'est engagé. — *Cela ressemble à une g.*, se dit d'une action singulière, étrange, et dont on ne conçoit pas le motif. Prov. *Gager sa tête à couper est la g. d'un fou.*

GAGIER. s. m. (R. *gage*). Nom donné dans quelques communes aux membres de la fabrique. Voy. FABRIQUE.

GAGISTE. s. m. Celui qui est gagé de quelqu'un pour rendre certains services, sans être domestique. *G. de théâtre.* || Musicien attaché à la musique d'un régiment, sans être soldat.

GAGNABLE. adj. 2 g. [Pr. *gn* mouillés]. Qu'on peut gagner. *La partie n'est pas g.*

GAGNAGE. s. m. [Pr. *gn* mouillés] (R. *gagner*). Pâtis, pâturage, lieu où vont paître les troupeaux et les bêtes fauves.

GAGNANT, ANTE. s. [Pr. *gn* mouillés]. Celui, celle qui gagne au jeu, à la loterie. *Les gagnants et les perdants.* || Adjectiv., on dit, *Numéro g. Carte gagnante.*

GAGNE. s. f. [Pr. *gn* mouillés]. Action de gagner. || *A la g.*, En gagnant et ressemissant sur le gain. *Ces ouvriers ont acheté leurs métiers à la g.*, En s'acquittant à mesure du travail.

GAGNE-DENIER. s. m. [Pr. *gn* mouillés]. Celui qui gagne sa vie par le travail de son corps, sans savoir de métier. *Dans les actes publics, on comprenait autrefois sous le nom de g.-deniers les portefaix, les porteurs d'eau, etc.* — On dit maintenant Manœuvre. = Pl. *Des gagne-deniers* ou *des gagne-denier.*

GAGNE-PAIN. s. m. [Pr. *gn* mouillés]. Ce qui fait subsister quelqu'un, ce dont il se sert principalement pour gagner sa vie. *Sa truelle est son seul g.-pain.* == Pl. *Des gagne-pain.*

GAGNE-PETIT. s. m. [Pr. *gn* mouillés]. Rémouleur ambulant. == Pl. *Des gagne-petit.*

GAGNER. v. a. [Pr. *gn* mouillés] (ital. *guadagnare*, du germanique *weida*, pâturage, faire un profit par la culture, puis par toute espèce de moyens). T. Vénerie. Paître. *Les bêtes sortent la nuit du bois pour aller g. dans les champs.* == Par ext., Faire un gain, tirer un profit. *Gagner de l'argent par son travail. Les ouvriers ne gagnaient alors que de faibles salaires. Il gagne tant par jour. Il a gagné tant sur ce marché.* Absol., *Il a beaucoup gagné dans cette affaire. Il n'a pas gagné sur ce marché.* — *G. sa vie à filer, à chanter,* etc., Gagner de quoi vivre en filant, en chantant, etc. — Absol., *Il a bien de la peine à g. sa vie. Il gagne bien sa vie.* On dit, dans le même sens, *G. son pain à la sueur de son front.* || Faire un bénéfice à un jeu, à une loterie. *Il a gagné beaucoup d'argent au jeu. Il lui a gagné cent francs à l'écarté. G. au jeu, à la loterie. G. un cxtrait, un terne. Il avait gagné le gros lot.* — A certains jeux, *Telle carte gagne,* signifie que celui qui a cette carte gagne ce qu'on y a mis. *Jouer à qui perd gagne,* Au rebours de la partie ordinaire, la convention étant que l'enjeu appartient au perdant. Aux loteries, on dit de même, *Tel billet, tel numéro gagne.* || Acquérir une chose à laquelle on attache un certain prix, en faisant des efforts pour cela; se procurer quelque avantage. *Il a gagné le prix de la course, de la lutte. G. le ciel, le paradis. G. les œuvres de la miséricorde,* Gagner les récompenses que Dieu a promises à ceux qui font des œuvres de charité. — Fig., *Je veux gagner ton cœur. G. l'amitié, l'affection, la bienveillance de quelqu'un. G. les bonnes grâces du prince. Sa noble conduite lui a gagné tous les esprits. Ce ton de franchise me gagna. G. les voix, les suffrages. Que gagnes-tu à nous déchirer mutuellement? Vous ne gagnerez rien à lui en parler. Je crois que vous y gagnerez si vous voulez m'écouter.* — *G. du temps, g. temps,* Ménager le temps, obtenir soit un avance de temps, soit un délai. *Écrivez par ce courrier pour y g. temps. Il emploie mille chicanes afin de g. du temps.* — Par antiphrase, on dit famil. *G. un rhume, une pleurésie, un rhumatisme,* etc. *Ne vous mêlez pas dans cette bagarre, il n'y a que des coups, des horions à g.* On dit aussi, *G. du mal,* Prendre une maladie honteuse. || Remporter un avantage dans une lutte, un débat quelconque; dans ce sens, le régime fait ordinairement assez connaître la nature de la lutte. *G. une bataille, la bataille. G. sa cause, son procès. G. une gageure, en pari. G. la partie. G. quelqu'un au jeu. G. le prix sur quelqu'un. Je n'ai jamais pu le gagner aux échecs. Il gagne tout le monde.* — *G. quelque chose sur quelqu'un,* sur l'esprit de quelqu'un, Lui persuader quelque chose en obtenir quelque chose. *Je n'ai jamais pu g. cela sur lui.* On dit aussi, *Je n'ai pu venir à bout de le persuader, voyez si vous pourrez y gagner quelque chose.* On dit encore, *Tâchez de g. cela sur vous, Faites cet effort sur vous.* — *G. quelqu'un de vitesse,* Arriver avant lui, parce qu'on est allé plus vite.* On dit de même, *G. l'ennemi, g. un vaisseau,* L'atteindre ou même le dépasser. Fig., *G. quelqu'un de vitesse,* signifie aussi le prévenir. *Je désirais avoir cet emploi, mais il m'a gagné de vitesse.* On dit encore, dans ce sens, *G. de la main. — G. le devant, les devants,* Partir avant quelqu'un, ou le dépasser en allant plus vite. — Fig. et fam. *G. le dessus,* Prendre l'avantage, surmonter. || Se dit de quelqu'un qu'il *a bien gagné un salaire, une récompense,* pour faire entendre qu'il l'a mérité. *Cet ouvrier gagne bien son argent. S'il le prix, il l'aura bien gagné.* — Ironiq., on dit encore de quelqu'un qui a mérité un châtiment. *Il n'a pas à se plaindre, il l'a bien gagné.* || Se rendre propice, favorable; faire déclarer, tourner en sa faveur. *Se prend ordin. en mauvaise part. Il faut g. cet homme-là à tout prix et l'avoir pour nous. On gagne quelqu'un à force d'argent. Il avait gagné le geôlier. Il avait gagné les juges, les témoins,* etc. || Se dit aussi en parlant des qualités, des avantages qu'acquiert une personne ou chose. *Il a gagné en modestie ce qu'il a perdu en vivacité. Nous perdons du côté des sensations ce que nous gagnons du côté de l'expérience. Le langage perdit en naïveté ce qu'il gagnait en élégance.* — Absol., *Ce jeune homme a beaucoup gagné depuis que je ne l'ai vu. Cette étoffe gagne beaucoup à être vue à la lumière. Cette tragédie gagne beau-

coup à la représentation.* — *Il gagne beaucoup à être connu,* Plus on le connaît, plus on découvre en lui de qualités aimables ou estimables. On dit, dans le sens contraire, *Il ne gagne pas à être connu.* || S'emparer, se rendre maître. *G. du terrain. G. la contrescarpe. G. la demi-lune, le bastion,* etc. *G. le fort de l'épée.* — Fam., *G. chemin, g. pays,* Avancer, faire du chemin. *G. au pied,* Partir rapidement. On dit, dans des sens analogues, *La nuit nous gagne. Hâtons-nous, le temps, l'heure nous gagne.* — T. Mar. *G. le vent,* Le dessus du vent, Prendre le dessus du vent. || T. Sport. *Gagner la corde,* Se rapprocher de la corde plus que les autres chevaux, tout en gardant ou en prenant le pas sur eux. || Se diriger vers quelque endroit, y parvenir. *G. le rivage. G. la haute mer. Gagnons le logis. Il avait déjà gagné la frontière quand on l'arrêta.* || Se dit encore des choses qui font du progrès, qui s'étendent, se propagent; dans ce sens, il s'emploie souvent absolument, *Le feu gagnait déjà la maison voisine. L'eau avait gagné le premier étage. La gangrène a gagné le dedans, au dedans. La peste gagna bientôt toute la ville. La contagion gagna rapidement jusqu'à telle province. Ces doctrines gagnèrent les hautes classes, parmi les hautes classes.* — Par anal., on dit aussi, *Le sommeil commençait à me g. L'ennui ne tarda pas à me g.* || T. Man. *G. l'épaule d'un cheval,* Corriger par le secours de l'art quelque défaut dans cette partie. *G. la refonte d'un cheval,* Triompher par la patience et par la douceur de la résistance de l'animal. On dit, au contraire, qu'*Un cheval gagne à la main,* Lorsque l'on cesse d'en être le maître. == SE GAGNER. v. pron. Être gagné. *Une si forte somme ne se gagne pas en un jour. Les bonnes grâces des princes se gagnent plus aisément par les flatteries que par les services. C'est une maladie qui se gagne facilement.* == GAGNÉ, ÉE. part. *Je vous donne gagné,* Je reconnais que vous avez gagné. On dit aussi, *Donner cause gagnée,* et, dans un sens anal., *Avoir cause gagnée.* || Figur. et fam., *Avoir ville gagnée,* Avoir remporté l'avantage qu'on se promettait. *Crier ville gagnée,* Crier qu'on a remporté le prix, l'avantage.

GAGNEUR, EUSE. s. [Pr. *gn* mouillés]. Celui, celle qui gagne, qui fait un profit. Personne qui gagne souvent au jeu, qui a l'habitude de gagner ou qui ne songe qu'à gagner.

GAGUIN (ROBERT), chroniqueur français, né à Calonne (Pas-de-Calais) (1425-1502).

GAHNITE. s. f. (R. *Gahn,* nom d'un naturaliste suédois). T. Min. Aluminate de magnésie et de zinc, en cristaux octaédriques verts.

GAI, GAIE. adj. (anc. all. *gahi,* all. mod. *jähe,* prompt). Qui a de la gaieté. *Un homme g. Elle est très gaie. C'est un esprit très g. Devenir g. Se tenir g.* || Qui marque, qui exprime, qui inspire la gaieté. *Avoir l'humeur gaie, un visage g., un air g. Un air g. et gaillard. Une conversation gaie. L'air qu'il chantait était très g. Cela n'a rien de bien gai. Voilà une couleur très gaie.* — *La gaie science,* Nom que les troubadours donnaient à la poésie. — *Chambre gaie, appartement g.,* Chambre, etc., claire et qui est en bel aspect. *Temps g., Temps serein et frais. Vert g.,* Vert clair et agréable à la vue. || Fig. et fam., *Avoir le vin g.,* Être ordinairement de belle humeur quand on a pas bu. — Fam., on dit aussi *d'un homme qui est un peu ivre, Il est g., il est un peu g.* || Fam., *Propos, conte g.,* se dit quelquefois de propos, de contes un peu libres. || T. Blas. *Cheval g.,* Cheval qui n'a ni selle ni bride. — S'emploie quelquefois adverbial., pour exciter à la gaieté, au plaisir. *Allons, gai!* — Se dit surtout dans les chansons. *Gai, gai, gai, serrons nos rangs.* || T. Mus. Se dit pour indiquer un mouvement vif, et répond au mot italien *Allegro.* || T. Techn. Qui joue, qui n'est à l'aise dans la place où il est ajusté. *Resserrer un bouton trop g.* || T. Pêche. *Hareng g.,* Qui a rendu ses œufs ou sa laitance.

Syn. — *Enjoué, gaillard.* — Un homme *gai* est celui qui par tempérament, par caractère, voit en général les choses par leur bon côté, et par conséquent est naturellement de belle humeur. L'homme *enjoué* l'est volontairement; il n'est tel que pour plaire. La *gaieté* est un don naturel; l'*enjouement* implique un certain effort de l'esprit. La *gaieté* a plus de *verve,* l'enjouement la grâce. La *gaillardise* est une grosse *gaieté,* souvent un peu triviale, et parfois même peu décente et licencieuse. Aussi, ce mot, ainsi que l'adj. *gaillard,* se prend-il ordinairement en mauvaise part. Voy. ENJOUÉ.

GAÏAC. s. m. (R. *guaiacan,* nom par lequel les indigènes de Saint-Domingue désignent cette plante). T. Bot. Genre d'arbres Dicotylédones (*Guaiacum*) de la famille des *Zygophyllées*. Voy ce mot.

GAÏACÈNE. s. f. (R. *gaïac*). T. Chim. Liquide huileux, bouillant à 218°, soluble dans l'alcool et dans l'éther, obtenu par Deville en soumettant la résine de Gaïac à la distillation sèche. Il s'oxyde à l'air en donnant de l'acide tiglique, dont il paraît être l'aldéhyde.

GAÏACINE s. f. T. Chim. Résine de gaïac.

GAÏACIQUE. adj. 2 g. T. Chim. *Acide g.*, Acide fourni par le gaïac.

GAÏACOL. s. m. (R. *gaïac*). T. Chim. Le g. est un éther méthylique de la pyrocatéchine et répond à la formule $C^6H^4 \begin{cases} OH \\ OCH^3 \end{cases}$ Il a été découvert dans les produits de la distillation sèche de la résine de gaïac. On le rencontre aussi dans le goudron de bois. On peut l'extraire de la créosote du goudron de hêtre, en recueillant les portions qui distillent vers 200°; on le purifie en le combinant avec la potasse et en décomposant par l'acide chlorhydrique le composé ainsi formé. Le g. est un liquide incolore, d'une odeur spéciale, presque insoluble dans l'eau, soluble dans l'alcool et dans l'éther. Il bout à 200°. Il se dissout dans les alcalis, en formant avec eux des combinaisons peu stables. La combinaison potassique $C^6H^4(OK)(OCH^3)$, traitée par l'iodure de méthyle, donne naissance au vératrol, c.-à-d. à l'éther diméthylique de la pyrocatéchine. Chauffé avec la poudre de zinc, le g. se convertit en anisol. — Le g. a été conseillé pour remplacer la créosote dans ses applications thérapeutiques.

GAÏACONIQUE. adj. 2 g. T. Chim. Voy. GAÏARÉTIQUE.

GAÏAGÈNE. s. m. T. Chim. Hydrocarbure obtenu en distillant la résine de gaïac avec de la poudre de zinc. Il a pour formule $C^{12}H^{12}$. Il cristallise en lamelles fusibles à 98°, solubles dans l'alcool et dans l'éther. Il présente une belle fluorescence bleue. Avec l'acide picrique il forme un picrate cristallisé en aiguilles fusibles à 123°, très solubles dans l'alcool. Oxydé par l'acide chromique en solution acétique, le g. se convertit en *gaïagène-quinone* $C^{12}H^{10}O^2$, qui cristallise en aiguilles jaune citron, fusibles à 122°, sublimables, assez solubles dans l'eau.

GAIANITE. s. m. (R. *Gaianus*, nom propre). Nom d'hérétiques eutychiens du VIᵉ siècle, dont le chef fut Gaïanus. Ils niaient que le corps du Christ eût été sujet aux infirmités humaines.

GAÏARÉTATE. s. m. Sel obtenu par la combinaison de l'acide gaïarétique avec une base.

GAÏARÉTIQUE. adj. 2 g. T. Chim. L'*acide g.*, contenu dans la résine de gaïac, est un acide bibasique répondant à la formule $C^{20}H^{26}O^4$. Il cristallise en aiguilles incolores, fusibles vers 80°. Sa solution alcoolique est lévogyre et se colore en vert avec le perchlorure de fer. On l'extrait à l'état de gaïarétate de potassium en faisant bouillir la résine de gaïac avec un lait de chaux et traitant le résidu par l'alcool, puis par une solution de soude caustique. — Les eaux-mères d'où s'est déposé le gaïarétate renferment un autre acide : l'*acide gaïaconique*, insoluble vers 100°, non cristallisable, insoluble dans l'eau, soluble dans l'alcool, l'éther, le chloroforme et l'acide acétique, et bleuissant par les agents d'oxydation.

GAÏDIQUE. adj. 2 g. T. Chim. L'*acide gaïdique* est un produit de polymérisation de l'acide hypogéique. Il se forme quand on soumet ce dernier acide à l'action des vapeurs nitreuses. Il est solide et fond à 39°.

GAIEMENT ou **GAÎMENT.** adv. [Pr. *ghé-man*]. Avec gaieté, joyeusement. *Chanter g. Vivre g.* || De bon cœur. *Faire g. quelque chose. Nos soldats marchaient g. au combat.* — Fam., *Aller g.*, Aller bon train. *Allons-y gaiement.*

GAÏÈNE. s. m. T. Chim. Synonyme de GAÏAGÈNE.

GAIETÉ ou **GAÎTÉ.** s. f. [Pr. *ghé-té*] (R. *gai*). Belle hu-

meur, état de contentement qui se manifeste extérieurement. *Avoir, montrer de la g. Perdre sa g. Reprendre sa g. Être d'une g. folle. Il a de la g. dans le caractère.* — *Avoir de la g. dans son style*, Écrire d'une manière agréable et enjouée. Famil. *Être en g.*, Être mis en belle humeur par le vin. || Fam., *De g. de cœur*, De propos délibéré et sans sujet. *Quereller, offenser quelqu'un de g. de cœur.* || Se dit aussi des paroles ou des actions folâtres que disent ou que font les jeunes personnes. *Ce n'est qu'une g. Ce sont de petites gaietés.* || T. Man. *Ce cheval a de la g.*, Il a de la vivacité. || T. Littér. Petite composition littéraire amusante.

Syn. — *Joie.* — La *gaieté* dépend surtout de l'humeur, du tempérament; la *joie* tient à des circonstances accidentelles. Un homme *gai* peut être accablé de chagrin, tandis qu'un homme triste peut être ivre de *joie*. La *gaieté* est à peu près uniforme dans sa manifestation; la *joie* parcourt tous les degrés jusqu'au transport, jusqu'à l'ivresse. En un mot, la *gaieté* est un caractère; la *joie*, au contraire, est une situation.

GAIL, savant helléniste français (1755-1829).

GAILLAC, ch.-l. d'arr. (Tarn); 7,700 hab.

GAILLARD, ARDE. adj. [Pr. *ga-llar*, ll mouillées) (lat. *validus*, fort). Sain, vigoureux et délibéré. *Un jeune homme g. et dispos. Il se porte bien maintenant, il est frais et g.* || Qui a, qui exprime une gaieté un peu libre, un peu libertine. *Il est toujours g. Une humeur gaillarde. Une mine gaillarde.* — Se dit aussi des discours, des propos un peu libres. *Chanson gaillarde. Des propos gaillards. Le conte est un peu g.* || Par ext., se dit quelquefois d'un homme un peu animé par le vin. *Il était assez g. sur la fin du repas.* || Se dit quelquefois dans le sens de hardi, audacieux. *Il a attaqué lui seul trois hommes, l'épée à la main, cela est g. Le coup est g.* Vx. || T. Mar. *Vent g.*, air g., Le vent, l'air, lorsqu'il est un peu froid. *Nous fîmes route par un vent frais et g.* = GAILLARD, ARDE. s. se dit des personnes. *C'est un g., un fameux g. C'est un g. adroit et rusé, vigoureux et déterminé.* — Ne se dit guère, au fém., que d'une femme peu scrupuleuse, trop libre. *Il s'affaire à une gaillarde qui lui en fera voir de toutes les couleurs.* — Ce mot est familier dans toutes ses acceptions. = Synon. Voy. GAI. = GAILLARDE. s. f. Espèce de danse qui n'est plus en usage. *Danser une g.* || Air sur lequel on dansait la g. *Jouer une g.* || T. Typog. Caractère d'imprimerie dont la force est de huit points. Voy. CARACTÈRE.

Mar. — On appelle *Gaillards*, dans les grands bâtiments, les deux parties extrêmes du pont supérieur. L'une est comprise entre le couronnement et le grand mât : c'est le g. d'arrière; l'autre, qu'on appelle g. d'avant, commence depuis l'avant du navire et se termine en arrière du mât de misaine. La partie du pont intermédiaire aux deux gaillards est quelquefois désignée sous le nom d'*Embelle.* Autrefois, le g. d'avant et le g. d'arrière communiquaient ensemble par un passage appelé *Passavant* et établi de chaque côté du bâtiment. Le g. d'avant est destiné aux matelots, tandis que celui d'arrière est exclusivement réservé aux officiers. Les gaillards sont garnis de bouches à feu comme les autres ponts : le service y est plus facile; mais, dans les combats de mer, ce sont les postes les plus dangereux. Les dunettes sont placées sur l'extrémité du g. d'arrière. Autrefois, les gaillards étaient des espèces de plates-formes crénelées : aussi disait-on *Château d'avant* et *Château d'arrière* pour g. d'avant et g. d'arrière.

GAILLARD (GABRIEL-HENRI), historien fr., né à Amiens (1726-1806).

GAILLARD, peintre et graveur français (1834-1887).

GAILLARDEMENT. adv. [Pr. *ga-llar...* ll mouillées]. Gaiement, joyeusement. *Vivre g.* || Hardiment, témérairement. *Il a fait cela g. Il lui a répliqué g.* Fam.

GAILLARDIA. s. f. (R. nom propre). T. Bot. Genre de plantes ornementales de la famille des *Composées.* Voy. ce mot.

GAILLARDISE. s. f. [Pr. *ga-llar-dize*, ll mouillées] (R. *gaillard*). Gaieté; n'est guère usité que dans ces phrases famil. : *Il a fait cela par g., par pure g. Ce n'est qu'une g.* || Se dit aussi des discours, des propos un peu libres. *Dire des gaillardises.* Fam.

GAILLET. s. m. [Pr. *ga-llè*, *ll* mouillées] (R. col traction de *caille-lait*, d'après les étymologistes. Il est vrai que cette plante est aussi appelée *caille-lait*; mais elle ne caille pas le lait. Aussi, est-il plus vraisemblable que *gai* et vient du nom latin de la plante, *galium* en gr. γάλα, et que *caille-lait* est une corruption de *graillet*, suivant l'instinct populaire qui dénature les noms qu'il ne comprend pas pour leur donner une signification souvent fausse ou absurde). T. Bot. Genre de plantes Dicotylédones (*Galium*) de la famille des *Rubiacées*. Voy. ce mot.

GAILLETERIE. s. f. [Pr. *ll* mouillées]. Masse de gaillette.

GAILLETEUX, EUSE. adj. [Pr. les *ll* mouillées]. Qui contient de la gaillette.

GAILLETIN. s. m. [Pr. les *ll* mouillées]. Petits morceaux de charbon gros comme le poing à peu près.

GAILLETTE. s. f. [Pr. *ga-llè-te ll* mouillées]. T. Comm. Se dit de la houille en morceaux de moyenne grosseur. *De la houille en gaillettes.*

GAILLON. ch.-l. de c. (Eure), arr. de Louviers, 3,200 hab. Maison centrale de détention.

GAÎMENT. adv. Voy. GAIEMENT.

GAIN. s. m. [Pr. *ghin*, *g* dur] (R. *gagner*). Profit, bénéfice, lucre que l'on tire au sou travail d'une affaire quelconque. G. considérable, médiocre, honnête, illicite. G. sordide. *L'amour, l'appât du g. Être aride de g., âpre au g. G. du jeu. C'est un g. tout clair. Il a dépensé en un instant le g. d'une année. Tirer du g. de quelque chose. Vivre de son g. Être en g. Jouer sur son g. Se retirer avec son g., Quitter le jeu lorsqu'on a gagné.* — T. Jurisp. *Gains nuptiaux,* ou *Gains de survie,* Avantages qui sont stipulés dans un contrat de mariage en faveur de l'époux survivant. || Par ext., L'heureux succès d'une chose, l'avantage que l'on remporte dans une lutte, un débat quelconque. *Le g. d'une bataille. Le g. d'un procès. Le g. d'une partie, la g. de la partie.* — G. de cause. Voy. CAUSE.

Syn. — *Profit, Lucre.* — Le *gain* semble venir surtout du hasard, de ce qui est incertain; le *profit* présente l'idée d'une chose plus sûre, plus assurée. On prépare le *gain* d'une bataille, un *gain* au jeu; on retire un *profit* de ses capitaux, de son industrie. Le *lucre* exprime le *gain* d'une façon abstraite et générale, et se prend presque toujours en mauvaise part.

GAINE. s. f. (lat. *vagina*, m. s.). Étui de couteau ou de quelque autre instrument servant à couper, à percer. *La g. d'un couteau, d'un poignard, d'une paire de ciseaux.* || T. Mar. G. d'une voile, Ourlet autour du bord d'une voile, pour la rendre plus forte. — G. de flamme, Coulisse où passe le bâton de la flamme. — G. de pavillon, Bande de toile cousue dans toute la largeur du pavillon et dans laquelle sont les rabans. — G. de girouette, Bande de toile qui sert à attacher la girouette au fût. || T. Anat. Se dit de certaines parties qui servent à en envelopper d'autres. || T. Entom. Tube qui renferme l'appareil suceur de certains insectes. || T. Bot. Base dilatée du pétiole par où il s'attache au pourtour du nœud, en enveloppant plus ou moins la tige à la façon d'un tube. Voy. FEUILLE. || T. Techn. G. de chauffe, Tube qui conduit l'air chaud à l'endroit que l'on veut chauffer. || T. Archit. Espèce de support à hauteur d'appui, plus large du haut que du bas, sur lequel on pose des bustes. Quand la gaine et le buste sont d'une seule pièce, on leur donne le nom de *Terme*.

GAINER. v. a. T. Mar. Travailler à faire une gaine autour d'une voile.

GAINERIE. s. f. collect. Se dit de toutes sortes d'ouvrages couverts de chagrin, de maroquin, de cuir bouilli, tels que gaines de couteaux, étuis de ciseaux, fourreaux d'épées, étuis de flacons, boîtes, etc.

GAINIER. s. m. (R. *gaine*). Ouvrier qui fait de la gainerie. || T. Bot. Genre de plantes Dicotylédones (*Cercis*) de la famille des *Légumineuses*. Voy. ce mot.

GAINSBOROUGH (THOMAS), peintre anglais (1727-1788).

GAINULE. s. f. (R. *gaine*). T. Bot. Tube membraneux contenant la base du pédicelle dans les mousses.

GAÎTÉ. s. f. Voy. GAIETÉ.

GAIUS, jurisconsulte romain du IIe s. de l'ère chrétienne, auteur d'*Institutes.*

GALA. s. m. (h.-allem. *geil*, luxurieux, orgueilleux). On trouve le même mot, *g.*, en espagnol, en portugais et en italien, et l'ancienne langue française avait aussi *gale*, réjouissance, et *galer*, se réjouir. On dit encore aujourd'hui: régaler, se régaler). Terme qui sign., Fête, réjouissance. *Un jour de g. Un habit de g. La cour a été en g.* || Par ext., cl fam., se dit d'un repas splendide. *Il y a eu hier g. chez notre oncle. Nous dinerons en grand g. chez un tel.*

GALAAD, pays de l'anc. Judée, à l'est du Jourdain.

GALACE. s. m. T. Bot. Genre de plantes (*Galax*) de la famille des *Diapensiacées.* Voy. ce mot.

GALACÉES. s. f. pl. (R. *galace*). T. Bot. Tribu de plantes de la famille des *Diapensiacées.* Voy. ce mot.

GALACTAGOGUE. adj. 2 g. (gr. γάλα, γάλακτος, lait; ἀγωγός, qui conduit). T. Méd. Qui a la propriété de déterminer ou d'augmenter la sécrétion lactée. || Subst., *Un g.*

GALACTIDENSIMÈTRE. s. m. (gr. γάλα, lait, et *densimètre*). Instrument qui sert à évaluer la densité du lait.

GALACTIDROSE. s. f. (gr. γάλα, γάλακτος, lait; ἵδρωσις, action de suer). T. Méd. Sueur laiteuse.

GALACTINE. s. f. (gr. γάλα, γάλακτος, lait). T. Chim. Hydrate de carbone de la formule $C^9H^{10}O^5$, rencontré dans les graines de luzerne. C'est une sorte de gomme, en rognons blancs, translucides, qui se gonflent dans l'eau et s'y dissolvent lentement à la façon de la gomme arabique. La solution est dextrogyre. L'oxydation par l'acide azotique convertit la g. en acide mucique.

On a aussi donné le nom de *Galactine* à une substance azotée, mucilagineuse, trouvée en petite quantité dans le lait.

GALACTIQUE. adj. 2 g. (gr. γαλακτικός, laiteux, de γάλα, lait). Qui a rapport à la voie lactée.

GALACTITE. s. f. (gr. γαλακτίτης, qui a l'apparence du lait). T. Minér. Nom donné par les anciens à une sorte d'argile smectique.

GALACTOCÈLE. s. f. (gr. γάλα, γάλακτος, lait; κήλη, tumeur). T. Chir. Tumeur du scrotum produite par un épanchement de liquide blanc dans les deux tuniques vaginales.

GALACTODENDRON. s. m. (gr. γάλα, γάλακτος, lait; δένδρον, arbre). T. Bot. Ancien genre d'arbres de la famille des *Urticacées,* qui ne forme plus aujourd'hui qu'une section du genre *Piratinera.* Voy. URTICACÉES.

GALACTOGÈNE. adj. 2 g. et s. m. (gr. γάλα, γάλακτος, lait; γεννάω, j'engendre). T. Méd. Se dit des substances alimentaires ou médicamenteuses qui ont la propriété d'augmenter la sécrétion du lait.

GALACTOGRAPHIE. s. f. (gr. γάλα, γάλακτος, lait; γράφω, je décris). Description des propriétés du lait.

GALACTO-HEPTONIQUE. adj. 2 g. (R. *galacto-heptose*). T. Chim. L'acide *galacto-heptonique,* appelé aussi *galactose carbonique,* est un acide-alcool qui a pour formule $CH^2OH(CHOH)^5CO^2H$. On le prépare en unissant la galactose à l'acide cyanhydrique et en traitant par l'eau de baryte le composé obtenu. Il est solide et cristallisable. Chauffé à 145°, il fond et se transforme en une lactone. En le réduisant par l'amalgame de sodium, on obtient l'aldéhyde correspondante.

Cette aldéhyde, la *galacto-heptose* $CH^2OH(CHOH)^5CHO$ est un sucre isomérique avec les gluco-heptoses. Elle forme une hydrazone fusible à 199° et une osazone fusible à 220°.

GALACTO-HEPTOSE. s. f. (R. γάλα, γάλακτος, lait; ἑπτά,

sept; et le suff. *ose* qui désigne les sucres). T. Chim. Voy. GALACTO-HEPTONIQUE.

GALACTOLOGIE. s. f. (γάλα, γάλακτος, lait; λόγος, traité). Traité sur le lait.

GALACTOMÈTRE. s. m. (gr. γάλα, γάλακτος, lait; μέτρον, mesure). T. Phys. Pèse-lait. Voy. LAIT.

GALACTONIQUE. adj. 2 g. T. Chim. L'*acide g.*, qui répond à la formule $CH^2OH(CHOH)^4CO^2H$, est l'acide monobasique correspondant à la galactose. On la prépare en oxydant le sucre de lait ou la galactose par le brome en solution aqueuse. Il se forme aussi par l'oxydation de l'arabinose ou par la réduction de l'acide mucique. Il cristallise en petites aiguilles déliquescentes. Chauffé à 100°, il perd de l'eau et se transforme en une lactone qui fond vers 125°. L'oxydation par l'acide azotique le convertit en acide mucique. — Tel qu'on le prépare ordinairement, l'acide g. est sans action sur la lumière polarisée; mais, en le transformant en sel de strychnine, on peut le dédoubler en deux acides galactoniques : l'un, dextrogyre; l'autre, lévogyre.

GALACTOPÉÈSE. s. f. (gr. γάλα, γάλακτος, lait; ποίησις, action de faire). T. Physiol. Faculté qu'ont les mamelles de fabriquer le lait.

GALACTOPÉÉTIQUE. adj. 2g. (gr. γαλακτοποιητικός, m. s.). T. Méd. Se dit des substances auxquelles on attribue la propriété d'augmenter la sécrétion du lait.

GALACTOPHAGE. adj. 2 g. (gr. γάλα, γάλακτος, lait; φαγεῖν, manger). Qui se nourrit de lait.

GALACTOPHORE. s. m. (gr. γάλα, γάλακτος, lait; φορός, porteur). Petit instrument appelé vulgairement *bout de sein*, qu'on applique sur le mamelon pour faciliter l'allaitement quand le mamelon est trop court ou que la succion y excite de la douleur. || Adj. 2 g. T. Anat. *Conduits galactophores*, Conduits qui portent le lait de la glande mammaire au mamelon. Voy. MAMELLE.

GALACTOPHORITE. s. f. T. Méd. Inflammation des conduits galactophores.

GALACTOPHTISIE ou **GALACTOPHTHISIE.** s. f. (gr. γάλα, γάλακτος lait; φθίσις, dépérissement). T. Méd. Dépérissement consécutif à une trop grande déperdition de lait chez les nourrices.

GALACTOPOSIE. s. f. (gr. γαλακτοποσία, m. s., de γάλα, γάλακτος, lait, et πόσις, action de boire). T. Méd. Traitement des maladies par l'emploi du lait.

GALACTORRHÉE. s. f. [Pr. *galak-tor-ré*] (gr. γάλα, γάλακτος, lait; ῥέω, je coule). T. Méd. Écoulement surabondant du lait chez la femme qui allaite. T. Méd. Écoulement de lait chez une femme qui n'allaite pas, et, même, dans quelques cas rares, chez un homme.

GALACTOSCOPE. s. m. (gr. γάλα, γάλακτος, lait; σκοπέω, j'examine). Syn. de *Galactomètre.* Voy. PÈSE-LAIT.

GALACTOSE. s. f. (gr. γαλάκτωσις, m. s., de γάλα, lait). T. Physiol. Production du lait par la glande mammaire.

GALACTOSE. s. f. (gr. γάλα, γάλακτος, lait, et le suff. *ose* qui indique les sucres). T. Chim. Matière sucrée ayant la même constitution que le glucose $C^6H^{12}O^6$, dont elle est un isomère stéréochimique. Elle ne se rencontre pas dans la nature, mais elle se forme par l'action des acides étendus sur le sucre de lait, la raffinose, l'agar-agar, la mousse de Carraghoen, la gomme arabique et plusieurs autres gommes lévogyres. Elle est identique au la *cérébrose* obtenue par l'action de l'acide sulfurique sur la *cérébrine.* Pour préparer la g. on chauffe pendant plusieurs heures la lactose (sucre de lait) avec une solution aqueuse d'acide sulfurique; la lactose fixe de l'eau et se dédouble en g. et glucose; on sature le mélange par du carbonate de soude et l'on évapore; la g., moins soluble, se dépose la première. Elle cristallise en tables hexagonales ou en aiguilles microscopiques, fusibles à 168°, facilement solubles dans l'eau, presque insolubles dans l'alcool méthylique. Ses solutions sont dextrogyres. La g. réduit la liqueur de Fehling. Elle fermente au contact de la levure de bière, quand elle renferme de la glucose. Elle fournit une oxime cristallisée qui fond à 175°, une hydrazone fusible à 158° et une osazone fusible à 193°. Réduite par l'amalgame de sodium, la g. se convertit en dulcite. Oxydée par le brome, elle se transforme en acide galactonique. Avec l'acide nitrique elle donne de l'acide mucique.

En réduisant la lactone galactonique par l'amalgame de sodium en liqueur acide, on obtient une g. fusible à 141°, sans action sur la lumière polarisée. C'est un mélange de deux galactoses, l'une dextrogyre, l'autre lévogyre. La première subit seule la fermentation alcoolique quand on soumet le mélange à l'action de la levure; on peut ainsi isoler la g. lévogyre, dont le point de fusion est 162°.

GALACTURIE. s. f. (gr. γάλα, γάλακτος, lait; οὐρεῖν, uriner). T. Méd. Évacuation d'urine lactescente.

GALAGO. s. m. (Nom sénégalais). T. Mamm. Genre de *Mammifères* appartenant à l'ordre des LÉMURIENS. Voy. ce mot.

GALAMMENT. adv. [Pr. *ga-la-man*]. De bonne grâce. *Il a fait g. toutes les choses dont on l'a prié.* || D'une manière galante, en cherchant à plaire. *Il s'est conduit g. envers toutes les dames.* || Avec goût, avec élégance. *S'habiller g.* || Habilement, adroitement, bravement. *Il s'est tiré g. de cette intrigue. Il a mené cette affaire-là fort g. Il s'est comporté fort g. dans cette rencontre.*

GALAN, ch.-l. de c. (Hautes-Pyrénées), arr. de Tarbes, 1,200 hab.

GALANDAGE. s. m. (R. *garlandage*). T. Maçonn. Cloison de briques posées de champ les unes sur les autres.

GALANDISE. s. f. Syn. de GALANDAGE.

GALANGA. s. m. (ital. *galanga*, m. s.). T. Bot. Sous ce nom on désigne, dans les officines, les rhizomes de deux espèces d'*Alpinia* : celui de l'*A. officinarum* est connu sous le nom de *Petit Galanga* ou *Galanga officinal*; celui de l'*A. Galanga* porte le nom de *Grand Galanga.* Voy. SCITAMINÉES.

GALANT, ANTE. adj. (Part. prés. de l'anc. verbe *galer*, être vif). Qui a de la probité; qui a des procédés nobles; qui est civil, obligeant. *C'est un g. homme, vous pouvez avoir confiance en lui. Il s'est tiré de cette affaire, il s'est conduit dans cette affaire en g. homme.* — Fam., *Vous êtes un g. homme d'être venu exprès pour nous voir. Vous seriez un g. homme si vous me faisiez ce plaisir-là.* Dans ce sens, il ne se dit jamais des femmes et se place toujours avant son subst. || Qui est empressé auprès des femmes, qui cherche à leur plaire. (Dans ce sens il prend les suivants, il se met ordinairement après le subst.) *C'est un homme fort g. Vous êtes peu g. Il s'est montré fort g. pour elle, envers elle. On ne peut être plus g.* — *Femme galante,* Femme qui est dans l'habitude d'avoir des commerces de galanterie. — *Intrigue galante,* Commerce de galanterie. || Qui marque, qui dénote de la galanterie. *Avoir l'esprit g., l'humeur galante, l'air g., les manières galantes. Discours g.* Style g. *Voilà qui n'est guère g.* || Dans une acception générale, se dit de certaines choses, lorsqu'on les considère comme agréables et bien entendues dans leur genre. *Un habit g. Rien de plus g. que ce boudoir.* — GALANT. s. m. Celui qui fait l'empressé auprès des dames. *Il fait le g. auprès des dames.* — Se dit aussi quelquefois pour amoureux, et même pour amant. *C'est le g. de toutes les dames. C'est un g. banal.* || C'est son g. Fam. — Autrefois *Verts galants* ou *galants de la feuillée,* Voleurs qui se tenaient dans les bois. — Par ext. au fig., *Un vert g.,* se dit d'un homme entreprenant auprès des femmes, etc. || Se dit encore d'un homme éveillé à qui il ne faut pas trop se fier. *Notre g. s'avisa de cette ruse.* — Dans ce sens qui vieillit, on dit au fém., *Galante. La galante fit chère lie.* || Par plaisant., se dit quelquefois d'un voleur. *Le g. fut pris et pendu.* || Fig., *Un g., Nœud,* cocarde de ruban ou de dentelle.

GALANTERIE. s. f. Qualité de ce qui est galant; agrément, politesse dans l'esprit et dans les manières. *Il a de la g. dans l'esprit. Il met de la g. dans tout ce qu'il dit.* Vx. || Attention constante à plaire aux femmes, à se faire bien venir d'elles. *Faire profession de g. La g. française. Il s'était fait remarquer par sa g. auprès des dames.* || Par ext., Parole flatteuse, compliment agréable que l'on adresse à une femme. *Dire des galanteries. Il L'a fatigue avec ses galanteries. Elle a paru fort sensible à cette g.* || Inté que amoureuse et illicite. *Cette femme a une g. avec en tel. Un commerce de g.* — Fam. et par ironie, se dit quelquefois d'une maladie secrète. *Attraper une g.* || Se dit aussi des petits présents qu'on se fait dans la société. *Il fait tous les jours des galanteries à ses amis. Il m'a fait une jolie g.* — Ironiq. *La g. est un peu forte,* se dit d'une action peu honnête, peu délicate.

GALANTHE. s. m. (gr. γάλα, lait ; ἄνθος, fleur). T. Bot. Genre de plantes Monocotylédones (*Galanthus*) de la famille des *Amaryllidacées.* Voy. ce mot.

GALANTHINE. s. f. (gr. γάλα, lait ; ἄνθος, fleur). T. Bot. Nom vulgaire du *Galanthus nivalis,* plante de la famille des *Amaryllidacées,* nommée aussi *Nivéole, Perce-neige* ou *Clochette d'hiver.* Voy. AMARYLLIDACÉES.

GALANTIN. s. m. Homme ridiculement galant auprès des femmes. *Il fait le galant et n'est qu'un g.*

GALANTINE, s. f. (bas-lat. *galatina,* m. s.) T. Art culinaire. Composition de viandes froides désossées, particulièrement de volailles, qui est lardée, assaisonnée de truffes ou d'autres ingrédients, et qu'on décore avec de la gelée. *G. de dindon. G. truffée.*

GALANTISER. v. a. [Pr. *galan-tizer*] Faire ridiculement le galant auprès des femmes. *G. les dames.* \\ et fam. == GALANTISÉ, ÉE. part.

GALAPAGOS (Îles), archipel du Grand Océan sous l'équateur, à 1,000 kilom. des côtes de la République de l'Équateur.

GALAPECTITE. s. f. T. Minér. Variété d'halloysite d'un blanc verdâtre ou rosé.

GALATA, faubourg de Constantinople où résident les négociants européens.

GALATÉE, nymphe de la mer, qui préféra le berger Acis au cyclope Polyphème. (Mythol.)

GALATHÉE. s. f. (Nom mythol.) T. Zool. Nom que l'on donne à certains *Mollusques Lamellibranches* (Voy. CARDIACÉS) et à un genre de *Crustacés* (Voy. MACROURES).

GALATIE, pays au centre de l'anc. Asie Mineure, tirant son nom des Galates ou Gaulois qui l'avaient envahi (278 av. Jésus-Christ). V. pr. *Ancyre.*

GALATZ, v. de Moldavie (Roumanie), sur le Danube ; 80,000 hab.

GALAXIE. s. f. (gr. γαλαξίας, m. s., de γάλα, lait ; et κύκλος, cercle). T. Ast. Nom de la Voie lactée. || T. Bot. Genre de plantes de la famille des *Iridées,* qui croissent au cap de Bonne-Espérance.

GALAZIME. s. m. (gr. γάλα, lait ; ζύμη, levain). Lait fermenté formant une boisson gazeuse ou alcoolisée.

GALBA (SERVIUS), empereur romain, succéda à Néron, 68 ap. J.-C., et fut assassiné par les soldats, après un an de règne.

GALBANONER. v. a. (R. *galbanum*). Nettoyer les vitres avec de la craie, les nettoyer imparfaitement.

GALBANUM. s. m. [Pr. *galbanome*] (gr. χαλβάνη, m. s.). Gomme-résine dont la production est attribuée au *Ferula galbaniflua* et au *F. rubricaulis,* plantes de la famille des *Ombellifères,* qui croissent en Perse et dans les régions voisines. Voy. OMBELLIFÈRES. || Fig. et fam., *Donner, vendre du g.,* Donner à quelqu'un de fausses espérances, l'amuser de vaines promesses. *C'est un vendeur de g.* Peu us.

GALBE. s. m. (ital. *garbo,* contour). T. Beaux-Arts. L'ensemble du profil, des contours que présente un fût de colonne, un vase, une statue, un dôme, etc. *Ce vase est d'un beau g., d'un g. élégant.* || Par ext., Contour, profil qui détermine une figure, un corps humain. *Une tête d'un g. étonnant.* || T. Métall. Masse totale d'un haut fourneau. || Profil chantourné d'une pièce de menuiserie.

GALBÉ, ÉE. adj. (R. *galbe*). T. Archit. Dont le galbe seul est indiqué. *Feuilles galbées,* Feuilles qui, dans un ornement, ne sont qu'ébauchées. || Qui a un galbe spécial. *Colonne galbée,* dont le fût n'est pas rectiligne, mais renflé au milieu.

GALBULE. s. m. (lat. *galbulus,* pomme de cyprès). T. Bot. Nom donné quelquefois aux cônes globuleux des diverses espèces du genre Cyprès.

GALE. s. f. (lat. *galla,* galle des végétaux). T. Bot. Voy. GALLE.

GALE. s. f. (R. *galle* ?). T. Méd. Maladie de la peau causée par la présence d'un parasite. || Loc. fam., *Méchant comme la g.,* et par extens., en parlant d'une femme, *C'est une méchante g.* || Par ext., *G. du porc,* La rogne (Voy. ce mot). || *G. du bois,* Trous de vers qui en rendent la surface rugueuse.

Méd. — La g. est une affection caractérisée par des lésions cutanées polymorphes, généralement prurigineuses, et déterminée par la présence d'un parasite spécial de la classe des arachnoïdes, l'*Acarus scabiei.* De toutes les lésions cutanées engendrées par les acares, la plus caractéristique est incontestablement le *sillon :* une mince ligne grise, ponctuée de points plus foncés, visible à l'œil nu, mais plus facile à observer à la loupe, mesurant de 2 ou 3 millim. à 1 ou 2 cent., qui présente deux extrémités, une plus large où se trouve l'éraillure épidermique correspondant à l'entrée du parasite, l'autre légèrement saillante, marquée par un point blanc brillant, qui n'est autre que le parasite. En dehors de ces lésions, on rencontre des vésicules de la grosseur d'un grain de millet ou de chènevis, des saillies rouges, arrondies, dont le sommet excorié est recouvert d'une mince croûte jaune ou brune, des

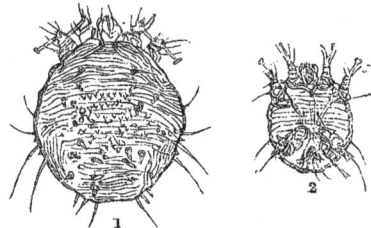

pustules de dimensions variées, rappelant tantôt l'ecthyma, tantôt l'impetigo. Ces déterminations ont des lieux de prédilection : les faces latérales des doigts et les espaces interdigitaux pour les sillons et les petites vésicules ; la face antérieure des poignets pour les pustules ; les fesses, le tronc, la région mammaire et les organes génitaux, pour des lésions de divers ordres (pustules ecthymateuses, sillons...). Par contre, la tête et le cuir chevelu sont constamment indemnes. La g. s'accompagne d'un prurit intense, dans la production duquel interviennent simultanément la progression des acares, leurs sécrétions et les lésions dues à leur présence : le prurit s'exaspère la nuit, surtout le soir, par la chaleur du lit, de sorte qu'il détermine souvent une insomnie pénible ; pendant le jour, il diminue ou cesse presque complètement. Les lésions, primitivement localisées, se généralisent fréquemment, par suite soit des migrations spontanées des parasites, soit de leur dissémination par les ongles du malade ou ses vêtements. Elles tendent à devenir plus intenses et plus graves, et prennent des caractères dissemblables, en raison de leur ancienneté et des conditions sociales des malades.

La cause première de la maladie, l'*Acarus scabiei,* ou sarcopte de la g., est un insecte de la famille des Acariens, de la classe des Arachnides. La femelle, que l'on rencontre plus fréquemment que le mâle, est blanchâtre, arrondie, rappelant une tortue ; elle a un tiers de millim. de long sur un quart de large ; examinée au microscope, elle présente sur sa face dorsale (Fig. 1) des taches, des lignes et des poils, et sur sa face ventrale (Fig. 2) 4 pattes à 5 articles de chaque côté, 2 antérieures garnies d'une ventouse, 2 postérieures terminées par un poil ; à l'extrémité antérieure, se trouve la tête, pourvue de 6 soies avec 4 paires de demi-mâchoires et 2 palpes à 3 articles ; à l'extrémité opposée, l'anus et les organes sexuels. Le mâle est plus petit que la femelle, plus aplati et moins régulier ; il présente à la dernière paire de pattes un ambulacre armé d'une ventouse au lieu d'un poil ; sur la face abdominale, près de l'extrémité postérieure, les organes génitaux forment des saillies distinctes. Les acares sont faciles à mettre en évidence avec un peu d'habitude : il suffit avec la pointe d'un canif de rompre l'extrémité d'un sillon et de rechercher à l'aide d'une loupe le point blanc qui y est apparent. La g. ne reconnaît pas d'autre cause possible que la présence des acares ; ceux-ci sont transmis par contact direct et seulement lorsque le contact est prolongé ; il faut, en outre, que le contact ait lieu au moment où le parasite circule librement à la surface de la peau, ce qui ne se produit guère que pendant la nuit ; il en résulte que c'est ordinairement par la cohabitation que se fait la transmission. Les animaux sont sujets à la g., mais elle est produite chez eux par des variétés différentes d'acares qui s'acclimatent mal chez l'homme. Aussi, la g. provenant du chien, du chat, du cheval, est-elle moins violente que la g. ordinaire et présente-t-elle souvent une tendance spontanée à la guérison.

Non traitée, la g. humaine persiste indéfiniment en s'aggravant. Avant les modes de traitement actuels, elle constituait une maladie grave, déterminant souvent un état de cachexie prononcée. Aujourd'hui, elle est devenue beaucoup plus bénigne et la rapidité de sa guérison permet de ne plus la redouter. Quoiqu'elle puisse donner lieu, en servant de porte d'entrée aux agents pathogènes, à des accidents viscéraux tels que l'albuminurie, et même faciliter l'infection syphilitique, et que, par sa longue persistance et l'insomnie qu'elle détermine, elle puisse porter atteinte à la santé, il suffit qu'elle soit reconnue pour cesser d'être grave. Les maladies fébriles intercurrentes, en modifiant la nutrition générale, troublent le développement du parasite de la g. Aussi voit-on fréquemment, pendant leur cours, le prurit et les lésions diverses de la peau s'amender ou même disparaître ; mais, au moment de la convalescence, les embryons reprennent leur activité, et l'affection reparaît avec tous ses caractères.

Le diagnostic de la g. repose essentiellement sur la constatation du parasite ou tout au moins du sillon qui est l'indice de sa présence, difficile à confondre avec des lésions traumatiques, telles qu'écorchures, égratignures... En l'absence du sillon, les localisations des lésions aux mains, aux plis du poignet, à la partie antérieure de l'aisselle, aux seins, à la verge, associées au caractère nocturne du prurit, ont une telle valeur qu'elles peuvent presque à elles seules suffire au diagnostic. Il ne faut pas perdre de vue d'ailleurs que certaines formes d'eczéma, d'ecthyma compliquent parfois la g., à la suite des lésions occasionnées par le prurit.

Le traitement de la g. a été régularisé, il y a à peine quelques années, par le professeur Hardy. Il consiste essentiellement dans l'emploi combiné des bains et des frictions au savon pour ramollir l'épiderme et faciliter le contact des parasiticides avec les acares et des frictions énergiques avec une pommade sulfureuse (12 parties d'axonge pour 2 parties de fleur de soufre et 1 partie de sous-carbonate de potasse). Ce traitement, connu sous le nom de frotte, qui demande deux heures, donne une proportion de guérisons de 59 p. 60. L'irritation vive qu'il détermine est assez souvent suivie d'éruptions eczématiformes qui nécessitent l'emploi des bains d'amidon. La désinfection complète des vêtements du malade, par le passage à l'étuve, est le complément indispensable du traitement de la g.

GALE (Thomas), savant érudit anglais (1636-1702).

GALÉ. s. m. (angl. gale, m. s.). T. Bot. Nom vulgaire du Myrica gale, arbrisseau de la famille des Myricées. Voy. ce mot.

GALÉANTHROPIE. s. f. (gr. γαλῆ, chat, belette ; ἄνθρωπος, homme). Manie dans laquelle le malade se croit métamorphosé en chat.

GALÉASSE ou **GALÉACE.** s. f. (ital. galeazza, m. s.). T. Mar. Galère de grande dimension. Voy. GALÈRE.

GALÉE. s. f. (bas-grec, γαλλία, m. s.). T. Techn. Ancien nom eut galère, petit navire de guerre. || Par anal. Planchette rectangulaire à rebords sur laquelle le compositeur typographe place les lignes assemblées dans le composteur. V. TYPOGRAPHIE.

GALÉGA. s. m. (esp. gallega, m. s.). Genre de plantes Dicotylédones appelé aussi Faux indigo, de la famille des Légumineuses. Voy. ce mot.

Agr. — Si la valeur du Galéga comme plante fourragère n'est pas encore établie, ce végétal possède une autre propriété qui présente un grand intérêt, celle d'être un excellent engrais vert. Des expériences répétées en France et en Allemagne il semble démontré que cette plante est celle qui accumule dans ses tissus la plus forte proportion d'azote tiré de l'atmosphère. 1,000 parties, à l'état sec, contiendraient jusqu'à 5,42 pour 100 d'azote. Ce serait donc la meilleure plante à enfouir en vert que posséderait l'agriculture, tant par sa richesse que par la vigueur et la hauteur de ses touffes. Le g. d'Orient, qui s'élève davantage, lui serait peut-être préférable.

GALÉIFORME. adj. 2 g. (lat. galea, casque ; forma, forme). T. Bot. Qui a la forme d'un casque ; par ex., le pétale supérieur des aconits.

GALÈNE. s. f. (gr. γαλήνη, m. s.). T. Minéral. Sulfure de plomb natif. Voy. PLOMB.

GALÉNIQUE. adj. 2 g. T. Hist. méd. Qui a rapport à Galien ou à sa doctrine. Méthode g. — Remèdes galéniques, Remèdes tirés du règne végétal, par oppos. à Remèdes spagiriques ou chimiques, Remèdes tirés du règne minéral. || Qui professe la doctrine de Galien.

GALÉNISME. s. m. La doctrine de Galien.

GALÉNISTE. s. et adj. m. Sectateur de Galien. La secte des galénistes. Les médecins galénistes.

GALÉNITE. s. m. (gr. γαλήνη, la paix). Nom d'une secte d'anabaptistes.

GALÉODE. s. m. (gr. γαλῆ, chat ; εἶδος, aspect). T. Zool. Arachnides qui se rapprochent des Insectes par la division de leur corps en trois parties. Voy. PSEUDO-SCORPIONS.

GALÉOPITHÈQUE. s. m. (gr. γαλῆ chat ; πίθηκος, singe). T. Mamm. — Les Galéopithèques, que les voyageurs ont

appelés tour à tour, à cause de la singularité de leur forme, Chats volants, Chiens volants, Écureuils volants, ont reçu de Camellius le nom qu'ils portent aujourd'hui. Ce sont des mammifères quadrupèdes pourvus à chaque pied de cinq doigts dirigés dans le même sens, réunis par une palmature et terminés par des ongles aigus qui leur permettent de monter dans les arbres. La tête est médiocrement aplatie, le front peu bombé ; les yeux assez forts et les narines semblables à celles des Makis.

Les mamelles sont pectorales, et les organes extérieurs et intérieurs de la reproduction disposés comme ceux des Singes. Mais ce qui caractérise essentiellement les *Galéopithèques*, c'est la présence d'une membrane difforme qui s'étend depuis les côtés du cou jusqu'à la queue, et qui, tendue par les membres, sert à soutenir l'animal quand il s'élance d'un arbre sur un autre. Les Galéopithèques n'ont pas, comme les Chéiroptères, la main engagée dans cette membrane. Leurs doigts sont libres et semblables à leurs orteils. Les analogies que ces animaux présentent avec les Lémuriens, et les différences qui les séparent des Chéiroptères, ne permettent donc pas de les ranger parmi ces derniers, ainsi que l'avait fait G. Cuvier : on les considère plutôt aujourd'hui comme des Insectivores dégradés, formant une transition entre ceux-ci et les Lémuriens. — Les habitudes des Galéopithèques sont à peu près celles des Roussettes. Comme elles, ils vivent de fruits et d'insectes, et s'accrochent aux branches par leurs pieds. Pendant le jour, ils fuient la lumière et se tiennent cachés dans les endroits les plus sombres des forêts, d'où ils ne sortent que le soir, pour chercher leur nourriture. Leurs membranes leur servent plutôt de parachutes que d'ailes. Cuming dit qu'ils peuvent voler l'espace d'une centaine de mètres en décrivant une ligne oblique et inclinée. Ces animaux sont propres aux îles de l'Océan indien. On en connaît quatre ou cinq espèces : la Fig. ci-dessus représente le *Gal. des Philippines*. Cette espèce est à peu près de la taille d'un Chat.

GALÉOPSIS. s. m. (gr. γαλῆ, chat; ὄψις, œil). T. Bot. Genre de plantes de la famille des *Labiées*. Voy. ce mot.

GALÉOTE. s. m. (gr. γαλεώτης, sorte de lézard). T. Erpét. Genre de Reptiles. Voy. IGUAMIENS.

GALER (SE). v. pron. (R. *gale*). Se gratter. Popul. || Fig., Se battre.

GALÈRE. s. f. (esp. et ital. *galera*, m. s.). T. Mar. Sorte de bâtiment long et de bas bord, qui va ordinairement à rames, et quelquefois à voiles, et dont on se servait beaucoup autrefois sur la Méditerranée. || Au fig., se dit de la peine de ceux qui sont condamnés à ramer sur les galères (Fig. et prov., *Voyez la g.!* Laissons aller les choses. — *C'est une g., une vraie g.*, se dit d'un état, d'une condition où l'on a beaucoup à travailler, beaucoup à souffrir. *Une vie de galères*, Une vie très pénible. On dit dans un sens anal., en parlant d'une mauvaise affaire où quelqu'un s'est engagé, *Qu'alliez-vous faire dans cette g.?* || T. Techn. Grand rabot à deux poignées, manœuvré par deux ouvriers pour travailler les bois qui doivent être dressés à vives arêtes. — Sorte de tombereau que les maçons traînent eux-mêmes. — Ratissoire à roulettes pour allées de parcs et jardins. — Long fourneau où chauffent à la fois plusieurs vases. — Fourneau rond à réverbère, autour duquel on place les vases à chauffer.

Mar. — I. Le mot *Galère*, que l'on écrivait anciennement *Galée*, désigne proprement une famille de navires légers et à rames qui ont constitué, pendant toute le moyen âge, la presque totalité de la marine militaire de l'Europe, surtout dans les pays baignés par la Méditerranée ; mais, dans les temps modernes, on a appliqué la même dénomination à toutes les sortes de vaisseaux en usage chez les peuples de l'antiquité. Quoique cette extension de signification donnée au mot g. soit très vicieuse, puisqu'elle peut faire confondre des choses fort à fait différentes, nous l'adopterons pour nous conformer à l'usage. En conséquence, c.-à-d. des galères proprement dites, c'est sous ce titre que nous traiterons de la marine des peuples anciens, c.-à-d. des Grecs et des Romains.

II. — L'origine de l'art naval chez les Grecs est de beaucoup antérieure aux temps historiques. Il est question dans les récits mythiques les plus anciens de longs voyages maritimes que l'on ne peut pas considérer comme de pures fictions, et tout porte à croire que les navires en usage dans ces temps reculés étaient plus grands et d'une construction plus compliquée que les canots faits d'un simple tronc d'arbre creusé ou les radeaux employés par certaines peuplades sauvages. Si, laissant de côté l'histoire du navire Argo et de l'expédition des Argonautes, nous nous transportons à l'époque de la guerre de Troie, nous trouvons dans l'énumération seule de la flotte nombreuse que les Grecs menèrent sur la côte d'Asie, la preuve évidente que la navigation avait fait chez eux de grands progrès. Homère nous apprend, en son témoignage peut s'appliquer plus ou moins complètement aux différentes peuplades helléniques, que chacun des cinquante navires des

Béotiens portait cent vingt guerriers ; or, pour être en état de porter un aussi grand nombre de personnes, un navire doit avoir nécessairement de grandes dimensions. Ces navires étaient pourvus d'un mât unique. Deux cordages, πρότονοι, fixés à l'avant et à l'arrière du bâtiment, servaient, soit à le maintenir, soit à l'abaisser ou à le dresser. Ces vaisseaux n'étaient pontés que sur la moitié de leur longueur. Ils ne portaient qu'une seule voile, dont on faisait usage quand le vent était favorable : car habituellement, ils marchaient à l'aide d'avirons attachés au bordage par des lanières de cuir, τροποὶ δερμάτινοι, et manœuvrés par des rameurs, κλητῆρες, assis sur des bancs. Homère applique souvent aux vaisseaux l'épithète de noirs, μέλαιναι, probablement parce qu'on les enduisait de quelque substance noirâtre, comme la poix, afin de soustraire le bois à l'action de l'air et de l'eau. Il résulte aussi du témoignage du poète qu'on les peignait quelquefois en rouge dans un but de décoration : de là les épithètes de μιλτοπάρηοι et de φοινικοπάρηοι, c.-à-d. *aux joues rouges* et *aux joues pourpres*, qui se trouvent dans plusieurs passages de l'*Odyssée*. Lorsque les Grecs eurent débarqué dans la Troade, ils tirèrent leurs vaisseaux à terre et les entourèrent de retranchements pour les mettre à l'abri des attaques de l'ennemi. Cette coutume de traîner les navires sur le rivage, quand on ne devait pas s'en servir, subsistait encore longtemps après, ainsi qu'on le voit par différents passages des *Commentaires* de César.

Dans les temps qui suivirent la guerre de Troie, l'établissement de nombreuses colonies grecques dans les pays lointains, tels que l'Asie Mineure, l'Afrique et l'Italie, et le mouvement maritime auquel cet établissement donna lieu, firent entrer l'art de la navigation et des constructions navales dans une voie de progrès que développèrent encore les habitudes de piraterie alors en usage non seulement entre les peuples helléniques et les étrangers, mais encore entre les peuples de même race. Malheureusement nous avons fort peu de renseignements sur cette intéressante partie de l'histoire ancienne. Dans la Grèce même, il paraît que ce furent principalement les Corinthiens qui portèrent l'art des constructions navales au point où il se trouvait à l'époque de Thucydide : c'est par ex., au Corinthien Aminoclès, environ 700 ans av. notre ère, que l'on attribue l'invention des *Trirèmes* ou navires à trois rangs de rames, τριήρεις ; mais cette invention avait nécessairement dû être précédée par celle des *Birèmes*, ou navires à deux rangs de rameurs ; or, Pline attribue celle-ci aux Érythréens. Les Corinthiens, les Samiens et les Phocéens furent les premiers, parmi les peuples helléniques, qui eurent une marine de quelque importance. À l'époque de Cyrus et de Cambyse, les trirèmes corinthiennes furent adoptées par les tyrans de la Sicile et par les Corcyréens, dont la marine devint bientôt la plus puissante de la Grèce. À cette même date, les autres peuples helléniques, même les Athéniens et les Éginètes, ne faisaient guère usage de longs navires avec un seul rang de rameurs. La puissance maritime d'Athènes ne commença véritablement qu'avec Thémistocle, lorsque cet homme célèbre détermina ses concitoyens à construire des trirèmes pour faire la guerre à Égine. Ces trirèmes toutefois avaient simplement un tillac à chacune de leurs extrémités : on ne voit apparaître les ponts complets, καταστρώματα, que plus tard, et Pline fait honneur de leur invention aux Thasiens. Après la décadence d'Athènes, la prépondérance maritime passa aux Rhodiens.

Les navires dont les Grecs faisaient usage peuvent se diviser en *bâtiments de guerre*, νῆες, *naves bellicæ*, et *bâtiments de commerce* ou de *transport*, φορτικά, φορτηγοί, ὁλκάδες, πλοῖα, *naves onerariæ*, n. *actuariæ*, n. *mercatoriæ*. Ces derniers se reconnaissaient à leurs flancs larges et arrondis, d'où l'épithète de *ronds*, στρογγύλαι, *rotundæ*, qu'on leur donnait quelquefois. Ils marchaient autant que possible à la voile. Les seconds étaient au contraire très effilés, afin de pouvoir fendre l'eau avec facilité ; aussi l'expression de νῆες μάκραι, *naves longæ*, désigne-t-elle toujours des navires de guerre. Ils étaient particulièrement destinés à marcher à la rame, ce système facilitant beaucoup les évolutions militaires ; néanmoins on les munissait d'une voilure, dont on se servait lorsque le vent était favorable. Les premiers navires de guerre en usage chez les peuples de la Grèce étaient à un seul rang de rames (Fig. 5), et classés selon le nombre de leurs rameurs : ainsi, par ex., les mots τριακόντοροι et πεντηκόντοροι désignaient, le premier un navire de 30 rameurs, 15 de chaque côté, le second un bâtiment ayant 50 rames, 25 à bâbord et 25 à tribord. Mais les navires de ce genre cessèrent peu à peu d'être employés, lorsque prévalut l'usage des *trirèmes*, ou, comme disent les modernes, des galères à trois rangs de rames. On peut se faire une idée assez exacte des dimensions des trirèmes aux beaux temps de la marine athénienne, par ce fait qu'elles portaient en moyenne 200 hommes, c.-à-d. 200 rameurs ou matelots, auxquels on joignait ordinairement 10 et quelquefois jusqu'à 30 combattants ou *Épibates*, ἐπιδάται. — Indépendamment des galères de combat et à marche rapide dont nous venons de parler, il y avait encore des bâtiments de guerre dont on se servait principalement pour transporter des soldats ou des chevaux : ceux-ci étaient appelés ἱππαγοί, ἱππαγωγοί, et ceux-là ὁπλιταγωγοί ou στρατιώτιδες. Ces navires étaient plus lourds et plus lents : aussi ne les mettait-on en ligne qu'en cas de nécessité.

Les Grecs n'avaient pas encore de navires à plus de trois rangs de rames, lorsque, l'an 400 avant J.-C., Denys l'ancien, tyran de Syracuse, fit construire des *Quadrirèmes*, τετρήρεις, dont il emprunta probablement le plan aux Carthaginois, auxquels on attribue l'invention de cette sorte de bâtiment. C'est aussi à l'époque de Denys que l'on rapporte la construction de la première *Quinquérème*, πεντήρης; mais Mnésigeiton fait honneur aux Salaminiens de cette nouvelle création. Si donc l'assertion de cet écrivain est exacte, il est vraisemblable que le tyran de Syracuse fit faire les siens par un constructeur de Salamine. Il est question d'*Hexères*, ἑξήρεις, sous le règne de Denys le jeune, et l'on regarde ces navires comme d'origine syracusaine. Dans les temps qui suivirent la mort d'Alexandre le Grand, les vaisseaux à 4, 5, 6 rangs de rames, et même davantage, devinrent d'un usage général. En outre, nous savons par Polybe que, pendant la première guerre punique, les Carthaginois et les Romains se servirent principalement de quinquérèmes. Quant aux galères à 12, 30 et même 40 rangs de rameurs, telles que celles que firent construire Alexandre et les Ptolémées, elles paraissent n'avoir guère été que des vaisseaux

Fig. 1.

de parade et de curiosité. Les Athéniens persistèrent longtemps à se servir exclusivement de trirèmes, parce que, sans doute, en raison de leur légèreté et de leur faible tonnage, ils les jugeaient plus aptes à évoluer que des navires plus grands et plus lourds. Cependant, l'an 330 av. notre ère, ils possédaient déjà quelques quadrirèmes, et plus tard ils en augmentèrent le nombre. C'est dans un document qui date de l'an 325 av. J.-C., qu'il est fait pour la première fois mention de quinquérèmes athéniennes. Enfin, il paraît qu'à partir de l'an 330 les Athéniens cessèrent peu à peu de construire des trirèmes et les remplacèrent par des quadrirèmes.

Nous allons maintenant décrire sommairement les parties

Fig. 2.

principales des navires de l'antiquité, en commençant par celles qui appartenaient au corps même du bâtiment. — 1° La prone, πρῷρα, μέτωπον, *prora*, était ordinairement ornée sur chaque côté de figures peintes ou de sculptures appliquées. Il

était, à ce qu'il paraît, d'usage de peindre un œil sur chacune de ses joues. C'est également à la proue qu'était fixé l'emblème παράσημον, *insigne, figura*, par lequel le navire se distinguait des autres, et d'où il tirait ordinairement son nom. Au-dessous de la proue elle-même, se trouvait l'*éperon*, ἔμϐολος, ἔμϐολον, *rostrum*, qui se terminait par une pointe plus ou moins aiguë, pour faire brèche aux vaisseaux ennemis. Cet éperon consista d'abord en une poutre armée d'une pointe de fer, établie à fleur d'eau, et faisant comme le prolongement de la quille, τρόπις, *carina*. Plus tard, on le composa de deux ou trois pièces semblables, superposées et placées de manière à frapper à la fois au-dessus, au-dessous et du niveau de la flottaison (Fig. 2). Quelquefois cet éperon affectait la forme d'une tête de bélier, etc. Il paraît que la proue était encore munie latéralement de deux pièces de bois appelées ἐπωτίδες, qui servaient à la protéger contre le choc de l'éperon des galères ennemies. La surveillance de la proue était confiée à un contremaître appelé πρωρεύς, πρωράτης, *proreus, proreta*, qui avait l'inspection des agrès et qui donnait les ordres aux rameurs. — 2° La *poupe*, πρύμνη, ou πρύμνα, *puppis*, dominait ordinairement les autres parties du pont ; c'était le poste du timonier, qui s'y tenait assis sur un siège élevé, lequel était quelquefois installé sous une sorte de pavillon (Fig. 1). Cette partie du navire avait une forme plus arrondie que la proue. De même que celle-ci, on l'ornait de différentes manières : on y peignait surtout l'image de la divinité sous la protection de laquelle était placé le navire (*tutela*). Enfin, on la terminait fréquemment par un ornement appelé ἄφλαστον,

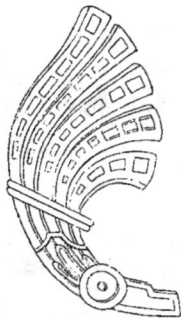

Fig. 3.

aplustre, et formé de planches fort minces disposées de façon à représenter à peu près l'aile d'un oiseau (Fig. 3). D'autres fois, au lieu de l'*aplustre*, on la surmontait d'un ornement en forme de cou de cygne ; mais ce dernier qu'on appelait χηνίσκος, *cheniscus*, s'appliquait souvent aussi à la proue des navires. — 3° Les Grecs désignaient par le nom de τράφηξ le bordage supérieur des navires. Dans les petites embarcations, les chevilles, σκαλμοί, *sclami*, entre lesquelles étaient disposés les avirons et auxquelles ils étaient liés au moyen de courroies, étaient fixées sur le τράφηξ. Dans les autres bâtiments, les avirons passaient par des trous percés dans le bordage du navire, et appelés ὀφθαλμοί, τρήματα ou τρυπήματα. — 4° Dans la plupart des navires de guerre, la partie moyenne du pont s'élevait en manière de plate-forme au-dessus du niveau du bordage supérieur, pour permettre aux combattants de voir à une plus grande distance et de lancer plus aisément leurs traits contre l'ennemi. — 5° L'une des questions les plus controversées au sujet de la marine des anciens est celle qui concerne la disposition des rangs de rameurs, dans les birèmes, les trirèmes, etc. Tous les passages des auteurs anciens qui sont relatifs à ce sujet démontrent d'une façon incontestable que les différents rangs de rameurs étaient placés les uns au-dessus des autres. Cependant, au premier abord, la chose paraît peu probable ; car, en s'en tenant seulement aux quinquérèmes, où la longueur des rames devait nécessairement aller en croissant du premier rang au cinquième, c.-à-d. du rang le plus bas au rang le plus élevé, il est difficile de comprendre comment les rameurs du cinquième rang pouvaient mettre en mouvement des avirons de pareilles dimensions. L'invraisemblance, augmente encore quand les auteurs nous parlent de bâtiments à 30 et même à 40 rangs de rames. En conséquence, parmi les critiques modernes, beaucoup ont refusé d'admettre la réalité du fait, et se sont efforcés d'interpréter, au moyen d'hypothèses diverses, les passages des écrivains de l'antiquité. Mais, à l'exemple du savant Bœckh, nous regardons les arguments suivants comme irréfutables. En premier lieu, dans toutes les œuvres d'art antiques, où l'on représente des galères à plusieurs rangs de rameurs comme dans le fragment de birème ci-dessous (Fig. 4), les rangs de rames sont constamment superposés. En second lieu, le scoliaste d'Aristophane établit formellement que les rameurs du rang inférieur ayant les avirons les plus courts, et par conséquent les moins pénibles à manier, recevaient une paie plus faible, tandis que les rameurs du rang supérieur étaient les mieux rétribués, comme ayant beaucoup plus de peine. En troisième lieu, dans la description qu'a faite Callixène de la fameuse g. à 40 rangs de rames, τεσσαρακοντήρης, construite par ordre de Ptolémée Philopator, description qui nous a été conservée par Athénée et dont on ne peut contester l'authenticité, nous voyons que la hauteur de la g., prise à partir de la flottaison, était de 48 coudées (environ 22 mètres) jusqu'au sommet du couronnement de la

Fig. 4.

proue, et de 53 coudées (environ 24 mètres) jusqu'au sommet de l'aplustre. Or, cette hauteur était suffisante pour loger 40 rangs de rameurs, attendu que ceux-ci n'étaient pas placés verticalement les uns sur les autres, mais simplement les uns derrière les autres, chaque rang n'étant que peu élevé au-dessus du précédent, comme le représente la Fig. 4. Les rames du rang le plus élevé dans cette g. monstrueuse avaient 38 coudées ou environ 17 m. 40 de longueur, et nous verrons tout à l'heure, que, dans les galères modernes, les avirons arrivent à peu près à ces mêmes dimensions. Au reste, dans les galères ordinaires de l'antiquité, depuis la rame, μονήρης, jusqu'à la quinquérème, chaque rame était manœuvrée par un seul homme, tandis qu'il y en avait plusieurs pour des avirons longs de 38 coudées.

Les rameurs, κωπηλάται, ἐρέται, remiges, formaient une classe distincte des marins, ναῦται, nautæ, qui étaient chargés de la manœuvre, et des soldats de marine, ἐπιβάται, classiarii, qui avaient pour mission spéciale de combattre. Ils étaient assis sur de petits bancs, ἑδώλια, fori, transtra, fixés aux flancs du navire. Dans les trirèmes grecques, chaque rang de rameurs avait sa dénomination particulière: l'inférieur était appelé θάλαμος, le plus élevé θράνος, et l'intermédiaire ζυγά : de là les rameurs, selon leur rang étaient désignés sous les noms de θαλαμῖται ou θαλάμιοι, de θρανῖται, et de ζύγιοι ou ζυγῖται. Bœckh a calculé qu'une trirème avait en moyenne 170 rameurs. D'après Polybe, la chiourme d'une quinquérème pendant la première guerre punique était de 300 ; mais plus tard elle fut portée à 400. La fameuse g. de Ptolémée avait 4,000 rameurs ; en outre, le manche de chaque rame était vers la partie fuit de plomb, afin d'équilibrer à peu près les deux moitiés inégales de ces longues pièces et de rendre leur manœuvre plus facile.

Les Grecs désignaient sous le nom de σκεύη, que les Ro-

Fig. 5.

mains traduisirent par armamenta, l'ensemble des agrès et apparaux nécessaires à l'armement des navires. Ils les divisaient en deux classes, σκεύη ξύλινα, et σκεύη κρεμαστά, suivant qu'ils étaient de bois ou de quelque matière textile. — A la première classe appartenaient les avirons ou rames, κώπαι, remi; le gouvernail, πηδάλιον, gubernaculum; les mâts, ἱστοί, mali; les vergues ou antennes, κεραῖα, κέρατα, antennæ ; les crocs et gaffes, κοντοί, conti; les échelles, κλιμακίδες, scalæ; les poulies, τροχιλίαι, trochleæ, etc. La seconde classe comprenait les voiles, ἱστία, vela; les cordages

τοπεῖα, rudentes, et les bastingages, παραρρύματα. Nous dirons quelques mots de quelques-uns de ces agrès. Le gouvernail était tout simplement un aviron muni d'une très large pelle qui s'attachait le plus souvent au côté de la poupe (Fig. 4 et 5). En général, chaque bâtiment avait deux gouvernails de ce genre, l'un à droite, l'autre à gauche. Lorsque le navire était étroit, un seul timonier les manœuvrait tous les deux ; mais, dans les grands bâtiments, les deux gouvernails étaient unis par une barre, ζεύγλη, ansa, au moyen de laquelle le timonier leur imprimait à la fois les mêmes mouvements et les maintenait constamment dans la même direction. — Les navires des anciens avaient, selon leurs dimensions, un, deux, et trois mâts ; le plus fort était vers la poupe, et le plus petit vers la proue. Les trirèmes athéniennes en avaient deux. Ces mâts étaient d'une seule pièce et ordinairement de bois de sapin : ils étaient en outre soutenus par des pièces de bois appelées en grec παραστάται, et en latin postes. Quelquefois ils étaient munis de hunes, καρχήσιον, carchesium, sur lesquelles on établissait des combattants armés de traits qu'ils lançaient sur les navires ennemis. — Dans la marine grecque, les voiles étaient toujours carrées : il y en avait une ou deux à chaque mât. Mais les Romains faisaient en outre usage de voiles triangulaires, qui avaient la forme d'un delta renversé (∇), et qu'ils nommaient suppara. — Au-dessus du bordage de leurs bâtiments les anciens dressaient des espèces de bastingages, qui étaient faits de peaux d'animaux, d'osier tressé, ou d'un tissu de crin. Ces bastingages, que les auteurs nomment παραρρύματα, servaient, comme les nôtres, à protéger les combattants. — Enfin, les cordages, outre leur nom générique de τοπεῖα, funes, rudentes, recevaient des dénominations particulières suivant leur destination. Ainsi, par ex., on appelait σχοινία ceux auxquels étaient suspendues les ancres, ou qui servaient à amarrer le bâtiment à terre ; καλῴδιοι ou κάλοι, ceux qui fixaient le mât aux deux côtés du navire, etc. Enfin, on donnait le nom d'ὑπόζωμα, tormentum, à un fort cordage qui faisait horizontalement ou sur plusieurs fois le tour du navire de la poupe à la proue, afin d'augmenter sa solidité. On établissait ainsi plusieurs de ces ceintures de cordage les unes au-dessus des autres, en laissant entre elles un certain intervalle. En conséquence, leur nombre variait suivant les dimensions des bâtiments. La g. de Ptolémée, que nous avons déjà citée, en avait douze, dont chacune avait 600 coudées de longueur.

III. — Ce que nous venons de dire de la construction des navires en usage chez les Grecs s'applique complètement à la marine romaine. En effet, lorsque les Romains sentirent pour la première fois la nécessité d'avoir une marine militaire, c.-à-d. pendant la seconde guerre contre les Samnites (311 av. J.-C.), ils construisirent des trirèmes sur le modèle de celles qui étaient usitées dans les villes grecques de l'Italie méridionale. Cinquante ans plus tard, lors de la seconde guerre punique (260 av. notre ère), leurs trirèmes étant incapables de lutter avec les vaisseaux du haut bord des Carthaginois, ils construisirent 120 quinquérèmes sur le modèle d'une quinquérème carthaginoise, qui, ayant échoué sur la côte du Brutium, était tombée entre leurs mains. Vers la fin de la république, les Romains augmentèrent encore la force de leur marine militaire en construisant des galères de 6 à 10 rangs de rames ; mais en cela encore ils ne firent qu'imiter ce qui se pratiquait ailleurs. Les seules inventions qu'on doit aux Romains en fait de marine, sont celles de quelques engins de guerre qu'ils appliquèrent à leurs vaisseaux, et dont le plus remarquable est celle des corbeaux, qui est attribuée à C. Duilius. Voy. CORBEAU. Assez souvent ils élevaient sur le pont de leurs grands bâtiments des tours de bois d'où leurs soldats combattaient comme s'ils eussent été sur les remparts d'une ville de guerre. Les figures 4 et 5 offrent des spécimens de ces galères que les Romains appelaient naves turritæ.

IV. — La g. du moyen âge dérive incontestablement de la trirème antique, mais on ignore par quelle suite de modifications successives l'architecture navale a passé de l'une de ces constructions à l'autre. Dès le Ve siècle, tous les navires à rames recevaient dans les mers de l'empire grec le nom de Dromon (coureur), et quatre cents ans plus tard, Paul le Diacre et l'empereur Léon le Sage regardaient le mot dromon comme synonyme de τριήρης. De plus, ce dernier nous apprend que, de son temps, le dromon ordinaire était un navire à 100 rames au moins, dont les avirons rangés en deux étages, et manœuvrés par un seul homme, se recouvraient dans toute la longueur du bâtiment. A la flotte des dromons étaient attachés, comme éclaireurs ou avisos, un certain nombre de petits navires de même système, mais à un seul rang de rames, auxquels on appliquait particulièrement la dénomination de *Galée* (γαλέα). Ce terme de galée, qui s'est transformé plus tard en celui de *Galère*, devint par la suite le nom du plus parfait des vaisseaux longs ou vaisseaux à rames en usage dans la Méditerranée. La g. usitée dans cette mer depuis le XII° siècle jusqu'au XVII° était à la fois un navire de guerre et de course, et tout, dans sa construction, tendait à lui donner les qualités propres à cette double destination. Elle allait à voiles et à rames, mais surtout à rames. Sa forme, qui était très effilée, lui permettait de fendre l'eau avec la plus grande facilité. Sa largeur, comparée à sa longueur, était ordinairement dans le rapport de 1 à 7, quelquefois cependant dans celui de 1 à 8, à 9 et même plus. Il y avait d'ailleurs des galères de différentes dimensions. Les plus grandes, qu'on appelait *Galéasses* ou *Galéaces*, avaient de 50 à 60 mètres de longueur totale, et les plus petites de 20 à 25. Toutes portaient à la proue un éperon de bois garni de fer dont elles faisaient le même usage que la trirème grecque ; mais, aussitôt que les bouches à feu furent adoptées par la marine, cette arme, devenue inutile, quitta sa place à la flottaison et se fixa un peu plus haut, où elle ne représente plus qu'un simple ornement. Le gouvernail ou *Timon*, comme on l'appelait, était fixé à la poupe ; on l'accrochait, à l'aide de ferrures, à l'*étambot*, c.-à-d. à la pièce de bois qui, s'élevant à l'extrémité de la quille, terminait l'arrière de la carène, et on le manœuvrait au moyen d'une barre franche. La g. était pontée, et c'est sur le pont ou *Couverte* que l'on plaçait les bancs de rameurs ; mais on ménageait au milieu de cette construction, et de l'avant à l'arrière, un passage appelé la *Coursie* ou le *Coursier*, qui servait de moyen de communication entre les deux extrémités du bâtiment. Ce passage était le poste du *Comite*, c.-à-d. de l'officier chargé de surveiller les rameurs.

Nous avons dit que la g. allait à voiles et à rames. On se servait de la voile dans toutes les circonstances qui le permettaient. A cet effet, le bâtiment était muni d'un ou deux mâts, et, quelquefois même, de trois. De carrées qu'elles étaient au X° siècle, les voiles commencèrent, au XIII°, à devenir triangulaires, et au XVI°, cette dernière forme était seule employée, parce que c'était celle qui secondait le mieux la propulsion naturelle des galères. La disposition des rames a varié plusieurs fois. D'après l'empereur Léon le Sage, il y avait au IX° siècle des dromons à deux rangs d'avirons superposés, mais la plupart des navires à rames n'offraient qu'une file de gros avirons, dont chacun était manœuvré par plusieurs rameurs. Vers la fin du XIII° siècle, on imagina un nouveau système qui fut en faveur pendant près de trois cents ans. Au lieu d'avoir à chaque banc, comme nous venons de le dire, une seule forte rame maniée par plusieurs rameurs, on aima mieux y placer 2, 3, 4, 5 et 6 rames légères, chacune manœuvrée par un seul homme, et chaque groupe sortant par un seul sabord de côté. On eut ainsi des galères à 2, 3, 4, etc., rames par banc. Dans ce système, les rames étaient d'inégale longueur et les bancs placés obliquement par rapport au grand axe du navire. Mais au XVI° siècle, on revint généralement au système plus simple, qui consistait à n'avoir qu'une grosse rame par banc et plusieurs hommes sur chaque rame. Ce n'était pas sur le bord de la muraille du navire que s'appuyaient les rames, mais sur une longue pièce de bois placée en dehors de la construction, parallèlement à sa quille, de manière à dominer le pont. Cette pièce de bois se nommait *Apostis*. Les galères ordinaires avaient de chaque côté 25 ou 26 rames de 16 mètres de long, espacées entre elles d'environ 1 m. 25. Chaque rame avait le tiers de sa longueur dans la g. En outre le manche des plus grandes était, comme dans l'antiquité, soit à leur centre, une épaisse lame de plomb. Enfin, comme leur grand diamètre ne permettait pas de les empoigner, on fixait à leur giron une pièce de bois percée de trous dans lesquels les rameurs passaient les mains ; cette pièce de bois se nommait *Manille*.

Au moyen âge, comme dans l'antiquité, on appliquait aux galères les mêmes moyens de défense qu'aux villes. Ainsi, on surmontait leur bordage d'une muraille de planches, et l'on établissait, soit à leurs extrémités, soit à leur centre, des tours ou de petits châteaux, qui permettaient aux défenseurs de lancer leurs projectiles d'un peu haut. Vers le IX° siècle, les tours antiques disparurent, mais on continua l'usage des châtelets, et l'on édifia autour du mât, vers le milieu de sa hauteur, une plate-forme avec parapet, qui reçut la même destination. Une plate-forme semblable fut donnée à la proue.

L'invention de l'artillerie fit supprimer les châtelets, mais on conserva les hunes. On mit alors à l'extrémité de la coursie, à l'avant, une grosse bombarde que l'on appelait *Coursier* ou *Canon de coursie*, et à côté de laquelle on installa plusieurs pièces d'un moindre calibre montées sur de forts dés de bois. On couvrait quelquefois cette artillerie au moyen d'un pont de bois, nommé *Rambade* ou *Rambate*, sur lequel on faisait monter une escouade de bons tireurs au moment du combat. Enfin, comme les galères combattaient par l'avant et qu'elles étaient ainsi exposées à être prises d'enfilade, on imagina de les mettre à l'abri de ce danger en construisant un rempart mobile de bois et de cordages, qui les couvrait en travers en passant par-dessus les rameurs. La poupe, plus élevée que la proue et la coursie, n'eut d'abord pour défense qu'un retranchement crénelé. Ce retranchement fit ensuite place à une *Pavesade* ou rangée de gros boucliers, et finit par n'être plus qu'un petit parapet de planches assez minces appelées *Bandins*. C'était dans cette partie de la g. que se tenait le commandant, et l'endroit de la poupe où était placé son siège était désigné sous le nom de *Carrosse*, sans doute à cause de la forme primitive du pavillon qui le recouvrait (Fig. 6. du

Fig. 6.

XVI° siècle). Au XVII° siècle, le carrosse consistait souvent en une série d'arceaux de bois nommés *Guérites*, qui formaient au-dessus une sorte de *berceau* que l'on recouvrait d'un mantelet d'étoffe. Mais à cette époque, les galères n'étaient déjà plus que des navires de parade que les princes entretenaient et enjolivaient à grands frais. Elles disparurent entièrement au siècle suivant, et, en ce qui concerne la France, elles ne figurèrent plus, à partir de 1773, sur les états de la marine royale.

Législ. — Le maniement des rames à bord des galères étant très pénible, on eut de bonne heure l'idée d'y employer certaines catégories de condamnés. Un passage de Valère Maxime nous apprend que cette peine existait déjà sous les Romains. Quant à la France, on ignore à quelle époque précise elle y a été introduite. Mais le premier acte judiciaire où il en est fait mention est un arrêt de 1532, par lequel le parlement de Paris défend d'y condamner les ecclésiastiques, preuve irrécusable que cette sorte de châtiment était déjà en usage depuis un certain temps. En 1560, une ordonnance royale prescrivit d'appliquer cette peine aux Bohémiens. En 1635, un règlement de police l'étendit aux vagabonds rencontrés dans les rues de Paris. En 1680, l'ordonnance des gabelles y condamna les faux-sauniers. Enfin, les galères devinrent peu à peu la peine la plus communément infligée, car, en dehors des cas prévus par la loi, les juges l'appliquaient comme ils l'entendaient, même aux crimes et délits les plus ordinaires. Les condamnés étaient désignés sous le nom de *Galériens*, du nom des navires auxquels ils étaient attachés; on les appelait aussi *Forçats* ou *Forsaires*, parce que le travail qu'on exigeait d'eux était essentiellement obligatoire.

Au XVIIIe siècle, on distinguait deux sortes de condamnations aux galères : les galères à temps, qui étaient prononcées pour 3, 5, 6 ou 9 ans, et les galères à perpétuité. Toutes deux comportaient l'infamie, et étaient précédées du fouet et de la marque. Pour les femmes, ainsi que pour les hommes qui, en raison de leurs infirmités ou de leur grand âge, ne pouvaient être propres au service de la marine, la peine était le plus souvent convertie en celle du fouet et du bannissement. — Après avoir été fouettés et flétris, les condamnés étaient enfermés dans une prison jusqu'à ce qu'ils fussent assez nombreux pour former une *Chaîne*. On leur rivait à un collier de fer au cou, puis un anneau du même métal au bas de la jambe, et l'on réunissait ces deux ferrements à une petite chaîne, qui tenait d'un côté à l'un des poignets, de l'autre à une grosse chaîne à laquelle tous les galériens étaient attachés, l'un à droite, l'autre à gauche. Ils parcouraient ainsi, étape par étape, une partie de la France, sous la surveillance d'une forte escorte. Arrivés à leur destination, on les détachait de la grosse chaîne pour les enchaîner à bord des galères, chacun à son banc. — À l'époque de la suppression des galères à rames, la peine des galères fut maintenue dans notre législation. On se contenta d'enfermer les condamnés dans de vastes établissements appelés *Bagnes* (Voy. ce mot) et de les employer aux travaux des arsenaux. Cette peine fut abolie en 1791 et remplacée par celle des *Fers*, qui a fait place ellemême, dans le Code pénal, à la peine des *Travaux forcés*. Mais, en souvenir de ce qui existait autrefois, dans le langage ordinaire, on désigne toujours les forçats sous le nom de *Galériens*, et l'on applique à leur peine la dénomination de *Galères*.

GALÈRE. Voy. GALÉRIUS.

GALÉRICULE. s. m. (lat. *galericulum*, de *galeri s*, bonnet). T. Antiq. Nom d'une espèce de petite perruque, dont les dames romaines se servaient et qu'on remarque sur quelques médailles.

GALERIE. s. f. (gr. γαλη, sorte de galerie?). Pièce beaucoup plus longue que large où l'on peut se promener à couvert. *G. vitrée. G. ouverte par arcades. La grande g. du Louvre.* — Fig. et prov., *Ce sont ses galeries*, se dit d'un lieu que fréquente ordinairement une personne. || *G. de tableaux, de peintures, G.* où l'on a réuni des tableaux, et la collection même de tableaux que la g. renferme. *La g. du Louvre. La g. de Florence.* Se dit aussi d'une suite, d'une collection de portraits représentant des personnages célèbres qui appartiennent à une même époque, à une même famille, profession. *G. de portraits. G. des hommes célèbres de telle époque. G. des philosophes, des orateurs,* etc. — Par anal. Suite de portraits littéraires. *La g. des portraits de Mlle de Montpensier.* || Collection d'objets scientifiques. *Une g. zoologique.* = Corridor ou allée qui sert à la communication des appartements et à les dégager. = Dans le jeu de paume, espèce d'allée longue et couverte d'où l'on regarde les joueurs; et, par ext., les spectateurs même qui s'y trouvent. *Faire juger un coup par la g. La g. ne lui est pas favorable.* — Se dit également de toute réunion de personnes qui regardent d'autres jouer à quelque jeu que ce soit. *Tous ceux qui formaient la g. lui donnaient raison. Consultez la g.* || Fig. et fam., se dit du public en général. *Je veux agir à ma guise, sans m'inquiéter de la g.* = Dans les théâtres, espèce de balcon en encorbellement qui reçoit en général deux ou plusieurs rangs de spectateurs. Dans ce sens, se met ordinairement au plur. *Premières, secondes galeries.* — *G. d'église,* Espèce de tribune continue, avec balustrade, dans le pourtour d'une église. || T. Mar. Balcon découvert qui fait saillie en dehors de la poupe d'un vaisseau, et qui communique avec la chambre du conseil. *Les vaisseaux à trois ponts ont deux galeries.* || T. Guerre. Chemin souterrain creusé soit par les assiégeants, soit par les assiégés, dans l'attaque et la défense des places. — Dans les Mines, se dit également d'une route que les ouvriers pratiquent sous terre pour rechercher le minerai ou dans tout autre but. *G. d'épuisement. G. de recette.* Voy. MINE. || Passage souterrain voûté pour l'écoulement des eaux. || T. Techn. Couronnement en rebord d'un meuble, d'une lampe, d'une étoffe. == Bande de cuivre qui se met devant le foyer d'une cheminée. — Espace isolé par des murs sur lesquels les fondeurs appliquent des platesbandes de fer, pour servir de base à l'armature. — Espace ménagé autour d'un moule. Dessin placé entre le fond d'un châle et la bordure.

GALÉRIEN. s. m. Celui qui est condamné aux galères, forçat. *La chaîne d'un g.* || Fig. et prov., *Mener une vie de g.*, Mener une vie pénible et pleine de tribulations. *Travailler comme un g.*, Se livrer à un travail pénible ou excessif.

GALERIUS ou **GALÈRE**, adopté comme empereur par Dioclétien, lui arracha un édit contre les chrétiens, et après son abdication devint empereur (305-311).

GALERNE. s. f. (esp. *galerno*, m. s., du rad. *gal*, vent). Vent de nord-ouest. *Un vent de g.*

GALÉRUCIDES. s. f. pl. (R. *Galéruque*). T. Entom. Famille d'insectes Coléoptères dont le type est le g. *Galéruque.* Voy. ce mot.

GALÉRUQUE. s. f. (lat. *galerus*, sorte de bonnet). T. Entom. Les Galéruques sont des insectes Coléoptères qui, pour certains auteurs, forment une tribu de la famille des Chrysomélides, et pour d'autres, sont le type d'une famille distincte : celle des *Galérucides* caractérisée par des antennes grêles, filiformes, aussi longues que la moitié du corps et insérées l'une à côté de l'autre au milieu du front. L'espèce

type du genre G. est la *G. de l'orme* (*Galeruca xanthomelæna*, Fig. très grossie); c'est un insecte long de 7 millimètres, jaunâtre ou verdâtre en dessus, avec trois taches noires sur le corselet et une raie noire sur chaque élytre; il se nourrit des feuilles de l'orme ainsi que sa larve, et il fait parfois, dans nos pays, autant de dégâts que certaines Chenilles. La *G. de l'aulne* (*Agelatisca alni*) est d'un beau bleu violacé et se trouve très communément aux environs de Paris, sur les aulnes, dont elle mange les feuilles. Les espèces du genre *Adimonia*, telle que l'*A. rustica*, petit insecte brun à élytres sillonnés, se rencontrent sur les plantes basses ou sous les pierres, principalement dans la région méditerranéenne.

GALESWINTHE. Voy. GALSWINTHE.

GALET. s. m. (Dimin. du vx fr. *gal*, caillou, qui est un mot celtique). Se dit des cailloux polis et ronds qui se trouvent en général sur le bord de la mer. *Une plage couverte de galets.* — S'emploie aussi au sing., en parlant d'une plage couverte de galets. *Se promener sur le g. La barque était échouée sur le g.* || Jeu où l'on pousse une espèce de caillou plat sur une longue table. *Jouer au g.* || T. Mécan. Sorte de disque ou de roulette soit de bois, soit de métal, qu'on place entre deux surfaces qui doivent se mouvoir l'une sur l'autre, afin de diminuer le frottement. || T. Pêc. Bouée ou signal pour reconnaître la situation d'un filet.

GALETAS. s. m. (R. *Galata*, nom d'un quartier et d'une tour de Constantinople dont le nom a été donné, au XIVe siècle, au haut de tout édifice important). Logement pratiqué sous les combles, et ordinairement lambrissé de plâtre. *Chambre en g.* || Par ext., Tout logement pauvre et mal en ordre.

GALETTE. s. f. (Pr. *galé-te*) (R. *galet*). Espèce de gâteau plat, cuit sous la cendre ou dans le four avec le pain. *Une g. au beurre.* || Dans la Mar., Biscuit rond et plat qu'on embarque pour les voyages de long cours. || T. Techn. Pâte de charbon et de salpêtre battue pour la préparation de la poudre de guerre. || Carcasse en carton, en toile, qu'on pose sur le chose qu'on veut protéger. || Produit calciné en carbonat et filant la soie des cocons percés.

GALETTIÈRE. s. f. (Pr. *galé-tière*). Machine servant à broyer la galette ou pâte de charbon ou de salpêtre qui sert à la préparation de la poudre.

GALETTOIRE. s f (Pr. *galé-toire*). Espèce de poêle sans rebord ou avec un rebord très peu élevé dans laquelle on fait cuire la bouillie du maïs.

GALEUX, EUSE. adj. Qui a la gale. *Un enfant g. Chien g. Brebis galeuse.* || Fig. et prov., *Qui se sent g. se gratte,* Celui qui se sent coupable de la chose qu'on blâme, peut ou doit s'appliquer ce qu'on dit. *Brebis galeuse,* Personne

corrompue dont le contact est dangereux. *Il suffit d'une brebis galeuse pour gâter tout un troupeau.* || Par ext., *Bois g.*, Bois sur lequel se sont formées des rugosités, des protubérances. *Verre g.*, Verre sur lequel se sont formés des grains. = S'emploie subst., en parlant des personnes. *C'est un g. Il y a dans l'hôpital une salle pour les g.*

GALGACUS, chef des Calédoniens, au Ier s. ap. J.-C., périt en combattant Agricola.

GALGAL. s. m. (gaélique *gal*, caillou). T. Archéol. Tumulus celtique fait de terre et de cailloux. Voy. TOMBEAU.

GALGALA, v de Judée, tribu de Benjamin.

GALGALE. s. m. Sorte de mastic qui se fait avec de la chaux, du goudron et de l'huile, et dont on se sert quelquefois pour enduire la carène des navires. *Le g. durcit à l'eau, et les vers l'entament difficilement.*

GALHAUBAN. s. m. (de *hauban*, et *garland*, ou *galland*, qui est le même que l'une. fr. *garlande* ou *guirlande*). T. Mar. Cordes qui servent à fixer les mâts de hune et de perroquet aux deux côtés du vaisseau. Voy. CORDAGE.

GALIANI (Abbé), littérateur et économiste italien (1728-1787).

GALIBI. s. m. Nom donné aux squelettes humains qu'à la Guadeloupe on rencontre dans le tuf calcaire. || Langue parlée par les Galibis, branche de la race caraïbe.

GALIBOT. s. m. [Pr. *gali-bo*]. Dans les houillères, le manœuvre qui porte au fond de la mine.

GALICE, anc. prov. d'Espagne, formant l'extrémité N.-O. de la Péninsule, villes principales : Santiago, la Corogne et le Ferrol.

GALICIE, prov. de l'Autriche-Hongrie, au N.-E.; pop. 6.580,000 hab.; cap. Lemberg.

GALIÉES. s. f. pl. (R. *Galium*). T. Bot. Tribu de végétaux de la famille des *Rubiacées*. Voy. ce mot.

GALIEN, célèbre médecin, né à Pergame, en Mysie, a laissé de nombreux écrits en grec (131-200 ap. J.-C.).

GALIET. Voy. GAILLET.

GALIGAÏ (LÉONORA), femme de Concini, toute-puissante sur l'esprit de Marie de Médicis, fut condamnée et brûlée après l'assassinat de son mari, en 1617.

GALIGNANI (JEAN-ANTOINE et WILLIAM), libraires français, d'origine italienne, nés à Londres : le premier en 1796, le second en 1798; morts à Paris en 1873 et 1882.

GALILÉE, partie de la Palestine où se trouvaient les villes de Nazareth et de Béthulie, le mont Carmel, le mont Thabor; Saint-Jean-d'Acre (ancienne Ptolémaïs) en est aujourd'hui la ville principale et le port.

GALILÉE, illustre astronome et mathématicien, né à Pise (1564-1642), construisit le premier télescope, et reconnut, d'après Copernic, le mouvement de la Terre autour du Soleil, qu'il exposa et démontra dans ses ouvrages; mais il fut forcé par le saint-office de rétracter sa doctrine. Galilée est aussi l'un des fondateurs de la mécanique. Il reconnut la loi d'isochronisme des oscillations du pendule.

GALILÉEN, ENNE. adj. Qui est de la Galilée, une des quatre grandes divisions de la Palestine. Nom donné aux premiers chrétiens. || Nom donné à Jésus-Christ, qui avait été élevé à Nazareth, en Galilée.

GALIMAFRÉ (AUGUSTE GUÉRIN, dit), bouffon qui eut une grande vogue sous l'Empire et la Restauration (1791-1871).

GALIMAFRÉE. s. f. Espèce de fricassée composée de restes de viande. || Par ext., Mets qui présente un mélange peu appétissant.

GALIMARD, peintre fr. (1813-1880).

GALIMATIAS. s. m. (gr. βαλλιγμάτιον, danse ? — Huet, évêque d'Avranches, raconte que ce mot vient de ce qu'un avocat plaidant en latin pour un nommé *Mathias*, dans une affaire où il était question d'un coq, s'embrouilla au point de répéter à satiété *galli mathias*, au lieu de *galius Mathiæ*, le coq de Mathias; mais l'anecdote a été inventée pour fournir l'étymologie). Discours embrouillé et confus, qui semble dire quelque chose et ne dit rien. *Tout son discours n'est que g. Un g. pompeux. Je n'entends rien à ce g.* Fam. — G. *double*, G. que ne comprend ni celui qui le fait, ni celui qui l'écoute ou qui le lit.

GALIN, musicien fr. (1786-1822).

GALION. s. m. (R. *galée*). T. Mar. Grand bâtiment de charge qui était autrefois usité, chez les Espagnols, pour les voyages aux colonies d'Amérique, et qui servait principalement à transporter les produits des mines du Pérou, du Mexique, etc. *Le retour des galions.* || T. Techn. Traverse de bois qui supporte les panneaux qui ferment une écoutille.

GALIONISTE. s. m. Négociant espagnol faisant le commerce des Indes espagnoles par les galions.

GALIOSCOPE. s. m. (gr. γῆ, terre; λιαξῶ, je me meus; σκοπέω, j'examine). Appareil permettant de répéter les observations de Foucault sur le pendule.

GALIOTE. s. f. (R. *galée*). T. Mar. Petite galère. || T. Techn. Syn. de *Galion*. Voy. ce mot.
Mar. — Le nom de *Galiote* sert à désigner différentes sortes de bâtiments. Autrefois ce nom s'appliquait à des espèces de petites galères, marchant à la fois à voile et à rames, et dont les Barbaresques faisaient grand usage dans leurs courses de piraterie. Aujourd'hui on nomme ainsi une sorte de bâtiment

qui n'est guère usité qu'en Hollande (Fig. ci-dessus) : c'est un navire de moyenne grandeur, à fond plat et à larges flancs, sans mât de misaine, et dont le port varie de 50 à 200 tonneaux. La g. marche avec lenteur et ne sert qu'au cabotage. En fait de galiotes, notre marine n'a jamais eu que des *Galiotes à bombes*, qui reçurent plus tard le nom de *Bombardes* (Voy. ce mot). N'oublions pas cependant de mentionner les longs bateaux couverts appelés *Galiotes* qui naviguaient autrefois sur nos rivières, et servaient principalement au transport des voyageurs.

GALIPEA. s. m. [Pr. *galipéa*]. T. Bot. Genre de plantes Dicotylédones de la famille des *Rutacées*. Voy. ce mot.

GALIPÉINE. s. f. T. Chim. Alcaloïde extrait de l'écorce d'Angusture (*Galipea*). La g. cristallise en prismes blancs, fusibles à 116°, répondant à la formule $C^{20}H^{21}AzO^3$. En s'unissant aux acides elle forme des sels dont les solutions ont une couleur jaune verdâtre.

GALIPOT. s. m. Nom donné à la térébenthine qui s'écoule à l'arrière-saison; bien moins riche en huile essentielle que la térébenthine ordinaire, le g. se présente en morceaux secs, de couleur jaunâtre, ayant un aspect larmeux. || Sorte de mastic particulier à la marine, composé de résine et de matières grasses. Voy. TÉRÉBENTHINE.

GALIPOTER. v. a. T. Mar. Enduire de galipot.

GALIS. s. m. (R. galer, gratter). T. Chass. Endroi où le chevreuil a gratté la terre.

GALITZINE, famille russe, qui a fourni un grand nombre de généraux et d'hommes d'État distingués.

GALIUM. s. m. [Pr. galio-me] (gr. γάλιον, caille-lait). T. Bot. Nom scientifique du genre Gaillet. Voy. ce mot.

GALL (SAINT), apôtre de la Suisse, né en Irlande (551-646), a donné son nom au canton et à la ville de Saint-Gall. — Fête le 16 octobre.

GALL (FRANÇOIS-JOSEPH), médecin, né dans le grand-duché de Bade, inventeur de la phrénologie (1758-1828). Voy. PHRÉNOLOGIE.

GALLACÉTOPHÉNONE. s. f. (R. galle, et acétophénone). T. Chim. La g. est un dérivé oxhydrylé de l'acétophénone et répond à la formule $C^6H^{12}(OH)^3.CO.CH^3$. On l'obtient en chauffant à 140° le pyrogallol avec de l'acide acétique en présence du chlorure de zinc. Elle cristallise en lamelles nacrées, fusibles vers 150°, très solubles dans l'eau chaude. Bien qu'elle soit incolore, elle teint les tissus mordancés.

GALLAIT, peintre belge (1810-1887).

GALLAMINE. s. f. (R. galle, et amine). T. Chim. Voy. GALLAMIQUE.

GALLAMIQUE. adj. 2 g. (R. galle, et amide). T. Chim. L'acide g. est l'amide de l'acide gallique et a pour formule $C^6H^2(OH)^3CO.Az H^2$. Il prend naissance par l'action de l'ammoniaque sur le tanin en présence du bisulfite d'ammoniaque. Il cristallise en lames rectangulaires solubles dans l'eau chaude, très peu solubles dans l'eau froide. Chauffé avec du chlorhydrate de nitroso-diméthylaniline, il fournit le Bleu de gallamine, matière colorante qui sert à teindre en bleu la laine mordancée au chrome.

GALLAND (ANTOINE), orientaliste fr., traducteur des Mille et une nuits (1646-1715).

GALLAS, peuple de la Nubie au S. de l'Abyssinie.

GALLAS (MATHIAS), célèbre général autrichien (1584-1647).

GALLATE. s. m. T. Chim. Voy. GALLIQUE.

GALLE. s. f. (lat. galla, m. s.). T. Bot. On donne le nom de galle à une excroissance, une production morbide, développée sur une partie quelconque d'un végétal par un parasite animal ou végétal. Les galles sont destinées à fournir la nourriture et un abri aux parasites qui ont provoqué leur formation. Elles se rencontrent dans toutes les parties des plantes depuis les racines jusqu'aux rameaux, depuis les feuilles jusqu'aux fruits. Tantôt elles se développent dans l'épaisseur d'un organe, tantôt à l'extérieur, en restant attachées au tissu d'origine que par un pédicule. Leur forme est extrêmement variable. Tantôt ce sont des sphères d'une très grande régularité, tantôt ce sont des excroissances diversement contournées, pourvues de prolongements, de cornes ou d'une sorte de chevelure touffue. Ailleurs ce sont des groupes de godets d'urnes, de bourses, etc.

Les animaux galligènes appartiennent presque tous aux Insectes, et principalement aux Hyménoptères (Gallicoles) et aux Hémiptères (Aphidiens); cependant quelques galles sont produites par les Acariens, des Nématodes et des Rotifères. Le groupe des Insectes gallicoles est celui qui produit le plus grand nombre de galles; il suffira de citer ici les plus importantes. La G. d'Alep ou Noix de g. est produite par la piqûre du Diplolepis gallæ tinctoria sur les jeunes bourgeons du Quercus infectoria. Voy. CHÊNE. La g. et gallon de Hongrie provient de la piqûre de la cupule du Quercus Robur par le Cynips calycis; elle est très estimée pour le tannage des peaux. La g. de l'Yeuse ou g. de France provient du Cynips hungarica, la g. ronde du Chêne Rouvre du Cynips Kollari, la Pomme de Chêne du Cynips argenteæ, et la g. corniculée qui vient sur le Quercus pubescens du Cyn. coronata. Il faut encore signaler les galles chevelues qui se développent sur les Rosa canina ou R. cen-

tifolia produites par le Rhodites rosæ; elles sont connues sous le nom de bédégars et jouissaient autrefois d'une grande réputation, non justifiée d'ailleurs; elles renferment trop peu de tanin pour avoir un emploi médical. Voy. GALLICOLES.

Parmi les galles provenant des Aphidiens nous signalerons les galles de Chine ou du Japon, qui résultent de la piqûre des feuilles du Rhus semialata par l'Aphis chinensis; elles renferment de 65 à 75 p. 100 d'un tanin identique à celui de la Noix de g.; aussi les Chinois les emploient-ils en médecine et pour la teinture. En Europe et surtout en Allemagne elles servent à la préparation de l'acide gallique et du tanin. Sur le Lentisque et le Térébinthe on trouve des galles produites par des Tetraneura et par des Pemphigus; on en distingue plusieurs sortes, mais la plus commune est la g. en corne ou siliquiforme qui porte fréquemment le nom de Caroube de Judée. Elle est usitée en Orient comme masticatoire; on l'emploie aussi très souvent dans les tanneries et les teintureries. Les Aphidiens produisent encore les galles de Myrobolans sur les feuilles des Terminalia et les galles de Tamarix, qui viennent dans l'Inde sur le Tamarix orientalis.

On connaît un grand nombre de galles produites par des Diptères; elles sont l'œuvre de petits Némocères formant aujourd'hui la famille des Cécidomyides. Ainsi les galles du Hêtre sont produites par le Cecidomya Fagi, la g. du Poa nemoralis par le Cecidomya Poæ, etc.

Un grand nombre de galles sont produites par des Acariens, principalement par des espèces appartenant au genre Phytoptus, d'ailleurs assez mal connues; l'une des mieux étudiées est le Phytoptus vitis qui produit l'Erineum de la vigne.

On connaît actuellement une foule d'associations de végétaux qui donnent naissance à la formation de galles. Les plus intéressantes sont les galles de la Mercuriale, du Chou et du Poirier. La g. saillante que l'on rencontre sur la feuille de la Mercuriale est le fait de la présence d'une Chytridinée, le Synchitrium mercurialis. La Hernie du Chou, qui est évidemment une sorte de g., est produite par le Plasmodiophora Brassicæ, qui vit dans les cellules des racines des Choux et y provoque des excroissances grisâtres ou jaunâtres. Enfin, la g. du Poirier provient de la présence du Gymnosporangium fuscum, qui y vit à un état connu sous le nom de Rœstelia cancellata. Voy. URÉDINÉES.

GALLE (Pointe-de-), v. de l'île de Ceylan; 48,000 hab. Voy. POINTE-DE-GALLE.

GALLE (PHILIPPE), graveur hollandais (1537-1612).

GALLE (CORNEILLE), graveur hollandais (1570-1630).

GALLE (ANDRÉ), célèbre graveur en médailles français, né à Saint-Étienne (1761-1844).

GALLÉINE. s. f. (R. galle). T. Chim. Matière colorante appartenant à la classe des phtaléines. On l'obtient en chauffant vers 200° l'anhydride phtalique avec le pyrogallol. La g. se présente en poudre rouge brun ou en petits cristaux à reflets verts; elle est soluble dans l'alcool, mais peu soluble dans l'eau. Elle a pour formule $C^{20}H^{10}O^7$. Elle se combine aux alcalis en donnant des sels verts. Traitée par la potasse et la poudre de zinc, elle fournit deux produits d'hydrogénation: l'Hydrogalléine $C^{20}H^{12}O^7$, poudre cristalline qui se dissout en bleu dans les alcalis; et la Galléine $C^{20}H^{14}O^7$ cristallisée en petites aiguilles solubles dans l'alcool, incolores mais rougissant à l'air. Si l'on fait agir sur la g. la poudre de zinc en présence de l'acide sulfurique, on obtient un composé à fonction alcoolique, le Gallol $C^{20}H^{18}O^7$, en cristaux qui se transforment à l'air en poudre rouge.

La galléine, ainsi que la galline, donne sur les tissus mordancés des nuances analogues à celles du campêche. Chauffée avec l'acide sulfurique concentré, elle fournit la Céruléine, matière colorante verte très estimée.

GALLÉRIE. s. f. T. Entom. Genre d'Insectes Lépidoptères. Voy. TINÉITES.

GALLES. s. m. pl. [Pr. ga-les] (gr. γάλλος, m. s.). T. Antiq. Nom des prêtres de Cybèle. Voy. CYBÈLE.

GALLES (Principauté de), partie occidentale de l'Angleterre, divisée en 12 comtés; 1,360,500 hab. Villes princ.: Caernarvon, Cardigan, Cardiff. — Le fils aîné des souverains de l'Angleterre porte le nom de prince de Galles.

GALLES(NOUVELLE-), région de l'Amérique du Nord (Nouvelle-Bretagne), ch.-l. *Fort-York*; 40,000 hab.

GALLES DU SUD (NOUVELLE-), vaste région de l'Australie (aux Anglais), 921,300 hab.; ch.-l. *Sydney*. Villes princ. : *Paramata, Newcastle, Port-Macquarie*.

GALLIAMBIQUE. adj. m. [Pr. *gal-li-an...*] (lat. *galliambus*, m. s., de *gallus*, prêtre de Cybèle, et fr. *iambe*). T. Versific. ancienne. Voy. IAMBIQUE.

GALLICAN, ANE. adj. [Pr. *gal-li-kan*] (lat. *gallicanus*, de *gallus*, gaulois). Français; n'est usité que dans ces loc., *Le rit g. L'Église gallicane. Les libertés de l'Église gallicane.* || Subst., *Les gallicans et les ultramontains.*

GALLICANISME. s. m. [Pr. *gal-li-kan...*]. La doctrine de ceux qui contestent sur certains points la primauté du pape. Principe de l'indépendance des églises nationales, opposé à l'ultramontanisme, qui met le pape au-dessus de toutes les nations et même au-dessus des conciles généraux.

GALLICISME. s. m. [Pr. *gal-li-sisme*] (lat. *gallicus*, gaulois, français). Façon de s'exprimer particulière à la langue française. || Se dit aussi des façons de parler de la langue française transportées dans une autre langue. *Cet ouvrage latin est rempli de gallicismes.*

Gram. — Girault-Duvivier partage les *gallicismes* en quatre classes. — 1° *Gallicismes qui consistent en associations singulières de mots*. A cette classe appartiennent ces manières de parler dans lesquelles la signification d'un mot change suivant sa position. Tels sont : *bon homme* et *homme bon*, *galant homme* et *homme galant*, *brave homme* et *homme brave*, *femme sage* et *sage-femme*, *certaine nouvelle* et *nouvelle certaine*. C'est également à cette catégorie qu'appartiennent différentes locutions dans lesquelles la préposition qui précède un substantif change complètement le sens de ce dernier : nous citerons comme exemples ces phrases : *Être de condition* et *Être en condition*, qui se disent, la première d'un homme de naissance noble, et la seconde d'un domestique. — 2° *Gallicismes de figures*. Ils sont extrêmement nombreux ; cependant on ne doit regarder comme gallicismes que les expressions figurées employées dans l'usage commun. Telle est, par ex., notre formule de politesse, *Comment vous portez-vous ?* Les expressions figurées qui forment les gallicismes sont en général tirées d'anciens usages. Ainsi, on dit *rompre en visière* à quelqu'un pour le contredire sans ménagement, attaquer; or, cette expression vieut du temps de la chevalerie, parce que, dans les tournois, il n'était pas permis de frapper à la visière de son adversaire. *Être à bout, être à bout de voie* sont des termes de chasse ; *Friser la corde, donner dans le travers, il vous la donne belle*, sont des termes de jeu de paume. Il y a aussi d'autres figures, même très hardies, dont l'emploi ne peut s'expliquer, et qui constituent autant de gallicismes. Nous en avons souvent tiré un très grand nombre des verbes *être, avoir, faire, aller, venir*, etc. En voici quelques exemples : *Être au fait des usages; il s'est vu mourir; à l'arrivée du médecin, elle s'est trouvée morte; faire la barbe; nous allons rester; il vient de s'en aller; je sors de maladie. Gagner une maladie, parler en l'air, se louer de quelqu'un*, et *s'oublier*, pour dire oublier ce qu'on est, sont encore des gallicismes de figures. — 3° *Gallicismes de construction*. Ils se reconnaissent en ce qu'ils sont contraires aux règles ordinaires de la syntaxe. Beaucoup sont des ellipses ; mais d'autres ne s'expliquent que par les bizarreries de l'usage. *Il y a, pour il est; il n'est rien moins que généreux*, pour il n'est point généreux; *on ne laisse pas de s'amuser, vous avez beau dire, en vouloir à quelqu'un, à qui en a-t-il? si j'étais que de vous*, sont des exemples de cette catégorie. — 4° *Gallicismes qui consistent dans l'emploi particulier d'un mot*. Les gallicismes de cette espèce se rencontrent que dans le langage familier, comme lorsqu'on dit qu'un homme est *raisonnablement* ennuyeux, qu'il est d'une taille *raisonnable*, qu'une femme est *honnêtement* laide, etc.

GALLICOLE. adj. T. Zool. (R. fr. *galle*, et lat. *colere*, habiter). Qui vit dans les excroissances appelées galles. == GALLICOLES. s. m. pl. T. Entom. Nom que Latreille a donné à une famille d'*Hyménoptères* et que l'on appelle encore *Cynipides*, parce que les Cynips en sont le type et en forment le genre principal. — « Les Cynips, dit Latreille, ont la tête petite et le thorax gros et élevé, de telle sorte

qu'ils paraissent comme bossus. Chez les femelles, l'abdomen renferme une tarière qui ne paraît composée que d'une seule pièce, longue et très déliée, dont l'extrémité est creusée en gouttière avec des dents latérales, imitant celles d'un fer de flèche. C'est avec cet instrument que l'insecte pique les végétaux et agrandit ensuite l'ouverture qu'il a faite pour y déposer ses œufs. Les sucs affluent à l'endroit qui a été piqué, et il s'y développe une excroissance ou une tumeur de forme variable selon les espèces, qu'on désigne sous le nom de *galle*, et au centre de laquelle on trouve les œufs du Cynips. Bientôt il naît de ces œufs de petites larves sans pattes, mais ayant souvent des mamelons qui en tiennent lieu. Elles y vivent tantôt solitairement et tantôt en société; elles rongent l'intérieur de leur demeure, sans nuire à son développement, et y restent 5 à 6 mois dans cet état. Les unes y subissent leurs métamorphoses; les autres la quittent pour s'enfoncer dans la terre où elles demeurent jusqu'à leur entière transformation. Des trous ronds que l'on voit à la surface des galles annoncent que l'animal en est sorti. On y trouve aussi plusieurs insectes de la tribu des *Chalcidites*; mais ils ont pris la place des

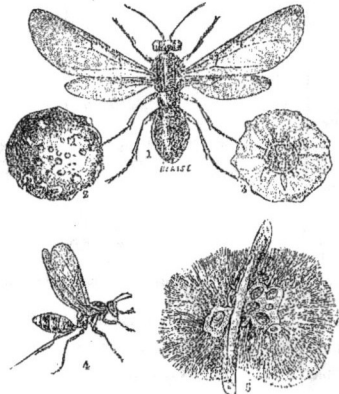

habitants naturels, qu'ils ont détruits à la manière des Ichneumons. » — L'espèce la plus intéressante du g. Cynips est le *C. de la galle à teinture* ou *Diplolepis galla tinctoriæ* (Fig. 1 très grossie), qui habite le midi de l'Europe et surtout le Levant, et dépose ses œufs sur le Chêne des teinturiers (*Quercus infectoria*). C'est un petit insecte long de 3 millim., d'un fauve très pâle, couvert d'un duvet soyeux et blanchâtre, avec une tache d'un brun noirâtre et luisant sur l'abdomen. La galle qu'il produit est en général ronde, grosse comme la moitié d'une noix, et tellement dure qu'on ne peut la briser qu'à coups de marteau. Sa surface est d'une couleur gris brunâtre avec des tubercules plus ou moins prononcés (Fig. 2. Noix de galle du commerce; 3. Coupe de la même pour montrer la loge qui sert d'habitation à la larve). — L'espèce la plus répandue chez nous est le *C. des baies de Chêne*, qui est d'un brun clair, et produit par la piqûre des nodosités arrondies, pellucides, grasses comme des Cerises, et placées à la base des feuilles du Chêne rouvre. — Nous mentionnerons encore le *Cyn. du rosier* (Fig. 4, grossie), qui est noir, avec les pieds et l'abdomen, son extrémité exceptée, rouges : c'est lui qui produit sur les rosiers ces excroissances chevelues si connues sous le nom de *Bédégar* (Fig. 5. Bédégar coupé pour montrer la pluralité des loges, dont chacune est occupée par une larve).

GALLIEN, empereur romain, successeur de Valérien (260-268).

GALLIFÈRE. adj. 2 g. (lat. *galla*, galle; *fero*, je porte). T. Bot. Qui porte des galles.

GALLIFORME. adj. 2 g. (lat. *gallus*, coq; *forma*, forme). T. Ornith. Qui ressemble au coq.

GALLINACE. s. f. T. Minér. (lat. *galline*, poule). Sorte de terre de volcan noir et opaque, susceptible de se polir très bien. On l'appelle aussi pierre obsidienne.

GALLINACÉS. s. m. pl. (lat. *gallus*, coq). T. Ornith. Notre Coq domestique est le type d'une nombreuse série d'oiseaux que réunissent les plus étroites affinités et qui constituent un groupe des plus naturels : aussi tous les zoologistes, depuis Belon (1555), ont-ils admis ce groupe, la plupart le baptisant du nom de *G.* et d'autres celui de *Rasores*, z.-à-d. oiseaux

Fig. 1.

pulvérateurs ou qui grattent la terre. Georges Cuvier caractérise ainsi cet ordre : Mandibule supérieure du bec voûtée ; narines percées dans un large espace membraneux et recouvertes d'une écaille cartilagineuse (Fig. 1. Tête de Faisan). Ailes courtes et concaves, ce qui rend leur vol embarrassé ; sternum affaibli par deux échancrures larges et profondes. Queue ordinairement composée de douze à dix-huit pennes, tantôt très longue, tantôt courte et même nulle. (Quelques espèces peuvent l'épanouir en roue ; chez d'autres, elle forme des plans verticaux adossés l'un à l'autre, ce qu'on ne voit dans aucun autre ordre.) Jabot très large, gésier fort et musculeux. Doigts antérieurs des pieds communément réunis à leur base par une courte membrane et dentelés le long de leurs bords (Fig. 2. Pied de Faisan commun), mais souvent aussi dépourvus de membrane :

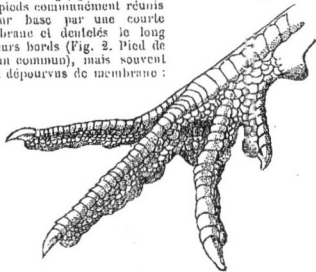

Fig. 2.

c'est par l'absence de cette membrane que les Pigeons se distinguent des G. proprement dits et forment aujourd'hui un ordre distinct. Dans plusieurs genres, tels que les Coqs, les Dindons, les Faisans, les Francolins, les tarses sont armés d'ergots coniques et robustes qui leur servent d'arme offensive. L'œil des G. est médiocre, leur voix aigre et discordante : le Paon, la Pintade, le Coq, le Dindon en fournissent la preuve. Leur intelligence est bornée, leur humeur en général querelleuse et méchante. Leur nourriture se compose de grains, de baies, d'herbes, de vermisseaux. A l'exception des Colins et des Gangas, les espèces sont polygames ; les femelles pondent un grand nombre d'œufs, le plus souvent à terre. A l'exception des Gangas encore, tous perchent pour dormir. Ils habitent en général les lieux secs et élevés, les escarpés les montagnes. Quelques espèces, comme les Cailles, les Dindons et les Gangas, sont essentiellement voyageuses. La plupart des genres de cet ordre sont originaires des parties tropicales des deux hémisphères ; c'est parmi les espèces propres aux contrées les plus chaudes qu'on trouve les G. les plus remarqua-

bles par l'éclat et la variété de leur plumage : tels sont le Paon, le Dindon ocellé, le Faisan doré, l'Argus, le Lophophore, le Tragopan, etc. Cet ordre est celui qui fournit à l'homme le plus de ressources comme aliment. La chair du plus grand nombre est fort estimée, et les œufs des espèces domestiques jouent un grand rôle dans l'alimentation des peuples. — On divise les G. en un certain nombre de familles qui sont : les *Cracidés* (Hoccos, Pénélope et Ortalides), les *Mégapodiidés* (Talégalle, Mégapode), les *Phasianidés* (Faisan, Coq, Lophophore et Paons), les *Perdicidés* (Perdrix, Caille, Francolin), les *Méléagridés* (Dindon), les *Numididés* (Pintades).

GALLINAZE. s. m. T. Ornith. Genre de Rapaces diurnes. Voy. VAUTOUR.

GALLINE. adj. 2 g. [Pr. *gal-line*] (lat. *gallus*, coq). L'espèce g., les poules et les coqs. || T. Chim. Voy. GALLÉINE.

GALLINULE. s. f. (lat. *gallinula*, petite poule). T. Ornith. Oiseau appartenant à l'ordre des *Échassiers*. Voy. FOULQUE.

GALLIOT DU PRÉ, célèbre libraire parisien (1485-1560).

GALLIPOLI (Détroit de). Voy. DARDANELLES.

GALLIPOLI, v. de la Turquie d'Europe, sur le détroit des Dardanelles ; 20,000 hab.

GALLIQUE. adj. 2 g. [Pr. *gal-like*] (lat. *gallicus*, m. s.). Qui a rapport, qui appartient aux anciens Gaulois. *Les peuplades galliques. Poésies galliques.* Peu us. ; on dit plus ordinairement *Celtique*.

GALLIQUE. adj. m. [Pr. *gal-like*] (ll. *galle*). T. Chim. L'*acide g.* $C^6H^6O^5$, découvert par Scheele en 1786, se rencontre, soit à l'état libre, soit à l'état de tanin, dans un grand nombre de plantes. On l'extrait ordinairement des noix de galle, que l'on humecte et qu'on abandonne pendant un mois à une température de 20° à 25°. Il se produit une fermentation spéciale, par suite de laquelle le tanin se transforme en acide g. ; les noix se gonflent et se réduisent en bouillie. On les exprime et l'on épuise le résidu par l'eau bouillante. La solution, purifiée par le noir animal, dépose l'acide g. par refroidissement. — Une méthode plus rapide consiste à traiter le tanin par l'acide sulfarique étendu et bouillant. — La synthèse de l'acide g. a été réalisée en chauffant avec de la potasse le dérivé di-iodé qu'on obtient en faisant agir l'iode sur l'acide salicylique.

L'acide g. cristallise, soit en longues aiguilles soyeuses, soit en prismes rhomboïdaux obliques. Ces cristaux sont blancs, parfois un peu jaunâtres, inodores et d'une saveur astringente et faiblement acide. Ils se dissolvent dans 100 parties d'eau froide et dans 3 seulement d'eau bouillante. Ils sont très solubles dans l'alcool. Chauffés entre 210° et 220°, ils se dédoublent en anhydride carbonique et en pyrogallol (acide pyrogallique) qui se sublime. Mais si l'on porte brusquement l'acide g. à la température de 250°, il se dégage de l'acide carbonique et de l'eau, et il reste une matière noire d'apparence charbonneuse, douée de propriétés acides, à laquelle on a donné le nom d'*acide métagallique* ou *gallhumique*. — La solution aqueuse d'acide g. précipite l'acétate de plomb, mais elle ne précipite ni la gélatine ni les sels des alcaloïdes, ce qui la distingue des solutions de tanin. Très oxydable, elle absorbe l'oxygène de l'air en dégageant de l'anhydride carbonique et déposant des flocons bruns. Elle réduit les sels d'or et d'argent. Avec le chlorure ferrique elle donne un précipité bleu noir qui se dissout dans un excès du réactif.

L'acide g. a pour formule de constitution $C^6H^2(OH)^3CO^2H$. Il possède une fonction acide et trois fonctions phénol, grâce auxquelles il joue quelquefois le rôle d'acide tétrabasique. Par sa fonction acide il peut, avec les alcools, former des éthers-phénols comme le *gallate d'éthyle* $C^6H^2(OH)^3CO^2C^2H^5$ composé cristallisable, fusible à 158°. D'autre part, en éthérifiant par des acides les fonctions phénoliques de l'acide g., on obtient des éthers mono-, bi- ou tri-substitués qui possèdent encore une fonction acide ; tel est l'acide *triacétylgallique* $C^6H^2(C^2H^3O^2)^3CO^2H$ qui fond à 170°. L'acide g. peut même s'éthérifier en se combinant avec lui-même : chauffé avec l'oxychlorure de phosphore, il forme ainsi l'acide digallique, qui est probablement identique avec le tanin. Chauffé à 120° avec de l'acide arsénique, il se convertit en acide ellagique. Avec l'acide sulfurique concentré et chaud, il donne de l'acide rufigallique. Enfin, un mélange d'acides g. et benzoïque, traité par l'acide sulfurique, donne naissance à l'anthragallol, malière colorante employée sous le nom de brun d'anthracène. En s'unissant aux bases, l'acide g. forme des sels mono-, bi- et tétra-métalliques, appelés *gallates*. Leurs solutions s'altèrent à l'air en absorbant de l'oxygène.

GALLISAGE. s. m. [Pr. *gal-li-zaje*] (R. *Gall*, nom propre). Fabrication du vin par le procédé de Gall, qui permet, avec des raisins acides et de mauvaise qualité, de faire une boisson de goût agréable.

GALLISINE. s. f. (R. *Gall*, nom propre). T. Chim. Substance sucrée, amorphe, déliquescente, non fermentescible, contenue dans la glucose du commerce. Par ébullition avec les acides elle se transforme en glucose.

GALLIUM. s. m. T. Chim. Métal rare découvert en 1875 par Lecoq de Boisbaudran, qui lui a donné le nom de *gallium*, en honneur de la France. Par une heureuse équivoque, cette dénomination rappelle en même temps le nom de l'auteur de la découverte (*gallus*, coq). Il existe en très petite quantité dans certaines blendes; celle de Bensberg, qui est la plus riche en g., n'en contient que 1 ou 2 cent-millièmes. Le g. est grisâtre, cristallin, assez dur et cassant. Sa densité est très voisine de 6. Il fond à 30° en un liquide blanc d'argent et reste facilement en surfusion jusqu'à + 2°. Il ne se volatilise pas au rouge blanc. Son symbole est Ga et son poids atomique est 69,9.

Par ses propriétés chimiques le g. se place à côté de l'aluminium et de l'indium. Inaltérable à l'air à la température ordinaire, il ne s'oxyde que superficiellement quand on le chauffe dans l'oxygène. Il est sans action sur l'eau, même à l'ébullition; mais les alliages de g. et d'aluminium décomposent rapidement l'eau à froid. Le g. est facilement attaqué par le chlore, mais il ne se dissout qu'avec peine dans l'acide chlorhydrique. L'acide azotique l'attaque rapidement à chaud. Une solution de potasse ou d'ammoniaque le dissout lentement avec production d'hydrogène.

Le *Sesquioxyde de g.* Ga²O³ joue, comme l'aluminium, le rôle d'un oxyde indifférent. À l'état anhydre il est blanc, infusible, et se dissout dans les acides en formant des sels cristallisables. À l'état hydraté, tel qu'on l'obtient en traitant une solution d'un de ces sels par un carbonate alcalin, c'est un précipité blanc, facilement soluble dans un excès d'alcali. — Lorsqu'on chauffe le sesquioxyde dans un courant d'hydrogène, on obtient un oxyde bleuâtre qui paraît être le *Protoxyde* GaO.

On n'a préparé qu'un petit nombre de sels de g. Le *Protochlorure* GaCl² forme des cristaux blancs, solubles dans l'eau, fusibles à 164°, bouillant à 535°. Le *Sesquichlorure* Ga²Cl⁶ se présente en longues aiguilles blanches, déliquescentes, qui fondent à 75°5 et entrent en ébullition à 220°. Le *Sulfate* cristallise en lamelles incolores, très solubles dans l'eau; sa solution additionnée de sulfate d'ammoniaque fournit un *alun de g.* ayant la même composition que les aluns ordinaires. — Les solutions des sels de g. ne sont précipitées ni par l'acide sulfhydrique ni par les sulfures alcalins; mais les alcalis et les carbonates alcalins y déterminent un précipité qui se redissout dans un excès de réactif. Les solutions neutres de g. sont aussi précipitées par le zinc et le fer; cette réaction sert à la séparation et à l'extraction du gallium.

L'existence et les propriétés du g. avaient été prévues par Mendeleef, qui lui avait donné provisoirement le nom d'*Ékaaluminium*, d'après sa place dans le système périodique. Voy. ÉLÉMENTS. De son côté, Lecoq de Boisbaudran avait été amené à la découverte de ce corps par des considérations théoriques fondées sur l'étude spectroscopique des métaux.

GALLOCHE (Louis), peintre fr., né à Paris (1670-1761).

GALLOCYANINE. s. f. [Pr. *gal-lo-sianine*] (R. *gallique* et *cyanogène*). T. Chim. Matière colorante de la classe des oxazines. Voy. COLORANTES, IV, 9. Elle sert à teindre en violet bleuâtre la laine et le coton mordancés au chrome. On la prépare en chauffant l'acide gallique, en solution alcoolique ou acétique, avec le chlorhydrate de la nitroso-diméthylaniline. On obtient des matières colorantes analogues en remplaçant l'acide gallique par la catéchine ou par l'acide morintannique. Toutes ces gallocyanines se dissolvent aisément dans les solutions de soude caustique ou d'ammoniaque. La g. de la catéchine donne en teinture des nuances plus rouges; celle de l'acide morintannique fournit des verts solides.

GALLOFLAVINE. s. f. [Pr. *gal-lo-flavine*] (R. *gallique*,

et lat. *flavus*, jaune). T. Chim. Matière colorante jaune, qu'on obtient en oxydant, à l'aide d'un courant d'air, les solutions alcalines d'acide gallique. Voy. COLORANTES, IV, 2.

GALLOIS (LÉONARD), historien fr. (1789-1851).

GALLOL. s. m. [Pr. *gal-lol*] (R. *galle*). T. Chim. Voy. GALLÉINE.

GALLOMANE. s. m. et f. (lat. *gallus*, gaulois, et gr. μαίνειν, avoir folie de). Celui qui admire avec excès la nation française, qui l'imite même dans ses travers.

GALLOMANIE. s. f. Passion, travers du gallomane.

GALLON. s. m. [Pr. *ga-lon*] (angl. *gallon*, m. s.). T. Métrol. Mesure anglaise de capacité pour les liquides. Voy. CAPACITÉ.

GALLOPHOBIE. s. f. (lat. *Gallus*, gaulois, et gr. φοβεῖν, détester). Aversion pour les Français. La g. s'empara de l'Allemagne à la suite de l'oppression que Napoléon Ier fit peser sur elle.

GALLO-ROMAIN, AINE. adj. (lat. *Gallus*, gaulois; *Romanus*, romain). Qui appartient à la fois aux Gaulois et aux Romains. Se dit des habitants de la Gaule depuis César jusqu'à Clovis.

GALLOTANNIQUE. adj. 2 g. [Pr. *gal-lo-ta-nike*] (R. *galle* et *tanin*). T. Chim. *Acide g.*, Nom donné au tanin de la noix de galle. Voy. TANIN.

GALLOWAY, presqu'île du S.-O. de l'Écosse.

GALLS. Voy. GAELS.

GALLUCCI, astronome italien du XVIe siècle.

GALLULMIQUE. adj. 2 g. [Pr. *gal-lulmike*] (R. *Gallique*, et *ulmique*). T. Chim. Voy. GALLIQUE.

GALLUPPI, philosophe italien (1773-1846).

GALLUS, poète latin ami de Virgile (66-26 av. J.-C.).

GALLUS, empereur romain, successeur de Décius (251-253).

GALLUS (SULPICIUS), consul et astronome romain du IIe siècle av. notre ère.

GALMOTE. s. f. Nom vulgaire de l'*Amanita rubescens*, Champignon comestible de la famille des *Hyménomycètes*. Voy. ce mot.

GALOCHE. s. f. (lat. *gallica*, sorte de chaussure gauloise). Sorte de chaussure dont le dessus est de cuir et la semelle de bois. — Par ext., se dit aussi d'une chaussure de cuir que l'on porte par-dessus les souliers, pour avoir les pieds secs. *Une paire de galoches.* || Fig. et fam., *Menton de g.*, Menton long, pointu et recourbé. T. Techn. Poulie à moufle plat dont la chape est ouverte transversalement sur une de ses faces, et on applique sur les grandes vergues pour y faire passer les boulines. = Coin de la presse du doreur.

GALOCHIER. s. m. Ouvrier qui fait des galoches.

GALON. s. m. (lat. *gallonum*, instrument propre à arranger la chevelure). Tissu d'or, d'argent, de soie, de fil, de laine, etc., qui est étroit, mais qui a plus de corps qu'un simple ruban, et que l'on met au bord ou sur les coutures des vêtements, des meubles, etc., soit pour les empêcher de s'effiler, soit pour servir d'ornement. *Un g. d'or, d'argent, de soie, de laine. G. de livrée.* || Ruban de soie pour les souliers de femme. — Fig. et fam., *Quand on prend du g.*, *on n'en saurait trop prendre*, On ne saurait trop profiter d'une chose avantageuse, trop se procurer d'une chose utile ou agréable. || Se dit partout. des galons qui, dans l'armée, servent d'insigne à certains grades, et surtout à ceux de sous-officiers. *C'est à un combat qu'il gagna ses galons. Il a perdu ses galons.* || T. Mar. Bande de toile cousue sur une couture de voile pour la fortifier. || T. Archit. Bandelette garnie de perles. || T. Comm. Boîte ronde dans laquelle les épiciers mettent des confitures sèches et des sucreries.

GALONNER. v. a. [Pr. *ga-lo-ner*]. Orner ou border de galon. *G. un habit.* == GALONNÉ, ÉE. p. *Un habit galonné sur toutes les coutures. Un chapeau galonné.* || *Il est tout galonné,* se dit d'un homme dont l'habit est couvert de galons.

GALONNIER. s. m. [Pr. *ga-lonier*]. Fabricant de galons.

GALOP. s. m. [Pr. *ga-lo*] (R. *galoper*). La plus élevée et la plus rapide des allures du cheval. *Aller le g., le petit g., le grand g. Ce cheval va bien au g. Il a le g. aisé, le g. rude. Mettre, lancer un cheval au g. Le cheval prit le g.* || Fig. et prov., *S'en aller le grand g. à l'hôpital,* Faire tout ce qu'il faut pour se ruiner promptement. || Fig. et très fam., *Il s'en va le grand g.,* Il approche rapidement de sa fin, il se meurt. — *Aller, courir le g. le grand g.,* se dit d'une personne qui marche, qui lit, qui parle ou qui fait quelque chose avec précipitation.

Il dit fort posément ce dont on n'a que faire
Et court le grand galop quand il est à son frein.
　　　　　　　　　　　　　　　　　RACINE.

|| Sorte de danse à deux temps et d'un mouvement vif. *Le g. est d'origine hongroise.* — *L'air sur lequel on danse un g. Jouer un g.* || Fig. et pop., Réprimande sévère. *Son père lui donnera un g.* || T. Mécan. *Mouvement de g.,* Mouvement vertical d'oscillation autour de l'essieu que présentent certaines machines locomotives.

Man. — Des quatre allures naturelles du cheval, le *Galop* est la plus élevée et la plus rapide. Un cheval lancé au g. est supporté successivement par un pied de derrière, un bipède diagonal et un pied de devant, puis il reste un instant sans support pour retomber de nouveau sur les mêmes appuis. Le cheval galope à droite ou à gauche, suivant que le pied droit ou le pied gauche marque sa piste plus en avant. — On distingue trois sortes de galops : le *g. de manège,* le *g. de chasse* et le *g. de course.* Le premier fournit une vitesse de 330 à 350 mètres par minute, le second de 550 à 600, et le troisième de 800 à 900. — On appelle *Faux galop* celui où le cheval galope, tantôt à droite, tantôt à gauche. Enfin, en termes de manège, on donne le nom de *Galopade* à une sorte de g. en trois temps et très raccourci, où l'avant-main est soulevée de telle sorte que l'allure très cadencée gagne en élégance ce qu'elle perd en rapidité.

GALOPADE. s. f. Action de galoper. || L'espace qu'on parcourt en galopant. *D'ici là il n'y a qu'une g.* — *Faire une g.,* Faire une petite course au galop. — Air de manège. Voy. GALOP. || Fig., Extrême promptitude d'action. *Votre imagination prend la g.*

GALOPANT, ANTE. adj. Qui va au galop. T. Méd. *Phtisie galopante,* Phtisie pulmonaire dont la marche est très rapide.

GALOPE. s. f. (R. *galoper*). T. Relieur. Instrument avec lequel on trace très rapidement de petites raies avant de glairer le livre. || T. Danse. Voy. GALOP. || Fig., *A la g.,* Avec précipitation. Fam.

GALOPER. v. n. (haut all. *gahlaufan;* all. mod. *laufen,* courir). Aller le galop; se dit également du cheval et du cavalier. *Un cheval qui galope bien. Nous avions déjà galopé pendant une heure.* — Fig.,

Le chagrin monte en croupe et galope avec lui.
　　　　　　　　　　　　　　　　　BOILEAU.

|| Fig. et fam., Faire beaucoup de démarches, de courses pour quelque affaire. *Il galope jour et nuit.* — Se dit aussi d'une personne qui marche, qui parle, qui lit et qui fait quelque chose avec précipitation. *Vous galopez quand vous dictez, il m'est impossible de vous suivre.* || Fam. Danser le galop. *C'est un excellent danseur, il galope très bien.* == GALOPER. v. a. Mettre au galop, faire aller le galop. *G. un cheval.* || Fig. et fam., Poursuivre quelqu'un, le rechercher avec activité. *Il y a déjà plusieurs jours que je le galope sans pouvoir le rencontrer.* — Fig. et pop., *Le peur le galope,* Il est saisi d'une grande peur. *La fièvre le galope,* Il a de violents accès de fièvre. == GALOPÉ, ÉE. part.

GALOPIN. s. m. (R. *galoper*). Petit garçon auquel on fait faire des commissions de peu d'importance. Fam. — Autrefois, dans les maisons princières, se disait des petits marmitons qui tournaient les broches, et qui servaient à courir çà et là pour les besoins de la cuisine. || Fam. et par mépris, se dit encore d'un gamin qui court les rues.

GALOPINER. v. n. Se conduire comme un galopin.

GALOUBET. s. m. T. Mus. Sorte de flûte à trois trous. Voy. FLUTE.

GALOUBIE. s. f. Petit batelet très étroit.

GALS. Voy. GAELS.

GALSWINTHE, fille d'Athanagilde, roi des Visigoths, sœur aînée de Brunehaut, épousa Chilpéric en 567, et fut étranglée en 568 par l'ordre de Frédégonde.

GALUCHAT. s. m. (Nom de l'ouvrier qui inventa l'art de le préparer). Peau de certains squales, dont on se sert pour couvrir des gaines, des étuis, etc.

GALVANI, physicien italien, découvrit les phénomènes électriques appelés de son nom galvanisme (1737-1798).

GALVANIQUE. adj. 2 g. T. Phys. Qui appartient, qui a rapport au galvanisme. *Fluide g. Appareil g. Dorure g. Expériences galvaniques.*

GALVANIQUEMENT. adv. D'une manière galvanique; par le galvanisme.

GALVANISATION. s. f. [Pr. *gal-va-ni-za-sion*]. T. Phys. et Techn. Action de galvaniser. *La g. d'un cadavre. La g. du fer.*

GALVANISER. v. a. [Pr. *gal-va-nizer*]. T. Phys. Soumettre à l'action d'un courant galvanique. *G. un cadavre.* — Fig., Donner une vie factice. *G. une société morte.* || T. Techn. Recouvrir une substance d'une couche métallique au moyen des procédés galvanoplastiques. *G. du fer. G. une statuette de plâtre.* == GALVANISÉ, ÉE. part.

GALVANISME. s. m. (R. *Galvani,* auteur de la découverte). T. Phys. Ensemble des phénomènes que produisent les courants électriques sur les muscles des animaux. || S'est dit aussi de l'électricité développée par le contact de deux corps hétérogènes.

Phys. — 1. *Découverte du galvanisme et théorie de Galvani.* — En 1780, Galvani, professeur d'anatomie à Bologne, s'occupait de recherches physiologiques sur le système nerveux. Un jour qu'il avait préparé des grenouilles pour exécuter quelques expériences, c'était le 20 sept., il les suspendit par hasard à un balcon de fer au moyen de petits crochets de cuivre qui passaient entre les nerfs lombaires et la moelle épinière : il vit avec un étonnement qui justifiait l'émerveillement, les membres de la grenouille s'agiter convulsivement toutes les fois qu'ils venaient accidentellement toucher le fer du balcon. Il répéta l'expérience dont le hasard venait de le rendre témoin, et constata que ce phénomène se reproduisait à volonté dans certaines conditions données qu'il dé-

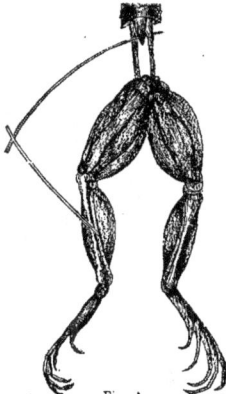

Fig. 1.

termina. — Pour répéter l'expérience fondamentale de Galvani, il faut procéder ainsi. On coupe un peu au-dessous de ses membres supérieurs une grenouille choisie parmi les plus vivaces. On dépouille les membres inférieurs, et l'on met à découvert les deux faisceaux de substance nerveuse qui se voient de chaque côté de la colonne vertébrale. Telle est la grenouille *préparée à la manière de Galvani* (Fig. 1). Si maintenant à l'aide d'un arc métallique formé de deux segments, l'un de zinc, l'autre de cuivre, on établit une communication entre les *nerfs lombaires* mis à découvert et les muscles des jambes de l'animal, on voit aussitôt ces membres se contracter convulsivement. Le professeur de Bologne attribua ce phénomène à l'existence d'une électricité inhérente à l'animal. Suivant lui, le muscle était une sorte de bouteille de Leyde, chargée à l'intérieur d'électricité positive et d'électricité négative à l'extérieur; l'arc métallique et les nerfs n'étaient que de simples conducteurs qui, en faisant communiquer les deux armures, opéraient la décharge du fluide électrique, lequel, à cause de sa source, fut appelé par lui *électricité animale*, et par ses partisans *fluide galvanique*, du nom du célèbre observateur. Les expériences de Galvani furent bientôt connues du monde savant, dans lequel elles produisirent une immense sensation, et partout on s'empressa de les répéter. Leur exactitude fut hautement proclamée, mais la théorie qu'il avait imaginée pour expliquer ces nouveaux phénomènes rencontra de nombreux contradicteurs.

II. *Théorie de Volta.* — Le plus ardent de ses antagonistes fut Volta, professeur de physique à Pavie, déjà célèbre par l'invention de l'électrophore, de l'électromètre condensateur et de l'eudiomètre. Comme Galvani, Volta attribua les contractions de la grenouille à l'excitation produite par une décharge électrique; mais au lieu de chercher la source de cette électricité dans le muscle de l'animal, il soutint qu'elle se développait dans l'arc de communication lui-même. Pour lui, la grenouille, au lieu d'être un condensateur chargé d'électricité, jouait le rôle d'un simple conducteur, lequel était en même temps un électroscope extrêmement sensible. En conséquence, il affirma que *lorsque deux métaux différents sont en contact, ils se constituent toujours dans deux états électriques différents, l'un d'eux se chargeant d'électricité positive, et l'autre d'électricité négative.* Dès ce moment commença entre ces deux hommes de génie une lutte mémorable dans laquelle Galvani succomba, ce qui, au reste, n'impliquait pas nécessairement l'exactitude absolue de la théorie de son antagoniste. Volta fondait principalement la sienne sur la nécessité de l'emploi d'un arc composé de deux métaux différents pour obtenir des commotions un peu marquées. D'après lui, c'était donc le contact entre les molécules des deux métaux hétérogènes qui était la véritable cause du développement de l'électricité; et lorsque Galvani montra non seulement qu'un seul métal suffisait pour donner lieu à des contractions appréciables, mais encore que la présence d'un métal était même inutile, puisque la grenouille se contractait en repliant sa jambe, quand les muscles de celle-ci étaient mis en contact avec ses nerfs lombaires, Volta répondit qu'il ne voyait dans tous ces faits qu'une généralisation de son principe, que les métaux n'étaient pas les seuls corps dont le contact développait de l'électricité, mais que toutes les substances conductrices, sans en excepter les nerfs et les muscles, étaient dans le même cas. En d'autres termes, il posa alors en loi que *le contact de deux substances hétérogènes quelconques développe de l'électricité, l'une des deux substances se constituant à l'état positif, et l'autre à l'état négatif.* Afin d'établir expérimentalement cette loi, Volta entreprit un grand nombre d'expériences, dont les principales furent faites au moyen de l'électromètre condensateur qu'il venait de construire. Ces expériences le conduisirent à la découverte de la pile électrique.

Expériences de Volta. — 1° Volta prit une lame bimétallique formée par l'assemblage d'un morceau de cuivre et d'un morceau de zinc. Tenant le zinc à la main, il toucha le plateau inférieur de l'électroscope condensateur avec la partie cuivre de la lame des plateaux de l'électromètre étaient en cuivre, Fig. 2), en même temps qu'il mettait le plateau supérieur en relation avec le sol par l'intermédiaire de son doigt. (L'expérience réussit mieux lorsque les doigts sont mouillés.) Il enleva ensuite le plateau supérieur (Fig. 3) et constata une divergence sensible; les feuilles étaient chargées négativement. D'où vient cette électricité? Négligeant complètement l'action chimique qui peut s'exercer, en effet, au contact du zinc et du liquide qui mouille les doigts, Volta pensait qu'elle n'avait pu se développer qu'au contact du cuivre avec la lame de zinc, et il regardait cette expérience comme

une preuve incontestable qu'il se développe au contact du cuivre et du zinc une *force électromotrice* en vertu de laquelle l'électricité neutre se décompose, le fluide positif se portant sur le zinc, et le fluide négatif se portant sur le cuivre; car, dans l'expérience dont il s'agit, c'est le plateau mis en contact avec le cuivre qui se charge de l'électricité négative. D'ailleurs, dans cette expérience, la production

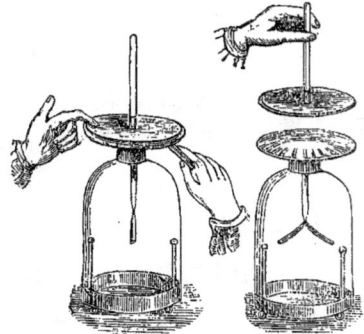

Fig. 2.   Fig. 3.

de cette électricité ne peut être attribuée au frottement ou à la pression. En effet, si l'on touche le plateau du condensateur avec une lame de même métal, c.-à-d. de cuivre, on n'obtient aucune trace d'électricité. — En conséquence de ses expériences, après avoir désigné sous le nom de *force électromotrice* la force sous l'influence de laquelle se décompose le fluide neutre des corps mis en contact, Volta appela ceux-ci *corps électromoteurs.*

2° Tenant le cuivre à la main, il toucha le plateau inférieur de l'électroscope avec le zinc. Il n'obtint aucune charge des feuilles. Cela se conçoit : car le zinc de la lame bimétallique est entre deux cuivres : celui du plateau et celui de la lame. Les effets des deux contacts en sens inverses se détruisent.

3° Tenant le cuivre à la main, il toucha le plateau de l'électroscope avec le zinc, mais en interposant entre les deux une rondelle de drap humectée d'eau acidulée. Cette fois-ci, les feuilles se chargèrent positivement. Cela tient à ce que la nature des contacts a changé.

On peut résumer, dans les propositions suivantes, les propriétés que Volta attribuait à la force électromotrice : 1° La force électromotrice se développe à la surface de contact des corps électromoteurs. 2° Elle décompose le fluide neutre qui s'y trouve et chasse l'électricité positive sur l'un d'eux, et sur l'autre l'électricité négative. 3° Elle s'oppose à la recomposition des fluides mis en liberté. 4° Elle n'est pas illimitée, et ne peut décomposer et maintenir en cet état qu'une certaine quantité de fluide, présentant ainsi une tension maximum qui toujours est atteinte instantanément. 5° Pour deux métaux différents donnés, la différence de leurs deux tensions, positive et négative, est une quantité constante. — Cela posé, considérons deux corps de nature différente, de même surface, parfaitement isolés en contact, un disque de zinc, par ex., et un disque de cuivre, et exprimons par a la différence des tensions des deux disques. Cette différence dépendant de la nature des métaux en contact, le zinc prendra la

$$\text{tension} + \frac{1}{2} a, \text{ et le cuivre la tension} - \frac{1}{2} a,$$ qui, prises ensemble, seront égales à la force électromotrice. Maintenant si nous faisons communiquer le cuivre avec la terre, il perdra instantanément son électricité négative; mais instantanément aussi une nouvelle quantité de fluide neutre sera décomposée, et, comme la différence des tensions ne peut être que a, le zinc prendra cette tension a, qui sera égale à la force électromotrice. Si, à présent, nous supprimons la communication du cuivre avec le sol, et si, en même temps, nous fournissons au zinc une nouvelle quantité d'électricité, ce métal recevant, par ex., une augmentation de tension égale à b, sa tension totale sera $a + b$; sur le cuivre la tension sera donc b, afin

que la différence des tensions des deux métaux demeure égale à *a*. — C'est en partant de ces principes que Volta fut conduit à la découverte de l'admirable appareil qui a immortalisé son nom ; nous voulons parler de la *Pile*. Aujourd'hui on remplace le mot tension par différence de potentiel. L'idée de force électromotrice est restée la même, on la mesure par la différence de potentiel.

Loi des tensions de Volta. — Lorsqu'on considère une chaîne de plusieurs métaux en contact en équilibre électrique, la différence de potentiel des deux métaux extrèmes est la même que s'ils étaient directement en contact. (La température est supposée la même dans toute la chaîne.)

Pile de Volta. — Guidé par les expériences précédentes, Volta eut l'idée de multiplier le nombre des contacts et fut amené à construire sa *pile*. Pour monter une pile de Volta, on prend un disque de zinc sur lequel on place une rondelle de drap imbibée d'eau acidulée par 1/15ᵐᵉ d'acide sulfurique, puis par-dessus ces deux un disque de cuivre. Cet ensemble constitue un *couple voltaïque* ou un *élément* de pile. On en superpose ainsi 50 ou 100 groupes en empilant toujours les disques dans le même ordre (Fig. 4). Enfin, le zinc étant vivement attaqué, on lui donne plus d'épaisseur qu'au disque de cuivre. — Les extrémités de la pile se nomme ses *pôles* ; l'un est le *pôle négatif*, l'autre le *pôle positif*. Des disques extrèmes partent des fils métalliques, qui ont pour fonction de conduire l'électricité où il est besoin de la faire agir ; en conséquence, on les nomme *Électrodes* ou *Rhéophores*. Mettons le zinc final en communication avec la terre, c.-à-d. au potentiel zéro et le cuivre avec le plateau d'un électroscope condensateur (ou l'aiguille d'un électromètre à quadrants). Les feuilles seront chargées positivement, ce qui prouve que le pôle cuivre est un potentiel supérieur à celui du pôle zinc. On appelle *pôle positif* l'extrémité du cuivre final et *pôle négatif* l'extrémité où se trouve le zinc final. La différence de potentiel entre ces deux pôles mesure la force électromotrice de la pile. On se servira, pour effectuer cette mesure, d'un *électromètre*. La force électromotrice d'une pile dépend de la nature des contacts (c.-à-d. des substances qui la constituent) ; elle est proportionnelle au nombre des éléments et ne dépend nullement de leur surface.

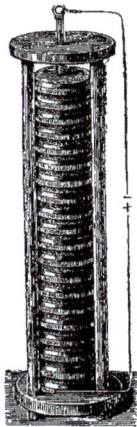

Fig. 4.

Lorsqu'on réunit les deux pôles de la pile par un conducteur, celui-ci devient le siège de phénomènes particuliers, l'électricité positive tendant à se mouvoir du pôle cuivre au pôle zinc. On dit que le conducteur est le siège d'un *courant électrique*, *voltaïque* ou *galvanique*. Et on a donné le nom d'*électricité dynamique* à l'électricité ainsi mise en mouvement. On est convenu d'appeler sens du courant le sens qui va du *pôle positif* au *pôle négatif*. Ce courant se manifeste par des effets magnétiques, chimiques, calorifiques, lumineux, physiologiques, qui seront étudiés en détail dans différents articles. L'intensité de ces effets dépend de toutes les parties du circuit.

Dans l'explication des phénomènes qui précèdent, nous avons adopté la théorie de Volta sur la force électromotrice. Hâtons-nous de dire que les observateurs modernes, tout en repoussant l'hypothèse de l'illustre physicien, quant au siège et quant à l'origine de cette force ont cependant confirmé l'exactitude de toutes les autres qualités qu'il lui attribue. L'origine véritable de la force électromotrice est l'action chimique exercée sur les métaux de la pile par le liquide qui mouille les rondelles, liquide dans lequel Volta ne voyait qu'un simple conducteur.

III. *Théorie chimique de la pile*. — Déjà, en 1799, Fabroni, chimiste florentin, attribuait aux actions chimiques les phénomènes observés par Galvani ; plus tard Davy, Gautherot, Wollaston, Parrot, etc., firent jouer à l'action chimique un rôle plus ou moins important dans la production des courants voltaïques. Après la découverte du multiplicateur électrique, il fut facile de constater qu'un couple plongé successivement dans différents liquides présente des inversions remarquables de ses pôles, fait inconciliable avec l'hypothèse de Volta. A dater de ce moment, les travaux des physiciens, et particulièrement ceux d'Œrsted, de Becquerel, de Ritchie, de Pouillet, de Schœnbein, de Faraday, de la Rive, etc., la ruinèrent complètement en faisant triompher la théorie électro-chimique. Un grand nombre d'expériences entreprises dans les conditions les plus variées, ont prouvé qu'il n'y a jamais de courant quand il n'y a pas d'action chimique. Ainsi, par ex., lorsque dans deux vases juxtaposés on verse un liquide parfaitement conducteur de l'électricité dynamique, comme une dissolution concentrée de sulfate de potassium, et qu'ensuite on réunit les deux vases au moyen d'un arc métallique formé par la soudure d'une lame de fer et d'une lame de platine, on n'obtient pas le moindre courant électrique, ainsi que le prouve l'immobilité de l'aiguille du galvanomètre dont les extrémités ont été préalablement plongées dans les deux vases. Cette absence de tout courant, malgré le contact des deux métaux hétérogènes, tient à ce que les corps sur lesquels on expérimente n'exercent aucune action chimique les uns sur les autres. En effet, dès qu'on y détermine une action chimique en laissant tomber au point de contact des métaux une goutte d'acide sulfurique, à l'instant la déviation de l'aiguille du galvanomètre accuse la manifestation d'un courant. Dans sa fameuse expérience à l'aide de l'électromètre condensateur, Volta, ainsi que nous l'avons dit, avait négligé de tenir compte de l'action oxydante exercée sur le zinc, soit par la main mouillée, soit tout au moins par les liquides de la transpiration cutanée. Or, c'est précisément cette action qui détermine le dégagement d'électricité : car si, au lieu de tenir le zinc avec la main, on le tient avec une pince de bois, on n'observe aucun signe d'électricité. L'absence de courant quand il n'y a pas d'action chimique, et les inversions auxquelles nous faisions allusion tout à l'heure, démontrent de la façon la plus incontestable que la production du courant électrique est due à l'action chimique exercée sur les métaux qui composent le couple. Si l'on forme celui-ci de deux métaux hétérogènes, c'est afin d'obtenir sur chacune des parties qui le composent une action chimique différente, attendu que l'identité d'action de part et d'autre ferait naître deux courants opposés qui s'entre-détruiraient. Par la même raison, si l'on veut produire des effets énergiques, il faut réunir dans un couple deux corps conducteurs, dont l'un ait pour liquide beaucoup d'affinité, et l'autre une affinité nulle.

D'après cela nous pouvons nous faire une idée plus exacte de la force électromotrice de Volta. C'est une force qui se développe à la surface de contact de deux conducteurs réagissant chimiquement l'un sur l'autre ; elle est un mode de manifestation de l'affinité chimique des éléments en présence, et réside dans la couche d'action chimique. A l'appui de ces principes, Faraday a démontré que toujours la force électromotrice du couple et l'affinité de ses éléments varient dans le même sens. Si maintenant nous appliquons à la théorie du couple voltaïque la connaissance des notions qui précèdent, nous dirons que le développement de l'électricité est dû à l'action chimique de l'eau acidulée des rondelles de drap sur le disque de zinc. L'électricité négative se porte sur le zinc, et l'électricité positive sur le disque de cuivre. Les principes de la *thermochimie* et de la *thermodynamique* permettent de prévoir la grandeur de la force électromotrice d'une pile dans des circonstances déterminées.

Il résulte de l'origine de la force électromotrice que cette force n'est pas influencée par l'étendue des surfaces métalliques en contact avec les liquides. En effet, tant que le métal et le liquide restent dans les mêmes conditions, l'affinité chimique n'est pas augmentée par l'étendue de la surface du premier ; l'action chimique est toujours la même par l'unité de surface. La surface électromotrice doit donc établir la même différence de tension entre le liquide et le métal attaqué dans toute l'étendue de la surface de contact. La seule chose qui varie avec la grandeur des surfaces immergées, c'est la *quantité* d'électricité mise en liberté. Par conséquent, dans l'association de plusieurs couples, nous n'aurons rien à changer aux idées de Volta sur le rôle de la force électromotrice : toujours la tension ou différence de potentiel sera proportionnelle au nombre des couples associés en série, c.-à-d. de manière que le pôle positif d'un élément communique avec le pôle négatif du suivant.

Cependant, l'idée de Volta n'était pas entièrement fausse : il est très vrai qu'il se développe au contact de deux métaux une force électromotrice, et que, par le seul fait du contact, ces deux métaux prennent des potentiels différents. Seulement, cette force électromotrice ne peut donner naissance à un courant, car le courant ne peut exister que si le circuit entièrement métallique et fermé. Alors dans ce circuit se trouveront plusieurs contacts, au moins deux dans un ordre différent. Par exemple, si le fil est de zinc, on aura entre les deux disques le contact cuivre-zinc, et au point où le fil rejoint le disque de cuivre, on aura un contact zinc-cuivre. Ces deux contacts développeront des forces électromotrices égales et de sens contraires qui se feront équilibre, et il n'y aura aucun courant (quoique les deux métaux soient à des potentiels différents). S'il y a plus de deux métaux, par exemple, si le fil est de fer et de platine, on aura, en suivant le fil, les quatre contacts : cuivre-zinc, zinc-fer, fer-platine, platine-cuivre. Or, la somme algébrique des forces électromotrices développées par ces quatre contacts est rigoureusement nulle, et il en sera de même dans tous les cas; de sorte que la force électromotrice de contact ne peut donner naissance à aucun courant. Ce fait négatif pouvait être prévu *a priori*, car s'il en était autrement, on aurait une réalisation du mouvement perpétuel, puisqu'on obtiendrait dans le fil conducteur un courant continu, c.-à-d. une source indéfinie d'énergie sans dépense d'énergie correspondante au point de contact des métaux : ce serait de l'énergie créée de toutes pièces, ce qui est contraire au principe de la conservation de l'énergie. En résumé, l'électricité qui traverse le courant a bien son origine dans l'action chimique, et le courant n'est autre chose que la transformation de l'énergie chimique en énergie électrique.

IV. *Des diverses espèces de piles.* — La pile à colonne de Volta, telle que nous l'avons décrite, offre deux inconvénients graves. En premier lieu, elle est très longue à monter, et en second lieu, les rondelles de drap, pressées par le poids des disques métalliques, laissent écouler l'eau acidulée dont elles sont imbibées, et la production de l'électricité ne tarde pas à diminuer. En conséquence, les physiciens se sont occupés de bonne heure de perfectionner cette admirable invention. Les piles aujourd'hui en usage peuvent se diviser en trois classes : les *piles à un seul liquide*, les *piles constantes* et les *piles sèches*.

A. **Piles à un seul liquide.** — Nous nous contenterons de mentionner la *pile à auges*, celle de *Wollaston* et celle de *Hare*.

1re *Pile à auges.* — Cette pile (Fig. 5), dont l'invention est due à Cruikshank, est formée de couples rectangulaires zinc et cuivre, soudés ensemble et mastiqués dans les rainures d'une caisse de bois horizontale qui divisent ainsi en un certain nombre de compartiments égaux. La caisse est enduite

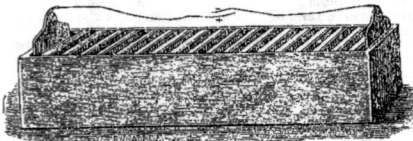

Fig. 5.

intérieurement d'un mastic isolant, et les faces de chaque diaphragme présentent toutes, d'un côté le cuivre, de l'autre le zinc. Pour mettre la pile en activité, on remplit ses auges avec de l'eau acidulée. Quant aux rhéophores, ils sont fixés à deux plaques métalliques qu'on plonge dans les deux couples extrêmes et qui représentent les pôles de l'appareil.

2° *Pile de Wollaston.* — Wollaston ayant reconnu qu'il y

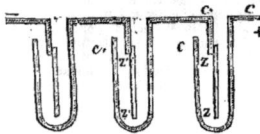

Fig. 6.

avait avantage à donner au cuivre une surface plus considérable qu'au zinc, imagina d'envelopper celui-ci d'une lame de cuivre convenablement recourbée. La plaque de zinc du premier couple est soudée au cuivre de l'élément suivant, et la même disposition se reproduit pour les autres éléments (Fig. 6. Diagramme d'un couple; 7. La pile montée). Tous ces éléments sont fixés à la face inférieure d'une traverse de bois, soutenue elle-même par deux montants de bois. Pour faire fonctionner la pile, on abaisse la traverse de manière que chaque élément plonge dans un bocal rempli d'eau acidulée par l'acide sulfurique. Le pôle positif est représenté par la dernière lame de zinc. Un seul couple de Wollaston de quelques

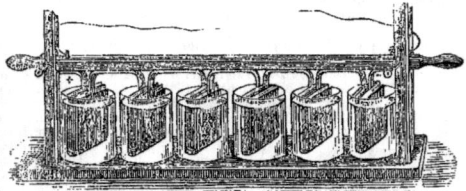

Fig. 7.

centimètres carrés de surface détermine l'incandescence d'un fil de platine.

3° *Pile en hélice.* — Cette pile, imaginée par Hare, a l'avantage de présenter, sous un volume assez restreint, des surfaces métalliques considérables (Fig. 8). Elle est d'ailleurs fort simple. Pour la construire, on prend un cylindre de bois haut de 32 à 45 centim. sur 6 à 8 cent. de diamètre ; on enroule tout autour deux lames, l'une de zinc et l'autre de cuivre, en les séparant l'une de l'autre par des bandes de drap. De cette façon, on obtient un couple qui a une surface de 5 à 6 mèt. carrés. Quand on veut s'en servir, il suffit de le plonger dans une cuve pleine d'eau acidulée. Cet appareil est souvent désigné sous le nom de *calorimoteur de Hare*, parce qu'il est surtout propre à produire des effets calorifiques intenses.

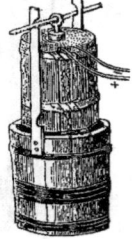

Fig. 8.

Les piles que nous venons de décrire ont toutes de graves inconvénients. Le courant, très énergique au moment de la fermeture du circuit, ne tarde pas à s'affaiblir d'abord rapidement, puis de plus en plus lentement, pour devenir presque insignifiant après quelques heures de durée. Cet affaiblissement n'est pas dû à l'altération des liquides de la pile : car le courant reprend graduellement son énergie quand on laisse *reposer* la pile, en ouvrant le circuit. Deux causes contribuent principalement à cette diminution rapide des effets des piles à un seul liquide. — Le zinc du commerce contient toujours du fer, du cadmium, de l'arsenic, qui altèrent la pureté. Les particules de ces métaux hétérogènes forment, tant que dure l'action chimique, les éléments d'une infinité de petits couples, dont le circuit est fermé dans la plaque de zinc elle-même. Aussi, lorsque du zinc impur fait partie d'un couple, les petits courants dont nous parlons troublent la distribution de l'électricité qui doit produire le courant principal, et c'est pour celui-ci une cause d'affaiblissement. On remédie à ce premier inconvénient en employant dans la construction des piles du zinc ou mieux du *zinc amalgamé*. La couche d'amalgame qui recouvre la surface du zinc ainsi préparé étant parfaitement homogène, tous les points de cette surface sont également oxydables. Le zinc amalgamé jouit en outre d'une propriété fort curieuse et très avantageuse. Tant que le circuit de la pile reste ouvert, il n'est pas attaqué par le liquide acide, tandis qu'il se dissout avec un abondant dégagement d'électricité aussitôt qu'on ferme le circuit. Cette propriété est précisément due à ce que le zinc amalgamé ne permet pas la production des *courants particuliers* dont nous parlions tout à l'heure. Or, le zinc ne peut être attaqué que si le courant se produit. Avec du zinc impur, le courant se produit en une infinité de circuits sur la plaque de zinc même; mais avec le zinc amalgamé, il ne peut se produire que dans le circuit extérieur, d'où la nécessité de fermer celui-ci pour obtenir l'attaque. Pour amalgamer le zinc des piles, on recouvre sa surface avec du mercure; après quoi, on la frotte avec un tampon imbibé d'eau acidulée pour la décaper. — La seconde cause d'affaiblissement du courant voltaïque est due à la formation de dépôts particuliers sur les lames métalliques; ces dépôts constituent ce que de La Rive désigne sous le nom de *polarité secondaire* des lames. Ainsi dans la pile à auges, on trouve, après quelques heures de marche, que tous les cuivres sont recouverts de zinc. La polarité secondaire donne naissance à un courant inverse de celui de la pile, qui détruit partiellement ce dernier. Lorsque le liquide actif est une dissolution saline, les dépôts sont formés d'acides, d'oxydes, de métaux. Quand le liquide est de l'eau acidulée, le dépôt est gazeux; il est alors constitué par l'hydrogène qui s'attache fortement à la lame inactive et en diminue la conductibilité. Indépendamment du courant contraire qu'ils engendrent dans la pile, les dépôts, surtout quand ils sont gazeux, ont en outre pour effet d'isoler les lames métalliques du liquide, ce qui ralentit l'action chimique, et oppose au passage de l'électricité une résistance qui diminue encore l'intensité du courant. Ce phénomène est connu sous le nom de *Polarisation des électrodes.*

B. *Piles à courant constant.* — Dans les piles que nous allons décrire, on a cherché à éviter ces causes d'affaiblissement du courant: de là le nom de *piles à courant constant* qu'elles méritent, quoique à des degrés différents. On les appelle aussi *piles à deux liquides;* cependant, certaines d'entre elles sont réellement constantes, bien que fonctionnant avec un seul liquide. Quoi qu'il en soit, c'est en s'opposant à la polarisation de la lame inactive, c.-à-d. en détruisant, à mesure qu'il se produit, l'hydrogène, cause de cette polarisation, qu'on obtient des piles constantes. L'invention du premier couple à courant constant est due à Becquerel (1829). La polarisation des électrodes est appliquée dans la construction des piles à gaz et des accumulateurs. Vcy. ÉLEC-TRO-CHIMIE.

1° *Pile de Smée.* — Dans la pile de Smée, la dépolarisation est produite, pour ainsi dire, par voie mécanique, la surface de la lame inactive étant modifiée de telle sorte que le gaz hydrogène qui s'y porte s'en sépare avec facilité. Deux plaques métalliques, l'une de zinc, l'autre de platine, plongent dans de l'eau renfermant environ 1/7e d'acide sulfurique. Le zinc est amalgamé: on évite ainsi l'*action locale*, qui affaiblirait le courant. Le platine est *platiné,* c.-à-d recouvert d'une couche de platine pulvérulent, ce qui permet à l'hydrogène de se dégager non pas complètement, mais plus facilement que si la surface du métal était lisse et polie. Il en résulte que le courant conserve une intensité sensiblement constante, moindre cependant que ce le d'un couple à la surface duquel l'hydrogène ne contracterait aucune adhérence. Pour *platiner* le platine, on dépose sur lui une couche noire et pulvérulente de métal en le plongeant dans une dissolution d'un sel de platine, après l'avoir fixé au pôle négatif d'une pile à courant constant. Poggendorff a remplacé le platine platiné par une lame de cuivre *cuivré*; les résultats ont été très satisfaisants.

2° *Pile de Daniell.* — Dans cette pile, ainsi que dans les deux suivantes, on évite la polarité secondaire en plongeant les deux lames du couple dans des liquides différents qui sont séparés l'un de l'autre par une cloison poreuse. Le liquide dans lequel plonge la lame inactive jouit de la propriété d'absorber l'hydrogène en se combinant avec lui. — Voici la disposition d'un couple de Daniell (Fig. 9). Un vase de verre contient une dissolution saturée de sulfate de cuivre; un vase concentrique, de terre poreuse, T, renferme une dissolution étendue d'acide sulfurique. Un cylindre de cuivre K plonge dans la dissolution cuivreuse, et un cylindre de zinc amalgamé Z dans le vase de terre poreuse. A la partie supérieure du cylindre de cuivre, mais à l'intérieur, se trouve une petite galerie percée de trous dans laquelle on place des cristaux de sulfate de cuivre destinés à maintenir la dissolution saturée. Enfin, aux cylindres zinc et cuivre sont fixées des bandes minces de cuivre m et P, qui constituent les rhéophores. La vis que porte la lame P sert, quand on forme une pile, à unir le couple à la lame m du couple voisin. — Tant que le circuit reste ouvert il n'y a pas d'effet chimique; mais dès qu'il est fermé, le zinc est fortement attaqué, suivant la réaction $Zn + H^2SO^4 = ZnSO^4 + H^2$. L'hydrogène traverse la cloison poreuse afin de se porter sur le cuivre. Mais rencontrant le sulfate de cuivre, il réduit le sel avec dépôt de cuivre métallique sur la lame de même nature et mise en liberté d'acide sulfurique, suivant la réaction:

$$H^2 + CuSO^4 = Cu + H^2SO^4.$$

En résumé, toute l'action chimique se réduit à la formation

d'une molécule de sulfate de zinc, et à la décomposition d'une molécule de sulfate de cuivre. La force électromotrice du couple est la résultante de ces actions en sens opposés. Le cylindre de zinc est le pôle négatif, et celui de cuivre le pôle positif du couple. — La pile de Daniell se compose d'une série de couples semblables au précédent. Ils sont disposés

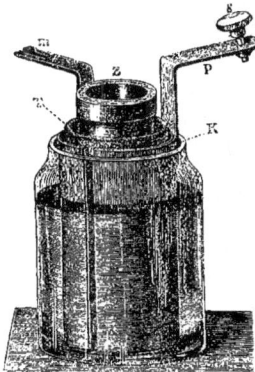

Fig. 9.

comme à l'ordinaire, c'est-à-dire que les couples contigus communiquent par leurs métaux hétérogènes. — On peut donner d'autres formes au couple de Daniell. Ainsi, par exemple, on renverse souvent la disposition du système, en mettant dans le vase intérieur le sulfate de cuivre et le cylindre de même métal, et dans le vase extérieur de l'acide sulfurique avec le cylindre amalgamé.

3° *Pile Callaud.* — C'est une modification de la pile de Daniell, dans laquelle le vase poreux est supprimé (Fig. 10). On voit au fond du vase le cylindre de cuivre C auquel est soudé

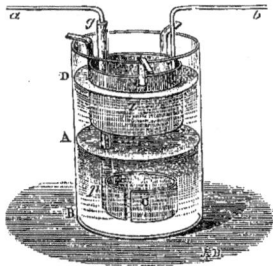

Fig. 10.

un fil de cuivre entouré d'une gaine isolante de gutta-percha g. Z est un cylindre de zinc. Pour monter cette pile, on met au fond du vase des cristaux de sulfate de cuivre, puis on remplit avec de l'eau pure (ou additionnée de sulfate de zinc). Il ne faut pas remuer cette pile, afin que la dissolution de sulfate de cuivre reste au fond.

4° *Pile de Grove.* — Les dispositions générales du couple de Grove (Fig. 11) ne diffèrent pas de celles du couple précédent. Le vase poreux renferme de l'acide azotique dans lequel plonge l'élément inactif du couple, une lame de platine. Le vase extérieur contient le cylindre de zinc amalgamé, baignant dans une solution étendue d'acide sulfurique. La lame de platine (Fig. 12) est recourbée en S et fixée à un couvercle qu'on pèse sur le vase poreux. Quand le circuit est fermé, l'hydrogène provenant de la réaction du zinc sur l'acide azotique traverse la cloison poreuse et va réduire l'acide azotique. Il se forme de

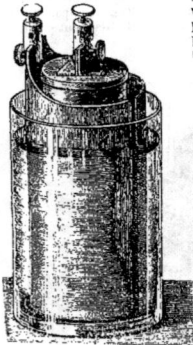 

vapeurs rutilantes. — Le platine représente le pôle positif et le zinc le pôle négatif du couple.

Fig. 11.   Fig. 12.

5e *Pile à charbon*, dite *pile de Bunsen*. — Le couple de Bunsen est un couple de Grove, dans lequel le métal inactif est remplacé avec économie par un cylindre taillé dans l'espèce de charbon que l'on recueille dans les cornues des usines à gaz. La Fig. 13 représente un couple de Bunsen tout monté, et

Fig. 13.   Fig. 14.

les Fig. 14 à 17 les parties constituantes de cet élément : 14, où V, est le vase extérieur de verre ou de faïence; 15, ou Z, le cylindre de zinc amalgamé; 16, ou D, le vase intérieur de terre poreuse, et 17, ou C, le cylindre de charbon préparé. Ce charbon est un bon conducteur de l'électricité. Les liquides

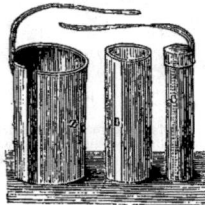

Fig. 15.   Fig. 16. Fig. 17.

sont ceux de la pile de Grove, et les réactions chimiques sont identiques. Le charbon représente le pôle positif, le zinc amalgamé le pôle négatif — La pile de Bunsen est la plus généralement employée dans l'industrie; elle est énergique,

et sa construction est facile et peu coûteuse. Cependant elle incommode par les vapeurs nitreuses qui s'en dégagent, et, de même que la pile de Grove, elle est moins constante que le couple de Daniell, car il est impossible de maintenir uniforme la composition des liquides qui remplissent les deux vases. D'après Du Moncel, Grove aurait employé le charbon des cornues à gaz longtemps avant Bunsen : la priorité de l'invention de cette pile lui serait donc acquise.

6e *Pile au bichromate*. — C'est la pile de Bunsen dans laquelle on a remplacé l'acide azotique qui entoure le charbon, par un liquide composé de : eau, 1,000 parties; bichromate de potasse, 120; acide sulfurique, 250.

On simplifie parfois cette pile en plongeant le zinc et le charbon dans un liquide unique (ce qui supprime le vase

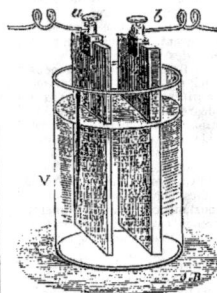 

Fig. 18.   Fig. 19.

poreux). On prend pour 1 litre d'eau 100 gr. de bichromate de potasse et l'on ajoute ensuite 50 gr. d'acide sulfurique. Le dispositif le plus simple est celui de la Fig. 18. Une forme très commode est celle dite *Pile à bouteille* (Fig. 19). Le zinc Z est entre deux charbons PP reliés entre eux par une lame de cuivre. Une tige T permet de relever le zinc quand la pile n'est pas en usage.

7e *Pile Marié-Davy*. — Cette pile est une modification de la pile de Bunsen. L'acide azotique est remplacé par du sulfate mercureux empâté autour du charbon. On peut supprimer le vase poreux.

8e *Pile Leclanché*. — Le vase extérieur est habituellement en verre et contient une tige cylindrique de zinc bai-

Fig. 20.

gnant dans une dissolution saturée de chlorure d'ammonium (sel ammoniac). Au milieu, se trouve un vase poreux contenant un bloc de charbon des cornues entouré d'un mélange de charbon des cornues et de bioxyde de manganèse en grains. C'est ce dernier qui agit comme dépolarisant (Fig. 20). Dans le modèle de M. Barbier, il n'y a pas de vase poreux. Le zinc et le charbon sont séparés par une briquette formée du mélange dépolarisant. Ces piles sont très employées pour la télégraphie, la téléphonie, les sonneries.

9e *Pile de Lalande et Chaperon*. — Cette pile est contenue dans un vase en fer de forme parallélépipédique (Fig. 21), au fond duquel est placé en C du cuivre oxydé par grillage à l'air. Ce vase contient une dissolution de potasse dans laquelle se trouve immergée une lame de zinc ZZ. Pour éviter la carbonatation de la potasse par l'air, on la protège par une couche de pétrole lourd AB.

C. *Piles sèches.* — Au commencement de ce siècle, plusieurs physiciens, admettant la théorie du contact telle que Volta l'avait développée, cherchèrent à remplacer les liquides

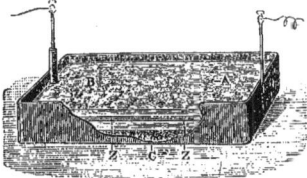

Fig. 21.

de la pile par des corps conducteurs solides non métalliques. Vers 1802, Hachette et Desormes tentèrent les premiers essais dans cette voie; en 1812, Zamboni proposa les dispositions généralement adoptées aujourd'hui.

1° *Pile de Zamboni.* — On prend des disques de papier taillés à l'emporte-pièce; on applique sur l'une des faces de ces disques une feuille très mince d'étain, et, sur l'autre, du peroxyde de manganèse en poudre, que l'on fixe avec un peu d'amidon ou de gélatine. Cela fait, on empile, toujours dans le même ordre, plusieurs milliers de ces couples, mais on les comprime entre deux plaques de cuivre reliées entre elles par des fils de soie; ces plaques seront les deux pôles de l'appareil. La pile de Zamboni construite d'après ces principes ne donne que de faibles résultats; cependant elle peut servir à charger un condensateur. Dans les piles sèches, comme dans toutes les autres, c'est l'action chimique qui est la cause unique du développement de l'électricité. En effet, la feuille d'étain, ainsi que l'a constaté Delezenne est attaquée par l'oxygène qu'il lui cède le peroxyde de manganèse. Pour que ces appareils électromoteurs conservent leur activité, il est nécessaire que le papier interposé entre les couples garde un certain degré d'humidité. A mesure que celle-ci diminue, les effets de la pile vont en décroissant; mais on lui rend ses propriétés premières en l'exposant pendant un certain temps à l'action d'une atmosphère humide. C'est pour empêcher la déperdition trop rapide de leur humidité que l'on a coutume d'entourer les piles dites *sèches* d'une enveloppe de gomme-laque ou de soufre fondu.

2° *Électromètre à piles* ou *Électromètre de Bohnenberger.* — Cet appareil très ingénieux et très sensible est essentiellement composé de deux piles sèches disposées verticalement de telle sorte que les pôles en regard soient de tension contraire, et d'une feuille d'or placée à égale distance de deux boutons de cuivre qui surmontent supérieurement les deux piles. Les pôles inférieurs de celles-ci communiquent au moyen d'une petite lame conductrice (Fig. 22). Une cloche de verre préserve la feuille d'or des agitations de l'air; la tige métallique qui supporte la feuille, traverse la tubulure de la cloche et se termine par une boule de cuivre. Tant que la feuille d'or est à l'état neutre, elle reste en équilibre entre deux forces attractives égales et de signes contraires; mais au moment qu'on lui communique la plus légère charge électrique, elle s'incline vers le pôle de la pile dont la tension est de sens opposé. La position des pôles étant connue, le mouvement de la feuille d'or indique en même temps la présence et la nature de l'électricité dont elle a été chargée.

On a aussi tiré parti de la tension polaire des piles de

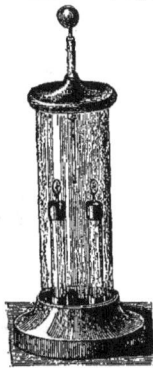

Fig. 22.

Zamboni, pour produire différents effets curieux d'attractions et de répulsions électriques au moyen de dispositions très variées. Les piles étant disposées comme dans l'électromètre de Bohnenberger, tantôt un pendule dont la balle est isolée oscille continuellement d'un pôle à l'autre par les mêmes raisons que dans le carillon électrique; tantôt la pièce mobile est un petit manège ou quelque autre joujou de ce genre. On a même construit, d'après ce principe, de petites horloges qui ne pouvaient être que très infidèles. Ces différents appareils sont vulgairement désignés sous le nom de *Mouvements perpétuels,* parce qu'ils peuvent fonctionner plusieurs années sans interruption.

3° *Pile sèche Leclanché-Barbier.* — Cette pile se compose d'un vase extérieur en zinc servant d'électrode négative. Le pôle positif est un cylindre de charbon aggloméré. L'espace compris entre les deux est rempli d'une pâte au plâtre et au sel ammoniac.

Forces électromotrices des principales piles évaluées en volts par élément.

PILES	FORCE ÉLECTROMOTRICE
Volta.	1,000 environ.
Leclanché.	1,465
Daniell	1,068 (Var).
Grove.	1,934
Bunsen	1,912
Pile au bichromate.	2,005
Marié-Davy	1,508

L'unité pratique de force électromotrice, le *volt,* diffère peu de la force électromotrice d'un élément Volta. On se sert souvent comme étalon de la pile Latimer-Clark (mercure, sulfate de mercure, sulfate de zinc; 1 volt 438 à 15°) et de l'étalon Gouy (mercure, bioxyde jaune de mercure, sulfate de zinc, zinc; 1 volt 39 à 12°).

D. *Combinaisons diverses des couples d'une pile.* — On peut, en réunissant ensemble plusieurs éléments d'une pile, arriver à des résultats différents suivant la manière dont on les combine entre eux. Si les éléments sont réunis de façon qu'un pôle quelconque communique avec le pôle contraire de l'élément suivant, on augmente la tension de l'électricité aux pôles extrêmes. Si, au contraire, après avoir formé deux ou plusieurs piles d'un même nombre d'éléments, on réunit les pôles extrêmes dans ces différentes piles, on aura une pile unique dans laquelle la tension de l'électricité sera la même que dans chacune des piles isolées; mais la pile résultant de la réunion produira dans un temps donné une plus grande quantité d'électricité. Ce dernier mode de combinaison donne le nombre des couples, on augmentera la surface de chacun d'eux. Ce serait ici le lieu de traiter de l'intensité des courants galvaniques; mais, pour ne pas donner à cet article une longueur démesurée, nous verrons cette étude aux mots INTENSITÉ et RHÉOMÈTRE.

Pour l'étude des piles *thermo-électriques,* voy. THERMO-ÉLECTRICITÉ.

V. *Effets de l'électricité dynamique.* — Les effets de l'électricité dynamique se divisent, comme ceux de l'électricité statique, en effets calorifiques, magnétiques, lumineux, chimiques et physiologiques. — Il a déjà été question, au mot ÉLECTRO-CHIMIE, des effets chimiques que produit l'électricité dynamique; il sera parlé de ses effets magnétiques et physiologiques aux articles MAGNÉTISME et ZOO-ÉLECTRICITÉ. Enfin, quant à ses effets physiques, ils se distinguent en effets lumineux et en effets calorifiques. Les effets lumineux seront traités aux mots LUMIÈRE ÉLECTRIQUE et RADIATION. Il nous reste à dire quelques mots des effets calorifiques.

Effets calorifiques. — Leur intensité dépend surtout de l'étendue des couples de la pile, et, par conséquent, de la quantité d'électricité qui se dégage. Cent couples de petite surface ne pourraient produire l'effet d'un élément de Wollaston, de la pile en hélice. Il suffit d'une pile de 30 à 40 couples de Bunsen, pour fondre et volatiliser avec rapidité tous les fils métalliques fins avec de vives étincelles diversement colorées. Le plomb brûle avec une lumière purpurine; le zinc avec une lumière blanc rougeâtre; l'étain et l'or avec une lumière blanc bleuâtre; le cuivre et l'argent avec une lumière verte; le fer et le platine avec une lumière d'un blanc éclatant. Tous les métaux s'oxydent dans cette combustion; le platine seul fait exception : il se projette en gouttelettes brillantes de métal fondu. Le charbon seul a jusqu'ici résisté à l'action de la pile : cependant nous avons déjà rapporté qu'il se ramollissait et même se transformait en graphite. Joule a démontré que la quantité de chaleur dégagée dans un conducteur pendant l'unité du temps est proportionnelle au carré de l'intensité du courant et à la résistance du conducteur. Voy. INTENSITÉ.

Grove a découvert le curieux phénomène que voici : c'est qu'un fil métallique, rendu incandescent par un courant voltaïque, perd subitement son incandescence, quand on le recouvre d'une éprouvette remplie de gaz hydrogène. — Cette expérience montre que l'hydrogène est meilleur conducteur de la chaleur que les autres gaz.

GALVANO. s. m. Objet obtenu par la galvanoplastie. Cliché obtenu par la galvanoplastie à l'aide duquel on opère le tirage d'une gravure.

GALVANO-CAUSTIE. s. f. (R. *galvanisme*, et gr. καυστικὸς, qui brûle). Art de cautériser par l'action d'un courant électrique.

GALVANOCAUSTIQUE. s. f. et adj. 2 g. T. Chir. La chaleur développée par l'électricité dynamique a reçu de fort heureuses applications dans la chirurgie. On l'a employée pour cautériser des fistules de diverses sortes, pour arrêter des hémorragies, pour détruire la pulpe dentaire, pour couper à l'aide d'un fil de platine incandescent le pédicule de divers polypes, les bourrelets hémorroïdaux, etc. L'ensemble des opérations chirurgicales qui peuvent s'effectuer à l'aide de la chaleur électrique a reçu de Middeldorpff le nom de *G.* Les avantages des nouveaux procédés sont : l'absence d'hémorragie; la rapidité et l'énergie de l'action, dont les effets sont cependant limités d'une manière exacte; la possibilité de brûler et de couper des parties profondes souvent inaccessibles à l'instrument tranchant; la facilité d'introduire et de disposer les appareils à froid, sans effrayer le malade. Une fois l'appareil en place, il suffit d'une pression avec le doigt sur une de ses parties pour porter instantanément au rouge blanc le plus intense le fil métallique conducteur, que l'on refroidit tout aussi aisément en cessant la pression, ce qui interrompt le courant. La pile au bichromate est celle qui convient le mieux pour ce genre d'opérations.

GALVANO-CAUTÈRE. s. m. (R. *galvanisme*, et *cautère*). Instrument à l'aide duquel on pratique la galvano-caustie.

GALVANOGRAPHIE s. f. Voy. GALVANOPLASTIE.

GALVANO-MAGNÉTIQUE. adj. 2 g. T. Phys. Qui a rapport au galvano-magnétisme.

GALVANO-MAGNÉTISME. s. m. T. Phys. Ensemble des phénomènes dans lesquels des effets magnétiques sont produits par les courants électriques.

GALVANOMÈTRE. s. m. (R. *galvanisme*, et gr. μέτρον, mesure). T. Phys. Instrument servant à mesurer l'intensité des courants électriques. Voy. INTENSITÉ.

GALVANOPLASTE. s. m. Celui qui pratique la galvanoplastie.

GALVANOPLASTIE ou **GALVANOPLASTIQUE.** s. f. (R. *galvanisme* et gr. πλαστίκη, action de façonner). T. Chim. et Techn. On appelle ainsi l'art qui consiste à précipiter, par l'action d'un courant électrique, un métal en dissolution dans un liquide sur un objet conducteur ou rendu conducteur de l'électricité. Le principe sur lequel reposent toutes les applications galvanoplastiques est celui-ci, qu'il nous suffira de rappeler : Lorsqu'une dissolution saline est traversée par un courant électrique, le métal se porte au fil négatif et le reste au pôle positif. Voy. ÉLECTRO-CHIMIE. — La g. a été divisée en plusieurs branches, dont quelques-unes ont reçu des noms particuliers : nous allons les passer rapidement en revue.

I. *Galvanoplastie proprement dite.* — Elle a été inventée en 1837, à la fois par Jacobi à Saint-Pétersbourg, et par Spencer à Londres. Ces deux observateurs ayant remarqué chacun de leur côté que le cuivre déposé par le courant élec-

trique sur des lames de platine reproduisait fidèlement les plus petites irrégularités de leur surface, essayèrent de reproduire ainsi des médailles et d'autres objets analogues. Leur succès fut complet; dès ce moment la g. sortit du domaine de la physique pour entrer dans la sphère de l'industrie.

Si l'on veut obtenir un dépôt métallique d'une certaine épaisseur, cohérent et susceptible de se détacher du corps qui lui a servi de moule, il faut employer un courant électrique d'une faible intensité, mais dont la force soit constante. Il faut en outre que la dissolution saline soit toujours saturée, afin que l'invariabilité de son pouvoir conducteur laisse constamment traverser la même quantité d'électricité. Pour remplir la première condition, on se sert d'appareils électromoteurs constants et d'une intensité convenable; quant à la seconde, on y satisfait en mettant dans la dissolution des cristaux du sel qui la sature, ou bien encore en prenant pour électrode positive une plaque du métal même qui se dépose au pôle négatif. Dans ce dernier cas, le radical qui se dégage au pôle positif dissout l'électrode de manière à régénérer le sel décomposé : de là le nom d'*électrode soluble* donné à la plaque métallique dont nous parlons.

A. *Appareils.* — Les appareils usités pour les opérations galvanoplastiques sont en assez grand nombre. Les plus simples consistent en un couple de Daniell dans lequel l'objet

Fig. 1.

que l'on se propose de recouvrir d'un dépôt métallique prend la place et joue le rôle d'électrode négative. La Fig. 1 représente un appareil de ce genre. On y voit deux formes du dispositif auquel on a donné le nom d'*appareil simple*. Au milieu se trouvent un ou deux vases poreux contenant chacun une lame de zinc baignant dans de l'eau acidulée d'acide sulfurique. Le vase extérieur est rempli d'une dissolution saturée de sulfate de cuivre. On maintient cette concentration au

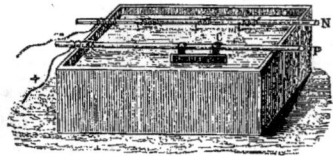

Fig. 2.

moyen d'un excès de cristaux. Les objets que l'on veut cuivrer plongent dans cette dissolution et sont reliés métalliquement au zinc central par des fils et tiges que l'on voit sur la figure. — On appelle *appareils composés* ceux dans lesquels l'électromoteur est indépendant de la cuve contenant la dissolution métallique qui doit fournir le dépôt. On emploie le plus souvent pour électromoteur une pile de Daniell; cependant on préfère celle de Bunsen, lorsqu'on veut faire passer le même courant à travers plusieurs cuves disposées à la suite l'une de l'autre, ce qui exige une tension électrique plus considérable. On emploie aussi, pour obtenir le courant, des machines dynamo-électriques. La disposition de la cuve varie au gré de chaque industriel; nous nous contenterons de décrire la suivante (Fig. 2), qui permet d'opérer sur plusieurs moules à la fois, quand ils peuvent être suspendus verticalement. Sur les bords de la caisse contenant la dissolution saline on place deux tiges de cuivre parallèles, N et P. A la tige P, qui communique avec le pôle positif de la pile, on suspend une plaque de cuivre métallique C ; c'est l'électrode soluble. L'autre tige, qui est reliée au pôle négatif de l'électromoteur, soutient, au moyen de crochets, les moules m disposés parallèlement de chaque côté de l'électrode soluble. Les appareils composés permettent de recouvrir des moules de grandeurs très différentes. Il est à peine besoin de dire qu'on doit toujours proportionner la surface des zincs de la pile à celle des pièces en préparation.

B. *Dissolutions employées.* — Le cuivre est le métal le plus fréquemment employé dans la g., mais ce n'est pas le seul ; l'or, l'argent, le platine, l'étain, le zinc, le plomb et différents alliages sont d'un usage assez fréquent. Quand on veut déposer du cuivre, le *bain*, comme nous l'avons déjà vu, consiste en une dissolution saturée de cristaux de sulfate de cuivre. Cette dissolution ne doit pas être tout à fait neutre, car le dépôt serait rugueux et cristallin ; pour obtenir un dépôt homogène, il faut aciduler légèrement la liqueur au moyen de l'acide sulfurique.

C. *Préparation des moules.* — Lorsqu'on veut reproduire un objet, on commence par en fabriquer un moule, soit de métal, soit de quelque substance non métallique. Les moules de métal s'obtiennent souvent en déposant, par voie électrolytique, du cuivre sur l'objet lui-même. On obtient de la sorte une contre-épreuve sur laquelle on détermine à précipitation d'une nouvelle couche métallique, qui donne alors une copie de l'objet. On fait aussi des moules en plomb, en soudure des plombiers, en alliage fusible, etc. Lorsque l'objet est dur et résistant, comme une médaille, on en prend l'empreinte par une forte pression sur du plomb bien décapé. Si l'objet ne peut supporter la pression, on coule le métal ou l'alliage sur une surface horizontale, et l'on appuie sur la surface encore pâteuse, l'objet à mouler. Quant aux moules non métalliques, on les fait de soufre, de stéarine, de cire, de gélatine, de gutta-percha ou de plâtre rendu ensuite imperméable par son immersion dans la cire fondue. On coule ces différentes substances sur la face de la médaille que l'on veut reproduire. Pour la gutta-percha, on la ramollit en la plongeant quelques instants dans l'eau chaude, puis on l'applique sur l'objet en exerçant sur elle une forte pression jusqu'à ce qu'elle soit revenue à la température ambiante. Cette substance convient surtout aux objets en ronde bosse sa flexibilité se prêtant facilement à la dépouille des parties qui ont pénétré dans les enfoncements du modèle. Une fois le moule obtenu, il faut lui faire subir une dernière préparation. S'il est de métal, le dépôt de cuivre lui adhérerait indéfiniment ; s'il n'est pas métallique, et par conséquent s'il est mauvais conducteur, le cuivre ne pourrait se précipiter à sa surface. Pour éviter l'adhérence sur les moules métalliques, on les graisse très légèrement, ou bien on les saupoudre de plombagine en poussière impalpable, ou bien encore on les expose à l'action d'une substance résineuse qui les recouvre d'une couche blanchâtre presque imperceptible : c'est ce qu'on nomme *voiler* le moule. Les faces qui ne doivent pas recevoir de cuivre sont revêtues d'une couche de cire. On rend bons conducteurs les moules non métalliques en *métallisant* leur surface, c.-à-d. en appliquant sur eux, avec un blaireau, une couche de plombagine très finement pulvérisée. Cela fait, les moules sont prêts à recevoir le dépôt galvanique. On fait communiquer plusieurs points de leur surface avec le fil qui forme l'électrode négative de la pile, et on les plonge dans la dissolution saline à peu de distance de l'électrode soluble.

La g. permet de reproduire des bas-reliefs, des vases, des statues, avec une grande économie et une fidélité qui défient le fondeur le plus habile. Dans la plupart des cas, on prend le moule en plusieurs parties avec du plâtre, de la stéarine, etc.; on réunit avec de la cire tous ces fragments, puis on les plonge dans la dissolution en veillant à ce que le liquide remplisse la cavité intérieure, et à ce que l'électrode envoie des prolongements dans les parties les plus enfoncées. Quand les pièces à reproduire sont considérables, on les obtient par portions distinctes que l'on soude à l'étain ou à l'argent, en ayant soin de recouvrir ensuite les soudures avec du cuivre.

II. *Électrotypie* ou *Galvanotypie.* — Cette branche de la g. a pour objet la reproduction des planches gravées, des clichés, des gravures sur bois, des caractères d'imprimerie.

Jacobi prenait l'empreinte des planches de cuivre gravées, et sur cette empreinte, servant à son tour de moule, déposait la couche de cuivre, copie fidèle du premier modèle. De cette manière, le tirage, au lieu d'être restreint par l'usure de la planche, devient illimité. Pour les planches d'acier, comme elles ne peuvent être plongées dans le sulfate de cuivre, on est obligé d'obtenir une contre-épreuve en argent sur laquelle on dépose ensuite le cuivre. Cette contre-épreuve peut encore se fabriquer avec du plâtre, de la gutta-percha, de la cire, une lame de plomb bien décapée, que l'on comprime sur la planche de cuivre ou les faisant passer l'une et l'autre entre les cylindres d'une presse à imprimer en taille-douce. Ces procédés sont journellement employés pour le tirage des illustrations de toutes sortes, des timbres-poste, etc., etc. Voy. CLICHAGE.

III. *Galvanographie.* — Elle consiste à dessiner sur une planche de métal poli des traits saillants et mauvais conducteurs de l'électricité sur lesquels on détermine la formation d'un dépôt de cuivre par les procédés galvanoplastiques. Les traits saillants se trouvent reproduits en creux sur la contre-épreuve, et celle-ci peut servir, comme une planche gravée, au tirage des épreuves. L'encre employée est ordinairement composée d'un mélange d'essence de térébenthine et de gomme laque. La galvanographie a été imaginée en 1840 par le prince de Leuchtenberg.

IV. *Galvanisation.* — Lorsqu'un objet est fragile ou oxydable, la g. permet de le recouvrir d'une couche métallique assez mince pour ne pas altérer la beauté des lignes et la délicatesse des détails, et cependant assez résistante pour le mettre à l'abri des causes de dégradation venant de l'extérieur : tel est l'objet de la *Galvanisation.* Quand l'objet n'est pas conducteur de l'électricité, on commence par *métalliser* sa surface au moyen de la plombagine, puis on le plonge dans la dissolution en le fixant au pôle négatif d'une pile constante. On recouvre ainsi d'une couche de cuivre, d'argent ou d'or, des statuettes, des plâtres, des bois sculés, des fruits, des feuilles de végétaux et jusqu'à des cadavres d'enfants. C'est au moyen de ce procédé qu'on est parvenu à garantir des ravages de l'oxydation les monuments en fonte qui décorent les places publiques et les promenades de la capitale.

On donne aussi le nom de *Galvanisation* à un procédé qui n'a rien d'électrique et qui consiste à plonger les objets en fer dans un bain de zinc en fusion. On obtient ainsi le *fer galvanisé*, protégé contre l'oxydation par une légère couche de zinc. Voy. FER, IX.

Dorure et Argenture. — Brugnatelli, élève de Volta, paraît être le premier (en 1803) qui ait observé qu'on pouvait dorer au moyen d'une pile et d'une dissolution alcaline d'or ; mais c'est le savant physicien de la Rive, qui le premier a réellement appliqué la pile à la dorure. Les procédés de

Fig. 3.

dorure et d'argenture par la pile ont été ensuite améliorés par Ruolz, Elkington et autres physiciens, et leur application industrielle portée à un haut degré de perfection dans les ateliers de Christofle. — Pour que la dorure galvanique donne une couche adhérente, il faut que le bain soit *alcalin*, ou tout au moins d'une neutralité parfaite : cette condition est essentielle. Les bains acides attaquent chimiquement les métaux qu'on y plonge, et ne donnent qu'une dorure incomplète et sans solidité. Avant d'être immergées dans le bain, les pièces doivent être dérochées et décapées. Le bain le plus fréquemment employé se compose d'un cyanure double d'or et de potassium en dissolution dans l'eau. La dissolution est versée dans une cuve traversée par deux tiges dorées (Fig. 3). L'une communique avec le pôle positif, et l'on y suspend des lames d'or qui servent d'électrodes solubles. L'autre communique avec le pôle négatif; on y suspend, au moyen de crochets doubles, les objets à dorer. C'est la pile de Bunsen et les machines dynamo-électriques qu'on emploie le plus souvent à cet usage. L'épaisseur de la couche d'or déposée est proportionnelle, toutes circonstances égales d'ailleurs, à la durée de l'opération, de sorte qu'il est toujours facile de connaître, à chaque instant, cette épaisseur, quand on a une fois constaté le poids d'or qui se dépose sur un décimètre carré pendant l'unité de temps. L'opération marche plus vite à chaud qu'à froid : aussi trouve-t-on de l'avantage à élever la température du bain d'or jusqu'à 75° centigr. Au sortir du bain les objets sont mats; cet état est dû à la juxtaposition d'une multitude de petits cristaux métalliques. Pour leur donner le brillant désiré, on a recours aux procédés ordinaires de brunissage. La dorure galvanique permet d'obtenir facilement des réserves; il suffit pour cela d'appliquer, au moyen d'un pinceau, sur les parties qu'on veut réserver, un vernis composé de chromate de plomb délayé dans une huile grasse; on ajoute au mélange de l'essence de térébenthine jusqu'à consistance convenable.

Bain de dorure (à *froid*). — Chlorure d'or 200 gr. dissous dans 2,000 gr. d'eau. Cyanure de potassium 200 gr. dissous dans 8,000 gr. d'eau. Les dissolutions doivent être faites à part et mélangées ensuite.

Pour l'argenture, on procède comme pour la dorure; la préparation des pièces, la manière de conduire l'opération, tout en un mot se pratique de même. La dissolution seule est différente; en outre, on opère toujours à la température ordinaire. Le bain dont on fait usage est un cyanure double d'argent et de potassium.

Bain d'argenture. — Cyanure d'argent 250 gr. Cyanure de potassium 500 gr. Eau distillée 10,000 gr. La Fig. 3 montre la disposition de ces bains.

Dépôts de différents métaux. — Le *platine* se précipite avec facilité d'une dissolution de chlorure double de platine et de potassium dans la potasse caustique. — On *cuivre* facilement le fer, la fonte, l'acier dans un bain de cyanure double de cuivre et de potassium. On opère d'habitude à la température de 75° centigr. — Le *plomb* se dépose aisément sur le fer, la fonte et les autres métaux, au moyen d'une dissolution d'oxyde de plomb dans la potasse. — En remplaçant l'oxyde de plomb par l'oxyde d'*étain*, le bain convient parfaitement pour l'étamage. — Nous avons parlé ailleurs de l'application du zinc sur le fer.

Nickelage. — Cette branche de l'électro-chimie a pris une grande importance. Le bain est une solution de sulfate double de nickel et d'ammonium à 10 p. 100; on se sert d'une anode soluble en nickel. On peut nickeler le cuivre, le bronze, le maillechort, le fer, la fonte et l'acier. Le bain doit être *légèrement* acide. Le cuivre se nickèle directement. Quand il s'agit de recouvrir de nickel la fonte, le fer ou l'acier, il est préférable de les cuivrer à l'avance. Cette précaution est surtout nécessaire lorsque l'on veut nickeler des objets en zinc, car ce métal est attaqué par le bain de nickelage.

Choix d'un électro-moteur. — Dans toutes ces opérations, on peut se servir de la pile Daniell ou Bunsen comme électro-moteurs. Lorsque l'on opère en grand, on aura recours à une machine dynamo-électrique de faible voltage et, dans ce dernier cas, l'adjonction d'une batterie d'accumulateurs donnera la plus grande régularité à la marche de l'opération.

V. *Phénomènes galvanoplastiques obtenus au pôle positif.* — Jusqu'ici c'est toujours au pôle négatif de la pile que nous avons suspendu les pièces sur lesquelles nous cherchions à déterminer la formation d'un dépôt; mais on a aussi tiré parti des phénomènes d'oxydation et de dissolution dont l'électrode positive est le siège, pour obtenir des effets dont l'étude se rattache d'une manière intime à celle de la g. — Smée est parvenu à graver des planches de cuivre en les employant comme électrode positive. Pour cela, la planche étant couverte d'un vernis en couche assez mince, on trace avec une pointe les traits du dessin, puis on immerge la planche dans une dissolution de sulfate de cuivre en la faisant communiquer avec le pôle positif. Le métal est dissous au fond des traits, et la planche se trouve gravée d'une manière plus nette et plus régulière que par l'eau-forte. Ceci est de la *gravure en creux.* Le prince de Leuchtenberg a obtenu des

gravures en relief en recouvrant la planche de cuivre de dessins comme pour la galvanographie, et en la prenant pour électrode positive. Les parties recouvertes d'encre ne sont pas dissoutes et restent en relief. Gravé a réussi à graver les *plaques daguerriennes* en les faisant servir d'électrode positive, après avoir recouvert leur contour et leur face postérieure avec de la gomme laque. Le liquide dans lequel il les plongeait était un mélange de deux parties d'acide chlorhydrique avec une d'eau, en volumes. Ce liquide attaque l'argent beaucoup plus que le mercure; et comme les ombres du dessin correspondent à la surface de l'argent, tandis que les clairs sont formés par des gouttelettes microscopiques de mercure, on obtient immédiatement des épreuves directes. L'électrode négative est une lame de platine dont les dimensions de la plaque, dont elle n'est éloignée que de 5 millim. Un seul couple de Bunsen est suffisant, et l'opération ne doit pas durer plus de trente secondes. La plaque est lavée à l'eau distillée, puis à l'eau légèrement ammoniacale qui la débarrasse d'une couche d'oxychlorure. On peut alors s'en servir pour tirer des épreuves à l'encre, ou pour prendre des copies galvanoplastiques en cuivre. Ce procédé, aujourd'hui abandonné, est avantageusement remplacé par les diverses méthodes de *Photogravure*. Voy. ce mot.

Au lieu de préserver les métaux oxydables par une couche de cuivre, d'argent ou d'or, Becquerel les enveloppe d'une couche d'un *oxyde inaltérable*, comme les peroxydes de plomb u de fer. La dissolution de plomb s'obtient en dissolvant de la litharge dans la potasse caustique, et celle de fer en faisant chauffer du sulfate de protoxyde de fer dans l'ammoniaque. Quand ces liqueurs sont froides, on les verse dans un vase poreux dans lequel on suspend le métal à recouvrir, après l'avoir au préalable soigneusement décapé. Le vase poreux est plongé dans de l'eau acidulée par 1/20° d'acide azotique. Dans ce liquide se rend le pôle négatif d'un couple à courant constant, dont le pôle positif communique avec le métal placé dans le vase poreux. L'eau est décomposée; son oxygène s'unit au protoxyde de plomb ou de fer qui s'est porté sur le métal. Ce dernier n'est donc pas oxydé; mais au bout de quelques minutes il se trouve recouvert d'une couche de plomb ou de fer peroxydé assez adhérente pour supporter le frottement du brunisseur.

Becquerel est encore parvenu à déposer sur divers métaux, sous l'influence d'un courant, du peroxyde de plomb en couche adhérente, mais assez mince pour donner des *couleurs vives et irisées.* Il verse dans un large vase de verre une dissolution de potasse saturée de protoxyde de plomb, et y plonge l'objet à colorer, en le faisant communiquer avec le pôle positif d'une pile. Le pôle négatif est terminé par des fils de platine enveloppés de tubes de verre qui n'en laissent sortir que l'extrémité. On présente ces fils à différents points de la surface de l'objet jusqu'à l'apparition sur celui-ci des nuances que l'on désire. Ces nuances varient avec l'épaisseur de la couche. Le succès de l'opération dépend des soins que l'on apporte à bien nettoyer les surfaces métalliques avant de les immerger. En approchant une électrode négative ainsi préparée près de l'objet formant l'électrode positive, M. Becquerel a obtenu des anneaux colorés concentriques. M. Guebhard a répété ces expériences en se servant d'électrodes de formes très variées. Il a obtenu ainsi des dessins fort remarquables, qui reproduisent la forme des lignes équipotentielles prévues par la théorie de Kirchhoff.

GALVANOPLASTIQUE. adj. 2 g. Qui a rapport à la galvanoplastie. *Procédé g.*

GALVANO-PUNCTURE. s. f. (R. fr. *galvanisme*, et lat. *punctura*, piqûre). Voy. ÉLECTRO-PUNCTURE.

GALVANOSCOPE. s. m. (fr. *galvanisme*, et gr. σκοπεῖν, examiner). T. Phys. Instrument qui rend sensibles à la vue les effets galvaniques.

GALVANOSCOPIQUE. adj. 2 g. Qui a rapport au galvanoscope.

GALVANOTHÉRAPIE. s. f. (fr. *galvanisme*, et gr. θεραπεύειν, soigner). Application du galvanisme à la thérapeutique. Voy. ÉLECTRO-THÉRAPIE.

GALVANOTROPISME. s. m. (fr. *galvanisme*; gr. τροπή, action de tourner). Inclinaison dans un sens ou dans l'autre des racines des plantes croissant dans l'eau, lorsqu'on fait passer un courant électrique à travers l'eau qui les baigne.

GALVANOTYPIE. s. f. (It. *galvanisme* et gr. τύπος, empreinte). Syn. d'ÉLECTROTYPIE. Voy. ce mot.

GALVAUDAGE. s. m. Action de galvauder.

GALVAUDER. v. a. (bas-lat. *gernachia*, casaque?). Maltraiter quelqu'un de paroles, le réprimander avec aigreur ou avec hauteur. Vx et peu us. || Mettre en désordre, gâter. *Il m'a galvaudé toute ma bibliothèque. G. une affaire. G. sa fortune.* || Avilir. *G. son nom.* — Ce mot est très familier.

GALVAUDEUR, EUSE. s. Homme de peine. | Propre à rien, qui vagabonde dans les rues.

GALVESTON, baie du golfe du Mexique (Texas).

GALVESTON, port des États-Unis (Texas), dans l'île de Galveston.

GALWAY, ville et comté d'Irlande (prov. de Connaught); le comté a 242,000 hab.; la ville, 30,000 hab.

GAMA (VASCO DE), célèbre navigateur portugais découvrit la route de Indes par le cap de Bonne-Espérance, en 1498.

GAMACHES, ch.-l. de c. (Somme), arr. d'Abbeville; 2,200 hab.

GAMAI. s. m. Voy. GAMET.

GAMAIN, serrurier de Louis XVᵉ, constructeur de la fameuse armoire de fer (1751-1795).

GAMAIS, GAMAY. Voy. GAMET.

GAMALIEL, savant juif du premier siècle de notre ère.

GAMASE. s. m. T. Entom. Genre d'*Arachnides* dont quelques espèces vivent en parasites sur la peau des Mammifères, des Oiseaux, des Reptiles et des Insectes. Voy. Ho ÉTRES.

GAMBADE. s. f. (ital. *gambata*, de *gamba*, jambe). Espèce de saut sans art et sans cadence. || Fig. *Payer en gambades,* Éluder le paiement d'une dette.

GAMBADER. v. n. Faire des gambades. || Fig. S'agiter sans succès, se donner une peine inutile.

GAMBADEUR, EUSE. s. Celui, celle qui gambade.

GAMBETTA (LÉON), avocat, tribun, homme politique, né à Cahors en 1838, membre du Gouvernement de la Défense nationale (4 sept. 1870), puis ministre de l'intérieur et de la guerre dans la Délégation de Tours du 7 oct. 1870 au 8 fév. 1871; président de la Chambre des Députés du 31 janv. 1879 au 14 nov. 1881; ministre des affaires étrangères et président du Conseil du 14 nov. 1881 au 26 janv. 1882. Mort, à Ville-d'Avray, le 31 décembre 1882.

GAMBETTE. s. f. T. Ornith. Genre d'*Oiseaux* appartenant à l'ordre des *Échassiers,* appelé aussi *Totanus* et *Chevalier.*

GAMBEY, constructeur d'instruments d'astronomie (1789-1847).

GAMBIE, fleuve de la Sénégambie, tributaire de l'Océan Atlantique, 1,700 kil. || Pays sur la côte occidentale d'Afrique; les Français, les Anglais et les Espagnols y ont des établissements. Ville princ. *Sainte-Marie de Bathurst,* 15,000 hab. (aux Anglais).

GAMBIER. s. m. Outil du fabricant de glaces. | T. Métall. Crochet de fer pour prendre les verges sortant des équipages de fonderie. || T. Bot. Voy. GAMBIR.

GAMBIER, groupe de cinq îles de l'Océanie (Polynésie), à la France.

GAMBIER (Lord), amiral anglais qui exécuta l'affreux bombardement de Copenhague en 1807 (1766-1833).

GAMBILLARD, ARDE. s. m. et f. [Pr. les *ll* mouillées]. Celui, celle qui gambille.

GAMBILLER. v. n. [Pr. les *ll* mouillées] (anc. fr. *gambe,* jambe). Remuer les jambes de côté et d'autre, lorsqu'on est assis ou couché. Très fam. || T. Mar. S'avancer à la force des poignets sur un cordage tendu en laissant pendre les jambes. — Changer de bord en faisant passer l'avant la partie longue de la vergue et de la voile.

GAMBINE. s. f. T. Chim. Nom donné à deux matières colorantes obtenues en traitant une solution alcoolique d'α ou de β naphtol par l'azotite de sodium en présence du chlorure de zinc. Voy. COLORANTES, IV, 7.

GAMBIR. s. m. (malais, *gambir,* m. s.). T. Bot. et Comm. Nom sous lequel on désigne une sorte de cachou obtenu par décoction des feuilles de l'*Uncaria gambir* (*Nauclea gambir*), arbrisseau de la famille des *Rubiacées.* Voy. ce mot.

GAMBIT. s. m. [Pr. *gan-bi*] (ital. *gambetto,* croc en jambe). Coup de jeu d'échecs. Voy. ÉCHECS.

GAMBODIQUE. adj. T. Chim. *Acide gambodique,* Résine jaune constituant la majeure partie de la gomme-gutte.

GAMBRINUS, GAMBRIVIUS ou **CAMBRINUS,** roi légendaire regardé en Allemagne comme l'inventeur de la bière.

GAMELION. s. m. (gr. γάμος, mariage). Mois du Calendrier athénien (janvier-février).

GAMELLE. s. f. (lat. *camella,* vase de bois). Grande écuelle de bois ou de fer-blanc, dans laquelle plusieurs matelots ou plusieurs soldats mangent ensemble. — *Être à la g.,* *manger à la g.,* Être à l'ordinaire des matelots ou des soldats. || Vase de fer-blanc, dans lequel chaque soldat reçoit sa ration. || T. Mar. Table commune des officiers, des élèves, des chirurgiens. || T. Techn. Écuelle qui sert à puiser l'eau salée dans les poëles de salines, pour vérifier l'état de la muire. || T. Min. Petit baquet dans lequel on lave les sables métallifères.

GAMELON. s. m. Petite gamelle employée dans les hôpitaux militaires.

GAMELOT. s. m. T. Mar. Sorte de petit seau.

GAMET, GAMAIS, GAMAI ou **GAMAY.** s. m. T. Vitic. Cépage cultivé en Bourgogne, où l'on en distingue plusieurs variétés. Ce n'est pas un cépage de vins fins.

GAMÈTE. s. m. (γάμος, union). T. Bot. Nom donné, chez les végétaux, aux éléments qui se fusionnent avec contraction pour former l'œuf de la plante. Voy. CONJUGAISON.

GAMIN, INE. s. Petit garçon, petite fille qui passe son temps à jouer et à polissonner dans les rues. || Petit garçon qui sert d'aide aux ouvriers fumistes, maçons, etc. || T. Mét. Ouvrier verrier subalterne.

GAMINER. v. n. T. Fam. Faire le gamin; jouer et polissonner.

GAMINERIE. s. f. Action de gamin. || Espièglerie de gamin.

GAMMA. s. m. [Pr. *gam-ma*]. Troisième lettre de l'alphabet grec (Γ, γ), correspondante à notre G.

GAMME. s. f. [Pr. *ga-me*] (gr. γ, gamma). T. Mus. Succession de sons disposés selon leur ordre naturel dans l'étendue d'une octave. || Fig. et prov. *Chanter à quelqu'un sa gamme,* Lui faire une forte réprimande, en lui disant ses vérités. *Changer de g.,* Changer de conduite, de manière d'agir. *Être hors de g.,* Ne savoir plus où l'on en est, ne savoir plus ce qu'on doit faire. *Mettre quelqu'un hors de g.,* Le déconcerter, lui rompre ses mesures, le réduire à ne plus savoir que répondre. | Par anal., *Gamme des couleurs,* Série de couleurs graduées.

Mus. et Acoustique. — On appelle *Gamme* la série, ou, comme on dit quelquefois, l'échelle des sons de la musique européenne qui est disposée de telle sorte qu'il y a un ton entre la première note et la seconde, *do* ou *ut, ré*; un ton entre la seconde et la troisième, *ré, mi*; un demi-ton entre celle-ci et la quatrième, *mi, fa*; un ton entre celle-ci et la cinquième, *fa sol*; un ton entre celle-ci et la sixième, *sol, la*; un ton entre la sixième et la septième, *la, si*; et un demi-ton entre la septième et la huitième, *si, ut* ou *do*; après quoi la série recommence dans le même ordre une octave plus haut, et de même jusqu'aux sons les plus aigus. — On appelle **G.** *diatonique*, ou simplement *gamme*, celle qui procède par tons et demi-tons, comme nous venons de le voir, et l'on désigne sous celui de **G.** *chromatique* celle qui procède exclusivement par demi-tons. En conséquence, tandis que la g. diatonique se compose seulement de 7 notes, la g. chromatique en comprend 12. — La **G.** *diatonique* se divise elle-même en **G.** *majeure* et en **G.** *mineure*, qui diffèrent l'une de l'autre par la place qu'occupe le premier demi-ton. Dans la g. majeure, le premier demi-ton se trouve placé entre la troisième et la quatrième note; dans la g. mineure, il se place du deuxième au troisième degré. Ainsi, la g. naturelle que nous avons donnée plus haut, est une g. majeure, tandis que la série, *la, si, ut, ré, mi, fa, sol, la,* est une g. mineure.

Le nom de g. donné à la série des sons musicaux vient de ce qu'autrefois on représentait la note la plus grave de l'échelle des sons par la troisième lettre de l'alphabet grec appelée γάμμα. On attribue généralement l'usage du *gamma* et le nom de *gamme* à Guy d'Arezzo, qui les aurait introduits en 1026; mais lui-même, suivant Fétis, en parle comme de choses connues avant lui.

Ces notes ont une étymologie assez singulière. Ce sont les premières syllabes des mots suivants par lesquels débute l'hymne de la fête de saint Jean : « *Ut* queant laxis *Re* sonare fibris *Mi* ra gestorum *Fa* muli tuorum, *Sol* ve polluti *La* bii reatum, sancte Joannes », etc. La note *si* est due à Lemaire (1784). En général, on remplace le mot *ut* par *do*.

En Angleterre et en Allemagne, les notes de la gamme sont représentées par les lettres c, d, e, f, g, a, b.

Nombre de vibrations des notes de la gamme majeure. — Si nous convenons de prendre pour unité le nombre de vibrations effectuées par la première note *ut*, les notes de la gamme exécuteront les nombres de vibrations représentés par la suite de chiffres ci-dessous :

$$\begin{array}{cccccccc} ut & ré & mi & fa & sol & la & si & ut_2 \\ 1 & \dfrac{9}{8} & \dfrac{5}{4} & \dfrac{4}{3} & \dfrac{3}{2} & \dfrac{5}{3} & \dfrac{15}{8} & 2 \end{array}$$

On voit qu'en ajoutant aux 7 notes de la gamme une 8e note que l'on appellera encore *ut*, on pourra continuer cette série par une deuxième gamme dont chaque note aura un nombre de vibrations double de celles de la première. Cette gamme est dite à l'octave aiguë de la première. On pourra continuer de la série jusqu'à ce que l'on atteigne la limite des sons perceptibles, et il sera facile de distinguer les octaves successives par des indices 1, 2, 3, etc., afin d'éviter toute confusion.

Intervalles successifs entre les notes de la gamme. — On obtient ces nombres en faisant le quotient du nombre de vibrations de chaque note par celui de la précédente. On trouvera ainsi pour intervalles successifs :

$$\frac{9}{8}, \frac{10}{9}, \frac{16}{15}, \frac{9}{8}, \frac{10}{9}, \frac{9}{8}, \frac{16}{15}.$$

L'intervalle $\frac{9}{8}$ s'appelle *ton majeur*, l'intervalle $\frac{10}{9}$ *ton mineur*, et $\frac{16}{15}$ *demi-ton majeur*.

On peut évidemment commencer une gamme par une note quelconque, mais alors les intervalles ne se reproduiront plus dans le même ordre, et la gamme ne sera plus juste avec les notes précédentes, dites *notes naturelles*. Pour rétablir les intervalles de la gamme en commençant par une autre note que *ut*, il faut introduire des *dièses* ou des *bémols*. Ainsi, en commençant une gamme par un *sol*, la note *fa* se trouve être trop grave, il faut la remplacer par une note plus aiguë d'un demi-ton que l'on appelle *fa dièse* (fa♯). Si l'on commence une gamme par un *fa*, l'on est amené à remplacer le *si* naturel par une note plus grave d'un demi-ton que l'on appelle *si bémol* (si♭). Le nombre de dièses ou de bémols à introduire dans une gamme dépend de la note initiale. Pour avoir le nombre de vibrations d'une note diésée ou bémolisée, il suffit de multiplier ou de diviser celui de la note naturelle par $\frac{25}{25}$.

D'après MM. Mercadier et Cornu, les musiciens n'emploient pas tout à fait la même gamme suivant qu'ils font de l'harmonie ou de la mélodie. La gamme que nous venons d'exposer est la gamme harmonique (intervalles de Zarlino). En jouant une mélodie seule, un violoniste se servira d'une gamme légèrement différente (intervalles de Pythagore).

Gamme tempérée. — Les instruments tels que le violon peuvent jouer juste dans tous les tons. Pour les instruments dont les notes sont fixées à l'avance, tels que le piano, il faudrait un nombre de cordes et de touches très considérable pour pouvoir jouer exactement toutes les gammes. Ainsi, il faudrait une touche différente pour *fa* dièse et *sol* bémol, etc. On peut éviter cette complication en remarquant que l'intervalle d'un ton majeur à un ton mineur est très peu sensible.

Cet intervalle, qui vaut $\frac{81}{80}$ et qui a reçu le nom de *comma*, est considéré comme négligeable dans la *gamme tempérée*. On confond alors le dièse d'une note avec le bémol de la note qui la suit. La gamme chromatique est alors divisée en 12 demi-tons égaux valant chacun $\sqrt[12]{2} = 1,06$. L'emploi de cette gamme a permis de simplifier considérablement la construction des instruments à notes fixes.

Il va sans dire que les généralités que nous avons signalées pour la gamme majeure s'appliquent aussi à la gamme mineure. Voy. INTERVALLE.

GAMMÉE. adj. [Pr. *gam-mé*] (gr. γ, gamma). *Croix g.*, Croix à quatre branches, dont les bouts sont recourbés en angle droit.

GAMOLOGIE. s. f. (gr. γάμος, mariage; λόγος, traité). Discours, traité sur le mariage.

GAMOMANIE. s. f. (gr. γάμος, mariage; μανία, folie). T. Méd. Forme d'aliénation mentale caractérisée par une monomanie de mariage.

GAMOPÉTALE. adj. 2 g. (gr. γάμος, union, et fr. *pétale*). T. Bot. Se dit d'une corolle dont tous les pétales sont soudés par leurs bords contigus, en totalité ou en partie. S'emploie aujourd'hui de préférence à *monopétale* dont il est syn. ⸗ GAMOPÉTALES. s. f. pl. Ordre de végétaux comprenant toutes les familles à fleurs gamopétales. Voy. BOTANIQUE.

GAMOPÉTALIE. s. f. T. Bot. État d'une corolle gamopétale.

GAMOPHYLLE. adj. 2 g. [Pr. *gamo-file*] (gr. γάμος, union; φύλλον, feuille). Se dit des feuilles soudées ensemble.

GAMOPHYLLIE. s. f. T. Bot. Caractère des feuilles gamophylles.

GAMOSÉPALE. adj. 2 g. (gr. γάμος, union, et fr. *sépale*). T. Bot. Se dit d'un calice dont les sépales sont concrescents par leurs bords contigus en totalité ou en partie. ‖ Syn. de MONOSÉPALE.

GAMOSÉPALIE. s. f. T. Bot. Caractère des calices gamosépales.

GAMOSTYLE. adj. 2 g. (gr. γάμος, union; στύλος, style). T. Bot. Se dit du style réuni de plusieurs styles soudés ensemble.

GAMSIGRADITE. s. f. (R. *Gamsigrad*, localité). T. Minér. Amphibole trouvée en Serbie.

GANACHE. s. f. (ital. *ganascia*, du gr. γνάθος, mâchoire). La mâchoire inférieure du cheval. On dit qu'*Un cheval est chargé de g.*, ou qu'*il a la g. lourde, pesante*, Lorsqu'il a l'os de la mâchoire inférieure fort gros, et garni de beaucoup de chair. — Fam., *Être chargé de g., avoir la g. pesante, épaisse*, se dit aussi d'un homme qui a une grosse mâchoire, et fig., d'un homme qui a l'esprit lourd. ‖ Figur. et pop., on dit encore d'une personne qui est dépourvue d'esprit, de talent, de capacité. *C'est une g., une lourde g.* ‖ T. Théâtro. Rôle de barbon imbécile. ‖ T. Mobil., *Fauteuil g.*, Grand fauteuil pour personnes âgées. ‖ T. Entom. Proéminence de la lèvre inférieure des Insectes. ‖ T. Art vét. Cachexie aqueuse dont un des symptômes est un gonflement sous le menton.

GANCETTE. s. f. [Pr. *gan-sè-te*]. T. Pêch. Maille de filet qui a trois pouces au carré.

GAND. ch.-l. de la Flandre orientale (Belgique), au confluent de l'Escaut et de la Lys; 154,000 hab. — Boulevard de Gand, nom donné par ironie en 1815, au boulevard des Italiens, à Paris, parce qu'il était le lieu de rendez-vous des jeunes gens monarchistes pendant le séjour de Louis XVIII à Gand.

GANDIN. s. m. (R. le boulevard de *Gand*, à Paris). Jeune homme poseur, dandy ridicule.

GANDINERIE. s. f. Manière, tenue de gandin.

GANDOURA. s. f. Sorte de longue blouse en étoffe très légère que l'on porte en Orient et en Afrique.

GANELON, archevêque de Sens, sacra Charles le Chauve à Reims et le trahit. La légende s'est emparée de ce personnage; mais elle en fit un officier de Charlemagne qui trahit l'empereur à Roncevaux. Son nom devint synonyme de traître.

GANER. v. n. (esp. *gano*, je gagne). T. Jeu de l'hombre. Laisser aller la main.

GANGA. s. m. T. Ornith. Genre d'Oiseaux gallinacés. Voy. TÉTRAS.

GANGANELLI, nom de famille du pape Clémen. XIV (1705-1774).

GANGE, grand fleuve de l'Hindoustan, vient de l'Himalaya et se jette dans le golfe de Bengale par un très grand nombre de branches: 3,000 kilom.

GANGES, ch.-l. de c. (Hérault), arr. de Montpellier; 4,600 hab. Magnifique grotte.

GANGÉTIQUE. adj. 2 g. Qui a rapport au Gange.

GANGLIFORME. adj. 2 g. (R. *ganglion*, et *forme*). T. Anat. Qui a la forme d'un ganglion. *Plexus nerveux gangliforme.*

GANGLIITE. s. f. T. Méd. Voy. GANGLION. Peu usité. On dit plutôt *ganglionite* ou mieux *adénite, adénopathie.*

GANGLION. s. m. (gr. γάγγλιον, m. s.). T. Anat. et Chir. Les anatomistes nomment ainsi de petits corps arrondis qui résultent d'un entrelacement de filets nerveux ou de vaisseaux lymphatiques, unis entre eux par du tissu cellulaire et enveloppés par une membrane commune: de, là deux sortes de ganglions, les *ganglions nerveux* et les *ganglions lymphatiques.* Il sera parlé des premiers quand nous traiterons du système nerveux (Voy. NERVEUX), et des seconds à l'article LYMPHATIQUES. L'inflammation des ganglions lymphatiques est une affection des plus fréquentes; on lui donne le nom d'adénite. Les adénites prennent suivant la région où elles siègent des noms différents: ainsi le carreau, inflammation des ganglions mésentériques. De même, dans certaines affections, l'inflammation des g. porte un nom particulier: ainsi dans les maladies vénériennes, bubon.

GANGLIONEURE. adj. 2 g. (gr. γάγγλιον, ganglion; νεῦρον, nerf). T. Zool. Dont les nerfs sont garnis de ganglions.

GANGLIONITE. s. f. Inflammation des ganglions lymphatiques. On dit aussi *Ganglitte*, et mieux *Adénite, Adénopathie.* Voy. GANGLION.

GANGLIONNAIRE. adj. 2 g. [Pr. *gan-glic-nère*]. T. Anat. et Méd. Se dit des affections qui atteignent les ganglions lymphatiques, et d'un nerf qui présente des ganglions sur son trajet. Voy. NERVEUX.

GANGLIONNÉ, ÉE. adj. [Pr. *...oné*]. T. Hist. nat. Qui offre des renflements comparables à des ganglions.

GANGRÈNE. s. f. [Pr. *can-grène*] (lat. *gangræna*, gr. γάγγραινα, de γράω, je consume). T. Méd. On nomme g. la mortification limitée des tissus. — Cette définition peu précise englobe toutes les espèces de g. et permet de grouper des affections absolument dissemblables, aussi bien par leur pathogénie que par leurs symptômes et leur thérapeutique. — Les gangrènes doivent être divisées en deux grandes classes, gangrènes *aseptiques* et *septiques* La première comprend les mortifications simples, dues à la lésion primitive des éléments anatomiques et celles qui succèdent à un trouble quelconque de nutrition. Cette double origine des gangrènes aseptiques est elle-même la base d'une nouvelle subdivision, et nous aurons d'abord les gangrènes directes, de causes presque toujours extérieures et que provoquent un traumatisme violent, es gelures et les brûlures, les caustiques énergiques; puis les gangrènes indi-

rectes qui dépendent de la circulation ou du sang lui-même et dont les variétés sont nombreuses; elles peuvent, en effet, provenir ou de troubles dans les fonctions artérielle, veineuse, capillaire ou cardiaque, ou d'altérations diverses du sang. Les gangrènes dites trophiques sont des gangrènes indirectes; elles rentrent dans l'une des catégories précédentes, les nerfs ne paraissant agir sur les tissus mortifiés que par l'intermédiaire des vaisseaux. — Les gangrènes septiques qui, sous un autre titre, faisaient autrefois le fond du chapitre des gangrènes, en sont presque toutes distraites depuis les conquêtes bactériologiques. Désormais on les considère, tantôt comme symptôme primordial, tantôt comme complication d'une maladie virulente quelconque (charbon, septicémie gazeuse ou même anthrax, érysipèle, phlegmon diffus): on ne les étudiera pas dans cet article. — Mais il faut savoir que la division en g. septique et g. aseptique ne peut être rigoureusement maintenue, je ne dis pas seulement en clinique, mais aussi en nosographie: si nos pansements ne sont pas bien surveillés, les microbes peuvent se jeter sur les tissus mortifiés par cause directe ou par trouble circulatoire, et en hâter la désorganisation. Ici, plus que dans toute autre maladie, les espèces et les variétés étiologiques se pénètrent l'une l'autre: il n'y a pas de facteur unique, il y a plusieurs facteurs qui s'unissent pour provoquer la mortification des tissus.

Les gangrènes directes sont dues à la lésion primitive des éléments anatomiques; une violence extérieure les frappe; ils sont meurtris, écrasés ou ébranlés, au point que l'accomplissement des échanges nécessaires à leur vie est devenu impossible; les cellules ont perdu leurs rapports réciproques et leur connexion avec les terminaisons nerveuses et les réseaux vasculaires; au trouble primitif qui les atteint, viennent en somme se joindre les effets secondaires d'une nutrition nulle ou incomplète, tant, il est vrai, que l'étiologie de la mortification est rarement une. Les gangrènes indirectes, relevant de troubles circulatoires, proviennent des artères, des veines, des capillaires ou du cœur: tantôt il s'agit d'un obstacle extérieur à l'artère (ligature dans le cas d'anévrysmes, par ex., tumeur, pièces de pansement trop serrées, attelles mal appliquées après une fracture.) Dans d'autres cas, l'obstacle dépend de l'artère elle-même: parfois un anévrysme comprime de son sac distendu le bout des vaisseaux; un caillot qui se forme dans une plaie artérielle peut oblitérer un long segment de vaisseau; enfin l'artérite aiguë ou chronique, les ossifications des parois, les plaques athéromateuses amènent une même résultat (*G. sénile*); ces sphacèles par thrombose ont une grande importance. Les obstacles à la circulation veineuse déterminent plus difficilement la g., tant est grande la richesse des voies collatérales; il faut qu'il existe un état général mauvais, quelque altération grave du sang. Même réserve pour le cœur. Les gangrènes par altération du sang ont une importance capitale, mais la pathogénie en est mal connue. Il faut les subdiviser en espèces bien différentes: dans les cachexies, au décours des fièvres graves, à l'altération de sang, s'ajoutent les altérations des éléments anatomiques; de même pour certaines substances toxiques, introduites dans le torrent circulatoire (ergot de seigle, sucre diabétique). Plus souvent encore cette variété de gangrènes touche aux gangrènes septiques par invasion d'espèces microbiennes variées, car il est bien entendu que la g. n'a pas de microbes spécifiques.

A côté de ces gangrènes se placent les gangrènes d'origine nerveuse. On sait que les nerfs exercent une influence incontestable sur la nutrition des tissus, et leur altération peut avoir pour conséquence la mortification. C'est dans ce groupe que se range le *décubitus aigu* décrit par Charcot, chez les individus atteints de lésions des centres nerveux. De même, la *g. symétrique des extrémités*, affection bizarre, appelée parfois *maladie de Raynaud*, du nom de l'auteur qui l'a décrite le premier. Cette maladie atteint toujours des parties similaires: les deux membres supérieurs, les deux inférieurs ou même les quatre; exceptionnellement le nez, les oreilles. La g. n'est que le dernier degré d'une série d'accidents successifs: syncope locale, asphyxie, enfin sphacèle; elle peut même ne jamais se produire; la maladie évolue lentement, irrégulièrement, sans gravité.

L'aspect que prennent les tissus sphacélés n'est pas uniforme; on peut ramener les types que l'on rencontre à quatre: g. par cadavérisation, g. blanche, g. sèche et g. humide. La g. par cadavérisation et la g. blanche sont des formes exceptionnelles. La g. sèche, que l'on appelle parfois momification des tissus, est caractérisée par une peau sèche, parcheminée, dure et transparente comme de la corne; elle a la couleur brune du caramel et ne tarde pas à devenir plus mince et toute noire; aucune mauvaise odeur ne s'exhale. La g. humide correspond à la plupart des gangrènes septiques à marche rapide : les liquides s'accumulent dans les tissus où pullulent les micro-organismes ; les chairs se putréfient et exhalent une horrible odeur ; la région est tuméfiée ; la peau est pâle, livide, elle se couvre de phlyctènes d'où s'écoule un liquide roussâtre, puis se ramollit, se désagrège et tombe en putrilage.

Les gangrènes aseptiques et les gangrènes septiques, les gangrènes directes et les gangrènes indirectes, présentent un tableau clinique trop différent pour qu'on puisse les réunir dans une unique description.

On a divisé en trois périodes l'évolution du processus gangréneux : la mortification, l'élimination des eschares et la réparation. La première échappe à toute description, puisqu'il existe autant de modes de formation de l'eschare qu'il y a de causes de sphacèles. La période d'élimination est caractérisée par l'apparition d'un cercle rouge tout autour de la plaque sphacélée, puis entre la mort et le vif apparaissent, en un ou plusieurs points, de petites fissures qui se creusent, le sillon est bientôt circulaire et s'élargit par la rétraction de la plaque sphacélée. La chute de l'eschare n'est pas toujours innocente : entre autres complications, les hémorragies secondaires sont à redouter. La période de réparation est encore plus variable; absente dans les gangrènes septicémiques qui emportent le malade avant la chute de l'eschare, elle consiste tantôt en l'apparition d'un ulcère, tantôt en une cicatrisation parfaite par organisation des bourgeons en membrane granuleuse continue.

Comme on définitive la g. n'est que l'aboutissant de plusieurs maladies à signes, à diagnostic et thérapeutique différents, notre description générale peut s'arrêter là. On connaîtra la variété de g. bien moins à la forme et à l'aspect de l'eschare qu'aux circonstances étiologiques qui lui ont donné naissance. Quant au traitement, on ne s'occupe pas de la mortification elle-même; on essaie de la prévenir en empêchant de naître ou de s'aggraver les maladies qui l'engendrent; on s'adresse à l'affection primitive, puis on en conjure les complications. D'une manière générale, l'antisepsie la plus rigoureuse présidera à tous les pansements; les substances irritantes seront proscrites. Les pulvérisations, les bains locaux prolongés rendront les plus grands services, et cela, bien entendu, sans préjudice du traitement général.

GANGRENER (Se). v. pron. T. Méd. Se dit de la mortification de quelque portion de tissu vivant. *Le pied va se g. Cette plaie se gangrènera bientôt.* = GANGRENÉ, ÉE. part. Qui est atteint par la gangrène. *Poumon gangrené.* || Figur., *Avoir la conscience, l'âme gangrenée,* Être tout à fait corrompu. = Conj. Voy. ACHEVER.

GANGRENESCENCE. s. f. [Pr. gan-grenès-sanse]. Tendance d'une inflammation à se terminer par gangrène.

GANGRENEUX, EUSE. adj. Qui offre les caractères de la gangrène. *Ulcère g.*

GANGUE. s. f. (all. *gang*, filon). T. Minér. Toute substance qui contient ou enveloppe la matière métallique que l'on exploite. Voy. FILON et FER VIII. B. || T. Anat. Substance amorphe enveloppant un élément anatomique.

GANGUI. s. [Pr. gan-ghi]. Filet de mer à mailles étroites qui est en usage sur la Méditerranée.

GANIL. s. m. T Minér. Calcaire granuleux que l'on trouve aux environs du mont Saint-Gothard et du Vésuve.

GANIVELLE. s. f. [Pr. gani-vèle]. Douve pour tonneau, dont la largeur est réduite. || Merrain pour les petits tonneaux.

GANNAL, chimiste français, inventeur d'une méthode d'embaumement (1791-1852).

GANNAT, ch.-l. d'arr. (Allier), à 66 kilom. de Moulins; 5,764 hab.

GANNERON, financier français, né à Paris; il créa un Comptoir d'escompte, qui disparut après sa mort (1792-1847).

GANO. s. m. (esp. *gaño*, je gagne). T. Jeu de l'hombre, qui sign. Laissez-moi venir à la main. *Demander g.,* Demander la main.

GANOCÉPHALES. s. m. pl. (gr. γάνος, brillant; κεφαλή, tête). T. Paléont. Groupe de *Labyrinthodontes.* Voy. ce mot.

GANOÏDES. s. m. pl. (gr. γάνος, éclat). T. Icht. L'ordre des G. renferme un certain nombre de Poissons que l'on peut caractériser, avec Agassiz, pour la faune actuelle, tout au moins, par la présence « d'écailles anguleuses, rhomboïdales ou polygones, formées de lames osseuses ou cornées, recouvertes d'émail ». Ces écailles (Fig. 1) s'unissent par leurs bords d'une manière très régulière et s'emboîtent les unes aux autres au moyen d'une épine et d'une alvéole. Le squelette de ces Poissons est tantôt cartilagineux et tantôt osseux, et, à ce point de vue surtout, on peut dire que les G. forment un groupe de transition entre les Poissons cartilagineux (Sélaciens) et les Poissons osseux (Téléostéens). Lorsqu'on considère les espèces

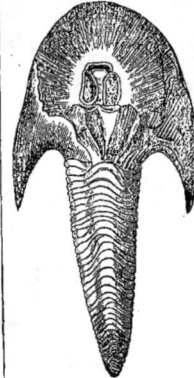

Fig. 1.

fossiles, on remarque que l'ossification a commencé par les os dermiques, ce qui a fait justement dire à M. Gaudry que les premiers Vertébrés n'avaient qu'un squelette externe.

Chez les G. qui vivaient à l'époque dévonienne, ces ossifications dermiques étaient tellement développées qu'elles formaient une véritable cuirasse à la partie antérieure du corps de l'animal. Tantôt c'était la tête seule qui était re-

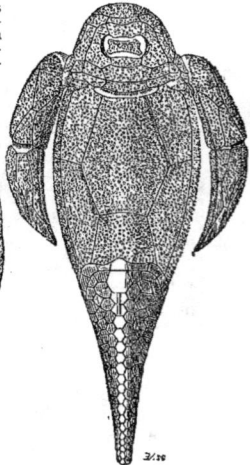

Fig. 2.   Fig. 3.

couverte d'une seule pièce osseuse (Fig. 2. *Cephalaspis Lyelli,* du dévonien d'Écosse); tantôt ce squelette s'étendait sur la partie antérieure du thorax (Fig. 3. *Pterichthys Milleri*) ou bien recouvrait le thorax tout entier (Fig. 5. *Coccosteus decipiens*).

Chez tous ces G. le squelette interne était entièrement cartilagineux; c'est ce qui existe encore actuellement chez tout un groupe de G., comme chez les Esturgeons, mais là les pièces osseuses de la peau sont remplacées par de petites plaquettes ou même par de simples écailles osseuses, comme on l'a vu plus haut. La corde dorsale persiste toujours à l'intérieur de la colonne vertébrale et les nageoires impaires sont soutenues par de petits os en forme de chevrons et que l'on appelle *fulcres;* la queue est hétérocerque. L'appareil digestif rappelle celui des Sélaciens par la présence d'une valvule spirale dans l'intestin ; mais il existe une vessie natatoire très développée, qui s'ouvre largement dans la région cardiaque de l'estomac. L'appareil circulatoire est également semblable à celui des Sélaciens; le bulbe aortique dont les contractions alternent avec celles du cœur, renferme plusieurs séries de valvules en forme de nid de pigeon ; le péricarde communique avec la cavité abdominale. L'appareil respiratoire est, au contraire, presque identique à celui des Téléostéens : il présente quatre arcs branchiaux libres recouverts par un opercule plus deux branchies accessoires qui sont situées, chez l'Esturgeon,

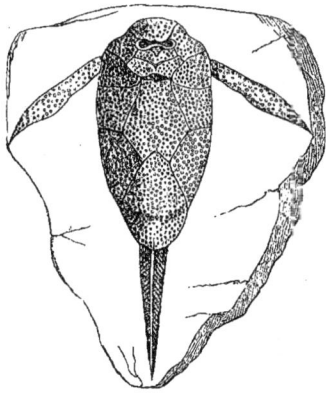

Fig. 4.

sur la face interne de l'opercule et dans l'intérieur d'un conduit (évent) qui fait communiquer le pharynx avec l'extérieur. Le système nerveux est très peu développé, mais il ne présente rien de bien particulier ; de même, pour les organes génito-urinaires, qui sont ceux des autres Poissons.

Fig. 5.

On peut diviser les G. en trois grands groupes qui renferment tous des espèces vivantes et des espèces disparues ; ce sont les *Chondroganoïdes*, les *Crossoptérygiens* et les *Euganoïdes*.

I. — Les *Chondroganoïdes* ont un squelette interne entièrement cartilagineux et un squelette externe formé de plaques osseuses plus ou moins développées ; leurs nageoires paires ne présentent qu'une seule rangée de rayons. Ces G. étaient très répandus à l'époque dévonienne où ils formaient un certain nombre de genres dont les principaux sont : *Cephalaspis* (Fig. 2), *Pterichthys* (Fig. 3 et 4) et *Coccosteus* (Fig. 5.) Tous avaient la partie antérieure du corps couverte de plaques osseuses formant quelquefois une cuirasse compliquée, d'où le nom de *Poissons cuirassés* qu'on leur donne encore.

Leur queue était hétérocerque ou nulle, la tête plate et ar-

rondie ; la bouche située à la face inférieure de la tête et souvent dépourvue de dents.

Le genre *Esturgeon* (Accipenser) qui, pour quelques auteurs, forme le type d'une famille, celle des *Sturionides*, est le représentant actuel de ce premier groupe de G. Les Esturgeons ont la forme générale des Squales. Leur corps est garni d'écussons osseux implantés sur la peau en rangées longitudinales. La tête est très cuirassée à l'extérieur ; la bouche petite et dénuée de dents est placée sous le museau et précédée de quatre barbillons qui servent probablement d'organes du tact. Les yeux et les narines sont aux côtés de la tête. La nageoire dorsale est située au-dessus de l'anale et en arrière des ventrales ; enfin la caudale entoure l'extrémité de la queue et a, en dessous, un lobe saillant. Les Esturgeons sont de grands poissons dont les habitudes sont douces et les appétits peu violents ; leur nourriture consiste en Harengs, Maquereaux, Morues, etc. Dans les fleuves, où ils remontent au printemps en bandes nombreuses pour déposer leurs œufs, ils se nourrissent de Saumons, avec lesquels leur migration coïncide. Ils recherchent encore avec avidité les vers que recèlent le limon des rivières et le sable dans des mers en les sondant avec leur museau pointu. Leur force est considérable ; d'un coup de queue ils renversent l'homme le plus robuste. Leur fécondité est extrème ; on a trouvé près de quinze cent mille œufs dans une femelle de l'*Esturgeon commun*. Les œufs du *Grand Esturgeon*, dont la taille est souvent de 6 à 8 mètres et le poids de 6 à 700 kilog., sont si abondants qu'ils forment le tiers du poids de l'animal. Aussitôt après leur naissance, les jeunes Esturgeons redescendent à la mer et ne remontent plus dans les eaux douces que lorsqu'ils sont adultes. La chair de ces poissons est d'une saveur fine et délicate. On la mange fraîche, sèche ou marinée. On estime beaucoup aussi leur laite, qui pèse jusqu'à 50 kilog., et surtout les œufs avec lesquels on prépare le *caviar*, dont il se fait en Russie une si grande consommation. Enfin, c'est principalement avec la membrane interne desséchée de leur vessie natatoire que se fait l'ichthyocolle ou colle de poisson. Voy. COLLE.

L'*Esturgeon commun* (Acipenser sturio) dont les écussons longs et épineux sont disposés sur 5 rangées, est long de deux à quatre mètres, et pèse quelquefois près de 500 kilog. Sa chair est assez semblable à celle du veau. On le pêche surtout dans le Danube, le Don, le Volga, ainsi que dans les lacs et les fleuves de l'Amérique septentrionale où il abonde.

Le *Petit Esturgeon* ou *Sterlet* (Ac. ruthenus) a les boucliers des rangées latérales nombreux, carénés, tandis que ceux du ventre sont plats, il ne dépasse guère 65 centim. de longueur, mais sa chair est délicieuse.

Le *Grand Esturgeon* ou *Hausen* (Ac. Guso ou *ichthyocolle* (Fig. 6) a les boucliers plus émoussés et la peau plus lisse que l'Esturgeon commun. Sa taille atteint souvent de 6 à 8 mèt., et son poids de 6 à 700 kilog. Les pêcheurs du Volga en prennent des quantités considérables ; mais sa chair est moins estimée que celle des précédents.

II. — Le deuxième groupe de G., les *Crossoptérygiens*, renferme des poissons dont le squelette est encore cartilagineux, avec tendance cependant vers l'ossification ; leurs nageoires paires présentent deux séries de rayons. Si on considère les formes fossiles, on voit que ce groupe se relie insensiblement aux Sélaciens d'une part, aux Dipnoïques de l'autre ; mais actuellement il ne renferme que deux genres vivants, dont le plus important est le genre *Polyptère* (Polypterus).

Les Polyptères ont le corps allongé et revêtu d'écailles pierreuses ; ils se distinguent au premier coup d'œil de tous les poissons par la présence, le long du dos, d'une série de na-

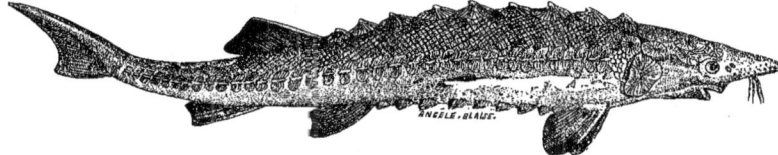

Fig. 6.

geoires séparées, soutenues chacune par une forte épine. La caudale entoure le bout de la queue ; l'anale en est fort près et les ventrales sont très en arrière. Ce genre renferme quatre espèces dont deux assez bien connues. Le *Polyptère du Nil*

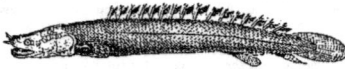

Fig. 7.

ou *Bichir* (*P. Bichir*, Fig. 7) a été découvert par Et. Geoffroy Saint-Hilaire lors de l'expédition d'Égypte ; sa nageoire dorsale présente 16 rayons. Le *Pol. du Sénégal* ne porte que douze rayons sur le dos. La chair de ces poissons est bonne à manger.

Les Crossoptérygiens fossiles sont très intéressants à étudier : car il est probable que ce sont eux qui ont servi de point de départ aux Vertébrés aériens par l'intermédiaire des Dipnoïques. Nous citerons seulement le genre *Holoptychius*, dont les écailles cycloïdes sont sculptées (Fig. 8. *H. Andersonii*).

III. — Les *Euganoïdes* forment la troisième et dernière

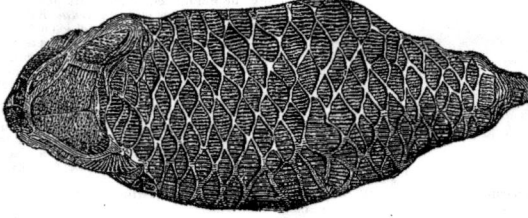

Fig. 8.

division des G. Ils se distinguent de tous les autres par l'ossification complète de leur squelette et peuvent être considérés comme les ancêtres des Téléostéens. Il n'existe plus, vivants actuellement, que 2 genres d'Euganoïdes : *Lépidostée* et *Amia*.

Les Lépidostées (*Lepidosteus*) ont une vague ressemblance avec les Brochets par leur corps allongé, leur museau déprimé, large ou effilé, suivant les espèces, et les grandes dents que portent les mâchoires. Tout le corps est couvert de grandes écailles disposées en séries régulières : la nageoire dorsale est située très haut, au-dessus de l'anale. Leur vessie natatoire peut leur servir, paraît-il, à respirer l'air en nature. Tous ces animaux vivent dans les grands fleuves de l'Amérique du Nord. L'espèce la mieux connue est le *L. gavial* (*L. osseus*), qui atteint une longueur de 1m,50 ; sa couleur est verdâtre sur le dos, rouge sous le ventre et jaunâtre sur les côtés.

Les Amies (*Amia*) présentent des caractères de transition qui conduisent directement des G. aux Téléostéens. Comme les premiers, ils ont des fulcres à leurs nageoires, les arcs vertébraux restent libres et certaines parties du squelette restent encore cartilagineuses. Mais les évents n'existent plus et les écailles, qui sont imbriquées, ressemblent plutôt aux écailles cycloïdes qu'aux écailles g. Ces animaux ont le corps allongé et aplati sur les côtés ; la tête nue et striée avec une gueule très largement ouverte ; comme les Lépidostées, on ne les trouve que dans les fleuves de l'Amérique du Nord ; il paraît qu'ils peuvent aussi respirer l'air directement au moyen de leur vessie natatoire. Très voisins des Amies sont les *Polyodons*, que l'on appelle encore *Spatulaires*, à cause de la forme de leur museau ; celui-ci est, en effet, énormément prolongé, ses bords élargis lui donnent l'aspect d'une feuille d'arbre. Leur gueule est très fendue et garnie de beaucoup de petites dents. Citons seulement une espèce propre au Mississipi, le *Polyodon feuille* (*Spat. folium*) ; c'est un poisson de couleur grise, dont la longueur ne dépasse pas 30 centimètres.

GANOMALITE. s. f. T. Minér. Silicate de plomb, de manganèse et de chaux.

GANOMATITE. s. f. T. Minér. Syn. de *Chénocoprolite*.

GANSE. s. f. (lat. *ansa*, attache). Cordonnet de soie, d'or, d'argent, etc., qui s'emploie soit comme ornement, soit pour

arrêter ou attacher quelque partie du vêtement. *Un chapeau orné d'une g. d'or. De la g. de soie pour boutonnières.* || Se dit le plus ordinairement du cordonnet qui arrête une boutonnière. || *G. de diamants, d'acier*, Boutonnière faite en forme de g. et garnie de diamants ou de grains d'acier. || Premier enroulement d'un cordage, d'un fil qu'on noue.

GANSÉ, ÉE. adj. Se dit des nœuds dans lesquels on a fait une ganse avec un des brins avant de le terminer.

GANSER. v. tr. Border d'une ganse. = **GANSÉ, ÉE.** part. *Une robe gansée.*

GANSETTE. s. f. [Pr. *gan-sète*] (Dimin.). Petite ganse. || Petite maille de certains filets. || Ficelle d'aboutement de la chaîne du tisserand.

GANSIN. s. m. T. Mar. Synonyme de maillon, quand il s'agit de lever une ancre par les pattes.

GANT. s. m. (lat. *vagina*, gaine). Partie de l'habillement qui couvre la main, et chaque doigt séparément. — *G. d'oiseau*, Le gant que le fauconnier met à la main dont il porte l'oiseau. || Fig. et prov., *Être souple comme un g.*, Être d'une humeur facile et accommodante, ou plus ordinairement, Être d'une complaisance servile. On dit aussi de quelqu'un qu'on promet de rendre traitable, quoiqu'il fasse le difficile, le récalcitrant, *Je le rendrai souple comme un g.* — *Cela vous va comme un g.*, Cela vous va très bien. — *Avoir les gants de quelque chose*, En avoir le profit. — *Se donner les gants d'une chose*, S'en attribuer l'honneur, le mérite. *Vous n'en avez pas les gants*, Se dit à quelqu'un qui croit ou prétend à tort avoir été le premier à dire ou à faire quelque chose. — *Cette fille a perdu ses gants*, Elle a déjà eu quelque commerce de galanterie.

Mainte fille a perdu ses gants,
Et femme au partir s'est trouvée.

LA FONTAINE.

|| *G. d'escrime*, Gant rembourré pour la main dont on tient le fleuret. || Figur., par allusion à la coutume des anciens chevaliers qui jetaient leur gantelet à terre lorsqu'ils défiaient quelqu'un au combat, on dit *Jeter le g. à quelqu'un*, pour le défier au combat, et *Ramasser, relever le g.*, pour accepter le défi. || T. Bot. *G. de Notre-Dame*, Nom vulgaire donné indistinctement à la *Digitale pourprée*, à la *Campanula Trachelium* et à l'*Ancolie vulgaire*.

Techn. — Il ne paraît pas que les gants fussent connus des anciens ; mais il en est fait mention dès le VIe siècle de notre ère, bien que sans doute alors ils différassent beaucoup de ceux dont nous faisons usage aujourd'hui. Au moyen âge, ils faisaient partie de l'armure ; mais, à cette époque, ils étaient de cuir plus ou moins épais et ordinairement revêtus de lames métalliques imbriquées : c'étaient les *Gantelets*. C'est sous Henri II que les gants commencèrent à faire généralement partie de la toilette des femmes : elles portèrent d'abord des gants de soie tricotés, quoique les gants de peau fussent connus depuis longtemps. Marie d'Anjou, femme de Charles VII, portait des *gants blancs* de chevreau. Toutefois, ce ne fut que sous Louis XIV que les gants de peau devinrent d'un usage courant. Depuis cette époque, l'usage des gants a pris une telle extension qu'à cette heure ils sont une partie indispensable de l'habillement des deux sexes.

On distingue aujourd'hui la *ganterie tissée* et la *ganterie coupée*. La première n'est qu'une branche de la bonneterie, et opère absolument par les mêmes procédés. La seconde comprend deux espèces de produits, les *gants de peau* et les *gants de tissu*.

La *ganterie de peau* constitue la branche la plus importante de cette industrie. Les gants se font presque exclusivement avec des peaux d'agneau et de chevreau mégissées à l'huile. Après avoir *paré* les peaux, c.-à-d. coupé sur les bords les parties trop épaisses, le gantier en prend un certain nombre, les mouille légèrement avec une brosse trempée dans de l'eau propre, puis les roule ensemble, c'est ce qu'on appelle *mettre en pompe*, et les laisse une heure environ dans cet état. Au bout de ce temps, les peaux se trouvant convenablement assouplies, chacune d'elles est *ouverte* ou *débordée*, opération qui consiste à l'étirer dans tous les sens. Cela fait, on dépèce chaque peau en autant de morceaux qu'elle peut former de gants, puis on *fend* ces morceaux de manière à leur donner grossièrement la forme du dessus et du dessous des doigts. Les gants ainsi ébauchés s'appellent *Étavillons*. Alors on les *dole*, c.-à-d. on les tend sur un marbre et on enlève sur un de leurs côtés, avec un couteau de forme particulière, assez de chair pour qu'ils soient également minces et souples partout. Enfin, on donne aux doigts les dimensions voulues, on taille les *Fourchettes* (pièces placées entre les doigts) et les *Carreaux* (petits losanges qu'on coud au bas des fourchettes), et l'on envoie le tout à la *couseuse*. Autrefois la coupe et la couture se faisaient à la main ; mais, aujourd'hui, ces deux opérations s'exécutent, la première avec des emporte-pièce, la seconde avec des machines appropriées. On a aussi, dans tous les bons ateliers, abandonné l'usage de tailler les pouces à part pour adopter le système imaginé par X. Jouvin dans lequel ce doigt fait corps avec le reste de la main. — Dans le commerce, les gants sont ordinairement désignés par le nom de l'espèce de peau qui a servi à les fabriquer ; mais nous ferons remarquer que les dénominations de cette sorte ne sont pas toujours exactes. Ainsi, par ex., les gants dits *de daim* sont simplement faits avec des peaux d'agneau ou de chevreau très fortes. Les *gants de castor* s'obtiennent de la même manière ; seulement, au lieu de peaux mégissées, on emploie des peaux chamoisées. Les gants appelés *gants fournis*, sont faits avec des peaux auxquelles on a laissé le poil de l'animal. Les *gants glacés* sont ceux dont il se fait la plus grande consommation. Pour leur donner le lustre particulier qui les caractérise, on les trempe dans un mélange de jaunes d'œufs et d'huile d'olive arrosé d'un autre mélange d'esprit-de-vin et d'eau. Les *gants de Suède*, ainsi nommés du pays où on les fabriqua d'abord, se font avec des peaux de mouton ou de chevreau : seulement on retourne la peau de manière à mettre au dehors le côté de la chair, qui a été préalablement lissé au moyen de la pierre ponce ; ensuite on les aromatise avec de l'eau de Flandres. Quant aux *gants d'ambre, de jasmin, de fleur d'orange*, etc., ce sont des gants ordinaires parfumés avec de l'ambre, du jasmin, etc. La fabrication des gants de peau est aujourd'hui florissante dans toutes les parties de l'Europe ; toutefois c'est la France qui occupe le premier rang dans cette industrie. Le principal centre de la ganterie française est Paris ; viennent ensuite Grenoble, Milhau, Niort, Lunéville, Vendôme, Chaumont et Saint-Julien.

Les *gants de tissu* se font avec plusieurs sortes de tricot de soie, de cachemire ou de laine, que l'on découpe à l'emporte-pièce, et que l'on coud à la mécanique. Cette fabrication est donc, sauf la matière première, en tout semblable à celle des gants de peau. Elle a à peu près exclusivement son siège à Paris, où elle occupe environ 2,000 personnes.

On a préconisé un grand nombre de procédés pour nettoyer les gants de peau. Le plus simple assurément consiste à frotter la partie salie avec un chiffon de flanelle et un peu de savon en poudre, ou mieux encore, avec un chiffon de flanelle imbibé d'un de ces hydrocarbures liquides qui dissolvent si facilement les graisses : benzines, éthers de pétroles, etc. On vend dans le commerce des mélanges divers de ces substances sous le nom de *neufaline, crista-line*, etc.

GANTE. s. f. Faux bord de bois que l'on ajoute aux chaudières de cuivre des brasseries.

GANTEAUME, amiral français (1755-1818).

GANTELÉE. s. f. (R. *gant*). T. Bot. Nom vulgaire de la *Digitale pourprée*. Voy. SCROFULARIACÉES.

GANTELET. s. m. Espèce de gant couvert de lames de fer à la face dorsale de la main, qui faisait autrefois partie de l'armure d'un homme armé de toutes pièces. Voy. GANT. ‖ T. Chir. Sorte de bandage qui enveloppe la main et les doigts comme un gant. ‖ Morceau de cuir dont certains artisans, tels que les bourreliers et les relieurs se couvrent la paume de la main quand ils la travaillent.

GANTER. v. a. Mettre des gants. *Je vais vous g.* — Être juste à la main. *Ces gants vous gantent très bien*, ou absol., *gantent très bien*. ‖ *G. six, sept*, Mettre des gants dont la pointure est six, sept. ‖ Fig., *Cela me gante*, C'est juste ce qu'il me faut. Fam. = SE GANTER. v. pron. Se mettre des gants. = GANTÉ, ÉE. part. *Il est toujours bien ganté. Une main nue et l'autre gantée.*

GANTERIE. s. f. L'art, le métier, le commerce du gantier.

GANTIER, IÈRE. s. Celui, celle qui fait ou qui vend des gants.

GANTOIS. s. m. (R. *Gand*, ville). Sorte de bateau naviguant sur les rivières et canaux du bassin de l'Escaut.

GANYMÈDE, fils de Tros, fut enlevé, selon la Fable, par l'aigle de Jupiter pour servir d'échanson aux dieux. (Mythol.).

GAORISANKAR, montagne de l'Inde (Himalaya) sur la frontière du Thibet et du Népaul (8,890 mètres).

GAP, ch.-l. du dép. des Hautes-Alpes, à 648 k. de Paris 10,478 hab. Évêché. = Nom des hab. : GAPENÇAIS, AISE.

GAPE. s. f. T. Zootechn. Maladie vermineuse qui sévit parmi diverses espèces d'oiseaux domestiques ou sauvages, entre autres le canard, l'oie, le faisan.

GAPENÇAIS, ancien pays de France, compris dans le Dauphiné et qui forme aujourd'hui une partie de l'arr. de Gap.

GAPERON. s. m. Fromage qu'on fait en extrayant du petit lait le caillé qu'il contient encore ; on assaisonne fortement ce caillé de sel et de poivre.

GARAGE. s. m. (R. *garer*). T. Nav. Action de faire entrer les bateaux dans une gare. — La gare elle-même ; endroit où on remise les bateaux. — *G. à sec*, Remise où l'on place les petits bateaux de plaisance hors de l'eau. ‖ T. Ch. de f. Action de garer les wagons. — *Voie de garage*, Voie dans laquelle on doit garer, mettre à l'abri ou en réserve les wagons de service, etc. L'entretien des voies de garage dans un chemin de fer.

GARAMANTES, anc. peuple de l'Afrique, habitant le pays appelé auj. Oasis du Fezzan.

GARANÇAGE. s. m. Action de garancer.

GARANCE. s. f. (lat. *varantia*, m. s., de *verus*, vrai). T. Bot. Genre de plantes (*Rubia*) de la famille des *Rubiacées*. Voy. ce mot.

Techn. — Sous ce nom, on désigne vulgairement à la fois une plante vivace, *Rubia tinctorum*, qui appartient à la famille des Rubiacées, et la matière tinctoriale que fournissent ses racines. Les anciens connaissaient la g. et en faisaient grand usage pour la teinture de leurs tissus, ainsi que l'attestent Pline et Strabon. C'est aussi à l'aide de cette plante que l'Orient fabriquent depuis plusieurs siècles le fameux *rouge d'Andrinople*, dont la préparation a été longtemps considérée en Europe comme un secret introuvable. C'est une plante originaire d'Orient : elle était cultivée depuis les temps les plus reculés dans le Levant, d'où elle parvint en Europe par la Grèce et par l'Italie. Sa culture s'était concentrée aux environs d'Avignon, en Provence, en Alsace, en Auvergne et depuis 1848 elle s'était propagée en Algérie. Mais la découverte des couleurs d'aniline a porté un coup mortel à cette industrie. On n'emploie que la racine dans laquelle s'accumule le principe rouge que l'on recherche. Autrefois, en médecine la racine de garance était employée contre la rachitisme, parce qu'elle colore en rouge les os des personnes ou des animaux à qui on l'administre ; mais elle n'a pas d'autre action que celle-là. Les Arabes l'emploient comme emménagogue et surtout pour faciliter les accouchements.

La seule partie de la plante qui soit employée pour la teinture est la racine. Elle est horizontale, très longue, grosse de 5 à 8 millim., noueuse, flexible, cylindrique, striée, recouverte d'une pellicule brun rougeâtre qui ne point adhérente, sous laquelle se trouve une écorce d'un rouge foncé, épaisse de 2 à 4 mill. ; c'est cette partie corticale qui seule fournit la matière colorante. La partie ligneuse qui occupe le centre de la racine est de couleur jaunâtre. — Dans le commerce, la racine de g. est désignée sous le nom de *G. en branche*, et plus ordinairement sous celui d'*Alizari*. Desséchée à l'étuve et réduite, par l'action de la meule, en petits morceaux débarrassés de leur pellicule, elle porte le nom de *G. robée*. Celle-ci, broyée en poudre plus ou moins fine, fournit la *poudre de g.*

Les principes colorants, dans la racine fraîche, se trouvent à l'état de glucosides solubles, qui sont : l'acide *rubérythrique* ou *rubianique*, le rubian, la *chlorogénine* ou *acide rubi-*

chlorique, etc. Par ébullition avec les acides ou les alcalis étendus, ces glucosides se dédoublent en glucose et en matières colorantes. Ce dédoublement se produit aussi sous l'action d'une diastase spéciale, contenue dans la plante et appelée *érythrozyme*. C'est pour ce motif que les teinturiers font subir une légère fermentation à la racine avant de l'employer.

Les matières colorantes ainsi produites sont : l'*Alizarine*, la *Purpurine*, la *Xanthopurpurine*, la *Munjistine*, la *Pseudopurpurine*. Voy. ces mots. Celles qui ont le plus d'importance en teinture sont l'alizarine et, à un degré moindre, la purpurine. Elles ne se fixent que sur les tissus mordancés. Suivant le mordant employé, on obtient des nuances très variées, rouges, violettes, lilas et noires.

Depuis une soixantaine d'années, la poudre de g. avait été peu à peu remplacée en teinture par des préparations particulières de g., désignées sous les noms de *Fleur* et *Carmin de g.*, de *Garanceux*, et d'*Alizarine du commerce*. — La *fleur de g.* n'est autre chose que de la g. en poudre que l'on a débarrassée des matières sucrées et gommeuses que contient la racine, en la soumettant, d'abord à des lavages réitérés, puis à une pression très énergique. Le *carmin de g.* résulte de l'action, à froid, de l'acide sulfurique concentré sur la fleur de g. La *garancine* a d'abord été appelée *Charbon sulfurique*; c'est en effet une sorte de charbon que l'on obtient en traitant par l'acide sulfurique la g. pulvérisée. Après quelques jours de contact, l'acide a carbonisé les matières organiques, mais sans altérer la substance colorante rouge, ou il est sans action sur elle. On enlève alors les résidus et on les débarrasse par des lavages des dernières traces d'acide. A poids égal, la garancine a un pouvoir colorant quatre ou cinq fois plus grand que les bonnes garances. Elle donne des nuances plus vives et plus pures, mais ces nuances sont moins solides. Le *Garanceux* est une garancine de qualité inférieure obtenue en traitant par l'acide sulfurique bouillant les dépôts des cuves de garançage. L'*Alizarine du commerce* est simplement de la g. pulvérisée qui a été soumise à l'action de la vapeur surchauffée. On la préfère pour obtenir certaines nuances, le violet, par exemple.

Avant 1870, la g. avait acquis comme matière tinctoriale une importance qu'on ne peut guère comparer qu'à celle de l'indigo. La g., en effet, s'applique à tous les tissus de laine, de soie, de lin, de coton. Son usage le plus connu consistait dans la teinture en rouge des draps destinés aux uniformes militaires ; mais elle recevait encore bien d'autres applications. C'était la matière colorante par excellence pour l'impression des calicots, à cause des nombreuses nuances qu'elle donne avec les divers mordants. Elle était indispensable dans la teinture en rouge turc, où elle fournissait, sur coton, le rouge le plus beau et le plus solide que l'on connût. Mais la synthèse chimique de l'alizarine et sa fabrication industrielle à l'aide de l'anthracène ont fait presque complètement disparaître la culture de la garance, qui était une source de richesse pour nos départements du Midi. La production annuelle de la g. était arrivée à dépasser 40 millions de kilogr. avant 1867 ; elle est tombée actuellement au-dessous de 150.000 kilogrammes.

GARANCE. adj. 2 g. Qui est teint en garance. *Drap g. Pantalon g. Veste garance.*

GARANCER. v. a. Teindre en garance. *G. de la laine. G. une étoffe.* — GARANCÉ, ÉE. part.

GARANCERIE. s. f. Atelier de garançage.

GARANCEUR. s. m. Ouvrier qui teint en garance.

GARANCEUX. s. m. Garancine de qualité inférieure. Voy. GARANCE.

GARANCIÈRE. s. f. Champ cultivé en garance. || Atelier de garançage.

GARANCINE. s. f. T. Chim. Produit de la transformation de la poudre de garance par l'acide sulfurique. Voy. GARANCE.

GARANCINIER. s. m. Celui qui produit la garancine.

GARANT, ANTE. s. (all. *wahren*, garder). Celui, celle qui répond de son propre fait ou du fait d'autrui. *Je ne suis point g. de l'événement. Cette puissance s'était rendue garante du traité. Le vendeur est g. envers l'acquéreur de la propriété de la chose qu'il lui a vendue.* || Celui qui cautionne la dette, l'obligation d'un autre. *Je me suis rendu g.*

de sa dette. *Voudriez-vous vous porter g. de cet homme, pour cet homme? Prendre quelqu'un pour g. Servir de g.* || Fig., se dit d'un auteur dont on a tiré un fait, un principe qu'on avance, un passage que l'on cite. *Il a Aristote pour g. de tout ce qu'il a dit.* Dans un sens anal., se dit en parl. d'une personne de qui on tient une nouvelle. *Cette nouvelle peut vous paraître étrange, mais j'ai de bons garants.* || Figur. et fam., *Être g.*, se dit quelquefois pour certifier, assurer. *Je vous suis g. que cela est vrai. C'est un très honnête homme, je vous en suis g.* || En parl. des choses, se dit pour sûreté, garantie. *Sa conduite passée vous est un sûr g. de sa fidélité pour l'avenir.* || *Mettre à g.*, Protéger, garantir. Vx. || Proverb. *A mal exploiter point de g.,* Rien ne garantit contre les effets d'une exploitation défectueuse. — *Qui tire à g. et g. n'a, sa cause est perdue,* Il ne faut pas compter légèrement sur la protection ou la garantie de quelqu'un. || T. Mar. Bout de cordage qui a d'abord servi à garnir un palan, et s'allonge ensuite en partant de la poulie motrice. || *Filer en g.*, Lâcher le cordage lentement et sans secousse.

Syn. — *Répondant.* — *Garant* signifie qui garde, qui défend, qui maintient ; *répondant* veut dire qui promet, qui certifie. Un *garant* se donne aux choses ; il les rend solides, sûres, certaines. Un *répondant* se donne aux personnes ; il témoigne qu'on peut se fier à elles. Un vendeur *garantit* à un acquéreur qu'il ne sera pas troublé dans son acquisition ; un père *répond* de ses enfants mineurs. On est *garant* en matière civile, on est *répondant* en matière de police ; on demande un *garant* à celui qui n'offre pas assez de sûreté, et un *répondant* à celui qui n'inspire pas assez de confiance.

GARANTIE. s. f. (R. *garant*). Obligation légale ou conventionnelle en vertu de laquelle une personne doit défendre une autre d'un dommage éventuel, ou l'indemniser d'un dommage éprouvé. *Passer un acte de g. Vendre une chose avec g., sans g. Appeler quelqu'un en g. Ce traité de paix fut conclu sous la g. de la France. Être breveté sans g. du gouvernement.* || Ce qui garantit une chose, ce qui la rend sûre, indubitable. *Offrir, donner des garanties. Cela vous servira de g.* || T. Droit constitutionnel. *Garanties individuelles,* se dit des droits constitutionnels et des moyens légaux par lesquels un citoyen est mis à l'abri des actes arbitraires du pouvoir. — *G. des fonctionnaires publics,* Le privilège que la loi accorde à certains fonctionnaires publics, en défendant de les poursuivre pour faits commis dans l'exercice de leurs fonctions, sans une autorisation spéciale du gouvernement. || T. Droit commerc. Clause résolutoire d'un contrat de vente consistant dans la mauvaise qualité reconnue de l'objet vendu. *Une pendule vendue avec g. pour deux ans.*

Droit. — La *Garantie* est l'obligation de défendre ou d'indemniser quelqu'un d'une éviction, d'un trouble, d'un dommage quelconque. La g. *légale* ou *de droit,* lorsqu'elle est imposée par la loi, comme dans le cas où la chose vendue est affectée de quelque vice rédhibitoire; elle est dite *de fait* ou *conventionnelle,* quand elle résulte des conventions faites entre les parties. Ainsi, l'obligation de la g. est imposée par la loi dans certains contrats, vente, bail, constitution de dot. Dans la vente, la g. que le vendeur doit à l'acquéreur a deux objets : le premier est la possession paisible de la chose vendue; le second, les défauts cachés de cette chose ou les vices rédhibitoires. Lorsque l'acheteur est forcé d'abandonner en tout ou en partie la possession de la chose, on dit qu'il souffre une *éviction,* totale ou partielle; dans ce cas, il a une action en recours contre son vendeur. Le Code civ. (art. 1625 à 1649) règle les effets de la g. suivant les divers cas qui y donnent lieu, et le Code de Procéd. (art. 175 à 184) contient des règles communes aux diverses sortes de garanties. Voy. *Vices rédhibitoires.*

Admin. — Le commerce des bijoux et objets d'orfèvrerie est soumis à des obligations particulières qui sont principalement destinées à mettre le public à l'abri des fraudes auxquelles il peut donner lieu. A cet effet, il a été établi dans les principales villes, sous le nom de *Bureaux de garantie,* des administrations chargées d'essayer les matières d'or ouvragées, d'en constater le titre, et d'y apposer le *Contrôle,* c.-à-d. certaines marques qui sont comme le visa du gouvernement. En même temps les agents de ces bureaux perçoivent, au profit de l'État, un droit proportionnel appelé *Droit de garantie,* sur tous les objets soumis au contrôle. — Aux termes de la loi, tous les ouvrages d'or ou d'argent, quand ils sont neufs et de fabrication nationale, doivent être avant tout revêtus de la marque du fabricant; puis ils sont portés au bureau de g. où on leur imprime, à l'aide de poinçons, les marques voulues. Le droit de g. frappe également tous les ouvrages d'or et d'argent provenant de l'étranger et faisant l'objet d'un commerce. — On distingue deux sortes de poinçons, les p. simples ou supérieurs et les p. de contre-marque ou bigornes. Les premiers servent à indiquer le titre, l'origine ou la destination des objets. On appelle x. de titre, celui qu'on applique sur les ouvrages d'un certain volume, dont le titre a été exactement déterminé par la compellation ou la voie humide; p. de petite garantie, celui qui s'applique sur les menus objets essayés au moyen du touchau Pour les chaînes d'or, on fait usage d'un poinçon spécial qu'on nomme p. de remarque. Sous le nom de poinçons d'importation, on comprend le p. d'horlogerie, qui sert à marquer les boîtes de montres étrangères régulièrement importées, et le p. étranger, qui s'applique sur la bijouterie et l'orfèvrerie d'origine étrangère, sur les objets que l'on vend aux enchères, soit dans les monts-de-piété, soit après décès, et dont le titre inférieur ne permettrait pas l'emploi d'un autre poinçon, enfin sur les ouvrages d'art et de curiosité de fabrication ancienne, quand ils s'écartent des titres actuellement en usage. Le p. d'exportation s'appose sur les œuvres destinées à être vendues à l'étranger. Enfin, on appelle p. de recense un poinçon que l'État fait exécuter pour mettre en défaut les contrefacteurs quand les poinçons ordinaires ont été contrefaits. Lorsque ce poinçon est mis en usage, tous les ouvrages d'or et d'argent déjà contrôlés doivent être de nouveau présentés aux bureaux de g. pour en être revêtus, et les anciens poinçons sont détruits et remplacés ultérieurement par de nouveaux. — Les poinçons dits de contre-marque servent à contre-marquer, par l'effet du contre-coup du poinçon supérieur, le revers des objets soumis à l'opération de la marque: ce sont de petites enclumes (d'où leur dénomination de bigornes) gravées, dont les dessins représentent différentes espèces d'insectes. — Les bureaux de g. sont actuellement au nombre de 40 pour toute la France et de 7 pour l'Algérie, et tous, à l'exception de celui de Paris, ont un signe particulier gravé sur leurs poinçons respectifs. Chacun d'eux se compose d'un essayeur, d'un receveur et d'un contrôleur; mais, dans les villes importantes, le ministre des finances augmente suivant les besoins le nombre des agents. L'emploi ou la fabrication des poinçons faux entraîne le maximum de la peine des travaux forcés à temps; l'usage de ces mêmes poinçons, lorsqu'il est préjudiciable aux intérêts du Trésor est puni de la peine de la réclusion. — Le service de la g. dépend, pour les questions d'art et de titre, de l'Administration des monnaies, et, pour la partie fiscale, de l'Administration des Contributions indirectes. Il date au moins, chez nous, de la fin du XIIIe siècle; mais son organisation actuelle a été établie par la loi du 19 brumaire an VI (9 nov. 1797), puis complétée ou modifiée par diverses lois ou ordonnances postérieures. Nous avons donné ailleurs le tarif des droits dits de g. — Voy. CONTRIBUTION.

GARANTIR. v. a. Se rendre garant, répondre d'une chose. G. une dette, une créance. G. la propriété d'un immeuble. G. l'exécution d'une convention, d'un traité. G. une vente. G. un traité. — Défendre quelqu'un contre une demande ou l'indemniser en tort qu'il souffre par une éviction, une condamnation, etc. G. quelqu'un de toutes poursuites. Le vendeur doit g. l'acquéreur de toute éviction. Le débiteur doit g. sa caution des condamnations qui peuvent être prononcées contre elle. || Concourir efficacement à l'exécution de. Son habileté garantit le succès de son entreprise. || Dans le langage ordinaire, Préserver, mettre à l'abri. G. quelqu'un du froid. Des toiles les garantissaient des ardeurs du soleil. G. quelqu'un du besoin. Il sut garantir leur jeunesse de toute corruption. Absol., On ne garantit pas de sa peur. Il est certain, indubitable. Le contrôle garantit le titre des matières d'or et d'argent. Ce qu'il vient de faire vous garantit sa fidélité. Qui me garantit que vous me connaîtrez mieux à l'avenir? — Par ext., Affirmer, certifier. On nous a garanti le fait. Je vous garantis qu'il ne le fera pas. On me l'a assuré, mais je ne vous le garantis pas. || Donner comme digne de foi, comme authentique. Ces chartes sont authentiques; on ne peut g. celle-ci. || T. Comm. Assurer la bonté de la chose vendue, sous peine de nullité de la vente ou du dédommagement. Je vous garantis ce cheval exempt de tout vice. On m'a garanti cette pendule pour trois ans. — SE GARANTIR. v. pron. Se préserver, se mettre à l'abri de. Se g. du soleil, du châtiment. Se g. des inva-

sions de l'ennemi. Se g. de la colère. Se g. des préjugés. = GARANTI, IE. part. || Subst., Le garanti exerce son recours contre le garant.

Syn. — Préserver. — Garantir, c'est protéger contre un mal actuel, certain; préserver, c'est garantir d'un mal qui peut arriver. Garantir exprime la puissance; préserver, la prévoyance. On est garanti par la résistance; on est préservé par la vigilance. Une cuirasse vous garantit des traits qu'elle émousse; vous préservez votre maison de la foudre au moyen d'un paratonnerre. Les vêtements qui nous couvrent nous garantissent des injures du temps: un régime régulier nous préserve des maladies. Quand on réussit à garantir la jeunesse de toute corruption, on la préserve de quantité de désordres.

GARANTISSEMENT. s. m. [Pr. garanti-se-man]. Action de garantir.

GARANTISSEUR. s. m. [Pr. garanti-seur]. Celui qui garantit.

GARASSE (FRANÇOIS), jésuite célèbre par la violence de ses discussions littéraires, né à Angoulême (1585-1631).

GARAT (JOSEPH, comte), homme politique et écrivain français (1749-1833), ministre de la justice en 1792 et de l'intérieur en 1793, se déclara pour Bonaparte après le 18 brumaire.

GARAT (PIERRE-JEAN), célèbre chanteur français, neveu du précédent (1764-1823).

GARAUDE. s. f. Sorte de guêtre, non ouverte sur le côté, que portent les paysans de la Bresse.

GARAVEAU. s. m. Sorte de mesure pour les grains, usitée dans le Midi. Dix garaveaux valent un double décalitre.

GARBIN. Vent du sud-ouest chez les Arabes.

GARBON. s. m. T. Fauconn. Le mâle de la perdrix.

GARBURE. s. f. (esp. garbias, ragoût). T. Cuis. Espèce de potage épais fait de pain de seigle, de choux, de lard et autres ingrédients. La g. est un mets fort estimé dans les provinces du midi de la France.

GARCE. s. f. Ce mot, qui est le féminin de Gars, et qu'anciennement on écrivait aussi Garse, sign. Jeune fille. || Aujourd'hui, il ne se dit que par injure, en parl. d'une fille ou d'une femme débauchée. Bas et grossier.

GARCETTE. s. f. [Pr. gar-sète] (esp. garceta, bouquet de cheveux sur les tempes). Coiffure de femme où les cheveux sont rabattus sur le front. Vx. || T. Mar. Tresse de bitord ou de fil de caret, plate, plus ou moins large, et terminée en pointe. Donner des coups de g. Le châtiment de la g. a été aboli dans notre marine.

GARCETTE. s. f. [Pr. gar-sète] (ital. garzetta, dimin. de garza, chardon). T. Technol. Petite pince pour épincer le drap.

GARCIA, chanteur et compositeur célèbre, père de Mme Malibran et de Mme Viardot (1775-1832).

GARCILASO DE LA VEGA, poète espagnol (1503-1536).

GARCILASO DE LA VEGA, historien espagnol (1535-1568).

GARCIN DE TASSY, orientaliste français, né à Marseille (1794-1878).

GARCINIA. s. m. T. Bot. Genre de plantes Dicotylédones de la famille des Clusiacées. Voy. ce mot.

GARÇON. s. m. (it. gars). Enfant mâle, par oppos. à Fille. Petit g. Jeune g. Grand g. Sa femme vient d'accoucher d'un g. Il a perdu sa fille, il n'a plus que deux garçons. — Fam., s'emploie en parl. d'un jeune homme, et même d'un homme fait. C'est un g. brave et déterminé, un brave g., un bon g., un aimable g. Ce n'est pas un mé-

chant g. Un beau g. Un joli g. Ce pauvre g. a beaucoup souffert. Famil., *Faire le mauvais g.,* Faire le revêche, le méchant. — *Les garçons de la noce, de la fête,* Les jeunes garçons qui sont chargés de faire les honneurs de la noce, etc. *G. d'honneur,* Jeune homme chargé, dans un mariage, d'aller chercher les invités en voiture, d'assister les mariés pendant la cérémonie, etc. — *Déjeuner, dîner de garçons,* Déjeuner, dîner où il n'y a que des hommes. || Fig. et par ironie, *Beau g., joli g.,* se dit d'un homme qui s'est ruiné, qui s'est jeté dans quelque embarras. *Le voilà beau g. maintenant.* Se dit également d'un homme qui s'est enivré. *Hier vous étiez joli g.* — Fig. et famil., *Être bien petit g. auprès de quelqu'un,* Lui être fort inférieur. || Célibataire, celui qui ne se marie point, *Rester g. Il veut mourir g. Un vieux g.* — *Faire vie de g., mener une vie de g.,* Mener la vie d'un homme indépendant, et qui n'est assujetti à aucun devoir. || Se dit des ouvriers qui travaillent chez les maîtres, et de ceux qui font un certain service dans des établissements ouverts au public. *G. tailleur. G. menuisier. G. épicier. G. marchand de vin. G. limonadier. Les garçons d'un collège, d'un restaurant, d'un café. G. de magasin. G. de bureau. G. de caisse. G. de théâtre. Donner quelque chose aux garçons. N'oubliez pas les garçons.* — À la cour, *Garçons de la chambre, garçons de la garde-robe,* Valets qui font les bas offices dans la chambre et dans la garde-robe. ||T. Mar. *G. de bord,* Apprenti embarqué pour son instruction sur un navire caboteur. || *G. de pelle,* Qui remplit les mesures de charbon sur les quais. || T. Pêch. *G. de bord,* Aide qui se loue pour aider à la pêche. — *G. de cour,* Ouvrier employé à la salaison des harengs. || *G. major,* se disait autrefois d'un officier qui faisait le détail d'un régiment sous le major et sous l'aide-major. || Hist. *Mauvais garçons,* Bandes d'aventuriers qui, au début du règne de François Ier, ravageaient les campagnes et particulièrement l'Île-de-France.

GARÇONNE. s. f. [Pr. *gar-ko-ne*]. Sorte de peau de mouton.

GARÇONNER. v. n. [Pr. *gar-so-ner*]. T. Fam. Fréquenter les garçons, jouer avec eux, en parlant des filles.

GARÇONNET. s. m. [Pr. *gar-so-net*]. Petit garçon.

GARÇONNIÈRE. s. f. [Pr. *gar-so-nière*]. Jeune fille qui aime à hanter les garçons. *C'est une g., une petite g.* Très fam. || *Une g.,* Un logement de garçon. Fam.

GARD ou **GARDON,** riv. de France, formée par la réunion du Gardon d'Auduze et du Gardon d'Alais, se jette dans le Rhône à 4 kilom. au-dessus de Beaucaire; 140 kilom. || Pont du Gard, aqueduc construit par les Romains au-dessus du Gard pour amener d'Uzès à Nîmes les eaux de la fontaine d'Eure, ruine imposante, que l'on peut encore traverser aujourd'hui, au milieu d'un magnifique paysage. Sa longueur est de 266 mètres et sa hauteur au-dessus du Gardon est de 47 mètres. Il est composé de trois étages d'arcades d'inégales dimensions.

GARD (Dép. du), formé d'une partie du Bas-Languedoc; ch.-l. Nîmes; 3 autres arr., *Alais, Uzès, le Vigan;* 419,400 hab.

GARDABLE. adj. 2 g. Que l'on peut ou doit garder; facile à garder.

GARDAFOUI (Cap), en Afrique, qui forme la pointe la plus orientale du pays des Somalis, dans la mer des Indes.

GARDANNE, ch.-l. de c. des Bouches-du-Rhône, arr. d'Aix; 2,800 hab.

GARDANNE Claude-Mathieu, comte), général français (1766-1817).

GARDE (Lac de), anc. Benacus, lac entre le Tyrol et l'Italie, d'où sort le Mincio.

GARDE (Cap de), cap de la côte d'Algérie à l'extrémité ouest du golfe de Bône.

GARDE. s. f. Action ou commission de garder, de conserver, de surveiller, de défendre quelqu'un ou quelque chose. *Il m'a confié la g. de sa maison. Les légions chargées de la g. des frontières. Avoir la g. d'un poste, d'une ville.. Les soldats qu'on avait laissés à la g. du camp. Il confia ses enfants à la g. d'un vieux serviteur. Cette jeune fille était sous la g. d'une vieille tante. Donner, avoir, prendre quelqu'un sous sa g. On le mit en la g., sous la g. d'un huissier. On lui a payé tant pour ses frais de g. Prendre en g. des tapis, des fourrures.* — Par ext., *Les gardes,* Les fourrures prises en g.* || Se dit aussi pour Protection, mais n'est guère usité que dans ces phrases : *A la g. de Dieu. Dieu vous ait, Dieu vous tienne en sa sainte garde, en sa sainte et digne g.* || Fam., on dit qu'*Un homme est de bonne g.,* Lorsqu'il conserve longtemps ce qu'il possède. *Il y a vingt ans que vous avez ce bijou, vous êtes de bonne g.* — On dit aussi de certaines choses, comme vins, fruits, etc., qui se conservent plus ou moins longtemps sans se gâter, qu'*Elles sont de bonne g., qu'elles sont de g., qu'elles sont de mauvaise g., de difficile g., qu'elles ne sont pas de g.* = *Guet,* action par laquelle on observe ce qui se passe, afin de n'être point surpris, de prévenir quelque danger, etc. *Faire la g. Faire bonne g., mauvaise g.*

Un loup n'avait que les os et la peau
Tant les chiens faisaient bonne garde.
LA FONTAINE.

— Se dit surtout en parlant des gens de guerre. *Être de g. Monter, descendre la g. Officier de g.* — Par ext., se dit de certains services qui se font à tour de rôle auprès des princes, dans les hôpitaux, dans certains établissements publics. *Ce page était de g. Il faut appeler l'interne de g.* — *Ce chien est de bonne g.,* Il garde bien, il avertit bien. — Fam., *Les filles sont de difficile g.,* Il faut exercer sur elles une grande surveillance pour les garantir de la séduction. || *Prendre g.,* Avoir soin, avoir attention, avoir l'œil sur quelque chose, sur quelqu'un. *Prenez g. de tomber. Prenez g. à ne pas trop vous engager. Prenez g. qu'on ne vous trompe. Prenez g. à vous. Prenez g. à cette pierre. Prenez donc g., vous allez vous blesser.* — Dans les commandements militaires, on dit elliptiquement, *Garde à vous !* pour Prenez garde à vous, faites attention. — *Prendre g. à ne pas, à un denier,* Faire attention aux plus petits articles dans un compte ou Être d'une grande parcimonie || Se *donner de g., se donner g.,* Se défier, se précautionner, éviter. *Donnez-vous de g. de cet homme-là. Donnez-vous de g. de toucher à cela. Donnez-vous de g. qu'on ne vous trompe.* || *N'avoir g. de faire une chose,* N'avoir pas la volonté ou le pouvoir de la faire, en être bien éloigné. *Il n'a g. de vous tromper, il est trop honnête homme pour cela. Il n'a g. d'acheter cette maison, il n'a pas un sou. Irez-vous au spectacle ? je n'ai g., je m'y ennuierais.* || Avec le plur., *Être sur ses gardes,* Se mettre, se tenir sur ses gardes, Faire attention à ne pas se laisser surprendre, à ne laisser prendre sur soi aucun avantage, à ne se laisser porter aucun préjudice. = *Corps de troupes qui est spécialement chargé de veiller sur la vie et la personne du souverain, de défendre un pays, de maintenir l'ordre intérieur, etc.

Et la garde qui veille aux barrières du Louvre
N'en défend pas les rois.
MALHERBE.

La g. du prince. G. impériale. La vieille g. La jeune g. G. d'honneur. G. nationale. G. municipale. G. républicaine, etc. Voy. GARDE. s. m. || Dans un sens particulier, se dit des gens de guerre qui montent la g. *Poser, relever, changer la g. Renforcer, doubler la g. La g. montante. La g. descendante. Appeler la g. La g. des portes.* — Elliptiq., *À la g. !* Exclamation dont on se sert pour appeler la g. *Crier à la g.* — *Corps de g.* Voy. CORPS. — *Grand'g.,* Corps de cavalerie placé à la tête d'un camp, pour empêcher toute surprise. *G. avancée,* Autre corps que l'on met encore au delà de la grand'g. pour plus de sûreté. Voy. GARDE. s. m. == T. Escr. La position de l'arme et du corps la plus propre à l'attaque et à la défense. *Se mettre, se tenir en g. Être en g. Être hors de g.* Elliptiq., *En g. !* Mettez-vous en g. — Fig., *Être, se mettre, se tenir en g.,* Se défier, être attentif afin de ne pas être surpris. *Être hors de g.,* Ne savoir où l'on en est dans quelque affaire, dans quelque occasion. || *La partie d'une épée, d'un sabre ou d'un poignard qui est entre la poignée et la lame, et qui sert à couvrir la main. Les branches d'une g. Enfoncer l'épée jusqu'à la g.* — Fig. et fam., *Monter une g. à quelqu'un,* Le réprimander vivement. *S'en donner jusqu'aux gardes,* Manger et boire avec excès. == T. Jeu de cartes. Une ou plusieurs basses cartes de la même couleur que la carte principale qu'on veut garder. *Un bon joueur a *toujours des gardes. Écarter la double g.* — Fig. et très fam., *Avoir toujours g. à carreau,* Être prêt à répondre à toute objection, à parer à tout évènement. || T. Serrur. *Gardes,* au plur., se dit de la garniture qui se met dans une serrure, et qui ne permet d'ouvrir que lorsque la clef s'y adapte exactement. || T. Librairie. Feuille qu sert à protéger un volume. Voy. Brochage. || T. Mar. Planc e clouée sur deux pièces de bois qu'on veut relever momentanément. || Sorte de jumelle ajoutée à une pièce fendue pour la consolider. || *Plans de g.* ou *bardes,* Nom donné aux deux palans qui retiennent la corne d'artimon. || Féod. *Droit de g.,* Droit qu'avait le seigneur d'être gardé par ses vassaux. || Jurisp. *G. judiciaire,* Surveillance légale d'objets séquestrés, saisis ou mis sous scellés. || T. Vén. *Gardes,* Ergots du cerf et du sanglier. || T. Eaux et Forêts. Étendue de la juridiction de l'officier appelé *Garde.* Voy. Forêt. || T. Techn. Chacun des morceaux de bois placés aux extrémités du peigne d'un tisserand, pour assujettir les broches. — Chacun des anneaux qui soutiennent un peson, une romaine. — Morceau de verre que le verrier place droit dans le poêle pour faire connaître le degré de calcination de la matière. — Bande de papier qui tient le peigne du rubanier fixé dans le battant.

Légis. anc. — En terme de *jurisprudence féodale,* on donnait le nom de *Garde* à la faculté accordée aux père et mère ou aux aïeuls d'enfants mineurs d'administrer les biens de ceux-ci et d'en percevoir les revenus, sans être obligés d'en rendre compte, à la condition cependant d'entretenir lesdits biens et surtout de ne pas les aliéner. Ce droit avait pris naissance à l'origine même de la féodalité. Dans le principe, il appartenait exclusivement aux familles nobles, mais on avait fini par le reconnaître aux non-nobles. Cette espèce de tutelle que le seigneur suzerain, à la mort de son vassal, exerçait sur le fief de ce dernier, lorsqu'il laissait des enfants mineurs. Quand c'était au roi que cette tutelle était dévolue, on la nommait *G. royale.* Dans le droit ancien, on appelait *Lettres de g.,* *gardienne,* les lettres par lesquelles le roi accordait à un particulier ou à une communauté le privilège d'avoir ses causes portées devant certains juges.

GARDE. s. m. Gardien, surveillant, conservateur. Quand il est immédiatement suivi du nom qui désigne la chose donnée en g., on le joint à ce nom par un tiret. *G. ses archives. G. du trésor royal. G. de la bibliothèque. G. des meubles de la couronne. Il est employé dans l'administration des vivres comme g.-magasin.* En parlant d'une surveillance qui exige des services ou qui entraîne une grande responsabilité, on dit plus ordinairement *Conservateur.* || S'emploie quelquefois au fém., pour désigner une femme dont la profession est de garder ou de soigner les malades. *Il est malade, il lui faut une g.* On dit aussi, *Une g.-malade.* || Homme armé, qui fait partie de la g. d'un prince, etc., et, dans un sens plus général, de tout corps de troupes désigné sous le nom de g. *Il n'avait avec lui qu'un de ses gardes. Il appela ses gardes. Un g. française. Un g. royal. Un g. municipal. Des gardes nationaux. Capitaine aux gardes. Capitaine aux gardes françaises. Capitaine des gardes. Capitaine des gardes du corps. Gardes nobles,* Chargés de la g. de la personne du pape. *Gardes du corps,* Cavaliers de maison noble chargés de garder la personne du roi. — Par ext., se dit de ceux que l'on charge de garder, de surveiller une personne pour qu'elle ne puisse s'échapper. *Il n'est pas en prison, mais on lui a donné des gardes. Il a déjoué la surveillance de ses gardes et s'est évadé.*

Syn. — *Garde.* — *Garde* et *gardien* désignent tous les deux une personne chargée de veiller sur quelqu'un ou sur quelque chose. Dans *garde,* c'est qui domine, c'est l'idée d'un état réglé, déterminé : on est *garde* d'un prince ; les prisonniers ont des *gardes. Gardien* exprime plutôt une occupation, une situation particulière qu'un état : la justice constitue un *gardien* pour les biens saisis. *Garde* s'emploie principalement lorsqu'il s'agit de choses matérielles ; *gardien* se dit plus particulièrement des choses morales et s'emploie souvent dans le sens figuré. *Garde* se rapporte davantage à la chose gardée et il est presque toujours suivi du nom de cette chose : *garde-côte, garde-malade, garde-meuble. Gardien* se rap-

porte surtout à la personne qui garde et à la façon dont elle garde.

Admin. — Le mot *Garde* a été fréquemment employé pour désigner tantôt des corps de troupes, tantôt de simples individus revêtus de fonctions particulières.

I. — Il est surtout commun dans l'*Histoire militaire,* où il est toujours accompagné d'une dénomination particulière qui est en général tirée des fonctions spéciales attribuées aux divers corps désignés sous le nom de garde.

1° *Garde constitutionnelle.* — Corps créé par la constitution de 91 pour veiller à la sûreté de Louis XVI, dont la maison militaire avait été supprimée. Il devait être entretenu sur les fonds de la liste civile, et ne pas dépasser 1800 hommes dont 600 cavaliers. Il fut licencié par l'Assemblée législative (29 mai 1792).

2° *Garde consulaire.* — Troupe formée par le général Bonaparte, après le 18 brumaire an VIII, pour servir de garde d'honneur et de sûreté aux consuls. Elle ne comprenait à l'origine que 2089 hommes, divisés en infanterie, cavalerie et artillerie ; mais elle reçut, de 1800 à 1803, des augmentations successives qui firent plus que tripler son effectif. Les généraux Soult, Mortier, Davoust et Bessière étaient à la tête de ce corps d'élite, qui fut le noyau de la *Garde impériale.*

3° *Garde de la Convention.* — Ce corps fut organisé par la Convention, pour lui servir de g. sous le nom de *Grenadiers-gendarmes près la représentation nationale.* Son effectif, qui n'était d'abord que de 181 hommes, fut plus tard porté à deux bataillons. En 1795, cette troupe reçut le nom de *Garde du Corps législatif ;* elle fut supprimée par la constitution de l'an VIII.

4° *Gardes du corps.* — On nommait autrefois ainsi un corps originairement composé de gentilshommes montés, organisés en compagnies, et chargés de servir dans l'intérieur des châteaux royaux, près de la personne du roi et des princes qu'ils devaient, en outre, escorter dans tous leurs déplacements. Les gardes du corps tenaient le premier rang dans la maison militaire du roi, et montaient la garde, pendant la nuit, aux portes de l'intérieur du palais où il se trouvait. Celui de leurs capitaines qui était de quartier, ne quittait jamais le roi depuis son lever jusqu'à son coucher, se tenait toujours immédiatement derrière lui, couchait la nuit sous la chambre royale, et gardait les clefs du palais sous son chevet. Ces gardes formèrent longtemps quatre compagnies, une écossaise et trois françaises. La première, qui était la plus ancienne, avait été créée par Charles VII, en 1453. Son nom de *Garde écossaise* lui venait de ce qu'à l'origine elle était exclusivement composée de gentilshommes écossais ; mais, peu à peu, la jeune noblesse française obtint d'en faire partie, et elle finit même par en former tout l'effectif. Dans les gardes ordinaires, cette compagnie avait à sa tête vingt-quatre gardes appelés *Archers du corps* ou *Gardes de la manche* qui, dans certaines cérémonies, à la messe, par exemple, avaient toujours deux des leurs placés à côté du roi, l'un à droite, l'autre à gauche. Les gardes de la manche étaient vêtus de hoquetons et armés de pertuisanes. L'institution des compagnies françaises remontait à Louis XI, qui avait créé la première et la seconde, et à François Ier, qui avait organisé la troisième. Sous ce dernier prince, l'effectif total des quatre compagnies était de 430 gardes. Louis XIV le porta de 680 à 1600 hommes. Enfin, il fut réduit à 1440 en 1715, et ce chiffre se maintint jusqu'à la Révolution. Licenciés le 25 juin 1791, par décret de l'Assemblée constituante, les gardes du corps furent rétablis par une ordonnance royale du 12 mai 1814, qui les divisa en six compagnies de 287 hommes. Supprimés de nouveau pendant les Cent-Jours, ils furent encore reconstitués en 1815, mais leur organisation ne fut définitivement reconstituée qu'en 1818 (ord. du 30 déc.). Les six compagnies furent alors réduites à quatre, de 284 hommes. Ces compagnies étaient désignées sous le nom de *Compagnies du Roi.* Il y avait, en outre, deux autres compagnies, dites de *Monsieur,* qui avaient été organisées en 1816 et qui furent fondues en une seule en 1821. Enfin, cette dernière fut incorporée aux précédentes en 1826, ce qui éleva l'effectif de chaque compagnie à 300 hommes. Sous la Restauration, les gardes du corps se recrutaient parmi les élèves des écoles militaires et les sous-officiers de l'armée remplissant les conditions voulues pour devenir officiers. Ils étaient divisés en deux classes et avaient rang de lieutenant (1re classe) ou de sous-lieutenant (2e classe). Le rang de leurs officiers et sous-officiers était réglé ainsi qu'il suit : capitaine, lieutenant-général ; lieutenant-commandant, maréchal de camp ; lieutenant, colonel ; sous-lieutenant, lieutenant-colonel ; maréchal des logis chef et maréchal des logis, capitaine-commandant ; brigadierfourrier et brigadier, capitaine en second. Les gardes du corps furent supprimés par une ord. du 11 août 1830.

5° *Garde du Corps législatif*. Voy. *Garde de la Convention, § 3.*

6° *Garde du dedans* et *Garde du dehors*. Voy. *Maison du Roi, § 23.*

7° *Garde du Directoire*. — Ce corps fut créé par la constitution de l'an III (1795) pour servir d'escorte aux membres du pouvoir exécutif. Son effectif était de 240 gardes à pied et 120 grenadiers à cheval. Après le 18 brumaire, il fut incorporé dans la *Garde consulaire.*

8° *Garde écossaise*. Voy. *Gardes du corps, § 4.*

9° *Gardes françaises*. — Les *Gardes françaises* constituaient un corps d'infanterie d'élite qui avait été créé en 1563 par Catherine de Médicis, sous le nom de *Dix enseignes de la Garde*, pour veiller à la sûreté de Charles IX. Supprimés en 1573, ils avaient été rétablis l'année suivante, et, depuis cette époque, ils n'avaient jamais cessé de figurer dans l'armée. En 1789, ils formaient un régiment de 4880 hommes, qui avait son quartier à Paris, dans le faubourg du Temple. La part qu'ils prirent aux troubles des premiers temps de la Révolution déterminèrent Louis XVI à les licencier (31 août 1789); mais la municipalité les incorpora, sous le nom de *Garde nationale soldée*, dans la garde nationale parisienne. Enfin, un décret du 10 octobre 1792 les répartit dans les divers bataillons chargés de la défense du territoire. Les gardes françaises, qu'on appelait aussi plus simplement les *Gardes*, étaient considérés comme le premier régiment du royaume. En conséquence, ils avaient le pas sur tous les autres corps sans exception. A l'armée, ils choisissaient le poste qui leur convenait le mieux, et se plaçaient ordinairement au centre de l'infanterie. Après la prise d'une place assiégée, ils y entraient les premiers. Enfin, comme ils faisaient partie de la maison du roi, ils jouissaient de privilèges très étendus.

10° *Gardes d'honneur*. — Dans les dernières années de l'empire, on nomma ainsi un corps de cavalerie qui fut créé en vertu d'un sénatus-consulte du 3 avril 1813, pour augmenter les forces actives de la France menacée. Ce corps avait un effectif de 10,000 hommes, et formait quatre régiments. Il se composait presque exclusivement de jeunes gens riches qui avaient satisfait à la loi du recrutement, soit en fournissant des remplaçants, soit au moyen d'exemptions légales. Les gardes d'honneur faisaient partie de la garde impériale; ils avaient un uniforme à la hussarde des plus brillants; mais ils s'habillaient, se montaient et s'équipaient à leurs frais. La plus grande partie de ce corps d'élite périt sur les champs de bataille, et le petit nombre de ceux qui survécurent fut licencié par la Restauration. Aujourd'hui, on donne le nom de garde d'honneur à une troupe chargée de veiller à la sécurité du Président de la République, des ministres. Les commandants de ces gardes prennent les ordres de la personne auprès de laquelle ils sont placés.

11° *Garde impériale*. — Il y a eu en France deux corps de ce nom. Le premier fut créé en 1804 par Napoléon I°°. Il se composa d'abord de 9775 hommes, fantassins, cavaliers, artilleurs, marins, mamelucks, gendarmes, etc.; mais son effectif ne tarda pas à recevoir de nombreuses augmentations qui le portèrent à 15,440 h. en 1806; à 23,924 en 1809; à 32,330 en 1810; à 51,916 en 1811; à 55,946 en 1812; à 81,000 en 1813; et enfin à 102,706 en 1814. A partir de 1807, la garde impériale se divisait en deux parties : la *jeune garde*, qui recevait les jeunes recrues, et la *vieille garde*, qui n'ouvrait ses rangs qu'aux anciens militaires. Pour être admis dans cette dernière, il fallait avoir fait quelque campagnes, justifier d'une bonne conduite, et avoir été blessé sur un champ de bataille ou avoir obtenu des récompenses pour actions d'éclat. La garde avait le pas sur le reste de l'armée et jouissait d'une solde plus forte; les sous-officiers et officiers avaient le rang, les droits et les prérogatives du grade immédiatement au-dessus de celui dont ils portaient les insignes. A la première Restauration, la garde fut pour la plus grande partie licenciée et le reste fut incorporé dans les troupes de ligne. Toutefois, on forma avec l'infanterie de la vieille garde deux régiments particuliers que l'on appela *Corps royal des grenadiers* et *des chasseurs de France*, et l'on conserva quatre de ses régiments de cavalerie sous le nom de *Corps royal des grenadiers, des dragons, des chasseurs à cheval, et des chevaulégers lanciers de France*. — Pendant les Cent-Jours, un décret du 13 mars 1815 reconstitua la garde impériale, mais la marche des événements ne permit pas à ce corps de dépasser un effectif de 26,850 hommes, et il fut licencié aussitôt après le rétablissement des Bourbons. — La seconde garde impériale a été établie le 1°° mai 1854 par Napoléon III et a

pris fin en 1870 avec le second empire. Elle comprenait des troupes de toutes armes. Voy. ARMÉE.

12° *Gardes de la manche*. Voy. *Gardes du corps, § 4.*

13° *Garde mobile*. — On a désigné sous ce nom un corps formé d'engagés volontaires et créé, le 25 fév. 1848, par le gouvernement provisoire pour veiller, concurremment avec la garde nationale, au maintien de l'ordre dans les rues de Paris. Ce corps formait 24 bataillons de 1000 hommes chacun et se composait presque entièrement de jeunes gens laissés sans travail par la révolution. Il était armé et équipé aux frais de l'État et recevait une solde relativement très élevée. Après avoir courageusement combattu pour la cause de l'ordre dans les néfastes journées de juin 1848, il fut dissous au bout d'une année, c.-à-d. à l'époque de l'expiration de l'engagement contracté par ceux qui s'y étaient fait admettre. La garde mobile fut rétablie sous le nom de garde nationale mobile par la loi du 1°° fév. 1868. Elle comprenait les jeunes gens que leur numéro de tirage au sort avait exemptés du service dans l'armée active. Elle devait être organisée par départements. La guerre de 1870 trouva la garde nationale mobile en voie de formation. Ces soldats improvisés firent néanmoins leur devoir devant l'ennemi. La garde mobile fut licenciée en 1871.

14° *Garde municipale*. Voy. *Gardes de Paris, § 16.*

15° *Garde nationale*. — La garde nationale a existé à toutes les époques de notre histoire. Avant la Révolution, les citoyens armés et réunis en corps, s'appelaient « les milices bourgeoises ». Ces troupes prirent, à la Révolution, le nom de gardes nationales. Depuis cette époque, leur rôle a été considérable. Leur organisation fut souvent remaniée; dissoute plusieurs fois, la garde nationale fut définitivement supprimée dans toute la France en 1871. L'insurrection de la Commune lui avait porté le dernier coup. — *Garde nationale mobilisée*. — Elle fut formée en 1870 avec les célibataires âgés de 25 à 35 ans. Dissoute en même temps que la garde nationale.

16° *Garde de Paris*. — C'est le nom que porte, depuis 1852, le corps armé qui est spécialement chargé de la police de Paris. L'origine de ce corps remonte aux premiers temps de la monarchie, mais il a plusieurs fois changé de dénomination et d'organisation. Au XIII° siècle, il s'appelait *Guet*, et l'on distinguait le *Guet bourgeois* ou *Guet des métiers*, et le *Guet royal*. Le guet bourgeois était une sorte d'institution civile, analogue à notre garde nationale, et dont faisaient partie, sauf des exceptions déterminées, tous ceux qui exerçaient quelque métier dans l'intérieur de la ville. On l'appelait aussi *Guet assis* ou *Guet dormant*, parce qu'il se tenait dans les corps de garde, prêt à se porter au secours du guet royal, et son service était réglé par deux inspecteurs dits *Clercs du guet*. Le guet royal se composait de compagnies organisées militairement, soldées par le roi, et particulièrement destinées à faire patrouille dans les rues. Leur chef portait le titre de *Chevalier du guet*. Le guet bourgeois ayant été supprimé par Henri II, en 1559, le guet royal se trouva seul chargé de maintenir la sûreté de la ville. Son effectif, qui avait été fixé à 150 hommes par Charles IX, étant insuffisant, Louis XIV l'augmenta de 120 cavaliers et de 160 fantassins. Enfin, sous Louis XV, une ordonnance maintint la cavalerie à 170 hommes et éleva l'infanterie à 890. Ce changement fut l'origine d'un nouveau corps, nommé *Garde de Paris*, qui devint bientôt la plus importante des troupes soldées de la police. A la Révolution, ce corps comptait 950 fantassins et 122 cavaliers, non compris l'état-major. A la même époque une compagnie, dite du *Guet de Paris* (100 archers à pied et 30 à cheval) qui était attachée au Châtelet et plus spécialement au service des prisons, et plusieurs autres troupes, telles que les trois compagnies des *Gardes de l'hôtel de ville* (313 hommes), la compagnie du prévôt général et maréchaussée de France (36 hommes), la compagnie du lieutenant criminel de robe courte, etc., qui avaient des destinations spéciales. Ces divers corps ayant été supprimés en 1790, leur service fut confié à la gendarmerie départementale, que l'on conserva jusqu'au 27 juin 1795, où une loi créa, pour la capitale et la banlieue, une *Légion de police générale*, forte de 4845 fantassins et de 1260 cavaliers, officiers compris. Mais cette légion ayant été licenciée au bout de moins d'un an, la gendarmerie reprit son service. Enfin, par un arrêté du 4 oct. 1802, les consuls dotèrent Paris d'une *Garde municipale*, composée de deux régiments d'infanterie de 1077 hommes chacun, et d'un escadron de 180 chevaux. Cette garde ayant été envoyée en Espagne, Napoléon la remplaça, en 1813, par un corps de *Gendarmerie impériale*, dont l'effectif ne dépassait pas 853 hommes. Ce corps reçut, sous la Restauration, d'abord le nom de *Garde royale de*

Paris, puis, en 1816, celui de *Gendarmerie royale de la ville de Paris.* Cette dernière fut dissoute après les journées de juillet 1830, et une ordonnance du 16 août suivant la remplaça par une légion de *Garde municipale.* Celle-ci se composa d'abord de 1043 hommes; mais des augmentations successives portèrent son effectif à 3244 hommes, divisés en 16 compagnies d'infanterie et 5 escadrons de cavalerie. — Supprimée par la révolution de Février, la garde municipale fut remplacée par un nouveau corps organisé de la même manière : il reçut le nom de *Garde républicaine,* auquel un décret du 10 déc. 1852 substitua celui de *Garde de Paris.* Après la chute de l'Empire, elle devint *Légion de la Garde républicaine.* Cette garde est placée directement sous les ordres du ministère de la guerre, et la ville rembourse à l'État la moitié des frais qu'elle occasionne. Elle comprend 3 bataillons à 4 compagnies, et 4 escadrons; en tout 2967 hommes commandés par 83 officiers. C'est le seul corps de gendarmerie qui possède une musique, dont la réputation est justiquo est d'ailleurs universelle.

17° *Gardes de la porte.* Voy. *Maison du Roi,* § 23.

18° *Garde de la prévôté de l'hôtel.* Voy. *Maison du Roi,* § 23.

19° *Garde républicaine.* Voy. *Garde de Paris,* : 16.

20° *Garde royale.* — La garde royale fut créée par Louis XVIII, le 1ᵉʳ sept. 1815, pour remplacer la garde impériale. Le 25 fév. 1825, une ordonnance royale fixa son effectif, y compris la maison militaire du roi, à 26,260 hommes en temps de paix, et à 33,925 en temps de guerre. En juillet 1830, elle se composait de 8 régiments d'infanterie, dont 2 suisses, de 4 régiments de grosse cavalerie (2 de cuirassiers, 2 de grenadiers) ; de 4 régiments de cavalerie de ligne ou de cavalerie légère (dragons, lanciers, chasseurs, hussards), et d'un régiment d'artillerie, à 8 batteries. A l'époque de sa fondation, elle jouissait des mêmes prérogatives que l'ex-garde impériale ; mais, en 1826, une ordonnance les lui enleva et la soumit aux mêmes règlements que la troupe de ligne. Dès lors, elle ne différa plus de cette dernière que par l'uniforme et par l'avantage de toucher une solde plus élevée. La garde royale fut dissoute le 11 août 1830.

21° *Gardes suisses.* — Ils avaient été créés en 1573 par Charles IX, pour remplacer les gardes du corps, qui venaient d'être licenciées. Ils ne formèrent d'abord que deux compagnies, mais leur nombre reçut par la suite des augmentations considérables, et, en 1616, Louis XIII les organisa en régiment. Sous Louis XIV, ce régiment comptait 12 compagnies ; et, en 1763, on y ajouta 4 compagnies nouvelles. A l'exception d'une seule, chaque compagnie se recrutait dans un canton spécial ; c'est ce qu'on appelait une *compagnie soudoyée.* Les Suisses avaient les mêmes privilèges que les gardes françaises, après lesquels ils prenaient rang; mais ils recevaient une solde double. Ils furent licenciés après la journée du 10 août 1792, mais, quand il organisa la garde royale, Louis XVIII y introduisit une brigade, c.-à-d. deux régiments de soldats suisses.

22° *Cent-Gardes* et *Cent-Suisses.* Voy. ces mots.

23° *Maison militaire du Roi.* — Sous l'ancienne monarchie, les troupes spécialement attachées au service de la personne royale, et qui constituaient ce que l'on appelait la *Maison militaire du Roi,* se divisaient en *Gardes du dedans* et *Gardes du dehors,* suivant qu'elles servaient dans l'intérieur ou à l'extérieur des palais royaux. La première dénomination s'appliquait aux gardes du corps, aux Cent-Suisses, aux gardes de la porte et aux gardes de la prévôté de l'hôtel ; et la seconde aux gendarmes de la garde, aux chevau-légers de la garde, aux mousquetaires du roi, aux gardes françaises, aux gardes suisses, et aux grenadiers à cheval. Il est question ailleurs de ces différents corps, nous n'avons à mentionner ici que les *Gardes de la porte* et les *Gardes de la prévôté de l'hôtel.* — On faisait remonter la création des premiers au règne de saint Louis. Ils formaient une compagnie dont le chef, dit *Capitaine des portes* ou *de la porte,* accompagnait le roi partout. Ils montaient la garde, depuis six heures du matin à six heures du soir, à l'intérieur de la porte principale de la demeure royale. Ils étaient relevés le soir par les gardes du corps et les relevaient le matin. Les gardes de la porte furent supprimés le 30 sept. 1787, réorganisés le 15 juillet 1814, et supprimés de nouveau le 1ᵉʳ sept. 1815. — La compagnie des *Gardes de la prévôté de l'hôtel* ou *Hoquetons ordinaires de sa Majesté* passait aussi pour devoir son origine à saint Louis, qui lui avait donné le nom de *Gardes des juges royaux;* c'est en 1422 qu'elle avait reçu la dénomination sous laquelle on la désignait avant la Révolution. Les gardes de la prévôté étaient spécialement chargés

de maintenir l'ordre dans le palais, et d'en chasser les perturbateurs et les gens d'apparence suspecte. Dans les cérémonies ils marchaient à pied devant le roi et ouvraient le cortège avec les Cent-Suisses, ou bien ils se plaçaient en haie sur son passage, au dehors de l'hôtel, à côté de la porte. A l'époque de leur suppression, qui eut lieu par ordonnance royale du 30 sept. 1787, ils formaient un effectif de 67 hommes. Ils furent rétablis le 23 janvier 1815, par Louis XVIII, et licenciés par ce même prince, le 27 avril 1817.

24° *Garde civique.* — Nom donné, dans quelques États, à une troupe ayant les mêmes fonctions que notre ancienne garde nationale.

25° *Garde forestier.* — Agent chargé de la surveillance du domaine forestier. Les gardes forestiers sont organisés militairement. Ils forment, dans l'armée territoriale, des compagnies de chasseurs forestiers. Voy. FORÊT.

26° *Gardes du génie.* Voy. GÉNIE.

27° *Gardes d'artillerie.* — Agents militaires du service de l'artillerie. Ils sont placés sous les ordres des officiers d'artillerie et sont chargés de la conservation et de l'entretien du matériel. Ils tiennent, en plus, la comptabilité-matières de ce matériel. Les gardes d'artillerie ont une hiérarchie spéciale, mais sans assimilation avec les gardes de l'armée. Ils sont recrutés exclusivement, après concours, dans les sous-officiers d'artillerie.

28° *Garde-magasin.* — Sous-officier chargé de la garde des magasins d'équipement des corps de troupe.

29° *Garde d'écurie.* — Soldat des troupes à cheval préposé à la surveillance des écuries.

30° *Garde montante et descendante.* — Garde armée qui prend ou descend son service.

31° *Garde de la place.* — Troupe à la disposition du commandant d'armes, pour assurer le service d'ordre d'une place.

32° *Garde de police.* — Troupe chargée de la surveillance et de la police des locaux occupés par les troupes, soit dans les casernes, soit dans leurs cantonnements.

33° *Garde de camp.* — Mêmes fonctions que la garde de police pour les troupes campées ou bivouaquées.

34° *Garde de tranchée.* — Troupe chargée de la défense des tranchées devant une place assiégée.

35° *Gardes-flancs.* — Troupe de cavalerie préposée à la défense des ailes d'une division ou brigade de cavalerie.

II. — Dans la *marine,* nous avons à mentionner :

1° *Gardes-côtes.* — Avant la Révolution, on appelait *régiments gardes-côtes* des corps de milice qui étaient spécialement chargés de la défense du littoral. Ces régiments furent licenciés le 4 mars 1791, et leur service fut confié à la garde nationale et à la troupe de ligne. Sous le Directoire, une loi du 23 fructidor an VII (9 sept. 1799) fit revivre l'ancienne institution, et créa trois bataillons de *Grenadiers gardes-côtes* et 130 compagnies de *Canonniers volontaires gardes-côtes,* dont l'organisation ne fut toutefois définitivement déterminée que par un arrêté des consuls du 28 mai 1803. Les gardes-côtes furent licenciés à la Restauration, rétablis au retour de Napoléon, et supprimés de nouveau par Louis XVIII, le 14 août 1815. Après la révolution de Juillet, une ordonnance royale du 1ᵉʳ août 1831 créa, mais pour garder le littoral de l'Algérie seulement, des 6 compagnies de *Canonniers gardes-côtes,* qui furent bientôt portées à 6, et qui plus tard ont été remplacées par 6 compagnies d'artillerie à pied. Les canonniers gardes-côtes n'existent plus aujourd'hui.

Dans le langage de la marine, on donne le nom de *Gardes-côtes* à des navires cuirassés, armés d'une puissante artillerie, chargés de la défense des côtes. Les gardes-côtes sont, suivant leur importance, de 1ʳᵉ ou de 2ᵉ classe.

2° *Gardes-pêche.* — Petits navires généralement commandés par un 1ᵉʳ maître, préposés à la surveillance de la police de la pêche.

3° *Gardes-consigne.* — Sous-officiers chargés de la surveillance dans les arsenaux de la marine.

4° *Gardes-marine* ou *Gardes de la marine.* — Autrefois on appelait ainsi un corps de jeunes gentilshommes créé, en 1670, par Louis XIV, pour former une pépinière où les officiers de la flotte pourraient se recruter. Il était divisé en 3 compagnies qui étaient cantonnées à Brest, Rochefort et Toulon. Ces jeunes gens recevaient une instruction théorique et pratique et correspondaient à peu près aux élèves de notre école navale. En 1716, on forma une quatrième compagnie, dite des *Gardes du pavillon amiral,* qui était spécialement destinée à remplir auprès de l'amiral les mêmes fonctions que les gardes du corps auprès du roi. L'institution des gardes-marine disparut à la Révolution. — Plus anciennement encore, il y avait chez nous des *Gardes de l'étendard,* qui étaient dans le corps des galères ce que les gardes-marine furent dans celui de la marine.

III. — Dans l'*ordre civil*, il existe et il a existé chez nous un grand nombre de fonctionnaires et d'agents portant le titre de *Garde*. Pour beaucoup d'entre eux, le nom qui accompagne le titre suffit pour indiquer les fonctions qui y sont attachées. Tels sont les fonctionnaires qu'on appelle ou qui étaient autrefois appelés *G. champêtre*, *G.-chasse*, *G. du commerce*, *G. forestier*, *G. des métiers*, *G.-mine*, *G. des monnaies*, *G. particulier*, *G.-pêche*, *G.-port*, *G.-rivière*, *G. des sceaux*, *G.-vente*, *G.-scel*, *G.-étalon*, *G.-marteau*, etc.

1° Les *Gardes champêtres* sont des fonctionnaires communaux chargés de prévenir et de constater les délits et dégâts commis dans les propriétés rurales. Avant la Révolution on les appelait *Bangards*, *Bunniers*, *Messiers*, etc. : c'est la loi des 28 sept. - 6 oct. 1791 qui leur a donné le nom sous lequel on les désigne aujourd'hui. — D'après la législation actuellement en vigueur, chaque commune est tenue d'entretenir au moins un g. champêtre. Ces fonctionnaires sont nommés par le maire ; ils doivent être agréés et commissionnés par le sous-préfet ou par le préfet dans l'arrondissement chef-lieu et être assermentés. Comme agents communaux, ils sont placés sous la surveillance des maires, des sous-préfets et des préfets, et comme agents de police judiciaire et de la force publique, sous celle des procureurs de la République. Ils peuvent être suspendus, pour un mois au plus, par les maires, mais les préfets ont seuls le droit de les révoquer. Les gardes champêtres recherchent et constatent les atteintes aux propriétés rurales, quand elles rentrent dans la classe des délits et contraventions de police ; ils peuvent arrêter et conduire devant le juge de paix ou devant le maire les individus surpris en flagrant délit ou dénoncés par la clameur publique, lorsque le délit entraîne la peine de l'emprisonnement ou une peine plus grave ; ils ont le droit de recueillir les preuves et les indices qui servent à constater le délit, de suivre les choses enlevées dans les lieux où elles auraient été transportées, et même de les mettre en séquestre, mais sans entrer dans les maisons, ateliers, cours adjacentes ou enclos, si ce n'est en présence du juge de paix ou de son suppléant, du commissaire de police, ou du maire ou adjoint ; enfin, ils ont le droit de constater les délits ou contraventions qui portent atteinte aux chemins publics dans les campagnes ou qui constituent une usurpation sur ces chemins. A ces attributions générales, les gardes champêtres en joignent d'autres que les besoins du service ont fait successivement multiplier. Ainsi, ils sont établis gardiens des saisies-brandons ; ils peuvent être requis par les maires pour exécuter les mesures propres à prévenir la contagion des épizooties ; ils constatent les fraudes sur les tabacs, et arrêtent les fraudeurs et colporteurs ; ils signalent aux maires les étrangers qui viennent s'établir dans les communes ; ils veillent à la conservation des plantations établies sur les routes ; ils constatent les délits commis en matière de chasse et de pêche fluviale et de grande voirie ; ils peuvent, comme auxiliaires des officiers locaux de police, faire exécuter les arrêtés pris par les maires dans les limites de leurs attributions, etc. — La loi impose aux gardes champêtres l'obligation de visiter, au moins une fois par jour, et fréquemment pendant la nuit, le territoire confié à leur g. Enfin, ils sont tenus de constater eux-mêmes ou de faire constater par autrui les délits et contraventions qu'ils découvrent. S'ils le font eux-mêmes, l'acte s'appelle *procès-verbal*, tandis qu'il porte le nom de *rapport* quand ils le font faire par autrui, c.-à-d. par les maires ou adjoints, les commissaires de police, les greffiers de justice de paix, les juges de paix ou leurs suppléants, suivant les cas. — Pour faciliter le service des gardes champêtres, les communes ou les propriétaires donnent assez souvent, à l'époque de la moisson, des aides à ces agents. Ces aides se nomment *gardes messiers* ou *gardes champêtres adjoints*. Leurs fonctions consistent à garder les moissons pendant qu'elles se font, et cessent aussitôt qu'elles sont terminées.

2° *Gardes-chasse*. — La police de la chasse est aujourd'hui confiée aux préposés et agents des forêts, aux gendarmes, aux gardes champêtres et aux gardes particuliers. On donne plus spécialement le nom de g.-chasse aux agents qui ont pour mission principale d'assurer la garde du gibier dans un domaine et la répression des délits de chasse. Ils sont nommés par le maire ou par les particuliers, suivant qu'il s'agit de biens communaux ou de biens particuliers. Ils sont assermentés ; leurs attributions sont les mêmes que celles des gardes champêtres. Voy. ci-dessus, 1°.

3° *Gardes du commerce*. — On désignait de ce nom les officiers ministériels exclusivement chargés d'exécuter les actes et jugements emportant la contrainte par corps, de faire les recommandations, et de garder les faillis lorsque le jugement déclaratif de faillite l'ordonnait. Ces officiers, créés en 1772, se sont trouvés supprimés par suite de l'abolition de la contrainte par corps en matière civile, commerciale et contre les étrangers, abolition résultant de la loi du 22 juillet 1867.

4° *Garde forestier*. Voy. FORÊT.

5° *Gardes des métiers*. — On nommait ainsi, lorsque le régime des corporations était en vigueur, ceux qui étaient élus dans les divers corps de métiers pour veiller à la conservation de leurs privilèges et à ce qu'il ne se fît rien contre les règlements et les statuts.

6° *Garde des monnaies*. Voy. MONNAIE.

7° *Garde particulier*. — Tout propriétaire peut avoir un ou plusieurs gardes pour la conservation de son domaine. Les gardes particuliers peuvent être chargés de la surveillance des terres et de celle des bois ; dans le premier cas, ils sont assimilés aux gardes champêtres ; dans le second, aux gardes forestiers. En ce qui concerne leur nomination, ils doivent être agréés par le préfet. Ils n'ont pas qualité pour signifier les procès-verbaux : ils ne peuvent poursuivre les délinquants que par ministère d'huissier. De même, ils ne peuvent requérir la force publique qu'en s'adressant au maire de la commune.

8° *Garde-pêche*. Voy. PÊCHE.

9° *Garde-port*. — Ce sont des agents établis pour la police des ports sur les rivières navigables ou flottables et sur les canaux. Ils sont nommés par le ministre des travaux publics, et prêtent serment. En ce qui concerne la police du port, ces agents sont chargés de surveiller l'amarrage, le garage, le tirant d'eau des bateaux ou trains, et le temps qu'ils doivent stationner le long des quais ; en ce qui concerne la police des marchandises, ils ont mission d'assurer leur conservation pendant et après le débarquement, ainsi que dans les dépôts où elles séjournent. Ils constatent, au moyen de procès-verbaux, les différentes contraventions qu'ils ont reconnues.

10° *Gardes-rivière*. — Ils sont institués, dans les pays qui possèdent des canaux ou des bassins d'arrosage, pour veiller à la répartition des eaux entre les divers propriétaires et à l'exécution des mesures réglementaires. Leur situation est identique à celle des gardes particuliers (Voy. plus haut, § 7). Ces gardes sont établis tantôt par l'administration, tantôt par les propriétaires, mais ils doivent tous être commissionnés par le préfet.

11° *Garde des sceaux*. Voy. SCEAU.

12° *Garde-vente* ou *Facteur*. — Dans l'administration forestière, on nomme ainsi l'agent chargé par l'adjudicataire d'une coupe d'arbres de surveiller l'exploitation de cette coupe. Suivant la loi, tout adjudicataire d'une coupe est tenu d'avoir un garde-vente assermenté devant le juge de paix et agréé par l'agent forestier de la localité. Les procès-verbaux de cet agent font foi jusqu'à preuve du contraire.

Obs. gram. — *Garde* entre en composition dans un grand nombre de mots. Lorsque le mot *garde* ne peut s'interpréter que comme un verbe, il doit rester invariable au pluriel ; exemple : *des garde-cendres*. Si, au contraire, le mot *garde* signifie un agent, il prendra la marque du pluriel. Ainsi, on peut dire *des garde-chasse* ou *des gardes-chasse*, suivant qu'on interprète le mot composé comme : *ceux qui gardent la chasse*, ou comme *les gardes de la chasse*.

GARDE-BARRIÈRE. s. m. T. Ch. de f. Homme préposé à la garde d'une barrière. = Pl. *Des garde-barrières* ou *des gardes-barrières*.

GARDE-BOIS. s. m. Garde préposé pour la conservation des bois et de la chasse d'un domaine. Voy. GARDE, s. m., III, § 7. = Pl. *Des garde-bois* ou *des gardes-bois*.

GARDE-BOUTIQUE. s. m. Se dit de tout objet que le marchand a dans sa boutique, et qu'il ne peut vendre. Il se peu us. — Les marchands disent aujourd'hui *Un rossignol*. || Nom donné au martin-pêcheur, parce que sa dépouille passe pour éloigner les teignes, les mites, etc. = Pl. *Des garde-boutique* ou *des garde-boutiques*.

GARDE-CANAL. s. m. Agent chargé de surveiller un canal. Voy. GARDE, s. m., III, § 10. = Pl. *Des garde-canal* ou *des garde-canaux*, ou *des gardes-canal* ou *les gardes-canaux*.

GARDE-CENDRE. s. m. Plate-bande en cuivre qui sert à retenir la cendre qui peut s'échapper du foyer. = Pl. *Des garde-cendre* ou *des garde-cendres*.

GARDE-CHAÎNE. s. m. Mécanisme qui, dans les montres,

empêche la chaîne de se casser. = Pl. *Des garde-chaîne* qu *des garde-chaînes.*

GARDE-CHARRUE. s. m. Voy. SAXICOLE. = Pl. *Des garde-charrue* ou *des garde-charrues.*

GARDE-CHASSE. s. m. Celui qui est préposé à la garde du gibier dans un domaine. Voy. GARDE, s. m., III, § 2. = Pl. *Des garde-chasse* ou *des gardes-chasse.*

GARDE-CHIOURME. s. m. Surveillant des forçats dans les bagnes. = Pl. *Des garde-chiourme* ou *des gardes-chiourme.*

GARDE-COLLET. s. m. Syn. de Passe-garde. Voy. ce mot. = Pl. *Des garde-collet* ou *des garde-collets.*

GARDE-CONSIGNE. s. m. = Pl. *Des gardes-consigne.* Voy. GARDE, s. m., II, § 3.

GARDE-CORPS. s. m. Syn. de *Garde-fou;* ne s'emploie guère qu'en termes de Marine. = Pl. *Des garde-corps.*

GARDE-CÔTE. s. m. Vaisseau chargé de surveiller les côtes. || Soldat chargé de la surveillance des côtes. = Pl. *Des garde-côtes* ou *des gardes-côtes.* Voy. GARDE, s. m., II, § 1.

GARDE-CROTTE. s. m. Bande de cuir ou de fer qui, mise au-dessus des roues des voitures et des bicyclettes, garantit de la boue. = Pl. *Des garde-crotte.*

GARDE-ÉTALON. s. m. Agent de l'Administration des haras qui a la garde de l'étalon et est chargé des détails de la monte. = Pl. *Des garde-étalons* ou *des gardes-étalons.*

GARDE-FEU. s. m. Grille de fer, ou plaque de tôle qu'on met devant une cheminée pour prévenir les accidents que pourrait causer le feu. = Pl. *Des garde-feu* ou *garde-feux.*

GARDE-FILET. s. m. T. Astron. anc. Boîte de verre qui, suspendue librement au centre d'un quart de cercle mobile, et renfermant le fil à plomb, le garantit du vent. = Pl. *Des garde-filet* ou *des garde-filets.*

GARDE-FOU. s. m. Balustrade, parapet ou barrière qu'on met au bord des ponts, des quais, des terrasses, pour empêcher de tomber en bas. = Pl. *Des garde-fous.*

GARDE-FOURNEAU. s. m. T. Métall. Ouvrier qui aide le fondeur. = Pl. *Des garde-fourneau* ou *des garde-fourneaux* ou *des gardes-fourneau.*

GARDE-FRAISIL. s. m. [Pr. garde-frè-zil]. T. Techn. Plaque de fer qui entoure l'âtre de forge et retient le fraisil. = Pl. *Des garde-fraisil.*

GARDE-FRASIER. s. m. T. Technol. Voy. GARDE-FRAISIL. = Pl. *Des garde-frasier.*

GARDE-LIGNE. s. m. T. Ch. de f. Homme qui se promène sur la ligne pour la surveiller. = Pl. *Des garde-ligne* ou *des gardes-ligne.* Voy. GARDE-CHASSE.

GARDE-MAGASIN. s. m. Employé chargé de garder et surveiller des magasins. = Pl. *Des garde-magasin* ou *des garde-magasins* ou *des gardes-magasin.* Voy. GARDE, s. m., I, § 28.

GARDE-MAIN. s. m. Papier que l'on met sous la main en écrivant pour garantir le bas de la page ou en dessinant le bas du dessin. = Pl. *Des garde-main* ou *des garde-mains.*

GARDE-MALADE. s. Celui qui donne ses soins aux malades. = Pl. *Des gardes-malades* ou *des garde-malades* ou *des gardes-malade.* Voy. GARDE-CHASSE.

GARDE-MANCHE. s. m. Fausse manche que l'on met par-dessus la manche du vêtement, quand on fait un travail qui peut salir celle-ci. = Pl. *Des garde-manche* ou *des garde-manches.*

GARDE-MANGER. s. m. Lieu pour garder ou serrer de la viande et autres comestibles. || Petite armoire formée ordinairement de châssis garnis de toile, qui sert au même usage. = Pl. *Des garde-manger.*

GARDE-MARGE. s. m. Ce qui, dans une presse, protège les marges. = Pl. *Des garde-marge* ou *des garde-marges.*

GARDE-MARINE. s. m. Officier de marine, créé par Colbert, remplacé aujourd'hui par les aspirants. Voy. GARDE, s. m., II, § 4. = Pl. *Des gardes-marine,* l'expression ne pouvant se comprendre que comme une ellipse de *garde de la marine.*

GARDE-MARTEAU. s. m. Anciennement, officier de la maîtrise des eaux et forêts, dépositaire du marteau avec lequel on marquait les arbres destinés à être coupés. = Pl. *Des garde-marteau* ou *des garde-marteaux* ou *des gardes-marteau.*

GARDE-MEUBLE. s. m. Lieu où l'on garde des meubles. *Il faut mettre cette tapisserie dans le garde-meuble. Le garde-meuble de la couronne,* ou absol., *Le garde-meuble.* Officier chargé de la garde des meubles de la couronne. = Pl. *Des garde-meuble* ou *des garde-meubles.*

GARDE-MINES. s. m. Employé servant d'auxiliaire aux ingénieurs des mines. Les gardes-mines, autrefois désignés sous le nom de conducteurs des mines, sont choisis généralement parmi les maîtres mineurs, les contremaîtres d'usines métallurgiques, ou les élèves de certaines écoles spéciales. = Pl. *Des gardes-mines.*

GARDE-NAPPE. s. m. Porte-assiette d'osier, pour protéger la nappe. = Pl. *Des garde-nappe* ou *des garde-nappes.*

GARDENIA. s. m. [Pr. gardénia] (R. Garden, botaniste écossais). T. Bot. Genre d'arbrisseaux Dicotylédones de la famille des *Rubiacées.* Voy. ce mot.

GARDÉNINE. s. f. T. Chim. Substance extraite de la résine du *Gardenia lucida.* Elle forme des cristaux jaunes, fusibles à 164°, solubles dans l'alcool et dans l'acide acétique, insolubles dans l'eau et dans les alcalis. La solution acétique, traitée par l'acide nitrique, fournit l'*acide gardénique,* cristallisable en aiguilles rouge foncé, qui fondent vers 228° et qui se dissolvent dans les alcalis.

GARDE-NOTE. s. m. Celui qui a la garde des minutes, des contrats, des rôles, des pièces de procédure. Vx. = Pl. *Des garde-notes* ou *des garde-notes* ou *des gardes-note.*

GARDE-PÊCHE. s. m. Celui qui est chargé de veiller à l'exécution des ordonnances sur la police des fleuves, des rivières, etc. = Pl. *Des gardes-pêche* ou *des garde-pêches* ou *des gardes-pêche.* Voy. GARDE, s. m., II, § 2.

GARDE-PLATINE. s. f. Pièce d'étoffe ou de cuir qui couvre la platine d'un fusil. || Pièce du métier à bas qui garantit les platines du contact de la presse. = Pl. *Des garde-platine* ou *des garde-platines.*

GARDE-PORT. s. m. Agent chargé de recevoir les marchandises déposées dans les ports des rivières, et de les placer. = Pl. *Des garde-port* ou *des garde-ports* ou *des gardes-port.* Voy. GARDE, s. m., III, § 9.

GARDER. v. a. (all. warten, prendre garde). Tenir sous sa garde, veiller sur une personne ou sur une chose pour la conserver, la maintenir, la défendre. *G. un enfant. G. un dépôt, un trésor. Je lui ai donné mon cheval, ma montre à g. Je vais sortir un instant, veuillez g. ma place. G. un prince,* Veiller à sa conservation, afin qu'on ne puisse attenter à sa personne. *G. une ville, une forteresse, un poste, un passage, des côtes,* Se tenir prêt à les défendre contre les attaques de l'ennemi. *G. un prisonnier,* Prendre garde qu'il ne s'évade. *G. des bestiaux,* Veiller à ce qu'ils ne s'éloignent ou ne s'égarent pas. || Proverb. *Nous n'avons pas gardé les cochons ensemble,* Pour reprocher à quelqu'un une familiarité choquante. *G. des bois, des vignes,* Veiller à ce qu'on n'y commette pas de dégâts. *G. une chasse,* Veiller à ce qu'on n'y vienne pas tuer le gibier. — On dit aussi d'un chien qu'*Il garde bien la maison,* Lorsque, par ses aboiements, il avertit de l'approche de quelqu'un. — *G. les gages, les enjeux,* En être dépositaire. || Figur., *G. la maison,* Ne pas sortir, rester chez soi. On dit à peu près dans le même sens, *G. la chambre, g. le lit,* Se tenir dans sa chambre, demeurer au lit, par suite de quelque indisposition. — Fig. et fam., En donner à garder à quelqu'un, Lui en faire accroire. || En parl. d'un malade, Se tenir assidûment auprès de lui, pour le soigner, le servir. C'est une sœur de Charité qui le garde. G. une femme en couches. || Défendre, protéger. Ce que Dieu garde est bien gardé. || Préserver, garantir. Dieu vous garde d'un tel malheur! Dieu m'en garde! — Fam., Dieu vous garde, se disait autrefois par formule de salutation, à des inférieurs; et quelquefois, par plaisanterie, d'égal à égal. || Ne pas quitter. G. son chapeau sur la tête. G. son manteau, ses gants. || Conserver une chose, empêcher qu'elle ne s'altère, qu'elle ne se gâte. Dans les chaleurs, on ne peut g. la viande. Comment avez-vous fait pour g. ces raisins jusqu'à présent? || Retenir par devers soi, ne pas se dessaisir, ne pas communiquer; rester en possession. Cette pauvre veuve a voulu g. ses enfants auprès d'elle. Je veux g. cette bague en souvenir de la personne qui me l'a donnée. C'est une femme qui ne peut rien g., elle donne tout. L'empereur ne put g. ses conquêtes. G. copie d'une lettre. G. le double d'un acte. — Fig., au sens moral, G. ses illusions. G. son innocence. G. sa fraîcheur. G. ses habitudes. G. sa gravité, son sérieux. G. un secret. Il faut garder ces réflexions-là pour vous. G. le souvenir de quelqu'un. G. l'image d'une chose. G. le ressentiment d'une injure. G. une haine implacable à quelqu'un. Il lui en garde rancune. — G. son rang, Soutenir comme il convient son rang, son état. — G. la fièvre. G. un rhume, L'avoir longtemps, sans discontinuation. — G. une médecine, un lavement, Ne pas les rendre. || Se dit quelquefois des personnes que l'on continue d'employer pour les choses de leur profession. Je ne puis g. davantage cet employé. Je tiens à g. mon médecin. Il n'a garde que deux domestiques. || Réserver. Il faut g. cela pour demain. Je garde cet argent pour faire un voyage. Je vous ai gardé une chambre commode. On lui a gardé son dîner. Il garde ses faveurs pour ceux qui lui sont dévoués. Il faut g. ce trait pour la fin, il fera plus d'effet. — Prov., Vous ne savez pas ce que Dieu vous garde, ce que la fortune vous garde, se dit à une personne qui est dans l'affliction, dans le malheur, pour faire entendre que son sort, que sa condition peut changer. — Figur. et fam., La g. à quelqu'un, la lui g. bonne, Conserver du ressentiment contre quelqu'un, et attendre l'occasion de se venger. || Observer. G. les commandements de Dieu. G. la loi. G. le jeûne. G. le silence. G. la chasteté, le célibat. G. le décorum, la bienséance, les bienséances. Il ne garde aucune bienséance. G. sa parole, ses serments, la foi des traités. C'est un homme avec qui il faut g. de grandes mesures. Il a fini par ne g. aucune mesure. G. les apparences. Vous n'avez pas gardé les proportions. — G. les arrêts, Rester aux arrêts. G. son ban, Accomplir le temps du bannissement auquel on a été condamné. — T. Tactique. G. les rangs, Demeurer dans les rangs. || T. Chasse. Ces chiens gardent le change, Ils ne prennent pas le change. || T. Manège. G. le terrain, Suivre la même piste, sans serrer ni s'élargir. == SE GARDER. v. pron. Se conserver. Ce fruit-là ne se garde pas. || Prendre garde, se préserver de quelque chose. Gardez-vous bien de le faire. Il faut se g. du serein, du soleil. Je me garderai bien d'en manger. Elle s'en serait bien gardée. Elliptiq., ou dit quelquefois, Garde, gardons, gardez, au lieu de Garde-toi, gardons-nous, gardez-vous. Gardons qu'on ne nous voie. Gardez de plaisanter avec lui. == GARDÉ, ÉE. part. || Aux jeux de cartes, Roi gardé, dame gardée, Roi, dame pour lesquels on a une ou plusieurs gardes.

Syn. — Retenir. — Garder, c'est continuer à avoir; retenir, c'est avoir entre les mains une chose qu'on ne veut pas rendre. On garde son bien; on retient celui d'autrui. Garder, c'est conserver péniblement une chose pour un usage futur; retenir, c'est conserver une possession contestée et attaquée. On garde ce qu'on a ; on retient ce qui menace d'échapper.

GARDERIE. s. f. Lieu où l'on garde les jeunes enfants dont les parents ne peuvent s'occuper.

GARDE-RIVIÈRE. s. m. Voy. GARDE, s. m., III, § 10.

GARDE-ROBE. s. f. Chambre destinée à renfermer les habits, le linge, et toutes les hardes de jour et de nuit. — Par ext., se dit des habits et de toutes les hardes qui sont à l'usage d'une personne. Il lui a laissé toute sa g.-robe. La g.-robe d'un acteur, Ses costumes de théâtre. || Dans l'ancienne cour de France et dans plusieurs cours étrangères, Grand maître

de la g.-robe. Grand officier qui a soin de tout ce qui regarde les habits et le linge du roi, et qui a sous ses ordres un certain nombre d'officiers. || Le lieu où l'on met la chaise percée. — Aller à la g.-robe, Aller à la chaise percée. || Action de satisfaire les besoins naturels, et, en terminologie médicale, les matières fécales. || T. Bot. Nom vulgaire donné à plusieurs plantes à odeur forte, notamment l'Artemisia Abrotanum et la Santolina Chamæcyparissus que l'on met souvent dans les vêtements pour les préserver des insectes. Voy. COMPOSÉES. ⸗ Pl. Des garde-robes.

GARDE-ROBE. s. m. Tablier de toile que mettent quelques femmes pour conserver leurs vêtements. = Pl. Des garde-robes.

GARDE-RÔLE. s. m. Anciennement, Officier de la chancellerie chargé de garder les rôles des oppositions faites à la résignation des offices. = Pl. Des garde-rôle ou des garde-rôles ou des garde-rôle.

GARDE-SACS. s. m. Autrefois, celui qui avait la garde des sacs contenant les pièces des procès. = Pl. Des garde-sacs ou des gardes-sacs.

GARDE-SCELLÉS. s. m. Celui à qui est confiée la garde des scellés. = Pl. Des garde-scellés ou des gardes-scellés.

GARDEUR, EUSE. Celui, celle qui garde; ne s'emploie que dans ces dénominations. G. de cochons. Gardeuse de dindons, et autres semblables. || Aux halles de Paris, employé préposé à la garde, au chargement des voitures, qui perçoit le droit de stationnement.

GARDE-VAISSELLE. s. m. Celui qui avait la vaisselle du roi en sa garde. = Pl. Des garde-vaisselle ou des gardes-vaisselle.

GARDE-VENTE. s. m. Celui qui est chargé de l'exploitation des coupes de bois pour l'adjudicataire. = Pl. Des garde-vente ou des garde-ventes ou des gardes-vente. Voy. GARDE, s. m., III, § 12.

GARDE-VUE. s. m. Sorte de visière, ordinairement garnie ou doublée de taffetas vert, qu'on place au-dessus des yeux, pour garantir la vue du trop grand éclat de la lumière. || Sorte d'abat-jour. = Pl. Des garde-vue.

GARDIEN, IENNE. s. Personne qui veille, qui est chargée de veiller à la conservation d'une chose. Le g. d'un dépôt. Le g. d'un monument public, d'un musée. G. des scellés. G. judiciaire. || Fig. G. de la paix. Agent de police. — Se dit aussi en parlant des choses morales. Il était le g. des droits de la couronne. Vous êtes le g. de nos libertés. Un sévère g. des mœurs. || Celui, celle qui protège. Dieu est notre meilleur g. La sainte Vierge sera notre gardienne. — On dit adjectiv., dans ce sens, Ange g. Voy. ANGE. || Dans l'ordre de Saint-François, Gardien est le titre qu'on donne au supérieur d'un couvent. Le g. des cordeliers, des capucins, etc. Le père g. — De même, Grand Maître de l'Ordre de la Jarretière, etc. = Syn. Voy. GARDE, s. m.

GARDIENNAGE. s. m. [Pr. gar-diè-naje]. Soin de garder et de tenir en état. || La garde des enfants en bas âge.

GARDIENNAT. s. m. Dans l'ordre de Saint-François, la charge de gardien, et la durée de cette charge.

GARDINER (STEPHEN), prélat et grand chancelier d'Angleterre, un des plus rudes adversaires de la Réforme (1483-1555).

GARDON. s. m. T. Ichl. Espèce de poisson du genre Able. Voy. ce mot.

GARDON, nom des deux ruisseaux qui, réunis, forment le Gard. Voy. GARD.

GARDONIEN, IENNE. adj. (R. gardon). T. Géol. Première assise du cénomanien des Charentes.

GARE. Impératif du verbe Garer. S'emploie par manière d'interjection, lorsqu'on avertit de se ranger, de se détourner pour laisser passer quelqu'un ou quelque chose. Gare, gare.

G. de là. G. devant. G. dessous. G. donc. G. l'eau. G. la bombe. Fam. || Se dit aussi pour avertir quelqu'un du châtiment qu'il éprouvera, des conséquences qu'on appréhende pour lui ou pour les autres. *G. le bâton G. les étrivières. Cela va bien pour aujourd'hui, mais g. les conséquences.* — *Frapper sans dire g.,* Frapper sans avoir fait encore aucune menace. || En T. Vén., on crie *Gare !* pour avertir que le cerf est lancé.

GARE. s. f. (R. *garer*). Lieu destiné, sur les rivières et les canaux, pour y retirer les bateaux de manière que, d'une part, ils y soient à l'abri des glaces et des inondations et que, de l'autre, ils n'embarrassent pas la navigation. || T. Chem. de fer. Emplacement ménagé pour charger et décharger les marchandises ; pour abriter un convoi pendant le passage d'un autre convoi ; pour embarquer et débarquer les voyageurs. *G. militaire,* Gare pourvue d'un grand nombre de quais pour servir en cas de guerre ou de mobilisation. *Chef de g.,* Employé supérieur chargé du service général d'une gare. Voy. CHEMIN de fer.

GARENNE. s. f. [Pr. *ga-rène*] (all. *wahren, garder*). Endroit où vivent les lapins à l'état sauvage. || T. Comm. *Tabacs en g.,* Tabacs en tonneaux.
Une *Garenne* est un espace plus ou moins grand destiné, à la campagne, à recevoir des lapins et où ces animaux jouissent d'une liberté qui les rapproche de l'état sauvage. On distingue deux sortes de garennes : les *garennes ouvertes* ou *libres,* et les *garennes fermées.* Les premières, dans lesquelles les lapins n'étaient pas clôturés, ont été abolies en France, depuis 1789, à cause des dommages que ces animaux causaient dans les terres cultivées. Les secondes sont entourées de murailles ou d'une barrière formée de pieux serrés et garnis d'un treillage de fils de fer. Le Code civ. considère les lapins de g. comme immeubles par destination. — Autrefois on donnait encore le nom de G. à un lieu particulier près du château, que le seigneur faisait garder avec plus de soin. Dans certaines provinces, l'aîné n'avait pour tout avantage que le château, la g. et le vol du chapon.

GARENNIER. s. m. [Pr. *ga-rè-nié*]. Celui qui a soin d'une garenne, qui a une garenne en garde.

GARER. v. a. (h. all. *waren,* prendre garde) T. Rivière. *G. un bateau,* Faire entrer et attacher un bateau dans une gare. — *G. un train de bois,* Le lier. || Dans les Chemins de fer, *G. un convoi,* Le faire entrer dans la gare *G. des marchandises,* Les déposer dans une gare. == SE GARER. v. pron. Se dit des bateaux, des convois qui se rangent de côté pour en laisser passer d'autres. || Par ext. et fam., Se préserver, se défendre de quelqu'un, de quelque chose. *Il faut se g. d'un fou. Garez-vous de cette voiture.* == GARÉ, ÉE. part.

GARFIELD, président des États-Unis d'Amérique, fut assassiné par un solliciteur éconduit, nommé Guiteau (1831-1881).

GARGAMELLE. s. f. [Pr. *gargamè-le*] (provenç. *gargamela,* m. s., d'un rad. *garg* d'origine inconnue, sign. *gosier*). T. Popul. Gorge, gosier. *Je vais me rafraîchir un peu la g.*

GARGANTUA. s. m. Nom propre d'un personnage gigantesque de Rabelais. || Homme qui mange énormément.

GARGARISER. v. a. [Pr. *gargari-zer*] (gr. γαργαρίζειν, m. s.). Se laver la gorge avec de l'eau ou avec quelque autre liqueur, en la faisant entrer le plus avant qu'il se peut, et en la repoussant à diverses reprises pour s'empêcher de l'avaler. *Il faut vous g. la gorge.* == SE GARGARISER. v. pron. même sens. *Je me suis gargarisé la gorge,* ou par ellipse, *Je me suis gargarisé.* || Fig. Boire, T. Popul. || Se plaire dans les phrases cadencées et musicales. Fam. == GARGARISÉ, ÉE. part.

GARGARISME. m. s. (gr. γαργάρισμα, m. s., de γαργαρίζειν, gargariser). T. Méd. *Gargariser,* c'est agiter un liquide dans l'arrière-bouche et dans la gorge par une lente expiration, la tête étant renversée en arrière. Les gargarismes sont des médicaments magistraux liquides, dont l'eau est l'excipient ordinaire, et dans la composition desquels on introduit les agents les plus divers selon les indications présentées par les différentes affections de la bouche, du pharynx et du larynx. Les gargarismes sont, à proprement parler, des médicaments externes, car ils ne doivent pas être avalés : on doit cependant prévoir la déglutition accidentelle au moment où ils pénètrent dans le pharynx. Les gargarismes, répondant aux indications les plus variées, peuvent être stimulants, astringents ou détersifs, émollients, narcotiques, antiseptiques. — Les gargarismes stimulants sont composés d'infusions aromatiques, additionnées de vin ou d'alcool, ou de quelque alcoolat ou alcoolé. — Les gargarismes astringents ou détersifs ont pour véhicule ordinaire l'infusion de roses rouges, pour bases : l'alun, l'acide sulfurique, l'acide chlorhydrique ou l'acide citrique, le vinaigre, et pour adjuvant correctif, le mellite de roses. — Le g. émollient est essentiellement constitué par l'eau tiède qu'on additionne ordinairement de mucilage ou de gomme ; le lait pur et tiède est excellent à ce point de vue. Le g. émollient devient calmant ou narcotique par addition de laudanum de Sydenham ou d'alcoolé d'opium. — De nos jours, le g. antiseptique a supplanté dans beaucoup de cas tous les autres : il a le plus fréquemment, pour agent actif, le chlorate de potasse, l'acide borique, le phénolsalyle. — Enfin, dans certains cas, on emploie le g. comme véhicule médicamenteux ; l'absorption est très lente, de cette manière, et partielle : aussi la méthode est peu active.

GARGOT. s. m. [Pr. *gar-go*] (R. *gargote*). Entrepreneur d'abatage.

GARGOTAGE. s. m. (R. *gargoter*). Repas malpropre et viande mal apprêtée. *Tout ce qu'on mange ici n'est que g.* Populaire.

GARGOTE. s. f. (R. *gargoter*). Petit cabaret où l'on donne à manger à bas prix. || Se dit, par mépris, de tous les petits endroits où l'on mange malproprement.

GARGOTER. v. n. (picard *gargoter,* faire du bruit en bouillonnant, d'un rad. *garg,* gosier, qu'on retrouve dans *gargamelle* et *gargouille*). Hunter les méchants petits cabarets, les gargotes. *Il ne fait que g.* Pop. et peu us. || Boire et manger malproprement. *Ils sont là à g.* Pop.

GARGOTERIE. s. f. Mauvaise cuisine de gargote.

GARGOTIER, IÈRE. s. Celui, celle qui tient une gargote. || Se dit aussi, par mépris, de tous les mauvais cabaretiers ou traiteurs, et de tous les cuisiniers qui apprêtent mal à manger.

GARGOUILLADE. s. f. [Pr. les *ll* mouillées]. Pas de danse. Vx. || Se dit, par mépris, des traits et ornements que fait un mauvais chanteur. *Cette chanteuse est insupportable avec ses gargouillades.* Très fam.

GARGOUILLE. s. f. [Pr. les *ll* mouillées] (bas-lat. *gargula,* gosier, d'un rad. *garg,* gosier, qu'on retrouve dans toutes les langues romanes). Dégorgeoir ou suilho par lequel l'eau des gouttières, des chéneaux, tombe à distance des murs. || Ouverture par laquelle se décharge les eaux d'une gouttière. || Cordon de pierre sur lequel sont établis les tuyaux de conduite. || Tuyau de fonte logé dans les trottoirs pour l'écoulement de l'eau des maisons. || Conduit qui assemble les produits de la combustion et les amène dans la cheminée d'un haut fourneau. || Anneau qui termine les branches d'un mors de cheval. || Entaille pratiquée au pied du poteau d'une cloison pour recevoir le bout d'une solive. || T. Blas. Nom donné à certaines figures de serpents. || Anc. Cout. Figure d'un dragon portée en procession à Rouen le jour de la fête de saint Romain.
Archit. — On désigne sous ce nom l'endroit d'une gouttière ou d'un tuyau par où l'eau tombe, et plus particulièrement ces

longues gouttières saillantes qui, dans les édifices du moyen âge, servaient à rejeter au loin les eaux de la toiture. Les gargouilles que l'on remarque dans les grands monuments de l'art ogival offrent les variétés de formes les plus fantastiques et les plus grotesques, car l'imagination des artistes se donnait libre carrière. La Fig. ci-contre représente une g. du XIII° siècle.

Hist. — Au moyen âge, on donnait également, dans plusieurs localités, le nom de g. à la représentation d'un monstre plus ou moins chimérique, qui avait en général la forme d'un dragon ailé et qui figurait dans certaines processions. Il est probable que, dans le principe, ce dragon était un emblème de la victoire du christianisme sur le paganisme ou de la conversion des habitants de la localité au culte du vrai Dieu ; mais le peuple ne tarda pas à considérer ces images comme les dépouilles de dragons vaincus par les saints révérés dans les diocèses. Ainsi, par ex., à Rouen, la g., suivant la légende, était un serpent monstrueux dont l'évêque saint Romain avait délivré le pays. La *Tarasque* de Tarascon, le *Graoulli* à Metz, le *Dragon* de Langres, la *Grande-Gueule* de Poitiers, jouaient dans ces localités le même rôle que la g. de Rouen, et, suivant les croyances populaires, elles avaient identiquement la même origine.

GARGOUILLÉE. s. f. [Pr. les *ll* mouillées]. Chute d'eau qui tombe d'une gargouille.

GARGOUILLEMENT. s. m. [Pr. les *ll* mouillées]. Bruit que fait l'eau en tombant d'une gargouille. || Bruit que produit le conflit de l'air et d'un liquide dans un vase, dans un vaisseau engorgé.

GARGOUILLER. v. n. [Pr. les *ll* mouillées] (R. *gargouille*). Barboter dans l'eau ; ne se dit qu'en parlant d'enfants qui s'amusent à jouer dans l'eau. *Ces petits garçons ne font que g.* Popul. || Se dit aussi d'un bruit de gargouillement qui se produit dans le canal intestinal. *Le ventre me gargouille.* Très fam. || T. Techn. Dresser un fût de colonne en le faisant passer avec du grès dans un marbre creusé.

GARGOUILLIS. s. m. [Pr. *gar-gou-lli*, *ll* mouillées]. Bruit que fait l'eau en tombant d'une gargouille. Fam.

GARGOULETTE. s. f. [Pr. *gargou-lète*] (R. *gargouille*). Sorte de vase à rafraîchir.

GARGOUSSE. s. f. [Pr. *gargou-se*] (Corruption de *cartouche*). Charge d'une bouche à feu dans son enveloppe. Voy. CANON.

GARGOUSSIER. s. m. [Pr. *gargou-sié*]. Étui de cuir ou de bois pour porter les gargousses. || Celui qui porte les gargousses.

GARGOUSSIÈRE. s. f. [Pr. *gargou-si-ère*]. Étui à gargousses.

GARIBALDI (JOSEPH), général italien, né à Nice en 1807, mort en 1882.

GARIGLIANO, anc. Liris, fl. d'Italie, se jette dans le golfe de Gaëte ; 118 kil.

GARIGUE. s. f. (R. provenç. *garriga*, chênaie ; de *garies*, chêne vert) [ou *garrigue*]. Lande, terre inculte ; n'est usité que dans quelques-uns de nos départements méridionaux. *Les garigues de la Lozère, de l'Hérault...*

GARITE. s. f. (R. *guérite*). T. Mar. Petit bâtis en pièces de bois plates et circulaires autour de la hune et dans lesquelles on passe les cadenas des haubans.

GARLANDAGE. s. m. (anc. fr. *garlande*, couronnement). T. Mar. Rebord de la hune.

GARLANDAS. s. f. [Pr. *gar-lan-da*]. T. Métall. Pièces de côté du coursier.

GARLIN, ch.-l. de c. des Basses-Pyrénées, arr. de Pau ; 1,300 hab.

GARNEMENT. s. m. (ital. *garnimento*, ornement). Mauvais sujet, libertin, vaurien. *Un mauvais g.* Fam.

GARNERAY, peintre fr. chargé de faire le portrait de Char-lotte Corday avant son exécution (1755-1837). =Son fils Louis, peintre de marine (1783-1857).

GARNERIN (ANDRÉ-JACQUES), aéronaute fr., inventeur du parachute (1769-1823).

GARNI. s. m. T. Const. G. ou *remplissage*, nom donné à des morceaux de pierre qu'on place dans les intervalles des pierres de taille.

GARNIER (ROBERT), poète dramatique français, auteur des *Juives*, de *Bradamante*, etc., précurseur de Corneille (1534-1590).

GARNIER (GERMAIN), comte), économiste et homme politique français né à Auxerre (1754-1821).

GARNIER (ADOLPHE), philosophe fr., né à Paris (1801-1864).

GARNIER (JOSEPH), économiste fr., né à Beuil (Alpes-Maritimes) (1813-1881).

GARNIER (FRANCIS), marin fr., explorateur du Mékong (1866), et conquérant du Delta du Tonkin (1839-1873).

GARNIER-PAGÈS (ÉTIENNE-JOSEPH-LOUIS), homme politique français (1801-1841), l'un des chefs du parti républicain sous Louis-Philippe I°. || Son frère, LOUIS-ANTOINE (1803-1878), fut membre du gouvernement provisoire en 1848 et du gouvernement de la Défense nationale au 4 septembre 1870.

GARNIR. v. a. (all. *warnen*, avertir, même radical *war*, que dans *garer* et *garder*). Fournir, pourvoir des choses nécessaires. *G. une boutique, la g. de marchandises. G. une maison de meubles, une bibliothèque de livres. G. un étui, un nécessaire. G. une place de guerre.* La munir de tout ce qui est nécessaire pour la défendre. || Se dit aussi des choses que l'on joint à une autre comme ornement, comme accessoire, etc. *G. une robe de dentelles. G. de fleurs un chapeau. G. une chambre de tableaux. G. un lit. G. de persil une pièce de bœuf. Faire g. une porte de bourrelets.* — *G. des fauteuils, un canapé,* etc., Les rembourrer de crin, etc. *G. une robe,* La doubler. *G. des bas,* Y mettre de la toile, ou y passer un dedans du fil, de la laine, etc., afin de les faire durer plus longtemps. *G. une chemise,* Y ajouter un jabot, des manchettes. *G. une épée,* Y mettre une garde. *G. du drap,* En faire ressortir le poil. *G. des bas,* Les renforcer au talon, au haut du pied. || Se dit également des choses mêmes qui sont le complément nécessaire, ou l'ornement, l'accessoire d'une autre. *Les meubles qui garnissent un appartement. Les vases qui garnissent une terrasse. Les cheveux qui garnissent le derrière de la tête.* || Remplir, occuper un certain espace. *Une foule de curieux garnissaient les deux côtés de la rue. De nombreux vaisseaux garnissaient le port.* || T. Techn. Garnir de pierres les intervalles des assises dans une construction. — *G. une forme,* Y placer les bais de fond, de tête, etc. — *G. la presse,* Mettre des cales dans les mortaises des jumelles, pour amortir la pression. — *G. un chapeau,* Le munir d'une coiffe. — *G. la chaudière,* Mettre dessous du combustible pour entretenir le feu. = Se GARNIR. v. pron. Se munir, se pourvoir. *Il s'est garni de tout ce qu'il lui fallait pour son voyage. Fam. || Se g. contre le froid,* Se couvrir, se vêtir de manière à se préserver du froid. — Absol. *Se g.,* Se garnir d'une femme, s'entourer de linges lorsqu'elle a ses règles, lorsqu'elle est en couches. || Se remplir. *La salle commence à se g. Cette campagne commence à se g. de beaux arbres.* = GARNI, IE. p. *La tige de cette plante est garnie d'épines. Une boîte garnie de diamants. Un étui garni d'or. Avoir une bourse bien garnie. Une bouche bien garnie,* Qui a de belles dents. — Fam., *Il est garni,* Se dit d'un homme qui, par poltronnerie, s'est muni de quelque vêtement propre à le garantir des coups d'épée dans un combat singulier. || *Chambre garnie, maison garnie,* Chambre, maison, etc., qu'on loue toutes les choses nécessaires. *Hôtel garni,* Hôtel où les voyageurs trouvent des chambres garnies à louer. — On dit subst., *Loger en garni,* Pour loger en chambre garnie. || T. Pratiq. *Plaider main garnie, la main garnie, les mains garnies,* Jouir pendant le procès de ce qui est en contestation. || *La cour suffisamment garnie de pairs,* La cour réunie en nombre de pairs suffisant pour délibérer. || T. Blas. *Épée garnie,* Épée dont la garde est d'un autre métal que la lame. || T. Cuis.

Choucroute garnie, Accompagnée de jambon, de saucisson, etc. *Une assiette garnie*, Pleine de charcuterie assortie.

GARNISAIRE. s. m. [Pr. *gar-ni-zère*] (R. *garnir*). T. Droit admin. On appelait autrefois *G.* le gardien judiciaire qu'on établissait chez un saisi. — Sous la République et sous l'Empire, on donnait également ce nom au soldat que l'autorité militaire établissait, soit au domicile des parents d'un conscrit réfractaire ou d'un déserteur, soit chez les personnes qu'on soupçonnait de les cacher. — Jusqu'à la loi du 9 février 1877, on désignait sous ce nom un agent installé par l'administration fiscale au domicile d'un particulier, jusqu'à ce que ce dernier ait acquitté le montant de ses contributions non payées en temps voulu. On distinguait la *garnison* en *collective* et *individuelle*. La *garnison collective* s'exerçait contre plusieurs redevables par un seul g., sans distinction du montant des cotes, huit jours après la sommation gratis : on notifiait cette poursuite à chaque contribuable en retard par un acte au bas duquel était décernée la contrainte. La *garnison individuelle* s'exerçait contre un seul redevable, par un g. établi à domicile, mais seulement trois jours après la garnison collective, et, si le percepteur avait commencé par la garnison individuelle, huit jours après la sommation gratis. Le g. à domicile ne pouvait être établi chez un contribuable que lorsque les contributions étaient au moins de 40 francs et pour un arriéré qui était fixé par le préfet. Il ne pouvait rester que deux jours au plus chez un redevable. Si le contribuable se libérait le premier jour, il n'était dû au g. que les frais d'une journée avec vivres et logement, ou leur représentation. Le prix de la journée était fixé par un tarif. La loi du 9 février 1877 a remplacé la *garnison* par la *sommation avec frais*. Voy. CONTRIBUTIONS.

GARNISON. s. f. coll. [Pr. *gar-nizon*] (R. *garnir*). Se dit des troupes qu'on met dans une place, pour la défendre contre l'ennemi, pour tenir le pays en respect, ou simplement pour y faire un séjour de quelque durée. *Une forte g. Une g. faible. Il y avait deux mille hommes de g. dans la ville. La g. de Lille. Mettre g. dans un château. Mettre des troupes en g. La g. se défendit vaillamment. Les habitants ont chassé la g. On passa la g. au fil de l'épée.* — *Ville de g.,* Ville où l'on met ordinairement des troupes en garnison. || Se dit également d'une ville de garnison, d'un lieu où les troupes sont en garnison. *Cette petite ville est une charmante g. Les troupes restèrent dans les garnisons. Les officiers reçurent l'ordre de se rendre à leurs garnisons.* — Fam., *Mariage de g.,* Mariage mal assorti. || T. Technol. Action de garnir de quelque chose. *Pièce de g.,* Pièce fixée par la soudure au corps d'une pièce d'orfèvrerie. *Ouvrage doré par g.,* Doré dans certaines parties. || T. Droit admin. Voy. GARNISAIRE.

GARNISSAGE. s. m. [Pr. *gar-ni-saje*]. Action de garnir. || T. Technol. Opération par laquelle on prépare et applique les ornements et pièces de garniture en céramique. — Placement régulier des crochets, aiguilles et épingles nécessaires au montage des armures et du métier Jacquard. — Opération de l'apprêt des draps, par laquelle on rend laineuse la surface de l'étoffe en la grattant.

GARNISSEUR, EUSE. s. et adj. [Pr. *garni-seur*]. Celui, celle qui pose, qui met des garnitures.

GARNITURE. s. f. Ce qui garnit, ce qui sert à garnir une chose ; ce qui est mis à une chose pour la garnir, la compléter, l'orner. *La g. d'une chambre. Une toilette avec sa g. Une g. de cheminée. La g. d'une serrure. La g. d'une épée. La g. d'une robe. La g. d'un chapeau. Mettre une g. à des bas. Un portrait qui a une g. de diamants, de perles. Il a sur son dressoir une belle g. de porcelaines.* — Autrefois, se disait absol. des rubans que l'on mettait en certains endroits des habits, ou à la coiffure, pour les orner. *Une g. verte, bleue.* || T. Cuis. Les accessoires que l'on ajoute à certains mets, pour les assaisonner ou les orner. *G. de champignons, de volau-vent, de persil, de capucines,* etc. || T. Imprim. Pièces de bois ou de métal qui servent à séparer les pages dans la forme. Voy. TYPOGRAPHIE. || T. Pyrotechn. Nom générique des diverses petites pièces d'artifice que l'on projette en l'air avec des mortiers ou des petits pots et que l'on enferme aussi dans le pot des fusées volantes pour augmenter l'effet de ces dernières. *Les garnitures les plus usitées sont les étoiles, les marrons, les saucissons, les serpenteaux,* etc. || T. Technol. Partie de treillage remplissant un vide entre deux bâtis. — Nom générique des becs, anses, pieds, etc., qui accompa-

gnent ordinairement les poteries, pièces presque toujours fabriquées à part et mises en place au moyen d'un véritable collage. — Chacune des pièces qui, dans les armes à feu portatives, servent à lier le canon à la monture. — Boyau de cuir qui sert à conduire l'eau de la pompe à la lance. — *G. à hélice,* Boyau de cuir, garni intérieurement d'une hélice métallique, afin qu'il conserve sa forme cylindrique, et qui sert à conduire l'air de la pompe dans la blouse contre l'asphyxie. || T. Constr. Ce qui sert à garnir un toit.

GARO. s. m. T. Bot. Sous ce nom et sous celui de *Bois d'Aigle* il existe, dans le commerce, un bois que l'on confond avec le *Bois d'Aloès* ou de *Calambac vrai,* qui est fourni par une légumineuse, l'*Aloexylon Agallochum.* Le *G.* est produit par plusieurs arbres du genre *Aquilaria : A. Agallocha, A. Malaccensis, A. secundaria,* de la famille des *Thyméléacées.* Voy. ce mot et BOIS.

GAROFALO (LE), peintre italien, ami et imitateur de Raphaël (1481-1559).

GARONNE, fl. de France, prend sa source au Val d'Aran, dans les Pyrénées (Espagne), passe à Toulouse, Agen, Bordeaux, et se réunit à la Dordogne pour former la Gironde, au bec d'Ambez ; 650 kil. || CANAL LATÉRAL A LA GARONNE, de Toulouse à Castets (Gironde) ; 193 kil.

GARONNE (Dép. de la HAUTE-), formé d'une partie du Haut-Languedoc et de la Gascogne ; ch.-l. *Toulouse* ; 3 autres arr. *Muret, Saint-Gaudens, Villefranche;* 472,400 hab.

GAROU. adj. m. (teuton. *gor,* tout à fait ; *ulf,* loup). Au moyen âge, on donnait le nom de *Loup-garou* à un homme que l'on supposait posséder le pouvoir de se métamorphoser en loup ; mais ce qui paraît plus étrange, c'est que certains individus croyaient avoir réellement cette puissance. Ainsi, en 1574, le parlement de Dôle fit brûler un nommé Gilles Garnier, qui avouait s'être changé en loup, et étant ainsi transformé, avoir tué plusieurs jeunes filles pour les dévorer. Cette affreuse monomanie a aujourd'hui disparu ; mais il n'en est pas de même, au moins dans nos campagnes, de la croyance aux loups-garous.

GAROU. s. m. T. Bot. Nom vulgaire du *Daphne Gnidium,* petit arbrisseau de la famille des *Thyméléacées.* Voy. ce mot.

GAROUAGE. s. m. (R. *garou*). Ne s'emploie guère que dans ces phrases familières : *Aller en g., être en g.,* Aller en partie de plaisir dans des lieux suspects. Peu us.

GAROUILLE. s. f. [Pr. *ga-rou-lle,* ll mouillés] (ar. *karouia,* de *korw,* coupe, augette). Mesure de capacité usitée en Algérie pour les grains et les fruits. La grande garouille équivaut à un double décalitre, la petite à un décalitre. || T. Bot. Nom vulgaire du chêne ou kermès. Voy. CHÊNE.

GARRETT, célèbre rénovateur de la littérature portugaise (1799-1854).

GARRICK (DAVID), comédien et auteur dramatique anglais (1717-1779).

GARRIÈRE. s. f. [Pr. *ga-rière*]. T. Chasse. Petite rigole où l'on cache le ressort avec lequel on fait mouvoir le filet à prendre les oiseaux.

GARRON. s. m. [Pr. *ga-ron*] (prov. *garroun,* m. s.). Mâle de la perdrix. T. Fauc.

GARROT. s. m. [Pr. *ga-ro*] (esp. *garrote,* m. s.). Trait d'arbalète. || Morceau de bois court, que l'on passe dans une corde, dans un lieu quelconque, pour le serrer en tordant. *Le g. de cette scie n'est pas assez serré.* || T. Techn. Bâton que le jardinier dispose pour forcer une branche à changer de direction. || T. Vét. Saillie que les apophyses épineuses des premières vertèbres dorsales forment au-dessus des épaules chez certains quadrupèdes, et principalement chez le cheval. Par anal., *G. de l'arçon,* Partie correspondante de la selle. || Fig. et fam., *Cet homme est blessé sur le g.,* Son crédit, sa réputation a reçu quelque atteinte. || T. Chir. Instrument dont on se sert pour comprimer une artère. Voy. HÉMOSTATIQUE. || T. Ornith. Genre d'oiseaux appartenant à l'ordre des *Palmipèdes.*

GARROTTAGE. s. m. [Pr. *ga-ro-taje*]. Action de garrotter, état de ce qui est garrotté.

GARROTTE. s. f. [Pr. *ga-ro-te*] (esp. *garrote*, m. s.). On appelle ainsi le supplice de la strangulation à l'aide d'un garrot. C'est le mode d'exécution communément usité en Espagne. On fait asseoir le condamné sur une sellette adossée à un poteau, et on lui passe autour du cou un collier formé de deux demi-cercles séparés que l'exécuteur rapproche au moyen d'une vis : ainsi qu'on le voit, ce collier n'est qu'un garrot perfectionné. Ce supplice était accordé comme une faveur, par l'inquisition, aux coupables qui lui semblaient mériter quelque indulgence : dans ce cas, il précédait l'autodafé.

GARROTTER. v. a. [Pr. *ga-ro-ter*] (R. *garrot*). Lier, attacher fortement les membres de manière qu'ils ne peuvent faire de mouvements. *Il était si furieux, qu'on fut obligé de le g.* || Fig. et fam., *G. quelqu'un*, Prendre toutes les précautions possibles pour l'empêcher de manquer aux engagements qu'il contracte, aux obligations qui lui sont imposées. || T. Jardin. *G. un arbre*, Y placer un garrot. || T. Techn. Serrer fortement un fardeau à l'aide d'un garrot. == GARROTTÉ, ÉE. part.

GARRULITÉ. s. f. [Pr. *gar-ru...*] (lat. *garrulitas*, m. s.). Envie constante de bavarder.

GARS. s. m. [Pr. *gâ*]. Garçon. *Un jeune g. Un grand g.* Fam. — Par ext. Gaillard, homme considéré sous le rapport de la vigueur ou de la résolution.

GARTEMPE (LA), riv. de France, affl. g. de la Creuse; 170 kil.

GARUM. s. m. [Pr. *garome*] (lat. *garum*, de *garus*, petit poisson salé). T. Cuisine. — Les Romains donnaient ce nom à une espèce de liqueur qui leur servait non seulement d'assaisonnement, mais encore de remède contre plusieurs maladies. Selon Pline, on fabriquait le *g.* en faisant subir un commencement de putréfaction aux intestins, à la tête, aux ouïes, etc., de l'anchois, du maquereau et du picarel, qu'on saupoudrait de sel. On recueillait le liquide qui en sortait et l'on y joignait du laurier, du thym et d'autres aromates. D'une couleur noire, d'une odeur repoussante, il excitait énergiquement l'appétit. On se servait dans les repas de luxe et on le payait aussi cher que les parfums les plus rares. Il y avait d'ailleurs plusieurs sortes de garums; mais le plus estimé était celui qu'on faisait avec le maquereau. L'usage du g. s'est perdu en Italie; néanmoins on le trouve encore aujourd'hui en Turquie et aux Indes.

GARUMNIEN, IENNE. adj. [Pr. *ga-ro-mni-in*] (lat. *Garumna*, la Garonne). T. Géol. *Terrain g.*, Type pyrénéen qui est intercalé entre la craie de Maëstricht et l'éocène nummulitique.

GARUS. s. m. [Pr. l'*s*] (R. Nom propre d'inventeur). *Élixir de G.*, ou simplement, *Garus*, Alcoolat stomachique. Voy. ÉLIXIR.

GASCOGNE, pays de l'anc. France, s'appuyant sur les Pyrénées, tirant son nom des Vascons, et réuni définitivement à la France par Charles VII, en 1453. || GOLFE DE GASCOGNE ou de BISCAYE, golfe formé par l'océan Atlantique à l'O. de la France et au N. de l'Espagne.

GASCON, ONNE. s. (lat. *Vasco*, m. s.). Celui, celle qui est de la Gascogne. — Prov., se dit pour Fanfaron, hâbleur. *C'est un g.*, *une gasconne*. || Adjectiv., *Air g.*, Humeur gasconne.

GASCONISME. s. m. Locution vicieuse usitée en Gascogne. Quelqu'un plus *pour* quelque autre *est un g.*

GASCONNADE. s. f. [Pr. *gas-ko-nade*]. Fanfaronnade, vanterie outrée.

Un gascon, chez un cardinal,
Exaltait la Garonne avec persévérance :
C'était un fleuve d'importance,
C'était un fleuve sans égal.
À ce propos, Monsieur, lui dit Son Éminence,
Le Tibre auprès de lui ne serait qu'un ruisseau.
— Le Tibre, Monseigneur, sandis! Cette merveille!
S'il osait se montrer au pied de mon château,
Je le ferais mettre en bouteille.

Si la Garonne avait voulu,
Lanturlu,
Elle aurait déjeuné du pôle!

GASCONNER. v. n. [Pr. *gas-ko-ner*]. Parler avec l'accent gascon, ou en imitant l'accent gascon. || Fig. et très fam. Dire des gasconnades.

GASCOYNE (GUILLAUME), astronome anglais (1620-1644).

GASPARIN (THOMAS-AUGUSTE DE), membre du Comité de Salut public (1754-1793). == Son fils, ADRIEN, agronome et homme politique, fut ministre de l'intérieur en 1836 (1783-1862). == Son petit-fils, AGÉNOR, fut un littérateur fécond et un conférencier distingué (1810-1871).

GASPILLAGE. s. m. [Pr. les *ll* mouillées]. Action de gaspiller. *Tout est g. dans cette maison. On n'a jamais vu pareil g.* Fam.

GASPILLER. v. a. [Pr. les *ll* mouillées (haut-all. *gaspisdan*, consumer). Employer sans utilité, mettre une chose hors d'usage ou la gâter sans en tirer profit. *G. du papier. G. du linge. G. du fruit.* || Dissiper avec une folle prodigalité. *G. sa fortune. G. les finances de l'État.* || Fig. et fam., *G. son temps. Vous gaspillez votre talent.* == SE GASPILLER. v. pron. Être gaspillé. *Avec l'argent qui se gaspille, on pourrait éteindre le paupérisme. Vous vous gaspillez inconsidérément.* == GASPILLÉ, ÉE. part. == Syn. Voy. DILAPIDER.

GASPILLEUR, EUSE. s. [Pr. les *ll* mouillées]. Celui, celle qui gaspille. Fam.

GASQUET. s. m. [Pr. *gas-ké*] (corrupt. de *casque*). Calotte de laine rouge drapée que les Orientaux portent pour coiffure.

GASSENDI (PIERRE), philosophe et astronome français, adversaire de Descartes et l'un des représentants de la philosophie sensualiste (1592-1655).

GASSENDISME. s. m. Système de Gassendi.

GASSENDISTE. adj. 2 g. Qui appartient au gassendisme. || Partisan du gassendisme.

GASSION (JEAN DE), maréchal de France né à Pau, blessé mortellement à l'attaque de Lens (1609-1647).

GASSNER, curé et thaumaturge suisse (1727-1779).

GASTEIN, bourg d'Autriche-Hongrie, prov. de Salzbourg; 4,000 hab. Eaux minérales très fréquentées.

GASTER. s. m. [Pr. l'*r*] (gr. *γαστήρ*, estomac, ventre). S'emploie quelquefois, dans le style fam., pour désigner l'estomac.

GASTÉRASE. s. f. (gr. *γαστήρ*, ventre). Nom donné par Payen à la *Pepsine*. Voy. PEPSINE et DIGESTION.

GASTERASTÉIDÉS. s. m. pl. (gr. *γαστήρ*, ventre; *ἀστεῖος*, élégant). T. Zool. Famille de *Poissons Acanthoptérygiens*. Voy. JOUES CUIRASSÉES.

GASTÉROMYCÈTES. s. m. pl. (gr. *γαστήρ*, ventre; *μύκης*, champignon). T. Bot. Famille de Champignons de l'ordre des Basidiomycètes. *Caract. bot. :* Les Gastéromycètes sont des Champignons vivant ordinairement dans la terre, mais se développant parfois sur le bois mort. L'appareil sporifère prend les formes les plus diverses et acquiert parfois des dimensions énormes (*Bovista gigantea*). Il est creusé de cavités intérieures qui.

sont tapissées par un hyménium à basides; ces cavités sont le plus souvent, enveloppées par une couche de filaments plus ou moins épaisse, nommée *Péridium*. Ce péridium est tantôt homogène, tantôt composé de deux couches distinctes, et il se détruit ou s'ouvre de diverses manières, pour mettre les spores en liberté.

Dans les *Lycoperdon*, les cavités sporifères sont localisées à la partie supérieure du tubercule; elles sont tapissées par un hyménium à basides, portant de très longs stérigmates qui tombent avec les spores à l'intérieur de la cavité. Puis les cloisons des loges disparaissent et il ne reste que la masse des spores formant dans la cavité unique une poussière qui porte le nom de *gleba*. A la maturité, le péridium s'ouvre au sommet, et les spores s'échappent brusquement (Fig. 5, *d*).

Dans les *Geaster*, le péridium, qui est double, présente une déhiscence particulière. La couche externe se divise en

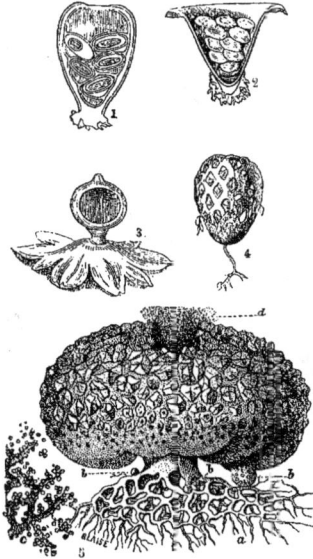

4 lanières hygrométriques qui, sous l'influence de la sécheresse, s'ouvrent et s'incurvent en sens inverse vers le sol, où elles prennent un point d'appui pour soulever l'appareil sporifère au-dessus du sol (Fig. 3).

Dans les *Nidularia*, les *Cyathus*, etc., les cloisons des logettes sont persistantes; mais la lame moyenne de ces logettes se gélifie en laissant autour de chacune d'elles une enveloppe spéciale. Il se forme ainsi autant de petites loges distinctes qui portent le nom de *Péridioles*. En même temps, la partie supérieure du péridium se gélifie, et le restant figure une coupe dans laquelle on peut voir les périaioles disposés comme des œufs dans un nid (Fig. 2).

Dans les *Phallus*, le jeune fruit présente une différenciation interne très compliquée. On y distingue en effet : 1° un péridium composé de 3 couches, dont la moyenne est épaisse et gélatineuse; 2° une région sporifère comprise entre le péridium interne et le pédicelle; 3° un pédicelle, canaliculé au centre, et formé d'un tissu aérifère percé d'un grand nombre de petites chambres encore extrêmement étroites, véritable corps caverneux. A la maturité, le pédicelle s'allonge fortement, déchirant le péridium au sommet et entraînant le tissu sporifère à son extrémité, jusqu'à une hauteur de 20 à 30 centimètres. Cette grande élongation du pédicelle est produite par l'élargissement de ses chambres, qui lui donne l'as-

pect d'une éponge grossie. Puis les filaments du tissu sporifère se liquéfient, entraînant sur le sol les innombrables spores verdâtres qu'il renfermait.

Dans le *Clathrus cancellatus*, le corps caverneux prend la forme d'un réseau, d'une couleur rouge très vif, et il est situé en dehors du massif sporifère (Fig. 4). Sa surface sécrète, de toutes parts, un liquide d'une odeur infecte qui entraîne avec lui les spores. — [Fig. 1. *Cyathus striatus*. Coupe verticale avant l'ouverture du péridium. Fig. 2. Coupe du même, après ouverture du péridium. — Fig. 3. *Geaster multifidus*. — Fig. 4. *Clathrus cancellatus*. — Fig. 5. *Lycoperdon verrucosum* : *a*, mycélium; *b*, tubercules; *d*, gléba].

Cette famille est divisée en 5 tribus :

TRIBU I. — *Lycoperdées*. — Péridium double, à cavités tapissées par l'hyménium, à cloisons se détruisant complètement à l'exception d'un capillitium (*Lycoperdon*, *Bovista*, *Geaster*, etc.). Le *Bovista plumbea* représente une sphère de 3-4 centimètres de diamètre, qu'on trouve en automne dans les pâturages et qui a un péridium double : l'externe blanc, se détruisant de bonne heure; l'interne devenant à la maturité de couleur de plomb. Ce champignon est comestible quand il est encore jeune et ferme. Le *B. nigrescens* est aussi comestible à l'état jeune; sa poudre est employée comme hémostatique en Angleterre. Le *Geaster hygrometricus*, dont le péridium externe est découpé en lanières, peut servir d'hygromètre, car son péridium externe s'étale ou se referme suivant que le temps est sec ou humide. La poussière contenue dans son péridium interne est fine et peut se substituer, dit-on, à celle des Lycopodes. Les *Lycoperdon* ou *Vesseloups* sont assez communs en France. Le *Lycoperdon gemmatum*, qui est un des plus répandus, est employé comme aliment dans bien des campagnes, quand il est jeune. La poussière brunâtre que renferme le fruit parvenu à maturité est susceptible de produire des ophtalmies graves, quand elle est projetée dans les yeux. Le *L. giganteum*, ou *Vesseloup des bouviers*, *Boulet d'agnel* des Languedociens, a été l'objet d'un grand nombre de fables relatives à ses dimensions énormes et à sa rapidité de croissance. La base du péridium peut servir à préparer une sorte d'amadou. En Finlande, on récolte sa poussière pour la faire prendre dans du lait aux jeunes bestiaux atteints de diarrhée. C'est un hémostatique populaire employé contre les coupures et les épistaxis. Le *L. carcinomale* est employé au Cap, comme topique, en applications sur les ulcères cancéreux.

TRIBU II. — *Hyménogastrées*. — Péridium simple, à cavités tapissées par l'hyménium, à cloisons persistantes, sans capillitium; fruit ordinairement hypogé et devenant charnu (*Hymenogaster*, *Hydnangium*, *Rhizopogon*, *Hysterangium*, etc.).

TRIBU III. — *Sclérodermées*. — Péridium simple, à cavités remplies par les filaments basidifères ramifiés (*Scleroderma*, *Pisolithus*, etc.).

TRIBU IV. — *Nidulariées*. — Péridium simple, à cavités tapissées par l'hyménium, à cloisons se détruisant dans la partie moyenne, de façon à isoler autant de péridioles (*Nidularia*, *Crucibulum*, *Cyathus*, etc.).

TRIBU V. — *Phallées*. — Tissu sporifère entraîné hors du péridium par la dilatation d'un corps caverneux cylindrique ou réticulé (*Phallus*, *Mutinus*, *Clathrus*, *Lysurus*, etc.). Le *Phallus impudicus*, *Enfant du diable*, *Impudique*, dont le pied atteint jusqu'à 20 centim., croît à la fin de l'été et en automne dans les bois, où son odeur atroce révèle de très loin sa présence. Cette odeur empêche qu'on ne le mange, car il n'est pas certain qu'il soit vénéneux; les chats en sont, dit-on, très friands. Dans les campagnes, on le considère comme emménagogue et antihystérique. On le fait sécher pour l'administrer en poudre aux bestiaux comme aphrodisiaque. On l'a jadis vanté contre la goutte et les rhumatismes. Le *Clathrus cancellatus*, champignon du Midi de la France, serait un poison narcotique.

GASTÉROPODES. s. m. pl. (gr. γαστήρ, ventre; πούς, ποδός, pied). T. Zool. Depuis Cuvier, on désigne sous ce nom tous les Mollusques qui sont pourvus d'une tête et qui rampent ou nagent à l'aide d'un pied charnu placé sous le ventre. Ce pied a le plus souvent la forme d'un disque, comme dans la Limace et le Colimaçon; mais quelquefois il est très comprimé et représente une nageoire verticale, comme dans la Carinaire. Il est formé de plusieurs plans de fibres qui se croisent en sens divers et peuvent prendre toutes les formes possibles : ses mouvements ondulatoires sont faciles à observer sur une Limace qu'on regarde marcher sur un morceau de verre.

Le corps des Gast. est allongé ; mais il présente des modifications fort considérables, suivant que les animaux sont pourvus ou dépourvus de coquille. Leur tête n'a que 2, 4 ou 6 tentacules rétractiles, toujours situés au-dessus de la bouche, qui sont, chez ces animaux, les organes principaux du tact ; cependant ils manquent quelquefois. Les yeux, dont le nombre n'excède jamais deux, manquent aussi dans certaines espèces : ils sont situés tantôt à la base interne ou externe, tantôt au sommet de ces tentacules. Dans les Gast. à 4 tentacules, c'est la paire supérieure qui porte les yeux. Chez toutes les espèces terrestres ou d'eau douce, et chez beaucoup d'espèces maritimes, ces organes sont de simples points noirs auxquels se rend un filet nerveux ; parfois, au contraire, ils présentent un iris de couleur variable au milieu duquel se voit un trou pupillaire, un cristallin et toutes les parties essentielles de l'œil des animaux supérieurs. Le sens de l'ouïe siège dans deux otocystes situés au voisinage des ganglions pédieux. La bouche est située à la partie antérieure de la tête, entourée de lèvres contractiles, et quelquefois armée de dents cornées qui occupent le palais. Le manteau des Gast. est une portion musculeuse plus ou moins développée qui garnit le dos de l'animal, et qui, dans le plus grand nombre des genres, sécrète par ses bords la coquille. Quelquefois il est extrêmement développé, au point même de recouvrir en partie cette dernière, comme dans les Porcelaines. Chez les

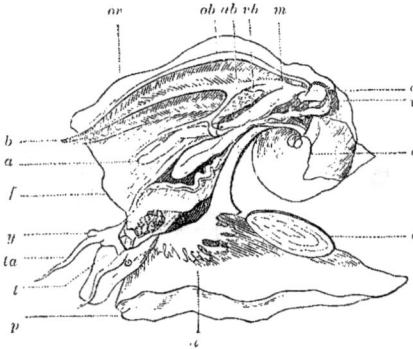

Limnées, il y a la forme d'un bouclier charnu au milieu duquel se développe un osselet ovale et aplati qui sert d'attache aux muscles et représente le rudiment de la coquille. Les variétés de formes que présente cette dernière partie sont très nombreuses et ont été étudiées ailleurs (Voy. CONCHYLIOLOGIE) : nous dirons seulement que les coquilles des Gast. sont toujours univalves et monothalames, c.-à-d. composées d'une seule pièce sans cloisons ni siphon. — Les Gast. n'ont jamais qu'un cœur aortique, c.-à-d. placé entre la veine pulmonaire et l'aorte, et il se compose en général d'une oreillette et d'un ventricule ; il est toujours placé du côté opposé à celui où se dirige la spire. Le système artériel est ordinairement bien développé. Le système veineux, au contraire, est toujours plus ou moins incomplet ; quelquefois même il fait absolument défaut, de sorte que le sang ne revient dans l'appareil respiratoire qu'en traversant les lacunes qui existent entre les divers organes. Les organes de la digestion présentent de très grandes différences selon les genres. Il en est de même de ceux de la respiration, qui est tantôt pulmonaire et tantôt branchiale ; en outre, la disposition des branchies est très variable. Enfin, quant à la reproduction, ces Mollusques présentent encore des différences singulières. Il y a des Gast. à sexes séparés, et d'autres qui sont hermaphrodites ; et parmi ces derniers, les uns peuvent se suffire à eux-mêmes, tandis que les autres ont besoin d'un accouplement réciproque.

Fig. — Anatomie d'un Gastéropode cténobranche (*Turbo pica*). *a*, anus ; *b*, branchie ; *c*, cœur ; *d*, franges qui entourent l'orifice de la cavité respiratoire ; *e*, estomac et foie ; *f*, bord antérieur du manteau ; *i*, intestin ; *m*, manteau fendu et rejeté à droite ; *o*, opercule ; *p*, pied ; *t*, trompe ; *y*, yeux ; *ab*, artère branchiale ; *ob*, organe de Bojanus ou rein ; *ov*, oviducte ; *ta*, tentacules ; *vb*, veine branchiale. — Le ganglion nerveux

sus-œsophagien se voit en arrière des tentacules ; immédiatement après se trouvent les glandes salivaires.

Classification des Gastéropodes.

I. **Prosobranches.** — Sexes séparés. Branchies en avant du cœur :

ASPIDOBRANCHES. (Synonymie : *Scutibranches*, *Diotocardes*, *Rhipidoglosses*). — 1 ou 2 branchies, 2 oreillettes et 1 ventricule traversé par le rectum, 2 reins. — Genres : Fissurelle, Haliotis, Néritine, etc.

CYCLOBRANCHES. (Syn. : *Hétérocardes*, *Docoglosses*). — 1 branchie, 1 oreillette, 1 ventricule isolé. — Genre : Patelle.

CTÉNOBRANCHES. (Syn. : *Pectinibranches*, *Anisobranches*, *Monotocardes*). — 1 branchie, 1 oreillette, 1 ventricule isolé, 1 seul rein à droite. — Genres : Littorine, Cyclostome, Paludine, Vermet, etc.

NUCLÉOBRANCHES. (Syn. : *Hétéropodes*). — 1 branchie, 1 oreillette, 1 ventricule isolé, 1 seul rein, pied transformé en nageoire verticale. — Genres : Atlante, Carinaire, etc.

II. **Pulmonés.** — Hermaphrodites. Poumon en avant du cœur :

Genres principaux : Escargot, Limace, Arion, Lymnée.

III. **Opistobranches.** — Hermaphrodites. Branchies en arrière du cœur :

TECTIBRANCHES. — 1 branchie couverte par le manteau. — Genres : Aplysie, Pleurobranches, etc.

NUDIBRANCHES. — Branchies dorsales à nu. — Genres : Éolis, Doris.

PTÉROPODES. — Pied modifié en forme de nageoire. — Genres : Clione, Limacine, etc.

Voy. tous les mots imprimés en petites capitales.

GASTÉROPTÉRYGIEN, IENNE. adj. (Pr. *gastéropté-ri-ji-in*] (gr. γαστήρ, ventre ; πτέρυξ, aile). T. Zool. *Poissons gastéroptérygiens*, Poissons dont les nageoires ventrales sont situées derrière les pectorales.

GASTÉROSTÉES. s. m. pl. (gr. γαστήρ, ventre ; ὀστέον, os). T. Zool. Genre de poissons auquel appartient l'Épinoche.

GASTÉROZOAIRE. s. m. (gr. γαστήρ, ventre ; ζωάριον, petit animal). Animal dont le système digestif est prédominant.

GASTON DE FOIX. Voy. FOIX.

GASTRALGIE. s. f. (gr. γαστήρ, estomac ; ἄλγος, douleur). T. Méd. On donne le nom de g. (crampes d'estomac, cardialgie) à la névralgie des nerfs de l'estomac. La crise gastralgique douloureuse est un symptôme morbide parfois essentiel et protopathique, constituant alors à lui seul toute la maladie ; c'est presque toujours un phénomène secondaire, ressortissant aux états pathologiques les plus divers.

Comme toute névralgie, la g. procède par accès distincts que séparent souvent des périodes d'accalmie complète. — Dans la crise, la douleur est le signe essentiel, quelquefois unique, souvent précédé de prodromes (tension épigastrique, éructation, nausées, salivation, pyrosis, ou sensation de brûlure appelée aussi fer-chaud). Elle occupe surtout l'épigastre et l'hypocondre gauche, s'irradiant dans toutes les directions, mais surtout dans le dos, entre les omoplates, sur les côtés du thorax, vers la base de la poitrine. Ses caractères sont variables : elle est pongitive, constrictive, lancinante, térébrante ou angoissante. L'accès est-il léger, la douleur est tolérable. L'accès est-il plus sévère, la douleur devient extrême, les irradiations multipliées, intenses, pénibles ; le visage du patient devient d'une pâleur extrême, les traits angoissés se contractent violemment, les extrémités se refroidissent ; tout effort rendant plus aiguë la douleur, le malade évite de tousser, de respirer fortement, il n'ose même pas parler ; il s'assied sur son lit, fléchit le tronc en avant, relâche les muscles abdominaux, cherchant à atténuer sa souffrance. Un caractère important est d'être indépendant de toute alimentation ; l'ingestion des aliments paraît même atténuer la crise dans certains cas. — L'accès dure quelques minutes, un quart d'heure, persiste quelquefois plusieurs heures. Les accès peuvent reparaître plusieurs fois dans les vingt-quatre heures et plusieurs jours de suite. Presque toujours, les crises cèdent peu à peu ; la terminaison en est souvent annoncée, soit par un vomissement, soit par une miction abondante, soit par une sensation extrême de faim, ou par un impérieux besoin de sommeil.

La *g. essentielle* existe, à n'en pas douter, indépendamment de toute affection de l'estomac ou de tout état pathologique antérieur. Son domaine, il est vrai, semble chaque jour se rétrécir davantage avec les progrès de la pathologie; cependant certains agents sont susceptibles d'éveiller cette excitabilité anormale des nerfs de la muqueuse stomacale, des aliments (épices, café, alcool, glace), des médicaments (purgatifs, drastiques, copahu, quinine, mercure, iodures), le tabac, etc. Cette variété est de toutes la moins rebelle. L'espèce la plus fréquente est la *g. d'origine gastrique*, dont les caractères varient avec chaque gastropathie et sont décrits aux chapitres correspondants : ulcère et cancer de l'estomac, hyperchlorhydrie et hypersécrétion continue (maladie de Reichmann). — La *g. dans les affections nerveuses* est également une de celles qu'on rencontre fréquemment. C'est un phénomène commun dans l'hystérie où le moindre trouble moral la fait naître ou l'exaspère; elle s'accompagne souvent de troubles du goût, de perversion de la sensibilité spéciale de l'estomac (boulimie, malacia, pica); elle conduit souvent par sa persistance, par sa ténacité, aux vomissements fréquents et à l'anorexie nerveuse. Elle est aussi un apanage de la neurasthénie et coïncide généralement avec de la céphalalgie. Dans certaines affections de la moelle, les crises de g. peuvent survenir : dans la sclérose en plaques et bien d'autres, mais c'est surtout dans l'ataxie locomotrice qu'elles acquièrent le maximum d'intensité et de gravité, pouvant surprendre un sujet encore indemne de tous autres symptômes, pouvant constituer le seul phénomène appréciable. — A côté de ces variétés, on a établi un groupe de *gastralgies réflexes*, accès engendrés et entretenus par un état pathologique d'un organe autre que l'estomac. On doit rapporter le plus souvent leur pathogénie à la neurasthénie : car on les rencontre presque toujours chez les femmes. C'est dans l'helminthiasis, ou à la suite de lésions de l'appareil utéro-ovarien (ovarites, salpingites, paramétrites) qu'on l'observe d'ordinaire. — Enfin il n'est pas rare d'observer des crises gastralgiques d'une certaine importance à la suite des maladies aiguës, de la fièvre typhoïde, par exemple, ou au cours de maladies générales comme la goutte, la fièvre paludéenne, la tuberculose pulmonaire.

Certaines affections douloureuses des viscères périgastriques peuvent simuler la crise de g. : telles sont la colique néphrétique, la colique hépatique, la colique de plomb, les gastrites toxiques; mais chacune de ces affections offre une série de signes concomitants assez nets pour permettre la distinction. D'après ce qui précède, on conçoit que l'issue des crises de g. est essentiellement variable avec leur pathogénie. — Le traitement de la g. comprend deux indications : 1° calmer la douleur; 2° en prévenir le retour. Les remèdes propres à calmer la douleur sont nombreux : applications de sachets de glace ou de vessies pleines d'eau chaude à 40 degrés environ, etc. L'injection sous-cutanée de morphine est certainement le meilleur remède. On doit seulement mesurer le nombre des injections et la quantité de morphine injectée à la durée et à la fréquence des accès douloureux. Dans les formes légères, l'eau chloroformée, l'éther, le chlorhydrate de cocaïne peuvent avoir une certaine action. — En dehors de l'accès, c'est un traitement étiologique qu'il faut instituer. Les procédés sont donc essentiellement différents. Dans l'anémie, on donnera le fer et l'arsenic; dans les névroses, les bromures, la valériane, l'hydrothérapie; dans l'impaludisme, la quinine.

GASTRALGIQUE. adj. 2 g. Qui a le caractère de la gastralgie.

GASTRECTOMIE. s. f. (gr. γαστήρ, estomac; ἐκτομή, amputation). T. Chir. Ablation complète ou partielle de l'estomac.

GASTRICISME. s. m. (R. *gastrique*). T. Méd. Opinion d'après laquelle la plupart des maladies tiennent aux impuretés de l'estomac. || État saburral de l'estomac.

GASTRICITÉ. s. f. (R. *gastrique*). T. Méd. État saburral, embarras des premières voies.

GASTRICOLE. adj. 2 g. (gr. γαστήρ, ventre; *at. colere*, habiter). T. Zool. Qui vit dans l'estomac des animaux.

GASTRIQUE. adj. 2 g. (gr. γαστήρ, estomac) T. Anat. et Méd. Qui appartient à l'estomac. *Artères gastriques. Suc g.* Voy. DIGESTION. *Embarras g.* Voy. EMBARRAS. || Subst. et au fém., se dit des artères gastriques. *La g. inférieure.*

GASTRITE. s. f. (gr. γαστήρ, estomac). T. Méd. La gastrite ou inflammation de l'estomac, après avoir, pendant un certain temps, dominé la pathologie de l'estomac, était presque disparue de ce cadre, lorsque dans ces dernières années son domaine s'est précisé et agrandi aux dépens de celui des états morbides si nombreux et si confus qu'englobait le terme vague de *Dyspepsie*.

1° *Gastrites aiguës*.

A. *Gastrite catarrhale.* — La g. aiguë catarrhale est une affection locale, une inflammation de l'estomac s'étendant ou non au petit intestin, mais dont il est souvent facile de trouver la cause dans une irritation ou un trouble de circulation de l'organe malade. Tantôt elle est primitive : elle succède à un repas trop abondant (indigestion) ou à des privations prolongées, à l'usage d'aliments de mauvaise qualité ou trop épicés, à l'absorption de certains médicaments, même à doses non toxiques (arsenic, iode, bromures). Tantôt elle est secondaire aux maladies de l'estomac (ulcère, dilatation), du foie, du cœur et du poumon. — La muqueuse stomacale est altérée, rouge, gonflée, ramollie : il se produit une sécrétion exagérée de mucus, et une diminution ou la suppression de la sécrétion chlorhydro-peptique. — Dans la forme légère, les symptômes sont peu marqués et ne persistent que deux ou trois jours : l'appétit est diminué, la digestion lente s'accompagne de tension à l'épigastre, la langue est saburrale, l'haleine fétide, le malade a un goût fade ou amer dans la bouche, de la lourdeur de tête. Dans la forme intense, les symptômes sont exagérés : l'inappétence est complète, la soif vive, les nausées sont souvent suivies de vomissements; en tous cas, se produisent des régurgitations acides putrides, des éructations gazeuses. La région épigastrique est le siège d'une sensation de pesanteur. La constipation commence, puis fait place à une diarrhée abondante précédée de borborygmes et d'évacuations gazeuses fétides. En même temps, de la céphalée, des vertiges, l'insomnie, complètent le tableau. Au bout d'une huitaine de jours, la guérison se fait, soit brusquement par une crise avec sueurs et urine abondante, soit lentement avec menace de rechutes. L'indigestion n'est qu'une sorte de catarrhe suraigu, qui débute soit immédiatement après le repas, soit quelques heures après, souvent dans le milieu de la nuit. — Contre la forme légère, la diète et les boissons alcalines ou gazeuses constituent un traitement suffisant. Dans les cas plus intenses, la première indication est d'évacuer l'estomac par un vomitif ou simplement par un purgatif. Jusqu'à complet rétablissement, le malade doit être soumis à la diète, au lait et au bouillon d'abord, puis à une alimentation légère.

B. *Gastrite phlegmoneuse.* — C'est la suppuration de la couche sous-muqueuse de l'estomac. C'est une affection rare, dont l'étiologie est très obscure (froid, indigestion, affection chronique de l'estomac, pyémie, fièvre éruptive...). Tantôt le phlegmon est circonscrit, tantôt il est diffus; il se complique fréquemment de péritonite, de pleurésie, de péricardite. — La maladie débute brusquement par un frisson violent, une fièvre intense, des douleurs épigastriques très vives et quelquefois des vomissements répétés. Il se fait parfois une courte rémission, puis l'évolution reprend son cours, et les complications surviennent. La durée est courte : la mort survient ordinairement au sixième ou douzième jour. La rareté de cette affection est telle et ses symptômes si peu caractéristiques qu'une erreur de diagnostic est presque fatale (péritonite, lésion de l'intestin ou des annexes de l'utérus). Le traitement est purement symptomatique.

C. *Gastrite toxique.* — Presque toutes les intoxications déterminent des lésions gastriques ou, au moins, des troubles fonctionnels de l'estomac. De ces intoxications, beaucoup sont d'origine gastrique. De ces intoxications, les poisons tantôt dans le tube digestif même, résultant de la pullulation des microbes ou d'une viciation des phénomènes physiologiques; tantôt, dans les autres organes, soit sous l'influence des microbes, soit à la suite de troubles de leur fonctionnement (pyémie, septicémies, maladies du foie, du cœur, des poumons, des reins). D'autres intoxications sont d'origine externe, et les poisons de cette espèce sont extrêmement nombreux, qu'ils soient introduits directement dans le tube digestif ou dans la circulation sanguine. Ces substances sont avalées soit par mégarde, soit intentionnellement, quelquefois dans un but criminel. — Il est malaisé de donner une description d'ensemble des lésions que provoquent les poisons : ce sont tantôt des eschares, plus ou moins caractéristiques, tantôt des ulcérations, tantôt des ecchymoses. — Nous ne pouvons non plus décrire ici les symptômes spéciaux à chaque variété de poison, symptômes qui surviennent quelque temps après ceux de la

g. et dont la connaissance est indispensable au médecin légiste. Instantanément après le contact se produit une sensation de chaleur pénétrante et bientôt de brûlure vive, atroce, localisée à l'épigastre, accompagnée d'une soif intense que rien ne peut calmer; puis apparaissent des nausées, suivies de vomissements horriblement douloureux, qui ne soulagent pas le malade et qui se composent de mucus, de stries sanguinolentes, de matières alimentaires auxquelles est mêlée une partie de la substance toxique. Le ventre est d'abord rétracté, puis se ballonne. En même temps, la face est altérée, le pouls devient fréquent, petit, quelquefois irrégulier; la respiration s'accélère, la température s'abaisse aux extrémités. Puis la peau se couvre d'une sueur visqueuse, la sécrétion urinaire se supprime, le malade prend une teinte cyanique, il tombe dans le collapsus et meurt. Tous ces phénomènes peuvent se dérouler en quelques heures; d'autres fois, ils peuvent s'amender. Mais la guérison se fait rarement sans désordres plus ou moins graves, et plus tard apparaissent les signes du rétrécissement de l'œsophage ou du pylore avec toutes ses conséquences. Le diagnostic n'est difficile que si l'on manque de renseignements; mais l'examen de la bouche fait découvrir des lésions qui indiquent le passage des substances caustiques, et les matières vomies examinées avec soin mettent sur la voie. La première préoccupation du médecin doit être d'évacuer le poison et le meilleur moyen d'atteindre ce but est de faire un lavage de l'estomac avec une grande quantité de liquide. Si l'on ne peut le faire, ou si l'on craint de provoquer une perforation à cause de l'ancienneté des lésions, on administre de l'ipéca, on fait une injection d'apomorphine. Une fois l'estomac débarrassé, on essaie de neutraliser la substance caustique qui a pu pénétrer dans l'intestin (alcalins contre les acides, acides contre les alcalins). En même temps, on combat les phénomènes du collapsus, les douleurs et les vomissements. Le premier danger passé, on laisse le malade à la diète lactée.

2° *Gastrites chroniques.* — Au point de vue anatomique, on distingue quatre variétés de gastrites chroniques: la g. muqueuse, la g. hyperpeptique, l'atrophie de l'estomac, la sclérose sous-muqueuse hypertrophique : leur description histologique ne rentre pas dans notre cadre. Il nous importe davantage de connaître leurs symptômes qui permettent de les différencier. La g. muqueuse débute insidieusement par des phases de dyspepsie, alternant avec des phases de bonne santé. A la période d'état, le malade n'a pas un bon moment dans la journée; il se lève courbaturé, la bouche pâteuse, l'haleine fétide ; à peine descendu de son lit, il est pris de nausées avec un état vertigineux pénible, et, après quelques renvois acides, vomit en buvant quelques gorgées de pituite, mélange de salive, de mucosités pharyngées, de mucus gastrique, et de matières visqueuses, résultat des fermentations anormales de substances hydrocarburées qui stagnaient dans l'estomac. L'appétit a disparu; par contre, la soif est vive et difficile à calmer. La digestion est pénible; le malade a une sensation de pesanteur à l'épigastre, de plénitude, de ballonnement ; il a la face congestionnée, une somnolence difficile à vaincre, des bâillements, des éructations gazeuses, tantôt inodores, tantôt nigres, brûlantes. Cet état atteint son apogée trois heures après le repas, ne prend fin qu'après l'évacuation du contenu stomachal dans l'intestin, qui détermine souvent dans l'anus l'expulsion de gaz. L'état général est longtemps bien conservé, mais finit souvent par s'altérer, et le malade prend alors un aspect cachectique en rapport avec la nutrition insuffisante qui mène à l'inanition. Le diagnostic n'est pas toujours facile : le cancer et la dyspepsie nerveuse permettent souvent la confusion. — La g. hyperpeptique est encore trop mal connue cliniquement pour qu'il soit licite d'en tracer ici un tableau. — L'atrophie gastrique ne donne lieu à aucun signe lorsqu'elle est limitée au pylore. Elle succède souvent à la g. muqueuse ou à la g. hyperpeptique : les signes qui dominent sont alors ceux de la g. : anorexie, dégoût de la viande très prononcé; plénitude et pesanteur gastrique après les repas, quelquefois douleurs très violentes.La caractéristique est l'état du chimisme gastrique : il y a à ce moment apepsie complète et suppression de toute sécrétion. Si la motilité de l'estomac est bien conservée, l'intestin supplée et la santé générale peut ne pas être trop troublée; mais si la motilité est diminuée à son tour, le malade maigrit de plus en plus, tombe dans la cachexie et l'inanition. Lorsqu'il y a atrophie totale, une anémie pernicieuse progressive se surajoute et domine la scène. — Dans la sclérose hypertrophique sous-muqueuse, limitée au pylore, aucun symptôme ne se déclare en général. Mais si l'épaississement est très prononcé ou si la sclérose s'étend à une grande partie de l'estomac, apparaissent des phénomènes graves dont l'interpré-

lation est très difficile. L'appétit est troublé, alternatives d'anorexie et de boulimie; les digestions sont difficiles, nausées, éructations, pesanteur épigastrique; régurgitations fréquentes, vomissements alimentaires, muqueux ou sanglants. La palpation ne révèle quelquefois rien d'anormal, d'autres fois permet de sentir une tumeur lisse, égale, qui siège à l'épigastre ou dans l'hypocondre gauche. L'état général est très mauvais, le malade succombe dans la cachexie. Le plus souvent le diagnostic n'est pas porté, et l'on croit à un cancer de l'estomac, de la rate et du péritoine.

Les gastrites chroniques sont primitives ou secondaires : primitives lorsqu'il n'existe pas en dehors de l'estomac de cause appréciable permettant d'en expliquer l'inflammation ; secondaires, lorsqu'elles se produisent dans le cours ou à la suite d'une maladie générale de l'organisme. L'alcoolisme est la cause la plus fréquente, et plutôt, dit-on, l'abus des liqueurs que celui du vin ou de la bière; les excès de table, l'irrégularité des repas, la mastication incomplète, peuvent être une cause. Les dyspepsies anciennes aboutissent quelquefois à la g. Les gastrites secondaires se rencontrent au cours de la chlorose, de la malaria, des intoxications chroniques par le plomb, le mercure; du cancer, de la tuberculose, des affections pulmonaires chroniques, des affections du cœur, du foie, des reins, chez les vieux urinaires. Elles peuvent être considérées comme des gastrites dyscrasiques, résultant de l'altération du sang.

Au point de vue thérapeutique, si la g. est primitive, il faut avant tout supprimer les causes qui ont pu lui donner naissance; on proscrira tous écarts de régime, toutes fautes de régime, on veillera à la régularité des repas, au mode alimentaire (régime lacté, aliments facilement digestibles, etc.). Les lavages d'estomac, l'électrisation, le massage sont d'excellents procédés à utiliser. On doit peu attendre des médicaments : le bicarbonate de soude donné une demi-heure avant le repas, les amers, l'acide chlorhydrique, sont cependant employés parfois avec efficacité. Le séjour à la mer, dans les hautes montagnes ou aux stations thermales (Vichy, Vals, Pougues, etc.) donne, enfin, d'excellents résultats.

GASTRO-ADYNAMIQUE. adj. 2 g. (gr. γαστήρ, estomac, et fr. *adynamie*). Qui a rapport à l'estomac et à l'adynamie.

GASTRO-BRONCHITE. s. f. (gr. γαστήρ, estomac, et fr. *bronchite*). T. Méd. Inflammation de l'estomac et des bronches. || Nom donné à la maladie des chiens observée dans le jeune âge.

GASTROBROSIE. s. f. [Pr. *gastro-brozic*] (gr. γαστήρ, estomac ; βρόω, je ronge). Perforation de l'estomac.

GASTROCÈLE. s. f. (gr. γαστήρ, estomac; κήλη, tumeur). T. Méd. Hernie formée par l'estomac à travers la partie supérieure de la ligne blanche.

GASTROCHÈNE. s. m. (gr. γαστήρ, ventre; χαίνω, je taille). s. m. T. Zool. Genre de mollusques Lamellibranches. Voy. ENVERMES.

GASTROCNÉMIEN. adj. m. (gr. γαστήρ, estomac; κνήμη, jambe). T. Anat. Les muscles gastrocnémiens, muscles jumeaux de la jambe, ou muscles du mollet.

GASTRO-COLIQUE. adj. 2 g. (gr. γαστήρ, estomac, et fr. *colique*). T. Anat. Qui appartient à l'estomac et au côlon.

GASTRO-COLITE. s. f. (gr. γαστήρ, estomac, et fr. *colite*). Inflammation simultanée de l'estomac et du côlon.

GASTRO-CONJONCTIVITE. s. f. (gr. γαστήρ, estomac, et fr. *conjonctivite*). Inflammation de l'estomac et de la muqueuse oculaire, qui règne épizootiquement, pendant les fortes chaleurs de l'été, sur les animaux de l'espèce chevaline.

GASTRO-DUODÉNAL, ALE. adj. (gr. γαστήρ, estomac, et *duodénum*). T. Anat. Qui appartient à l'estomac et au duodénum.

GASTRO-DUODÉNITE. s. f. (gr. γαστήρ, estomac, et fr. *duodénite*). Inflammation de l'estomac et du duodénum.

GASTRODYNIE. s. f. (gr. γαστήρ, estomac ; ὀδύνη, douleur). T. Méd. Voy. GASTRALGIE.

GASTRO-ECTASIE. s. f. (gr. γαστήρ, estomac; ἔκτασις, extension). Dilatation de l'estomac.

GASTRO-ENCÉPHALITE. s. f. (gr. γαστήρ, estomac, et fr. *encéphalite*). Inflammation de l'estomac compliquée de phénomènes nerveux.

GASTRO-ENTÉRITE. s. f. (gr. γαστήρ, estomac, et fr. *entérite*) T. Méd. Inflammation de l'estomac et des intestins.
Méd. vét. — La gastro-entérite est une inflammation de la muqueuse de l'estomac o de l'intestin, susceptible d'atteindre tous les animaux, particulièrement les jeunes. Elle reconnaît pour cause la mauvaise nourriture : fourr ges altérés, fermentés; pulpes dans lesquelles se trouvent des substances solubles, toxiques, provoquant l'inflammation des intestins, puis des troubles cardiaques, des épanchements, et enfin des convulsions. Les plantes vénéneuses, le colchique, le tabac, etc., peuvent aussi causer l'entérite. — A l'état aigu, les symptômes sont la diminution d'appétit. : chez le bœuf, arrêt de la rumination; chez le chien, vomissements; en même temps, faiblesse générale, légère fièvre, conjonctives injectées, salive épaisse, langue blanchâtre, jaune ou rouge livide; chez les petits animaux : sensibilité au ventre. Parfois il survient des coliques, le ventre est rétracté, on entend de nombreux borborygmes. Au début, constipation avec crottins coiffés, à laquelle succède la diarrhée avec ténesme. Quelquefois rejet d'aliments non digérés. Dans les cas peu graves la maladie dure une huitaine de jours, mais elle peut avoir un caractère plus sérieux et entraîner la mort. — A l'état chronique, la maladie se caractérise par une diarrhée fétide contenant des aliments non digérés (entérie), du sang (dysenterie) ou des mucosités; refus des aliments, météorisations intermittentes, faiblesse croissante, amaigrissement, marasme. Elle peut se compliquer d'ascite ou d'exanthèmes divers. Souvent les animaux restent vidardis, selon l'expression vulgaire. Chez le chien, l'ictère peut être une conséquence. — Le traitement consiste en diète, boissons émollientes, mucilagineuses; jusquinine pour les herbivores : 16 à 20 grammes; opiacés chez le porc et le chien. Saignées. Dérivatifs : sinapismes sous le ventre, liniment ammoniacal; quelquefois purgatifs à titre de substitutifs.

GASTRO-ENTÉROCOLITE. s. f. (gr. γαστήρ, estomac, et fr. *entérocolite*). Inflammation de l'estomac, de l'intestin grêle et du gros intestin.

GASTRO-ENTÉROSTOMIE. s. f. (gr. γαστήρ, estomac; ἔντερον, intestin; στόμα, orifice). T. Méd. Abouchement de l'estomac dans une portion de l'intestin, destinée à donner un libre cours aux matières, lorsque la lumière du tube digestif est obstruée par une tumeur.

GASTRO-ÉPIPLOÏQUE. adj. 2 g. (gr. γαστήρ, estomac, et fr. *épiploon*). T. Anat. Qui appartient à l'estomac et à l'épiploon.

GASTRO-HÉPATIQUE. adj. 2 g. (gr. γαστήρ, estomac, et fr. *hépatique*). T. Anat. Qui a rapport à l'estomac et au foie.

GASTRO-HÉPATITE. s. f. (gr. γαστήρ, estomac, et fr. *hépatite*). Inflammation de l'estomac et du foie.

GASTRO-HYSTÉROTOMIE. s. f. (gr. γαστήρ, ventre; ὑστέρα, matrice; τομή, incision). Opération chirurgicale qui consiste à ouvrir les parois de l'abdomen et celles de la matrice pour extraire le fœtus.

GASTRO-INTESTINAL ALE. adj. (gr. γαστήρ, estomac, et fr. *intestinal*). T. Anat. Qui a rapport à l'estomac et à l'intestin.

GASTRO-LARYNGITE. s. f. (gr. γαστήρ, estomac, et fr. *larynx*). Inflammation de l'estomac et du larynx.

GASTROLÂTRE. s. m. (gr. γαστήρ, estomac; λατρεύειν, adorer). Celui qui fait un dieu de son ventre, qui ne vit que pour la bonne chère.

GASTROLÂTRIE. s. f. Caractère du gastrolâtre.

GASTROLOGIE. s. f. (gr. γαστήρ, estomac; λόγος, traité). Connaissance approfondie de l'art culinaire; traité sur cet art.

GASTROMALACIE. s. f. (gr. γαστήρ, estomac; μαλακία, ramollissement). Ramollissement de l'estomac.

GASTROMANCIE. s. f. (gr. γάστρη, vase renflé; μαντεία, prédiction). Divination par le moyen d'un vase plein d'eau. Voy. DIVINATION.

GASTROMÈLE. s. m. (gr. γαστήρ, estomac; μέλος, membre). Tératologie. Monstre qui a un ou deux membres accessoires insérés sur l'abdomen, entre les membres thoraciques et les pelviens.

GASTRO-MÉNINGITE. s. f. (gr. γαστήρ, estomac, et fr. *méningite*). Inflammation de l'estomac et de la méninge.

GASTRO-MÉTRITE. s. f. (gr. γαστήρ, estomac, et fr. *métrite*). Inflammation de l'estomac et de la matrice.

GASTRO-MUQUEUSE. adj. f. (gr. γαστήρ, estomac, et fr. *muqueuse*). *Fièvre g.-muqueuse*, Fièvre dans laquelle l'irritation de l'estomac est accompagnée d'une sécrétion muqueuse.

GASTRO-NÉPHRITE. s. f. (gr. γαστήρ, estomac, et fr. *néphrite*). Maladie de l'estomac compliquée de l'inflammation des reins.

GASTRONOME. s. m. Celui qui aime la bonne chère, qui connaît l'art de faire de bonne chère. Fam.

GASTRONOMIE. s. f. (gr. γαστήρ, estomac; νόμος, loi). L'art de faire bonne chère, d'apprécier les bons mets. *Il est très versé dans la g.* — La *Gastronomie*, poème, par Berchoux. — Citons aussi la *Physiologie du goût*, par Brillat-Savarin.

GASTRONOMIQUE. adj. 2 g. Qui appartient, qui a rapport à la gastronomie.

GASTROPATHE. adj. 2 g. (gr. γαστήρ, estomac; πάθος, souffrance). Qui est atteint d'une maladie de l'estomac.

GASTROPATHIE. s. f. (gr. γαστήρ, estomac; πάθος, souffrance). T. Méd. Malaise ou maladie de l'estomac.

GASTRO-PÉRITONITE. s. f. (gr. γαστήρ, estomac; et fr. *péritonite*). Inflammation de l'estomac et du péritoine.

GASTRO-PHARYNGITE. s. f. (gr. γαστήρ, estomac, et fr. *pharynx*). Inflammation de l'estomac et du pharynx.

GASTROPODES. s. m. pl. T. Zool. Voy. GASTÉROPODES.

GASTRO-PYLORIQUE. adj. 2 g. (gr. γαστήρ, estomac, et fr. *pylore*). T. Anat. Qui appartient à l'estomac et au pylore.

GASTRORRHAGIE ou **GASTRORRAGIE** s. f. (gr. γαστήρ, estomac; ῥαγή, radical de ῥήγνυμι, je fais irruption). T. Méd. Hémorragie de l'estomac qui s'accompagne le plus souvent du vomissement du sang écoulé dans l'estomac.

GASTRORRHAPHIE ou **GASTRORRAPHIE.** s. f. (gr. γαστήρ, estomac; ῥαφή, suture). Suture que l'on fait aux parois abdominales pour réunir les plaies pénétrantes étendues et inégales.

GASTRORRHÉE ou **GASTRORRÉE.** s. f. (gr. γαστήρ, estomac; ῥεῖν, couler). T. Méd. Catarrhe de l'estomac accompagné de vomissements muqueux.

GASTROSE. s. f. (gr. γαστήρ, estomac). Nom générique donné à toutes les maladies de l'estomac.

GASTROSPASME. s. m. (gr. γαστήρ, estomac, et fr. *spasme*). Contraction spasmodique de l'estomac.

GASTROSPLÉNIQUE. adj. 2 g. (gr. γαστήρ, estomac, et fr. *splénique*). T. Anat. Qui a rapport à l'estomac et à la rate.

GASTROSTÉNOSE. s. f. [Pr. *gastro-sténose*] (gr. γαστήρ, estomac; στένωσις, rétrécissement). Rétrécissement de l'estomac.

GASTROSTOMIE. s. f. (gr. γαστήρ, estomac; στόμα, orifice). Opération chirurgicale qui consiste à établir, à travers les parois de l'abdomen et de l'estomac, une ouverture permanente par laquelle on peut nourrir les individus atteints d'un rétrécissement de l'œsophage.

GASTROTHÈQUE. s. f. (gr. γαστήρ, estomac ; θήκη, enveloppe).T.Zool. Membrane qui recouvre l'abdomen des chrysalides.

GASTROTOME. s. m. (R. *gastrotomie*). Instrument servant à diviser les parois abdominales des ruminants, pour la sortie des gaz, dans le cas de tympanite.

GASTROTOMIE. s. f. (gr. γαστήρ, ventre ; τομή, incision). Incision faite à la cavité du ventre, pour réduire une hernie, faire cesser un étranglement, ou pour extraire un fœtus. || Ponction du rumen, pratiquée sur les ruminants atteints de tympanite.

GASTRO-VASCULAIRE. adj. 2 g. (gr. γαστήρ, estomac, et fr. *vasculaire*). T. Anat. Qui appartient au tube digestif et aux vaisseaux. *Système g.*, Système de petits canaux qui, dans la classe des Acalèphes, vont du tube digestif à la périphérie et reviennent sur eux-mêmes.

GASTROXIE. s. f. (gr. γαστήρ, estomac ; ὀξύς, aigre). Névrose de l'estomac, caractérisée par des crises de vomissements acides.

GASTRULA. s. f. (Dimin. du lat. *gaster*, ventre). T. Embryol. Une des formes larvaires primordiales par lesquelles passe la plus grande partie des animaux dans le cours de leur développement.

Nous avons montré, à l'article EMBRYOLOGIE, que la forme *gastrula* dérivait d'une sorte de vésicule appelée *blastula*, par suite d'une invagination de toute une moitié de cette vésicule. Mais le procédé que nous avons choisi pour exemple, comme étant le plus simple, n'est pas le cas général. Il se rencontre, entre autres, chez les Oursins et chez l'Amphioxus, et a reçu le nom d'*embolie*; la *gastrula* qui en résulte est donc appelée *gastrula par embolie*, ou encore *archigastrula*.

Chez un grand nombre d'animaux, les Mammifères en particulier, l'œuf se segmente de manière à former deux sortes de cellules reconnaissables surtout à leur taille.

Les cellules les plus petites, se divisant beaucoup plus vite que les grosses cellules, s'avancent peu à peu autour de celles-ci, et finissent par les entourer complètement. C'est à ce mode d'évolution qu'on a donné le nom de *gastrula par épibolie*, ou *metagastrula* ou d'*amphigastrula*.

Tels sont les deux modes principaux de la formation de la *Gastrula*. Nous ne ferons que citer la *Discogastrula* qui se produit chez les Oiseaux, et la *Périblastula*, chez les Arthropodes.

GÂT. s. m. (Pr. *ga*). T. Mar. Escalier pratiqué sur une côte escarpée pour arriver à un embarcadère. || Grand escalier qui descend d'un quai à la mer.

GATAYES (ANTOINE), compositeur français (1774-1846). = LÉON GATAYES, son fils, harpiste et journaliste (1805-1877).

GATCHINA, ville de Russie, gouvernement de Saint-Pétersbourg ; 10,000 hab. Palais impérial.

GÂTEAU. s. m. (all. *wastel*, m. s.). Espèce de pâtisserie faite ordinairement avec de la farine, du beurre et des œufs. *G. feuilleté. G. d'amandes. Petits gâteaux. Le g. des rois.* — Par anal., *G. au riz, G. de pommes de terre*, Entremets sucré fait avec du riz, des pommes de terre, etc. || T. Art culin. Hachis de gibier renfermé dans une terrine et qu'on sert comme entremets. *G. de foie de volailles.* || Fig. famil. *Un père g.*, Un père qui gâte ses enfants. — Figur., *Partager le g.*, Partager le profit ; se prend ordinairement en mauvaise part. *Avoir part au g.*, Avoir part aux profits qui reviennent d'une affaire. || T. Ent. L'assemblage des cellules que construisent les Hyménoptères vivant en société, pour y déposer leur miel ou y loger leur progéniture. *G. de miel, G. de cire.* || T. Méd. *G. fébrile*, Intumescence de la rate et des autres viscères abdominaux qui se produit dans les fièvres intermittentes prolongées et dans quelques autres maladies. || T. Anat. *G. placentaire*, Nom donné quelquefois au *Placenta*. Voy. ce mot. || T. Chir. *G. de charpie*, Petite masse de charpie de forme plate et arrondie. Voy. CHARPIE. || T. Sculpt. Morceau de cire ou de terre dont on garnit les creux et les pièces d'un moule. || T. Technol., Masse de résine qui sert à isoler les corps qu'on veut électriser. — Masse de métal qui s'est figée dans le fourneau après la fusion.

GÂTE-BOIS. s. m. (R. *gâter*, et *bois*). Se dit d'un mauvais menuisier, d'un mauvais charpentier. Fam. || T. Entom. Nom vulgaire du Cossus. Voy. NOCTURNES. = Pl. *Des gâte-bois.*

GÂTE-CUIR. s. m. Celui qui gâte le cuir, mauvais cordonnier. Famil. == Pl. *Des gâte-cuir.*

GÂTE-ENFANT. s. 2 g. Celui ou celle qui, par excès d'indulgence, gâte un enfant. Fam. == Pl. *Des gâte-enfant* ou *des gâte-enfants.*

GÂTE-MAISON. s. m. Domestique ainsi appelé par ses confrères, parce qu'il prend trop les intérêts de son maître. = Pl. *Des gâte-maison* ou *des gâte-maisons.*

GÂTE-MÉTIER. s. m. Celui qui en donnant la marchandise ou son travail à trop bon marché, en fait baisser le prix. Fam. == Pl. *Des gâte-métier* ou *des gâte-métiers.*

GÂTE-PAPIER. s. m. Mauvais écrivain. = Pl. *Des gâte-papier.*

GÂTE-PÂTE. s. m. Mauvais boulanger ou mauvais pâtissier. Fam. || Fig. et fam., Celui qui fait mal ce qui est de son métier, de sa profession. == Pl. *Des gâte-pâte.*

GÂTE-PLÂTRE. s. m. Ouvrier qui gâte le plâtre ; mauvais maçon. Fam. == Pl. *Des gâte-plâtres.*

GÂTER. v. a. (lat. *vastare*, détruire). Mettre en mauvais état, détériorer, donner une mauvaise forme. *La nielle a gâté les blés. La grêle a gâté les vignes. La pluie a gâté les chemins. Il s'est gâté la vue à force de lire. Il a voulu retoucher ce tableau et l'a gâté. Il a gâté sa maison en la voulant embellir. C'est en chantant de cette façon qu'on se gâte la voix.* — Fig. et fam., *L'âge a gâté la main à cet écrivain, à ce chirurgien*, L'âge lui a rendu la main moins légère, moins sûre. || *Vicier le sang par quelque maladie. Une nourrice malsaine gâte son nourrisson.* || Se dit aussi en parlant des choses morales, des productions de l'esprit, des affaires, etc. *Cet incident gâta tout notre plaisir. L'affectation gâte les dons naturels. Un mot hors de sa place gâte le plus beau vers. On gâte la plus belle action quand on s'en vante. Il a gâté ses affaires par sa mauvaise conduite.* — Famil., *G. les affaires*, Les empêcher d'arriver à un bon résultat ; ou leur donner une mauvaise tournure. *C'est un maladroit qui gâtera les affaires. Cet événement pourrait bien g. les affaires.* — Figur. et famil., *G. le métier*, Diminuer les profits d'un métier, d'une industrie, etc., en donnant la marchandise ou son travail à trop bon marché, ou en divulguant les secrets de son industrie, etc. — Figur., *G. quelqu'un dans l'esprit d'un autre*, Nuire à sa réputation. *On l'a bien gâté dans l'esprit des honnêtes gens.* || Salir, tacher. *Un cheval m'a éclaboussé et a gâté mon habit.* — Fig., *G. du papier*, Écrire beaucoup et mal, ou écrire des choses inutiles. || Fig., Corrompre, dépraver ; se dit en parlant de l'esprit, du goût, des mœurs. *La lecture des romans lui avait gâté l'esprit. Pourquoi favoriser ces professions inutiles qui ne tendent qu'à corrompre et g. les mœurs? On l'a gâté par de fausses louanges.* || Fig., Être trop indulgent pour quelqu'un ; entretenir ses défauts, ses vices par trop de complaisance, trop de douceur. *Vous gâtez trop cet enfant. Vous êtes trop bon pour vos domestiques, vous les gâtez.* — se **GÂTER.** v. pron. S'altérer, se corrompre. *La viande se gâte dans la chaleur. Des fruits qui se sont gâtés. Les confitures se gâteront à l'humidité. Ce vin commence à se g. Voilà encore deux de mes dents qui se gâtent.* — Fig., *Les affaires se gâtent*, Elles prennent une mauvaise tournure. || Fig., *Se g. la main*, Perdre en faisant des travaux peu soignés l'habileté que l'on possédait. || Fig., au sens moral, Se dépraver. *Ce jeune homme se gâte depuis qu'il fréquente un tel. Chez un peuple, les mœurs et le goût se gâtent ordinairement en même temps.* || Se corrompre l'un l'autre. *Les jeunes gens se gâtent mutuellement.* — Se g., se dit encore dans le sens de se décrier, perdre de sa réputation par sa propre faute. = GÂTÉ, ÉE. part. *Fruit gâté. Viande gâtée. Des dents gâtées.* — Substant., *Le gâté*, La partie pourrie d'un fruit. || *Enfant gâté*, Enfant que ses parents gâtent par une trop grande indulgence.

GÂTERIE. s. f. Action de gâter ; cajolerie ; petits soins.

GÂTE-SAUCE. s. m. Marmiton ; mauvais cuisinier. == Pl. *Des gâte-sauces.*

GÂTEUR, EUSE. s. Celui, celle qui gâte.

GÂTEUSE. s. f. [Pr. *gâ-teuze*]. Redingote très ample portée par les élégants; c'est l'ulster anglais.

GÂTEUX, EUSE. s. (R. *gâter*). Se dit, dans les hôpitaux, des individus paralytiques, aliénés ou infirmes, qui, soit involontairement, soit par idiotie, rendent sous eux leurs urines et leurs selles. *Dans les hospices d'aliénés, on compte en moyenne treize gâteux sur cent malades.* || Par extens., Personne qui a l'intelligence presque éteinte.

GATIEN (Saint), premier évêque de Tours, martyr (250). Fête le 18 décembre.

GÂTINAIS, anc. pays de France, ch.-l. *Montargis* pour le Gâtinais orléanais, et *Nemours* pour le Gâtinais français.

GATON. s. m. (R. *bâton*). T. Mar. Bâton pour faciliter le commettage des gros cordages.

GATTE. s. f. [Pr. *ga-te*] (provenç. *gata*, jatte). T. Mar. Nom d'un retranchement pratiqué au dedans d'un vaisseau, à l'avant, pour recevoir l'eau qui en sort par les écubiers.

GATTEAUX, sculpteur et graveur français, né à Paris (1788-1881).

GATTEL, lexicographe français, né à Lyon (1743-1812).

GATTILIER s. m. [Pr. *ga-ti-lié*]. T. Bot. Genre de plantes Dicotylédones (*Vitex*) de la famille des *Verbénacées*. Plus particulièrement ce mot s'applique au *Vitex agnus-castus*. Voy. Verbénacées.

GATTINE. s. f. [Pr. *ga-tine*]. Maladie épidémique des vers à soie. Voy. Magnanerie.

GAUBIL, savant missionnaire, né à Gaillac, très versé dans la connaissance de la littérature chinoise, auteur d'un *Traité de l'Astronomie chinoise* (1689-1759).

GAUCHE. adj. 2 g. (Vx fr. *gance*, tordu; de l'anc. haut-all. *wankjan*, céder, chanceler). Qui est de travers, qui n'est pas droit. *La taille de cette pierre est g. Cette pièce de bois est g. Cette partie de la toiture est g.* || T. Géom. *Surfaces gauches*, Surfaces réglées, mais où deux génératrices voisines ne sont pas dans le même plan, et qui, par suite, ne peuvent pas s'appliquer sur un plan sans déchirures. || T. Archit. *Appareil réglé gauche*, Voûte biaise. || Fig., Gêné, contraint, sans grâce. *Voilà un grand garçon qui a l'air bien g. Des manières gauches. Un maintien g. Sa femme est une petite pensionnaire assez jolie, mais un peu g., un peu timide.* — Se dit aussi dans le sens de ma adroit. *Il est g. de tout ce qu'il fait. Il lui a fait la réponse la plus g. qu'on se puisse imaginer.* == Se dit par oppos. à *Droit*, pour marquer la position relative d'un objet. *Dans l'homme et dans les mammifères,* il désigne le côté où est placé le cœur. *Le côté g. La main g. L'œil g. La moitié g. du corps. A main g. Ce cheval galope sur le pied g.* — *Suivre la main g., aller à main g.,* Aller dans la direction qui est du côté de la main g. — *Par le flanc g.,* Commandement militaire de tourner du côté g. — Par anal., se dit du côté correspondant dans les autres animaux. *L'aile supérieure g. de ce papillon est brisée. Le côté g. d'une limace, d'une coquille,* etc. || Se dit aussi subst., au fém., pour la main g., le côté g. *Être assis à la g. de quelqu'un. Un peu plus loin, vers la g., vous rencontrerez une maison isolée. Prenez sur votre g., sur la g.* || Se dit d'une manière ana., en parl. d'une armée, d'une troupe. *L'aile g. d'une armée. Le flanc g. d'un bataillon.* — On dit aussi subst. et au fém. *La g. d'une armée, d'un bataillon.* || Se dit de la scène, au parti qui est du côté g. des spectateurs. *La g. d'une personne, d'une chose,* L'espace qui s'étend à partir du côté g. de la personne, de la chose. *Placer un chiffre à la g. d'un nombre.* || D'une rivière, d'un édifice, se dit du côté qui correspond au côté g. de celui qui suit le cours de l'eau, ou qui est adossé à la façade du bâtiment. *La rive g. d'un fleuve. L'aile g. du palais.* || T. Chim. Qui dévie à g. de la lumière polarisée. *Acide tartrique g.* || Fig., *Mariage de la main g.,* Concubinage. *Être sur le pied g.,* Être dans une position embarrassante. || Dans certains sens, *Gauche* désig. ce qu'on se trouve à la partie d'un objet qui répond au côté gau spectateur placé en face. *Le côté g. d'un tableau.* — Subst., on dit de même, *La g. d'un tableau, Placer un chiffre à la g.*

d'un autre. || Dans certaines assemblées délibérantes, se dit de la partie de l'assemblée qui répond au côté g. du président. *Le côté g. de l'assemblée. Siéger au côté g.* — Subst., *Un membre de la g. Toute la g. se leva contre l'amendement.* || *Centre g.,* Les membres du centre les plus rapprochés de ceux qui siègent du côté g. *Extrême g.,* Les membres qui siègent sur les derniers bancs à g., et, au fig., ceux qui sont les plus opposés au gouvernement. = À Gauche, loc. adv. Du côté g., à main g., *Votre chambre est à droite, et la mienne est à g. Vous tournerez à g. Il faut d'abord prendre à g. Appuyez un peu à g. Certains peuples écrivent de g. à droite, et d'autres de droite à g.* — Fig. et fam., *Donner à g.,* Se tromper ou se mal conduire. *Prendre une chose à g.,* la prendre de travers, la prendre autrement qu'il ne faut. *Passer l'arme à g.,* Mourir. Fam. || *À droite et à g.* Voy. Droit. || En T. Tactique, on dit subst., *Faire un à g.,* pour faire un mouvement vers la gauche.

Hist. — Les termes de *gauche* et de *droite* dans un parlement; de *centre g.,* de *contre droit,* d'*extrême gauche,* d'*extrême droite,* ont pour origine une habitude prise avec une certaine affectation en 1789 par les partisans de la monarchie de se placer à la droite du président. Les partisans de la Révolution ne tardèrent pas à se grouper au côté opposé.

GAUCHEMENT. adv. (R. *gauche*). D'une manière contrainte, gênée ou maladroite. *Cet homme se présente g. Il s'est conduit très g. dans cette occasion. Vous avez répondu ou ne peut plus g.*

GAUCHER, ÈRE. adj. et s. [Pr. *gô-ché*]. Celui, celle qui se sert habituellement de la main gauche au lieu de la main droite. *Vous êtes donc g.? C'est une gauchère.*

GAUCHERIE. s. f. Action d'une personne gauche ou maladroite. *Ce domestique ne me fait que des gaucheries. Vous avez fait là une étrange g.* || Manque d'aisance, de grâce. *Il a toute la g. d'un provincial.* || Maladresse. *Dès qu'il se met à l'ouvrage, on s'aperçoit de sa g.*

GAUCHIR. v. n. (Vx fr. *guinchir*, m. s., de l'all. anc. *wankjan*, chanceler). Se détourner de la position qu'on a, du chemin qu'on suit. || Se déjeter, se contourner, subir une déviation. *Ce panneau commence à g.* || Détourner tant soit peu le corps pour éviter quelque coup. || Fig. et fam., Ne pas agir ou ne pas parler avec franchise. *Au lieu de me répondre nettement, il a gauchi.* || v. a. Rendre courbe. *G. une planche.* || Fig., Rendre faux, *L'étude immodérée gauchit les sentiments.*

GAUCHISSEMENT. s. m. [Pr. *gô-chi-seman*]. Action de gauchir, ou le résultat de cette action.

GAUCHO. s. m. (v. araucan, *gachu,* camarade). Nom donné aux hommes d'origine espagnole qui habitent les vastes plaines de l'Amérique du Sud, à l'ouest de Buenos-Ayres.

GAUDAGE. s. m. (R. *gaude*). Action de plonger une étoffe dans le bain de gaude.

GAUDE. s. f. (all. *wande*, m. s.). T. Bot. Nom vulgaire du *Reseda luteola,* plante herbacée annuelle de la famille des *Résédacées.* || Espèce de bouillie qu'on fait avec la farine de maïs. *Manger de la g. Il aime beaucoup les gaudes.*

Agric. — La g. croît spontanément dans presque toute l'Europe, mais particulièrement dans les pays sablonneux. Elle renferme dans la partie supérieure de ses tiges, notamment dans ses dernières feuilles et les enveloppes du fruit, un principe colorant jaune qui fournit en teinture des nuances pures et brillantes, qui s'altèrent moins à l'air ou ne virent pas si facilement au roux que les autres matières tinctoriales de même couleur. C'est aussi la plante dont la préparation commerciale est la plus économique, puisqu'il suffit d'arracher et de faire sécher les tiges pour les livrer à la consommation. Ses graines fournissent de 29 à 30 p. 100 d'une huile de bonne qualité pour brûler ou pour l'industrie. Les soins de la culture ont créé deux variétés : l'une que l'on sème en automne, l'autre au printemps. On donne généralement la préférence à la première, parce qu'elle est plus riche en principes colorants. La g. se cultive d'ordinaire près des centres de consommation, surtout dans le Midi de la France et en Normandie, aux environs d'Elbeuf et de Louviers. Peu délicate quant à la nature du sol, elle préfère les terres légères, pourvu que celles-ci conservent un peu d'humidité en été. Il est vrai que la g. se développe bien dans les argiles, où elle devient plus grande, plus branchue, mais elle est moins riche en principes colorants et, par conséquent, moins estimée. La g. n'exigeant pas que le sol soit fraîchement labouré, on peut la semer dans une récolte encore sur pied, au moment où l'on donne le dernier binage. C'est ainsi qu'on l'introduit dans les cultures des haricots, du maïs, des cardères, des fèves, du sarrasin, etc. En Angleterre, elle est souvent répandue dans les céréales de printemps, orge ou avoine, comme on le fait à l'égard du trèfle, pour ne la récolter que l'année suivante. L'époque à laquelle on l'arrache permet encore de faire une récolte de navette sur le même terrain. On ne doit employer pour semence que des graines de l'année précédente, d'un jaune tirant au noir et pesantes; plus vieilles, elles perdent leur faculté germinative. Aussitôt après l'enlèvement de la récolte dans laquelle on l'a semée, on donne un premier sarclage, puis un second au printemps, s'il s'agit d'un semis d'automne. On supprime, en outre, à ce moment, les plantes trop rapprochées, de façon qu'elles restent placées à 12 ou 15 centimètres les unes des autres. On récolte la g. au moment où toutes les fleurs sont développées; alors les graines ont noirci jusqu'au tiers de la hauteur des épis. Les tiges ont atteint une hauteur de 75 centim., en moyenne. On fait sécher au soleil, soit dans un lieu à l'abri de la pluie. Lorsque la plante est sèche, on la bat légèrement pour en extraire les graines mûres dont on retire l'huile. Puis on lie en bottes de 5 kilos. Ainsi préparée, la g. peut se conserver un grand nombre d'années sans altération de ses propriétés colorantes, pourvu qu'elle soit abritée dans un lieu exempt d'humidité.

GAUDER. v. a. Teindre une étoffe avec de la gaude.

GAUDIN, duc de Gaëte, ministre des finances sous le Consulat et l'Empire (1756-1841).

GAUDIR (Se). v. pron. (lat. *gaudere*, m. s.). Se réjouir, ou se moquer. *Se g. de quelqu'un.* Vx et fam.

GAUDISSERIE. s. f. [Pr. *gaudi-se-rie*]. Action de se gaudir; mots plaisants. Fam.

GAUDISSEUR. EUSE. s. [Pr. *gaudi-seur*]. Celui, celle qui aime à se gaudir.

GAUDRIOLE. s. f. (R. *gaudir*). Propos gai, plaisanterie sur quelque sujet un peu libre. *Il aime la g. Conter des gaudrioles.*

GAUDRON. Voy. GODRON.

GAUFRAGE. s. m. Action de gaufrer. || T. Techn. Voy. GAUFRE.

GAUFRE. s. f. (all. *waffel*, m. s., du même rad. que *wabe*, ruche à miel). Espèce de pâtisserie mince et légère, cuite entre deux fers, et dont la surface présente ordinairement des petits carreaux, des losanges, ou d'autres dessins en relief. || Par ext., Le gâteau de cire que font les abeilles, et qui est creusé d'alvéoles pleins de miel. *Du miel dans sa g. Manger une g. de miel.* || Fig., Disposition présentant des dessins variés, empreinte à l'aide de fers sur du cuir, du papier, des étoffes, etc.

GAUFRER. v. a. (R. *gaufre*). Imprimer sur certaines étoffes des figures en relief, avec des fers faits exprès. *G. du velours.* = GAUFRÉ, ÉE part.

GAUFREUR, EUSE. s. Ouvrier, ouvrière qui gaufre les étoffes, le cuir, le papier, etc.

GAUFRIER. s. m. Ustensile de fer dans lequel on fait cuire des gaufres.

GAUFROIR. s. m. Instrument qui sert à gaufrer les étoffes, le cuir, le papier, etc.

GAUFRURE. s. f. Empreinte que porte une étoffe qui a été gaufrée. || Façon que l'on donne aux fleurs artificielles. || Fig., Accidents de surface ressemblant à l'empreinte faite par le gaufrage.

GAUGE. s. f. (angl. *gauge*, m. s.). T. Mar. Échelle du tirant d'eau.

GAULADE. s. f. Coup de gaule.

GAULAGE. s. m. Action de gauler, résultat de cette action.

GAULE. s. f. (lat. *vallus*, pieu). Grande perche. *Abattre des noix avec une g.* || Verge flexible, houssine. *Faire aller un cheval avec une g. Donner des coups de g. à quelqu'un.* || Bâton du pavillon d'un navire. || Manche d'une ligne à pêche. || Levier du piston d'une pompe.

GAULE. Corruption du nom de *Gallia* donné par les Romains à la région habitée par les Galls entre le Rhin, les Alpes, la Méditerranée, les Pyrénées et l'Océan. Nous avons fait au mot FRANCE la description géographique de la majeure partie de cette contrée. Quelques noms étaient cependant assez différents de ceux d'aujourd'hui : si le Rhin s'appelait *Rhenus*, la Moselle, *Mosella*; la Meuse, *Mosa*, la Somme se nommait *Samara*, la Seine, *Sequana*; la Marne, *Matrona*; la Loire, *Liger*; la Vienne, *Vigenna*; la Garonne, *Garumna*; la Dordogne, *Duranius*; le Lot, *Ollis*; le Tarn, *Tarnis*; le Rhône, *Rhodanus*; la Saône, *Arar*. Le golfe du Lion s'appelait *Gallique*; celui de Gascogne, *Cantabrique*; la Manche, *mer Britannique*; la côte de l'Océan et principalement la presqu'île de Bretagne, *Armorique*.

On trouve trace de l'homme en Gaule dès les terrains tertiaires. Dans le quaternaire se révèlent des races contemporaines du Renne, du Mammouth et de l'Ours Spelæus, lesquelles vivaient dans des cavernes, notamment sur les bords de la Vézère, et avaient un sens artistique assez développé, à en juger par les os sculptés qu'elles ont laissés. D'autres ont creusé sur les plateaux de la Côte-d'Or d'immenses nécropoles de chevaux. C'étaient les hommes de la pierre taillée. Puis ceux de la pierre polie, du jade et du bronze se reconnaissent principalement dans les tombeaux mégalithiques si abondants en Armorique. Ces derniers pourraient bien être les Celtes, les plus anciens dont le nom nous ait été conservé, et qui, d'après certains auteurs, seraient les premiers des Galls venus de l'Asie; d'autres prétendent que ces anciens habitants de la Gaule étaient des Ibères ou Ligures, venus plutôt d'Afrique. Plus tard vinrent de la mer Noire les Galls Kymris, puis les Belges, qui se localisèrent dans le Nord. On embrassa tous ces peuples sous le nom de *Gaulois.* Les Phéniciens avaient, de leur côté, touché la Gaule par la Méditerranée, assez avant dans les terres, et après eux les Grecs y avaient fondé Massalia, Nice, Antibes, etc.

Les Galls Kymris étaient presque exclusivement des guerriers commandés par des chefs (Brenns). Mais les Celtes avaient suivi à peu près la transformation politique des peuples de la Méditerranée : gouvernés successivement par des prêtres (Druides), puis par des rois, les plus avancés en civilisation avaient fondé des républiques; et des chefs comme Orgétorix chez les Helvètes et le père de Vercingétorix chez les Arvernes furent, comme Hipparque à Athènes, et comme Manlius à Rome, mis à mort pour avoir aspiré à la royauté.

Les Helvètes occupaient la région de hautes montagnes entre les Alpes et le Jura (aujourd'hui Helvétie ou Suisse); les Allobroges, la rive gauche du haut Rhône (Savoie et Dauphiné); les Éduens, la Côte-d'Or; les Séquanes, habitant d'abord les bords de la Sequana (Seine), s'étaient transportés sur les bords de l'Arar, qui devint la Saône.

Les Arvernes donnèrent leur nom à l'Auvergne; les Rutènes, à Rodez; les Cadurques, à Cahors; les Arelates, à Arles; les Tolosates, à Toulouse; les Tarbelli, à Tarbes; les Santons, à Saintes et à la Saintonge; les Lemovices, à Limoges et au Limousin; les Pictons, à Poitiers et au Poitou; les Bituriges, au Berry et à Bourges; les Ædus, à Angers et à l'Anjou; les Namnètes, à Nantes; les Vénètes, à Vannes; les Redons, à Redon et à Rennes; les Cénomans, au Mans et au Maine; les Bajocasses, à Bayeux; les Lexobies, à Lisieux; les Ébroviees, à Évreux; les Carnutes, à Chartres; les Parisii, à Paris; les Meldes, à Meaux; les Senons, à Sens; les Lingons, à Langres; les Tricasses, à Troyes; les Rèmes, à Reims; les Suessions, à Soissons; les Bellovaces, à Beauvais; les Veromanduos, au Vermandois; les Atrebates, à l'Artois et à Arras; les Trévires, à Trèves.

Ce qui perdit ces peuples fut leur défaut d'union : menacés au siècle qui précéda l'ère chrétienne, au Sud par les Romains, au Nord par les Suèves (Teutons) d'Arioviste, les plus puissants des groupes gaulois s'allièrent : les Éduens avec Rome; les Arvernes et les Allobroges avec Arioviste. Jules César vainquit successivement Gaulois et Germains, puis après l'échec d'une révolte générale commandée par l'Arverne Vercingétorix, convertit la Gaule en province romaine.

Les Gaulois acceptèrent aisément la domination romaine, devinrent citoyens romains, prirent des noms romains, adoptèrent la langue latine, les dieux romains, puis : religion romaine du Christianisme. Il n'y eut guère de soulèvement que chez les peuples les plus frustes, ceux du Nord ; mais ceux du Centre et du Sud refusèrent de s'y associer, flattés et heureux d'être unis à un si vaste et si magnifique empire contre la barbarie germanique. Encore, ceux qui se révoltèrent, comme Sacrovir, Civilis, Sabinus, le firent-ils en qualité de citoyens ou de soldats de Rome, côte à côte avec les autres soldats des légions. La Gaule donna à l'empire des généraux, des artistes, des poètes ; eu des temples, des arènes, des aqueducs comme à Rome. Quant les hordes d'outre-Rhin envahirent le monde latin, les Gaulois et, entre tous, les Arvernes de Sidonius Apollinaris, le défendirent avec une fidélité acharnée.

Vainqueurs malgré tout, au commencement du Vᵉ siècle, les Burgondes et les Visigoths se taillèrent en Gaule d'importants royaumes : l'un, dans les vallées du haut Rhône et de la Saône ; l'autre, dans la partie méridionale (Aquitaine), et celui-ci s'étendait jusqu'à l'extrémité de l'Espagne. Ces nouveaux venus, cependant, d'un caractère très doux, conservèrent les lois et les mœurs romaines, se latinisèrent et se christianisèrent rapidement, s'allièrent aux empereurs par des liens étroits et des mariages, et s'unirent aux Gallo-Romains, pour écraser l'invasion des Huns aux plaines Catalauniques (451). Mais un autre peuple germanique, beaucoup plus barbare, les Francs, envahissait la Gaule par le Nord et allait lui donner le nom de France. Les Grecs l'appellent encore de nos jours Gallia, et l'on dit Gallophile ou Gallophobe pour ami ou ennemi de la France.

GAULÉE. s. f. Ce qu'on a abattu à l'aide de la gaule. *Une g. de noix.* || Coups de gaule. Fam.

GAULER. v. a. Battre un arbre avec une gaule pour en faire tomber le fruit. *G. un pommier, un noyer.* — On dit aussi, *G. des pommes, des noix, des châtaignes,* pour les abattre avec une gaule. = GAULÉ, ÉE. part.

GAULETTE. s. f. [Pr. *gó-lète*]. Petite gaule.

GAULIS. s. m. [Pr. *gó-li*] (R. *gaule*). T. Sylviculture. Se dit des branches d'un taillis qu'on a laissées croître | *Lames de g.,* Lames minces de bois, qui servent à faire des paniers et autres ouvrages.

GAULOIS, OISE. adj. et s. (lat. *gallus,* m. s.). Habitant de la Gaule, l'ancien nom de la France. || Fam., *C'est un vrai G., un bon G.,* C'est un homme franc et sincère. *Franchise gauloise,* Franchise qui ne déguise rien. *Probité g.,* Probité sévère. || Par ext., Qui a la gaieté un peu libre du vieux temps. || Fam., *Avoir les manières gauloises,* Avoir les manières du vieux temps. — On dit aussi d'une expression, d'une locution surannée, *Expression, tournure gauloise.* et subst., *C'est du g.* Vous parlez gaulois. — Pour l'histoire, voy. GAELS, GAULE ; pour la langue, voy. CELTIQUE.

GAULOISEMENT. adv. [Pr. *gó-loi-zeman*] (R. *gaulois*). A la vieille et simple manière.

GAULOISERIE. s. f. [Pr. ...zerie]. Acte, langage dont la liberté plaisante n'observe pas toutes les convenances.

GAULT. s. m. (ang. *gault,* argile). T. Géol. Couche de marne bleue qui sépare en deux étages (le supérieur et l'inférieur, ou g.) le grès vert du terrain crétacé.

GAULTHERIE. s. f. (R. *Gaulthier,* n. d'un botaniste français). T. Bot. Genre de plantes Dicotylédones (*Gaultheria*) de la famille des *Éricacées.* Voy. ce mot.

GAULTHÉRINE. s. f. (R. *Gaultheria*). T. Chim. Corps qui se trouve dans l'écorce du *Betula lenta L.,* ainsi nommé parce que, par distillation, il devient identique à l'huile tirée de la g.

GAULTIER (L'abbé), inventeur d'une méthode d'enseignement pour les enfants, et fondateur de cours à Paris (1745-1818).

GAUME (L'abbé), écrivain français (1802-1879).

GAUMINE. s. f. (R. *Michel Gaumin,* intendant). Autrefois, *Mariage à la g.,* Mariage contracté devant un curé, ou un ministre, sans sa bénédiction et même malgré lui

GAUPE. s. f. (lat. *gausapa,* sorte de tissu épais et grossier) T. d'injure et de mépris, qui se dit d'une femme malpropre et désagréable. *La vilaine g. !* Très fam.

GAUPERIE. s. f. Tenue de gaupe. Très fam.

GAURE. s. m. Syn. de *Guèbre.* Voy. ce mot.

GAURIC (LUC), mathématicien, astronome et prélat italien (1476-1558).

GAUSS, célèbre astronome allemand, profond mathématicien, imagina, en même temps que Legendre, la méthode dite des *moindres carrés;* auteur de nombreux travaux d'astronomie mathématique (1777-1855).

GAUSSE. s. f. [Pr. *gô-se*] (R. *gausser*). Mauvaise plaisanterie, mensonge.

GAUSSER (SE). v. pron. [Pr. *gô-ser*] (lat. *gaudere,* se réjouir). Se moquer, railler. *Vous vous gaussez de nous.* Très fam.

GAUSSERIE. s. f. [Pr. *gô-serie*]. Moquerie, raillerie. Pop.

GAUSSEUR, EUSE. s. et adj. Celui, celle qui a coutume de se gausser des autres. *C'est un g. Elle est naturellement gausseuse.* Pop.

GAUSSIN (JEANNE-CATHERINE GAUSSEM, dite), célèbre actrice du Théâtre français, née à Paris (1711-1767).

GAUTIER. s. m. Espèce de vanne pratiquée dans les rivières où l'on flotte à bois perdu. || Planches qui ramènent l'eau sous une roue hydraulique.

GAUTIER, dit *Sans Avoir,* gentilhomme fr., commanda l'avant-garde de la première croisade.

GAUTIER (THÉOPHILE), poète, critique et littérateur fr. (1811-1872).

GAUTIER D'ARRAS, poète du XIIᵉ siècle, auteur du roman en vers *Ille et Galeron.*

GAUTIER GARGUILLE (HUGUES GUÉRU, surnommé), auteur de farces et acteur bouffon du temps de Louis XIII, né en Normandie (1574-1633).

GAVAGE. s. m. Action de gaver. *G. des enfants.*

GAVARNI (SULPICE CHEVALLIER, dit), dessinateur et caricaturiste français (1804-1866).

GAVARNIE, village de l'arr. d'Argelès (Hautes-Pyrénées), célèbre par son immense cirque de rochers couverts de neige. Cascade de 422 mètres.

GAVASSINE. s. f. [Pr. *ga-va-sine*]. Ficelle qui fait partie du métier à tisser les soieries.

GAVASSINIÈRE. s. f. [Pr. *gava-si-nière*]. Ficelle plus grosse que la gavassine et passant dans une boucle au milieu de celle-ci.

GAVE. s. m. Torrent, rivière torrentueuse; n'est usité que dans les Pyrénées. *Le g. de Pau.*

GAVÉE. s. f. (R. *gaver*). Action de manger beaucoup. Pop.

GAVER. v. a. (R. vx fr. *gave,* jabot, du lat. *cavus,* creux). Faire manger beaucoup, et de force, des pigeons, des poulets, etc., pour les engraisser. || Par ext., Gorger. *G. un enfant de bonbons.* = SE GAVER. v. pron. Se gorger de nourriture. = GAVÉ, ÉE. part.

GAVESTON (PIERRE DE), favori d'Édouard II d'Angleterre, périt victime de la haine des barons, en 1312.

GAVETTE. s. f. [Pr. *gavè-te*] (ital. *gavetta,* m. s.). Lingot d'or ayant déjà reçu quelque préparation pour être mis en fil.

GAVEUR. s. m. Celui qui gave.

GAVEUSE. s. f. [Pr. *gaveu-ze*]. Appareil qui sert à gaver les volailles.

GAVIAL. s. m. (Nom indien). T. Erpét. Genre de *Reptiles* appartenant à l'ordre des *Crocodiliens*. Voy. CROCODILE.

GAVION. s. m. (xv fr. *gava*, gosier). Gosier.*Il a mangé comme un loup, il en a jusqu'au g.* Pop.

GAVITEAU. s. m. (provenç. *gaviteu*, m. s.). T. Mar. Bouée.

GAVOTTE. s. f. [Pr. *gavo-te*] (R. Danse originaire des *Gavots*, habitants du pays de Gap]. Air de danse à deux temps, qui est composé de deux reprises, et dont le mouvement est quelquefois tendre et lent. *Jouer une g.* || Danse dont les pas sont faits sur cet air. *Danser une g.*

GAVRAY, ch.-l. de c. de la Manche, arr. de Coutances; 1,400 hab.

GAV'RINIS, île du golfe du Morbihan. Monuments mégalithiques.

GAY, fabuliste anglais (1688-1732).

GAY (M⁰ᵉ), écrivain fr., née à Paris, mère de Delphine Gay (M°ᵉ de Girardin) (1776-1852).

GAYA, v. du N.-E. de l'Inde, prov. de Patna; 67,000 hab.

GAYAC. Voy. GAIAC.

GAYETTE. s. f. [Pr. *ga-iè-te*]. Nom donné aux escarbilles ou débris de charbon de terre tombés dans le cendrier sans être brûlés.

GAY-LUSSAC, physicien et chimiste fr., célèbre par ses découvertes en physique et en chimie (1778-1850).

GAYLUSSITE. s. f. [R. *Gay-Lussac*]. T. Minér. Nom du carbonate double de chaux et de soude.

GAZ. s. m. [On pron. le *z*] (Ce mot a été créé par le chimiste flamand Van Helmont qui l'a tiré du flamand *gyest*, esprit; en all. *geist*). T. Phys. Fluide aériforme. *Le g. oxygène. Le g. acide carbonique. Ce g. est très délétère.* || Absol., se dit du g. hydrogène carboné que l'on emploie pour l'éclairage. *La ville est éclairée au g. Conduit de g. Un bec à g.*

Phys. — I. *Définition.* — Les g. sont des fluides éminemment élastiques et compressibles qui tendent à occuper le plus grand volume possible. Sous l'influence de la pression et du froid, tous les g. peuvent être liquéfiés. Les g. peuvent être des corps simples, comme l'oxygène, l'hydrogène, l'azote, etc., ou des corps composés, tels que l'anhydride carbonique, l'oxyde d'azote, l'oxyde de carbone, l'anhydride sulfureux, etc.

II. *Propriétés générales des gaz.* — Les g. obéissent à deux forces antagonistes, la pesanteur qui agit sur eux comme sur tous les corps, et une force moléculaire expansive dont l'action tend à écarter les molécules gazeuses.

A. *Expansibilité des gaz.* — Ce qui caractérise essentiellement les g., c'est leur parfaite fluidité, d'où il résulte que les molécules qui les composent n'ont aucune sorte d'adhérence entre elles. Bien plus, elles tendent constamment à s'écarter les unes des autres. En conséquence, un g. occupe uniformément tout l'espace vide qui lui est offert, quelque étendu qu'il soit, et il n'est possible de le maintenir dans un espace limité qu'en exerçant sur lui des pressions extérieures, ou en le coerçant entre des parois solides. — L'*expansibilité* des g. se démontre par une expérience des plus simples. Il suffit de placer sous le récipient d'une machine pneumatique, une vessie munie d'un robinet et à moitié remplie d'air (Fig. 1). Il y a d'abord équilibre entre l'air qui est renfermé dans la vessie et celui qui est contenu dans le récipient de la machine. Mais si l'on donne quelques coups

Fig. 1.

de piston, à mesure qu'on fait le vide, la pression de l'air du récipient diminue et la vessie se gonfle de plus en plus, quoique la masse de l'air qu'elle contient n'ait augmenté en aucune façon. Si l'on fait de nouveau rentrer l'air dans le récipient, on voit la vessie se dégonfler et reprendre son volume primitif. L'expérience faite non plus avec l'air, mais avec tout autre g., donne le même résultat. Au reste, bien que l'air soit un mélange de plusieurs g., parmi lesquels dominent l'oxygène et l'azote, il se comporte, ainsi qu'on le verra tout à l'heure, comme un g. simple. L'expansion des g. est accompagnée d'un abaissement de température correspondant au travail extérieur effectué. Voy. THERMODYNAMIQUE.

B. *Pesanteur des gaz.* — Quoique soumis à la force répulsive dont nous venons de parler, les g. obéissent également à la force universelle de la pesanteur. La pesanteur de l'air avait bien été soupçonnée par quelques penseurs de l'antiquité, mais c'est seulement en 1640 qu'elle a été démontrée par Galilée, et confirmée par les expériences de Pascal et de Torricelli. Pour se convaincre que l'air et tous les g. sont pesants, il suffit d'une expérience aussi simple que celle de la vessie dont il vient d'être question. On prend un ballon fermé rempli d'air ou d'un g. quelconque; on le pèse, puis on fait le vide au moyen de la machine pneumatique, et l'on pèse de nouveau le ballon. Cette nouvelle pesée donne un poids sensiblement moindre que la première, et l'on a ainsi le poids de l'air que contenait le ballon. C'est ce même appareil si simple qui sert en physique à déterminer la densité ou la pesanteur spécifique des différents g. Voy. DENSITÉ.

III. *Pressions exercées par les g.* — Nous avons vu, d'une part, que les g. tendent toujours à prendre un volume plus grand en vertu de leur force expansive, et, de l'autre, qu'ils sont soumis à la loi de la pesanteur. Ils exercent donc à la fois sur leur masse et sur les vases qui les contiennent une double pression. Les forces moléculaires des g. étant répulsives, leurs molécules tendent à s'éloigner les unes des autres, jusqu'à ce qu'elles rencontrent des obstacles qui les arrêtent. L'air enfermé dans un vase fait donc sans cesse effort contre les parois pour les presser et les repousser plus loin. D'après cela, il semblerait que l'air contenu dans un vase clos dût s'échapper instantanément aussitôt que l'on pratiquerait à ce vase la moindre ouverture, et que tout vase ouvert dût être constamment vide. Cependant il n'en est rien. L'air extérieur fait, pour s'introduire dans le vase, un effort égal à celui que fait l'air intérieur pour en sortir; d'où il résulte entre les deux pressions un parfait équilibre. Si l'on fait abstraction de la pesanteur, en n'ayant égard qu'à sa force expansive, les pressions exercées sur les parois d'un vase par un g. seront les mêmes sur tous les points de ces parois, attendu que la force expansive des molécules est égale partout et agit également dans toutes les directions (c.-à-d. que le principe de Pascal s'applique au g.). Si, au contraire, on a égard à l'action de la pesanteur, les pressions, comme celles qu'exercent les liquides, croîtront en raison de la densité du g. et de la profondeur de la masse; elles seront constantes sur une même tranche horizontale, indépendamment de la forme du g., c.-à-d. du vase qui le contient (c.-à-d. que les théorèmes fondamentaux de l'hydrostatique s'appliquent aux g.). La force expansive du g. est alors, en chaque point, égale et contraire à la pression qu'il supporte, et par conséquent croît avec la profondeur. Quant à la pression qui résulte de la pesanteur des molécules d'un g., si la masse est petite, cette pression est très faible et peut en général se négliger sans inconvénient. Mais il n'en serait plus de même si, au lieu d'une faible masse gazeuse, il s'agissait d'une masse considérable : tel est le cas de l'atmosphère, dont le poids est énorme. Aux mots ATMOSPHÈRE et BAROMÈTRE, nous indiquons la somme de la pression qu'exerce la masse g. qui enveloppe notre globe, et les procédés employés pour mesurer cette pression de la manière la plus rigoureuse. Nous nous contenterons donc de rapporter ici deux expériences d'une extrême simplicité, qui mettent très bien en évidence la réalité du phénomène. — On fixe sur la platine de la machine pneumatique un manchon de verre, à parois épaisses, et hermétiquement fermé à sa partie supérieure avec une vessie fortement arrêtée sur ses bords (Fig. 2). Si l'on fait jouer les pistons de la machine pneumatique pour aspirer l'air contenu dans le vase, la membrane fléchit sous la pression de l'air extérieur et devient aussi tendue que si elle avait à supporter un poids de 400 kil. Il suffit alors de donner avec le doigt un coup très léger sur la vessie pour qu'elle éclate avec une explosion plus forte qu'un coup de pistolet, tant est grand l'effort que fait l'air, en vertu de sa pression, pour entrer dans le vase. Cette expérience, qui est bien connue sous le nom de *Crève-vessie*, ne démontre la pression atmosphérique que de bas en haut. La suivante démontre qu'elle s'opère dans tous les sens. L'appareil dont on se sert pour l'exécuter a été imaginé par Otto de Guericke et a reçu le nom d'*hémisphères de Magdebourg*, parce que c'est dans cette ville qu'il fut inventé, et qu'il se compose de deux hémisphères creux, de métal, dont

Fig. 2.   Fig. 3.

les bords peuvent s'appliquer exactement l'un sur l'autre (Fig. 3). L'un d'eux porte un anneau pour le tirer; l'autre est percé d'un petit canal garni d'un robinet, qu peut se visser sur la platine de la machine pneumatique. Lorsque la sphère creuse qu'ils forment par leur réunion est remplie d'air, on les sépare sans difficulté. Mais quand on fait le vide à l'intérieur, on ne peut plus les séparer sans un grand effort. La force qu'exige cette séparation est à peu près égale à autant de kilogrammes que la base de chaque hémisphère contient de centimètres carrés.

IV. *Compressibilité des gaz.* — Lorsqu'on exerce une pression sur une masse gazeuse quelconque, cette masse diminue de volume, et sa force élastique croissant avec sa densité, elle arrive bientôt à un état de condensation tel que cette force est égale à la pression exercée et lui fait équilibre.

La compression d'un g. est accompagnée d'un dégagement de chaleur que l'on peut mettre en évidence par l'expérience du *briquet à air*. La *thermodynamique* permet de calculer à l'avance la quantité de chaleur dégagée.

A. *Loi de Mariotte.* — Il y a une relation simple entre le volume qu'occupe un g. quelconque et la pression qu'il supporte; c'est cette relation qui est appelée *Loi de Mariotte*, du nom du physicien qui l'a découverte. Cette loi peut s'énoncer ainsi : *Sous une même température, les volumes des gaz sont en raison inverse des pressions qu'ils supportent.* On démontre cette loi fondamentale au moyen d'un appareil connu sous le nom de *Tube de Mariotte* (Fig. 4). Il se compose d'un tube de verre recourbé, à branches fort inégales. La plus courte est fermée et accompagnée d'une échelle indiquant des capacités égales; l'autre branche, très longue, est ouverte vers le haut en forme d'entonnoir pour recevoir la pression atmosphérique; elle s'accompagne d'une échelle qui indique les hauteurs en centimètres. On verse du mercure par l'orifice de la grande branche, d'abord en petite quantité; ensuite, en inclinant le tube pour faire sortir une partie de l'air de la courte branche, on arrive facilement à mettre le mercure au même niveau dans les deux côtés. Alors l'air renfermé dans la courte branche se trouve exactement sous la pression atmosphérique qui s'exerce dans la grande sur la surface du mercure, sinon le niveau ne serait pas le même. L'appareil ainsi préparé, on verse de nouveau du mercure dans la longue branche, ce qui augmente la pression supportée par l'air contenu dans la petite branche, lequel diminue nécessairement de volume. Lorsque le mercure s'est élevé dans la petite branche jusqu'au point c, qui se trouve au milieu, c.-à-d. à égale distance entre a et le sommet de la branche, l'air que celle-ci renferme a évidemment perdu la moitié de son volume. Alors, si l'on note sur la grande branche le point d qui est au niveau du point c, et si l'on mesure de combien s'élève le mercure au-dessus de ce point d, on trouve que la hauteur de la colonne mercurielle au-dessus de d est égale à la colonne barométrique, c.-à-d. à 76 centim. Par conséquent, l'air contenu dans la petite branche supporte une pression de 2 atmosphères. Si la branche ouverte de cet appareil est assez longue, on peut démontrer de la même manière que sous une pression de 3 et de 4 atmosphères, l'espace occupé par l'air dans la petite branche se réduit au tiers et au quart. Au moyen d'un appareil de 39 mètres de hauteur, Arago et Dulong

ont démontré que la loi de Mariotte s'applique à l'air sans grande variation jusqu'à 27 atmosphères.

On peut vérifier la loi de Mariotte pour des pressions moindres que celle de l'atmosphère et sur un g. quelconque, en modifiant l'appareil précédent, de façon à pouvoir y introduire un g. à volonté. A cet effet (Fig. 5), on se sert d'un tube assez large pour qu'on puisse négliger l'influence de la capillarité, fermé par un bout, et gradué en divisions d'égale capacité sur toute sa longueur. On le remplit de mercure, puis on le renverse dans un vase ou tube plus large contenant également du mercure liquide. On enfonce d'abord le tube dans le vase, jusqu'à ce que le niveau du mercure soit le même à l'intérieur et à l'extérieur. On observe alors le nombre de divisions occupées par le g. dont l'élasticité est égale à la pression de l'atmosphère. Puis on soulève le tube jusqu'à ce que, par la diminution de pression, le volume du g. soit doublé. La hauteur que le mercure atteint dans le tube se trouve être la moitié de celle du baromètre. Le g., en doublant de volume, est donc passé d'une à une demi-pression atmosphérique. Par conséquent *le volume des gaz est en raison inverse de la pression.*

Dans les expériences qui précèdent, la masse d'air renfermée dans le tube restant la même, il s'ensuit que sa densité varie avec son volume : nous pouvons donc poser comme conséquence de la

Fig. 4.   Fig. 5.

loi de Mariotte, que *pour une même température, la densité des gaz est proportionnelle à la pression qu'ils supportent.* — En outre, comme les poids des corps sont en raison de leur densité, nous tirerons de la loi de Mariotte la seconde conséquence que voici : *Pour un même gaz, les poids correspondants à un même volume sont proportionnels aux pressions.*

On a longtemps admis que la loi de Mariotte s'appliquait rigoureusement à tous les g. et à toutes les pressions. Despretz le premier a fait voir que cette loi n'est pas exacte pour tous les g. Ce physicien renfermant deux g. dans des tubes séparés, mais disposés de façon à supporter tous les deux la même pression. Puis, en comparant les volumes des g. comprimés avec leurs volumes primitifs, il a trouvé que ces fluides ne suivaient pas la même loi dans leur diminution de volume. Après lui, Regnault a fait un grand travail pour vérifier cette même loi de Mariotte. Sa méthode différait des précédentes en ce qu'il cherchait à s'assurer si un g. introduit dans un tube sous des pressions différentes exigeait toujours, pour être réduit à un volume moitié moindre, une pression double de la pression initiale, quelle que fût cette dernière. D'après ses recherches, « les g. facilement liquéfiables (acide carbonique, acide sulfureux) se compriment p.us que ne l'indique la loi de Mariotte, même pour des pressions qui ne sont pas de beaucoup supérieures à la pression atmosphérique, et les écarts sont d'autant plus grands que l'on approche davantage de la pression à laquelle le g. se liquéfie. M. Amagat a fait une étude complète de la compressibilité des g. jusqu'à une pression de 3,000 atmosphères et en faisant varier la température. Si la loi de Mariotte était rigoureusement exacte, le produit VII serait constant pour une même masse gazeuse (V volume, II pression). Les recherches de M. Amagat montrent que le produit VII décroît d'abord quand on augmente la pression, passe par un minimum, puis croît ensuite avec l'augmentation de pression. Pour l'azote, ce minimum a lieu vers 60 atmosphères à la température de 45°.

En résumé, les g. difficilement liquéfiables ne s'écartent notablement de la loi de Mariotte que pour des pressions assez fortes. L'oxygène, l'azote et l'air se compriment un peu plus, l'hydrogène un peu moins que ne l'indique la loi. En tous cas, comme ces irrégularités sont très petites relativement aux variations de pression qu'éprouvent les g. dans les *circonstances ordinaires*, on peut s'en tenir habituellement à la loi de Mariotte.

On désigne souvent sous le nom de *gaz parfaits* des corps idéaux qui satisferaient rigoureusement à la formule de Mariotte et Gay-Lussac :

$$\frac{V\,II}{1+\alpha t} = \frac{V_1\,II'}{1+\alpha t}$$ Voy. DILATATION.

Cette formule peut aussi s'écrire : $\dfrac{V\,II}{1+\alpha t}$ = constante ou bien : $V\,II = R\,T$, R étant une constante et T la température absolue (c.-à-d. la température centigrade augmentée de 273°). On trouvera au mot FLUIDE une formule plus générale établissant une relation entre la pression, le volume et la température d'un fluide réel.

B. Liquéfaction des gaz. — Tous les g. ont été liquéfiés par la pression et le refroidissement ; un grand nombre ont été solidifiés. Voy. FLUIDE et LIQUÉFACTION.

C. Élasticité des gaz comprimés. Fusils à vent. — Les g. ayant naturellement une tendance à l'écartement de leurs molécules, cette tendance doit nécessairement augmenter quand

Fig. 6.

on les a soumis à une compression plus ou moins énergique : leur *tension* et leur *ressort* ou leur *élasticité*, car ces termes sont synonymes, est alors en raison directe de cette compression. La force élastique des g. ou des vapeurs contenus dans des espaces fermés se mesure à l'aide d'instruments appelés *Manomètres*, mais il en sera question ailleurs. En conséquence, nous nous contenterons, pour démontrer la puissance de réaction des g. comprimés, de décrire l'arme connue sous le nom de *Fusil à vent* (Fig. 6), dont le mécanisme repose sur ce principe. La crosse du fusil à vent est faite de métal et contient un réservoir à soupape (Fig. 7) dans lequel on comprime l'air au moyen d'une pompe foulante, sous une pression de 8 ou 10 atmosphères. La soupape qui s'ouvre de dehors en dedans, tient l'air enfermé dans la crosse. La pompe (Fig. 8) est un simple tube à piston qui se visse sur le réservoir et qui porte vers l'extrémité opposée un ou deux trous que le piston ferme dès qu'il commence à fonctionner du fond. Plus il y a d'air dans le réservoir, plus sa puissance augmente. C'est par la résistance qu'éprouve le piston, en s'approchant du fond, qu'on apprécie le degré de tension avec lequel l'air intérieur repousse la soupape. Quand le réservoir est chargé, on y adapte le canon dans lequel on a

unis une balle ou tout autre projectile. Ce canon porte une détente à ressort qui, en s'abattant, presse la soupape ; l'air s'échappe avec violence, chasse le projectile, et la soupape se referme aussitôt. Selon que le réservoir est plus ou moins grand, on peut, sans recharger, tirer un certain nombre de coups, de vingt à trente, par ex. Le fusil à vent peut lancer la balle avec autant d'impétuosité que les anciens fusils à poudre, comme son énergie diminue à mesure que le réservoir se vide. L'air comprimé, en se dilatant subitement, fait une explosion semblable à celle du crève-vessie. Il produit en outre au bout du canon un petit jet de flammes, sans doute par suite du frottement de l'air sur les petits grains de poussière solide qu'il rencontre, car, dans un air très pur, il paraît qu'il n'y a point de flamme perceptible. — Cette espèce d'arme qui, selon les uns, était comme du temps du Bas Empire, et qui, selon les autres, fut inventée à Lisieux par Morin, ou à Nuremberg, par Guter, a été perfectionnée par les arquebusiers Jean et Nicolas Bouillet. C'est aujourd'hui une arme prohibée, et un simple objet de curiosité.

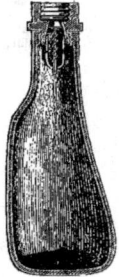

Fig. 7.

V. *Lois des mélanges gazeux.* — Deux liquides qui ne se mélangent pas, peuvent rester séparés dans le même vase lorsqu'ils ont des densités différentes ; la stabilité de leur équilibre exige seulement que le plus dense soit au fond du vase et que le moins dense occupe la partie supérieure. Il n'en est pas de même des fluides aériformes. Lorsqu'on met en communication deux vases renfermant chacun un g. différent, chacun de ces g. se répand uniformément dans les deux vases de manière à former un tout homogène, quelles que soient d'ailleurs les forces élastiques des g. avant le contact, leur densité et la position des vases, lorsque la communication est établie. Cette condition d'équilibre des fluides élastiques se vérifie toujours, même dans les circonstances les plus diverses et quels que soient les g. mélangés : le temps nécessaire à l'établissement d'une parfaite homogénéité dans le mélange augmente seulement avec la différence de leurs densités. C'est à Berthollet qu'est due la découverte de ce curieux phénomène, qu'on désigne sous le nom de *Diffusion des g.* L'illustre chimiste remplit deux ballons, l'un d'hydrogène, l'autre d'acide carbonique, sous la même pression, et à la même température. Il les réunit et les plaça dans les caves de l'Observatoire, dont la température est constante, en ayant soin que l'acide carbonique se trouvât dans le vase inférieur, et l'hydrogène, qui est beaucoup moins dense, dans le vase supérieur. La communication ayant été établie entre les deux ballons par l'ouverture des deux robinets, il trouva au bout de quelque temps que les deux g. s'étaient complètement mélangés, *de telle sorte que toutes les parties du volume total contenaient la même proportion des deux gaz*. Il résulte de là que, dans l'atmosphère, il ne peut y avoir à une hauteur quelconque un mélange différent dans ses proportions de celui qu'on observe à la surface de la terre. L'hypothèse émise par quelques physiciens de l'existence de l'hydrogène dans les hautes régions de l'atmosphère, pour expliquer certains phénomènes météorologiques, ne saurait donc être adoptée.

Lorsque plusieurs g. se mélangent ensemble, il y a entre les volumes et les pressions des g. isolés, le volume et la pression du mélange, une relation constante qu'on peut for-

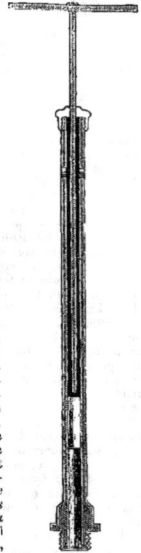

Fig. 8.

muler ainsi : *La force élastique du mélange est égale à la somme des forces élastiques que l'on obtiendrait si chaque gaz occupait seul le volume du mélange.* — Supposons qu'on ait trois g. différents, le premier ayant un volume v et une pression h; le deuxième un volume v' et une pression h'; le troisième un volume v'' et une pression h''. Faisons passer ces trois g. dans un vase dont le volume sera représenté par V. Si nous introduisions le premier seul dans le volume V, il y aurait, en vertu de la loi de Mariotte, une pression $\dfrac{vh}{V}$; le deuxième seul, dans ce volume V, aurait une pression $\dfrac{v'h'}{V}$, et le troisième $\dfrac{v''h''}{V}$. Or, en appelant H la pression du mélange, on aura $H = \dfrac{vh}{V} + \dfrac{v'h'}{V} + \dfrac{v''h''}{V}$. On peut démontrer cette loi de la manière suivante. Concevons que l'on ait deux g. dans des cloches graduées A et B (Fig. 9), nous aurons le volume de ces g. à l'inspection du niveau du mercure dans les cloches; quant aux pressions, nous les obtiendrons en retranchant de la hauteur du baromètre les hauteurs du mercure soulevé dans les cloches. Faisant ensuite

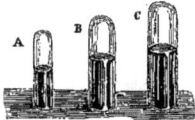

Fig. 9.

passer ces deux g. dans une troisième cloche C pleine de mercure, nous verrons le volume occupé par leur mélange, ainsi que sa force élastique. Nous pourrons donc avec ces nombres vérifier la relation ci-dessus; et comme en soulevant ou en enfonçant la troisième cloche, on fera varier le volume et la pression du mélange, on pourra s'assurer que la loi est satisfaite dans toutes les circonstances. — La relation ci-dessus peut se mettre sous la forme VH $= vh + v'h' + v''h''$, et s'énoncer de la manière suivante : *Lorsque plusieurs gaz sont mélangés, le volume du mélange multiplié par sa pression est égal à la somme des produits qu'on obtient en multipliant le volume occupé par chacun des gaz, avant qu'on ait fait le mélange, par la pression de ce gaz.* — Si l'on fait varier le volume du mélange, sa pression variera aussi; et comme l'expérience prouve que l'on a encore :

$$V'H'' = vh + v'h' + v''h'',$$

il en résulte qu'on aura : VH $=$ VH' ou $\dfrac{V}{V'} = \dfrac{H'}{H}$, ce qui fait voir qu'un mélange de plusieurs g. suit la loi de Mariotte tout comme un g. seul. Du reste, nous l'avons déjà vu par l'ex. de l'air atmosphérique.

VI. *Dissolution des gaz.* — L'eau et plusieurs liquides jouissent de la propriété de dissoudre les g. : en général, ils en dissolvent d'autant plus que la pression est plus forte. On vérifie aisément le fait au moyen de la machine pneumatique. En plaçant sous le récipient un vase d'eau contenant un g. en dissolution, on voit, à mesure qu'on fait le vide, le g. obéir à sa force expansive et se dégager sous forme de bulles. Selon Dalton, *le poids du g. absorbé par un liquide, sous une même température, est exactement proportionnel à la pression que le g. exerce sur le liquide.* Mais cette loi, suivant toute apparence, n'est vraie que jusqu'à certaines limites. En outre, il est à remarquer qu'un liquide qui tient déjà un g. en dissolution peut parfaitement en dissoudre un autre. La quantité de ce dernier paraît même complètement indépendante de la nature et de la quantité du g. déjà en dissolution, pourvu que les deux g. soient sans action l'un sur l'autre. C'est ainsi que l'eau au contact avec l'air atmosphérique, sous une pression barométrique P, absorbe autant d'azote que si l'air se composait de ce g. seul, exerçant une pression de 4/5 P, et autant d'oxygène que si l'air était uniquement formé de ce g. pur à la pression de 1/5 P. L'élévation de température diminue la solubilité des gaz. À la température de zéro et sous la pression atmosphérique ordinaire, un volume d'eau dissout :

	vol.		
Fluorure de bore.	800	Cyanogène.	4,5
Acide chlorhydrique. . .	500	Acide sulfhydrique . .	4,4
Ammoniaque	1,049	Chlore	1,5
Anhydride hypochloreux.	200	Acide carbonique . . .	1,78
Anhydride sulfureux. . .	80	Oxygène	0,040
		Azote.	0,015

VII. *Procédés employés pour recueillir et conserver les*

gaz. — L'expansibilité des g. ne permettant ni de les recueillir ni de les conserver, comme on fait pour les solides et la plupart des liquides, on est obligé, dans les laboratoires de chimie, de recourir à des procédés et à des appareils particuliers.

A. *Cuve pneumatique.* — On recueille les g. au moyen d'un vase plein d'eau ou de mercure, qu'on appelle, à cause

Fig. 10.

de sa destination, *Cuve pneumatique* ou *Cuve à eau.* Supposons, par ex., que l'on veuille recueillir le g. oxygène qui se dégage de l'oxyde rouge de mercure, quand on décompose cet oxyde par la chaleur (Fig. 10) : on fixe à l'extrémité du flacon *ab*, où est renfermé l'oxyde métallique, un tube de verre *bcd*, qu'on nomme *tube de dégagement* ou *tube abducteur*, et qui présente une double courbure. L'extrémité de ce tube plonge dans la cuve pneumatique pleine d'eau. Dès qu'on chauffe le flacon qui contient l'oxyde, l'air qui est renfermé dans le tube se dilate par l'action de la chaleur, augmente de force élastique, et une portion de cet air s'échappe, sous forme de bulles, à travers l'eau de la cuve C. Mais bientôt l'oxyde de mercure commençant à se décomposer, tandis que le métal se condense en gouttes liquides à la partie supérieure du flacon, l'oxygène se dégage à l'état gazeux, traverse le tube et ensuite l'eau de la cuve. On ne recueille pas les premières portions du g., parce qu'elles sont mélangées avec l'air qui remplissait primitivement le tube abducteur; mais au bout de quelques minutes, l'air ayant été complètement chassé, l'oxygène qui se dégage est pur et l'on peut le recueillir. Pour cela on prend une *Éprouvette*, c.-à-d. une espèce de cloche de verre plus longue que large, E, qu'on remplit d'eau jusque par-dessus les bords : on applique le plat de la main sur l'ouverture de l'éprouvette et

Fig. 11.

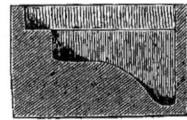

Fig. 12.

l'on retourne celle-ci dans l'eau de la cuve. Par l'effet de la pression atmosphérique qui s'exerce à la surface de l'eau de la cuve, l'éprouvette reste complètement remplie d'eau, même après que la main a été retirée. On place l'éprouvette au-dessus du tube de dégagement, sur une petite planchette trouée qui se trouve disposée à cet effet sur la cuve; alors les bulles de gaz oxygène, en vertu de leur plus faible pesanteur, s'élèvent dans l'eau et vont se rendre dans la partie supérieure de la cloche, dont elles chassent l'eau en raison de leur tension, au fur et à mesure qu'elles s'accumulent. Dans une foule de cas, on remplace la cuve à eau par une simple terrine (Fig. 11); mais alors on met au fond de celle-ci une capsule en terre, appelée *Têt à g.*, sur laquelle on place l'éprouvette. La capsule est percée d'une ouverture latérale qui laisse passer le tube de dégagement, et d'une ouverture centrale qui laisse pénétrer les bulles gazeuses dans l'éprouvette. Lorsque la cuve sur laquelle on reçoit les g. est assez profonde, on remplit d'eau la cloche ou l'éprouvette en la plongeant tout entière dans la cuve, l'extrémité fermée étant tournée vers le bas. De cette façon l'air s'échappe complètement à travers l'eau, et il suffit de retourner la cloche, de la soulever et de la placer sur la planchette. — Lorsqu'on a besoin, ainsi qu'il arrive fort souvent, d'opérer sur des g. secs, ou qu'on veut recueillir des g. qui exercent une action sur l'eau ou qui sont très solubles dans ce liquide, on remplace la cuve à eau par une cuve à mercure. Ces sortes de cuves sont ordinairement taillées dans du marbre ou dans une pierre fort compacte; les plus petites se font de porcelaine ou de fonte de fer. En général, on leur donne à l'intérieur une forme telle (Fig. 12). Section verticale et longitudinale d'une cuve à mercure) qu'elles exigent le moins de mercure possible, et que néanmoins elles présentent, dans certaines parties, assez de profondeur pour les manipulations, car on opère avec la cuve à mercure absolument comme avec la cuve à eau.

B. *Gazomètres.* — Lorsqu'on a besoin de recueillir un grand volume de g., on ne peut plus se servir de cloches de verre, et l'on emploie des vases particuliers appelés *Gazomètres.* La Fig. 13 représente un de ces appareils. Il se compose d'un cylindre A fermé de toutes parts et d'un cylindre ouvert ou cuvette B, supporté par plusieurs colonnes de cuivre dont deux, *a* et *b*, sont creuses et munies de robinets. Le tube *b* débouche dans le cylindre A; le tube *a*, au contraire, descend tout près du fond du même cylindre. A la partie inférieure de celui-ci, on remarque encore un bout de tube recourbé *d*, que l'on peut boucher hermétiquement *e*. — Pour se servir de cet appareil, on commence par le remplir d'eau. A cet effet, on ferme le robinet *e*, on bouche le tube *d*, on ouvre les robinets *a* et *b*, et on verse de l'eau dans la cuvette B. L'eau coule dans le grand cylindre par le tube *a*, tandis que l'air s'échappe par le tube *b*. Lorsque le cylindre A est plein d'eau, on ferme les robinets *a* et *b*. Maintenant, pour remplir l'appareil de g. on place le réservoir A dans un grand baquet. On débouche le tube *d*, d'où l'eau ne s'écoule pas en vertu de la pression atmosphérique, et l'on y introduit l'extrémité du tube de dégagement en communication avec l'appareil qui sert à la production du g. A mesure que celui-ci se dégage, il monte dans la partie supérieure du cylindre A, pendant que l'eau déplacée s'écoule par le tube *d*. Le tube de verre *gg*, qui communique supérieurement et inférieurement avec le cylindre A, sert comme indicateur du niveau de l'eau, et permet de juger de la quantité de g. que contient le cylindre. Lorsque le gazomètre est plein, on bouche le tube *d*, et l'on peut conserver ainsi le g. indéfiniment. — Quand on veut prendre du g. dans l'appareil, on remplit d'eau la cuvette B, et l'on ouvre les robinets *ab*; l'eau qui s'écoule par le tube *a* force le g. à s'échapper par le tube *b*; il suffit donc, pour le recueillir, de placer sur l'ouverture de ce tube un flacon ou une cloche remplie d'eau et renversée. Si l'on veut obtenir un jet de gaz continu, on adapte tout simplement au robinet *e* un tube à dégagement.

Fig. 13.

C. *Transvasement des gaz.* — Malgré leur expansibilité, il est possible, avec certaines précautions, de transvaser les

Fig. 14.

gaz, de la même manière qu'on transvase les liquides. C'est encore une nouvelle preuve bien palpable de la pesanteur des fluides aériformes. Cette expérience curieuse réussit très bien avec l'acide carbonique, dont la densité est supérieure à celle de l'air. On remplit une cloche de ce g. on le recueillant sur une cuve à eau, on prend une autre cloche de même capacité et pleine d'air, et l'on renverse la première cloche sur la seconde, comme le représente la Fig. 14. Au bout de quelque temps, on trouve que l'acide carbonique est descendu dans la cloche inférieure, tandis que la supérieure ne contient que de l'air, ce dont il est facile de s'assurer en plongeant une allumette en ignition dans la cloche inférieure, car elle s'y éteint aussitôt.

Écoulement des gaz. — Au point de vue de l'*Hydrodynamique* (Voy. ce mot), le théorème de Torricelli appliqué aux g. nous fait prévoir que la vitesse d'écoulement doit être en raison inverse de la racine carrée de sa densité, dans le cas d'un orifice en mince paroi. Cette proposition a été vérifiée expérimentalement par Bunsen.

Les tubes capillaires diminuent la vitesse d'écoulement des g.; le g. est le siège d'un frottement intérieur, comme les liquides dans le même cas. Selon Graham, les g. obéissent à la loi de Poiseuille. Voy. HYDRODYNAMIQUE.

De plus, l'abaissement de température que produit la détente des g., introduit dans cette question des éléments complexes qui nécessitent l'application des principes de la *Thermodynamique*. Voy. ce mot.

Théorie cinétique des gaz. — On nomme ainsi une théorie d'après laquelle on se représente un g. comme formé d'un grand nombre de molécules sans action les unes sur les autres, de fort petites dimensions, et animées de mouvements de translation très rapides dans tous les sens. C'est par suite de ces mouvements que les g. tendent à s'échapper et à s'étendre dans tous les sens. La pression qu'un g. exerce sur les parois du vase qui le renferme provient des chocs des molécules contre cette paroi. D'après cette théorie, l'homogénéité du milieu gazeux n'est qu'apparente et résulte de ce qu'un volume même très petit contient encore un nombre innombrable de molécules. Les molécules mobiles se choquent constamment les unes les autres et ce sont ces chocs qui transmettent la pression dans tous les sens. La vitesse des molécules est d'autant plus grande que la température est plus élevée. Cette théorie, très simple, est peut-être fort éloignée de la réalité. Néanmoins, elle a l'avantage d'expliquer la plus grande partie, sinon la totalité des phénomènes que présentent les gaz; elle rend parfaitement compte, entre autres choses, de la loi de Mariotte, de la diffusion des gaz les uns dans les autres et des phénomènes thermiques qui accompagnent la compression et la dilatation des gaz. Nous y reviendrons au mot THERMODYNAMIQUE, et aux mots RADIANT et RADIATION.

Les questions qui se rattachent à l'étude des g. considérés en général sont fort nombreuses; celles que nous n'avons pas exposées ici sont traitées aux mots ATMOSPHÈRE, BAROMÈTRE, CALORIMÉTRIE, DENSITÉ, DILATATION, HYDROSTATIQUE, FLUIDE, LIQUÉFACTION, THERMODYNAMIQUE, etc.

Chimie industrielle. — *Gaz d'éclairage.* — Le g. qu'on emploie pour l'éclairage est un mélange en proportions variables, suivant la nature des matières premières employées à le produire, de différents g. inflammables formés d'hydrogène et de carbone, et de quelques autres corps dont la présence, loin d'être utile, n'est que nuisible, et dont on doit débarrasser, aussi complètement que possible, le gaz hydrogène carboné.

Pour produire ce g. on peut indistinctement faire usage d'innombrables matières organiques qu'il suffit de chauffer en vase clos; les produits gazeux s'échappent et s'enflamment si l'on approche d'un corps en ignition. L'analyse chimique de ces g. démontre qu'ils se composent principalement d'hydrocarbures très combustibles.

L'industrie du g. de l'éclairage, aujourd'hui si considérable, est une création tout à fait moderne. — La combustibilité des g. provenant du bois et de la houille était connue depuis 1667 par quelques expériences de Boyle, de Shirley et de Hales; mais James Lawler est le premier (1733) qui ait bien décrit les phénomènes que présente la flamme fournie par la combustion du g. provenant de la houille. En 1739, Clayton fit connaître les propriétés des produits gazeux que fournit la distillation de la houille en vases clos. Enfin, en 1786, un ingénieur français, Philippe Lebon, imagina un appareil qu'il nomma *Thermolampe*, qui était destiné en même temps à chauffer et à éclairer les appartements; appareil qu'il fit breveter en 1801. On ne peut contester à Lebon l'honneur d'avoir donné le premier la véritable théorie de l'éclairage au g.; mais ses essais pratiques ne furent pas couronnés de succès, par suite des oppositions sans nombre qu'il rencontra sur son chemin. Vers 1792, un Anglais, Murdoch, faisait usage, après de nombreux essais, du g. de la houille pour éclairer sa maison à Redruth, dans le comté de Cornouailles. En 1797, il éclaira de la même manière Old-Kunnock, dans l'Ayrshire, et, en 1802, il établit une importante usine à g.

destinée à éclairer les immenses ateliers de construction de machines à vapeur de Walt et Bollon, à Soho, près de Birmingham. En 1812, une compagnie obtint l'autorisation d'éclairer la ville de Londres ; mais ce ne fut qu'après une lutte persévérante contre la coalition des préjugés de la foule et des intérêts privés opposés à cette innovation. En 1815, le fondateur de la compagnie d'éclairage de Londres, Windsor, vint à Paris pour y organiser également l'éclairage au g. Il y rencontra les mêmes résistances qu'à Londres ; cependant, en 1817, il obtint d'éclairer au g. le passage des Panoramas. La même année une société se forma pour établir sur une grande échelle la nouvelle industrie ; mais elle se rua ma. Une autre société, qui s'était formée presque en même temps, parvint à réussir, non toutefois sans avoir fait des dépenses considérables. Dès ce moment, l'industrie de l'éclairage au g. prit une extension des plus rapides, et toutes les villes de quelque importance ne tardèrent pas à substituer ce mode d'éclairage à l'antique éclairage au moyen des réverbères à huile. Ce mode d'éclairage fut adopté à Paris en 1818 ; le préfet de la Seine était M. de Chabrol-Volvic.

A. *Gaz de la houille.* — Bien que l'hydrogène carboné qui constitue le g. d'éclairage puisse s'extraire, ainsi que nous l'avons dit, de diverses substances, c'est par la distillation de la houille qu'on le prépare. En conséquence, c'est par le g. de houille que nous commencerons. La fabrication du g. au moyen de la houille exige trois opérations successives.

Fabrication du gaz d'éclairage. — 1° *Distillation.* — Les appareils dans lesquels s'opère la distillation sont de grandes et longues cornues cylindroïdes que l'on chauffe dans des fours. Ces cornues sont de fonte ou de terre réfractaire. On donne aux cornues les plus grandes dimensions possibles. Leur longueur varie de 2m,30 à 2m,60 ; intérieurement, leur largeur ordinaire est de 45 centim. et leur hauteur de de 35 à 40. Quelquefois on ne place qu'une cornue dans un four ; d'autres fois on en met 3, le plus souvent 5 ; enfin, dans ces derniers temps, on a construit des fours à 7, 9 cornues et même plus. Les cornues de terre réfractaire sont moins employées, parce qu'il faut une terre d'une excellente qualité et des ouvriers habiles pour les exécuter. Pendant les premiers jours, les cornues de terre étant poreuses laissent passer une certaine quantité de g. ; mais bientôt leurs pores sont fermés par le carbone. Pour se servir avec avantage des cornues en terre, il faut y diminuer la pression du g. ; on emploie pour cela des *extracteurs* ou *exhausteur* qui aspirent le g. des cornues et le refoulent dans les appareils d'épuration. Pendant la distillation, le volume de la houille augmente quelquefois des 2/5es. En conséquence, la charge de chaque cornue ne doit pas dépasser la moitié de la capacité de celle-ci. La température de la cornue durant la distillation doit être constante et au degré du rouge cerise, sans aller au delà du rouge blanc. La distillation d'une charge dure de 4 à 6 heures, selon l'espèce de houille dont on fait usage. Quelle que soit la houille qu'on emploie, elle doit être sèche.

Certaines sociétés ont supprimé les cornues en fonte ou en terre réfractaire et les ont remplacées par des fours spéciaux, dont les principaux sont ceux de Dubochet et de Knabb. Les résultats obtenus ont été des plus satisfaisants, et on a constaté un rendement plus considérable eu g. et en coke.

2° *Condensation.* — En sortant de la cornue, le g. passe par un tube ascendant, appelé *Buse montante*, de 12 à 15 centim. de diamètre, pour se rendre dans un cylindre horizontal de 40 centim. de diamètre, placé en avant et au-dessus du fourneau. Ce cylindre, nommé *Barillet*, contient de l'eau dans laquelle la buse montante se recourbant plonge de quelques centimètres. En outre, il est garni d'un *dégorgeoir* qui y maintient l'eau à la hauteur voulue, et donne en même temps écoulement au goudron et à l'eau ammoniacale. Au sortir du barillet, le g. passe dans un tuyau ce fonte plongé sous l'eau, et où se condense la vapeur entraînée par le g. Ce tuyau ou *Condenseur* est constamment rafraîchi par un filet d'eau froide. — Le condenseur est souvent remplacé par un appareil appelé *Jeu d'orgues*, qui consiste en une série de tubes en U renversé ; le g., en traversant successivement tous ces tubes, y rencontre une grande surface de refroidissement ; c'est là que s'achève la condensation commencée dans le barillet. — Les produits que se condensent se composent principalement de sels ammoniacaux dissous dans l'eau (carbonate, chlorhydrate, sulfhydrate, etc.) et d'un mélange c.-à-d. d'un mélange d'hydrocarbures liquides ou solides à la température ordinaire ; on y rencontre aussi divers phénols et une petite quantité d'alcaloïdes tels que l'aniline.

Le g., ainsi débarrassé des substances qui auraient pu se déposer dans les conduits de distribution et les obstruer, doit encore subir une épuration chimique destinée à éliminer certains produits gazeux : l'anhydride carbonique, qui diminuerait beaucoup le pouvoir éclairant ; l'hydrogène sulfuré et le sulfhydrate d'ammoniaque, qui sont vénéneux, fétides, et dont la combustion produirait de l'anhydride sulfureux doué de propriétés corrosives.

3° *Épuration.* — Du condenseur, le g. passe dans une caisse de fonte qu'on appelle *Épurateur*, et qui porte à sa partie supérieure, ainsi que sur tout son contour extérieur, une rigole contenant de l'eau dans laquelle plonge le bord du couvercle extérieur de la caisse, de manière à obtenir une fermeture hydraulique. Une cloison verticale, également de fonte, qui s'élève du fond jusqu'à une petite distance du couvercle, divise la caisse en deux parties égales. A des distances verticales égales, on place encore dans chaque compartiment de la caisse trois claies de fer ou d'osier, qui sont soutenues par des faisceaux fixés aux parois de la caisse et de la cloison de division. Chacune de ces claies supporte une couche de chaux hâtelé pulvérulente que le g. est obligé de traverser, et où il se débarrasse de l'anhydride carbonique et d'une partie de l'hydrogène sulfuré qu'il contient. On fait arriver le g. près du fond d'un des compartiments de la caisse, et il se dégage près du fond de l'autre, après avoir traversé de haut en bas six couches successives de chaux.

4° *Lavage.* — Le g., en quittant le condenseur et avant de se rendre à l'épurateur, passe dans trois *laveurs*, de fonte, où il laisse les sels ammoniacaux et l'ammoniaque qu'il renfermait encore. Comme l'eau ne peut enlever la totalité de ces sels, Mallet a imaginé de substituer à l'eau pure l'emploi du chlorure de manganèse, provenant de la fabrication du chlore par les chlorures décolorants. Il suffit que la pression soit de 2 à 3 centim., pour opérer l'absorption ; des agitateurs empêchent les dépôts de se former. La dissolution s'extrait du premier laveur, dans lequel on fait passer le liquide du deuxième ; et celui-ci reçoit le liquide du troisième, que l'on charge d'une dissolution pure : par là, l'épuration est méthodique. — Lorsqu'on n'emploie pas le procédé de Mallet, le g. sortant des épurateurs à chaux passe dans une caisse entourée d'une autre caisse concentrique, mais ayant le même fond que la première. Le g. arrive dans la première et passe dans la seconde en traversant des fentes horizontales pratiquées dans les parois de la première. Comme on maintient de l'eau à un niveau supérieur à ces fentes, le g., pour passer dans la caisse extérieure, est obligé de traverser cette eau, où il laisse en grande partie son ammoniaque. Puis, Mallet imagina d'épurer le g. par une seule opération, en plaçant sur les claies de l'épurateur un mélange humide de sulfate et d'oxyde de plomb. Enfin, à cause de la difficulté de se procurer du sulfate de plomb, il a remplacé le mélange précédent par un autre composé de sciure de bois et d'oxyde de fer hydraté qui se place sur les claies au lieu de la chaux, et qui absorbe l'hydrogène sulfuré, après que le liquide du deuxième a absorbé l'ammoniaque dans le laveur. Il existe du reste un grand nombre d'appareils laveurs ; les uns obligeant le g. à circuler et à barboter à travers des couches d'eau ammoniacale, les autres consistant à faire passer le g. dans un *scrubber* ou colonne à coke qui opère l'épuration complète et rapide de ce g. — Dans le procédé Laming on se sert d'un mélange de chaux vive et de sciure de bois humide imprégnée de sulfate de fer ; ces substances, en réagissant l'une sur l'autre, donnent du sulfate de chaux et du peroxyde de fer. Le g. y laisse son hydrogène sulfuré et son sulfhydrate d'ammoniaque, à l'état de sulfure de fer et de sulfate d'ammonium. Quand le mélange de Laming a perdu ses propriétés épuratrices, on le revivifie en l'exposant à l'air humide : le sulfure de fer s'oxyde et se transforme en sulfate, que la chaux convertit de nouveau en peroxyde de fer.

Le g. épuré possède une composition qui varie beaucoup avec la durée de la distillation. Au commencement il ne contient pas d'hydrogène ; il renferme surtout du méthane, avec une proportion relativement élevée d'éthylène qui le rend très éclairant. Dans le g. qui passe à la fin de la distillation, c'est l'hydrogène qui domine et, après lui, le méthane et l'oxyde de carbone ; le pouvoir éclairant est presque nul, mais le pouvoir calorifique est considérable. Tel qu'on le livre habituellement à la consommation, le g. contient près de la moitié de son volume d'hydrogène, un tiers de méthane, 4 à 6 p. 100 d'éthylène et de butylène, quelques centièmes d'oxyde de carbone, d'anhydride carbonique et d'azote, quelques milliènes d'acétylène. Ce dernier corps communique au g. une odeur fétide ; il contribue, avec l'éthylène, le butylène et des traces d'hydrocarbures, à augmenter l'intensité lumineuse.

Cent kilog. de houille fournissent environ 25 à 30 mètres cubes de g., 70 kilog. de coke, 5 kilog. de goudron et 7 d'eau ammoniacale.

Gazomètre. — Quand le g. est épuré, il se rend au *Gazomètre* (Fig. 15). Nonobstant son étymologie, le gazomètre ne sert point à mesurer la quantité de g. produite ou dépensée. Ce terme désigne simplement un appareil destiné à emmagasiner le g., et à lui donner pendant la consommation une pression constante qui assure son écoulement régulier et, par suite, l'uniformité de l'éclairage. Cet appareil se compose de deux parties distinctes : d'une cuve cylindrique, de maçonnerie, entièrement remplie d'eau, et d'une cloche cylindrique de tôle, fermée à la partie supérieure, et dont la partie infé-

Fig. 15.

rieure ouverte plonge dans la cuve pleine d'eau. A mesure qu'il sort de l'épurateur, le g. est amené sous cette cloche par un tuyau qui arrive du fond de la cuve, et qui se relève verticalement pour se terminer au-dessus du niveau de l'eau. Arrivé là, il ne peut s'échapper au dehors, attendu qu'il est enfermé de toutes parts, soit par les parois de la cloche, soit par l'eau de la cuve. Le poids de la cloche est en grande partie équilibré par des contrepoids suspendus à des chaînes qui vont se fixer à son sommet en passant sur des poulies de renvoi. La poussée que la cloche éprouve de bas en haut par la tension du g. lui-même, fait équilibre à la portion restante du poids de la cloche, augmentée du poids du g. qu'elle contient. Dans le système de suspension verticale que représente la fig. 15, il est facile de donner à la chaîne le poids nécessaire pour que l'équilibre existe dans toutes les positions du gazomètre et que l'écoulement du g. s'opère avec régularité. — La capacité d'un gazomètre doit évidemment dépendre de la quantité de g. qui se consomme dans un temps donné. Les gazomètres des villes de province ont ordinairement de 15 à 20 mètres de diamètre; à Paris, les plus grands ont de 30 à 35 mètres. Quelle que soit la dépense de g. d'une usine, elle doit avoir au moins deux gazomètres, afin de pouvoir suffire à l'éclairage en cas d'accident ou de réparation exigée par l'un d'eux.

Conduits. — Les tuyaux employés pour conduire et distribuer le g. dans les différentes parties d'une ville peuvent être de fonte, de grès, de tôle recouverte de bitume, de tôle galvanisée, de plomb ou de zinc. A Paris, on s'est longtemps servi de la fonte pour les gros tuyaux, et du plomb pour les tuyaux de 8 à 40 mill. Aujourd'hui on emploie presque exclusivement des tuyaux de tôle recouverte d'un mastic bitumineux pour empêcher l'oxydation du métal : ces tuyaux, dits *tuyaux Chameroy*, du nom de leur inventeur, présentent une économie de 40 p. 100 sur ceux de fonte, et ont en outre l'avantage de rendre les réparations fort rares.

Gaz portatif. — Dans les premiers temps de l'introduction de l'éclairage au g., beaucoup de personnes pensèrent qu'il serait toujours impossible à une compagnie de regagner les dépenses considérables qu'entraîne la distribution du g. dans une ville au moyen de tuyaux placés dans des tranchées souterraines. En conséquence, quelques compagnies imaginèrent de transporter le g. à domicile au moyen de grandes voitures renfermant du g. contenu dans une enveloppe imperméable. On livrait alors la quantité de g. demandée par le consommateur

qui l'emmagasinait dans un petit gazomètre établi dans son domicile. Telle est la signification du terme de g. *portatif.* On distinguait en outre le g. *portatif non comprimé* et le g. *portatif comprimé.* Ce dernier, comme son nom l'indique, était soumis à une pression de 13 atmosphères (pression réduite ultérieurement à 10). On se proposait par là de diminuer l'espace que le g. occupe à la pression ordinaire. Aujourd'hui que la question de la canalisation est jugée par l'expérience, la fabrication du g. portatif est complètement abandonnée.

Appréciation. — Le pouvoir éclairant du g. extrait de la houille est à peu près trois fois moindre que le g. provenant de la distillation de l'huile, et deux fois moindre que celui qui provient de la résine ou des schistes bitumineux. Néanmoins, partout le g. de houille règne sans rival, car c'est celui qui se fabrique le plus économiquement et se livre à meilleur marché au consommateur. En effet, avec un mètre cube de g., on peut éclairer pendant dix heures un bec consommant 100 litres à l'heure. Les produits qui proviennent de la fabrication du g., ont une valeur commerciale considérable, qu'il s'agisse du coke ou des substances liquides, goudron et huiles lourdes, desquelles la science chimique est parvenue à extraire une immense variété de matières colorantes. Voy. COLORANTES. Le coke est tellement recherché pour le chauffage, que le produit de sa vente couvre entièrement la dépense d'achat de la houille dont il provient. Le goudron qui se produit dans la distillation de la houille fournit divers carbures d'hydrogène utilisés dans l'industrie, entre autres la benzine. On extrait de l'ammoniaque et différents sels ammoniacaux des eaux provenant de la condensation et du lavage du g. La chaux qui a servi pour l'épuration de ce dernier peut encore être employée dans les constructions, etc. En un mot, les frais de fabrication sont réduits, pour ainsi dire, à zéro.

Nous ne pouvons guère citer que pour mémoire le *gaz de l'huile, de la résine,* etc. — Le g. hydrogène carboné propre à l'éclairage peut s'extraire, ainsi que nous l'avons dit, de diverses matières. Les principales sont l'huile, la résine, les schistes bitumineux. — *L'huile* se distille et se convertit en g. avec la plus grande facilité; mais, quoique le pouvoir éclairant de ce g. soit à celui de la houille comme 273 est à 100, sa fabrication ne peut être établie d'une manière économique, à cause du prix élevé de cette substance, qui d'ailleurs s'emploie plus commodément à l'état liquide. Il n'en est pas de même de différentes matières grasses qui se trouvent en abondance dans certaines localités et dont on ne peut tirer aucun parti avantageux. Les eaux savonneuses provenant du dégraissage des laines, et qui sont fortement chargées de matières grasses, peuvent être employées avec succès, comme l'a prouvé d'Arcet, à la fabrication d'un excellent g. d'éclairage. — Dans les localités où la houille est rare, et où les bois résineux sont abondants, comme en Suisse, par ex., on peut se servir avec un certain avantage de ces derniers dans la fabrication du g. d'éclairage. Dans d'autres endroits, ce sont les résines elles-mêmes qu'on emploie à cet usage. Mais ce sont là des circonstances exceptionnelles. — On peut encore extraire le g. des hydrocarbures liquides provenant soit de la houille, soit des résidus de la distillation des schistes bitumineux; mais c'est extrêmement douteux que le g. fourni par ces substances, bien que doué d'un pouvoir éclairant supérieur à celui du g. ordinaire de houille, puisse s'obtenir à moins de frais que ce dernier.

B. *Gaz à l'eau.* — L'eau, comme tout le monde le sait, est un composé d'hydrogène et d'oxygène; par conséquent, nous avons dans ce liquide une source inépuisable de l'un des éléments du g. d'éclairage. Nous disons de l'un des éléments, car le pouvoir éclairant de l'hydrogène pur est à peu près nul : quand on le brûle seul, la flamme est presque invisible. Pour le rendre éclairant, il faut le charger d'une certaine quantité de carbone. Un industriel belge, Jobard, fut le premier qui a imaginé un procédé pratique pour la préparation du *g. à l'eau,* comme on l'appelle. Pour cela, il décomposait l'eau par le charbon pour dégager son hydrogène, et il communiquait à ce g. la puissance éclairante qui lui manque en le faisant passer à travers un réservoir contenant du goudron de houille ou de l'huile de schiste, dans lequel il se chargeait d'une suffisante quantité de vapeur d'hydrocarbure. Ce procédé fut mis en pratique, vers 1844, aux Batignolles, par Selligue. Mais le procédé de décomposition de l'eau n'était point assez économique; en outre, l'hydrogène obtenu était mêlé d'une assez forte proportion d'oxyde de carbone, g. très vénéneux et nullement éclairant. Un autre industriel éminent, Gillard, était parvenu à décomposer l'eau à bien moins de frais. De plus, l'hydrogène qu'il obtenait, était presque pur et renfermait même moins d'oxyde de carbone que n'en contient le g. de houille. Enfin, au lieu de charger son hydrogène d'une vapeur carburée, il communiquait à ce g. enflammé, un pouvoir éclairant considérable, en interposant dans la flamme un mince réseau de fils de platine.

Ce g. offre, sur tous les autres, un immense avantage : c'est qu'en brûlant, il donne uniquement naissance à de la vapeur d'eau, laquelle résulte de la combinaison de l'hydrogène lui-même avec l'oxygène atmosphérique. En dépit des avantages qu'il présente incontestablement l'emploi du g. à l'eau, après de vains essais, a été abandonné dès les premiers moments de son apparition.

C. Éclairage par le gaz oxy-hydrogène. — On a fait aussi de nombreuses tentatives en vue d'obtenir pratiquement l'éclairage par le g. oxy-hydrogène ou par la *lumière oxhydrique.*

Nous avons déjà vu ailleurs (Voy. CHALUMEAU) que la combustion de l'hydrogène par l'oxygène dégage une très grande quantité de chaleur. La flamme qui se produit alors ne possède qu'une puissance éclairante très faible ; mais on l'augmente énormément en y interposant un fragment de chaux, de magnésie ou d'alumine. Aussitôt le corps interposé devient incandescent aux points que touche la flamme, et prend un éclat éblouissant : c'est là ce qu'on appelle la *Lumière Drummond.* Ce mode de production de lumière n'a jamais reçu d'application pratique ; néanmoins il a été proposé, comme on l'a fait depuis pour la lumière électrique, d'éclairer toute une ville au moyen d'un seul appareil de ce genre : de là le nom d'*Éclairage sidéral* sous lequel on le désigne quelquefois. Les impossibilités qui s'opposent à l'exécution d'un pareil projet se devraient presque immédiatement. Il semble au contraire que le progrès consiste à multiplier les foyers lumineux pour répartir la lumière d'une manière plus uniforme, et créer les espaces pleins d'ombre.

Au lieu de se servir d'oxygène et d'hydrogène purs, Gaudin a essayé de substituer au premier de ces gaz l'air atmosphérique, et au second un corps renfermant une forte proportion du même g., comme l'alcool, l'éther ou l'essence de térébenthine. Il brûlait, par ex., de l'essence de térébenthine à alimentée par un vif courant d'air, en interposant dans la flamme un fragment de chaux préparé par un procédé de son invention. Il obtenait ainsi une flamme dont la blancheur dépassait de beaucoup celle d'une lampe Carcel. En brûlant la même substance et de la même manière avec l'oxygène pur, la flamme acquérait un éclat éblouissant et éclairant 50 fois autant que le g. de la houille.

D. Incandescence par le gaz. — C'est en s'appuyant sur la propriété que possèdent certains corps de devenir incandescents lorsqu'on les soumet à une température élevée en présence d'une flamme, qu'on est parvenu à obtenir à l'aide du g. d'éclairage dans la flamme duquel on introduit un *manchon* composé d'une mince pellicule d'une *terre rare,* oxydes de zircone, de tellure, etc., etc., une lumière éclatante. Ce mode d'éclairage très usité actuellement a été imaginé par l'autrichien docteur Auer, qui a donné à ce nouvel éclairage le nom caractéristique l'*incandescence par le g.* En effet, l'oxyde sous l'influence de la chaleur que développe la flamme, devient instantanément incandescent et donne une lumière d'une fixité et d'une régularité très remarquables et dont l'intensité se rapproche beaucoup de celles des lampes électriques à incandescence. Depuis l'introduction en France du bec et du manchon Auer, il s'est produit pour ce mode d'éclairage de très nombreuses imitations qui, en somme, donnent des résultats à peu près identiques à ceux qu'on obtient avec les appareils Auer. On a même appliqué ce procédé à des lampes à pétrole.

E. Éclairage par l'acétylène. — Au mot *Éclairage* nous avons indiqué l'état actuel de la question. Depuis la publication de cet article on a proposé un nouveau procédé d'emploi du g. acétylène : le nouveau procédé consiste à employer la dissolution du g. acétylène dans l'acétone, qui en dissout près de mille fois son volume sous une pression de 5 à 8 atmosphères. Cette dissolution n'est nullement explosible, un récipient d'un ou deux litres suffirait pour alimenter un bec pendant plus de dix ou douze heures. Des études sont actuellement poursuivies en vue de rendre ce procédé absolument pratique et commode. Voy. ÉCLAIRAGE.

Géol. — *Gaz fossiles.* — Il existe dans l'intérieur de l'écorce terrestre une certaine quantité de g. qui s'échappent dès qu'une ouverture leur donne issue. C'est ainsi que dans la *Grotte du chien,* près de Naples, il se dégage constamment de l'acide carbonique par les fissures du sol. Voy. CARBONE. Dans les mines, on observe fréquemment des dégagements d'acide carbonique et d'azote; mais de tous les g. qui existent à l'intérieur de la Terre, les plus communs sont des mélanges

d'hydrocarbures divers qui paraissent provenir de la décomposition des matières végétales enfouies depuis des siècles. Ce sont ces hydrocarbures qui se dégagent si fréquemment dans les mines de houille et y forment, avec l'air des galeries, ces mélanges détonants si dangereux connus sous le nom de *Grisou.* Voy. ce mot.

Des hydrocarbures gazeux, plus ou moins analogues à notre g. d'éclairage sortent du sol, en certains pays, par des ouvertures naturelles ou artificielles qui constituent ainsi de véritables *puits de g.* C'est le plus souvent en cherchant de l'eau au moyen de la sonde qu'on rencontre ces grands réservoirs de g. inflammable. Dans les forages entrepris pour aller à la recherche des eaux salées, les Chinois rencontrent fréquemment de pareils dégagements gazeux. Alors, à l'aide de longs tuyaux, ils conduisent le g. sous les chaudières qui servent à évaporer les eaux salées, et l'y enflamment. Ils n'emploient dans ce cas aucun autre combustible. Ils se servent aussi du même g., lorsqu'il se dégage en quantité suffisante, pour éclairer les rues, les halles et les ateliers. Il y a également aux États-Unis d'Amérique plusieurs villages dans lesquels on a mis à profit, pour éclairer les rues et les maisons, des courants de g. inflammable qui se dégagent d'une manière continue depuis un grand nombre d'années par des trous de sonde qu'on avait faits en cherchant de l'eau.

GAZA, anc. v. des Philistins sur la Méditerranée, dont Samson emporta les portes. Gaza est l'une des plus anciennes villes du monde, puisque la Genèse en parle. Antérieure à Abraham. L'invasion des sables de la mer l'a graduellement fait disparaître. La ville moderne compte 5,000 hab. A 85 kilom. au S.-O. de Jérusalem. Était célèbre au temps de Charlemagne par sa fameuse horloge astronomique, déjà très ancienne à cette époque. == Nom des hab. : GAZÉENS, ENNES.

GAZAGE. s. m. T. Techn. Action de passer à la flamme du gaz.

GAZE. s. f. (R. *Gaza,* ville de Syrie). Espèce d'étoffe fort claire, faite de soie, de fil de coton, ou de fil d'or et d'argent. *G. de soie. G. d'argent. Un voile de g.* || Par ext., Tissu, enveloppe légère, transparente. *Des ailes de g.* || T. Écon. rur. Carrés et mottes de terre ou de gazon, dans les rasières se servent pour recouvrir le bûcher. || T. Techn. Travail pour remplir l'intérieur des fleurs dans la dentelle-réseau. || Fig., Ce qui voile légèrement la pensée, sous une forme transparente.

GAZÉIFIABLE. adj. 2 g. Qui peut être gazéifié, converti en gaz.

GAZÉIFICATION. s. f. [Pr. ...*sion*]. Action de gazéifier. Réduction, passage d'un corps à l'état de gaz.

GAZÉIFIER. v. a. (R. *gaz* et le suff. *fier,* du lat. *ficare,* dérivé de *facere,* faire). Transformer en gaz. == SE GAZÉIFIER. v. pron. Passer à l'état de gaz. == GAZÉIFIÉ, ÉE. p.

GAZÉIFORME. adj. 2 g. (R. *gaz* et *forme*). Qui est à l'état de gaz.

GAZÉITÉ. s. f. (R. *gaz*). Propriété qu'ont certains corps d'exister à l'état gazeux.

GAZELLE. s. f. T. Mamm. Petite espèce d'Antilope propre à l'Afrique. Voy. ANTILOPE.

GAZER. v. a. (R. *gaze*). Mettre une gaze sur quelque chose. *Il faudrait g. cette pendule.* || Remplir l'intérieur des fleurs dans la dentelle-réseau. || Fig. et fam., Adoucir, déguiser ce qu'il y aurait de trop libre dans un récit, etc. *G. un conte, une histoire. Vous feriez bien de le g. un peu.* == GAZÉ, ÉE. part.

GAZER. v. a. (R. *gaz*). T. Techn. *G. le coton,* Le passer à la flamme du gaz pour le débarrasser des brins de coton qui n'ont pas subi la torsion.

GAZETIER. s. m. Celui qui compose, qui publie une gazette; ne s'emploie aujourd'hui par dénigrement d'un colporteur de nouvelles. Habituellement on dit *Journaliste.* || Autrefois se disait aussi de celui qui vendait ou qui donnait à lire les gazettes.

GAZETIN. s. m. Petite gazette. Peu usité.

GAZETTE. s. f. [Pr. *gazè-te*] (ital. *Gazetta*, petite monnaie, prix de la gazette à Venise). Journal, écrit périodique, contenant les nouvelles politiques, littéraires ou autres. *G. de France. G. littéraire. G. politique. Les gazettes étrangères. J'ai vu cela dans la g.* Aujourd'hui on dit ordinairement *Journal.* || Fig. et fam., se dit d'une personne bavarde, qui rapporte tout ce qu'elle entend dire. *Cette femme est une vraie g. C'est la g. du quartier.*

Hist. — La première g. a été fondée à Venise au commencement du XVIIe siècle. Ce journal se vendait une *gazetta,* et de là est venu son nom. Le 30 mai 1631 parut à Paris le premier numéro imprimé de la *Gazette de France,* rédigée par Renaudot, médecin du roi. Voy. JOURNAL.

GAZETTE. s. f. [Pr. *gazè-te*] (it. *casette*). T. Céram. Enveloppe des pâtes grossières pour séparer les pièces à la cuisson. Voy. CÉRAMIQUE.

GAZEUR. s. m. Celui qui sait gazer, déguiser les choses trop libres.

GAZEUSE. s. f. [Pr. *gazeu-ze*] (R. *gazer*). Point d'Alençon, dentelle-bride. || Celle qui fait le remplissage des fleurs et feuilles, dans la fabrication de la dentelle.

GAZEUX, EUSE. adj. (R. *gaz*). Qui est de la nature du gaz. *État g. Fluide g. Substance gazeuse.* || Qui contient du gaz. *Boissons gazeuses.*

GAZIER. s. m. Ouvrier qui travaille au gaz d'éclairage. || Celui qui vend, qui pose des appareils à gaz. = GAZIER, IÈRE. adj. Relatif au gaz. *L'industrie gazière.*

GAZIER, IÈRE. s. Ouvrier, ouvrière en gaze.

GAZIFÈRE. adj. 2 g. (R. *gaz* et lat. *ferre*, porter). Qui sert à faire le gaz. *Machine g.*

GAZNÉVIDES, dynastie tartare qui régna sur l'Afghanistan, le Khoraçan, etc., de 975 à 1183.

GAZOFACTEUR. s. m. (R. *gaz* et *facteur*). Usine où l'on fait du gaz portatif.

GAZOGÈNE. s. m. (R. *gaz* et gr. γεννάω, j'engendre). T. Techn. Mélange d'alcool et d'essence, employé pour l'éclairage. Voy. ÉCLAIRAGE. || Se dit aussi de certains appareils usités pour charger d'acide carbonique l'eau destinée à être employée comme boisson. Voy. CARBONE.

GAZOLINE. s. f. (R. *gaz*). Nom donné dans le commerce à l'essence de pétrole beaucoup plus volatile que le pétrole lui-même. Voy. PÉTROLE.

GAZOLYTE. adj. 2 g. (R. *gaz* et gr. λυτὸς, soluble). Susceptible de se résoudre en gaz. = GAZOLYTES. s. m. pl. T. Chim. Corps simples susceptibles de former des gaz permanents par leur combinaison avec d'autres corps simples.

GAZOMÈTRE. s. m. (R. *gaz,* et gr. μέτρον, mesure). Appareil destiné à emmagasiner les gaz et qui permet d'en mesurer facilement le volume. — Dans les usines à gaz, grande cloche en fonte pour emmagasiner le gaz. Voy. GAZ.

GAZOMÉTRIE. s. f. (R. *gazomètre*). Art de mesurer les gaz.

GAZON. s. m. (all. *wasen*, m. s.). Herbe courte et menue, ou la terre qui est couverte de cette herbe *G. épais, touffu. Du g. bien vert. Semer du g. Il faudrait tondre ce g. Un lit, un siège de g.* || Au pl., Plaques carrées de terre couvertes d'herbe courte et menue, dont on se sert pour faire des gazons artificiels, etc. *Lever des gazons. Revêtir de gazons le parapet d'un retranchement.*

GAZONNANT, ANTE. adj. [Pr. *ga-zo-nan*]. T. Hort. Plantes gazonnantes, plantes grêles et courtes qui forment gazon.

GAZONNÉE. s. f. [Pr. *gazo-née*]. Terrain couvert de gazon.

GAZONNEMENT. s. m. [Pr. *gazo-neman*]. Action de gazonner ou l'emploi qu'on fait des gazons pour quelque ouvrage. — On dit plus souvent *Gazonnage.*

GAZONNER. v. a. [Pr. *ga-zo-ner*]. Revêtir de gazon. *G. un bastion. G. les bords d'un bassin.* = GAZONNER v. n. Pousser du gazon, se couvrir de gazon. = GAZONNÉ, ÉE. part.

GAZONNEUX, EUSE. adj. [Pr. *ga-zo-neu*]. Syn. de *Gazonnant.*

GAZOSCOPE. s. m. (R. *gaz,* et gr. σκοπέω, examiner). T. Techn. Appareil destiné à déceler la présence des gaz inflammables dans l'atmosphère des mines, afin qu'on puisse en prévenir l'explosion. Voy. GRISOU.

GAZOUILLANT, ANTE. adj. [Pr. *ga-zou-llan, ll* mouillées]. Qui gazouille.

GAZOUILLEMENT. s. m. [Pr. *ga-zou-lie-man, ll* mouillées] (R. *gazouiller*). Petit bruit agréable que font les oiseaux en chantant, les ruisseaux en coulant sur des cailloux. *Le g. des oiseaux. Le g. d'un ruisseau.*

GAZOUILLER. v. n. [Pr. *ga-zou-ller, ll* mouillées] (d'un rad. germ. *gas,* qui se retrouve dans *jaser*). Faire un petit bruit doux et agréable, comme celui que fait un petit ruisseau, ou celui que font de petits oiseaux en chantant. *D'ici j'entends le ruisseau. Les oiseaux qui gazouillent dans le bosquet. Ce jeune oiseau commence à g.* — Par ext., se dit d'un enfant qui commence à parler.

GAZOUILLIS. s. m. [Pr. *ga-zou-lli, ll* mouillées]. Gazouillement. Vx.

GEAI. s. m. [Pr. *jai*] (orig. celt.; bas-breton, *gegin,* m. s.). T. Ornith. Genre d'Oiseaux appartenant à l'ordre des Passereaux et à la famille des Corvidés. Voy. CORBEAU.

GÉANT, ANTE. s. (lat. *gigas, gigantis,* du gr. γίγας, m. s.). Celui, celle qui excède de beaucoup la stature ordinaire des hommes. — Fig., Personne qui surpasse de beaucoup ses semblables en quelque point. *Le géant des batailles. Aller, marcher à pas de g.,* Aller fort vite, faire de grands progrès dans quelque chose que ce soit. || Par ext., se dit aussi d'êtres qui se distinguent par des proportions colossales. *L'éléphant, ce g. des animaux. La cognée a abattu ces géants de nos forêts.* || Astron. *Le Géant,* Nom donné à la constellation d'Orion. = adj. Très grand, colossal. *Une guêpe géante, un chêne g.* Fig., Très considérable, très important, extrême, excessif. *Amour-propre g.*

> Chacun de nous sourit à son néant,
> S'exagère sa propre idée ;
> Tel s'imagine être un géant,
> Qui n'a pas plus d'une coudée.

Anthrop. — On a cru longtemps qu'il y avait eu sur la terre des races d'hommes d'une stature bien supérieure à celle des générations actuelles. Quoique cette croyance se trouve dans les traditions d'un grand nombre de peuples, elle est sans fondement. Sans doute il s'est rencontré dans tous les temps et dans tous les pays, comme d'ailleurs on le voit encore de nos jours, des hommes dont la taille dépassait notablement les dimensions communes ; mais ces individus sont des exceptions plus ou moins rares, et souvent des malades. Pour confirmer l'opinion de l'existence de ces races, on a prétendu, à plusieurs reprises, avoir exhumé des ossements humains gigantesques. Au XVIIe siècle, par ex., on fit grand bruit de la découverte du prétendu tombeau de Teutobochus, roi des Cimbres, lequel, d'après la mesure de ses ossements, devait avoir eu 10 mètres de haut : or, vérification faite, il s'est trouvé que Teutobochus était un éléphant fossile. C'est là l'histoire de tous les ossements de géants, et la paléontologie a fait complètement justice de cette erreur. En outre, l'étude des débris humains les plus antiques qu'on ait trouvés démontre que l'espèce humaine n'a pas dégénéré sensiblement depuis plusieurs milliers d'années. Quant aux Patagons, qui ont été le sujet de tant de fables dans les deux derniers siècles, il est aujourd'hui avéré que leur taille moyenne est d'environ 1m.70. Nous le répétons, le *Gigantisme* est un phénomène exceptionnel et parfois même un fait tératologique, et, de plus, il faut singulièrement rabattre des dimensions que le vulgaire attribue aux géants. La plus haute taille humaine connue est celle d'un nègre du Congo, vu par Vander Broeck, et qui avait 2m,60. L'empereur Maximin atteignait, à ce qu'il paraît, celle de 2m,50. Ajoutons à cela qu'il n'y a pas de famille de géants. La singularité de la taille ne s'étend pas au delà d'une génération. Les fils de géants rentrent dans la loi commune de la nature humaine, et même il arrive le plus souvent que les géants meurent sans enfants. En général, on se fait aussi une idée fausse de leur force; car d'ordinaire ils sont faibles, pusillanimes et dénués d'intelligence.

GÉANTISME. s. m. (R. *géant*). L'anomalie en excès qui caractérise la taille des géants.

GÉANTS (Monts des), ou **RIESENGEBIRGE**, chaîne de l'Allemagne orientale, où l'Elbe prend sa source.

GÉARKSUTITE. s. f. T. Minér. Fluorure d'aluminium et de calcium.

GÉASTRE. s. m. (gr. γῆ, terre; ἀστήρ, étoile). T. Bot. Genre de Champignons (*Geaster*) de la famille des *Gastéromycètes*. Voy. ce mot.

GEBER, célèbre chimiste arabe du VIIIe ou IXe siècle de notre ère.

GÉCARCIN. s. m. (gr. γῆ, terre; καρκίνος, crabe). T. Zool. Genre de *Crustacés*. Voy. BRACHYOURES.

GECKO. s. m. (onom. du cri de l'animal). Les *Geckos* sont le type d'une famille de *Reptiles* qui appartient à l'ordre des

Fig. 1.

Sauriens. Leur taille est en général celle de notre Lézard commun; mais leur aspect est tout différent. Leur corps est plus ou moins déprimé, ainsi que la tête, et recouvert d'écailles granules parsemées de tubercules plus considérables, qui le font paraître

Fig. 2.

tout chagriné. Leurs yeux, fort grands et très saillants, ont des pupilles verticales qui se rétrécissent à la lumière et constituent une simple fente, ainsi qu'on l'observe ordinairement chez les animaux nocturnes. Leur langue est charnue, arrondie à l'extrémité et non extensible. Leurs mâchoires sont armées d'une seule rangée de dents petites et tranchantes; mais le palais n'en a pas. Leurs jambes sont écartées et terminées par cinq

doigts élargis sur toute ou une partie de leur longueur, et aplatie en dessous, où ils présentent une série de replis cutanés très réguliers, à l'aide desquels ils adhèrent si bien aux corps que plusieurs espèces marchent sous les plafonds. Leurs ongles sont ordinairement crochus et rétractiles, de façon à conserver leur tranchant. La conformation des doigts et des yeux qui caractérise les Geckos fait dire à Cuvier qu'ils sont parmi les Sauriens ce que sont les Chats parmi les Mammifères carnassiers. — Les Geckos habitent les pays chauds des deux continents et la Nouvelle-Hollande. Leur marche lourde et rampante, leur air triste et repoussant, une certaine ressemblance avec les Salamandres et les Crapauds, les a fait haïr, et même leur a fait attribuer des qualités nuisibles. On a dit que leur morsure était venimeuse, que l'attouchement seul de leurs pieds empoisonnait les viandes, que leur urine contenait un poison, etc. Des observations plus exactes ont fait justice de ces préjugés. Les Geckos sont des reptiles timides, inoffensifs, incapables de nuire; ils se nourrissent d'insectes et d'araignées qu'ils poursuivent pendant la nuit. Les uns vivent dans les maisons, dans les vieux murs; d'autres dans les endroits sauvages et sablonneux; quelques-uns enfin sur les arbres, où ils chassent leur proie.

Les Geckotiens ont été divisés en un certain nombre de genres d'après des caractères tirés de la conformation de leurs pattes. Sans entrer dans ces détails, nous nous contenterons de citer quelques-unes des espèces principales de cette famille. — Le *G. des murailles* (*Platydactylus fascicularis*) [Fig. 1] habite tout autour de la Méditerranée et se rencontre dans le midi de la France. Il est long de 10 à 13 centim., et de couleur gris foncé. Sa tête est rude et le dessus de son corps est semé de tubercules qui lui donnent un aspect repoussant. Cet animal se cache dans les trous et sous les tas de pierres, d'où il ne sort que la nuit. — Le *G. verruqueux* (*Hemidactylus verrucosus*) se trouve également dans le midi de l'Europe et jusqu'en Provence. Il est d'un gris roussâtre; son dos est semé de petits tubercules coniques, et sa queue présente aussi des cercles de semblables tubercules. — Le *G. des maisons* (*Ptyodactylus lobatus*) a la peau lisse, gris rougeâtre, tachetée de brun; le bout seul des doigts est élargi en disque. Cette espèce est commune dans les villes du Levant et de l'Égypte. Au Caire, on lui donne le nom d'*Abou burs* (père de la lèpre), parce qu'on prétend qu'il donne la lèpre en empoisonnant les aliments avec ses pieds. Lorsqu'il marche sur la peau, il y fait naître, dit-on, des rougeurs, vraisemblablement à cause de la finesse de ses ongles. — Nous terminerons en citant l'une des espèces les plus curieuses du genre, c'est le *Phyllure* (*Gymnodactylus phyllurus*) [Fig. 2], qui habite la Nouvelle-Hollande, et doit son nom à sa queue aplatie en forme de feuille. (gr. φύλλον, feuille; οὐρά, queue).

GECKOTIENS. s. m. pl. T. Erpét. Famille de Reptiles. Voy. GECKO.

GÉDANITE. s. f. (R. *Gedania*, nom lat. de la ville de Dantzig). T. Minér. Résine fossile semblable à l'ambre, mais ne donnant pas d'acide succinique.

GÈDE ou **GEDDE**. s. f. (R. *jatte*). Nom de larges jattes de bois employées au transport du sel dans les marais salants.

GÉDÉON, juge d'Israël, délivra les Juifs du joug des Madianites (XIIIe s. av. J.-C.).

GEDOYN (L'abbé NICOLAS), savant écrivain français, né à Orléans (1667-1744).

GÉDROSIE, anc. prov. de l'empire des Perses, entre la mer Érythrée et l'Indus.

GÈFLE, v. de Suède, au N.-O. de Stockholm; 20,800 hab.

GÉHENNE. s. f. [Pr. jé-è-ne]. T. Biblique. — Ce mot est une légère corruption de l'hébr. *Géhinnom*, ou vallée de Hinnon. La vallée ainsi nommée était située au sud de Jérusalem, près la porte des Poliers. Ce vocable biblique peut être cité comme un curieux exemple de la transformation de sens que peut subir un mot par l'effet du temps et des circonstances. La vallée d'Hinnom était un lieu de plaisance, au-dessous des murs de Jérusalem : « De belles fontaines répandaient leurs eaux dans tous les jardins, dont la verdure et les beautés rendaient ce lieu très agréable. Il y avait aussi beaucoup d'arbres fruitiers et de plantes d'une odeur merveilleuse. » Les Juifs s'avisèrent d'y bâtir un temple à Moloch, à qui ils sacrifiaient des victimes humaines. Le roi Josias ayant supprimé ce culte sanglant, et voulant rendre cette place souillée désormais exécrable à tous les Juifs, y fit répandre toutes les immondices de la ville. Après avoir été un but de promenade, un lieu de délices, la vallée d'Hinnom devint un objet d'horreur, si bien qu'à une époque postérieure géhenne fut synonyme d'enfer. Plus tard, ce ne fut que la torture. Et enfin, le mot se contractant en gêne a perdu de nos jours presque toute l'énergie de ses significations antérieures. — Par ext., on a donné le nom de Géhenne à la torture appliquée aux prévenus, aux criminels : et, au figuré, ce mot a pris le sens de peine, douleur, souffrance.

GEHLÉNITE. s. f. (R. *Gehlen*, nom d'homme). T. Minér. Silicate d'alumine, de chaux et de fer.

GEIBEL (Emmanuel), célèbre poète allemand, né à Lubeck (1815-1884).

GEIGER (Abraham), savant orientaliste allemand (1810-1874).

GEIGNANT, ANTE. adj. [Pr. *jé-gnan, gn* mouil.]. Qui a l'habitude de geindre.

GEINDRE. v. n. [Pr. *jin-dre*] (lat. *gemere*, m. s.). Gémir, ou se plaindre à diverses reprises, et d'une voix languissante; ne se dit guère qu'en manière de raillerie en parlant des personnes qui se plaignent pour la moindre incommodité. *Il ne fait que g.* Fam. == Conjug. Voy. PEINDRE.

GEINDRE. s. m. L'ouvrier qui pétrit le pain dans une boulangerie.

GÉINE. s. f. (gr. γῆ, terre). Nom chimique du terreau.

GÉINIQUE. adj. 2 g. (R. *géine*). T. Chim. *Acide g.*, Acide qu'on produit à l'aide de l'humate d'ammoniaque.

GEISPODSHEIM, anc. ch.-l. de c. du Bas-Rhin, arr. de Strasbourg, cédé à l'Allemagne en 1871 ; 2,288 hab.

GEISSLER (Henri), mécanicien et physicien allemand (1814-1879).

GEISSLER (Tubes de). Tubes de verre contenant un gaz raréfié qui s'illumine par le passage de la décharge électrique. Ainsi nommés du physicien allemand Geissler qui les construit le premier à l'aide de sa machine pneumatique à mercure. Voy. ÉLECTRICITÉ, RADIATION, RADIANTE (Matière).

GEISSOSPERMINE. s. f. T. Chim. Alcaloïde extrait de l'écorce de Pao-Pereira (*Geissospermum læve*). On l'obtient en petits prismes blancs fusibles à 160°, solubles dans les acides étendus, et formant une solution pourpre avec l'acide azotique.

GEL. s. m. (lat. *gelu*, m. s.). Temps de gelée.

GÉLA, v. anc. de la Sicile méridionale.

GELABLE. adj. 2 g. Qui est susceptible d'être gelé.

GÉLASE, nom de deux papes, dont le premier est honoré comme saint (492-496), et dont le deuxième fut chassé de Rome par Henri V de Franconie, qui fit nommer l'antipape Grégoire VIII, en 1119.

GÉLASIME. s. m. (gr. γελάσιμος, ridicule). T. Zool. Genre de Crustacés. Voy. BRACHYOURES.

GÉLATINE. s. f. (lat. *gelatum*, gelé). T. Chim. — La peau, le tissu des os, la matière cornée, les cartilages proprement dits, cèdent à l'eau avec laquelle on les fait bouillir une matière qui se prend en gelée par le refroidissement. Toute-

fois, la peau et le tissu des os ne donnent pas une matière identique avec celle des cartilages. Ces deux produits, longtemps confondus, diffèrent entre eux par leur composition et par quelques réactions chimiques ; ils ont reçu, le premier le nom de *Gélatine*, et le second celui de *Chondrine*. Celle-ci, plus riche en oxygène, l'est moins en azote : en outre, elle est précipitée de ses dissolutions par les acides, par les sels d'alumine, l'acétate de plomb, le sulfate de fer, etc., qui sont sans action sur la g. Voy. CHONDRINE. — La g. n'existe pas toute formée dans les organes; elle résulte de la transformation de l'osséine sous l'influence de l'eau et par la cuisson. C'est une substance transparente, incolore, inodore et insipide quand elle est pure. Elle possède au plus haut degré la faculté adhésive et s'emploie dans les arts sous le nom de *Colle forte*, d'*Ichtyocolle*, etc., suivant ses qualités et sa provenance. Chauffée fortement, elle fond, puis s'enflamme en répandant une odeur analogue à celle de la corne brûlée. L'eau froide la ramollit et la gonfle sans la dissoudre. L'eau bouillante la dissout et forme une liqueur visqueuse qui se prend en gelée et qui, en se refroidissant, présente une masse cohérente. Les solutions aqueuses de g. sont fortement lévogyres. Bouillies longtemps, elles perdent la propriété de se prendre en gelée. La g. est insoluble dans l'alcool et dans l'éther. Le tanin la précipite de ses dissolutions; il en est de même du chlorure mercurique. Les composés qui se forment dans ces deux cas sont imputrescibles. Une faible proportion d'acide ou d'alcali rend la g. soluble dans l'eau, même à froid. Les acides acétique et sulfurique la dissolvent. L'acide sulfurique concentré la transforme à chaud en une substance soluble, à saveur sucrée, appelée *Sucre de g.* ou *Glycocolle*. Voy. ce mot. Le bichromate de potasse, sous l'influence de la lumière, oxyde la g. et la transforme en un composé insoluble.

Le procédé le plus économique pour extraire la g. des os est le suivant, qui est dû à Darcet. On écrase les os entre des cylindres, puis on les fait bouillir quelque temps dans l'eau, pour les débarrasser des matières grasses, que l'on sépare. On les fait ensuite digérer, pendant 24 heures, dans une dissolution étendue d'acide chlorhydrique à 22°, qui dissout les sels calcaires : le poids d'acide employé doit être égal à celui des os; mais on le fait agir en plusieurs fois. Les os, débarrassés de leurs sels calcaires, sont lavés à grande eau, jusqu'à ce que les eaux de lavage ne soient plus acides; on les porte ensuite dans une chaudière de fonte où on les fait bouillir avec de l'eau. On doit avoir la précaution de n'employer que la proportion d'eau nécessaire pour obtenir une gelée et de faire agir cette eau en trois fois, parce qu'une ébullition trop prolongée altère la g. Cela fait, on soutire le liquide et on le verse dans des moules de bois où il se prend par le refroidissement en une gelée tremblante. Enfin, on découpe cette gelée en plaques minces qui, par la dessiccation, acquièrent une grande dureté. — La préparation de la g. alimentaire se fait un peu autrement. On se contente de soumettre les os à l'action de la vapeur d'eau, sous une haute pression, dans la marmite de Papin. La g. se dissout en grande partie dans l'eau; mais il en reste encore dans les os une proportion assez considérable pour que ceux-ci puissent être employés à la fabrication du noir animal. Il faut avoir soin de ne pas élever la température au-dessus de 106° ou 109°, et de n'employer que des os de bœuf, ceux de mouton et de porc donnant à la g. une saveur et une odeur désagréables. — Avec les peaux, les tendons, les rognures de mégisserie, de parcheminerie, de tannerie, etc., on fabrique des gélatines dont les plus communes constituent la *colle forte*, tandis que les variétés les plus pures, telles que la *grenétine*, la *gélatine Nelson*, etc., peuvent être utilisées comme gélatines alimentaires. Pour la colle forte, ainsi que pour l'ichtyocolle, voy. COLLE.

La g. est surtout usitée dans l'industrie comme matière adhésive, et sert à fabriquer diverses espèces de colle. Mais c'est à tort que beaucoup de personnes préfèrent les colles transparentes aux colles brunes et opaques : car la colle n'acquiert de la transparence que par une ébullition prolongée, et par conséquent aux dépens de sa propriété adhésive. Les gélatines transparentes, incolores, sans saveur ni odeur, et la colle de poisson s'emploient aux usages culinaires, à la préparation des gelées alimentaires, à la clarification des vins, des sirops, etc. La g. sert aussi à la fabrication des capsules pharmaceutiques, du taffetas d'Angleterre, des perles fausses, à l'apprêt et à l'imperméabilisation des tissus, et associée au collodion, à l'émaillage des épreuves photographiques. On la coule en lames minces et transparentes pour confectionner les images sur g. et les feuilles à décalquer employées en lithographie. Comme la g. hydratée, mise en présence de l'alcool, se déshydrate en se contractant beaucoup ou a mis cette propriété à profit pour réduire les dimensions d'empreintes obtenues sur une feuille de g. très hydratée. En faisant une opération inverse, on obtient une dilatation de la feuille qui agrandit les images avec la même régularité. Enfin, l'action que le bichromate de potasse, en présence de la lumière, exerce sur la g. a reçu d'importantes applications en photographie et en héliogravure. Voy. PHOTOGRAPHIE, PHOTOGRAVURE. La g. est facilement digestible; mais son emploi comme substance alimentaire a été très discuté; on a été jusqu'à lui dénier toute valeur nutritive. Le fait est qu'en l'absence de tout autre aliment azoté, la g. est incapable d'entretenir la vie; mais, lorsqu'elle est associée à une petite quantité d'aliments plastiques, elle peut maintenir l'équilibre azoté dans l'organisme aussi bien que si toute la nourriture azotée consistait en substances albuminoïdes proprement dites.

On donne quelquefois le nom de G. végétale à la Gliadine et à la Gélose. Voy. GLUTEN et GÉLOSE.

La g. explosive ou dynamite-gomme est une substance explosive employée aux mêmes usages que la dynamite, et constituée par de la nitroglycérine incorporée à du collodion.

GÉLATINÉ, ÉE. adj. Enduit de gélatine.

GÉLATINEUR. s. m. Fabricant de gélatine.

GÉLATINEUX, EUSE. adj. Qui est de la nature de la gélatine, ou qui ressemble à la gélatine. *Suc g. Substance gélatineuse.*

GÉLATINIFORME. adj. 2 g. (R. *gélatine*, et *forme*). Qui ressemble à la gélatine.

GÉLATINISATION. s. f. [Pr. *jélatini-za-sion*]. Passage d'un corps à l'état de gélatine ou à l'aspect gélatineux.

GÉLATINO-BROMURE. s. m. T. Photogr. Gélatine dans laquelle on incorpore du bromure d'argent et qui constitue la couche sensible des plaques photographiques les plus employées aujourd'hui (1897). Voy. PHOTOGRAPHIE.

GÉLATINOGRAPHIE. s. f. (R. *gélatine*, et gr. γράφω, je dessine). Procédé d'impression à l'encre grasse sur une surface de gélatine préalablement sensibilisée au bichromate de potasse et impressionnée par la lumière sous un cliché photographique. Ce mot est l'abrégé de *photogélatinographie*, qui a été remplacé au congrès international de photographie par *Photocollographie*. Voy. ce mot.

GELBERDE. s. m. [Pr. *jèt-berde*] (a l. *gelb*, jaune; *erde*, terre). T. Minér. Variété d'argile ocreuse.

GELBOÉ, mont de Palestine où périt Saül.

GELÉE. s. f. (lat. *gelu*, m. s.). Se dit d'un froid assez intense pour que l'eau se congèle. *Il a fait cette nuit une très forte g. Il y a eu de grandes gelées cet hiver.* — *G. blanche,* la rosée congelée. || Suc de viande, ou de quelque autre substance animale, qui a pris en se refroidissant une consistance molle et tremblante. *G. de veau.* Se dit également du suc de certains fruits qui se prend en une masse molle et plus ou moins transparente. *G. de groseille, de pomme,* etc. Voy. PECTINE. || T. Pharm. Saccharolé ayant une consistance tremblante. || T. Zool. *G. de mer,* Scrte de méduse.

GELÉE (CLAUDE), surnommé *le Lo-rain,* célèbre paysagiste français, né au château de Champagne (Vosges) (1600-1682).

GÉLÉINE. s. f. T. Chim. Voy. GÉLINE.

GELER. v. a. (lat. *gelare,* m. s.). Glacer, endurcir par le froid, pénétrer par un froid excessif. *Le froid a gelé l'eau du bassin, a gelé le ruisseau, la rivière, le vin dans les caves.* || Durcir par la gelée. *La terre est gelée.* || Se dit aussi de l'excès du froid lorsqu'il fait périr quelque être vivant ou mortifie quelque partie de son corps. *Le froid lui a gelé les pieds. Le froid a gelé les vignes. Les bourgeons des poiriers ont été gelés.* || Par exag. se dit de ce qui cause un froid plus ou moins vif. *Voilà une porte qui me gèle.*

Vos mains sont si froides, qu'elles me gèlent. Il est tout gelé de froid. || Fig. et fam., *Cet homme gèle ceux qui l'abordent,* Son accueil est extrêmement froid. — SE GELER. v. pron., et GELER. v. n. Se transformer en glace, s'endurcir par le froid; périr, se mortifier par l'action du froid. *Le mercure se gèle ou gèle à 40 degrés au-dessous de zéro. Il a fait si froid cette nuit, que l'eau s'est gelée ou a gelé dans ma chambre. La rivière a gelé. Les pieds lui ont gelé. Les oliviers ont gelé.* || Par exag. et fam., se dit pour Éprouver un froid très pénible. *Je me suis gelé rien que pour avoir traversé la cour. J'ai gelé toute la nuit.* || Impersonnell., on dit, *Il gèle très fort aujourd'hui. Il a gelé hier à pierre fendre. Il a gelé blanc.* || S'altérer par un froid excessif. *La vigne a gelé.* — Fig. et prov., *Plus il gèle, plus il étreint,* Plus il arrive de maux, plus il est difficile de les supporter. ⇒ GELÉ, ÉE. part.

Conj. — *Je gèle, nous gelons. Je gelais, nous gelions. Je gelai, nous gelâmes. Je gèlerai, nous gèlerons.* — *Je gèlerais, nous gèlerions.* — *Gèle, gelons.* — *Que je gèle, que nous gelions. Que je gelasse, que nous gelassions.*

GELEUR, EUSE. s. Qui fait geler. Inus. || *Les geleurs de vigne,* Saints dont la fête tombe dans la saison des gelées blanches.

GÉLIDIÉES. s. f. pl. (R. *gelidium*). T. Bot. Tribu d'Algues de la famille des *Némaliacées.* Voy. ce mot.

GELIDIUM. s. m. [Pr. *gé-li-diome*] (lat. *gelidus,* gelé). T. Bot. Genre d'Algues Floridées de la famille des *Némaliacées.* Voy. ce mot.

GÉLIF, IVE. adj. (R. *geler*). Qui a gercé, fendu par la gelée. *Des arbres gélifs. Une pierre gélive.* || Susceptible de se fendre sous l'influence de la gelée. *Je ne veux point de cette sorte de pierre, elle est gélive.*

GÉLIFICATION. s. f. [Pr. ...*sion*] (R. *gélifier*). On désigne ainsi le phénomène par lequel la substance qui constitue la membrane cellulaire, se transforme en une substance qui est cornée à l'état sec et qui, sous l'influence de l'eau, se gonfle énormément et forme une sorte de gelée ou de mucilage; graines de Crucifères, de Coignassier, etc.

GÉLIFIER (SE). v. pron. (lat. *gelu,* gelée; *fieri,* être fait, devenir). T. Bot. Se dit de la membrane cellulaire qui subit le phénomène de la *gélification.* Voy. ce mot.

GÉLIMER, dernier roi des Vandales (534), fut vaincu et pris par Bélisaire.

GÉLINE. s. f. (lat. *gallina,* m. s.). Poule ou poularde. Vieux.

GÉLINE. s. f. (R. *gelée*). T. Chim. Substance formant la matière des fibrilles propres du tissu conjonctif. On l'extrait de la vessie natatoire de l'Esturgeon ou des tendons; on les réduit en tranches minces qu'on laisse séjourner dans l'eau chaude pour dissoudre la mucine et qu'on traite ensuite à l'eau pure. La g. est très analogue à l'osséine. Transparente, insoluble dans l'eau, elle se gonfle beaucoup dans les acides ou les alcalis dilués, et s'y transforme lentement en produits solubles. Maintenue pendant quelque temps dans l'eau bouillante, elle se change en géléine.

La *géléine* est transparente, non adhésive; elle se dissout dans l'eau bouillante et se prend en gelée par refroidissement. Chauffée à 100°, elle se convertit peu à peu en gélatine. A froid elle subit la même transformation en se dissolvant dans les acides et les alcalis, même très étendus. La géléine sert, en histologie, à la culture des virus et des ferments.

GÉLINOTTE. s. f. [Pr. *jéli-note*] (Dim. de *géline*). T. Ornith. Genre de *Gallinacés.* Voy. TÉTRAS. || Se dit aussi d'une petite poule engraissée dans une basse-cour.

GÉLIVITÉ. s. f. Défaut de ce qui est gélif.

GÉLIVURE. s. f. (R. *gélif*). Fente ou gerçure des arbres, des pierres, causée par la congélation de l'eau qui les pénètre.

Arboric. — Lorsque les troncs d'arbres renferment beaucoup d'humidité et qu'un grand abaissement de température se produit subitement, il se manifeste dans l'intérieur du corps ligneux des fentes longitudinales qui, partant du centre, rayonnent vers la circonférence et déchirent même l'écorce. C'est la maladie connue sous le nom de *Gélivure*. On voit souvent apparaître, à la suite de cet accident, des écoulements qui se transforment en ulcères et qui enlèvent au tronc presque toute sa valeur. Aussitôt que ces fentes apparaissent sur l'écorce, il faut enlever avec un instrument bien tranchant les deux côtés de la plaie longitudinale sur une largeur de 2 centimètres environ, et la recouvrir avec du mastic à greffer. L'écoulement cesse et la cicatrisation s'opère rapidement.

GELLERT, fabuliste et moraliste allemand, auteur de fables et de contes très estimés (1715-1769).

GÉLON, tyran de Syracuse, de 491 à 478 av. J.-C., vainquit les Carthaginois.

GÉLOSCOPIE. s. f. (gr. γέλως, rire; σκοπεῖν, examiner). Essai de déterminer le caractère des hommes en observant leur manière de rire.

GÉLOSE. s. [Pr. *jélo-ze*] (R. *gelée*). T. Chim. Substance mucilagineuse formant, avec la pararabine, la majeure partie du produit commercial appelé *Mousse de Chine*, *Agar-agar* (*Ichtyocolle végétale*, *Phycocolle*). Elle constitue la plus grande partie du principe gélatineux des Algues, surtout très abondant dans le *Chondrus crispus*, le *Gracilaria lichénoïdes*, les *Ceramium*, *Gelidium*, *Porphyra*, etc. La g. est transparente, incolore; elle se gonfle beaucoup dans l'eau froide; elle se dissout dans l'eau chaude à partir de 95°. Cette solution, légèrement lévogyre, est précipitable par l'alcool; par refroidissement elle se prend en gelée, même lorsqu'elle ne contient qu'une partie de g. pour 500 parties d'eau. Le pouvoir gélatinisant est 8 à 10 fois plus fort que celui des gélatines animales. Cette propriété disparaît quand on fait bouillir la solution avec un acide étendu; la liqueur devient peu à peu dextrogyre, cesse d'être précipitable par l'alcool et acquiert des propriétés réductrices en se convertissant peut-être en une glucose. — La gelée de g. ou d'agar-agar est très ferme et supporte la température de 50° avant de redevenir liquide; n'étant nullement adhésive, elle se prête très bien au moulage des objets délicats; sa transparence parfaite, l'absence d'odeur et de saveur la rendent très propre aux usages culinaires. Voy. AGAR-AGAR.

GELSÉMINE. s. f. T. Chim. Alcaloïde extrait, à l'aide de l'alcool, de la racine du *Gelsemium sempervirens*. C'est une poudre amorphe, peu soluble dans l'eau, très soluble dans l'éther et le chloroforme. Elle fond au-dessous de 100°. Ses solutions sont amères et fortement alcalines. La g. est très vénéneuse; elle produit des convulsions.
La même racine fournit une substance qu'on a appelée *Acide gelsémique* et qui paraît être identique avec l'esculine.

GELSÉMIQUE. adj. T. Chim. *Acide g.* Voy. GELSÉMINE.

GELSEMIUM. s. m. [Pr. *gel-sé-miome*] (ar. *gelsem*, *jasmin*). Genre de plantes Dicotylédones de la famille des *Apocynées*. Voy. ce mot.

GELSENKIRCHEN, ville d'Allemagne; 20,290 hab.

GELURE. s. f. T. Path. On nomme gelures, froidures ou congélations les lésions que le froid produit sur les tissus. — Les gelures atteignent surtout les extrémités : sur 496 cas, les pieds seuls ont été saisis 335 fois, et les mains seules 105; 38 fois les pieds et les mains furent lésés en même temps. Le gros orteil et le petit doigt sont particulièrement susceptibles. Les oreilles et le nez sont aussi souvent le siège de froidures. Les débilités sont plus accessibles, ainsi que les alcooliques. Le froid humide est beaucoup plus dangereux que le froid sec; l'humidité ou la coexistence du vent joue un rôle important. — Le froid peut n'exercer son action que sur les points limités du corps; mais on observe aussi des cas où l'organisme est frappé tout entier; ceux-ci sont heureusement fort rares dans nos climats. Les froidures locales sont au contraire très fréquentes. Le premier degré, érythème ou rubéfaction se caractérise par une rougeur vineuse, violacée de la peau, qui disparaît ou reparaît sous la

pression intermittente des doigts; les parties sont tuméfiées, les téguments sont engourdis, et aussitôt soumis à la chaleur d'un foyer, ils deviennent le siège de démangeaisons ou picotements absolument désagréables. En général les phénomènes durent peu; mais si on s'expose aux récidives, l'affection devient chronique (engelures rebelles). Le deuxième degré se caractérise par des lésions très analogues à celles que la vésication produit sur la peau. Après les vésicules citrines ou sanguinolentes, se montrent des ulcérations grisâtres, atones, qui sont la source d'une cuisson très vive; la peau est tuméfiée, fissurée de crevasses, d'où s'écoule un liquide jaune ou brun qui se concrète en croûtes de mauvais aspect; cette sécrétion s'éternise, les solutions de continuité s'agrandissent et les engelures ulcérées sont alors constituées; rebelles surtout chez les lymphatiques et les strumeux. — Le troisième degré est beaucoup plus grave : au-dessous des téguments livides et parsemés de phlyctènes roussâtres, on observe des lésions des tissus sous-jacents jusqu'à l'os. — Ces lésions évoluent souvent sans provoquer de troubles généraux; cependant chez les débilités, les cachectiques ou les individus soumis à une mauvaise hygiène, on note des complications rénales entre autres. — Quelques précautions peuvent conjurer les gelures ; on ne les observe sous nos climats que chez les insouciants et les misérables. Une alimentation particulière dont la graisse, le lard, les viandes huileuses sont la base, permet aux habitants des régions polaires de lutter contre la congélation; de même les vêtements spéciaux, l'exercice forcé sont de puissants protecteurs. Le traitement des accidents généraux, du refroidissement total, est renfermé dans le précepte formel d'éviter le réchauffement brusque, susceptible de provoquer la congestion des viscères, la stase sanguine et la mort; il faut réveiller la chaleur physiologique et éviter l'apport d'une chaleur artificielle; on dégèle graduellement le malade par des frictions d'abord froides et humides, puis peu à peu sèches et excitantes. — Quand la gelure est faite, la thérapeutique est restreinte : au premier degré, suffisant des lotions irritantes au vin aromatique ou à l'alcool camphré; les fissures, les crevasses sont pansées avec une pommade à l'iodoforme ou au tanin, ou de la glycérine iodée. Lorsque la désorganisation atteint les couches sous-cutanées, la question d'intervention peut se poser; celle-ci doit être tardive, et attendre la délimitation exacte du mort et du vif.

GÉMARE. s. f. (R. *Gemara*, m. s.). Deuxième partie du Talmud. Voy. TALMUD.

GÉMATRIE. s. f. Partie de la cabale juive. Voy. CABALE.

GEMBIN. s. m. [Pr. *jan-bin*]. T. Pêc. Espèce de nasse cylindrique.

GEMBLOUX, v. de Belgique, prov. de Namur; 3,050 hab. École d'agriculture.

GÉMEAU. s. m. (lat. *gemellus*, m. s., de *geminus*, double). Jumeau; n'est usité qu'au plur. pour signifier, l'un des douze signes du zodiaque et la constellation du même nom. *Le signe des Gémeaux. La constellation des Gémeaux*, dont les deux plus brillantes étoiles, α et β, sont nommées *Castor* et *Pollux*. Voy. CONSTELLATION, ZODIAQUE.

GÉMELLAIRE. adj. 2 g. [Pr. *jémel-lère*] (lat. *gemellus*, double). Des jumeaux. *Grossesse g.*

GÉMELLIFLORE. adj. 2 g. [Pr. *jémel-liflore*] (lat. *gemellus*, double; *flos*, fleur). T. Bot. Dont les fleurs sont disposées deux à deux.

GEMELLIPARE. adj. 2 g. [Pr. *jémel-lipare*] (lat. *gemelli*, jumeaux; *parere*, engendrer). T. Zool. Qui produit des jumeaux.

GÉMINATION. s. f. [Pr. ...*sion*] (lat. *geminatio*, m. s., de *geminare*, doubler). Dédoublement. État de ce qui est disposé par paires. *La g. des folioles. La g. des canaux de Mars.* || T. Rhét. Figure de mots consistant dans la répétition d'un mot. *Amour, amour, quand tu nous tiens !*

GÉMINÉ, ÉE. adj. (lat. *geminus*, double). T. Bot. Se dit des parties qui naissent deux ensemble au même lieu, ou qui sont rapprochées deux à deux. *Feuilles géminées.* || T. Épigraphie. *Lettres géminées*, Lettres qui, dans les abréviations des inscriptions, sont répétées pour indiquer que le mot abrégé s'applique à deux personnes. *Les lettres géminées*

S, G et P dans COSS, AUGG et IMPP désignent deux consuls, deux augustes, deux empereurs. En français, MM. employées comme abréviation de Messieurs et LL. MM., employées comme abréviation de Leurs Majestés, sont des lettres géminées. || T. Arch. Arcs géminés, Colonnes géminées, Arcs, colonnes groupés deux à deux. || T. Prat. Réitéré. Actes géminés. Commandements géminés.

GÉMINIDES. s. f. pl. Nom donné aux étoiles filantes qui émanent de la constellation des Gémeaux.

GEMINUS, astronome grec, né à Rhodes; au 1er siècle avant notre ère.

GÉMIR. v. n. (lat. gemere, m. s.). Exprimer la peine, la douleur, d'une voix plaintive et non articulée. Je l'entendis g. toute la nuit. || Fig., se dit des plaintes qu'excitent la tyrannie, l'injustice, le malheur, etc. G. sous la tyrannie, sous le joug. G. dans l'oppression dans l'esclavage, dans les fers. G. sous le poids du malheur. Le peuple gémissait sous le poids des impôts. L'Italie gémissait sous le joug étranger. || Fig., Éprouver une vive douleur, un chagrin profond. La pauvre mère gémissait des égarements de son fils. Je gémis de voir ces méchants triompher. Il gémissait sur les malheurs du temps. J'en gémis du fond du cœur. || Par anal., se dit pour exprimer le cri languissant et plaintif de certains oiseaux. La colombe gémit. La tourterelle gémit. || Dans le style élevé et surtout en poésie, Gémir, s'emploie souvent au figuré, en parlant des choses inanimées, lorsqu'elles font entendre quelque bruit, quelque murmure plaintif. L'enclume gémit sous le marteau. Le vent gémit dans les forêts. La terre gémissait sous ses pas. Les flancs du navire gémissaient sous le choc des vagues. Les coussins gémissent sous le poids de son corps. || Fig. et par plaisant., Faire g. la presse, Faire beaucoup imprimer; ne se dit que des écrivains qui ont plus de talent que de talent. — Gémir. v. a. Faire entendre en gémissant. G. une plainte. Poét.

GÉMISSANT, ANTE. adj. [Pr. jémi-san]. Qui gémit. Voix gémissante. D'un ton g. Un peuple g.

GÉMISSEMENT. s. m. [Pr. jémi-se-man] (R. gémir). Voix inarticulée arrachée par la douleur physique ou morale; plainte douloureuse; lamentation. Un long g. Le g. des blessés, des mourants. Il poussait des gémissements. — T. Dévot. G. de cœur, Sentiment de componction, vive et sincère douleur des péchés qu'on a commis. || Par anal., se dit du cri de certains oiseaux. Le g. de la colombe. | Fig., se dit, en poésie, du bruit, du murmure que certaines choses font entendre. Le g. des branches battues par la tempête. Le sourd g. du navire. Les gémissements de l'orgue.

GÉMISSEUR. s. m. [Pr. jémi-seur]. Celui qui gémit.

GEMMA, surnommé Frisius, astronome néerlandais (1508-1558).

GEMMACÉ, ÉE. adj. [Pr. jem-ma-sé] (lat. gemma, bourgeon). Qui a l'apparence d'une pierre gemme ou d'un bouton.

GEMMAGE. s. m. [Pr. jem-maje]. Action de gemmer.

GEMMAIRE. adj. 2 g. [Pr. jem-mère]. (lat. gemma, bourgeon). T. Bot. Qui fait partie du bourgeon.

GEMMAL. ALE. adj. [Pr. jemma"] (lat. gemma, bourgeon). T. Bot. Synon. de Gemmaire.

GEMMATION. s. f. [Pr. jem-ma-sion] (lat. germatio, m. s., de gemma, bourgeon). Le développement des bourgeons dans les plantes ou l'époque de ce développement. || T. Hist. nat. Reproduction par gemmes.

GEMME. s. f. [Pr. jè-me] (lat. gemma, bourgeon) T. Bot. Se dit de toute partie susceptible de reproduire un végétal, telle que les bourgeons normaux ou adventifs, les bulbes, bulbilles, etc. || T. Zool. Se dit, par anal., des saillies arrondies, puis ovoïdes, qui naissent à l'intérieur du tégument de certains animaux, font ensuite saillie au dehors, et enfin se détachent pour former des individus nouveaux. || T. Sylv. Suc résineux qui s'écoule des pins, par les entailles faites à la

tige. || T. Minér. Synon. de Pierre précieuse. || Sel gemme, Sel qui ressemble à une gemme. Voy. Sel.

GEMMER. v. a. [Pr. jem-mer]. Entailler le pin pour l'écoulement de la résine.

GEMMEUR. s. m. [Pr. jem-meur]. Celui qui gemme.

GEMMI, col des Alpes Bernoises qui conduit de la vallée de la Kander dans la vallée de la Louèche; 2,849 mètres.

GEMMIFÈRE. adj. 2 g. [Pr. jem-mifère] (R. gemme, et lat. fero, je porte). Qui contient des pierres gemmes, des diamants. || T. Bot. Qui porte des bourgeons.

GEMMIFORME. adj. 2 g. [Pr. jem-miforme] (R. gemme, et forme). Qui a l'apparence d'un bourgeon.

GEMMIPARE. adj. 2 g. [Pr. jem-mipare] (lat. gemma, bourgeon; parere, engendrer). T. Hist. nat. Se dit des plantes et des animaux qui ont des gemmes pour se reproduire. || Génération g. Voy. GÉNÉRATION.

GEMMIPARITÉ. s. f. [Pr. jem-miparité]. T. Hist. nat. Mode de reproduction qui a lieu au moyen de gemmes.

GEMMULATION. s. f. [Pr. jem-mula-sion]. T. Bot. Développement de la gemmule.

GEMMULE. s. f. [Pr. jem-mule] (Diminutif de gemme). T. Bot. Nom donné en botanique au premier bourgeon de la plante, qui tantôt se trouve tout formé dans l'embryon, tantôt se développe seulement au moment de la germination de la graine. Voy. GRAINE.

GÉMONIES. s. f. pl. (lat. gemoniæ scalæ, escalier des gémissements). T. Antiq. romaines. Dans l'ancienne Rome, on appelait ainsi un escalier à double rampe qui s'élevait sur la façade de la prison publique, du côté de la porte et en vue de tout le Forum. On traînait sur les marches de cet escalier les cadavres des citoyens mis à mort par strangulation, et on les y laissait exposés aux insultes du peuple jusqu'à ce que le magistrat les fit jeter dans le Tibre. Cette aggravation de peine avait été, dit-on, imaginée par Camille, le vainqueur des Gaulois (368-385 av. J.-C.). Elle a donné naissance à l'expression traîner aux gémonies, qui signifie accabler d'outrages et d'avanies.

GÉMOZAC, ch.-l. de c. de la Charente-Inférieure, arr. de Saintes; 2,500 hab.

GÉNAL, ALE. adj. (lat. gena, joue). T. Anat. Qui appartient aux joues.

GÊNANT, ANTE. adj. (R. gêne). Qui contraint, qui incommode. C'est un homme fort g. Sa présence était fort gênante. Cet emploi exige une assiduité fort gênante.

GENAPPE, v. de Belgique (Brabant méridional); 2,000 hab. sur la Dyle. C'est dans cette ville que les Prussiens s'emparèrent de la voiture de Napoléon, le 18 juin 1815, et massacrèrent le général Duhesme.

GÊNAPPE. s. m. [Pr. jé-nape]. Nom donné à des fils de laine retors, lissés et grillés au gaz.

GENÇAY, ch.-l. de c. (Vienne), arr. de Civray, 1,200 hab.

GENCIVE. s. f. [Pr. jan-sive] (lat. gingiva, m. s.). T. Anat. Muqueuse de la bouche qui recouvre les mâchoires.
Anat. — La muqueuse buccale qui recouvre le bord alvéolaire des mâchoires porte le nom de g. Avant l'éruption des dents, les g. ne sont qu'un bord épaissi de cette muqueuse, bord non interrompu qui repose sur la gouttière du maxillaire, lorsque le bord libre de ces os représente une gouttière, et qui recouvre les alvéoles en s'unissant au périoste, lorsque cette gouttière osseuse s'est transformée en alvéoles pour recevoir les dents. L'éruption des dents modifie la forme des g.; à l'époque où elle se fait, chaque dent perce le bord muqueux qui le recouvre, laissant entre elle et sa plus proche voisine une étroite lame de muqueuse; les g. présentent alors sur leur bord libre une série d'orifices, occupés par les dents, dont la disposition persiste pendant toute la durée de l'exis-

lence de ces organes; elle ne cesse qu'à la chute des dents où la forme primitive reparaît. — Chaque g., supérieure ou inférieure, présente deux faces que l'on distingue en antérieure et postérieure. L'antérieure commence à 2 millimètres environ de la base de l'alvéole et se distingue de la muqueuse par un relief légèrement festonné dont la saillie est plus ou moins marquée suivant la direction que prennent les dents; de ce bord saillant, la g. se dirige vers la base de l'alvéole et se jette sur la racine de la dent qui dépasse toujours cette base pour recevoir la face antérieure de cette dent jusqu'à son collet. Là elle se réfléchit sur elle-même jusqu'à l'alvéole où elle se continue avec le périoste de la paroi de cette cavité : au niveau de sa réflexion, on remarque un bord dentelé semblable à celui qui existe à son origine. — La face postérieure des g. offre une disposition anatomique analogue : la g. fait suite en haut à la muqueuse de la voûte du palais, en bas à celle du plancher buccal. — Je viens de dire qu'à une époque antérieure à leur éruption, les dents étaient recouvertes par les g. et que plus tard les g. ne recouvraient que la partie de la racine placée en dehors de l'alvéole ; en effet, les phases de la dentification se passent dans l'épaisseur de la g. La muqueuse gingivale n'y prend, il est vrai, aucune part, pas même à l'origine, puisqu'une membrane la sépare du follicule dentaire, lorsque ce follicule se présente sous la forme d'une poche contenant le bulbe et l'organe de l'émail. Plus tard, lorsque les phénomènes de la dentification touchent à leur terme et que l'accroissement de la dent se produit, la g. n'offre à cet accroissement qu'une résistance médiocre ; devant l'effort incessant qui tend à la refouler et la distendre, la g. se ramollit, ses éléments se dissolvent et disparaissent, soit qu'un travail congestif ait préparé ce ramollissement, soit qu'une distension extrême conduise au même but. — Le tissu de la g. est constitué par un épithélium pavimenteux et par un derme muqueux ; il se fait remarquer par son épaisseur, sa densité et sa fusion avec le périoste alvéolo-maxillaire; il est assez riche en vaisseaux et surtout en capillaires qui peuvent quelquefois devenir la source d'hémorragies inquiétantes; il reçoit ses vaisseaux de la muqueuse buccale voisine et du périoste maxillaire. La g. ne jouit que d'une très médiocre sensibilité par suite du petit nombre de filets nerveux terminaux, qui lui sont destinés.

Pathol. — Il n'entre pas dans notre plan de décrire toutes les lésions que l'on observe sur les g.: un bon nombre sont liées à d'autres états pathologiques, dont l'histoire comporte nécessairement la description de ces lésions. Je me bornerai à rappeler l'influence remarquable que certaines affections, et en particulier quelques maladies générales, exercent sur la muqueuse des g. Cette influence trouve d'ailleurs une explication facile dans certains cas, dans les empoisonnements, p. ex., où des corps chimiques, tels que du plomb, du mercure, du phosphore, introduits dans l'économie et éliminés par la salive en partie, sont mis par cette voie en contact avec la muqueuse gingivale; mais les difficultés surgissent ou donnent prise aux interprétations, lorsqu'on recherche la cause du gonflement des g. chez les scorbutiques, ou bien si l'on veut déterminer le motif de l'ulcération des g. dans d'autres maladies graves. — A. Les lésions traumatiques ont une importance médiocre, lorsqu'elles sont localisées aux g., contusion, plaie simple ou compliquée de déchirure, de décollement; généralement la réparation est prompte à se faire, et sans complications. Elles se signalent par une douleur médiocre, et le seul accident qui puisse inquiéter est l'hémorragie, d'ordinaire arrêtée au bout de quelques heures au plus; quelquefois du gonflement se produit, de la gêne des mouvements de la mâchoire, de la fétidité de l'haleine, une salivation assez abondante; mais tout cela est variable. — B. L'inflammation des g., aboutissant ou non à l'abcès, se rencontre presque constamment au cours des stomatites, on l'étudie: dans le cas de fluxion ou inflammation du périoste des mâchoires, lors des éruptions dentaires, etc.; localisée ou généralisée; aiguë, s'abcédant ou chronique. Le traitement consiste en gargarismes antiseptiques ou en attouchements des ulcérations (solution d'acide chronique); la propreté, l'hygiène dentaires en sont les meilleurs préservatifs. — C. Les tumeurs des g. ont été longtemps englobées sous le nom général d'*épulis*. Cette classification grossière est insuffisante aujourd'hui que les détails cliniques et anatomiques sont mieux connus, et l'on doit réserver ce nom aux tumeurs de nature conjonctive, c.-à-d. aux fibromes et aux ostéosarcomes. Se développent, en effet, sur les g.: des tumeurs vasculaires (anévrysmes de l'artère dentaire inférieure, angiomes) susceptibles de guérison par des cautérisations interstitielles au thermocautère ; des tumeurs épithéliales, dont le seul traitement efficace est l'ablation

large et complète avec la partie correspondante du rebord alvéolaire; et des tumeurs conjonctives (fibromes sous-muqueux ou muqueux, et tumeurs alvéolaires) auxquelles on réserve aujourd'hui le nom d'épulis, et dont l'ablation avec destruction soigneuse du point d'implantation est rigoureusement indiquée.

GENDARME. s. m. (R. *gens, armes*). Soldat d'un corps militaire qui est spécialement chargé de maintenir la sûreté et la tranquillité publiques. *On a envoyé des gendarmes à ses trousses.* Voy. GENDARMERIE. — Fig. et fam., *C'est un g., un vrai g.*, se dit d'une personne qui contrôle tout, d'une femme grande et robuste qui a l'air hardi. ‖ Se dit, surtout au plur., des bluettes qui sortent du feu. ‖ T. Lapidaire. Se dit de certains points qui se trouvent quelquefois dans les diamants, et qui en diminuent l'éclat et le prix. *Ce diamant n'est pas parangon, il y a des gendarmes.* ‖ T. Technol. Pièce de fer de la charrue, servant à arrêter les herbes qui pourraient se prendre dans les jambettes. ‖ Parcelles de lie dans le vin. ‖ Tache dans l'œil. Popul.

GENDARMER (SE). v. pron. (R. *gendarme*). S'emporter mal à propos pour une cause légère. *Il n'y a pas de quoi se g. Elle s'est gendarmée à cette proposition.* Fam. ‖ v. a. Irriter, mettre en colère. *Ces propos l'ont gendarmé contre vous.* INUS. = GENDARMÉ, ÉE. part.

GENDARMERIE. s. f. coll. Le corps des gendarmes. *Cet officier vient de passer dans la g.*

Hist. milit. — I. — Au XVe siècle, quand Charles VII entreprit de doter la France d'une armée permanente, il organisa 15 compagnies de grosse cavalerie qui, de l'ordonnance qui les avait créées (2 nov. 1439), prirent le nom de *Compagnies d'ordonnance*. Chaque compagnie se composait de 100 cavaliers, *hommes d'armes* ou *gens d'armes*, tous gentilshommes de toutes pièces, et chaque cavalier était accompagné de 5 soldats d'un rang inférieur, savoir : 3 archers, 1 coustiller, soldat armé d'un couteau ou d'une dague, et 1 page ou valet; la réunion de ces 6 hommes formait ce qu'on appelait une *lance garnie* ou *fournie*. Par la suite, ces cavaliers ou *gens d'armes* donnèrent leur nom à l'institution qu'au XVIe siècle, quitta sa première dénomination pour prendre celle de *Gendarmerie*. A partir de cette époque, il y eut toujours dans la cavalerie française un corps spécialement appelé *gendarmerie*. Au XVIIIe siècle, il formait 16 compagnies. Louis XVI la supprima en 1788, mais en conservant la compagnie dite *écossaise*, qui ne disparut qu'à la Révolution. — Indépendamment de la g. faisant partie de l'armée, une ancienne monarchie la *G. de la garde* ou *G. d'élite*, qui avait été créée par Henri IV, en 1609, et introduite par Louis XIII dans sa maison militaire. Cette troupe consistait en une compagnie de 200 hommes, et avait pour mission d'accompagner le roi dans les cérémonies, dans ses voyages et dans ses chasses : aussi la désignait-on fréquemment sous le nom de *G. des chasses*. Elle fut supprimée le 30 sept. 1787, rétablie le 15 juin 1814, et licenciée de nouveau le 1er sept. 1815.

II. — Aujourd'hui, la dénomination de *Gendarmerie* s'applique uniquement à un corps militaire spécialement chargé de veiller au maintien de l'ordre et de la sûreté publique, à la recherche et à la constatation de certaines infractions à la loi et à l'exécution des arrêts judiciaires. Ce corps fut créé par l'Assemblée nationale (décr. du 22 déc. 1790), sous le nom de *G. nationale*, pour remplacer l'ancienne *Maréchaussée*. Son effectif, fixé d'abord à 5,390 hommes, a été considérablement augmenté; il atteint aujourd'hui 25,742 hommes commandés par 766 officiers. Actuellement l'arme de la g. comprend : 26 légions à l'intérieur, 1 légion en Algérie avec un détachement en Tunisie; la gendarmerie coloniale composée de 4 compagnies formant un effectif de 742 gendarmes et 25 officiers qui assurent le service dans les colonies au moyen de détachements ; enfin la légion de la garde républicaine, qui est spécialement attachée au service de la capitale. — Chacune des légions départementales comprend plusieurs départements, elle est désignée par un numéro d'ordre et commandée par un colonel ou par un lieutenant-colonel. Elle se divise en autant de compagnies qu'elle contient de départements. Chaque compagnie prend le nom du département au service duquel est affectée : elle est commandée par un chef d'escadrons et se subdivise à son tour en autant de fractions qu'il y a d'arrondissements dans le département. Un officier de gendarmerie, du grade de capitaine, lieutenant ou sous-lieutenant, est à la tête d'un arrondissement, suivant son importance. Enfin chaque arrondissement comprend un certain nombre de brigades, les unes à pied, les autres à cheval, qui sont composées de 5 ou 6 hommes et placées sous les ordres d'un brigadier ou d'un maréchal des logis. Les gendarmes s'habillent, s'équipent et se montent à leurs frais. L'armement et les munitions sont fournis par l'État. Pour le gendarme à cheval, l'armement consiste en un sabre de cavalerie, carabine avec épée-baïonnette et revolver; pour le gendarme à pied, en un fusil ou mousqueton avec épée-baïonnette et revolver. L'uniforme de la gendarmerie départementale est comme il suit : Tunique en drap bleu foncé à passepoil rouge, trèfles d'épaule et aiguillettes blanches pour la troupe, bleu et argent pour les gradés, galons de grade en argent, boutons nickelés portant une grenade entourée de la légende : « Gendarmerie nationale », pantalon en drap bleu de ciel avec bande bleu foncé : en grande tenue, l'arme à cheval porte la culotte de tricot blanc avec les bottes à l'écuyère. Comme coiffure le képi; en grande tenue le chapeau à cornes avec ganse d'argent. La buffleterie est jaune, bordée d'un galon de fil blanc. La gendarmerie coloniale et celle d'Algérie ont le casque en liège. Les officiers portent les épaulettes et les aiguillettes en argent. L'uniforme de la garde républicaine diffère du précédent par les aiguillettes et trèfles qui sont de fil orange, par la buffleterie qui est toute blanche. Les galons, les épaulettes et les aiguillettes sont en or au lieu d'être en argent. La garde républicaine à cheval porte le casque au lieu du chapeau : l'arme à pied, le shako. La gendarmerie se recrute parmi les hommes ayant servi dans les armées de terre ou de mer pendant trois ans au moins; ils doivent avoir au moins l'âge de 25 ans, une taille minima de 1m66, une bonne conduite et une instruction élémentaire. Tout récemment les élèves gendarmes, créés en 1855, puis supprimés, ont été rétablis. Ce sont des jeunes gens ayant un an de service et 22 ans d'âge, pris indifféremment dans la cavalerie ou l'infanterie et que l'on incorpore définitivement dans l'arme aussitôt qu'ils ont donné des preuves suffisantes d'aptitude au service spécial dont elle est chargée. — Pour son organisation et son personnel, la g. est placée sous la direction du ministre de la guerre; sa participation à la défense de l'ordre la met en rapport avec le ministre de l'intérieur; elle ressortit au ministre de la justice pour l'exécution des règlements de police. Les armées en campagne sont toujours accompagnées de détachements de g., qui sont commandées par des lieutenants-prévôts, sous les ordres supérieurs d'un colonel grand prévôt. Les gendarmes qui accompagnent ainsi les armées, sont spécialement chargés de réprimer l'indiscipline des soldats, de recevoir les plaintes des habitants, de les protéger contre le pillage et les violences, et de fournir aux rapporteurs des conseils de guerre les informations et documents dont ils ont besoin. Le ministre de la marine dispose d'une gendarmerie spéciale appelée gendarmerie maritime. Elle est formée de 5 compagnies à pied : les gendarmes assurent le service de surveillance dans les ports, arsenaux; ils s'occupent des inscrits maritimes et des gens de mer.

GENDARUSSA. s. m. T. Bot. Genre de plantes dicotylédones de la famille des *Acanthacées*, comprenant des arbustes très élégants, originaires pour la plupart des Indes Orientales. Les feuilles odorantes du *G. vulgaris* sont employées comme topiques dans le traitement du rhumatisme chronique.

GENDRE. s. m. (lat. *gener*, m. s.). Nom que l'on donne à un homme par rapport au père et à la mère de la femme qu'il a épousée. — Prov., *Quand la fille est mariée, il y a assez de gendres*, il se présente assez de gens qui l'auraient épousée. Fig., cette locut. se dit aussi de toutes sortes d'affaires pour lesquelles, lorsqu'elles sont faites, beaucoup de gens offrent leur concours dont on n'a plus besoin.

GÈNE. s. f. (Contraction de *Géhenne*). Torture, tourment que l'on fait souffrir à quelqu'un pour l'obliger à confesser la vérité. *Il souffrit la g. sans rien avouer. Des bandits l'avaient mis à la g. pour lui faire avouer où était son argent.* Vieux; on dit aujourd'hui *Torture*. — Fig. et fam., *Se donner la g., se mettre l'esprit à la g. pour quelque chose*, Faire de grands efforts d'esprit. *Il se donne la g. en faisant des vers. Il s'est mis l'esprit à la g. pour résoudre ce problème.* On dit dans ce même sens anal. *La difficulté de la rime met le poète à la g.* || Par ext., se dit d'un état de souffrance, de malaise, qui ordinairement empêche de se mouvoir librement. *Ces souliers me gênent à la g. Cette femme est à la g. dans son corset. J'éprouve un sentiment de g. dans le bras. Il y a un peu de g. dans sa respiration.* || Fig., au sens moral, Embarras, contrainte pénible. *J'éprouve toujours une certaine g. en sa présence. C'est une terrible g. de n'oser jamais dire ce qu'on pense. C'est une g. continuelle de passer sa vie avec des gens cérémonieux.* — Proverb., *Où il y a de la g., il n'y a pas de plaisir.* — Fam., *Être sans g.*, se dit des personnes mises à leurs aises, sans s'inquiéter de l'embarras ou du déplaisir qu'elles peuvent causer. *Il est tout à fait sans g.* || Dans un sens partic., se dit de l'embarras que peut causer chez quelqu'un le séjour d'une personne étrangère. *Vous resterez chez moi autant qu'il vous plaira, vous ne me causez aucun g.* || Se dit encore pour pénurie d'argent. *Je crois qu'il éprouve quelque g. Je l'ai toujours vu dans la gène.*

GÉNÉAGÉNÉTIQUE. adj. 2 g. (R. *genèse*, gr. à privatif, et fr. *génétique*). Qui est le résultat d'une genèse sans génération.

GÉNÉALOGIE. s. f. (gr. γένεα, naissance; λόγος, discours). Avant la Révolution, comme beaucoup de charges et d'offices n'étaient accessibles qu'à ceux qui pouvaient faire preuve de noblesse, une généalogie était une chose fort importante. La descendance s'établissait de deux manières, par *degrés* ou par *quartiers*, et se prouvait au moyen de titres originaux et authentiques, tels que testaments, contrats de mariage, donations, actes de naissance, certificats de baptême, etc. La preuve par degrés servait à constater la génération du fils au père, du père à l'aïeul, et ainsi de suite, et toujours en ligne directe ascendante et descendante. Dans ce système, celui qui avait commencé la famille formait, dans sa ligne, le premier degré; les enfants constituaient le second, les petits-enfants le troisième, etc. La preuve par quartiers servait à démontrer la filiation, c.-à-d. à prouver la famille à laquelle on prétendait appartenir. Dans ce système, les quartiers suivaient, relativement aux degrés, et à partir de la personne dont on voulait calculer la noblesse, une progression géométrique croissante, dont la raison était le nombre deux. Cette personne formait le premier degré, qui donnait 1 quartier. Le second degré produisait 2 quartiers, qui étaient ceux du père et de la mère. Le troisième degré donnait 4 quartiers, qui étaient le père et la mère du père, le père et la mère de la mère. Le quatrième degré faisait 8 quartiers, qui étaient les quatre bisaïeuls paternels et les quatre bisaïeuls maternels. Le cinquième degré donnait 16 quartiers, qui étaient les huit trisaïeuls paternels et les huit trisaïeuls maternels. Enfin, le sixième degré fournissait 32 quartiers, qui étaient les seize quatrièmes aïeuls paternels et les seize quatrièmes aïeuls maternels. En procédant de cette manière, on trouve que Louis XVI, qui était au vingt-neuvième degré depuis Robert le Fort, comptait 535,870,912 quartiers. Quand le calcul était terminé, on en consignait sommairement les résultats sur un tableau appelé *Table* ou *Arbre généalogique*, suivant la manière dont il était disposé.

Les quartiers de noblesse jouaient autrefois un grand rôle en France et les vanités y avaient beau jeu. On semblait ne pas savoir que la seule valeur d'un être humain consiste dans sa valeur *personnelle* et non dans celle de ses aïeux. Un jour, devant des gens infatués de leur noblesse et qui vantaient sans cesse leurs aïeux, Mme de Girardin s'écria : « Moi aussi, qui ne déplois pas ma généalogie, j'ai un ancêtre. — Et lequel ? — Un gardeur de cochons, Félix Perelli. — Le pape Sixte-Quint ? — Précisément. » La conversation changea de sujet, et l'on ne parla plus d'aïeux ce jour-là.

GÉNÉALOGIQUE. adj. 2 g. Qui appartient à la généalogie. *Histoire g. Arbre g.*

GÉNÉALOGIQUEMENT. adv. D'une manière généalogique, par le moyen de la généalogie.

GÉNÉALOGISTE. s. m. Celui qui dresse les généalogies. *Les généalogistes ont créé beaucoup de nobles.*

GÉNÉPI. s. m. (Savoyard *génépi*, m. s.). T. Bot. Nom vulgaire donné indistinctement à plusieurs espèces d'*Artemisia* des montagnes de la Suisse, et particulièrement aux *A. glacialis* (G. vrai), *A. spicata* (G. noir), *A. mutellina* (G. blanc). Voy. Composées. — On en fait un vulnéraire et une liqueur estimée.

GÈNER. v. a. (R. gène). Mettre à la torture. Vieilli.

Et les mêmes tourments dont vous gênez les âmes.
CORNEILLE.

|| Presser, comprimer, avec quelque incommodité, quelque souffrance. *Mes souliers me gênent terriblement. On voit bien que son corset la gêne.* || Par ext., Entraver, empêcher le libre mouvement de quelque chose que ce soit. *Cela gêne la navigation, la circulation des voitures. Cet espace resserré gênait les mouvements de notre armée. Il y a dans cette machine quelque chose qui en gêne les mouvements.* || Fig., Mettre obstacle à l'action, au développement, au progrès d'une personne ou d'une chose quelconque. *Sa présence me gênait beaucoup. J'étais gêné par la crainte de lui déplaire. Cet homme-là me gêne dans tous mes projets. G. l'inclination, les penchants de quelqu'un. La rime gêne souvent les poètes. Cet architecte est gêné par le terrain. On gênait l'industrie par toutes sortes de règlements.* || Dans un sens particulier, Causer quelque embarras chez une personne. *Venez passer vos vacances à ma campagne; ne craignez pas de me g.* || Sign. aussi quelquefois, Réduire à une certaine pénurie d'argent. *Cette dépense va me g. pour longtemps. Il est fort gêné en ce moment.* || T. Mar. Fixer, attacher. *G. une pièce de bois, un bordage.* ⸗ SE GÊNER. v. pron. Se serrer. *En vous gênant un peu, nous tiendrons tous dans la voiture.* || Ne point prendre ses aises, se contraindre par discrétion ou par timidité. *Entre amis on ne doit pas se g. Vous êtes bien bon de vous g. pour lui; il ne se gêne pour personne. Elle ne s'est point gênée pour lui dire ce qu'elle en pensait.* || Causer l'un à l'autre une gêne. *Écartons-nous, nous nous gênons.* — Ironiq., *Ne vous gênez pas,* se dit à une personne qui prend des libertés inconvenantes ou incommodes pour les autres. || Se réduire à une certaine pénurie d'argent. *Votre mère s'est fort gênée pour vous faire cette avance.* ⸗ GÊNÉ, ÉE. part. *Air gêné. Taille gênée. Démarche gênée.*

GÉNÉRAL, ALE. adj. (lat. *generalis*, m. s., de *genus*, genre). Qui est commun, applicable à un très grand nombre de personnes ou de choses; qui se fait par le concours du plus grand nombre. *Le deuil fut g. Ce fut une allégresse générale. La volonté générale. Consentement g. Approbation générale. Un cri g. s'éleva dans l'assemblée. Travailler au bien g. L'intérêt g. exige souvent le sacrifice des intérêts particuliers. Considérations générales. Principes généraux. Règlement g. Maxime, règle générale. Prendre un mot dans son acception générale. Cela est rédigé en termes trop généraux. Le combat devint g. Assaut g. Chasse générale. Procession générale. Concile g. États généraux. Conseils généraux.* — *Parler d'une manière générale,* Parler sans faire l'application de ce qu'on dit à une personne plutôt qu'à une autre. *Parler, répondre en termes généraux,* D'une manière vague et indécise, et qui ne satisfait pas précisément à la demande. || Se dit quelquefois pour universel. *La pesanteur est une propriété générale de la matière.* || T. Log. S'emploie subst., au masc., en parlant des faits, des principes généraux, par opposition aux faits particuliers. *On ne doit point conclure du particulier au g.* ⸗ Se joint souvent à certains noms de charge, d'office, de dignité, pour indiquer leur rang supérieur dans la hiérarchie. *Officier g. Lieutenant g. des armées de l'empereur. Procureur g. Avocat g. Receveur g. Fermier g. Le supérieur g. de l'ordre.* || Qui embrasse l'ensemble d'un service, d'une administration, d'un commandement. *État-major g. Quartier g. Direction générale des postes. Trésoriers généraux. Officiers généraux.* || Au fém., *La générale,* Supérieure générale de certains ordres de femmes. || S'emploie subst. et au masc., dans ce dernier sens. *Un g. d'armée. Un jeune g. Un g. expérimenté. Il était g. de l'ordre.* — Fam., au fém., *La générale,* La femme du g. || T. Mar. *Vents généraux,* Vents qui soufflent depuis les premiers degrés de latitude sud jusqu'au tropique du Capricorne. || T. Pathol. *Maladie générale,* qui affecte l'ensemble de l'organisme. || T. Entom. *Métamorphose générale,* Celle qui affecte toutes les parties du corps de l'insecte. || T. Bot. Se dit des organes qui enveloppent l'ensemble des organes en parties multiples chez une personne. ⸗ GÉNÉRALE. s. f. T. Guerre. Batterie de tambour par laquelle on donne l'alarme, soit lorsque l'ennemi approche, soit à l'occasion d'un incendie ou d'une révolte. *Battre la g. La g. bat.* ⸗ EN GÉNÉRAL. loc. adv. D'une manière générale. *Tant en g. qu'en particulier. On peut dire en g. que... Je parle en g.* || Ordinairement, communément. *En g., les méchants ne prospèrent pas.*

Syn. — *Universel.* — *Général* se dit de ce qui appartient au genre, *universel* de ce qui appartient à l'universalité, à la totalité. Aussi *g.* est moins compréhensif qu'*universel.*

De plus, *g.* admet le comparatif; *universel* ne saurait l'admettre, car il a la valeur d'un superlatif. Ainsi on dira: *La physique est une science plus générale que l'optique;* mais on ne saurait dire qu'une chose est plus universelle qu'une autre. *L'opinion générale* est l'opinion de la majorité. *L'opinion universelle* est l'opinion de tous. — C'est par exagération qu'on dit un *savant universel:* car il n'y a personne qui possède la *science universelle.* *Général* se dit d'un grand nombre de particuliers ou de tout le monde en gros; ce qui est *universel* regarde tous les particuliers ou tout le monde en détail. Un bon gouvernement n'a pour objet que le bien *g;* mais la providence de Dieu est *universelle.* Un orateur parle en *g.* quand il ne fait point d'application particulière; un savant est qualifié d'*universel,* non pas quand il sait tout ce qu'on peut savoir, ce qui est impossible, mais quand il sait un peu de tout. — Le *g.* est commun à un très grand nombre; l'*universel* s'étend à tout. Le premier admet toujours des exceptions; le second les exclut complètement. — Dans la science, le *g.* est opposé au particulier, l'*universel* à l'individu.

Philos. — Voy. UNIVERSAUX.

Art milit. — Dans l'armée, on appelle *Officiers généraux,* ou, par abréviation, simplement *Généraux,* les officiers qui commandent une partie plus ou moins importante d'une armée ou un corps d'armée. — Aujourd'hui les généraux forment deux catégories : les *généraux de division* et les *généraux de brigade.* Sous l'ancienne monarchie et sous la Restauration, les premiers se nommaient *Lieutenants généraux* et les seconds *Maréchaux de camp.* Les généraux de division occupent le premier rang parmi les officiers généraux et viennent immédiatement après les maréchaux. Les généraux des divisions territoriales et les divisions de l'armée active, mais ils peuvent, en outre, être investis du commandement en chef d'une armée et des fonctions de chef d'état-major ou ou de celles de gouverneur d'une place forte. Ils ont pour insignes un double broderie au collet et aux parements, et trois étoiles sur les épaulettes. Les généraux de brigade se placent immédiatement au-dessous des précédents. Ils commandent une brigade composée de deux régiments d'une arme quelconque et sont en même temps chargés du commandement territorial de deux subdivisions de régions. Ils peuvent également remplir les fonctions de chefs ou de sous-chefs d'état-major, être gouverneurs ou adjoints au gouverneur d'une place forte. Ils ont pour marques distinctives une simple broderie au collet et aux parements, et deux étoiles sur les épaulettes. Les généraux sont en outre qualifiés de *généraux de cavalerie, d'infanterie, d'artillerie ou du génie;* mais ces qualifications ne constituent pas des grades particuliers : elles font simplement connaître l'espèce spéciale à laquelle appartiennent ces officiers. Le *g.* en chef est le titre sous lequel on désigne le *g.* de division commandant un corps d'armée en temps de paix et une armée en temps de guerre. Cet officier *g.,* nommé par décret présidentiel, a autorité sur tous les généraux de son corps d'armée. Il porte la plume blanche à son chapeau. Le titre de généralissime s'applique à un officier *g.* ou un maréchal appelé à prendre, en temps de guerre, le commandement de plusieurs armées. Dans la marine de l'État, on donne également le nom d'*officiers généraux* aux contre-amiraux et les vice-amiraux.

Hist. — Avant la Révolution, on donnait le nom de *G. des galères* au commandant supérieur des navires de cette classe, et celui de *G. des vivres* à un officier chargé de la haute surveillance sur l'administration des vivres. On appliquait même la dénomination de *g.* à plusieurs catégories de personnes qui n'avaient aucune fonction militaire. Ainsi, dans l'administration financière, on appelait *Généraux des finances* ou *Généraux de France,* les agents spécialement chargés de diriger et de centraliser la perception de l'impôt. Dans l'administration des monnaies, les conseillers de la Cour des monnaies étaient qualifiés de *Généraux des monnaies.* Enfin, dans certains ordres religieux, on donnait el l'on donne encore le titre de *G. d'ordre* ou simplement de *G.,* au chef supérieur et unique de tous les couvents, de toutes les maisons appartenant à un même ordre.

GÉNÉRALAT. s. m. Dignité de général d'armée, et le temps pendant lequel on en exerce les fonctions. *Être promu au g. Pendant le g. d'un tel.* Peu us. || Se dit plus ordinairement, de la dignité de celui qui est supérieur d'un ordre et du temps que dure ce g. *Le g. de l'Oratoire.*

GÉNÉRALEMENT. adv. Universellement, en général, communément. *Ce bruit est répandu g. Un homme g. aimé, g. estimé. Ils sont g. fourbes et paresseux. On re-*

marque assez *g.* que... — *G. parlant*, A quelques exceptions près, à prendre la chose en général. *Cela est vrai g. parlant.*

GÉNÉRALISABLE. adj. 2 g. [Pr. ...*li-za-ble*]. Qui peut être généralisé.

GÉNÉRALISANT. adj. [Pr. ...*li-zan*]. Qui a la propriété de généraliser.

GÉNÉRALISATEUR, TRICE. adj. [Pr. ...*li-zaterr*]. Qui généralise. *Esprit g. Faculté généralisatrice.*

GÉNÉRALISATION. s. f. [Pr. ...*za-sion*]. Action de se généraliser. *La g. d'une opinion, d'une maladie.* || T. Log. Action de généraliser.

Philos. — Dans la philosophie et dans les sciences, la g consiste, tantôt à conclure du particulier au général, tantôt à étendre à toute une catégorie d'idées ou de phénomènes ce qui a été constaté pour quelques-uns d'entre eux, mais en réservant le jugement définitif jusqu'à ce qu'on ait pu faire la preuve que la proposition, ainsi généralisée, s'applique effectivement à tous les objets qu'on a eus en vue. Le premier mode de g. qu'on pourrait appeler la *G. définitive à priori*, est en somme le procédé de l'esprit connu sous le nom d'*Induction*. Il est la base des sciences physiques et repose, en dernière analyse, sur le principe de causalité et la notion d'ordre dans l'univers. Le second qu'on pourrait appeler *G. provisoire* est un procédé d'invention et de recherche. Il permet de découvrir des propriétés nouvelles; mais les propositions qu'on en déduit ne deviennent définitives qu'après la preuve complète. Ce procédé de recherches est très précieux dans les mathématiques; il rend d'immenses services dans l'enseignement, en permettant de grouper en une seule proposition un nombre plus ou moins grand de propositions particulières, ce qui décharge d'autant la mémoire. Enfin, dans les sciences physiques, il est l'origine des *théories* ou *hypothèses* qui, même fausses ou incomplètes, contribuent si puissamment au progrès des sciences.

La faculté de généraliser facilement est une des plus précieuses de l'esprit; mais son exercice n'est pas sans danger. Si, dans bien des cas, l'induction paraît absolument légitime, il en est beaucoup d'autres où une g. trop hâtive peut conduire à des erreurs considérables. C'est ainsi, pour citer un exemple vulgaire, qu'un Anglais débarquant à Calais dans une auberge dont la servante était rousse, écrivait sur son carnet de voyage: En France, toutes les femmes sont rousses.

On devine où pourrait conduire ce procédé de raisonnement appliqué aux sciences. La plupart des grandes erreurs scientifiques n'ont pas eu d'autre origine. Il faut distinguer la g. qui est l'extension d'une idée au delà d'une propriété indépendamment de sa vérité, et la démonstration de la légitimité de cette extension. La première opération est synthétique et créatrice, l'autre analytique et critique. Elles sont toutes deux indispensables au progrès des sciences et au développement de l'esprit humain. Voy. INDUCTION.

GÉNÉRALISER. v. a. [Pr. ...*li-zer*]. Rendre général. *G. une idée, un principe, une méthode, une hypothèse, une formule.* || Logiq., Réunir sous une idée une expression générale, ce qui lui est commun à divers termes, en éliminant les différences. || T. Philos. Conclure du particulier au général, soit définitivement, soit en réservant le jugement jusqu'à la preuve complète. == SE GÉNÉRALISER. v. pron. *Un principe, une idée qui se généralise dans l'esprit.* == GÉNÉRALISÉ, ÉE. part.

GÉNÉRALISSIME. s. m. (lat. *generalissimus*, superlatif de *generalis*, général). Général chargé du commandement en chef, qui a sous ses ordres les autres généraux. Voy. GÉNÉRAL.

GÉNÉRALITÉ. s. f. (lat. *generalitas*, m. s.). Qualité de ce qui est général. *Cette proposition dans sa g. est fausse. Vous donnez trop de g. à ce principe.* || Le plus grand nombre. *La g. des hommes pense ainsi.* || T Néol. Au plur., se dit des discours qui ne contiennent que des choses vagues, qu'on ne peut appliquer précisément aux choses dont il est question. *Il n'a pas voulu entrer en matière, il s'en est tenu à des généralités. Il s'est perdu dans des généralités. Ces généralités ne sont très souvent que des banalités.* || Autrefois, l'étendue de la juridiction d'un bureau de trésoriers de France. *G. de Paris. G. de Moulins.*

GÉNÉRATEUR, TRICE. adj. (lat. *generator*, m. s.). Qui engendre ou qui sert à la génération. *Faculté génératrice. Organe g.* — Fig., *Principe g.*, Principe d'où découlent un grand nombre de vérités, de conséquences importantes. || T. Géom. Se dit de ce qui engendre, par son mouvement, quelque ligne, quelque surface ou quelque solide. *Le point est g. de la ligne, la ligne est génératrice d'une surface, et la surface est génératrice d'un solide.* || T. Méc. Dans les machines à vapeur, la chaudière où se produit la vapeur. Voy. CHAUDIÈRE. || T. Mus. Se dit des sons et des accords qui naissent les uns des autres.

GÉNÉRATIF, IVE. adj. (lat. *generare*, engendrer). Qui a rapport à la génération. *Faculté, vertu générative.*

GÉNÉRATION. s. f. [Pr. ...*sion*] (lat. *generatio*, m. s.). Production d'un nouvel être qui est semblable à celui dont il tire son origine; fonction par laquelle les êtres organisés se multiplient. *L'acte, les organes de la g.* Propre, *inhabile à la g. La g. des animaux et des plantes. G. spontanée*, Production, sans germe, d'êtres organisés. *Aucun fait de g. spontanée n'a jamais été constaté.* Voy. plus bas. || T. Philos. *La g.*, Le mouvement par lequel les êtres finis naissent dans le temps. || Par ext., La chose engendrée, la postérité d'une personne. *La g. de Noé.* — Par manière de plaisanterie où d'injure, on dit d'un père et de ses enfants, *Lui et toute sa g.* || Chaque degré de filiation ou de descendance de père en fils. *Depuis Hugues Capet jusqu'à saint Louis, il y a huit générations. De g. en g.* || L'ensemble, la collection de tous les hommes qui vivent dans le même temps. *La g. présente. C'est ce que verront les générations futures.* || L'espace de temps, environ trente ou trente-trois années, qui sépare en moyenne l'âge du père de celui du fils. *On compte communément trois générations en un siècle.* || Abusiv., se dit quelquefois dans le sens de Production, de formation. *La g. des métaux, des minéraux.* || Fig., se dit de certaines choses qui naissent les unes des autres. *La g. des sons. La g. des idées.* || T. Géom. La formation d'une ligne, d'une surface ou d'un solide, par le mouvement d'un point, d'une ligne ou d'une surface. || T. Math. *La g. d'un nombre*, Sa formation par l'unité ou par d'autres nombres. || T. Mus. *La g. d'un accord*, par le son fondamental que produit la corde et les sons harmoniques qui l'accompagnent.

Biol. — La génération est une fonction commune à tous les êtres organisés, celle qui détermine la propagation de l'espèce. Les organes qui servent à l'accomplir et les phénomènes qui l'accompagnent offrent des différences essentielles, que nous examinerons à l'article REPRODUCTION. Nous n'envisagerons ici que le côté historique de la question et nous exami- minerons successivement les principales théories émises par les philosophes et par les savants pour expliquer la formation des êtres engendrés.

1° *Génération spontanée ou hétérogénie.* — Cette théorie remonte à la plus haute antiquité, puisqu'on la trouve dans la Bible, à propos de la naissance des Abeilles. Voy. *Livre des Juges*, chap. XIV. Elle fut admise généralement par les philosophes anciens et, tout en perdant du terrain de plus en plus, s'est propagée jusqu'à notre époque. Burdach, qui lui donnait le nom d'*Hétérogénie*, disait que les êtres vivants ont pour point de départ des corps d'une autre espèce et se produisent sans le concours de certaines circonstances particulières. C'était donc l'apparition d'un être nouveau et dénué de parents, et par conséquent une génération primordiale, ou, en d'autres termes, une sorte de création. Toute substance en putréfaction était la matrice de nouveaux êtres: *Corruptio unius*, *generatio alterius*. Les abeilles sortaient de la gueule des lions morts ou bien du cadavre des bœufs, les rats du limon, les souris des vieux linges, et ces idées qui nous paraissent si enfantines maintenant, étaient émises par des hommes tels que: Aristote, Diodore de Sicile, Van Helmont, etc.

Les expériences de Redi sur la génération des insectes qui sortent des chairs en décomposition montrèrent que ces animaux sont constamment issus de germes déposés par des êtres de même espèce; des recherches plus approfondies sur la vie des animaux permirent de reconnaître leur véritable mode de reproduction et les mémorables expériences de Pasteur vinrent détruire le dernier argument des partisans de la génération spontanée en montrant que les êtres microscopiques, comme les Protozoaires, provenaient de germes antérieurs à eux.

2° *Théorie de l'évolution et de l'emboîtement des germes.* — Cette théorie, soutenue par Leibniz et Malebranche, fut développée de nouveau à la fin du XVIII° siècle par un naturaliste suisse, Charles Bonnet. En étudiant l'organisation des animaux, on acquiert la conviction, dit-il, « qu'un tout si prodigieusement composé et pourtant si harmonique n'a pu être formé, comme une montre, de pièces de rapport ou de l'engrènement d'une infinité de molécules diverses réunies par apposition successive ; un pareil tout porte l'empreinte indélébile de l'ouvrage fait d'un seul coup ». Bonnet pensait donc que tous les germes individuels de chaque espèce ont été primitivement créés et préexistent à toutes les reproductions ultérieures : ils étaient tous concentrés dans un germe primordial qui renfermait le germe subséquent, et ainsi de suite jusqu'à l'infini. C'est cette concentration qu'on appelait l'emboîtement des germes. Ainsi donc, dans cette hypothèse, le nouvel être qui résulte de l'acte de la génération, existait avant cet acte, celui-ci ne faisait que le féconder, c.-à-d. que le tirer de l'état de torpeur où il était plongé, et lui donner assez d'énergie pour qu'il puisse se développer et parcourir les phases diverses de sa nouvelle existence ; de là l'autre nom de Théorie de l'évolution que Haller donna à ce système. Ce dernier fut jusqu'à calculer le nombre de petits êtres humains que Dieu avait dû emboîter dans les ovaires de la première femme. Il donnait à la vie humaine une durée moyenne de 30 ans et admettait que la terre était peuplée de mille millions d'hommes à son époque. L'humanité devant s'éteindre, d'après ses calculs, après 6,000 ans d'existence, il arrivait ainsi au chiffre de 200,000 millions de petits hommes qui devaient se trouver dans les ovaires de notre mère Ève.

Cette théorie, dont le plus illustre défenseur fut Georges Cuvier, était basée, comme on le voit, sur des considérations d'ordre extra-scientifique ; aussi fut-elle abandonnée entièrement lorsque le microscope permit aux observateurs de se rendre compte des véritables phénomènes qui président à la formation des êtres. Voy. EMBOÎTEMENT.

3º Théorie de l'épigénèse. — Cette nouvelle théorie fut émise par C. Wolff, qui montra d'une manière évidente les phases successives par lesquelles un animal s'élève de l'état d'œuf à celui d'être adulte. Aucun germe ne préexiste à la génération ; l'ovule et le spermatozoïde sont bien des formations nouvelles et le nouvel être qui résulte de la fusion de ces deux éléments se forme dans son entier et de toutes pièces par genèse graduelle. Ses différentes parties se produisent et apparaissent les unes après les autres dans un ordre déterminé (Voy. EMBRYOLOGIE) ; l'individu nouveau passe par une série d'états successifs pendant lesquels il reçoit les noms d'ovule, de germe, d'embryon et de fœtus.

Divers modes de génération. — Les naturalistes distinguent plusieurs sortes de générations qu'on peut ramener à deux types : la g. asexuée, ou parthénogénèse (gr. παρθένος, vierge ; γένεσις, naissance), et la g. sexuée. Le premier type comprend lui-même deux modes de générations : la g. par fissiparité, où l'animal se divise en un ou plusieurs tronçons qui deviennent chacun un être complet, et la g. par gemmiparité, qui présente une certaine analogie avec le développement des rameaux des plantes : une sorte de mamelon apparaît sur le corps de l'animal, grossit, s'organise, et finit par devenir un être nouveau qui se sépare de son parent. La g. asexuée ne s'observe que chez les plantes et les animaux inférieurs. La g. sexuée est le seul mode de reproduction des animaux supérieurs ; elle exige le concours des parents des deux sexes dans l'acte de la fécondation, qui rend possible le développement de l'œuf. Suivant que cet œuf se développe en dehors ou en dedans du corps de la mère, la g. est dite ovipare ou vivipare. La fécondation elle-même peut s'opérer suivant des procédés très variés ; certains animaux, comme les mollusques lamellibranches, réunissent les deux sexes sur un seul individu et sont dits hermaphrodites. Chez certains insectes, tels que les pucerons, un seul accouplement suffit à féconder plusieurs générations de femelles qui naissent les unes des autres, sans accouplement nouveau ; cependant cette faculté générative s'éteint de 3 à 9 générations suivant les espèces, et un nouvel accouplement est nécessaire pour perpétuer l'espèce. Au reste, la reproduction des insectes présente de grandes variétés. Voy. REPRODUCTION, FÉCONDATION, etc.

GÉNÉRATIONISME. s. m. [Pr. jénéra-sio-nisme] (R. génération). Opinion émise par Tertullien, d'après laquelle l'âme se transmet par la génération.

GÉNÉRER. v. a. (lat. generare, engendrer). Néol. Produire. La basse température générée par la dissolution du sel d'ammoniaque. || SE GÉNÉRER. v. pron. Être produit. Ces cellules se sont modifiées en se générant. = GÉNÉRÉ, ÉE, part.

GÉNÉREUSEMENT. adv [Pr. ...ze-man]. D'une manière noble, généreuse. Traiter quelqu'un g. En user g. avec quelqu'un. Pardonner g. || Libéralement. Il récompense g. les services qu'on lui rend. || Vaillamment, courageusement. Combattre g. Se défendre généreusement.

GÉNÉREUX, EUSE. adj. [lat. generosus, qui est d'une bonne race, de genus, race). Qui est de noble race. Il est d'un sang g. Vx. || Magnanime, de naturel noble. Un homme g. Un ennemi g. Se montrer g. Cœur, Caractère g. Une âme généreuse. || Qui dénote une âme généreuse. Action, parole généreuse. Sentiment g. Procédé g. Mort généreuse. Résolution généreuse. Conseil g. || Par ext., Libéral. C'est un homme très g. Les bienfaits que répand sa main généreuse. — Don g., Don fait par générosité ; ne se dit guère que des dons un peu considérables. || Fig. et poétiq., Sol g., Terre généreuse, etc., Terre qui produit beaucoup. || Fig., Vin g., Vin spiritueux, qui a des propriétés toniques, stimulantes. || Poétiq., se dit de quelques animaux dans le sens de hardi. Un lion g. Ses coursiers g. || Subst., Faire le g., dit de quelqu'un qui se montre magnanime, libéral, mais uniquement par ostentation.

GÉNÉRIQUE. adj. 2 g. (lat. genus, eris, genre). Qui appartient au genre. Terme g. Différence g. Caractères génériques.

GÉNÉRIQUEMENT. adv. [Pr. jénéri-ke-man]. D'une manière générique.

GENEROSO, montagne de Suisse, canton du Tessin ; 1,695 mètres.

GÉNÉROSITÉ. s. f. [Pr. ...zi-té] (lat. generositas, m. s.). Magnanimité, grandeur d'âme. Il agit ainsi par pure g. La g. de son caractère. Exercer, montrer sa g. Un trait de g. || Libéralité. Des actes de g. On connaît sa g. — Fam., on dit au plur., Faire des générosités

Syn. — Grandeur d'âme, Magnanimité. — La générosité est la qualité d'une personne qui a le caractère assez noble pour préférer les autres à soi et leur sacrifier ses propres intérêts. La grandeur d'âme est la qualité d'une personne qui a de l'élévation et qui est incapable d'aucune action honteuse ou lâche. La magnanimité, qui implique une idée de puissance, est la grandeur d'âme dans toute sa perfection et sa plénitude. Elle est le partage des souverains, des héros et des peuples. La générosité rend le bien pour le mal ; la grandeur d'âme pardonne une injure ; la magnanimité veut, en oubliant l'injure, la faire oublier même à l'offenseur.

GÊNES, ch.-l. de l'anc. prov. de Gênes en Italie, port sur la Méditerranée, palais remarquables, ville pittoresque et animée ; 179,500 hab. République puissante au moyen âge.

GÊNES (Golfe de) ou de LIGURIE, partie de la Méditerranée occidentale, sur les côtes d'Italie.

GÉNÉSARETH (Lac de). Voy. TIBÉRIADE.

GENÈSE. s. f. (gr. γένεσις, naissance). Nom du premier des livres de l'Ancien Testament, dans lequel Moïse a écrit l'histoire de la création du monde. || Par ext., se dit quelquefois pour Cosmogonie. [T. Anat. Voy. HISTOLOGIE. || T. Hist. nat. Production des êtres organisés. || T. Didact. Génération.

Au mot Cosmogonie, nous avons dit que la Genèse de Moïse et la doctrine persane étaient les seules cosmogonies anciennes qui admettaient la création proprement dite, c.-à-d. qui enseignaient que le monde était tiré du néant par la volonté de Dieu. Le livre de Moïse, connu sous le nom de G., est le premier des cinq livres du Pentateuque. Il porte en hébreu le titre de Bereschith (Au commencement) et raconte la création du Monde, l'expulsion d'Adam et Ève du Paradis terrestre, le meurtre d'Abel par Caïn, le Déluge universel, l'histoire d'Abraham et de ses fils Ismaël et Isaac, celle de Jacob et d'Ésaü fils d'Isaac et celle des douze fils de Jacob, pères des douze tribus d'Israël. Le livre se termine par le récit du séjour en Égypte de Joseph, devenu ministre du roi, fait venir auprès de lui toute sa famille, et s'arrête à la mort de Joseph. Nous n'insisterons pas sur le récit de tous ces histoires plus ou moins légendaires ; mais nous allons donner un résumé du premier chapitre, afin qu'on puisse se rendre compte de la manière dont les Hébreux comprenaient la création du Monde.

Moïse dit : « Au commencement, Dieu créa le ciel et la

terre, et la terre était alors vide et vaine. Et les ténèbres étaient sur la face de l'abîme et l'esprit de Dieu se portait sur les eaux.

« Et Dieu dit : Que la lumière soit, et la lumière fut. Et Dieu, ayant tiré la lumière du sein des ténèbres, il donna à la lumière le nom de jour, et aux ténèbres celui de nuit. Et cela fut fait du soir au matin, le premier jour.

« Et Dieu dit aussi : Que le firmament soit fait au milieu des eaux, et qu'il sépare les eaux d'avec les eaux. Et Dieu fit le firmament, et il sépara les eaux qui étaient au-dessous du firmament de celles qui étaient au-dessus du firmament : et cela fut fait du soir au matin, le deuxième jour.

« Alors Dieu dit : Que les eaux qui sont sous le ciel se rassemblent en un seul lieu, et que l'aride apparaisse. Et il fut fait ainsi : et Dieu donna à l'aride le nom de Terre, et celui de Mers aux eaux rassemblées.

« Et Dieu dit : Que la terre produise de l'herbe verte qui porte de la graine, et des arbres fruitiers qui portent du fruit chacun selon son espèce, et qui renferment leur semence en eux-mêmes pour se reproduire sur la terre. Et cela se fit ainsi.

« Dieu dit aussi : Qu'il y ait dans le firmament du ciel des luminaires pour séparer le jour et la nuit, et pour distinguer le temps et les saisons, les années et les jours; qu'ils brillent dans le firmament du ciel et qu'ils éclairent la terre. Et il fut fait ainsi. Et Dieu fit deux grands luminaires, l'un plus grand pour présider au jour, et l'autre moins grand pour présider à la nuit. Il fit aussi les étoiles.

« Dieu dit encore : Que les eaux produisent des animaux reptiles qui nagent dans l'eau, et que des volatiles volent sur la terre, sous le firmament du ciel. Dieu créa donc les grands cétacés et tous les animaux rampants que les eaux produisirent, chacun selon son espèce; il créa aussi tous les volatiles selon leur espèce.

« Dieu dit aussi : Que la terre produise des animaux vivants, chacun selon son espèce, les animaux domestiques, les reptiles et les bêtes sauvages de la terre, selon leurs différentes espèces. Et cela se fit ainsi.

« Dieu dit ensuite : Faisons l'homme à notre image et à notre ressemblance, et qu'il domine sur les poissons de la mer, sur les oiseaux de l'air, sur les bêtes, et sur toute la terre. Dieu créa donc l'homme à son image; il le créa à l'image de Dieu : et il les créa mâle et femelle. Dieu les bénit, et il leur dit : Croissez et multipliez; remplissez la terre, et vous l'assujettissez, et dominez sur tous les animaux... Dieu vit toutes ses œuvres, et elles étaient parfaites : et cela fut fait du soir au matin, le sixième jour.

« Ainsi furent achevés les cieux, la terre, et tous leurs ornements. Le septième jour Dieu avait accompli son œuvre, et ce jour-là il se reposa après avoir formé tous ses ouvrages. Dieu bénit le septième jour et le sanctifia, parce qu'il avait cessé en ce jour de produire tous les ouvrages qu'il avait créés. Telles sont les générations du ciel et de la terre, quand ils furent créés, au jour où le Seigneur Dieu fit le ciel et la terre. »

Ce récit de la création a donné lieu à un nombre incommensurable de commentaires. Il faut reconnaître, en effet, que le début en est particulièrement obscur. Que faut-il entendre par la terre vaine et vide, les ténèbres sur la face de l'abîme et l'esprit de Dieu porté sur les eaux? Nous croyons inutile de reproduire ici les diverses opinions des commentateurs. Quant au partage de la création en six jours, la plupart des commentateurs pensent qu'il faut entendre par jour une période indéterminée. La création aurait donc été faite en six temps ou six reprises; mais la durée de chacune de ces périodes reste inconnue. C'était déjà l'opinion de saint Augustin. Cependant, que faut-il entendre par l'expression du soir au matin, qui est employée dès le premier jour, alors qu'il n'y a pas encore de Soleil ? Tout est mystère et obscurité dans ce texte, et, même, il est permis de se demander si les juifs hellénisants qui ont traduit la Bible en grec à Alexandrie ont bien compris et rendu fidèlement le sens de leur livre sacré.

Une autre question qui a occupé les commentateurs est celle de savoir si le texte doit être entendu à la lettre ou s'il est, au contraire, allégorique et métaphorique. Cette dernière opinion a été soutenue par certains commentateurs qui ont prétendu que la Bible cachait un sens ésotérique, destiné à être révélé aux seuls initiés, à qui on faisait jurer le secret. Il est certain qu'il y avait, dans toute l'antiquité, un enseignement philosophique et religieux secret, qui ne se donnait qu'à un petit nombre d'initiés; il est possible que la religion juive n'ait pas échappé à ce qui était alors la loi commune. Dans cette hypothèse assez vraisemblable, il est bien difficile, pour ne pas

dire impossible, de reconstituer ce sens ésotérique, qui seul avait une portée philosophique et métaphysique. Certaines tentatives ont été faites dans ce sens, notamment par l'abbé d'Olivet, mais il faut avouer que leurs explications sont presque aussi obscures que le texte. Voy. BIBLE.

Dans un autre ordre d'idées, des tentatives très curieuses ont été faites dans le courant de ce siècle par des auteurs très savants et très religieux pour prouver que la Genèse de Moïse est absolument d'accord avec les enseignements de la Science moderne. Nous avons dit, au mot COSMOGONIE, ce que nous pensons de ces tentatives. Il y a cependant un point où la G. s'accorde à peu près avec les enseignements de la géologie et de la paléontologie ; c'est celui qui concerne l'ordre d'apparition des êtres organisés. Il est certain que les animaux marins ont précédé les animaux terrestres, et que l'homme est apparu le dernier dans le règne animal ; mais il n'est pas probable que le règne végétal ait précédé le règne animal. Il y a lieu de croire que les premiers êtres organisés n'étaient ni végétaux, ni animaux, et que des deux règnes se sont différenciés plus tard, et ont suivi chacun une évolution parallèle. En tout cas, les végétaux supérieurs sont de beaucoup postérieurs aux premiers animaux marins, nettement caractérisés. Enfin, il ne semble pas probable que la formation des espèces se soit effectuée en plusieurs temps ou périodes séparées et distinctes. L'opinion qui paraît aujourd'hui la plus générale parmi les naturalistes, est que l'évolution des êtres organisés s'est faite progressivement par une suite de transformations insensibles, sans secousses et sans révolutions. C'est le contraire de ce que pensait Cuvier. — En ce qui concerne la formation de la Terre elle-même et de l'Univers sidéral, il faut une puissante bonne volonté pour mettre le texte de Moïse d'accord avec les enseignements de l'Astronomie. Il est vrai que ce texte est tellement obscur qu'on y peut trouver à peu près tout ce qu'on veut.

GÉNÉSIAQUE. adj. 2 g. (R. genèse). Qui a rapport à la genèse, à une création. Les six périodes génésiaques.

GÉNÉSIQUE. adj. 2 g. Qui a rapport à la génération. Facultés g. On dit aussi GÉNÉTIQUE.

GENEST (SAINT), évêque de Clermont, m. vers 622. Fête le 3 juin.

GENEST (L'abbé), littérateur fr., né à Paris (1639-1719).

GENESTROLE. s. f. (R. genêt). T. Bot. Nom vulgaire donné au Genista tinctoria, de la famille des Légumineuses. Voy. ce mot.

GENET. s. m. (esp. ginete, cavalier armé à la légère; de l'arabe zenata, nation berbère connue pour la valeur de sa cavalerie). T. Zool. Race de chevaux espagnols qui sont petits, mais bien conformés et très solides.

GENÊT. s. m. (lat. genista, m. s.). T. Bot. Genre de plantes Dicotylédones (Genista) de la famille des Légumineuses. Voy. ce mot.

GÉNÉTHLIAQUE. adj. 2 g. (gr. γενέθλη, génération). Se dit des poèmes ou des discours composés sur la naissance d'un enfant. Discours g. La quatrième églogue de Virgile adressée à Pollion est un poème g. = GÉNÉTHLIAQUE. s. m. Astrologue qui dresse un horoscope.

GENÉTIÈRE. s. f. Lieu couvert de genêts.

GÉNÉTIQUE. adj. (gr. γενετή, engendrement). T. Did. Qui a rapport aux fonctions de la génération. On dit aussi GÉNÉSIQUE.

GENETTE. s. f. [Pr. je-nè-te] (esp. gineta, de l'ar. djemelh, m. s.). T. Mamm. Mammifère carnivore, appartenant à la famille des Viverridés. Voy. CIVETTE. || T. Blas. L'animal de ce nom, monté de face et passant.

GENETTE (À LA). [Pr. je-nè-te] (R. genêt). loc. adv. qui n'est usitée que dans cette phrase, Aller à cheval à la g., Aller à cheval avec les étriers fort courts.

GÈNEUR. s. m. T. Néol. Celui qui gêne.

GENÈVE (Lac de) ou LÉMAN, lac de Suisse, long de 72 k., traversé par le Rhône. Plus grande largeur: 14 kilomètres.

Plus grande profondeur : 310 mètres. Altitude : 368 mètres.

GENÈVE, cant. de la Suisse, pop. 106,700 hab., ch.-l. Genève sur le Rhône, à sa sortie du lac ; à 626 kil. de Paris, 68,100 hab. Centre de la réforme religieuse de Calvin au XVIᵉ siècle, et patrie de J.-J. Rousseau, Sismondi, Necker, de Saussure, Mᵐᵉ de Staël. Horlogerie, orfèvrerie. La ville de Genève est fort agréablement située au pied des Alpes, et tend à s'étendre graduellement le long des rives de son lac admirable. = Nom des habitants : GENEVOIS, OISE.

GENEVIÈVE (SAINTE), patronne de Paris, née à Nanterre (419-502), sauva Paris menacé par Attila (451). En son honneur fut construite l'église de Sainte-Geneviève à Paris. Voy. PANTHÉON. — Fête le 3 janvier.

GENEVIÈVE DE BRABANT, fille d'un duc de Brabant, épouse de Siffroi, accusée faussement par l'intendant Golo, fut condamnée à mourir avec son jeune fils, et abandonnée dans une forêt. Elle y vécut du lait d'une biche, jusqu'au jour où son innocence fut reconnue (VIIIᵉ siècle).

GENEVOIS, ancienne province des États Sardes qui comprenait une partie du canton de Genève, et les arrond. de Saint-Julien et d'Annecy.

GENÈVRE (Mont), sommet des Alpes Cottiennes, où passe une route allant de Briançon à Suse. L'Hospice du Mont-Genèvre, situé à 1,937 m. et faisant partie des établissements généraux d'assistance publique, a été fondé au XIIIᵉ siècle par les dauphins du Viennois.

GENÉVRETTE. s. f. [Pr. je-ne-vrète] (R. genièvre). Boisson obtenue par la fermentation des baies de genièvre, macérées dans l'eau.

GENÉVRIER. s. m. (R. genièvre). T. Bot. Genre de végétaux (Juniperus) de la famille des Conifères. Voy. ce mot.

GENÉVRIÈRE. s. f. Lieu planté de genévriers.

GENGELI. s. m. [Pr. jan-je-li]. Nom indien du Sésame (Sesamum indicum), plante de la famille des Gesnéracées. Voy. ce mot.

GENGIS-KHAN, conquérant et dévastateur mongol, s'empara de la Chine, de tout le Nord de l'Asie et du Sud de la Russie, et forma le plus vaste empire qui eût jamais été soumis à un seul homme. Cet empire fut démembré à sa mort (1155-1227).

GÉNIAL, ALE. adj. (lat. genialis, producteur, créateur). Se dit d'un auteur qui produit spontanément et dont les œuvres ont de l'originalité. [| Qui marque un génie original. || Qui a un caractère de fête, gai, abondant, fécond.

GÉNIALEMENT. adv. D'une manière géniale.

GÉNIALITÉ. s. f. T. Néol. Caractère de ce qui est génial.

GÉNICULATION. s. f. [Pr. ...sion] (R. géniculé). Courbure en manière de genou.

GÉNICULÉ, ÉE. adj. (lat. geniculum, dimin. de genu, genou). T. Bot. Se dit d'un organe qui est fléchi sur lui-même en formant un angle plus ou moins aigu.

GÉNIE. s. m. (lat. genius, m. s.). L'esprit ou le démon, soit bon, soit mauvais, qui, selon l'opinion des anciens, accompagnait les hommes depuis leur naissance jusqu'à leur mort. Un bon, un mauvais g. Le g. de Socrate. Le mauvais g. de Brutus lui apparut et lui annonça sa mort. Le g. d'Auguste était plus fort que celui d'Antoine. C'est votre bon g. qui vous a inspiré ce dessein. Poussé d'un mauvais g. || Esprit ou démon qui, selon l'opinion des anciens, présidait à de certains lieux, à des villes, etc. Le g. du lieu, Le g. de Rome. — Par allus. à cette ancienne croyance, on dit encore, Le g. de la France. — Le g. de la peinture, de la poésie, de la musique, etc., Le g. qu'on suppose présider à chacun de ces arts. || Figure d'enfant ou d'homme ailé qui représente un des génies dont il vient d'être parlé, ou qui sert à personnifier les arts, les vertus, les passions, etc. On donne aux génies différents attributs

suivant l'idée qu'on veut représenter. || Dans les féeries de l'Orient, du moyen âge, etc., se dit des puissances subalternes que l'on supposait habiter les airs et la terre, se mêler aux hommes, etc. Un g. lui apparut. Évoquer les génies.

Hist. relig. — Les génies, dont le culte se trouve répandu chez toutes les nations de l'antiquité, étaient regardés comme des divinités intermédiaires entre les hommes et les dieux. Appelés Dévatas et Dailias chez les Hindous, Izeds chez les Zends, Djinns ou Gens chez les Persans et les Arabes, ils apparaissent en Grèce sous le nom de Δαίμονες, et à Rome sous celui de Genii ; mais partout on les considère comme présidant aux destinées de l'homme ou intervenant dans les affaires de ce monde. — Selon certains peuples orientaux, les Génies sont doués d'une forme corporelle qu'ils peuvent métamorphoser à leur gré. Ils habitaient la terre longtemps avant la création de l'homme ; mais s'étant révoltés contre Dieu, ils en furent chassés par Éblis et rejetés à l'extrémité du monde. Selon les légendes persanes, ils sont obligés de se soumettre et d'obéir aux ordres des possesseurs de certains talismans. C'est ainsi que Salomon possédait un anneau mystérieux par la vertu duquel il commandait à toutes les légions des Djinns qui, à la volonté de ce roi, exécutaient les plus grands prodiges et réalisaient les merveilles les plus incroyables. Les Arabes considèrent encore aujourd'hui les Génies ou Djinns comme des esprits malfaisants, d'où émane tout le mal qui se fait sur la terre. Quant aux Chinois, qui leur donnent le nom de Tchin, ils le regardent comme les esprits tutélaires ou les « gardiens spirituels » des villes et des provinces. Néanmoins, dans le principe, ils ne leur rendaient aucun culte particulier : ce ne fut que dans la suite des temps qu'ils introduisirent dans leurs édifices sacrés la représentation de ces Génies. — Chez les Grecs, la conception des Génies n'a pas toujours été la même. Dans Homère, le mot Démon désigne seulement la divinité qui préside à la destinée de chacun, c.-à-d. le sort. Hésiode seul parle de trente mille Démons serviteurs de Jupiter et gardiens des mortels, qui ne sauraient apercevoir leurs corps aériens. Ces génies sont les âmes des justes de l'âge d'or, et leur mission est de veiller à l'exercice de la justice. Plus tard, les philosophes grecs représentèrent les Démons comme des esprits tutélaires attachés aux hommes dès l'instant de leur naissance, et leur servant d'intermédiaires dans leurs rapports avec les dieux. Espèces d'anges gardiens du paganisme, ils inspiraient et conseillaient celui qu'ils protégeaient, c'est ainsi que Socrate rapportait toutes ses inspirations à son G. Mais à côté de ces Démons bienfaisants, il y avait aussi des Démons malfaisants, qui poussaient au mal et qui représentent assez bien les Djinns des peuples orientaux. Enfin, dans les auteurs des derniers temps, on trouve ce nom de Démon appliqué aux âmes des morts. — Dans les croyances des anciennes races italiques, et particulièrement des Étrusques, les Génies étaient des êtres surnaturels d'un caractère très indéterminé, qui étaient chargés de veiller non seulement sur chaque famille et sur chaque individu, mais encore sur les choses et particulièrement sur les lieux. — Les Romains avaient emprunté aux Étrusques leur croyance aux Génies. D'après Censorinus, le G. est le dieu sous la protection duquel sont placées la naissance et la vie de chaque homme. Aussi le culte du G. était-il intimement lié avec les cérémonies domestiques. Le lit nuptial s'appelait lectus genialis. Le jour du g., dies genialis, était consacré à la joie et aux divertissements. Indulgere genio, c'était jouir des plaisirs de la vie, tandis que defraudare genium signifiait s'abandonner à la tristesse et à la douleur. Les offrandes que les Romains faisaient en certaines circonstances, principalement aux anniversaires de naissance, à leur G., consistaient en libations de vin, en gâteaux et en guirlandes de fleurs. On représentait ordinairement les Génies sous la forme de jeunes hommes tenant d'une main une coupe ou une lance, et de l'autre une corne d'abondance.

GÉNIE. s. m. (lat. ingenium, m. s.). Talent, disposition naturelle, aptitude pour une chose. Suivre son g. Forcer son g. Avoir du g. pour les affaires, pour la poésie. Avoir le g. de la peinture, de la musique, de la guerre. — Se dit quelquefois en mauvaise part. Avoir le g. du mal, de la destruction. Son g. le porte à mal faire. || Le g. d'une langue, Le caractère propre et distinctif d'une langue. Le g. de notre langue est la clarté et l'élégance. — Le g. d'une nation, d'un peuple, Le caractère, la manière de voir, de penser qui lui est propre. || Dans un sens partic., se dit de la plus haute puissance à laquelle puissent s'élever les facultés humaines, pour quelque ordre de choses que ce soit. Beau, grand, vaste, étonnant, puissant, brillant g. Un g. universel. Un homme de g., qui a du g. L'essor, le feu, l'enthousiasme du g.

C'est pour la vérité que Dieu fit le génie.
LAMARTINE.

Les écarts du g. L'ascendant du g. Son g. sut maîtriser la fortune. Un homme sans g. Être dépourvu de g. Toutes ses œuvres portent l'empreinte du g. — Par une sorte d'antithèse, on dit : Son g. est étroit, borné. Il n'a qu'un g. médiocre. — Travailler de g., faire quelque chose de sa propre invention. || Par ext., Cet homme a du g. Cet homme est un beau g. C'est un g. supérieur. Les grands génies qui ont illustré le siècle de Louis XIV. Cet homme est le plus grand g. de son siècle. — Fam., Ce n'est pas un g., c'est un petit g., un pauvre g., etc., se dit d'un individu qui n'a qu'une intelligence médiocre, vulgaire.

— Syn. — Talent. — Le g. exprime le plus haut degré de la puissance intellectuelle; le talent est un heureux et habile développement des facultés de l'esprit. Le g. est un pur don de la nature; le talent est surtout l'ouvrage de l'étude et du temps. On peut acquérir des talents; on naît homme de g. Avec du talent on peut être un excellent militaire; avec du g. on devient un grand général. En un mot, le g. est un talent très supérieur qui est doué de la faculté créatrice. Le g. est le pouvoir intellectuel spontané, naturel, de produire, d'inventer, de créer. Une école singulière a depuis longtemps (Lélut, Moreau de Tours, et quelques-uns de nos contemporains, entre autres Lombroso), cherché à établir une ressemblance entre le génie et l'aliénation mentale. C'est chercher à confondre le jour avec la nuit.

GÉNIE. s. m. (R. engin, enginerie). La science, l'art des ingénieurs. La science de l'ingénieur comprend un grand nombre de travaux différents : aussi a-t-on divisé en plusieurs branches : le Génie civil, qui s'occupe de l'établissement des ponts, routes, chemins de fer et canaux, de l'endiguement des fleuves, de la construction des ports et phares, de l'exploitation des mines, etc.; le G. maritime, qui s'occupe de la construction des navires, particulièrement des bâtiments de guerre, et le G. militaire, qui a pour objet spécial l'érection et l'on action des places fortes, ainsi que la direction et l'exécution des travaux de siège, soit pour l'attaque, soit pour la défense des places. — La plupart des travaux qui font l'objet de la science de l'ingénieur, ayant le caractère de services publics, le gouvernement a successivement créé des corps spéciaux chargés de les diriger et de les exécuter. En conséquence, les travaux propres au g. civil sont dévolus à deux corps particuliers, appelés Corps des ponts et chaussées et Corps des mines; les travaux de construction des navires sont confiés à un troisième corps nommé Corps du g. maritime, ou simplement G. maritime; et ceux des fortifications et autres travaux analogues à un quatrième corps nommé Corps du g. militaire, ou simplement G. militaire. Nous ne parlerons ici que de ce dernier, attendu qu'il est question des précédents aux articles Pont, Mines et Marine.

L'origine du corps du G. militaire n'est pas très ancienne : car, jusqu'au XVIe siècle, ses attributions étaient confondues avec celles de l'artillerie. Les premiers ingénieurs militaires qu'ait eus la France ont été formés sur l'habitude venus en France à la suite de Catherine de Médicis. Toutefois ces ingénieurs ne furent organisés en corps qu'en 1668, sur la proposition de Vauban, et c'est seulement en 1748 que fut créée à Mézières une école spécialement destinée à les recruter. L'arme du g. fut réunie à l'artillerie en 1755, puis isolée de nouveau en 1758. Enfin elle reçut, en 1776, le titre de Corps royal du g. Indépendamment de la fortification, ses attributions comprenaient, avant 1789, le castramétation, qui ressortit aujourd'hui au corps d'état-major, et le service des mines, que la Révolution lui enleva momentanément. A cette époque, le corps du g. se composait d'officiers divisés en directions et brigades, et n'avait point de troupes particulières; c'était l'infanterie qui exécutait, sous sa direction, les travaux de siège pendant la guerre, et qui, pendant la paix, travaillait aux fortifications. Bien que créées en 1688, les compagnies de sapeurs et de mineurs ne furent définitivement attachées au corps du g. qu'en 1793; auparavant elles faisaient partie de l'artillerie.

Le g. aux armées est chargé : 1° des travaux de fortification permanente; 2° des travaux pour la défense et l'attaque des places et des reconnaissances qui s'y rattachent; 3° des travaux de fortification passagère dont le commandement lui confie l'exécution, et des reconnaissances qui se rattachent à ces travaux; 4° de l'établissement des ponts d'équipages et des ponts fixes et mobiles de toute nature, ainsi que de l'entretien du matériel; 5° des travaux concernant les voies de communication tels que : l'ouverture de passages, la construction, le rétablissement ou la destruction des routes et ponts; 6° des travaux de réparation et destruction des chemins de fer et, en cas de besoin, de l'exploitation provisoire des chemins de fer; 7° du service de l'aérostation militaire; 8° du service des colombiers militaires.

Pour remplir ces attributions multiples et variées, le g. comprend : 1° un état-major particulier, composé de colonels, de lieutenants-colonels, de chefs de bataillon, de capitaines et d'adjoints du génie, chargé en temps de paix de la construction et de l'entretien des fortifications et, en général, des bâtiments militaires; 2° 6 régiments de sapeurs-mineurs et 1 régiment de sapeurs de chemin de fer, comprenant chacun 3 bataillons à 4 compagnies, plus une compagnie de sapeurs-conducteurs, sauf le 7e régiment qui a 4 bataillons; les divers régiments ont un certain nombre de compagnies détachées dans les places fortes ou en Algérie. Il existe auprès de chacun d'eux une école du génie, destinée à donner aux officiers, aux sous-officiers et aux soldats l'instruction spéciale, théorique et pratique que réclame le service.

Les officiers se recrutent, pour la plus grande partie, parmi les élèves qui sortent de l'École polytechnique, et pour l'autre, parmi les sous-officiers de l'arme. Les premiers doivent passer deux ans à l'École d'application de l'artillerie et du génie, à Fontainebleau, école établie d'abord à Mézières en 1748, puis à Metz en 1794, et installée à Fontainebleau en 1871. Les seconds, désignés à la suite d'un concours, vont passer un an à l'École des sous-officiers de l'artillerie et du génie, à Versailles, pour compléter leur instruction.

Il est établi, auprès du ministre de la guerre, un Comité technique du génie, composé de généraux de division et de généraux de brigade en activité et appartenant aux diverses armes; ce comité, purement consultatif, donne son avis sur les questions de nature à intéresser l'arme que le ministre soumet à son examen. Il a en outre sous sa surveillance la section technique du g., l'établissement central d'aérostation militaire de Chalais-Meudon, la direction du service de la télégraphie militaire à Paris. Enfin, pour les besoins du service, le territoire de la France et de l'Algérie est divisé actuellement en 40 directions du g., dont chacune est commandée par un colonel ou un lieutenant-colonel et subdivisée en chefferies confiées, suivant leur importance, à un lieutenant-colonel, à un chef de bataillon ou à un capitaine, qui prend alors le titre de chef du g. Les corps d'armée où se trouvent des régiments ou des bataillons du g. ont un commandant de brigade du g., qui prend le titre de commandant du g. de la région et à leurs sous ordres les troupes et les directions du g. de ce corps d'armée.

Les troupes du g. sont armées du fusil modèle 1886 avec épée-baïonnette, à l'exception des aérostiers, qui ont le mousqueton d'artillerie. En temps de paix, les sous-officiers portent une épée. L'uniforme des troupes à pied comprend : 1 capote gris bleu avec pattes de velours au collet; 1 veste bleu foncé avec pattes de velours; 1 pantalon bleu foncé avec double bande et passepoil écarlate; 1 képi bleu foncé avec cordonnet écarlate; les boutons sont jaunes, avec une cuirasse surmontée d'un casque en relief; le collet des effets et le képi portent le numéro du régiment. En temps de paix, les hommes ont en outre une tunique bleu foncé avec pattes de velours et épaulettes de laine écarlate; les officiers ont l'épaulette d'or.

Gardes ou adjoints du génie. — Les lois du 8 juillet 1791 et du 29 mars 1810 ont créé, sous le nom de gardes du génie, des employés militaires assermentés, placés sous les ordres des officiers du génie pour les aider dans leurs fonctions et pour surveiller les fortifications. Depuis 1875, ils sont désignés officiellement sous le nom d'adjoints du génie. Ils se recrutent exclusivement parmi les sous-officiers du génie, par voie de concours annuel. Ils sont nommés par décret et leur rang d'officier; ils sont divisés en cinq classes, qui leur constituent une hiérarchie propre et ne les assimilent aux grades de l'armée que pour la solde et pour la retraite. Actuellement, avant d'être nommés adjoints, les sous-officiers classés pour ce grade sont détachés, comme stagiaires, à l'état-major particulier du génie pour y accomplir un stage.

GÉNIEN, IENNE. adj. [Pr. jéni-in]. (gr. γένειον, menton). T. Anat. Qui tient au menton. Les anatomistes donnent le nom d'Apophyse génienne ou simplement d'Apophyse geni, à une petite apophyse située à la partie postérieure du menton, sur la ligne médiane du maxillaire inférieur. Cette éminence sert d'attache à différents muscles qui, de là et de leur autre point d'insertion, sont appelés *Génio-glosse*, *Génio-hyoïdien* et *Mastoïde-génien*.

GÉNIEUX. s. m. Petite casserole en faïence ou poterie, avec couvercle, à queue longue et à fond concave, propre à faire chauffer du bouillon, de la tisane.

GENIÈVRE. s. m. (lat. *juniperus*, m. s.). Nom vulg. du Genévrier commun. *Bois de g. Graine de g.* || Le fruit même du genévrier. *Eau-de-vie de g.* La liqueur faite avec ce fruit. *Boire du g. Voilà du g. de Schiedam.*

GENIÈVRERIE. s. f. Fabrique, distillerie de genièvre.

GÉNIN (François), savant philologue français, né à Amiens (1803-1856).

GÉNIO-GLOSSE. adj. 2 g. (gr. γένειον, menton; γλῶσσα, langue). T. Anat. Muscle qui s'étend de la partie supérieure et latérale de l'apophyse génienne à la base de la langue.

GÉNIO-HYOÏDIEN, IENNE, adj. (gr. γένειον, menton; fr. *hyoïde*). T. Anat. Qui appartient à l'apophyse génienne et à l'os hyoïde.

GÉNIO-PHARYNGIEN, IENNE. adj. (gr. γένειον, menton; fr. *pharynx*). T. Anat. *Muscles génio-pharyngiens*, Faisceaux musculeux qui s'étendent de l'apophyse génienne au pharynx.

GÉNIPAYER. s. m. T. Bot. Genre de plantes Dicotylédones (*Genipa*) de la famille des Rubiacées. Voy. ce mot.

GÉNIPI. s. m. Voy. GÉNÉPI.

GÉNISSE. s. f. (lat. *junix*, m. s., contr. de *juvenix*, de *juvenis*, jeune). T. Zool. Voy. BŒUF. Nom que l'on donne à la jeune *vache* jusqu'à l'âge de dix-huit mois à deux ans.

GENISSIEU, conventionnel, ministre de la justice en 1796, président du Conseil des Cinq-Cents en 1799. (1749-1804.)

GENISSON. s. m. [Pr. *je-nison*] (R. *génisse*). Jeune taureau.

GÉNITAL, ALE. adj. (lat. *genitalis*, m. s., de *genitum*, supin de *gignere*, engendrer). Qui sert à la génération. *Parties génitales, Organes génitaux.* || Qui se rapporte à la génération. *Faculté génitale.* || T. Myth. Qui protège une famille. *Jupiter g.*

GÉNITEUR. s. m. (lat. *genitor*, m. s. de *gignere*, engendrer). Celui qui a engendré, père. T. Fam. || T. Écon. rurale. Mâle destiné à la reproduction.

GÉNITIF. s. m. (lat. *genitivus* [*casus*], le cas qui engendre). T. Gram. Voy. CAS.

GÉNITO-CRURAL, ALE. adj. (R. *génital*, et lat. *crus, cruris*, cuisse). T. Anat. Qui appartient aux organes génitaux et à la cuisse.

GÉNITOIRES. s. m. pl. (lat. *genitorium*, m. s., de *genitor*, géniteur). Les organes mâles qui servent à la génération chez l'homme et les animaux supérieurs. Vx.

GÉNITO-SPINAL, ALE. adj. (R. *génital* et *spinal*). T. Anat. Qui concerne les organes génitaux et la moelle épinière.

GÉNITO-URINAIRE. adj. 2 g. (R. *génital* et *urinaire*). T. Anat. Qui a rapport tout à la fois aux fonctions de la génération et à l'excrétion de l'urine. *Appareil g.-urinaire. Voies g.-urinaires.*

GÉNITURE. s. f. (lat. *genitura*, de *gignere*, engendrer). Ce qu'un homme a engendré; fam. et ne s'empl. que par plaisant., comme lorsqu'un père, montrant son fils, dit : *Voilà ma g.* Vx. || Horoscope.

GENLIS, ch.-l. de c. (Côte-d'Or), arr. de Dijon; 1,100 h.

GENLIS (Comtesse de), femme de lettres française, fut chargée de l'éducation des enfants de la famille d'Orléans, et composa plusieurs ouvrages d'éducation (1746-1830).

GENNADIUS, patriarche de Constantinople (1453-1548).

GENNES, ch.-l. de c. (Maine-et-Loire), arr. de Saumur; 1,700 hab.

GÊNOIS, OISE. adj. et s. Qui est de Gênes. == GÊNOISE. s. f. Ancienne monnaie d'or frappée à Gênes. || T. Cuis. Petits gâteaux de dessert.

GÉNOLHAC, ch.-l. de c. (Gard), arr. d'Alais; 1,200 habitants.

GENOPE. s. f. T. Mar. Bout de filin employé à serrer deux cordages l'un sur l'autre, afin qu'ils ne puissent glisser. || Nom de ce genre d'amarrage.

GENOPER. v. a. T. Mar. Serrer fortement deux cordages l'un sur l'autre. == GENOPÉ, ÉE, part.

GÉNOPLASTIE. s. f. (lat. *gena*, joue; gr. πλάσσειν, restaurer) T. Chir. Restauration du menton ou de la joue. Voy. AUTOPLASTIE.

GENOU. s. m. (lat. *genu*, m. s.). L'articulation de la cuisse avec la jambe, du fémur avec le tibia; se dit particulièrement de la partie antérieure de cette articulation, par opposition à jarret, qui en désigne la partie postérieure: il s'emploie seulement en parlant de l'homme et de quelques grands animaux. *L'os du g. a reçu des anatomistes le nom de rotule. Ce cheval a été blessé au g. Avoir les genoux faibles, fermes, tremblants. Avoir les genoux en dedans. Fléchir le g., les genoux devant quelqu'un, en signe de respect. Mettre un g., mettre les genoux en terre. Tenir un enfant sur ses genoux.* || *A genoux*, Les genoux en terre. *Être à genoux. Se mettre, tomber, se jeter à genoux.* Elliptiquement, on dit *A genoux*, pour *Mettez-vous à genoux.* — *Demander une chose à g.*, à deux *genoux*, se dit, au propre et au fig., pour demander avec instance. || *Être, tomber, se prosterner, etc., aux genoux de quelqu'un*, Être ou se mettre en posture de suppliant; se dit au propre et au fig. *Je tombe à vos genoux. Soupirer aux genoux d'une belle.* || *Être à genoux devant quelqu'un*, être aux genoux de quelqu'un, Lui montrer une soumission, une dépendance absolue. — On dit dans un sens anal., *Embrasser les genoux de quelqu'un.* || Fig., *Fléchir le g., les genoux devant quelqu'un*, S'humilier devant lui. On dit, dans un sens anal., *C'est un homme qui est toujours à genoux devant le pouvoir.* || Fam., *Sa tête est comme un genou*, Il est chauve. *Ce couteau coupe comme un genou*, Ne coupe pas. || T. Mar. Pièce de bois courbe qui fait partie de la membrure du bâtiment. || T. Méc. Articulation permettant le mouvement dans tous les sens et composée d'une sphère reposant dans une cavité hémisphérique de même diamètre. Les lunettes, les graphomètres, les planchettes d'arpentage, etc., sont souvent articulées à leur pied par un genou. || T. Mar. *G. d'aviron*, Partie comprise entre la poignée et le point d'appui. || T. Ch. fer. Appareil qui commande le frein. || T. Anat. *G. du corps calleux*, Partie du corps calleux qui forme l'inflexion antérieure.

GENOUDE (Antoine-Eugène Genoud, dit), écrivain politique fr., né à Montélimar (1792-1849).

GENOUILLÉ, ÉE. adj. [Pr. *jenou-illé*, *ll* mouil.] (R. *genou*). T. Bot. Voy. GÉNICULÉ.

GENOUILLÈRE. s. f. [Pr. *ll* mouil.] (R. *genou*). La partie de l'armure qui servait à couvrir le genou. || La partie de certaines bottes qui couvre le genou. || Morceau de cuir ou de feutre que les couvreurs, les ramoneurs, les artilleurs, etc., s'attachent sur les genoux pour les garantir. || Enveloppe de cuir qu'on met aux genoux d'un cheval pour l'empêcher de se couronner. || Enveloppe de flanelle, de tricot, que l'on met au genou pour éviter, combattre les rhumatismes. || Charnière mobile qui sert à monter les instruments de mathématiques. || Bout de tuyau coudé adapté aux bouches d'arrosage. || T. Fortif. Partie du talus intérieur d'un ouvrage de fortification comprise entre le niveau de la plate-forme et le fond de l'embrasure correspondante. || Cartouche creuse de fusée qu'on tire sur l'eau. || Partie basse de l'embrasure d'une batterie de canons. || T. Chir. Enveloppe en cuir, en étoffe, ou en caoutchouc, dont on entoure un genou malade pour affermir l'articulation.

GENOUILLEUX, EUSE. adj. [Pr. *jenou-lieu*, *euse*, *ll* mouil.] (R. *genou*). T. Bot. *Plantes genouilleuses*, Celles qui ont des racines épaisses; peu enfoncées en terre et faites de plusieurs pièces jointes ensemble, dispositif qui rappelle l'articulation du genou.

GÉNOVÉFAIN. s. m. (lat. *Genovefa*, Geneviève). Chanoine régulier de Sainte-Geneviève.

GENOVESI, créateur de l'économie politique en Italie (1712-1769).

GENRE. s. m. (lat. *genus*, *generis*, m. s., de *gignere*, engendrer). Réunion d'espèces qui ont un ou plusieurs caractères communs. *Le g. et l'espèce. Cet animal appartient à tel g. Ce g. ne renferme qu'une seule espèce. Créer, fonder, établir un g. Les caractères ce ce g. sont.. Toute plante a deux noms, celui du g. et celui de l'espèce.* — En T. Logiq., *Genre se dit quelquefois pour le caractère commun sur lequel un genre est fondé. La définition se compose du g. et de l'espèce.* ‖ Dans le langage ordinaire se dit fréquemment pour Espèce. *On reconnaît divers genres d'animaux*, etc. *Voilà un g. de plantes eue je ne connaissais pas.* — *Le g. humain,* Tous les hommes pris ensemble. ‖ S'empl. dans un sens tout à fait vague, pour Sorte, manière. *Ce g. de tissu ne me plaît pas. Il a un magasin des marchandises de tout g., de tous les genres. Ce g. de plaisanterie est de très mauvais goût. Une chose parfaite, excellente en son g., dans son g. Ces deux affaires ne sont pas du même g. Voici une difficulté d'un autre g. Il a adopté un singulier g. de vie. Je n'aimerais pas ce g. d'occupation. Ce g. de mort est horrible.* ‖ Fam., se dit encore pour Mode, goût. *C'est le bon g. Cette toilette est d'un nouveau g.* — S'empl. aussi quelquefois en parlant des personnes, dans le sens de manière d'être, de se conduire en société. *On ne peut imiter ce jeune homme, il a trop mauvais g. Il a fort bon g. Je n'aime pas son g. Avoir du g.,* Avoir une manière d'être élégante, distinguée. *Se donner des genres,* Avoir des manières affectées. ‖ En parl. des écrivains, des artistes, se dit du style, de la manière d'écrire, de travailler, d'exécuter. *Il a un g. d'écrire qui est peu de mon goût. Ce musicien imite le g. de Rossini. Il essaie de peindre dans le g. de Rembrandt. Cet acteur s'est créé un g. à lui. Le g. maniéré est bien voisin du g. faux.* ‖

Tous les genres sont bons, hors le genre ennuyeux.

VOLTAIRE.

Cette phrase, qui n'est pas un vers dans la préface de l'*Enfant Prodigue*, de Voltaire, est devenue un alexandrin souvent cité et attribué à Boileau. ‖ Dans les Beaux-Arts, se dit de chacune de leurs parties, de leurs divisions. *Cet écrivain a excellé dans plusieurs genres. Il a échoué dans le g. comique. Le g. descriptif. Le g. didactique. Il a construit ce monument dans le g. gothique, dans le g. de la renaissance. Il prétendait créer un nouveau g. d'architecture. Le menuet est une danse du g. noble.* — En Peinture, se dit absolument, pour désigner la peinture qui n'appartient ni au genre historique, ni au genre du paysage. *Peintre de g. Tableau de g.* ‖ T. Rhétor. Se dit des diverses sortes de discours. Voy. ÉLOQUENCE. ‖ T. Mus. *Genre diatonique, g. chromatique, g. enharmonique,* Le genre dans lequel on procède par tons, ou par demi-tons, ou par quarts de tons. ‖ T. Physiol. On disait autrefois, *Le g. nerveux,* pour désigner le système nerveux. ‖ T. Géom. *G. d'une courbe, d'une surface.* Voy. plus bas, et UNICURSAL.

Hist. nat. — On donne le nom de *genre* à la réunion des espèces qui ont entre elles une ressemblance évidente dans leurs caractères internes et leur forme extérieure. Le mot *genre* est quelquefois employé dans un sens plus général; ainsi, on dit, le genre humain, bien que, zoologiquement, l'Homme constitue un *ordre* et une seule espèce de la classe des Mammifères.

Gramm. — La différence des sexes étant la différence la plus fondamentale et la plus apparente dans l'espèce humaine, ainsi que dans une multitude d'animaux, les hommes ont dû naturellement attacher cette distinction aux noms par lesquels ils désignent les individus mâles et femelles d'une même espèce; le g., en grammaire, peut donc être défini, *le sexe attribué aux mots.* Logiquement, il semble que toute langue dût posséder trois genres : le g. *masculin,* s'appliquant aux hommes et aux animaux mâles; le g. *féminin,* servant à désigner les femmes et les animaux femelles; enfin, le g. *neutre,* comprenant toutes les choses où la différence

sexuelle n'existe pas. Cependant il n'en est rien. Les langues sont aussi arbitraires dans le nombre de genres qu'elles adoptent que dans l'application des genres aux mots. Quelques-unes, telles que le sanscrit, le grec, le latin, l'allemand, l'anglais, en admettent trois. D'autres, comme l'arabe, le français, l'italien, n'en reconnaissent que deux. De plus, l'arbitraire dans l'attribution des genres aux mots est plus manifeste encore dans les langues qui ont trois genres que dans celles qui n'ont que deux. En effet, dans les langues qui n'admettent que deux genres, il y a nécessité que tous les noms soient masculins ou féminins, et par conséquent que les noms de choses sexuelles, si nous pouvons parler ainsi, soient revêtus de l'un ou de l'autre de ces caractères; mais pourquoi, dans les langues qui admettent les trois genres, la loi logique n'a-t-elle pas prévalu? Pourquoi, par exemple, en latin, *pes* (pied) et *manus* (main), sont-ils le premier masculin et le second féminin, tandis que *brachium* (bras) est neutre? Pourquoi en allemand, *das weib,* la femme, *das mädchen,* la servante, sont-ils des mots neutres? Le persan et l'anglais sont plus logiques : car, dans ces deux langues, tous les noms sont neutres, sauf ceux qui s'appliquent à des individus mâles ou femelles, lesquels sont alors masculins ou féminins. Il y a cependant quelques exceptions : en anglais, *ship,* navire, est féminin, et le mot qui désigne un navire de guerre, *man-of-war,* et qui a, pour signification propre, *homme de guerre,* est cependant féminin! Dans certaines langues, dans l'italien, par exemple, le g. des mots est, sauf quelques exceptions, suffisamment caractérisé par la forme des mots eux-mêmes. Dans d'autres, au contraire, rien n'indique le sexe que l'usage attribue aux différents mots : c'est ce qui a lieu en français, du moins pour les substantifs, car il en est autrement pour la plupart des adjectifs et des pronoms.

En français, on donne quelquefois des noms différents aux êtres véritablement pourvus de sexe, comme *homme, femme; bélier, brebis; cerf, biche; coq, poule,* etc. D'autres fois, on distingue simplement les deux sexes par une terminaison différente : *chien, chienne; âne, ânesse; loup, louve; daim, daine; chevreuil, chevrette; faisan, faisane; canard, cane;* etc. Mais, le plus souvent, on se sert du même mot, soit masculin, soit féminin, pour désigner le mâle et la femelle : tels sont les mots masculins *éléphant, rhinocéros, écureuil, perroquet, requin, crapaud, hanneton,* etc., et les mots féminins, *hyène, fouine, baleine, perdrix, bécasse, perche, grenouille, vipère, guêpe,* etc. Si l'on veut distinguer le sexe des animaux, il faut y ajouter le qualificatif *mâle* ou *femelle,* ce qui conduit à employer des tournures bizarres, telles que : *Un perroquet femelle, une perdrix mâle!* Quant aux mots qui désignent des choses dépourvues de sexe, on dirait que la détermination de leur genre a été une affaire de pur caprice, tant il est difficile dans une foule de cas, de découvrir les analogies en vertu desquelles l'un des deux sexes est attribué à un mot plutôt que l'autre. Néanmoins, comme la plupart des mots de notre langue viennent du latin, on peut remarquer que le plus souvent ils ont conservé le g. qu'avaient les mots latins dont ils sont dérivés : les noms féminins en latin sont donc féminins en français, tandis que les mots masculins et neutres sont devenus masculins. Il y a cependant de nombreuses exceptions. Ainsi, en latin, *arbor,* qui était féminin, a donné le mot français masculin *arbre.* Au reste, tous les noms d'arbre sont féminins en latin et presque tous sont masculins en français.

Ces exceptions tiennent à trois causes principales : 1° Certains mots ont changé de genre à cause de leur terminaison même. Ainsi le masculin *obulus* a donné *obole,* et le féminin *lacerta* a donné le masculin *lézard,* parce que, en français, les mots en *ole* sont généralement féminins, tandis que les mots en *ard* ou *art* sont masculins. De même, les mots en *or,* presque tous masculins en latin, ont gardé des noms féminins en français : *douleur, odeur,* etc., peut-être à cause de l'analogie avec *sœur.* Le cas d'*arbor* féminin en latin et masculin en français est bien singulier. Sans doute, les autres noms en *or* étant masculins, le peuple aura fait *arbor* masculin aussi, et comme en français il n'a pas la terminaison *eur,* il sera resté masculin. — 2° Certains mots ont pu changer de genre, parce qu'ils étaient d'un certain genre en latin, et d'un autre en celtique ou en germanique; c'est ainsi que les étrangers qui savent mal le français font constamment des fautes de genre, en attribuant à un mot le genre qu'ils ont dans leur langue maternelle. — 3° Plusieurs noms féminins français viennent de pluriels neutres latins, par suite d'un solécisme étrange, mais qu'explique la communauté de la terminaison en *a.* Tels sont les mots *joie* (*gaudia*), *arme* (*arma*), *voile* (*vela*), *feuille* (*folia*), etc.

L'usage a aussi quelquefois changé le g. de certains substantifs. Tels sont les mots comté, art, évêché, navire, qui étaient autrefois féminins et qui sont aujourd'hui masculins, et les mots affaire, date, insulte, qui de masculins qu'ils étaient, sont devenus féminins. L'arbitraire va plus loin encore. Certains mots ont des genres différents avec des significations identiques : ainsi, aigle est à la fois masculin et féminin ; amour est masculin au singulier et féminin au pluriel, etc. D'autres changent de g. en prenant une signification un peu différente. Ainsi, voile, qui vient du latin velum, est féminin lorsqu'il signifie voile d'un vaisseau, et masculin, quand il désigne le voile d'une femme, etc. Il en est de même des mots manche, mémoire, mode, solde, etc., qui selon le sens qu'on y attache, sont tantôt masculins et tantôt féminins. Enfin, certains noms, quoique masculins, peuvent être appliqués à des personnes du sexe féminin : tels sont les mots auteur, artiste, poète, sculpteur, témoin, etc. Cette distribution arbitraire des genres a pour résultat de rendre impossible de reconnaître dans toute occasion, au seul aspect d'un substantif, le g. qui lui appartient. — Quelques grammairiens ont bien essayé de dresser des catégories de noms masculins et féminins, en prenant les terminaisons pour base de leur classification ; mais les groupes sont si nombreux et chacun d'eux admet tant d'exceptions, qu'il est impossible de se charger la mémoire de ce fatras. Il est beaucoup plus simple d'apprendre le g. des noms par l'usage, et de recourir, en cas de doute, aux dictionnaires.

Les mots variables, adjectifs, participes, etc., ont en général des terminaisons différentes, suivant qu'ils servent de qualificatif à un nom masculin, féminin ou neutre. Les règles, très simples du reste, qui servent à déterminer la terminaison qu'il faut employer dans chaque cas particulier sont appelées les règles d'accord ou de concordance des genres.

Plusieurs auteurs donnent fort improprement le nom de G. commun au g. des mots (adjectifs, pronoms, etc.), dont la terminaison est la même au féminin qu'au masculin.

Géom. — On appelle genre d'une courbe ou d'une surface un nombre qui sert à classer les courbes ou surfaces algébriques, indépendamment de leur ordre, et qui dépend du nombre des pointes doubles ou lignes doubles qu'elles contiennent. Les lignes ou surfaces du genre zéro sont celles dont les coordonnées de chaque point peuvent s'exprimer rationnellement en fonction d'un paramètre ou de deux paramètres variables. Voy. Unicursal.

GENSÉRIC, roi des Vandales, soumit l'Afrique (427-477), et pilla Rome (455).

GENSONNÉ (Armand), membre de la Convention, périt avec les Girondins (1758-1793).

GENT. s. f. [Pr. jan] (lat. gens, gentis, m. s., du radical gen, qui se retrouve dans gignere, engendrer, et dans le grec γίνεσθαι, naître). Nation, race ; ne s'emploie guère en ce sens que dans la poésie familière. La g. qui porte le turban, Les Turcs. La g. trotte-menu, Les rats. La g. marécageuse, Les grenouilles. La g. moutonnière, Les moutons ; ou figur. Les personnes qui font ce qu'elles voient faire, qui suivent aveuglément l'exemple des autres. — Son plur., Gens, n'est guère usité que dans cette locution, Le droit des gens, le droit international. Voy. Droit. == Hors de ces expressions, ce mot ne s'emploie qu'au plur., Gens, et signifie alors personnes ; en outre, il veut au fém. les adjectifs ou les participes qui le précèdent, et au masc. ceux qui le suivent. Des gens bien méchants. De méchantes gens. Des gens de bien. Des gens d'honneur. Des gens de qualité. Des gens bien nés. Des gens comme il faut. De petites gens. Des gens de rien. Des gens sans aveu. Des gens de sac et de corde. De telles gens sont fort à craindre. Quelles gens sont-ils donc ? Voilà bien de braves gens. Ce sont au fond de bonnes gens. Ce sont les meilleures gens du monde, les meilleures gens que j'aie jamais vues. Les gens de la noce. Les gens de la campagne. Les gens du village. Des gens en place. Demandez aux gens de service. Les vieilles gens sont soupçonneux. Ces jeunes gens sont bien imprudents. Il y a de certaines gens qui sont bien sots. Ce sont des gens à talents. Des gens d'esprit, de bon sens. — Absol., Les gens, pour désigner, sans les nommer, une certaine personne, souvent la même qui parle.

Mais on entend les gens au moins sans se fâcher.
MOLIÈRE.

— Tous devant gens se met au masc., lorsque ce dernier est précédé d'un adj. des 2 genres. Tous les honnêtes gens ; Tous les habiles gens. Au contraire, Tous se met au féminin, lorsque l'adjectif qui précède Gens a une terminaison particulière pour le féminin, Toutes les vieilles gens. On emploie encore Tous au masculin, lorsque Gens est suivi d'une épithète ou de quelque autre mot déterminatif. Tous les gens sensés. Tous les gens de bon sens. Tous les gens qui raisonnent. Tous les gens à talents. Ce sont tous gens bien connus, tous gens d'esprit et de mérite. Tous ces gens-là. — Famil., Il y a gens et gens, Il y a de grandes différences entre certaines personnes. Se connaître en gens, Savoir apprécier le fort et le faible des hommes, leurs bonnes et leurs mauvaises qualités. — Bêtes et gens, se dit dans quelques phrases familières. Il a emmené tout son monde avec lui, bêtes et gens. Prov., on dit d'un lieu très solitaire, Il n'y a ni bêtes ni gens. — Famil. et prov., Vous vous moquez des gens. Vous nous prenez pour des gens de l'autre monde, Vous nous prenez pour des ignorants, pour des idiots. — Famil., Mille gens. Des milliers de gens, etc., Beaucoup de gens en nombre indéterminé. Plus de mille gens me l'ont rapporté. Mais Gens ne se dit jamais en parlant d'un nombre déterminé de personnes, à moins qu'il ne soit précédé de certains adjectifs. Il fit l'aumône à dix pauvres gens. Ces cinq frères sont cinq braves gens. || Lorsque Gens est suivi de la préposition De et d'un substantif désignant une profession, un état quelconque, il signifie, Tous ceux ou une partie de ceux qui, dans une certaine étendue de pays, appartiennent à cet état, à cette profession, et alors il veut l'adjectif ou le participe au masculin. Les gens d'église. Les gens de guerre. Les gens de loi. Les gens d'affaires. Les gens de lettres. Les gens de pied. Il y avait là des gens de toute sorte, des gens d'épée, des gens de robe, des gens de lettres. Une coalition de gens de finance. Quelques gens de pied l'accompagnaient. Certains gens d'affaires. || Gens de sac et de corde, Personnes dignes des plus grands châtiments. || À la barbe des gens, À la vue et au su des autres, et malgré ce qu'ils en peuvent penser. || Bonnes gens, Personnes simples et douces. — On dit quelquefois Gens d'armes, dans son acception primitive d'hommes d'armes ; et Gens du roi, pour désigner les magistrats qui remplissent les fonctions du ministère public. || Dans certaines manières de parler, Gens se dit pour domestiques, individus attachés au service d'une personne. Appelez vos gens. Tous mes gens l'avaient quitté. Tous mes gens sont malades. — Se dit aussi des personnes qui sont d'un même parti. On peut servir le dîner, tous nos gens sont arrivés. Tous nos gens sont au rendez-vous. Fam. — Se dit encore de ceux qui sont du parti, par opposition à ceux qui sont de l'autre. Nos gens ont battu l'ennemi. On craignait que ce ne fût une troupe ennemie, mais c'étaient de nos gens. Nos gens ont battu les vôtres. || T. Mar. Personnes qui exercent l'état du marin, sans être brevetées par l'État. || Autrefois, les ordonnances disaient, en parlant des membres des parlements et autres compagnies de justice : Les gens tenants la cour du parlement. Les gens tenants la chambre des comptes, la cour des aides, le présidial de tel lieu, etc.

GENT, ENTE. adj. [Pr. jan, jante] (lat. gentilis, de bonne race). Gentil, joli ; ne s'emploie qu'en imitant le style de nos vieux poètes. Une fille au corps gent. La gente bachelette.

GENTHITE. s. f. T. Minér. Silicate hydraté de nickel avec de la magnésie et un peu de chaux et de fer.

GENTIANE. s. f. [Pr. jan-ciane] (R. Gentius, nom d'un roi d'Illyrie, qui fit remarquer cette plante et en signala les propriétés). T. Bot. Genre de plantes Dicotylédones (Gentiana) de la famille des Gentianées. Voy. ce mot. || Tisane, sirop, vin où entre la racine de cette plante. Boire de la g.

GENTIANÉES. s. f. pl. [Pr. jan-ciané]. T. Bot. Famille de végétaux Dicotylédones de l'ordre des Gamopétales supérovariées.

Caract. bot. : Plantes herbacées, rarement suffrutescentes, ordinairement glabres, quelquefois volubiles. Feuilles presque toujours opposées, entières, sans stipules, simples, rarement composées, s'unissant de manière à former une petite gaine. Fleurs terminales ou axillaires, régulières, ou très rarement irrégulières. Calice divisé, libre et persistant. Corolle gamopétale, hypogyne, ordinairement régulière et persistante, divisée en autant de parties que le calice (le plus souvent au nombre de 5, et quelquefois au nombre de 4, 6, 8 ou 10), parfois prolongée à la base en une sorte d'éperon, à préfloraison tordue ou induplicative. Étamines insérées sur la corolle, toutes sur la même ligne, en nombre égal aux segments de la corolle et alternes avec eux ; quelques-unes avortent quelquefois. Pistil composé de 2 carpelles concrescents en un ovaire uniloculaire, pluriovulé. Style 1, continu avec l'ovaire ; stigmate entier ou bilobé ; ovules indéfinis, anatropes, pariétaux. Fruit capsulaire ou bacciforme polysperme ; lorsqu'il est formé de 2 valves, les bords des valves sont tournés en dedans et portent les graines. Graines petites ; embryon petit dans l'axe d'un albumen charnu ; radicule voisine du hile. [Fig. 1. *Gentiana lutea* ; 2. Fleur entière ; 3. Fruit. — 4. *Chironia baccifera :* Coupe de l'ovaire ; 5. Graine ; 6. Coupe verticale de cette graine.]

Cette famille se compose de 50 genres avec environ 220 espèces qui s'étendent dans presque toutes les parties du monde, depuis les régions des neiges éternelles sur les sommets des montagnes de l'Europe jusqu'aux plaines sablonneuses à torrides de l'Inde et de l'Amérique méridionale. — Les G. ne

sont pas moins remarquables par la diversité des couleurs qu'elles présentent que par l'uniformité des sécrétions que donnent leurs différentes espèces. Le principe amer que contiennent toutes les parties de ces plantes : racines, feuilles, fleurs, fruits, soit dans les espèces annuelles, soit dans les espèces vivaces, soit enfin dans les espèces suffrutescentes, les caractérise d'une façon si générale, que l'énumération des cas auxquels on peut les employer ne serait qu'une suite de répétitions, avec cette exception toutefois, que quelques-unes possèdent en outre des propriétés narcotiques et émétiques. La racine de Gentiane des droguistes, qui constitue un amer très pur et très intense, est fournie par la *Gentiane jaune* ou *Grande gentiane* (*Gentiana lutea*), plante herbacée avec des verticilles axillaires de fleurs jaunes, qu'on trouve en quantité dans les Alpes. On l'emploie principalement comme stomachique, tonique et fébrifuge ; mais quelquefois elle cause des nausées ainsi qu'une espèce d'ivresse. On l'administre habituellement sous forme d'extrait, d'infusion vineuse, de teinture et de sirop. Elle renferme un sucre, la *gentianose*, ce qui permet de la soumettre à la fermentation pour en obtenir une *eau-de-vie* dite de *gentiane*. A sa place, on fait souvent usage de la *Gentiane des champs* (*G. campestris*) et de la *Gentianelle* (*G. amarella*). Dans diverses contrées de l'Europe, on emploie également plusieurs autres espèces de Gentianes (*G. punctata*, *purpurea*, *pannonica*, etc.), tandis qu'aux États-Unis on fait surtout usage du *G. Catesbæi*, et dans l'Himalaya du *G. kurroo*. On a attribué jadis des propriétés magiques à la *Croisette* (*G. cruciata*), parce que ses feuilles sont disposées en forme de croix : c'était aussi l'une des mille panacées préconisées contre l'hydrophobie. L'*Agathodes chirayta* (*Ophelia Chirayta*), plante annuelle de l'Himalaya connue sous le nom de *Chirette* ou *Chirayta*, est remarquable par la pureté de son principe amer. On arrache la plante lorsque ses fleurs commencent à

se flétrir et on la fait sécher. Ses propriétés fébrifuges sont fort estimées par les médecins européens qui pratiquent dans l'Inde, et ils s'en servent pour remplacer le quinquina, lorsqu'ils ne peuvent se procurer ce dernier. Le *Cicendia hyssopifolia*, plante annuelle commune dans l'Inde ; l'*Erythræa centaurium*, vulgairement *Petite Centaurée*; la *Chlora perfoliata*, vulgairement la *Chlorette* ou *Centaurée jaune*; les différentes espèces qui appartiennent aux genres *Lysyanthus*, *Tachia*, *Sabbatia*, *Coutoubea*, etc., sont des amers qui possèdent des propriétés presque identiques, et qui servent à remplacer la Gentiane dans différents pays. La racine du *Frasera Walteri*, plante bisannuelle de l'Amérique du Nord, est un amer franc et très énergique, dépourvu d'odeur et tout à fait semblable à la Gentiane. Sa racine fraîche passe pour être émétique et purgative. On importe cette racine en Europe sous le nom de *Colombo d'Amérique*. Le *Ményanthe* ou *Trèfle d'eau* (*Menyanthes trifoliata*), plante commune dans les terrains tourbeux, est un amer énergique : son rhizome est considéré comme un des meilleurs toniques connus ; mais administré à trop haute dose, il provoque des vomissements et souvent une diaphorèse énergique. On l'a recommandé dans les fièvres intermittentes et rémittentes, le rhumatisme, la goutte, les affections herpétiques, l'hydropisie et le scorbut. On l'a aussi employé comme anthelminthique. Enfin, Withering dit qu'il peut remplacer le houblon dans la fabrication de la bière. Le *Villarsia nymphoïdes* jouit des mêmes propriétés, mais à un degré beaucoup plus faible. — La famille des G. est encore intéressante pour le grand nombre de plantes d'ornement qu'elle renferme, particulièrement dans les genres Chironie et Gentiane. Ce sont en général des plantes pleines de grâce, de fraîcheur et de délicatesse. Elles réunissent les couleurs les plus éclatantes, et leur corolle présente toutes les nuances du bleu, depuis l'indigo jusqu'à l'outremer. Il y en a de violettes, de pourpres, de rouges, de roses, de jaunes et de blanches ; mais aucune d'elles ne porte de parfum.

GENTIANELLE. s. f. [Pr. *jan-sia-nèle*] (Dim. de *gentiane*). T. Bot. Nom vulgaire de la *Gentiana amarella*. Voy. GENTIANÉES.

GENTIANIN. s. m. [Pr. *jan-si-anin*]. T. Chim. Substance cristallisée, amère, extraite de la racine de gentiane. Complètement purifiée, elle perd son amertume et devient identique au *Gentisin*. Voy. ce mot.

GENTIANIQUE. adj. [Pr. *jan-si-ani-ke*]. T. Chim. *Acide g.* Voy. GENTISIN.

GENTIANOSE. s. f. [Pr. *jan-si-ano-ze*]. T. Chim. Matière sucrée extraite de la racine de gentiane. Elle cristallise en tubes incolores à saveur légèrement sucrée, solubles dans l'eau, fusibles à 210°. Sa solution aqueuse est dextrogyre ; les acides étendus la dédoublent à l'ébullition en glucose et lévulose.

GENTIL. adj. et s. m. [Pr. *janti*] (lat. *gentilis*, m. s., de *gens*, nation). T. Écriture sainte. Les Juifs hellénistes désignaient les nations étrangères par l'expression τὰ ἔθνη, les nations, à laquelle correspond exactement le terme latin *gentes*. En conséquence, ils donnaient à tous les individus qui n'étaient pas Juifs le nom ἐθνικοι, en latin *gentiles*. Ainsi le mot *gentilis*, que nous avons traduit par *gentil*, ne signifiait autre chose qu'*étranger*. Mais comme alors toutes les nations du monde étaient considérées par les Juifs comme des idolâtres, ce mot devint bientôt synonyme de païen, d'idolâtre, et c'est en ce sens qu'il est employé dans les livres du Nouveau Testament, ainsi que dans les écrits des premiers Pères de l'Église. Quoique tous les apôtres aient prêché l'Évangile aux nations gentiles, saint Paul a été spécialement appelé l'*Apôtre des gentils*, à cause de l'énergie avec laquelle il repoussa les prétentions des Juifs convertis qui voulaient imposer aux étrangers admis au sein de l'Église nouvelle les observances caractéristiques de la nation judaïque.

GENTIL, ILLE. adj. [Pr. *janti*, au masc., et, au fém., les *ll* mouillées] (lat. *gentilis*, qui est de race). Anciennement, Noble. || Par anal., *G. pays de France.* || Fig., Généreux. || Joli, agréable, délicat, mignon. *Un g. enfant. Une fille fort gentille. C'est un fort g. cavalier. Ce bijou est g. Il a des manières tout à fait gentilles.* Voilà une chanson fort gentille. Fam. — Se dit quelquefois, en parlant aux enfants, pour Sage, tranquille, aimable. *Mes enfants, si vous êtes bien gentils, vous serez récompensés.*

‖ Ironiq. et fam., on dit, *Vous faites là un g. personnage, un g. métier*, pour, Vous faites là un vilain personnage, un vilain métier. — On dit encore à quelqu'un à qui l'on veut faire sentir l'impertinent ou le ridicule de ses paroles, de ses prétentions, etc. : *Je vous trouve g. ; Vous êtes un g. personnage, un g. garçon.* ‖ Substant., *Faire le g.*, Affecter des manières gentilles, agréables. — On dit aussi quelquefois, en parlant d'une chose grande et belle, *Cela passe le g.* Vx. ‖ T. Bot. *Bois-g.*, Daphné ou Garou, plante odorante.

GENTIL-BERNARD. Voy. BERNARD.

GENTILHOMME. s. m. [Pr., au sing., *jan-till-ome, ll* mouillées; au plur. *jan-ti-zome*]. Celui qui est noble de race *C'est un g., un bon g., un vrai g. Un g. de nom et d'armes. Un g. campagnard.* — *Un g. de parchemin,* Roturier anobli. *G. au bec de corbin.* Voy. BEC-DE-CORBIN. *Un pauvre g. Foi de g. Vivre en g. Se conduire en g., comme un g. Faire le g.* — Fam. et par plaisant., *Un g. à lièvre,* Un gentilhomme de campagne qui a peu de bien et vit en partie de sa chasse. ‖ Se dit aussi, en terme général, d'homme de tact et bien élevé, comme en anglais *gentleman.* ‖ Prov., *Troc de g.,* Troc pur et simple, sans donner ni recevoir aucune différence en argent. — *Vivre en g.,* Sans travailler. ‖ T. Ornith. Fou blanc. ‖ T. Techn. Pièce de fonte sur laquelle s'écoule le laitier d'un haut fourneau.

Hist. — Autrefois, le titre de *Gentilhomme* s'employait dans un sens particulier pour désigner certains hommes nobles qui s'attachaient à la personne des rois, des princes et des grands seigneurs, pour leur rendre différents services, et qui constituaient une sorte de haute domesticité. Au XVIe siècle, lorsque François 1er régularisa l'étiquette de la cour de France, il créa en outre la charge de *Premier g. de la chambre,* pour remplir auprès de lui les fonctions du grand chambellan en l'absence de ce dernier. Depuis Louis XIII, il y en eut quatre. Le premier g. de la chambre donnait la chemise au roi, et le servait lorsqu'il mangeait dans sa chambre. Il réglait le service et la dépense de la chambre; il était chargé de la surintendance des deuils de la cour, et de celle des divertissements, comédies, ballets, mascarades, etc. Plus tard, les théâtres royaux furent placés sous sa surveillance. Henri III créa en outre des *Gentilshommes ordinaires du roi,* au nombre de 45. Ce nombre fut réduit à 24 par Henri IV, puis porté à 26 par Louis XIV, mais ensuite il fut illimité. Les attributions de ces gentilshommes consistaient à porter aux parlements, aux États généraux ou près des cours étrangères, des missives royales, les notifications de naissances, de mariages, etc. Ils assistaient au lever et au coucher du roi pour entendre ses ordres et rendre compte de ceux qu'ils avaient reçus. Le titre de *G. ordinaire* était quelquefois accordé à des roturiers, tels que Racine et Voltaire; mais, dans ce cas, c'était une distinction purement honorifique. La Restauration rétablit ces charges et titres que la Révolution avait supprimés; mais ils ont disparu de nouveau en 1830.

GENTILHOMMERIE. s. f. [Pr. *janti-llo-merie, ll* mouil]. La qualité de gentilhomme. *Il fait sonner bien haut sa g.* Famil., et ne se dit que par dénigrement. ‖Réunion de gentilshommes.

GENTILHOMMESQUE. adj. 2 g. [Pr. *jan-tillomeske, ll* mouillées]. Qui appartient aux gentilshommes, avec une idée de dénigrement.

GENTILHOMMIÈRE. s. f. [Pr. *janti-llo-mière, ll* mouil.]. Petite maison de gentilhomme, à la campagne. *Ce n'est pas un château, ce n'est qu'une g.* Fam., et ne se dit guère que par dénigrement.

GENTILISME. s. m. La religion des gentils.

GENTILITÉ. s. f. coll. (lat. *gentilitas,* m. s.). Les gentils en général, les nations païennes. *Toute la g.* ‖ Idolâtrie. *Il reste encore des traces de g. dans ce pays-là.*

GENTILLÂTRE. s. m. [Pr. *janti-llâ-tre, ll* mouil.]. Se dit par plaisanterie et par mépris d'un gentilhomme dont on fait peu de cas.

GENTILLESSE. s. f. [Pr. *janti-llè-se, ll* mouil.]. Anciennement *Noblesse.* ‖ Grâce, agrément. *Cet enfant a beaucoup de g.,* est plein de g. *Cette jeune femme a de la g. dans les manières.* ‖ Se dit de certaines choses qui plaisent, qui

sont agréables à voir, à entendre. *Faire, dire des gentillesses. Il a fait mille gentillesses devant nous. Il a dressé son chien à mille gentillesses.* — Ironiq., on dit, *Il a fait là une g. dont il se repentira. Pensez-vous vous faire estimer avec de pareilles gentillesses? Voilà de ses gentillesses.* ‖ Se dit encore de certains petits ouvrages délicats, de certaines petites curiosités. *Il a mille petites gentillesses dans son cabinet.* Vx. — Ce mot est fam. dans toutes ses acceptions.

GENTILLET, ETTE. adj. [Pr. *jan-ti-llè, ll* mouillées]. T. Fam. Assez gentil.

GENTILLY, commune du dép. de la Seine, arr. de Sceaux, sur la Bièvre; 15,000 hab.

GENTIMENT. adv. Joliment, d'une manière gentille. *Cet enfant est g. habillé. Il lui a répondu très g.* — Ironiq., on dit à quelqu'un qui a été tout éclaboussé, à une femme qui est mal coiffée, etc. *Vous voilà g. arrangé. Vous êtes g. coiffée.* — Cet adv. ne s'emploie que dans le langage très familier.

GENTIOGÉNIN. s. m. [Pr. *jan-si-ojénin*]. T. Chim. Voy. GENTIOPICRIN.

GENTIOPICRIN. s. m. [Pr. *jan-si-opikrin*]. T. Chim. Principe amer extrait de la racine de gentiane. Il cristallise en aiguilles très solubles dans l'eau, extrêmement amères, fusibles entre 121° et 125°. C'est un glucoside que les acides dédoublent en un sucre fermentescible et en une matière amorphe, jaune brunâtre, appelée *gentiogénin.*

GENTIOUX, ch.-l. de c. (Creuse), arr. d'Aubusson; 1,500 hab.

GENTISIN. s. m. [Pr. *janti-zin*]. T. Chim. On a donné les noms de *gentisin,* de *gentisine,* de *gentianin* et d'*acide gentianique,* à la matière colorante jaune contenue dans la racine de gentiane. Le *g.* cristallise en aiguilles fines d'un jaune clair, à peu près insolubles dans l'eau, très solubles dans l'alcool bouillant. Il est sans saveur, lorsqu'il est complètement pur. Chauffé au-dessus de 300°, il se charbonne sans fondre, tandis qu'une petite portion se sublime. Il est neutre au tournesol, mais il se dissout en jaune d'or dans les alcalis et forme avec eux des sels cristallisables. Les acides étendus ne l'attaquent pas. L'acide sulfurique concentré le dissout sans l'altérer, en prenant une coloration jaune. L'acide azotique donne une solution verte. Par fusion avec la potasse caustique, le g. se scinde en phloroglucine, en acide gentisique et en acide acétique.

GENTISIQUE. adj. [Pr. *janti-zi-ke*]. T. Chim. *L'acide gentisique* est un acide oxysalicylique, c'est-à-dire dioxybenzoïque, provenant du dédoublement du gentisin. Il cristallise en longues aiguilles incolores, fusibles à 197°. La chaleur le dédouble en anhydride carbonique et en hydroquinone. Sa formule est :

$$C^6H^3(OH)^2CO^2H.$$

GENTIUS, roi d'Illyrie (172-168 av. J.-C.).

GENTLEMAN. s. m. [Pr. *djèn-tle-mane*] (angl. *gentle, gentil,* et *man,* homme). Titre que prend, en Angleterre, tout individu bien élevé. ‖ Homme comme il faut. *Deux parfaits gentlemen.*

GENTRY. s. f. [Pr. *djèn-tri*]. Nom par lequel on désigne, en Angleterre, la petite noblesse.

GENTZ (FRÉDÉRIC DE), publiciste prussien, ennemi acharné de la France (1764-1832).

GÉNUFLEXION. s. f. (lat. *genu,* genou; *flectere,* fléchir). Acte du culte religieux, qui se fait en fléchissant le genou. *Faire une g. devant le Saint-Sacrement.* ‖ Action d'un homme qui fléchit le genou devant un autre homme, en signe de soumission, de respect, de dépendance. *L'usage des génuflexions est venu des cours de l'Orient.*

GÉNUINE. adj. 2 g. (lat. *genuinus,* m. s.). T. Didact. Véritable, exact. *Traduction g.*

GÉNUINITÉ. s. f. Qualité de ce qui est génuine.

GENU-VALGUM. s. m. [Pr. *jénu-va²gome*] (lat. *genu*, genou; *valgus*, bancal). T. Pathol. Difformité consistant en une incurvation des jambes avec le *genou en dedans* On l'appelle aussi *genou cagneux*. Cette difformité peut être guérie par un traitement chirurgical et orthopédique approprié.

GENZANO. v. de la Campagne de Rome, sur le lac de Némi ; 5,300 hab.

GÉOBLASTE. adj. 2 g. (gr. γῆ, terre; βλάστη, bourgeon). T. Bot. *Plantes géoblastes*, Plantes dont les cotylédons restent en terre pendant la germination. Inus.

GÉOCENTRIQUE. adj. 2 g. (gr. γῆ, terre; κέντρον, centre). T. Astron. Ce mot signifie littéralement *qui a la terre pour son centre*. On appelle *mouvement g.* le mouvement apparent d'une planète quelconque, tel qu'il est vu de la terre. La *latitude g.* d'une planète est l'angle que fait une ligne d'œil, qu'on suppose tirée de la terre à la planète avec le plan de l'orbite terrestre ou le plan de l'écliptique. La *longitude g.* d'une planète est l'angle dièdre que forment deux plans perpendiculaires à l'écliptique passant, l'un par le centre de la terre et le point vernal, l'autre par le centre de la terre et le centre de la planète. Le terme *géocentrique* s'emploie par opposition à *héliocentrique*, qui a rapport au centre du soleil. L'un et l'autre ne sont usités que lorsqu'on parle des corps qui font partie du système solaire, car les étoiles fixes sont à une distance tellement grande qu'on les rapporte aux mêmes points dans l'espace, soit qu'on les considère comme vues de la terre ou comme vues du soleil.

Philos. — Le mot *géocentrique*, comme le terme *anthropocentrique*, est quelquefois appliqué aux anciennes théories religieuses, qui considéraient notre planète et son humanité comme le centre et le but de la création.

GÉOCÉRINE. s. f. (gr. γῆ, terre; lat. *cera*, cire). T. Chim. Matière cireuse extraite de certains lignites. Elle est neutre, amorphe, soluble dans l'alcool et fond à 80°. On a encore extrait des lignites diverses résines et les substances suivantes : la *géomyricine*, poudre cristalline, fusible vers 82°, soluble dans l'alcool bouillant; l'*acide géorétique*, en petites aiguilles solubles dans l'alcool froid; l'*oxide géocérinique*, en masse gélatineuse, fusible à 82°; ce dernier est un homologue supérieur de l'acide cérotique et répond à la formule C²⁸H³⁶O²

GÉOCÉRINIQUE. adj. 2 g. T. Chim. Voy. GÉOCÉRINE.

GÉOCORISES. s. f. pl. (gr. γῆ, terre; κόρις, punaise). — Les *Géocorises*, ou *Punaises de terre*, forment un groupe très important de l'ordre des *Hémiptères-Hétéroptères*. Les insectes qui composent ce groupe ont les antennes découvertes, insérées entre les yeux, près de leur bord interne, et plus longues que la tête. Les tarses ont trois articles, dont le premier est beaucoup plus court que les autres. — Les *Géocorises* renferment une vingtaine de familles, que l'on peut partager en quatre tribus : les *Scutellériens*, les *Lygéens*, les *Réduviens* et les *Hydrométrides*. Parmi les genres qui composent ces familles, nous nous contenterons d'en mentionner quelques-uns comme exemples.

I. Les *Scutellériens* vivent sur les végétaux, souvent en réunions nombreuses. Ils ont le corps large, les pattes courtes, un écusson énorme couvrant toujours une partie du corps et souvent le corps tout entier. Plusieurs d'entre eux sont ornés de magnifiques couleurs, et comptent parmi les plus beaux insectes de l'ordre auquel ils appartiennent. Les femelles déposent ordinairement leurs œufs par plaques sur les feuilles. — Dans les espèces qui composent le g. *Scutellère*, l'écusson recouvre le corps tout entier. La *Scut. rayée* (*Scutellera lineata*) [Fig. 1], longue d'environ 9 millimètres, rouge avec l'écusson rayé de noir dans toute sa longueur, se trouve aux environs de Paris et dans le midi de l'Europe, sur les fleurs, et particulièrement sur les Ombellifères. — Dans le g. *Pentatome*, l'écusson ne recouvre qu'une partie du corps. Ces insectes sont vulgairement désignés sous le nom de *Punaises des bois*. Ils vivent à peu près sur les plantes, et répandent une odeur désagréable. Le *P. orné* (*Pentatoma ornatum*) [Fig. 2, gros-

DICTIONNAIRE ENCYCLOPÉDIQUE. — T. V.

sie) se trouve communément sur les Choux et les diverses espèces de Crucifères. Il est varié de rouge et de noir; mais sa tête et ses ailes sont noires.

II. Les *Lygéens* sont essentiellement phytophages. Ils ont les pattes simples et propres à la course et la tête plus étroite que le corselet. Les Hémiptères qui composent cette tribu sont très répandus dans toutes les parties du monde, et surtout en Europe. — Les espèces qui appartiennent au g. *Corée* ont le corps ovalaire et les antennes insérées sur la même ligne que les yeux. Leur type est le *Corée bordé* (*Coreus marginatus*) [Fig. 3, grossie], d'un brun plus ou moins roussâtre, qui vit sur les plantes et produit des œufs d'une couleur dorée. — Le g. *Alyde* est remarquable par ses cuisses postérieures renflées et épineuses : nous citerons l'*Al. éperonné* (*Alydus calcaratus*), qui se trouve dans la plus grande partie de l'Europe. — Le g. *Astemme*, qui est caractérisé par l'absence d'ocelles, a pour type l'*Ast. aptère* (*Astemma aptera*) espèce des plus communes dans toute l'Europe, dans le nord de l'Afrique et dans l'Asie Mineure, et dont le corps est varié de rouge et de noir. — La couleur rouge, relevée de taches noires, domine chez la plupart des espèces du g. *Lygée*. Ces insectes se réunissent parfois sur les plantes en si grande quantité, qu'ils forment une masse tout rouge. Leur corps est allongé, étroit, plat en dessus. Le *Lygée croix de chevalier* (*Lygæus equestris*) [Fig. 4, grossie] est long de 11 millimèt., rouge à taches noires, avec la portion membraneuse des étuis brune et tachetée de blanc.

III. Les *Réduviens* sont en général carnassiers; toutefois quelques-uns sont phytophages. Leurs antennes sont assez dé-

veloppées; leur bec est acéré et souvent très long. On les trouve dans les différentes parties du monde, mais particulièrement dans les pays chauds. — Le genre *Punaise* est caractérisé par l'absence constante d'ailes et par l'aplatissement extrême du corps; il a pour type la *Punaise des lits* (*Cimex lectularia*) [Fig. 5, grossie quatre fois], d'un brun noirâtre et répandant une odeur infecte dans le danger ou lorsqu'on l'écrase Elle vit en parasite dans nos demeures, et ne quitte le jour dans les boiseries et dans les tentures, d'où elle sort la nuit pour venir sucer le sang de l'homme. Elle reste engourdie pendant l'hiver, mais elle devient très active durant la saison chaude. Elle pond, dans les fissures des bois et des murailles, des œufs blanchâtres et oblongs. Les larves, d'abord d'un blanc sale, se colorent en rouge quand elles prennent de la nourriture. Ce détestable insecte était naguère un fléau pour les maisons qui avaient eu le malheur d'en être infectées; mais aujourd'hui, grâce au Pyrèthre du Caucase, rien n'est plus facile que de détruire entièrement ces hôtes incommodes. — Les *Réduves* ont le corps oblong, le bec court, mais très aigu et piquant. Le *Réd. masqué* (*Reduvius personatus*) [Fig. 6], espèce assez commune en France, est d'un brun noirâtre et long de 18 à 20 millimètres. Cet hémiptère, dont la piqûre est fort douloureuse, habite les maisons, où il fait la guerre aux mouches, aux insectes, et particulièrement aux Punaises des lits. — Le g. *Acanthie* est caractérisé par un bec long, pointu, et par les cuisses des pattes antérieures incarnes; il a pour type l'*Ac. sauteuse* (*Acanthia saltatoria*) qui se trouve sur les rivages exposés à l'ardeur du soleil, et principalement sur ceux qui sont recouverts de cailloux.

IV. La tribu des *Hydrométrides* se compose d'espèces aquatiques qui marchent et courent à la surface de l'eau avec une vivacité extrême. De petits poils très serrés, dont garnissent leur corps et leurs tarses, leur permettent de glisser sur l'eau sans se mouiller. Ces insectes se distinguent des genres qui précèdent par la longueur de leurs pattes et par la forme de leur tête, qui est rétrécie postérieurement en manière de cou. Ils sont très carnassiers et appartiennent pour la plupart à l'Europe. Cette tribu comprend seulement les trois genres *Vélie*, *Gerris* et *Hydromètre*. Ce dernier ne se compose que

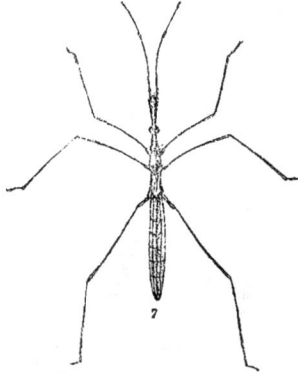

7

d'une seule espèce, l'*Hydr. des étangs* (*Hydrometra stagnorum*) [Fig. 7, grossie]. C'est un insecte long d'environ 12 millim., de couleur noire, dont le corps est très mince et dont les pattes sont d'une ténuité extrême. Il est assez commun dans les mares et les eaux dormantes de notre pays.

GÉOCRONITE. s. f. T. Minér. Voy. GÉOKRONITE.

GÉOCYCLIQUE. adj. 2 g. (gr. γῆ, terre; κύκλος, cercle). *Machine g.*, Machine qui, représentant le mouvement de la terre autour du soleil, sert à expliquer les saisons et les climats.

GÉODE. s. f. (gr. γῆ, terre; εἶδος, apparence). T. Minér. Petite masse arrondie à l'extérieur et creuse à l'intérieur. Voy. CRISTALLOGRAPHIE, XII.

GÉODÉSIE. s. f. [Pr. *jéodé-zie*] (gr. γῆ, terre; δαίω, je divise). T. Math. Le mot *Géodésie* signifie littéralement *division de la terre* : dans ce sens il est donc synonyme d'*arpentage;* mais ordinairement on l'emploie dans un sens plus général pour exprimer cette branche de la géométrie pratique qui a pour objet de déterminer la grandeur et la figure, soit de toute la terre, soit d'une portion considérable de sa surface. Prise dans cette dernière acception, la g. comprend toutes les opérations géométriques et trigonométriques qui sont nécessaires pour construire la carte d'un pays, pour mesurer les longueurs d'un degré terrestre, etc. Pour dresser une carte exacte, et pour déterminer la forme et les dimensions d'une contrée, il est d'abord nécessaire de déterminer les distances absolues entre les divers points ou stations; secondement, de déterminer les azimuts des lignes ainsi mesurées, c.-à-d. les angles qu'elles font avec le méridien; et troisièmement, les différences de longitude et de latitude des stations. Les opérations nécessaires pour établir les distances absolues, comprenant la mesure d'une base, l'observation des angles, le calcul des côtés des triangles et leur réduction au même niveau, constituent les opérations *géodésiques* proprement dites, tandis qu'on désigne sous le nom d'opérations *astronomiques* celles qui ont pour but de déterminer les azimuts et les latitudes. La détermination de la figure et des dimensions de la terre est un problème de la plus haute importance pour l'astronomie et la géographie : aussi ce problème a-t-il toujours été l'objet de recherches assidues de la part des mathématiciens. Néanmoins, c'est seulement depuis le milieu du XVIIIe siècle que l'on a entrepris, dans différentes parties du monde, des opérations géodésiques sur une échelle suffisante pour arriver à la solution de cette question. Voy. TERRE.

GÉODÉSIEN. s. m. [Pr. *jéodé-zi-in*]. Ingénieur qui s'occupe de géodésie. On dit aussi *géodète*.

GÉODÉSIQUE. adj. 2 g. [Pr. *jéodé-zi-ke*]. Qui a rapport à la géodésie.

GÉODÉSIQUEMENT. adv. [Pr. *jéodé-zi-kemun*]. Par la géodésie. D'après la géodésie.

GÉODÉSISTE. s. m. [Pr. *jéode-zi-ste*]. Celui qui s'occupe de géodésie.

GÉODÈTE. s. m. Ingénieur qui s'occupe de géodésie. On dit aussi *Géodésien*.

GEOFFRÉE. s. f. T. Bot. Genre de plantes Dicotylédones (*Geoffroya*) de la famille des *Légumineuses*. Voy. ce mot.

GEOFFRIN (MARIE-THÉRÈSE RODET, Mme), femme d'esprit dont le salon fut le rendez-vous des artistes, des écrivains, des grands personnages de son temps (1699-1777).

GEOFFROI, nom de quatre comtes d'Anjou, dont le quatrième, surnommé Plantagenet, épousa Mathilde, fille d'Henri Ier d'Angleterre, et enleva la Normandie à Étienne de Blois, en 1144.

GEOFFROI, nom de deux ducs de Bretagne, dont le deuxième, fils d'Henri II Plantagenet, devint duc de Bretagne, en épousant l'héritière de Bretagne, Constance (1169).

GEOFFROY (ÉTIENNE-FRANÇOIS), chimiste fr. (1672-1731).

GEOFFROY (JULIEN-LOUIS), célèbre critique fr. (1738-1814).

GEOFFROY SAINT-HILAIRE (ÉTIENNE), naturaliste français, soutint contre Cuvier la doctrine de l'*unité de composition organique* dans les êtres animés. Il accompagna Bonaparte en Égypte, et créa la ménagerie du Jardin des Plantes. Il est un des fondateurs de l'embryologie. Né à Étampes en 1772; mort à Paris en 1844. — Son fils, ISIDORE, fut un naturaliste distingué (1805-1861).

GÉOGÉNIE. s. f. (gr. γῆ, terre; γένος, naissance). Étude des causes qui ont présidé à la formation de notre planète. Voy. GÉOLOGIE.

GÉOGNOSIE. s. f. (gr. γῆ, terre; γνῶσις, connaissance). Science de la composition minéralogique du globe. Voy. GÉOLOGIE.

GÉOGONIE. s. f. (gr. γῆ, terre; γονία, formation). Théorie sur l'origine de la terre.

GÉOGONIQUE. adj. 2 g. Qui a rapport à la géogonie.

GÉOGRAPHE. s. m. (gr. γεωγράφος, m. s., de γῆ, terre; γράφειν, décrire). Celui qui sait la géographie, qui écrit sur la géographie.

GÉOGRAPHIE. s. f. (gr. γῆ, terre; γράφειν, décrire). La *Géographie* est la description de la terre. L'étymologie de ce mot indique la nature et l'étendue de cette branche de nos connaissances, qui, en réalité, embrasse tout ce qui concerne l'état et la condition naturelle du globe que nous habitons. L'immense variété de sujets que comprend la science géographique l'a fait partager en trois grandes divisions : la *G. mathématique*, la *G. physique* et la *G. politique*.

1. *G. mathématique*. — Cette division a pour objet de déterminer la forme et les dimensions de la terre, ses relations avec les corps célestes, les positions relatives et les distances des lieux à sa surface, et la représentation de la terre entière, ou de certaines portions de sa surface, sur des globes ou sur des cartes, appelés pour cela globes et cartes géographiques. Quand on se propose de décrire la terre, la première question qui se présente est la détermination de sa forme générale. La surface de la terre est convexe, c'est un fait évident. En effet, lorsqu'un spectateur placé sur le rivage de la mer examine les apparences successives que lui présente un vaisseau qui s'éloigne et gagne la pleine mer, bientôt il cesse d'apercevoir les parties basses du navire, puis il aperçoit le corps du bâtiment et il voit encore les mâts supérieurs, jusqu'à ce qu'enfin tout disparaisse à ses yeux. Or,

on ne peut expliquer ce phénomène qu'en admettant que la portion de mer qui sépare le vaisseau du spectateur est convexe. Une fois que l'on a constaté la courbure de la surface de la mer, on ne peut s'empêcher d'en conclure que la terre ferme, abstraction faite de certaines inégalités locales, participe à la même forme, en un mot que la terre est un corps d'une forme générale à peu près sphérique. On doit tirer la même conclusion de la gradation que l'on observe le matin et le soir dans l'apparition et la disparition successives du jour, ainsi que du déplacement apparent des étoiles lorsqu'on se dirige vers le nord ou vers le sud. En effet, si la terre était plate, le soleil, en apparaissant à l'horizon, illuminerait au même instant toute sa surface. Si la terre était plate, l'étoile polaire paraîtrait toujours à la même hauteur, quelque lieu qu'on l'observât, tandis qu'au contraire, elle semble s'élever à mesure qu'on s'avance le nord, et s'abaisser à mesure qu'on s'avance vers le sud. Ces phénomènes sont les mêmes en quelque lieu de la terre qu'on se trouve ; cela seul suffirait donc pour prouver que la figure de la terre est à peu près sphérique, alors même que les voyages de circumnavigation n'auraient pas mis ce fait hors de doute. Cependant si la terre n'est pas exactement sphérique. Déjà Newton, s'appuyant sur des considérations théoriques, avait avancé que la terre doit être aplatie à ses deux pôles ; mais ce fait ne fut vérifié par des mesures précises que vers le milieu du siècle dernier par les astronomes qui allèrent mesurer un arc de méridien en Laponie et au Pérou. Voy. TERRE. Quoi qu'il en soit, ce défaut de sphéricité est si peu considérable que, pour tout ce qui regarde la g., on peut négliger cet élément sans s'exposer à commettre d'erreur grave.

Pour déterminer plus aisément les positions relatives des différents points pris à la surface d'une sphère, les mathématiciens les rapportent à deux *grands cercles*, c.-à-d. à deux cercles qu'on obtient en supposant la surface de la sphère coupée par deux plans qui passent par son centre. La terre tourne autour d'un axe de rotation dont les extrémités s'appellent les *pôles*. Le plan mené par le centre perpendiculairement à cet axe détermine sur la surface un grand cercle appelé *équateur*, qui est également distant des deux pôles et qui divise le globe en deux hémisphères opposés. La distance d'un lieu à l'équateur ne saurait être mesurée directement ; mais, au moyen d'observations astronomiques, nous pouvons déterminer cette distance en fraction de la circonférence terrestre, c.-à-d. en degrés d'un grand cercle. Cependant, il ne suffit pas de savoir de combien de degrés un lieu est distant de l'équateur ; il faut encore, pour le distinguer des autres lieux situés à la même distance de ce cercle, connaître sa position par rapport à un *méridien* donné, c.-à-d. par rapport à un grand cercle perpendiculaire à l'équateur, et par conséquent passant par les pôles. Relativement à la rotation diurne de la terre, tous les méridiens ont la même valeur ; on peut donc prendre indifféremment un quelconque des méridiens pour *méridien initial* ou *premier méridien*. C'est pour cela que les géographes et les astronomes ont souvent choisi celui qui passe par la capitale de leur propre pays, et y ont rapporté tous les autres lieux. Aujourd'hui (1897), le méridien de Greenwich est adopté comme premier méridien par un grand nombre de nations ; la France conserve celui de Paris. Des tentatives ont été faites à plusieurs reprises à l'effet de s'entendre entre les différents peuples pour l'adoption d'un méridien initial commun. Ces tentatives sont restées jusqu'ici infructueuses, et, du reste, l'importance de cette uniformité dans le choix du premier méridien n'est pas aussi grande qu'on l'a quelquefois prétendu. Voy. HEURE. L'équateur et le méridien que l'on a ainsi choisis définissent les coordonnées de la sphère. La distance d'un lieu quelconque à l'équateur, mesurée en degrés sur l'arc du méridien, est la *latitude* de ce lieu, et sa distance au méridien choisi, mesurée en degrés sur un cercle parallèle à l'équateur, est sa *longitude*. Quand on connaît la fois la longitude et la latitude d'un lieu, la position de ce lieu lui-même est complètement déterminée. On obtient la latitude d'un lieu en observant la hauteur du pôle au-dessus de l'horizon ; quant à sa longitude par rapport à un autre lieu, on la trouve par l'intervalle de temps qui s'écoule entre le passage d'un corps céleste quelconque dans les plans méridiens respectifs des deux lieux. Voy. COORDONNÉES, LATITUDE, LONGITUDE, MÉRIDIEN, TERRE.

Outre son mouvement de rotation autour de son axe, la terre a un mouvement de révolution autour du soleil, cette révolution s'accomplissant dans l'espace d'une année. C'est au premier de ces mouvements que nous devons la succession du jour et de la nuit, et c'est le second qui détermine les chan-

gements de saisons et l'inégalité de longueur des jours et des nuits. Ces deux derniers phénomènes dépendent de deux circonstances : 1° de ce que l'axe de la terre n'est pas perpendiculaire au plan de l'*écliptique*, ou au plan dans lequel s'accomplit la révolution annuelle ; 2° de ce que l'axe de la terre reste toujours parallèle à lui-même, du moins à très peu près, pendant l'intervalle d'une année, d'où il suit que les extrémités de cet axe, c.-à-d. les deux pôles de rotation sont constamment dirigés vers les mêmes points de la sphère céleste pendant tout le temps de la révolution. Il résulte de là que le plan de l'équateur, bien qu'invariable relativement à l'espace absolu, change continuellement de position par rapport au soleil. L'effet apparent de ce changement est le même que si le soleil avait dans le ciel un mouvement oscillatoire, c.-à-d. s'élevait (Fig.) au nord du plan de l'équateur EE pendant la moitié de l'année, et s'abaissait au-dessous pendant l'autre moitié. Lorsque le soleil

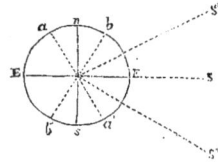

est sur l'équateur en S, les deux pôles de la terre *n* et *s* sont dans le grand cercle qui sépare l'hémisphère éclairé de l'hémisphère obscur. Lorsque le soleil atteint sa plus grande déclinaison nord en S', l'hémisphère éclairé est *aEa'* et le pôle nord *n* se trouve fort avant dans cette partie éclairée. Lorsque, au contraire, la déclinaison du soleil est australe, qu'il est en S'', par ex., le pôle sud *s* se trouve dans l'hémisphère éclairé, tandis que le pôle nord *n* reste dans l'obscurité. Lorsque le soleil est en S, son mouvement apparent diurne a lieu dans le plan de l'équateur, et les jours et les nuits sont d'égale longueur par toute la terre. L'angle que font entre eux les plans de l'équateur et de l'écliptique est d'environ 23 degrés et 1/2. Par conséquent, puisque la plus grande déclinaison du soleil au nord et au sud de l'équateur égale précisément égale à cette même quantité, il arrive nécessairement qu'au solstice d'été le soleil est à 23° et 1/2 au nord de l'équateur, et qu'au solstice d'hiver il est à 23° et 1/2 au sud de ce cercle. L'inégalité des jours et des nuits est une conséquence immédiate de la variation de la déclinaison du soleil. Le petit cercle de la sphère terrestre parallèle à l'équateur et à la distance de 23° et 1/2 de chaque pôle, s'appelle *Cercle polaire*. A cette latitude, le soleil, quand il est à sa plus grande déclinaison, arrive à l'horizon exactement à minuit, sans se coucher ; par conséquent, la durée du jour le plus long au cercle polaire est de 24 heures. A l'équateur, la longueur du jour est toujours de 12 heures ; et, de l'équateur au cercle polaire, la longueur du jour le plus long va sans cesse en croissant avec la latitude. Au pôle, le soleil est une moitié de l'année au-dessus de l'horizon, et l'autre moitié au-dessous. Du cercle polaire au pôle, le temps que le soleil reste au-dessus de l'horizon sans se coucher, augmente avec la latitude de 24 heures jusqu'à 6 mois. Les deux petits cercles de la sphère terrestre, parallèles à l'équateur, dont la latitude boréale ou australe est égale à la plus grande déclinaison du soleil, ont reçu le nom de *Tropiques*. Ainsi, toute la surface du globe est divisée par les deux tropiques et par les deux cercles polaires en cinq *Zones* parallèles, qui sont : la *Zone torride*, qui est comprise entre les deux tropiques, et qui par conséquent s'étend jusqu'à 23° et 1/2 au nord et au sud de l'équateur ; les deux *Zones tempérées*, qui sont comprises entre le tropique et le cercle polaire dans chaque hémisphère ; et les deux *Zones glaciales*, qui sont comprises entre chaque pôle et le cercle polaire correspondant. On peut dire que ces zones ou espaces constituent les divisions astronomiques du globe, parce qu'elles procèdent de la position de l'axe de rotation de la terre par rapport au plan de son orbite, et qu'elles sont déterminées par des observations astronomiques. Voy. SAISON.

Les questions relatives à la place de la terre dans le système solaire, à sa distance du soleil, à sa densité, etc., sont encore du domaine de la g. mathématique ; il en est de même aussi de celles qui concernent la représentation de tout ou partie de la surface terrestre sur une surface plane ou sphérique ; mais ces questions diverses seront plus convenablement traitées ailleurs. Voy. TERRE, SOLEIL, PLANÈTES, CARTE, GLOBE, PROJECTION, etc.

II. *G. physique*. — Elle a pour objet la description des principaux traits de la surface du globe. Elle considère les proportions respectives des mers et des continents, l'étendue et la configuration de ces derniers et des îles, l'élévation et la direction des chaînes de montagnes, la conformation des plaines et des vallées, leur hauteur au-dessus du niveau de la mer, le sol, le climat et les productions tant animales que végétales des différentes contrées. Elle étudie également les divers phénomènes que présente la surface aqueuse du globe, tels que les marées, les glaces polaires, le cours des fleuves, les courants de l'Océan, etc. Enfin, les questions qui font l'objet de la *Météorologie* et de la *Climatologie*, comme la température moyenne des différents pays, la hauteur des neiges, les vents dominants, les orages, la quantité de pluie annuelle, etc., et l'effet de ces agents divers sur la condition de l'espèce humaine, ressortissent également à la g. physique. Toutes ces questions étant le sujet d'articles spéciaux dans ce livre, il nous suffit de les indiquer ici.

On appelle G. *générale* celle qui s'occupe de l'ensemble du globe, et G. *particulière de chaque région*, celle qui n'étudie qu'une région déterminée. Les questions de g. particulière sont traitées dans ce Dictionnaire à leur ordre alphabétique. La g. générale sera esquissée rapidement au mot MAPPEMONDE.

La g. physique elle-même est susceptible de se diviser en un certain nombre de branches, selon l'objet particulier que l'on considère. C'est ainsi que plusieurs auteurs ont traité spécialement, soit des systèmes de montagnes sous le nom d'*Orographie*, soit des parties liquides de la surface terrestre sous celui d'*Hydrologie*, etc. La distribution des végétaux et des animaux à la surface du globe a été également considérée à part, et forme deux annexes fort intéressantes de la botanique et de la zoologie, qu'on a appelées G. *botanique* et G. *zoologique*. Comme ces deux dernières divisions de la science n'ont pas reçu de noms particuliers sous lesquels nous puissions les traiter, nous en dirons ici quelques mots.

A. *Géographie zoologique*. — Ce qui frappe d'abord quand on considère la distribution des êtres animés sur notre globe, c'est leur répartition entre les deux éléments qui en occupent la surface, la terre et l'eau. De cette différence de milieux, résultent pour les animaux des modes d'existence différents et une organisation en harmonie avec la nature de ces milieux. — C'est surtout par le système respiratoire que s'établit une distinction tranchée entre les animaux purement *aquatiques* et les animaux *terrestres* et *aériens*. En effet, tandis qu'un litre d'air contient environ 208 centimètres cubes d'oxygène, on ne trouve guère que 13 centimètres cubes de ce gaz en dissolution dans un même volume d'eau. Il est donc facile de comprendre qu'un animal aérien, qui a besoin d'absorber une grande quantité d'oxygène, périsse asphyxié lorsqu'il est plongé dans l'eau, et qu'en sens inverse un animal aquatique cesse bientôt de vivre quand il se trouve hors de son élément, parce que la proportion d'oxygène est trop considérable et détermine une combustion rapide. Une autre circonstance contribue encore à la prompte mort des animaux aquatiques lorsqu'ils sont hors de l'eau, c'est l'affaissement de leurs tissus, et cette cause s'applique surtout aux espèces qui, comme les Cétacés, ont une respiration aérienne. « La physique, dit à ce sujet Milne-Edwards, nous apprend qu'un corps, pesé successivement dans l'air et dans l'eau, est plus léger dans celle-ci que dans celui-là, et que, pour le soutenir en équilibre, il suffit alors d'un poids équivalent à celui qui représentait sa pesanteur dans l'air, diminué de celui de la masse d'eau qu'il a déplacée. Il en résulte que des animaux dont les tissus sont trop mous pour se soutenir par eux-mêmes dans l'air et s'y affaissent au point de devenir inaptes à remplir leurs fonctions, peuvent cependant vivre dans le sein des eaux, où ces mêmes tissus n'étant guère plus denses que le fluide ambiant, n'ont besoin d'offrir qu'une bien faible résistance pour conserver leurs formes et empêcher les diverses parties de leur corps de retomber sur elles-mêmes. Cette seule considération suffirait pour nous expliquer pourquoi les animaux gélatineux, tels que les Acalèphes et les Méduses, sont nécessairement confinés dans les eaux. — Une autre circonstance, ajoute le savant physiologiste, qui influe également sur la possibilité de la vie dans l'air ou dans l'eau, est l'évaporation qui se fait toujours à la surface des corps organisés placés dans l'air, mais qui n'a point lieu au milieu de l'eau ; un certain degré de dessiccation fait perdre à tous les tissus organiques les propriétés physiques qui les distinguent, et l'on voit toujours les pertes par évaporation entraîner la mort lorsqu'elles dépassent certaines limites. » En outre, la vie dans l'atmosphère exige des organes beaucoup plus compliqués et plus parfaits qu'il n'est nécessaire pour la vie aquatique. Il suffit, pour le prouver, de comparer les organes de locomotion et de préhension chez les animaux aériens et chez ceux qui habitent le sein des eaux. En conséquence, on peut regarder l'eau comme l'élément naturel des animaux inférieurs dans la série zoologique, et de ce fait on semble être autorisé à conclure que c'est dans cet élément qu'a dû se produire la première manifestation de la vie. Les études paléontologiques, qui ont jeté une lumière si vive sur tant de points obscurs en déterminant la succession des apparitions organiques à la surface du globe, ont en effet démontré que, parmi les animaux comme parmi les végétaux, ce sont les espèces les plus simples qui se sont montrées d'abord, et avant tout celles dont la vie est aquatique.

Il n'est personne qui ne sache que chaque pays nourrit des espèces d'animaux qui lui sont, pour ainsi dire, propres. C'est ainsi, par ex., que l'Afrique possède seule l'Éléphant à grandes oreilles, le Rhinocéros bicorne, l'Hippopotame, le Zèbre, le Buffle du Cap, le Chimpanzé, etc. ; qu'elle seule nourrit aussi certaines espèces d'Oiseaux, de Reptiles, d'Insectes, etc. L'Asie nous offre le Tigre du Bengale, l'Éléphant à courtes oreilles, le Rhinocéros unicorne, l'Yak, l'Onagre, l'Axis, le Chevrotain porte-musc, l'Argus, les Faisans doré et argenté, le Lophophore, etc., ainsi qu'une foule innombrable de Reptiles et d'Invertébrés inconnus partout ailleurs. L'île de Madagascar, bien que voisine de l'Afrique, ne possède aucun des grands quadrupèdes de cette partie de l'ancien continent ; mais elle est l'habitation exclusive de la plupart des Lémuriens, du Cheiromys, du Tenrec, etc. L'Amérique, divisée en deux parties, présente deux faunes différentes. L'Amérique septentrionale est la patrie exclusive du Bison, de l'Ovibos, du Dindon, etc. L'Amérique du Sud est celle des Singes à queue prenante, du Jaguar, du Couguar, du Lama, de la Vigogne, des Tatous, des Colibris, etc. Elle est particulièrement riche en Insectes qui lui sont également propres. L'Australie nous présente une faune qui ne nous paraît pas moins étrange que sa flore. Elle ne renferme aucun Mammifère de grande taille, aucun genre, ni même aucune espèce analogue à nos Bœufs, à nos Chevaux, à nos Moutons, à nos Ours et à nos grands carnassiers. Elle est la patrie presque spéciale des Marsupiaux, tels que les Kanguroos, les Phalangers, les Phascolomes, etc. L'Ornithorynque et l'Échidné, ces deux énigmes zoologiques, suffiraient pour faire classer à part la région qu'habitent ces animaux. — Ce que nous disons des animaux terrestres s'applique également aux animaux aquatiques ; chaque grande division du globe a ses espèces fluviatiles qui ne se rencontrent nulle part ailleurs. Bien plus, quoique l'immensité de l'Océan ne fasse qu'une seule mer, chaque région de l'empire des eaux est habitée par des espèces qu'on ne retrouve plus dans d'autres parages. — Il en est aussi de même des Mollusques, des Échinodermes, des Cœlentérés, en un mot de toutes les classes du règne animal : la plupart des genres et des espèces ne dépassent pas certaines limites plus ou moins étendues ; quelques-unes même ne sortent pas d'un cercle très circonscrit. Si l'on recherche maintenant la cause de cette répartition des espèces animales entre les diverses régions du globe, on voit que le climat a une grande importance. Plus on remonte vers les pôles, plus les espèces terrestres diminuent, plus la vie se décroissant à la surface du globe. Plus au contraire on descend vers l'équateur, plus la faune devient nombreuse et variée. Chaque climat semble représenter une zone close aux deux points extrêmes, en dehors desquels les formes changent et se perdent. Dans les climats les plus chauds, se trouve la vie animale et végétale la plus exubérante. C'est à la zone torride qu'appartiennent les animaux les plus grands, les plus beaux, les plus bizarres, les plus variés de formes, et qui possèdent à la fois l'organisation la plus complète et les facultés les plus développées : les Éléphants, les Girafes, les Hippopotames, les Singes, les Perroquets, les Crocodiles, les Tortues, etc. Les climats tempérés ont une faune plus restreinte, moins brillante, moins variée ; les climats froids, sans chaleur et sans lumière, ont une faune pauvre et rabougrie, et, sauf quelques espèces, telles que l'Élan, le Renne et l'Ours, on n'y trouve que des animaux de petite taille. Il faut encore faire exception pour les grands Cétacés ; cependant, pour ceux-ci, il importe de remarquer que la température du milieu qu'ils habitent est toujours supérieure de plusieurs degrés à celle de la surface du sol et de l'air atmosphérique. L'influence du climat sur le développement des êtres organiques est encore prouvée par ce fait, que les pays soumis à la même température sont habités par des animaux du même genre. Ainsi, par ex., il existe la plus grande analogie entre les animaux qui sont propres aux régions boréales et ceux qu'on rencontre dans les régions australes. Il en est de même, soit pour ceux qui habitent les régions tempérées, soit pour ceux qui appartiennent à la zone tropicale de l'ancien continent et du nouveau ; les espèces qu'on rencontre dans le second sont différentes, mais analogues à celles qui sont propres au premier.

Le climat est loin d'être le seul facteur dans le mode de répartition des faunes ; ce n'est pas même le plus important, car les animaux ont des moyens variés pour se soustraire aux grands écarts de la température. Voy. HIBERNATION, ESTIVATION, MIGRATION. — Sans parler de la question d'origine des espèces, qui est encore trop mal connue, mais qui devrait évidemment entrer en première ligne ici, nous devons reconnaître que la constitution des faunes est sous la dépendance directe de l'alimentation ; le climat n'intervient qu'en seconde ligne et il est plus juste de dire que là où la nourriture est abondante et variée, la faune est également abondante et variée.

Les causes qui ont favorisé la dissémination de certains animaux sont de deux sortes : les unes tiennent à la nature même de l'animal, les autres à des circonstances qui lui sont étrangères. Les animaux qui sont portés à la dissémination de leur espèce sont ceux qui possèdent au plus haut degré la puissance de locomotion. Aussi est-ce dans la classe des Oiseaux et dans celle des Poissons qu'on trouve le plus d'espèces cosmopolites. Leurs migrations, à certaines époques de l'année, pour chercher des climats plus appropriés à leur nature, concordent puissamment à amener le même résultat. Plus les instruments de la locomotion sont incomplets chez un animal, plus il est borné dans d'étroites limites : c'est ce qui a lieu pour les Reptiles et plus encore pour les Crustacés. Parmi les causes étrangères, la plus active se trouve dans la civilisation humaine. A mesure que l'homme a refoulé les espèces qui étaient dangereuses, il a multiplié le plus possible celles qui lui étaient utiles, et les a groupées autour de lui partout où lui-même il a établi sa demeure. C'est ainsi que s'explique la présence des Chiens, des Moutons, des Chevaux, des Bœufs, des Poules, sur presque tous les points du globe habité. Des circonstances fortuites ont pu faire également franchir à certains animaux des barrières naturelles qui semblaient insurmontables. Ainsi, par ex., les bois que le grand courant marin si connu sous le nom de *Gulf-stream* entraîne depuis l'équateur jusque vers le cercle polaire, sont parfois habités par des larves d'Insectes ou peuvent donner asile à des œufs de Poissons ou de Mollusques. Les Oiseaux, qui souvent ne digèrent pas les œufs ou les graines qu'ils avalent, les évacuent parfois à de très grandes distances de l'endroit où ils les avaient trouvés, et transportent ainsi au bien des types inconnus. Quant aux causes qui ont agi en sens inverse, c.-à-d. qui ont maintenu certaines espèces confinées dans leur habitat primitif, elles résident dans des obstacles matériels ou physiologiques. Parmi les obstacles matériels, les mers tiennent le premier rang. L'Océan, en plaçant des barrières énormes entre les différents continents, a empêché les espèces indigènes de l'Amérique tropicale de se répandre dans la zone correspondante du vieux monde, et réciproquement. Ce n'est qu'aux pôles que les espèces se rapprochent et deviennent communes, parce que les terres se rapprochent elles-mêmes, et que les glaces établissent chaque année entre elles une continuité périodique. Aussi, l'Ours blanc, l'Élan, le Renne, le Castor, etc., se trouvent-ils dans les contrées boréales des deux continents. La dispersion des animaux marins qui vivent près des côtes est également empêchée par la configuration des mers ; mais ici l'obstacle réside tantôt dans une longue étendue de rivages de terres interposée, tantôt dans l'immensité même de l'Océan qu'il leur eût fallu traverser : c'est ainsi qu'il y a peu d'espèces de Poissons communes aux côtes opposées de l'Atlantique. Les chaînes de montagnes opposent quelquefois aussi des barrières infranchissables à une foule d'espèces animales, comme le prouve l'inspection des deux versants opposés de la Cordillère des Andes. Chaque côté nourrit des espèces différentes, et les Insectes de la région brésilienne, par ex., sont pour la plupart distincts de ceux qu'on trouve au Pérou, au Chili et dans la Nouvelle-Grenade. — Les obstacles qui tiennent à l'ordre physiologique ne sont pas moins puissants. Le premier entre tous est l'inégale température des diverses contrées du globe. Si quelques espèces, comme l'Homme et le Chien, supportent également le froid et la chaleur, et peuvent vivre sous toutes les latitudes, la plupart des animaux de la zone tropicale, comme les Singes, les Lions, etc., meurent promptement quand on les transporte dans un climat froid ou même tempéré. De même, les espèces propres aux climats froids, comme le Renne, qui appartient aux régions boréales, ne peuvent supporter la température

même des pays tempérés. Enfin, dans une foule de cas, c'est la nature de la végétation qui oppose un obstacle insurmontable à la dispersion des espèces. C'est ce qui a lieu pour toutes les espèces qui vivent exclusivement aux dépens d'un seul végétal : évidemment elles ne peuvent dépasser la limite à laquelle ce végétal s'arrête lui-même. Tels sont, par ex., le Ver à soie et la Cochenille : ils ne sauraient subsister dans les pays où le mûrier et l'Opuntia ne peuvent végéter.

B. *Géographie botanique.* — On sait que toute plante n'est pas répandue uniformément sur tout le globe, mais se montre seulement sur telle ou telle partie de sa surface. Il existe pour elles, comme pour les animaux, des centres de création, qui soulèvent le même problème insoluble ; mais, de même que les espèces zoologiques, les espèces végétales ont des limites qu'elles ne peuvent dépasser. Ainsi la distribution des végétaux sur la terre est réglée pour deux ordres de causes, les unes cachées à nos recherches dans le mystère de l'origine des choses, les autres accessibles à notre étude : car elles dépendent de la nature des espèces et des agents qui les entourent.

Les agents extérieurs qui exercent l'influence la plus considérable sur les végétaux sont la température, la lumière, l'humidité et la nature du sol. — Nous avons vu ailleurs (Voy. CLIMAT) que la température des lieux va en décroissant de l'équateur vers les pôles, mais que ce décroissement est loin de marcher avec une régularité géométrique. En même temps, nous avons étudié les circonstances locales qui modifient la température dans diverses zones, et nous avons signalé l'influence qu'exercent sur tous les végétaux non seulement la température moyenne annuelle, mais encore les extrêmes de chaleur et de froid ; par conséquent, nous n'y reviendrons point ici. — L'influence thermique des altitudes n'est pas moindre que celle de la latitude. Elle est même ici un sens plus tranchée, car une ascension de quelques heures sur une montagne fait passer par tous les degrés de la température. Celle du Chimborazo, par ex., représente tous les changements qu'on éprouverait si l'on allait de l'équateur au pôle. — Comme la lumière joue un rôle essentiel dans la nutrition et la coloration des végétaux, il est facile de concevoir que l'abondance de la lumière doit favoriser la végétation, et que son absence doit empêcher absolument le développement de la vie végétale. Les plantes qui habitent près de l'équateur subissent l'action alternative de nuits égales aux jours, pendant lesquels les rayons solaires leur arrivent presque perpendiculairement. A mesure qu'on s'éloigne de l'équateur, l'inégalité soit des saisons, soit des jours et des nuits, entraîne une inégalité correspondante dans la distribution de la lumière, qui, en même temps, devient de plus en plus oblique, et, par conséquent, de plus en plus faible jusqu'aux régions polaires, où cette obliquité, ainsi que cette inégalité, atteint son maximum. A la différence de la chaleur, le décroissement de la lumière marche régulièrement de l'équateur au pôle. Cependant il importe d'observer que le voisinage des grandes étendues d'eau, par la production des vapeurs qui viennent s'interposer entre la terre et le soleil, diminue proportionnellement l'intensité de la lumière. Cette cause, qui contribue si efficacement à égaliser la température, et généralement à en élever la moyenne, a donc une influence inverse sur la lumière, qu'elle tend à affaiblir. — La présence de l'eau est, comme la chaleur et la lumière, indispensable à la vie des plantes ; de là l'influence considérable qu'exerce sur ces dernières l'humidité de l'air ou du sol. Il suffit, pour s'en faire une idée, de comparer les déserts de l'Afrique avec les forêts vierges de l'Amérique méridionale, où l'action combinée de la chaleur et de l'humidité développe la végétation la plus luxuriante et la plus riche en formes diverses. — On a peut-être exagéré les effets de la composition chimique du sol sur la production exclusive de telles ou telles espèces. Cependant il est positif que certaines plantes, certains arbres, se plaisent davantage, se développent plus facilement dans les terrains calcaires, par ex., que dans les terrains argileux ou sablonneux, et *vice versâ*; car tout végétal puise dans le sol certains principes minéraux. Ce qu'on ne saurait non plus révoquer en doute, c'est que l'état physique, c.-à-d. l'état d'agrégation des molécules dont se compose un terrain, peut influer sur le caractère de la végétation. Ainsi, là où le sol est épais, profond, bien perméable à l'eau et aux agents atmosphériques, il se développera des espèces plus grandes, plus nombreuses, d'épaisses forêts, tandis que, dans un terrain de même nature chimique, mais dont la surface sera dans un autre état d'agrégation, la végétation pourra présenter des caractères tout à fait opposés. Néanmoins, comme le plus souvent l'état physique du sol dépend de sa composition chimique, c'est plutôt sous ce dernier point de vue qu'on peut considérer le sol comme modifiant le caractère et la nature de la végétation. — Parmi les autres circonstances extérieures qui influent sur la végétation, il faut encore compter l'exposition des lieux, le voisinage des chaînes de montagnes qui changent la direction des vents, etc., et enfin l'influence de l'homme, qui, en s'appropriant la terre, en multipliant les Graminées, en détruisant les forêts, a modifié non seulement les plantes spontanées, mais le climat lui-même.

De ce qui précède, on peut conclure que l'échelle de la chaleur atmosphérique doit servir d'échelle ordinaire aux progrès de la végétation, tant qu'il ne se présente pas d'obstacles provenant, soit de l'absence d'humidité, soit de la nature du sol. C'est ce que démontre en effet la distribution des végétaux sur le globe. A mesure qu'on avance vers l'équateur, apparaissent de nouvelles espèces et de nouvelles familles, qui disparaissent à leur tour devant des végétations plus riches et toutes différentes. Chaque contrée du globe, selon sa latitude, présente des caractères spéciaux de végétation. Cette différence apparaît non moins tranchée, quand des plaines ou arrive aux montagnes. A mesure en effet qu'on s'élève sur celles-ci, on trouve des espèces nouvelles et une végétation décroissante, jusqu'à ce que, arrivé à une certaine hauteur, toute vie végétale disparaisse. C'est ainsi que Tournefort trouva au pied du mont Ararat les végétaux ordinaires de l'Arménie, au milieu ceux de l'Italie et de la France, et sur le sommet ceux de la Scandinavie. Il y a donc, comme on le voit, une très grande similitude entre la végétation générale d'un hémisphère considérée de l'équateur au pôle, et celle d'une grande montagne envisagée de sa base à son sommet. Aussi est-ce avec beaucoup de justesse que le savant de Mirbel a comparé le globe terrestre à deux immenses montagnes accolées dont la base se réunirait à l'équateur.

Le nombre absolu des espèces végétales va en augmentant progressivement des pôles à l'équateur, où s'observe leur maximum; et il en est de même des familles et des genres. Mais si l'on établit la proportion des espèces aux genres, on trouve que ces derniers sont relativement plus nombreux dans les flores des pays froids que dans celles des pays chauds : en d'autres termes, chaque genre est représenté par un plus grand nombre d'espèces dans ceux-ci que dans ceux-là. Ainsi, par ex., la flore française compte plus de 7,000 espèces réparties dans plus de 1,100 genres; celle de Suède, un peu plus de 2,300 espèces pour 566 genres; celle de Laponie, un peu moins de 1,100 espèces pour 297 genres; de sorte que, pour chaque genre, le nombre moyen des espèces est de 6 en France, de 4,1 en Suède, et de 3,6 en Laponie. Le nombre absolu des espèces ligneuses, et leur proportion relativement aux espèces herbacées, suit la même progression en allant des pôles à l'équateur. Par conséquent, le nombre des espèces annuelles ou bisannuelles croît suivant une marche inverse, mais qui ne se continue pas ainsi jusqu'au pôle. Ce sont les régions tempérées qui sont le plus favorables à leur nature délicate; elles y acquièrent leur maximum, et plus loin leur proportion reprend une marche décroissante, les régions les plus froides, soit en latitude, soit en hauteur, ne pouvant être habitées que par des plantes vivaces ou suffrutescentes. — Un corollaire des considérations qui précèdent, c'est que la taille des végétaux va en augmentant d'une manière générale des pôles vers l'équateur. Néanmoins cette règle semble intervertie pour les Fucus, qui, assez petits dans les mers tropicales, acquièrent des dimensions prodigieuses dans les mers polaires. — Si maintenant nous recherchons les proportions relatives des espèces appartenant aux grands embranchements du règne végétal, nous trouverons que la proportion de celles qui appartiennent aux degrés les plus élevés de la série va en croissant des pôles à l'équateur. D'après les tableaux donnés par Alex. de Humboldt pour les parties moyennes des trois grandes zones terrestres, les Cryptogames seraient égales en nombre aux Phanérogames dans la zone glaciale (de 67° à 70°), de moitié moins nombreuses qu'elles dans la zone tempérée (de 45° à 52°), à peu près huit fois moins dans la zone équatoriale (de 0° à 10°), le rapport étant 1/15 pour les plaines et 1/5 pour les montagnes. La proportion relative des Monocotylédones va en augmentant à mesure qu'on s'éloigne de l'équateur. Jusqu'à 10°, elle est, relativement à l'ensemble des Phanérogames, à peu près de 1/6 pour le nouveau continent et 1/5 pour l'ancien. Croissant progressivement, elle atteint 1/4 vers le milieu de la zone tempérée et 1/3 vers les limites de cette zone. Mais elle redescend un peu vers les régions glaciales, par ex. au Groënland. Il est clair que la proportion des Dicotylédones est inverse, et s'exprime par les fractions complémentaires des précédentes.

Nous avons dit en commençant qu'il existe pour les espèces botaniques, de même que pour les animaux, des centres primitifs de végétation, comme si chacun d'eux avait été, dans le principe, l'objet d'une création à part. Deux points éloignés avec un climat analogue et même identique, et avec toutes les autres circonstances dont l'ensemble paraîtrait devoir entraîner l'identité des productions naturelles, peuvent néanmoins ne produire que des espèces différentes. C'est donc que chacun d'eux, dès l'origine, a reçu certaines plantes seulement et non les autres, quoique celles-ci eussent pu également y vivre. Cela est tellement vrai qu'on voit une foule d'espèces, transportées d'un centre à un autre, y prospérer comme dans leur patrie primitive. Ainsi, par ex., la Vergerette du Canada, une fois introduite en Europe, y est devenue la mauvaise herbe la plus commune. Il en est de même de beaucoup de végétaux exotiques qui, apportés d'autres pays, se sont si bien naturalisés dans le nôtre, qu'on les croirait indigènes, si l'on ne connaissait la date de leur introduction. Citons encore deux végétaux, l'Agave, vulgairement et abusivement appelé Aloès, et la Raquette (Cactus opuntia), qui couvrent l'Algérie, la Sicile, une partie du littoral de l'Espagne, de l'Italie et de la Grèce, au point que les voyageurs, frappés de l'aspect que leur présence imprime au paysage, les regardent comme les types d'une végétation africaine, et cependant tous deux viennent de l'Amérique. Notre Chardon-marie et notre Cardon ont envahi les campagnes du Rio de la Plata; le Mouron des oiseaux, la Grande Ciguë, l'Ortie dioïque, le Marrube commun, pullulent aujourd'hui aux environs de certaines villes du Brésil, et croissent abondamment jusque dans leurs rues. Presque tous les pays pourraient fournir des exemples de l'émigration de certaines plantes suivant les émigrations semblables des hommes. — Il est facile de concevoir qu'une espèce, partant ainsi d'un centre quelconque, se propage en rayonnant autour de lui tant qu'elle trouve les conditions nécessaires à sa vie. Dans certains cas, cette dissémination spontanée peut s'étendre fort loin, jusqu'à ce que les plantes rencontrent quelque barrière infranchissable, comme les chaînes de montagnes, les déserts et surtout les mers. Cependant il y a des espèces qu'on trouve sur des points très distants et séparés les uns des autres par des obstacles naturels que nous venons de signaler. Comme on ne peut pas non plus supposer qu'elles aient été propagées par la main de l'homme, par les eaux, par les courants d'eau, par les animaux, etc., on se trouve conduit à admettre que ces espèces ont pu appartenir à la fois à plusieurs foyers primitifs de végétation, et que chacun de ces foyers ou centres se compose de végétaux dont le plus grand nombre sont propres à lui seul, et dont quelques-uns lui sont communs avec d'autres centres. Cependant, cette opinion n'est pas admise par tous les botanistes : beaucoup pensent qu'une même espèce n'a pu apparaître à la fois en deux régions distinctes, et même on s'est appuyé quelquefois sur des cas de ce genre pour en conclure que certaines îles ou certains continents aujourd'hui séparés se sont trouvés autrefois en communication. En fait, il paraît impossible de prouver qu'un point du globe terrestre a jamais pu recevoir des graines d'un autre point, et il est plus sage de chercher par quelle voie a pu s'établir la communication que de conclure hâtivement à la production spontanée de la même espèce végétale en deux lieux très éloignés. On a nommé sporadiques les végétaux répandus dans de grands espaces et dans plusieurs pays différents, et endémiques ceux qu'on a observés dans un seul pays. Certains pays, les uns se montrent sur des points très divers d'une même zone, mais sans la franchir, comme, par ex., la Sauvagesia erecta, qu'on a observée à la fois aux Antilles, à la Guyane, au Brésil, à Madagascar, à Java, etc. D'autres, au contraire, se rencontrent dans plusieurs zones à la fois : tel est le Scirpus maritimus, qui croît en Europe, dans l'Amérique du Nord, aux Indes occidentales, au Sénégal, au Cap, à la Nouvelle-Hollande; tel est encore le Samolus Valerandi, presque également disséminé. Ces mêmes épithètes de sporadiques et d'endémiques peuvent s'appliquer aux genres et aux familles aussi bien qu'aux espèces, mais nécessairement dans les limites plus étendues. Les Cactées, concentrées dans l'Amérique intertropicale, qu'elles ne dépassent que peu au nord; les Quinquinas, qui n'habitent qu'une zone particulière des Andes, constituent des familles et de genre endémiques.

Au reste, nous remarquons encore ici un phénomène que nous avons déjà signalé tout à l'heure en parlant des animaux. Si deux points situés sur le globe à des distances assez considérables, mais dans des conditions analogues, n'offrent pas les mêmes espèces, il y a néanmoins entre les deux végétations des rapports qu'on ne peut méconnaître. Ainsi, les mêmes genres peuvent être représentés dans chacun de ces pays par des espèces différentes, ou bien les mêmes familles sont représentées par des genres différents ou des familles voisines. Ainsi les *Amentacées* de l'Europe sont représentées dans l'Amérique du Nord par d'autres espèces des mêmes genres. Il en est de même des *Conifères*, tandis que, pour l'Amérique méridionale, ce sont des Conifères appartenant à des genres différents (*Araucaria*, *Podocarpus*). Le *Hêtre commun*, placé sur la limite septentrionale de la zone tempérée dans notre hémisphère, est remplacé dans l'hémisphère austral par le *Hêtre antarctique*, où il se trouve sur la limite correspondante. La limite septentrionale des *Palmiers* est marquée, dans les deux continents, par deux espèces différentes du genre *Chamærops*, le *Ch. humilis* en Europe, et le *Ch. palmetto* en Amérique. Les *Éricacées* du Cap sont remplacées en Australie par la famille voisine des *Épacridées*, celle des *Sélaginées* par celle des *Myporinées*, etc. « On pourrait donc, dit Ad. de Jussieu, par une comparaison empruntée à la chimie, dire que, dans ces combinaisons de familles de genres, d'espèces, qui forment la végétation d'un pays, il existe des équivalents, il s'opère des substitutions, pour constituer dans un autre pays une végétation analogue, quoique différente. »

Les botanistes qui, comme Schouw, de Humboldt. R. Brown, les deux de Candolle, se sont plus spécialement occupés de la g. botanique, ont essayé de déterminer le nombre des foyers primitifs de végétation que l'observation a pu permettre de reconnaître. Schouw en admettait 18, Tyr. de Candolle 20 ; son fils, Alphonse de Candolle, quelques années plus tard, en admettait 45.

Nous terminerons ce que nous avons à dire par une dernière observation. Dans une région plus ou moins étendue, les différents points du sol ne sont pas tellement dans les mêmes conditions, qu'ils n'offrent souvent des caractères spéciaux dans leur situation, leur exposition, la nature du sol, son état d'agrégation, etc. Si l'on examine les plantes qui croissent dans les différentes localités d'un même terrain, on les trouvera généralement différentes les unes des autres. Ainsi, les sables n'auront pas les mêmes espèces que les marais ; les plantes des marais seront différentes de celles qui croissent sur les rochers ou dans les bois, et ainsi de suite. Cependant quelques espèces plus robustes ou moins exigeantes sur les conditions de leur développement se rencontreront dans plusieurs localités à la fois, mais généralement chacune de ces dernières sera peuplée par des espèces particulières. On a donné le nom de *Stations* à des localités assez différentes par leur nature pour être habitées en grande partie par des espèces qui leur sont propres. Le nombre de ces stations est assez considérable ; les principales sont : la mer ou les grands amas d'eau salée, qui sont habités par les plantes *marines ;* les marais salants ou lieux voisins de la mer, qui sont occupés par les plantes *maritimes ;* les eaux douces, où se trouvent les plantes *aquatiques*, distinguées en *fluviatiles* et *lacustres ;* les marais ou les lieux tourbeux, qui sont habités par les plantes *palustres ;* les prairies ; les terrains cultivés ; les rochers ; les sables ; les lieux stériles ; les décombres ; les forêts ; les haies et les buissons ; les caves et les souterrains ; les montagnes ; et enfin les végétaux eux-mêmes sur lesquels peuvent se développer les plantes *parasites*. Il conviendrait beaucoup mieux, ainsi que l'observe le professeur Richard, d'appeler simplement *Localités* les lieux qui sont caractérisés par leur nature et semblent imprimer un caractère particulier à la végétation qui les recouvre, et de réserver celui de *stations* pour les hauteurs diverses au-dessus du niveau de la mer : car une plante des sables ou des marais ou de toute autre localité peut se rencontrer dans des stations différentes, c.-à-d. à des hauteurs variables sur le penchant des montagnes. « Il ne faut pas non plus, dit très bien le même botaniste, confondre avec les localités les *Habitats* des plantes. Ce dernier terme, beaucoup plus général, s'applique aux diverses contrées du globe dans lesquelles croît telle ou telle espèce, indépendamment de la localité. Ainsi, les *Nymphæa alba* et *cærulea* sont des plantes aquatiques ; les *Arundo arenaria* et *australis*, des plantes des sables : voilà pour les localités. Mais le *Nymphæa alba* est une plante d'Europe, et le *cærulea* une plante d'Afrique ; l'*Arundo arenaria* croît en France et l'*australis* dans la Nouvelle-Hollande : voilà pour l'habitat. Deux plantes peuvent donc croître dans une même localité et appartenir à deux habitats fort différents. »

III. *Géographie politique*. — La géographie politique considère la terre comme la demeure de l'espèce humaine. Elle a pour objet tout ce qui a rapport aux différentes nations, au point de vue de l'étendue de leur territoire, de leur population, de leur condition morale et sociale, de leur langue, de leur religion, de leur gouvernement, du degré de leur civilisation, de leur richesse, etc. Jusqu'à un certain point, la g. politique peut être considérée comme une branche de l'histoire et de la statistique. Lorsque la g. suit chaque contrée dans toutes ses phases, énumère les divers peuples qui l'ont occupée, fait connaître les divers noms qu'elle a reçus, les événements dont elle a été le théâtre, etc., on la désigne quelquefois sous le nom de *G. historique*. — Il n'y aurait guère d'intérêt à faire une g. politique *générale ;* les questions particulières qui s'y rattachent sont traitées à leur place alphabétique.

Bibliogr. — MALTE-BRUN, *Géographie universelle ;* — ÉLISÉE RECLUS, *Nouvelle géographie universelle ;* — AL. DE HUMBOLDT, *Cosmos ;* — et les innombrables ouvrages d'enseignement, cartes, atlas, etc., qui se publient journellement.

GÉOGRAPHIQUE. adj. 2 g. Qui appartient à la géographie. *Description g. Cartes géographiques.*

GÉOGRAPHIQUEMENT. adv. [Pr. *jéografi - keman*]. D'une manière géographique, suivant le principe de la géographie.

GÉOHYDROGRAPHIE. s. f. (gr. γῆ, terre ; fr. *hydrographie*). Description de la terre et des eaux.

GÉOÏDE. s. f. (gr. γῆ, terre ; εἶδος, forme). La surface de la terre considérée comme une surface géométrique dont on cherche à déterminer les dimensions et les particularités. Le géoïde est l'une des surfaces de niveau normales à toutes les verticales : c'est celle qui se trouve au niveau de la mer. Voy. TERRE.

GÉOKRONITE. s. m. (gr. γῆ, terre, ancien symbole de l'antimoine: Κρόνος, Saturne, ancien symbole du plomb). T. Minér. Sulfure double d'antimoine et de plomb.

GEÔLAGE. s. m. [Pr. *jô-laje*]. Droit payé au geôlier à l'entrée et à la sortie de chaque prisonnier. *Payer le geôlage.*

GEÔLE. s. f. [Pr. *jô-le*] (lat. *cavea*, cage). Prison. *Le registre de la g* || Plus ordinair., La demeure du geôlier. *Passez à la geôle.*

GEÔLIER. s. m. [Pr. *jô-lier*] (R. *geôle*). Celui qui garde les prisonniers, le concierge de la prison.

GEÔLIÈRE. s. f. [Pr. *jô-lière*]. La femme du geôlier.

GÉOLOGIE. s. f. (gr. γῆ, terre ; λόγος, discours).

I. *Notions générales sur la terre*. — La G., ou science de la terre, est cette branche de l'histoire naturelle qui traite de la constitution physique de notre globe. Quand elle se borne à étudier la structure, la situation respective et la nature des matériaux qui composent le globe terrestre, on l'appelle *Géognosie*. Mais lorsqu'elle combine les faits observés pour s'élever à leurs causes, lorsqu'elle recherche les lois qui ont présidé à la formation des diverses parties de la terre, et surtout lorsqu'elle s'efforce d'expliquer l'origine même du globe, elle reçoit le nom de *Géogénie*. La g. comprend à la fois et la partie purement descriptive de la science, et la partie spéculative de celle-ci, à condition toutefois que cette partie spéculative s'appuie sur des observations exactes, une induction sévèrement contrôlée et des déductions rigoureuses.

A. *Figure de la terre*. — La terre, comme tout le monde le sait, a la forme d'un globe légèrement renflé à l'équateur et aplati vers ses pôles. Cette forme, que les géomètres nomment un *ellipsoïde de révolution*, est précisément celle que prendrait, sous l'influence de l'attraction universelle et de la force centrifuge, une masse liquide ou tout au moins pâteuse animée d'un mouvement de rotation autour d'un axe fixe, tandis qu'un solide conserverait, malgré le mouvement, sa forme primitive. Cette remarque nous porte donc à croire qu'à l'origine le globe entier était une masse liquide, ou tout au moins pâteuse, dont les molécules jouissaient d'une mobilité assez grande pour glisser les unes sur les autres en cédant à l'action de la force centrifuge développée par la rotation diurne, et en déterminant par là un renflement à l'équateur. Cet effet produit, la solidification de la masse a eu lieu graduellement. Si, primitivement, la terre était à l'état fluide, un autre phénomène a dû se produire : les molécules matérielles qui la constituent, ont dû se superposer dans l'ordre de leurs densités respectives : les plus denses au centre, et les moins denses à la surface. Le centre du globe doit donc être occupé par les matières les plus pesantes. Or l'observation confirme pleinement cette hypothèse.

B. *Densité de la terre.* — Cavendish, dans une expérience célèbre, a déterminé la densité moyenne de la terre, et l'a trouvée égale à 5,48. Voy. GRAVITATION. D'autres observateurs, comme Reich et Baily, ont trouvé, pour résultats de leurs expériences, 5,44 et 5,67. Admettons comme moyenne 5,50 : nous trouverons que cette densité est notablement plus grande que celle des matières qui composent principalement la surface de la terre ; car le calcaire, le quartz, le feldspath, qui sont les principaux éléments accessibles à nos moyens d'investigation, n'ont qu'une densité d'environ 2,5. Or, puisque la densité moyenne du globe est deux fois supérieure à celle des roches les plus pesantes que nous connaissons, nous sommes obligés d'en conclure que son intérieur est occupé par des matières d'une densité beaucoup plus grande. Une fois la densité moyenne de la terre connue, il est facile de calculer, au moins approximativement, le poids total de notre planète, puisqu'on en connaît le volume, et l'on trouve qu'il s'élève au nombre de 6,259,534 milliards de milliards de kilogrammes, nombre plus grand que le chiffre 6 suivi de 24 zéros.

C. *Chaleur centrale.* — Les substances qui constituent le globe que nous habitons, ne sont connues qu'à de faibles profondeurs ; nous n'avons aucun moyen d'arriver à la connaissance des parties profondément situées ; les mines les plus profondes prolongées même par des trous de sonde, n'ont encore atteint qu'à 2,000 mètres environ au-dessous de la surface du sol. Cependant les observations faites dans des limites aussi restreintes nous ont donné des notions assez positives sur l'état des parties intérieures de la terre. Quand on pénètre dans les mines et les excavations creusées dans le but d'extraire les richesses enfouies au-dessous du sol, on rencontre d'abord des couches dont la température varie avec celle des saisons, puis à une faible profondeur, variable selon les lieux et les climats, un point où la température est stationnaire, invariable : c'est la température moyenne de la localité. A Paris, ce point est situé à 30 mètres de profondeur, et le thermomètre y marque constamment 10°,5. Mais si l'on

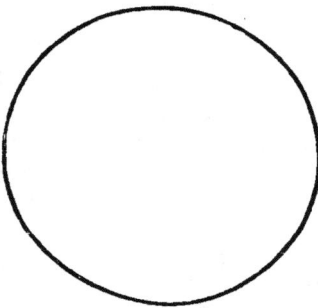

Fig. 1.

continue à descendre, on constate que la température monte d'autant plus que l'on descend plus bas ; l'accroissement, très variable selon les localités, est en moyenne de 1° environ par chaque 30 mètres de profondeur. C'est ce que nous avons déjà vu en parlant des puits artésiens. Si cette progression se continuait, il en résulterait qu'à 3 kilom. au-dessous de la couche à température invariable, on trouverait la température de l'eau bouillante. A 20 kilom., la plupart des corps que nous connaissons seraient en pleine fusion. Enfin, vers le centre du globe, ou à 6.367 kilom., la chaleur serait tellement intense que nous ne pouvons nous en faire aucune idée, car elle dépasserait 200,000 degrés. Il est encore un phénomène naturel qui vient à l'appui de cette théorie de la chaleur centrale, c'est la tempé-

rature élevée dont jouissent certaines sources appelées pour cela *sources thermales*, et dont les eaux arrivent sans doute à la surface avec la température qui correspond au point d'où elles proviennent.

Le fait de l'existence dans l'intérieur de la terre d'une source prodigieuse de chaleur est absolument incontestable ; mais l'état des matières qui occupent la partie centrale de notre globe et qui en composent la plus grande partie, est un objet de controverse entre les géologues : les uns prétendent que ces matières sont à l'état de fusion, et à une température considérable, mais en même temps soumises à une condensation extraordinaire ; c'est l'hypothèse du *feu central*. Les autres objectent que la chaleur énorme qui devrait pénétrer ces matières ne pourrait pas permettre la condensation que l'on suppose, surtout quand on considère la faible épaisseur que la théorie de la fluidité ignée centrale permet d'accorder à la terre. Ceux-ci attribuent la chaleur interne du globe aux actions chimiques dont les profondeurs du globe seraient le siège. Ceux-là pensent, ainsi que l'avait supposé l'illustre Leibniz, qu'elle résulte de l'incandescence primitive de notre planète. Cette dernière théorie est celle qui est le plus généralement adoptée.

D. *Épaisseur de l'écorce terrestre.* — Dans cette hypothèse, la terre n'est point une masse entièrement solide. Sa surface seule, sous l'influence du refroidissement, a pu prendre de la consistance, se consolider et constituer une enveloppe pleine de matières liquides, une sorte de croûte ou d'écorce dont l'épaisseur ne dépasse guère 20 à 40 kilom. Cette croûte solide est bien peu de chose relativement au rayon terrestre, qui est de près de 6,400 kil. Si même, avec le savant géologue de la Bêche, nous accordons à l'écorce de la terre une épaisseur quatre fois plus considérable, c.-à-d. de 160 kilom., nous trouvons qu'elle est au globe tout entier comme la ligne noire qui forme la circonférence de la Fig. 1 est au cercle qu'elle limite.

E. *Inégalités de la surface de la terre.* — Nous avons déjà dit que la forme de la terre est celle d'un ellipsoïde de révolution. On pourrait croire que cette forme doit être profondément modifiée par les inégalités de sa surface. Notre planète, en effet, est tantôt hérissée de hautes chaînes de montagnes, tantôt creusée en profondes vallées ; mais ces inégalités, quelque gigantesques qu'elles nous paraissent, lorsque nous les comparons aux objets qui nous entourent habituellement, ne sont, en réalité, que des rides insignifiantes, si nous tenons compte des dimensions de notre globe. Elles altèrent infiniment moins la régularité de sa surface, que les rugosités de son écorce n'altèrent la forme d'une orange. Dans la Fig. 2, *abc* représente la coupe d'un segment de notre planète depuis sa surface *ab* jusqu'à son centre *c* ; la tranche *ac*, *bd* représente l'épaisseur de la croûte terrestre, et l'épaisseur de la ligne noire *ab* représente l'élévation des plus hautes montagnes.

Le fond des mers est également très irrégulier. En effet, tandis que, dans certains lieux, il est presque à fleur d'eau, dans d'autres endroits il se trouve à des profondeurs égales ou supérieures à la hauteur des montagnes les plus élevées. Le capitaine américain Maury dit même avoir trouvé, au nord

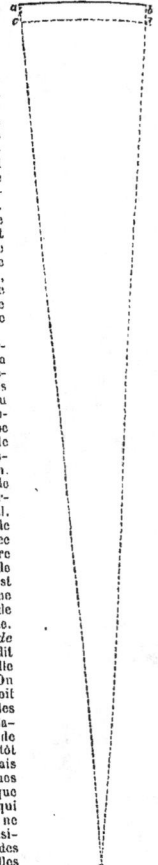

Fig. 2.

des Bermudes, la profondeur énorme de 9,600 m. Malgré ces profondeurs exceptionnelles très rarement rencontrées, mais les sondages les plus récents, c'est beaucoup que d'accorder à l'Océan une profondeur moyenne de 4,500 m., c.-à-d. une profondeur égale à la hauteur du Mont-Blanc. Or, cette moyenne pour la masse totale des eaux qui couvrent les trois quarts du globe terrestre, un chiffre inférieur à 2 millions de myriamètres cubes. « C'est, observe à ce sujet Beudant, un volume infiniment petit relativement à la terre, et qui ne permet guère de concevoir une fluidité aqueuse de notre planète, du moins par les eaux actuelles, qui n'offrent pas la millionième partie de ce qu'il faudrait pour dissoudre une telle masse dans les circonstances les plus favorables qu'on puisse imaginer. »

La croûte de la terre n'est nullement formée d'une seule pièce, et, loin d'être homogène, elle se compose, comme on le sait, d'un très grand nombre de matériaux différents. L'étude particulière de chacun de ces substances appartient à la minéralogie; mais celle de leurs rapports mutuels et du rôle plus ou moins important qu'elles jouent dans la constitution du globe est du domaine de la g. — On appelle *Roches*, les substances minérales qui, réunies en amas plus ou moins considérables, concourent à la formation du sol; tandis qu'on désigne sous le nom de *Terrains*, les diverses réunions de roches qui paraissent s'être formées dans des circonstances identiques. Le terme de *roche*, ainsi défini, ne préjuge rien sur l'état de la substance. Que celle-ci soit dure ou sans consistance, volumineuse ou en fragments ténus, amorphe ou cristallisée, même liquide comme l'eau des mers et les amas de pétrole emprisonnés en certains lieux entre les matières solides, elle constitue toujours une *roche* pour le géologue. Ainsi le sable, etc., sont aussi bien des *roches* que le granit, le marbre, le porphyre, etc.

II. *Causes modificatrices de la surface du globe.* — Les principales modifications, qui se sont manifestées ou se manifestent encore de nos jours dans la constitution ou dans la configuration de la croûte solide du globe, sont dues à deux ordres de causes principales. Les unes s'expliquent par l'action de la chaleur intérieure, tandis que les autres dépendent des effets produits par les agents extérieurs.

A. *Action des causes internes.* — Les actions qui procèdent de l'intérieur de la terre, sont le résultat de la chaleur centrale, quelle que soit la cause de celle-ci: ce sont les *tremblements de terre*, les *volcans* et les *soulèvements*. — Tout le monde sait que, dans les tremblements de terre, il se produit à la surface du sol des crevasses plus ou moins étendues, plus ou moins profondes; qu'il se fait parfois des soulèvements de terrains considérables ou des affaissements qui ne le sont pas moins; que des montagnes s'engloutissent et que d'autres apparaissent subitement; que des rivières disparaissent; que des lacs s'écoulent dans des conduits souterrains, etc. — Les phénomènes volcaniques nous offrent également des soulèvements du sol, des crevasses profondes, des excavations plus ou moins étendues. Fréquemment il s'élève du sein de la terre des montagnes coniques, tantôt béantes, et tantôt présentant un canal à leur centre et un cratère à leur sommet. En outre, les volcans vomissent au dehors des matières solides diverses ou des substances fluides qui se solidifient plus tard. L'éjection de ces matières modifie, en certains cas, considérablement la surface des lieux. Il en est de même des vapeurs qui, dans les éruptions volcaniques, se dégagent des cratères, des laves, des solfatares, etc. Elles désagrègent les matières environnantes, les réunissent en poussière ou en bouillie, et séparent leurs éléments qui, libres alors, forment souvent de nouveaux composés. Nous traiterons ailleurs plus au long des *volcans* et des *tremblements de terre*, et nous parlerons tout à l'heure des *soulèvements*.

B. *Action des causes extérieures.* — Les plus importantes de ces causes sont les *phénomènes météorologiques* et les *eaux*.

1° *Effets atmosphériques.* — Les changements de température, l'action de l'air, la violence des vents, la sécheresse et l'humidité agissent d'une manière très sensible sur toutes les roches qui constituent l'enveloppe terrestre. Ces effets sont d'autant plus marqués et d'autant plus prompts que la roche est plus perméable à l'humidité et qu'elle subit plus facilement l'influence de la sécheresse qui la prive de l'eau qu'elle a absorbée; de pareilles alternatives la désagrègent rapidement, et si, quand elle est humide, la gelée vient à la surprendre, sa destruction n'en est que plus profonde. C'est ainsi que certaines roches tombent en écailles, en grains, en poussière, ou qu'il s'en détache des fragments énormes, des avalanches de pierres qui roulent sur les pentes et viennent s'accumuler

au pied des montagnes. Ces débris couvrent quelquefois des étendues considérables. Par l'effet des mêmes causes, ces débris se divisent de plus en plus; convertis en fragments ténus ils ne tardent pas à se mêler au détritus des animaux et des plantes, pour constituer une couche meuble, d'épaisseur variable, qui recouvre presque toute la surface du globe et dans laquelle croissent la plupart des végétaux: c'est la *terre végétale*. — Les vents n'ont par eux-mêmes qu'une action bien faible sur les masses minérales solides; leurs effets ne se font guère sentir que sur les dépôts de sables meubles et fins. C'est ainsi que, dans les déserts de l'Afrique, les vents soulèvent d'épais nuages de sables brûlants, et vont au loin les entasser en vastes collines pour les reprendre plus tard et les amonceler ailleurs. C'est ainsi que, dans la Perse, le désert envahit chaque jour des provinces jadis fertiles. Les *Dunes* des côtes plates et sableuses de nos continents sont aussi, comme nous l'avons dit ailleurs, le résultat de l'action des vents. Voy. Dune.

2° *Effets des eaux.* — Les changements les plus importants dont la surface du globe a été ou est aujourd'hui le théâtre, sont dus à l'action des eaux. Leur action délayante, leur pouvoir dissolvant, leur poids, et surtout les mouvements dont elles sont animées, telles sont les causes des modifications diverses dont nous devons envisager l'importance et l'étendue. — L'action dissolvante des eaux est incontestable. Tantôt elle est immédiate, tantôt elle est due à des substances étrangères qui s'y trouvent dissoutes, et parmi lesquelles l'acide carbonique joue le rôle le plus important. Lorsque les eaux chargées d'acide carbonique s'évaporent ou laissent dégager une partie de leur gaz, les matières dissoutes se déposent sous la forme de sédiments solides ayant parfois une structure plus ou moins cristalline. C'est à l'évaporation de ces eaux, par ex., que sont dues les stalactites de toute espèce que l'on rencontre dans les diverses cavités souterraines, et dont la masse est surtout considérable dans les grottes et les cavernes des pays calcaires. C'est à la faveur de l'acide carbonique qu'elles tiennent en dissolution que ces eaux ont pu dissoudre des quantités notables de carbonate de chaux. Ce phénomène est encore plus remarquable dans certains cas où les eaux sont assez riches en matières dissoutes pour abandonner à la surface du sol des dépôts fort étendus. Certaines sources s'emparent de l'acide carbonique de l'air, puis, en coulant le long des roches calcaires, elles y creusent de profonds sillons verticaux qui sans cesse vont s'approfondissant. Enfin, ces eaux se réunissent, forment des ruisseaux, des lacs même, dont le fond se tapisse d'amas connus sous le nom de *Tufs calcaires*. Ailleurs, ces eaux incrustent les végétaux: les incrustations s'agglomèrent, se superposent et finissent par former des roches plus ou moins considérables. D'autres fois, elles ciment les débris qui gisent au pied des montagnes, ou consolident les sables rejetés par les vagues sur les bords des mers et des lacs d'eau douce. Souvent les eaux, surtout lorsqu'elles sont thermales, renferment, en même temps que le carbonate de chaux, une certaine quantité de silice: elles donnent alors lieu à la formation de tufs calcaires plus ou moins siliceux. Il existe même des *Tufs siliceux* à peu près purs. — L'action délayante de l'eau présente des phénomènes plus remarquables encore que les précédents. Lorsque des courants roulent sur des terrains meubles, ils les ramollissent, les désagrègent, les entraînent en partie, et vont au loin déposer les débris qui les constituaient. On voit des torrents descendus des montagnes, des rivières, de grands fleuves, charrier la terre, le sable, les cailloux, et même les blocs de pierre qu'ils rencontrent sur leur passage ou qu'ils arrachent de leur lit. Ces eaux sont troubles et chargées; mais lorsqu'elles arrivent dans un pays plat, ou qu'elles entrent dans un large bassin, leur cours se ralentit, et peu à peu elles laissent déposer les matières étrangères qu'elles tenaient en suspension. De là ces amas immenses dont les parties grossières sont souvent liées entre elles par le limon qui les recouvre et en comble les interstices. Les matériaux, qui s'arrêtent d'autant plus tôt qu'ils sont plus lourds, finissent par tapisser le fond des rivières d'une couche terreuse dont l'épaisseur s'accroît de jour en jour. Ce curieux phénomène n'est nulle part plus apparent que dans le lit du Pô. Ce fleuve et ses affluents ont transporté de la sorte une telle quantité de matériaux arrachés à la chaîne élevée des Alpes, que, depuis l'époque des Romains, de grands lacs ont été successivement comblés près de Parme, de Plaisance et de Crémone, et que son lit s'est tellement élevé qu'il faut chaque année exhausser les digues construites pour l'encaisser et empêcher ses débordements. Aussi, dans certains points, à Ferrare, par ex., la surface des eaux est plus élevée que le toit des habi-

411

lations construites autrefois sur ses rives. Le Rhône, qui se précipite du flanc septentrional des Alpes, ralentit son cours quand il débouche dans le lac de Genève : ses eaux bourbeuses deviennent limpides au sortir du bassin, et le fond de celui-ci s'élève peu à peu par le dépôt des matières que le fleuve y dépose.

On nomme *Alluvions*, les terrains formés par l'accumulation des matériaux divers entraînés par les eaux. A l'embouchure des fleuves, ces alluvions affectent souvent une forme triangulaire qui les a fait désigner sous le nom de *Deltas*. Voy. ce mot. Ces atterrissements empiètent sur le domaine de la mer, et c'est ainsi que des villes où se trouvaient jadis des ports très fréquentés, sont maintenant à plusieurs kilomètres au milieu des terres. Souvent aussi, les rivières transportent de grandes quantités de débris organiques, principalement des végétaux. Un des plus grands fleuves de la terre, le Mississipi, dont les affluents sont si considérables, en charrie des masses énormes, qu'il arrache à ses bords couverts d'immenses forêts. Ces amas flottants, que les Américains nomment *rafts*, c.-à-d. radeaux, arrêtés dans leur course par les ensablements, les bas-fonds, les îles, s'amoncellent çà et là, et sont ensevelis sous les alluvions avec les ossements des animaux qui ont péri dans les inondations du fleuve. Ces phénomènes nous donnent une idée de la manière dont s'est déposée dans les couches terrestres la masse de débris végétaux qu'on y rencontre, et nous expliquent en partie la présence des animaux détruits au milieu de ces couches. Ce qui se passe aujourd'hui se passait aux époques primitives de notre globe. Ainsi, lorsque nous trouvons dans l'intérieur des continents des minéraux accumulés en dépôts plus ou moins considérables et semblables aux cailloux roulés, aux sables, aux limons, nous devons conclure à l'existence d'anciens cours d'eau qui les ont charriés. Les dépôts formés par les eaux douces se reconnaissent aux débris organiques qu'ils renferment : ce sont les

Fig. 3.

restes des êtres organisés qui vivaient à la surface du sol. Dans les alluvions modernes, on trouve les débris des coquilles fluviatiles qui vivent encore dans les mêmes lieux (*Paludina vivipara*, *Planorbis corneus*, *Limnea stagnalis*), ou des coquilles terrestres, comme diverses espèces du genre Hélice. On y rencontre des branches et des troncs d'arbres, des végétaux quelquefois partiellement bituminisés, des ossements, des débris de l'industrie des hommes. Les dépôts anciens formés par les eaux douces renferment des débris d'animaux différents, mais analogues à ceux de nos rivières et de nos lacs actuels. On y remarque surtout des restes, des empreintes, des moules de coquilles appartenant aux genres Limnée, Planorbe, Hélice, etc. Les coquilles bivalves, plus rares que les précédentes, se rapprochent des Mulettes, des Anodontes, des Cyclades et des Cyrènes. Les dépôts formés par les eaux douces ne renferment jamais de polypiers, d'Encrinides, d'Échinides : ce caractère négatif est très important pour leur distinction.

L'action érosive des eaux douces courantes est trop manifeste et trop facile à concevoir pour que nous y insistions. Les eaux, dans ce cas, agissent de plusieurs manières sur les roches en contact avec elles, mais surtout en les désagrégeant ou s'infiltrant entre leurs fissures ; elles emportent alors les molécules ou les fragments qui s'en détachent successivement.

Les roches les plus dures, pour peu qu'elles offrent une prise quelconque à cette action continuelle, finissent par céder. Ces effets sont d'autant plus marqués que la masse et la rapidité des eaux sont plus considérables. Lorsque les roches sont formées de couches horizontales, et composées de matières comparativement dures reposant sur des substances moins résistantes, elles sont rapidement érodées par le moindre ruisseau, parce que celui-ci délaie les substances les plus molles, de façon que celles qu'il n'a pu entamer tombent ensuite, faute de support (Fig. 3). De là les escarpements si fréquents dans certaines contrées.

Les mers sont aussi la source de dégradations et de dépôts considérables ; sans cesse elles battent en brèche les côtes, et

Fig. 4.

en détachent des matériaux de toute sorte qu'elles emportent dans leurs profondeurs ou qu'elles ramènent sur les côtes basses sous forme de cailloux ou de sables. Les effets produits par l'action des vagues et des marées sur les terrains meubles sont quelquefois d'une soudaineté prodigieuse et déterminent des désastres effrayants. Les côtes basses et sablonneuses de la mer du Nord, depuis les bouches de l'Escaut jusqu'au canal du Jutland, nous ont offert, depuis quelques siècles seulement, des exemples terribles de ces changements

Fig. 5.

soudains. Mais lors même que les côtes sont constituées par les roches les plus dures, la fureur des flots n'est point impuissante contre elles. Néanmoins, la disposition des lieux peut favoriser ou contrarier cette action destructive des eaux. La forme qui offre la plus grande résistance à l'action des eaux est celle que représente la Fig. 4. En effet, la vague ne frappe qu'obliquement sur le plan incliné offert par le rocher, et glisse ainsi sur lui. En outre, le retour de chaque vague le long du talus diminue l'effort de la vague suivante, de telle sorte que la roche ne peut être entamée qu'autant qu'elle a des crevasses ou fissures par où l'eau peut pénétrer. Lorsque la côte est verticale, le flot, frappant contre elle avec toute sa force, parvient presque toujours à l'entamer par sa partie inférieure, qui alors se creuse peu à peu (Fig. 5) jusqu'à ce qu'enfin les couches supérieures qui surplombent, n'étant plus suffisamment soutenues, se précipitent dans la mer. Cette chute a surtout lieu rapidement quand la côte est constituée par deux sortes de roches différentes, dont l'inférieure est moins résistante que la supérieure. Mais, dans ce cas, il arrive fréquemment que la destruction elle-même vient mettre obstacle à une destruction ultérieure (Fig. 6). Les flots repoussent les parties les plus résistantes, celles qui ne sont pas susceptibles de se désagréger, sur le rivage, où ces débris s'accumulent de manière à constituer des talus, des levées, et ces immenses bancs de galets ou de cailloux roulés que l'on remarque dans certains parages. Ces levées se disposent en bourrelets plus ou moins continus, nommés *cordons littoraux*, offrant dans leur profil la courbe la plus convenable au mouvement des flots. Elles régularisent ainsi les anfractuosités naturelles des côtes, tout en opposant une barrière

Fig. 6.

que la mer ne peut plus rompre que dans les tempêtes. L'orage passé, les ouvertures ne tardent pas à se combler d'elles-mêmes. — Les alluvions formées par la mer sur les côtes renferment des débris marins de toute espèce, mêlés souvent avec des débris fluviatiles et terrestres transportés par les rivières. Les dépôts anciens se distinguent aussi par les différences que présentent leurs débris organiques avec les dépouilles des animaux qui vivent dans les mers actuelles. Les débris les plus éminemment caractéristiques des dépôts marins sont les Polypiers, différentes espèces d'Encrinides enfin un grand nombre d'Echinides.

Indépendamment des Mollusques, des Polypiers, des Échinides, etc., beaucoup d'autres débris appartenant aussi à des animaux qui vivaient dans les eaux, ont concouru à la formation de puissants dépôts. Les Foraminifères, les Infusoires eux-mêmes, accumulés en nombre incalculable, constituent des couches géologiques très étendues. La *Terre à polir*, le *Tripoli de Bohème*, la *Farine fossile* sont composés presque exclusivement des carapaces siliceuses de ces êtres microscopiques. Dans la Virginie (Amérique du Nord), par ex., il existe une couche fort étendue et épaisse d'environ 3 mètres, qui est formée d'Infusoires fossiles appartenant, pour la plupart, aux genres Navicule et Gaillonelle. La capitale de l'État, Richmond, est bâtie sur cette couche.

Si des cailloux, des blocs souvent considérables, peuvent être roulés par les eaux loin de leur place originaire, on comprend que les *glaces*, au moment des grandes débâcles, pourront produire des effets plus surprenants encore. Ces glaces, venues des régions froides du Groënland, du Spitzberg, de la Nouvelle-Zemble, etc., viennent échouer sur les rivages de pays éloignés, se fondent, et laissent les blocs à peine émoussés sur leurs arêtes et leurs angles. On a vu des masses de granit de plusieurs milliers de kilogrammes, des débris de montagnes transportés par des îles de glaces flottantes. Les *glaciers* qui occupent les grandes vallées ou les flancs de certaines chaînes de montagnes constituent encore des moyens de transport d'une puissance énorme, et qui paraissent avoir joué autrefois un rôle des plus importants. Voy. GLACIAIRE et Blocs ERRATIQUES.

C. *Soulèvements et affaissements*. — Quand on étudie les différents terrains qui constituent l'enveloppe solide du globe, on est étonné de rencontrer à des hauteurs considérables des dépôts caractérisés par la présence d'êtres marins, et qui n'ont pu évidemment se former que sous les eaux de la mer. Cependant rien de ce que nous pouvons observer dans les phénomènes de l'époque actuelle ne nous autorise à penser que les mers aient pu se trouver autrefois à une pareille élévation pendant un temps suffisant pour y former les dépôts souvent considérables dont nous parlons. Il faut donc admettre que ces dépôts ont pris naissance au-dessous du niveau actuel, et qu'ensuite ils ont été soulevés du fond des mers jusqu'à la hauteur où nous les trouvons actuellement. Cette hypothèse est pleinement confirmée par les phénomènes dont nous sommes aujourd'hui témoins, et qui certainement se sont manifestés à toutes les époques sur la surface du globe, mais avec une intensité et sur une échelle bien supérieures. Ainsi, par ex., il est parfaitement démontré que, depuis le temps des Romains, une partie de la côte de Naples s'est abaissée au-dessous du niveau de la mer, et a été plus tard soulevée au-dessus de ce niveau, sans que les monuments bâtis sur le sol mobile aient été bouleversés. Le temple de Sérapis (Fig. 7) en offre une preuve

bien convaincante. Ce monument, dont il ne reste plus que trois colonnes de marbre, est situé sur la côte de Pouzzoles, à peu près au niveau de la mer, et paraît avoir été bâti vers le III° siècle. A une époque postérieure, probablement vers 1488, le sol s'est affaissé, et la mer a recouvert le temple jusqu'à une hauteur d'environ 5 mètres au-dessus du pavé. Des coquilles lithophages du genre Pholade ont alors creusé la partie submergée d'innombrables trous sur une hauteur de 2 mètres. Aujourd'hui le pavé est de nouveau à sec, et les traces laissées par les Pholades dépassent d'au moins 3 mètres le niveau de la mer. Ces changements dans les rapports de la mer et de la côte de Pouzzoles ne peuvent être attribués à des alternatives de hausse et de baisse de la surface des eaux, car de semblables mouvements auraient été accompagnés d'inondations épouvantables, dont le littoral de la Méditerranée aurait gardé le souvenir. On ne peut donc expliquer le phénomène qu'en supposant un affaissement de toute la côte, suivi d'un soulèvement

Fig. 7.

graduel. Sur cette même côte de Pouzzoles on voit, à 7 mètres au-dessus du niveau de la mer, des dépôts de coquilles semblables à celles qui vivent encore dans la Méditerranée. Des phénomènes encore plus frappants se passent pour ainsi dire sous nos yeux. Sur les côtes de Suède, certains rochers, jadis submergés, se montrent aujourd'hui hors de l'eau. En 1731, les académiciens d'Upsal firent des entailles à fleur d'eau sur différents rochers, et au bout de quelques années ces marques se trouvèrent à plusieurs centimètres au-dessus de la surface de la mer. Dans le golfe de Bothnie, cette élévation paraît être en moyenne de 1m,30 par siècle, mais ailleurs elle est moindre. En outre, sur d'autres points du littoral de la Baltique, elle est nulle ou même remplacée par un affaissement, ce qui prouve que le changement de niveau ne dépend pas de l'abaissement de la mer elle-même. — Les plateaux des collines qui bordent les côtes du Chili sont couverts de coquilles semblables à celles qui vivent dans la mer voisine et qui sont encore adhérentes aux rochers. Il y a donc eu là anciennement des soulèvements analogues à ceux qui se sont manifestés de 1822 à 1837 sous l'influence de tremblements de terre. Des phénomènes analogues se sont produits dans l'Inde en 1819 : une colline de 20 lieues de longueur sur 6 de largeur s'élève au milieu d'un pays jadis plat et uni, en barrant le cours de l'Indus. On pourrait multiplier ces exemples; mais ce qui précède suffit pour faire comprendre comment des dépôts d'êtres marins se trouvent à des hauteurs considérables au-dessus du niveau actuel des mers. La même explication convient aux terrains formés sous les eaux douces.

Nous pouvons aussi invoquer des faits qui prouvent d'une manière évidente que des affaissements se sont produits à des époques très reculées. En France et en Angleterre, sur plusieurs points des côtes, on aperçoit dans les marées très basses des amas étendus d'arbres semblables à ceux qui croissent dans nos forêts; ils reposent sur le sol qui les a vus naître, car un grand nombre d'entre eux sont encore debout fixés en terre par leurs racines. Ces *forêts sous-marines* sont constituées par des chênes, des bouleaux, des sapins; et l'on y remarque même les débris de différentes espèces de Cerfs qui les habitaient jadis. On peut encore citer comme exemples d'affaissements, ces grès à la surface desquels sont marquées des empreintes de pas de quadrupèdes et d'oiseaux terrestres, grès aujourd'hui recouverts de couches qui n'ont pu se former qu'au sein des eaux. Il a donc fallu que le terrain, soulevé d'abord pour que les animaux pussent y marcher, s'affaissât pour recevoir ces nouveaux sédiments et se soulevât de nouveau pour se conserver dans l'état où nous le voyons encore.

III. *Composition de la croûte terrestre.* — Les divers phénomènes produits par les volcans, les tremblements de terre, les eaux, les glaces, les affaissements et les soulèvements, nous expliquent en partie la manière dont ont dû s'effectuer la formation et la disposition des différents terrains disséminés à la surface du globe. Les uns ont été produits par les eaux, et consistent principalement en cailloux roulés, en sables, en argiles, en calcaires, qui offrent un grand nombre de variétés; les autres, formés par fusion à l'intérieur du globe, ont été expulsés au dehors : ce sont principalement des silicates de toute espèce, rarement seuls, mais le plus souvent mélangés de toutes les manières. En conséquence, les géologues ont distingué deux sortes de produits dans l'écorce du globe qui est accessible à nos moyens d'investigation : les uns, déposés par les eaux, ont été nommés *terrains neptuniens, dépôts de sédiments, terrains stratifiés;* les autres, dus à l'action du feu, ont reçu les noms de *terrains plutoniens, terrains de cristallisation, terrains massifs ou ignés.*

A. *Terrains de sédiments.* — Les eaux ont dû, pendant longtemps, rester à l'état de vapeur autour de la masse incandescente de notre planète; néanmoins elles ont pu sans doute, sous l'influence de l'énorme pression exercée par l'atmosphère de vapeurs pesantes qui devaient alors envelopper la terre, elles ont pu, disons-nous, passer à l'état liquide, bien avant que la température de la croûte terrestre fût descendue à 100°. Ces eaux, portées à une haute température, chargées de divers gaz et vapeurs qui se dégageaient de la pellicule solidifiée, ont dû attaquer énergiquement les roches formées à cette époque. Telle est l'origine des premiers dépôts aqueux. Leur formation remonte à une époque excessivement reculée et antérieure à celle où les corps organisés ont pu vivre dans les eaux. Ces anciens sédiments ont nécessairement subi de profondes modifications sous l'influence de la masse brûlante sur laquelle ils s'étaient déposés : ils ont dû être calcinés, décomposés, refondus peut-être. Cependant, en vertu de la faible conductibilité des substances pierreuses pour la chaleur, la surface solide de la planète est descendue insensiblement à des températures assez basses pour que des êtres organisés pussent s'y développer. Les dépouilles de ces derniers ont été entraînées dans les sédiments. Mais ceux-ci, sous l'influence des dislocations nombreuses que devait alors entraîner l'état de la planète, ont de nouveau subi l'action de la chaleur, de telle sorte que les amas de plantes qu'ils avaient entraînées au milieu des dépôts terreux, ont pu passer à l'état d'anthracite, de graphite même, tandis que les dépôts de coquilles et de madrépores fondus, sous une forte pression, se convertissaient en marbres de différentes espèces. Il est encore vraisemblable que les dépôts arénacés ont pris alors en certains points des caractères tout différents de ceux qu'ils présentent ailleurs, qu'ils se sont durcis et transformés en roches semblables à celles qu'aurait produites la fusion. Avant le refroidissement complet du globe, il fut probablement un temps où la température propre était capable d'effacer complètement la différence des climats. Les plantes et les animaux confinés aujourd'hui dans les régions tropicales pouvaient donc vivre partout, jusque vers les pôles, que les glaces n'encombraient pas alors. Ces considérations expliquent jusqu'à un certain point la présence, dans des contrées qui sont aujourd'hui les plus froides du globe, des dépouilles d'êtres qui seraient incapables d'y vivre à l'époque actuelle. Le caractère distinctif des terrains de sédiment, celui qui a le mieux persisté malgré les influences modificatrices les plus variées, est la *Stratification,* c.-à-d. la disposition en *couches* ou *strates* successives, superposées parallèlement les unes aux autres, et qui se sont formées les unes après les autres.

Il y a, en général, parmi les dépôts disposés à la surface du globe, deux sortes de stratifications : l'une est *horizontale,* c'est la stratification naturelle suivant laquelle se déposent toutes les matières dissoutes ou charriées par les eaux; l'autre est plus ou moins *inclinée,* et résulte des soulèvements et des affaissements qui ont signalé les différentes époques géologiques. Cette inclinaison présente tous les degrés possibles, les couches pouvant même affecter la position verticale. — Les stratifications se distinguent encore en *concordantes* et en

discordantes. On dit qu'il y a concordance entre 2 dépôts différents, quand toutes leurs couches sont parallèles entre elles, quel que soit d'ailleurs leur degré d'horizontalité ou d'inclinaison. La stratification concordante est dite *en forme de manteau,* quand les couches sont contournées et que la convexité est supérieure; si au contraire la concavité était en haut, la stratification serait dite *en fond de bateau.* Cette dernière est commune dans les dépôts de houille. La stratification est discordante quand les couches d'un dépôt sont inclinées dans un sens, tandis que les couches de l'autre sont disposées dans un autre sens. Enfin on donne le nom de stratification *transgressive* à un cas particulier de discordance dans lequel le dépôt supérieur, stratifié ou non stratifié, repose sur la tranche des couches du dépôt inférieur. — Nous venons de dire que la stratification des terrains sédimentaires n'est pas toujours horizontale; cependant on reconnaît constamment dans les couches les plus inclinées les caractères de l'horizontalité primitive. En effet, les galets aplatis, les coquillages plats, telles que les valves d'Huîtres, y sont toujours disposés parallèlement aux plans des couches. Ce n'est pas tout; certaines roches que l'on rencontre dans les couches inclinées renferment des cavités, et les parois de celles-ci sont recouvertes de stalactites dont l'axe est plus ou moins incliné relativement à l'horizon, ce qui est totalement opposé à la manière dont se produisent ces appendices. On est donc obligé d'en conclure que ces couches aujourd'hui inclinées se sont déposées horizontalement, et qu'elles ont été redressées plus tard par l'action de soulèvements ou d'affaissements analogues à ceux que nous avons étudiés précédemment. Ainsi s'expliquent les contournements divers, les renversements et toutes les dislocations des couches terrestres : l'admission de ces causes de bouleversement n'offre rien que de très naturel. — On rencontre très souvent à la surface du globe des dispositions particulières des couches sédimentaires qui indiquent que la croûte terrestre a été fracturée, et que l'une des parties du terrain a subi soit un soulèvement, soit un affaissement. Les fissures de ce genre ont reçu le nom de *Failles;* mais il en a déjà été question ailleurs. Voy. FILON.

Les divers dépôts de sédiment qui forment la partie la plus extérieure de l'écorce solide du globe diffèrent entre eux non-seulement par la nature et la disposition de leurs éléments constitutifs, mais encore, ainsi que nous l'avons déjà fait entrevoir, par les restes d'êtres organisés qui s'y trouvent renfermés dans leur masse. Ces débris d'êtres qui ont autrefois vécu à la surface de la terre et sont aujourd'hui enfouis dans les divers étages de son écorce solide, sont désignés sous le nom général de *Fossiles.* Mais, par extension, on applique également cette dénomination à certaines traces, à certaines impressions qui attestent la présence des êtres vivants pendant les diverses périodes géologiques. Ceux d'entre eux qui appartiennent aux formations actuelles ont généralement conservé leur composition primitive. Il n'en est pas de même des plus anciens : leurs parties capables de résister à la décomposition subsistent seules, mais altérées, mais plus ou moins remplacées par des particules pierreuses. De ces êtres primitifs, il ne reste pour ainsi dire que la forme. Les fossiles, soit végétaux, soit animaux, que l'on découvre dans les couches de formation récente, c.-à-d. plus superficielles du globe, appartiennent en partie à des espèces encore vivantes aujourd'hui; mais la plupart des autres proviennent d'animaux ou de plantes dont l'espèce est complètement perdue, et diffèrent d'autant plus des êtres aujourd'hui vivants qu'ils se rencontrent dans des couches plus anciennes. Il est des fossiles qui sont particuliers à certains dépôts, et qui ne se sont jamais montrés ailleurs. C'est en comparant les fossiles entre eux, et en combinant cette étude avec celle de l'ordre de superposition dans lequel on rencontre les divers terrains, aussi bien qu'avec celle de leur mode de formation, que l'on est parvenu à reconnaître l'état du globe à des époques bien antérieures à l'apparition de l'homme, et à tracer l'histoire des changements qui se sont successivement produits sur la surface du globe que nous habitons. — Quand on est parvenu à caractériser les divers dépôts, on ne tarde pas à remarquer, comme on pouvait du reste le prévoir d'après leur mode de formation, qu'ils se trouvent partout dans le même ordre de superposition : le terrain qui, dans une localité, en recouvre un autre, ne pourra jamais ailleurs en être recouvert; il pourra bien manquer complètement, de façon à laisser ce dernier à nu ou en contact avec une couche supérieure; mais partout où il existera, il recouvrira nécessairement des terrains dont la formation remonte à une période plus reculée.

B. *Terrains de cristallisation.* — Les terrains d'origine ignée, tels que les roches vomies par les volcans, sont essentiellement constitués par le groupe des silicates. Les matières d'une texture dense et cristalline qui les composent ne sont pas disposées en couches régulièrement superposées mais réunies en masses compactes, d'où la dénomination de terrains *massifs* sous laquelle on désigne fréquemment cette classe de terrains. Ils se distinguent en outre de tous les autres en ce qu'on n'y rencontre jamais de débris de corps

sont plus nombreuses; les principales sont : le granit et ses variétés, les siénites, les gneiss, le diorite, le basalte, les trachytes, le trapp, les diverses roches porphyriques, les variolites, les micaschistes, les schistes talqueux, etc.

C. Métamorphisme. — Toutes les roches cristallines ne reconnaissent pourtant pas une origine ignée : il en est qui ne doivent cet état qu'au phénomène connu sous le nom de *Mé-*

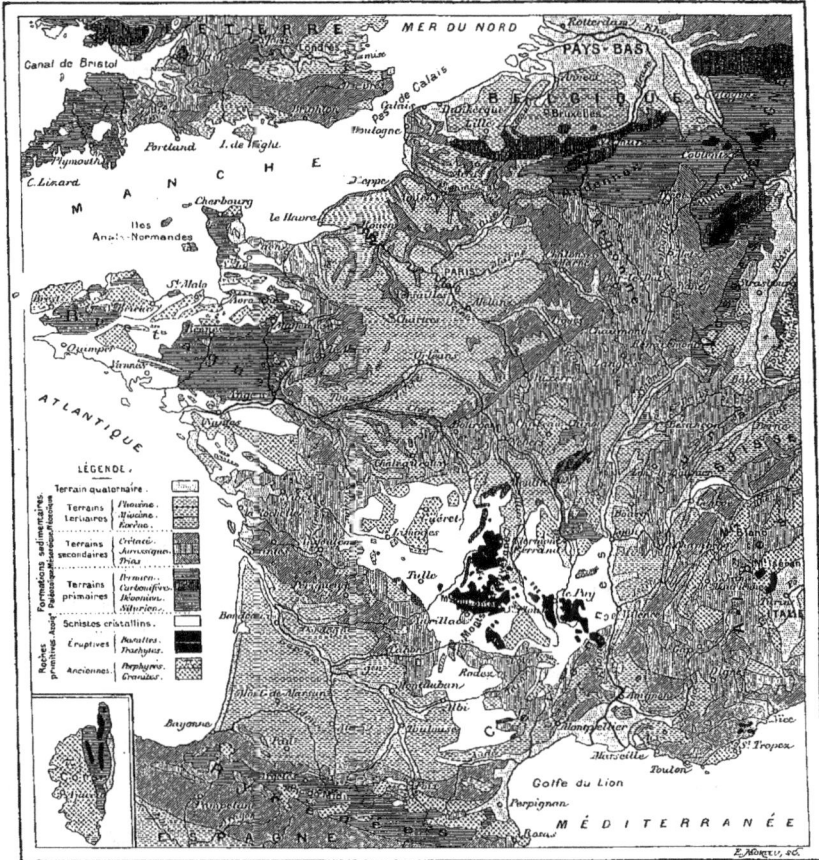

Fig. 8.

organisés. Les roches d'origine ignée sont sorties à diverses époques des profondeurs de la terre, où elles paraissent constituer la couche solide qui supporte tous les terrains de sédiment. Dans ces éruptions, elles ont traversé ces terrains sédimentaires en les soulevant et en les fracturant et les ont fréquemment recouverts de leurs épanchements. Ces roches sont divisées en *roches simples* et *roches composées.* Les roches simples sont : le quartz, les feldspaths, les obsidiennes, les rétinites, les amphibolites, les serpentines, etc. Les roches composées

tamorphisme. Ce mot sert à désigner les modifications particulières que les roches d'origine sédimentaire éprouvent dans leur texture et leur composition sous l'influence de la chaleur et de certaines actions chimiques, au voisinage des roches plutoniques. C'est ainsi que par l'action du basalte, les calcaires terreux se sont transformés en calcaire compact, approchant quelquefois de l'état saccharoïde, que les argiles ont été calcinées, que les végétaux enfouis ont été carbonisés, que les calcaires se sont changés en dolomie ou en gypse, que les matières arénacées se sont chargées de mica, d'amphibole, et ont pris les caractères du gneiss, des schistes micacés et talqueux. — En résumé, les roches ignées agissent sur les couches sédimentaires, physiquement, par la chaleur qu'elles possèdent, ou bien encore chimiquement, en modifiant leur composition, et enfin mécaniquement, en s'agitant avec force dans les différents dépôts, en leur faisant subir des compressions qui les contournent, les inclinent et les bouleversent. — Comme les terrains plutoniens ne sont pas soumis à la loi de stratification, il est difficile d'établir leur âge relatif. En effet, de ce qu'une roche ignée se rencontre dans un étage plus élevé qu'une autre roche de même origine, il ne s'ensuit pas que la première soit postérieure à la seconde, le dépôt moins élevé pouvant s'être arrêté, soit parce que les couches sédimentaires supérieures n'étaient pas encore formées, soit parce que la force qui le poussait s'est épuisée avant qu'il ait atteint à la hauteur où devait parvenir un dépôt postérieur. Cependant il est clair que tout dépôt cristallin ou sédimentaire traversé par un dépôt igné est antérieur à celui-ci ; tout dépôt sédimentaire recouvert par un dépôt igné précédait ce dernier dans le temps.

IV. *Classification des terrains.* — Les considérations qui servent de base dans toute classification des terrains qui forment l'écorce du globe sont principalement la différence de stratification des couches, leur composition et leur texture, et la nature des fossiles qui s'y trouvent disséminés.

Nous donnons ci-dessous le tableau des principales divisions géologiques, d'après M. de Lapparent ; nous consacrerons un article spécial à chacune des cinq grandes ères.

Nous donnons aussi (Fig. 8) la carte géologique de la France.

I ÈRE PRIMITIVE OU AZOÏQUE.				
II ÈRE PRIMAIRE OU PALÉOZOÏQUE	*Cambrien.* . . . . . *Silurien.* . . . . . } Premiers poissons. *Dévonien* . . . . . . Règne des poissons. *Permo-carbonifère.* } Règne des Labyrinthodontes.	} Règne des Trilobites.	Algues (?) Première flore terrestre. Règne des Mousses, des Cryptogames vasculaires et des Gymnospermes.
III ÈRE SECONDAIRE OU MÉSOZOÏQUE Série jurass. supér. Série crétacée inf.	*Trias* . . . . } *Lias.* . . . . } *Oolithe* . . . . . } Règne des Sauriens. *Infra-crétacé.* . . . Règne des Dinosauriens *Crétacé.* . . . . . Oiseaux reptiliens.	Règne des Ammonites Bélemnites et Brachiopodes. } Règne des Rudistes.	Règne des Cycadées. Apparition des Angiospermes.
IV ÈRE TERTIAIRE OU NÉOZOÏQUE	*Eocène* . . . . . . } *Oligocène.* . . . . } *Miocène.* . . . . . } Règne des Mammifères. *Pliocène.* . . . . . }	Règne des Gastéropodes et des Acéphales. }	Règne des Angiospermes.
V. ÈRE QUATERNAIRE.	Homme.	Faune actuelle.	Flore actuelle.

Historique. — Bien que la g. soit une science toute moderne, on trouve, dans les ouvrages de plusieurs philosophes et poètes de l'antiquité, des notions parfois fort exactes sur les problèmes géologiques. Xénophane de Colophon, qui florissait l'an 535 av. J.-C., attribuait la présence des coquilles trouvées dans le sein de la terre à ce que notre globe avait été jadis couvert par les eaux. Hérodote (445 av. J.-C.) argumentait aussi des coquilles rencontrées dans les montagnes d'Égypte, pour établir que cette contrée avait été anciennement un golfe de la mer. Aristote avait fait des observations sur plusieurs phénomènes géologiques de la plus haute importance, comme le comblement des rivières, la formation des deltas, l'élévation de certaines contrées par l'action volcanique, la conversion de la mer en terre, et de la terre en mer. Le géographe Strabon, qui vivait l'an 1er de notre ère, repousse l'hypothèse de la diminution et du retrait des mers avancée par Xanthus de Lydie, pour expliquer l'existence des coquillages fossiles à de grandes hauteurs et à des distances fort éloignées des mers actuelles : il l'attribue hardiment à des soulèvements et à des abaissements des continents eux-mêmes. Lucrèce (40 ans av. J.-C.) dit qu'avant l'apparition de l'homme et des animaux actuellement vivants à la surface de la terre, celle-ci avait produit des êtres extraordinaires et des végétaux de dimensions colossales. Ovide, contemporain de Strabon, dans le passage du 15e livre de ses *Métamorphoses,* où il explique le système de Pythagore, fait une très curieuse énumération des principaux phénomènes qui tendent à modifier la surface de la terre. Justin, à qui nous devons la conservation de plusieurs fragments intéressants de Trogue-Pompée, semble adopter l'opinion de cet historien relativement à l'origine ignée de notre planète. En conséquence, il pense que, le refroidissement ayant dû commencer par les pôles, ce sont les Scythes qui ont été les premiers habitants de la terre. Tertullien et saint Augustin regardaient les coquilles fossiles trouvées à toutes les hauteurs sur les montagnes comme des preuves de la réalité du déluge de Noé.

À l'époque de la Renaissance, la question des coquilles fossiles fut le premier problème géologique qui fut agité par les savants. La plupart soutenaient qu'elles étaient le résultat du déluge ; d'autres affirmaient qu'elles étaient des jeux de la nature, qu'elles devaient leur origine aux étoiles, etc. ; un petit nombre seulement, tels que Léonard de Vinci (1500), pensaient qu'elles étaient les restes d'animaux qui avaient vécu aux lieux mêmes où on les rencontrait. Fracastor (1517) soutint énergiquement cette opinion, et montra qu'on ne pouvait attribuer la présence de ces débris au déluge biblique, d'abord parce que ce dernier ne fut qu'une inondation passagère et de peu de durée, et ensuite parce que les eaux du déluge auraient bien pu disperser des débris semblables à la surface du sol, mais n'auraient pu les ensevelir dans les couches les plus profondes des montagnes. Bernard Palissy (1575) établit que les coquillages marins ne peuvent avoir été transportés aux lieux où on les trouve, attendu la conservation parfaite de leurs épines et de leurs appendices les plus fragiles, et que, par conséquent, les terres qui les renferment ont été anciennement recouvertes par l'Océan. Fabio Colonna (1626) distingua ces coquilles en marines et fluviatiles, et les distribua en genres et en espèces. En outre, il fit voir que les dents trouvées avec ces coquilles sont, non point des dents de Serpents, comme on le supposait avant lui, mais bien des dents de Squales. Sténon (1670) affirma le premier que les fossiles végétaux sont les restes de plantes autrefois vivantes, et que la formation des montagnes est postérieure à la création de la terre. En 1693, l'illustre Leibniz, dans son *Protogæa,* avança l'hypothèse hardie de l'incandescence primitive de notre planète et de son refroidissement subséquent, hypothèse soutenue aussi par Newton. Hooker (1726) émit les vues les plus ingénieuses sur la nature organique des fossiles, l'extinction des espèces, la température tropicale dont jouissait autrefois notre globe, les effets de l'action volcanique, les soulèvements et les affaissements de la terre, etc. Swedenborg, dans ses *OEuvres philosophiques et minéralogiques* (1735), avança un grand nombre d'hypothèses ou de faits remarquables ; la théorie nébuleuse du système solaire, la fluidité primitive de notre planète, la succession des divers groupes d'animaux et de plantes, etc. Moro (1740) se fit le champion de l'action des causes ignées, auxquelles il attribua l'élévation des montagnes et divers autres phénomènes géologiques. Marsili (1740) affirma que les fossiles ne sont point distribués au hasard, mais par groupes de genres, fait qui bientôt après fut mieux établi par Donati. On doit à Guettard (1752) l'exécution des premières cartes géologiques connues, ainsi que des observations exactes et suivies sur les volcans éteints de l'Auvergne. Targioni (1754) démontra que les Éléphants fossiles découverts dans diverses parties de l'Italie avaient autrefois vécu dans la péninsule même, et Arduino (1759) classa le premier les roches en dépôts primaires, secondaires et tertiaires. La même année, Lehman, directeur des mines en Prusse, établit une classification semblable. Tandis que Buffon (1780), au milieu d'hypothèses aussi aventureuses que brillantes, devinait parfois les révolutions successives qu'a subies notre planète, Pallas, Werner, de Saussure, Deluc, Soldani, etc., en se bornant à l'observation pure et simple travaillaient à élever la g. au rang des sciences positives. Toutefois Werner voulut prématurément édifier un système embrassant tous les phénomènes de la g. Dans ce système, qui jouit longtemps d'une immense popularité, l'eau est considérée comme l'agent universel ; toutes les roches, de quelque nature qu'elles soient, depuis le granit jusqu'aux couches les plus modernes, sont des dépôts aqueux : quant aux volcans, ils sont de date récente et n'ont joué aucun rôle dans l'histoire ancienne de la terre. De là les partisans de Werner furent appelés *Neptuniens* et *Neptunistes*, et l'on applique la dénomination de *Vulcaniens* ou *Vulcanistes* aux géologues qui attribuent à certaines roches une origine ignée. Ces derniers se rangeaient sous la bannière du docteur Hutton, dont la théorie, appelée *théorie plutonienne*, peut se résumer dans ces trois propositions : 1° Les roches les plus anciennes sont des produits dérivés des ruines d'autres roches qui existaient avant elles et qui ont été détruites, surtout par l'action lente des causes atmosphériques ; ces détritus ont été entraînés par les fleuves jusqu'à l'Océan, s'y sont stratifiés, se sont ensuite consolidés sous l'action de la chaleur centrale de la terre, et, plus tard enfin, ont été soulevés et fracturés par la même force ; 2° les roches métamorphiques, à l'origine, étaient des dépôts sédimentaires, semblables aux terrains secondaires ; mais elles ont été modifiées par l'action longtemps continuée de la chaleur, de façon à prendre l'aspect qu'elles nous offrent aujourd'hui ; 3° le granit était à l'état de fusion ignée lorsqu'il a cristallisé, et cette cristallisation s'est opérée sous une pression et une chaleur considérables. En d'autres termes, suivant Hutton, le granit a été fondu par le feu à de grandes profondeurs dans la terre, et il s'est refroidi sous une pression si énorme que les éléments gazeux qui entraient dans sa composition n'ont pu s'échapper, et qu'il a pris ainsi une texture cristalline.

Au commencement de ce siècle (1811), les découvertes admirables de G. Cuvier donnèrent aux études géologiques un caractère de rigueur et de précision qu'elles n'avaient pu acquérir jusqu'alors. En effet, la détermination exacte des espèces animales éteintes permit au géologue d'établir la chronologie positive des divers terrains et des différentes formations, et de reconnaître leur âge respectif, nonobstant tous les bouleversements dont la croûte de la terre a été le théâtre. Bien que le célèbre Ant. de Jussieu eût déjà, un siècle auparavant (1708), signalé les différences qui existent entre les débris végétaux trouvés dans les houillères et l'espèce actuellement vivantes, ainsi que leur analogie avec la flore des régions tropicales, les géologues avaient négligé cette source abondance de documents que leur offrait la nature elle-même. Ce fut seulement après les travaux de Cuvier et à l'exemple du célèbre naturaliste que l'on comprit que la botanique devait et pouvait concourir au même but que la zoologie. Cependant un savant anglais, Lyell, publiait ses *Principes* ; dans ce magnifique livre de science et de vulgarisation, il montrait que les couches terrestres avaient dû se former sous l'influence des mêmes causes que celles qui agissent encore à notre époque. C'était la *théorie des causes actuelles*, qui venait détrôner et remplacer définitivement la *théorie des cataclysmes*, de Cuvier.

C'est à la même époque d'activité scientifique qu'il faut rapporter les travaux d'Alex. et Ad. Brongniart, Élie de Beaumont, Dufrénoy, d'Omalius d'Halloy, Beudant, Alcide d'Orbigny, d'Archiac, Boué, etc., en France ; de Buckland, Murchison, de la Bêche, en Angleterre ; Al. de Humboldt, Léop. de Buch, Keferstein, en Allemagne ; de Studer, Pictet, Agassiz, etc., en Suisse.

Les grands travaux occasionnés dans toutes les parties du monde par le percement des routes, des chemins de fer, des trous de mines, sont venus apporter une quantité innombrable de faits qui ont permis, enfin, de faire les premiers essais de généralisation et de reconstituer les grandes lignes de la formation de notre globe.

Des sociétés de g. se sont fondées partout (celle de Paris date du 17 mars 1830), et le généreux concours des gouvernements a permis l'exécution de ces magnifiques cartes qui sont un des plus grands moyens de diffusion des études géologiques. Il est impossible de parler de tous les travaux qui ont illustré cette phase actuelle de l'histoire de la g. ; citons seulement le nom des savants de notre pays qui sont regardés comme les maîtres de la g. et dont on pourra consulter avec fruit les ouvrages : Michel Lévy, Marcel Bertrand, de Lapparent et Munier-Chalmas. Voy. PALÉONTOLOGIE, PRIMITIF, PRIMAIRE, SECONDAIRE, TERTIAIRE et QUATERNAIRE.

GÉOLOGIQUE. adj. 2. g. Qui a rapport à la géologie. *Recherches géologiques.*

GÉOLOGUE. s. m. Celui qui est savant en géologie, qui s'occupe de géologie.

GÉOMANCE ou **GÉOMANCIE.** s. f. (gr. γῆ, terre ; μαντεία, divination). Voy. DIVINATION.

GÉOMANCIEN, IENNE. s. Celui, celle qui pratique la géomancie.

GÉOMANTIQUE. adj. 2 g. Qui a rapport à la géomancie.

GÉOMÉTRAL, ALE. adj. (R. *géomètre*). T. Architect., Mécaniq., Charpent., etc. Se dit d'un dessin qui représente un objet par sa projection sur un plan horizontal ou vertical. *Plan g. Élévation, coupe géométrale.* Voy. PERSPECTIVE, PROJECTION. ‖ T. Zool. *Chenilles géométrales,* autrement appelées *Arpenteuses.* Voy. NOCTURNES.

GÉOMÉTRALEMENT. adv. D'une manière géométrale. *Dessin tracé géométralement.*

GÉOMÈTRE. s. m. Celui qui sait et pratique la géométrie. *C'est un excellent g. Arpenteur-g.* ‖ Dans une acception plus étendue, Mathématicien. *Descartes n'est pas moins célèbre comme g. que comme philosophe.* — Fig., *L'éternel g.,* Dieu.

GÉOMÉTRIE. s. f. (gr. γῆ, terre ; μέτρον, mesure). Science qui a pour objet la mesure de l'étendue et des parties qu'on y peut concevoir. ‖ Par extens. Toute science mathématique. ‖ Fig. *Il y a en nous une g. naturelle* (Bossuet), c.-à-d. une science des proportions.

Math. — Si l'on s'attachait à sa signification littérale, le terme de *Géométrie* serait synonyme d'*Arpentage* ou tout au plus de *Géodésie* ; mais l'arpentage et la géodésie ne sont que des applications pratiques de la g. — La g., telle que l'entendent les mathématiciens, est une science purement abstraite ; c'est, en effet, la science qui traite des propriétés de l'étendue ou de l'espace figuré.

1. Objet de la géométrie. — La g. considère les corps uniquement au point de vue de leur étendue, c.-à-d. de leur grandeur et de leur figure. Chaque corps occupe dans l'espace indéfini une certaine place déterminée ou une portion finie d'espace qu'on appelle *volume*. On donne le nom de *surface* à la limite qui sépare le lieu qu'occupe un corps de l'espace environnant. Une surface est donc commune aux deux portions d'espace qu'elle sépare. De même que la limitation de l'espace donne naissance à l'idée de surface, de même la limitation de la surface produit les *lignes*, une ligne étant la limite d'une surface, ou le lieu où deux surfaces se coupent l'une l'autre ; une ligne est donc commune à deux surfaces. Enfin, la limitation d'une ligne ou l'intersection de deux lignes donne également naissance à l'idée de *point*. Mais un point indique seulement une position, et ne possède aucune étendue. La ligne a une dimension, la *longueur* ; la surface en a deux, la longueur et la *largeur* ; et le volume en a trois, la longueur, la largeur et l'*épaisseur* ou *profondeur*. Il suit de là que la g. a pour objet les propriétés des lignes, celles des surfaces et celles des volumes ou des solides. — La g. considère les corps d'une façon complètement abstraite, sans s'inquiéter de leurs caractères physiques. Les vérités qu'elle découvre et démontre sont de pures abstractions, et, si l'on peut parler ainsi, des vérités hypothétiques qui cependant n'en sont pas moins utiles. Ainsi, par ex., il est impossible, par quelque procédé mécanique que ce soit, de tirer une ligne absolument droite, ou de décrire un cercle parfait ; mais plus la ligne approchera de la rectitude absolue, plus le cercle approchera de la forme circulaire parfaite, plus leurs propriétés approcheront de celles que possèdent les lignes droites idéales et les cercles idéaux qui font l'objet des recherches des géomètres. Il est même impossible de réaliser matériellement une surface et une ligne, et quant aux corps eux-mêmes, nous ignorons absolument comment ils sont constitués. Il est probable qu'ils ne sont pas même nettement séparés de l'espace environnant, et que les molécules qui se trouvent à leur surface sont dans un état d'agitation perpétuelle. Il résulte de là que les théorèmes de la géométrie ne sont pas rigoureusement vrais dans leur application aux corps matériels ; mais ils approchent suffisamment de la vérité pour toutes les choses pratiques. L'application de ces théorèmes, en effet, nous permet d'établir, avec toute l'exactitude dont nos sens sont capables, les distances des objets inaccessibles, les dimensions d'une surface quelconque, le volume ou le contenu d'un solide donné; de calculer les distances et les mouvements des planètes; de prédire les phénomènes célestes, et de diriger un vaisseau d'un point donné du globe vers un autre point.

II. *Principes de la géométrie.* — On peut étudier la g. en elle-même, ou en vue des applications. Dans le second cas, on n'aura pas à se préoccuper des propositions simples qui servent de début à cette étude, car la vérité pratique de ces propositions apparaît immédiatement à tout esprit non prévenu, et n'a jamais été mise en doute. Un grand nombre des démonstrations enseignées aujourd'hui dans les classes pourra être supprimé, et beaucoup de propositions intéressantes pour les mathématiciens pourront être omises. On s'efforcera de parler aux yeux, de rendre pour ainsi dire sensibles les propriétés des figures qu'on voudra enseigner, et l'on sacrifiera sans hésiter la rigueur des raisonnements à la simplicité nécessaire de ce genre d'enseignement. On arrivera ainsi à mettre rapidement l'étudiant en mesure d'appliquer aux choses pratiques les relations de position et de grandeur des éléments les plus simples de l'étendue. Seulement, un pareil enseignement ne constitue pas une *éducation :* c'est simplement une sorte d'*apprentissage*, utile sans doute dans bien des cas, mais peu propre à former l'esprit et le jugement, sans portée philosophique, et incapable de disposer l'intelligence à aborder avec fruit les hautes études scientifiques.

Tout autre est l'importance d'une étude approfondie et critique des théories géométriques. L'utilité pratique sera la même; la durée de l'étude sera à la vérité plus longue, mais la valeur éducative de l'enseignement sera considérable. Il ne s'agira plus de découvrir instinctivement telle ou telle propriété des figures, mais bien d'établir une chaîne non interrompue de raisonnements inattaquables, par lesquels on passera d'un petit nombre de propositions fondamentales à un nombre considérable de propositions de plus en plus complexes. La nécessité imposée à l'étudiant de peser la valeur de chacun des mots qu'il emploie, de ne parler que de ce qu'il entend nettement, et de rentrer en lui-même pour contrôler la rigueur de chacun de ses raisonnements constitue une discipline sévère, la plus propre à lui donner les habitudes d'attention, de précision et de réflexion qui sont indispensables à l'étude des sciences, et qui sont si utiles dans toutes les professions. Aussi l'étude de la g. théorique est-elle depuis des siècles la base de tout enseignement scientifique.

La g. tout entière n'étant qu'une longue suite de syllogismes, les propositions les plus compliquées ne contiennent en réalité ni plus ni moins que les quelques propositions fondamentales dont elles sont le développement logique. Qu'on refuse d'admettre la vérité d'une de ces propositions fondamentales, et tout l'édifice s'écroule. L'examen critique de la g. ne peut donc porter que sur deux points : 1° les raisonnements sont-ils logiquement inattaquables; 2° quelle est la valeur des principes fondamentaux? La première partie est facile; elle ne dépend que de la logique, c.-à-d. du principe de contradiction, et celui-ci est tellement net et familier que presque tous les hommes que toute faute de raisonnement ne tarde pas à être signalée et ne saurait se perpétuer longtemps. Sous le rapport de la rigueur des déductions, on peut dire que la g., telle que nous l'enseignons, est au-dessus de toute contestation, et qu'elle constitue même le modèle par excellence du raisonnement par syllogisme. La critique des principes fondamentaux est bien autrement difficile. Il importe d'abord de les dégager nettement, c.-à-d. qu'il faut formuler avec précision les quelques propositions fondamentales desquelles on pourra déduire toutes les autres par *de simples syllogismes*, et sans jamais s'aider de ce que nous pouvons appeler l'*évidence vulgaire*. Cela seul n'est pas très facile, et les philosophes qui ont traité la question ne se sont pas toujours entendus, peut-être parce que les uns n'étaient pas assez géomètres et les autres pas assez philosophes. Au reste, la question touche à la métaphysique; car, dès le début, on rencontre la notion d'*espace* qui est l'une de celles qui ont le plus divisé les métaphysiciens. Quoi qu'il en soit, nous pensons qu'on peut réduire les principes de la g. aux dix suivants :

1° *Notions de l'espace, des surfaces, des lignes et du point*, telles que nous les avons expliquées au début de cet article.

2° *Principe du déplacement continu des figures dans l'espace.* — *Génération de la ligne par le déplacement continu d'un point, de la surface par le déplacement continu d'une ligne, et du solide par le déplacement con-*

tinu et limité d'une surface limitée dans tous les sens.

3° *Notion et propriété de la ligne droite.* — Cette notion peut se rattacher à celle du déplacement d'un solide. Si l'on fixe deux points d'un solide, le solide pourra tourner autour de ces deux points, et il y aura dans ce solide toute une suite de points qui resteront immobiles. Le lieu de ces points est une *ligne droite.* La ligne droite est donc définie par *deux points. Entre deux points on peut toujours faire passer une ligne droite, et l'on n'en peut faire passer qu'une seule.* — Une portion de ligne droite peut glisser sur la ligne droite dont elle fait partie sans jamais cesser d'être en coïncidence avec elle; elle peut aussi tourner sur elle-même sans jamais cesser d'occuper le même lieu de l'espace; ces deux propriétés sont des conséquences de ce qu'entre deux points on ne peut faire passer qu'une seule ligne droite.

4° *Principe de l'immobilité d'un solide fixé par trois points non en ligne droite.*

5° *Principe du déplacement et de la superposition des figures.* — On admet que toute figure peut être transportée dans l'espace sans que rien soit modifié dans ses propriétés. Voici exactement en quoi cela consiste. Deux figures peuvent occuper à la fois exactement le même lieu de l'espace. On dit alors qu'elles coïncident. On peut les séparer et les rassembler ensuite en une autre région de l'espace. On admet qu'il sera possible de les faire coïncider de nouveau. Ce principe est la base de la considération *des figures égales*. En géométrie, on dit que deux figures sont égales quand on peut les faire coïncider; le principe montre que la définition de l'égalité n'est pas contradictoire : car si deux figures ont pu coïncider une fois, on pourra toujours et en tout lieu les faire coïncider de nouveau. Il résulte aussi de ce principe que deux figures égales à une troisième sont égales entre elles, puisqu'on peut les faire coïncider toutes les trois. Ainsi cette proposition est loin d'être un axiome, comme on le répète trop souvent. Voy. AXIOME.

6° *Principe de l'existence du plan.* — On admet que par une droite et un point extérieur à cette droite, on peut faire passer *une surface telle que la droite qui joint deux quelconques de ses points y soit située tout entière.* On peut engendrer cette surface en faisant tourner autour du point une droite qui s'appuie constamment sur la droite fixe. La surface ainsi engendrée jouira de la propriété énoncée.

7° *Principe de la séparation de l'espace par le plan.* — On admet qu'un plan partage l'espace en deux régions entièrement séparées, de telle sorte qu'un point qui se déplace d'un mouvement continu, ne peut passer d'une région dans l'autre sans se trouver à un certain moment dans le plan même. On en déduit une proposition analogue relative à la séparation d'un plan par une ligne droite en deux régions distinctes.

8° *Impossibilité de déplacer dans son plan une figure plane dont deux points sont immobiles.*

9° *Principe du retournement.* — On admet que si une droite limitée AB coïncide avec une autre droite limitée A′B′ de manière que le point A tombe sur le point A′ et le point B sur B′, on pourra aussi faire coïncider les deux droites en plaçant A′ sur B et B′ sur A, ce qui revient à dire qu'une droite limitée est superposable à elle-même après retournement. De même un angle AOB est superposable à lui-même après retournement, le côté OB prenant la place du côté OA et OA celle de OB. On peut déduire de là qu'un angle dièdre est aussi superposable à lui-même après retournement, chaque face prenant la place de l'autre. On voit que ce principe est double en réalité.

10° *Principe des parallèles.* — On admet que par un point pris en dehors d'une ligne droite, on ne peut mener dans le plan de la droite et du plan qu'une seule ligne droite qui ne rencontre pas la première. C'est cette proposition qui est célèbre dans les classes sous le nom de *postulatum d'Euclide.* On a longtemps cherché à le démontrer, c.-à-d. à le déduire des principes précédents. Il est aujourd'hui reconnu que cette recherche est chimérique et que ce principe est indépendant des précédents.

Les explications données dans les énoncés de ces principes contiennent toutes les notions qui ne sont pas susceptibles de définition, et toutes les propositions qui ne sont pas susceptibles de démonstration. À partir de là, toute notion nouvelle introduite dans la g. devra être définie au moyen des notions précédentes et toute proposition énoncée devra être déduite des précédentes par une suite de syllogismes.

À l'exception du dernier, ces dix principes apparaissent comme des vérités incontestables; le dernier semble moins certain, puisqu'il a donné lieu à des tentatives de démonstration qui n'ont jamais été faites pour les autres. On a beaucoup discuté sur l'origine de ces principes dans l'esprit humain. Pendant longtemps, sous l'influence des idées de Descartes relatives à l'*évidence* (Voy. CERTITUDE), on a considéré les propositions fondamentales de la g. comme des vérités aperçues directement par la raison ; on les qualifiait d'*axiomes*, *de vérités évidentes par elles-mêmes*, etc. Kant les a rangée des *jugements synthétiques à priori*. Voy. AXIOME. Au contraire, les philosophes contemporains sont portés à y voir des *propositions expérimentales*. Cette dernière théorie paraît, en effet, plus satisfaisante, quoiqu'il ne faille pourtant l'adopter qu'avec certaines restrictions. Il est très certain que les propositions de la g. ne peuvent pas être purement expérimentales, puisqu'elles s'appliquent à des êtres abstraits qui n'ont jamais impressionné nos sens et qui ne peuvent être objet d'aucune expérience. Il n'existe nulle part, et personne n'a jamais vu ni point, ni ligne, ni surface. Il y a donc, dans les propositions de la g. autre chose qu'un résultat de l'expérience. Il y a l'effet d'un travail actif et spontané de l'esprit, d'une *abstraction* particulière. Si nous n'avons pas vu de solides géométriques, nous avons vu des corps ; nous avons vu ceux-ci se mouvoir, tourner autour d'un axe, se déplacer dans des mouvements plus ou moins compliqués. Les idées de solide géométrique, de surface, de ligne, de point, nous sont venues dans l'esprit par une suite d'abstractions qui nous ont fait dépouiller les corps d'abord de toutes les propriétés autres que l'étendue, puis d'une partie même de cette étendue ; une étoffe, une couche de peinture, dépouillée par la pensée de son épaisseur, a fait naître en nous l'idée d'une surface, un fil celle d'une ligne. Pour raisonner plus facilement nos sensations, nous avons substitué aux corps réels des créations de notre esprit beaucoup plus simples que les corps eux-mêmes, et par cela même plus facilement accessibles à nos spéculations. Les objets géométriques sont donc bien des abstractions, mais ce sont des abstractions qui ont une relation étroite avec les objets qui nous entourent, avec l'expérience courante de tous les jours. Mais, pour raisonner, il nous a fallu doter ces êtres abstraits de certaines propriétés, et nous avons choisi les propriétés à la fois les plus simples et les plus conformes à ce que l'expérience nous enseignait tous les jours. Une file d'objets cachés par un seul d'entre eux nous a montré ce que nous ne pouvions concevoir de la ligne droite autrement que définie par deux de ses points. Une règle, appliquée dans tous les sens sur une table bien dressée, nous a donné l'idée de la propriété fondamentale du plan. Cependant, il y avait encore bien loin de ces aperçus empiriques à un énoncé net et précis des principes fondamentaux de la g. Aussi, nous croyons pouvoir conclure que les principes de la g. sont d'origine expérimentale, mais de nature abstraite. Ils sont construits par l'esprit sur les données de l'expérience. On peut les considérer comme des hypothèses qui nous ont servi à édifier de toutes pièces un monde géométrique idéal fournissant une image plus ou moins fidèle du monde sensible. Au reste, la g. considérée comme une suite de raisonnements abstraits n'a rien de commun avec l'expérience, elle devient parfaitement justiciable de l'expérience dans les applications. Prenons comme exemple le postulatum d'Euclide. On sait qu'on en déduit que la somme des trois angles d'un triangle est égale à 180 degrés. Si l'on trace un triangle sur une planche bien dressée, si une règle bien vérifiée, et qu'on mesure les angles avec un rapporteur, il sera facile de calculer à l'avance, eu égard aux instruments employés, le maximum de l'erreur commise dans cette mesure : supposons qu'il soit de 2°. Si, mesurant la somme des trois angles se trouve comprise entre 178° et 182°, on pourra imputer l'erreur au défaut de précision des mesures ; mais, si la somme se trouvait de 175° ou de 185°, il faudrait bien renoncer au postulatum d'Euclide ou au moins dans les applications. Hâtons-nous de dire que jamais pareil désaccord ne s'est rencontré. Certains géomètres ont voulu savoir ce que deviendrait la g. si l'on refusait d'admettre ce postulatum des parallèles, c.-à-d. si l'on admettait la possibilité de mener par un point plusieurs parallèles à une même droite. Ils sont arrivés ainsi à des conséquences fort curieuses, et leur étude, qui est loin d'être stérile, a reçu le nom de *géométrie non euclidienne*.

III. *Des méthodes et des divisions de la géométrie.* — On peut diviser la g. d'après les objets dont elle s'occupe ; c'est ainsi qu'on distingue la g. *plane* et la g. *dans l'espace* ou à *trois dimensions*, la g. *des coniques*, etc., ou d'après les méthodes qu'elle emploie ; c'est ainsi qu'on a la g. *pure*, la g. *infinitésimale*, la g. *analytique*, la g. *descriptive*.

A. *Géométrie pure.* — On peut dire que la g. n'a pas de méthode qui lui soit propre. Pour découvrir un théorème nou

veau, ou pour résoudre un problème, il faut s'inspirer des propriétés de la figure et découvrir par une suite de déductions plus ou moins habilement conduites, soit des propriétés nouvelles, soit des relations entre les lignes de la figure qui permettent de construire les éléments inconnus à l'aide des éléments connus. Cette absence de méthode générale est précisément ce qui fait, pour ainsi dire, la souplesse de la g., puisque toute liberté est laissée au géomètre pour conduire ses raisonnements comme il l'entend. L'esprit d'invention jouera donc un grand rôle dans ces sortes de recherches, et les démonstrations seront d'autant meilleures qu'elles mettront le plus rapidement en évidence les rapports entre les propriétés déjà connues et les propriétés nouvelles. Cette manière de raisonner en toute liberté présente de tels avantages, que dans l'analyse mathématique on a donné le nom de méthode géométrique à ce procédé qui consiste à s'inspirer immédiatement de toutes les données d'un problème pour arriver pour ainsi dire d'un saut à la solution, au lieu d'analyser toutes ces données et de les traduire en équations pour en déduire ensuite les inconnues par les règles de l'algèbre.

Cependant s'il n'y a pas en g. *une méthode générale et spéciale* à cette science, il y a un grand nombre de *méthodes particulières*, qui s'appliquent chacune à une catégorie de questions plus ou moins étendue. Il nous est impossible de les énumérer toutes. Citons, par ex., la recherche dans une figure de triangles égaux ou de triangles semblables, la méthode des *lieux géométriques* qui s'applique à la détermination d'un point par l'intersection de lignes ou surfaces sur lesquelles il doit se trouver, la méthode des *substitutions successives* qui consiste à remplacer un problème par un autre équivalent, mais plus simple, celui-ci par un autre et ainsi de suite jusqu'à ce qu'on tombe sur un problème connu ou facilement résoluble, la méthode *des limites* ou celle des *ensembles*, qui sert à déterminer les aires des surfaces planes limitées par des lignes courbes, les aires des surfaces courbes, et les volumes limités par des surfaces courbes. Voy. LIMITE. Mais les méthodes les plus fécondes sont celles qui résultent de l'application d'une théorie générale ou des procédés de transformation. Les théories de l'*homothétie*, des *transversales*, des rapports *anharmoniques*, de l'*involution*, etc., s'appliquent à un nombre considérable de questions qu'elles permettent de traiter avec rapidité et élégance. Quant aux procédés de transformation, ils donnent un moyen rapide de déduire les propriétés de la figure transformée de celles d'une figure donnée. Les principales transformations usitées en g. sont la transformation *homothétique* qui donne une figure semblable à la figure donnée, la transformation *homologique* qui, appliquée aux figures planes, équivaut à la perspective d'une figure plane sur un autre plan et qui jouit de cette propriété remarquable que des points en ligne droite se transforment en d'autres points en ligne droite et que des droites concourantes donnent aussi des droites concourantes. La transformation *homographique*, qui n'est que la transformation homologique accompagnée d'un déplacement de la figure transformée, la transformation par *inversion* ou par rayons vecteurs réciproques, qui transforme les cercles en courbes ou en droites, suivant les cas, les droites en cercles ou en droites, et qui possède la propriété très précieuse de *conserver les angles*; enfin, la transformation par *pôles et polaires réciproques*, qui fait correspondre dans le plan, à une droite un point, à un point une droite, et, dans l'espace, un point à un plan et un plan à un point, et qui fournit la démonstration la plus claire de ce qu'on a appelé le principe de *dualité*. (Voy. tous les mots imprimés en italiques.) Une des applications les plus importantes de ces méthodes de transformation est la théorie géométrique des surfaces du second degré, qui dérivent du cercle ou de la sphère par une transformation homographique, de sorte qu'on peut, par le procédé de transformation, déduire des propriétés les plus simples du cercle et de la sphère presque toutes les propriétés de ces lignes et surfaces. Voy. CONIQUE.

B. *Géométrie infinitésimale.* — On donne ce nom aux études géométriques où l'on raisonne par la méthode des limites en considérant des figures infiniment petites. Voy. INFINITÉSIMAL.

C. *Géométrie analytique.* — Il existe encore une manière détournée d'aborder les problèmes de la g. Au lieu de raisonner sur les éléments géométriques eux-mêmes, on peut supposer que ceux-ci ont été mesurés avec des unités convenablement choisies, et traduire les relations géométriques en égalités ou inégalités entre les nombres qui mesurent les divers éléments de la figure. Alors, si des égalités connues entre ces nombres en déduire de nouvelles, on pourra, par cela même, découvrir des propriétés nouvelles ou calculer les valeurs des éléments inconnus.

Les questions relatives aux grandeurs géométriques se trouvent ainsi remplacées par des questions relatives à des nombres, et peuvent être traitées par les méthodes de l'arithmétique ou de l'algèbre. Ce mode détourné de raisonnement constitue l'*application de l'algèbre à la g*. Il donne aux recherches géométriques une telle facilité et une telle puissance qu'il s'est introduit, peut-être à tort, jusque dans l'enseignement élémentaire. Il y a, à cet égard, une différence capitale entre notre manière de présenter les théorèmes de g. et celle que suivaient exclusivement les anciens Grecs. Ceux-ci raisonnaient entièrement sur les éléments géométriques eux-mêmes, tandis que nous supposons presque toujours les éléments mesurés, et que nos théorèmes constituent presque toujours des égalités entre les nombres de mesure. Aussi, ne nous faisons-nous aucun scrupule de parler du *produit de plusieurs lignes*, locution qui, pour les anciens, n'aurait eu aucun sens, tandis que nous entendons par là le produit des nombres qui mesurent les lignes considérées. Par ex., nous énonçons le théorème du triangle rectangle attribué à Pythagore, en disant que : *le carré de l'hypoténuse est égal à la somme des carrés des deux autres côtés*, et nous le représentons par l'égalité :

$$\overline{BC}^2 = \overline{AB}^2 + \overline{AC}^2.$$

Un pareil énoncé eût été pour Pythagore une absurdité. Si cet ancien philosophe est réellement l'auteur de ce théorème, il n'a pu l'énoncer que de l'une ou l'autre des deux manières suivantes :

1° *La somme des carrés de chaque côté de l'angle droit à l'hypoténuse est égale à l'unité*, ce que nous écririons aujourd'hui :

$$\left(\frac{AB}{BC}\right)^2 + \left(\frac{AC}{BC}\right)^2 = 1;$$

ou :

2° *La surface du carré construit sur l'hypoténuse est équivalente à la somme des surfaces des carrés construits sur les deux côtés de l'angle droit.*

Le second énoncé est même plus conforme à l'esprit général des géomètres grecs, qui préféraient toujours des relations entre objets concrets à des relations entre nombres abstraits; cependant, la première rédaction ne leur eût pas répugné, et ils nous ont laissé un grand nombre d'énoncés analogues, le rapport de deux longueurs étant un nombre bien défini et indépendant du choix de toute unité. En définitive les Grecs ne parlent jamais que de rapports, de surfaces et de volume. Ou bien toutes leurs égalités sont réduites en égalités entre rapports, ou bien, là où nous mettons le produit de deux longueurs, ils mettaient le rectangle construit sur ces deux longueurs; là où nous mettons le produit de trois lignes, ils mettaient le volume du parallélépipède construit sur ces trois lignes. Quant aux égalités dont les termes comprennent des produits de plus de trois facteurs, ils ne pouvaient les écrire qu'en y introduisant partout des rapports. La méthode ancienne avait l'avantage de laisser à la g. son caractère propre et d'éviter d'y introduire des spéculations sur les nombres et la notion étrangère d'une unité qui, en définitive, est arbitrairement choisie et n'intervient en rien dans les relations qu'il s'agit d'établir. Mais il faut reconnaître que la méthode moderne abrège les énoncés et les démonstrations, et donne aux raisonnements plus de légèreté et de facilité.

Cependant, l'application de l'algèbre à la g. pouvait paraître assez restreinte et devoir se borner aux questions qui concernent les grandeurs mesurables; il semblait que les questions de forme et de position dussent échapper à cette méthode de recherches. Il était réservé à Descartes de montrer que, même en ce qui concerne ces questions plus générales et plus importantes, toutes les propriétés géométriques pouvaient être traduites en équations et, par suite, étudiées et découvertes par la méthode algébrique. Cette application, si générale de l'algèbre à la g., constitue la *G. analytique*. Descartes n'a pu arriver à ce résultat qu'en trouvant le moyen de déterminer, au moyen de *nombres*, la position d'un point dans l'espace. Nous avons expliqué au mot *Coordonnées* comment il y est parvenu; mais il importe de remarquer que l'invention des coordonnées exigeait l'interprétation géométrique des nombres négatifs. Par exemple, si pour fixer la position d'un point M sur une droite indéfinie XY on se contentait de donner la distance du point M à un point fixe A choisi sur cette droite pour *origine*, cette distance ferait connaître deux points M et M' situés de part

et d'autre de A et à égale distance, et rien ne permettrait de choisir entre ces deux points. Si, au contraire, on considère comme positives les distances portées d'un certain côté de A et comme négatives les distances portées de l'autre côté, il suffira de donner la distance AM *avec son signe*, pour que le point M soit complètement déterminé. C'est encore à Descartes qu'on doit cette idée si simple et si féconde de faire servir le signe + ou — qui s'introduit forcément devant les nombres dans les théories algébriques à déterminer chacun des deux sens dans lesquels on peut porter une longueur à partir d'un point fixe.

Courbes planes. — Dans le plan, la position d'un point est déterminée par *deux* coordonnées qui peuvent, du reste, être choisies suivant divers systèmes. Voy. COORDONNÉES. Mais, quel que soit le système de coordonnées employées, si l'on assujettit ces deux coordonnées à une condition représentée par une équation, on trouvera une infinité de points satisfaisant à cette condition, et l'ensemble de ces points formera une ligne droite ou courbe. Réciproquement, toute courbe définie par une propriété commune à tous ses points pourra être aussi définie par une équation entre les deux coordonnées de chacun de ces points. Voy. COURBE, COORDONNÉES. — Si l'on veut trouver l'intersection de deux courbes, il suffira de chercher le point ou les points dont les coordonnées vérifient les deux équations des deux courbes. Ainsi, *on trouve l'intersection de deux courbes en résolvant le système des équations de ces deux courbes* :

$$f(x, y) = 0 \qquad \varphi(x, y) = 0.$$

Il arrive souvent qu'une courbe est définie comme lieu de l'intersection de deux lignes assujetties à certaines conditions. Par exemple, on peut définir une circonférence comme le lieu de l'intersection de deux droites qui pivotent autour de deux points fixes en restant toujours perpendiculaires l'une sur l'autre. Pour que l'intersection de deux lignes mobiles définisse un lieu géométrique, il faut que chaque position de la première ligne détermine celle de la seconde, ce qui veut dire analytiquement que les équations des deux lignes dépendent d'un certain *paramètre* variable, de telle sorte qu'à chaque valeur du paramètre correspondent des lignes bien déterminées; quand le paramètre change de valeur, les deux lignes se déforment et leur intersection décrit le lieu considéré. Dès lors, pour trouver l'équation du lieu, il suffit de chercher l'ensemble des points dont les coordonnées vérifient les deux équations données pour chaque valeur du paramètre. En d'autres termes, il faut trouver la condition à laquelle il faut assujettir les deux coordonnées x et y, pour que x et y étant supposées connues, les deux équations puissent être vérifiées par une même valeur du paramètre λ. Cette recherche constitue ce qu'on appelle, en algèbre, l'*élimination* du paramètre λ entre les deux équations. Ainsi, *on trouve l'équation du lieu de l'intersection de deux lignes variables, dépendant d'un paramètre variable, en éliminant ce paramètre entre les équations des deux courbes.* — Cette règle si simple est fréquemment appliquée.

On peut aussi définir une courbe plane en exprimant les deux coordonnées de chaque point en fonction d'un paramètre t :

$$x = f(t) \qquad y = \varphi(t).$$

A chaque valeur de t correspond un point de la courbe, et en éliminant t entre les deux équations, on aura l'équation de la courbe.

Courbes dans l'espace. — Une ligne de l'espace est définie par le mouvement d'un point; elle sera donc connue si l'on se donne les valeurs des trois coordonnées du point mobile en fonction d'un paramètre variable t :

$$x = f(t) \qquad y = \varphi(t) \qquad z = \psi(t).$$

A chaque valeur de t correspond un point de la courbe, et si l'on élimine t entre les trois équations, on trouve deux équations qui peuvent aussi servir à définir la courbe. De même, deux équations à trois variables :

$$F(x, y, z) = 0$$
$$\varphi(x, y, z) = 0$$

définissent une courbe parce qu'on peut supposer qu'on les résolve par rapport à x et y, et les trois coordonnées seront exprimées en fonction du paramètre z. Ainsi, une *ligne dans l'espace est représentée par un système de deux équations entre les trois coordonnées*.

En général, deux lignes de l'espace ne se coupent pas. Pour qu'elles se coupent, il faut que les quatre équations de ces deux lignes admettent une solution commune, ce qui est exceptionnel, puisque quatre équations à trois inconnues sont en général incompatibles.

Surfaces. — Une surface étant un lieu de lignes peut être définie par les expressions des trois coordonnées en fonction de deux paramètres variables :

$$x = f(u, v) \qquad y = \varphi(u, v) \qquad z = \psi(u, v).$$

Si l'on donne à v une valeur particulière on a une ligne et si l'on fait varier v, cette ligne se déforme et engendre la surface. — Si on élimine u et v entre ces trois équations, il reste une équation unique :

$$F(x, y, z) = 0,$$

qui définit la surface, et réciproquement, *une équation à trois variables définit une surface*, puisqu'on peut la supposer résolue par rapport à z par exemple, et que alors x, y, z, sont exprimés en fonction de x et y :

$$x = x \qquad y = y \qquad z = \chi(x, y).$$

L'intersection de deux surfaces est le lieu des points dont les coordonnées vérifient leurs deux équations : c'est donc la courbe définie par ces deux équations.

L'intersection de trois surfaces ou d'une ligne et d'une surface est le point ou l'ensemble des points dont les coordonnées vérifient les trois équations. On la trouve en résolvant le système des trois équations.

Tels sont les principes fort simples qui servent de base à la g. analytique.

L'invention de la g. analytique marque dans la science un progrès considérable; elle a ouvert aux sciences mathématiques et physiques un nouveau et vaste champ de découvertes entièrement inconnu des anciens, en permettant d'appliquer à la g., non seulement l'algèbre ordinaire, mais encore l'analyse infinitésimale. C'est ainsi que les propriétés des lignes courbes, de leurs tangentes, de leurs points d'inflexion, de leurs rectifications et de leurs quadratures, sujets que l'ancienne g. ne pouvait aborder que dans quelques cas limités et avec beaucoup de peine, se traitent aujourd'hui avec la plus grande facilité. Sans l'aide de l'algèbre et du calcul infinitésimal, il aurait été impossible d'appliquer la g. à la dynamique, ainsi qu'à la plupart des problèmes de physique mathématique.

D. *Géométrie descriptive.* — Dans les applications, il est impossible de réaliser les figures dans l'espace; lors donc qu'on a dû résoudre les problèmes de g. à trois dimensions qui se rencontrent si souvent dans la taille des pierres et des pièces de charpente, dans la construction des machines, etc., il a fallu imaginer un mode de représentation des figures dans l'espace sur une surface plane, de manière à remplacer par des constructions planes la construction qu'il aurait fallu effectuer dans l'espace. Cette branche de la g. est un art plutôt qu'une science, a reçu de Monge le nom de *géométrie descriptive.*

Le principe de la g. descriptive consiste à représenter la position d'un point dans l'espace au moyen de sa projection sur un plan, et d'une autre donnée qui peut être soit la distance du point considéré au plan de projection, soit la projection du point sur un autre plan, soit toute autre donnée. Il y a bien des systèmes de *projections.* Nous en parlerons avec les détails nécessaires au mot PROJECTION. Ici nous nous contenterons de citer :

1° Le système des *projections orthogonales* dans lequel la projection d'un point de l'espace est le pied de la perpendiculaire abaissée de ce point sur le plan de projection, perpendiculaire qui a reçu le nom de *projetante;*

2° Le système des *projections obliques* ou *cylindriques,* dans lequel on considère des *projetantes* parallèles à une direction donnée, et où la projection d'un point est la trace sur le plan de projection de la projetante qui passe par le point considéré, système qui est appelé quelquefois *perspective cavalière;*

3° Le système des *projections coniques* ou *perspective,* dans lequel les projetantes sont des droites passant par un point fixe appelé *point de vue.* Voy. PERSPECTIVE.

Le système le plus usité en g. descriptive est celui des projections orthogonales. Seulement la projection d'un point sur le plan ne suffit pas à déterminer la position de ce point dans l'espace, puisque ce point peut occuper toute la longueur de sa *projetante.* Pour achever de déterminer la position du point dans l'espace, on peut se donner la distance du point de l'espace au plan de projection, distance qu'on fera précéder du signe + ou du signe — suivant que le point considéré sera d'un côté ou de l'autre du plan de projection, distance qu'on appelle la *cote.* Dans ce mode de représentation, une figure de l'espace sera représentée par sa projection sur un plan qu'on appelle *plan de comparaison,* et à côté de chaque point important de cette projection, on inscrit la *cote* de ce point. On obtient ainsi ce qu'on appelle un *plan coté.*

Mais, le plus souvent, on emploie deux plans de projection rectangulaires, et l'on définit la position d'un point de l'espace par ses projections sur chacun des deux plans de projection. Dans les applications aux constructions, on choisit l'un des plans de projection horizontal, et l'autre vertical, afin d'obtenir les représentations les plus commodes. Ces noms de *plan horizontal* et *plan vertical* ont passé dans la langue théorique pour distinguer les deux plans de projection; mais alors il ne faut y attacher aucune autre signification que celle d'un caractère de distinction : car il est évident que la géométrie ne connaît ni horizontale ni verticale. Dans ce système, de même qu'un point de l'espace est représenté par ses deux projections, de même une ligne droite ou courbe sera représentée et définie par ses deux projections. La projection d'une ligne est le lieu géométrique de ses différents points. — Pour les surfaces, il est impossible d'employer le même mode de représentation. En effet comme la projection des points contigus d'une surface couvre une aire continue sur les deux plans de projection, il n'y a rien pour indiquer qu'un point particulier quelconque sur l'un des plans de projection correspond à tel point plutôt qu'à tel autre sur le second plan, et par conséquent pour indiquer qu'il appartient à tel point plutôt qu'à tel autre dans l'espace; mais si nous concevons la surface à représenter couverte par un système de lignes se succédant les unes aux autres selon une loi déterminée, alors en projetant ces lignes sur chacun des deux plans, et en notant la correspondance des projections entre elles, les projections de tous les différents points de la surface seront les unes par rapport aux autres dans une dépendance évidente et la surface sera rigoureusement et complètement déterminée. Cependant certaines surfaces élémentaires peuvent se représenter d'une façon beaucoup plus simple. Un plan est complètement déterminé par les projections de deux de ses droites. Une sphère est également bien déterminée par les deux projections de son centre et la grandeur de son rayon; un cylindre, par une courbe appelée directrice et la direction des génératrices; un cône par les projections de son sommet et de sa directrice. Souvent aussi, on représente le *contour apparent* de la surface, ou plutôt sa projection. On appelle *contour apparent* d'une surface le lieu géométrique des points de la surface où le plan tangent est perpendiculaire au plan de projection considéré; c'est par conséquent la courbe de contact d'un cylindre circonscrit à la surface et dont les génératrices sont parallèles aux projetantes. Ce nom lui a été donné parce que ce lieu limite sur la surface les parties qui pourraient être vues d'un observateur situé en avant du plan de projection et à une distance infiniment grande. Il y a ainsi deux contours apparents; l'un relatif au plan horizontal, l'autre relatif au plan vertical. Par exemple, le contour apparent d'une sphère est le grand cercle dont le plan est parallèle au plan de projection; celui d'un cylindre ou d'un cône se compose de deux génératrices, etc.

Il y a quelquefois utilité à considérer les intersections d'une ligne ou d'une surface avec les plans de projection; ces intersections se nomment *traces.*

Les deux projections d'une même figure de l'espace constituent deux figures planes différentes qu'on pourrait tracer sur deux feuilles de papier différentes. Il est plus commode de les dessiner sur une même feuille de papier. En effet, on suppose que les projections ayant été tracées sur les deux plans de projection qu'on peut comparer au sol et à un mur, on rabatte le plan vertical sur le plan horizontal en le faisant tourner autour de l'intersection des deux plans, comme si on rabattait le mur en le faisant tourner autour de sa base. Alors, les deux projections se trouvent ramenées sur le même plan, et le dessin formé par l'ensemble des deux projections s'appelle une *épure.* L'intersection des deux plans de projection est appelée *ligne de terre.* Les deux projections d'un même point sont sur une même perpendiculaire à la ligne de terre; c'est pourquoi ces perpendiculaires à la ligne de terre ont reçu le nom de *lignes de rappel.* La distance d'un point de l'espace au plan horizontal s'appelle la *cote* de ce point : on la lit sur la projection verticale, car elle est égale à la distance de la projection verticale à la ligne de terre. De même, la distance d'un point de l'espace au plan vertical s'appelle l'*éloignement* de ce point. On la trouve sur l'épure par la distance de la projection horizontale à la ligne de terre.

Les méthodes employées en descriptive se ramènent presque toujours à déplacer soit la figure, soit les plans de projection, jusqu'à ce qu'un certain plan tracé dans la figure devienne parallèle à l'un des plans de projection, parce qu'alors les figures tracées dans ce plan-là se projetteront en vraie grandeur sur le plan de projection correspondant, de sorte qu'on connaîtra la longueur des lignes et la grandeur des angles, et qu'on pourra effectuer sur l'épure n'importe quelle construction devant être effectuée dans le plan considéré. C'est pourquoi on enseigne dans les traités : 1° la méthode des *rotations* qui consiste à faire tourner la figure autour d'un axe pour l'amener dans une position plus avantageuse par rapport aux plans de projection, et pour laquelle on se borne en général à considérer un axe perpendiculaire à l'un des plans de projection; 2° la méthode des *rabattements* qui consiste à faire tourner un plan autour d'une droite tracée dans ce plan parallèlement à l'un des plans de projection, jusqu'à ce qu'il devienne lui-même parallèle à ce plan de projection; 3° la méthode des changements de plans, dans laquelle on change d'abord l'un des plans de projection, puis l'autre.

Les tailleurs de pierre et les charpentiers ont à résoudre des problèmes de g. descriptive quelquefois assez difficiles : ils font leurs épures en grandeur naturelle sur une grande aire plane, où ils dessinent avec de la craie ou de la sanguine. En général, ils emploient un plan de projection horizontal et un grand nombre de plans verticaux qu'ils rabattent tous sur le même plan horizontal. Voy. STÉRÉOTOMIE.

E. *Géométrie de position*. — Leibniz a donné ce nom (*geometria situs*) à une branche de la g. qui a pour objet l'étude des propriétés des diverses dispositions que peut prendre une figure, abstraction faite des formes précises des lignes qui composent cette figure. Par ex., un point peut occuper sept positions par rapport à un triangle, suivant qu'il est à l'intérieur du triangle, dans l'un des angles formés par les prolongements des deux côtés au delà du sommet où ils se coupent, en dehors du triangle et dans l'un des angles même du triangle. C'est là de la g. de position, parce que ces conclusions sont indépendantes de la forme du triangle et qu'elles s'appliqueraient encore même si les côtés n'étaient pas exactement droits, pourvu que leurs prolongements n'aillent pas se couper en dehors du triangle. — *Il est impossible de tracer d'un mouvement continu, et sans repasser deux fois sur la même ligne, le contour d'un quadrilatère et ses deux diagonales* est encore une proposition de g. de position, parce que la proposition reste vraie si les côtés du quadrilatère sont courbes. Un problème célèbre de même nature dû à Euler est celui des *ponts de Kœnigsberg*. Il y a dans cette ville 7 ponts dont on donne la disposition, et l'on demande le chemin qu'il faut suivre pour passer une fois et une seule fois sur chacun de ces ponts.

L'étude des nœuds qu'on peut faire avec une corde à deux bouts, avec deux cordes, avec une corde sans fin rentre dans la même catégorie. Il en est de même des problèmes relatifs au déplacement du cavalier sur un échiquier. Le tissage des étoffes au moyen du métier Jacquard présente des problèmes de même nature. Ces études de g. de position sont très différentes de la g. ordinaire où l'on n'étudie que des figures parfaitement définies. La grande différence réside dans l'*absence de continuité*. On peut dire que les circonstances du problème restent les mêmes tant qu'un point se déplace sans traverser une certaine ligne, et changent brusquement quand le point traverse cette ligne. Il y a donc, entre la g. de position et la g. ordinaire, la même différence qu'entre la théorie des nombres entiers et celle des grandeurs continues qu'on étudie en algèbre. De là aussi vient l'extrême difficulté de ces sortes de questions. A l'heure actuelle, on n'en possède aucune théorie générale, et l'on n'a pu résoudre qu'un certain nombre de problèmes restreints, chacun par une méthode particulière.

III. *Histoire de la géométrie*. — Une tradition vraisemblablement fabuleuse, qui avait cours la Grèce et à Rome, attribuait l'invention de la g. aux Égyptiens, chez qui elle serait née de la nécessité de retrouver l'étendue primitive de leurs terres après les inondations du Nil. Suivant la même tradition, cette science aurait été importée en Grèce par Thalès, ou peut-être veut-on dire sans doute que Thalès (né vers 600 ans av. J.-C.) fut le premier qui considéra d'une manière abstraite les vérités géométriques. On attribue à Pythagore (né vers 590 av. notre ère) le célèbre théorème du carré de l'hypoténuse. Anaxagore de Clazomène (vers l'an 460) composa un traité sur la quadrature du cercle. Platon cultiva lui-même la science avec succès, ainsi que le prouve la solution si simple et si élégante qu'il a donnée de la duplication du cube (vers l'an 400). Environ un siècle plus tard, Euclide qui enseignait à Alexandrie, réunit les propositions qui avaient été découvertes par ses prédécesseurs, et en composa son célèbre ouvrage des *Éléments*, qui est resté classique jusqu'à la fin du siècle dernier. Les *Éléments* se composent de quinze livres, dont les treize premiers ont été écrits par Euclide lui-même, et les deux derniers paraissent avoir été ajoutés par Hypsiclès d'Alexandrie. Apollonius de Perge (250 ans environ av. J.-C.) écrivit un traité en huit livres sur les sections coniques : c'est lui, dit-on, qui le premier appliqua à ces courbes les noms de parabole, d'ellipse et d'hyperbole, sous lesquels on les a toujours désignées depuis. Vers la même époque florissait Archimède, l'un des plus illustres savants de l'antiquité et même de tous les temps, qui se distingua comme géomètre, par la belle découverte des rapports qui existent entre la sphère et le cylindre, par son livre sur les *Conoïdes* et les *Sphéroïdes*, par sa découverte de la quadrature rigoureuse de la parabole, et par son approximation du rapport du diamètre à la circonférence. Parmi les hommes illustres qui, après Apollonius et Archimède, agrandirent le domaine de la science, nous mentionnerons Eudoxe, Archytas, Ératosthène, Aristarque, Dinostrate et Nicomède. — Après la chute de l'empire romain, la g. eut le sort des autres sciences, et tomba dans l'oubli. A l'époque de la Renaissance, les savants, pendant un siècle entier, se livrèrent si exclusivement au soin de traduire et de commenter les ouvrages des anciens, qu'il est presque impossible de citer un véritable progrès jusqu'à Descartes. C'est en 1637 que parut la *Géométrie* de l'illustre philosophe, et quarante ans après, le calcul différentiel, découvert simultanément par Leibniz, Newton et Fermat, « portait la science, dit Montferrier, à son plus haut degré de perfection, en la faisant définitivement passer des considérations particulières aux considérations générales ou universelles. — Cependant, continue le savant mathématicien, tandis que Descartes, par l'*application de l'algèbre à la géométrie*, fondait une des branches les plus élevées de la g. générale, d'autres mathématiciens s'y frayaient des routes nouvelles. Cavalieri, par sa *méthode des indivisibles*, Format et Barrow, par leur *méthode des tangentes*, préparaient les découvertes de Newton, en même temps que Desargues et Pascal, par leurs considérations sur les propriétés des projections et des transversales, jetaient en même temps les germes de la *géométrie projective*, devenue si féconde plus tard, et de la *géométrie descriptive*, de cette g. qui doit à Monge son entier développement ».

Pendant la période suivante, les études de g. pure sont négligées pour les applications si fécondes et si faciles du calcul infinitésimal. Avec Monge, le goût de la g. reparaît sur la scène scientifique. Au commencement du XIX° siècle, Poncelet écrit son beau traité des *Propriétés projectives des figures* qui, par la considération des rapports anharmoniques, complète la méthode nouvelle inaugurée par Desargues, méthode d'une fécondité admirable, presque capable de rivaliser avec celle des procédés algébriques. Avec Chasles et sa *Géométrie supérieure*, les questions entamées par Poncelet reçoivent une lumière nouvelle : le principe de dualité est mis en évidence, et les progrès se poursuivent jusqu'à nos jours par une suite brillante de découvertes.

Bibliogr. — Parmi les nombreux traités de g. contemporains, nous nous contenterons de citer celui de ROUCHÉ et de COMBEROUSSE qui contient le résumé très complet de toutes les théories classiques. Les traités de g. analytique sont aussi très nombreux : citons ceux de BRIOT et BOUQUET, et de PRUVOST, comme les plus complets et les plus répandus; parmi les ouvrages d'un caractère plus élevé : CHASLES, *Traité de géométrie supérieure*; CHASLES, *Aperçu historique sur l'origine et le développement des méthodes en géométrie*; MANNHEIM, *Principes et Développements de la Géométrie cinématique*; DARBOUX, *Leçons sur la théorie générale des surfaces et les applications géométriques du calcul infinitésimal*.

GÉOMÉTRIQUE. adj. 2 g. [Pr. *jé-ométri-ke*]. Qui appartient à la géométrie. *Méthode, démonstration g.* ‖ Figur., *Esprit g.*, Esprit qui est propre à la géométrie, ou qui est juste, méthodique, et qui procède géométriquement. On dit aussi, *Exactitude g. Rigueur g.*

GÉOMÉTRIQUEMENT. adv. [Pr. *jé-ométri-ke-man*]. D'une manière géométrique, d'une manière exacte et rigoureuse. *Cela est g. démontré. Procéder g.*

GÉOMÉTRISER. v. n. (Pr. *jé-ométri-zer*]. Procéder sui-

vant les vues géométriques. = GÉOMÉTRISER. v. a. Donner le
caractère géométrique. = SE GÉOMÉTRISER, v. pron. Prendre
le caractère géométrique.

GÉOMYDÉS. s. m. pl. (R. *géomys*). T. Mamm. Famille de
Rongeurs. Voy. GÉOMYS.

GÉOMYRICINE. s. f. T. Chim. Voy. GÉOCÉRINE.

GÉOMYS. s. m. [Pr. *jé-o-mis*] (gr. γῆ, terre; μῦς, rat).
T. Mamm. Genre de *Mammifères rongeurs* qui a donné son

nom à la famille des *Géomydés;* ce sont des animaux fouisseurs qui se creusent de longues galeries pour aller trouver les
racines dont ils se nourrissent; ils ont des abajoues extérieures,
des oreilles et des yeux peu visibles: une espèce même est
complètement aveugle. Ils habitent principalement l'Amérique
du Nord. Le *Géomys à poches* (*G. bursarius*) est de la taille
d'un rat, avec un pelage gris roussâtre, et une queue de moitié
plus courte que le corps. Les *Diplostomes* (Fig. ci-dessus 13, *D.
bulbivore*) ressemblent presque en tout aux Géomys.

GÉONOMIE. s. f. [Pr. *jé-o-nomi*] (gr. γῆ, terre; νόμος,
règle). Science qui étudie la Terre considérée comme planète;
branche de l'Astronomie, surtout en Allemagne. || T. Didact.
Étude des propriétés de la terre végétale.

GÉOPHAGE. adj. [Pr. *jé-o-fa-je*] (gr. γῆ, terre; φαγεῖν,
manger). Qui mange de la terre.

GÉOPHAGIE. s. f. [Pr. *jé-o-fa-jie*] (R. *géophage*). Habitude de manger de la terre.

GÉOPHILE. s. m. [Pr. *jé-o-file*] (gr. γῆ, terre; φίλος, qui
aime). T. Entom. Genre de *Myriapodes* appartenant à l'ordre
des *Chilopodes*. Voy. MYRIAPODES.

GÉOPITHÈQUE. s. m. [Pr. *jé-o-pitè-ke*] (gr. γῆ, terre;
πίθηξ, singe). T. Mamm. Geoffroy Saint-Hilaire a donné ce

Fig. 1.

nom à des Singes du nouveau continent qui vivent ordinairement à terre, dans les broussailles et dans les crevasses des
rochers; ce sont les *Sagouins* de Buffon.

Leur queue, non prenante, ne leur permet pas de se ba-

lancer sur les arbres et de sauter de branche en branche.
Néanmoins ils peuvent courir sur les arbres en employant
l'action de leurs mains. Leur tête est arrondie; ils semblent
pourvus d'un ample dose d'intelligence, et ils ont un angle
facial de 60 degrés. Leurs narines sont larges et ouvertes sur
le côté. Leurs yeux sont organisés pour la vision nocturne;
aussi, le jour, restent-ils tapis dans l'endroit qu'ils habitent;
c'est seulement quand arrive le soir qu'ils reprennent toute
leur assurance. Leurs dents, au nombre de 36, présentent six
molaires. Ils sont insectivores et frugivores. Toutes les espèces
qui appartiennent à cette tribu habitent exclusivement les
forêts de l'Amérique équatoriale. On peut répartir les G. en
cinq groupes: les *Saïmiris*, les *Callitriches*, les *Nyctipithèques*, les *Sakis* et les *Brachyures*.

I. — Les *Saïmiris* font la transition des Sajous aux
Sagouins. Si les Saïmiris n'ont pas la queue prenante
des premiers, ils ne l'ont pas complètement lâche
comme les seconds; ils peuvent encore s'en servir et
en entourer un objet sans le serrer. Ils diffèrent des
uns et des autres par leur crâne, qui, aplati en
dessus est considérablement développé à sa partie
postérieure, ainsi que par la couleur de leur pelage,
lequel est très sombre dans les Sajous et les Sagouins,
très brillant, au contraire, et agréablement coloré dans
les Saïmiris. Nous citerons comme type de ce genre le
S. écureuil (*Saïmiri sciureus*) [Fig. 1], qui est
encore connu sous le nom de *Sapajou aurore*, de
Singe écureuil, et de *Titi de l'Orénoque*. Son
pelage gris olivâtre est composé de poils fins et doux; sa face
est aplatie et son museau est noir. C'est un charmant petit
animal dont la physionomie a la mobilité et l'innocence de celle
d'un enfant. Il ressent vivement le chagrin et le témoigne en
pleurant. Son cri est un sifflement doux et aigu. Il ne dépasse pas la taille d'un Écureuil, dont il a la vivacité et l'air
éveillé. Il montre une rare sagacité pour attraper les Insectes
et surtout les Araignées, dont il est très friand. Il a l'esprit
de sociabilité, et les Saïmiris vivent entre eux en parfaite
intelligence. Les jeunes n'abandonnent jamais le corps de leurs
mères, lors même qu'elles sont tuées; c'est pour cette raison
que les Indiens s'en procurent facilement.

II. — Le genre *Callitriche* se distingue du précédent par
son pelage plus long et plus foncé, par sa tête un peu allongée, et par les doigts des mains postérieures qui ont un repli

Fig. 2.

membraneux à leur base. Ces animaux sont insectivores et
frugivores, comme les Saïmiris, et l'on est porté à croire
qu'ils ne sortent de leur retraite qu'à la fin du jour. Le *Call.
Moloch* (*Callithrix Moloch*) [Fig. 2] a le pelage cendré, sauf
le dessous du corps qui est d'un fauve roussâtre assez vif. Il
a la face nue, brunâtre, le menton garni de poils assez rudes,
les mains et l'extrémité de la queue d'un gris presque blanc.

III. — Les *Nyctipithèques*, ou *Singes de nuit*, ont la tête
large et ronde, le museau court et obtus; des yeux nocturnes
très grands, semblables à ceux d'un hibou, sans éclat, et presque mourants pendant le jour: les narines séparées par une
cloison très mince et ouvertes à la fois sur les côtés et en bas;

les oreilles très petites, la queue longue et couverte de poils
lâches. Ces singes dorment le jour, retirés dans un trou
d'arbre pour éviter la lumière qui les incommode. Ils sont
monogames, se nourrissent de fruits doux, tels que ceux du
bananier; néanmoins ils se plaisent à chasser les Insectes.
Leur voix est d'une force extraordinaire relativement à leur
petite taille; leur cri, pendant la nuit, ressemble à celui du
Jaguar. Quand ils sont irrités, leur gorge se gonfle, et ils ressemblent assez, par le roulement qu'ils font entendre et la
position de leur corps, à un Chat attaqué par un Chien. Le

Fig. 3.

Nyct. douroucouli (Nyctipithecus trivirgatus) [Fig. 3] a le
pelage cendré en dessus, jaune roussâtre en dessous, avec
trois raies noires et divergentes sur le front, d'où son nom
spécifique. Il habite les forêts des bords du Cassiquiare et du
haut Orénoque.

IV. — Les *Sakis*, appelés aussi *Singes à queue de renard*,

Fig. 4.

ont la tête arrondie, le museau court, les incisives supérieures
proclives, les ongles courts et recourbés, et la queue médiocre,
mais garnie de longs poils touffus. Ce sont des Singes en quelque sorte crépusculaires, car ils ne quittent leur retraite que
quelques instants avant le coucher du soleil. Tristes et peu-
reux, la moindre chose les inquiète et les effraie. Ils habitent
les bois bas et les broussailles, réunis en troupe de sept ou
huit individus, et se nourrissent de fruits et de mouches à

miel. La femelle ne fait qu'un seul petit, qu'elle aime tendre-
ment. Moins lestes et moins grimpeurs que les Sapajous, ils
sont souvent dépouillés de leur nourriture par ceux-ci, qui les
guettent et les battent à outrance. Nous citerons comme type
de ce genre le *Saki noir (Pithecia nigra)* [Fig. 4], ainsi
appelé de son pelage noir brun. Il a la face une et violacée.

V. — Le genre *Brachyure* ne diffère du précédent que par la
brièveté de sa queue, laquelle, en outre, est en forme de pinceau. On a établi deux sections dans ce genre, l'une pour les
espèces à queue moyenne, à barbe épaisse et à tête couverte
de poils abondants et formant calotte; l'autre, pour ceux qui

Fig. 5.

ont la queue très courte, la barbe nulle ou presque nulle, et
la tête rase ou chauve. — Ces singes habitent les profondeurs
des forêts. Leur naturel est en général farouche : loin de fuir
quand on les attaque, ils se dressent sur leurs pieds de derrière, grincent des dents, se frottent la barbe et s'élancent
sur leur ennemi. Quand ils veulent boire, ils puisent l'eau
dans le creux de leur main, et en prenant les plus grandes
précautions pour ne pas se mouiller. Le *Brach. capucin
(Brach. chiropotes)* [Fig. 5], qui appartient à la première
section, a le pelage roux marron, avec une barbe large et
épaisse. Ses noms spécifiques de *capucin* et de *chiropote*
(qui boit avec la main) lui viennent du développement de sa
barbe et de l'habitude qu'il a de boire avec la main pour ne
pas mouiller cet ornement de son visage.

GÉOPONIE. s. f. [Pr. *jé-o-...*] (gr. γῆ, terre; πόνος, travail). T. Didact. Travail, culture de la terre.

GÉOPONIQUES. s. m. pl. [Pr. *jé-o-...*] (R. *géoponie*).
Titre d'un recueil célèbre d'ouvrages sur l'agriculture formé
au XIVᵉ siècle par Cassianus Bassus. *L'édition princeps des*
Géoponiques est de 1539.

GÉORAMA. s. m. [Pr. *jé-o-rama*] (gr. γῆ, terre; ὅραμα,
vision). — On désigne sous ce nom un genre de spectacle qui
a été imaginé pour faciliter et en même temps pour popula-
riser la connaissance de la géographie. Au lieu de montrer la
terre étalée sur une surface plane, comme la présentent les
cartes, ou sur une surface convexe comme on la voit sur les
globes, le spectateur est introduit dans l'intérieur d'une vaste
sphère creuse sur les parois de laquelle se déroulent, tout en
conservant leurs formes rigoureuses, non seulement l'ensemble,
mais encore les moindres détails de notre planète. Nous avons
eu deux géoramas à Paris, l'un en 1823, l'autre en 1844.
L'idée de représenter les détails géographiques sur une surface
concave, alors que la surface de la terre est en réalité con-
vexe est très contestable. Il est préférable de construire un
globe terrestre de grandes dimensions, comme cela a été fait
à l'exposition universelle de 1889, en y joignant un système
d'escaliers permettant aux visiteurs de s'approcher de toutes
les parties de la surface.

On a aussi appliqué le nom de g. à une sorte de carte en

relief du globe terrestre exécutée en plein air sur une grande étendue de terrain. Des représentations de ce genre ont été établies, vers 1870, à Paris, près du parc de Montsouris.

GÉORÉTIQUE. adj. 2 g. T. Chim. Voy. GÉOCÉTINE.

GEORGE (SAINT), soldat cappadocien qui lutta, dit-on, contre un dragon en Libye, souffrit le martyre sous Dioclétien et fut décapité près Nicomédie, en 303. Il est devenu le patron de l'Angleterre, depuis le concile d'Oxford de 1222. Fête le 23 avril.

GEORGE, nom de quatre rois d'Angleterre. — GEORGE Ier, électeur de Hanovre, fut appelé au trône après la mort de la reine Anne, comme arrière-petit-fils de Jacques Ier Stuart (1714-1727); il s'unit avec la France, la Hollande et l'Autriche contre l'Espagne. || Son fils, GEORGE II (1727-1760), prit parti dans la guerre de la Succession d'Autriche, pour Marie-Thérèse. Vainqueur à Dettingen (1743), battu à Fontenoy (1745), il triompha du prétendant Charles-Édouard Stuart à Culloden (1746). || GEORGE III, son petit-fils (1760-1820), a perdu les colonies anglaises d'Amérique, a acquis presque tout l'Hindoustan, et sous l'inspiration du second Pitt, son ministre, a été l'adversaire constant de la Révolution française et de l'Empire; il est mort atteint de folie. || GEORGE IV, prince régent pendant la maladie de son père (1811), puis roi (1820-1830), a laissé ses ministres gouverner sous son nom.

GEORGE (Ordre de SAINT-), ordre militaire de Russie, institué par Catherine II, en 1769.

GEORGETOWN. v. des États-Unis d'Amérique, du District de Columbia; 14,000 hab.

GEORGETOWN ou DEMERARA, cap. de la Guyane anglaise; 36,000 hab.

GÉORGIE (Détroit de), séparant Vancouver de la Colombie britannique.

GÉORGIE, l'un des États-Unis d'Amérique (S.-E.); cap. *Atlanta;* 1,837,500 hab.

GÉORGIE, pays de la Transcaucasie russe, entre le Caucase et l'Arménie; cap. *Tiflis,* 859,800 hab.

GÉORGIEN, IENNE. adj. et s. m. et f. Qui est de la Géorgie; habitant de la Géorgie.

GÉORGIQUES. s. f. pl. [Pr. jé-o-...] (gr. γῆ, terre; ἔργον, travail). Titre du poème de Virgile sur l'agriculture, et qui a été donné depuis à d'autres poèmes sur le même sujet. *Les Géorgiques de Virgile. Les Géorgiques françaises.*

GÉOSAURE. s. m. [Pr. jé-o-sôre] (gr. γῆ, terre; σαῦρα, lézard). T. Paléont. zool. Genre de reptiles fossiles voisins des crocodiles, trouvé dans les terrains liasiques d'Allemagne.

GÉOSCOPIE. s. f. [Pr. jé-o-...] (gr. γῆ, terre; σκοπέω, j'examine). Syn. de *Géomancie.*

GÉOSPHÉRIQUE. adj. 2 g. [Pr. jé-os-féri-ke] (gr. γῆ, terre; σφαιρικὸς, sphérique). Qui a rapport à la sphère de la terre, qui la représente.

GÉOSTATIQUE. s. f. [Pr. jé-o-...] (gr. γῆ, terre, et *statique*). La statique, l'équilibre du globe terrestre.

GÉOTHERMIE. s. f. [Pr. jé-o-...] (gr. γῆ, terre; θερμὸς, chaud). Chaleur de la terre.

GÉOTHERMIQUE. adj. 2 g. [Pr. jé-o-...]. Qui a rapport à la chaleur de la terre.

GÉOTROPISME. s. m. [Pr. jé-o-...] (gr. γῆ, terre; τρέπω, je tourne). T. Bot. Tendance naturelle des diverses parties d'une plante à s'orienter sous l'action de la terre.

GÉOTRUPE. [s. m. [Pr. jé-o-...] (gr. γῆ, terre; τρυπάω, je perce). T. Entom. Genre de *Coléoptères* appartenant à la famille des *Scarabéides.* Voy. ce mot.

GÉPHYRIENS. s. m. pl. [Pr. jé-fi-ri-ins] (gr. γέφυρα, pont). T. Zool. Classe de vers marins.

Les Géphyriens se distinguent des Annélides, parmi lesquels on les a souvent classés, par l'absence de toute segmentation du corps, au moins chez l'animal adulte. Leur corps arrondi est ovoïde ou allongé et se termine, en avant, par une sorte de trompe plus ou moins distincte; il est creusé d'une cavité générale dans laquelle flottent librement le tube digestif et les organes sexuels. L'appareil digestif comprend un long canal qui décrit généralement un grand nombre de circonvolutions autour de l'appareil génital; en avant existe une sorte de trompe qui acquiert, dans quelques genres, des dimensions considérables; en arrière, se voient deux sacs néphridiens qui débouchent dans l'intérieur du rectum. Ces deux poches glandulaires ont été considérées aussi comme des sortes de branchies, mais il est plus probable que ce sont des organes d'excrétion et que la respiration se fait uniquement par la peau. L'appareil circulatoire est également très rudimentaire; il consiste essentiellement en deux vaisseaux longitudinaux qui viennent se jeter dans une sorte de cœur péri-œsophagien. Le système nerveux est construit sur le type de celui des Annélides, seulement le collier œsophagien, au lieu de former un anneau complet autour de l'œsophage, se prolonge en deux gros nerfs qui vont se distribuer dans les téguments de la trompe.

Les sexes sont séparés chez les Géphyriens, et il existe même chez certaines espèces un dimorphisme sexuel très prononcé. Ainsi, dans le genre *Bonellie,* le mâle vit en parasite dans l'utérus de la femelle; il a forme d'un petit sac cilié à sa surface et n'est guère constitué que par une vésicule pleine de spermatozoïdes. Chez la femelle, il n'y a pas d'ovaires distincts; les œufs se développent sur les parois de la cavité générale dans laquelle ils tombent lorsqu'ils sont arrivés à maturité. Ils sont alors recueillis par un long canal appelé utérus, qui présente, à sa partie supérieure, un petit orifice cilié, en forme de pavillon. La larve qui sort de l'œuf se présente sous la forme d'une sphère entourée de deux couronnes de cils vibratiles et présentant, sur deux taches oculaires; c'est donc une véritable trochosphère. Peu à peu, cette larve s'allonge, tandis que les cils disparaissent, et les yeux se trouvent portés à l'extrémité d'une sorte de trompe qui ne doit être considérée, par conséquent, que comme l'allongement de la tête.

Les Géphyriens ont été divisés en deux ordres d'après la présence ou l'absence de crochets chitineux précédant l'orifice génital : les *G. armés* et les *G. inermes.*

Parmi les premiers, nous parlerons seulement des genres *Échiure* et *Bonellie* que l'on trouve sur nos côtes. L'*Échiure de Pallas* (*Echiurus Pallasii*), qui est très commune dans la mer du Nord, a le corps cylindrique et très transparent lorsque l'animal est vivant. Elle vit dans le sable, où les pêcheurs vont la chercher pour s'en servir comme amorce. — La *Bonellie verte* (*Bonellia viridis*) se trouve sur les rivages de la Méditerranée, principalement en Corse, logée sous les pierres; son corps, qui est d'un beau vert d'émeraude, se termine, en avant, par une longue trompe bifurquée. Lorsqu'on la saisit, elle sécrète une liqueur verte, tachant le doigt, qui a été considérée par certains auteurs comme analogue à la chlorophylle.

Les *Géphyriens inermes* n'offrent guère, comme genre intéressant notre pays, que le genre *Siponcle* (*Sipunculus*). Les Siponcles (Fig. ci-contre) sont des animaux dont le corps offre une forme cylindrique et présente un tégument coriace. Le col, ou la partie antérieure du corps, qui est plus mince, peut s'allonger ou se rétracter au gré de l'animal. Il est en outre terminé par une bouche orbiculaire qui laisse sortir une sorte de trompe entourée de papilles. L'anus est situé latéralement vers l'extrémité antérieure de la portion la plus renflée du corps. L'intestin va depuis la bouche, presque en ligne droite, jusqu'à l'extrémité opposée du corps, puis il revient, en décrivant des circonvolutions, se terminer à l'anus. Ces animaux vivent sur les côtes, dans le sable vaseux de la mer, et paraissent ne se nourrir que de vase mêlée de détritus organiques. Nous citerons, comme exemple, le *Siponcle géant* (*S. gigas*), que l'on trouve en Bretagne; son corps, long de 30 à 35 centimètres, et large de 2 centimètres, est subcylindrique et orné de plis en arrière.

GÉPIDES, peuple de la famille des Goths, qui, venu des

sources de la Vistule, s'établit sur la Theiss, et fut exterminé par les Lombards et les Avares, de 548 à 567.

GEPPERT, philologue allemand, né à Stettin (1811-1881).

GER (Pic du), pic des Pyrénées, situé au sud des Eaux-Bonnes (Basses-Pyrénées) ; 2,613 mèt. d'altitude.

GERA, v. d'Allemagne (principauté de Reuss) ; 34,100 hab.

GÉRAINE. s. f. Nom vulgaire du Géranium.

GÉRANCE. s. f. Fonctions de gérant.

GÉRANDO (Baron de), homme d'État, philosophe et jurisconsulte français (1772-1842), fut un des propagateurs de l'enseignement mutuel.

GÉRANIACÉES. s. f. pl. (R. géranium). T. Bot. Famille de végétaux Dicotylédones de l'ordre des Diplostémones supérovariées.

Caract. bot. : Herbes annuelles ou vivaces, parfois grim-

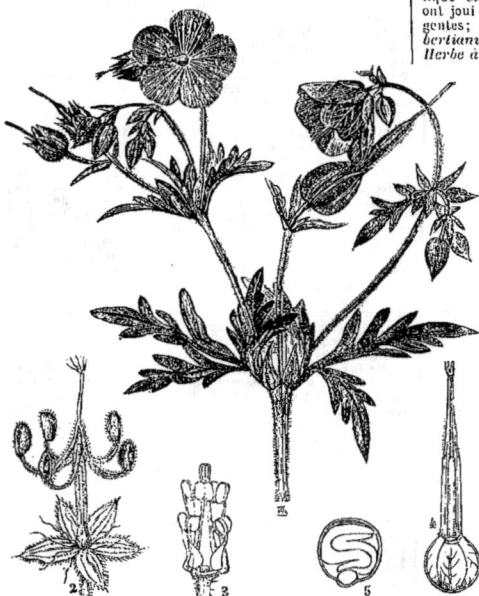

Fig. 1.

Fig. 2.

pantes (Capucine), à rhizome quelquefois tuberculeux (Oxalis); quelquefois des arbrisseaux (Pélargonium); rarement des arbres (Carambolier). Feuilles tantôt alternes, tantôt opposées, simples ou composées (Oxalis), souvent stipulées, à limbe découpé, rarement entier. Fleurs pentamères, hermaphrodites, ordinairement régulières, parfois zygomorphes (Capucine, etc.), solitaires ou en cymes disposées en ombelles. Sépales 5, quelquefois 3, égaux ou dont un se prolonge en éperon (Capucine), parfois pétaloïdes (Capucine, Impatiens). Pétales 5, égaux ou inégaux (Pélargonium, etc.). Parfois 5 nectaires sur le réceptacle, entre la corolle et l'androcée. Étamines typiquement 10, parfois seulement 7 (Pélargonium), ou 5 (Erodium, Carambolier); ailleurs, au contraire, 15 (Monsonia); filets libres ou monadelphes (Oxalis, Géranium, etc.). Pistil formé de 5 carpelles, concrescents en un ovaire à 5 loges avec ovules anatropes, soit nombreux (Oxalis), soit 2 (Géra-

nium, etc.), soit 1 seul (Capucine). Parfois, il n'y a que 3 carpelles (Capucine, Viviania). Styles indépendants ou soudés en un faisceau terminé par 5 branches. Le fruit est une capsule loculicide (Oxalis), s'ouvrant parfois avec élasticité (Impatiens), ou une capsule septifrage à 5 valves soulevées par autant de lanières qui se recourbent vers le haut (Géranium) ou s'enroulent en spirale (Erodium) ; tantôt c'est un polyakène (Coriaire, Capucine), tantôt une baie (Carambolier) ou une drupe (Hydrocera). Graine renfermant un embryon droit à cotylédons plans ou courbe à cotylédons plissés ; tantôt un albumen charnu, tantôt pas d'albumen.

Cette famille comprend 21 genres et environ 750 espèces répandues dans toutes les régions tempérées et subtropicales, très nombreuses surtout dans l'Afrique australe. On la divise en 5 tribus :

Tribu I. — Géraniées. — Capsule septifrage ; deux ovules (Géranium, Erodium, Pélargonium, Monsonia, etc.). — [Fig. 1. — 1. Geranium pratense; 2. Fruit dont les cinq coques se sont détachées de l'axe. — 3. Ger. Robertianum: Étamines; 4. Ovaire; 5. Coupe de la graine.]

Les diverses espèces de la tribu sont caractérisées par la présence d'un principe astringent, et par leur saveur aromatique et résineuse. Plusieurs espèces du genre Géranium ont joui autrefois d'une certaine réputation comme astringentes; on n'emploie plus guère aujourd'hui que le G. Robertianum connu sous les noms vulgaires de Bec-de-grue, Herbe à Robert, etc.; on en prépare, dans les campagnes,

un gargarisme contre les maux de gorge Le rhizome du Geranium maculatum qui constitue l'Alum root des Américains, est prescrit, à l'intérieur, contre la dysenterie, les hémorragies, la leucorrhée, et à l'extérieur, sous forme de teinture contre les ulcérations de la bouche et de la gorge. Les feuilles de l'Erodium moschatum servent à préparer des infusions stimulantes et digestives. En Égypte, on mange les tubercules de l'E. histum. Le genre Pélargonium renferme environ 150 espèces, dont plusieurs sont cultivées comme plantes ornementales; le public les désigne presque toujours sous le nom de Géraniums. Un certain nombre d'espèces sont cultivées pour l'extraction de l'huile essentielle. En Algérie, on cultive, en plein champ, les P. odoratissimum, roseum et capitatum; l'essence qu'on en retire est connue dans le commerce sous le nom d'essence de roses d'Algérie. Le Monsonia ovata est préconisé au Cap comme astringent.

Les tiges résineuses du *M. Burmanni* sont employées à fabriquer des torches.

Tribu II. — *Tropéolées.* — Polyakène; un ovule pendant, épinaste (*Biebersteinia, Tropæolum, Chymocarpus*). — [Fig. 2. — 1. *Tropæolum pentaphyllum;* 2. Coupe longitudinale de la fleur. — 3. Ovaire de *Tropæolum majus;* 4. Coupe verticale d'un carpelle montrant la position de l'ovule; 5. Coupe verticale d'une graine.]

Le fruit charnu de la *Capucine cultivée* (*Tropæolum majus* et *T. minus*) est âcre et possède les propriétés du *Cresson alénois;* aussi appelle-t-on quelquefois cette plante *Cresson de l'Inde* ou *Cresson du Pérou.* Ses feuilles sont légèrement excitantes et se mangent en salade. On fait confire dans du vinaigre les boutons à fleur et les fruits, et on s'en sert en guise de condiment comme les Câpres. Au Pérou, on mange la racine de la *Cap. tubéreuse* (*Tr. tuberosum*). Au Brésil, on emploie le *T. pentaphyllum* comme antiscorbutique.

Tribu III. — *Limnanthées.* — Polyakène; un ovule ascendant ou pendant, épinaste (*Limnanthes, Coriaria,* etc.). — [Fig. 3. — 1. *Coriaria nepalensis.* — 2. *Cor. myrtifolia:* Fleur sans son calice; 3. Pistil; 4. Coupe verticale du même.]

et étamines; 3. Pistil; 4. Coupe verticale d'un carpelle; 5. Fruit; 6. Coupe horizontale du même; 7. Coupe verticale d'une graine. — Fig. 5. — 1. *Vivlania crenata;* 2. Étamines et ovaire; 3. Coupe de l'ovaire.]

La qualité dominante dans les principales espèces de cette tribu consiste dans leur acidité, laquelle est due à la présence du bioxalate de potasse; aussi s'en sert-on pour remplacer l'Oseille. Le *Bilimbi* (*Averrhoa bilimbi*) et le *Carambolier* (*Av. Carambola*), dont on mange le fruit dans les Indes Orientales, possèdent une acidité intolérable pour les Européens; aussi ces derniers emploient-ils exclusivement ces fruits pour préparer des conserves. L'*Oxalide crénelée*

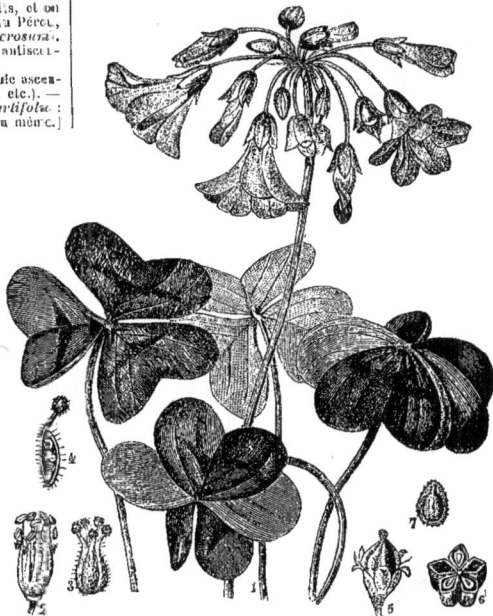

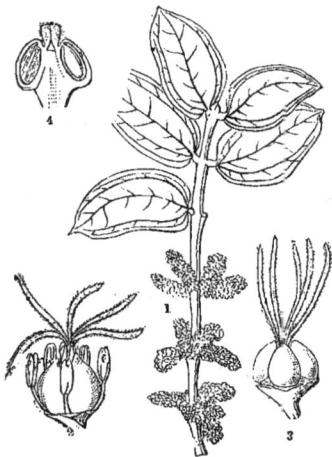

Fig. 3.   Fig. 4.

Le *Limnanthes Douglasii* renferme une essence sulfurée qui lui donne des propriétés antiscorbutiques. Le *Coriaria myrtifolia*, appelé vulgairement chez nous *Redoul, Corroyère, Coriaire* et *Sumac des Teinturiers*, est, ainsi que le *Coriaria ruscifolia*, fort employé dans la tannerie et dans la teinture en noir. C'est une plante très vénéneuse, surtout par ses fruits, et l'on cite plusieurs cas d'empoisonnement provenant de leur absorption. Cette action toxique est due à un glucoside, la *Coriamyrtine*, dont l'effet rappelle celui de la strychnine. Les feuilles de cette plante sont quelquefois mêlées au séné, fraude coupable dont il peut résulter de graves accidents. Cet arbuste ne doit pas être confondu avec le *Rhus coriaria*, qui sert aux mêmes usages dans le midi de la France et le nord de l'Afrique, et qui appartient à la famille des Anacardinées. Il paraît que les habitants du nord de l'Hindoustan mangent sans inconvénient le fruit du *Cor. nepalensis*, et qu'à la Nouvelle-Zélande, les indigènes sucent avec plaisir les baies du *Cor. sarmentosa*, bien qu'ils regardent ses graines comme vénéneuses.

Tribu IV. — *Oxalidées.* — Capsule loculicide ou baie; dix étamines (*Viviania, Balbisia, Oxalis, Averrhoa, Connaropsis,* etc.). — [Fig. 4. — 1. *Oxalis violacea;* 2. Pistil

(*Oxalis crenata*), qui est indigène de la Colombie, produit des tubercules analogues à ceux de la Pomme de terre; mais ils sont insipides, peu nourrissants, et ne valent pas la peine d'être cultivés, bien qu'on ait essayé d'introduire cette culture en Europe. Ses feuilles ont une acidité analogue à celle de l'Oseille. Une autre espèce du même genre, l'*Ox. de Deppe* (*Ox. Deppei*), a des racines charnues, de la grosseur d'un petit Panais, et entièrement dépourvues d'acidité, qui contiennent une substance analogue au Salep. Diverses autres espèces, telles que les *Ox. crassicaule, tétraphylle, comestible* ou *tubéreuse* (*Ox. crassicaulis, tetraphylla, esculenta* ou *tuberosa*), produisent aussi des racines ou des tubercules alimentaires. L'*Ox. petite oseille* (*Ox. acetosella*), vulgairement connue sous les noms d'*Alleluia,* de *Surelle* et de *Pain-de-coucou, Oseille à 3 feuilles,* etc., est regardée comme rafraîchissante. C'est elle que s'extrait le bioxalate de potasse, communément appelé *Sel d'oseille,* qui sert à divers usages, soit économiques, soit médicinaux. On trouve un peu d'amertume dans l'*Ox. sensitive* (*Ox. sensitiva*), appelée aussi *Biophytum,* dont les feuilles passent pour être toniques et légèrement stimulantes. En Abyssinie, les tubercules de l'*Ox. anthelminthica* sont préconisés comme un bon ténifuge; on les administre à la dose de 60 gr.

L'*Hugonia mystax*, plante anormale de cette famille, possède, dit-on, les mêmes propriétés, mais à un moindre degré. Sa racine, qui a l'odeur de la Violette, est réputée diurétique, diaphorétique et anthelminthique. Certaines espèces d'*Oxalidées* sont remarquables par les phénomènes d'irritabilité que présentent leurs feuilles. L'*Averrhoa bilimbi*, l'*Ox. sensitive* (*Ox. sensitiva*) et l'*Ox. pennée* (*Ox. pinnata*) se distinguent particulièrement sous ce rapport. Plusieurs espèces de cette famille sont cultivées comme plantes d'ornement.

TRIBU V. — *Balsaminées.* — Capsule loculicide ou drupe ; 5 étamines (*Balsamina*, *Impatiens*, *Hydrocera*). — [Fig. 6. — 1. *Impatiens macrochila* ; 2. Diagramme de sa fleur ; 3. Androcée ; 4. Fruit de l'*Impatiens Balsamina* ; 5 on embryon].

Fig. 5.

Les *Balsaminées* sont cultivées comme plantes ornementales. Il faut cependant noter

Fig. 6.

que la *Balsamine jaune* (*Impatiens noli-tangere*) est âcre et dangereuse.

GÉRANIAL. s. m. (R. *géranium*). T. Chim. Le *géranial*, qui a pour formule $C^{10}H^{16}O$, est l'aldéhyde correspondant au géraniol. Il est identique avec le *citral* auquel est dû le parfum de l'essence de citron. On le rencontre aussi dans les essences de géranium et de citronnelle. Il se forme par l'oxydation du géraniol ou de son isomère le linalol. Il est liquide, incolore, insoluble dans l'eau, soluble dans l'alcool ; sa densité est 0,889 et son point d'ébullition 228°. Le g. pur est devenu un article de commerce ; grâce à son odeur, il est employé comme substitutif de l'essence de citron ; il sert aussi à obtenir l'ionone, parfum artificiel qui possède l'odeur de la violette. La plus grande partie du g. du commerce provient du traitement de l'essence de citronnelle pour l'obtention du géraniol.

GÉRANIÉES. s. f. pl. (R. *géranium*). Tribu de plantes de la famille des *Géraniacées*. Voy. ce mot.

GÉRANIÈNE. s. m. T. Chim. Hydrocarbure de formule $C^{10}H^{16}$, obtenu en traitant le géraniol par l'anhydride phosphorique. Il est liquide, sans action sur la lumière polarisée, et bout à 163°. Il forme un chlorhydrate liquide.

GÉRANIOL. s. m. (R. *géranium*). T. Chim. Alcool primaire formant la majeure partie des essences de géranium, de palmarosa et de citronnelle ; ces essences sont fournies par différentes variétés de *Pélargonium* et d'*Andropogon*. On le rencontre aussi dans l'essence de roses : il y est associé à un ou plusieurs alcools très analogues, sinon identiques, et possédant comme lui l'odeur de la rose. Le g. est un liquide de densité 0,883, sans action sur la lumière polarisée. Il bout à 230°. Insoluble dans l'eau, il se dissout facilement dans l'alcool et dans l'éther. Par une oxydation ménagée, il donne naissance à son aldéhyde, le géranial. Avec le chlorure de calcium, il forme un composé solide, cristallisable, et peut ainsi être facilement caractérisé et isolé. Le g. a pour formule brute $C^{10}H^{18}O$; d'après l'ensemble de ses réactions, on lui attribue la formule de constitution :

$$(CH^3)^2CH.CH^2.CH^2.CH.C(CH^3):CH.CH^2OH.$$

Le g. du commerce se prépare à l'aide de l'essence de citronnelle : on traite cette essence par une solution de bisulfite de sodium pour séparer les aldéhydes, entre autres le géranial ; la portion huileuse restante, qui contient le géraniol, est saponifiée par ébullition avec de la potasse caustique et de l'alcool, puis soumise à la distillation fractionnée dans le vide. — Le g. sert à remplacer ou à falsifier l'essence de roses. Il ne constitue pas à lui seul le parfum de la rose, mais c'est un bon véhicule pour ce parfum et l'on obtient une essence très fine en distillant par ex. 1 kilog. de g. sur 500 kilog. de roses.

GÉRANIOLÈNE. s. m. (R. *géraniol*). T. Chim. Hydrocarbure à chaîne ouverte, deux fois éthylénique, qui se forme dans la distillation sèche de l'acide géranique. Il est liquide et bout à 143° ; sa densité est 0,757. Il a pour formule C^9H^{16}. Traité par l'acide sulfurique étendu, il se convertit en un isomère, l'*isogéraniolène*, hydrocarbure cyclique qui bout vers 140°.

GÉRANIQUE. adj. 2 g. (R. *géraniol*). T. Chim. L'*acide géranique* $C^{10}H^{16}O^2$ est un acide monobasique, non saturé, résultant de l'oxydation du géranial. Il est liquide, incolore, soluble dans l'alcool et dans l'éther. La chaleur le décompose en anhydride carbonique et en géraniolène. L'acide sulfurique étendu le convertit en un composé cyclique isomère, l'*acide isogéranique*, qui cristallise en aiguilles blanches, fusibles à 103°.

GÉRANIUM. s. m. [Pr. *géra-niome*] (gr. γεράνιον, bec de grue). T. Bot. Genre de plantes Dicotylédones de la famille des *Géraniacées*. Voy. ce mot.

GÉRANT. s. m. (R. *gérer*). Celui qui gère, qui administre pour le compte d'autrui. Le g. d'une société de commerce. Le g. responsable d'un journal. Un g. infidèle. — On dit aussi au fém., *Gérante*. La gérante d'un bureau de tabac. || Adjectiv., Procureur g.

GÉRANYLE. s. m. (R. *géraniol*). T. Chim. Nom donné au radical $C^{10}H^{17}$ contenu dans certains dérivés du géraniol. — Le *Chlorure de g.*, $C^{10}H^{17}Cl$, préparé en traitant le géraniol par l'acide chlorhydrique gazeux, est un liquide à odeur camphrée, insoluble dans l'eau et sans action sur la lumière polarisée ; il se décompose à la distillation. — L'*Oxyde de g.* $(C^{10}H^{17})^2O$, liquide à odeur de menthe, bouillant vers 190°, est l'éther-oxyde du géraniol ; on l'obtient en faisant agir le chlorure de g. sur le dérivé potassé du géraniol.

GÉRARD, fondateur de l'ordre des *Frères hospitaliers de Saint-Jean de Jérusalem* (1100).

GÉRARD (BALTHASAR), fanatique qui assassina le prince d'Orange en 1584.

GÉRARD (MICHEL), dit le *Père Gérard*, cultivateur, né à Saint-Martin (Ille-et-Vilaine) en 1737, député à la Constituante, mort en 1815.

GÉRARD (FRANÇOIS, baron), peintre français (1770-1837).

GÉRARD (Comte), maréchal de France, se distingua dans les guerres de l'Empire, fut ministre de la guerre sous Louis-Philippe, et fit le siège d'Anvers (1773-1852).

GÉRARD (Jules), dit le *Tueur de Lions*, né à Signaus (Var) (1817-1864).

GÉRARD DE CRÉMONE, savant italien 1114-1187).

GÉRARD DE NERVAL (*Gérard Labrunie*, dit), poète et littérateur français, né à Paris en 1809, se donna la mort en 1855.

GÉRARD DE SABIONETTA, savant italien du XIIIe siècle, souvent confondu avec Gérard de Crémone, auteur d'ouvrages astrologiques.

GÉRARD-DOW. Voy. Dow.

GÉRARDMER ou **GÉROMÉ**, ch.-l. de c. des Vosges, arr. de Saint-Dié ; beau lac ; fromage renommé 7,200 hab.

GERBAGE. s. m. Levée des gerbes d'un champ.

GERBE. s. f. (bas-lat. *garba*, m. s.). Faisceau de céréales coupées et liées de manière que tous les épis soient tournés du même côté. *Lier une g. Lier en g. Battre des gerbes.* — Autrefois se disait absol. des gerbes que l'on prélevait pour la dîme. *Lever la g.* || Par anal., *G. de fleurs, g. d'osier; g. d'eau, g. de feu,* Assemblage de plusieurs jets d'eau, de plusieurs fusées, qui représentent une espèce de gerbe.

GERBÉE. s. f. Botte de paille où il reste encore quelques grains. *Donner de la g. à un cheval.* || Botte de fanes de tiges de céréales, de légumineuses, coupées avant la maturité pour servir de fourrage. || Par anal., *G. de sarments,* Sarments mis en botte.

GERBER. v. a. Mettre en gerbe. *Il faut g. ce fromen!.* || En part. de pièces de vin, les mettre les unes sur les autres, dans une cave. *Pour faire tenir toutes les pièces dans le cellier, il faudra les g.* || v. int. Se mettre en gerbe. *Un jet d'eau qui gerbe.* = GERBÉ, ÉE. part. *Du blé gerbé.*

GERBERGE, femme de Carloman (750-773).

GERBERGE, femme de Louis d'Outre-Mer (913-968).

GERBERON, bénédictin très érudit, né à Saint-Calais 1628-1711).

GERBERT, moine français devenu pape. Voy. SYLVESTRE II.

GERBERT-ASSALIT, grand maître de l'ordre de Saint-Jean de Jérusalem (1160-1169).

GERBET, théologien fr. (1798-1864).

GERBEVILLER, ch.-l. de c. (Meurthe-et-Moselle), arr. de Lunéville; 1,700 hab.

GERBIER. s. m. T. Agric. Se dit, dans les provinces du midi de la France, pour meule de gerbes.

GERBIER-DES-JONCS ou plus correctement *Gerbier-de-Jonc*, l'un des sommets des monts du Vivarais (Ardèche), d'où descend la Loire; 1,551 m.

GERBIÈRE. s. f. Charrette pour porter les gerbes. || Tas de gerbes.

GERBIFORME. adj. 2 g. T. Min. Qui a la forme d'une gerbe.

GERBILLE. s. f. [Pr. *jerbi-lle, ll* mouillées]. T. Mamm. Genre de Rongeurs. Voy. GERBOISE.

GERBILLON. s. m. [Pr. *jer-bi-llon, ll* mouillées] Petite gerbe.

GERBILLON, missionnaire en Chine, né à Verdun (1634-1707).

GERBOISE. s. f. [Pr. *jerboi-ze*] (ar. *ljerbuali*). T. Mamm.

La *G.* (*Dipus*) est le type d'une petite famille de Rongeurs claviculés que Linné plaçait dans son grand genre Rat. Les espèces qui composent ce groupe sont désignées sous le nom de *Dipodides*, littéralement animaux à deux pieds, à cause de l'extrême longueur de leurs membres postérieurs comparativement aux antérieurs. Les Dipodides ont en outre le pouce antérieur rudimentaire, et les ongles allongés et peu recourbés. C'est par ces deux caractères qu'ils se distinguent des Gliriens et des Hélamyens, qui ont également les membres postérieurs beaucoup plus longs que les antérieurs : ceux-ci ayant un pouce antérieur bien développé, et ceux-là des ongles très courts, recourbés et acérés. On partage ordinairement cette famille

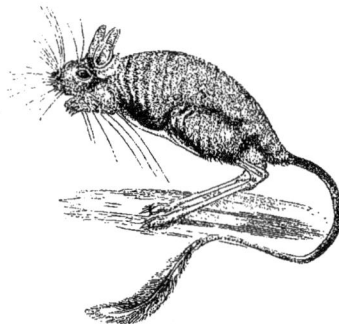

en trois genres, *Gerbille, G.* et *Mérion.* — 1° Les *Gerbilles* ont le système dentaire des Rats proprement dits; mais, indépendamment de leurs longues jambes, elles en diffèrent par leur queue, qui est longue et velue. Ces animaux habitent les contrées chaudes et sablonneuses de l'ancien continent. L'espèce la mieux connue du genre est la *G. d'Égypte* (*Gerbillus ægyptius*), qui est de la taille d'une Souris et qui se trouve principalement dans le désert où s'élèvent les pyramides. Les *Mérions* ont les pieds de derrière encore plus longs que les Gerbilles, la queue à peu près nue, et une très petite dent de plus en avant des molaires supérieures. Ces animaux paraissent propres à l'Amérique septentrionale. Leur taille est celle de la Souris, et ils sont doués d'une extrême agilité. Ils se creusent des terriers, où ils passent l'hiver dans un état de léthargie. — Les *Gerboises* ont à peu près les mêmes dents que les Mérions, mais elles ont la queue touffue au bout. Au reste, ce qui les caractérise essentiellement, c'est l'extrême petitesse de leurs membres antérieurs et le développement extraordinaire de leurs membres postérieurs, terminés par trois ou cinq doigts armés d'ongles courts. Le métatarse des trois doigts du milieu n'est formé que d'un seul os, comme ce qu'on appelle le tarse des oiseaux. Ces rongeurs vivent dans les lieux déserts du nord de l'Afrique et de l'Asie centrale. Ils se creusent des terriers comme les Lapins, et passent l'hiver dans un état léthargique. Ils dorment le jour, et la nuit ils cherchent leur nourriture, qui consiste en graines et en racines. Ils marchent ordinairement sur leurs quatre pattes; mais, quand ils sont effrayés, ils procèdent par bonds, et peuvent, dit-on, franchir à chaque saut un espace de trois mètres. L'espèce type du genre est la *G. gerbo*, appelée aussi simplement le *Gerbo* ou *Gerboa* (*Dipus sagitta*) [Fig. ci-dessus]. Cet animal est de la grosseur d'un Rat : son pelage est fauve en dessus et blanc en dessous. Il a seulement trois doigts aux pattes de derrière et celui du milieu est le plus long. Il habite surtout le nord de l'Afrique, l'Arabie et la Syrie ; il y vit en troupes et se nourrit principalement de bulbes de plantes.

GERCE. s. f. (bas-lat. *gersa*, m. sens). Nom vulg. donné à différentes espèces de teignes qui rongent les étoffes. || Fente légère que produit la dessiccation dans le bois. || Planche ainsi fendillée. || Crevasse, fente de la peau.

GERCEMENT. s. m. Action de gercer, effet de cette action.

GERCER. v. a. (bas-lat. *charaxare*, scarifier). Faire de petites fentes ou crevasses aux lèvres, aux mains, au visage, etc.

Le froid gerce les lèvres. La bise m'a gercé le visage. ||
Par ext., se dit de la terre, du bois, des murs, des enduits de
plâtre, etc., qui se fendent par l'effet de la sécheresse, de la
chaleur, etc. *Ces grandes chaleurs ont gercé la terre. L'é-
corce de cet arbre est toute gercée.* ⸗ Gercer. v. n.; se
Gercer. v. pron. Devenir le siège de gerçures. *Les lèvres
gercent, se gercent au grand froid. La sécheresse a fait
g. le bois.* ⸗ Gercé, ée. part. — Conj. Voy. Avancer.

GERÇURE. s. f. (R. *gercer*). T. Méd. Petite fente, cre-
vasse qui se produit à la surface de la peau ou à l'origine des
membranes muqueuses. *Il a les mains pleines de gerçures.*
— Bien des traitements ont été vantés contre les gerçures.
Le mieux est de rendre à la peau la souplesse nécessaire en
l'enduisant d'un corps gras : la vaseline et la glycérine sont
les plus commodes à employer. || Par ext., se dit des fentes
qui se font à la terre, dans le bois, dans la maçonnerie, etc.
|| Fente vive dans le diamant. || T. Agric. Maladie de la vigne
qui ressemble à *une sorte de brûlure.*

GERDIL, cardinal et philosophe savoisien (1718-1802).

GÉRER. v. a. (lat. *gerere*, porter, administrer). Gouverner,
conduire, administrer. *Il a longtemps géré les affaires de
mon oncle. Il a très mal géré ses affaires. G. un domaine,
un établissement, une maison. G. une tutelle.* ⸗ Géré, ée.
part. ⸗ Conj. Voy. Céder.

GÉREUR. s. m. Directeur d'une exploitation, aux colonies.

GERFAUT. s. m. (lat *geirfalk*, de *geir*, vautour, et *falke*,
faucon). T. Ornith. Genre de Rapaces diurnes. Voy. Faucon.

GERGOVIE, anc. capitale des Gaulois Arvernes, à 6 kil. de
Clermont-Ferrand, où Vercingétorix battit les Romains, sur
une hauteur qui domine au loin tout le territoire.

GERHARDT (Charles-Fréd.), chimiste fr. (1816-1856).

GÉRICAULT, peintre fr. (1791-1824), auteur du tableau
le Radeau de la Méduse.

GERING (Ulmer), fonda en 1469 la première imprimerie
à Paris, né près de Lucerne vers 1440, m. en 1510.

GERLACH, philologue et historien allemand (1793-1876).

GERLACH (E.-L. de), homme d'État prussien (1795-1877).

GERLACHE (Baron de), magistrat et historien belge (1785-
1871).

GERLE (Dom), chartreux, député à la Constituante (1736-1801).

GERLON. s. m. Cuve dont se sert le papetier.

GERMAIN (Saint), évêque d'Auxerre (380-448).

GERMAIN (Saint), évêque de Paris (496-576), fonda l'église
Saint-Germain-des-Prés. Fête le 28 mai.

GERMAIN (Sophie), mathématicienne française (1776-1831).

GERMAIN, AINE. adj. (lat. *germanus*, m. s.). Qui appartient à la Germanie, à l'Allemagne.

GERMAIN, AINE. adj. (lat. *germanus*, frère). T. Jurisp.
Frère g., sœur germaine. Voy. Frère et Sœur || Se dit aussi
des cousins ou cousines qui sont issus des deux frères et des
deux sœurs, ou du frère et de la sœur. *Cousin g. Cousine
germaine. — Issu de germains,* Qui est issu de deux cousins germains. *Cousin issu de germains. Elles sont issues
de germains.* || Subst., *Il a le g. sur moi,* Il est cousin g.
de mon père ou de ma mère. Vx. || Fig., Voisin, analogue, à
peu près semblable.

GERMAINS. s. m. pl. Nom donné par les Romains aux
peuples de race teutonique, les mêmes que nous appelons
aujourd'hui *Allemands* et qui s'appellent *Deutsch.* L'origine
du mot *germain* est très controversée; les uns y voient le
latin *germanus,* frère, les peuples frères; d'autres, un radical
qu'on retrouve dans *war, wehr,* guerre, et *man,* homme;
mais il convient de remarquer : 1° que le nom de *Germains* a

toujours été inconnu aux Germains eux-mêmes; 2° que les
Romains ont d'abord connu les Germains par l'intermédiaire
des Gaulois, d'où il est permis de conjecturer que le nom est
d'origine gauloise : *ger,* voisin, et *man, maon,* homme,
peuple, le peuple voisin. Quant au mot *allemand,* il désignait l'une des tribus de ce groupe ethnique : les *Alamans.*
— Les Germains ou Teutons constituent, avec les Scandinaves,
une branche nettement caractérisée de la grande famille
indo-européenne. Cette branche a été partagée, par la considération des langues, en quatre rameaux : 1° le rameau *teuton*
comprenant le haut-allemand ancien et moderne; 2° le rameau
saxon ou *cimbrique,* comprenant le bas-allemand, le frison,
le hollandais et le flamand; 3° le rameau *scandinave* ou
normanno-scandinave comprenant le méso-gothique, ou
ancienne langue des Goths, l'ancienne langue normannique, le
norvégien, le suédois et le danois; 4° le rameau *anglo-britan-
nique* comprenant l'ancien anglo-saxon et l'anglais moderne.
Les peuples germains, qui au 1ᵉʳ siècle av. J.-C. s'étendaient
jusqu'à la Vistule, n'étaient autres que ceux qui, au siècle
précédent, en l'an 113, côte à côte avec les Cimbres ou
Kymris, s'étaient jetés sur la Gaule sous le nom de *Teutons,*
nom que l'on retrouve dans celui de *Deutsch,* que s'appliquent
encore aujourd'hui les descendants directs des anciens Germains, et dans celui de *Tudesque* et de *Tedesco,* usité à leur
égard en France et en Italie.
Leurs principales nations étaient les Suèves, qui, commandés
par Arioviste, furent battus par César, puis les Marcomans
et les Chérusques, dont le chef Hermann (en lat. *Arminius*)
anéantit complètement en l'an 9 de notre ère l'armée du consul
Varus. Peu après, Germanicus soumit une partie de la Germanie, mais du IIIᵉ au Vᵉ siècle des nations germaniques,
Goths, Gépides, Chérusques, Hérules, Lombards, Vandales,
Suèves, Burgondes, Saxons, Cattes, Sicambres, Chamaves,
Bructères, Ampsuaires, Chauques, ces 6 derniers groupés sous
le nom de Frances, débordèrent de toutes parts, et se créèrent
des royaumes : les Goths du Nord en Scandinavie, les Ostrogoths, puis les Lombards en Italie, les Wisigoths (Goths de
l'Ouest) dans le midi de la Gaule et en Espagne, les Suèves
dans l'ancienne Galice, les Vandales en Vandalitie (Andalousie)
et dans le nord de l'Afrique, les Saxons avec les Angles en
Grande-Bretagne (Angleterre), les Burgondes et les Francs
dans l'est et dans le nord de la Gaule, qui devint la France.
Mais quand le progrès de la race voulut suivre le mouvement
d'invasion, ceux-ci se retournèrent contre lui : Clovis vainquit
les Allemands à Tolbiac; Charlemagne, roi de France, empereur d'Occident, soumit les Saxons et leur chef Witikind les
couvertit au christianisme.
Les Germains étaient des hommes grands, forts, blonds,
joignant à l'amour de la guerre une assez grande apathie, au
respect de la femme des habitudes d'ivresse. Ils étaient gouvernés par des chefs militaires, quelquefois héréditaires, le
plus souvent nommés à l'élection et élevés sur le pavois. Mais
les rois les plus puissants étaient loin d'être absolus; toute
une aristocratie de chefs, leudes et barons, gouvernait sous
leur autorité, mais conservait une très grande indépendance :
c'est le principe de la féodalité, qui se développa dans tous les
royaumes créés par les Germains et qui subsiste encore aujourd'hui en Allemagne, comme la caractéristique de l'esprit
germanique.
Dans les pays envahis, l'élément germain disparut plus ou
moins dans le fond indigène; mais lorsque l'empire de Charlemagne fut partagé entre ses héritiers, au traité de Verdun
en 843, le royaume de *Germanie* fut constitué sur la rive
droite du Rhin, et, le siècle suivant, débordant sur la rive
gauche, s'adjoignait la Lorraine, qui comprenait alors : l'Alsace,
les provinces Rhénanes, une partie de la Belgique et des Pays-
Bas (923). Par la suite, il combattit les Hongrois, fonda contre
eux l'Autriche et contre les Slaves l'ordre teutonique, domina
vite l'Italie, devint le Saint-Empire germanique, lutta, sans
succès d'ailleurs, contre le pouvoir temporel des papes et finit
sa part des croisades. Ce vaste empire était toujours féodal,
c.-à-d. divisé en quantité de duchés indépendants sous la suzeraineté de l'empereur. Celui-ci, suivant la coutume germanique, était nommé par les grands électeurs, de sorte qu'après
des interrègnes il arriva que, par un vote de la diète, un prince
d'Espagne, Charles-Quint, ayant été élu, l'Allemagne et l'Espagne formèrent une seule et même monarchie, de 1515 à 1556.
Voy. Allemagne.
Les Germains étaient demeurés le peuple belliqueux qu'ils
étaient autrefois. Pendant tout le moyen âge et les temps
modernes, ils ont fourni ces reîtres et ces lansquenets que
l'on voyait guerroyant par tous pays au service de toutes les
causes. Mais c'était aussi un peuple studieux, réfléchi, rêveur,

qui, dans le domaine de la pensée, a surtout donné des savants, des philosophes et des musiciens. C'est en Allemagne que l'imprimerie fut inventée par Gutenberg; c'est d'Allemagne que partit la réforme de Luther et ce fut l'occasion de luttes intestines, d'invasions étrangères, danoise, suédoise, française, qui, pendant 30 ans (1618-1648), mirent ce pays à feu et à sang. L'empereur en sortit amoindri, réduit à la souveraineté de l'Autriche et à un simple pouvoir exécutif sur l'Allemagne proprement dite, divisée alors en 360 Etats !

L'âme germanique, mystique et guerrière, est tout entière dans un grand poème mythologique du moyen âge, les *Niebelungen*. Depuis, l'Allemagne resta à peu près sans littérature. Au XVII° et au XVIII° siècle, les lettres françaises y étaient prépondérantes : le savant philosophe Leibniz écrivait en français et en latin; le roi de Prusse Frédéric II faisait des vers français sous l'impulsion de Voltaire. Ce n'est qu'à la fin du XVIII° siècle, qu'une pléiade de génies comme Gœthe, Schiller, etc., eut un éclat exceptionnel, mais de courte durée. Après Henri Heine, d'esprit plus français que germain et qui passa sa vie en France, le mouvement littéraire s'éteignit. Les arts plastiques, peinture et sculpture, n'ont jamais pris en Allemagne un grand développement. Mais la musique compte des compositeurs hors pairs comme Mozart, Gluck, Bœthoven, Mendelssohn, Wagner; et l'on pourrait y comprendre Meyerbeer, bien que, comme Henri Heine et comme l'italien Rossini, il ait fait de Paris sa patrie d'élection.

Jusqu'au commencement de ce siècle, la constitution de l'Empire n'avait subi aucun progrès; mais Napoléon, l'ayant brisé et réduit à l'Empire d'Autriche, créa la confédération du Rhin dont il se déclara protecteur et laquelle devint plus tard la Confédération *germanique*, tout à fait indépendante. Des révolutions survenues en 1848 créèrent un parlement *Germanique*, proclamèrent le suffrage universel et la liberté des cultes. Il ne fut de courte durée. La réaction triompha partout. La Prusse, qui conserva seule une constitution, s'empara successivement de divers Etats, fit rentrer les autres sous son hégémonie et rétablit, en 1871, un empire d'Allemagne féodal assez semblable au Saint-Empire *Germanique* du moyen âge. Voy. ALLEMAGNE et CONFÉDÉRATION.

Le mot de Germanie est depuis longtemps tombé en désuétude et l'adjectif *Germanique* est plus usité que le substantif *Germain*. On dit cependant germanophile ou germanophobe pour ami ou ennemi de l'Allemagne. Les Anglais, les Espagnols désignent toujours l'Allemand du nom de *German*, *Germano*.

GERMANDRÉE. s. f. (gr. χαμαίδρυς, m. s., de χαμαί, à terre, et δρῦς, chêne). T. Bot. Genre de plantes Dicotylédones (*Teucrium*) de la famille des *Labiées*. Voy. ce mot.

GERMANICUS, fils de Drusus, neveu de Tibère, vainquit les Germains et mourut sans doute empoisonné en 19 ap. J.-C.

GERMANIE, vaste contrée de l'anc. Europe, entre la Baltique, le Rhin, le Danube et l'Elbe (Allemagne, Pays-Bas et une partie de l'Autriche). Voy. GERMAINS.

GERMANIE (Royaume de), fondé en 843 d'une partie de l'empire Carlovingien. Louis le Germanique en fut le premier roi.

GERMANIQUE. adj. 2 g. (lat. *germanicus*, m. s., de *germanus*, germain). Qui appartient aux Allemands, à l'Allemagne. *L'empire g. — Confédération g.; Diète g.* Voy. CONFÉDÉRATION. *— Langues germaniques.* Voy. GERMAINS. || T. Chim. Voy. GERMANIUM.

GERMANISANT. s. m. [Pr. *jermani-zan*]. Celui qui s'occupe de l'histoire des langues germaniques. || Celui qui sait l'allemand.

GERMANISATION. s. f. [Pr ...za-sion]. Action de germaniser, de rendre allemand.

GERMANISER. v. a. [Pr. *jermani-zer*]. Rendre germain ou allemand. *Le gouvernement prussien s'efforce de germaniser l'Alsace-Lorraine.* == GERMANISER. v. n. Faire des germanismes. == SE GERMANISER. v. pron.

GERMANISME. s. m. (R. *germain*). Façon de parler propre à la langue allemande.

GERMANISTE. s. m. Celui qui étudie des langues germaniques.

GERMANIUM. s. m. [Pr. *jerma-ni-ome*] (R. *Germanie*, Allemagne). T. Chim. Corps simple découvert en 1885 par Winkler, dans l'argyrodite. Pour l'obtenir on chauffe l'argyrodite au rouge sombre avec du soufre et de la soude: il se forme du sulfure de g. qu'on peut facilement séparer, grâce à sa solubilité dans l'eau. Par un grillage et un traitement à l'acide azotique on convertit ce sulfure en oxyde germanique que l'on réduit ensuite au rouge sombre par l'hydrogène. — Le g. fond à 900°. Par refroidissement lent il cristallise en octaèdres réguliers, brillants, cassants, d'un blanc grisâtre, ayant pour densité 5,469 à 20°. Le g. n'est oxydé par l'air qu'à une température élevée. L'acide azotique le transforme en oxyde. La potasse ne l'attaque qu'en fusion. Le symbole du g. est Ge et son poids atomique est 72.

Le g. est un élément quadrivalent qui appartient à la famille du carbone et qui vient se placer entre le silicium et l'étain. Il se comporte à la fois comme un métalloïde et comme un métal. — L'*Oxyde germanique* GeO² se dissout dans les acides, mais on n'a pas isolé les sels correspondants. Il se dissout très bien dans les alcalis en formant probablement des *germanates* analogues aux stannates. Cet oxyde se forme par la combustion du g. ou par le grillage des sulfures. On l'obtient sous forme de poudre blanche lorsqu'on décompose le tétrachlorure de g. par l'eau. — En faisant bouillir une solution de chlorure germaneux avec la potasse, on obtient un précipité orangé d'*Hydrate germaneux*, qui paraît répondre à la formule Ge(OH)². Cet hydrate, desséché à l'abri de l'air, fournit l'*Oxyde germaneux* GeO, en poudre grisâtre.

Le *Sulfure germanique* GeS² se dépose à l'état de précipité blanc lorsqu'on traite les solutions alcalines de g. par l'acide sulfurique, puis par un courant d'hydrogène sulfuré. Il est soluble dans l'eau, mais cette solution se décompose peu à peu en perdant l'hydrogène sulfuré. Chauffé dans un courant d'hydrogène, il se transforme en *Sulfure germaneux* GeS. Ce dernier cristallise en lames d'un noir grisâtre, ayant l'aspect de FeII³, et il est également soluble dans l'eau.

Le *Chlorure germanique* ou *Tétrachlorure* GeCl⁴ se forme par l'action du chlore sur le g. C'est un liquide incolore, qui fume à l'air humide et qui bout à 86°. L'eau froide le décompose lentement en oxyde germaneux. — L'action de l'acide chlorhydrique sur le sulfure germaneux fournit un *Chlorure germaneux* (probablement GeCl²), liquide incolore qui bout à 72°.

En dissolvant l'oxyde germanique dans de l'acide fluorhydrique on obtient le *Fluorure de g.* GeFl⁴ qu'on peut isoler sous forme de cristaux hydratés très déliquescents. Si l'on ajoute du fluorhydrate de potassium à la solution, il se produit du *Fluogermanate de potassium* K²GeFl⁶ cristallisable, isomorphe avec le fluosilicate d'ammonium.

La composition et les propriétés des fluogermanates, ainsi que du fluorure et du tétrachlorure de g. mettent en évidence l'analogie du g. et du silicium. La ressemblance se montre aussi dans les combinaisons organiques : le *Chloroforme de g.* GeHCl³, liquide bouillant à 72°, est analogue au silici-chloroforme; et le *Germanium-éthyle* de g. (C⁴H⁵)⁴, liquide bouillant à 160°, très soluble dans l'eau, correspond au silicium éthyle.

GERMANT, ANTE. adj. Qui est dans un état de germination.

GERME. s. m. (lat. *germen*, m. s.). T. Physiol. Le rudiment d'un nouvel être. || T. Bot. Voy. GERMINATION. || Rudiment de certaines parties organiques. *Le g. des dents, des cheveux.* || *Faux g.,* Fœtus qui naît dans un état informe, sans apparence distincte d'animal. || *Préexistence des germes,* Système d'après lequel le germe préexisterait à la fécondation. || *Emboîtement des germes,* Système d'après lequel le premier germe aurait dû être animé contiendrait tous les germes des êtres qui doivent naître de lui indéfiniment. Voy. EMBOÎTEMENT et GÉNÉRATION. || Fig., au sens phys. et au sens moral, ce qui est le principe, la cause, l'origine de quelque chose. *Développer les germes de la vie. Il avait apporté en naissant le g. de cette maladie. Un g. de division, de procès, de querelle. Il fit éclore chez lui le g. de toutes les vertus. Étouffer les germes des vices. Le g. de la corruption. Les germes de la sédition.* T. Hipp. *G. de fève,* Tache colorée par les aliments qui se voit au fond de la cavité des incisives des jeunes chevaux. Voy. CHEVAL.

GERMER (SAINT), conseiller de Dagobert (605-658). Fête le 24 septembre.

GERMER. v. n. (lat. *germen*, germe). Se dit des semences, des bulbes, etc., qui commencent à se développer pour produire un nouvel individu. *Le blé commence à g.* Ces

oignons, ces pommes de terre ont germé dans la cave. ||
Fig., Se développer, s'accroître, produire ses effets. *Faire g.
les vertus dans le cœur d'un jeune homme. C'est le temps
où germent les erreurs et les vices. Ces idées commençaient à g. dans les esprits.* == GERMÉ, ÉE. part. *Du blé
germé. Des pommes de terre germées.*

GERMINAL. s. m. (R. *germe*). Le septième mois du calendrier républicain. Voy. CALENDRIER.

GERMINAL, ALE. adj. (R. *germe*). T. Bot. Relatif au
germe. *Feuilles germinales,* Feuilles qui se développent en
place de la graine.

GERMINATEUR, TRICE. adj. (lat. *germinare*). T. Didactique. Qui a le pouvoir de faire germer.

GERMINATIF, IVE. adj. Syn., plus usité, de *Germinateur.*

GERMINATION. s. f. [Pr. *jermina-sion*] (lat. *germina-
tio*, m. s., de *germinare*, germer.) T. Bot. On appelle ainsi
le premier développement de l'embryon que contient la graine.
Pour qu'une graine germe, c.-à-d. pour que l'embryon, qui
demeurait stationnaire, sorte de son sommeil et prenne sa
croissance, plusieurs conditions sont nécessaires. Certaines de
ces conditions doivent être remplies par la graine elle-même,
les autres doivent se trouver réunies dans le milieu extérieur.
Pour qu'une graine germe, il faut d'abord qu'elle soit bonne,
c.-à-d. bien conformée dans toutes ses parties. Telle graine,
en effet, présente une forme et une grandeur normales, et cependant elle ne renferme qu'un rudiment d'embryon. Il est
nécessaire de pouvoir séparer ces mauvaises graines d'avec
les bonnes. Les jardiniers emploient fréquemment un procédé
très simple, qui consiste à jeter les graines à trier dans un
vase plein d'eau, en ayant soin d'agiter pour chasser l'air adhérent au tégument; les bonnes graines tombent au fond,
tandis que les mauvaises surnagent. Bien entendu, ce procédé
n'est pas applicable aux graines qui, pour diverses raisons, flottent naturellement à la surface de l'eau. La graine étant bonne,
il faut encore qu'elle soit entièrement mûre, c.-à-d. que ses
matériaux de réserve soient à un état tel que leur assimilation
puisse se faire dès que les conditions extérieures seront remplies. Chez les unes cet état de maturité est atteint de très
bonne heure, et c'est ainsi que les graines de Haricot, de Pois,
de Fève, de Blé, etc., germent déjà quand elles n'ont atteint
que la moitié de leur dimension normale; chez d'autres, la
maturation met très longtemps avant d'être complète; les
graines de Rosier, de Pêcher, d'Aubépine, etc., attendent 2 années et plus avant d'entrer en germination. Enfin, il est
nécessaire que la graine étant mûre, elle n'ait pas perdu la
faculté de germer et à ce point de vue on observe de très
grandes variations qui dépendent beaucoup de la nature des
matériaux de réserve. Les graines qui ont un albumen corné
perdent leur faculté germinative par le seul fait de la dessiccation; on ne peut les conserver quelque temps qu'en les *stra-
tifiant* dans du sable humide. Les graines à réserve oléagineuse conservent plus longtemps leur faculté germinative;
mais ce sont les graines amylacées qui conservent pendant le
plus de temps la propriété de germer. C'est ainsi qu'on a vu
germer des graines trouvées dans les tombeaux gallo-romains
et celtiques.

Les conditions extérieures nécessaires pour qu'une graine
renfermant les conditions que nous venons d'énumérer, puisse
germer sont : l'eau, l'air et la chaleur. Pour ces trois conditions
externes, il intervient une question de quantité; mais c'est
surtout pour la chaleur qu'a été déterminée avec le plus
de précision. Voici quelles sont les températures extrêmes en
dehors desquelles les graines ne peuvent germer, ainsi que la
température optimum, pour la germination de quelques plantes
de grande culture :

	Limite inférieure.	Température optimum.	Limite supérieure.
Passerage	1°,8	21°	28°,0
Lin	4°,8	21°	28°,0
Orge	5°,0	28°,7	37°,7
Blé	5°,0	28°,7	42°,5
Trèfle	5°,7	24°,2	28°,0
Pois	6°,7	26°,6	30°
Lupin	7°,5	28°	30°
Chou	8°	31°,5	42°,5
Chanvre	8°	31°,5	42°,5
Maïs	9°,5	33°,7	46°,2
Concombre . . .	13°,0	37°,5	46°

On voit que ces températures varient beaucoup suivant la
nature du végétal.

Toutes les conditions étant remplies, la graine germe : il reste
maintenant à étudier les phénomènes morphologiques de la
germination. Lorsque celle-ci commence, la graine, gonflée par
l'eau, distend l'enveloppe, qui finit par se déchirer au niveau
du micropyle. Par cette fente, la radicule s'allonge au dehors,
en se courbant en bas et en s'enfonçant dans le sol. Quand la

2

racine a acquis une certaine longueur, la tigelle à son tour
s'allonge par croissance intercalaire en se courbant vers le
haut pour se placer définitivement dans le prolongement de la
racine (Fig. 1). Elle continue de croître pendant quelque temps
dans cette direction et devient le premier entre-nœud de la
tige, la *tige hypocotylée.* Plus tard, les cotylédons à leur
tour se développent, se séparent en rejetant le tégument sur le
sol et enfin s'épanouissent en autant de feuilles vertes au
sommet de la tige hypocotylée. Enfin, le sommet végétatif un
un développé ou gemmule s'allonge au-dessus des cotylédons
(Fig. 2) et constitue la *tige épicotylée.* Dans le cas que nous
venons de décrire les cotylédons sont portés au-dessus de la terre,
ils sont dits *épigés.* Parfois, après le développement de la radicule, la tigelle ne s'accroît pas, les cotylédons ne s'épanouissent pas non plus et demeurent enfermés dans les téguments,
et, dans ce cas, les cotylédons restent dans la terre : ils sont
dits *hypogés.* Chez la plupart des Monocotylédones, la radicule perce le tégument de la graine qui forme autour d'elle
une sorte de collerette à laquelle on donnait autrefois le nom
de *Coléorhize* (Fig. 3, grain de Blé).

Pendant toute la durée de la germination de la graine, il
se passe des phénomènes physiologiques importants. La plan-
tule absorbe de l'oxygène et dégage de l'acide carbonique, en
un mot, respire activement; elle émet aussi de la vapeur
d'eau et en même temps sa substance sèche va diminuant de
poids. Toute graine en germant dégage de la chaleur; ainsi,
en germant, le Blé produit une élévation de température de
10 à 12°; le Maïs, de 6 à 7°; le Trèfle, de 17°; le Chou,
de 20°.

On sait peu de chose encore sur les transformations chimiques qui se produisent dans le phénomène de la germination; mais il paraît certain que les transformations s'accomplissent sous l'influence de diastases appropriées.

Une fois que la radicule a émis des radicelles qui puisent
dans le sol les matériaux liquides et salins nécessaires à la vie
du végétal, et que la gemmule, parvenue à l'air libre, a déployé
les folioles qui la composent, qui sont aussi de la vapeur fonctions spéciales dévolues aux feuilles, l'acte de la germination
est accompli, et le nouveau végétal vit et se développe à la
manière de l'espèce à laquelle il appartient.

GERMOIR. s. m. (R. *germer*). T. Brasseur. Cellier où ger-
ment les graines. Voy. BRASSERIE. || T. Techn. Caisse, pot,

trou creusé pour recevoir certaines graines qu'on veut serrer plus tard.

GERMON. s. m. T. Icht. Genre de *Poissons Acanthoptérygiens*, semblables aux thons. Voy. SCOMBÉROÏDES.

GÉROFLE, GÉROFLIER. Voy. GIROFLE, GIROFLIER.

GÉROMÉ. s. m. Nom d'un fromage, originaire de *Gérardmer* (Vosges) dont *Géromé* est une corruption.

GÉRONDIF. s. m. (lat. *gerundivum*, m. s.). T. Gramm. Ce terme est propre à la grammaire latine, où il sert à désigner le participe passif en *dus*, lorsque ce participe s'emploie comme cas de l'infinitif. En effet, comme l'infinitif des verbes latins ne se décline pas, bien qu'il remplisse véritablement les fonctions d'un véritable substantif, tandis que les autres substantifs sont tous déclinables, les Romains, lorsque les circonstances de la phrase auraient exigé de décliner l'infinitif, lui substituaient ce participe passif, et désignaient ses divers cas sous les noms de gérondifs en *di*, *do* et *dum*. — Par une extension assez naturelle, les grammairiens ont introduit ce terme de g. dans d'autres langues, pour désigner les formes correspondantes au g. des Latins. C'est ainsi qu'en français, comme nous traduisons ordinairement le g. en *do* des Latins par la préposit. *en* suivie du participe présent, on applique quelquefois à cette locution la dénomination de g. De même les auteurs occidentaux qui ont écrit sur la grammaire turque, ont donné le nom de g. à une forme indéclinable du participe présent, qui peut se traduire de la même manière. Voy. PARTICIPE.

GÉRONE. prov. et ville d'Espagne, 309,000 et 16,000 hab.

GÉRONTE. s. m. (gr. γέρων, γέροντος, vieillard). s. f. T. Hist. grecq. A Sparte et dans plusieurs cités grecques d'origine dorienne, on donnait le nom de *Gérusie* (γερουσία, γερωσία) à une assemblée qui représente à peu près ce que l'on appelait βουλή dans les cités d'origine ionienne et *senatus* à Rome. A Sparte, elle se composait, y compris les deux rois qui en étaient les présidents, de 30 membres, nombre qui paraît correspondre à celui des *óbai* ou divisions des trois tribus. Le Sénat se recrutait par la voie de l'élection; mais pour y être éligible, il fallait être du plus pur sang spartiate et être âgé de 60 ans, d'où le nom de γέροντες, c.-à-d. vieillards, sous lequel on désignait ses membres, et celui de γερουσία qu'on portait cette assemblée. Le mode d'élection usité était d'une simplicité primitive : chacun des candidats se présentait successivement devant les électeurs, et ceux-ci témoignaient leur estime par leurs acclamations : celui qui avait excité les acclamations les plus bruyantes était proclamé *Géronte*. Les membres du Sénat de Sparte étaient nommés à vie; bien plus, ils étaient irresponsables. Quant à leurs fonctions, elles participaient à la fois du pouvoir législatif, du pouvoir exécutif et du pouvoir judiciaire. Ils préparaient les lois qui devaient être soumises à l'assemblée du peuple (ἐκκλησία), ou portaient des décrets provisoires. Ils pouvaient infliger à un citoyen la peine de la dégradation civique (ἀτιμία), et même le condamner à mort, et cela sans être limités par aucun code de lois écrites. Enfin, ils exerçaient une sorte de censure sur la manière de vivre de tous les Spartiates. L'institution de la Gérusie était attribuée à Lycurgue; mais après la création de l'éphorat par Théopompe, le pouvoir de ce Sénat ne tarda pas à décliner, par suite des empiétements incessants des nouveaux magistrats.

GÉRONTERIE. s. f. Caractère de géronte.

GÉRONTISME. s. m. (R. *géronte*.) Faiblesse sénile d'esprit. || Système politique des vieillards.

GÉRONTOCOMIE. s. f. [Pr. *jéron-to-ko-mie*] (gr. γέρων, vieillard; κομεῖν, soigner). T. Méd. Hygiène des vieillards.

GÉRONTOCRATIE. s. f. [Pr. *jéronto-kra-sie*] (gr. γέρων, vieillard; κρατεῖν, avoir le pouvoir). Gouvernement des vieillards.

GÉRONTOCRATIQUE. adj. 2 g. Qui se rapporte à la gérontocratie.

GERRIS. s. m. (lat. *gerres*, *is*, petit poisson). T. Entom. Genre d'*Insectes Hémiptères* appartenant au groupe des

Géocorises. Voy. ce mot. Ces insectes ressemblent beaucoup aux Hydromètres, avec lesquels on les confond très souvent sous le nom d'*Araignées d'eau*.

GERS. riv. venant des Hautes-Pyrénées, qui se jette dans la Garonne à 10 kil. au-dessus d'Agen; 170 kil.

GERS (Dép. du), formé de l'Armagnac, du Condomois, du Comminges, etc.; ch.-l. *Auch*; 4 autres arr. *Condom, Lectoure, Lombez, Mirande;* 261,000 hab.

GERSDORFFITE. s. f. [Pr. *ghers-dorfite*, *g* dur] (R. *Gersdorf*, nom d'homme). T. Minér. Arsénio-sulfure de nickel avec cobalt et fer; en cristaux gris d'acier appartenant au sytème cubique.

GERSEAU. s. m. [Pr. *jer-so*]. T. Mar. Corde qui sert à suspendre une poulie ou à la renforcer de peur qu'elle n'éclate.

GERSON (JEAN CHARLIER, dit), théologien français (1363-1429), célèbre par l'énergie avec laquelle il soutint les libertés de l'Église gallicane. On lui attribue l'*Imitation de Jésus-Christ*.

GERTRUDE (SAINTE), fille de Pépin de Landen (623-656). Fête le 17 mars.

GERTRUYDENBERG, v. de Hollande (Brabant septentrional) ; 2,054 hab.

GÉRUSIE. s. f. [Pr. *jé-ru-zie*] (gr. γερουσία, m. s., de γέρων, vieillard). Sénat formé à Sparte par des vieillards. Voy. GÉRONTE.

GERUZEZ, littérateur fr., né à Reims (1799-1865).

GERVAIS (SAINT), frère de saint Protais, martyrisé avec lui sous Néron. Fête le 19 juin.

GERVAIS (PAUL), zoologiste fr., né à Paris (1816-1879).

GERVINUS, historien allemand, né à Darmstadt (1805-1871).

GÉRYON, monstre qui avait 3 têtes et fut tué par Hercule (Myth.).

GÉRYVILLE, commune mixte dans l'extrême sud de la prov. d'Oran ; 30,400 hab.

GERZEAU. s. m. [Pr. *jer-zo*]. Nom vulg. de la Nielle des blés.

GÈSE. s. m. [Pr. *jè-ze*] (lat. *gæsum*, m. s.). Espèce de dard employé par les Gaulois, puis par les Romains.

GÉSIER. s. m. [Pr. *jé-zié*] (lat. *gigeria*, entrailles de poule). Second estomac des oiseaux. Voy. ESTOMAC.

GÉSINE. s. f. [Pr. *jé-zine*] (bas-latin, *jacina*; de *jacere*, être couché). Vieux mot qui se disait des couches d'une femme, ou du temps qu'elle était en couches. *Être en g.*

GÉSIR. v. n. Voy. GIT.

GESNER (CONRAD), naturaliste et philologue de Zurich, surnommé le *Pline de l'Allemagne* (1516-1565).

GESNER (MATHIAS), philologue allemand (1691-1761).

GESNER (SALOMON), peintre et poète allemand (1730-1788), auteur d'un poème intitulé la *Mort d'Abel*.

GESNERA. [Pr. *ghés-né-ra*, *g* dur] (R. *Conrad Gesner*, nom d'un botaniste). T. Bot. Genre de plantes de la famille des *Gesnéracées*. Voy. ce mot.

GESNÉRACÉES. s. f. pl. [Pr. *ghés-né-ra-cées*, *g* dur] (R. *gesnera*). Famille de plantes Dicotylédones de l'ordre des Gamopétales supérovariées.
 Caract. bot.: Tantôt des herbes, parfois à rhizome tuberculeux, quelquefois parasites et sans chlorophylle (*Orobanche*); tantôt des arbustes dressés ou grimpants, rarement des arbres. Feuilles opposées, rarement alternes, simples et sans stipules,

à limbe entier. Fleurs hermaphrodites, zygomorphes, rarement régulières, solitaires, ou bien en épis ou en grappes. Calice régulier ou bilabié, quinquédlde. Corolle gamopétale, tubuleuse, rarement régulière, le plus souvent bilabiée, parfois même éperonnée. Étamines rarement 5 (*Ramondia*); le plus souvent 4, didynames, ou bien 2; anthères introrses biloculaires, souvent réunies. Pistil formé de 2 carpelles concrescents en un ovaire uniloculaire avec 2 placentas pariétaux couverts d'ovules anatropes; style unique; 2 stigmates capités. Le fruit est une capsule loculicide ou septicide, ou bien une baie, ou encore un tétrakène. Graines nombreuses renfermant un embryon droit, parfois non différencié (*Orobanche*), avec un albumen charnu ou sans albumen.

Cette famille comprend 98 genres avec plus de 900 espèces, la plupart tropicales ou subtropicales, quelques-unes appartenant aux contrées tempérées de l'hémisphère boréal (*Orobanche*). Ces genres peuvent se grouper en cinq tribus:

TRIBU I. — *Gesnérées*. — Albumen charnu; anthères droites

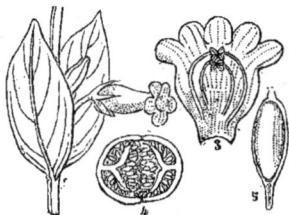

Fig. 1.

(*Gloxinia, Achimenes, Gesnera, Columnea, Cyrtandra, Didymocarpus, Ramondia*, etc.). [Fig. 1. — 1. *Gloxinia caulescens*; — 2. *Hypocyrta gracilis*; 3. Coupe d'une fleur; 4. Coupe transversale du fruit; 5. Graine avec son embryon].

Les représentants de cette tribu sont, en général, des plantes d'une grande beauté par leur fleur aussi bien que par leur feuillage. On en cultive un certain nombre dans les serres et quelques-unes sont devenues de véritables plantes de collection : *Gloxinia, Achimenes, Nægelia, Gesnera, Columnea, Æschynanthus, Chirita*, etc. Elles possèdent peu de propriétés utiles. Les fruits charnus de plusieurs Gesnérées sont mucilagineux et mangeables. Les calices et les fruits de quelques autres fournissent un principe colorant qui sert à teindre le coton, les nattes et autres objets d'un usage domestique. Le *Columnea scandens* a été appelé par les colons français *Liane*

à *sirop*, parce que ses fleurs sécrètent une grande quantité de miel. Au Chili, le *Sarmienta repens* est usité comme émollient. Quelques espèces du genre *Didymocarpus* paraissent être aromatiques.

TRIBU II. — *Columelliées*. — Albumen charnu; anthères

Fig. 2.

sinueuses (*Columellia*). [Fig. 2. — 1. *Columellia oblonga*; 2. Fleur; 3. Moitié de l'ovaire; 4. Fruit].

TRIBU III. — *Crescentiées*. — Pas d'albumen; arbres

Fig. 3.

(*Crescentia, Kigelia, Phyllarthron*, etc.). [Fig. 3. — 1. *Crescentia obovata*; 2. Coupe transversale de son ovaire. — 3. Fruit du *Cresc. cucurbitina*].

L'espèce la plus intéressante de la tribu est le *Crescentia*

Cujete, appelé vulgairement *Calebassier* ou *Arbre aux calebasses*, qui habite les parties tropicales de l'Amérique, principalement aux Antilles et le Brésil. Le fruit de cet arbre, appelé *Couis*, est volumineux et assez semblable à une gourde. Les nègres mangent la pulpe légèrement acide dont i. est rempli; cette pulpe est également usitée en cataplasmes et elle sert à préparer un sirop pectoral dit *sirop de Calebasse.* l'enveloppe solide de ce fruit est employée en guise de bouteille pour conserver des liquides; on s'en sert en outre pour fabriquer différents vases qu'on orne de dessins variés. Celle du *Cresc. cucurbitina* est destinée aux mêmes usages. La pulpe du *Tanœcium Jaroma* jouit des mêmes propriétés que celle du *Cresc. cujete*. Enfin, au Mexique, on mange le fruit de la *Parmenteria edulis*, qui ressemble au Concombre.

Tribu IV. — *Pédaliées*. — Pas d'albumen; herbes (*Martynia, Pedalium, Rogeria, Sesamum*, etc.). [Fig. 4. — 1. *Sesamum indicum;* 2. Fruit mûr; 3. Une de ses moitiés; 4. Graine; 5. Coupe transversale de la graine; — 6. *Martynia lutea :* Fleur; 7. Pistil; 8. Coupe de l'ovaire].

Les feuilles fraîches du *Pedalium Murex*, quand on les agite dans l'eau, rendent celle-ci mucilagineuse, et, dans cet état, les Hindous l'emploient contre la dysurie et la gonorrhée. Ses graines broyées servent aussi à faire des cataplasmes, comme chez nous la farine de Lin. L'*Laaria procumbens* est vulgairement appelé, au cap de Bonne-Espérance, *Plante harpon*, à cause de son fruit couvert d'épines crochues qui saisissent les voyageurs par leurs habits. Les deux longues cornes crochues du *Martynia proboscidea*, vulg. nommé *Cornaret*, et en Italie *Testa di Quaglia*, jouissent de la même propriété. La racine douce et charnue de la *Craniolaire annuelle* (*Craniolaria annua*) est confite au sucre par les créoles, qui la regardent comme une friandise. A l'état sec, elle passe pour être amère et rafraîchissante. Mais le genre le plus important de la tribu est le g. *Sésame*. Le *Sesamum indicum*, originaire de l'Inde, est aujourd'hui cultivé dans toutes les régions chaudes du globe; il ne peut être cultivé au delà du 40e degré de latitude. Sa graine renferme une forte proportion d'huile fixe, de saveur douce, lente à rancir, et que les Orientaux préfèrent à l'huile d'olive. Dans tout l'Orient, cette huile se consomme en quantités considérables, soit pour l'alimentation, soit pour les usages domestiques. En médecine, on l'emploie comme laxatif doux, et pour une foule d'applications topiques. La graine elle-même est un aliment estimé dans l'Orient. Mêlé avec du miel et du jus de citron, le marc sert à faire une préparation alimentaire, nommé *Talwaé*, dont le palais des Orientaux paraît seul capable d'apprécier le mérite. L'huile de Sésame est en outre éminemment propre à la saponification. Aussi la graine de cette plante fait-elle l'objet d'un commerce considérable entre Marseille et le Levant. La quantité qui s'en consomme annuellement dans les savonneries de Marseille atteint 60 millions de kilogrammes. Enfin, les tourteaux de Sésame fournissent un excellent engrais et une bonne nourriture pour les bestiaux, dont ils favorisent beaucoup l'engraissement. Ils sont la matière d'un commerce assez considérable d'importation, surtout en Angleterre.

Tribu V. — *Orobanchées*. — Parasites sans chlorophylle (*Orobanche, Phelipæa, Æginetia*, etc.). [Fig. 5. — 1. *Phelipæa arenaria*, Fleur vue de profil; 2. Corolle vue de face; 3. Style et stigmate; 4. Étamine; — 5. *Anoplanthus uniflorus :* Coupe de l'ovaire; 6. Graine; 7. Coupe de la même pour

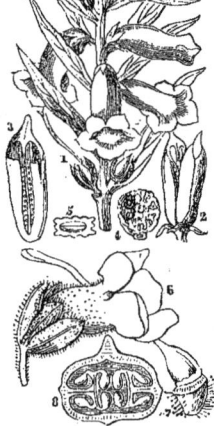

Fig. 4.

montrer l'embryon; — 8. Coupe de l'ovaire de l'*Epiphegus americanus;* — 9. Coupe du fruit de l'*Hyobanche sanguinea ;* — 10. Graine et embryon du *Conopholis americana*]. — Les Orob. sont redoutées des agriculteurs, parce qu'elles s'attachent parfois en grande quantité à certaines plantes cultivées, comme, par ex., l'*Orobanche rameuse* (*Orobanche ramosa*), au Chanvre, d'où le nom de *Mort-au-Chanvre* qu'on lui donne vulgairement. Les graines de cette espèce peuvent rester plusieurs années inertes dans le sol, jusqu'à ce qu'elles viennent à se trouver en contact avec les racines du Chanvre; alors elles s'y attachent et germent immédiatement. Plusieurs espèces de cette famille s'employaient autrefois en médecine ; mais aujourd'hui elles ne sont plus d'aucun usage. L'*Or. majeure* (*Or. major*), parasite de la *Centaurea scabiosa*, est réellement amère et

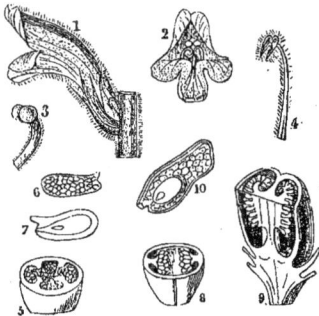

Fig. 5.

astringente. En conséquence, elle était usitée pour détruire les plaies de mauvaise nature, et s'administrait également à l'intérieur pour arrêter les flux diarrhéiques. L'*Epiphegus virginiana*, qui vit en parasite sur les racines du *Fagus ferruginea* et du *Taxus canadensis*, entrait, dit-on, avec l'oxyde blanc d'arsenic, dans la composition de la fameuse poudre anticancéreuse connue dans l'Amérique du Nord sous le nom de *poudre anticancéreuse de Martin*. Cette espèce paraît posséder les mêmes propriétés que l'*Or. majeure*. L'*Or. du Serpolet* et du *Thym* (*Or. epithymum*) s'employait autrefois comme tonique, amer et vulnéraire; ses fleurs odorantes sont encore quelquefois usitées dans les affections spasmodiques. L'*Æginétie de l'Inde* (*Æginetia indica*) entre, avec la Noix muscade, dans la composition d'un remède qui s'emploie comme antiscorbutique. Enfin, le *Phelipæa lutea* sert à teindre en noir les cordes qu'on fabrique avec les fibres du Palmier doum.

GESNÉRÉES. s. f. pl. [Pr. *Ghès-né-rées*, g dur]. T. Bot. Tribu de végétaux de la famille des *Gesnéracées*. Voy. ce mot.

GESNÉRIACÉES. [Pr. *ghés-né...*, g dur]. Voy. GESNÉRACÉES.

GESSE. s. f. (prov. *geissa*, m. s.). T. Bot. Genre de plantes Dicotylédones (*Lathyrus*) de la famille des *Légumineuses*. Voy. ce mot.

Agric. — Deux espèces de g. donnent de bons fourrages, surtout pour les moutons. — 1e La *G. chiche* ou *Jarosse* (*Lathyrus cicera*) réussit sur les terres calcaires les plus pauvres et supporte les froids rigoureux. Son fourrage substantiel est très échauffant, surtout lorsqu'il est récolté un peu tardivement. Sa graine est un aliment dangereux pour l'homme et pour le cheval. Le pain où il entre de sa farine, en certaines proportions, détermine des douleurs, la paralysie, même la mort. — 2e La *G. commune* ou *Lentille d'Espagne, Pois carré*, etc. (*Lathyrus sativus*), espèce plus développée que la précédente: son fourrage est moins échauffant; ses tiges étant faibles, on y joint, pour la culture, des graines d'avoine, de seigle ou de quelques autres graminées à supports un peu fermes, comme le *Bromus pratensis*, qui végète bien dans les terrains secs. On coupe parfois la g. pour la faire manger en vert à l'époque de la floraison. Dans le Midi, on cultive cette espèce comme les petits pois, pour la nourriture de l'homme et des animaux domestiques; on en mange les graines tantôt en vert, tantôt en sec, sous forme de purée. Ses fleurs blanches sont remplacées par des gousses portant sur le dos un large sillon, ce qui les distingue de celles de l'espèce précédente, avec laquelle il serait dangereux de la confondre. Ses semences sont d'ailleurs quadrilatères, blanches, tandis que celles de la jarosse sont anguleuses, d'un jaune fauve, moitié plus petites et amères, surtout quand elles sont crues.

La *G. tubéreuse* (*Lathyrus tuberosus*) est une plante indigène, vivace par sa racine, munie de tubercules arrondis profondément enfoncés en terre. On mange souvent ces tubercules, dont la chair blanche contient une fécule abondante et dont la saveur rappelle celle de la châtaigne.

GESSEN ou **GOSHEN**, province de l'Égypte ancienne où s'établit la famille de Jacob.

GESSI (FRANÇOIS), peintre italien né à Bologne (1588-1649).

GESSLER, gouverneur de la Suisse pour Albert d'Autriche; ses cruautés causèrent l'insurrection de Guillaume Tell, et la Suisse conquit son indépendance (1307). La critique contemporaine a démontré que Gessler était un personnage légendaire.

GESTATION. s. f. [Pr. *jès-ta-si-on*] (lat. *gestatio*, de *gestare*, porter). T. Physiol. Le temps pendant lequel un mammifère femelle porte son fruit. *La gestation de la femme est appelée grossesse. La durée de la g. est très variable : ainsi elle est de trente jours chez le lapin et de quinze mois chez la girafe.* || Fig., *La g. d'un poème.* || T. Antiq. Voy. GYMNASTIQUE.

GESTATOIRE. adj. 2 g. (lat. *gestare*, porter). Usité seulement en cette locution : *Chaise g.*, Chaise à porteurs dont le pape fait usage.

GESTE. s. m. (lat. *gestus*, contenance, geste; de *gestum*, sup. de *gerere*, porter). Se dit des mouvements extérieurs du corps par lesquels nous exprimons nos sentiments, et principalement des mouvements des bras et des mains, dans la déclamation, la conversation, la mimique, etc. *Avoir le g. beau, noble, aisé, forcé. Le g. est une des principales parties de l'orateur et de l'acteur. Des gestes expressifs. Ce g. n'est pas naturel. S'exprimer par gestes. Menacer du g. Il me fit un g. menaçant, un g. négatif. Cet orateur fait beaucoup trop de gestes.*

GESTES. s. m. pl. (lat. *gesta*, actions, exploits). Hauts faits, actions mémorables. *Les gestes de Scipion, d'Alexandre. Les dits et gestes des anciens.* Vx. — *Chansons de gestes*, se disait autrefois des poèmes qui célébraient les grandes actions des héros nationaux. *La chanson de Roland était une chanson de gestes.* || Fam. et en plaisantant, *Les faits et gestes d'une personne*, Ses actions, sa conduite. *On sait vos faits et gestes.*

GESTICULAIRE. adj. 2 g. Qui a rapport aux gestes.

GESTICULATEUR, TRICE. s. Celui, celle qui fait trop de gestes. *C'est un grand g.*

GESTICULATION. s. f. [Pr. *jesti-ku-lasion*]. Action de gesticuler.

GESTICULER. v. n. (lat. *gesticulare*, de *gesticulus*, dim. de *gestus*, geste). Faire trop de gestes en parlant. *Il parle assez bien, mais il gesticule trop. Il ne peut rien dire sans gesticuler.*

GESTION. s. f. (lat. *gestio*, m. s.; de *gestum*, sup. de *gerere*, porter, gérer). Action de gérer, administration, manière de gérer. *La g. d'une tutelle, des biens d'un absent. Rendre compte de sa g. Le temps de sa g. — G. d'affaires.* Voy. MANDAT.

GESTIONNAIRE. adj. 2 g. [Pr. *jes-tio-nère*]. Qui a rapport à une gestion. *Conseil d'administration g.* || s. m. Celui

qui est chargé d'une gestion. *Officier d'administration g. des hôpitaux militaires.*

GÉTA, empereur romain, fils de Septime Sévère, assassiné par son frère Caracalla (212).

GETAH-LAHOË. s. m. Nom indien d'une sorte de cire, qui paraît être produite par le latex du *Ficus cerifera* (*Urticacées*), qui croît dans les îles de l'Archipel indien. On l'appelle également *Cire végétale de Sumatra*.

GÈTES, ancien peuple de la Scythie, sur la rive droite du Danube.

GETSEMANI, bourg et vallée près de Jérusalem. Jésus-Christ a passé dans le jardin de Getsemani la nuit qui précéda son jugement et son supplice.

GÉTULIE, région de l'Afrique anc. (Sahara algérien et tunisien).

GEULINCX (ARNOLD), philosophe cartésien, né à Anvers (1624-1669).

GEUM. s. m. [Pr. *jé-ome*]. T. Bot. Nom scientifique du genre *Benoîte* de la famille des *Rosacées*. Voy. ce mot.

GÉVAUDAN, anc. pays de France (aujourd'hui Lozère et partie de la Haute-Loire). — C'est là qu'apparut, vers 1765, un animal féroce dont toute la France s'occupa, sous le nom de *Bête du Gévaudan*. Cet animal, qui fut tué en 1787, était simplement un lynx ou loup-cervier.

GEVREY - CHAMBERTIN, ch.-l. de c. (Côte-d'Or), arr. de Dijon; 1,800 hab. Vin rouge célèbre dit *chambertin*.

GEX, ch. d'arr. (Ain), à 108 kil. de Bourg; 2,700 habitants.

GEX (Pays de), ancienne province de France, comprise en partie dans le département de l'Ain.

GEYSER. s. m. [Pr. *ghé-y-zèr*, g dur] (island. *geysa*, sortir impétueusement). T. Géol. Source d'eau bouillante qui jaillit à une grande hauteur. Il y en a beaucoup en Islande. Voy. VOLCAN.

GEYSÉRITE. s. f. [Pr. *ghé-y-zérite*, g dur] (R. *geyser*). T. Minér. Silice hydratée qui se dépose en concrétions grisâtres dans les eaux des geysers.

GFRŒRER, historien allemand (1803-1861).

GHADAMÈS, oasis au S.-O. de Tripoli; 7,000 hab.

GHÂT, oasis du Sahara central.

GHATTES (angl. *ghauts*, défilés), nom de deux chaînes de montagnes de l'Hindoustan.

GHEE ou **GHI**. s. m. Nom donné à une huile solide ou beurre retiré des graines du *Bassia butyracea*, arbre de la famille des *Sapotées*. Voy. ce mot.

GHETTO. s. m. (hébreu *ghet*, divorce). Nom, dans certaines villes d'Italie, du quartier où les Juifs étaient obligés de résider.

GHEZ. s. m. Nom de la langue parlée en Abyssinie.

GHIBERTI (LORENZO), sculpteur, architecte florentin, auteur des portes du Baptistère de Florence (1378-1455).

GHIKA, famille qui donna des hospodars à la Moldavie et à la Valachie aux XVIIe et XVIIIe siècles.

GHILAN, province septentrionale de la Perse, sur la mer Caspienne; 260,000 hab. Capitale Recht.

GHILDE. s. f. (german. *gild*, confrérie). Nom, dans le

moyen âge, d'associations, de confréries. || Compagnie u Saine et homme qui en faisait partie.

GHIRLANDAJO (Domenico), peintre florentin (1449-1494).

GHISLAIN (Saint), un des apôtres de la Belgique, mort en 689. Fête le 9 octobre.

GHISONI, ch.-l. de c. (Corse), arr. de Corte ; 1,600 hab.

GHISONI (Fermo), peintre italien (1510-1580).

GIAC (Pierre de), favori de Charles VII, fut mis à mort par le connétable de Richemont (1380-1427).

GIAFAR, sixième iman ou descendant d'Ali (702-765).

GIA-LONG, empereur d'Annam, contemporain de Louis XVI.

GIANNONE (Pietro), historien italien (1676-1748).

GIAOUR. s. m. [Pr. *ji-a-our*] (persan *geber*, *gaèbre*). Terme injurieux par lequel les musulmans désignent ceux qui ne professent pas l'islamisme.

GIAROLE. s. f. T. Ornith. Nom d'une sorte d'*Echassier* que l'on appelle encore *Glaréole* ou *Perdrix de mer*. Voy. Glaréole.

GIBBEUX, EUSE. adj. [Pr. *jib-beû*] (lat. *gibbosus*, bossu). Se dit en parlant d'une personne qui a une bosse; en parlant d'une chose qui est relevée en bosse. *La partie gibbeuse du foie. Des feuilles gibbeuses. Les parties gibbeuses de la lune.*

GIBBIFÈRE. adj. 2 g. [Pr. *jib-bifère*] (lat. *gibba* bosse; *ferre*, porter). Qui porte une bosse.

GIBBIFLORE. adj. 2 g. [Pr. *jib-biflore*] (lat. *gibba*, bosse; *flos*, fleur). T. Bot. Dont les pétales sont gibbeux.

GIBBIPENNE. adj. 2 g. [Pr. *jib-bi-pène*] (lat. *gibba*, bosse; *penna*, plume). T. Entom. Dont les élytres sont bombés et comme gibbeux.

GIBBON. s. m. [Pr. *jib-bon*] (lat. *gibba*, bosse). T. Mamm. Les Gibbons sont de tous les Singes anthropomorphes ceux

hauteur ne dépasse jamais 1 mètre, ont de fortes callosités aux fesses, le pelage très épais et laineux; leurs avant-bras sont fort allongés ainsi que les mains et leur angle facial est beaucoup moins ouvert que celui des autres anthropomorphes. Cependant leurs oreilles sont de moyenne grandeur

Fig. 1.

et de forme presque humaine (Fig. 1, Tête de G. vue de profil).

Le genre G. (*Hylobates*) renferme une dizaine d'espèces qui, pour la plupart, sont propres aux îles de la Sonde ; quelques-unes, néanmoins, habitent la presqu'île malaise et la partie méridionale de l'Inde. Ces Singes vivent en troupes dans les forêts presque impénétrables de ces contrées. Moins intelligents que les Chimpanzés et les Orangs, ils sont criards et font entendre continuellement leur voix en sautant d'une branche à l'autre ou en marchant. Ils se suspendent par les bras et peuvent s'élancer à de grandes distances, après s'être balancés deux ou trois fois pour prendre l'élan convenable (Fig. 2). La femelle porte son petit cramponné autour de son corps lorsqu'il est assez fort pour se tenir seul dans cette position, et le soutient avec un de ses bras pendant son bas âge.

Les Gibbons en général s'apprivoisent aisément. Ils sont plus doux, même dans un âge avancé, que la plupart des autres Singes. Plusieurs espèces, le Siamang, par ex., présentent aux membres postérieurs un caractère particulier. Ce caractère consiste en ce que les doigts indicateur et médian sont réunis, dans une partie de leur étendue, par une membrane. Les principales espèces de Gibbons sont : le *G. Siamang* (*H. syndactylus*) qui habite Sumatra, le *G. Oa* (*H. leuciscus*) que les Javanais appellent *Wauwau* (Fig. 2) et le *G. Ungho* (*H. agilis*) qui vit à Sumatra.

GIBBON (Éd.), historien anglais (1737-1796), auteur d'une *Histoire de la décadence et de la chute de l'Empire romain.*

GIBBOSITÉ. s. f. [Pr. *jib-bo-zi-té*]. T. Méd. Bosse, courbure de l'épine du dos. Voy. Orthopédie.

GIBBSITE. s. f. (R. *Gibbs*, nom d'un savant américain). T. Minér. Syn. d'*Hydrargillite.*

GIBECIER. s. m. Celui qui fait des gibecières.

Fig. 2.

qui s'éloignent le plus de la forme humaine et doivent être considérés comme intermédiaires entre les grands Singes et et les *Cercopithèques*. Voy. ce mot. — Ces animaux, dont la

GIBECIÈRE. s. f. (même orig. que *gibier*; vx fr. *gibecer*, aller à la chasse). Sorte de bourse large et plate que l'on portait anciennement à la ceinture. || Grande bourse, ordinairement de cuir, où les chasseurs mettent le plomb, la poudre et les autres choses dont ils se servent à la chasse, et aussi le menu gibier. || Sac où les pêcheurs mettent le poisson. || Sac où les bergers, les écoliers mettent leurs provisions. || Espèce de sac dans lequel les escamoteurs, les joueurs de gobelets mettent leurs instruments, et qu'ils attachent devant eux quand ils font leurs tours. *Tour de g.*, Escamotage.

GIBEL, nom moderne de l'Etna.

GIBÈLE. s. f. T. Icht. Poisson appartenant à l'ordre des *Malacoptérygiens abdominaux* et à la famille des *Cyprinoïdes*. Voy. CARPE.

GIBELET. s. m. (anc. fr. *vimbrat*, percer; du lat. *vibrare*, tourner). Petit foret dont on se sert pour percer une pièce de vin ou de quelque autre liquide. || Fig., *Cet homme a un coup de g.*, Il est un peu fou.

GIBELIN. s. m. (ital. *ghibellino*, de CONRAD *de Weibelingen*, empereur d'Allemagne). T. Hist. Partisan de l'empereur au moyen âge. Adversaire des *Guelfes* ou partisans du pape. Voy. GUELFE.

GIBELOT. s. m. (all. *gabelholz*, m. s., mot à mot : bois qui fait la fourche). T. Mar. Pièce de bois courbé fixée entre les deux plats-bords et l'étrave.

GIBELOTTE. s. f. [Pr. *ji-be-lo-te*] (angl. *giblets*, abatis). T. Cuis. Espèce de fricassée de lapin, etc. *Mettre un lapin en gibelotte.*

GIBERNE. s. f. (gr. *κίββα*, petit sac). T. Guerre. La G. est une boîte de cuir ou recouverte de cuir, dans laquelle les soldats mettaient leurs cartouches et quelques menus objets pour l'entretien des armes. Ce fut Gustave-Adolphe qui, le premier (1620), en dota son infanterie; mais l'usage ne tarda pas à en devenir général. Dans le principe, la g. ressemblait à une gibecière; peu à peu cependant elle diminua de largeur et de hauteur, et acquit une certaine épaisseur. Elle se portait soit sur la hanche droite au moyen d'une buffleterie, soit sur le dos, à l'aide d'un ceinturon, auquel elle était adaptée de façon à pouvoir, à volonté, se ramener sur le côté et sur le ventre. La G. a été supprimée dans l'armée et est aujourd'hui remplacée par des *Cartouchières plates*, qui se fixent également à un ceinturon et se portent, les unes sur le ventre, les autres sur le dos.

GIBET. s. m. (orig. inconnue). *Gibet* a signifié d'abord le lieu où l'on pend; on l'employa plus tard dans le sens de *Potence*, et enfin dans celui de *Fourches patibulaires*. Quoique aujourd'hui on fasse usage indifféremment du mot gibet dans l'une et l'autre de ces deux dernières significations, il n'en était pas de même il y a trois siècles. La potence était l'instrument de supplice qui servait à la pendaison, tandis que le gibet, autrement appelé les *Fourches patibulaires*, se composait ordinairement de deux piliers de pierre sur lesquels était posée transversalement une poutre qui soutenait des chaînes de fer munies de crocs auxquels on suspendait les cadavres des suppliciés, jusqu'à ce qu'ils fussent dévorés par les oiseaux ou qu'ils tombassent en putréfaction. On choisissait en général pour cela un lieu élevé, afin de mettre en vue le supplicié et d'intimider les malfaiteurs par l'exemple. Le plus fameux de ces gibets était celui de Montfaucon, qui avait été construit par Enguerrand de Marigny, et où il fut lui-même exposé. Sous Charles IX, il se composait de seize piliers. Il paraît qu'à Montfaucon on pendait les condamnés à une potence élevée sous le gibet, et qu'on attachait ensuite le corps au gibet lui-même.

GIBIER. s. m. [Pr. *ji-bié*] (orig. inconnue). Se dit de tout ce qu'on prend à la chasse, et particulièrement des animaux bons à manger. *Un pays plein de g. Tuer du g. Manger du g.* — *G. de plume*, Les oiseaux qu'on tue à coups de fusil ou qu'on prend aux pièges. *G. à poil*, Lièvres, lapins, chevreuils, etc. — *Gros g.*, Les bêtes fauves, etc. — *Menu g.*, se dit, par opposition au gros g., des lièvres, perdrix, bécasses, etc.; et, par opposition au g. ordinaire, des cailles, grives, alouettes, becs-fins et autres petits oiseaux. || Fig. et fam., Personne qu'on cherche à prendre, à gagner. *Cela n'est pas de son g.*, Cela passe ses connaissances, sa capacité, ou bien ne lui convient pas, n'est pas de son goût. — *G. de potence.* Voy. POTENCE.

GIBLE. s. m. Se dit des briques arrangées dans le four pour être cuites.

GIBOULÉE. s. f. Pluie grande, soudaine, de peu de durée et quelquefois mêlée de grêle.

GIBOYER. v. n. [Pr. *ji-bo-ié*]. Chasser, prendre du gibier. *Il aime à g.* Fam. — *Arquebuse à g.*, Long fusil dont on se sert pour tirer de loin. *Poudre à g.*, Poudre beaucoup plus fine que la poudre ordinaire.

GIBOYEUR. s. m. [Pr. *ji-bo-ieur*]. Celui qui chasse beaucoup. *C'est un grand g.* Fam. et peu us.

GIBOYEUX, EUSE. adj. [Pr. *ji-bo-ieu*]. Qui abonde en gibier. *Pays g.*

GIBRALTAR, anc. Calpe, v. d'Espagne, appartenant aux Anglais depuis 1704, à l'entrée du détroit de Gibraltar (anc. détroit de Gadès), en face de Ceuta; 21,000 hab.

GIBRALTAR (Détroit de), détroit par lequel la Méditerranée communique avec l'Océan, et qui sépare l'Afrique de l'Europe. Colonnes d'Hercule des anciens. Sa largeur est de 43 kilom., du promontoire de Gibraltar au nord au promontoire de Ceuta au sud. Courant, souvent très rapide, de l'Océan à la Méditerranée.

GIBUS. s. m. (R. Nom de l'inventeur). Voy. CHAPEAU.

GICLER. v. n. Rejaillir en éclaboussant. T. fam.

GICLET. s. m. Nom vulgaire de l'*Ecballium Elaterium*. Voy. CUCURBITACÉES.

GIÉ (PIERRE DE ROHAN, dit DE), maréchal de France, se distingua sous Louis XI, Charles VIII et Louis XII.

GIEN, ch.-l. d'arr. (Loiret); 8,500 hab. Faïenceries renommées. = Nom des hab. : GIENNOIS, OISE.

GIENS (Presqu'île de), presqu'île du dép. du Var, au N.-O. de Porquerolles.

GIER, riv. de France, affl. du Rhône; 45 kil.

GIERS, diplomate russe (1820-1895).

GIESSBACH (Le), torrent de Suisse qui tombe en cascade près du lac de Brienz.

GIESSEN, v. d'Allemagne, ch.-l. de la Hesse supérieure; 19,000 hab.

GIETTE. s. f. [Pr. *ji-ète*]. Pièce de l'ourdissoir.

GIFFARD (HENRI), ingénieur français, inventeur de l'injecteur qui règle l'introduction de l'eau dans les chaudières à vapeur, auteur d'un ballon dirigeable à la vapeur (1825-1882). Il a légué sa grande fortune à l'État pour être consacrée à des œuvres scientifiques.

GIFLE. s. f. Anciennement *joue;* aujourd'hui coup donné avec la main, tape sur la joue.

GIFLER. v. a. *Donner une gifle.* Fam.

GIFLEUR, EUSE. s. Celui, celle qui donne des gifles.

GIGADON. s. m. Sorte de gabarit dont se servent les maçons, les menuisiers, les charpentiers, pour prendre des mesures.

GIGANTESQUE. adj. 2 g. (lat. *giganteus*, m. s., de *gigas*, géant). Qui tient du géant. *Taille g. Des formes gigantesques.* — Se dit aussi des animaux et des choses remarquables par leur grandeur, par leur hauteur. || *Un animal g. Des arbres gigantesques.* || Fig. *Un projet, une entreprise g. Des expressions gigantesques.* || Substant., au masc., se dit des choses gigantesques en général. *Il y a des esprits qui n'aiment que l'extraordinaire et le g.*

GIGANTESQUEMENT. adv. Dans des proportions gigantesques.

GIGANTIN, INE. adj. Synonyme inusité de *gigantesque*.

GIGANTISME. s. m. (lat. *gigas, gigantis*, géant). T. Anthrop. Taille de géant.

GIGANTOGRAPHIE. s. f. (gr. γίγας, γίγαντος, géant; γράφειν, décrire). T. Didact. Description des géants.

GIGANTOLITHE. s. f. (gr. γίγας, γίγαντος, géant; λίθος, pierre). T. Minér. Variété de cordiérite.

GIGANTOLOGIE. s. f. (gr. γίγας, γίγαντος, géant; λόγος, histoire). Histoire des géants; traité sur les géants.

GIGANTOMACHIE. s. f. (gr. γίγας, γίγαντος, géant; μάχη, combat). T. Myth. Dans la mythologie gréco-romaine, on décrivait sous ce nom le prétendu combat des géants contre les dieux. Il ne faut pas confondre les géants avec les Titans, qui firent la guerre à Uranus. Les géants étaient nés de la Terre fécondée par le sang que perdit Uranus lorsqu'il fut mutilé par Saturne, d'où l'épithète de *Terrigenæ* que leur appliquent fréquemment les auteurs anciens. Confiant en leur force et leur taille monstrueuse, ils tentèrent le détrôner Jupiter, pour venger la défaite des Titans. Les poètes placent ce combat en divers lieux, dans le territoire de Cumes en Campanie, en Arcadie, en Thessalie, etc. C'est dans cette dernière localité que le place Ovide, qui décrit les géants aux cent bras occupés à entasser montagnes sur montagnes. Jupiter foudroie cette masse de rochers et ensevelit ses adversaires sous leurs débris. Suivant Apollodore, les deux géants qui se distinguèrent le plus dans ce combat furent Porphyrion et Alcyonée; nul ne pouvait vaincre ce dernier, tant qu'il combattrait dans sa terre natale. Un oracle ayant prédit aux dieux qu'ils ne pourraient triompher de leurs ennemis qu'avec l'aide d'un mortel, Hercule fut invité à se joindre à la troupe céleste. Alors tout changea de face. Alcyonée, percé de flèches, revint cependant à la vie en touchant la terre mais traîné hors du territoire de Pallène, il expira aussitôt. Porphyrion fut tué par Jupiter au moment où il allait faire violence à Junon. Quant aux autres géants, Ephialtès eut les yeux crevés par les flèches d'Apollon. Eurytus fut tué d'un coup de thyrse par Bacchus; Clytius fut tué par Hécate, ou selon d'autres, Vulcain l'écrasa sous le poids d'une masse de fer incandescente. Minerve se signala en écorchant Pallas, et en lançant l'île entière de la Sicile sur le corps d'Encelade, que d'autres font périr sous les coups de Silène. Polybotès s'enfuit pour éviter les traits d'Apollon; mais ce dieu l'ensevelit sous une partie de l'île de Cos. Les vainqueurs d'Hippolyte et de Gration furent Mercure et Diane, tandis qu'Agrios et Thoon, qui avaient pour armes des massues d'airain, périrent de la main des Parques. Enfin, Jupiter et Hercule exterminèrent à coups de flèches les géants qui restaient encore. Les anciens signalaient en outre que plusieurs d'entre eux, tels qu'Encelade, Mimas, Polybotès, etc., gisaient sous des feux volcaniques. Tel est ce célèbre combat que Phidias avait représenté en haut relief dans l'intérieur du bouclier de sa Minerve et dont nous possédons de nombreux épisodes sur des pierres gravées.

GIGANTOSTRACÉS. s. m. pl. (gr. γίγας, γίγαντος, géant;

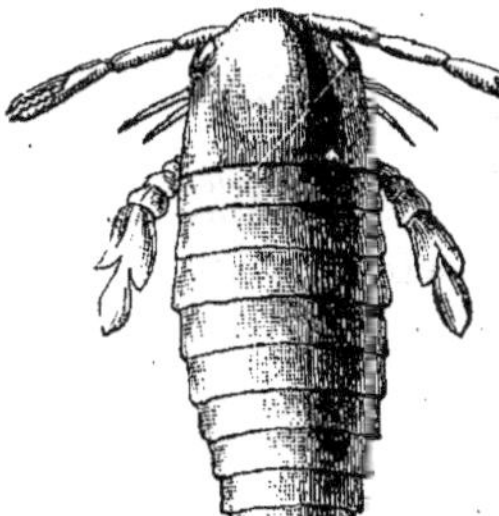

Fig. 1.

ὄστρακον, coquille, carapace). Ordre de *Crustacés* fossiles qui vivaient aux époques dévonienne et carbonifère. C'étaient de très grands animaux, les plus grands même de tous les Arthropodes connus, puisque certaines espèces atteignaient une longueur de 1m50 au moins.

Le céphalothorax était formé de six segments soudés entre eux et reconnaissables seulement au nombre des appendices : une paire d'antennes et cinq paires de pattes-mâchoires. Les antennes étaient quelquefois terminées par de fortes pinces analogues aux chélifères des Arachnides (Fig. 1. Partie inférieure du *Pterygotus anglicus*, vue en dessous); d'autres fois, elles étaient très petites. Le céphalothorax était recouvert d'un fort bouclier de chaque côté duquel se trouvaient

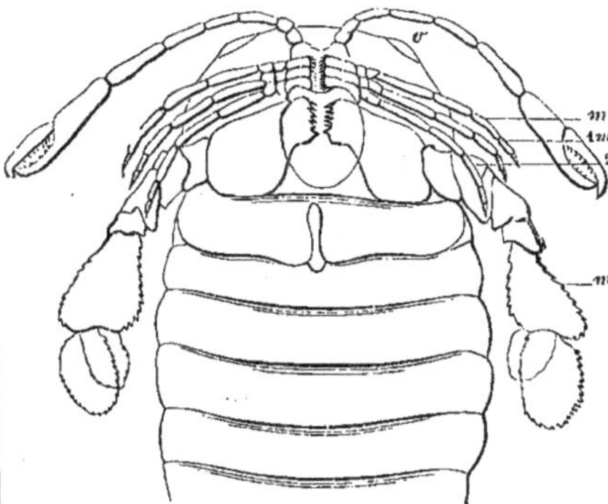

Fig. 2.

deux gros yeux réniformes (Fig. 2, *Pterygotus bilobus*: o, œil; m a, 1m, 2m, pattes mâchoires; mp, patte nageoire) et quelquefois, sur le sommet, deux ocelles à peine visibles. Le reste du corps était composé de douze anneaux libres, ne présentant aucune trace d'appendices; le dernier anneau était terminé par un telson large ou pointu.

Les *Gigantostracés* renferment un certain nombre de genres parmi lesquels nous citerons le genre *Pterigotus* (Fig. 1 et 2), caractérisé par des antennes très développées et pourvues de pinces à leur extrémité, et le genre *Eurypterus*, présentant des antennes grêles et des yeux sans facettes. Tous les Gigantostracés sont éteints actuellement; on doit considérer cependant les Limules qui vivent dans l'Océan Indien comme leurs descendants directs.

GIGARTINACÉES. s. f. pl. (R. *gigartine*). T. Bot. Famille d'Algues de l'ordre des Floridées.

Caract. bot. : Les G. ont un thalle massif, de consistance charnue ou cartilagineuse. Les oogones, terminant des ramuscules de trois ou quatre cellules, sont attachés aux flancs des rameaux corticaux dans le voisinage de la périphérie; c'est l'article qui porte le ramuscule qui est la cellule auxiliaire. Cette cellule auxiliaire produit, sur toute sa surface, des filaments rayonnants qui s'enfoncent et se ramifient dans le tissu du thalle, en se nourrissant aux dépens des cellules végétatives; le sporogone est donc intérieur et parasite. Les filaments issus de la cellule auxiliaire et plus ou moins diffus s'anastomosent de loin en loin avec les cellules du thalle, et produisent, à chaque point de soudure, un rameau renflé qui ne tarde pas à se cloisonner et à se ramifier; chacun de ces rameaux devient un massif sporifère ou cystocarpe. Chacun de ces massifs s'accuse au dehors par une protubérance plus ou moins forte; celle-ci s'ouvre plus tard au sommet pour mettre les carpospores en liberté.

La famille des G. se divise en deux tribus :

Tribu 1. — *Gigartinées*. — Sporogone composé diffus (*Endocladia, Chondrus, Gigartina, Callymenia*, etc.). Le *Chondrus crispus*, connu sous le nom de Carragahen, Mousse perlée, etc., commun dans les mers du Nord, est employé en pharmacie et dans l'industrie. On trouve dans le commerce cette algue desséchée, soit toute ses cellules végétatives, décolorée; elle a une odeur faible et pas de saveur marquée. Plongé dans l'eau bouillante, le Carragahen se dissout presque complètement et donne une gelée très consistante. En thérapeutique, c'est un médicament émollient et analeptique; sa décoction, additionnée de lait, est bien tolérée dans la diarrhée, la dysenterie, etc. On prépare, avec de l'ouate imprégnée de mucilage de Carragahen, de très bons cataplasmes connus sous le nom de *cataplasmes Lelièvre*. En Amérique, le Carragahen sert à clarifier la bière. Sur certaines plages, on récolte aussi comme Carragahen le *Chondrus mamillosus*. Les *Gigartina spinosa* et *isiformis* donnent l'*Agar-Agar*, très employé pour sa gélose qui convient très bien pour préparer des milieux solides destinés à la culture des Bactériacées.

Tribu II. — *Rhodophyllées*. — Sporogone composé en forme de sphère creuse, faisant transition vers le sporogone simple des Rhodyméniacées (*Rissoella*, *Cystoclonium*, *Rhodophyllis*, *Solieria*).

GIGARTINE. s. f. (gr. γίγαρτον, pépin du raisin). T. Bot. Genre d'Algues (*Gigartina*) de la famille des *Gigartinacées*. Voy. ce mot.

GIGARTINÉES. s. f. pl. (R. *Gigartine*). T. Bot. Tribu d'Algues de la famille des *Gigartinacées*. Voy. ce mot.

GIGNAC, ch.-l. de c. (Hérault), arr. de Lodève; 2,500 hab.

GIGOGNE. s. f. (R. *Cigogne*, ou lat. *gignere*, engendrer). *La mère Gigogne*, Personnage de théâtre d'enfants; elle est entourée d'un grand nombre de petits enfants qui sortent de dessous ses jupons.

GIGOT. s. m. (R. *gigue*). Cuisse de mouton séparée du corps de l'animal pour être mangée. *Manche du g.*, Partie de l'os par laquelle on peut le prendre. *Manche à g.*, Poignée qui emboîte cet os et par laquelle on le tient pour découper à table. || Au plur., et par ext., Les jambes de derrière du cheval. *Ce cheval a de bons gigots*. — Très fam., se dit quelquefois des jambes d'une personne. *Étendre ses gigots*. || Fig. Partie renflée de la manche des robes de femme. *Des manches à g.*

GIGOTÉ, ÉE. adj. [Pr. *ji-go-té*] (R. *gigot*). T. Man. et Vén. *Cheval bien g.*, Cheval dont les membres sont bien fournis et annoncent la force. *Chien bien g.*, Chien qui a les cuisses rondes et les hanches larges. On dit mieux dans les deux cas, *Bien membré*.

GIGOTER. v. n. [Pr. *ji-go-té*] (R. *gigot*). Se dit d'un animal qui secoue les jarrets en marchant. || Par ext. et famil., se dit des enfants qui remuent continuellement les jambes. *Cet enfant ne fait que g.* || Fam. Danser.

GIGUE. s. f. Grande fille dégingandée, qui ne fait que sautiller, gambader. *C'est une grande g.* Popul. || Très famil., se dit, au plur., pour jambes. *Avec vos grandes gigues, vous m'empêchez de me chauffer.*

GIGUE. s. f. (ital. *giga*, de l'all. *geige*, violon). T. Mus. Air de danse dont le mouvement est vif et gai. || Danse faite sur cet air. *La g. est une danse populaire en Angleterre.*

GIGUER. v. n. (R. *gigue*). Danser, sauter.

GIL (VICENTE), poète comique, surnommé le *Plaute portugais* (1480-1557).

GILA (LE), riv. de l'Amérique septentrionale, affluent du Colorado (rive g.); 800 kilomètres.

GILBE. s. f. (all. *gelb*, jaune). Genêt des teinturiers.

GILBERT ou **KINGSMILL** (îles), archipel polynésien, au S.-E. des îles Marshall.

GILBERT (GUILLAUME), physicien anglais, auteur du traité *De Magnete* (1540-1603).

GILBERT, poète français, auteur de *Satires*, né en 1751, m. fou en 1780.

GILBERT DE LA PORRÉE, théologien, évêque de Poitiers, un des chefs des Réalistes (1070-1154).

GILBERTITE. s. f. (R. *Gilbert*, nom d'un naturaliste fr.). T. Minér. Silicate hydraté d'alumine avec chaux, fer et magnésie.

GILDAS (SAINT), fondateur du monastère de *Saint-Gildas-de-Rhuis* (Morbihan), m. en 565.

GILET. s. m. (R. *Gille*, nom propre). Sorte de veste courte, sans pans et sans manches, qui se porte sous l'habit ou la redingote. *Un g. de velours. Les poches d'un g.* — Par anal., Partie du vêtement de la femme qui imite le gilet d'homme. || Sorte de camisole de laine, de coton, etc., qui se porte ordinairement sur la chemise ou sur la peau. *G. de flanelle, de tricot.* || *G. d'armes*, Gilet en tissu de mailles qui se met sous l'habit de ville et fournit une défense contre les coups de poignard. || T. Escrime. *Donner un g.*, Toucher très souvent à la poitrine. || T. Jeux. Jeu de cartes qui se joue à quatre.

GILETER. v. a. Vêtir d'un gilet.

GILETIER, ÈRE. s. m. et f. Ouvrier, ouvrière qui fait des gilets.

GILL (ANDRÉ GOSSET DE GUINES, dit), caricaturiste français, né à Paris (1840-1885).

GILLE. s. m. [Pr. *jil*]. Nom d'un personnage du théâtre de la foire, qui représentait un individu fort niais. *Jouer les rôles de Gille*, ou elliptiq., *Jouer les Gilles*. || Par allusion à ce personnage, on dit quelquefois fam., d'un homme qui a l'air et le maintien d'un niais, *C'est un Gille, un grand Gille*. — Pop., *Faire Gille*, Se retirer, s'en aller, s'enfuir.

GILLÉNIE. s. f. [Pr. *ji-lé-nie*]. T. Bot. Genre de plantes Dicotylédones (*Gillenia*), de la famille des *Rosacées*. Voy. ce mot.

GILLERIE. s. f. [Pr. *ji-le-rie*]. Fam. Niaiserie.

GILLES. s. m. [Pr. *ji-le*]. Espèce de bretan qui se joue à quatre personnes, faisant chacune leur jeu en particulier.

GILLIÉSIACÉES. s. f. pl. [Pr. *ji-li-e-zi…*] (R. *gilliesia*). T. Bot. Petite famille établie par Lindley pour les 2 genres *Gilliesia* et *Miersia*, placés aujourd'hui dans la famille des *Liliacées*. Voy. ce mot.

GILLIÉSIE. s. f. [Pr. *jil-lié-zie*] (R. *Gillies*, nom d'un botaniste angl.). Genre de plantes Monocotylédones (*Gilliesia*) de la famille des *Liliacées*. Voy. ce mot.

GILLINGITE. s. f. [Pr. *jil-lin-jite*] (R. *Gilling*, nom de lieu). T. Minér. Synonyme d'*Hisingérite*.

GILLON, s. m. [Pr. *ji-lon*]. Nom vulgaire du gui.

GILLOT (CLAUDE), dessinateur, peintre et surtout graveur français (1673-1722).

GILLOT (FIRMIN), graveur français, inventeur d'un procédé pour la gravure typographique, ou photogravure en relief, ou zincographie (1820-1872).

GILLOTAGE. s. m. [Pr. *jilo-taje*] (R. *Gillot*). Syn. de Zincographie. Voy. ce mot et PHOTOGRAVURE.

GILOLO, la plus grande des Moluques; 250,000 hab.

GILVICOLLE. adj. [Pr. *jilvi-cole*] (R. *gilvus*, gris, et *col*). T. Zool. Qui a le cou gris ou cendré.

GIMBLETTE. s. f. [Pr. *jin-blète*] (provenç. *gimbeleto*, m. s.). Petite pâtisserie dure et sèche faite ordinairement en forme d'anneau. || Gâteau d'entremets plein de confitures.

GIMONT, ch.-l. de c. (Gers), arr. d'Auch; 2,800 hab.

GIN. s. m. [Pr. *djin*] (angl. *gin*, de *genevra*, genièvre). Mot anglais qu'on emploie quelquefois pour désigner l'eau-de-vie de genièvre.

GINDRE. s. m. (lat. *junior*, jeune garçon). Premier ouvrier d'une boulangerie; celui qui pétrit le pain.

GINESTAS, ch.-l. de c. (Aude), arr. de Narbonne; 1,200 hab.

GINGAS. s. m. (R. *jin-gá*). T. Comm. Toile de fil à carreaux bleus et blancs, qui s'emploie ordinairement pour faire les matelas.

GINGEMBRE. s. m. (lat. *zinziberis*, m. s. du gr. ξιγγίβερις). T. Bot. Genre de plantes Monocotylédones (*Zingiber*) de la famille des *Scitaminées*. || Nom vulgaire du *Zingiber officinale*. Voy. SCITAMINÉES.

GINGEOLE. s. f. Nom vulgaire de la jujube.

GINGEON. s. m. Nom vulgaire du canard siffleur.

GINGIVAL, ALE. adj. (lat. *gingiva*, gencive). T. Anat. Qui appartient aux gencives.

GINGIVITE. s. f. (lat. *gingiva*, gencive). T. Méd. Inflammation des gencives. Voy. GENCIVE.

GINGLYME. s. m. (gr. γίγγλυμος, charnière). T. Anat. Articulation en forme de charnière. Voy. ARTICULATION.

GINGLYMOÏDAL, ALE. adj. (R. *ginglymoïde*). Qui est en forme de ginglyme.

GINGLYMOÏDE. adj. 2 g. (R. *ginglyme*, et gr. εἶδος, forme). Qui est en forme de ginglyme.

GINGOL. s. m. Nom donné, en Cochinchine, à des espèces de gros fusils qu'on charge d'ordinaire jusqu'à la gueule de lingots de fer coupés et hachés.

GINGUENÉ (PIERRE-LOUIS), littérateur français (1748-1816), auteur d'une *Histoire littéraire de l'Italie*.

GINGUET. s. m. [Pr. *jin-ghè*]. T. Mar. Pieu mobile qui arrête le cabestan, après qu'on s'en est servi.

GINGUET, ETTE. adj. [Pr. *jin-ghè*] (R. *ginguer*, autre forme de *giguer*). Qui a peu de force, peu de valeur ; qui est trop court ou trop étroit. *Du vin g. Un ouvrage bien g. Une robe bien ginguette*. Fam. || Fig. et fam., *Esprit g*, Esprit médiocre, frivole, qui a peu de fond. || Substant v., *Vin faible et âpre. Boire du g*.

GINKGO. s. m. [Pr. *jin-ko*]. T. Bot. Genre de végétaux Gymnospermes de la famille des *Conifères*. Voy. ce mot.

GINKGOPHYLLE. s. m. (R. *ginkgo*, et gr. φύλλον feuille). T. Bot. Genre de Conifères fossiles que l'on rencontre dans les schistes permiens de Lodève (Hérault).

GINOUSÈLE. s. f. [Pr. *jinou-zè-le*]. Nom vulgaire de l'épurge.

GINSENG. s. m. (chinois *ginsen*). T. Bot. Nom vernaculaire du *Panax ginseng*, plante de la famille des *Araliées*. Voy. ce mot.

GIOBERTI (VINCENT), philosophe et homme d'État italien (1801-1852).

GIOBERTITE. s. f. T. Minér. Carbonate de magnésie cristallisé en rhomboèdres.

GIOCONDO (FRA GIOVANNI), architecte italien, construisit le pont Notre-Dame, à Paris, en 1499 (1435-1515).

GIOCOSO. adj. (ital. *giocoso*, m. s.). T. Mus. Vif, léger, badin.

GIOJA (FLAVIO), marin napolitain, passe pour l'inventeur de la boussole (XIIIe siècle).

GIOL. s. m. Nom vulgaire de l'ivraie.

GIORDANO (LUCA), peintre italien (1632-1705).

GIORGIONE (GIORGIO BARBARELLI, dit LE), peintre italien, fondateur de l'école de Venise (1478-1511).

GIORNO (A). [Pr. *a-ji-or-no*]. loc. adv. italienne par laquelle on désigne un éclairage très brillant, propre à remplacer le jour.

GIOTTO (AMBROGIO DI BONDONE, surnommé), célèbre peintre florentin, fut l'ami de Dante (1276-1336).

GIOVANI DA FIESOLE. Voy. ANGELICO.

GIPON. s. m. (R. *jupon*). T. Techn. Houppe ou morceau de laine servant au corroyeur à appliquer la cire, l'huile et le suif sur les peaux.

GIPSY. s. m. et f. [Pr. *dji-psi*] (angl. *gipsy*; corrupt. de *Égyptien*). Nom que l'on donne aux bohémiens d'Angleterre. = Au plur., *Des gipsies*.

GIRAFE. s. f. (ar. *zeraffa*, long col). T. Mamm. La G. est le quadrupède le plus haut de taille qu'on trouve sur la surface de la terre ; sa hauteur atteint 7 mètres ; c'est aussi l'animal le plus grand et le plus singulier de l'ordre des Ruminants. Pline nous apprend que, de son temps, les Éthiopiens le nommaient *Nabun*, tandis que les Grecs et les Romains l'appelaient *Camelopardalis*, c.-à-d. Chameau-Léopard, nom que lui ont conservé les zoologistes modernes. « Les Éthiopiens, dit-il, appellent *Nabun* un animal qui ressemble au Cheval par le cou, au Bœuf par les pieds et les jambes, au Chameau par la tête, et dont le pelage est rougeâtre et marqué de taches blanches, ce qui lui a valu la dénomination de *Camelopardalis*. C'est dans les jeux du cirque, donnés par le dictateur César, qu'on le vit pour la première fois à Rome. » Les Romains eurent encore, après César, plusieurs occasions d'étudier

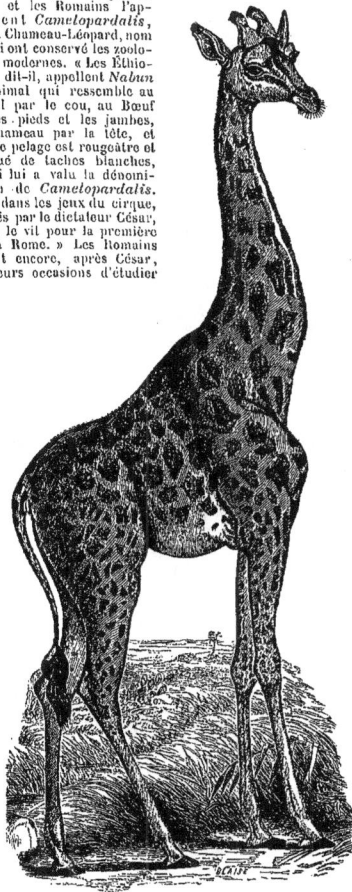

cet animal vivant. Gordien III exposa dix Girafes à la fois à la vue du public ; mais peu de temps après, l'empereur Philippe, lors des jeux millénaires, les fit brutalement massacrer dans l'arène. Malgré les fréquentes occasions qu'eurent les Romains d'étudier ce bel animal, on ne trouve dans les auteurs anciens rien de plus que l'appréciation fort peu exacte que nous venons de rapporter. Sans l'existence des médailles et des mosaïques, les zoologistes modernes auraient été fort en peine de reconnaître dans la G. ce prétendu composé de Cheval, de Bœuf, de Chameau et de Léopard, dont parle Pline. La ressemblance de la G. avec le Cheval, sous le rapport de l'encolure, se borne à la présence d'une crinière aux poils courts, durs et noirs, laquelle ressemble plutôt à celle du Gnou ou de l'Âne. Par la longueur, la gracilité, la flexibilité de son cou, la G. surpasse tous les autres quadrupèdes. La comparaison de ses jambes et de ses pieds avec ceux du Bœuf est encore moins heureuse. En effet, les deux faux sabots ou sabots rudimentaires que le Bœuf et la plupart des autres animaux à pieds fourchus présentent à la partie postérieure du pied, n'existent pas chez la G., non plus que chez le Chameau; mais, chez celui-ci, les doigts sont unis par une large semelle élastique, tandis que, chez la G., ils sont complètement séparés et pourvus chacun d'un sabot pointu. La tête de la G. ressemble à celle du Chameau par son mufle non pelé, par la forme et l'organisation des naseaux, qui représentent des ouvertures obliques et étroites, protégées par des poils qui poussent sur leurs bords, et entourées de fibres musculaires au moyen desquelles l'animal ferme ses narines à volonté. Cet appareil protège les voies respiratoires et la membrane irritable qui tapisse les cavités olfactives contre l'action de la poussière brûlante du désert, lorsque les tempêtes la soulèvent en tourbillons. Les yeux de la G. sont grands, sombres, brillants; ils ont une douceur singulière sans cependant exprimer la crainte. Ils sont placés de manière à embrasser un plus grand horizon que chez les autres quadrupèdes. Lorsqu'elle broute l'espèce de mimosée qui constitue sa nourriture favorite, la G., grâce à la saillie latérale de ses orbites, peut surveiller le désert au loin et se mettre à l'abri des attaques imprévues du Lion ou de ses autres ennemis. Contre une attaque ouverte, elle se défend fréquemment avec succès à l'aide de ses pieds puissants et bien armés; elle repousse ainsi et quelquefois même met hors de combat le roi des animaux. Les cornes de la G., bien qu'elles soient petites et revêtues de peau et de poil, sont loin d'être aussi inoffensives qu'on le supposerait. On a vu, à Londres, les mâles s'en servir les uns contre les autres avec une vigueur singulière; c'est leur arme naturelle la plus à craindre, parce qu'on n'a pas le temps de prévoir le coup que l'animal va porter. En effet, la G. ne frappe pas, comme le Daim, le Bœuf ou le Bélier, en abaissant et en relevant la tête; elle frappe en dirigeant, par un mouvement latéral du cou, l'extrémité obtuse et calleuse de ses cornes contre l'objet qu'elle veut atteindre. On a vu une G. femelle percer ainsi, en jouant, une planche de sapin qui avait 2 centim. 1/2 d'épaisseur. Malgré la puissance de ses armes, la G. ne se bat jamais qu'à la dernière extrémité; lorsqu'elle peut l'éviter, elle échappe au danger par la fuite. Cette fuite est très rapide, surtout quand le terrain va en s'élevant; mais elle ne se prolonge pas assez longtemps pour échapper à l'Arabe monté sur son cheval infatigable. La marche de la G., à cause de la disproportion qui existe entre la longueur de ses jambes et la brièveté de son corps, est tout à fait singulière. Lorsqu'elle marche un peu vite, elle semble mouvoir simultanément les deux jambes du même côté, ainsi que l'observait déjà, au IVe siècle, le savant évêque de Sicca, Héliodore, dans le récit qu'il fait des présents envoyés à Hydaspes par les ambassadeurs des Axumites (Abyssins). Bien que les deux jambes du même côté soient simultanément en l'air pendant la plus grande partie du pas, une observation plus attentive démontre que la G. commence toujours par soulever de terre la jambe postérieure, et qu'après un intervalle excessivement court elle lève la jambe antérieure du même côté. Dans la marche simple, elle tient le cou allongé de telle sorte qu'il continue la ligne supérieure du corps, ce qui lui donne un air roide et disgracieux; mais elle a un tout autre aspect lorsqu'elle prend une allure plus vive. A en juger par le mouvement de ses jambes, la course de la G. semble moins rapide qu'elle ne l'est en réalité, ainsi qu'on peut s'en assurer en considérant l'espace qu'elle parcourt dans un temps donné. Le mouvement de ses jambes est vraiment très singulier : le train postérieur se soulève alternativement au l'antérieur, et, à chaque pas, l'animal porte ses deux jambes de derrière entre ses jambes antérieures et même un peu en avant de celles-ci; puis, après que les jambes postérieures ont pris leur appui, il soulève et porte les antérieures plus avant. Lorsqu'elle se livre à une course plus rapide, souvent la G. lance des ruades avec ses jambes de derrière, et alors ses

naseaux se meuvent et se dilatent extraordinairement. La conformation générale de la G., la hauteur de son train antérieur, son cou allongé, sa tête étroite et effilée, sa langue longue, mince et flexible, sont autant de dispositions qui établissent une harmonie parfaite entre cet animal et les conditions du milieu où il est appelé à vivre. Un ruminant de cette grandeur n'aurait pu subsister dans les régions arides où vit la G., si la nature n'avait modifié son type de façon à lui permettre de chercher sa nourriture ailleurs que dans les pâturages, c.-à-d. de brouter les rameaux des arbres élevés, lorsque la terre est desséchée par la chaleur et que toutes les plantes herbacées ont disparu. Sa langue est un organe admirablement disposé pour la préhension : elle lui sert à accrocher les branches qui croissent au delà de l'atteinte de ses lèvres. L'étude anatomique de la G. a démontré que tous les mouvements de sa langue, tant ceux d'extension et de rétraction que ceux de préhension, sont dus à l'action musculaire, et non à l'action vasculaire, ainsi que l'avait supposé Ev. Home. Elle a aussi constaté que ses nerfs moteurs de cet organe sont plus gros que ses nerfs sensitifs, et, en effet, la sensibilité gustative paraît fort peu développée chez cet animal. A Londres, on a vu la G. enlever prestement les fleurs artificielles qui ornaient la coiffure d'une élégante visiteuse et les dévorer avec autant de plaisir qu'elle aurait fait de feuilles et de fleurs naturelles.

On a souvent décrit la G. comme ayant, de même que le Chameau, des callosités aux genoux et sur le sternum; mais cette assertion est dénuée de fondement. On a dit aussi qu'elle a trois cornes, dont l'impaire est située sur la ligne médiane du front : ceci est une fausse interprétation d'une particularité anatomique. La G. n'a réellement que deux cornes, qui sont petites, droites, non caduques, et simples, comme celles du Chevreuil. La partie osseuse de chaque corne s'articule avec le crâne par une base large et raboteuse. Elle est recouverte par un périoste vasculaire et par une enveloppe garnie de poils. Ces cornes se terminent par une extrémité tronquée couverte d'une surface calleuse et bordée de poils noirs, épais et longs : elles existent dans les deux sexes, comme chez les Rennes, mais celles du mâle sont plus grandes. La protubérance du milieu du front est un simple épaississement des parties contiguës des os frontaux et nasaux. La G. se distingue encore de tous les autres Ruminants par la forme de sa bouche. La lèvre supérieure n'est pas fendue comme celle du Chameau; et bien qu'elle se prolonge en avant et soit couverte de poils, comme celle de l'Élan, elle en diffère par sa forme élégante et effilée. La G. a un long cou et n'a point de faux sabots; et cela, elle ressemble au Chameau; mais, chez celui-ci, les vertèbres cervicales présentent une particularité anatomique que l'on n'observe point dans la G. Le Chameau offre en outre, dans sa structure interne, diverses autres particularités qui se retrouvent dans certains Ruminants, mais non dans l'animal qui nous occupe. La G. se place, dans la série des Ruminants, entre la famille des Cerfs et celle des Antilopes. Ces familles, qui sont très nombreuses, se distinguent fort seulement entre elles par la nature de leurs cornes, mais encore par des caractères anatomiques bien tranchés. Ainsi, par ex., on trouve une vésicule biliaire dans les Antilopes et non dans les Cerfs. En disséquant trois Girafes, on n'a rencontré de vésicule biliaire que dans une seule; encore cet organe présentait-il une structure anormale, car son fond était bifide et divisé en deux compartiments. On peut en conclure que, dans cette partie de leur organisation, comme dans la structure de leurs cornes, les Girafes se rapprochent plus des Cervidés que des Antilopidés. Néanmoins nous ferons observer que c'est dans les Antilopidés seulement que nous trouvons une espèce, le Gnou, qui se rapproche de la G. par la présence d'une crinière et d'une queue terminée par une touffe de poils.

Une G. aux deux tiers de sa croissance, et en captivité, mange chaque jour neuf kilogr. de foin et neuf kilogr. de végétaux mêlés, tels que carottes, orge, fèves cassées; elle boit vingt litres d'eau. L'accouplement a lieu en mars. La femelle a quatre mamelles inguinales et porte quinze mois. Au moment de sa naissance, le jeune G. mesure 4m.,80 de hauteur. Au bout de quelques heures, elle est capable de suivre sa mère.

La première G. amenée vivante à Paris est celle que le pacha d'Égypte offrit à Charles X en 1827, et que le tout Paris d'alors alla voir au Jardin des Plantes. Depuis, elles n'y ont presque jamais manqué.

GIRAFEAU. s. m. Petit de la Girafe.

GIRANDE. s. f. (lat. *gyrare*, tourner). T. Hydraul. Faisceau de plusieurs jets d'eau. || T. Artific. Assemblage de plusieurs fusées qui partent en même temps.

GIRANDOLE. s. f. (ital. *girandola*, m. s.; du lat. *gyrare*, tourner). T. Hydraul. et Artific. Syn. de *Girande*. || Sorte de chandelier à plusieurs branches. || Assemblage de diamants, ou d'autres pierres précieuses, qui sert à la parure des femmes, et qu'elles portent à leurs oreilles. || T. Bot. Nom vulgaire donné à diverses plantes formant des espèces de bouquets disposés en girandoles. || T. Art cul. Assiette montée qui a deux ou trois étages. || T. Arboric. Taille des arbres à fruits en forme de pyramide.

GIRARD (L'abbé GABRIEL), grammairien français, auteur des *Synonymes français* (1677-1748).

GIRARD (JEAN-BAPTISTE), jésuite et prédicateur français (1680-1733).

GIRARD (GRÉGOIRE), dit le *Père Girard*, instituteur suisse de Fribourg, auteur d'écrits relatifs à l'éducation (1765-1850).

GIRARD (PHILIPPE DE), inventeur de la machine à filer le lin; esprit ingénieux, méconnu de ses concitoyens, se transporta en Pologne (1775-1845).

GIRARDET (KARL), peintre suisse (1809-1871).

GIRARDIN (XAVIER, comte de), général et administrateur français, né à Lunéville (1762-1827).

GIRARDIN (ALEXANDRE, comte de), général français, frère du précédent (1776-1855).

GIRARDIN (ÉMILE de), célèbre publiciste français, fils du précédent; fondateur des journaux à un sou (1806-1881).

GIRARDIN (Mme de), une de nos plus charmants écrivains, femme du précédent; se fit d'abord connaître sous son nom de jeune fille *Delphine Gay* (1804-1855).

GIRARDON (FRANÇIS), sculpteur français, embellit Versailles de ses œuvres, et fit le mausolée de Richelieu à la Sorbonne (1628-1715).

GIRASOL. s. m. (lat. *gyrare*, tourner; *sol*, soleil). T. Minér. Voy. CORINDON. || T. Bot. Nom vulgaire donné aux plantes qui, comme l'Hélianthe annuel et l'Héliotrope, semblent suivre les mouvements du soleil. LINS.

GIRATION. s. f. (Pr. *ji-ra-sion*) (lat. *gyrare*, tourner). T. Didact. Mouvement circulaire.

GIRATOIRE. adj. 2 g. (lat. *gyrare*, tourner). T. Didact. Se dit d'un mouvement de rotation. *Mouvement g.*

GIRAUD (CHARLES), jurisconsulte français, né à Pernes (1802-1881).

GIRAULT-DUVIVIER, auteur de la *Grammaire des grammaires* (1765-1832).

GIRAUMONT ou **GIRAUMON.** s. m. Sorte de Courge. Voy. COURGE.

GIREL. s. m. (lat. *gyrus*, cercle). T. Mar. Synonyme de *Cabestan.*

GIRELLE. s. f. [Pr. *ji-rè-le*] (lat. *gyrus*, cercle). T. de Potier. Le haut de l'arbre de la roue sur lequel on place le morceau de terre glaise que l'on fait au vase.

GIRGENTI, v. de Sicile, près des ruines de l'anc. Agrigente, à 9 kil. de la mer; 24,000 hab.

GIRIE. s. f. (lat. *gyrus*, cercle). T. Pop. Plainte hypocrite, jérémiade ridicule. || Manière affectée. *Faire des giries.* || Action de tourner.

GIRODET-TRIOSON (ANNE-LOUIS GIRODET DE ROUSSY, dit), peintre fr., auteur d'une *Scène du déluge* (1767-1824).

GIROFLE. s. m. (gr. χάρυον, noyer; φύλλον, feuille). Sous

ce nom, on désigne les boutons floraux non épanouis du Giroflier, qu'on appelle aussi *Clous de girofle*. On en extrait une essence dite *Essence de g.* Voy. MYRTACÉES.

GIROFLÉE. adj. f. *Cannelle g.*, Nom donné dans le commerce à l'écorce du *Dicypellium caryophyllatum* et à celle du *Cinnamomum culilawan*, qu'on appelle aussi, et le plus souvent, *Écorce de Culilawan.* Voy. LAURACÉES.

GIROFLÉE. s. f. (R. *girofle*). T. Bot. Genre de plantes *Dicotylédones* (*Cheiranthus*) de la famille des *Crucifères.* Voy. ce mot. || GIROFLÉE DES JARDINS. Nom vulgaire du *Mathiola incana.* Voy. CRUCIFÈRES. || Fig., *Une g. à cinq feuilles*, Un soufflet laissant la marque des cinq doigts sur la joue.

GIROFLIER. s. m. Nom vulgaire de l'*Eugenia caryophyllata*, arbre de la famille des *Myrtacées.* Voy. ce mot.

GIROLE. s. f. T. Bot. Nom vulgaire d'une espèce de champignon comestible du genre *Agaric.* Voy. CHAMPIGNON.

GIROLINE. s. f. T. Comm. Passementerie en forme de crête pour rideaux.

GIROMAGNY, ch.-l. de c. (territoire de Belfort); 3,506 hab.

GIRON. s. m. (haut-all. *gero*, m. s.). L'espace qui est depuis la ceinture jusqu'aux genoux, dans une personne assise. *Cacher quelque chose dans son g. L'enfant dormait dans le g. de sa mère.* — Fig., *Le g. de l'Église*, La communion de l'Église catholique. *Rentrer dans le g. de l'Église. Ramener, revenir au g. de l'Église.* || T. Archit. Surface de la marche d'un escalier. Voy. ESCALIER. || T. Blason. Chacun des triangles entre lesquels est partagé un écu gironné. Voy. ÉCU.

GIRONDE, fleuve de France, formé par la Garonne et la Dordogne réunies en aval de Bordeaux; se jette dans l'Océan entre la pointe de Grave et Royan, après un parcours de 80 kilomètres.

GIRONDE (Dép. de la), formé d'une partie de la Guyenne; 793,500 hab. Ch.-l. *Bordeaux.* 5 autres arr.: *Bazas, Blaye, Lesparre, Libourne, La Réole.*

GIRONDIN, INE. adj. et s. m. *Le parti g.*, Parti républicain modéré avec des tendances sinon fédéralistes, du moins favorables à une certaine décentralisation des pouvoirs publics, qui se forma dans l'Assemblée législative (1791) des députés du département de la Gironde et de leurs adhérents, et qui fut accablé par le parti montagnard. On les appelle aussi *Brissotins*, du nom de l'un d'eux, Brissol. Vergniaud, Guadet, Gensonné, Isnard, Barbaroux, Louvet, étaient les principaux de ce groupe éminent par ses talents. Ils s'étaient attiré la haine de la populace parisienne par leur projet d'imposer une garde départementale à la Convention; ces jours des 31 mai et 2 juin 1793, ils furent décrétés d'accusation. Sauf Isnard et Louvet, tous ceux que nous venons de nommer périrent sur l'échafaud, où ils montrèrent le plus noble fermeté. Une femme célèbre, Mme Rolland, qui soutenait leur parti, partagea leur sort. == *Les Girondins*, chant patriotique du drame *Le Chevalier de Maison-Rouge*, d'Alex. Dumas et Maquet, dont le refrain est:

> Mourir pour la patrie
> C'est le sort le plus beau, le plus digne d'envie!

GIRONE. Voy. GÉRONE.

GIRONNÉ. adj. [Pr. *ji-ro-né*]. T. Techn. Disposé en giron. *Marches gironnées.* Marches triangulaires d'un escalier à vis. || *Tuile gironnée*, Tuile en triangle. T. Blas. *Écu g.*, Écu partagé en triangles. Voy. ÉCU.

GIRONNER. v. a. [Pr. *ji-ro-ner*]. Donner à un ouvrage d'orfèvrerie la rondeur qu'il doit avoir. || Arrondir le fond d'une pièce de chaudronnerie.

GIROUETTE. s. f. [Pr. *ji-rou-ète*] (ital. *girotta*; du lat. *gyrare*, tourner). Pièce de fer-blanc ou d'autre métal fort mince, et ordinairement taillée en forme de banderole ou de flèche empennée, mise sur un pivot en un lieu élevé, de manière qu'elle tourne au moindre vent, et que, par sa position, elle indique la direction de ce dernier. || Fig. et fam., *C'est une g.*, se dit d'un homme qui change souvent d'avis, de sentiment, de parti. On dit dans le même sens, *Tourner à tout vent comme une g.* || T. Mar. Bande d'étamine qu'on place au haut des mâts, pour indiquer la direction des vents, et dont une partie est tendue sur un cadre de bois tournant sur un axe, tandis que l'autre partie est pendante et flotte au gré du vent.

GIROUETTÉ, ÉE. adj. [Pr. *ji-rou-è-té*]. T. Blas. Surmonté d'une girouette.

GIROUETTERIE. s. f. [Pr. *ji-rou-è-te-rie*]. Disposition à être girouette, à changer d'opinion, de parti.

GIROUILLE. s. f. [Pr. *ji-rou-lle*, *ll* mouillées]. Nom vulgaire de la Carotte.

GISANT, ANTE. adj. [Pr. *ji-zan*] (lat. *jacens*). Étendu, couché tout du long. *Un cadavre g. dans la poussière. Un malade g. dans son lit.* Ne s'emploie guère que dans les cas indiqués par ces deux exemples. || *Meule gisante*, Meule inférieure fixe sur laquelle vient frotter la meule supérieure. Voy. MOULIN. || *Navire g.*, Navire échoué. || *Bois g.*, Bois tombé à terre. == GISANT. s. m. Le *g. d'un chariot, d'un tombereau*, La partie du brancard qui porte directement sur l'essieu.

GISCON, général carthaginois, fils d'Hamilcon, mort vers 239 av. J.-C.

GISÈLE, fille de Charles le Simple, née en 897 ; femme de Rollon, duc de Normandie, morte vers 932.

GISELLE. s. f. [Pr. *ji-zèle*]. Mousseline imitant la guipure.

GISEMENT. s. m. [Pr. *ji-ze-man*] (R. *gésir*). T. Mar. La situation des côtes de la mer. *Le pilote connaissait très bien le g. de ces côtes.* || T. Minér. et Géol. La position des amas ou des filons minéraux dans le sein de la terre. *Ce minéral a tel g.* || Par ext., Filon. *On a découvert un g. de houille.*

GISMONDINE. s. f. (R. *Gismondi*, nom d'un naturaliste italien). T. Minér. Silicate hydraté d'alumine et de chaux, en octaèdres quadratiques.

GISORS, ch.-l. de c. (Eure), arr. des Andelys ; 4,500 hab.

GÎT. [Pr. *ji*]. Troisième personne du prés. de l'indic. du v. n. *Gésir*, qui n'est plus usité que dans certains temps, et qui signifiait, Être couché (lat. *jacere*). Ne se dit guère que des personnes malades ou mortes, et des choses renversées par le temps ou quelque autre agent de destruction. *Son cadavre gît sur la terre privé de sépulture. Cet homme, dont le nom remplissait l'univers, gît maintenant dans le tombeau. Des débris de colonnes gisent çà et là.* — *Ci-gît*, Formule ordinaire par laquelle on commence les épitaphes. *Ci-gît un tel.* || T. Mar. *La côte gît nord et sud, est et ouest*, etc., S'étend du nord au sud, de l'est à l'ouest, etc. || T. Minér. *L'endroit où gisent les meilleurs filons.* || Fig. et fam., Se trouver, consister. *Voilà où gît la difficulté. Tout gît en cela. Cela gît en fait. Cela gît en preuve.*

Obs. gram. — Le verbe *Gésir*, suivant l'Académie, n'est plus en usage qu'aux formes suivantes : *Il gît, nous gisons, vous gisez, ils gisent. Je gisais, tu gisais, il gisait, nous gisions, vous gisiez, ils gisaient. Gisant.* Il nous semble, toutefois, que si l'on peut dire, par ex., *Il gît sur la paille*, il n'y a nulle raison pour ne pas dire également : *Je gis, tu gis sur la paille.* — Dans les temps encore usités de ce verbe, l's se prononce avec le son propre se ; cependant quelques personnes redoublent l's, et écrivent *gissons, gissent*, etc.

GITAGE. s. m. T. Techn. Dernière opération que l'on fait avec le chardon pour démêler les poils du drap.

GITANERIE s. f. L'ensemble des Gitanos ou Bohémiens.

GITANO. s. m. et **GITANA.** s. f. Nom espagnol des Bohémiens. == Plur. *Des Gitanos.*

GÎTE. s. m. (R. *gésir*). Le lieu où l'on demeure, où l'on couche ordinairement. *Me voilà de retour au g. Se trouver sans g. Il n'a pas de quoi payer son g.* || La dernière demeure.

Un mort s'en allait tristement
S'emparer de son dernier gîte.
LA FONTAINE.

|| Particul., Le lieu où couchent les voyageurs. *Il faut gagner le g. le plus tôt possible. Nous payâmes fort cher un mauvais g.* || *G. d'étape*, Lieu désigné pour étape à des soldats en marche. || Le lieu où le lièvre repose. *Attendre un lièvre au g.*

Un lièvre en son gîte songeait.
Car que faire en un gîte, à moins que l'on y songe.
LA FONTAINE.

— Fig. et prov., *Il faut attendre le lièvre au g.*, Il faut attendre les gens chez eux. *Un lièvre va toujours mourir au g.*, Lorsqu'on a beaucoup voyagé, on revient avec bonheur finir ses jours dans son pays. || T. Cuis. *Lièvre au g.*, Lièvre en pâté dans une terrine. || T. Minér. Celle des deux meules d'un moulin qui est immobile. || T. Minér. Se dit des masses de minéraux considérées par rapport à leur gisement et aux substances qu'elles renferment. || T. Mar. Lieu où un navire est échoué || T. Artill. Lit de poutrelles qui soutient une plateforme. || Charpente autour de laquelle pivote un pont tournant. || Poutre de grenier. || Table qui reçoit le raisin à presser. || Plaque inférieure d'un soufflet. || T. Bouch. *G. à la noix*, Partie du bœuf où se trouve une pelote graisseuse dite *noix*. Ellipt., *Un morceau de g.* — *G. à l'os*, Derrière du g.

GÎTER. v. n. SE **GÎTER.** v. pron. (R. *gîte*). Demeurer, coucher. *Où gîtez-vous? Nous avons été fort mal gîtés. J'ignore où il est allé se g.* Pop. || T. Chasse. *Le lièvre est gîté.* || T. Mar. Le lieu où gîte un navire, Le lieu où il est échoué. == GÎTER. v. a. Mettre dans un gîte. *Je ne sais où les g.* == GÎTÉ, ÉE. part.

GIURGEVO ou **GIURGIU**, v. de la Roumanie sur la rive gauche du Danube ; 21,000 hab.

GIVAROS, tribu indienne de l'Équateur.

GIVET, ch.-l. de c. (Ardennes), arr. de Rocroi, sur la Meuse ; 7,000 hab. Place forte.

GIVORS, ch.-l. de c. (Rhône), arr. de Lyon ; 10,900 hab. Verreries ; hauts fourneaux. — *Canal de Givors*, latéral au Gier, de Givors à Rive-de-Gier.

GIVRE. s. m. (lat. *gelicidium*, verglas). La rosée congelée. *Les arbres étaient couverts de g.* || T. Chim. Cristaux blancs que dépose à la surface de la vanille l'acide benzoïque qu'elle renferme.

GIVRE. s. f. (anc. fr. *vouivre*, de *vipera*, vipère). T. Blas. On appelle *Givre, Guivre* ou *Bisse*, Un serpent ou une couleuvre qui paraît dévorer quelque autre animal. *Les Visconti, ducs de Milan, portaient d'azur à la g. d'azur couronnée d'or, dévorant un enfant issant de gueules.*

GIVRÉE. s. f. (R. *givre*). Couche de verre blanc pilé.

GIVREUX, EUSE. adj. T. Comm. Se dit d'une pierre précieuse qui est gercée.

GIVROGNE. s. f. Nom vulgaire de la maladie des moutons, dite *Noir museau.*

GIVRURE. s. f. Glace blanche produite sur le diamant par l'outil du lapidaire ou du mineur.

GIVRY, ch.-l. de c. (Saône-et-Loire), arr. de Chalon-sur-Saône ; 2,600 hab.

GIZEH, v. d'Égypte sur le Nil, non loin du Caire, près de laquelle sont les grandes pyramides et les ruines de Memphis ; 13,400 hab.

GLABELLE. s. f. [Pr. *gla-bè-le*] (lat. *glabellus*, m. s.). L'espace compris entre les sourcils.

GLABELLO-INIAQUE. adj. 2 g. (R. *glabelle* et *iniaque*). T. Anat. Qui va de la glabelle à la nuque

GLABER, moine de Cluny, auteur d'une *Chronique* en latin, de 900 à 1046.

GLABRE. adj. 2 g. (lat. *glaber*, m. s.). Qui est sans poils, sans duvet. *Tige, feuille g. Menton g.*

GLABRESCENT, ENTE. adj. T. Bot. Qui perd ses poils avec le temps.

GLABRIO (Acilius), consul romain, vainquit Antiochus III, roi de Syrie, aux Thermopyles (191 av. J.-C.).

GLAÇAGE. s. m. T. Techn. Opération que l'on pratique dans divers métiers et qui a pour but de donner du poli, du lustre.

GLAÇANT, ANTE. adj. Qui glace. *Un froid g. Un bise glaçante.* || Fig., *Un abord g. Politesse glaçante.*

GLACE. s. f. (lat. *glacies*, m. s.). Eau congelée et durcie par le froid. *Morceau de g. Banc de g. Passer la rivière sur la g. Il a gelé à g. Les glaces de l'hiver. Les glaces du pôle. Notre navire fut arrêté par les glaces. Briser, rompre la g. Rafraîchir le vin avec de la g. Du champagne frappé de g. Boire à la g. Fromage à la g. Froid comme g.* || T. Navig. *Glaces de fond*, Glaçons qui se forment au fond et qui, ensuite, s'élèvent et surnagent. *Glaces flottantes*, Glaces détachées qui courent à la surface de la mer, dans les régions circumpolaires. || *Ferrer un cheval à g.* Fig. et fam. *Être ferré à g. sur une question*, La connaître parfaitement, de manière à ne pas craindre de perdre son aplomb. Fig. et poétiq., *Les glaces de l'âge, de la vieillesse.* — Figur. et fam., *Rompre la g.*, Faire cesser la froideur, la contrainte. Hasarder, dans une affaire, une première démarche, une première tentative, au surmonter les premières difficultés. — Fig., *Avoir un cœur de g.*, Avoir le cœur insensible. On dit aussi, *Être de g.*, N'être nullement touché de ce qui devrait émouvoir. — Fig., *Contrainte dans l'abord, Un visage de g., un air de g.*, se dit pour désigner un certain air de froideur qui paraît sur le visage et dans les actions de quelques personnes. *Recevoir quelqu'un avec un visage de g., avec un air de g.* || Par extension, Degré de la température, marqué sur le thermomètre, auquel l'eau se congèle. *Il y a dix degrés au-dessous de g.* | *Boire à la g.*, A la température de la g.* || Se dit aussi de certaines liqueurs, des sucs de certains fruits que l'on fait congeler en les frappant de g., ou qu'on y prennent comme rafraîchissement. *G. à la vanille, au citron. Prendre une g. Servir des glaces.* — Fig. et fam., *Des vers à la g., Des vers froids.* || Plaque de verre ou de cristal dont on fait des miroirs, des vitrages, etc. *Une comme une g. Étamer une g. G. sans tain. Manufacture de glaces.* || Se dit encore des vitres mobiles d'une voiture. *Lever la g., les glaces d'un wagon.* — Particulièrem., Miroir de grande dimension. *Regarder dans une g. Un appartement orné de glaces.*

Un jour une glace fidèle
Lui montra ses traits allongés :
« Ah ! quelle horreur, s'écria-t-elle,
Comme les miroirs sont changés ! »

Fr. DE NEUFCHATEAU.

|| T. Archit. *Panneau à g.*, Panneau placé dans un lambris ou dans une porte. || T. Joaillier. Petite tache qu. se trouve dans un diamant, tache qui en diminue considérablement le prix. || T. Cuis. Mélange de sucre et de blanc d'œuf dont on recouvre certaines pâtisseries. — Couche de gelée, faite de jus de viande réduit. — *G. frite*, Eau congelée que les cuisiniers chinois servent, après l'avoir fait frire, sans en amener la fusion ; sorte de beignet. || T. Arbor., *Pomme de g.*, Variété de pomme dont la chair présente des parties qui ressemblent à des glaçons.

Techn. — *Étamage et argenture des glaces.* Voy. ÉTAMAGE et ARGENTURE.

Phys. — I. — Lorsque le temps est très froid, si l'on plonge un thermomètre dans de l'eau à 10° ou 12° au-dessus de 0°, et qu'on abandonne le tout au froid extérieur, on voit la colonne mercurielle s'abaisser jusqu'à 0°. Arrivée à ce point, elle reste immobile jusqu'à ce que le liquide soit solidifié ; après quoi, elle descend de nouveau et finit par se fixer à la température du milieu ambiant. La congélation est d'autant plus rapide que le froid est plus énergique et que le volume du liquide est moindre : quand elle s'opère avec lenteur, il est facile d'observer ses progrès. De petites aiguilles triangulaires se montrent d'abord à la surface de l'eau ; d'autres aiguilles de même forme paraissent ensuite et se joignent aux précédentes sous un angle de 120° ou de 60° ; puis, les vides qui les séparent se remplissent graduellement de la même manière, et enfin on n'a plus devant soi qu'une masse compacte où l'on a peine à discerner quelques traces de la structure primitive. Toutefois, à défaut de l'observation directe, on ne pourrait méconnaître la disposition cristalline de la glace, car Brewster a démontré qu'elle agit sur la lumière absolument comme les substances cristallisées.

Quelquefois, l'eau reste liquide au-dessous du point où elle se congèle ordinairement, c.-à-d. au-dessous de 0°. Ce retard s'observe, par ex., lorsque l'eau tient en dissolution des sels ou d'autres substances : c'est ainsi que l'eau de la mer ne se solidifie qu'à — 2°,5. On peut également reculer le point de solidification de l'eau jusqu'à — 5°, en la privant de l'air qu'elle contient. Enfin, en diminuant la pression qu'elle supporte ordinairement, on peut abaisser sa température jusqu'à — 12° et même au delà, sans qu'il y ait congélation ; c'est le phénomène de la *surfusion*. Mais si alors on introduit dans l'eau un corps solide, ou si on lui imprime un léger ébranlement, on détermine aussitôt une solidification plus ou moins complète. En même temps, le thermomètre qui indiquait l'abaissement de température, remonte subitement à 0°. Voy. CONGÉLATION.

Nous savons que, par le refroidissement, l'eau ne se contracte que jusqu'à 4° au-dessus de 0°. Or, à partir de ce point jusqu'à 0°, elle se dilate, et diminue par conséquent de densité. En outre, il est vraisemblable que les molécules cristallines que produit l'eau en se congelant laissent entre elles, quand elles se groupent ensemble, de petits interstices vides. Il en résulte donc que la g. occupe un volume plus considérable que l'eau à l'état liquide, ou, en d'autres termes, qu'elle a une densité inférieure à celle-ci. Cette différence est évaluée à 70 millièmes, c.-à-d. que la densité de la g. n'est que 0,930 de celle de l'eau. C'est pour cela que la g. flotte librement à la surface de cette dernière. Ce fait, déjà très remarquable par lui-même, n'est encore davantage par ses conséquences. En effet, si en passant à l'état solide, l'eau ne diminuait pas de volume, les glaçons formés à la surface du liquide, se trouvant plus pesants que lui, tomberaient au fond et s'y accumuleraient, de telle sorte que, dans les hivers très rigoureux et très longs, il n'y aurait aucun cours d'eau qui ne fût entièrement gelé, et les mers ne seraient que d'immenses glaciers. Heureusement il n'en est point ainsi, par suite de la moindre pesanteur spécifique de la g. flotte libre-ment, la couche ou croûte glacée qui recouvre l'eau restée liquide suffit pour mettre celle-ci à l'abri du froid de l'atmosphère et empêcher toute solidification ultérieure. — La dilatation qu'éprouve l'eau en se congelant a lieu avec une force irrésistible. Ainsi, pendant l'hiver, voyons-nous souvent se briser les vases qui renferment de l'eau, quand celle-ci vient à se solidifier. Au reste, il a été fait, à diverses époques, des expériences fort curieuses à ce sujet. Williams ayant rempli d'eau une bombe de plus de 3 centim. d'épaisseur, la ferma avec un bouchon mainteau en place par une forte pression ; puis on l'exposa à un froid de plusieurs degrés au-dessous de 0°. La bombe se fendit en trois endroits. Au XVII° siècle, des physiciens de Florence firent la même expérience avec une épaisse sphère de cuivre, qui fut également brisée, et ils calculèrent que l'effort qui avait occasionné la rupture aurait été capable de soulever un poids d'environ 13,800 kilogrammes. La g. possède en outre une force de résistance considérable. Dans l'hiver de 1740, à Saint-Pétersbourg, on fabriqua avec des blocs de g. six canons du calibre de 3 et deux mortiers. On les chargea et on les fit partir sans les briser. L'un de ces canons, dont les parois n'avaient que 11 cent. d'épaisseur, chassa un boulet qui alla percer, à 60 pas de distance, une planche épaisse de 60 cent. 1/2. — Parmi les autres expériences curieuses faites avec la g., nous citerons les lentilles fabriquées par Mariotte, lentilles qui concentraient assez bien les rayons du soleil pour enflammer la poudre à canon. Enfin, Achard, de Berlin, a reconnu que la g. peut être rendue électrique par le frottement, ce qui montre qu'elle ne conduit pas l'électricité. Voy. CALORIMÉTRIE, CONGÉLATION, FUSION.

II. — La g. est employée en médecine comme tonique et

répercussif. On s'en sert, dans les laboratoires, pour faire un grand nombre d'expériences. Mais c'est dans l'économie domestique que sa consommation est surtout considérable : on en fait usage pour conserver les substances alimentaires, pour rafraîchir les boissons, et pour obtenir les préparations si connues sous les noms de *Glaces* et de *Sorbets*.

Les boissons fraîches et glacées ont été recherchées de tout temps dans les pays chauds, mais les *Glaces* proprement dites ne paraissent pas remonter à une époque bien ancienne. Ces dernières ont vraisemblablement été inventées en Italie, d'où elles ont été introduites en France, vers 1660, par le Florentin Procope. Les glaces les plus simples, appelées *glaces à la crème* se font avec de la crème de lait, du sucre et des jaunes d'œuf. En ajoutant à ces trois substances de la vanille, du café, des pistaches, du cacao, du suc de fraises, etc., on obtient les *Glaces à la vanille*, *au café*, aux *pistaches*, *au chocolat*, aux *fraises*, etc. Les *glaces de fruits* se préparent avec des sucs de fruits et du sirop plus ou moins concentré, et on leur donne le nom de glaces à *l'ananas*, à la *fraise*, *au citron*, etc., suivant l'espèce de fruit dont on s'est servi. Pour transformer l'un quelconque de ces mélanges en une masse à peu près solide, ou l'introduit dans une sorte de boîte cylindrique d'étain, appelée *Sorbetière*, *Serbotière* ou *Sabot*, et l'on plonge cette dernière dans un seau rempli de couches alternatives de glace pilée et de sel marin. Il faut ordinairement 500 grammes de sel pour 2 kilogrammes de g., et l'on y ajoute quelquefois un peu de salpêtre pour hâter la congélation. Cela fait, on saisit le sabot par une anse dont sa partie supérieure est munie, et on le tourne et retourne dans tous les sens avec la main gauche, pendant que la main droite, armée d'une spatule nommée *Houlette*, détache successivement et mêle au reste du mélange la croûte glacée qui se forme sur les parois intérieures de l'appareil. Lorsque la préparation a perdu sa transparence et qu'elle est devenue ferme et lisse, on la laisse reposer quelque temps en couvrant la sorbetière; puis on la dresse et on la sert. C'est également avec la sorbetière que l'on prépare les *Sorbets*. Ces derniers ne diffèrent des glaces qu'en ce qu'ils sont moins solides, et qu'ils se préparent avec des liqueurs ou des sirops diversement aromatisés. Ce sont proprement des boissons à demi-congelées.

On peut faire de la g. au moyen du congélateur Carré. Voy. ÉVAPORATION. — On produit aujourd'hui beaucoup de g. industriellement au moyen de l'évaporation rapide de gaz liquéfiés tels que l'anhydride sulfureux, le gaz ammoniac ou l'anhydride carbonique. Voy. FROID.

GLACÉE. s. f. T. Bot. Syn. de *Glaciale*. Peu us. || Variété de pomme, dite aussi *pomme de glace*. Voy. GLACE.

GLACER. v. a. Se dit proprement de l'action par laquelle le froid fait congeler l'eau ou d'autres liquides. *Le grand froid glace les rivières, glace le vin même. Faire g. du sorbet.* — Fig., *G. le sang*, Causer une émotion désagréable et si forte, que le mouvement du sang en est comme suspendu. *La peur lui glaça le sang dans les veines.* || Par ext., Causer une sensation de froid très vive. *Cette eau glace les mains. La bise nous glaçait le visage.* || Se dit encore, surtout dans le style élevé et poétique, de ce qui diminue ou détruit la chaleur naturelle du corps humain. *La vieillesse lui avait glacé le sang. Ces membres que la mort a glacés.* — *Les ans lui ont glacé le cœur, l'imagination, etc.*, Ont diminué sa sensibilité, etc. || Fig., Déconcerter, décourager, frapper de stupeur. *Son abord vous glace. Il a un sérieux qui glace. Sa réponse le glaça. Son cri avait glacé d'épouvante ses ennemis. Ce récit nous glaça d'horreur. La crainte avait glacé les courages. La terreur avait glacé tous les esprits.* — Par exag., *Cet orateur a un débit qui glace*, Un débit qui fatigue et qui ennuie. || T. Peint. Appliquer une couleur brillante et transparente sur une autre qui est déjà sèche, afin de lui donner plus d'éclat, plus de vigueur. *Il est difficile d'atteindre au ton des velours d'un beau bleu ou de couleur de rubis, sans les g.* || T. Techn. *G. du papier*, une étoffe, Les lustrer au moyen de la compression, etc. *G. des confitures*, *des pâtes*, *des marrons*, etc., Les couvrir d'une croûte de sucre lissée. *G. des poteries*, Les revêtir d'un enduit destiné à se vitrifier au feu. — *G. des viandes*, Les couvrir d'une gelée de viande lisse et transparente. *G. une galantine*, La recouvrir d'une couche de gelée faite avec du jus de viande réduit. — *G. une doublure de taffetas sur une étoffe*, La coudre de telle manière qu'elle soit entièrement jointe, et qu'elle paraisse unie comme de la

glace. *G. des souliers*, Les couvrir de cirage clair et luisant. == GLACER. v. n. Se dit au prop. et au fig., *Les sources d'eau vive ne glacent jamais. Il n'y avait pas un mot dans tout ce récit qui ne me fît g. le sang.* == SE GLACER. v. pron. Se dit au prop. et au fig. *L'étang commence à se g. Son cœur se glaça d'épouvante. A cette vue, mon sang se glaça.* == GLACÉ, ÉE. part. Eau glacée. Un climat glacé. *Vous avez les mains glacées. Une imagination glacée. Un abord glacé. Du papier glacé. Taffetas glacé. Gants glacés. Marrons glacés.* == GLACÉ. s. m. *Le glacé des gants*, *du papier*, Le vernis que leur donne cette apparence. == Conj. Voy. AVANCER.

GLACERIE. s. f. Art, commerce du glacier-limonadier. || Commerce du glacier, de celui qui fait des glaces de verre, des miroirs.

GLACEUR. s. m. Ouvrier qui glace les indiennes, les étoffes. || Celui qui glace les papiers.

GLACEUX, EUSE. adj. T. Joaillier. *Diamant g.*, Qui a des glaces ou qui n'est pas absolument net.

GLACIAIRE. adj. T. Géol. Qui appartient aux glaciers. || *Période g.*, Période pendant laquelle la température de plusieurs vastes contrées a été beaucoup plus basse qu'elle n'est actuellement.

Géol. — *Époque glaciaire.* — Le commencement des temps *quaternaires* (Voy. ce mot) fut marqué, en Europe tout au moins, par un grand changement dans les conditions météorologiques de notre planète. De grandes précipitations atmosphériques donnèrent naissance à des pluies continuelles, les sources devinrent plus abondantes et les cours d'eau grossirent d'une façon extraordinaire. C'est de cette époque que date l'existence des vallées, et les plus grands fleuves ne sont que de petites rivières en comparaison de ce qu'ils étaient à cette époque. A Paris, par exemple, la Seine couvrait tout l'espace compris entre Montmartre et la montagne Sainte-Geneviève et s'élargissait, au nord, en une sorte de lac qui allait de Saint-Germain à Montmorency (Fig. 1. Ancien lit de la Seine). Ce qui se passait dans les régions basses se produisait également dans les pays de montagne, mais là les précipitations atmosphériques se traduisaient par des rafales de neige qui se changeaient en masses de névés (Voy. GLACIER) et donnaient naissance à de nombreux glaciers. Ces phénomènes amenèrent un abaissement de la température qui fut peu considérable, si l'on en juge par la faune et la flore de cette époque. On trouvait en France, en effet, des Hippopotames, des Rhinocéros, des Éléphants; seulement ces animaux dont les descendants sont relégués aujourd'hui dans les contrées équatoriales étaient couverts de longs poils ou d'une épaisse toison (Fig. 2. Mammouth (*Elephas primigenius*) trouvé dans les glaces de la Sibérie avec sa chair et sa peau). A côté de ces animaux qui ont complètement disparu de la surface de la terre, vivaient d'autres espèces qui ont émigré vers les pays froids où on les retrouve aujourd'hui avec de légères modifications dans leurs caractères extérieurs; tels sont le Renard arctique, le Renne, le Glouton, etc. Enfin l'Homme, qui était apparu à la fin de la période précédente, vivait en France pendant l'époque glaciaire.

La présence de ces êtres vivants nous indique donc que la température moyenne de nos régions ne tombait pas au-dessous de 8 à 9° centigrades. Et pourtant ce léger refroidissement s'accompagnait d'une très grande quantité de pluies a été suffisant pour couvrir de glaces tout le nord de l'Europe et même une partie de la France. Les preuves que nous avons de l'extension des glaciers à cette époque nous sont fournies par l'état des roches qui ont servi de lit à ces glaciers. Nous montrerons, à l'article suivant, qu'un glacier peut être comparé à un torrent, en ce sens qu'il se déplace toujours dans le même sens, emportant avec lui des blocs de rochers arrachés à la montagne, striant et polissant les roches qui l'encaissent. Voy. GLACIER. Lorsqu'un glacier disparaît, il laisse donc, comme traces de son passage, les blocs qu'il a apportés avec lui et qu'il dépose là où la glace fond par suite de l'élévation de la température; ce sont de gros fragments de roches dont la composition est différente de celles qui les entourent et qu'on appelle *Erratiques* (Voy. ce mot) ou bien un grand nombre de cailloux roulés que l'on appelle *moraines*. L'ensemble de ces cailloux, laissés en place quand le glacier recule, indique de cette façon la limite la plus grande étendue du glacier, comme les lignes de galets d'une plage permettent de reconnaître le niveau le plus élevé où sont montées les marées.

Dans les Alpes, les glaciers de presque tous les sommets sont venus s'épancher dans les plaines de la Savoie et du Dauphiné (Fig. 3. Carte de l'extension des glaciers). Le glacier du Rhône, qui a une étendue, actuellement, de 8 kilomètres, avait alors plus de 400 kilomètres et allait porter des blocs erratiques jusqu'au delà de Lyon. Il recevait sur son parcours un grand nombre d'autres glaciers plus petits, par exemple, ceux de la Yungfrau, du mont Rose, du mont Cervin, et allait, au nord, rejoindre les glaciers du Jura. Toute la Savoie était couverte de glaces et les contours arrondis des montagnes des Vosges indiquent également une action mécanique puissante qui n'a pu être produite que par le passage des glaces. En Auvergne, dans le Cantal, dans tout le Plateau central, en un mot, nous retrouvons les mêmes phénomènes glaciaires. Dans les Pyrénées, les glaciers sont restés, en général, cantonnés dans des régions assez limitées; la vallée supé-

grande extension des glaciers à cette époque était principalement la production d'une très grande humidité de l'air et, comme résultat, des précipitations atmosphériques excessivement abondantes. Il nous resterait à dire maintenant par suite de quels phénomènes ont pu se produire de tels changements dans les conditions météorologiques de la Terre. Mais nous n'avons là que des hypothèses à fournir. Les savants sont loin de s'accorder, en effet, sur la nature de ces causes. Les uns veulent y voir un changement dans la direction des courants marins, d'autres un affaissement sous les eaux du nord de l'Europe. Mais ce ne seraient là, dans tous les cas, que des actions locales qui ne peuvent expliquer une extension semblable des glaciers en Amérique, à la même époque. Aussi a-t-on mis en avant deux autres hypothèses qui permettraient, au moins, d'expliquer le caractère de généralité de ces phénomènes glaciaires. Ce seraient : 1° la plus grande excentricité

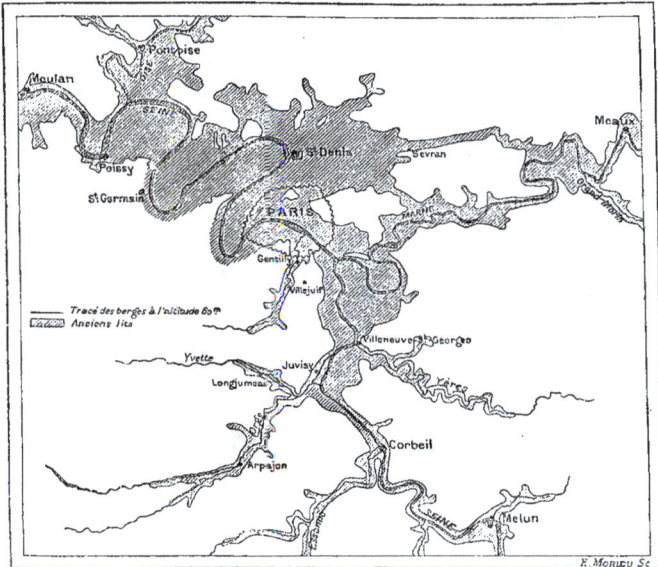

Fig. 4.

rieure de la Garonne, cependant, était couverte de glaces sur une étendue de 75 kilomètres.

Tout le nord de l'Europe était semblable au Groënland de nos jours ; les glaciers descendaient de la Suède et de la Norvège pour couvrir la mer du Nord et s'étendre jusqu'aux Carpathes et au Dnieper, au sud ; à l'ouest, ils venaient rejoindre les glaciers de la Grande-Bretagne ; à l'est, ils passaient au-dessus de la mer Baltique et recouvraient toute la Russie pour s'arrêter seulement auprès de Kiew.

Quelques géologues attribuent à l'action des glaciers le creusement des lacs de la Suisse ; il est probable que d'autres causes sont intervenues pour former des lacs aussi profonds que le lac de Genève, par exemple. Mais, dans beaucoup d'autres cas, cette action est nettement indiquée ; c'est ainsi que les lacs de Longemer et de Gérardmer, dans les Vosges, sont dus à la moraine frontale qu'un glacier a abandonnée lorsqu'il a reculé. De même, près de Lourdes, dans la vallée d'Argelès, se trouve un petit lac entouré de roches polies indiquant manifestement une action glaciaire.

Nous avons vu que les causes qui avaient amené une si

de l'orbite terrestre ; 2° la diminution graduelle du diamètre solaire. Cependant, ces explications elles-mêmes paraissent insuffisantes. Le plus probable est que ces grandes variations de climat sont dues à des changements dans le régime des courants marins.

GLACIAIRISTE. s. m. Celui qui étudie les glaciers.

GLACIAL, ALE. adj. (lat. *glacialis*, m. s.). Glacé, qui est extrêmement froid. *Vent, air, climat g.* || Fig., Qui est sans ardeur, sans passion, *Son air était g. Style g. Cet acteur a un jeu g., un débit g.* — Qui est d'un accueil sec, contraint, *Cet homme est g. Faire à quelqu'un une réception glaciale.* || T. Géog. *Zone glaciale.* Voy. GÉOGRAPHIE. *Mer glaciale,* Celle qui est vers le pôle arctique. = GLACIALE. s. f. T. Bot. Nom vulgaire de la *Ficoïde cristalline (Mesembryanthemum cristallinum),* appelée aussi *Cristalline.* Voy. AIZOACÉES.

GLACIATION. s. f. [Pr. *gla-si-a-sion*]. T. Didact. Action de transformer en glace.

GLACIER. s. m. T. Géol. On donne le nom de *Glaciers* à ces énormes amas de glace que l'on observe soit dans certaines régions montagneuses des climats intertropicaux ou tempérés, soit dans les régions antarctiques. Nous parlerons d'abord des premiers.

1. — C'est dans les Alpes que le phénomène des glaciers a été le plus étudié; mais on en trouve également dans les Pyrénées, dans les Andes, dans l'Himalaya, etc. Les glaciers sont comme suspendus aux flancs des plus hautes montagnes; ils s'encaissent dans les ravins et les vallées, et descendent jusqu'aux régions cultivées; de telle sorte que, dans la belle saison, les glaces et les moissons se trouvent presque en contact. Un g. commence près de la limite des neiges perpétuelles, mais constamment un peu au-dessous: ce phénomène résulte de son mode de formation. En effet, au-dessus de cette limite, la neige ne fondant jamais, il ne peut se produire de glace. Or, le g. lui-même résulte de la solidification des masses de névé. Comme les torrents, les glaciers se déplacent, glissent lentement dans l'intérieur des gorges de la montagne et viennent se terminer, au niveau des plaines, en déposant tous les matériaux qu'ils ont arrachés à la montagne.

La glace des glaciers n'offre pas les caractères que nous présente la glace ordinaire de nos fleuves et de nos lacs. Elle se compose de lames minces, compactes, transparentes et bleuâtres, qui alternent en général avec d'autres lames non moins dures, mais remplies d'innombrables bulles d'air, qui leur donnent un aspect semi-opaque et comme écumeux. Des fissures innombrables constamment remplies d'eau, appelées *fissures capillaires* à cause de leur extrême ténuité, traversent toute l'épaisseur de la masse glacée. — La surface d'un g. est rarement unie: presque toujours, elle est semée çà et là d'une quantité plus ou moins considérable de blocs et de fragments détachés des montagnes. En outre, elle est souvent hérissée d'aiguilles fantastiques, de pyramides et d'obélis-

Fig. 2.

de la neige, lorsque celle-ci s'étant fondue plus ou moins complètement, l'eau qui en résulte se solidifie ensuite par l'action du froid. Étudions d'un peu plus près le mode de formation d'un g.

Chassée par les rafales de vent, la neige qui existe toujours sur les plus hauts sommets, s'accumule dans des dépressions de la montagne que l'on appelle *Cirques* ou *Bassins de réception*. Là, elle se tasse de plus en plus et, par ce fait même, chasse une partie de l'air qu'elle renferme. Puis, quand la température s'élève, quand les rayons du soleil d'été, par exemple, viennent frapper directement sur la montagne, la surface de la neige subit une fusion incomplète: ses cristaux perdent leurs rayons et il ne reste plus, pour chacun d'eux, que le noyau central. L'eau qui résulte de cette fusion circule entre ces grains et regèle pendant la nuit, en expulsant de nouveau l'air qu'elle renferme. La neige se transforme ainsi en une masse granuleuse assez consistante et à laquelle on donne le nom de *Névé*.

La neige, s'accumulant toujours dans les mêmes bassins, comprime les masses de névé qui s'engagent peu à peu dans les couloirs ou gorges de la montagne. Ces masses se tassent de plus en plus et finissent par se prendre en une masse compacte de glace, sous l'influence des gelées et des dégels successifs. Un g. est donc un champ de glace, une sorte de torrent glacé qui est continuellement alimenté par

ques de glace dont la hauteur va quelquefois jusqu'à 14 et 20 mètres; elle est sillonnée par des fentes, creusée par de nombreuses cavités, interrompue par des crevasses profondes, et percée de petits puits verticaux à parois azurées et remplis d'une eau limpide. Les crevasses que nous venons de mentionner varient considérablement en largeur et en profondeur; parfois même, elles s'étendent à travers le g. tout entier. Le professeur Forbes, par exemple, en cite une qui avait plus de 150 mètres de large et qui coupait complètement un g. dans le voisinage du col du Géant. Quant aux puits, ils ont à peine 2 à 4 décimètres de diamètre, mais leur profondeur est considérable. De Saussure a, le premier, expliqué la formation de ces puits. Qu'une pierre mince, de médiocre grosseur et d'une couleur foncée se trouve à la surface d'un g., elle s'échauffera aux rayons du soleil et transmettra rapidement cette chaleur à la glace sous-jacente; celle-ci fondra et la pierre s'enfoncera. Il se formera de cette manière un trop-plein d'eau qui continuera à se creuser de lui-même, par le procédé suivant. L'eau, comme on le sait, atteint son maximum de densité à la température de 4°,5 centigrades environ au-dessus de zéro. Or, l'eau qui remplit le puits étant en contact avec les parois et avec le fond du puits, a toujours une température égale ou supérieure, de quelques dixièmes de degré seulement, à celle de zéro. Mais la surface du liquide, qui, pendant l'été, est exposée à l'air et aux rayons du soleil, s'échauffe et se rapproche de la température du + 4°,5; étant plus lourde, elle descend au fond du puits, réchauffe la pierre qui s'y trouve, et fond une nouvelle quantité de glace. Cette couche d'eau ayant dépensé sa chaleur revient à la température de zéro; mais elle est bientôt remplacée par une nouvelle couche de la surface qui s'est échauffée à son tour. Il s'établit ainsi un courant continu d'eau chaude descendant de la surface au fond, et le puits se creuse lui-même indéfiniment. Sur beaucoup de glaciers, le voyageur remarque avec étonnement des blocs supportés par des piédestaux de glace élevés quelquefois de 2 et même de 4 mètres au-dessus de la surface du g., et qu'on nomme, à cause de leur aspect, *Tables des glaciers*. Ce phénomène, qui est diamétralement

il y a une différence d'environ 1,200 mètres de hauteur entre leur origine et leur terminaison. Quant à leur pente, elle varie dans les diverses parties de leur étendue, mais elle n'est jamais inférieure à 3 degrés.

Le phénomène le plus intéressant que présentent les glaciers, c'est leur marche incessante et continue dans le sens de leur pente et de la direction de la vallée où ils sont encaissés. Le fait suivant établit non seulement la réalité de ce mouvement progressif, mais encore donne une idée de la vitesse avec laquelle il s'accomplit. Un explorateur ardent des hautes Alpes, Hugi, de Soleure, désirant étudier le g. inférieur de l'Aar, fit construire, dans l'été de 1827, une petite cabane sur le g. même, au pied d'une montagne en forme de

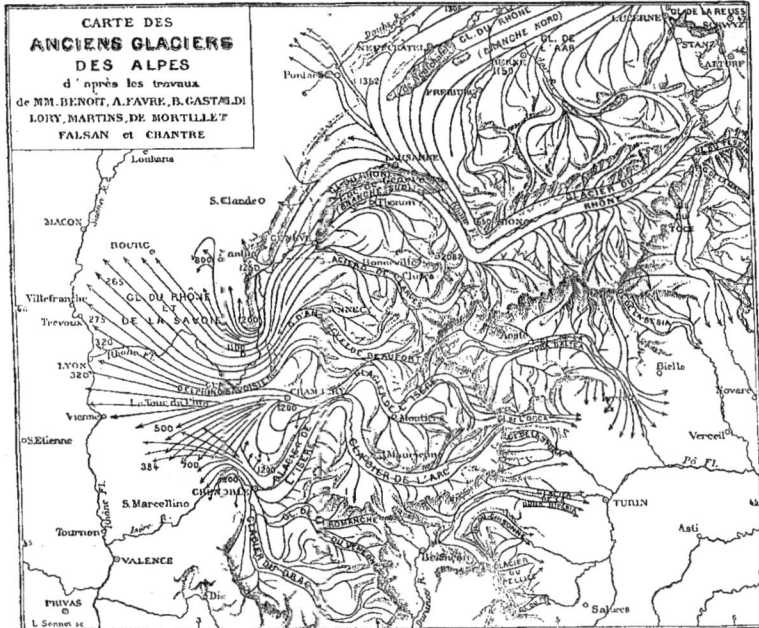

Fig. 3. — Extension des glaciers des Alpes jusqu'à Lyon et au Mâconnais.

l'opposé de celui des puits verticaux, s'explique plus aisément encore. En été, la surface supérieure du g. diminue par la fusion et l'évaporation; mais lorsqu'un gros bloc gît sur la glace, il la protège contre l'action de l'air et du soleil. Par conséquent, elle ne fond pas, et, tandis que le niveau général du g. s'abaisse autour de ce point, ce même niveau reste le même sous le bloc, qui se trouve, au bout d'un certain temps, porté sur un piédestal plus ou moins élevé. — Les dimensions des glaciers sont extrêmement variables. La hauteur de l'escarpement qui les termine varie entre 10 et 40 mètres; mais tout porte à croire que, vers leur partie supérieure, leur épaisseur peut s'élever de 100 à 200 mètres et même aller au delà. Leur longueur et leur largeur ne sont pas plus constantes. Ainsi, celui d'Aletsch, le plus large de tous, a 28 kilomètres de long sur une largeur moyenne de 5 kilomètres; celui des Bois, dans la vallée de Chamounix, n'a pas moins de 20 kilomètres; celui de l'Unteraar a la même longueur; mais la largeur des deux derniers ne dépasse jamais 3 à 4 kilomètres. Dans quelques-uns des plus vastes glaciers,

promontoire, connue sous le nom d'*Abschwung*. En 1839, Agassiz et Desor cherchaient vainement cette cabane au pied de l'Abschwung, lorsqu'ils aperçurent à une assez grande distance de ce point une masure délabrée. Il pouvait rester quelque doute sur l'identité de la cabane; mais ils découvrirent sous un tas de pierres une bouteille renfermant des papiers écrits de la main de Hugi lui-même. Celui-ci y disait qu'en 1827 il avait construit sa cabane au pied même de l'Abschwung, qu'en 1830 elle en était éloignée de 60 mètres environ, et que l'ayant visitée de nouveau en 1836, il la trouva à la distance de 715 mètres. Agassiz et Desor s'empressèrent aussitôt de mesurer sa distance à l'Abschwung au moyen d'une longue corde; elle était de 1,430 mètres. En 1840, Agassiz constata de nouveau que la cabane s'était avancée de 65 mètres. Ainsi donc, en treize ans, cette cabane s'était éloignée de son point de départ de 1,495 mètres, et avait, en moyenne, parcouru chaque année un trajet de 115 mètres. Le savant géologue anglais Forbes a constaté sur la Mer de glace qu'une pierre particulière, nommée Pierre plate, avait parcouru, du

17 sept. 1842 au 19 août 1844, une distance égale à 160m,52, ce qui donne, en moyenne, 83m,46 par an, et, par jour, 22 cent. 86. Il a été constaté, en outre, que la vitesse des glaciers, de même que celle d'un cours d'eau, s'accroît avec leur pente, et qu'elle augmente également, lorsque leur lit se trouve resserré. Ainsi, par exemple, Forbes a observé que les vitesses de la Mer de glace, mesurées au centre du g. et suc-

Fig. 1.

cessivement dans sa partie inférieure, dans sa partie moyenne et dans sa partie supérieure, sont entre elles comme 1,398, 0,574, et 0,925. Or, si l'on divise la longueur du g. en trois parties, on trouve pour les pentes correspondantes aux vitesses ci-dessus, 15°, 4°,5, et 8°. Ce n'est pas tout. Le savant évêque d'Annecy, l'abbé Rendu, a, le premier, signalé un fait des plus curieux au sujet du mouvement progressif des glaciers, c'est que les parties centrales du g., c.-à-d. celles qui se trouvent sur la ligne médiane, se meuvent plus rapidement que les parties latérales, de sorte que les blocs situés sur les premières descendent plus loin dans un même espace de temps que ceux qui sont transportés par les secondes. Forbes a constaté la réalité de ce phénomène par des expériences régulières. Du 29 juin au 1er juillet 1842, il a observé que les parties latérales de la Mer de glace marchaient à raison de 44 centim. 45 en vingt-quatre heures, tandis que la partie centrale avançait de 68 centim. 83. D'autres expériences, faites sur différentes parties du g., lui ont donné des résultats semblables. En outre, il résulte des recherches du savant explorateur : 1° que le mouvement des parties supérieures de la Mer de glace (c.-à-d. voisines de sa tête ou de son origine), considérées dans leur totalité, est plus lent que celui de ses parties inférieures (c.-à-d. voisines de sa terminaison) ; mais que le mouvement des parties intermédiaires est plus lent que celui des parties supérieures et inférieures ; 2° que le centre du g. se meut plus vite que les portions latérales ; 3° que la différence de vitesse observée entre le centre et les côtés du g. varie avec la saison de l'année et aux différents points de la longueur du g. ; 4° que le mouvement du g. varie généralement avec la saison de l'année et la température ; 5° que, dans l'été, le mouvement des glaciers excède d'autant plus le mouvement qui a lieu dans l'hiver que la station est plus basse, c.-à-d. qu'elle

est exposée à de plus fortes alternatives de chaud et de froid.

Le mouvement des glaciers, ainsi qu'il est facile de le prévoir, peut exercer et a, en effet, exercé une influence considérable sur les pays où ils existent. En effet, les glaciers transportent avec eux les fragments de roches, quelque énormes qu'ils soient, qui se détachent des montagnes et tombent à leur surface : Forbes en a vu sur le g. de Viesch, dans le Valais, qui mesuraient près de 30 mètres de long sur 13 à 16 de haut. De plus, les glaciers poussent devant eux tous les matériaux : blocs, gravier, sable, etc., qu'ils rencontrent sur leur chemin, et même ils arrachent sur leur passage toutes les portions de rochers qui ne peuvent résister à la pression énorme qu'exercent ces fleuves de glace. Une petite portion des débris : cailloux, gravier, sable, que le g. détache des parois où il est encaissé, s'émiette, pour ainsi dire, se délaie, et forme entre lui et la roche une couche qu'on appelle, à cause de son aspect, *Couche de boue* ; mais la grande masse de ces débris est ramenée à la surface et sur les bords du g., où ils cheminent à la suite les uns des autres, en suivant toujours le bord, et en formant ainsi de longues bandes qu'on appelle *Moraines latérales*. Mais, de même qu'un grand fleuve est formé par la réunion de plusieurs rivières, de même un g. principal résulte souvent de la réunion, en un seul, de plusieurs glaciers secondaires. Au confluent de deux de ces glaciers qui se confondent pour en former un seul, les deux moraines latérales qui longent le promontoire par lequel elles étaient séparées convergent aussi, se joignent, se confondent, et constituent une *Moraine centrale* ou *médiane*, c.-à-d. située au centre du g. commun. Quelle que soit leur position, ces moraines contribuent également à l'accroissement de celle qui, à l'extrémité du g., est formée par l'entassement des blocs et des débris que le g. pousse devant lui, et qu'on appelle *Moraine terminale* ou *frontale*. La Fig. 1, qui représente la

Fig. 2.

partie supérieure du g. de l'Aar, montre les lignes de moraines qui descendent du g. du Finsteraarhorn sur la gauche, et de celui du Lauteraarhorn sur la droite. Elle fait voir également la formation d'une moraine centrale par l'union des moraines latérales des deux glaciers. La Fig. 2 représente la partie supérieure du g. du mont Rosa et du Gornerhorn, avec la moraine latérale du pied du Rieffelhorn et la grande moraine du Breithorn. Sur la droite, sont les glaciers du Petit Cervin et du Furkeflue. Les crevasses à travers les glaciers unis se voient bien en face, de même que l'élévation de la glace au-dessus du côté du g., montrant que les blocs et autres fragments de roche transportés par le g. doivent tendre à tomber sur ses parties latérales et à s'y accumuler en moraines latérales.

A mesure qu'ils descendent dans des régions plus chaudes, les glaciers sont nécessairement exposés à l'influence d'une température supérieure, et s'ils n'étaient pas incessamment alimentés d'autre part, c.-à-d. par l'incessante accumulation des névés, la fusion et la progression cesseraient de se faire équilibre, et les glaciers ne tarderaient pas à diminuer de volume pour disparaître enfin totalement. Cependant, comme l'alimentation des glaciers varie selon des circonstances qu'il est facile de concevoir, leurs dimensions présentent des variations plus ou moins marquées, soit en longueur, soit en hauteur ou en épaisseur. Pendant les étés froids, la progression l'emporte, et les glaciers s'avancent dans les vallées, renversant devant eux les forêts et les maisons. L'été est-il très chaud, les glaciers fondent beaucoup, et leur progression n'étant plus en rapport avec la fusion, ils semblent reculer. Les moraines qui précédent ou accompagnent chaque g. et qui contiennent des échantillons des différentes roches qu'il a rencontrées dans son trajet, restent en place, quand celui-ci se retire, de telle sorte qu'elles peuvent servir par la suite des temps, à indiquer la limite extrême à laquelle est parvenu le fleuve de glace. Agassiz s'est assuré que la vallée de Chamounix a été jadis occupée par un g. qui s'étendait jusque vers le Col de Balme, et, à Saint-Maurice, dans le Valais, une moraine située à plus de 600 mètres au-dessus du lit du Rhône semble indiquer qu'à une époque reculée la Suisse a été couverte de glaciers jusqu'à une élévation d'environ 660 mètres au-dessus du lac de Genève. — Un autre phénomène qui se rattache au mouvement des glaciers est celui des roches striées et cannelées qu'on observe généralement dans les Alpes, soit dans les parties qui ont été abandonnées par les glaces, soit dans quelques points qu'on peut aborder au-dessous même de ces dépôts, comme à l'extrémité inférieure du g. de Zermatt. Ces cannelures et ces stries sont les unes larges, comme celles que creuserait une petite gouge; d'autres fines, comme si elles avaient été faites avec un canif, et toutes sont parallèles à la direction dans laquelle le g. se meut, ou font avec elle des angles fort petits. Il est évident que le g. en s'avançant doit agir sur son fond à la façon d'un immense polissoir, et que les différentes sortes de raies observées ont été produites par les débris: cailloux, gravier et boue, qui, se trouvant interposés entre la glace et la roche, font l'effet de l'émeri dans l'opération du polissage. Si maintenant on examine les rochers qui constituent les parois latérales des glaciers actuels ou anciens, on trouve partout des roches arrondies, polies et striées, qu'on a comparées à des sacs de laine empilés les uns sur les autres, et que de Saussure appelait *roches moutonnées*. Les sillons qui séparent ces surfaces suivent aussi la direction du mouvement de translation des glaciers, et indiquent qu'ils ont été formés par le même procédé que les cannelures du fond, c.-à-d. qu'ils ont été produits par des matières dures qui se sont glissées entre la glace et les parois qui l'encaissent.

Nous venons de voir que les glaciers sont de véritables torrents de glace qui se déplacent continuellement sous l'influence des mêmes lois que les cours d'eau. Il nous reste à examiner maintenant quelle est la cause de cette progression et comment il se fait qu'un corps solide et aussi facilement cassant que la glace peut se mouler aussi exactement sur toutes les anfractuosités de la montagne.

Cette cause est tout d'abord la pesanteur qui entraîne naturellement le g. vers le bas de la montagne, mais ce n'est pas là la cause principale, comme le croyait de Saussure. La véritable raison de ces déplacements, c'est que la glace se comporte comme une substance plastique lorsqu'elle est soumise à certaines conditions, et une propriété spéciale qu'on appelle *Regel*.

Un physicien anglais, Tyndall, a montré que deux morceaux de glace pressés l'un contre l'autre se soudent en une seule masse, quand même ils seraient plongés dans de l'eau chaude. En comprimant de la glace dans un moule cylindrique, au moyen de la presse hydraulique, le même savant a montré que celle-ci se brisait en petits morceaux et fondait en partie, mais bientôt cette eau de fusion gelait de nouveau et réunissait tous les morceaux de glace en une masse compacte, qui acquérait la forme du moule cylindrique. Or, ce sont des phénomènes de ce genre qui agissent dans les glaciers.

Le moule est le lit du g.; la presse hydraulique est la pression exercée par toutes les parties du g. les unes sur les autres.

La plasticité de la glace n'est pas assez grande cependant pour que des fêlures ne se produisent pas très fréquemment dans l'épaisseur du g. Ces fêlures s'agrandissent de plus en plus et donnent naissance aux crevasses dont nous avons parlé plus haut. La surface des glaciers entre en fusion pendant l'été; l'eau qui en résulte s'infiltre par ces fissures et ces crevasses et va alimenter les sources d'où sortent souvent de grands fleuves (Rhin, Rhône, Danube, par ex.). Ces sources sont produites par la fusion qui se fait presque continuellement sur le front du g., au moment où il atteint les régions tempérées.

II. — Les glaciers des régions arctiques nous offrent des circonstances particulières. En effet, comme ici la ligne qui forme la limite des neiges perpétuelles s'abaisse jusqu'au niveau de la mer, les nombreux glaciers qui prennent naissance à la surface du sol descendant jusqu'à l'Océan; puis, continuant leur marche progressive, ils dépassent les limites du rivage et s'avancent sur les flots en s'appuyant sur la terre en arrière. Mais il arrive un instant où, par l'effet du choc des vagues, des marées, de la différence de température qui existe entre le g. et l'eau qui le supporte, il se détache de la masse qui s'avance sur l'Océan des fragments plus ou moins considérables, lesquels flottent ensuite à sa surface au gré des courants, jusqu'à ce qu'enfin ils fondent sous l'influence d'une température plus douce. Il est évident que ces glaciers ne sauraient avoir de moraines terminales; mais ils emportent avec eux leurs moraines latérales, ainsi que les blocs et les débris dont leur surface peut être semée. Dans la partie occidentale et montagneuse du Spitzberg, les glaciers qui s'avancent sur la mer présentent des escarpements de 30 à 120 mètres de hauteur. Un peu au nord du détroit de Horn, on signale un grand g. qui occupe une largeur de côte de 19 kilom., et dont la portion la plus élevée forme une falaise haute de 125 mètres. Suivant Ch. Martins, les glaciers du Spitzberg sont en général assez unis et peu accidentés, et leur glace ressemble à celle des glaciers supérieurs de la Suisse, du g. d'Aletsch, par ex. Durochor a constaté que les glaciers de cette région ne s'élèvent à plus de 40 mètres ou, au maximum, 50 mètres au-dessus du niveau de la mer, et que, plus haut, les neiges ne prennent pas le caractère de névé. De son côté, Scoresby estime à 400 mètres la hauteur du g. du détroit de Horn. A l'îlot de l'Etna, dans les Shetland

Fig. 3.

australes, Sir James Ross a vu un g. qui descendait d'une hauteur de 360 m. environ dans l'Océan, où il se terminait par une falaise verticale de 30 m. de haut. Dans l'hémisphère arctique, on ne rencontre pas de glaciers maritimes au delà que 59° de latitude boréale; mais, dans l'hémisphère antarctique, ils remontent beaucoup plus haut. Ainsi, Darwin a signalé dans le golfe de Penas, par 46° 40' de latitude australe, un g. qui descendait dans la mer.

Les masses de glace qui se détachent de la terre et qui flottent ensuite au gré des courants, sont communément désignées sous le nom de *Montagnes de glace*, et offrent fréquemment en effet des dimensions et des formes propres à justifier cette dénomination. La Fig. 3 représente une de celles que le capitaine Ed. Parry rencontra dans son premier voyage,

et donne une idée de l'aspect pittoresque de ces glaces, ainsi que de leurs dimensions; car il faut se rappeler que la partie de la montagne qui reste plongée dans l'eau est de 4 à 8 fois plus haute que celle qui paraît au-dessus de sa surface. La forme des montagnes de glace, ainsi qu'il est facile de le prévoir, doit être excessivement variée; mais la plus extraordinaire assurément est celle que représente la Fig. 4. On a rencontré de ces blocs de glace de forme tabulaire, dont la hauteur au-dessus de l'eau n'était pas moindre de 60 mètres, et qui avaient plus de 3,500 mètres de tour. Ces glaces flottantes portent assez fréquemment des fragments de rochers, de la terre et diverses sortes de débris. Ainsi, Couthouy a rencontré, dans les mers antarctiques et à 180 myriamètres de toute terre, une montagne de glace chargée de débris rocheux enchâssés dans sa masse, et dont l'un avait plus de

Fig. 4.

2 mètres carrés de côté. Il est superflu de dire ici les dangers que ces montagnes flottantes font courir aux navires et les obstacles qu'elles présentent à la navigation dans les régions polaires. Dans notre hémisphère, il est rare qu'on en rencontre au delà du 40e degré de latitude nord; mais dans l'hémisphère austral elles descendent quelquefois jusqu'au près du cap de Bonne-Espérance.

De même que les glaciers des Alpes, les glaciers des régions arctiques résultent de l'action alternative de la chaleur et du froid sur les neiges et les glaces. Au Groënland, durant l'été, la chaleur est assez considérable dans la journée; mais les nuits sont froides et s'accompagnent souvent de gelée. Pendant l'hiver même, il y a quelquefois des jours de dégel. Ce phénomène s'observe également au Spitzberg, lorsqu'il souffle un fort vent du sud. Dans cette dernière contrée, la température des mois les plus chauds est évaluée à 1°,40 au-dessus de zéro; en outre, le plus long jour y dure 4 mois.

Quant aux champs de glace qui prennent naissance à la surface des mers polaires et par la congélation de leurs eaux, ils se produisent comme les glaces qui naissent dans nos fleuves et dans nos lacs; nous ne parlons ici que des glaciers proprement dits. Voy. ERRATIQUE, MER et TEMPÉRATURE.

GLACIER. s. m. Limonadier qui prépare et qui vend des glaces. || Celui qui fabrique, qui vend des glaces (de verre).

GLACIÈRE. s. f. Grand creux fait en terre, ordinairement maçonné, voûté et recouvert de terre et de paille, dans lequel on conserve de la glace et de la neige, pour rafraîchir les boissons, pour faire des glaces, etc. || Fig., *Cette chambre, cette salle est une g.,* Elle est extrêmement froide.

Techn. — Villeneuve a imaginé un appareil économique à l'aide duquel on peut convertir assez promptement en glace une certaine quantité d'eau. Le mélange frigorifique qu'il emploie est un mélange de sulfate de soude et d'acide chlorhydrique. Quant à l'appareil lui-même que l'inventeur a baptisé du nom de *Congélateur* ou *Glacière des familles,* il se compose principalement de quatre capacités cylindriques qui entrent l'une dans l'autre. (La Fig. ci-après en représente la coupe.) La capacité extérieure est remplie d'une substance mauvaise conductrice de la chaleur, comme le coton ou la laine, pour empêcher le réchauffement par l'air ambiant. Celle qui vient ensuite en allant vers l'intérieur est destinée à recevoir l'eau à congeler. On y introduit au moyen d'une espèce d'entonnoir *e* placé à la partie supérieure. Le

troisième vase est occupé par le mélange frigorifique. Enfin, le quatrième, qui se trouve au centre, est rempli, comme le deuxième, d'eau destinée aussi à être congelée. Cette dernière capacité présente, dans son couvercle, une cavité également garnie d'une substance mauvaise conductrice; mais en outre elle est munie d'une manivelle qui sert à la faire tourner, afin d'agiter, à l'aide de saillies convenables qu'elle porte sur sa paroi externe, le mélange réfrigérant et de renouveler les points de contact avec les deux vases qui contiennent l'eau à congeler. Le mélange se partage en 4 doses que l'on fait agir successivement, aussitôt que la précédente est devenue liquide. On fait alors couler cette dernière dans le vase inférieur V, en ouvrant l'orifice à la base du réfrigérateur, au moyen du levier coudé *l*. Dans l'espace de 40 à 60 minutes, on obtient de 2 à 7 kilog. de glace, suivant les dimensions de l'appareil. Le liquide très frais que l'on recueille dans le vase V peut s'utiliser pour rafraîchir les boissons. Il existe, pour la fabrication artificielle de la glace, de nombreux appareils dont nous avons parlé aux mots FROID, GLACE, ÉVAPORATION.

GLACIÉRISTE. Voy. GLACIAIRISTE.

GLACIOLOGIE. s. f. (R. *glace,* et gr. λόγος, discours). Science ayant pour principal objet l'étude des glaciers et de tous les phénomènes qui en dérivent.

GLACIS. s. m. [Pr. *gla-si*] (R. *glace*). Pente douce et unie. Le *g. d'un étang.* || T. Art milit. Pente douce qui descend du haut du chemin couvert jusqu'à la campagne. Voy. FORTIFICATION, I. || T. Hortic. Partie du jardin en pente douce et couverte de gazon. || T. Archit. *G. de corniche,* Inclinaison légère qu'on donne à la surface supérieure d'une corniche pour faciliter l'écoulement des eaux. || T. Peint. Se dit des couleurs légères et transparentes qu'on applique sur les couleurs déjà sèches d'un tableau, pour leur donner plus d'éclat ou de vigueur. || T. Techn. Évasement ajouté à la partie supérieure d'une chaudière pour en augmenter la capacité. — Tour de la soie d'un sabot de cheval. — Plan de maçonnerie sur lequel les raffineurs exposent les pains de sucre pour les faire sécher au soleil. — Enduit de plâtre dont on recouvre les lattes voliges d'un faîte, ou les lattes jointives d'une cloison, la tête d'un mur de clôture, etc. — Rang de points qui fixe sur une étoffe la doublure pour qu'elle soit unie et ne plisse pas. — Traînée de clinquant dans les broderies en passementerie. — Partie des soies de chaîne qui servent uniquement à lier la trame.

GLAÇON. s. m. Morceau de glace. *La rivière est couverte de glaçons.* || Fig., Froideur, défaut d'ardeur. || *Personne froide, sans ardeur.* || T. Archit. Ornement qui représente un glaçon et qui est employé à la décoration des bassins et des fontaines.

GLAÇURE. s. f. (R. *glacer*). T. Céram. Action de recouvrir les poteries d'un enduit qui au feu doit se vitrifier.

GLADBACH, v. de Prusse (prov. du Rhin); 44,200 hab.

GLADIATEUR. s. m. (lat. *gladiator,* m. s., de *gladius,* glaive). T. Antiq. rom. Dans l'ancienne Rome, on appelait *Gladiateurs* (μονομάχοι, *gladiatores*), des hommes qui combattaient dans l'amphithéâtre ou ailleurs pour l'amusement du peuple. Cette coutume prit, dit-on, naissance chez les Étrusques, et tire son origine de l'usage où ils étaient d'immoler des esclaves ou des prisonniers près des bûchers funéraires. On donnait à ce spectacle le nom de *munus,* et à celui qui en faisait les frais ceux de *munerator, d'editor* ou de *dominus.* Lorsque ce personnage était un simple particulier, on lui attribuait, pour le jour même où avaient lieu les jeux, les insignes officiels qui appartenaient à la magistrature. — Le premier combat de gladiateurs que l'on vit à Rome fut donné, 264 ans av. J.-C., dans le *forum boarium,* par Marcus et

Decimus Brutus, aux funérailles de leur père. Dans le principe, ces jeux ne se célébrèrent que dans les funérailles faites aux frais de l'État, mais, par la suite, on fit combattre des gladiateurs aux obsèques de la plupart des personnages considérables et même à celles des femmes. Souvent de simples particuliers laissaient par testament une somme d'argent destinée à payer les frais d'un spectacle de ce genre. Enfin, les combats de gladiateurs trouvèrent aussi leur place dans les réjouissances publiques, surtout dans les fêtes que les édiles ou d'autres magistrats donnaient au peuple. Dans ce dernier cas, le nombre des combattants était souvent considérable, et jusqu'à la fin de la république il alla toujours croissant. Enfin, sous les empereurs, cette barbarie fut poussée à un degré à peine croyable : ainsi, par ex., pour célébrer le triomphe de Trajan sur les Daces, on fit paraître dans l'arène jusqu'à 10,000 combattants.

Les gladiateurs étaient tantôt des prisonniers de guerre, des esclaves ou des malfaiteurs condamnés par jugement, tantôt des citoyens libres qui descendaient volontairement dans l'arène. Ceux qui combattaient par suite d'une condamnation formaient deux catégories. Les uns étaient condamnés *ad gladium*, et les autres *ad ludum*. Les premiers devaient être tués dans le délai d'un an au plus, tandis que les seconds pouvaient, au bout de trois ans, obtenir la remise de leur peine et recouvrer la liberté. Les hommes libres qui se faisaient gladiateurs pour de l'argent étaient appelés *auctorati*, et leur salaire se nommait *auctoramentum* ou *gladiatorium*. À leur entrée au service, ils prononçaient un serment dont Pétrone nous a conservé la formule. Déjà, sous la république, on avait vu des citoyens libres descendre dans l'arène; mais alors ils appartenaient aux classes les plus infimes. Sous l'empire, au contraire, on vit des chevaliers, des sénateurs, et jusqu'à des femmes s'enrôler comme gladiateurs; et ces excès ne disparurent que du temps de Sévère, qui y mit un terme. — Les gladiateurs vivaient dans des espèces d'académies (*ludi*), où ils étaient instruits et dressés par des maîtres appelés *Lanistes* (*lanistæ*). On donnait le nom de *familia* à l'ensemble des gladiateurs que chaque laniste était chargé d'instruire. Ils étaient parfois la propriété du laniste lui-même, qui les louait aux magistrats ou aux citoyens qui voulaient donner des jeux. D'autres fois, au contraire, ils appartenaient à de simples particuliers, qui payaient alors des maîtres pour les dresser. Ainsi, les auteurs latins nous ont transmis le souvenir du *ludus Æmilius*, à Rome, et du *ludus* de César, à Capoue. Sous les empereurs, la surveillance de toutes les écoles de gladiateurs qui étaient entretenues aux frais de l'État, était confiée à un personnage d'un rang élevé nommé *curator* ou *procurator*. Dans leurs écoles, les gladiateurs s'exerçaient avec des épées de bois, appelées *rudes*. On réglait leur régime avec la plus grand soin, et on leur donnait une nourriture (*gladiatoria sagina*) propre à entretenir et à augmenter leur vigueur corporelle. On en élevait un grand nombre à Ravenne, à cause de la salubrité du pays.

Les combats avaient lieu, tantôt près du bûcher, dans les funérailles, tantôt dans le forum, mais le plus souvent dans l'amphithéâtre. Celui qui voulait donner le spectacle en publiait le programme plusieurs jours à l'avance, c.-à-d. distribuait de petites tablettes (*libelli*) qui indiquaient le nombre et quelquefois les noms des combattants. Au jour dit, on conduisait les gladiateurs dans l'arène, on leur en faisait faire processionnellement le tour, puis on examinait leurs épées, pour voir si elles étaient suffisamment aiguisées. Le spectacle commençait par un exercice préparatoire, nommé *prælusio*, dans lequel on se servait d'épées de bois ou de quelque autre arme semblable; après quoi la trompette donnait le signal du combat véritable. Quand un gladiateur était blessé, le peuple criait : *Il en tient!* (*habet* ou *hoc habet*). Le vaincu laissait alors tomber ses armes pour signifier qu'il avouait sa défaite, et il levait la main pour demander merci. Son sort dépendait des spectateurs, et ceux-ci faisaient connaître leur décision en élevant la main, le pouce tourné vers la terre, s'ils voulaient faire grâce au malheureux, et tourné en l'air, si, au contraire, ils désiraient sa mort. Ce dernier signal était un ordre formel de recevoir le dernier coup (*ferrum recipere*), que les gladiateurs faisaient avec le plus grand courage. (Fig. 3. Le second groupe à gauche représente un de ces combats. Un gladiateur demande merci; son antagoniste se tient derrière lui, attendant le signal du peuple.) Si la vie était accordée au vaincu, celui-ci avait terminé sa tâche pour ce jour-là, et l'on appelait *missio* la grâce momentanée qu'il obtenait ainsi. Mais il y avait des combats *sine missione*, c.-à-d. où la vie du vaincu ne devait jamais être épargnée. Les combats de cette dernière espèce furent interdits par Auguste. On donnait ordinairement une palme au

vainqueur, d'où l'expression *plurimarum palmarum gladiator* pour désigner celui qui avait remporté plusieurs fois la victoire; parfois aussi on lui accordait une gratification en argent. Les vieux gladiateurs, et même, dans certains cas, ceux qui n'avaient servi que peu de temps, recevaient leur congé de celui qui donnait les jeux, à la requête du peuple : on leur remettait alors une épée de bois (*rudis*), d'où le nom de *rudiarii* sous lequel on désignait ces gladiateurs émérites. Ils rentraient alors dans la même condition, libre ou esclave, qu'ils avaient avant de devenir gladiateurs. Toutefois une tache indélébile restait attachée à celui qui avait exercé le métier de g. : ainsi, il ne pouvait être admis dans l'ordre équestre, si, par la suite, il devenait assez riche pour aspirer à cet honneur. Bien plus, celui qui, étant esclave, était entré dans une école de gladiateurs, et qui avait été ensuite affranchi, n'acquérait pas, par son affranchissement, tous les droits attachés à son nouvel état; il entrait seulement dans la classe des *peregrini dediticii*. — Constantin rendit un décret pour abolir les combats de gladiateurs : néanmoins ils paraissent avoir persisté jusqu'au règne d'Honorius, qui les supprima définitivement.

Les gladiateurs étaient divisés en plusieurs catégories, d'après leurs armes, leur manière de combattre, ou quelque autre circonstance particulière. Nous allons énumérer les principales. — Les *Andabates* (*andabatæ*) portaient des casques entièrement fermés sur le devant, de sorte qu'ils combattaient sans y voir, ce qui excitait au plus haut point l'hilarité des spectateurs. Plusieurs auteurs modernes pensent qu'ils étaient à cheval; mais la chose n'est pas prouvée. — Les *Catervaires* (*catervarii*) se battaient non par paires, mais par groupes (*caterva*), c.-à-d. plusieurs contre plusieurs. — Les *Dimachères* (*dimacheri*) semblent avoir été ainsi nommés parce qu'ils se servaient de deux épées, une à chaque main. — Les *Cavaliers* (*equites*) combattaient à cheval (*equo sedentes*). Le premier groupe à gauche dans la Fig. 3 représente un combat de deux gladiateurs de ce genre; ils sont tous les deux armés d'une lance et d'un bouclier rond; leur bras droit seul est couvert d'un brassard, et leur casque, qui est fermé sur le devant, est pourvu d'une ouverture vis-à-vis de l'œil droit. — Les *Essédaires* (*essedarii*) étaient montés sur des chars d'une forme particulière (*essedæ*), dont l'usage avait été emprunté aux Gaulois. — La dénomination de *Fiscales* n'indiquait pas une espèce particulière de combattants; on appelait simplement ainsi, sous l'empire, les gladiateurs entretenus aux frais du fisc ou trésor impérial. — Les *Hoplomaques* (*hoplomachi*) étaient armés de toutes pièces. — Les *Laqueatores* se servaient d'un lacet (*laqueus*) pour envelopper leurs adversaires. — Les *Meridiani* ne paraissaient que vers le milieu du jour (*media die*), après les combats avec les animaux féroces, qui avaient lieu dans la matinée. Ils étaient armés à la légère. — Les *Mirmillons* (*mirmillones*) étaient, dit-on, ainsi nommés parce qu'ils portaient sur leur casque, en guise de cimier, une image de poisson (μορμύρος, *mormyrus*); mais, comme le montrent les Fig. 1 et 3, cet ornement

Fig. 1.

était quelquefois supprimé. Ils étaient armés à la gauloise, d'où le nom de *Gaulois* (*Galli*) qu'on leur donnait quelquefois. Ils combattaient ordinairement contre les *Thraces* et les *Rétiaires*. — Par *Ordinarii*, on entendait ceux qui se battaient par paires, suivant la manière habituelle (*ordinario usu*). — Les *Postulatitii* étaient des gladiateurs supplémentaires que, sur la demande du peuple (*postulante populo*), celui qui donnait les jeux ajoutait à ceux qu'il avait déjà fournis. — Les *Provocatores* paraissent avoir été spécialement destinés à combattre contre les *Samnites*. Nous n'avons pas d'autres renseignements sur eux. — Les *Rétiaires* (*retiarii*) avaient pour arme unique une sorte de lance à trois pointes, appelée *tridens* ou *fuscina*, et un filet (*rete*, d'où leur nom) avec lequel ils cherchaient à envelopper leurs adversaires. Ils étaient vêtus d'une courte tunique et avaient la tête nue. Quand le rétiaire manquait son coup en jetant le filet, il prenait la fuite, tandis que son adversaire le poursuivait à travers l'arène, et cherchait à le frapper avant qu'il eût le temps de se préparer à une nouvelle attaque. Cet adversaire était ordinairement un *Mirmillon* ou un *Secutor*. La Fig. 1, extraite des monuments inédits de Winckelmann, représente le combat d'un rétiaire contre un mirmillon; un laniste se tient derrière le premier. — Les *Samnites* étaient ainsi appelés parce que leurs armes présentaient une grande analogie avec celles du peuple de ce nom : ils se distinguaient surtout par la forme de leur bouclier, qui était oblong. — On ne sait pas positivement ce qu'étaient

Fig. 2.

les gladiateurs appelés *Secutores*. Les uns pensent qu'on nommait ainsi ceux qu'on opposait aux rétiaires, parce que, lorsque le rétiaire avait manqué son coup, ils se mettaient à sa poursuite (*sequebantur*), comme nous venons de le voir. Les autres les prennent pour les gladiateurs appelés *Suppositii* par Martial, et qui se tenaient prêts à remplacer ceux qui étaient tués ou simplement mis hors de combat. — Enfin, les *Thraces* ou *Thraxces* étaient armés comme les Thraces, avec un bras nu et une épée courte (*sica*), que Juvénal appelle *falx supina*. Comme nous l'avons déjà dit, ils combattaient d'ordinaire contre les mirmillons. (Fig. 2. Combat de deux Thraces; chacun d'eux est accompagné de son laniste.) Les combats de gladiateurs, de même que les autres jeux du cirque, ont été souvent reproduits par les artistes romains.

Fig. 3.

Les bas-reliefs qui ornent le tombeau de Scaurus à Pompéi, sont surtout propres à en donner une idée nette et claire (la Fig. 3 est la reproduction d'un de ces bas-reliefs). Sur ces bas-reliefs les combattants sont vêtus et armés suivant la catégorie à laquelle ils appartiennent. Les thraces, les samnites et les mirmillons portent tous le *subligaculum*, sorte de tablier attaché au-dessus des hanches. Leur bras droit seul est couvert d'un brassard, le gauche étant suffisamment garanti par le bouclier. La plupart des armes offensives sont absentes, et l'on suppose que le sculpteur avait l'intention de les faire à part et de les fixer ensuite à leur place au moyen de crampons. Les lanistes, qui se tiennent derrière les combattants pour les surveiller et les forcer d'attendre ou d'exécuter les ordres du peuple, sont tous vêtus d'une tunique et tiennent une baguette à la main. Enfin, on voit sur plusieurs endroits de la frise des inscriptions indiquant les noms des personnages auxquels appartenaient les gladiateurs, ainsi que les noms de ces derniers et le nombre des victoires qu'ils avaient remportées.

GLADIATORIAL, ALE. adj. Qui a rapport aux gladiateurs.

GLADIÉ, ÉE. adj. (lat. *gladius*, glaive). T. Bot. Qui est en forme de glaive; qui est muni de vives arêtes.

GLADIFÈRE. adj. 2 g. (lat. *gladius*, glaive; *ferre*, porter). T. Zool. Qui porte un prolongement en forme d'épée.

GLAGEON. s. m. T. Minér. Espèce de marbre.

GLAGOL. s. m. Nom d'un ancien alphabet slavon.

GLAGOLITIQUE. adj. 2 g. Qui a rapport au glagol.

GLAIE. s. f. [Pr. *glé*]. Voûte d'un four de verrerie.

GLAÏEUL. s. m. (lat. *gladiolus*, dimin. de *gladius*, glaive). T. Bot. Genre de plantes Monocotylédones (*Gladiolus*) de la famille des *Iridées*. Voy. ce mot.

GLAIRAGE. s. m. Action de glairer.

GLAIRE. s. f. (bas-lat. *claria*, m. s., de *clarus*, clair). Le blanc de l'œuf quand il n'est pas cuit. || Par extens., Mucus blanchâtre et transparent qui ne diffère des mucosités ordinaires que par sa consistance et sa viscosité plus grandes. *Il rend des glaires tous les matins.* || Eau qui se trouve dans les diamants imparfaits. || T. Véner. Matière qui se trouve dans les fumées des biches.

GLAIRER. v. a. (R. *glaire*). T. Techn. Frotter la couverture d'un livre, pour la lustrer, avec une éponge trempée dans des blancs d'œufs. == GLAIRÉ, ÉE. part.

GLAIREUX, EUSE. adj. Qui est de la nature de la glaire; qui est plein de glaires. *Humeur glaireuse. Chair glaireuse.*

GLAIRINE. s. f. (R. *glaire*). T. Chim. Substance organique azotée qui forme un dépôt gélatineux, gris ou noir, dans certaines eaux sulfureuses, notamment dans les eaux de Barèges.

GLAIRURE. s. f. T. Relieur. Préparation avec laquelle on glaire.

GLAIS-BIZOIN, homme politique français (1800-1877).

GLAISE. s. f. [Pr. *glè-ze*] (orig. germanique). Nom vulg. de l'argile commune. *La g. est imperméable à l'eau.* || Adject., *Terre glaise.* || T. Techn. Voûte d'un four de verrerie.

GLAISER. v. a. [Pr. *glè-zer*]. *G. un bassin,* Y faire un corroi de terre glaise pour qu'il tienne l'eau. || *G. des terres,* Les amender avec de la glaise quand elles sont maigres et sablonneuses. == GLAISÉ, ÉE. part.

GLAISEUX, EUSE. adj. [Pr. *glè-zeu*]. Qui est de la nature de la glaise. *Un sol g. Une terre glaiseuse.*

GLAISIÈRE. s. f. [Pr. *glè-zi-ère*]. Endroit d'où l'on tire de la glaise.

GLAITERON. s. m. Nom vulgaire du grateron.

GLAIVE. s. m. (lat. *gladius*, m. s.). Épée tranchante; n'est guère usité qu'en poésie et dans le style soutenu. *Tout périt sous le tranchant du g. Mille glaives furent aussitôt levés sur lui.* — *Celui qui frappera du g., périra par le g.* = Figur., se dit pour la guerre, le sort des armes. *Ce sera le g. qui décidera entre eux.* La religion mahométane a été propagée par le g. Remettre le g. dans le fourreau. || Fig., se dit aussi du droit de vie et de mort. *Le souverain a la puissance du g. Le g. des lois, de la justice. Le g. vengeur.* — *Le g. spirituel,* La juridiction de l'Église, le pouvoir que l'Église a d'excommunier. || Fig. *Le g. de la parole,* Le pouvoir de l'éloquence. *Le g. de douleur dont son âme est percée.*

GLAIZE, peintre et lithographe français (1807-1893).

GLAMMET. s. m. [Pr. *gla-mè*]. Nom vulgaire de la mouette.

GLAMORGAN. Voy. CLAMORGAN.

GLANAGE. s. m. Action de glaner. On donne ce nom à

l'action de ramasser dans les champs, après l'enlèvement des récoltes, les produits du sol abandonnés ou négligés par le propriétaire. Le gl., qui remonte à la plus haute antiquité, a toujours été considéré comme la part du pauvre, de la veuve et de l'orphelin. La législation juive s'est occupée du g . d'une façon toute particulière, ainsi que le témoignent divers passages du Deutéronome et du Lévitique. « Tu ne ramasseras pas, dit Moïse, les épis échappés aux moissonneurs ou les grains de raisin tombés pendant la vendange, ni les grappes restées dans tes vignes ou les olives à tes oliviers; mais tu les laisseras pour les pauvres, la veuve, l'orphelin et l'étranger. » (Lévit., XIX, 9, 10.) — « Quand tu feras la récolte, dit-il encore, tu n'iras pas chercher les gerbes oubliées dans les champs: tu les abandonneras aux pauvres, à la veuve, à l'orphelin et à l'étranger. » (Deut., XXIV, 19.) Cet usage, inspiré par la charité, selon Moïse, en souvenir de l'esclavage des Hébreux en Égypte, se perpétua sous le christianisme, et il existe encore de nos jours. La première trace qu'on trouve du gl. dans nos lois remonte à l'ordonnance du 2 novembre 1550, qui le permettait aux infirmes, aux vieillards et aux enfants, aussitôt après la récolte. Il fut reconnu plus tard par la loi du 28 septembre 1791, et enfin par l'art. 95 de la loi du 28 juillet 1832, qui le réglemente aujourd'hui, concurremment avec les art. 471 et 473 du Code pénal. — Le gl. est accordé à tous les indigents qui ne peuvent pas travailler. Il ne peut se faire que dans un champ ouvert et entièrement dépouillé de ses récoltes, et entre le lever et le coucher du soleil. Il est donné deux jours pour le gl. Enfin une amende de 1 à 5 fr. est prononcée contre tout contrevenant à ces prescriptions.

GLAND. s. m. [Pr. glan] (lat. glans, glandis, m s.). Le fruit que porte le chêne. Voy. CHÊNE. G. doux, Fruit comestible de certaines espèces de chênes. Du café de g. doux, Fait avec des glands doux torréfiés. || Par ext., Classe l fruits faisant partie des akènes dont le gland du chêne est le type. Voy. FRUIT. || T. Bot. G. de terre, Nom vulgaire sous lequel on désigne parfois la Gesse tubéreuse, l'Arachide, etc. || T. Zool. G. de mer, Nom vulgaire des Balanes. Voy. CIRRHOPÈDES. || Par anal., se dit de passementeries, de morceaux de bois ou de métal qui ont ordinairement la forme d'un gland de chêne. Des glands de soie. Des glands de rideaux. || T. Anat. L'extrémité du pénis et du clitoris. Voy. PÉNIS. || T. Techn. Sorte de tenailles, de mâchoires de bois, à l'usage des parcheminiers et des fabricants de peignes. || T. Blas. G. versé, Figure de gland dont la pointe est tournée vers le bas de l'écu.

GLANDAGE. s. m. (R. glande). T. Vétér. Tuméfaction indurée des ganglions lymphatiques de l'auge dans la morve et la valine.

GLANDAIRE. adj. 2 g. T. Zool. Qui vit de glands.

GLANDE. s. f. (lat. glandula, m. s.). T. Anat. et Physiol. Voy. ci-après. On donnait autrefois le nom de glandes conglobées aux ganglions lymphatiques. Voy. LYMPHATIQUE. || T. Bot. Cellule des végétaux qui se remplit d'un liquide résineux, etc. Voy. ci-après. || T. Pathol. Tumeur formée dans une glande ou un ganglion lymphatique. Une g. au sein.

Anat. et Physiol. — Au point de vue de l'anatomie générale, les g. sont des organes de forme et de volume très variables; elles sont caractérisées par des excavations revêtues ou remplies de cellules et débouchant à la surface de la peau ou des muqueuses, soit directement, soit par l'intermédiaire de canaux particuliers désignés sous le nom de canaux excréteurs. On appelle g. sanguines ou follicules clos des organes constitués par une ou plusieurs excavations remplies de cellules, fermées de toutes parts, ou bien communiquant avec le système sanguin. Les g. sont, en somme, des instruments physiologiques spécialement chargés de sécréter les humeurs destinées à être expulsées directement au dehors ou versées dans la cavité digestive, et en applique aussi ce nom aux organes qui, en raison de leur structure, semblent devoir remplir des fonctions analogues, bien que les produits qu'ils élaborent ne puissent être excrétés.

Le nombre des g. est extrêmement considérable: une rapide énumération en donnera une idée. D'abord les g. de la peau, sudoripares et sébacées, des millions; puis, les g. de l'appareil digestif, buccales, amygdales, salivaires (parotide, sous-maxillaire, sublinguale), pharyngiennes, œsophagiennes; stomacales (à pepsine et à mucus), intestinales (g. de Brünner et de Lieberkühn, plaques de Peyer, pancréas, foie). Ensuite les g. de l'appareil urinaire (reins, g. muqueuses du col et

du bas-fond de la vessie, g. de Littre). A côté, les g. du système génital: chez l'homme, testicule, prostate, g. bulbo-uréthrales, g. de Tyson; chez la femme, ovaires, g. de Bartholin, g. mammaires. Sans compter les glandes de l'appareil respiratoire, laryngiennes, trachéales, bronchiques; les g. annexées aux organes des sens, conjonctivales, ciliaires, de Meibomius, lacrymales (œil), cérumineuses et de la trompe d'Eustache (oreille), des sinus et des fosses nasales (nez); enfin les g. de l'appareil circulatoire, g. ou ganglions lymphatiques, rate, corps thyroïde, thymus, capsules surrénales. — Sont considérées à tort comme de nature glandulaire : les vésicules adipeuses, les g. de Clopton Havers (franges synoviales des séreuses articulaires), les g. de Pacchioni (granulations méningées, etc.).

La classification suivante a été adoptée :

1° G. à vésicules ouvertes : en grappes, simples, composées; en tubes, simples, composées.

2° G. à vésicules closes ou vasculaires : lymphatiques, sanguines.

Les g. en grappes sont caractérisées par l'adossement de plusieurs culs-de-sac ou vésicules (acini) qui viennent s'ouvrir dans un canalicule excréteur commun à tous. On appelle g. conglomérées, les glandes réunies en grappes sous une enveloppe commune. Toute vésicule glandulaire est essentiellement constituée par une membrane propre amorphe, en dehors de laquelle se trouvent les vaisseaux sanguins et lymphatiques et le nerfs, et dedans les cellules épithéliales. On distingue des variétés différentes suivant la disposition des cellules-ci : g. à une seule rangée de cellules, cubiques (g. salivaires, g. de Brünner, pancréas, g. lacrymale), cylindriques (poumons); g. à plusieurs rangées de cellules (g. sébacées, g. de Tyson, de Meibomius, g. mammaire en lactation). — Les g. en tubes ou folliculeuses sont formées de tubes plus ou moins allongés, ouverts à une extrémité, terminés en cul-de-sac à l'autre : simples (g. sudoripares, cérumineuses, de Lieberkühn) ou composées (testicule, reins, g. muqueuses et à pepsine de l'estomac). Les g. à vésicules closes ont pour seule caractéristique l'absence de canal excréteur, car elles sont loin d'être toujours closes : il y a des vésicules formées de tissu lymphoïde ou réticulé (amygdales, follicules de la base de la langue, du gros intestin, plaques de Peyer, rate, thymus, ganglions lymphatiques); il y a d'autre part des vésicules tapissées ou remplies d'épithélium (corps thyroïde, capsules surrénales; enfin il y a des g. mixtes (ovaire, foie).

Envisagé dans son ensemble, l'appareil glandulaire dans l'organisme apparaît destiné à accomplir une fonction des plus essentielles à l'entretien de la vie, la fonction de sécrétion. Autant il est nécessaire de puiser dans le monde extérieur par l'alimentation, la respiration, etc., les matériaux nécessaires à la rénovation incessante du sang, autant sont indispensables des organes séparant du sang et rejetant au dehors les matériaux devenus inutiles ou nuisibles à la nutrition intime des tissus. — L'activité de la cellule glandulaire se traduit par des phénomènes bien différents : 1° sécrétion par filtration, transsudation glandulaire, séparant du sérum sanguin certains principes constitutifs (g. lacrymales, sudoraires, urinaires); 2° sécrétion proprement dite avec production de principes nouveaux (g. à pepsine, à mucus, cellule hépatique); 3° sécrétion par desquamation épithéliale (g. sébacées, mammaires, de Meibomius); 4° sécrétion morphologique, prolifération formant des éléments nouveaux doués de vitalité (testicule, ovaire, rate).

Les g., en général, sont soumises à deux sortes d'influences nerveuses, une vaso-motrice, l'autre glandulaire ou sécrétoire proprement dite. Les vasomoteurs se manifestent par les alternatives de dilatation et de resserrement des vaisseaux de la glande; leur dilatation coïncide habituellement avec l'acte sécrétoire, leur resserrement avec le repos. — Les nerfs glandulaires, dont l'existence se présente exclusivement à l'activité des cellules épithéliales : il y a deux sortes de fibres, les unes excito-sécrétoires, les autres modératrices; il est parfois difficile de se rendre compte du mode d'action de ces nerfs. Reste l'influence des centres nerveux. La physiologie nous apprend que c'est seulement à la suite d'impressions sensitives diverses conscientes ou inconscientes que se produit le phénomène réflexe qui provoque la mise en activité des cellules glandulaires. C'est dans les cellules des centres nerveux que se transforme l'impression sensitive en incitation sécrétoire.

Bot. — En Botanique, on donne également le nom de Glandes à des organes cellulaires doués de la propriété de sécréter les liquides particuliers qui ne se rencontrent point dans les autres parties de la plante. La g. est formée, au moins

tridens ou *fuscina*, et un filet (*rete*, d'où leur nom) avec lequel ils cherchaient à envelopper leurs adversaires. Ils étaient vêtus d'une courte tunique et avaient la tête nue. Quand le rétiaire manquait son coup en jetant le filet, il prenait la fuite, tandis que son adversaire le poursuivait à travers l'arène, et cherchait à le frapper avant qu'il eût le temps de se préparer à une nouvelle attaque. Cet adversaire était ordinairement un *Mirmillon* ou un *Secutor*. La Fig. 1, extraite des monuments inédits de Winckelmann, représente le combat d'un rétiaire contre un mirmillon; un laniste se tient derrière le premier. — Les *Samnites* étaient ainsi appelés parce que leurs armes présentaient une grande analogie avec celles du peuple de ce nom : ils se distinguaient surtout par la forme de leur bouclier, qui était oblong. — On ne sait pas positivement ce qu'étaient

Fig. 2.

les gladiateurs appelés *Secutores*. Les uns pensent qu'on nommait ainsi ceux qu'on opposait aux rétiaires, parce que, lorsque le rétiaire avait manqué son coup, ils se mettaient à sa poursuite (*sequebantur*), comme nous venons de le voir. Les autres les prennent pour les gladiateurs appelés *Suppositii* par Martial, et qui se tenaient prêts à remplacer ceux qui étaient tués ou simplement mis hors de combat. — Enfin, les *Thraces* ou *Thræces* étaient armés comme les Thraces, avec un bouclier rond et une épée courte (*sica*), que Juvénal appelle *falx supina*. Comme nous l'avons déjà dit, ils combattaient d'ordinaire contre les mirmillons. (Fig. 2. Combat de deux Thraces; chacun d'eux est accompagné de son laniste.)

Les combats de gladiateurs, de même que les autres jeux du cirque, ont été souvent reproduits par les artistes romains.

Fig. 3.

Les bas-reliefs qui ornent le tombeau de Scaurus à Pompéi, sont surtout propres à en donner une idée nette et claire (la Fig. 3 est la reproduction d'un de ces bas-reliefs). Sur ces bas-reliefs les combattants sont vêtus et armés suivant la catégorie à laquelle ils appartiennent. Les Thraces, les samnites et les mirmillons portent tous le *subligaculum*, sorte de tablier attaché au-dessus des hanches. Leur bras droit seul est couvert d'un brassard, le gauche étant suffisamment garanti par le bouclier. La plupart des armes offensives sont absentes, et l'on suppose que le sculpteur avait l'intention de les faire à part et de les fixer ensuite à leur place au moyen de crampons. Les lanistes, qui se tiennent derrière les combattants pour les surveiller et les forcer d'attendre ou d'exécuter les ordres du peuple, sont tous vêtus d'une tunique et tiennent une baguette à la main. Enfin, on voit sur plusieurs endroits de la frise des inscriptions indiquant les noms des personnages auxquels appartenaient les gladiateurs, ainsi que les noms de ces derniers et le nombre des victoires qu'ils avaient remportées.

GLADIATORIAL, ALE. adj. Qui a rapport aux gladiateurs.

GLADIÉ, ÉE. adj. (lat. *gladius*, glaive). T. Bot. Qui est en forme de glaive; qui est muni de vives arêtes.

GLADIFÈRE. adj. 2 g. (lat. *gladius*, glaive; *ferre*, porter). T. Zool. Qui porte un prolongement en forme d'épée.

GLAGEON. s. m. T. Minér. Espèce de marbre.

GLAGOL. s. m. Nom d'un ancien alphabet slavon.

GLAGOLITIQUE. adj. 2 g. Qui a rapport au glagol.

GLAIE. s. f. [Pr. *glé*]. Voûte d'un four de verrerie.

GLAÏEUL. s. m. (lat. *gladiolus*, dimin. de *gladius*, glaive). T. Bot. Genre de plantes Monocotylédones (*Gladiolus*) de la famille des *Iridées*. Voy. ce mot.

GLAIRAGE. s. m. Action de glairer.

GLAIRE. s. f. (bas-lat. *claria*, m. s., de *clarus*, clair). Le blanc de l'œuf quand il n'est pas cuit. || Par extens., Mucus blanchâtre et transparent qui ne diffère des mucosités ordinaires que par sa consistance et sa viscosité plus grandes. *Il rend des glaires tous les matins.* || Eau qui se trouve dans les diamants imparfaits. || T. Vén(er). Matière qui se trouve dans les fumées des biches.

GLAIRER. v. a. (R. *glaire*). T. Techn. Frotter la couverture d'un livre, pour le lustrer, avec une éponge trempée dans des blancs d'œufs. = GLAIRÉ, ÉE. part.

GLAIREUX, EUSE. adj. Qui est de la nature de la glaire; qui est plein de glaires. *Humeur glaireuse. Chair glaireuse.*

GLAIRINE. s. f. (R. *glaire*). T. Chim. Substance organique azotée qui forme un dépôt gélatineux, gris ou noir, dans certaines eaux sulfureuses, notamment dans les eaux de Barèges.

GLAIRURE. s. f. T. Relieur. Préparation avec laquelle on glaire.

GLAIS-BIZOIN, homme politique français (1800-1877).

GLAISE. s. f. [Pr. *glè-ze*] (orig. germanique). Nom vulg. de l'argile commune. *La g. est imperméable à l'eau.* || Adject., *Terre glaise.* || T. Techn. Voûte d'un four de verrerie.

GLAISER. v. a. [Pr. *glè-zer*]. *G. un bassin*, Y faire un corroi de terre glaise pour qu'il tienne l'eau. || *G. des terres*, Les amender avec de la glaise quand elles sont maigres et sablonneuses. = GLAISÉ, ÉE. part.

GLAISEUX, EUSE. adj. [Pr. *glè-zeu*]. Qui est de la nature de la glaise. *Un sol g. Une terre glaiseuse.*

GLAISIÈRE. s. f. [Pr. *glè-zi-ère*]. Endroit d'où l'on tire de la glaise.

GLAITERON. s. m. Nom vulgaire du grateron.

GLAIVE. s. m. (lat. *gladius*, m. s.). Épée tranchante; n'est guère usité qu'en poésie et dans le style soutenu. *Tout périt sous le tranchant du g. Mille glaives furent aussitôt levés sur lui.* — *Celui qui frappera du g., périra par le g.* = Figur., se dit pour la guerre, le sort des armes. *Ce sera le g. qui décidera entre eux. La religion mahométane a été propagée par le g. Remettre le g. dans le fourreau.* || Fig., se dit aussi du droit de vie et de mort. *Le souverain a la puissance du g. Le g. des lois, de la justice. Le g. vengeur.* — *Le g. spirituel*, La juridiction de l'Église, le pouvoir que l'Église a d'excommunier. || Fig. *Le g. de la parole*, Le pouvoir de l'éloquence. *Le g. de douleur dont son âme est percée.*

GLAIZE, peintre et lithographe français (1807-1893).

GLAMMET. s. m. [Pr. *gla-mè*]. Nom vulgaire de la mouette.

GLAMORGAN. Voy. CLAMORGAN.

GLANAGE. s. m. Action de glaner. On donne ce nom à

l'action de ramasser dans les champs, après l'enlèvement des récoltes, les produits du sol abandonnés ou négligés par le propriétaire. La gl., qui remonte à la plus haute antiquité, a toujours été considéré comme la part du pauvre, de la veuve et de l'orphelin. La législation juive s'est occupée du gl. D'une façon toute particulière, ainsi que le témoignent divers passages du Deutéronome et du Lévitique. « Tu ne ramasseras pas, dit Moïse, les épis échappés aux moissonneurs et les grains de raisin tombés pendant la vendange, ni les grappes restées dans tes vignes ou les olives à tes oliviers; mais tu les laisseras pour les pauvres, la veuve, l'orphelin et l'étranger.» (Lévit., xix, 9, 10.) — « Quand tu feras ta récolte, n'ira-t-il encore, tu n'iras pas chercher les gerbes oubliées dans tes champs: tu les abandonneras aux pauvres, à la veuve, à l'orphelin et à l'étranger.» (Deut., xxiv, 19.) Cet usage, inspiré par la charité et, selon Moïse, en souvenir de l'esclavage des Hébreux en Égypte, se perpétua sous le christianisme et il existe encore de nos jours. La première trace qu'on trouve du gl. dans nos lois remonte à l'ordonnance du 2 novembre 1550, qui le permettait aux infirmes, aux vieillards et aux enfants, aussitôt après la récolte. Il fut reconnu plus tard par la loi du 28 septembre 1791, et enfin par l'art. 95 de la loi du 28 juillet 1832, qui le réglemente aujourd'hui, concurremment avec les art. 471 et 473 du Code pénal. — Le gl. est accordé à tous les indigents qui ne peuvent pas travailler. Il ne peut se faire que dans un champ ouvert et entièrement dépouillé de ses récoltes, et entre le lever et le coucher du soleil. Il est donné deux jours pour le g. Enfin une amende de 1 à 5 fr. est prononcée contre tout contrevenant à ces prescriptions.

GLAND. s. m. [Pr. glan] (lat. glans, glandis, m. s.). Le fruit que porte le chêne. Voy. CHÊNE. G. doux, fruit comestible de certaines espèces de chênes. De café de g. doux, Fait avec des glands doux torréfiés. || Par ext., Classe de fruits faisant partie des akènes dont le gland du chêne est le type. Voy. FRUIT. || T. Bot. G. de terre, Nom vulgaire sous lequel on désigne parfois la Gesse tubéreuse, l'Arachide, etc. || T. Zool. G. de mer, Nom vulgaire des Balanes. Voy. CIRRHIPÈDES. || Par anal., se dit du passementerie, de morceaux de bois ou de métal qui ont ordinairement la forme d'un gland de chêne. Des glands de soie. Des glands de rideaux. || T. Anat. L'extrémité du pénis et du cloris. Voy. PÉNIS. || T. Techn. Sorte de tenailles, de mâchoires de bois, à l'usage des parchemineurs et des fabricants de poignes. || T. Blas. G. versé, Figure de gland dont la pointe est tournée vers le bas de l'écu.

GLANDAGE. s. m. (R. glande). T. Vétér. Tuméfaction indurée des ganglions lymphatiques de l'auge dans la morve chevaline.

GLANDAIRE. adj. 2 g. T. Zool. Qui dit de glands.

GLANDE. s. f. (lat. glandula, m. s.) T. Anat. et Physiol. Voy. ci-après. On donnait autrefois le nom de glandes conglobées aux ganglions lymphatiques. Voy. LYMPHATIQUE. || T. Bot. Cellule des végétaux qui se remplit d'un liquide résineux, etc. Voy. ci-après. || T. Pathol. Tumeur formée dans une glande ou un ganglion lymphatique. Une g. au sein.

Anat. et Physiol. — Au point de vue de l'anatomie générale, les g. sont des organes de forme et de volume très variables; elles sont caractérisées par des excavations revêtues ou remplies de cellules et débouchant à la surface de la peau ou des muqueuses, soit directement, soit par l'intermédiaire de canaux particuliers désignés sous le nom de canaux excréteurs. On appelle g. sanguines ou follicules clos des organes constitués par une ou plusieurs excavations remplies de cellules, fermées de toutes parts, ou bien communiquant avec le système sanguin. Les g. sont, en somme, des instruments physiologiques spécialement chargés de sécréter les humeurs destinées à être expulsées directement au dehors ou versées dans la cavité digestive, et on applique aussi ce nom aux organes qui, en raison de leur structure, semblent devoir remplir des fonctions analogues, bien que les produits qu'ils élaborent ne puissent être excrétés.

Le nombre des g. est extrêmement considérable: une rapide énumération en donnera une idée. D'abord les g. de la peau, sudoripares et sébacées, des millions; puis les g. de l'appareil digestif, buccales, amygdales, salivaires (parotide, sous-maxillaire, sublinguale), pharyngiennes, œsophagiennes; stomacales (à pepsine et à mucus), intestinales (g. de Brünner et de Lieberkühn), plaques de Peyer, pancréas, foie). Ensuite les g. de l'appareil urinaire (reins, g. muqueuses du col et

du bas-fond de la vessie, g. de Littre). À côté, les g. du système génital: chez l'homme, testicule, prostate, g. bulbo-uréthrales, g. de Tyson; chez la femme, ovaires, g. de Bartholin, g. mammaires. Sans compter les glandes de l'appareil respiratoire, laryngiennes, trachéales, bronchiques; les g. annexées aux organes des sens, conjonctivales, ciliaires, de Meibomius, lacrymales (œil), cérumineuses et de la trompe d'Eustache (oreille), des sinus et des fosses nasales (nez); enfin les g. de l'appareil circulatoire, g. ou ganglions lymphatiques, rate, corps thyroïde, thymus, capsules surrénales. — Sont considérées à tort comme de nature glandulaire: les vésicules adipeuses, les g. de Clopton Havers (franges synoviales des séreuses articulaires), les g. de Pacchioni (granulations méningées, etc.).

La classification suivante a été adoptée:

1° G. à vésicules ouvertes: en grappes, simples, composées; en tubes, simples, composées.

2° G. à vésicules closes ou vasculaires: lymphatiques, sanguines.

Les g. en grappes sont caractérisées par l'adossement de plusieurs culs-de-sac ou vésicules (acini) qui viennent s'ouvrir dans un canalicule excréteur commun à tous. On appelle g. conglomérées, les glandes réunies en grappes sous une enveloppe commune. Toute vésicule glandulaire est essentiellement constituée par une membrane propre amorphe, en dehors de laquelle se trouvent les vaisseaux sanguins et lymphatiques et des nerfs, en dedans les cellules épithéliales. On distingue des variétés différentes suivant la disposition de celles-ci: g. à une seule rangée de cellules, cubiques (g. salivaires, g. de Brünner, pancréas, g. lacrymale), cylindriques (prostate, g. de Littre, de Cooper, du col utérin), lamelleuses (poumons); g. à plusieurs rangées de cellules (g. sébacées, g. de Tyson, de Meibomius, g. mammaire en lactation). — Les g. en tubes ou folliculeuses sont formées de tubes plus ou moins allongés, ouverts à une extrémité, terminés en cœcum à l'autre: simples (g. sudoripares, cérumineuses, de Lieberkühn) ou composées (testicule, reins, g. muqueuses et à pepsine de l'estomac). Les g. à vésicules closes ont pour seule caractéristique l'absence de canal excréteur, car elles sont loin d'être toujours closes: il y a des vésicules formées de tissu lymphoïde ou réticulé (amygdales, follicules de la base de la langue, du gros intestin, plaques de Peyer, rate, thymus, ganglions lymphatiques); il y a d'autre part des vésicules tapissées ou remplies d'épithélium (corps thyroïde, capsules surrénales); enfin il y a des g. mixtes (ovaire, foie).

Envisagé dans son ensemble, l'appareil glandulaire dans l'organisme apparaît destiné à accomplir une fonction des plus essentielles à l'entretien de la vie, la fonction de sécrétion. Autant il est nécessaire de puiser dans le monde extérieur par l'alimentation, la respiration, etc., les matériaux nécessaires à la rénovation incessante du sang, autant sont indispensables des organes séparant du sang et rejetant au dehors les matériaux devenus inutiles ou nuisibles à la nutrition intime des tissus. — L'activité de la cellule glandulaire se traduit par des phénomènes bien différents: 1° sécrétion par filtration, transsudation glandulaire, séparant du sérum sanguin certains principes constitutifs (g. lacrymales, sudorales, urinaires); 2° sécrétion proprement dite avec production de principes nouveaux (à pepsine, à mucus, cellule hépatique); 3° sécrétion par desquamation épithéliale (g. sébacées, mammaires, de Meibomius); 4° sécrétion morphologique, prolifération formant des éléments nouveaux doués de vitalité (testicule, ovaire, rate).

Les g., en général, sont soumises à deux sortes d'influences nerveuses, une vaso-motrice, l'autre glandulaire ou sécrétoire proprement dite. Les vasomoteurs se manifestent par les alternatives de dilatation et de resserrement des vaisseaux de la glande; leur dilatation coïncide habituellement avec l'acte sécrétoire, leur resserrement avec le repos. — Les nerfs glandulaires, qui président exclusivement à l'activité des cellules épithéliales: il y a deux sortes de fibres, les unes excito-sécrétoires, les autres modératrices; il est d'ailleurs difficile de se rendre compte du mode d'action de ces nerfs. Reste l'influence des centres nerveux. La physiologie nous apprend que c'est seulement à la suite d'impressions sensitives diverses conscientes ou inconscientes que se produit le phénomène réflexe qui provoque la mise en activité des cellules glandulaires. C'est dans les cellules des centres nerveux que se transforme l'impression sensitive en incitation sécrétoire.

Bot. — En Botanique, on donne également le nom de Glandes à des organes cellulaires doués de la propriété de sécréter les liquides particuliers qui ne se rencontrent point dans les autres parties de la plante. La g. est formée, au moins au début, par une seule cellule dans laquelle s'accumule le produit de sécrétion, de sorte que la g. a toujours une paroi propre. Cette g., tout d'abord unicellulaire, peut devenir pluricellulaire à la suite de cloisonnements ultérieurs de la cellule primitive ; mais le produit sécrété reste toujours dans la cellule où il s'est formé et ne se déverse pas dans un réservoir spécial. Les glandes sécrétrices peuvent être une dépendance de l'épiderme ou bien être situées à l'intérieur des tissus ; dans le premier cas, elles sont *externes ;* dans le second cas, elles sont *internes.* Les glandes externes sont toujours situées à l'extrémité de poils, parfois très longs, parfois très courts, que l'on désigne souvent sous le nom de *poils glanduleux;* en outre, la g. reste unicellulaire ou devient pluricellulaire, par suite de cloisonnements longitudinaux ou transversaux. Les glandes internes se rencontrent dans le parenchyme des différents organes de la plante, et principalement dans la tige, la feuille et le fruit. Dans les poils de l'Ortie, la partie glanduleuse est située à la base du poil, et le produit de la sécrétion remplit la cavité du poil en entier : c'est ce liquide qui, versé dans la petite plaie faite par la piqûre du poil (dont l'extrémité qui se casse reste fixée dans la peau), cause un vif sentiment de cuisson et détermine le gonflement de la peau à l'endroit blessé.

GLANDÉ, ÉE. adj. (R. *glande*). T. Art. vétér. *Cheval g., jument glandée,* Qui a les ganglions lymphatiques de la ganache tuméfiés. || T. Blas. Se dit d'un chêne chargé de glands d'un émail différent de celui de l'arbre.

GLANDÉE. s. f. (R. *gland*). La récolte du gland. *La g. a été abondante cette année. — Envoyer des cochons à la g.,* Les envoyer dans la forêt manger du gland.

GLANDER (SE). v. réfl. Devenir glandé, en parlant d'un cheval. = GLANDÉ, ÉE, part.

GLANDIFÈRE. adj. 2 g. (latin *glans, glandis,* gland; *ferro,* je porte). T. Bot. Qui porte des glands.

GLANDIFORME. adj. 2 g. (lat. *glans, glandis,* gland, et *forma,* forme). T. Didact. Qui a la forme de glands. || T. Anat. Qui a la forme d'une glande.

GLANDIVORE. adj. 2 g. (lat. *glans, glandis,* gland ; *vorare,* manger). Qui mange des glands.

GLANDULAIRE. adj. 2 g. T. Anat. Qui est de la nature des glandes. *Organe g.* || Qui appartient à une glande. *Tumeur glandulaire.*

GLANDULE. s. f. (Dimin. de *glande;* lat. *glandula,* amygdale). T. Anat. Petite glande.

GLANDULEUX, EUSE. adj. T. Anat. Qui a l'aspect, la forme ou la texture des glandes. || T. Bot. Couvert de poils glanduleux. *Feuille glanduleuse.*

GLANDULIFÈRE. adj. 2 g. (lat. *glandula,* dans le sens de petite glande ; *fero,* je porte). T. Anat et Bot. Qui forme de petites glandes.

GLANDULIFORME. adj. 2 g. (lat. *glandula,* glandule ; *forma,* forme). T. Didact. Qui a la forme d'une glandule ou d'une glande.

GLANDULITE. s. f. (R. *glandule*). T. Minér. Roche contenant des noyaux.

GLANE. s. f. Poignée d'épis que l'on ramasse dans un champ de blé après la moisson. *Ce g.* et prov., *Il y a encore beau champ pour faire g.,* se dit lorsqu'il y a encore beaucoup à dire sur un sujet qu'un autre a déjà traité. || Fam., Se dit aussi de plusieurs petites poires, de grappes de groseilles qui sont attachées près à près sur une même branche, et de plusieurs oignons attachés de la même manière à une torche de paille. *Une g. de poires. Une g. d'oignons.*

GLANER. v. a. (bas-lat. *glenare,* m. s.). Ramasser des épis de blé après la moisson. *Elle a glané plus d'un setier de blé. G. un champ.* Absol., *Il n'est pas encore permis de g. dans ce champ.* || Fig., *Il a laissé à g. après lui, on peut encore g. après lui,* se dit du profit que l'on peut tirer d'une affaire où un autre a déjà beaucoup gagné, ou bien de ce qui

reste à dire sur un sujet qu'un autre a déjà traité. *Nous ne faisons que g. après les anciens.* = GLANÉ, ÉE, part. Voy. GLANAGE.

GLANEUR, EUSE. s. Celui, celle qui glane.

GLANURE. s. f. Ce que l'on récolte en glanant.

GLAPHIQUE. adj. 2 g. [Pr. *gla-fi-ke*] (gr. γλάφειν, tailler). T. Minér. *Talc glaphique.* Voy. PIERRE DE LARD.

GLAPHYRIA. s. m. [Pr. *gla-fi-ria*]. T. Bot. Genre de plantes Dicotylédones de la famille des *Myrtacées.* Voy. ce mot.

GLAPIR. v. n. (orig. germanique). Se dit de l'aboi aigre des petits chiens et des renards. || Fig. et fam., se dit du son aigre de la voix d'une personne, lorsqu'elle parle ou lorsqu'elle chante. *Cette femme ne fait que g. Elle ne chante pas, elle glapit.* || Fig., Clabauder. *Glapir contre une célébrité.*

GLAPISSANT, ANTE. adj. [Pr. *gla-pi-san*]. Qui glapit. *Une voix glapissante.*

GLAPISSEMENT. s. m. [Pr. *gla-pi-se-man*]. Le cri des renards ou des petits chiens quand ils glapissent. || Fig. et fam., *Il n'est jamais chez lui, afin de fuir les glapissements de sa femme. Les glapissements de l'envie.*

GLARÉOLE. s. f. T. Ornith. On appelle *Glaréole* ou *Glarole (Glareola),* et vulgairement *Perdrix de mer,* un genre d'*Échassiers* que l'on rapproche des *Pluviers.* Les

oiseaux qui composent ce genre ont le bec court, conique, arqué tout entier, assez fendu et ressemblant à celui d'un Gallinacé. Leurs ailes excessivement longues et pointues, et leur queue ordinairement fourchue, rappellent le vol de l'Hirondelle ou des Palmipèdes de haute mer. Quant à leurs jambes, elles sont de hauteur médiocre, avec des tarses écussonnés et les doigts externes non que palmés. Ces oiseaux vivent dans les marais ou sur le bord des eaux stagnantes et courantes, où ils se nourrissent de vers et d'insectes aquatiques. Ils courent et volent avec une égale rapidité. Nous citerons comme type de ce genre la *Gl. lactée* (Fig. ci-dessus), qui habite le Bengale, et qui doit son nom à la couleur générale de son plumage. Nous en avons en Europe une espèce, la *Gl. à collier (Gl. pratincola),* qui est brune dessus, blanche dessous et au croupion, avec la base du bec et les pieds rougeâtres; un cercle noir entoure sa gorge.

GLARIS, un des cantons de la Suisse; 34,200 hab. Ch.-l. *Glaris,* 5,000 hab.

GLAROLE. s. f. Voy. GLARÉOLE.

GLAS. s. m. [Pr. *glâ*] (lat. *classicum,* signal de trompette). Le son d'une cloche que l'on tinte pour annoncer une mort ou pour des funérailles. *Le g. funèbre.* || Par anal. Coups de canon tirés à intervalles aux funérailles militaires.

GLASÉRITE. s. f. [Pr. *gla-zérite*]. T. Minér. Sulfate de potasse cristallisé.

GLASGOW, v. d'Angleterre (Écosse), port sur la Clyde, 658,000 hab. Ville très industrieuse et très commerçaute.

GLASS-CORD. s. m. [Pr. *glass-kord*] (angl. *glass*, verre; *cord*, corde). T. Mus. Instrument à touches de verre, plus souvent, mais improprement nommé harmonica, que l'on frappe avec des baguettes terminées par de petits tampons.

GLATIGNY (ALBERT DE), poète français (1839-1876).

GLATIR. v. n. (lat. *glattire*, m. s.). Se dit du cri de l'aigle et de certains animaux de proie.

GLATZ, v. forte de Prusse (Silésie); 15,000 hab.

GLAUBER, médecin et chimiste allemand, découvrit le sulfate de soude, appelé aussi *sel de Glauber* (1604-1668).

GLAUBÉRITE. s. f. T. Minér. Sulfate de soude et de chaux.

GLAUCESCENCE. s. f. [Pr. *glo-sès-san-se*]. T. Didact. État d'une surface glauque.

GLAUCESCENT, ENTE. adj. [Pr. *glo-sès-san*]. T. Bot. Qui présente une teinte glauque.

GLAUCHAU, ville industrielle de la Saxe; 21,700 hab.

GLAUCIÈRE. s. f. (lat. *glaucus*, glauque). T. Bot. Genre de plantes Dicotylédones (*Glaucium*) de la famille des *Papavéracées*. Voy. ce mot.

GLAUCINE. s. f. T. Chim. Alcaloïde contenu dans les feuilles du *Glaucium luteum* (Papavéracées). On l'obtient en croûtes cristallines à saveur âcre et amère, solubles dans l'eau chaude, l'alcool et l'éther. Elle présente une réaction alcaline et s'unit aux acides en formant des sels cristallisables.

Les racines de la même plante renferment un autre alcaloïde, la *Glaucopicrine*, qui est aussi capable de former des sels cristallisables, et qui se présente en petits cristaux extrêmement amers, solubles dans l'eau chaude et dans l'alcool.

GLAUCODOT. s. m. (gr. γλαυκός, glauque). T. Minér. Arsénio-sulfure de cobalt et de fer, avec un peu de nickel.

GLAUCO-FERRUGINEUX, EUSE. adj. (gr. γλαυκός, verdâtre). T. Minér. Se dit d'un sable ferrugineux de couleur verte.

GLAUCOLITHE. s. f. (gr. γλαυκός, glauque; λίθος, pierre). T. Minér. Variété bleue ou verdâtre de Wernérite.

GLAUCOMATEUX, EUSE. adj. T. Méd. Affecté de glaucome.

GLAUCOME. s. m. (gr. γλαυκόμα, m. s., de γλαυκός, glauque). T. Méd. Par g., les anciens, avec Hippocrate, entendaient la coloration verdâtre de la pupille dans certaines amauroses. Il a fallu de longues années pour définir cette affection caractérisée par l'augmentation de la pression intra-oculaire, avec lésions atrophiques des membranes de l'œil et excavation mécanique de la pupille du nerf optique : on ne peut, en l'état actuel des choses, donner encore de définition anatomique précise.

C'est de cinquante à soixante-dix ans que le g. se montre le plus souvent. L'athérôme artériel constitue une des principales prédispositions. A part les causes occasionnelles peu importantes, l'état antérieur de l'œil est une des circonstances étiologiques de premier ordre. Pour le g. primitif, on remarque la fréquence de l'hypermétropie dans les antécédents; pour le g. secondaire, il a généralement des affections de l'iris et de la choroïde comme causes déterminantes. — La pathogénie est diversement interprétée : suivant un petit nombre d'auteurs, les membranes de l'œil seraient rétractées, idée généralement abandonnée; en général, on reconnaît que l'augmentation absolue ou relative des liquides intra-oculaires est la véritable cause des accidents. Mais on discute la cause première; l'hypersécrétion inflammatoire, hypersécrétion nerveuse, un obstacle à la filtration normale des liquides en dehors des enveloppes. C'est à cette dernière idée que se rattachent aujourd'hui la plupart des oculistes. — On ne trouve pas dans le g. de lésions constantes auxquelles puissent être exclusivement rapportés les troubles fonctionnels observés. En réalité, il se produit, dans toutes les parties constituantes de l'œil des altérations consécutives à l'augmentation de la pression intra-oculaire, altérations qui sont ordinairement de nature régressive.

Pour la description clinique du g., on a coutume de distinguer plusieurs formes dont la séparation est certainement justifiée par les faits, mais les lignes de démarcation ne sont pas si nettes que le g. n'en reste pas un, en dehors de son origine et de sa marche. — Le g. passe par deux périodes : la période prodromique se caractérise par des troubles presque exclusivement fonctionnels, occasionnés par la fatigue et les excès, même passagers; les premiers signes sont des troubles de la vision, une fumée, un brouillard devant les objets, l'apparence de cercles irisés concentriques autour de la flamme des corps lumineux; à ce moment, si l'on palpe le globe oculaire, on le trouve plus dur qu'à l'état normal; après l'attaque, il revient à sa consistance habituelle. — Le g. peut s'arrêter à cette première période, ou passer à la période confirmée, revêtant la forme chronique simple ou la forme chronique inflammatoire Dans la forme chronique simple, la marche est progressive, sans poussées; elle se traduit par des signes fonctionnels, anesthésie de la cornée, réduction du champ visuel, et des signes objectifs, augmentation de la tension oculaire, excavation de la papille du nerf optique. La durée de ce g. est variable, souvent plusieurs années; les deux yeux sont successivement atteints, et la vue se perd peu à peu. — Le g. chronique à forme inflammatoire est caractérisé par ce fait que les lésions portent surtout sur le segment antérieur de l'œil, injection périkératique, avec dilatation et varicosités des veines conjonctivales, dépoli de la cornée, trouble de l'humeur aqueuse, dilatation de la pupille immobile, refoulement en avant de l'iris atrophié. Dans l'une comme dans l'autre de ces formes, on observe l'attaque de g. aigu qui, après des douleurs périorbitaires prémonitoires, survenues au milieu de la nuit généralement, peut prendre la forme foudroyante et se terminer en peu d'heures par la perte complète de toute vision, ou bien s'atténuer et revenir à l'état antérieur à l'attaque. Bientôt l'accident se reproduit et les intervalles sont de plus en plus rapprochés. — La seule complication qui mérite d'être signalée, ce sont les hémorrhagies (g. hémorrhagique), produites par rupture des anévrismes miliaires formés le long des vaisseaux rétiniens, qui hâtent la terminaison fatale. Cette terminaison peut être de plusieurs sortes : atrophie du nerf optique, atrophie de l'œil ou phthisie glaucomateuse, gangrène de la cornée avec perforation et évacuation du contenu de l'œil.

L'augmentation de la tension intra-oculaire est la caractéristique du g. En l'absence de ce signe, le diagnostic ne peut être sûrement porté, quoique les troubles fonctionnels le rendent probable. La gravité du pronostic du g. n'a pas besoin d'être davantage affirmée ; elle n'a pas peu contribué à exciter les recherches si fécondes de ces dernières années, au point de vue thérapeutique. — La période prodromique peut être avantageusement traitée par l'emploi continu des instillations du collyre à l'ésérine. Le g. aigu ne peut être arrêté dans sa marche désastreuse que par une opération, et de Graefe a montré les bienfaits de l'iridectomie en ce cas, pratiquée aussitôt que possible. De Wecker a utilisé aussi la sclérotomie, et d'autres opérations ont été préconisées, toutes destinées à abaisser la tension intra-oculaire.

GLAUCONIE. s. f. (gr. γλαυκός, glauque). T. Minér. Variété de craie.

GLAUCONIEUX, EUSE. adj. T. Géol. Qui est chargé de glauconie.

GLAUCONITE. s. f. (gr. γλαυκός, glauque). T. Minér. Silicate hydraté de fer, avec alumine, magnésie, etc., de couleur verte.

GLAUCOPE. s. m. (gr. γλαυκῶπις, qui a les yeux bleus, de γλαυκός, glauque, et ὤψ, œil). T. Ornith. Genre de *Passereaux* appartenant à la famille des *Corvidés*. On dit aussi *glaucopis*. Voy. CORBEAU.

GLAUCOPHANE. s. f. (gr. γλαυκός, azuré; φαίνω, je parais). T. Minér. Silicate alumino-ferreux, avec soude, magnésie et chaux; d'un gris bleuâtre.

GLAUCOPICRINE. s. f. T. Chim. Voy. GLAUCINE.

GLAUCUS, pêcheur béotien qui fut changé en dieu marin (Myth.).

GLAUCUS, fils de Sisyphe et père de Bellérophon. Il fut dévoré par ses chiens pour avoir méprisé la puissance de Vénus (Myth.).

GLAUMET. s. m. Nom vulgaire du Pinson.

GLAUQUE. adj. (gr. γλαυκὸς, m. s). Qui est de couleur vert de mer, c'est-à-dire d'un vert blanchâtre ou bleuâtre; *Des yeux glauques.* S'emploie principalement en botanique. *Vert g. Les feuilles du chou sont glauques.*

GLAUX. s. m. [Pr. *glok-se*]. T. Bot. Genre de plantes Dicotylédones de la famille des *Primulacées.* Voy. ce mot.

GLAYEUL. s. m. Voy. GLAÏEUL.

GLÈBE. s. f. (lat. *gleba*, m. s.). Motte de terre. *Ecraser les glèbes.* || Terre, fonds. Chez les Romains, on appelait *Esclaves de la g., Esclaves attachés à la g.,* Les esclaves attachés à un domaine, à une métairie; et, au moyen âge, on désignait sous le nom de *Serfs de la g.,* de *Gens attachés à la g.,* Les serfs attachés à un héritage, et qu'on vendait avec le fonds. — T. Jurisp. féod. *Droit de la g. Droit* annexé à *la g.,* se disait de certains droits incorporels attachés à une terre, comme le droit de patronage et le droit de justice. || Poétiq., La terre que l'on cultive..*Arroser la glèbe de ses sueurs.*

GLÉCHOME. s. m. [Pr. *glé-kome*] (Pr. γλήχων, espèce de menthe). T. Bot. Genre de plantes Dicotylédones (*Glechoma*) de la famille des *Labiées.* Voy. ce mot.

GLEDITSCHIA. s. m. (R. *Gleditsch,* nom d'un botaniste allemand). T. Bot. Genre de plantes Dicotylédones (*Févier*) de la famille des *Légumineuses.* Voy. ce mot.

GLEICHÉNIE. s. m. [Pr. *glè-ké-nie*]. (R. *Gleichen,* n. d'un botaniste allemand). T. Bot. Genre de Fougères (*Gleichenia*) de la famille des *Gleichéniées.* Voy. ce mot.

GLEICHÉNIÉES. s. f. pl. [Pr. *glè-ké-ni-ée*] (R. *gleichénie*). T. Bot. Famille de Filicinées, de l'ordre des Fougères. *Caract. bot. :* Sporanges sessiles, réunis par 3 ou 4 seulement, en sores nus, sur la face inférieure des feuilles; anneau complet transversal ; déhiscence longitudinale. Tige constituée par un mince rhizome portant des feuilles dont le limbe s'accroît indéfiniment au sommet. Les G. habitent la région tropicale et les contrées chaudes de l'hémisphère austral. On a trouvé plusieurs Gleichéniées dans le jurassique et le crétacé, et 2 genres éteints, le *Didymosaurus* dans la craie et l'*Oligocarpia* dans le houiller. Principaux genres : *Gleichenia, Mertensia, Platyzoma.*

GLÉNANS (Les), groupe de 9 petites îles, sur la côte du Finistère, arr. de Quimper.

GLÈNE. s. f. (gr. γλήνη, cavité). T. Anat. Cavité légère d'un os avec laquelle s'articule un autre os. — On dit plus ordinairement, *Cavité glénoïde* ou *glénoïdale.* || T. Mar. Rond d'un cordage roulé sur lui-même.

GLÉNER. v. a. T. Mar. Ployer un cordage en rond sur lui-même.

GLÉNOÏDAL, ALE. adj. (gr. γλήνη, cavité; εἶδος, forme). T. Anat. Cavité glénoïdale, cavité qui sert à l'emboîtement d'un os dans un autre.

GLÉNOÏDE. adj. 2 g. (gr. γλήνη, cavité; εἶδος, forme). f. Anat. Syn. de glénoïdal.

GLÉNOÏDIEN, ENNE. adj. (R. *glénoïde*). T. Anat. Qui appartient à une cavité glénoïde.

GLÉOCAPSE. s. m. (gr. γλοιὸς, matière visqueuse ; κάψα, boîte). T. Bot. Genre d'Algues (*Glœocapsa*), de la famille des *Nostocacées.* Voy. ce mot.

GLETTE. s. f. [P. *glè-te*] (all. *glœtte,* lisse). T. Affineur. L'oxyde de plomb ou litharge.

GLEUCOMÈTRE. s. m. (gr. γλεῦκος, moût; μέτρον, mesure). Instrument qui indique la pesanteur spécifique du moût de raisin et, par suite, la quantité de sucre qu'il renferme.

GLEUCOMÉTRIQUE. adj. 2 g. Qui a rapport au gleucomètre.

GLEYRE, peintre français d'origine suisse; d'un talent plein d'élévation (1806-1874).

GLIALDINE. s. f. (gr. γλία, colle). T. Chim. Voy. GLUTEN.

GLINE. s. f. T. Pêche. Panier couvert où le pêcheur met le poisson qu'il a pris.

GLINKA, écrivain russe (1774-1847).

GLINKA (MICHEL, DE), célèbre compositeur russe (1804-1857).

GLINKITE. s. f. (R. *Glink,* n. d'homme). T. Minér. Variété de péridot.

GLIRIEUS. s. m. pl. (lat. *glis, gliris,* loir). T. Mamm. Famille de Rongeurs. Voy. LOIR.

GLIRON. s. m. (lat. *glis,* loir). Nom vulgaire du loir.

GLISSADE. s. f. [Pr. *gli-sa-de*]. Action de glisser; le mouvement que l'on fait en glissant. *Faire une g.* || Fig. et fam., Action de se laisser entraîner insensiblement. || T. Danse. Pas glissé de côté, à droite ou à gauche. || Par ext., Surface unie où l'on glisse. || T. Art milit. Mouvement de la lance en avant ou en arrière. || T. Techn. Action de promener le couteau du mégissier, pour décharner du côté de la fleur de la peau.

GLISSAGE. s. m. [Pr. *gli-sa-je*]. Action de faire descendre les bois des montagnes par les couloirs.

GLISSANT, ANTE. adj. [Pr. *gli-san*]. Sur quoi l'on glisse facilement. *Le pavé est g. Un pas g. Il fait très g.* || Fig., *C'est un terrain g.,* se dit d'une situation, d'un poste où il n'est pas facile de se maintenir. *C'est un pas g., le pas est g.,* se dit d'une affaire, d'une circonstance où il faut beaucoup d'adresse pour se conduire.

GLISSÉ. s. m. [Pr. *gli-sé*]. Pas de danse qui consiste à passer le pied doucement devant soi, en touchant légèrement le plancher.

GLISSEMENT. s. m. [Pr. *gli-se-man*]. Action de glisser. Peu us. || T. Méc. *Frottement de g.,* par opposition à frottement de roulement. Voy. FROTTEMENT. || T. Géol. Abaissement d'une couche de terrain là où une faille s'est produite.

GLISSER. v. n. [Pr. *gli-ser*] (lat. *glitschen,* m. s.). Se dit d'un mouvement qui s'opère sans que le contact discontinue, et s'emploie en parlant des personnes et des choses. *G. sur la glace par amusement. G. avec des patins. Il saisit la corde et se laissa g. jusqu'en bas. Cette échelle va g. Cela m'a g. des mains.* — Se dit plus particulièrement, lorsque le pied vient tout à coup à couler sur quelque chose d'uni, de gras, etc. *Le pavé est gras, on ne peut s'empêcher de g. Le pied m'a glissé.* || Fig. et fam., *C'est à vous à g., c'est votre tour à g., C'est votre tour à faire telle ou telle chose;* se dit ordinairement d'une chose où il y a de la peine, du péril, de la dépense, etc. — *G. des mains à quelqu'un,* se dit d'une personne sur laquelle on comptait et qui manque tout à coup à sa parole, à son engagement. — *Le pied lui a glissé,* se dit d'une personne à qui il est arrivé un accident fâcheux, au moment où elle était près de réussir. || En parlant d'un corps lisse, Échapper, ne pas être retenu. — Fig., *Une personne qui glisse des mains,* Sur laquelle on ne peut faire fond. || Fig., Passer légèrement sur quelque matière. *Le coup glissa sans enfoncer. Il faudra g. légèrement sur ce fait. C'est un sujet délicat, il faut g. légèrement dessus.* — Au sens moral, se dit des choses qui ne font qu'une impression légère, ou qui n'en font aucune. *Mes remontrances n'ont fait que g. sur lui.* == GLISSER. v. a. Mettre, couler adroitement, furtivement, sans qu'on s'en aperçoive, quelque chose en quelque endroit. *Il lui glissa une pièce d'or dans la main. G. sa main dans la poche de quelqu'un. Glisser ce billet parmi ses papiers.* — Fig. *G. une clause dans un contrat. Il en a glissé un mot dans son discours. G. quelque chose à l'oreille de quelqu'un. C'est lui qui a glissé cette erreur parmi le peuple.* == SE GLISSER. v. pron. Se couler doucement, et presque sans être aperçu. *Les troupes se glissèrent le long de la contrescarpe. Il s'était glissé dans mon cabinet. Un serpent* *s'était glissé parmi ces fleurs.* || Fig., *Les parasites se glissent dans les maisons opulentes.*

Et l'espoir malgré moi s'est glissé dans mon cœur.
RACINE.

Nous sentions une langueur délicieuse se g. dans nos âmes. La mésintelligence se glissait entre les puissances alliées. Cette erreur s'est glissée insensiblement dans les esprits. ⸗ GLISSÉ, ÉE. part.

GLISSETTE. s. f. [Pr. *gli-sè-te*] (R. *glisser*). T. Géom. Courbe engendrée par un point lié à une courbe mobile qui roule en glissant sur une courbe fixe.

GLISSEUR, EUSE. s. [Pr. *gli-seur*]. Celui, celle qui glisse sur la glace.

GLISSIÈRE. s. f. [Pr. *gli-si-ère*]. T. Mécan. Rainure où glisse un mécanisme. || T. Artill. Disposition pratiquée sur la partie inférieure de l'affût des grosses pièces, afin de pouvoir prendre les directions latérales exigées par le pointage.

GLISSOIR. s. m. [Pr. *gli-soir*]. Couloir pratiqué dans les montagnes pour faire descendre les bois coupés. || T. Techn. Sorte de petit coulant mobile, dans lequel passe une ⸗ value.

GLISSOIRE. s. f. [Pr. *gli-soi-re*]. Chemin frayé sur la glace, pour y glisser par amusement. || T. Techn. Pièce de divers mécanismes (machines à coudre, etc.), maintenue par frottement entre des coulisseaux.

GLOBAL, ALE. adj. En bloc. *Les chiffres globaux des recettes et des dépenses du budget. L'impôt g. sur le revenu.*

GLOBALEMENT. adv. D'une façon globale, en bloc.

GLOBBA. s. f. [Pr. *glob-ba*]. T. Bot. Genre de plantes Monocotylédones de la famille des *Scitaminées*. Voy. ce mot.

GLOBE. s. m. (lat. *globus*, m. s.). Corps sphérique, corps tout rond, sphère. *Le centre, le diamètre, la circonférence, la superficie d'un g. Le g. de la terre. Le g. terrestre. Le g. de l'œil. Un g. de feu. Un g. de métal, de verre etc.* — *Les globes célestes,* Les astres. — Absol., il se dit pour désigner le globe terrestre. *Il a fait le tour du g. Les révolutions du g. Le g. que nous habitons.* || T. Pêch. Engin sédentaire semblable à un grand carrelet. Voy. ce mot. || T. de verre de cristal, qu'on place sur les appareils d'éclairage pour disperser la lumière. *Le g. de la lampe.* || Globe de verre courbé que l'on place sur certains objets pour les préserver de l'air, de la poussière. *Une pendule sous g.* || G. terrestre, Sphère de bois, de carton, de cuivre, etc., sur la surface de laquelle toutes les parties de la terre sont représentées dans leurs situations et leurs dimensions respectives — *G. céleste,* Sphère de même genre qui représente les constellations et les principales étoiles dont elles sont formées. || T. Blas. La boule d'or surmontée d'une croix qui figurait parmi les insignes impériaux et dans le blason de l'empereur d'Allemagne, ainsi que de quelques autres souverains. || T. Guerre. *G. de compression,* Fourneau de mine destiné à détruire une galerie de mine. Voy. || T. Méd. *G. hystérique,* Sensation d'une boule qui semble monter de la poitrine et produit une suffocation. || *G. électrique,* Globe de verre que l'on frotte pour l'électriser. || *Globes fulminante,* Globes de feu qui rasent la terre après un corp de tonnerre et éclatent avec fracas. || T. Chir. *G. utérin,* Tumeur formée par l'utérus après l'accouchement, au-dessus de la symphyse pubienne.

GLOBICÉPHALE. s. m. (lat. *globus,* globe; gr. κεφαλή, tête). T. Mamm. Genre de Dauphins. Voy. ce mot.

GLOBIGÉRINE. s. m. (lat. *globus, i,* boule; *gero,* je porte). T. Zool. Genre de *Foraminifères Perforés,* caractérisé par une coquille calcaire composée de plusieurs loges sphériques disposées en spirale. Ces protozoaires, qui existent depuis l'époque triasique, vivent encore de nos jours dans les profondeurs des océans.

GLOBINE. s. f. T. Chim. Substance albuminoïde, exempte de fer, qu'on obtient en même temps que l'hématine, lorsqu'on décompose l'hémoglobine par l'eau chaude, les acides ou les alcalis.

GLOBOÏDE. s. m. (R. *globe,* et gr. εἶδος, forme). T. Bot. Nom sous lequel on désigne des corps généralement arrondis ou mamelonnés, extrêmement petits, qui n'ont été rencontrés jusqu'ici que comme enclaves dans les graines d'aleurone. Ce seraient des composés minéraux formés d'un phosphate copulé (glycéro-phosphate ou saccharo-phosphate) de magnésie et de chaux.

GLOBULAIRE. adj. 2 g. (R. *globule*). T. Did. Qui a la forme d'un globe. ⸗ GLOBULAIRE. s. f. T. Bot. Genre de plantes Dicotylédones (*Globularia*) de la famille des *Sélaginacées.* Voy. ce mot.

GLOBULARÉTINE. s. f. T. Chim. Voy. GLOBULARINE.

GLOBULARIÉES. s. f. pl. (R. *Globularia*). T. Bot. Tribu de plantes de la famille des *Sélaginacées.* Voy. ce mot.

GLOBULARINE. s. f. T. Chim. Glucoside extrait des feuilles du *Globularia Alypum.* C'est une substance amorphe, à réaction acide, à saveur amère. Les acides étendus la dédoublent à l'ébullition en une glucose et en *globularétine,* poudre blanche que la potasse aqueuse bouillante convertit en acide cinnamique.

GLOBULE. s. m. (lat. *globulus,* m. s. de *globus,* globe). Petit globe, petite boule, corpuscule arrondi. *Des globules d'eau, de mercure. Les globules du sang, du lait* || T. Pharm. Sous ce nom, on désigne, surtout en pharmacie homéopathique, de petites pilules dont la base est le sucre de lait et qui sont, par suite, très facilement solubles dans l'eau. || *Globules de caléfaction,* Gouttes d'eau qui, projetées sur un métal incandescent prennent la forme d'un petit globe qui s'évapore lentement sans ébullition.

GLOBULEUX, EUSE, adj. Qui est composé de globules. *Matière globuleuse.* || Qui a des globules à sa surface. *Cette substance présente de petits corps g.* ⸗ GLOBULEUX. s. m. pl. T. Zool. Ordre de *Cténophores.* Voy. ce mot.

GLOBULINE. s. f. (R. *globule*). T. Chim. Berzélius avait donné le nom de g. à la *Cristalline,* substance albuminoïde qui se dissout quand on broie le cristallin de l'œil avec de l'eau salée. On extrait de cette solution en la précipitant par l'acide carbonique. Elle est aussi précipitable par l'alcool. Ses solutions deviennent opalescentes à 73° et déposent un coagulum à 93°; cette coagulation développe dans la liqueur une réaction acide, à l'inverse de ce qui se produit avec les autres albuminoïdes.

Aujourd'hui, l'on désigne sous le nom générique de *Globulines* un groupe de substances albuminoïdes qui présentent les caractères suivants: elles sont insolubles dans l'eau pure, mais se dissolvent dans les solutions étendues des chlorures alcalins; elles sont aussi solubles dans les alcalis dilués ainsi que dans les carbonates et les phosphates alcalins; elles se coagulent par la chaleur; enfin, elles sont précipitées quand on sature leurs solutions par certains sels neutres, tels que le chlorure de sodium, le sulfate de magnésie ou le sulfate d'ammoniaque. Les principales globulines sont : la substance *fibrinoplastique,* appelée aussi sérum-globuline et paraglobuline, le *fibrinogène,* la *myosine* et les *vitellines.* Voy. ces mots imprimés en italique.

Des matières albuminoïdes très analogues, appelées *Globulines végétales,* existent dans un grand nombre de végétaux. On en a rencontré dans le seigle, l'orge, la farine de froment, les fruits du papayer, etc. Les corpuscules d'aleurone contiennent souvent une vitelline végétale, très pure, cristallisable, présentant toutes les réactions de la vitelline du jaune d'œuf.

GLOBULOSE. s. f. T. Chim. Nom donné à des produits de transition qui se forment lorsque, sous l'action des sucs digestifs, les globulines se convertissent en peptones. Les globuloses appartiennent à la classe encore mal connue des propeptones.

GLOCESTER ou **GLOUCESTER,** v. et comté de la région occidentale de l'Angleterre, 36,000 hab. et 572,500 hab.

GLOCESTER (Comte ou duc de), titre porté par plusieurs personnages anglais, notamment par un fils du roi d'Angleterre Henri V, tuteur de Henri VI, et plus tard par un fils de Richard d'York, tuteur et assassin des enfants d'Édouard IV, son frère.

GLOCHIDE. s. f. (gr. χλωχὶς, pointe). T. Bot. Poil mince et raide, ou poil portant à son extrémité plusieurs pointes recourbées. Inus.

GLOCHIDÉ, ÉE. adj. T. Bot. Qui est muni de glochides.

GLOCKERITE. s. f. (R. *Glocker*, n. d'un minéraliste all.). T. Minér. Sous-sulfate ferrique hydraté.

GLOGAU, place forte de Silésie (Prusse), sur l'Oder; 20,028 hab.

GLOIRE. s. f. (lat. *gloria*, m. s.). La grande renommée que quelqu'un acquiert, le lustre, l'éclat qui s'attache à son nom. *La g. militaire. La g. littéraire. G. éclatante, immortelle. La vraie g. La fausse g. L'amour de la g. Tous les genres de g. Marcher à la g. Se couvrir de g. Être comblé de g. Travailler pour la g. Être avide de g. Mourir avec g. Étendre bien loin la g. de son nom, de ses armes. Il a terni la g. de ses belles actions. Obscurcir, souiller, flétrir la g. de quelqu'un. Être jaloux de sa g. La g. d'Athènes éclipse celle des autres villes de la Grèce. Ce lieu fut le théâtre de sa g. Mettre sa g. à telle ou telle chose. Tirer sa g. de telle ou telle chose. La g. du monde passe vite.*

A vaincre sans péril on triomphe sans gloire.

CORNEILLE.

Être la g. de son pays, de son siècle, etc., se dit d'une personne dont les actions, les talents, les ouvrages, etc., sont un sujet de gloire pour son pays, pour son siècle, etc. *Dire, publier quelque chose à la g. de quelqu'un,* Dire, publier une chose qui lui fait honneur. *Faire g., se faire g. de quelque chose,* S'en faire honneur ou en tirer vanité. || L'honneur, les hommages qu'on rend à Dieu. *La g. n'appartient proprement qu'à Dieu seul. — Rendre g. à la vérité,* Lui rendre hommage en disant ce qui est vrai. || Éclat, splendeur. *Le fils de Dieu viendra dans sa g. pour juger les vivants et les morts. J'ai vu la g. de cette cour autrefois si brillante.* || En mauvaise part, se dit quelquefois pour orgueil, vanité. *La g. le perdra. Sotte g. Vaine g.* Peu utile. *Ce n'est pas par g.,* Par ostentation. *Travailler pour la g.,* Sans profit. || La béatitude dont les élus jouissent dans le paradis. *Les âmes qui jouissent de la g. éternelle.* || T. Beaux-Arts. La représentation du ciel ouvert avec les personnes divines, les anges et les bienheureux. *La g. du Titien. La g. du Val-de-Grâce.* — Espace lumineux entouré de nuages, et au centre duquel on figure ordinairement la Trinité sous l'emblème d'un triangle. || Auréole lumineuse dont on entoure les représentations des personnes divines, des anges, etc. || T. Astr. Région lumineuse qu'on voit autour du soleil pendant les éclipses totales, et qu'on appelle plus souvent la *Couronne.* Voy. SOLEIL. || T. Théâtre. Machine suspendue et entourée de nuages, sur laquelle se placent les personnages qui doivent descendre du haut des airs sur la scène ou y monter. || T. Pyrotechn. Soleil à plusieurs rangs de fusées, dont les ouvertures sont placées de manière que les jets produisent des figures triangulaires ou étoilées.

Syn. — *Honneur.* — La *gloire* suppose des talents, des efforts et des actes éclatants et extraordinaires : elle excite l'enthousiasme et l'admiration. L'*honneur* suppose simplement l'exécution de toutes les prescriptions que le devoir ordonne; il appelle le respect et l'estime. Le contraire de la *gloire* est l'obscurité; le contraire de l'*honneur* est la honte. On peut être indifférent pour la *gloire*; on ne saurait l'être pour l'*honneur*.

GLOMÉRIS. s. m. T. Ent. Genre de *Myriapodes* appartenant à l'ordre des *Chilognathes.* Voy. MYRIAPODES.

GLOMÉRULE. s. m. (Dimin. du lat. *glomus, glomeris*, peloton). Petit amas de corps bruts ou organisés. || T. Bot. S'emploie pour désigner une cyme contractée dont les axes sont très raccourcis, de sorte que les fleurs, se trouvant ainsi rapprochées, forment une sorte de capitule irrégulier. Voy. INFLORESCENCE. || T. Anat. *Gl. du rein. Gl. de Malpighi.* Voy. REIN.

GLOMMEN (LE), fl. de Norvège qui se jette dans le Skager-Rack; 561 kil.

GLORIA. s. m. (lat. *gloria*, gloire). Hymne, cantique que l'on chante à la messe. || Musique sur le cantique. || Premier mot du verset qui termine tous les psaumes. || T. Pop. Café mélangé d'eau-de-vie.

GLORIETTE. s. f. [Pr. *gloriè-te*] (R. *gloire*). T. Arch. Petit bâtiment, pavillon, cabinet de verdure, dans un parc ou un jardin. || T. Boulang. Petit retranchement derrière le four.

GLORIEUSEMENT. adv. [Pr. *glo-rieu-ze-man*]. D'une manière glorieuse, qui mérite louange. *Il est mort glorieusement.*

GLORIEUX, EUSE. adj. (lat. *gloriosus*, m. s.). Qui s'est acquis de la gloire, qui donne de la gloire. *Il revint g. et triomphant. Un nom g. Un règne g. De g. travaux. De glorieuses fatigues. Il a fait une fin glorieuse. Il est g. pour lui d'avoir... Il n'y a rien là de si g. — Être g. de quelque chose,* S'en faire honneur, en tirer vanité. || Qui est plein de vanité, de bonne opinion de lui-même. *Il a du mérite, mais il est trop g. Il est sot et g. — Substantiv.* on dit : *Les g. se font haïr. C'est une petite glorieuse.* Prov., *Il fait bon battre g.,* il ne s'en vante pas, ou simplement, *Il fait bon battre un g.* || *Les trois Glorieuses,* les journées des 27, 28 et 29 juillet 1830. || En Théol., *Corps g.,* se dit de l'état des corps des bienheureux après la résurrection. — Par plaisanterie, se dit de quelqu'un qui semble ne pas avoir de besoins corporels. *C'est un corps g.*

GLORIFIABLE. adj. 2 g. Qui mérite d'être glorifié.

GLORIFICATION. s. f. [Pr. *glorifi-ka-sion*]. Élévation de la créature à la gloire éternelle; n'est guère usité que dans cette locution : *La g. des élus.* || Action de glorifier. *La g. des héros.*

GLORIFIEMENT. s. m. [Pr. *glorifi-man*]. État de ce qui est *glorifié.* Peu us.

GLORIFIER. v. a. (lat. *glorificare*, m. s., de *gloria*, gloire, et le suff. *ficare*, faire). Honorer Dieu en publiant sa grandeur. *G. Dieu. Dieu est glorifié dans ses saints.* || Appeler les élus à partager la béatitude céleste. — *Dieu glorifie les saints.* || Honorer quelqu'un, l'œuvre de quelqu'un, en lui donnant une éclatante célébrité. *G. les héros, les grandes actions.* — SE GLORIFIER. v. pron. Se faire gloire de quelque chose, en tirer vanité. *Se g. de sa noblesse, de ses richesses. Se g. de son ignorance de ses vices. Se g. d'avoir fait une chose.* || *Se g. dans,* Mettre son honneur, sa gloire en quelqu'un, en quelque chose. *Un père se glorifie dans ses enfants.* == GLORIFIÉ, ÉE. part.

GLORIOLE. s. f. (lat. *gloriola*, m. s.) Dimin. Vanité qui a pour objet de petites choses. *Aimer la g. Être sensible à la g.*

GLOSE. s. f. [Pr. *glo-ze*] (lat. *glossa*, langue). Explication de quelques mots obscurs d'une langue, par d'autres mots plus intelligibles de la même langue. *Voilà un passage qui est plein de mots obscurs, il aurait besoin d'une g.* — *G. ordinaire,* La glose faite sur le latin de la Vulgate. *G. interlinéaire,* Glose placée entre les lignes du texte. *Il est souvent arrivé dans les anciens manuscrits que la g. a passé dans le texte.* || Se dit aussi pour Commentaire, série de notes servant à éclaircir tous les endroits obscurs d'un texte. *La g. du droit civil, du droit canon. La g. vaut mieux que le texte.* — Fig. et prov., *on dit d'une explication peu claire ou qui embrouille le texte au lieu de l'éclaircir, C'est la g. d'Orléans, qui est plus obscure que le texte.* || Fig. et fam., Réflexion critique, ou interprétation donnée à un récit. *On ne peut échapper à ses gloses. Dites le fait simplement : point de g.* || Ouvrage qui consiste en une espèce de parodie de la pièce d'un autre auteur, dont on répète un vers à la fin de chaque stance, en sorte que la g. a autant de stances que le texte a de vers. *La g. de Sarrasin sur le sonnet de Job.*

GLOSER. v. a. [Pr. *glo-zer*]. Faire une glose, expliquer par une glose. *Les auteurs qui ont glosé la Bible.* || Fig. et fam., Donner un sens défavorable à quelque action, à quelque discours, les censurer, les critiquer. *Que trouvez-vous à g. là-dessus ?* = GLOSER. v. n. Donner des explications sur un texte, un passage obscur. *G. sur le texte de l'Écriture.* || Fig., Faire des critiques. *Vous glosez sur tout. Il n'y a point à g. sur sa conduite.*

Au bout de trente pas, une nouvelle troupe
Trouve encore à gloser.

LA FONTAINE.

=— GLOSÉ, ÉE. part.

GLOSEUR, EUSE. s. [Pr. *glo-zeur, euze*]. Celui, celle qui glose sur tout, qui interprète tout en mal.

GLOSSAIRE. s. m. [Pr. *glos-sè-re*] (lat. *glossarium*, m. s.). Dictionnaire des mots vieillis ou obscurs. || Nomenclature des mots qui composent une langue. Voy. DICTIONNAIRE.

GLOSSALGIE. s. f. [Pr. *glos-sal-jie*] (gr. γλῶσσα, langue; ἄλγος, douleur). T. Méd. Douleur à la langue.

GLOSSANTHRAX. s. m. [Pr. *glos-san-traks*] (gr. γλῶσσα, langue, et *anthrax*). T. Vét. Affection charbonneuse à la langue, observée chez la plupart des herbivores et particulièrement dans l'espèce bovine.

GLOSSATEUR. s. m. [Pr. *glos-sateur*]. Celui qui a écrit une glose sur un livre. *Les glossateurs de la Bible, du droit romain.*

GLOSSE. s. f. [Pr. *glo-se*] (gr. γλῶσσα, langue). T. Zool. Langue des insectes hyménoptères et diptères. || Mollusque qui habite la coquille appelée *Isocarde*.

GLOSSIEN, IENNE. adj. [Pr. *glos-siin*] (gr. γλῶσσα, langue). T. Anat. Qui appartient à la langue.

GLOSSIPHONIE. s. f. [Pr. *glos-si-foni*] (gr. γλῶσσα, langue; σίφων, siphon). T. Zool. Genre d'Hirudinées, se roulant en boule à la manière des Cloportes.

GLOSSIQUE. adj. 2 g. [Pr. *glos-sike*] (gr. γλῶσσα, langue). T. Anat. Relatif à la langue.

GLOSSIROSTRES. s. m. pl. [Pr. *glos-sirostres*] (gr. γλῶσσα, langue; lat. *rostrum*, bec). T. Ornith. Synonyme de *Fissirostres.* Voy. PASSEREAUX.

GLOSSITE. s. f. [Pr. *glos-site*] (gr. γλῶσσα, langue). Inflammation de la langue. Voy. LANGUE.

GLOSSOCATOCHE. s. m. [Pr. *glos-socatoche*](gr. γλῶσσα, langue; κατέχειν, maintenir en bas). T. Chir. Instrument destiné à tenir la langue abaissée.

GLOSSOCÈLE. s. f. [Pr. *glos-so-sèle*] (gr. γλῶσσα, langue; κήλη, tumeur). T. Méd. Saillie de la langue hors de la bouche, dépendant d'un gonflement de cet organe.

GLOSSOCOME. s. m. [Pr. *glos-so-kome*] (gr. γλῶσσα, anche; κομέω, je range). T. Antiq. Boîte à serrer les anches, et, par ext., toute espèce de boîtes. || Appareils dont les anciens se servaient pour réduire les fractures et les luxatures de la cuisse et de la jambe.

GLOSSODYNIE. s. f. [Pr. *glos-sodini*] (gr. γλῶσσα, langue; ὀδύνη, douleur). Rhumatisme musculaire de la langue, névralgie linguale.

GLOSSO-ÉPIGLOTTIQUE. adj. et s. m. [Pr. *glos-so...*] (gr. γλῶσσα, langue, et *épiglotte*). T. Anat. Se dit de deux petits muscles qui s'attachent à la langue et à l'épiglotte.

GLOSSOGRAPHE. s. m. [Pr. *glos-sografe*] (gr. γλῶσσα, langue; γράφειν, décrire). Grammairien qui s'occupe de recueillir les mots anciens ou obscurs.

GLOSSOGRAPHIE. s. f. [Pr. *glos-sografi*] (gr. γλῶσσα, langue; γράφειν, décrire). Recherche des mots anciens ou obscurs. || Étude d'une langue par rapport au glossaire. || T. Anat. Description anatomique de la langue.

GLOSSOÏDE. adj. 2 g. [Pr. *glos-so-ide*] (gr. γλῶσσα, langue; εἶδος, forme). T. Zool. Qui a la forme d'une langue.

GLOSSOLALE. s. m. [Pr. *glos-solale*]. Celui qui possède la glossolalie.

GLOSSOLALIE. s. f. [Pr. *glos-solali*] (gr. γλῶσσα, langue; λαλιά, parole). Don surnaturel de parler les langues.

GLOSSOLOGIE. s. f. [Pr. *glos-solo-ji*] (gr. γλῶσσα, langue; λόγος, discours). Se dit quelquefois pour désigner l'ensemble des termes spéciaux usités dans une science particulière, et les règles relatives à la formation des mots nouveaux qu'on peut être dans le cas de créer.

GLOSSOLOGIQUE. adj. 2 g. [Pr. *glos-solo-jike*]. Qui a rapport à la glossologie.

GLOSSOP, ville d'Angleterre, comté de Derby; 19,000 hab.

GLOSSO-PALATIN. adj. m. [Pr. *glos-so...*] (gr. γλῶσσα, langue; lat. *palatum*, palais). Syn. de *Glosso-staphylin*.

GLOSSOPÈDE. s. f. [Pr. *glos-sopède*] (gr. γλῶσσα, langue; lat. *pes, pedis*, pied). T. Vét. Maladie éruptive appelée autrement *Aphte.* Voy. ce mot.

GLOSSOPÈTRE. s. m. [Pr. *glos-sopètre*] (gr. γλῶσσα, langue; lat. *petra*, pierre). T. Hist. nat. Nom qu'on donnait autrefois aux dents fossiles de squale, parce qu'on les regardait comme des langues de serpent pétrifiées. *Les glossopètres s'employaient comme amulettes dans différentes maladies.*

GLOSSOPHAGE. s. m. [Pr. *glos-sofaje*] (gr. γλῶσσα, langue; φαγεῖν, manger). T. Mamm. Genre de *Mammifères.* Voy. CHÉIROPTÈRES.

GLOSSO-PHARYNGIEN, IENNE. adj. [Pr. *glos-so...*] (gr. γλῶσσα, langue, et *pharyngien*). T. Anat. Qui a rapport à la langue et au pharynx.

GLOSSOPLÉGIE. s. f. [Pr. *glos-sopléji*] (gr. γλῶσσα, langue; πλήσσω, je frappe). Sorte de paralysie de la langue.

GLOSSOPTERIS. s. m. [Pr. *glos-so...*] (gr. γλῶσσα, langue; πτερίς, fougère). T. Bot. Genre de Fougères fossiles dont on a trouvé deux espèces dans les couches oolithiques.

GLOSSO-STAPHYLIN. adj. m. [Pr. *glos-so...*] (gr. γλῶσσα, langue; σταφύλη, luette). T. Anat. Qui a rapport à la langue et à la luette.

GLOSSOTHÈQUE. s. f. [Pr. *glos-sotèke*] (gr. γλῶσσα, langue; θήκη, loge). T. Zool. Partie de la Chrysalide qui loge la langue de l'insecte.

GLOSSOTHERIUM. s. m. [Pr. *glos-so-tériome*] (gr. γλῶσσα, langue; θηρίον, bête sauvage). T. Paléont. zool. Genre d'Édentés fossiles. Voy. GRAVIGRADES.

GLOSSOTOMIE. s. f. [Pr. *glos-sotomi*] (gr. γλῶσσα, langue; τομή, section). T. Anat. Dissection de la langue. || T. Chir. Ablation de la langue ou d'une portion de cet organe.

GLOTTE. s. f. [Pr. *glo-te*] (gr. γλῶσσα, langue). T. Anat. Ouverture du larynx qui sert à l'émission de la voix. Voy. LARYNX.

GLOTTIQUE. adj. 2 g. [Pr. *glot-tike*] (gr. γλῶσσα, langue). Qui a rapport aux langues, à la linguistique.

GLOTTIQUE. adj. 2 g. [Pr. *glot-tike*] (R. *glotte*). T. Anat. Qui a rapport à la glotte.

GLOTTISCOPE. s. m. [Pr. *glot-tiscope*] (R. *glotte*, et gr. σκοπέω, j'examine). Instrument servant à examiner l'épiglotte et l'orifice supérieur du larynx.

GLOUGLOTER ou **GLOUGLOUTER**. v. n. (R. *glouglou*). Se dit du cri des dindons. *Le dindon glouglote.*

GLOUGLOU. s. m. (Onomatopée). Le bruit que fait du vin ou quelque autre liqueur en s'échappant d'une bouteille, quand on verse à plein goulot. *Il aime le g. de la bouteille.* N'est guère usité que dans les chansons à boire || Cri du Dindon.

GLOUSSEMENT. s. m. [Pr. *glou-se-man*]. Cri de la Poule, et par ext., du Dindon. || Sorte d'articulation propre à la langue des Hottentots.

GLOUSSER. v. n. [Pr. *glou-ser*] (lat. *glocire*, gr. κλώζειν, m. s.). Se dit du cri particulier que fait entendre la poule, lorsqu'elle veut couver ou appeler ses poussins. *Un poule qui glousse.*

GLOUSSÈTES. s. f. Nom vulgaire de la Poule d'eau.

GLOUTERON. s. m. (forme altérée de *gletteron*, du vx fr. *gleton*, lequel vient de l'anc. all. *chletltun*, m. s.). Nom vulgaire fréquemment donné à la *Bardane* et au *Xanthium Strumarium* ou Lampourde. Voy. COMPOSÉES. — On donne aussi ce nom au Caille-lait et à d'autres plantes. || Corps végétal quelconque qui s'attache à la toison des moutons et qu'on retrouve dans la laine.

GLOUTON, ONNE. adj. et s. (lat. *gluto*, m. s.). Qui mange avec avidité et avec excès. *Cette femme est fort gloutonne. Le loup est un animal g. C'est un vilain g.*

Syn. — *Goulu, Goinfre.* — Le *glouton* mange avec excès; il est insatiable; le *goulu* se jette sur la nourriture et mange avec une espèce de fureur. Voy. *glouton* présente l'idée d'une avidité constante, d'un vice naturel; le *goulu* donne plutôt l'idée d'une gloutonnerie accidentelle, qui peut se manifester à certain moment, sans être l'état naturel de l'individu. *Goinfre* entraîne une idée de crapule, d'excès sales et honteux dans le boire et dans le manger.

GLOUTON. s. m. T. Mamm. — Buffon a décrit, sous le nom de *Glouton du Nord*, à cause de sa voracité, un carnassier qui habite les régions arctiques des deux continents, et qui a la taille et le port du Blaireau. Linné avait placé cet animal dans son genre Ours; mais, ainsi que l'observe Cuvier, le G. ne ressemble à l'Ours que par sa marche plantigrade, tandis que par son système dentaire, aussi bien que par son naturel, il se rapproche des Martres avec lesquelles on le classe (*Mustélidés*). Le G. du Nord (*Gulo borealis*) [Fig. ci-dessous) est, comme nous venons de le dire, de la taille

du Blaireau; il est ordinairement d'un beau poil marron foncé, avec un disque plus brun sur le dos; sa queue est médiocre. Bien qu'on ait exagéré sa voracité, il est très cruel, attaque les plus grands Ruminants et s'en rend maître en s'élançant sur eux du haut d'un arbre et en les saisissant au cou. Cet ordinairement la nuit qu'il va à la recherche de sa proie. Le *Volverenne* (*Gulo luscus*), qu'on trouve dans l'Amérique du Nord et qui a des teintes plus pâles, est vraisemblablement la même espèce.

On peut rapprocher du G. quelques autres Mustélidés. Tel est le *Ratel du Cap* (*Gulo mellivora*), qui ne diffère guère du précédent que par quelques particularités du système dentaire et la plus grande longueur de sa queue. Cet animal est également de la taille du Blaireau. Il a les jambes basses, les pieds plantigrades et les ongles très forts. Son pelage est gris dessus, noir dessous, avec une ligne blanche entre les deux. Outre le Cap, le Ratel habite encore le Sénégal et l'Abyssinie. Son nom spécifique (*mellivora*) lui vient de l'ardeur avec laquelle il recherche le miel des Abeilles sauvages: on l'appelle aussi quelquefois *Blaireau puant*, à cause de l'odeur désagréable qu'il répand. — Le *Grison* (*Gulo vittatus*) et le *Taïra* (*G. barbatus*) sont deux carnassiers répandus dans toutes les parties chaudes de l'Amérique méridionale, où les Espagnols les désignent par la dénomination commune de *Furet* (*Huron*). En effet, ils ressemblent assez à cet animal par leur taille et la forme générale de leur corps. Mais leurs dents diffèrent peu de celles du G. du Nord. Tous les deux ont les pieds un peu palmés et répandent une odeur de musc.

GLOUTONNEMENT. adv. (Pr. *glouto-ne-man*]. Avec gloutonnerie.

GLOUTONNERIE. s. f. (Pr. *glouto-ne-rie*]. Vice de celui qui est glouton. *Il mange avec g. Il est d'une g. dégoûtante.*

GLOUTRON. s. m. Autre forme de *glouteron*. Voy. ce mot.

GLOXINIE. s. f. [Pr. *glok-sini*]. T. Bot. Genre de plantes Dicotylédones (*Gloxinia*) de la famille des Gesnéracées. Voy. ce mot.

GLU. s. f. (lat. *glus*, m. s.). T. Bot. et Chasse. Espèce de résine molle, visqueuse, tenace et d'un jaune verdâtre, dont on se sert uniquement pour la chasse aux petits oiseaux. || Fig. *Se laisser prendre à la g. par quelqu'un*, Par ses belles paroles par ses caresses, etc. || T. Mar. *G. marine*, composition qui sert au calfatage des navires.

Techn. — La g. est insoluble dans l'eau, dans l'éther acétique, dans les alcalis, et soluble au contraire dans les éthers sulfurique et nitreux, dans les huiles de térébenthine, de romarin, etc. On la tire de toutes les parties du Gui, de la racine de la Viorne, etc.; mais la meilleure est celle qu'on obtient de l'écorce intérieure du Houx épineux. Pour extraire la g. du Houx, on pile l'écorce de cet arbrisseau dépouillé de son épiderme, on la fait bouillir dans l'eau, et on la laisse pourrir dans une cuve jusqu'à ce qu'il se forme une masse visqueuse. Ensuite on la passe à grande eau à plusieurs reprises, et on la débarrasse ainsi des corps étrangers. La composition chimique de cette substance n'est pas connue.

Quant à la g. marine, on l'obtient en dissolvant du caoutchouc et de la gomme laque dans les huiles de goudron.

GLUANT. ANTE. adj. Qui est visqueux et tenace. *Il n'est rien de si g. que la poix. Sueur gluante.* — *Avoir les mains gluantes*, Salies par quelque chose de gluant. || Fig. *Il a les mains gluantes*, Il garde toujours quelque chose de l'argent qui lui passe entre les mains.

GLUAU. s. m. Petite branche ou verge enduite de glu, pour prendre les petits oiseaux. *Tendre des gluaux.*

GLUCINE. s. f. (gr. γλυκύς, doux, parce que les sels de glucine ont une saveur sucrée). T. Chim. Voy. GLUCINIUM.

GLUCINIUM. s. m. (R. glucine). T. Chim. Métal bivalent, contenu dans certains silicates, notamment dans l'émeraude. Son oxyde, appelé *glucine*, fut découvert dans l'émeraude de Limoges par Vauquelin, en 1798. Le métal lui-même fut isolé en 1827 par Woehler, à l'état pulvérulent. Pour l'avoir aussi pur que possible, on fait passer le chlorure de g. en vapeur sur du sodium fondu dans un courant d'hydrogène. Le g. s'obtient en masse compacte ou en cristaux hexagonaux, couleur d'acier. Il est dur, malléable, un peu plus fusible que l'argent. Sa densité est de 1.85. Sa chaleur spécifique varie beaucoup avec la température et ne satisfait à la loi de Dulong et Petit qu'au-dessus de 200°. Le g. ne s'oxyde pas quand on le fond à l'air, mais il brûle dans la flamme du chalumeau oxyhydrique. Il ne décompose pas l'eau, même au rouge blanc. Il s'unit à chaud au chlore et à l'iode. Il se dissout dans les acides étendus; il n'est pas attaqué à froid par l'acide azotique concentré. Les solutions alcalines le dissolvent en dégageant de l'hydrogène. Le g. présente quelques analogies avec l'aluminium, mais il ressemble beaucoup plus au magnésium. Son symbole est Gl et son poids atomique 9,4. Dans les nomenclatures étrangères, on lui donne le nom de *Béryllium* (de *béryl*, émeraude) et on le représente par le symbole Be.

La *glucine* ou *oxyde de glucinium* répond à la formule GlO. Pour l'extraire de l'émeraude, on fond ce corps avec de la chaux, on traite la masse par l'acide azotique, on calcine, puis on se débarrasse de la chaux par ébullition avec une solution de sel ammoniac; le résidu insoluble de cette dernière opération est repris par l'acide azotique et traité par un excès de carbonate d'ammoniaque; tous les oxydes sont ainsi précipités, sauf la glucine qui reste dissoute. En faisant bouillir cette solution, on précipite la glucine sous forme d'une poudre blanche, de densité 3,08, à peu près insoluble dans l'eau. On a pu aussi l'obtenir cristallisée en prismes hexagonaux. Elle se dissout dans les acides, quand elle n'a pas été trop fortement calcinée. Fondue avec la potasse, elle forme avec ce corps un composé soluble dans l'eau. — L'*Hydrate de g.* Gl(OH)² se dépose à l'état de précipité blanc volumineux quand on ajoute de l'ammoniaque à un sel de g. Il est soluble dans les acides, dans la potasse et dans le carbonate d'ammoniaque, mais insoluble dans l'ammoniaque caustique.

Le *chlorure* GlCl² se prépare en faisant passer un courant de chlore sec sur un mélange intime de glucine et de charbon chauffé au rouge. Il est fusible, volatil, et se sublime en aiguilles incolores déliquescentes. — Le *fluorure* GlFl² se produit par l'action de l'acide fluorhydrique sur la glucine. Il forme avec le fluorure de potassium un fluorure double GlFl², 2KFl.

Le *sulfate* $SO^4Gl + 4H^2O$ cristallise en octaèdres quadratiques, efflorescents, solubles dans l'eau, se décomposant au rouge en laissant un résidu de glucine. On connaît aussi des sulfates basiques et un sulfate double de g. et de potassium, mais pas de composé analogue à l'alun.

Les carbonates alcalins donnent avec les sels de g. un précipité de *carbonate basique* $CO^2Gl.2^5HO + 5H^2O$, soluble dans un excès de réactif. Un courant d'anhydride carbonique dirigé sur ce sel en suspension dans l'eau le transforme en *carbonate neutre* $CO^2Gl + 4H^2O$.

L'*azotate* $(AzO^3)^2Gl + 3H^2O$ est déliquescent, soluble dans l'alcool.

Les sels de g. sont incolores; la plupart possèdent une saveur sucrée. Ils ne sont pas précipités par l'hydrogène sulfuré. La potasse et la soude donnent un précipité de glucine hydratée, soluble dans un excès de l'alcali. Nous avons déjà parlé de l'action de l'ammoniaque et des carbonates alcalins. Le carbonate d'ammonique précipite un carbonate basique de g., mais ce précipité se redissout dans un excès de réactif; c'est là un caractère qui distingue les sels de g. de ceux de l'aluminium et qui permet de les séparer.

GLUCIQUE. adj. T. Chim. L'*acide glucique* se forme, à l'état de glucates, par l'action des alcalis, de la baryte ou de la chaux sur la glucose. L'acide libre est solide, incolore, incristallisable, très soluble dans l'eau et dans l'alcool. Sa solution aqueuse brunit quand on la fait bouillir à l'air ou avec l'acide sulfurique étendu d'eau. Il se produit alors de l'*acide apoglucique*, qu'on peut isoler sous la forme d'une masse brune, amorphe, très soluble dans l'eau, mais peu soluble dans l'alcool. — Quand on fait bouillir le sucre de canne avec de l'acide sulfurique étendu, on obtient un mélange d'acides glucique et apoglucique.

GLUCIUM. s. m. T. Chim. Synonyme de *Glucinium*.

GLUCK, illustre compositeur allemand, né à Weissenwangen (Haut-Palatinat) en 1714, mort à Vienne en 1787; il joue ses principaux opéras (*Iphigénie, Armide, Orphée, Alceste,* etc.), à Vienne, puis à Paris. Piccini fut son rival, soutenu par Mme Dubarry, par opposition à Marie-Antoinette qui soutenait Gluck.

GLUCKISTE. [Pr. *glu-kiste*]. Partisan de la musique de Gluck, c.-à-d. de l'expression dramatique dans le chant, par opposition à *piccinniste*, partisan de la mélodie.

GLUCKSBERG (Duc de). Voy. DECAZES.

GLÜCKSTADT, v. du Holstein, près de l'embouchure de l'Elbe; 5,500 hab.

GLUCODRUPOSE. s. f. (R. *glucose* et *drupose*). T. Ch. Substance formant la majeure partie des concrétions que l'on rencontre dans les poires. Elle se présente en grains jaunâtres, insolubles dans les dissolvants usuels. Les acides étendus la dédoublent à l'ébullition en glucose et en drupose.

GLUCOGÉNIE. s. f. (gr. γλυκύς, doux; γεννάω, je produis). T. Physiol. Se dit de la fonction par laquelle le foie produit du sucre. On dit aussi *glycogénie*. Voy. FOIE.

GLUCOGÉNIQUE. adj. Qui a rapport à la glucogénie. *La fonction g. du foie.* On dit aussi *glycogénique*

GLUCO-HEPTITE. s. f. T. Chim. Voy. GLUCO-HEPTOSE.

GLUCO-HEPTONIQUE. adj. T. Chim. Voy. GLUCO-HEPTOSE.

GLUCO-HEPTOSE. s. f. (gr. γλυκύς, doux; έπτά, sept, parce qu'il y a sept atomes d'oxygène, et le suffixe *ose* qui désigne les sucres). T. Chim. Sucre obtenu synthétiquement à l'aide de la glucose, et répondant à la formule $CH^2OH(CHOH)^5CHO$. En combinant la glucose avec l'acide cyanhydrique et saponifiant par la baryte le produit de la réaction, E. Fischer a obtenu deux *acides gluco-heptoniques* isomères $CH^2OH(CHOH)^5CO^2H$, dont les lactones ont pour points de fusion respectifs 143° et 151°. Traitées par l'amalgame de sodium en liqueur acide, ces lactones fournissent deux gluco-heptoses, qui sont les aldéhydes correspondant aux acides gluco-heptoniques.

L'α *gluco-heptose* cristallise en prismes rhombiques, à saveur faiblement sucrée, fusibles entre 180° et 190°. En solution aqueuse elle est lévogyre, elle réduit la liqueur de Fehling, ne fermente pas au contact de la levure. Elle forme une hydrazone qui fond à 170° et une osazone cristallisée en aiguilles fusibles à 195°. Réduite par l'amalgame de sodium en liqueur alcaline, elle échange sa fonction aldéhyde contre une fonction alcool, et se transforme en *gluco-heptite*

$$CH^2OH(CHOH)^5CH^2OH$$

qui cristallise en petits prismes fusibles à 127°, très solubles dans l'eau. Par oxydation, la gluco-heptose reproduit d'abord l'acide gluco-heptonique, puis elle fournit l'acide bibasique correspondant, l'acide *pentoxy-pimélique* $CO^2H(CHOH)^5CO^2H$. — La β *gluco-heptose* présente les mêmes réactions; elle n'a été obtenue qu'à l'état sirupeux; son hydrazone fond à 192°; son osazone est identique à celle de l'isomère α.

La méthode qui permet de transformer la glucose en gluco-heptose est générale; elle a été appliquée à la gluco-heptose elle-même. Par combinaison avec l'acide cyanhydrique et saponification l'on obtient les *acides gluco-octoniques*

$$CH^2OH(CHOH)^6CO^2H.$$

Ceux-ci, ou plutôt leurs lactones, sous l'action de l'amalgame de sodium, fournissent successivement: un sucre, la *gluco-octose* $CH^2OH(CHOH)^6CHO$, qui est l'aldéhyde correspondante, puis un alcool octovalent, la *gluco-octite* $CH^2OH(CHOH)^6CH^2OH$. Enfin, en répétant les mêmes opérations sur la gluco-octose, on a obtenu:
Des *acides gluco-noniques* $CH^2OH(CHOH)^7CO^2H$;
Une *gluco-nonose* $CH^2OH(CHOH)^7CHO$;
Une *gluco-nonite* $CH^2OH(CHOH)^7CH^2OH$.

GLUCOMÈTRE. s. m. (gr. γλυκύς, doux; μέτρον, mesure). T. Techn. Sorte d'aréomètre servant à mesurer le poids spécifique des moûts.

GLUCONIQUE. adj. 2 g. (gr. γλυκύς, doux). T. Chim. L'*acide gluconique* $C^6H^{12}O^7$ se produit lorsqu'on oxyde, à l'aide du chlore ou du brome, une solution aqueuse de glucose, de maltose, de sucre ordinaire ou de dextrine. C'est un liquide sirupeux, dextrogyre, insoluble dans l'alcool. Il joue le rôle d'un acide monobasique et possède en même temps cinq fonctions alcool, comme le montre sa formule de constitution $CH^2OH(CHOH)^4CO^2H$. Par oxydation il se convertit en acide saccharique. Par hydrogénation il donne la glucose. Desséché à froid, en présence de l'acide sulfurique, il perd de l'eau et se transforme en une lactone $C^6H^{10}O^6$ cristallisée en fines aiguilles fusibles vers 135°. L'acide g. chauffé à 140° avec de la quinoléine et de l'eau se transforme partiellement en acide mannonique que l'on peut convertir en mannose; la réaction inverse se produit dans les mêmes conditions; on peut ainsi passer de la glucose à la mannose ou vice versa.

En combinant l'arabinose avec l'acide cyanhydrique et en saponifiant par la baryte le nitrile formé, on a obtenu un acide gluconique qui est *lévogyre*. Son pouvoir rotatoire est égal à celui de l'acide précédent, mais s'exerce en sens inverse. Sa lactone, réduite par l'amalgame de sodium en liqueur acide, fournit la glucose lévogyre.

Enfin l'acide gluconique *inactif*, c.-à-d. sans action sur la lumière polarisée, résulte du mélange à parties égales des deux acides actifs.

GLUCO-NONITE. s. f. GLUCO-NONIQUE. adj. 2 g.
GLUCO-NONOSE. s. f. T. Chim. Voy. GLUCO-HEPTOSE.

GLUCOPROTÉINE. s. f. (gr. γλυκύς, doux, et *protéine*). T. Chim. Nom donné par Schützenberger à des composés à saveur sucrée qui répondent à la formule générale $C_nH^{12}Az^2O^4$ et qui résultent de la décomposition des matières protéiques lorsque celles-ci sont chauffées en vase clos avec l'hydrate de baryte. Si l'on opère à 100°, on obtient les *glucoprotéines* α assez solubles dans l'eau, très peu solubles dans l'alcool et pouvant se dédoubler par hydratation, vers 180°, en leucines et en leucéines. Si l'attaque de la matière protéique par l'hydrate de baryte s'est effectuée à 200°, il se forme des *glucoprotéines* β, très solubles dans l'eau, solubles à froid dans l'alcool absolu, incapables de se dédoubler comme les précédentes.

GLUCOSAMINE. s. f. (gr. γλυκύς, doux, et *amine*). T. Chim. Amine possédant une fonction aldéhyde ou cétone avec quatre fonctions alcool et répondant à la formule $C^6H^{14}O^5Az$. Lorsqu'on réduit par la poudre de zinc l'osazone de la glucose, en solution alcoolique et en présence d'acide acétique, on obtient une g.

$$CH^2OH(CHOH)^3.CO.CH^2AzH^2$$

que l'acide nitreux convertit en lévulose. — La chitina, traitée par l'acide chlorhydrique concentré, fournit le chlorhydrate d'une g. à laquelle on attribue la formule

$$CHO.CH^2AzH^2.(CHOH)^3.CH^2OH.$$

Sa solution est dextrogyre, réductrice, non fermentescible. Oxydée par le brome en présence de l'eau, cette g. échange sa fonction aldéhyde contre une fonction acide et donne naissance à l'acide chitamique cristallisable en lamelles incolores, qui se carbonisent au-dessus de 250° sans fondre. Traitée par l'azotite d'argent, elle échange sa fonction amino contre une fonction alcool et fournit une glucose appelée chitose. L'oxydation de ce sucre donne de l'acide chitonique, monobasique, dextrogyre, isomère de l'acide gluconique. Enfin l'action de l'acide azotique sur la g. ou sur la chitine donne de l'acide chitarique $C^6H^8O^7$, qu'on avait d'abord appelé isosaccharique, parce qu'on le prenait pour un isomère de l'acide saccharique.

GLUCOSANE. s. f. T. Chim. Masse vitreuse incolore qui se produit par la déshydratation de la glucose chauffée vers 170°. Elle est dextrogyre, non fermentescible, et répond à la formule $C^6H^{10}O^5$. Par ébullition avec les acides étendus elle régénère facilement la glucose.

GLUCOSE. s. f. (gr. γλυχδς, doux). — (Souvent aussi employé au masculin. Certains auteurs écrivent aussi glycose, qui serait plus correct; mais glucose est l'orthographe la plus usitée). T. Chim. La g. ordinaire est le principal représentant de toute une classe de sucres qu'on appelle Glucoses ou Hexoses et dont nous parlerons à la suite de cet article. Elle peut s'obtenir sous trois modifications ne différant guère que par leur action sur la lumière polarisée : l'une est dextrogyre, une autre lévogyre, la troisième est optiquement inactive. Nous nous occuperons surtout de la première, qui est très répandue dans la nature et qui fait l'objet d'une industrie importante; les deux autres sont des produits de laboratoire et n'offrent d'intérêt qu'au point de vue théorique. Toutes trois ont pour formule brute $C^6H^{12}O^6$ et possèdent une fonction aldéhyde avec cinq fonctions alcool; leur constitution est représentée par la formule $CHO(CHOH)^4CH^2OH$.

I. — La G. dextrogyre, appelée aussi Dextrose, Sucre de raisins, Sucre d'amidon ou de fécule, se rencontre dans un très grand nombre de plantes et dans la plupart des fruits sucrés; elle y est souvent accompagnée de lévulose et de saccharose. C'est elle qui forme ces efflorescences blanches et sucrées à la surface des fruits secs, raisins, figues, prunes, etc. Elle entre en forte proportion dans le miel. Le foie, la rate, le sang contiennent de la g.; l'urine des diabétiques en renferme souvent plus de 100 grammes par litre. La g. se forme, en même temps que la lévulose, quand on intervertit le sucre de canne. Enfin l'amidon, la fécule, la dextrine, la cellulose et la plupart des hydrates de carbone et des glucosides fournissent de la g., soit par ébullition avec les acides étendus, soit par l'action de certains ferments.

La g., en solution aqueuse, cristallise sous la forme de concrétions mamelonnées ou de grains blancs, renfermant une molécule d'eau de cristallisation. Sa saveur est fraîche, mucilagineuse, mais faiblement sucrée : il faut 2 parties 1/2 de g. pour sucrer autant qu'une partie du sucre de canne. Elle est aussi moins soluble dans l'eau froide que ce dernier, et c'est probablement une des raisons qui ont empêché son admission dans les usages domestiques. Mais elle se dissout en toute proportion, et beaucoup plus rapidement dans l'eau bouillante. Elle est en outre plus soluble dans l'alcool que le s. de canne, car elle se dissout même dans l'alcool très concentré; les cristaux qui se déposent de cette solution sont anhydres et insolubles dans l'alcool absolu. Les solutions de g. dévient fortement vers la droite le plan de polarisation des rayons polarisés; le pouvoir rotatoire est différent suivant que la g. était anhydre ou hydratée; de plus, les solutions fraîchement préparées ont d'abord un pouvoir rotatoire double de celui qu'elles conserveront au bout de quelques instants. Chauffée à 100° environ, la g. hydratée fond et perd son eau de cristallisation; quand elle est anhydre elle ne fond qu'à 146°. Vers 170° elle se décompose partiellement en eau et en glucosane. Vers 200° elle se transforme en caramel. Si l'on chauffe davantage, on obtient un dégagement de gaz hydrocarbonés et un résidu de charbon. — La g. se comporte à la fois comme un alcool pentatomique et comme une aldéhyde. Ses cinq fonctions alcool peuvent être éthérifiées par les acides organiques; ainsi, par l'action de l'anhydride acétique, on obtient les éthers acétiques de la g., notamment des dérivés 5 fois acétylés; ces derniers sont au nombre de trois et ont pour points de fusion 82°, 111° et 130°. On désigne souvent sous le nom de glucosides tous les corps que l'on regarde comme des éthers de la g. Ce nom s'applique plus spécialement aux glucosides naturels et aux composés analogues qu'on a préparés par synthèse (Voy. GLUCOSIDE); il n'est pas certain que ces corps soient de véritables éthers de la g. — En vertu de sa fonction aldéhydique, la g. peut fournir : d'une part un alcool hexatomique, qu'on obtient par l'action de l'amalgame de sodium; d'autre part un acide monobasique, l'acide gluconique, qu'on obtient par oxydation à l'aide du chlore ou du brome en présence de l'eau. L'acide azotique produit une oxydation plus profonde qui donne naissance à l'acide saccharique, et finalement aux acides oxalique, formique et carbonique. Avec l'hydroxylamine, la g. fournit une oxime en cristaux incolores, fusibles à 136°. Avec la phénylhydrazine elle donne une hydrazone fusible à 144° et une osazone insoluble qui fond à 204° en se décomposant. La g. s'unit directement à l'acide cyanhydrique en formant un nitrile que l'eau de baryte convertit en acide gluco-heptonique. Le caractère aldéhydique, indiqué par toutes ces réactions, se manifeste aussi par des propriétés réductrices : en effet, la g. réduit un grand nombre de sels métalliques en solution alcaline, notamment les liquides cupropotassiques tels que le réactif de Fehling.

Sous l'action des levures, la g. subit immédiatement la fermentation alcoolique, tandis que le sucre de canne ne fermente qu'après avoir été interverti, c.-à-d. dédoublé en g. et lévulose. Les bactéries peuvent provoquer dans les solutions de g. d'autres fermentations : lactique, butyrique, etc. Voy. FERMENTATION.

Les alcalis brunissent les solutions de g., lentement à froid, rapidement à chaud. On profite de cette action des alcalis pour reconnaître les falsifications du sucre ordinaire par la g., que son bas prix rend très propre à cette fraude. A cet effet, on dissout 1 gr. de potasse caustique dans 32 gr. d'eau distillée; on ajoute à la dissolution 5 gr. du sucre à essayer, puis on chauffe dans un petit matras, jusqu'à ébullition. Si le sucre est pur, la potasse ne détermine pas de coloration bien sensible. Si, au contraire, il est mélangé, il se produit une coloration qui est d'autant plus foncée que la quantité de g. est plus considérable. — Quant au dosage de la g. dans les liquides sucrés, on l'effectue à l'aide de la liqueur de Fehling. Voy. FEHLING.

Nous avons dit que la g. n'est pas admise dans les usages domestiques. On l'emploie surtout, soit en masse, soit à l'état de sirop, soit sous forme granulée, pour faire de l'alcool, pour la fabrication de différentes bières, ainsi que pour améliorer les vins de qualité inférieure. Elle sert aussi aux confiseurs pour remplacer le sucre ou le miel dans les produits de basse qualité. La fabrication industrielle de la g. se fait avec la fécule de pommes de terre, que l'on traite par l'acide sulfurique. Le principe de cette fabrication a été découvert, en 1811, par le chimiste russe Kirchoff. L'opération en grand se pratique dans de vastes cuves de bois contenant 6,000 litres d'eau et 42 kil. d'acide sulfurique à 66°. On agite le mélange, et on le chauffe en y faisant arriver de la vapeur d'eau au moyen d'un tube de plomb. Quand la température du liquide est portée à 104°, on y introduit, par portions successives, afin de ne pas abaisser sensiblement la température, 2,000 kil. de fécule délayée dans 2,000 litres d'eau tiède. Au bout de 30 à 40 minutes, la saccharification est complète, ce qu'on reconnaît à ce que la teinture d'iode ne donne plus de coloration. Alors on sature l'acide en versant dans la cuve 107 parties de craie pulvérisée pour 100 parties d'acide. Après 10 à 12 heures, on filtre le liquide en le faisant passer à travers une couche de noir animal, puis on le concentre jusqu'à 30° de l'aréomètre Baumé, dans des chaudières chauffées à la vapeur. On a ainsi le sirop de g., qui est très blanc, très clair, et propre à être livré aux brasseurs, aux confiseurs et aux liquoristes. Quand on veut obtenir la g. en masse, c.-à-d. sous forme solide, on concentre le sirop jusqu'à 40° ou 41°, après quoi on le verse d'abord dans un rafraîchissoir, où il commence à cristalliser, et ensuite dans des tonneaux, où il se prend en une masse blanche, opaque, et d'une telle dureté qu'il faut la briser à coups de hache pour pouvoir l'enlever. Enfin, lorsqu'on veut avoir la g. granulée, c.-à-d. en grains cristallins, détachés et ressemblant à la cassonade blanche, on ne cuit le sirop que jusqu'à 31° ou 33°; on le refroidit rapidement dans des réservoirs, où il séjourne 24 heures, pour y déposer le sulfate de chaux; enfin, on le fait passer dans des tonneaux dont le fond est criblé de petits trous fermés au moyen de clavettes. Au bout de 8 à 10 jours, la g. est cristallisée; on débouche les trous pour laisser écouler la mélasse, on fait sécher la masse dans une étuve, on écrase les morceaux et on les passe au crible. C'est avec cette variété de g. que l'on falsifie la cassonade de sucre ordinaire et le riel. — Souvent, pour transformer la fécule ou l'amidon en g., on emploie le saccharifier 2,000 fois son poids d'amidon. Au bout de 20 minutes la saccharification est complète; on filtre le liquide sur du noir animal, on le concentre rapidement et l'on a le sirop de g. — Les procédés qui consistent à transformer le bois, la paille, les chiffons, etc., en glucose, à l'aide de l'acide sulfurique concentré ou de l'acide chlorhydrique, ne sont guère entrés, jusqu'à présent, dans la pratique industrielle.

II. — La *G. lévogyre* se prépare en réduisant par l'amalgame de sodium la lactone de l'acide gluconique lévogyre. Elle fond à 443°. Elle ne fermente pas au contact de la levure. Son pouvoir rotatoire est égal et de sens contraire à celui de la g. dextrogyre.

III. — La *G. racémique*, sans action sur la lumière polarisée, s'obtient en mélangeant parties égales des deux glucoses actives, ou en réduisant la lactone de l'acide gluconique inactif. Cette variété de g. est connue que sous la forme d'un sirop très soluble dans l'eau. Sous l'action de la levure elle ne fermente qu'à moitié, la portion lévogyre restant inaltérée.

GLUCOSES. — On a donné le nom générique de g. aux corps qui ont pour formule $C^6H^{12}O^6$ et qui possèdent les fonctions alcool avec une fonction aldéhyde ou cétone. En général, ce sont des corps solides, diffusibles, à saveur sucrée, aisément solubles dans l'eau. Les g. se décomposent facilement quand on les chauffe avec les alcalis. Un certain nombre d'entre elles subissent, au contact de la levure de bière, la fermentation alcoolique. En leur qualité d'alcools pentatomiques, les g. sont susceptibles d'être éthérifiées : traitées, par ex., par le chlorure d'acétyle, en présence du chlorure de zinc, elles fournissent des dérivés cinq fois acétylés, ce qui prouve bien l'existence de 5 fonctions alcool. Quant à la fonction aldéhyde ou acétone, elle se manifeste par les propriétés suivantes : 1° Les g. exercent une action réductrice sur beaucoup de solutions métalliques, en particulier sur la liqueur de Fehling; 2° elles s'unissent directement, à froid, avec l'acide cyanhydrique en donnant des nitriles-alcools répondant à la formule $C^7H^{13}O^6Az$. Ces nitriles, saponifiés par l'eau de baryte, fournissent les acides monobasiques qui correspondent aux sucres $C^7H^{14}O^7$, homologues supérieurs des glucoses; c'est ainsi, par ex., qu'on a obtenu des gluco-heptoses; 3° avec l'hydroxylamine, les g. donnent des *oximes*; 4° avec la phénylhydrazine, à froid, elles fournissent des *hydrazones* $C^6H^{11}O^5.Az^2H^2C^6H^5$ très solubles dans l'eau. Un excès de phénylhydrazine, à chaud en présence d'acide acétique, donne des *osazones* $C^6H^{10}O^4(Az^2HC^6H^5)^2$ peu solubles. Ces composés, généralement cristallisables, permettent de caractériser les différentes g. et de les isoler à l'état de pureté. — La réduction des osazones fournit les *osamines*, qui répondent à la formule $CH^2OH.(CHOH)^3.CO.CH^2AzH^2$ et qui réunissent une fonction amine, une fonction cétone et quatre fonctions alcool. D'autre part, en chauffant une osazone à 40° avec l'acide chlorhydrique concentré, on obtient une *osone* $CH^2OH.(CHOH)^4.CO.CHO$ qui est en même temps aldéhyde, cétone et quatre fois alcool. Par l'hydrogénation ménagée d'une osone, ainsi que par l'action de l'acide azoteux sur une osamine, on reproduit une glucose; celle-ci est quelquefois différente de la glucose primitive, ce qui permet de passer d'un isomère à un autre.

Les g., ainsi que leurs homologues $C^nH^{2n}O^n$, se subdivisent en cétoses et en aldoses, suivant qu'elles possèdent une fonction cétone ou une fonction aldéhyde. — Les *Cétoses* en C^6 actuellement connues sont la Lévulose ou Fructose et la Sorbose; elles ont pour formule $CH^2OH.(CHOH)^3.CO.CH^2OH$. L'hydrogénation les convertit en sorbite et en mannite. — Les *Aldoses* $CH^2OH.(CHOH)^4.CHO$ ramènent au rouge la fuchsine décolorée par l'acide sulfureux, ce que ne font pas les cétoses. Par une oxydation ménagée elles se transforment en acides monobasiques correspondants $CH^2OH(CHOH)^4CO^2H$, tels que l'acide gluconique. Ces acides, généralement peu stables, perdent facilement de l'eau en donnant des lactones. Celles-ci peuvent être hydrogénées par l'amalgame de sodium

de deux façons différentes : 1° En liqueur acide elles régénèrent une glucose; 2° en liqueur alcaline elles fournissent une *hexite*, c.-à-d. un alcool hexatomique de la formule $CH^2OH(CHOH)^4CH^2OH$. Une oxydation plus avancée des aldoses les transforme en acides bibasiques tels que l'acide saccharique. La théorie prévoit l'existence de 8 aldoses, isomères stéréochimiques, comprenant la glucose ordinaire. On en connaît actuellement six : nous en donnons ici la liste avec les acides et les hexites qui correspondent à chacune d'elles.

ALDOSES.	ACIDES MONOBASIQUES.	ACIDES BIBASIQUES.	HEXITES.
Glucose.	Gluconique.	Saccharique.	Sorbite.
Mannose.	Mannonique.	Mannosaccharique.	Mannite.
Gulose.	Gulonique.	Saccharique.	Sorbite.
Idose.	Idonique.	Idosaccharique.	
Galactose.	Galactonique.	Mucique.	Dulcite.
Talose.	Talonique.	Talomucique.	Talite.

Chaque aldose, aussi bien que chaque cétose, se présente sous trois modifications qui se distinguent par leur action sur la lumière polarisée : deux sont optiquement actives, l'une étant dextrogyre et l'autre lévogyre; elles possèdent des pouvoirs rotatoires égaux et de sens contraires; mélangées en proportions égales, elles fournissent la troisième modification qui est racémique, c.-à-d. inactive par compensation.

Aux g. que nous venons d'énumérer, on peut rattacher un certain nombre de sucres qui ont la même formule $C^6H^{12}O^6$, mais dont la constitution n'est pas encore établie : tels sont la Cérasinose et la Formose.

GLUCOSIDE. s. m. (R. *glucose*). T. Chim. Nom générique donné à des corps susceptibles de se dédoubler en une matière sucrée, qui est ordinairement de la glucose, et en d'autres substances qui n'appartiennent pas à la classe des hydrates de carbone. Le dédoublement s'accompagne, en général, de la combinaison avec une ou plusieurs molécules d'eau. Il se produit, soit par ébullition avec les acides dilués, les alcalis aqueux, l'eau de baryte, soit sous l'influence de certaines diastases, telles que l'émulsine des amandes, la myrosine des graines de moutarde, l'érythrozyme de la garance. Le nom de g. peut s'appliquer à tous les éthers de la glucose; mais il sert ordinairement à désigner des produits naturels, plus ou moins complexes, dont la constitution n'est pas toujours connue. — Les glucosides naturels sont presque tous fournis par le règne végétal. Ils renferment du carbone, de l'hydrogène et de l'oxygène, quelquefois aussi de l'azote; l'acide myronique contient du soufre. Le plus souvent, ils sont neutres, solides, cristallisables, solubles dans l'eau et dans l'alcool; ils se charbonnent sous l'action de la chaleur quand on cherche à les porter au delà de leur température de volatiliser. Pour les extraire des substances végétales qui les contiennent, on fait digérer ces substances avec de l'eau ou de l'alcool; on ajoute de l'acétate de plomb pour précipiter les matières étrangères; on se débarrasse ensuite de l'excès de plomb par un courant d'hydrogène sulfuré; enfin, on concentre la liqueur et on fait cristalliser. Les glucosides ont été classés de la manière suivante :

I. — *Glucosides* proprement dits, dont le dédoublement fournit une glucose. Nous ne citerons que les principaux : Arbutine, Bryonine, Acide carminique, Coniférine, Convallamarine, Convolvuline, Daphnine, Digitaline, Helléborine, Esculine, Franguline, Jalapine, Populine, Acide rubérythrique, Salicine, Saponine, Turpéthine.

Glucosides azotés : Amygdaline, Chitine, Indican, Solanine. (La Chitine est d'origine animale.)

II. — *Phloroglucides*, donnant de la phloroglucine, au lieu de glucose : Phlorétine, Quercétine.

III. — *Phloroglucosides* donnant à la fois de la phloroglucine et une glucose : Phlorizine, Quercitrin, Robinine, Rutine.

Jusqu'à présent, on n'a pu reproduire par synthèse qu'un très petit nombre de glucosides naturels. Mais Fischer, en combinant la glucose avec les alcools, a obtenu récemment des produits de condensation qui sont de tout point comparables aux glucosides. La combinaison se fait à froid, avec séparation d'eau, sous l'influence de l'acide chlorhydrique. C'est ainsi que la glucose forme avec l'alcool éthylique un éthyl-glucoside, avec l'alcool benzylique un benzyl-glucoside. Elle s'unit de la même façon avec certains acides-alcools; par exemple, avec l'acide gluconique, elle donne un acide glucose-gluconique. La galactose, l'arabinose, etc., se comportent comme la glucose et fournissent des galactosides, des arabinosides, etc. Enfin, on a obtenu des glucosides en combinant la glucose ou les sucres analogues avec la Résorcine, la Pyrocatéchine, le Pyrogallol et autres phénols polyvalents.

GLUCOSINE. s. f. (R. *glucose*). T. Chim. Nom donné à deux bases obtenues en chauffant à 100° la glucose avec une solution d'ammoniaque. Toutes deux sont liquides. L'α glucosine $C^6H^8Az^2$ bout à 136°. La β glucosine bout à 160°.

GLUCOSURIE. s. f. (R. *glucose*, et gr. οὐρεῖν, pisser). T. Méd. Syn. de Diabète sucré. Voy. Diabète.

GLUCURONIQUE. adj. 2 g. (gr. γλυκύς, doux ; οὖρος, urine). T. Chim. L'*acide g.* répond à la formule $CO^2H(CHOH)^4CHO$; il possède une fonction acide, une fonction aldéhyde et quatre fonctions alcool. On l'obtient, en même temps que l'euxanthone, lorsqu'on chauffe l'acide euxanthique avec de l'acide sulfurique étendu. Il se forme aussi, quand on réduit la lactone de l'acide saccharique par l'amalgame de sodium. L'acide g. est un liquide sirupeux, très soluble dans l'eau. Il réduit la liqueur de Fehling et possède un pouvoir réducteur égal à celui de la glucose. Oxydé par le brome en présence de l'eau, il donne de l'acide saccharique. Réduit par l'amalgame de sodium en liqueur acide, il se convertit en acide gulonique, puis en gulose. L'acide g. se transforme facilement en une lactone $C^6H^8O^6$, qui cristallise en tables volumineuses et qui fond en se décomposant vers 175° ; cette lactone possède une saveur sucrée ; elle est très soluble dans l'eau, mais insoluble dans l'alcool ; sa solution aqueuse est dextrogyre et réductrice. Après l'ingestion du camphre, du chloral, du bornéol, du phénol, et de quelques autres substances organiques, on trouve dans l'urine des composés dérivés de l'acide g. et analogues aux glucosides. En même temps, l'urine devient capable de réduire la liqueur de Fehling. Ces composés, appelés acide camphoglucuronique, acide urochotalique, etc., se dédoublent lorsqu'on les chauffe avec de l'acide chlorhydrique étendu et donnent de l'acide glucuronique.

GLUER. v. a. Enduire de glu. *Gluer des baguettes pour prendre des oiseaux*. ‖ Rendre gluant, salir avec quelque chose de gluant. *Ces confitures lui ont glué les mains.* = Glué, ée. part.

GLUI. s. m. (flam. *gluye*, paille). Paille de seigle dont on couvre les toits. ‖ On s'en sert aussi pour faire des liens, attacher les salades, etc. ‖ T. Pêche. Paille longue dont on se sert pour emballer le poisson.

GLUMACÉES ou **GLUMALES.** s. f. pl. (R. *glume*). Nom donné par certains botanistes, et notamment par Lindley, à un ordre de plantes comprenant les Graminées, les Cypéracées, les Centrolépidées, les Ériocaulées et les Restiacées.

GLUME. s. f. (lat. *gluma*, m. s.). T. Bot. Nom donné aux bractées stériles, généralement au nombre de deux, qui sont situées à la base de l'épillet dans les plantes de la famille des *Graminées*. Voy. ce mot.

GLUMÉ, ÉE. adj. T. Bot. Qui est muni d'une glume.

GLUMELLE. s. f. (Pr. *glu-mè-le*). T. Bot. Nom donné aux deux bractées qui enveloppent le rameau floral des *Graminées*. Voy. ce mot.

GLUTACONIQUE. adj. 2 g. (R. *gluten*). T. Chim. L'*acide g.*, appelé aussi *glutarénique* est un acide bibasique à fonction éthylénique ; il répond à la formule $CO^2H.CH^2.CH:CH.CO^2H$. C'est un isomère de l'acide citraconique. Il cristallise en prismes blancs, fusibles à 132°, très solubles dans l'eau.

GLUTAMIQUE. adj. 2 g. (R. *gluten*, et *amine*). T. Chim. L'*acide g.* est un acide bibasique amidé, dérivant de l'acide glutarique ; il a pour formule $C^5H^5(Az H)(CO^2H)^2$. On le rencontre dans les germes de vesces et dans les mélasses de betteraves. Il se forme, en même temps que d'autres acides amidés, quand on fait bouillir les matières protéiques d'origine végétale avec l'acide sulfurique étendu, ou celles d'origine animale avec l'eau de baryte. On le prépare ordinairement à l'aide du gluten. L'acide g. cristallise en tétraèdres rhombiques, brillants, fusibles à 135°, peu solubles dans l'eau, insolubles dans l'alcool pur. Sa solution aqueuse est dextrogyre,

à réaction acide, à saveur astringente. Possédant une fonction amine et une fonction acide, il peut s'unir aussi bien aux acides qu'aux bases. Les glutamates des métaux alcalins et alcalino-terreux sont très solubles dans l'eau et dans l'alcool ; desséchés, ils sont gommeux.

GLUTANIQUE. adj. 2 g. (R. *gluten*). T. Chim. L'*acide glutanique* est un acide oxy-glutarique qu'on rencontre dans les mélasses de betterave. On l'obtient, sous la forme d'un liquide sirupeux, par l'action de l'acide azoteux sur l'acide glutamique. Il est bibasique et possède une fonction alcool. Sa formule est :

$$CO^2H.CHOH.(CH^2).CO^2H.$$

Il se transforme facilement en un acide lactonique $C^5H^6O^4$ cristallisable en aiguilles qui fondent à 50°.

GLUTARÉNIQUE. adj. T. Chim. Synonyme de *glutaconique*.

GLUTARIQUE. adj. T. Chim. L'*acide g.* est un acide bibasique répondant à la formule $CO^2H.(CH^2)^3.CO^2H$. Il existe à l'état de sel de potassium dans le suint de mouton. On le prépare en décomposant son nitrile par l'acide chlorhydrique. Il cristallise en gros prismes monocliniques, transparents, solubles dans l'eau, l'alcool et l'éther. Il fond à 97° et bout vers 300°. — Quand on le neutralise par l'ammoniaque, on obtient un mélange de glutarate neutre et de glutarate acide. Ce mélange, chauffé vers 180°, donne naissance à la *glutarimide* $C^5H^7Az O^2$, qui cristallise en aiguilles brillantes, fusibles à 152°, sublimables.

Le *nitrile glutarique* $CAz.(CH^2)^3.CAz$, ou *cyanure de triméthylène*, s'obtient en faisant agir le cyanure de potassium, en solution alcoolique, sur le bromure de triméthylène.

Les *acides oxyglutariques* dérivent de l'acide g. par la substitution d'un groupe alcoolique $CHOH$ à un groupe CH^2. Ils sont au nombre de deux : l'un est l'acide *Glutanique* (voy. ce mot) ; l'autre n'est connu que par son dérivé méthylé.

On connaît aussi deux *acides dioxyglutariques*, qui sont bibasiques et possèdent deux fonctions alcool.

Les *acides trioxyglutariques* sont bibasiques avec trois fonctions alcool et répondent à la formule $CO^2H(CHOH)^3CO^2H$. On les obtient en oxydant, à l'aide de l'acide azotique, les sucres à 5 atomes de carbone. L'oxydation de l'arabinose donne un acide trioxyglutarique lévogyre, cristallisable, fusible à 127°, ne réduisant pas la liqueur de Fehling. La xylose en fournit un autre qui fond à 152° en se décomposant ; celui-ci est sans action sur la lumière polarisée ; il ne réduit pas la liqueur de Fehling, mais bien le nitrate d'argent ammoniacal. Un troisième se produit par l'oxydation de la ribose ou de l'acide ribonique ; quand on évapore sa solution aqueuse, il se transforme en une lactone qui fond en se décomposant à 170°.

GLUTEN. s. m. (lat. *gluten*, colle). T. Chim. Matière azotée extraite de la farine. Pour sa préparation et ses propriétés, voy. Farine. Le g. est un mélange de plusieurs principes immédiats. L'un d'eux est tout à fait insoluble dans l'eau pure et dans l'alcool, à froid comme à chaud. C'est la *gluten-caséine*, assez analogue à la caséine ordinaire. Elle est très soluble dans les alcalis très étendus, d'où elle est facilement précipitée par les acides dilués.

La portion du gluten qui est soluble dans l'alcool se compose de gluten-fibrine, de gliadine et de mucédine. Ces corps sont à peu près insolubles dans l'eau et dans l'alcool absolu, mais se dissolvent dans l'alcool aqueux. — La *gliadine*, appelée aussi *gélatine végétale* et *glutine*, est la moins soluble. Pour l'isoler, on épuise le gluten à froid par l'alcool ; le résidu insoluble est dissous dans la soude aqueuse, puis précipité par l'acide acétique ; on reprend ce précipité par l'alcool chaud, et l'on obtient par refroidissement la gliadine en masse visqueuse. La gliadine est très soluble dans les acides et les alcalis étendus. Elle se durcit dans l'alcool absolu. Elle peut se dissoudre dans une grande quantité d'eau, mais par une longue ébullition elle devient insoluble, ce qui la distingue de la gélatine animale. — Pour obtenir la *gluten-fibrine*, on traite le gluten par l'alcool froid ; on concentre la solution : la masse visqueuse qui se dépose par refroidissement est reprise par l'alcool chaud, puis additionnée d'éther. La gluten-fibrine se précipite alors en flocons blancs volumineux. C'est une substance tenace, insoluble dans l'eau, très soluble dans les acides et les alcalis. Elle devient insoluble par l'ébullition ou par la dessiccation à chaud. — La

mucédine ou mucine végétale reste dans l'eau-mère alcoolique d'où s'est déposée la gluten-fibrine. Elle ressemble beaucoup à la gliadine, mais elle est plus soluble dans l'eau.

Il est probable que le gluten n'existe pas à l'état insoluble
dans la farine, mais qu'il se forme par l'action de l'eau, et
peut-être d'un ferment spécial, sur des matières protéiques
solubles qu'on peut extraire de la farine à l'aide d'une solution
à 10 p. 100 de sel marin.

GLUTIER. s. m. Nom vulgaire donné à différents végétaux
qui fournissent de la glu.

GLUTIMIQUE. adj. 2 g. (lat. *gluten*, colle). T. Chim.
L'acide *g*. $C^9H^7Az^2O^3$ est un des produits de la décomposition
des matières albuminoïdes sous l'action de l'eau de baryte. Il
cristallise en prismes brillants, volumineux, peu solubles dans
l'eau froide, fusibles à 180°.

GLUTINATIF, IVE. adj. Syn. d'*Agglutinatif*. Inus.

GLUTINE. s. f. T. Chim. Syn. de *Gliadine*. Voy. Gluten.
|| Syn. de *Gélatine*. Voy. ce mot.

GLUTINEUX, EUSE. adj. (lat. *glutinosus*, m. s. de
gluten, colle). Qui est gluant, visqueux, ou qui contient du
gluten. *Matière glutineuse*.

GLUTINIQUE. adj. 2 g. (R. *gluten*). T. Chim. L'acide *g*.
est un acide bibasique à fonction acétylénique et répond à la
formule $CO^2H.C:C.CH^2.CO^2H$. On l'obtient en faisant réagir
la potasse en solution alcoolique sur le dérivé chloré de l'acide glutaconique. Il cristallise en fines aiguilles très solubles dans l'alcool et dans l'éther. Il fond à 145° en perdant
de l'acide carbonique.

GLUTINOSITÉ. s. f. [Pr. *glutino-zi-té*]. T. Didact. Qualité de ce qui est gluant.

GLYCÉMIE. s. f. (gr. γλυκὺς, doux; αἷμα, sang). T. Physiol.
Existence du sucre dans le sang.

GLYCÉRAL. s. m. (R. *glycérine* et *aldéhyde*). T. Chim.
Nom donné aux composés engendrés par l'union de la glycé-
rine et des aldéhydes, avec élimination d'eau. || Syn. d'*Aldé-
hyde glycérique*.

GLYCÉRAMINE. s. f. (R. *glycérine* et *amine*). T. Chim.
Amine dérivée de la glycérine. Il en existe plusieurs; elles
sont difficiles à isoler à l'état de pureté, parce qu'elles ne sont
ni cristallisables ni volatiles. La mieux connue est une mono-
alcool dont la formule est $CH^2OH.CHOH.CH^2AzH^2$. On l'obtient par l'action de l'ammoniaque sur le glycide. C'est une
masse sirupeuse incolore; ses sels sont amorphes; son chloroplatinate est soluble. — Une diamine appelée *Diamidohydrine*
et répondant à la formule $CH^2AzH^2.CHOH.CH^2AzH^2$ se produit quand on fait réagir l'ammoniaque en solution alcoolique
sur le dichlorhydrine de la glycérine. On obtient en même
temps de la *Glycidamine* $CH^2AzH^2.CH-CH^2$. Ces deux bases
　　　　　　　　　　　　　　　$\overset{}{O}$
forment des chlorhydrates bien cristallisés.

GLYCÉRAT. s. m. Voy. Glycérolé.

GLYCÉRATE. s. m. T. Chim. Nom générique des sels et
des éthers de l'acide glycérique.

GLYCÈRE. s. f. célèbre courtisane athénienne, connue pour
ses liaisons avec Harpale et avec le poète Ménandre.

GLYCÉRÉ. s. m. Voy. Glycérolé.

GLYCÉRIDE. s. m. (R. *glycérine*). T. Chim. Nom donné
aux éthers de la glycérine. Voy. Glycérine et Graisse.

GLYCÉRINE. s. f. (gr. γλυκὺς, doux). T. Chim. Matière
sucrée fonctionnant comme alcool triatomique et répondant à
la formule $C^3O^3H^8$. La g. existe, à l'état d'éthers saturés, dans
tous les corps gras; elle se forme en petite quantité dans la
fermentation alcoolique. On l'obtient en saponifiant les graisses
animales ou végétales, soit par l'acide sulfurique, soit par les
alcalis ou les oxydes basiques, soit par la vapeur d'eau surchauffée. Scheele, qui découvrit la g. en 1779, l'obtint par l'ac-

tion de l'oxyde de plomb sur l'axonge et lui donna le nom de
Principe doux des huiles. La préparation industrielle de la g.
est corrélative de la fabrication des bougies stéariques : lorsqu'on a saponifié les graisses et séparé les acides gras par les
méthodes exposées à l'article Bougie, le liquide restant est
formé de g. impure étendue d'eau; la concentration de ce
liquide fournit la g. brute. Pour la purifier, on la neutralise
afin de saturer les acides qu'elle contient, et on la rectifie
par distillation dans le vide. On peut aussi obtenir la g.
comme produit accessoire de la fabrication des savons.
— Friedel et Silva ont réalisé la synthèse totale de la g. en
saponifiant sa trichlorhydrine, qu'ils avaient préparée à l'aide
du propylène.

La g. se présente sous la forme d'un liquide sirupeux,
inodore à froid, possédant une saveur sucrée et chaude. On
a pu la solidifier en cristaux, de densité 1,27,
fusibles à 17°; mais, lorsqu'elle est fondue, elle reste en
surfusion même à des températures très basses; aussi ne
l'a-t-on connue pendant longtemps qu'à l'état liquide. Sous la
pression atmosphérique elle ne bout qu'en s'altérant à 290°;
pour la rectifier sans qu'elle se décompose, il faut la distiller
sous basse pression. La g. est à peu près insoluble dans l'éther,
le chloroforme, le sulfure de carbone, le benzène; mais elle
se dissout en toutes proportions dans l'eau et dans l'alcool.
Elle est très hygroscopique et peut absorber à l'air humide
plus de la moitié de son poids d'eau. Elle dissout facilement
l'iode, le brome, la potasse, beaucoup de sels minéraux, les
gommes, les sucres, l'albumine, les sels des alcaloïdes, etc.
Dans certains cas, elle paraît former de véritables combinaisons avec les corps qu'elle dissout; ainsi les solutions glycériques des terres alcalines ou d'oxyde de plomb ne sont pas
précipitées par l'acide carbonique.

La g. possède trois fonctions alcool et répond à la formule
de constitution $CH^2OH.CHOH.CH^2OH$. Par une oxydation
ménagée elle se convertit en glycérose, mélange d'aldéhyde et
d'acétone glycériques. Voy. Glycérique. — Une oxydation
plus avancée donne naissance aux acides glycérique, tartronique et mésoxalique. Chauffée seule ou avec des corps déshy-
dratants, la g. perd deux molécules d'eau et dégage des
vapeurs d'acroléine dont l'odeur est caractéristique; c'est
l'odeur âcre et irritante qu'exhalent les graisses fortement
chauffées. On connaît un autre anhydride qui ne diffère de
la g. que par une molécule d'eau ou moins; c'est le *Glycide*.
Voy. ce mot. — En agissant à 100° sur l'acide oxalique, la g.
donne de l'acide formique; mais, si l'on porte la température
à 185° et que la g. soit en excès, celle-ci est réduite et l'on
obtient de l'alcool allylique. La réduction de la g. par l'iodure
de phosphore fournit de l'iodure d'allyle. Par l'action du
nitrobenzène sur un mélange de g. et d'aniline, avec un excès
d'acide sulfurique, on a réalisé la synthèse de la quinoléine.
— En solution étendue et en présence du carbonate de chaux,
la g. peut subir une fermentation qui dégage de l'anhydride
carbonique et de l'hydrogène et qui donne naissance à des
alcools et à des acides.

Glycérides. — On peut éthérifier successivement les trois
fonctions alcooliques de la g. par des acides; on obtient
ainsi trois sortes d'éthers qui portent le nom générique de
Glycérides. On les distingue par le nom de l'acide correspondant auquel on donne la terminaison *ine*; on le fait précéder des préfixes *mono*, *di* et *tri* quand on veut indiquer
le degré d'éthérification. Ainsi l'on appelle mono-, di- et tri-
chlorhydrines, les éthers chlorhydriques; on appelle de même
acétines les éthers acétiques, etc. On suit les mêmes règles
pour les éthers mixtes que forme la g. avec les alcools; par
ex. ses éthers éthyliques portent le nom de mono- et de di-
éthylines. Les éthers à une ou deux molécules d'acide
s'obtiennent en chauffant l'acide avec la g. en vase clos à 200°.
Pour préparer les éthers triacides ou saturés, il faut opérer
en présence d'un corps déshydratant ou employer les chlorures
d'acides. — Un acide déterminé ne fournit qu'un éther
saturé, répondant à la formule $CH^2R.CHR.CH^2R$. Mais il
existe deux éthers mono-acides :

l'un à formule symétrique $CH^2OH.CHR.CH^2OH$,
l'autre à formule non symétrique $CH^2R.CHOH.CH^2OH$.

Les éthers di-acides sont aussi au nombre de deux :

l'un symétrique $CH^2R.CHOH.CH^2R$,
l'autre non symétrique $CH^2R.CHR.CH^2OH$.

Dans ces formules R désigne un radical univalent d'acide :
ce sera par ex. Cl ou Br pour les acides chlorhydrique ou
bromhydrique, AzO^3 pour l'acide azotique, $C^2H^3O^2$ pour l'acide
acétique, etc.

La *mono-chlorhydrine* non symétrique est un liquide sirupeux, bouillant à 227°, soluble dans l'eau en toutes proportions; elle s'obtient par l'action de l'eau sur l'épichlorhydrine (éther chlorhydrique du glycide). Traitée, en solution éthérée, par la baryte, elle reproduit le glycide. En réagissant sur le cyanure de potassium, elle donne un nitrile dioxybutyrique. La *mono-chlorhydrine* symétrique bout à 235°; on la prépare en traitant l'alcool allylique par l'acide hypochloreux. L'oxydation de ces deux glycérides donne naissance aux acides chlorolactiques. La *di-chlorhydrine* symétrique se forme par l'action du gaz chlorhydrique sur l'épichlorhydrine; elle est liquide, peu soluble dans l'eau et bout à 174°. La *di-chlorhydrine* non symétrique, obtenue en faisant agir le chlore sur l'alcool allylique, bout à 182°; en s'oxydant elle donne de l'acide dichloro-propionique. La *tri-chlorhydrine* bout à 158°; on peut l'obtenir synthétiquement en chauffant du chlorure d'iode avec le propylène dérivé de l'alcool isopropylique; elle a servi elle-même à faire la synthèse de la g. — La *tri-bromhydrine* est identique avec le *tri-bromure d'allyle*, qui résulte de l'action du brome sur le bromure d'allyle; elle est solide et cristallisable; elle fond à 16° et bout à 220°.
— Parmi les autres glycérides à acides minéraux, le plus important est la *nitroglycérine*, substance éminemment explosive qui sert à fabriquer les dynamites. Les glycérides à acides organiques sont très répandus dans la nature; les corps gras d'origine végétale ou animale ne sont que des mélanges de pareils glycérides. Voy. GRAISSE.
En s'unissant aux acides polybasiques, la g. peut former des éthers-acides. Tel est le composé appelé acide *glycéro-phosphorique* ou *phospho-glycérique* C³H⁸(OH)²PhO⁴H². Ce glycéride, qui est la substance mère des lécithines contenues dans le jaune d'œuf et dans la substance nerveuse, possède encore deux fonctions acide provenant de l'acide phosphorique et deux fonctions alcool provenant de la g. Dans les lécithines, ces deux fonctions alcool sont saturées par des acides gras, et les fonctions acide par de la névrine ou de la choline. Pour préparer l'acide phosphoglycérique, on mélange de l'anhydride phosphorique avec de la g., on chauffe à 100°, on étend d'eau et on sature par du carbonate de baryum; il se forme du phosphoglycérate soluble que l'on filtre et qu'on décompose par l'acide sulfurique. — Nous citerons encore l'acide *sulfoglycérique* ou *glycéro-sulfurique* C³H⁶(OH)²SO⁴H qui sert à produit dans la saponification sulfurique des graisses, et qui se décompose avec la plus grande facilité en g. et en acide sulfurique.
Les glycérides à radicaux alcooliques résultent de l'union de la g. et d'un alcool, avec perte d'eau. On obtient, par ex., les méthyliues et les éthyliues, en faisant agir le méthylate et l'éthylate de sodium sur les chlorhydrines ou les bromhydrines.
Enfin, la g. peut s'unir à elle-même en perdant une ou deux molécules d'eau. Elle fournit ainsi de la *di-glycérine* C⁶H¹⁴O⁵ et de la *tri-glycérine* C⁹H²⁰O⁷. Ce sont des liquides épais qu'on obtient en faisant réagir à 100° l'acide chlorhydrique sur de la g. aqueuse.
Usages de la glycérine. — Seule ou associée à d'autres médicaments, la g. purifiée est fréquemment employée pour le pansement des plaies, ulcères, excoriations, engelures, dartres, et en général pour le traitement de toutes les dermatoses; elle agit surtout comme calmant et dessiccatif. On s'en sert aussi à l'intérieur, comme laxatif ou comme antiseptique, dans la constipation, la gastrite, certaines formes de dyspepsie ou de dysenterie, et dans diverses maladies putrides, telles que la fièvre typhoïde. Les pharmaciens emploient la g. comme dissolvant ou excipient d'un grand nombre de substances médicamenteuses; les glycérats et les glycérolés sont des préparations analogues aux cérats, aux pommades et aux huiles médicinales. Dans l'industrie, les propriétés antiseptiques de la g. sont mises à profit pour la conservation de beaucoup de substances alimentaires. Sa propriété hygroscopique est utilisée pour maintenir l'humidité ou la souplesse des corps, par ex., de l'argile à modeler, des colles, ciments et mastics, des cuirs non tannés, des couleurs à l'aquarelle, des pâtes à copier. Dans certains cas, la g. sert à l'extraction des parfums des fleurs, à l'encollage des fils, à la dissolution de l'albumine, des gommes, des matières colorantes, à la fabrication des encres, etc. Comme elle reste liquide à des températures très basses, on l'a proposée pour remplacer l'eau dans les compteurs à gaz. On l'emploie pour la fabrication des encres des appareils enregistreurs qui doivent rester liquides aux très basses températures, et ne pas sécher par évaporation. On s'en sert aussi pour faire des encres de tampons de timbres mobiles. Les tampons, ainsi préparés, peuvent servir

pendant un temps très long. Mais c'est la fabrication de la nitroglycérine et de la dynamite qui consomme la majeure partie de la g. commerciale, dont la production annuelle en Europe s'élève à 25,000,000 de kilogrammes.

GLYCÉRINER. v. a. Enduire de glycérine.

GLYCÉRINIEN, IENNE. adj. Qui se rapporte à la glycérine ou à ses préparations.

GLYCÉRIQUE. adj. 2 g. T. Chim. Qui contient de la glycérine ou qui est préparé à l'aide de la glycérine. *Liquide g. de Plateau*, Mélange d'eau de savon et de glycérine, employé pour l'étude des phénomènes capillaires.
L'acide g. CO²H.CHOH.CH²OH est un acide monobasique possédant deux fonctions alcool. Il se produit dans la décomposition spontanée de la nitroglycérine humide. On le prépare en oxydant la glycérine par l'acide azotique étendu. C'est un liquide épais, incristallisable, très soluble dans l'eau et dans l'alcool, insoluble dans l'éther. Chauffé à 140°, il se convertit en un anhydride gommeux; à une température plus élevée, il se décompose en eau et en acide pyruvique. — La plupart des glycérates métalliques sont solubles dans l'eau; le sel de plomb l'est très peu. — *L'éther g.* ou *glycérate d'éthyle* s'obtient en chauffant à 200° l'acide g. avec de l'alcool ordinaire; c'est un liquide épais qui bout vers 240°.
L'aldéhyde g. CHO.CHOH.CH²OH se produit par l'oxydation ménagée de la glycérine. Grimaux l'a obtenu en exposant la glycérine à l'air en présence du noir de platine; Fischer et Tafel, en traitant la glycérine aqueuse par le carbonate de soude et le brome. Quel que soit son mode de formation, l'aldéhyde est toujours mélangée d'*acétone g.* CH²OH.CO.CH²OH qu'on n'a pas encore pu en séparer.
— Ce mélange a reçu le nom de *glycérose*; formé de deux corps qui ont la constitution des sucres, il présente les réactions caractéristiques des glucoses; il fermente au contact de la levure de bière, se combine à la phénylhydrazine et réduit la liqueur de Fehling. Traitée par une solution étendue de soude caustique, à la température de 0°, la glycérose se polymérise lentement et donne naissance à deux sucres isomères, qu'on a appelés *acroses*, et dont l'un est identique à la lévulose inactive.
L'éther di-bromhydrique de l'aldéhyde g. est connu sous les noms d'*aldéhyde di-bromopropionique* et de *bromure d'acroléine*; il répond à la formule CHO.CHBr.CH²Br. Il se produit par l'union directe du brome et de l'acroléine. C'est un liquide épais, qui se polymérise facilement en donnant des cristaux fusibles à 66°.

GLYCÉROCOLLE. s. f. (R. *glycérine* et *colle*). T. Techn. Mélange de glycérine et de gélatine, employé à l'encollage des fils dans divers tissages, qui offre l'avantage de conserver, grâce à la présence de la glycérine, l'humidité nécessaire au tissage sans qu'on ait à redouter des fermentations. L'emploi de cette préparation a permis d'effectuer dans les ateliers ouverts et aérés certains travaux de tissage qui ne pouvaient auparavant se faire que dans des caves. Il convient de remarquer cependant que l'emploi des machines, en faisant disparaître une partie des inconvénients inhérents à la production manuelle, a diminué l'emploi de la glycérocolle.

GLYCÉROLÉ. s. m. (R. *glycérolé*). T. Pharm. On donne ce nom, ou celui de *glycéré*, à tout médicament obtenu avec la glycérine comme excipient; quand il a la consistance d'une pommade ou d'un onguent, on lui donne le nom de *glycérat*.

GLYCÉROSE. s. f. T. Chim. Matière sucrée obtenue par l'oxydation de la glycérine. Voy. GLYCÉRIQUE.

GLYCÉRYLATE. s. m. T. Chim. Nom donné aux composés qui dérivent de la glycérine par la substitution d'un métal à un ou plusieurs des atomes d'hydrogène alcooliques. Par leur constitution et leurs propriétés, ils sont analogues aux éthylates. L'eau les décompose en glycérine et en oxyde métallique.

GLYCÉRYLE. s. m. (R. *glycérine*, et le suff. *yle*, du gr. ὕλη, matière). T. Chim. Nom donné au radical trivalent C³H⁵ contenu dans la glycérine et les glycérides.

GLYCIDE. s. m. (R. *glycérine*). T. Chim. Anhydride de la glycérine. On le prépare en faisant agir la baryte sur la monochlorhydrine de la glycérine. Le g. est un liquide incolore, mobile, bouillant à 157°, très soluble dans l'eau, l'alcool et l'éther. Il a pour formule :

$$CH^2\_CH\_CH^2OH.$$
$$\diagdown O \diagup$$

Il est analogue à l'oxyde d'éthylène, mais possède en outre une fonction alcool qui peut être éthérifiée par les acides. Il précipite beaucoup d'oxydes métalliques de leurs solutions et réduit facilement le nitrate d'argent ammoniacal. Chauffé avec de l'eau, il se convertit en glycérine. Avec l'ammoniaque il donne de la glycéramine.

GLYCIDIQUE. adj. 2 g. (R. *glycérine*). T. Chim. L'*acide g.* se forme par l'action de la potasse sur les acides chloro-lactiques et répond à la formule :

$$CH^2\_CH\_CO^2H.$$
$$\diagdown O \diagup$$

Il possède la même fonction que l'oxyde d'éthylène et joue de plus le rôle d'un acide monobasique, formant avec les bases des sels cristallisables. Chauffé avec de l'eau, il fournit de l'acide glycérique. Avec l'acide chlorhydrique fumant il donne de l'acide chlorolactique.

GLYCINE. s. f. (gr. γλυχὺς, doux). T. Bot. Genre de plantes Dicotylédones (*Wistaria*) de la famille des *Légumineuses*. Voy. ce mot. || T. Chim. Syn. de *Glycocolle*. — Syn. de *Glucine*.

GLYCIPHYLLINE. s. f. [Pr. *gli-si-fil-line*]. T. Chim. Principe sucré, cristallisable, qu'on extrait, à l'aide de l'alcool, des feuilles du *Smilax glyciphylla*.

GLYCIQUE. adj. 2 g. T. Chim. Syn. de *Glucique*.

GLYCOCHOLIQUE. adj. 2 g. (gr. γλυχὺς, doux; χολὴ, bile). T. Chim. *Acide g.*, Un des acides de la bile. Voy. CHOLIQUE.

GLYCOCOLLE. s. m. (gr. γλυχὺς, doux; κόλλα, colle). T. Chim. Le *G.*, qu'on appelle aussi *acide amido-acétique* et *sucre de gélatine*, est une amine acide qui répond à la formule CO²H.CH²Az H². Il fut découvert en 1820 par Braconnot, qui l'obtint en faisant bouillir longtemps la gélatine avec de l'acide sulfurique étendu. On le prépare en chauffant à 130° l'acide chloracétique avec du carbonate d'ammoniaque. On peut faire agir l'acide chlorhydrique concentré sur l'acide hippurique; celui-ci fixe une molécule d'eau et se dédouble en chlorhydrate de g. et en acide benzoïque. Il se forme encore dans le dédoublement par hydratation de l'acide urique et de l'acide glycocholique. Enfin, on l'a obtenu synthétiquement en faisant passer un courant de cyanogène dans une solution aqueuse et bouillante d'acide iodhydrique.

Le g. est cristallisable, soluble dans l'eau, insoluble dans l'alcool absolu. Il possède une saveur sucrée. Sous l'action de la chaleur il brunit et fond en se décomposant vers 180°. Comme toutes les amines acides, il se colore en rouge foncé par le perchlorure de fer. Chauffé avec la baryte, il se décompose en méthylamine et en anhydride carbonique. Traité à froid par l'acide azoteux, en solution aqueuse, il donne de l'acide glycolique, avec dégagement d'azote et séparation d'eau. Le g. est neutre au tournesol; mais, en sa qualité d'amine, il s'unit aux acides pour donner des sels bien définis et cristallisables : acétate, nitrate, chlorhydrate de g., etc. D'autre part, il joue le rôle d'acide vis-à-vis des bases et donne naissance à des *glycocollates* métalliques, en échangeant l'hydrogène de son groupe acide CO²H contre un métal. Cet hydrogène peut aussi être substitué par des radicaux alcooliques, ce qui donne naissance à des éthers-sels et le fonctionne comme acide. En faisant réagir, par ex., l'iodure d'éthyle sur le g., on obtient le *glycocollate d'éthyle* CO²(C²H⁵). CH²AzH². Le chlorhydrate de ce corps, traité en solution éthérée par l'azotite d'argent, fournit un dérivé diazoïque gras, le *diazo-*

acétate d'éthyle $\dfrac{Az}{Az}\Big\rangle CH\_CO^2(C^2H^5)$.

Dans le groupe AzH² du g. les atomes d'hydrogène peuvent être remplacés par des radicaux alcooliques ou acides. L'*éthylglycocolle* CO²H. CH²AzH (C²H⁵) et le *diéthylglycocolle* CO²H. CH²Az(C²H⁵)² se forment par l'action de l'éthylamine ou de la diéthylamine sur l'acide chloracétique. Le *méthylglycocolle* est connu sous le nom de sarcosine. La bétaïne est l'anhydride d'un hydrate de triméthylglycocolle où l'azote est quintivalent. Le *benzoylglycocolle* qu'on obtient en traitant le g. par le chlorure de benzoyle est identique avec l'acide hippurique.

En réagissant sur l'acide chloracétique le g. donne naissance au *diglycocolle* AzH.(CH².CO²H)² et au *triglycocolle* Az.(CH².CO²H)³. Ce sont des corps solides qui fonctionnent à la fois comme amine et comme acide bi- ou tribasique.

La *glycocollamide* CO Az H². CH²AzH² se produit par l'action de l'ammoniaque sur le g. ou sur l'acide chloracétique. Elle est solide, très soluble dans l'eau; elle présente une réaction basique et se combine avec les acides.

GLYCOCYAMIDINE. s. f. T. Chim. Voy. GLYCOCYAMINE.

GLYCOCYAMINE. s. f. (R. *glycocolle*, *cyanogène* et *amine*). T. Chim. La g., qui porte aussi le nom d'*acide guanidyle-acétique*, est un acide dérivé de la guanidine et répond à la formule AzH═C—AzH—CH²—CO²H. Pour
$$\quad\quad\quad\quad | $$
$$\quad\quad\quad AzH^2.$$

la préparer on laisse en contact pendant quelques jours un mélange de cyanamide, de glycocolle et d'ammoniaque en solution aqueuse. La g. cristallise en aiguilles transparentes, insolubles dans l'alcool, peu solubles dans l'eau froide, très solubles dans l'eau bouillante. Elle fonctionne tantôt comme acide, tantôt comme base. Son chlorhydrate, chauffé à 160°, perd de l'eau et se transforme en chlorhydrate de glycocyamidine.

La *glycocyamidine* s'obtient en traitant ce dernier chlorhydrate par l'hydrate de plomb. Elle cristallise en petites lamelles très solubles dans l'eau. Elle est franchement basique et ne se combine plus aux bases. Sa formule est

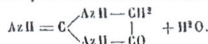

$$AzH═C \diagup^{AzH—CH^2} _{\diagdown AzH—CO} + H^2O.$$

La créatine est un dérivé méthylé de la glycocyamine ; la créatinine est le dérivé méthylé correspondant de la glycocyamidine.

GLYCODRUPOSE. s. f. T. Chim. Voy. GLUCODRUPOSE.

GLYCOGÈNE. s. m. T. Chim. Hydrate de carbone qui est isomérique avec l'amidon et qui se forme dans le foie de l'homme et des animaux. Voy. FOIE. On le rencontre aussi chez les invertébrés, dans beaucoup de champignons et dans la levure de bière. On le prépare par décoction du foie dans l'eau; on filtre et on précipite par l'alcool; on reprend le précipité par la potasse aqueuse et chaude et l'on précipite de nouveau par l'alcool. Le g. ainsi obtenu est une poudre blanche qui donne avec l'eau une solution opalescente. Il ne réduit pas la liqueur de Fehling et ne fermente point sous l'action de la levure de bière. L'iode le colore en rouge. Les acides étendus, la diastase, la salive, le transforment en dextrine, en maltose et finalement en glucose. L'oxydation à l'aide du brome le convertit en un acide appelé *glycogénique* qui est probablement de l'acide gluconique.

GLYCOGÉNIE. s. f., **GLYCOGÉNIQUE.** adj. 2 g. Voy. GLUCOGÉNIE, GLUCOGÉNIQUE.

GLYCOL. s. m. T. Chim.

1. — On a donné le nom de *glycol* à un alcool diatomique dont la formule est CH²OH. CH²OH. Il fut découvert en 1856 par Wurtz, qui, pour l'obtenir, traitait le bromure d'éthylène par l'acétate d'argent et saponifiait par la baryte le produit de la réaction. On prépare aujourd'hui le g. en chauffant le bromure d'éthylène avec un grand excès d'eau, en présence de carbonate de potassium destiné à neutraliser l'acide bromhydrique formé; on évapore et on reprend le résidu par l'alcool absolu qui ne dissout que le g.; celui-ci est ensuite recueilli par distillation fractionnée.

Le g. est un liquide huileux, incolore, inodore, d'une saveur sucrée et alcoolique. Il est soluble en toutes proportions dans l'eau et dans l'alcool, à peu près insoluble dans l'éther. Il bout à 197°. Chauffé à 200° en tubes scellés, il perd une molécule d'eau et donne de l'aldéhyde ordinaire. Traité par le sodium ou par l'éthylate de sodium il se convertit en *g. sodé* CH²OH. CH²ONa et en *g. disodé* (CH²ONa)² ; ces dérivés métalliques, analogues aux éthylates, servent à préparer plusieurs autres dérivés du g. Lorsqu'on fait subir au g. une oxydation lente, par ex. en l'exposant à l'air avec du noir de platine, ses deux fonctions alcool se transforment en fonctions aldéhyde ou acide et l'on obtient successivement : l'aldéhyde glycolique $CH^2OH.CHO$, l'acide glycolique $CH^2OH.CO^2H$, le glyoxal $CHO.CHO$, l'acide glyoxylique $CHO.CO^2H$, enfin l'acide oxalique $CO H.CO^2H$.

Possédant deux fonctions alcooliques, le g. est capable de fournir avec les acides deux sortes d'éthers-sels : les uns mono-acides, répondant à la formule générale $CH^2OH.CH^2R$ (où R désigne un radical univalent d'acide), les autres diacides avec la formule $CH^2R.CH^2R$. Les premiers s'obtiennent facilement en chauffant le g. et les acides; les seconds nécessitent généralement l'emploi des anhydrides ou des chlorures d'acides. Pour nommer ces éthers on adopte la même nomenclature que pour les glycérides (Voy. GLYCÉRINE); ainsi l'on appellera chlorhydrines les deux éthers chlorhydriques; acétines, les éthers acétiques, etc. La mono-chlorhydrine $CH^2OH.CH^2Cl$ peut s'obtenir par l'union directe de l'éthylène et de l'acide hypochloreux; elle est liquide et bout à 128°. La mono-bromhydrine se prépare de même; c'est un liquide épais qui bout à 147°. La di-chlorhydrine est connue sous le nom d'huile des Hollandais. Voy. ÉTHYLÈNE.

Les éthers à radicaux alcooliques sont formés par la combinaison du g. et d'un alcool, avec séparation d'eau. Tels sont la mono-éthyline $CH^2OH.CH^2(OC^2H^5)$ et la di-éthyline $(CH^2)OC^2H^5)^2$. On peut préparer ces éthers-oxydes en faisant réagir les iodures alcooliques sur les dérivés sodés du g.

Deux ou plusieurs molécules de g. peuvent s'unir entre elles en perdant une ou plusieurs molécules d'eau; de là résulte une série de composés appelés alcools poly-éthyléniques, dont le plus simple, l'alcool di-éthylénique, a pour formule $CH^2OH.CH^2.O.CH^2.CH^2OH$. Ces corps, qui tous possèdent deux fonctions alcool, sont des liquides épais, solubles dans l'eau; on les prépare en faisant réagir les dérivés sodés du g. sur la chlorhydrine, ou encore en chauffant le g. avec du bromure d'éthylène.

La mono-chlorhydrine, distillée sur de la potasse sèche, donne naissance à un anhydride du g. Ce composé important, appelé oxyde d'éthylène, peut servir à préparer beaucoup de dérivés du g.; il a été décrit au mot ÉTHYLÈNE.

II. Glycols. — On donne le nom générique de glycol aux alcools diatomiques, c.-à-d. aux corps possédant deux fonctions alcool. Ces composés présentent de nombreuses isoméries, chaque fonction alcoolique pouvant être primaire, secondaire ou tertiaire. Il y a donc lieu de distinguer tout d'abord : les g. bi-primaires ou g. proprement dits, les bi-secondaires appelés iso-g., les bi-tertiaires ou pseudo-g. On emploie quelquefois les préfixes hémi-iso, hémi-pseudo et iso-pseudo pour les autres cas possibles : primaire-secondaire, primaire-tertiaire et secondaire-tertiaire. Lorsqu'on veut indiquer la position relative des deux fonctions alcooliques dans la molécule, on désigne l'un des atomes de carbone possédant une pareille fonction par la notation O, et les carbones suivants par les lettres grecques α, β, γ, δ. Ainsi le composé qui répond à la formule

$$CH^2OH.CH^2.CH^2.CH OH.CH^3$$
$$\text{o} \quad\quad \alpha \quad\quad \beta \quad\quad \gamma$$

est un amyl-glycol γ. Les g. bi-tertiaires ont reçu le nom générique de pinacones. — Dans la nouvelle nomenclature chimique on désigne un glycol par le nom de l'hydrocarbure dont il dérive et l'on ajoute le suffixe diol; les positions des fonctions sont indiquées par des chiffres. Ainsi le glycol ordinaire s'appellera éthane-diol, et le composé dont nous venons de donner la formule portera le nom de pentane-diol 1. 4.

La méthode générale de préparation des g. consiste à partir des dérivés di-chlorés ou di-bromés des hydrocarbures saturés, dans lesquels les deux atomes de chlore ou de brome sont attachés à des carbones différents. Ces dérivés peuvent être considérés comme les éthers chlorhydriques ou bromhydriques du g.; en les traitant par l'acétate de potassium, en solution alcoolique, on obtient les éthers acétiques correspondants, que l'on saponifie ensuite par la potasse. Les g. α peuvent encore se préparer par l'action d'une solution aqueuse de permanganate de potassium sur les hydrocarbures éthyléniques. Les g. bi-secondaires se forment quand on fait réagir l'amalgame de sodium sur les aldéhydes en solution alcoolique. Les pinacones se préparent en hydrogénant les cétones par le sodium ou l'amalgame de sodium en solution aqueuse.

A l'exception des pinacones qui sont solides et cristallisables, les g. sont liquides, avec un point d'ébullition élevé. Leurs propriétés chimiques sont, dans beaucoup de cas, celles que

nous avons citées plus haut pour le glycol ordinaire; ainsi, avec les acides, tous les g. donnent des éthers-sels de deux sortes, les uns mono-acides, les autres di-acides; avec le sodium et les métaux alcalins ils fournissent des dérivés métalliques, que les iodures alcooliques transforment en éthers-oxydes; plusieurs molécules d'un glycol peuvent se souder en perdant de l'eau pour former un alcool poly-éthylénique. Traités par les agents de déshydratation, les différents g. ne se comportent pas de la même façon : un glycol α, suivant qu'il contient ou non une fonction alcool primaire, se transformera en aldéhyde ou en cétone; les pinacones se convertissent en pinacolines; les g. β donnent naissance à des alcools à fonction éthylénique, tels que l'alcool crotonique; enfin, les g. γ fournissent des anhydrides très stables appelés oxydes, qui contiennent le groupe

$$- CH\_CH^2\_CH^2\_CH -$$
$$\text{O}$$

et qui peuvent être considérés comme des dérivés du furfurane; tel est l'oxyde d'amylène

$$CH^2\_CH^2\_CH^2\_CH\_CH^3$$
$$\text{O}$$

qui dérive de l'amyl-glycol γ cité plus haut. Les g. δ donnent des oxydes analogues.

Aux g. α correspondent des anhydrides caractérisés par le groupement

$$- CH\_CH -$$
$$\text{O}$$

Ces composés, qui ont reçu le nom générique d'oxydes d'éthylène, se préparent en distillant sur de la potasse sèche les éthers mono-halogénés des g. α. Ils fixent facilement une molécule d'eau pour régénérer les g. dont ils dérivent. Ils s'unissent directement aux acides et aux anhydrides d'acides en donnant les éthers de ces g. Ils peuvent aussi de l'ammoniaque pour donner des amines-alcools. A l'article ÉTHYLÈNE nous avons déjà parlé du plus simple de ces oxydes.

GLYCOLAMIDE. s. f. T. Chim. Amide de l'acide glycolique. Voy. GLYCOLIQUE.

GLYCOLATE. s. m. T. Chim. Nom générique des sels et des éthers de l'acide glycolique.

GLYCOLIDE. s. m. T. Chim. Anhydride de l'acide glycolique. Voy. GLYCOLIQUE.

GLYCOLINE. s. f. (R. glycol). T. Chim. Base obtenue en distillant la glycérine avec du chlorhydrate d'ammoniaque dans un courant de gaz ammoniac. C'est un liquide à odeur de pyridine, qui bout à 155°. Sa formule est $C^5H^{10}Az^2$.

GLYCOLIQUE. adj. 2 g. (R. glycol). T. Chim. L'aldéhyde glycolique est à la fois aldéhyde et alcool et répond à la formule $CH^2OH.CHO$. On l'obtient à l'état impur, sous la forme d'un liquide sirupeux, lorsqu'on fait agir à froid l'eau de baryte sur le dérivé bromé de l'aldéhyde ordinaire. Traité par la soude étendue, l'aldéhyde g. se polymérise en donnant la tétrose $CH^2OH(CHOH)^2CHO$, matière sucrée analogue à la glucose.

L'acide glycolique $CH^2OH.CO^2H$ est un acide-alcool que l'on rencontre en petite quantité dans les raisins verts, dans les feuilles de la vigne vierge, dans le suint du mouton. Il se forme par l'action des acides azoteux sur le glycocolle, par l'action de l'acide azotique sur l'alcool ordinaire, par l'oxydation ménagée du glycol, du glyoxal, de la glucose, de la lévulose et du sucre. On le prépare en chauffant l'acide chloracétique avec la potasse. — L'acide g. forme des cristaux rhombiques déliquescents, fusibles à 80°, très solubles dans l'eau, l'alcool et l'éther. Il s'unit aux bases en donnant des sels solubles et cristallisables, appelés glycolates. Suivant qu'on éthérifie sa fonction acide ou sa fonction alcool, on obtient des alcools-éthers tels que le glycolate d'éthyle $CH^2OH.CO^2C^2H^5$, ou des acides-éthers tels que l'acide éthyl-glycolique $CH^2OC^2H^5.CO^2H$. L'acide g. peut s'éthérifier lui-même, deux de ses molécules s'unissant entre elles en perdant de l'eau. Cette combinaison donne naissance à deux composés : l'un, appelé acide diglycolique, a pour formule $O(CH^2.CO^2H)^2$ et fonctionne comme acide bibasique et comme éther-oxyde; il cristallise en prismes clinorhombiques fusibles à 150°; l'autre, isomérique avec le précédent, répond à la formule

$$CH^2OH.CO^2(CH^2.CO^2H);$$

il est à la fois alcool, acide et éther-sel ; c'est une poudre amorphe, insoluble, fusible à 130°, que les alcalis transforment en glycolates. — A l'acide g. correspond un anhydride particulier appelé *glycolide*, dont la formule est

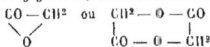

$$\begin{array}{cc} CO-CH^2 & CH^2-O-CO \\ \diagdown O \diagup & \text{ou} \quad | \quad | \\ & CO-O-CH^2 \end{array}$$

Il se forme par l'action de la chaleur sur le chloracétate de potassium et se présente en poudre blanche, neutre au tournesol. Traité par l'eau bouillante il régénère l'acide g. Avec la potasse il donne du glycolate de potassium. — L'*amide* g. ou *glycolamide* CH²OH.CO.AzH² cristallise en octaèdres fusibles à 120° ; elle s'obtient par l'union directe du glycolide et de l'ammoniaque. — Le *nitrile* g. CH²OH.CAz, liquide bouillant à 183°, se produit quand on chauffe à 100° une solution aqueuse d'aldéhyde méthylique et d'acide cyanhydrique.

GLYCOLURIQUE. adj. 2 g. T. Chim. *Acide g.* Synon. d'*Hydantoïque*.

GLYCOLYLURÉE. s. f. T. Chim. Voy. HYDANTOÏNE.

GLYCON, statuaire grec, établi à Rome, auteur de l'*Hercule Farnèse*, qui est aujourd'hui au Musée de Naples. On croit qu'il vivait un peu avant l'ère chrétienne.

GLYCONIQUE. adj. m. T. Versif. anc. Voy. TROCHAÏQUE.

GLYCOSE. s. f. T. Chim. Synonyme de *Glucose*. Voy. ce mot.

GLYCOSINE. s. f. T. Chim. Base qui se forme en même temps que la glyoxaline, quand on chauffe le glyoxal avec une solution concentrée d'ammoniaque. Elle a pour formule C⁶H⁶Az⁴ et se présente en aiguilles blanches très peu solubles dans l'eau ; elle s'unit aux acides pour donner des sels cristallisés.

GLYCOSULFUREUX. adj. T. Ch. *Acide g.* Syncr. d'*iséthionique*.

GLYCOSURIE. s. f. (R. *glucose*, et gr. οὖρεῖν, uriner). T. Méd. Syn. de Diabète sucré. Voy. DIABÈTE.

GLYCURONIQUE. adj. T. Chim. Voy. GLUCURONIQUE.

GLYCYMÈTRE. s. m. (gr. γλυκύς, doux; μέτρον, mesure). Instrument pour mesurer la quantité de sucre dans une liqueur.

GLYCYRRHÉTINE. s. f. [Pr. *gli-sir-rétine*]. T. Chim. Voy. GLYCYRRHIZINE.

GLYCYRRHIZA. s. m. [Pr. *gli-sir-ri-za*] (gr. γλυκύς, sucre; ῥίζα, racine). T. Bot. Nom scientifique du genre *Réglisse*. Voy. LÉGUMINEUSES.

GLYCYRRHIZINE. s. f. [Pr. *gli-sir-rizine*] (gr. γλυκύς, doux; ῥίζα, racine). T. Chim. Principe sucré contenu dans la racine de réglisse. On l'obtient, à l'état de poudre amorphe jaunâtre, en précipitant par l'acide sulfurique étendu l'extrait aqueux de la racine de réglisse. La g., qu'on avait d'abord considérée comme un glucoside, est un sel ammoniacal de l'acide glycyrrhizyque.

L'*acide glycyrrhizique*, qu'on rencontre aussi en grande quantité dans la Fougère douce, s'obtient sous la forme d'une masse amorphe, à saveur sucrée. Il se gonfle dans l'eau froide et forme avec l'eau bouillante une solution visqueuse. C'est un acide tribasique qui décompose les carbonates et qui réduit à chaud la liqueur de Fehling. On lui attribue la formule C⁴⁴H⁶³AzO¹⁸. Il forme avec l'ammoniaque un sel acide C⁴⁴H⁶²(AzH⁴) cristallisable en lamelles, et un sel neutre C⁴⁴H⁶⁰AzO¹⁸(AzH⁴)³, masse gommeuse, très soluble dans l'eau et dans l'alcool. Le glycyrrhizate acide de potassium se dissout dans l'eau bouillante et se prend en gelée par refroidissement; il possède une saveur excessivement sucrée.

L'acide glycyrrhizique, traité à l'ébullition par les acides étendus, se dédouble en donnant un composé appelé *glycyrrhétine*; c'est une poudre cristalline, fusible à 200°, insipide, insoluble dans l'eau, et sans action sur les alcalis.

GLYCYRRHIZIQUE. adj. 2 g. [Pr. *gli-sir-rizique*]. T. Chim. Voy. GLYCYRRHIZINE.

GLYOXAL. s. m. (R. *glycol* et *oxalique*) T. Chim. Le *g.*, qui porte aussi le nom d'*aldéhyde oxalique*, est un composé deux fois aldéhydique et répond à la formule CHO.CHO. Il se forme par l'oxydation ménagée du glycol, de l'alcool et de l'aldéhyde ordinaires. Pour le préparer, on dispose dans une éprouvette trois couches superposées d'acide azotique, d'eau et d'alcool ou d'aldéhyde; au bout de quelques jours on concentre le mélange, on le sature par de la craie et on l'additionne d'alcool, qui précipite du glyoxylate et de l'oxalate de calcium et qui retient le g. en dissolution. Cette solution alcoolique laisse déposer, par évaporation, le g. sous la forme d'une masse incolore, déliquescente, très soluble dans l'eau, l'alcool et l'éther. Le g. se comporte comme une double aldéhyde. Il est réducteur et donne avec les sels d'argent un miroir métallique. Oxydé par l'acide azotique, il donne de l'acide oxalique. Sous l'action de l'hydrogène naissant il donne du glycol. Traité par les alcalis en solution alcoolique il fournit des glycolates. En réagissant sur l'ammoniaque il donne naissance à la glycosine et à la glyoxaline. Avec l'ortho-phénylène-diamine il donne la quinoxaline. Il s'unit à deux molécules d'acide cyanhydrique pour former le di-nitrile tartrique qui, par hydratation, donne de l'acide tartrique. Avec la phénylhydrazine, le g. fournit une di-hydrazone fusible à 170°. Avec l'hydroxylamine il donne une dioxime, la *glyoxime*

$$(CHAzOH)^2$$

fusible à 178°. Les bisulfites de sodium et de calcium forment avec le g. des combinaisons cristallisées, facilement décomposables, dont on se sert pour obtenir le g. à l'état de pureté.

Le *méthylglyoxal* CH³.CO.CHO, qu'on ne connaît qu'à l'état de solution aqueuse, et le *phénylglyoxal* C⁶H⁵.CO.CHO, qui fournit un hydrate fusible à 73°, fonctionnent à la fois comme aldéhyde et comme cétone.

GLYOXALINE. s. f. (R. *glyoxal*). T. Chim. Base répondant à la formule C³H⁴Az² et dérivant du pyrrol par la substitution d'un atome d'azote à l'un des groupes CH. Pour la préparer, on chauffe vers 70° une solution sirupeuse de glyoxal avec 3 volumes d'ammoniaque concentrée; il se dépose de la glycosine, et les eaux mères retiennent la g. que l'on purifie par transformation en oxalate et cristallisation. La g. cristallise en gros prismes nacrés, très solubles dans l'eau, l'alcool et l'éther; elle fond à 89° et bout à 225°. Elle possède une réaction fortement alcaline et se comporte comme une base vis-à-vis des acides et des iodures alcooliques. Elle n'est attaquée ni par les réducteurs ni par l'acide chromique. En s'oxydant sous l'action du permanganate de potasse elle se dédouble en acides formique et carbonique. Le brome la transforme en *tribromoglyoxaline* C³HBr³Az², insoluble dans l'eau froide, très soluble dans l'alcool ; ce dérivé se comporte comme un acide monobasique. — On admet que la g. possède un noyau analogue à celui du pyrazol et que sa constitution est représentée par l'une des formules

$$\begin{array}{c} HC-AzH \\ | \quad \quad \rangle CH \\ HC-Az \end{array} \quad \text{ou} \quad \begin{array}{c} HC=Az \\ | \quad \quad \rangle CH^2. \\ HC=Az \end{array}$$

Glyoxalines substituées. — Les dérivés de substitution, dans lesquels un ou plusieurs atomes d'hydrogène sont remplacés par des radicaux, s'appellent aussi *glyoxalines*. Pour distinguer les isomères, on indique habituellement, par le préfixe *méso* et par les lettres grecques α et β, la position du radical substitué dans la formule

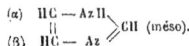

$$\begin{array}{c} (\alpha) \quad HC-AzH \\ \quad \quad \quad \| \quad \quad \rangle CH \ (\text{méso}). \\ (\beta) \quad HC-Az \end{array}$$

Ces dérivés sont des bases assez fortes, généralement cristallisables, ressemblant beaucoup aux alcaloïdes naturels. De même que la g. ordinaire, ils s'unissent à un équivalent d'acide énergique, se combinent avec 1 et 2 molécules des iodures alcooliques et peuvent fournir des dérivés tribromés jouant le rôle d'acides.

Les glyoxalines substituées dans les chaînons CH s'obtiennent, en général, par l'action des aldéhydes et de l'ammoniaque sur les α-dicétones ou sur les di-aldéhydes contenant le groupe -CO-CO-. Les méso-glyoxalines se préparent en faisant agir l'ammoniaque sur un mélange de glyoxal et d'une aldéhyde grasse; c'est ainsi qu'avec l'aldéhyde ordinaire on obtient une *méthyl-glyoxaline* $C^3H^3(CH^3)Az^2$ en aiguilles brillantes, qui bout à 137°. Les glyoxalines substituées en α et en β se préparent de même en remplaçant le glyoxal par les α dicétones. Le biacétyle avec l'aldéhyde ordinaire donne la *triméthyl-glyoxaline* $C^3H(CH^3)^3Az^2$ qui fond à 183° et bout à 271°. Le benzile avec l'aldéhyde benzoïque fournit une triphényl-g., connue sous le nom de *lophine*, qui cristallise en longues aiguilles, fusibles à 275°, peu solubles dans l'alcool.

Quant aux glyoxalines substituées dans le groupe AzH, on les obtient en faisant agir le perchlorure de phosphore sur les dérivés deux fois substitués de l'oxamide et en réduisant à chaud le composé chloré qui s'est formé. La diméthyl-oxamide fournit ainsi une *méthyl-glyoxaline*, base à odeur forte qui bout à 198° et que la chaleur transforme en son isomère méso, cité plus haut.

Les *hydro-glyoxalines* sont des composés plus ou moins saturés correspondant aux glyoxalines. La *tétrahydro-g.* $C^3H^8Az^2$ résulte de la combinaison de l'aldéhyde avec l'éthylène-diamine. L'*amarine* $C^3H^3(C^6H^5)^3Az^2$ est une triphényl-dihydro-g. qu'on obtient par l'action de la chaleur sur l'hydrobenzamide. Elle est insoluble dans l'eau, soluble dans l'alcool bouillant et dans l'éther. Elle a une saveur presque insensible d'abord, puis amère. Elle fond à 113°. C'est une base assez énergique, s'unissant à un équivalent d'acide pour donner des sels cristallisés. La chaleur la transforme en lophine.

La *benzo-glyoxaline* peut être considérée comme de la naphtaline dans laquelle un noyau benzénique serait remplacé par un noyau de g.

GLYOXYLINE. s. f. Chim. Matière explosive formée de nitroglycérine, de salpêtre et de fulmi-coton.

GLYOXYLIQUE. adj. 2 g. (R. *glyoxal*). T. Chim. L'*acide g.* est à la fois acide et aldéhyde, comme le montre sa formule $CO^2H.CHO$. On le rencontre dans beaucoup de fruits avant leur maturité. Il se produit quand on chauffe l'acide di-chloracétique avec de l'eau. On l'obtient aussi, en même temps que le glyoxal, par l'oxydation lente de l'alcool sous l'action de l'acide azotique. Il est très soluble dans l'eau, avec laquelle il forme un sirop épais, d'où il cristallise en prismes rhombiques retenant une molécule d'eau. Il présente les réactions des aldéhydes et des acides. Il forme des combinaisons cristallisées avec la phénylhydrazine et avec les bisulfites alcalins. Réduit par l'hydrogène naissant, il se convertit en acide glycolique. Par oxydation il donne de l'acide oxalique. Chauffé avec la potasse aqueuse ou avec l'eau de chaux, il fixe de l'eau en donnant un glycolate et un oxalate. En le combinant à l'acide cyanhydrique et faisant bouillir le produit avec de l'eau de baryte on obtient de l'acide tartronique.

GLYPHE. s. f. (gr. γλύφω, je grave). T. Architect. Petit canal creusé en demi-rond ou en angle dans certaines moulures. Voy. ARCHITECTURE et ONDRE.

GLYPTIQUE. s. f. (g. γλυπτός, sculpté). T. B.-Arts. — Si l'on ne consultait que son étymologie, la *Glyptique* serait l'art de la gravure en général, mais ce mot est employé dans un sens plus restreint et désigne la gravure sur pierres fines. On le donne aussi à l'art de graver sur acier les coins destinés à la frappe des médailles.

I. — On peut graver sur toute espèce de pierres, mais on choisit de préférence celles qui ont une grande dureté, parce qu'elles se prêtent plus sûrement à la finesse et à la délicatesse des traits. Les plus employées sont le rubis, la topaze, l'émeraude, l'aigue-marine, l'améthyste, le cristal de roche, et surtout les diverses espèces de quartz agate. On fait encore usage du corail, de plusieurs coquillages, et de diverses pâtes artificielles qui imitent les pierres fines. Dans tous les cas, l'artiste commence par modeler en cire sur un fragment d'ardoise les figures qu'il veut graver; puis, prenant la pierre dont il a fait choix, il la monte à l'extrémité d'une petite poignée de bois. Alors commence le travail de la gravure. Il se sert pour cela d'une espèce de tour, nommé *touret*, qui consiste en une petite roue d'acier mise en mouvement par une grande roue de bois que l'on fait aller avec le pied. Sur la petite roue sont montés de petits outils de fer doux ou de cuivre jaune, dont les uns, dits *bouterolles*, se terminent par un petit bouton arrondi, tandis que les autres, appelés *scies*, ont une tête en forme de clou tranchante sur ses bords. L'artiste saisit de la main gauche la poignée qui porte la pierre, approche cette dernière de l'outil mis en mouvement par le

touret, et, de la main droite, met de temps en temps, sur le point où agit l'instrument, un peu de poudre de diamant délayée dans de l'huile d'olive. Sous l'action de cette poudre, l'outil entame et use successivement toutes les parties qui doivent être en creux. Quand la gravure est terminée, on polit la pierre avec du tripoli sur une roue garnie de brosses de poil de cochon.

II. — Les pierres gravées forment deux grandes classes. On appelle *Intailles* celles dont les dessins sont en creux, et *Camées* celles qui sont gravées en relief. Les unes et les autres se nomment *Cabochons*, quand leur surface est convexe, c.-à-d. bombée. Les intailles servent ordinairement de cachet, tandis que les camées sont particulièrement destinés à orner les objets de bijouterie et de joaillerie. En outre, les camées se font souvent avec des pierres à plusieurs couches diversement colorées, parce qu'elles permettent d'obtenir des effets particuliers. Quand la pierre a deux couches, on taille ordinairement les figures dans la partie blanche, et l'on réserve la partie plus ou moins foncée pour le fond. Lorsqu'elle en offre un plus grand nombre, il est souvent possible, si l'on a un buste à reproduire, de donner aux cheveux, aux chairs, à la barbe et aux vêtements des couleurs variées de la manière la plus agréable. D'ailleurs, l'artiste peut en général, par des épaisseurs ménagées adroitement, rembrunir ou adoucir les teintes naturelles. Enfin, aujourd'hui on se sert quelquefois de certains acides pour accélérer le travail.

III. — La g. passe pour avoir pris naissance en Égypte. Néanmoins c'est seulement chez les Grecs et les Romains, surtout chez les premiers, qu'elle a été portée au plus haut degré de perfection. L'usage des pierres gravées était général chez les anciens. Ils se servaient des camées pour orner les vêtements, les bijoux et les meubles précieux. Les intailles, au contraire, étaient employées en guise de cachets, et se montaient habituellement en anneaux. Les Grecs donnaient le nom de *dactylioglyphes* aux graveurs d'intailles qui avaient cette dernière destination. Parmi les pierres gravées (intailles), les plus célèbres de l'art antique qui sont parvenues jusqu'à nous, nous citerons le *Démosthène*, le *Mécène*, le *Persée* et le *Mercure* du graveur Dioscoride, le *Taureau* d'Hyllus, l'*Achille jouant de lyre* de Pamphile, la *Méduse* de Solon, la *Julie* d'Évodus, la *Mécène* d'Aspasius, et l'intaille connue sous le nom de *cachet de Michel-Ange*, parce qu'elle a servi de cachet à l'illustre artiste. Nous dirons cependant que l'on conteste l'antiquité de cette pierre. Au nombre des camées antiques les plus précieux, nous nous contenterons de mentionner l'*Apothéose d'Auguste*, qui fait partie du cabinet des médailles de la Bibliothèque nationale de Paris, et la pierre de même nom qui se trouve à Vienne dans les collections de l'empereur d'Autriche. Ces deux camées sont sur sardoine à trois couches. Le premier est vulgairement appelé *Agate de la sainte Chapelle*, parce qu'il a longtemps figuré dans le trésor de cette église.

Parmi les pierres antiques, il en est plusieurs qui ont reçu des dénominations spéciales, presque toujours tirées de quelque particularité de forme ou de la nature des sujets représentés, et abstraction faite de tout système de gravure. Ainsi, on appelle *Grylli*, celles qui offrent des sujets grotesques; *Caprices*, celles dont les figures sont groupées d'une manière bizarre; *Chimères*, celles dont les sujets sont de pure invention et résultent, par ex., de l'association de parties empruntées à des animaux différents; et *Astrifères*, celles où des astres sont figurés. Les *Scarabées* ressemblent à l'insecte de ce nom posé sur une base unie; les pierres de cette espèce appartiennent presque toutes à l'art égyptien, et sont considérées comme les plus anciens produits de la g. Nous avons parlé ailleurs des *Abraxas* ou pierres basilidiennes. Quant aux *Cylindres*, que l'analogie de matière, de volume et de travail fait ordinairement joindre aux pierres gravées, ce sont en effet de petits cylindres longs de 2 à 8 centimètres, sur un diamètre de quelques millimètres, qui sont percés d'outre en outre dans le sens de la longueur, et couverts de figures ou d'inscriptions. On les trouve en Perse, en Égypte, et dans l'Asie Mineure, et ils passent pour avoir servi d'amulettes.

IV. — La g. disparut à peu près complètement sous l'empire romain, mais elle se releva au XVe siècle en Italie. Elle fut alors cultivée avec le plus grand succès par deux artistes éminents, Jean et Dominique de Milan, plus connus sous les noms de Jean des Cornalines et de Dominique des Camées, parce que le premier se livrait à la gravure en creux, et le second à la gravure en relief. Cet art fut importé en France par Matteo del Nassaro, qui vint à Paris à la suite de François Ier. Parmi les artistes nationaux, Coldoré, que l'on croit être le même que Julien de Fontenay, et qui vivait sous Louis XIII, est le premier qui ait produit des œuvres d'un mérite supérieur. La gravure sur pierres dures est aujourd'hui pratiquée dans toutes les parties de l'Europe, mais ses produits sont en général moins des œuvres d'art que des objets de commerce.

Il existe, en Europe, un assez grand nombre de collections de pierres gravées. La plus riche et la plus précieuse est celle de Paris. Celles de Vienne, de Saint-Pétersbourg, de Londres, de Munich, sont aussi très remarquables. Quant aux ouvrages qui traitent de la science et de l'art de la g., les plus importants sont ceux de Vettori, de Natter, de Mariette et de Millin. Le beau recueil intitulé *Trésor de numismatique et de glyptique*, est précieux pour l'exactitude et le fini des figures.

GLYPTODONTES. s. m. pl. (gr. γλυπτός, sculpté; ὀδούς, ὀδόντος, dent). — Les Glyptodontes forment un sous-ordre d'*Edentés* fossiles renfermant des animaux de très grande taille. Leur corps était recouvert par une carapace osseuse, composée de petites plaques dermiques de forme polygonale; leur surface externe était ornée de petits tubercules disséminés sans ordre ou disposés en lignes régulières. Ces plaques, qui étaient libres pendant la jeunesse, se soudaient entre elles à l'âge adulte et formaient alors un véritable toit à l'animal. Des plaques osseuses semblables se voyaient sur le haut de la tête et autour de la queue où elles formaient un

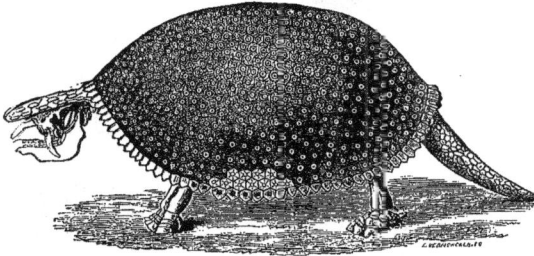

étui continu ou bien une série d'anneaux séparés par les régions molles.

Le crâne de ces animaux était remarquable par sa brièveté et surtout par une longue apophyse, qui partait de l'apophyse zygomatique et se dirigeait en bas. Les dents, au nombre de seize à chaque mâchoire, présentaient des cannelures longitudinales plus ou moins profondes sur leurs deux faces; caractère qui a valu à ces animaux le nom qu'on leur a donné. Enfin, la plupart des vertèbres étaient intimement soudées entre elles, transformant la colonne vertébrale en une tige solide.

Les G. ont apparu dès le commencement du tertiaire en Amérique, où l'on trouve leurs restes, mais ils ne sont devenus très abondants que pendant l'époque quaternaire; cette dernière époque a vu, du reste, leur essor et leur déclin, car on n'en trouve plus de vivants aujourd'hui. Les G. renferment plusieurs genres qui ne diffèrent entre eux que par des caractères peu importants : *Glyptodon, Thoracophorus, Panochtus, Hoplophorus.*

Le *Glyptodon réticulé* (G. *reticulatus*) que l'on trouve dans les pampas des environs de Buenos-Ayres, ressemblait à un Tatou de taille gigantesque, puisqu'il avait près de 3 mètres de long. Ses dents avaient leur surface externe creusée de deux profonds sillons qui les divisaient en trois lobes. Ses membres postérieurs étaient remarquables par leur forme, les os du métatarse étant longs et massifs, tandis que les phalanges étaient courtes et aplaties. Son corps était protégé par une cuirasse solide, composée de pièces innombrables unies par des sutures dentées : du côté interne, ces pièces paraissaient hexagonales, mais vues du côté externe, elles offrent l'aspect d'une mosaïque de rosettes. La Fig ci-dessus représente la restauration du squelette de Glyptodonte.

Le genre *Panochtus* différait du précédent par la présence d'une longue queue enfermée dans un tube osseux complètement formé. Nous le citons surtout pour indiquer que certaines espèces, appartenant à ce genre, atteignaient la taille d'un Rhinocéros. Voy. ÉDENTÉS.

GLYPTOGRAPHE. s. m. Graveur sur pierres fines, graveur des coins de médailles. || Personne s'occupant de glyptographie.

GLYPTOGRAPHIE. s. f. (gr. γλυπτός, gravé; γράφω, je décris). La connaissance des pierres gravées. *La g. est aux pierres gravées ce que la numismatique est aux médailles.*

GLYPTOLOGIE. s. f. (gr. γλυπτός, gravé; λόγος, discours). Traité sur les pierres gravées antiques.

GLYPTOTHÈQUE. s. f. (gr. γλυπτός, gravé; θήκη, dépôt). Lieu, édifice où l'on conserve une collection de pierres gravées ou de sculptures. *La g. de Munich.*

GMELINA. s. m. (R. *Gmelin*, n. d'un naturaliste all.). T. Bot. Genre de plantes Dicotylédones de la famille des *Verbénacées.* Voy. ce mot.

GMELINITE. s. f. (R. *Gmelin*, n. d'un naturaliste all.). T. Minér. Silicate hydraté d'alumine et de chaux, avec un peu de soude et de potasse. En cristaux rhomboédriques d'un blanc jaunâtre ou rougeâtre.

GNACARE. s. f. [Pr. *gn* mouillés]. Sorte de cymbale.

GNAF. s. m. [Pr. *gn* mouillés]. (Onomatopée). Pop. Savetier.

GNAN-GNAN. s. 2 g. [Pr. *gn* mouillés] (Onomatopée). T. Pop. Personne qui geint quand il faut faire un effort. || Adject. *Une femme gnan-gnan.*

GNAPHALE. s. m. [Pr. *ghnafale, gn* dur] (gr. γνάφαλιον, laine, bourre). T. Bot. Genre de plantes Dicotylédones (*Gnaphalium*) de la famille des *Composées.* Voy. ce mot.

GNARI KHORSOUM, partie occidentale du Tibet chinois.

GNATHIDES. s. f. pl. [Pr. *ghnatide, gn* dur] (gr. γνάθος, mâchoire). Branche de la mandibule des insectes.

GNATHIDIE. s. f. [Pr. *ghna..., gn* dur] (gr. γνάθος, mâchoire). T. Zool. Chacune des branches de la mâchoire inférieure des oiseaux.

GNATHODONTE. adj. 2 g. [Pr. *ghna..., gn* dur] (gr. γνάθος, mâchoire; ὀδούς, dent). T. Zool. Dont les dents sont implantées dans l'épaisseur des mâchoires.

GNATHOTHÈQUE. s. f. [Pr. *ghna..., gn* dur] (gr. γνάθος, mâchoire; θήκη, loge). T. Zool. Tégument de la mâchoire inférieure des oiseaux.

GNEISS. s. m. [Pr. *ghnès, gn* dur] (mot emprunté de l'all.). T. Minér. C'est une roche essentiellement composée de feldspath lamellaire ou grenu et de mica en paillettes. Sa structure est toujours plus ou moins feuilletée. Outre ces substances, le g. contient fort souvent du quartz, du talc ou du graphite : il en résulte trois variétés distinctes de g. que l'on nomme G. *quartzeux, talqueux* et *graphiteux.* Lorsque les cristaux de feldspath sont très apparents, le g. reçoit le nom de G. *porphyroïde.* Les g. peuvent encore, mais accidentellement, renfermer des tourmalines, des grenats et différents métaux, tels que le fer et le molybdène, qui y sont disséminés. — Considérés sous le point de vue géologique, les g. forment de vastes systèmes de terrains dont la stratification est toujours distincte, et qui renferment un grand nombre de filons, les uns métallifères, les autres d'origine ignée. Ces gneiss reposent ordinairement sur les granits.

GNEISSEUX, EUSE. adj. [Pr. *ghnè-seu, gn* dur]. Qui appartient au gneiss, qui a le caractère du gneiss.

GNÉTACÉES. s. f. pl. [Pr. *ghné-tacé, gn* dur] (R. *gnetum*). T. Bot. Famille de végétaux de la classe des Gymnospermes. *Caract. bot. :* Appareil végétatif très variable suivant les genres. Tantôt arbrisseaux dépourvus de feuilles vertes, à port de Prèles (*Ephedra*); tantôt plantes ligneuses volubiles, à feuilles opposées (*Gnetum*); enfin, la *Welwitschia mirabilis* n'a que 2 larges feuilles vertes, opposées, sessiles, persistantes, croissant indéfiniment et pouvant ainsi acquérir des

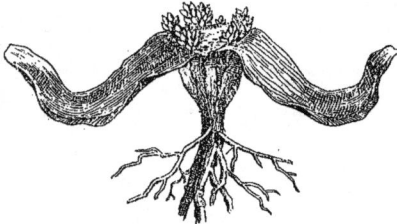

Fig. 1.

dimensions énormes; la tige demeure très courte, mais elle s'épaissit beaucoup et se termine, au-dessus des 2 feuilles, par une sorte de plateau creusé au milieu en forme d'entonnoir; elle se prolonge dans la terre par une grosse racine tuberculeuse (Fig. 1).

Fleurs unisexuées, monoïques ou dioïques (*Ephedra*), groupées en épis, ou disposées en grappes qui peuvent atteindre 30 centimètres de hauteur (*Welwitschia*). Dans les *Ephedra*, les fleurs mâles sont solitaires à l'aisselle de la bractée mère; elles comprennent 2 bractées médianes soudées et un certain nombre de petites étamines, tantôt 2, tantôt 6, tantôt 8 ou 2 verticilles de 4; déhiscence poricide. Dans les *Gnetum*, grand nombre de fleurs mâles à l'aisselle de chaque bractée, avec 2 étamines à chaque fleur. Dans les *Welwitschia*, fleur mâle solitaire avec 2 paires de bractées en croix et 6 étamines monadelphes à 3 sacs polliniques; au centre, un ovule unitégumenté avortant toujours de bonne heure. Fleurs femelles nues à l'aisselle d'une bractée; elles sont constituées par 2 écailles latérales, concrescentes sur les

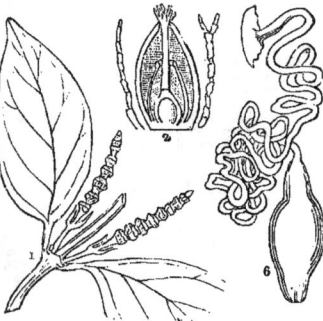

Fig. 2.

deux bords en forme de bouteille; à la base de cette écaille et sur sa face interne, est inséré un ovule orthotrope à un tégument qui se termine en un tube micropylaire, traversant l'ouverture du sac et se dilatant en entonnoir à l'extrémité. Dans les *Gnetum*, l'ovule a deux téguments; l'interne se prolonge en tube micropylaire. Le fruit est un akène ou une samare (*Welwitschia*). Dans les *Ephedra* et les *Gnetum*, il est enveloppé par les bractées qui deviennent charnues. Dans la *Welwitschia*, l'épi femelle forme un cône qui se colore en rouge à la maturité. Graine pourvue d'un endosperme charnu; embryon à deux cotylédons, attaché à un très long suspenseur enroulé en spirale.

[Fig. 1. — *Welwitschia mirabilis*. — Fig. 2. — 1. *Gne-*

tum gnemon; 2. Coupe d'un ovule; 6. Embryon isolé avec son suspenseur spiralé. — Fig. 3. — 3. *Gnetum brunonianum*; Anneau de fleurs mâles et de fleurs femelles; 4 Fleur mâle; 5. Fleur femelle, coupée perpendiculairement; 7. Coupe du bois du *Gnetum gnemon* avec fibrus aréolées].

Cette famille ne renferme que les 3 genres *Ephedra*, *Gnetum* et *Welwitschia* avec une quinzaine d'espèces. Le genre *Gnetum* appartient à l'Asie et à l'Amérique tropicales,

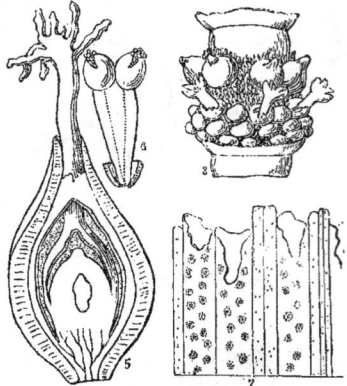

Fig. 3.

le genre *Ephedra* se trouve en Europe et dans les autres régions tempérées. La *Welwitschia mirabilis* croît sur la côte sud-ouest de l'Afrique. On ne connaît à l'état fossile que deux *Ephedra* tertiaires, dont l'un a été trouvé avec des fleurs dans le succin.

L'intérieur du péricarpe du *Gnetum urens* est tapissé de poils piquants. On mange ses graines, et sa tige laisse exsuder une sorte de gomme transparente. Lorsqu'on incise son écorce, elle fournit en abondance une eau limpide et insipide, que l'on peut boire. Dans l'île d'Amboine, on mange les graines du *Gn. gnemon*, après les avoir fait bouillir, rôtir ou frire. Ses feuilles vertes s'emploient en guise d'épinards; mais elles sont tout à fait insipides. Les branches et les fleurs des *Ephedra* de l'Asie s'employaient autrefois comme astringentes : on les vendait dans les officines sous le nom de *Chatons de Raisin de mer*. Leur fruit est, dit-on, mucilagineux et légèrement acide.

GNETUM. s. m. [Pr. *ghné-tome*, *gn* dur]. T. Bot. Genre de plantes Gymnospermes de la famille des *Gnétacées*. Voy. ce mot.

GNIAF. s. m. Voy. GNAF.

GNIDE ou **GNIDUS**, ancienne ville de Carie, en Asie Mineure, célèbre par son temple de Vénus. Elle possédait la fameuse statue d'Aphrodite par Praxitèle.

GNIDIE. s. f. [Pr. *ghni-di*, *gn* dur]. T. Bot. Genre de plantes Dicotylédones (*Gnidia*) de la famille des *Thyméléacées*. Voy. ce mot.

GNOGNOTTE. T. Pop. [Pr. *gn* mouillés]. Chose de peu de valeur. *C'est de la g.*

GNOLE s. f. et **GNON**. s. m. [Pr. *gn* mouillés]. T. Pop. Éraflure que reçoit une toupie d'une autre toupie qui tourne. || Par ext., Coup, éraflure, qui laisse une marque sur une personne ou sur une chose.

GNOME. s. f. [Pr. *ghnôme*, *gn* dur] (gr. γνώμη, sentence) Nom qu'on donne aux sentences des anciens sages et philosophes de la Grèce.

GNOME. s. m. [Pr. *ghnôme*, *gn* dur]. Les *Gnomes*, dont le nom vient vraisemblablement du gr. γνώμη, connaissance, esprit, sont, selon les cabalistes, des génies qui habitent l'intérieur de la terre. Leur fonction consiste à garder les mines d'or, les pierres précieuses et les trésors enfouis. Ils sont forts laids et de très petite stature mais leurs femmes, appelées *Gnomides*, sont au contraire d'une ravissante beauté, bien que de la taille la plus exiguë. Au reste, les uns et les autres ont un naturel doux et ont un caractère bienfaisant. Les cabalistes prétendent encore qu'à chaque être, depuis les animaux jusqu'aux fleurs, est attaché un g. ou une gnomide. Dès qu'un animal ou une plante meurt, c'est que son g. s'en est allé.

GNOMIDE. s. f. [Pr. *ghnômide*, gn dur]. Femelle d'un gnome.

GNOMIQUE. adj. 2 g. [Pr. *ghnômike*, gn dur] (gr. γνωμικός, m. s., de γνώμη, sentence). On désigne sous le nom de *Gnomiques*, les poètes grecs dont les œuvres, ou du moins les fragments que nous en possédons se composent principalement de sentences, de préceptes ou de réflexions morales. Les plus célèbres de ces poètes sont Théognis, Solon et Pythagore, qui vivaient au VIᵉ siècle avant notre ère. Après eux viennent Phocylide et Cléanthe. Enfin, on y joint parfois les lyriques Tyrtée et Simonide, et même Hésiode. ‒ **Gnomique.** s. f. Forme particulière de philosophie qui fleurit surtout au VIᵉ siècle avant J.-C., et qui est comme la première ébauche de la morale.

GNOMON. s. m. [Pr. *ghnômon*, gn dur] (gr. γνώμων, indicateur, d'un rad. γνο, qu'on retrouve dans γιγνώσκω, et dans le lat. *cognosco*, je connais). T. Ast. Le *G.* proprement dit est un instrument qui sert à mesurer la longueur de l'ombre projetée par le soleil, et par suite à déterminer la hauteur de cet astre. — Soit A le sommet d'un style, d'une colonne, ou d'un pilier vertical AB, dont on connaît exactement la hauteur au-dessus du plan horizontal. Un rayon de lumière solaire se propageant dans la direction SA, touchera le sol en C, et la longueur de l'ombre projetée par le g. sera BC. Or, comme on peut mesurer exactement la longueur de BC, comme on outre on connaît AB et que l'on sait que l'angle B est un angle droit, il est facile de trouver par les règles de la trigonométrie plane l'angle ACB ou la hauteur du soleil.

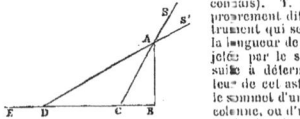

On a :

$$\text{tg ACB} = \frac{A l}{Bl}.$$

Supposons que l'angle SCB ainsi trouvé soit la hauteur du soleil à midi le jour du solstice d'été, et que S'DB soit la hauteur de cet astre le jour du solstice d'hiver, la différence entre ces deux hauteurs représentera le double de la déclinaison solaire à chacun des solstices, et la moitié de cette différence représentera l'obliquité de l'écliptique, qui est égale à la plus grande déclinaison du soleil. Or, quand on connaît à la fois la déclinaison et la hauteur méridienne du soleil pour un lieu donné, la latitude de ce lieu se trouve également déterminée. C'est par ce procédé que Pythéas, qui vivait à l'époque d'Alexandre le Grand, trouva qu'à Marseille, le jour du solstice d'été, la hauteur du g. était à la longueur de son ombre comme 120 est à 41 4/5; d'où l'on conclut que l'on quité de l'écliptique était à cette époque d'environ 23° 49'. Il est probable que le g. est le premier instrument astronomique qui ait été inventé. On sait qu'il était en usage chez les Égyptiens, chez les Chinois et même chez les Péruviens. Plusieurs savants pensent que certains obélisques d'Égypte étaient destinés à servir de gnomons. — Quoi qu'il en soit, les observations faites avec le g. ne peuvent donner la hauteur du soleil avec une exactitude suffisante. L'ombre n'est jamais assez nettement déterminée pour qu'on puisse préciser ses limites avec la rigueur qu'exige l'astronomie moderne. On a essayé de remédier à cet inconvénient en plaçant au sommet du g. une plaque percée d'un trou circulaire, par lequel l'image du soleil est projetée sur la méridienne; mais on a encore une pénombre considérable. En outre, il est encore indispensable de corriger l'observation de la parallaxe, de la réfraction et du demi-diamètre du soleil, éléments qu'on ne peut déterminer

qu'au moyen d'instruments de beaucoup supérieurs au g. Le g. le plus haut dont l'histoire fasse mention, est celui que l'astronome Oulong-Beg fit élever à Samarcand, vers 1437 : il avait 53ᵐ,60 de hauteur.

GNOMONIQUE. s. f. [Pr. *ghnômonike*, gn dur] (R. *gnomon*). Art de tracer des cadrans solaires sur un plan ou sur la surface d'un corps donné quelconque. || Adject. 2 g. Relatif aux gnomons.

Ast. — On appelle *Cadran solaire*, une surface sur laquelle l'ombre projetée par une verge métallique indique l'heure par sa coïncidence avec des lignes qui y sont tracées. Cette verge se nomme *Style* ou *Gnomon*; les lignes sont appelées *Lignes horaires.* Enfin, on donne le nom de *G.* à la science qui enseigne à construire ce genre d'instrument.

Lorsqu'on établit un cadran solaire, on se propose de déterminer, au moyen de l'ombre projetée par le soleil, la distance à laquelle cet astre se trouve de la méridienne, à un instant quelconque de la journée. Cette distance comme, l'heure est également connue, en supposant toutefois que le mouvement apparent de l'astre est parfaitement uniforme et s'exécute dans un cercle exactement parallèle à l'équateur. Ces deux conditions ne sont, il est vrai, jamais rigoureusement remplies, mais l'erreur qui en résulte n'est pas considérable. D'ailleurs il n'est pas nécessaire que l'instrument donne l'heure avec une précision astronomique, une indication approximative suffisant pour les usages ordinaires de la vie civile.

On trace ordinairement les cadrans solaires sur une surface immobile, mais ce tracé admet un très grand nombre de constructions différentes, selon la nature de la surface et sa position relativement à l'équateur terrestre. Néanmoins les principes généraux restent constamment les mêmes et sont fondés sur les éléments les plus simples de la géométrie et de l'astronomie. — Le *style* ou *gnomon*, qui consiste le plus souvent en une verge de métal, ou en une lame métallique mince, doit être dirigé perpendiculairement à l'équateur terrestre. Dans cette direction, on peut le considérer, à cause de la petitesse du diamètre de la terre en comparaison de la distance de notre planète au soleil, comme coïncidant avec l'axe de rotation diurne. Par conséquent, le plan qui passe par le style et par l'ombre qu'il projette sur la surface environnante, et qui passe toujours par le centre du soleil, sera un *plan horaire*, lequel tournera avec le soleil à mesure que celui-ci tournera autour du style par l'effet du mouvement diurne. Ainsi donc, une fois le style fixé comme nous venons de le dire, il ne reste plus qu'à découvrir et à tracer, pour chacune des différentes heures de la journée, les intersections de ce plan horaire variable avec la surface sur laquelle on veut construire le cadran. Ces intersections varient, l'ombre du style viendra chaque jour se projeter sur chacune d'elles à la même heure, attendu qu'à la même heure le soleil doit toujours revenir au même plan horaire, quelle que soit sa distance de l'équateur. — D'après ces considérations, il est évident que toute la théorie de la g. est comprise dans la solution de ce problème général : « Douze plans s'entrecoupant tous sur la même ligne droite et faisant entre eux des angles consécutifs égaux de 15°, étant donnés en position, trouver les intersections de ces plans avec une surface quelconque, dont la position et la forme sont également données. » La surface qui coupe tous les plans horaires peut être plane ou présenter une courbure quelconque; mais en général, pour rendre la solution du problème plus aisée, on préfère une surface plane; et lorsque sa position relativement à l'intersection commune des plans horaires (qui est le style du cadran) est à l'un quelconque de ces plans est donnée, les *traces* ou intersections, qui dans ce cas sont toutes des lignes droites, forment sur le cadran les lignes horaires, lignes qui se déterminent aisément par les règles ordinaires de la géométrie et de la trigonométrie.

Les cadrans solaires sont dits *horizontaux*, *verticaux* ou *inclinés*, suivant la position de leur plan relativement à celui de l'horizon. — Le cas le plus simple de tous est celui dans lequel le plan du cadran est parallèle à l'axe de la terre (ou passe par ses pôles) et perpendiculaire au méridien du lieu. Le style est également parallèle au plan du cadran (Fig. 1), et les lignes horaires sont des lignes droites parallèles, dont les distances du méridien, ou de la ligne de midi, sont respectivement proportionnelles aux tangentes des angles que les plans horaires font avec celui du méridien. Soit *d* la plus courte distance du style au plan du cadran; alors la distance de la ligne horaire de XI heures ou de I heure sera égale à *d* × tang 15°; la distance des lignes horaires de X et de II heures sera égale à *d* × tang 30°; celle des lignes de IX et de III sera *d* × tang 45°, et ainsi de suite, la ligne horaire de midi ou de XII heures étant l'intersection du plan du méridien, dans lequel le style est avec le plan du cadran. C'est ce qu'on appelle un *Cadran polaire*. La Fig. 1 montre, sans qu'il soit besoin de longues explications, comment on peut construire un pareil cadran. On trace d'abord le cercle représenté en ligne ponctuée avec un rayon égal à la distance du style au plan du cadran; puis on mène la tangente à ce cercle, et les rayons faisant des angles de 15°; ces rayons dé-

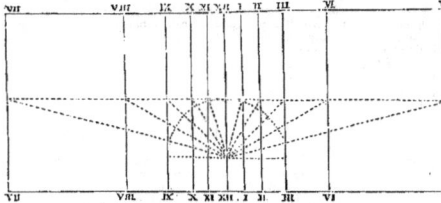

Fig. 1.

terminent, par leur intersection avec la tangente un point de chacune des lignes horaires.

Après le cadran polaire, le plus simple est le *Cadran équinoxial*, qui est tracé sur un plan parallèle à l'équateur, c.-à-d. perpendiculaire au style. Sur ce plan, les plans faisant des angles de 15° se coupent suivant des lignes droites également inclinées les unes sur les autres, de sorte que les lignes horaires sont des droites menées du pied du style et faisant les unes avec les autres des angles successifs de 15°. Mais la construction la plus usitée est celle dans laquelle le plan du cadran est parallèle à l'horizon, et par conséquent fait avec le style un angle égal à la latitude du lieu. C'est le *Cadran horizontal* (Fig. 2). À l'équateur, il se confond avec le cadran polaire que nous venons de décrire; mais partout ailleurs les lignes horaires s'entrecoupent l'une l'autre au point où le style coupe le plan du cadran, point auquel on

Fig. 2.   Fig. 3.

donne le nom de *centre*, et les angles qu'elles font l'une avec l'autre ou avec la ligne de midi dépendent de la latitude. On calcule leurs positions respectives d'après ce théorème : la tangente de l'heure à partir de midi (en comptant 15° par l'heure) est à la tangente de l'angle horaire au centre, comme le rayon est au sinus de la latitude. Si l'on représente par *h* l'heure à partir de midi, par *l* la latitude du lieu, et par *x* l'angle horaire au centre du cadran, la formule pour calculer les lignes horaires sera

$$\text{tang } x = \text{tang } h \sin l,$$

le rayon étant l'unité.

Après les cadrans horizontaux, la construction la plus usitée est celle dans laquelle le plan du cadran est *vertical*, par ex., lorsqu'il est fixé sur le mur d'une maison. Dans ce cas, les positions des différentes lignes horaires dépendent de la latitude du lieu et de la position du cadran relativement au méridien. Lorsque le cadran est perpendiculaire au méridien, on l'appelle *Cadran méridional* ou *Cadran septentrional*, selon qu'il regarde le sud ou le nord (la Fig. 3 représente un cadran vertical méridional). Lorsque, au contraire, le cadran vertical n'est pas perpendiculaire au méridien, on dit qu'il est *déclinant*. La formule pour le tracé des lignes horaires du cadran vertical méridional ne diffère de celle du cadran horizontal qu'en ce que le sinus de la latitude se change en

cosinus : substitution qui se conçoit aisément, quand on considère que le plan du cadran, en passant de la direction horizontale à la direction verticale sud, conserve absolument la même inclinaison par rapport aux différents plans horaires, et que l'angle qu'il fait avec le style, ou l'axe de la terre, est le complément de l'angle qu'il faisait auparavant avec la même ligne. En conséquence, si nous représentons par *y* l'angle horaire au centre du cadran, puis, comme tout à l'heure, par *h* l'heure après midi, et par *l* la latitude du lieu, notre formule sera

$$\text{tang } y = \text{tang } h \cos l.$$

Il suit de là qu'un cadran horizontal construit pour une latitude quelconque sera un cadran vertical méridional pour tout lieu dont la latitude est le complément de la latitude du premier lieu, propriété curieuse dont la découverte est due aux Arabes. Les lignes horaires du cadran vertical septentrional se trouvent exactement de la même manière que celles du cadran méridional. — Lorsque la surface du cadran vertical est exactement tournée vers l'est ou vers l'ouest, son plan se trouve dans le méridien et, par conséquent, parallèle au plan vertical dans lequel est le style lui-même. Ainsi donc, dans ce cas, les lignes horaires sont toutes parallèles entre elles, comme dans le cadran polaire.

Lorsque le cadran vertical ne regarde pas exactement l'un des quatre points cardinaux, on le nomme cadran vertical *déclinant*. La recherche des lignes horaires est alors un peu plus compliquée; aussi croyons-nous inutile de la donner ici.

Les formules qui précèdent suffisent pour permettre à toute personne qui a quelque connaissance du calcul des logarithmes de tracer avec facilité les lignes horaires des espèces de cadrans solaires les plus usitées. En conséquence, il n'est pas nécessaire d'exposer les méthodes géométriques de construction au moyen de la règle et du compas, qui sont d'ailleurs moins exactes. La seule chose qui exige quelque éclaircissement, c'est la méthode employée pour trouver la méridienne sans avoir recours à une opération astronomique toujours plus ou moins délicate. Le procédé généralement usité est le suivant. — On prend dans le plan horizontal du cadran un point par lequel on veut faire passer la méridienne. De ce point pris comme centre on décrit plusieurs cercles concentriques; puis on fixe à ce même point un fil métallique perpendiculaire au plan et assez long pour que son ombre à midi tombe à l'intérieur des cercles ou de quelques-uns d'entre eux. Cela fait, on observe l'instant où l'extrémité de l'ombre atteint quelqu'un des cercles dans la matinée, et l'on marque le point de cette intersection. Dans l'après-midi, on marque également le point où l'ombre coupe de nouveau le même cercle, et l'on divise en deux parties égales l'arc compris entre les deux points ainsi marqués. La ligne droite qui joint le point de bisection avec le centre est la méridienne cherchée. Pour plus de sûreté, on peut marquer le passage de l'ombre sur plusieurs cercles, et si les points de bisection des différents arcs ne se trouvent pas sur une même ligne droite avec le centre, on choisit un point qui représente la position moyenne des divers points obtenus, et l'on prend pour le vrai méridien la ligne qui passe par ce point et par le centre. Cette méthode est suffisamment exacte pour la construction d'un cadran solaire. Deux fils à plomb suspendus au-dessus de cette ligne indiquent le plan du méridien dans l'espace; on trouvera, à l'aide de l'œil simplement, son intersection avec un plan vertical quelconque. — Nous avons supposé que le style est formé par un fil métallique ou par le bord d'une lame métallique mince; mais on peut faire très bien usage d'une lame percée d'une fente ou d'un trou qui laissera passer un faisceau de rayons solaires.

Il importe de savoir que le temps indiqué par un cadran solaire est le temps *solaire* ou temps *vrai*, qui diffère du temps *moyen* d'une quantité pouvant s'élever jusqu'à plus de 16 minutes. Pour trouver le temps moyen avec un cadran solaire, il faut y appliquer la correction connue sous le nom d'*équation du temps*. On peut indiquer cette correction sur le cadran lui-même en y construisant une courbe qui donne la position de l'extrémité de l'ombre du style à midi aux différentes époques de l'année. Le long de cette courbe qui a la forme d'un 8 irrégulier, on inscrit les dates correspondant à quelques-uns de ses points, afin d'éviter une confusion possible entre les deux branches de la courbe.

On a donné le nom de *Cadran azimutal* à un cadran construit avec un style vertical. Dans ce cas, les lignes ho-

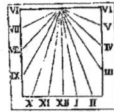

raires varient avec la déclinaison du soleil ; mais on peut tracer pour chaque heure du jour une courbe qui est le lieu de l'extrémité de l'ombre du style pour les diverses époques de l'année. L'ensemble de ces lignes courbes joue le rôle des lignes horaires des cadrans ordinaires.

L'invention des cadrans solaires remonte à une haute antiquité. Elle est généralement, sur l'autorité de Diogène Laërce, attribuée à Anaximandre, qui vivait au VI° siècle av. J.-C. ; Pline l'ancien en fait honneur à Anaximène, disciple du philosophe de Milet ; mais Hérodote nous apprend que les Grecs tiennent cet instrument des Chaldéens. Ce qui confirme le récit d'Hérodote, c'est que les cadrans solaires étaient déjà en usage chez les Juifs au VIII° siècle avant notre ère, car il est fait mention dans les Livres saints du cadran du roi Achaz (775 ans av. J.-C.). Il est aussi fort probable qu'ils étaient connus des Égyptiens, bien que les auteurs n'en fassent pas mention. Quoi qu'il en soit, leur usage était déjà commun chez les Grecs au temps d'Eudoxe de Cnide 370 av. J.-C.) ; mais il ne le devint que beaucoup plus tard chez les Romains, qui donnèrent au cadran solaire les noms de solarium et de sciothericum horologium. Le premier qui parut à Rome y fut apporté, suivant plusieurs auteurs, par L. Papirius Cursor (293 av. J.-C.), qui le plaça devant le temple de Quirinus, et suivant d'autres, par M. Val. Messala (vers l'an 252), qui le fit établir sur une colonne élevée devant les rostres. Mais comme ce cadran avait été pris aux habitants de Catane et construit pour cette ville, dont la latitude diffère de celle de Rome de 4°,5 environ, il ne pouvait donner à Rome que des indications fort peu exactes. Enfin, vers l'an 163 avant notre ère, le censeur P. Marcius Philippus le remplaça par un autre qui avait été établi pour le méridien du lieu. Toutefois, comme les cadrans solaires ne pouvait servir quand le temps était couvert, le censeur Publius Scipion Nasica fit construire, l'an 159 av. J.-C., une clepsydre publique qui donnait l'heure de tout temps, et aussi bien la nuit que le jour, et à laquelle l'habitude fit néanmoins appliquer la dénomination de solarium. A partir de ce moment, les cadrans solaires se multiplièrent à Rome. On en établit sur la plupart des places publiques. On en mit même sur la façade des temples et des basiliques. Tous les citoyens riches en avaient dans leurs villas ; aussi les fouilles pratiquées dans les temps modernes ont-elles fait découvrir un assez grand nombre de cadrans solaires de diverses formes. On trouve dans Vitruve la description de la plupart des cadrans solaires usités de son temps, mais il ne donne point la théorie de leur construction.

Cette théorie paraît même n'avoir revêtu un caractère scientifique qu'au siècle suivant, entre les mains des astronomes de l'école d'Alexandrie, dont les principes furent recueillis, pour la première fois, six cents ans plus tard, par Bède le Vénérable. Parmi les modernes, le jésuite Clavius, qui au XVI° siècle, est le premier qui ait écrit un traité complet de g. Picard, La Hire, Wolf, Deschalles, Ozanam, Deparcieux, dom Bedos, etc., ont publié depuis des travaux du même genre.

Les progrès de l'horlogerie qui permettent de se procurer à bas prix des montres et des horloges excellentes, et l'usage qui s'est introduit de régler les heures dans tout un pays sur l'heure d'un lieu unique, ont fait presque complètement délaisser les cadrans solaires, dont les indications devraient subir plusieurs corrections pour se trouver conformes à l'heure moyenne et à l'heure légale.

GNOMONISTE. s. m. [Pr. ghnômoniste, gn dur]. Celui qui s'occupe de la gnomonique.

GNON. s. m. [Pr. gn mouillés]. Voy. GNOLE.

GNOSCOPINE. s. f. [Pr. ghno..., gn dur]. T. Chim. Alcaloïde solide fusible à 223°, qu'on extrait des eaux mères provenant de la purification de la narcéine.

GNOSE. s. f. [Pr. ghnôse, gn dur] (gr. γνῶσις, connaissance). T. Hist. rel. — Dans les premiers temps de l'Église, certaines sectes philosophico-religieuses regardaient comme inexacte et insuffisante la révélation contenue dans les Livres saints des Juifs et des Chrétiens, et prétendaient avoir seules la vraie science ou Gnose de la divinité et de toutes les choses divines. De là le nom de Gnostiques que se donnèrent ces philosophes, et celui de Gnosticisme sous lequel on désigne l'ensemble de leurs doctrines, qui au fond ne sont que des formes plus ou moins bizarres du système de l'Émanation. Voy. ÉMANATION et HÉRÉSIE.

GNOSSE, ville de Crète dont elle fut la capitale à l'époque de Minos. C'était un centre du culte de Zeus.

GNOSTICISME. s. m. [Pr. ghnosti-sisme, gn dur] (R. gnose). Système des gnostiques.

GNOSTIQUE. s. [Pr. ghnostike, gn dur] (R. gnose). Hérétique d'Égypte et de Syrie. Voy. GNOSE. || Savant, éclairé, ce qui s'est dit des parfaits chrétiens livrés également à la contemplation et aux bonnes œuvres.

GNOU. s. m. T. Mamm. Nom vulgaire d'Antilopes appartenant au genre Catoblepas. Voy. ANTILOPE.

GO (TOUT DE). loc. adv. (R. gober). Librement, sans façon, sans difficulté, sans obstacle. Il est entré tout de go. Cela va tout de go. Pop.

GOA, v. maritime de l'Hindoustan, sur la côte de Malabar, ch.-l. des possessions portugaises de l'Inde ; 15,000 hab. — Le territoire de Goa a 400,000 hab.

GOA. s. f. Sous le nom de poudre de Goa ou d'Araroba on désigne une concrétion que l'on trouve dans des fentes ou des lacunes situées à l'intérieur du tronc d'une Légumineuse du Brésil, l'Andira araroba. C'est une poudre de couleur jaunâtre, résineuse au toucher et qui est en grande partie constituée par de la Chrysarobine. Voy. ce mot.

GOAJIRES, Indiens de l'Amérique du Sud, sur les limites de la Colombie et du Vénézuéla.

GOBBE. s. f. [Pr. gobe] (R. gober). Sorte de composition en forme de bol, qu'on donne aux animaux pour les empoisonner. || Bol pour engraisser la volaille. || T. Vétér. Nom des concrétions qu'on trouve dans les voies digestives des bêtes à laine.

GOBBÉ, ÉE. adj. [Pr. gobé]. T. Vétér. Bête g., Bête dans l'estomac de laquelle on trouve une gobbe.

GOBELET. s. m. (bas-lat. gubellus, de cupa, tonneau). Vase à boire, rond, sans anse, et ordinairement sans pied, moins large et plus haut qu'une tasse. G. d'argent. || G. émétique, gobelet métallique dans la composition duquel il entrait de l'antimoine, et où on laissait séjourner de l'eau, du vin blanc, qui y contractait une vertu émétique. || G. de quassia, de gaïac, etc. Gobelet fait de bois de quassia, de gaïac, où on laisse séjourner de l'eau qui se charge des principes du quassia, du gaïac, etc. || Autrefois, on appelait Gobelet, chez le Roi, le lieu où l'on fournissait le vin, le pain, et le fruit pour la bouche du Roi. — Il se disait aussi pour désigner collectiv. les officiers qui servaient au gobelet. Le g. a reçu ordre de fournir tant de vin. Le chef de g. ou du g. Les officiers du g. faisaient le premier essai pour le Roi. || Ustensile en forme de gobelet à boire, et ordinairement de fer-blanc, dont les prestidigitateurs se servent pour faire certains tours.—Fig. et fam. Joueur de gobelets, se dit d'un fourbe, d'un homme qui ne cherche qu'à tromper ceux avec qui il traite. On dit aussi dans un sens analogue, C'est un tour de g., et Jouer des gobelets. || T. Bot. Fleur dont la corolle est en forme de gobelet. || T. Hort. Disposition donnée à un arbre fruitier, taillé de manière que le haut ne soit pas plus large que le bas. || T. Pyrotechn. Enveloppe cartonnée, fortement serrée, dans et se servent les artificiers pour contenir la fusée.

GOBELETTERIE. s. f. Fabrication et commerce des gobelets et, en particulier, de vases en verre et bouteilles.

GOBELETTIER. s. m. Ouvrier qui travaille en gobeletterie. Marchand de gobeletterie.

GOBELIN. s. m. (gr. κόβαλος, méchant). Esprit follet.

GOBELINS. s. m. pl. Famille de teinturiers déjà célèbre au XV° siècle. C'est sur l'emplacement d'une de leurs propriétés à Paris, acheté par Colbert en 1662, qu'a été fondée la manufacture de tapis qui porte leur nom. Voy. TAPISSERIE.

GOBELOTTER. v. n. fréquent. [Pr. gobelo-ter] (R. gobelet). Boire à plusieurs petits coups. Il n'aime qu'à g. Pop. et ne se dit qu'en mauvaise part. || Faire des parties où l'on boit, où l'on mange.

GOBELOTTEUR, EUSE. s. m. et f. [Pr. *gobelo-teur*]. Qui aime à gobelotter.

GOBE-MOUCHES. s. m. T. Ornith. Genre d'Oiseaux insectivores, dont les mouches forment la nourriture favorite. || T. Bot. Se dit quelquefois pour Attrape-mouches. || Fig. et fam., se dit de celui qui croit, sans examen, toutes les nouvelles qu'on fait circuler; ou qui n'a point d'opinion à lui et paroît être de l'avis de tout le monde; ou bien encore qui s'occupe niaisement de bagatelles.

Ornith. — Cuvier, dans son règne animal, réunissait sous le nom commun de *Gobe-mouches* (*Muscicapa*), quatre genres assez distincts de Passereaux Dentirostres, qui constituent aujourd'hui quatre familles distinctes. Ce groupe n'est guère caractérisé que par son bec, « qui, dit Cuvier, est déprimé

Fig. 1.

horizontalement, garni de poils à sa base, avec une pointe plus ou moins crochue et échancrée. » Les mœurs de ces oiseaux sont à peu près celles des Pies-grièches, et, suivant leur grandeur, ils vivent de petits oiseaux et d'insectes.

Ainsi que nous venons de le dire, ce groupe comprend quatre genres types : les *Tyrans*, les *Moucherolles*, les *Platyrhynques* et les *Gobe-mouches* proprement dits. — Les

Fig. 2.

Tyrans (*Tyrannus*) ont le bec long, droit et très fort, avec l'arête supérieure droite et mousse, et la pointe subitement crochue. Ce sont des oiseaux d'Amérique, de la taille de nos Pies-grièches, et aussi courageux qu'elles. — Les *Moucherolles* (*Muscipeta*) ont le bec long, très déprimé et deux fois plus large que haut, avec la pointe et l'échancrure faibles. Ils vivent exclusivement d'insectes. Tous sont étrangers et la plupart sont propres à l'Afrique et aux Indes. Nous citerons le *Moucherolle-roi* (*Muscipeta regius*), appelé vulgairement *Roi des Gobe-mouches* (Fig. 1). Cet oiseau a 22 centim. de longueur. Sa couleur générale est le brun foncé; cependant

il a la poitrine blanche, la gorge jaunâtre, un collier noir et des sourcils blanchâtres; sa huppe est d'un beau rouge terminé de noir; enfin, il a le bec et les pieds noirs. — Les *Platyrhynques* (*Platyrhynchus*) se distinguent des précédents par leur bec encore plus élargi et déprimé; mais, comme eux, ils vivent d'insectes. Nous n'en avons point en Europe. — Les *Gobe-mouches* proprement dits (*Muscicapa*) ont le bec plus étroit que les Moucherolles; il est cependant encore un peu déprimé, à vive arête en dessus et à pointe un peu crochue. Bien que ce genre soit extrêmement nombreux en espèces, il n'y en a que quatre qui soient européennes, et, de ces quatre, deux seulement, le *G.-Mouches gris* (M. *grisola*) et le *G.-mouches à collier* (M. *albicollis* [Fig. 2], habitent pendant l'été notre pays, où elles vivent tristement sur les arbres élevés. La dernière espèce est remarquable par les changements de plumage du mâle. Celui-ci est long d'environ 13 centim. Son plumage d'hiver est gris, avec une bande blanche sur l'œil. Il est alors semblable à sa femelle; mais l'été il prend une livrée d'un noir intense en dessus, avec le dessous du corps, le front, le collier et une partie des ailes blancs.

Pour le genre *Bécarde*, qui a été renvoyé par erreur à *Gobe-Mouches*, voy. Pie.

GOBER. v. a. (celt. *gob*, bouche). Avaler avec avidité et sans savourer ce qu'on avale. G. *une couple d'œufs frais.* || T. Fauc. G. *les perdrix*, Les faire happer par le faucon. || Fig. et fam., Croire sans examen et légèrement. *Il a gobé cette nouvelle comme un fait certain. On lui fait g. tout ce qu'on veut.* G. *le morceau, l'appât, l'hameçon*, Se laisser attraper. || Fig. et fam., G. *des mouches* et G. *du vent*, Perdre son temps à ne rien faire ou à niaiser. || Pop., G. *quelqu'un*, S'en saisir au moment où il s'y attend le moins, en être dupe. = se **Gober.** v. pron. Être dupe de soi-même, s'en croire. == Gobé, ée. part.

GOBERGE. s. f. Morue sèche, merluche. || T. Techn. Nom d'un instrument de bois qui sert à tenir quelque chose en presse, surtout chez les menuisiers. — Perche dont les ébénistes se servent pour maintenir le placage fraîchement collé. — Au plur., Petits ais de bois qui se mettent en travers sur le bois d'un lit pour soutenir la paillasse.

GOBERGER (Se). v. pron. (R. *goberge*). Se moquer. *Il se gobergeait de ces gens-là.* Fam. || Prendre ses aises. *Il se gobergeait sur un sofa.* Fam. == Conj. Voy. Manger.

GOBERT (Baron Napoléon), né en 1807, filleul de l'empereur, qui donna son nom, le même jour, à douze enfants de maréchaux ou généraux baptisés avec le fils de Louis Bonaparte, roi de Hollande: mort en 1833, en Égypte, d'un accès de fièvre. Légua à l'Institut de sommes considérables pour fonder des prix à décerner aux auteurs des meilleurs travaux relatifs à l'histoire de France.

GOBET. s. m. (R. *gober*). Morceau que l'on gobe. Fam. || Fig. et fam., *Prendre un homme au g.*, Le prendre lorsqu'il y pense le moins. *Un bon g.*, Un homme crédule. || T. Jardin. Voy. Cerise. || T. Fauc. *Chasser au g.*, Chasser avec l'Autour ou l'Épervier.

GOBETER. v. a. (R. *gober*). T. Maçonn. G. *un mur*, Jeter du plâtre ou du mortier avec la truelle contre un mur de moellon ou de plâtras pour en remplir les joints. == Gobeté, ée. part.

GOBETIS. s. m. [Pr. *go-be-ti*] (R. *gobeter*). T. Maçonn. Synonyme de *Crépi*.

GOBEUR, EUSE. s. m. et f. Celui, celle qui gobe. || Au fig., Homme crédule.

GOBI ou **CHAMO** (Désert de), immense désert de l'Asie centrale; sa longueur est d'environ 2,400 kil. sur une largeur d'environ 500 kil.

GOBIE. s. m. (lat. *gobius*, goujon). T. Icht. Genre de poissons. Voy. Gobiides.

GOBIIDES ou **GOBIIDÉS** ou **GOBIOÏDES.** s. m. pl. (R. *Gobie*). T. Icht. Les G. forment une famille de Poissons osseux, appartenant au groupe des *Acanthoptérygiens*. Les nombreuses espèces qui composent ce groupe se reconnaissent à leurs épines dorsales grêles et flexibles; en outre, aucune n'a de vessie natatoire : ce sont là leurs caractères communs. On trouve des G. dans toutes les mers, sous toutes les latitudes et même dans les fleuves : nous nous contenterons de citer les genres qui ont des représentants dans nos pays.

1. — Les *Blennies* ou *Baveuses* ont été ainsi nommées du mot grec βλέννα, qui veut dire *bave*, à cause de l'enduit muqueux dont leur corps est constamment enduit. Ces poissons ont un caractère très marqué dans leurs nageoires ventrales situées en avant des pectorales et composées de divers rayons. Ils ne portent qu'une dorsale, formée presque entièrement de

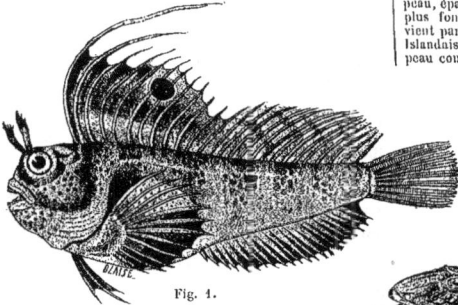

Fig. 1.

rayons simples, mais flexibles. Leurs dents sont fortes et sur un seul rang. Plusieurs sont vivipares. Ils vivent en petites troupes près des rochers et se retirent souvent dans les failles les plus profondes. Leur nourriture se compose de mollusques et de vers. Parmi les *Blennies* proprement dits, dont la plu-

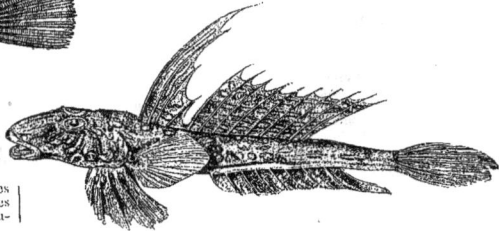

Fig. 2.

part ont un tentacule frangé en panache sur chaque sourcil et dont plusieurs en ont un autre sur chaque tempe, nous citerons le *B. papillon* (*Blennius ocellaris*) [Fig. 1], qui habite nos côtes de l'Océan et de la Méditerranée. La *Baveuse commune* n'a ni panache ni crête : Artedi n'a fait

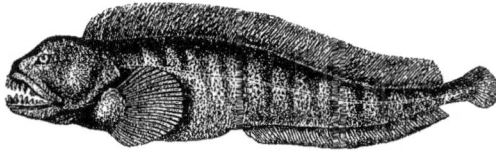

Fig. 3.

un sous-genre auquel il a imposé le nom de *Pholis*. Un autre sous-genre est celui des *Cornelles* ou *Murænoïdes*, qui se distinguent par leurs ventrales presque insensibles et souvent réduites à un seul rayon. Le sous-genre *Zoarcès* est représenté chez nous par une espèce qu'on appelle communément *Bl. vivipare*. C'est un poisson long de 33 cent., de couleur fauve, et chez lequel il y a accouplement réel et fécondation intérieure.

II. — Les *Anarrhiques* (*Anarrhichas*) ressemblent beaucoup aux Blennies, mais ils n'ont pas de nageoires ventrales. Ils ont le museau arrondi et une longue nageoire dorsale. Leurs os palatins, leur vomer et leurs mandibules sont armés de gros tubercules osseux qui portent à leur sommet de petites dents émaillées : ils ont en outre cinq dents coniques à chaque mâchoire et des molaires en haut et en bas. Ces poissons sont remarquables par leur voracité et leur armure les rend dangereux, même pour les hommes. L'espèce la plus commune, l'*An.-loup* (Fig. 2), appelée vulgairement *Loup marin* ou *Chat marin*, atteint une longueur de 2 m. à 3m,30. Sa peau, épaisse et gluante, est brune avec des bandes nuageuses plus foncées. Ce poisson abonde dans les mers du Nord, et vient parfois sur nos côtes ; il offre de grandes ressources aux Islandais, qui salent ou font sécher sa chair, et emploient sa peau comme chagrin et son fiel comme savon.

III. — Les *Gobies* (*Gobius*), appelés aussi *Gobous*, *Boulereaux* et *Goujons de mer*, se reconnaissent à leurs ventrales thoraciques réunies, soit dans toute leur longueur, soit au moins vers leur base, en un seul disque creux, formant plus

Fig. 4.

ou moins l'entonnoir, et qui leur sert, dit-on, à se tenir ancrés sur les corps solides qu'ils rencontrent au fond des eaux. Leurs dents en velours sont disposées sur une seule rangée à chaque mâchoire. Ces poissons, petits ou médiocres, se tiennent entre les rochers des rivages, se couvrent de limon qui les masque et leur permet de s'approcher de leur proie. Ils passent l'hiver dans des canaux qu'ils se creusent dans les fonds argileux, et, au printemps, ils se construisent des nids dans les Fucus, ce qui a fait croire à Cuvier que le *Phycis* des anciens devait être un de nos Gobies. Le mâle s'enferme dans le nid, où il féconde les œufs qu'y ont déposés les femelles et qu'il défend contre toute agression. Les *Gobies* proprement dits ont des nageoires distinctes, dont la postérieure est assez longue. Nous citerons, comme type de ce genre, le *Boulereau noir* (*G. niger*) [Fig. 3], au corps brun noirâtre avec les dorsales liserées de blanchâtre. Cette espèce, qui ne dépasse pas 15 centim., est la plus commune sur nos côtes de l'Océan. Nous avons encore sur nos côtes le *B. bleu*, le *B. blanc*, le *Grand B.* et le *B. ensanglanté*.

IV. — Les *Callionymes* (*Callionymus*) ont deux caractères fort marqués dans leurs ouïes, ouvertes seulement par un trou de chaque côté de la nuque, et dans leurs nageoires ventrales placées sous la gorge et fort larges. Ce sont des poissons à peau lisse, remarquables par leur beauté. Le *C. lyre* (Fig. 4), est commun dans la Manche, où nos pêcheurs le désignent sous les noms de *Savary* et de *Doucet*. Il a environ 33 cent. de longueur ; il est orange et tacheté de violet, et le premier rayon de la première dorsale est très allongé et atteint la queue.

GOBILLARD. s. m. [Pr. *go-bi-llar*, *ll* mouillées]. Nom de planches préparées pour faire des douves de cuves.

GOBILLE. s. f. [Pr. *gobi-lle*, *ll* mouil.]. Bille ou marbre ou en pierre dure avec laquelle on joue. || Dans les machines, certaines pièces en forme de boules

GOBINEAU. s. m. T. Carrelour. Petite partie de carreau que l'on rapporte en raccordement le long des murs pour remplir les vides,

GOBINEAU (Comte DE), diplomate et écrivain français, né à Bordeaux (1816-1882).

GOBLET D'ALVIELLA (Comte), général, homme d'État et écrivain belge (1790-1873).

GO-CONG, v. de Cochinchine (prov. de Mytho).

GODAGE. s. m. Faux pli d'une étoffe qui gode. || Forme défectueuse du papier.

GODAILLE. s. f. [Pr. goda-lle, ll mouil.], T. Pop. Débauche de table.

GODAILLER. v. n. [Pr. goda-ller, ll mouil.] (lat. gandere, se réjouir). Boire avec excès et à plusieurs reprises. C'est un ivrogne qui ne fait que g. Pop.

GODAILLEUR. s. m. [Pr. goda-lleur, ll mouil.]. Celui qui aime à godailler.

GODAN. s. m. T. Pop. Conte, tromperie. Donner dans le g., Se laisser abuser.

GODARD (EUGÈNE-LOUIS et JULES), aéronautes, nés le premier en 1827, le second en 1829; morts le premier en 1890, le second en 1885.

GODARD (BENJAMIN), compositeur de musique français (1849-1895).

GODAVÉRY, fl. de l'Hindoustan, tributaire du golfe du Bengale; 1,400 k.

GODDAM. [Pr. god-dêm]. Jurement anglais : Dieu damne !

GODEAU (ANTOINE), poète et littérateur fr., évêque de Grasse et de Vence (1605-1672).

GODECHARLE (GUILLAUME), sculpteur belge, né à Bruxelles (1750-1835).

GODEFROY, famille d'érudits, de jurisconsultes, d'historiens, aux XVIe et XVIIe siècles.

GODEFROY DE BOUILLON, duc de Basse-Lorraine, chef de la 1re croisade et 1er roi chrétien de Jérusalem (1099); mort en 1100.

GODÉGISÈLE, roi des Bourguignons, fut en lutte avec son frère Gondebaud, qui le fit périr en 500.

GODEHEU, gouverneur des Indes françaises au XVIIIe siècle.

GODELUREAU. s. m. Jeune homme qui fait le galant auprès des femmes. Chassez-moi tous ces godelureaux, Fam., et ne se dit qu'en mauvaise part.

GODENOT. s. m. Petite figure d'os ou d'ivoire qui représente un homme, et dont les escamoteurs se servent pour amuser le public. Montrer g. || Fam. et par mépris, on dit d'un petit homme mal bâti : Il est fait comme g. ; C'est un petit godenot.

GODER. v. n. (R. godet?) Se dit d'un vêtement qui fait des faux plis, soit parce qu'il est mal coupé, soit parce que les parties en sont mal assemblées.

GODERVILLE, ch.-l. de c. (Seine-Inférieure) arr. du Havre ; 1,300 hab.

GODESCARD, savant ecclésiastique, né à Rocquemont près Rouen (1728-1800).

GODET. s. m. (lat. guttus, vase à boire). Sorte de petit verre à boire qui n'a ni pied ni anse. || Petit vase peu profond et creusé en demi-sphère, qui sert à délayer les couleurs à l'aquarelle, etc. || Se dit aussi des augets attachés à une roue pour élever l'eau. || Faux pli d'une étoffe qui gode. || Gouttière qu'on joint aux chéneaux pour jeter l'eau lorsqu'il n'y a point de tuyau de descente. || Se dit encore de diverses choses qui ont à peu près la forme d'un godet. Le gland du chêne est supporté par des bractées soudées en forme de godet. || Vase où tombe l'huile d'un quinquet. || Entonnoir par lequel le métal, pour couler une cloche, un canon, etc., tombe dans les jets.

GODICHE. s. (altér. pop. du nom propre Claude, qui s'est dit pour niais). Fam. Nigaud, nigaude.

GODILLE. s. f. [Pr. godi-lle, ll mouil.].T. Mar.Voy. RAME. || Télégr. Nom donné à une partie du télégraphe à cadran.

GODILLER. v. n. [Pr. godi-ller, ll mouil.]. T. Mar. Manœuvrer la godille.

GODILLEUR. s. m. [Pr. go-di-lleur, ll mouil.]. T. Mar. Matelot ou batelier qui godille.

GODILLOT (ALEXIS), industriel français (1816-1893).

GODILLOT. s. m. [Pr. godi-llo, ll mouil.] (R. Godillot, nom de l'industriel qui les fabriquait). Nom populaire des souliers de troupiers.

GODIN, astronome fr., né à Paris (1704-1760).

GODIN, fondateur du familistère de Guise (1817-1888).

GODIVEAU. s. m. T. Cuisine. Pâté chaud composé d'andouillettes, de hachis de veau qui se met ordinairement en boulettes, et de béatilles, ris de veau, crêtes du coq, champignons, etc.

GODOY (MANUEL), homme d'État espagnol, connu sous le nom de Prince de la paix (1767-1851), premier ministre du roi Charles IV, et exilé par Ferdinand VII en 1835.

GODRON. s. m. Archit., Orfèvr., etc. Sorte d'ornement ou de moulure qui a la forme d'un œuf très allongé, et qui se plie à la courbure du profil auquel on l'applique. || Se dit aussi des plis ronds qu'on faisait autrefois aux fraises, et qu'on fait encore à certaines coiffures de femme, etc. Vieux et peu usité. || Guillochure qui rayonne sur le fond d'un cachet, d'un chaton de bague.

GODRONNER. v. a. [Pr. godro-ner]. Orner de godrons. G. de la vaisselle d'argent. G. une fraise. || T. Techn. Tourner la tête de l'épingle sur le moule. || Emposer et repasser à gros plis ronds. || G. un cachet, un chaton de bague, y faire des guillochures qui rayonnent comme les plis d'une fraise. || G. une vis, Faire sur le tour de la tête de petites entailles pour qu'elle offre plus de prise. — GODRONNÉ, ÉE. part. || T. Arch. Colonne godronnée, Colonne qui porte des demi-cylindres en saillie. || T. Bot. Feuille godronnée, Feuille dont les bords sont plissés de manière à imiter plus ou moins les godrons d'une fraise. || T. Anat. Canal g., Canal qui borde le tour du cristallin de l'œil, entre le corps ciliaire et le corps vitré. — Corps godronné, La substance grise qui forme une série de reliefs sur le bord interne du pied d'Hippocampe.

GODRONNEUR, EUSE. s. m. et f. [Pr. godro-neur]. Ouvrier, ouvrière qui fait des godrons.

GODRONNOIR. s. m. [Pr. godro-noir]. Sorte de ciselet à l'usage du godronneur.

GODUNOFF (BORIS), ministre du tzar Fedor Ier ; il le remplaça, après l'avoir empoisonné, et régna de 1598 à 1605.

GODURE. s. f. État de ce qui gode.

GODWIN (WILLIAM), économiste et romancier anglais, auteur du roman Caleb Williams (1756-1836).

GOÉLAND. s. m. (celt. gwélan, m. s., de gwela, pleurer, à cause de son cri plaintif). T. Ornithol. Les Goélands (Larus) appartiennent à l'ordre des Palmipèdes et à la famille des Longipennes. Ces oiseaux se distinguent essentiellement des autres Palmipèdes par la forme de leur bec et de leurs narines. En effet, leur bec est comprimé, allongé, pointu, avec la mandibule supérieure arquée seulement vers le bout. Quant à leurs narines, elles sont placées vers le milieu du bec, longues, étroites et percées à jour. Ce sont des oiseaux lâches, voraces et criards, qui fourmillent sur les rivages de toutes les mers, où ils recherchent les poissons vivants et putréfiés, les vers, les mollusques, et toutes sortes de cadavres d'animaux. On les rencontre souvent à d'énormes distances en mer; parfois, au contraire, ils s'avancent fort loin dans les terres. Ils nichent dans le sable ou dans les fentes des rochers. Ils ne font qu'un petit nombre d'œufs qui, dit-on, sont bons à manger; mais leur chair est dure, fort coriace, et d'une odeur

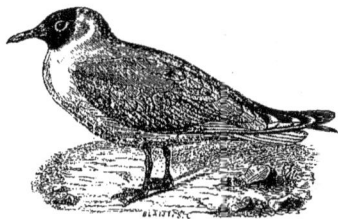

désagréable. Cependant les Groënlandais les mangent, et nos marins s'en nourrissent aussi, après leur avoir fait subir une préparation particulière. Le genre G. renferme une vingtaine d'espèces : on désigne plus particulièrement sous le nom de *Goélands* celles qui dépassent la taille du Canard, et sous celui de *Mouettes* celles qui sont plus petites. Parmi ces dernières, il en est quelques-unes, telles que la *M. rieuse* (*Larus fidibundus*) [Fig. ci-dessus], qui habitent les rivières et les bords des lacs salés ou d'eau douce. — On range généralement à côté des Goélands les *Labbes* (*Lestris*), qui ne diffèrent des précédents que par leur queue pointue et par leurs narines qui sont plus grandes et dont l'orifice est porté plus bas. Les Labbes poursuivent avec acharnement les petites espèces de Mouettes pour leur enlever leur proie. On croyait même autrefois que c'était pour dévorer leur fiente de là le nom vulgaire de *Stercoraires* qu'on leur donne fréquemment.

GOÉLETTE. s. f. (R. *goéland?*) T. Mar. Sorte de bâtiment. || T. Ornith. Hirondelle de mer.

Mar. — La *Goélette* est le plus petit des bâtiments employés au long cours. Elle porte deux mâts sans hunes inclinés sur l'arrière. Ces mâts soutiennent deux grandes voiles qua-

drangulaires envergées sur des cornes, et l'on hisse à leur partie supérieure des flèches-en-cul ou des huniers : dans ce dernier cas, on grée quelquefois une voile de fortune sur la vergue de misaine. Les goélettes portent de 30 à 100 tonneaux, rarement davantage. Autrefois elles n'étaient que des bâtiments de commerce particulièrement usités aux Antilles; plus tard la marine militaire en fit également usage. Elles remplissaient ordinairement le rôle de mouches, genre de service auquel la rapidité de leur marche les rend éminemment

propres. Enfin, en Amérique où elles furent très employées, on donna des noms particuliers à plusieurs de leurs variétés : nous citerons, comme ex., le *Baltou*, qui fut commun dans la marine des États-Unis. Quant au *Brick-goélette* (Fig. ci-contre), c'est, comme sa dénomination l'indique, un bâtiment qui tient, par sa mâture, de ces deux espèces de navires. En effet, il est mâté en brick à l'avant et en goélette à l'arrière.

GOÉMON. s. m. (coll. *goumon*, m. s.). Nom vulgaire sous lequel les habitants du littoral de la Manche et de l'océan Atlantique désignent les Algues marines du groupe des Fucacées et plus particulièrement le *Fucus vesiculosus* et la *Laminaria digitata*, dont on se sert comme engrais ou qu'on fait brûler pour en retirer la soude.

GOERLITZ, v. de Silésie (Prusse); 62,200 hab.

GOERRES (J.-J. DE), publiciste allemand, né à Coblentz (1776-1848).

GOERTZ (Comte DE), homme d'État prussien, auteur de remarquables ouvrages diplomatiques.

GOES (HUGO VAN DEN), peintre flamand, né à Gand (1420-1482).

GOESCHENEN, village de Suisse, canton d'Uri, 703 hab.; à l'entrée du grand tunnel du Saint-Gothard.

GŒTHE (JEAN-WOLFGANG), né à Francfort-sur-le-Mein en 1749, mort à Weimar en 1832; le plus grand écrivain de l'Allemagne : auteur de *Faust*, de *Werther*, de *Wilhem Meister*, d'*Hermann et Dorothée*; de tragédies, d'œuvres d'histoire naturelle.

GŒTHEBORG, v. de Suède, appelée aussi *Gothembourg*, sur le Cotha; 91,000 hab.

GŒTHITE. s. f. [Pr. *gheu-tite, g, dur*] (R. *Gœthe*, poète all.). T. Minér. Sesquioxyde de fer hydraté; en prismes orthorombiques répondant à la formule :
$$Fe^2O^3H^2$$

GOÉTIE. s. f. [Pr. *Go-é-si*] (gr. γόης, sorcier). Espèce de magie. Voy. MAGIE.

GOÉTIQUE. adj. 2 g. [Pr. *go-é-ti-ke*]. Qui concerne la goétie.

GŒTTINGUE, v. de Prusse (Hanovre); 23,700 hab. Université fameuse.

GOFFE. adj. 2 g. [Pr. *go-fe*] (ital. *goffo*, m. s.). Mal fait, mal bâti, grossier, maladroit. *Cet homme-là est g. Voilà une architecture, une statue bien g. Un habit g.* Fam. et vx.

GOG et **MAGOG,** géants dont parle la Bible, ennemis d'Israël.

GOGAILLE. s. f. [Pr. *go-gall, ll* mouil.] (R. *gogue*). Repas joyeux. *Faire g.* Popul.

GOGO (A). loc. adv. A son aise, dans l'abondance. *Être à g. Vivre à g.* Très fam.

GOGO. s. m. (R. *gober*). Personnage crédule et confiant à l'excès. T. fam.

GOGO, v. maritime du S. de la prov. de Gugerate; 10,000 hab.

GOGOL (NICOLAS), littérateur russe (1809-1852).

GOGUE. s. f. Plaisanterie, divertissement. Peu us. || Sorte de pâtisserie.

GOGUENARD, ARDE. adj. (R. *gogue*, vieux mot qu'on dit venir du bas-breton, et qui se disait pour *raillerie*, *belle humeur*). Plaisant, railleur; se prend ordin. en mauvaise part. *Avoir l'esprit, l'air g. Il est d'humeur goguenarde.* || Subst. *C'est un g. Faire le g.*

GOGUENARDER. v. n. Railler, faire de mauvaises plaisanteries. *Il aime à g.* || S'emploie quelquefois activ. *Vous pensez me g.* Fam.

GOGUENARDERIE. s. f. Mauvaise plaisanterie, mauvaise raillerie. *Il ne répond que par des goguenarderies.* Fam.

GOGUENARDISE. s. f. Voy. GOGUENARDERIE.

GOGUENOT. s. m. T. Dialect. Pot à cidre. || T. Techn. Cône de poterie qui soutient de distance en distance un bétonnage. || T. Pop. Latrines.

GOGUETTE. s. f. (R. *gogue*). Propos joyeux. *Conter g.* || *Être en g.*, Être en belle humeur. || *Chanter g. à quelqu'un,* Lui dire des injures, des choses blessantes. — Ce mot est familier.

GOHIER (LOUIS-JÉROME), membre de l'Assemblée législative, puis du Directoire; né à Semblançay (1746-1830).

GOIGNADE. s. f. (Pr. *go-gnade, gn* mouillés). Ancienne danse d'Auvergne.

GOINFRADE. s. f. Action de goinfrer.

GOINFRE. s. m. Celui qui mange avec excès, qui met tout son plaisir à manger. Très fam. || Anciennement soldat maraudeur. || Parasite. = Syn. Voy. GLOUTON.

GOINFRER. v. n. Manger beaucoup et avidement.

GOINFRERIE. s. f. Gourmandise grossière. Pop.

GOITRE. s. m. (lat. *guttur*, gosier). T. Path. Tumeur qui se développe dans le corps thyroïde. || Par analogie, tumeur qui se forme sous la mâchoire des moutons et quelquefois des chiens. || Expansion cutanée qui pend sous le cou de certains sauriens, de certains oiseaux, comme le Pélican. || T. Bot. Nom donné à des saillies latérales que présentent certaines parties des végétaux.

Méd. — On appelle g. une tumeur du corps thyroïde d'origine épithéliale, bénigne de son essence et remarquable par des particularités étiologiques spéciales, par ses relations avec le crétinisme surtout. La cause première, efficiente, nous est encore, il est vrai, inconnue, et dès lors il faut s'en tenir à cette définition clinique.

I. *Anatomie pathologique.* — Rien n'est variable comme la forme, le volume et même le siège du g.; pour le volume, de petits noyaux peu apparents, jusqu'à des tumeurs énormes, qui pendent devant le tronc jusqu'au nombril; pour la forme, suivant que tout ou partie de la glande est atteinte. Ce n'est pas tout, car les goitres aberrants, nés de corps thyroïdes accessoires, compliquent encore la question. — A la coupe et à la dissection, les différences ne sont pas moindres entre les goitres folliculaires (mous, glandulaires ou parenchymateux), les goitres colloïdes (remplis d'une gelée jaunâtre), les goitres fibreux, kystiques, vasculaires. — En réalité, au point de vue histologique, l'origine de toutes ces variétés est une, elle est épithéliale; la forme primordiale, c'est le g. folliculaire; les variétés signalées proviennent de modifications secondaires. Tout semble dériver du tissu thyroïdien normal, adulte; cependant certains auteurs attribuent un rôle important à des amas cellulaires fœtaux que l'invagination épithéliale originelle a constitués, et qui, restés silencieux longtemps, viennent à se développer. L'état des parties voisines est surtout modifié par les goitres volumineux: refoulement en dehors de la carotide, en arrière des vaisseaux thyroïdiens, surtout inférieurs; déformation et compression de la trachée.

II. *Étiologie.* — Il est d'usage de faire une division en g. sporadique, endémique et épidémique: quelque artificielle qu'elle soit, nous la conserverons pour la commodité de la description. — Le g. *sporadique* débute à tout âge, il peut même être congénital; il affecte une prédilection marquée pour le sexe féminin. De toutes les causes invoquées (congestions *a frigore,* paludisme, altitudes inclinées du cou, etc.), aucune n'est démontrée, et une enquête précise prouve généralement que le malade est originaire d'un pays à goitres: les goitres sporadiques rentrent donc dans les goitres endémiques. — Le g. endémique est surtout intéressant par ses relations avec le crétinisme, relations notées depuis longtemps (les Béotiens, dit-on, étaient goitreux). Le g. est le degré initial d'une dégénérescence dont le crétinisme complet constitue le dernier échelon. L'influence de l'hérédité est considérable: 80 p. 100 des crétins naissent de parents goitreux. La répartition géographique de l'endémie crétino-goitreuse prouve que la race n'a rien à voir dans son

étiologie. Les causes principales seraient l'air humide ou vicié, la mauvaise qualité des aliments et de l'eau. L'eau surtout est incriminée en France, sans que l'analyse chimique ait encore donné la solution du problème; une tendance nous porte à croire à l'heure actuelle que le g. serait une maladie infectieuse dont le parasite serait véhiculé par l'eau. Le germe est encore inconnu; mais on a constaté maintes fois qu'un enfant sain, transporté en pays goitreux, y contracte le g., puis dégénère et peu à peu devient crétin. — Le g. épidémique s'observe dans les agglomérations (pensions, prisons, casernes), mais il survient presque exclusivement dans les pays à goitres. Ce n'est donc qu'une variété du g. endémique.

III. *Symptomatologie.* — Seuls les signes physiques ont quelque constance: à l'inspection, la déformation de la région cervicale antérieure, où la tumeur prend la forme d'un fer à cheval à concavité supérieure, asymétrique d'ailleurs, bosselée irrégulièrement; superficiellement, on aperçoit des veines serpentines très volumineuses; mais le signe diagnostique le plus important est ce fait que la tumeur suit les mouvements d'ascension du larynx pendant la déglutition. A la palpation, la peau est mobile sur la tumeur qui, prise en masse elle-même, se laisse mouvoir transversalement, tandis qu'elle est immobile dans le sens vertical. — Les signes fonctionnels n'ont d'intérêt que quand ils prennent la valeur de complications; tantôt ils sont progressifs, tantôt ils surviennent brusquement à la suite d'une augmentation rapide du volume de la tumeur par hémorragie, poussée congestive ou inflammatoire; une douleur apparaît, un accès de dyspnée quelquefois passager, souvent durable. Comme troubles de début, on note souvent une faiblesse de la voix, légèrement rauque (voix goitreuse), s'accusant de plus en plus, due à la compression d'un ou des récurrents. Des accidents différents peuvent d'ailleurs se produire, tels que les crises d'asystolie.

IV. *Diagnostic.* — En face d'une tumeur de la région antérieure du cou, trois questions se posent: 1° La tumeur est-elle thyroïdienne? Quand il s'agit d'un g. ordinaire, occupant la glande anatomiquement normale, la réponse est presque toujours évidente avec les symptômes que nous avons indiqués. Avec les goitres aberrants, les difficultés sont plus grandes, et l'on doit consulter attentivement les antécédents du malade (tuberculose, syphilis), examiner le corps thyroïde vrai, et les organes voisins (larynx, œsophage). — 2° La tumeur thyroïdienne est-elle un goitre? La congestion thyroïdienne, avec sa brusquerie, son étiologie spéciale, la thyroïdite aiguë avec sa fièvre, sa dysphagie et sa dyspnée précoces seront aisément reconnues. Le cancer est impossible à distinguer à la période de début: ce n'est que plus tard, lorsqu'il se caractérise à la période d'état, qu'il se différencie, entre autres signes, par la dissémination des carotides qu'on ne peut isoler, ni sentir battre derrière la tumeur. — 3° Quelle est la variété du g.? Le g. exophtalmique est assez vite éliminé, à moins qu'on n'ait affaire à une forme fruste. (Voy. plus loin.) Reste la variété anatomique du g.: total ou partiel, diffus ou nucléaire, parenchymateux, fibreux, colloïde, kystique, vasculaire? C'est la palpation qui donne les meilleurs renseignements au clinicien.

V. *Pronostic.* — Le début est généralement obscur et méconnu; l'évolution est lente. La guérison spontanée est possible, mais rare. Les allures du g. sont celles d'une tumeur bénigne; cependant il peut se transformer en cancer, et les accidents sérieux, menaçants même, sont loin d'être rares, même en laissant de côté la difformité qu'il entraîne.

VI. *Traitement.* — Le traitement du g. comprend plusieurs chapitres. La prophylaxie consiste en l'amenée d'eaux salubres. Le traitement curatif peut être médical; il est souvent d'une efficacité remarquable et repose sur l'emploi de l'iode en solution aqueuse (iodure de potassium), ou, depuis quelques années, à l'état d'iodoforme. Au point de vue chirurgical, certaines opérations palliatives peuvent être indiquées pour parer aux accidents de compression (trachéotomie). Des méthodes curatives chirurgicales, trois seulement ont résisté: 1° Les injections irritantes interstitielles. — 2° La ligature atrophiante des artères efférentes. — 3° La thyroïdectomie avec ses divers procédés. Il convient de s'arrêter quelques instants à cette dernière méthode thérapeutique. On a d'abord prôné la thyroïdectomie totale, mais les résultats physiologiques désastreux ont fait reculer les opérateurs. En effet, outre les accidents d'ordre septique ou dus à des raisons anatomiques, il en est d'autres qui semblent liés d'une façon toute spéciale à la suppression de la glande thyroïde, à la cessation de ses fonctions, et que les autres opérations sur le cou n'entraînent pas. Les phénomènes sont les uns précoces (troubles cérébraux, manie aiguë, tétanie, hystérie), les autres tardifs (cachexie strumiprive) ; mais un lien commun paraît unir les deux catégories. La *cachexie strumiprive*, le *myxœdème opératoire* est de tous le plus intéressant. L'évolution des phénomènes est progressive, commence par la pâleur, la lassitude, la faiblesse, la maladresse et la pesanteur des membres, se continue par les phénomènes intellectuels, par une diminution caractérisée de l'activité cérébrale, par un arrêt de la croissance chez les adolescents. La thyroïdectomie totale est à peu près seule exposée à cette cachexie avec une fréquence particulière chez les sujets incomplètement développés : or il faut être prévenu qu'un grand nombre de ces opérations, considérées comme totales, sont cependant partielles. Étant donné que les goitreux ne présentent pas les mêmes perturbations que les thyroïdectomisés, il faut attribuer à la glande thyroïde une fonction dont la suppression engendre les complications décrites. Quelle est cette fonction ? Nombre d'hypothèses ont été émises : régulation de la circulation cérébrale, centre d'action nerveuse, organe dépuratoire. Quoi qu'il en soit, ces théories ont donné jour à une thérapeutique nouvelle : l'ingestion de glandes thyroïdes crues ou de tablettes thyroïdiennes, méthode rationnelle, mais encore trop récente pour être jugée.

GOITREUX, EUSE. adj. Qui est de la nature du goître. *Tumeur goitreuse.* || Qui est affecté du goître. *Cette jeune fille est goitreuse.* — Subst., *Il y a beaucoup de g. dans cette vallée.*

GOJAM, région de l'Abyssinie du S.

GOLBÉRY (DE), érudit fr., né à Colmar (1786-1824).

GOLCONDE, anc. capit. ruinée de l'empire des Sultans du Deccan (Inde du Sud).

GOLDAU, village du canton de Schwyz (Suisse), fut détruit par un éboulement de montagnes le 2 septembre 1806.

GOLDONI (CARLO), le plus grand auteur comique de l'Italie, a donné au Théâtre-Français le *Bourru bienfaisant* (1707-1793).

GOLDSCHMIDT, peintre et astronome allemand, naturalisé Français (1802-1866).

GOLDSMITH (OLIVIER), poète et romancier anglais, auteur du roman *le Vicaire de Wakefield* 1728-1774).

GOLEA (EL), oasis de la prov. d'Alger au S. et à 88 lieues de Laghouat.

GOLFE. s. m. (gr. *κόλπος*, m. s.). T. Géogr. Partie de mer qui rentre dans les terres. Voy. BAIE. || T. Anat. *G. de la veine jugulaire*, Partie où cette veine s'élargit.

GOLFE-JOUAN, hameau de la commune de Vallauris (Alpes-Maritimes). Port de pêche et belle rade. Napoléon y débarqua le 1er mars 1815, à son retour de l'île d'Elbe.

GOLGOTHA, nom hébreu du Calvaire.

GOLIARD. s. m. (R. nom propre *Golias*). Nom donné au moyen âge à des clercs vagabonds et de mœurs dissolues qui froudaient l'Église établie et la cour de Rome. Ils ont laissé en France, en Italie, en Allemagne, en Angleterre, toute une littérature satirique.

GOLIATH, géant philistin, qui fut tué par David d'un coup de fronde. || T. Ent. Genre de *Coléoptères* des pays tropicaux, remarquables par leur grande taille. Voy. SCARABÉIDES.

GOLO, riv. de la côte orient. de Corse ; 84 kil.

GOLTZ (VON DER), grande famille de comtes et de barons prussiens.

GOLUCHOWSKI (Comte), homme politique autrichien (1812-1875).

GOMAR (FRANÇOIS), célèbre théologien protestant, né à Bruges (1563-1641).

GOMARISTE. s. m. (R. *Gomar*, nom propre). Sectaire protestant attaché à la doctrine de la prédestination.

GOMBAULD (JEAN-OGIER DE), poète calviniste, né à Saint-Just-de-Lussac (1570-1666).

GOMBERVILLE (MARIN LE ROY, sieur DE), littérateur fr., né à Paris (1600-1674).

GOMBETTE. adj. f. T. Hist. *Loi Gombette*, Loi promulguée en 502 par Gondebaud, roi des Burgondes.

GOMBO. s. m. T. Bot. Nom vulgaire sous lequel on désigne l'*Hibiscus esculentus*, plante de la famille des *Malvacées*. Voy. ce mot.

GOMÈNE. s. f. (ital. *gomena*, m. s.). Câble qui retient l'ancre d'une galère.

GOMER, fils de Japhet.

GOMERA, l'une des îles *Canaries*. Voy. ce mot.

GOMEZ, peintre espagnol, esclave et élève de Murillo, mort après 1682.

GOMMAGE. s. m. [Pr. *go-ma-je*]. Action de gommer. || Adhérence défectueuse des fils de soie entre eux.

GOMMART. s. m. [Pr. *go-mar*] (R. gomme). T. Bot. Nom vulgaire du *Bursera gummifera*, arbre de la famille des *Anacardiacées*. Voy. ce mot.

GOMME. s. f. [Pr. *go-me*] (lat. *gummi*, m. s., du gr. *κόμμι*, dérivé lui-même de l'égyptien ou copte *cama*). Substance visqueuse et transparente qui découle de certains arbres. || Fig., *La g., la haute g.*, Se dit de l'ensemble des jeunes gommeux.

Pharm. — Les *Gommes* proprement dites découlent naturellement de plusieurs végétaux appartenant aux familles des Rosacées et des Légumineuses. Elles diffèrent entre elles sous plusieurs rapports, mais elles jouissent toutes de la propriété d'être insolubles dans l'alcool, l'éther, les huiles essentielles, les huiles fixes et les solutions alcalines concentrées. Elles sont incristallisables, inodores, d'une saveur fade, et inaltérables à l'air. Traitées par l'eau, elles s'y dissolvent ou finissant par un liquide mucilagineux, filant et collant, ou bien s'y gonflent de manière à former une sorte de gelée plus ou moins épaisse qu'on nomme *Mucilage*. Traitées par l'acide azotique, elles donnent un précipité qui est de l'*acide mucique*, et se produit en même temps de l'*acide oxalique*, ainsi qu'une petite quantité d'acide tartrique et d'acide saccharique. On distingue trois espèces de gomme : la *G. arabique*, la *G. adragante* et la *G. du pays*.

1° La *G. arabique* est produite par diverses espèces du genre Acacia. Son nom lui vient du pays qui la fournissait anciennement au commerce, mais presque toute celle que l'on emploie aujourd'hui nous arrive du Sénégal et du Soudan. Les Acacias gommiers sont : 1° l'*Acacia Verek* qui s'étend depuis la Nubie jusqu'à la Sénégambie, à travers le Soudan ; 2° l'*A. stenocarpa* qui habite le sud de la Nubie et l'Abyssinie ; 3° l'*A. Seyal* qui croît dans le Sennaar et le sud de la Nubie ; 4° l'*A. Arabica* qui vient au Sénégal et dans la région du Nil ; 5° l'*A. horrida* très répandu dans les déserts du sud de l'Afrique.

Bien que les auteurs ne soient pas d'accord sur la formation de la gomme, la plupart s'accordent pour admettre que c'est un produit pathologique ; les tissus sont atteints d'une véritable affection gommeuse ou *gommose*, à la suite de laquelle les éléments de la membrane cellulaire se transforment en matières solubles. Quoi qu'il en soit, la maladie qui produit la gomme est endémique, car tous les Acacias gommiers en sont simultanément atteints dans une région donnée.

L'exsudation se fait naturellement, à la suite de la saison pluvieuse, et elle est facilitée par la dessiccation de l'écorce qui se fendille sous l'influence des vents chauds du désert qui soufflent à cette époque. Dans certaines régions, on pratique des incisions sur les troncs et les branches dans le but de provoquer l'écoulement de la gomme. Celle-ci se concrète en fragments dont la grosseur varie avec le temps. La récolte est faite par les Maures, qui viennent camper dans les forêts d'Acacias et qui enlèvent les fragments de gomme à la main, ou à l'aide d'une perche munie d'un crochet de fer à l'extrémité. La récolte finie, ils viennent offrir leur produit aux négociants de nos escales. L'échange se fait, non avec de l'or ou de l'argent, mais avec un certain nombre d'articles dont le principal est la *guinée*, pièce de cotonnade bleue d'une dimension déterminée; le reste consiste en armes, poudre de guerre, verrerie, sucre, etc. Après achat, les gommes sont triées sommairement, mises en balle, et expédiées à Saint-Louis du Sénégal où elles subissent un premier triage, puis envoyées à Bordeaux, où elles subissent un triage plus complet, qui permet de les subdiviser en 7 ou 8 catégories, selon l'usage auquel on les destine.

Cette g. se présente sous forme de petites masses arrondies translucides, à cassure conchoïdale et vitreuse, sans saveur ni odeur, et de couleur blanche, blonde ou rougeâtre. Elle se dissout en toutes proportions dans l'eau, et sa dissolution est épaisse, de saveur fade, à réaction nettement acide; elle se dissout dans l'alcool faible, mais cette solubilité diminue rapidement à mesure que le titre alcoolique s'élève; elle dévie à gauche le plan de polarisation. Elle est essentiellement constituée par un mélange de combinaisons solubles d'un acide végétal (*acide gummique, acide arabique, arabine*) avec des bases minérales (chaux et potasse). D'après des recherches récentes, la gomme serait composée pour la plus grande partie par deux anhydrides de glucose: un *anhydride d'hexaglucose* et un *anhydride de pentaglucose*.

Les gommes arabiques utilisées en médecine et dans l'industrie sont désignées sous différents noms qui rappellent leur pays d'origine. Les principales sont les *gommes du Sénégal* et les *gommes du Soudan*. On distingue dans les gommes du Sénégal : 1° la *g. du bas du fleuve* ou de *Podor*, dont la traite commence à Dagana, à 167 kil. de la côte et se termine à Matam, à 601 kil.; 2° la *g. du haut du fleuve* ou de *Galam* dont la traite commence à Bakel et se termine à Médine, où se trouve à 1,150 kil. de la côte. Les gommes du Soudan présentent aussi plusieurs variétés : 1° la *g. du Kordofan*, désignée sous le nom de *g. blanche du Sennaar* qui est la plus estimée; 2° la *g. dure de Khartoum*; 3° la *g. Gé-ireh*, de qualité inférieure; 4° la *g. Talca* ou *g. de Souakim*, très inférieure.

Il faut encore signaler la *g. d'Aden* qui est récoltée dans le pays des Somalis; la *g. du Cap* qui est exportée en assez grande quantité; la *g. de l'Inde* qui commence à faire l'objet d'un trafic assez important; la *g. d'Australie* fournie par les *Acacia pycnantha, decurrens, dealbata*.

Les usages de la g. arabique sont très nombreux. En thérapeutique, elle constitue un des adoucissants les plus usités dans les maladies inflammatoires, et s'administre sous forme de poudre, de sirop, de mucilage, etc. Elle fait la base des pâtes dites de jujube, de lichen, de dattes, etc. On l'emploie aussi comme intermède pour administrer les substances insolubles dans l'eau, telles que le charbon, les résines, les huiles fixes ou volatiles, etc. Dans l'économie domestique et dans l'industrie, elle est employée dans la confection des sirops, des bonbons, etc., ainsi que pour apprêter les étoffes, vernir les estampes coloriées, coller le papier, préparer l'encre de Chine et les couleurs auxquelles on veut donner du lustre et de la fixité, etc.

2° la *G. adragante* découle de plusieurs espèces d'Astragales, et particulièrement des *Astragalus verus, creticus, gummifer, brachycalyx*, etc. Cette g. n'est pas entièrement soluble dans l'eau, mais elle s'y gonfle considérablement en formant un mucilage très tenace et très épais, propriété qu'elle doit à la *bassorine*; ce mucilage se colore en bleu par l'iode. La g. adragante est blanche, conservant une sorte d'élasticité qui la rend difficile à pulvériser. Dans le commerce, la g. adragante se trouve sous la forme de rubans aplatis et tortillés, ou bien de plaques plus ou moins larges et marquées d'élévations arquées ou concentriques. Elle porte, dans le premier cas le nom de g. *vermiculée*, et, dans le second, celui de g. *en plaques*. La g. adragante sert dans l'industrie pour apprêter les cuirs et plusieurs tissus; en pharmacie, pour donner de la consistance aux pastilles et aux loochs; et, dans l'art du confiseur, pour préparer des crèmes et des gelées.

Sous les noms de *G. pseudo-adragante*, de *G. de Bassora*, on désigne diverses sortes de gommes qui ressemblent plus ou moins à la g. adragante et qui servent à falsifier cette dernière.

3° la *G. du pays*, appelée aussi *G. nostras*, exsude naturellement à travers l'écorce de plusieurs de nos Rosacées, surtout du cerisier, du prunier et de l'abricotier. Elle est en morceaux agglutinés, transparents, d'un brun jaunâtre plus ou moins foncé, et ordinairement salie par diverses impuretés. Elle résulte du mélange de plusieurs substances, dont une, la *Cérasine*, paraît être son principe dominant. Mise dans l'eau froide, la g. du pays s'y gonfle, mais s'y dissout très difficilement, et son mucilage manque de liant. Soumise à une longue ébullition, une portion notable s'y dissout et s'y

transforme en un produit qui a beaucoup de ressemblance avec l'arabine. Cette g. n'est employée que par les chapeliers, qui la mêlent à la gélatine pour donner l'apprêt au feutre.

Sous le nom de *gomme ammoniaque*, on désigne une gomme-résine produite par plusieurs espèces du genre *Dorema*. Voy. GOMME-RÉSINE et OMBELLIFÈRES.

Arboric — Maladie propre aux fruits à noyau, appelée aussi *gommose* On la reconnaît à des sécrétions qui se produisent à la surface des rameaux ou des branches en déchirant l'écorce. Bientôt les parties environnantes sont désorganisées par le contact des sucs exsudés par ces plaies; celles-ci grandissent, et si l'altération des tissus s'étend à toute la circonférence de la branche, les parties placées au-dessus se dessèchent rapidement et meurent. Dans les jeunes arbres, la g. est souvent le résultat d'une taille trop courte ou de pincements trop rigoureux La sève, refoulée dans un espace trop restreint, déchire les tissus, s'extravase, fermente et se fait jour à travers l'écorce. Pour prévenir cet accident, on réserve, sur chaque branche vigoureuse, un nombre de bourgeons suffisants pour absorber cette sève, et l'on pratique les pincements, ou la taille en vert, à plusieurs reprises. Dans les arbres âgés, la g. est souvent le résultat d'une gêne dans la circulation des fluides; les vieilles écorces perdent de leur élasticité, ne se prêtent plus au grossissement de l'arbre et compriment les vaisseaux séveux. Dès que les écorces présentent ce caractère, il convient d'y pratiquer quelques incisions longitudinales qui ne devront pas pénétrer jusqu'au corps ligneux. Quant aux parties déjà attaquées, on doit les enlever jusqu'au vif avec un instrument très tranchant. Si l'écoulement gommeux continue, on essuie fréquemment les plaies avec une éponge mouillée. Après quelques jours la cicatrisation s'opère par dessèchement; on la provoque, s'il y a lieu, par un lavage avec un peu d'acide oxalique étendu d'eau, ou par le frottement avec des feuilles d'oseille, puis on recouvre les plaies avec le mastic à greffer.

GOMME-GUTTE. s. f. (lat. *gummi gutta*, gouttes de gomme). T. Pharm. et Comm. Nom donné à une gomme-résine de couleur jaune produite par diverses espèces du genre *Garcinia*, et surtout par le *G. Morella*, var. *pedunculata*, qui fournit la plus belle qualité, la *G.-gutte de Siam*. Voy. CLUSIACÉES.

GOMMELINE. s. f. [Pr. *go-meline*]. Syn. de *gomme artificielle*. C'est de la dextrine desséchée et moulée.

GOMMEMENT. s. m. [Pr. *go-me-man*]. Action de gommer.

GOMMER. v. a. [Pr. *go-mer*]. Enduire de gomme. *G. de la toile*, 1° G. une couleur, Y mêler un peu de gomme, pour que la couleur ait plus de corps et qu'elle tienne mieux sur la toile, le papier, etc. *Mêler avec de la gomme. Une absinthe gommée*. = GOMMÉ, ÉE. p. *Taffetas g.*, Taffetas enduit d'une substance qui le rend imperméable. — Taffetas enduit d'une préparation qu'on met sur les coupures.

GOMME-RÉSINE s. f. [Pr. *go-me-rézine*]. Pl. Des gommes-résines. On donne le nom de g.-résine à des produits où l'on trouve à l'état de mélange de la *gomme* et de la *résine*. Ces substances ne sont pas complètement solubles dans l'eau, ni dans l'alcool. La partie gommeuse se dissout en formant un mucilage qui tient les autres principes en suspension. La résine se dissout dans l'alcool; le meilleur dissolvant est l'alcool à 60°. Enfin, certaines gommes-résines renferment, en outre, de l'huile essentielle. Les gommes-résines se rencontrent dans un grand nombre de végétaux, mais plus spécialement dans certaines familles : Ombellifères, Anacardiacées, Clusiacées, Euphorbiacées. La distribution géographique des plantes à g.-résine est des plus curieuses; elles appartiennent toutes aux pays chauds et se rangent sur une zone qui s'étend depuis le Maroc, qui donne la g.-résine d'Euphorbe, jusqu'au Cambodge, d'où vient la gomme-gutte. Cette zone passe par l'Arabie (Encens et Myrrhe), l'Asie Mineure (Scammonée) et la Perse (gommes-résines des Ombellifères).

Les gommes-résines sont assez nombreuses et varient considérablement sous le rapport de leurs propriétés et, par conséquent, de leurs usages. Nous donnons ici la liste des principaux produits qui rentrent dans ce groupe. — *G. ammoniaque*, Dorema ammoniacum, Dorema Auchori, OMBELLIFÈRES. — *Asa fœtida*, Ferula Asa fœtida, Fer, Narthex, OMBELLIFÈRES. — *Bdellium*, Balsamodendrum africanum, ANACARDIACÉES. — *Encens*, Boswellia Carterii, ANACARDIACÉES. Voy. ENCENS. — *Euphorbium*, Euphorbia résinifera, EUPHORBIACÉES. —

Galbanum, Ferula galbaniflua, OMBELLIFÈRES. — *Gomme-gutte,* Garcinia morella, var. pedunculata, GUTTIFÈRES — *Myrrhe,* Balsamodendron Ehrenbergianum, ANACARDIACÉES. — *Opopanax,* Opopanax Chironium, OMBELLIFÈRES. — *Scammonée vraie,* Convolvulus Scammonia, CONVOLVULACÉES. — *G. de Siam,* syn. de Gomme-gutte. — *Sagapenum, ou G. séraphique,* Ferula Persica, OMBELLIFÈRES.

GOMMEUX, EUSE. adj. [Pr. *go-meu*. Qui produit de la gomme. *Il y a dans ce pays beaucoup d'arbres g. et résineux.* || Qui contient de la gomme. *Extrait g.* | Qui est ou se rapproche de la nature de la gomme. *Suc g. Matière gommeuse.* =GOMMEUX. s. m. T. Néol. Jeune homme épuisé par les excès et réduit à prendre la gomme. || Par ext., Jeune homme à la mode. On dit aussi *Une gommeuse.*

GOMMIER. s. m. [Pr. *go-mié*]. T. Bot. Un des noms vulgaires du *Bursera gummifera.* Voy. ANACARDIACÉES.

GOMMIFÈRE. adj. 2 g. [Pr. *Gom-mifère*] (R. *gomme,* et lat. *ferre,* porter). T. Bot. Qui produit de la gomme.

GOMMIQUE. adj. 2 g. [Pr. *gom-mike*]. Qui se rapporte aux gommes.

GOMMOIR. s. m. [Pr. *go-moir*], Baquet contenant la gomme dont se sert le fabricant d'indienne.

GOMMOSE. s. f. [Pr. *gom-moze*] (R. *gomme*). Nom d'une maladie des arbres, caractérisée par la production de gomme dans le bois ou dans l'écorce. Voy. GOMME, Arbor.

GOMONTIA. s. m. [Pr. *go-mon-sia*] (R. *Gomont,* algologue français). T. Bot. Genre d'Algues de la famille des *Confervacées.* Voy. ce mot.

GOMORRHE, anc. v. de Palestine, fu détruite par le feu du ciel.

GOMPHOCARPE. s. m. (gr. γόμφος, clou; χαρπὸς, fruit). Genre de plantes Dicotylédones (*Gomphocarpus*) de la famille des *Asclépiadées.* Voy. ce mot.

GOMPHONEMA. s. m. (gr. γόμφος, clou). T. Bot. Genre d'Algues de la famille des *Diatomacées.* Voy. ce mot.

GOMPHOSE. s. f. (gr. γόμφωσις, assemblage; de γόμφος, clou). T. Anat. Espèce d'articulation immobile. Voy. ARTICULATION.

GOMPHRÈNE. s. m. T. Bot. Genre de plantes Dicotylédones (*Gomphrena*), de la famille des *Chénopodiacées.* Voy. ce mot.

GOMPHRÉNÉES. s. f. pl. (R. *gomphrène*). T. Bot. Tribu de végétaux de la famille des *Chénopodiacées.* Voy. ce mot.

GONAGRE. s. f. (gr. γόνυ, genou; ἄγρα, prise). T. Méd. Goutte au genou.

GONAÏVES (LES), ville et port de la république d'Haïti (Antilles). On y proclama l'indépendance d'Haïti.

GONALGIE. s. f. (gr. γόνυ, genou; ἄλγος, douleur). T. Méd. Douleur rhumatismale fixée sur l'articulation du genou.

GONARTHROCACE. s. f. (gr. γόνυ, genou; ἄρθρον, articulation; χάχη, maladie). Inflammation des surfaces articulaires du genou.

GONATOCÈRES. s. m. pl. (gr. γόνυ, γόνατος, angle articulation; χέρας, corne). T. Entom. Une des sections de la famille des *Curculionides.* Voy. ce mot.

GONCELIN, ch.-l. de c. (Isère), arr. de Grenoble, 1,500 hab.

GONCOURT (EDMOND DE), romancier fr. (1822-1896). || Son frère, JULES DE GONCOURT, romancier fr. (1833-1870).

GOND. s. m. [Pr. *gon*] (bas-lat. *gumphus*; gr. γόμφος, clou). Morceau de fer coudé en équerre sur lequel tournent les pentures d'une porte ou d'une fenêtre. || Fig., prov. et fam., *Faire sortir, mettre quelqu'un hors des gonds,* Le

mettre tellement en colère, qu'il soit comme hors de lui-même. || Fondement, base morale.

Secoués de leurs gonds antiques,
Les Empires, les Républiques
S'écroulent en débris épars.
　　　　　　　　　　LAMARTINE.

|| T. Anat. Première vertèbre du cou, sur laquelle tourne la tête.

GONDAR, v. d'Abyssinie, cap. de l'Amhara; point de départ des caravanes; 8,000 hab.

GONDEBAUD, roi des Burgondes, fit périr ses trois frères, Chilpéric, Gondemar et Godégisèle, et donna sa nièce Clotilde en mariage à Clovis, qui le vainquit. Il est l'auteur de la loi Combette, promulguée à Lyon en 502.

GONDÉGISÈLE. Voy. GODÉGISÈLE.

GONDEMAR, roi des Burgondes de 523 à 532, fils de Gondebaud, vaincu à Autun par Childebert et Clotaire (534).

GONDER. v. a. T. Archit. Mettre des gonds à une porte.

GONDI (JEAN-FRANÇOIS-PAUL DE), cardinal de Retz, joua un rôle important dans les troubles de la Fronde; a laissé des *Mémoires* (1614-1679).

GONDICAIRE, roi des Burgondes, tué par Attila (385-436).

GONDOKORO, v. de la région du haut Nil, près la rive droite du Nil.

GONDOLAGE. s. m. Action de gondoler.

GONDOLE. s. f. (gr. κουντελἀς, barque; de κόνδυ, vase à boire). Petit vase à boire, long et étroit, qui n'a ni pied ni anse. || Petit bateau long et plat en usage à Venise. || Soucoupe ovale pour lotions aux yeux. || Rigole pavée. || Nom donné à des voitures publiques qui faisaient le service des environs de Paris. || Sorte de panier, sans dossier de mobile.
　Navig. — Venise se trouvant coupée par une multitude de canaux qui rendent l'emploi des voitures et des chevaux impossible, on est obligé de faire par eau tous les trajets un peu longs. On se sert pour cela de bateaux longs, étroits et très légers, appelés *Gondoles* (Fig. ci-dessous). Leur proue est munie d'un

fer plat, dentelé et recourbé en forme d'S. Le batelier ou *Gondolier,* armé d'une seule rame, est placé debout à l'arrière. Il manœuvre son aviron, soit en pagayant, soit en lui imprimant le mouvement de la queue d'un poisson. Les gondoles sont peintes en noir, et le plus souvent recouvertes d'une étoffe de même couleur; parfois aussi elles sont ornées de franges et de houppes. Elles portent, vers le milieu, une petite chambre, qui est tapissée d'une étoffe également noire. Enfin, elles sont pourvues, pendant la nuit, de lanternes allumées. Les gondoles étaient autrefois très nombreuses, mais diverses causes en restreignent chaque jour l'usage.

GONDOLER. v. n. (R. *gondole*). T. Mar. Un bâtiment gondole quand les extrémités s'en relèvent comme celles des gondoles. || T. Techn. Se gonfler, se déjeter, se bomber, en parlant du bois, du carton, etc. || Fig., *Se gondoler,* Rire sans retenue. Pop.

GONDOLIER, IÈRE. s. Batelier, batelière, qui conduit une gondole.

GONDOVALD, fils naturel de Clotaire Ier (550-585).

GONDRECOURT, ch.-l. de c. (Meuse), arr. de Commercy; 2,000 hab.

GONDRIN (Louis de Pardaillan de), archevêque de Sens (1620-1674).

GONESSE, ch.-l. de c. (Seine-et-Oise), arr. de Pontoise; 2,600 hab.

GONFALON. s. m. (Anc. haut-all. *gunffano*, bannière de combat). Au moyen âge, on appelait *G.* ou *Gonfanon*, une espèce de bannière qui était ornée de plusieurs pendants ou *fanons*. En France, ce nom était réservé aux bannières sous lesquelles se rangeaient les hommes, les vassaux convoqués pour la défense des églises et des terres ecclésiastiques. Dans les républiques italiennes, au contraire, le g. était la bannière de l'État, et l'on appelait *Gonfalonier* celui qui était chargé de la porter. A Florence, le gonfalonier était choisi parmi le peuple, et avait à ses ordres un corps de mille hommes, avec la mission spéciale de protéger l'exécution des lois. Dans certaines villes, on donnait ce titre au chef de l'État. Enfin, aujourd'hui, il est encore usité dans quelques parties de l'Italie, mais il désigne simplement un officier municipal qui remplit à peu près les fonctions que les maires remplissent chez nous.

GONFALONIER. s. m. Celui qui porte le gonfalon. ‖ *G. de justice*, Titre du chef de plusieurs républiques de l'Italie. ‖ *G. de l'Église*, Protecteur établi par les papes dans les villes d'Italie.

GONFANON. s. m. Voy. GONFALON.

GONFLE. s. f. Cavité dans le fil de métal que l'on tire à la filière. ‖ Matière muqueuse qui se montre sur les chiffons dans le pourrissoir, après quelques jours de fermentation. ‖ Petite ampoule.

GONFLEMENT. s. m. Enflure, augmentation du volume d'une partie du corps. — Action de gonfler, état de ce qui est gonflé. *G. d'estomac. Le g. d'un ballon.*

GONFLER. v. a. (lat. *conflare*, souffler dans). Rendre enflé, augmenter le volume d'un corps. *G. une vessie. Un pigeon qui gonfle sa gorge. Ce légume gonfle l'estomac.* ‖ Par ext., Enfler. *Le vent gonfle les voiles du navire. Un torrent gonflé par la fonte des neiges.* ‖ Fig.,*Ce succès l'a gonflé d'orgueil. Avoir le cœur gonflé de joie. Avoir le cœur gonflé*, Avoir envie de pleurer. = GONFLER. v. n. Augmenter de volume. *Dès qu'il a mangé, l'estomac lui gonfle. La pâte gonfle beaucoup par la fermentation.* = SE GONFLER. v. pron. *Le ballon commence à se g. Ses veines se gonflaient.* = GONFLÉ, ÉE. p. *Avoir le ventre gonflé. Elle avait les yeux gonflés de larmes. Un homme gonflé de la bonne opinion qu'il a de lui-même.*

GONG. s. m. Plateau de métal sonore sur lequel on frappe avec une baguette à tampon. Voy. TAM-TAM.

GONGORA Y ARGOTA (Luis de), poète espagnol, dont le style précieux fit école en France (1561-1627).

GONGORISME. s. m. (R. *Gongora*, nom propre). Affectation de style qui s'introduisit dans la littérature espagnole à la fin du XVIᵉ siècle et gagna la nôtre.

GONGORISTE. s. m. Imitateur de Gongora.

GONGYLE. s. m. (gr. γογγύλος, rond). T. Bot. Syn. de *Propagule*. Voy. ce mot. Inus.

GONIASMOMÈTRE. s. m. (gr. γωνιασμός, disposition en angle ; μέτρον, mesure). Instrument de topographie employé pour mesurer les angles.

GONICHON. s. m. (anc. fr. *gone*, robe). Cornet de gros papier qui recouvre la tête d'un pain de sucre.

GONIDIE. s. f. (gr. γόνος, sperme). T. Bot. Nom donné par les Lichénologues aux parties vertes, c.-à-d. aux Algues que l'on trouve à l'intérieur du thalle des *Lichens*. Voy. ce mot.

GONIN. s. m. (Orig. nom propre). N'est usité que dans cette loc. pop., *Maître g.*, qui se dit d'un fripon adroit et rusé.

GONIOGÈNE. adj. 2 g. (gr. γωνία, angle ; γενής, engendré). T. Min. *Cristal g.*, Cristal engendré par des décroissements sur les angles seulement.

GONIOMÈTRE. s. m. (gr. γωνία, angle ; μέτρον, mesure). T. Phys. Instrument servant à mesurer l'ouverture des angles des cristaux. Voy. CRISTALLOGRAPHIE, VII. ‖ T. Anthropométrie. Appareil destiné à la mensuration de l'angle facial.

GONIOMÉTRIE. s. f. (gr. γωνία, angle ; μέτρον, mesure). L'art de mesurer les angles.

GONIOMÉTRIQUE. adj. 2 g. Qui a rapport au goniomètre.

GONNE. s. f. [Pr. *go-ne*]. T. Mar. Futaille, baril.

GONNELIEU (Jérôme de), jésuite fr., né à Soissons, prédicateur et écrivain ascétique (1640-1715).

GONOCÈLE. s. f. (gr. γόνος, semence; κήλη, tumeur). T. Chir. Accumulation du sperme dans les vaisseaux séminifères.

GONOCOQUE. s. m. (gr. γόνος, semence ; κόκκος, petit corps rond). T. Path. Nom par lequel on désigne fréquemment le *Micrococcus gonorrhea* de Neisser, que l'on rencontre dans le pus de la blennorhagie et que l'on considère comme l'agent spécifique de cette maladie. Voy. MICROBES.

GONOLOBUS. s. m. (gr. γόνος, semence ; λοβος, lobe). T. Bot. Genre de plantes Dicotylédones de la famille des *Asclépiadées*. Voy. ce mot.

GONOPHORE. s. m. (gr. γόνος, semence ; φορός, qui porte). T. Bot. Prolongement du réceptacle, portant seulement les étamines et le pistil.

GONORRHÉE. s. f. [Pr. *gonor-ré*] (gr. γονόρροια, de γόνος, semence, et ῥεῖν, couler). T. Méd. Synon. de Blennorrhagie urétrale.

GONORRHÉIQUE. adj. 2 g. [Pr. *gonor-ré-ike*]. Qui appartient à la gonorrhée.

GONOTHÈQUE. s. m. (gr. γόνος, embryon; θήκη, gaine). T. Zool. Enveloppe chitineuse en forme de calice qui entoure les bourgeons sexuels de certaines colonies de *Cœlentérées*. Voy. CAMPANULAIRE.

GONTAUT, noble et ancienne famille de Gascogne.

GONTAUT (Duchesse de), gouvernante des Enfants de France, en 1819, a laissé des *Mémoires* curieux (1772-1857).

GONTRAN, 2ᵉ fils de Clotaire Iᵉʳ, roi de Bourgogne et d'Orléans (561), eut pour successeur son neveu Childebert II (593).

GONZAGUE (Saint Louis de), jésuite italien, mort à 23 ans, en 1591.

GONZAGUE, famille princière d'Italie, qui donna des souverains à Mantoue et à Guastalla, et dont les membres les plus célèbres sont : *Ferdinand Iᵉʳ de Gonzague*, un des principaux généraux de Charles-Quint ; *Anne de Gonzague*, princesse palatine (1616-1684), l'une des héroïnes de la Fronde et dont Bossuet prononça l'oraison funèbre ; et *Marie-Louise de Gonzague* (1612-1667), qui, destinée d'abord à Gaston d'Orléans, frère de Louis XIII, épousa successivement les rois de Pologne Ladislas VII et Jean-Casimir.

GONZALVE DE CORDOUE, surnommé le *grand capitaine* (1443-1515), joua le premier rôle dans la conquête de Grenade (1492) et dans les guerres d'Italie, au service de Ferdinand le Catholique.

GOODÉNIÉES. s. f. pl. [Pr. *gou-dé-niées*]. T. Bot. Voy. GOUDÉNIÈES.

GORD. s. m. [Pr. *gor*] (lat. *gurges*, gouffre). Pêcherie composée de deux rangs de perches qui sont plantées dans la rivière de manière à former un angle au sommet duquel se place le filet.

GORDES, ch.-l. de c. (Vaucluse), arr. d'Apt ; 1,800 hab.

GORDIEN. adj. m. Ne s'emploie que dans cette loc., *Nœud* *g.*, qui se dit figur., et par allus. au nœud de Gordius que personne ne pouvait défaire et qu'Alexandre trancha avec son épée, d'une difficulté qu'il est impossible ou extrêmement difficile de résoudre.

GORDIEN, surnommé *l'Africain*, empereur romain, s'étrangla après avoir vu périr son fils. Gordien II *le Jeune* (237). — Son petit-fils, GORDIEN III *le Pieux*, élevé à l'empire en 238, fut livré à Philippe dit *l'Arabe*, et mis à mort. (244).

GORDIUM, anc. v. d'Asie Mineure, cap. de la Phrygie.

GORDIUS, laboureur de Phrygie, fut nommé roi en accomplissement d'un oracle. Il consacra à Jupiter son char ou sa charrue; le nœud qui attachait le joug était tel que personne ne pouvait le défaire; l'empire de l'Asie était promis à qui le dénouerait. Alexandre le Grand trancha de son épée ce nœud, dit *nœud gordien*.

GORDIUS. s. m. (Nom propre). T. Zool. Genre de Vers. Voy. NÉMATHELMINTHES.

GORDON (CHARLES-GEORGES), célèbre général anglais, né à Woolwich. Gouverneur du Soudan, il périt après la prise de Khartoum par les Soudaniens (1833-1885).

GORDONIA. s. m. (R. Gordon, nom propre). T. Bot. Genre de plantes Dicotylédones de la famille des *Ternstrémiacées*. Voy. ce mot.

GORDYÈNE, nom donné dans l'histoire ancienne à la région montagneuse entre le Kurdistan et le lac de Van.

GORÉE, île et v. française de la colonie du Sénégal, près du cap Vert; 5,000 hab.

GORET. s. m. (vx fr. *gore*, truie.) Petit cochon. Fam. || Premier ouvrier chez les cordonniers, les chapeliers. | T. Mar. Balai plat, servant au nettoyage. || Fig. Enfant malpropre. Fam.

GORETER. v. a. T. Mar. Nettoyer avec un goret.

GORFOU. s. m. T. Ornith. Oiseaux appartenant à l'ordre des *Palmipèdes*. Voy. BRACHYPTÈRES

GORGE. s. f. (lat. *gurges*, gouffre). La partie antérieure du cou. *Il a la g. enflée. Se couper la g. Prendre, tenir quelqu'un à la g.* || Spécial. en parlant des oiseaux. *La g. d'un pigeon. Couleur g. de pigeon,* Couleur à reflets changeants. — Par extens., Nom popul. de plusieurs oiseaux. *Grosse g.*, le Combattant; *G. blanche,* sorte de mésange; *Rougegorge* (voy. ce mot). — *Couper la g. à quelqu'un,* L'égorger, le tuer. *Se couper la g. l'un à l'autre,* S'entre-tuer. *Se couper la g. avec quelqu'un,* Se battre en duel avec lui. || Fig. et fam., *Prendre quelqu'un à la g.,* Le contraindre avec violence à faire quelque chose. On dit dans le même sens : *Tenir le pied sur la g. à quelqu'un; lui mettre, lui tenir le couteau, le poignard, le pistolet sur la g.;* et on parl. de la personne qui est l'objet d'une violence, qu'*Elle a la couteau, etc., sur la g.* — *Tenir quelqu'un à la g.,* Le réduire dans un état à ne pouvoir faire aucune résistance à ce qu'on veut de lui. — *Couper la g. à quelqu'un,* Faire quelque chose qui le ruine, qui le perd. *Cette mauvaise affaire lui a coupé la g.* — *Cet argument, cette pièce, etc., lui coupe la g.,* Détruit entièrement ses assertions, ses prétentions. — *Tendre la g.,* Livrer sa vie à un assassin sans faire aucune résistance. — Le gosier, la cavité qui est située en arrière de la bouche. *Il a un violent mal de g. Avoir mal à la g.* — *Chanter de la g.,* se dit d'un chanteur dont la voix a un timbre guttural. — *Rire, crier à pleine g.,* à g. *déployée,* Rire, crier de toute sa force. — Fam., *Le rire ne passe pas le nœud de la g.,* C'est un ris forcé. *Avoir la g. sèche, altérée. Il en a menti par la g., il en a menti ouvertement.* — Autrefois, pour donner *ortement* un démenti à quelqu'un, on disait : *Il en a menti, il a menti par sa g.* || Fig. et fam., *Faire rentrer à quelqu'un les paroles dans la g.,* L'obliger à désavouer les paroles offensantes qu'il s'est permises. — *Rendre g.,* Vomir après avoir trop bu ou trop mangé. Fig., au sens moral, *Rendre g.,* se dit pour Restituer ce qu'on a pris injustement. *On fit rendre g. aux traitants.* || T. Chasse. *Ce chien a bonne g.,* Il a la voix forte. || La partie supérieure de la poitrine et le sein d'une femme. Dé-

couvrir, cacher sa *g.* *Elle a la g. belle, la g. plate.* || Par ext., La partie supérieure de la chemise d'une femme. == T. Fauconnier. *G. chaude,* La chair des animaux vivants que l'on donne aux oiseaux de proie. *Voler sur sa g.,* Prendre son vol immédiatement après s'être repu. — *G. froide,* Viande des animaux morts que l'on donne aux oiseaux de proie. || Fig. et fam., *Faire une g. chaude de quelque chose,* En profiter. *Il comptait avoir cette succession et en faire une bonne g. chaude.* Vx. — *Faire des gorges chaudes de quelque chose,* Faire des plaisanteries sur ce sujet en société. *Nous connaissons son histoire, et nous en avons fait des gorges chaudes.* == Par anal., Gorge se dit pour orifice, ouverture, entrée. *La g. d'une cloche, La g. d'une tabatière. La g. d'un calice, d'une corolle.* || T. Géom. *Ellipse de g.,* Section elliptique principale d'un hyperboloïde à une nappe. || T. Artill. Moulure arrondie qui sert d'ornement au canon. || T. Techn. Premier tronçon qu'un coutelier coupe dans une corne ou dans une dent d'ivoire. — Morceau de bois échancré auquel les porteurs d'eau suspendent leurs seaux. — Partie antérieure d'une écritoire destinée à recevoir les plumes, les crayons, les canifs. || T. Guerre. L'entrée d'une fortification du côté de la place ou des défenseurs. *Ouvrage fermé à la g.* Voy. FORTIFICATION, I, C. || En parl. de montagnes, Passage étroit, défilé qui est situé entre deux montagnes. *Les gorges des Alpes étaient impraticables.* == T. Architect. Moulure concave. || *La g. d'une poulie,* La cannelure qui est pratiquée sur sa circonférence. || *La g. d'un éventail,* Partie où est un clou rivé qui en relient les brins. — *La g. d'une charrue,* La partie antérieure du déversoir. || T. Bot. Partie rétrécie d'une corolle gamopétale. Voy. FLEUR. || *La g. d'un bassin à barbe,* Échancrure. == Morceau de bois tourné auquel on attache les cartes de géographie, les estampes, etc., pour pouvoir les rouler. || Entrée d'une cheminée à manteau. || Étranglement à l'orifice d'une fusée. || *G. d'amaigrissement,* Entaille à angle aigu dans une pièce de charpente. || *G. d'une serrure,* Partie du ressort à laquelle répond la barbe du pêne.

Anecdotes. — Le marquis de la Fare, que Louis XV avait envoyé au-devant de sa belle-fille, la princesse de Saxe, étant venu lui rendre compte de sa mission, le roi lui demanda : « Et ma belle-fille comment est-elle ? — Sire, j'ai trouvé Son Altesse fort bien ; elle a de grandes manières, un air fort distingué et de très belles mains, des... — Ta, ta, ta, interrompit brusquement le roi, est-ce là ce que je vous demande ? A-t-elle de la gorge ? — Eh bien, Monsieur le marquis, répliqua Louis XV, vous êtes un nigaud ; la gorge est toujours la première chose qu'il faut regarder chez une femme. »

Voltaire rencontre dans un salon une vieille marquise un peu trop décolletée ; le voyant jeter les yeux sur sa poitrine, elle lui dit en minaudant : « Eh quoi ! Monsieur de Voltaire, à votre âge, vous regardez encore ces petits coquins-là ? — Ah ! Madame, répliqua le malin vieillard, ces petits coquins sont bien les plus grands pendards que je connaisse. »

Le pape Pie VI, se promenant dans les galeries du Vatican, vit passer une dame fort décolletée, et qui portait au cou une belle croix en diamant : « Saint-Père, voyez donc la belle croix, lui dit le cardinal qui l'accompagnait. — Oui, repartit le pontife, la croix est fort belle, mais le calvaire est encore plus beau que la croix. »

La timidité de Louis XIII avec les femmes allait parfois jusqu'à la grossièreté. Un jour, Mlle de la Fayette mit un billet dans son corset et défia le roi de venir l'y chercher. Il ne prit pas des pincettes !

GORGE-DE-PIGEON. adj. invariable. Se dit d'une couleur à reflets changeants.

GORGÉE. s. f. La quantité de liquide que l'on peut avaler en une seule fois. || T. Faucon. Ce dont on gorge l'oiseau.

GORGE-FOUILLE. s. f. (Pr. *gor-je-fou-lle, ll* mouill]. (R. *gorge* et *fouillée,* part. de *fouiller*). Bec de cane dont l'extrémité du fer est recourbée et arrondie.

GORGER. v. a. (R. *gorge*). Faire manger avec excès. *On les a gorgés de vins et de viandes. G. des chapons.* || Fig., en parl. des richesses, Combler. *La fortune l'a gorgé de biens.* Absolum., *Le roi a gorgé cette famille.* || *G. une fusée,* Remplir la cartouche jusqu'à la gorge. == SE GORGER. v. pron. Se dit au prop. et au fig. *Les soldats se gorgèrent de.*

boire et de manger. *Ils se sont gorgés de butin.*=Gongé, ée. part. || T. Blason. Se dit d'un lion, d'un cygne, ou autre animal qui a le cou ceint d'une couronne dont l'émail est différent de celui du corps. || T. Art vétér. Engorgé. *Ce cheval a les jambes gorgées.* = Conj. Voy. MANGER.

GORGÈRE. s. f. (R. *gorge*). T. Mar. Partie concave de la guibre et du taille-mer. || Ancienne collerette de femme, couvrant la gorge. || Partie de l'armure. Voy. GORGERIN.

GORGERET. s. m. (R. *gorge*). T. Chir. Instrument qui représente une gouttière allongée, et dont on se sert dans certaines opérations pour guider le bistouri. || T. Ornith. Nom vulgaire du gobe-mouches.

GORGERETTE. s. f. [Pr. *gor-je-rè-te*]. Espèce de collerette qui couvre la gorge des femmes. || Ligature qui attache un bonnet sous le menton des enfants. || Fauvette à tête noire.

GORGERIN. s. m. La pièce de l'armure qui protégeait la gorge. || Par anal., Le collier garni de pointes de fer dont on arme quelquefois le cou des chiens. || T. Archit. Partie du chapiteau dorique. Voy. ORDRE.

GORGET. s. m. Rabot pour faire les moulures appelées gorges. || Moulure concave plus petite que la gorge.

GORGIAS, rhéteur grec (483-375 av. J.-C.)

GORGONE. s. f. (gr. γοργόνη, de γοργός, terrible). T. Myth. Voy. ci-après. || T. Zool. Genre de *Polypes anthozoaires* voisins du Corail. Voy. ALCYONAIRES.
Mythol.— Les *Gorgones* étaient trois sœurs, filles du dieu marin Phorcys et de Céto : leurs noms étaient Sthéno, Euryale et Méduse. Les deux premières étaient immortelles; mais Méduse ne jouissait pas de ce privilège. Suivant Eschyle, les Gorgones étaient « des vierges ailées, à la chevelure de serpents, monstres abhorrés des mortels, et que jamais nul homme n'envisageait sans expirer ». D'autres poètes rapportent qu'elles étaient d'une rare beauté, mais qu'elles changeaient en pierre tout mortel qui osait les regarder. On leur assigne diverses demeures, mais, selon les mythographes les plus suivis, elles habitaient la Libye. On sait que Persée tua Méduse, lui coupa la tête et en fit présent à Minerve, qui la plaça sur son égide.

GORGONIDES. s. m. pl. (R. *gorgone*). T. Zool. Famille d'*Alcyonaires*, comprenant les polypes qui fournissent le corail. Voy. ALCYONAIRES.

GORILLE. s. m. (Nom donné dans le *Périple* d'Hannon à des femmes velues que les Carthaginois disant avoir rencontrées sur la côte d'Afrique, et qu'on a appliqué à ces grands singes). T. Mamm. Très grande espèce de singe qui habite l'Afrique. En 1847, le docteur Savages, étudiant des crânes de grands singes rapportés du Gabon, reconnut des caractères particuliers éloignant ces crânes de ceux des autres singes anthropomorphes. Il crut avoir trouvé une espèce nouvelle de grand singe, espèce qu'il rangea dans le genre Chimpanzé et appela *Troglodytes gorilla*. En 1849, le Muséum d'histoire naturelle reçut le squelette d'un sujet adulte et enfin, en janvier 1852, on lui expédia deux individus de la même espèce conservés avec leur chair. La Fig. 1 représente un de ces singes que l'on peut voir actuellement empaillés dans les galeries du Muséum. Le premier avait été rapporté de la côte du Gabon par le capitaine Penaud de la marine militaire. C'était un jeune sujet qui avait été embarqué vivant, mais qui avait succombé pendant la traversée. Le second avait été expédié du même pays par le docteur Franquet, médecin de la marine. Ce dernier était adulte et avait été acheté sur la côte à des naturels qui se disposaient à l'enterrer. Ses dimensions étaient extraordinaires; sa taille était celle d'un homme de moyenne stature, c'est-à-dire de 1m,67; mais la circonférence de sa poitrine était de 1m,35 au moins, celle de son cou de 75 centim. et ses bras étendus mesuraient 2m,18. Isidore Geoffroy Saint-Hilaire et Duvernoy, qui firent ces études, considérèrent ce singe comme devant être rangé dans un genre distinct de celui du Chimpanzé et proposèrent le nom de *Gorille (Gorilla)*. C'était l'expression dont s'étaient servis les navigateurs carthaginois, dans leur périple autour de l'Afrique, sous la conduite d'Hannon (500 av. J.-C.) pour désigner de grands singes qu'ils prirent pour des femmes sauvages, et dont ils envoyèrent les dépouilles velues à Carthage.

Depuis cette époque, de nombreux explorateurs ont eu l'occasion d'étudier le G. dans sa patrie et on a pu même en amener de vivants en Europe.
Le G. se rencontre dans les forêts de l'Afrique occidentale qui couvrent les bassins du Gabon, de l'Ogowé et du Danger. Il vit en famille, c'est-à-dire que les bandes que l'on rencontre se composent d'un mâle, d'une femelle et d'un certain nombre de petits; sa nourriture est surtout végétale; il recherche de préférence les fruits du papayer, du bananier, de l'ananas, les cannes à sucre, les choux palmistes, etc., mais il lui arrive aussi de manger des petits mammifères, des oiseaux et des œufs. Les G. que l'on a gardés dans les jardins zoologiques ont montré, en effet, qu'ils s'habituaient très

Fig. 1.

bien à un régime omnivore. Tous les voyageurs ont parlé de la force prodigieuse du G., qui cependant fuit généralement par l'épouvante, faire face au G. « Il est de principe chez tous les chasseurs qui savent leur métier, dit Du Chaillu, qu'il faut réserver son feu jusqu'au dernier moment. Soit que la bête furieuse prenne la détonation du fusil pour un défi menaçant, soit pour toute autre cause inconnue, si le chasseur tire et manque son coup, le G. s'élance sur lui, et personne ne peut résister à ce terrible assaut. Un seul coup de son énorme pied, armé d'ongles, éventre un homme, lui brise la poitrine ou lui écrase la tête. On a vu des nègres, en pareille situation, réduits au désespoir par le fusil déchargé; mais ils n'avaient pas même le temps de porter un coup inoffensif; le bras de leur ennemi tombait sur eux de tout son poids, brisant à la fois le fusil et le corps des malheureux (Fig. 2). Je crois qu'il n'y a pas d'animal dont l'attaque soit si fatale à l'homme, par la raison même qu'il se pose devant lui face à face, avec ses bras pour armes offensives, absolument comme un boxeur, excepté qu'il a les bras bien plus longs et une vigueur bien autrement grande que celle du champion le plus vigoureux que le monde ait jamais vu. »
Du Chaillu et quelques autres, qui essayèrent de garder de jeunes gorilles en captivité, parlent de leur caractère indomptable et de l'impossibilité que l'on a à les apprivoiser et à les amener en Europe. Et pourtant on a pu élever et garder pendant deux ans, en 1876 et en 1877, à l'aquarium de Berlin, un jeune G. pris dans le Loango. « Cet animal, écrit Hartmann, couchait le plus souvent dans un lit avec son gardien Viereck, et se couvrait fort bien. Il mangeait à table, avec cet homme, la nourriture simple et substantielle préparée par la femme

de celui-ci. Parfois on lui donnait des fruits et plusieurs fois même on lui procura des bananes. Je l'ai toujours vu se con-

difficulté aussi bien qu'à son gardien. La plupart du temps, l'animal était de bonne humeur; il aimait beaucoup à folâtrer,

Fig. 2.

duire convenablement, quand il prenait ce repas ou quand il buvait, etc. Il circulait souvent en toute liberté, dans un bureau de l'Aquarium, au directeur duquel il obéissait sans

bien qu'il le fît un peu maladroitement; quand il saisissait quelqu'un, c'était toujours avec une certaine brusquerie. Parfois aussi il donnait des preuves du tranchant de ses dents.

Dans sa pétulance, il cherchait souvent à ravir aux personnes qui le visitaient certains objets qui excitaient sa curiosité, tels que garnitures de chapeaux, dentelles, etc. Somme toute, c'était une créature propre, gaie, d'un bon caractère, et dont le regard et la physionomie avaient quelque chose d'humain. »

Ce G. fut atteint, comme tous les singes qu'on amène en Europe, de la phtisie galopante et mourut à la fin de l'année 1877. Son autopsie montra qu'il avait eu, pendant sa jeunesse, plusieurs autres maladies dont il s'était très bien guéri.

GORINCHEM. Voy. GORKUM.

GORIONIDES ou **JOSEPH BEN GORION**, auteur d'une histoire des Juifs bien connue.

GORITZ ET GRADISKA, pays d'Autriche; 220,000 hab. v. pr. *Goritz* et *Gradiska.*

GORITZ, v. d'Autriche; 9,600 hab. Charles X détrôné y mourut en 1836.

GORKUM ou **GORINCHEM**, v. de Hollande (Hollande méridionale) sur le Waal; 9,500 hab.

GORONNER. v. n. [Pr. *go-ro-ner*] (R. *goron*, autre forme de *goret*). Mettre bas en parlant de la truie.

GORRON, ch.-l. de c. (Mayenne), arr. de Mayenne; 2,856 h.

GORSAS (ANTOINE-JOSEPH), journaliste et conventionnel (1752-1793).

GORTSCHAKOFF (Prince), diplomate russe (1798-1883).

GORTYNE, v. de l'anc. Crète, sur le Léthé.

GORZE, ch.-l. de c. (Moselle), arr. de Metz; 1.500 hab. (à l'Allemagne depuis 1871).

GOSIER. s. m. [Pr. *go-zié*] (lat. *guttur*). Se dit vulg. de l'arrière-gorge et du pharynx. *Il lui est demeuré une arête dans le g. Coup. de g.* Mouvement par lequel on jette un son, une seule émission. — Fig. et fam., *Avoir le g.* pavé ou *ferré*, se dit de quelqu'un qui boit ou mange extrêmement chaud, ou bien encore qui fait usage d'aliments très épicés, de boissons alcooliques, etc. *Avoir le g. sec*, Avoir toujours soif, aimer à boire. || Par ext., se dit de l'organe vocal. *Le g. d'un oiseau. Grand-g.*, nom vulg. du Pélican. — Fig., *Cette femme a un g. de rossignol*, Elle a une belle voix. || Tuyau de l'orgue par lequel le vent passe du soufflet dans le porte-vent. || Partie par laquelle l'air entre dans un soufflet de forge. || T. Entom. Espace de dessous de la tête des Insectes, qui est compris entre le trou occipital et la naissance de la lèvre inférieure.

GOSILLER. v. n. [Pr. *gozi-ller*, *ll* mouil.] (R. *gosier*). On dit que l'eau-de-vie gosille quand, dans la distillation, elle passe mêlée de vin.

GOSLAR, v. d'Allemagne (Prusse); 11,000 hab.

GOSLARITE. s. f. (R. *Goslar*, Hanovre). T. Minér. Sulfate de zinc hydraté.

GOSLIN. Voy. GOZLIN.

GOSSAMPIN. s. m. T. Bot. Nom donné dans l'Inde à l'*Eriodendron gossypinum*, de la famille des *Malvacées.* Voy. ce mot.

GOSSE. s. f. T. Mar. Anneau de fer que les matelots garnissent de petits cordages, pour la conservation de gros cordages qui passent au travers. || T. Popul. Petit garçon.

GOSSE, peintre fr., né à Paris (1787-1878).

GOSSEC (FRANÇOIS-JOSEPH Gossé, dit), compositeur belge, vécut à Paris (1734-1829).

GOSSELIN (PASCAL), géographe français (1751-1830).

GOSSELIN (ATHANASE-LÉON), chirurgien fr., né à Paris (1815-1887).

GOSSYPIUM. s. m. [Pr. *go-ci-piome*] (lat. *gossypium*, coton). T. Bot. Nom scientifique du genre *Cotonnier.* Voy. MALVACÉES.

GOTA (LE), fl. de Suède, émissaire du lac Wenern, se jette dans le Cattégat.

GOTHA, cap. du duché de Saxe-Cobourg-Gotha, remarquable par ses établissements scientifiques, son Institut géographique, ses musées; 29,100 hab. On y imprime depuis 1764 l'*Almanach de Gotha*, annuaire généalogique, diplomatique et statistique.

GOTHARD (SAINT-), Voy. SAINT-GOTHARD.

GOTHENBOURG, v. de la Suède méridionale, sur le Cattégat; 106,500 hab.

GOTHICITÉ. s. f. Qualité de ce qui est gothique.

GOTHIE, partie méridionale de la Suède, comprise entre le Cattégat et la Baltique; 2,600,000 hab.

GOTHIQUE. adj. 2 g. (lat. *gothicus* de *gothus*, goth). Se dit abusiv. de l'architecture ogivale et des différentes branches de l'art qui s'y rattachent, parce qu'on en attribuait la création aux peuples venus de Nord. *Architecture g. Église g. Style g. Sculpture g. Ornements gothiques.*Voy. ARCHITECTURE. — *Écriture g. Caractères gothiques.* Voy. ÉCRITURE et CALLIGRAPHIE. || Fam., se dit, par une sorte de mépris, de ce qui paraît trop ancien, hors de mode. *Cela est g. Un habillement g. Des manières gothiques. Un usage g.* = *Gothique* s'emploie aussi subst., au masc., pour désigner l'art ogival; et au fém., pour désigner l'écriture dite gothique. *Il y a du g. dans cette architecture. Il écrit bien la gothique.*

GÖTHLANDIEN. s. m. T. Géol. Nom donné à l'étage supérieur du système silurien.

GOTHS [Pr. *gô*], peuple de la Germanie anc. qui se divisait en *Ostrogoths* ou Goths de l'Est, en *Wisigoths* (Goths de l'Ouest) et en *Gépides*. Les Goths envahirent l'empire romain et contribuèrent à le détruire au Ve siècle.

GOTON. s. f. (Diminutif de *Marguerite*). T. Pop. Servante, fille de campagne. || Fille libertine. || T. Mar. Anneau de fer plat qui a des dents d'un côté, et qui sert à accrocher le limon.

GOTSCHALK, hérétique allemand (808-867).

GOTTLAND, île de Suède dans la mer Baltique; 56,000 h., ch.-l. *Wisby.*

GOTTSCHED (JEAN-CHRISTOPHE), littérateur allemand (1700-1766).

GOUACHE. s. f. (ital. *guazzo*, lavage; de l'allem. *waschen*, laver). T. Beaux-Arts. Peinture où l'on emploie des couleurs délayées avec de la gomme, et rendues pâteuses à l'aide de miel ou d'autre substance. *Une g.*, tableau peint à la gouache. Voy. PEINTURE.

GOUACHÉ, ÉE. adj. En manière de gouache. *Une miniature gouachée.*

GOUAILLER. v. a. [Pr. *gou-a-ller*, *ll* mouil.]. T. Pop. Railler, plaisanter.

GOUAILLERIE. s. f. [Pr. *gou-a-lle-rie*, *ll* mouil.]. Plaisanterie, raillerie.

GOUAILLEUR, EUSE. s. m. et f. [Pr. *gou-a-lleur*, *ll* mouil.]. Celui, celle qui gouaille.

GOUALETTE. s. f. Nom vulgaire de la mouette.

GOUALIOR ou **GWALIOR**, une des plus fortes villes de l'Inde anglaise; cap. de l'État de Sindhya, 230,000 hab.

GOUANIA. s. m. (R. *Gouan*, n. d'homme).T. Bot. Genre de plantes Dicotylédones de la famille des *Rhamnées.* Voy. ce mot.

GOUAPE. s. f. Conduite de gouapeur. || Bande de goua-peurs. T. Pop.

GOUAPER. v. n. Mener une conduite de gouapeur. T. Pop.

GOUAPEUR. s. m. T. Pop. Nom des vagabonds sans aveu, sans domicile, sans travail, qui vivent surtout du pro-duit du vol ou de la prostitution. || Homme qui aime à s'amuser.

GOUBAUX (Prosper), littérateur et auteur dramatique fr., né à Paris, fondateur du collège Chaptal (1795-1859).

GOUDA ou **TER GOUWE**, v. des Pays-Bas, sur a rive droite de l'Ysel; 17,000 hab.

GOUDCHAUX (Michel), homme politique fr., ministre des finances en 1848, né à Nancy (1797-1862).

GOUDÉNIE. s. f. T. Bot. (R. Goodenough, naturaliste anglais). Genre de plantes Dicotylédones (Goodenia) de la famille des Goudéniées. Voy. ce mot.

GOUDÉNIÉES. s. f. pl. (R. Goudénie). T. Bot. Famille de végétaux Dicotylédones de l'ordre des Gamopétales isérovu-riées.

Caractères bot.: Plantes herbacées, rarement suffrutes-centes. Feuilles éparses, très rarement opposées, souvent lobées, et dépourvues de stipules. Inflorescence terminale, variable. Fleurs hermaphrodites, isolées jamais capitées, zygo-morphes, rarement régulières. Calice égal ou inégal, 3-5-fide. Corolle plus ou moins irrégulière, marcescente; à tube fendu

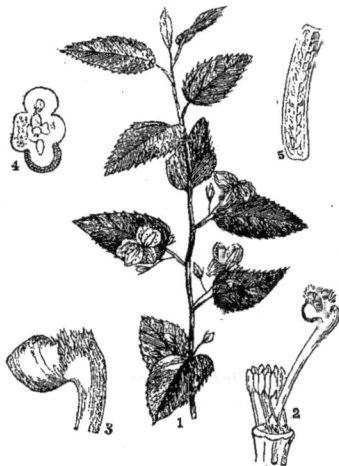

Fig. 1.

au dos, et quelquefois susceptible de se diviser en 3 pièces, lorsque le calice seul adhère à la base de l'ovaire; son limbe est 5-partit ou 5-parti ou 1 ou 2 lèvres. Étamines 5, distinctes, alternes avec les lobes de la corolle et indépendants de la corolle; anthères distinctes ou soudées, biloculaires, à débis-cence longitudinale. Pistil formé de 2 carpelles concrescents en un ovaire uni- bi- ou, mais rarement, quadriloculaire, à ovules anatropes, définis ou multiples; placenta libre, central, ou seulement adhérent légèrement aux cloisons; style unique, simple, très rarement divisé; stigmate charnu, indivis ou bilobé, entouré par un fourreau membraneux et en godet. Le fruit est une drupe (Scævola), un akène (Brunonia) ou une capsule (Goodenia). Graines renfermant un embryon dressé dans l'axe d'un albumen charnu qui peut manquer (Bru-

nonia); cotylédons foliacés; gemmule peu apparente. [Fig. 1. — 1. Goodenia ovata. — 2. Leschenaultia elegans, Éta-mines et style; 3. Indusie du stigmate; 4. Coupe transver-sale de l'ovaire; 5. Coupe longitudinale du même. — Fig. 2. — 1. Brunonia sericea; 2. Fleur complète; 3. Pistil; 4. Fruit mûr; 5. Embryon].

La famille des Goudéniées se compose de 12 genres com-prenant plus de 200 espèces, presque toutes australiennes.

Fig. 2.

Toutefois le genre Scævola s'étend en Afrique et même, dit-on, aux Indes occidentales; et le genre Selliera se trouve aussi dans la partie méridionale de l'Amérique du Sud. — Les feuilles du Scævola taccada, quand elles sont jeunes, se mangent comme légumes; les Malais se servent de sa moelle, qui est tendre et spongieuse, pour faire des fleurs artificielles et divers joujoux. Le Scæv. Bela modogam paraît jouir de propriétés émollientes, et on l'emploie dans l'Inde pour amener les tumeurs à maturation.

GOUDJERAT ou **GOUJERAT**. Voy. Guserat.

GOUDRON. s. m. (ar. kathran, m. s., de kathara, couler goutte à goutte). Matière noirâtre, épaisse, collante, qu'on retire des arbres résineux, de la houille, etc., par la distilla-tion. Odeur de g. Ce vin sent le g.

Chim. — On désigne sous le nom de G. la partie liquide qui distille quand on chauffe divers combustibles (houille, bois, tourbe, etc.) à une haute température et à l'abri de l'air. Tous les goudrons sont insolubles dans l'eau et possèdent une consistance huileuse et visqueuse, une couleur noirâtre, une forte odeur aromatique et une densité supérieure à celle de l'eau.

Le G. de houille ou G. minéral est un des résidus de la fabrication du gaz de l'éclairage par la distillation; on en obtient aussi dans la fabrication du coke destiné aux usages métallurgiques. Au sortir des appareils de distillation il con-tient de l'eau ammoniacale qui se sépare par le repos et que l'on décante. Le résidu est un mélange fort complexe, riche en carbures d'hydrogène; il renferme surtout du benzène et ses homologues, le toluène, les xylènes, les cumènes; puis

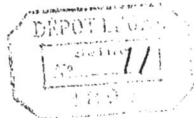

d'autres hydrocarbures aromatiques de constitution moins simple : naphtalène, anthracène et méthylanthracène, chrysène, pyrène, fluoranthène, acénaphtène ; puis toute une série d'hydrocarbures gras, saturés ou éthyléniques. On y rencontre, en outre, du phénol avec ses homologues, les crésols et les xylénols ; enfin, en petite quantité, de l'aniline avec des bases pyridiques et quinoléiques. Pour séparer ces produits on soumet le g. à la distillation sèche et l'on fractionne les produits volatils en deux portions : les *huiles légères* qui passent au-dessous de 200°, et les *huiles lourdes* qui distillent à une température plus élevée ; ou bien on fait trois fractionnements en recueillant à part les *huiles moyennes* qui passent entre 150° et 200°. Le résidu, qui représente environ les deux tiers du g. employé, porte le nom de *brai*; il est sec, gras ou liquide suivant que la distillation a été poussée plus ou moins loin. Les huiles légères et moyennes renferment le benzène avec ses homologues et les phénols; elles servent à l'extraction de ces corps (Voy. BENZÈNE et PHÉNOL); elles contiennent, en outre, les alcaloïdes du g. Les huiles lourdes servent à l'obtention du *Naphtalène* et de l'*Anthracène* (Voy. ces mots'; à l'état brut elles sont employées, sous le nom de *créosote de houille*, pour ramollir le brai sec, pour fabriquer des vernis et des couleurs communes, pour dissoudre le caoutchouc et préparer ainsi la glu marine, pour carburer le gaz d'éclairage, etc. Le brai sert surtout à confectionner les charbons agglomérés et les asphaltes. Quant au g. brut, il est utilisé, de même que les huiles lourdes, pour la conservation du bois, du fer et des cordages, pour la fabrication des cartons de toiture et la préparation du noir de fumée ; mélangé de chaux il sert au désinfectant.

Le G. *de bois* ou G. *végétal* provient de la carbonisation ou de la distillation du bois, en particulier des bois résineux après qu'on en a extrait la térébenthine ; on l'obtient encore comme produit accessoire dans la fabrication de l'acide pyroligneux. C'est une substance épaisse, molle, noire, amère et d'une odeur forte et empyreumatique. Lorsqu'elle est solide par suite de l'évaporation d'une grande partie de ses principes liquides, on l'appelle *Poix noire*. Le g. de Norvège et de Russie est le plus estimé ; puis viennent ceux des États-Unis, de Bordeaux, de Strasbourg, de Provence, etc. Il a une composition très variable suivant la nature du bois et le mode de fabrication, mais il contient toujours des dérivés éthérés des phénols. Soumis à la distillation sèche, il donne d'abord de l'eau, de l'acide acétique et divers huiles alcaloïdes, puis une huile légère qui passe au-dessous de 200°; enfin, une huile lourde. L'huile légère contient de l'acétate de méthyle, de l'acétone, de l'alcool méthylique, du benzène avec ses homologues et quelques autres hydrocarbures plus complexes; enfin, une petite quantité de phénols. L'huile lourde porte le nom de *créosote* après qu'elle a été rectifiée; elle renferme surtout du phénol, des crésols et des éthers phénoliques : gaïacol, créosol et méthylcréosol. — La marine se sert du g. de bois, de préférence au g. de houille, pour la préservation des cordages, des voiles, du bois, et pour le calfatage des navires. C'est aussi le g. de bois, surtout celui de hêtre, et non le g. de houille, que l'on emploie en médecine et dans l'art vétérinaire, contre les maladies de la peau, les catarrhes chroniques, la phtisie pulmonaire, etc.

Le g. de hêtre, très riche en créosote, se fabrique surtout en vue d'obtenir cette substance. Voy. CRÉOSOTE. — Le g. de bouleau se distingue par sa couleur verte et son odeur spéciale ; il sert dans la préparation du cuir de Russie, auquel il communique son odeur. — Le g. que fournit la distillation des branches et des racines du Genévrier oxycédre est connu sous le nom d'*huile de cade*.

La tourbe, les lignites, le boghead et les schistes bitumineux fournissent des goudrons d'où l'on extrait des huiles minérales d'éclairage et de la paraffine.

La distillation des pétroles bruts donne un g. de pétrole, d'où l'on retire de la paraffine, de la vaseline et des substances analogues.

On donne quelquefois le nom de G. *animal* à l'huile de Dippel, qui provient de la distillation sèche des os. Cette huile soumise à la distillation fractionnée, fournit surtout du pyrrol et ses homologues, de l'aniline, des bases pyridiques (pyridine, picolines, lutidines, collidines), et des bases quinoléiques (quinoléine, lépidine, dispoline, cridinine, etc.).

GOUDRONNAGE. s. m. [Pr. *gou-dro-na-je*]. T. Mar. Action de goudronner.

GOUDRONNER. v. a. [Pr. *goudro-ner*]. Enduire ou imbiber de goudron. G. *un mât, un cordage*. G. *une bou-*

teille. G. *une toile.* == GOUDRONNÉ, ÉE. part. *De l'eau goudronnée.*

GOUDRONNERIE. s. f. [Pr. *goudro-ne-rie*]. T. Mar. Atelier où l'on prépare le goudron. || Art de préparer le goudron.

GOUDRONNEUR. s. m. [Pr. *goudro-neur*]. Ouvrier qui goudronne.

GOUDRONNEUX, EUSE. adj. [Pr. *goudro-neu*]. Qui est de la nature du goudron.

GOUDRONNIER. s. m. [Pr. *goudro-nié*]. Celui qui fabrique le goudron dans une goudronnière.

GOUDRONNIÈRE. s. f. [Pr. *goudro-nière*]. Lieu dans le bois de sapins où l'on fabrique le goudron.

GOUET. s. m. (lat. *gubia*, gouge). T. Bot. Genre de plantes Monocotylédones (*Arum*), appelé aussi *Chou poivré*, de la famille des *Aroïdées.* Voy. ce mot. || Serpe. || Petit couteau à lame fixe.

GOUFFÉ (ARMAND), chansonnier fr., né à Paris (1775-1845).

GOUFFIER (ADRIEN DE), grand aumônier de François Ier, mort en 1523.

GOUFFRE. s. m. (forme altérée de *golfe*). Abîme, trou large et profond. *Tomber dans un g. Cette rivière va se perdre dans un g. Au centre du cratère, on aperçoit un g. de feu.* || En parlant des eaux, *Gouffre* se dit des tourbillons violents produits par la rencontre de courants opposés. *Il y a là un g. très dangereux.* || Fig., *Le g. de l'oubli. Le g. du passé. Le g. de l'éternité.* || Fig., se dit de tout ce qui est une cause de ruine, de perte, de dépenses considérables. *La Bourse est un g. où s'engloutissent bien des fortunes. Paris est un g. pour beaucoup de jeunes gens. Ce procès est un g.* — Dans un sens anal., on dit d'un grand dissipateur, *C'est un g. que cet homme-là.*

GOUGE. s. f. (bas-lat. *guvia* ou *gulvia*, m. s.). Espèce de ciseau de forme très variable dont se servent les sculpteurs, les charpentiers, les menuisiers, etc. || Tranchet courbe pour évider les talons des chaussures. || Ciseau de chirurgie demicirculaire, pour enlever les exostoses. || *G. carrée,* Gouge servant aux charrons pour évider les mortaises. || *G. coude,* Gouge servant aux charrons pour agrandir les trous.

GOUGER. v. a. Travailler avec la gouge.

GOUGES (OLYMPE DE), femme de lettres et révolutionnaire, née à Montauban (1748-1793).

GOUHENANS, com. du dép. de la Haute-Saône, arr. de Lure, sur l'Ognon ; 737 hab. Mines qui rappellent une des affaires les plus scandaleuses de la fin du Gouvernement de Juillet, où furent compromis le ministre des travaux publics Teste et le général Despans-Cubières.

GOUINE. s. f. Femme de mauvaise vie. Bas, et ne se dit que par injure.

GOUJARD s. m. Ouvrier ferblantier.

GOUJAT. s. m. Valet d'armée. || Abusiv., Ouvrier qui sert les maçons. || Fig. et fam., *C'est un g., C'est un homme grossier*, un homme sans délicatesse, sans conduite.

GOUJET (L'abbé), historien et littérateur français, auteur d'une *Histoire littéraire de la France* (1697-1767).

GOUJON. s. m. (lat. *gobio*, m. s.). T. Icht. Genre de poissons d'eau douce. Voy. CYPRINIDÉS. *Goujon de mer.* Voy. GOBIIDÉS. || Fig. et fam., *Faire avaler le g. à quelqu'un,* Le faire tomber dans un piège, ou, plus ordin., Lui faire croire, faire s'amuser de lui, quelque chose d'absurde, de ridicule. || T. Techn. Cheville de fer qu'on emploie pour les assemblages, etc. — Broche qui unit les deux parties d'une charnière. — Petite gouge à l'usage des sculpteurs. — Axe sur lequel tourne une poulie. — Morceau de bois rond qu'on met dans les trous des jantes pour les maintenir.

GOUJON (Jean), sculpteur et architecte fr. (1515-1568), auteur de la fontaine des Innocents, à Paris ; travailla au Louvre.

GOUJONNIER. s. m. [Pr. *gou-jo-nié*]. Petit épervier à mailles très serrées.

GOULARD (Marc-Thomas-Eugène de), homme politique français, un des négociateurs du traité de Francfort (1871), ministre de l'agriculture, puis des finances (1872), et de l'intérieur (1808-1874).

GOULAS (Nicolas), gentilhomme de la chambre de Gaston duc d'Orléans, a laissé des *Mémoires* extrêmement curieux (1603-1683).

GOULD (Benjamin), astronome américain (1824-1896).

GOULD (John), ornithologiste anglais (1804-1881).

GOULD (Jay), financier américain (1836-1892).

GOULE. s. f. (arabe *ghul*, de *ghel*, fondre sur quelqu'un). Dans les superstitions orientales, génie dévorant les corps morts dans les cimetières.

GOULÉE. s. f. (lat. *gula*, gosier) Grosse bouchée. Trivial et ne se dit guère qu'en parl. d'un homme qui mange avidement de gros morceaux. *Il n'en a fait qu'une goulée.*

GOULET. s. m. (lat. *gula*, gosier). Le cou d'une bouteille ou de quelque autre vase dont l'orifice est étroit. Vieux et inus. ; on dit aujourd'hui *Goulot*. | Par anal., L'entrée d'un port, quand elle est étroite et à une certaine longueur. *Le g. de Brest.* || *G. de bordigue*, Goulet qui conduit le poisson dans les tours.

GOULETTE. s. f. Voy. Goulotte.

GOULETTE (La), port de la Tunisie sur le canal qui mène à Tunis ; 4,000 hab.

GOULIER (Charles-Moyse), colonel du génie, a renouvelé les méthodes et modifié les procédés de la topographie (1818-1891).

GOULOT. s. m. (R. *gueule*). Col d'une bouteille. || *Le g. d'un arrosoir*, Partie par laquelle on verse l'eau et à laquelle s'adapte une pomme.

GOULOTERIE. s. f. Petits articles en verre.

GOULOTTE. s. f. [Pr. *gou-lote*] (lat. *gula*, gueule). T. Archit. Petite rigole pour servir à l'écoulement des eaux. || Petit canal en pente douce taillé dans les tablettes de pierre ou de marbre, et interrompu de distance en distance par de petits bassins où les eaux tombent en cascade.

GOULU, UE. adj. et s. (lat. *gula*, gosier). Qui mange beaucoup et avec avidité. *C'est un g. Le camard est un animal fort goulu.* || Au fig., *Amitié goulue* avide. || T. Hortic. *Pois goulus*, Pois qu'on mange avec les cosses, dits aussi *Pois gourmands.* || T. Techn. *Tenailles goulues*, Tenailles à larges mâchoires. = Syn. Voy. Glouton.

GOULU (Nic.), helléniste fr. (1530-1601).

GOULÛMENT. adv. *Manger g.* Avec avidité.

GOUM. s. m. Mot arabe qui sign. Réunion, et que l'on donne en Algérie à une sorte de milice indigène que les caïds lèvent, à la réquisition de l'autorité française, dans toutes les tribus où ils commandent.

GOUMIER. s. m. Cavalier faisant partie d'un goum.

GOUNOD (Charles), compositeur fr., auteur de *Faust* (1818-1893).

GOUPILLAGE. s. m. T. Techn. Action de fixer les goupilles à leurs postes respectifs.

GOUPILLE. s. f. [Pr. *gou-pi-lle*, *ll* mouillées] (lat. *cuspis*, pointe ?). T. Technol. Petite cheville de métal dont on se sert pour assembler ou maintenir deux pièces l'une contre l'autre. — Clavette qui maintient une cheville. — Cordage à l'aide duquel on suspend des poutres ou autres fardeaux entre deux charrettes.

GOUPILLER. v. a. [Pr. *gou-pi-ller*, *ll* mouillées]. Garnir de goupilles.

GOUPILLON. s. m. [Pr. *gou-pi-llon*, *ll* mouillées] (vx fr. *goupil*, du latin *vulpecula*, renard, proprement queue de renard). Bâton garni de poil ou surmonté d'une boule percée de trous, pour répandre l'eau bénite. Voy. Bénitier. || Fig., *Donner du g. à quelqu'un*, Lui donner de l'eau bénite de cour. || T. Techn. Bâton garni de poil ou de ficelles pour frotter, nettoyer les verres de lampes, les bouteilles, la vaisselle, etc. — Grosse brosse qui sert aux cordiers pour prendre la colle. — Bâton garni de poils dont les chapeliers se servent pour arroser le bassin et la feutrière. — Instrument qui sert à mouiller le charbon sur la forge.

GOURA. s. m. T. Ornith. Genre d'Oiseaux appartenant à l'ordre des *Gallinacés.* Voy. Pigeon.

GOURAMI. s. m. T. Icht. Genre de Poissons appartenant à l'ordre des *Acanthoptérygiens.* Voy. Pharyngiens.

GOURARA, vaste oasis du Sahara algérien.

GOURBI. s. m. Nom donné, en Algérie, à une réunion de toutes d'Arabes qui forme une sorte de village. || Par ext., Cabane en branchages que nos soldats construisent en campagne, dans les camps et bivouacs.

GOURBILLAGE. s. f. [Pr. *gour-bi-lla-je*, *ll* mouillées]. T. Mar. Action de gourbiller.

GOURBILLER. v. a. [Pr. *gour-bi-ller*, *ll* mouillées]. T. Mar. Évaser l'entrée d'un trou pour y loger la tête du clou ou de la cheville qu'il doit recevoir.

GOURD, OURDE. adj. [Pr. *gour*] (basque. *gurd*, froid). Qui est comme perclus par le froid ; n'est guère usité qu'au fém., et en parl. des mains. *Avoir les mains gourdes.* — Fig. et fam., on dit d'un adroit filou, qu'*Il n'a pas les mains gourdes.* || *Blé g.*, Blé gonflé par l'humidité. || *Piastre gourde.* Voy. Piastre.

GOURDE. s. f. (abrév. de *Cougourde*, du lat. *cucurbita*, courge). Nom sous lequel on désigne vulgairement le *Lagenaria vulgaris* et son fruit, lequel, vidé et séché, sert de vase pour contenir des liquides. Voy. Cucurbitacées. || Par ext., Bouteille de poche clissée ou garnie de paille pour éviter qu'elle ne se casse.

Hortic. — La G., connue aussi sous le nom de *Calebasse, Courge à bouteille*, n'est le plus souvent qu'un objet de fantaisie ou d'agrément. Toutefois, ses fruits sont considérés comme alimentaires en divers pays. Dans le Midi de la France, en Espagne, on les fait entrer dans la composition des confitures de fruits, raisinés et marmelades. Tout le monde connaît la G. *des pèlerins*, à deux renflements inégaux séparés par un col ou étranglement. On peut citer encore la G. *massue* et la G. *trompette*, dont le fruit cylindrique est long parfois d'un mètre ou deux. Il existe aussi des variétés de Gourdes sans cœque ligneuse ; les fruits tendres sont comestibles. La G. sauvage, qu'on trouve dans les montagnes de l'Inde, est amère et vénéneuse. — Sous nos climats tempérés, la G. demande une exposition chaude et ensoleillée, une terre bien fumée, profonde, et des arrosages fréquents. — La G. diffère, à première vue, des Courges par la couleur blanche de ses fleurs, par son feuillage réniforme, velouté, doux au toucher, exhalant une forte odeur musquée.

GOURDIN. s. m. (R. *gourd*). Gros bâton noueux.

GOURDON, ch.-l. d'arr. (Lot), à 47 kil. de Cahors ; 4,800 hab.

GOURDON, com. du dép. de Saône-et-Loire, arr. de Chalon-sur-Saône ; 1,025 hab. On y trouva, en 1845, un *Trésor*, composé de monnaies d'or et d'un vase et plateau en or, qui figurent à la Bibliothèque nationale dans le cabinet des médailles.

GOURE. s. f. (arabe *gharr*, tromper). T. Droguiste. Se dit de toute drogue falsifiée. || Fig. Duperie.

GOUREUR. s. m. Celui qui falsifie les drogues. || Par anal., Celui qui trompe dans un petit commerce, dans un échange. || Fig., Celui qui dupe les gens.

GOURGALLE. s. m. [Pr. *gour-ga-le*]. Nom vulgaire du crabe tourteau.

GOURGANDINE. s. f. Femme de mauvaise vie. Bas. || Autrefois, Sorte de corset ou de taille de robe qui s'ouvrait par devant avec un lacet, laissant voir la chemise.

GOURGANE. s. f. T. Bot. Variété de *Fève*. Voy. ce mot.

GOURGAUD (GASPARD, baron), général français, fut aide de camp de Napoléon 1ᵉʳ et l'accompagna à Sainte-Hélène; il a publié les *Mémoires de Napoléon Iᵉʳ* (1783-1852).

GOURGOURAN. s. m. Étoffe de soie analogue au gros de Tours, et qui se fabrique aux Indes.

GOURIN, ch.-l. de c. (Morbihan), arr. de Pontivy; 4,500 hab.

GOURMADE. s. f. (R. *gourmer*). Coup de poing.

GOURMAND, ANDE. adj. Qui aime trop la bonne chère, les bons morceaux. *Elle est très gourmande.* — Substant., *C'est un g., une gourmande.* || Suivi d'un complément, *Être g. de fruit, de gibier.* || T. Jardin. *Branches gourmandes*, Les branches d'un arbre fruitier qui poussent avec beaucoup de vigueur et épuisent les branches voisines. — *Pois gourmands*, Pois qu'on mange avec la cosse, dits aussi *Pois goulus.* || T. Pharm. *Pilules gourmandes*, Qui servent à exciter l'appétit.

Anecdotes. — Vitellius faisait par jour quatre grands repas et trouvait encore moyen de souper pendant la nuit; à l'un de ces festins on servit 2,000 poissons et 7,000 oiseaux. Il avait inventé un petit plat fameux, le *Bouclier de Minerve*, qui ne se composait que de langues de paons et de faisans, de laites de petits poissons en quantité prodigieuse.

Montmaur, étant un jour à table en très nombreuse compagnie d'amis qui parlaient, chantaient et riaient tous ensemble : « Eh ! messieurs, s'écria-t-il, un peu de silence, on ne sait ce qu'on mange. »

GOURMANDER. v. a. (R. *gourmer*). T. Man. *G. un cheval*, Le manier rudement de la main. || T. Arboric. *G. un arbre*, En retrancher les branches gourmandes. || Réprimander avec sévérité, avec des paroles dures et impérieuses. *Il veut g. tout le monde. Vous l'avez gourmandé comme s'il était votre valet.* — Fig., *G. ses passions*, Les réprimer, les tenir assujettis à la raison. = GOURMANDÉ, ÉE. part. || T. Cuis. *Un carré de mouton gourmandé de persil*, Lardé de persil.

GOURMANDISE. s. f. [Pr. *gourmandi-ze*]. Vice de celui qui est gourmand. *Satisfaire sa g. Le péché de g.* || Fig., *L'avarice, cette g. des yeux, n'est jamais contente* (BOSSUET).

GOURMAS. s. m. [Pr. *gour-mâ*]. T. Techn. Tuyau de bois qui fait communiquer le jas d'un marais salant avec les aires.

GOURME. s. f. (orig. incertaine. On trouve des formes anciennes qui rapprochent ce mot de *grume*, écorce, croûte; c'est l'origine la plus probable). T. Méd. et Art vétér. Voy. plus bas. || *Jeter sa g.*, Se dit des jeunes chevaux qui sont affectés de la g. pour la première fois et des enfants qui ont quelque maladie de peau. — Fig., *Jeter sa g.*, Se dit d'un jeune homme qui vient d'entrer dans le monde et qui y commet des extravagances.

Méd. — Voy. IMPÉTIGO.

Vét. — La g. dite des solipèdes est une maladie diathésique, constitutionnelle, infectieuse et contagieuse, due à un streptocoque; suivant certains observateurs, cette maladie serait une des formes de la variole équine (*horse pox*). On a souvent confondu sous ce nom toutes les inflammations catarrhales des voies respiratoires, ce qui a donné lieu à de nombreuses erreurs de diagnostic. Elle est enzootique ou sporadique, bénigne ou maligne. Son origine est la contagion favorisée par l'acclimatement et l'encombrement.

Dans la forme bénigne, au début on observe une fièvre plus ou moins forte; la respiration est accélérée, irrégulière. Il y a de la toux, un jetage séreux, puis plus épais, jaunâtre, flo-

connexe. En même temps, il y a de l'engorgement des ganglions lymphatiques de l'auge et même de la parotide. Cette inflammation locale disparaît quelquefois, mais le plus souvent elle arrive à suppuration. Le pus formé, les symptômes s'amendent, la gaieté reparaît ainsi que l'appétit, le jetage diminue et la guérison est complète après trois semaines ou un mois. Les rechutes sont fréquentes. En somme, la caractéristique réside dans la tendance à la pyogénie, tellement que des abcès peuvent se former en diverses parties du corps, et le moindre traumatisme peut être le point de départ d'une inflammation gourmeuse et de lymphangites très accusées. Dans la forme maligne, la marche peut être lente, avec formation d'œdèmes, d'épanchements, jetage de mauvaise nature, diarrhée, état languissant de la nutrition, maigreur. Il peut arriver que l'angine prenne un caractère gangréneux. Le thermomètre donne les indications les plus utiles au point de vue du pronostic.

Il ne faut pas confondre la g. avec la morve, le farcin, les lymphangites, divers traumatismes, ni même le *horse pox*. Dès qu'on a fait le diagnostic, il convient d'établir de bonnes conditions hygiéniques, une température égale et modérée, de couvrir le corps et la gorge du malade. Les fumigations, les embrocations adoucissantes, les électuaires balsamiques, de préférence le cubèbe à la dose de 30 grammes par jour, sont indiqués. Il faut continuer à nourrir l'animal, lui donner des boissons tièdes et des purgatifs salins. — Au point de vue de la préservation des autres animaux, on a conseillé de leur inoculer la sérosité du pus. En tous cas, on doit isoler les animaux atteints, éviter toutes les chances de contagion, nettoyer et désinfecter les écuries.

GOURMER. v. a. (orig. celt. bas-breton *gromen*, gourmette, qui se rattache au kymri *crom*, courbe). Mettre la gourmette à un cheval. *Il faut g. ce cheval plus court.* || Fam., Battre à coups de poing. || *Je le vis qui gourmait son camarade.* — On dit aussi pronominalement, *Des escoliers qui se gourment.* = GOURMÉ, ÉE. part. || Fig., *Être gourmé*, Affecter un maintien composé et trop grave.

GOURMET. s. m. (vx fr. *groumet*, garçon marchand de vins). Celui qui sait bien connaître et goûter le vin. *Les plus fins gourmets s'y sont trompés.* || Par exl., *Fin gourmand.*

GOURMETTE. s. f. [Pr. *gourmè-te*] (bas-breton *gromen*, m. s.). T. Man. Chaîne réunissant les deux branches du mors de la bride à leur origine. Voy. BRIDE. || Fig., *Rompre sa g.*, Secouer une autorité, s'abandonner à ses passions. *Lâcher la g. à quelqu'un*, Lui donner plus de liberté qu'il n'en avait auparavant. || T. Mar. Homme de peine qui aide aux travaux les plus grossiers. — Garçon établie sur un bateau par les marchands, en attendant le déchargement. — Mousse chargé du service particulier du commandant ou des officiers.

GOURNABLE. s. f. T. Mar. Longue cheville de bois de chêne, employée à fixer le bordage sur les membrures d'un vaisseau.

GOURNABLER. v. a. T. Mar. Enfoncer des gournables dans un bordage.

GOURNABLERIE. s. f. T. Mar. Atelier où l'on fait les gournables.

GOURNABLIER. s. m. T. Mar. Ouvrier qui fait des gournables.

GOURNAY, ch.-l. de c. (Seine-Inférieure), arr. de Neufchâtel; 3,800 hab. Commerce de beurre et de fromage.

GOURNAY (MARIE DE JARS DE), femme auteur, née à Paris et fille adoptive de Montaigne (1565-1645).

GOURNAY (JEAN DE), économiste français, proposa le premier la maxime : *Laisser faire, laisser passer* (1712-1759).

GOURNERIE (MAILLARD DE LA), géomètre fr. (1814-1883).

GOUROU. s. m. (sanscr. *guru*, grave). Nom du précepteur religieux chez les Brahmanes.

GOURVILLE (JEAN HÉRAULT DE), administrateur français né à Larochefoucauld, enveloppé dans la disgrâce de Fouquet; agent de Condé, a laissé des *Mémoires* importants (1625-1703).

GOUSSAUT. s. et adj. m. (R. *gousse*). T. Man. Se dit d'un cheval court de reins, et dont l'encolure et la conformation annoncent la force. || Chien, faucon lourd. || Homme épais.

GOUSSE. s. f. (ital. *guscio*, m. s.). T. Bot. Nom donné à une capsule formée d'un seul carpelle et s'ouvrant longitudinalement, suivant ses sutures dorsale et ventrale, en deux valves qui se tordent souvent sur elles-mêmes après la déhiscence. Ce fruit, qui porte aussi le nom de *Légume*, est particulier à la famille des Légumineuses. Voy. Fruit. || Abusiv., *G. d'ail*, Petite tête d'ail. || *G. de plomb*, Petite masse de plomb qui sert à fixer les filets pour la pêche. || T. Arch. Ornement particulier du chapiteau ionique. Voy. Ordre *ionique*. || T. Mar. Petite embarcation pointue à l'avant et à l'arrière.

GOUSSET. s. m. (R. *gousse*). Le creux de l'aisselle, et plus ordinairement, La mauvaise odeur qui s'en dégage. *Sentir le g.* || Petite poche qui est en dedans de la ceinture d'un pantalon. *Mettre sa montre dans son g.* — Fam., *Avoir le g. bien garni*, Avoir beaucoup d'argent. || Petite pièce de toile triangulaire qu'on met à diverses parties de certains vêtements, le plus souvent pour élargir l'endroit où on la place. || T. Blas. Pièce d'une chemise qui unit la manche à l'épaule. || Pièce triangulaire d'une armure qui protège le dessous du bras. || T. Blas. Pièce triangulaire qui se termine en pal à la pointe de l'écu. || Petit siège qui se rabat à la portière d'un carrosse. || T. Mar. Ouverture pratiquée dans la voûte d'un vaisseau pour laisser passer la tête du gouvernail. — Morceau de bois muni de deux tourillons qui entrent dans les barrotins au deuxième pont d'un vaisseau. || Espèce de petite console de menuiserie, servant à soutenir des tablettes.

GOUSSET (Thomas-Marie-Joseph), cardinal et théologien français, né à Montigny-les-Charlieux (Haute-Saône) (1792-1866).

GOÛT. s. m. [Pr. *goû*] (lat. *gustus*, m. s.). Le sens par lequel nous percevons les saveurs. *Cela plaît au g. Il a le g. fin, le g. dépravé.* || Par ext., Saveur. *Cela est d'un g. excellent, exquis*, etc. *Cette sauce est de haut g.*, Elle est très épicée. *Elle n'a point de g.*, Elle est fade. || Par anal., Odeur. *On sent ici un g. de renfermé.* || L'appétence pour les aliments, le plaisir qu'on trouve à boire et à manger. *Ce malade n'a de g. pour rien. Il commence à entrer en g. Le g. commence à lui revenir.* — Proverb., on dit d'une chose trop chère, que *Le coût en fait perdre le g.* = Fig., La faculté de discerner, d'apprécier et de sentir les beautés et les défauts qui se trouvent dans les œuvres de l'intelligence humaine. *Avoir le g. bon, fin, sûr, délicat, exquis. Avoir le g. faux, le g. dépravé. On voit que son g. s'est épuré. Le mauvais g. fait chaque jour des progrès.* — Absol., se dit pour Le bon g. *Un écrivain qui manque de g. Un artiste plein de g., dépourvu de g.* || Observation des convenances. *Une plaisanterie de mauvais g.* || Le sentiment particulier, l'impression, le plaisir que fait éprouver une chose, l'inclination que l'on a pour elle, l'empressement avec lequel on s'y porte. *Cela n'est pas de mon g. Il ne faut pas disputer des goûts. Cet ouvrage est au g. de tout le monde. Le g. des vers, de la musique. Je n'ai pas de g. pour la solitude. Il a pris g. à l'étude, au travail. Son g. le porte vers les mathématiques. Avoir des goûts simples.*

> Et n'ai de goût qu'aux pleurs que tu me vois répandre.
>
> RACINE.

— Se dit aussi en parlant des personnes. *Je n'ai jamais eu le moindre g. pour cette femme-là. Ce n'est pas de l'amour, c'est un g. passager.* — *Ouvrages de g.*, Qui sont faits pour l'ornement, pour l'agrément. || Se dit aussi de la manière dont une chose est faite, du caractère particulier de quelque ouvrage. *Cet ouvrage est de bon g. Ce tableau est d'un g. sévère. Ce meuble est de bon g., d'un g. nouveau, de mauvais g.* — Employé absolument dans cette acception, *Goût* se prend toujours dans le sens de bon goût, élégance, grâce. *Cet ouvrage est fait avec g. Il y a du g. dans cet ouvrage. Elle avait une riche toilette, mais dépourvue de g.* || Particul., se dit du caractère particulier d'un auteur ou d'un artiste imprimé à ses ouvrages. *Ces vers-là sont dans le g. de Corneille. Ce tableau est dans le g. du Titien. On reconnaît là le g. de Lesueur.* — Par ext., *C'est une église dans le g. du treizième siècle. Il a écrit dans le g. de son siècle.* || T. Fauc. *Oiseau de bon g.*, Oiseau qui sait

surveiller sa proie et prendre son temps à propos pour fondre sur elle.

Physiol. — Le sens du *Goût* est celui des cinq sens par lequel nous percevons les saveurs; c'est la faculté que nous avons d'apprécier les qualités sapides d'un corps. La *Gustation* est l'exercice de cette faculté, et la *Dégustation* son exercice attentif et réfléchi. Les corps n'agissent sur le sens du g. qu'à l'état liquide; quand ils sont insolubles, ils ne produisent qu'une sensation tactile. Il ne faut pas confondre avec la sensation gustative les impressions que font naître sur la langue les corps *froids*, *chauds*, *acides*, *alcalins*, *astringents*, etc., car ces corps agissent aussi, et de la même manière, sur d'autres membranes muqueuses. — La langue est l'organe spécial du g., et c'est surtout par sa pointe, par ses bords et par sa base que cet organe perçoit les qualités sapides des corps; sa partie moyenne paraît n'avoir aucune part à la gustation, non plus que les lèvres, les gencives, les parties internes des joues et la voûte palatine. Une bien petite portion seulement du voile du palais est sensible aux saveurs; néanmoins le *palais* joue un rôle dans l'exercice du sens du g. La saveur d'une substance semble doublée par sa pression contre la voûte palatine, parce qu'alors ses principes sapides, dissous dans les fluides buccaux, se répandent sur toute la base de la langue, et sont portés par un commencement de déglutition sur le point sensible du voile du palais. — Le g. n'apprécie la saveur des substances sapides qu'à des doses assez élevées. Ainsi, par ex., une dissolution sucrée qui ne contient que 1 p. 100 de sucre, est tout à fait insipide. Lorsque de l'eau distillée ne renferme que 1/2 p. 100 de sel marin, elle paraît également sans saveur. Enfin, bien que les substances amères soient celles à l'égard desquelles l'appareil gustatif paraisse le plus sensible, nous ne percevons plus l'amertume d'une dissolution d'extrait de coloquinte, quand elle ne contient que 1 partie d'extrait pour 5,000 d'eau. — Il existe entre le sens du g. et celui de l'odorat des rapports fort intimes. « Lorsqu'on mange de la viande, du beurre, de l'huile, etc., dit Béclard, on distingue assez nettement si la viande est de la viande de bœuf, de veau ou de mouton, si le beurre est de bonne ou de mauvaise qualité, si l'huile a le g. d'olive ou celui de noix; mais si l'on mange ces substances les yeux bandés et le nez fermé, de façon à s'opposer à l'introduction des molécules odorantes dans les fosses nasales, il est complètement impossible de distinguer leurs saveurs différentes. On en est de même quand on boit de l'eau ou du vin, du café, du thé, etc. Les aliments paraissent alors sans g.; tout arome disparaît; il ne reste plus que la saveur *salée*, *amère* ou *sucrée*. Le même phénomène s'observe lorsqu'un violent coryza a rendu la muqueuse nasale insensible aux odeurs. » — Des trois nerfs qui entrent dans la langue, savoir : le nerf *lingual*, qui vient de la troisième branche du trijumeau; l'*hypoglosse* et le *glosso-pharyngien*, le premier sert à la dégustation vers la pointe et aux sensations tactiles de l'organe, et le second à ses mouvements; ainsi, c'est le troisième qui est proprement le nerf de la gustation.

Esthétique. — Le *Goût* est le sens critique des beautés et des défauts dans tous les arts. C'est un discernement prompt, comme celui de la langue et du palais, qui semble, à cause de sa rapidité, précéder la réflexion, mais qui cependant est une opération surtout intellectuelle. Le g. saisit particulièrement le rapport de l'expression à l'idée et au sentiment; il juge s'il y a harmonie ou désaccord, soit par excès, soit par défaut, entre ces deux termes de l'art. De même que le sens physiologique qui porte le même nom, le g. se forme par l'éducation et par l'exercice. De même encore que le mauvais g., au physique, consiste à n'être flatté que par des assaisonnements trop piquants et trop recherchés, ainsi le mauvais g., dans les arts, est de ne se plaire qu'aux ornements recherchés, de confondre le grand avec le gigantesque, l'exagération avec la force, en un mot de ne pas sentir ce qui constitue l'harmonie et la convenance des choses. Le g. dépravé dans les aliments est de choisir ceux qui répugnent aux autres hommes : c'est une espèce de maladie. Le g. dépravé dans les arts est de se plaire à des sujets qui révoltent les esprits délicats, de préférer le burlesque au noble, le précieux et l'affecté au beau simple et au naturel; c'est une maladie de l'esprit.

On a beaucoup disputé sur le bon et le mauvais g. La question est la même que celle du *beau*. Certains philosophes ont prétendu que la beauté n'était qu'une qualité essentiellement relative, qui n'existait nullement dans l'objet qualifié de *beau*, mais seulement dans l'esprit de celui qui le qualifie de beau. C'est la théorie du *beau subjectif*. S'il en est ainsi, le g. n'est plus qu'une préférence personnelle ne correspondant à aucune réalité objective ; alors tous les goûts se valent, il n'y a ni bon ni mauvais g., et l'aphorisme : *Il ne faut pas disputer des goûts*, est aussi vrai des goûts artistiques que des goûts culinaires. Si au contraire, comme l'ont cru les philosophes qui ont le plus écrit sur la question, Kant, Hegel, etc., la *beauté* est une qualité objective des choses et des productions de l'art ; si les choses sont d'autant plus belles qu'elles se rapprochent plus d'un idéal qui n'est pas laissé à l'arbitraire de chacun, mais qui nous est nécessairement inspiré par le spectacle de la nature, et qui est comme la révélation ou l'intuition de ce que pourrait être la perfection esthétique ; alors il y a dans la nature et dans l'art des beautés réelles, et il y a nécessairement un bon g. qui les discerne et un mauvais g. qui les ignore.

On peut remarquer que, malgré les affirmations si souvent répétées des sceptiques en cette matière, la croyance universelle des hommes à la beauté objective et réelle des choses est profondément enracinée dans le cœur humain, même chez ceux qui, dans les discussions, se plaisent à soutenir l'opinion contraire. La preuve en est, d'abord, dans les discussions interminables qu'on a faites et qu'on fait tous les jours sur la valeur relative de telles ou telles œuvres, de telles ou telles écoles artistiques. On ne disputerait pas de la supériorité artistique, si l'on était profondément convaincu que ce genre de supériorité n'existe pas. Une autre preuve de la généralité et de la ténacité du sentiment esthétique, c'est l'espèce de mépris dont il nous est presque impossible de nous défendre à l'égard de ceux qui n'admirent pas les œuvres que nous admirons, ou qui admirent celles que nous trouvons franchement mauvaises. Il est à remarquer, comme une des plus singulières manifestations de l'éternelle contradiction humaine, que ce sont bien souvent ceux qui professent l'opinion de la subjectivité du beau qui se plaisent le plus aux disputes artistiques et littéraires et qui se montrent les plus sévères dans leurs jugements envers leurs contradicteurs.

Toujours est-il que le g. artistique et littéraire dépend d'un très grand nombre de conditions diverses, parmi lesquelles les mœurs, l'état social, les préjugés, la mode, jouant un rôle considérable. Aussi le g. varie-t-il avec les époques et les pays. Au XVIIe siècle, on admirait des romans qui nous paraissent aujourd'hui parfaitement illisibles, et même certains passages de Racine et de Corneille qui excitaient un vif enthousiasme, sont précisément ceux que nous voudrions n'être jamais sortis de la plume de ces grands maîtres. Ce sont là des manifestations d'un mauvais g. devenu général chez tout un peuple. Chaque époque, chaque pays a subi ces sortes d'épidémies artistiques. Que diront nos descendants des productions contemporaines que nous admirons le plus ? Nul ne peut le prévoir, et ce sont peut-être celles que nous dédaignons qui survivront, tandis que les autres iront s'ensevelir dans un oubli éternel. C'est que les œuvres artistiques ne plaisent pas réellement par leur conformité plus ou moins grande avec une idéale beauté ; elles nous charment aussi par les idées qu'elles éveillent en nous, et, il faut bien le dire, par les penchants et les passions qu'elles semblent légitimer ou qu'elles flattent ouvertement. Mais les idées sur lesquelles nous aimons à nous appesantir, les penchants et les passions que nous préférons dépendent de nos mœurs, de notre éducation, de l'état social qui nous entoure, des habitudes, des conventions ; tout un ensemble d'influences qui constitue cet indéfinissable tyran qu'on appelle la *Mode* ; tyran auquel il est impossible de se soustraire, aussi bien dans la conduite ordinaire de la vie que dans ses goûts et ses jugements. Toutes ces circonstances changent avec les lieux et les temps, et là vient que les livres qui ont charmé des générations entières, ne peuvent plus dire plus que par des érudits qui veulent bien acheter la connaissance de cette sorte de littérature au prix d'un incommensurable ennui.

La véritable beauté est indépendante de ces influences périssables, et les œuvres vraiment belles sont celles qui ont subi l'épreuve des temps sans rien perdre de leur charme et de leur puissance artistique. A cet égard, rien n'est comparable aux productions artistiques des Grecs. Par l'harmonie des formes, la majesté et la sévérité des attitudes, leurs statues sont restées des modèles impeccables, et certaines pièces de Sophocle, représentées sur la scène française, ont montré qu'après 3,000 ans elles n'avaient rien perdu de leur charme artistique et de leur puissance d'émotion. Voy. ESTHÉTIQUE.

GOÛTER. v. a. (lat. *gustare*, m. s.). Apprécier, par le sens du goût, les choses sapides. *Buvez lentement afin de mieux g. ce vin. On voit bien que la cuisinière n'a pas goûté sa sauce.* || Par anal., Juger par l'odorat. *Goûtez bien*

ce tabac, ou neutral., *Goûtez de ce tabac.* || Apprécier, trouver bon, agréable. *Je goûte bien ce que vous me dites. Son opinion ne fut pas goûtée. Le public goûte peu ces sortes d'ouvrages.*

L'âne, qui goûtait fort l'autre façon d'aller.
LA FONTAINE.

— Se dit aussi en parlant des personnes. *Je n'ai jamais pu goûter cet homme-là*, son esprit, ses manières. || Jouir avec le sentiment raisonné du plaisir qu'on éprouve. *Après une vie agitée, on goûte mieux le bonheur du repos. G. les plaisirs de la vie.*

Par moi, Jérusalem goûte un calme profond.
RACINE.

|| T. Man. *Cheval qui goûte la bride*, Cheval qui commence à obéir au mors. = GOÛTER. v. n. Boire ou manger quelque peu d'une chose. *Goûtez un peu à notre vin, de notre vin. Ce n'est que pour en g., pour y g.* || Absol., Faire un léger repas entre le déjeuner et le dîner. *Donner à g. aux enfants.* || G. d'un mets, En manger pour la première fois. || Fig. et fam., Essayer, éprouver. *Il a goûté du métier, il en a assez. C'est un homme qui veut g. de tout.* == SE GOÛTER. v. pron. Être goûté. *Un plat doit toujours se g. avant de paraître sur la table.* — *Ce vin se goûte bien*, Il est de bonne qualité, et son parfum se reconnaît facilement. || Fig., Être apprécié. *La Fontaine ne se goûte bien qu'après la quarantaine.* || S'apprécier mutuellement. == GOÛTÉ, ÉE. part.

GOUTHIÈRE (PIERRE-JOSEPH-DÉSIRÉ), doreur-ciseleur, célèbre ornemaniste (1745-1813).

GOUTTE. s. f. [Pr. *gou-te*] (lat. *gutta*, m. s.). La petite quantité d'un liquide quelconque qui se détache sous la forme sphérique. *J'ai senti quelques gouttes de pluie. Vous verserez dans le remède six à huit gouttes de laudanum.* — *Goutte à goutte*, Goutte après goutte. *Il faut verser la liqueur g. à g. Le sang ne venait que g. à g.* || Par ext., se dit d'une petite partie, d'une quantité peu considérable d'un liquide. *G. d'eau, de vin, d'huile, d'encre, etc. Il n'en reste pas une g. Boire la g. Prendre la g.*, Boire un petit verre d'eau-de-vie ou d'une autre liqueur spiritueuse. || Fig., Hyperboliquement. *Être prêt à verser son sang jusqu'à la dernière g. N'avoir plus une g. de sang dans les veines. Être saisi d'une horreur qui fait refluer le sang au cœur.* || Fam., *Avoir la g. au nez*, Une mucosité qui s'écoule. = *Goutte* s'emploie adverbial. dans les loc. famil., *Ne voir g., N'entendre g.*, pour donner plus de force à la négation. *Il faisait si obscur, que je n'y voyais g. Il ne voit g. dans ses affaires. Je n'entends g. à cette intrigue. Je n'y entends goutte.* || *C'est la dernière g.*, Celle qui fait déborder. *Ces deux personnes se ressemblent comme deux gouttes de lait, d'eau.* || *Goutte*, signifie encore Petite quantité négligeable. *C'est une g. d'eau dans la mer.* || *Goutte*, Le vin qui coule de la cuve ou du pressoir avant que l'on ait fait pressurer la vendange. *Vin de g.*, Vin fait avec du raisin non pressé. || T. Fondeur. Petite partie d'une fonte d'or ou d'argent qu'on remet à l'essayeur pour en constater le titre. || T. Arch. Ornement de forme conique qui se place dans certains plafonds. Voy. ORDRE. || *G. d'eau*, Variété de topaze. || T. Techn. Nom des marques rondes que présente quelquefois le papier quand on le regarde à travers le jour et dans les parties où la feuille est plus claire. || Nom donné à de petits trous qui se forment aux pièces d'étain dans le moule. || T. Path. Maladie constituée par des dépôts d'acide urique dans les petites articulations. Voy. plus bas. — *G. militaire*, Blennorrhagie chronique ou Blennorrhée. Voy. ce mot. — *G. sereine*. Voy. AMAUROSE.

Pharm. — En Pharmacie, on appelle *Goutte* la petite quantité de liquide qui se détache sous forme sphérique du bord d'un flacon ou d'une fiole doucement incliné. Certaines substances énergiques, ne devant entrer qu'en petites proportions dans les préparations pharmaceutiques, se prescrivent *par gouttes* ; mais il est évident que le poids de la g. doit varier selon la pesanteur spécifique du liquide, son degré de viscosité et la forme plus ou moins évasée du goulot. En effet, le poids d'une g. varie de 2 à 6 centigr. — On donne aussi le nom de *Gouttes* à quelques médicaments qui s'administrent par gouttes. Nous citerons comme les plus usités les *Gouttes d'Hoffmann* et les *Gouttes noires anglaises* (Black drops). Le premier de ces médicaments est un mélange à parties égales d'alcool et d'éther, qui s'emploie dans le cas de syncope. Les formules du second sont très variables ; néanmoins les

Gouttes noires contiennent toujours une préparation opiacée associée à un acide végétal, et souvent à du suc de réglisse.

Méd. — La g. (*podagra*) est une maladie générale, un désordre chronique particulier de la nutrition. Sa caractéristique la plus connue est la présence d'un excès d'acide urique dans l'organisme. Elle se manifeste cliniquement, soit par des troubles articulaires résultant de lésions accompagnées de dépôt d'urate de soude dans les tissus, soit par des troubles viscéraux plus ou moins francs. L'alimentation semble jouer un rôle primordial dans sa production. L'hérédité et les considérations de race ont une influence seulement contingente ; on ne sait rien du facteur étiologique absolu.

I. *Symptomatologie.* — La g. a des manifestations variables qui peuvent se réduire à trois types cliniques. — Le *type articulaire franc aigu* se présente avec un ensemble pathognomonique : l'attaque est souvent annoncée par des signes prémonitoires, poussées éruptives cutanées, inflammations passagères du côté des muqueuses, migraines, névralgies, troubles dyspeptiques, fluxions hémorroïdales ; des malaises plus individuels la précèdent d'ailleurs immédiatement : torpeur cérébrale ou surexcitabilité anormale, soubresauts, crampes musculaires. C'est la nuit, en général, qu'apparaît subitement la douleur dans la jointure qui va être intéressée, au niveau de l'articulation métatarso-phalangienne du gros orteil gauche, quelquefois des deux côtés ; d'autres articles peuvent être atteints : les malléoles, le genou, la hanche, mais ce n'est pas aux premières attaques. La douleur est atroce, continue, avec des élancements fulgurants, exagérée par le moindre mouvement. La région douloureuse est chaude, large, tendue ; la peau est violacée ; les veines sont distendues. Au bout de cinq ou six heures, les phénomènes s'amendent ; le malade entre en moiteur et s'endort. Le lendemain, la crise se répète comme la veille et ainsi pendant quelques jours ; puis l'œdème diminue, la rougeur s'efface et il y a une desquamation épidermique. En même temps, l'état général est plus ou moins touché : fièvres, troubles digestifs, tuméfaction passagère du foie. — Le *type articulaire chronique* provient de la répétition des attaques, de la généralisation du processus à des ceintures multiples, de la disparition des phénomènes aigus qui marquaient chaque poussée nouvelle ; il se caractérise par l'apparition de tophus, dépôts de sels uratiques, principalement d'urate de soude dans les tissus cutanés ou souscutanés ; siégeant dans les bourses séreuses voisines des articulations, aux extrémités, au niveau de l'oreille, par exemple, etc. En même temps, surviennent des déformations articulaires. Peu à peu la g. aboutit à un état de mal permanent (g. atonique) qui n'est plus influencée par le traitement, et détermine une anémie progressive, une sorte de déchéance totale de l'organisme, une véritable cachexie. — Le *type viscéral* ou *abarticulaire* prête aux déterminations les plus variées, indépendantes de toute localisation arthropathique, consécutives ou antérieures du côté du tube digestif ; des douleurs dentaires, la gastrite, l'entéralgie, la congestion hépatique, peuvent être en relation avec la g. L'appareil cardio-vasculaire peut être atteint, depuis le cœur (troubles fonctionnels ou lésions anatomiques) jusqu'aux vaisseaux (varices, hémorroïdes) et aux nerfs (angine de poitrine). Les organes respiratoires n'échappent pas à la menace (laryngite, asthme, bronchites, congestions pulmonaires d'origine goutteuse). Le rein est le lieu d'élection des manifestations viscérales, soit à le jouer un grand rôle dans l'évolution de la maladie comme organe d'élimination des principes excrémentitiels : c'est par la gravelle que débute la gêne fonctionnelle du rein, entraînant comme conséquence proche la colique néphrétique. Abstraction faite des lésions encéphaliques graves (hémorragie, ramollissement, etc.) qui tiennent, non à la maladie elle-même, mais aux affections qui la compliquent (athérome), il semble que la g. puisse déterminer des troubles cérébraux assez accentués : céphalalgie, attaques épileptiformes, paraplégie, névrites périphériques. Dans cet exposé rapide, nous avons dû négliger certains points très importants et très intéressants, tels : l'étude du sang et celle de l'urine, qui sortiraient de notre cadre.

II. *Anatomie pathologique.* — Dans l'arthrite goutteuse, le cartilage diarthrodial est le siège de l'altération initiale ; ce n'est que plus tard que les surfaces articulaires sont dépolies, recouvertes d'une croûte crayeuse et que la cavité articulaire se comble d'une bouillie plâtreuse ; on peut même observer une véritable ankylose. Les bourses séreuses, les gaines voisines, les attaches ligamenteuses sont le siège de pareils dépôts. Il n'y a pour ainsi dire pas d'organes où l'on ne puisse, à l'autopsie des vieux goutteux, trouver des lésions.

Cela ne signifie pas que nécessairement la g. en soit la productrice directe : on peut concevoir que la présence constante dans le sang de produits anormaux finisse par altérer tous les tissus qu'il nourrit et les rende plus aptes à subir les effets des autres maladies.

III. *Étiologie.* — Les auteurs sont unanimes à déclarer le rôle considérable de l'hérédité dans l'étiologie de la g. L'homme est plus fréquemment atteint que la femme, qui doit cette exemption relative à la régularité de sa vie ; l'âge d'apparition le plus commun est de 30 à 35 ans. Les conditions de la vie individuelle priment toutes les autres données, et parmi elles l'alimentation joue un rôle primordial : les excès, la recherche des mets fins et relevés ne sont pas les seuls facteurs, et la défectuosité de l'alimentation paraît avoir les mêmes inconvénients. Enfin, nous ne pouvons passer sous silence les rapports étroits entre le saturnisme et la g. (g. saturnine). Partant de ces principes, nombreuses sont les théories émises sur la pathogénie de la g. En somme, on peut les réduire à quatre groupes d'hypothèses, attribuant cette maladie : 1° à un état de pléthore ; 2° à un trouble d'origine nerveuse, épuisement de l'énergie nerveuse ; 3° à un défaut d'oxydation (Bouchard) ; 4° à l'uricémie (Lecorché), excès d'acide urique dans le sang et insuffisance d'excrétion rénale.

IV. *Diagnostic.* — Si le diagnostic de la g. franche, surtout avec productions tophacées, est en général facile, il n'est pas toujours aisé de faire la part des accidents imputables à la g. et celle des manifestations d'essence morbide différente. On a vu par l'exposé symptomatologique combien les troubles morbides pouvaient être divers, combien nombreux étaient les organes susceptibles d'être affectés : le diagnostic comporte davantage l'étude des maladies associées à la g. dans leurs rapports avec celle-ci, que l'étude des maladies qui simulent la g.

V. *Traitement.* — L'accès de g. aigu commande le repos, de préférence au lit, avec enveloppement ouaté de l'articulation et applications de compresses sédatives ou de badigeonnages calmants. L'emploi immédiat du colchique, qui est jusqu'ici le meilleur spécifique de la g., est très discuté. A défaut du colchique, on peut employer le salicylate de soude ou du lithine à doses fortes au début, puis décroissantes. En même temps, on combat les symptômes accessoires, gastrointestinaux, fébriles, nerveux. En dehors des attaques, le goutteux a des prescriptions de régime à suivre, tant alimentaires qu'hygiéniques. Le choix des aliments est judicieux comme celui des boissons à autoriser ; mais il faut bien savoir qu'ici chaque malade a ses susceptibilités particulières. A cela s'ajoutent les préceptes hygiéniques, tels : l'exercice régulier avec entraînement bien compris. Pendant la période chronique, il faut s'efforcer d'amener la résolution des fluxions articulaires traînantes et surtout s'opposer à l'anémie causée par la persistance de l'état morbide, empêcher le développement de la cachexie. C'est alors que le salicylate de soude, les sels de lithine sont généralement estimés. Le traitement hydro-minéral trouve aussi là ses indications les plus précises (Évian, Vittel, Contrexéville, Ragatz, Royal, etc.).

GOUTTELETTE. s. f. [Pr. *gou-te-lè-te*]. Diminutif. Petite goutte, ou quantité très petite de quelque liquide.

GOUTTER. v. n. [Pr. *gou-ter*]. Laisser tomber goutte à goutte. *Les toits gouttent.*

GOUTTEUX, EUSE. adj. [Pr. *gou-teu*]. Qui est affecté de la goutte. *Il est devenu g.* || Qui tient, qui est de la nature de la goutte. *Affection goutteuse. Rhumatisme g.* || Subst., Qui est atteint de la goutte. *C'est un goutteux.*

GOUTTIÈRE. s. f. [Pr. *gou-ti-ère*] (R. *goutte*). Petit canal que l'on adapte à l'extrémité inférieure d'un chéneau pour dégorger les eaux à une distance convenable du pied du mur de l'édifice. *Aujourd'hui on substitue aux gouttières des tuyaux de descente.* — Par extens. et fam., se dit au plur. pour le toit lui-même. *Se promener sur les gouttières. Des chats qui se battent dans les gouttières.* || Paranal., Bande de cuir qui s'avance autour de l'impériale d'un carrosse, et qui empêche la pluie d'entrer par les portières. || Pièce de bois creusée d'une rainure qui règne autour des ponts d'un navire et sert à l'écoulement des eaux. || Rainure dans la feuillure d'une pièce d'appui de croisée, pour recevoir la pluie qui s'égoutte. || Sillon qui règne le long des bois d'un cerf, d'un chevreuil. || Rainure de certaines coquilles univalves. || Petit canal que le graveur creuse sur la planche pour y faire couler l'eau-forte. || Évidement pratiqué le long des lames dans certaines armes blanches. || Partie pourrie au milieu du bois d'un arbre. || T. Mar. *Gouttières renversées*, liloires qui consolident le faux-pont. || T. Typogr. Petit canal de fer-blanc, sous le grand tympan d'une presse. || T. Vétér. *Gouttières des jugulaires*, Excavations longitudinales sur les faces de l'encolure du cheval. || T. Chir. Appareil en fil de fer, matelassé en dedans, que l'on emploie dans toutes les lésions articulaires et les fractures. || T. Relieur. Coupe cylindrique creuse qu'on donne à la marge antérieure d'un livre. || T. Anat. Rainure creusée sur la surface d'un os. *G. bicipitale.*

GOUVEA (ANTOINE DE), jurisconsulte, philosophe et littérateur portugais (1505-1566).

GOUVERNABLE. adj. 2 g. Qui peut être gouverné. Néol.

GOUVERNAIL. s. m. [Pr. *gou-ver-nall*, *ll* mouillées] (lat. *gubernaculum*, m. s.) Appareil attaché à l'arrière d'un navire, et qui sert à le diriger. || Fig., se dit en parlant du gouvernement d'un État. *Saisir, abandonner le g. Ce ministre a tenu le g. d'une main ferme.* || T. Techn. Queue d'un moulin à vent qui fait tourner les ailes dans la direction du vent. — Fil de fer qu'on rend mobile pour régler la longueur de la partie libre de la languette des tuyaux d'anche, afin de les accorder. — Dans un paquet de barres de fer à forger, celle du milieu, qui dépasse les autres. || T. Anat. *G. du testicule*, Cordon triangulaire qui, chez le fœtus, se porte de la branche de l'ischion et de la peau du scrotum à la partie postérieure du testicule, avant la sortie de cet organe hors de l'abdomen.

Navig. — Le gouvernail est un des organes les plus essentiels d'un navire. Sans lui, il deviendrait impossible, en dépit de la boussole ou compas, de suivre une route déterminée. Privé de son gouvernail, le bâtiment n'est plus qu'un corps sans âme, que la moindre vague ballotte, que la plus faible brise entraîne et pousse hors du chemin voulu. Le navire n'est plus que le jouet des vents et des flots; il se trouve complètement désarmé dans sa lutte contre les éléments.

En général et à moins d'empêchements spéciaux dont nous parlerons ultérieurement, le g. occupe un emplacement bien déterminé et fixe; il se trouve dans le prolongement du plan passant par l'axe longitudinal du navire; il joue, dans la direction à donner au vaisseau, le même rôle que remplit la queue du poisson, lui permettant de virer en tous sens, suivant sa fantaisie ou ses besoins.

Dans son ensemble, le g. (Fig.) se compose de trois parties distinctes désignées sous les noms de *Safran, Mèche* et *Coin.* Il existe en outre d'autres organes secondaires de moindre importance. Le Safran constitue la partie résistante du g., l'armature, en quelque sorte, dont les intervalles se trouvent remplis par le Coin. La Mèche, pièce verticale de charpente de bois ou de fer, sert à relier, à l'aide de ferrures spéciales appelées *aiguillots* et *femelots*, le g. proprement dit à la partie de la poupe du navire que l'on désigne sous le nom d'*Étambot.* En général, et afin d'obtenir une résistance suffisante du g., le Coin est constitué par de solides planches ajustées avec soin; des plaques de cuivre recouvrent ces planches ainsi que le Safran et la Mèche. On obtient ainsi un tout résistant beaucoup mieux à l'action corrosive des eaux de la mer, tout en présentant une légèreté relative. Cependant, lorsqu'il s'agit de navires de très fort tonnage, la Mèche, le Safran et le Coin sont entièrement métalliques.

Les aiguillots, en nombre variable, suivant les dimensions du g., sont des tenons verticaux fixés sur la mèche et pénétrant dans les femelots, sortes de douilles qui dépendent de l'étambot et font corps avec lui. Les uns et les autres sont en cuivre, l'emploi du fer ou de l'acier demeurant impossible dans les eaux salées. Ces dispositions sont applicables lorsqu'on a affaire à des navires à voiles ou à vapeur, ces derniers ayant comme propulseurs des roues. Il en est tout autrement avec les bâtiments à hélice, la présence de cette dernière s'opposant à ce que les femelots soient fixés directement

sur l'étambot proprement dit. Une sorte de cage renferme l'appareil propulseur; la partie la plus voisine de la poupe l'appelle l'*étambot d'avant*, tandis que celle qui s'en éloigne le plus prend le nom d'*étambot d'arrière.* C'est sur cette partie que s'assemblent les aiguillots et les femelots; le g. se trouve donc un peu plus éloigné que dans les cas précédents de l'arrière du navire.

Quelle que soit la position occupée par cet appareil, on remarque à la partie supérieure de la mèche une mortaise rectangulaire la traversant de part en part. Cette mortaise ou *jaumière*, reçoit la *barre du gouvernail*, poutrelle horizontale en bois qui sert de levier et permet de donner au g. un mouvement de rotation à droite ou à gauche, dès que l'on pousse ou que l'on tire à soi l'extrémité de la barre. Cette disposition que l'on désigne sous l'appellation de *barre franche*, n'est mise en usage que pour la gouverne d'embarcations de faible tonnage, des barques, des chalands et autres petits bâtiments à rames, à voiles ou à vapeur. Il deviendrait en effet impossible, lorsqu'il s'agit de grands vaisseaux, d'obtenir des timoniers une force et une résistance suffisantes pour s'opposer aux efforts produits par le choc des vagues contre le safran, et maintenir le g. dans la position voulue.

Il convient alors d'avoir recours à un agencement spécial. Entre la barre du g. et les hommes proposés à la manœuvre de l'appareil, on dispose un tambour horizontal sur lequel s'enroule une corde ou chaîne appelée *drosse* et reliée à la barre; les extrémités de cette drosse entourant le tambour ou *morbre* se prolongent vers l'intérieur du navire et viennent aboutir à la *roue du gouvernail* que la plupart du temps manœuvrent plusieurs hommes. Cette roue occupe rarement l'arrière; presque toujours, elle se trouve vers le milieu du bâtiment, à proximité du navire ou passerelle sur laquelle se tient le commandant du navire, ce qui lui permet de contrôler à chaque instant la manœuvre et s'assurer si le chemin suivi est conforme aux ordres donnés par lui.

Ainsi que nous l'avons fait remarquer, le g. a une importance capitale dans la bonne marche d'une embarcation quelconque, petite ou grande. Il arrive fréquemment que pour parer aux accidents qui à chaque instant peuvent se produire, par ex. à l'enlèvement de l'appareil par un coup de mer, on assujettit les aiguillots dans les femelots à l'aide de chaînes. Souvent aussi, les navires à voiles ou à vapeur possèdent un *gouvernail de rechange.* Dans ce cas, au lieu d'être situé dans le prolongement de l'axe longitudinal, chacun des deux gouvernails se trouve installé un peu en dehors et de chaque côté de cet axe. Un seul des deux appareils fonctionne. Le second est replié et appuyé contre l'étambot, maintenu dans cette position par des tringles ou verrous pénétrant dans des femelots qui traversent le safran. On donne souvent à ce g. de rechange le nom caractéristique de *gouvernail de fortune.* C'est de perte ou de bris du premier, ce dernier peut entrer en fonctions; il suffit d'enlever les verrous et de raccorder la tête de la mèche au tambour ou morbre à l'aide d'une drosse. Parfois il existe deux gouvernails montés à droite et à gauche de l'axe longitudinal, mais réunis entre eux par des armatures et tirants métalliques qui rendent solidaires l'un de l'autre les safrans et les coins. Ce dernier dispositif est dû à M. l'ingénieur Joessel; on désigne fréquemment sous le nom de g. à safrans multiples ce genre d'appareils conjugués entre eux. Mais un grand nombre de navires se bornent à n'employer avec eux un g. de rechange, que l'on ne met en place qu'en cas de perte du premier. On donne alors aux ferrures une forme spéciale facilitant le remplacement, opération toujours difficile et délicate en pleine mer par mauvais temps, et qui deviendrait impossible avec des aiguillots et des femelots ordinaires.

Enfin, nous citerons pour mémoire certains appareils à vapeur d'une ingéniosité et d'une puissance extraordinaires appelés servo-moteurs et dus à Farcot et à Declos. On les emploie à peu près exclusivement sur les cuirassés et croiseurs de premier rang; ils aident singulièrement à la manœuvre des gouvernails de ces monstres flottants. Grâce à leur fonctionnement, cette manœuvre ne nécessite qu'un travail relativement peu important dans les timoniers et, par suite, ne leur occasionne que très peu de fatigue.

GOUVERNANCE. s. f. Juridiction établie autrefois dans quelques villes des Pays-Bas, et à la tête de laquelle était le gouverneur de la place.

GOUVERNANT, ANTE. Celui, celle qui gouverne. || s. m. Celui qui gouverne un État. *Nos Gouvernants. Le duc de Somerset, g. pour le roi d'Angleterre.* = GOUVERNANTE. s. f.

La femme du gouverneur d'une province, d'une place. *Madame la g.* = Femme qui gouverne une ville, une province. *Plusieurs princesses de la maison d'Autriche ont été gouvernantes des Pays-Bas. Anne d'Autriche a été g. de Bretagne.* || Plus ordin., Femme chargée de l'éducation d'un ou de plusieurs enfants. *La g. des Enfants de France. Ma fille ne sort jamais sans sa g.* || Se dit aussi de la femme qui a soin du ménage d'un homme veuf ou d'un célibataire.

GOUVERNE. s. f. (R. *gouverner*). Action de diriger une embarcation. *Aviron de g.,* Aviron placé à l'arrière d'une barque pour la faire tourner à droite ou à gauche. || T. Comm. Ce qui doit servir de règle de conduite dans une affaire. *Les renseignements que je vous transmets devront vous servir de g.* || Fam., dans le langage ordinaire, *Je vous le dis pour votre gouverne.* || T. Mar. *Aviron de gouverne,* Aviron disposé comme une godille, manière à faire tourner soudainement une embarcation.

GOUVERNEMENT. s. m. Action, charge, ou manière de gouverner, de régir, d'administrer. *Le g. d'un État, d'une province. Le g. d'une banque. Il a abandonné le g. de ses affaires.—Avoir quelque chose en son g.,* Être chargé d'en avoir soin. *Il a en son g. le linge et la vaisselle, et il en est responsable.* || Absol., se dit du gouvernement des États. *Science du g. Maximes de g.* || La constitution d'un État. *La nature, la forme d'un g. Le g. monarchique. Le g. aristocratique. Le g. républicain. Le g. théocratique. Le g. représentatif.* || S'empl. aussi dans un sens collectif, pour désigner ceux qui gouvernent un État. *L'intervention du g. S'adresser au g. Ces deux gouvernements ne sont pas près de s'entendre.* || La charge de gouverneur dans une province, dans une ville, dans une place forte, dans une maison royale ou impériale. *Le roi lui avait donné le g. de Normandie. Ce général est chargé d'un g. militaire. Le g. d'une place.* — Le territoire, la ville, qui sont placés sous l'autorité d'un gouverneur. — *L'hôtel du gouverneur.* || Action de gouverner une embarcation. || T. Relig. *Le g. des âmes,* Direction de la conscience; autorité de ceux qui sont chargés de veiller sur les mœurs.

Hist. — Nous croyons utile de donner ici la liste des gouvernements militaires entre lesquels était partagée la France avant la Révolution, avec le nom de leurs chefs-lieux et celui des départements actuels qui correspondent à ces gouvernements. Depuis 1768, on en comptait 40, dont 32 grands et 8 petits. — I. *Flandre française :* LILLE; Nord. — II. *Artois :* ARRAS; Pas-de-Calais. — III. *Picardie :* AMIENS; Somme. — IV. *Normandie :* ROUEN; Seine-Inférieure, Eure, Orne, Calvados Manche. — V. *Champagne-et-Brie :* TROYES; Ardennes, Marne, Haute-Marne, Aube. — VI. *Lorraine-et-Barrois :* NANCY; Meurthe-et-Moselle, Vosges, Meuse. — VII. *Alsace :* STRASBOURG; Haut-Rhin. — VIII. *Bretagne :* RENNES; Ille-et-Vilaine, Côtes-du-Nord, Finistère, Morbihan, Loire-Inférieure. — IX. *Anjou :* ANGERS; Maine-et-Loire. — X. *Maine-et-Perche :* LE MANS; Sarthe, Mayenne. — XI. *Touraine :* TOURS; Indre-et-Loire. — XII. *Poitou :* POITIERS; Vienne, Deux-Sèvres, Vendée. — XIII *Aunis :* LA ROCHELLE; Charente-Inférieure. — XIV. *Saintonge-et-Angoumois :* SAINTES; Charente. — XV. *Ile-de-France :* PARIS; Seine, Seine-et-Oise, Seine-et-Marne, Oise, Aisne. — XVI. *Orléanais :* ORLÉANS; Loiret, Eure-et-Loir, Loir-et-Cher. — XVII. *Berry :* BOURGES; Indre, Cher. — XVIII. *Auvergne :* CLERMONT; Puy-de-Dôme, Cantal. — XIX. *Limousin :* LIMOGES; Haute-Vienne, Corrèze. — XX. *Marche :* GUÉRET; Creuse. — XXI. *Bourbonnais :* MOULINS; Allier. — XXII. *Nivernais :* NEVERS; Nièvre. — XXIII. *Franche-Comté :* BESANÇON; Haute-Saône, Doubs, Jura. — XXIV. *Bourgogne-et-Bresse :* DIJON; Yonne, Côte-d'Or, Saône-et-Loire, Ain. — XXV. *Guyenne-et-Gascogne :* BORDEAUX; Gironde, Dordogne, Lot, Lot-et-Garonne, Tarn-et-Garonne, Aveyron, Landes, Gers, Hautes-Pyrénées. — XXVI. *Languedoc :* TOULOUSE; Haute-Loire, Ardèche, Lozère, Gard, Hérault, Tarn, Aude, Haute-Garonne. — XXVII. *Béarn-et-Navarre :* PAU; Basses-Pyrénées. — XXVIII. *Comté de Foix :* FOIX; Ariège. — XXIX. *Roussillon :* PERPIGNAN; Pyrénées-Orientales. — XXX. *Lyonnais-et-Forez :* LYON; Rhône, Loire. — XXXI. *Dauphiné :* GRENOBLE; Isère, Drôme, Hautes-Alpes. — XXXII. *Provence :* AIX; Basses-Alpes, Bouches-du-Rhône, Var. — Les petits gouvernements étaient Paris, Boulogne, Le Havre, Sedan, Toul, Metz et Verdun, Saumur, et la Corse. À l'exception de cette dernière, tous les petits gouvernements étaient enclavés dans les grands.

La France possède encore deux gouvernements militaires : Paris et Lyon, organisés par la loi du 5 janvier 1875.

GOUVERNEMENTAL, ALE. adj. Relatif au gouvernement. *Le pouvoir g. Parti g.* Néol.

GOUVERNEMENTISTE. s. m. Partisan du gouvernement.

GOUVERNER. v. a. (lat. *gubernare*, m. s.) Diriger, conduire. *G. un vaisseau, une barque. Ce cocher gouverne habilement ses chevaux.*—Absol., *Ce pilote gouverne bien. G. au plus près. G. sur son ancre. G. à la roue,* En faisant mouvoir la barre par une roue. *G. à la lame,* Fuir vent arrière pour éviter la lame. On dit aussi, *Ce bâtiment gouverne bien, gouverne mal,* Il obéit ou il résiste aux mouvements du gouvernail. || Fig. et fam., *C'est lui qui gouverne la barque,* C'est lui qui dirige l'entreprise. *G. bien sa barque,* Bien conduire ses affaires, ou se conduire sagement. = Régir, conduire avec autorité; se dit au prop. et au fig. *Ce roi gouverne sagement ses peuples. C'est un État mal gouverné. Cet homme gouverne bien sa maison. Il sait g. ses passions.* — Absol., *Ce prince gouverne avec douceur. En Angleterre, le roi règne et ne gouverne pas.* || *Avoir beaucoup de crédit, beaucoup de pouvoir sur l'esprit de quelqu'un. Il n'est pas homme à se laisser g. Ce mari est gouverné par sa femme. Il sait g. les esprits.* — Se dit aussi des choses morales. *L'opinion gouverne le monde. La plupart des hommes se laissent g. par les préjugés.* — Fam., *Comment gouvernez-vous un tel?* Comment êtes-vous, comment vivez-vous avec lui? le voyez-vous souvent? On dit dans un sens anal., *Comment gouvernez-vous la fortune, le jeu, les plaisirs?* || Avoir l'administration, la conduite de quelque chose. *C'est son associé qui gouverne toute la maison, toutes les affaires. C'est à la femme à g. le ménage.* — Dans une acception particul., se dit quelquefois pour Administrer avec économie. *Gouvernez bien vos provisions, car elles sont chères. Il gouverne si sagement son petit revenu, qu'il n'est jamais dans la gêne.* — Se dit aussi du soin qu'on apporte à ce qu'une chose soit en bon état et ne périsse pas. *Il sait g. une cave.* || Se dit encore du soin qu'on prend des enfants ou des malades. *Personne ne s'entend mieux à g. les enfants, les malades.* — S'empl. dans un sens fig., en parl. des animaux domestiques. *Il sait bien g. les chevaux. Elle gouverne bien une basse-cour.* || T. Gram. Régir. *Ce verbe gouverne l'accusatif.* || T. Mécan. Se dit des pièces d'une machine qui font agir et mouvoir toutes les autres.=SE GOUVERNER. v. pron. Se dit d'un État où le pouvoir est exercé par le peuple. *Cette nation voulut se g. elle-même et se constitua en république.* || Plus ordin., Tenir une conduite bonne ou mauvaise dans sa vie, dans ses mœurs ou dans ses affaires. *Cet homme s'est toujours gouverné sagement. Cette femme se gouverne mal. Il s'est mal gouverné dans cette affaire.* || Exercer de l'autorité l'un sur l'autre. *Des pouvoirs opposés qui cherchent à se gouverner l'un l'autre.* =GOUVERNÉ, ÉE. part.

GOUVERNEUR. s. m. Celui qui commande en chef dans une province, dans une place forte, dans une maison royale. *Le g. de la province. Le g. de Paris. Le g. de l'Hôtel des Invalides.* — *Le g. de la Banque de France, du Crédit foncier,* Le directeur en chef de ces établissements. || Celui qui est chargé de l'éducation et de l'instruction d'un jeune homme. *Un sage gouverneur.* — Officier de la cour chargé de la direction de certains jeunes gens. *Le g. des pages.* || T. Techn. Ouvrier chargé de la surveillance et de la conduite de tout le travail de la halde d'un puits de mine. — Ouvrier chargé de faire pourrir, de couper, de mettre dans les piles les chiffons destinés à faire la pâte pour la fabrication du papier. || Fig. Nom d'un petit poisson qui passe pour servir de conducteur à la baleine.

GOUVERNEUR-MORRIS, homme politique américain, ministre des États-Unis en France en 1792; il a écrit des *Lettres* et un *Journal* qui sont des documents importants pour l'histoire de la Révolution française.

GOUVION. s. m. Cheville de fer pour assembler les pièces de grosse charpente.

GOUVION-SAINT-CYR (LAURENT, marquis), maréchal de France (1764-1830), ministre de la guerre, réorganisa l'armée par la loi de 1818.

GOUZIEN (ARMAND), critique d'art français (1839-1892).

GOWER (Frédéric), électricien et aéronaute américain (1852-1885).

GOYAVE. s. f. [Pr. *go-i-ave*] (péruv. *gayaba*, m. s.). T. Bot. Le fruit du Goyavier.

GOYAVIER. s. m. [Pr. *go-ia-vié*] (R. *goyave*). T. Bot. Genre d'arbres Dicotylédones (*Psidium*) de la famille des Myrtacées. Voy. ce mot.

GOYA Y LUCIENTES (François-José), peintre espagnol (1746-1828).

GOYAZ, État des États-Unis du Brésil au centre de la république ; 211,700 hab.

GOYON (Jacques), comte de Matignon, maréchal de France (1525-1597).

GOZLAN (Léon), littérateur fr. (1826-1866).

GOZLIN ou **GOSLIN**, évêque de Paris, défendit cette ville contre les Normands en 885-886.

GOZON, grand maître des Hospitaliers de Saint-Jean de Jérusalem (1345), délivra, dit-on, l'île de Rhodes d'un serpent monstrueux.

GOZZI (Comte Gaspard), littérateur italien (1713-1786). = Son frère, le comte Carlo, a joui d'une réputation considérable comme auteur comique (1722-1806).

GOZZOLI (Benozzo), peintre florentin, auteur de fresques au Campo Santo de Pise (1420-1498).

GRAAF (Régnier de), physiologiste hollandais (1641-1673).

GRAAL ou **GRÉAL.** s. m. T. de la Légende. — Dans la légende du moyen âge, on appelait *Saint Graal*, Gréal ou Gral un vase mystique que l'on croyait avoir servi à J.-C. lorsqu'il célébra la dernière pâque avec ses disciples, et avoir contenu le sang et l'eau qui avaient découlé des plaies et du côté du Sauveur sur la croix. Ce vase était fait, disait-on, d'une seule pierre précieuse : il jouissait de plusieurs propriétés merveilleuses, et notamment de celle de procurer une jeunesse éternelle à celui qui en était possesseur. On ajoutait qu'il avait été apporté en Bretagne (Angleterre) par Joseph d'Arimathie, qui, à sa mort, l'avait donné en garde à un de ses neveux. Mais le saint Graal ayant été perdu par la suite, plusieurs chevaliers entreprirent de le retrouver. Le récit des aventures imaginaires de ces chevaliers constitue un cycle de romans fort étendu, où Wagner a puisé de larges et belles inspirations.

GRABAT. s. m. [Pr. *gra-ba*] (lat. *grabatus*, m. s.). Méchant lit, tel que les lits des pauvres gens. — Prov., *Être sur le g.*, Être malade au lit.

GRABATAIRE. adj. 2 g. (R. *grabat*). Qui est habituellement malade et alité. *Il est devenu g.* Fam. et peu us. || T. Hist. relig. Nom que l'on donnait à ceux qui différaient de recevoir le baptême jusqu'à ce qu'ils fussent en danger de mort.

GRABEAU. s. m. (bas-lat. *grabotum*, ce qui est rejeté du van). T. Pharm. Morceau rompu des drogues, petits fragments dont on peut tirer parti. || A Genève, scrutin.

GRABELAGE. s. m. T. Pharm. Action de grabeler.

GRABELER. v. a. T. Pharm. Séparer une substance médicamenteuse de ses grabeaux ou menus fragments.

GRABELEUR. s. m. Celui qui grabelle.

GRABUGE. s. m. (ital. *garbuglio*, m. s.). Querelle, différend, noise. *Ils ont eu quelque g. ensemble. Il y a eu du g. au ménage.* Fam. || Nom d'une partie de cartes.

GRAÇAY, ch.-l. de c. (Cher), arr. de Bourges ; 3,000 hab.

GRACCHUS (Tiberius Sempronius), 210-160 av. J.-C., consul romain, se distingua en Espagne. Il eut de son union

avec Cornélie, fille de Scipion l'*Africain*, deux fils, *Tiberius* et *Caius*, connus sous le nom de *Gracques*, tous deux tribuns du peuple, qui proposèrent les lois agraires et périrent assassinés dans une émeute, Tiberius en 133, Caius en 121 av. J.-C. Voy. Agraire.

GRÂCE. s. f. (lat. *gratia*, m. s.). Faveur qu'on fait à quelqu'un sans y être obligé. *S'il vous accorde telle chose, ce sera une pure g. Je vous demande cette g. Je vous le demande en g. Ce qu'il a fait pour vous, c'est par g. Faites-moi la g. de m'écrire. Ce prince le combla de grâces. Demander, implorer, obtenir, accorder, répandre, distribuer des grâces. — A la g. de Dieu,* Sans compter sur aucun secours que celui de Dieu. — *Chevaliers de g.,* se disait, dans les ordres de chevalerie où il fallait faire preuve de noblesse, des chevaliers qui, ne pouvant faire cette preuve, étaient néanmoins reçus dans l'ordre. — *An de g.,* compté à partir de l'ère chrétienne. Par plaisant. *En l'an de g. 1896.* — *Commanderies de g.,* Celles dont le grand maître d'un ordre avait la libre disposition, par oppos. à *Commanderies de rigueur,* Celles que les chevaliers obtenaient à leur rang. — *Coup de g.,* Voy. Coup. *Jours de g.,* Voy. Jour. *Heure, demi-heure, quart d'heure de g.,* Temps accordé en sus d'un certain temps fixé pour quelque objet. || *Trouver g. aux yeux de quelqu'un, devant quelqu'un,* Lui plaire, gagner sa bienveillance ; ne se dit que d'une personne extrêmement inférieure à l'égard d'une autre. *Être en g. auprès d'un prince ou de quelque personne puissante,* Y être en considération, en faveur. On dit dans le même sens, *Rentrer en g.; Être remis en g.* || *Bonnes grâces,* au pluriel, se dit aussi de la faveur, de la bienveillance ou de l'amitié d'une personne à l'égard d'une autre. *Rechercher, gagner, obtenir, posséder, perdre les bonnes grâces de quelqu'un. Il était dans les bonnes grâces du prince. Conservez-moi vos bonnes grâces. — Être dans les bonnes grâces d'une femme, avoir ses bonnes grâces,* En être aimé. || T. Théol. L'aide et le secours que Dieu donne gratuitement aux hommes pour faire leur salut. — *G. d'état,* appropriée par Dieu pour chacun à sa situation spéciale. = Pardon, indulgence. *Sa jeunesse doit lui faire trouver g. devant vous. Le menteur ne mérite aucune g. On fait peu de g. aux écrivains ennuyeux.* — Ellipt., *Grâce, grâce!* || Remise d'une peine accordée bénévolement. *Le droit de g. est une des plus nobles prérogatives du souverain.* Demande en g. *Se pourvoir en g.* — *Lettre de g.,* ou simplement *Grâce,* Lettres par lesquelles le souverain accorde la g. d'un criminel. Entériner des lettres de g. *Signer une g.* — *Faire grâce à quelqu'un,* Lui accorder, lui remettre ce qu'il ne pouvait demander avec justice. *Quand on vous a accordé cela, on vous a fait g. Il me devait mille francs, mais je lui ai fait g.* — *Faire g. à quelqu'un d'une chose,* Ne pas l'exiger de lui ou la lui épargner. *Faites-moi g. de vos conseils. Il me fait tout son poème sans me faire g. d'un seul vers.*

> Que je ne fasse grâce au peu sur votre arrêt,
> Et ne me rende pas pour cela, s'il vous plaît.
>
> MOLIÈRE.

= Remerciement, témoignage de reconnaissance. *Je vous rends g., mille grâces. Je vous rends g. de ce que vous avez fait pour moi. Elle vous rend g. pour tout ce que vous avez fait en sa faveur. Rendons-en à Dieu. Chanter un Te Deum en action de grâces.* — *Action de g.,* Acte par lequel on rend grâces. — On dit ellipt., *G. à Dieu, G. au ciel,* pour marquer que c'est de la bonté de Dieu qu'on tient la chose dont il s'agit. *Il est sauvé, g. à Dieu!* On dit aussi dans un sens anal., *G. à vous. G. à votre bonté. G. à vos soins. G. à sa prudence;* et ironiq., *G. à votre négligence, G. à votre paresse,* etc. = *Rendre g. à quelque chose,* Lui attribuer un résultat favorable. || *Grâces,* au plur., se dit particulièrement d'une prière que l'on fait à Dieu après le repas pour le remercier de ses dons. *Dire grâces. Dire ses grâces.* Loc. prov. Fam. *Dire les grâces avant le benedicite,* Avoir une femme pour maîtresse avant de l'épouser. = Se dit d'un certain agrément dans les personnes et dans les choses. *Cette femme est belle, mais elle n'a aucune g. Elle a mauvaise g. Le temps l'a dépouillée de ses grâces. Grâces touchantes, piquantes, etc. Elle met de la g. à tout ce qu'elle fait. Elle n'a g. à rien. Danser, marcher, se présenter de bonne, de mauvaise g. Ses gestes, ses attitudes, son sourire, son langage, tout en elle est d'une g. enchanteresse. Il fait tout avec g. La g. touche plus que la beauté. Tout cela fut dit avec g. et délicatesse. Les grâces de l'esprit. Les grâces* du style. *Cette statue manque de g. Figures drapées avec g. Cet habit n'a pas de g. La g. et la légèreté de la gazelle.* — *Cette expression a de la g.,* Elle donne de l'agrément et du charme à la phrase où elle est placée. || *Mauvaise g.,* Se dit d'une chose déplaisante.

Que la plaisanterie est de mauvaise grâce !

MOLIÈRE.

|| *N'avoir pas bonne g., avoir mauvaise g. de faire telle ou telle chose,* se dit en parlant de ce qu'une personne fait contre la raison ou contre la bienséance. *Il a mauvaise g. de se plaindre d'une chose qu'il a lui-même demandée. Vous n'avez pas bonne g. d'agir ainsi envers cet homme.* Ironiq., *Vraiment vous avez bonne g. de prétendre que...* || *De bonne g.,* De bonne volonté, sans répugnance. *De mauvaise g.,* De mauvaise volonté, avec répugnance. *Il s'y est prêté de fort bonne g., de la meilleure g. du monde. Croyez-moi, faites cette démarche de bonne g. Il finit par y consentir d'assez mauvaise g.* || *Les bonnes grâces d'un lit,* Lés d'étoffe que, dans les lits à l'ancienne mode, on attachait vers le chevet et vers les pieds, pour accompagner les grands rideaux. — Titre d'honneur que l'on donne en Angleterre, aux ducs et aux évêques anglicans. *Sa G. le duc de... Votre G.* || *Jeux des grâces,* Jeu de jeunes filles qui consiste à lancer et recevoir un petit cerceau avec des baguettes, et qui permet de déployer une certaine grâce de gestes. | T. Myth. *Les Grâces,* voy. ci-après. — Fig. *Il n'a pas sacrifié aux Grâces,* Il n'a pas le don de plaire. = DE GRÂCE, loc. adv. Par grâce, par bonté. *De g. rendez-moi ce service.*

Syn. — *Faveur.* — La *g.* témoigne seulement la puissance de celui qui l'accorde, la *faveur* témoigne le sentiment qui y pousse. Un souverain, un supérieur accorde une g. On n'a de faveurs que pour ses amis. — *Faveur,* se prend aussi en mauvaise part, pour désigner les avantages immérités accordés par un supérieur, pour des raisons personnelles et quelquefois en échange de services peu avouables. Voy. aussi ABSOLUTION, AGRÉMENT, BIENFAIT.

Mythol. — Les Grecs appelaient du nom de *Charites* (χάριτες) et les Romains de celui de *Gratiæ,* dont nous avons fait *Grâces,* trois déesses filles de Jupiter; mais on leur donne pour mère tantôt Junon, tantôt Vénus, tantôt la nymphe Eunomie, etc. Dans les temps primitifs, on n'honorait à Lacédémone que deux Grâces *Cléta* (bruit) et *Phaenna* (éclat), et, chez les Athéniens portaient le nom d'*Auxe* (qui croit) et d'*Hégémone* (conductrice). Elles apparaissent pour la première fois au nombre de trois dans Hésiode : ce sont *Euphrosyne* (la joie), *Aglaé* (la splendeur du beau), et *Thalie* (la flora son) : toutes trois restèrent vierges. Le nom même des Grâces indique les fonctions que leur attribuait la mythologie gréco-romaine. Elles présidaient à la gaieté des festins, aux doux propos, à l'harmonie des fêtes, à l'éclat d'une joie innocente ; elles ont aussi dans leur domaine tout ce qui est beau, radieux, doux, attrayant. Les poètes les font quelquefois les compagnes d'Apollon, des Muses et de Mercure ; mais le plus souvent elles sont attachées à Vénus. Dans l'origine, l'art plastique les représenta sous la forme de vierges couvertes de vêtements, ainsi qu'il convenait à leur nom, mais plus tard on s'habitua à les représenter nues. Les groupes antiques les plus remarquables des trois Grâces qui soient parvenus jusqu'à nous sont ceux de la villa Borghèse et du palais Ruspoli, à Rome, mais surtout celui qui orne la sacristie de la cathédrale de Sienne. On sait que le philosophe Socrate, qui était sculpteur de profession, avait fait un groupe des Grâces que les Athéniens avaient placé à l'entrée de l'Acropole. — Les anciens disaient de celui qui manquait de g. dans ses manières dans ses discours, dans son style, qu'*il n'avait pas sacrifié aux Grâces,* et cette locution figurée est encore quelquefois usitée chez nous. Nous disons de même poétiquement, dans des sens analogues : *Les Grâces ont présidé à sa naissance. Les vers d'Anacréon semblent dictés par les Grâces,* etc.

Théol. — Il est peu de questions qui aient donné lieu, dans l'Église, à autant de controverses que celle de la g. Dans ce qui va suivre nous exposerons sommairement le dogme catholique sur la g., en prenant pour guide l'ouvrage de l'un des plus éminents théologiens de notre siècle, le cardinal Gousset.

I. Idée de la grâce. — On définit la *grâce* un don surnaturel que Dieu accorde gratuitement, en vue des mérites de Jésus-Christ, aux créatures intelligentes pour les conduire au salut éternel. Elle est un don *surnaturel,* car elle se rapporte à la vision intuitive de Dieu, fin surnaturel de l'homme. Elle est purement *gratuite,* car Dieu n'était en rien tenu de

nous faire participer à la gloire du ciel. Elle nous *vient de Dieu* et ne peut nous venir que de lui ; mais depuis la chute d'Adam, elle n'est accordée aux hommes qu'en *vue des mérites de J.-C.,* qui s'est offert comme victime expiatoire. Enfin, elle est le *moyen* de nous faire arriver à la vie éternelle, car, sans elle, nous ne pouvons rien dans l'ordre du salut.

II. Nécessité de la grâce. — « Si quelqu'un dit que, sans l'inspiration prévenante du Saint-Esprit et sans son secours, l'homme peut croire, espérer, aimer, ou se repentir comme il faut, pour obtenir la g. de la justification, qu'il soit anathème. » Ainsi s'exprime le concile de Trente, renouvelant les condamnations déjà prononcées au Ve et au VIe siècle par le concile d'Éphèse (431) et celui d'Orange (529) contre les erreurs du pélagianisme et du semi-pélagianisme ; car les novateurs du XVIe siècle n'avaient guère fait que reproduire les erreurs déjà condamnées un millier d'années auparavant. — Il est donc de foi que, sans la g. intérieure, l'homme ne peut absolument rien dans l'ordre du salut. La g. est de nécessité absolue pour le commencement comme pour l'accroissement et le perfectionnement de la foi, pour le commencement comme pour l'achèvement des bonnes œuvres, en un mot pour le commencement comme pour la consommation de notre salut. Il est également de foi que la g. est gratuite à tous égards. C'est gratuitement que l'homme a été destiné à la gloire du ciel ; c'est gratuitement que J.-C. est mort pour tous les hommes et qu'il a obtenu pour tous les grâces nécessaires au salut. En effet, après la chute d'Adam, l'homme séparé de Dieu par son péché est absolument incapable, par ses propres efforts, de se rapprocher de son Créateur, de parvenir à sa fin dernière, et de mériter la g. qui est le seul moyen pour y arriver.

Toutefois, de ce que les œuvres naturelles de l'homme ne peuvent rien, sans la g., pour son salut, il ne s'ensuit point, comme l'ont prétendu certains auteurs, que toutes les actions du pécheur soient mauvaises en elles-mêmes et constituent des péchés. C'est ce qu'a décidé contre eux le concile de Trente : « Si quelqu'un dit que toutes les actions qui se font avant la justification, de quelque manière qu'elles soient faites, sont de véritables péchés ou qu'elles méritent la haine de Dieu, ou que plus on fait d'efforts pour se disposer à la g., plus on pèche grièvement, qu'il soit anathème. » De même, le pape Pie V, et après lui les papes Grégoire XIII et Urbain VIII, ont condamné comme hérétiques les propositions de Baius : « Tout amour de la créature raisonnable est, ou la cupidité vicieuse par laquelle on aime le monde, ou cette louable charité par laquelle on aime Dieu, et que le Saint-Esprit répand dans nos cœurs. Tout ce que fait le pécheur ou l'esclave du péché, est péché. » Ainsi donc, « il y a dans l'homme, dit le cardinal Gousset, des mouvements qui ne viennent ni de la cupidité qui en ferait autant de péchés, ni de la charité parfaite qui les rendrait méritoires : il y a donc des actes véritablement bons sans la g. sanctifiante ; une véritable obéissance à la loi, sans la charité ; des actions non mauvaises en celui qui est en état de péché. » — L'Église a également condamné les propositions suivantes : « L'infidélité purement négative, c.-à-d. l'infidélité de ceux qui n'ont jamais entendu parler de la révélation, est un péché. — Toutes les actions des infidèles sont des péchés, et les vertus des philosophes sont des vices. — Le libre arbitre, sans le secours de la g., ne peut servir qu'à pécher. — Sans la g., nous ne pouvons rien aimer que notre condamnation. — Sans la g. du Libérateur, le pécheur n'est libre que pour le mal. » — Et autres semblables, qui, dans la pensée d'exalter l'action de Dieu relativement aux créatures, tendent à anéantir le libre arbitre de celles-ci, et par conséquent à détruire la notion de leur responsabilité.

III. De l'efficacité de la grâce. — On distingue la g. actuelle en g. *efficace* et en g. *suffisante.* La première est celle avec laquelle on fait le bien, et la seconde, celle avec laquelle on ne le fait pas.

La g. *efficace* est la g. qui est suivie de son effet : cependant elle ne supprime point la liberté de l'homme, elle n'est point invincible ; car l'homme, tout en obéissant à cette g., reste libre de ne pas lui obéir. Il est de foi, non seulement que le libre arbitre de l'homme n'a point été détruit par le péché d'Adam, mais encore qu'il subsiste même sous l'influence de la g. efficace, et que l'homme peut, à volonté, obéir ou résister à la g., lui donner ou lui refuser sa coopération. Aussi le concile de Trente prononce-t-il l'anathème contre « celui qui dit que le libre arbitre de l'homme a été perdu et éteint depuis le péché d'Adam » ; contre « celui qui dit que le libre arbitre de l'homme, mû et excité par Dieu, ne coopère en rien, en consentant à la g. qui l'excite et l'appelle, pour se disposer et se préparer à obtenir la justification ; qu'il ne peut refuser son consentement, quand bien même il le voudrait ; et que, semblable à un être inanimé, il est purement passif et ne fait absolument rien. » — Comment l'homme, en effet, pourrait-il mériter ou démériter, si la g. était invincible ? Aussi saint Augustin dit-il : « que Dieu nous a créés libres, et que nous ne sommes point entraînés par la nécessité ni à la vertu, ni au vice : il ne saurait y avoir de récompense là où il y a nécessité. » Saint Paul et tous les anciens Pères déclarent d'une voix unanime que Dieu veut le salut de tous les hommes, et que personne ne sera réprouvé que par sa propre faute. Or, Dieu ne peut vouloir le salut de tous les hommes qu'autant qu'il leur accorde les *grâces suffisantes* pour toutes les circonstances où ils sont obligés de faire le bien, d'éviter le mal ou d'accomplir quelque commandement. Cependant il y en a plusieurs, même parmi les fidèles, qui ne font point leur salut. Il faut donc nécessairement qu'il y ait des grâces avec lesquelles on peut faire son salut et avec lesquelles on ne le fait pas. En conséquence, de même qu'elle a condamné cette proposition de Jansénius : « Que, dans l'état de nature tombée, c.-à-d. dans l'état présent, l'homme ne résiste jamais à la g. intérieure », l'Église a déclaré hérétique cette autre proposition du même auteur : « Quelques commandements de Dieu sont impossibles, eu égard à leurs forces présentes, aux hommes justes qui veulent les accomplir, en faisant tous leurs efforts pour cela : il leur manque la g. par laquelle ces commandements leur soient rendus possibles. » Ainsi donc, tous les commandements sont possibles aux justes, car ils reçoivent pour les accomplir toutes les grâces nécessaires pour cela, et s'ils ne les accomplissent pas, c'est qu'ils résistent à ces grâces ; d'où il est évident qu'il y a des grâces qui ne sont point suivies de leur effet. Mais si nous résistons à la g., ce n'est point à elle, ni à celui qui en est l'auteur que nous devons nous en prendre, mais uniquement à la volonté de l'homme qui abuse des dons de Dieu en refusant d'y coopérer. Les grâces que Dieu nous accorde ne tournent à notre perte que par notre propre faute. — Les Jansénistes, qui attentaient au libre arbitre de l'homme pour exalter outre mesure l'opération et la puissance de la g., ont été, comme on le voit, condamnés avec ce double rapport. Le système du jansénisme, qui attribuait à la g. une puissance invincible qui anéantissait le libre arbitre, substituait donc véritablement à la doctrine catholique une théorie fataliste aussi funeste à la morale qu'à la religion.

IV. — Les théologiens distinguent encore la *g. habituelle*, la *g. actuelle*, *intérieure* ou *extérieure* ; la *g. sanctifiante* qui purifie du péché, la *g. congruente*, c.-à-dire proportionnée à l'acte de vertu à accomplir et aux dispositions du fidèle qui la reçoit ; la *g. concomitante* qui accompagne toutes nos actions, etc. Mais nous croyons inutile de les suivre dans toutes ces distinctions.

V. *Historique.* — Nous venons d'exposer l'enseignement de l'Église catholique au sujet de la g. Il ne sera peut-être pas inutile d'ajouter quelques mots sur l'histoire de ces doctrines importantes, qui touchent, en définitive, aux problèmes si graves de la liberté humaine et de l'action de Dieu sur la volonté humaine. Saint Paul est le premier docteur de la grâce. Dans son épître aux Éphésiens, il dit : « C'est par la g. que vous êtes sauvés, et cela ne vient pas de vous, puisque c'est un don de Dieu. » On pourrait voir d'ans son enseignement la négation du libre arbitre, et c'est contre cette tendance qui réagissaient les chrétiens élevés à l'école de la philosophie grecque et disciples de Platon. Vers la fin du IVe siècle, Pélage, moine originaire de la Grande-Bretagne, voulut réhabiliter la liberté humaine que les doctrines du temps menaçaient d'anéantir. Il enseigna que le péché d'Adam ne souillait que son auteur et que ses descendants n'en étaient point responsables. C'était détruire le dogme fondamental du péché originel, par suite, supprimer la nécessité de la g. Aussi, fut-il réfuté par tous les théologiens, et spécialement par saint Augustin, qui entreprit de concilier la doctrine du libre arbitre avec celle de la g. C'était une tâche difficile, dans laquelle il ne réussit pas complètement, puisque, plusieurs siècles plus tard, les partisans de la prédestination ont pu s'appuyer de son nom et de ses écrits. Cependant, son intention était bien claire, et, à plusieurs reprises, il insiste sur la nécessité de maintenir la liberté de l'homme comme source de sa responsabilité, de son mérite et de son démérite. Il enseigne que l'homme peut résister à la g. ; mais, en même temps, il affirme que certains actes de vertu sont impossibles sans l'action de la g. C'est par là qu'il a ouvert la porte à cette étrange doctrine d'après laquelle la liberté de l'homme est suffisante pour le mal et impuissante pour le bien. Plus tard, saint Thomas traita la question sans l'élucider davantage. Il enseigne que Dieu exerce son action sur la volonté humaine de deux manières : tantôt, il l'excite à connaître, à vouloir et à faire quelque chose ; tantôt, il verse dans l'âme un don habituel qui lui donne une nouvelle force.

Pendant plusieurs siècles, la discussion resta ensevelie dans le sein des écoles ; mais elle reparut avec éclat à l'époque de la Réforme. Luther enseigne que l'efficacité de la g. ne dépend nullement de l'homme et que Dieu opère tout en lui, le mal comme comme le bien. Calvin renchérit encore sur cette négation du libre arbitre : « La g., dit-il, meut la volonté sans lui laisser le choix d'obéir ou de résister à ce mouvement ». Il est étrange de voir les protestants qui prétendaient émanciper la pensée humaine, aboutir ainsi à la négation absolue du libre arbitre ; mais l'ensemble de leurs doctrines sur ce sujet sera mieux à sa place au mot *Prédestination*.

Cependant, les catholiques étaient d'accord sur deux points : 1° L'homme ne peut rien, dans l'ordre surnaturel, sans l'action de la g. ; 2° l'homme reste libre de résister à la g.. Mais, quand la g. est efficace, d'où vient son efficacité ? Est-ce de la qualité même de la g., ou de la volonté humaine ? Sur ce point, les théologiens étaient divisés. Les *Thomistes* prétendaient suivre la doctrine de saint Thomas en enseignant l'efficacité propre de la g. C'était encore, sous une autre forme, détruire le libre arbitre, et supprimer la notion de mérite. Au contraire, les *molinistes*, partisans du jésuite Molina, plaidaient la cause de la liberté. La querelle s'envenima. Le pape Clément VIII institua une congrégation de cardinaux et de docteurs qui fonctionna neuf années, au milieu des disputes les plus ardentes, sans aboutir à rien. Thomistes et molinistes furent renvoyés dos à dos, libres de soutenir leur opinion (1607). Quelques années plus tard Baïus, puis Jacques Janson, et, enfin, Cornélius Janson, plus connu sous le nom de Jansénius, se refirent les champions des Thomistes. Jansénius publia son livre *Augustinus*, qu'il donna comme le commentaire des opinions de saint Augustin, quoique sa doctrine diffère notablement de celle du célèbre docteur, et où il enseigne que l'homme fait *invinciblement*, quoique *volontairement*, le bien ou le mal, sous l'influence de la g. et de la concupiscence. Malgré l'adverbe *volontairement*, c'était encore nier le libre arbitre. Un nouvel incendie s'alluma dans l'Église ; et la lutte devint ardente entre les jésuites, d'une part, et les *jansénistes* et les *quiétistes*, d'autre part. Le livre de Jansénius fut condamné, et la doctrine de l'Église catholique, fut, enfin, à peu près fixée, telle que nous l'avons exposée plus haut. Voy. JANSÉNISME, QUIÉTISME, PRÉDESTINATION.

Légis. — I. *Définition et but de la grâce.* — On entend par g. l'abandon fait à un condamné, pour la totalité ou pour partie, du droit d'exécuter les peines prononcées contre lui. Les effets de cette mesure sont bien moins étendus que ceux de l'amnistie et de la réhabilitation, puisqu'à la différence de ces dernières, elle laisse subsister la condamnation elle-même. La g. a pour but : 1° de remédier aux erreurs des tribunaux ; 2° de suspendre l'exécution des jugements, dans les cas où l'intérêt social l'exige ; 3° de favoriser l'amendement du coupable. C'est par essence un droit arbitraire : cette institution ne saurait, en effet, si elle était soumise à des règles strictes, remplir le triple but que nous venons d'indiquer. — On distingue les grâces *extraordinaires* ou *particulières* et les grâces *générales* ou *collectives*. Les premières sont celles qui sont accordées à toute époque et par décisions individuelles ; les secondes font l'objet, chaque année, d'un travail d'ensemble et portent ordinairement sur un très grand nombre de condamnés. Pour les premières, aucune condition n'est exigée ; pour les secondes, il est de principe que le condamné ait au moins subi la moitié de sa peine.

II. *Historique.* — On retrouve le principe du droit de g. à tous les âges de l'humanité. Le Manava Dherma Sastra ou loi de Manou reconnaît au roi le droit de pardonner comme un attribut du pouvoir souverain. La même conception existe chez les Hébreux. A Rome, le droit de g. a toujours été intimement lié à la souveraineté politique. Un passage du *De moribus Germanorum* de Tacite (40) nous montre que l'idée du pardon de la faute n'était pas méconnu chez les Germains. Dans notre pays, dès que le caractère privé de la peine eut fait place à l'idée de vengeance publique, c'est-à-dire à partir du XIIIe siècle, le droit de g. fut revendiqué par le pouvoir social. Appartenant aux seigneurs, tant qu'ils eurent la souveraineté, le droit de g. passa, non sans résistance, entre les mains de la royauté comme un de ses attributs essentiels. (Bodin, *De la République*, livre I, chap. x.) — Par suite d'usages remontant pour la plupart à un temps immémorial ou par privilèges spéciaux concédés par la royauté, certaines corporations ou personnes morales avaient aussi le droit d'accorder des grâces, du moins dans certaines circonstances déterminées. C'est ainsi qu'on souvenir de saint Romain, évêque de Rouen, le chapitre de cette ville avait le droit, chaque année, de donner la liberté à un condamné. De même chaque évêque d'Orléans avait le privilège, le jour de son entrée dans la ville épiscopale, de délivrer tous les prisonniers qui y étaient détenus. Un droit du même genre existait au profit de la commune de Vendôme et du chapitre des comtesses-chanoinesses de Remiremont. Citons enfin le privilège reconnu par certaines coutumes aux jeunes filles qui pouvaient sauver de condamné qu'elles déclaraient demander en mariage. Masuer; *Pratique*, titre XXXVII).

Les lettres de g. émanant du pouvoir royal étaient soumises à l'entérinement des Parlements qui s'opposaient parfois à leur exécution. Elles se divisaient en deux catégories : les *lettres de rémission générales* et les *lettres de rémission spéciales*. Les premières étaient concédées à toute une ville ou à toute une province; les secondes étaient accordées à une ou plusieurs personnes expressément désignées. Malgré les réclamations réitérées des États généraux, la royauté ne cessa pas de faire un usage excessif des lettres de rémission. — En 1789, les cahiers des États généraux demandaient la suppression des lettres d'abolition qui correspondaient au droit d'amnistie, mais concluaient au maintien de la g. En dépit de ce dernier vœu, la Constituante supprima en 1791 le droit de g., ne voyant dans cette institution qu'une prérogative dangereuse de la royauté. Ce fut seulement dix ans après que le droit de g. fut rétabli au profit du Premier Consul. (Sénatus-consulte du 16 thermidor an X.) Depuis cette époque, le pouvoir de faire g. a toujours été reconnu au chef de l'État.

III. *A qui appartient le droit de g ?* — La Constitution de 1875 accorde au Président de la République le droit de faire g. (Loi du 25 février 1875, article 3). La plupart des Constitutions étrangères confèrent le même pouvoir au chef de l'État. Seule de toutes les nations de l'Europe, la Suisse confie l'exercice de ce droit au pouvoir législatif, à l'Assemblée fédérale ou au Grand Conseil, ou au Conseil cantonal, suivant les cas. En France, le Président de la République exerce le droit de g. dans toute sa plénitude. Toutefois, comme tous ses autres actes, les décrets prononçant la remise de peines doivent être contresignés par un ministre. Aux termes de la Constitution, le Président n'est pas responsable des actes qu'il signe, mais il n'en est pas de même des ministres qui les contresignent. Il s'ensuit que dans le cas où la mesure proposée par le chef de l'État serait de nature à engager leur responsabilité devant le Parlement, les membres d'un cabinet, tous liés solidairement, pourraient se refuser à contresigner un décret de g. Il en est de la g. comme de toutes les attributions que le Président de la République doit exercer, aux termes de la Constitution, avec le concours des ministres. (Initiative des lois, nomination des fonctionnaires, etc.)

IV. *Fonctionnement du droit de g.* — L'instruction des recours en g. individuels est faite par le ministre de la Justice pour les condamnations émanant des tribunaux ordinaires, par celui de la guerre ou de la marine pour les condamnations prononcées par les tribunaux militaires ou maritimes. Tout recours est soumis à deux instructions: 1° l'instruction judiciaire ; 2° l'instruction administrative. La requête est, en effet, communiquée pour avis au Procureur général près la Cour d'appel dans le ressort de laquelle a eu lieu la condamnation. Elle est ensuite soumise à une instruction minutieuse faite par les soins d'un bureau spécial, placé sous les ordres du directeur des affaires criminelles et des grâces, relevant du ministre de la Justice. Lorsqu'il s'agit d'un condamné à mort, le dossier, avant d'être transmis au Président de la République, est examiné par le Conseil d'administration du ministère de la Justice, qui émet un avis motivé. — L'instruction des grâces collectives est faite par les directeurs de prisons, par les préfets, par le ministère public et, en dernier ressort, par la direction des affaires criminelles et des grâces. — Tout décret portant remise de la peine capitale fait l'objet d'un en crinoment en Cour d'appel ; le condamné assiste à la lecture de la mesure, tête nue, debout et libre.

V. *Des effets de la g.* — La g. peut être totale ou partielle; elle peut consister en une réduction ou une commutation de peine. Ce dernier mot, dans le langage juridique moderne, est un terme générique qui comprend trois catégories distinctes de châtiments: 1° les pénalités proprement dites ; 2° les incapacités ou déchéances; 3° les peines disciplinaires. Nous examinerons successivement pour chacune de ces catégories la question de savoir dans quelle mesure la g. s'y applique.

A. *Pénalités proprement dites.* — Sont susceptibles d'être remises par voie de g.: la peine de mort, la déporta-

tion, les travaux forcés, la réclusion, l'emprisonnement, l'amende, la publicité du jugement, la confiscation, lorsque ces trois dernières mesures sont prononcées à titre de peines. Au contraire, la g. ne saurait s'appliquer aux frais de justice, aux dommages et intérêts, à l'amende, à la publicité du jugement et à la confiscation, lorsque ces trois mesures constituent une réparation civile du délit. La loi du 30 mai 1854 (article 6) décide, d'autre part, que le condamné aux travaux forcés à temps peut être dispensé par une disposition spéciale et expresse de l'obligation de résider dans les colonies, qui lui est imposée à l'expiration de sa peine.

B. *Incapacités ou déchéances.* — Parmi les incapacités résultant de condamnations pénales, il en est deux pour lesquelles on admet sans difficulté l'application de la g., nous voulons parler de l'interdiction légale et de l'interdiction de séjour. La solution est plus douteuse en ce qui concerne les autres incapacités, telles que la dégradation civique, l'interdiction des droits civiques, civils et de famille, les déchéances prévues en matière correctionnelle (incapacité d'être juré, électeur, de tenir une école), etc. Pour soutenir que la g. ne s'applique pas à ces incapacités, on s'appuie sur un avis du Conseil d'État des 8-17 janvier 1823, dont le principal argument consistait à dire que, s'il en était autrement, la réhabilitation ferait double emploi avec la g. Cette opinion a été adoptée en général par la jurisprudence et par la doctrine. Suivant nous, la g. peut servir à remettre toutes les incapacités, aussi bien que les peines matérielles : la Constitution n'ayant apporté aucune limitation au pouvoir du chef de l'État, ce dernier est libre d'en faire l'application la plus large, sans qu'il soit permis à une autorité quelconque, voire même au Conseil d'État, incompétent en cette matière, de le soumettre à une restriction quelconque. La Chancellerie a adopté depuis longtemps un système intermédiaire ; elle admet que la g. peut faire cesser les incapacités: 1° lorsqu'elle intervient avant l'exécution du jugement de condamnation; 2° lorsque ces déchéances ont été prononcées à titre principal.

C. *Peines disciplinaires.* — Nous entendons viser ici les mesures émanant d'une autorité, ordinairement un conseil, qui n'a pas le droit de revenir sur sa décision : nous citerons la déchéance pour un magistrat, l'interdiction partielle ou absolue pour un membre de l'enseignement, la déchéance pour un membre de la Légion d'honneur. — Pour les magistrats, avocats, officiers ministériels, greffiers, etc., la jurisprudence de la chancellerie paraît favorable à la théorie de l'intervention de la g. en matière disciplinaire. Pour les membres de l'enseignement public ou privé, la jurisprudence du ministre de l'Instruction publique était jusqu'en 1883 fixée dans le même sens. A partir de cette époque, elle s'est modifiée dans le sens contraire. Un avis du Conseil d'État du 4 août 1892, dont la valeur est purement doctrinale, et qui ne saurait en rien lier le ministre de l'Instruction publique, a confirmé cette jurisprudence. On ne peut que regretter cette exclusion du bénéfice du droit de g. à l'égard des membres de l'enseignement, exclusion que rien dans le texte ni dans l'esprit de la Constitution ne justifie.

Quant aux membres de la Légion d'honneur, la jurisprudence actuelle du Conseil de l'Ordre établit une distinction entre les déchéances résultant de condamnations criminelles et celles qui résultent de condamnations correctionnelles ou de décisions disciplinaires : elle rejette la g. dans le premier cas et l'admet dans le second.

VI. — Nous terminerons cet article en indiquant brièvement à quelles condamnations s'applique ou non le droit de g., abstraction faite de la nature de la peine qui est prononcée. Pour que la g. puisse intervenir, il faut que la condamnation soit définitive ; les condamnés par contumace ne peuvent donc en bénéficier. N'est-il pas juste, en effet, qu'on exige de celui qui sollicite l'indulgence qu'il se soit au moins soumis à la justice? La g. peut d'ailleurs être exercée vis-à-vis des justiciables de la Haute Cour, la Constitution n'ayant prévu aucune restriction sur ce point. Enfin, en ce qui concerne les récidivistes, la loi française n'apporte aucune limitation au droit du chef de l'État, qui doit se montrer néanmoins en pratique moins généreux à l'égard de ceux pour lesquels l'avertissement d'une première condamnation n'a pas suffi.

Bibliogr. — LÉCOUX, *Du Droit de grâce en France* (1865); — GOURAINCOURT, *Traité du droit de grâce sous la troisième République* (1881) ; — GOUHON, *Le Droit de grâce sous la Constitution de 1875* (1893).

GRACIABLE. adj. 2 g. (R. *gracier*). T. Jurispr. *Fait g.*, *Cas g.*, Qui est rémissible, digne de pardon.

GRACIER. v. a. T. Jurispr. Faire grâce à un criminel, lui remettre sa peine. *Le président de la République l'a gracié. Il a été gracié.* = GRACIÉ, ÉE. part. — Conjug. Voy. PRIER.

GRACIEUSEMENT. adv. [Pr. *gra-si-eu-ze-man*]. D'une manière gracieuse. *Parlez-lui g. Elle reçoit toujours g.*

GRACIEUSER. v. a. [Pr. *gra-si-eu-zer*]. Faire des démonstrations d'amitié ou de bienveillance à quelqu'un. *Cette femme l'a fort gracieusé.* Fam. et peu us. = GRACIEUSÉ, ÉE. part.

GRACIEUSETÉ. s. f. [Pr. *gra-si-eu-ze-té*].Honnêteté, civilité. *Il m'a fait mille gracieusetés. J'étais loin de m'attendre à une telle g. de sa part.* Fam. || Gratification, ce qu'on donne à quelqu'un au delà de ce qu'on lui doit. *Je lui ferai quelque g., s'il me sert bien dans cette affaire.* Fam.

GRACIEUX, EUSE. adj. [Pr. *gra-si-eu*] (lat. *gratiosus*, m. s.). Agréable, qui a beaucoup de grâce et d'agrement; se dit au prop. et au fig. *Visage g. Air, sourire, geste g. Des manières gracieuses. Il y a quelque chose de g. dans ce tableau. Le genre g.* || Poli, doux, civil. *Cette dame est fort gracieuse. Il est g. avec tout le monde. Elle lui répondit par des paroles gracieuses.* || *Juridiction gracieuse.* Voy. CONTENTIEUX. || T. Chancellerie romaine. *Forme gracieuse.* Voy. BULLE. = Syn. Voy. AGRÉABLE et AFFABLE.

GRACILAIRE. s. f. (lat. *gracilis*, grêle). Genre d'Algues de la famille des *Rhodymeniacées.* Voy. ce mot.

GRACILITÉ. s. f. (lat. *gracilitas*, m. s.). Qualité de ce qui est grêle. *La g. d'une tige. La g. de la voix.*

GRACQUES (LES). Voy. GRACCHUS et AGRAIRE.

GRADATIF, IVE. adj. T. Did. Qui va par gradation.

GRADATION. s. f. [Pr. *gra-da-sion*] (lat. *gradus*, degré). Augmentation successive et par degrés. *G. lente, insensible. En suivant cette méthode, on s'élève par g. des faits les plus simples aux phénomènes les plus complexes.*
Rhét. — On appelle *Gradation* une figure de pensées par laquelle on assemble plusieurs idées, plusieurs expressions, qui enchérissent les unes sur les autres. Ainsi, *l'a, cours, vole,* est une g.

Le peu qui lui restait a passé, sou par sou,
En linge, en aliments, ici, là, Dieu sait où.
LAMARTINE.

Tel est aussi ce passage de Cicéron : « C'est un crime de mettre aux fers un citoyen romain ; c'est un attentat de le battre de verges ; c'est presque un parricide de le faire mourir : que sera-ce de l'attacher à une croix? » La g. peut être *descendante* ou *ascendante.* Dans l'exemple suivant, que nous empruntons encore à l'orateur romain, elle est d'abord descendante, puis ascendante : « Tu ne fais rien, tu ne trames rien, tu ne projettes rien que je n'apprenne, ou plutôt que je ne voie et ne pénètre. »
B.-Arts. — En Peinture, on entend communément par *Gradation* le passage insensible d'une couleur à une autre. Mais on désigne encore sous ce nom un artifice de composition qui consiste à faire saillir le personnage ou le groupe principal en affaiblissant graduellement, soit l'expression, soit la lumière dans les autres figures, à mesure qu'elles s'éloignent du centre de l'action. Cette disposition graduelle des parties de la composition établit l'ordre entre les parties, les lie l'une à l'autre et permet d'obtenir l'unité de l'ensemble. La Sculpture, lorsqu'elle compose des bas-reliefs et des groupes, est assujettie, tout comme la Peinture, aux règles de la g. La g. des masses est aussi d'obligation rigoureuse pour l'Architecture. C'est une règle générale, lorsqu'on élève plusieurs ordres l'un au-dessus de l'autre, de placer au premier rang le dorique, et successivement l'ionique et le corinthien, superposant ainsi un ordre plus léger à celui qui l'est moins.

GRADE. s. m. (lat. *gradus*, degré). Dignité, degré d'honneur, d'avancement. *Cet officier a obtenu tous ses grades à la pointe de son épée. Le g. de caporal, de sergent. Le g. de capitaine, de colonel, de général,* etc. *Le g. d'enseigne, de capitaine de vaisseau, de contre-amiral,* etc. || So dit aussi des différents degrés que l'on acquiert dans les

universités. *Le g. de bachelier, de licencié, de docteur. Acquérir, prendre ses grades universitaires.* Voy. INSTRUCTION PUBLIQUE et UNIVERSITÉ. || So dit encore des lettres qu'on obtenait en vertu des grades qu'on avait acquis; c'est dans ce sens qu'on disait autrefois, *Signifier, jeter ses grades sur une abbaye, sur un évêché.* || T. Syst. métr. Division centésimale substituée au degré dans les divisions de la circonférence. La circonférence est divisée en 400 *grades;* le g. en cent *minutes* et la minute en cent *secondes.* || Degré, centième partie d'une échelle divisée en cent parties égales. *Les grades du thermomètre centigrade.*

GRADÉ. adj. m. Qui a un grade dans l'armée. *Un militaire g.* || Subst. *Un g.* Ne se dit qu'en parlant des grades inférieurs.

GRADENIGO, nom de trois doges de Venise, du parti aristocratique; le premier, Pierre, doge de 1289 à 1311, fonda l'aristocratie vénitienne par la création du *Livre d'Or* et institua le Conseil des Dix.

GRADILLE. s. f. [Pr. *gradi-lle, ll* mouil.] (R. *gradine*). T. Archit. Espèce de denteluro.

GRADIN. s. m. (lat. *gradus*, degré). Petit degré qu'on met sur des autels, des cabinets, des buffets, etc., pour y déposer des chandeliers, des vases, etc. *La serre est remplie de vases de fleurs étagés par gradins.* || Se dit aussi des bancs qu'on élève graduellement les uns au-dessus des autres pour placer plusieurs personnes dans les grandes assemblées, dans les théâtres, etc. *Des gradins circulaires. Le premier g. Le g. le plus élevé.* || T. Fortif. *Gradins de fusillade et de franchissement* établis dans les tranchées par l'armée qui attaque. Voy. FORTIFICATION, III, A. || T. Jardin. *Gradins de gazon,* Marches ou degrés revêtus de gazon.

GRADINE. s. f. (ital. *gradina*, m. s., de *grado*, degré). Ciseau très affilé et dentelé dont se servent les sculpteurs.

GRADINER. v. a. Travailler le marbre avec la gradine.

GRADISKA. Voy. GORITZ.

GRADUALITÉ. s. f. Caractère de ce qui est graduel.

GRADUAT. s. m. [Pr. *gra-dua*]. L'élévation à un grade universitaire.

GRADUATION. s. f. [Pr. *gradua-sion*] (R. *graduer*). Division en degrés. *La g. d'un thermomètre.* || Échelle graduée. || T. Techn. Action exercée par degrés. || T. Salines. Le bâtiment destiné à faire évaporer l'eau dans laquelle le sel est dissous. On dit aussi *Chambre graduée.*

GRADUEL, ELLE. adj. (lat. *gradus*, degré). Qui va par degrés. *Développement g. Augmentation, diminution graduelle, Substitution graduelle.*=GRADUEL. s. m. Le *Graduel* est un morceau de chant que l'on exécute, pendant la messe, entre l'épître et l'évangile. On n'est pas bien d'accord sur l'origine de son nom, mais l'opinion la plus probable le fait venir de l'usage où l'on était anciennement de le chanter quand le diacre montait les marches (*gradus*) du jubé pour aller lire l'évangile. Quant à son introduction dans la liturgie on l'attribue aux papes saint Célestin I⁹ ou saint Grégoire; mais, celui-ci en 604, et celui-là en 423. On appelle encore *Graduel* le livre de chant qui renferme les messes notées, pour la distinguer de l'*Antiphonaire,* qui contient les heures de l'office, et particulièrement vêpres et complies. Dans le culte monastique, on nommait *Psaumes graduels* quinze psaumes que l'on chantait sur les quinze marches du Temple.

GRADUELLEMENT. adv. [Pr. *graduè-le-man*]. D'une manière graduelle. *Augmenter, se développer, diminuer g.*

GRADUER. v. a. Marquer des degrés de division. *G. une échelle. G. un thermomètre. G. des cartes de géographie, les cercles d'une sphère.* || Augmenter par degrés. *G. le feu dans une opération chimique. G. les peines dans un code pénal. G. l'intérêt dans les scènes d'un drame, dans un poème, dans un roman. G. les difficultés d'une science.* || Conférer des degrés dans quelqu'une des facultés de théologie, de droit, de médecine, etc. *Se faire g. en théologie.* = GRADUÉ ÉE. part. *Échelle graduée. Feu gradué. Cours de* *thèmes gradué. Chambre graduée*, Voy. GRADUATION == GRADUÉ. s. m. Celui qui a pris des degrés dans une faculté : e théologie, de droit, etc. *Les gradués de l'Université. C'est un g.* — Autrefois on appelait *G. nommé*, Celui qui avait une nomination sur un bénéfice, en vertu de ses grades.

GRADUS AD PARNASSUM. s. m. [Pr. *gra-dus-ad-pa-nas-som*] (Degrés vers le Parnasse). Titre d'un dictionnaire latin qui, indiquant la quantité de chaque mot, les synonymes, les épithètes, etc., sert à faire des vers latins.

GRAETZ. Voy. GRATZ.

GRÆVIUS (JEAN-GEORGES GRÆVE ou GREFFE, dit), savant allemand, auteur d'un *Trésor des antiquités romaines* (1632-1703).

GRAFFIGNY (FRANÇOISE D'ISSEMBOURG D'HAPPONCOURT, dame DE), femme auteur, née à Nancy, connue par les *Lettres Péruviennes* (1695-1758).

GRAFFITTE. s. m. [Pr. *gra-fite*] (Ital. *graffito*, *graffiti*, m. s.). T. Archéol. Désignent les dessins au trait, les inscriptions, etc., tracés avec du charbon ou avec la pointe d'un stylet sur les murailles des monuments antiques et qu'on retrouve encore aujourd'hui.

GRAGUE. s. f. (R. *drague*). Sorte de filet auquel tient une râcloire ou fer.

GRAHAM (GEORGES), habile horloger et mécanicien anglais (1675-1751).

GRAHAM'S TOWN, ville de la colonie du Cap, ch.-l. de la division d'Albany, sur le Kowie; 8,300 hab. Ancienne capitale de la province de l'Est.

GRAILLEMENT. s. m. [Pr. *gra-lle-man*, ll mouil.]. Son cassé, enroué de la voix.

GRAILLER. v. n. [Pr. *gra-ller*, ll mouil.] (Vx fr. *graisle*, trompette). Faire entendre un son rauque. || T. Chasse. Sonner du cor sur un ton qui sert à rappeler les chiens.

GRAILLON. s. m. [Pr. *gra-llon*, ll mouillés] (Vx fr. *graille*, grit). Les restes ramassés d'un repas. *Vivre de graillons*. || *Goût de g., odeur de g.*, Goût, odeur de viande ou de graisse brûlée. On dit dans le même sens, *Cela sent le graillon*. || Exérétion épaisse de la poitrine dont on se débarrasse par la toux. *Marie Graillon*, femme malpropre, tachée de graisse. T. Pop.

GRAILLONNER. v. n. [Pr. *gra-llo-ner*, ll mouil.]. Prendre un goût, une odeur de graillon. || Tousser d'une manière cassée, pour expulser la pituite hors de la gorge.

GRAILLONNEUR, EUSE. s. m. et f. [Pr. *gra-llo-neur*, ll mouil.]. Celui, celle qui graillonne souvent. == GRAILLONNEUSE. s. f. Femme qui vend des restes de table. || Fig. Mauvaise cuisinière.

GRAILLY (JEAN DE), dit *le Captal de Buch*, capitaine de Charles le Mauvais, vaincu par du Guesclin à Cocherel (1364), passa ensuite au parti des Anglais, et mourut prisonnier de Charles V (1377).

GRAIN. s. m. (lat. *granum*, m. s.). Le fruit et la graine des céréales, et la graine de certaines légumineuses. *L'orge de beau g. Ce g. est gros et pesant. G. de riz, de maïs, de mil.* — *Gros grains*, Le froment, le méteil et le seigle. *Menus grains*, L'orge, l'avoine et le sarrasin. *Grains ronds*, Les vesces, féveroles et autres graines que l'on sème principalement pour le fourrage. — Absol., *La récolte des grains a été fort belle. Battre, serrer les grains. Le commerce des grains.* — *Poulets de g.*, Poulets nourris de grain dans la basse-cour. — Fig. et pop., *Être dans le g.*, Être entré dans une affaire utile. *Il est intéressé dans cette entreprise, le voilà dans le g.* || Se dit aussi des fruits de certaines plantes. *G. de raisin, de grenade, de genièvre, de poivre, de moutarde*, etc. *Petit g.*, Les fruits de l'oranger, tombés avant leur maturité. *G. de Zélim*, Poivre long de l'Inde. *G. de mûre*, Clavaire ponctuée, champignon. || Par anal., se dit de certaines choses faites en forme de grain, ou encore

de certains corps en général très petits. *G. de chapelet. Les grains d'un collier d'ambre. Un g. d'encens. Un g. de sel, de poudre. Des grains de sable, de poussière. Cette rivière charrie des grains d'or. G. de verroterie*, Verroterie taillée en forme de perle. — *G. de fin.* Voy. FIN, INE. || Fig. *Je n'ai pas trouvé le moindre g. de sel dans tout cela*, Le moindre esprit. || T. Pharm. Nom donné à certaines préparations officinales qui se vendent et s'administrent sous forme de pilules. *Grains de vie de Mésué. Grains de santé du docteur Frank.* || Fig. et fam., *N'avoir un g. de bon sens, un g. de jugement*, etc., En être complètement dépourvu. *Avoir un petit g. de coquetterie, d'amour-propre*, etc., Avoir un peu de coquetterie, etc. — *Avoir un g. de folie dans la tête*, ou absol., *Avoir un g.*, Être un peu fou. || Se dit des particules plus ou moins apparentes qui sont unies entre elles et qui forment la masse de certaines substances inorganiques. *Ce marbre est d'un g. plus gros que l'autre. Le fer a le g. moins serré et moins fin que l'acier.* — Par ext., se dit aussi de certaines substances organiques. *Ce bois est d'un g. très fin.* || Se dit encore des petites aspérités naturelles ou artificielles que présente la surface de certaines étoffes, de certains cuirs, de la peau, etc. *Cette soie est d'un très beau g. Ce maroquin est d'un beau g.* || *Grains de petite vérole*, Les pustules qui se développent, dans cette maladie, à la surface de la peau, et les cicatrices qui en résultent. *G. d'orge*, Petit furoncle qui vient à la paupière. Voy. ONGLET. *G. de beauté*. Petite tache ou petite saillie sur la peau qui donne quelquefois du piquant à la physionomie. — *G. de lèpre*, Aspérités à la gorge des pourceaux ladres. || T. Métrol. Petit poids, 72e partie du gros. Voy. POIDS. — Fig. *Cela ne pèse pas un g.*, Cela n'a pas d'importance. || T. Mar. *G. de vent*, ou simpl. *Grain*, Tourbillon qui se forme tout à coup, et qui, à proportion de sa violence, fatigue plus ou moins le navire. — Le nuage qui annonce le grain de vent. *Voilà un g. bien noir. Pare au g., veille au g.!* Commandement nautique lorsqu'on est menacé d'un grain. — Fig. *Veiller au g.*, Se précautionner contre ce que l'on craint. — On dit aussi, même dans le lang. ordin., d'une averse soudaine et de peu de durée. *Ce g. sera bientôt passé.* || T. Techn. Petit morceau de bois taillé en prisme qu'on enfonce dans une fente que présente une pièce de bois. *Assemblage à grains d'orge.* — Outil de menuisier, de tourneur, de serrurier, qui sert à évider, à percer. — Cube de cuivre ou d'acier qui sert de pivot à un tourillon. — Effet du croisement des tailles de la gravure. || T. Artill. Pièce de métal vissée dans la culasse d'une arme à feu, et dans laquelle se fait la lumière. || T. Typog. *G. de la grenouille*, Dé d'acier creux dans lequel tourne l'extrémité du pivot de la presse en bois.

Légist. — I. Le *commerce des grains* tenant aux besoins les plus essentiels des peuples, à l'existence même des populations, les législateurs de tous les temps et de tous les lieux ont tenté de le réglementer, dans la croyance présomptueuse qu'il était possible, par des mesures législatives, de créer l'abondance et de prévenir les famines. Quoique l'histoire démontre d'une façon irréfragable que le nombre et l'intensité des famines sont toujours été en raison directe de l'intervention de l'administration dans le commerce des grains, le préjugé que nous signalons règne encore dans l'esprit d'une multitude de gens. Cependant le commerce ne diffère en rien des autres commerces: le seul moyen d'assurer l'approvisionnement d'un pays consiste, comme pour toutes les autres denrées, à laisser au vendeur et à l'acheteur la liberté la plus complète et la plus entière. Or, après une courte période d'essai, sous le ministère éclairé de Turgot, à la fin du siècle dernier, tous les gouvernements depuis saint Louis, jusques et y compris la Convention et Napoléon Ier, ont commis les mêmes fautes en obéissant aux mêmes préjugés.

Pendant 500 ans, l'histoire de la législation sur les céréales est une succession ininterrompue de mesures arbitraires : interdiction aux particuliers de faire des approvisionnements de grains, obligation de les vendre qu'au marché, limitation du droit d'achat pour les boulangers eux-mêmes et comme conséquence une succession de disettes et parfois de famines.

Quant au commerce extérieur, tantôt on le défendait à la sortie, tantôt on l'interdisait sous peine de châtiments sévères : en 1626, l'exportation des céréales était défendue sous peine de mort. Pour faire sortir des grains de la ville ou de la sénéchaussée, il en coûtait 500 livres d'amende et, de plus, la confiscation des blés, bateaux, chevaux, etc. On conçoit aisément que sous un pareil régime il ne fallait guère compter sur le commerce pour satisfaire aux besoins de l'alimentation publique.

Il faut arriver jusqu'à Turgot, qui, alors qu'il était intendant du Limousin, au milieu de la disette sévissant sur les provinces avoisinantes, assurait la subsistance dans sa généralité en garantissant la libre circulation des grains, pour percevoir un mouvement d'opinion en faveur de la liberté. Celle-ci parut triompher avec l'avènement de cet homme d'État : son mémorable édit du 13 septembre 1774 proclamait la liberté du commerce à l'intérieur et la suppression des monopoles locaux. Malheureusement, les intérêts privés que cette réforme avait lésés se coalisèrent contre Turgot : ce dernier succomba, et avec lui la liberté commerciale. On vit reparaître tous les abus d'une réglementation où l'odieux le dispute à l'absurde. Les tentatives faites par l'Assemblée nationale pour réagir n'aboutirent pas. Sous la Terreur, le maximum fut décrété et une loi du 4 mai 1793 en arriva à traiter comme un crime et à punir de mort la possession d'un peu de grain. Un décret du 27 juillet 1793 reprit le système des réquisitions et des achats administratifs qui aboutit, en quinze mois, à un déficit de quatorze cents millions, si bien que la Convention ne vit plus d'autre remède qu'un jeûne général et un carême civique.

Le premier Empire suivit les mêmes errements. Mais à partir de la Restauration le gouvernement a enfin renoncé à réglementer le commerce des grains à l'intérieur. Quant aux échanges extérieurs, ils sont restés jusqu'en 1861 soumis à un système emprunté à l'Angleterre et connu sous le nom d'*Échelle mobile*.

Le principe de l'échelle mobile reposait sur l'idée d'assurer à l'agriculture un prix rémunérateur et autant que possible uniforme. Pour cela, il fallait faire varier le droit à percevoir sur les blés étrangers suivant la situation du marché national. Le blé était-il bon marché à l'intérieur, c'est qu'il était abondant dans le pays, et par conséquent, il fallait exclure le blé étranger qui fût venu lui faire concurrence et en avilir le prix : dans ce cas on élevait le droit à l'importation. Le blé, au contraire, était-il cher à l'intérieur, c'est qu'il était rare sur les marchés d'approvisionnement nationaux, et il était nécessaire de favoriser l'entrée des blés étrangers, en abaissant le droit à l'importation ou même en le supprimant. Ce système est appelé *Système de l'échelle mobile*, parce que les droits, au lieu d'être fixes, étaient gradués d'après les prix des marchés intérieurs, et s'élevaient ou s'abaissaient suivant qu'il était nécessaire d'exclure ou d'attirer les produits étrangers.

Dans ce système, les départements étaient divisés en quatre classes, soumises à des droits d'entrée et de sortie différents qu'on établissait chaque mois d'après la mercuriale d'un certain nombre de marchés dits *Régulateurs*.

Le tableau suivant indique les droits d'entrée et de sortie pour chaque classe :

LE PRIX DE L'HECTOLITRE DE FROMENT ÉTANT DANS LES CLASSES				DROITS D'ENTRÉE		DROITS de SORTIE (1)
1re	2e	3e	4e	Par gav. franç. et terre.	Par nav. étrang.	
Au-dessus de 28 fr. de :	Au-dessus de 26 fr. de :	Au-dessus de 24 fr. de :	Au-dessus de 22 fr. de :	0f,25	0f,25	
28 à 27,01	26 à 25,01	24 à 23,01	22 à 21,01	0,25	1,50	6,00
27 à 26,01	25 à 24,01	23 à 22,01	21 à 20,01	0,25	1,50	4,00
26 à 25,01	24 à 23,01	22 à 21,01	20 à 19,01	1,25	2,50	2,00
25 à 24,01	23 à 22,01	21 à 20,01	19 à 18,01	2,25	3,50	0,25
24 à 23,01	22 à 21,01	20 à 19,01	18 à 17,01	3,25	4,50	0,25
23 à 22,01	21 à 20,01	19 à 18,01	17 à 16,01	4,25	5,50	0,25
22 à 21,01	20 à 19,01	18 à 17,01	16 à 15,01	5,25	6,50	0,25
21 à 20,01	19 à 18,01	17 à 16,01	15 à 14,01	6,25	7,50	0,25
20 à 19,01	18 à 17,01	16 à 15,01	14 à 13,01	7,25	8,50	0,25
19 à 18,01	17 à 16,01	15 à 14,01	13 à 12,01	8,25	9,50	0,25
18 à 17,01	16 à 15,01	14 à 13,01	12 à 11,01	9,25	10,50	0,25

(1) Ce droit s'augmentant de 2 francs par chaque franc de hausse.

Les promoteurs du système de l'échelle mobile avaient espéré, par son application, prévenir les prix excessifs tout en empêchant la trop grande dépréciation des céréales dans les années d'abondance ; ils ont abouti à une double déception. Ce système avait, en effet, l'inconvénient d'interrompre successivement, par l'effet de droits prohibitifs, tantôt l'entrée des blés étrangers, tantôt la sortie des blés indigènes. Il en résultait nécessairement des interruptions fréquentes dans nos relations avec l'étranger, soit pour acheter, soit pour vendre. La variabilité des droits amenait aussi dans l'esprit des vendeurs et des acheteurs une grande incertitude qui nuisait beaucoup aux affaires. On conçoit, par ex., que, dans les moments où l'exportation était permise au simple droit de 25 centimes par hectol., si les prix des marchés régulateurs approchaient de la limite fixée pour que le droit de 25 cent. s'élevât tout à coup à 2 francs (soit 25 fr. 01 dans la 1re classe ; 23,01 dans la 2e ; 22,01 dans la 3e ; 19,01 dans la 4e), vendeurs et acheteurs n'osaient s'exposer à une élévation des droits qui les eussent mis en perte. Il en était de même pour l'importation. L'importateur, dans les moments de cherté, hésitait nécessairement à faire des achats à l'étranger, quand il pouvait craindre que, pour 1 centime de différence qui pouvait survenir dans le prix moyen régulateur, il était exposé à payer un droit plus fort que celui sur lequel il avait établi ses calculs. Ce sont ces incertitudes nuisibles à l'approvisionnement du pays qui ont décidé nos divers gouvernements, dans les moments de cherté, à suspendre les effets de l'échelle mobile pendant un temps déterminé, afin de donner au commerce la garantie que, durant cette période, les droits ne varieraient pas, quelles que fussent les oscillations du prix du blé sur les marchés intérieurs.

L'Angleterre, après une mémorable agitation, qui a illustré les noms de Richard Cobden et de John Bright, renonça la première, en 1846, à l'échelle mobile.

En France, la liberté complète du commerce des céréales a été inaugurée, en 1861, sur l'initiative personnelle de Napoléon III.

Cet état de choses a duré jusqu'en 1885, époque où il subit une première atteinte par la loi du 30 mars 1885, qui établissait des droits de 3 fr. par quintal métrique sur les blés importés en France, de 7 fr. sur les farines, de 2 fr. sur les seigles et les orges, et de 1 fr. sur les avoines.

Le point de départ de cette réaction économique — qui ne paraît pas avoir dit son dernier mot et qui semble devoir nous ramener au régime de l'échelle mobile — a été l'apparition sur nos marchés des produits américains et indiens.

En 1872, les importations de froment aux États-Unis en France n'étaient que de 196,366 quintaux ; en 1878, sous l'influence d'une série d'années calamiteuses, elles s'élevèrent à 5,737,538 quintaux et à 13,205,436, en 1879. C'est le chiffre le plus élevé qu'elles aient atteint : en 1885, les importations étaient retombées à 302,000 quintaux. Pareil fait s'était produit pour les céréales en provenance de l'Inde.

Cet immense mouvement d'importation fit baisser le prix des céréales au point de soulever partout les plus vives inquiétudes. Un vaste pétitionnement s'organisa pour demander aux pouvoirs publics de remédier à la situation : c'est à la suite de ce pétitionnement qu'a été votée la loi du 30 mars 1885.

Mais les droits établis par cette loi ne tardèrent pas à paraître insuffisants et une nouvelle loi, celle du 27 février 1894, a élevé à 7 fr. et à 3 fr. les droits qui grèvent, à leur entrée en France, le blé, l'orge, le maïs, l'avoine.

Si l'on en croit les plaintes qui s'élèvent encore, à l'heure actuelle, de toutes parts au sujet des souffrances de l'agriculture, ces droits n'auraient pas donné les résultats que ceux qui les préconisaient en attendaient, et on ne serait pas éloigné de proposer un retour plus ou moins déguisé au système de l'échelle mobile.

Quoi qu'il en soit de cette éventualité, il n'est pas hors de propos de rapprocher les prix moyens pendant les 16 dernières années du régime de l'échelle mobile de ceux de la période correspondante après 1860 :

ANNÉES.	L'HECTOLITRE	ANNÉES.	L'HECTOLITRE
1845	19,75	1861	24,55
1846	24,05	1862	23,24
1847	29,01	1863	19,78
1848	16,05	1864	17,58
1849	15,37	1865	16,41
1850	14,32	1866	19,61
1851	14,48	1867	26,19
1852	17,23	1868	26,64
1853	22,39	1869	20,33
1854	28,82	1870	20,56
1855	29,32	1871	25,05
1856	30,75	1872	23,15
1857	24,37	1873	25,62
1858	16,75	1874	25,11
1859	16,74	1875	19,32
1860	20,24	1876	20,59

La production des grains s'est considérablement augmentée dans plusieurs pays. En France, elle a doublé depuis le commencement de la Restauration, époque où elle atteignait 50 millions d'hectolitres.

La production de la Russie s'est accrue de 157 millions d'hectolitres depuis 32 ans et celle des États-Unis de 150 millions d'hectolitres depuis 22 ans. Quoique la population des consommateurs américains ait plus que doublé pendant le même laps de temps, il leur reste le plus souvent un disponible considérable à livrer au commerce international.

L'Inde britannique est entrée depuis quelques années en ligne comme pays d'exportation : pendant l'exercice 1882-1883, elle a fourni aux divers marchés européens près de 14 millions de quintaux de blé.

A elle seule, l'Angleterre, dont le sol ne produit pas la moitié du froment consommé par sa population, absorbe annuellement plus de 45 millions de quintaux de céréales.

Le mouvement général du commerce des céréales représente une valeur de près de 8 milliards de francs et suffit à faire le chargement de 10,000 navires de 2,000 tonneaux chacun. Ce chiffre donne une idée approximative de la somme de travail que ce trafic a suscité et rémunéré en même temps que la masse de subsistances, c.-à-d. d'éléments de bien-être, qui ont été fournis à des pays qui auraient en sans cela souvent à souffrir de la disette et parfois même de la famine par suite de l'insuffisance ou du manque de récoltes. Il ne serait dès lors plus possible de supprimer le courant que la liberté du commerce des céréales a établi dans le monde. Tout au plus pourra-t-on le gêner par des mesures d'une utilité parfois contestable et qui auront du moins ce résultat de permettre d'atteindre, sans crise violente, l'époque où un certain équilibre s'étant établi entre la production et la consommation du monde comme il s'est établi entre les diverses régions d'un même pays, nos lois protectrices de l'agriculture iront rejoindre dans l'arsenal des vieilles lois l'édit du maximum de Philippe le Bel.

GRAINAGE. s. m. Production de la graine de vers à soie. || T. Techn. Opération qui a pour but de donner à la peau un grain, variable avec chaque fabricant.

GRAINAILLE. s. f. [Pr. grè-na-lle, ll mouillées]. Petite ou mauvaise graine.

GRAINAILLEUR. s. m. [Pr. grè-na-lleur, ll mouillées]. Celui qui sépare la farine du son.

GRAINAISON. s. f. [Pr. grè-nè-zon] Formation en grains.

GRAINASSE. s. f. [Pr. grè-na-se]. T. Mar. Petit grain de vent qui survient dans un temps variable.

GRAINCHU, UE. adj. [Pr. grin-chu]. T. Mines. Cailloux g., Cailloux siliceux qui ne se brisent pas nettement à cause de quelque défaut.

GRAINE. s. f. (R. grain). La semence des plantes phanérogames. G. de laitue, d'épinards, de chou, de melon. G. de pavot, de genièvre, de laurier. Herbes montées en g., qui sont en g. Ces arbres viennent de g. — Fig. et fam., C'est une mauvaise g., se dit en parlant de coquins, d'écoliers, de jeunes gens malins. Cette fille monte en g., Elle avance en âge; elle ne trouvera bientôt plus à se marier. C'est de la g. de niais, C'est une chose qui ne peut tromper que des niais. || Frange, épaulette, etc., à g. || épinards. Voy. ÉPINARD. || G. de vers à soie, Œufs que servent à les reproduire.

Bot. — 1. La g. est l'ovule fécondé et arrivé à son complet développement. Elle se compose de deux choses distinctes : le tégument ou enveloppe séminale et l'amande, que nous étudierons successivement.

A la surface du tégument, on aperçoit la cicatrice laissée par la rupture du pédoncule de la g. ou funicule; c'est le hile, appelé aussi parfois cicatricule, à l'intérieur duquel on aperçoit les orifices des vaisseaux du faisceau libéro-ligneux qui pénètre dans le tégument. Souvent peu étendu, il s'allonge parfois en une bande, comme dans la Fève, ou se dilate en un large cercle, comme dans le Marronnier. Fréquemment aussi on y reconnaît le micropyle qui, dans les graines anatropes ou campylotropes est situé tout à côté du hile. Souvent aussi, on aperçoit en dessous de lui, la chalaze, comme par exemple dans la graine de l'Oranger. Souvent aussi, le hile et la chalaze sont réunis par une sorte de cordon nommé Raphé qui continue le funicule.

L'épiderme extérieur du tégument est toujours nettement différencié. Suivant la conformation des cellules épidermiques la surface du tégument est tantôt lisse et même luisante (Haricot), tantôt parsemée de verrues ou relevée de crêtes ondulées, ou d'aréoles polygonales, etc. (Fig. 1 à 4). Il n'est pas rare de voir ces cellules se prolonger en poils, tantôt répartis uniformément sur toute la surface, comme dans le Cotonnier, où ils fournissent le Coton, tantôt localisés en certains points où ils forment une aigrette qui peut naître au

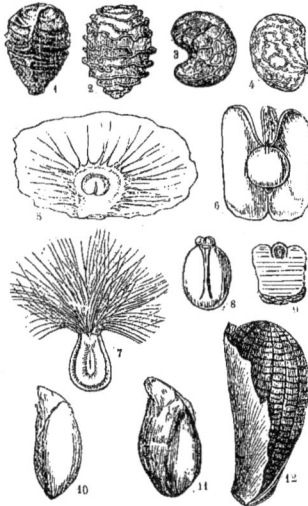

sommet ou à la base de la g. (g. aiculée) (Fig. 7). Quelquefois, toute une rangée de cellules épidermiques, disposées suivant un méridien, se développe vers l'extérieur en formant autour de la g. une aile délicate (Fig. 5 et 6). Enfin, chez quelques plantes (Lin, Plantain psyllium, Coignassier, etc.), les cellules épidermiques du tégument ont leurs membranes gélifiées; mises en contact avec l'eau elles donnent un mucilage très abondant. La couleur de la surface épidermique du tégument est en général sombre et terne ; cependant elle a quelquefois assez d'éclat, notamment dans la famille des Légumineuses. Ainsi, l'Abrus precatorius est rouge de corail avec un œil noir; les graines de l'Osteospermum sont d'un rouge brillant; enfin, les Haricots cultivés présentent les colorations les plus diverses. Chez la plupart des Monocotylédones, le tégument percé par la radicule au moment de la germination forment alors une sorte de collerette à laquelle on donnait autrefois le nom de Coléorhize.

Le parenchyme de la g., situé au-dessous de l'épiderme, demeure quelquefois homogène et alors deux cas peuvent se présenter : ou bien, il est épais, ses cellules se remplissent de liquide et le tégument est charnu comme dans la Grenade, la Passiflore, etc. ; ou bien il demeure mince, ses cellules se dessèchent ou s'épanouissent et le tégument est papyracé (Chêne), ou ligneux (Vigne, Pin, etc.).

Ailleurs le parenchyme se différencie en deux couches faciles à séparer. Quelquefois la couche externe est charnue, tandis que la couche interne est dure et ligneuse; mais, le plus souvent, c'est le contraire qui a lieu, la couche externe est dure et ligneuse, tandis que la couche interne est plus molle et papyracée; les anciens botanistes désignaient la première sous le nom de testa et la seconde sous le nom de tegmen.

Au voisinage du hile, le funicule est parfois le siège d'un développement particulier; son parenchyme se relève tout autour en formant une cupule qui grandit peu à peu et finit quelquefois par envelopper complètement la g.; ce tégument accessoire porte le nom d'*Arille* (If, Nénuphar, Passiflore (Fig. 12), Rocouyer, Cytinet, etc.). D'autrefois, c'est en certains points que le parenchyme du tégument s'accroît pour former des expansions nouvelles. Tantôt c'est au pourtour du micropyle que se forme une excroissance en forme de bourrelet, nommée *Caroncule* (Ricin, Fig. 8). Cette expansion descend quelquefois de haut en bas en formant un sac qui finit par envelopper toute la g. à la façon d'un arille; c'est ce qu'on appelle un *Arillode* (Polygala, Fusain d'Europe. Fig. 10 et 11).

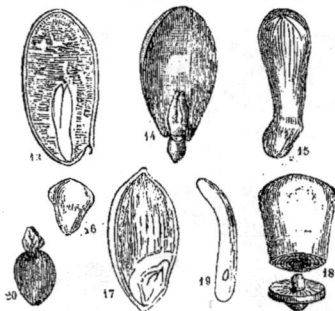

C'est un arillode de ce genre qui forme sur la g. du Muscadier l'enveloppe qui est connue sous le nom de *macis*. Tantôt c'est le long du raphé que se développe une expansion nommée *crête* ou *strophiole* (Chélidoine).

L'amande est tantôt simple, formée par l'embryon seul; tantôt double, constituée par l'embryon et des matières de réserve ou *albumen* (Fig. 13).

L'embryon est la partie essentielle de la g., car c'est lui

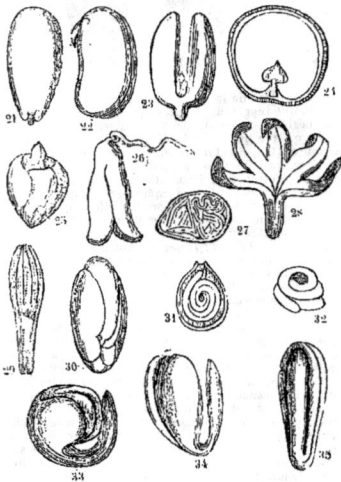

qui représente la plante future, et il en contient toutes les parties. On y distingue un cylindre court terminé d'un côté par un petit cône, de l'autre par une masse ovoïde ou aplatie; le cylindre est la tigelle, le cône est la radicule. Quant à la masse ovoïde ou *corps cotylédonaire*, chez les Dicotylédones elle se laisse facilement séparer en deux moitiés appliquées l'une

contre l'autre : ce sont les *feuilles primordiales* ou *cotylédons*. Entre les deux cotylédons se trouve le cône végétatif, tantôt nu, tantôt développé en *gemmule* (Fig. 14. Embryon dicotylédoné d'Amandier).

Chez les *Monocotylédones*, la masse ovoïde est formée d'une seule pièce en forme de capuchon, épaisse d'un côté, mince du côté opposé où elle présente une petite fente : c'est l'unique cotylédon engaînant. Dans la cavité, au niveau de la fente se trouve placé le cône végétatif de la tige, nu ou développé en gemmule (Fig. 17 et 19).

Chez les *Gymnospermes*, la masse ovoïde comprend un nombre de cotylédons variable d'un genre à l'autre ; on en trouve normalement deux, mais dans bien des genres il y en a de 3 à 14, verticillés autour de la gemmule.

Chez certaines Dicotylédones, les cotylédons se soudent ensemble de manière à représenter au premier abord une masse qui paraît indivise (Marronnier, certaines Cactées). Chez d'autres, ils s'échancrent et se séparent en lobes plus ou moins profonds (Tilleul, Fig. 28). Chez d'autres encore, leur accroissement est irrégulier, l'un d'eux devenant très grand, tandis que l'autre reste très petit (Mâcre). Par rapport à la tigelle, les cotylédons sont le plus souvent très développés; quelquefois au contraire, la tigelle est longue et grosse et les cotylédons courts (*Verbascum, Coussarea*, Fig. 20). Quand la g. est dépourvue d'albumen, les cotylédons sont épais et renflés (Fig. 14, 21, 22, 23); quand il y a un albumen, ils sont minces et foliacés.

La couleur blanche est la couleur habituelle de l'embryon; certaines plantes néanmoins ont un embryon coloré. Il est jaune dans plusieurs Légumineuses, comme le Sainfoin, vert dans le Gui, violet dans le Cacao, et bigarré de vert et de pourpre dans le *Gomphia oliviæformis*.

En général, chaque g. ne renferme qu'un seul embryon: quelquefois cependant elle en contient deux ou un plus grand nombre : ainsi une g. d'Oranger en a jusqu'à huit (Fig. 39. Embryons isolés d'Oranger pour montrer leur disposition réciproque). — L'embryon présente, relativement à sa direction, des différences qu'il importe de noter. En général, il est *droit* (Fig. 13); mais il peut être plus ou moins *arqué* ou *courbe* (Fig. 39), ou *en anneau* (Fig. 40), ou *en spirale* (Fig. 31), ou *en hélice* (Fig. 32). Dans certains embryons, la direction de la radicule n'est pas la même que celle des cotylédons, mais forme avec elle un angle obtus, ou droit ou aigu. Or, cette inflexion des deux parties de l'embryon peut avoir lieu dans deux sens différents, c.-à-d. dans celui des faces des cotylédons ou dans celui de leurs bords. Lorsque l'embryon est

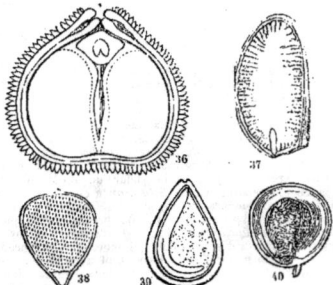

recourbé de telle sorte que la radicule s'applique sur le milieu de la face de l'un des cotylédons, on dit que les cotylédons sont *incombants* (Fig. 35); quand, au contraire, la radicule correspond au bord des cotylédons, on les nomme *accombants* (Fig. 33). Enfin, on dit que les cotylédons sont *condupliqués* (Fig. 34), lorsque, étant repliés eux-mêmes sur leur face de façon à former une sorte de gouttière, ils embrassent la radicule appliquée contre la face de l'un d'eux. Que l'embryon soit droit ou courbe, ses cotylédons peuvent être plans ou se plisser, s'enrouler de différentes manières, de façon à occuper moins de place dans la g. (Fig. 27).

On donne le nom d'*albumen* au tissu gorgé de matières de réserve qui prend naissance dans le sac embryonnaire et qui à la maturité de la g. se trouve dans l'amande à côté de l'embryon qui, dans ce cas-là, est très réduit. La nature des prinripes nutritifs que ce tissu met en réserve est variable. Tantôt les cellules ont une membrane mince et contiennent une grande quantité de grains d'amidon; c'est un *albumen farineux* ou *amylacé* (Graminées); tantôt, les cellules à membranes minces renferment beaucoup de matière grasse et des grains d'aleurone; c'est un *albumen oléagineux* ou *charnu*. Ailleurs les membranes s'épaississent beaucoup, l'albumen devient dur, et il est dit *cellulosique* ou *corné* : il peut dans ce cas-là prendre la consistance de l'ivoire et se prêter aux mêmes usages comme dans le *Phytelephas*, où il constitue ce qu'on appelle l'*ivoire végétal*.

La surface de l'albumen est ordinairement unie et continue; parfois cependant elle offre des sillons irréguliers et plus ou moins profonds qui divisent sa masse en un certain nombre de lobes : on dit alors que l'albumen est *ruminé*. Cette disposition s'observe dans le Lierre, beaucoup de Palmiers, les Anones (Fig. 37), etc. Le plus souvent l'embryon est plongé dans la masse de l'albumen au voisinage du micropyle. Mais, parfois, il est situé extérieurement à ce tissu, contre lequel il applique la face externe de son cotylédon (Fig. 17. 38) ou autour duquel il s'enroule pour l'envelopper complètement dans un de ses cotylédons (Belle-de-nuit, Fig. 40).

Dans les Gymnospermes, le tissu renfermant les matières de réserve, prend aussi naissance dans le sac embryonnaire, mais il se constitue avant toute fécondation. On le nomme *endosperme* pour le distinguer de l'albumen dont il vient d'être question, qui ne commence à se former qu'après la fécondation.

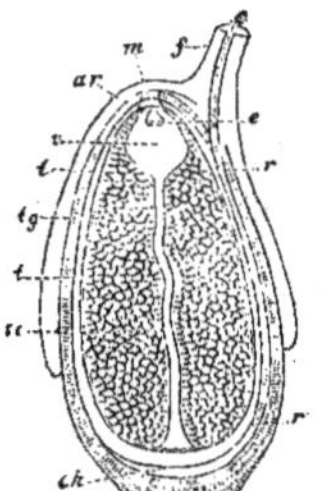

Enfin, dans quelques cas, c'est dans le nucelle, et non dans le sac embryonnaire que s'accumulent des matériaux nutritifs; c'est ce qu'on appelle *périsperme*. Le périsperme peut être seul à tenir lieu d'un albumen, comme dans les Cannées; d'autres fois, il existe en même temps que l'albumen et ajoute une réserve amylacée à la réserve oléagineuse de l'albumen (Scitaminées, Pipéracées, Nymphéacées; Fig. 36 et Fig. 41 : *se*, périsperme; *v*, albumen; *e*, embryon; *f*, funicule; *m*, micropyle; *ar*, arille; *t*, *t*, restes du nucelle; *tg*, tégument; *ch*, chalaze *r*, *r*, raphé).

Fig. 41.

II. *Dissémination des graines*. — Quand un fruit est arrivé à son dernier degré de maturité, en général il s'ouvre; les différentes parties qui le composent se désunissent, et les graines rompent les liens qui les retenaient encore à la cavité du péricarpe. On donne le nom de *Dissémination* à cette action par laquelle les graines sont naturellement dispersées à la surface de la terre à l'époque de leur maturité. La dissémination naturelle des graines est dans l'état sauvage des végétaux, l'agent le plus puissant de leur reproduction. Le moment de la dissémination marque le terme de la vie des plantes annuelles. En effet, pour qu'elle ait lieu, il faut que le fruit soit parvenu à sa maturité et qu'il se soit plus ou moins desséché. Or, ce phénomène n'arrive chez les plantes annuelles que quand toute végétation a cessé. Dans les plantes ligneuses, la dissémination a généralement lieu pendant la période de repos que la plupart d'entre elles éprouvent périodiquement. La fécondité des plantes, c.-à-d. le nombre étonnant de germes ou de graines qu'elles produisent, n'est point une des causes les moins puissantes de leur facile reproduction et de leur étonnante multiplication. Boi a compté 32,000 graines sur un pied de Pavot, et jusqu'à 360,000 sur un pied de Tabac. Il suffirait à ces plantes d'un petit nombre d'années pour envahir la surface tout entière du globe, et cette étonnante fécondité nuirait par son excès même, si plusieurs causes n'en arrêtaient en partie les effets. Mais il s'en faut que toutes les graines se trouvent dans des circonstances favorables à leur développement, et, grâce à un grand nombre d'animaux, et l'homme lui-même, en détruisent pour leur nourriture une innombrable quantité. Toutefois la vitalité des graines est telle que l'homme est obligé de lutter pied à pied contre l'envahissement de ses cultures par les végétaux sauvages. Une foule d'herbes nuisibles envahissent les récoltes et couvrent les champs; le Lierre tapisse les murailles les plus solides; les toits de chaume ont une flore très populeuse, et, jusque dans le sein des cités, se règne

végétal vient établir son empire dès que l'homme cesse de faire la guerre à cette végétation spontanée qui ruine ses travaux.

La dissémination des graines est puissamment favorisée par leur structure. Les unes grosses, lisses et pesantes, tombent à terre et y germent; d'autres, lancées par un péricarpe élastique, se dispersent. Les graines comœuses, telles que celles des Asclépiadées, emportées par les vents, franchissent des espaces considérables et se répandent au loin. Les mêmes graines s'accrochent aux poils des animaux, aux vêtements de l'homme, et voyagent avec eux. Les graines ailées sont dans le même cas : le vent les emporte lors de leur séparation de la plante mère, et les propage de proche en proche. Les eaux courantes et les mers sont encore un puissant moyen de dispersion. C'est ainsi que les graines des montagnes, emportées par les eaux des torrents, se propagent dans les plaines, et que les flots de la mer, en les jetant sur des plages lointaines les semences qu'ils ont reçues, vont enrichir de productions nouvelles des points où elles n'existaient pas. Les animaux granivores et frugivores sont aussi des moyens naturels de dissémination. Dans les produits de leur digestion on reconnaît une foule de graines qui ont résisté à l'action des sucs gastriques, et qui se reproduisent quand elles se trouvent dans des conditions favorables. Enfin, les Mammifères et les Oiseaux, qui cachent des provisions pour la saison rigoureuse, laissent souvent dans leurs magasins des graines qui donnent naissance à de nouvelles plantes. Il est inutile de parler de l'influence de l'homme, qui a répandu partout, soit volontairement, soit par ses pérégrinations, les semences de plantes utiles ou même nuisibles.

III. — Dans le langage vulgaire, on emploie fréquemment le nom de *G*. pour désigner certaines plantes ou leurs fruits; nous mentionnerons ici les espèces les plus importantes ainsi qualifiées. — *G. d'amour*, le Grémil officinal, famille des Borraginées. — *G. d'Ambrette*, la Ketmie odorante, Malvacées. — *G. de Canarie*, les Omphalea diandra et triandra, Euphorbiacées. — *G. d'Alpiste*, la g. du Phalaris des Canaries, Graminées. — *G. d'Avignon*, le fruit du Nerprun des teinturiers, Rhamnées. — *G. de baume*, la g. du Balsamodendron opobalsamum, Anacardiacées. — *G. des Canaries*, la g. de l'Alpiste et du Millet des oiseaux, Graminées. — *G. à chapelets* ou *G. de Réglisse*, la g. de l'Abrus precatorius, Légumineuses. — *G. de capucin*, le Fusain, Célastracées. — *G. à dartres*, la g. du Cassia tora, Légumineuses. — *G. d'écarlate*, le Kermès, insecte du groupe des Coccides. — *G. de Girofle*, les fruits de l'Haemaloxylum campechianum, Légumineuses, et de plusieurs sortes de Myrtacées. — *G. musquée*, V. G. d'Ambrette. — *G. des Moluques*, le Coque du Levant, Ménispermacées. — *G. orientale*, la g. de l'Amomum granum paradisi, Scitaminées. — *G. perlée*, V. G. d'amour. — *G. de Perroquet*, le Carthame officinal, Composées. — *G. de Perruche*, le Micocoulier à petites fleurs de la Jamaïque, Urticacées. — *G. de Psyllium*, la g. du Plantain psyllium et du Plantain des sables, Plantaginées. — *G. de Réglisse*, V. G. à chapelets. — *G. tinctoriale*, V. G. d'écarlate. — *G. de Turquie*, le Maïs, Graminées. — *G. de Tilly*, V. G. des Moluques. — *G. à vers*, la g. de l'Ambrine anthelminthique, Chénopodiacées, et de diverses espèces d'Armoises, Composées.

Agric. — *Conservation, préparation des graines*. — Il importe beaucoup de n'employer que des graines bien mûres, ce que l'on reconnaît aisément au poids, la couleur, et surtout par l'examen des organes internes. Quand ces graines sont bien pleines, sans rides, ni indices d'altération, elles peuvent germer, à moins qu'elles ne soient trop vieilles. L'épreuve de l'eau, au-dessus de laquelle les mauvaises nagent, tandis que les bonnes vont au fond, est assez certaine. Les graines conservent ou plus ou moins longtemps leur faculté germinative. Il y en a qui la perdent dans l'espace de quelques jours; tels sont celles des lauriers, des érables, etc.; d'autres conservent leur vitalité pendant plus d'un siècle, comme les haricots, les nèlombos, certaines graminées, etc. Quand on est forcé de garder les graines délicates quelque temps avant de les semer, on les mêle avec de la terre et du sable frais, puis on les renferme dans une boîte que l'on tient à l'abri de la gelée et de la sécheresse. Lorsque le moment de semer est arrivé, on les répand avec la terre qui les contient. Quant à celles qui se conservent longtemps, il faut les garantir du contact de l'air, et les serrer dans un lieu qui ne soit ni humide, ni chaud. On laisse dans leurs enveloppes naturelles que celles qui sont renfermées dans des siliques ou capsules, tandis que celles qui sont contenues dans des enveloppes charnues susceptibles de retenir l'humidité doivent en être extraites et conservées au sec; il est bon de ne pas les laver. En général, le meilleur moyen de conservation consiste à renfermer ces sortes de graines bien mûres dans des sacs en toile plus ou moins serrée. En général, les graines nues n'ont pas besoin de précautions pour être semées. Les graines à aigrettes, velues et membraneuses sont préalablement frottées dans les mains et mêlées ensuite avec du sable fin ou de la cendre, afin qu'elles ne se pelotonnent pas. Pour hâter la germination de quelques graines et en général des noyaux, on doit les stratifier avant de les semer. On les place, à cet effet, soit en pleine terre, soit dans des vases, en lits séparés les uns des autres par de petites couches de terre ou de sable de trois à six centimètres d'épaisseur. On ferme les vases, on les porte dans une cave, ou on les enterre au pied d'un mur, à l'exposition du Midi et à 30 centim. de profondeur. Vers la fin de février, si ces graines ne commencent pas à germer, on les arrose légèrement; au mois de mars, on les retire pour les mettre en place.

GRAINETIER. s. m. Voy. GRÈNETIER.

GRAINIER, IÈRE. s. Celui, celle qui vend en détail toutes sortes de grains. || Collection de graines étiquetées ou rangées méthodiquement.

GRAINURE. s. f. (R. *grain*). T. Techn. Effet que produisent les petits points en relief sur le cuir, les étoffes, les métaux, etc. || T. d'Art. Action de former des ombres dans le dessin et la gravure par un grand nombre de points.

GRAINVILLE, écrivain fr., auteur du *Dernier homme*; livre fort curieux, mais dont il ne se vendit que quarante exemplaires : l'auteur se noya dans la Somme (1746-1805).

GRAISIVAUDAN ou GRÉSIVAUDAN, ancien pays de France, comprenant la partie de l'ancienne ville de Grenoble située au sud de l'Isère.

GRAISSAGE. s. m. [Pr. grè-sa-je]. Action de graisser.

GRAISSE. s. f. [Pr. grè-se] (lat. *crassus*, épais?). Substance onctueuse et aisée à fondre, qui est répandue en diverses parties du corps de l'homme ou de l'animal. *Être chargé de g. La g. l'incommode. G. molle, épaisse. G. figée, fondue. G. rance. G. de bœuf, de volaille. Frotter de g. Faire cuire quelque chose dans de la g. Tache de g. La g. ne l'étouffe pas,* il est très maigre. — *Vivre de sa g.*, Vivre de sa propre substance, en parlant des animaux engourdis pendant l'hiver. || T. Œnologic. *G. du vin.* Voy. VIN. || Fig., *La g. de la terre*, La partie de la terre qui contient le plus de détritus organiques, et qui contribue le plus à la fertilité du sol. *Les grandes ravines emportent la g. de la terre.* Inus. — Dans l'Écriture sainte, *La g. de la terre*, se dit quelquefois pour la fertilité de la terre. || *G. de bitume*, Le bitume purifié. || T. Techn. État de la pâte à papier quand elle retient l'eau abondamment et longtemps. — Nom donné à des taches blanchâtres qui altèrent la transparence du verre. — Nom donné par les chamoiseurs à l'huile surabondante que contiennent les peaux après le dégraissage, lorsque cette opération a été mal faite.

Chim. — Nous avons déjà parlé ailleurs de la G. considérée au point de vue anatomique et physiologique (Voy. ADIPEUX); nous avons donc à l'envisager ici au point de vue purement chimique. — En Chimie, on désigne sous le nom de *Graisses* ou mieux de *Corps gras*, des substances non azotées et pauvres en oxygène, mais très riches en carbone et en hydrogène, très combustibles, et formant sur le papier une tache huileuse et persistante qui le rend translucide. Un autre caractère essentiel de ces corps, c'est qu'ils se décomposent, par l'action des alcalis, en glycérine et en un plus ou moins grand nombre d'acides qui s'unissent à l'alcali en donnant naissance à des composés particuliers qu'on appelle *Savons.* Les corps gras se rencontrent dans les deux règnes, animal et végétal. On les divise, d'après leur degré de consistance et de fusibilité, en *huiles, graisses, suifs, beurres* et *cires.* Les huiles et les cires étant l'objet d'articles particuliers, nous ne parlerons pas ici de ces substances.

Les *graisses* proprement dites, à l'état de pureté, ne possèdent pas d'odeur ou de saveur appréciable. Frottées entre les doigts, elles donnent la sensation d'une onctuosité particulière. Elles sont à peu près insolubles dans l'eau, peu solubles dans l'alcool, mais très solubles dans l'éther, le naphte, le sulfure de carbone, les huiles essentielles. Elles ne supportent pas sans s'altérer une température supérieure à 250°. Leur destruction par le feu est surtout caractérisée par une odeur

très âcre due à un produit de décomposition qu'on nomme *Acroléine.* Toutes les graisses sont susceptibles de fixer de l'eau pour se dédoubler en glycérine et en acides gras (acides stéarique, palmitique, oléique, butyrique, etc.). On peut effectuer ce dédoublement par différents procédés : 1° en traitant les matières grasses par la vapeur d'eau surchauffée, ou en les chauffant avec de l'eau à 220° en vases clos; 2° par l'action des acides; ordinairement on emploie l'acide sulfurique qui se combine avec la glycérine pour donner de l'acide sulfo-glycérique; 3° par l'action des alcalis ou de certains oxydes métalliques, comme l'oxyde de plomb; dans ce cas, les acides gras s'unissent à la base en donnant un sel alcalin ou métallique. Les sels ainsi formés portent le nom de *savons*, et l'on appelle *saponification* le dédoublement de la matière grasse en glycérine et en acides. Les graisses sont généralement neutres; mais, sous l'action de l'air et de la lumière, elles s'acidifient, absorbent de l'oxygène et dégagent de l'anhydride carbonique; elles acquièrent en même temps une odeur et une saveur désagréables; on dit alors que la graisse *rancit.* Cette altération commence par la séparation de la glycérine et des acides gras; puis ces corps se transforment lentement en produits de plus en plus oxydés, jusqu'aux acides formique et carbonique. Lorsqu'on chauffe les graisses avec de l'acide azotique, l'oxydation est bien plus rapide et donne naissance à un grand nombre d'acides (acides adipique, pimélique, subérique, sébacique, azélaïque, pélargonique, etc.).

Les matières grasses que l'on analyse dans les corps des animaux, telles que les suifs de bœuf et de mouton, la g. humaine, la g. de porc, les différents beurres, etc., sont principalement formées par le mélange de plusieurs principes immédiats que Chevreul a décrits sous les noms de *Stéarine*, de *Margarine* (*Palmitine*), d'*Oléine*, de *Butyrine*, de *Caprine*, de *Caproïne.* Le suif de bœuf se compose en très grande partie de stéarine, avec un peu de palmitine et d'oléine. Il fond à 39° et sert à la fabrication des chandelles, des bougies, des savons. La moelle de bœuf, fusible à 45°, est employée dans la parfumerie. La g. humaine est constituée par de la palmitine mélangée avec un peu d'oléine et une matière amère, jaune, ayant l'odeur et la saveur de la bile. On trouve dans le suif de mouton de la stéarine, avec une petite quantité de palmitine, d'oléine, et d'une substance donnant par sa décomposition un acide odorant. La g. de porc, nommée aussi *Axonge* et *Saindoux*, renferme de la stéarine, de la palmitine, de l'oléine et une matière odorante: elle se fige vers 30°. La composition du beurre est plus complexe; Chevreul en a retiré cinq substances neutres, l'oléine, la palmitine, la butyrine, la caprine, la caproïne. Il renferme aussi une petite quantité de stéarine et de myristine. Voy. BEURRE. Pour le *Blanc de baleine*, voy. BLANC.

Tous ces principes immédiats sont des *glycérides* et résultent de l'union de la glycérine avec les acides stéarique, oléique, butyrique, caprique, etc. Comme ce sont des éthers à trois molécules d'acide, on devrait, en suivant la nomenclature exposée au mot GLYCÉRINE, les appeler *Tri-stéarine, Tri-oléine, Tri-butyrine*, etc.; mais on supprime habituellement le préfixe *tri*. C'est Chevreul qui isola ces principes, montra comment ils se décomposent en acides et en glycérine, et signala leur analogie avec les éthers. La saponification n'est qu'un cas particulier du dédoublement de tous les éthers-sels ou acides en alcools, dédoublement qui lui-même porte aujourd'hui le nom de saponification. Plus tard, Berthelot acheva d'élucider la constitution des corps gras, en montrant que la glycérine joue le rôle d'un alcool triatomique; il reproduisit par synthèse la stéarine et la plupart des glycérides naturels, en chauffant la glycérine avec les acides correspondants; il obtint par la même méthode un grand nombre d'autres glycérides. Au mot GLYCÉRINE, nous avons déjà parlé de ces éthers; ici nous donnerons quelques détails sur ceux que l'on rencontre dans les corps gras naturels.

La *Stéarine* $C^3H^5(C^{18}H^{35}O^2)^3$ existe dans les graisses solides en proportion d'autant plus grande que le point de fusion du corps gras est plus élevé. On la retire principalement du suif de bœuf ou de mouton que l'on épuise par l'éther. Ce liquide dissout l'oléine et la palmitine en laissant la stéarine à peu près pure. Celle-ci est insoluble dans l'eau, fort peu soluble dans l'éther froid, mais elle se dissout facilement dans l'alcool et l'éther bouillants. Elle cristallise en paillettes nacrées et paraît posséder deux points de fusion, l'un à 55°, l'autre à 74°. Les alcalis saponifient la stéarine en produisant un stéarate alcalin et de la glycérine. — La *Palmitine* $C^3H^5(C^{16}H^{31}O^2)^3$ se rencontre dans un grand nombre de graisses et forme la majeure partie de l'huile de palme. On l'extrait de cette huile en exprimant la portion liquide et en faisant cristalliser le résidu dans de l'éther On obtient ainsi une masse cristalline, fusible vers 62°, se solidifiant à 46°, peu soluble dans l'alcool, mais très soluble dans l'éther bouillant. La potasse caustique la dédouble en glycérine et en palmitate de potasse. — La *Margarine*, que Chevreul a extraite de l'huile d'olive et de différentes graisses, n'est suivant Heintz que de la palmitine impure, mélangée de stéarine. — l'*Oléine* $C^{3}H^{5}(C^{18}H^{33}O^{2})^{3}$ existe surtout dans ses huiles grasses dont elle forme la partie liquide; elle se trouve aussi, mais en moindre proportion, dans la plupart des graisses, d'où on peut l'extraire par expression à froid. On l'obtient sous la forme d'un liquide incolore, inodore et insipide, insoluble dans l'eau, mais très soluble dans l'alcool absolu et dans l'éther; sa densité est comprise entre 0,90 et 0,92. Chauffée avec une lessive de potasse, elle se transforme en glycérine et en oléate de potasse. Traitée par l'acide nitreux elle se solidifie et se convertit en élaïdine. Les huiles siccatives contiennent, au lieu d'oléine, un isomère de ce corps; c'est la *linoléine*, glycéride correspondant à l'acide linoléique. — La *butyrine* $C^{3}H^{5}(C^{4}H^{7}O^{2})^{3}$ se trouve en petite quantité dans le beurre de vache. C'est un liquide neutre, huileux, légèrement jaunâtre, à peu près insoluble dans l'eau, soluble dans l'alcool et dans l'éther. Elle bout à 285°. Elle rancit rapidement au contact de l'air. Saponifiée par la potasse caustique, elle donne de la glycérine et du butyrate de potasse. — La *caurine* $C^{3}H^{5}(C^{14}H^{23}O^{2})^{3}$ existe dans les baies du laurier et dans le beurre de coco. On l'extrait à l'aide de l'alcool. Elle cristalise en aiguilles soyeuses qui fondent à 45° et se solidifient à 23°. Par saponification elle donne de l'acide laurique. — La *Myristine* $C^{3}H^{5}(C^{14}H^{27}O^{2})^{3}$ correspond à l'acide myristique; elle se retire du beurre de muscade, de la graisse d'Otoba, du de Dika; elle se trouve aussi, en petite quantité, dans le beurre de vache, le blanc de baleine et le beurre de coco. Elle est solide, cristallisable, fusible à 55°; celle qu'on retire de la graisse d'Otoba fond à 46°. — La *Valérine* $C^{3}H^{5}(C^{5}H^{9}O^{2})^{3}$ est un liquide huileux, soluble dans l'alcool et dans l'éther, qu'on a extrait de l'huile de dauphin. — L'*Acétine* $C^{3}H^{5}(C^{2}H^{3}O^{2})^{3}$, qui correspond à l'acide acétique, se rencontre dans l'huile de fusain Elle est liquide, insoluble dans l'eau, mais très soluble dans l'alcool aqueux. On peut la distiller vers 270° dans le vide. — L'*Arachine* $C^{3}H^{5}(C^{20}H^{39}O^{2})^{3}$ contenue dans l'huile d'arachide est très peu soluble dans l'éther froid. — La *Caprine*, la *Caproïne* et la *Caprylïne*, c.-à-d. les glycérides correspondant aux acides caprique, caproïque et caprylique, se rencontrent dans la portion la plus fusible du beurre de vache ou de chèvre, dans l'huile de coco et dans quelques autres matières grasses odorantes.

Certains corps gras, notamment le blanc de baleine et les cires, contiennent des éthers qui ne sont pas des glycérides. Le blanc de baleine est surtout formé de palmitate de cétyle. Dans les cires on trouve de la Myricine et les cérotates de céryle et de myricyle.

GRAISSER. v. a. [Pr. *grè-ser*]. Frotter, oindre de graisse ou de quelque autre substance onctueuse. *G. les roues d'une voiture. G. les pieds d'un cheval. G. des bottes avec de l'huile.* — Fig. et fam., *G. la patte à quelqu'un*, Lui donner de l'argent pour le gagner, pour le corrompre. *G. le marteau*, Donner de l'argent au portier d'une maison, afin de s'en faciliter l'entrée. Poput., *G. les épaules à quelqu'un*, Lui donner des coups de bâton. — *G. ses bottes* V. BOTTE. || Souiller de graisse, *Cela vous graissera les mains.* || Rendre sale et crasseux. *G. son linge, ses habits* = GRAISSER. v. n. Devenir huileux. *Ce vin graisse*, Il file comme l'huile lorsqu'on le verse. = GRAISSÉ, ÉE. part.

GRAISSERIE. s. f. [Pr. *grè-se-ri*]. Boutique, commerce de graissier.

GRAISSESSAC, commune du cant. de Bédarieux (Hérault); 3,100 hab. Riche bassin houiller.

GRAISSEUR. s. m. [Pr. *grè-seur*]. Ouvrier employé à graisser les essieux et les organes des machines dans les chemins de fer || Adj. T. Techn. *Palier graisseur*, Palier qui graisse automatiquement l'arbre qu'il supporte.

GRAISSEUX, EUSE. adj. [Pr. *grè-seu*]. Qui est de la nature de la graisse. *Corps g. Membrane graisseuse.* || Taché de graisse, *Un vêtement g.*

GRAISSIER, IÈRE. adj. [Pr. *grè-sié*]. T. Com. Qui vend de la graisse.

GRAISSOIR. s. m. [Pr. *grè-soir*]. Morceau de linge qui, renfermant de la graisse, sert à graisser.

GRALLES. s. m. pl. (lat. *gralla*, échasses). T. Ornithol. Nom que Linné donnait aux oiseaux à longues pattes et que l'on a appelés ensuite ECHASSIERS. Voy. ce mot.

GRAMAT, ch.-l. de c. (Lot), arr. de Gourdon; 3,000 hab.

GRAMEN. s. m. [Pr. *gra-mè-ne*] (lat. *gramen*, gazon). Se dit quelquefois pour désigner quelque espèce indéterminée de la famille des graminées. *Des touffes de g. couvrent ces vieilles murailles.*

GRAMINÉES. s. f. pl. (lat. *gramen*, gazon). T. Bot. Famille de végétaux Monocotylédones de l'ordre des Gramininées. *Caract. bot.* : Les *Graminées* sont des plantes généralement herbacées, peu élevées, annuelles ou vivaces; dans ce dernier cas, elles présentent un rhizome plus ou moins étendu qui, chaque année, donne naissance à de nouvelles tiges. Leur tige aérienne, qu'on désigne sous le nom particulier de *Chaume*, est presque toujours fistuleuse, renforcée, d'un entrenœud à l'autre, par des nœuds solides autour desquels naissent les feuilles; mais, dans le Roseau, et surtout dans les Bambous, elle prend une consistance ligneuse et peut atteindre alors jusqu'à 30 mètres de haut. La cavité qu'elle présente à son intérieur peut manquer; en effet, chez le Maïs, la Canne à sucre, etc., la tige est pleine. Presque toujours la tige reste simple, ses bourgeons axillaires ne se développant pas; mais, dans quelques cas, cependant, elle donne des branches, comme on le voit chez les Bambous. Par suite de la disposition distique des feuilles, la tige des G. est toujours cylindrique, rarement un peu comprimée; mais elle n'est jamais triangulaire comme chez les Cypéracées. L'épiderme des Gr. renferme en général une quantité considérable de silice : dans les nœuds des Bambous, cette substance se dépose même en concrétions pierreuses, nommées *Tabashir* par les Hindous, qui leur attribuent de grandes vertus. Les feuilles qui sont distiques naissent de toute la circonférence des nœuds en formant une gaine qui entoure tout ou partie de l'entre-nœud supérieur; les bords de cette gaine sont le plus souvent appliqués ou enroulés l'un sur l'autre, mais non soudés entre eux, tandis que chez les Cypéracées la gaine est toujours fermée. De la partie supérieure de cette gaine part le limbe, presque toujours étroit et allongé, qui a dans cette disposition distique des feuilles, on le comprend avoir sa nervure médiane plus forte que les autres nervures latérales toutes parallèles. Dans un petit nombre de cas, le limbe tient à la gaine par une portion rétrécie qui représente un pétiole ordinaire, par ex. chez les Bambous. À cette même extrémité de la gaine, entre le limbe et la gaine, se trouve une petite expansion membraneuse, qui constitue une *Ligule*. Les fleurs sont le plus souvent hermaphrodites, quelquefois unisexuées (Maïs, Larmille, etc.), et, dans ce dernier cas, presque toujours monoïques. Elles sont toujours disposées en plusieurs ensemble en petits épis ou *épillets*, groupés à leur tour en épi ou en grappe de sorte que l'inflorescence est un épi composé ou une grappe d'épis; très rarement l'épi est simple, parce que chaque épillet se réduit à une seule fleur terminale (*Flouve*). Chaque épillet commence par deux bractées stériles qui sont placées latéralement par rapport à l'axe de l'épillet, et qui constituent à ce dernier une sorte d'involucre. Elles sont presque que de niveau, mais le plus souvent inégales, quelquefois même l'une d'elles, et c'est toujours l'inférieure, avorte plus ou moins complètement. On distingue ces bractées involucrales sous le nom de *Glumes*; elles prolongent quelquefois leur nervure médiane en forme d'arète (*Orge*, *Phléole*, etc.). Chaque fleur, examinée en particulier, présente également deux bractées, dont la supérieure est adossée à l'axe et dont l'inférieure lui est opposée. Ces deux folioles ont reçu les noms de *Glumelles*, de *Bractées fertiles*, de *Paillettes* : dans le langage vulgaire, on les appelle *Balles ou Bâles*. La glumelle inférieure et extérieure est plus grande que la supérieure et emboîte celle-ci; on dit celle-ci, est carénée, souvent munie d'une arête dorsale ou terminale (*Barbe*) qui peut atteindre 30 centimètres de longueur (*Stipa*), ce qui la fait appeler glumelle *carénée* ou *imparinervée*. La glumelle supérieure naît du nœud supérieur à celui de la glumelle extérieure; elle se distingue d'ailleurs de cette dernière en ce qu'elle est dépourvue de nervure dorsale, et présente au contraire deux nervures latérales, d'où les épithètes de *bicarénée* et de *parinervée* qui lui sont appliquées. Dans la glumelle, la tendance à l'avortement se montre dans la foliole supérieure, à l'inverse de ce qui a lieu dans la glume. On a aujourd'hui une tendance à considérer que de ces deux bractées, la glumelle inférieure appartient à l'axe d'inflorescence, tandis que la glumelle supérieure appartient réellement à l'axe floral. Sur un cercle plus inférieur, on remarque de très petites folioles ou écailles, presque toujours au nombre de trois, rarement de trois, qu'on désigne ordinairement sous le nom de *Glumellules*, mais que d'autres auteurs appellent *Paléoles, Squamules* : ces folioles représentent le périanthe de la fleur au dire de certains auteurs. Mais cette opinion est vivement attaquée par d'autres botanistes, qui ne voient là que des bractées et qui considèrent que la fleur des Graminées est dépourvue de périanthe. Dans quelques cas, les deux glumellules se soudent en un seul corps extérieur aux étamines. Les étamines sont généralement au nombre de trois, dont deux supérieures et une inférieure. Dans certains genres, l'*Anthoxanthum* par ex., l'inférieure avorte, il n'y a plus que deux étamines; dans d'autres, comme le *Nardus*, ce sont les deux supérieures qui avortent, et il ne reste qu'une étamine. On trouve quatre étamines dans quelques genres propres à la Nouvelle-Hollande (*Tetrarrhena, Anomochloa*, etc.). On en observe six dans le Riz et plusieurs Bambous; elles sont alors verticillées autour du pistil. Enfin, quelques Bambous en offrent un plus grand nombre. Dans tous les cas, les étamines sont composées d'un filet capillaire avec une anthère linéaire, biloculaire et versatile. Pistil constitué par un seul carpelle. Ovaire uniloculaire et uniovulé; les styles sont au nombre de deux ou de trois, très rarement sondés en un seul; les stigmates sont plumeux ou poilus; l'ovule est ascendant par une base large et anatrope. Le fruit est un caryopse. La graine est remarquable par son albumen farineux. L'embryon est situé à la base externe de cet albumen; il est lenticulaire, avec un large cotylédon et une plumule développée. [Fig. 1. *Setaria germanica*. — 2. Épillet d'*Avena sativa* : *gl.* glumes; *pe*, paillettes ou glumelles; *a*, arête; *fs*, fleur stérile.—3. Fleur dont on a enlevé la glumelle extérieure : *pi*, glumelle ou paillette interne; *sq.* glumellule. — 4. Fruit coupé longitudinalement : *o*, péricarpe; *t*, tégument; *a*, albumen; *r*, radicule; *g*, gemmule; *c*, cotylédon.— 5. Épillet d'*Agrostis alba*. — 6. Glumelles et étamines du même. — 7. Glumelles de *Leersia oryzoides*. — 8. Pistil, étamines et glumellules du même. — 9. Ép. de *Polypogon monspeliensis*. — 10. Glumelles et étamines du même. — 11. Ép. de *Stipa pennata*. — 12. Rachis, glumes et fleurs de *Cynosurus cristatus*. — 13. Ép. de *Cynodon dactylon*. — 14. Glumelles et fleur abortive du même. — 15. Ép. de *Corynephorus canescens*. — 16. Glumelles, etc., du même. — 17. Ép. de *Phalaris aquatica*. — 18. Ép. d'*Alopecurus pratensis*. — 19. Ép. d'*Aira caryophyllea*. — 20. Fleur du même. — 21. Ép. de *Festuca duriuscula*. — 22. Ép. de *Glyceria fluitans*.—23. Fleur du même.—24. Ép. d'*Eragrostis poæformis*.]

La famille des G., très vaste et pourtant très homogène et très nettement circonscrite, compte aujourd'hui près de 3,700 espèces, réparties en 300 genres; elles sont abondamment répandues par toute la Terre. On en a rencontré à l'état fossile 63 espèces, réparties en 8 genres, toutes des terrains tertiaires.

Leur distribution géographique, et surtout celle des Céréales ou des espèces cultivées pour la nourriture de l'homme, mérite d'être exposée avec quelques détails. On trouve des G. dans toutes les espèces de terrains et même dans les eaux douces, soit stagnantes, soit courantes, mais jamais dans les eaux des mers. Un grand nombre d'entre elles sont sociales et même au plus haut degré, comme on le voit dans les prairies et surtout dans les steppes, où souvent une seule espèce couvre une immense étendue de pays. Il en est aussi qui vivent solitaires, et celles-ci paraissent se montrer de préférence, soit dans les sables arides, soit surtout dans les parties chaudes du globe. On rencontre des G. depuis l'équateur jusqu'au Spitzberg, où Phipps a trouvé le *Phippsia algida*, et même jusqu'à l'île Melville, dont la flore compte 14 G. sur 77 phanérogames. Sur les montagnes, on en trouve également à de grandes hauteurs, et presque jusqu'à la limite des neiges éternelles. Dans les parties froides et tempérées de la surface du globe, les G. sont généralement peu hautes; mais déjà, vers 45° de latitude nord, on voit la taille de plusieurs s'élever et, dans quelques cas, leur chaume prendre plus de consistance. Ainsi, dans la France méditerranéenne, en Espagne, en Italie, etc., la *Canne de Ravenne (Saccharum Ravenæ)*, le *Roseau à quenouille (Arundo Donax)* et quelques autres sortes de Roseaux se présentent sous un aspect et avec des dimensions qui diffèrent beaucoup de ce que nous observons chez les espèces plus septentrionales. Enfin, entre les tropiques, les Bambusées se classent parmi les grandes espèces qui caractérisent la végétation si riche et si vigoureuse de ces contrées. Voy. BAMBOU.

La distribution des G. cultivées ou des Céréales tient principalement au climat, qui permet telle culture et se refuse à telle autre; néanmoins elle est considérablement influencée par les habitudes des peuples, par la civilisation et par le commerce. Dans l'hémisphère boréal, la ligne polaire des Céréales, c.-à-d. celle où cesse entièrement leur culture, décrit diverses sinuosités qui se rattachent assez exactement à la direction des lignes isothermes correspondantes. Son point le plus avancé vers le nord se trouve en Laponie, où elle s'élève exceptionnellement jusqu'à 70° de latitude; puis elle descend fortement dans la Russie d'Europe et dans la Sibérie occidentale, où elle ne dépasse pas le 55° parallèle. Enfin, elle est à son maximum d'abaissement dans le Kamtschatka, où les Céréales manquent complètement, même dans les parties méridionales, par 51° de latitude. Dans le nouveau continent, elle présente une direction générale analogue à celle qui vient d'être indiquée, car elle s'élève aussi notablement plus haut à l'ouest qu'à l'est. Ainsi, dans les possessions russes méridionales, l'Orge et le Seigle mûrissent même à 56° et 57° latitude nord, tandis que vers les côtes orientales, baignées par l'océan Atlantique, leur culture s'arrête à 50° ou 52°. Parmi les Céréales, celles qui s'avancent le plus vers le nord sont l'Orge et l'Avoine, qui, dans ces contrées septentrionales, servent de base à la nourriture de l'homme; mais déjà dans les parties méridionales de cette première zone de végétation, caractérisée par ces deux espèces de grains, on les emploie fort peu pour la confection du pain. Le premier grain qui vient se joindre aux précédents est le Seigle. Sa culture est prédominante dans une grande portion de la zone tempérée septentrionale, comme dans la partie méridionale de la Suède et de la Norvège, dans le Danemarck, sur tous les bords de la Baltique, au nord de l'Allemagne et dans une partie de la Sibérie. Dans ces mêmes pays, l'Orge et l'Avoine perdent beaucoup de leur importance : la première n'y est plus cultivée que pour la fabrication de la bière; la seconde pour la nourriture des chevaux. De plus, le Blé y manque généralement. A cette zone du Seigle, succède celle du Blé. Ici le Seigle ne joue plus qu'un rôle très secondaire; au contraire le Blé y forme la base de la nourriture de l'homme. Cette zone du Blé comprend la France, l'Angleterre avec une partie de l'Écosse, une partie de l'Allemagne, la Hongrie, la Crimée, le Caucase, et enfin les pays de l'Asie centrale dans lesquels il existe une agriculture. Dans cette même zone, l'Orge est cultivée sur une moindre échelle, à cause de l'existence de la Vigne, qui permet de substituer le vin à la bière. Plus au midi, se trouve une zone de quelque sorte de transition, dans laquelle le Blé abonde encore, mais pas exclusivement, sa culture étant mêlée à celle du Maïs et du Riz. Cette zone comprend, en Europe, le Portugal et l'Espagne, les départements de la France qui bordent la Méditerranée, l'Italie et la Grèce; en Asie, l'Anatolie, la Perse, l'Inde septentrionale. En Afrique, l'Égypte, la Nubie, la Barbarie et les Canaries. La Chine et le Japon appartiennent encore à cette zone; mais les habitudes locales y ont donné une extension très considérable à la culture du Riz, tandis qu'elles ont fait abandonner presque complètement nos céréales européennes. Dans les parties méridionales des Canaries, on trouve, mêlées à la culture du Riz et du Maïs, celle du *Sorghum vulgare*, appelé aussi *Sorgho à balai, Dourah* et *Doura*, et celle du *Poa abyssinica*. Dans l'Amérique septentrionale, on observe une succession analogue dans la culture des Céréales : seulement le Seigle et le Blé sont proportionnellement moins abondants qu'en Europe. Dans la zone du Maïs et du Riz, on voit le premier de ces grains atteindre, sur les côtes de l'océan Pacifique, une latitude plus haute que sur celles de l'ancien continent; enfin, dans le sud des États-Unis, la prédominance du Riz devient extrêmement marquée. Quant à la zone torride, elle est caractérisée par la culture du Riz et du Maïs. Seulement la première de ces Céréales est à peu près exclusive en Asie; la seconde domine au contraire fortement en Amérique; mais en Afrique, toutes deux se rencontrent à la fois et en proportions presque égales. Cette différence de culture peut s'expliquer par ce motif que l'Asie est la patrie du Riz, tandis que l'Amérique est celle du Maïs. Dans la zone torride, le rôle des G. perd beaucoup de son importance sous le rapport de l'alimentation de l'homme et y devient même parfois nul, par suite de la présence d'autres matières alimentaires également féculentes, qui ont souvent l'avantage de n'exiger que fort peu de travail, ou même de n'en exiger aucun. Le plus répandu et le plus important de ces végétaux alimentaires est le Bananier, qui se retrouve dans toute l'étendue des régions intertropicales. Avec son fruit, on mange, en Amérique, les racines et les rhizomes de l'Igname, du Manihot et de la Patate ; en Afrique, ces mêmes racines de l'Igname et du Manihot, ainsi que la graine de l'Arachide hypogée ; dans les Indes et dans l'Arch pel indien, les racines de l'Igname et de la Patate, le fruit de l'arbre à pain et la fécule de la tige de certains palmiers et surtout des Cycas, que l'on confond également sous la dénomination générale de Céréales, sans que cette question ait pu encore être résolue, pour certaines d'entre elles, d'une manière positive. Ainsi, on ignore absolument d'où provient le Blé ; quelques auteurs l'ont fait venir de la Perse. Quant au Seigle, on l'indique comme croissant spontanément dans le désert, limité par le Caucase et la mer Caspienne. On assigne pour patrie à l'Orge commune la Sicile et la Tartarie. Le Maïs est indigène du Paraguay, suivant Aug. de Saint-Hilaire. Enfin, on admet que

Sagou. Enfin, dans la Polynésie, les Céréales disparaissent entièrement : elles y sont remplacées par l'Arbre à pain, par le Bananier et par le Taro (Colocazia macrorhiza). Suivant la prédominance de telle ou telle Céréale dans les diverses parties de la surface du globe, on trouve que cette surface peut se diviser en cinq régions principales : celles du Riz, du Maïs, du Blé, du Seigle et enfin de l'Orge et de l'Avoine. Les trois premières sont les plus vastes ; mais le Maïs est l'espèce qui s'étend sous le plus grand nombre de degrés de latitude, et le Riz celle qui forme l'alimentation du plus grand nombre d'individus de l'espèce humaine.

On a beaucoup écrit relativement à la patrie de nos l'Asie est la patrie du Riz, sans qu'il soit possible de préciser en quel point de cette partie du monde il a pris naissance.

L'importance de cette famille au point de vue de l'alimentation de l'homme et des animaux est trop connue pour que nous y insistions davantage. La quantité considérable de fécule que renferment les graines de beaucoup de G. les rend éminemment propres à la nourriture de l'homme, et si l'on cultive surtout les espèces communément désignées sous le nom de Céréales, comme le Blé ou Froment (Triticum), l'Orge (Hordeum), le Seigle (Secale), l'Avoine (Avena), le Maïs (Zea Maïs), le Riz (Oryza) et le Sorgho à épi ou Blé de Guinée (Sorghum vulgare), c'est que leurs grains sont plus volumineux que ceux des autres G. Au reste, le fruit de toutes les plantes de la famille, à quelques exceptions près, est salubre et susceptible de servir d'aliment. Parmi les espèces qui font exception, nous citerons en première ligne l'*Ivraie enivrante* (*Lolium temulentum*), trop répandue dans nos champs. Elle contient un principe narcotique qui détermine des effets délétères sur l'homme et sur certaines espèces d'animaux. Nous mentionnerons encore trois espèces du genre *Brome* (*Bromus*), le *Br. purgans* et le *Br. catharticus*, qu'on dit jouir de propriétés émétiques et purgatives, et le *Br. mollis*, qu'on dit insalubre. A ces espèces il convient peut-être d'ajouter la *Molinie variée* (*Molinia varia*), qui est vénéneuse pour les bestiaux, suivant Endlicher; la *Fétuque à quatre dents* (*Festuca quadridentata*), à laquelle les habitants de Quito, qui l'appellent *Pigouil*, attribuent aussi des propriétés vénéneuses, et une variété du *Paspalum scrobiculatum*, appelée *Bourik* dans l'Inde, où l'on prétend qu'elle est toxique et qu'elle communique des propriétés narcotiques et purgatives au lait des vaches.

Parmi les espèces moins généralement connues qui sont cultivées pour l'alimentation de l'homme, on remarque l'*Eleusine coracana* et l'*Eleusine tocusso*, celle-ci cultivée en Abyssinie et celle-là dans l'Inde; l'*Alpiste des Canaries* (*Phalaris canariensis*), qui produit la graine appelée *G. de Canaris*; la *Zizanie aquatique* (*Zizania aquatica*), vulgairement nommée *Riz du Canada*; le *Setaria germanica*, vulgairement *Moha de Hongrie*, et le *Set. italica* ou *Millet des oiseaux*; le *Panic fromenté* (*Panicum frumentaceum*); le *Panic poilu* (*Pan. pilosum*), et le *Millet ordinaire* (*Pan. miliaceum*), appelé *Warri* dans l'Inde. Le *Teff* de l'Abyssinie est une espèce qui appartient au genre *Paturin* (*Poa*). On cultive également plusieurs espèces de *Sorgho*, telles que le *Sorghum vulgare*, *S. nigrum* et *S. saccharatum*. La *Pénicillaire en épi* (*Penicillaria spicata*) se cultive dans l'Inde sous le nom de *Bajri*. Dans l'ouest de l'Afrique, on donne le nom de *Fundi* ou *Fundungi* à une sorte de grain très petit qui est produit par le *Paspalum exile*. Enfin, on dit que la *Stipe plumeuse* (*Stipa pennata*) donne une farine assez semblable à celle du Riz. Les *Ægilops triuncialis* et *ovata* sont très répandus dans le Midi. Ce dernier a donné avec le Blé un hybride qui avait fait croire à la transformation directe de l'*Ægilops* en Blé par la seule culture.

Le sucre est encore un des produits les plus précieux que nous donne la famille des G. Il existe surtout en grande abondance dans la *Canne à sucre* (*Saccharum officinarum*). Le Maïs (*Zea Mais*) renferme également, à la floraison, une quantité considérable de matière sucrée. Il en est de même du *Gynerium saccharoïdes*, espèce indigène du Brésil, et du *Sorghum saccharatum*, vulgairement *Sorgho à sucre*, dont on a, dans ces dernières années, fort préconisé la culture chez nous. Il est même vraisemblable que la valeur des G. comme fourrage dépend de la proportion de matière sucrée qu'elles contiennent.

Nous ne nous étendrons pas sur les nombreuses espèces de G. qu'on emploie ou qu'on cultive comme plantes fourragères. En effet, l'immense majorité des végétaux de cette famille peut être utilisée sous ce rapport. Les meilleures espèces fourragères de l'Europe sont en général des espèces naines, ou qui, au moins, ne s'élèvent pas à plus de 1 mètre ou 1m,30 : encore les plus grandes sont-elles exposées à devenir trop dures et coriaces. Les plus estimées sont l'*Ivraie vivace* (*Lolium perenne*), vulg. *Ray-grass* et *Gazon anglais*, la *Phléole des prés* (*Phleum pratense*), la *Fétuque des prés* (*Festuca pratensis*), la *Cynosure à crête* (*Cynosurus cristatus*), vulg. *Crételle commune*, l'*Amourette tremblante* ou *Brize moyenne* (*Briza media*), la *Petite Amourette* (*Eragrostis poæformis*), l'*Arrhénathère élevée* (*Arrhenatherum erectum*), vulg. *Avoine fromentale*, la *Glycérie flottante* (*Glyceria fluitans*), et diverses autres espèces appartenant aux genres *Brize*, *Brome*, *Fétuque*, *Houque* (*Holcus*), *Paturin* ou *Poa*, *Agrostide* (*Agrostis*), *Alopécure*, vulg. *Vulpin*, etc., auxquelles on peut ajouter la *Flouve odorante* (*Anthoxanthum odoratum*), ainsi nommée à cause de son odeur aromatique. Mais les G. fourragères du Brésil offrent des dimensions bien supérieures aux nôtres, sans cesser pour cela d'être tendres et très délicates. Ainsi, une espèce de Panic, le *Panicum spectabile*, appelé au Brésil *Coapin de Angola*, atteint et dépasse la hauteur de 2 mètres, tandis que d'autres G. non moins gigantesques forment de vastes prairies sur les bords du fleuve des Amazones. Dans la Nouvelle-Hollande, l'espèce fourragère la plus estimée est l'*Herbe des Kanguroos* (*Anthistiria australis*). Dans l'Inde,

on recherche aussi l'*Anthist. ciliata*; mais l'espèce la plus répandue dans ce pays est le *Cynodon dactylon* ou *Dent de Chien*. Le *Tripsacum dactyloïdes* est regardé au Mexique comme un excellent fourrage, et l'attention des cultivateurs s'est portée, il y a quelques années, sur une espèce originaire des îles Malouines, la *Fétuque en éventail* (*Festuca flabellata*) qui forme des touffes de près de 2 mètres de hauteur, et qu'on dit sans rivale pour la nourriture des bestiaux et des chevaux.

Notre *Flouve odorante* (*Anthoxanthum odoratum*) n'est pas la seule espèce de la famille qui soit douée de la propriété d'exhaler une odeur agréable; nous citerons encore l'*Hierochloe borealis*, l'*Ataxia Horsfieldii* et plusieurs espèces du genre *Andropogon*, appelé aussi *Barbon*, notamment l'*A. laniger*, dont les feuilles radicales sont connues sous le nom de *Schœnanthe officinal* et étaient réputées stimulantes et diurétiques; l'*A. schœnanthus* qui fournit l'essence appelée *Rosa-oil*; l'*A. nardus* qui donne l'*essence de Citronelle*; l'*A. citratus* qui produit l'*essence de Verveine*; et l'*A. muricatus* dont les racines s'importent en Europe sous le nom de *Vétiver* ou de *Chiendent des Indes*, et s'emploient pour faire des sachets qu'on met dans le linge et les vêtements pour écarter les insectes. Mais des plantes qui renferment un principe aromatique ne peuvent pas être sans quelque propriété médicale. Certaines espèces sont en effet employées en médecine. Ainsi, on attribue des propriétés toniques, stimulantes et diaphorétiques à l'*Andropogon muricatus* que nous venons de mentionner. Une autre espèce du même genre, l'*Andr. nardus*, doit à ses propriétés le nom d'*Herbe-gingembre* qu'on lui donne dans l'Inde. C'est cette espèce qui fournit les rhizomes qu'on vendait autrefois sous le nom de *Nard indien* et de *Spicanard*. Dans le même pays, les feuilles torréfiées de l'*Andropogon schœnanthus* sont usitées, sous forme d'infusion, comme un excellent stomachique. On rencontre des propriétés différentes dans plusieurs autres espèces. Les fruits du *Coix lacryma*, fruits qui ont la dureté de la pierre et qu'on appelle vulgairement *Larmes de Job*, passent pour diurétiques. On attribue les mêmes vertus à diverses sortes de G., par ex., aux *Calamagrostides* (*Calamagrostis*), au *Roseau à balais* (*Phragmites communis*) et au *Roseau à quenouille* (*Arundo Donax*) de nos pays, au *Perotis latifolia* des Indes occidentales, et aux *Gynerium* du Brésil. On emploie comme rafraîchissante la décoction des rhizomes du *Cynodon dactylon* et du *Triticum repens* plus connus sous le nom de *Chiendent*. Dans la Guyane, on administre la décoction de l'*Eleusine indica* aux enfants atteints de convulsions. Au Brésil, on fait usage de la décoction du *Gynerium parviflorum* pour fortifier le cuir chevelu et empêcher la chute des cheveux.

Plusieurs sortes de G. nous sont encore utiles sous le rapport industriel. Nous mentionnerons le *Spart* ou *Sparte* (*Lygeum spartum*), vulgairement appelé *Auffe*, dont les chaumes servent à la confection de chapeaux, de nattes fines, et en général des ouvrages dits de *sparterie*. Le *Macrochloa tenacissima* (*Stipa tenacissima*, L.) si connu sous le nom d'*Alfa* est cultivé en Algérie, en Tunisie, au Maroc et en Espagne, est journellement employé dans la sparterie, la corderie et la papeterie. Nous avons dit ailleurs les nombreuses ressources qu'offrent les Bambous aux habitants des pays où croissent ces magnifiques G. Enfin, nous terminerons en nommant le *Roseau* et l'*Elyme des sables* (*Arundo Donax* et *Elymus arenarius*), qui, semés sur les sables des bords de la mer, servent à les fixer, grâce à leurs longues souches traçantes.

GRAMININE. s. f. T. Chim. Hydrate de carbone contenu dans les racines du *Trisetum alpestre* et dans d'autres graminées.

GRAMININÉES. s. f. pl. T. Bot. Ordre de végétaux Monocotylédones ayant pour caractères principaux d'avoir une corolle nulle et un ovaire supère. Il comprend les familles suivantes : *Graminées*, *Cypéracées*, *Centrolépidées*, *Lemnacées*, *Naïadacées*, *Aroïdées*, *Cyclanthacées*, *Typhacées* et *Pandacées*. Voy. ces mots.

GRAMMAIRE. s. f. [Pr. *gra-mè-re*] (gr. γράμμα, lettre, passé dans le bas-lat. sous le suff. *arius*, *aria*). Science des règles du langage. || Livre où ces règles sont exposées. || Par anal., Livre où sont exposées les règles d'un art, d'une science. *La g. du dessin*.

La *Grammaire* est un art et une science. Envisagée sous le premier point de vue, on la définit, communément, l'art qui enseigne à parler et à écrire correctement; mais il reste à définir l'adverbe *correctement*, et ce n'est pas chose aisée, la correction n'étant que l'application d'un ensemble de règles consacrées par l'usage, mais qui varient avec les temps, les lieux et les auteurs. Envisagée au second point de vue, elle est la science des principes essentiels du langage humain, la connaissance raisonnée des principes communs à toutes les langues. La g. considérée comme science est ordinairement désignée sous le nom de *G. générale;* elle a pour base cette branche de la philosophie qu'on appelait au commencement de ce siècle *l'idéologie,* et l'étude comparative des langues ou la *linguistique.* Sous ce rapport, la g. générale exige l'étude préalable de la *g. comparée,* et constitue l'une des parties les plus importantes de la *philologie* ou science du langage en général. Voy. PHILOLOGIE. — La *G. particulière* d'une langue peut être traitée scientifiquement quand on recherche ses principes à ceux de la g. générale; néanmoins, en elle-même elle est simplement un art, car son objet est d'enseigner les règles propres à une seule langue.

On répète tous les jours que Platon est, chez les Grecs, le premier qui se soit occupé de recherches grammaticales; nous ne saurions admettre une pareille opinion. Quand une langue est constituée et compte déjà de nombreux écrivains, il est impossible qu'elle ne forme pas l'objet d'un enseignement quelconque, fût-ce simplement au même titre que la lecture et l'écriture. Quoi qu'il en soit, les *grammairiens* dont il est fait mention dans l'histoire des littératures grecque et latine étaient à la fois des littérateurs, des philologues et des critiques. Ils corrigeaient, publiaient et expliquaient les textes des auteurs anciens. Ils en montraient les défauts, en faisaient ressortir les beautés, et s'adonnaient à ce que nous appelons aujourd'hui l'enseignement des belles-lettres. Ces *Grammairiens* (*grammatici*) différaient de par ses rhéteurs. Quant à ceux qui remplissaient la fonction plus modeste d'enseigner aux enfants la g. proprement dite, les anciens les nommaient *Grammatistes* (*grammatistæ*). Il serait hors de propos de donner ici l'énumération des nombreux auteurs auxquels nous devons de bonnes grammaires particulières ou d'utiles travaux sur la g. générale. Nous nous contenterons de mentionner, pour l'étude de la g. générale, l'excellent ouvrage du savant orientaliste Syl. de Sacy, intitulé *Principes de G. générale,* et la *G. générale indo-européenne* de Eichhoff, et pour l'étude de la langue française en particulier, la *G. des grammaires* de Girault-Duvivier.

GRAMMAIRIEN. s. m. [Pr. *gra-mê-ri-in*]. Celui qui s'occupe spécialement de la grammaire, qui écrit sur la grammaire. || T. Antiq. Nom donné à ceux qui se livraient à l'étude et à l'enseignement des lettres en général. Voy. GRAMMAIRE.

GRAMMATICAL, ALE. adj. [Pr. *gram-matika*]. Qui appartient à la grammaire, qui est selon les règles de la grammaire. *Principe g. Règles grammaticales. Construction grammaticale. Discussion grammaticale.*

GRAMMATICALEMENT. adv. [*gram-matikalement*]. Selon les règles de la grammaire. *Cette phrase est construite g., mais elle manque d'élégance.*

GRAMMATISTE. s. m. [Pr. *gram-matiste*]. T. Antiq. Nom, à Rome et en Grèce, de ceux qui enseignaient la grammaire. Voy. GRAMMAIRE.

GRAMMATITE. s. f. [Pr. *gram-ma-tite*] (gr. γράμμα, lettre). T. Minér. Roche voisine de l'amphibole, de nuance passant du blanc nacré au gris.

GRAMMATOLOGIE. s. f. [Pr. *gram-matolo-ji*] (gr. γράμμα, lettre; λόγος, traité). Traité des lettres, de l'alphabet, de la syllabation, de la lecture et de l'écriture.

GRAMMATOLOGIQUE. adj. 2 g. [Pr. *gram-matoc-jike*]. Qui a rapport à la grammatologie.

GRAMME. s. m. [Pr. *gra-me*]. Unité de poids dans le système métrique. — Unité de masse dans le système C. G. S. Voy. MÉTRIQUE, POIDS et UNITÉ.

GRAMME (R. Nom de l'inventeur). T. Phys. *Machine Gramme,* Machine dynamo-électrique.

GRAMMITE. s. f. [Pr. *gram-mite*] (gr. γραμμή, ligne). T.

Minér. Nom de plusieurs pierres dont les couleurs figurent des lignes. || GRAMMITE. s. m. T. Bot. Genre de fougères.

GRAMMONTIN. s. m. (R. *Grammont,* localité). Nom de religieux d'un ordre fondé en 1076.

GRAMONT (PHILIBERT, comte DE), seigneur brillant de la cour de Louis XIV et de la cour de Charles II, roi d'Angleterre, connu par les *Mémoires* dans lesquels son beau-frère Hamilton a raconté sa vie (1621-1707).

GRAMONT (ARMAND DE), *comte de Guiche,* général fr., passa le premier le Rhin en 1672 (1638-1673).

GRAMONT (AGÉNOR, duc DE), ministre des Affaires étrangères lors de la déclaration de guerre à la Prusse en 1870, né à Paris (1819-1880).

GRAMPIANS (Monts), chaîne considérable de l'Écosse.

GRAN, ville et comitat de Hongrie; 15,000 hab. pour la ville et 71,000 pour le comitat.

GRANAIRE. adj. 2 g. (lat. *granarius,* relatif au grain). T. Zool. Qui vit dans les grains; qui ravage les greniers.

GRANATINE. s. f. T. Chim. Alcaloïde contenu dans l'écorce de la racine de grenade.

GRANATIQUE. adj. 2 g. (R. *grenat*). T. Minér. Qui contient des grenats disséminés.

GRANATITE. s. f. (R. *grenat*). T. Minér. Roche métamorphique contenant le grenat comme élément prédominant.

GRANCEY (JACQUES ROUXEL DE MÉDAVY, comte DE), maréchal de France (1603-1680). == Son petit-fils, JACQUES-LÉONOR (1655-1725), fut aussi maréchal de France.

GRAND, ANDE. adj. (lat. *grandis,* m. s.). Qui a beaucoup de hauteur, de profondeur, de longueur, de largeur, de volume, de capacité. *Un homme fort g. Une grande femme. Un g. cheval. Un g. arbre. Marcher à grands pas. Être à une grande distance. Des yeux grands et bien fendus. Le g. chemin. Une grande rivière. Une grande montagne. Un g. espace de terre. Une grande ville. Un g. panier. Une grande voiture.* || Se dit pour marquer simplement différence ou égalité de dimension entre les objets que l'on compare. *Il est plus g. que son frère. Sa maison est moins grande que la mienne. Ce salon n'est pas assez g. pour contenir tant de monde. Ces jardins sont aussi grands l'un que l'autre.* || Fig., Avoir plus grands yeux que grand ventre, Convoiter plus qu'on ne peut manger, boire, etc. || Se dit particulièrement de la taille d'une personne qui prend de la croissance. *Votre fils se fait g. Elle a des enfants déjà grands. C'est un g. garçon, une grande fille. Vous apprendrez cela quand vous serez grande.* — Se dit aussi des animaux et des plantes. *Ce jeune cheval est déjà g. Les blés commencent à être grands.* — Fam., Une *grande personne,* Une personne faite, par opposition aux enfants. || Se dit quelquefois des choses qui passent un peu la mesure déterminée qu'elles ont ordinairement. *On compte d'ici là deux grandes lieues,* Plus de deux lieues. *J'ai attendu deux grandes heures,* Plus de deux heures. *Marcher à grandes journées,* Faire chaque jour plus de chemin qu'on n'en fait ordinairement dans le même espace de temps. — *Grand,* se dit également des choses physiques et morales qui surpassent la plupart des autres choses du même genre. *G. nombre. Grande quantité. G. peuple. Grande armée. G. train. Grands frais. Grande cérémonie. Une grande pompe. G. froid. G. chaud. G. vent. Grande perte. G. malheur. Grande frayeur. G. cri. Grande vitesse. G. fardeau. Une grande peine. Avoir un grand nom. Être d'une grande naissance. Occuper de grandes places. Avoir un g. crédit. Se faire une grande réputation, une grande puissance. Faire g. cas d'une chose. Je vous en ai de grandes obligations. Il a de grands desseins. Une grande joie. De grandes douleurs. Avoir un g. mérite, de grands talents, de grandes vertus, de grands vices. Être d'une grande douceur, d'une grande beauté, d'une grande générosité, d'une grande méchanceté, d'une grande dissimulation, d'une grande avarice. Un g. amour. Une grande amitié.*

Un g. dévouement. Une grande éloquence. Une grande admiration. Un g. enthousiasme. Fig., *Petite pluie abat g. vent,* Il faut souvent peu de chose pour calmer une g. effervescence. *Aux grands maux les grands remèdes.* || Qui est en grande quantité. *Il n'a pas g. argent. Il n'y avait pas g. monde à cette soirée.* || *Les grandes eaux,* La crue d'un fleuve. — Par anal., *Les grandes eaux de Versailles,* Tous les jets d'eau et cascades qu'on fait jouer à la fois. — Subst., *Le g. de l'eau,* Le plus haut point où monte la marée. || *G. jour,* Lumière du jour quand le soleil est tout à fait levé. *Attendons qu'il fasse g. jour.* — Se dit aussi de la lumière du jour quand rien ne l'intercepte ou ne l'affaiblit. *Il faut voir cette étoffe au g. jour.* — Fig., se dit d'une grande publicité. *Il n'ose se montrer; il craint le g. jour. On met au g. jour toutes les actions de sa vie.* On dit encore, *Le g. jour de la publicité; Le g. jour de l'impression.* || *Le g. air,* L'atmosphère dans un lieu découvert, par opposition à l'air renfermé dans les habitations. *Le g. air vous fera du bien. Je vais à la campagne respirer le g. air.* || *Faire une chose de g. cœur,* La faire volontiers, avec empressement, avec plaisir. — Fam., *Ils sont grands amis,* Extrêmement unis. — *Grand* s'emploie encore dans le sens de Principal, important. *Un g. principe de philosophie. Une grande maxime de jurisprudence. Cette expérience doit être pour vous une grande leçon. Le jour d'une bataille est un g. jour pour un général. C'est un g. point de savoir bien prendre son temps.* — *Le g. œuvre,* La transmutation des métaux. Voy. ALCHIMIE. == *Grand,* en parlant des personnes, se dit de quiconque est placé fort au-dessus des autres par sa naissance, son pouvoir, sa dignité, sa richesse, son mérite, etc. *Être g. en naissance, en autorité, en mérite. Un g. seigneur. Une grande dame. Un g. roi. Une grande reine. Un g. personnage. Un g. ministre. Un g. capitaine. Les grands hommes du XVIIe siècle. Un g. esprit. Un g. poète. Un g. artiste. Un g. politique. Un g. anatomiste. Le g. Corneille. Étudier les grands écrivains, les grands maîtres.* — Se dit aussi en mauvaise part : *Un g. criminel. Un g. ignorant. G. sot. G. menteur. G. poltron. Un g. coquin. Un g. joueur. Un g. ivrogne,* etc. || Se dit quelquefois pour Courageux, noble, magnanime. *Il fut g. dans l'adversité. C'est un g. cœur, une grande âme. Cette circonstance montra son g. caractère. Se montrer g. et généreux.*

Rien ne nous rend si grands qu'une grande douleur.
MUSSET.

|| Surnom donné à quelques princes et à quelques personnages illustres, qui se sont élevés au-dessus des autres par leurs actions héroïques, par leur mérite extraordinaire. Dans ce sens, *Grand* est toujours précédé de l'article, se met à la suite du substantif, et s'écrit avec un G majuscule. *Alexandre le Grand. Saint Grégoire le Grand. Albert le Grand.* || Titre ou qualification qu'on attribue à certains princes souverains, ainsi qu'à certains dignitaires, à certains officiers qui ont d'autres sous eux, aux chefs de certains ordres religieux, aux officiers principaux de certains ordres militaires. *Le G. Seigneur. Le G. Turc. Le G. Mogol. Le G. Khan. Les grands dignitaires, Les grands officiers de la couronne. Le g. maître de l'artillerie. Le g. maître de l'Université. Le g. écuyer. Le g. prévôt de l'armée. Le g. maître de Malte, de l'ordre Teutonique. Le g. maître de Saint-Lazare. Le g. chancelier de la Légion d'honneur. Il est g. officier, g.-croix, g. cordon de la Légion d'honneur. Le g. prieur de Cluny, de Vendôme. G. prêtre. G. pontife. La grande prêtresse. La grande prieure de telle abbaye.* Autrefois, on disait absolument, *Monsieur le Grand,* pour désigner L'écuyer du roi. — Par anal., on dit : *La grande maîtrise de l'ordre de Malte. Le g. conseil. Les grands jours.* || Lorsque *Grande* est placé devant un subst. fém. qui commence par une consonne, on supprime quelquefois l'*e* dans la prononciation et même dans l'écriture, et l'on marque ce retranchement par une apostrophe, comme dans ces phrases : *A grand'peine, Faire grand'chère. C'est grand'pitié. Ce n'est pas grand'chose. La grand'chambre. La grand'messe. La grand'salle. Sa grand'mère. Sa grand'tante.* == *Grand,* s. m. Se dit des principaux personnages d'un État, des grands seigneurs d'un royaume. *Les grands du royaume essayèrent vainement de résister. Le service des grands. S'attacher à un g. Un g. d'Espagne de première classe. Le roi d'Espagne l'a fait g.* — Absol., *Trancher du g.,* Affecter de grandeur, la magnificence. || *Grand,* subst., employé absol., sign. Le sublime. *Il y a du g. dans cette action, dans cette pensée, dans ce*

projet. *Ce n'est pas là du g., c'est du gigantesque. La source du g.* || *Du petit au g.,* Par comparaison des petites choses aux grandes. == EN GRAND. loc. adv. De grandeur naturelle. *Il s'est fait peindre en g.* — *Faire une chose en g., l'exécuter en g.,* La faire d'une grandeur convenable, sur un modèle en petit. — *Travailler en g.,* Travailler sur un vaste plan, sur une grande échelle. || Fig., *Penser, agir en g.,* D'une manière grande, noble, élevée. == A LA GRANDE. loc. adv. A la manière des grands seigneurs. *Vivre à la grande.* Vx.

Obs. gram. — Nous venons de voir que l'*e* muet de *grande* est parfois supprimé dans la prononciation et dans l'écriture devant des substantifs féminins qui commencent par une consonne. Mais cette règle n'est absolue que pour les mots *grand'-mère* et *grand'tante.* Si l'on supprime l'*e* de *grande* dans d'autres mots, ce ne peut être que dans le langage familier et dans le style marotique. En outre, lorsque *grande* est précédé de quelque prépositif ou de quelque équivalent de l'article, l'*e* final ne s'élide pas ; ainsi l'on dit : *une grande chambre, une très grande messe, la plus grande pitié.* Cette suppression de l'*e* n'est pas une élision ; c'est un reste de l'ancienne langue. *Grand* vient du latin *grandis,* qui a la même forme au masculin et au féminin ; il en était de même dans l'origine du mot français, et cette forme s'est conservée malgré la généralisation postérieure de la règle qui veut un *e* à la fin des adjectifs féminins. On a donc tort d'écrire *grand' messe, grand'mère* avec une apostrophe ; le mieux serait de supprimer cette apostrophe. Une anomalie qui est résultée de cette manière fausse de comprendre la suppression de l'*e,* c'est que *grand'* avec une apostrophe ne prend jamais la marque du pluriel. Ainsi on écrit des *grand'tantes,* des *grand'mères,* alors qu'on écrit conformément à la règle générale des *grands-oncles,* des *grands-pères.* Il serait bon de supprimer toutes ces anomalies.

Lorsque l'adjectif *grand* est joint au mot *homme,* sa signification diffère complètement selon qu'il précède ou qu'il suit ce substantif. *Un homme g.* est un homme d'une grande taille ; *un g. homme* est un homme d'un grand mérite intellectuel ou moral. Cependant on dit *un g. homme* sans pour désigner un homme sec et de grande taille, parce qu'alors il ne peut y avoir d'ambiguïté, l'adjectif *sec* montrant fort bien que, dans ce cas, il ne s'agit que de l'homme physique. Quant à *grande femme,* il n'a pas d'autre signification que *femme grande.*

GRAND-BOURG (LE), ch.-l. de c. (Creuse), arr. de Guéret ; 3,300 hab.

GRAND'CHAMBRE, nom donné à l'une des chambres du parlement de Paris.

GRAND-CHAMP, ch.-l. de c. (Morbihan), arr. de Vannes ; 3,300 hab.

GRAND-COMBE (LA). Voy. COMBE.

GRAND-CONSEIL. Autrefois le conseil du roi, puis, à partir de la fin du XVe siècle, une des cours souveraines du royaume, investie d'attributions judiciaires spéciales.

GRAND-COURONNE, ch.-l. de c. (Seine-Inférieure), arr. de Rouen ; 1,500 hab.

GRAND-CROIX. s. f. Principal grade d'un ordre de chevalerie. *La grand-croix de l'ordre de Malte, de la Légion d'honneur.* — Pl. *Des grands-croix.* Voy. GRAND (Obs. gram.) == GRAND-CROIX. s. m. Dignitaire décoré de la grand'croix. == Pl. *Des grands-croix.*

GRAND-DUC. s. m. Prince souverain d'un grand-duché. *Le grand-duc de Bade.* || Titre donné en Russie aux princes du sang. || T. Ornith. Nom vulgaire d'un oiseau de l'ordre des Rapaces. Voy. CHOUETTE. — Pl. *Des grands-ducs.*

GRAND-DUCAL, ALE. adj. Qui appartient à un grand-duc ou à un grand-duché.

GRAND-DUCHÉ. s. m. Titre de quelques États européens. *Le grand-duché de Bade.* — Pl. *Des grands-duchés.*

GRANDE (RIO), rivière de la Sénégambie ; 400 kil.

GRANDE (RIO), fleuve de l'Amérique du N. qui se jette dans le golfe du Mexique ; 2,500 kil.

GRANDE (Rio), rivière du Brésil, afll du Paranahyba ; 300 k.

GRANDE-BRETAGNE, nom de l'Angleterre et de l'Écosse réunies. Voy. ANGLETERRE et ÉCOSSE.

GRANDE-CHARTREUSE. Voy. CHARTREUX.

GRANDE-FOUGERAY (LE), ch.-l. de c. (Ille-et-Vilaine), arr. de Redon ; 3,900 hab.

GRANDE-GRÈCE, nom ancien de l'Italie méridionale, colonisée par les Grecs.

GRANDELET, ETTE. adj. Diminut. f de Grand. *Elle a une fille déjà grandelette.* Fam.

GRANDEMENT. adv. Avec grandeur. *Il agit g.* ‖ Beaucoup, extrêmement. *Il se trompe g. Vous avez g. raison.* Fam.

GRANDESSE. s. f. (R. *grand*.) En Espagne, la *Grandesse* est le plus haut titre honorifique que possède la noblesse ; mais elle se divise en trois classes. Les grands de première classe parlent au roi et l'écoutent la tête couverte ; ceux de la seconde ne se couvrent qu'après avoir parlé et écoutent couverts la réponse du roi ; ceux de la troisième ne se couvrent qu'après y avoir été invités par le roi. — Les grands d'Espagne ont leurs grandes entrées au palais et reçoivent du roi le nom de « mon cousin » (*mi primo*). Ce titre est fort ancien ; on le trouve usité en Aragon, en Castille et en Portugal, concurremment avec celui de *ricos hombres*. Ce fut Charles-Quint qui limita le nombre des grands d'Espagne et attribua à la couronne le droit de conférer ce titre.

GRANDE-TERRE, partie de la Guadeloupe.

GRANDEUR. s. f. (R. *grand*.) Étendue en hauteur, en longueur, en largeur, etc. *Ces deux enfants sont de même g. La g. d'un animal. La g. d'un arbre. Cela est d'1 la g. d'un mètre. Ce vase est d'un bonne g. Des tableaux de toute g. La g. d'un appartement, d'une forêt. Il y a dans cet archipel des îles de toutes les grandeurs.* — Fig. et fam., *Regarder quelqu'un du haut de sa g.,* Le regarder avec une fierté dédaigneuse. *Il me regardait du haut de sa g.* ‖ En T. Mathém., *Grandeur* se dit de tout ce qui est susceptible d'augmentation et de diminution. *Grandeurs continues,* celles qui s'accroissent par degrés insensibles, ou, ce qui revient au même, qui sont divisibles en autant de parties qu'on veut, comme les longueurs, les surfaces, les temps, etc. — *Grandeurs discrètes ou discontinues,* Celles qui sont composées d'unités indivisibles comme une collection d'objets, l'effectif d'un régiment, etc. Voy. MESURE, RAPPORT. ‖ T. Astr. *Étoiles de première, de deuxième g.* Voy. ÉTOILE. ‖ En parlant de certaines choses physiques ou morales, se dit de celles qui sont considérables, importantes, remarquables dans leur genre. *La g. d'une entreprise. La g. des événements. La g. d'une perte, d'une ruine. La g. du péril ne fit qu'ajouter à la g. de son courage. La g. d'un crime. La g. d'une idée, d'une conception.* ‖ Supériorité éclatante qui résulte de la puissance, de l'autorité, des dignités, de la naissance, etc.. *La g. divine. La g. souveraine. Il travaillait dès lors à sa g. future. La g. et la décadence des peuples.* — Par ext., *on dit. La g. des empires. La g. romaine.* ‖ Par anal., *Grandeur* s'emploie absol., pour désigner le pouvoir, les dignités, les honneurs en général ; dans ce sens, il est surtout usité au plur. *Les soucis de la g. Les grandeurs humaines. Naître au sein des grandeurs. Mépriser les grandeurs. Le néant des grandeurs.*

> Ni l'or ni la grandeur ne nous rendent heureux.
>
> LA FONTAINE.

‖ Au sens moral, *Grandeur* se dit encore pour Noblesse, élévation. *G. d'âme. Un caractère plein de g. Une conception pleine de g. Son style ne répond pas à la g. du sujet. Son air de g. impose.* ‖ Titre d'honneur qu'on donnait autrefois aux grands seigneurs, et qu'aujourd'hui on ne donne guère qu'aux évêques. *D'après les ordres de Votre Grandeur.* **Syn.** — Voy. GÉNÉROSITÉ.

GRANDGAGNAGE, jurisconsulte et littérateur belge (1797-1878).

GRAND'GARDE. s. f. Voy. GARDE.

GRANDIER (URBAIN), curé de Loudun, accusé de magie, fut brûlé vif (1590-1634).

GRANDIFIER (SE) v. réfl. (lat. *grandis*, grand ; *facere*, faire). Faire effort pour se rapprocher des grands.

GRANDIFLORE. adj. 2 g. (lat. *grandis*, grand ; *flos, floris*, fleur). T. Bot. Qui a de grandes fleurs.

GRANDIFLORINE. s. f. T. Chim. Alcaloïde extrait des fruits du Solanum grandiflorum.

GRANDIFOLIÉ, ÉE. adj. (lat. *grandis*, grand ; *folium*, feuille). T. Bot. Qui a de grandes feuilles.

GRANDILOQUENCE. s. f. [Pr. *gran-dilo-kance*] (lat. *grandiloquus*, de *grandis*, grand, et *loqui*, parler). Parole pompeuse.

GRANDILOQUENT, ENTE. adj. [Pr. *grandilo-kan*]. Qui a la parole pompeuse.

GRANDIOSE. adj. 2 g. [Pr. *grandio-ze*] (ital. *grandioso*, m. s., de *grande*, grand). Se dit, surtout dans les Beaux-Arts, de ce qui frappe l'imagination par un caractère de grandeur, de noblesse, de majesté. *Composition g. Peinture g. Architecture d'un style g.* ‖ Subst. et au masc., *Il y a du g. dans cette conception, dans ce monument.*

GRANDIPALPES. s. m. pl. (R. grand, et *palpe*). T. Entom. Section de la famille des *Carabiques.* Voy. ce mot.

GRANDIR. v. n. Devenir grand, croître en hauteur. *Cet enfant a grandi très rapidement. Vous êtes bien grandi. Les pluies font g. les blés.* ‖ Fig., *G. en sagesse, en renommée. Son courage grandit au milieu des obstacles. Son influence grandit sans cesse.* = GRANDIR. v. a. Rendre plus élevé. *Les épreuves l'ont grandi.* = SE GRANDIR. v. pron. Se rendre plus grand ; se dit au prop. et au fig. *Il se grandissait en se dressant sur la pointe des pieds. C'est un sot qui croit se g. en dénigrant tout le monde.* = GRANDI, IE. part.

GRANDIROSTRE. adj. 2 g. (lat. *grandis*, grand ; *rostrum*, bec). T. Ornith. Qui a un grand bec.

GRANDISSEMENT. s. m. [Pr. *gran-di-se-man*]. Action de devenir plus grand.

GRANDISSIME. adj. (lat. *grandissimus*, superlatif de *grandis*, grand). Superlatif de Grand. *Vous me ferez un g. plaisir.* Fam.

GRAND-JUNCTION, canal d'Angleterre ; il réunit le Brent, afll. de la Tamise, au canal d'Oxford ; 145 kil.

GRAND-LEMPS (LE), ch.-l. de c. (Isère), arr. de la Tour-du-Pin ; 2,000 hab.

GRANDLIEU (Lac de), à 12 kil. S. de Nantes.

GRAND-LIVRE. s. m. Liste des créanciers de l'État. On l'appelle exactement le *Grand-livre de la dette publique.* — *Être inscrit sur le grand-livre,* Avoir des rentes sur l'État. ‖ T. Comm. Registre dans lequel les divers articles du journal sont divisés et portés aux comptes qu'ils concernent. La loi n'oblige pas le commerçant à tenir un grand-livre.

GRAND-LUCÉ (LE), ch.-l. de c. (Sarthe), arr. de Saint-Calais ; 2,000 hab.

GRANDMENIL (JEAN-BAPTISTE FAUCHARD, dit DE), célèbre comédien fr., né à Paris (1737-1816).

GRAND'MÈRE. s. f. Aïeule. *Grand'mère maternelle,* la mère de la mère ; *grand'mère paternelle,* la mère du père. — On dit quelquefois *mère-grand,* mais très familièrement et surtout dans les contes d'enfants. ‖ Se dit aussi d'une femme très vieille. = Pl. *Des grand'mères.* Voy. GRAND. (Obs. gram.).

GRAND-ONCLE. s. m. Le frère du grand-père ou de la

grand'mère. — Pl. *Des grands-oncles;* on prononce *gran-z-oncles.*

GRAND-PÈRE. s. m. Aïeul. *Grand-père maternel,* le père de la mère; *grand-père paternel,* le père du père. || Se dit d'un homme très vieux. = Pl. *Des grands-pères.*

GRANDPERRET, magistrat et homme politique français (1818-1890).

GRANDPRÉ, ch.-l. de c. (Ardennes), arr. de Vouziers; 4,100 hab.; a joué un rôle important dans les guerres des trois derniers siècles.

GRAND-PRESSIGNY (LE), ch.-l. de c. (Indre-et-Loire), arr. de Loches; 1700 hab.

GRANDRIEU, ch.-l. de c. (Lozère), arr. de Mende; 1,500 hab.

GRAND-SERRE (LE), ch.-l. de c. (Drôme), arr. de Valence; 1,300 hab.

GRANDS JOURS. Assises tenues en certaines villes, au moyen âge et jusqu'à la fin de l'ancien régime, pour juger en appel les affaires jugées en premier ressort par les magistrats locaux, ou en premier et dernier ressort certaines affaires exceptionnelles. *Les grands jours d'Auvergne. Les grands jours de Champagne.*

GRAND'TANTE. s. f. La sœur du grand-père ou de la grand'mère. == Pl. *Des grand'tantes.* Voy. GRAND. (Obs. gram.).

GRANDVAUX (LE), ancien pays de France, faisant aujourd'hui partie du département du Jura, arr. de Saint-Claude.

GRANDVILLE (JEAN-IGNACE-ISIDORE GÉRARD, dit), dessinateur et caricaturiste français (1803-1847).

GRANDVILLIERS, ch.-l. de c. (Oise), arr. de Beauvais; 1,600 hab.

GRANET (OMER), conventionnel, né à Marseille (1758-1821).

GRANET (MARIUS), peintre français (1775-1849).

GRANGE. s. f. (lat. *granum,* grain). Bâtiment où l'on serre les blés en gerbes et le fourrage, et où l'on bat le grain. *Mettre ses blés en g. Batteurs en g.*

GRANGÉ (PIERRE-EUGÈNE BASTÉ, dit), auteur dramatique français (1810-1887).

GRANGÉE. s. f. Ce que contient une grange.

GRANGENEUVE, député de la Gironde à la Convention, né à Bordeaux, fut enveloppé dans la proscription qui frappa les Girondins (1750-1793).

GRANGER. s. m. Se dit dans quelques provinces pour désigner un métayer.

GRANGERIE. s. f. Office de granger.

GRANIER DE CASSAGNAC (A. DE), publiciste et homme politique fr., né à Averron-Bergelle (Gers) (1806-1880).

GRANIFÈRE. adj. 2 g. (lat. *granum,* grain; *ferre,* porter). T. Bot. Qui porte un grain ou granule.

GRANIFORME. adj. 2 g. (lat. *granum,* grain, et *forme*). T. Bot. Qui a la forme ou le volume d'un grain de blé.

GRANIQUE (LE), petite rivière de Mysie (Asie Mineure), célèbre par la victoire d'Alexandre sur Darius (334 av. J.-C.).

GRANIT et **GRANITE.** s. m. [Pr. *gra-ni* ou *gra-ni-te*] (bas-lat. *granitum,* grenu). T. Minér. et Géol. Le *Granit* est une roche formée de grains plus ou moins volumineux (d'où son nom), et qui se compose essentiellement de feldspath (pour la moitié et même les trois quarts), de quartz et de mica, qui sont agrégés avec plus ou moins de force. Lorsque ces trois éléments sont uniformément disséminés dans la masse et à peu près de même grosseur, on a le *G. commun,* dont la couleur est ordinairement grisâtre, jaunâtre ou roussâtre. Quand, au contraire, les cristaux de feldspath sont d'un volume plus considérable que les autres éléments cristallins, on a le *G. porphyroïde.* On donne au g. le nom de *Pegmatite,* lorsque ses trois éléments constitutifs forment des espèces d'amas distincts, réunis et accolés les uns aux autres. On appelle encore *G. graphique* une variété où les cristaux de quartz, vus dans certaines directions, offrent l'apparence grossière de caractères hébraïques. Le g. renferme quelquefois une petite quantité d'amphibole. La présence de ce minéral établit un passage entre cette roche et la syénite; aussi cette variété de g. est appelée *G. syénitique.* Le g., de même que toutes les autres roches primordiales, ne renferme jamais de corps organisés, et n'est jamais stratifié. L'espèce d'argile appelée *kaolin,* dont on se sert pour la fabrication de la porcelaine, n'est autre chose que le résultat de la décomposition de certains granits.

GRANITAIRE. adj. 2 gr. Qui est de la nature du granit.

GRANITELLE. s. m. [Pr. *gra-ni-tè-le*] (bas-lat. *granitellus,* escarboucle). T. Minér. Sorte de marbre qui ressemble au granit. Voy. MARBRE.

GRANITELLÉ, ÉE. adj. T. Hist. nat. Dont les couleurs sont disposées par taches, de manière à imiter le granit. .

GRANITER. v. a. Imiter le granit avec de la couleur.

GRANITEUX, EUSE. adj. Qui a rapport au granit.

GRANITIER. s. m. Ouvrier qui travaille le granit.

GRANITIQUE. adj. 2 g. Qui est formé de granit. *Masses granitiques.*

GRANITOÏDE. adj. 2 g. (R. granit, et gr. εἶδος, forme). Qui a l'aspect du granit. *Roche granitoïde.*

GRANIVORE. adj. 2 g. (lat. *granum,* grain; *vorare,* manger). Se dit des oiseaux qui vivent de graines. || Subst., au masc., *Les granivores.*

GRANJA (LA) ou **SAN ILDEFONSO,** palais, résidence des rois d'Espagne, fut construit par Philippe V, près de Saint-Ildefonse, à 6 kil. de Ségovie. Une fabrique royale de cristal occupe aujourd'hui ces bâtiments.

GRANSON. v. du cant. de Vaud (Suisse), sur le lac de Neuchâtel, célèbre par la victoire des Suisses sur Charles le Téméraire (1476).

GRANT (ULYSSE-SIMPSON), président des États-Unis (1822-1885).

GRANULAGE. s. m. Action de granuler.

GRANULAIRE. adj. 2 g. (lat. *granulum,* petit grain). T. Minér. Qui se compose de petits grains réunis.

GRANULATEUR. s. m. Appareil destiné à former de la poudre en grains.

GRANULATION. s. f. [Pr. *granula-sion*] (R. *granuler*). Action de réduire en petits grains. || Agglomération de petits grains. || T. Techn. et Méd. Voy. plus bas.
    Méd. — On donne ce nom : En histologie, à des éléments anatomiques, corps sphériques extrêmement fins, dont les plus gros ne dépassent pas trois millièmes de millimètre, que l'on rencontre partout dans nos tissus, et dont la structure et la composition intérieure sont très variables; — en pathologie, à de petites inégalités granuleuses qui se forment à la surface

des membranes muqueuses et séreuses affectées d'inflammation aiguë ou chronique.

Techn. — Dans la Métallurgie, on donne le nom *Granulation* à l'opération qui consiste à réduire un métal en grenaille plus ou moins fine. Pour cela, on fait fondre le métal, puis on le fait passer, à l'état liquide, à travers une sorte de crible, et on le reçoit dans un vase rempli d'eau froide. On réduit encore en grains très fins les métaux les plus fusibles, comme le plomb et l'étain, en les enfermant tout liquéfiés dans une boîte de bois, enduite de craie à l'intérieur, et en l'agitant vivement avant que le refroidissement ait pu se produire.

GRANULATOIRE. s. m. Instrument pour réduire les métaux en grenaille.

GRANULE. s. m. (lat. *granulum*, m. s.). Dans les sciences naturelles et médicales, se dit de tout corps qui a l'aspect d'un petit grain plus ou moins arrondi.

Pharm. — Le g. est une petite pilule composée de sucre et d'une substance médicamenteuse généralement en très faible proportion; souvent il n'y a pas plus d'un milligramme de médicament par granule. L'emploi des granules facilite le dosage et permet aux malades d'absorber le médicament sans répugnance. Les granules bien fabriqués doivent satisfaire aux conditions suivantes: 1° être solubles quand le médicament l'est lui-même; 2° se diviser rapidement dans l'eau si le médicament est insoluble; 3° ne contenir aucun principe actif capable d'agir sur le véhicule. Voy. DRAGÉE.

GRANULER. v. a. Réduire en granules. *G. du plomb, de l'étain, de la poudre de guerre.* == GRANULÉ, ÉE. part. || Adject., Qui est comme formé de petits grains.

GRANULEUX, EUSE. adj. (R. *granule*). Qui est divisé en petits grains. *Terre granuleuse.* || T. Méd. Qui renferme ou porte des granulations. *Poumon granuleux.*

GRANULIFORME. adj. 2 g. Qui a la forme de granules.

GRANULITE. s. f. (R. *granule*). Type spécial de roche granitoïde acide, dans laquelle le quartz se rétracte et tend à prendre des formes extérieures cristallines.

GRANULITIQUE. adj. 2 g. (R. *granulite*). T. Géol. Se dit d'un genre de texture rappelant celle d'un grès rouge.

GRANULOSITÉ. s. f. [Pr. *granulo-zité*]. Qualité de ce qui est granuleux.

GRANVELLE, cardinal, homme d'État au service de Charles-Quint et de Philippe II, gouverneur des Pays-Bas (1517-1586).

GRANVILLE, ch.-l. de c. (Manche), arr. d'Avranches; 12,700 hab. Port commerçant. == Nom des hab.: GRANVILLOIS, OISE.

GRANVILLE (JOHN CARTERET, comte), homme d'État anglais (1690-1763).

GRANVILLE (GEORGE, comte), homme d'État anglais (1815-1891).

GRAPHIE. s. f. [Pr. *gra-fie*] (gr. γράφειν, écrire). T. Néol. Emploi de signes pour exprimer les idées. || Manière d'écrire au point de vue de l'emploi et de la valeur des caractères.

GRAPHIOÏDE. adj. 2 g. (gr. γραφεῖον, stylet; εἶδος, forme). T. didact. Qui ressemble à un stylet.

GRAPHIPTÈRES. s. m. (gr. γραφή, dessin, écriture; πτερόν, aile). T. Ent. Insectes Coléoptères que l'on trouve en Afrique. Voy. CARABIQUES.

GRAPHIQUE. adj. 2 g. (gr. γράφειν, écrire). Il se dit particulièrement des descriptions, des opérations qui, au lieu d'être simplement énoncées par le discours, sont données par une figure. *Description g. d'une éclipse de soleil, de l'une, etc. Opération g. Représentation g. Procédés graphiques*, Système de tracés pour représenter des plans, des coupes de machines, etc. *Statique g.* Voy. STATIQUE. || Qui a rapport à la manière de représenter le langage par des signes. *Signes, caractères graphiques.* == GRAPHIQUE. s. m. L'art du dessin appliqué aux sciences. — *La graphique,* Le dessin. — *Un*

graphique, Tracé d'une coupe, d'un plan, etc., et spécialement tracé décrit par un appareil enregistreur. Voy. ENREGISTREUR. — T. Ch. de fer. *G. de la marche des trains.* Voy. CHEMIN DE FER (Exploitation).

GRAPHIQUEMENT. adv. [Pr. *grafi-ke-man*]. D'une manière graphique.

GRAPHISME. s. m. [Pr. *gra-fisme*] (R. *graphie*). Manière de représenter, d'écrire les mots d'une langue.

GRAPHITE. s. m. T. Chim. et Minér. Variété de carbone cristallisé en paillettes hexaédriques. Voy. CARBONE.

GRAPHITEUX, EUSE. adj. T. Min. Qui contient du graphite.

GRAPHITIQUE. adj. 2 g. T. Chim. Qui tient de la nature du graphite. Voy. CARBONE.

GRAPHIUM. s. m. [Pr. *gra-fi-ome*] (gr. γραφεῖον, m. s.) T. Antiq. Poinçon avec lequel les anciens écrivaient sur des tablettes enduites de cire.

GRAPHOLITHE. s. m. (gr. γράφειν, écrire; λίθος, pierre). Schiste triangulaire dont on se sert comme d'ardoise, pour écrire. Voy. SCHISTE.

GRAPHOLOGIE. s. f. (gr. γραφή, écriture; λόγος, traité). Étude par laquelle on croit pouvoir parvenir à connaître l'état moral, les aptitudes et les dispositions d'une personne par la forme des lettres et des traits de son écriture.

GRAPHOLOGUE. s. m. Celui qui se livre à la graphologie.

GRAPHOMÈTRE. s. m. (gr. γραφή, ligne; μέτρον, mesure). Instrument pour mesurer les angles.

Arpent. — Le g. sert à mesurer les angles sur le terrain. Au mot ARPENTAGE, nous avons indiqué le principe de sa construction, qui consiste essentiellement dans le déplacement d'une alidade à pinnule sur un demi-cercle divisé. Ici, nous donnerons quelques détails sur la construction de cet appareil.

Le g. peut être construit sur plusieurs modèles différents. L'un des plus usité (Fig. 1) comporte un demi-cercle gradué sur un pied articulé permettant de placer le plan de ce demi-cercle dans toutes les directions, et deux alidades dont l'une est fixe et correspond au zéro de la division, tandis que l'autre est mobile autour du centre et porte un *Vernier.* Voy. ce mot. Chacun sert à viser l'un des côtés de l'angle. Ces

Fig. 1.   Fig. 2.

alidades présentent, à leur extrémité, des retours à angle droit munis de *pinnules,* ou fenêtres verticales, composées dans leur longueur de deux parties: une fente étroite ou *œilleton,* et une ouverture plus large dans le prolongement de cette fente; un fil fin, ordinairement de crin de cheval, est tendu verticalement sur toute la hauteur de la fente. La fente étroite d'une des pinnules est au même niveau que l'ouverture large de la pinnule d'en face, de sorte que chaque alidade permet de viser dans les deux sens, l'œil se plaçant au niveau de l'œilleton, et l'alidade étant déplacée jusqu'à ce que le fil de l'autre pinnule vienne partager en deux parties égales l'objet qu'on veut viser. L'axe du cercle se prolonge en dessous par une petite boule de 2 à 3 centimètres de diamètre, qui repose dans une cavité hémisphérique portée par le pied. Cette articulation, appelée *genou,* permet d'orienter le plan du centre dans toutes les directions. Une vis de pression permet de fixer ce plan dans la position voulue. La graduation du demi-cercle est double, c.-à-d. que les degrés sont marqués en double de 0 à 180° dans les deux sens, ce qui permet de faire les mesures dans les deux sens sans retourner l'appareil. Enfin, la graduation se prolonge de quelques degrés au delà de 180° pour tenir compte de la largeur de l'alidade, et permettre de mesurer les petits angles ou les angles voisins de 180° avec le vernier. Avec un g. ainsi construit on peut mesurer les angles à une minute près; mais il faut, pour l'exactitude des mesures, que le plan défini par les fils des deux pinnules passe exactement par le centre de la division du limbe, ce dont on s'assure par des opérations dans le détail desquelles nous ne pouvons entrer.

Une autre forme du g. consiste dans la superposition de deux cylindres creux de cuivre de même diamètre (Fig. 2). Le cylindre inférieur porte la graduation, le cylindre supérieur est muni d'un vernier et percé de deux systèmes de fenêtres à angle droit, de manière que les deux fenêtres opposées formant pinnules déterminent un axe de visée; ces fenêtres sont d'ailleurs disposées comme les pinnules d'une alidade. L'emploi de cet appareil exige deux lectures. On vise d'abord le premier côté de l'angle, et on note la division et la fraction de division donnée par le vernier, puis on vise le second côté de l'angle, avec le même système de pinnules, et on note de nouveau la division. La différence des deux lectures donne l'angle cherché. La nécessité de faire deux lectures est peut-être un inconvénient; mais, en revanche, on supprime les vérifications de la première alidade qui, dans le modèle précédent, doit correspondre exactement au zéro de la division. De plus, grâce aux deux systèmes de fenêtres à angle droit, ce g. de deuxième modèle peut servir d'équerre d'arpenteur, de sorte qu'il suffit d'emporter un seul instrument sur le terrain.

La boussole qu'on adapte le plus souvent au g. (Fig. 1), ne sert qu'à connaître approximativement la direction des plans verticaux par rapport au plan méridien.

Dans les opérations de grande précision, le g. doit être remplacé par des instruments à lunettes, notamment par le *Théodolite*. Voy. ce mot.

GRAPHOMÉTRIQUE. adj. 2 g. Qui appartient au graphomètre.

GRAPHOPHONE. s. m. (gr. γράφω, j'écris; φωνή, voix). T. Phys. Nom donné aux phonographes plus ou moins perfectionnés qui ont suivi le premier phonographe d'Édison. Voy. PHONOGRAPHE.

GRAPIN. s. m. Voy. GRAPPIN.

GRAPPAGE. s. m. [Pr. *gra-page*]. Action, possibilité de grappiller.

GRAPPE. s. f. [Pr. *gra-pe*] (all. *krappen*, crochet). Assemblage de fleurs ou de fruits portés sur des pédicelles et disposés le long d'un pédoncule commun. *Une g. de raisin, de groseille. G. de lierre, de sureau. Les acacias portent leurs fleurs en g.* — Absol., se dit ordin. pour grappe de raisin. — *Vin de g.*, Vin qui coule naturellement du raisin sans qu'on le presse. || Fig. et prov., *Mordre à la g.*, Saisir avidement une proposition, accorder trop promptement foi à quelque promesse. || T. Art. vétér. Se dit de petites excroissances molles et ordinairement rouges, qui viennent aux pieds des chevaux, des ânes, des mulets, et dont l'assemblage forme une espèce de grappe. || T. Artillerie. *G. de raisin*, Sachet de balles pour tirer à mitraille. || T. Techn. Crochet, crampon. — Crampon soudé aux fers d'un cheval pour l'empêcher de glisser. || T. Pêch. *G. d'œufs*, Nom donné aux œufs de seiche. || *G. de Hollande*, ou *garance g.*, Racine de garance réduite en poudre.

GRAPPELER. v. a. [Pr. *grape-ler*]. Arranger en forme de grappe.

GRAPPER. v. a. [Pr. *gra-per*]. Réduire la garance en poudre.

GRAPPERIE. s. f. [Pr. *gra-perie*]. T. Vitic. Ensemble de grappes, production des grappes.

GRAPPIER, IÈRE. adj. [Pr. *gra-pié*]. Qui a rapport à la grappe.

GRAPPILLAGE. s. m. [Pr. *grapi-lla-ge*, *ll* mouill.]. Action de grapiller. || T. Techn. Exploitation d'une mine de plomb qui consiste à recueillir seulement le minerai qui vient à la surface.

GRAPPILLER. v. n. [Pr. *gra-pi-ller*, *ll* mouillées] (R. *grappe*). Cueillir ce qui reste de raisins dans une vigne après qu'elle a été vendangée. *Dès que les vendangeurs ont achevé, il est permis d'aller g.* || Fig. et fam., Faire quelque petit profit illicite. *Il va grappillant partout et sur tout.* = GRAPPILLER. v. n. Prendre en grappillant. *Il ne manquera pas de g. quelque chose.* = GRAPPILLÉ, ÉE. part.

GRAPPILLEUR, EUSE. s. [Pr. *grapi-lleur*, *ll* mouill.]. Celui, celle qui grappille, se dit au prop. et au fig.

GRAPPILLON. s. m. [Pr. *gra-pi-llon*, *ll* mouillées] (Dimin. de *grappe*). Petite grappe de raisin prise d'une plus grande.

GRAPPIN. s. m. [Pr. *gra-pin*] (all. *greifen*, saisir). T. Mar. Petite ancre qui a quatre ou cinq branches recourbées et dont on se sert pour les embarcations, telles que chaloupes, canots, etc. — Crochet d'abordage. Voy. ABORDAGE. || Fig. et fam., *Jeter le g.*, *mettre son g. sur quelqu'un*, Se rendre maître de son esprit. || T. Techn. Instrument pour séparer, dans le pressoir, le grain de raisin de la rafle. — Instrument pour enlever les impuretés du verre en fusion. — Fer recourbé du ramoneur pour racler la suie. — Crochet qu'on fixe aux pieds pour grimper sur les arbres.

GRAPPINER. v. a. [Pr. *gra-piner*] (R. *grappin*). T. Mar. Attacher un vaisseau avec des grappins. || T. Verr. Nettoyer le verre en fusion.

GRAPPINEUR. s. m. [Pr. *gra-pineur*]. Ouvrier qui nettoie le verre en fusion.

GRAPPU, UE. adj. [Pr. *gra-pu*]. T. Rur. Chargé de grappes.

GRAPSE. s. m. (gr. γράψω, je dessine). T. Zool. Genre de Crustacés du groupe des Crabes. Voy. BRACHYOURES.

GRAS, ASSE. adj. [Pr. *grâ*, *âse*] (lat. *crassus*, épais). *Corps gras*, substance grasse, se dit de tout corps onctueux qui tache le papier en le rendant transparent> Voy. GRAISSE et HUILE. || Dans le langage ordinaire, *Gras* signifie Qui est formé de graisse ou qui a beaucoup de graisse. *Ôtez les parties grasses de cette viande. Être gros et g. Il est trop g. Pourceau g. à lard. Chapon g. Viande grasse. Cette carpe est fort grasse. Le Bœuf gras.* Voy. BŒUF. Prov., *Être g. comme un moine*, être g. à lard, Avoir beaucoup d'embonpoint. — Fig. et pop., on dit d'un homme qui s'est enrichi dans un emploi, dans une affaire, qu'*Il en est sorti fort g.* — Prov., *En sera-t-il, en serez-vous plus g.?* En serez-vous plus riche, plus content, plus à l'aise? On dit de même, *Je n'en suis pas plus g.*, *Il n'en est pas plus g. pour cela.* — *Tuer le veau g.*, Servir ce qu'on a de meilleur pour fêter le retour de quelqu'un. || Dans un sens part., se dit des mets qui consistent en viande ou qui sont préparés avec de la viande ou de la graisse. *Un bouillon g. Une soupe grasse. Un dîner g. Ce bouillon est trop g. Choux g.*, Accommodés avec de la graisse. — Fig. *Faire ses choux g. de quelque chose*, S'en accommoder volontiers. — *Régime g.*, Composé d'aliments gras. — *Eaux grasses*, Eau de vaisselle qui contiennent des restes de graisse, de jus. || *Jour g.*, se dit, chez les catholiques, des jours où l'on mange de la viande, par opposit. à *Jour maigre*, où l'Église en interdit l'usage. — On appelle spécialement *Jours g.*, Les quatre derniers jours gras du carnaval qui sont le jeudi, le dimanche, le lundi et le mardi, parce qu'ils sont suivis d'une longue suite de jours maigres. *Le dimanche g. Le mardi g. Faire les jours g.* || *Sali, imbu de quelque matière onctueuse. Vous avez les mains grasses. Il a les cheveux g. Cuir g. Son chapeau est tout g.* || Par anal., se dit de certaines substances qui sont onctueuses, visqueuses, pâteuses, tenaces, glissantes. *Huile grasse. Fromage g. Du vin g. De l'encre grasse. Figue grasse. Une boue grasse. Le pavé est g. Avoir la poitrine grasse*, Expectorer beaucoup de mucosités. *Toux grasse.* — *Lessive grasse*, Où il y a beaucoup d'alcali. *Chaux grasse*, Chaux qui foisonne. || *Terre grasse*, Se dit ordinairement d'une terre forte, compacte, argileuse. *Les terres grasses conviennent à cette culture. Il est aussi d'une sorte d'argile smectique, dont on se sert pour dégraisser les habits.* || *Gras*, en parlant des terres, des prairies, signifie quelquefois fertile, abondant. *Ce pays est g. Des terres grasses. De g. herbages. De g. pâturages.* || Fig. et fam., Sale, obscène, licencieux. *Un conte g. Cette farce est un peu grasse.* — *Cause grasse.* Voy. BASOCHE. || T. Art. vétér. *Ce cheval a la vue grasse*, Sa vue s'obscurcit. ||

T. Bot. *Plantes grasses*. Plantes dont les feuilles sont très épaisses et charnues, comme les *Cactacées*. || T. Chim. *Corps g.*, Voy. GRAISSE, HUILE. — *Acides gras, Série grasse*, Voy. plus bas. || T. Peint. *Avoir le pinceau g.*, Peindre par couches épaisses. *Couleur grasse*, Couleur couchée en abondance. = GRAS. s. m. Se dit des parties grasses de la viande. *Le g. et le maigre d'un jambon*. — *Accommoder quelque chose au g.*, L'accommoder avec de la graisse, du suc de viande, etc. *Riz au g.* Épinards *au g.* — Par anal., *Le g. de la jambe*, L'endroit le plus charnu de la jambe. || Se dit, particulièrement chez les catholiques, de la viande, des mets gras, Servir *en g. et en maigre.* — *Manger g.*, *Faire g.*, Manger de la viande les jours maigres. — *Tourner au g.*, Commencer à prendre de la graisse, ou devenir huileux en parlant du vin. || *G. de cadavre*, Corps gras qui se forme par la décomposition des substances animales. Voy. ADIPOCIRE. || Maladie des vers à soie qui rend la chenille onctueuse et l'empêche de filer. = GRAS se prend adv. dans les locutions suivantes : *Pain gras-cuit*, Pain qui a mal levé et qui est mal cuit. *Parler g.*, Éprouver un certain embarras dans la prononciation, et, particulièrement, Prononcer mal les r, ou encore dire des mots trop libres. *Peindre g.*, Peindre par couches épaisses. *Peindre à g.*, Retoucher avant que la couleur soit sèche.

Chim. — En chimie organique, on a d'abord donné le nom d'*acides gras* aux acides contenus dans les graisses et à tous leurs homogènes ; ces corps répondent à la formule générale $C^n H^{2n} O^2$ et ils forment une série dont les premiers termes sont les acides formique et acétique. Plus tard, la dénomination de *composés g.* s'est étendue à toutes les matières organiques qu'on peut rattacher aux acides gras, et l'on a réparti les corps de la chimie organique en deux classes : la *série grasse* formée par les composés g., et la *série aromatique* comprenant tous les dérivés du benzine. Cette classification est devenue insuffisante et l'on partage aujourd'hui l'ensemble des substances organiques en deux groupes : les composés *acycliques*, appelés aussi composés g., dont les molécules sont constituées par des chaînes ouvertes d'atomes de carbone, et les composés *cycliques* qui comprennent, en particulier, la série aromatique, et dont les molécules renferment une ou plusieurs chaînes fermées.

GRAS-DOUBLE. s. m. T. Cuis. La membrane de l'estomac du bœuf. *G.-double à la lyonnaise.*

GRAS-FONDU. s. m., ou **GRAS-FONDURE.** s. f. T Art vétér. Maladie dont le signe essentiel est une excrétion de mucosités ou de glaires tamponnées et épaisses qui enveloppent les parties marronnées des excréments. *Ce cheval est mort de g.-fondu, de g.-fondure.* — Prov., on dit d'un homme fort maigre, *Il ne mourra pas de g.-fondu.* = Adjec. *Ce cheval est g.-fondu*, Il est atteint de g.-fondure.

GRASLIN (LOUIS-FRANÇOIS DE), économiste français (1727-1790).

GRAS-MOLLET. s. m. T Icht. Nom vulgaire du *Lump* ou *Lamp*, poisson malacoptérygien du genre *Cycloptère*. On l'appelle aussi *Lièvre de mer* Voy. DISCOBOLES.

GRASSANE. s. f. [Pr. *gra-sanc*]. Variété de figue.

GRASSE. ch.-l. d'arr. (Alpes-Maritimes) ; 14,000 hab.

GRASSE (Comte DE), lieutenant-général de nos armées navales, né à Valette (Provence) (1722-1788).

GRASSEMENT. adv. [Pr. *gra-se-man*]. D'une matière grasse, large. *Vivre g.*, Vivre commodément et son aise ; *Payer, récompenser g.*, Payer, récompenser avec générosité, en donnant au delà de ce qu'on doit. T. Famil.

GRASSERIE. s. f. [Pr. *gra-se-ri*]. Maladie des vers à soie.

GRASSET, ETTE. adj. diminutif. [Pr. *gra-sè*], Qui est un peu gras. *Il est grasset. Elle est un peu grassette.* T. Fam. = GRASSET. s. m. T. Vétér. Partie molle qui entoure la rotule chez le cheval, chez le bœuf. Voy. CHEVAL. || T. Boucher. Chez le veau, maniement graisseux entre le bas du ventre et l'extrémité antérieure de la cuisse.

GRASSETTE. s. f. [Pr. *gra-sè-te*] (R. *gras*). T. Bot. Genre de plantes Dicotylédones (*Pinguicula*) de la famille des *Utri-*

culariées. Voy. ce mot. C'est aussi le nom vulgaire de la *Pinguicula vulgaris.*

GRASSEYEMENT. s. m. [Pr. *gra-sè-ie-man*] (R. *gras*). Le *Grasseyement* consiste dans la prononciation vicieuse de la lettre r, à laquelle on substitue le son d'une autre lettre, *l* par ex., ou qu'on supprime plus ou moins complètement. Ceux qui grasseyent ou qui *parlent gras* font entendre, dans les mots où l'r se trouve jointe à une autre consonne, une sorte de roulement guttural. Quand il est peu sensible, le g., surtout dans la bouche d'une femme, n'est pas dépourvu de quelque grâce. —Il y a ainsi plusieurs sortes de grasseyement : l'une est la suppression presque complète du son r ; elle était à la mode du temps du Directoire où les élégants s'appelaient les *incoyables*; plusieurs autres sont des défauts de langage individuels et assez rares. Mais l'espèce de g. la plus commune consiste à prononcer la lettre r du fond de l'arrière-bouche, ce qui lui donne son son guttural particulier. Ce défaut est tellement répandu dans certaines provinces, notamment en Provence, dans le Forez et même à Paris, qu'on peut dire que ceux qui y prononcent l'r correctement sont l'exception. Le g. tient à une position vicieuse de la langue pendant l'émission du son : au lieu de relever l'extrémité de la langue vers le palais, en l'abaisse au-dessous de la mâchoire inférieure, de sorte que l'air sortant de la gorge rencontre une surface convexe, et que le roulement de l'r, au lieu d'être produit, comme cela devrait être, par la vibration de la pointe de la langue, les produit, au contraire, par la vibration de la base de cet organe. Le g. paraît se répandre de plus en plus à Paris, par l'effet de l'habitude et de l'imitation, à tel point qu'il est à craindre que le son guttural de l'r ne devienne quelque jour la prononciation normale de cette lettre. Cette modification paraît au elle-même sans importance; elle serait cependant regrettable en ce sens que le son guttural, outre qu'il est beaucoup moins harmonieux que le son correct, a le grave inconvénient de ne se prêter ni à la déclamation ni au chant. Un orateur qui grasseye est désagréable, un chanteur qui grasseye est intolérable, et sa prononciation vicieuse nuit même à l'émission des sons musicaux. Il y aurait donc intérêt à habituer, dès le premier âge, les enfants à prononcer correctement ; mais il faudrait que les parents et les maîtres d'école eussent eux-mêmes une prononciation correcte. Voy. PRONONCIATION.

Quant aux adultes qui veulent se corriger de ce défaut, ils doivent s'exercer à relever la langue en arrière des incisives et à laisser l'arrière-bouche inerte pendant la prononciation de l'r. Dans les premiers essais, ils ne pourront pas faire entendre cette consonne ou lui substitueront le son de l'*l*; mais bientôt le ronflement caractéristique de l'r se produira de lui-même par la vibration de l'extrémité de la langue. Pour faciliter ces exercices, le célèbre acteur Talma a imaginé une méthode curative assez simple. Elle consiste à substituer d'abord un *d* à l'r, et à s'exercer à prononcer cette lettre jointe au r (*td*). Insensiblement l'r s'articule, et la consonne d disparaît. Dans cet exercice, l'r vient se former d'une manière toute naturelle, car le *t* et le *d*, beaucoup plus faciles à articuler, sont cependant produits par le même mécanisme que l'r, du moins quant aux positions relatives de la langue et des maxillaires.

GRASSEYER. v. n. [Pr. *gra-sè-ier*] Prononcer mal la lettre r. *Elle affecte de grasseyer.* = Conjug. Voy. EMPLOYER.

GRASSEYEUR, EUSE. s. [Pr. *gra-sè-ieur*]. Celui, celle qui grasseye.

GRASSIN. s. m. [Pr. *gra-sin*] (R. *graisse*). T. Pêche. Espèce d'écume qu'on aperçoit à la surface de l'eau dans les endroits où les poissons se rassemblent pour frayer.

GRASSMANN. mathématicien et indianiste allemand (1809-1877).

GRASSOT (J.-ANTOINE), acteur français (1800-1860).

GRASSOUILLET, ETTE. adj. [Pr. *gra-sou-llè, ll* mouillées] (Dimin. de *grasset*). *Un enfant g. Une petite femme grassouillette.* Fam.

GRATAIRON. s. m. Nom d'un fromage de chèvre.

GRATERON. s. m. (R. *gratter*). T. Bot. Nom vulgaire du *Galium aparine*, plante de la famille des *Rubiacées*. Voy. ce mot. || T. Techn. Voy. GRATTERON.

GRATICULATION. s. f. Voy. CRATICULATION.

GRATICULE. s. f. Voy. CRATICULE.

GRATICULER. v. n. Voy. CRATICULER.

GRATIEN, fils de Valentinien Ier, empereur romain, de 375 à 383, gouverna l'Occident, confia l'Orient à Théodose, fut vaincu et tué par l'usurpateur Maxime.

GRATIEN, moine italien du XIIe siècle.

GRATIFICATION. s. f. [Pr. *grati-fi-ka-sion*]. Action de gratifier. Don, libéralité qu'on fait à quelqu'un. *Une g. extraordinaire. Une g. annuelle. Outre ses appointements, il reçoit une g.*

GRATIFIER. v. n. (lat. *gratificare*, m. s., de *gratia*, grâce, et le suff. *ficare*, faire). Faire à quelqu'un un don, une libéralité. *On l'a gratifié d'une pension, d'une charge.* || Ironiq. et fam., Attribuer à tort quelque chose à quelqu'un. *Vous me gratifiez d'une qualité que je n'eus jamais.* = GRATIFIÉ, ÉE, part.

GRATIN. s. m. (R. *gratter*). Partie de certains mets farineux, etc., qui s'attache au fond des vases où on les fait cuire, et qui est souvent roussé et brûlée. || T. Cuisine. L'espèce de croûte grillée faite avec de la chapelure de pain qui recouvre certains mets. *Macaroni au g. Sole au g.* — Mets ainsi préparé, *Un g. de pommes de terre.*

GRATINER. v. n. T. Cuis. Se former en gratin. *La bouillie a gratiné.* || Faire rissoler. *Une sole gratinée.* = GRATINÉ, ÉE, part.

GRATIOLE. s. f. [Pr. *gra-si-ole*] (lat. *gratiola*, petite faveur). T. Bot. Genre de plantes Dicotylédones (*Gratiola*) de la famille des Scrofulariacées. Voy. ce mot.

GRATIOLET (LOUIS-PIERRE), anatomiste et naturaliste français (1815-1865).

GRATIOLINE. s. f. [Pr. *gra-si-oline*]. T. Chim. Glucoside contenu dans la Gratiole officinale (*Gratiola officinalis*). La g. est solide, amorphe, insoluble dans l'éther, peu soluble dans l'eau, très soluble dans l'alcool. Elle se dissout en rouge dans l'acide sulfurique concentré. Les acides étendus la scindent à l'ébullition en une glucose, en *gratiolétine*, substance cristalline, insoluble dans l'eau et dans l'éther, et en *gratiolerétine*, matière résineuse soluble dans l'éther.
　La *gratiosoline* est un autre glucoside contenu dans la même plante. Les acides et les alcalis la dédoublent en glucose et en *gratiosolétine*, soluble dans l'eau et précipitable par le tanin.

GRATIS. adv. [Pr. *gra-ti-se*] (lat. *gratis*, agréable). Mot qui signifie Gratuitement, par pure grâce, sans qu'il en coûte rien. *On a donné la comédie g. Ce médecin traite les pauvres g.* — Fig. et fam., Dire une chose g., Avancer une proposition ou un fait sans en apporter la preuve. Vx. || Autrefois, on disait subst., *Il a obtenu le g. de ses bulles;* et l'on appelait dans l'ancienne université de Paris, *Établissement du g.*, L'établissement de l'instruction gratuite.

GRATITUDE. s. f. (lat. *gratitudo*, m. s., de *gratia*, grâce). Reconnaissance pour un bienfait reçu. *Témoigner sa g. Il m'a donné des preuves de sa g. Croyez à toute ma gratitude.*
　Syn. — *Reconnaissance.* la gratitude est le sentiment, le retour inspiré par un bienfait, par un service. La *reconnaissance* est le souvenir, l'aveu d'un service, d'un bienfait reçu. La *gratitude* est donc au cœur comme le bienfait; sans elle, la *reconnaissance* pèse sur le cœur. La *gratitude* est due à la bienfaisance; la *reconnaissance*, au bienfait. Sentiment pour sentiment, c'est la *gratitude;* service pour service, c'est la *reconnaissance.* En un mot, la *gratitude* est la *reconnaissance* du cœur.

GRATON. s. m. Instrument de glacier.

GRATRY (Le P.), théologien fr., membre de l'Académie française, né à Lille (1805-1872).

GRATTAGE. s. m. [Pr. *gra-tage*]. Action de gratter.

GRATTAN (HENRI), célèbre homme d'État irlandais (1746-1820).

GRATTE. s. m. [Pr. *gra-te*]. T. Mar. Petite plaque de fer triangulaire emmanchée à son milieu, et dont on se sert pour gratter la carène, le pont. || Fig. et fam. Ce que recueillent les ouvriers, les domestiques, les employés, en grappillant, en faisant de petits profits.

GRATTEAU. s. m. [Pr. *gra-to*]. T. Techn. Instrument d'acier qui sert à gratter une surface métallique pour la nettoyer.

GRATTE-BOESSE ou **GRATTE-BOSSE.** s. m. [Pr. *grate...*] (R. *gratte*, et vx fr. *bocom*, brosse). T. Techn. Pinceau dont se sert le doreur. Voy. ARGENTURE, DORURE, etc. = Pl. *Des gratte-boesse* ou *des grattes-boesses.*

GRATTE-BOESSER. v. n. [Pr. *gra-te...*]. T. Techn. Frotter avec la gratte-boesse.

GRATTE-CUL. s. m. [Pr. *gra-te-ku*]. Fruit en forme de bouton rouge et allongé qui succède à la rose; se dit particulièrement du fruit de l'églantier. = Fig. *Ses beautés s'étaient tournées en g.* (SAINT-SIMON). = Pl. *Des gratte-culs.*

GRATTE-FONDS. s. m. [Pr. *grate-fon*]. T. Techn. Outil en fer qui sert à faire le ravalement des façades en pierres de taille.

GRATTELER. v. n. [Pr. *grate-ler*]. Gratter légèrement un corps, afin de le polir.

GRATTELEUX, EUSE. adj. [Pr. *grate-leu*]. Qui a la grattelle.

GRATTELIER. s. m. [Pr. *gra-telié*]. T. Bot. Nom vulgaire donné à deux arbustes de la famille des *Connarées*, la *Cnestis glabra* et le *Cn. polyphylla.* Voy. CONNARÉES.

GRATTELLE. s. f. [Pr. *gra-tè-le*]. Éruption de petites élevures miliaires qui s'accompagne de démangeaison.

GRATTEMENT. s. m. [*grate-man*]. Pl. Action de gratter.

GRATTE-PAPIER. s. m. [Pr. *gra-te...*]. Se dit, fam. et par dénig., des copistes de bureau, des clercs d'avoué, de notaire. = Pl. *Des gratte-papiers.*

GRATTER. v. n. [Pr. *gra-ter*]. (allem. *kratzen*, m. s.). Racler, ratisser. *G. une muraille. G. du papier, du parchemin pour en enlever l'écriture.* || T. Techn. G. le sucre, Enlever avec un couteau le sucre qui a jailli sur les bords de la forme. *G. une forme*, La ratisser avec une vieille lame d'épée pour la perfectionner. — *G. un livre*, En ouvrir le dos avec un outil de fer dentelé, afin d'y faire pénétrer la colle avant de l'endosser. — *G. le poil*, Le tirer avec l'aiguille pour cacher une couture. — *G. le métal*, Le décaper. || Faire éprouver la sensation que procure l'action de gratter. *Ce vin gratte la gorge.* || T. Grav. *G. les tailles*, Rendre plus nourries des tailles trop délicates. — Fig. et fam., *G. le papier, le parchemin*, Gagner sa vie en faisant le métier de copiste, de clerc d'avoué, etc. — *G. l'épaule à quelqu'un*, Chercher à se le rendre favorable. *G. quelqu'un où il lui démange*, Faire ou dire quelque chose qui lui plaît. *Un âne gratte l'autre*, Deux ignorants se flattent l'un l'autre. || Se dit des animaux qui, avec leurs ongles, remuent la terre, *Les poules grattent la terre pour chercher de la pâture.* || *G. la terre*, Labourer superficiellement. || Fig. G. *la terre avec ses ongles*, Se résigner au travail le plus pénible. = GRATTER. v. n. G. à *une porte*, Y faire un petit bruit avec les ongles pour avertir qu'on désire y entrer. *On gratte à la porte du roi par respect, on n'y heurte pas. G. la terre du pied*, Se dit d'un cheval qui s'impatiente; se dit aussi au figuré. || Fig., *Il trouve à g. sur tout*, A grappiller. || *G. de la guitare*, Pincer les cordes. Fam. = SE GRATTER. v. pron. Passer les ongles ou quelque chose de semblable un peu fortement et à plusieurs reprises sur quelque endroit du corps. *Se g. la tête, les pieds, l'oreille. Se g. le front en signe d'embarras. Se g. où il démange. Un chien, un chat qui se gratte.* || Frotter la partie où il démange. *Ce cheval se gratte contre la mu-*

raille. *Deux ânes qui se grattent l'un l'autre.* — IId. et prov., *Ce sont deux ânes qui se gratent*, se dit, par dérision, de deux personnes qui se flattent l'une l'autre.—GRATTÉ, ÉE. part.

GRATTERON. s. m. [Pr. *grate-ron*] (R. *gratter*). T. Techn. Nom donné aux matières végétales qui se trouvent mêlées à la laine.

GRATTOIR. s. m. [Pr. *gra-toir*]. Instrument qui sert à gratter, à nettoyer. || Canif à lame arrondie qui sert à gratter l'écriture. || Grille pour gratter les chaussures à l'entrée d'une maison. || *G. à creuser*, Instrument au moyen duquel le graveur petit le bois avant d'y graver les lointains et les points éclairés. = *G. à ombre*, Instrument légèrement différent du précédent et qui sert aux mêmes usages. || *G. à anche*, Instrument sur lequel le luthier ratisse les lames du roseau servant à faire les anches des hautbois et des musettes.

GRATTOIRE. s. f. [Pr. *gra-toire*] (1 . *gratter*). T. Techn. Outil de serrurier pour dresser, pour arrondir les anneaux de clefs et autres pièces de relief.

GRATTONS. s. m. pl. [Pr. *gra-ton*] (R. *gratter*) Nom des débris de porcs cuits dans la graisse. Voy. RILLETTES.

GRATTURE. s. f. [Pr. *gra-ture*]. Débris provenant du grattage d'un corps.

GRATUIT, UITE. adj. [Pr. *gra-tui*] (lat. *gratuitus*, m. s.). Qu'on donne gratis sans y être tenu. *Leçon gratuite. Consultations gratuites.* — *École gratuite*, École où les leçons sont gratuites. *L'enseignement g. et obligatoire.* || Par ext., Donné bénévolement. *Les dons gratuits accordés au roi pour les besoins de l'État.* || Loc. adv. *À titre g.* Sans avoir à payer. || *Supposition gratuite*, Supposition qui n'a aucun fondement. — *Insulte, méchanceté gratuite*, etc., Insulte, etc., faite sans motif et sans intérêt.

GRATUITÉ. s. f. Caractère de ce qui est gratuit. *La g. de l'enseignement.*

GRATUITEMENT. adv. Gratis, d'une manière gratuite, de pure grâce. *Il lui a donné cela g. Ce médecin le traite g.* || Sans fondement, sans motif. *Vous supposez cela g. Il l'insulta gratuitement.*

GRATZ ou **GRÆTZ**, ch.-l. de la Styrie (Autriche-Hongrie), sur la Mur; 112,100 hab.

GRAU. s. m. (lat. *gradus*, degré). Dans nos départements du Midi, Chenal qui met la mer en communication avec un étang salé. *Le g. de Palavas.*

GRAUDENZ, ville de Prusse; 17,300 hab. Forteresse bâtie par le grand Frédéric.

GRAULHET, ch.-l. de c. (Tarn), arr. de Lavaur; 7,500 hab.

GRAUWACKE. s. f. [Pr. *gra-ou-va-ke*] (allem. *grau*, gris; *wacke*, roche). T. Minér. et Géol. Roche secondaire conglomérée qui n'a pas de caractères bien définis, et qui se compose le plus souvent de granit, de gneiss, de micaschiste et de schiste argileux. .

GRAUX (Charles), philologue fr. (1852-1882).

GRAVATIER. s. m. (R. *gravats*) Charretier payé pour enlever les gravois dans un tombereau.

GRAVATIF, IVE. adj. (lat. *gravis*, pesant). T. Méd. Qui fait éprouver un sentiment de pesanteur. *Douleur gravative.*

GRAVATS. s. m. pl. Voy. GRAVOIS.

GRAVE. adj. 2 g. (lat. *gravis*, m. s.) Pesant, qui tend vers le centre de la terre, n'est usité au sens propre que dans le langage didactique. *Les corps graves.* — Subst., *La chute des graves.* || Fig., Sérieux, posé, qui agit avec un air grave, avec circonspection et dignité *Un homme g. Un g. magistrat. Il est g. dans ses discours, dans tout ce qu'il fait.* || Par ext., on dit : *Contenance g. Maintien g. Mine g. Démarche g. Paroles graves. Ton g.* || Par anal., se dit des

choses importantes, de conséquence, qui excluent toute idée de plaisanterie. *Un sujet g. Matière g. Motif g. Faute g. Pensées graves. Un style g. Il donna un tour moins g. à la conversation.* — Subst., *Passer du g. au doux.* || *Auteur g., autorité g.*, Auteur, etc., qui est d'un grand poids, d'une grande considération dans la matière dont il s'agit. || Qui peut avoir des conséquences dangereuses. *Une maladie g. Une blessure g. Un g. accident. Un cas fort g. Cette affaire prend une tournure très g.* || T. Mus. Se dit des sons, des notes basses, par opp. aux sons, aux notes aiguës. *Son g. Note g. Ton g. Voix g.* — Subst., *Passer de l'aigu au g., du g. à l'aigu*, etc. || T. Gram. *Accent g.*, V. ACCENT.—*Un g., un è g., un ù g.*, Qui est marqué d'un accent grave. = Syn. V. SÉRIEUX.

GRAVE. s. f. (autre forme de *grève*). T. des pêcheurs de Terre-Neuve. Le rivage où l'on fait sécher les morues. = GRAVES. s. f. pl. Nom donné dans la Gironde à un terrain formé de sable, de gravier et d'argile qui couvre les collines et les plateaux, et qui est très favorable à la culture de la vigne pour la fabrication du vin blanc. *Vin de graves.*

GRAVE (LA), ch.-l. de c. (Hautes-Alpes); 1,200 hab.

GRAVE (POINTE DE), petit cap à l'embouchure de la Gironde.

GRAVELAGE. s. m. Action de graveler.

GRAVELÉE. adj. f. et s. f. (R. *graveler*) *Cendre g.*, Cendre provenant de la lie de vin brûlée. Voy. CENDRE.

GRAVELER. v. a. (R. *grave*, autre forme de *grève*). Couvrir de gravier.

GRAVELEUX, EUSE. adj. (R. *grave*, autre forme de *grève*). Qui est mêlé de gravier. *Terre graveleuse. Un crayon g.* || T. Méd. Qui est relatif à la gravelle, ou qui la dénote. *Urine graveleuse.* — Qui est atteint de la gravelle. *Il est goutteux et g.* On dit aussi subst., *Les goutteux et les g. sont à plaindre.* || Fig. et fam., se dit des propos, des discours trop libres. *Conte g. Chanson graveleuse.*

GRAVELINES, ch.-l. de c. (Nord), arr. de Dunkerque; 6,000 hab. Port de commerce.

GRAVELLE. s. f. [Pr. *gravè-le*] (R. *gravier*). T. Méd. On donne le nom de g. ou de *lithiase rénale*, à la formation dans les reins et à l'évolution à travers les voies urinaires de petites concrétions urinaires de volume assez petit, que les malades rendent par le canal de l'urèthre.

On admet principalement trois genres ou variétés de g. : 1° la *G. urique*; 2° la *G. phosphatique*; 3° la *G. oxalique*.

1° *Gravelle urique.* — La g. urique, ou g. rouge, est le résultat d'une diathèse, de la diathèse urique, c.-à-d. d'un vice général de la nutrition par suite duquel les matériaux azotés de notre organisme, au lieu d'être convenablement brûlés, de manière à former de l'urée, ne le sont que d'une façon incomplète et forment de l'acide urique, produit d'élimination moins brûlé que l'urée. Quant à déterminer la cause de ce vice nutritif, on n'y est pas encore arrivé.

Le sable et les concrétions formées par l'acide urique et les urates sont d'un rouge brun ou jaunâtre. Ils sont formés soit par l'acide urique presque pur, soit par des urates d'ammoniaque, de soude, de chaux, de magnésie.

Le sable formé par l'acide urique ou l'urate de soude se présente au microscope sous l'aspect de grains très petits et amorphes qui se dissolvent dans l'eau bouillante, ce qui les distingue des phosphates terreux; tantôt on voit des lamelles rhomboédriques (acide urique); tantôt et lorsque le sable est formé d'urate de soude, il constitue au fond du vase un *dépôt rouge brique* composé de granulations amorphes ou de petites étoiles roses.

On peut encore rencontrer dans l'urine de l'urate d'ammoniaque, mais pour cela il faut que l'urine soit alcaline; tandis que l'acide urique et l'urate de soude ne se rencontrent que dans une urine acide. Les cristaux d'urate d'ammoniaque se présentent sous l'aspect de petites sphères toutes hérissées d'aiguilles longues et pointues.

2° *Gravelle phosphatique.* — La g. phosphatique, ou g. blanche, est le résultat d'une inflammation de la muqueuse qui tapisse les voies urinaires. En effet, le muco-pus produit par cette inflammation agit comme ferment sur l'urée et la dédouble en eau et en carbonate d'ammoniaque; or, en présence de l'ammoniaque, le phosphate de magnésie, qui se trouve normalement dans l'urine et qui y est dissous, passe à l'état de phosphate de chaux ammoniaco-magnésien qui, étant insoluble dans les liqueurs alcalines, se précipite; car les urines catarrhales ont une réaction alcaline. Le phosphate de chaux, qui se trouve normalement dans l'urine, mais qui n'y reste dissous qu'en raison de l'acidité de ce liquide, se précipite dès que l'urine devient alcaline.

La g. phosphatique est donc formée de phosphates ammoniaco-magnésiens et de phosphates de chaux, et son point de départ est une inflammation primitive des voies urinaires et surtout de la vessie.

Le sable et les concrétions formés par les phosphates présentent une couleur blanchâtre (g. blanche). Ils ne peuvent se rencontrer que dans l'urine alcaline, puisque les acides dissolvent les phosphates terreux. Les sédiments de phosphate de chaux ont souvent l'aspect de flocons blancs transparents, à limites peu précises, mais les phosphates ammoniaco-magnésiens sont au contraire remarquables par leur netteté; les sédiments qu'ils forment dans les urines ammoniacales sont blanchâtres, et au microscope on voit qu'ils sont constitués par des prismes à base rhomboïdale ayant la forme des pyramides tronquées; ils se dissolvent aisément dans les acides.

3° *Gravelle oxalique*. — La g. oxalique, beaucoup plus rare que les précédentes, paraît dépendre en grande partie de l'alimentation; plusieurs végétaux, surtout l'oseille, le cresson, la tomate, certains médicaments tels que la rhubarbe, renferment de l'acide oxalique, qui ne se détruit qu'imparfaitement dans l'organisme, et qu'on retrouve dans l'urine à l'état d'oxalate de chaux. Mais cette origine n'est probablement pas la seule, et plusieurs auteurs croient que la g. oxalique peut se former sous des influences étrangères à l'alimentation et qui nous sont inconnues.

Généralement formées d'oxalate de chaux, les concrétions oxaliques forment un sédiment blanchâtre, et, au microscope, on voit qu'ils ont une forme octaédrique, qu'ils sont marqués d'une croix, formée de deux diagonales, ce qui les a fait comparer à une enveloppe de lettre.

La g. s'observe rarement chez les enfants; elle frappe surtout les adultes et plus souvent les vieillards. L'hérédité est un facteur important de cette maladie; mais l'alimentation et l'hygiène ont sur la production de la g. une énorme influence; on sait en effet que l'acide urique, dont la présence en excès constitue le caractère anatomique essentiel de la g. urique et de la goutte, est le résultat d'une combustion imparfaite des matières azotées qui, incomplètement oxydées, donnent de l'acide urique au lieu de produire de l'urée, ainsi que cela a lieu normalement. Il faut donc s'attendre à trouver un excès d'acide urique chez les gens qui, d'une part, se nourrissent avec des substances azotées, et d'autre part, mènent une vie sédentaire, très défavorable à l'activité de la respiration et des combustions ou oxydations organiques.

Aussi la g. urique est-elle commune chez les gens riches qui font abus d'aliments azotés (viande, gibier), de vins généreux, de liqueurs spiritueuses, et en même temps mènent une vie oisive et sédentaire; au contraire très exceptionnelle chez les gens de la campagne qui mangent peu de viande et font beaucoup d'exercice.

Quant à la *g. phosphatique*, nous avons répété qu'elle se rattachait au catarrhe des voies urinaires; ses causes se confondent donc avec celles de ce catarrhe.

La g. peut exister longtemps sans occasionner le moindre trouble fonctionnel, mais en général les malades éprouvent des douleurs sourdes dont le rein est le foyer et qui s'irradient en divers sens (ces douleurs sont ordinairement unilatérales). Ces douleurs surviennent spontanément à l'occasion d'un écart de régime, d'un excès, d'un exercice un peu violent; souvent elles s'apaisent lorsque le malade expulse une certaine quantité de sable. Par exception, elles peuvent provoquer des nausées et des vomissements (mais ceux-ci appartiennent plus spécialement aux concrétions d'un certain volume) et déterminent dans le sentiment d'ardeur dans le canal de l'urèthre; l'urine peut être teintée de sang, parfois même le malade rend du sang et du pus. Voy. HÉMATURIE.

Lorsque les concrétions urinaires se sont agglomérées de manière à former les reins des calculs d'un certain volume, leur passage à travers l'uretère détermine des accès extrêmement douloureux désignés sous le nom de coliques néphrétiques.

Pour le traitement, il faut d'abord distinguer la *g. rouge* et la *g. blanche* Procédant de points de départ très distincts, elles présentent des indications thérapeutiques très différentes.

La g. rouge se rattache à l'excès d'acide urique dans le

sang; il faut donc pour la combattre : 1° diminuer la quantité de substances albuminoïdes dont l'oxydation incomplète engendre l'acide urique; 2° activer l'oxydation de ces substances; 3° favoriser la dissolution et l'élimination du sable déjà formé.

1° Pour diminuer la quantité des substances albuminoïdes, le graveleux doit se soumettre à un régime alimentaire spécial; il s'abstiendra, autant que possible, de viandes noires, des œufs, des liqueurs, des vins de Bourgogne et du Midi, et il choisira de préférence les légumes, les viandes blanches, le lait, les vins légers de Bordeaux.

2° Pour activer l'oxydation des substances albuminoïdes, il faut recourir à tous les moyens qui favorisent les fonctions respiratoires et circulatoires, c.-à-d. à l'exercice musculaire sous toutes les formes, marches prolongées, gymnastique, frictions énergiques, hydrothérapie.

3° Pour dissoudre le sable et favoriser son élimination, on a recours à l'usage des lithotriptiques, des dépuratifs et des diurétiques.

Gravelle oxalique. — La g. oxalique présente les mêmes indications que la g. urique.

Gravelle blanche ou phosphatique. — La g. blanche ou phosphatique étant bien moins l'impression d'une diathèse que le résultat d'un état catarrhal des voies urinaires, c'est à reconnaître la cause de ce catarrhe qu'il faut d'abord s'attacher, et les indications se trouvent ainsi posées : 1° traiter la cause du catarrhe; 2° l'attaquer directement par les résineux, les balsamiques et des injections intra-vésicales; 3° soutenir les forces défaillantes de l'organisme.

GRAVELOTTE, vge de France (Moselle), arr. de Metz, canton de Gorze, 700 hab. (A l'Allemagne depuis 1871). Voy. la carte ALSACE-LORRAINE. — Les Français appellent *bataille de Gravelotte* une sanglante bataille livrée, le 16 août 1870, et dont le véritable nom est *bataille de Rezonville*. Les Prussiens appellent *bataille de Gravelotte* une autre bataille, livrée le 18 août, et à la suite de laquelle les Français furent enfermés dans Metz; nous appelons cette bataille *bataille de Saint-Privat*.

GRAVELURE. s. f. (R. *graveleux*). Discours, propos trop libres et approchant de l'obscénité. *Il aime la g. Il y a bien des gravelures dans cette pièce.*

GRAVEMENT. adv. D'une manière grave et composée. *Parler g. Marcher g.* || T. Mus. G., mis au commencement d'un morceau, indique un mouvement lent, mais moins lent que celui qui est indiqué par le mot *Lentement.*

GRAVENHAGE (S'), nom en hollandais de La Haye (voy. HAYE).

GRAVER. v. a. (gr. γράφω, j'écris). Tracer quelque trait, quelque caractère, quelque figure, quelque dessin, sur une surface unie et solide, comme une planche d'acier ou de cuivre, une plaque de marbre, etc., de telle sorte que le caractère ou le dessin forme un creux ou un relief. *G. en creux. G. en relief. G. en taille-douce. G. sur bois, sur cuivre, sur pierres précieuses. G. au burin, à l'eau-forte. G. à la manière noire, au pointillé. G. des caractères d'imprimerie. G. une médaille. G. un poinçon. G. une inscription. G. un chiffre. G. des armes. G. des exemples d'écriture. G. de la musique. G. une carte de géographie. G. un dessin, un tableau.* || Fig., *G. quelque chose dans l'esprit, dans la mémoire, dans le cœur, etc., l'imprimer fortement dans l'esprit, etc. G. une injure dans sa mémoire. Le souvenir de ses bienfaits restera toujours gravé dans mon cœur.* = SE GRAVER. v. pron. Être gravé. *Le cuivre se grave plus aisément que l'acier.* || Fig., *Ces idées se gravent profondément dans l'esprit.* = GRAVÉ, ÉE. part. *Ce livre est orné de planches gravées.* || *Avoir le visage gravé, être tout gravé de petite vérole, En avoir extrêmement marqué.* Voy. GRAVURE.

GRAVES. s. f. pl. Voy. GRAVE.

GRAVESANDE (JACOB S'), savant hollandais (1688-1742).

GRAVESEND, v. et port d'Angleterre (Kent); 10,200 hab.

GRAVETTE. s. f. [Pr. *gravè-te*]. T. Pêche. Sorte de vers qui servent d'appât.

GRAVEUR. s. m. Celui dont la profession est de graver. *Un g. en pierres fines, en médailles. G. en taille-douce. G. à l'eau-forte. G. sur bois.* Voy. GRAVURE.

GRAVIDE. adj. 2 g. (lat. *gravidus*, de *gravis*, pesant). T. Méd. *Matrice g., utérus g.*, Qui contient un embryon ou un fœtus.

GRAVIDISME. s. m. (R. *gravide*). T. Physiol. Ensemble des conditions que présente la femme grosse.

GRAVIDITÉ. s. f. (lat. *graviditas*, m. s., de *gravidus*, lourd). État de l'utérus contenant le produit de la fécondation.

GRAVIER. s. m. [Pr. *gra-vié*] (R. *grave*, autre forme de *grève*). Sable à gros grains provenant de la désagrégation des roches pierreuses. || Gros sable mêlé de très petits cailloux. || T. Méd. Voy. GRAVELLE.

GRAVIÈRE. s. f. Lieu d'où l'on extrait du gravier.

GRAVIFIQUE. adj. 2 g. (lat. *gravis*, lourd, et le suff. *ficare*, faire). T. Phys. Se dit de ce qui cause ou accroît la densité ou gravité d'un corps, ou d'un système gravitant. || s. m. Dans l'ancienne physique, fluide hypothétique par lequel les Newtoniens expliquaient les phénomènes de la pesanteur ou gravitation universelle.

GRAVIGRADES. s. m. pl. (lat. *gravis*, pesant; *gradus*, démarche). T. Paléont. Nom sous lequel Blainville classait les Éléphants. Aujourd'hui, on l'applique à un sous-ordre d'*Édentés* fossiles qui vivaient, pendant l'époque Tertiaire, dans les deux Amériques. C'étaient des animaux à la démarche lente et pesante, au corps massif, dont la taille atteignait et pouvait dépasser même celle des Rhinocéros actuels. Ils différaient des *Glyptodontes* (Voy. ce mot) par l'absence de squelette dermique, mais, comme eux, ils avaient un crâne petit, et une arcade zygomatique puissante, pourvue d'une forte apophyse. Leurs dents, qui étaient au nombre de dix à la mâchoire supérieure, et de huit à la mâchoire inférieure, avaient une forme cylindrique

dents qui étaient prismatiques et dont la surface triturante présentait deux crêtes transversales. Ces dents alternaient d'une mâchoire à l'autre, au lieu d'être directement opposées.

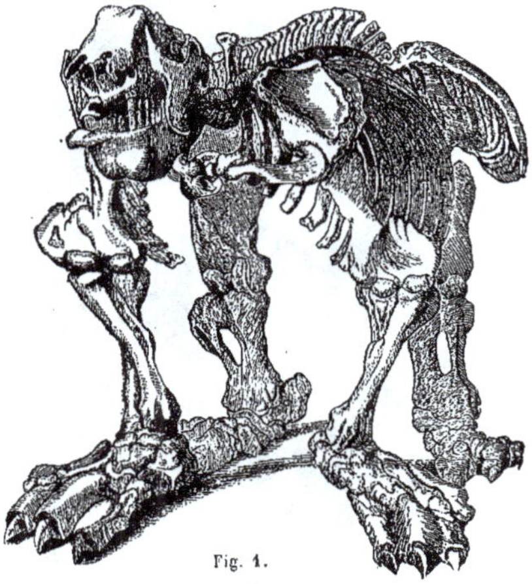

Fig. 1.

Le *Mégatherium de Cuvier* (*M. Cuvieri*) (Fig. 1 et 2, squelette; Fig. 3, animal reconstitué) était un animal presque aussi haut qu'un Éléphant et plus gros qu'un Rhinocéros.

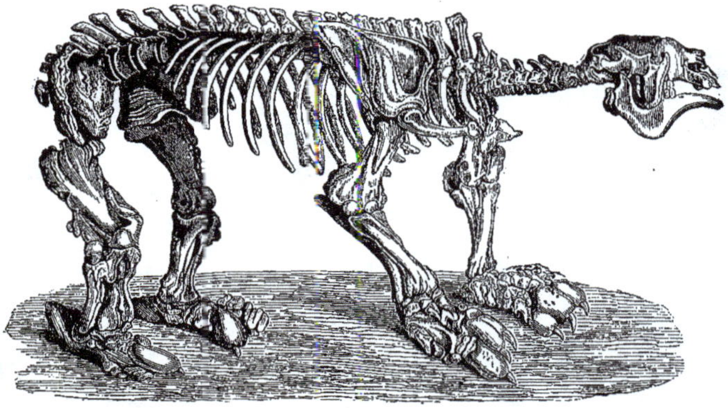

Fig. 2.

et une couronne aplatie comme les molaires. Leur queue, composée de 18 à 24 vertèbres, était remarquable par sa force et devait leur servir de point d'appui lorsqu'ils se dressaient pour aller prendre les feuilles des arbres dont ils faisaient leur nourriture (Fig. 4). C'est à cet usage que devaient leur servir les membres antérieurs, dont la conformation indique une adaptation plus ou moins grande à la préhension. Les G. sont divisés en trois familles dont les genres types sont les suivants : *Mégatherium, Mylodon* et *Mégalonyx*.

Les *Mégatherium* sont caractérisés par la forme de leurs

Son crâne ressemblait à celui du Paresseux et il était fort petit comparativement au volume de son corps. Ses mâchoires portaient en arrière 18 molaires longues de 18 à 25 cent.; elles constituaient, en outre, une machine d'une puissance prodigieuse, propre à broyer les corps les plus durs. Ses membres étaient extraordinairement massifs : le fémur, par exemple, égalait presque en largeur la moitié de sa longueur. Ses extrémités antérieures présentaient quatre doigts, dont trois armés d'ongles robustes et non comprimés; les postérieurs avaient également quatre doigts; mais deux seulement étaient munis d'ongles. Le premier squelette de Mégatherium, | rium par les formes extérieures, mais ils étaient beaucoup

Fig. 3.

qui était presque complet, fut découvert en 1789, sur les | moins massifs et, en outre, ils s en distinguaient essentiellement

Fig. 4.

bords du Luxan, à environ 16 kilomètres de Buenos-Ayres. | par l'appareil dentaire. Les dents avaient, en effet, une forme
Les *Mylodons* (Fig. 4) ressemblaient beaucoup aux Mégathe- | triangulaire ou ovale et la première d'en haut était dirigée en

avant, comme une canine. Les espèces des genres *Mylodon* et *Glossotherium*, qui appartiennent à la même famille, sont encore remarquables par la présence, dans la peau, de petites plaques osseuses, séparées les unes des autres, mais qui indiquent un acheminement vers la carapace des Glyptodontes.

Les *Mégalonyx*, qui doivent leur nom à la longueur de leurs griffes (Fig. 5), atteignaient la taille du Bœuf. Leurs

Fig. 5.

dents étaient prismatiques, comme ce les des Mégathériums, mais leur couronne était à peu près lisse et la première ressemblait beaucoup à une canine.

On rencontre des ossements de G. dans les deux Amériques, mais ils sont surtout abondants dans l'Amérique du Sud, principalement dans la République Argentine. C'est probablement le groupe le plus ancien des Édentés, car il présente ses affinités, à la fois, avec les Fourmiliers, les Paresseux, les Tatous et les Glyptodontes. Il n'existe plus aucun représentant de ce sous-ordre dans la nature actuelle.

GRAVIMÈTRE. s. m. (lat. *gravis*, pesant, et gr. μέτρον, mesure). Aréomètre servant à peser tous les liquides, par suite d'un lest additionnel, appelé plongeur, qu'on peut ajouter à sa partie inférieure. || Appareil servant à mesurer la densité gravimétrique de la poudre.

GRAVIMÉTRIQUE. adj. 2 g. *Densité g. de la poudre*, Poids d'un litre de poudre non tassée.

GRAVINA (GIANVICENZO), écrivain et jurisconsulte italien, un des fondateurs de la célèbre Académie des Arcadiens (1664-1718).

GRAVINA (CARLOS, duc DE), amiral espagnol, blessé mortellement à Trafalgar (1756-1806).

GRAVIR. v. n. (lat. *gradus*, degré). Grimper à quelque endroit roide et escarpé, en s'aidant des pieds et des mains. *G. contre un rocher, sur des rochers. G. au haut d'une muraille.* || Monter avec effort. *G. jusqu'au sommet d'une colline.* == GRAVIR. v. a. S'emploie dans les mêmes sens. *G. une muraille, une montagne.* == GRAVI, IE. part.

GRAVITANT, ANTE. adj. Qui gravite.

GRAVITATIF, IVE. adj. Qui fait graviter.

GRAVITATION. s. f. [Pr. *gravi-ta-sion*] (R. *graviter*). T. Phys. et Astron. Toutes les molécules matérielles de l'univers tendent à se rapprocher les unes des autres : c'est là un fait que nous apprenons, et l'observation constante de ce qui se passe sur la terre, et l'étude raisonnée des mouvements observés dans les corps célestes. Ce fait peut être considéré comme l'effet d'une force qu'on a désignée sous les noms d'*Attraction*, de *Gravitation* et de *Pesanteur*. Cependant ces termes ne s'emploient pas indifféremment l'un pour l'autre. *Pesanteur* se dit en parlant des corps terrestres, et *Gravitation* s'emploie quand il s'agit des corps célestes. Quant au mot *Attraction*, sa signification est plus générale, et on peut

l'employer dans tous les cas; seulement il convient de l'accompagner d'une épithète qui précise le sens dans lequel on le prend : aussi dit-on *attraction universelle* pour distinguer le phénomène très général dont nous parlons de l'attraction moléculaire à très petite distance, qu'on observe dans les corps solides et liquides, et des attractions électrique et magnétique.

1. *De la Pesanteur ou Attraction terrestre.* — L'expérience universelle démontre que tout corps pesant, lorsqu'il n'est pas soutenu, tombe à la surface de la Terre. La direction de la force qui sollicite ainsi les corps graves est donnée par le *fil à plomb*, et a reçu le nom de *verticale*. La verticale est perpendiculaire à la surface des eaux tranquilles. Tout plan perpendiculaire à la verticale est appelé *plan horizontal*. La surface d'une eau tranquille réalise donc matériellement un plan horizontal. Comme la Terre est à peu près sphérique, la verticale perpendiculaire à sa surface doit passer près de son centre. Il s'ensuit que la direction suivant laquelle agit la pesanteur est celle d'une ligne droite qui irait passer au centre de la Terre, si celle-ci était exactement sphérique. Newton, ayant démontré qu'une sphère attire une corps extérieur de la même manière que si toute la matière qui la compose se trouvait réunie en un seul point situé précisément à son centre, il en résulte que le poids d'un corps doit être considéré comme la résultante des attractions de toutes les parties du globe terrestre sur le corps pesant. Cependant, ce qui précède ne constitue qu'un premier aperçu, car l'aplatissement du globe terrestre et sa rotation diurne autour de son axe sont deux raisons qui écartent légèrement la verticale du centre.

Comme la force qui constitue le poids d'un corps agit sur lui et reste constante pendant toute la durée de sa chute, on en conclut que le corps doit prendre un mouvement uniformément accéléré. Voy. ACCÉLÉRATION, FORCE, MOUVEMENT. C'est, en effet, ce que vérifie l'expérience, comme Galilée l'a montré le premier. Nous décrirons au mot PESANTEUR les expériences par lesquelles on démontre les lois de la chute des corps, et nous développerons les conséquences qu'on en tire.

Ici, nous indiquerons seulement les énoncés de ces lois :

1° *Tous les corps tombent dans le vide avec la même vitesse*, ou mieux avec *la même accélération*, ce qui prouve que le poids d'un corps est proportionnel à sa masse, puisque l'accélération est le quotient de la force par la masse et que ce quotient est le même pour tous les corps ;

2° *La vitesse du mobile à un instant quelconque de sa chute est proportionnelle au temps écoulé depuis l'origine de la chute ;*

3° *L'espace parcouru est proportionnel au carré de la durée de la chute.*

Ces deux dernières lois sont celles du mouvement uniformément accéléré. Voy. MOUVEMENT. Elles prouvent donc que, conformément aux prévisions indiquées plus haut, la force qui agit du poids du corps, reste constante pendant toute la durée de la chute, à condition toutefois que la hauteur de chute ne soit pas trop considérable : car, dans ce dernier cas, les lois 2 et 3 ne seraient plus tout à fait exactes, comme nous l'allons expliquer tout à l'heure.

On appelle *intensité de la pesanteur*, l'accélération que prend un corps quelconque en tombant dans le vide. D'après la loi du mouvement uniformément varié, cette accélération est égale au *double* de l'espace parcouru pendant la première seconde de la chute. L'accélération serait très difficile à mesurer directement. On la mesure par un moyen détourné, en observant les oscillations d'un *Pendule*. Voy. ce mot et PESANTEUR. À Paris et au niveau de la mer, l'intensité de la pesanteur est, d'après les expériences les plus récentes, 9ᵐ,8094, si l'on prend pour unité de longueur le mètre, et pour unité de temps la seconde de temps moyen.

Trois causes font varier l'intensité de la pesanteur terrestre avec les lieux : ce sont la force centrifuge, l'aplatissement de la Terre à ses pôles et la hauteur ou *altitude* au-dessus du niveau de la mer : 1° La force centrifuge est due au mouvement de rotation de la Terre et agit en sens inverse de l'attraction; elle a donc pour effet de diminuer la pesanteur. Cette force centrifuge étant proportionnelle au carré de la vitesse de rotation, il s'ensuit que, sous un même méridien, cette force croît à mesure qu'on s'approche de l'équateur où elle atteint son maximum, puisque c'est à l'équateur qu'a lieu la plus grande vitesse. Au pôle, au contraire, la force centrifuge est nulle. — 2° Par suite de l'aplatissement de la Terre, un corps placé au pôle se trouve à une moindre distance du centre de la Terre qu'un autre corps situé à l'équateur, et, par conséquent, il est attiré plus fortement. — 3° Enfin, plus un corps est élevé au-dessus de la surface terrestre, plus il est éloigné du centre et moins il est attiré.

L'intensité de la pesanteur diminue donc avec l'altitude. Il résulte des deux premières considérations, qu'on peut déterminer la forme de la Terre en mesurant l'intensité de la pesanteur en un certain nombre de stations : car, dans les différences observées, on pourra faire la part de la force centrifuge, laquelle peut être calculée à l'avance, et le reste devra être attribué à l'aplatissement, ce qui permettra de le déterminer. De la troisième considération, il résulte qu'un corps tombant d'une grande hauteur dans le vide serait animé d'un mouvement dans lequel la vitesse croîtrait plus vite que dans le mouvement uniformément accéléré, puisque la force ou poids du corps, laquelle est proportionnelle à l'accélération, s'accroît à mesure que le corps en descendant se rapproche du centre de la Terre. Seulement, cet effet est très petit et ne deviendrait sensible que pour des hauteurs de chute considérables. Nous ajouterons que la trajectoire d'un corps qui tombe d'une très grande hauteur n'est pas verticale; c'est une ligne courbe qui amène le corps un peu à l'*Est* et même à une très petite distance au *Sud* de son point de départ. Cette *déviation* tient à ce que le corps lâché d'une très grande hauteur est entraîné par le mouvement de rotation de la Terre et possède une vitesse horizontale dirigée vers l'Est plus grande que celle des corps qui sont au-dessous de lui. Elle constitue l'une des meilleures preuves expérimentales de la rotation de la Terre. Voy. DÉVIATION, PESANTEUR, TERRE.

II. *De la gravitation universelle.* — Galilée, qui avait si admirablement réussi à déterminer la loi de la pesanteur, ne soupçonna pas que l'action de cette force pût s'étendre aux corps qui se trouvent point dans le voisinage immédiat de la Terre. Le génie plus spéculatif de Képler le conduisit à voir dans la pesanteur une force agissant de planète à planète, et particulièrement de la Terre à la Lune : il alla même jusqu'à dire que les marées pouvaient être le résultat de l'action exercée par la Lune sur les eaux de la mer. Toutefois il ne paraît pas avoir pensé que cette force pût régir tous les mouvements des corps célestes. Hooke, de son côté, avait supposé que les corps célestes exercent une attraction mutuelle les uns sur les autres; mais il n'essaya pas d'en découvrir les lois et de déterminer la nature des mouvements qui en résultent. Cette grande découverte était réservée à Newton. En méditant sur la nature de cette force, la pensée lui vint que, puisque la pesanteur n'exerce pas seulement son action sur les corps placés à la surface même de la Terre, mais encore s'étend jusqu'à la hauteur des montagnes les plus élevées, il n'y avait pas de raison pour que son action ne s'étendît pas à une plus grande distance, et même jusqu'à la Lune. Toutefois, avant de répondre affirmativement à cette question, il était nécessaire de trouver la loi du décroissement de l'intensité de cette force. Or, il soupçonna bientôt que la force attractive de la Terre s'exerçant à la distance où se trouve la Lune, comparée à ce qu'on observe à la surface de la Terre, devait être plus petite dans le même rapport que le carré du rayon de la Terre est plus petit que le carré de la distance de la Lune à la Terre. Cette hypothèse est pour ainsi dire géométrique : elle représente la loi générale de décroissance de quelque chose qui se dissémine dans l'espace à partir d'un centre. Si, en effet, on considère une suite de sphères concentriques, les surfaces de ces sphères sont proportionnelles aux carrés de leurs rayons, de sorte que si une chose quelconque susceptible de mesure s'étend progressivement à partir du centre, cette chose s'étalera sur des sphères de plus en plus grandes, de telle sorte que la quantité qui traversera chaque unité de surface de chaque sphère sera précisément réduite dans le rapport des surfaces des sphères, c.-à-d. dans le rapport des carrés des distances au centre. C'est pourquoi la loi de l'inverse du carré des distances est aussi la loi de décroissance de l'intensité sonore, calorifique, lumineuse. Il y avait, sans doute, une grande hardiesse à étendre un pareil raisonnement à la force d'attraction; mais c'était en somme l'hypothèse la plus simple et la plus naturelle, l'événement a pleinement justifié les prévisions de Newton. Nous avons expliqué, au mot *Attraction*, par quels calculs Newton est parvenu à vérifier

la justesse de ses vues, et quelle déception il éprouva la première fois qu'il entreprit ce calcul avec les données inexactes qu'on possédait de son temps, et quelle éclatante confirmation il obtint lorsqu'il put utiliser la nouvelle mesure de l'arc du méridien effectuée par l'astronome français Picard. Voy. ATTRACTION.

Cependant Newton ne se contenta pas de cette approximation et de cette possibilité. Il ne voulut point conclure à l'universalité de la gravitation sur la simple considération de l'orbite lunaire envisagée comme un cercle, et de la vitesse moyenne de cet astre. Il démontra que les corps qui se meuvent sous l'influence d'une force attractive et diminuant en raison inverse du carré de la distance, doivent décrire des sections coniques ayant un de leurs foyers au centre de cette force, et observer la loi des aires que Képler, à la suite de patientes observations, avait assigné au mouvement d'une planète sur son orbite. En ce qui concerne les différentes planètes, Newton montra aussi que la troisième loi de Képler, d'après laquelle les carrés des temps des révolutions sont entre eux comme les cubes des grands axes, est encore une conséquence de l'attraction en raison inverse du carré des distances. En outre, il parvint à démontrer que quelques-unes des principales inégalités signalées dans les mouvements de la Lune et des planètes sont des conséquences nécessaires de l'attraction mutuelle que les différents corps du système solaire exercent les uns sur les autres, et enfin que la même puissance, non seulement régit les mouvements de toutes les planètes et de leurs satellites dans l'espace, mais encore détermine la figure de la Terre et cause la précession des équinoxes, ainsi que les marées de l'Océan. Voy. PLANÈTES.

Une fois admis que les différents corps qui composent le système solaire exercent les uns sur les autres une attraction mutuelle conformément à la loi proposée par Newton (*que les corps s'attirent les uns les autres avec une force directement proportionnelle à leur masse et en raison inverse du carré de leurs distances*), la détermination des mouvements des diverses planètes et de leurs satellites devient une question de pure géométrie, lorsque les données nécessaires ont été déterminées par l'observation. Cependant, si l'on voulait résoudre le problème dans ses termes les plus généraux, c.-à-d. si l'on voulait considérer simultanément les effets de tous les corps du système, les difficultés de calcul seraient énormes, et, en fait, les méthodes d'analyse découvertes jusqu'ici seraient insuffisantes à en triompher. Heureusement la condition actuelle du système est telle qu'on a pu simplifier la question. Les principales planètes sont isolées dans l'espace à de grandes distances les unes des autres, et leurs masses sont très faibles en comparaison du corps central, d'où il résulte que les effets de leur mutuelle attraction ne sont pas capables de changer considérablement la forme généralement elliptique de leurs orbites : ils produisent simplement de petites perturbations dans leurs orbites et dans leurs mouvements, perturbations qui peuvent se calculer isolément. En conséquence, les mathématiciens sont parvenus à exprimer par des équations analytiques l'ensemble des mouvements compliqués des planètes et de leurs satellites; et telle est la perfection qu'a atteinte cette branche de la science qu'il n'existe presque aucune irrégularité dans le mouvement des corps du système solaire, aucune déviation de leur position moyenne appréciable aux observations astronomiques les plus délicates, qu'elle n'ait expliquée et dont elle n'ait calculé la valeur et la durée, conformément au principe de la gravitation universelle, tel que l'a formulé le génie de Newton. Les seuls points qui restent aujourd'hui à élucider, sont *l'accélération du moyen mouvement de la Lune*, le *déplacement du périhélie de Mercure*, et le *retard de certaines comètes*, notamment de la comète d'Encke. Le premier phénomène peut s'expliquer par un allongement très petit de la durée du jour, dû à un ralentissement de la rotation de la Terre produit par le frottement des marées; le troisième a été attribué soit à un milieu résistant, hypothèse peu probable, soit plutôt à une force répulsive émanée du Soleil, et vraisemblablement d'origine électrique. Le déplacement du périhélie de Mercure est plus rapide que la théorie ne l'indique; c'est le cas le plus embarrassant; mais n'oublions pas qu'il s'agit d'écarts très petits, et il y a lieu d'espérer que, quand les constantes du système solaire seront mieux connues, cette difficulté s'éclaircira.

Les effets de la gravitation, tels que nous les manifestent les relations réciproques des différents corps célestes, nous permettent de nous faire une idée assez précise de la nature et du mode d'action de cette force. D'abord le phénomène des marées prouve que l'attraction n'agit pas seulement sur la matière prise en masse, mais encore que son action s'exerce sur chacune des molécules dont les corps sont composés. Les phénomènes astronomiques prouvent encore que la gravitation est une force qui se transmet d'un corps à un autre, non successivement, mais instantanément. En effet, si la transmission de son action s'opérait avec une vitesse appréciable, la valeur de cette vitesse affecterait d'une façon sensible la variation séculaire du mouvement moyen de la Lune. En comparant les résultats de la théorie avec l'observation, Laplace a trouvé que la vitesse de la force d'attraction, si elle n'est infinie, doit être au moins 50 millions de fois plus grande que celle de la lumière elle-même.

Une autre question qui se rattache à la nature de la force dont nous parlons, est celle de savoir si son action sur un corps quelconque est modifiée par l'interposition d'un autre corps à travers lequel elle doit alors agir. Ainsi, par ex., on se demande si l'attraction terrestre qui doit pénétrer toute l'épaisseur de la Lune pour attirer les molécules de cet astre situées à la face même qui est opposée à la Terre, agit sur elles avec la même intensité que sur les molécules qui sont le plus près de la Terre, en ayant égard à la loi de la distance? Laplace a démontré que les mouvements planétaires seraient autres qu'ils ne sont si l'attraction était modifiée par son passage à travers un corps matériel, d'où il suit que l'attraction se propage exactement avec la même intensité dans le vide et dans tous les milieux matériels. Au reste, on se plaçait à un point de vue purement spéculatif la loi de l'inverse du carré des distances, dont nous avons indiqué plus haut la signification géométrique, semble indiquer que l'attraction traverse l'espace sans aucune déperdition; en d'autres termes, que tous les milieux qu'on peut rencontrer dans l'espace sont absolument *transparents* pour cette forme d'énergie. S'il en était autrement, l'attraction décroîtrait plus vite que le carré de la distance. À la rigueur, une pareille supposition n'est pas inadmissible, puisque MM. Newcomb et Hall l'ont proposée pour expliquer le déplacement du périhélie de Mercure dont nous parlions tout à l'heure; mais, en tous cas, il s'agissait d'un effet extrêmement petit, et, dans l'état actuel de la science, cette hypothèse ne peut être considérée que comme fort peu vraisemblable. — Il est également démontré que la loi de l'attraction universelle n'est en aucune façon modifiée par les différences de nature que peuvent présenter les corps célestes. S'il existait seulement une différence d'un millionième entre l'action que le Soleil exerce sur les molécules de la Terre et celle qu'il exerce sur les molécules de la Lune, cette différence déterminerait dans la parallaxe solaire une variation de plusieurs secondes. Ainsi donc, la supposition d'une variation quelconque est impossible. Il s'ensuit de là que la force attractive du Soleil, dans des temps égaux et à des distances égales, imprime des vitesses égales à la Terre et à la Lune. Enfin, la théorie de Jupiter et de Saturne prouve que Jupiter agit absolument d'après les mêmes lois sur Saturne et sur ses propres satellites. La gravitation est donc une force complètement indépendante de la nature des corps sur lesquels elle agit.

Ajoutons que les observations des étoiles doubles et multiples qui tournent les unes autour des autres, semblent indiquer par ces mouvements, comme une conclusion d'une très haute probabilité — et presque certaine — que la loi de la gravitation universelle n'est pas une loi spéciale au système solaire, mais qu'elle s'applique à toute matière, en tout lieu de l'Univers.

En résumé, on doit considérer aujourd'hui, comme une des vérités les mieux démontrées de la physique, que : *Deux particules quelconques de matière s'attirent l'une l'autre suivant la ligne qui les unit, proportionnellement au produit de leurs masses, et en raison inverse du carré de leur distance.*

III. *Constante de la gravitation et densité de la Terre.* — Après Newton, quoique les phénomènes astronomiques ne laissassent aucun doute sur la réalité de l'attraction universelle, il restait à constater et à mesurer les effets de cette force sur les corps terrestres eux-mêmes; en un mot, à déterminer la *constante* de la g., c.-à-d. la force qui attire deux masses de 1 kilogramme chacune placées à 1 mètre de distance, par exemple. L'expression de la g. est donnée par la formule :

$$F = k\frac{m\,m'}{r^2},$$

où m et m' désignent les masses des deux points matériels, r la distance qui les sépare, et k un coefficient constant qu'il s'agit précisément de déterminer. L'expérience était d'autant plus intéressante que, comme nous l'expliquerons tout à l'heure, on en pouvait conclure la densité moyenne de la Terre.

John Mitchell, qui avait construit la balance de torsion que Coulomb avait imaginée pour mesurer les actions électriques, eut le premier l'idée de faire servir le même appareil à la mesure qui nous occupe; mais il mourut avant d'avoir pu effectuer l'effet de l'agitation de l'air, aucune recherche, et c'est Cavendish qui eut la gloire de réaliser cette expérience célèbre. Il convient de remarquer, pour se rendre compte des difficultés de cette entreprise, que les effets qu'il s'agissait de mesurer sont d'une petitesse extraordinaire. Jamais, dans les appareils de physique les plus délicats, on n'a songé à prendre des précautions pour se prémunir contre les attractions diverses pièces de l'appareil ni à mesurer les corrections qu'il faudrait apporter de ce chef au résultat des mesures. C'est que tous les physiciens savent que ces corrections seraient de beaucoup au-dessous des erreurs d'observation. Cependant ces attractions existent, et Cavendish est parvenu le premier à les mesurer, en 1798. Pour y arriver il fixa dans une cage de verre, pour éviter l'effet de l'agitation de l'air, deux sphères de plomb, de 12 pouces de diamètre, pesant chacune 158 kilog. et liées l'une à l'autre par une règle de fer dont on pouvait à volonté faire varier la direction. Presque au même niveau, deux autres boules de plomb de deux pouces de diamètre, reliées par une règle de sapin, sont suspendues par le milieu de ce fléau à fil métallique, de manière que la ligne joignant les centres des grosses sphères fasse un certain angle avec la ligne joignant les centres des petites sphères. On s'arrange d'abord pour que cet angle soit droit. Alors les attractions s'équilibrent à cause de leur symétrie, la torsion du fil est nulle et l'on relève, au moyen de microscopes appropriés, les positions des petites sphères. Ensuite, on déplace la ligne des grosses sphères; les petites sphères sont attirées par les grosses et déviées de leur position initiale, jusqu'à ce que la torsion du fil fasse équilibre à l'attraction. La mesure de la déviation fait connaître l'angle de torsion du fil qui est proportionnel à la force d'attraction, et il ne reste plus qu'à mesurer d'une part la distance des petites sphères, et d'autre part la force qui détermine dans le fil une torsion d'un angle déterminé, pour en déduire, par une simple règle de trois la valeur de l'attraction de deux masses données à une distance donnée. En fait, la position d'équilibre des petites sphères n'est jamais atteinte et il faut prendre la moyenne de leurs positions extrêmes; on en profite pour mesurer aussi la durée de l'oscillation que le fléau portant les petites sphères exécute devant les grosses sphères. Cette mesure contribue aussi à la précision du résultat.

L'expérience de Cavendish a été reprise par Reich en 1838, et en 1873 par MM. Baille et Cornu qui ont modifié l'appareil de Cavendish et l'ont réduit au quart de ses dimensions primitives. De plus, reprenant une disposition déjà employée par Reich, MM. Baille et Cornu ont fixé au fléau mobile un miroir dans lequel on observe à l'aide d'une lunette l'image d'une règle divisée, ce qui fait connaître très facilement l'angle de déviation du miroir. Enfin, ils ont substitué à l'observation directe des oscillations l'enregistrement électrique de ces oscillations elles-mêmes, ce qui facilite le travail et permet de conserver, sous forme de tracés graphiques, tous les documents relatifs à l'expérience. Plus récemment encore (1896), les mêmes expériences ont été refaites en Angleterre par M. Boys, au moyen d'un appareil comportant un luxe de précautions inusité jusqu'alors.

De la connaissance de la constante de l'attraction, il est facile de déduire la masse totale de la Terre. On sait en effet que si l'on suppose la Terre sphérique, l'attraction qu'elle exerce sur un corps placé à la surface est la même que si toute la masse en était concentrée au centre. Si donc k représente l'attraction de 1 kilog. de matière sur un autre kilog. à 1 mètre de distance, et si R est le rayon de la sphère terrestre, l'attraction des deux mêmes masses, dont l'une serait placée au centre de la sphère et l'autre à la surface, serait réduite à $\dfrac{k}{R^2}$; si au lieu de 1 kilog., la masse transportée au centre de la terre est de P, l'attraction sera : $\dfrac{P\,K}{R^2}$. Mais l'attraction de la sphère terrestre tout entière sur une masse de 1 kilog. placée à la surface est justement de 1 kilog. On aura donc :

$$1 = \frac{P\,K}{R^2},$$

d'où

$$P = \frac{R^2}{K},$$

ce qui donne la masse de la Terre en kilogrammes. Comme d'ailleurs, on en connait le volume, il est facile d'en conclure la densité moyenne. Le calcul précédent néglige la force centrifuge qui entre en déduction de l'attraction pour former le poids et qu'il faut ajouter au nombre 1 dans le premier membre de l'équation précédente.

Les expériences de M. Boys ont donné pour l'attraction d'une masse de 1 kilog. sur une masse égale, à 1 mètre de distance, une force de

$$0^{gr},000\ 000\ 006\ 787,$$

ou environ 7 millionièmes de milligramme.

Quant à la densité moyenne de la Terre, M. Boys l'a trouvée égale à 5,52, celle de l'eau étant prise pour unité. MM. Baille et Cornu avaient trouvé 5,53 et Cavendish 5,45.

IV. La découverte de la g. universelle marque une époque mémorable dans l'histoire de la science; c'est assurément une des plus belles conquêtes de l'esprit humain, et celle, peut-être, qui a eu le plus d'influence sur le développement ultérieur des idées et le progrès si rapide de nos connaissances. Sans insister sur son immense portée philosophique, nous ferons seulement remarquer qu'elle a permis de rattacher à une cause unique et simple toutes les circonstances du mouvement des astres; qu'elle a, par cela même, habitué les physiciens à rechercher au milieu de tous les détails de l'expérimentation, la loi primordiale qui embrasse tous les phénomènes observés et qui permet d'en découvrir de nouveaux. D'une manière indirecte, les difficultés considérables de calcul qui se sont présentées dans l'application de la loi de Newton aux mouvements des astres, ont donné naissance aux magnifiques travaux des géomètres du XVIIIe siècle et, par suite, aux progrès si remarquables de l'analyse mathématique, ce merveilleux instrument de toute recherche scientifique et même industrielle. A un point de vue plus immédiatement pratique, la loi de la g. a permis d'édifier la théorie des marées et de calculer, à l'avance, tous les détails du mouvement du flux et du reflux dans les ports de mer. Ajoutons, enfin, que les recherches des Lagrange, des Laplace, des Poisson, sur la *Mécanique céleste*, ont constitué la théorie complète des forces qui varient en raison inverse du carré de la distance. Comme les actions électriques suivent précisément la même loi, les savants électriciens contemporains trouvent aujourd'hui dans les résultats élaborés en vue de l'astronomie de précieuses ressources pour l'édification d'une science qui paraît devoir un jour révolutionner l'industrie moderne.

On a beaucoup discuté sur la nature de l'attraction universelle. Les adversaires de Newton l'ont accusé de vouloir introduire de nouveau dans la science les qualités occultes dont on avait si étrangement abusé autrefois. Newton avait-il pris la peine de s'expliquer à ce sujet, il disait : « Les choses se passent comme si deux molécules de matière s'attiraient toujours en raison directe du produit de leur masse et en raison inverse du carré de leur distance », ce qui est absolument démontré par les faits. Quant à la nature même de l'attraction, loin d'en faire une qualité directe de la matière, il déclarait franchement qu'il n'en connaissait pas la cause et n'était pas très éloigné d'y voir une manifestation directe de la volonté du Créateur pour établir l'ordre et l'harmonie dans la nature.

Aujourd'hui, nous ne sommes pas plus avancés que Newton. On a essayé bien des explications; aucune n'est satisfaisante. On est cependant porté à croire que l'attraction n'est qu'une manifestation d'un phénomène plus général ayant son siège dans le même milieu qui sert de véhicule aux ondes calorifiques et lumineuses. Les progrès de la physique nous apprendront, sans doute, quelque jour quel lien existe entre la lumière, l'électricité, la gravitation, et les actions moléculaires.

GRAVITÉ. s. f. (lat. *gravitas*, m. s., de *gravis*, grave). Pesanteur. *La g. fait descendre les corps vers la terre*. Peu us. || Fig., se dit du ton sérieux de l'homme, accoutumé à se respecter lui-même et à respecter la position qu'il occupe, répand sur tout son extérieur, ainsi que sur ses actions et sur ses discours. *La g. d'un magistrat. Garder sa g. Prendre un air de g. La g. du maintien, des mœurs, du style.* — Par anal., on dit : *La g. d'un ministère. La g. de son rang ne lui permet pas de...* || Fig., se dit encore pour importance. *La g. du sujet. La g. de cette question. La g. de sa faute est telle que...* || Fig., s'emploie quelquefois dans le sens de Danger, péril. *Il ne voit pas la g. de sa maladie. La g. de sa situation me fait trembler pour lui.* || T. Phys. Se dit d'un son quelconque par rapport à un son plus élevé. *La g. des sons est*

purement relative; elle résulte du nombre de vibrations exécutées dans le même espace de temps par le corps sonore.

Méc. — *Centre de gravité.* — Tout corps est formé par la réunion d'un certain nombre de molécules qui toutes sont sollicitées par la pesanteur. — Les forces parallèles qui constituent les poids de ces molécules et qui leur sont appliquées peuvent se composer en une résultante unique que l'on nomme le *Poids* du corps : c'est, en d'autres termes, la force qui le fait tomber. Le centre de ces forces parallèles dues à la pesanteur (Voy. STATIQUE) est le *centre de g.* du corps; nous dirons donc que le *centre de g. d'un corps est le point d'application de la résultante des poids de tous les éléments matériels de ce corps*. Mais lorsqu'on fixe le corps, on détruit l'effet du poids qui le sollicite, dans quelque position qu'on place le corps; de là cette deuxième définition du centre de g. : *c'est le point sur lequel le corps se tient en équilibre dans toutes ses positions.* Réciproquement, on peut dire que le centre de g. est soutenu, directement ou indirectement, toutes les fois que l'on voit un corps en équilibre.

C'est à Archimède que l'on doit les premières considérations sur le centre de g.; il a cherché à déterminer sa position dans un grand nombre de cas. Souvent son existence et sa position sont évidentes par des raisons de symétrie. Ainsi, on voit facilement qu'une *sphère* homogène restera en équilibre dès que l'on soutiendra son centre de figure. Ce centre de figure est donc en même temps son centre de g. Il en est de même pour tous les corps homogènes qui possèdent un centre de figure. Par une méthode expérimentale facile à concevoir, si elle n'est pas facile à exécuter, on peut démontrer l'existence du centre de g. d'une manière générale, et assigner sa position dans les corps homogènes ou hétérogènes, quelle que soit leur forme. On suspend le corps à un fil par un point *a* de sa surface (Fig. 1). La force qui le sollicite à tomber est

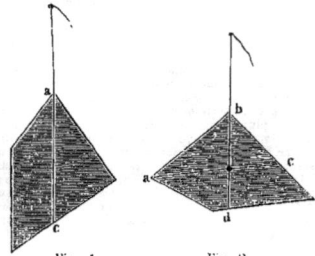

Fig. 1.   Fig. 2.

son poids, et son centre de g. est le point d'application de cette force à laquelle le résistance du fil fait équilibre. Cette résistance du fil est donc une force égale et directement opposée à la première. Si maintenant on marque avec autant d'exactitude qu'il est possible le point *c* où le prolongement du fil viendrait percer la surface inférieure du corps, le centre de g. de celui-ci sera nécessairement sur la ligne *ac*. Recommençons encore une fois l'expérience en attachant le corps (Fig. 2) par un autre point *b*, et en marquant de même le point *d* sur le prolongement du fil; le centre de g. se trouvera aussi sur la ligne *bd*. Or, il arrive nécessairement que ces deux droites *ac*, *bd* sont dans un même plan, et le centre de g. est à leur point d'intersection. — Le centre de g. des corps homogènes dont les formes sont régulières se détermine par des considérations géométriques assez simples. On peut aussi concevoir des corps infiniment plats, ce qui conduit à considérer le centre de g. *d'une surface*, et des corps filiformes infiniment minces, ce qui conduit à considérer le centre de g. *d'une ligne.* Par exemple, le centre de g. d'une *ligne droite* est évidemment au milieu de sa longueur. Celui d'un *parallélogramme* est à la rencontre des diagonales, car chaque diagonale coupe la figure en deux parties égales. Le centre de g. du *cercle* est à son centre. Celui d'un *triangle* est situé au point de concours des médianes, c.-à-d. des droites qui joignent chaque sommet au milieu du côté opposé. Nous allons démontrer ce principe pour donner une idée des déterminations de ce genre. Soit ABC (Fig. 3) une plaque triangulaire, de densité et d'épaisseur uniformes. Divisons-la en tranches ou bandes contiguës les unes aux autres et parallèles au côté BC; puis menons la médiane AD du sommet A au milieu de la base BC. Cette médiane AD divise en deux parties égales toutes les bandes dont est composée la plaque triangulaire, de telle sorte que la plaque serait en équilibre, si elle reposait horizontalement sur une arête rectiligne coïncidant avec AD. Le centre de g. doit donc se trouver quelque part sur cette dernière droite. On prouverait par un raisonnement semblable qu'il doit également se trouver quelque part sur la médiane BE menée du sommet B au milieu de la base AC. Par conséquent, le centre de g. est situé au milieu

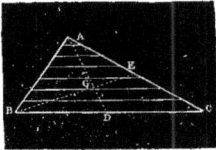

Fig. 3.

de l'épaisseur de la plaque, à l'intersection des deux lignes AD, BE, c.-à-d. au point G. Comme il doit se trouver aussi sur la troisième médiane, on en conclut que les trois médianes passent par un même point G. De plus, on démontre en géométrie que le point G, ainsi obtenu, divise la ligne AD en deux parties, dont l'une, DG, est la moitié de l'autre. Au reste, cette propriété peut aussi s'établir par la considération de trois poids égaux placés aux trois sommets A B C du triangle. Si l'on cherche le centre de g. de l'ensemble de ces trois poids, on composera d'abord les poids B et C qui donneront une résultante égale à leur double et appliquée en D, et il restera à composer le poids A d'intensité 1, avec le poids B d'intensité 2. La résultante sera appliquée en un point qui divise AD dans le rapport inverse de 2 et 1, c.-à-d. au tiers de la longueur AD à partir du point D. Si l'on avait composé d'abord les forces A et C, on aurait trouvé le centre de g. au tiers de la médiane issue de B, et en commençant par A et B au tiers de la troisième médiane, d'où il suit que les trois médianes passent par un même point, qui est bien au tiers de chacune d'elles à partir de la base.

Pour trouver le centre de g. d'un polygone irrégulier, on le décompose en triangles, dont on cherche les centres particuliers de g., ensuite on regarde les forces appliquées aux centres de g. des triangles comme étant proportionnelles à leurs surfaces, on en cherche la résultante par les règles ordinaires, et son point d'application est le centre de g. du polygone. Le centre de g. d'un parallélipipède est au point d'intersection de deux de ses diagonales; celui d'un cylindre, au milieu de l'axe; celui d'un prisme triangulaire, au milieu de la droite qui joint le centre de g. de ses deux bases. Le centre de g. d'une pyramide est sur la droite qui joint le sommet au centre de g. de la base et au quart de cette droite à partir de la base; celui d'un cône est sur son axe, aux quart de sa longueur à partir de la base. Mais le centre de g. n'est pas toujours compris dans la masse du corps : ainsi, par ex., celui d'un anneau circulaire et d'une sphère creuse se trouve au centre même du cercle et de la sphère.

La considération du centre de gravité donne facilement la condition d'équilibre d'un corps posé sur un plan horizontal. Nous rappellerons qu'on nomme Équilibre l'état d'un corps sollicité par plusieurs forces qui se détruisent mutuellement. Un corps posé sur un plan horizontal est en équilibre, quand la verticale au centre de gravité passe par la base de sustentation du corps, et l'on entend par base de sustentation le polygone convexe, c'est-à-dire sans angles rentrants, formé par les droites qui joignent les points d'appui les uns aux autres : ainsi la base d'un trépied est un triangle, et celle d'une table à quatre pieds un quadrilatère. Il est évident que cette condition suffit; car, lorsqu'elle est remplie, la force appliquée au centre de g. ne fait que presser le corps contre le plan. On voit d'après cela que le cylindre oblique (Fig. 4) sera en équilibre, s'il n'a qu'une longueur telle que la verticale passant par son centre de g. rencontre la surface qui le supporte à l'intérieur du cercle de la base; mais il tombera, si sa longueur est telle

que la verticale qui passe par son centre de g. b tombe en dehors du contour de la base. On distingue trois sortes d'équilibre. L'équilibre est stable quand le corps, légèrement écarté de sa position d'équilibre, y revient spontanément : c'est le cas d'un prisme reposant sur une table par l'une de ses faces latérales. L'équilibre est instable quand le corps ne reprend plus sa position d'équilibre, pour peu qu'on l'en écarte, mais tend au contraire à s'en écarter davantage : c'est le cas d'un prisme qui s'appuierait sur une arête. Enfin, l'équilibre est neutre ou indifférent quand la plus petite force suffit pour déplacer le corps, sans qu'il tende nécessairement à revenir à sa position primitive, et sans qu'il tende nécessairement non plus à s'en écarter indéfiniment : c'est le cas d'une sphère, d'un cylindre roulant sur un plan horizontal. Ces trois positions d'équilibre peuvent se caractériser très simplement par la considération du centre de g. Dans l'équilibre stable, le centre de g. est plus bas que dans toutes les positions voisines; dans l'équilibre instable, il est au contraire plus élevé; enfin, dans l'équilibre indifférent, sa hauteur reste la même, quand on change la position du corps. La notion du centre de g. fournit une définition rigoureuse de la chute : un corps tombe quand son centre de g. descend. — Tout le monde connaît ce jouet d'enfant qui consiste en petit cylindre de moelle de sureau au bout duquel est fixé un bouton métallique. Quand on le pose sur une table en le couchant sur le côté, il se redresse immédiatement pour prendre la position verticale, ou, pour parler plus exactement, il tombe. En effet, le centre de g. ce petit corps étant situé à l'intérieur de la masse métallique, lorsque le jouet est couché

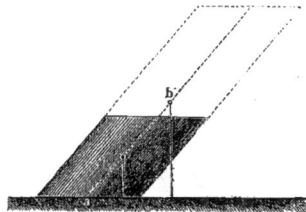

Fig. 4.

sur le côté, la verticale qui passe par son centre de g. est dirigée en dehors du polygone convexe formé par ses points d'appui avec la table. La force qui est appliquée au centre de g. peut alors produire son effet en abaissant ce point, ce qui oblige le corps à se redresser.

Il résulte des considérations qui précèdent qu'un homme ne peut être en équilibre sur ses pieds qu'autant que la verticale de son centre de g. passe par la base de sustentation; cette base est ici limitée par le contour extérieur des pieds et par deux lignes droites qui joindraient, l'une les deux talons, et l'autre les deux extrémités antérieures (Fig. 5). La position du centre de g., chez l'homme dépend de l'attitude; elle n'est pas invariable comme dans les corps solides. Dans la station verticale, les bras le long du corps, le centre de g.

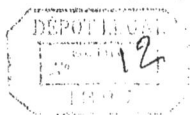

Fig. 5.

se trouve vers le milieu du bassin. Toutes choses égales d'ailleurs, la station est d'autant plus difficile que la base est plus petite; aussi se maintient-on avec peine sur la pointe des pieds ou sur le talon, tandis qu'au contraire on a une attitude ferme quand on écarte les pieds. L'utilité du bâton est de donner une base triangulaire plus étendue. L'homme debout n'a réellement qu'un équilibre mobile, des mouvements continuels et involontaires déplaçant à chaque instant son centre de g.; mais ce déplacement ne peut pas occasionner la chute, tant que la verticale ne sort pas de la base de sustentation. Un homme qui porte un fardeau ne peut pas se tenir droit, parce que le centre de g. se trouvant transporté du côté de la charge, il doit, pour le ramener au-dessus de la base de sustentation, se pencher du côté opposé au fardeau. Ainsi, par ex., lorsqu'on porte le fardeau sur les épaules, on s'incline en avant (Fig. 6), et la nourrice qui porte un enfant entre ses bras est obligée de jeter son corps en arrière. Un piéton a l'air de se pencher en avant lorsqu'il monte une colline, et en arrière lorsqu'il la descend; mais en réalité il cherche toujours à conserver la position verticale, ou à se tenir droit par rapport à un plan du niveau : c'est ce qu'on comprendra sur-le-champ à l'inspection de la Fig. 7. Une personne assise dans un fauteuil ne peut se lever qu'en penchant son corps en avant pour amener le centre de g. au-dessus de ses pieds, ou en ramenant les pieds en arrière pour les placer sous le centre de g. Les tours des danseurs de corde sont autant d'expériences sur le centre de g. Le danseur tient ordinairement un grand balancier qui facilite singulièrement ses exercices. En effet, comme les conditions

Fig. 6.   Fig. 7.

d'équilibre dépendent de la position du centre de g. du corps du danseur et du balancier réunis, et que le centre de g. du balancier tombe à peu près au milieu de sa longueur, à l'endroit où le danseur le saisit, on peut dire qu'il tient en quelque sorte dans sa main le centre de g. du système, et qu'il le place à chaque instant de la manière la plus propre à assurer son équilibre. Nous voyons aussi par là en vertu de quel principe la stabilité des voitures est liée à leur mode de chargement. Quand la charge est considérablement élevée au-dessus des roues, le centre de g. se trouve élevé en proportion, et la voiture est d'autant plus exposée à verser. Aussi, les entrepreneurs de diligences avaient-ils imaginé quelquefois de charger les bagages sous la caisse de la voiture en ne laissant sur l'impériale que des corps légers. Lorsque la voiture doit tourner rapidement et sur un axe d'un petit rayon, la trop grande hauteur du centre de g., résultant du mode de chargement, augmente beaucoup les chances de verser : car alors la force centrifuge agissant vers l'extérieur du cercle se compose avec le poids pour donner une résultante oblique, qui peut arriver facilement à sortir de la base de la voiture. Alors celle-ci chavire en tournant autour des roues extérieures à l'arc du cercle décrit.

La détermination du centre de g. d'un corps peut aussi s'effectuer par le calcul. A cet effet, on s'appuie sur le théorème des moments, d'après lequel le moment de la résultante des forces parallèles par rapport à un plan parallèle à ces forces est égal à la somme des moments des composantes par rapport au même plan. On sait que le moment d'une force par rapport à un plan parallèle à cette force est le produit de l'intensité de cette force par sa distance au plan. Voy. STATIQUE. Si alors on appelle x la distance à un plan fixe du point d'application d'une des forces, F cette force et X la distance au même plan du point d'application de la résultante, laquelle est égale à la somme des forces parallèles, on aura l'équation :

$$X \Sigma F = \Sigma F x,$$

d'où :

$$X = \frac{\Sigma F x}{\Sigma F},$$

le symbole Σ indiquant qu'il faut faire la somme de tous les éléments analogues. Comme la position du centre des forces parallèles est indépendante de la direction de ces forces, on peut prendre trois plans fixes et prendre les moments par rapport à chacun d'eux : on aura trois équations qui feront connaître les distances du point cherché à ces trois plans, ce qui suffira à le déterminer.

Pour appliquer ces remarques au centre de g. d'un corps solide, il faudrait faire la somme des moments des poids de toutes les molécules qui le composent ; comme cela est impossible, on suppose le corps continu et les sommes précédentes deviennent des intégrales. Soit, par exemple, une courbe plane définie par son équation cartésienne $y = f(x)$, et soit ρ la densité au point x, y, c.-à-d. le quotient de la masse d'un élément infiniment petit par la longueur de cet élément. L'élément de longueur sera $\sqrt{dx^2 + dy^2}$, et la masse de cet élément sera :

$$\rho \sqrt{dx^2 + dy^2}.$$

Si alors on désigne par M la masse totale de la courbe, et qu'on prenne les moments par rapport aux deux axes des coordonnées, on aura, en désignant par X, Y, les coordonnées du centre de g. :

$$X M = \int \rho x \sqrt{dx^2 + dy^2},$$
$$Y M = \int \rho y \sqrt{dx^2 + dy^2},$$

qu'on peut encore écrire :

$$X = \frac{1}{M} \int \rho x \sqrt{1 + y'^2} \, dx,$$
$$Y = \frac{1}{M} \int \rho y \sqrt{1 + y'^2} \, dx,$$

y' désignant la dérivée de y par rapport à x, et les intégrales étant étendues à toute la longueur de la courbe.

De même les coordonnées du centre de g. d'une courbe gauche seront données par les équations :

$$X = \frac{1}{M} \int \rho x \, ds \quad Y = \frac{1}{M} \int \rho y \, ds \quad Z = \frac{1}{M} \int \rho z \, ds,$$

ds, désignant l'élément de l'arc.

Si l'on considère une aire plane limitée, on la partagera en rectangles infiniment petits par un réseau de droites parallèles aux axes des coordonnées ; la masse de chaque rectangle sera $\rho \, dx \, dy$, et en raisonnant comme précédemment, on trouvera que les coordonnées du centre de g. seront données par des intégrales doubles :

$$X = \frac{1}{M} \iint \rho x \, dx \, dy \quad Y = \frac{1}{M} \iint \rho y \, dx \, dy,$$

ces intégrales étant étendues à toute l'aire considérée.

De même enfin, les coordonnées du centre de g. d'un solide seront données par des intégrales triples, comme on le voit en partageant le solide en parallélépipèdes infiniment petits par des plans parallèles aux plans de coordonnées :

$$X = \frac{1}{M} \iiint \rho x \, dx \, dy \, dz \quad Y = \frac{1}{M} \iiint \rho y \, dx \, dy \, dz$$
$$Z = \frac{1}{M} \iiint \rho z \, dx \, dy \, dz.$$

GRAVITER. v. n. (lat. *gravis*, pesant). T. Astron. et Phys. Tendre vers un point en vertu de la force appelée Gravitation, *Toutes les planètes gravitent vers le Soleil.* || Fig., *Un monarque est un centre autour duquel gravitent tous les courtisans.*

GRAVOIR. s. m. [Pr. *gra-vouar*] (R. *graver*). Instrument à graver. || Outil dont se servent les opticiens pour tracer dans la châsse des lunettes la rainure où se place le verre. || Instrument avec lequel on façonne les filets des cierges. || Instrument avec lequel le charron fend les cercles de fer. || Marteau avec lequel le maréchal ferrant marque diverses pièces.

GRAVOIS. s. m. [Pr. *gra-voi*] (R. *grave*, autre forme de *grève*) La partie la plus grossière qui reste du plâtre après qu'on l'a sassé. || Les menus décombres d'une muraille qu'on a démolie, ou les menus débris qui restent des matériaux d'une construction que l'on fait.

GRAVURE. s. f. L'art de graver. *Il apprend la g.* || Le procédé employé pour graver. *G. au burin, à l'eau-forte, au pointillé.* || L'ouvrage, le travail du graveur. *La g. de cette planche est à recommencer.* || Estampe. *Livre orné de gravures.* || T. Archit. Sculpture peu profonde. || T. Techn. Raie pratiquée autour de la semelle d'un soulier pour y cacher le point. || Par anal., Écusson d'une vache. Voy. Écusson. || Rainures du soummier de l'orgue, au moyen desquelles le vent circule jusqu'à l'orifice inférieur des tuyaux.

Techn. — La *Gravure* a pour objet de reproduire par incision un dessin quelconque sur une matière dure, soit pour en prolonger la durée, soit, comme c'est le cas le plus général, pour en multiplier les copies par l'impression ou le moulage. C'est un des arts les plus anciennement connus, et quand on en rapporte l'origine au XVᵉ siècle, on veut seulement parler de la découverte des procédés propres à tirer des épreuves d'une plaque gravée, c.-à-d. de l'application de l'impression à la reproduction des dessins gravés. — Les diverses espèces

-de g. forment trois grandes catégories: la *G. en creux*, la *G. en relief* et la *G. en bas-relief*. Nous ne parlerons ici que des deux premières. Quant à la troisième, qui comprend la g. sur pierres fines et la g. des coins des monnaies, il en a été question au mot GLYPTIQUE.

1. *Gravure en creux.* — Les dessins sont formés par des creux ou sillons que l'on remplit d'encre, après quoi on transporte cette dernière sur le papier par l'impression.

1° La *G. au burin* est la plus ancienne et la plus parfaite des diverses variétés de g. en creux; mais c'est aussi la plus difficile. On attribue son invention à l'orfèvre florentin Maso Finiguerra qui, en 1452, imagina de tirer une épreuve d'une plaque de métal qu'il venait de graver pour l'église Saint-Jean de sa ville natale. Toutefois c'est seulement quelques années après que l'on songea à tirer parti de cette découverte pour obtenir des copies qui reçurent le nom d'*Estampes*, de l'italien *stampare*, imprimer. Les plus anciennes estampes paraissent avoir été obtenues avec des planches d'étain, mais aujourd'hui le cuivre rouge est le métal le plus employé. Cependant, lorsqu'on se propose de faire des tirages considérables, on se sert de préférence de planches d'acier parce qu'elles donnent facilement 20,000 épreuves, tandis que celles de cuivre n'en fournissent guère plus de 3 à 4,000. La g. sur cuivre a reçu le nom particulier de *Chalcographie*, et l'on applique la dénomination de *Sidérographie* à celle qui se fait sur acier. Nous venons de dire que la g. au burin est la plus parfaite de toutes; cependant il est rare qu'on l'exécute tout entière avec l'instrument qui lui a donné son nom; on la commence ordinairement avec l'eau-forte, on la termine au burin. La g. au burin est aussi appelée *G. en taille-douce*, par opposition à la g. en relief sur bois, parce qu'elle produit des effets plus doux que celle-ci. La planche métallique est fournie toute dressée et polie par le *planeur*. Le premier travail du graveur consiste à y décalquer son dessin, puis à en tracer tous les contours avec la *Pointe*, c.-à-d. avec une espèce d'aiguille qui marque sur le cuivre un trait fin et délié, lequel indiquera ensuite tout le travail du burin. Le *Burin* est un ciseau d'acier trempé dont le biseau présente une coupe différente suivant le travail que l'on veut exécuter. Cet outil, en coupant le cuivre, laisse de chaque côté un petit rebord saillant que l'on nomme *Rebarbe* ou *Bavure*, on l'enlève avec un autre outil qu'on appelle *Ébarboir*. Ainsi, c'est uniquement avec des *Tailles* ou *Hachures*, et des points, que l'artiste reproduit les divers effets du crayon du dessinateur. Les premières tailles sont généralement serrées et parallèles; mais un seul rang de tailles ne saurait suffire. En conséquence, on les croise par d'autres tailles ordinairement plus déliées et plus écartées, qu'on appelle *Contre-tailles*. Quelquefois, au lieu de croiser les hachures, on met entre les tailles, pour les ombrer davantage et les adoucir en même temps, des contre-tailles plus déliées ou des points plus allongés. On se sert de troisièmes tailles, tantôt pour compléter l'effet, tantôt pour éteindre ou sacrifier certaines parties. De plus, on couvre souvent les fonds de tailles semblables, et même de quatrièmes tailles, pour en rendre les détails moins sensibles. Pour imiter les chairs, on fait usage de hachures courbes, croisées on les croise de contre-tailles qui forment des losanges par leurs intersections. Enfin, on rend les parties rugueuses, comme les rochers, les terres, les troncs d'arbres, etc., par des tailles courtes, tremblotées, interrompues, que l'on nomme *Grignotis*. Du reste, le travail des hachures ne peut être soumis à aucune règle générale, l'artiste emploiera à son gré les tailles qui lui paraissent les plus propres à produire l'effet qu'il veut obtenir.

2° La *G. à l'eau-forte* a été découverte à la fin du XVe siècle, vraisemblablement par Wenceslas d'Olmutz, dont on connaît une épreuve qui porte la date de 1496. Ce genre de g. consiste en principe à couvrir la planche de cuivre d'une mince couche de vernis, à décalquer sur ce vernis le dessin à reproduire, à enlever les traits de ce dessin en mettant le métal à découvert, et à creuser, au moyen d'un acide, les parties que le vernis ne protége plus. On distingue la *g. à l'eau-forte des peintres* et la *g. à l'eau-forte des graveurs*. La première est un dessin exécuté librement par l'artiste, non pas avec le crayon, mais avec une pointe d'acier. C'est une œuvre toute d'inspiration, qui n'est soumise à aucune règle. La seconde n'est qu'un travail préparatoire, qui est destiné à être terminé au burin. — Pour la g. à l'eau-forte, on expose pendant quelques instants la planche de cuivre ou d'acier à un feu doux. Quand le métal a acquis le degré de chaleur voulu, on le recouvre d'une couche légère et uniforme d'un vernis particulier. Le vernis appliqué, et pendant qu'elle est encore chaude, on *flambe la planche*, opération qui consiste à promener sur toute la sur-

face vernie la flamme d'un flambeau qui donne beaucoup de fumée. Le *Flambage* a pour objet de noircir le vernis, afin qu'on puisse mieux apercevoir les traits du dessin. Quand il est achevé, on exécute sur l'enduit le dessin à graver, soit directement, comme cela a lieu pour la g. à l'eau-forte des peintres, soit indirectement, au moyen d'un décalque, comme cela se pratique pour la g. à l'eau-forte des graveurs. Cela fait, on trace sur le vernis, avec des *pointes*, le trait et les ombres des objets dessinés. Pour tracer les traits les plus délicats, on emploie des pointes à extrémité très aiguë, tandis que, pour les traits plus larges, on se sert d'outils aiguisés en biseau qu'on appelle *Échoppes*. Il ne reste plus alors qu'à faire *mordre* l'acide. A cet effet, on pose la planche sur une table horizontale et on l'entoure d'un rebord de cire, destiné à retenir le mordant. Ainsi que l'indique son nom, ce dernier est de l'acide azotique, dont on fait varier la force suivant le genre du travail. Le temps que doit durer la morsure est également très variable. Lorsque le graveur juge que la planche est suffisamment creusée, il enlève la bordure de cire, dissout le vernis avec de la térébenthine légèrement chauffée, et frotte le cuivre avec du charbon de saule et de l'huile, pour faire disparaître les saillies résultant du foulage de la pointe.

3° La *G. à la pointe sèche* s'exécute sur cuivre nu, c.-à-d. non verni, au moyen de pointes aiguisées ou tranchantes de diverses formes, et qui, maniées comme un crayon, font dans le métal des tailles d'une extrême finesse et généralement peu profondes. Ce n'est pas, à proprement parler, un genre particulier de g., et il est rare qu'on grave des planches entières par ce procédé. On l'emploie presque toujours pour faire les petites figures et harmoniser les tons dans les eaux-fortes et la g. au burin. Son épithète de *sèche* indique simplement que son travail n'a pas, comme celui de la pointe ordinaire, besoin du secours d'un acide.

4° La *G. à la manière noire* ou *Mezzo-tinto*, a été inventée, en 1643, par un officier hessois, nommé Louis de Sieghen. On l'appelle aussi *manière anglaise*, parce qu'elle a été particulièrement cultivée en Angleterre. Ce genre de g. diffère de tous les autres, en ce qu'au lieu d'établir les ombres, le travail du graveur consiste, au contraire, à établir les clairs. Pour cela, on prend une planche de cuivre parfaitement planée, et on la couvre de hachures en creux très déliées et très rapprochées, soit au moyen d'une machine, soit en promenant sur elle, horizontalement, verticalement et diagonalement, une sorte de ciseau appelé *Berceau*, dont le tranchant est circulaire et armé de petites dents. Cette opération, dite *Berçage*, est bien faite, la planche doit donner une épreuve d'un noir parfait. On décalque alors le dessin directement sur le cuivre, en se servant pour cela d'un papier enduit de sanguine, et, afin que les traits ne puissent s'effacer, on les repasse au pinceau avec de l'encre de Chine ou une couleur à l'huile. Alors, au moyen de grattoirs et de brunissoirs de formes et de dimensions variées, on enlève ou écrase tout ce qui doit devenir clair à l'impression. On s'entend de cette manière que l'on arrive à produire toutes les dégradations de teintes, depuis le noir le plus foncé jusqu'au blanc le plus éclatant. La g. à la manière noire est particulièrement propre pour les effets de nuit, et la reproduction des chairs, des fruits et des fleurs; mais elle manque de fermeté et de hardiesse précisément à cause du velouté que donne le grain. D'un autre côté, elle est très difficile à imprimer, et les planches ne donnent pas plus de 200 à 300 bonnes épreuves.

5° La *G. au lavis* ou *Aqua-tinta*, est généralement attribuée à un graveur de Nuremberg, nommé Schweikard, qui l'aurait découverte un peu avant l'année 1750. Ce genre de g., qui est une modification de la g. à l'eau-forte, sert spécialement pour objet d'imiter, au moyen de teintes variées et gradées, le lavis à l'encre de Chine ou à la sépia sur papier. Ses procédés sont extrêmement variés, mais on l'exécute généralement ainsi qu'il suit. Après avoir tracé le dessin sur le cuivre de la même manière pour la g. à l'eau-forte, on couvre de vernis les parties qui doivent rester blanches, puis on *lave* sur la planche avec un pinceau et de l'eau-forte, comme on le fait sur le papier avec la sépia. Suivant que l'acide est plus ou moins fort, on a une teinte égale et d'un grain plus, plus ou moins foncée. Pour obtenir plus de vigueur, on nettoie la planche en la saupoudrant avec de la résine très finement pulvérisée, et l'on y fixe cette dernière en la chauffant. Alors on recouvre de vernis au pinceau tous les points que l'on veut réserver, et l'on verse dessus de l'acide qui attaque les intervalles situés entre les grains résineux.

6° La *G. au pointillé* consiste à représenter les figures par des masses de points et de petits traits, ou de points seuls, produits avec la pointe sèche ou avec la pointe triangulaire du burin. Ce genre passe pour avoir été imaginé au XVIIe siècle par Jean Boulanger; mais une manière analogue était connue antérieurement sous le nom d'*opus mallei* (travail au maillet) parce qu'on l'exécutait avec de petits ciselets et le marteau. On l'a surtout employée pour faire les gravures de modes et les modèles de dessin destinés aux écoles. Ce genre de g. ne donne que des ouvrages mous et froids.

7° La *G. imitant le crayon* a été inventée, en 1740, par le graveur parisien J.-C. François, qui se proposait de substituer aux gravures en taille-douce, alors employées dans les écoles de dessin, d'autres gravures imitant les hachures grenées du crayon. On parvient de plusieurs manières à produire l'irrégularité du crayon passé sur les grains du papier. La manière dite *sablée* consiste à saupoudrer la planche préalablement vernie d'une couche légère de sable fin que l'on fait adhérer au vernis en chauffant légèrement. On décalque ensuite le dessin et l'on en repasse tous les traits avec des pointes obtuses, en appuyant plus ou moins pour faire pénétrer le sable jusqu'au cuivre. Il ne reste plus alors qu'à procéder à la morsure, puis à retoucher, ce qu'on fait au moyen de petites aiguilles de pierre ponce ou de pierre à aiguiser. Au lieu de sable, on emploie aussi des burins à pointe, tantôt effilée, tantôt arrondie, suivant la grosseur des points que l'on veut produire; ou bien des pointes qui offrent plusieurs dents inégales; ou encore des roulettes d'acier dont le contour est couvert de petites aspérités. Le pointillé exécuté par ce dernier procédé est dit *à la roulette*. On le combine souvent avec celui des pointes dentées. Enfin, quand on veut imiter les dessins à deux ou à trois crayons, on grave autant de planches qu'il y a de couleurs; puis, à l'aide de repères, on imprime successivement ces différentes planches sur le même papier.

8° La *G. en couleur* n'est pas, à proprement parler, une manière de graver, mais simplement un procédé particulier d'impression polychrome, par le moyen duquel on peut obtenir une estampe coloriée qui a l'apparence d'un tableau, d'une gouache ou d'une aquarelle. On attribue à tort l'invention de ce procédé au Hollandais Lastmann, qui vivait vers 1626. Elle est due à Jacques Leblond, de Francfort-sur-le-Main, qui vint s'établir en France en 1720. Ce procédé consiste à faire, en gr. *en taille-douce* ou d'*aqua-tinta* autant de planches qu'il doit y avoir de couleurs et à les imprimer successivement sur la même feuille de papier. Ce genre de g. est encore employé pour les planches d'anatomie et d'histoire naturelle. Aujourd'hui la plupart des reproductions en couleurs se font en lithographie ou par divers procédés de photogravure qui ont, du reste, presque entièrement détrôné les différents genres de g. dont nous parlons ici, à l'exception des gravures au burin, à l'eau-forte et sur bois.

9° La *G. de la musique* se faisait primitivement sur bois, mais, depuis le XVe siècle, on a introduit l'usage du métal. Aujourd'hui, on se sert presque exclusivement de planches d'étain. Le graveur calcule d'abord l'emplacement des portées, et, s'il y a des paroles, celui de ces dernières; après quoi il procède à la g. proprement dite en commençant par les portées, qui se font avec un outil appelé *Couteau*. Les signes, tels que les clefs, les notes, les dièses, etc., se font avec des poinçons au bout desquels ils sont gravés en relief et sur lesquels on frappe avec un marteau. On exécute avec le burin les queues des noires, des blanches, des croches, et la demi-cercles appelés liaisons; et avec une échoppe, les barres qui lient ensemble plusieurs croches ou doubles croches, ainsi que les pauses et les accolades. Les paroles se frappent également avec des poinçons.

10° La *G. sur verre*, ou *Hyalographie*, s'exécute par les mêmes procédés que l'eau-forte. On couvre une planche de verre d'un vernis composé de 1 partie de blanc de baleine et de 2 parties de bitume de Judée préalablement dissous dans l'essence de térébenthine rectifiée. On décalque et l'on trace le dessin; on chauffe légèrement la planche, et l'on fait mordre les endroits mis à nu avec un mélange de 4 p. d'acide fluorhydrique et de 2 p. d'eau. Enfin, on termine soit comme avec des pointes de diamant les parties qui doivent être fortement ombrées. Les planches terminées sont incrustées dans une planche de bois dur, puis encrées comme une g. en taille-douce et imprimées au moyen de la presse lithographique. Toutefois, comme elles ont l'inconvénient de se briser facilement, on préfère en général les employer comme des matrices pour obtenir des clichés galvanoplastiques.

La g. sur verre et sur cristal s'emploie aussi pour décorer les objets; les anciennes gravures sur verre étaient faites au moyen d'une broche terminée par une pointe d'acier ou de silex qu'on adaptait au barillet d'un tour. Après avoir dessiné **sur la pièce** le sujet à graver, l'artiste approchait la pièce de la pointe et la déplaçait, de manière à suivre exactement le contour du dessin. Aujourd'hui les belles gravures sont faites à l'émeri. La pointe est remplacée par un disque de cuivre dont la circonférence est recouverte d'une pâte d'huile et d'émeri très fin, et qui est mis en mouvement par un tour. C'est la circonférence de ce disque qui creuse le verre qu'on en approche. La g. au sable, imaginée par Tilghmann, et rendue pratique grâce à un appareil d'Hervé Mangon, consiste à projeter sur le verre un jet de sable au moyen de la vapeur ou de l'air comprimé. Elle donne des résultats très satisfaisants. Enfin, les pièces les plus communes sont gravées à l'acide fluorhydrique, comme les plaques dont nous avons parlé plus haut.

11° On appelle *G. mécanique* celle où la main de l'artiste est remplacée par des appareils mécaniques. Les *machines à graver* sont assez nombreuses; mais les deux plus importantes sont dues à nos compatriotes Conté et Arb. Colas. La première a été inventée en 1803 pour l'exécution des planches du grand ouvrage de la Commission d'Égypte. Elle se compose de deux parties principales: une règle ou un cylindre portant des ondulations, auquel on imprime un mouvement régulier au moyen d'une vis de rappel, et une pointe acérée qui trace une ligne le long de cette règle ou de ce cylindre. Cet instrument sert à obtenir tous les effets qui peuvent résulter des lignes parallèles. Il est surtout employé pour faire les ciels et les dessins d'architecture, ainsi que pour exécuter les tons plats et les teintes générales et unies. L'invention de la machine Colas date de 1816, mais le premier ouvrage important à la publication duquel elle ait été employée est le *Trésor de numismatique et de glyptique* (1834). Cette machine n'est en réalité qu'un heureux perfectionnement du tour à guillocher. Elle sert spécialement à reproduire les objets en bas-relief. A cet effet, elle est munie de deux pointes très fines: l'une, qui est émoussée, glisse sur l'original et en suit rigoureusement toutes les sinuosités en lignes droites et parallèles; l'autre, qui est tranchante, répète exactement les mêmes mouvements, et trace sur une planche de cuivre vernie les mêmes lignes plus ou moins ondulées et non droites, serrées ou espacées et non parallèles, suivant les creux ou les saillies de la pièce soumise à l'opération. Quand le travail de la machine est terminé, la surface plane du cuivre présente une copie exacte de l'original en reproduisant parfaitement l'effet du relief. Il ne reste plus alors, pour obtenir une g. en creux, qu'à faire mordre la planche par les procédés ordinaires. La machine Colas s'emploie en outre pour faire des billets de banque qu'il est impossible de contrefaire.

II. *Gravure en relief.* — Dans cette g. les traits du dessin, au lieu d'être en creux sur la planche, sont *en relief*, c.-à-d. en saillie, et la couleur ou l'encre qui doit les reproduire, s'applique sur ces mêmes traits, qui la cèdent, par l'impression, au papier sur lequel on veut obtenir des épreuves. On l'appelle aussi *G. d'épargne* ou *en taille d'épargne*, parce que l'artiste enlève la matière qui forme le fond de la planche et qui doit être blanche à l'impression, en *épargnant*, c.-à-d. en réservant les traits qui, au contraire, doivent être transportés sur le papier. Ce genre de g. s'exécute le plus souvent sur bois.

1° La *G. sur bois*, ou *Xylographie*, paraît avoir été pratiquée par les Chinois dès le XIe siècle de notre ère, et par les Indiens dès le XIIIe siècle. Elle a été connue en Europe dans les premières années du XVe siècle, c.-à-d. une époque antérieure à la découverte de la taille-douce. En effet, il existe deux épreuves sur papier, l'une à Paris, l'autre en Angleterre, d'un Saint Christophe gravé sur bois en Allemagne, dans l'année 1423, et une épreuve, unique d'un Saint Bernard exécuté probablement en France, en 1445, par Bernard Milnet. On admet généralement que c'est la xylographie qui a donné naissance à la typographie. Au reste, dès l'origine même de cette dernière, on fit usage de la g. sur bois pour *illustrer* les livres avec des figures intercalées dans le texte. Par suite de cet usage, ce genre de g. atteignit fort rapidement dans presque toutes les parties de l'Europe un très haut degré de perfection. — La g. sur bois ne peut s'exécuter que sur les bois qui ont un grain fin et serré; le buis est celui qui réunit au plus haut degré toutes les qualités requises. On travaille le bois debout, c.-à-d. dans le sens opposé à la direction des fibres, afin de lui conserver toute sa force, et d'empêcher ses fibres de s'égrener sous l'action de l'outil. Le sujet que l'on veut reproduire est dessiné au crayon ou à la plume sur la surface de la planche préalablement blanchie avec de la céruse délayée dans l'eau ou simplement frottée de sandaraque. Quelquefois le dessinateur ne fait que tracer les traits principaux en laissant à la sagacité du graveur le soin de disposer les hachures qui doivent produire le meilleur effet. Plus souvent encore, le sujet exécuté par le dessinateur est transporté sur le bois par un décalque. Dans tous les cas le dessin une fois terminé, le graveur, à l'aide de burins affûtés en losange et à pointe très aiguë, et d'échoppes de différentes largeurs, enlève tous les points que l'encre ou le crayon ne recouvre pas, en ayant grand soin de ne pas entamer ce qui doit se trouver en saillie. Les hachures entrecroisées étant très difficiles à exécuter sur bois, on les remplace ordinairement par des lignes courbes dont on varie la courbure et la force. Lorsque le dessin à reproduire est d'une grande dimension, et que cependant il est indispensable de le graver très rapidement, ainsi que cela arrive tous les jours pour les journaux illustrés, on divise la planche en plusieurs fragments qu'on distribue entre différents artistes ; puis, quand chacun a terminé son travail, on réunit solidement ces fragments et l'on y exécute les raccords nécessaires. Enfin, on cliche les gravures sur bois de la même manière que les caractères typographiques.

On imita par la g. sur bois les dessins sur papier teinté, rehaussés de crayon blanc, au moyen de trois planches imprimées successivement donnant la 1re les ombres, la 2e les demi-teintes, la 3e les lumières. Ce genre, abandonné aujourd'hui, s'appelait g. en camaïeu ; le plus ancien exemple connu est une g. de Lucas Cranach en 1506.

2° La G. sur métal en relief s'exécute au moyen de planches de cuivre ou d'acier, surtout de cuivre, par les mêmes procédés que pour la g. à l'eau-forte, mais avec cette différence que les parties protégées par le vernis sont précisément celles qui doivent être reproduites par l'impression, tandis que l'acide enlève tout ce qui doit rester blanc. Ce procédé offre pour certains dessins une grande supériorité sur la g. sur bois. La majeure partie des planches de notre Dictionnaire encyclopédique sont exécutées de cette manière et sur cuivre.

3° Pour la G. sur pierre, on procède de la même manière que pour la g. sur cuivre. Seulement on emploie un vernis et un mordant différents. La pierre dont on fait usage est la pierre lithographique. Ce système de g. offre l'avantage d'une exécution fort rapide ; il est employé exclusivement pour les cartes géographiques, les plans et dessins industriels au trait. Voy. Lithographie, Galvanoplastie et Photographie.

III. Historique. — La g. est d'invention moderne : En Italie, où elle fut inventée par Maso Finiguerra (1452), de nombreux artistes s'y adonnèrent et en perfectionnèrent les procédés.

C'est d'abord Montagna qui s'efforça de reproduire, par des gravures d'une large exécution, les œuvres d'art de son temps. Girolamo Campagnola et ses neveux continuèrent dans cette voie ; puis des artistes tels que Marc-Antoine Raimondi et les graveurs de son école reproduisirent les peintures de Michel-Ange, de Raphaël et de leurs disciples (1500-1550.)

En même temps la g. à l'eau-forte se perfectionnait sous la main du Parmesan (1503-1540) ; enfin, le Primatice et les artistes de l'école vénitienne : Paul Caliari, dit le Véronèse (1528-1588), Le Tintoret, etc., se distinguèrent dans ce genre.

Au XVIIe siècle, les trois frères Carrache furent les plus célèbres des graveurs italiens de l'école bolonaise. C'est au début de ce siècle qu'on chercha à associer le travail du burin à celui de l'eau-forte.

La g. sur bois florissait en Italie, en même temps que la g. sur cuivre. Parmi les artistes qui s'y distinguèrent, citons Ugo de Carpi (1508).

Au XVIIIe siècle, l'art de la g. tombe en décadence en Italie.

L'École allemande compte aussi un grand nombre d'artistes graveurs célèbres : Martin Schongauer, peu de temps après la découverte de la g., fut très habile dans cet art, et passa en Allemagne pour l'avoir inventé ; sa réputation fut très grande ; à Wenceslas d'Olmutz on attribue la découverte de la g. à l'eau-forte. Mais le plus célèbre de tous fut Albert Dürer, plus connu par ses dessins et ses gravures (eaux-fortes et bois) que par ses peintures. Un ou deux voyages qu'il fit à Venise et les relations qu'il eut avec les maîtres italiens ne semblent pas avoir beaucoup influencé son talent, qui resta bien allemand. Il se plaît aux sujets sombres et douloureux, son imagination est puissante, mais fantasque. Ses gravures ont une vigueur et une sûreté très grandes ; ses estampes : la Mélancolie, le Chevalier et la Mort, l'Apocalypse, sont célèbres. Il grava des sujets religieux (Scènes de la vie de la Vierge).

Les graveurs les plus illustres, contemporains d'Alb. Dürer, furent, en Allemagne, Holbein et Lucas Cranach.

Hans Holbein (1497-1543) imita la manière de Dürer, mais subit davantage l'influence italienne ; ses portraits sont d'une conscience et d'une précision étonnantes. Il illustra de ses gravures l'Éloge de la folie, d'Érasme.

En Flandre, la g. sur bois fut cultivée de bonne heure (commencement du XVe siècle), et un certain nombre de graveurs au burin y furent célèbres dès le XVIe siècle. Citons, parmi ceux-ci : Galle, Sadeler, Bruyn. L'École flamande arriva à son apogée au XVIIe siècle, et la g. comme la peinture profita de l'influence de Rubens. La g. flamande, en Flandre comme ailleurs, vit la décadence de la gravure.

En Hollande, Lucas de Leyde, contemporain de Marc-Antoine Raimondi et d'Alb. Dürer, fut l'émule de ces deux artistes célèbres. Il exécuta de nombreuses planches à l'eau-forte et sur bois. Puis, Rembrandt, au XVIIe siècle (1607-1669), fit de nombreuses eaux-fortes, autant appréciées que ses peintures, où il mit toutes ses qualités de puissance et d'imagination. Parmi les plus remarquables estampes de Rembrandt, citons : le Christ guérissant les malades, la Résurrection de Lazare, les Pèlerins d'Emmaüs, etc. Brauwer, le peintre des grossiers buveurs de cabaret, imita l'exemple de Rembrandt et fit des gravures. Le grand paysagiste Ruysdaël, Van Ostade, Wouwermans, ont également laissé des eaux-fortes.

En France, la g. se développa plus tard qu'en Italie et en Allemagne. Le premier graveur qu'on ait à citer est Jacques Duvet, qui grava des sujets de l'Apocalypse, puis Androuet-Ducerceau, architecte et graveur, qui nous laissa de belles planches d'architecture (vers 1560).

Mais jusqu'à Callot la g. française n'avait rien donné de bien original. Celui-ci la transforma (1592-1635). Après avoir passé 12 ans en Italie, où il avait déjà été tout jeune en compagnie de bohémiens, il revient en France en 1621. Il se livra d'abord à la g. au burin, il l'abandonna bientôt pour l'eau-forte qui se prêtait mieux à son esprit vif, à sa main alerte et à son imagination bizarre. Il se plaît à reproduire les mœurs et les types des bohémiens qu'il avait étudiés de près, les gueux, les soudards. Citons parmi ses gravures : la Tentation de saint Antoine, les Misères de la guerre, les Gueux, les Bossus, la Foire de Florence, etc. Abraham Bosse vient ensuite, il reproduit les types et les costumes du temps.

Gérard Edelinck vint des Flandres et accrut le nombre des célébrités qui illustrèrent le siècle de Louis XIV. Cette époque fut féconde en graveurs de talent, comme Jean Pesne, Claudin Stella, qui copièrent les œuvres du Poussin, Antoine Masson, Robert Nanteuil, Sébastien Le Clerc, François Poilly.

Gérard Audran (1640-1703) fut le plus remarquable par sa science du dessin et de l'effet. Il grava les Batailles

d'Alexandre, d'après Lebrun, et a souvent atteint une puissance d'effet supérieure à son modèle. Au XVIIIe siècle, la g. française tient la première place en Europe. Ce fut une mode, tout le monde voulut faire de la g. Mme de Pompadour donna l'exemple et grava des vignettes, assez bien réussies du reste, comme on peut en juger par la copie que nous reproduisons ici, à titre de curiosité, de l'une de ses gravures.

Tandis que Pierre Drevet, son fils Pierre-Imbert, et son neveu Claude, continuent la tradition du XVIIe siècle, et exécutent de beaux portraits historiques, d'autres interprètent avec beaucoup d'habileté les œuvres de Watteau, Boucher, Greuze. Ce sont *Lépicié, Laurent Cars, Lebas, Flipart, Levasseur,* etc. Puis une foule de graveurs qui répandirent à profusion les estampes et vignettes de toutes sortes.

Au commencement du XIXe siècle, des artistes de grande valeur : *Bervic,* son élève *Henriquel Dupont, Boucher Desnoyer, Antoine Gelée,* collaborèrent au *Musée français,* et continuèrent les saines traditions du burin. Puis le nombre toujours croissant des publications et des ouvrages illustrés firent faire des progrès considérables à la g. sur bois, jusqu'alors assez dédaignée; mais la lithographie eut, dès son apparition, un tel succès qu'elle fit un grand tort à la gravure.

IV. — De nos jours, la photographie, et surtout les divers procédés merveilleux de *photogravure* (Voy. ce mot), la perfection à laquelle on est arrivé dans la reproduction des œuvres d'art par ces moyens ont porté à la g. le dernier coup. On enseigne toujours la g. en taille-douce à notre École des Beaux-Arts, mais elle est presque complètement abandonnée. L'eau-forte, qui permet une exécution libre et facile et donne un résultat plus rapide, est plus en faveur.

Ce n'est plus à notre époque qu'un artiste peut s'astreindre à rester des mois entiers à buriner une planche pour produire une *œuvre.* Moins une production est soignée, plus elle est exécutée en hâte, sans aucun autre souci que celui d'étonner l'œil, pour produire, par un effet outré, une impression subite, et moins elle supporte l'analyse ; plus notre jeune école la trouve sentie et la déclare artistique. Comment le burin pourrait-il se prêter à reproduire de tels ouvrages? Les peintures soi-disant impressionnistes, pointillistes, tachistes, diagonalistes, etc., qu'on impose de plus en plus à notre admiration ne peuvent se reproduire par aucun procédé de g., le dessin, c'est-à-dire la représentation exacte et précise de la forme en étant absent. Ce qui est aussi très apprécié actuellement au point de vue artistique, ce sont des dessins de revues illustrées, simples croquis faits d'un trait de plume habile et expressif avec une légende qui veut être pleine de verve, profonde et philosophique, mais qui trop souvent n'est que grivoise ou pire encore. Le procédé le plus simple de photogravure est le seul qui convienne à ces productions si répandues et si appréciées des connaisseurs. Quant aux sculpteurs qui font encore de belles statues et aux peintres qui conservent le culte des traditions anciennes et qui estiment qu'un tableau est une œuvre qui doit durer et pouvoir toujours être regardée sans jamais lasser et que, pour cela, elle doit être consciencieusement exécutée et n'attend pas comme de travail plus grande que n'en a demandé le cadre ouvragé qui l'entoure, ceux-là voient dans la belle photogravure un procédé parfait de reproduction supprimant l'interprète et laissant à leurs ouvrages tout leur cachet original. La g. sur bois agonise, quoiqu'elle soit arrivée de nos jours à la perfection et qu'on l'emploie encore pour les belles et sérieuses publications. La g. en taille-douce a vécu.

GRAY, ch.-l. d'arr. (Haute-Saône), à 58 kil. de Vesoul, sur la Saône; 6,900 hab. Commerce de grains, etc.

GRAY (THOMAS), poète anglais (1716-1771).

GRAY (ASA), célèbre botaniste américain (1810-1888).

GRAZIANI, écrivain italien (1537-1611).

GRAZIANI (GASPARD), prince de Valachie de 1619 à 1620.

GRAZIOSO. [Pr. *gra-tsi-o-zo*]. T. Mus. Mot italien indiquant une exécution douce et gracieuse et un mouvement tenant la la fois de l'andante et de l'andantino.

GRAZZINI (ANT. FRANÇ. dit *Il Lasca*), poète italien (1503-1583).

GRÉ. s. m. (lat. *gratum,* ce qui est agréable). Goût, opinion, sentiment *Ceci est à mon gré. On ne saurait être au gré de tout le monde.* — *Avoir quelque chose en gré, Recevoir en gré, Prendre en gré,* Agréer, trouver agréable ou bon. Se dit aussi des personnes. *Il a pris votre fils fort en gré.* — Dans le langage mystique, *Prendre en gré,* se dit pour Accepter avec résignation. *Prenons en gré les épreuves que la Providence nous envoie.* ‖ *Savoir gré, Savoir bon*

gré, beaucoup de gré à quelqu'un, Être satisfait de quelqu'un, être content, être reconnaissant. *Combien je vous sais gré de vos démarches. Je lui en sais le meilleur gré.* On dit dans le sens contraire, *Savoir mauvais gré, peu de gré.* — *Se savoir bon gré d'avoir fait une chose,* S'en applaudir. ‖ *Gré,* signifie aussi La simple et franche volonté de faire une chose. *Je l'ai fait de plein gré. Il y est allé contre son gré. Il le fera de gré ou de force.* ‖ Se dit encore dans le sens de Caprice, fantaisie, volonté arbitraire. *Voyager à son gré. Distribuer à son gré les places et les honneurs.* — Fig , au sens physique et au sens moral :

    Au gré de la fortune, et de l'onde et du vent.

                       CORNEILLE.

= BON GRÉ, MAL GRÉ. loc. adv. De force ou de bonne volonté. *Il faudra qu'il le fasse bon gré, mal gré.* = DE GRÉ A GRÉ. loc. adv. À l'amiable, par consentement mutuel. *Faire une vente de gré à gré.*

GRÉAGE. s. m. T. Mar. Action de gréer un navire.

GRÈBE. s. m. (all. *grebe,* m. s.). T. Ornith. Genre de Palmipèdes. Voy. BRACHYPTÈRES.

GRÉBICHE. s. f. Sorte de portefeuille ou reliure volante avec des fils tendus le long du dos, où l'on passe des cahiers à volonté.

GRÉBIFOULQUE. s. m. (R. *grèbe* et *foulque*). s. m. T. Ornith. Genre de Palmipèdes. Voy. BRACHYPTÈRES.

GREC, ECQUE. s. et adj. (gr. γραῖκος, peuplade hellénique ou pélasgique). Celui, celle qui est né en Grèce. *Un G., une Grecque.* ‖ Relatif à la Grèce, aux Grecs. *Calendes grecques,* Voy. CALENDES. *Profil g.,* Profil où le front et le nez sont en ligne droite ‖ *I g.,* L'avant-dernière lettre de l'alphabet. — *Église grecque,* Voy. ÉGLISE. ‖ Se dit aussi de ceux qui appartiennent à l'Église grecque, par opposition à l'Église latine. *Les Grecs et les Latins sont séparés sur un petit nombre de points.* ‖ Fig. et fam., *Être g. en quelque chose,* Y être fort habile. *Cet homme n'est pas grand g.* = GREC. s. m. Se dit de la langue grecque. *Apprendre le g. Savoir le g. ancien. Écrire en g. moderne.* ‖ Fig. et prov., *Tout cela est du g. pour moi; Passé cela, c'est du g. pour lui,* Je n'y entends rien; il n'y comprend rien. ‖ Homme qui triche au jeu ; cette appellation a pour origine un certain Grec, nommé Apoulos, qui, sous Louis XIV, à la cour de Versailles, attrapa les meilleurs joueurs en faussant les cartes.

GRÈCE. L'une des plus petites nations du globe par l'étendue de son territoire; l'une des plus grandes par la beauté de son histoire, par le génie de ses enfants, par son rôle dans le progrès humain.

Située du 36e au 40e degré nord, elle est bornée à l'est par la mer Égée ou de l'Archipel; au sud, par la mer de Candie ou de Crète; à l'ouest, par la mer Ionienne. Elle ne touche au continent européen que par le nord et est divisée en deux parties : l'Hellade au nord, le Péloponèse ou Morée au sud, qui ne sont réunies que par une bande étroite de terre, l'isthme de Corinthe, resserré entre les golfes Saronique au d'Athènes à l'est, et de Lépante ou de Corinthe à l'ouest; ce dernier surtout très profond.

Les côtes sont extrêmement déchiquetées et environnées d'îles : on remarque sur la mer Égée le golfe de Volo (autrefois Pélasgique), le golfe Maliaque, les Sporades septentrionales, l'île Skiros, la grande île de Négrepont (autrefois Eubée) qui forme sur la côte le long et étroit canal de l'Euripe, puis la presqu'île de Sunium terminée par le cap Colonne. Sur le prolongement s'éparpille l'Archipel des Cyclades dont les îles principales sont : Andros, Ténos, Naxos, Syra, Paros, Milo, Santorin. On trouve dans le golfe d'Athènes les îles de Salamine et d'Égine; puis, sur la côte du Morée, à l'est, l'île d'Hydra, le golfe de Nauplie (ou Argolique); au sud, le golfe de Marathonisi, de Kolokythia ou de Laconie, qui s'ouvre sur l'île de Cérigo (Cythère) entre les caps Matée et Matapan, en face de la grande île de Candie (Crète), puis le golfe de Coron (ou de Messénie); à l'ouest, sur la mer Ionienne, le golfe d'Arta, les îles Ioniennes : Zante (Zacynthe), Céphalonie, Thiaki (Ithaque), Sainte-Maure (Leucade) et Corfou (Corcyre).

L'orographie et l'hydrographie de la Grèce sont sans importance, et les fleuves comme le Pinde, l'Olympe, l'Ossa, le Pélion, en Thessalie, des cours d'eau comme l'Eurotas, dans le Péloponèse, n'ont d'intérêt que par les souvenirs mythologiques ou historiques qui s'y rattachent. Les plus notables rivières sont, dans la partie continentale, la Salavria (autrefois Atrax) qui passe à Larisse et se jette dans le golfe de Salonique (autrefois Thermaïque), et l'Aspropotamos (autrefois Achéloüs) qui prend sa source dans le Pinde, en Épire, sépare l'Acarnanie de l'Étolie et se jette en face des îles ioniennes au débouché du golfe de Corinthe.

Outre les provinces que nous venons de citer, l'Hellade comprenait encore la Phthiotide, la Doride, les deux Locrides, la Phocide, la Béotie et l'Attique, divisions dont quelques-unes subsistent de nos jours; l'isthme de Corinthe formait la Mégaride; le Péloponèse se divisait et se divise encore en Corinthie, Argolide, Arcadie, Achaïe, Élide, Messénie et Laconie.

La Grèce paraît avoir été habitée primitivement par des peuples appelés Curètes, Lapithes, Centaures, etc., et colonisée d'abord par les Égyptiens et les Phéniciens; puis, une

EMPIRE OTTOMAN

GRÈCE

MER IONIENNE

MER MÉDITERRANÉE

MER DE CANDIE

vingtaine de siècles av. J.-C., immigrèrent par le nord des peuples asiatiques, les *Pélasges*, dont une importante tribu portait le nom de *Grecs*, et qui ont laissé des constructions énormes. Enfin, vers 1600, survinrent les *Hellènes*, et ce sont eux qui firent la grandeur de ce pays et s'y sont maintenus depuis plus de 3,000 ans. C'est donc à tort qu'à l'imitation des Latins, nous avons conservé aux *Hellènes* et à l'*Hellas* les dénominations de *Grecs* et de *Grèce* qui ne furent jamais usitées par les intéressés.

Les Hellènes se divisèrent en quatre familles principales : les Ioniens, les Achéens, les Éoliens et les Doriens firent, des provinces citées plus haut, autant d'États séparés gouvernés par des rois, — sauf Athènes, vite constituée en république (1068 av. J.-C.), — lancèrent vers l'Asie de grandes expéditions comme celle des Argonautes et celle qui aboutit au siège de Troie, et colonisèrent les îles de Samothrace, Imbros, Lemnos, Lesbos (capitale Mytilène), Chio, les Sporades méridionales, l'Icarie, Samos, Rhodes, tout le littoral de l'Asie Mineure, de l'Italie méridionale appelée dès lors Grande Grèce, et du sud de la Gaule (Marseille, Nice), Antibes, colonies phocéennes).

C'est vers ce temps que la Grèce produisit ses premiers génies poétiques : Orphée, Homère, Hésiode, Sapho; puis des législateurs comme Lycurgue et Solon préparèrent la prépondérance de Sparte dans le Péloponèse, d'Athènes dans l'Hellade; prépondérance qui amena bientôt la rivalité de ces deux villes. Sparte l'emporta au point de vue militaire, dirigea la défense des Grecs coalisés contre la formidable inva-

sion des Perses et des Mèdes, bien qu'Athènes ait eu le principal rôle dans des batailles mémorables, comme celles de Marathon et Salamine (490-480). Mais celle-ci brilla plus encore dans la paix, où, sous le gouvernement de Périclès surtout, elle eut des poètes tragiques comme Eschyle, Sophocle, Euripide; des statuaires comme Phidias; des architectes comme Callicratidès et Ictinos; des peintres comme Zeuxis et Apelles; des savants comme Méton, Hippocrate; des historiens comme Hérodote, Thucydide, Xénophon; des philosophes comme Socrate, Platon, Aristote.

Cependant, la puissance militaire de Sparte s'affirmait de plus en plus. Athènes fut écrasée, gémit quelque temps sous le joug, reconquit son indépendance, s'allia contre Sparte avec Thèbes (aujourd'hui Thiva) qui, un moment, acquit une gloire militaire éclatante. Mais un nouvel État grandissait au nord, sous des rois comme Philippe et Alexandre; c'était la Macédoine qui, en 335, subjugua toute la Grèce, l'Asie occidentale, l'Égypte. Puis, après une invasion des Gaulois, survint un autre maître : Rome, dont l'empire dura six siècles (225 av. J.-C. à 395 ap.).

Mais telle était la force du génie de la nation vaincue que, lorsqu'au bout de ces six siècles le monde romain chancelant se désagrégea, se divisa en empires d'Occident et d'Orient, celui-ci, dont la capitale fut placée à Constantinople, se retrouva grec de race et de langue, et vécut ainsi encore 1.000 ans. Un moment sous la puissance des Français, puis sous celle des Vénitiens, la Grèce finit par tomber sous le cimeterre des Turcs (1396), sembla y mourir et languit encore ainsi pendant quatre nouveaux siècles. Mais, en 1821, elle se souleva : des héros comme Canaris, Botzaris, Ypsilanti, avec l'aide de la France, de la Russie et de l'Angleterre, lui rendirent son autonomie. L'Europe ne jugea pas cependant qu'elle pût trouver dans son sein des hommes dignes de la gouverner et lui imposa d'abord un prince bavarois, puis, après une nouvelle insurrection, un prince danois. Après la guerre russo-turque de 1877, la Grèce (Hellas) acquit la majeure partie de la Thessalie restée jusque-là sous le joug ottoman. D'autres régions, telles que la Crète, qui furent colonisées et peuplées par les Grecs, demandent leur annexion. Athènes, la Grèce

des arts, des sciences et des lettres, est devenue capitale, prospère et s'agrandit. Sparte, sa rivale militaire, n'existe plus depuis longtemps. En ce moment même (1897) la rivalité se continue entre la Grèce et la Turquie pour la Crète et la frontière du Nord.

GRÉCISANT. s. m. [Pr. *gré-si-zan*]. Celui qui est attaché aux usages des Grecs en matière de religion.

GRÉCISER. v. a. [Pr. *gré-si-zer*]. Donner une forme grecque à un mot d'une autre langue. *Mélanchthon est le nom de Schwartz-Erde* (terre noire) *grécisé.*

GRÉCO-SLAVE. adj. 2 g. Qui appartient aux Grecs et aux Slaves.

GRÉCOURT (Jean-Baptiste Joseph WILLART de), poète français (1683-1743).

GRECQUE. s. f. (R. *grec*). Nom d'une coiffure formée d'une bande de dentelle ou de mousseline fraisée et d'une calotte destinée à loger le chignon. ‖ T. Relieur. Voy. Grecquer. — La scie qui sert à grecquer.

Archit. — Dans l'architecture classique, on nomme *Grecque* un ornement composé d'une suite de lignes droites qui reviennent sur elles-mêmes en formant toujours des angles droits. Il s'emploie ordinairement dans les frises et présente des dessins variés à l'infini (Fig. 1 à 4). — Au moyen âge, la g. a été également usitée, mais modifiée, et sous le nom de *Frette* : on l'appliquait principalement aux archivoltes, aux corniches et même au plein des murs. On en distingue surtout deux sortes : la *Frette crénelée* (Fig. 5), dont la forme rappelle celle des créneaux, et la *Frette triangulaire* (Fig. 6),

qui diffère de la précédente comme le triangle diffère du carré. Ces sortes de frettes se trouvent aussi dans les mosaïques de l'époque gallo-romaine.

GRECQUER. v. a. [Pr. *grè-ker*]. T. Relieur. Couper avec une petite scie un livre sur le dos après qu'on l'a cousu, afin d'y placer les nerfs, en sorte qu'ils ne paraissent point en dehors quand le livre est tout à fait relié.

GRECS-UNIS. s. Voy. UNIATES.

GREDIN, INE. s. (orig. germanique). Un gueux de profession. *Ce n'est qu'un g.* Vx. || Fig. et fam., se dit d'une personne sans biens, sans naissance, sans qualités, sans honneur, d'un auteur famélique. || Petit épagneul à longs poils. Voy. CHIEN.

GREDINERIE. s. f. Action de gredin. || Misère honteuse, parce qu'elle est volontaire. *Il aime mieux vivre dans la g. que de travailler.*

GREELEY (HORACE), journaliste américain (1811-1872).

GRÉEMENT. s. m. [Pr. *gré-man*] (holl. *gercide*, appareil). T. Mar. L'ensemble de ce qui est nécessaire pour gréer un navire. *Ce bâtiment a reçu son g. complet.* — Par ext., on dit, *Le g. d'un mât, d'une vergue, d'une chaloupe*, etc. || La manière dont cet ensemble est disposé. *Tous les navires n'ont pas le même g.* || L'action de gréer les bâtiments. *On travaille au g. du navire.*

GREEN (GEORGE), mathématicien anglais (1793-1841).

GREEN (THOMAS), philosophe anglais (1836-1882).

GREENBACH. s. m. [Pr. *grin-bak*] (angl. *green*, vert; *back*, dos). Billets émis par les banques des États-Unis qui ont des valeurs du gouvernement, jusqu'à concurrence du montant de ces valeurs.

GREENOCK, v. commerçante d'Écosse, à l'embouchure de la Clyde ; 67,900 hab.

GREENOCKITE. s. f. [Pr. *gri-no-kite*] (R. lord *Greenock*, naturaliste anglais). T. Minér. Sulfure de cadmium ; en petits prismes hexagonaux jaunes, translucides, à éclat vitreux.

GREENOWITE. s. f. [Pr. *Gri-no-ouite*] (R. *Greenow*, nom propre). T. Minér. Sphène manganésifère.

GREENWICH. v. d'Angleterre, à 5 kilomètres de Londres, sur la Tamise ; 50,000 hab. Hôpital de la marine. Observatoire sur la colline. C'est l'observatoire national d'Angleterre ; son méridien situé à 9°21′ à l'ouest du méridien de l'observatoire de Paris est adopté comme méridien initial par l'Angleterre et un grand nombre d'autres nations.

GRÉER. v. a. [Pr. *gré-er*] (all. *gereiden*, préparer). Gar-

nir un bâtiment de vergues, voiles, cordages, manœuvres, poulies, etc., nécessaires pour qu'il soit en état de naviguer. *On a donné ordre de g. cette frégate. Ce navire est gréé en brick, en goélette*, etc. — Par ext., on dit, *G. un mât, une vergue, une voile.* = GRÉÉ, ÉE. part. = Conj. Voy. CRÉER.

GRÉES (ALPES). Voy. ALPES.

GRÉEUR. s. m. Celui dont le métier consiste à gréer des bâtiments.

GREFFAGE. s. m. [Pr. *grè-faje*]. Action de greffer.

GREFFE. s. m. [Pr. *grè-fe*] (gr. γράφω, j'écris). — On donne le nom de *Greffe* au lieu destiné à recevoir les archives des tribunaux et des cours. Ces archives comprennent les minutes de tous les jugements et actes émanés de la justice, et en outre, pour les tribunaux de première instance, les doubles des registres de l'état civil et ceux des répertoires des notaires de l'arrondissement. La conservation de ces pièces est confiée à un fonctionnaire responsable, appelé *Greffier*. La loi a établi des greffiers près de chaque tribunal de police, de justice de paix, de commerce et de première instance, ainsi que près de chaque cour. Bien qu'ils appartiennent à l'ordre judiciaire, les greffiers ne sont ni magistrats ni officiers ministériels. Leurs principales fonctions consistent à assister les tribunaux de chacun de leurs membres, à écrire tous les jugements et actes du ministère des juges et à les signer avec eux, à en conserver les minutes et à en délivrer des expéditions. Ils reçoivent également les droits de justice et les amendes. La loi du 28 juillet 1816 leur a accordé, comme aux notaires, avoués et huissiers, la faculté de présenter leur successeur. Ce dernier doit avoir 25 ans accomplis, s'il s'agit d'une justice de paix, d'un tribunal de commerce ou de première instance, et 27 ans s'il s'agit d'une cour d'appel ou de la cour de cassation. De plus, dans ces deux derniers cas, il doit être licencié en droit. La vente a lieu de gré à gré ; quant au prix, il doit être approuvé par le président du tribunal ou le premier président de la cour d'appel, et par le ministre de la justice. La nomination est faite par le chef de l'État. Enfin, avant son installation, le greffier doit verser un cautionnement et prêter serment. Les greffiers, en vertu de la loi des 16-24 août 1790, peuvent se faire assister d'un ou de plusieurs *Commis-greffiers*. Ces commis sont assermentés et doivent remplir les mêmes conditions d'âge et d'aptitude que les greffiers dont ils sont, en certains cas, les suppléants responsables. Les greffiers ont un traitement fixe en général peu élevé ; mais ils ont une remise sur les droits de greffe qu'ils perçoivent pour le compte de l'État, et il leur est dû un droit pour les divers actes de leur ministère. Dans les lieux où il n'y a pas de commissaires-priseurs, le greffier peut procéder aux ventes publiques, soit de meubles, soit de fruits pendants par racines. Le décret du 24 mai 1854 a établi un tarif pour les droits dus aux greffiers. Ce tarif a été modifié pour les greffiers des cours d'appel, des tribunaux civils et de commerce, par le décret du 23 juin 1892, en ce qui concerne les expéditions, mandements ou bordereaux de collocation délivrés par eux. — La réhabilitation existe au profit des greffiers destitués par mesure disciplinaire, dans les conditions prévues par la loi du 19 mars 1864.

Dans chaque tribunal militaire, le g. est confié à des officiers d'administration qui comprennent : 1° le greffier en chef ; 2° les officiers adjoints ou les commis-greffiers qui ont le grade d'adjudant. Voy. JUDICIAIRE.

GREFFE. s. f. [Pr. *grè-fe*] (gr. γραφίον, poinçon pour écrire). Action de greffer.

Hort — La *Greffe* est une opération qui consiste à insérer une partie vivante d'un végétal dans un autre végétal, avec lequel elle contracte une adhérence intime, et sur lequel elle continue à vivre et à se développer comme sur sa tige naturelle. On désigne sous le nom de *Greffon*, la partie détachée d'un végétal qu'on implante sur un autre végétal, tandis que ce dernier reçoit celui du *Sujet*.

1. — La g. est surtout employée dans la culture des végétaux à fleurs ou à fruits : elle permet de fixer et de multiplier à volonté des races que tout autre mode de propagation ne pourrait maintenir ; elle rend possible le rajeunissement des vieux arbres épuisés ; elle accélère de plusieurs années l'époque de la fructification, et accroît le nombre et la grosseur des fruits, ainsi que la beauté des fleurs. Néanmoins il est établi que ces avantages sont rachetés par un inconvénient assez grave, c'est que la vie des individus greffés est en général beaucoup

moins longue que celle des individus qui ne l'ont pas été. — Pour que l'opération de la g. réussisse, il est nécessaire qu'il y ait la plus grande analogie possible d'organisation entre le végétal qui sert de sujet et celui qui fournit le greffon. En conséquence, les deux individus doivent être de la même espèce ou tout au moins du même genre. Parfois, cependant, on voit réussir des greffes entre des individus qui appartiennent à des genres différents; mais, dans ce cas, ils sont toujours de la même famille. Toutes les autres conditions énumérées dans les auteurs rentrent dans celle-ci. D'après cela, on voit ce qu'il faut penser de ces greffes étranges du Rosier sur le Houx, et de la Vigne sur le Noyer au moyen desquelles Pline prétend qu'on aurait obtenu des roses vertes et des raisins à grains énormes. Le sujet prend le nom de *Franc* quand la g. provient d'une variété de son espèce.

Les procédés imaginés par les horticulteurs pour pratiquer l'opération de la g. dépassent, dit-on, le nombre de 200. On les range tous en 4 catégories : *a G. par rameaux*, la *G. par rameaux*, la *G. par bourgeons* et la *G. herbacée*. — Quel que soit le procédé adopté, il est des précautions communes à tous que le greffeur ne saurait négliger. Il faut saisir les instants les plus avantageux de la sève, choisir ses greffons sur les individus les plus vigoureux, mettre en contact direct et aussi intime que possible les parties vivantes de la g. et celles du sujet, et enfin opérer avec célérité.

II. *Greffe par approche.* — Cette sorte de g. a une très grande analogie avec le marcottage. En effet, elle consiste à unir deux végétaux voisins par des entailles qui se correspondent aussi exactement que faire se peu. On maintient l'union des parties à l'aide de ligatures, et on met les plaies à l'abri des influences atmosphériques au moyen d'un mastic composé de poix, 56 parties; cire jaune, 16 ; suif. 14 ; et cendres tamisées, 14. Lorsque la soudure est complète, ce que l'on reconnaît à l'état de végétation, on exécute le *sevrage*, c.-à-d. qu'on supprime la g. immédiatement au-dessous de son point de contact avec le sujet, et le sujet immédiatement au-dessus de son point de contact avec la g. La g. par approche peut se pratiquer pendant toute l'année, excepté pendant les gelées et les fortes chaleurs; néanmoins l'époque la plus favorable est celle où la sève commence à monter.

III. *Greffe par rameaux.* — Cette sorte de g. consiste à implanter sur le sujet un jeune rameau emprunté à une espèce voisine. Ses formes les plus importantes sont désignées sous les noms de *G. en fente* et de *G. en couronne*. — La *G. en fente* s'emploie principalement pour les arbres fruitiers à pépins. Pour la g., on prend un rameau de la dernière pousse, garni de deux à cinq yeux ou bourgeons, et l'on en amincit le

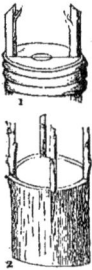

bas en biseau. Quant au sujet, on l'étête, puis on y pratique une fente dans la direction des fibres longitudinales. Cela fait, on insère le rameau dans la fente, en faisant coïncider avec soin les parties vivantes; on le consolide au moyen d'une ligature, et on l'abrite du contact de l'air et de l'eau avec le mastic à greffer. La g. en fente se pratique ordinairement *à œil poussant*, c.-à-d. au printemps, lorsque le nouveau rameau doit être produit immédiatement; mais elle peut également réussir au mois de septembre, ce que les jardiniers appellent *greffer à œil dormant*, parce qu'alors le rameau ne doit se développer qu'au printemps suivant. Cette g. est dite *simple*, quand on ne pose qu'un seul rameau; *double*, quand on en pose deux (Fig. 1), et *croisée*, quand on en place quatre. — La *G. en couronne* ou *en tête* est surtout employée pour les gros arbres épuisés et pour les jeunes sujets dont le bois est très dur. Elle se distingue de la précédente en ce que le rameau se pose sur le sujet sans fendre le cœur du bois. En conséquence, on introduit entre le bois et l'écorce un ou plusieurs rameaux taillés en biseau à une face. Quelquefois, cependant, on pratique une fente à l'écorce (Fig. 2) sur chacun des points qui doivent recevoir un rameau.

IV. *Greffe par bourgeons.* — Cette g. a pour caractère propre de n'introduire sur le sujet aucune partie du bois de la g. elle-même. Elle consiste simplement à transporter sur le sujet une plaque d'écorce portant un ou plusieurs bourgeons. Elle se fait de mai en juillet à œil poussant, ou d'août en septembre à œil dormant. C'est la plus employée de toutes les greffes pour la propagation ou grand des

arbres fruitiers et des arbres d'agrément. On en distingue deux espèces principales, la *G. en écusson* et la *G. en flûte*. — La première, que l'on nomme aussi *G. par inoculation*, se fait en enlevant à l'arbre qui doit fournir la g. un lambeau d'écorce pourvu d'un bourgeon, auquel on donne à peu près la forme d'un écusson d'armoiries. On incise l'écorce du sujet en forme de T (droit) ou de ⊥ (renversé) ; puis, soulevant légèrement les deux lèvres de l'incision, on y insère l'écusson, et l'on rabat les lèvres sur ce dernier de telle sorte que le bourgeon sort par la fente qui les sépare. Enfin, on les maintient en place au moyen d'une ligature (Fig. 3. Écusson préparé; 4. Le même vu, par sa face interne et évidé ; 5. Rameau écussonné ; 6. Le même, recouvert de sa ligature). — La *G. en flûte* ou *en anneau* se pratique avec une bande d'écorce qui ressemble à un anneau et qu'on applique sur le sujet dépouillé d'une bande semblable de sa propre écorce. On l'exécute le plus souvent par l'un des deux procédés suivants. On coupe la tête du sujet, quand il est en sève, et l'on en détache un cylindre d'écorce au-dessous de la troncature. Choisissant ensuite une branche de même grosseur, on en enlève un cylindre semblable et portant un ou plusieurs bourgeons, et l'on ajuste ce second cylindre sur le sujet, à la place du premier. Ce procédé constitue la g. en flûte proprement dite ; on l'appelle aussi *G. en sifflet* (Fig. 7. Écusson préparé pour la g. en sifflet; 8. Rameau disposé pour le recevoir). Dans le second procédé, on enlève au sujet un segment annulaire d'écorce, et on le remplace par un autre anneau portant un ou plusieurs bourgeons. Le second anneau constitue la g.; on est nécessairement obligé de le fendre pour le poser sur le sujet. Si cet anneau est trop grand, on retranche l'excédent ; si, au contraire, il est un peu trop petit, le vide qui reste n'offre pas d'inconvénient (Fig. 9. Greffe préparée pour la g. en anneau ; 10. Sujet destiné à la recevoir).

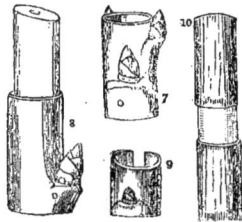

Ce procédé, qui est celui de la *G. en anneau* proprement dite, a reçu de Thouin le nom de *G. Jefferson*. Il dispense d'étêter immédiatement le sujet et permet de renvoyer cette opération à l'année suivante.

V. *Greffe herbacée.* — Cette sorte de g. est fort souvent appelée *G. Tschudy*, du nom du célèbre agronome qui l'a imaginée (1817). Quant à sa désignation d'*herbacée*, elle lui vient de ce qu'elle se pratique sur les jeunes pousses des arbres avant qu'elles aient passé à l'état ligneux, ainsi que sur les plantes annuelles. Le procédé opératoire est identique à celui de la g. en fente proprement dite. Cependant on modifie souvent l'opération, en ce que, sans couper horizontalement le sujet, on se borne à y faire une fente qui commence à l'aisselle d'une feuille entre le bourgeon et la tige, et qui descend ensuite verticalement; c'est dans cette fente qu'on introduit la g. herbacée, préalablement amincie en biseau.

On a tiré un parti fort avantageux de ce genre de g.; on l'a notamment appliqué avec beaucoup de succès aux arbres verts. C'est ainsi que, dans la forêt de Fontainebleau, on a transformé de vastes plantations de Pin sylvestre en plantations de Pin laricio. Cette g. a été étendue aux simples herbes et même aux tubercules, sur lesquels on a ainsi transporté des rameaux. Cette dernière opération est devenue presque habituelle pour multiplier les variétés du Dahlia.

VI. *Instruments.* — Le seul instrument particulier dont on ait besoin pour pratiquer les différents procédés de g. est le *Greffoir.* Il consiste en un simple couteau muni de deux lames; l'une d'acier pour faire les fentes, et l'autre d'ivoire ou de corne, placée à l'extrémité opposée du manche, pour ouvrir les fentes et faciliter la pose de la g. Lorsqu'on opère sur des sujets de forte taille, on fait usage, pour tenir les fentes ouvertes, d'un petit coin de bois qu'on enfonce avec un maillet. Pour maintenir les parties en place, on emploie de préférence des fils de laine légèrement tordus, leur élasticité leur permettant de céder graduellement à mesure que les nouveaux rameaux grossissent. Enfin, pour mettre la g. à l'abri des influences atmosphériques, on emploie communément un mélange d'argile et de bouse de vache, que les jardiniers nomment *Onguent de Saint-Fiacre.* Quant aux *mastics* ou *cire à greffer*, ce sont des compositions assez variables : l'une des meilleures est celle dont nous avons donné la formule. En général, on est obligé de ramollir ces mastics par l'action du feu avant de les appliquer.

Chirur. — *Greffe animale.* — On donne ce nom à une opération chirurgicale par laquelle, après avoir détaché une partie vivante d'un individu, on la transplante sur une autre partie, soit du même individu, soit d'un individu différent, où elle continue à vivre, grâce aux adhérences qu'elle y contracte. Voy. AUTOPLASTIE et HÉTÉROPLASTIE. La g. animale sert principalement à restaurer des parties détruites ou gravement déformées. Depuis 1869, époque où Reverdin démontra que de très petits lambeaux de la couche superficielle ou épidermique de la peau détachés d'une partie quelconque du corps et appliqués simplement sur la surface d'une plaie en suppuration, se greffaient sur cette surface suppurante, et formaient des îlots de tissu cicatriciel qui tendent à grandir et à couvrir toute la plaie, on emploie la g. épidermique pour hâter la cicatrisation des plaies.

GREFFER. v. a. [Pr. *grè-fer*]. Faire une greffe, enter. *G. un poirier. G. sur sauvageon. G. en approche, en écusson*, etc. = SE GREFFER. v. pron., *Les arbres à noyau se greffent sur des arbres à noyau.* || Fig., *Un procès se greffe sur un autre.* = GREFFÉ, ÉE. part.

GREFFEUR. s. m. [Pr. *grè-feur*]. Celui qui greffe. *Un bon g.*

GREFFIER. s. m. [Pr. *grè-fié*]. Fonctionnaire qui tient le greffe, écrit les minutes des jugements, etc. Voy. GREFFE. s. m.

GREFFOIR. s. m. [Pr. *grè-foar*]. Petit couteau qui sert à greffer.

GREFFON. s. m. [Pr. *grè-fon*] (R. *greffe*, s. f.). Petite branche coupée sur un arbre qu'on veut multiplier, taillée et arrangée toute prête pour l'insérer sur le sujet ou arbre à greffer.

GRÉGARINE. s. f. (lat. *gregarius*, qui vit en troupeau). T. Zool. Animaux microscopiques vivant en parasites dans l'intestin de certains animaux et appartenant à l'embranchement des *Protozoaires* et à la classe des *Sporozoaires*. Voy. ces mots.

GRÉGARISME. s. m. (lat. *gregarius*, qui est en troupeau; de *grex*, troupeau). T. Zool. Condition psychique qui fait que certains animaux vivent en société. || T. Bot., État de certains champignons du genre agaric, qu'on ne trouve jamais qu'associés en grand nombre.

GRÈGE. adj. f. (ital. *grezzio*, brut). T. Technol. Soie telle qu'elle sort du cocon dévidé. Voy. SOIE.

GRÉGEOIS. adj. m. Vieux mot qui se disait jadis pour Grec, et n'est plus usité que dans la loc., *Feu g.*

Hist. — Rien de plus célèbre dans l'histoire des croisades que la composition incendiaire vulgairement appelée *Feu g.* Les historiens du moyen âge sont remplis de fables ridicules au sujet de la nature et des effets de cette composition. C'est depuis les recherches de Reinaud, de Favé et de Lud. Lalanne qu'on a pu éclaircir ce point intéressant de la pyro-

technie militaire du moyen âge. On sait aujourd'hui que, sous le nom de feu g., on désignait jadis non pas une préparation unique, mais une multitude de mélanges inflammables essentiellement composés de soufre et de substances grasses ou résineuses, telles que l'huile, le naphte, le goudron, la poix, etc., dont les proportions variaient à l'infini. Ces préparations étaient usitées depuis un temps immémorial chez les peuples de l'Extrême-Orient, d'où elles furent introduites à Constantinople vers la fin du VIIe siècle; mais comme les Grecs furent, en Europe, les premiers à s'en servir, les nations de l'Occident les désignèrent sous le nom commun de *feu grégeois*. Suivant les historiens byzantins, comme le calife Moawiah se disposait à assiéger Constantinople (674), un ingénieur syrien, nommé Callinique, vint offrir ses services à l'empereur Constantin Pogonat, et lui fit connaître les propriétés et l'emploi de ces compositions incendiaires dont il se dit l'inventeur. Grâce à ce secours inattendu, les musulmans furent repoussés. Dès lors les Grecs firent de ces mélanges incendiaires un de leurs principaux moyens d'attaque et de défense, et ils leur durent, pendant plusieurs siècles, de nombreuses victoires navales qui retardèrent la chute de l'empire d'Orient. La confection de ces artifices fut mise au rang des secrets d'État et réservée exclusivement à la famille de Callinique. Ces préparations étaient surtout employées dans les sièges et les combats maritimes. Le plus souvent, on lançait cette composition, après l'avoir allumée, au moyen de pompes de différents diamètres, ou à l'aide d'armes de jet. Dans ce dernier cas, on l'enfermait ordinairement dans des pots de terre ou des fioles de verre qui se brisaient en tombant. Fréquemment aussi, on en remplissait des brûlots pour incendier les navires ennemis. Enfin, on imprégnait de ce mélange des pelotons d'étoupes fixés à l'extrémité de lances que les soldats poussaient ensuite contre l'ennemi.

Les Grecs réussirent, jusqu'aux premières années du XIIIe siècle, à cacher aux autres peuples la préparation du feu g.; mais, à cette époque, elle pénétra chez les Arabes qui en tirèrent vraisemblablement la connaissance de la Chine même, avec laquelle ils entretenaient alors des relations suivies. Ces mélanges incendiaires reçurent en même temps un perfectionnement des plus importants : on commença à y introduire le salpêtre comme agent essentiel. Cette innovation paraît due aux Chinois, et il en est question, pour la première fois, chez les Arabes, après 1225. En effet, le salpêtre ne figure dans aucune des recettes que donnent, pour la préparation du feu g., les traités de pyrotechnie écrits par les Arabes antérieurement à cette date. Dans les traités postérieurs au contraire, il est constamment fait mention du salpêtre et du soufre. Enfin, il en est plusieurs qui donnent des formules où figurent uniquement le salpêtre, le soufre et le charbon, qui sont dosés de toutes les manières et quelquefois dans les proportions même de notre poudre à canon. Une fois en possession du feu g. perfectionné, les musulmans en firent un de leurs principaux moyens d'attaque. Tantôt ils l'attachaient à leurs flèches et à leurs lances; tantôt ils l'enfermaient dans des projectiles de forme très variée, tels que des vases de terre, des marmites de fer et même des tonneaux, qu'ils projetaient avec des espèces de frondes et de balistes. D'autres fois, ils en remplissaient des tubes qui lançaient en avant un jet de matières enflammées à la manière de nos fusées. Ils s'en servaient aussi avec des espèces de massues, que leurs artificiers appellent *massues à asperger*, ou bien ils en couvraient des cavaliers revêtus d'une armure appropriée, qui se précipitaient ensuite, tout enveloppés de flammes, dans les rangs ennemis. C'est à l'occasion du siège de Damiette, en 1218, que les historiens latins parlent pour la première fois du feu g., et il est facile de comprendre la surprise et la terreur que durent éprouver les Occidentaux, quand ils se trouvèrent attaqués d'une manière si étrange et si imprévue. De là les idées erronées qui se sont perpétuées jusqu'à nos jours sur la nature mystérieuse et les propriétés prodigieuses du feu g. Nous venons de voir quelle était sa composition. Quant à ses effets, il est aujourd'hui bien reconnu que, s'il pouvait exercer de grands ravages quand on s'en servait pour incendier des navires, des fortifications de bois, ou d'autres objets également combustibles, il était moins redoutable pour les hommes que le fer des lances et des épées, et ne constituait, à vrai dire, qu'une sorte d'épouvantail. Il résulte même du témoignage de Joinville, qui eut occasion de le voir presque journellement employer en Égypte, pendant la croisade de saint Louis, qu'on pouvait en être tout couvert sans qu'il en résultât aucun accident sérieux pour celui qui en était atteint. Enfin, quant à l'emploi spécialement comme matière incendiaire, il n'était pas impossible de l'éteindre, ainsi que nous l'apprend le même écrivain, dont le témoignage est d'ailleurs conforme à celui des historiens byzantins antérieurs. En effet, ces historiens nous disent que le feu g. s'éteignait parfaitement quand il tombait dans l'eau, et que, pour en préserver les navires, il suffisait de les entourer d'étoffes de laine mouillées. Ce feu n'était donc pas inextinguible, comme on l'a répété tant de fois. — Nous verrons de voir que les compositions incendiaires connues sous le nom de feu g. ont pénétré en Europe par l'empire grec. Les républiques commerçantes de l'Italie paraissent en avoir fait usage d'assez bonne heure, mais elles les recevaient de Constantinople toutes prêtes à être employées, et il est probable que les Occidentaux n'ont su les préparer eux-mêmes qu'après les croisades, dans la seconde moitié du XIIIᵉ siècle, c'est-à-dire après que les Arabes les eurent perfectionnées. Quoi qu'il en soit, ces compositions incendiaires ont été très souvent usitées dans la guerre de sièges, et sous leur nom générique de feu g. tant en France qu'en Angleterre et ailleurs, pendant tout le XVᵉ et le XVⁱ siècle. Elles figurent encore avec la même dénomination dans presque tous les traités de pyro-technie du XVIᵉ siècle; mais la découverte d'agents plus destructeurs les ayant peu à peu fait abandonner, on finit par ne plus en parler, et cette circonstance donna plus tard lieu à la croyance que le secret de leur préparation était perdu. Du reste, la pyrotechnie moderne possède des compositions incendiaires infiniment plus efficaces que le feu g. et qui possèdent réellement la propriété de brûler dans l'eau.

GRÉGOIRE, nom de seize papes, dont les plus célèbres sont : Grégoire Iᵉʳ (saint) le Grand (590 à 604), propagateur du chant grégorien. ‖ Grégoire III (731-741), qui affranchit Rome de la domination de Byzance. ‖ Grégoire VII Hildebrand), l'adversaire de l'empereur Henri IV de France dans la querelle des Investitures (1073-1085). ‖ Grégoire IX (1227-1241), qui lutta contre Frédéric II de Hohenstaufen. ‖ Grégoire XIII (1572-1585), auteur de la réforme du calendrier dite Réforme grégorienne (1582). ‖ Grégoire XVI (1831-1846), prédécesseur de Pie IX.

GRÉGOIRE (Saint) le Thaumaturge (faiseur de miracles) évêque de Néocésarée dans le Pont; m. en 270. Fête le 17 novembre.

GRÉGOIRE (Saint) de Nazianze, Père de l'Église grecque, auteur de discours, lettres, poésies (329-389). Fête le 9 mai.

GRÉGOIRE (Saint) de Nysse, Père de l'Église grecque, frère de saint Basile. Fête le 9 mars.

GRÉGOIRE (Saint), de Tours, évêque de Tours; célèbre théologien et historien, auteur de l'Historia Francorum (544-594).

GRÉGOIRE (Nicéphore), historien byzantin 1295-1360 ?.

GRÉGOIRE (Henri, l'abbé), membre de la Constituante, puis de la Convention, évêque constitutionnel de Blois (1750-1831).

GRÉGORIEN, IENNE. adj. (R. Gregorius, forme latine du nom Grégoire). Se dit du chant d'église réglé par Grégoire Iᵉʳ, et qui fut établi par ce pape. Chant g. ‖ Âge g. ‖ Se dit aussi de la réforme du calendrier opérée par l'ordre de Grégoire XIII. Calendrier g. Année grégorienne. Réforme grégorienne. Voy. ANNÉE et CALENDRIER.

GRÉGORY (Jacques), mathématicien anglais, inventa le télescope réflecteur qui porte son nom (1638-1675).

GRÈGUES. s. f. pl. (lat. græca, grecque). Simple haut-de-chausses à la mode des Grecs, dont l'usage s'introduisit en France au XVIᵉ siècle. Ce mot n'est plus employé que dans les loc. fam. Tirer ses g. S'enfuir: Laisser ses g. en quelque occasion, Y mourir; Mettre de l'argent dans ses g. S'enrichir; Il en a dans ses g., se dit d'un homme à qui il est arrivé quelque perte ou quelque accident fâcheux.

GREIFSWALD, v. de Prusse, sur le Rykgraben; 21,300 hab. Université datant de 1456.

GREIZ, v. d'Allemagne, capitale de la principauté de Reuss; 20,400 hab.

GRÊLANT, ANTE. adj. Où il grêle.

GRÊLASSE. s. f. [Pr. grêla-se]. Grosse grêle.

GRÊLAT. s. m. T. Mines. Charbon retenu dans les tôles perforées de trous de 0ᵐ,026 de diamètre et qui laissent passer les fines.

GRÊLE. adj. (lat. gracilis, m. s.). Long et menu. Une taille g. Des jambes grêles. Tige g. — Intestin g., La partie la plus longue et la plus mince de l'intestin. Voy. INTESTIN. ‖ Fig. Voix g., Voix aiguë et faible. — Ton g., Le ton le plus haut d'un cor ou d'une trompette. Dans ce sens, on dit subst., Sonner le g., ou Sonner g.

GRÊLE. s. f. (même orig. que grésil). Pluie de glaçons de forme arrondie. — Famil., On le craint comme la g., se dit d'un homme qui fait beaucoup de mal dans un pays. On dit aussi, Il est méchant comme la g. ‖ Fig., Une g. de traits, de balles, de boulets, de pierres. Une g. de coups. ‖ T. Méd. Petite tumeur à la paupière. Voy. Chal. ‖ T. Techn. Lame d'acier et dentelée à l'usage du tabletier pour grêler, c'est-à-dire arrondir certains objets. — Sorte d'écoine à l'usage du tourneur.

Météor. — On donne le nom de Grêle à la chute de globules plus ou moins sphériques formés par de l'eau congelée, et celui de Grêlon à chacun de ces globules: lorsqu'ils sont très durs et d'un petit volume, ceux-ci reçoivent le nom de Grésil.

1. — La grosseur des grêlons est très variable. Les plus petits, ceux qu'on nomme Grésil, ne dépassent un diamètre de plus de 2 millimètres, bien qu'ils puissent en avoir 3 et même 4. Les grêlons ordinaires ont à peu près la grosseur d'une noisette; mais il en tombe parfois de plus volumineux qui ravagent tout ce qu'ils rencontrent à la surface de la terre. Halley rapporte que, le 29 avril 1697, il tomba dans le Finishire des grêlons pesant de 120 à 130 grammes. Le 4 mai de la même année, Taylor mesura dans le Hartfordshire des grêlons qui avaient 3 décimètres de circonférence. Parent a vu, dans le Perche, le 15 mai 1703, des grêlons gros comme le poing. Le 7 mai 1822, à Bonn, Nogerath a recueilli des grêlons dont le poids était de 190 grammes. Le 5 octobre 1831 il tomba à Constantinople des masses de la grosseur du poing; une demi-heure après quelques-uns pesaient encore 500 gr. Le 15 mai 1829, la g. enfonça les toits des maisons à Cazorla, en Espagne : certains blocs de glace pesaient jusqu'à 2 kilog.; il est probable que c'étaient des grêlons agglutinés. — La forme des grêlons varie comme leurs dimensions. Le grésil est ordinairement sphérique ou presque sphérique. Les grêlons proprement dits sont en général arrondis, souvent piriformes ou en forme de champignon terminé par une surface

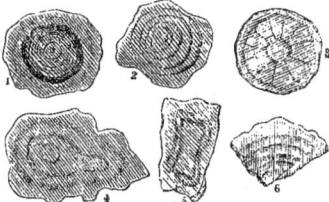

arrondie, quelquefois aplatis, et, dans le nombre, on en trouve fréquemment qui sont anguleux ou qui offrent à leur surface des protubérances ou des espèces d'épines. A l'extérieur, ils présentent habituellement une masse opaque, assez semblable à la neige durcie. Ceux qui sont formés de glace transparente sont des gouttes de pluie qui gèlent en traversant les couches refroidies de l'air. Vers le centre des grêlons (Fig. 1 à 6, Formes et structures diverses de grêlons, d'après Pouillet) on trouve constamment un noyau opaque autour duquel on ne distingue ordinairement qu'une masse congelée plus ou moins épaisse et sensiblement diaphane. Quelquefois, on reconnaît l'existence de plusieurs couches concentriques, qui toutes sont transparentes; d'autres fois, les couches diaphanes et opaques alternent entre elles. Enfin, dans certaines grêles on trouve des grêlons à structure rayonnante à partir du centre (Fig. 3).

La g. précède ordinairement les pluies d'orage, surtout quand elle est grosse ; elle tombe quelquefois simultanément avec elles ; mais il est très rare qu'elle les suive. Sa durée est de quelques minutes ; elle atteint rarement un quart d'heure. Il tombe de la g. à toutes les heures du jour, mais surtout à midi et un peu après, au moment de la plus grande chaleur diurne ; elle tombe moins fréquemment la nuit, bien que les grêles nocturnes ne soient pas rares La g. ne survient pas avec la même fréquence dans toutes les saisons : elle présente en outre, suivant les pays, des différences assez remarquables. On en peut juger par le tableau suivant, que nous empruntons à Kaemtz. En égalant à 100 le nombre de fois qu'il grêle dans l'année, on a les nombres proportionnels ci-après :

	HIVER	PRINTEMPS	ÉTÉ	AUTOMNE
Angleterre. .	54,5	20,5	3,0	22,0
France	32,8	39,4	7,0	20,7
Allemagne. .	10,3	46,7	29,4	13,6
Russie.	9,9	35,5	50,6	13,0

Ainsi, en Angleterre, le grésil ou la grêle tombent surtout en hiver, et le nombre des grêles estivales est relativement très petit. En France, c'est au printemps que le grésil, connu à Paris sous le nom de *Giboulées*, est très fréquent. En Russie, la moitié de la totalité des grêles tombe pendant l'été.

Les nuages qui portent la grêle semblent être surtout d'une grande profondeur, car il leur arrive de répandre une obscurité fort sensible. Ils ont habituellement une couleur grise ou roussâtre ; leur surface inférieure semble présenter d'énormes protubérances, avec de nombreuses déchirures sur les bords. On a prétendu que la g. se formait et se développait exclusivement dans les régions inférieures de l'atmosphère, parce que des observateurs placés sur les montagnes ont vu souvent les nuages couvrir de g. le fond des vallées. Mais des observations opposées ne permettent pas d'établir de règle générale sur ce point. En effet, sur les Alpes, il tombe souvent de la g. et du grésil, tandis qu'il pleut dans la plaine, ce qui tient sans doute à ce que les grêlons fondent avant d'arriver dans celle-ci. — La chute de la g. est quelquefois précédée d'un bruit tellement fort, qu'il couvre celui du tonnerre. Ce bruit a été comparé à celui que feraient des sacs de noix violemment entrechoqués ou d'une charrette ferrée roulant sur un chemin rocailleux. Peltier étant à Ham (Somme) entendit, à l'approche d'un orage, un bruit tellement fort qu'il pensa qu'un escadron de cavalerie arrivait au galop sur la place de la ville. Il n'en était rien ; mais 20 secondes après, une averse de g. épouvantable tombait sur la ville. On croit que ce bruit est dû aux grêlons qui s'entrechoquent, ou bien à la vitesse avec laquelle ils traversent l'air. Enfin, la g. est toujours accompagnée de phénomènes électriques et d'éclats de tonnerre, soit avant, soit après le bruissement dont nous venons de parler, soit même pendant qu'il grêle. — Les averses de g. sont souvent circonscrites dans un espace très limité ; d'autres fois elles couvrent une zone étroite, mais très longue. Un des orages les mieux observés et les plus désastreux qu'on ait vus dans nos climats est celui du 13 juillet 1788, qui traversa la France et la Hollande, et qui a été décrit par Tessier. Cet orage s'étendit sur deux bandes à peu près parallèles, dirigées du sud-ouest au nord-est. La bande orientale, la plus étroite des deux, avait une largeur moyenne de 8 kilomètres et une longueur de 700. La bande occidentale offrait une largeur moyenne de 16 kilomètres et une longueur de 800. L'espace compris entre ces deux bandes, et qui avait 20 kilomètres de large, fut épargné et ne reçut qu'une pluie abondante. Sur la longueur de chaque bande, il n'y eut aucune interruption dans l'orage. Celui-ci était précédé d'un obscurcissement considérable de la lumière du jour, et faisait à peu près 66 kilomètres à l'heure dans les deux bandes. Sur chaque point, la g. tomba pendant 7 à 8 minutes avec une force telle que toutes les moissons furent hachées. Les grêlons étaient de formes assez variées ; les plus gros pesaient 250 grammes. Le nombre des communes dévastées fut de 1039, et l'on évalua à 25 millions de francs les pertes occasionnées par ce météore.

II. — Les deux principales difficultés qui ont arrêté jusqu'ici les météorologistes dans l'explication du phénomène de la g., sont celles-ci : Comment se produit le froid qui fait passer l'eau à l'état de congélation ? Comment un grêlon assez pesant pour tomber par son propre poids reste-t-il suspendu dans les airs pendant le temps qu'il lui faut pour acquérir un volume qui va jusqu'à 20 ou 30 centimètres de circonférence ? Ces questions ont reçu des solutions plus ingénieuses que satisfaisantes. — Volta a proposé une théorie célèbre, où il a cherché à tenir compte de toutes les circonstances du phénomène. Sur la première question, il admet l'opinion de Guyton-Morveau en la complétant. Lorsque les rayons solaires frappent la surface supérieure d'un nuage très dense, ils sont absorbés presque en totalité, et il en résulte une grande évaporation. Cette évaporation, favorisée par la sécheresse de l'air qui est au-dessus du nuage, suffit à produire un abaissement de température assez considérable pour déterminer la formation de flocons de neige qui sont comme les embryons des grêlons. Maintenant, pour expliquer leur accroissement, Volta admet l'existence nécessaire de deux nuages superposés, dont l'un, le supérieur, est formé par la condensation de la vapeur provenant de l'autre, c.-à-d. de l'inférieur. Ces deux nuages se chargent d'électricité opposée, positive dans le supérieur, négative dans l'inférieur. Enfin, pour expliquer la formation des grêlons, Volta s'appuie sur les expériences bien connues de la danse des pantins et des balles de sureau. Voy. ÉLECTRICITÉ. Suivant lui, la même chose se passe entre les nuages orageux. Les flocons de neige formés dans le nuage inférieur sont électrisés comme lui ; ils sont donc repoussés par lui et attirés par le nuage supérieur. Mais dès qu'ils touchent ce dernier, ils partagent son électricité ; alors le nuage supérieur les repousse à son tour, tandis que l'inférieur les attire, et ainsi de suite. Ces attractions et ces répulsions peuvent durer plusieurs heures. En même temps, les grains se réunissent en masse et condensent autour d'eux les vapeurs qui les environnent, en les convertissant en glace. Ils se chargent alors ceux, d'où le bruit que nous avons signalé. Enfin, quand les grêlons ont atteint une certaine dimension, le nuage inférieur ne peut plus les retenir ; la pesanteur l'emporte, et ils tombent à la surface de la terre. — Malgré la faveur avec laquelle la théorie de Volta a été adoptée, elle souleva des objections fort graves. Ainsi à son explication du refroidissement du nuage par l'évaporation, on a opposé cette observation : c'est que, quand un liquide s'évapore par la chaleur, son évaporation ne peut devenir plus rapide qu'à la condition que sa température devienne plus haute, ou, en d'autres termes, qu'un liquide ne peut pas à la fois recevoir plus de chaleur, et par cette chaleur elle-même se refroidir davantage, sans qu'il intervienne une autre cause. La partie de la théorie de Volta qui est relative à la formation des grêlons n'est pas non plus complètement satisfaisante. En effet, dit Pouillet, « comment se peut-il qu'une puissance électrique, qui n'exerce point son action d'une manière *brusque et instantanée*, soit capable d'enlever des blocs de glace de 200 à 300 grammes ? Comment se fait-il que l'étincelle ne parte pas entre ce bloc et le nuage ? Eu outre, si les deux nuages sont fortement électrisés (comme ils doivent l'être pour enlever des masses pesantes), et si les grêlons font la navette dans l'espace qui les sépare, comment se fait-il que l'électricité ne s'écoule pas subitement d'un nuage sur l'autre, d'autant plus que les grêlons forment entre les nuages une espèce de communication qui favorise à un haut degré l'explosion de l'éclair ? »

D'autres physiciens ont proposé une théorie plus simple. Il y a des vents qui sont toujours accompagnés d'un refroidissement plus ou moins grand et qui peuvent produire sur la terre un refroidissement de 17° ; il est donc indubitable qu'ils sont capables de produire un refroidissement plus grand encore dans les régions élevées de l'atmosphère. Or, « on peut supposer, dit Pouillet, que le refroidissement étant produit par le vent, c'est aussi la puissance du vent qui entraîne les grêlons horizontalement ou du moins très obliquement dans l'atmosphère, qu'ils parcourent ainsi 60 à 80 kilomètres, et qu'ils n'ont pas besoin d'être suspendus bien longtemps au-dessus des nuages très denses et très refroidis, pour atteindre le volume énorme qu'ils ont quelquefois. Ainsi ce serait une même cause, l'abaissement rapide de la température par les vents, qui déterminerait la formation et l'accroissement des grêlons. Quant à l'électricité qui accompagne toujours ce phénomène, elle serait ici un effet et non un cause. L'accumulation de vapeur nécessaire pour engendrer la g. ne saurait avoir lieu sans un grand dégagement d'électricité, puisque tous les nuages qui se condensent au foyer où se forme la g. y viennent avec une électricité positive ou négative qui acquiert une grande tension par la condensation. »

Ces deux théories sont notoirement insuffisantes. M. Faye rattache la formation de la g. aux mouvements tourbillonnaires de l'atmosphère. D'après lui, la plupart des phénomènes météorologiques importants, orages, trombes, tornades, etc., sont dus à des tourbillons qui prennent naissance dans les régions supérieures de l'atmosphère et qui entraînent dans leurs girations l'air puisé dans ces hautes régions pour l'amener plus près du sol. Comme le froid est très intense à de très grandes hauteurs, le tourbillon est beaucoup plus froid que l'air environnant et détermine la condensation et même la congélation de la vapeur d'eau qui l'avoisine ou qu'il peut contenir; les grêlons ainsi formés ne sont soutenus que par la vitesse considérable du mouvement circulaire qui ne leur permet d'atteindre le sol qu'après qu'ils ont effectué un grand nombre de révolutions autour de l'axe du tourbillon. Cette théorie paraît plus voisine de la vérité que les précédentes; mais elle aurait besoin d'être complétée sur bien des points.

La formation du grésil s'explique plus aisément que celle de la g., parce que c'est dans la saison froide qu'il s'observe le plus souvent. Dans cette saison, la température de l'air se trouve au-dessous de 0° à une très faible hauteur dans l'atmosphère. Le grésil tombe toujours pendant des coups de vent et lorsque le temps est variable. Lors même que l'air est tranquille à la surface de la terre, on voit que les nuages marchent rapidement et qu'il y a du vent dans les régions atmosphériques supérieures. Kaemtz considère ces coups de vent comme une condition nécessaire de la formation du grésil. « Sur les Alpes, dit-il, j'ai vu que la neige se transformait en petits corps sphériques ou pyramidaux dès que le vent soufflait par rafales; puis, dès que celles-ci venaient à cesser, la neige tombait sous forme de flocons. »

III. — On évalue à 40 millions de francs les dégâts causés chaque année par la g. depuis le commencement de ce siècle; en 1839, les pertes se sont élevées à la somme énorme de 250 millions. Il serait donc du plus haut intérêt de pouvoir préserver les récoltes des ravages occasionnés par ce terrible météore. Mais les moyens imaginés jusqu'à ce jour paraissent absolument illusoires. Ce que les cultivateurs ont de mieux à faire, c'est d'assurer leurs récoltes contre la grêle. Il existe des compagnies d'assurance qui font ces sortes d'opérations moyennant une prime modique.

GRÊLER. v. imp. (R. grêle). Se dit quand il tombe de la grêle. Il a grêlé deux fois depuis hier. || Fig. G. sur le persil, Perdre ses efforts sur une chose sans importance. = GRÊLER. v. a. Gâter par la grêle. Cet orage va gr. vos vignes. Tout le pays a été grêlé. — Par méton., on dit, Ce fermier a été grêlé, pour dire que ses terres ont été grêlées. || Fig. et fam., Cet homme a été grêlé, Il a eu de grands malheurs, il a fait de grandes pertes. = GUÈRE, RE. part. || Fig. et fam., Un homme grêlé. Un visage grêlé, Qui a beaucoup de marques de petite vérole. — Avoir l'air grêlé, Avoir l'air misérable, être mal vêtu. || T. Blas. Couronne grêlée, Couronne chargée d'un rang de perles rondes.

GRÊLER. v. a. (lat. gracilis, menu). T. Techn. Arrondir les dents d'un peigne sur toute leur longueur. — Réduire la cire en lanières, afin de rendre le blanchiment plus facile.

GRELET. s. m. Marteau dont se servent les maçons.

GRÊLET, ETTE. adj. Qui est un peu grêle.

GRÊLETTE. s. f. [Pr. grê-lete]. Époine à l'usage du tourneur, dite aussi grêle.

GRÊLEUX, EUSE. adj. Qui a le caractère de la grêle.

GRÊLIER. s. m. T. Blas. Figure artificielle représentant une sorte de cor de chasse.

GRELIN. s. m. (all. greling, m. s.). T. Mar. Cordage plus petit que le câble. Voy. CORDAGE.

GRÊLOIR. s. m. Vase de fer-blanc percé de trous, pour grêler la cire.

GRÊLON. s. m. Grain de grêle.

GRELOT. s. m. (lat. crotalum, petite sonnette?) Petite boule de métal creuse et percée de trous, dans laquelle se trouve un morceau de métal qui rend un son dès qu'on la remue. G. de cuivre, d'argent. Ce cheval a un collier avec des grelots. || Figur. et fam., Attacher le g., Faire le premier pas dans une entreprise difficile. — Pop., Trembler

le g., Trembler si fort que les dents claquent l'une contre l'autre. || T. Bot. Fleur en g. Voy. FLEUR. || T. Hist. nat. Vertèbres caudales du serpent à sonnettes, qui font du bruit lorsqu'il s'agite. || Fil au g., Fil à broder les toiles fines. || T. Blas. Figure représentant une sorte de petite sonnette, on forme de grelot, encore désignée sous le nom de grillet.

GRELOTTER. v. n. [Pr. gre-lo-ter] (R. grelot, le claquement des dents étant comparé au son du grelot). Trembler et claquer des dents, de froid. = GRELOTTEN. v. a. G. la fièvre, Avoir le frisson de la fièvre.

GRELUCHON. s. m. Nom qu'on donne à l'amant aimé et favorisé secrètement par une femme qui se fait payer par d'autres. Fam. et libre.

GRELUCHONNE. s. f. [Pr. grelucho-ne]. Petite truelle de maçon à bout arrondi.

GRÉMENT. voy. GRÉEMENT.

GRÉMIAL. s. m. (lat. gremium, giron). T. Liturg. Morceau d'étoffe qui fait partie des ornements pontificaux, et qu'on met sur les genoux du prélat officiant pendant qu'il est assis.

GRÉMIL. s. m. (lat. granum milii, grain de mil). T. Bot. Nom vulgaire du Lithospermum officinale, plante de la famille des Borraginées; on l'appelle également Herbe aux perles, de même que le L. tinctorium. Voy. BORRAGINÉES.

GRÉMILLE. s. f. [Pr. grémi-lle, ll mouillées]. T. Icht. Genre de Poissons Acanthoptérigiens. Voy. PERCOÏDES.

GRENACHE. s. m. Vin d'origine espagnole.

GRENADE. s. f. (lat. granatum, de granum, grain). T. Bot. Fruit du Grenadier; son péricarpe coriace, très riche en tanin, est doué de propriétés astringentes; il est connu des officines sous le nom de Malicornium. Voy. MYRTACÉES. || T. Artill. Petite bombe. || Par anal., Ornement de costume militaire figurant une grenade enflammée. || T. Comm. Fil de soie formé de deux autres fils fortement tordus. — Toile dont la chaîne est de lin et la trame de coton. || T. Blas. Figure représentant le fruit de ce nom avec une couronne à pointes et une ouverture oblongue laissant voir les grains; ou pièce d'artifice représentée enflammée lorsqu'elle paraît éclater.

Artill. — I. La Grenade est une sorte de petite bombe qu'on a ainsi appelée à cause de sa ressemblance avec le fruit de ce nom. C'est un petit globe de fer creux rempli de poudre, et à la lumière duquel est fixée une fusée, à laquelle on met le feu avec une mèche, quand on veut le lancer dans les rangs ennemis : la poudre, en s'enflammant, le fait crever comme une bombe. On a fait usage de deux sortes de grenades. Les grenades à main ont 8 centimètres de diamètre, pèsent 1 kilogr. environ, et leur fusée est disposée de manière à durer 20 secondes. Des hommes exercés les lancent à 25 mètres, et jusqu'à 100 mètres on s'aidant d'une espèce de fronde : on les lance également par groupes avec les pierriers. Les grenades du plus fort volume sont désignées sous le nom de grenades de rempart ou de fossé; elles pèsent 2 kilogr. et plus, et servent à la défense des brèches. On les roule du haut des remparts dans les fossés avec une sorte de châssis appelé Augel. Les grenades paraissent avoir été inventées au commencement du XVIe siècle, et leur premier usage en France est rapporté au siège d'Arles, en 1536.

II. — Le jet des grenades exigeant une certaine habitude de la part de ceux qui les lancent pour éviter tout accident, on imagina d'y exercer spécialement un certain nombre d'hommes choisis auxquels on donna le nom de Grenadiers. Les premiers soldats ainsi appelés parurent en 1667; ils appartenaient tous au régiment du roi, et leur nombre variait de 4 à 6 par compagnie. Ils portaient une giberacière nommée Grenadière, qui renfermait 12 à 15 grenades. En 1670, on réunit tous ces grenadiers en une compagnie, et bientôt on créa des compagnies semblables d'abord dans les 30 plus anciens régiments d'infanterie, puis dans tous les bataillons.

Dès lors les grenadiers furent considérés comme l'élite de l'armée, et l'on cessa de les exercer au jet des grenades, qui devint un des exercices accessoires des troupes du génie. En 1745, les compagnies de grenadiers furent réunies et formèrent 7 régiments de *Grenadiers royaux*. Ces régiments ayant été licenciés en 1749, on conserva 48 de leurs compagnies pour former un corps particulier, qu'on appela les *Grenadiers de France*.

Indépendamment des grenadiers ordinaires ou grenadiers-fantassins, il y avait autrefois des soldats de ce nom dans l'arme de la cavalerie. Ainsi, en 1676, Louis XIV créa une compagnie de *Grenadiers à cheval*, qui marchait en tête de la Maison du roi, bien qu'elle n'en fît point partie; elle fut licenciée en 1792. Des régiments de ce nom ont également figuré dans la garde des consuls, dans la garde impériale, dans la garde royale; ils ont disparu en 1830.

La plupart des corps privilégiés, créés depuis le Directoire jusqu'à la fin du second empire, ont compté des bataillons ou des régiments entiers de grenadiers. Oudinot, maréchal et duc, a été grenadier. La Tour d'Auvergne a été surnommé « le premier grenadier de France ».

GRENADE, v. d'Espagne, cap. de l'anc. royaume de ce nom, qui appartint aux Arabes de 1235 à 1492; 73,000 hab. Anc. résidence des rois maures. = Nom des hab. : GRENADIN.

GRENADE (LA), une des Antilles anglaises, faisant partie des *Grenadines*; 49,000 hab. Cap. Saint-George (autrefois Port-Royal).

GRENADE (NOUVELLE-), république de l'Amérique du Sud, appelée aujourd'hui *États-Unis de Colombie*, formée du démembrement de l'anc. Colombie; 2,000,000 d'hab. Cap. Santa-Fé-de-Bogota.

GRENADE-SUR-ADOUR, ch.-l. de c. (Landes), arr. de Mont-de-Marsan, arr. de Toulouse; 1,500 hab.

GRENADE-SUR-GARONNE, ch.-l. de c. (Haute-Garonne), 3,900 hab.

GRENADIER. s. m. (R. *grenade*). T. Bot. Nom du *Punica granatum*, arbuste de la famille des *Myrtacées*. Voy. ce mot. || T. Guerre. Voy. GRENADE. || Fig. et fam., Femme de haute taille et de manières viriles.

GRENADIÈRE. s. f. Giberière dans laquelle le grenadier portait autrefois ses grenades. || T. Arquebus. Capucine d'un fusil de munition à laquelle s'attache la bretelle. — *Mettre son fusil à la g.*, Le placer sur les épaules en lâchant la bretelle. || Loc. adv. *A la grenadière*, A la façon à s grenadiers. || T. Pêc. Nom donné à des filets servant à pêcher les crevettes.

GRENADILLE. s. f. [Pr. *grena-dille*, *ll* mouillées[(esp. *granadilla*, m. s.). Bois des îles, qu'on nomme aussi *Bois d'ébène rouge*. || T. Bot. Nom vulgaire de plusieurs plantes de la famille des *Passiflorées*. Voy. ce mot.

GRENADIN. s. m. T. Ornith. Sorte de fringille d'Afrique. || T. Bot. Variété d'œillet. || T. Cuis. Petit fricandeau.

GRENADINE. s. f. T. Techn. Soie torse, grenue. — Barège, étoffe faite de cette soie. Voy. Soie. || Sirop fait avec du jus de grenade. || T. Chim. Principe cristallisable extrait de l'écorce et de la racine du grenadier.

GRENADINES ou **GRENADILLES**, chaîne d'îles et d'îlots entre Saint-Vincent et la Grenade (Antilles anglaises).

GRENAGE. s. m. Action de grener la poudre de guerre et de chasse. || État du sucre quand il cristallise en cristaux plus ou moins divisés.

GRENAILLE. s. f. [Pr. *grena-lle*, *ll* mouillées] (R. *grain*). Se dit d'un métal réduit en menus grains, et particulièrement de la fonte de fer réduite en grains dont on se sert pour la chasse. *Argent en g. Charger un fusil avec de la g.* || Rebuts de grains qu'on donne aux volailles. || Charbon de bois en menus morceaux. || Cire réduite en grains pour la blanchir.

GRENAILLEMENT. s. m. [Pr. *grena-lle-man*, *ll* mouillées]. Action de grenailler. Réduction en grenaille.

GRENAILLER. v. a. [Pr. *grena-ller*, *ll* mouillées]. Mettre un métal en petits grains. = GRENAILLÉ, ÉE. part.

GRENAILLEUR. s. m. [Pr. *grena-lleur*, *ll* mouillées]. Action de grenailler.

GRENAISON. s. f. [Pr. *gre-né-zon*]. Formation de la graine dans les plantes.

GRENASSE. s. f. [Pr. *grena-se*]. T. Mar. Petit grain.

GRENAT. s. m. [Pr. *gre-na*] (lat. *granatum*, grenade). T. Minér. Pierre fine. *Une parure de grenats.* || Couleur de cette pierre. *Une robe de soie g.*

Minér. — On comprend sous ce nom générique plusieurs espèces minérales qui sont essentiellement composées de silice, d'alumine et d'oxyde de fer, mais qui contiennent aussi très fréquemment de la chaux, du manganèse, etc. Tous les grenats sont vitreux et fusibles au chalumeau. Ils cristallisent dans le système cubique, et leurs formes dominantes sont le dodécaèdre rhomboïdal et le trapézoèdre. Leur pesanteur spécifique varie de 3,35 à 4,25, suivant qu'ils contiennent plus ou moins de fer. Les minéralogistes admettent six espèces de grenats : l'*Almandine* ou *G. alumino-ferreux*, la *Grossulaire* ou *G. alumino-calcaire*, la *Spessartine* ou *G. alumino-manganésien*, le *G. noir d'Arendal* ou *G. alumino-magnésien*, la *Mélanite* ou *G. calcaréo-ferrique*, et l'*Ouwarowite* ou *G. calcaréo-chromique*. Les grenats offrent le plus souvent une coloration rouge dont la nuance peut d'ailleurs varier depuis le rouge noirâtre jusqu'au rouge orangé, en passant par le rouge vif, qui est leur couleur typique et qui est connu sous le nom de *rouge g.*, ou simplement *g.* Mais il existe aussi des grenats blancs, jaunes, verdâtres, orangés (Grossulaire), et même d'un beau vert d'émeraude (Ouwarowite). Quelques-uns offrent le phénomène connu sous le nom d'*Astérisme*. Voy. ce mot. — Les grenats constituent quelquefois à eux seuls de petites couches à l'état granulaire ou compact dans les terrains de cristallisation ; mais le plus souvent ils ne sont que disséminés dans les roches de ces terrains, depuis le gneiss jusqu'au schiste argileux. On en rencontre même, quoique rarement, jusque dans les tufs volcaniques modernes.

— Le commerce de la joaillerie fait un assez grand usage du g.; néanmoins, malgré sa dureté, son éclat et le brillant de ses teintes, cette substance n'occupe que l'un des derniers rangs parmi les pierres précieuses ; il lui manque la qualité la plus recherchée : la rareté. Les grenats les plus estimés dans l'industrie sont d'un beau rouge et appartiennent à l'espèce que les minéralogistes nomment Almandine. Ce sont le *G. oriental*, improprement appelé *G. syrien*, car il vient de l'Indo-Chine, et les *Grenats nobles*, que l'on tire de la Hongrie et de la Bohême. Le *G. oriental* est d'un prix très élevé, quand il est d'un certain volume et d'un beau rouge coquelicot transparent et limpide : c'est vraisemblablement l'*Escarboucle* des anciens. On l'emploie ordinairement taillé en cabochons unis ou à facettes, et *chevé*, c.-à-d. creusé en dessous, pour augmenter sa transparence. Les *Grenats nobles* sont d'un rouge vineux plus ou moins vif, et se taillent comme ceux de l'Inde ; en outre, on les fixe sur une feuille d'argent pour leur donner plus d'éclat. On recherche encore les grenats d'un rouge hyacinthe, c.-à-d. tirant sur le jaune, qui appartiennent au genre Grossulaire, et qu'on désigne dans le commerce sous le nom d'*Hyacinthe* et de *Pierre de cannelle*. Les petits grenats rouges vineux ou rouge brun, qui ont une forme globuleuse, se taillent en *olivettes à dentelle*, c.-à-d. avec un rang ou deux rangs de facettes sur toute leur hauteur, ou bien en *brillantés*, c.-à-d. à facettes multipliées couvrant toute leur surface. On les perce ensuite d'outre en outre, pour les enfiler en *chapelets* qu'on réunit en masses, et qu'on vend au poids à des prix peu élevés. Ces grenats communs viennent surtout de la Bohême, de la Hongrie et du Tyrol.

GRENATIQUE. adj. 2 g. T. Minér. Qui a rapport au grenat.

GRENATITE. s. f. T. Minér. Roche essentiellement formée de grenat.

GRENELER. v. a. (R. *grain*). Préparer une peau ou toute autre matière analogue, de manière qu'elle paraisse couverte de grains. *G. du cuir, du papier.* = GRENELÉ, ÉE. part. = Conj. Voy. APPELER.

GRENELLE, ancien village de la Seine, annexé à Paris en 1860 (XVᵉ arrondissement). Puits artésien de 588 mètres de profondeur. Voy. ARTÉSIEN.

GRENER. v. n. (R. *grain*). Produire de la graine, rendre

beaucoup de grains. *Les blés commencent à g. Faire g de*
ver à soie, Laisser la chrysalide devenir papillon et produire
ses œufs. == GRENER. v. a. Réduire en petits grains. *G. le*
la poudre, du sel, du tabac. || Se dit aussi dans le sens de
Greneler. *G. une peau.* == GRENÉ, ÉE. part. || Subst. se
dit des parties d'un dessin ou d'une gravure qui offrent une
multitude de petits points rapprochés. *Il ne sait pas faire le*
grené. == Conj. Voy. GELEN.

GRENETER. v. a. Faire le grain sur le cuir avec un fer
chaud.

GRÈNETERIE. s. f. Commerce du grènetier.

GRÈNETIER. s. m. (R. grenier). T. Admin. anc. Employé au grenier à sel. Voy. CONTRIBUTION.

GRÈNETIER, IÈRE. s. (R. grenette, dimin. de grain).
Celui, celle qui vend des grains.

GRENÉTINE. s. f. (R. Grenet, nom propre). Gélatine la
plus pure et transparente. Voy. GÉLATINE.

GRÈNETIS. s. m. [Pr. grè-ne-ti] (R. grenette, dimin. de
grain). Cordon formé de petits grains relevés en bosse autour
des monnaies et des médailles. *Lorsqu'il y a un g. à une*
pièce, on ne peut la rogner sans qu'il y paraisse. || Le
poinçon qui sert à marquer ces grains.

GRENETTE. s. f. [Pr. grenè-te] (Dim. de graine). T. com.
Les fruits du nerprun des teinturiers. Voy. RHAMNÉES. || Grains
de poudre qui restent sur le tamis lorsqu'on passe la poudre
sèche. || Argile colorée en jaune avec des baies de nerprun.

GRENIER. s. m. (lat. granarium, m. s., de granum,
grain). Lieu où l'on renferme les grains. *Avoir du blé en*
g. Avoir ses greniers pleins. Par ext., on dit aussi, *G. à*
foin, à fourrage. — G. public ou *G. d'abondance*, Vaste
magasin où l'on conservait des grains pour les époques de disette. — *G. à sel*, Lieu où l'on renfermait le sel des gabelles
et où les habitants étaient tenus de s'approvisionner. Voy. CON-
TRIBUTION (*Impôt sur le sel*). || L'étage le plus élevé d'une maison,
immédiatement sous le comble. *Être logé au g. Il mourut de*
faim dans un g. — Fam., Chercher quelqu'un de la cave
jusqu'au g., Le chercher dans tous les endroits de la maison.
| Fig., *Aller de la cave au g.*, Ne pas écrire droit; ou l'arler
d'une manière incohérente. || Fig. et pop., *C'est un g. à coups*
de poing, se dit d'un polisson querelleur qui se fait toujours battre. *G. à puces*, Chien, chat malpropre. — Un *chien*
qui fait g., Qui conserve des aliments mâchés entre les
joues et les arcades dentaires. || Fig., se dit d'un pays, d'une
province fertile et dont on tire beaucoup de grains. *La Sicile*
fut longtemps le g. de Rome. || T. Mar. *Charger un vais-*
seau, un bateau de grains en g., pour dire, Les charger de
grains sans les mettre dans des sacs ou dans des caisses.
Charger en g. du blé, du sel, du charbon. || T. Techn. Nom
que l'on donne dans la raffinerie aux pièces spécialement des-
tinées au travail du sucre en pains. || *Travail de g.*, Opéra-
tion que l'on fait subir aux cuirs de Hongrie afin de les nourrir
et de les disposer à prendre le g.

GRENOBLE. ch.-l. du dép. de l'Isère, à 633 kil. de Paris,
anc. cap. du Dauphiné, sur l'Isère; 60,400 hab. Évêché,
cour d'appel. Faculté des sciences et des lettres. Ganterie.
Ciments. Carrosserie. Patrie de Vaucanson, Condillac, Lesdiguière.

GRENOIR. s. m. T. Techn. Crible pour grener la poudre,
la pâte. || Atelier où se fait cette opération.

GRENOUILLARD. s. m. [Pr. gre-nou-llar, ll mouillées]
Espèce de busard.

GRENOUILLE. s. f. [Pr. grenou-lle, ll mouillées] (lat.
ranula). T. Erpét. Le genre Grenouille appartient à l'ordre
des Batraciens anoures, où il constitue le type de la famille
des Ranidés ou Raniformes. Les Ranidés diffèrent essentiellement des Bufonidés ou Bufoniformes, ou Crapauds, en
ce que les deux mâchoires de ces derniers sont dépourvues
de dents, tandis qu'il en existe chez les Ranidés, au moins
à la mâchoire supérieure. D'autre part, ils se distinguent des Rai-
nettes, par les doigts, qui, chez ces dernières, sont terminés
à leurs extrémités par des pelotes ou disques élargis. — Les
Ranidés ont des formes élégantes et sveltes, la peau moins

verruqueuse que les autres Batraciens, et parfois agréablement colorée. On les trouve ordinairement dans les lieux
humides, au milieu des prés, sur les bords des fontaines et
des étangs, où ils s'élancent au moindre bruit. Ils nagent
bien, grâce à leurs pattes postérieures très longues, très fortes
et fréquemment palmées. A terre, leur marche consiste en
petits sauts répétés, qui durent peu et qui semblent les fatiguer.

Le genre *G.* proprement dit (*Rana*) ne renferme que
deux espèces européennes, mais qui sont extrêmement répandues. Ces animaux sont très voraces et se nourrissent
exclusivement de proies vivantes : de larves d'insectes aquatiques, de vers, de mollusques et de mouches; mais, quand
vient l'automne, ils ne mangent plus, et, dès qu'il fait froid,
ils s'enfoncent dans la vase et se réunissent dans le même
lieu, parfois en si grand nombre qu'ils couvrent le sol d'une
épaisseur de plus de 30 centimètres. Au mois de mars, ils
s'agitent, reparaissent à la surface et s'accouplent. La femelle
pond annuellement de 600 à 1,200 œufs qui forment un chapelet d'une très grande longueur et qu'elle abandonne à la
surface des eaux. Les mâles ont, de chaque côté, sous
l'oreille, une membrane mince qui se gonfle d'air quand ils
crient. La *G. commune* ou *verte* (*R. esculenta*) [Fig. ci-
dessous] est d'un beau vert tacheté de noir avec trois raies

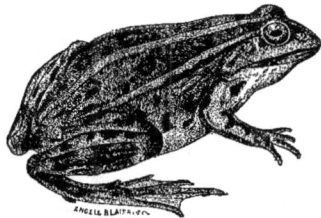

ANGÉE BLATANNET

jaunes sur le dos, et le ventre jaunâtre. On la trouve dans les
eaux dormantes; c'est l'espèce qui est si incommode en été
par la continuité de ses coassements nocturnes. Elle va rarement à terre, et reste immobile à fleur d'eau ou bien posée
sur quelque plante aquatique. La *G. rousse* (*R. temporaria*)
est d'un brun roussâtre tacheté de noir, avec une bande noire
partant de l'œil et passant sur l'oreille. Elle se tient habituellement à terre, quelquefois assez loin du rivage. On l'appelle aussi *G. muette*, parce qu'elle coasse beaucoup moins
que la précédente. Aux États-Unis, il existe une espèce
remarquable qu'on désigne sous le nom de *G. mugissante*
ou de *G. taureau* (*R. mugiens*), à cause de la puissance de
sa voix : cette *g.* atteint une longueur de 40 centim. — Les
autres espèces de *Ranidés* qui habitent nos pays, appartiennent à d'autres genres; mais, néanmoins le nom commun
de *Crapaud* sous lequel on désigne ces espèces, ce ne sont
point des Crapauds. Ainsi le *Crapaud brun* (*Bufo fuscus*)
et le *Cr. éperonné du midi de la France* (*Rana cultripes*)
appartiennent au genre *Pelobates*; le *Cr. ponctué* (*R. punc-*
tata) au genre *Pelodytes*; le *Cr. sonnant*, vulgaire *Cr. à*
ventre jaune (*R. bombina*), au genre *Bombinator*; enfin,
le *Cr. accoucheur* (*Bufo obstetricans*) forme à lui seul le
genre *Alytes*. — La chair des Grenouilles vraies est blanche,
légère, et contient beaucoup de gélatine; on en mange dans
presque toute l'Europe et surtout en France : c'est en
automne qu'elles sont le plus délicates. Le bouillon de Grenouilles était naguère fort employé en médecine dans la
phtisie, etc. Dans quelques pays, on mange également la
chair du *Cr. brun* ou *Pelobates fuscus*.

GRENOUILLER. v. n. [Pr. grenou-ller, ll mouillées]
(R. grenouille) Barboter dans l'eau. || Ivrogner. *Cet homme*
ne sait que g. du matin au soir. Pop.

GRENOUILLÈRE. s. f. [Pr. grenou-llè-re, ll mouillées].
Lieu marécageux où il y a beaucoup de grenouilles. || Terrain
humide. || Petit bain d'eau courante où barbotent ceux qui ne
savent pas nager.

GRENOUILLETTE. s. f. [Pr. grenou-llè-te, ll mouillées].

Petite grenouille. || T. Bot. Nom vulg. du *Ranonculus aquatilis*. Voy. Renonculacées. || T. Méd. Tumeur liquide enkystée du plancher de la bouche. Voy. Salive.

GRENU. UE. adj. Qui a beaucoup de grains ; se dit des céréales. *Un épi bien g.* || Qui est ou qui paraît composé de petits grains. *Texture grenue. Ce maroquin me semble bien g.* || *Huile grenue*, Celle qui est figée en petits grains et qui est la meilleure. || T. Bot. *Racine grenue*, Formée de petits tubercules.

GRENURE. s. f. État du cuir grené. || T. Beaux-Arts. Action de grener les ombres d'une gravure. Résultat de cette action.

GRENVILLE (Georges), homme d'État anglais (1712-1770). = Son fils, William, homme d'État (1759-1834).

GRÉOULX, com. du dép. des Basses-Alpes, arr. de Digne ; 1,163 hab. Établissement thermal.

GREPPO (Jean-Louis), homme polit. fr. (1810-1888).

GRÈS. s. m. [Pr. *grè*] (celt. *craig*, roche). T. Minér. Roche formée de petits grains quartzeux plus ou moins volumineux et réunis par un ciment. || Pavé fait avec cette roche. || Sable à récurer fait de cette pierre pulvérisée. || Sorte de poterie de terre. Voy. Céramique et Grès-Cérame. || T. Chas. Grosse dent qui se trouve près des défenses du sanglier.

Minér. — On donne le nom de *Grès* à une roche quartzeuse composée de grains siliceux plus ou moins fins et réunis par un ciment invisible. Les g. se trouvent dans les terrains sédimentaires et se présentent le plus souvent en masses à contexture confuse et divisibles en tous sens. D'autres fois ils sont disséminés en mamelons irréguliers au milieu des masses de sable qui constituent nos collines ; quelquefois encore on les rencontre en bancs assez réguliers. On distingue une assez grande variété de g. suivant leur texture, leur couleur et les substances qu'on trouve mélangées avec eux. Les principales espèces de g., sont le *G. rouge* (Dévonien), le *G. bigarré* (Trias), l'*arkose* (Jurassique), le *G. vert* (Crétacé), etc. — On fait rarement usage du g. pour les constructions, parce qu'il ne donne pas assez de prise au mortier. On s'en sert particulièrement pour faire des meules, soit à aiguiser, soit à moudre les grains ; on l'emploie également pour le pavage des rues. C'est la forêt de Fontainebleau qui fournit les g. purs et en quelque sorte cristallins dont les rues de Paris sont pavées. Enfin, certaines variétés de g. fort poreuses servent à faire des fontaines filtrantes. Les g. se trouvent en France en grand nombre de carrières de g. Les plus considérables et les plus renommées sont celles de Fontainebleau, de Palaiseau, de Champagne, de Lorraine, etc.

Grès-céramos. — Dès la plus haute antiquité, certains peuples, parmi lesquels les Égyptiens, connaissaient la fabrication des grès-cérames ; il en était de même au Japon et en Chine. En Europe, cette fabrication n'apparaît que vers la fin du VIIe siècle ou au commencement du VIIIe. D'Allemagne, elle passe en Hollande et enfin en Angleterre vers la fin du XVIe siècle ; depuis cette époque, l'industrie des grès-cérames n'a cessé de progresser dans ce pays qui, pendant de nombreuses années, détenait en quelque sorte le monopole de cette fabrication dans laquelle il excellait. Mais, depuis quelques années, grâce à l'intelligente initiative d'un certain nombre de fabricants, grâce aussi au bon goût de nos artistes, la France peut lutter avantageusement avec les fabricants anglais de produits similaires. C'est ainsi qu'à Bourg-la-Reine, à Saint-Amand (Nord) et dans plusieurs localités du midi de la France se sont montées des fabriques de grès-cérames fins dont la production est vraiment remarquable à tous les points de vue. Les usines pour les grès-cérames communs abondent également.

Les grès-cérames se divisent en deux catégories bien distinctes : *grès communs* et *grès fins* ; outre leurs qualités réciproques qui diffèrent, les soins donnés à la fabrication des uns et des autres, tout comme les matières premières qui entrent dans leur composition varient suivant la classe à laquelle doivent appartenir les produits définitifs. Quelle que soit la catégorie, les poteries en grès-cérame possèdent, après cuisson et achevage, une pâte dure et opaque, d'une sonorité remarquable ; elles sont, pour la plupart, sauf en ce qui concerne le *grès-cérame biscuit*, d'une imperméabilité absolue aux liquides. Le grès-cérame possède en somme et en grande partie les qualités de la porcelaine, sans toutefois présenter la même finesse de pâte.

La pâte du grès commun se compose la plupart du temps d'argile plastique assez grossière, dont on se borne à éliminer les parties qui s'opposeraient à l'obtention d'un tout homogène ; c'est ainsi qu'on enlève les cailloux ou autres objets étrangers. Un broyage simple suffit, au contact de l'eau, pour obtenir la pâte à laquelle on ajoute pour la trituration du sable et une base quelconque, chaux, oxyde de fer, ou autres. Les produits de la fabrication servent du reste à des usages communs, tels que bonbonnes et dames-jeannes, cruchons, etc. Ces objets, tout comme ceux de faïence ou de porcelaine, se font au tour, quelquefois en deux parties, lorsque leurs dimensions atteignent des proportions considérables ; alors l'ouvrier les réunit ensuite pour les souder par juxtaposition avec adjonction de pâte claire ou *barbotine*. La cuisson, du reste, s'opère dans des fours spéciaux semi-circulaires et dans lesquels la flamme ne pénètre à l'intérieur de la chambre de cuisson proprement dite que par des ouvertures ou *fenêtres* ménagées à cet effet. L'opération dure environ une semaine.

Afin d'augmenter l'imperméabilité de la pâte qui, cependant, à la cassure, présente une texture vitrifiée, on recouvre ces grès d'une *couverte* ou *glaçure* leur donnant l'aspect brillant qu'ils possèdent. Cet enduit est souvent silico-alcalin ; on l'obtient en projetant sur les pièces contenues dans le four quelques poignées de sel marin humide. Il s'opère une décomposition du chlorure de sodium, au même temps qu'une nouvelle combinaison chimique avec la silice du sable produit le glaçage des pièces. Souvent aussi, cette glaçure a une composition plus complexe et renferme de la potasse ou de la baryte, du sable, du feldspath et du minium. Cependant, cette glaçure s'emploie de préférence pour les grès-cérames fins, la première suffisant amplement pour les grès communs.

La composition de la pâte des grès-cérames fins diffère essentiellement de la précédente. En effet, devant obtenir des pièces qui bien souvent constituent de véritables œuvres d'art, il est de toute nécessité d'avoir à sa disposition des matières premières très pures. Cette composition varie à l'infini, suivant les fabriques, chacune ayant à soi un procédé spécial pour la constitution de la pâte. On peut cependant prendre pour type une composition qu'indique l'illustre Brongniart et à l'aide de laquelle la pâte qui en résulte est blanche et très fine : argile plastique, 14 ; kaolin, 14 ; pegmatite, 27 ; gypse, 21 ; silex, 15, et sulfate de baryte, 9, pour 100 parties. La préparation de la pâte des grès-cérames fins exige des manipulations très longues et très délicates, analogues à celles auxquelles donne lieu le travail de la pâte de la *Faïence* ou de la *Porcelaine*. Voy. ces mots.

Les fours de cuisson ressemblent à ceux dont on fait usage pour la faïence ; ils ont une forme cylindrique. L'opération dure environ 36 heures et il faut 48 heures pour avoir un refroidissement complet. Ces grès-cérames fins se recouvrent de glaçure d'une transparence absolue, telle que celle indiquée ci-dessus. Il en existe un grand nombre d'autres et, parmi elles, celle qui a été indiquée par M. de Saint-amans et qui comprend : cristal pulvérisé, 51 ; feldspath, 17 ; sulfate de baryte, 25 ; sable, 7, pour 100 parties.

GRÉSAGE. s. m. [Pr. *gré-zaje*]. T. Techn. Action de polir à l'aide d'une pierre de grès.

GRÉSER. v. a. [Pr. *gré-zer*]. T. Techn. Rogner avec le grésoir.

GRÉSEUX, EUSE. adj. [Pr. *gré-zeu*]. Qui est de la nature du grès. *Terrain g.*

GRESHAM (Thomas), financier anglais (1519-1579).

GRÉSIER. s. m. [Pr. *gré-zié*]. Ouvrier carrier des grésières.

GRÉSIÈRE. s. f. [Pr. *gré-zière*]. Carrière d'où l'on tire le grès.

GRÉSIFORME. adj. 2 g. [Pr. *gré-ziforme*]. Qui a l'apparence du grès.

GRÉSIL. s. m. [Pr. *gré-zill*, *ll* mouillées]. T. Météor. Voy. Grêle. || Verre pilé.

GRÉSILLEMENT. s. m. [Pr. *gré-zi-lle-man*, *ll* mouillées]. Action de grésiller ou état de ce qui est grésillé. || Cri du grillon.

GRÉSILLER. v. imp. [Pr. *gré-zi-ller*, *ll* mouillées]. Ne s'emploie qu'en parlant du grésil qui tombe. *Il grésille en ce moment.* == GRÉSILLER. v. a. Faire qu'une chose se fronce, se rétrécisse, se racornisse. *Le feu a grésillé ce parchemin. Quand il vient après la gelée, le soleil grésille toutes les fleurs.* || Gréser le verre. == GRÉSILLÉ, ÉE. part.

GRÉSILLIN. s. m. [Pr. *gré-zi-llin*, *ll* mouil.]. Gouttes de pluie gelées en tombant.

GRÉSILLON. s. m. [Pr. *gré-zi-llon*, *ll* mouil.]. Charbon en petits morceaux. || Verre cassé, pilé. || Farine grossière.

GRÉSIVAUDAN. anc. pays de France. Voy. GRAISIVAUDAN.

GRESLEY, général fr. (1819-1890), ministre de la guerre en 1879.

GRÉSOIR. s. m. [Pr. *gré-zouar*]. Nom d'un instrument de fer fendu à ses deux bouts, qui sert aux vitriers pour rogner les pointes du verre. || Nom d'une boîte et les lapidaires mettent la poudre qui leur sert à tailler et à polir les diamants.

GRESSERIE. s. f. collect. [Pr. *grè-serie*]. Pierres de grès mises en œuvre. *Les fossés du château sont revêtus de g.* || Se dit aussi de vases, pots, cruches de grès. *Vendre de la g.* || Carrière dont on tire le grès.

GRESSET. s. m. Nom de la rainette verte.

GRESSET, poète français, auteur de *Vert-Vert* et de la comédie *le Méchant* (1709-1777).

GRÉSY-SUR-ISÈRE, ch.-l. de c. (Savoie), arr. d'Albertville ; 1,100 hab.

GRETNA-GREEN, village d'Écosse, au fond du golfe de Solway, célèbre par les mariages clandestins qu'on y célébra jusqu'en 1848.

GRÉTRY, célèbre compositeur, né à Liège (Belgique) en 1741, mort à Montmorency, près Paris, en 1813, auteur de nombreux opéras-comiques français, *le Tableau parlant, Richard Cœur de lion*, etc.

GREUL. s. m. (lat. *glis, gliris*, loir). Nom vulgaire du Loir.

GREUZE (J.-B.), peintre français du genre le plus charmant, apprécié surtout après sa mort, né à Tournus en 1726, mort indigent, au Louvre, en 1805.

GRÈVE. s. f. (D'un rad. *arycu grav* ou *grau* : bas-breton *grouan*, sable ; kimry, *grou;* sanscrit *gravan*, pierre). Lieu couvert de gravier, de sable et de cailloux roulés, sur le bord de la mer ou d'une grande rivière. *La g. été et couverte de débris.* || Gros sable pour mortier. || Absol., se dit, à Paris, d'une place publique, située devant l'Hôtel de ville, où avaient lieu autrefois les exécutions, et où certains ouvriers sans travail se réunissaient en attendant l'ouvrage. *Le condamné fut roué vif en place de Grève*, ou simplement, *en Grève.* — Par ext., Cessation de travail concertée par les ouvriers d'une usine en vue de forcer ceux qui les emploie à leur accorder des satisfactions qui leur avaient été refusées. Voy. COALITION et TRAVAIL.

GRÈVE. s. f. (portug. *greba*, de l'ar. *djorab*, bas). Partie de l'armure qui couvrait la jambe. Voy. ARMURE.

GREVER. v. a. (lat. *gravari*, être à charge). Charger ; ne se dit guère qu'en termes de Contribut. et de jurisp. *Cette province était grevée d'impôts exorbitants. Les hypothèques qui grèvent ses propriétés. L'héritier était grevé de fidéicommis, de substitution.* || Léser, faire tort. *En quoi vous a-t-il grevé ?* Vx. == GREVÉ, ÉE. part. || En T. de Jurisp., on dit substant., *Le grevé de substitution*, etc. == Conj. Voy. GELER.

GREVIN, dessinateur et littérateur fr. (1827-1892).

GRÉVISTE. s. m. Ouvrier qui prend part à une grève. Néol.

GRÉVY (JULES), né à Mont-sous-Vaudrey (Jura) en 1807,

mort en 1891, fut président de l'Assemblée nationale à Bordeaux et à Versailles du 16 février 1871 au 20 mai 1873 ; réélu le 13 mars 1876 et le 7 novembre 1877 ; fut président de la République du 30 janvier 1879 au 2 déc. 1887.

GREWIA. s. m. (R. *Grew*, naturaliste anglais). T. Bot. Genre de plantes Dicotylédones de la famille des *Malvacées.* Voy. ce mot.

GREY (JANE), arrière-petite-fille par sa mère de Henri VII, fut reconnue comme héritière par Édouard VI et lui succéda (1553) ; mais Marie Tudor, fille de Henri VIII, lui disputa le trône, la fit prisonnière et la fit décapiter (1538-1554).

GREZ-EN-BOUÈRE, ch.-l. de c. (Mayenne), arr. de Château-Gonthier ; 1,600 hab.

GRIANNEAU. s. m. [Pr. *gri-a-nô*] (all. *grigeln*, crier, et *hahn*, coq). Jeune coq de bruyère.

GRIBANE. s. f. T. Mar. Embarcation à voile d'une cinquantaine de tonneaux.

GRIBEAUVAL (JEAN-BAPTISTE DE), ingénieur et général français, auteur d'un savant ouvrage sur l'artillerie (1715-1789).

GRIBLETTE. s. f. [Pr. *gri-blè-te*]. Morceau de porc frais ou salé, de veau, de volaille, haché, battu, et enveloppé de petites tranches de lard, qu'on fait rôtir sur le gril.

GRIBOUILLAGE. s. m. [Pr. *gribou-lla-ge*, *ll* mouillées]. Écriture mal formée et peu lisible. || Fam. Mauvaise peinture. Fam. et peu us.

GRIBOUILLER. v. a. [Pr. *gribou-ller*, *ll* mouillées] (lat. *scribere*, écrire). Faire du gribouillage. *Il ne peint pas, il gribouille.* || On dit aussi activ., *G. une lettre*, lorsque l'écriture en est mauvaise et difficile à lire. == GRIBOUILLÉ, ÉE. part.

GRIBOUILLETTE. s. f. [Pr. *gribou-llè-te*, *ll* mouillées]. *Jeter une chose à la g.*, La jeter au milieu d'une troupe d'enfants qui cherchent à s'en saisir. Fam. || Fig. *Jeter son cœur à la g.*, A l'aventure. Fam.

GRIBOUILLEUR, EUSE. s. [Pr. *gribou-lleur*, *ll* mouillées]. Celui, celle qui gribouille.

GRIBOURI. s. m. T. Entom. Nom vulgaire donné à deux sortes d'*Insectes Coléoptères*, appartenant les uns à la famille des CRYPTOCÉPHALIDES, les autres à celle des EUMOLPIDES. Voy. ces mots.

GRIÈCHE. adj. f. (corrupt. de *grecque*). Ne s'emploie que dans ces deux mots composés : *Pie-g.* et *Ortie-g.* Voy. PIE et URTICACÉES.

GRIEF. s. m. (lat. *gravis*, pesant, fâcheux). Dommage que l'on reçoit, préjudice, lésion que l'on souffre en quelque chose. *Il se plaint avec amertume des griefs qu'il a reçus. Oubliez tous ces petits griefs. Redresser des griefs.* || Motif de plainte. *Exposer ses griefs. Ceci est mon premier g.* || T. Prat. *Griefs*, au plur., se dit des écritures qui montrent en quoi on a été lésé par un jugement dont on appelle. *Griefs d'appel. Donner des griefs.*

GRIEF, IÈVE. adj. (lat. *gravis*, grave, considérable). *Une griève maladie. Une faute griève. Le cas n'est pas si g. que vous le faites. Il est défendu, sous de grièves peines, de...* Peu usité, et ne se dit qu'en mauvaise part.

GRIÈVEMENT. adv. D'une manière griève, excessivement. *Être blessé g. Offenser g. quelqu'un.*

GRIÈVETÉ. s. f. (R. grief, adj.). Énormité, gravité. *La g. de son crime. La g. de l'acte. La g. du péché.*

GRIFFADE. s. f. [Pr. *gri-fa-de*]. Coup de griffe. || T. Faucon. Blessure qu'un oiseau onglé fait avec ses serres.

GRIFFAGE. s. m. [Pr. *gri-fa-je*]. Action de griffer des bateaux dans une coupe de bois. || Opération du gaufrage des fleurs artificielles.

GRIFFE. s. f. [Pr. *gri-fe*] (all. *greifen*, saisir). Ongle crochu et acéré de certains animaux et des oiseaux de proie. *Les pattes du lion et de l'aigle sont armées de griffes.* | Se dit ordinairement de l'extrémité de la patte d'un animal, quand elle est armée de griffes. *Tomber entre les griffes d'un tigre. Cet oiseau est mort sous les griffes d'un épervier.* — Fam. et fig. *Donner un coup de g., Donner de la g. à quelqu'un,* lui rendre quelque mauvais office, et, plus ordin., Lui décocher quelque épigramme, ou tenir des propos désavantageux sur son compte. | Fig. et fam., *Griffe* se dit aussi du pouvoir qu'une personne exerce injustement ou avec dureté sur une autre, et de la rapacité des gens de chicane, des usuriers, etc. *Je suis tombé sous sa g. Si je puis un jour m'échapper de ses griffes, me tirer d'entre ses griffes.* | L'empreinte imitant la signature d'une personne, et l'instrument qui sert à faire cette empreinte. *Tous les exemplaires de cet ouvrage sont revêtus de la g. de l'auteur. Apposer sa g.* — *G. d'oblitération,* Instrument dont se sert l'administration pour oblitérer les timbres mobiles. | T. Horticult. Se dit de certaines souches fasciculées qui se composent d'un court rhizome émettant un faisceau de fibres radicales courtes, épaisses et charnues. *Des griffes d'asperges.* — Appendice au moyen duquel s'accrochent certaines plantes grimpantes. | T. Techn. Espèce de pinces ou de tenailles. — Pièce de fer destinée à en fixer d'autres dans la situation voulue. — Outil dont le doreur se sert pour tenir un petit objet à brunir. — Outil de tapissier pour saisir un grand tapis. — Morceau de bois à crochets pour maintenir l'outil du tourneur. — Instrument à cinq pointes pour marquer la place des portées musicales. — Outil de serrurier pour tracer les panneions des clefs. — Crochet que le jardinier s'attache aux jambes pour grimper à un arbre. | T. Forest. Instrument assez semblable à la rouanne des tonneliers, dont les forestiers se servent pour marquer les baliveaux dans une coupe de bois. | T. Archit. Appendice ajouté à la base des colonnes pendant le moyen âge.

GRIFFE. s. m. [Pr. *gri-fe*]. Nom donné, dans diverses parties de l'Amérique, aux individus nés de l'union des nègres avec les descendants des anciens indigènes. — Au fém., on dit *Griffonne.*

GRIFFER. v. a. [Pr. *gri-fer*]. T. Fauconn. Saisir, déchirer avec les griffes. | Fam., Égratigner avec les ongles. *Votre chat vous a griffé.* | T. Forest. Faire dans une coupe de bois, sur des baliveaux, une marque ou rainure au moyen de la griffe. == SE GRIFFER. v. pron. Entamer sa propre peau avec ses ongles. | Se déchirer l'un l'autre avec les ongles. == GRIFFÉ, ÉE. part.

GRIFFON. s. m. [Pr. *gri-fon*] (lat. *gryphus*, du grec γρύψ, vautour). Le *Griffon* est un animal fabuleux de l'antiquité que l'on représentait avec le corps d'un lion, le bec crochu d'un oiseau de proie, les oreilles droites, les pattes garnies de griffes redoutables, deux ailes et une longue queue. Cet être imaginaire est sans doute un de ces symboles si communément employés dans l'Orient, et dont nous nous ignorons la signification. L'idée du g. est vraisemblablement née dans l'Inde, d'où elle passa en Perse, et plus tard en Grèce, où on lui attribua une existence réelle. Hésiode, au VIIIe siècle avant notre ère, est le premier poète grec qui en parle. Aristée (500 ans av. J.-C.), dans son poème des *Arimaspes,* en fait le gardien des mines d'or dans les contrées hyperboréennes. Hérodote et Élien le mentionnent également. On trouve le g. figuré, quoique sous des formes assez variées, sur les vases peints les plus anciens, ainsi que sur une coupe d'airain exécutée à Samos vers 640 av. J.-C. Ce monstre était représenté sur le casque de la Minerve de Phidias, sur les monnaies d'Abdère. Enfin, dans quelques arabesques antiques, on le voit attelé aux chars des dieux. Le g. était consacré à Apollon. — Au moyen âge, la croyance à l'existence de cet être imaginaire était généralement répandue. Il prit place en outre parmi les figures héraldiques le plus souvent employées. Dans le Blason, on le représente moitié aigle, moitié lion (Fig. ci-contre). Francioti porte: d'argent, au g. d'azur couronné, becqué et armé d'or). Lorsqu'on emploie le g. comme porte-écu, il a toujours la queue basse. — *Ordre du g.,* créé

en 1884 par le grand-duc de Mecklembourg-Schwerin. — Enfin, aujourd'hui on donne le nom de *Griffon* à une espèce de Chien et à une espèce de Vautour. Voy. CHIEN et VAUTOUR.

GRIFFON. s. m. [Pr. *gri-fon*] (R. *griffe*). T. Techn. Hameçon double pour pêcher le brochet. | Ligne à bord dentelé dont se servent les tireurs d'or.

GRIFFON. s. m. [Pr. *gri-fon*] (provenç. *grifoun,* de *grifoul,* source). Endroit où jaillit une source minérale.

GRIFFONNAGE. s. m. [Pr. *gri-fo-na-je*] (R. *griffonner*). Écriture mal formée et très difficile à lire. *Qui pourrait lire un pareil griffonnage?* | Fig. Écrit composé à la hâte.

GRIFFONNEMENT. s. m. [Pr. *gri-fo-ne-man*] (R. *griffonner*). T. Beaux-Arts. Légère ébauche. — Petit modèle de terre ou de cire.

GRIFFONNER. v. a. [Pr. *gri-fo-ner*] (R. *griffon,* animal fabuleux, le sens primitif ayant été: *Saisir comme un g.*). Écrire fort mal et d'un caractère très difficile à lire. *Il a griffonné sur ce papier je ne sais quoi qu'on ne saurait lire.* | Par anal., Dessiner grossièrement quelque chose. *J'ai seulement griffonné un croquis de cette vue.* | Fig. et fam., Composer, rédiger avec précipitation et négligence. *Je griffonne ces mots à la hâte.* — On dit aussi d'un mauvais auteur, qu'*Il ne sait que g.* == GRIFFONNÉ, ÉE. part.

GRIFFONNEUR, EUSE. s. m. [Pr. *gri-fo-neur*]. Celui, celle qui griffonne. | Par dénigr., se dit aussi d'un auteur sans talent qui écrit beaucoup. *C'est un misérable g. de gazettes.* Fam.

GRIFFONNIS. s. m. [Pr. *gri-fo-ni*] (R. *griffonner*). Esquisse à la plume. Gravure imitant un dessin à la plume.

GRIFFU, UE. adj. [Pr. *gri-fu*]. Armé de griffes.

GRIFFURE. s. f. [Pr. *gri-fure*] (R. *griffe*). Égratignure, en termes d'aquafortiste.

GRIGNAN. ch.-l. de c. (Drôme), arr. de Montélimar; 1.700 hab. Château ayant appartenu au gendre de Mme de Sévigné.

GRIGNAN (Comtesse de), fille de Mme de Sévigné (1646-1705), suivit son mari, le comte de Grignan, gouverneur de Provence (1669). Cet éloignement fut l'origine de la célèbre correspondance de Mme de Sévigné.

GRIGNARD. s. m. T. Techn. Gypse cristallisé qu'on rencontre dans la pierre à plâtre. | Pierre de construction de qualité inférieure.

GRIGNE. s. f. Se dit des inégalités du feutre. | T. Boul. Fente du pain. | Couleur dorée du pain bien cuit. | Inégalité qu'offre une terre argileuse que ne divise pas bien le soc de la charrue.

GRIGNER. v. n. (all. *greinen,* m. s.). Plisser les lèvres en montrant les dents. Vx. | T. Techn. Goder.

GRIGNOLS, ch.-l. de c. (Gironde), arr. de Bazas; 1.700 hab.

GRIGNON. s. m. [Pr. *gn* mouillé]. Morceau de l'entamure du pain du côté le plus cuit. *Il aime beaucoup le grignon.* | Morceau de biscuit qu'on distribue en ration aux matelots.

GRIGNON, village de l'arr. et à 14 kil. de Versailles, possédant, depuis 1826, une école régionale d'agriculture.

GRIGNOTER. v. a. [Pr. *gn* mouillé] (R. *grigner*). Manger doucement en rongeant. *G. un morceau de sucre. Il s'amuse à g.* | Fig. et pop., Faire quelque petit profit dans une affaire. *Il trouve toujours quelque chose à g.* == GRIGNOTÉ, ÉE. part.

GRIGNOTIS. s. m. [Pr. *grigno-ti, gn* mouillé] (R. *grignoter*). Tailles courtes pour rendre les objets rugueux. Voy. GRAVURE.

GRIGOU. s. m. Un misérable qui n'a pas de quoi vivre; ou celui qui, ayant de quoi vivre, vit en gueux et d'une manière sordide. *C'est un g. Il vit comme un g.*

GRI-GRI. s. m. Nom donné dans les Antilles à une espèce d'oiseau, l'Émerillon. || Nom d'une espèce de palmier aux Antilles. || Nom d'une amulette chez les peuplades du Soudan, qui consiste généralement en inscriptions de versets du Coran.

GRIL. s. m. [Pr. *gri*] (R. *grille*). Ustensile de cuisine qui se compose de plusieurs verges de fer parallèles, attachées à quelque distance l'une de l'autre. *Le g. sert à faire rôtir de la viande, du poisson*, etc. *Mettre des côtelettes sur le g.* — Le g. de Saint-Laurent, instrument de supplice où martyr saint Laurent, condamné à mourir sur des charbons ardents. || Fig. et fam., *Être sur le g.*, Se trouver dans une situation désagréable ou douloureuse. *Pendant qu'elle partait, j'étais sur le g.* || T. Techn. Treillis de fer sur lequel les coreurs exposent les pièces au feu. — Machine sur laquelle l'imprimeur en taille-douce fait chauffer la planche avant d'y mettre l'encre. — Chantier à claire-voie destiné à supporter les navires dans les bassins de radoub. — Claire-voie en avant d'une vanne d'écluse, pour arrêter les bois, les immondices. — Cintre à claire-voie du plafond de la scène pour le passage de certains décors.

GRILLADE. s. f. [Pr. *gri-lla-de, ll* mouillées]. Manière d'apprêter certaines viandes en les grillant. *Des côtelettes à la g.* || Viande grillée. *Voilà une excellente grillade!*

GRILLAGE. s. m. [Pr. *gri-lla-je, ll* mouillées] (R. *gril*). Action de griller. || T. Métall. Opération qui consiste à soumettre un minerai à l'action du feu, sans le faire fondre, soit pour le rendre plus friable, soit pour l'oxyder, soit pour en dégager certaines substances, comme l'eau, le soufre, etc., qui sont combinées avec lui.

GRILLAGE. s. m. [Pr. *gri-lla-je, ll* mouillées] (R *grille*). Garniture de fer, de laiton, de bois, etc., sous forme de treillis, qu'on met aux fenêtres, aux portes, etc. *Poser un g. à la porte d'un garde-manger.* || T. Archit. Assemblage de pièces de charpente qui se croisent carrément et qu'on établit sur le terrain où l'on veut construire. *G. sur pilotis.* || Barreaux pour retenir le poisson d'un étang.

GRILLAGER. v. a. [Pr. *gri-lla-jer, ll* mouillées]. Garnir d'un grillage.

GRILLAGERIE. s. f. [Pr. les *ll* mouillées]. Métier, ouvrage de grillageur.

GRILLAGEUR. s. m. [Pr. *gri-lla-jeur, ll* mouillées]. Celui qui fait du grillage, qui le pose.

GRILLE. s. f. [Pr. *gri-lle, ll* mouillées] (lat. *craticula*, diminutif de *crates*, claie). Assemblage à claire-voie de barreaux de bois ou de fer, qu'on traversant les points où empêcher qu'on ne passe par une fenêtre ou par une ouverture. *Il faut mettre une g. à cette fenêtre. Les grilles d'une prison.*

　　Les verrous et les grilles
　　Ne font pas la vertu des femmes ni des filles.
　　　　　　　　　MOLIÈRE.

|| La cloison formée d'un treillis de bois en petits carreaux qui se trouve dans le parloir des religieuses. *Je ne pus lui parler qu'à travers la g.* — Par ext. Le parloir même. *Cette religieuse est toujours à la g.* || Treillis de fer maillé, qui sépare le chœur des religieuses d'avec la nef de leur église. || Clôture formée de barreaux montants et parallèles, et qui n'a quelquefois que d'ornements. || Barreaux de la visière d'un heaume, pour garantir les yeux. || Foyer formé de barres de fer sur lesquelles on place le charbon dans un fourneau au-dessus du cendrier. — Corbeille formée de barres de fer, où l'on brûle de la houille, du coke, dans une cheminée. — G. de feu, Se dit de trois ou quatre chenets attachés avec une barre de fer à quelque distance l'un de l'autre. || T. Techn. Plaque de fer trouée qui est sur une râpe et qui sert à pulvériser le tabac, etc. — Châssis de fer qui supporte le massif où est établi le moule pour la fonte d'une cloche d'un canon, etc. — Treillis sur lequel le doreur expose ses ouvrages au feu. — Ouvrage de charpente à claire-voie pour soutenir des fondations dans l'eau ou dans la glaise. — Entrecroisement des ficelles en tête des hautes lices du métier à rubans, pour faciliter le passage des rames. || T. Jeu de paume. Espèce de fenêtre carrée qui est sous le bout du toit hors de service, et élevée à 65 centimètres de terre. *Le joueur a fait un*

beau coup de g. || T. Chancellerie. Paraphe en forme de grille que les secrétaires du roi qui avaient à signer quelques lettres, mettaient au-devant des paraphes dont ils se servaient dans leur signature particulière. || Carton présentant des jours dans lesquels on écrit les mots d'un message secret, remplissant ensuite les intervalles par des mots insignifiants et dont celui qui reçoit le message a un double pour distinguer les mots significatifs. Voy. CRYPTOGRAPHIE.

GRILLER. v. a. [Pr. *gri-ller, ll* mouillées] (R. *gril*). Rôtir sur le gril. *G. des côtelettes.* || Brûler subitement par une chaleur vive. *Il s'est grillé la main en touchant à cette pelle rouge. L'ardeur du soleil a grillé les bourgeons.* || Par exager. et fam., se dit de toute chaleur trop vive. *Ce feu est trop ardent, il me grille les jambes. Le soleil nous grillait.* || T. Techn. Faire passer le minerai au feu pour le rendre plus friable. || Faire passer les toiles de coton à la flamme, après le tissage, pour enlever le duvet. = SE GRILLER. v. pron., et GRILLER. v. n., s'emploient dans le sens du v. actif. *Mes saucisses grillent ou se grillent. Si cette chaleur continue, tous les pâturages grilleront ou se grilleront. Vous devez g. ou vous grillez devant un feu pareil.* || Fig. et fam., on dit neutr., G. de faire une chose, Désirer ardemment de la faire; et G. d'impatience, ou absol., Griller, Brûler d'impatience. *Elle grille déjà d'en conter la nouvelle.* — Pop., on dit encore, G. *dans sa peau.* = GRILLÉ, ÉE. part.

GRILLER. v. a. [Pr. *gri-ller, ll* mouillées] (R. *grille*). Fermer avec une grille. *Il faut g. les fenêtres du rez-de-chaussée.* || Famil., G. *une fille*, La faire religieuse. = GRILLÉ, ÉE. part.

GRILLET. s. m. ou **GRILLETTE.** s. f. [Pr. *gri-llè, ll* mouillées]. T. Blason. Sonnette ronde qu'on représente au cou des chiens et aux jambes des oiseaux de proie.

GRILLETÉ, ÉE. adj. [Pr. *gri-lle-té, ll* mouillées]. T. Blas. Se dit des oiseaux de proie qui ont des sonnettes aux pieds.

GRILLEUR. s. m. [Pr. les *ll* mouillées]. Celui qui fait griller. *Les grilleurs de marrons.*

GRILLOIR. s. m. [Pr. *gri-lloir, ll* mouillées]. Fourneau pour griller les étoffes qui doivent être rases. || Emplacement où se fait cette opération.

GRILLON. s. m. [Pr. *gri-llon, ll* mouillées] (lat. *gryllus*, m. s.). T. Entom. Genre d'*Orthoptères sauteurs*. Voy. GRYLLIDES.

GRILLONS. s. m. pl. [Pr. *gri-llon, ll* mouillées] (R. *grille*). Piles carrées qui servent d'arcs-boutants aux bûches que l'on empile en travers dans les chantiers.

GRILLOT. s. m. [Pr. *gri-llo, ll* mouillées]. Nom vulgaire du grillon. || Perche dont se sert le fabricant de glaces. || T. Métall. Cavité particulière aux fers aigres.

GRILLOTER. v. n. [Pr. *gri-llo-ter, ll* mouillées] (R. *grillot* anc. forme de *grelot*). Faire un petit bruit de grelot.

GRILLOTIS. s. m [Pr. *gri-llo-ti, ll* mouillées] (R. *grilloter*). Petit bruit de grelot.

GRILLPARZER (FRANZ), poète dramatique autrichien, né à Vienne, surnommé le Corneille de son pays (1791-1872).

GRIMAÇANT, ANTE. adj. Qui grimace. *Un visage g.* — Fig. Qui fait des plis irréguliers.

GRIMACE. s. f. (all. *grimm*, colère?). Contorsion du visage faite volontairement, ou malgré soi, ou par habitude. *Faire des grimaces.* || Fig. et fam., *Faire la grimace à quelqu'un*, Lui faire mauvaise mine, mauvais accueil. — *Faire la g.*, se dit aussi d'un vêtement, d'une étoffe qui font quelque mauvais pli, qui vont mal. *Cet habit fait la g.* || Fig., Feinte, dissimulation. *Les grimaces de l'hypocrisie.*

　　Tout le secret n'en gît qu'en un peu de grimace.
　　　　　　　　　CORNEILLE.

　Cependant sa grimace est partout bien reçue.
　　　　　　　　　MOLIÈRE.

|| Boîte dont le dessus est une espèce de pelote où l'on met les épingles.

GRIMACER. v. n. Faire des grimaces. *Il ne peut s'empêcher de g.* || Fig., en parlant des représentations de la figure humaine, se dit de l'expression exagérée que l'artiste leur donne. *Les figures de ce tableau grimacent.* — En parlant des étoffes, des habits qui font de mauvais plis, on dit aussi, *Ce corsage grimace. Ces tentures grimacent.* =. Conj. Voy. AVANCER.

GRIMACERIE. s. f. Action de grimacer.

GRIMACIER, IÈRE. adj. Qui fait habituellement des grimaces. *Un enfant g.* — Par exagér., se dit d'une femme qui minaude. *Cette femme est jolie, mais elle est trop grimacière.* || Fig. et fam., Hypocrite. *Une dévotion grimacière.* || Grimacier, ière, s'emploie substant. dans le sens ci-dessus. *C'est un g., une grimacière.*

GRIMALDI, famille de Gênes, qui règne sur la principauté de Monaco depuis l'an 968. En 1715, Louise Grimaldi, seule descendante, épousa Jacques de Matignon, qui prit le nom et les armes des Grimaldi.

GRIMAUD. s. m. (R. *grime*). Terme de mépris employé autrefois, dans les collèges, pour désigner les écoliers des basses classes. *Un petit g.* || Ne se dit plus que d'un mauvais écrivain. *Ces grimauds qui prétendent régenter le monde.*

GRIMAUD, ch.-l. de c. (Var), arr. de Draguignan ; 1,100 hab.

GRIMAUD (Golfe del), golfe de la Méditerranée (Var), sur lequel est Saint-Tropez.

GRIME. s. m. (ital. *grimo*, ridé, de l'anc. haut-all. *grim*, colère, avec le front ridé.). Terme de mépris qui se disait autrefois des petits écoliers. || N'est plus usité qu'en T. Théât., où il se dit des personnages de vieillards ridicules. *Jouer les grimes*, ou adjectiv., *les pères grimes. Cet acteur est un excellent g.*

GRIMELIN. s. m. (R. *grime*). Terme aujourd'hui inus., qui se disait autrefois, par mépris, d'un petit garçon et d'un joueur qui jouait fort petit jeu et fort mesquinement.

GRIMELINAGE. s. m. Action de grimeliner.

GRIMELINER. v. n. Jouer fort petit jeu et fort mesquinement ; et par ext. se ménager un petit gain dans une affaire. Vieux et inusité.

GRIMER (Se). v. pron. (R. *grime*). T. Théât. Se rider la figure, prendre les airs et les manières convenables pour représenter un vieillard, une duègne. = Grimé, ée, part.

GRIMM (Melchior), critique français d'origine allemande, fut en relation et en correspondance avec les principaux écrivains et personnages du XVIIIᵉ siècle (1723-1807).

GRIMM, nom de deux frères, Jacques-Louis (1785-1863), Guillaume-Charles (1786-1859), philologues allemands, célèbres par leurs travaux sur la poésie allemande au moyen âge et leur *Dictionnaire allemand.*

GRIMME. s. f. T. Zool. Nom donné par Buffon à une espèce d'antilope (*Cephalophus grimmia*) qui vit dans la Guinée.

GRIMOALD, roi des Lombards (662-672).

GRIMOALD, fils de Pepin de Landen, maire du palais en Austrasie, voulut placer sur le trône son fils ; mais il fut livré à Clovis II et mis à mort (656). = Grimoald, 2ᵉ fils de Pepin d'Héristal, maire de Neustrie, fut assassiné en 714.

GRIMOARD (Philippe-Henri, comte de), historien militaire français (1753-1815).

GRIMOD DE LA REYNIÈRE, littérateur et gastronome français (1758-1838).

GRIMOIRE. s. m. (Pr. *grimouare*) (bas-lat. *grammare*, du gr. γράμμα, lettre : c'est le même mot que *grammaire*).

Livre dont on dit que les magiciens se servaient pour évoquer les démons. *Consulter le g.* — Fig. et pop., *Savoir, entendre le g.,* Être habile dans ce que l'on fait. || Fig. et fam., se dit d'un discours obscur, d'une écriture fort difficile à lire. *Que voulez-vous dire ? Que signifie ce g.? Je ne puis déchiffrer un mot de ce g.*

GRIMPANT, ANTE. adj. (Pr. *grin-pan*). Qui grimpe. || En Botanique, *Plantes grimpantes,* Plantes dont la tige, trop faible pour se soutenir elle-même, monte le long des corps voisins, et s'y attache à l'aide de vrilles ou de quelque autre sorte d'appendice.

GRIMPÉE. s. f. (Pr. *grin-pée*) (R. *grimper*). Ascension rude et pénible d'une côte, d'un plateau, d'un espace déterminé.

GRIMPER. v. n. (Pr. *grin-per*) (autre forme de *gripper*, de l'all. *greifen*, saisir). Gravir, monter en s'aidant des pieds et des mains. *G. au haut d'un arbre. G. sur le toit d'une maison.* — Se dit aussi des animaux. *Les singes grimpent avec une étonnante facilité* || En parlant des plantes, se dit de celles dont la tige s'élève ou s'accrochant aux corps voisins. *Ce lierre a grimpé jusqu'au mur.* || Fig. et fam., se dit en parlant des lieux élevés où l'on monte avec difficulté. *Il y a bien à g. pour arriver chez vous.* — Activem., on dit, *J'ai eu bien de la peine à g. vos six étages.*

GRIMPEREAU. s. m. (Pr. *grin-pe-rô*) (R. *grimper*). T. Ornith. — Les G. constituent une famille de l'ordre des Passereaux Ténuirostres. Ces oiseaux ont les mœurs semblables à celles des Sittelles, et n'ont d'autre caractère extérieur commun qu'un bec arqué. G. Cuvier range dans ce groupe les *Grimpereaux* proprement dits, les *Picucules,* les *Échelettes,* les *Sucriers,* les *Fourniers,* les *Dicées,* les *Guit-Guits,* les *Héorotaires,* les *Échelets* et les *Arachnothères.* — Les *Grimpereaux* proprement dits (*Certhia*) sont ainsi nommésdel'habitude qu'ils ont de grimper aux arbres, en se servant de leur queue

BLAISE.SI

Fig. 1.

comme d'un arc-boutant ; ils se reconnaissent aux pennes de la queue usées et finissant en pointe roide, comme celle des Pics, qui ont la même habitude. Ces oiseaux nichent dans les creux des arbres et grimpent sur leur tronc pour chercher dans les fentes de l'écorce les insectes et les larves dont ils se nourrissent. L'espèce la plus répandue chez nous est le *Gr. commun* (*Certhia familiaris*), petit oiseau dont le plumage est blanchâtre, tacheté de brun en dessus, avec du roux au croupion et sur la queue. — Les *Picucules* (*Dendrolaptes*) sont proprement les Grimpereaux du nouveau continent. — Les *Échelettes*, appelées *Grimpereaux de muraille* et *Tichodromes* (*Tichodroma*), se distinguent des précédents en ce qu'elles n'ont pas la queue usée, bien qu'elles grimpent le long des murs et des rochers pour y chercher leur proie; mais elles s'y cramponnent au moyen de leurs ongles, qui sont très grands. L'espèce type du genre est le *Gr. de muraille* (*Tich. muraria*) [Fig. 1], qui est de la taille de l'Alouette commune, et habite le midi de l'Europe. La tête et les parties supérieures du corps sont d'un gris cendré. Les petites couvertures supérieures des ailes et la première moitié de la longueur des pennes alaires sont d'un rouge vif. La gorge et le devant du cou, noirs chez le mâle au printemps, sont pendant le reste de l'année d'un gris blanc. — Les genres qui suivent n'ont pas la queue usée et ne grimpent point; en outre, tous sont exotiques. Les *Sucriers* (*Nectarinia*) ne nous offrent rien d'intéressant. Les *Fourniers* (*Figulus*) sont remarquables par leur mode de nidification. Le *F. roux*, par ex., construit dans le voisinage des habitations, le long des palissades, sur les poteaux, sur les fenêtres des maisons, un

Fig. 2.

nid d'argile de 30 centimètres de diamètre, qui a la forme d'un four. L'ouverture est placée sur le côté, et l'intérieur est divisé en 2 compartiments, l'un inférieur, l'autre supérieur, par une cloison qui part de l'ouverture. C'est dans l'inférieur que la femelle dépose ses œufs. Les *Guit-Guits* (*Cœreba*) construisent aussi leur nid d'une façon fort ingénieuse; ils le suspendent à une branche faible et mobile, en plaçant son ouverture à son extrémité inférieure et pendante, pour en empêcher l'accès à leurs ennemis. Ces oiseaux ont en outre un plumage richement coloré. Tel est le *Guit-Guit bleu* (*Cœr. Cyanea*) [Fig.2] qui est d'un beau bleu d'outremer sur les parties inférieures et les côtés de la tête, et sur le bas du dos, le croupion et les tectrices moyennes; tout le reste du plumage est noir, sauf le dessus de la tête, qui est couleur d'aigue-marine. Ses tarses sont orangés. On le trouve surtout aux Antilles, où il voltige autour des fleurs pour y chercher des insectes. Les *Dicées* (*Dicæum*) sont des Indes Orientales; les *Échelets* ou *Picumnes* (*Climacteris*), habitent les îles de l'Océan Indien. Ces îles sont aussi le séjour des *Arachnothères* (*Arechnothera*), ainsi nommés, parce qu'ils vivent principalement d'araignées, et des *Iléorolaires* (*Drepanis*). Parmi les genres on distingue l'*H. écarlate* (*Drep. vestraria*), dont les plumes servent aux indigènes des îles Sandwich à fabriquer les beaux manteaux écarlates qu'ils ont en si grande estime.

GRIMPEUR, EUSE. [Pr. *grin-peur*]. Celui, celle qui grimpe. = **GRIMPEURS.** s. m. pl. T. Ornith. On conserve généralement, dans les classifications ornithologiques actuelles, l'ordre des Grimpeurs, établi par G. Cuvier. Ces oiseaux sont essentiellement caractérisés par leur doigt externe qui se dirige en arrière comme le pouce (Fig. 1. Pied du Pic du Cap), d'où il résulte pour eux un appui plus solide, que beaucoup d'entre eux mettent à profit pour se cramponner aux arbres et y grimper. Cependant, tous les oiseaux rangés dans cet ordre ne sont point grimpeurs, et il existe, d'autre part, des oiseaux qui n'y appartiennent pas, bien qu'ils grimpent avec la plus grande facilité, comme les Grimpereaux et les Sittelles. — Les espèces qui font partie de cet ordre sont, pour la plupart, remar-

quables par le brillant et la variété de leur plumage. Elles ont le vol médiocre, se nichent dans les troncs des vieux arbres, et se nourrissent, comme les Passereaux, d'insectes ou de fruits, selon le degré de force de leur bec, qui est en

Fig. 1.   Fig. 2.

général assez développé (Fig. 2. Tête et bec de Pic du Cap). — Les genres principaux compris dans cet ordre sont les suivants : *Jacamar*, *Pic*, *Torcol*, *Coucou*, *Barbu*, *Couroucou*, *Ani*, *Toucan*, *Perroquet*, *Ara*, *Perruche*, *Kakatoës*, *Touraco*, *Coliou* et *Musophage*. Voy. ces mots.

GRIMSBY, ville d'Angleterre, au sud de l'estuaire de l'Humber; 51,900 hab.

GRINCEMENT. s. m. [Pr. *grin-se-man*] (R. *grincer*). S'emploie le plus souvent dans la loc., *G. de dents*, qui se dit d'un glissement des dents des deux maxillaires les unes contre les autres, et du bruit qui en résulte. *On entendait des pleurs et des grincements de dents.* || Par anal., *Le g. de la scie, des gonds d'une porte*, etc., le bruit que fait une scie, etc.

GRINCER. v. a. et n. (haut-all. *gremizon*, m. s.). *G. les dents* et *G. des dents*, Les serrer et les faire glisser les unes contre les autres, par un mouvement involontaire. || Par ext., On dit qu'une roue, qu'une porte grince, quand elle fait un bruit désagréable en tournant. = Conj. Voy. AVANCER.

GRINCHER. v. n. (probablement le même que *grincer*). Se dit en parlant du pain dont la chaleur du four fait trop lever la croûte. || Fig., A peu près synonyme de *grogner*.

GRINCHEUX, EUSE. adj. (R. *grincer*). Qui est d'humeur désagréable. Fam.

GRINDELIA. s. f. T. Bot. Genre de plantes Dicotylédones de la famille des Composées. L'espèce employée en médecine est connue sous le nom de *G. robusta*, mais il paraîtrait que la drogue des pharmacies est surtout constituée par la *G. squarrosa*, mélangée, du reste, avec un certain nombre d'autres espèces. C'est un médicament qui est employé contre les névroses de l'appareil respiratoire et principalement dans le traitement de la coqueluche et de l'asthme.

GRINDELWALD, village du canton de Berne (Suisse), célèbre par son glacier; 3,100 hab.

GRINGALET. s. m. Homme fluet et faible de corps. Fig., Homme sans consistance, sans considération. Pop.

GRINGOIRE ou **GRINGORE** (PIERRE), poète français, né à Caen vers 1470, mort en 1538 ou 1539; auteur de poèmes moraux, de poèmes satiriques et de mystères.

GRINGOLE. s. f. (R. *gargouille*). T. Blas. Tête de serpent qui termine certaines croix.

GRINGOLÉ, ÉE. adj. T. Blas. Terminé en gringole.

GRINGONNEUR, peintre miniaturiste fr. du XIVe siècle, qui peignit en 1392 les cartes dont on amusait la démence de Charles VI.

GRINGOTTER. v. n. [Pr. *grin-go-ter*]. Fredonner; se dit propr. des petits oiseaux. *J'aime à entendre g. cet oiseau.* — Fam. et par dérision, se dit aussi des personnes. *Il ne fait que g.* On dit encore activ., *Il nous a gringotté un air de sa façon*.

GRINGUENAUDE. s. f. Petite ordure qui s'attache aux émonctoires et ailleurs par malpropreté. Bas.

GRINNELL, terre arctique dans la mer de Baffin.

GRIOTS. Sorte de confédération, rappelant un peu les Bohémiens, que l'on rencontre chez tous les peuples du Soudan.

GRIOTTE. s. f. [Pr. *grio-te*] (gr. ἄγριος, sauvage). T. Bot. Fruit du Griottier. || T. Minér. Marbre d'un rouge cerise tacheté de brun. Voy. **MARBRE**.

GRIOTTIER. s. m. [Pr. *grio-tié*] (R. *griotte*). T. Bot. Nom du *Cerasus vulgaris*. Voy. **CERISIER**.

GRIP. s. m. (all. *greifen*, saisir). T. Fauc. Oiseau de g., Oiseau qui ne vit que de rapine. || T. Techn. Crappin à deux mâchoires destiné à saisir un câble, une tige, etc.

GRIPPAGE. s. m. [Pr. *gri-paje*]. Effet que produisent sur elles-mêmes deux surfaces métalliques qui frottent l'une contre l'autre.

GRIPPE. s. f. [Pr. *gri-pe*] (all. *greifen*, saisir). Goût capricieux, fantaisie. *La g. de cet homme est d'acheter beaucoup de livres qu'il ne lit jamais.* || Famil., *Se prendre de g. contre quelqu'un, Prendre quelqu'un en g.,* Se prévenir défavorablement et sans raison contre quelqu'un. || Maladie ainsi nommée parce qu'elle g., saisit, un grand nombre de personnes à la fois.

Pathol. — On donne le nom de g. à une maladie générale infectieuse, se présentant le plus souvent sous forme épidémique, frappant presque simultanément un grand nombre des habitants d'une même localité, traversant en quelques semaines un pays et même un continent tout entier. L'aspect symptomatique en est essentiellement polymorphe, mais, dans la grande majorité des cas, l'atteinte profonde de l'état général, tout à fait disproportionnée avec les modifications que présentent les organes atteints, est une indication suffisante pour permettre d'éviter la confusion. — Le nom de g. a été prononcé pour la première fois par Sauvages de Montpellier (1722); celui d'influenza, d'origine italienne, date du siècle dernier; il a été remis à la mode par la récente épidémie de 1889-1890.

Historique. — Il ressort de l'étude de toutes les épidémies qu'elles obéissent à des lois régissant leur origine, leur mode d'extension, leur durée, leur mode d'extinction. C'est dans l'Asie centrale qu'existerait un foyer endémique, duquel partirait la maladie pour s'étendre sur le continent, suivant une marche progressive de l'est à l'ouest. Les épidémies suivent d'abord les grandes voies de communication et leur rapidité d'extension est subordonnée à celle des moyens de transport. Lorsque la g. a été importée dans une localité, elle épuise son action d'autant plus vite que les habitants sont exposés entre eux à des contacts plus répétés. Les épidémies sont sujettes à des reprises pendant deux ou trois années de suite, mais en foyers isolés, sans rapport entre eux, ni marche envahissante.

Étiologie. — La g. frappe généralement plus de la moitié de la population; elle sévit surtout chez les adultes, et les individus atteints de maladies chroniques (poumons, cœur, reins). Les conditions météorologiques et les modifications chimiques de l'atmosphère n'ont qu'une vague influence. — La nature contagieuse de la g., longtemps mise en doute, repose aujourd'hui sur des arguments indéniables, et les cas, recueillis autrefois comme spontanés, ont laissé voir des défauts d'observation qui masquaient l'importation. Le mode de contagion le plus fréquent est dit au contact direct avec un malade atteint et il n'est pas nécessaire que le contact soit prolongé; mais la contagion indirecte par l'intermédiaire d'objets véhicules s'observe également. On a admis même la contagion par l'eau. La période d'incubation est extrêmement courte, ne dépasse pas vingt-quatre heures. La contagion se fait non seulement à la période d'état, mais aussi pendant la convalescence. Il est très probable que c'est principalement par l'intermédiaire des exsudats sécrétés dans les voies aériennes et rejetés par la bouche ou le nez que le contage sort d'un organisme atteint pour se disséminer, et c'est le plus souvent par ces mêmes voies qu'il doit pénétrer. — Quel est ce contage? Avant l'épidémie de 1889-90, les recherches sur la bactériologie étaient rares et limitées, et les constatations différentes amenaient des conclusions décourageantes, tendant à admettre que la g. n'était pas, à proprement parler, une maladie spécifique, mais qu'elle procédait d'agents multiples, à savoir l'ensemble des microbes pathogènes qui se rencontrent à l'état normal dans les voies aériennes supérieures, et peuvent, sous des influences variées, acquérir une virulence considérable; mais, dans l'année 1892, parurent une série de

travaux ayant trait à des bactéries nouvelles présentées comme spécifiques, et, entre autres, le mémoire de Pfeiffer; le bacille découvert par Pfeiffer est tenu pour l'agent spécifique de la g., et l'on suppose même qu'il peut habiter normalement la cavité buccale sous une forme saprophytique, pseudo-bacille de l'influenza.

Anatomie pathologique. — Il est actuellement impossible de faire un départ exact entre les lésions qui sont dues à l'agent spécifique de la g. et celles qui dérivent des infections secondaires. D'une façon générale, les altérations déterminées par l'influenza portent principalement sur les voies aériennes dont les muqueuses sont congestionnées, recouvertes d'un exsudat muco-purulent. Les altérations lobaires ou lobulaires des poumons ainsi que les exsudats pleuraux, relèvent le plus souvent d'infections secondaires (streptocoque, bacille encapsulé de Friedland, staphylocoques); dans ces mêmes conditions le péricarde peut être atteint. Au germe spécifique appartiennent au contraire les lésions rénales (congestion, néphrite glomérulaire); nerveuses (méningite); auriculaires (otites, mastoïdites).

Symptomatologie. — Le début de la g. est presque toujours brusque. Les prodromes sont ceux de toutes les maladies générales: frissons, fièvre, malaise général, vertiges, courbatures, nausées; mais ce qui est le plus caractéristique, c'est la prédominance des phénomènes douloureux (tête, épine dorsale, membres), et de la faiblesse profonde, de la prostration immédiate. Presque aussitôt surviennent les symptômes de la période d'état: coryza avec larmoiement, laryngo-bronchite, angine, embarras gastrique, avec persistance et souvent exagération des symptômes douloureux du début. Le caractère principal de la fièvre est son irrégularité; généralement, cependant, au fastigium dès le premier jour. L'altération profonde de l'état général se prolonge non seulement pendant toute la maladie, mais encore pendant de longs mois, faisant traîner indéfiniment la convalescence. Mille symptômes variés peuvent, d'ailleurs, modifier la physionomie de la g., tels: l'érythème qui envahit parfois les téguments, prenant l'aspect d'une éruption scarlatiniforme ou morbilliforme; les accidents cardio-vasculaires, les hémorragies, les troubles urinaires, correspondant aux groupements habituels de symptômes. On a décrit des formes cliniques, thoracique, nerveuse, gastro-intestinale, frustes; mais on ne peut avoir la prétention de faire rentrer tous les cas dans ces quelques types, et il faut compter avec les hasards pathologiques. Les complications viennent d'ailleurs souvent aussi modifier l'allure de la g., assez rarement après la première atteinte de la maladie, presque toujours consécutivement à la rechute, qui confère à l'organisme une susceptibilité toute spéciale aux infections secondaires. Du côté des voies respiratoires: la bronchite capillaire, la pneumonie, la broncho-pneumonie, la pleurésie et spécialement la pleurésie purulente. Dans l'appareil circulatoire, péricardites, myocardites, endocardites, aortites, mais surtout phlébites et gangrènes. Du côté des reins, outre l'albuminurie passagère des premiers jours, la néphrite aiguë, se manifestant soit d'emblée par des phénomènes urémiques surtout comateux, rapidement suivis de mort, soit par de l'hématurie, soit par de l'anasarque avec albuminurie abondante, pouvant aboutir au mal de Bright. Le système nerveux fournit un contingent important de complications: méningisme, méningites, troubles psychiques, aliénation mentale, neurasthénie, hystérie. Du côté des organes des sens, surtout fréquentes sont: les otites moyennes, les mastoïdites (oreille), les paralysies musculaires (œil). Enfin, on ne peut passer sous silence les relations de la g. avec la tuberculose pulmonaire, la g. semblant donner une virulence nouvelle au bacille de Koch et favoriser l'aggravation et la dissémination des lésions.

Diagnostic. — Lorsque la g. fait son apparition, on n'est qu'au début de l'épidémie qu'on la méconnaît. On y retrouve en effet les signes d'invasion de la variole, de la rougeole ou de la scarlatine; en raison des douleurs, on peut songer à du rhumatisme, à de l'ostéomyélite; dans d'autres formes, à la méningite, au choléra, à la fièvre typhoïde, à la tuberculose pulmonaire. Le pronostic de la maladie est subordonné à la gravité de l'épidémie régnante, à la coïncidence de certaines complications, au degré de résistance du sujet atteint.

Traitement. — Étant une maladie contagieuse, la g. réclame des mesures prophylactiques: isolement du malade, désinfection des objets en contact avec lui. Il convient, en raison de l'habitat ordinaire des microbes dans la cavité buccale, de pratiquer des lavages fréquents de la bouche et de l'arrière-gorge avec des solutions antiseptiques. Cela posé, il n'existe aucun traitement spécifique et on doit se borner à une thérapeutique symptomatique.

GRIPPELER (SE). v. pron. [Pr. *gri-pe-ler*] (R. *gripper*). Se froncer, se crêper, en parlant d'étoffe.

GRIPPEMENT. s. m. [Pr. *gri-pe-man*]. Effet que produisent sur elles-mêmes deux surfaces métalliques qui frottent l'une contre l'autre. || T. Méd. *G. de la face*, État de la face grippée, dans la péritonite et les douleurs abdominales très aiguës.

GRIPPER. v. a. [Pr. *gri-per*] (all. *greifen*, saisir). Saisir, attraper subtilement; se dit prop. du chat et de quelques autres animaux. *Le chat vient de g. une souris.* — Pop., *G. quelqu'un*, S'en emparer, le saisir. *Les gendarmes auront bientôt grippé le voleur.* || Par ext. et pop., Dérober le bien d'autrui. *Un voleur lui a grippé tout son argent.* || T. Techn. S'accrocher, en parlant des pièces d'une machine. == SE **GRIPPER.** v. pron. En parl. des étoffes, Se retirer en se froissant. *Ce taffetas s'est tout grippé.* || Fam., Se prévenir défavorablement et sans aucune raison contre une personne ou une chose. *Il est toujours prêt à se g.* == **GRIPPÉ, ÉE.** part. *Face grippée*, Froncée, dans certaines douleurs aiguës. || *Être grippé*, Être atteint de l'affection catarrhale appelée *Grippe*.

GRIPPERIE. s. f. [Pr. *gri-pe-rie*]. Volerie, pillerie.

GRIPPE-SOU. s. m. [Pr. *gri-pe-sou*]. Autrefois, celui qui était chargé par les rentiers de recevoir leurs rentes, moyennant une légère remise. Inus. || Fam. et par mépris, Celui qui fait de petits gains sordides. *C'est un affreux g.-sou.*

GRIPPEUR. s. m. [Pr. *gri-peur*]. Celui qui grippe, qui dérobe.

GRIQUALAND, région de la Cafrerie habitée par les *Griquas*, race croisée de Boers hollandais et de femmes hottentotes.

GRIQUAS. Voy. GRIQUALAND.

GRIS, ISE. adj. (all. *greis*, vieillard). *Couleur grise*, Couleur qui résulte d'un mélange de blanc et de noir en proportions variables. On dit, selon les nuances, *Couleur g. brun*, *g. de lin*, *g. de perle*, etc. *Étoffe grise. Des yeux g. Cheveux g. Cheval g. Une robe g. cendré, g. de fer.* — Fam., *Être tout g.*, Avoir les cheveux g. || *Il fait un temps g.*, ou simpl., *Il fait g.*, Le temps est couvert et froid. || Fig. et fam., *Faire grise mine à quelqu'un*, Lui faire mauvaise mine. — *Être g.*, Être à moitié ivre. || *Vin g.*, Vin fort paillet. || T. Grav. *Lettres grises.* Voy. ÉPREUVE. || *Sœurs grises*, Sœurs de charité qui portent un costume g. || Loc. prov., *La nuit tous les chats sont g.*, La nuit le beau ne se distingue pas du laid. || *Bois g.*, Bois ayant encore son écorce grise. || *Papier g.*, Papier g. non collé. == GRIS. s. m. La couleur grise. *G. blanc. G. argenté. G. cendré. G. brun. G. de fer. G. de lin. S'habiller de g.* || *Vert de g.* Voy. CUIVRE. || *Petit-g.*, Variété d'écureuil; par ext., La fourrure de cet animal. Voy. ÉCUREUIL.

GRISAILLE. s. f. [Pr. *gri-zalle*, *ll* mouillées] (R. *gris*). T. Beaux-Arts. Peinture ne comprenant que des tons gris. Voy. PEINTURE. || Mélange de cheveux bruns et de cheveux blancs dont on fait des perruques. || Étoffe mélangée de fil et de blanc ou à petits carreaux noirs et blancs. || Peuplier blanc.

GRISAILLER. v. a. [Pr. *gri-za-lle*, *ll* mouillées]. Barbouiller de gris. *G. un lambris.* || v. n. Prendre un ton gris. == GRISAILLÉ, ÉE. part.

GRISAR (ALBERT), compositeur belge (1808-1869).

GRISARD. s. m. [Pr. *gri-zar*] (R. *gris*). Nom pop. du blaireau, d'un goéland. || Grès trop dur pour pouvoir servir au laveur.

GRISÂTRE. adj. 2 g. [Pr. *gri-zâtre*]. Qui tire sur le gris.

GRISÉ, ÉE. adj. [Pr. *gri-zé*] (R. *gris*). T. Serrur cr. Qui est seulement limé en gros.

GRISELIDIS, épouse d'un marquis de Saluces (XI° siècle), fut, selon la légende, le modèle des vertus conjugales.

GRISER. v. a. [Pr. *gri-zer*] (R. *gris*). Faire boire quelqu'un jusqu'à le rendre à moitié ivre. *Si vous le faites boire davantage, vous le griserez.* || Porter à la tête, étourdir. *Un seul verre de vin suffit pour le g. La fumée du tabac l'a grisé.* || Au fig., Étourdir en excitant. *Le succès l'a grisé.* || Faire devenir de couleur grise. == SE GRISER. v. pron. *Il se grise presque tous les jours.* == GRISÉ, ÉE. part.

GRISERIE. s. f. [Pr. *gri-zerie*]. État de celui qui s'est grisé, qui est un peu ivre.

GRISET. s. m. [Pr. *gri-zê*]. Jeune chardonneret qui est encore gris et qui n'a pas encore pris son rouge et son jaune vif.

GRISETTE. s. f. [Pr. *gri-zè-te*]. Habit d'étoffe grise de peu de valeur que portaient autrefois les femmes du commun. || Fig., Se dit quelquefois d'une jeune fille ou d'une jeune femme de médiocre condition; mais plus ordin., d'une jeune ouvrière coquette et galante. *Il a épousé une g. Un bal de grisettes.* || Nom donné à des variétés de fauvettes, de macreuses, de râles, des papillons de jour et de nuit, d'agarics, etc. || T. Sylv. Maladie des arbres consistant en une pourriture du bois au niveau des branches mortes, des sections d'étagage, des blessures du tronc et des branches.

GRIS-GRIS. s. m. Voy. GRI-GRI.

GRISI (GIULIA), célèbre cantatrice italienne (1811-1869).

GRISLEA. s. m. T. Bot. Genre de plantes Dicotylédones de la famille des *Lythracées*. Voy. ce mot.

GRIS-NEZ, cap de France (Pas-de-Calais), en face de l'Angleterre.

GRISOIR. s. m. [Pr. *gri-zoar*]. Outil pour rogner le verre.

GRISOLLER. v. n. [Pr. *gri-zo-lee*]. Se dit du chant de l'alouette. *Une alouette grisollait dans un champ de blé.*

GRISOLLES, ch.-l. de c. (Tarn-et-Garonne), arr. de Castelsarrasin; 2,000 hab.

GRISON, ONNE. adj. [Pr. *gri-zon*]. Qui est gris; ne se dit que du poil ou des personnes par rapport au poil. *Une barbe grisonne. Il commence à devenir g.* — GRISON. s. m. Celui qui a le poil gris. *C'est un vieux g.* || Pop., Un âne, un baudet. *Il était monté sur son g.* || Autrefois, Homme de livrée qu'on habillait de gris pour l'employer à des commissions secrètes. *Il envoya son g. pour prendre ta réponse.* || Moine vêtu de gris. || Espèce de gros grès. || T. Mamm. Genre de *Mammifères carnassiers*. Voy. GLOUTON.

GRISONNEMENT. s. m. [Pr. *gri-zo-ne-man*]. Qualité de ce qui grisonne.

GRISONNER. v. n. [Pr. *gri-zo-ner*]. Devenir grison; ne se dit guère que des personnes. *Ma barbe grisonne. Je commence à g.* || GRISONNÉE. v. a. T. Techn. Teindre en gris.

GRISONS (LES), cant. de la Suisse, dans les Alpes, au S.-E.; 91,900 hab.; ch.-l. *Coire*.

GRISOU. s. m. [Pr. *gri-zou*] (R. *gris*). T. Mines. Nom donné au gaz hydrocarboné qui se dégage spontanément dans les houillères. Ce gaz est identique au méthane ou gaz des marais; mélangé avec l'air au delà d'une certaine proportion, il peut occasionner de terribles explosions, que l'on évite en se servant de la lampe de Davy. Voy. FLAMME et MÉTHANE.

GRISOUMÈTRE. s. m. [Pr. *gri-zou-mètre*]. Appareil propre à doser rapidement le grisou dans les mines.

GRISOUTEUX, EUSE. adj. [Pr. *gri-zou-teu*]. Qui contient du grisou.

GRITTI (ANDRÉ), doge de Venise et général distingué; né en 1454, mort en 1538.

GRIVAS (THÉODORAKI), général grec, né en 1800, mort à Missolonghi, le 5 novembre 1862.

GRIVE. s. f. (orig. inconnue). T. Ornith. Oiseau appartenant à l'ordre des *Passereaux dentirostres.* Voy. MERLE.

GRIVEGNÉE, commune de Belgique, arr. de Liége, sur la Meuse et l'Ourthe. Fonderies, hauts fourneaux; 9,000 hab.

GRIVEL (J.-B. baron), amiral fr. et pair de France (1778-1869).

GRIVELÉ. ÉE. adj. (R. *grive*). Tacheté de gris et de blanc. *Cet oiseau a le plumage g.*

GRIVELÉE. s. f. (R. *griveler*). Petit profit illicite et secret qu'on fait dans un emploi. Fam. et vx.

GRIVELER. v. a. et n. (R. *grive?*) Faire de petits profits illicites dans un emploi. *Il trouve toujours à g.*, *ou quelque chose à g.* || Se faire servir un repas par un restaurateur et refuser de le payer après l'avoir consommé. = GRIVELÉ, ÉE. part. = Conj. Voy. GELER.

GRIVÈLERIE. s. f. Action de griveler.

GRIVELEUR. s. m. Celui qui grivèle. Vx.

GRIVELURE. s. f. (R. *grivelé*). Nuance mi-partie brune et grise.

GRIVET. s. m. (R. *gris* et *vert*). T. Mamm. Nom vulgaire du *Cercopithecus grescoviridis.* Voy. CERCOPITHÈQUE.

GRIVETTE. s. f. [Pr. *grivè-te*] (Dimin.). Petite grive. || Espèce de merle.

GRIVIÈRE. s. f. Volière où l'on élève des grives.

GRIVOIS. s. m. (R. *grivoise*). Au XVI° siècle, soldat de certaines troupes étrangères au service de la France et, par ext., soldat. = GRIVOISE. s. f. Femme qui vit avec les soldats. = GRIVOIS, OISE. Qui est d'un caractère éveillé, d'une humeur joviale, et un peu libre en paroles. *C'est un g.*, *une bonne grivoise.* Fam. || Adjectiv., *Elle est un peu grivoise.* *Air g.* *Ton g.* *Humeur grivoise.* *Genre g.* *Chanson grivoise.* Fam.

GRIVOISE. s. f. [Pr. *grivoi-ze*] (all. *reiben*, frotter). Ancienne tabatière munie d'une râpe servant à râper le tabac.

GRODNO, v. de Russie; ch.-l. du gouvernement du même nom; 49,800 hab. Le gouvernement a 1,483,500 hab.

GROËNLAND, vaste région au nord de l'Amérique septentrionale appartenant au Danemark; 101,000 hab. — Nom des hab.: GROËNLANDAIS.

GROG. s. m. Mot emprunté de l'anglais, qui désigne une boisson composée d'eau-de-vie ou de rhum et d'eau en proportions variables. Voici l'origine du mot anglais : l'amiral Edward Vernon, mort en 1757, introduisit le premier à bord des vaisseaux anglais l'usage du rhum mêlé à l'eau. Cet amiral était nommé par sobriquet *Old Grog*, parce qu'il portait habituellement un manteau en gros de Naples, appelé *Grogram*, de l'italien *Grossgrana.* Le sobriquet de l'amiral passa à la nouvelle boisson.

GROGNARD, ARDE. adj. [Pr. *gro-gnar*, *gn* mouillé]. Qui a l'habitude de grogner. *Une femme grognarde.* Famil. || Subst. et fam., *C'est un g.*, *un vieux g.* — Se disait des vieux soldats du premier Empire, mécontents et misanthropes après les revers de la France.

GROGNEMENT. s. m. [Pr. *gro-gne-man*, *gn* mouillé]. Action de grogner. Cri du cochon. || Fig. et fam., se dit du murmure de mécontentement que fait entendre une personne.

GROGNER. v. n. [Pr. *grogner*, *gn* mouillé] (lat. *grunnire*, m. s.). Au propre, se dit du cri du cochon. || Fig. et famil., Murmurer, témoigner, par des murmures entre les dents, de son mécontentement. *Il grogne toute la journée.*

GROGNEUR, EUSE. adj. [Pr. *grogneur*, *gn* mouillé]. Qui a l'habitude de grogner. *Cet enfant est g.* *Humeur grogneuse.* Fam. || Subst. et fam., *C'est un g.*, *une grogneuse.*

GROGNONNER. v. n. [Pr. *gro-gno-ner*, *gn* mouillé] (Dimin. de *grogner*). Grogner comme le pourceau. || Fig. Faire le grognon.

GROIN. s. m. (R. *grogner*). Le museau du cochon.

GROINSON ou **GROISON.** s. m. Pierre, ou craie blanche, réduite en poudre fine dont les mégissiers se servent pour la préparation du parchemin.

GROISÉ, ÉE. adj. [Pr. *groi-zé*]. Pavé en pierres et sable.

GROISIL. s. m. [Pr. *groa-zi*]. Verre cassé.

GROISILLONS. s. m. pl. [Pr. *groi-zi-llon*, *ll* mouillées]. T. Cristallerie. Fragments de verre brisé.

GROISON. s. m. Voy. GROINSON.

GROIX, île de l'océan Atlantique, en face du Morbihan; 4,900 hab.

GROLIER (JEAN), célèbre bibliophile fr. (1479-1565).

GROLLE. s. m. [Pr. *gro-le*]. Nom vulgaire du *Freux.* Voy. CORBEAU.

GROMA. s. m. Instrument d'arpentage usité chez les Romains.

GROMATIQUE. adj. 2 g. (lat. *gromaticus*, m. s.). T. Antiq. Qui se rapporte à l'arpentage.

GROMMELLEMENT. s. m. [Pr. *gro-mè-le-man*]. Action de grommeler.

GROMMELER. v. n. [Pr. *gro-me-ler*] (all. *grummeln*, m. s.). Se plaindre, murmurer entre ses dents quand on est fâché. *Il grommelle toujours. Qu'avez-vous à g.?* Fam.

GRONDABLE. adj. 2 g. Qui mérite d'être grondé.

GRONDEMENT. s. m. Bruit sourd. *Nous entendions· le g. lointain du tonnerre.* || Son menaçant, sourd et prolongé que font entendre certains animaux irrités.

GRONDER. v. n. (lat. *grunnire*, grogner). Murmurer, se plaindre entre ses dents. *Il gronde contre vous. Laissez-le g.* || Se dit des animaux et des choses qui produisent des bruits sourds. *J'ai entendu g. le chien. L'orage, le vent, le tonnerre commence à g. Le canon gronde.*

Ici gronde le fleuve aux vagues écumantes.
                                    LAMARTINE.

= GRONDER. v. a. Réprimander avec humeur, gourmander de paroles. *G. ses valets. Prenez garde, vous serez grondé.* = GRONDÉ, ÉE. part.

GRONDERIE. s. f. Réprimande qu'on fait en colère. *Ce sont des gronderies perpétuelles.* Fam.

GRONDEUR, EUSE. adj. Qui a l'habitude de gronder. *Il est g.* — On dit aussi, *Humeur grondeuse.* || Subst., *Un vieux g. Une vieille grondeuse.*

GRONDIN. s. m. T. Icht. Genre de *Poissons osseux.* Voy. JOUES CUIRASSÉES.

GRONINGUE, v. de Hollande, ch.-l. de la province du même nom; 58,000 hab. La province a 279,400 hab.

GRONOVIE. s. f. (R. *Gronovius*, n. propre). T. Bot. Genre de plantes Dicotylédones (*Gronovia*) de la famille des *Loasées.* Voy. ce mot.

GRONOVIUS (JEAN-FRÉDÉRIC GRONOV, dit), savant professeur et critique hollandais (1611-1671). = Son fils, JACQUES (1645-1705), fut un philologue distingué.

GROOM. s. m. [Pr. *groum*] (Mot anglais dérivé du flamand *groom*, qui signifie Jeune garçon). Valet d'écurie. || Se dit aussi d'un petit laquais attaché au service d'une personne.

GROS, OSSE. adj. (all. *gross;* bas-latin *grossus*, r. s.). Qui a beaucoup de circonférence, de volume; il est opposé à petit. *Être g. et gras. Une grosse* etc. *Un g. ventre. Un g. garçon. Faire le g. dos,* Rele-er son dos et bosse (en parlant d'un chat). — Fig. S'enfler de vanité. — *Les gros murs d'un bâtiment,* Ceux qui portent les combles les voûtes, forment l'enceinte. — *G. bétail,* Bœufs, vaches, par opposition au petit bétail (moutons, etc.). — *G. grain,* Froment, méteil, par opposition au menu grain torge, avoine, etc.). *Ce livre est imprimé en g. caractère.* Le *g. bout et le petit bout d'un œuf.* || Figur. et fam., *Il a plus d'esprit qu'il n'est gros,* Il a beaucoup d'esprit. *Il a plus dépensé, plus coûté qu'il n'est g.,* Il a fri. d'énormes dépenses, Il a coûté beaucoup d'argent à sa famille. *Un g. lourdaud, un g. animal, une grosse bête, un g. butor,* Un homme fort stupide, fort maladroit, fort grossier. || T. Typog. *G. œil. G. canon. G. texte. G. roma* n, etc. Voy. **CARACTÈRE**. ⹀ Grossi, tuméfié, enflé accidentellement. *Il a la joue grosse d'une fluxion. Vous avez pleuré, vous avez les yeux g. de larmes,* se dit quand les larmes viennent aux yeux et qu'on veut les retenir. || T. Mar. *La mer est grosse,* Elle est très agitée. — *G. temps,* Mauvais temps temps orageux. || *Grosse,* en parlant d'une femme, signifie enceinte. *Sa femme est grosse de sept mois. Elle est grosse le son troisième enfant. Une envie de femme grosse.* — Fig. et fam., *Être g. de savoir, de faire, de dire une chose.* En avoir un désir extrême. *Votre am- est g. de vous voir. Il est g. de savoir comment tout cela finira.* Vx et peu usité. — Figur., *Le présent est g. de l'avenir. L'avenir est g. de malheurs.* ⹀ Épais, grossier, se dit par opposition à fin, délicat. *Ce fil est trop g. Grosse toile. G. drap. G. pain. Gros vin.* Il ne fait que la *grosse besogne.* — *Grosse viande,* La viande de boucherie, par opposition à la volaille, au gibier. || Fig. et fam., *G. rire,* Rire bruyant et prolongé. *Grosse gaieté,* Gaieté bruyante et démonstrative. *En venir aux g. mots,* Aux paroles violentes. *Faire la grosse voix,* Parler fort pour intimider. || Figur. et fam., *Un g. bon sens,* se dit d'un jugement droit, nvais sans finesse. — *Grosses vérités,* Vérités si évidentes, qu'el es sont accessibles à toute intelligence. || *G. vert, g. bleu,* Vert foncé, bleu foncé. ⹀ *Gros,* se dit encore de certaines choses pour exprimer qu'elles sont grandes, nombreuses, considérables, ou qu'elles en dépassent d'autres du même genre ou étendue, en nombre, en valeur, en importance. *Un g. village. Une grosse armée. Une grosse dette. Un g. bénéfice. Faire une grosse dépense. Jouer g. jeu. Une grosse fièvre. Un g. rhume. Une grosse querelle. Un g. péché.* || *Gros* s'emploie fam. dans un sens anal., en parlant des personnes, et signifie alors considérable, influent, riche, opulent. *Un g. marchand. Un g. bourgeois. Un g. financier.* — Fig. et fam., *C'est un des gros bonnets du village, de l'assemblée,* etc. || L'adj. *Gros, osse,* est encore usité dans une foule de locutions et d'idiotismes tels que *Grosses réparations, Avoir le cœur g., Toucher la grosse corde,* etc. ⹀ Gros. s. m. La partie la plus grosse. *Le g. de l'arbre,* Le tronc de l'arbre. *Couper au gros,* Élaguer jusqu'à a grosse branche. — Fig., *Se tenir au g. de l'arbre.* Voy. **ARBRE**. || *Poutre de dix centimètres de g.,* Dont chaque face a cette dimension. || *Le g.,* Écriture en grosses lettres. *Écrire en g.* || *Le g. d'une troupe, d'une armée,* La principale partie d'une troupe, d'une armée. — *Un g. de cavalerie, de fantassins,* Une grande troupe de cavalerie, de fantassins. || *Le g. du monde,* La plus grande partie du monde, le vulgaire. *Le g. du monde pense ainsi.* || T. Mar. *Le g. de l'eau,* La pleine mer au temps des syzygies de la lune. || T. Boucher. *G. de langue,* Maniement impair du bœuf dans la région inférieure de l'arrière bouche. || T. Reliure. *Cahier de seize pages dans la feuille in-12.* || *G. de Naples, de Tours,* Étoffe de soie à gros grains. || *G. de Verdun,* Espèce de dragées. || *G. d'autruche,* Gros duvet de l'autruche qu'on emploie à faire les lisières des draps fins de laine, destinés à être teints en noir. || *G. de campagne,* Nom donné aux chiffons par les fabricants de papier. || *Ce qu'il y a de plus considérable, de principal*; se dit par opposition à détail. *Il a pris pour lui le g. de la besogne à faire. On l'a chargé du g. et du détail des affaires. Le g. de cet ouvrage est fort bon.* || T. Comm. *Le g.,* Marchandises vendues, achetées par grande quantité. *Le demi-g.,* Commerce de gros et de détail. || Revenu fixe et certain d'une cure, par opposition à casuel; et revenu principal que tire un chanoine de sa prébende, par opposition à distribution manuelle. *Le casuel de cette cure est beaucoup plus considérable que le g.* || *Droit que l'on payait*

aux fermiers des aides pour chaque muid de vin que l'on vendait en gros. ⹀ *Gros* s'emploie adverb. dans le sens de beaucoup. *Gagner g. Coucher g.,* Jouer g. jeu; figur. et fam., *Risquer beaucoup,* ou avancer quelque chose d'exagéré, d'extraordinaire. Vx et inus. || Fig. et fam., *Il y a g. à parier que...,* Il y a de fortes raisons de croire que... ⹀ **EN GROS.** loc. adv. Par grandes quantités; se dit par opposition à détail. *Faire le commerce en g. Marchand de bois en g. Vendre du vin en g. et en détail.* || Fig., se dit d'un récit où l'on indique seulement les circonstances principales d'un événement, d'une affaire. *Racontez-nous l'histoire en g. Il m'a dit en g. comment les choses sont arrivées.* ⹀ **TOUT EN GROS.** loc. adv. Seulement. *Il y avait là quatre personnes tout en g.* ⹀ Syn. Voy. **ÉPAIS**.

GROS. s. m. T. Métrol. Ancien poids français valant la huitième partie de l'once. Voy. **POIDS**. || Ancienne monnaie française; monnaie allemande. Voy. **MONNAIE**.

GROS (ANTOINE-JEAN, baron), peintre français, auteur de la *Peste de Jaffa,* de la *Bataille d'Aboukir,* des peintures de la coupole du Panthéon, etc.; né à Paris en 1771, se jeta dans la Seine en 1835.

GROS-BEC. s. m. T. Ornithol. Les *Gros-becs* forment, dans l'ordre des *Passereaux Conirostres,* une famille fort nombreuse, et à laquelle il est difficile d'assigner une limite bien précise. Les oiseaux qui composent cette famille ont le corps trapu, les ailes et la queue courtes, mais ils sont surtout caractérisés par leur bec qui est fort gros, court, robuste, et de forme assez exactement conique. Cuvier partage cette famille en cinq genres: *Gros-bec, Pityle, Dur-bec, Bouvreuil* et *Bec-croisé.* — Le type des *Gros-becs* proprement dits (*Coccothraustes*) est le *Gros-bec commun* (C. *vulgaris,* Fig. ci-dessous), connu vulgairement sous les noms de *Pinçon*

royal et de *Pinçon à gros bec.* On le trouve toute l'année en France; mais en novembre, il descend vers les bords de la Méditerranée. Il a le bec jaunâtre, le dos et une calotte bruns, le reste du plumage grisâtre, la gorge et les pennes des ailes noires, avec une bande blanche sur l'aile. Il niche sur les hêtres, sur les arbres fruitiers, et se nourrit de toutes sortes de fruits et d'amandes. Parmi les Gros-becs étrangers nous citerons le *Cardinal* (C. *cardinalis*), de l'Amérique septentrionale, ainsi nommé de la couleur de son plumage, et le G.*bec fascié* (C. *fasciatus*) du Sénégal, qui est vulgairement appelé *Cou coupé,* à cause de la bande rouge qui lui traverse la gorge et s'étend sur les joues. Ces deux oiseaux sont communs dans nos volières. — Les *Pityles* (*Pitylus*) sont propres à l'Amérique méridionale. — Les *Durs-becs* (*Corythus*) ont le bec bombé de toutes parts avec la pointe courbée par-dessus la mandibule inférieure. L'espèce la plus commune est le *D. rouge* (Cor. *enucleator*), dont le dos est brun mêlé de gris et de rose, la tête, le cou, la gorge, la poitrine et les jambes incarts, avec les plumes des ailes et de la queue noires bordées de blanc. Cet oiseau se trouve dans le nord des deux continents. — Le *Bouvreuil* et le *Bec-croisé* ont été l'objet d'articles particuliers.

GROS-BLANC. s. m. Mastic de blanc et de colle.

GROSEILLE. s. f. (Pr. *gro-zè-lle, ll* mouillées) (haut-all. *krausbeere,* m. s.). Fruit du Groseillier.

429

GROSEILLIER. s. m. [Pr. *gro-zè-llé, ll* mouillées) (R. *groseille*). T. Bot. Genre de plantes Dicotylédones (*Ribes*) de la famille des *Saxifragacées.* Voy. ce mol.

Arboric. — On cultive les trois espèces suivantes : 1° le g. à grappes (*Ribes rubrum*, L.) qui croît spontanément dans les contrées montagneuses de l'Europe. On fait un grand usage de ses fruits à l'état frais, et surtout sous forme de gelée, de confiture, de sirop. On en extrait aussi de l'acide citrique très économiquement. Enfin dans quelques contrées du nord, on en obtient une sorte de vin qui, distillé, produit une eau-de-vie très agréable. Cette espèce a fourni par le semis diverses variétés à fruits rouges et blancs, dont les principales sont : le g. Gondoin, très vigoureux; fruits très gros, très acides, cultivé de préférence pour en extraire l'acide citrique; le g. cerise et le queen Victoria, variétés vigoureuses, à fruits très gros, mais moins fertiles que les précédentes. Les diverses variétés à fruits blancs sont moins acides que les variétés à fruits rouges. — 2° Le g. épineux (*Ribes uva crispa*, L.) également originaire d'Europe. On lui donne communément le nom de g. à maquereau, parce qu'on assaisonne ce poisson avec le jus de ses fruits. Le nombre des variétés de cette espèce s'élève à plus de 60, presque toutes originaires d'Angleterre. On les distingue par la couleur de leurs fruits qui sont blancs, jaunes, verts, rouges ou violets; par leur forme sphérique ou oblongue, par leur surface lisse ou hérissée de poils; enfin par leur grosseur qui varie entre le volume d'une cerise et celui d'un œuf de pigeon. Du reste, ces variétés n'ont pas de nomenclature fixe. — 3° Le g. noir ou cassis (*Ribes nigrum*, L.) originaire de la Suisse et de la Suède. Son fruit est peu consommé à l'état frais; mais on a tiré parti de sa saveur délicate et aromatique pour en faire, avec de l'eau-de-vie, un ratafia fort estimé. On ne cultive que le cassis ordinaire. Cel i de Bourgogne, cultivé aux environs de Beaune, est réputé pour faire la meilleure liqueur. Ses fruits ont plus d'arome que partout ailleurs, et cela, sans doute, pour les causes qui procurent les mêmes avantages aux raisins de la région. — Les groseilliers sont encore presque partout abandonnés à eux-mêmes, ou, si on les taille, c'est uniquement pour les empêcher d'occuper trop de place. Cependant une taille annuelle et raisonnée leur donne une production plus abondante, plus régulière, et surtout des fruits plus beaux et de meilleure qualité. On doit donner à ces arbrisseaux la forme d'un vase qui naît à fleur de terre, et qui est composé de 10 à 12 branches dépourvues de ramifications et assez espacées, de sorte que la lumière puisse les pénétrer de toutes parts. Le mode de fructification du g. est analogue à celui des arbres à fruits à noyau; c'est-à-dire que les boutons à fleurs ne paraissent que sur de petits rameaux développés pendant l'été précédent. Ainsi les pousses vigoureuses, formées dans le cours de cette même année, ne portent que des boutons à bois. Pendant l'été suivant, les boutons terminaux et un ou deux des plus rapprochés, émettent de nouveaux rameaux. Tous les autres développeront seulement une rosette de feuilles qui produit un faisceau de boutons à fleurs, au centre desquels est un bouton à bois. Au printemps suivant, les grappes s'allongeront et donneront des fruits. Ces observations indiquent la pratique à suivre pour tailler le g., soit qu'on ait adopté la forme en vase ou touffue, ou le cordon vertical. Enfin, lorsque, par suite du mode de végétation du g., les tiges sont dégarnies de rameaux à fruits sur le tiers inférieur de leur longueur, ce qui arrive vers la huitième année de taille, on les recoupe toutes à quelques centimètres au-dessus du sol. — Les groseilles ne se conservent pas après leur maturité complète. Mais on peut retarder celle-ci pendant toute l'arrière-saison. On choisit, à cet effet, les sujets les plus touffus, placés dans un lieu bien aéré, sec et exposé au soleil. On profite d'un beau jour, avant la maturité complète des fruits, pour enlever environ la moitié des feuilles; on réunit ensuite les branches de la cépée en faisceau, puis on enveloppe l'un avec de la paille liée en forme de cône à sa partie supérieure et formant toiture. Les fruits, ainsi abrités de l'ardeur du soleil et de l'humidité des pluies, achèvent de mûrir lentement et se conservent parfaitement jusqu'aux premiers froids.

GROS-GUILLAUME (ROBERT GUÉRIN, dit *Lafleur*, dit), acteur des anciennes farces; né vers 1554, mort vers 1633.

GROSLEY (PIERRE-JEAN), littérateur français (1718-1785).

GROS-NOIR. s. m. Espèce de raisin noir à gros grains. || Espèce d'ardoise.

GROSS-ASPERN, village d'Autriche, sur la rive gauche du Danube où se livra la bataille connue en France sous le nom de *bataille d'Essling.*

GROSSE. s. f. [Pr. *gro-se*]. T. Comm. Douze douzaines de certaines marchandises. Une g. de boutons. Une demi-g. Vendre à la g. Une g. de soie, Douze douzaines d'écheveaux de soie.

GROSSE. s. f. [Pr. *gro-se*]. T. Calligraphie. Écriture en gros caractères, qui est principalement usitée comme exercice pour les commençants. *Écrire la g.* |. T. Prat. Expédition d'un contrat ou d'un jugement, d'un arrêt, qui est délivrée en forme exécutoire par un notaire ou par un greffier. *Cette expédition est appelée* grosse, *parce qu'elle est écrite en caractères plus gros que l'original, qu'on désigne sous le nom de* minute. *Un notaire ne peut délivrer une seconde g. sans autorisation du président du tribunal.* — Se dit aussi de certaines écritures dont les unes sont des copies et les autres des originaux. *Pour les procès-verbaux, la g. est la copie; pour les requêtes, elle est l'original.*

Dr. comm. — On donne, dans le commerce maritime, le nom de *Contrat à la g. aventure* ou *à la g.*, à un contrat par lequel un prêteur avance de l'argent sur des objets exposés aux risques de la navigation, sous la condition qu'outre le remboursement de ses avances, en cas de navigation heureuse, il touchera une somme à titre de profit, et que, dans le cas de sinistre, il ne pourra réclamer que la valeur conservée par les objets formant le gage de l'emprunt. Ces objets sont le corps et la quille du navire, les agrès et les apparaux, l'armement et les victuailles et enfin le chargement, lesquels peuvent être affectés en totalité ou en partie. Le *contrat à la g.* doit être enregistré dans les dix jours au greffe du tribunal de commerce. S'il est à ordre, on peut le négocier par voie d'endossement, et, dans ce cas, il est assimilé aux autres effets de commerce. Ce contrat intervient dans deux sortes de circonstances, soit avant le départ du navire, soit en cours de route. Le prêt à la g. avant le départ est devenu fort rare : il est remplacé par l'assurance maritime, moins onéreuse au point de vue de la prime. Quoique encore assez fréquent, le prêt à la g., fait en cours de route, tend néanmoins à disparaître. Aujourd'hui, les armate...s ont des représentants dans les ports d'échelle les plus importants, et ces représentants se chargent d'avancer au capitaine les sommes nécessaires à la continuation du voyage. Dans les emprunts à la g., c'est toujours le dernier prêteur qui doit être remboursé de préférence à tous les autres. En cas de perte totale des effets sur lesquels le prêt a eu lieu, le prêteur perd tout droit; cependant l'emprunteur à la g. sur des marchandises n'est point libéré par la perte du navire et du chargement, s'il ne justifie qu'il y avait, pour son compte, des effets jusqu'à la concurrence de la somme empruntée. S'il existe à la fois un contrat à la g. et une assurance sur le même navire ou le même chargement, le produit des effets sauvés est partagé entre le prêteur et l'assureur, au marc le franc, le premier pour son capital seulement, le second pour les sommes assurées. (Code comm., 314 à 331.).

GROSSE DE FONTE. s. f. T. Impr. Gros caractère pour les affiches.

GROSSEMENT. adv. [Pr. *gro-se-man*]. En gros, d'une manière non fine.

GROSSERIE. s. f. [Pr. *gro-se-ri*]. Nom générique des gros ouvrages que font les taillandiers. || Commerce en gros. *Ce marchand ne fait que la g.* Peu us.

GROSSESSE. s. f. [Pr. *gro-sè-se*]. État d'une femme enceinte, ou le temps pendant lequel elle est enceinte. *Les embarras de la g. Une heureuse g. La durée moyenne de la g. est de deux cent soixante-quinze jours.*

GROSSETO, ville d'Italie, ch.-l. d'une province de Toscane, sur la rive droite de l'Ombrone; 4,000 hab. La province compte 114,300 hab.

GROSSETTE. s. f. [Pr. *gro-sète*]. Nom donné aux retours des chambranles dans les portes et les fenêtres.

GROSSEUR. s. f. [Pr. *gro-seur*]. Circonférence, volume de ce qui est gros. *La g. d'un arbre, d'un animal, d'une personne.* || Tuméfaction, tumeur. *Il lui est venu une g. à la*

foue. || Volume considéré par comparaison. *Fruit en g.*, Qi ia at-
teint toute sa dimension. *La g. apparente du soleil, de la l ine.*

GROSS-GLOGAU, la même ville que G ogau.

GROSSIER, IÈRE. adj. [Pr. *grô-sié*]. Épais, q i n'est pas
mince, délié, fin, ténu. *Il ne porte que des vêtements grossiers. Cette femme a les traits grossiers, la taille grossière.*
|| Qui est sans art, sans goût ; qui est fort éloigné de la pa-fec-
tion. *Des meubles grossiers. Ce travail est g. Une imitation
grossière. — Qui n'est pas délicat, recherché. Des ali vrnts
grossiers.* || Fig., Rude, dépourvu de culture, de civilisa.ion,
d'instruction. *Nation rude et grossière. Un paysan g. Un
siècle g. Esprit g. Langage g.* || Malhonnête, incivil, qui blesse
la décence. *Que cet homme est g.! On ne saurait être plus
g. Des manières grossières. Un ton g. Dire des injures
grossières. Propos grossiers. — Substant., Vous êtes un g.,
une grossière.* Fam. || *Plaisirs grossiers,* les plaisirs des
sens, par opposition aux plaisirs de l'esprit et du cœur. | *Fig.,*
au sens moral, Qui est manifestement contraire à la raiso i, au
bon sens, à la vérité. *Illusion grossière. Erreur, co itra-
diction grossière. Faute, ignorance grossière. Mensonge,
artifice g. — N'avoir d'une chose qu'une idée, qu'une
notion grossière, N'en avoir qu'une idée incomplète, qu'une
connaissance vague et mal définie.* || *Marchand g., Cela qui
vend en gros.* Vx et inus.

GROSSIÈREMENT. adv. [Pr. *gro-siè-reman*]. D'une façon
grossière. *Il travaille g. Ce marbre est g. travaillé. Une
nourriture g. apprêtée. Il fait tout g. Parler, répondre g.*
|| Sommairement, en gros. *Il ne m'a conté cette affaire que g.*

GROSSIÈRETÉ. s. f. [Pr. *gro-siè-reté*]. Caractère, qualité
de ce qui est grossier, rude, sans délicatesse ; se dit au prop.
et au fig. *La g. d'une étoffe. La g. des traits. La g. d'un
peuple. La g. des mœurs.* || Impolitesse, défaut de civilité
dans ce qu'on fait ou dans ce qu'on di.. *Il en a usé avec
beaucoup de g. Il y a de la g. à parler ainsi. — Par ext.,
Parole grossière, malhonnête. Il m'a répondu par des gros-
sièretés.* || Au sens moral, se dit d'une chose qui suppose! eau-
coup d'ignorance, de sottise, de maladresse. *La g. d'une
bévue, d'une faute, d'une erreur. Ce mensonge est d'une
g. palpable.*

GROSSIR. v. a. [Pr. *gro-sir*]. Rendre gros. *Les pluies ont
grossi le ruisseau. Sans cesse il grossit son trésor.* | Faire
paraître plus gros. *Ce microscope grossit beaucoup les objets.
Cette robe vous grossit la taille.* || Fig., La renommée grossit
tout. N'allez pas g. mes torts. La peur grossit les objets.*
|| G. sa voix, Lui donner plus de volume et de gravité. = SE
GROSSIR. v. pron. Devenir plus volumineux, plus considérable,
plus nombreux. *L'avalanche se grossissait à mesure qu'elle
descendait dans la vallée. Son armée se grossissait à me-
sure qu'il avançait dans le pays.* || Fig., La nouvelle s'est
grossie de mille détails absurdes. = GROSSIR. v. n. Devenir
gros. *Après cette pluie, les raisins vont g. et vous d'œil.
La rivière a beaucoup grossi. La foule grossissait à
chaque instant. Aller en grossissant.* || Fig. et fam., La
pelote grossit, se grossit, Le nombre s'accroît ; le trouble,
la sédition, le péril augmente ; les torts, les dettes, les profits
s'accumulent. = GROSSI, IE. part.

GROSSISSANT, ANTE. adj. [Pr. *gro-si-san*]. Verre g.
Lunette grossissante, Qui fait paraître les objets plus gros,
plus grands. || Qui devient plus gros. *Dette g.*

GROSSISSEMENT. s. m. [Pr. *gro-si-se-man*]. T. Optiq.
Action de rendre ou de faire paraître gros ; le résultat de cette
action. *Ce verre donne un g. de dix diamètres. Les plus
forts grossissements qu'on ait obtenus jusqu'ici.*
   Phys. — Le g. d'une lunette ou d'un télescope est le rapport entre l'angle sous lequel l'observateur voit l'image fournie
par l'instrument et l'angle sous lequel il verrait à l'œil nu
l'objet observé. Le g. d'un microscope est le rapport entre
l'angle sous lequel l'observateur voit l'image fournie par l'instrument, et l'angle sous lequel il verrait à l'œil nu l'objet
observé en plaçant celui-ci à la distance minimum de la vision
distincte. Voy. LUNETTE, MICROSCOPE, TÉLESCOPE.

GROSSO. s. m. T. Métrol. Voy. MONNAIE.

GROSSO MODO. [Pr. *gros-so-mo-de*]. Loc. adv. tirée du
latin. A la grosse, sans entrer dans le détail.

GROSSOYER. v. a. [Pr. *gro-so-ié*]. Faire la grosse d'un
contrat, d'un jugement, d'une requête, etc. G. une obligation. = GROSSOYÉ, ÉE. part. = Conj. Voy. EMPLOYER.

GROSSULAIRE. s. f. (R. *groseille*). T. Minér. Espèce de
grenat d'une teinte jaune verdâtre. Voy. GRENAT.

GROSSULARIÉES. s. f. pl. (lat. *grossulus*, groseille). T.
Bot. Famille de plantes Dicotylédones que l'on réunit aujour-
d'hui comme simple tribu (*Ribésiées*) à celle des Saxifragacées. Elle ne renferme que le seul genre Groseillier
(*Ribes*).

GROSSVARADIN. v. de Hongrie ; 31,300 hab.

GROTE (GEORGE), historien anglais, auteur d'une *Histoire
de la Grèce* (1794-1871).

GROTE (J.-K.), savant russe (1812-1893).

GROTESQUE. adj. 2 g. (ital. *grottesca*, m. s., de *grotta*,
grotte). Se dit de figures bizarres imaginées par un peintre,
un dessinateur, un sculpteur, et dans lesquelles la nature est
outrée et contrefaite. *Ces sortes de figures ont été appelées
grotesques parce qu'on en a découvert de ce genre dans
les grottes ou ruines du palais de Titus. — Subst., Ce
peintre excelle dans les grotesques, à faire des grotes-
ques.* || Fig., Ridicule, bizarre, extravagant. *Un costume g.
Un homme g. Une mine g. Une imagination g. Le genre g.
= GROTESQUE, se dit subst., pour le genre grotesque. Callot
a excellé dans le g. — Par ext., s'emploie en parlant des
œuvres de littérature. Mêler le g. au sublime. Tomber
dans le g. Cette pièce est d'un g. impayable.* || T. Théât.
Danseur bouffon qui exécute des pas bizarres et fait des gestes
outrés.

GROTESQUEMENT. adv. [Pr. *grotes-ke-man*]. D'une
façon ridicule et extravagante. *Se vêtir g. Danser g.*

GROTHITE. s. f. (R. *Grothus*, nom d'un physicien all.). T.
Minér. Variété de sphène contenant de l'yttrium.

GROTIUS (JEAN HUGO DE GROOT, dit), publiciste et homme
d'État hollandais, auteur d'un traité sur le *Droit de la paix
et de la guerre* (1583-1645). Condamné en 1619 à la détention perpétuelle, il fut sauvé par sa femme qui, s'étant blottie
dans une caisse de livres, prit sa place et le fit s'évader de la
même façon. = Leur fils. PIERRE (1615-1678), fut ambassadeur à la cour de Louis XIV.

GROTTE. s. f. [Pr. *gro-te*] (ital. *grotta*, m. s., dérivé du
lat. *crypta*, caverne). Syn. Voy. ANTRE.
   Les géologues donnent indifféremment les noms de *Grotte*
et de *Caverne* aux excavations souterraines qui traversent et
divisent plus ou moins irrégulièrement les roches dont est
formée la partie superficielle de l'écorce du globe. Ces anfractuosités se rencontrent dans la plupart des roches ; mais elles
sont surtout fréquentes dans les roches calcaires. Jadis on
attribuait la formation des cavernes à l'action des eaux ; mais
il est aujourd'hui bien démontré qu'elles sont dues aux mêmes
causes qui ont produit les fissures et les vallées, et que la
plupart d'entre elles sont le résultat des fractures et des dislocations déterminées par le soulèvement des couches. Cependant tous les géologues sont d'accord pour attribuer à l'action
des eaux une influence considérable sur l'aspect que nous présentent ces excavations : car tantôt elles ont rongé leurs flancs
et leur lit ; tantôt elles ont modifié leur forme et leur configuration par la production de stalactites et de stalagmites plus
ou moins développées ; tantôt elles les ont comblées en totalité
ou en partie par les débris de tous genres qu'elles y ont
entraînés. Lorsque les cavernes sont une certaine longueur,
elles consistent le plus souvent en une série de chambres qui
communiquent entre elles par des couloirs étroits, et avec la
masse qui les entoure au moyen de fissures et de petits canaux
dirigés en tous sens. Les dimensions connues des cavernes sont extrêmement variables et difficiles à apprécier à
cause de leurs nombreuses ramifications ; il sera même probablement à jamais impossible de constater les dimensions véritables du plus grand nombre d'entre elles. On cite toutefois,
comme la plus remarquable sous ce rapport, une caverne
creusée dans le calcaire ancien du Kentucky, dans le bassin
de la rivière Verte, l'un des affluents de l'Ohio. D'après Ward,
elle se prolonge suivant la même direction sur une longueur

de 15 kilom., et une de ses nombreuses salles, située à environ 5 kilom. de l'entrée, n'a pas moins de 30 mètres de côté et de 40 de hauteur, sans que la voûte soit soutenue par aucun pilier. La g. d'Antiparos, dans l'Archipel grec, celle d'Adelsberg en Carniole, celle d'Arcis-sur-Aube en Bourgogne, quelques cavernes du Northumberland et du Derbyshire en Angleterre, et beaucoup d'autres, exigent plusieurs heures de parcours. Parmi les plus curieuses et en même temps les plus faciles à visiter aujourd'hui, citons, outre celle d'Adelsberg, celle du Han (Belgique) et celle de Dargilan, dans les Cévennes. Un grand nombre de cavernes sont parcourues par des cours d'eau plus ou moins considérables; beaucoup renferment aussi des lacs souterrains qui, dans la saison des pluies, versent au dehors le trop-plein de leurs eaux. D'autres fois, au contraire, au lieu de sortir des cavernes, les eaux viennent du dehors s'y engouffrer, soit pour s'y perdre, soit pour en ressortir de nouveau après un cours souterrain plus ou moins long.

Tandis que le vulgaire ne voit dans les cavernes que des curiosités naturelles et se plaît surtout à considérer les formes plus ou moins bizarres qu'offrent les grottes à stalactites, le savant étudie ces mêmes lieux au point de vue de leur mode de formation et de leur connexité avec les autres phénomènes qui forment comme l'histoire physique de notre planète. L'étude des cavernes a acquis dans le courant du XIXᵉ siècle un nouveau degré d'intérêt, depuis qu'on a découvert que plusieurs d'entre elles contiennent des débris plus ou moins nombreux d'espèces animales perdues, appartenant surtout à la classe des Mammifères, et souvent mêlés à des ossements humains et à des produits de l'industrie humaine primitive : haches et grattoirs de pierre, os taillés pour divers usages, poteries, etc. Les ossements qu'on y trouve ont pu y être introduits de plusieurs manières différentes. Ils ont pu être entraînés par les eaux; ils peuvent aussi provenir d'animaux tombés dans ces profondeurs souterraines par des fissures supérieures aujourd'hui fermées, ou bien encore d'animaux qui s'y sont réfugiés et y ont péri. Néanmoins les cavernes ossifères doivent être le plus souvent considérées comme les demeures de certains grands carnassiers, tels que les Hyènes, les Ours, les Lions, les Tigres, etc., qui y apportaient leur proie : cette circonstance, en effet, est celle qui explique le mieux la grande variété d'espèces différentes dont on a trouvé les ossements entassés et mêlés ensemble. Les cavernes à ossements, suivant cette théorie, dont le docteur Buckland est le principal champion, sont donc de véritables charniers. Mais parmi ces cavernes qui contiennent des ossements d'animaux fossiles dont on a longtemps regardé comme antérieurs à l'existence des espèces actuelles et de l'homme, plusieurs renferment également des débris provenant des animaux qui vivent à cette heure à la surface du globe, et même des ossements humains, accompagnés de divers produits d'une industrie plus ou moins avancée, preuve irrécusable que ces cavernes ont servi d'habitation aux hommes préhistoriques. Quelquefois même, on a trouvé sur les parois des dessins d'animaux gravés sur la pierre. C'est par l'exploration des cavernes qu'on a pu acquérir la preuve que l'existence de l'homme est plus ancienne que ne supposaient les anciens géologues de l'école de Cuvier, que les cavernes ont été les premières demeures des hommes préhistoriques, que ceux-ci ont été contemporains de grands mammifères aujourd'hui disparus, tels que le Mammouth, l'Elephas primigenius, l'Ours des cavernes, etc. Les grottes les plus remarquables de la France et de la Grande-Bretagne ont été explorées par M. Martel, qui a trouvé les moyens de rendre relativement faciles ces sortes d'expéditions. Voy. PRÉHISTORIQUE.

Certaines grottes paraissent avoir servi de sépulture aux anciens habitants du pays : telles sont celles de Gaylenreuth en Franconie, de Burrington et de Llaandcfri en Angleterre, de Mialet et de Durfort en France. Enfin, la plupart de ces grottes ont été, même dans les temps historiques, la demeure habituelle de l'homme. Lors de la conquête romaine, les habitants, ainsi que le rapporte Florus, cherchaient fréquemment un refuge dans ces cavernes. « Les Aquitains, race rusée, dit-il, se réfugiaient dans les cavernes, mais César obligea à son lieutenant Crassus l'ordre de les y enfumer, » absolument comme les troupes françaises ont fait en Afrique pour les Arabes réfugiés dans les grottes du Dahra. « Cet usage d'habiter les cavernes, dit à ce sujet un savant géologue, J. Desnoyers, s'est prolongé dans les mêmes provinces bien au delà de l'époque romaine; nous apprenons par Eginhard qu'il existait encore au VIIIᵉ siècle, et sur quelques points il s'est conservé jusqu'à nos jours. Le roi Pepin, après une lutte prolongée contre les Aquitains et les Vascons, se

rendit maître de la plupart des châteaux, grottes et cavernes dans lesquels se défendaient les sujets de Waïfre, dernier duc d'Aquitaine. »

GROUCHY (EMMANUEL, marquis de), maréchal de France (1766-1847), n'arrêta pas les Prussiens dans leur marche sur Waterloo (1815).

GROUILLANT, ANTE. adj. [Pr. grou-llan, ll mouillées]. Qui grouille, qui remue. Il a cinq enfants tout grouillants. Pop. || Tout g. de vers, de vermine, Tout couvert, tout plein de vers. Ce fromage est tout g. de vers. Fam.

GROUILLEMENT. s. m. [Pr. grou-lle-man, ll mouillées]. Mouvement et bruit de ce qui grouille. G. des intestins. Fam.

GROUILLER. v. n. [Pr. grou-ller, ll mouillées] (R. crouler). Remuer. Il y a quelque chose qui grouille là-dedans. En ce sens, on dit, Personne ne grouille-t-il ici? pour dire, Personne ne bouge-t-il ici? Pop. --- La tête lui grouille, se dit d'un homme à qui la tête tremble de faiblesse ou de vieillesse. --- Fam., on dit encore, Le ventre me grouille, lui grouille, en parl. du bruit que les flatuosités causent parfois dans les intestins. || Fourmiller. Ce fromage grouille de vers. Cette branche grouille de chenilles. Très fam.

GROULARD. s. m. Nom vulgaire du bouvreuil.

GROUP. s. m. (ital. gruppo, m. s., variante de groppo, groupe). T. Comm. Sac cacheté et contenant des valeurs métalliques qu'on envoie d'un endroit à un autre.

GROUPAGE. s. m. T. Ch. de fer. Faculté laissée à certains intermédiaires de rassembler un certain nombre de colis et de les présenter en bloc (généralement par wagon complet) au chemin de fer.

GROUPE. s. m. (ital. groppo, nœud; même mot que croupe). T. Peint. et Sculpt. Assemblage de plusieurs objets tellement unis et rapprochés, que l'œil les embrasse à la fois. Un g. d'enfants, d'animaux, de fruits. Le g. du Laocoon. Il se compose un certain nombre de personnes réunies et rapprochées. Un g. de curieux. On dispersa les groupes. - - Fig., Réunion de personnes ayant des vues ou des intérêts communs. Les groupes politiques. Le g. de la gauche radicale. Le g. de l'appel au peuple. || Réunion d'objets formant un tout distinct. Un g. d'arbres. Un g. d'îles. || T. Mus. G. de notes, Notes réunies par leur queue au moyen d'une ou plusieurs barres. --- Ornement composé de trois ou quatre petites notes qui amènent une note de plus grande durée || T. Gramm. Réunion de lettres qui se présente fréquemment. || T. Géol. G. crétacé, etc. Rocher du terrain crétacé, etc. || T. Bot. Agrégation de petites capsules qui constituent la fructification des fougères. || T. Arch. Se dit de plusieurs colonnes accouplées. || T. Chim. G. ou groupement fonctionnel. Voy. FONCTION.

GROUPEMENT. s. m. [Pr. groupe-man] Action de grouper; réunion d'objets propres à se grouper. || T. Chim. G. fonctionnel. Voy. FONCTION.

GROUPER. v. a. T. Peint. et Sculpt. Mettre en groupe. Le peintre n'a pas su g. ses figures. L'art de g. --- T. Arch. G. des colonnes, Les disposer deux à deux. || Dans le langage ordin., se dit pour réunir, rassembler. G. les faits, les exemples. G. les genres par familles. = SE GROUPER. v. pron. Se rassembler. La foule se groupa autour du charlatan. Ces danseuses se groupent avec grâce. Les escadrons se groupèrent en masse compacte. = GROUPER, v. n. Ces figures groupent bien, Elles sont groupées de façon à produire le meilleur effet. = GROUPÉ, ÉE. part.

GROUPEUR. s. m. Dans les chemins de fer, celui qui groupe les petits colis.

GROUSE. s. f. [Pr. grou-ze]. Nom anglais du coq de bruyère.

GRUAU. s. m. [Pr. gru-o] (all. grütze, m. s.). T. Techn. Le mot de Gruau a deux sens différents, selon qu'il s'applique au froment ou aux autres céréales. --- Quand on écrase le froment entre des meules peu serrées, une partie du grain se réduit en farine, tandis que l'autre n'est broyé qu'imparfaitement et forme des granules arrondis plus ou moins fins. Ces derniers sont constitués par la portion qui avoisine l'embryon et qui est la plus dure, la plus riche en gluten, et par conséquent la plus nourrissante du froment. Ces granules séparés du reste de la farine constituent ce qu'on appelle le *gruau* de froment. Tantôt on le vend, à cet état imparfait de pulvérisation, sous le nom de *Semoule*. Tantôt on le soumet à une nouvelle mouture entre des meules plus rapprochées, et l'on obtient ainsi la farine avec laquelle on fait ces petits pains de luxe qu'on nomme *pains de g.* — Le *G. d'avoine*, au quel cette dénomination paraît d'abord avoir été consacrée, n'est autre chose que l'avoine dépouillée de son péricarpe et concassée par une espèce de mouture. L'avoine étant peu propre à la panification, on la consomme sous cette forme dans tous les pays où cette céréale constitue la base de l'alimentation, comme en Écosse, en Irlande, etc., en soumettant le grain à l'action de la chaleur, après l'avoir mis dans une chaudière renfermant une petite quantité d'eau. On lui fait ensuite subir un commencement de torréfaction en le plaçant dans un four; puis on le fait passer dans deux moulins dont l'un le dépouille de sa partie corticale, et l'autre le réduit en fragments plus ou moins fins. En Normandie et en Bretagne, on se contente de sécher l'avoine au four avant de la soumettre à l'action de la meule. En médecine, on fait un assez grand usage de la décoction du g. d'avoine, sous le nom d'*Eau de g.*; elle est regardée comme délayante et adoucissante. — Le *G. d'orge* s'obtient de la même manière, si ce n'est qu'on le fait d'abord détremper à froid dans un cuvier. On donne également le nom de g. à l'orge *perlé*, qui est l'orge simplement dépouillée de son enveloppe; on s'en sert aussi pour préparer une boisson rafraîchissante. — Enfin, on donne encore le nom de g. au maïs concassé par la mouture à la grosseur d'un grain de riz. Ainsi préparé, il remplace le pain dans les colonies. On en fait une bouillie qui se mange avec tous les mets, surtout avec ceux qui sont épicés.

GRUAU, dit de *La Barre* (MODESTE), magistrat français (1795-1872), célèbre par ses équipées et ses ouvrages en faveur de Naundorff (le faux Louis XVII).

GRUE, s. f. (lat. *grus*, m. s.). T. Ornith. Genre d'oiseaux remarquables par la longueur de leur cou et de leurs pieds, et qui passent, à tort, pour être peu intelligents. — Fig. et fam., *Cou de g.*, Cou long et grêle. *Faire le pied de g.*, Attendre longtemps debout. || Fig. et fam., *Une g.*, Personne sotte; par ext., femme de mœurs légères. || T. Astron. Voy. CONSTELLATION. || Ancienne machine de guerre, dite aussi *Corbeau*. || Sorte de carcan, instrument de punition pour les soldats.

Ornith. — L'ancien genre *Grue* (grus) forme maintenant une famille d'*Échassiers*, celle des *Gruidés*. Les oiseaux qui composent cette famille ont le bec droit et peu fendu; la fosse membraneuse des narines est large et occupe près de la moitié de la longueur totale; leurs jambes sont écussonnées; les doigts sont médiocres, les externes peu palmés et le pouce touchant à peine à terre. La plupart ont une partie plus ou moins considérable de la tête et du cou dénuée de plumes. Ces oiseaux, essentiellement migrateurs, sont insectivores et granivores. Leurs habitudes sont plus terrestres que celles des Hérons et des Cigognes, et leur nourriture, plus végétale, consiste principalement dans les graines et les herbes des marais, auxquelles ils ajoutent des insectes, des vers, des grenouilles, etc. On les trouve dans toutes les parties du globe, mais surtout dans celles qui jouissent d'une température modérée. Puis jeunes, ils deviennent très familiers et s'habituent aisément à nos basses-cours. Nous rangerons dans cette famille les genres *Agami*, *Baléarique*, *Grue* proprement dite, *Courlan* et *Courvari*, et *Caurale*.

Nous avons parlé ailleurs de l'*Agami*, à cause de l'intérêt qu'il présente comme animal domestique. — Le genre *Baléarique* (*Balearica*) a pour type la *G. couronnée* ou *Oiseau royal* (*Ardea pavonia*). Cet oiseau (Fig. 1) a 1m,30 de haut; sa taille est élancée; son corps est cendré, avec le ventre noir et les couvertures des ailes d'un beau blanc; son bec et ses pattes sont de couleur noire; ses joues nues sont colorées de blanc et de rose vif; enfin, son occiput est couronné d'une gerbe de plumes effilées et jaunes que l'animal étale à volonté. Sa voix ressemble au son d'une trompette. Cet oiseau, qui habite les côtes occidentales de l'Afrique, se familiarise très aisément et semble même rechercher la société de l'homme. On le rencontre quelquefois en Europe, dans les îles de la Méditerranée; aussi les anciens le désignaient-ils comme habi-

tant les îles Baléares. — L'espèce la mieux connue du genre *Anthropoïde* (*Anthropoides*) est la *Demoiselle de Numidie* (*Ardea virgo*). Cet oiseau ressemble beaucoup au précédent pour la forme et presque pour la taille. Il est de couleur cendrée, à cou noir, et porte sur la tête deux belles aigrettes blanchâtres formées par le prolongement des plumes effilées qui couvrent l'oreille. On le trouve particulièrement dans le nord et l'ouest de l'Afrique, où il habite les lieux marécageux. Cette espèce est surtout remarquable par ses gestes, ses mouvements bizarres, ses jeux ou plutôt ses danses. « C'est surtout le matin et le soir, dit Z. Gerbe, que ces oiseaux s'y livrent de préférence. Placés en cercle ou rangés sur plusieurs

Fig. 1.

lignes, quelquefois groupés confusément, ils gambadent, dansent les uns autour des autres, tournent sur eux-mêmes, s'avancent en sautant l'un vers l'autre, s'arrêtent brusquement, tendent le cou, le relèvent, le baissent, déploient les ailes, font des sortes de salutations, et se livrent, en un mot, à la mimique la plus burlesque qu'il soit possible d'imaginer. Ces divertissements sont presque toujours suivis d'autres ébats pris dans les airs. »

Les *Grues* proprement dites (*Grus*) ont pour type la *G. commune* (*Grus cinerea*) (Fig. 2). La taille de cet oiseau dépasse parfois 1m,30. Son plumage est gris cendré, à l'exception de la gorge, du devant du cou et de l'occiput, qui sont noirâtres; le sommet de la tête est rouge et son croupion est orné de longues plumes redressées et crêpées. Cette espèce niche dans le nord, mais elle aime les régions tempérées et va passer l'hiver dans l'Afrique septentrionale. C'est vers la mi-octobre, que les grues quittent l'Europe, pour revenir vers le mois d'avril ou de mai. Quand vient l'époque du départ, les Grues paraissent inquiètes, et leurs cris d'appel sont plus fréquents. Elles se réunissent en troupes ordinairement nombreuses, et, au jour marqué, au coucher du soleil, elles prennent leur essor, assez difficilement d'abord, pour s'élever en tourbillonnant et sans ordre. Bientôt elles prennent leurs rangs et se forment, tantôt en une seule ligne, tantôt le plus souvent en deux lignes parallèles qui se réunissent angulairement. Cette disposition rend moins fatigant leur vol, qui est d'ailleurs très haut

Fig. 2.

et très rapide, et leur permet de fendre l'air plus aisément. On a cru qu'elles avaient un chef pour les guider et qu'il

Fig. 3.

tenait la tête de l'angle. Mais, outre que le sommet de l'angle est occupé souvent par deux individus, on voit, dans les déplacements fréquents de la troupe, chaque G. occuper suc-

cessivement le premier rang à son tour. Elles accompagnent leur marche par de grands cris, et les inflexions qu'elles y mettent, ainsi que la manière dont elles volent, sont vulgairement regardées comme des présages de variations dans l'état de l'atmosphère. Elles dorment assemblées, la tête sous l'aile, pendant que l'une d'entre elles veille, dit-on, la tête haute, et avertit la troupe quand un danger la menace.

Les genres *Courlan* et *Caurale* ne se composent que d'une seule espèce chacun. — Le *Courlan* (*Ardea scolopacea*) appelé *Courliri* à Cayenne, habite l'Amérique méridionale. Il a le bec plus grêle et un peu plus fendu que celui des grues. Sa taille ne dépasse pas 66 centim.; son plumage est brun avec des pinceaux blancs sur le cou. — La *Caurale* (*Ardea helias*) (Fig. 3) habite la Guyane, où on le nomme, on ne sait pourquoi, *Oiseau du soleil* et *Petit paon des roses*. Cet oiseau est de la taille d'une Perdrix. Il a les jambes courtes, et la queue très longue, large et étalée. Son plumage, nuancé en zigzag de brun, de fauve, de roux, de gris et de noir, a la coloration douce et moelleuse des Phalènes.

Méc. — La *Grue* est une machine qui sert à soulever et mouvoir des poids très considérables. De même que la *Chèvre*, elle est une application du *Treuil*; mais, tandis que la chèvre ne peut qu'élever ou descendre verticalement un fardeau, la g. peut en outre le déplacer latéralement. La figure ci-dessous représente une machine de cette espèce, mue à bras d'hommes à l'aide d'une manivelle. AB est une poutre verticale, que l'on nomme *Poinçon*, assujettie sur un plancher formé par des madriers, et néanmoins reposant sur des rouleaux qui lui permettent de prendre un mouvement de rotation autour de son axe. Le bras CD, projeté en avant, se

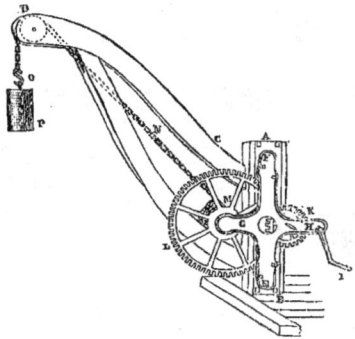

nomme la *Volée*, et il est formé de pièces de bois assemblées à mortaise avec le poinçon AB. Aujourd'hui on le construit le plus souvent en fer. C'est à la grossière analogie de forme que la réunion du poinçon et de la volée présente avec le cou et le long bec de l'oiseau appelé *Grue*, que cette machine doit son nom. Le rouage est monté sur deux croix de fonte scellées des deux côtés de l'arbre vertical, dont l'une est représentée sur la figure en EFGH. La puissance est appliquée à la manivelle I qui conduit un pignon situé derrière H. Ce pignon s'engrène avec la roue K, qui elle-même porte un autre pignon, et celui-ci s'engrène avec la grande roue L, dont l'axe conduit un tambour autour duquel une corde ou une chaîne N vient s'enrouler. La chaîne passe sur une poulie D, située au sommet de la volée; et à l'extrémité de cette chaîne est une crochet O qui supporte le poids P. Pendant qu'on élève le poids, il convient d'empêcher qu'il ne puisse retomber par suite d'une interruption momentanée dans l'action de la puissance. On y parvient au moyen d'un cliquet qui arrête le tambour M; mais quand on veut faire redescendre le poids, il faut soulever le cliquet. Dans ce cas, on peut modérer la descente trop rapide du poids, en déterminant une pression sur quelques pièces du rouage, et par suite un frottement capable de retarder la vitesse du poids ou même de l'arrêter tout à fait. Au moyen du mouvement de rotation sur son axe, que peut prendre l'arbre vertical, on dirige la volée du côté que l'on veut, de manière à pouvoir enlever les poids d'un côté de la machine et les décharger de l'autre côté. Aussi les grues sont-elles principalement employées sur les quais des rivières et sur ceux des ports de mer, pour le chargement et le déchargement des navires. On en fait également usage dans les ateliers de construction de machines, dans les fonderies, les forges, les hauts fourneaux. Souvent aussi plusieurs grues se commandent : la seconde saisit le fardeau là où l'avait déposé la première, elle le transmet de même à le troisième ; enfin la dernière le laisse dans la position convenable. On construit également des grues mobiles ; celles-ci, au lieu de tourner dans un massif immobile de madriers et de maçonnerie, sont montées sur des roulettes et transportent elles-mêmes le fardeau aussi loin qu'on le désire. Autrefois la plupart des grues étaient mises en mouvement à bras d'hommes ; mais, à l'heure actuelle, on n'emploie plus guère la g. à bras que pour enlever de faibles fardeaux. La vapeur, l'hydraulique, l'électricité, grâce à leurs puissants moyens d'action, ont permis d'obtenir des appareils absolument perfectionnés et diminuant considérablement les manutentions. En outre, ces grues à vapeur hydrauliques ou électriques se manœuvrent avec une très grande simplicité ; elles peuvent lever et transporter aisément des charges d'un poids vraiment extraordinaire. — Ajoutons que la puissance d'une g. se calcule d'après les principes que nous avons exposés ailleurs. Voy. ENGRENAGE, etc. Le bras de la manivelle I est le rayon de la circonférence de cercle décrite par la puissance. On calcule le nombre de dents (de dimensions égales à celles des autres dents de l'appareil) qui entreraient dans cette circonférence. On calcule pareillement le nombre de dents du pignon qui aurait les mêmes dimensions que le tambour M. Cela fait, on multiplie le premier nombre par le produit des nombres de dents contenues dans les roues K et L ; on multiplie de même ce second nom! ne par le produit des nombres d'ailes qui entrent dans le pignon H et dans le pignon concentrique à la roue K ; le quotient de ces deux produits exprimera la puissance de la machine.

Nous examinerons rapidement les divers systèmes de grues actuellement d'un usage général dans les industries publiques et privées, nous les classerons comme suit : *Grues à vapeur fixes ou mobiles ; grues hydrauliques ; grues dynamométriques ; grues atmosphériques ; grues ou treuils roulants ; grues électriques* et, enfin, *grues d'alimentation* à conduits souterrains ou à réservoirs supérieurs.

Presque à la même époque, deux ingénieurs, l'un Anglais, Armstrong, le second Français, Claparède, songèrent les premiers à faire usage de la vapeur pour la manœuvre des grues. A l'origine des conduits spéciaux amenaient la vapeur produite par un générateur indépendant jusqu'au cylindre commandant le mouvement de levage de la g. L'appareil était dans ce cas forcément fixe, la présence de la tuyauterie ne lui permettant aucun déplacement. Cette installation présentait de graves inconvénients et nécessitait un certain nombre de grues installées à portée les unes des autres. Chacune d'elles reprenait la charge abandonnée par la précédente, et ainsi de suite de proche en proche.

Sauf pour quelques cas spéciaux, on ne tarda pas à renoncer à l'emploi de ce système complexe et long ; chaque appareil de levage fut muni d'un générateur particulier action nant en même temps le mécanisme du treuil et le wagonnet supportant l'ensemble du système. Le générateur, monté sur les moises du treuil de la volée, forme contrepoids au fardeau à enlever ; il se trouve, en effet, situé sur le prolongement du diamètre passant par l'axe de cette volée.

Ces grues ont reçu de grands perfectionnements depuis leur invention première, grâce aux recherches de nombreux constructeurs, parmi lesquels nous pouvons citer Chrétien, Lebrun et Calvé, sans compter Claparède et d'autres. A l'heure actuelle, ces appareils sont couramment employés sur les quais et dans les docks, où ils servent au chargement et au déchargement des bateaux et navires. Ils présentent cet avantage incontestable, qu'un seul homme suffit à la manœuvre entière. On installe fréquemment ces appareils sur rails, ce qui leur permet de se déplacer parallèlement aux quais ; de plus, le mécanisme imprime à la g. un mouvement complet de rotation autour du pivot qui supporte le poids total.

La *g. hydraulique* a reçu peu d'applications par suite du faible rendement qu'elle donne. Elle a été imaginée comme la précédente par Armstrong, puis perfectionnée par d'autres ingénieurs, mais sans grands résultats vraiment pratiques. Elle se compose en principe d'un cylindre contenant un piston se mouvant verticalement, et actionnant directement la chaîne qui doit soulever le fardeau. On amène l'eau sous pression sur l'une des faces du piston qui descend ou monte suivant que l'appareil de distribution d'eau agit dans un sens ou dans l'autre. Mais, outre que cette g. nécessite pour son fonction-

nement une pression d'eau assez considérable, le prix de revient du travail exécuté s'élève à un taux trop élevé et trop onéreux pour sa propagation.

Les constructeurs ont eu plus tard la pensée d'ajouter à l'appareil de levage proprement dit un second appareil annexe qui permît de mesurer le poids du fardeau que l'on soulevait. Ce nouvel agencement constitue la *g. dynamométrique*, dont un des premiers types a été créé par Decoster. Dans cette disposition la poulie sur laquelle glisse la chaîne motrice se trouve rattachée par une seconde chaîne à une balance dite romaine dont l'axe passant autour de l'axe passant par l'œil de la poulie. Tout en soulevant le fardeau, la chaîne tire sur le petit bras ou fléau de la balance et tend à lui faire occuper une position se rapprochant de plus en plus de l'horizontale. L'aiguille de la romaine indique alors sur son cadran le poids correspondant à la charge enlevée. Cette g. offre l'avantage de rendre inutiles les pesées antérieures ou postérieures.

Les *grues atmosphériques* se divisent en deux systèmes différents en ce qui concerne la force motrice qui agit. Ou bien on fait usage de l'air raréfié ou encore de l'air comprimé. Quel que soit le type employé, le dispositif du mécanisme rappelle un peu celui de la g. hydraulique d'Armstrong. Ici encore l'air raréfié ou comprimé exerce son action sur l'une des faces d'un piston se mouvant dans un cylindre à double enveloppe, mais avec cette différence que la partie supérieure du cylindre est en communication directe avec l'air ambiant. La chaîne de levage se trouve reliée au piston après avoir passé dans la gorge d'une poulie, de telle manière que l'ascension du piston ou sa descente dans le cylindre fait descendre ou monter la charge à soulever.

Les compagnies de chemins de fer emploient fréquemment un appareil de levage connu sous le nom collectif de *G. roulante, Pont roulant* ou encore *Treuil roulant.* Il se compose d'un solide portique de charpente en bois et de fer dont les côtés latéraux et verticaux sont montés sur roues permettant à tout l'appareil de se mouvoir sur une voie spéciale à grand écartement. La partie supérieure horizontale en forme de pont est constituée par une poutre armée, sur le milieu de laquelle est installé l'appareil de levage proprement dit consistant en un treuil puissant. Des roues à chevilles qui manœuvrent les ouvriers, et qui sont placées de chaque côté et à la partie inférieure du portique, permettent, à l'aide d'un dispositif spécial, de faire mouvoir en avant ou en arrière sur sa voie tout l'ensemble de l'appareil avec le fardeau soulevé par lui. Cette sorte de g. s'emploie principalement pour le chargement ou le déchargement sur trucks supportant des matières lourdes et encombrantes ; elle facilite ainsi la manœuvre de leur transbordement sur les fardiers qui doivent les transporter.

La *G. électrique*, imaginée par Farcot, il y a quelques années, n'a encore reçu que peu d'applications. Cependant sa manœuvre, des plus simples, qui n'exige que la présence d'un seul homme, devrait propager son installation. Une machine électro-dynamique Gramme que traverse le courant d'une dynamo actionne le mécanisme élévateur de la g., mécanisme analogue à celui des appareils similaires.

Enfin, on appelle *G. d'alimentation* un appareil universellement employé dans les gares des chemins de fer de France et de l'étranger et dont le but est d'alimenter d'eau les locomotives. La g. d'alimentation se compose d'une colonne creuse de fonte, dans laquelle monte un tuyau de conduite d'eau communiquant à angle droit à la partie supérieure de la colonne avec un second tuyau horizontal, muni d'un robinet vanne et terminé par un cylindre flexible en cuir ou en toile imperméable. Lorsque l'alimentation se nécessite qu'un débit relativement faible d'eau, les conduites d'amenée du liquide sont souterraines. On augmente sensiblement le débit en munissant la g. d'un réservoir qui la surmonte et qui augmente ainsi sensiblement la pression de l'eau.

GRUER. v. a. T. Techn. Réduire en gruau.

GRUERIE. s. f. [Pr. *gru-rie*] (all. *grün*, vert). T. Eaux et Forêts. Se disait autrefois d'une certaine juridiction forestière, etc. ; et d'un droit que certains seigneurs avaient sur les bois de leurs vassaux. *Les bois qui étaient soumis à ce droit étaient appelés* bois tenus en gruerie.

GRUEUR. s. m. Celui qui fabrique des gruaux d'orge et d'autres grains.

GRUGEOIRE. s. f. [Pr. *gru-joi-re*]. Mâchoire, dents. T. peu usité.

GRUGER. v. a. (all. *grutzen*, écraser). Briser quelque chose de dur ou de sec avec les dents. *G. du sucre, du biscuit.* || Manger ; dans ce sens, il ne se dit que par plaisanterie. *Ils auront bientôt grugé cela.* — Fig. et fam., on dit de quelqu'un qui a peu de bien et qui dépense plus que son bien ne le comporte, qu'*il gruge son fait, qu'il aura bientôt grugé son fait.* Vx. On dit encore, *G. quelqu'un*, pour Manger le bien de quelqu'un. *Les hommes d'affaires l'ont grugé. Ses prétendus amis le grugent à qui mieux mieux.* || T. Techn. Diminuer en enlevant des éclats. *G. le verre, une pierre de taille.* == GRUGÉ, ÉE. part. == Conj. Voy. MANGER.

GRUGERIE. s. f. Action de gruger.

GRUGEUR, EUSE. s. Celui, celle qui gruge.

GRUIDÉS. s. m. pl. (R. *Grue*). T. Ornith. Famille d'échassiers. Voy. GRUE.

GRUME. s. f. (lat. *grumellus*, diminutif de *grumus*, tas, monceau). T. Forêts. *Bois en g.*, Bois coupé qui a encore son écorce. || T. Vitic. *Grains de raisin.*

GRUMEAU. s. m. [Pr. *gru-mo*] (lat. *grumus*, petit tas de terre). Petite masse coagulée. *Rendre des grumeaux de sang. Ce lait s'est mis en grumeaux. Cette bouillie est pleine de grumeaux.*

GRUMEL. s. m. Fleur d'avoine dont on se sert dans le foulage des étoffes.

GRUMELER. v. n. Crier comme le sanglier.

GRUMELER (Se). v. pron. Se mettre en grumeaux. *Cette colle se grumelle.* == GRUMELÉ, ÉE. part.

GRUMELEUX, EUSE. adj. Qui est rempli de grumeaux. *Ce lait est déjà tout g.* || Par anal., Qui présente de petites inégalités dures au dehors ou au dedans. *Bois g. Poire grumeleuse.*

GRUMELURE. s. f. Petit trou dans une pièce de métal fondu. || s. f. pl. T. Chasse. Très petites fumées mêlées avec les autres ; elles désignent un vieil animal.

GRUMILLON. s. m. [Pr. *gru-mi-llon*, *ll* mouil.]. T. Métall. Petite particule des maquettes qui tombe lorsqu'on les forge.

GRÜNAUITE. s. f. (R. *Grünau*, nom de lieu). T. Minér. Sulfure de nickel et de bismuth que l'on trouve à Grünau (Hongrie).

GRUNER (EMM.-LOUIS), ingénieur et savant français (1809-1883).

GRUNÉRITE. s. f. (R. *Grüner*, nom d'un minéralogiste all.). T. Minér. Amphibole ferrugineuse brune.

GRUOTTE. s. f. [Pr. *gru-ote*]. T. Chass. Morceau de chevreuil.

GRUPPETTO. s. m. [Pr. *grou-pet-to*] (mot ital. qui signifie *petit groupe*). T. Mus. Ornement de chant qui se compose de trois ou quatre notes de peu de valeur, et qui précède quelquefois l'attaque d'une autre note de durée plus longue.

GRUTLI ou **RUTLI**, petite prairie de la Suisse, célèbre par le serment qu'y prêtèrent Guillaume Tell et ses amis.

GRUYER. s. m. [Pr. *gru-ié*] (all. *grün*, vert). Officier qui connaissait de certains délits forestiers. || Adject., *Seigneur g.*, Seigneur qui avait un certain droit sur les bois de ses vassaux.

GRUYER, ÈRE. adj. [Pr. *gru-ié*] (R. *grue*). T. Vén. *Faucon g.*, Qui est dressé à voler la grue. || Qui tient de la grue.

GRUYÈRE. s. m. Voy. FROMAGE.

GRUYÈRE, v. du canton de Fribourg (Suisse), célèbre par ses fromages ; 1,100 hab.

GRYLLE. s. m. ou **GRYLLI**. s. m. pl. [Pr. *gril-le* ou *gril-li*] (lat. *gryllus*, m. s., du gr. γρυλλος, cochon). T. Antiq. Nom donné aux pierres gravées dont le sujet est grotesque.

GRYLLIDES. s. m. pl. (lat. *grillus*, grillon). T. Entom. Sous le nom de *Gryllides* ou de *Grylloniens*, on désigne une tribu d'insectes qui fait partie de la famille des *Orthoptères Sauteurs*. Ces insectes sont caractérisés par leurs ailes et leurs étuis horizontaux, et par leurs tarses composés de trois articles seulement. En outre, leurs ailes forment, dans le repos, des espèces de filets qui se prolongent au delà des élytres. Certaines espèces ont la faculté de faire entendre, par le frottement de leurs élytres l'une contre l'autre, un son plus ou moins strident, qu'on appelle leur chant. Les Gryllides sont répandus dans toutes les parties du monde. Tous se cachent dans des trous et se nourrissent ordinairement d'insectes. Plusieurs sont nocturnes. Cette tribu se divise en quatre genres, les *Courtilières*, les *Tridactyles*, les *Grillons* et les *Myrmécophiles*. — 1° Les *Courtilières*, ou *Taupes-Grillons* (*Gryllotalpa*), sont remarquables par les jambes et les tarses de leurs deux pieds antérieurs, qui sont larges, plats, dentés, en forme de main, et propres à fouir comme les pattes des Taupes. L'espèce type de ce genre est la *C. commune* (Fig. 1), brune en dessus, jaunâtre en dessous, et longue de 4 centimètres. Elle a quatre dents aux jambes antérieures et les ailes une fois plus longues que les étuis. Cet insecte vit dans la terre, où, à l'aide de ses pattes antérieures qui lui servent de scie et de pelle, il creuse un trou vertical auquel aboutissent des galeries nombreuses qui lui permettent de s'échapper dans toutes les directions. Il coupe les racines

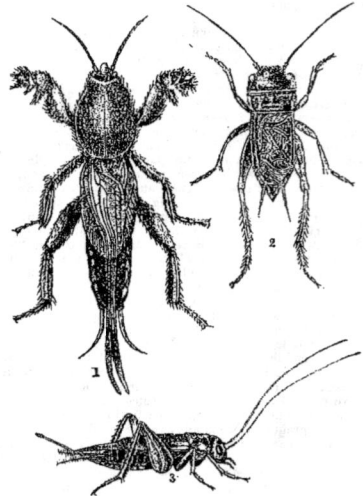

tendres qui se trouvent sur son passage, et cause de grands dégâts dans nos jardins. On croit généralement que les Courtilières sont essentiellement herbivores ; mais plusieurs naturalistes prétendent qu'elles sont carnassières, et qu'elles ne coupent les racines des végétaux que pour trouver les insectes et les vers dont elles font leur nourriture. Toutefois on a remarqué des racines de romaine qui n'étaient pas seulement coupées, mais encore rongées par elles dans une certaine longueur. Le chant du mâle, qui se fait entendre le soir, est doux et agréable. Les femelles construisent un nid au fond d'une galerie circulaire et lisse à l'intérieur, et y déposent de 200 à 400 œufs. Ce nid, situé à 16 centimètres environ de profondeur, ressemble, avec la galerie qui y conduit, à une bouteille dont le cou est courbé. Les petits n'acquièrent qu'au bout de trois ans leur entier développement, et restent l'hiver dans une immobilité complète. — 2° Les *Tridactyles* (*Tridactylus*) ont les pattes postérieures dépourvues de tarses: ceux-ci sont remplacés par des appendices mobiles, crochus et en forme de doigts, à l'aide desquels ils exécutent des sauts considérables. Le type du g. est le *T. mélangé* (*T. variegatus*), petit, noir, avec un grand nombre de taches d'un blanc jaunâtre. Il se trouve au voisinage des rivières, des lacs, des mares, dans une grande partie du midi de la France. — 3° Les *Grillons* (*Gryllus*) n'ont le pieds propres à fouir la terre, et les femelles portent, à l'extrémité postérieure de leur corps, une tarière saillante. Parmi les espèces propres à l'Europe, nous citerons d'abord le G. *des champs* (*G. campestris*) [Fig. 2], qui est long de près de 3 centimètres, noir avec la base des étuis jaunâtre, et les cuisses postérieures rouges en dessous. Il se creuse sur le bord des chemins, dans les terrains secs et exposés au soleil, des trous assez profonds, d'où il guette les insectes dont il fait sa proie. La femelle pond environ 300 œufs. Le G. *domestique* (*G. domesticus*) [Fig. 3] est plus petit; il est jaunâtre mêlé de brun. Il habite particulièrement les endroits chauds des maisons, comme le derrière des cheminées, des fours, etc. Le mâle produit un son aigre et désagréable qui lui a valu le nom vulg. de *Cri-cri*. Nous mentionnerons encore une espèce très singulière (*G. umbraculatus*), qui se trouve en Espagne et dans l'Algérie. Le mâle a sur le front un prolongement membraneux qui tombe en forme de voile. — 4° Les *Myrmécophiles* (*Myrmecophila*) ont le corps ovale et sont dépourvus d'ailes; la seule espèce connue vit dans les fourmilières.

Le Grillon est le premier être qui s'est fait entendre sur la terre, et son bruissement monotone semble encore un écho des âges primitifs depuis longtemps disparus.

GRYLLONIENS. s. m. pl. [Pr. *gri-lle-ni-ins*, *ll* mouillées]. T. Entom. Syn. de *Gryllides*. Voy. ce mot.

GRYPHE ou **GRYPHIUS** (Sébastien), célèbre imprimeur, né à Reutlingen (Souabe) en 1491, mort à Lyon en 1556

GRYPHÉE. s. f. [Pr. *gri-fée*] (gr. -ρύποç, crochu). T. Zool. Genre d'*Huîtres* fossiles dont les deux valves (3 la coquille sont très inégales. La valve par laquelle se fixait

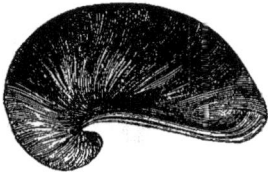

l'animal est bombée et se recourbe en crochet au-dessus de l'autre valve, qui est plane. Ces Lamellibranches sont très communes dans les couches jurassiques et crétacées. La Fig. ci-dessus représente la *Gryphée arquée* (*Gryphea arcuata*).

GRYPOSE. s. f. [Pr. *gri-poze*] (gr. -ρύπωσιç, courbure). T. Méd. Incurvation des ongles que l'on remarque particulièrement chez les phtisiques.

GUABER. v. a. Voy. GABER.

GUACHARO. s. m. [Pr. *goua-tcha-ro*]. T. Ornith. Nom vulgaire d'une espèce d'Engoulevent, le *Steatornis caripensis*. Voy. STÉATORNIS.

GUACHAROS (Cueva de), célèbre grotte du Venezuela, sur le rio Caripe. Voy. GROTTE.

GUACHETA, ville de Colombie, à 2,800 mètres au-dessus du niveau de la mer; 5,500 hab.

GUACO. s. m. [Pr. *goua-ko*]. Nom américain donné à plusieurs espèces de plantes grimpantes qui sont regardées comme des antidotes certains contre la morsure des serpents. On a donné ce nom à plusieurs espèces de plantes appartenant à la famille des *Aristolochiacées*; mais le véritable g. des

Indiens du Mexique est le *Mikania guaco*, belle liane de la famille des *Composées*. Voy. ce mot.

GUADALAJARA, prov. d'Espagne; 205,500 hab. Ch.-l. *Gualdajar*, 10,944 hab.

GUADALAJARA ou **GUADALAXARA**, v. d'Amérique (Mexique) sur le Rio-Santiago; 83,000 hab.

GUADALCAZAR, ville du Mexique; 13,500 hab.

GUADALQUIVIR, anc. Betis, fl. d'Espagne, passe à Cordoue, à Séville, et se jette dans l'océan Atlantique; 500 kilom.

GUADALUPE (SIERRA DE), chaîne de montagnes du centre de l'Espagne.

GUADARRAMA (SIERRA DE), chaîne de montagnes entre le Tage et le Douro.

GUADELOUPE, une des petites Antilles, appartenant à la France; 155,900 hab. V. pr. la *Basse-Terre*, ch.-l., et la *Pointe-à-Pitre*. Pour la position géographique des Antilles, entre les deux Amériques, voy. la carte de l'AMÉRIQUE. — L'étendue totale de la Guadeloupe est de 69,000 hectares. Elle se compose principalement de deux îles : la Guadeloupe mesurant environ 46 kilomètres de long sur 22 de large et la Grande-Terre mesurant 38 kilomètres sur 35.

GUADET (Élie), membre de la Convention, un des chefs du parti girondin, fut proscrit et exécuté à Bordeaux (1758-1794).

GUADIANA (le), anc. Anas, fl. d'Espagne, sert de frontière entre l'Espagne et le Portugal, et se jette dans l'océan Atlantique; 640 kilom.

GUAI. adj. m. T. Pêc. *Hareng g.*, Celui qui a lâché sa laitance ou ses œufs. Voy. HARENG.

GUALANCHA. s. m. [Pr. *goua-lan-cha*]. T. Bot. Nom indien du *Chasmanthera cordifolia*, plante de la famille des *Ménispermacées*. Voy. ce mot.

GUALDO-PRIORATO (Galeazzo), homme de guerre et historien italien (1606-1678).

GUAN. s. m. [Pr. *gouan*]. T. Ornith. Genre de *Gallinacés*. Voy. PÉNÉLOPIDES.

GUANAC ou **GUANACO.** s. m. [Pr. *goua-nak* ou *goua-nako*] (péruvien *huanaco*, m. s.). T. Mamm. Espèce de *Ruminants* d'Amérique voisine des chameaux. Voy. LAMA.

GUANAHANI ou **SAN-SALVADOR,** une des îles Lucayes, la première terre où aborda Colomb (12 oct. 1492).Voy.SALVADOR.

GUANAJUATITE. s. f. [Pr. *gouana-joua-tite*] (R. *Guanajuato*, nom de lieu). T. Minér. Syn. de *Frenzélite*.

GUANAJUATO ou **GUANAXUATO,** v. du Mexique, cap. de l'État de ce nom ; célèbre par ses mines d'argent ; 52,000 hab.

GUANAMINE. s. f. [Pr. *goua-na-mine*] (R. *guano* et *amine*). T. Chim. Les sels que forme la guanidine avec les acides organiques se décomposent par la chaleur au-dessus de 200° et fournissent de nouvelles bases appelées *guanamines*. C'est ainsi que la *formo-guanamine* donne la *formo-guanamine* $C^3H^3Az^3$ qui cristallise en aiguilles blanches, solubles dans l'eau bouillante. — L'*acéto-guanamine*, obtenue de même en chauffant l'acétate de guanidine, cristallise en lamelles nacrées ou en aiguilles solubles dans l'eau bouillante et dans l'alcool. Les alcalis concentrés la transforment à l'ébullition en *guanide* $C^4H^5Az^4O$, corps cristallin blanc, insoluble dans l'eau, l'alcool et l'ammoniaque, mais très soluble dans les alcalis et dans l'acide chlorhydrique, avec lesquels il forme des combinaisons cristallisables. L'acide sulfurique concentré, chauffé à 150° avec l'acéto-guanamine, donne de l'*acéto-guanamide* $C^4H^5Az^3O^2$ qui est soluble dans l'eau, dans les acides et les alcalis, et que l'acide azotique convertit en acide cyanurique.

GUANCHE. s. m. [Pr. *gou-an-che*]. Nom d'une ancienne population de l'île de Ténériffe.

GUANÉ, ÉE. adj. [Pr. *gou-ané*]. Engraissé de guano.

GUANIDE. s. m. [Pr. *goua-nide*] (R. *guano*). T. Chim. Voy. GUANAMINE.

GUANIDINE. s. f. [Pr. *goua-nidine*] (R. *guano*). T. Chim. Composé basique que l'on peut regarder comme de l'urée dont l'oxygène serait remplacé par le groupe AzH. Sa formule est $AzH = C \begin{cases} AzH^2 \\ AzH^2 \end{cases}$.

La g. se rencontre dans les germes de vesces étiolées. Elle se forme quand on chauffe à 100° de la cyanamide en solution alcoolique avec du chlorhydrate d'ammoniaque; elle se produit aussi quand on fait réagir à chaud de l'ammoniaque sur l'iodure de cyanogène, sur l'ortho-carbonate d'éthyle ou sur la chloropicrine. Pour la préparer, on chauffe pendant vingt heures, à 190°, du sulfocyanate d'ammoniaque bien sec; il se forme du sulfocyanate de g. qui cristallise en belles lames incolores, fusibles à 118°, solubles dans l'eau et dans l'alcool; on convertit ce sel en carbonate de g., qu'on dissout dans l'acide sulfurique et qu'on décompose ensuite par la baryte La g. se présente en masse déliquescente, à saveur caustique, à réaction fortement alcaline. C'est une base forte qui absorbe l'acide carbonique de l'air et qui donne des sels bien cristallisés renfermant un équivalent d'acide. Avec le chlorure d'or elle forme un chloro-aurate caractéristique, cristallisé en longues aiguilles jaunes peu solubles dans l'eau. Les sels de g. à acides organiques se décomposent sous l'action de la chaleur en donnant naissance aux *Guanamines* (Voy. ce mot.) Mise en ébullition avec de l'eau de baryte ou avec les acides étendus, la g. fixe de l'eau et se dédouble en urée et en ammoniaque. Lorsqu'on la traite avec l'urée, on obtient de la *guanylurée* $AzH = C \begin{cases} AzH^2 \\ AzH.COAzH^2 \end{cases}$ dont l'azotate cristallise en belles aiguilles peu solubles.

Les *guanidines* substituées des bases fortes qu'on prépare en chauffant la cyanamide avec les chlorhydrates d'amines ou en faisant agir le sel ammoniac sur les cyanamides substituées. C'est ainsi que la *méthyl-guanidine* ou *méthyluramine* $AzH = C(AzH^2)(AzHCH^3)$ se prépare à l'aide de la cyanamide et du chlorhydrate de méthylamine; on l'obtient aussi en traitant la créatine par certains oxydants. On la rencontre parmi les ptomaïnes de la viande de cheval putréfiée. Elle est cristallisable, déliquescente, très basique. Chauffée avec la potasse ou la baryte, elle se décompose en carbonate d'ammoniaque et en méthylamine.

L'union de la cyanamide avec les acides amidés donne naissance à des composés que l'on peut considérer comme des dérivés de la g. Telles sont la glycocyamine et la créatine, qui résultent de la combinaison de la cyanamide avec la glycocolle et avec le méthylglycocolle.

GUANIER, ÈRE. adj. [Pr. *gou-anié*]. Qui a rapport au guano.

GUANINE. s. f. [Pr. *goua-nine*] (R. *guano*). T. Chim. Substance extraite du guano et répondant à la formule $C^5H^5Az^5$. Elle dérive de la xanthine par la substitution d'un groupe AzH à un atome d'oxygène. On a trouvé de la g. dans la peau des amphibies et des reptiles, dans la vessie natatoire des poissons, dans les excréments d'araignées, dans le pancréas et les principales glandes de l'organisme, et en général dans tous les organes riches en noyaux cellulaires. Pour la préparer, on épuise le guano avec un lait de chaux étendu et bouillant, la portion insoluble contient de la g. avec l'acide urique; on la purifie en la traitant successivement par le carbonate de soude, l'acide chlorhydrique et l'acide azotique; on obtient finalement l'azotate de g. que l'on décompose par l'ammoniaque. La g. se présente sous la forme d'une poudre blanche, amorphe, peu soluble dans l'eau, insoluble dans l'alcool. Elle se dissout dans les acides énergiques en formant des sels peu stables. Elle s'unit aussi aux alcalis, aux oxydes métalliques et aux sels. Sous l'action de l'acide azotoux elle se transforme en xanthine. Oxydée par un mélange de chlorate de potasse et d'acide chlorhydrique, elle donne de la guanidine avec de l'acide parabanique et de l'anhydride carbonique.

GUANITE. s. f. (R. *guano*). T. Minér. Phosphate ammoniaco-magnésien, cristallisé dans le guano.

GUANO. s. m. [Pr. *gou-ano*] (péruv. *huano*, m. s.). T. Agric. Engrais puissant, provenant de la décomposition des excréments de divers oiseaux marins accumulés dans certaines îles de l'Amérique du Sud (îles Chincha, îles de Pérou, etc. Voy. ENGRAIS.

GUANYLURÉE. s. f. (R. *guano*, le suff. *yle*, et *urée*). T. Chim. Voy. GUANIDINE.

GUARANA. s. m. [Pr. *goua-rana*] (mot brésilien). T. Pharm. Nom donné à une sorte de pâte préparée avec les graines pilées du *Paullinia sorbilis*, arbre de la famille des *Sapindacées*. Voy. ce mot.

GUARANIS ou **TOUPIS**, peuple indien de l'Amérique méridionale (Brésil, Bolivie, etc.).

GUARDAFUI, cap situé à l'extrémité orientale de l'Afrique, à l'entrée du golfe d'Aden.

GUARÉA. s. m. [Pr. *goua-réa*]. T. Bot. Genre de plantes Dicotylédones de la famille des *Méliacées*. Voy. ce mot.

GUARINI (dit de *Vérone*), célèbre humaniste italien (1370-1460).

GUARINI (GIOVANNI-BATTISTA), poète italien (1537-1612).

GUARINI (CAMILLO), religieux théatin, mathématicien, écrivain et architecte italien, né à Modène (1624-1683).

GUARINITE. s. f. [Pr. *goua-rinite*] (R. *Guarini*, nom d'homme). T. Minér. Variété de sphène en cristaux quadratiques jaunes.

GUARNERIUS ou **GUARNERI**, famille de luthiers de Crémone (XVIIe et XVIIIe s.).

GUASTALLA, v. d'Italie, sur le Pô, autrefois capitale d'un duché ; 10,639 hab.

GUATÉMALA (Chaîne du), partie des Cordillères, entre les deux Amériques.

GUATÉMALA. Le Guatémala, découvert et conquis par les Espagnols à la suite du Mexique, fut longtemps une capitainerie beaucoup plus considérable que le Guatémala actuel et qui comprenait toute l'Amérique centrale. Ce pays, s'étant soulevé en 1821, forma d'abord des États-Unis de l'Amérique centrale, puis se divisa en républiques de Guatémala, de Nicaragua, de San Salvador, de Honduras et de Costa Rica. Le Guatémala, proprement dit, est le plus nord-occidental et le plus important des cinq États. Il occupe une superficie de 200,000 kms environ, entre le 90° et le 93° degré de longitude ouest de Paris et entre le 14° et le 17° degré de latitude nord. Il est borné au N. O. par le Mexique, au N. E. par le Yucatan et la mer des Antilles (golfe du Honduras), au S. E. par les républiques de Honduras et de San Salvador, au S. O. par le grand Océan Pacifique. Voy. la carte d'AMÉRIQUE. — Près du littoral de cet océan, il est traversé par la longue chaîne de montagnes qui suit toute l'Amérique du nord au sud, et qui commence à prendre là le nom de Cordillères des Andes. Sa capitale est Guatémala (78,000 hab.). Le territoire est divisé en 7 départements. On y cultive principalement le maïs, le blé, l'orge, le riz, le tabac, le cacao, etc. D'immenses pâturages servent à l'élevage des bœufs et des moutons. La population est de 1,510,000 habitants, Espagnols, Indiens et métis. On leur donne le nom de GUATÉMALIENS.

GUATIMOZIN, dernier empereur du Mexique, résista héroïquement aux Espagnols, fut pris et pendu (1522).

GUATTERIA. s. m. [Pr. *gou-at-teria*] (R. *Guatteri*, n. d'un botaniste italien). T. Bot. Genre de plantes Dicotylédones de la famille des *Anonacées*. Voy. ce mot.

GUAYACANITE. s. f. [Pr. *goua-iacanite*] (R. *Guayaquil*, n. de lieu). T. Minér. Syn. d'*Énargite*.

GUAYAQUIL, v. de la République de l'Équateur, sur le golfe de Guayaquil (Grand Océan); 45,000 hab.

GUAYAQUILLITE. s. f. [Pr. *goua-ia-kil-lite*] (R. *Guayaquil*, n. de lieu). T. Minér. Résine fossile trouvée à Guayaquil. En masses jaunes, amorphes, légèrement solubles dans l'eau, très solubles dans l'alcool.

GUAZUMA. s. m. [Pr. *gou-a-zuma*]. T. Bot. Genre de plantes Dicotylédones de la famille des *Méliacées*. Voy. cacoat.

GUBBIO, v. d'Italie (Ombrie) ; 23,300 hab.

GUBEN, v. de Prusse (Brandebourg); 27,300 h., sur la Neisse.

GUDIN (César, comte), général fr. (1768-1812).

GUDIN (Théodore), peintre de marine fr. (1802-1880).

GUDJÉRATE. Voy. Guzerat.

GUDULE (Sainte), patronne de Bruxelles. Fête le 8 janvier.

GUÉ. s. m. [Pr. *ghé*] (lat. *vadum*, m s.). Endroit d'une rivière où l'eau est assez basse et le fond assez ferme pour qu'on puisse passer sans nager et sans s'embourber. *Cette rivière a plusieurs gués. Passer une rivière à g. La profondeur d'un g. ne doit pas dépasser un mètre pour un fantassin, et un mètre cinquante centimètres pour un cavalier.* | Fig. et fam., *Sonder le g.*, Faire quelque tentative sous main dans une affaire, pressentir la disposition de ceux dont elle dépend.

GUÉABLE. adj. 2 g. [Pr. *ghé-able*]. Que l'on peut passer à gué. *La rivière est g. en deux endroits.*

GUÈBRES. s. m. pl. [Pr. *ghè-bre*] (persan *ghebar*, infidèle). Nom donné par les musulmans à ceux des Persans qui sont restés fidèles à l'ancienne religion de Zoroastre, et adorent le feu comme symbole de la divinité. On les appelle aussi *Gaures* et *Parsi*. Guèbre et Gaure signifient infidèles en persan et en arabe ; *Parsi* est l'une des formes du mot *Perse*. Persécutés par les souverains musulmans de la Perse, les Guèbres ont dû quitter Ispahan où ils occupaient un quartier spécial, et se réfugier dans les montagnes du nord de la Perse, où ils vivent misérablement. D'autres ont émigré dans l'Inde et y ont trouvé, grâce à la tolérance des Brahmanes et aux affinités de leur race et de leur religion avec celles des Hindous, un sort et une condition plus favorables. Ils s'y sont multipliés et ont fini par constituer une population aisée, comptant même des personnages fort riches. Ils s'adonnent au commerce, mènent en général une vie sobre et régulière et se montrent très charitables pour ceux de leurs coreligionnaires qui tombent dans l'infortune. Voy. Sabéisme.

GUÉBRIANT (Jean-Baptiste Budes, comte de), maréchal de France (1602-1643), fut vainqueur des Impériaux à Wolfenbüttel (1641). — Sa femme Renée du Bec, morte en 1659, conserva Brisach à la France.

GUEBWILLER. anc. ch.-l. de c. du Haut-Rhin, arr. de Colmar, cédé à l'Allemagne en 1871; 12,500 hab. Centre industriel important.

GUEBWILLER (Ballon de), ballon les Vosges, près du village du même nom ; 1,426 m.

GUÈDE. s. f. [Pr. *ghè-de*] (germ. *weat*, m. s.). Nom vulg. du *Pastel*. || T. Techn. Couleur bleue extraite de la guède.

GUÉDER. v. a. [Pr. *ghé-der*] (all. *weiden*, paître). Soûler, faire manger avec excès; ne s'emploie qu'au participe et aux temps qui en sont formés. *Le voilà bien guédé. Il s'est bien guédé.* Famil. et presque hors d'usage. || T. Teint. Teindre avec la guède.

GUÉDERON. s. m. [Pr. *ghè-deron*]. Ouvrier qui dirige des cuves de guède.

GUÉER. v. a. [Pr. *ghé-er*] (R. gué). Traverser à gué. | Laver dans l'eau, baigner. *G. un cheval*, Le faire entrer dans la rivière et l'y promener pour le laver et le rafraîchir. *G. du linge*, Le laver et le remuer quelque temps dans l'eau avant que de le tordre. = Guéé, ÉE. part. = Conj. Voy. Créer.

GUÉJARITE. s. f. [Pr. *ghé-jarite*] (R. Guéjart, nom de lieu). T. Minér. Sulfure d'antimoine et de cuivre.

GUELDRE, prov. du roy. des Pays-Bas; 496,500 hab.

GUELDRE, ville de Prusse, prov. du Rhin, ch.-l. de cercle, sur la Niers ; 5,500 hab.

GUELFE. s. m. et adj. 2 g. [Pr. *ghèl-fe*] (all. *Welf*, nom propre). T. Hist. — On donne le nom de *Guelfes* et de *Gibelins* à deux partis qui, du XIIe à la fin du XIVe siècle, divisèrent et ensanglantèrent l'Italie. Les premiers étaient les représentants de la suprématie papale et de l'indépendance nationale; les seconds étaient les partisans de la domination impériale, et par conséquent étrangère. L'origine de ces deux noms a été diversement interprétée. Suivant l'opinion la plus probable, ils viennent de deux familles puissantes dont la rivalité, commencée en Allemagne, changea plus tard de théâtre. A la tête de l'une se trouvait Conrad III, fils de Frédéric de Hohenstaufen, duc de Souabe, seigneur de Wieblingen, dont on a fait *Gieblingen* et *Gibelins;* à la tête de l'autre était Henri le Superbe, duc de Saxe, neveu du Welf ou Guelfe II, duc de Bavière; tous les deux aspiraient à l'empire. Conrad l'ayant emporté, Henri refusa de le reconnaître et l'Allemagne se trouva divisée en deux camps. Ce fut, dit-on, à la bataille de Weinsberg, en 1140, que furent prononcés pour la première fois les noms de Guelfes et de Gibelins : « Voici Gieblingen ! » — « Voici Welf ! », étaient le cri de guerre des deux armées. — On a remarqué aussi que *Gibelin* est un mot arabe signifiant *montagnard;* mais cette assimilation paraît simplement fortuite, parce qu'elle n'explique pas l'opposition des deux mots *Guelfes* et *Gibelins.* La guerre, apaisée en Allemagne, recommença plus tard en Italie, où les Guelfes s'étaient fait des partisans nombreux. Elle éclata au sujet de la querelle des *Investitures,* en 1159, entre Frédéric Barberousse et le pape Alexandre III, puis entre Frédéric II et Innocent IV. A partir de la mort de Frédéric II, en 1250, la querelle des Guelfes et des Gibelins cessa d'être une lutte entre l'Empire et la papauté. Mais dans les luttes particulières, luttes toujours sanglantes qui avaient lieu entre les villes italiennes ou entre les divers partis qui divisaient une même ville, la dénomination de Guelfes et de Gibelins continua d'être en usage. A Florence, les Guelfes et les Gibelins étaient encore désignés sous le nom de *Blancs* et de *Noirs.* Tour à tour triomphants à Milan, à Bologne, à Pise, à Florence et à Rome même, ces deux partis ne déposèrent les armes que par suite de la lassitude universelle, lors de l'invasion des Français en Italie (1495). Déjà, en 1334, Benoît XII avait prononcé l'excommunication contre quiconque se servirait à l'avenir de ces dénominations haineuses. — Les Guelfes avaient adopté pour symbole la rose blanche et le lis rouge; les Gibelins, un aigle déchirant avec ses serres un dragon bleu, dont la tête était surmontée d'un lis rouge.

GUELMA. ch.-l. d'arr. Algérie (Afrique), (dép. de Constantine; 6,700 hab.

GUELPHES. Voy. Guelfe.

GUELTE. s. f. [Pr. *ghèl-te*, *g* dur] (all. *geld*, argent). Nom donné au tantième en sus des appointements accordés aux commis sur le produit de leurs ventes dans les magasins de nouveautés.

GUEMAR, v. d'Algérie, prov. de Constantine à 200 kil. au sud de Biskra ; 5,000 hab.

GUÉMÉNÉ-PENFAO, ch.-l. de c. (Loire-Inférieure), arr. de Saint-Nazaire ; 6,800 hab.

GUÉMÉNÉ-SUR-SCORF, ch. de c. (Morbihan), arr. de Pontivy ; 1,900 hab.

GUÉNEAU DE MONTBÉLIARD, savant français, collaborateur de Buffon (1720-1785).

GUÉNEAU DE MUSSY (François), médecin fr. (1774-1857).

GUÉNÉE (L'abbé), écrivain français, adversaire de Voltaire (1717-1803).

GUÉNÉGAUD DU PLESSIS (Henri de), secrétaire d'État, et garde des sceaux sous Louis XIV (1609-1676).

GUENILLE. s. f. [Pr. *ghe-ni-lle*, *ll* mouillées]. (origine incertaine). Haillon, chiffon. — Par ext., au plur., surtout au plur., de toutes sortes de hardes vieilles et usées. *Il ne porte que des guenilles. Troussez vos guenilles, Allez-vous-en.* || Fig., se dit en plaisantant de choses de peu d'importance, de peu de valeur. *Le corps, cette guenille* (Molière). — Ce mot est fam. dans toutes ses acceptions.

GUENILLON. s. m. [Pr. *ghe-ni-llon*, *ll* mouillées] (Dimin.) Petite guenille. Fam.

GUENIPE. s. f. [Pr. *ghe-nipe*] (all. *knippe*, lieu de prostitution). Femme malpropre et de la lie du peuple ; et, plus souvent, Femme de mauvaise vie. Très fam.

GUENON. s. f. [Pr. *ghe-non*]. T. Mamm. (Anc. all. *quena*, femme ?). Nom que Buffon donne à certains singes de l'ancien continent. Voy. CERCOPITHÈQUE. — Dans le langage ordinaire, La femelle d'un singe. || Fig. et fam., se dit d'une femme très laide, ou d'une femme de mauvaise vie. *Moi, épouser cette g.! Il ne voit que des guenons.*

GUENUCHE. s. f. [Pr. *ghe-nuche*]. Petite guenon. || Fig. et fam., on dit d'une femme laide et fort parée. *C'est une g. coiffée.*

GUÉPARD. s. m. [Pr. *ghé-par*]. T. Mamm. Genre de Mammifères carnivores. Voy. CHAT.

GUÊPE. s. f. [Pr. *ghê-pe*] (lat. *vespa*). T. Entom. Genre d'*Insectes Hyménoptères.* Voy. PORTE-AIGUILLON. || Fam., on dit d'une femme qui a la taille extrêmement fine, qu'*Elle a une taille de g.*, par allus. à l'étranglement qui existe entre le corselet et l'abdomen de cet insecte.

GUÊPIER. s. m. [Pr. *ghê-pié*] (R. *guêpe*). Le nid, l'espèce de ruche que se construit et où habite une société de guêpes. — Fig. et fam., *Tomber, se fourrer dans un g.*, S'engager dans une affaire où l'on sera infailliblement dupé. = GUÊPIER. s. m. T. Ornith. Genre de Passereaux de la famille des *Syndactyles* qui se nourrissent de guêpes et d'autres hyménoptères. Voy. SYNDACTYLES.

GUÊPIN, INE. adj. [Pr. *ghé-pin*]. Qui a le caractère, la méchanceté de la guêpe. Peu us.

GUER. ch.-l. de c. (Morbihan), arr. de Ploermel ; 3,600 hab.

GUÉRANDE. ch.-l. de c. (Loire-Inférieure), arr. de Saint-Nazaire ; 7,000 hab. Marais salants. Un traité signé à Guérande en 1365 mit fin à la guerre de la succession de Bretagne.

GUÉRANGER (Dom), bénédictin né au Mans (1806-1875).

GUÉRARD, érudit français né à Montbard (1797-1854).

GUERCHE (LA), ch.-l. de c. (Cher), arr. de Saint-Amand-Montrond ; 3,500 hab.

GUERCHE (LA), ch.-l. de c. (Ille-et-Vilaine), arr. de Vitré 5,000 hab.

GUERCHIN (GIOVANNI FRANCESCO BARBIERI, dit le), célèbre peintre italien (1590-1666). Œuvres principales : *Sainte-Pétronille* (à Rome), *Saint-Guillaume* (à Bologne), *Saint-Pierre Martyr* (à Modène), *Loth et ses filles* (à Paris).

GUERDON. s. m. [Pr. *gher-don*] (haut-allem. *widarlon*, m. s.). Salaire, récompense. Vx.

GUERDONNER. v. a. [Pr. *gher-do-ner*, *g* dur]. Récompenser. = GUERDONNÉ, ÉE. part.

GUÈRE. adv. [Pr. *ghè-re*] (all. *gar*, tout à fait). Beaucoup. *J'irai vous voir avant qu'il soit g.* Vx et inus. — Aujourd'hui, Guère ne s'emploie plus qu'avec la négative *Ne. Il n'y a g. de gens qui aiment la simplicité. Il n'a g. d'argent. Ce n'est g. généreux de sa part. Elle n'a plus g. à vivre. Il ne s'en soucie g. Il ne s'en faut de g. que ce vase ne soit plein.* || Presque ; dans ce sens, Guère est toujours suivi de la conj. *Que. Il n'y a g. que lui qui puisse savoir cela. Ce mot ne s'emploie g. que dans cette locution.* — En poésie, on écrit *Guères*, quand la rime ou la mesure l'exige.

GUÉRET. s. m. [Pr. *ghé-rè*] (lat. *vervactum*, jachère). Terre labourée et non ensemencée. *Cette terre est demeurée en g.* — Dans le style élevé et poétiq., se dit de toute terre cultivée, et même des moissons. *Des guérets couverts de riches moissons.*

GUÉRET, ch.-l. du dép. de la Creuse ; 7,800 hab., à 330 kilom. de Paris.

GUÉRETER. v. a. [Pr. *ghé-reter*]. T. Agric. Relever les guérets. Donner le premier labour aux jachères.

GUÉRICKE (OTTO DE), physicien allemand, le premier qui ait construit un appareil pouvant faire le vide (1602-1686).

GUÉRIDON. s. m. [Pr. *ghé-ridon*] (R. nom propre d'un personnage de farce donné arbitrairement à un meuble d'introduction récente). Sorte de petite table qui n'a qu'un pied. || T Mar. Écope pour puiser l'eau, mouiller les voiles, etc.

GUÉRIGNY, v. de la Nièvre, canton de Pougues-les-Eaux ; 3,300 hab.

GUÉRILLA. s. f. [Pr. *ghé-ri-lla*, *ll* mouillées] (esp. *guerrilla*, petite guerre). Troupe composée de milices qui fait la guerre en partisan. *Un chef de guérillas.*

GUÉRILLERO. s. m. [Pr. *ghé-ri-llé-ro*, *ll* mouillées]. Soldat qui fait partie d'une guérilla.

GUÉRIN (ROBERT). Voy. GROS-GUILLAUME.

GUÉRIN (PIERRE, baron), peintre français (1774-1833).

GUÉRIN (AUGUSTE). Voy. GALIMAFRÉ.

GUÉRIN (JULES), médecin fr. né en Belgique (1801-1886).

GUÉRIN (EUGÉNIE DE), écrivain fr. (1805-1848).

GUÉRIN (MAURICE DE), littérateur fr., frère de la précédente (1810-1839).

GUÉRIN (VICTOR), archéol. fr. (1821-1891).

GUÉRIR. v. a. [Pr. *ghé-rir*] (vx fr. *guarir*, du german. *warjan*, m. s.) Redonner la santé, délivrer de maladie ; se dit de la personne malade, de la maladie et de l'organe affecté. *Ce médecin m'a guéri promptement. G. une plaie.* — Absol., *L'art de g.* || Fig., au sens moral, se dit des maux du cœur, de l'esprit et de l'imagination, des passions, des préjugés, des erreurs. *Il est difficile de g. un esprit si malade. Je voudrais qu'on pût le g. de sa folle ambition.*

Mon espérance est morte et mon esprit guéri.
CORNEILLE.

On l'a guéri de son erreur. Qui le guérira de ce préjugé? || Fig. et prov., *Cela ne me guérira de rien* ou *De quoi cela me guérira-t-il? Cela ne me servira de rien.* — Elliptiq., *C'est un saint qui ne guérit de rien,* C'est un homme sans crédit, sans mérite, sans pouvoir. = GUÉRIR. v. n. Recouvrer la santé. *J'espère g. bientôt. Pensez-vous qu'il en guérisse? Sa blessure guérira difficilement. Son bras commence à g.* || Fig., au sens moral, *On ne guérit pas de la peur. On guérit difficilement de la passion du jeu. Son cœur ne guérira jamais.* == SE GUÉRIR. v. pron. Recouvrer la santé. *Songez seulement à vous g. Votre mal commence à se g. Ma jambe se guérit.* — Prov., *Médecin, guéris-toi toi-même,* Gardez pour vous le conseil que vous donnez aux autres. || Fig., au sens moral, *Il se guérit de ses préjugés. Il essaie de se g. de sa passion pour le jeu.* = GUÉRI, IE. part.

GUÉRISON. s. f. [Pr. *ghéri-zon*]. Recouvrement de la santé. *G. parfaite. Le médecin travaille à sa g. Il doit sa g. à tel remède.* || Se dit des maladies elles-mêmes. *La g. de ces sortes de maladies est très difficile.* || Fig. Action de délivrer d'un mal.

Dans son mal Rome est trop obstinée;
Son peuple, qui s'y plaît, en fuit la guérison.
CORNEILLE.

GUÉRISSABLE. adj. 2 g. [Pr. *ghéri-sable*]. Susceptible de guérison.

GUÉRISSEUR, EUSE. s. [Pr. *ghéri-seur*]. Celui, celle qui guérit ou prétend guérir ; ne se dit que par dénigrement. *Chaque matin on voit éclore à Paris de nouveaux guérisseurs.*

GUÉRITE. s. f. [Pr. *ghé-rite*] (part. f. de *guérir*). Petite loge où une sentinelle se met à couvert contre les injures du temps. — Fig. et prov., *Gagner la g.*, S'enfuir. || Par ext., Petit cabinet ouvert de tous côtés qu'on fait parfois au haut d'une maison, pour y prendre l'air et découvrir de loin. || T. Mar. Rebord de la hune d'un navire. || Entourage du fanal de la soute aux poudres. || Bouche d'un manche à vent pour ventiler un navire.

GUERLANDE. s. f. [Pr. *gher-lande*] (R. *guirlande*) T. Mar. Pièce qui fortifie la proue et en assure la rondeur.

GUERLINGUET. s. m. [Pr. *gher-lin-ghè*]. Mamm. Espèce d'écureuil qui vit dans l'Amérique du Sud.

GUERNESEY, île anglo-normande de la Manche ; 32,600 h. ; cap. Saint-Pierre-Port.

GUÉROULT (Pierre-Claude-Bernard), humaniste fr. (1744-1821).

GUÉROULT (Adolphe), publiciste franç., né à Radepont (Eure) (1810-1872).

GUÉROULT (Constant), romancier et auteur dram. fr. (1811-1882).

GUERRAZZI (F.-D.), littér. et homme polit. italien (1804-1873).

GUERRE, s. f. [Pr. *ghè-re*] (bas-lat. *guerra*, de l'all. *wehr*, défense). Conflit entre deux souverains, deux nations ou deux parties de nation, qui a lieu par la voie des armes. *Être en g. Avoir la g. Faire la g. Déclarer, entreprendre, soutenir la g. Allumer la g. Préparatifs de g. Munitions de g. Ruse de g. Machines de g. Place de g. Métier de la g. Les lois de la g. En temps de g. Les malheurs, les ravages, les horreurs de la g. La g. de Trente ans. La g. d'Italie.* Cette province est le théâtre de la g. — Relativement aux causes de ce conflit, on dit : *G. juste, G. injuste, G. de religion,* Celle qui est causée par des dissensions religieuses, soit entre peuples différents, soit entre des fractions d'un même peuple. *G. sainte,* Se dit des guerres qu'au moyen âge les nations chrétiennes firent aux peuples musulmans maîtres de la Palestine, pour conquérir les Lieux saints. — Relativement aux parties belligérantes, on dit : *G. étrangère,* Celle qui a lieu entre deux peuples différents. *G. civile, G. intestine,* Guerre entre les citoyens d'un même État. *G. servile,* Ce le qui a lieu entre des maîtres et des esclaves insurgés pour reconquérir leur liberté, etc. — Relativement à la façon de faire la guerre, on dit : *G. offensive,* Celle où l'on attaque l'ennemi. *G. défensive,* Celle qui a pour principal objet d'attendre l'ennemi et de résister à une agression. *G. d'invasion,* Celle où l'on porte la g. sur le territoire ennemi. *G. de campagne,* Celle qui se fait entre deux armées opposées, et qui se vide en batailles rangées. *G. de siège,* Celle qui consiste surtout à attaquer ou à défendre des places. *G. de terre,* Celle qui est faite par des armées de terre, par oppos. à *G. maritime,* Qui est faite par des flottes, ou dont la mer est le théâtre. *G. à mort, g. à outrance,* Celle dans laquelle on ne fait aucun quartier. *G. d'extermination,* Celle où l'on se propose d'anéantir la population même du pays ennemi. — *Petite g.,* Celle qui se fait par petites troupes pour lutiner, pour harceler l'ennemi, et pour observer ses démarches ; et, plus souv., Simulacre de g. dans lequel les corps d'une même armée manœuvrent et feignent de combattre les uns contre les autres.

> Depuis six mille ans la guerre
> Plaît aux peuples querelleurs
> Et Dieu perd son temps à faire
> Les étoiles et les fleurs.
>
> Victor Hugo.

|| *Guerre,* se dit aussi de l'art militaire, de la tactique et de la stratégie, en un mot, de la connaissance des moyens à employer pour faire la guerre avec succès. *Ce général entend bien la g., l'art de la g. Napoléon a créé un nouveau système de g. Il a le génie de la g.* || Se dit encore de tout ce qui concerne l'organisation des armées et de l'administration des choses militaires, soit en temps de paix, soit en temps de guerre. *Le ministère de la g. Les bureaux, les magasins de la g. Conseil de g.* || *Faire bonne g.,* Faire une guerre juste et humaine. — *Cela est bonne g.,* Cela est conforme aux lois et aux usages de la guerre. — *Obtenir les honneurs de la g.,* se dit d'une garnison qui, après avoir capitulé, sort de la place avec armes et bagages. Fig. Avantage qui reste à

quelqu'un dans une discussion. — *La g. nourrit la g.,* Ce qu'on prend à l'ennemi sert à l'armée qui l'a pris. — *Faire la g. avec quelqu'un,* Servir avec lui en temps de guerre dans la même armée. *J'ai fait avec lui la g. de Crimée. Nous avons fait la g. avec ce général.* | *Un nom de g.,* Surnom que prenaient les soldats en s'enrôlant, surnom qu'on donnait à ceux qui s'étaient distingués à la guerre. Fig. *Prendre un nom de g.,* Prendre un nom de fantaisie. || *Un foudre de g.,* Un guerrier redoutable. || Par ext., se dit de toute espèce de démêlé, d'attaque, de lutte. *Il est en g.* continuelle avec ses voisins. *Une g. de plume. Sa vie fut une g. sans trêve contre les préjugés et les abus. Les éléments se font la g. les uns aux autres.* || Fig. et fam. *Faire la g. à quelqu'un,* Lui faire des réprimandes ou le plaisanter amicalement. *Elle lui fait constamment la g. sur ses défauts.* — *Faire bonne g. à quelqu'un,* En user loyalement et avec probité à l'égard d'un adversaire, dans une discussion d'intérêt, tout en le poursuivant vivement. — *Cela est de bonne g.,* se dit de toutes les actions de la vie civile où l'on prend ses avantages sans blesser les bienséances et la probité. *A la g. comme à la g.,* Il faut savoir s'accommoder aux circonstances, alors même qu'elles nous causent quelque désagrément. — Fig. et fam., *Faire la g. aux mots,* Faire une critique minutieuse des mots et du style d'un ouvrage. *Faire la g. à l'œil,* Observer avec soin les démarches de ceux avec qui on a quelque chose à démêler, afin de profiter des conjonctures. — *De guerre lasse,* Locution assez singulière, dans laquelle la lassitude est transportée de la personne à la chose : la g. étant lasse, c.-à-d. les gens qui font la guerre étant las de la faire. — *Faire quelque chose de g. lasse,* Le faire après une longue résistance. *De g. lasse, j'ai fait ce qu'il a voulu. Il y a consenti de g. lasse.* — Poétiq., *Faire la g. aux habitants de l'air, des forêts,* etc., Chasser. || Se dit des animaux qui en attaquent d'autres pour en faire leur proie. *Le loup fait la g. aux brebis.*

Hist. — La **Guerre,** par les dévastations qu'elle entraîne, par le sang qu'elle fait répandre, a été considérée, de tout temps, comme le plus grand fléau de l'humanité. Aussi n'est-ce pas de nos jours seulement qu'on a essayé, sinon d'y mettre un terme, du moins de la rendre moins barbare et moins fréquente. Les Amphictyonies de la Grèce, l'institution chez les anciens Arabes des quatre *Mois sacrés,* pendant lesquels il n'était pas permis de combattre, l'établissement des *Trèves de Dieu* au moyen âge, avaient pour objet de prévenir la g. ou d'imposer une certaine limite à ses fureurs. Dans les temps modernes, quelques hommes ont pensé qu'il ne serait point impossible de créer, pour les nations chrétiennes de l'Europe, comme une sorte d'amphictyonie ou de tribunal international qui aurait pour mission de régler les différends survenus entre les souverains. Sully attribue à Henri IV l'idée de former de l'Europe une « république nommée très chrétienne, toujours pacifique en elle-même ». Au XVIIIe siècle, l'abbé de Saint-Pierre écrivit son *Projet de paix universelle;* et, de nos jours, dans un but identique, nous avons vu se constituer une *Société des amis de la paix,* qui a tenu son premier congrès universel à Bruxelles en 1848. Mais, quelque louables que soient ces efforts et quelque ingénieuse que semble, au premier abord, l'institution d'un tribunal suprême jugeant les différends qui s'élèvent de souverain à souverain et de peuple à peuple, on ne peut guère compter sur son efficacité, au moins dans l'état actuel des nations européennes. Qu'arriverait-il, en effet, si une nation refusait de se soumettre à l'arrêt prononcé contre elle? Ne faudrait-il pas alors recourir à la force, c.-à-d. aux armes et à la g.? Quoi qu'il en soit, on ne saurait méconnaître que le grand mouvement industriel et commercial qui s'est produit depuis bientôt un siècle, en liant les intérêts des peuples, en créant entre les nations une certaine solidarité matérielle aussi bien que morale, n'ait déjà eu pour effet de rendre la g. moins populaire et de favoriser les arrangements pacifiques. En outre, les progrès de la civilisation ont encore eu pour conséquence d'amoindrir les horreurs de ce fléau et de limiter de plus en plus ce qu'on appelle les *droits de la g.* Dans les plus beaux temps de l'histoire grecque, les droits de la g. autorisaient à tuer tous les habitants mâles et adultes, puis à réduire en esclavage les femmes et les enfants. Aujourd'hui la loi de la g. veut que les soldats faits prisonniers soient traités par le vainqueur comme des citoyens, et que les biens et les personnes des simples particuliers soient respectés comme ils le seraient par leur propre gouvernement. Enfin, les progrès mêmes de l'art militaire, en mettant à la disposition des belligérants des engins de destruction d'une perfection plus grande, ont produit deux résultats qui concourent au même but : le premier est de faire reculer devant une g. qui amène une destruction d'hommes considérable; et le second est de rendre, quand les hostilités sont commencées, les avantages plus décisifs, de telle sorte que la lutte est plus promptement terminée.

Dans l'antiquité et dans le moyen âge, toute déclaration d'hostilités s'accompagnait de certaines cérémonies solennelles. Cette coutume est actuellement tombée en désuétude. La dernière déclaration formelle de g. que nous montre l'histoire moderne est celle que la France fit à l'Espagne en 1635. Elle eut lieu à Bruxelles, où elle fut dénoncée solennellement par des hérauts. Aujourd'hui la g. est ordinairement précédée par la publication de ce qu'on appelle un *Manifeste*. L'effet immédiat du commencement des hostilités semble devoir être, en principe, l'appropriation, l'appropriation par la saisie et la confiscation, de toute propriété appartenant aux sujets de l'une des parties belligérantes, quand elle se trouve dans les États de l'autre. Toutefois les nations civilisées ont généralement renoncé à cette coutume barbare; en effet, la g. a lieu entre les États et non entre les simples citoyens. Jusqu'au milieu du XIXᵉ siècle, le gouvernement anglais a eu pour habitude de saisir et de confisquer toute propriété ennemie qui se trouvait dans les ports au moment de la dénonciation des hostilités. Néanmoins, dans la g. contre la Russie, grâce à l'influence de la France, elle n'a point mis en pratique ce procédé odieux et déloyal. Le commerce, ainsi que toute espèce de transaction entre les sujets des parties belligérantes, est en général interdit, bien qu'il arrive souvent qu'on l'autorise pour un certain temps et pour certains motifs. Naguère encore les sujets des États belligérants qui se trouvaient dans le pays ennemi, soit comme voyageurs, soit comme étrangers domiciliés, étaient exposés à être déclarés prisonniers de g. et à être soumis à des rigueurs que ne justifie aucun intérêt. Actuellement, les peuples de l'Europe occidentale paraissent devoir d'un commun accord mettre un terme à cet abus. — Les *droits de la g.* doivent être envisagés par rapport aux puissances belligérantes, et par rapport aux autres. Entre puissances ennemies, c'est une loi générale que les sujets d'un État en g. qui ne prennent pas les armes et qui font leur soumission, doivent être protégés dans leurs personnes et dans leurs biens, comme s'ils étaient encore sous le pouvoir de leur propre gouvernement, sauf les fournitures et réquisitions qu'autorisent les besoins de l'armée. Quant aux prisonniers, leur mise à mort n'est justifiable dans aucun cas, si ce n'est peut-être dans celui de rébellion à force ouverte. Leur échange est un usage aujourd'hui généralement adopté; toutefois il ne date guère que du XVIIᵉ siècle, et il n'est point encore considéré comme obligatoire. Les choses qui appartiennent au gouvernement de la nation vaincue deviennent, en quelque lieu qu'elles se trouvent, la propriété du vainqueur. Ainsi ce dernier a le droit d'enlever les caisses publiques, de percevoir les impôts établis et de les exiger. Les actes d'hostilité, d'après les usages modernes, ne sont légitimes qu'autant qu'ils sont exercés par ceux qui en ont l'ordre exprès ou tout au moins l'autorisation de leur gouvernement. Tels sont les militaires régulièrement commissionnés, les forces navales de la nation ou toutes autres forces requises par le gouvernement pour sa défense. Les troupes irrégulières de maraudeurs sont donc considérées comme en dehors des droits de la g., et sujettes à être traitées comme des bandits. Quant aux simples citoyens qui prennent les armes et s'organisent en corps de partisans, il n'existe à leur sujet aucune règle précise, même lorsqu'ils agissent ainsi pour répondre à l'appel de leur gouvernement. Les armées ennemies sont en général d'autant plus disposées à traiter comme maraudeurs les citoyens qui font partie de ces corps, que celle g. de partisans leur crée des obstacles plus sérieux. Pendant la g. franco-allemande de 1870-71, les Allemands se montrèrent impitoyables à l'égard des *Francs-Tireurs*, et des citoyens non militaires qui, par patriotisme, ou pour défendre leurs foyers, combattaient contre les envahisseurs. Tout individu non militaire, pris les armes à la main, était immédiatement fusillé, quelque légitime que pût sembler sa résistance. — Nous avons dit que, suivant les lois modernes de la g., les propriétés privées sont inviolables : cependant on fait exception à cette loi pour les propriétés saisies en mer. Dans ces derniers temps, quelques publicistes ont émis le vœu que cette exception disparaît; mais les puissances plus particulièrement maritimes se sont montrées peu disposées à y accéder, car elles ne peuvent se dissimuler que l'adoption de cette nouvelle loi dans le code international diminuerait singulièrement l'efficacité des moyens d'action qu'elles possèdent dans leurs forces navales. Voy. NEUTRE et CORSAIRE.

Dans les temps anciens la g. a été un moyen de civilisation et de diffusion des idées, parce que les communications entre les peuples étant rares et difficiles, il fallait les grands mouvements des armées pour mettre en contact des races d'origine et de mœurs différentes et établir entre elles les échanges d'idées nécessaires au développement de l'humanité. — Malgré les horreurs qu'elle a toujours entraînées à sa suite, la g. a été quelquefois un élément de progrès. Mais aujourd'hui que les communications sont si faciles et si complètes, que les usages et les mœurs deviennent de plus en plus uniformes sur le globe entier, la g., au moins entre peuples civilisés, ne peut plus être considérée que comme une barbarie inutile, indigne de l'état si avancé auquel est parvenue l'humanité sous d'autres rapports. Et cependant que de causes de conflits et de discordes subsistent encore en Europe seulement, qui ne paraissent pas devoir se résoudre autrement que par des luttes sanglantes! Nous sommes encore loin du régime de la paix universelle! Si les hommes étaient intelligents, justes et sages, les difficultés internationales se résoudraient pacifiquement, ou plutôt elles cesseraient de se produire parce que les peuples, qui n'ont d'ailleurs aucun intérêt aux guerres, seraient associés en véritables États unis. La menace des guerres, le militarisme entretenu pour y parer, la paix armée, coûtent à l'Europe *douze millions par jour* que les travailleurs paient pour empêcher les soldats de rester à leurs métiers et pour leur permettre de faire l'exercice des armes. On peut espérer qu'un jour cette stupidité disparaîtra de nos mœurs.

Administration. — L'administration de la g. est contemporaine de la création de l'armée permanente soldée, au XIVᵉ siècle. Mais elle resta longtemps éparpillée et livrée à l'arbitraire. Ce fut seulement sous le règne de Charles IX que l'on commença à centraliser les opérations administratives, et ce fut Nicolas de Neufville de Villeroy qui, le premier (1ᵉʳ octobre 1567), fut revêtu du titre et d'une partie des fonctions de ministre de la g.; néanmoins les secrétaires d'État des autres départements retinrent une partie des détails de l'administration militaire. Par un édit de septembre 1588, Henri III détermina plus exactement les attributions des différents ministères qui formaient alors quatre départements. Henri IV, puis, sous Louis XIV, les ministres Letellier et Louvois corrigèrent différents abus et introduisirent diverses améliorations dans l'administration des affaires de la g.; les choses subsistèrent à peu près en cet état jusqu'à la Révolution. Pendant la période révolutionnaire, de nombreux changements, en général peu durables, se produisirent dans l'administration centrale de la g., comme dans celle de toutes les autres fonctions du gouvernement. Sous le Consulat, cinq membres du Conseil d'État, tous généraux, furent chargés de la section de la g., sous la présidence d'un général de division. Le 8 mars 1802, un décret impérial créa, pour ainsi dire, deux ministres de la g., l'un sous le titre de *ministre du département de la g.* et l'autre sous celui de *ministre directeur de l'administration de la g.*; ce dernier était presque exclusivement chargé de la partie financière et contentieuse du département. Après la chute de l'empire, toute l'administration fut mise entre les mains du secrétaire d'État ayant le titre de *Ministre de la g.*; toutefois, en 1828, une ordonnance royale conféra au duc d'Angoulême la présentation aux grades vacants dans l'armée, et ne laissa au ministre que le contre-seing des nominations. Après la révolution de Juillet, le ministre de la g. rentra dans la plénitude de ses fonctions.

Aujourd'hui le ministre de la g. est chargé de tout ce qui regarde la défense du pays. Ses attributions embrassent le recrutement et l'organisation de l'armée de terre; l'administration des arsenaux et des manufactures d'armes; la fabrication des poudres et salpêtres; le service des vivres et des fourrages; l'habillement des troupes; la remonte de la cavalerie; les équipages militaires; la conservation du dépôt de la g., des archives et de l'état civil de l'armée, des appels, de l'armement, de la mise en mouvement des troupes et du traitement de l'armée de terre.

L'administration centrale de la g. comprend : 1° cabinet du ministre; 2° état-major de l'armée; 3° secrétariat général; 4° direction du contrôle; 5° service intérieur; enfin sept grandes directions qui sont celles de l'infanterie, de la cavalerie, de l'artillerie, du génie, des services administratifs, des poudres et salpêtres, enfin celle du service de santé.

Le ministre est assisté du conseil supérieur de la g. et toutes les questions relatives aux différentes parties du service sont discutées en comités et commissions par des hommes spéciaux. A chaque direction du ministère est attaché un comité ou une section technique de l'arme. De nombreuses commissions telles que celles des travaux publics, des chemins de fer, de télégraphie militaire, aérostation militaire, de classement des sous-officiers pour les emplois civils, etc., ont leur siège au ministère de la g. Le Musée d'artillerie, l'Hôtel des Invalides et le Musée historique de l'armée, de création toute récente, dépendent également du ministère de la g.

Les bureaux de la g. préparent les principaux actes d'administration : ils sont chargés de répartir les différents crédits et procèdent à la vérification des comptes et dépenses. Le personnel n'agit qu'en vertu de délégation spéciale du ministre; il prépare et exécute les décrets soumis à la signature du chef de l'État.

GUERRIER, IÈRE. adj. [Pr. ghè-rié]. Qui appartient à la guerre. *Exploits guerriers. Habitudes guerrières.* ‖ Qui est porté, qui est propre à la guerre. *Nation guerrière. Courage g. Humeur guerrière.* — *Avoir l'air g., la mine guerrière,* Avoir l'air, la contenance d'un homme de guerre. = GUERRIER. s. m. Celui qui fait la guerre, qui se distingue dans la guerre. *Les guerriers les plus illustres.* — S'emploie quelquefois au féminin. *Une vaillante guerrière.* ‖ Dans le style soutenu, se dit pour Soldat. *Il rassembla autour de lui ses guerriers.* ‖ Dans l'Inde : *La caste des guerriers,* La caste de ceux qui portent les armes.

GUERROYER. v. n. [Pr. ghè-ro-ier]. Faire la guerre. *Charles XII passa sa vie à g.* Fam.

GUERROYEUR. s. m. [Pr. ghè-ro-ieur]. Qui se plaît à faire la guerre. Fam. ‖ On dit aussi adject., *Humeur guerroyeuse.* Fam.

GUESCLIN (DU). Voy. DU GUESCLIN.

GUESSARD (FRANCIS), philologue fr. (1814-1882).

GUET. s. m. [Pr. ghè] (R. *guetter*). Action d'observer, d'épier ce qui se dit ou ce qui se fait. *Être au g. Faire le g. Avoir l'œil au g., l'oreille au g. Se mettre au g.* — Se dit de quelques animaux. *Le chat est au g. d'une souris. Ce chien est de très bon g.* ‖ Surveillance exercée, la nuit, dans une ville, soit pour maintenir le bon ordre, soit pour prévenir les surprises de l'ennemi. *Les bourgeois faisaient bon g. Il faisait le g. au haut du beffroi. On l'exempta du g.* Vx. — *Droit de g. et garde,* Droit qu'avaient certains seigneurs de faire garder leurs châteaux ou leurs villes par leurs vassaux. ‖ *Soldat placé en sentinelle pour faire le g. Poser le g.* ‖ *Troupe de police chargée de faire le g. ou la ronde pendant la nuit. Le g. à pied. Le g. à cheval. Les archers du g. Chevalier du g.,* Chef des archers du g. *Mot du g.,* Mot de passe donné à ceux qui étaient du g. *Le Guet,* chez le roi, signifiait Le détachement des gardes du corps qui demeurait la nuit près de la personne du roi.

GUET-APENS. s. m. [Pr. ghè-ta-pan] (R. *guet,* et *appensé,* vx mot fr. qui se disait pour *réfléchi, médité,* et vient du lat. *appensus,* pesé). Embûche dressée pour tuer, voler par surprise. *Tomber dans un guet-apens.*

Droit. — Aux termes du Code pénal (art. 298) le *guet-apens* consiste à attendre plus ou moins longtemps, dans un ou divers lieux, un individu, soit pour lui donner la mort, soit pour exercer sur lui des actes de violence. Comme le *guet-apens* implique nécessairement la préméditation, il est toujours considéré comme une circonstance aggravante, et en conséquence entraîne une augmentation de peine. Le meurtre commis avec guet-apens est puni de la peine de mort; si le *guet-apens* a été suivi de coups et blessures qui ont occasionné la mort de la victime, la peine infligée est celle des travaux forcés à perpétuité. Si les violences ont été suivies de mutilation, amputation ou privation de l'usage d'un membre, cécité, perte d'un œil ou autres infirmités permanentes, soit celle des travaux forcés à temps; si les coups et blessures ont amené une maladie ou incapacité de travail pendant plus de vingt jours, le coupable est puni de la réclusion; enfin, la peine est de 2 à 5 ans d'emprisonnement et de 50 a 500 fr. d'amende, lorsque les blessures n'ont été suivies ni maladie ni d'incapacité de travail.

GUÊTRE. s. f. [Pr. ghè-tre] (orig. germanique). Sorte de chaussure qui se ferme ordinairement sur le côté avec des boutons, et qui sert à couvrir la jambe, soit entièrement, soit en partie, et le cou-de-pied. *G. de coutil, de drap, de cuir.* — Fig. et pop., *Tirer ses guêtres,* S'en aller. *Laisser ses guêtres quelque part,* Y mourir. *Il est venu en guêtres à Paris,* Il n'avait rien en commençant. Vx.

GUÊTRER. v. a. [Pr. ghè-tre]. Mettre des guêtres à quelqu'un. On dit aussi avec le pron. pers., *Se g.* = GUÊTRÉ, ÉE. part.

GUÊTRIER. s. m. [Pr. ghè-trié]. Ouvrier qui fait des guêtres. Marchand qui vend des guêtres.

GUÊTRON. s. m. [Pr. ghè-tron]. Guêtre courte.

GUETTARD (JEAN-ÉTIENNE), savant naturaliste né à Étampes (1715-1786).

GUETTARDA. s. m. [Pr. ghèt-tarda] (R. *Guettard,* nom d'homme). T. Bot. Genre de plantes Dicotylédones de la famille des *Rubiacées.* Voy. ce mot.

GUETTE. s. f. [Pr. ghè-te]. Action de guetter. ‖ T. Charp. Demi-croix de Saint-André posée en contre-fiche dans les pans de bois de charpente.

GUETTE (Mᵐᵉ DE LA), auteur de *Mémoires* (1613-1681).

GUETTÉE, théologien fr. (1816-1892).

GUETTER. v. a. [Pr. ghè-ter] (all. *wachen,* veiller), Épier, observer dans le but de surprendre, de nuire. *On le guette depuis longtemps. Le tigre guettait sa proie.* — Fig. et fam., [Attendre quelqu'un à un endroit où il ne croit pas qu'on le cherche, où l'attendre à un endroit où il doit passer. *Il guettait son débiteur pour lui demander de l'argent. Il le guettait au passage.* ‖ G. *l'occasion, le moment, l'instant favorable,* etc., Attendre l'occasion, etc., et se tenir prêt à la saisir. ‖ T. Chass. G. *le relevé,* Le moment où la bête sort de son abri pour aller chercher sa nourriture. = GUETTÉ, ÉE. part.

GUETTEUR. s. m. [Pr. ghè-teur]. Celui qui guette. ‖ Celui qui se tient dans le beffroi pour sonner l'alarme en cas d'incendie, d'attaque, etc. ‖ T. Mar. Nom qu'on donne aux gens placés dans les sémaphores sur les hauteurs, le long des côtes, pour signaler les bâtiments qui paraissent au large et surveiller leurs manœuvres.

GUETTRON. [Pr. ghè-tron]. T. Charp. Petite guette qui se met pour exhausser un châssis de fenêtre, un chambranle.

GUEUGNON, ch.-l. de c. de Saône-et-Loire, arr. de Charolles; 3,600 hab.

GUEULARD, ARDE. s. [Pr. gheu-lar] (R. *gueule*). Celui, celle qui a l'habitude de parler beaucoup et très haut. Celui, celle qui aime à manger. Pop. ‖ T. Métall. Ouverture supérieure du haut fourneau par laquelle on projette la charge. Voy. FER, VIII, B. ‖ T. Man. *Cheval g.,* Cheval qui obéit difficilement à la bride. ‖ T. Armur. *Pistolet g.,* Pistolet à gueule évasée.

GUEULE. s. f. [Pr. gheu-le] (lat. *gula,* m. s.). La bouche, chez la plupart des carnivores et des poissons. *La g. d'un chien, d'un loup, d'un tigre. La g. d'un brochet, d'un requin, d'un crocodile. G. béante.* — Fig. et prov., *Mettre, abandonner quelqu'un à la g. du loup,* L'exposer à un péril certain. ‖ Pop. et par mépris, *Gueule* se dit fréquemment en parlant des personnes. *Il a la g. fendue jusqu'aux oreilles. Il en a menti par la g., par sa g. Donner sur la g. à quelqu'un, lui paumer la g.,* Lui donner un soufflet, un coup de poing sur la figure. *Il a toujours la g. ouverte,* Il est toujours à crier. *Il va se faire casser la g. Être fort en g.,* Être très braillard, avoir la repartie prompte et injurieuse.

Un peu trop forte en gueule, et fort impertinente.
                MOLIÈRE.

— Fig. et pop., *Il n'a que de la g.,* C'est un grand hâbleur. *Il a la g. morte,* Il ne sait plus que dire. *Il a la g. ferrée,* Il a toujours l'injure à la bouche, ou bien, Il mange avidement les morceaux les plus brûlants; dans ce dernier sens, on dit aussi, *Avoir la g. pavée. Venir la g. enfarinée,* Montrer une confiance téméraire. *La g.* (la gloutonnerie) *tue plus de gens que le glaive.* — G. *fraîche,* se dit encore d'un individu qui est toujours prêt à manger. — Fig. et pas, *Mots de g.,* Paroles déshonnêtes et sales. ‖ Par anal., *Gueule* se dit de l'ouverture de plusieurs choses. *La g. d'un four, d'une cruche, d'un sac. Un canon chargé jusqu'à la g.* — T. Métall. Cheminée qui surmonte le gueulard du haut fourneau. Voy. Fer, VIII, B. || *Futaille à g. bée*, Défoncée par un bout. *G. bée*, Vanne d'un bassin ouverte. || T. Hydraul. *Écoulement à g. bée ou à pleins tuyaux*, Quand les filets fluides sortent de l'orifice parallèlement à eux-mêmes. || T. Bot. *Fleur, corolle en g.*, Voy. Fleur. — *G. noire*, Fruit qui noircit la bouche, baie de l'airelle. || T. Techn. Moulure à double courbure. — Tuyau coudé qui surmonte une cheminée et tourne sur un pivot de manière à ce que la fumée soit dans la direction du vent.

GUEULE-DE-LOUP. s. f. T. Constr. Assemblage de deux pièces par une surface courbe. — Genre de fermeture de fenêtre obtenue au moyen de deux tringles qui s'engagent dans des cavités ménagées sur le dormant. || Tuyau coudé qui fait partie de la mitre d'un conduit de fumée. || T. Bot. *G.-de-loup*, Le Muflier des jardins (*Antirrhinum majus*). Voy. Scrofulariacées.

GUEULÉE. s. f. [Pr. *gheu-lée*] (R. *gueule*). Grosse bouchée; ce qui tient dans la bouche d'un homme ou d'un animal. || Fig. et bass., Paroles déshonnêtes et sales.

GUEULER. v. n. [Pr. *gheu-ler*]. Parler beaucoup et fort haut ou Crier. *Cet avocat ne fait que g. As-tu fini de g.?* Bas. ⚌ Gueuler. v. a. T. Vén. *Ce chien gueule très bien son lièvre*, Il le saisit bien avec la gueule. ⚌ Gueulé, ée. part.

GUEULES. s. m. [Pr. *gheu-le*] (pers. *gul*, rose, ou bien, bas-lat. *gula*, pl. de *gula*, gueule; désignant une bordure de pelleterie peinte en rouge). T. Blas. Une des six couleurs de l'écu : la rouge. Voy. Émail.

GUEULETON. s. m. [Pr. *gheu-leton*]. T. Triv. Banquet auquel un grand nombre de personnes sont conviées; grand gala.

GUEULETONNER. v. n. [Pr. *gheuleto-ner*] (R. *gueule*). Faire un gueuleton.

GUEULETTE. s. f. [Pr. *gheu-lète*] (Dimin. de *gueule*). T. Verr. Ouverture faite aux fours de recuisson pour donner la facilité d'y manœuvrer avec des outils.

GUEULETTE (Thomas-Simon), littérateur fr. (1683-1766).

GUEUSAILLE. s. f. [Pr. *gheu-zalle, ll* mouillées]. Canaille, multitude de gueux. *Chassez cette g.* Pop.

GUEUSAILLER. v. n. [Pr. *gheu-za-ller, ll* mouil.]. Faire métier de gueuser. Pop.

GUEUSANT, ANTE. adj. [Pr. *gheu-zan*]. Qui gueuse actuellement ; ne se dit que dans ces phrases familières, *C'est un gueux g.*, *C'est une gueuse gueusante.* Vx. et inus.

GUEUSARD. s. m. [Pr. *gheu-zor*]. Gueux, coquin. Très fam.

GUEUSE. s. f. [Pr. *gheu-ze*]. T. Métall. Nom donné à la fonte qui coule dans le sable au sortir du fourneau de fusion, et par ext.. Moule fait dans le sable pour recevoir le métal en fusion. Voy. Fer, VIII, B. || Espèce de dentelle. || Masse de fer destinée à servir de lest dans un navire.

GUEUSER. v. n. [Pr. *gheu-zer*]. Faire métier de demander l'aumône. *Cet homme passe sa vie à g.* || On dit aussi activ., *G. son pain.* ⚌ Gueusé, ée. part. — Ce verbe est familier.

GUEUSERIE. s. f. [Pr. *gheu-zerie*]. Indigence, misère, et particulièrement, Mendicité. *Il n'y a que g. chez ces gens. Cette famille est adonnée à la g.* || Fig. et fam., Chose vile, de très peu de valeur. *Je n'ai rien acheté à cette vente, il n'y avait que de la g.*

GUEUSET ou GUEUSAT. s. m. [Pr. *gheu-zè, gheu-za*]. T. Métal. Petite gueuse. Voy. Fer, VIII, B.

GUEUSETTE. s. f. [Pr. *gheu-zè-te*]. Petit godet où les cordonniers mettent leur rouge ou leur noir.

GUEUX, EUSE. adj. [Pr. *gheu*] (autre forme de *gueux*, cuisinier), indigent, misérable, qui est réduit à mendier ; l'emploi de ce terme implique quelque idée de mépris. *Ces gens-là sont bien g. Cette famille est si gueuse, que bien souvent elle manque de pain.* Prov., *Être g. comme un peintre, comme un rat d'église.* || Par ext., se dit de quelqu'un qui n'a pas de quoi vivre convenablement pour sa position, qui est obligé de s'imposer des privations, ou qui, par avarice, s'en impose volontairement. *C'est un gentilhomme fort g. Tel est riche avec quelques arpents de terre, tel est g. avec des monceaux d'or. Un avare est toujours g.* — *Avoir un équipage fort g.*, Un équipage mesquin, délabré, qui indique une gêne relative. || T. Arch. *Cette corniche est g.*, Elle est trop dénuée d'ornements. || T. Techn. Pot de terre percé de trous où l'on met des charbons allumés. ⚌ Gueux. s. m. Mendiant. *C'est un g. de profession. Il mène une vie de g.* — Fam., on dit d'un homme de rien enrichi et arrogant, *C'est un g. revêtu.* || Coquin, fripon. *C'est un g. capable de tout. Prenez garde à cet homme-là, c'est un g.* || T. Hist. *Les Gueux*, Nom donné par dénigrement aux adversaires de la domination espagnole dans les Pays-Bas, et que ceux-ci acceptèrent fièrement. *Les Gueux* sont les auteurs de la révolution qui sépara la Hollande de l'Espagne. ⚌ Gueux. s. f. Femme de mauvaise vie. *Il ne hante que des gueuses.* Bas.

GUEVARA (Antonio de), historien et moraliste espagnol (1490-1545).

GUEYDON (Louis-Henri, comte de), amiral fr. (1809-1886). Gouverneur de l'Algérie (1871-1873), réprima l'insurrection formidable provoquée par le décret Crémieux, assimilant les Juifs indigènes aux Français.

GUGLIELMI (Pietro), compositeur italien (1727-1804).

GUI. s. m. [Pr. *ghi*] (lat. *viscus*, m. s.). T. Bot. Nom vulgaire du *Viscum album*, arbrisseau parasite de la famille des *Loranthacées*. Voy. ce mot.

Arboric. — Le g. se développe quelquefois en si grande quantité sur les pommiers, qu'ils paraissent transformés pendant l'hiver en arbres toujours verts. Les graines du g. sont disséminées par les oiseaux dans des circonstances favorables à la germination. Sa radicule traverse les couches du liber du pommier, chemine entre l'écorce et l'aubier et tire des tissus environnants tous les fluides nécessaires à son accroissement. On comprend que si un pommier nourrit une vingtaine de grosses touffes de g., ce qui n'est pas rare, il soit singulièrement épuisé par la succion de ces parasites. D'ailleurs, il y a désorganisation des tissus dans les parties des branches où la touffe de g. est fixée. L'arbre ainsi attaqué dépérit et se dessèche progressivement ; il est donc nécessaire de le débarrasser de ses ennemis. L'opération doit être faite lors de l'élagage et en coupant chaque touffe du parasite au ras de l'écorce des branches.

GUI. s. m. [Pr. *hii*] (provenç. *qui*, guide). T. Mar. Grande vergue en arc-boutant, sur laquelle s'étend la ralingue de la bordure de la brigantine. *On donne encore au gui le nom de Bôme.*

GUI D'AREZZO, bénédictin italien, inventeur de la gamme (990-1050).

GUIB. s. m. [Pr. *ghib*]. T. Mamm. Nom donné par Buffon à une espèce d'Antilope (*Tragelaphus scriptus*) qui vit au Sénégal. Voy. Antilope.

GUIBERT, antipape sous le nom de Clément III, en 1080; mort en 1100.

GUIBERT (Comte de), général, littérateur et tacticien fr. (1743-1790).

GUIBERT (Joseph-Hippolyte), cardinal, archevêque de Paris (1802-1886).

GUIBOLLE. s. f. [Pr. *ghi-bo-le*]. Jambe. T. Pop.

GUIBOURT, chimiste fr. (1790-1867).

GUIBOURTIA. s. m. [Pr. *ghi-bour-sia*] (R. *Guibourt*, n. d'un chimiste fr.). T. Bot. Genre de plantes Dicotylédones de la famille des *Légumineuses*. Voy. ce mot.

GUIBRE. s. f. [Pr. *ghi-bre*] (R. *guivre*). T. Mar. La charponte qui est placée en saillie sur l'avant de l'étrave d'un grand bâtiment. *La g., qu'on appelle aussi éperon, sert à consolider le mât de beaupré.*

GUICHARDIN (en italien *Guicciardini*), historien italien (1482-1540), ami des Médicis de Florence, auteur d'une *Histoire d'Italie*, de 1494 à 1532.

GUICHE. s. f. [Pr. *ghi-che*] (lat. *vitica*, de *vitis*, vigne). Courroie du bouclier, du cor, etc. Vx. || Bande d'étoffe attachée à chaque côté de la robe des chartreux pour en joindre les deux parties.

GUICHE (Comtesse de), surnommée la *Belle Corisandre*, favorite de Henri IV (1544-1620).

GUICHE (Armand de Gramont, Comte de), arrière petit-fils de la précédente, général fr. (1638-1673). Voy. Gramont.

GUICHEN, ch.-l. de c. (Ille-et-Vilaine), arr. de Redon; 3,900 hab.

GUICHET. s. m. [Pr. *ghi-ché*] (corrupt. d'*huisset*, dimin. d'*huis*). Petite porte pratiquée dans une grande, particulièrement dans une porte de ville, de forteresse, de château, de prison. || Petite ouverture pratiquée dans une porte, et par laquelle on peut parler à quelqu'un ou faire passer quelque chose. *Ouvrir et fermer le g. Il lui parla au g. On lui faisait passer sa nourriture par le g.* || Petite ouverture par laquelle on communique avec les employés, les caissiers, dans les maisons de banque, de commerce, les bureaux de poste, etc. Par ext., Caisse. *La Banque ouvre ses guichets à cette émission. Les guichets du Trésor.* || A Paris, on appelle *Guichets du Louvre*, Les portes qui servent de passage aux gens de pied et aux voitures sous la galerie.

GUICHETIER. s. m. [Pr. *ghi-che-tié*]. Valet de geôlier, qui ouvre et ferme les guichets, et qui a soin d'empêcher que les prisonniers ne s'évadent.

GUIDAGE. s. m. [Pr. *ghi-dage*]. Action de guider. Ce qui sert à guider. || T. Minér. Installation dans les puits, dont l'effet est de diriger dans leur ascension et dans leur descente, les ustensiles servant à l'extraction.

GUIDE. s. m. [Pr. *ghi-de*] (R. *guider*). Un *guide sûr. Prendre un g. Servir de g. Le g. nous conduisit à travers les défilés. Elle s'offrit pour être n on g.* || Nom des lanières de cuir ou cordons de chanvre dont on se sert pour diriger les chevaux attelés à une voiture. *Conduire à grandes guides.* || Fig., *Mener la vie à grandes guides,* Mener la vie grand train. — *Payer les guides,* payer les guides doubles, Payer à un postillon le droit proscrit pour chaque poste et un double de ce droit. || T. Art milit. Celui qui accompagne une troupe, un détachement en marche, pour lui montrer le chemin. — Soldat, sous-officier sur lequel les autres doivent régler leurs mouvements. — *Corps de guides* (Voy. ci-après). || Habitant des montagnes qui, depuis 1787, date à laquelle J. Balmat mena de Saussure au sommet du Mont-Blanc, fait profession de guider les touristes. || Fig., Celui qui dirige quelqu'un dans sa conduite ou dans une affaire. *Il fut mon g. dans ma jeunesse. Pour un enfant, le meilleur des guides est sa mère. Dans une affaire si importante, vous avez besoin d'un g.* || Fig., Se dit tout ce qui nous dirige dans nos actions, nos travaux, nos études, etc. *Ma conscience, voilà mon seul g. Il n'a pour g. que la haine. La passion est un mauvais g. Lisez cet auteur, c'est un g. sûr.* || Titre de certains ouvrages didactiques. *Le G. des mères. Le G. de l'agriculture. Le G. du voyageur en Italie. — G. Joanne, G. Baedecker,* etc., Ouvrages désignés par le nom de l'auteur et donnant au voyageur, pour chaque pays, les renseignements nécessaires relatifs aux hôtels, au prix de la vie, aux moyens de transport, aux curiosités à visiter, etc. Autrefois, dans ce sens, on faisait *Guide* fém. *La g. des chemins. La g. des pêcheurs.* || T. Techn. Balise établie dans une rivière, dans un passage difficile, pour indiquer le véritable cours de l'eau. — Perche qui tient le filet d'un oiseleur. — Morceau de bois saillant qu'on fixe contre un outil à l'ât pour en assurer la marche dans une direction donnée. — Cordage qui hale un palan. — Organe qui dirige dans sa marche une pièce d'une machine, le châssis d'une scie, etc. — Outil d'horloger qui conduit le foret pour percer droit dans une

platine. — Armature qui tient le coulisseau du piston d'une cuvette de garde-robe.

Hist. milit. — Dans l'histoire de notre organisation militaire on a, mais assez improprement, donné le nom de *Guides* à des corps de cavalerie plus ou moins considérables. Le 30 mai 1796, le général Bonaparte ayant failli être enlevé, au bourg de Valeggio, par des coureurs ennemis, il créa, pour veiller spécialement à la sûreté de sa personne, un escadron de cavalerie qui reçut le nom de *Corps des guides.* Cet escadron, dont Bessière reçut le commandement, forma, en 1803, le noyau du régiment des Chasseurs à cheval de la garde impériale. La dénomination de *Guides* reparut en 1848, à l'époque de la formation de l'armée des Alpes. Elle fut alors appliquée à un escadron dont les hommes devaient servir d'escorte aux généraux en chef et se recruter exclusivement parmi les cavaliers sachant au moins une langue étrangère. Mais à la suite de la réorganisation qu'il subit en 1852, ce corps est devenu le *régiment des guides* de la nouvelle garde impériale. Il disparut en 1870 avec le second empire.

GUIDE (Guido Reni, dit Le), peintre italien de l'école de Bologne (1575-1642).

GUIDE-ÂNE. s. m. [Pr. *ghi-dâne*]. Petit livre qui contient l'ordre des fêtes et celui des offices relatifs à chaque fête. Fam. || Manuel, livret, etc., renfermant des instructions pour diriger dans un travail, dans une profession, etc. Fam. || Transparent réglé dont on se sert pour écrire droit. || Suite de continuer à deux lames, dont l'une trace et l'autre découpe les dents du peigne.

GUIDEAU. s. m. [Pr. *ghi-do*] (R. *guider* et *eau*). T. Mar. Plate-forme de planches qu'on échoue dans une position inclinée, en la soutenant sur des chevalets, pour diriger le courant de chasse dans les avant-ports. || T. Pêche. Filet en forme de sac.

GUIDE-MAIN. s. m. [Pr. *ghi-demin*]. T. Mus. Espèce de barre attachée au piano devant le clavier, destinée, pour les enfants qui commencent jeunes, à tenir les poignets droits et à empêcher qu'on ne joue du coude.

GUIDER. v. a. [Pr. *ghi-der*] (ital. *guidare*; orig. inconnue). Conduire quelqu'un, lui montrer le chemin. *Il vous faut prendre, pour vous g., un homme qui connaisse le pays.* — Se dit aussi de certaines choses. *Une lueur lointaine nous guidait dans les ténèbres. Des traces de sang nous guidèrent jusqu'au lieu du meurtre. L'étoile polaire nous guidait.* — Fig., *G. quelqu'un dans le sentier de l'honneur, de la gloire, de la vertu.* || Diriger, gouverner. *Il sait g. un vaisseau, un cheval.* — Fig., *G. ses mœurs, c'est la raison seule qui le guide. Il se laisse g. par la haine. Il n'est guidé que par son intérêt. L'instinct qui guide les animaux. Celui qui vous guide est un homme habile.* — Se Guidea. v. pron. Se diriger. *Les marins se guident sur l'étoile polaire.* — Guidé, ée. part. — Syn. Voy. Conduire.

GUIDO D'AREZZO. Voy. Gui d'Arezzo.

GUIDON. s. m. [Pr. *ghi-don*] (ital. *guidone*, m. s.). Anciennement, Étendard particulier de la gendarmerie. *Le g.* des gendarmes était plus long que large, et fendu par le bout, avec des pointes arrondies. — Celui qui portait cet étendard. *Dans la gendarmerie, le g.* avait le titre d'officier. — La charge de guidon. *Acheter le g. dans une compagnie de gendarmes.* || Petit drapeau carré dont le manche peut entrer dans le canon d'un fusil, et qui sert pour l'alignement dans les manœuvres d'infanterie. || T. Mar. Banderole fendue à l'extrémité, et servant, selon sa couleur, soit aux signaux, soit à faire reconnaître sur un vaisseau la présence du chef de division. *Le g. se hisse à la tête du grand mât.* || Bannière des anciens corps de métiers, des confréries, etc. || Autrefois, se disait dans le sens de Guide, de manuel. *Le g. des finances.* || T. Mus. Marque en zigzag que l'on fait à la fin d'une ligne pour indiquer la place que doit occuper la première note de la ligne suivante. || T. Typogr. *G. de renvoi,* Signe que l'on fait pour ajouter quelque chose à un écrit, et pour indiquer, par le même signe répété, l'endroit où l'on place l'addition. || T. Arquebus. Petit morceau d'argent ou de cuivre, taillé en grain-d'orge, qui est soudé à l'extrémité et au-dessus du canon d'un fusil, d'un pistolet, etc., et qui sert pour viser. || T. Jeux. Marque faite à une carte pour tricher. || T. Techn. La pièce qui sert à orienter la roue d'avant d'un vélocipède, d'une voiture automobile.

GUIDONNAGE. s. m. [Pr. *ghido-naje*]. T. Mines. Voy. GUIDAGE.

GUIGNARD. s. m. [Pr. *ghi-gnar, gn* mouillés]. T. Ornith. Oiseau appartenant à l'ordre des *Échassiers*. Voy. PLUVIER.

GUIGNAUX. s. m. pl. [Pr. *ghi-gno, gn* mouillés]. T. Charp. Nom de certaines pièces de bois qui, s'assemblant dans la charpente d'un toit et sur les chevrons, sont disposées pour laisser une ouverture à un corps de cheminée.

GUIGNE. s. f. [Pr. *ghi-gne, gn* mouillés] (lat. *quina*, m. s.). T. Bot. Fruit du guignier. || Syn. de *Guignon*. Voy. ce mot.

GUIGNER. v. n. [Pr. *ghi-gner, gn* mouillés] (Origine germanique). Regarder du coin de l'œil en fermant à demi les yeux. *G. de l'œil.* Fam. = GUIGNER. v. a. Lorgner, regarder sans en avoir l'air. *Il guigne le jeu du voisin.* Fam. || Fig. et fam., Former quelque dessein sur une personne ou sur une chose. *On prétend qu'il guigne cette riche veuve. Il guignait depuis longtemps cet emploi.* = GUIGNÉ, ÉE. part.

GUIGNES (Jos. DE), sinologue fr. (1721-1800).

GUIGNETTE. s. f. [Pr. *ghi-gnè-te, gn* mouillés]. T. Techn. Petit sarcloir. || T. Mar. Outil de calfat pour ouvrir les joints.

GUIGNIAUT, érudit fr. (1794-1876).

GUIGNIER. s. m. [Pr. *ghi-gni-é, gn* mouillé]. T. Bot. Nom du *Cerasus avium*, var. *juliana*. Voy. CERISIER.

GUIGNOL. s. m. [Pr. *ghi-gnol, gn* mouillés]. Sorte de polichinelle.

GUIGNOLE. s. f. [Pr. *ghi-gnol, gn* mouillés]. T. Techn. Bâtonnet auquel on suspend les trébuchets.

GUIGNOLET. s. m. [Pr. *ghi-gno-lè, gn* mouillés]. Liqueur faite avec des guignes.

GUIGNON. s. m. [Pr. *ghi-gnon, gn* mouillés] (R. *guigner*). Malheur, mauvaise chance qui poursuit quelqu'un. *C'est avoir du g. Vous me portez g. Je joue de g. Je suis en g. aujourd'hui.*

GUIGNONNANT, ANTE. adj. [Pr. *ghi-gno-nan, gn* mouillés]. T. Pop. Irritant, impatientant. *Guignon g.,* Mauvaise chance persistante.

GUIGNOT. s. m. [Pr. *ghi-gno, gn* mouillés]. Nom vulgaire du Pinson.

GUIL (Le), affluent de gauche de la Durance, 40 kil.

GUILANDINE. s. f. [Pr. *ghi-landine*] (*Guilandino,* botaniste italien). T. Bot. Genre de plantes Dicotylédones (*Guilandinia*) de la famille des *Légumineuses,* dont plusieurs botanistes font une simple section du genre *Cæsalpinia.* Voy. LÉGUMINEUSES.

GUILBERT DE PIXÉRÉCOURT. Voy. PIXÉRÉCOURT.

GUILDE ou **GHILDE.** s. f. [Pr. *ghil-de*] (sax. *gildan,* payer). T. Hist. Se dit de certaines associations bourgeoises et ouvrières du moyen âge. Voy. COMMUNE. || S'emploie aussi pour désigner les corporations d'arts et métiers qui subsistent encore aujourd'hui dans certains pays, et particulièrement en Russie.

GUILDIVE. s. f. [Pr. *ghil-dive*]. Eau-de-vie qu'on tire du sucre. On dit plus ordinairement *Tafia.*

GUILDIVIER. s. m. [Pr. *ghildi-vié*]. Fabricant de guildive.

GUILÉE. s. f. [Pr. *ghi-léc*]. Syn. de *Giboulée.* Peu us.

GUILHERMY (Baron DE), magistrat et homme politique fr. (1761-1829), fut un des agents les plus actifs de la Restauration.

GUILLAGE. s. m. [Pr. *ghi-lla-je, ll* mouillées] (wallon *guèse,* levure). T. Brasserie. Se dit de la fermentation de la bière lorsqu'elle est dans la guilloire.

GUILLAUME. s. m. [Pr. *ghi-lló-me, ll* mouillées] (R. nom propre). Sorte de rabot pour faire les moulures. T. Techn. Voy. RABOT. || Tamis pour ébaucher le grenage de la poudre. || Outil de maçon pour ébarber. Planchette armée d'un fer qui enlève ce qui n'est pas à l'alignement dans un endroit.

GUILLAUME Ier *le Bâtard* ou *le Conquérant,* duc de Normandie, conquit l'Angleterre sur Harold (1066); m. en 1087. || GUILLAUME II *le Roux,* 2e fils de Guillaume Ier, succéda à son père et lutta contre les seigneurs et les Saxons (1087-1100). || GUILLAUME III, fils de Guillaume de Nassau, prince d'Orange, commença par défendre, en qualité de stathouder, la Hollande contre Louis XIV; puis en 1688 il fut appelé par le parti protestant en Angleterre, renversa Jacques II dont il avait épousé la fille Marie, et fut proclamé roi d'Angleterre. Il fut, jusqu'à sa mort (1702), le plus redoutable adversaire de Louis XIV. || GUILLAUME IV, 3e fils de Georges III, succéda à son frère Georges IV (1830), et mourut en 1837, laissant le trône à sa nièce Victoria.

GUILLAUME Ier, dit *le Mauvais,* roi des Deux-Siciles, de 1154 à 1166. || GUILLAUME II, dit *le Bon,* fils du précédent, roi des Deux-Siciles, de 1166 à 1189.

GUILLAUME, dit *le Lion,* roi d'Écosse, de 1165 à 1214.

GUILLAUME Ier de Nassau, roi des Pays-Bas, réunit en 1815 la Belgique et la Hollande sous le nom de Pays-Bas, et perdit la Belgique en 1830. || Son fils, GUILLAUME II, lui succéda en 1840, et mourut en 1849.

GUILLAUME Ier de Hohenzollern, né en 1797, succéda sur le trône de Prusse à son frère Frédéric-Guillaume IV, en 1861, battit les Autrichiens à Sadowa en 1866, établit la Confédération de l'Allemagne du Nord, et, après la défaite de la France (1870-1871), devint empereur d'Allemagne (18 janv. 1871).

GUILLAUME DE CHAMPEAUX. Voy. CHAMPEAUX.

GUILLAUME DE LORRIS, poète fr., mort vers 1260, auteur du *Roman de la Rose,* qui fut continué par Jean de Meung.

GUILLAUME DE NANGIS, chroniqueur fr., mort vers 1302, moine de Saint-Denis, auteur d'une *Chronique* de 1112 à 1301.

GUILLAUME DE TYR, né vers 1130, a écrit l'histoire des Croisades en latin, depuis l'origine jusqu'en 1184.

GUILLAUME LE BRETON, chapelain de Philippe-Auguste, auteur d'une vie de ce prince en latin et d'un poème, la *Philippide* (1165-1226).

GUILLAUMES, ch.-l. de c. des Alpes-Maritimes, arr. de Puget-Théniers; 1,100 hab.

GUILLAUMET, peintre français, né à Paris (1840-1887).

GUILLAUME TELL, un des chefs de la révolution qui affranchit la Suisse du joug de l'Autriche, en 1307; mort en 1354.

GUILLE. s. f. [Pr. *ghi-lle, ll* mouillées]. Cannelle en bois qu'on met aux barriques et par laquelle on tire du vin.

GUILLEDOU. s. m. [Pr. *ghi-lle-dou, ll* mouillées] (corrup. de *Guilledin,* ancien nom d'un cheval anglais qui va l'amble). *Courir le g.,* Aller souvent, surtout la nuit, dans les lieux suspects. Fam.

GUILLEMET. s. m. [Pr. *ghi-lle-mè, ll* mouillés] (orig. nom propre). Signe, formé de deux sortes de virgules («»), qu'on met au commencement et à la fin d'une citation, et souvent même au commencement de chacune des lignes qui la composent. *Mettez des guillemets à ce passage.*

GUILLEMETER. v. a. [Pr. *ghi-lle-mê-ter, ll mouillées*]. Mettre des guillemets. *Guillemetez ce passage.* == GUILLE-METÉ, ÉE. part. == Conj. Voy. JETER.

GUILLEMINOT, général et diplomate fr. (1774-1840).

GUILLEMITE. s. m. [Pr. *ghi-lle-mite, ll mouillées*]. Religieux de l'ordre de Saint-Augustin, de la réforme de saint Guillaume de Malaval.

GUILLEMOT. s. m. T. Ornith. Genre d'oiseaux appartenant à l'ordre des *Palmipèdes.* Voy. BRACHYPTÈRES.

GUILLER. v. n. [Pr. *ghi-ller, ll mouillées*] (bull. *chilen,* m. s.). Se dit de la bière qui pousse la levure au dehors.

GUILLERAGUES (Comte DE), diplomate, né à Bordeaux; mort en 1685.

GUILLERET, ETTE. adj. [Pr. *ghi-lle-rê, ll mouillées*] (vx fr. *gille,* finesse). *Vous avez l'air tout g.* Fam. — En parlant des discours, des propos, signifie: propos un peu libre. *Une histoire guillerette. Un conte g.* Fam. || Fig. : fam., *Habit g.*, habit trop léger pour la saison.

GUILLERETTEMENT. adv. [Pr *ghi-lle-rète-ran, ll* mouillées]. D'une façon guillerette.

GUILLERI. s. m. [Pr. *ghi-lle-ri, ll mouillées*]. Chant du moineau. *Le moineau faisait entendre son g.*

GUILLESTRE, ch.-l. de c. (Hautes-Alpes), arr. d'Embrun; 1,400 hab.

GUILLOCHAGE. s. m. [Pr. *ghi-llo-cha-je, ll mouillées*]. Action de guillocher.

GUILLOCHE. s. f. [Pr. *ghi-llo-che, ll mouillées*]. Outil qui sert à guillocher.

GUILLOCHÉ. s. m. [Pr. *ghi-llo-ché, ll mouillées*]. Action de guillocher. || Ouvrage de guillochis.

GUILLOCHER. v. a. [Pr. *ghi-llo-cher, ll mouillées*]. Orner d'un guillochis. *G. une montre.* == GUILLOCHÉ, ÉE. part. *Une tabatière guillochée.* || T. Mar. *Poulie guillochée.* Poulie dont le milieu a une plaque de cuivre percée d'un trou circulaire pour recevoir l'axe.

GUILLOCHEUR. s. m. [Pr. *ghi-llo-cheur, ll mouillées*]. Ouvrier qui guilloche.

GUILLOCHIS. s. m. [Pr. *ghi-lle-chi, ll mouillées*] (du nom de l'inventeur *Guillot*). Ornement formé par des lignes droites ou courbes qui s'entrecroisent régulièrement avec symétrie.

GUILLOCHURE. s. f. [Pr. *ghi-llo-chure, ll mouillées*] (R. *guillocher*). Entre-croisement de traits gravés en creux.

GUILLOIRE. s. f. [Pr. *ghi-lloi-re, ll mouillées*] (R. *guiller*). T. Techn. Cuve où s'opère la première fermentation de la bière. Voy. BRASSERIE.

GUILLOT-GORJU (BERTRAND HARDUIN DE SAINT-JACQUES, dit), acteur et farceur fr., mort à Paris en 1648.

GUILLOTIÈRE (LA), faubourg de Lyon.

GUILLOTIN (Jos.-IGNACE), médecin français (1738-1814), membre de la Constituante, proposa pour les supplices la décapitation.

GUILLOTINE. s. f. [Pr. *ghi-llo-tine, ll mouillées*] (R. *Guillotin,* n. propre). Dès les premières années du XVe siècle, les Italiens se servaient, pour opérer la décapitation des condamnés à mort, d'une machine composée de deux poteaux plantés verticalement et joints par une traverse à leur partie supérieure. Une lourde hache suspendue à cette traverse, et que l'on faisait tomber au moment du supplice, tranchait le cou du patient qui était posé sur un bloc de bois placé au-dessous. Cette machine s'appelait *Mannaja.* Un appareil du même genre était usité en Écosse sous le nom de *Maiden.*

Cet instrument de supplice était également connu en France, puisqu'on l'employa en 1632, lorsque le duc de Montmorency fut exécuté à Toulouse. La *Guillotine* ne date donc pas de la Révolution, elle n'a donc pas été inventée par le docteur Guillotin. On ne fit alors que généraliser et perfectionner une invention déjà vieille de deux siècles. En 1789, lorsque la Constituante s'occupait de refondre notre législation pénale, un des représentants, le docteur Guillotin, proposa (28 nov.) d'appliquer la peine de mort suivant un mode uniforme, quelle que fût la condition des condamnés, et il indiqua la décapi-

LA VERITABLE GUILLOTINE ORDINAIRE
HA LE BON SOUTIEN POUR LA LIBERTÉ.

tation comme le procédé à la fois le plus sûr, le plus rapide et le moins barbare. Le principe fut adopté, mais on ne songea à son application qu'en 1791, et c'est à la Législative qu'appartint cette tâche. Chargée par cette assemblée de donner son avis sur le meilleur mode de décollation, l'Académie de médecine présenta, le 7 mars 1792, un rapport signé de son secrétaire perpétuel le docteur Louis, dans lequel elle proposait l'emploi de la *Mannaja* italienne modifiée. Le 20 déc. suivant, un décret sanctionna les conclusions de ce rapport. La discussion fut longue. Le premier article fut voté à l'unanimité. Il était ainsi conçu: « Les délits du même genre seront punis par le même genre de supplice, quels que soient le rang et l'état du coupable. » Mais lorsqu'il fallut décider le choix de l'instrument, l'accord fut moins général. Dans le feu de la discussion, l'excellent docteur Guillotin, emporté par sa conviction, s'écria : « Avec ma machine, je vous fais sauter la tête en un clin d'œil et sans que vous éprouviez la moindre douleur. » Il y eut une explosion de rires, malgré la gravité du sujet, d'autant plus tragique, en réalité, que plusieurs des rieurs devaient en faire l'expérience à bref délai. Voy. GUILLOTINE.

La première machine fut construite, sous la direction du docteur Louis, par un mécanicien allemand, nommé Schmidt, et essayée, le 17 avril de la même année, sur trois cadavres, à Bicêtre. Enfin, après quelques modifications de détail, dont la principale, suggérée par le docteur Louis, consistait à donner une disposition oblique au couperet, qui était primitivement en forme de croissant, elle fut définitivement livrée aux exécuteurs. La première exécution eut lieu à Paris, le 25 avril 1792, sur un voleur de grand chemin, appelé Nic. Jacq. Pelletier, et le 21 août suivant, elle servit, pour la première fois en matière politique, lors du supplice de Collenot d'Angremont, l'un des condamnés à mort à l'occasion de la journée du 10 du même mois. Le nombre total des personnes exécutées du 21 août 1792 au 28 juillet 1794 (10 thermidor an II) a été de 2,625. Quant à son nom, la machine fut d'abord appelée *Louison* ou *Petite Louisette*, du nom du secrétaire de l'Académie de médecine, mais elle reçut presque aussitôt, d'un des journaux du temps, la dénomination de *Guillotine*, qui lui est restée. Enfin, pour en finir avec les erreurs populaires auxquelles cet instrument a donné lieu, nous ajouterons qu'il n'a pas servi à décapiter son prétendu inventeur, lequel est mort paisiblement dans son lit, le 26 mai 1814. — La g. est aujourd'hui employée dans un grand nombre de pays; néanmoins, dans quelques États, on a conservé l'ancien mode de décapitation par la hache. En Angleterre, les condamnés à mort sont pendus. En Espagne, ils sont étranglés par le garrot.

GUILLOTINEMENT. s. m. [Pr. *ghi-llo-ti-ne-man*, ll mouillées]. Action de guillotiner.

GUILLOTINER. v. a. [Pr. *ghi-llo-ti-ner*, ll mouillées]. Trancher la tête au moyen de la guillotine. = GUILLOTINÉ, ÉE. part.

GUILLOTINEUR. s. m. [Pr. *ghi-llo-ti-neur*, ll mouillées]. S'est dit, pendant la Révolution, de celui qui faisait guillotiner ou approuvait les exécutions sanglantes.

GUIMARÃES, v. du Portugal, sur la rive droite de l'Ave, à 55 kil. nord de Porto; 12,700 hab.

GUIMARD (MARIE-MADELEINE), célèbre danseuse française (1743-1816).

GUIMAUVE. s. f. (lat. *bis*, double; *malva*, mauve). T. Bot. Genre de plantes Dicotylédones (*Althæa*) de la famille des *Malvacées*. Voy. ce mot. || Pâte de g., Sirop de g., Fait avec cette racine mondée.

GUIMBARDE. s. f. [Pr. *ghin-barde*] (orig. inconnue). Sorte de long chariot, couvert et à quatre roues, qui sert à transporter des marchandises. — Par ext., Mauvaise voiture. || Danse en usage au XVIIᵉ siècle. || Instrument de musique (voy. ci-après). || Par ext., Mauvaise guitare. || Outil de menuisier, de sculpteur pour unir le fond des creux. || Nom donné au jeu de la mariée à la dame de cœur. — Par ext., Nom donné à ce jeu. *Jouer à la g.*

Mus. — On appelle g. un petit instrument de musique qui se compose d'une branche de fer ou de laiton recourbée, et d'une languette élastique d'acier soudée par une de ses extrémités au milieu de la courbure. La branche métallique constitue le *corps* de l'instrument et la languette en est *l'âme*. Pour se servir de la g., on la tient avec la main gauche entre les dents et les lèvres, tandis qu'avec l'index de la main droite on fait vibrer la languette. Cet instrument n'est guère qu'un jeu d'enfants; cependant plusieurs artistes allemands, Scheibler entre autres, en ont su tirer un parti extraordinaire. Ils se servaient, pour jouer les airs les plus compliqués, d'une douzaine de guimbardes réunies par un anneau.

GUIMÉE. s. f. [Pr. *ghi-mée*] (anc. fr. *weime*, poutre). T. Techn. Perche sur laquelle on met sécher le papier.

GUIMET (J.-B.), chimiste fr., inventeur de l'outremer artificiel (1795-1871).

GUIMOND DE LA TOUCHE, auteur dramatique français, né à Châteauroux (1723-1760).

GUIMPE. s. f. [Pr. *ghin-pe*] (all. *wimpel*, voile). Morceau de toile avec lequel les religieuses se couvrent le cou et la poitrine. || En parlant de la toilette des femmes, Sorte de petite chemisette brodée qui monte jusqu'au cou.

GUIMPER. v. a. [Pr. *ghin-per*]. Vêtir de la guimpe. Par ext., fam., Mettre au couvent. = GUIMPÉ, ÉE. part. *Douoine guimpée*, Douoine dont la baguette est plus haute que le bas du talon.

GUIMPERIE. s. f. [Pr. *ghin-perie*] (R. *guimpe*). Fil employé à faire des galons, des épaulettes. || L'industrie qui fabrique des guimpes.

GUIMPIER. s. m. [Pr. *ghin-pié*]. Celui qui prépare le fil dont on se sert pour des galons, des épaulettes, etc.

GUINCHE. s. f. [Pr. *ghin-che*] Outil pour polir le talon d'un soulier.

GUINDAGE. s. m. [Pr. *ghin-daje*] (R. *guinder*). T. Techn. Action d'élever des fardeaux au moyen d'une machine. — Appareaux qui servent à guinder. — Élévation nécessaire pour enlever le fardeau à la hauteur voulue. — Longueur donnée autour d'un écheveau de soie.

GUINDAL. s. m. [Pr. *ghin-dal*] (R. *guinder*). T. Mar. Machine à hisser les fardeaux.

GUINDANT. s. m. [Pr. *ghin-dan*] (R. *guinder*). T. Mar. Hauteur d'un pavillon du côté où il est attaché, par opposition à sa longueur, appelée le *Battant*. Le g. d'un pavillon. || La plus grande hauteur à laquelle on puisse élever une voile d'étai, un foc, etc. Le g. d'une voile. Le g. d'un foc.

GUINDAS. s. m. [Pr. *ghin-da*]. Cabestan horizontal dont on se sert surtout pour lever l'ancre.

GUINDE. s. f. [Pr. *ghin-de*]. Petite presse à moulinet et sans vis dont se servent les tondeurs de drap. || T. Mar. Machine à poulie pour élever de gros fardeaux.

GUINDEAU. s. m. [Pr. *ghin-do*]. Voy. GUINDAS.

GUINDER. v. a. [Pr. *ghin-der*] (all. *winden*, tourner). Monter, lever en haut par le moyen d'une machine. G. des pierres avec une grue. G. un mât de perroquet sur le mât de hune. || Fig. et fam., se dit de l'esprit et des choses d'esprit où l'on affecte trop d'élévation. G. son esprit. G. son style. — v. pron. Se hisser. Il se guinde à l'aide d'une corde au haut de la tour. || Fig., Cet orateur se guinde tellement qu'on a peine à le comprendre. = GUINDÉ, ÉE. part. Auteur guindé. Esprit guindé. || On dit de quelqu'un qui a l'air contraint et qui veut paraître grave : Il est guindé, il a l'air guindé.

GUINDERESSE. s. f. [Pr. *ghinderè-se*]. T. Mar. Gros cordage employé à caler les mâts.

GUINDERIE. s. f. [Pr. *ghin-derie*]. État d'une personne guindée.

GUINDRE. s. m. [Pr. *ghin-dre*]. Petit métier pour doubler les soies après qu'elles ont été filées.

GUINDRELLE. s. f. [Pr. *ghindrè-le*]. Sorte d'épée ancienne. Voy. ÉPÉE.

GUINÉE. Partie de la côte occidentale d'Afrique qui forme le littoral septentrional du golfe de Guinée, depuis la Sénégambie jusqu'au Congo Français entre le 14ᵉ degré nord et l'équateur au 17ᵉ degré ouest au 10ᵉ degré est, environ. Cette côte, connue des Carthaginois sous le nom d'Éthiopienne, puis redécouverte par les Dieppois et les Génois au XIVᵉ siècle, explorée par les Portugais de 1450 à 1470, comprend du N.O. au S.E. : la Guinée Portugaise (1865), chef-lieu Cacheo, sur le Rio Cacheo, en face de l'archipel des Bissagos; la Guinée Française (1866), chef-lieu Konacry, arrosée par les rivières du Sud (Compony Nunez et Mellacorée) et qui mène au Fouta Djalon, région montagneuse et fertile, source du *Sénégal*; la colonie anglaise de *Sierra Leone* (1787), chef-lieu *Freetown*, qui conduit au mont *Dure* (1810ᵐ), sources du Niger; la république de *Liberia*, créée par les États-Unis en 1865 pour leurs anciens esclaves nègres sur la *Côte des Graines* jusqu'au cap des Palmes; la colonie française de la *Côte d'Ivoire* (1842), villes principales : *Grand-Bassam* et *Assinie*, que traverse l'*Akba* ou *Carmæ* et qui mène à la ville de *Kong* et aux montagnes de *Komeng* hautes de 1420ᵐ; la colonie anglaise de la *Côte de l'Or* (1871), villes principales : *Elmina* et *Cape-Coast-Castle* dans le bassin de la *Côte des Esclaves* (ou *golfe du Bénin*), partagée de 1885 à 1890 entre l'Allemagne (*Togo*, sur la rive gauche de la Volta), la France (*Dahomey*, villes principales : sur la côte, *Nyaah*, *Kotonou*, *Porto-Novo*; dans l'intérieur *Abomey*, capitale) et l'Angleterre (*Abeokouta*, *Benin*, *Akassa*, aux bouches du Niger); enfin, dans la profondeur du golfe, à l'endroit où la côte tourne brusquement au sud, la colonie allemande du mont *Cameroun* (3,200ᵐ), fondée en 1884, en face des îles de *Fernando-Po* aux Espagnols, *Principe* et de *Sao-Thomé* aux Portugais.

Cette côte est toute formée de lagunes et de bancs de sables contre lesquels l'océan brise une triple barre éternelle c. À partir de la lagune, le littoral est couvert de forêts impénétrables; puis, à mesure qu'on s'élève vers l'intérieur, s'étendent de vastes plateaux partagés en pâturages et en cultures, parmi lesquels domine le maïs. Au delà, c'est le Soudan. Ces pays sont peuplés de tribus nègres groupées sous des chefs dont quelques-uns très puissants. Le roi de Dahomey, Behanzin, dont toutes les grandes fêtes se célébraient par des hécatombes humaines, offrit avec ses guerriers et ses amazones, également fanatiques, une résistance opiniâtre aux troupes françaises du général Dodds. D'autres pactisèrent avec les Européens hardis qui osèrent s'aventurer sur leurs terres. On peut citer parmi les plus célèbres explorateurs MM. Voiturel et Papillon, qui payèrent de leur vie la pénétration de la Côte de l'Ivoire; le capitaine Binger, qui visita plusieurs fois l'important pays de Kong; le lieutenant Mizon qui remonta deux fois le Niger et son affluent de gauche la Bénoué, signa des traités avec les rois de Mouri et de Yola et, contournant la colonie allemande du Cameroun par Ngaoundéré, redescendit par le bassin du Congo; enfin le docteur anglais Nachtigal qui atteignit le lac Tchad. Voy. AFRIQUE, CONGO, NIGER, SOUDAN.

GUINÉE (Golfe de), partie de l'océan Atlantique qui baigne les côtes de la Guinée : *Le Niger se jette dans le golfe de Guinée.*

GUINÉE (NOUVELLE-). Voy. PAPOUASIE.

GUINÉE. s. f. [Pr. *ghi-née*] (angl. *guinea*, m. s.). Monnaie d'or anglaise, qui tire son nom de ce que les premières pièces qui furent émises avaient été frappées avec de l'or venu de Guinée. Voy. MONNAIE. || T. Comm. Sorte de cotonnade teinte en bleu qui fait l'objet d'un trafic important dans la Guinée et dans le Sénégal.

GUINEGATE ou **GUINEGATTE**, village de l'arr. de Saint-Omer (Pas-de-Calais), célèbre par deux défaites des Français, en 1479 et 1513. La seconde est dite *Journée des Éperons*.

GUINES, ch.-l. de c. (Pas-de-Calais), arr. de Boulogne; 4,500 hab.

GUINGAMP, ch.-l. d'arr. (Côtes-du-Nord), à 30 kil. de Saint-Brieuc; 9,200 hab. Fabriques de toiles et d'étoffes de coton.

GUINGAN. s. m. [Pr. *ghin-ghan*]. Toile de coton fine et lustrée tirée primitivement du Bengale et non, comme on l'a répété à tort, de la ville de Guingamp.

GUINGOIS. s. m. [Pr. *ghin-ghoi*, g dur] (R. *guigner*). Défaut de ce qui n'est pas droit, de ce qui est de travers. Il y a un g. dans ce jardin, dans cette chambre. || *g.* et fam., Cet homme a un g. qui choque tout le monde. — DE GUINGOIS. loc. adv. De travers. *Cette chambre est de g. Il marche de g. Cette femme est toute le g.* Fam. — Fig. et fam., *Avoir l'esprit de g.*

GUINGUAMADOU. s. m. [Pr. *ghin-goua...*]. Nom vulg. du Cirier de Cayenne. Voy. MYRICÉES.

GUINGUETTE. s. f. [Pr. *ghin-ghè-te*] (R. guinguet, petit vin). Petit cabaret hors de la ville où le peuple va boire. || Par anal. et fam., Petite maison de campagne. *Venez à la campagne, vous verrez ma petite g.* || Syn. Voy. CABARET. || *Jeu de la g.,* Espèce de jeu de cartes. *Guinguette,* se dit, au jeu qui porte ce nom, de la dame de carreau. || Espèce de voiture découverte, à deux roues, que l'on a, depuis, nommée un phaéton.

GUINOT. s. m. [Pr. *ghi-no*]. Nom vulg. du pinson.

GUIORER. v. n. [Pr. *ghi-oré*]. Se dit du cri de la souris.

GUIPAGE. s. m. [Pr. *ghi-paje*]. Action de guiper. || Revêtement de chanvre imbibé de goudron, enroulé autour des fils de cuivre isolés avec de la gutta-percha, afin d'empêcher celle-ci de s'oxyder et de se fendiller. Le g. des câbles qui passent dans les égouts et les tunnels est trempé dans une solution de sulfate de cuivre, afin d'éloigner les animaux destructeurs.

GUIPAVAS, com. du Finistère, arr. de Brest; 8,339 hab.

GUIPER. v. a. [Pr. *ghi-per*] (all. *weifen*, tourner). T. Techn. *Guiper la frange,* Faire des franges torses, en les attachant d'un côté et en les tordant de l'autre avec le guipoir. — G. un câble. Voy. GUIPAGE.

GUIPOIR. s. m. [Pr. *ghi-poar*]. Outil pour guiper.

GUIPON. s. m. [Pr. *ghi-pon*] (angl. *wipe*, essuyer). T. Mar. Gros pinceau, formé de morceaux d'étoffe de laine, avec lequel les calfats étendent le brai; || Liage au bout d'un bâton, avec lequel les tanneurs mettent les peaux en chaux.

GUIPURE. s. f. [Pr. *ghi-pure*] (R. *guiper*). Voy. BRODERIE.

GUIPUZCOA, province d'Espagne, au N.-O.; 180,000 hab. Cap. Saint-Sébastien.

GUIRAUD (Baron), poète fr. (1788-1847).

GUIRAUD (ERNEST), compositeur fr., né à la Nouvelle-Orléans (1837-1892).

GUIRLANDE. s. f. [Pr. *ghir-lande*] (ital. *ghirlando*, m. s.). Couronne, feston de fleurs. *G. de fleurs.* Faire, composer une g. *La salle de bal était décorée de guirlandes.* || Par anal., se dit des choses qui, par leur forme, imitent des guirlandes. *Une g. de pierreries. Une g. de gaz* (de becs de gaz). || Ornement de feuillages ou de fleurs, disposé en forme de guirlande, dont les sculpteurs et les peintres décorent les bâtiments. || Bande de métal qui entoure le bord du pavillon d'une trompette, d'un cor. || T. Mar. Ensemble des pièces de bois qui lient horizontalement les membrures de l'avant d'un navire, en dedans de la contre-étrave.

GUIRLANDER. v. a. [Pr. *ghir-lander*]. Orner de guirlandes.

GUISARME. s. f. [Pr. *ghi-zarme*]. T. Archéol. Arme d'hast de la famille des faucharts. Voy. LANCE.

GUISCARD, ch.-l. de c. (Oise), arr. de Compiègne; 1,400 hab.

GUISCARD (ROBERT), né en 1015, l'un des douze fils de Tancrède de Hauteville, gentilhomme normand, chassa les Grecs de la Calabre et de la Pouille, dont il devint duc, et attaqua jusqu'en Orient l'empire grec; m. en 1085.

GUISE. s. f. [Pr. *ghi-ze*] (all. *weise*, manière). Manière, façon d'agir. *Chacun vit à sa g. Il veut agir à sa g. Chaque pays a sa g. Il prend de la sauge en g. de thé.*

GUISE, ch.-l. de c. (Aisne), arr. de Vervins; 8,200 hab. Fabrique de toiles, filatures. Auprès de la ville s'élève l'immense *Familistère.* Voy. ce mot.

GUISE, branche de la famille ducale de Lorraine, qui s'établit en France au XVIe siècle. FRANÇOIS DE LORRAINE, duc de Guise (1519-1563), grand capitaine, se signala dans les guerres de François Ier contre Charles-Quint, et sous Henri II enleva Calais aux Anglais; devint le chef du parti catholique sous François II et fut assassiné par Poltrot de Méré. — Le cardinal de Lorraine (1524-1574) était son frère, et Henri Ier DE LORRAINE, duc de Guise, le Balafré, son fils (1550-1588). — Ce dernier, un des auteurs de la Saint-Barthélemy et chef de la Ligue, périt assassiné à Blois avec son frère, le cardinal de Guise, par l'ordre de Henri III. — Son petit-fils, HENRI II DE LORRAINE, duc de Guise, disputa Naples à l'Espagne en 1647.

GUITARE. s. f. [Pr. *ghi-tare*] (esp. *guitarra*, m. s., du gr. xιθάρα, lyre). Instrument de musique. Voy. ci-après. ‖ Fig., Redite monotone. *C'est toujours la même g.* ‖ T. Techn. Charpente courbe destinée à soutenir les toits des lucarnes.

Mus. — La *Guitare* est un instrument à cordes pincées et à manche. Le *Corps* de cet instrument (Fig. ci-contre) est aplati des deux côtés et de forme presque ovale, avec une dépression arrondie sur chaque flanc. La *Table d'harmonie* est de sapin ou d'érable et percée au milieu d'une ouverture ronde, nommée *Rose, Rosette* ou *Rosace*. Le *Manche* est beaucoup plus long et plus large que celui du violon. Il est recouvert dans toute sa longueur par une plaque d'ébène appelée *Touche*, sur laquelle on appuie les cordes avec les doigts de la main gauche, pendant qu'on les pince avec ceux de la main droite. Enfin, il se termine par une partie roudée qu'on nomme *Crosse* ou *Tête*, et qui est percée de trous pour recevoir les chevilles destinées à tendre les cordes. Ces dernières sont fixées d'autre part à une pièce appelée *Chevalet*, qui est élevée de 5 à 6 millimètres au-dessus de la table. Les cordes de la g. étaient autrefois au nombre de 5, mais aujourd'hui on en met ordinairement 6, dont 3 de soie recouvertes d'un fil de métal qui représentent les basses, et 3 de boyau de mouton. A partir du *Sillet* principal, c.-à-d. de la petite pièce transversale de bois dur située à l'extrémité du manche pour servir d'appui aux cordes, la touche de la g. est divisée par une série de petits sillets moins saillants, qui sont disposés par demi-tons et constituent autant d'arrêts d'où partent les vibrations. Les doigts ne se posent pas sur ces sillets, mais dans les intervalles qui les séparent et que l'on nomme *Cases, Touches* ou *Touchettes*. La g. est accordée en quarte, à l'exception de la seconde corde, qui est accordée en tierce avec la troisième. Les notes que les cordes donnent à vide sont *mi* (au-dessous du *sol* du violon, *la, ré, sol, si* et *mi* (le même que celui de la chanterelle du violon).

Les instruments à cordes pincées et à manche sont originaires de l'Orient. On en rencontre en effet chez tous les peuples orientaux, chez les Chinois, les Hindous, les Arabes, etc. Les anciens Égyptiens les connaissaient également. La table était primitivement formée d'une peau de mouton, quelquefois de raie. C'est aux Arabes qu'on attribue communément l'introduction des instruments de ce genre en Europe. L'instrument favori des Maures d'Espagne était l'*Eoud* ou *Luth*, qui, modifié de diverses manières, a donné naissance à l'*Archiluth*, au *Théorbe*, à la *Pandore*, à la *Mandore*, à la *Mandoline*, etc. Le corps du *Luth* était convexe du dos, avec une table d'harmonie plate. Il était monté de 11 cordes, dont 9 doubles, 3 à l'unisson et 6 à l'octave. Cet instrument, bien que très difficile à jouer, était fort usité au XVIe et au XVIIe siècle. L'*Archiluth* était une imitation du luth, mais de proportions beaucoup plus considérables, et monté de vingt cordes accordées deux à deux à l'unisson; mais la largeur excessive de son manche le rendait fort incommode à jouer. Le *Théorbe* avait deux manches accolés parallèlement, dont l'un, le plus court, portait 11 cordes, tandis que l'autre, beau-

coup plus long, ne soutenait que les 8 dernières, qui servaient pour les basses. La *Pandore* avait 11 cordes comme le luth; mais toutes étaient de métal. Cet instrument se distinguait encore du luth par sa partie inférieure qui était plate et non convexe, et par son chevalet oblique. La *Mandore* n'était montée que de 4 cordes doubles, accordées de quinte en quarte. La *Mandoline* avait le corps rond comme le luth, et le manche à peu près fait comme celui de notre g. Elle était montée de 3, 4 ou 5 cordes de laiton, dont on variait l'accord à volonté. La pandore, la mandore et la mandoline se pinçaient avec une plume, et étaient fort en vogue vers le commencement du XVIIIe siècle. La mandoline est revenue à la mode vers la fin du XIXe siècle; les cordes en sont doubles, et on les met en vibration au moyen d'un petit triangle d'écaille. Enfin, citons encore le *Calascione* ou *Coluscione*, dont le peuple napolitain fait encore usage. C'est une espèce de mandoline à très long manche, et montée de 3 à 6 cordes. Elle se joue aussi avec un bout de plume.

GUITARISTE. s. [Pr. *ghi-tariste*]. Celui, celle qui joue de la guitare.

GUITEAU (CHARLES), assassin du président des États-Unis, Garfield (1840-1882).

GUITERNE. f. f. [Pr. *ghi-terne*]. T. Mar. Arc-boutant placé en arrière des machines à mâter.

GUIT-GUIT. s. m. [Pr. *ghi-ghit*]. T. Ornith. Genre de *Passereaux ténuirostres.* Voy. GRIMPEREAU.

GUITON. s. m. [Pr. *ghi-ton*]. T. Mar. Nom du quart qui se fait de midi à six heures du soir.

GUITON (JEAN), amiral et maire de La Rochelle lors du fameux siège de cette ville sous Louis XIII (1585-1654).

GUÎTRES, ch.-l. de c. de la Gironde, arr. de Libourne; 1,500 hab.

GUIVRE. s. f. [Pr. *ghi-vre*] (lat. *vipera*, vipère). T. Blas. Serpent.

GUIVRÉ, ÉE. adj. [Pr. *ghi-vré*]. T. Blas. Orné de guivres.

GUIZOT (FRANÇOIS-PIERRE-GUILLAUME), homme d'État, professeur et historien français (1787-1874), plusieurs fois ministre sous Louis-Philippe et en dernier lieu du 29 octobre 1840 au 24 février 1848, auteur de travaux sur l'histoire de France, sur la Révolution d'Angleterre, etc.

GUIZOT (PAULINE DE MEULAN, Mme), femme du précédent, auteur d'excellents ouvrages relatifs à l'éducation (1773-1827).

GUIZOTIE. s. f. [Pr. *ghi-zotie*] (R. *Guizot*, nom d'homme). T. Bot. Genre de plantes Dicotylédones (*Guizotia*) de la famille des *Composées*. Voy. ce mot.

GUJERAT ou **GUJERATE** ou **GOUDJERAT** ou **GOU-JERAT,** pays de l'Hindoustan, sur le golfe d'Oman, au sud de Radjpoutana.

GULAIRE. adj. 2 g. (lat. *gula*, gueule). T. Hist. nat. Qui appartient à la gueule. *La poche g. des grenouilles.*

GULANCHA. Voy. GUALANCHA.

GULDEN. s. m. [Pr. *goul-den*]. T. Métrol. Ancienne monnaie allemande. Monnaie des Pays-Bas. C'est cette monnaie qui était connue sous le nom de *florin*. Sa valeur a varié suivant les époques. Les *florins* ou *gulden* d'argent encore en usage en Autriche et en Hollande valent un peu plus de 2 francs. Voy. MONNAIE.

GULF-STREAM. s. m. [Pr. *golf-strim*] (angl. *gulf*, golfe; *stream*, courant). T. Géog. Le grand courant d'eau chauffée qui se rend du golfe du Mexique aux côtes d'Europe.

GULONIQUE. adj. T. Chim. L'*acide g.* est un acide-alcool isomère de l'acide gluconique et répond à la formule :

$$CH^2 \text{ OH } (CHOH)^4 CO^2 H.$$

En réduisant, par l'amalgame de sodium, l'acide saccharique dextrogyre on a obtenu l'acide g. dextrogyre à l'état le solution sirupeuse. L'évaporation de cette solution fournit la lactone correspondante, qui est cristallisable et qui fond à 180°. L'acide g. lévogyre a été préparé en unissant la xy ose à l'acide cyanhydrique et saponifiant le nitrile ainsi obtenu. Sa lactone cristallise en gros prismes fusibles à 185°.

La réduction de ces deux acides gluconiques par l'amalgame de sodium en liqueur acide fournit les deux variétés de gulose. Par oxydation, les acides guloniques donnent de l'acide saccharique. Mélangés à poids égaux, ils donnent un acide g. racémique, sans action sur la lumière polarisée.

GULOSE. s. f. T. Chim. Matière sucrée, isomérique avec la glucose et obtenue par synthèse. La g. lévogyre se prépare en réduisant la lactone gulonique lévogyre par l'amalgame de sodium en liqueur acide. C'est un sirop incolore, épais, à saveur sucrée, très soluble dans l'eau. Elle ne fermente pas sous l'action de la levure. Oxydée par l'acide azotique, elle se transforme en acide saccharique. Par une hydrogénation énergique, elle se convertit en sorbite. — La g. dextrogyre s'obtient de même à l'aide de la lactone gulonique dextrogyre.

GULPE. s. m. (all. *kolbe* ou *kolben*, masse ronde; du Lat. *globus*, globe). T. Blas. Tourteau de pourpre qui tient le milieu entre le besant et le tourteau.

GUMÈNE. s. f. (ital. *gumena*, de l'ar. o *gommal*, m. s.). T. Blas. Le câble d'une ancre.

GUMMIQUE. adj. 2 g. [Pr. *gom-mike*] (lat. *gumma*, gomme). T. Chim. L'*acide g.* qui a pour formule C¹²H²²O¹¹, existe à l'état de sel de chaux dans un grand nombre de gommes. Pour l'isoler, on ajoute de l'acide chlorhydrique à une solution concentrée de gomme arabique, et on précipite par l'alcool. Desséché, ce précipité d'acide g. est solide, vitreux, très soluble dans l'eau, insoluble dans l'alcool. Chauffé vers 130°, il perd une molécule d'eau. Vers 150°, il se convertit en acide métagummique qui est insoluble. Les gummates sont généralement solubles dans l'eau : la chaleur les transforme en métagummates insolubles; mais, par une ébullition prolongée avec de l'eau, ces derniers se changent de nouveau en gummates.

GUNNÈRE. s. m. [Pr. *gun-nère*] (R. *Gunner*, nom d'homme). T. Bot. Genre de plantes Dicotylédones (*Gunnera*) de la famille des *Haloragées*. Voy. ce mot.

GURGU. s. m. Voy. GURJUN.

GURGUNIQUE. adj. 2 g. (R. *gurgu*). T. Chim. L'*acide g.* est un acide résineux, cristallisable, qui fond à 220° et qui distille à 260°. On l'extrait du baume de gurgu à l'aide de la potasse, après avoir débarrassé ce baume d'un hydrocarbure terpénique qu'il renferme et qui bout à 225°.

GURJUN ou **GURGU.** s. m. T. Pharm. Nom donné au produit oléo-résineux (*Huile de bois*, *Wood oil* des Anglais) que l'on retire du tronc de plusieurs espèces de *Dipterocarpus*. Voy. DIPTÉROCARPÉES.

GUSTATIF, IVE. adj. Qui a rapport au goût. *Nerf g. Sensation gustative.*

GUSTATION. s. f. [Pr. *ghus-ta-sion*] T. Physiol. Perception des saveurs par le goût. Voy. GOÛT.

GUSTAVE Iᵉʳ WASA, affranchit la Suède de la domination danoise, fut couronné roi en 1523 et introduisit le luthéranisme en Suède; mort en 1560. || GUSTAVE II ou GUSTAVE-ADOLPHE succéda à son père Charles IX (1611), se déclara le chef du protestantisme en Allemagne, triompha de Tilly général de la ligue catholique, à Leipsick (1631), puis fut arrêté par Waldstein, général de l'empereur Ferdinand II, et périt dans la bataille de Lutzen (1632). || GUSTAVE III, roi de 1771 à 1792, s'empara du pouvoir absolu et fut assassiné dans un bal masqué par Ankarstrœm. || Son fils, GUSTAVE-ADOLPHE IV, prit part à la coalition contre la France, se vit enlever la Finlande par la Russie, et fut forcé d'abdiquer en 1809.

GUSTAVIE. s. f. (R. *Gustave*, nom d'homme). T. Bot. Genre de plantes Dicotylédones (*Gustavia*) de la famille des *Myrtacées*. Voy. ce mot.

GUSTUEL, ELLE. adj. Qui se rapporte au goût. *Jouissances gustuelles.*

GUTENBERG (JEAN), regardé comme l'inventeur de l'imprimerie, né à Mayence (1400-1468). On rapporte ses premiers essais à l'année 1436. Voy. IMPRIMERIE.

GUTTA-PERCHA. s. f. [Pr. *gutta-perka*] (nom malais). T. Bot. — La *Gutta-percha* est le latex concrété de certaines espèces de *Palaquium* de la famille des Sapotées. Cette substance a d'abord été fournie par le *Palaquium gutta* (*Isonandra gutta*, *Dichopsis gutta*), arbre autrefois très abondant à Singapore, dans la presqu'île indo-malaise, dans le détroit de Malacca; mais cet arbre a été détruit par les indigènes qui récoltaient la gutta-percha en abattant l'arbre. Cette substance utilisée depuis longtemps par les Malais, ne fut importée en Europe qu'en 1842 par Montgomery.

Pour la récolter, le procédé ordinaire consiste à abattre l'arbre en s'adressant aux sujets ayant de 35 à 50 ans; on enlève l'écorce en bandelettes circulaires et on reçoit le latex dans des vases. Ce procédé primitif et imprévoyant n'avait guère d'inconvénients, vu le nombre des arbres, tant que la substance n'était employée que par les indigènes pour la fabrication de leurs chaussures ou des manches de leurs outils. Mais la gutta une fois connue en Europe, les usages s'en multiplièrent et les demandes augmentèrent dans une proportion fabuleuse. C'est ainsi que la quantité exportée varia de 404 kilog. en 1844 à 771,800 kilog. en 1848; en 1884, on a expédié 3 millions de kilog. de gutta bonne ou mauvaise, ayant amené la destruction de 12 millions d'arbres. Aussi, au bout de 10 ans, le *Palaquium gutta* avait complètement disparu sur le littoral. On s'est alors adressé à d'autres espèces dont les plus importantes sont : *Palaquium malaccense*, de la Péninsule malaise; *P. formosum*, de Sumatra; *P. oblongifolium*, de Bornéo. On a essayé d'abandonner l'abatage des arbres et de les exploiter comme on le fait des Conifères pour l'extraction des térébenthines; mais on retire une quantité insignifiante de gutta, car le latex se concrète très rapidement et les vaisseaux sécréteurs s'oblitèrent. Quoi qu'il en soit, on obtient dans les deux cas un suc blanc qui brunit à l'air; on l'étend en couches minces et on superpose les couches de manière à former des blocs de 40 à 50 kilog.

Dans ces dernières années, M. Jungstleich a essayé d'isoler le produit sans détruire l'arbre. Partant de ce fait que toutes les parties du végétal contiennent du latex, il s'est adressé aux feuilles, car on peut facilement effeuiller l'arbre sans le faire périr; de plus, la dessication n'altérant pas le produit, on peut transporter les feuilles séchées en Europe et les traiter alors au fur et à mesure des besoins. Le dissolvant qui a donné les meilleurs résultats, parmi les nombreux dissolvants de la gutta, est le toluène. Les feuilles sont pulvérisées assez finement, puis mises en suspension dans le toluène; on obtient de la sorte une bouillie fluide que l'on met à digérer pendant quelque temps au bain-marie. La gutta se dissolvant avec une certaine lenteur, on en facilite la dissolution par des agitations répétées et des chauffages intermittents au bain-marie. Après quelques heures, on verse le tout dans un appareil à épuisement formé d'un entonnoir de verre dont la douille est obturée par du coton; le toluène passe, tandis que les débris végétaux restent dans l'entonnoir; on achève d'épuiser ces derniers en les lixiviant avec du toluène tiède. Pour séparer le dissolvant de la gutta qu'il tient en dissolution, on entraîne le toluène au moyen de la vapeur d'eau, et il reste dans l'appareil la gutta et une certaine quantité d'eau condensée. Par le procédé de M. Jungsfleich, on obtient un rendement de 9 à 10 p. 100, soit environ 1,100 grammes par arbre. Le produit obtenu a un aspect extérieur un peu différent de celui que l'on a l'habitude de trouver dans la gutta ordinaire, mais ses qualités ne sont en rien altérées ni diminuées.

La gutta-percha arrive dans le commerce européen sous forme de gros pains arrondis pesant de 10 à 20 kilog.; elle est fort impure et contient des débris de bois, d'écorce ou de terre; sa couleur est plus ou moins foncée, suivant l'état de pureté. Pour la purifier, on la découpe en copeaux minces qu'on lave plusieurs fois à l'eau froide; la gutta surnage, tandis que les impuretés tombent au fond. Elle est ensuite triturée et transformée en bouillie, puis ramollie à l'eau chaude; on la passe au laminoir pour la former des plaques que l'on soumet à une température de 110° pour évaporer l'eau. C'est sous cette forme de plaques, présentant une stratification plus ou moins nette, que la gutta est livrée à l'industrie. A la température ordinaire, la gutta est dure comme le bois; mais si on la plonge dans l'eau et qu'on élève graduellement la température, elle subit des modifications caractéristiques. Vers 45 ou 46°, elle commence à se ramollir; entre 50 et 60°, suivant la qualité, elle devient tout à fait ductile, et peut être étirée en fils; si on continue à chauffer l'eau, la ductilité augmente et à 100° on peut la pétrir en tous sens et lui donner toutes les formes qu'elle conserve en se refroidissant.

La gutta est un très mauvais conducteur de la chaleur et de l'électricité; c'est donc un isolant par excellence; aussi est-elle employée en quantité considérable pour noyer les fils conducteurs des câbles souterrains et sous-marins. Ses usages industriels sont des plus nombreux et augmentent de jour en jour; on en fabrique des courroies de transmission, des cordes, des lanières à ligature, des instruments de chirurgie, tels que sondes, bougies, pessaires, stéthoscopes, canules, etc. On s'en sert pour faire des appareils à fracture et son imperméabilité la rend précieuse pour les pansements humides; pour cet usage, on la vend en feuilles minces sous le nom de *gutta laminée*. Dissoute dans le chloroforme, elle constitue un topique pour les coupures et les blessures connu sous le nom de *traumaticine*.

GUTTE. s. f. [Pr. *ghu-te*] (lat. *gutta*, goutte). Sorte de gomme-résine nommée plus souvent *Gomme-gutte*. Voy. ce mot.

GUTTIER. s. m. [Pr. *ghu-tié*] (R. *gutte*). T. Bot. Nom vulgaire donné à plusieurs arbres appartenant au genre *Garcinia*. Voy. CLUSIACÉES.

GUTTIFÈRE. adj. 2 g. [Pr. *gut-tifère*] (lat. *gutta*, goutte, et *fero*, je porte). T. Géol. Qui présente des larmes. == GUTTIFÈRES. s. f. pl. T. Bot. Nom par lequel plusieurs botanistes désignent la famille des *Clusiacées*. Voy. ce mot.

GUTTIFORME. adj. 2 g. [Pr. *gut-tiforme*] (lat. *gutta*, goutte; *forma*, forme). T. Hist. nat. Qui a la forme d'une goutte d'eau.

GUTTIPENNE. adj. 2 g. [Pr. *gut-tipène*] (lat. *gutta*, goutte; *penna*, aile). T. Zool. Qui a les ailes chargées de taches blanches sur un fond brun.

GUTTULAIRE. adj. 2 g. [Pr. *gut-tulère*] (lat. *guttula*, petite goutte). T. Minér. Qui affecte la forme de petits grains semblables à des gouttes.

GUTTULINE. s. f. [Pr. *gut-tuline*] (R. *gutta*, goutte). T. Bot. Genre de Champignons Myxomycètes (*Guttulina*) de la famille des *Acrasiées*. Voy. ce mot.

GUTTURAL, ALE. adj. [Pr. *gut-tural*] (lat. *guttur*, gosier). Qui appartient au gosier. *Fosse gutturale*, Enfoncement situé entre le trou occipital et les fosses nasales. *Conduit g. du tympan*, trompe d'Eustache. || Dont le son semble partir du gosier. *Toux gutturale*. || T. Gramm. Qui se prononce du gosier. *Les Arabes et les Allemands ont un grand nombre de sons gutturaux*. || Subst. et au fém., se dit d'une lettre gutturale. *La gutturale h*.

GUTTURO-MAXILLAIRE. adj. 2 g. [Pr. *gut-turomaksil-lère*] (lat. *guttur*, gosier, et *maxillaire*). T. Anat. Qui appartient au gosier et à la mâchoire.

GUTTURO-TÉTANIQUE. adj. 2 g. [Pr. *gut-turo...*] (lat. *guttur*, gosier, et *tétanique*). T. Méd. Bégaiement gutturotétanique; bégaiement que produit la contraction spasmodique du gosier.

GUTZKOW (KARL), écrivain allemand (1811-1878).

GUYANE. Région du littoral nord de l'Amérique du Sud entre l'Orénoque et l'Amazone, du 53° au 61° degré de longitude ouest de Paris et du 2° au 8° degré nord. Cette côte fut abordée en 1499 par Améric Vespuce et Ojeda; puis les compagnons de Pizarre, après avoir descendu l'Amazone, ayant répandu en Europe la légende d'*El Dorado*, un courant d'émigration se dirigea vers ce pays pendant tout le XVI° siècle et le commencement du XVII°, et y fonda successivement cinq colonies disposées ainsi qu'il suit du nord-ouest au sud-est: espagnole, anglaise, hollandaise, française et portugaise.

La Guyane espagnole et la Guyane portugaise sur l'Amazone se trouvèrent plus tard respectivement englobées dans le Venezuela et dans le Brésil, et font aujourd'hui partie de ces États indépendants,

Des trois colonies restées possessions européennes, la Guyane anglaise est naturellement la plus importante et la mieux disposée sur le plus long cours d'eau de la région, l'Essequibo; elle a pour capitale Georgetown ou Stabroeck.

La Guyane hollandaise a pour capitale Paramaribo.

La Guyane française, capitale Cayenne, dans l'île de ce nom, ville principale Sinnamari, fut fondée par Devaux en 1606, puis développée par de Chanteul et de Chambour (1626), faillit être absorbée par sa voisine pendant la guerre francohollandaise de 1672, mais elle fut sauvée par l'amiral d'Estrées. Ce fut alors du côté portugais que les difficultés commencèrent. Le traité d'Utrecht en effet, en 1713, plaça la frontière des deux colonies au thalweg de la rivière Japoc ou Vincent-Pinson. Or, quand on en vint à l'exécution du traité, les Français prétendirent que la rivière Vincent-Pinson était l'Araguary, par 2°, les Portugais soutinrent que la rivière Vincent-Pinson était l'Oyapock, par 4°, et occupèrent la côte jusque-là. Et la contestation demeura sans solution. La colonie française n'acquit du reste aucune vitalité. En 1797, elle vit arriver les déportés politiques du 18 fructidor et, depuis, les îles de Cayenne et du Salut, situées sur la côte, servirent de pénitencier pour les criminels de droit commun. Le climat en est du reste insalubre. Mais, en 1886, les populations comprises entre le 2° degré et l'Oyapock, qui supportaient mal la domination du Brésil, se déclarèrent indépendantes et se donnèrent quelques temps pour roi le Français Jules Gros, avec Counani pour capitale. Vers le même temps, furent découvertes dans la région du sud, vers les monts Tumuc-Humac d'importants gisements aurifères qui semblent justifier la légende d'El Dorado. L'ancien litige francoportugais, devenu franco-brésilien, se ranima. En 1896, près du bourg de Mapa, des bandits brésiliens tirèrent sur des explorateurs français. Le capitaine Lunier fut tué. Germain Metura, fait prisonnier, fut fusillé. Les choses en sont là. Le président de la Confédération helvétique a été choisi comme arbitre, mais il ne doit faire connaître sa réponse que dans un délai de deux ans.

GUYARD (STANISLAS), arabisant français, né à Frotey-les-Vesoul (Haute-Saône) (1846-1885).

GUYAU (JEAN-MARIE), philosophe fr. (1854-1888).

GUYENNE, ancienne province de France réunie à la couronne en 1453, a formé les dép. de la Gironde, du Lot, de Lot-et-Garonne, de la Dordogne, de l'Aveyron, et en partie les dép. des Landes et du Tarn-et-Garonne.

GUYENNE (Duc de), frère de Louis XI, empoisonné, dit-on, par ce prince en 1472.

GUYON (JEANNE-MARIE BOUVIER DE LA MOTTE, Mᵐᵉ), célèbre mystique dont la doctrine donna naissance à la fameuse controverse du quiétisme entre Bossuet et Fénelon (1648-1717).

GUYOT-MONTPAYROUX, publiciste et homme politique français (1839-1884).

GUYTON DE MORVEAU (1737-1816), chimiste et homme politique français, membre de la Constituante, l'un des fondateurs de la nomenclature chimique actuellement en usage. Voy. CHIMIE.

GUZERATE, province de l'Inde britannique; 2,857,731 hab.

GUZLA. s. f. [Pr. *gouz-la*]. Sorte de violon grossier qui n'a qu'une seule corde, et dont on joue avec un archet. *La g. est l'instrument national des Illyriens.*

GUZMAN (ALONSO PEREZ DE), célèbre guerrier espagnol (1258-1309).

GWALIOR. Voy. GUALIOR.

GY, ch.-l. de c. (Haute-Saône), arr. de Gray; 1,800 hab.

GYGÈS, roi de Lydie (689 à 654 av. J.-C.), succéda à Candaule, dont il épousa la femme. La légende rapporte qu'il avait un anneau d'or par le moyen duquel il pouvait se rendre invisible.

GYLIPPE, général lacédémonien, vainquit les Athéniens en Sicile (414 av. J.-C.).

GYMNANDRE. adj. 2 g. [Pr. *jim-nandre*] (gr. γυμνός, nu; ἀνήρ, mâle). T. Bot. Qui a les étamines nues.

GYMNANTHE. adj. 2 g. [Pr. *jim-nante*] (gr. γυμνός, nu; ἄνθος, fleur). T. Bot. Dont les fleurs sont dépourvues de toute enveloppe.

GYMNARQUE. s. m. [Pr. *jim-narke*] (gr. γυμνός, nu; ἀρχός, chef). T. Icht. Genre de *Poissons osseux*. Voy. APODES.

GYMNASE. s. m. [Pr. *jim-naze*] (gr. γυμνάσιον, m. s., de γυμνός, nu). T. Antiq.

I. — Les anciens Grecs désignaient, sous ce nom, les établissements où, au moyen d'exercices méthodiques, on cherchait à régler et à développer la force corporelle des individus. L'usage des exercices gymnastiques dans la Grèce paraît aussi ancien que la nation grecque elle-même : car les légendes les plus antiques de son histoire fabuleuse font mention de luttes et de combats de ce genre. Dans les premiers temps, les Grecs s'y livraient en plein air : ils choisissaient pour cela un terrain uni et situé près du bord d'une rivière, car celle-ci leur offrait le délassement du bain et l'exercice de la natation. — Les traditions athéniennes attribuaient à Thésée l'organisation et la réglementation des exercices gymnastiques; mais, suivant Galien, c'est seulement à l'époque de Clisthènes que l'art de la gymnastique fut réduit en système. Quoi qu'il en soit, il paraît que ce fut au temps de Solon que l'on commença à construire des gymnases réguliers, où se trouvaient, à côté des emplacements destinés aux exercices corporels, des salles pour les philosophes, les rhéteurs, etc. Bientôt il n'y eut pas dans toute la Grèce une ville de quelque importance qui ne possédât un établissement de ce genre. De nos jours, on a découvert en divers lieux, et notamment à Éphèse, à Hiérapolis, à Alexandrie de Troade, des restes de gymnases antiques. Athènes seule en possédait trois d'une étendue considérable. C'étaient le *Lycée*, le *Cynosarge* et l'*Académie*, auxquels on en ajouta plus tard quelques autres moins importants.

II. — Tous les gymnases étaient construits sur le même plan, si l'on fait abstraction de quelques différences de dé-

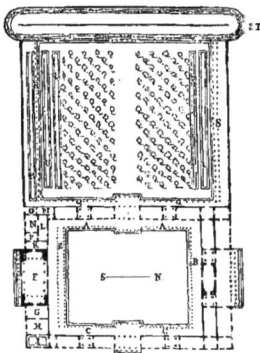

tails qui tenaient, soit à la nature de l'emplacement, soit au goût de l'architecte. — On y remarquait d'abord (Fig. ci-jointe) une grande cour carrée ou rectangulaire que Vitruve appelle à tort *Palestre*, et qui n'avait pas moins de 2 stades ou 1,200 pieds de pourtour. Ce péristyle était entouré de quatre portiques; sur trois d'entre eux, A, B, C, s'ouvraient de vastes salles (*exedra*) qui étaient garnies de sièges, où les philosophes, les rhéteurs et ceux qui aimaient les discussions philosophiques et littéraires se réunissaient pour discourir. Le quatrième portique, E, qui regardait le midi, était double, et donnait entrée dans plusieurs pièces ayant chacune une destination spéciale. Ainsi l'*Ephebeum*, F, était une

grande salle rectangulaire réservée aux jeunes garçons. A sa droite, on voit le *Coryceeum*, G, où l'on s'exerçait à la paume, puis le *Conisterium*, H, où les lutteurs frottés d'huile venaient se couvrir de poussière; et enfin, à l'extrémité du portique, le bain froid, que les Grecs nommaient λουτρόν. A la gauche de l'Ephebeum, on aperçoit successivement, l'*Elæothesium*, K, où l'on se faisait oindre d'huile par les *Aliptes*; le *Frigidarium*, chambre à température modérée où l'on se tenait quelques instants au sortir du bain chaud avant de s'exposer au grand air; le *Propnigeum*, M, c.-à-d. le lieu où l'on faisait le feu pour échauffer les chambres et les bains; la chambre voûtée, *Sudatorium*, *concamerata sudatio*, N, pour faire suer, qui se trouve ci-même placée entre l'étuve ou *Laconicum*, O, et le bain d'eau chaude *calida lavatio*, P. La seconde partie du g. présente aussi un vaste espace clos, mais n'ayant de portiques que sur trois côtés. Le portique S, qui regarde le nord, est double et très profond. Le portique opposé, R, est au contraire simple, mais il est disposé de telle façon que le long du mur d'enceinte, ainsi que le long des colonnes, il existe une sorte de promenoir large d'au moins dix pieds. Ces deux promenoirs sont séparés l'un de l'autre par un espace creusé large de 12 pieds, qui se trouve de 1 pied et 1/2 en contre-bas, et où l'on descend par deux degrés. De cette manière, ceux qui se promenaient tout habillés sur le trottoir n'étaient point incommodés par les individus qui s'exerçaient dans le bas. Chez les Grecs, ce dernier portique était désigné sous le nom de *Xyste* (ξυστός) : c'est dans ce lieu couvert que l'on s'exerçait pendant la mauvaise saison. A l'extérieur de ce portique, comme aussi le long du portique septentrional, se trouvent des promenades découvertes, UU, appelées παράδρομοι par les Grecs, et *Xysta* par les Romains. L'intervalle qui sépare ces promenades est encore occupé par des allées de platanes ou d'arbres, avec des rangées de sièges en maçonnerie. Enfin, derrière le xyste est un stade, ST, établi de manière qu'un grand nombre de personne pouvaient voir commodément les exercices des athlètes. Les habitants des villes de la Grèce, pour décorer leurs gymnases, y érigeaient des statues aux dieux, aux héros, aux vainqueurs dans les jeux publics, ainsi qu'aux hommes illustres de la cité. Comme Mercure était le patron de ces établissements, on y voyait presque toujours la statue de ce dieu.

III. — Les maîtres chargés de donner l'instruction spéciale dans les gymnases se nommaient *Gymnastes* (γυμνασταί) et *Pædotribes* (παιδοτριβαί). Ces derniers devaient posséder les connaissances nécessaires pour surveiller les exercices. Les gymnastes étaient les professeurs de gymnastique pratique. Il fallait en outre qu'ils fussent en état d'apprécier les effets physiologiques et l'influence de chaque espèce d'exercice sur la constitution physique des jeunes gens, afin de prescrire à chacun d'eux les exercices qui lui convenaient le mieux. Ces instructeurs étaient ordinairement des athlètes qui avaient renoncé à leur profession, soit parce qu'ils n'y obtenaient pas de succès, soit pour tout autre motif. Les *Aliptes*, qui avaient pour fonction d'oindre d'huile le corps des jeunes gens et de le couvrir de poussière avant le commencement des exercices, remplissaient aussi quelquefois les fonctions d'instructeurs. Enfin, Galien mentionne parmi les professeurs des gymnases, un *Sphæristicus*, c.-à-d. un maître spécial pour les différents jeux de paume.

IV. — Les exercices qui avaient lieu dans les gymnases paraissent avoir été indistinctement les mêmes dans toute la Grèce. Ils consistaient en simples jeux ou bien en exercices semblables à ceux que l'on exécutait dans les jeux publics aux fêtes solennelles de la Grèce. Parmi ceux qui avaient le premier caractère, nous citerons les suivants : 1° La paume (σφαίρισις, σφαιρομαχία) : elle était en grande faveur et se jouait en Grèce, comme à Rome, d'une multitude de manières : il y avait, dans chaque gymnase, une vaste salle, appelée *Sphéristère* (σφαιριστήριον), qui était particulièrement destinée à ce jeu. 2° La toupie ou le rhombe (βέμβηξ, ρόμβος), qui n'était pas moins en faveur chez les enfants dans l'antiquité que de nos jours. 3° Le πεντάλιθος, qui consistait à placer cinq petites pierres sur le dessus de la main, à les jeter en l'air, et à les recevoir dans la paume. 4° Les expressions παίζειν ἑλκυστίνδα, διελκυστίνδα, ou ἡ γρᾶμμη, désignaient un jeu dans lequel deux enfants, tirant une corde chacun par un bout, essayaient de s'entraîner mutuellement au delà d'une ligne tracée sur le sol. 5° On appelait σκαπέρδα un exercice qui consistait à saisir le bout d'une corde passée par-dessus une poutre, et à tâcher d'enlever de terre un autre joueur qui tenait l'autre bout de la corde et faisait les mêmes efforts. — Parmi les exercices de la seconde catégorie, les plus importants étaient : la course (δρόμος); le jet du disque et le javelot (δίσκος et ἄκων); le saut (ἅλμα), qui s'exécutait avec les mains libres ou bien chargées de masses de métal appelées *Haltères;* la lutte (πάλη); le pugilat (πυγμή); le pancrace (παγκράτιον); le pentathle (πένταθλος); la course aux flambeaux (λαμπαδηφορία); la danse (ὄρχησις), etc.

Le g., comme le remarque Vitruve, n'était pas dans les mœurs romaines, et Denys d'Halicarnasse dit formellement que toute l'agonistique des Romains, quoique pratiquée de bonne heure dans les grands jeux (*ludi maximi*), était d'origine grecque. Les Romains mettaient, il est vrai, le plus grand soin à développer et à fortifier le corps, mais leurs exercices avaient un but exclusivement militaire, et même ils méprisaient l'art de la gymnastique, tel que le pratiquaient les Grecs dans l'éducation de la jeunesse. Cependant, vers la fin de la république, beaucoup de citoyens riches qui avaient pris le goût des usages helléniques établirent dans leurs villas des lieux destinés à ces exercices, et leur donnèrent le nom, tantôt de gymnases, tantôt de palestres; on outre, ils les ornèrent à la mode des Grecs, de statues et d'œuvres d'art du plus haut prix. Ce fut Néron qui le premier construisit à Rome un g. public. Un autre établissement semblable fut bâti par ordre de Commode. Mais ces tentatives pour introduire à Rome les mœurs de la Grèce, n'eurent pas beaucoup de succès. Les thermes et l'amphithéâtre eurent toujours plus de charmes pour les Romains que les gymnases. — Pour plus de détails, consultez J.-H. KRAUSE, *Theagenes, oder wissenschaftliche Darstellung des Gymnastik, Agonistik und Festspiele der Hellenen*, 1835.

V. — Conformément à la signification ancienne de ce mot, on donne aujourd'hui en France le nom de *Gymnase* aux établissements où l'on s'exerce à la gymnastique. — En Allemagne, on donne aussi le nom de *Gymnase* aux établissements d'instruction secondaire, qui correspondent à nos lycées et à nos collèges. Le chef du g. est appelé *Gymnasiarque*, mais plus communément *Recteur*.

GYMNASIARQUE. s. m. [Pr. *jim-na-ziarke*] (gr. γυμνάσιον, gymnase; ἄρχειν, commander). T. Antiq. Voy. GYMNASE.

GYMNASTE. s. m. [Pr. *jim-naste*] (gr. γυμναστής, m. s., de γυμνάζειν, exercer). T. Antiq. Voy. GYMNASE. || Se dit quelquefois de ceux qui sont habiles dans les exercices gymnastiques.

GYMNASTIQUE. adj. 2 g. [Pr. *jim-nasti-ke*] (gr. γυμναστικός, m. s.). Qui appartient aux exercices du corps. *Les exercices gymnastiques.* || *Pas g.,* Pas de course cadencé qui fait partie des exercices gymnastiques. *Aller au pas gymnastique.*

GYMNASTIQUE. s. m. [Pr. *jim-nasti-ke*] (gr. γυμναστική, m. s.). Ensemble des exercices propres à assouplir et à fortifier le corps (Voy. ci-après). || Ensemble des exercices propres à fortifier et à assouplir les facultés intellectuelles. *La g. de l'esprit.* || Lieu où l'on fait de la gymnastique. *Aller à la gymnastique.*

I. — Dans l'ancienne Grèce, l'éducation de la jeunesse comprenait trois branches distinctes : la grammaire, la musique et la *Gymnastique*, auxquelles Aristote en ajoute une quatrième, le dessin ou la peinture. Mais on accordait une telle importance à la g., qu'on la cultivait avec plus de soin et qu'on lui consacrait beaucoup plus de temps qu'à toutes les autres ensemble. En outre, tandis que celles-ci étaient nécessairement délaissées à une certaine époque de la vie, on ne discontinuait pas l'étude de la g.; seulement, à mesure que l'on avançait en âge, on choisissait des exercices moins fatigants, laissant à l'enfance et à la jeunesse ceux qui demandaient le plus de force et d'agilité. Les anciens, et surtout les Grecs, pensaient que l'esprit ne peut avoir toute sa vigueur que lorsque le corps est en parfaite santé, et leurs philosophes, comme leurs médecins, ne voyaient pas de meilleur moyen pour tenir ce dernier en bon état, ou l'y remettre quand il n'y était plus, que de le soumettre à des exercices réglés avec intelligence. Quant au mot *gymnastique*, ils lui donnaient pour étymologie le terme γυμνός (nu), parce que, pour se livrer aux exercices qui la constituaient, on se dépouillait de ses vêtements, ou tout au plus on ne conservait que la courte tunique appelée χιτών.

La passion des Grecs pour la g. produisit de nombreux résultats. Ils lui durent, au moins en partie, surtout cette perfection de formes, ces admirables proportions qui les distinguaient de tous les autres peuples. Il n'est pas déraisonnable

de supposer qu'elle contribua à donner à leur esprit cette puissance et cette souplesse que nous remarquons dans toutes les productions de leurs écrivains et de leurs artistes. Ce qui, en tous cas, est indubitable, c'est que les arts plastiques puisèrent leurs premiers et leurs principaux éléments de succès dans l'étude de cet art, et l'on a observé avec raison que les populations helléniques n'auraient pas acquis dans la sculpture la supériorité qui leur a été constamment reconnue, si, grâce aux exercices du gymnase, leurs artistes n'avaient pas été familiarisés avec les belles proportions et les attitudes variées du corps humain. La médecine avait sa part de ces avantages, et les Grecs regardaient, avec raison, les exercices corporels comme aussi nécessaires à la conservation de la santé que la thérapeutique à la guérison des maladies.

Prise dans son sens le plus étendu, la g. des Grecs comprenait l'*Agonistique* et l'*Athlétique* ou la *Gymnique*. L'agonistique et l'athlétique ne différaient pas essentiellement l'une de l'autre; leur différence résidait surtout dans leur objet. En effet, l'agonistique s'adressait à tous les citoyens, tandis que l'athlétique s'adressait exclusivement à ceux qui se préparaient à disputer les prix dans les jeux publics. Dans une signification plus restreinte, la g. désignait simplement l'art de rendre l'homme plus vigoureux, plus agile, plus adroit, et en même temps plus intelligent, en le soumettant dès l'enfance à une longue série d'exercices gradués avec soin. Considérée sous ce dernier point de vue, elle fut, chez tous les peuples helléniques, l'objet de la plus constante sollicitude. Néanmoins les uns, comme les Spartiates et les diverses populations de race dorienne, envisageaient la g. au point de vue exclusif de la guerre, tandis que les autres, notamment les Athéniens et les nations d'origine ionienne, ajoutaient à ce but un but plus élevé. Outre la force et la vigueur physiques, ils se proposaient de développer non seulement la grâce et la beauté corporelles, mais encore la puissance et la grâce intellectuelles. En un mot, ils se proposaient à la fois de donner au pays des guerriers braves et vigoureux, et de faire des hommes complets, c.-à-d. doués de toutes les aptitudes possibles. A l'exemple des nations de race dorienne, les Romains ne virent dans la g. qu'un moyen de former de bons soldats pour leurs armées. Les médecins de l'antiquité avaient aussi fréquemment recours aux exercices gymnastiques employés comme moyens curatifs des maladies. Quoique quelques-uns (Hérodion) en aient abusé en proscrivant des exercices trop violents, d'autres en faisaient un usage plus judicieux. Ils recommandaient fréquemment ce qu'ils appelaient la *Gestation*. Cette sorte d'exercice consistait à se faire porter en chaise ou en litière, ou à se faire traîner rapidement dans un chariot ou dans un bateau, afin de donner au corps un mouvement et des secousses salutaires.

Les populations chrétiennes du moyen âge, de même que les Romains, n'envisagèrent la g. qu'au point de vue de la guerre, comme le prouvent les éloges donnés par les écrivains de cette époque aux héros de la chevalerie. Mais, quand la poudre à canon vint se substituer à la force du corps pour décider du sort des batailles, la g. tomba complètement en désuétude. Cependant, à la fin du XVIII° siècle, des hommes éclairés reconnurent qu'il y avait quelque chose à recueillir dans l'héritage du passé. Salzmann fonda à Munich une école de g., et son exemple trouva promptement des imitateurs dans la plupart des États de l'Europe. Bientôt on ne se borna plus à un pur empirisme. On formula une théorie, on posa des principes et on leur donna une base véritablement scientifique. C'est de cette époque que date la g. moderne. En ce qui concerne la France, c'est au colonel Amoros (1825) que revient l'honneur de l'avoir, le premier, rendue presque populaire. Toutefois la g. fut d'abord exclusivement abandonnée aux efforts des particuliers. Quelques années plus tard, l'État s'occupa de l'introduire dans les établissements militaires. Enfin, le 13 mars 1854, un arrêté du ministre de l'instruction publique a rendu l'enseignement obligatoire dans les lycées.

II. — Les exercices usités dans la g. moderne ont été divisés par Amoros en quinze classes principales : 1° *Assouplissements*, ou mouvements gradués des membres supérieurs et des membres inférieurs pour leur donner toute l'étendue, toute la précision, toute la souplesse, toute l'énergie dont ils sont capables. 2° Marcher ou courir sur des terrains faciles ou difficiles, et parsemés d'obstacles; glisser et patiner. 3° Sauter en profondeur, largeur et hauteur, dans toutes les directions, en avant, en arrière ou de côté, avec ou sans armes, à l'aide d'un bâton ou d'une perche, d'un fusil ou d'une lance. 4° L'art de se maintenir en équilibre, en passant sur des piquets, des poutres fixes, vacillantes, horizontales ou inclinées, à cheval, debout, en avant, en arrière, par-dessus ou par-dessous, pour s'habituer à traverser des rivières ou des précipices à l'aide d'un tronc d'arbre, d'une perche ou d'un pont étroit sans parapet. 5° Franchir des barrières, des murs, des ravins, des fossés, des torrents, sans être arrêté par aucun obstacle, au moyen de quelque instrument ou sans aucun ressource, les mains libres ou portant un fardeau quelconque. 6° Luttes de toutes les sortes, pour développer la force musculaire, l'adresse du corps, la résistance à la fatigue. 7° Gravir des murailles à l'aide d'échelles de cordes, d'échelles de bois droites ou renversées, fixes ou vacillantes, par devant ou par derrière, avec les pieds seuls sans se servir des mains, ou avec les mains sans se servir des pieds, chargé ou non; grimper au sommet d'un mur ou d'un mât avec ou sans instruments; en descendre ou se laisser glisser en se servant des objets que l'on rencontre. 8° Traverser un espace quelconque en se tenant suspendu par les bras, les mains et les pieds, ou seulement par les mains, à l'aide d'une poutre, d'une perche ou d'une corde lâche ou tendue. 9° Nager nu ou habillé, avec ou sans fardeau; plonger et se tenir longtemps sous l'eau. 10° Porter, étant arrêté ou en mouvement, des corps incommodes et pesants, tirer à soi, soulever, traîner et pousser des masses considérables. 11° La sphéristique, avec toutes ses modifications, c.-à-d. l'art de lancer avec la main des paumes, balles et ballons de différents poids et grosseurs, des javelots, des dards, des pierres et toute sorte de projectiles, de manière à atteindre un but. 12° Le tir à cible et à des objets mouvants avec des armes de jet quelconques. 13° L'escrime à pied et à cheval, et le maniement de toute espèce d'armes blanches. 14° L'équitation et la voltige. 15° Les danses militaires et les danses ordinaires plus ou moins développées. L'ensemble de ces divers exercices constitue la *G. générale*; mais on fait un choix parmi eux, suivant le résultat particulier qu'on veut obtenir, et l'on a ainsi ce que convenu d'appeler la *G. civile*, la *G. militaire*, la *G. médicale* et la *G. funambulique*, dont la dénomination fait suffisamment connaître l'objet. La nature de ce livre nous interdisant d'entrer dans le détail des procédés employés dans l'art de la g., nous renverrons le lecteur aux traités spéciaux sur la matière, tels que ceux d'Amoros, de Clias et de Laisné, et au livre de E. Paz: *La Santé du corps et de l'esprit par la gymnastique.*

GYNÈME. s. m. [Pr. *jim-nème*] (gr. γυμνὸς, nu; νῆμα, filament). T. Bot. Genre de plantes Dicotylédones (*Gynema*) de la famille des *Asclépiadées*. Voy. ce mot.

GYMNÈTES. s. m. pl. [Pr. *jin-nètes*] (gr. γυμνὴς, nu). T. Antiq. Esclaves chez les Argiens.

GYMNIQUE. adj. 2 g. [Pr. *jim-nike*] (gr. γυμνικὴ, nu). T. Antiq. Jeux *gymniques*, Les jeux publics où les athlètes combattaient nus. ═ GYMNIQUE. s. f. Voy. GYMNASTIQUE.

GYMNITE. s. f. [Pr. *jym-nite*] (gr. γυμνὸς, nu). T. Minér. Silicate hydraté de magnésie.

GYMNOASQUE. s. m. [Pr. *jimno-aske*] (gr. γυμνὸς, nu, et *asque*). T. Bot. Genre de Champignons Ascomycètes (*Gymnoascus*) de la famille des *Périsporiacées*. Voy. ce mot.

GYMNOBLASTE. adj. [Pr. *jimno...*] (gr. γυμνὸς, nu; βλαστὸς, germe). T. Bot. Dont l'embryon n'est point renfermé dans un sac particulier. *Plantes gymnoblastes.* nus.

GYMNOBRANCHE. adj. [Pr *jimno...*] (gr. γυμνὸς, nu, et *branchie*). T. Zool. Dont les branchies sont à nu. ═ GYMNOBRANCHES. s. m. pl. Groupe de Mollusques gastéropodes.

GYMNOCARPE. adj. [Pr. *jimno...*] (g. γυμνὸς, nu; καρπὸς, fruit). T. Bot. Dont le fruit n'est enveloppé par aucun organe accessoire. Peu us. ‖ *Champignons gymnocarpes*, Champignons dont les éléments reproducteurs sont placés extérieurement.

GYMNOCARPIEN, IENNE. adj. [Pr. *jimno...*]. T. Bot. Syn. de *gymnocarpe*.

GYMNOCAULE. adj. [Pr. *jimno...*] (gr. γυμνὸς, nu; καυλὸς, tige). T. Bot. Dont la tige est nue, sans feuilles.

GYMNOCÉPHALE. s. m. [Pr. *jimno...*] (gr. γυμνὸς, nu; κεφαλὴ, tête). T. Ornith. Genre de Passereaux dentirostres. Voy. CORACINE.

GYMNOCLADUS. s. m. [Pr. *jimno...*] (gr. γυμνὸς, nu; κλάδος, branche). T. Bot. Nom scientifique du genre *Chicot*. Voy. LÉGUMINEUSES.

GYMNOCOCHLYDE. adj. 2 g. [Pr. *jimno-ko-klide*] (gr. γυμνὸς, nu; κοχλὸς, coquille). T. Zool. Se dit des mollusques qui ont la coquille à l'extérieur du corps.

GYMNODÈRE. s. m. [Pr. *jimno...*] (gr. γυμνὸς, nu; δέρη, cou). T. Ornith. Genre de Passereaux dentirostres. Voy. CORACINE.

GYMNODERMATE ou **GYMNODERME.** adj. 2 g. [Pr. *jimno...*] (gr. γυμνὸς, nu; δέρμα, peau). T. Hist. nat. Qui a la peau nue.

GYMNODONTE. adj. 2 g. [Pr. *jimno...*] (g. γυμνὸς, nu; ὀδοὺς, dent). T. Zool. Qui a les dents à nu.

GYMNOGÈNE. adj. et s. 2 g. [Pr. *jimno-gène*] (gr. γυμνὸς, nu; γενέσις, génération). T. Bot. Sous le nom de *Gymnogènes*, Lindley désignait le groupe de végétaux auquel on donne actuellement le nom de *Gymnospermes*. Voy. ce mot.

GYMNOGYNE. adj. [Pr. *jimno-jine*] (gr. γυμνὸς, nu; γυνὴ, femelle). T. Bot. Dont l'ovaire est à nu.

GYMNOPÉDIE. s. f. [Pr. *jimno...*] (gr. γυμνὸς, nu; παῖς, enfant). T. Antiq. Danse en usage à Lacédémone et exécutée pour une fête annuelle par une troupe d'hommes et d'enfants nus qui chantaient des hymnes composés à cet effet.

GYMNOPHIDE. adj. [Pr. *jimno-fide*] (gr. γυμνὸς, nu; ὄφις, serpent). T. Zool. Se dit des serpents à peau nue, lisse et visqueuse.

GYMNOPLEURE. s. m. [Pr. *jimno...*] (gr. γυμνὸς, nu; πλευρὰ, flanc). T. Entom. Genre de Coléoptères Lamellicornes du groupe des Coprides.

GYMNOPODE. adj. 2 g. [Pr. *jimno...*] (gr. γυμνὸς, nu; ποὺς, pied). T. Didact. Qui a les pieds nus. ‖ S. m. pl. Famille de reptiles chéloniens.

GYMNOPOME. adj. 2 g. [Pr. *jimno...*] (gr. γυμνὸς, nu; πῶμα, opercule). T. Ichtyol. Qui a les opercules nus. ‖ S. m. pl. Famille de poissons osseux.

GYMNOPTÈRE. adj. 2 g. [Pr. *jimno...*] (gr. γυμνὸς, nu; πτερὸν, aile). T. Zool. Qui a les ailes nues, sans étuis, ni écailles. ‖ S. m. pl. Section de la classe des insectes, comprenant ceux qui ont les ailes nues.

GYMNORRHIZE. adj. 2 g. [Pr. *jimno-rize*] (gr. γυμνὸς, nu; ῥίζα, racine). T. Bot. Dont les racines sont à nu.

GYMNORRHYNQUE. adj. 2 g. [Pr. *jimno-rinke*] (gr. γυμνὸς, nu; ῥύγχος, bec). T. Zool. Qui a le bec ou le museau dénué d'appendices. ‖ S. m. pl. T. Ichtyol. Fam. de poissons ayant le museau court dénué d'appendices.

GYMNOSOME. adj. 2 g. [Pr. *jimno-some*] (gr. γυμνὸς, nu; σῶμα, corps). T. Zool. Qui a le corps nu. ‖ s. m. T. Entom. Genre de Diptères de la famille des Tachynides. ═ GYMNOSOMES. s. m. pl. Genre de Mollusques Ptéropodes.

GYMNOSOPHIE. s. f. [Pr. *jimno-so-fie*]. Doctrine des gymnosophistes.

GYMNOSOPHISME. s. m. [Pr. *jimno-sofisme*]. Syn. de *Gymnosophie*.

GYMNOSOPHISTE. s. m. [Pr. *jimno-sofiste*] (gr. γυμνὸς, nu; σοφὸς, sage). Les Grecs et, à leur exemple, les Romains appelaient ainsi les philosophes hindous, parce que ces derniers, à ce que rapportent les historiens de l'expédition d'Alexandre, vivaient nus ou à peu près nus, dans la solitude des forêts. L'austérité de mœurs, le mépris de la douleur et de la mort qu'affectaient ces anachorètes avaient vivement frappé les Grecs. Arrien raconte qu'un de ces gymnosophistes, nommé Calanus, s'étant attaché à Alexandre, suivit ce conquérant jusqu'en Perse. Mais atteint par les infirmités de la vieillesse, il voulut mettre un terme à ses jours. En conséquence, il fit dresser un bûcher dans lequel il se jeta en présence du roi et de toute l'armée macédonienne. Trois siècles plus tard, un autre g. renouvela à Athènes, en présence d'Auguste, le spectacle jadis donné par Calanus. Ces gymnosophistes étaient vraisemblablement des brahmanes appartenant à cette classe d'anachorètes qu'on désigne actuellement dans l'Inde sous le nom de *Sannyasis*.

GYMNOSPERME. adj. et s. 2 g. [Pr. *jimno*..] (gr. γυμνὸς, nu ; σπέρμα, graine). T. Bot. Sous le nom de *Gymnospermes*, les botanistes désignent tout un groupe de végétaux Phanérogames chez lesquels le carpelle se réduit à un ovaire sans style ni stigmate, se bornant à porter et à nourrir les ovules, sans se reployer autour d'eux pour les protéger ; les grains de pollen tombent donc directement sur l'ovule et germent au sommet du nucelle. Bien que les graines ne soient pas logées dans une cavité spéciale, bien qu'on puisse dire que ces plantes ont des *graines nues* au sens étroit du mot, il n'en est pas moins vrai que, dans la plupart des cas, les carpelles se disposent en cône, s'imbriquent étroitement et se recouvrent complètement les uns les autres ; il s'ensuit que l'inconvénient qui résulte de la gymnospermie est alors supprimé, car les graines sont tout aussi efficacement protégées que les graines des Angiospermes dans leur ovaire clos. Ce n'est que lorsqu'il n'y a pas formation d'un cône que les graines demeurent exposées à l'action nuisible des agents extérieurs pendant toute la durée de leur développement ; aussi les genres qui sont si mal armés pour la lutte pour l'existence sont-ils en voie de disparition de la surface du globe (If, Ginkgo, Podocarpe, etc.).

Ce groupe de végétaux constitue un sous-embranchement des Phanérogames ; on comprend toutes ces plantes dans une seule classe, que l'on désigne par le même nom : les *Gymnospermes*. Cette classe se renferme elle-même 3 familles : les *Cycadacées*, les *Conifères* et les *Gnétacées*, caractérisées par l'origine et la disposition des carpelles. Dans les *Cycadacées*, on trouve un grand nombre de carpelles *issus directement* du rameau femelle, formant par conséquent, tous ensemble, une fleur femelle. Dans les *Conifères*, les carpelles naissent deux par deux *à l'aisselle des bractées* du rameau femelle, de sorte que chaque pistil ainsi constitué forme à lui seul une fleur femelle et le rameau femelle est une inflorescence en épi. Dans les *Gnétacées*, chaque pistil naît encore à l'aisselle d'une bractée, mais il est fermé et enveloppe son unique ovule. Cette dernière famille établit donc une transition vers les *Angiospermes*. Voy. CYCADACÉES, CONIFÈRES et GNÉTACÉES.

GYMNOSPERMIE. s. f. [Pr. *jimno*...] (R. *gymnosperme*). T. Bot. Nom donné par Linné à un des ordres de la 14e classe de son système (*Didynamie*), parce que le pistil des plantes de cette classe se compose de quatre lobes simulant des graines nues.

GYMNOSPERMIQUE. adj. 2 g. [Pr. *jimno*...] T. Bot. Qui appartient à la gymnospermie.

GYMNOSPORANGE. s. m. [Pr. *jimno-sporan-je*] (gr. γυμνὸς, nu, et *sporange*). T. Bot. Genre de Champignons parasites (*Gymnosporangium*) de la famille des *Urédinées*. Voy. ce mot.

GYMNOSPORANGIÉES. s. f. pl. [Pr. *jimno-sporan-jié*]. T. Bot. Tribu de Champignons de la famille des *Urédinées*. Voy. ce mot.

GYMNOSPORE. adj. 2 g. [Pr. *jimno*...] (gr. γυμνὸς, nu, et *spore*). T. Bot. Dont les spores sont à l'extérieur.

GYMNOSTOME. adj. 2 g. [Pr. *jimno*...] (gr. γυμνὸς, nu ; στόμα, bouche). T. Bot. Dont l'orifice est dépourvu d'appendices. || T. Zool. Dont la bouche n'offre aucun appendice. = GYMNOSTOMES. s. m. pl. Groupe d'insectes comprenant ceux dont les parties de la bouche sont nues.

GYMNOSTYLE. adj. 2 g. [Pr. *jimno*...] (gr. γυμνὸς, nu, et *style*). T. Bot. Dont le style est nu.

GYMNOTE. s. m. [Pr. *jimno-te*] (gr. γυμνὸς, nu ; νῶτος, dos). T. Icht. Les *Gymnotes* (*Gymnotus*) appartiennent à l'ordre des *Physostomes* (*Malacoptérigiens* de Cuvier) et au groupe des *Apodes*. Ces poissons ont une nageoire ventrale sous la plus grande partie du corps, et le plus souvent jusqu'au bout de la queue ; mais il n'y en a pas du tout le long du dos. En outre, leur peau est sans écailles sensibles. L'espèce la plus connue est le *G. électrique*, appelé vulgairement *Anguille électrique* (Fig. ci-après). Ce poisson est fort commun dans les rivières de l'Amérique méridionale. Sa taille atteint jusqu'à 2 mètres de longueur. Sa peau noirâtre est enduite d'une matière gluante, et sa tête est percée de petits trous par où s'échappe une humeur visqueuse qui donne à sa chair un goût fétide. Il est surtout remarquable par les propriétés électriques dont la nature l'a doué. L'appareil à l'aide duquel il produit des commotions, règne tout le long du dos et de la queue ; il se compose de quatre faisceaux longitudinaux formés d'un grand nombre de lames membraneuses parallèles, très rapprochées entre elles et à peu près horizontales, qui

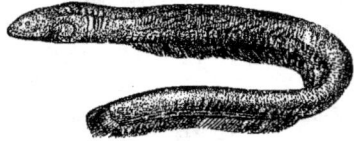

sont unies par une infinité de petites lamelles verticales. Les petites cellules prismatiques qui résultent de la réunion de ces lames sont remplies d'une matière gélatineuse. Enfin, tout le système reçoit des nerfs très gros. C'est à l'aide de cet appareil que le G. se défend contre ses ennemis et tue les poissons dont il se nourrit. Ses premières décharges, d'abord assez faibles, deviennent, quand il s'irrite, extrêmement vives et violentes. Mais ces décharges redoublées l'épuisent et le forcent à se reposer. Sa puissance, on peut le prendre sans danger. Pour pêcher les Gymnotes, les Américains font entrer des chevaux sauvages dans les rivières où se trouvent ces poissons. Les chevaux reçoivent les premières décharges qui les étourdissent, les abattent et même, dit-on, leur donnent parfois la mort. Mais, dès que les poissons ont épuisé leur provision d'électricité, on s'en empare facilement au moyen de harpons et de filets.

GYMNURE. adj. 2 g. [Pr. *jim-nur*] (gr. γυμνὸς, nu ; οὐρὰ, queue). T. Zool. Qui a la queue nue. = GYMNURES. s. m. pl. Section de la famille des singes, comprenant les sapajous à queue nue et calleuse.

GYNANDRE. adj. 2 g. (gr. γυνὴ, femme ; ἀνήρ, ἀνδρὸς, homme). Se dit des fleurs dans lesquelles les étamines sont soudées avec le pistil, comme cela a lieu dans les Orchidées, les Aristoloches, etc. || Hermaphrodite qui tient plus de l'homme que de la femme.

GYNANDRIE. s. f. (R. *gynandre*). T. Bot. Nom de la 20e classe du système de Linné, laquelle comprend les plantes qui ont les étamines soudées avec le pistil.

GYNDÈS, riv. d'Assyrie, aujourd'hui *Kara-Sou*, affl. du Tigre.

GYNÉCÉE. s. m. (gr. γυνὴ, femme ; οἶκος, maison). T. Antiq. L'appartement des femmes chez les Grecs. || Se dit encore d'un lieu où se réunissent, où travaillent ordinairement plusieurs femmes. || T. Bot. S'emploie, en botanique, pour désigner le quatrième verticille floral, c.-à-d. l'ensemble des carpelles ; plus fréquemment, on emploie le mot de *Pistil*. Voy. ce mot.

GYNÉCOCRATIE. s. f. (gr. γυνὴ, femme ; κρατὸς, souveraineté). État où les femmes peuvent gouverner.

GYNÉCOCRATIQUE. adj. 2 g. Qui a rapport à la gynécocratie.

GYNÉCOGRAPHIE. s. f. (gr. γυνὴ, femme ; γράφειν, écrire). Syn. de *Gynécologie*. Voy. ce mot.

GYNÉCOLOGIE. s. f. (gr. γυνὴ, femme ; λόγος, traité). Histoire de la femme. || T. Méd. Partie de la médecine qui s'occupe spécialement de la femme et des maladies qui lui sont propres.

GYNÉCOLOGISTE. s. m. Médecin qui s'occupe des accouchements et des maladies des femmes.

GYNÉCOMANIE. s. f. [Pr. *jiné-ko...*] (g* γυνή, femme; μανία, manie). Amour fou, excessif des femmes.

GYNÉCOMASTE. s. m. (gr. γυνή, femme; μαστός, mamelle). T. Anat. Homme dont les mamelles sont aussi volumineuses que celles d'une femme.

GYNÈRE. s. m. T. Bot. Genre de plantes Monocotylédones (*Gynerium*) de la famille des *Graminées*. Voy. ce mot.

GYNOBASE. s. f. (gr. γυνή, femme; fr *base*). T. Bot. Organe charnu sur lequel l'ovaire paraît inséré chez les Labiées et les Borraginées.

GYNOBASIQUE. adj. 2 g. (gr. γυνή, femme; βάσις, base). T. Bot. On donne le nom de *style* g. à un style qui, par suite du développement unilatéral d'un ovaire formé, se trouve rejeté sur le côté axile de la cavité, de manière à paraître inséré à la base de l'ovaire.

GYNOCARDE. s. m. (gr. γυνή, femme; καρδία, cœur). T. Bot. Genre de plantes Dicotylédones (*Gynocardia*) de la famille des *Bixacées*. Voy. ce mot.

GYNO-DIOÏQUE. adj. 2 g. (gr. γυνή, femme, et *dioïque*). Nom donné par Darwin aux plantes chez lesquelles on trouve des fleurs hermaphrodites et des fleurs jumelles sur deux pieds différents de la même espèce.

GYNOPHORE. s. m. (gr. γυνή, femme; φορός, qui porte). T. Bot. Nom donné, en botanique, au support plus ou moins long qui, dans certaines fleurs, élève le pistil au-dessus des autres verticilles floraux, comme dans le Câprier, par exemple.

GYNOPHOROÏDE. adj. 2 g. (R. *gynophore*, et gr. εἶδος, forme). T. Bot. Qui ressemble à un gynophore.

GYNOPODE. s. m. (gr. γυναικός, un; ποῦς, pied). T. Bot. Syn. de *podogyne*. Voy. ce mot.

GYNOSTÈME. s. m. (gr. γυνή, femme; στῆμα, couronne). T. Bot. Nom donné à la colonne qui résulte de la soudure des filets des étamines avec le style, comme cela a lieu dans la famille des Orchidées.

GYŒNGYŒS, ville de Hongrie, dans le comitat de Heves; 16,000 hab. Eaux minérales.

GYPAÈTE. s. m. (gr. γύψ, γυπὸς, vautour; ἀετὸς, aigle) T. Ornith. Genre de *Rapaces* appartenant à la famille des *Vulturidés*. Voy. VAUTOUR.

GYPOHIERAX. s. m. [Pr. *jipo-iéraks*] (gr. γύψ, γυπὸς, vautour; ἱέραξ, épervier). T. Ornith. Genre de *Rapaces* dont le type est le vautour d'Angola. Voy. VAUTOUR.

GYPSE. s. m. (gr. γύψος, plâtre). T. Minér. Voy. CHAUX.

GYPSERIE. s. f. T. Constr. Ouvrage fait de gypse ou de plâtre.

GYPSEUX, EUSE. adj. Qui est de la nature du gypse. *Pierre gypseuse.*

GYPSIER. s. m. Ouvrier en plâtre.

GYPSIFÈRE. adj. (R. *gypse*, et lat. *ferre*, porter). T. Minér. Qui contient du gypse.

GYPSOPHILE. s. m. (R. *gypse*, et gr. φιλός, qui aime). T. Bot. Genre de plantes Dicotylédones (*Gypsophila*) de la famille des *Caryophyllées*. Voy. ce mot.

GYRANTIDES. s. m. pl. T. Zool. Groupe d'oiseaux que l'on a séparés des *Gallinacés* pour en faire un ordre distinct dont nous donnerons les caractères au mot PIGEON. On le divise en trois familles : celles des *Pigeons*, les *Drontes* et des *Dididés*. Voy. ces mots.

GYRATION. s. f. [Pr. *jira-sion*]. Voy. GIRATION, qui est la forme la plus usitée, quoique incorrecte.

GYRATOIRE. adj. 2 g. Voy. GIRATOIRE.

GYRIN. s. m. (gr. γυρεύω, je tournoie). T. Ent. Genre de *Coléoptères pentamères* qui a donné son nom à la famille de *Gyrinides*. Voy. ce mot.

GYRINIDES. s. m. (R. *gyrin*). T. Ent. Famille de *Coléoptères pentamères* dont toute l'organisation est en rapport avec leur genre de vie aquatique. Leurs pattes postérieures sont en forme de rames plus ou moins dilatées et aplaties, les antérieures étant normales et beaucoup plus longues que les autres. Leur corps est ovalaire et luisant; leur tête, large, est enfoncée jusqu'aux yeux dans un corselet plus large que long; leurs antennes sont épaisses et très courtes; leurs yeux, divisés en deux parties, leur donnent l'aspect d'en avoir quatre. Leurs mandibules, courtes, robustes, dentées à l'extrémité, sont presque entièrement recouvertes; les élytres sont larges et recouvrent l'abdomen.

Ces insectes sont de petite taille, et on les voit pendant tout l'été nager à la surface des eaux dormantes, en troupes nombreuses et en décrivant le plus souvent des cercles : ce qui leur a valu le nom de *Puces aquatiques* et de *Tourniquets*. Quand ils nagent, ils laissent de leur corps est à sec, et lorsqu'ils plongent, une petite bulle d'air reste attachée à l'extrémité de leur abdomen. Le vol des G. est lourd; du reste, ils ne se servent de leurs ailes que pour passer, la nuit, d'un étang à un autre. Ils passent l'hiver au pied des plantes aquatiques ou dans la vase. Quelques espèces vivent dans la mer. Ce sont des insectes très voraces, qui se nourrissent de petits animaux aquatiques.

Le type de cette famille et du genre *Gyrin (Gyrinus)*] si l'on désigne sous son nom, est le G. nageur (*G. natator*) que nous représentons grossi. Cette espèce (Fig. ci-contre) est commune dans toute l'Europe. Elle est longue de 7 millimètres, ovale et d'un noir bronzé. Sa larve vit dans l'eau, et en sort au commencement d'août pour passer à l'état de nymphe. Elle forme, avec une matière qu'elle tire de son corps, une petite coque ovale, pointue à ses deux bouts et semblable à du papier gris, qu'elle fixe aux feuilles des roseaux où elle s'enferme. Elle reste, en moyenne, un mois dans cet état de nymphe.

GYROCARPE. s. f. (gr. γῦρος, cercle; καρπὸς, fruit). T. Bot. Genre de plantes Dicotylédones (*Gyrocarpus*) de la famille des *Combrétacées*. Voy. ce mot.

GYROCARPÉES. s. f. pl. (R. *gyrocarpe*). T. Bot. Tribu de végétaux de la famille des *Combrétacées*. Voy. ce mot.

GYROGONITE. s. f. (gr. γῦρος, cercle; γόνος, semence). T. Paléont. vég. Débris fossiles de *Characées*, particulièrement les œufs. Voy. CHARACÉES.

GYROMANCIE. s. f. (gr. γῦρος, cercle; μαντεία, divination). Voy. DIVINATION, § 5, G.

GYROMANCIEN. s. m. Celui qui pratique la gyromancie.

GYROME. s. m. (gr. γύρωμα, ceinture). T. Bot. Réceptacle orbiculaire des organes reproducteurs de certains lichens.

GYROMÈTRE. s. m. (gr. γῦρος, cercle; μέτρον, mesure). Appareil servant à mesurer la vitesse de rotation des machines.

GYROPHORE. s. m. (gr. γῦρος, cercle; φορός, qui porte). T. Bot. Genre de Cryptogames (*Gyrophora*) de la famille des *Lichens*.

GYROPHORIQUE. adj. (R. *gyrophore*). T. Chim. L'acide g. a été extrait de deux lichens, le *Gyrophora pustulata* et le *Lecanora tartarea*, employés pour la fabrication du tournesol. Il se présente en mamelons cristallins, incolores, presque insolubles dans l'eau. C'est un acide très faible dont les solutions ne rougissent pas le tournesol. Additionné d'ammoniaque et exposé à l'air, il se convertit en une substance pourprée.

GYROSCOPE. s. m. (gr. γῦρος, cercle; σκοπέω, j'examine). T. Phys. Ce mot, qui a été créé en 1852, par Léon Foucault, désigne un appareil imaginé par ce physicien pour mettre en évidence le mouvement de rotation de la terre. L'emploi du g. repose sur ce principe de mécanique que : lorsqu'un corps qui n'est soumis à aucune force extérieure, est animé d'un mouvement de rotation autour d'un de ses axes principaux d'inertie, cet axe doit rester *parallèle à lui-même*, si l'on vient à déplacer le corps d'une manière quelconque, tout en laissant l'axe libre de prendre toutes les directions. Si donc on imagine qu'une toupie soit suspendue de manière à être soustraite à l'action de la pesanteur, et de façon que son axe de rotation puisse s'orienter dans tous les sens, il arrivera que cet axe conservera une *direction fixe* dans l'espace, quoiqu'il soit entraîné par le mouvement de la terre; par conséquent, il semblera se déplacer par rapport aux objets terrestres, et son mouvement rotatif sera le même que celui des directions fixes du ciel, c.-à-d. qu'il semblera tourner comme les étoiles autour de l'axe du monde, dans le sens du mouvement diurne et dans une période de vingt-quatre heures sidérales.

Le g. de Foucault n'est pas autre chose qu'une toupie ainsi suspendue; il est représenté par la Fig. ci-dessous : (To, Tore

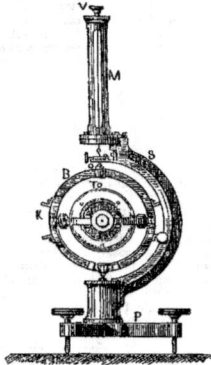

on toupie. — AB, Anneaux de cuivre assurant la mobilité parfaite de l'axe du tore. — P, Pied muni de trois vis calantes. — O, Pivot supérieur de l'anneau B. — F, Fil supportant tout le système. — K, Pince servant à fixer l'anneau B sur le pied courbe S. — M, Colonne en cuivre. — V, Vis servant à mesurer les torsions du fil et à changer l'azimut de B). La toupie est formée d'un tore de cuivre To; les deux extrémités de son axe viennent se fixer dans un anneau A suspendu horizontalement aux deux extrémités du diamètre perpendiculaire à l'axe du tore, de sorte que celui-ci peut prendre toutes les inclinaisons possibles sur l'horizon; enfin, les deux pivots de ce premier anneau reposent sur un deuxième anneau B, dont le plan est vertical et qui peut tourner lui-même autour de la verticale, car il porte à sa partie inférieure un pivot reposant sur une crapaudine et qui est suspendu par un fil métallique. Il s'ensuit que son plan, et, par suite, l'axe du tore, peuvent s'orienter dans les azimuts. Il résulte donc

de ce mode de suspension que l'axe du tore est entièrement libre; de plus, il est évidemment en équilibre dans toutes ses positions. Tout l'appareil est supporté par un pied P muni de trois vis calantes. Pour faire l'expérience, on commence par imprimer au tore de cuivre un mouvement rapide en le portant sur un mécanisme spécial de rouages, puis on le place sur ses supports dans le premier anneau. On reconnaît alors que l'axe du tore semble décrire un cône autour de la ligne des pôles, et sa vitesse de rotation apparente est précisément celle qui correspond à un tour entier par vingt-quatre heures.

Si on supprime l'anneau intérieur A, ou, ce qui revient au même, si on fixe l'axe du tore aux mêmes points où cet anneau repose sur l'autre B, cet axe ne pourra plus se déplacer que dans un plan horizontal. L'expérience et la théorie indiquent qu'il exécute alors une série d'oscillations autour de la méridienne, sur laquelle il vient finalement se fixer, quand les frottements ont amorti ce mouvement oscillatoire, pourvu, toutefois, que la rotation de la toupie dure assez longtemps. Si, au contraire, on fixe l'anneau vertical dans un plan perpendiculaire au plan méridien, l'axe du tore ne pourra plus se déplacer que dans ce plan méridien. On le voit alors venir se fixer, après plusieurs oscillations, dans la direction même de l'axe du monde. Des cercles divisés permettent de relever avec précision la position du tore, de sorte qu'on peut, à l'aide de cet instrument, et sans aucune observation astronomique, déterminer la position du plan méridien, celle de l'axe du monde, et, par suite, la latitude.

Ces diverses propriétés ont reçu d'importantes applications dans la navigation maritime. Le g. marin permet de déterminer l'angle dont un navire vient sur bâbord ou sur tribord quand il change de route, c.-à-d. l'angle qu'il fait alors avec son ancienne direction. L'instrument est en ce cas surmonté d'une alidade à pinnules qui est maintenue fixe dans l'espace quand le tore est en mouvement; le bâtiment changeant alors de direction entraîne le cercle gradué placé sous l'alidade, d'une quantité égale à l'angle qu'il fait avec sa direction primitive.

Le commandant Fleuriais a donné le nom de *g.-collimateur* à un petit appareil qui s'applique au sextant pour fournir un horizon artificiel destiné à faciliter les observations quand l'horizon naturel est voilé par des nuages ou des brouillards. Cet appareil se compose essentiellement d'une petite toupie animée d'un mouvement très rapide qui porte deux lentilles plans-convexes parallèles dont les plans sont parallèles à l'axe de rotation. Ces lentilles portent deux traits horizontaux, et l'axe de la toupie se plaçant de lui-même dans la direction verticale par l'effet du frottement du pivot, les deux traits forment une ligne de collimation qu'on peut viser comme l'horizon naturel.

GYROSTÈME. s. m. (gr. γῦρος, cercle; στήμων, filament). T. Bot. Genre de plantes Dicotylédones (*Gyrostemon*) de la famille des *Phytolaccacées*. Voy. ce mot.

GYROSTÉMONÉES. s. f. pl. (R. *gyrostème*). T. Bot. Tribu de végétaux de la famille des *Phytolaccacées*. Voy. ce mot.

GYROVAGUE. s. m. (Pr. *jiro-va-ghe*) (gr. γῦρος, cercle; lat. *vagare*, errer), Nom qu'on donnait autrefois à certains moines qui n'étaient attachés à aucune maison et qui erraient de monastère en monastère.

GYTHIUM ou **GYTHION** ou **MAROTHONISI**, v. anc. et port de la Laconie, sur la côte E. du golfe de Laconie.

GYULAI (IGNACE, comte), l'un des meilleurs généraux de l'Autriche dans toutes les guerres contre la France (1763-1831).

H

H. s. f. et m. La huitième lettre et la sixième consonne de l'alphabet. Il est fémin. quand, selon la prononciation usuelle et ancienne, on l'appelle *Ache : Une grande H (ache)*. Une petite h; mais on fait cette lettre du genre masculin lorsque suivant une méthode qu'on a cherché, sans grand succès, à substituer à l'ancienne, on l'appelle *He*.

Obs. **gram.** — Les grammairiens ne sont pas d'accord sur la nature véritable du caractère alphabétique H. Les uns la regardent comme un simple signe étymologique auxiliaire dénué de toute valeur propre. Les autres le considèrent comme une véritable consonne. Pour résoudre cette question, il ne faut pas se borner à étudier le rôle de cette lettre dans notre langue; il faut l'étudier également dans les langues étrangères. Dans l'alphabet grec primitif, l'H représentait réellement une aspiration ou, pour parler plus exactement, une articulation gutturale; mais, plus tard quand on eut imaginé un signe particulier, l'esprit rude, pour remplir le même rôle, ce caractère fut employé pour représenter l'e long, qui équivalait à deux e brefs (H, η), et on lui donna le nom d'*Éta*. Pline attribue ce changement au poète Simonide, mort en 448. Plusieurs inscriptions prouvent encore qu'avant l'invention du Φ et du X, les Grecs représentaient ces consonnes au moyen du Π et du K suivis de l'H. Les Latins conservèrent la lettre H comme consonne gutturale; néanmoins, dans certains mots de leur langue, que l'on suppose communément être dérivés du grec, ils substituèrent à cette aspiration la lettre S. C'est ainsi qu'ils écrivaient *sui, sal, sex, septem, serpo*, etc., au lieu de ὗο, ἅλς, ἕξ, ἑπτὰ, ἕρπω, etc. Comme on le voit, la tendance des Romains était à adoucir leur prononciation et à supprimer toute aspiration. De là vint que, dans beaucoup de mots qu'ils écrivaient dans le principe avec le signe de l'aspiration H, ils prirent l'habitude de le supprimer: tels sont les mots *haruspex, honestus*, etc., qu'on écrivait plus souvent *aruspex, onestus*, etc. Dans la transcription des langues sémitiques, c'est par l'H que nous représentons la valeur de l'aspiration *he* qui correspond au *ch* allemand et au *jota* espagno. Dans les langues occidentales, qui tendent généralement à s'adoucir, nous voyons l'aspiration H disparaître graduellement; cependant, le caractère qui représente cette aspiration reste dans l'écriture comme signe étymologique. Dans notre langue en particulier, nous n'avons aucune aspiration ou, en d'autres termes, aucune articulation gutturale. Bien que les grammairiens distinguent la lettre H en H *muette* et H *aspirée* (distinction qui n'a lieu que pour les mots qui commencent par cette lettre), il n'y a pas plus d'aspiration dans l'H dite *aspirée* que dans celle qu'on appelle *muet e*. Quant à l'H muette, tout le monde est d'accord pour la considérer comme un signe purement orthographique, qui, dans la plupart des cas, sert simplement à rappeler l'étymologie du mot. En effet, les mots qui commencent par une H muette, comme *l'honneur*, les *hommes*, se prononcent absolument comme si elle n'existait pas. L'H aspirée, il est vrai, a une fonction parti-

culière; elle empêche de lier la lettre terminale du mot qui la précède avec la voyelle qui la suit; mais elle joue ici tout simplement le rôle du tréma, et elle ne fait nullement aspirer, c'est-à-dire prononcer avec une articulation gutturale la voyelle qui la suit. C'est donc uniquement en souvenir de la fonction qu'elle remplissait dans les langues anciennes et qu'elle remplit encore dans certaines langues modernes, que l'on peut ranger l'H parmi les consonnes, et même la considérer comme une gutturale. — Nous indiquerons tous les mots où l'h est aspirée. Les mots où il n'y aura aucune mention de prononciation sont ceux où l'h initiale est muette.

Lorsqu'elle se trouve dans le corps d'un mot, la lettre H n'a aucune valeur propre. Dans *cohabiter, cohorte*, où elle se trouve entre deux voyelles, elle ne modifie en rien la prononciation: elle ne figure là que parce qu'elle se trouvait dans les mots latins dont ces mots français sont dérivés. Déjà Cicéron remarquait avec raison que, dans ces mêmes mots latins, l'h constituait une véritable superfétation. Quand l'h est précédée d'un t ou d'une r, comme dans *théologie, Athènes, gothique, rhétorique*, cela seul suffit pour indiquer que le mot est d'origine étrangère, le plus souvent grecque ou latine. Dans le premier cas, le *th* représente le θ, et le *rh* le ρ des Grecs. Lorsqu'elle est précédée d'un c, les deux lettres réunies ont dans la prononciation tantôt la valeur du *j* fortement articulé, tantôt celle du k. L'articulation *ch* à la première de ces valeurs dans les mots purement français ou qui ne viennent que du latin; exemple: *chose, chercher, choir, chute, charité, vache, cocher*, etc. Elle a au contraire la valeur de k, lorsqu'elle se trouve dans un mot dérivé ou tiré du grec, de l'hébreu et de l'arabe. Elle représente alors, mais simplement dans l'écriture, une véritable articulation gutturale propre à ces langues, articulation qui, dans ces mêmes langues, est indiquée par un caractère particulier dont nous n'avons pas l'équivalent en français. Nous citerons comme exemples les mots *archange, chrétien, Melchisédech, Achmet*, etc., qui se prononcent *arkange, krétien, Melkisédek, Akmet*, etc. Cependant l'usage a excepté de cette règle quelques mots, tels que *Achille, archevêque, chimie, Michel*, etc., où *ch* se prononce comme le *j* fortement articulé (dans *Michel-Ange*, on prononce *Mikel*). — Enfin, quand l'h se trouve après un p, dans les mots dérivés du grec et de l'hébreu, la réunion de ces deux lettres représente la même articulation que nous indiquons plus ordinairement par f. Ainsi *Philippe, Phalaris, philosophie, sphinx, Japhet, Joseph, Séraphin*, se prononcent *Filippe, Falaris*, etc.

La lettre H, employée comme abréviation dans les inscriptions et sur les médailles romaines, signifie, le plus souvent, *Hadrianus, Hostilius, hic, hora, habet, homo, hæres*, etc. HS signifiait *sestertius*. Prise comme lettre numérique, H seule valait 200, et surmontée d'un trait horizontal, 200,000. — Dans notre langue, H est ordinairement l'abréviation du nom propre *Henri*, et S. H. veut dire *Sa Hautesse*. Dans la notation littérale de la musique, H indique le *Si* naturel.

HA. [*h* asp.] (Onomatopée). Interj. de surprise, d'étonnement. *Ha, vous voilà! Ha! ha!* || Interj. exprimant le soulagement *Ha! me voilà débarrassé!* || s. m. *Le malade fit un grand ha!*

HAAFIZ ou **HAFIZ** (Schems-Eddin-Mohamed), l'un des plus célèbres poètes de la Perse, né à Chiraz (1320-1391).

HAAG (Eugène), théologien protestant né à Montbéliard (1808-1868). Il a écrit en collaboration avec son frère Émile, né à Montbéliard (1810-1865), *la France protestante*.

HAARLEM. Voy. Harlem.

HABACUC, l'un des douze petits prophètes.

HABEAS CORPUS. [Pr. *abéas-korpus*] (Mots lat. sign. Aie ton corps). Interj. de celui de son corps). Nom d'une loi célèbre qui, en Angleterre, donne à tout accusé le droit d'attendre en liberté son jugement, moyennant caution. En France, la loi n'accorde pas à l'accusé le bénéfice de l'*habeas corpus*.

HABERT (Philippe), littérateur fr., membre de l'Académie française (1605-1637).

HABILE. adj. 2 g. (lat. *habilis*, m. s.). Capable, adroit, intelligent, savant. *Il est h. en toutes choses. Un général h. Un h. médecin. C'est un homme fort h. dans les affaires. Un sculpteur, un peintre h. C'est un h. musicien. Un h. courtisan. Un homme h. à profiter des circonstances.* — Ellipt., *De plus habiles que vous s'y sont laissé prendre.* — En mauvaise part, on dit aussi : *Un h. fripon. Un scélérat h. Il est h. à tromper.* || Se dit aussi des choses qui témoignent de l'habileté dans les personnes. *Voilà un coup h. Une démarche fort h. La tournure que vous avez prise est très h.* — On dit aussi, *Des mains habiles.* || Popul., se dit quelquefois pour diligent, expéditif. *C'est un copiste h., il aura bientôt copié ce mémoire. Il* T. Jurisp. *Habile* signifie, Qui est reconnu capable par la loi, qui a droit ou qui peut avoir droit. *Il est h. à succéder, à se porter héritier, à contracter mariage.*

HABILEMENT. adv. [Pr. *abile-man*]. Avec habileté, avec adresse, avec intelligence. *Il a fait cela fort h. Il s'est tiré très h. de ce mauvais pas. Il démêle h. le vrai du faux.* || Pop., Avec célérité. *Voilà un travail qui a été h. fait.*

HABILETÉ. s. f. Qualité de celui qui est habile, capable, intelligent. *Il a beaucoup d'h. Il est d'une grande h. Il a fait preuve d'une rare h. dans cette affaire. Avec toute son h., il a été pris pour dupe.* = Syn. Voy. Adresse. || T. Jurisp. *H. à succéder, à contracter*, etc., Aptitude à succéder, etc.

HABILITANT, ANTE. adj. (part. d'*habiliter*), T. Jurisp. Qui rend une personne habile à faire un acte. *Formalités habilitantes.*

HABILITATION. s. f. [Pr. ...*sion*]. T. Jurisp. Action d'habiliter quelqu'un.

HABILITÉ. s. f. (lat. *habilitas*, m. s.). T. Jurisp. Capacité légale de faire quelque chose. || Qualité. *Situation habilitée*, c'est-à-dire rendue apte à l'exercice de certains droits.

HABILITER. v. a. (lat. *habilitare*, m. s.). T. Jurisp. Rendre quelqu'un capable de faire, de recevoir quelque chose; lever les obstacles qui l'empêchaient. *Le consentement du mari habilite la femme à ester en justice. H. un mineur à contracter.* = Habilité, ée. part.

HABILLABLE. adj. 2 g. [Pr. *abi-lla-ble*, ll mouillées]. Qu'on peut bien habiller. Famil.

HABILLAGE. s. m. [Pr. *abi-lla-je*, ll mouillées]. Action d'habiller, de mettre en état pour une destination. Voy. Habiller.
   Arboric. — Au moment d'effectuer la plantation d'un arbre, on pratique l'h., préparation qui s'applique aux racines et à la tige. Lorsqu'on enlève un jeune arbre d'une pépinière pour le planter à demeure, il est nécessaire de rompre un certain

nombre de racines qui ont pris trop de développement; d'autres ont été blessées dans l'opération par les instruments, ou desséchées par l'impression de l'air. On doit rafraîchir l'extrémité de ces organes par une section nette pratiquée audessus des parties lésées. Dans ces conditions, les plaies se cicatrisent promptement et donnent naissance, sur leur périmètre et au-dessus d'elles, à de nombreuses racines qui viennent bientôt remplacer les parties retranchées. Si, au contraire, on abandonnait à elles-mêmes les extrémités lésées, froissées ou desséchées, les plaies deviendraient chancreuses; le réseau souterrain resterait dans un état maladif qui pourrait compromettre l'existence du jeune arbre. — Si l'on supprime, pour quelque temps, une partie des racines, il devient indispensable d'enlever également une certaine partie de la tige, afin de maintenir un équilibre convenable entre l'étendue respective de ces deux organes. Cette suppression, pour qu'elle ne devienne pas nuisible, doit être faite avec non moins de circonspection que celle des racines. Les amputations devront donc porter uniquement sur les rameaux âgés d'un an, ou tout au plus sur quelques ramifications de deux ans. On ne saurait trop s'élever contre l'usage barbare qui consiste à retrancher totalement la tête des arbres ou les ramifications ne suffit plus pour rétablir l'équilibre. La seconde, lorsque les arbres ayant été très rapprochés dans la pépinière, se sont trop développés en hauteur, et sont exposés à être rompus par les vents. Cependant, et malgré ces deux circonstances, les têtes des chênes, des hêtres et des noyers devront toujours être conservées. Enfin, une autre exception, encore plus importante, s'applique aux espèces résineuses. On doit s'abstenir du toute amputation sur leur tige, car les suppressions ne sont jamais remplacées. Cela tient à une organisation particulière de ces arbres qui sont dépourvus de boutons adventifs; les nouveaux bourgeons ne se développent presque jamais qu'à l'extrémité des rameaux.

HABILLANT, ANTE. adj. [Pr. *abi-llan*, ll mouillées]. Qui habille bien. *Étoffe habillante.* Famil.

HABILLEMENT. s. m. [Pr. *abi-lle-man*, ll mouillées] (R. *habiller*). L'ensemble des choses dont on est vêtu. *H. simple. H. somptueux.* — *H. de tête*, se disait autrefois du casque, de l'armure de tête. || T. Admin. Action de pourvoir d'habits. *Il a l'entreprise de l'h. des troupes.* *Le capitaine d'habillement.*
   Syn. — *Habit, Vêtement.* — Le *vêtement* est tout ce qui sert à couvrir le corps, y compris la coiffure et la chaussure. Ce qui est matériellement nécessaire à l'homme consiste dans la nourriture, le *vêtement* et le logement. L'*habillement*, outre l'idée de vêtement, renferme l'idée d'un rapport à la forme, à la façon dont on est vêtu, aux ornements, aux parures qu'on ajoute à ce qui sert à couvrir le corps. L'*habit* a un sens plus restreint. Il ne signifie que ce qui est l'ouvrage du tailleur ou de la couturière. La redingote, le gilet, le pantalon, la robe, la jupe, le corset, sont des *habits*; le linge, la cravate, la chaussure, la coiffure, ne le sont point, bien qu'ils soient *vêtements*; et l'épée n'est ni *habit*, ni *vêtement*, bien qu'elle soit, en certain cas, une partie de l'*habillement*.

HABILLER. v. a. [Pr. *abi-ller*, ll mouillées] (bas-lat. *habiliare*, m. s., pour *habilitare*, de *habilis*, habile). Mettre à quelqu'un ses habits. *Habillez promptement cet enfant.* — On dit aussi de quelqu'un qui n'est pas encore tout à fait habillé. *Il n'est pas encore achevé d'h. H. une fille en garçon,* Lui mettre des habits de garçon. — Figur. et fam., *H. quelqu'un de toutes pièces,* Le maltraiter, en dire du mal. || Couvrir quelqu'un de ses vêtements de cérémonie. || *H. son visage,* Le farder. || Fournir quelqu'un de vêtements. *Habillez-vous vos gens? Cette société a pour but d'h. les pauvres.* — Faire des habits à quelqu'un. *Quel est le tailleur qui vous habille?* Absol., *Ce tailleur habille bien.* || Par ext., se dit de l'effet que font les habits quand on les porte. *Cette robe vous habille à ravir.* — Absol., *Cette* étoffe habille bien, Elle est souple et fait un bon effet sur le corps. || Par anal., on dit qu'*Un peintre, un sculpteur habille bien, sait bien h. ses figures*, Lorsqu'il sait bien disposer les draperies. || Fig. et en termes de critique, se dit de certains personnages qu'on représente avec un caractère, des idées qui ne leur appartiennent point, ou de certaines choses qu'on présente sous un aspect qui ne leur convient point. *Nos anciens poëtes habillaient trop souvent à la française les héros de l'antiquité.* H. *l'histoire en roman.* || Famil., Couvrir, envelopper. H. *de ronces le tronc d'un arbre. Son livre sert maintenant à h. le sucre et la cannelle.* H. *de paille une fontaine en hiver.* H. *un meuble d'une housse.* || Fig. et par anal., H. *une pensée en vers, La mettre en vers.* — H. *un conte,* Déguiser par la manière dont on le fait l'indécence du fond. || En parlant de certains animaux, Les écorcher, les vider et les mettre en état d'être accommodés à la cuisine. H. *un veau, un mouton,* H. *un lièvre, une volaille.* H. *du poisson.* H. *une morue,* En arracher les ouïes et l'arête, et la fendre avant de la saler. || T. Typog., Disposer autour des illustrations le texte de la composition, de manière à offrir un ensemble agréable à l'œil. || T. Arbor. H. *un arbre.* Voy. HABILLAGE. || T. Techn. H. *une pièce de poterie,* Y ajouter un manche, une anse, une oreille, un pied, etc. — H. *une montre,* Disposer convenablement les diverses pièces du mécanisme. — H. *le d'une vre,* Le passer au peigne pour séparer les brins de la chevrotte. — H. *des cartes à jouer,* Les enluminer. — H. *un train de bois,* En accoupler les coupons. — H. *un cuir,* Le préparer à tirer puis au tan. — H. *des cordes,* Les monter sur les pièces de bois. — H. *des peaux,* Assouplir les peaux pour fourrures, en les imbibant d'huile. — H. *des pains de sucre,* Les entourer de papier de couleur différente, selon que le sucre est destiné à la consommation intérieure ou à l'exportation. == S'HABILLER. v. pron. Se vêtir. *Vous avez juste le temps de vous h. Le prêtre s'habille pour dire la messe. Elle s'était habillée tout de blanc.* || Se pourvoir d'habits. *Il s'habille chez un fripier.* || Se dit encore du goût que l'on met dans le choix et l'arrangement de ses vêtements. *Il s'habille toujours très bien. Elle sait s'habiller avec goût.* = HABILLÉ, ÉE. part. *Un vêtement, un costume habillé,* De grande toilette. *Un homme habillé de noir,* et subst., *Un habillé de noir.* — Fig. *Un habillé de soie,* Un porc. Pop. || T. Blas. *Habillé* se dit de l'attribut d'un buste ou d'une personne représentée avec des vêtements, et d'un navire représenté avec ses voiles.

HABILLEUR. s. m. [Pr. *abi-lleur,* ll mouillées]. Celui qui habille. || T. Pêche. Celui qui habille la morue. || T. Techn. Ouvrier qui habille les peaux. == HABILLEUSE. s. f. Femme qui, dans les théâtres, habille les actrices ou les figurantes.

HABILLOT. s. m. [Pr. *abi-llo,* ll mouillées] (R. *habiller*) Morceau de bois qui accouple les coupons dans les trains de bois flotté.

HABILLURE. s. f. [Pr. *abi-llure,* ll mouillées] (R. *habiller*). Point de jonction d'un treillage.

HABIT. s. m. (lat. *habitus,* extérieur, costume). Vêtement, ce qui est fait pour couvrir le corps. H. *d'homme, de femme.* H. *simple, somptueux.* H. *du matin, du soir.* H. *de campagne, de ville.* H. *d'hiver, d'été.* H. *de chasse, de cheval.* H. *neuf, vieux, usé. Vieil h.* H. *à la mode, à la vieille mode. H. de deuil, de fête, de cérémonie, de cour, de noce, de bal.* H. *à la française.* H. *bourgeois, militaire, religieux. Habits sacerdotaux, pontificaux. Prendre un h. Mettre un habit neuf. Changer d'habits.* — *Mettre h. bas,* Quitter les vêtements de dessus pour se mettre plus à l'aise. || Vêtement de religieux, de religieuse. *Habits de chœur,* Habits que les ecclésiastiques portent en assistant aux offices. H. *long,* La soutane. H. *court,* Sorte de redingote que portent les prêtres quand ils n'ont pas la soutane. *Prendre l'h.,* Entrer en religion. *Prise d'h.,* Entrée en religion. — Fig., *L'h. ne fait pas le moine,* Il ne faut pas juger les gens sur l'apparence. || Dans un sens particulier, Le vêtement des hommes, qui couvre les bras et le corps, qui est ouvert par devant et terminé par derrière par des pans ou basques. H. *noir.* H. *de couleur.* H. *brodé, chamarré.* == Syn. Voy. HABILLEMENT.

HABITABILITÉ. s. f. Qualité de ce qui est habitable. Ce mot n'existait pas dans la langue française et n'a pas encore été inscrit à la dernière édition (1884) du *Dictionnaire de*

l'Académie. On le trouve dans le Dictionnaire de LITTRÉ (1876) avec cette mention : « à la pluralité des mondes habités : étude où l'on expose les conditions d'*habitabilité* des terres célestes, discutées au point de vue de l'astronomie et de la physiologie, *Titre d'un ouvrage de* FLAMMARION, 1862. »

HABITABLE. adj. 2 g. Qui peut être habité. *Cette maison, ce pays n'est pas h.* — *Toute la terre h.,* Toute la terre habitée ou qu'on présume être habitée.

HABITACLE. s. m. (lat. *habitaculum,* m. s.). Demeure, habitation ; ne se dit plus que dans quelques phrases de l'Écriture. *L'h. du Très-Haut. Les habitacles éternels.* || T. Mar. Armoire où l'on enferme la boussole, l'horloge et la lumière. Voy. BOUSSOLE.

HABITANT, ANTE. s. (part. de *habiter*). Celui ou celle qui fait sa demeure en un endroit. *Les habitants de la ville, de la campagne. Les habitants d'une rue, d'un quartier. C'est un h. du pays.* — Poétiq., *Les habitants de l'air, des forêts, des eaux,* Les oiseaux, les bêtes sauvages, les poissons. *Les habitants de l'Olympe,* Les dieux. || Celui qui possède un domaine, une habitation dans une colonie. *Un h. de la Guadeloupe. C'est un des plus riches habitants de la Martinique.* || T. Jurispr., se dit adjectiv., pour domicilié en un endroit. *Elle a établi sa demeure en tel endroit, où elle est encore habitante.* Vx.

HABITAT. s. m. [Pr. *abi-ta*] (R. *habiter*). T. Hist. nat. Se dit du lieu où l'on rencontre spécialement une espèce végétale ou animale, et se prend tantôt dans le sens de *Localité,* tantôt dans celui d'*Habitation.* Voy. GÉOGRAPHIE botanique.

HABITATION. s. f. [Pr. *abita-sion*] (lat. *habitatio,* m. s.). Lieu où l'on demeure, maison. *Venez me voir à mon h. Ces habitations sont abandonnées.* — *L'h. d'un animal,* Le lieu où on le trouve habituellement. *L'h. d'une plante,* Son site ordinaire. || Action d'habiter un lieu : séjour qu'on y fait habituellement. *On lui a donné cette maison pour son h. Cette maison est malsaine, l'h. n'en vaut rien.* — On le dit aussi des animaux. *Le renne fait son h. dans les contrées glaciales du Nord.* — T. Jurisp. *Droit d'h.* Voy. USUFRUIT. || *Avoir, former une femme,* Avoir avec elle un commerce charnel. Vx. || La) propriété qu'un particulier fait cultiver et valoir dans une colonie. *Il possède plusieurs habitations dans les colonies françaises.* — L'établissement que forme une colonie dans un pays éloigné. *Les Français établirent un certain nombre d'habitations dans l'Amérique du Nord.* Vx. == Syn. Voy. DEMEURE.

HABITATIVITÉ. s. f. Faculté affective qui attache l'homme à une demeure fixe.

HABITER. v. a. (lat. *habitare,* m. s.). Demeurer, faire son séjour en un endroit. *Il habite une maison sur le bord de la mer. Elle habite un palais à Venise. Les tribus sauvages qui habitent l'Australie. Le lion habite les climats torrides. Le renne habite les régions glacées.* — Fig., *La paix habite ces lieux.* || Fam., *Ça fromage est habité,* La tête de cet enfant est habitée, Est rempli, remplie de vermine. || Ne pas bouger d'un endroit qu'on occupe. *Il habite son fauteuil.* Fam. || Fig., *La paix habite le séjour.* == HABITER. vn. *L'Arabe habite sous la tente. Les peuples qui habitent vers le pôle. Pourquoi ne pas h. parmi nous? Les oiseaux habitent près des marécages.* || Fig., *L'esprit de Dieu habite en vous.* || H. *charnellement avec une femme,* ou simpl., H. *avec une femme,* Avoir avec elle un commerce charnel. Vx. == HABITÉ, ÉE. part.

HABITUABLE. adj. 2 g. Que l'on peut habituer.

HABITUATION. s. f. [Pr. *...sion*]. Action d'habiter. || T. Liturg. Qualité de prêtre habitué dans une paroisse.

HABITUDE. s. f. (lat. *habitudo,* m. s.). Disposition acquise par la répétition fréquente des mêmes actes. *Bonne, mauvaise h. Vieille h.* H. *enracinée. Prendre, contracter, perdre une h. L'h. est une seconde nature. Je le fais par h. Être dans l'h. de faire une chose. Les animaux sont, comme l'homme, susceptibles d'habitudes.* — *C'est un homme d'h.,* Il tient à ses habitudes, il craint tout ce qui le dérange de ses habitudes. || T. Méd. H. *du* *corps.* L'aspect que présente l'ensemble des parties extérieures du corps. *L'h. du corps de ce malade indique une prostration complète des forces.* — Dans le langage ordinaire, se dit quelquefois de l'air, de l'aspect général qui résulte du maintien, de la démarche et des attitudes d'une personne. *Je l'ai reconnu de loin à l'h. du corps.* ‖ Commerce familier, fréquentation, connaissance. *Avoir h. auprès de quelqu'un.* *Il a des habitudes en cette maison, dans cette maison. Peu à peu il perd toutes ses habitudes. Cultiver, conserver ses habitudes. Ce sens vieillit.* — Fam., *Avoir une h.,* Avoir un commerce de galanterie. Vx. = Syn. Voy. COUTUME.

HABITUEL, ELLE. adj. (bas-lat. *habitualis,* m. s.). Qui est passé à l'état d'habitude. *Défaut, péché h. Disposition habituelle du corps. C'est son mal h.* ‖ Qui se trouve le plus souvent en quelqu'un, en quelque chose. *Les caractères habituels d'une espèce minérale. La clarté et la correction sont les qualités habituelles de son style.* ‖ T. Théol. *Grâce habituelle,* Celle qui réside toujours dans le sujet.

HABITUELLEMENT. adv. [Pr. *abitu-el-man*]. Par habitude, ordinairement. *Il ment, il s'enivre h. Il vient ici h. Il fait h. quatre repas par jour.*

HABITUER. v. a. (bas-lat. *habituare,* m. s.). Faire prendre l'habitude, accoutumer à... *Il faut de bonne heure h. le corps à la fatigue. Habituez les enfants à ne jamais dire que la vérité.* := s'HABITUER. v. pron. Prendre, contracter l'habitude. *S'h. au froid, au travail. S'h. à courir. S'h. au jeu, à jouer. S'h. au climat, aux mœurs d'un pays.* = HABITUÉ, ÉE. part. ‖ Se dit particulièrement d'un ecclésiastique qui n'a ni charge ni dignité dans une église, mais qui est employé aux fonctions d'une paroisse. *Prêtre habitué. Il est habitué à Saint-Sulpice.* On dit aussi substantiv., *Un habitué de paroisse. Cette église compte tant d'habitués.* ‖ Subst., *Celui qui va habituellement dans un lieu. Un h. de la maison. Les habitués de l'Opéra.*

HABITUS. s. m. [Pr. *abituss*]. Mot latin qui sign. *Manière d'être,* et qui s'empl., en Bot., pour désigner l'aspect général d'un végétal, l'ensemble des particularités relatives à son port et à son extérieur.

HÂBLER. v. n. [*h* asp.] (esp. *hablar,* parler). Parler beaucoup et avec vanterie, ostentation et exagération, mentir. *Cet homme ne fait que hâbler.*

HÂBLERIE. s. f. [*h* asp.]. Discours plein d'exagérations et de mensonges. *Tout ce qu'il vous a dit n'est que hâblerie.*

HÂBLEUR, EUSE. s. Celui, celle qui hâble habituellement.

HABLITZIE. s. f. (R. *Hablitz,* n. propre). T. Bot. Genre de plantes Dicotylédones (*Hablitzia*), de la famille des *Chénopodiacées.*

HABOUS. s. m. [Pr. *ha-bou, h* asp.] T. de Droit musulman. Le h. est une constitution de biens de main-morte admise en droit musulman, afin de permettre, sous forme de donation pieuse, de laisser la jouissance à des dévolutaires.

HABOUSANT. s. m. [Pr. *habou-zan, h* asp.]. Celui qui jouit d'un habous.

HABOUSÉ, ÉE. adj. [Pr. *habou-zé, h* asp.]. Constitué par habous.

HABSBOURG, localité de Suisse, canton d'Argovie, sur le Wulpelsborg. On y voit les ruines de l'ancien manoir de la famille impériale de Habsbourg. == MAISON DE HABSBOURG, illustre maison d'Allemagne, qui obtint l'empire dans la personne de Rodolphe Ier (1273), puis se confondit avec la maison de Lorraine par le mariage de Marie-Thérèse et de François de Lorraine (1736), et à laquelle appartient la famille régnante d'Autriche.

HABSHEIM, ch.-l. de c. (Haut-Rhin), arr. de Mulhouse (à l'Allemagne depuis 1871); 1,900 hab.

HAÇAN ou HASSAN, dit le *Vieux de la Montagne,* fondateur d'une secte musulmane qui se rendit terrible et à laquelle on donne le nom d'Assassins (1056?-1124).

HACHAGE. s. m. [*h* asp.] Action de hacher, résultat de cette action.

HACHARD. s. m. [*h* asp.] (R. *hache*). T. Techn. Cisailles de forgeron pour couper le fer.

HACHE. s. f. [*h* asp.] (all. *hacke,* m. s.). Instrument de fer servant à couper et à fendre. *Équarrir une poutre à coups de h.* ‖ Fig., *Ouvrage fait à coups de h.,* Fait à la hâte et grossièrement. *Aller au bois sans h.,* Entreprendre une chose sans se munir des précautions nécessaires. *Avoir un coup de h.,* Avoir la tête fêlée. ‖ *H. à main,* Petite h. à manche court. *H. de pierre,* H. dont le tranchant est de silex taillé. ‖ *Les haches des licteurs,* Haches que les licteurs portaient avec les faisceaux devant certains magistrats dans les cortèges publics. ‖ *La h. du bourreau,* La h. avec laquelle il tranchait la tête. — Fig., *La h. est suspendue sur sa tête,* Il est menacé de mourir de la main du bourreau. *Périr sous la h.,* Mourir sur l'échafaud. ‖ T. Blason. *H. danoise,* H. d'argent au manche d'or arrondi ou ployé. ‖ T. Techn. Marteau en forme de h. pour briser les blocs d'ardoise ‖ Fig., *Disposition en forme de h. Pièce de terre en h.,* Qui pénètre en coin dans une autre pièce de terre. ‖ *Imprimer en h.,* Dans un texte à deux colonnes, donner la largeur de la page entière à une colonne qui dépasse l'autre en longueur. ‖ T. Bot. *H. royale,* L'asphodèle blanc et l'asphodèle rameux. ‖ T. Vétér. *Coup de h.,* Creux situé à la jonction du cou et du garrot du cheval.

Hist. — La *Hache* est peut-être le premier outil que l'homme ait inventé, car non seulement elle est connue de toute antiquité, mais encore on l'a trouvé chez les peuplades les plus barbares. Toutefois celles qui sont au plus bas degré de l'échelle de la civilisation, au lieu de haches métalliques, se fabriquent des haches de silex ou de quelque autre pierre

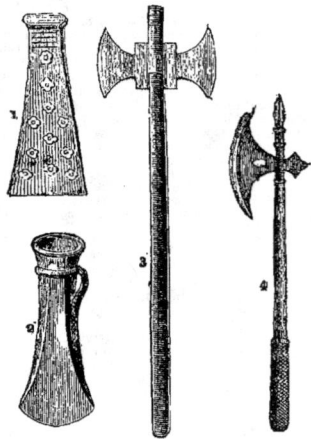

dure. La h. de pierre est l'un des objets qu'on retrouve le plus fréquemment comme témoin de l'industrie primitive de l'âge de pierre. La h. a été aussi de tout temps employée comme arme de guerre. Cependant elle paraît avoir reçu plus spécialement cette destination chez les peuples orientaux et chez les nations barbares du Nord. La h. de guerre était souvent à deux tranchants. Cette sorte de h. portait chez les Latins le nom de *bipennis.* Elle était particulièrement usitée chez les Scythes et chez les Thraces. Suivant Pline, elle aurait été imaginée par l'amazone Penthésilée; mais Plutarque prétend que les femmes guerrières s'en servaient bien avant l'expédition d'Hercule. La h. était aussi une des armes les plus employées chez les populations d'origine celtique et germanique. On rencontre assez fréquemment, dans les *tumuli* gaulois, des haches de pierre et de métal. Les premières sont évidemment de beaucoup les plus anciennes, car elles indiquent l'absence de tout progrès dans les arts. Quant aux haches métalliques, elles sont généralement de cuivre. En outre, elles paraissent avoir été non pas forgées, mais fondues avec des moules à deux coquilles. Leurs formes sont d'ailleurs très variées (Fig. 1 et 2). Quelques-unes sont creuses intérieurement. Plusieurs sont munies d'un anneau latéral ou d'une ouverture pour recevoir le manche. A leur arrivée dans la Gaule, les Francs avaient pour arme favorite une h. à un ou deux tranchants, à fer très épais et à manche très court, à laquelle on a donné le nom de *Francisque*. Elle était entre leurs mains autant une arme de jet qu'une arme de main. La francisque germanique se perpétua jusqu'à la fin du moyen âge, sous le nom de *H. d'armes* ; mais ce ne fut point sans éprouver de nombreuses modifications. Le plus souvent, la h. d'armes avait deux tranchants (Fig. 3. H. d'armes du XIe siècle); d'autres fois, un de ces derniers, était remplacé par une sorte de marteau ou par un croissant, ou encore par un dard très aigu, tantôt droit, tantôt recourbé. Quelquefois aussi le manche se terminait par une pointe de fer, ce qui permettait alors de frapper d'estoc et de taille (Fig. 4. H. d'armes du XIIIe siècle). — Depuis plus de trois siècles, la h. a cessé de figurer au nombre des armes de guerre, car les haches de nos sapeurs sont de simples outils. Toutefois elle est encore employée comme arme proprement dite dans la marine, sous le nom de *H. d'abordage*. Dans les attaques d'abordage, les combattants s'en servent, soit pour lutter corps à corps, soit pour couper les cordages. Le peu de longueur de son manche (65 centim.) permet de la manœuvrer avec une seule main. En outre, son fer, tranchant d'un côté, se termine du côté opposé par une forte pointe de fer recourbée en dessous. En enfonçant cette pointe dans la muraille du navire ennemi, l'assaillant s'en fait un point d'appui pour monter à bord du bâtiment qu'il s'agit d'enlever. Enfin, une sorte de crochet à ressort fixé à la tête de l'arme sert à la suspendre au ceinturon du sabre.

HACHE-ÉCORCE. s. m. [*h* asp.]. T. Techn. Hachoir de tanneur pour couper en menus fragments l'écorce du chêne. = Plur. *Des hache-écorce* ou *des hache-écorces*.

HACHE-LÉGUMES. s. m. [*h* asp.]. T. Cuis. Instrument qui sert à hacher menu les légumes. = Pl. *Des hache-légumes*.

HACHEMENT. s. m. [*h* asp.]. Action de hacher. | Ce qui est haché. || T. Blas. Cordon à longs bouts flottants tout en lie les lambrequins.

HACHE-PAILLE. s. m. [*h* asp.]. Appareil pour hacher la paille. = Pl. *Des hache-paille*.
Agric. — Comme son nom l'indique, le *H.-paille* est un instrument qui sert à réduire en petits fragments la paille (ainsi que tout autre fourrage) destinée à la nourriture des animaux domestiques, surtout à celle des chevaux. Il existe un grand nombre d'instruments propres à cet usage ; mais

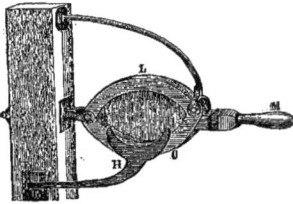

le plus simple et l'un des plus employés, est le *H.-paille champenois* (Fig. ci-dessus). Il se compose essentiellement d'un jeu de 3 à 7 lames courbes L, mobiles autour d'une charnière, et auxquelles correspond un nombre égal de lames immobiles C, et courbées en sens contraire, qu'on appelle *contre-lames*. Pour s'en servir, on engage la paille entre les deux séries de lames, et l'on abaisse les lames mobiles au moyen du manche M. La pièce de fer H sert à guider la poignée de paille que l'on veut couper, et préserve la main de l'ouvrier. Cet instrument se fixe le plus souvent à un poteau d'écurie, et son prix, qui est très modique (8 à 10 fr.), en permet l'acquisition au plus petit propriétaire. D'autres modèles un peu plus compliqués permettent d'obtenir un travail

beaucoup plus rapide. Le plus souvent ils se composent d'un volant dont certains rayons sont occupés par des lames courbes à tranchant convexe, lequel tourne devant une bouche sur laquelle des cylindres cannelés amènent la paille à hacher. Dans d'autres appareils les lames sont enroulées en hélice sur un cylindre qui tourne en face de la bouche d'alimentation. Ces appareils sont mus les uns à la main, les autres à la vapeur.

HACHER. v. a. [*h* asp.]. Couper en petits morceaux. *H. de la viande, de la paille*. || *menu*. *H. menu comme de la chair à pâté*, Mettre en mille petits morceaux. Prov — Couper maladroitement, grossièrement, comme avec une hache. *Vous ne découpez pas cette viande, vous la hachez*. || Par exng., *H. quelqu'un en pièces, en morceaux*, Lui donner plusieurs coups d'une arme tranchante. *H. en pièces, h. un régiment*, Le détruire presque entièrement. — Fig. et fam., *Se faire h. en pièces*, *se faire h. pour une chose, pour quelqu'un*, Soutenir une chose, défendre une personne au péril de sa vie. *Il se ferait h. plutôt que de changer d'opinion*. *On le hacherait qu'il ne céderait pas*. On dit aussi, *Ce bataillon, ce régiment*, etc., *s'est fait h. en pièces, s'est fait h.*, Il s'est défendu jusqu'à ce qu'il ait été presque entièrement détruit. || Par ext., se dit *des dégâts que la grêle cause au blé, aux arbres*, etc. *La grêle a haché les blés, les vignes*. Par méton., *Nos champs ont été hachés par la grêle*. || Entailler à l'aide d'une hache. *H. une planche, une pierre*. || T. Dessin et Grav. Faire des hachures. *H. au burin, à la plume, au crayon*. = HACHÉ, ÉE. part. || Fig., *Style haché*, Style coupé en petites phrases et sans liaisons grammaticales.

HACHEREAU. s. m. [Pr. *hache-ro*, *h* asp.]. Petite hache, espèce de marteau tranchant d'un côté.

HACHERON. s. m. [*h* asp.]. Voy. HACHEREAU.

HACHETTE. s. f. [Pr. *hachè-te*, *h* asp.]. Petite hache. || T. Pêche. Sorte d'ablette. || T. Entom. Variété de papillon de nuit.

HACHETTE (JEANNE LAINÉ ou FOURQUET dite), femme célèbre par la part qu'elle prit à la défense de Beauvais assiégé par les troupes de Charles le Téméraire en 1472. Née à Beauvais en 1454, morte à Beauvais à une date inconnue.

HACHETTE (JEAN-NICOLAS-PIERRE), géomètre français, né à Mézières (1769-1834).

HACHETTE (LOUIS-CHARLES-FRANÇOIS), fondateur de la grande librairie de ce nom (1800-1864).

HACHICH ou **HACHISCH** ou **HASCHISCH**. s. m. [Pr. *ha-chich*, *h* asp.]. (ar. *hachich*, herbe). — On appelle ainsi une préparation dont le Chanvre indien ou *Bang* (*Cannabis indica*) est la base, et qui est douée de propriétés narcotiques et exhilarantes fort singulières. Cette préparation est en usage en Orient depuis une époque très reculée; elle paraît avoir été connue des anciens Égyptiens, et, suivant plusieurs auteurs, elle serait le *népenthès* dont il est question dans l'*Odyssée* d'Homère. — Le H. se prépare d'un grand nombre de manières différentes, soit avec les sommités du chanvre seul, soit avec une ou plusieurs autres substances également capables d'agir sur le système nerveux, Opium, Stramoine et même Noix vomique. Le plus souvent, on le prend sous forme de conserve, de pastilles ou d'électuaire. On le fume aussi quelquefois. Quant à la dose nécessaire pour produire les effets physiologiques qui sont propres au h., il varie suivant le mode de préparation et suivant la susceptibilité des individus. Un instant après l'ingestion d'une quantité suffisante de h., on éprouve une sorte de trouble général, qui est bientôt suivi d'une surexcitation des plus puissantes. Toutefois le h. ne provoque pas le sommeil comme l'opium, et il n'altère pas sensiblement les diverses fonctions de la vie animale. On dirait que l'intelligence seule est atteinte. Les idées naissent et se croisent à l'infini, mais sans pouvoir se fixer. On devient le jouet des illusions sensorielles et des hallucinations les plus étranges. L'individu *hachiché* se sent comme dégagé des liens et du poids de la matière, et il éprouve en conséquence une sorte de bien-être indéfinissable. Néanmoins l'intelligence n'est pas abolie; car non seulement, après l'accès d'ivresse, on se rappelle très bien les sensations et les idées qu'on a eues durant cet état, mais encore, au plus fort de la crise, on est toujours maître de chasser les hallucinations en prenant une limonade très acidulée. Les effets éprouvés par le mangeur de h. varient essentiellement suivant la tournure ordinaire de ses idées et la pente de ses passions. Les idées qui le préoccupent habituellement sont en général le point de départ de la surexcitation intellectuelle qu'il éprouve. L'ivresse du h. dure 4 heures dans toute sa force; elle décroît ensuite pour n'être entièrement dissipée que 24 heures après. Les 12 dernières heures, on ne conserve qu'une extrême propension à la gaieté. Dans le fort de la crise même, il y a des intermittences, les moments d'illusions et les moments lucides se succédant l'un à l'autre rapidement et sans transition. Après l'expérience, il est rare de conserver la tête lourde et l'engourdissement qui suivent assez généralement les plus légers écarts de régime. Comme on le voit, l'action du h. n'a pas de grands inconvénients; mais si l'on s'y soumet trop souvent, on finit par tomber dans un état perpétuel d'hallucinations, qui a le double inconvénient de nuire à la santé et de rendre incapable de tout travail sérieux. D'après Clot-Bey, ceux qui font un usage continuel et abusif du h. deviennent chagrins, rêveurs, recourent incessamment à l'objet de leur dégradante passion pour dissiper cette tristesse et tombent bientôt dans un état d'abrutissement qui se termine par la folie.

La propriété narcotique du chanvre réside dans deux substances, la *cannabène* et la *cannabine* ou *hachichine*. Lorsqu'on distille de l'eau sur de grandes quantités de chanvre de l'Inde, on obtient une huile moins dense que l'eau, de laquelle ne tardent pas à se séparer de petits cristaux qu'on élimine. La partie liquide, le *cannabène*, est incolore, d'une odeur très forte, bouillant à 235°-240°, ayant pour formule $C^3 H^{10}$ (Personne); elle paraît être le principe enivrant du chanvre indien; elle a une action très marquée sur l'économie, mais moins énergique que celle de la *cannabine*. Cette dernière substance représente la partie résineuse du chanvre. Pour l'extraire, on fait digérer la plante, ou mieux les grappes axillaires des fleurs avant l'épanouissement, et les feuilles qui les accompagnent, avec de l'eau froide renouvelée jusqu'à ce qu'elle ne se colore plus, puis on laisse macérer la partie végétale ainsi traitée dans une solution de carbonate de soude; ensuite, on opère la macération alcoolique. Après 15 jours de submersion, l'alcool est repris et filtré; on précipite la chlorophylle par la chaux, on décolore par le charbon animal et l'on obtient par évaporation de l'alcool la *cannabine* ou *hachichine*, sous forme d'une résine brune, molle, d'une odeur vireuse, fusible à 68°, soluble dans l'alcool, l'éther, insoluble dans l'ammoniaque et la potasse qui peuvent servir à la purifier. Une pilule de cette substance, que l'on peut extraire même de notre chanvre *indigène*, dosée à 5 centigrammes, agit avec autant d'énergie que 2 grammes d'extrait brut du chanvre *indien*. Son absorption détermine la série des phénomènes bizarres bien connus des Arabes, que nous venons de décrire. A dose plus élevée, le délire survient, puis un état cataleptique, des phénomènes convulsifs et la perte de la raison.

HACHICHINE ou **HASCHICHINE**. s. f. [*h* asp.]. T. Chim. Syn. de *Cannabine*. Voy. ce mot et HACHICH.

HACHIS. s. m. [Pr. *ha-chî, h* asp.]. T. Cuisine. Mets fait avec de la viande ou du poisson haché très menu.

HACHOIR. s. m. [Pr. *ha-choar, h* asp.]. Petite table épaisse sur laquelle on hache la viande. || Grand couteau à lame très large, avec lequel on hache la viande. || Se dit quelquefois pour *Hache-paille*. || T. Techn. Lieu où l'on hache la graisse avant de la fondre pour fabriquer les chandelles.

HACHOTTE. s. f. [Pr. *hacho-te, h* asp.] (R. *hachette*). T. Techn. Petite hache de charpentier ou de tonnelier. || Ciseau de couvreur.

HACHURE. s. f. [*h* asp.] (R. *hacher*). T. Dessin. On appelle *hachures* une série de traits parallèles plus ou moins rapprochés destinés à figurer une partie ombrée ou à remplir telle ou telle indication conventionnelle. Voy. GRAVURE. || T. Blason. Se dit des traits ou des points dont on se sert pour marquer les couleurs et les métaux. Voy. ÉMAIL. || T. Techn. Traits que l'on fait à la roue du lapidaire.

HACKLÆNDER (Chevalier de), écrivain allemand (1816-1877).

HADDINGTON, v. et comté d'Écosse, 4,100 et 39,000 hab.

HADÈNE. s. m. (gr. ἄδης, enfer). T. Entom. Genre de

Lépidoptères Nocturnes dont les chenilles causent des dégâts sur les choux, les pois, etc.

HADJ et **HADJI**. s. m. Les peuples musulmans appliquent le nom de *Hedjah* par excellence au pèlerinage de la Mecque. De là le titre honoré de *Hadji*, que prend tout individu qui a accompli ce pèlerinage, et celui de *Hadjaz* que donnent les Arabes au territoire où cette ville est située. Le mois fixé pour ce pèlerinage a reçu le nom *Dou'lhedjah*. La description la plus authentique des cérémonies qui ont alors lieu à la Mecque est celle de Burkhardt qui, en 1814, fit ce pèlerinage comme s'il eût été mahométan. Cette coutume est de beaucoup antérieure à l'établissement de l'islamisme. Voy. CAABA. Les caravanes qui se rendent chaque année à la Mecque, sont ordinairement au nombre de cinq ou six. Elles viennent de la Syrie, de l'Égypte, de la Barbarie, de l'est et du nord. En 1814, le nombre des pèlerins était d'environ 70,000, et on le regardait comme peu considérable. Les pèlerins vont à la Mecque pour accomplir certaines cérémonies dont la principale est le *Towaf*, ou procession autour de la Caaba, et pour boire de l'eau du puits *Zemzem*. Ils se rendent ensuite au sommet du mont Arafat; et enfin beaucoup vont à Médine, où se trouve le tombeau de Mahomet. Mais la visite à ce tombeau n'est pas obligatoire. Le pèlerinage de la Mecque constitue pour la santé publique un danger très sérieux, car les pèlerins en rapportent des maladies épidémiques, le plus souvent le choléra. Voy. CHOLÉRA.

HADJIPOUR. v. de l'Inde, prov. de Patna, sur la rive gauche du Gange; 22,500 hab.

HADLEY (JOHN), mécanicien et astronome angl. (1682-1741).

HADOK ou **HADOU** ou **HADOT**. s. m. [Pr. *ha-do*] (angl. *haddock*, m. s.). T. Pêch. Nom de l'aigrefin salé.

HADRAMAUT ou **HADRAMAOUT**, région de l'Arabie méridionale, 1,550,000 hab.

HADROSAURE. s. m. (gr. ἁδρός, large; σαύρα, lézard). T. Paléont. Zool. Genre de Reptiles fossiles, appartenant à l'ordre des *Dinosauriens* et au groupe des *Orthopodes*. Voy. ces mots.

HÆMANTHUS. s. m. T. Bot. Voy. HÉMANTHE.

HÆMATOXYLUM. s. m. T. Bot. Voy. HÉMATOXYLE.

HÆMOPIS ou **HÉMOPIDES**. s. f. (gr. αἷμα, sang; πίνειν, boire). Genre d'*Hirudinées*, appelées vulgairement *sangsues de cheval*. Voy. HIRUDINÉES.

HÆMUS, monts de l'Europe ancienne, séparant la Thrace et la Mésie, aujourd'hui Eminet-Dagh.

HÆNDEL, célèbre compositeur, né à Halle (1685-1759). que l'Angleterre, où il a passé une plus grande partie de sa vie, réclame comme sien, auteur de nombreux opéras et surtout d'oratorios (*Saül, le Messie, Judas Machabée*, etc.).

HÆNEL (GUSTAVE-FRÉDÉRIC), jurisconsulte allemand, né à Leipzig (1792-1858).

HÆRING, romancier allemand, plus connu sous son pseudonyme de *Wilibald Alexis* (1798-1871).

HAFIZ (de son vrai nom CHEMS-ED-DIN-MOHAMMED), célèbre poète persan, mort en 1389.

HAGARD, ARDE. adj. [*h* asp.] (all. *hager*, maigre, décharné). Farouche, effaré. *Il promenait sur nous des yeux hagards. Le visage h. La mine farouche et hagarde.* || T. Vén. *Faucon h.*, Faucon trop vieux pour s'apprivoiser et resté farouche. Voy. FAUCONNERIE.

HAGEDORN, poète allemand, né à Hambourg (1708-1754).

HAGEN, v. d'Allemagne (Westphalie); 30,000 hab.

HAGENBACH (PIERRE DE), gouverneur d'Alsace pour Charles le Téméraire, pendu en 1474 par le peuple de Brisach.

HAGÉNIA. s. f. (R. *Hagen*, n. d'homme). T. Bot. Genre de plantes Dicotylédones de la famille des *Rosacées*. Voy. ce mot.

HAGETMAU, ch.-l. de c. des Landes, arr. de Saint-Sever; 3,100 hab.

HAGHI, v. maritime du Japon; 48,000 hab.

HAGIASME. s. m. [Pr. *aji-asme*] (gr. ἁγιασμός, consécration, de ἅγιος, saint). Nom de toute espèce de sacrement de l'Église grecque.

HAGIOGRAPHE. adj. 2 g. (gr. ἅγιος, saint; γράφω, j'écris). Se dit des livres de l'Ancien Testament autres que le Pentateuque et les Prophètes. *Livres hagiographes.* == HAGIOGRAPHIE. s. m. Se dit des auteurs qui ont écrit et qui écrivent les vies des saints. *Un savant h.* Voy. BOLLANDISTE.

HAGIOGRAPHIE. s. f. (R. *hagiographe*). Science qui traite des choses saintes, de la biographie des saints.

HAGIOGRAPHIQUE. adj. 2 g. Qui concerne l'hagiographie.

HAGIOLOGIE. s. f. (gr. ἅγιος, saint; λόγος, discours). Discours sur les choses saintes.

HAGIOLOGIQUE. adj. 2 g. (R. *hagiologie*). Qui a rapport aux saints, aux choses saintes. *Vocabulaire hagiologique.*

HAGIORISTE. s. m. (gr. ἁγιορίτης, m. s. de ἅγιος, saint, et ὄρος, montagne). *Moines hagioristes* qui habitent la Sainte Laure sur le mont Athos.

HAGIOSIDÈRE. s. m. (gr. ἅγιος, saint; σίδηρος, fer). Instrument de fer qui tient lieu de cloche chez les chrétiens grecs résidant en Turquie, l'usage de la cloche leur étant interdit.

HAGLURE. s. f. [h asp.]. T. Fauconn. Se dit des taches que les oiseaux ont sur les pennes.

HAGUE (LA), cap, situé à l'extrémité N.-O. du Cotentin (France), où se livra un combat indécis entre les Français et la flotte anglo-hollandaise (29 mai 1692).

HAGUENAU, anc. ch.-l. de c. du Bas-Rhin, arr. de Strasbourg, cédé à l'Allemagne en 1871; 14,800 hab.

HAHA. s. m. [h asp.] (Onomatopée). Obstacle interrompant brusquement le chemin qu'on suit. || Ouverture qu'on fait au mur d'un jardin afin de laisser la vue libre. || T. Fortif. Coupure de 4 mètres de large et de 3 mètres de profondeur qu'on laisse subsister dans les paliers des escaliers ou des rampes de la fortification permanente, afin d'empêcher au besoin l'ennemi de se servir de ces moyens de communication.

HAHA, province occidentale du Maroc.

HAHÉ. s. m. [h asp.] (Onomatopée). T. de Chasse, dont on se sert pour arrêter les chiens qui prennent le change ou qui s'emportent trop.

HAHN, philologue allemand, né à Heidelberg (1807-1857).

HAHNEMANN, médecin allemand, inventeur de l'homéopathie (1755-1843).

HAHN-HAHN (Comtesse de), femme de lettres allemande (1805-1880).

HAÏ. s. m. [Pr. *ha-i*, h asp.]. T. Navig. Retour de l'eau qui tournoie sur elle-même quand elle rencontre un obstacle.

HAÏDERABAD ou **HYDERABAD**, cap. du Nizam (Inde); 355,000 hab.

HAÏDER-ALI, sultan de Mysore, né en 1728, mort en 1782, disputa l'Hindoustan aux Anglais, de 1761 à 1782.

HAÏDINGÉRITE. s. f. (R. *Haidinger*, géologue autrichien). T. Minér. Arséniate de chaux hydraté, orthorhombique, très rare.

HAÏ-DZUONG, v. du Tonkin dans le delta du fleuve Rouge; 12,000 hab.

HAIE. s. f. [h asp.] (all. *hag*, clôture). Clôture faite d'arbustes, de ronces, d'épines ou de branchages entrelacés. *H. vive*, Celle qui est formée d'arbustes vivants. *H. sèche* ou *h. morte*, Celle qui est formée de branches sèches, d'épines, de bois mort. || *Course des haies*, Course où les chevaux ont à franchir des haies et autres obstacles. || *Briques en h.*, Briques disposées les unes sur les autres pour les faire sécher, avec des vides entre elles. || Obstacle formé d'une file de choses empêchant d'avancer. *H. de rochers, d'écueils.* || Fig., se dit d'une série de personnes qui marchent ou qui sont disposées sur une ligne droite. *Le cortège passa au milieu d'une double h. de soldats. Mettre des soldats en h.* — *Former la h.*, se mettre, se ranger en h., Se ranger en une ou deux files. On dit encore dans le même sens, *Border la haie.* || Par anal. *Une h. de baïonnettes.* || T. Techn. La pièce la plus longue de la charrue qui reçoit l'attelage. Voy. CHARRUE.

Arboric. — Les haies qui ont pour objet de circonscrire les propriétés rurales, d'en diviser l'intérieur selon les convenances de l'exploitation, de les protéger contre l'invasion des animaux et des maraudeurs, ne sont pas toujours établies avec les soins qu'elles réclament. Nous allons tâcher de préciser les règles à suivre à cet égard. On donne le plus souvent aux haies une hauteur variant de 1^m,33 à 2 mètres sur une épaisseur de 40 à 60 centimètres. Dans les terrains argileux et sous les climats humides, on plante les haies avec avantage sur une levée de fossé ou encore à 1^m,50 du bord d'un talus. Lorsque la sécheresse est à redouter, il convient de les planter au fond d'un saut-de-loup, ou sur les bords et au fond d'un fossé. — On doit choisir, pour leur formation, les espèces qui croissent le mieux en lignes serrées, qui présentent constamment et dès la base une tige bien garnie de rameaux dont les animaux qui broutent sont peu friands. Ces espèces doivent encore émettre des racines peu traçantes et n'exercer aucune influence fâcheuse sur les terrains environnants. Elles doivent, en outre, supporter de fortes fréquentes, et quoique contrariées dans leur direction naturelle, se maintenir dans un bon état de végétation pendant un grand nombre d'années. Voici celles qui remplissent le mieux ces conditions : aubépine, prunellier sauvage, poirier sauvage, nerprun cathartique, houx commun, épine-vinette, charme, prunier de Sainte-Lucie, oranger des Osages, olivier de Bohême. Sous le climat du Midi, on peut ajouter : paliure, grenadier, chêne kermès, érable de Montpellier, hippophaé rhamnoïde. D'autres espèces ont été essayées pour cet usage, mais n'ont donné que des résultats nuls ou incomplets; tels sont l'acacia, le févier à trois pointes, le sureau, etc., qui se dégarnissent complètement vers la base. La faculté que possèdent beaucoup de ces arbres ou arbustes de s'accommoder du même climat et du même sol a souvent engagé les cultivateurs à mélanger plusieurs espèces pour former la même h.; mais cette pratique n'a jamais donné lieu qu'à de mauvais résultats; ces espèces, en effet, ne présentent presque jamais un même degré de vigueur; les plus fortes étouffent les plus faibles, et il se produit ainsi des vides difficiles à combler. Il convient donc de former les haies avec une seule espèce, ou de les diviser par sections attribuées exclusivement à telle essence particulière. — Les jeunes plants, destinés à la formation des haies, doivent être âgés de deux ans, dont un an de repiquage. Les sujets d'un an sont moins bien enracinés et reprennent plus difficilement. Le moment de les planter étant arrivé, on coupe l'extrémité des jeunes racines pour remplacer par une section nette les plaies contuses et déchirées résultant de la déplantation. Il faut aussi, pour rétablir l'équilibre rompu entre les racines réduites et la tige, raccourcir celle-ci par la suppression du tiers de sa longueur. La plantation est ensuite effectuée sur deux lignes, méthode qui procure une h. mieux garnie et plus épaisse que la disposition sur une seule ligne. On a quelquefois tenté de faire une plantation sur trois lignes, mais les sujets du milieu, gênés dans leur développement, dépérissent bientôt et meurent pour la plupart. Si l'on plante sur deux lignes, il convient de laisser un espace de 16 centimètres entre les lignes et entre les plants. Il est utile, en outre, de disposer les plants de ces deux lignes en échiquier, pour que la h. soit mieux garnie à sa base. — Dès la première année qui suit la plantation d'une h., il est indispensable de la défendre contre l'influence de la sécheresse du sol et l'envahissement des mauvaises herbes qui l'étoufferaient. Des binages sont donc effectués pendant l'été; on les étend sur une double largeur de 50 centimètres de chaque côté; on recouvre la terre remuée de feuilles sèches, de tontures des haies, ou de tout autre litière analogue. Ces opérations seront répétées les années suivantes. Lorsque les jeunes plants sont parfaitement repris, c.-à-d. à la fin de la seconde ou de la troisième année, on procède à leur recepage. Pour cela, on coupe toutes les tiges à 0ᵐ,06 environ au-dessus du niveau du sol. Pendant l'été suivant ces jeunes plants développent des jets nombreux et vigoureux. Après la chute des feuilles, on enfonce dans le sol, au milieu de la h., une série de pieux placés à 3 mètres d'intervalle, et ayant une hauteur égale à celle que l'on veut donner à la h. Ceci fait, on incline à droite et à gauche les jeunes tiges développées à la suite du recepage; on les entrelace, on les couche sur un angle d'environ 45 cent. Pour maintenir cette sorte de treillage vivant dans une position verticale, il ne reste plus qu'à fixer contre les pieux, et vers la moitié de la hauteur de la jeune h., une perche horizontale qu'on attache de place en place contre la h. Pendant l'été suivant, chacun des jeunes brins s'allonge, et pendant l'hiver on les croise de nouveau ou maintenant l'ensemble à l'aide d'une seconde perche transversale fixée sur les pieux, mais du côté opposé à la précédente. On continue d'élever ainsi, chaque année, celle h.; puis lorsqu'elle a atteint la hauteur déterminée, on la fixe contre une dernière perche et on l'arrête en coupant son sommet tous les ans, soit pendant l'hiver, soit après la pousse du printemps. Outre les opérations que nous venons d'indiquer, on devra pratiquer des tontes sur les deux faces verticales de la h. Elles sont destinées à l'empêcher de prendre une trop grande épaisseur et à forcer les branches à se ramifier davantage, afin de rendre l'obstacle plus impénétrable. Malgré les tontes répétées sur les deux faces latérales, les haies finissent par prendre trop d'épaisseur; on pratique alors un élagage qui porte sur le vieux bois. Enfin, il arrive une époque où la h., fatiguée par les tontes successives, finit par dépérir. Il convient alors, pour lui rendre sa vigueur première, de la receper à quelques centimètres du sol, à la fin de l'hiver. Ces souches émettent, pendant l'été suivant, de vigoureux scions auxquels on applique les soins précédents pour reformer une solide clôture.

HAÏE. [h asp.] (Onomatopée). Cri que poussent les charretiers pour animer leurs chevaux. Haïe! haie! || Cri de douleur.

HAÏK. s. m. Grande pièce de laine rectangulaire, de couleur blanche ou rayée de blanc et de brun, dont les populations berbères se vêtent en manière de manteau.

HAILLAN (Bernard de Girard, seigneur du), historien fr. (1535-1610).

HAILLON. s. m. [Pr. ha-llon, ll mouil., h asp.] (haut-allem. hadil, lambeau). Vêtement usé, déchiré; vieux lambeau d'étoffe. Un vieillard couvert de haillons.

HAILLOT (Ch.-Alexs.), général et écrivain fr. militaire (1795-1854).

HAIM ou **HAIN.** s. m. [Pr. in] (lat. hamus, m. s., du gr. χαμός, recourbé). T. Pêche. Hameçon.

HAÏ-NAN, île de la mer de Chine, dans le golfe de Tonkin; 1,500,000 hab.

HAINAUT, prov. du roy. de Belgique; pop. 1,015,000 h.; ch.-l. Mons. || Une partie du dép. du Nord s'appelait Hainaut français.

HAINE. s. f. (R. haïr). Sentiment de tristesse, de peine et d'aversion qu'une personne ou une chose excite au fond de notre cœur, soit à cause du mal qu'elle nous a fait ou qu'elle nous a fait, ou que nous croyons qu'elle peut nous faire; soit parce qu'elle contrarie nos passions, etc. H. mortelle, implacable, invétérée. H. sourde, déclarée. Concevoir de la h. Concevoir, dissimuler sa h. Faire éclater sa h. contre quelqu'un. Le poursuivre, l'accabler de sa h. La h. est ingénieuse à nuire. Devenir l'objet de la h. publique. Apaiser les haines. Prendre quelqu'un en h. Il a les procès en h. Prendre la vie en h. Avoir de la h. pour quelqu'un, pour le vice, pour le mal. Inspirer la h. du péché. — La h. de quelqu'un, se dit parfois de la haine qu'on a pour quelqu'un. Inspirez à ce jeune prince la h. des flatteurs. || En part. des choses, Haine n'est pas d'un usage aussi étendu que Haïr. On dit Haïr le froid, et non La h. du froid, etc. === EN HAINE DE. loc. prép. Par inimitié, par aversion, par ressentiment. Il a fait cela en h. d'un tel,

en h. de ce qu'on a repoussé sa demande. Il a écrit ce pamphlet en h. du gouvernement.

Syn. — Inimitié. — La haine est l'opposé de l'amour; c'est une véritable passion qui apporte dans l'âme le trouble, l'agitation et le désordre. L'inimitié est l'opposé de l'amitié; c'est un désaccord qui, dans le monde social, est la source des démêlés, des divisions, des injustices. Le plus souvent, la haine est aveugle, sourde et basse, l'inimitié ouverte et déclarée; la haine est le ressentiment d'un cœur irrité et plein de fiel; elle blâme tout dans les personnes qu'elle hait, et noircit jusqu'aux vertus. L'inimitié, provenant le plus souvent d'opposition d'intérêts, n'empêche pas d'estimer ceux qui en sont l'objet et de leur rendre justice. On trouve souvent de la noblesse dans l'inimitié, jamais dans la haine.

HAINEUSEMENT. adv. [Pr. hè-neu-ze-man]. D'une manière haineuse.

HAINEUX, EUSE. adj. [h asp.] Qui est naturellement porté à la haine. Un caractère h. Des gens h. || Inspiré par la haine. Colère h. Paroles haineuses.

HAÏPHONG, v. d'Asie (Tonkin); sur le delta du Song-Coï ou fleuve Rouge.

HAÏR. v. a. [h asp.] (all. hassen, m. s.). En parlant des personnes, avoir de la haine pour quelqu'un. H. ses ennemis. H. quelqu'un à mort, à la mort. Le h. mortellement. Il hait cordialement son frère. Il haïssait les tyrans. Elle le haïssait sans sujet. || En parlant des choses, éprouver pour elles de l'éloignement, de l'aversion. H. les cérémonies, les compliments, les façons. H. le travail, la lecture, la solitude. Il hait le mensonge, le péché, le vice. H. à travailler. Il ne hait pas qu'on le flatte. — Se dit encore des choses dont on reçoit quelque incommodité. Je hais le froid et le temps pluvieux. || Ne pas h., Aimer assez. Il ne hait pas la bonne chère. == se Haïr. Depuis le crime qu'il a commis, il se hait lui-même. Ces deux peuples se haïssaient mortellement. = Haï, ïe. part. ==Syn. Voy. Abhorrer.

Conj. — Je hais, tu hais, il hait; nous haïssons, vous haïssez, ils haïssent. Je haïssais; nous haïssions. Je haïs; nous haïmes. Je haïrai; nous haïrons. Je haïrais; nous haïrions. — Hais; haïssons. — Que je haïsse; que nous haïssions. — Haïssant. Haï, ïe.

HAIRE. s. f. [h asp.] (all. haar, chevelure). Vêtement fait de crin ou de poil de chèvre, que l'on met sur la peau, par esprit de mortification et de pénitence. Porter la h. La h. et le cilice.

Laurent, serrez ma haire avec ma discipline.
MOLIÈRE.

|| T. Techn. Étoffe d'un tissu grossier dont on fait les vêtements de travail des brasseurs. — Première forme que présente le drap quand les poils n'ont pas encore été soumis au foulage. Drap en h.

HAIREMENT. s. m. (R. haire). T. Techn. Tondre en h., Tondre un drap pour la première fois.

HAÏSSABLE. adj. 2 g. [Pr. ha-i-sable, h asp.]. Qui est digne d'être haï. Un homme h. Le moi est h.

Syn. — Odieux. — Avec certains défauts on est haïssable; avec certains vices, on est odieux. Un homme méchant, pervers, dangereux, est odieux; une personne incommode, colère, contrariante, devient haïssable. Haïssable ne se dit guère que des personnes ou de leurs manières, et dans le style tempéré. Odieux se dit, dans tous les styles, des personnes et des choses.

HAÏSSEUR, EUSE. adj. [Pr. ha-i-seur]. Celui, celle qui hait. Inus.

HAÏTI ou **SAINT-DOMINGUE,** Grande île à la hauteur de l'Amérique Centrale, l'une des Grandes Antilles, baignée au nord par l'océan Atlantique, au sud par la mer des Antilles, entre le 18ᵉ et le 20ᵉ degré nord et entre le 71ᵉ et le 77ᵉ de longitude occidentale de Paris.

Elle est donc allongée de l'est à l'ouest, terminée à l'est par un cap qui fait vis-à-vis à l'île de Porto-Rico; à l'ouest, par deux longues pointes dont la plus septentrionale n'est séparée de l'île de Cuba que par l'étroite Passe du Vent et dont l'autre fait face à la Jamaïque.

Haïti est l'une des terres que toucha Christophe Colomb à son premier voyage en 1492. Il lui donna le nom d'*Hispaniola* (Petite Espagne). Par la suite, les conquérants y fondèrent dans l'est la ville de *Santo-Domingo* (Saint-Dimanche), dont le nom s'étendit bientôt à toute l'île et devint pour nous Saint-Domingue. En 1697, en effet, au traité de Ryswick, la France acquit toute la région occidentale de l'île, dont la capitale s'appela le Cap Français. Ce fut la plus riche des colonies françaises, grâce, il faut bien le dire, à l'exploitation d'esclaves nègres amenés de la côte d'Afrique. Mais en 1790 (le 28 mars), l'Assemblée Constituante ayant accordé les droits civiques aux nègres libres et en 1793 (le 21 juin) la Convention nationale ayant aboli l'esclavage, les planteurs refusèrent de se soumettre à la loi, proclamèrent Louis XVII, et firent cause commune avec les Anglais et les Espagnols. Forts de leurs droits et alliés aux troupes républicaines, les noirs se soulevèrent contre leurs maîtres, mirent le pays à feu et à sang.

Un des leurs, homme de grande valeur, appelé Toussaint-Louverture, fut nommé général de division par le gouverneur français Lavaux, et chassa les Anglais. Vers ce temps (1795), l'Espagne, vaincue sur les Pyrénées, ayant cédé à la France

la région orientale de Saint-Domingue, Toussaint-Louverture occupa toute l'île, la pacifia et en fit une république indépendante sous le protectorat français. Mais, en 1802, Bonaparte, désireux de dissoudre l'armée du Rhin, suspecte de républicanisme, en forma un corps de 21,200 hommes sous les ordres du général Leclerc et l'envoya sur une flotte, commandée par Villaret-Joyeuse, réoccuper l'île. En moins de trois mois (1er mai 1802), Toussaint se soumit. Aux termes du traité, les chefs nègres conservaient leurs grades, l'esclavage était définitivement aboli. Mais en août le héros haïtien tomba dans un lâche guet-apens, fut emmené en France et mourut l'année suivante prisonnier au fort de Joux. Justement indignés, les nègres reprirent les armes. Leur chef, Dessalines, se fit proclamer empereur. La fièvre jaune se fit leur auxiliaire. La plupart des Français périrent ou tombèrent aux mains des Anglais. Leur dernière ville, Santo-Domingo, se rendit en 1810 au nègre Christophe, assassin de Dessalines, lequel prit le titre de roi au Cap Français, au nord, tandis que son complice, Péthion, proclamait la république à Port-au-Prince, au sud. Le successeur de ce dernier, Boyer, fit de l'île une seule république de 1822 à 1844, époque à laquelle l'est se sépara pour former un État indépendant, république Dominicaine, capitale Santo-Domingo. Un autre de ses successeurs, Soulouque, se fit proclamer empereur d'Haïti en 1847. Mais en 1859, la république fut rétablie et dure depuis. La république Dominicaine, soumise par les Espagnols en 1861, reconquit son indépendance en 1864. La population totale de l'île est d'environ 1.000.000 d'habitants. Le français est demeuré la langue officielle de Haïti et les classes illettrées parlent un patois qui en dérive. = Nom des hab. : HAÏTIEN, ENNE.

HAJE. s. m. T. Erpét. Nom donné à une espèce de *serpent* appartenant à la famille des *Élapidés* et au genre *Naja*. Voy. ces mots.

HAKATA, v. du Japon, dans l'île de Kiou-Siou; 47,500 hab.

HAKODATÉ, v. du Japon, dans l'île d'Yéso; 41,600 hab.

HALAGE. s. m. [h asp.] Action de haler un bateau. *Chevaux de h.* — *Chemin de h.*, Chemin, sur le bord d'une rivière ou d'un canal, servant au passage des hommes ou des chevaux qui halent les bateaux. — *Cheville de h.*, Cheville qui sert d'axe de rotation aux rouets du cordier. — *H. mécanique.* Voy. CANAL.

HALBERSTADT, v. de Prusse (Saxe); 36,800 hab.

HALBOURG. s. m. T. Pêc. Voy. HARENG.

HALBRAN ou **HALLEBRAND.** s. m. [h asp.] (anc. all. *Halberent*, demi-canard). T. Chasse. Jeune canard sauvage. Voy. CANARD.

HALBRENER. v. n. [h. asp.]. Chasser aux halbrans. = HALBRENEU. v. a. T. Fauc. Rompre quelques pennes à l'oiseau de proie. || Fig. et fam., Éreinter, excéder de fatigue. = HALBRENÉ, ÉE. part.

HALDE. s. f. (all. *halde*, m. s.). T. Techn. Résidu de la gangue ou du minerai de rebut.

HÂLE. s. m. [h asp.] (it. *hâler*). Action combinée du soleil, du vent et du grand air, qui a pour effet de donner à la peau une coloration brune et rougeâtre, de flétrir les herbes, et de dessécher les substances qui contiennent de l'humidité. *Il fait un grand h. Ne sortez pas au h. Le h. fane les fleurs. Ce pain a été desséché par le h.*

HALE-A-BORD. s. m. [h. asp.]. T. Mar. Cordage pour haler un objet à bord. = Pl. *Des hale-a-bord.*

HALE-AVANT. s. m. [h asp.]. T. Pêche. Grosses mitaines de pêcheur. = *Des hale-avant.*

HALE-BAS. s. m. [h. asp.]. T. Mar. Cordage fixé sur le point de drisse d'un foc, d'une voile d'étai, pour la faire descendre. = Pl. *Des hale-bas.*

HALE-BOULINES. s. m. [h asp.]. T. Mar. Mauvais matelot, qui ne sait que haler les boulines, c'est-à-dire faire des manœuvres faciles. = Pl. *Des hale-boulines.*

HALEBREU. s. m. [h asp.]. T. Mar. Petit cordage employé en sens inverse du *Hale-bas.* Voy. ce mot.

HALECRET. s. m. (all. *halskragen*, tour de cou). T. Archéol. Corselet formé de deux pièces de fer battu. Voy. CUIRASSE.

HALE-CROC. s. m. [h asp.]. T. Mar. Croc qui sert à haler à bord le gros poisson. = *Des hale-croc.*

HALE-DEDANS. s. m. [h asp.]. T. Mar. Cordage qui sert à haler le foc en dedans. = *Des hale-dedans.*

HALE-DEHORS. s. m. [h asp.]. T. Mar. Cordage qui sert à haler le foc en dehors. = Pl. *Des hale-dehors.*

HALEINE. s. f. (lat. *halitus*, souffle). L'air humide qui sort des poumons dans l'acte de la respiration. *H. douce, forte, mauvaise, puante. Retenir son h.* — Fig., *H. de vent*, Petit souffle de vent. *Il ne fait pas une h. de vent.* Poétiq., *L'h. des vents. L'h. du zéphyr.* || Par ext., La faculté de respirer. *Perdre h. Être hors d'h. Courir à perte d'h. Prendre h. Reprendre h. Donner h. à un cheval*, Le mener plus doucement quand il est essoufflé. — Figur., *Reprendre h.*, Se reposer pour pouvoir recommencer quelque chose. *Faire des discours à perte d'h.*, Faire des discours insignifiants et qui fatiguent par leur longueur. || Faculté d'être un certain temps sans respirer. *On ne peut être un bon coureur si l'on n'a beaucoup d'h. Un cheval d'h.* — *Boire un grand coup tout d'une h.,* Le boire sans reprendre h. *Débiter une tirade, un discours tout d'une h.,* Le débiter sans se reposer et sans que la mémoire bronche. — Fig., *Tout d'une h.,* Sans intermission. *Il a dormi douze heures tout d'une h. J'ai écrit ce chapitre tout d'une h.* || *Avoir l'h. courte,* Avoir la respiration difficile et fréquente. — Fig. et fam., *Cet auteur a l'h. courte,* Il ne sait pas développer ses idées. — Fig., *Affaire, ouvrage de longue h.,* Affaire de longue discussion, ouvrage qui demande beaucoup de temps. || T. Man. *Cheval gros d'h.,* Cheval qui, sans être poussé, souffle beaucoup en galopant. = EN HALEINE, loc. adv. En exercice, en habitude de travailler, etc. *Il faut toujours tenir les soldats en h. Tenir un cheval en h.* Figur. et fam., *Tenir quelqu'un en h.,* se dit encore pour le tenir dans un état d'incertitude mêlé d'espérance et de crainte. — *Mettre un cheval en h.,* Le faire travailler pour l'habituer. *Se mettre en h.,* Travailler à acquérir par l'exercice une plus grande facilité pour faire quelque chose. *En écrivant ces fragments, il a voulu se mettre en h. pour son grand ouvrage.* — *Être en h.,* Être en train, ou être en humeur de faire quelque chose. *Je ne me sens pas en h., il m'est impossible de rien faire.*

Syn. — *Souffle.* — Le mot *haleine* indique le jeu habituel de la respiration; le mot *souffle* en marque un état particulier. L'*haleine* est l'air tel qu'il sort de la bouche, naturellement, sans effort : le *souffle* est l'air expulsé volontairement avec plus ou moins de force. L'*haleine* fera vaciller une bougie, le *souffle* l'éteindra; l'*haleine* échauffe, le *souffle* refroidit. — On dit également *haleine* et *souffle* en parlant des vents, mais dans un sens analogue au précédent. Le *souffle* des vents est bien plus fort que leur *haleine*. On dira le *souffle* des aquilons et l'*haleine* des zéphyrs; le *souffle* impétueux et glacé des vents du nord, la tiède *haleine* du printemps.

HALEMENT. s. m. [*h* asp.]. Action de haler. || Ce qui sert à haler. || T. Techn. Nœud passé autour d'un fardeau pour le haler.

HALENÉE. s. f. (R. *haleine*). L'air qu'on exhale dans une seule expiration, lorsqu'il s'accompagne d'une odeur désagréable. *Il m'a donné une h. de vin.*

HALENER. v. a. (R. *haleine*). Se disait, au prop. et au fig., dans le sens de flairer. Inus.

HALER. v. a. [*h* asp.] Tirer à soi avec force, et à peu près horizontalement, un cordage, soit pour le tendre, soit pour entraîner quelque objet qui y est attaché. *H. un cordage, une manœuvre. H. un bateau. H. à la cordelle.* || T. Mar. *H. le vent.* Se h. dans le vent, Se diriger le plus près possible vers l'endroit d'où vient le vent. *Le vent hale de l'avant,* le vent souffle de l'avant. || Dans le langage ordinaire, *H. un chien après quelqu'un,* sign. l'exciter par des cris à s'élancer vers quelqu'un. == HALÉ, ÉE. part.

HÂLER. v. a. [*h* asp.] (lat. *assare,* faire rôtir). Rendre le teint brun et rougeâtre; se dit surtout de l'action du soleil et du grand air sur la peau. *Votre séjour à la campagne vous a hâlé le teint, la figure, vous a hâlé.* — SE HÂLER. v. pron. Être noirci par le hâle. *Les dames portaient autrefois des masques pour ne pas se h.* == HÂLE, ÉE. part.

HALES (ÉT.), naturaliste et physicien anglais (1677-1761).

HALÉSIE. s. f. (R. *Hales,* nom propre). T. Bot. Genre de plantes Dicotylédones (*Halesia*), de la famille des *Styracées.* Voy. ce mot.

HALETANT, ANTE. adj. [*h* asp.] (part. de *haleter*). Qui souffle comme quand on est hors d'haleine. *Il est rentré tout h.* || Par extens., *Respiration haletante.* || Fig., Qui aspire vivement à quelque chose. *H. vers les honneurs.*

HALETER. v. n. [*h* asp.] (pour *aleter,* dérivé de *aile,* ayant signifié d'abord battre de l'aile, puis palpiter). Respirer fréquemment, souffler comme lorsqu'on est hors d'haleine après une course. *Ce chien ne fait que h.* || Fig., Aspirer vivement à quelque chose. == Conj. Voy. JETER.

HALEUR, EUSE. s. [*h* asp.]. Celui, celle qui hale un ba-

teau. || *H. à vapeur,* Cabestan actionné par une petite machine à vapeur, qui sert à lover et à ventrer à bord les filets sur les bateaux qui se livrent à la pêche du hareng et du maquereau.

HALÉVY (JACQUES), compositeur français (1799-1862), auteur de *la Juive,* de *l'Éclair,* etc. — Son frère, LÉON, littérateur fr. (1802-1883).

HALIARTE. v. ancienne de Béotie, près de laquelle le Spartiate Lysandre fut vaincu par les Grecs coalisés (395 av. J.-C.).

HALICARNASSE, ancienne ville de Carie (Asie Mineure), patrie des historiens Hérodote et Denys d'Halicarnasse.

HALICHÉLIDONES. s. m. pl. [Pr. *ali-ké-lidone*] (gr. ἅλς, sel, mer; χελιδών, hirondelle). T. Ornith. Famille d'oiseaux comprenant les hirondelles de mer.

HALICHÉLONES. s. m. pl. [Pr. *ali-ké-lone*] (gr. ἅλς, sel, mer; χελώνη, tortue). T. Zool. Famille de reptiles chéloniens comprenant les tortues marines.

HALICOLYMBES. s. m. pl. (gr. ἅλς, sel, mer; κολυμβᾶν, plonger). T. Ornith. Famille d'oiseaux qui ont l'habitude de plonger dans la mer.

HALICORACES. s. m. pl. (gr. ἅλς, sel, mer; κόραξ, corbeau). T. Ornith. Famille d'oiseaux comprenant les corbeaux de mer, c.-à-d. les pélicans et les frégates.

HALICTE. s. m. T. Entom. Genre d'*Insectes Hyménoptères.* Voy. ANDRÉNÉTES.

HALIÈTE. s. m. (gr. ἅλς, mer; αἰετός, aigle). T. Ornith. Genre de rapaces.

HALIEUTIQUE. adj. 2 g. (gr. ἁλιευτικός, m. s.). Qui concerne la pêche. == HALIEUTIQUE. s. f. L'art de la pêche. == HALIEUTIQUES. s. m. pl. Les *Halieutiques.* Titre de plusieurs ouvrages grecs et latins sur l'art de la pêche.

HALIFAX. v. d'Angleterre (comté d'York); 77,400 hab. || V. de l'Amérique anglaise, ch.-l. de la Nouvelle-Écosse, sur l'Atlantique; 74,000 hab.

HALIFAX (GEORGE SAVILE, marquis de), homme d'État et écrivain anglais (1630-1695).

HALIFAX (Comte de), poète et homme d'État anglais, dévoué à Charles II (1661-1715).

HALIN. s. m. [*h* asp.] (R. *haler*) T. Techn. Cordage pour haler.

HALIOTIS ou **HALIOTIDE.** s. f. (gr. ἅλς, sel, mer; οὖς, ὠτός, oreille). T. Zool. Les Mollusques que l'on appelle *Haliotides* ou *Ormiers* appartiennent à l'ordre des *Gastéropodes* et au groupe des *Aspidobranches.* Ils possèdent une coquille turbinée, très aplatie et présentant une spire très petite en même temps qu'une ouverture extrêmement grande. De plus, la plupart de ces Mollusques ont une série de trous qui percent la coquille le long du bord, qui est du côté de la columelle. Ils rampent sur un pied large, épais vers le centre, aminci sur les bords, portant une large expansion chargée d'ornements divers et un grand nombre de tentacules. En dehors de ces tentacules, sont deux pédicules cylindriques qui portent les yeux; le manteau est profondément fendu du côté droit, et l'eau qui passe par les trous de la coquille pour, à travers de cette fente, pénétrer dans la cavité branchiale. Les Haliotides acquièrent parfois un volume considérable et sont répandues dans presque toutes les mers. Nous en avons sur nos côtes une espèce fort élégante, l'*H. tuberculée,* appelée vulgairement *Ormier* et *Oreille de mer.*

Dans les régions chaudes, où ces animaux abondent, on les recherche pour la belle couleur de nacre qui revêt antérieurement leur coquille et dont le commerce fait un grand usage.

HALIPTÈNES. s. m. pl. (gr. ἅλς, sel, mer; πτηνός, qui vole). T. Ornith. Famille d'Oiseaux de mer.

HALISAURIEN. s. m. [Pr. *ali-so-ri-in*] (gr. ἅλς, mɛr, et fr. *saurien*). T. Zool. Saurien qui vit dans la mer.

HALITHÉRIUM. s. m. [Pr. *alité-riome*] (gr. ἅλς, sel; θηρίον, bête). T. Paléont. zool. Genre fossile de Cétacés herbivores, voisin des Dugong; on en trouve les restes dans les terrains miocènes de France et d'Allemagne.

HALITUEUX, EUSE. adj. (lat. *halitus*, vapeur). T. Méd. *Peau halitueuse*, Couverte d'une douce moiteur. *Chaleur halitueuse*, Chaleur douce de la peau accompagnée d'une légère moiteur.

HALL (JAMES), romancier populaire américain (1793-1868).

HALL (Phénomène de). T. Phys. Lorsqu'on fait passer un courant électrique dans une plaque métallique, le potentiel varie d'un point à un autre sur la surface de cette plaque, et les points qui ont le même potentiel forment une suite de lignes appelées *lignes équipotentielles*. Si maintenant on place la plaque ainsi parcourue par un courant entre les pôles d'un électro-aimant, de manière que cette plaque soit perpendiculaire aux lignes de force du champ magnétique, on constate que les lignes équipotentielles sont déviées dans un sens qui dépend du métal de la plaque. C'est cette rotation des lignes équipotentielles qui constitue le phénomène de Hall, découvert en 1880. M. *Shelford Bidwel* a montré que ce phénomène s'explique par certains effets thermo-électriques.

HALLAGE. s. m. [Pr. *ha-laje*, h asp.] (R. *halle*). Droit prélevé sur les marchandises qu'on étale dans les halles et dans les foires.

HALLALI. s. m. [Pr. *ha-lali*, h asp.] (Onomatopée). Cri de chasse annonçant que le cerf est près de succomber. *J'entends le h. des chasseurs.* || Sonnerie de cor indiquant que la bête vient de se rendre.

HALLAM (HENRY), historien et critique anglais (1777-1859), auteur de l'*État de l'Europe pendant le moyen âge*.

HALLAND, prov. de Suède; 136,100 hab.

HALLE. s. f. [Pr. *ha-le*, h asp.] (al. *hall*, emplacement, salle). Place publique, le plus souvent couverte, où se tiennent les marchés et où se vendent les denrées et marchandises de première nécessité, etc. *La h. au blé, aux vins. La h à la marée. H. aux draps, aux cuirs. Aller à la h., aux halles. Sous la h.* — *Les forts de la h.* Voy. FORT. — *Les dames des halles*, Les marchandes. | *Langage des halles*, langage bas et grossier qu'on parle dans les marchés de Paris. || Fig., Grande salle vide ouverte à tous les vents. *Cette pièce est une halle.* || T. Techn. Vaste atelier. || T. Ch. de fer. *H. aux marchandises*, Quais couverts et destinés au dépôt de marchandises et de colis. — *H. de transbordement*, Quai couvert et très étroit sur lequel on transborde les marchandises d'un wagon dans l'autre. — *H. de voyageurs*, Halle qui abrite le départ et l'arrivée des trains de voyageurs dans les gares importantes.

HALLE, v. de la prov. de Saxe (Prusse), célèbre par son université; 101,400 hab.

HALLÉ (JEAN-NOEL), habile médecin, créateur de l'hygiène en France, né à Paris (1754-1822).

HALLEBARDE. s. f. [Pr. *ha-le-barde*, h asp.] (haut-all. *helmbarte*, m. s., de *barte*, hache, et *helme*, hampe). Arme d'hast. Voy. LANCE. || Fig., *Il pleut des hallebardes*, Il pleut à verse.

HALLEBARDIER. s. m. [Pr. *ha-le-bardier*, h asp.] Garde à pied qui porte la hallebarde. *Les hallebardiers du pape.*

HALLEBRAND. s. m. Voy. HALBRAN.

HALLEBREDA. s. [Pr. *ha-lèbreda*, h asp.]. T. Mépris. Qui se dit d'une grande femme malbâtie, quelquefois d'un homme. *C'est une grande h., un grand h.* Pop. et vieux.

HALLENCOURT, ch.-l. de c. (Somme), arr. d'Abbeville; 2,100 hab.

HALLER (ALBERT DE), né à Berne, célèbre physiologiste (1708-1777).

HALLEY (EDMOND), astronome anglais, reconnut les lois du passage des planètes Vénus et Mercure devant le Soleil et la périodicité des comètes (1656-1742).

HALLIER. s. m. [Pr. *ha-lié*, h asp.] (vx fr. *halot*, bûche). Buisson fort épais. *Il courait à travers les halliers.* || T. Chasse. Filet qu'on tend verticalement, posé sur des piquets dans les endroits qui servent de passage au gibier.

HALLIER. s. m. [Pr. *ha-lié*, h asp.] (R. *halle*). Celui qui garde une halle. || Marchand qui vend dans une halle. || T. Techn. Ouvrier qui range et garde les tuiles dans la halle d'une tuilerie.

HALLITE. s. f. [h asp.] (R. *Hall*, nom de lieu, en Suisse). T. Minér. Silicate hydraté d'alumine, de magnésie et de sesquioxyde de fer.

HALLOPE. s. m. [Pr. *ha-lo-pe*, h asp.]. T. Pêc. Grand filet de pêche qu'on traîne sur le fond.

HALLOYSITE. s. f. [Pr. *al-loi-zite*] (R. *Halloy*, nom d'homme). T. Minér. Minéral du groupe des argiles qui se rencontre dans des filons anciens en masses d'un blanc laiteux ou d'un vert jaunâtre. Elle n'est pas plastique.

HALLSTATT, bourg de la haute Autriche, sur le lac du même nom; 1,500 hab. Riches salines.

HALLUCINATION. s. f. [Pr. *al-lu-sina-sion*] (lat. *hallucinatio*, erreur). On entend par h. un trouble psycho-sensoriel, caractérisé par la croyance à une sensation réelle perçue au moment où l'exercice du sens n'a été déterminé par aucune excitation extérieure. Après avoir été considérée comme une folie, plus ou moins religieuse, l'h. demeure actuellement un symptôme d'un état pathologique du cerveau. On se ferait une fausse idée des hallucinations, si on croyait qu'elles ne peuvent se produire sans délire : au contraire, cette forme consciente existe; elle est fugitive.

On distingue plusieurs variétés d'hallucinations : 1° les hallucinations toxiques sont produites par l'alcool, le haschich, le datura, la belladone; celles de l'alcool correspondent aux hallucinations de la vue; les autres sont plus diverses, mais il semble général que leur caractère soit en rapport avec celui des préoccupations habituelles; 2° les hallucinations des états fébriles, des maladies chroniques et des névroses complexes sont plus intéressantes; elles se produisent particulièrement chez les enfants au cours des maladies infectieuses, plus tard, dans l'anémie; enfin, dans l'épilepsie, comme phénomènes précurseurs ou consécutifs; 3° les hallucinations de l'aliénation mentale sont de deux espèces : psycho-sensorielles et psychiques; les hallucinations psycho-sensorielles relèvent de la double action de l'imagination et des organes des sens; elles sont démontrées par le témoignage des malades qui ont eu des hallucinations sans délire, car la guérison des aliénés, par les actions mêmes de ces soi-disant aliénés.

Les hallucinations de l'ouïe sont des plus fréquentes et des plus tenaces, presque autant que les hallucinations de la vue; et, chose bizarre, les sourds, les aveugles, sont sujets aux hallucinations des sens qui leur manquent. L'odorat et le goût fournissent aussi des hallucinations; de même, le tact, et ces dernières sont très difficiles à distinguer des illusions; elles peuvent être douloureuses, parfois leur siège est interne, parfois elles dérivent de la sensibilité générale (transformation de l'organisme en verre, en métal) chez la femme. Les organes génitaux sont surtout l'origine d'hallucinations chez la femme. A côté des hallucinations psycho-sensorielles, on doit décrire les hallucinations psychiques qui se rapportent exclusivement à la série des phénomènes auditifs; ces malades entendent des voix sans caractère d'extériorisation, des voix internes, un langage d'âme à âme. En somme, c'est dans les délires partiels, à forme essentiellement chronique, que les hallucinations se montrent. Leur importance croit et elles font partie intégrante du délire. Les hallucinations existent dans toutes les formes que peut revêtir l'aliénation mentale.

Les théories sur le mécanisme de production des hallucinations ne manquent pas. La plus rationnelle admet trois termes : 1° exercice involontaire de la mémoire et de l'imagination; 2° suspension des impressions externes; 3° excitation interne des appareils sensoriaux. En raison de ces faits,

434

la thérapeutique s'adresse au physique et au moral : au physique, elle est peu efficace et consiste surtout en médicaments susceptibles de parer aux symptômes concomitants. Moralement, l'important est de modifier les conditions d'existence ; l'isolement du malade paraît s'imposer d'une façon absolue.

HALLUCINATOIRE. adj. 2 g. [Pr. *al-lu-sina-touaré*]. Qui a rapport à l'hallucination.

HALLUCINÉ, ÉE. adj. et s. [Pr. *al-lu-siné*]. Qui a des hallucinations, qui y est sujet. *Avoir l'ouïe hallucinée. C'est un h.*

HALLUIN, commune de France (Nord), canton de Tourcoing ; 14,700 hab. Filatures.

HALMA (Nicolas), mathématicien fr. (1755-1828).

HALMSTADT, ville de Suède, ch.-l. du len de Halland, sur le Cattégat ; 9,000 hab.

HALO. s. m. [*h* asp.] (gr. ἅλως, m. s.). T. Météor. Voy. ci-après. ‖ T. Méd. Petit cercle rouge qui entoure le mamelon du sein.

Météor. — On donne le nom de *Halo* à un cercle ou anneau lumineux ordinairement coloré, qui entoure le soleil ou la lune dans certaines conditions de l'atmosphère. Ces cercles sont de deux sortes, et dépendent de causes physiques essentiellement différentes. Les premiers sont de petites dimensions, leurs diamètres variant entre 5° et 12°. En général, on voit apparaître simultanément trois cercles concentriques ou même davantage qui sont diversement colorés, et qui offrent des phénomènes optiques semblables à ceux que présentent les anneaux de lames minces. Ces cercles sont communément désignés sous le nom de *Couronnes*, et se manifestent, soit

Fig. 1.

quand une petite quantité de vapeur aqueuse est répandue dans l'atmosphère, soit quand de légers nuages floconneux passent devant le soleil ou la lune. Les seconds consistent ordinairement en un cercle lumineux unique, mais de beaucoup plus grandes dimensions, car son diamètre est d'environ 45° : c'est aux météores de cette dernière espèce qu'on donne spécialement le nom de *Halos*.

On a souvent mesuré les diamètres apparents des halos proprement dits, et l'on a toujours trouvé qu'ils sous-tendent à l'œil de l'observateur un angle d'environ 41° à 46°. Le *halo lunaire* consiste simplement en un cercle lumineux, blanc et incolore, à l'exception d'une teinte rouge pâle qui borde quelquefois le côté intérieur du cercle. Au contraire, les *halos solaires* sont constamment colorés, et bien que leurs

couleurs n'aient pas l'éclat de celles de l'arc-en-ciel, elles sont cependant suffisamment distinctes. Le rouge occupe la partie intérieure du cercle lumineux, tandis que l'indigo et le violet en occupent la partie extérieure et vont en s'affaiblissant par degrés insensibles jusqu'à ce qu'ils se fondent avec la couleur générale du ciel. Dans quelques cas, on observe un second halo concentrique avec le précédent, mais de bien plus grandes dimensions ; car son diamètre apparent est d'environ 90°. Les couleurs de ce halo secondaire sont faibles et pâles, et son éclat lumineux est de beaucoup inférieur à celui du halo intérieur. Les halos solaires s'accompagnent fréquemment d'un cercle blanc horizontal appelé *cercle parhélique* qui passe par le soleil, et qui présente des points plus brillants, qu'on nomme *Parhélies*, près de ses intersections avec le halo [Fig. 1. Halo observé à Piléa, en Suède, par Bravais et Martins].

On a proposé plusieurs théories pour expliquer la formation des halos, mais la seule qui résiste à l'analyse critique et qui rende réellement compte des particularités du phénomène, est celle qu'a donnée Mariotte. C'est la seule admise aujourd'hui. Suivant Mariotte, le phénomène est produit par la réfraction de la lumière passant à travers de petits cristaux de glace transparents et prismatiques, qui flottent dans les hautes régions de l'atmosphère. L'eau prend, en se congelant, une grande variété de formes cristallines, parmi lesquelles on trouve fréquemment des cristaux prismatiques hexagonaux, dont les faces présentent une inclinaison de 60° les unes par rapport aux autres. Ces prismes sont tournés dans toutes les directions possibles, et par conséquent les rayons du soleil tombent sur leurs faces à des inclinaisons différentes. Mais, dans certaines positions du prisme par rapport à la lumière incidente, les rayons qui le traversent subissent une déviation minimum qui a lieu lorsque le rayon réfracté forme un triangle isoscèle avec les deux côtés du prisme. Il convient d'ajouter que les rayons qui subissent le minimum de déviation sont en bien plus grand nombre que ceux qui subissent une déviation plus grande, de sorte que les derniers sont, pour ainsi dire, éparpillés dans toutes les directions, tandis que les premiers, au contraire, sont rassemblés dans une même direction d'où résulte nécessairement, dans cette direction, une intensité lumineuse plus grande que dans toutes les autres. La direction que suit alors le rayon dans l'intérieur du cristal fait un angle de 60° avec la face de celui-ci ou un angle de 30° avec la perpendiculaire à cette face. Ce dernier angle est l'angle de réfraction. Or, on sait par expérience que, pour la glace, lorsque l'angle de réfraction est 30°, l'angle d'incidence est 41° ; par conséquent, le rayon lumineux tombe sur le cristal à un angle de 90° — 41° = 49°. Donc la déviation du rayon de sa direction primitive est 60° — 49° = 11°. En émergeant du cristal, le rayon subit une seconde déviation de même valeur.

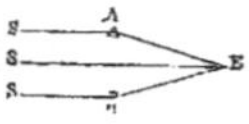

Fig. 2.

La déviation totale de la première direction est donc $2 \times 11° = 22°$, ce qui est le demi-diamètre du halo. Il résulte de là que les rayons parallèles SA, SB (Fig. 2) qui tombent du soleil sur chacun des prismes A et B avec des angles d'incidence égaux à 41°, seront réfractés dans les directions AE et BE, qui font des angles AES et BES égaux à 22° ; ils forment ainsi, après la réfraction, un cône dont le sommet est en E, de sorte qu'un œil, placé au sommet E de ce cône, verra un cercle lumineux dont le diamètre apparent ou l'angle ASB sera d'environ 44°. Il est clair du reste que, la masse des cristaux est assez considérable, tout point de l'espace sera le sommet d'un cône semblable, fourni par d'autres cristaux, de sorte que le h. pourra être vu par plusieurs observateurs placés en des points différents. Quant au h. secondaire ou extérieur, dont le diamètre est d'environ 90°, on peut l'attribuer, suivant le docteur Young, soit à deux réfractions successives à travers des prismes différents, soit encore, selon Cavendish, à la réfraction sur les faces rectangulaires des prismes. — Cette théorie explique l'ordre dans lequel les couleurs sont disposées. La réfrangibilité du rayon violet étant plus considérable que celle du rayon rouge, le premier subira une plus grande déviation, et par conséquent la bande violette du h. aura un diamètre plus grand que la bande rouge. Si l'on admet l'exactitude de cette théorie, on voit que la condition nécessaire de la production des halos est l'existence de particules de glace dans les régions supérieures de l'atmosphère. Par conséquent, l'apparition d'un h. fournit des données sur la température de l'air à de grandes hauteurs au-dessus de la terre.

La formation des *couronnes*, ou des petits halos, qu'on voit

si fréquemment autour du soleil et de la lune par un temps serein, a été attribuée par Fraunhofer, non à la *refraction*, mais à la *diffraction* de la lumière autour des gouticlettes humides suspendues dans l'atmosphère. Lorsqu'on regarde le soleil à travers un trou d'aiguille percé dans une feuille de clinquant que l'on tient très près de l'œil, on voit cet astre entouré d'un h. très rapproché de son disque, mais qui s'élargit d'autant plus que le trou est plus petit. Si l'on suppose qu'un globule d'eau d'égale dimension produira une diffraction égale, on pourra du diamètre du h. déduire la grosseur des globules. Quand le h. est très rapproché du corps lumineux, ce sont de grosses gouttes qui flottent dans l'air; par conséquent, l'atmosphère est alors chargée d'humidité: et qui prouve la justesse de l'observation vulgaire, qu'un h. dense et très rapproché de la lune présage la pluie. Les phénomènes secondaires des halos : *Anthélies, Parhélies, Croix lumineuses*, etc., sont des phénomènes de diffraction dont la théorie est trop compliquée pour que nous puissions l'exposer ici.
Bibl. — FLAMMARION, *l'Atmosphère*. KAEMTZ, *Météorologie*.

HALOCHIMIE. s. f. [*h* asp.] (gr. ἅλς, sel, et *fr. chimie*). Partie de la chimie qui traite de l'histoire des sels.

HALOGÈNE. adj. 2 g. [*h* asp.] (gr. ἅλς, sel; γεννάω, je produis). T. Chim. On appelle *éléments halogènes* le chlore, le brome, l'iode et le fluor, qui forment des sels binaires en s'unissant aux métaux. Ces composés binaires, dont le type est le chlorure de sodium ou sel marin, ont été appelés par Berzélius *sels haloïdes* pour les distinguer des sels ternaires, tels que les sels oxygénés ou oxysels, les sulfosels, etc.

HALOGÉNÉ. adj. 2 g. [*h* asp.]. T. Chim. Se dit des composés qui contiennent un ou plusieurs éléments halogènes. *Dérivé h.*, dérivé produit par la substitution d'un élément halogène dans la molécule d'un corps. Suivant que la substitution porte sur un ou plusieurs atomes, le dérivé est dit *mono-h., di-h., tri-h.*, etc.

HALOGETON. s. m. [*h* asp.] (gr. ἅλς, ἁλός, sel; γείτων, épi). T. Bot. Genre de plantes Dicotylédones de la famille des *Chénopodiacées*. Voy. ce mot.

HALOGRAPHIE. s. f. [*h* asp.] (gr. ἅλς, ἁλός, sel; γράφειν, décrire). Description des sels.

HALOGRAPHIQUE. adj. 2 g. [*h* asp.]. Qui a rapport à la halographie.

HALOÏDE. adj. [*h* asp.] (gr. ἅλς, sel; εἶδος, apparence). T. Chim. Voy. HALOGÈNE.

HÂLOIR. s. m. [*h* asp.] (R. *hâler*). Lieu où l'on sèche le chanvre par le moyen du feu, pour le disposer à être broyé ou tillé.

HALOLOGIE. s. f. [*h* asp.] (gr. ἅλς, ἁλός sel; λόγος traité). Traité sur les sels.

HALOLOGIQUE. adj. 2 g. [*h* asp.]. Qui a rapport à la halologie.

HALOMANCIE. s. f. [*h* asp.] (gr. ἅλς, ἁλός, sel; μαντεία, divination). Divination à l'aide du sel.

HALOMÉTRIE. s. f. [*h* asp.] (gr. ἅλς, ἁλός, sel; μέτρον, mesure). Procédé pour apprécier la qualité des solutions salines employées dans le commerce.

HALOMÉTRIQUE. adj. 2 g. [*h* asp.]. Qui a rapport à la halométrie.

HALOPHILE. adj. 2 g. [*h* asp.] (gr. ἅλς, ἁλός, sel; φίλος, qui aime). T. Bot. Qui aime le sel, qui croît dans les terrains imprégnés de sel. || T. Zool. Qui aime l'eau salée. *Mollusques halophiles*.

HALOPTERIS. s. m. [Pr. *halo-pté-ris*, *h* asp.] (gr. ἅλς, ἁλός, sel; πτέρις, fougère). T. Bot. Genre d'Algues de la famille des *Phéosporées*. Voy. ce mot.

HALORAGE. s. m. [*h* asp.] (gr. ἅλς, ἁλός, sel; ῥαγείς, coupé,

fendu). T. Bot. Genre de plantes Dicotylédones (*Haloragis*) de la famille des *Haloragées*. Voy. ce mot.

HALORAGÉES. s. f. pl. [*h* asp.] (R. *haloragc*). T. Bot. Famille de végétaux Dicotylédones de l'ordre des Dialypétales inféro-variées.
Caract. bot. : Plantes herbacées ou sous-frutescentes, croissant souvent dans les lieux humides. Feuilles alternes, opposées ou verticillées sans stipules, les submergées ordinairement pennatifides. Fleurs axillaires, petites, tantôt en panicules terminales, tantôt sessiles, hermaphrodites ou unisexuées monoïques. Calice adhérent avec un limbe peu développé, 2-4 denté ou tout à fait entier. Pétales insérés au sommet du calice, ou nuls. Étamines insérées au même lieu, en nombre égal aux pétales ou quelquefois moindre. Pistil composé d'autant de carpelles que de sépales, concrescent en un ovaire pluriloculaire; style nul; stigmates en même

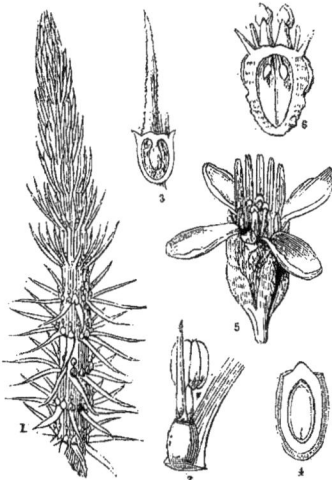

nombre que les loges, papuleux, ou en forme de pinceau. Ovules pendants, anatropes. Le fruit est une drupe, un tétrakène ou un akène simple. Graines solitaires, pendantes; albumen charnu ou nul; embryon droit; radicule supère, large; cotylédons beaucoup plus petits. [Fig. 1. *Hippuris vulgaris;* 2. Fleur complète; 3. Coupe du pistil; 4. Coupe du fruit mûr et de la graine. — 5. Fleur complète de *Loudonia aurea;* 6. Coupe de l'ovaire.]
Cette famille se compose de 8 genres (*Haloragis, Loudonia, Myriophyllum, Hippuris, Gunnera*, etc.) et de 70 espèces. Les plantes qui en font partie habitent pour la plupart les lieux humides, les fossés, les cours d'eau très lents, etc. Elles se trouvent en Europe, dans l'Amérique du Nord, dans l'Afrique australe, en Chine, au Japon et dans les îles de la mer du Sud. On connaît une espèce tertiaire appartenant au genre *Myriophyllum*. Les Haloragées en général ne possèdent aucune propriété importante. L'*Haloragis citriodora* doit son nom spécifique à son agréable odeur. L'*Hippuris vulgaris*, vulgairement *Pesse d'eau*, passe pour astringente.

HALOT. s. m. [Pr. *ha-to*, *h* asp.]. Trou dans une garenne, où se retirent les lapins.

HALOTECHNIE. s. f. [Pr. *halo-tekni*, *h* asp.] (gr. ἅλς, ἁλός, sel; τέχνη, art). T. Chim. Art de préparer les sels.

HALOTECHNIQUE. adj. 2 g. [Pr. *halotek-nike*, *h* asp.]. Qui a rapport à la halotechnie.

HALOTRICHITE. s. f. [Pr. *alotri-kite*] (gr. ἄλς, ἄλός, sel: τρίξ, τριχός, cheveu). T. Minér. Alun de fer naturel en masses fibreuse plus ou moins altérées.

HALPHEN (Georges-Henri), mathématicien fr. (1844-1889).

HALS (Franz), peintre hollandais (1584-1666).

HALTE. s. f. [*h* asp.] (all. *halt*, station). Pose que fait un corps de troupes en marche. *Une courte h. Faire h.* — Par ext., Le lieu fixé pour la h., ou Le repas qu'on fait pendant la h. *Ce bourg sera notre première h.* — Se dit, dans ces deux acceptions, en parlant de voyageurs, de chasseurs. *H. de chasse. On nous avait préparé une bonne h.* || Fig., Interruption momentanée dans ce qu'on fait. || T. Ch. de fer. Simple point d'arrêt pour les trains de voyageurs. || Ellipt., on dit *H.* pour commander à une troupe de soldats de s'arrêter. *H.-là! Au commandement de h., la troupe s'arrêta.* — Fam., on dit *H.-là!* à une personne, pour l'arrêter quand elle commet quelque inconvenance ou pour lui imposer silence.

HALTÈRE. s. m. (gr. ἀλτήρ, balancier). T. Gymn. On donne le nom d'*Haltères* à des masses pesantes, ordinairement de fer, de plomb ou de fonte, que l'on emploie dans les gymnases pour développer la force musculaire des membres supérieurs. Leur forme peut être très variée, mais ils consistent le plus souvent en deux espèces de boulets réunis par une barre que l'on empoigne pour manœuvrer avec l'h. Le poids de cet instrument est proportionné à la force actuelle des élèves. L'usage des haltères était universel chez les Grecs, mais il n'a été introduit dans les gymnases qu'à une époque relativement très moderne. — On applique aussi le nom d'*H.* au balancier des funambules, et, par extension, à celui des Diptères.

HALURGIE. s. f. [*h* asp.] (gr. ἄλς, sel; ἔργον, œuvre). Synonyme de *Halotechnie*.

HALURGIQUE. adj. 2 g. [Pr. *halurji-ke*, *h* asp.]. Qui a rapport à la halurgie.

HALYS, auj. KIZIL-ERMAK. riv. de l'Asie Mineure, qui se jette dans le Pont-Euxin.

HAM, ch.-l. de c. (Somme), arr. de Péronne; 3,100 hab. Château fort. Patrie de Vadé, Foy. Louis-Napoléon, depuis empereur, fut enfermé au fort de Ham en 1840 et s'en échappa en 1846.

HAMAC. s. m. [Pr. *hamak*, *h* asp.]. Ce mot, qui dérive de l'allemand *hangematte* (natte suspendue), sert à désigner des lits suspendus en usage à bord des navires. On en distingue deux sortes : les *Hamacs* proprement dits, qui servent aux matelots, et les *Cadres*, qui sont destinés aux officiers, aux élèves, aux malades et aux passagers ayant rang d'officiers. Le h. se compose d'un morceau de toile en double, de 1m,95 de longueur sur 86 centim. de largeur; d'un matelas de 8 centim. d'épaisseur passé dans le double de la toile et d'une grosse couverture de laine. Des anneaux et de corde attachés aux quatre angles de la toile servent à la suspendre à des crochets fixés dans le plafond. Le matin, en roule la h., on la lie avec des cordelettes qui sont placées le long de ses côtés et on la porte dans le bastingage. Les cadres consistent en un rectangle de bois garni d'un fond de toile ou de fil et muni des objets de literie nécessaires. On les suspend à peu près comme les hamacs. Pendant les combats, on les range dans le faux-pont ou dans la cale.

HAMÂDA, vaste région désertique, qui rattache l'Arabie au continent. Elle est parcourue par des tribus nomades qu'on évalue à 600,000 individus.

HAMADAN, v. de Perse; 35,000 hab.

HAMADANI (Al), célèbre écrivain arabe (968-1007).

HAMADRYADE. s. f. T. Myth. Voy. Dryade.

HAMADRYAS. s. m. T. Mamm. Grand Singe qui vit en Abyssinie et en Arabie. Voy. Cynocéphale.

HAMAH, v. de Syrie, sur les bords de l'Oronte; 40,000 hab. C'est l'ancienne Hamath de la Bible.

HAKAÏDE. s. f. T. Blas. Pièce héraldique formée de trois fasces alésées représentant une barrière de bois; c'est l'emblème d'une place enlevée.

HAMAMÉLIDÉES. s. f. pl. (R. *Hamamelis*). T. Bot. Tribu de plantes de la famille des *Saxifragacées*. Voy. ce mot.

HAMAMÉLIS. s. m. (gr. ἀμαμηλίς, sorte de néflier). T. Bot. Genre de plantes Dicotylédones de la famille des *Saxifragacées*. Voy. ce mot.

HAMAR, v. de Norvège, ch.-l. de la prov. du même nom, sur le lac Miœsen; 2,400 hab.

HAMARA, État indépendant d'Abyssinie.

HAMATH. Voy. Hamah.

HAMATHÉEN, ENNE. adj. [Pr. *hamaté-in*, *h* asp.]. Qui appartient au royaume de Hamath. *La langue hamathéenne.*

HAMBOURG, État d'Allemagne, 622,500 h.; cap. Hambourg. — Ville libre de l'Empire d'Allemagne, près de l'embouchure de l'Elbe; entrepôt du commerce du Nord; prise par Davoust en 1813; 569,300 hab. = Nom des hab. : Hambourgeois, oise.

HAMDANIDES, dynastie de princes musulmans qui régnèrent à Mossoul et à Alep, de 892 à 1014.

HAMEAU. s. m. [Pr. *ha-mo*, *h* asp.] (anglo-sax. *ham*, maison). Petit village; petit nombre de maisons écartées du lieu où est l'église de la paroisse. *C'est un h. de quatre ou cinq maisons. Cette commune se compose d'une douzaine de hameaux.* = Syn. Voy. Bourg.

HAMEÇON. s. m. (lat. *hamus*, m. s., avec un suff. dimin.). Petit crochet de fer qui est armé de pointes en dessous, et qu'on met au bout d'une ligne, avec de l'appât, pour prendre du poisson. *Le poisson mord à l'h.* || T. Bot. Épine crochue.

HAMEÇONNÉ, ÉE. adj. [Pr. *hameso-né*, *h* asp.]. Pourvu d'hameçons. || Garni de fers en hameçon. || T. Hist. nat. Qui est recourbé au sommet, en manière d'hameçon.

HAMÉE. s. f. [*h* asp.]. T. Artill. Manche de l'écouvillon.

HAMÉIDE. s. f. [*h* asp.]. T. Blas. Fasce de trois pièces alésées qui ne touchent point les bords de l'écu.

HAMELIA. s. m. (R. *Duhamel*, nom d'un savant fr.). T. Bot. Genre de plantes Dicotylédones, de la famille des *Rubiacées*. Voy. ce mot.

HAMELIN (François-Alphonse), amiral fr. (1796-1864), ministre de la marine (1855-1860), et grand chancelier de la Légion d'honneur (1860-1864).

HAMELN, v. de Prusse, au confluent de la Hamel et du Weser; 12,000 hab.

HAMIDOU (Le Raïs), célèbre corsaire algérien (1765-1815).

HAMIGÈRE. adj. 2 g. [Pr. *hami-jère*, *h* asp.] (lat. *hamus*, *gerere*, porter). T. Bot. Qui porte des poils recourbés en hameçons.

HAMILTON, v. d'Écosse sur la Clyde; 15,000 hab.

HAMILTON, v. du Canada; prov. d'Ontario; 40,000 hab.

HAMILTON, v. des États-Unis (Ohio); 17,500 hab.

HAMILTON, famille illustre d'Écosse, à laquelle appartenait Antoine, comte d'Hamilton, qui suivit en France les Stuarts exilés et écrivit les *Mémoires du comte de Gramont*, son beau-frère (1646-1720).

HAMILTON (William), diplomate anglais, amateur éclairé des sciences et des arts (1730-1803). = Sa femme, Emma (1761-1815), amie et confidente de Marie-Caroline de Naples, joua un rôle très considérable dans les intrigues diplomatiques du temps et fut maîtresse de Nelson.

HAMILTON (ALEX.), homme d'État américain (1757-1804).

HAMILTON (SIR WILLIAM), philosophe écossais (1788-1856).

HAMILTON (SIR WILLIAM ROWAN), mathématicien anglais (1805-1865).

HAMIPLANTE. s. f. [Pr. *hami-p'ante*, h asp.] (lat. *hamus*, hameçon; fr. *plante*). T. Bot. Plante à fruits ou à tige pourvue de petits crochets et s'attachant aux vêtements. || adj. 2 g. *Tige h.*

HAMITE. s. f. [h asp.]. T. Zool. Genre de Mollusques Céphalopodes, fossiles appartenant au sous-ordre des *Ammonitides*. Voy. ce mot.

HAMLET, prince légendaire du Jutland, qui feignit la folie pour venger son père, empoisonné par son propre frère; légende immortalisée par la tragédie de Shakespeare.

HAMM, v. de Prusse (Westphalie); 22,000 hab. Fonderies.

HAMMA, commune d'Algérie (dép. et arr. de Constantine); 4,700 hab.

HAMMADITES, dynastie berbère qui régna de 1014 à 1152 sur la plus grande partie du Maghreb central.

HAMMAM. s. m. [Pr. *hamm-mamm*, h asp.]. Nom turc des établissements de bains, donné à un établissement de même nature à Paris.

HAMMER, orientaliste et historien allemand, né à Gratz, auteur d'une *Histoire de l'Empire ottoman* (1774-1856).

HAMMOUDA-PACHA, bey de Tunis (1759-1814).

HAMON, peintre fr., né à Plouha (Côtes-du-Nord) (1821-1874).

HAMOUN (Lac), grand bassin marécageux sur la frontière de la Perse et de l'Afghanistan.

HAMPDEN (JOHN), célèbre patriote ang., né à Londres, cousin de Cromwell (1594-1643).

HAMPE. s. f. [h asp.] (all. *hand*, main, poignée). Manche d'un épieu, d'une hallebarde, d'une pertuisane, d'un drapeau, d'un écouvillon, etc. — On dit aussi, *La h. d'un pinceau.* || T. Bot. Voy. TIGE.

HAMPÉ, ÉE. adj. [h asp.]. Muni d'une hampe.

HAMPSHIRE ou **SOUTHAMPTON**, comté de l'Angleterre méridionale, sur la Manche; ch.-l. Winchester; 593,000 hab.

HAMPSHIRE (NEW-), un des États-Unis de l'Amérique du Nord; 330,000 hab.

HAMPTON, v. à 20 kil. de Londres, où se trouve le château royal de Hampton-Court avec sa célèbre galerie de tableaux; 6,200 hab.

HAMSTER. s. m. [h asp.] (mot all.). T. Mamm. Le *Hamster* (*Mus cricetus*) est un petit quadrupède un peu plus gros qu'un Rat, qui appartient à l'ordre des *Rongeurs*, et qui est très répandu dans toute l'Europe centrale, depuis l'Alsace jusqu'à la Sibérie. Linné rangeait cet animal dans son grand genre Rat. Le H. se rapproche en effet du Rat par le nombre et la forme de ses dents; mais il en diffère par la brièveté de sa queue, qui est en outre velue, et surtout par les abajoues dont il est muni. Il a le pelage gris roussâtre en dessus, noir en dessous, avec trois taches blanches sur les côtés et les pieds blancs. Ce rongeur, qu'on appelle vulgairement *Marmotte d'Allemagne* et *Cochon de blé* (Fig. ci-après), est extrêmement nuisible à l'agriculture, à cause de sa fécondité et de la grande quantité de grains qu'il détruit; mais ses instincts et de la prévoyance et d'économie en font un sujet d'étude intéressant. Il creuse un terrier composé de plusieurs galeries où il dépose ses petits, où il emmagasine ses approvisionnements d'hiver, et où il passe la mauvaise

saison. Un H. adulte ramasse dans une année jusqu'à 50 kilogrammes de grains et en remplit son magasin souterrain, qui a quelquefois jusqu'à 2 mètres de profondeur. C'est à l'aide de ses abajoues qu'il transporte dans son terrier les grains de céréales, les fèves, les pois, et autres semences qu'il a recueillies. Quand arrive l'hiver, il ferme les issues de sa demeure pour se préserver du froid. Néanmoins, pendant les mois

rigoureux et lorsque la gelée se fait vivement sentir, il tombe dans un état complet d'engourdissement. Mais aussitôt que la douce chaleur du printemps se fait sentir, il se réveille, et consomme alors les provisions qu'il avait amassées. C'est au mois d'avril qu'a lieu la reproduction du H. La femelle fait chaque année deux ou trois portées de six à huit petits chacune. Au bout de trois semaines, ceux-ci sont en état de se pourvoir par eux-mêmes; en conséquence, ils sont chassés du domicile paternel.

HAMULEUX, EUSE. adj. [Pr. *hamu-leu*, h asp.] (lat. *hamulus*, petit hameçon). T. Bot. Qui est garni de petits poils crochus.

HAN. s. m. Onomatopée qui représente le cri sourd et guttural d'un homme qui frappe un coup avec effort.

HAN. s. m. [h asp.]. Voy. KHAN.

HAN, nom de cinq dynasties chinoises.

HAN, village de Belgique, célèbre par sa grotte souterraine formée d'une succession de salles admirables.

HANAP. s. m. [h asp.] (anglo-sax. *knæp*). Grand vase à boire. *Il vida son h. d'un seul trait.*

HANAU, v. de la Hesse (Prusse); 25,000 hab.; victoire des Français en 1813.

HANCARVILLE (D'), antiquaire fr., né à Nancy (1719-1805).

HANCHE. s. f. [h asp.] (haut-all. *ancha*, jambe). Partie du corps qui est formée par l'évasement de l'os iliaque, la partie supérieure du fémur et les parties molles environnantes. L'articulation de la h. Les hanches sont plus saillantes chez la femme que chez l'homme. — Fam., *Se mettre sur la h.,* Prendre l'air d'un bretailleur. || T. Path. Voy. COXALGIE. || T. Man. Le train de derrière d'un cheval depuis les reins jusqu'au jarret. — *Mettre un cheval sur les hanches,* Le dresser de façon qu'en galopant il se soutienne sur le train de derrière. *Ce cheval va bien sur les hanches.* Dans le sens contraire, on dit, *Il traîne les hanches* || T. Entom. Chez les Insectes, le segment des pattes qui s'articule avec le corselet. || T. Mar. La partie de l'arrière d'un bâtiment qui est entre la poupe et les haubans du grand mât. || T. Techn. Les hanches d'une chèvre sont les deux grands côtés qui vont en se rapprochant et entre les extrémités desquels est montée une poulie.

HANCHER. v. n. Marcher en faisant saillir la hanche. || T. Peint. et Sculpt. Accentuer la souplesse apparente d'une figure en faisant porter le torse uniquement sur une jambe, la seconde restant détendue et légèrement repliée. || SE HANCHER. v. pron. Se mettre sur la hanche.

HANCORNIE. s. f. T. Bot. Genre de plantes Dicotylédones (*Hancornia*) de la famille des *Apocynées.* Voy. ce mot.

HANDICAP. s. m. Mot anglais qui indique les courses dans lesquelles les chevaux déjà primés doivent porter une surcharge proportionnelle à leur force présumée. Dans d'autres sports, ou handicape les coureurs ou les joueurs les plus habiles en les reculant ou en donnant des points d'avance à leurs adversaires.

HANDICAPER. v. a. (R. *handicap*). Égaliser les poids et, par suite, les chances entre les chevaux ou les coureurs, suivant la force présumée de chacun d'eux.

HANEBANE. s. f. Nom vulgaire de la Jusquiame noire.

HANGAR, s. m. [*h* asp.] (bas-lat. *angarium*, lieu où l'on ferre les chevaux, du gr. ἄγγαρος, courrier, à comparer avec ἄγγελος, messager, qui a donné ange). Construction formée d'un toit, élevée sur des piliers de bois ou de pierre, et ouverte de différents côtés. *Les hangars servent à remiser les chevaux, les voitures, les fourrages, les marchandises, et tout ce qu'on veut mettre momentanément à l'abri des intempéries atmosphériques.*

HANG-TCHÉOU, v. maritime de Chine, capitale du Tche-Kiang ; 800,000 hab.

HANÍF. s. m. pl. Monothéistes arabes précurseurs de l'Islamisme.

HANKEOU, ville de la Chine centrale, sur le Han-Kiang ; 600,000 hab.

HAN-KIANG, grande riv. de Chine, affluent gauche du fl. Bleu.

HANLEY, v. d'Angleterre, dans le comté de Stafford ; 48,400 hab.

HANNAI. s. m. [Pr. *ha-né, h* asp.]. T. Mar. Corde munie de deux boules et pendant autour des bouées de sauvetage.

HANNETON. s. m. [Pr. *ha-neton, h.* asp.] (lat. *alis tonus*, bruit d'aile, ou plutôt all. *hahn*, coq, qui signifie hanneton dans quelques provinces). T. Entom. Genre d'insectes coléoptères. Voy. plus bas. || T. Passementerie. *Soucis d'h.*, Franges qui portent de petites houppes. Dans cette loc., *h* n'est pas aspirée.

Entom. — Les insectes ainsi nommés appartiennent à la tribu des *Scarabéides* de la famille des *Lamellicornes*, dans l'ordre des *Coléoptères pentamères*. Ils se distinguent aisément des autres Scarabéides par la petitesse de leur tête, par leurs mandibules cornées, et par leurs antennes composées de dix articles dont les cinq ou sept derniers dans les mâles, et les quatre ou six derniers dans les femelles, forment massue. — Tout le monde connaît le *Hanneton commun* (*Melolontha vulgaris*), qui est si souvent le fléau de nos campagnes, tant à l'état de larve qu'à celui de l'insecte parfait. Chez nous, ces insectes commencent à paraître vers le mois d'avril et disparaissent au bout d'un mois ou de six semaines. Pendant le jour, ils s'accrochent à la partie inférieure des feuilles et y restent, pour ainsi dire, engourdis ; mais, après le coucher du soleil, ils s'agitent, volent en faisant entendre un bourdonnement assez intense qui se produit par le frottement de leurs ailes. Le h. a le vol très lourd, et il est en outre si peu maître de le diriger qu'il se heurte contre tout ce qu'il rencontre, ce qui a donné lieu à la locution proverbiale : *Étourdi comme un hanneton.* Il prend aussi fort difficilement son essor. Avant de s'envoler, il agite ses ailes pendant quelques instants et gonfle son abdomen en faisant pénétrer dans ses stigmates la plus grande quantité possible d'air ; les enfants disent alors que le h. compte ses écus, et chantent la chanson : *H., vole, vole donc.* Ces animaux, ainsi que nous venons de le dire, ne vivent pas plus de six semaines à l'état d'insectes parfaits ; mais ils sont quelquefois en quantité si prodigieuse, que, dans ce court espace de temps, ils dépouillent de leurs feuilles tous les arbres d'un canton. En outre, ils vivent longtemps à l'état de larves, et c'est sous cette forme qu'ils font le plus de ravages. Après l'accouplement, la femelle dépose dans une terre légère et fraîchement remuée à une profondeur de 10 à 20 centimètres, de 20 à 30 œufs. Au bout d'un mois, de ces œufs naissent des larves d'un blanc sale et jaunâtre, munies de pattes et contournées en demi-cercle, qui s'accrochent aux racines des plantes, les dévorent, et causent ainsi des dégâts considérables. Elles restent 3 ou 4 ans sous cette forme avant d'arriver à l'état d'insectes parfaits. Les cultivateurs désignent ces larves sous le nom de *Vers blancs* ou de *Mans* (Fig. 1. *Hanneton commun* et sa larve). L'hiver elles s'enfoncent dans la terre, remontent au printemps, changent de peau, et ordinairement, vers la fin de l'automne, la troisième année, après avoir pris tout leur accroissement, elles s'enfoncent plus profondément encore et se métamorphosent en nymphes. Elles s'enferment à cet effet

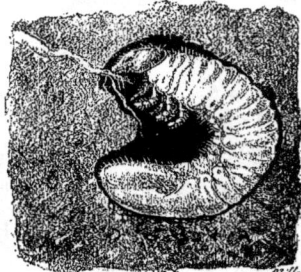

Fig. 1.

dans une coque ovalaire dont elles sortent au printemps transformées en hannetons. À peine ces insectes voient-ils le jour, qu'ils vont s'abattre sur l'arbre le plus voisin. Les mâles ne tardent pas à poursuivre les femelles avec une grande ardeur. Après l'accouplement, qui dure environ vingt-quatre heures, les premiers meurent épuisés, et les secondes pondent et meurent à leur tour. Chaque individu ne vit guère plus de huit jours.
— Outre le h. commun, on trouve encore en France le *H. du châtaignier* (*M. hippocastani*) qui est plus petit que le précédent et a les pattes noires, tandis que celui-ci les a rouges ; le *H. cotonneux* (*M. villosa*), qui est fauve châtain, avec l'écusson blanc et farineux ; et le *H. foulon* (*M. fullo*) [Fig. 2]. Ce dernier est brun ou noir

Fig. 2.

avec 2 taches blanches sur l'écusson et d'autres irrégulières sur les élytres. Cette espèce habite toutes les côtes de la Méditerranée et quelques parties du littoral de l'Océan. On ne la trouve jamais à une grande distance de la mer.

On a préconisé beaucoup de moyens pour détruire les han-

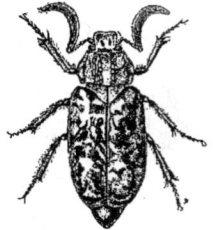

netons, mais on a reconnu que le meilleur et le plus simple de tous était le *hannetonnage*, c'est-à-dire la récolte ces insectes adultes et leur destruction par le feu.

Vers 1890, on avait remarqué qu'une sorte de champignon, le *Botrytis tenella*, se développe parfois sur les larves des hannetons et les fait périr. On avait cru pouvoir tirer de cette observation un procédé systématique de destruction de ces larves qui aurait consisté à ensemencer le terrain avec des spores de botrytis ou simplement avec a poudre provenant de larves contaminées, desséchées et pulvérisées. Ce procédé a réussi partiellement en certains endroits; mais il n'a pu être généralisé, et n'a pas répondu aux espérances qu'il avait fait naître. Les années à hannetons reviennent tous les trois ans en France et tous les quatre ans en Allemagne (France 1895). La différence a sans doute pour cause la température du sol au printemps.

HANNETONNAGE. s. m. [Pr. *ha-ne-to-naje*, *h* asp.]. Destruction des hannetons.

HANNETONNER. v. a. [Pr. *ha-ne-to-ner*, *h* asp.]. Secouer les arbres pour faire tomber les hannetons.

HANNON, navigateur carthaginois du VI⁰ s. av. J.-C., entreprit le tour de l'Afrique, voyage dont il reste une relation en grec, intitulée le *Périple d'Hannon*. == HANNON, général carthaginois du III⁰ siècle av. J.-C., chef du parti opposé à Annibal.

HANOÏ, v. d'Asie, cap. du Tonkin; 140,000 hab.

HANOTEAU (HECTOR), peintre fr. (1823-1890).

HANOVRE, anc. roy. de la Confédération germanique, annexé à la Prusse en 1866; 2,200,300 hab. Cap. Hanovre, sur la Leine, s.-aff. du Weser; 163,130 h. == Nom des hab.: HANOVRIEN, IENNE.

HANOVRE (NOUVEAU-), île de l'archipel du Prince-de-Bismarck (Océanie).

HANSE. s f. [*h* asp.; on écrit aussi *Anse*]. On donne, dans l'histoire d'Europe, les noms de *Hanse* et de *Ligue hanséatique* (de l'allemand *hanse*, société), à une célèbre confédération de villes situées sur les côtes de la Baltique et de la mer du Nord, ainsi que dans les contrées environnantes. La première ligue fut formée en 1239, entre Hambourg, Minden et plusieurs autres villes, auxquelles Lubeck se joignit bientôt après. Elle avait deux objets principaux : 1° de se défendre mutuellement contre les princes étrangers, et contre les seigneurs féodaux qui touchaient à leur territoire; 2° d'étendre leurs relations commerciales avec l'étranger et d'y acquérir, autant que possible, le monopole du commerce et de la navigation. La ligue s'accrut rapidement et comprit à un certain moment 85 villes divisées en quatre quartiers ou provinces. Elle avait à l'étranger quatre principaux entrepôts : à Londres, Bruges, Novogorod et Bergen. Au XIV⁰ et au XV⁰ siècle, la ligue acquit une haute importance politique; elle fit alors la paix et la guerre, comme un pouvoir souverain indépendant : néanmoins elle ne fut jamais reconnue par l'Empire germanique. Sa décadence eut lieu graduellement, à mesure que les souverains des États où se trouvaient ces villes donnèrent au commerce une protection plus grande, et par cela même rendirent inutile leur alliance pour leur commune défense. La seconde moitié du XVII⁰ siècle vit disparaître complètement cette association, jadis si puissante. Malgré l'abolition de la ligue, trois des principales villes qui en faisaient partie, Hambourg, Brême et Lubeck, sont encore souvent désignées sous le titre de *Villes hanséatiques*.

HANSÉATIQUE. adj. 2 g. [*h* asp.; on écrit aussi *Anséatique*.] Qui faisait partie de la hanse, qui lui appartenait. *Les villes hanséatiques. Comptoir h.*

HANSEN, astronome allemand (1795-1870).

HANSÈRE. s. f. [*h* asp.] Voy. HAUSSIÈRE.

HANSTEEN, astronome norvégien (1784-1860).

HANTEMENT. s. m. [Pr. *hante-man*, *h* asp.] T. Néol. Action de hanter.

HANTER. v. a. [*h* asp.] (lat. *habitare*, habiter). Fréquenter, visiter souvent une personne ou un lieu. *H. quelqu'un. Il hante les bonnes, les mauvaises compagnies, les mauvais lieux. H. les estaminets. H. le palais.* — Prov., *Dis-moi qui tu hantes, et je te dirai qui tu es,* On juge des mœurs de quelqu'un par les personnes qu'il fréquente. == HANTER, v. n. *H. chez quelqu'un. H. en de mauvais lieux.* == HANTÉ, ÉE. part. *Maison hantée,* Maison où certains effets insolites ont fait supposer la présence d'êtres invisibles. == Syn. Voy. FRÉQUENTER.

HANTISE. s. f. [Pr. *hanti-ze*, *h* asp.] (R. *hanter*). Fréquentation. *Cette h. ne vaut rien. Laissez-là cette h.* Ce mot est familier, vieux, et ne se dit qu'en mauvaise part.

HAOURÂN, nom qu'on donne à la région de la Syrie située à l'est du Jourdain et au sud de Damas.

HAOUSSA, région du Soudan entre le Bornou, le Niger et le Sahara. — La langue *H.* est par excellence la langue commerciale et diplomatique de l'Afrique centrale.

HAPALIDES. s. m. pl. [*h* asp.](gr. ἁπαλός, gracieux). Singes du Nouveau Continent appartenant au groupe des *Arctopithèques*. — Comme les singes d'Amérique en général, ils ont

Fig. 1.

la tête ronde, le visage plat, les narines latérales, les fesses velues et point d'abajoues : mais ils s'en distinguent par le

Fig. 2.

moindre nombre de leurs dents, par l'obliquité de leurs incisives, et surtout par leurs mains. Celles-ci, à l'exception du pouce des pieds postérieurs, qui a un ongle, sont pourvues de griffes, à l'aide desquelles ils grimpent sur les troncs d'arbres les plus gros, et qui leur ont valu le nom d'Arctopithèques (*Singes-ours*). Leurs pouces de devant s'écartent si peu des autres doigts, qu'on ne leur donne qu'en hésitant, dit Cuvier, le nom de Quadrumanes : leurs membres postérieurs, plus allongés que les antérieurs, leur permettent de sauter facilement de branche en branche; leur queue est plus longue que le corps, très velue et redressée sur le dos. Enfin, leur fourrure est épaisse et soyeuse, et leur taille ne dépasse guère celle d'un Écureuil, d'où la dénomination vulgaire de *Singes-Écureuils* qu'on leur applique quelquefois. — Ces animaux ont des mouvements pleins de grâce et de gentillesse. Plusieurs naturalistes, Fréd. Cuvier, par ex., ont prétendu que leur intelligence était peu développée, mais les expériences faites par Audoin semblent prouver le contraire. Ils s'apprivoisent facilement et sont d'un caractère fantasque et mobile. La moindre contrariété les irrite et ils poussent alors un sifflement aigu en hérissant leur poil. Ils savent très bien reconnaître dans un tableau, non seulement leur ressemblance, mais encore celle des autres animaux. Ils se trouvent en très grande quantité dans la Guyane et au Brésil, où ils vivent sur les arbres et font la guerre aux insectes, dont ils se nourrissent presque exclusivement. La famille des Hapalides ne comprend que deux genres, les *Ouistitis* et les *Tamarins*. Les *Ouistitis* (*Jachus*, El. Geoffroy: *Hapale*, Illiger) se distinguent des *Tamarins* (*Midas*) par leurs oreilles plus courtes, par leur queue plus épaisse et annelée, et enfin par leurs dents. Nous citerons comme ex. du premier genre, l'*Ouistiti commun* (*J. vulgaris*) [Fig. 1]. La longueur de ce singe est d'environ 21 cent.; son corps est gris brun; sa queue touffue est colorée par anneaux de brun et de blanchâtre, et ses oreilles sont ornées par devant de deux grandes touffes de poils blancs. Pour type du genre *Tamarin*, nous représentons ici (Fig. 2) le *T. marikina* (*M. rosalia*), dont le pelage est roux doré et qui a une crinière de même couleur.

HAPALOTIS. s. m. [Pr. *hapalotiss*, h asp.] (gr. ἁπαλὸς, gracieux). T. Zool. Genre de *Mammifères* appartenant à l'ordre des *Rongeurs*. Voy. CHINCHILLA.

HAPARANDA, ville de Suède, à 6 kil. de Tornéa, sur le golfe de Botnie, d'où l'on peut y contempler le soleil de minuit au lit mont Avasaxa; 1,130 hab.

HAPHÉMÉTRIQUE. adj. 2 g. (gr. ἁφή, tact; μέτρον, mesure). T. Méd. Qui sert à mesurer la sensibilité tactile. *Compas h.*

HAPLOPÉTALE. adj. 2 g. (gr. ἁπλόος, simple; fr. *pétale*). T. Bot. Dont la corolle est simple ou formée d'un seul pétale.

HAPLOPHYLLE. s. m. (gr. ἁπλόος, simple; φύλλον, feuille). T. Bot. Genre de plantes Dicotylédones (*Haplophyllum*), de la famille des *Rutacées*. Voy. ce mot.

HAPPE. s. f. [Pr. *hape*, h asp.] (anc. haut-all. *happa*, faucille). Espèce de crampon avec lequel on serre et lie deux morceaux de bois, deux pierres, etc. || Demi-cercle de fer dont on garnit un essieu pour le conserver.

HAPPE-CHAIR. s. m. [Pr. *hape-cher*, h asp.]. Personne d'une excessive avidité. Au pr. et au fig. = Pl. *Des happe-chair*.

HAPPE-LOPIN. s. m. [Pr. *hape-lopin*, h asp.]. Gourmand, fripon, qui guette les morceaux pour les avaler. || T. Ch. Chien âpre à la curée. = Pl. *Des happe-lopin* ou *Des happe-lopins*.

HAPPELOURDE. s. f. [Pr. *ha-pe-lourde*, h asp.]. Pierre fausse qui a l'éclat d'une véritable pierre précieuse. || Fig. et fam., Se dit d'une personne d'un extérieur brillant, mais qui est sans esprit. *C'est une vraie h.* — Se dit aussi d'un cheval qui a une belle apparence, mais qui est sans vigueur. *On lui a vendu une h.* — Ce mot est vieux dans toutes ses acceptions.

HAPPEMENT. s. m. [Pr. *ha-peman*, h asp.] (R. *happer*). L'adhérence que certaines substances végétales ou minérales, comme l'argile, contractent avec la langue, quand on les met en contact avec cet organe.

HAPPER. v. a. [Pr. *ha-per*, h asp.] (holl. *happen*, mordre). Se dit proprement d'un chien lorsqu'il saisit avec avidité ce qu'on lui jette. — S'emploie aussi en parl. de certains autres animaux. *Les hirondelles happent en volant les insectes ailés dont elles se nourrissent.* || Fig. et fam., Attraper, surprendre à l'improviste. *Les huissiers l'ont happé au moment où il sortait. Il va se faire h.* = HAPPER. v. n. T. Minér. *Il. à la langue*, Y adhérer; se dit de cer-

taines substances très avides d'eau qui enlèvent rapidement l'humidité des muqueuses avec lesquelles on les met en contact. = HAPPÉ, ÉE. part.

HAPTOGÈNE. adj. 2 g. (gr. ἅπτειν, s'attacher; γενάς, qui engendre). T. Chim. *Membrane h.*, la pellicule qui se produit autour d'un globule d'albumine mis en contact avec une graisse liquide.

HAQUENÉE. s. f. [h asp.] (angl. *hackney*, m. s., de deux rad. germ. *hack*, cheval, et *nag*, *negge*, bidet). Cheval ou jument facile à monter et allant ordinairement l'amble. *La châtelaine montait une belle h.* Vx. — Ellipliq., *Ce cheval va la h.*, Il va l'amble. — Fig. et prov., *Aller sur la h. des cordeliers*, Aller à pied, un bâton à la main. || Fig. et fam., On dit d'une grande femme malbâtie, *C'est une h.*, *une grande haquenée*.

HAQUET. s. m. [h asp.] (Ce mot a sign. petit cheval. C'est un dimin. du rad. germ. *hack*, cheval). Sorte de charrette longue, étroite et sans ridelles, qui est disposée de manière à pouvoir faire bascule à volonté. *Les haquets sont surtout employés pour transporter des pièces de vin. On attribue l'invention du h. à Pascal.*

HAQUETIER. s. m. [h asp.]. Conducteur de haquet.

HAQUIN, nom de plusieurs rois de Norvège qui régnèrent de 936 à 1363.

HARALD, nom de plusieurs rois de Danemark, de Suède et de Norvège.

HARANGUE. s. f. [h asp.] (anc. haut-all. *hring*, cercle, assemblée). En parlant de l'antiquité, se dit de tout discours prononcé en public. *Les harangues de Démosthène, de Thucydide.* || militaire. Une *h. cédilleuse. La tribune aux harangues.* || Aujourd'hui *Harangue* ne se dit plus que des allocutions militaires et des discours que, dans certaines occasions, on adresse aux princes ou aux personnages officiels pour les complimenter, les féliciter, etc. *Le maire adressa au roi une courte h.* || Fam. et par plaisant., Se dit encore d'un discours ennuyeux ou d'une longue remontrance. *Il nous a fait une longue h. pour ne rien dire. C'est tous les jours quelque nouvelle harangue.*

HARANGUER. v. a. [h asp.]. Adresser une harangue à quelqu'un. *H. le peuple, les soldats, le roi.* = HARANGUER. v. n. *Il. devant le peuple, devant le souverain.* Peu us. || Fig. et fam., on dit absol., *Il harangue toujours, il ne fait que h.*, en parl. d'un homme qui parle beaucoup et avec emphase. = HARANGUÉ, ÉE. part.

HARANGUEUR. s. m. [h asp.]. Celui qui harangue; ne se dit guère qu'en mauvaise part. *C'est un pauvre h.* Fam. || Fig. et fam., Se dit de quelqu'un qui parle beaucoup ou qui a l'habitude de faire des remontrances à tout propos. *C'est un h. éternel.*

HARAR ou **HARRAR**, État musulman de l'Afrique orientale confinant au Choa et aux établissements français du golfe de Tadjoura.

HARAS. s. m. [h asp.] (lat. *hara*, étable). Les *Haras* sont des établissements où l'on entretient des étalons et des juments destinés à la reproduction et à l'amélioration de l'espèce. On distingue trois sortes de h., les *H. sauvages*, les *H. parqués*, et les *H. domestiques*. Les premiers méritent à peine le nom de h. En effet, ce sont des espaces immenses où les chevaux errent, vivent et se reproduisent en pleine liberté. L'homme n'intervient de temps à autre que pour saisir et dompter les animaux qu'il trouve à sa convenance. On ne rencontre de h. de ce genre que dans les steppes de la Russie et dans les pampas de l'Amérique. Dans les h. parqués, les chevaux vivent et se reproduisent aussi à leur guise; mais l'homme les a toujours sous sa main. On trouve des h. de cette sorte en Hongrie, en Allemagne et en Espagne. Les h. domestiques constituent seuls les véritables h., parce que là rien n'est abandonné au caprice des animaux : l'homme les loge, les nourrit, les surveille et préside à la reproduction. — Parmi les h. domestiques, les uns sont *privés*, c.-à-d. appartiennent à des particuliers; les autres sont des établissements *publics*, dont la dépense et la direction sont à la charge de l'État.

En France, dès 1639, on essaya d'organiser une administration royale des h. Ce premier essai fut continué par Colbert (1683). Plus tard, deux grands h. furent créés, l'un au Pin (Orne), en 1714, l'autre à Pompadour (Corrèze), en 755. On organisa en outre 12 dépôts. Lorsque la Révolution arriva, on ne comptait pas moins de 3,239 étalons dans ces divers établissements. Mais en 1790, un décret de la Constituante supprima ces derniers, et les réquisitions que nécessitèrent presque aussitôt les besoins des armées dispersèrent toutes les richesses que l'ancien gouvernement y avait réunies. Les dangers de cet état de choses devinrent promptement si manifestes que la Convention elle-même (22 mars 1795) crut devoir réorganiser l'administration des h., et créer 7 dépôts d'étalons. Toutefois le nouveau service ne fonctionna sérieusement qu'après avoir été considérablement développé par les décrets impériaux du 4 juillet 1805 et du 14 mai 1809. Ces décrets établirent des courses et des écoles d'équitation, et instituèrent des primes pour les cultivateurs qui présenteraient les plus beaux élèves. Cette organisation fut maintenue par la Restauration ; mais elle a reçu, depuis 1831, des modifications qui l'ont entièrement transformée. L'administration des h. est actuellement régie par la loi du 29 mai 1874, et forme une des divisions du ministère de l'agriculture. Sa mission consiste, moins à entretenir des établissements spéciaux pour le compte de l'État qu'à développer, au moyen d'encouragements distribués avec intelligence, l'amélioration des races par l'industrie privée. Le personnel de l'administration des h. comprend un inspecteur général qui a deux bureaux sous ses ordres et qui a le titre de directeur du service, 6 inspecteurs généraux, 22 directeurs de h. ou dépôts d'étalons, 22 sous-directeurs agents comptables, 12 surveillants, 32 vétérinaires, 2 régisseurs de domaines. Les h. sont au nombre de 22, savoir : un h. qui est placé à Pompadour et 21 dépôts d'étalons. Ces dépôts sont divisés en arrondissements d'inspection. Chaque année, les étalons qu'ils renferment sont distribués, pendant la saison de la monte, entre un certain nombre de localités, dites Stations, où, en payant un droit modique, les éleveurs et les plus petits propriétaires peuvent conduire celles de leurs juments que l'administration juge se trouver dans les conditions convenables. Concurremment avec les étalons de l'État, des étalons particuliers sont admis à servir à la reproduction. Ces étalons sont approuvés par le ministre du commerce, sur le rapport de l'inspecteur de l'arrondissement et sur la proposition du directeur du h., et, pour indemniser les propriétaires des frais que leur occasionne l'entretien de ces animaux, l'administration distribue des primes qui son ainsi fixées : étalons de pur sang, 800 à 2,000 fr. ; étalons de demi-sang, 500 à 1,800 fr. ; étalons de trait, 300 à 500 fr. Enfin, il existe une seconde classe d'étalons particuliers admis à servir à la monte, mais sans donner droit à une prime ; ils sont désignés sous le nom d'*étalons autorisés*.

Outre les primes qui précédent, l'administration des h. est chargée, au nom de l'État et pour encourager l'industrie chevaline, de donner des *prix de course* dans les divers hippodromes établis sur le territoire français ; des *primes aux juments* de pur sang, de demi-sang et indigènes, qui sont dans certaines conditions fixées par les règlements ; et des *primes de dressage* aux chevaux de commerce, qui joignent à une excellente conformation les qualités propres au genre de service pour lequel ils sont destinés. Autrefois, la même administration était encore investie du soin d'accorder des subventions à des établissements appelés *Écoles de dressage*, où les éleveurs peuvent mener leurs chevaux pour les faire dresser et les mettre en état d'être vendus. Ces écoles ne jouissent plus actuellement de subventions et fonctionnent avec leurs propres ressources.

École des haras. — L'École destinée au recrutement du personnel supérieur des h. est installée au domaine du Pin. Aux termes du décret du 30 juillet 1892, les élèves-officiers se recrutent parmi les élèves diplômés de l'Institut agronomique, âgés de 25 ans au plus. Le nombre des élèves-officiers admis chaque année est de 3 au maximum. Ils sont logés et instruits gratuitement : ils reçoivent, en outre, un traitement annuel de 1,200 fr. La durée des études est de deux années Les élèves-officiers qui ont satisfait aux examens de sortie sont admis dans les cadres de l'administration avec le grade de surveillant de 2e cl., au traitement de 2,100 fr par an. L'école reçoit, en outre, des élèves libres qui sont logés, mais qui sont soumis à une rétribution scolaire de 1,000 fr. par an. — Deux sections sont annexées à l'École : l'une comprend des élèves-brigadiers, au nombre de 8, l'autre les élèves-palefreniers, au nombre de 12.

Comité des inspecteurs généraux des haras. — Le direc-

teur des h. est assisté d'un comité composé des inspecteurs généraux, qui peut être consulté sur l'organisation et le fonctionnement du service ; ce comité est appelé à donner son avis sur toutes les affaires importantes qui sont ensuite soumises au *Conseil supérieur des h.*, siégeant au Ministère de l'agriculture.

HARASSE. s. f. [Pr. *hara-se, h* asp.]. T. Techn. Sorte de cage carrée pour installer le verre.

HARASSEMENT. s. m. [Pr. *hara-se-man, h* asp.]. État d'une personne harassée.

HARASSER v. a. [Pr. *ha-ra-ser, h* asp.]. Fatiguer à l'excès. *Cette longue route m'a harassé. Vous avez harassé ce cheval. Un travail excessif harasse l'esprit.* == HARASSÉ, ÉE. *Il nous arriva harassé de fatigue, harassé du chemin. Il est harassé par ce travail.*

HARBOURG, ville d'Allemagne (Hanovre), sur l'Elbe ; 22,300 hab.

HARCELAGE. s. m. [*h* asp.]. Action de harceler.

HARCÈLEMENT. s. m. [Pr. *harsè-leman, h* asp.]. Action de harceler.

HARCELER. v. a. [*h* asp.]. Agacer, provoquer, exciter jusqu'à importuner, jusqu'à tourmenter. *Pour le faire agir, il faut le h. sans cesse. Il quelqu'un dans la conversation. Il le harcèle toujours d'épigrammes. Dès qu'il ouvre la bouche, sa femme commence à le h.* — Se dit aussi des animaux. *Ne harcelez donc pas ces chiens. Les mouches harcèlent ce cheval.* || H. les ennemis, les inquiéter, les fatiguer par des attaques, par des escarmouches incessantes. *Nos troupes harcelaient le h. l'ennemi dans sa retraite.* == HARCELÉ, ÉE. p. == Conj. Voy. GELER.

HARCÈLERIE. s. f. [*h* asp.]. Habitude de harceler.

HARCELEUR, EUSE. adj. [*h* asp.]. T. Néol. Qui harcèle. || Fig. *Doutes harceleurs.*

HARCOURT (MAISON D'), anc. maison de Normandie, à laquelle appartient Raoul d'Harcourt, chanoine de Paris, qui fonda le collège d'Harcourt (1280), auj. lycée Saint-Louis ; et Henri, duc d'Harcourt (1654-1718), qui, ambassadeur à Madrid, contribua à faire désigner Philippe d'Anjou comme héritier du roi d'Espagne Charles II.

HARCOURT (HENRI DE LORRAINE, comte D'), célèbre capitaine fr. (1601-1666).

HARDE. s. f. [*h* asp.] (all. *herd*, troupeau). T. Vén. Troupe de bêtes fauves. *Une h. de daims.*

HARDE. s. f. [*h* asp.] (R. *hart*). T. Vén. Lien avec lequel on attache les chiens six à six ou quatre à quatre.

HARDÉ. adj. m. [*h* asp.]. OEuf hardé, OEuf sans coquille que pondent quelquefois les oiseaux.

HARDEAU. s. m. [Pr. *har-do, h* asp.] (R. *hart*). Corde qui est au bout du frein d'un moulin. || Espèce de hardier.

HARDENBERG (Prince DE), ministre des affaires étrangères de Prusse, siégea aux congrès de Vienne et d'Aix-la-Chapelle (1750-1822).

HARDER. v. a. [*h* asp.] (R. *hart*). T. Vén. H. des chiens, Les attacher six à six ou quatre à quatre. || T. Techn. Passer une peau sur la hart. == HARDÉ, ÉE. p.

HARDES. s. f. pl. [*h* asp.] (fr. *harde*, pour *farde*, fardeau). Se dit généralement de toutes les choses nécessaires à l'habillement. *De bonnes h. De vieilles h. Il portait toutes ses h. sur son dos.*

Syn. — *Nippe.* — Les *hardes* comprennent tout ce qu'on porte sur soi, les habits de première nécessité, les gros vêtements ; *nippe* se dit surtout du linge, des objets de parure, d'ajustement. Les *hardes*, qui n'ont pas de singulier, se prennent ordinairement en gros ; *nippe*, qui a un singulier, se prend plus souvent en détail. Enfin, *hardes* se dit également de ce qui concerne les hommes et les femmes; *nippes* se dit plutôt de ce qui concerne les femmes, comme si les objets de parure et d'ajustement formaient la partie principale de leurs effets.

HARDI, IE. adj. [*h* asp.]. Audacieux, entreprenant. *Être h. comme un lion. Un h.-réformateur. Un h. coquin. Un peuple fier et h. De hardis soldats. Un écrivain h. Un artiste h. dans ses conceptions. Cet esprit h. ne recule devant aucune conséquence. Être h. à parler. Il est très h. dans ses entreprises. Personne n'est plus h. près des femmes. Être h. au jeu.*

> Qui te rend si hardi de troubler mon breuvage ?
> LA FONTAINE.

— *C'est un h. joueur,* C'est un joueur qui joue gros jeu ou qui joue avec un jeu faible. || *Ferme, assuré, Cet homme a la mine hardie, la contenance fière et hardie.* || Insolent, effronté. *Ce domestique est bien h. de répondre ainsi. Il a le ton bien h. Des manières hardies. Cette jeune fille a l'air h.* || Se dit des choses qui dénotent de la hardiesse dans celui qui les fait ou qui les dit. *Une action, une entreprise hardie. C'est un vol bien h. Un discours h. Une réponse hardie.* || Se dit des idées, des opinions, etc., qu'il est difficile ou dangereux de soutenir, parce qu'elles sont fausses ou choquent les opinions reçues. *Une proposition hardie. Il exposa devant l'assemblée les opinions les plus hardies.* || En parl. des œuvres de la littérature et des arts, se dit de celles qui sortent de l'ordre commun, qui produisent un effet insolite, étonnant. *Pensée, expression, figure, métaphore hardie. Son style est nerveux, hardi, puissant. Il y a dans ce tableau des poses très hardies. Une voûte hardie. Un clocher h.* — *Cela est bien h.,* Se dit d'une licence littéraire ou artistique qu'on ne peut approuver, mais qu'on n'ose condamner. || *Libre, franc, aisé, sans hésitation. Écriture hardie. Ce maître d'écriture a la plume hardie, la main hardie. Ce peintre a le pinceau h., le dessin h., la main, la touche, l'exécution hardie. Ce musicien a le jeu h.* — *Fig., C'est une plume hardie. Il a la plume hardie,* Se dit d'un auteur dont le style est libre et hardi, ou qui écrit librement sur des matières délicates, sans crainte de froisser les opinions reçues.

HARDIESSE. s. f. [Pr. *hardiè-se, h* asp.]. Qualité de ce qui est hardi, entreprenant; audace, assurance. *Grande h. Noble h. Avoir, montrer de la h. Manquer de h. Parler avec h. Son imagination est pleine de h. Ce peintre a montré beaucoup de h. dans cette toile.* || Insolence, impudence. *Il parle à son père avec une h. révoltante. Cette femme a, dans les manières, une h. qui déplaît.* || Fam., Licence. *Excusez-moi si je prends la h. de vous faire observer que...* || Se dit des choses qui dénotent de la hardiesse dans celui qui les conçoit, les dit ou les fait. *La h. d'une action, d'une entreprise, d'une conception. La h. de ses opinions surprit tous les auditeurs. Sa réponse fut d'une telle h. que tout le monde trembla pour lui.* — Fam., *Cet homme prend des hardiesses insupportables,* Il s'émancipe trop. || Se dit du style et des expressions, lorsqu'il s'y trouve des licences ou quelque chose qui sort du commun. *Ce tour de phrase est d'une grande h. Il a une grande h. de style. Il y a dans cette œuvre des hardiesses heureuses.* || Se dit des ouvrages d'art qui ont quelque chose de grand, d'extraordinaire. *Ce groupe renferme des figures d'une grande h. Ce clocher gothique est d'une h. inouïe. La h. d'une coupole.* || Se dit, dans certains arts, d'une exécution hardie. *Une grande h. de pinceau, de crayon. Il a dans la touche beaucoup de h. Attaquer la note avec h.* = Syn. Voy. AUDACE.

HARDILLIER. s. m. [Pr. *hardi-llé, h* asp., *ll* mouillées]. Crochet en fer qui sert dans la fabrication des tapis de haute lisse.

HARDIMENT. adv. [*h* asp.]. Avec hardiesse. *Parler h. Tromper h. Marcher h. au combat. Décider h. une question.* || Librement, sans hésiter. *Dites-lui h. que je n'entends pas cela.* || Fam., Se dit pour Sans crainte de se tromper, d'exagérer *Vous pouvez h. lui demander mille francs de ce tableau.*

HARDING, astronome allemand (1765-1834).

HARDOIS. s. m. pl. [*h* asp.]. (R. *hart*). T. Ch. Petites branches que le cerf écorche avec son bois en frottant sa tête.

HARDOUIN (JEAN, dit le Père), savant jésuite, qui soutint que la plupart des ouvrages de l'antiquité étaient l'œuvre des moines du moyen âge (1646-1729).

HARDT, massif de la Bavière rhénane qui prolonge les Vosges au Nord.

HARDY (ALEXANDRE), anc. poëte dramatique fr. (1560-1631).

HARELLE. s. f. (Même orig. que *haro*). T. Hist. Petite révolution dont Rouen fut le théâtre en 1381, en même temps qu'éclatait à Paris la révolte des Maillotins, et pour les mêmes causes.

HAREM. s. m. [Pr. *ha-rème, h* asp.]. Mot arabe qui signifie *Défendu*, et qui se dit de l'appartement des femmes chez les peuples musulmans. *Les femmes du h. Il acheta une belle Circassienne qu'on mena aussitôt à son h.* || Par ext., Les femmes que contient le h. *Un nombreux h. Son h. se composait de trois cents femmes.*

HARENG. s. m. [Pr. *ha-ran, h* asp.] (holl. *haring*, m. s., du lat. *halec*, poisson salé). Genre de poissons. Voy. ci-après. — *Journée des harengs,* Combat livré par les Français en 1429, à Rouvray, près d'Orléans, pour arrêter un convoi de harengs destiné à l'armée anglaise qui assiégeait Orléans. Les Français furent repoussés et rentrèrent dans la place après avoir perdu beaucoup de monde.

Icht. — Les Harengs constituent le principal genre de la famille des *Clupes* ou *Clupéides.* Ces poissons sont essentiellement caractérisés par la brièveté et l'étroitesse de leurs maxillaires, et par la forme de leur corps dont le bord inférieur est comprimé et garni d'écailles formant une denteture comme celle d'une scie. Ils sont en outre remarquables par le grand nombre et la finesse de leurs arêtes. Nous rapprochons des H. les Aloses, qui appartiennent à la même famille.

1. — Les Harengs proprement dits ont l'ouverture de la bouche médiocre, et la lèvre supérieure non échancrée.

1° Le *H. commun (Clupea harengus)* [Fig. 1], est bien connu de tout le monde. L'animal vivant est vert glauque sur le dos, blanc sur les côtés et sur le ventre, et couvert sur tout le corps d'un brillant glacé métallique; le vert du dos se change en bleu après la mort. Cette espèce habite l'Océan boréal; mais à une certaine époque de l'année on la trouve sur les côtes de l'Amérique jusqu'à la Caroline, sur celles du Groënland, de l'Islande et des îles Britanniques, ainsi que dans la mer du Nord, la Baltique et la Manche. Elle ne se rencontre jamais plus bas que le 45° de latitude, et, par conséquent, elle est

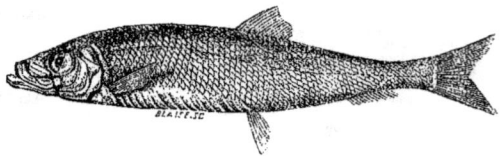

Fig. 1.

inconnue dans la Méditerranée. Le Hareng nage avec beaucoup de force et de vitesse; il se nourrit de mollusques, de crustacés, de petits poissons et de frai. Dans la saison de la pêche, il se tient à une profondeur variable. Tantôt, surtout pendant les gros temps, il s'enfonce profondément dans les bas-fonds, et, selon l'expression des matelots, se *tient le bec dans le sable;* tantôt, au contraire, il apparaît à fleur d'eau, poursuivi par les Squales, qui lui font une chasse non moins active que l'homme. Pendant une nuit calme, au clair de la lune, on voit quelquefois les Harengs s'avancer en colonnes serrées et profondes de plusieurs lieues de longueur. Ils couvrent alors la surface de la mer, semblables à d'immenses tapis brillants des couleurs du saphir et de l'émeraude. La mer paraît en feu et chargée de scintillations phosphorescentes. Ces innombrables légions se montrent au printemps, d'abord dans les eaux des îles Shetland; puis elles apparaissent bientôt sur les côtes occidentales de l'Europe. On ignore la cause de ces apparitions successives. Quelques auteurs ont prétendu que ces poissons se retiraient périodiquement dans les régions polaires, et que, n'y trouvant pas une nourriture suffisante en raison de leur nombre prodigieux, ils envoyaient des colonies vers les mers plus méridionales. On a remarqué que souvent il s'écoule plusieurs années avant qu'on voie des Harengs dans les lieux indiqués comme les plus remarquables de leur route. D'autre part, on a reconnu l'existence de Harengs sédentaires ainsi que la rareté de ces poissons sur les côtes du Groënland. Nos pêcheurs désignent même ces harengs stationnaires sous le nom de *Harengs fonciers* ou de *Harengs francs*, et ils appellent H. *halbourg*, c.-à-d. H. bourgeois, celui qu'ils prennent hors de la saison de la pêche générale. Enfin, on ne les a jamais vus reprendre la route du Nord pour passer l'hiver sous les glaces polaires. L'opinion la plus probable est donc que les Harengs sortent des profondeurs de la mer et vont se mettre aux côtes aux époques du frai pour y déposer leurs œufs; puis, dans ces grands mouvements, les individus, pressés par un besoin impérieux et entraînés par un instinct dont on ignore la cause, changent de place et exécutent de grandes migrations. Il est probable que les Harengs qui naissent du frai se retirent dans des lieux plus profonds où ils trouvent une nourriture plus abondante, et qu'au printemps ils se rapprochent des rivages pour la ponte. Les femelles, qui, par rapport aux mâles, sont comme 7 est à 3, sont douées d'une fécondité prodigieuse. Si les pondent, par an, de 21,000 à 36,000 œufs, et même Bloch élève ce nombre à 68,000. Quand elles veulent frayer, elles se frottent le ventre sur les roches, les fonds de sable et les plantes sous-marines, et elles abandonnent sur la grève des quantités d'œufs telles qu'ils la couvrent sur une grande étendue. Le frai ressemble de loin à de la sciure de bois répandue sur les eaux.

C'est en juin et en juillet que d'innombrables bateaux norvégiens, danois, français, et surtout anglais et hollandais, partent pour la pêche du Hareng. Ils se dirigent d'abord vers les atterrages des Orcades et des Shetland; de là, ils passent en septembre dans la mer d'Allemagne, et en novembre et décembre, dans la Manche. Les bateaux les plus grands, ceux qu'on appelle *Dragueurs*, et qui sont assez forts pour tenir le large, portent jusqu'à 16 hommes. La pêche se fait avec une sorte de filet appelé *Tessure*, qui a de 400 à 600 mètres de long, et dont le bord inférieur est alourdi par des pierres, tandis que le supérieur est maintenu à flot au moyen de barils. La longueur du *Halin*, ou de la corde qui retient le filet, varie de 100 à 300 mètres. C'est presque toujours le soir qu'on jette les filets, et c'est pendant l'obscurité qu'on fait la pêche. Tous les bateaux portent des fanaux, parce que ces feux, dit-on, les matelots, attirent les Harengs. Ces poissons se prennent en accrochant leurs ouïes aux mailles du filet, où ils s'étranglent, ce qui a fait croire, mais à tort, que le Hareng meurt aussitôt qu'il sort de l'eau. Quand on juge le filet suffisamment chargé, on le retire. On regarde la pêche comme très bonne lorsqu'en deux heures, on est obligé de faire cette manœuvre. On a vu prendre dans un coup moindre jusqu'à 110,000 Harengs. Si le bateau est près et voisin du port, il s'y rend lui-même, et ce Hareng fort estimé se vend sous le nom de *poisson de nuit*.

On emploie, pour conserver le hareng, deux procédés différents, la *salaison* et la *dessiccation*. — Pour saler le poisson, on commence par le *caïquer*, c.-à-d. par lui couper la gorge ou lui enlever les ouïes et les entrailles. Cela fait, on le met dans de la saumure, c'est ce qu'on appelle *bruiller le hareng*; puis on le *sale en vrac*, c.-à-d qu'on le pose par couches dans du sel. Enfin, quand on juge la salaison suffisante, on *paque* les Harengs, ou, en d'autres termes, on les arrange par lits dans des tonnes. Pour saurer le Hareng, on commence par le laisser séjourner au moins vingt-quatre heures dans la saumure sans le *coquer*. Ensuite, on l'enfile dans des baguettes appelées *Ainettes*, et on le suspend dans des espèces de cheminées où l'on fait un feu de bois mouillé, de manière à donner une chaleur douce et beaucoup de fumée. Les meilleurs Harengs pour saurer sont ceux de Yarmouth. En Islande et au Groënland, les habitants les font simplement sécher à l'air.

Dans le commerce, on donne le nom de *Harengs pecs* aux Harengs salés et blancs, caqués et conservés dans des barils, qu'on désigne sous le nom de *Caques*. On nomme *Harengs pleins*, ceux qui n'ont pas encore frayé; *Harengs guais*, ceux qui ont lâché leur laitance ou leurs œufs; *Harengs boussards*, ceux qui sont en train de frayer; et *Harengs marchais*, c.-à-d. bons à vendre, les Harengs boussards

qui commencent à se remettre du frai et qui tendent à devenir Harengs guais.

La pêche du Hareng est très importante. Les Hollandais, qui passent pour l'avoir faite les premiers, en ont tiré des bénéfices considérables. Au milieu du XVIIe siècle, ils y employaient 2,000 bâtiments. Bien qu'aujourd'hui cette pêche ait beaucoup diminué, elle n'en est pas moins une source de richesse pour les habitants du littoral des mers du Nord. En France, elle occupe de 300 à 400 bâtiments, montés par 5000 marins environ, et l'on peut évaluer ses produits à quatre millions. D'après les lois, cette pêche se termine à la fin de décembre, c'est-à-dire qu'elle dure pendant tout le temps de la fécondité. Le nombre des Harengs employés comme aliment ou comme engrais est quelque chose de prodigieux; néanmoins, la fécondité de la nature l'emporte encore sur l'art destructeur de l'homme. La mesure que l'on emploie pour les Harengs, et qu'on appelle *leth* ou *last*, se compose de 12,000 poissons.

2° Parmi les autres espèces du genre Hareng, nous citerons le *Melet*, appelé aussi *Esprot* et *Harenguet* (*Cl. sprattus*), qui est plus petit que le Hareng commun, et qui s'en distingue en ce qu'il a tous les opercules veinés comme lui; la *Blanquette* (*Cl. iatulus*), très petit poisson de la plus belle couleur d'argent, avec une petite tache noire sur le bout du museau; et le *Pilchard* ou *Célan* (*Cl. pilchardus*), qui est à peu près de la taille du Hareng ordinaire, mais qui a les écailles plus grandes et le sous-opercule coupé carrément, au lieu que le Hareng l'a arrondi.

3° La *Sardine* (*Cl. sardina*) [Fig. 2] est tellement semblable au Pilchard, dit Cuvier, que nous ne lui trouvons de différence que dans sa taille moindre. La Sardine habite la Baltique, l'océan Atlantique et la Méditerranée. Durant l'hiver, ces poissons ne quittent pas les profondeurs de la mer; mais, vers

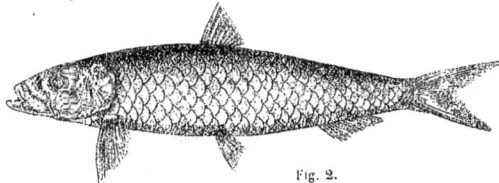

Fig. 2.

le mois de juin, ils s'approchent des côtes en légions innombrables, à ce point qu'on en prend quelquefois, d'un seul coup de filet, de quoi remplir 40 tonneaux. On les pêche à peu près de la même manière que le Hareng, mais avec des filets à mailles plus serrées. En outre, les pêcheurs, pour les attirer, répandent dans la mer des œufs de hareng conservés à l'aide du sel; cette sorte d'appât est désigné sous le nom de *Rogue*. Comme la Sardine s'altère promptement, on est obligé de la saler avant de revenir à terre. Pour notre pays, les pêches les plus abondantes se font sur les côtes de la Bretagne et sur celles de la Méditerranée. On estime à 2 millions de francs le produit des pêches de la Bretagne seule.

II. — Les *Aloses* se distinguent des Harengs par une échancrure au milieu de la mâchoire supérieure. L'*Alose commune* (*Cl. alosa*) devient beaucoup plus grande et plus épaisse que le Hareng, et atteint jusqu'à 1 mètre de longueur. Ce poisson remonte au printemps dans les rivières, et c'est alors un excellent manger; mais, quand on le prend à la mer, sa chair est sèche et de mauvais goût. La *Finta* (*Cl. finta*) diffère surtout de l'Alose par ses dents très marquées, tandis que celles de cette dernière sont presque insensibles. En outre, on ne la trouve si loin d'eaux aussi délicate.

HARENGAISON. s. f. [Pr. *haran-ghè-zon*, h asp., g dur] Temps de la pêche du hareng. || La pêche du hareng.

HARENGÈRE. s. f. [Pr. *haran-jère*, h asp.]. Femme qui vend des harengs et toute espèce de poisson en détail. || Fig. et fam., se dit d'une femme querelleuse et qui dit des injures grossières.

HARENGERIE. s. f. [Pr. *haran-jerie*, h asp.] Marché aux harengs.

HARENGUIÈRE. s. f. [Pr. *haran-ghière*, h asp., g dur] Filet pour prendre le hareng.

HARET. adj. m. [Pr. *ha-rè*, *h* asp.]. T. Chass. *Chat h.*, Chat qui vit à l'état sauvage.

HARFANG. s. m. [*h* asp.] T. Ornith. Genre de *Rapaces nocturnes*. Voy. Chouette.

HARFLEUR, petit port près l'embouchure de la Seine, à 10 kil. du Havre (Seine-Inf.); 2,500 hab. Était le principal port de la Normandie avant la fondation du Havre en 1517.

HARGNEUX, EUSE. adj. [*h* asp., *gn* mouil.] (orig. douteuse, sans doute d'un rad. germanique *harg*; angl. *to hang*, tourmenter). Qui est d'humeur chagrine, acariâtre, querelleuse. *Un homme h. Une femme hargneuse. Caractère, esprit h. Humeur hargneuse.* || Se dit aussi des animaux, particulièrement de ceux qui mordent ou qui ruent. *Un chien h. Ce cheval est très h.; il est fort difficile de le dresser.* || Loc. prov. *Chien h. a toujours l'oreille déchirée,* Les querelleurs s'attirent de mauvais coups.

HARICOT. s. m. [Pr. *ha-ri-ko*, *h* asp.] (orig. inconnue). T. Cuis. Espèce de ragoût fait avec du mouton et des navets. || Fig. *Hôtel des haricots,* Nom donné jadis par plaisanterie à la prison destinée aux gardes nationaux à Paris.

HARICOT. s. m. [*h* asp.] (R. *haricot*, sorte de ragoût). T. Bot. Genre de plantes Dicotylédones (*Phaseolus*), de la famille des *Légumineuses.* Voy. ce mot.
Hort. — Le *Haricot* est une plante ordinairement herbacée, quelquefois ligneuse, généralement volubile, couchée ou presque dressée. Les feuilles sont pinnées à 3 folioles, et ses fleurs, réunies en fascicules ou en grappes, sont portées sur un pédoncule assez court. Enfin, son fruit, qui est droit ou courbé, et plus ou moins comprimé, renferme un certain nombre de graines réniformes. Le fruit et les graines de ces végétaux sont également désignés sous le nom de *Haricot.* — Le H. paraît être originaire de l'Amérique du Sud, mais on le cultive aujourd'hui dans presque toute l'Europe, quelquefois à cause de ses fleurs, qui servent alors à embellir nos parterres le plus souvent à cause de ses graines, qui constituent un aliment des plus précieux. Parmi les espèces d'ornement, les deux espèces les plus répandues sont le *H. d'Espagne* ou *H. à bouquets* (*Phaseolus multiflorus*), dont la variété la plus recherchée a la fleur écarlate, et le *H. caracalle* (*P. caracalla*), appelé aussi *H. à limaçon,* dont les fleurs nuancées de rose ou de lilas sur fond blanc exhalent une odeur des plus suaves. Les espèces alimentaires le plus généralement cultivées sont le *H. du Cap* ou *de Lima* (*P. lunatus*), et surtout le *H. commun* (*P. vulgaris*). Ce dernier produit un très grand nombre de variétés : les unes, appelées *à rames,* dont la tige a besoin d'un appui pour se soutenir; les autres, dites *naines,* dont la tige, peu élevée, se soutient toute seule. Parmi les haricots à rames, nous citerons : le *H. de Soissons,* très estimé, le *H. de Liancourt,* le *H. sabre,* le *H. Prédomme,* le *H. Friolet,* le *H. Princesse,* le *H. beurre* ou *d'Alger,* le *H. de Prague,* le *H. Sophie,* le *H. de Villetaneuse,* etc. Parmi les haricots nains, on peut citer : le *H. de Soissons nain* ou *gros pied,* le *H. flageolet* ou *nain hâtif de Laon,* le *H. noir de Belgique,* le *H. de Chartres* ou *rouge d'Orléans,* le *H. riz,* le *H. suisse rouge,* le *H. de Bagnolet* ou *Suisse gris,* le *H. de Prague marbré nain,* le *H. princesse nain,* le *H. jaune du Canada.* — Le H. veut un terrain substantiel, meuble et frais, mais il craint le froid. Les variétés blanches sont les plus délicates et les plus estimées; mais leur produit est moins certain que celui des variétés colorées. On les consomme principalement en sec, et on les récolte tardivement, parce que leur conservation est d'autant plus facile que leur maturité est plus complète. Les Haricots donnent un rendement aussi considérable que celui du blé, et leur prix de vente est égal en moyenne à celui de ce dernier.
On donne encore vulgairement le nom de *Haricot* à quelques espèces de Légumineuses qui appartiennent à d'autres genres: ainsi, le *H. en arbre* est la Glycine frutescente: le *H. d'Égypte* est le Dolic d'Égypte ou Dolic lablab, etc. Enfin, on appelle *H. du Pérou* le fruit du Médicinier cathartique, qui est une Euphorbiacée.

HARIDELLE. s. f. [Pr. *haridè-le*, *h* asp.] (dimin. du lat. *arida,* sèche). Mauvais cheval maigre. *Une méchante h.* Fam. || T. Techn. Ardoise très étroite qui sert principalement pour la couverture des clochers. On dit aussi *héridelle.*

HARIMA, prov. maritime du Japon ; 650,000 hab.

HARISPE (Jean-Isidore, Comte), général fr., né à Saint-Étienne-de-Baygorry (Basses-Pyrénées) (1768-1855).

HARKISE. s. f. [Pr. *har-kize*, *h* asp.] (all. *harr*, cheveu ; *kies,* pyrite). Sulfure de nickel, en cristaux capillaires d'un jaune d'or, qui se trouve dans le Harz et en Cornouailles.

HARLAY (Achille de), premier président du Parlement de Paris, se signala par sa résistance aux Seize et son dévouement à Henri III et à Henri IV (1536-1619).

HARLAY - CHAMPVALLON (François de), archevêque de Paris de 1670 à 1695, prit une grande part à la révocation de l'édit de Nantes (1625-1695).

HARLE. s. m. [*h* asp.]. T. Ornith. Les *Harles* (*Mergus*) constituent, dans l'ordre des *Palmipèdes Lamellirostres,* un genre très voisin des Canards. En effet, ils ne diffèrent guère de ces derniers que par leur bec mince, plus cylindrique, et dont chaque mandibule est armée, le long de ses bords, de petites pointes dirigées en arrière et qui ressemblent à des dents de scie. Ces oiseaux vivent sur les lacs et les étangs, où ils se nourrissent de poissons et de petits animaux. Ils nagent le corps submergé et la tête seulement hors de l'eau. En plongeant, ils s'aident de leurs ailes pour accélérer leur course. Leur vol est rapide et soutenu, malgré la brièveté de leurs

ailes, mais il ne s'élève pas très haut. Ils nichent entre les rochers, parmi les joncs, quelquefois même dans les troncs d'arbres, et leur ponte est de 8 à 14 œufs. Leur naturel farouche les a toujours empêchés de passer, comme les canards, à l'état de domesticité. Ils habitent ordinairement les climats froids; mais, en hiver, ils descendent vers les régions tempérées. C'est ainsi qu'en France on trouve, dans cette saison, le *H. vulgaire* (*M. merganser*), appelé aussi *Bécard, Bec-en-scie* et *Grand H.,* qui est de la taille du Canard ; le *H. huppé* (*serrator*), remarquable par sa huppe pendante à l'occiput; et le *H. Piette* (*M. albellus*) [Fig. ci-dessus], appelé encore *Nonnette* et *Petit H.,* parce qu'il est le plus petit des trois. Cet oiseau a le manteau blanc varié de noir, l'occiput marqué d'une tache noire, le bec et les pieds bleus.

HARLEM ou **HAARLEM**, ch.-l. de la prov. de Hollande septentr. (Pays-Bas) ; 56,900 hab. Harlem soutint un siège célèbre contre le duc d'Albe, qui s'en empara en 1572.

HARLEM (Mer ou lac de), vaste bassin entre Harlem, Amsterdam, Leyde, et qui fut desséché artificiellement de 1837 à 1840. Voy. Dessèchement.

HARLEY (Robert), comte d'Oxford, homme d'État anglais (1661-1724).

HARLOU. interj. [*h* asp.] (R. *hare* et *loup*). T. Chass. Cri pour exciter les chiens à poursuivre le loup.

HARMALINE. s. f. (R. *Harmel*). T. Chim. Base extraite des graines du *Peganum harmala,* où elle paraît exister à l'état de phosphate. Elle a pour formule $C^{13}H^{14}Az^2O$. Pure, elle est incolore, peu soluble dans l'eau, très soluble dans l'alcool bouillant, d'où elle cristallise en octaèdres à base rhombe. Elle colore la salive en jaune. Chauffée vers 238° elle fond en se décomposant. En s'unissant aux acides, elle forme des sels jaunes, très solubles, cristallisables, fortement fluorescents. Traitée par l'acide azotique concentré, elle donne un dérivé de substitution, appelé *nitro-h.* ou *chrysoharmine*, poudre orangée, fusible à 120°, qui forme avec les acides des sels jaunes, cristallisables. Avec l'acide cyanhydrique, elle fournit un produit d'addition, l'*hydrocyano-h.*, base cristallisée, dont les sels sont peu stables. L'acide chlorhydrique transforme l'h. en *harmalol* $C^{13}H^{12}Az^2O$, qui cristallise en aiguilles rouges, très oxydables à l'air. Par l'action prolongée des oxydants, elle se convertit en une matière colorante rouge. Elle teint directement la soie, la laine et le coton ; mais les nuances obtenues sont très fugaces.

On obtient l'h., en même temps que l'harmine, lorsqu'on traite les graines du *Peganum harmala* par de l'eau aiguisée d'acide sulfurique ou oxalique ; une addition de sel marin précipite les deux bases à l'état de chlorhydrates ; ceux-ci sont redissous dans de l'eau, puis traités à chaud par de l'ammoniaque, qui précipite d'abord l'harmine, puis l'harmaline.

Le nom d'*harmaline* a servi pendant quelque temps à désigner le violet d'aniline.

HARMALOL. s. m. T. Chim. Voy. HARMALINE.

HARMATTAN. s. m. T. Météor. Vent du Sénégal, qui souffle de l'Est, et qui est d'une sécheresse extrême. Voy. VENT.

HARMEL. s. m. (arabe *harmal*, m. s.). T. Bot. Nom donné par les Arabes au *Peganum Harmala*, plante de la famille des *Zygophyllées*. Voy. ce mot.

HARMINE. s. f. (R. *Harmel*). T. Chim. Base qu'on extrait, en même temps que l'harmaline, des graines du *Peganum harmala*. Elle répond à la formule $C^{13}H^{12}Az^2O$. Presque insoluble dans l'eau, elle se dissout facilement dans l'alcool, d'où elle cristallise en longues aiguilles. Avec les acides elle forme des sels incolores, dont les solutions sont bleuâtres ou jaunâtres suivant qu'elles sont étendues ou concentrées. Chauffée avec l'acide chlorhydrique fumant, elle se convertit en *harmol* $C^{12}H^{10}Az^2O$ qui cristallise en petites aiguilles fusibles à 325°, solubles dans les acides et dans les alcalis. L'acide chromique transforme l'h. en *acide harminique* $C^{10}H^8Az^2O^4$. Celui-ci se présente en aiguilles soyeuses, fusibles à 345° ; fortement chauffé il se dédouble en anhydride carbonique et en *apoharmine* $C^8H^8Az^2$ cristallisée en aiguilles jaunes qui fondent à 183°.

HARMODIUS, jeune Athénien qui se joignit à Aristogiton pour délivrer sa patrie de la tyrannie d'Hipparque et d'Hippias (514 av. J.-C.).

HARMOL. s. m. T. Chim. Voy. HARMINE.

HARMONICA. s. m. (R. *harmonie*). T. Mus. et Phys. Instrument formé de lames de verre de différentes dimensions qu'on frappe avec un petit marteau de liège pour les faire vibrer. Dans les cours de physique, pour montrer que les lames vibrantes rendent différents sons suivant leur longueur et leur épaisseur, on fait un *harmonica de bois*, dont le son est assez peu harmonieux, mais dans lequel on peut cependant reconnaître les notes de la gamme. — H. *chimique*. Petit appareil composé d'un flacon d'où se dégage de l'hydrogène par un tube effilé. On enflamme le courant d'hydrogène et on place autour du tube un tube de verre. Il se produit alors un son assez harmonieux dont la hauteur dépend du volume de la flamme, de sa position dans le tube et des dimensions de celui-ci. Faraday a expliqué ce phénomène en admettant que le courant d'air ascendant qui se produit nécessairement dans la cheminée se mélange en partie avec l'hydrogène non brûlé pour former de petites portions de mélanges détonants qui font successivement explosion à des intervalles de temps très rapprochés. C'est la succession très rapide de petites explosions qui produirait le son.

HARMONICORDE. s. m. (R. *harmonium* et *corde*). T. Mus. Instrument à cordes à anches.

HARMONIE. s. f. (gr. ἁρμονία, accord). Accord de divers sons. *Une douce h. Une h. céleste. L'h. des instruments. La puissance de l'h.* — Se dit quelquefois d'une voix seule, lorsqu'elle est sonore, pure et douce ; ou d'un instrument qui rend des sons agréables. *L'h. de sa voix. L'h. de violon-*

celle va à l'âme. — *Table d'h.*, La partie des instruments à cordes au-dessus ou au-dessous de laquelle celles-ci sont tendues. || En parl. du langage et du style, Concours heureux de sons, de mots ; nombre, mesure, cadence. *Cette langue est dépourvue d'h. Rien n'égale l'h. des vers de Racine. Si la poésie a son h., la prose, dans toutes les langues, a aussi la sienne. L'h. du style, d'un discours, d'une période. Son style est plein de douceur et d'h.* — *H. imitative*, Artifice de style qui consiste à peindre les objets par les sons mêmes des mots. || Fig., Accord parfait de plusieurs parties différentes entre elles qui forment un tout, etc., qui concourent à une même fin. *L'h. du monde. L'h. universelle. L'h. du corps humain. L'h. des couleurs. Cet édifice est remarquable par l'h. parfaite de toutes ses parties. La savante h. de ce tableau en fait oublier bien des défauts. Ce système de gouvernement n'était plus en h. avec les besoins de la société. L'h. des pouvoirs.* || Fig., en parlant des personnes, sign. Concorde. *L'h. la plus parfaite règne dans cette famille.* || T. Phil. *H. préétablie*, V. ÂME. T. Théol. *H. des Évangiles*, Concordance des Évangiles. Voy. CONCORDANCE. || T. Anat. Genre d'articulation dans lequel les os sont unis par des denticulures ou des rugosités peu sensibles. *On désigne plus souvent l'H. sous le nom de Suture harmonique.*

Mus. — On donne le nom d'*harmonie*, par opposition à celui de *mélodie*, à toute réunion de sons musicaux entendus simultanément. — Plus spécialement, l'h. est la science des accords, ou l'ensemble des règles qui président à la formation et à la succession des accords. Ce mot se prend encore dans quelques autres significations. Ainsi, l'on dit h. d'un accord pour indiquer l'effet qu'il produit sur l'oreille ; puis, par un autre abus, on donne le nom d'*Harmonie* à l'ensemble des instruments à vent qui entrent dans la composition d'un orchestre, par opposition aux instruments à cordes. — La *Musique d'h.* est une musique formée par tous les instruments à vent réunis : bois et cuivre. Le nom de *Fanfare* est réservé spécialement aux instruments en cuivre. — Le mot *Harmonie* indique aussi la qualité plus ou moins bonne de chacun des jeux d'un grand orgue, soit jeux d'anches, soit jeux à bouche. — Au point de vue de la composition musicale, un *Morceau d'harmonie* est une composition à plusieurs parties considéré surtout par rapport à la succession des accords. Suivant que les accords sont consonants ou dissonants, à l'état direct ou à l'état de renversement, nous aurons une h. consonante ou dissonante, directe ou renversée.

Ce n'est pas ici le lieu de traiter d'une façon approfondie les lois de l'h. ; on consultera pour cela les traités spéciaux. (Voir Fétis, Savard, Rohert et Th. Dubois.)

La question de savoir si les Grecs et les Romains ont connu l'h., a été fort controversée ; généralement on se prononce pour la négative. Les premières traces de l'h. se font apercevoir seulement chez les écrivains du moyen âge, vers le IXe siècle ; mais elle resta dans un état de barbarie jusqu'au XIVe, époque où quelques musiciens italiens, tels que Francesco Landino et Jacopo di Bologna, commencèrent à lui donner des formes plus douces. L'h. se perfectionna ensuite entre les mains de deux musiciens français : Guill. Dufay et Gilles Binchois, et d'un Anglais John Dunstaple : tous trois vécurent dans la première moitié du XVe siècle. Jusque vers la fin du siècle suivant, on ne fit usage que d'accords consonants, et de quelques prolongations qui produisaient des dissonances préparées. On considérait les intervalles deux à deux, et l'art de les employer selon certaines conditions composait toute la doctrine des écoles. Vers 1590, le Vénitien Monteverde se servit, pour la première fois, des accords dissonants naturels et des substitutions. Cette innovation fut d'abord vivement attaquée ; néanmoins elle finit par être universellement acceptée. Dès lors le domaine de l'h. se trouva singulièrement agrandi. Environ quinze ans après, Viadana, ayant imaginé de représenter les accords par des chiffres, fut obligé de considérer chacun d'eux comme un tout : alors, pour la première fois, ce nom d'*accords* fut introduit dans le langage musical. Ce progrès accompli, la science de l'h. resta stationnaire pendant près de quatre-vingts ans ; mais, en 1699, un célèbre physicien français, nommé Sauveur, répétant sous les conséquences indiquée en 1636 par le P. Mersenne, en tira des conséquences restées inaperçues jusqu'à lui. Cette expérience consiste à faire résonner une grande corde métallique, tendue par un poids convenable, en la pinçant avec force. Outre le son principal qui résulte de la résonance de toute la longueur de la corde, on entend aussi deux autres sons, dont l'un est l'octave de la quinte du premier, et l'autre la double octave de la tierce majeure ; en sorte que l'*accord parfait majeur se trouve* ainsi donné par la nature. Sauveur découvrit que les deux derniers sons proviennent de vibrations partielles de la corde : en conséquence, il appela *son fondamental*, le son qui est donné par les vibrations de la totalité de la corde, et *sons dérivés* les deux autres. Cette découverte servit de fondement à la théorie de Rameau qui constitue le premier essai de systématisation scientifique de l'h. (1722). Bien que ce système soit aujourd'hui abandonné, son auteur n'en mérite pas moins d'être considéré comme le véritable fondateur de la science, car sa théorie avait au moins le mérite d'établir un ordre méthodique dans l'étude des phénomènes harmoniques. D'ailleurs, on doit aussi à la réunion une découverte des plus importantes, nous voulons parler du mécanisme du renversement des accords. Après Rameau, l'Allemand Kirnberger (1781) découvrit la théorie de la prolongation des sons, théorie perfectionnée par Catel. Les travaux de Fétis et de quelques autres théoriciens ont fait faire quelques progrès à la science de l'h. Mais incontestablement les travaux les plus remarquables, sur ce sujet, sont ceux de M. Camille Durutte, dont la *Technie* ou *Lois générales du système harmonique* contient ce qui a été dit de plus neuf et de plus complet sur l'h. moderne. A signaler encore : *Harmonisation* par Max Georges, et *Principe essentiel de l'harmonie* par Alexandre Marchand.

HARMONIER. v. a. Néol. Mettre en harmonie.

HARMONIEUSEMENT. adv. [Pr. *armonieu-ze-man*]. Avec harmonie.

HARMONIEUX, EUSE. adj. Qui a de l'harmonie. *Musique harmonieuse. Voix harmonieuse. Langage h. Style h. Vers h.* ‖ Par anal., *Couleurs harmonieuses*, Couleurs dont la réunion flatte l'œil, et dont l'ensemble concourt à produire l'effet désiré.

HARMONIFLÛTE. s. m. (R. *harmonie* et *flûte*). T. Mus. Espèce d'harmonium avec clavier faisant résonner des tuyaux à biseau, comme la flûte.

HARMONIPAN. s. m. Sorte d'orgue de barbarie.

HARMONIPHON. s. m. (R. *harmonie*, et gr. φωνή, voix). T. Mus. Instrument à vent et à clavier dont les sons ressemblent à ceux du hautbois.

HARMONIQUE. adj. 2 g. [Pr. *armo-nik*]. T. Mus. Qui appartient à l'harmonie. *Une marche h.* ‖ T. Acoustiq. *Son h.* Son dont le nombre de vibrations est un sous-multiple du nombre de vibra- tions du son fondamental. Voy. ACOUSTIQUE et Son. — Subst. et au masc., on dit aussi, *Les harmoniques d'un son. Un son et ses harmoniques.* ‖ *Echelle h.*, Succession des sons dans l'ordre harmonique.

Géom. — *Division harmonique.* — Si l'on marque sur une droite indéfinie deux points fixes A et B (Fig. 1) et si l'on considère un point mobile M, le rapport $\dfrac{MA}{MB}$ des distances de ce point mobile aux deux points fixes sera positif si le point M est à l'extérieur du segment AB, parce que les segments

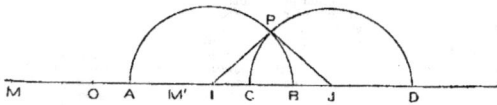

Fig. 1.

MA et MB seront de même sens, tandis qu'il sera négatif si le point M est entre A et B, parce que les segments MA et MB seront de sens contraires. De plus, quand le point M parcourt la droite entière dans le sens de AB, on reconnaît facilement que le rapport $\dfrac{MA}{MB}$ varie en décroissant constamment. Il est très voisin de 1 quand le point M est très éloigné, devient nul quand M arrive en A, égal à 1 quand M arrive au milieu I de AB; augmente indéfiniment en valeur absolue quand M s'approche de B, redevient positif quand M a dépassé le point B, et décroît jusqu'à l'unité quand M s'éloigne

indéfiniment. Il résulte de là qu'il y a sur la droite AB une position du point M et une seule pour laquelle le rapport $\dfrac{MA}{MB}$ prend une valeur donnée à l'avance.

On dit que deux points C, D, sont *conjugués harmoniquement*, ou simplement conjugués par rapport à AB, si les deux rapports $\dfrac{CA}{CB}$ et $\dfrac{DA}{DB}$ ont la même valeur absolue et des signes contraires. Il résulte de ce qui précède que chaque point de la droite AB a un conjugué et un seul. Le conjugué du milieu I de AB est à l'infini et réciproquement, le conjugué du point à l'infini est au milieu I de AB. Le point A est à lui-même son conjugué et il en est de même du point B. Deux points conjugués sont placés d'un même côté de I, l'un à l'intérieur, l'autre à l'extérieur du segment AB, et celui qui est à l'extérieur est plus éloigné de l'extrémité la plus voisine du segment que celui qui est à l'intérieur.

Comme l'égalité

$$\frac{CA}{CB} = -\frac{DA}{DB}$$

peut aussi s'écrire :

$$\frac{AC}{AD} = -\frac{BC}{BD},$$

on voit que, si les deux points C et D sont conjugués par rapport à AB, réciproquement les points A et B seront aussi conjugués par rapport à CD. A cause de cette réciprocité, on dit que les quatre points A, B, C, D forment une *division* h. Une division h. est une division dont le rapport anharmonique est égal à – 1. Voy. ANHARMONIQUE. Pour fixer la position des points A, B, C, D sur la droite, on peut prendre sur cette droite un point fixe O appelé *origine* et désigner un sens direct. Alors la position du point A sera déterminée par une *abscisse* qui est la mesure du segment OA pris avec le signe + ou — suivant que OA est dans le sens direct ou dans le sens contraire. Avec ces conventions on aura toujours, quelle que soit la disposition des points :

$$AB = OA + OB$$

ou

$$AB = OB - OA,$$

c.-à-d. qu'un segment AB est égal à l'abscisse de son extrémité B moins l'abscisse de son origine A. Si alors on désigne les abscisses des points par les petites lettres correspondantes, la relation h.

$$\frac{CA}{CB} = -\frac{DA}{DB} \text{ ou } \frac{CA}{CB} + \frac{DA}{DB} = 0.$$

donnera l'équation :

$$\frac{a-c}{b-c} + \frac{a-d}{b-d} = 0,$$

ou, toutes réductions faites :

$$(a+b)(c+d) - 2(ab+cd) = 0 ;$$

si l'on place l'origine O en un de ces points A, par exemple, on aura :

$$a = 0, \; b = AB, \; c = AC, \; d = AD,$$

et la relation précédente devient :

$$AB(AC + AD) - 2AC.AD = 0,$$

ou :

$$\frac{2}{AB} = \frac{1}{AC} + \frac{1}{AD}.$$

L'inverse de AB est la moyenne arithmétique des inverses des deux autres segments.

Si l'on place l'origine O au milieu I de AB, on aura :

$$a = -b = IA,$$
$$c = IC, \; d = ID,$$

et la relation générale devient :

$$-\overline{IA}^2 + IB.IC = 0,$$

ou

$$\overline{IA}^2 = IB.IC,$$

c.-à-d. que la moitié d'un segment est moyenne proportionnelle entre les distances du milieu de ce segment aux deux autres points conjugués. On fait un grand usage de ces deux relations.

Si, enfin, on appelle J le milieu de BC, on aura :

$$IB = IJ + JB = IJ - JC,$$
$$IC = IJ + JC,$$

d'où :

$$IA^2 = (IJ - JC)(IJ + IC),$$

ou :

$$IA^2 + JC^2 = IJ^2,$$

ce qui exprime qu'on peut construire un triangle rectangle avec les trois longueurs IA, JC et IJ, et par suite que les cercles construits sur AB et CD, comme diamètre, se coupent à angle droit.

Faisceau harmonique. — On démontre aisément que si un faisceau de quatre droites issues d'un point O détermine sur une transversale quelconque une division h.

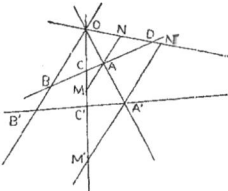

Fig. 2.

ABCD, il en déterminera une autre sur n'importe quelle autre transversale A'B'C'D'. Il suffit pour faire cette démonstration de mener par A, par exemple (Fig. 2), une parallèle au rayon qui passe par le point conjugué OB. Cette parallèle coupe les deux autres rayons en deux points N et N₁, et les triangles semblables DAN, DBO, d'une part, CAM, CBO, d'autre part, donnent les proportions :

$$\frac{AN}{BO} = \frac{DA}{DB},$$
$$\frac{AM}{BO} = \frac{CA}{CB},$$

mais les seconds membres ont la même valeur absolue et des signes contraires, puisque la division est h. par hypothèse. Il en est donc de même des premiers membres et :

$$AN = - AM,$$

ce qui veut dire que A est le milieu de MN. Si maintenant on mène par A' la parallèle M'A'N' à OB, la similitude des triangles OMN, OM'N' montre que A' est encore le milieu de A'M'N', et en refaisant en sens inverse le raisonnement précédent, on en conclut que :

$$\frac{D'A'}{D'B'} = - \frac{C'A'}{C'B'},$$

c.-à-d., que la seconde division est encore h.

Ce théorème est important : il montre que la division h. est une figure *projective.* On appelle alors faisceau h. un faisceau de quatre droites qui déterminent une division h. sur une transversale quelconque. Les rayons qui donnent sur la transversale des points conjugués sont dits eux-mêmes conjugués : OA et OB, OC et OB, sur la Fig. 2, sont conjugués. Il résulte des raisonnements précédents que pour qu'un faisceau soit h., il faut et il suffit que trois rayons coupent en parties égales une parallèle au quatrième rayon. Cette condition rentre d'ailleurs dans la définition générale, car l'un des quatre points d'intersection étant à l'infini, son conjugué doit être au milieu de la distance des deux autres. Un exemple fort simple de faisceau h. est fourni par deux droites quelconques et les bissectrices des angles qu'elles forment, car une parallèle à l'une des deux bissectrices forme avec les deux côtés de l'angle un triangle isocèle et est coupée en parties égales par l'autre bissectrice. Dans ce cas, il y a deux rayons conjugués qui sont rectangulaires : ce sont les deux bissectrices. Réciproquement, *si dans un faisceau h. deux rayons conjugués sont rectangulaires, ces deux rayons sont les bissectrices des angles formés par les deux autres.* En effet, si l'on coupe le faisceau par une parallèle à l'un des

rayons conjugués rectangulaires, cette parallèle forme, avec les deux autres, un triangle dont la médiane, qui est le quatrième rayon, est perpendiculaire sur la base. Ce triangle est donc isocèle, et ce quatrième rayon est bissectrice de l'angle des deux autres.

Dans l'espace, on considère aussi des *faisceaux harmoniques des quatre plans* passant par une même droite. Ces quatre plans déterminent sur une transversale quelconque une division h., et jouissent de propriétés analogues à celles des faisceaux harmoniques de quatre droites.

Moyenne harmonique. — On appelle moyenne h. de plusieurs nombres, un nombre dont l'inverse est la moyenne des inverses des nombres donnés : elle est donc définie par l'équation :

$$\frac{n}{x} = \frac{1}{a_1} + \frac{1}{a_2} + \frac{1}{a_3} + \dots + \frac{1}{a_n},$$

$a_1, a_2, \dots a_n$, étant les nombres donnés. Voy. CENTRE.

Proportion harmonique. — On appelle quelquefois proportion harmonique l'égalité :

$$\frac{CA}{CB} : - \frac{DA}{DB}$$

qui exprime que les points en ligne droite forment une division harmonique, ou encore l'égalité entre les abscisses de ces quatre points :

$$\frac{a-c}{b-c} : - \frac{a-d}{b-d}.$$

HARMONIQUEMENT adv. [Pr. *armoni-keman*]. Suivant les lois de l'harmonie, ou suivant les rapports harmoniques des sons.

HARMONISATEUR. s. m. [Pr. *armoni-za-teur*]. T. Mus. Celui qui harmonise.

HARMONISATION. s. f. [Pr. *armoni-za-sion*]. Action d'harmoniser.

HARMONISER. v. a. [Pr. *armoni-zer*] (R. *harmonie.* Mettre en harmonie. || T. Mus. Mettre un chant en parties harmoniques.

HARMONISTE. s. m. Musicien qui possède la connaissance de l'harmonie.

HARMONISTIQUE. s. f. Conciliation des passages qui, dans le Nouveau Testament, paraissent contradictoires.

HARMONIUM. s. m. [Pr. *armoni-ome*] (R. *harmonie*). T. Mus. Petit orgue portatif. Voy. ORGUE.

HARMONOMÈTRE. s. m. (Mot mal formé. Il faudrait *harmoniomètre*, du gr. ἁρμονία, harmonie ; μέτρον, mesure). T. Phys. Nom donné par Lissajous à l'appareil qui lui servait à étudier par projection optique les propriétés des vibrations. Voy. VIBRATION.

HARMOPHANE. s. m. [Pr. *armo-fane*, h asp.] (gr. ἁρμός, joint ; φανή, apparent). T. Minér. Variété de *Corindon.* Voy. ce mot.

HARMOSTE. s. m. [h asp.] (gr. ἁρμοστής, modérateur). T. Hist. grecq. Gouverneur militaire que les Spartiates imposaient aux villes vaincues ou qui s'étaient données à eux, pour y maintenir la prépondérance du parti favorable à Sparte.

HARMOTOME. s. m. [h asp.] (gr. ἁρμός, joint ; τομή, section). T. Minér. Silicate hydraté d'alumine et de baryte à cristaux formant des angles rentrants.

HARNACHEMENT. s. m. [h asp.]. Action de harnacher. || L'ensemble des harnais d'un cheval. || Fig. Accoutrement lourd. Fam.

HARNACHER. v. a. [h asp.]. Mettre un harnais à un cheval de trait. *Il. un cheval.* = SE HARNACHER. v. pron. Ne se dit que fig., en parlant d'une personne qui s'habille d'une façon ridicule. *Elle se harnache toujours d'une étrange manière.* = HARNACHÉ, ÉE. part. Il se dit des chevaux de selle comme des chevaux de trait.

HARNACHEUR. s. m. [*h* asp.]. Ouvrier sellier qui ne fait que des harnais. On dit *Sellier-h.*, par oppos. à *Sellier-carrossier.* Vx. || Valet qui harnache les chevaux.

HARNAIS ou **HARNOIS.** s. m. [*h* asp.] (coll. *harnez*, ferraille). Le mot *Harnais*, désignait autrefois l'armure complète d'un homme d'armes. Il n'est plus usité aujourd'hui que dans quelques façons de parler figurées, qui nous sont restées des anciennes coutumes, comme *Endosser le harnois*, pour dire Embrasser la profession des armes, *Blanchir sous le harnois*, pour dire Vieillir dans le métier de la guerre, etc. — Aujourd'hui le mot *Harnois* s'est changé en *Harnais*, et sous cette forme nouvelle il désigne tout appareil que l'on adapte sur le corps du cheval ou de quelques autres animaux domestiques, dans le but principal de les gouverner et de leur faire exécuter le déplacement de la résistance, soit par le transport à dos, soit par la traction. Ces appareils sont divers, selon l'action qui leur est demandée. L'appareil de *gouverne*, pour les chevaux, les ânes et les mulets, est la *bride* qui comprend trois parties principales : le *mors*, la *monture* et les *guides* ou *rênes;* pour le buffle, et quelquefois pour le bœuf, il consiste en un *anneau* qui est fixé dans la cloison nasale, et auquel vient s'attacher une longue corde; pour le chameau, c'est le *Licou*. Les appareils de *transport à dos* sont la *Selle*, qui sert à transporter l'homme; le *Bât*, qui sert à supporter tout autre corps ou objet ; l'une et l'autre sont toujours munis au moins d'une *Sangle* qui passe sous le ventre de l'animal et sert à maintenir en place la selle ou le bât, et le plus souvent d'une *Croupière*, c.-à-d. d'une courroie terminée par un morceau de cuir rembourré qui passe sous la queue et qui empêche que la selle s'avance sur le garrot. Pour la *traction*, on a recours à deux appareils qui peuvent agir en sens contraire, selon que le sens du mouvement est en avant ou en arrière. Le premier (appareil de *tirage*) comprend le *Collier*, qui s'adapte en avant du poitrail, et qu'on remplace quelquefois dans les attelages légers par une forte pièce de cuir passant devant le poitrail, et les *Traits*, faits de chaînes, de corde ou de cuir, qui s'attachent d'un côté au collier et de l'autre à l'objet à mouvoir. L'appareil du *recul* consiste en une bande de cuir, appelée *Avaloire*, qui enveloppe le haut des cuisses de l'animal et qui offre un point d'appui par lequel s'opère le recul. Cette lanière, qui est supportée par quelques courroies passant sur les reins, est souvent unie directement au collier au moyen d'une longue bande de cuir appelée *Surdos*. Quand on attelle un cheval à une voiture à deux roues, pour empêcher les brancards de descendre et de monter, on pose sur le dos de l'animal une sorte de bât, appelé *Sellette*, qui porte une large et forte bande de cuir, ou de fer et de cuir, nommée *Dossière*, et destinée à recevoir à droite et à gauche chacun des brancards, de manière à fixer ceux-ci à la hauteur désirée. Une *Ventrière* ou *Sous-ventrière*, opérant dans un sens opposé, les empêche de s'élever au delà d'une certaine limite. Le cheval chargé de la sellette s'appelle *Limonier*. Nous citerons encore, parmi les h. accessoires, les *Licous* pour attacher les animaux à l'écurie, les *Caveçons* pour les dompter au manège, les *Couvertures* pour les abriter, et les *Caparaçons* pour les préserver de la piqûre des insectes.

HARO. s. m. [*h* asp.] (On dit généralement que ce mot représente *ha Rou* ou appel à Rollon, ou *Rou*, premier duc de Normandie, qui organisa très sévèrement la police de son duché. Cette opinion n'est plus soutenable : car ce mot se retrouve sous d'autres formes bien avant Rollon et dans d'autres provinces. C'est un mot d'origine germ. qui sign. simplement *cri*, *cri de guerre*, etc.). T. Pratiq. anc. du duché de Normandie. *Faire h. sur quelqu'un, sur quelque chose*, Faire arrêt sur quelqu'un, sur quelque chose, pour aller immédiatement procéder devant le juge. — *Clameur de h.*, Voy. CLAMEUR. || Fig. et fam., *Crier h. sur quelqu'un*, Se récrier avec indignation sur ce qu'il dit ou fait.

HARO (DON LOUIS MENDEZ DE), ministre de Philippe IV d'Espagne (1599-1661), fit avec les Provinces-Unies le traité de Munster (1648), avec la France le traité des Pyrénées (1659).

HAROLD, nom de deux rois d'Angleterre, dont le second, successeur d'Édouard le Confesseur, fut vaincu et tué par Guillaume le Conquérant à Hastings, en 1066.

HAROUELLE. s. f. [Pr. *harouè-le*, *h* asp.]. T. Pêch. Corde tendue sur deux piquets et portant de distance en distance de petites lignes garnies d'hameçons qui flottent sur la mer.

HAROUN-EL-RASCHID, célèbre calife arabe, allié de Charlemagne (763-809).

HARPAGE, seigneur mède, chargé par Astyage de faire périr Cyrus, le remit entre les mains d'un berger qui l'éleva.

HARPAGON. s. m. (gr. ἅρπαξ, αγος, rapace). Se dit, par allus. au personnage ainsi nommé dans l'*Avare* de Molière, d'un individu extrêmement avare et rapace. *C'est un h. Un vieil h.* || Sorte de grappin employé par les anciens dans les combats sur mer.

HARPAIL. s. m. [Pr. *har-pal*, *h* asp., *l* mouillée]. T. Chas. Harde, troupe de cerfs ou de biches.

HARPAILLER (SE). v. pron. [Pr. *harpa-ller*, *ll* mouil., *h.* asp.] (R. *harper*). Se quereller, se disputer avec aigreur. Vx et fam.

HARPALE. s. m. **HARPALIENS.** s. m. pl. (R. *Harpale*, nom mythl.). T. Entom. Genre et tribu de *Coléoptères Pentamères.* Voy. CARABIQUES.

HARPAYE. s. f. [Pr. *harpè*, *h* asp.]. T. Ornith. Nom vulgaire d'une espèce d'oiseaux appartenant à l'ordre des *Rapaces.* Voy. BUSARD.

HARPE. s. f. [*h* asp.] (anc. scand. *harpa*, m. s.). Instrument de musique formé d'une série de cordes de longueurs inégales. || T. Maçonn. Pierre d'attente qui sort d'un mur. — Se dit aussi des pierres qui sont dans les chaînes des murs, et qui sont plus larges que celles de dessus et de dessous. || Dans l'ancienne Fortif., Espèce de pont-levis. || T. Chas. Griffe de chien. || T. Zool. Genre de *Mollusques Gastéropodes* appartenant à la famille des *Harpides.* Voy. ce mot.

Mus. — 1. — La *Harpe* est un instrument de musique des plus anciens, mais il est impossible de lui assigner une date précise. Il existe des représentations de cet instrument dans divers tombeaux égyptiens qui remontent à une très haute antiquité. Les Égyptiens donnaient à la h. le nom de *Tebouni.*

Fig. 2.

Fig. 1.

Ils en variaient de mille manières la forme et les dimensions, ainsi que le nombre des cordes, qui allait de 4 à 22 (Fig. 1. H. égyptienne, d'après une peinture du tombeau de Sésostris). Ces harpes étaient faites avec beaucoup de soin, ainsi que l'ont appris des fouilles exécutées à Thèbes en 1823, qui ont fait découvrir des harpes toutes montées. Les Hébreux empruntèrent probablement à l'Égypte l'usage de la h., mais on ignore absolument comment ils la disposaient. L'instrument appelé *Kinnor* par la Bible, et dont le roi David jouait en dansant devant l'arche, paraît avoir été une petite h. portative. Plusieurs commentateurs pensent aussi que le *Nebel* était un instrument de la même famille. Les Chinois et les Hindous semblent ne pas avoir connu la h.; toutefois la question est controversée pour ces derniers. Au contraire, cet instrument était en grande faveur chez les peuples du nord de l'Europe. Quant aux Grecs et aux Romains, on croit qu'ils l'ont également connu, et que les instruments qu'ils appelaient *Trigone* (*trigona*) (Fig. 2, d'après une peinture d'Herculanum; on suppose que cet instrument est le Trigone en question) et *Sambuque* (*sambuca*), étaient des harpes plus ou moins complètes. Le *Baryton* était peut-être encore une de ses formes. Quant au *Cinara* et au *Nablum* des Romains, ils semblent n'avoir été que le Kinnor et le Nebel des Hébreux. — Pendant tout le moyen âge, la h. a été un des instruments les plus usités; mais alors, comme dans l'antiquité, on modifiait sa forme, ses dimensions et le nombre de ses cordes, suivant le goût des facteurs et l'effet qu'on voulait obtenir.

II. — La *H. moderne* (Fig 3) se compose de trois pièces principales : le *Corps sonore*, la *Colonne* et la *Console*. Le sommet inférieur du triangle que présente l'instrument est muni d'une sorte d'empattement, appelé *Cuvette*, qui lui sert de base. Le corps sonore est une caisse faite de bois d'érable très sec, qui affecte la forme d'un tronc de cône, et qui est recouverte intérieurement d'une planchette de sapin nommée *Table d'harmonie*, sur laquelle sont alignés de petits bâtons où s'attachent les extrémités inférieures des cordes vibrantes.

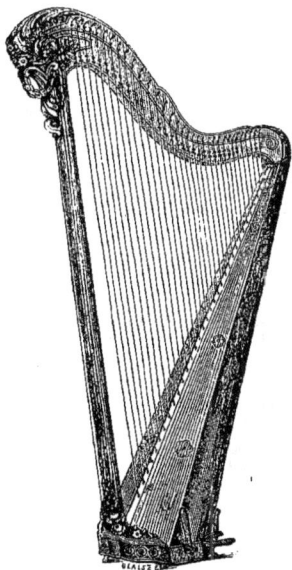

Fig. 3.

La colonne est un montant, tantôt plein, tantôt creux, auquel on donne la forme d'une colonne (d'où son nom) et qui sert à joindre ensemble les deux autres parties. Enfin la console, que l'on appelle aussi *Bande*, est une sorte de boîte recourbée en forme d'S, qui constitue le côté supérieur du triangle et à laquelle sont fixées des chevilles d'acier destinées à retenir l'extrémité supérieure des cordes et à en régler la tension. Ces dernières sont au nombre de 40 ou 42, et forment environ 6 octaves. En général, le son le plus grave est le *mi* bémol. Les autres cordes suivent l'ordre diatonique de la gamme majeure en *mi* bémol, c'est-à-dire qu'on ne peut jouer sur ces cordes à vide que les morceaux écrits avec trois bémols à la clef. On joue de la h., tantôt assis, tantôt debout, les mains étendues sur chaque face du plan vertical suivant lequel les cordes sont tendues, l'une d'un côté, l'autre de l'autre, et de manière à embrasser la caisse sonore. On pince les cordes pour les faire vibrer. Ainsi construite, la h. n'a aucun moyen de modulation, parce qu'il est impossible de la munir d'un nombre de cordes suffisant pour représenter tous les sons correspondant aux notes exprimées par les dièses et les bémols. Dans le but de remédier à ce défaut, on ima-

gina, vers 1660, d'ajouter à l'instrument des crochets appelés *Sabots*, qui étaient fixés sur la console, et au moyen desquels on élevait à volonté le son des cordes. Mais, comme il fallait manœuvrer ces crochets avec la main, ce système avait plus d'inconvénients que d'avantages. En 1720, un luthier de Donauwerth, nommé Hochbrücker, inventa la *Pédale*, qui, pressée par le pied de l'exécutant, mettait les crochets en mouvement. Le mécanisme de Hochbrücker reçut d'importantes améliorations, particulièrement d'un artiste français, Nadermann. Mais le système des crochets avait un défaut radical, c'est qu'on ne pouvait, par leur moyen, qu'élever les cordes d'un demi-ton. Bientôt (1782) un autre artiste français, Cousineau, imagina le mécanisme à *béquilles*, qui permettait d'obtenir de chaque corde le ton naturel, le bémol et le dièse. Toutefois l'invention de Cousineau eut peu de succès, et il en fut de même d'un nouvel appareil qu'il construisit (1806), et qu'il appela *Chevilles mécaniques tournantes*. Il était réservé à Sébastien Érard de porter la h. au plus haut degré de perfection dont cet instrument soit susceptible. En effet, déjà en 1787, il avait substitué au mécanisme défectueux des crochets, celui qu'on appelle mécanisme *à fourchette*; mais ce fut en 1811 qu'il créa la *h. à double mouvement*. Dans cette h., chaque pédale fait une double fonction pour élever à volonté chaque corde d'un demi-ton ou d'un ton. Au premier mouvement de la pédale, une fourchette saisit la corde et l'élève d'un demi-ton; au second mouvement, une deuxième fourchette agit et porte l'élévation à un ton. Le relâchement de la corde peut s'opérer à volonté ou successivement ou d'un seul coup.

III. — La *H. éolienne* est un appareil de musique ou plutôt de physique, qui n'a aucun rapport avec l'instrument dont nous venons de parler: elle est uniquement destinée à produire des sons harmonieux par l'action du vent. Elle consiste en une boîte de bois léger, en général longue de 1 mètre, large de 20 ou 30 cent., et profonde de 10 à 15 centim. Cette boîte est munie, dans sa partie inférieure, d'une table d'harmonie, sur laquelle passent 8 à 10 cordes de boyau, égales en longueur, inégales en épaisseur, et ordinairement montées à l'unisson. On la place sur un arbre, dans l'intervalle d'une vitre à coulisse, sur l'appui d'une fenêtre dont on baisse le châssis jusqu'à la hauteur des cordes, entre deux châssis latéraux, ou encore entre les battants d'une porte entre-bâillée. A la plus légère brise, les cordes vibrent plus ou moins longtemps et avec plus ou moins d'énergie, soit l'une après l'autre, soit plusieurs ensemble ou toutes à la fois, et ces inégalités dans l'intensité et la durée des vibrations donnent lieu à des combinaisons de sons qui, pour être peu variées, n'en flattent pas moins l'oreille agréablement.

HARPÉ, ÉE. adj. [*h* asp.] (R. *harpe*.) Ne se dit que d'un lévrier ou d'un cheval dont le corps a quelque ressemblance avec la forme d'une harpe, en ce qu'il a le sternum fort saillant et fort bas, tandis que son ventre est fort étroit et fort élevé. *Une levrette bien harpée.*

HARPEAU. s. m. [Pr. *harpo*, *h* asp.] (R. *harper*). T. Mar. Grappin pour l'abordage.

HARPÈGE, HARPÉGER. Voy. ARPÈGE, etc.

HARPER. v. a. [*h* asp.] (anc. haut-all. *harfan*, saisir, à comparer avec le gr. ἁρπάζειν, ravir). Prendre, saisir avec les mains. *Il l'a harpé fortement.* == SE HARPER. v. pron. Se saisir l'un l'autre avec les mains. *Après s'être disputés, ils se harpèrent.* Pop. et peu us. == HARPÉ, ÉE. part.

HARPER. v. n. [*h* asp.] (R. *harpe*). Jouer de la harpe. Vx. || T. Manège. On dit qu'*Un cheval harpe d'une jambe,* lorsqu'il lève une des jambes de derrière plus haut que l'autre sans plier le jarret; et qu'*il harpe des deux jambes,* Quand il les lève toutes deux en même temps et avec précipitation, comme s'il allait à courbettes.

HARPEUR, EUSE. s. [*h* asp.]. Harpiste. Vx.

HARPIDES. s. f. pl. [*h* asp.] (R. *harpe*). T. Zool. Les *Mollusques Gastéropodes* qui forment cette famille sont remarquables par leur coquille ventrue présentant des côtes saillantes transversales sur les tours, et dont la dernière forme un bourrelet sur le bord. Ces coquilles sont très élégantes et parées de riches couleurs. Le corps de l'animal ne présente guère à signaler qu'un pied énorme et divisé en deux parties inégales. Ces mollusques vivent actuellement dans la mer des Indes et dans l'océan Pacifique ; à l'époque tertiaire, ils habitaient les mers du bassin de Paris.

HARPIE. s. f. [h asp.] (gr. ἄρπυια, m. s. de ἁρπάζειν, ravir). T. Mythol. Voy. plus bas. — Par ext., Dans le langage ordinaire et familier, *Harpie* se dit figurément d'un individu avide et rapace, et plus souvent d'une femme acariâtre et criarde. ‖ T. Zool. Genre de chauves-souris.

Mythol. — Les êtres fabuleux appelés *Harpies* ou mieux *Harpyies*, paraissent avoir été dans le principe la personnification des vents d'orage. C'est ainsi, du moins, que les considèrent Homère et Hésiode, qui nous les représentent comme des vierges ailées. On leur donnait généralement pour père un dieu marin, comme Neptune, Pontus, Thaumas, et pour mère, tantôt la Terre, tantôt une divinité maritime. Les principales d'entre elles, car leur nombre n'est pas déterminé, étaient Aëllo, Ocypète et Céléno, qui signifient *tempête*, *vol rapide* et *la sombre*. Les Harpies étaient regardées comme les messagères du maître des dieux; c'est pour cela qu'on les nommait les *chiennes de Jupiter*. On les représente avec un visage de femme, un corps de vautour, des ongles tranchants et des ailes. Chez les derniers mythographes les Harpies ne sont plus que des monstres hideux, moitié femmes, moitié oiseaux, qui souillaient et empestaient tout ce qu'elles touchaient. C'est ainsi que nous les trouvons figurées dans Virgile, qui s'en est servi pour grossir le nombre des habitants de son enfer. — Au moyen âge, les Harpies ont pris rang parmi les figures héraldiques. Mais, dans le blason, on les représente sous la forme d'un buste de femme sans bras, avec les ailes, les griffes et la queue d'un aigle.

HARPIGNER ou **HARPILLER** (Se). v. pron. [h asp.] [Pr. *harpigner* ou *har-piller*, h asp., *gn* ou *ll* mouillées] (R. *harper*). S'empoigner et se donner des coups l'un à l'autre. Popul. ‖ Fig. Se battre à coups de langue. Voy. HARPAILLER.

HARPIN. s. m. [h asp.] (R. *harper*). T. Techn. Croc à l'usage des bateliers.

HARPISTE. s. 2 g. [h asp.] Celui, celle qui sait jouer de la harpe. *C'est un excellent h., une excellente h.*

HARPOCRATE, dieu du silence chez les Grecs et les Romains, importé d'Égypte, où il était Horus enfant, fils d'Osiris et d'Isis.

HARPOISE. s. f. [h asp.] (R. *harper*). T. Pêche. Pièce de fer recourbée qui termine le harpon. — Filin de premier brin auquel on fixe le harpon employé pour les cétacés et les gros poissons.

HARPON. s. m. [h asp.] (R. *harper*). Instrument de fer qui sert à accrocher, à piquer. ‖ T. Mar. anc. Grappin tranchant pour couper les cordages du vaisseau ennemi. ‖ T. Mar. Crochet de fer pour saisir un navire ennemi. ‖ T. Pêche. Large fer de flèche attaché à un manche en bois qu'on lance contre la baleine et autres cétacés. Voy. BALEINE. ‖ T. Chir. *H. de Middeldorpf*, Trocart à fente latérale qu'on enfonce dans les muscles pour y reconnaître la présence de la trichinose. ‖ T. Techn. Équerre de métal pour relier deux pièces de construction. — Scie de menuisier munie d'une poignée à chaque bout.

HARPONIER. s. m. [Pr. *harpo-nier*, h asp.] (R. *harpon*). T. Zool. Héron-crabier. ‖ T. Bot. Plante qui accroche, par ex. le rosier des haies.

HARPONNAGE. s. m. [Pr. *harpo-naje*, h asp.] Action de harponner.

HARPONNEMENT. s. m. [Pr. *harpo-ne-man*, h asp.] Action de harponner.

HARPONNER. v. a. [Pr. *harpo-ner*, h asp.] Darder avec le harpon. *Il harponna une baleine.* = HARPONNÉ, ÉE. part.

HARPONNEUR. s. m. [Pr. *harpo-neur*, h asp.] Celui qui lance le harpon.

HARRAR, pays musulman et ville de l'est de l'Afrique (région des Somalis).

HARRINGTON, publiciste anglais (1611-1677).

HARRISBOURG, ville des États-Unis, ch.-l. de l'État de Pensylvanie; 39,000 hab.

HARRISSON (THOMAS), parlementaire anglais (1606-1660).

HARRISSON (JOHN), mécanicien anglais auquel on doit le pendule appelé *Compensateur* (1693-1776).

HARRISSON (WILLIAM-HENRY), général américain, président des États-Unis en 1840 (1773-1841).

HARROGATE, v. d'Angleterre, comté d'York; 9,500 hab. Eaux minérales.

HART. s. f. [Pr. *har*, h asp.] (Origine inconnue). Espèce de lien fait d'un bois pliant et facile à tordre, dont on lie les fagots, etc. ‖ Le lien qu'on passait autour du cou d'un condamné à mort pour l'attacher à la potence. *On lui passa la h. autour du cou.* On disait autrefois, dans certaines formules d'ordonnances, *A peine de la h.*; mais aujourd'hui *Hart* n'est plus en usage que dans ces phrases fam.: *Mériter la h. Digne de la h. Sentir la h. La h. au cou* ‖ T. Techn. Cheville de fer en demi-cercle, sur laquelle les gantiers et les peaussiers étirent les peaux.

HARTFORD, l'une des deux capitales du Connecticut (États-Unis d'Amérique) ; 42,000 hab.

HARTIGHSEA. s. m. (R. *Hartighs*, n. d'un naturaliste anglais). T. Bot. Genre de plantes Dicotylédones de la famille des *Méliacées*. Voy. ce mot.

HARTINE. s. f. T. Minér. Résine fossile, cristallisable, soluble dans l'éther et dans l'alcool bouillant. Elle fond à 210° et bout à 260°.

HARTITE. s. f. T. Minér. Hydrocarbure solide trouvé dans des lignites. Il se présente en petits cristaux blancs clinorhombiques, très solubles dans l'éther, fusibles à 75°.

HARTLEPOOL, v. maritime d'Angleterre, comté de Durham ; 45,000 hab.

HARTMANN (MAURICE), poète allemand né en Bohême (1821-1872).

HARTSOEKER (ROBERT), savant physicien hollandais, fabriqua des verres de télescope de grande dimension (1656-1725).

HARTWELL, château à 60 kilomèt. de Londres, où résida Louis XVIII, de 1811 à 1814.

HARUSPICE. s. m. Voy. ARUSPICE.

HARVARD (COLLÈGE), célèbre université américaine fondée en 1638 à Cambridge (Massachusetts), par l'érudit John Harvard (1607-1638).

HARVEY (WILLIAM), médecin anglais, découvrit les lois de la circulation du sang, en 1628.

HARVIAU. s. m. T. Pêche. Anse de corde pour attacher un grand filet en chausse aux arches des ponts.

HARWICH, v. maritime d'Angleterre, comté d'Essex; 8,000 hab. C'est un avant-port de Londres.

HARZ, chaîne de montagnes qui s'étend dans le Hanovre, le Brunswick et la Prusse, riche en mines de cuivre, de plomb, etc.

HASAN, fondateur de la dynastie des beys de Tunis (1705).

HASARD. s. m. [Pr. *ha-zard*, h asp.] [*Hasart*, nom d'un château de Syrie, siège duquel, au temps des croisades, on inventa une sorte de jeu de dés qui prit le même nom, h asp]. Combinaison de circonstances indépendantes de la volonté, que nous ne pouvons ni empêcher ni prévoir, et dont nous ignorons la cause. *S'abandonner au h. Mettre quelque chose au h. C'est un effet du h. Le h voulut que... Un coup de h. Ce sera un grand h. s'il en réchappe. Par quel singulier h. vous trouvez-vous ici? Quel heureux h.!* Épicure disait que le monde était l'œuvre du h. *Tout concourt à la même* *fin, et c'est faute d'entendre le tout que nous trouvons du h. dans les rencontres particulières.* || *Jeu de h.*, Jeu où le h. seul décide. Fig. *Corriger le h.*, Tromper au jeu. — A certains jeux de dés, on appelle *Hasards*, Certains points fixes qui sont toujours favorables à celui qui tient le dé. || *Meuble de h., livre de h.*, etc., Meuble, etc., qui a déjà servi et qu'on trouve à acheter à bon marché. On dit aussi dans ce sens: *C'est un excellent h.* || Risque, péril. *Courir le h. de... Courir h. S'exposer au h. de... Il a couru h. de sa fortune, de sa vie. Il ne court point le h. J'en prends sur moi le h.* — En poésie et dans le style soutenu. *Les hasards de la guerre, de la navigation. Il est au milieu des hasards.* = Au HASARD, loc. adv. A tout événement, quoi qu'il puisse arriver. *A tout h., prenez cette précaution. Vendre au h.* Vendre d'occasion. — *Jeter des propos au h., à tout h.*, Dire certaines choses pour voir comment on les accueillera. *Dire quelque chose au h., à tout h.*, Sans savoir si cette chose est vraie, sans y attacher aucune importance. = Au HASARD DE, Au risque de. *Au h. d'un refus.* = PAR HASARD, loc. adv. Fortuitement *Je le vis par h. Par h. elle se trouvait dans le salon. Si, par h., on vous le demande.*

Syn. — Nous attribuons au *hasard* et au *sort* les événements dont nous ne voyons pas les causes, dont nous ne comprenons pas la raison; mais *hasard* se dit mieux en parlant des événements du monde, et *sort* en parlant des événements de la vie humaine. En outre, tandis que l'idée de cause est inséparable du hasard, *sort* se dit quelquefois pour indiquer le résultat d'une cause inconnue, et même pour désigner l'état qui en résulte. C'est le *hasard* qui le plus souvent décide de notre *sort*. Pourquoi nous plaindre de notre *sort*, lorsque ce *sort* est notre propre ouvrage?

Il serait superflu d'ajouter ici que le Hasard n'est pas une cause, n'existe pas.

> Le Hasard est un prêt qu'inventa l'ignorance
> Et qui de nos esprits marque l'insuffisance.
>
> DE BÈRES.

L'axiome qu'il n'y a pas d'effet sans cause établit que tous les événements, même les plus futiles, sont dus à des causes ou immédiates ou éloignées et qu'il est inadmissible qu'un fait quelconque, comme par exemple un coup de dé, soit dû à ce que notre ignorance appelle le Hasard : il n'y a pas de Hasard.

HASARDER. v. a. [Pr. *ha-zar-der*, h asp.]. Risquer, exposer au hasard, au péril. *Il se fortune dans une entreprise. Il son argent au jeu. C'est h. le bonheur de toute sa vie. En ne doit pas h. ainsi sa réputation. Il le combat avec des forces supérieures. C'est trop h.* || *Il une parole, une proposition*, La mettre en avant pour voir comment elle sera jugée. Dans ce sens, on dit aussi, *Il. une rencontre, une plaisanterie, un bon mot.* — *Il. une phrase, une façon de parler, une expression*, Se servir d'une phrase, etc., nouvelle ou que l'usage n'a pas encore sanctionnée. || Fig. et fam., *Il. le paquet*, S'abandonner au hasard, s'engager dans une affaire incertaine. — SE HASARDER, v. pron. S'exposer au hasard, au péril. *Vous vous hasardez trop. Il s'est hasardé dans une affaire bien douteuse. Les périls où il se hasarde. Il se hasarda à faire cette proposition.* = HASARDÉ, ÉE. part. *Entreprise hasardée. Bataille hasardée. Propos hasardé. Expression hasardée.* || Adjectiv., *Conjecture hasardée.* *Induction hasardée*, Qui ne paraît pas fondée, qu'il serait difficile de justifier. || En part. d'une viande qu'on a gardée quelque temps et qui commence à se gâter, on dit qu'*Elle est hasardée. Ce faisan est hasardé.*

Syn. — *Risquer.* — *Hasarder* signifie exposer, commettre au hasard, au sort, et proprement au jeu. *Risquer*, c'est courir le hasard, le danger d'un dommage, d'une perte. Le premier de ces mots n'indique que l'incertitude du succès; le second menace d'une mauvaise issue. L'homme prudent *hasarde* peu; l'homme intrépide *risque* beaucoup. La raison même *hasarde*; la passion *risque*. Qui ne *hasarde* rien n'a rien, dit un proverbe. En certaines circonstances extrêmes, on *risque* le tout pour le tout. *Hasarder* suppose toujours une action libre; il n'en est de même de *risquer*. L'homme qui se *hasarde* le moins, *risque* à chaque instant de périr par mille accidents.

HASARDEUR. s. m. [Pr. *ha-zar-deur*, h asp.] Celui qui hasarde.

HASARDEUSEMENT. adv. [Pr. *ha-zardeu-ze-man*, h

asp.] Avec risque, avec péril, d'une façon hasardeuse. *Vous agissez bien h.*

HASARDEUX, EUSE. adj. [Pr. *ha-zar-deu*, h asp.]. Hardi, qui expose volontiers au hasard sa fortune, sa vie, etc. *Il est trop h. dans tout ce qu'il fait. C'est un joueur h. Ce pilote est beaucoup trop h. Un écrivain h. Une entreprise hasardeuse. Le coup est h.*

HASARDISE. s. f. [Pr. *ha-zardi-ze*, h asp.]. T. Néol. Action hasardée.

HASCHEM, fondateur de la dynastie qui règne sur le Maroc (1509).

HASCHICH ou **HASCHISCH.** s. m. Voy. HACHICH.

HASCHICHINE. s. f. T. Chim. Voy. HACHICHINE.

HASE. s. f. [Pr. *ha-ze*, h asp.] [all. *hase*, lièvre]. La femelle d'un lièvre, d'un lapin. *Une h. pleine.*

HASE (CHARLES-BENOIT), savant helléniste français, né en Saxe (1780-1864).

HASPARREN, ch.-l. de c. (Basses-Pyrénées), arr. de Bayonne; 5,800 hab.

HASSAN. Voy. HAÇAN.

HASSAN-BEN-AL-HASSAN ou **ALHAZEN**, astronome arabe (980-1038).

HASSE (JOHANN-ADOLPHE), célèbre compositeur de musique allemand (1699-1783).

HASSELT, v. de Belgique, ch.-l. de la province de Limbourg; 13,000 hab.; sur le Demer, affl. de la Dyle.

HASSELT (ANDRÉ VAN), littér. et savant belge (1806-1874).

HASSELTIA. s. m. [Pr. *has-sel-tia*] (R. *Van Hasselt*, nom d'un savant belge). T. Bot. Genre de plantes Dicotylédones de la famille des *Apocynées.* Voy. ce mot.

HASSENFRATZ (JEAN-HENRI), savant et révolutionnaire français (1755-1827).

HAST. s. m. (lat. *hasta*, pique). Ne s'emploie que dans la location *Arme d'h.*, qui sert à désigner toute arme offensive composée d'un fer aigu ou tranchant fixé à l'extrémité d'une longue hampe. *La hallebarde, la pique, la lance, sont des armes d'h.* Voy. LANCE.

HASTAIRE. s. m. [Pr. *has-tèr*, h asp.] (R. *haste*). T. Antiq. rom. Soldat qui était armé d'une haste. Voy. LÉGION.

HASTE. s. f. [h asp.] (lat. *hasta*, m. s.). T. Antiq. Longue pique que portaient originairement les hastaires. || T. Numism. Javelot sans fer, ou sceptre long, qui est l'attribut des divinités bienfaisantes. || Barre verticale de certaines lettres: *l'E, l'H, l'M,* etc.

HASTÉ, ÉE. adj. [h asp.] (R. *haste*). T. Bot. Se dit d'une feuille dont les deux lobes aigus de la base sont à peu près perpendiculaires au pétiole, de manière à figurer une hallebarde.

HASTENBECK, village de Prusse (Hanovre), sur la Haste; 420 hab. Bataille du 26 juillet 1757, entre les Français, commandés par d'Estrées, et les Anglo-Hanovriens, commandés par le duc de Cumberland; elle eut pour conséquence la convention de Kloster seven (8 septembre 1757).

HASTIFOLIÉ, ÉE. adj. [h asp.] (lat. *hasta*, pique; *folium*, feuille). T. Bot. Dont les feuilles sont hastées.

HASTIFORME. adj. 2 g. [h. asp.] (lat. *hasta*, pique; *forma*, forme). T. Didact. Qui a la forme d'une lance, d'une pique.

HASTING ou **HASTINGS**, chef de pirates normands qui,

après avoir ravagé la France, reçut de Charles le Chauve le comté de Chartres (863).

HASTINGS, v. d'Angleterre, sur le pas de Calais, près de laquelle Guillaume le Conquérant vainquit Harold (1066); 52,200 hab.; port sur la Manche.

HASTINGS (Warren), gouverneur de l'Inde anglaise et orientaliste distingué, né à Daylesford (Worcester) (1732-1818).

HASTINGS (Francis-Rawdon-Moira, marquis d'H.), homme d'état anglais (1754-1826).

HATCHETTINE. s. f. [Pr. hat-chet-tine, h asp.]. T. Minér. Hydrocarbure fossile, en masses ou lames transparentes molles, fusibles à 46°; trouvé dans certaines mines de houille.

HÂTE. s. f. [h asp.] (R. german. qui se trouve dans l'anc. haifsts, lutte, ou l'all. moderne heftig, impétueux). Précipitation, promptitude. Grande h. En toutes choses, il porte une h. qui lui nuit. || Faire h., Se hâter. — Avoir h., une grande h., avoir grande h., avoir extrêmement h., Être très pressé de faire une chose. Il avait h. de sortir. = Avec hâte, En hâte. loc. adv. Avec promptitude, avec diligence. Il fait tout avec h. Envoyez-lui quelqu'un en h., en toute h. = A la hâte. loc. adv. Avec précipitation. Je vous écris quelques mots à la h. Cela est fait à la h.

HÂTÉE. s. f. [h asp.]. T. Techn. Barre qui est coudée et contre-coudée d'équerre.

HÂTELET. s. m. [h asp.] (Vx fr. haste, pique, broche). T. Cuis. Petite broche pour faire rôtir les rognons, les mauviettes, les menues viandes. — Petite broche pour assujettir une grosse pièce de viande sur la broche principale. || T. Techn. Petite broche des métiers à tisser.

HÂTELETTE. s. f. [Pr. hâtelè-te, h asp.]. T. Cuis. Menu morceau de viande qu'on fait rôtir avec un hâtelet.

HÂTER. v. a. [h asp.] (R. hâte). Presser, accélérer. H. son départ. H. son retour. Ses souffrances ont hâté sa fin. Je vous conseille de h. ce travail le plus que vous pourrez. Son désordre a hâté sa ruine. Hâtez le moment où vous devez venir me voir. L'orage nous fit h. le pas. L'imprimerie a hâté les progrès de la civilisation. Ces chaleurs ont hâté la végétation. H. les fruits, En avancer la maturité. || Faire dépêcher. Hâtez-vous de dîner. Hâtez cet ouvrage; j'en ai grand besoin. = se Hâter. Faire diligence. Hâtez-vous de partir. Vous vous hâtez trop. Qu'on se hâte de le prévenir. = Hâté, ée. part. La saison est un peu hâtée, Elle est plus avancée qu'elle ne devrait être. || Hâté signifie aussi quelquefois, Qui a hâte. Il est extrêmement hâté. Ouvrage hâté. Affaire hâtée, Qu'on a hâte de faire. = Syn. Voy. Accélérer.

HÂTEREAU. s. m. [Pr. ha-tero, h asp.] (Vx fr. haste, pique, broche). T. Cuis. Tranche de foie déposée sur le gril. Vx.

HATERIUS, célèbre orateur romain, contemporain d'Auguste.

HÂTEUR. s. m. [h asp.] (Vx fr. haste, pique, broche). Officier des cuisines royales qui veillait au service des viandes rôties.

HATHOR. T. Myth. égypt. Déesse à tête de vache représentant la mère du Soleil.

HATIEN ou **MY-DUC,** v. de la Cochinchine française, sur la côte du golfe de Siam. L'arr. comprend 6,400 hab.

HÂTIER. s. m. [h asp.] (Vx fr. haste, pique, broche). Espèce de grand chenet de cuisine qui a plusieurs crochets de fer placés les uns au-dessus des autres, et qui sert à appuyer les broches quand elles tournent.

HÂTIF, IVE. adj. [h asp.] (R. hâte). Précoce; se dit par oppos. à tardif, et s'emploie proprement en parlant des fruits et des fleurs qui viennent avant le temps ordinaire. Fruit h. Fleurs hâtives. || Par anal., se dit de l'esprit, de la raison, des qualités et des choses qui ordinairement se développent

suivant une succession régulière. Un esprit h. Raison hâtive. Un développement trop h. n'est pas toujours un signe favorable.

Syn. — Précoce, prématuré. — Hâtif, qui se hâte, qui fait diligence, indique seulement une chose avancée; précoce marque la circonstance de devancer le temps propre; prématuré ajoute à cette signification l'idée d'arriver non seulement avant le temps propre, mais encore contre l'ordre naturel. Les fruits qui viennent les premiers ou dans la primeur sont hâtifs; ceux qui viennent naturellement ou par une bonne culture, avant la saison propre à leur espèce, sont précoces; ceux enfin qui viennent par force, avant la saison ordinaire, sont prématurés. Au figuré, hâtif est à peu près inusité. Quant à précoce et à prématuré, le premier indique la célérité et l'antériorité, le second la précipitation et l'anticipation. On dit un enfant, un esprit précoce, et une vieillesse, une mort prématurées. La raison qui étonne dans l'enfance est précoce; la crainte qui prévoit un danger si éloigné qu'il peut ne point arriver, est prématurée.

HÂTIVEAU. s. m. [Pr. ha-tivo, h asp.] (R. hâtif). T. Hortic. Espèce de poire turbinée, lisse et d'un jaune brun, qui mûrit des premières. Une poire de h. || Se dit aussi des pois hâtifs.

HÂTIVEMENT. adv. [h asp.] (R. hâtif). Avant le temps ordinaire; ne se dit que des fruits et des fleurs. Il a l'art de faire venir des raisins plus hâtivement qu'un autre jardinier.

HÂTIVETÉ. s. f. [h asp.] Croissance hâtive; ne se dit que des fruits et des fleurs. La h. des fruits. Peu us.

HATTI-SHÉRIF. s. m. T. Relat. Voy. Firman.

HÂTURE. s. f. [h asp.] T. Techn. Morceau de fer en forme d'équerre, fixé sur une serrure, pour arrêter un pêne, un verrou.

HATZFELDT, noble et ancienne famille d'Allemagne, originaire de la Hesse, qui a fourni plusieurs personnages remarquables.

HATZFELDT (Sophie, comtesse de), connue par ses relations avec Lassalle, et son rôle dans le mouvement socialiste en Allemagne (1805-1881).

HAUBAN. s. m. [h asp.] (allem. haupt, tête, et band, lien, lieu pour la tête du mât). T. Mar. Gros cordage en échelle qui assujettit un mât et le maintient vertical. Voy. Cordage. || T. Techn. Gros cordage qui tient dans la position verticale une grue, une chèvre, etc. || T. Féod. Droit de h., Droit perçu au profit du roi, sur quelques métiers.

HAUBANER. v. a. [h asp.]. T. Techn. Assujettir à l'aide de haubans.

HAUBERGEON. s. m. [h asp.] (R. haubert). Petit haubert sans manches.

HAUBERT. s. m. [h asp.] (all. halsberg, m. s., de hals, cou, et bergen, protéger). Tunique de mailles des chevaliers. Voy. Cuirasse.

HAUBOURDIN, ch.-l. de c. (Nord), arr. de Lille; 7,500 hab. Filatures, tanneries.

HAUDRIETTE. s. f. [Pr. hôdriè-te, h asp.]. Nom de religieuses de l'ordre de l'Assomption, fondé par la femme d'E. Haudry, secrétaire de saint Louis.

HAUÉRITE. s. f. [h asp.]. (R. Hauer, nom d'un minéralogiste all.). T. Minér. Bisulfure de manganèse, en cristaux appartenant au système cubique, d'un brun rougeâtre.

HAUGWITZ (Comte de), homme d'État et diplomate prussien (1752-1831).

HAULÉE. s. f. T. Pêche. Filet plus grand que la bastude.

HAUSMANN (Jean-Frédéric-Louis), minéralogiste allemand (1782-1859).

HAUSMANNITE. s. f. [Pr. hos-ma-nite, h asp.] (R. Hausmann, nom d'un minéralogiste all.). T. Minér. Oxyde de manganèse, répondant à la formule $M^{n3}O^4$; en petits cristaux octaédriques ou en masses d'un noir brunâtre.

HAUSSE. s. f. [Pr. *ho-se*, *h* asp.] Action de hausser. || Ce qui sert à hausser. *Mettre une h. à des souliers, aux pieds d'une table.* || Figur., Augmentation de prix, de la valeur; se dit surtout en parlant du cours des changes, de la valeur des effets publics et des actions des compagnies industrielles cotées à la Bourse. *Cette nouvelle a produit une h. subite. Les fonds sont en h.* Jouer à la h. Voy. Bourse. || T. Artill. Instrument qui s'adapte au-dessus de la chambre d'une bouche à feu ou d'un fusil pour viser le point qu'on veut atteindre. || T. Techn. Support d'une ruche d'abeilles. — Petite clavette qu'on place sous l'attache des crins d'un archet pour les éloigner de la baguette. || T. Hydraul. Planche mobile qu'on ajoute aux vannes pour élever le niveau de l'eau. — Se dit des panneaux mobiles qui, placés l'un à côté de l'autre, constituent un barrage dans une rivière. Voy. Barrage. || T. Typog. Feuille de papier qu'on colle sur le tympan d'une presse aux endroits où il faut renforcer la pression. — Petite pièce que le fondeur en caractères ajoute au manche à fondre, pour rendre certaines lettres plus hautes que les autres.

HAUSSE-COL. s. m. [Pr. *ho-se-kol* *h* asp.] (R. all. *hals*, cou, et fr. *col*, pour le cou). Ornement de cuivre doré, en forme de croissant, que les officiers d'infanterie portaient au-dessous du cou lorsqu'ils sont de service. *Le h.-col est un reste de l'ancienne armure.* Il a été supprimé en 1851 dans l'armée française. || T. Zool. Nom donné à divers oiseaux, à cause des bandes colorées qu'ils portent autour du cou (alouette, colibri, grive, etc.).

HAUSSEMENT. s. m. [Pr. *ho-se-man*, *h* asp.]. Action de hausser quelque chose; se dit particulièrement du mouvement qu'on fait des épaules pour marquer de l'indignation ou du mépris. || Fig., *Le h. des monnaies*, L'augmentation de leur valeur nominale. *Le h. du prix des denrées*, Leur enchérissement. Ces locutions sont peu usitées. — *Le h. de la voix*, Action d'élever la voix en parlant.

HAUSSEPIED. s. m. [Pr. *ho-se-pié*, *h* asp.] (R. *hausser* et *pied*). Ce qui fait lever le pied. || Marchepied. Vx. || T. Techn. Pièce de fer fixée près de la douille d'une bêche et sur laquelle on appuie le pied pour faire entrer l'outil dans la terre. || T. Ch. Sorte de piège à loup. — T. Fauc. Oiseau de proie qui attaque le premier le héron. — Espèce de serre, oiseau qui se tient une patte en l'air.

HAUSSER. v. a. [Pr. *ho-ser*, *h* asp.] (bas-lat. *altiare* m. s., de *altus*, élevé). Mettre plus haut; augmenter la hauteur, rendre plus haut. *H. un mur, une maison.* | Lever en haut. *H. le bras, la jambe. Haussez un peu la tête de votre côté.* — *H. les épaules*, Montrer, par ce mouvement, qu'une chose vous choque, vous déplaît ou ne vous inspire que du mépris. *Cela fait h. les épaules. Elle haussa les épaules de mépris.* — Pop., *H. le coude*, Boire beaucoup. *J'aime q h. le coude.* On dit dans le même sens: *H. le temps.* || Fig., *H. le cœur, le courage à quelqu'un*, Lui donner du cœur, du courage. Vx. || En parlant de la voix et du son des instruments, augmenter leur intensité, leur acuité. *H. la voix, la parole. H. le ton*, Parler avec plus d'assurance, de présomption ou d'insolence, ou élever ses prétentions. Fam., au dit aussi, *H. d'un ton.* || Fig., Augmenter. *H. les gages d'un domestique. On a haussé la paye du soldat. H. les impôts. H. le prix du pain.* — H. la *monnaie, le prix des monnaies*, En augmenter la valeur nominale. — Haussen. v. n. Aller en augmentant de hauteur. *La rivière hausse. Les eaux ont haussé d'un mètre.* — *Avoir une épaule qui hausse*, Avoir une épaule plus haute que l'autre. || Fig., Augmenter de prix. *Le blé a beaucoup haussé. Les huiles haussent. Les actions haussent. Le cours de la rente a haussé. Le change hausse.* == se Hausser. v. pron. Se rendre plus haut. *Il se hausse sur la pointe des pieds.* — Fig. et prov., *C'est un homme qui ne se hausse ni ne se baisse*, Il est toujours le même; rien ne peut l'émouvoir. Vx.

Quand la capacité de son esprit se hausse
A connaître un pourpoint d'avec un haut-de-chausse.
MOLIÈRE.

== SE HAUSSER. Vouloir paraître au-dessus de ce qu'on est. || *Le temps se hausse*, Il commence à s'éclaircir. Vx == HAUSSÉ, ÉE. p. || T. Blas. Se dit du chevron et de la fasce, quand ils sont plus hauts qu'à l'ordinaire. == Syn. Voy. Élever.

HAUSSET. s. m. [Pr. *ho-sè*, *h* asp.]. Petite hausse. || T. Techn. Pièce qui retient le chevalet du coutelier.

HAUSSEZ (CHARLES LEMERCIER DE LONGPRÉ, baron D'), homme politique fr., ministre de la Marine (1829-1830), auteur de *Mémoires* (1778-1854).

HAUSSIER. s. m. [Pr. *hau-sié*, *h* asp.]. Spéculateur qui joue à la hausse sur les valeurs de Bourse.

HAUSSIÈRE. s. f. Voy. AUSSIÈRE.

HAUSSMANN (GEORGES-EUGÈNE, baron), administrateur et homme polit. fr., auteur de *Mémoires* (1809-1891). Il fut préfet de la Seine de 1853 à 1870 et prit la plus grande part à la transformation moderne de la capitale.

HAUSSOIR ou **HAUSSOIRE.** s. [Pr. *ho-souar*, *h* asp.] (R. *hausser*). Clôture mobile d'une écluse de moulin.

HAUSSONVILLE (JOSEPH OTHENIN BERNARD DE CLÉRON, comte D'), homme politique et écrivain fr., membre de l'Académie française, né à Paris (1809-1884).

HAUSTELLÉ, ÉE. adj. [Pr. *hostel-lé*, *h* asp.] (lat. *haustellum*, dim. de *haustrum*, pompe; de *haurire*, puiser). T. Zool. Muni d'un haustellum, ou suçoir.

HAUT, HAUTE. adj. [*h* asp.] (lat. *altus*, élevé). Élevé; se dit par oppos. à Bas, en parlant d'un objet par rapport aux objets de même genre ou simplement par comparaison à un ou à plusieurs autres objets. *Une haute montagne. Une haute pyramide. Ce clocher est fort h. Ce chêne est extraordinairement h. Ce meuble est trop h. pour cet appartement. Un homme de haute taille.* || *Tenir la dragée h. à un chien*, Le forcer à sauter pour l'attraper. — Fig., *Tenir la dragée haute à quelqu'un*, Être très exigeant pour lui. *Tenir la bride haute à un cheval*, La tenir courte. — Fig., *Tenir la main haute à quelqu'un*, Le tenir sévèrement. *Être haut à la main*, Être arrogant. || Se dit de certaines choses placées au-dessus d'autres. *Le plus h. étage de la maison. Les hautes voiles d'un navire. Les hautes régions de l'air.* Dans un sens analogue, *Les oiseaux de h. vol.* || En parlant des lieux, des pays, se dit de ceux qui sont plus élevés, comparativement à d'autres, au-dessus du niveau de la mer. *La haute Égypte. La haute Allemagne. Le h. Languedoc. Les hautes Alpes, les hautes Pyrénées*, La partie de ces chaînes où se trouvent les montagnes les plus élevées. *Le h. Rhin, la haute Loire*, etc., La partie de ces cours d'eau qui est plus élevée au-dessus du niveau de la mer, et, par conséquent, qui est plus rapprochée de leur source. Quand il s'agit des départements ainsi nommés, on écrit, *Les Hautes-Alpes, le Haut-Rhin*, etc. — Le terme de *haute Seine* désigne la partie de ce fleuve qui est au-dessus de Paris, et celui de *basse Seine*, celle qui va de Paris à la mer. — *Les hauts lieux*, se dit, dans l'Écriture sainte, des collines ou des montagnes où l'on dressait des autels pour sacrifier aux faux dieux. *Il alla sacrifier sur les hauts lieux.* — *Le h.-allemand*, Celui que l'on parle dans la haute Saxe. — Fig. et fam., *C'est du h.-allemand pour moi*, Je n'y entends absolument rien. || En parlant des eaux, *Haut* se dit de leur élévation relativement au fond, et, par conséquent, il a le sens de profond. *L'eau est très haute au milieu du fleuve, du lac.* — *Les eaux sont hautes.* La rivière est haute, si elle coule plus haut et plus grosse qu'à son ordinaire. — *La mer est haute, la marée est haute*, se dit de la marée quand elle est arrivée à son plus haut point. On dit aussi *Les hautes marées*, pour désigner les marées les plus hautes de l'année. — *La mer est haute*, se dit encore de la mer lorsqu'elle est agitée. — *La haute mer, la pleine mer*, Notre navire eut bientôt gagné *la haute mer.* || Levé, redressé. *Marcher la tête haute. Ce cheval porte la tête haute. Il courut sur son adversaire l'épée haute. Ce chevalier se présenta la visière haute.* — Fig., *Il peut aller partout la tête haute*, Sans avoir à craindre aucun reproche. — T. Blas. *Épée haute*, Épée droite, c.-à-d. dont la pointe est en haut. || Se dit des sons musicaux produits par la voix humaine ou par un instrument, *Haut* se dit de ceux qui sont plus élevés, plus aigus relativement à d'autres. *Sons hauts. Ton h.* — Par ext., *Ce morceau est trop h. pour ma voix. Cet instrument est bien h. Cette corde n'est pas assez haute.* || En parlant de la voix considérée comme langage articulé, *Haut* se dit pour Sonore, éclatant, intense. *Avoir la voix haute, la parole haute, la* verbe *h.* Parlez d'un ton moins *h.* Parler, lire à haute voix. Crier à haute voix. Pousser les hauts cris. — Fig. et fam., Nous n'avons jamais eu ensemble une parole plus haute que l'autre, Nous n'avons jamais eu ensemble la moindre discussion. Prendre le *h.* ton; Le prendre d'un ton *h.*, sur un ton *h.*, sur le *h.* ton, etc., Parler d'une manière arrogante ou menaçante. On dit aussi dans ce sens : Avoir la parole haute, le verbe *h.* Être *h.* en parole. || En parlant de toutes les choses qu'on évalue, Haut se dit de celles qui ont une valeur plus grande relativement à d'autres du même genre ou à celles qui servent de comparaison, ou de celles dont la valeur a augmenté. Les denrées sont à très *h.* prix. Il met son travail à trop *h.* prix. Les vins sont hauts. Les cotons sont hauts. Les fonds sont hauts. Le change est *h.* L'argent est *h.*, Il se prête à gros intérêts. — Fig., Il met ses services à trop *h.* prix. La grandeur n'est pas d'un si *h.* prix qu'on doive lui sacrifier son repos. — En parlant des cartes, on appelle Hautes cartes, Celles auxquelles on attribue le plus de valeur. Je n'ai pas une seule haute carte dans mon jeu. || Haut s'emploie encore fig. et désigne, dans les personnes ou dans les choses auxquelles on l'applique, la grandeur, la prééminence, la supériorité, l'excellence. De hauts personnages. Les hauts fonctionnaires. La haute magistrature. La haute justice. Seigneur *h.* justicier. Une haute dignité. Un *h.* rang. Une haute naissance. Il a de hautes protections. Tomber d'une haute fortune. Les hautes classes. Les hauts faits. De hautes conceptions. Haute réputation. Haute estime. Avoir une haute opinion de quelqu'un. Haute vertu. Haute piété. Le haut style, Le style relevé. — H. et puissant seigneur, Haute et puissante dame; Très *h.* et très puissant seigneur, Très haute et très puissante dame, Titres donnés autrefois aux grands seigneurs, aux personnes d'une naissance élevée. Très *h.* et très puissant prince, Très haute et très puissante princesse, Titres donnés aux princes et aux princesses. — Subst. et absol., Le Très-Haut, Dieu. — T. Diplom. Les hautes puissances contractantes, se dit de souverains entre lesquels se conclut un traité. — Les hautes sciences, La théologie, la philosophie et les mathématiques. Les hautes classes d'un collège, Celles où l'on enseigne la philosophie, la rhétorique et les sciences physiques et mathématiques. — Le *h.* style, Style oratoire, élevé, soutenu. Se dit quelquefois ironiquem. pour Ampoulé et guindé. Ce discours est du *h.* style. — La haute antiquité, L'antiquité la plus reculée. || Haut se dit encore en mauvaise part, dans un sens analogue au précédent. Une haute insolence. Une haute injustice. Il a fait une haute sottise. Crime de haute trahison. || Dans un sens partieul., Se dit pour fier, orgueilleux, qui se croit au-dessus des autres. C'est un homme *h.* Cette femme a un air *h.* qui vous repousse. Être *h.* à la main, Être violent, emporté et d'un usage difficile de soi. || L'adjectif Haut, haute, entre encore dans un grand nombre de locut. pour la plupart fig. et prov., que nous ne répétons pas ici, car elles se trouvent expliquées. Voy. BORD, BOUT, BRIDE, CARÊME, GOUT, JUSTICE, MAIN, VOL, etc. — HAUT. s. m. Élévation, hauteur. Cette montagne a tant de mètres de *h.* Cet homme a cinq pieds de *h.* — Tomber de son *h.*, Tomber de toute sa hauteur; et Fig. et fam., Éprouver une extrême surprise. Il a failli tomber de son *h.* Je suis tombé de mon *h.* en l'entendant. — Fig. et fam., Il y a du *h.* et du bas. des hauts et des bas dans la vie, La vie est mêlée de biens et de maux Il y a des hauts et des bas dans l'humeur, dans l'esprit de cet homme, Il y a de grandes inégalités. On dit de même qu'Il y a des hauts et des bas dans la conduite de quelqu'un, dans les ouvrages d'un écrivain. || Le sommet, la partie supérieure de certaines choses. Le *h.* d'une tour, d'un clocher, d'une montagne. Tomber, tirer, regarder de *h.* en bas. Le *h.* de la tête, du visage. Le *h.* d'un tableau, d'une feuille de papier. — Fig. et fam., Crier du *h.* de sa tête, Crier de toute sa force. Regarder quelqu'un du *h.* en bas, Le regarder du *h.* de sa grandeur, Le regarder avec un air de mépris. Traiter quelqu'un du *h.* en bas, de *h.* en bas, Le traiter avec dédain, avec hauteur. || Dimension d'un corps du pied au sommet. La tour Eiffel a trois cents mètres de *h.* — Fig. et prov., Gagner le *h.*, S'enfuir. || Le *h.* du pavé. V. PAVÉ. || Sur le *h.* du jour, Vers l'heure de midi. Vx. || T. Mus. La voix de ce chanteur est belle dans le *h.*, Dans les notes élevées. — HAUT. adv. Dans la partie supérieure, dans un lieu élevé. Monter *h.* Être *h.* perché. Voler *h.* Il demeure deux étages plus *h.* — Fig., Jamais cet écrivain ne s'élèvera plus *h.* C'est le hasard qui l'a placé si *h.* Il faut remonter plus *h.* pour découvrir la cause de ceci. Quelque *h.* qu'on remonte dans l'antiquité. || Plus *h.*, sign. quel-

quefois Ci-dessus, dans ce qui précède. Il a été dit plus *h.* Ainsi que nous l'avons démontré plus *h.* — Reprendre une chose, les choses de plus *h.* Voy. REPRENDRE. || Cheval *h.* monté ou monté *h.*, Cheval qui a les jambes trop hautes. || Fig. et fam., Cet homme se porte *h.*, Il se prétend de grande qualité; ou il se targue des avantages que lui donnent son rang, sa fortune, sa naissance, etc. || H. la main. V. MAIN. H. le pied. Voy. PIED. Monter *h.* Voy. MONTER. || Se dit encore du ton de la voix, soit pour parler, soit pour chanter. Vous ne parlez pas assez *h.* Vous parlez trop *h.* Crier très *h.* Parlez plus *h.*, et elliptiq., Plus *h.* — Ma voix ne peut pas monter plus *h.* Vous l'avez pris trop *h.* en commençant. — On dit aussi d'un instrument, Il est monté trop *h.*, Il n'est pas monté assez *h.* || Fig., Parler *h.*, Le prendre *h.*, très *h.*, Parler avec arrogance, sans ménagement. Nous verrons alors s'il parlera si *h.* Il me semble que vous le prenez bien *h.* — Penser tout *h.*, Ne rien cacher de ce qu'on a dans l'esprit. = EN HAUT. loc. adv. Dans le lieu qui est plus haut, qui est au-dessus. Il est en *h.* Il loge en *h.* Mouvement de bas en *h.* Je viens d'en *h.* Faites le tour par en *h.* — Tirer en *h.*, Vers le haut. == EN HAUT DE. loc. prép. Il est tout en *h.* de la colline. == LÀ-HAUT. loc. adv. Se dit dans le même sens que En haut; mais il exprime une désignation plus précise. Il est là-*h.* Ne laissez monter personne là-*h.* Le coup est parti de là-*h.* — Signifie quelquefois : dans le ciel. Le juge qui réside là-*h.* prononcera entre nous. — On dit aussi, dans le même sens, D'en *h.* C'est une inspiration d'en *h.* Les grâces qui nous viennent d'en *h.* — PAR HAUT. loc. adv. T. Méd. Ce cheval va par *h.*, Il fait un manège élevé. || T. Méd. Aller par *h.* et par bas, Vomir et aller à la selle. == Syn. Voy. ALTIER.

HAUT-À-BAS. s. m. [*h* asp.]. Porte-balle, petit mercier qui porte sur son dos une balle où sont ses marchandises. Vx. — Pl. Des haut-à-bas.

HAUT-À-HAUT. s. m. [*h* asp.]. Cri de chasse que l'on fait pour appeler son camarade et lui faire revoir la voie du cerf pendant un défaut, ou pour l'appeler le matin au bois.

HAUTAIN, AINE. adj. [Pr. hô-tin, *h* asp.]. Fier, orgueilleux. Un homme *h.* Une femme hautaine. Il prend des airs hautains, un ton *h.* Ses paroles et ses manières sont hautaines. || T. Vitic. Vigne cultivée en hauteur. Voy. ci-après. = Syn. Voy. ALTIER.

Vitic. — On donne à la vigne une élévation qui varie selon les climats. On distingue les vignes hautes ou Hautains, les vignes moyennes, les vignes basses. Les hautains sont communs en Italie, en Espagne, dans nos départements de la Provence, du Languedoc, dans la partie orientale du Dauphiné, dans le Bigorre, la Navarre et le Béarn. Ce mode consiste à planter, en lignes isolées, et à 4 mètres de distance les unes des autres, des arbres que l'on rabattra plus tard à 4 ou 5 mètres de hauteur. On choisit des espèces rustiques et à feuillage peu épais, tels que des mûriers, des amandiers, des pruniers, des érables, des robiniers, etc. Lorsque ces arbres ont repris, on plante à leur pied un ou deux ceps de vigne qu'on fait monter, d'année en année, autour de l'arbre jusqu'à son sommet. Les branches principales de ces arbres, réduites au nombre de 4 ou 5 et disposées latéralement, servent à conduire les cordons de la vigne et forment des guirlandes d'un arbre à l'autre. Quelquefois cette disposition est modifiée de la manière suivante : la tête des arbres est taillée en vase arrondi, sur une tige de 2 à 3 mètres de hauteur et supporte, à sa surface extérieure, les sarments de la vigne. Cette manière de cultiver la vigne est des plus pittoresque. On doit même reconnaître qu'elle favorise beaucoup la production. Mais il est également incontestable que les grappes sont trop privées des rayons du soleil par les ombrages du feuillage, et que leur éloignement du sol ne leur permet pas de recevoir la réverbération des rayons calorifiques. Il s'ensuit qu'elles mûrissent moins bien ou plus tardivement que celles des vignes basses. Aussi, cette culture en hautains n'est-elle adoptée que dans les contrées les plus chaudes, et encore le vin provenant de ces vignes est-il toujours de médiocre qualité.

HAUTAINEMENT. adv. [Pr. hôtène-man, *h* asp.]. D'une façon hautaine. Peu usité.

HAUTBOIS. s. m. [*h* asp.] (R. haut et bois). Instrument à vent et à anche dont le ton est fort clair. || Celui qui joue du *h.* — On dit aussi Hautboïste.

Mus. — Pour éviter les redites, nous parlerons sous ce titre non seulement du *Hautbois*, mais encore de tous les autres instruments à vent à anche en usage dans la musique actuelle. Ces instruments sont : le *Cor anglais* la *Clarinette* et le *Basson*.

I. — Le *H.* est le plus ancien de ces instruments, car les ménétriers s'en servaient déjà vers la fin du XVIe siècle. Mais à cette époque, c'était un instrument grossier, d'un son dur et rauque, qui n'avait que 8 trous et était dépourvu de clefs. On ne commença à lui ajouter des clefs que vers 1690, et depuis lors il a reçu nombre de perfectionnements successifs. On a nommé *Bombarde* un instrument percé de sept trous dont l'un était muni d'une clef. Actuellement le h. (Fig. 1) se compose de 3 pièces qui s'ajustent bout à bout, et dont la longueur totale est d'environ 60 centimètres. Ces pièces se font généralement de grenadille. Leur canal ou perce est d'inégal diamètre, de telle sorte qu'il va en s'élargissant

d'une extrémité à l'autre. La première, qui est la plus étroite, reçoit l'anche, laquelle est faite de deux languettes de roseau, et la troisième, qui est la plus grosse, se termine par un évasement qu'on appelle *patte* ou *pavillon*. Les trous, au nombre de huit, donnent l'échelle diatonique. Ils sont disposés comme ceux de la flûte, mais augmentent de diamètre, à mesure qu'ils se rapprochent de la patte. Le troisième et le quatrième sont divisés en deux demi-trous, c.-à-d. qu'il y a deux petits trous contigus au même étage. On obtient les notes avec dièses et bémols au moyen de 12 clefs (les h. de Triébert en ont 14). Enfin, on adapte quelquefois au premier corps un petit appareil, nommé *pompe*, qui augmente de 2 centimètres la longueur du canal. L'étendue du h. est plus de 2 octaves et cinq demi-tons, depuis le premier *ut* du violon jusqu'au *fa* suraigu. Le h. convient aussi bien aux effets de l'orchestre qu'à ceux des solos. Toutefois son étude est difficile; ce n'est qu'avec beaucoup de persévérance qu'on parvient à en jouer d'une manière satisfaisante.

II. — Le *Cor anglais*, n'est qu'une variété du h., dont il est, pour ainsi dire, le contralto. On l'appelait anciennement *Cor de chasse*, parce qu'on le jouait à l'unisson avec les trompes dans les chasses royales. Il n'a reçu son nom actuel qu'à la fin du siècle dernier, quand on imagina de le courber pour en faciliter le jeu. On le munit en même temps de plusieurs clefs. Cet instrument, à cause de la longueur de son tube, sonne une quinte plus bas que le h. Comme il produit un son plaintif, il ne convient guère que pour les mouvements lents, pour les romances.

III. — La *Clarinette* dérive du *Chalumeau* antique. Elle a été inventée en 1690, par Denner, luthier de Nuremberg. Elle représente un tube cylindrique de la longueur du h., mais d'un diamètre un peu plus grand, qui est composé de 5 ou

6 pièces réunies bout à bout (Fig. 2). La première, appelée *Bec*, reçoit l'anche, qui, à la différence de celle des autres instruments de la famille, ne présente qu'une seule languette vibrante. La deuxième est désignée sous le nom de *Baril*. La troisième et la quatrième portent le nom de *corps*; on les réunit quelquefois en une seule. Enfin, la dernière, ou *patte*, se termine par un *pavillon*. Le tube est percé de 13 trous, dont 6 pour les doigts et 7 pour les clefs. L'étendue de la clarinette est de près de 4 octaves, de *mi* au-dessous de la portée, à la clef de *sol*, jusqu'à l'*ut* suraigu. Les sons qui s'étendent depuis ce *mi* jusqu'au *si* bémol à la douzième, sont appelés *sons de chalumeau*, à cause de leur douceur; les suivants, à partir du *si* naturel jusqu'à l'*ut* dièse de l'octave au-dessus, sont nommés *sons de clairon*; enfin, les notes supérieures jusqu'au *contre-ut* constituent les *sons aigus*. La clarinette n'a été introduite dans les orchestres français qu'en 1757; elle est devenue depuis d'un usage général aussi bien dans la musique militaire que dans la musique ordinaire, où elle est d'une immense ressource dans le chant, les tenues, les traits et les arpèges. Cet instrument présente de graves défauts. Plusieurs de ces notes manquent de justesse et de sonorité. En multipliant le nombre des clefs, que l'on a porté jusqu'à 14, on a bien rendu la clarinette plus juste, mais aux dépens de la sonorité. De là vient qu'elle n'octavie pas comme la flûte et le h., mais quintoie. Ce vice de construction, qui est la cause unique des sons appelés *couacs*, parce qu'ils ressemblent au cri de l'oie, ne disparaîtra que lorsqu'on aura trouvé le moyen de reconstruire l'instrument sur de meilleurs principes acoustiques. La clarinette offre de si grandes difficultés d'exécution, que l'on ne peut jouer dans tous les tons avec le même instrument. Il faut une clef particulière dans les tons où il y a beaucoup de bémols, comme aussi dans ceux où il y a beaucoup de dièses. « Pour comprendre ceci, dit Fétis, il faut savoir que plus le tube d'un instrument à vent est court, plus ses intonations sont élevées, et *vice versâ*. Il résulte de là que si l'on allonge une clarinette de telle sorte que son *ut* soit à l'unisson de *si* bémol, il suffira de faire l'instrument de cette dimension pour que l'artiste produise l'effet du ton de *si* bémol en jouant en *ut*. Il sera donc dispensé de donner les notes qui offrent des difficultés à vaincre dans l'exécution. Si l'on continue à à allonger la clarinette de manière que son *ut* sonne comme *la*, l'effet qu'on produira en jouant en *ut* sera comme si l'on jouait en *la* avec trois dièses à la clef. Telle est l'explication de ces mots dont les musiciens se servent : *clarinette en ut, clarinette en si bémol, clarinette en la.* »

Dans la musique militaire, on se sert, pour les solos, de clarinettes en *mi* bémol ou en *fa*, dont le son aigu et perçant convient à ce genre de musique destinée à être entendue en plein air. Il y a aussi une très grande clarinette qui sonne une quinte plus bas que la clarinette en *ut*. On la nomme *Cor de bassette*, et l'on attribue son invention à un facteur de Passau, en 1770. La *Clarinette-alto* imaginée par Iwan Muller, vers 1812, n'est qu'une modification du cor de bassette. Enfin, il existe une *Clarinette-basse*, qui a été inventée, en 1793, par Grenzer de Dresde, mais qui a été beaucoup perfectionnée par Ad. Sax. Meyerbeer est le premier compositeur qui ait introduite au théâtre, dans son opéra des *Huguenots*.

IV. — Le *Basson* a, dit-on, été inventé en 1539, par un chanoine de Ferrare, nommé Afranio. Les Italiens l'appellent *Fagotto*, parce qu'il se compose de plusieurs pièces de bois assemblées en faisceau. On y distingue le *bonnet*, qui forme la partie supérieure de l'instrument; la *grande pièce*, qui vient après; la *petite pièce*, qui est placée à côté de la précédente; et la *grosse pièce* ou la *culasse*, qui se trouve à la partie inférieure. La petite pièce reçoit un tube recourbé, d'argent ou de cuivre, qu'on appelle *bocal*, et à l'extrémité duquel on fixe une anche à double languette (Fig. 3.) Le basson tient, parmi les instruments à vent à anche, le même rang que le violoncelle dans la famille du violon. Son étendue est de 3 octaves 1/2 environ. La note la plus grave est le *si* bémol au-dessous de la portée à la clef de *fa*. Enfin, il se joue dans tous les tons; mais ceux qu'il préfère sont : *ut, fa, si bémol, mi bémol*, et leurs relatifs mineurs. Cet instrument ne produit qu'un médiocre effet dans les solos, mais il est indispensable dans la composition des orchestres, où il lie admirablement les différentes parties de l'harmonie. Son caractère tendre et plaintif l'a fait introduire de bonne heure dans la musique religieuse. On lui reprochait naguère plusieurs imperfections, que les efforts successifs de divers facteurs, et particulièrement de Triébert, ont à peu près fait disparaître — Il existe encore un basson de cuivre à 15 clefs et à anche, qui sonne l'octave au-dessous du fagotto, et qu'on nomme *Contre-basson*.

HAUTBOÏSTE s. [Pr. *ho-bo-iste*, *h* asp.]. Celui, celle qui joue du hautbois.

HAUT-DE-CHAUSSE ou **HAUT-DE-CHAUSSES**. s. m. [*h* asp.]. La partie du vêtement de l'homme qui le couvre depuis la ceinture jusqu'aux genoux. Vx. On dit actuellement *Culotte*. || Fig. et prov., *C'est la femme qui porte le h.* Elle est plus maîtresse dans la maison que son mari. = Pl. *Des haut-de-chausse* ou *des hauts-de-chausses*.

HAUTE-COMBE, ancienne abbaye de l'ordre de Cîteaux, fondée en 1125 par Amédée III de Savoie, sur les bords du lac du Bourget. Sépulture des princes de la maison de Savoie.

HAUTE-CONTRE. s. f. [*h* asp.] T. Mus. Voix entre le dessus et la taille, ou ténor. || Par ext., Celui qui a cette voix. Voy. Voix. = Pl. *Des hautes-contre.*

HAUTE COUR. s. f. [*h* asp.]. Voy. Cour.

HAUTEFEUILLE, jurisconsulte français, né à Paris (1805-1875).

HAUTEFORT, ch.-l. de c. (Dordogne), arr. de Périgueux; 1,650 hab.

HAUTEFORT (Marie de), duchesse de Schomberg, connue par ses intrigues contre Richelieu (1616-1691).

HAUTE LISSE. s. f. [Pr. *hô-te-lise*, *h* asp.]. Voy. Tapisserie

HAUTE-LISSIER. s. m. [Pr. *hô-te-li-sié*, *h* asp.]. Ouvrier qui travaille au métier de haute lisse.

HAUTEMENT. adv. [*h* asp.]. Fig., Hardiment, résolument. *Je lui ai dit h. ses vérités.* || Ouvertement. *Il le protège h. Il se déclare h. pour lui.*

HAUTE POLICE. s. f. [*h* asp.]. Voy. Surveillance.

HAUTERIVE (Alexandre-Maurice Blanc de Lanautte Comte d'), diplomate français, né à Stapres (1754-1830).

HAUTEROCHE, acteur et auteur dramatique français (1617-1707).

HAUTES-ÉTUDES (École des). Voy. Université.

HAUTESSE. s. f. [Pr. *hô-tè-se*, *h.* asp.]. Titre honorifique. || Spécial. *Sa Hautesse*, Le Sultan.

HAUTE-TAILLE. s. f. [Pr. *hô-te-ta-lle*, *h* asp., *ll* mouillées] (R. *haut*, et *taille*, dans le sens de ténor). T. Mus. Voix de ténor. Vx. = Pl. *Des hautes-tailles.*

HAUTEUR. s. f. [*h* asp.] (R. *haut*). La dimension d'un corps considérée verticalement. *La h. d'une montagne, d'une tour, d'un arbre, d'une palissade. Un mur à h. d'appui. Ce meuble a deux mètres de h. La marée est à sa plus grande h. La rivière atteignait la h. des quais.* — *Tomber de sa h.,* Tomber de son long lorsqu'on est debout. || Élévation d'un corps au-dessus de la surface de la terre ou de quelque autre surface horizontale. *Ces nuages sont à une grande h. Notre ballon s'éleva jusqu'à 6,000 mètres de h.* — Par anal., en dit, *La h. des astres, des cieux.* — Spécialement, *La h. d'un astre,* Quantité dont il est élevé au-dessus de l'horizon. *Prendre la h. du soleil.* || T. Géom. *La h. d'un triangle, d'une pyramide,* Longueur de la perpendiculaire abaissée du sommet sur la base. || T. Phys. *H. barométrique,* Longueur de la colonne de mercure dans le tube, selon la pression atmosphérique. || T. Art milit. *La h. d'un bataillon, d'un escadron,* La quantité de rangs qu'il renferme. *Ce bataillon était à six ou sur six de h.* || Par ext., eu dit pour Colline, éminence. *Il y avait là une h. qui commandait la place. L'armée reprit les hauteurs qu'elle avait perdues.* || Fig., se dit de ce qui est supérieur, éminent, élevé. *La h. de ses conceptions. Ces vérités dont la h. nous étonne.* — *Être à la h. de quelqu'un,* Être capable de le comprendre. *Être à la h. de son siècle,* Comprendre les idées, les opinions, les besoins du temps où l'on vit. On dit dans le même sens, en parlant des personnes et des ouvrages d'esprit : *Cet écrivain n'est pas à la h. des idées actuelles.*

Ce livre n'est pas à la h. des connaissances actuelles. || T. Mar. *Être à la h. d'une île,* Être dans le même parallèle. || Fig., au sens moral, se dit pour Fierté, noble fermeté. *Son âme a toute la h. de la vertu. L'ambassadeur soutint les intérêts de son maître avec beaucoup de h.* Peu usité. || Aujourd'hui, *Hauteur* se prend presque toujours en mauvaise part, dans le sens d'Arrogance, d'orgueil. *Une h. insolente. Il lui a répondu avec une h. ridicule. Traiter quelqu'un avec h. Il a été nourri dans les idées de faste et de h.* — *Hauteurs,* au plur., se dit des actions, des paroles qui marquent une arrogance insolente. *Ses hauteurs ne m'imposent point. Ses hauteurs lui ont fait beaucoup d'ennemis.*

Géom. — En géométrie, le mot *Hauteur* s'emploie pour désigner la distance la plus courte d'un certain point d'une figure à une certaine droite ou à un certain plan, H. doit être défini dans chaque cas particulier. Ainsi, par ex., la h. d'un triangle est la longueur de la perpendiculaire menée de l'un de ses sommets au côté opposé; la h. d'un parallélogramme est la longueur de la perpendiculaire menée d'un point quelconque de l'un des côtés du parallélogramme sur le côté opposé; la h. d'un prisme ou d'un cylindre est la distance de ses deux bases; la h. d'une pyramide ou d'un cône est la distance du sommet à la base, etc.

Astr. — En astronomie, la *H. d'un astre* est sa distance angulaire à l'horizon à un moment donné. Elle est déterminée par l'angle compris entre le plan de l'horizon et le rayon visuel allant de l'œil de l'observateur à l'astre même, et cet angle se mesure par l'arc de cercle qu'il embrasse; mais il faut encore distinguer la h. *vraie* de la h. *apparente.* Voy. Apparent. Les astronomes appellent H. *méridienne* la h. d'un astre au moment où il passe au méridien; H. *absolue,* celle qui est prise hors du méridien; et *Hauteurs correspondantes,* deux hauteurs égales d'un même astre prises l'une à l'orient et l'autre à l'occident du méridien. *Prendre h.,* c'est mesurer le degré de l'élévation du soleil sur l'horizon, pour en déduire la latitude du lieu. Cette observation se fait ordinairement à midi, lorsque le soleil est dans le méridien du lieu de l'observation. De là est venu, dans le langage des marins, l'habitude de désigner la latitude sous le nom de *Hauteur,* comme lorsqu'ils disent : *Nous étions à la h. des Açores, à la h. du cap Finistère,* etc. — La *H. du pôle* sur l'horizon est l'arc compris entre le pôle et le lieu de l'observateur : la h. du pôle sur l'horizon d'un lieu n'est donc autre chose que la latitude de ce lieu. Quant à la *H. de l'équateur,* c'est également l'arc compris entre l'équateur et le point où se trouve l'observateur : elle est le complément de la h. du pôle.

Géogr. — La détermination des hauteurs relatives des lieux à la surface de la terre est, en géographie physique, un problème dont l'importance n'est pas moindre que celle de la détermination des latitudes et des longitudes. Les méthodes au moyen desquelles on fait ordinairement cette opération sont au nombre de trois. Lorsqu'on se propose de déterminer, non seulement la h. d'un point ou d'une station par rapport à un autre, mais encore les hauteurs relatives d'un certain nombre de points au-dessus d'un plan horizontal commun (comme, par ex., quand on veut tracer la ligne d'un canal), on a recours à l'opération du *Nivellement.* Voy. ce mot. — La seconde méthode consiste à observer l'angle d'élévation ou de dépression d'une station vue d'une autre station, et à calculer, d'après l'angle obtenu et la distance entre les deux lieux, la différence de hauteur, au moyen des règles de la trigonométrie. La troisième méthode consiste à déduire, au moyen des propriétés physiques connues de l'atmosphère, les différences des *altitudes,* ou des hauteurs verticales au-dessus du niveau de la mer, des différences observées à l'aide du baromètre dans la pression atmosphérique aux différentes hauteurs.

Pascal, qui le premier expliqua la véritable cause de la suspension de la colonne mercurielle dans le baromètre, en rapportant ce phénomène à la pression de l'atmosphère, et démontra le fait par sa célèbre expérience du Puy de Dôme, fut également le premier qui eut l'idée de se servir du baromètre pour mesurer la hauteur des montagnes. Mais, comme la constitution de l'atmosphère et les lois des corps gazeux étaient, à cette époque, complètement inconnues, les nombreuses tentatives qui furent faites pour calculer les hauteurs par ce moyen, aussitôt après la découverte du baromètre, eurent très peu de succès. Le premier progrès accompli dans cette branche importante de la physique, fut la découverte de la loi de Mariotte, qui établit que la force élastique de l'air (ce qui est la même chose que la pression) est exactement proportionnelle à sa densité. Bientôt après, Halley découvrit le rapport remarquable qui existe entre la densité de l'atmosphère et sa hauteur, et démontra que les densités décroissent en progression géométrique, lorsque les hauteurs croissent en proportion arithmétique. Halley pensa également, et avec raison, que les observations barométriques doivent être affectées par les différences de température; néanmoins Deluc fut le premier qui donna de la précision aux mesures prises à l'aide du baromètre, en tenant compte de l'influence exercée par la chaleur sur l'expansibilité de l'air; et, en substituant le thermomètre à mercure au thermomètre à esprit-de-vin, il fournit le moyen de déterminer les températures, détermination si importante pour la méthode barométrique, avec une rigueur beaucoup plus grande qu'on ne le faisait avant lui. Il étudia également la dilatation de l'air aux différentes températures, et proposa une formule pour le calcul des mesures des hauteurs par le baromètre. — Laplace, dans sa *Mécanique céleste*, a donné une formule qui embrasse toutes les différentes circonstances dont dépend la solution du problème, et qui permet d'exprimer numériquement leur influence, lorsqu'une fois les constantes, qui doivent être données par l'observation, ont été déterminées avec soin. Parmi celles-ci sont: la forme elliptique de la terre, les densités relatives de l'air et du mercure à une température donnée, leur dilatation par la chaleur, et la variation de la force élastique de l'air atmosphérique (lequel est composé d'un mélange de gaz secs et de vapeur d'eau) correspondant à un changement thermométrique donné.

Les équations générales de l'*Hydrostatique* (Voy. ce mot) nous montrent que la différence de pression d'une press on dans une masse gazeuse en équilibre, sont liées par la relation

$$L \frac{p}{p_0} = ag(z - z_0).$$ Cette relation très simple ne tient nullement compte des variations de température, etc., que présentent, en réalité, les différentes couches de notre atmosphère. La formule plus complète donnée par Laplace est fondée sur l'hypothèse d'un équilibre statique de l'atmosphère, la température et l'humidité décroissant, suivant une loi régulière avec l'altitude.

Supposons que l'on ait observé : la h. barométrique H à la station inférieure, h à la station supérieure, T et T' les températures des baromètres, t et t' les températures respectives de l'air aux deux stations, que l'on connaisse la hauteur s de la station inférieure au-dessus du niveau de la mer, et la latitude L du lieu. La différence de niveau Z entre les deux stations a pour valeur :

$$Z = \left[18336^m \log \frac{H}{h} - 1^m,2843 (T - T')\right]$$

$$\times \left\{\left(1 + \frac{2(t+t')}{1000}\right)\left(1 + \frac{205}{10^5}\cos 2 L + \frac{Z + 15926}{6366198}\right)\right\}$$

$$\left(1 + \frac{s}{3183099}\right)\right\}.$$

On trouvera, dans l'*Annuaire du Bureau des Longitudes*, des tables de M. Mathieu, permettant de calculer rapidement cette formule. Voy. aussi les *Instructions météorologiques*, de M. Angot.

La formule de Laplace, ainsi que nous venons de le dire, repose sur l'hypothèse d'un équilibre statique de l'atmosphère, la température et l'altitude décroissant suivant une loi régulière avec l'altitude ; or ces conditions sont rarement réalisées dans la pratique. Aussi serait-il illusoire de chercher par ce procédé une précision exagérée. A des époques de grand calme, l'approximation peut être estimée à une dizaine de mètres ; mais dans les temps de bourrasques, les erreurs peuvent atteindre des valeurs invraisemblables. Aussi les altitudes connues avec précision ont-elles été déterminées par les procédés géodésiques.

Nous donnons ici, d'après l'*Annuaire du Bureau des Longitudes*, les hauteurs au-dessus du niveau de l'Océan des principales montagnes du globe et d'un certain nombre de lieux habités, ainsi que celles de quelques édifices célèbres au-dessus du pavé.

Hauteur des principales montagnes du globe au-dessus du niveau de l'Océan.

EUROPE.

	mètres.		mètres.
Mont-Blanc (Alpes). . .	4810	Monte-Vellino (Apennins)	2393
Mont-Cervin (Alpes). . .	4705	Mont Athos (Grèce). . .	2066
Mont-Rose (Alpes). . . .	4636	Mont Ventoux (France)	1912

	Mètres.		Mètres.
Finsteraarhorn (Suisse).	4275	Mont Dore (France). . .	1886
Jungfrau (Suisse). . . .	4180	Cantal (id.). .	1857
Ortler (Tyrol).	3908	Le Mézenc (id.). .	1754
Mulahacen (Grenade). .	3555	Sierra d'Estre (Portugal).	1700
Mont-Cenis (Alpes). . .	3505	Puy-Mary (France). . .	1658
Col du Géant (Alpes). .	3362	Hussoko (Moravie). . .	1624
Malahite ou Nethou (Pyrénées). . .	3404	Schneckoppe (Bohème). .	1608
		Adelat (Suède).	1578
Mont-Perdu (Pyrénées). .	3351	Snoefials-Iokull (Islande).	1559
Le Cylindre (Pyrénées). .	3322	Hekla (Islande). . . .	1553
Maladetta (Pyrénées). .	3312	M^t des Géants (Bohème).	1512
Etna (Sicile).	3300	Puy-de-Dôme (France). .	1465
Vignemale (Pyrénées). .	3298	Le Ballon (Vosges). . .	1400
Budosch (Transylvanie).	2924	Pointe-Noire (Spitzbg.).	1372
Surul (Transylvanie). .	2924	Ben-Nevis (Écosse). . .	1325
Pic du Midi (Pyrénées).	2877	Fichtelberg (Saxe). . .	1212
Legnone.	2806	Vésuve (Naples). . . .	1198
Canigou (Pyrénées). . .	2787	Mt Parnasse (Spitzberg).	1194
Pointe Lomnis (Carpats).	2701	Mont Erix (Sicile). . .	1187
Monte-Rotondo (Corse).	2672	Brocken (Hartz-Saxe). .	1170
Monte-d'Oro (Corse). .	2652	Sierra de Foja (Algarves).	1100
Lipszo (Carpats). . . .	2534	Snowden (Pays de Galles).	1089
Succhalen (Norvège). .	2500	Shehalien (Écosse). . .	1039

AMÉRIQUE.

Aconcagua.	6834	Montagne d'Inchocaio. .	5240
Illampu.	6560	Cerro de Potosi. . . .	4888
Nevado de Sorata. . .	6488	Brown.	4876
Nevado de Illimani. . .	6456	Mowna-Roa (Owhyce). .	4838
Chimborazo (Pérou). .	6530	Sierra-Nevada (Mex.). .	4786
Cayambé (Pérou). . .	5954	Mont. du Beau-Temps	
Antisana (volcan du Pér.).	5833	(côte N.-O. Amér.). .	4549
Chipicani.	5760	Coffre de Perote. . . .	4088
Cotopaxi (volcan du P.).	5943	Lac Titicaca.	3915
Montagne de Pichu-Pichu	5670	Montagne d'Olaïti (mer	
Volcan d'Arequipa. . .	5600	du Sud).	3323
Mont St-Elie (côte N.-E.		Montagnes Bleues (Jamaïque).	2218
Américque).	5113		
Popocatepec (volcan du		Volcan de la Solfatara	
Mexique).	5410	(Guadeloupe). . . .	1557
Pic d'Orizaba.	5295		

ASIE.

Gaorisankar.	8890	Elbrouz, cime orientale.	5624
Dapsang.	8621	Anonymus.	5463
Kunchinginga. . . .	8580	Pic de la frontière de la	
Dwalagiri (Népaul). . .	8187	Chine et de la Russie.	5135
Juwahir (Kumaoon). .	7824	Kasbec.	5045
Le douzième pic (Himalaya).	7088	Grand Ararat.	4912
Le troisième pic. . .	6959	Klioutchev.	4800
Le vingt-troisième pic.	6925	Ophyr (île de Sumatra).	3950
Demavend.	5665	Mont Liban.	2906
Elbrouz (Caucase) cime		Petit Altaï (Sibérie). .	2202
occidentale.	5650		

AFRIQUE.

Kilimandjaro.	6100	Piton des Neiges (île de	
Pic de Ténériffe. . .	3710	la Réunion). . . .	3067
Montagne d'Ambotismène		Montagne de la Table (cap	
(Madagascar). . . .	3507	de Bonne-Espérance).	1163
Mont du Pic (Açores). .	2412		

Passages des Alpes qui conduisent d'Allemagne, de Suisse et de France en Italie.

Passage du mont Cervin.	3410	Passage du mont Cenis.	2066
— du Grand St-Bernard.	2487	— du Simplon. . .	2010
— du col de Seigne. .	2461	— du mont Genèvre. .	1937
— du Furka. . . .	2439	— du Splügen. . . .	1925
— du col Ferret. . .	2321	Le col du Tende. . . .	1873
— du Petit St-Bernard.	2192	Les Taures de Rastadt. .	1589
— du St-Gothard. . .	2114	Passage du Brenner. . .	1362

Passages des Pyrénées.

Port d'Oo.	3002	Port de Gavarnie. . . .	2333
Port Viel d'Estaube. .	2561	Port de Cavarère. . . .	2241
Port de Pinède.	2499	Passage de Tourmalet. .	2177

Passages ou cols des deux Cordillères.

Passage de Paquani. .	4641	Passage de Tolapalea. .	4290
— de Cualilas. . . .	4520	— Altos de Huessos.	4137

Hauteur de quelques lieux habités du globe.

Thok-Djaloung (Asie), 4977. — Kursok (Asie), 4541. — Station de Pike (Amérique du Nord), 4358. — Tacora, village d'Indiens, 4170. — Gya (Asie), 4129. — Mouktinath (Asie), 4012. — Potosi (Bolivie), 4000. — Calamarca, ville, 4141. — Antisana, métairie (Équateur), 4101. — Puno, ville (Pérou), 3911. — Oruro, ville (Bolivie), 3792. — La Paz. ville, 3700. Micuipampa, ville (Pérou), 3618. — Tupisa, ville (Bolivie), 3049. — Quito, ville (Équateur), 2913. — Observatoire du Pic du Midi, 2870. — Caxamarca, ville (Pérou), 2860. — La Plata, capitale (Bolivie), 2844. — Santa-Fé de Bogota, capitale (Nouvelle-Grenade), 2650. — Cuença, ville (Équateur), 2633. — Cochabamba, ville (Bolivie), 2575. — Hospice du Grand Saint-Bernard (Suisse), 2472. — Arequipa, ville (Pérou), 2393. — Mexico, capitale (Mexique), 2277. — Hospice du Saint-Gothard (Suisse), 2075. — Saint-Véran, village (Hautes-Alpes), 2010 — Breuil, village, vallée du Cervin (Suisse), 2007 — Mauren, village (Basses-Alpes) 1902. — Saint-Remi, village 1604. — Iléas, chapelle du village (Pyrénées), 1497. — Diane, village (Auvergne), 1341. — Gavarnie, auberge du village (Pyrénées), 1335. — Briançon (Hautes-Alpes) 1326. — Barèges, cour des bains (Pyrénées), 1241. — Saint-Ildefonse, palais (Espagne), 1155. — Mont-Dore, bains (Auvergne), 1040.— Pontarlier, 828. — Saint-Sauveur, terrasse des bains (Pyrénées), 728. — Luz, église (Pyrénées), 706. — Madrid, 652.— Inspruck, 566. — Munich, 538. — Lausanne, 507. — Augsbourg, 475. — Sulzbourg, 452. — Neuchâtel, 438. — Plombières, 421. — Clermont-Ferrand, préfecture, 414. — Genève, 372. — Freyberg, 372. — Ulm, 369. — Ratisbonne, 352. — Moscou, 300. — Gotha, 285. — Turin, 230. — Dijon, 217. — Prague, 179. — Mâcon, étiage de la Saône, 170. — Lyon (Rhône au pont de la Guillotière), 163. — Cassel, 158. — Lima, 156. — Gœttingue, 134. — Vienne, Danube, 133. — Toulouse, seuil de l'observatoire, 194, et Garonne, 132. — Milan (jardin botanique), 128. — Bologne, 121. — Parme, 93. — Dresde, 90. — Paris (Observatoire, 1ᵉʳ étage), 65. — Rome (Capitole), 46. — Berlin, 40.

Hauteur de quelques édifices au-dessus du sol.

La tour Eiffel (Paris), 300 m. — L'obélisque de Washington, 169. — Môle Antonellinna, à Turin, 164. — Les tours de la cathédrale de Cologne, 156. — La flèche de la cathédrale de Rouen, 150. — La plus haute des pyramides d'Égypte, 142.— La tour de Strasbourg (le Munster), 142. — La tour de Saint-Étienne à Vienne, 138. — La coupole de Saint-Pierre de Rome, 132. — La tour de Saint-Michel, à Hambourg, 130. — La flèche de l'église d'Anvers, 120. — La tour de Saint-Pierre, à Hambourg, 119. — La coupole de Saint-Paul de Londres, 110. — Le dôme de Milan, 109. — La tour des Asinelli, à Bologne, 107. — La flèche des Invalides, 105. — Le sommet du Capitole à Washington, 93. — Le Temple des Francs-Maçons à Chicago, 92. — Le sommet du Panthéon, 79. — La balustrade des tours Notre-Dame, 66. — Ste-Sophie de Constantinople, 58. — La colonne de la Bastille, 47. — La colonne de la place Vendôme, 43. — La plate-forme de l'Observatoire de Paris, 27.

HAUT-FOND. s. m. [*h* asp.]. T. Mar. Partie de la mer où il n'y a pas assez de profondeur pour le passage des navires. Voy. BAS-FOND. = Pl. *Des hauts-fonds.*

HAUT FOURNEAU. Voy. FER, VIII.

HAUTIN. s. m. T. Vitic. Voy. HAUTAIN.

HAUTINÉ, ÉE. adj. se dit d'une terre, d'un bois qui contient des *Hautains.* Voy. ce mot.

HAUT-LE-CŒUR. s. m. T. Néol. Soulèvement de cœur, nausée. = Pl. *Des haut-le-cœur.*

HAUT-LE-CORPS. s. m. [*h* asp.]. T. Man. Saut, bond que fait un cheval. *Ce cheval fait des h.-le-corps.* || Fig. et fam., Mouvement involontaire que l'on fait quand on éprouve des envies de vomir. — Au sens moral, Tressaillement involontaire que l'on éprouve quand on est révolté par quelque chose ou qu'on a quelque vive surprise. *Cette proposition lui fit faire un h.-le-corps.* = Pl. *Des haut-le-corps.*

HAUTMONT. com. du dép. du Nord, arr. d'Avesnes; 10,200 hab. Usines. Ancienne abbaye bénédictine fondée vers 649.

HAUT-PENDU. s. m. T. Mar. Grain de pluie ou de vent qui passe très vite. = Pl. *Des haut-pendus.*

HAUTPOUL (ANNE-MARIE DE MONTGEROULT), comtesse D'), femme de lettres fr. (1763-1837).

HAUTPOUL (Marquis D'), général fr. (1780-1854). = Son frère, le comte D'HAUTPOUL, général et homme politique fr. (1789-1865).

HAUTPOUL-SALETTE (D'), général fr., né au château de la Salette (Dordogne), tué à la bataille d'Eylau (1754-1807).

HAUT-RELIEF. s. m. Sculpture qui se détache d'un fond et dans toute son épaisseur. = Pl. *Des haut-reliefs.*

HAUTURIER, IÈRE. adj. [*h* asp.] (R. haut). T. Mar. Qui est de la haute mer. *Navigation hauturière.* Voy. CABOTAGE. *Pilote h.* Voy. PILOTE.

HAUTVILLERS, com. du dép. de la Marne, arr. de Reims; 1,100 hab. Célèbre abbaye bénédictine fondée à la fin du VIIᵉ siècle par saint Nivard, supprimée à la Révolution.

HAÜY (L'abbé RENÉ-JUST), célèbre minéralogiste fr., créateur de la cristallographie (1743-1822). = VALENTIN, son frère (1745-1822), fonda l'institution des Jeunes aveugles. Voy. AVEUGLE.

HAÜYNE. s. f. (R. *Haüy,* minér. fr.). T. Minér. Minéral bleu, analogue au lapis-lazuli, composé de silice et d'acide sulfurique en combinaison avec de l'alumine, de la chaux, de la soude et de la potasse.

HAVAGE. s. m. [*h* asp.] (R. *haver*). T. Mines. Opération qui consiste, dans les terrains stratifiés, à pratiquer une entaille profonde dans le sens de la stratification, pour faciliter l'abatage.

HAVANE (LA), cap. de l'île de Cuba (Amérique); 200,400 hab. = Nom des hab. : HAVANAIS, AISE. Voy. CUBA.

HAVANE. s. m. Cigare de la Havane.

HAVAS (CHARLES), publiciste fr., fondateur de l'agence de ce nom (1785-1858).

HÂVE. adj. 2 g. [*h* asp.] Pâle et décharné. *Un visage h. Une mine h. Il était affreusement hâve.*

HAVEAU. s. m. [Pr. *ha-vo, h* asp.]. Outil des sauniers.

HAVEL. riv. d'Allemagne, affl. de l'Elbe; 322 kil.

HAVELÉE. s. f. [*h* asp.]. Sillon dans l'aire que le saunier fait avec le haveau.

HAVELOCK (Sir HENRY), général angl. (1795-1857).

HAVENEAU. s. m. [Pr. *have-no, h* asp.] (norvég. *haav,* filet). T. Pêche. Filet tendu sur deux perches croisées.

HAVER. v. a. [*h* asp.]. (autre forme de *chaver* ou *carer,* creuser). T. Min. Exécuter le havage au moyen d'un pic de forme particulière.

HAVERON. s. m. [*h* asp.] (allem. *haber,* avoine). T. Agric. Avoine sauvage.

HAVET. s. m. [Pr. *ha-vè, h* asp.] (allem. *heben,* soulever). T. Techn. Crochet d'ardoisier, de clouiier, etc. || Grande fourchette de cuisinier.

HAVET (ERNEST), érudit fr., né à Paris (1813-1889). = Son fils, JULIEN, fut un historien distingué (1853-1893).

HAVEUR. s. m. [*h* asp.]. Mineur qui pratique le havage.

HAVEUSE. s. f. [Pr. *haveu-ze, h* asp.]. Machine employée au havage.

HAVIR. v. a. [*h* asp.] (R. *hâve*). Se dit de la viande lorsque, rôtie à un très grand feu, elle se dessèche et brûle par-dessus sans cuire en dedans. *Le feu va h. cette viande.* — On dit aussi, *Cette viande havit* ou *se havit.* = HAVI, IE. part.

HAVRE. s. m. [h asp.] (all. *hafen*, port). On donnait autrefois ce nom à un port de mer quelconque; aujourd'hui il sert à désigner certains ports moins sûrs et moins vastes, et ordinairement situés à l'embouchure d'un fleuve. — *H. de barre*, Celui dont l'entrée est fermée par une barre. *H. d'entrée* ou *de toutes marées*, Celui où l'on peut entrer à tout instant.

HAVRE (LE), ch.-l. d'arr. (Seine-Inférieure), à l'embouchure de la Seine; 116,400 hab. Grand port de commerce. == Nom des hab. : HAVRAIS, AISE.

Le Havre ne date que de l'année 1517. Fondé par Francis Ier pour remplacer le port d'Harfleur, graduellement comblé par les alluvions de la Seine et insuffisant pour les besoins de la navigation moderne; son développement maritime et commercial a été très rapide, notamment sous Richelieu, Louis XVI et Napoléon III.

HAVRER. v. n. [h asp.]. T. Mar. Entrer dans un havre, y relâcher.

HAVRESAC. s. m. [h asp.] (all. *haber-sack*, sac à avoine). Sac de peau dans lequel les fantassins enferment leurs effets, et qu'ils portent sur le dos à l'aide de deux bretelles. *Les soldats prirent leurs armes et leurs havresacs et se mirent en route.* || Sac que les gens de métier portent sur le dos en voyageant, et où ils mettent leurs provisions et leurs outils.

HAWAÏ (Royaume d'), ou îles *Sandwich*; 80,578 hab. == Nom des hab. : HAWAÏEN, ENNE.

HAWARDEN, v. d'Angleterre (pays de Galles), près de Chester; 18,000 hab.

HAWKE (ÉDOUARD, lord), amiral angl. (1705-1781).

HAWKINS (JOHN), marin et navigateur anglais (1532-1593).

HAWTHORNE (NATHANIEL), romancier amér. (1804-1864).

HAXO (Baron), général et ingénieur français (1774- 838).

HAYDN (JOSEPH), illustre compositeur autrichien, auteur de sonates, quatuors, oratorios, créateur de la symphonie (1732-1809).

HAYE (LA), cap. de la Hollande; 138,700 hab.

HAYE-DESCARTES (LA), ch.-l. de c. (Indre-et-Loire), arr. de Loches; 1,800 hab. Patrie du philosophe Descartes.

HAYE-DU-PUITS (LA), ch.-l. de c. (Manche), arr. de Coutances; 1,420 hab.

HAYE-PESNEL (LA), ch.-l. de c. (Manche), arr. d'Avranches; 1,000 hab.

HAYER. v. a. [Pr. *hè-yer*, h asp.] (R. *haie*). T. Agric. Entourer d'une haie. — Faire une haie. *C'est la saison de h.*

HAYES (ISAAC), voyageur américain, explorateur des régions arctiques (1832-1881).

HAYESINE. s. f. [Pr. *ha-ye-zine*] T. Minér. Borate de calcium naturel, en masses amorphes blanches, exploité pour la fabrication du borax.

HAYETTE. s. f. [Pr. *hè-iète*, h asp.] (R. *haie*) Petite haie. Vx. || T. Agric. Bêche pour biner une haie.

HAYON. s. m. [Pr. *hè-ion*, h asp.] (R. *haie*) T. Techn. Claie derrière laquelle le berger se met à l'abri. — Pièces de bois fermant l'avant et l'arrière d'une charrette. — Table pour abriter les marchands étalagistes. — Râtelier garni de longues chevilles pour étaler les chandelles enfilées sur la broche.

HAZAREH ou **HAZARAS,** peuple de race Mongole habitant l'ouest de l'Afghanistan.

HAZEBROUCK, ch.-l. d'arr. (Nord); 11,700 hab. Filatures importantes.

HÉ. [h asp.]. Interj. qui sert principalement à appeler. *Hé!*

l'ami! Hé! viens ici! etc. Ne s'emploie qu'en parlant à des personnes fort inférieures, ou avec lesquelles on en use très famil. || *Hé* se dit encore pour avertir de prendre garde à quelque chose. *Hé, qu'allez-vous faire?* pour témoigner de la commisération. *Hé, pauvre homme, que je vous plains! pour marquer de la douleur, Hé, qu'ai-je fait?* || S'emploie aussi fam., pour exprimer une sorte d'adhésion. *Hé, hé, cela pourrait bien être. Hé, hé, pourquoi non?* || *Hé bien?* Sert à appuyer sur ce qu'on va dire ou à exprimer l'interrogation.

HÉAND (SAINT-), ch.-l. de c. (Loire), arr. de Saint-Étienne; 2,800 hab.

HEAUME. s. m. [Pr. *ho-me*, h asp.] (all. *helm*, m. s.). Sorte de casque cylindrique. || T. Blas. Pièce marquant par ses dispositions les divers degrés de noblesse. Voy. CASQUE. || T. Zool. Genre de *Mollusques gastéropodes*, appartenant à la famille des *Cassidides.* Voy. ce mot.

HEAUMIER. s. m. [Pr. *ho-mié*, h asp.]. Fabricant, marchand de heaumes.

HÉAUTOGNOSE. s. f. [Pr. *éáto-gnó-ze*] (g. ἑαυτοῦ, de soi-même; γνῶσις, connaissance). T. Philos. La connaissance de soi-même.

HEBBEL (FRÉDÉRIC), poète dramatique allemand (1813-1863).

HEBDOMADAIRE. adj. 2 g. (gr. ἑβδομάς, semaine). Qui se renouvelle chaque semaine. *Journal, publication h. Un dîner hebdomadaire.*

HEBDOMADAIREMENT. adv. de temps. Chaque semaine. *Ce recueil paraît hebdomadairement.*

HEBDOMADIER, IÈRE. s. s. Celui, celle qui, dans un chapitre ou dans un couvent, est de semaine pour dire les oraisons de l'office et y présider.

HÉBÉ. s. f. (gr. Ἥβη). T. Mythol. La déesse de la Jeunesse, fille de Jupiter et de Junon, épouse d'Hercule. || T. Astron. Une des petites planètes entre Mars et Jupiter. Voy. PLANÈTE.

HÉBEL (JEAN-PIERRE), écrivain allemand (1760-1826).

HÉBENSTREITIE. s. f. (R. *Hebenstreit*, nom propre). T. Bot. Genre de plantes Dicotylédones (*Hebenstreitia*), de la famille des *Sélaginacées.* Voy. ce mot.

HÉBER, patriarche, un des ancêtres d'Abraham, donna son nom aux Hébreux.

HÉBERGE. s. f. (haut-all. *heriberga*, tente de campement). Anciennement Logis. || T. Droit. Construction appuyée à un mur mitoyen. — Le point jusqu'où un mur est commun entre deux bâtiments contigus et de hauteur inégale. *Le propriétaire du bâtiment le moins élevé ne contribue à l'entretien du mur mitoyen que jusqu'à son héberge.*

HÉBERGEAGE. s. m. (R. *héberge*). Bâtiment servant à abriter les troupeaux dans une ferme.

HÉBERGEMENT. s. m. Action d'héberger quelqu'un.

HÉBERGER. v. a. (R. *héberge*). Recevoir chez soi, loger. *Il compte fort vous h. quand vous passerez par ici.* Fam. || T. Techn. Appuyer une construction à un mur mitoyen. || T. Agric. *H. la moisson,* La rentrer. == HÉBERGÉ, ÉE. part. == Conj. Voy. MANGER.

HÉBERGEUR. s. m. Celui qui héberge.

HÉBERT (JACQUES-RENÉ), démagogue fr., auteur du petit journal le *Père Duchesne,* mort sur l'échafaud (1757-1794).

HÉBERT (EDMOND), géologue fr. (1812-1890).

HÉBÉTATION. s. f. [Pr. *ébéta-sion*] (lat. *hebetatio*, m. s.). État de ce qui est hébété.

HÉBÉTER. v. a. (lat. *hebetare*, émousser). Rendre stupide. *L'ivrognerie l'a hébété. Ce maître hébète l'esprit des en-*

fants. == **Hébété, ée.** p. || Subst., *Il parle comme un hébété.* == Conj. Voy. **Geben.**

HÉBÉTINE. s. f. T. Minér. Silicate de zinc de la formule SiO⁴Zn³; en petits cristaux rhomboédriques ou en masses compactes, fragiles, de couleur grise ou jaune verdâtre.

HÉBÉTUDE. s. f. (lat. *hebetudo*, m. s.). État morbide particulier qui consiste en une sorte d'engourdissement des facultés intellectuelles, bien que l'action des organes des sens soit conservée au moins partiellement. *L'h. est comme un premier degré de la stupeur.*

HÉBICHET s m. (Mot créole) T. Techn. Crible fait de roseaux, dont on se sert dans la fabrication du sucre de canne, du roucou.

HÉBRAÏQUE. adj. (lat. *hebraicus*; gr. ἑβραϊκός, m. s.). Qui appartient aux Hébreux; se dit surtout par rapport à la langue. *Langue h. Bible h. Grammaire h. Caractères hébraïques.*

HÉBRAÏQUEMENT. adv. A la manière des Hébreux.

HÉBRAÏSANT. s. m [Pr. *ébra-i-zan*]. Celui qui s'occupe particulièrement de l'étude de la langue hébraïque et du texte hébreu de l'Écriture.

HÉBRAÏSER. v. n. [Pr. *ébra-i-zer*] (gr. ἑβραΐζειν, faire à la mode des Hébreux). Se servir d'hébraïsmes. || Connaître, étudier l'hébreu. || Adopter les opinions des Hébreux.

HÉBRAÏSME. s. m (R. *hébraïque*). Façon de parler propre à la langue hébraïque. *Le grec d'Origène est rempli d'hébraïsmes.*

HÉBRAÏSTE. s. m. Syn. d'hébraïsant.

HÈBRE, fleuve de Thrace, auj. Maritza.

HÉBREU. s. m. (lat. *hebræus*; gr. Ἑβραῖος, m. s.). Nom de peuple. *Les Hébreux. Les Juifs, les Israélites.* || Au sing. La langue hébraïque. *Il connaît l'h. à fond.* — Fig. et fam., *Ce que vous me dites est de l'h. pour moi; Vous me parlez h.,* Je ne comprends rien à ce que vous dites. || S'emploie adjectivement, dans le sens d'hébraïque, mais au masc. seulement. *Le peuple h. Les livres hébreux.*

HÉBRIDES (Iles). groupe d'îles au N. de l'Écosse. Environ 200 îles stériles représentant 800,000 hectares; la moitié inhabitées. Annexées à l'Écosse en 1234. Soumises à l'Angleterre en 1748; 105,000 hab. Monuments préhistoriques.

HÉBRIDES (NOUVELLES-), archipel de l'Océanie (Mélanésie); 70,000 hab. au N.-Est de la Nouvelle-Calédonie.

HÉBRON, v. de l'anc. Palestine, près de Jérusalem; 17,000 hab.

HEC. s. m. [*h* asp.]. Forte planche qu'on pose sur la vendange avant de la soumettre à l'action du pressoir.

HÉCATE, déesse des enfers (Myth.).

HÉCATÉE DE MILET, historien grec du VI° siècle av. J.-C.

HÉCATOMBE. s. f (gr. ἑκατόμβη, m. s., de ἑκατόν, cent; βοῦς, bœuf). Sacrifice de cent bœufs ou de plusieurs animaux de la même espèce que faisaient les anciens. *Offrir une h.* || Fig., Massacre. *Les hécatombes d'Attila.*

HÉCATON DE RHODES, philosophe grec du II° av. J.-C.

HÉCATONSTYLE. s. m. (gr. ἑκατόν, cent; στύλος, colonne). T. Archit. Portique, édifice à cent colonnes.

HÈCHE. s. f. (R. *hec*). Espèce de ridelle qui garnit les côtés d'une charrette.

HÉCLA, volcan au S. de l'Islande, haut de 1553 mètres.

HECQUET (Philippe), médecin fr., né à Abbeville (1661-

1737). On prétend que c'est lui que Le Sage a dépeint dans son *Gil Blas* sous le nom du docteur Sangrado.

HECTARE s. m. (gr. ἑκτόν, cent; fr. *are*). T. Métrol. Mesure agraire de cent ares. Voy. **Agraire.**

HECTIQUE. adj. (gr. ἑκτικός, habituel). T. Méd. Qualificatif qui s'applique à une variété de fièvre spéciale : mouvement fébrile chronique, ordinairement subcontinu ou rémittent, accompagné d'une altération graduellement profonde de la nutrition. Ce mouvement fébrile est caractérisé par une succession de périodes : d'abord la période de début, à marche lente et insidieuse, où les symptômes graves s'accentuent par gradation; — puis la période d'état, où se mettent en relief une série de manifestations précises : frissons suivis de chaleurs, retour matutinal à l'état de santé parfait, anémie et amaigrissement, langueur de toutes les fonctions, sauf les fonctions cérébro-spinales; — enfin, la dernière période, souvent dite colliquative, qui aboutit à la destruction progressive, après la graisse, des tissus spéciaux, et, malgré l'apparence de soulagement, à l'affaiblissement par des sueurs et la diarrhée. — Si la scène se prolonge, on arrive à un marasme squelettique navrant.

La température, dans la fièvre h., revêt une marche spéciale, par suite du peu d'élévation du degré de la température; cependant cette modique ascension est très pernicieuse, car l'exagération des combustions, même faible, est beaucoup plus grave pour un malade affaissé que pour un vigoureux. Un autre caractère consiste dans la grande étendue des oscillations thermiques, entre les rémissions du matin et les réactions du soir. — A cet égard, d'ailleurs, la fièvre hectique peut prendre quatre types : 1° la température est normale le matin, plus ou moins élevée le soir; — 2° la température est au-dessus de la normale le matin et le soir; — 3° la température est au-dessous de la normale le matin et fébrile le soir; 4° la température du matin est maximum, celle du soir minimum. — Le pouls ne concorde pas avec la température; il est toujours fréquent, par suite de la débilitation. — A ces phénomènes de premier ordre s'ajoutent d'autres signes : les sueurs hypnotiques plutôt que nocturnes, parfois effrayantes; de la diarrhée; les altérations de l'urine qui contient, en plus grande abondance qu'à l'ordinaire, les débris de combustion des éléments du corps.

La fièvre h. n'est pas en somme une maladie; c'est un symptôme d'une maladie organique : suppuration ou inflammation, principalement de la tuberculose, de la pneumonie, etc. — Le diagnostic le plus important à faire est le diagnostic de la cause : car, pour son essence même, elle est facile à discerner d'une fièvre typhoïde, par ex. — La fièvre h. n'est pas seulement un symptôme, ce qui nécessite le traitement de la cause, et c'est encore une complication qui exige une attention particulière : les reconstituants, la digitale souvent, la quinine dans les formes intermittentes, conviennent particulièrement à cette variété de fièvre.

HECTISIE. s. f. [Pr. *ekti-zie*]. T. Méd. État de ceux qui ont la fièvre hectique.

HECTOÉDRIE. s. f. T. Minér. État d'un cristal hectoédrique.

HECTOÉDRIQUE. adj. 2 g. (gr. ἑκτόν, cent; ἕδρα, face). T. Minér. Qui a cent faces.

HECTOGRAMME. s. m. (gr. ἑκτόν, cent; fr. *gramme*). T. Métrol. Poids de cent grammes. Voy. **Poids.**

HECTOLITRE. s. m. (gr. ἑκτόν, cent; fr. *litre*). T. Métrol. Mesure de capacité de cent litres. Voy. **Capacité.**

HECTOMÈTRE. s. m. (gr. ἑκτόν, cent; fr. *mètre*). T. Métrol. Mesure de longueur de cent mètres. Voy. **Itinéraire.**

HECTOMÉTRIQUE. adj. 2 g. Qui appartient à l'hectomètre.

HECTOR, fils de Priam et d'Hécube, époux d'Andromaque, père d'Astyanax, fut tué par Achille pour venger Patrocle au siège de Troie.

HECTOSTÈRE. s. m. (gr. ἑκτόν, cent; fr. *stère*). Mesure de cent stères.

HÉCUBE, épouse de Priam, roi de Troie.

HÉDENBERGITE. s. f. (R. *Hedenberg*, n. pr.). T. Minér. Minéral faisant partie du groupe des Pyroxènes clinorhombiques. Voy. PYROXÈNES.

HÉDÉOME. s. m. T. Bot. Genre de plantes Dicotylédones (*Hedeoma*) de la famille des *Labiées*. Voy. ce mot.

HÉDÉRA. Voy. LIERRE.

HÉDÉRACÉES. s. f. pl. (lat. *hedera*, lierre). T. Bot. Groupe de plantes formant, d'après certains auteurs, une famille aujourd'hui réunie à celle des *Araliées*. Voy. ce mot.

HÉDÉRIFORME. adj. 2 g. (lat. *hedera*, lierre; *forma*, forme). En forme de lierre.

HÉDÉRINE. s. f. (lat. *hedera*, lierre). T. Pharm. Gomme-résine, encore nommée *Résine de Lierre* qui exsude des gros troncs de Lierre qui croissent dans les régions méridionales de la France.

HÉDÉRIQUE. adj. (lat. *hedera*, lierre). T. Chim. L'*acide hédérique* a été extrait des graines du Lierre commun (*Hedera helix*). Il cristallise en aiguilles ou en paillettes incolores, à saveur âcre, insolubles dans l'eau, solubles dans l'alcool chaud. Chauffé il se charbonne sans fondre.

HEDJAZ, région de l'Arabie occidentale, sur la mer Rouge; v. pr. la Mecque, Médine.

HÉDONISME. s. m. (gr. ἡδονή, plaisir). T. Philos. Système qui fait du plaisir le but de la vie.

HÉDOUVILLE (Comte D'), général et diplomate français (1755-1825).

HEDWIGE (SAINTE), femme de Henri Iᵉʳ, duc de Silésie (1174-1243). Fête le 17 oct. Elle est connue en France sous le nom de sainte Avoie.

HEDWIGE, reine de Pologne (1370-1499).

HEDWIGIE. s. f. (R. *Hedwig*, n. d'un botaniste allem.). T. Bot. Genre de plantes Dicotylédones (*Hedwigia*) de la famille des *Anacardiacées*.

HÉDYCARPE. s. m. (gr. ἡδύς, doux; καρπός, fruit). T. Bot. Genre de plantes Dicotylédones (*Hedycarpus*) de la famille des *Sapindacées*. Voy. ce mot.

HÉDYCHIUM. s. m. [Pr. *hé-di-kio-ne*] (gr. ἡδύς, agréable; χιών, flocon). T. Bot. Genre de plantes Monocotylédones de la famille des *Scitaminées*. Voy. ce mot.

HÉDYOSME. s. m. (gr. ἡδύς, agréable; ὀσμή, odeur). T. Bot. Genre de plantes Dicotylédones (*Hedyosmum*) de la famille des *Chloranthées*. Voy. ce mot.

HÉDYPHANE. s. f. (gr. ἡδύς, agréable; φάνη, éclat). T. Minér. Variété incolore de mimétèse, contenant une forte proportion d'acide phosphorique et de chaux.

HÉDYSARUM s. m. [Pr. *édi-sa-rome*] (gr. ἡδύσαρον, sainfoin). T. Bot. Voy. SAINFOIN.

HEER (OSTWALD), naturaliste suisse (1809-1883).

HEEREN, historien allemand, auteur de manuels d'histoire classiques (1760-1842).

HEGEL (GEORGE-GUILLAUME-FRÉDÉRIC), philosophe allemand (1770-1831). Voy. HÉGÉLIANISME.

HÉGÉLIANISME. s. m. T. Philos. Ensemble des doctrines philosophiques de Hegel.

Philos. — Hegel est généralement reconnu pour un des plus profonds penseurs de l'Allemagne. Son œuvre a excité un mouvement considérable chez les philosophes de la première moitié du XIXᵉ siècle. Défendue par les uns avec un grand enthousiasme, elle a soulevé d'autre part les critiques les plus vives. Aujourd'hui, ces querelles se sont apaisées, et peut-être ne res-

tera-t-il de toute cette agitation que les résultats des études qui ont été entreprises sous son influence. L'action d'Hegel sur le développement de la philosophie contemporaine aura été ainsi plus *suggestive* que directe. La cause en est dans l'obscurité de la pensée de l'auteur. Tous ceux qui ont étudié les ouvrages du philosophe allemand s'accordent à reconnaître qu'il est presque impossible de bien entendre sa pensée, et plusieurs l'ont accusé de ne pas se comprendre lui-même. Dans ces conditions, il est absolument impossible de songer à analyser ses doctrines avec quelque précision. Nous nous bornerons à quelques indications générales. C'est dans l'*Encyclopédie des sciences philosophiques*, dont l'édition définitive parut en 1830, qu'il faut chercher le résumé des doctrines de Hegel. Les idées fondamentales du système sont l'*identité de l'être et de la raison*, et la *théorie du perpétuel devenir*. Sur le premier point, Hegel a formulé l'axiome : *Ce qui est rationnel est réel, et réciproquement ce qui est réel est rationnel*. Il faudrait savoir quel sens il attache exactement au mot *rationnel*; mais c'est là ce qui paraît impossible à démêler. Ailleurs, il affirme que la pensée et l'être sont identiques et se fondent sur un principe unique et universel qu'il appelle l'*idée* et dont le développement *ou* *processus* donne toutes les déterminations de l'être, c.-à-d. toutes les réalités. Nous n'essayerons ni d'expliquer ni de critiquer ces assertions, dont la dernière se rattache à la *théorie du perpétuel devenir*, qui a été considérée comme l'une des plus belles découvertes de Hegel.

Tâchons de comprendre en quoi consiste cette théorie fameuse. Ni l'être ni le néant n'ont d'existence réelle. L'idée de l'être croît à mesure qu'elle s'élabore, et c'est là ce que Hegel appelle le *devenir*. Cependant, l'idée concrète ne devient l'existence que quand elle se manifeste : l'*univers est l'idée logique apparaissant au dehors*. Cette notion d'une chose qui se développe constamment sans jamais atteindre à la plénitude de l'être, est la partie dominante du système de Hegel. L'histoire, dit-il, *est le développement de l'esprit universel dans le temps*, et, ailleurs : *C'est en qualité d'agent libre que l'esprit devient objectif*. Ailleurs encore : *Les choses n'existent pas, la philosophie n'existe pas, la science n'existe pas; les choses, la science et la philosophie deviennent*. Ces quelques citations permettent de saisir le procédé du style : formuler de nombreux aphorismes sous une forme originale et saisissante, mais en même temps dans un langage qui se refuse à l'analyse, parce que le sens des mots employés n'est défini nulle part. Ce procédé est éminemment suggestif, parce qu'en cherchant à pénétrer la pensée de l'auteur, on est obligé de réfléchir profondément non seulement sur le sujet en question, mais encore sur tous ceux qui se rattachent aux idées évoquées par les mots employés dans l'aphorisme. Les esprits superficiels ne voient dans la phrase qu'une sentence qui leur paraît profonde et qu'ils croient entendre plus ou moins bien. Les esprits profonds y trouvent un rapprochement entre des idées qu'ils n'étaient pas habitués à associer, et ce rapprochement devient pour eux l'origine de réflexions fécondes. C'est par là surtout que s'explique le prodigieux succès de la philosophie d'Hegel; mais si nous voulons analyser complètement la théorie du devenir, en nous dégageant de la majesté du langage employé, qu'y trouvons-nous en définitive ? Hegel établit entre le néant et l'existence une sorte de domaine intermédiaire qui n'est ni l'un ni l'autre, et c'est cela qu'il appelle le *devenir*. C'est dans ce domaine que se trouve tout ce qui est l'objet de notre pensée ou de notre connaissance. Cela ne peut signifier qu'une chose : c'est que, pour Hegel, le mot *existence* implique la stabilité parfaite, l'impossibilité du changement, et comme tout ce qui nous entoure change perpétuellement, rien n'*existe* en ce sens particulier. Malheureusement pour le système, les mots *être* et *existence* n'ont pas cette signification spéciale et particulière, et le langage vulgaire qui est, en cela, celui du bon sens et le seul qui permette la critique et la discussion, accorde l'existence aussi bien à ce qui change qu'à ce qui ne change pas. Nous allons même plus loin, et nous croyons qu'à moins de torturer le sens des mots, on ne peut pas dire qu'une chose qui n'existe pas subisse des changements. La théorie du devenir est donc tout simplement celle du changement, de l'*évolution*, comme on dit aujourd'hui. Cette théorie n'est pas nouvelle; elle est très à la mode à l'heure actuelle et, certainement, la science et la philosophie semblent indiquer que tout ce qui existe est dans un état continuel de modifications incessantes; mais les anciens s'en étaient déjà aperçus, puisqu'ils n'accordaient l'immutabilité qu'aux choses d'essence divine; cette préoccupation du changement continuel des choses est l'une des bases de la religion bouddhique dont, au reste, Hegel parle avec un mépris qui semble prouver son ignorance à ce sujet.

Il convient d'ajouter cependant que la théorie actuelle de l'évolution diffère notablement des idées que se faisaient les anciens et que se font encore les bouddhistes sur les *changements* des choses. Pour les anciens et pour les bouddhistes, les choses changent sans loi ni règle, revenant aux mêmes états, à des intervalles plus ou moins régulièrement périodiques. L'idée moderne d'*évolution* implique au contraire un changement progressif amenant les choses d'un état initial défini à un état final prévu ou qu'on peut chercher à prévoir. Souvent aussi, il s'y ajoute l'idée que l'état final n'est qu'une limite qui ne peut jamais être atteinte, mais dont on se rapproche indéfiniment. C'est en cela que l'*évolution*, telle qu'on la comprend aujourd'hui, ressemble au *devenir* hégélien, et il n'est que juste de reconnaître que c'est à Hegel qu'on doit la première notion de cette idée si importante aujourd'hui; mais la science elle-même conduisait forcément à la même idée, et l'influence d'Hegel ne paraît pas avoir été bien grande sur le développement des idées philosophiques des hommes de science, qui goûtent médiocrement sa phraséologie obscure et imprécise.

Hegel était un esprit très systématique. Ayant cru découvrir un principe nouveau, il l'applique à tout, et en fait la base universelle de toute philosophie. C'est ainsi qu'après des pages enthousiastes sur la religion, il en vient à dire qu'il n'y a de monde spirituel que celui de la pensée et qu'il faut créer ce monde-là soi-même. Il n'y a pas loin de cette affirmation à la singulière doctrine de Renan, qui aboutit à faire créer Dieu par le monde. Une autre manifestation du caractère systématique de Hegel, c'est on peut dire la manie parfois ridicule de diviser toutes les questions en trois parties, de trouver partout trois aspects aux choses. Par ex., la philosophie se divise en: 1° *logique* qui traite des idées entendues comme essences des choses; 2° *philosophie de la nature*; 3° *philosophie de l'esprit*. La notion subjective devient *jugement*, *conclusion*, puis *objet*. Celui-ci, à son tour, évolue en trois parties: *mécanisme*, *chimisme*, *théologie*, etc.

Au point de vue social, Hegel aboutit à absorber l'individu dans l'État, qui seul est la substance générale et dont les individus ne sont que des accidents et des modes sans aucun droit. On peut comprendre qu'avec de pareilles idées et le fameux axiome que tout ce qui est est rationnel, Hegel ait pu sembler faire la justification de tout fait accompli en politique, et l'on s'explique ainsi la clameur qui s'éleva, à un certain moment, contre son enseignement qu'on accusait de corrompre la jeunesse et de favoriser le mouvement réactionnaire hostile à la liberté de penser. Il est probable qu'une pareille tendance était loin de son esprit; mais on ne peut méconnaître que ces doctrines s'étaient pas faites pour exciter l'enthousiasme et l'énergie.

Malgré les critiques très nombreuses qu'on peut lui adresser, l'œuvre d'Hegel renferme assurément de très belles parties. Dans sa *Philosophie du droit*, il écrit les paroles suivantes qu'on ne saurait trop méditer: « Il ne s'agit pas de construire l'État *à priori*, ni de lui enseigner ce qu'il doit être, mais de le faire comprendre comme mode social. Donner l'intelligence de ce qui est, tel est le problème de toute philosophie. » Voilà une excellente formule pour servir de base à toute étude de sociologie; mais pourquoi l'auteur ajoute-t-il: *car tout ce qui est est la raison réalisée*, conception terriblement dangereuse dans ses applications à la politique!

Entre autres ouvrages, Hegel a aussi écrit des leçons sur l'*esthétique* où il s'élève à une grande hauteur de vues et de sentiments: il y a là des pages admirables. Nous en avons cité quelques passages au mot ESTHÉTIQUE.

HÉGÉMONIE. s. f. (gr. ἡγεμονία, direction). Dans certaines fédérations de l'antiquité, les villes qui en faisaient partie jouissaient alternativement du droit de diriger les affaires communes de la confédération: c'est ce que les anciens appelaient *Hégémonie*. On trouve des exemples de cette sorte de fédération, avec alternance de l'h., dans l'Étrurie, dans le Latium et jusque dans la Gaule. Mais dans la Grèce, ce terme avait reçu, depuis la première guerre persique, un sens tout particulier, les historiens qui ont écrit à partir de cette époque entendant par h. la prédominance, la supériorité politique d'un État sur les autres. Athènes et Sparte se disputèrent longtemps l'h. de la Grèce. La première la posséda depuis la bataille de Salamine jusqu'à la guerre du Péloponèse (480-431 av. J.-C.); et la seconde, depuis la bataille d'Ægos-Potamos jusqu'à celle de Leuctres (404-371). Cette dernière bataille fit passer l'h. à la ville de Thèbes, qui la conserva une vingtaine d'années. Enfin, la bataille de Ché-

ronée (338) donna l'h. de la Grèce aux Macédoniens, jusque-là réputés Barbares par les Grecs.

HÉGÉSIAS, surnommé *Pisithanate* (conseiller du suicide), philosophe grec de l'école cyrénaïque.

HÉGIRE. s. f. (arabe *hedjra*, fuite). T. Chronol. Ère des Mahométans. Fondée sur la fuite de Mahomet, qui se sauva de la Mecque en l'an 622. Voy. *Ère*.

HEIBERG (JEAN-LOUIS), écrivain danois (1791-1860).

HEIDELBERG, v. du gr.-duché de Bade sur le Neckar; 27,000 hab. Célèbre université. Ruines du château des comtes palatins.

HEIDUQUE. s. m. [Pr. *éï-douk*] (hongr. *hajduk*, fantassin). Fantassin hongrois. On donnait ce nom, autrefois, en France, à certains domestiques qui étaient vêtus à la hongroise, et qui portaient la livrée de leurs maîtres.

HEILBRON (MARIE), cantatrice française (1849-1886).

HEILBRONN, v. d'Allemagne (Wurtemberg); 31,000 hab. sur la rive dr. du Neckar.

HEIM (FRANÇOIS-JOSEPH), peintre français (1787-1865).

HEIMIA. s. f. (Heim, nom d'homme). T. Bot. Genre de plantes Dicotylédones de la famille des *Lythracées*.

HEIN. [Pr. *hin*, *h* asp.] Interj. fam. dont on accompagne parfois une interjection ou la phrase qui exprime l'étonnement. *Voulez-vous venir? hein!*

HEINE (HENRI), poète et prosateur allemand, vécut à Paris (1799-1856).

HEINSIUS (DANIEL HEINS ou), savant philologue hollandais, né à Gand (1580-1665). || Son fils NICOLAS, philologue distingué, né à Leyde (1620-1681).

HEINSIUS (ANTOINE), homme d'État hollandais, grand-pensionnaire de Hollande, fut l'ardent ennemi de Louis XIV (1641-1720).

HEISTERIE. s. f. T. Bot. Genre de plantes Dicotylédones (*Heisteria*) de la famille des *Olacacées*. Voy. ce mot.

HÉKLA. Voy. HÉCLA.

HÉLAMYS. s. m. (gr. ἕλη, chaleur; μῦς, rat). L'*Hélamys* est un rongeur un peu plus gros qu'un Lièvre qui se rapproche des Gerboises par sa conformation générale, et surtout par la disparité entre ses membres antérieurs et postérieurs, ceux-ci étant beaucoup plus longs que ceux-là, mais qui s'en éloigne par son système dentaire. En effet, ses incisives sont tronquées au lieu d'être pointues comme chez les Gerboises et les Rats; ses molaires, au nombre de 4 partout, sont composées

chacune de deux lames, et n'ont point de racines. En outre, ses pieds de devant ont 5 doigts, armés d'ongles longs, étroits, pointus, tandis que ceux de derrière n'en ont que 4, tous distincts, et terminés par des ongles larges, épais, presque semblables à des sabots. Cette disposition des doigts est l'inverse de celle qu'on trouve généralement chez les Rats. Cet animal (Fig. ci-contre) habite l'Afrique australe, où l'on appelle vulgairement *Lièvre sauteur*, à cause de son mode de progression. Il a le pelage d'un fauve clair; sa queue longue et touffue est noire au bout. Il vit dans des terriers profonds, dont il ne sort que la nuit ou au crépuscule pour chercher sa nourriture.

HÉLAS. interj. de plainte (R. *Hé!* et *las.*) Hélas! quel *malheur! Hélas! c'est fait de nous. Hélas! ayez pitié de mes larmes.* || Dans le lang. fam., on dit quelquefois subst., *Il fit de grands hélas. Voyez le bel hélas!*

HELCOLOGIE. s. f. (gr. ἕλκος, ulcère; λόγος, traité). Traité sur les ulcères.

HELCOSE. s. f. [Pr. *el-ko-ze*] (gr. ἕλκωσις, ulcération). T. Méd. Ulcération.

HELCTIQUE. adj. 2 g. (gr. ἑλκτικός, m s., de ἕλκειν, attirer). T. Méd. Syn. d'*Epispastique*. Voy. ce mot.

HELCYDRION. s. m. (gr. ἑλκύδριον, dim in. d'ἕλκος, ulcère). T. Méd. Ulcération superficielle de la cornée.

HELDER. (Le), v. forte de la Hollande septentrionale, sur le canal qui sépare l'île de Texel du continent; 21,500 ha.

HÉLÈNE, fille de Jupiter et de Léda, épouse de Ménélas, fut ravie par le Troyen Pâris, ce qui causa la guerre de Troie. Légende historique arrangée par les poètes et immortalisée par *l'Iliade* d'Homère.

HÉLÈNE (Sainte), mère de Constantin le Grand, m. vers 327, retrouva la vraie croix.

HÉLÈNE, impératrice byzantine du Xe siècle, femme de Constantin Porphyrogénète, morte en 961.

HÉLÉNINE. s. f. T. Chim. Substance extraite de l'Année (*Inula Helenium*), plante de la famille des *Composées*. Elle est inodore, fade, soluble dans l'alcool, presque insoluble dans l'eau; elle cristallise en longues aiguilles qui fondent à 110°.

L'essence ou camphre d'année, qu'on obtient en distillant la racine de la plante avec de l'eau, est solide, cristallisable en prismes quadrilatères blancs, fusible à 72°.

Elle est formée d'h. mélangée avec de l'alantol et de l'anhydride alantique. — L'*alantol*, isomérique avec le camphre ordinaire, est un liquide jaunâtre à odeur de menthe; il fond à 64° et bout à 200°. — L'*anhydride alantique* C¹⁶H³O² cristallise en aiguilles prismatiques, peu solubles dans l'eau, très solubles dans l'alcool et dans l'éther. Il fond à 66° et bout à 275°. En s'unissant à une molécule d'eau il fournit un acide monobasique, solide, fusible à 90°, dont les sels sont peu stables.

HÉLÉNUS, habile devin troyen, fils de Priam et d'Hécube.

HÉLÉPOLE. s. f. (gr. ἑλεῖν, prendre; πόλις, ville). L'*Hélépole* était une machine de guerre fort employée par les anciens dans les sièges, et dont les Grecs attribuaient l'invention à Démétrius Poliorcète, lorsque ce prince assiégeait Salamine, dans l'île de Chypre (305 av. J.-C.). Elle consistait, d'après Diodore de Sicile, en une tour carrée construite en bois, qui avait 90 coudées de hauteur sur 45 de longueur. Elle était portée sur 4 roues ayant 8 coudées de diamètre, et était partagée en 9 étages. L'étage inférieur contenait des machines propres à lancer des pierres énormes, tandis que les autres contenaient divers autres engins, tels que catapultes, balistes, etc. Cette h. portait 200 soldats, indépendamment de ceux qui la mettaient en mouvement. L'année suivante, au siège de Rhodes, Démétrius fit construire par l'Athénien Lysimaque une h. de plus grandes dimensions et plus compliquée. Au lieu de roues, elle était munie de galets, de sorte qu'elle pouvait se mouvoir dans toutes les directions. Les trois côtés qui étaient exposés aux attaques des assiégés, étaient revêtus de lames de fer, afin de mettre l'h. à l'abri du feu. En outre ses murs rières étaient protégés par des manteaux de peaux fraîches doublés de laine. L'h., comme on le voit, n'était qu'une espèce particulière de *tour roulante*; or cette dernière machine avait été employée par les Grecs de Sicile, précisément un siècle avant Démétrius. Voy. Tour.

HÉLER. v. a. [h asp.] (angl. *hail*, m. s.). T. Mar. Appeler à l'aide d'un porte-voix. *Héler un navire.* || Par extens. Appeler quelqu'un. — Hélé, ée. part.

HELGOLAND. Voy. Heligoland.

HÉLI, grand prêtre des Juifs, fut frappé de cécité pour n'avoir pas puni ses fils coupables (1257-1159 av. J.-C.).

HÉLIADES (Les), filles du Soleil et sœurs de Phaéton, changées toutes trois en peupliers après la mort de leur frère.

HÉLIANTHE. s. m. (gr. ἥλιος, soleil; ἄνθος, fleur). T. Bot. Genre de plantes Dicotylédones (*Helianthus*) de la famille des *Composées*. Voy. ce mot.

HÉLIANTHÈME. s. m. (gr. ἥλιος, soleil; ἄνθος, fleur). T. Bot. Genre de plantes Dicotylédones (*Helianthemum* de la famille des *Cistées*. Voy. ce mot.

HÉLIANTHINE. s. f. (R. *hélianthe*). T. Chim. Matière colorante azoïque, qu'on obtient en diazotant l'acide sulfanilique et en combinant le produit avec de la diméthylaniline. L'h., qui porte aussi le nom de *méthylorange*, est une poudre orangée, peu usitée en teinture. On s'en sert dans les laboratoires pour remplacer le tournesol; car sa solution aqueuse, qui est de couleur orange, rougit très facilement sous l'action des acides étendus. Ce changement de coloration ne se produit pas avec l'acide carbonique.

HÉLIANTHIQUE. adj. T. Chim. L'*acide h.*, C¹⁴H¹⁸O⁸, est contenu dans les semences de l'Hélianthus (*Composées*). Sous l'action de l'acide chlorhydrique étendu et bouillant, il se dédouble en un sucre fermentescible et en une matière colorante violette, douée de propriétés acides.

HÉLIAQUE. adj. 2 g. (gr. ἡλιακός, m. s. de ἥλιος, soleil). T. Astron. Les anciens astronomes donnaient le nom de *lever héliaque* au lever d'un astre, lorsque cet astre, après avoir été en conjonction avec le Soleil, et par conséquent invisible l'éclat du Soleil empêchant de l'apercevoir, se levait assez tôt avant le coucher pour être visible à l'orient, dans le crépuscule du matin. D'autre part, ils appelaient *coucher héliaque*, l'immersion d'un astre dans les rayons du soleil, qui rendaient cet astre invisible, ou la disparition d'un astre à l'horizon occidental après le coucher du soleil. À la saison opposée de l'année, la même étoile se lève lorsque le soleil se couche, et se couche lorsqu'il se lève : c'est là le *lever* et le *coucher acronyques*. Enfin, les anciens désignaient sous le nom de *lever cosmique* et de *coucher cosmique*, le lever et le coucher d'une étoile ou d'une planète, quand ils avaient lieu en même temps que le coucher et le lever du soleil. Ces termes techniques sont fréquemment employés dans les œuvres d'Hésiode et dans les *Fastes* d'Ovide. Les anciens déterminaient le commencement des saisons par les positions des étoiles relativement au soleil, au moment de son lever et de son coucher.

HÉLIAQUEMENT. adv. [Pr. *élia-ke-man*]. D'une manière héliaque.

HÉLIASTES. s. m. pl. (gr. ἥλιος, soleil). T. Antiq. grecque. Nom que l'on donnait, à Athènes, aux dicastes, parce qu'ils siégeaient souvent en plein air, sur une place ensoleillée.

HÉLICE. s. f. (gr. ἕλιξ, circonvolution). T. Géom. Ligne tracée en forme de vis autour d'un cylindre. *Escalier en h.* Voy. plus bas. || T. Méc. Organe de propulsion des navires et des aéronefs en forme d'hélice. Voy. plus bas. || T. Archit. Petite volute du chapiteau corinthien. Voy. Orone. || T. Zool. Coquillage en forme de spirale (genre *Escargot*). || T. Astron. Ancien nom de la Grande Ourse, parce qu'elle tourne, en apparence, autour du pôle.

Géom. — L'h. est la courbe décrite sur un cylindre de révolution par un point qui se meut uniformément sur l'une des génératrices du cylindre, pendant que cette génératrice tourne d'un mouvement uniforme autour de l'axe du cylindre. Il résulte de cette définition que l'h. se compose d'une infinité de spires égales, chaque spire correspondant à une révolution complète de la génératrice. Sur la même génératrice il y a une infinité de points de l'h. répartis uniformément. La distance constante de deux consécutifs de ces points s'appelle le *pas* de l'h. C'est le chemin parcouru par le point mobile sur la génératrice pendant que celle-ci fait un tour complet sur la surface du cylindre. Si on développe la surface du cylindre sur un plan (Fig. 1), les diverses génératrices du cylindre deviendront des droites parallèles, le chemin circulaire parcouru par un point fixe d'une génératrice dans sa révolution autour du cylindre, sera remplacé par un chemin rectiligne, perpendiculaire aux génératrices, d'où il suit que l'h. se développe suivant une ligne qui peut être considérée comme décrite par un point qui se déplacerait d'un mouvement uniforme sur une ligne droite pendant que cette ligne droite se déplacerait parallèlement à elle-même d'un mouvement également uniforme. Une pareille ligne est nécessairement droite, car si l'on mène par la position initiale du point mobile des droites rectangulaires respectivement parallèles aux directions

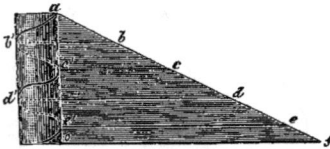

Fig. 1.

des deux mouvements, le rapport des distances du point mobile à chacune de ces deux droites fixes restera constant et égal au rapport des vitesses des deux mouvements. Au reste, il s'agit ici de la composition de deux mouvements simultanés rectilignes et uniformes, et l'on sait, par la cinématique, que la résultante de deux pareils mouvements est aussi un mouvement rectiligne et uniforme.

Inversement, on peut dire que l'h. est la courbe qu'on obtient quand, après avoir tracé une ligne droite sur un plan, on enroule ce plan sur la surface d'un cylindre de révolution. Cette définition est moins précise que la précédente, parce que la notion de l'enroulement d'un plan sur une surface développable est une notion complexe qui soulève des questions assez difficiles ; mais elle a l'avantage de donner, d'une manière pour ainsi dire intuitive, les propriétés fondamentales de l'h. Ainsi on reconnaît immédiatement que l'h. est le plus court chemin qui conduira d'un point à un autre sur la surface du cylindre, de même que la ligne droite est le plus court chemin d'un point à un autre sur le plan. On reconnaît aussi que l'arc d'h. est proportionnel à l'arc de la section droite comprise entre les deux génératrices qui passent par les points extrêmes, ou encore à la portion de génératrice comprise entre les plans des sections droites des deux extrémités de l'arc. On voit aussi que la tangente à l'h. fait avec la génératrice du cylindre un angle constant dont la cotangente trigonométrique est égale au quotient de la distance parcourue par le point générateur sur la génératrice divisée par l'arc de section droite parcouru par le générateur. Ce quotient est en effet celui des deux côtés du triangle rectangle qui, sur le développement du cylindre, a pour hypoténuse la droite qui représente l'h. développée. Si on prend la spire entière, on voit que l'angle de l'h. a pour tangente trigonométrique le pas divisé par la longueur de la section droite.

Les équations de l'h. résultent immédiatement de sa définition. Si l'on prend pour axe des x et des y deux diamètres rectangulaires de la section droite du cylindre, l'axe ox passant par un point de l'h., et pour axe des z l'axe même du cylindre, si l'on désigne par r le rayon du cylindre, et par ω l'angle correspondant à l'arc parcouru sur la section droite, les coordonnées d'un point quelconque de l'h. seront représentées par les trois fonctions :

$$x = r\cos\omega \qquad y = r\sin\omega \qquad z = k\omega$$

En éliminant ω entre ces trois équations, on aura les équations de la courbe :

$$x^2 + y^2 = r^2$$

$$z = k \text{ arc tg} \frac{y}{x}.$$

La première est l'équation même du cylindre ; la seconde peut aussi s'écrire :

$$y = x \text{ tg} \frac{z}{k}$$

Le pas de l'h. est la valeur de z qui correspond à un arc égal à la circonférence $\omega = 2\pi$:

$$h = 2\pi k$$

Si on introduit ce nombre dans les équations, on aura :

$$z = h \frac{\omega}{2\pi}$$

La longueur de l'arc d'h. est l'hypoténuse du triangle rectangle qui aurait pour côté l'arc de la section droite : ωr, et la hauteur z parcourue sur la génératrice ; donc :

$$s = \sqrt{k^2\omega^2 + \omega^2 r^2}$$

ou $$s = \omega\sqrt{k^2 + r^2} = \omega\sqrt{\frac{h^2}{4\pi^2} + r^2}$$

L'angle φ de la tangente à l'h. avec le plan de la section droite est donné par la formule :

$$\text{tg}\,\varphi = \frac{z}{\omega r} = \frac{k}{r} = \frac{h}{2\pi r}.$$

On voit que c'est bien le quotient du pas h par la longueur $2\pi r$ de la section droite.

L'h. présente cette double propriété remarquable d'avoir partout le même rayon de courbure et le même rayon de torsion. L'h. est la seule courbe gauche jouissant de cette double propriété, qui se traduit pratiquement par ce fait que l'h. est partout égale à elle-même, ou en d'autres termes qu'un arc d'h. peut glisser sur la courbe sans en jamais sortir. Cette propriété cinématique très remarquable est l'origine des applications industrielles de l'h. Voy. Vis. L'hélice présente, comme cas particulier, le cercle et la droite, le premier cas correspondant à une valeur nulle, le second à une valeur infinie du pas.

On considère aussi en géométrie des hélices tracées sur des cylindres quelconques. Ces courbes résultent toujours de la transformation d'une droite tracée sur un plan qu'on enroule sur le cylindre. L'h. ainsi généralisée est toujours une ligne géodésique du cylindre, c.-à-d. le chemin le plus court d'un point à un autre en suivant la surface du cylindre ; elle fait toujours un angle constant avec les génératrices ; mais son rayon de courbure et son rayon de torsion cessent d'être constants, et elle ne jouit plus de la propriété cinématique de la vis.

Méc. — I. — Les roues à aubes des bâtiments à vapeur font un service très convenable sur les fleuves et sur les rivières ; mais, dans la navigation maritime, elles présentent de graves inconvénients, qui n'ont pas tardé à amener leur suppression et leur remplacement par une hélice. Ces inconvénients des roues à aubes pour la navigation maritime avaient frappé de bonne heure les constructeurs, qui se mirent en quête de moyens propres à les faire disparaître ; mais aucun des appareils proposés n'avait pu donner des résultats satisfaisants,quand, en 1836, un Anglais F. P. Smith, et un Suédois, J. Ericson, parvinrent, chacun de leur côté, à résoudre le problème, en appliquant une *Hélice* ou *vis d'Archimède* à la propulsion des navires.

II. — Il est facile de se rendre compte du mode d'action de l'h. Imaginons un bateau muni d'une vis dont l'axe, placé horizontalement, soit dirigé dans le sens de la longueur du bateau. Imaginons, en outre, que cette vis pouvant tourner librement autour de son axe, dans des collets fixés au bateau, soit engagée dans un écrou maintenu solidement dans une position invariable par rapport au sol environnant. Si l'on imprime à cette vis un mouvement de rotation, elle marchera dans son écrou et entraînera le bateau avec elle. Or, l'h. appliquée aux navires fonctionne absolument de la même manière ; seulement, l'écrou fixe est remplacé par l'eau. Cette eau, il est vrai, ne reste pas immobile comme l'écrou dont nous venons de parler ; néanmoins la résistance qu'elle exerce sur les surfaces inclinées de l'h. est suffisante pour déterminer la progression du bateau en avant. Il est clair que plus l'hélice tourne rapidement, plus grande aussi est la vitesse du bâtiment.

III. — Nous venons de dire que l'invention de l'h. remonte à l'année 1836. Toutefois l'idée de se servir de cet appareil comme propulseur pour la navigation était loin d'être nouvelle. Bien avant l'invention de la marine à vapeur, le Français Duquet, dans ses expériences au Havre, en 1693, et à Marseille, en 1697, sur la propulsion des navires, avait proposé de remplacer les rames par une h. Plus tard, en 1746, le célèbre mathématicien Bouguer fit revivre la même idée dans un ouvrage sur la *Construction des navires* Plus tard encore, en 1768, notre compatriote Paucton la développa dans un *Traité sur la vis d'Archimède*. Neuf ans après, en 1777, l'Américain Bushnell adapta une h. à un bateau plongeur. En 1792 l'Anglais W. Littleton installa un appareil du même genre sur un bateau qu'il fit naviguer dans un des docks de Londres; mais ses essais ne réussirent pas, parce qu'il ne put obtenir qu'une vitesse d'un kilom. et demi à l'heure. En 1803, à l'époque même où Fulton se livrait aux travaux qui l'ont immortalisé, un mécanicien d'Amiens, Ch. Dallery, proposa non seulement d'appliquer l'h. aux navires, mais encore d'employer la vapeur pour mettre l'appareil en mouvement : il prit même un brevet à ce sujet (29 mars), mais ses moyens de transmettre la force motrice étaient si défectueux, que le gouvernement auquel il s'adressa ne crut pas devoir les faire mettre en pratique. Après l'invention des pyroscaphes, surtout à partir de 1811, les tentatives se multiplièrent, sans plus de succès, en Angleterre, en France et aux États-Unis. Parmi les systèmes en très grand nombre qui virent alors le jour, on doit cependant une mention honorable à celui qui fut publié, en 1823, par Delisle, capitaine de notre génie militaire, et qui était analogue à celui que proposa plus tard le Suédois Ericson. Les recherches de Sauvage (1827) méritent également d'être citées. Enfin parurent simultanément les systèmes de Smith et d'Ericson, qui résolurent complètement la question. Les études de Smith, simple fermier à Hendon, dans le Middlesex, datent de 1835. L'année suivante, il construisit un bateau modèle à l'arrière duquel il encadra une vis d'Archimède continue à deux tours. Ces essais, qui eurent lieu d'abord à Hendon sur un étang, puis à Londres, ayant réussi, il fit un petit navire de six tonneaux qu'il munit d'un appareil semblable. Le 1er novembre 1836, ce navire marcha sur le canal Paddington, et continua à naviguer sur la Tamise jusqu'au mois de septembre 1837. Le propulseur ayant, dans un de ces voyages, éprouvé un accident qui brisa une de ses révolutions, n'en fonctionna que mieux, et l'on reconnut ainsi qu'il convenait de ne donner qu'un pas à l'h. Bientôt, pour expérimenter la manière dont son h. se comporterait à la mer, Smith osa s'aventurer dans la Manche avec son petit bateau et par un temps assez mauvais. Cette nouvelle épreuve ayant pleinement réussi, l'Amirauté anglaise, à laquelle l'auteur avait proposé d'adopter son système, lui demanda de la répéter avec un navire jaugeant au moins 200 tonneaux. En conséquence, l'*Archimède* de 237 tonneaux, fut construit et mis à la mer (oct. 1838). L'Amirauté devait se montrer satisfaite si le bâtiment pouvait faire cinq lieues à l'heure; il en fit près du double (1839). Convaincu par ce résultat, le gouvernement adopta le nouveau propulseur pour ses bâtiments de guerre; mais ce n'est qu'en 1841 qu'il fit construire son premier navire à h., le *Rattler*. Dès l'année précédente, il avait été devancé dans cette voie par la marine marchande, qui avait mis en chantier 4 grands navires du même système, dont un, le *Great-Northern*, ne jaugeait pas moins de 1,500 tonneaux. — Smith avait fait breveter son invention le 31 mai 1836. Au mois de juillet de la même année, le capitaine suédois John Ericson, qui vivait depuis quelque temps à Londres, prenait de son côté un brevet pour l'application de l'h. à la propulsion des navires; mais son système, qui différait essentiellement de celui de l'inventeur de Hendon, n'ayant pas été goûté par l'Amirauté, l'inventeur le porta (1839) aux États-Unis, dont la marine l'adopta avec enthousiasme. C'est ce système qui a d'abord été introduit en France. Le premier navire français à h., le *Napoléon*, appelé plus tard le *Corse*, fut construit au Havre, en 1841, par Normand et Barns et lancé le 6 décembre 1842.

IV. — L'h., telle qu'on l'employait primitivement dans la marine, consistait en une ou plusieurs ailes hélicoïdales ou tordues, fixées sur un axe et tournant dans l'eau à l'arrière. Elle était toujours placée au-dessous de la ligne de flottaison, et installée de manière qu'elle ne puisse jamais s'élever au-dessus du liquide sur lequel elle doit agir. Ainsi que le montre la Fig. 2, elle était disposée dans une ouverture pratiquée dans les façons extrêmes de l'arrière, un peu en avant du gouvernail, et dans le plan de l'axe vertical du navire. Elle tournait dans cette ouverture, en recevant son mouvement de l'arbre d'une machine à vapeur, avec lequel elle communiquait soit directement, soit au moyen d'engrenages. Son axe, à l'endroit où il pénétrait dans le bâtiment, était entouré d'une boîte à

étoupe, afin d'empêcher l'entrée de l'eau, tandis que l'autre extrémité se trouvait soutenue par un support placé contre l'étambot d'arrière. L'extrémité de l'axe qui entre dans le bâtiment reposait sur une pièce de métal, et c'est la pression qu'elle exerce sur cette pièce par suite de la poussée en avant produite par l'action du propulseur sur l'eau, qui faisait marcher le navire. Il n'est pas besoin de dire que les dimensions de l'h. doivent être dans une certaine proportion avec celles

Fig. 2.

du navire. A l'heure actuelle, la forme de l'h. diffère sensiblement de celle qu'indique la Fig. 2. Elle se compose d'un certain nombre d'ailes hélicoïdales, deux, trois ou quatre, indépendantes et calées séparément, deux par deux, sur le même moyeu. La plupart du temps aussi l'h. est en porte-à-faux, ce qui permet de les faire fonctionner isolément sur une longueur totale de l'arbre horizontal moteur (Fig. 3).

Fig. 3.

On fait également usage, notamment pour les navires de très fort tonnage, aussi bien dans la marine de guerre que dans la marine marchande, de deux hélices montées sur des arbres parallèles à l'axe longitudinal du navire et placées de chaque côté de cet axe. Chacune des hélices a, dans ce cas, son mécanisme propre, ce qui permet de les faire fonctionner isolément ou simultanément, si l'on a besoin d'obtenir une vitesse plus grande (Fig. 4).

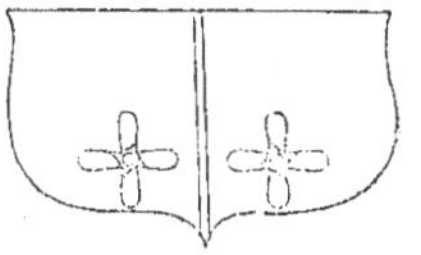

Fig. 4.

On peut résumer ainsi les avantages qui résultent de l'emploi de l'h. : 1° L'appareil moteur est à l'abri des boulets, de la chute des mâts et des autres accidents analogues; il n'est pas non plus exposé à être brisé par le choc des tempêtes. 2° La suppression des roues diminuant la largeur des navires, ceux-ci ont plus de facilité pour entrer dans les ports, les bassins et les passes étroites, pour manœuvrer au milieu des flottes, des escadres, etc. 3° L'h. étant toujours immergée, quelle que soit la force du roulis et la violence du vent, elle fonctionne d'une manière continue et régulière dans une eau comparativement tranquille. 4° Le navire offrant moins de prise aux vents, par suite de la suppression des tambours qui protègent les roues, la vitesse de sa marche se trouve par cela même accélérée. 5° Les bâtiments à h. peuvent très bien naviguer à la voile, parce qu'il n'y a pas antagonisme entre le mode d'action de l'h. et celui des voiles, comme cela a lieu pour les navires à roues. On peut donc employer simultanément les voiles et l'h., ou bien suspendre le mouvement du propulseur quand le vent est favorable, d'où résulte une économie considérable sur le combustible. 6° Comme les navires à h. n'ont pas besoin de machines aussi hautes et aussi encombrantes que les bâtiments à roues, les premiers peuvent abaisser leur centre de gravité et disposer d'un plus grand emplacement pour recevoir les marchandises.

Mais ces avantages sont en partie atténués par quelques inconvénients. C'est ainsi que le mouvement de l'h. au sein de l'eau entraîne une perte d'énergie beaucoup plus grande que celle qui résulte de l'emploi des roues à aubes; de là la nécessité d'imprimer à l'h. un mouvement de rotation extrêmoment rapide, ce qui naturellement exige une consommation énorme de combustible. En outre, le mécanisme est fort compliqué, ce qui est à la fois une nouvelle cause de déperdition de force, et une cause d'usure rapide de certaines parties de l'appareil. Enfin, le mouvement de l'h. produit des trépidations violentes et perpétuelles.

Quoi qu'il en soit, il résulte de la comparaison établie entre les bateaux mus par les roues à aubes et ceux qui marchent au moyen de l'h., que l'emploi de cette dernière est d'un immense avantage pour la navigation maritime. En somme, sous le rapport militaire, l'adoption de l'h. a véritablement créé la marine de guerre à vapeur. On a aussi appliqué l'hélice à la propulsion des ballons dirigeables. Voy. AÉROSTAT.

HÉLICÉ, ÉE. adj. T. Zool. Qui est contourné en spirale.

HÉLICHRYSE. s. m. [Pr. *éli-kri-ze*] (gr. ἐλίχρυσος, m. s., de ἕλισσω, je roule, et χρυσός, or). T. Bot. Genre de plantes Dicotylédones (*Helichrysum*) de la famille des *Composées.* Voy. ce mot.

HÉLICIDÉS. s. m. pl. (rad. *helix*). T. Zool. Famille de *Mollusques Gastéropodes.* Ce sont des animaux terrestres pulmonés, possédant généralement une coquille spiralée externe; les dents de la radula sont toutes semblables. Principaux genres : *Helix, Limax, Bulime,* etc. Voy. PULMONÉS.

HÉLICIN, INE. adj. (R. *hélice*). T. Anat. Qui est en forme de spire ou de vrille. Artères hélicines.

HÉLICINE. s. f. (gr. ἕλιξ, limaçon). Mucilage provenant des limaçons. || T. Chim. Glucoside répondant à la formule C¹⁸H⁹O⁷, obtenu par Piria en traitant la salicine par l'acide azotique étendu. L'h. cristallise en petites aiguilles blanches, peu solubles dans l'eau froide, très solubles dans l'eau bouillante et dans l'alcool, insolubles dans l'éther. Elle fond à 175°. L'amalgame de sodium la transforme en salicine. Les acides ou les alcalis étendus, la levure de bière, l'émulsine la dédoublent en glucose et en aldéhyde salicylique. On a réalisé la synthèse de l'h. en traitant l'aldéhyde salicylique potassé par l'acétochlorhydrose, dérivé chloré et tétra-acétylé de la glucose.

Lorsqu'on chauffe l'h. à 185°, elle se transforme en un isomère amorphe, l'*iso-h.*, qui ne fond plus sous l'action de la chaleur, mais qui se décompose à 250°. Traité par l'acide sulfurique étendu et bouillant, cet isomère se dédouble comme l'h. en glucose et en aldéhyde salicylique.

L'*hélicoïdine* est une combinaison d'h. et de salicine qui se forme lorsqu'on traite la salicine par l'acide azotique très dilué.

HÉLICOÏDAL, ALE. adj. [Pr. *éliko-idal*]. Qui tient de la nature de l'hélice. — T. Géom. *Mouvement h.,* Mouvement d'un solide qui tourne autour d'un axe fixe et est animé en même temps d'une translation parallèle à cet axe, de manière que le chemin parcouru dans cette translation est proportionnel à l'angle parcouru dans la rotation dans le même temps.

HÉLICOÏDE. adj. 2 g. [Pr. *éli-ko-ide*] (gr. ἑλικοειδής, m. s.). Qui est en forme d'hélice. = HÉLICOÏDE. s. f. T. Géom. Courbe engendrée par l'enroulement de la parabole ordinaire autour de la circonférence du cercle. = HÉLICOÏDE. s. m. Surface engendrée par une ligne animée d'un mouvement hélicoïdal.

Géom. — Pris dans son sens le plus général, ce mot désigne toute surface engendrée par une ligne quelconque qui se meut d'un mouvement hélicoïdal; la courbe mobile porte le nom de *génératrice*, et l'axe du mouvement hélicoïdal est l'axe de l'h. Mais, le plus souvent, on désigne sous le nom d'*hélicoïdes* celles de ces surfaces dont la génératrice est rectiligne. Tous ces hélicoïdes sont des surfaces gauches, sauf dans le cas où la génératrice est tangente à une hélice de même pas que celui du mouvement hélicoïdal. Alors, l'h. est le lieu des tangentes à l'hélice. Il est développable, et on lui a donné le nom d'*h. développable.* Enfin, quoiqu'il y ait une infinité d'hélicoïdes gauches, on désigne souvent sous le nom d'*h. gauche* celui qui est engendré par le déplacement hélicoïdal d'une droite rencontrant l'axe du mouvement et perpendiculaire à cet axe. Cette surface qui rentre dans la catégorie des *conoïdes*, puisque la génératrice rencontre constamment l'axe et reste parallèle au plan perpendiculaire à l'axe, est mieux nommée *h. gauche à plan directeur.* On l'appelle aussi *surface de vis à filet rectangulaire,* à cause de son application industrielle.

L'h. engendré par une droite qui rencontre l'axe sans lui

être perpendiculaire, est la *surface de vis à filet triangulaire.* Les hélices des navires ont des formes bien plus compliquées : ce ne sont même pas de véritables hélicoïdes, car le pas n'y est pas constant.

Les hélicoïdes les plus généraux présentent une particularité remarquable : c'est qu'ils se groupent en familles de surfaces applicables les unes sur les autres, chaque famille comprenant, comme cas particulier, une surface de révolution. Ainsi, à chaque h. en correspond une infinité d'autres qui lui sont applicables. En particulier la surface de vis à filet carrée est applicable sur l'*alysséide* ou *caténoïde,* surface de révolution engendrée par la rotation d'une chaînette autour de sa base.

HÉLICOÏDINE. s. f. [Pr. *éli-ko-idine*]. T. Chim. Voy. HÉLICINE.

HÉLICON (aujourd'hui Zagora ou Palæo-Vouni), montagne de la Béotie (1,749 m.) qui était consacrée par les Grecs à Apollon et aux Muses. Les poètes emploient souvent ce nom au fig. *Il est au haut de l'H., au bas de l'H.,* C'est un grand poète, c'est un mauvais poète.

HÉLICONIDES. s. m. pl. Nom myth. T. Ent. Famille de *Lépidoptères.* Voy. DIURNES.

HÉLICONIE. s. m. [Pr. *éli-ko-nie*] (R. le mont *Hélicon*). T. Bot. Genre de plantes Monocotylédones (*Heliconia*) de la famille des *Scitaminées.* Voy. ce mot.

HÉLICONIEN, IENNE. adj. [Pr. *éliko-ni-in*]. Qui appartient à l'Hélicon.

HÉLICOPTÈRE. s. m. [Pr. *éli-ko-ptère*] (R. *hélice,* gr. πτερόν, aile). Jouet d'enfant consistant en une hélice en papier animée, à l'aide d'une ficelle, d'un rapide mouvement de rotation qui la fait s'élever en l'air. — Appareil de démonstration reposant sur le même principe. Voy. AVIATION.

HÉLICOTRÈME. s. m. (gr. ἕλιξ, limaçon; τρῆμα, pertuis). T. Anat. Petite ouverture située au sommet du limaçon de l'oreille interne et établissant une communication entre les deux rampes. Voy. OREILLE.

HÉLICTÈRE. s. f. (gr. ἑλικτός, soleil; κτέρας, présent). T. Bot. Genre de plantes Dicotylédones (*Helicteres*) de la famille des *Malvacées.* Voy. ce mot.

HÉLIE (FAUSTIN), jurisconsulte fr., né à Caen (1799-1884).

HÉLIGOLAND, île de la mer du Nord, à égale distance des bouches de l'Elbe et du Weser. 2,000 hab.

HÉLINGUE. s. f. Bout de corde en double qu'on utilise chaque fois qu'un cordage est fabriqué, et qui sert à en attacher l'extrémité à la manivelle.

HÉLIOCENTRIQUE. adj. 2 g. (gr. ἥλιος, soleil; κέντρον, centre). T. Astr. On appelle coordonnées héliocentriques d'un astre, les coordonnées de cet astre rapportées à des axes passant par le centre du Soleil. Par exemple, la *longitude h.* d'une planète est l'angle que la projection de son rayon vecteur sur l'écliptique forme au centre du soleil avec la ligne droite tirée du centre de ce dernier au point vernal. Sa *latitude h.* est l'inclinaison sur le plan de l'écliptique de la ligne droite qui joint son centre à celui du Soleil. Par conséquent, le plus grande latitude h. de chaque planète est égale à l'inclinaison de son orbite.

HÉLIOCHROMIE. s. f. [Pr. *élio-kro-mie*] (gr. ἥλιος, soleil; χρῶμα, couleur). T. Néol. Production d'images photographiques avec les couleurs.

HÉLIOCHROMIQUE. adj. 2 g. [Pr. *élio-kro-mik*]. Qui a rapport à l'héliochromie. Voy. PHOTOGRAPHIE.

HÉLIOCOMÈTE. s. f. (gr. ἥλιος, soleil; fr. *comète*). T. Météor. Phénomène que présente parfois le soleil couchant; il consiste en une bande lumineuse, semblable à la queue d'une comète.

HÉLIODORE, officier syrien qui voulut piller le temple de Jérusalem et en fut miraculeusement puni.

HÉLIOGABALE ou **ÉLAGABALE**, empereur romain (218-222 ap. J.-C.), se signala par ses excès et son extravagance, et fut tué dans une émeute.

HÉLIOGRAPHE. s. m. Instrument destiné à utiliser les rayons solaires pour échanger des signaux entre deux postes en vue l'un de l'autre. Voy. TÉLÉGRAPHIE.

HÉLIOGRAPHIE. s. f. [Pr. éliogra-fî] (gr. ἥλιος, soleil; γραφή, écriture). Fixation des images que comme la chambre noire. || Gravure où l'on s'aide de la photographie. Voy. PHOTOGRAPHIE, PHOTOGRAVURE. || T. Astr. Description du soleil.

HÉLIOGRAPHIQUE. adj. 2. g. [Pr. éliogra-fike]. Relatif à l'héliographie.

HÉLIOGRAVURE. s. f. (gr. ἥλιος, soleil; fr. gravure). Voy. PHOTOGRAVURE.

HÉLIOMÈTRE. s. m. (gr. ἥλιος, soleil; μέτρον, mesure) T. Astr. L'Héliomètre est un appareil qui a été imaginé pour mesurer les diamètres du Soleil, de la Lune et des planètes; plus tard on l'a appliqué à la mesure de certaines petites distances apparentes entre les corps célestes. Un instrument de ce genre paraît avoir été proposé, en 1743, par l'Anglais Savery; mais ce fut Bouguer qui fit construire et employer le premier h. (1747). Au reste, depuis cette époque, il a été singulièrement perfectionné par Bessel. Dollond et Fraunhofer. — Le principe sur lequel est construit cet instrument est le suivant : on place deux objectifs ayant la même distance focale, ou mieux les deux moitiés d'un objectif divisé, à côté l'un de l'autre dans le même tube, avec un appareil moteur disposé de telle façon que l'on puisse augmenter ou diminuer à volonté la distance entre les centres des deux verres. De cette manière, il se produit deux images du Soleil au foyer de l'oculaire commun. Ainsi, le cercle AAA (Fig. 1) représentant le champ du télescope ou le cercle visible au foyer commun des deux objectifs et de l'oculaire, et les deux petits cercles représentant les deux images du Soleil formées par les deux objectifs, lorsque l'observateur veut mesurer le

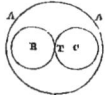

Fig. 1.   Fig. 2.

diamètre du Soleil, il amène, au moyen d'une vis tangente, les deux objectifs à une distance telle que les deux images se touchent en un point T; alors la distance entre les centres des objectifs, évaluée en secondes, donne la distance entre B et C, centres des images, ou, en d'autres termes, donne le diamètre du soleil. — Dans le principe, l'h. se composait de deux lentilles complètes; mais comme il était extrêmement difficile de leur donner exactement la même distance focale, et comme on outre ces deux lentilles nécessitaient l'emploi d'un tube fort long, on se sert aujourd'hui d'une seule lentille paringée par son centre en deux moitiés égales (Fig. 2). Le perfectionnement est dû à Bessel. On fait mouvoir ces centres des deux demi-lentilles au moyen de vis SS qui agissent sur les plaques dans lesquelles ces demi-lentilles sont montées, et l'on mesure la distance des centres A et B au moyen d'une échelle ou d'un vernier.

C'est au moyen de l'h. que Bessel parvint à mesurer les variations annuelles de la distance apparente de l'étoile 61 du Cygne à une étoile voisine, mesures d'où il déduisit la distance de cette étoile à la Terre. Voy. ÉTOILE, IV.

HÉLIOMÉTRIQUE. adj. 2 g. [Pr. éliomé-trike]. Qui appartient à l'héliomètre.

HÉLIOPHUGE. adj. 2 g. [Pr. élio-fuje] (gr. ἥλιος, soleil; φυγή, fuite). T. Bot. Qui fuit le soleil.

HÉLIOPOLIS (la ville du Soleil), ville d'Égypte; victoire de Kléber sur les Turcs le 24 mars 1800.

HÉLIORNE ou **HELIORNIS.** s. m. (gr. ἥλιος, soleil, jour; ὄρνις, oiseau). T. Ornith. Genre de Palmipèdes appelé encore Grébifoulque. Voy. BRACHYPTÈRES.

HÉLIOSCOPE. s. m. (gr. ἥλιος, soleil; σκοπέω, je regarde). Instrument pour observer le soleil sans offenser la vue. L'h. le plus simple est un verre noirci à la fumée. Le premier appareil de ce genre a été imaginé par le P. Scheiner, au XVII° siècle, pour l'observation des taches solaires.

HÉLIOSCOPIE. s. f. (R. hélioscope). Observation du soleil à l'aide de l'hélioscope. || Divination à l'aide du soleil.

HÉLIOSCOPIQUE. adj. 2 g. [Pr. éliosko-pike]. Qui appartient à l'hélioscope, à l'hélioscopie.

HÉLIOSE. s. f. [Pr. élio-ze] (gr. ἥλιωσις, exposition au soleil). T. Méd. Syn. de coup de soleil.

HÉLIOSTAT. s. m. [Pr. élio-sta] (gr. ἥλιος, soleil; στάω, j'arrête). T. Astron. On appelait autrefois h. une lunette montée sur un axe parallèle à l'axe du monde, et qui suit le mouvement apparent du soleil ou de l'astre observé, de telle sorte que le déplacement de ce dernier ne gêne en rien l'observateur. Pour cela, l'instrument est muni d'un mécanisme d'horlogerie. Cet h. a été imaginé par s'Gravesande. On lui donne aujourd'hui le nom d'Equatorial. Voy. ce mot.

Aujourd'hui, on désigne sous le nom d'Héliostat un appareil formé d'un miroir mobile mû par un mouvement d'horlogerie de telle sorte que, malgré le mouvement apparent du soleil, ce miroir renvoie les rayons solaires dans une direction invariable, où ils sont reçus par une lunette immobile. Pour réaliser cette immobilité du rayon réfléchi, il faut que la perpendiculaire au miroir soit, à chaque instant, la bissectrice de l'angle que fait l'axe optique de la lunette avec la ligne qui joint l'observateur au soleil. Plusieurs dispositions mécaniques ont été imaginées pour remplir cette condition géométrique. Nous citerons seulement les héliostats de Gambey, de Foucault et de Silbermann.

HÉLIOSTATIQUE. adj. 2 g. [Pr. éliosta-tike] Qui appartient à l'héliostat. = HÉLIOSTATIQUE. s. f. Doctrine du mouvement des planètes d'après la position du Soleil au centre du système planétaire.

HÉLIOTACTISME. s. m. (gr. ἥλιος, soleil; τακτός, mis en ordre). Voy. PHOTOTACTISME.

HÉLIOTHERMOMÈTRE. s. m. (gr. ἥλιος, soleil; fr. thermomètre). Forme primitive de l'Actinomètre, due à Saussure. Voy. ACTINOMÈTRE.

HÉLIOTROPE. s. m. (gr. ἥλιος, soleil; τρέπω, je tourne). T. Minér. Voy. AGATE. || T. Phys. Instrument inventé par Gauss, qui a pour objet de donner des signaux à de très grandes distances au moyen de la réflexion de la lumière solaire par un miroir. || T. Bot. Genre de plantes Dicotylédones (Heliotropium) de la famille des Borraginées. Voy. ce mot. || T. Chim. Matière colorante violette, dérivée de la houille (houilline). Voy. COLORANTES (MATIÈRES), IV, 6. || T. Minér. Variété de jaspe vert à taches rouges. == HÉLIOTROPE. adj. 2 g. On appelle quelquefois Plantes héliotropes. Celles dont la fleur semble suivre le cours du soleil, comme l'Hélianthe annuel ou Tournesol des jardins.

HÉLIOTROPIE. s. f. (R. héliotrope). T. Bot. Acte par lequel une plante se tourne pour suivre le soleil.

HÉLIOTROPINE. s. f. T. Chim. Parfum artificiel possédant l'odeur de l'héliotrope et obtenu à l'aide du pipéronal. On prépare le pipéronal en oxydant le safrol de l'essence de sassafras ou l'acide pipérique provenant du poivre. D'après les travaux de Tiemann et Haarmann le parfum naturel de l'héliotrope est composé de pipéronal et de vanilline.

HÉLIOTROPIQUE. adj. 2 g. Qui a rapport à l'héliotrope, à l'héliotropisme.

HÉLIOTROPISME. s. m. T. Bot. Voy. PHOTOTROPISME.

HÉLIOTYPE. s. m. Cliché typographique obtenu par l'héliotypie.

HÉLIOTYPIE. s. f. (gr. ἥλιος, soleil; τύπος, type). T. Techn. Application des procédés photographiques à l'obtention des clichés typographiques. Voy. PHOTOGRAVURE.

HÉLIOZOAIRES. s. m. pl. (g. ἥλιος, soleil; ζῶον, animal).

Les H. forment une classe de *Protozoaires Rhizopodes* ne renfermant que des animaux d'eau douce. Ils doivent leur nom d'H. et de *Radiés*, sous lequel on les désigne encore, à la forme de leur corps; celui-ci est formé d'une masse sphérique de protoplasma dans lequel on voit généralement des vacuoles contractiles et un ou plusieurs noyaux; la surface de cette masse envoie un grand nombre de pseudopodes filiformes rendus rigides par la présence presque constante d'une fine baguette solide à leur intérieur. Cet ensemble rappelle donc l'aspect d'une étoile avec ses rayons. Lorsqu'un H. rencontre une proie, une Infusoire ou une Diatomée, par ex., il l'arrête et la fixe au moyen de ces pseudopodes rigides qui s'infléchissent seulement, pour cela, autour de la petite proie. On voit ensuite un large pseudopode partir de la surface du corps et venir saisir l'Infusoire pour la ramener ensuite dans l'intérieur du corps, où il est digéré.

Les représentants de la classe des H. sont encore mal connus; on sait cependant que leur reproduction se fait par division directe de leur corps ou bien par des bourgeonnements qui donnent naissance à des spores ciliées ou zoospores. Comme exemples d'H., nous citerons seulement le genre *Actinophrys* qui n'a qu'un seul noyau à son intérieur, et le genre *Actinosphærium* qui possède plusieurs noyaux et dont la masse du corps est différenciée en portion centrale et en portion périphérique. Voy. Protozoaires.

HÉLIUM. s. m. (gr. ἥλιος, soleil), et **ARGON.** s. m. (gr. ά priv.; ἔργον, travail). T. Chim. On avait donné le nom d'*hélium* à un élément inconnu dont la présence dans le soleil était indiquée par une raie très nette de la partie jaune du spectre solaire. En 1895, Ramsay, découvrit ce corps parmi les gaz que Hillebrand avait extraits de la *clévéite*, sorte de pechblende riche en terres rares. Depuis, l'on a rencontré l'h. dans différents minerais d'urane, d'yttrium et de thorium, dans certaines météorites et dans plusieurs eaux minérales. L'h. est un gaz incolore, dont la densité est 0,15 par rapport à l'air, et 2,1 par rapport à l'hydrogène. Il est insoluble dans l'alcool et dans le benzène; l'eau n'en dissout que 7 à 8 centimètres cubes par litre. C'est le plus inerte de tous les gaz; Olszewski l'a refroidi à — 220° sous une forte pression sans réussir à le liquéfier. On estime que son point de liquéfaction sous la pression atmosphérique est au-dessous de — 265°, c.-à-d. au moins 20° plus bas que celui de l'hydrogène. Le rapport de ses chaleurs spécifiques à volume constant et à pression constante est de 1,632; on a conclu de là que sa molécule est formée d'un seul atome et que son poids atomique est égal au poids moléculaire, c.-à-d. 4,2. Le symbole de l'h. est He.

L'*Argon*, qui paraît avoir été entrevu déjà au siècle dernier par Cavendish, n'a été isolé que récemment par lord Rayleigh et Ramsay, fort peu de temps avant la découverte de l'h. C'est en constatant une légère différence de densité entre l'azote atmosphérique et celui des combinaisons azotées, que ces savants furent amenés à soupçonner l'existence d'un nouveau gaz dans l'atmosphère. Pour obtenir l'argon, on fait passer de l'air sur du cuivre chauffé au rouge qui s'empare de l'oxygène, puis sur de la chaux sodée et de l'anhydride phosphorique qui retiennent l'acide carbonique et la vapeur d'eau; enfin, on absorbe l'azote par la tournure de magnésium au rouge; le résidu, qui occupe environ le centième du volume de l'air employé, est constitué par de l'argon pur. Ce gaz a pour densité 1,38 par rapport à l'air, 20 par rapport à l'hydrogène. Sa solubilité dans l'eau est 0,04; il est donc deux fois et demie plus soluble que l'azote. Olszewski a pu condenser l'argon sous la forme d'un liquide incolore, qui bout à — 187° sous la pression atmosphérique et qui se solidifie à — 191°. Sa température critique est — 121° et sa pression critique est de 50 atmosphères. L'argon est un corps simple, que l'on représente par le symbole Ar et dont le poids atomique, égal au poids moléculaire, est 40.

L'argon et l'h. se ressemblent sous bien des rapports. Tous deux sont des gaz difficilement liquéfiables dont les molécules ne contiennent qu'un atome. Tous deux se distinguent des autres éléments par leur inertie chimique et leur inaptitude à entrer en combinaison; toutefois, Berthelot a réussi à les absorber par le benzène et par le sulfure de carbone, sous l'influence de l'effluve électrique. Enfin, l'h. et l'argon n'ont pu trouver place dans la série périodique des éléments et doivent être considérés comme occupant un rang à part parmi les corps simples. Nous avons dû traiter ici de l'argon, qui n'était pas encore découvert à l'époque de la publication de notre premier volume.

HÉLIX. s. m. (lat. *helix*, petite volute). T. Anat. Le tour de l'oreille externe. Voy. Oreille. ‖ T. Zool. Nom scientifique du genre *Escargot* ou *Limaçon*. Voy. Pulmonés.

HELL ou **HÖLL** (Le P. Maximilien), astronome hongrois (1720-1792).

HELLADE, s. f. Nom ancien d'une région de la Grèce (Thessalie), puis de la Grèce entière.

HELLADIUS, grammairien grec du IVe siècle.

HELLANODICES ou **HELLANODIQUES.** s. m. pl. T. Antiq. grecq. Voy. Jeux.

HELLÉ, fille d'un roi de Thèbes; persécutée par sa belle-mère, elle s'enfuit et se noya dans la mer qui depuis s'appela *Hellespont* (Myth.).

HELLÉBORE. s. m. T. Bot. Voy. Ellébore.

HELLÉBORÉES. s. f. pl. (R. *hellébore*). T. Bot. Tribu de plantes de la famille des *Renonculacées*. Voy. ce mot.

HELLÉBORINE. s. f. T. Bot. Voy. Elléborine.

HELLEN, fils de Deucalion et de Pyrrha, père des Hellènes ou Grecs.

HELLÉNIQUE. adj. 2 g. [Pr. *el-lénik*] (gr. Ἕλλην, Grec). T. Antiquité grecque. Qui appartient à la Grèce. *Les cités helléniques.* — *Corps h.*, se dit quelquefois de la Confédération des cités grecques qui formaient l'amphictyonie de Delphes. — *Langue h.* Voy. ci-après.

Philol. — La langue grecque est peut-être la plus riche et la plus favorable à l'expression de la pensée que les hommes aient jamais parlée. Elle fait partie de la grande famille des langues aryennes ou indo-européennes. Voy. Indo-Européen. Nous rappellerons seulement ici que les langues aryennes comprennent outre le grec : le *sanscrit*, le *persan ancien* ou *zend*, les langues *germaniques et scandinaves*, les langues *slaves*, les langues *celtiques*, le *latin* et les idiomes actuels dérivés du latin. Il est impossible de méconnaître les affinités du grec avec ces diverses langues; mais il a été jusqu'ici impossible d'établir la filiation de la langue grecque. Pendant un certain temps, on a pu croire que le grec dérivait du sanscrit. Des recherches plus approfondies ont montré que cette hypothèse est inadmissible, et que le grec ne dérive d'aucune des autres langues indo-européennes; il semble que toutes ces langues, y compris le sanscrit, sont détachées d'un tronc commun, le sanscrit paraissant seulement plus rapproché de l'origine commune. On sait qu'à l'origine des temps historiques, la Grèce a été occupée primitivement par des peuples d'origine pélasgique, qui ont été ensuite refoulés ou réduits en servitude par les Hellènes, venus probablement du Caucase. Or, il a été impossible de découvrir si la langue grecque dérive de celle des Pélasges ou de celle des Hellènes. Il est probable qu'elle a été formée d'une fusion entre les deux idiomes, fusion où prédominait la part des Hellènes. Quoi qu'il en soit, la langue était déjà constituée du temps d'Homère (environ 900 ans av. J.-C.) avec toute sa richesse et ses formes principales. Nous avons indiqué, au mot Dialecte, les principaux dialectes dans lesquels cette belle langue a été partagée, au moins au début, et nous avons expliqué comment, vers l'époque d'Alexandre, le dialecte attique, très peu modifié, était devenu la *langue commune* dite aussi *hellénique*. Après les conquêtes d'Alexandre, le grec se répandit dans tout le monde civilisé et devint l'unique langue de la civilisation et des œuvres littéraires. On le trouve en Asie, à côté du Syrien et de l'Araméen; en Égypte, où il devint la langue officielle des Ptolémées; en Espagne, au sud de la Gaule, où il était déjà connu depuis la fondation de Marseille; en Italie et même à Rome. Dès l'époque des guerres puniques, l'étude du grec était indispensable à tout Romain instruit. Dans ces conditions, la langue grecque, parlée par une multitude de peuples d'origine et d'habitudes diverses, devait se partager de nouveau en différents dialectes, assez peu différents, du reste. On a donné à ces nouveaux dialectes le nom d'*Hellénistiques*, du mot ἑλληνιστής, par lequel les Grecs d'origine désignaient les étrangers qui parlaient grec. Le plus connu de ces dialectes est celui de Syrie, dans lequel sont écrits les Évangiles. La conquête de la Grèce par les Romains et l'établissement de l'empire romain ne diminuèrent en rien la prépondérance de la langue grecque, qui resta la langue, par excellence, de la philosophie et de la science. On a même vu un empereur romain, Marc-Aurèle, écrire en grec un livre de philosophie.

Après l'invasion des barbares, le grec se trouva confiné dans l'empire de Constantinople, dont il devint la langue officielle, en place du latin, peu de temps après Justinien. De cette époque date la décadence. L'immense mouvement de peuples qui s'accomplit pendant presque tout le moyen âge, amena l'introduction d'une quantité considérable de mots étrangers; des mots anciens perdirent leur sens primitif pour en prendre un nouveau. Cette corruption fut un peu enrayée par la création qu'elle amena d'un nouveau dialecte appelé *Grec ecclésiastique*, parce qu'il fut surtout employé par les écrivains d'Église. Mais après la prise de Constantinople par les Turcs (1453), le grec n'a plus d'existence officielle, et continue à se corrompre. Non seulement le vocabulaire s'altère par l'introduction de mots albanais, turcs, italiens, et par l'oubli des mots classiques; mais les formes grammaticales elles-mêmes tombent en désuétude; les substantifs ne se déclinent plus; les verbes ne se conjuguent presque plus, et la langue, autrefois synthétique, devient entièrement analytique. Ainsi se forme le *grec moderne* ou langue *romaïque*, parlé aujourd'hui sous la forme de plusieurs dialectes, non seulement en Grèce, mais encore dans tous les pays d'Orient où résident des peuples d'origine hi. : Constantinople, Asie Mineure, Égypte, etc.

Cependant, malgré son infériorité écrasante, le grec moderne ne diffère pas essentiellement du grec classique; on a pu affirmer que la différence n'est pas plus considérable que celle qui existait entre le dialecte attique et le dialecte dorien. De plus, la langue vulgaire tend aujourd'hui à s'améliorer, et phénomène unique dans l'histoire des langues, à revenir aux formes de la belle époque classique. Les Grecs modernes ont un orgueil national très grand, et ils se sont imposé la tâche de reconstituer leur belle langue ancienne, non pas sans doute dans toute sa pureté, mais au moins ils s'efforcent par l'instruction, la littérature, les journaux, d'établir une langue très voisine de l'ancienne langue h., quoiqu'un peu plus simple dans ses règles grammaticales et un peu plus en harmonie avec les habitudes analytiques des langues modernes. Leur modèle est Thucydide. Il semble que cette étonnante tentative finira par être couronnée de succès. A l'heure actuelle, des passages entiers de certains journaux et de certains livres imprimés à Athènes sont du grec ancien absolument correct. Il est vrai que le peuple ne comprend pas bien ces productions littéraires; mais il est permis d'espérer que, grâce au développement de l'instruction et à la docilité des Grecs en cette matière, il suffira d'un petit nombre de générations pour transformer même la langue vulgaire. Actuellement, il y a à Athènes quatre langues : 1° la langue vulgaire très corrompue; 2° la langue des salons, d'un vocabulaire plus choisi, mais encore très pauvre en formes grammaticales; 3° la langue des journaux et des livres, des lettres importantes, etc., langue écrite et non parlée, et qui n'est comprise exactement que par des personnes instruites; 4° l'ancienne langue h., employée quelquefois dans les circonstances solennelles : discours académiques, discours à la chambre des députés (rarement), etc. Ajoutons que les Grecs se plaisent à faire représenter au théâtre d'Athènes des tragédies d'auteurs antiques : Eschyle, Sophocle, Euripide. On les joue dans le texte; mais si la prose des historiens anciens est encore comprise des à peu près instruits, la poésie des tragiques n'est plus comprise de personne, si ce n'est des hellénistes de profession, et, lors de ces représentations, on distribue aux spectateurs des traductions en grec vulgaire. Telle est actuellement l'état de la langue grecque. On voit qu'on ne peut pas dire que ce soit une langue morte, et il est impossible de prévoir l'avenir qui est encore réservé à cette langue. Les circonstances politiques ont aujourd'hui peu favorisées aux Grecs, sont de nature à entraver le progrès de leurs intéressante et grandiose tentative; mais la politique peut changer, et il ne paraît pas douteux que si les Grecs pouvaient un jour reprendre quelque importance comme nation, le développement de leur langue, dans le sens d'un retour à la correction de la belle époque, s'accentuerait avec rapidité. La question de la prononciation du grec présente aussi un assez grand intérêt; nous en dirons quelques mots à l'article Pronunciation.

Le grec ancien était une langue synthétique, mais admettant aussi une très grande variété des formes grammaticales, ce qui laissait une grande liberté dans l'expression de la pensée : aussi était-elle éminemment propre au langage philosophique et scientifique. Un des caractères particuliers de cette belle langue, c'est la facilité qu'elle donne à la formation des noms

composés. De là vient l'usage qui s'est introduit en français et dans d'autres langues européennes, d'emprunter au grec les mots scientifiques; mais il est arrivé que des idées ou des appareils spéciaux au monde des sciences se sont peu à peu répandus dans la vie ordinaire avec leurs noms grecs, et de la sorte un grand nombre de radicaux grecs sont aujourd'hui compris de tout le monde et ont fini par faire partie intégrante de la langue française. Voy. Étymologie. — Par la richesse de son vocabulaire et de ses formes grammaticales, le grec est d'une précieuse ressource dans l'enseignement. L'étude de cette langue est l'un des meilleurs exercices qui puissent aider au développement des facultés intellectuelles, sans compter que la littérature grecque contient, dans divers ordres d'idées : drame, poésie, philosophie, sciences, etc., des productions de premier ordre qui sont d'éternels monuments de la puissance du génie humain.

HELLÉNISATION. s. f. [Pr. *el-lé-ni-za-sion*]. T. Néol. Action d'helléniser, de donner le caractère hellénique.

HELLÉNISME. s. m. [Pr. *el-lénisme*] (gr. ἑλληνισμός, m. s.). Tour, expression, manière de parler empruntée du grec, ou qui tient au génie de cette langue. *Le vers suivant d'Athalie, où Racine construit le verbe* admirer *avec la conjonction* si, *nous montre un exemple d'h. en français :*

    J'admirais si Mathan, dépouillant l'artifice,
    Avait pu de son cœur surmonter l'injustice.

|| L'ensemble des idées des anciens Grecs.

Philos. et Hist. — La civilisation grecque est moins ancienne que celles de l'Égypte et de la Chaldée. Les Phéniciens eux-mêmes étaient déjà arrivés à un degré de civilisation avancée, alors que les habitants de la Grèce étaient encore plongés dans une demi-barbarie. Cependant, la race grecque, douée d'une remarquable facilité d'assimilation jointe à une puissante originalité personnelle, a rapidement éclipsé les races plus anciennes et n'a pas tardé à occuper la première place dans le domaine de l'intelligence. L'influence de la Grèce sur le développement de la civilisation a été considérable; cette influence s'est poursuivie pendant toute l'antiquité; affaiblie et presque annihilée pendant le moyen âge, elle reparut avec plus de vigueur à l'époque de la Renaissance, et aujourd'hui même elle n'a pas encore cessé d'agir. Faire l'histoire de l'h., ce serait faire l'histoire de la pensée humaine.

Aucun peuple n'a possédé au même degré les qualités nécessaires au développement et à l'exercice des facultés intellectuelles; aucun n'a jamais exercé pareille autorité morale. Dans tous les ordres d'idées, le génie grec se caractérise par ce qu'il y a de plus grand et de plus noble dans la nature humaine. En politique, il eut l'amour de la liberté civile à un degré inconnu chez les autres nations. En art, il eut le culte de la beauté à tel point que les productions de ses artistes sont restées des modèles inimitables. Nos musées sont remplis de statues grecques, et nous représentons encore sur nos scènes de théâtre les tragédies de Sophocle. La grâce, la mesure, la sûreté du goût, sont le caractère fondamental de la littérature grecque; ses légendes sont pleines de charme. Que l'on compare les fables de la mythologie grecque avec celles des autres nations, et l'on ne pourra s'empêcher d'être frappé de la différence. Dans la philosophie et dans les sciences, la précision de la pensée et la rigueur du raisonnement ont été des instruments de progrès incomparables.

La plus belle époque, au point de vue littéraire, artistique et philosophique, est celle qui s'étend des guerres Médiques à la mort d'Alexandre. On peut comprendre aussi le siècle de Périclès. C'est l'époque des grands tragiques : Eschyle, Sophocle, Euripide; des historiens Thucydide, Hérodote et Xénophon; du sculpteur Phidias; des philosophes Platon, Socrate, Aristote, etc. Après Alexandre, la Grèce cesse d'être libre politiquement; mais son génie rayonne sur toute l'Asie, et bientôt s'établit en Égypte un puissant foyer de civilisation : Alexandrie, qui restera la reine intellectuelle du monde jusqu'à la fin de l'empire romain, et où se succédèrent, pendant plus de sept siècles, les savants et les philosophes.

Cependant, l'h. n'est pas confiné en Égypte : le monde civilisé tout entier subit l'influence des idées grecques. Si Euclide enseigne à Alexandrie la géométrie et Ératosthène l'astronomie, Hipparque est à Rhodes, Archimède à Syracuse. La grammaire et la critique littéraire sont créées avec Aristarque; l'anatomie et la médecine reçoivent aussi des perfectionnements importants.

Au contact de l'Orient la philosophie reprend une ère nouvelle, et les idées monothéistes se développent, en partie sous l'influence des Juifs établis à Alexandrie. L'ancien paganisme s'épure et se transforme peu à peu en une sorte de déisme à morale très élevée. Aussi, quand le christianisme apparaît, il subit, lui aussi, l'influence fécondante de l'h. Une scission se produisit entre les chrétiens juifs et les chrétiens hellénistes; les premiers voulaient conserver l'ancienne loi de Moïse et refusaient d'admettre dans la communion les étrangers ou *gentils*. Pour eux, la foi nouvelle n'avait été prêchée que pour les Hébreux. Les autres, au contraire, d'un esprit plus conforme à la parole du Maître, voyaient dans le christianisme une religion universelle, et fort heureusement, ils finirent par triompher sous la parole ardente de saint Paul, l'apôtre des gentils. Il y a plus de rapports qu'on ne croit communément entre la philosophie grecque de ce temps et la doctrine des premiers chrétiens. Certaines idées métaphysiques, par ex., la théorie du Verbe ou Logos, sont entièrement grecques et même opposées à l'esprit juif. On en peut dire autant du dogme de la Trinité, dérivé de la théorie du Verbe. Le christianisme, tel qu'il s'est établi dans le monde, doit plus à l'h. qu'au judaïsme.

L'établissement de l'empire romain et le triomphe définitif du christianisme n'ont pas arrêté l'essor de l'h. Mais il y a maintenant deux partis, et souvent Alexandrie est le théâtre de rixes sanglantes entre les chrétiens et les païens, et, malheureusement, les chrétiens ne sont pas du côté de la science et des progrès de l'intelligence. A la fin de l'empire, c'est une populace chrétienne qui massacre la malheureuse Hypatie et pille le fameux musée.

Cependant la ville des lumières, la riche Alexandrie, tombe aux mains des Arabes. Le grand établissement scientifique fondé par Alexandre est définitivement ruiné; mais l'h. n'est pas mort. Il reparaît chez les Arabes plus vivace que jamais. Sous le gouvernement intelligent des khalifes, les sciences reprennent un nouvel essor; une architecture nouvelle se développe; la civilisation arabe se propage sur toute la Syrie, sur tout le Nord de l'Afrique, et jusqu'en Espagne, où elle atteint son apogée; mais qu'on ne s'y trompe pas, sous le croissant de Mahomet, c'est encore la civilisation grecque, défigurée, déguisée en mahométane; architectes, médecins, astronomes, tous sont héritiers des anciens Grecs; ils continuent la tradition en l'accommodant au goût des Arabes et aux préceptes du Coran; mais l'Islam est une tunique de Nessus qui ronge et détruit tout ce qu'elle enveloppe, et, après un court éclat, cette belle civilisation arabe s'étiole et meurt, nouvelle preuve qu'elle ne doit presque rien à la race arabe, et que celle-ci a seulement su profiter des richesses intellectuelles qu'elle a rencontrées; mais elle n'a su ni les faire fructifier ni même les conserver.

Pendant tout le moyen âge, l'h., bien affaibli, bien peu digne de lui, noyé dans de stériles discussions théologiques, reste confiné dans Constantinople. Cependant il subsiste encore quelques intelligences isolées au milieu des ténèbres, et l'art prend un nouvel essor sous Justinien. La merveilleuse basilique de Sainte-Sophie, de Constantinople, restera le dernier grand chef-d'œuvre de ce puissant génie hellénique. Mais à part cette exception, de toutes les splendeurs de la pensée grecque il ne reste plus que la richesse matérielle, l'exercice des métiers, et, pour aliment intellectuel, l'étude de l'antiquité. C'est encore beaucoup dans ces siècles de guerre et de carnage. On le voit bien quand la malheureuse cité de Constantin tombe au pouvoir des Turcs. Alors les Grecs instruits se réfugient en Italie : ils y apportent leur langue, leurs livres et leurs arts et la Renaissance commence. Malheureusement, depuis longtemps déjà il n'y a plus d'h. vivant. C'est l'esprit des ancêtres qu'apportent les réfugiés de Constantinople, et cependant quels changements rapides s'accomplissent sous cette bienfaisante influence. Les études grecques sont à la mode dans tout l'Occident : les arts, les lettres, les sciences reçoivent un élan prodigieux; il semble qu'une lumière nouvelle soit révélée aux ténèbres du moyen âge, et que l'humanité va prendre conscience de choses et d'idées qu'lui étaient inconnues. Aussi, le progrès ne s'est pas ralenti depuis cette époque, et si, aujourd'hui, la masse des connaissances acquises dans les trois derniers siècles nous porte à nous enorgueillir du présent et à oublier l'antiquité, il serait cependant injuste de ne pas rendre au génie des anciens Hellènes l'hommage qui lui est légitimement dû. Ce sont les Grecs qui ont été les maîtres et les initiateurs de la pensée humaine; ce sont eux qui nous ont fait sortir des ténèbres du moyen âge; notre civilisation est l'héritière directe de la civilisation grecque. Art, littérature, science, tout ce qu'il y a de grand dans le domaine de l'intelligence

procède de la pensée hellénique. Sans doute, nous avons dépassé nos maîtres dans la science, mais non dans l'art; mais nos successeurs aussi nous dépasseront : c'est l'effet naturel du temps et du travail des générations successives. Dans tous les cas, nos progrès ne doivent pas nous faire oublier le point de départ, et l'h. ne doit pas cesser d'être considéré comme la plus haute manifestation du développement de la pensée humaine.

HELLÉNISTE. s. m. [Pr. *el-léniste*] (gr. ἑλληνιστής, m. s.). Érudit versé dans la langue grecque.

Les Juifs qualifiaient d'*Hellénistes* les Grecs qui avaient embrassé le judaïsme, et ceux d'entre leurs compatriotes qui parlaient la langue grecque, ou qui vivaient parmi les Grecs, ou qui avaient adopté les usages de ces derniers. Dans le siècle qui précéda et dans celui qui suivit la naissance de Jésus-Christ, il y avait un grand nombre de Juifs dispersés dans toutes les parties de l'empire romain, mais particulièrement en Égypte et dans les provinces méditerranéennes de l'Asie. Lors de la prédication de l'Évangile, beaucoup d'entre eux se convertirent, et, comme par leur longue fréquentation des étrangers ils avaient perdu une partie de leurs préjugés d'exclusivisme, il y eut entre eux et les Juifs de la Palestine qui s'étaient également convertis, des dissentiments assez vifs relativement aux pratiques de l'ancien culte et à l'admission des gentils dans l'Église nouvelle. — Les Juifs qui écrivaient dans cette langue y avaient introduit divers mots étrangers, et surtout des locutions et des métaphores particulières aux langues sémitiques. La langue grecque ainsi modifiée a reçu le nom de *dialecte helléniste*.

HELLÉNISTIQUE. adj. 2 g. [Pr. *el-lénistik*]. Qui appartient aux hellénistes. Voy. HELLÉNISTE.

HELLER, célèbre pianiste et compositeur hongrois (1814-1888).

HELLESPONT, aujourd'hui les Dardanelles, détroit de 70 kilomètres de longueur et d'une largeur variant de 2,000 à 3,000 mètres, qui unit la mer Égée (Archipel) à la Propontide (mer de Marmara).

HELLHOFFITE. s. f. [Pr. *hel-lo-fite*, *h* asp.] (R. *Hellhoff*, nom d'homme). Matière explosive, découverte en 1881 par le capitaine d'artillerie Hellhoff et le constructeur Causon, de Berlin.

HELLOT (JEAN), chimiste fr., membre de l'Académie des sciences (1685-1766).

HELMEND, riv. de l'Afghanistan, qui se jette dans le lac Hamoun ; 1,100 kil.

HELMHOLTZ (HERMANN-LOUIS-FERDINAND von), physiologiste et physicien allem. (1821-1894).

HELMINTHAGOGUE. adj. 2 g. [Pr. *elminta-gog*] (fr. *helminthe*; gr. ἀγωγός, qui expulse). T. Méd. Synon. de *Vermifuge*. Voy. ce mot.

HELMINTHE. s. m. (gr. Ἕλμινς ou Ἕλμις, Ἕλμινθος, ver). T. Zool. Syn. d'*Entozoaire* et désignant spécialement les vers qui vivent en parasites dans l'intestin de différents animaux. — Le genre *Anthostome* a été reconnu depuis la publication du premier volume de ce Dictionnaire, comme appartenant au groupe des *Vers Annélides*. — Voy. ENTOZOAIRES.

HELMINTHIASE. s. f. [Pr. *elmin-ti-aze*] (gr. ἕλμινς, Ἕλμινθος, ver; ἄσις, réunion). T. Méd. Nom générique de maladies causées par la présence d'entozoaires.

Pathol. — *Helminthiase intestinale*. — On entend par ce terme l'étude des maladies provoquées par la présence de parasites vermiculaires dans l'intestin, étude surtout perfectionnée par les travaux de Leuckhart, de Davaine, mais encore bien incomplètement défini relativement aux désordres effectués : certains auteurs estiment nulle leur influence pathogénique, en dehors de la constatation du ver ou de ses œufs dans les garde-robes. Les vers intestinaux appartiennent à deux grands groupes.

1. *Vers plats, platodes ou tænias*. — Les trois espèces principales sont : le *Tænia solium* ou armé, le *Tænia inerme* ou *saginata*, le *Bothriocephalus latus*. Ces vers ont pour caractère commun de ne se développer complètement que dans

l'intestin de l'homme; auparavant, ils traversent une phase embryonnaire chez des animaux dont la chair est mangée par l'homme; l'embryon mis en liberté dans l'intestin s'y développe, il se transforme en anneaux ou proglottides, qui émettent des œufs. Ceux-ci, habituellement faciles à reconnaître dans les matières fécales, sont avalés par les animaux et donnent naissance aux embryons. — Pour le *Tænia solium*, il se rencontre surtout sous forme de Cysticerque chez le cochon, constituant la ladrerie du porc. L'ingestion de cette viande, insuffisamment cuite ou crue, détermine chez l'homme l'apparition du Tænia; le Cysticerque introduit dans l'intestin s'y forme et y devient en deux mois ver adulte. Mais chez l'homme le Tænia peut rester à l'état de Cysticerque, soit que les embryons fécondés aient reflué dans l'estomac, soit à la suite de l'ingestion des embryons déposés sur les légumes. Les Cysticerques envahissent de préférence le tissu conjonctif, les méninges, le cerveau, l'œil. Les symptômes qu'ils déterminent sont variables, suivant la région où ils sont fixés. — Quant au Tænia inerme, il est dû à l'usage de la viande de bœuf mal cuite, surtout de la viande crue; le traitement de la diarrhée de sevrage par la viande crue explique pourquoi ce parasite est relativement plus fréquent chez l'enfant, que chez l'adulte. — Enfin, le *Bothriocéphale* se rencontrerait chez les ichtyophages (brochet), mais il n'est pas démontré que les poissons soient nécessaires pour transmettre le parasite.

Le siège habituel des Tænias est l'intestin grêle. Le ver est pelotonné sur lui-même, fixé à la paroi par ses ventouses et ses crochets; il est généralement implanté au voisinage du pylore. Il n'existe presque jamais qu'un seul ver par dans l'intestin, malgré certaines exceptions. La présence du parasite peut ne donner lieu à aucun symptôme : le plus souvent, sa présence est révélée par l'expulsion d'un ou de plusieurs anneaux soit à l'occasion, soit dans l'intervalle des garde-robes. Des troubles digestifs multiples leur ont été attribués : modifications dans l'appétit, douleurs ou gastriques, prurit anal; d'autres troubles encore : troubles des organes des sens, modifications du caractère, vertiges et convulsions. Les Tænias ne donnent jamais lieu à une altération grave de la santé autre que celle qui peut être provoquée par l'état hypochondriaque. La guérison survient avec l'expulsion du parasite. Le diagnostic ne peut se faire que par la constatation des anneaux ou des œufs; ce double examen permet aussi de reconnaître la variété de Tænia.

La prophylaxie comprend, comme règle fondamentale, la surveillance rigoureuse des viandes de bœuf et de porc livrées à la consommation; l'usage de la viande crue de bœuf ou de la viande saignante doit être l'objet de recommandations spéciales. Le traitement curatif ne doit être prescrit que si le médecin a constaté lui-même anneaux ou œufs. Les vermifuges les plus fréquemment usités sont : l'extrait éthéré de fougère mâle, la fleur de kousso, la semence de courges, l'écorce fraîche de grenadier (pelletiérine).

II. *Vers ronds, nématodes*. — L'Ascaris lombricoïde s'observe surtout chez l'enfant. Il y a rarement plus de huit à douze Lombrics chez le même sujet. Leur siège habituel est l'intestin grêle, mais on les rencontre aussi en d'autres portions du tube digestif, estomac, œsophage, pharynx. La présence des Ascarides ne détermine presque jamais d'altérations anatomiques; cependant, on peut trouver des tumeurs vermineuses soit dans la cavité péritonéale, soit dans des abcès para-intestinaux, le plus ordinairement après une gangrène intestinale ou une hernie étranglée. Après avoir multiplié les accidents consécutifs aux Ascarides, on les a réduits de nos jours à de justes proportions. On doit reconnaître l'existence : d'accidents sympathiques ou réflexes (modifications d'appétit, coliques, selles glaireuses, fétidité de l'haleine, pâleur et bouffissure du visage, dilatation et inégalité pupillaires, insomnie, terreurs nocturnes, éclampsie); d'accidents mécaniques simulant l'occlusion intestinale, ou des complexités très bizarres résultant de la progression imprévue de certains Ascarides. — Aucun des signes connus n'étant pathognomonique, le diagnostic se fait seulement par la constatation d'un ou de plusieurs Lombrics rejetés soit par l'anus, soit plus rarement par la bouche et surtout par la recherche des œufs dans les garde-robes. Aussitôt leur présence constatée, malgré le petit nombre d'accidents possibles, l'expulsion doit être provoquée : on se sert surtout du santon-contra et de son principe actif, la *santonine*. Le traitement prophylactique consiste à ne livrer à la consommation qu'une eau parfaitement pure.

Les Oxyures vermiculaires, à l'inverse des Tænias peuvent accomplir toute leur évolution chez le même individu. Les

œufs en arrivant dans l'estomac sont attaqués par les sucs digestifs; leur coque se rompt et l'embryon est mis en liberté. L'embryon se développe dans l'intestin grêle, où se fait ensuite l'accouplement; les femelles fécondées occupent le cæcum et le rectum où elles déposent leurs œufs; les mâles, au contraire, se trouvent presque exclusivement dans l'intestin grêle, si nombreux parfois qu'ils recouvrent presque toute la muqueuse intestinale villeuse et blanchâtre. Les Oxyures peuvent quitter l'intestin, mais ne se développent pas sur la peau. Chez les sujets malpropres, il peut se faire une autre infection constante. La transmission se fait par les aliments crus : les salades, les eaux potables qui renferment des œufs. — Les symptômes locaux sont assez caractéristiques : prurit anal avec ténesme, démangeaisons génitales et périgénitales se produisant surtout lorsque le malade est couché, présence des Oxyures au fond des plis radiés de l'anus. Fréquemment il faut administrer au malade un lavement froid pour découvrir dans les garde-robes les Oxyures ou leurs œufs. Les accidents généraux imputables aux Oxyures sont du même ordre que ceux qui ont été déjà décrits dans cet article, mais ils sont moins nombreux et encore plus sujets à caution. — Le diagnostic est généralement des plus simples, le pronostic des plus bénins : une propreté minutieuse des mains, l'usage d'une eau pure, constituent la prophylaxie. Le traitement curatif en topiques anaux est insuffisant; le traitement de choix consiste à donner pendant deux ou trois jours soit du calomel à petite dose, soit de la fleur de soufre, soit de la santonine; ensuite on fera des applications d'onguent gris anales et rectales.

L'Ankylostome duodénal est très bien connu aujourd'hui, c'est un des plus répandus à la surface du globe, donnant naissance à une série de maladies diversement dénommées suivant les pays : chlorose tropicale, égyptienne, fièvre américaine, cachexie aqueuse, etc. Tantôt il se propage d'une façon directe, tantôt par l'intermédiaire des eaux d'alimentation, surtout dans les milieux à agglomérations (mines). Les Ankylostomes peuvent se trouver en très grand nombre dans l'intestin, trois mille et plus. Le parasite est fixé solidement adhérent à la muqueuse qu'on le briserait plutôt que lui faire lâcher prise; il provoque ainsi souvent l'ouverture de petits vaisseaux capillaires, qui, répétée, amène l'anémie. Les signes de l'ankylostomase sont ceux d'une anémie accentuée, diminution du nombre des globules rouges qui peut tomber à un million par millimètre cube et de la teneur du sang en hémoglobine. Les troubles digestifs sont constants. La marche de l'affection est fatalement progressive si l'on n'intervient pas. Elle peut évoluer en quelques mois. — Le diagnostic est facile si on reconnaît le cas d'anémie d'une façon endémique, caractérisé par une évolution rapide, surtout chez les ouvriers employés aux travaux de la terre. Ces cas isolés sont plus difficiles à discerner; mais l'examen des selles lève tous les doutes. — Le traitement prophylactique très important consiste à distribuer des eaux parfaitement pures et à installer pour les matières fécales des fosses étanches. Les meilleurs remèdes sont l'extrait éthéré de fougère mâle et le thymol. Ce ver s'attaque aussi aux animaux domestiques. Voy. ANKYLOSTOMASIE.

HELMINTHIASIS. s. f. [Pr. *elmin-tia-zis*]. T. Méd. Syn. de *Helminthiase*.

HELMINTHIE. s. f. T. Bot. Genre de plantes Dicotylédones (*Helminthia*), de la famille des *Composées*, tribu des *Liguliflores*. Voy. COMPOSÉES.

HELMINTHIQUE. adj. 2 g. T. Zool. Qui ressemble aux helminthes.

HELMINTHOGÉNÉSIE. s. f. [Pr. *elminto-jéné-zi*] (R. fr. *helminthe*; gr. γένεσις, engendrement). T. Méd. Diathèse vermineuse.

HELMINTHOÏDE. adj. 2 g. (gr. ἕλμινς, ver; εἶδος, forme). Qui ressemble à une helminthe.

HELMINTHOLITHE. s. m. (gr. ἕλμινς, ver; λίθος, pierre). T. Minér. Ver pétrifié.

HELMINTHOLOGIE. s. f. T. Hist. nat. La partie de la zoologie qui traite des *Vers* vivant en parasites dans le corps des autres animaux.

HELMINTHOLOGIQUE. adj. 2 g. Qui a rapport à l'helminthologie.

HELMINTHOLOGISTE. s. m. Naturaliste qui s'occupe de l'helminthologie.

HELMINTHOSTACHIDE. s. m. [Pr. *elminto-sta-kide*] (gr. ἕλμινς, ἕλμινθος, ver; στάχυς, épi). T. Bot. Genre de plantes Cryptogames (*Helminthostachys*) de la famille des *Ophioglossées*. Voy. ce mot.

HELMONT (J.-B. van), médecin et chimiste belge, célèbre par ses travaux sur les gaz (1577-1644). = Son fils FRANTZ MERCURIUS, théosophe et alchimiste (1618-1699).

HELMSTAEDT, v. d'Allemagne (duché de Brunswick), 10,000 hab.

HÉLOCÈRE. adj. 2 g. (gr. ἧλος, clou; κέρας, corne). T. Zool. Dont les antennes sont en forme de clou.

HÉLODE. adj. 2 g. (gr. ἑλώδης, marécageux, de ἕλος, marais). Qui tient des marais. *Fièvres hélodes.* — HÉLODE. s. m. T. Entom. Genre de *Coléoptères* appartenant à la famille des *Chrysomélides*.

HÉLOÏSE, nièce du chanoine Fulbert, célèbre par son amour pour Abélard, mourut abbesse du Paraclet (1101-1164).

HÉLONIAS. s. m. [Pr. *hé-lo-niass*]. T. Bot. Genre de plantes Monocotylédones de la famille des *Liliacées*. Voy. ce mot.

HÉLOPITHÈQUES. s. m. pl. (gr. ἧλος, tubercule; πίθηξ, singe). T. Mamm. — Buffon réunissait sous le nom de *Sapa-*

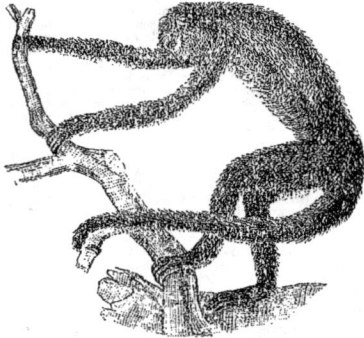

Fig. 1.

jous et Geoffroy Saint-Hilaire sous le nom d'*Hélopithèques* un certain nombre de singes appartenant aux singes du nouveau continent ou *Plathyrrhiniens*. Ces singes se distinguent de tous les autres Quadrumanes par leur queue nue et calleuse à l'extrémité, qui possède la faculté de s'enrouler autour des objets, et devient, par cela même, un puissant instrument de préhension. Grâce à elle, ils peuvent saisir au loin les objets qu'ils veulent atteindre, se suspendre aux branches et s'y balancer. Leurs narines sont ouvertes latéralement, mais, en général, elles sont beaucoup plus rapprochées que chez les autres espèces américaines. Ce groupe comprend les cinq genres principaux suivants : *Alouate, Atèle, Ériode, Lagothriche* et *Sajou*. — Nous avons déjà parlé des *Alouates* (*Mycètes*), appelés aussi *Singes hurleurs* et *Stentors*, à cause de la puissance de leur voix. — Les *Atèles* (*Ateles*) sont caractérisés par la longueur considérable de leurs membres grêles, et en particulier de leurs mains, mais surtout par l'état rudimentaire de leurs pouces antérieurs, qui tantôt ne sont nullement apparents tantôt se présentent sous la forme d'un simple tubercule sans ongle. C'est de cette conformation anormale que leur est venu leur nom, qui signifie *incomplet*. Ces singes ont la tête volumineuse et un angle facial de 60 degrés. Leur pelage est long et soyeux. Ces ani-

maux sont doux, mélancoliques, craintifs, faciles à apprivoiser, et, ce qui est en opposition avec leurs formes élancées, paresseux et lents. Ils habitent une grande partie de

Fig. 2.

l'Amérique du Sud, où ils vivent par troupes sur les arbres. Ils se nourrissent de racines et d'insectes. Nous citerons comme exemple de ce genre l'*At. cayou* (*A. ater*) [Fig. 1], qui a le

Fig. 3.

pelage noir, la face noire et un peu ridée, et qu'on trouve au Brésil et à la Guyane. — Les *Ériodes* (*Eriodes*) diffèrent des Atèles en ce que leurs pouces antérieurs, bien que tout à fait rudimentaires, sont munis d'ongles. En outre, ils ont les narines ouvertes inférieurement, et semblent ainsi établir le passage entre les singes de l'ancien continent et ceux du nouveau. On ne les a rencontrés que dans les forêts du Brésil. Notre Fig. 2 représente l'*É. hémidactyle*. — Les *Logothriches* (*Lagothrix*) doivent leur nom à leur pelage presque laineux, et analogue à celui du lièvre. Ils ont cinq doigts à toutes les mains, la tête arrondie, le cerveau assez volumineux et des membres bien proportionnés. Leur station est souvent bipède. On les rencontre principalement sur le bord du fleuve des Amazones. Nous citerons, comme type de ce genre, le *L. grison* (*L. canus*) [Fig. 3], dont le pelage est gris, mais olivâtre en dessus. Il s'apprivoise aisément et devient très familier. — Les *Sajous* (*Cebus*) ont les

Fig. 4.

pouces des mains antérieures peu libres et peu opposables; et leur queue, quoique préhensile, est entièrement couverte de poils. Ces singes ont la tête grosse et ronde, le museau large et menus, les membres robustes et proportionnés. Ils sont pleins d'adresse et d'intelligence vifs, remuants, et cependant doux et dociles. Ils sont très communs au Brésil et à la Guyane. Nous nous contenterons de mentionner le *S. Saï* (*C. capucinus*), dont le pelage varie du gris brun au gris olivâtre. Il doit son surnom de *capucin* à la calotte de poils noirs qui orne le haut de son occiput. C'est un animal doux et timide; il fait souvent entendre un cri plaintif, qui lui a encore valu le nom de *Singe pleureur*.

HÉLOPS. s. m. (gr. ἧλος, clou ; ὤψ, face). T. Ent. Genre d'Insectes Coléoptères Hétéromères, voisins des Ténébrions.

HÉLOS, anc. v. de Laconie, dont les habitants furent réduits en esclavage par les Spartiates sous le nom d'Ilotes ou Hilotes.

HÉLOSIDE. s. f. [Pr. *élo-zide*] T. Bot. Genre de plantes Dicotylédones (*Helosis*), de la famille des *Balanophoracées*. Voy. ce mot.

HÉLOSIDÉES. s. f. pl. [Pr. *élozi-dées*] (R. *Héloside*). Tribu de végétaux de la famille des *Balanophoracées*. Voy. ce mot.

HELSINGBORG, v. maritime de la Suède, à l'entrée du Sund ; 21,000 hab.

HELSINGFORS, v. forte, ch.-l. du grand-duché de Finlande, sur le golfe de Finlande; 70,000 hab. Université et important jardin botanique.

HELST (BARTHOLOMEUS VAN DER), célèbre peintre hollandais (1613-1670).

HELVELLE. s. m. pl. T. Bot. Genre de Champignons (*Helvella*), de la famille des *Hyménomycètes*. Voy. ce mot.

HELVÈTES, peuple gaulois qui occupa à l'époque de Jules César la plus grande partie de la Suisse actuelle.

HELVÉTIE, prov. de l'anc. Gaule, correspondant à peu près à la Suisse moderne. || Se dit en poésie pour la *Suisse*.

HELVÉTIEN, IENNE. adj. et s. [Pr. *elvé-si-in*]. Qui est de l'Helvétie; habitant de l'Helvétie. — *Terrain h.* ou *Helvétien*, s. m. T. Géol. Second étage du miocène.

HELVÉTIQUE. adj. Qui appartient à la nation suisse. Les cantons helvétiques. Voy. CONFÉDÉRATION.

HELVÉTISME. s. m. (lat. *Helvetia*, Suisse). Locution en usage chez les Suisses de la Suisse française.

HELVÉTIUS, médecin de Marie Leckzinska (1685-1755). = Son fils CLAUDE-ADRIEN, littérateur et philosophe français, grand protecteur des gens de lettres, auteur du livre *De l'esprit* (1715-1771).

HELVIDIEN. s. m. (*Helvidius*, nom d'homme). Membre d'une secte chrétienne qui pensait que Marie avait eu des enfants de saint Joseph.

HELVIENS, peuple de la Gaule méridionale, faisant partie de la ligue fédérative des Arvernes.

HELVINE. s. f. T. Minér. Minéral de couleur jaune, cristallisant en tétraèdres réguliers, qu'on trouve en Saxe dans un gneiss grenatifère. C'est une combinaison de silicate et de sulfure de manganèse, avec un peu d'oxyde de fer et de glucine.

HELWINGIACÉES. s. f. pl. (R. *Helwingia*). T. Bot. Ancienne famille de végétaux aujourd'hui fondue dans la famille des *Cornées*. Voy. ce mot.

HELWINGIE. s. f. (R. *Helwing*, n. d'un savant all.). T. Bot. Genre de plantes Dicotylédones (*Helwingia*) de la famille des *Cornées*. Voy. ce mot.

HELY-HUTCHINSON (JOHN), homme d'État angl. (1724-1794).

HEM [*h* asp.] Interj. qui sert pour appeler. Hem! venez donc ici. || Onomatopée imitant le bruit que l'on fait en essayant de dégager la gorge.

HÉMADROMOMÈTRE. s. m. (gr. αἷμα, sang. δρόμος, course; μέτρον, mesure). Instrument qui sert à évaluer la rapidité du sang dans les gros troncs artériels.

HÉMADYNAMIQUE. s. f. (gr. αἷμα, sang; fr. *dynamique*). Théorie mécanique de la circulation du sang.

HÉMAGOGUE. adj. 2 g. (gr. αἷμα; ἀγωγός, qui pousse). T. Méd. Qui provoque le flux menstruel ou le flux hémorroïdal.

HÉMALOPIE. s. f. (gr. αἱμάλωψ, m. s.). T. Méd. Épanchement de sang dans le globe de l'œil.

HÉMANTHE. s. m. (gr. αἷμα, sang; ἄνθος, fleur). T. Bot. Genre de plantes Monocotylédones (*Hæmanthus*) de la famille des *Amaryllidacées*. Voy. ce mot.

HÉMASTATIQUE. s. f. (gr. αἷμα, sang; fr. *statique*). Partie de la physiologie qui traite des lois de l'équilibre du sang dans les vaisseaux.

HÉMATÉINE. s. f. (gr. αἷμα, sang). T. Chim. Matière colorante provenant du bois de campêche. Elle résulte de l'oxydation de l'hématoxyline, sous l'action de l'acide azoteux ou sous l'action de l'air en présence de l'ammoniaque. Pour la préparer, on dissout l'extrait de campêche dans de l'eau, on ajoute de l'ammoniaque et on expose à l'air; il se dépose une combinaison d'h. et d'ammoniaque que l'on décompose par l'acide acétique. L'h. se sépare sous la forme d'une poudre rouge cristalline, peu soluble dans l'eau froide et dans l'éther, plus soluble dans l'alcool et dans l'eau chaude. Elle se dissout en pourpre ou en bleu dans les ammoniaque et dans les alcalis. Ces solutions exposées à l'air deviennent rouges, et finalement brunes. Traitée par l'hydrogène naissant, l'h. régénère l'hématoxyline.

439

HÉMATÉMÈSE. s. f. (gr. αἷμα, sang; ἐμέω, jo vomis). L'h. est un vomissement de sang; c'est le rejet par les voies digestives supérieures de sang provenant de l'estomac ou des parties adjacentes. Ce terme est donc bien distinct de celui de gastrorrhagie. — Le sang rejeté peut être coagulé ou non, rouge ou noir comme de la suie délayée, du marc de café, abondant ou non; il n'est jamais aéré. L'accident est annoncé par quelques signes prémonitoires, lourdeur de tête, malaise général, bouffées congestives, saveur buccale sanguine angoissante. Consécutivement apparaissent les symptômes de toutes les hémorrhagies internes, plus ou moins graves suivant la rapidité de l'évacuation et la quantité de sang rejetée : pâleur, sueurs froides, refroidissement des extrémités, lipothymies, etc. Les causes productrices sont au trois ordres ; l'h. est due à un traumatisme ou à une lésion ulcéreuse de l'estomac (varices œsophagiennes, ulcère rond, cancer, rupture d'un anévrysme de l'aorte, etc.), ou à une augmentation de pression dans le système circulatoire, qu'il s'agisse de congestions passives dans la circulation veineuse générale (maladies du poumon, du cœur, des reins), ou dans la circulation locale (cirrhose atrophique, tumeurs comprimant la veine porte), ou qu'il s'agisse de congestions actives (troubles vasomoteurs de l'hystérie, hémorrhagies complémentaires ou supplémentaires des règles, des hémorrhoïdes). En face du sang rejeté par les voies digestives supérieures, la première question à se poser est : y a-t-il vraiment h. ? L'hémoptysie prête à erreur lorsque le sang, arrivant en grande abondance au niveau de la luette, donne naissance à des efforts de vomissement ; mais, règle générale, la toux précède le rejet de sang, le sang est aéré et plus rutilant, et il y a des signes pulmonaires indubitables antérieurs à l'événement. L'épistaxis postérieure se produisant la nuit et donnant lieu ultérieurement à un rejet de sang. se révèle par l'existence de lésions des fosses nasales et les commémoratifs comprenant des épistaxis les jours précédents. Enfin, il faut se méfier de l'ingestion possible de sang des abattoirs ou de mélanges thérapeutiques illusionnants (tanin et perchlorure de fer), mais l'examen microscopique et spectroscopique décèle toute erreur. Il faut ensuite se rendre compte de la cause de l'hémorrhagie, et c'est l'interrogatoire du malade, l'examen de son état nerveux, de son appareil circulatoire, de son appareil digestif enfin, qui donnent le diagnostic précis, en y joignant bien entendu les caractères spéciaux allérénts aux hémorrhagies suivant la lésion originelle. Le pronostic de l'h., qui en réalité n'est qu'un symptôme et pas une maladie, est essentiellement variable avec l'état pathologique qu'elle révèle. — Le traitement se résume en trois indications : 1° arrêter l'hémorrhagie par l'emploi direct de substances faisant contracter les fibres lisses des vaisseaux (ergotine), par le repos absolu, par une alimentation appropriée (lait glacé) ; 2° soutenir l'état général ; 3° traiter la cause originelle.

HÉMATEUX, EUSE. adj. (gr. αἷμα, sang). T. Méd. Relatif au sang.

HÉMATIDROSE. s. f. (gr. αἷμα, sang; ὕδρως, sueur). T. Méd. Sueur de sang.

HÉMATIE. s. f. (gr. αἷμα, sang). T. Physiol. Globule du sang.

HÉMATINE. s. f. (gr. αἷμα, sang). T. Chim. Le nom d'hématine, que l'on donnait autrefois à l'hématoxyline du bois de campêche, sert aujourd'hui à désigner une substance azuminoïde, ferrugineuse, qui prend naissance quand on traite l'hémoglobine, en présence de l'air, par les acides, par les solutions alcalines ou même par l'eau chaude A l'état sec, l'h. forme une poudre d'un bleu noirâtre, à reflets métalliques. Elle est insoluble dans l'eau, l'alcool, l'éther et le chloroforme, soluble dans les alcalis étendus. Elle se dissout dans l'alcool additionné d'un acide ou d'un alcali et forme avec ces corps des combinaisons souvent cristallisables C'est ainsi que le chlorhydrate d'h., appelé autrefois hémine, s'obtient en petits cristaux noirs clinorhombiques. Si l'on cherche à préparer de l'h. à l'aide de l'hémoglobine réduite, on en réduite à l'aide de l'oxy-hémoglobine, mais en évitant le contact de l'air, on obtient de l'h. réduite ou Hémochromogène. Ce dernier corps se forme aussi lorsqu'on traite l'h. par un réducteur en milieu alcalin. Ses solutions sont rouge pourpre et absorbent rapidement l'oxygène de l'air ou reproduisant l'hématine ordinaire. Les acides énergiques, ainsi que les réducteurs en milieu fortement acide, transforment l'h. en une matière noire violacée, l'Hématoporphyrine, qui représente de l'h. privée de

tout son fer, et que l'on rencontre à l'état naturel chez différents animaux invertébrés. — Si l'on opère à l'abri de l'air, on obtient, au lieu de l'hématoporphyrine, une substance moins riche en oxygène, noirâtre, également exempte de fer, appelée Hématoline.

HÉMATIQUE. adj. 2 g. Qui a rapport au sang.

HÉMATITE. s. f. (gr. αἷμα, sang). T. Minér. et Chim. Minerai de fer. Voy. Fer, VII, B.

HÉMATOBLASTE. s.(gr.αἷμα,sang;βλαστός,germe).T.Phys. Nom donné aux cellules qui donnent naissance aux hématies.

HÉMATOCARPE. adj. 2 g. (gr. αἷμα, sang; καρπός, fruit). T. Bot. Qui a les fruits tachetés de rouge.

HÉMATOCÈLE s. f. (gr. αἷμα, sang; κήλη, tumeur). T. Chir. Tumeur formée par un épanchement de sang dans le scrotum.

HÉMATOCÉPHALE. s. m. (gr. αἷμα, sang; κεφαλή, tête). T. Térat. Nom des monstres chez lesquels un épanchement au cerveau a causé des déformations de la tête.

HÉMATOCOCCÉES. s. f. pl. [Pr émato-kok-sé] (R. hematococcus). T. Bot. Tribu d'Algues de la famille des Protococcacées. Voy. ce mot.

HÉMATOCOQUE. s. m. (gr. αἷμα, sang; κόκκος, grain). T. Bot. Genre d'Algues (Hematococcus) de la famille des Protococcacées. Voy. ce mot.

HÉMATOCRISTALLINE. s. f. (gr. αἷμα, sang; fr. cristallin). T. Chim. et Physiol. Syn. d'Hémoglobine.

HÉMATODE. adj. 2 g. (gr. αἷμα, sang; εἶδος, apparence). T. Méd. Fongus h. Variété de cancer mou.

HÉMATOGRAPHE. s. m. Auteur d'une hématographie.

HÉMATOGRAPHIE. s. f. (gr. αἷμα, sang; γράφειν, décrire). Description du sang.

HÉMATOÏDE. adj. 2 g. (gr. αἷμα, sang; εἶδος, forme). T. Minér. Quartz h. Variété de quartz d'un rouge sombre.] T. Méd. Se dit de certaines tumeurs qui saignent facilement, généralement des cancers colloïdes.

HÉMATOÏDINE. s. f. (gr. αἷμα, sang). T. Chim. et Physiol. Matière colorante cristalline en losanges à reflets verts, soluble en rouge vif dans le sulfure de carbone, insoluble dans les alcalis, observée dans les anciens foyers hémorrhagiques.

HÉMATOLINE. s. f. (gr.αἷμα,sang). T. Chim. V. Hématine.

HÉMATOLOGIE. s. f. (gr. αἷμα, sang ; λόγος, traité). Traité, description du sang.

HÉMATOLOGIQUE. adj. 2 g. Qui a rapport à l'hématologie.

HÉMATOME. s. m. (gr. αἷμα, sang). T. Chir. Tumeur sanguine.

HÉMATOMPHALE. s. m. [Pr. ématon-fale] (gr. αἷμα, sang; ὀμφαλός, ombil.c). Hernie ombilicale dont le sac renferme de la sérosité et du sang épanché, ou qui présente à sa surface de veines variqueuses.

HÉMATONCIE. s. f. (gr. αἷμα, sang; ὄγκος, tumeur). Synon. d'Hematome.

HÉMATOPHAGE. adj. 2 g. [Pr. émato-fa-je] (gr. αἷμα, sang; φαγεῖν, manger). T. Zool. Qui vit de sang.

HÉMATOPHYLLE. s. f. [Pr. é-mato-file](gr.αἷμα,sang; φύλλον, feuille). T. Bot. Qui a les feuilles teintes d'un rouge sang.

HÉMATOPOIÈSE. s. f. [Pr. ématopo-iè-ze] (g. αἷμα, sang; ποίησις, action de faire). T. Physiol. Fabrication des globules de sang.

HÉMATOPOIÉTIQUE. adj. 2 g. T. Physiol. Qui a rapport à l'hématopoièse. La fonction h.

HÉMATOPORIE. s. f. (gr. αἷμα, sang; ἀπορία, ma ι que, de ά, priv. et πορεῖν, fournir). T. Méd. Cachexie qui a ·our cause le défaut de sang.

HÉMATOPORPHYRINE. s. f. [Pr. ématopor-fîrine] (gr. αἷμα, sang; πορφύριον, pourpre). T. Chim. Voy. HÉMATINE.

HÉMATORRHACHIS. s. m. [Pr. émator-ra-chis] (gr. αἷμα, sang; fr. rachis). T. Méd. Hémorrhagie intra-rachidienne.

HÉMATOSE. s. m. [Pr. émato-ze] (gr. αἱμάτωσις, m. s.). T. Physiol. Se dit de la conversion du chyle en sang, et plus ordinairement de la conversion du sang veineux en sang artériel. Voy. RESPIRATION et SANG.

HÉMATOSER (S'). v. pron. [Pr. s'émato-zer]. Subir ·'hématose.

HÉMATOSINE. s. f. [Pr. émato-zine] (gr. αἷμα, sang). T. Chim. et Physiol. Syn. de HÉMOGLOBINE.

HÉMATOXYLE. s. m. (gr. αἷμα, sang; ξύλον, bois). T. Bot. Genre de plantes Dicotylédones (Hæmatoxylon) de la famille des Légumineuses. Voy. ce mot.

HÉMATOXYLINE. s. f. T. Chim. Principe colorant qui donne naissance à la matière colorante rouge du bois de campêche (Hæmatoxylon campechianum). On obtient l l·· en traitant le bois ou l'extrait sec de campêche par l'éther. Elle forme des cristaux transparents, légèrement jaunâtres, peu solubles dans l'eau froide, très solubles dans l'éther et dans l'alcool. Sa solution aqueuse est dextrogyre, réductrice, et possède une saveur sucrée. Elle reste inaltérée dans l'air et l'oxygène purs ; mais, si l'on ajoute la moindre trace d'ammoniaque, la liqueur prend une coloration rouge due à la formation d'hématéine. L'acide azotique oxyde l'h. en donnant de l'hématéine, puis de l'acide oxalique. Avec les alcalis et les carbonates alcalins, l'h. donne des solutions pourprées qui se décolorent sous l'action des acides.

HÉMATOZOAIRES. s. m. pl. (gr. αἷμα, sang; ζῷον animal). Nom que l'on donne aux animaux parasites qui vivent dans le sang d'autres animaux. Les H. appartiennent surtout à l'embranchement des Vers et à celui des Protozoaires. Parmi les premiers, nous citerons la Bilharzie (Bilharzia hæmatobia), un trématode qui peut occasionner chez l'homme de l'hématurie ou la dysenterie, et la Filaire du sang (Filaria sanguinis hominis), un nématode qui donne une maladie spéciale aux pays chauds et appelée Filariose.

Les Protozoaires hématozoaires sont encore mal connus ; les plus intéressants sont ceux qui occasionnent la fièvre intermittente et qui appartiennent, pour les uns, au groupe des Sporozoaires, pour les autres, à celui des Rhizopodes.

HÉMATURIE. s. f. (gr. αἷμα, sang; οὖρα, j'urine) Pissement de sang pur ou mêlé d'urine.

Méd. — On donne le nom d'h. ou de pissement de sang à la modification du liquide urinaire caractérisée par l'apparition du sang pendant les mictions, à l'excrétion simultanée du sang et de l'urine. Cette définition doit être prise à la lettre, car tout écoulement de sang par l'urèthre ne doit pas être considéré comme une h. Les conditions pathologiques qui provoquent le pissement de sang sont extrêmement nombreuses et variées ; les signes locaux et généraux diffèrent avec chacune et la grande majorité des hématuries ressortit à la pratique chirurgicale.

La coloration des urines hématuriques varie du rouge clair au rouge sombre, de l'eau de groseilles au rouge de café. Le sang peut exister dans l'urine sous différentes formes, liquide ou en caillots. Il est souvent éliminé avec du pus ou des détritus variables. Il y a donc lieu, dans tout échantillon, de considérer deux choses : l'urine et le dépôt. Les dépôts sanglants eux-mêmes sont en général formés de deux parties distinctes : une crème rougeâtre et des caillots. Au microscope, les hématuries sont plus ou moins reconnaissables suivant la fraîcheur du sang et son abondance dans l'urine. Généralement il est facile de reconnaître la conversion du sang dans l'urine sans appareils spéciaux : les seules erreurs peuvent provenir de l'ingestion de certains aliments (rhubarbe, séné, semencontra, santal, acide phénique, etc.), de l'époque des règles, des métrorrhagies (chez la femme) ; le diagnostic est plus délicat entre les urines hématuriques et hémoglobinuriques, et l'examen microscopique peut seul parfois trancher la difficulté.

Lorsqu'un malade se plaint de pisser du sang, l'interrogatoire seul donne déjà d'utiles renseignements. Il faut en premier lieu savoir à quel moment apparaît le sang : pendant toute la durée de la miction, à la fin seulement, ou seulement au début. Mais tout cela ne donne souvent qu'une approximation : il faut donc, en pareille occurrence, rapprocher l'étude du pissement de sang des influences diverses qui peuvent le produire ou le modérer, et appeler à son aide les notions tirées de la fréquence, de la durée de l'h. et de la recherche des symptômes locaux ou généraux qui l'accompagnent. Toutes ces conditions doivent être étudiées en détail avec chaque cause spéciale d'h., mais une indication générale s'impose cependant à ce propos : la vessie ne peut guère être lésée sans que cette lésion soit révélée par des troubles de la miction, par des manifestations douloureuses évidentes ; le rein, au contraire, fournit bien peu de réponses aux interrogations qui lui sont directement adressées. Ceci posé, il convient de passer en revue les différentes causes possibles : 1° Les hématuries peuvent être rénales : traumatiques, mécaniques (calculs, parasites, etc.) ; ou inflammatoires, congestives dans les néphrites ; ou consécutives à une dégénérescence (cancer, tuberculose) ; 2° elles peuvent être vésicales : traumatiques (traumas: cathétérisme, etc.), mécaniques (calculs, rétention d'urine par hypertrophie prostatique) ; ou inflammatoires dans les cystites ; ou consécutives à la dégénérescence (tumeurs et tuberculose) ; 3° elles peuvent reconnaître pour origine l'urèthre, soit traumatisé, soit enflammé, soit rétréci ; les hématuries sont également susceptibles d'apparaître au cours des maladies infectieuses donnant naissance à des néphropathies aiguës, du moins dans les formes malignes de ces infections, ou même temps d'ailleurs que d'autres hémorrhagies par des voies diverses (fièvre typhoïde, variole hémorrhagique, etc.) ; au cours de maladies générales dyscrasiques (hémophilie, leucocythémie) ; 5° l'h. est, enfin, parfois essentielle ; c'est alors l'h. des pays chauds, relevant de la présence dans le réseau circulatoire du rein, de la filaire de Médine, ou du distome de Bilharz, ou plus rarement du strongle géant (hématochylurie, hématurie chyleuse filarienne, h. d'Égypte, du Brésil).

L'h. étant de cause locale dans la plupart des cas, elle est presque toujours justiciable d'un traitement chirurgical ; mais certaines règles doivent être formulées qui concernent toutes les hématuries, d'où qu'elles proviennent : règles d'hygiène des voies urinaires (repos, laxatifs, antiseptiques faibles, etc.) ; méthode antiphlogistique dans toutes leurs ressources (bain général, saignée locale).

HÉMELLITÈNE. s. m. [Pr. emel-litène]. T. Chim. Hydrocarbure aromatique répondant à la formule $C^6H^3(CH^3)^3$, constitué par du benzène triméthyle où les trois groupes CH^3 sont contigus. L'h. se rencontre dans les huiles de goudron. Il est liquide et bout à 175°. Traité à chaud par l'acide sulfurique il donne un acide hémellitène-sulfonique :

$$C^6H^2(SO^3H)(CH^3)^3.$$

Celui-ci, fondu avec la potasse caustique, fournit le phénol correspondant, l'hémellitènol $C^6H^3(OH)(CH^3)^3$ qui cristallise en longues aiguilles, fusibles à 81°.

Lorsqu'on fait bouillir l'h. avec de l'acide azotique étendu, on obtient l'acide hémellitique $C^6H^3(CH^3)^2CO^2H$, solide, fusible à 145°, soluble dans l'alcool, presque insoluble dans l'eau.

L'acide hémimellique $C^6H^3(CO^2H)^3$ est l'acide benzènetricarbonique qui correspond à l'h. Il cristallise en aiguilles peu solubles dans l'eau ; chauffé à 185° il fond et se décompose partiellement en anhydride phtalique, acide benzoïque, eau et anhydride carbonique.

HÉMELLITIQUE. adj. 2 g. [Pr. emel-litike]. T. Chim. Voy. HÉMELLITÈNE.

HÉMÉLYTRE. adj. 2 g. (gr. ἥμι, demi ; fr. élytre). T. Zool. Insectes hémélytres, Ceux dont les élytres ne sont cornés qu'à la base.

HÉMÉRALOPE. s. Personne qui est atteinte d'héméralopie.

HÉMÉRALOPIE. s. f. (gr. ἡμέρα, jour ; ὄψις, vue). T. Méd. Amaurose incomplète dans laquelle le malade ne peut voir qu'à la lumière du jour. Cette maladie est quelquefois épidémique. Voy. AMAUROSE.

HÉMÉROBE. s. m. (gr. ἡμέρα, jour ; βίος, vie). T. Entom. Genre d'Insectes Névroptères appelés vulgairement Mouches *aux yeux d'or* et *Demoiselles terrestres.* Voy. PLANIPENNES.

HÉMÉROCALLE. s. f. (gr. ἡμέρα, jour; κάλλος, beauté). T. Bot. Genre de plantes Monocotylédones (*Hemerocallis*) de la famille des *Liliacées.* Voy. ce mot.

HÉMÉROLOGE. s. m. (lat. *hemerologium*, m. s., du gr. ἡμέρα, jour; λόγος, doctrine). Traité sur la concordance des calendriers.

HÉMÉROLOGIE. s. f. Art de composer les calendriers.

HÉMÉROPATHIE. s. f. (gr. ἡμέρα, jour; πάθος, maladie). Maladie qui n'apparaît que pendant le jour.

HÉMI-. Préfixe qui dérive du gr. ἥμισυς, *demi*, et qui entre, avec cette signification, dans un grand nombre de termes de sciences et d'arts.

HÉMIACÉPHALIE. s. f. (gr. ἡμί, demi; à priv.; κεφαλή, tête) T. Térat. Monstruosité dans laquelle la tête est représentée par une tumeur informe, avec quelques appendices ou replis cutanés en avant.

HÉMI-ALBUMOSE. s. f. (gr. ἡμί, demi; fr. *albumine*). T. Chim. Nom donné aux produits intermédiaires qui se forment passagèrement quand on convertit les matières albuminoïdes en peptones.

HÉMIANESTHÉSIE. s. f. (gr. ἡμί, demi; fr. *anesthésie*). Perte de sensibilité dans une moitié latérale du corps.

HÉMIANOPSIE. s. f. (gr. ἡμί, demi; à priv.; ὄψις, vue). T. Pathol. Amaurose incomplète.

HÉMICARDE. s. f. (gr. ἡμί, demi; καρδία, cœur). T. Zool. Genre de coquilles bivalves.

HÉMICARPE. s. m. (gr. ἡμί, demi; καρπὸς, fruit). T. Bot. Moitié d'un fruit qui se partage naturellement en deux. On dit plutôt *Méricarpe.*

HÉMICHALCITE. s. f. [Pr. *émi-kal-site*] (gr. ἡμί, demi; χαλκὸς, cuivre). T. Minér. Sulfure de bismuth et de cuivre, en petits prismes orthorhombiques ou en aiguilles grisâtres, d'un vif éclat métallique.

HÉMICHORÉE. s. f. [Pr. *émi-korée*] (gr. ἡμί, demi: fr. *chorée*). T. Méd. Chorée d'une moitié latérale du corps.

HÉMICRANIE. s. f. (gr. ἡμί, demi; fr. *crâne*). T. Méd. Céphalalgie qui n'occupe que la moitié de la tête. Voy. CÉPHALALGIE.

HÉMICRANIQUE. adj. 2 g. Qui a le caractère de l'hémicranie.

HÉMICYCLE. s. m. (gr. ἡμί, demi; κύκλος, cercle). Salle demi-circulaire, qui est communément destinée à recevoir une assemblée d'auditeurs ou de spectateurs. || Banc à dossier demi-circulaire. || Cintre de bois soutenant les pierres des arcs pendant la construction. || Trait d'une voûte demi-circulaire.

HÉMICYCLIQUE. adj. 2 g. Qui est relatif à l'hémicycle.

HÉMICYCLOSTOME. adj. 2 g. (fr. *hémicycle*; gr. στόμα, bouche). T. Zool. Coquilles *hémicyclostomes*, Coquilles univalves dont l'ouverture est à demi ronde.

HÉMICYLINDRIQUE. adj. 2 g. (gr. ἡμί, demi; fr. *cylindrique*). Qui a la forme d'une moitié de cylindre. || T. Bot. Se dit d'une hampe plate d'un côté et convexe de l'autre, ou d'une feuille allongée dont une des faces est plane et l'autre convexe.

HÉMIDESME. s. m. (gr. ἡμί, demi; δεσμὸς, lien). T. Bot. Genre de plantes Dicotylédones (*Hemidesmus*) de la famille des *Asclépiadées.* Voy. ce mot.

HÉMIDODÉCAÈDRE. s. m. (gr. ἡμί, demi; fr. *dodécaèdre*). T. Minér. Syn. de *Rhomboèdre.*

HÉMIÈDRE. adj. 2 g (gr. ἡμί, demi ; ἕδρα, face). T. Minér. *Cristal h.*, Cristal qui ne possède que la moitié de ses faces. Voy. CRISTALLOGRAPHIE, V.

HÉMIÉDRIE. s. f. (gr. ἡμί, demi ; ἕδρα, face). T. Minér. État des cristaux hémièdres. Voy. CRISTALLOGRAPHIE, V.

HÉMIÉDRIQUE. adj. 2 g. T. Minér. Qui a le caractère de l'hémiédrie.

HÉMIENCÉPHALE. s. m. (gr. ἡμί, demi; fr. *encéphale*). T. Térat. Monstre n'offrant aucune trace d'organes des sens, mais possédant un cerveau à peu près normal.

HÉMIGALE. s. m. (gr. ἡμί, demi; γαλῆ, belette). T. Mamm. Genre de *Mammifères carnivores* appartenant à la famille des *Viverridés.* Voy. CIVETTE.

HÉMIGAMIE. s. f. (gr. ἡμί, demi; γάμος, mariage). T. Bot. Caractère des plantes graminées dans lesquelles une même glume renferme à la fois des fleurs mâles, des femelles et des neutres. Peu us.

HÉMIGAMIQUE. adj. 2 g. T. Bot. Qui offre le caractère de l'hémigamie.

HÉMIGONIAIRE. adj. 2 g. (gr. ἡμί, demi; γόνος, engendrement). T. Bot. *Fleur h.*, Fleur métamorphosée, dans laquelle partie seulement des organes mâles et femelles sont transformés en pétales. Peu us.

HÉMILYSIEN, IENNE. adj. (gr. ἡμί, demi; λύσις, dissolution). T. Géol. *Terrains hémilysiens*, Terrains formés en partie par voie de sédiments, et en partie par voie de dissolution chimique.

HÉMIMÈLE. adj. 2 g. (gr. ἡμί, demi; μέλος, membre). T. Térat. Monstres chez lesquels les membres sont terminés en forme de moignons et les doigts nuls ou très imparfaits.

HÉMIMÉLIE. s. f. T. Térat. État des monstres hémimèles.

HÉMIMELLIQUE. adj. T. Chim. Voy. HÉMELLITÈNE.

HÉMIMELLITHÈNE. s. m. T. Chim. Syn. d'*Hémellitène.*

HÉMIMÉROPTÈRE. adj. 2 g. (gr. ἡμί, demi; μέρος, partie; πτερὸν, aile). T. Entom. Insectes *hémiméroptères*, Qui n'ont que des demi-élytres.

HÉMINE. s. f. (gr. ἡμίνα, m. s.). T. Métrol. anc. Mesure de capacité d'environ 28 centilitres. Voy. CAPACITÉ.

HÉMINE. s. f. (gr. αἷμα, sang). T. Chim. Chlorhydrate d'hématine. Voy. HÉMATINE.

HÉMI-OCTAÈDRE. s. m. (gr. ἡμί, demi; fr. *octaèdre*). T. Minér. Syn. de *Tétraèdre.*

HÉMIONE. s. m. (gr. ἡμί, demi; ὄνος, âne). T. Mamm. L'*H.* ou *Dzigguetaï* (*Equus hemionus*) est une espèce du genre Cheval. Il ressemble à la fois au Cheval par les parties antérieures du corps, et à l'Âne par les postérieures. Sa tête a la forme du premier, et rappelle le second par sa grosseur; ses oreilles, moins grosses que celles de l'Âne, se rapprochent de celles du Cheval par leur coupe et leur implantation (Fig. ci-après) ; mais il diffère de l'un et de l'autre par ses narines, dont les ouvertures simulent deux croissants avec leur convexité tournée en dehors. Le pelage de l'Hémione est formé d'un poil ras et lustré. La couleur en est presque uniformément blanche pour les parties inférieures et internes, et isabelle pour les parties externes et supérieures. Ces deux couleurs se fondent insensiblement l'une dans l'autre. La crinière est composée de poils noirâtres: elle commence un peu en avant des oreilles et s'étend jusqu'au garrot. Elle semble se continuer en une bande noirâtre qui règne tout le long de la ligne dorsale, et vient se terminer en pointe sur le haut de la queue. Celle-ci est couverte de poils ras, et présente seulement à l'extrémité un bouquet de crins noirâtres. Ces animaux se trouvent en grand nombre dans le pays de Cutch, au nord du Guzarate. On ne peut les prendre qu'avec des pièges, car leur course est plus rapide que celle des meilleurs chevaux arabes. Dussumier, qui a fait parvenir à la ménagerie du Muséum les premiers Hémiones qu'on ait vus en France, rapporte qu'à Bombay on s'en est servi comme chevaux de selle et de trait. L'Hémione vit et se reproduit très bien sous le climat de Paris. Les individus du Muséum ont donné des métis avec l'Anesse. On est également parvenu à les dompter; l'un d'eux même a été, en quelques mois, dressé et rendu

docile au point de pouvoir être rapidement conduit, à grandes guides, de Versailles à Paris.

A côté de l'H., nous citerons l'*Hémippe*, autre espèce du genre Cheval qui habite le grand désert de Syrie, entre Palmyre et Bagdad. L'Hémippe a un peu plus le port du cheval et la tête plus fine que l'Hémione; ses oreilles sont plus petites, ses jambes plus effilées; mais son pelage est moins élégant. Il est d'un fauve gris ou d'une nuance isabelle grisâtre, avec le ventre presque blanc, ainsi que la face et le creux des cuisses.

HÉMIOPIE. s. f. (gr. ἡμι, demi; ὄψις, vue). T. Méd. Variété de l'amaurose dans laquelle le malade ne voit que la moitié des objets qu'il regarde. Voy. AMAUROSE.

HÉMIPAGE. adj. 2 g. (gr. ἡμι, demi; πηγή, assujetti). T. Térat. Monstres de la famille des *Monomphaliens*. Voy. ce mot.

HÉMIPALMÉ, ÉE. adj. (gr. ἡμι, demi; fr. *palmé*). T. Zool. *Oiseaux hémipalmés*, Dont les doigts sont à demi palmés.

HÉMIPINIQUE. adj. 2 g. (gr. ἡμι, à moitié; e. fr. *opianique*). T. Chim. L'*acide h.* est un des produits d'oxydation de la narcotine. On le prépare en décomposant l'acide opianique par la potasse. Il cristallise en prismes monocliniques incolores qui, séchés à 100°, ont pour formule C¹⁰H¹⁰O⁵. Quand on le chauffe il fond à 180°, puis il perd de l'eau et se convertit en un anhydride fusible à 167°, ayant pour formule C¹⁰H⁸O⁴. L'acide h. est à la fois éther diméthylique et acide bibasique; sa constitution est représentée par la formule C⁶H²(OCH³)²(CO²H)².

HÉMIPLÉGIE ou **HÉMIPLEXIE.** s. f. (gr. ἡμι, demi; πλήσσω, je frappe). T. Méd. Paralysie d'une moitié latérale du corps. Voy. APOPLEXIE.

HÉMIPLÉGIQUE. adj. 2 g. Qui a rapport à l'hémiplégie. || Subst. *Un h.*, Une personne atteinte d'hémiplégie.

HÉMIPPE. s. m. (gr. ἡμι, demi; ἵππος, cheval). T. Mamm. Espèce du genre *Cheval*. Voy. HÉMIONE.

HÉMIPRISMATIQUE. adj. 2 g. (gr. ἡμι, demi; fr. *prismatique*). T. Min. *Cristaux h.*, Qui ne laissent voir que la moitié de leurs faces.

HÉMIPTÈRE. adj. 2 g. (gr. ἡμι, demi; πτερόν, aile). T. Ent. Se dit des insectes qui ont des élytres cornés dans leur partie antérieure. == HÉMIPTÈRES. s. m. pl. Ordre d'Insectes qui présentent le caractère précédent.

Entom. — Les *Hémiptères* constituent un des ordres de la classe des *Insectes*. — Ces insectes sont caractérisés par l'ab-

sence de mandibules et de mâchoires proprement dites. Leur bec se compose de pièces soudées entre elles sous la forme d'un tube articulé, presque cylindrique, renfermant trois soies écailleuses, grêles, roides et pointues, recouvertes à leur base par une languette. « Ces soies, dit Cuvier, forment par leur réunion un suçoir semblable à un aiguillon ayant pour gaine la pièce tubulaire, et dans lequel il est maintenu au moyen de la languette supérieure située à son origine. La soie inférieure est composée de deux filets qui se réunissent un peu au delà de leur point de départ. Ainsi le nombre des pièces du suçoir est réellement de quatre. Savigny en a conclu que les deux soies supérieures, ou celles qui sont séparées, représentent les pièces et colorés, tantôt les mandibules des insectes broyeurs, et que les deux filets de la soie inférieure répondent à leurs mâchoires; dès lors la lèvre est remplacée par la gaine du suçoir, et la pièce triangulaire de la base devient un labre. » Ce suçoir a pour fonction de percer les vaisseaux des plantes ou des animaux, et d'attirer à l'œsophage, par le canal intérieur, la liqueur nutritive. Chez les Hémiptères qui sucent les parties fluides des corps d'animaux, le bec est généralement robuste et replié en demi-cercle sous la tête. Il est grêle, au contraire, chez ceux qui se nourrissent de végétaux. (Fig. ci-contre. Tête et prothorax de la *Scutellère marquée*, vus en dessous : *a*, labre strié ; *b*, premier article de la gaine du suçoir articulé *g* ; *c*, le trou où était insérée l'antenne gauche; *f*, l'antenne droite; *d*, yeux composés; *e*, prothorax. D'après Cuvier, *Règne animal*.)

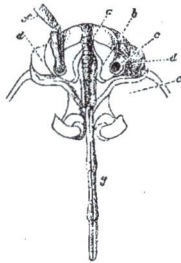

Leurs ailes ont des formes très variables, et qui servent à caractériser certains groupes. Chez la plupart des insectes de cet ordre, les étuis sont coriaces ou demi-coriaces avec l'extrémité postérieure membraneuse; ils se croisent presque toujours.

Dans les autres, les étuis sont simplement plus épais et plus grands que les ailes, demi-membraneux, et enfin tantôt opaques et colorés, tantôt transparents et veinés. Les ailes ont quelquefois plis longitudinaux. La composition du tronc commence à éprouver des modifications qui le rapprochent de celui des insectes des ordres suivants. Son premier segment ou corselet a, dans plusieurs, bien moins d'étendue, et s'incorpore avec le second, qui est également découvert. Certaines espèces offrent des yeux lisses, mais dont le nombre n'est souvent que de deux. Les métamorphoses des Hémiptères sont incomplètes ou plutôt n'existent pas. Au sortir de l'œuf, l'animal ne diffère de l'insecte adulte que par l'absence d'ailes. Après quatre ou cinq changements de peau, il a acquis tout son développement et pris des ailes : il est alors apte à la reproduction.

On divise généralement les Hémiptères en quatre sous-ordres, d'après les caractères suivants :

I. *Hétéroptères*. — Quatre ailes horizontales au repos, les antérieures coriacées dans leur moitié supérieure et membraneuses dans l'autre. Bec naissant du front : GÉOCORISES, HYDROCORISES.

II. *Homoptères*. — Quatre ailes membraneuses partout, disposées en toit au repos. Bec naissant de la partie inférieure de la tête : CICADAIRES.

III. *Phytophthires*. — Deux ou quatre ailes membraneuses. Bec paraissant naître entre les pattes antérieures et intermédiaires : PUCERONS.

IV. *Aptères*. — Pas d'ailes : POUX.

Les mots imprimés en petites capitales renvoient à des articles spéciaux.

HÉMISOMORPHE. adj. 2 g. [Pr. *émi-zo-morfe*]. Qui offre le caractère de l'hémisomorphisme.

HÉMISOMORPHISME. s. m. [Pr. *émi-zo-morfisme*] (gr. ἡμι, demi; fr. *isomorphisme*). Isomorphisme partiel.

HÉMISPHÈRE. s. m. (gr. ἡμισφαίριον, m. s., de ἡμι, demi, σφαῖρα, sphère). Moitié d'une sphère ou d'un corps sphéroïde; se dit principalement de la moitié du globe terrestre *L'h. boréal, austral. L'h. oriental, occidental.* — Se dit aussi de la moitié de l'espace céleste supposé coupé par le plan de l'orbite terrestre. *L'h. arctique, antarctique.* || Par ext., Représentation d'un hémisphère terrestre ou céleste sur un plan. *Cette carte ne contient que l'h. oriental de la terre.* || T. Phys. *Les hémisphères de Magdebourg.* Voy. Gaz. || T. Anat. *Les hémisphères du cerveau*, Les deux moitiés latérales de cet organe. Voy. ENCÉPHALE.

HÉMISPHÉRIQUE. adj. 2 g. Qui a la forme d'une moitié de sphère. *Coupole hémisphérique.*

HÉMISPHÉROÉDRIQUE. adj. 2 g. (fr. *hémisphère*; gr. ἕδρα, face). T. Min. *Cristaux h.*, Qui offrent l'apparence d'un hémisphéroïde.

HÉMISPHÉROÏDAL, ALE. adj. Qui a la forme d'un hémisphéroïde.

HÉMISPHÉROÏDE. s. m. (gr. ἡμισφαίριον, hémisphère; εἶδος, forme). Corps dont la forme se rapproche de celle d'un hémisphère.

HÉMISTICHE. s. m. (gr. ἡμί, demi; στίχος, ligne). T. Versific. Chacune des moitiés d'un vers alexandrin. Voy. CÉSURE.

HÉMISYNGYNIQUE. adj. [Pr. *émi-sin-jinik*] (g. ἡμί, demi; σύν, avec; γυνή, femme). T. Bot. *Calice h.*, Qui est à demi adhérent avec l'ovaire. Inus.

HÉMITÉLIE. s. f. (gr. ἡμιτελής, imparfait; de ἡμί, à moitié, et τέλος, fin). T. Bot. Genre de Fougères (*Hemitelia*), de la famille des *Cyathéacées*.

HÉMITÉRIE. s. f. (gr. ἡμί, demi; τέρας, monstre). T. Térat. Anomalie organique simple et peu grave anatomiquement.

HÉMITERPÈNE. s. m. (gr. ἡμί, à moitié, et fr. *terpène*). T. Chim. Nom donné aux hydrocarbures terpéniques de la formule C⁵H¹⁸.

HÉMITOME. adj. 2 g. (gr. ἡμί, demi; τομή, section). T. Min. *Cristaux h.*, Composés de deux parties distinctes, lorsque les faces de l'une rencontrent l'axe de la seconde à la moitié de sa hauteur.

HÉMITRIGLYPHE. s. m. (gr. ἡμί, demi; fr. *triglyphe*). T. Archit. Ornement de la frise dorique. Voy. TRIGLYPHE.

HÉMITROPE. adj. 2 g. (gr. ἡμί, demi; τροπή, tour). T. Min. Formé de moitiés dont l'une semble avoir fait une demi-révolution sur l'autre. Se dit particulièrement d'un mode particulier de groupement des cristaux. Voy. CRISTALLOGRAPHIE, X.

HÉMITROPIE. s. f. Caractère des cristaux hémitropes. Voy. CRISTALLOGRAPHIE, X.

HEMLING ou **MEMLING** (JEAN), peintre flamand de la seconde moitié du XVᵉ siècle.

HÉMOCHROMOGÈNE. s. m. [Pr. *émo-kro...*] (gr. αἷμα, sang; χρῶμα, couleur; γεννάω, j'engendre). T. Chim. Voy. HÉMATINE.

HÉMOCYANINE. s. f. (gr. αἷμα, sang; κύανος, bleu). T. Chim. Matière protéique cristallisable, riche en cuivre, contenue dans le sang des poulpes où elle joue le même rôle que l'hémoglobine chez les vertébrés. Incolore dans le sang veineux, elle devient bleue par son exposition à l'air ou par son passage dans les organes respiratoires de l'animal; c'est elle qui colore le sang artériel des poulpes en bleu foncé. Elle est soluble dans l'eau, coagulable à 69°. Elle est précipitée par l'alcool, l'éther, le tanin, le chlorure mercurique, l'acétate de plomb. Les acides minéraux étendus la dédoublent en une matière albuminoïde coagulée exempte de cuivre, et en une substance cristallisable qui reste en solution et qui retient tout le métal.

HÉMODIE. s. f. (gr. αἱμωδία, agacement des dents; de αἱμωδέω, je saigne des gencives). Agacement des dents par une saveur acide, parfois par un bruit grinçant.

HÉMODORACÉES. s. f. pl. (R. *Hémodore*). T. Bot. Famille de plantes Monocotylédonées de l'ordre des Iridinées. *Caract. bot.* : Plantes herbacées, vivaces, glabres ou velues,

à rhizome souvent tuberculeux, dont la tige porte vers sa base des feuilles ensiformes, persistantes et le plus souvent distiques. Fleurs hermaphrodites. Périanthe ordinairement plus ou moins laineux, adhérent; sépales et pétales souvent indistincts et unis en un tube cylindrique. Étamines naissant sur les pétales ou sépales, au nombre de 3 opposées aux pétales, ou de 6; anthères introrses. Pistil formé de 3 carpelles concrescents en un ovaire à trois loges, parfois uniloculaire, avec un placenta qui occupe seulement un point de l'axe; loges 1- 2- ou multiovulées; style unique, stigmate entier; ovules anatropes

ou semi-anatropes. Fruit couvert par le périanthe desséché; capsule ou akène. Graines en nombre défini ou indéfini, fixées par la base ou peltées, ailées ou ridées et anguleuses. Embryon situé dans un albumen cartilagineux, court, droit, avec la radicule ordinairement éloignée du hile (Fig. 1 *Hæmodorum spicatum*; 2. Fragment de la tige; 3. Fleur étalée; 4. Coupe transversale de l'ovaire; 5. Anthère. — 6. *Blancoa canescens.* — 7. Fleur et ovaire ouverts du *Conostylis æmula*).

Cette famille comprend 21 genres et environ 120 espèces. On en trouve un petit nombre dans l'Amérique du Nord et au cap de Bonne-Espérance. Plusieurs habitent les parties les plus tempérées de la Nouvelle-Hollande; et l'on rencontre au Brésil, ainsi qu'aux îles Mascareignes, un grand nombre de Vellosia et de Barbacenia.

Les genres se groupent en 4 tribus :

Tribu I. — *Hémodorées.* — 3 étamines opposées aux pétales (*Hæmodorum, Dilatris, Xiphidium, Lachnanthes*, etc.).

La matière colorante rouge qui se trouve dans les racines du *Lachnanthes tinctoria* de l'Amérique du Nord, où on l'emploie pour la teinture, est plus abondante encore dans les *Hæmodorum*, et elle mérite d'être étudiée dans le reste de la famille. Les indigènes de la Nouvelle-Hollande mangent les rhizomes de quelques-unes de ces plantes, notamment de l'*Hæmodorum paniculatum* et de l'*H. spicatum*.

Tribu II. — *Conostylées.* — 6 étamines; carpelles multiovulés (*Conostylis, Alctris, Anigozanthus*, etc.). Les indigènes mangent les rhizomes de l'*Anigozanthus floridus*, qui sont doux quand on les a fait cuire, mais qui sont âcres lorsqu'ils sont crus. Un des amers les plus intenses que l'on connaisse est l'*Aletris farinosa*. On en fait usage sous forme d'infusion, comme tonique et stomachique; mais à trop haute dose, elle détermine des nausées et des envies de vomir. On l'a également employée dans les rhumatismes chroniques.

TRIBU III. — *Ophiopogonées*. — 6 étamines; carpelles biovulés (*Ophiopogon, Sanseviera, Peliosanthes*, etc.).

TRIBU IV. — *Conanthérées*. — Anthères poricides (*Conanthera, Cyanella*, etc.).

HÉMODORE. s. m. (gr. αἷμα, sang; δορὸς, enveloppe). T. Bot. Genre de plantes Monocotylédones (*Hæmodorum*), de la famille des *Hémodoracées*. Voy. ce mot.

HÉMODORÉES. s. f. pl. (R. *Hémodore*). T. Bot. Tribu de plantes de la famille des *Hémodoracées* Voy. ce mot.

HÉMODYNAMOMÈTRE. s. m. (gr. αἷμα, sang; δύναμις, force; μέτρον, mesure). Instrument manométrique destiné à mesurer la pression ou la force avec laquelle le sang circule dans les vaisseaux des animaux.

HÉMOGLOBINE. s. f. (gr. αἷμα, sang; lat. *globus*, globe). T. Chim. et Physiol. Substance albuminoïde, ferrugineuse, contenue dans les globules rouges du sang des vertébrés, et constituant la matière colorante de ces globules. Dans le sang qui a subi l'action de l'air, comme dans le sang artériel, l'h. est combinée à une certaine quantité d'oxygène qu'on peut lui enlever facilement; ou lui donne alors le nom d'*oxy-hémoglobine*, pour la distinguer de l'*h. réduite*, c.-à-d. privée de cet oxygène.

Pour préparer l'*oxy-h.*, on mélange du sang défibriné avec dix fois son volume d'une solution de sel marin à 2 p 100; au bout d'un ou de deux jours de repos à la température de 0° on recueille les globules qui se sont déposés et on les agite avec de l'éther et un peu d'eau. L'oxy-h. s'extravase et se dissout dans l'eau. Cette solution aqueuse rouge sang lorsqu'on l'additionne d'alcool, l'oxy-h. se sépare à l'état de cristaux rouges. La forme de ces cristaux, leur solubilité dans l'eau et leur composition varient suivant l'espèce animale qui les a fournis. L'oxy-hémoglobine joue le rôle d'un acide faible et se dissout aisément dans les solutions très étendues d'alcalis ou de carbonates alcalins; alors ci n'est pas précipitée par l'alcool. En solution aqueuse elle se décompose sous l'action de la chaleur en hématine, albumine et acides gras. Les alcalis de la chaleur en hématine, albumine et acides gras. Les alcalis et les acides un peu concentrés produisent le même dédoublement. Lorsqu'on fait passer un gaz inerte, tel que l'hydrogène ou l'azote, dans une solution d'h., celle-ci perd une partie de son oxygène et se convertit en h. réduite; la perte est d'environ 160 centimètres cubes d'oxygène pour 100 grammes d'h. Cette transformation est aussi produite par le vide, ainsi que par l'action des corps réducteurs ou de certaines bactéries. La composition moyenne de l'oxy-h. est assez bien représentée par la formule C⁶⁰⁰H²²⁵Az¹⁶⁴O¹⁷⁹S³Fe.

L'*h. réduite* se rencontre, à côté de l'oxy-h., dans le sang veineux et lui communique sa coloration foncée. Pour l'obtenir à l'état de pureté, on abandonne dans une atmosphère d'hydrogène, à la température de 25°, des cristaux d'oxy-h., additionnés d'un peu d'eau et d'une trace de sang putréfié. Les bactéries absorbent de l'oxygène, et la solution prend une couleur violacée; on ajoute goutte à goutte de l'alcool absolu; l'h. réduite se dépose en cristaux qui sont verts par transmission, rouge violet par réflexion. De même que pour l'oxy-h., la forme cristalline et la composition varient suivant l'origine du sang. Exposés à l'air, ces cristaux tombent en efflorescence et absorbent de l'oxygène en régénérant l'oxy-h.

Grâce à cette propriété que possède l'h. de former avec l'oxygène une combinaison facilement dissociable, le sang agit dans l'organisme comme véhicule d'oxygène; il s'unit à ce gaz en passant dans les poumons et va le céder ensuite aux différents tissus. Voy. SANG.

L'oxygène n'est pas le seul gaz capable de s'unir directement à l'h. L'oxyde de carbone forme avec l'h. réduite une combinaison *carboxy-h.*; il se fixe aussi sur l'oxy-h. en déplaçant un volume égal d'oxygène. Le sang devient alors incapable de remplir son rôle physiologique et l'on s'explique ainsi l'intoxication rapide par l'oxyde de carbone. Le bioxyde d'azote, l'acétylène, l'acide cyanhydrique se combinent aussi avec l'h. réduite. Toutes ces combinaisons se dissocient dans le vide.

L'oxy-h. en solution aqueuse étendue donne un spectre d'absorption qui présente deux bandes obscures entre l'orangé

et le vert; l'h. réduite montre une bande unique dans le jaune. Ces spectres d'absorption permettent de caractériser les moindres traces de sang.

La *parahémoglobine* est une substance cristallisable, rouge, insoluble dans l'eau et dans l'alcool, soluble dans les alcalis étendus. Elle a la même composition que l'oxy-h. et se produit quand celle-ci est abandonnée à 8° au contact de l'alcool concentré.

La *méthémoglobine* prend naissance par l'action des corps oxydants sur l'oxy-h.; elle ne se rencontre qu'exceptionnellement dans l'organisme. Elle forme des cristaux solubles dans l'eau, insolubles dans l'alcool et dans l'éther. Ses solutions aqueuses sont brunes, légèrement acides. Par sa composition elle diffère peu de l'oxy-h.; mais elle retient l'oxygène avec plus de force; elle ne le perd ni dans le vide, ni dans un courant de gaz inerte; elle ne le cède seulement aux corps réducteurs et se transforme alors en h. réduite.

La parahémoglobine et la méthémoglobine, ainsi que l'h. elle-même, se dédoublent, sous l'action des acides ou des alcalis concentrés, en une substance albuminoïde exempte de fer et en *hématine*. Voy. ce mot.

HÉMOGLOBINURIE. s. f. (R. *hémoglobine*, et gr. οὖρέω, j'urine). T. Méd. État pathologique caractérisé par la dissolution des globules du sang dont l'hémoglobine devenue libre, est rejetée avec les urines. Cette maladie se manifeste par accès dans la saison froide.

HÉMOPHILIE. s. f. (gr. αἷμα, sang; φίλος, ami). T. Méd. Disposition héréditaire aux hémorrhagies.

HÉMOPHOBIE. s. f. (gr. αἷμα, sang; φόβος, crainte). Disposition qui fait qu'on ne peut voir couler du sang sans en ressentir une vive émotion.

HÉMOPHTALMIE. s. f. (gr. αἷμα, sang; ὀφθαλμὸς, œil). Épanchement sanguin dans les chambres de l'œil.

HÉMOPIDES. s m. pl. T. Zool. Voy. HÉMOPIS.

HÉMOPLANIE. s. f. (gr. αἷμα, sang; πλανὴ, erreur). T. Méd. Genre de maladies embrassant les hémorrhagies supplémentaires.

HÉMOPLASTIQUE. adj. 2 g. (gr. αἷμα, sang; fr. *plastique*). T. Physiol. *Aliments h.*, Propres à fournir rapidement à la production du sang.

HÉMOPOÈSE. s. f. [Pr. *émopo-èze*] (gr. αἷμα, sang; ποίησις, action de faire). Production du sang dans les vaisseaux.

HÉMOPOÉTIQUE. adj. 2 g. (R. *hémopoèse*). Qui a rapport à la production du sang, qui la favorise.

HÉMOPTYSIE. s. f. (gr. αἷμα, sang; πτύσις, crachement). T. Méd. L'*h.* est un crachement de sang dû soit à une hémorrhagie de l'appareil respiratoire, soit à l'irruption dans les voies aériennes de sang provenant de quelque organe voisin. Ainsi définie, l'h. est un symptôme commun à un certain nombre de maladies. Elle survient brusquement ou annoncée par un état de malaise général avec sentiment d'oppression et de chaleur dans la poitrine, par de la dyspnée, une toux sèche, une saveur sanguine. Le rejet se fait par expectoration, après chaque secousse de toux, par expuition (le sang remontant de lui-même, sans effort) ou par vomissement à flots. Le sang est pur, aéré, spumeux ou mêlé à des crachats rouges, ou noir, en quantité minime ou très abondant. L'état général est celui qu'on constate au cours de toutes les hémorrhagies, pâleur de la face, refroidissement des extrémités, lipothymie, etc. L'h. peut être unique ou se répéter périodiquement, ou plus ou moins souvent; elle ne cesse pas brusquement d'ordinaire.

L'h. peut relever de quatre ordres de causes. Elle peut être symptomatique, supplémentaire, essentielle ou traumatique. Symptomatique, elle relève : de maladies du larynx (spasme, toux, cancer), des bronches (bronchite chronique, emphysème, dilatation des bronches), des poumons (congestion, gangrène, tuberculose), du cœur (insuffisance ou rétrécissement mitral produisant de la congestion pulmonaire, ou anévrysme de l'aorte s'ouvrant dans la trachée ou les bronches); ou de maladies générales (hystérie, fièvres graves, intoxications, maladies infectieuses). — Supplémentaire, elle remplace ou complète des flux habituels, menstruels, hémorrhoïdaires. —

Essentielle, elle est consécutive à des efforts violents et prolongés, à des secousses de toux, à l'inhalation de gaz ou de poussières, à la diminution de la pression atmosphérique; à un changement brusque de température. — Traumatique, elle succède à une contusion du thorax (plaie du poumon, fracture de côtes) ou à la pénétration d'un corps étranger dans les voies aériennes.

L'h. avec les caractères que nous avons décrits, se distingue : de l'épistaxis, dont le sang est noir, non aéré, et qui s'accompagne de lésions de la gorge ou du nez, — de l'hématémèse dont le sang est noir en général, mêlé à des aliments, souvent accompagné de melæna. — C'est sur la connaissance complète des phénomènes présentés par le malade et de ses antécédents qu'on se base pour déterminer la cause même de l'h. — Quelle que soit l'origine, on peut dire que l'h. est grave, de par les affections auxquelles elle est liée. Le traitement comprend trois indications : 1° arrêter l'hémorrhagie par l'emploi de substances qui fassent contracter les fibres musculaires lisses des vaisseaux (ergotine, eau de Rabel, perchlorure de fer), et par l'immobilisation absolue; 2° soutenir l'état général; 3° traiter la maladie originelle, car l'h. n'est qu'un symptôme.

HÉMORRHAGIE ou HÉMORRAGIE. s. f. (gr. αἷμα, sang; ῥήγνυμι, je romps). T. Méd. et Chir.

Le sang normalement contenu dans le système vasculaire peut en sortir pour s'écouler au dehors ou s'infiltrer dans les tissus, quand les parois des vaisseaux deviennent le siège d'une rupture ou quand une modification de nature variable les rend perméables pour les globules rouges, comme elles le sont pour les globules blancs, dans l'inflammation (diapédèse). La réalité de ce mécanisme ne peut plus être mise en doute depuis les constatations directes. On pourrait contester cependant qu'il s'agisse là de véritables hémorrhagies, car le sang, dans ces conditions, ne sort pas en nature des vaisseaux; mais en réalité l'issue des globules rouges suffit à caractériser l'h., la distinguant des exsudats simplement colorés par l'hémoglobine. Les conditions dans lesquelles se fait la migration des globules rouges sont imparfaitement connues, mais considérées comme très analogues à celles du passage des globules blancs, avec cette simple différence que les globules rouges sont entièrement passifs.

Les hémorrhagies peuvent résulter directement d'un traumatisme; d'autres fois elles sont provoquées ou favorisées par l'abaissement de la pression extérieure. Souvent, enfin, les hémorrhagies sont causées par une altération de la paroi vasculaire; cette altération peut être la conséquence d'une maladie aiguë ou chronique de l'artère, telle que l'athérome, l'endartérite ou la périartérite. La paroi peut s'altérer par le fait d'une intoxication, d'une maladie générale ou d'un trouble local de la circulation; d'autres fois, on peut invoquer un trouble de l'innervation : il est incontestable, en effet, qu'il y a des hémorrhagies d'origine nerveuse; les sueurs de sang en fournissent un bel exemple; il faut admettre, enfin, une classe d'hémorrhagies toxiques (empoisonnement par le venin des serpents, ingestion d'iodure de potassium, de phosphore).

Les caractères du foyer hémorrhagique sont variables. Lorsque le vaisseau divisé communique avec l'extérieur, le sang s'écoule au dehors jusqu'au moment où la formation d'un thrombus vient lui faire obstacle. On admettait autrefois que l'arrêt spontané de l'h. était dû surtout à la coagulation du sang; il n'en est rien et la masse oblitérante est formée surtout d'hématoblastes et de globules blancs. Le sang épanché dans l'interstice des tissus et dans les cavités organiques y subit une série de transformations. Des phénomènes de régression se produisent du côté des caillots, et en même temps il se fait un travail de réparation, en sorte qu'au bout d'un certain temps, on trouve dans le foyer un tissu conjonctif vasculaire, d'autant plus résistant qu'il est plus ancien. Dans certains cas, le travail d'organisation provoqué par le foyer aboutit à la formation d'une enveloppe conjonctive qui peut ultérieurement se remplir de liquide; il s'est formé alors un kyste, dans lequel on ne reconnaît plus que difficilement la lésion initiale.

L'h. peut troubler les fonctions des organes dans lesquels elle se développe, au moment où elle se produit, par l'ébranlement qu'elle leur imprime ultérieurement, par la perte de substance qui en résulte et la compression qu'elle exerce; complètement silencieuse dans certains viscères (rate), elle donne lieu dans d'autres organes, et particulièrement dans les centres nerveux, aux plus graves désordres. Lorsque l'h. est modérée et qu'elle ne se renouvelle pas, le sang se répare aisément par une production surabondante d'hématoblastes. Les hémorrhagies sont-elles très abondantes ou viennent-elles

à se renouveler, il se produit une altération profonde du sang; le nombre des globules rouges est diminué et peut tomber de 5 millions à 1 million par millimètre cube; la richesse en hémoglobine est considérablement amoindrie, il y a surtout de l'hypoglobulie. Lorsque les hémorrhagies ressent, il se fait un travail de réparation dont les hématoblastes sont les principaux facteurs; ces éléments se multiplient et se transforment en globules rouges, et l'on trouve en abondance des formes intermédiaires.

Certaines personnes sont particulièrement prédisposées à des hémorrhagies spontanées qui se manifestent souvent par le nez, ou par la matrice chez la femme. Ces accidents sont fréquents chez les anémiques et les chlorotiques. De là le nom d'h. *constitutionnelle* donné à cet état particulier. On le combat en agissant sur la cause de la maladie. Voy. ANÉMIE, CHLOROSE.

HÉMORRHOÏDAIRE, ou HÉMORROÏDAIRE. adj. 2 g. et **HÉMORRHOÏDAL, ALE ou HÉMORROÏDAL, ALE.** adj. T. Méd. Qui a rapport aux hémorrhoïdes. *Flux h. Tumeurs hémorrhoïdales.* || T. Anat. Se dit des vaisseaux sanguins de l'anus et du rectum. *Les artères, les veines hémorrhoïdales. Vaisseaux hémorrhoïdaux.* = HÉMORRHOÏDALE, ou HÉMORRHOÏDALE. s. f. Se dit des artères hémorrhoïdales, *L'hémorrhoïdale supérieure.*

HÉMORRHOÏDES ou HÉMORROÏDES. s. f. pl. (gr. αἷμα, sang; ῥέω, je coule). T. Méd. — On désigne sous le nom d'*h.* l'état variqueux des veines de la partie inférieure du rectum et de la région anale, ainsi que les tumeurs qui en résultent. — Les h. sont considérées comme externes ou internes, suivant qu'elles sont situées au-dessous ou au-dessus du sphincter anal. Les h. externes occupent la marge de l'anus entre la peau et le bord inférieur du sphincter; chaque tumeur en particulier se compose d'un revêtement cutané ou cutanéo-muqueux, d'une ou plusieurs veines enveloppées de tissu cellulaire et remplies de sang; primitivement, les parois demeurent normales et contiennent un sang fluide, mais après une ou plusieurs poussées fluxionnaires les parois deviennent dures, lardacées, et le sang peut se coaguler en caillots qui, en s'organisant plus tard, provoquent l'atrophie de la tumeur et donnent naissance à des condylomes secs et flétris appelés marisques. Les h. internes siègent à 10 millimètres au-dessus de l'anus; formées aux dépens des veines hémorrhoïdales supérieures, leur domaine ne dépasse guère une hauteur de 8 à 10 centimètres; elles coïncident souvent avec les h. externes; multiples, disposées en anses ou en grappes de raisin, les varicosités sessiles ou pédiculées sont d'un rouge foncé, et le sang qu'elles contiennent n'est jamais coagulé.

On a coutume de distinguer les h. en idiopathiques et symptomatiques, suivant qu'elles se montrent isolément ou qu'elles relèvent d'un état morbide qui a provoqué leur développement. — Idiopathiques, on a invoqué la richesse du réseau veineux, sa déclivité, la compression produite par le bol fécal, l'absence de valvules dans le système porte, les entraves apportées à sa communication avec le système cave par les contractions des sphincters. On les rencontre surtout chez les vieillards, chez les femmes (menstruation, grossesse, constipation), chez les arthritiques. L'action la plus directe sur leur développement relève des facteurs suivants : la constipation habituelle, les corps étrangers du rectum, les irritations de toute nature, l'abus des purgatifs, des drastiques, des lavements, l'équitation, les professions sédentaires. — Symptomatiques, on admet une étiologie bien plus claire : affections rectales produisant du ténesme, dysenterie, polypes, rétrécissement, cancer); affections urinaires par suite des anastomoses (varices du col, tumeurs de la vessie, cystite chronique, calculs, hypertrophie prostatique); affections utérines et périutérines chez la femme par compression; toutes affections apportant une entrave à la circulation porte (tuméfaction des ganglions mésentériques et prévertébraux, tumeurs ou dégénérescences du foie, tumeurs du rein ou du bassinet, ascite, etc. En dehors de toutes ces causes qui n'engendrent pas nécessairement des h., on admet aujourd'hui que l'antécédence d'une phlébite est nécessaire.

Les symptômes peuvent donner lieu à un ensemble très différent. Les h. externes sont seules accessibles à la vue, les autres ne deviennent visibles que par procidence, lorsque, poussées par le bol fécal ou par les efforts de défécation, elles franchissent les sphincters pour venir faire hernie au dehors. A l'état flasque, les bosselures des h. externes sont indolentes; il n'en est pas de même lorsque survient une poussée fluxionnaire : les douleurs sont vives pendant la défécation, réveillées par la marche ou la station assise, provoquant du ténesme.

La résolution survient, soit par résorption du sang, soit par rupture des tumeurs, expulsion des caillots et écoulement sanguin. Terminée parfois par induration des tumeurs qui peuvent devenir alors le siège de fissures et de gerçures fort pénibles, il est exceptionnel que la crise aboutisse à la formation d'un foyer de suppuration avec persistance de fistule. Les h. internes non procidentes sont susceptibles de demeurer longtemps latentes, ne se révélant qu'au moment de la défécation; elles se traduisent souvent pour la première fois par une hémorrhagie, annoncée ou non par une pesanteur rectale, une plénitude, une gêne dans la position assise ou la marche. Lorsqu'elles sont procidentes, le corps du délit espère son appui, d'abord d'une manière fugace, puis de façon permanente; alors, les douleurs sont vives, cuisantes, la réduction n'est possible qu'après les hémorrhagies. Les crises peuvent s'accompagner d'embarras gastrique, même fébrile; les bourrelets peuvent se phacéler plus ou moins complètement, déterminer un rétrécissement de l'anus, ou exceptionnellement il peut se produire une variété quelconque d'abcès de la marge de l'anus ou périrectal, avec décollements, fistules, etc.

Le diagnostic n'offre généralement pas de difficultés sérieuses : ni les condylomes, ni les végétations, ni l'épithélioma primitif de l'anus ne peuvent donner le change. — Plus délicate est l'observation des h. internes, que l'on confond difficilement avec une autre affection, mais qui peuvent faire passer inaperçues un cancer rectal, une fissure ou une fistule, etc. Lorsque les h. sont symptomatiques, elles ne modifient que dans une mesure insignifiante le pronostic de l'affection causale. Les h. idiopathiques constituent en général une infirmité plus gênante que grave. Leur existence est compatible avec un état de santé satisfaisant, mais non dans tous les cas; aussi les malades soumis à une crise fluxionnaire récidivante viennent généralement consulter le médecin. La première indication consiste à établir une hygiène générale (alimentation frugale et rafraîchissante, exercice au grand air, hydrothérapie), puis une hygiène locale (garde-robe à heure fixe, lotions boriquées). Au moment des poussées fluxionnaires, on conseillera le repos, les grands bains et les bains de siège chauds. Mais certains accidents provoqués par les varices de volume plus importants demandent le recours aux procédés chirurgicaux, maintenant rendus inoffensifs par une saine antisepsie (dilatation forcée, cautérisation, excision, etc.).

HÉMORROÏSSE. s. f. (lat. *hæmorrhoissa*, tiré du gr. αἱμόρροος, m. s.). Se dit de la femme malade d'un flux de sang qui fut guérie en touchant la robe de Jésus-Christ.

HÉMOSPASIE. s. f. [Pr. *émospa-zie*] (gr. αἷμα, sang; σπάω, attraction). T. Méd. Procédé thérapeutique qui consiste à détourner l'afflux du sang d'un organe en l'attirant, à l'aide d'appareils spéciaux, sur une autre partie du corps.

HÉMOSPASIQUE. adj. 2 g. [Pr. *émospa-zike*]. Qui a rapport à l'hémospasie.

HÉMOSPECTROSCOPE. s. m. (gr. αἷμα, sang; σπέκτρον, spectre; σκοπεῖν, voir). Appareil permettant de reconnaître la présence du sang dans les liquides par les bandes d'absorption de l'oxyhémoglobine.

HÉMOSTASE et **HÉMOSTASIE.** s. f. (gr. αἱμόστασις, m. s., de αἷμα, sang, et στάσις, arrêt). T. Méd. Stagnation du sang dans la pléthore. || Opération qui a pour but d'arrêter une hémorrhagie.

Méd. — On appelle *hémostasie* la suspension des hémorrhagies, soit par l'évolution naturelle des tissus lésés, soit par une opération chirurgicale. L'hémorrhagie peut résulter d'un accident ou de l'intervention voulue du médecin dans un but thérapeutique. Elle peut succéder à la blessure d'une artère, d'une veine ou des capillaires.

Les plaies des artères ont une tendance spontanée à la guérison; aussitôt après la section, les deux bouts de l'artère remontent dans la gaine celluleuse en vertu de leur élasticité; en même temps les fibres circulaires des extrémités sectionnées se resserrent et tendent à diminuer le calibre de l'artère jusqu'au niveau de la première collatérale; il en résulte, entre les deux extrémités sectionnées, un espace intermédiaire formé par la gaine celluleuse, dont la face interne, tapissée d'aractus fibreux, constitue une série de petits obstacles propres à déterminer la coagulation du sang. Il s'y forme donc un caillot, caillot externe, qui a la forme d'un couvercle débordant largement le vaisseau. Bientôt la coagulation chemine de proche en proche, pénètre dans la lumière rétractée des bouts arté-

riels, et l'obstrue sous forme d'un caillot, caillot interne, en continuité avec l'externe, et jouant le rôle de bouchon. Lorsque ce premier travail est terminé, on voit partir de la paroi artérielle et des lèvres de la solution de continuité une véritable endartérite végétante dont les proliférations, précédées de cellules migratrices, pénètrent en tous sens le coagulum sanguin, dans lequel elles poussent leurs bourgeons et leurs anses vasculaires. Ces phénomènes sont toujours moins accusés dans le bout périphérique; aussi les hémorrhagies secondaires sont-elles plus fréquentes à ce niveau. — Ainsi se trouve assurée l'h. spontanée dans les cas de section artérielle; toutefois, il est évident que l'on ne peut espérer voir se produire un semblable travail dans les gros troncs où la poussée du sang rend impossible l'organisation d'un caillot, et même, dans de moindres artères, le caillot temporaire peut être brusquement projeté par une ondée sanguine trop forte ou par un mouvement intempestif. De même, des complications inflammatoires, infectieuses, microbiennes, sont susceptibles de ramollir le caillot, de faciliter sa désagrégation et d'amener ainsi des hémorrhagies secondaires aussi graves que rebelles. — C'est en raison de ces faits que le chirurgien doit se préoccuper de pouvoir arrêter définitivement les hémorrhagies, quelles que soient d'ailleurs leurs causes accidentelles ou volontaires. Cette h. artificielle peut se faire de manières différentes : une pression prolongée, un tamponnement suffisamment continué, pourraient évidemment favoriser la formation d'un caillot hémostatique, mais ce procédé n'est pas pratique. On peut avoir recours à trois procédés : la ligature, la torsion, et la forcipressure. La ligature se fait au moyen de fils aseptiques avec lesquels on étreint les extrémités sectionnées du vaisseau; le processus de réparation est celui de toutes cicatrisations par adhésion; les tuniques, le caillot et le fil jouent chacun leur rôle dans l'évolution; la meilleure ligature est la ligature serrée, avec déchirure des tuniques, faite avec un fil de soie tressée; c'est le procédé de choix pour l'oblitération des grosses artères. La torsion se pratique à l'aide des pinces dites hémostatiques (pinces de Péan, de Kocher, etc.); elle consiste à tordre sur son axe le vaisseau dont le bout sectionné a été saisi avec la pince; on abandonne ensuite le vaisseau à lui-même. Dans la forcipressure, au contraire, on laisse en place la pince qui étreint l'artère jusqu'à ce qu'on juge le processus de réparation suffisamment avancé. Ces deux derniers procédés se partagent l'h. dans les hémorrhagies des petites artères, la forcipressure pour les artères musculaires jusqu'à 1 millim., 5 de diamètre, la torsion pour les artères plus grosses, de 2 millim. et au delà. On n'a guère recours à ces méthodes que chez les sujets dont les vaisseaux sont altérés par une maladie quelconque, une dégénérescence particulière des tuniques vasculaires.

Les plaies des veines se cicatrisent par un mécanisme analogue à celui de l'artère. L'h. paraît résulter de la présence d'un caillot qui, d'abord formé en dehors de la veine, s'étend peu à peu à travers la solution de continuité, dans l'intérieur du vaisseau. Elle est favorisée, d'ailleurs, par la diminution de calibre qu'amènent la double rétraction de la veine et sa compression par les tissus voisins, en particulier par le sang épanché autour d'elle. Ici encore deux caillots se succèdent : le premier dit caillot actif ou fibrineux, le second, appelé caillot passif ou cruorique. Consécutivement, la cicatrisation se fait par première intention entre les surfaces avivées avec production d'une endophlébite adhésive quand la section est complète. Par suite, l'h. définitive semble subordonnée à un certain degré d'inflammation, et dans les plaies parfaitement aseptiques, les conditions d'h. peuvent être imparfaites; ce qui ne veut pas dire que l'infection ne soit pas très redoutable dans les plaies veineuses qui peuvent servir de portes d'entrée à une septicémie. — L'h. artificielle se pratique sur les veines par les mêmes procédés que sur les artères.

L'hémorrhagie des capillaires est moins dangereuse que celle des veines ou des artères; mais elle accompagne toute incision, toute plaie, et l'on sait combien, au cours des opérations, les hémorrhagies dites en nappe sont fâcheuses et gênent le chirurgien. Le seul moyen, d'ailleurs excellent, que l'on ait d'y contrevenir, est le tamponnement aseptique.

HÉMOSTATIQUE. adj. 2 g. T. Méd. Qui a rapport à l'hémostase.

Méd. — Dans son acception générale, le mot h. s'applique à tous les moyens propres à réprimer les hémorrhagies. Ces moyens, très nombreux, diffèrent par leur mode d'action. Certains agissent physiquement sur la masse du sang : saignées générales ou locales, révulsifs cutanés, ventouses et ligatures circulaires des membres, moyens qui tous ont pour effet de détourner le sang du point où il tend à se porter. D'autres modifient la composition du sang : transfusion. D'autres encore agissent sur la tonicité des tissus : boissons acidulées, froides ou glacées; usage intérieur des astringents : ratanhia, ergot de seigle, etc. Enfin, il est des moyens qui arrêtent mécaniquement l'épanchement sanguin, s'adressant aux hémorrhagies traumatiques, souvent aussi aux spontanées; ces moyens comprennent : les absorbants, charpie, toile d'araignée, etc., formant bouchon ; les réfrigérants, la glace surtout, dont l'action est malheureusement passagère; les astringents et les styptiques : acides, azotate d'argent, alun, perchlorure de fer, eau h. de Léchelle, etc., dont l'inconvénient est de produire une altération nécrosante des tissus, en sorte qu'on arrêtant les hémorrhagies on provoque souvent de la gangrène, accident qui arrive fréquemment aux pharmaciens ignorants; la cautérisation par les caustiques ou par le fer rouge, cette dernière est utile dans certaines opérations où les hémorrhagies sont à craindre; la compression. Le lecteur fera bien de se reporter à l'article HÉMOSTASE pour trouver une règle de conduite en cas d'hémorrhagie : qu'il se souvienne qu'une compression bien faite, avec des linges aseptiques, est généralement le meilleur procédé en pratique.

HÉMOTEXIE. s. f. [Pr. émo-tek-sie] (gr. αἷμα, sang; τῆξις, dissolution). T. Méd. Dissolution du sang.

HÉMOTHORAX. s. m. [Pr. émo-to-raks] (gr. αἷμα, sang; fr. thorax). T. Méd. Épanchement de sang dans le thorax.

HEMSTERHUYS, critique et savant hollandais, né à Groningue (1685-1766).

HÉMUS, anc. nom des monts Balkans.

HÉNAULT (CHARLES-JEAN-FRANÇOIS), président au Parlement de Paris, auteur d'un Abrégé chronologique de l'histoire de France (1685-1770).

HENDAYE, bourg des Basses-Pyrénées, arr. de Bayonne; 2,050 hab.

HENDÉCAGONAL, ALE. adj. [Pr. in-déka-gonal]. T. Géom. Qui a onze angles et onze côtés.

HENDÉCAGONE. adj. 2 g. et s. m. [Pr. in-déka...] (gr. ἕνδεκα, onze; γωνία, angle). T. Géom. Polygone qui a onze angles et onze côtés. Figure h. Un h. régulier.

HENDÉCAGYNE. adj. 2 g. [Pr. indéka-jine] (gr. ἕνδεκα, onze; γυνή, femme). T. Bot. Qui a onze pistils.

HENDÉCANDRE. adj. 2 g. [Pr. indé-kandre] (gr. ἕνδεκα, onze; ἀνήρ, mâle). T. Bot. Qui a onze étamines.

HENDÉCANE. s. m. [Pr. indé-kane]. T. Chim. Voy. UNDÉCANE.

HENDÉCAPHYLLE. adj. 2 g. [Pr. indéka-file] (gr. ἕνδεκα, onze; φύλλον, feuille). T. Bot. Qui a les feuilles composées de onze folioles.

HENDÉCASYLLABE. adj. 2 g. et s. m. [Pr. indéka-sillabe] (gr. ἕνδεκα, onze; συλλαβή, syllabe). T. Versif. Se dit des vers de onze syllabes. Voy. PHALÈQUE.

HENDÉCASYLLABIQUE. adj. 2 g. [Pr. indéka-sil-labike]. Qui a onze syllabes.

HENDÉCYLÈNE. s. m. [Pr. indé-silène] T. Chim. Voy. UNDÉCYLÈNE.

HENDÉCYLIQUE. adj. 2 g. [Pr. indé-silike]. T. Chim. Voy. UNDÉCYLIQUE.

HENDERSON (THOMAS), astronome angl. (1798-1844).

HÉNICOSANE. s. m. [Pr. éniko-zane]. T. Chim. Hydrocarbure gras saturé, répondant à la formule $C^{21}H^{44}$. On le rencontre parmi les produits de la distillation fractionnée de certaines paraffines. Il est solide, cristallisable, fusible à 40°.

HÉNIN - LIÉTARD, comm. du Pas-de-Calais, arr. de Béthune; 9,500 hab.

HENNÉ. s. m. (ar. henna, m. s.). T. Bot. Nom arabe du Lawsonia inermis, arbuste de la famille des Lythracées. Voy. ce mot. Les feuilles de cet arbuste, séchées et réduites en poudre, servent à teindre en jaune.

HENNEBONT, ch.-l. de c. du Morbihan, arr. de Lorient; 7,000 hab. Port sur le Blavet. La mer arrivait là autrefois et s'en est graduellement retirée.

HENNEPIN (LOUIS), missionnaire qui fit connaître le premier le Meschacébé ou Mississipi (1640-1700).

HENNEQUIN (PH.-AUG.), peintre et graveur fr., né à Lyon (1763-1833).

HENNEQUIN (ANT.-MARIE), avocat fr. né à Monceaux (Seine) (1786-1840). — Son fils VICTOR-ANTOINE, écrivain fouriériste, né à Paris (1816-1854).

HENNEQUIN (ALFRED-NÉOCLÈS), auteur dramatique fr., né à Liège (1842-1887).

HENNET (Le chevalier), économiste fr. (1758-1828), auteur d'une importante Théorie du Crédit (1816).

HENNIN. s. m. [Pr. hé-nin, h asp.]. Coiffure de femme des XIVe et XVe siècles. Voy. COIFFURE.

HENNIN (PIERRE-MICHEL), diplomate fr. (1728-1807).

HENNIR. v. n. [Pr. hanir ou hénir, h asp.] (lat. hinnire, m. s.). Se dit du cheval quand il pousse son cri ordinaire. Ce cheval hennit après les jumens.

HENNISSANT, ANTE. adj. [Pr. hè-ni-san, h asp.]. Qui hennit.

HENNISSEMENT. s. m. [Pr. hèni-se-man, h asp.]. Le cri ordinaire du cheval.

HENNUYER (JEAN LE), évêque de Lisieux, ardent adversaire des calvinistes (1497-1578).

HÉNOCH, l'un des patriarches antédiluviens. On a, sous son nom, une curieuse compilation connue sous le titre de Livre d'Hénoch.

HÉNOTHÉISME. s. m. (gr. εἷς, ἑνός, un; θεός, Dieu). Culte d'un seul dieu chez un peuple, chaque peuple pouvant avoir le sien; par opposition à monothéisme. Voy. ce mot.

HENRI, nom d'un grand nombre de personnages dont voici les principaux :

1° **Rois de France et princes français.** — HENRI Ier (1031-1060), dont le règne fut signalé par l'établissement de la Trêve de Dieu. || HENRI II, fils et successeur de François Ier (1547-1559), sous lequel Metz, Toul et Verdun furent réunis à la France (1552) et Calais enlevé aux Anglais. || HENRI III, 3e fils de Henri II et de Catherine de Médicis, qui succéda à son frère Charles IX (1574-1589), lutta contre la Ligue, se débarrassa du duc de Guise en le faisant assassiner, et fut lui-même tué par Jacques Clément. || HENRI IV, fils d'Antoine de Bourbon et de Jeanne d'Albret, reine de Navarre, qui succéda à Henri III, et fut le premier roi de la maison de Bourbon (1589-1610), conquit son royaume sur les ligueurs par les victoires d'Arques et d'Ivry, mit fin aux guerres de religion par l'édit de Nantes, opéra, avec le concours de Sully, d'utiles réformes, et fut assassiné par Ravaillac. || HENRI V, nom donné au comte de Chambord par ses partisans, quoique ce prince n'ait jamais régné. Voy. CHAMBORD. = HENRI Ier de Bourgogne ou le comte don Henrique, descendant par sa mère de Robert, roi de France, fonda le comté de Portugal (1095).

2° **Empereurs d'Allemagne.** — HENRI Ier l'Oiseleur (919-936), fondateur de la dynastie saxonne. || HENRI II de Bavière, empereur de 1002 à 1024. || HENRI III, empereur de 1039 à 1056. || HENRI IV de Franconie, fils du précédent, empereur de 1056 à 1106, soutint une lutte terrible contre le pape Grégoire VII pour la question des investitures. || HENRI V, fils du précédent, empereur de 1106 à 1125. || HENRI VI, dit le Cruel, fils et successeur de Frédéric Barberousse, empereur de 1190 à 1197. || HENRI VII, duc du Luxembourg, empereur de 1308 à 1313.

3° **Rois d'Angleterre.** — HENRI Ier, 3e fils de Guillaume le

Conquérant, succéda à son frère Guillaume II le Roux (1100-1135), et accorda une charte à la ville de Londres. | Henri II, fils de Geoffroy Plantagenet, duc d'Anjou, et de Mathilde, fille de Henri Iᵉʳ, épousa Éléonore de Guyenne, et réunit à ses États d'Angleterre une grande partie de la France et l'Irlande; mais le meurtre de Thomas Becket et la révolte de ses fils troublèrent son règne (1154-1189). | Henri III, fils de Jean sans Terre, roi de 1216 à 1272, lutta contre les barons avec des chances diverses et fut battu par saint Louis à Taillebourg et à Saintes. | Henri IV, fils du duc de Lancastre, enleva la couronne à son cousin Richard II (1399-1413. | Son fils Henri V (1413-1422) battit les Français à Azincourt, et, par le traité de Troyes, fut déclaré régent de France jusqu'à la mort de Charles VI, auquel il devait succéder. | Son fils Henri VI, proclamé roi de France et d'Angleterre (1422-1471), se vit enlever toutes ses possessions en France par les victoires de Jeanne d'Arc, et menacer en Angleterre par la guerre civile des Deux-Roses. | Henri VII, fils d'Édouard Tudor et descendant par sa mère d'Édouard III, succéda à Richard III, vaincu et tué à Bosworth (1485), et mit fin à la guerre des Deux-Roses en épousant la fille d'Édouard IV d'York. | Henri VIII, fils et successeur du précédent (1509-1547), soutint Charles-Quint dans sa lutte contre François Iᵉʳ n'ayant pu obtenir du saint-siège l'annulation de son mariage avec Catherine d'Aragon pour épouser Anne Boleyn, il se fit déclarer par son parlement chef suprême de l'Église d'Angleterre. Après avoir fait périr Anne Boleyn, il épousa Jeanne Seymour, Anne de Clèves, Catherine Howard, Catherine Parr. 4º **Rois de Castille.** — Quatre rois de Castille portent le nom de Henri. Le plus connu, Henri I de Transtamare, lutta, avec l'appui du du Guesclin, contre son frère Pierre le Cruel, le tua de sa propre main et lui succéda (1369-1379).

HENRI le *Navigateur* ou Dom **HENRIQUE**, infant de Portugal, fut l'instigateur des voyages de découvertes dont s'honorèrent ses compatriotes (1394-1460).

HENRIADE (LA), poème épique de Voltaire dont Henri IV, roi de France, est le héros.

HENRICHEMONT, ch.-l. de c. (Cher), arr. de Sancerre; 3,800 hab.

HENRIETTE-MARIE DE FRANCE, 3ᵉ fille de Henri IV et de Marie de Médicis, épousa Charles Iᵉʳ d'Angleterre (1605-1669). Bossuet prononça son oraison funèbre. = Sa fille, Henriette-Anne d'Angleterre, épousa le duc d'Orléans, frère de Louis XIV, et mourut subitement (1644-1670). Bossuet prononça son oraison funèbre.

HENRION DE PANSEY, magistrat fr., né à Tréveray (Meuse) (1742-1829). Ministre de la Justice en 1814

HENRIOT (François), commandant de la garde nationale de Paris en 1793, mourut sur l'échafaud (1761-1794).

HENRIQUE. Voy. Henri le *Navigateur*.

HENRIQUEL-DUPONT (Louis-Pierre), graveur fr. (1797-1892).

HENRY (Étienne-Ossian), chimiste fr. (1798-1873).

HENSLOWIE. s. f. [Pr. *ins-lov*-] (R. *Henslow* nom d'un savant angl.). T. Bot. Genre de plantes Dicotylédones (*Henslowia*) de la famille des *Santalacées*. Voy. ce mot.

HENTRIACONTANE. s. m. T. Chim. Hydrocarbure gras saturé dont la formule est C³¹H⁶⁴. Il existe dans la cire d'abeilles. Il est solide et fond à 68°.

HÉOROTAIRE. s. m. T. Ornith. Petits Passereaux qui habitent les îles de l'Océan Indien. Voy. Grimpereaux.

HÉPATALGIE. s. f. (gr. ἧπαρ, ἧπατος, foie; ἄλγος, douleur). T. Méd. Névralgie du foie.

HÉPATALGIQUE. adj. 2 g. Qui a rapport à l'*hépatalgie*.

HÉPATIQUE. adj. 2 g. (gr. ἧπαρ, ἧπατος, foie). T. Anat. et Méd. Qui a rapport au foie. *Artère h. Conduit h. Colique h. Flux h.* — Voy. Foie. || Qui rappelle le foie par sa couleur. *Soufre h.*, sulfure. *Air h.*, hydrogène sulfuré. == s. f. T. Bot.

Nom vulgaire de l'*Hepatica triloba* (*Anemone hepatica*) de la famille des *Renonculacées*. Voy. ce mot. — H. *blanche*, Parnassie des marais (*Parnassia palustris*). — H. *des bois* ou *étoilée*, Aspérule odorante (*Asperula odorata*).

HÉPATIQUES. s. f. pl. T. Bot. Les *Hépatiques* forment une des deux classes de l'embranchement des *Muscinées*, caractérisée par un appareil végétatif rampant, l'absence de protonéma et un sporogone inclus dans la coiffe.

Les Hépatiques vivent dans les lieux humides et ombragés, ordinairement par places isolées, rarement en un tapis continu (Jongermannes); leur appareil végétatif rampe sur le support auquel il se fixe par des poils unicellulaires. La conformation de l'appareil végétatif est très variable et l'on y rencontre toutes les transitions entre un thalle homogène (*Anthoceros*) et une tige feuillée (*Gymnomitrium*).

Les Hépatiques se multiplient fréquemment et abondamment par des *Propagules*; mais elles ont aussi une reproduction sexuée et se reproduisent par œufs dont la formation sera étudiée en détail à l'occasion de chacune des familles de cette classe. Celle-ci se divisera en 2 ordres : les *Jongermanninées* où la déhiscence du sporange est longitudinale, et les *Marchantinées*, où elle est apicale, transversale ou nulle. Voy. Jongermanninées et Marchantinées.

HÉPATISATION. s. f. [Pr. *épa-ti-za-sion*] (R. *hépatiser*). T. Méd. État anormal d'un tissu qui a pris l'aspect et la consistance du tissu du foie. *Il y a h. du poumon.*

HÉPATISER (S'). v. pron. [Pr. *épati-zer*] (gr. ἧπαρ, ἧπατος, foie). T. Méd. Subir l'hépatisation.

HÉPATITE. s. f. (gr. ἧπαρ, ἧπατος, foie). T. Méd. Inflammation du foie. Voy. Foie. || T. Minér. Pierre précieuse de la couleur du foie.

HÉPATOCÈLE. s. f. (gr. ἧπαρ, foie; κήλη, hernie). Hernie du foie.

HÉPATO-CYSTIQUE. adj. 2 g. (gr. ἧπαρ, foie; fr. *cystique*). Qui appartient au foie et à la vésicule du fiel.

HÉPATO-GASTRIQUE. adj. 2 g. (gr. ἧπαρ, foie; fr. *gastrique*). Qui a rapport au foie et à l'estomac.

HÉPATO-GASTRITE. s. f. (gr. ἧπαρ, foie; fr. *gastrite*). Inflammation du foie et de l'estomac.

HÉPATOGRAPHIE. s. f. (gr. ἧπαρ, foie; γράφειν, décrire). Description du foie.

HÉPATO-INTESTINAL, ALE. adj. (gr. ἧπαρ, ἧπατος, foie). Qui appartient au foie et à l'intestin.

HÉPATOLOGIE. s. f. (gr. ἧπαρ, foie; λόγος, traité). Traité sur le foie.

HÉPATOMPHALE. s. f. (gr. ἧπαρ, foie; ὀμφαλός, ombilic). Hernie du foie par l'anneau ombilical.

HÉPATORRHÉE. s. f. (gr. ἧπαρ, foie; ῥεῖν, couler. Déjection abondante de matières en grande partie formées de bile presque pure.

HÉPATOSCOPIE. s. f. (g. ἧπαρ, foie; σκοπεῖν, examiner). T. Antiq. Art de deviner l'avenir par l'inspection du foie des victimes.

HÉPATOTOMIE. s. f. (g. ἧπαρ, foie; τομή, dissection). Dissection du foie.

HÉPHESTION ou **ÉPHESTION**, favori d'Alexandre le Grand (357-324).

HEPHTHÉMIMÈRE. adj 2 g. [Pr. *èfté-mimère*] (gr. ἑπτά, sept; ἥμι, demi; μέρος, partie). T. Vers. Qui a la moitié de sept parties, c.-à-d. trois mesures et demie.

HÉPIALE. s. m. T. Ent. Genre d'Insectes Lépidoptères. Voy. Nocturnes.

REPPENHEIM. v. d'Allemagne (Hesse), au pied du Bergstrasse, 5,300 hab.

HEPSOMÈTRE. s. m. (gr. ἕψειν, faire cuire; μέτρον, mesure). Appareil thermométrique et manométrique employé pour régler la cuisson de jus sucrés.

HEPTACANTHE. adj. 2 g. [Pr. *epta-kante*] (gr. ἑπτά, sept; ἄκανθα, épine). T. Zool. Qui porte sept épines ou aiguillons.

HEPTACORDE. s. m. (gr. ἑπτά, sept; χορδή, corde). La lyre à sept cordes des anciens. || Système de sons composé de sept notes, tel que la gamme.

HEPTADACTYLE. adj. 2 g. (gr. ἑπτά, sept; δάκτυλος, doigt). Qui a sept doigts.

HEPTADE. s. f. (gr. ἑπτά, sept). Groupe de sept choses ou de sept personnes.

HEPTADÉCANE. s. m. (gr. ἑπτά, sept; δέκα, dix, et la term. *ane*, qui indique les carbures saturés). T. Chim. Hydrocarbure gras saturé, ayant pour formule $C^{17}H^{36}$, contenu dans la paraffine du commerce. Il cristallise en tables hexagonales, fond à 23° et bout à 303°.

HEPTAÈDRE. s. m. (gr. ἑπτά, sept; ἕδρα, face). T. Géom. Solide à sept faces.

HEPTAÉDRIQUE. adj. 2 g. Qui appartient à l'heptaèdre.

HEPTAGONAL, ALE. adj. (R. *heptagone*). T. Géom. Qui a sept angles et sept côtés; qui dépend de l'heptagone. *Prisme h., Pyramide heptagonale*, Dont la base est un heptagone.

HEPTAGONE. adj. 2 g. et s. m. (gr. ἑπτά, sept; γωνία, angle). T. Géom. Polygone à sept angles et sept côtés. *Une citadelle h. Un h. régulier.*

HEPTAGYNE. adj. 2 g. [Pr. *epta-jine*] (gr. ἑπτά, sept; γυνή, femme). T. Bot. Qui a sept pistils.

HEPTAGYNIE. s. f. [Pr. *epta-jini*] (gr. ἑπτά, sept; γυνή, femme). T. Bot. Ordre d'une des classes du système de Linné comprenant les plantes qui ont sept styles.

HEPTAÏCOSANE. s. m. [Pr. *epta-i-kozane*]. T. Chim. Hydrocarbure gras saturé, répondant à la formule $C^{27}H^{56}$; solide, fusible à 60°.

HEPTAMÉRON. s. m. (gr. ἑπτά, sept; ἡμέρα, jour). Ouvrage composé de parties distribuées en sept journées. *L'H. de la reine de Navarre.*

HEPTAMÉTHYLÈNE. s. m. (gr. ἑπτά, sept; fr. *méthylène*). T. Chim. Hydrocarbure cyclique de la formule C^7H^{14}. Il est liquide et bout à 127°. Chauffé avec l'acide iodhydrique il se convertit en heptanaphthène. L'amine correspondante, l'*heptaméthylène-amine* C^7H^{13} Az H^2, bout à 169°.

HEPTAMÈTRE. s. m. (gr. ἑπτά, sept; μέτρον, mesure). T. Vers. Vers de sept pieds.

HEPTANAPHTHÈNE. s. m. (gr. ἑπτά, sept; fr. *naphthène*). T. Chim. Hydrocarbure de la formule C^7H^{14}, trouvé dans le pétrole du Caucase. Il est identique avec l'hexahydrure de toluène. Voy. HYDROTOLUÈNE.

HEPTANDRE. adj. 2 g. (gr. ἑπτά, sept; ἀνήρ, ἀνδρός, homme). T. Bot. Qui a sept étamines.

HEPTANDRIE. s. f. (R. *heptandre*). T. Bot. Nom de la 7ᵉ classe du système de Linné comprenant les plantes qui ont sept styles.

HEPTANE. s. m. (gr. ἑπτά, sept, et la term. *ane*, qui indique les carbures saturés). T. Chim. Nom donné aux hydrocarbures saturés de la formule C^7H^{16}.

L'*h. normal* $CH^3(CH^2)^5CH^3$, appelé aussi *éthyle-amyle* et *dipropylméthane*, se rencontre dans le pétrole et dans les huiles de goudron; il est identique avec l'*abiétène*, contenu dans l'essence du *Pinus sabiniana*. On peut le préparer en distillant l'acide azélaïque sur de la baryte. C'est un liquide incolore qui bout à 98°,5. Traité par le chlore, il donne un mélange de deux chlorures d'heptyle, l'un primaire, l'autre secondaire, qui peuvent servir à préparer les alcools heptyliques correspondants.

L'*éthyle-isoamyle* ou *diméthylbutylméthane* bout à 90° et répond à la formule $(CH^3)^2$: $CH.CH^2.CH^2.C^2H^5$. On l'obtient en faisant agir le sodium sur un mélange d'iodure d'éthyle et d'iodure d'amyle. Il paraît exister dans le pétrole américain.

Le *triéthylméthane* $CH(C^2H^5)^3$, se produit par l'action du sodium et du zinc-éthyle sur l'éther formique. C'est un liquide à odeur de pétrole, qui bout à 96°.

Le *diéthyldiméthylméthane* $(CH^3)^2C(C^2H^5)^2$, bout à 87°.

Le *méthyléthylpropylméthane* bout à 91°. On l'obtient par l'action du sodium sur un mélange d'iodure de propyle et d'iodure d'amyle. Sa formule est $\begin{matrix} CH^3 \\ C^2H^5 \end{matrix}\rangle CH.C^3H^7$.

HEPTANÈME. adj. 2 g. (gr. ἑπτά, sept; νῆμα, filament). T. Zool. Qui a sept tentacules.

HEPTANOMIDE, nom donné par les Grecs à l'Égypte centrale, parce qu'elle renfermait sept nomes; cap. Memphis.

HEPTANTHÉRÉ, ÉE. adj. (gr. ἑπτά, sept; fr. *anthéré*). T. Bot. Qui a sept anthères ou étamines.

HEPTAPÉTALE. adj. 2 g. (gr. ἑπτά, sept; fr. *pétale*). T. Bot. Dont la corolle se compose de sept pétales.

HEPTAPHONE. adj. 2 g. (gr. ἑπτά, sept; φωνή, voix). *Écho h.*, Qui répète sept fois.

HEPTAPHYLLE. adj. 2 g. [Pr. *epta-file*] (gr. ἑπτά, sept; φύλλον, feuille). T. Bot. *Feuille h.*, Qui est formée de sept folioles.

HEPTARCHIE. s. f. (gr. ἑπτά, sept; ἀρχή, règne). T. Hist. Se dit de la division de l'Angleterre en sept royaumes fondés successivement par les Angles et les Saxons. Les sept États qui composaient l'h. étaient *Kent, Sussex, Wessex, Essex, Northumberland, Est-Anglie* et *Mercie*; mais jamais ces sept royaumes n'existèrent simultanément.

HEPTARCHIQUE. adj. 2 g. Qui a rapport à l'heptarchie.

HEPTARQUE. s. m. [Pr. *eptar-ke*]. Chacun des rois d'une heptarchie.

HEPTASÉPALE. adj. 2 g. (gr. ἑπτά, sept; fr. *sépale*). T. Bot. Qui est formé de sept sépales.

HEPTASYLLABE. adj. 2 g. (gr. ἑπτά, sept; fr. *syllabe*). Qui a sept syllabes.

HEPTATEUQUE. s. m. (gr. ἑπτάτευχος, m. s., de ἑπτά, sept; τεῦχος, volume). Les sept premiers livres de l'Ancien Testament. || Ouvrage divisé en sept livres.

HEPTATOME. adj. 2 g. (gr. ἑπτά, sept; τομή, section). T. Zool. Qui est divisé en sept articles.

HEPTATOMIQUE. adj. (gr. ἑπτά, sept; ἄτομος, atome). T. Chim. Qui possède sept atomicités ou valences libres. || *Alcool h.*, Qui possède sept fonctions alcool.

HEPTATRÈME. adj. 2 g. (gr. ἑπτά, sept; τρῆμα, trou). T. Icht. Nom donné par Duméril à une espèce de *Poissons* appartenant au genre *Myxine*. Voy. CYCLOSTOMES.

HEPTAVALENT. adj. T. Chim. Syn. d'*Heptatomique*.

HEPTÈNE. s. m. T. Chim. Syn. d'*Heptylène*.

HEPTINE. s. f. (gr. ἑπτά, sept). T. Chim. Nom donné aux hydrocarbures acétyléniques C^7H^{12} dérivés de l'heptane normal.

L'*œnanthylidène* $C^5H^{11}.C \equiv CH$, appelé aussi *heptylidène* et *amylacétylène*, s'obtient en faisant agir la potasse alcoolique sur le dérivé dichloré de l'heptane. C'est un liquide à odeur alliacée, bouillant à 107°, insoluble dans l'eau, soluble dans l'alcool et dans l'éther. Il s'unit avec énergie au brome, en formant un dibromure. Il donne un précipité blanc avec l'azotate d'argent ammoniacal et un précipité jaune avec le chlorure cuivreux ammoniacal.

Le *méthylbutylacétylène* $CH^3.C \equiv C.C^4H^9$, se prépare en chauffant le précédent avec de la potasse alcoolique à 150°. Il bout à 113°. Il ne précipite pas l'azotate d'argent.

L'*éthylpropylacétylène* $C^2H^5.C \equiv C.C^3H^7$ est un liquide à odeur d'acétylène, bouillant à 106°. Il s'unit au brome. Il précipite le chlorure cuivreux ammoniacal. On l'obtient en traitant la dipropylcétone par le perchlorure de phosphore e. en chauffant le produit de cette réaction avec de la potasse alcoolique.

HEPTITE. s. f. (gr. ἑπτά, sept). T. Chim. Nom générique que des matières sucrées qui sont des alcools heptatomiques : perséite, volémite, manno-heptite.

HEPTOL. s. m. (gr. ἑπτά, sept et la term. ol indiquant les alcools). T. Chim. Composé possédant sept fonctions alcool.

HEPTOSE. s. f. [Pr. épto-ze] (gr. ἑπτά, sept, et la term. ose, qui indique les sucres). T. Chim. Nom donné aux matières sucrées de la formule $C^7H^{14}O^7$, homologues des glucoses.

HEPTYLAMINE. s. f. (gr. ἑπτά, sept; ὕλη, matière; fr. amine). T. Chim. Nom donné aux amines de formule $C^7H^{15}AzH^2$, dérivées des heptanes. L'heptylamine normale est un liquide qui bout à 154° et qui absorbe l'acide carbonique de l'air en formant un carbonate. — Lorsqu'on chauffe à 120° de l'ammoniaque avec le chlorure d'heptyle dérivé de l'heptane normal, on obtient, à l'état de chlorhydrate, une h. qui bout à 146°; en même temps se forment les chlorhydrates de la di-heptylamine $(C^7H^{15})^2AzH$ et de la tri-heptylamine $(C^7H^{15})^3Az$.

HEPTYLE. s. m. (gr. ἑπτά, sept; ὕλη, matière). T. Chim. Nom donné au radical univalent C^7H^{15} contenu dans les heptanes et dans les composés heptyliques.

HEPTYLÈNE. s. m. (gr. ἑπτά, sept; ὕλη, matière, et le suff. ène, qui indique les carbures d'hydrogène). T. Chim. Nom donné aux hydrocarbures gras qui répondent à la formule C^7H^{14}. La théorie prévoit l'existence de 39 hept. ènes. On n'en connaît bien qu'un petit nombre. Ce sont des liquides dont les points d'ébullition sont compris entre 80° et 100°. On les prépare en faisant agir la potasse alcoolique sur les chlorures, bromures ou iodures d'heptyle obtenus à l'aide des heptanes ou des alcools heptyliques. C'est ainsi que les deux chlorures d'heptyle produits par la chloruration de l'heptane normal fournissent deux heptylènes : 1° l'h. normal ou amyléthylène $CH^2:CH.C^5H^{11}$, qui bout à 98° et qui s'unit à l'eau pour former un alcool heptylique; 2° un pseudo-heptylène $CH^3.CH:CH.C^4H^9$ qui s'unit à froid à l'acide chlorhydrique, ce qui permet de le séparer du précédent.

La décomposition de la paraffine par la chaleur, la distillation sèche de la résine, l'action du chlorure de zinc à chaud sur le fusolel, la distillation de l'œnanthol sur de la chaux caustique fournissent aussi des heptylènes.

HEPTYLIDÈNE. s. m. T. Chim. Nom donné au radical bivalent $C^6H^{13}.CH$ contenu dans les dérivés di-substitués de l'heptane. || Syn. d'Œnanthylidène. Voy. HEPTINE.

HEPTYLIQUE. adj. T. Chim. Se dit des composés qui renferment le radical heptyle C^7H^{15}. Les chlorures, bromures et iodures d'heptyle s'obtiennent en général par l'action des acides chlorhydrique, bromhydrique ou iodhydrique sur les alcools heptyliques. Les chlorures et les bromures peuvent aussi se préparer en traitant les heptanes par le chlore ou le brome. Les alcools heptyliques ont pour formule $C^7H^{15}OH$; nous les classerons ici en alcools primaires, secondaires et tertiaires.

L'alcool heptylique normal primaire $CH^2OH.C^6H^{13}$ se rencontre en petite quantité dans l'huile de raisin, dans l'huile de pommes de terre, dans l'eau-de-vie. On le prépare en hydrogénant l'aldéhyde correspondante, connue sous le nom d'œnanthol. Il est liquide et bout vers 175°. Les agents d'oxydation le transforment en acide œnanthylique normal. — Le chlorure h. correspondant bout à 160°, le bromure à 179°, l'iodure à 204°.

Alcools secondaires. — L'amylméthylcarbinol s'obtient, en même temps que le précédent, lorsqu'on traite l'heptane normal par le chlore et qu'on saponifie les chlorures formés. Il bout à 161°. Sa formule est $CH^3.CHOH.C^5H^{11}$. L'oxydation le transforme en une cétone qui se dédouble en acides acétique et valérique.

L'éthylbutylcarbinol $C^2H^5.CHOH.C^4H^9$, obtenu à l'aide de l'heptane du pétrole, bout à 144°. En s'oxydant il donne une cétone, puis de l'acide acétique et de l'acide butyrique.

Le dipropylcarbinol $C^3H^7.CHOH.C^3H^7$ se prépare en hydrogénant la dipropylcétone ou butyrone. Il bout vers 150°.

Par oxydation il régénère cette cétone et donne ensuite de l'acide butyrique et de l'acide propionique. — L'iodure correspondant bout à 180°.

L'isoamylméthylcarbinol $(CH^3)^2CH.CH^2.CH^2.CHOH.CH^3$, qui bout à 148°, se produit par l'hydrogénation de sa cétone. Celle-ci, appelée isoamylméthylcétone, résulte de l'action du zinc-amyle sur le chlorure d'acétyle; elle bout à 143°. Le chlorure qui correspond à cet alcool bout à 136°; l'iodure vers 170°.

L'isobutyléthylcarbinol $(CH^3)^2CH.CH^2.CHOH.C^2H^5$ bout à 148° et s'obtient en faisant réagir le zinc-éthyle sur l'aldéhyde isovalérique. En s'oxydant, il se transforme en isobutylcétone, puis en acides acétique et valérique.

Alcools tertiaires. — Le méthyléthylpropylcarbinol se prépare en traitant le chlorure de butyryle par le zinc-méthyle et le zinc-éthyle. Il bout à 138°. Par oxydation il se scinde en acides propionique, acétique et carbonique. Sa formule est

$$CH^3 \diagdown COH.C^3H^7. \atop C^2H^5 \diagup$$

Le triéthylcarbinol $COH(C^2H^5)^3$ résulte de l'action du zinc-éthyle sur le chlorure de propionyle. Il bout à 142°. Oxydé par le mélange chromique, il donne de la diéthylcétone, un heptylène, de l'acide propionique et de l'acide acétique.

Le diméthylisobutylcarbinol $(CH^3)^2COH.CH^2.CH(CH^3)^2$, obtenu en faisant réagir le zinc-méthyle sur le chlorure de valéryle, est un liquide à odeur camphrée, bouillant à 129°, presque insoluble dans l'eau. Les oxydants le décomposent en acides acétique et isobutyrique.

Le méthyléthylisopropylcarbinol se forme par l'action du zinc-méthyle sur le chlorure de butyryle bromé. Sa formule est

$$CH^3 \diagdown COH.CH(CH^3)^2. \atop C^2H^5 \diagup$$ Il est liquide, insoluble dans l'eau, et

bout à 139°. A l'oxydation il donne de la méthyléthylcétone et de l'acide acétique. — Son bromure bout vers 436°, son iodure vers 146°.

Le pentaméthyléthol $(CH^3)^2COH.C(CH^3)^3$ se prépare en faisant réagir le zinc-méthyle sur le chlorure triméthylacétique $(CH^3)^3C.COCl$. Il est solide, fond à 17° et bout à 132°. Il se transforme facilement en un hydrate cristallisable, à saveur brûlante, à odeur camphrée, fusible à 83°. Avec le perchlorure de phosphore, il donne un chlorure d'heptyle solide, fusible à 135°, ayant l'aspect du camphre. L'iodure correspondant fond à 140°.

HÉRA. T. Myth. Voy. JUNON.

HÉRACLÉE, nom de nombreuses villes de l'antiquité. Parmi les plus importantes : Héraclée Lyncestis, ville de la Haute-Macédoine; Héraclée Minoa, en Sicile fondée, dit-on, par Minos; Héraclée Pontica en Bithynie; Héraclée en Lucanie, sur les bords du golfe de Tarente. On y a découvert dans la première moitié du XVIIIe siècle des tables de bronze, connues sous le nom de Tables d'Héraclée, et portant des inscriptions grecques et latines d'une grande importance historique.

HÉRACLÉES. s. f. pl. (gr. Ἡρακλῆς, Hercule). Fêtes en l'honneur d'Hercule.

HÉRACLÈS. T. Myth. Voy. HERCULE.

HÉRACLEUM. s. m. [Pr. éraklé-ome]. T. Bot. Nom scientifique du genre Berce. Voy. ce mot.

HÉRACLIDE. s. m. (gr. ἡρακλείδης, m. s., de Ἡρακλῆς, Hercule). Descendant d'Hercule. — HÉRACLIDES, dynasties grecques du Péloponèse, de Corinthe, de Lydie et de Macédoine qui prétendaient descendre d'Hercule. Les Héraclides du Péloponèse sont les plus célèbres. Unis aux Doriens, ils chassèrent les Achéens du sud de la Grèce.

HÉRACLIDE DE PONT, philosophe grec, disciple de Platon et d'Aristote, mort vers 330 av. J.-C.

HÉRACLITE, philosophe grec; pleurait toujours, dit une légende absurde, contrairement à Démocrite, qui riait toujours (576-480 av. J.-C.). Ses doctrines, d'une grande originalité pour l'époque, avec une vague tendance panthéiste, ont exercé une influence considérable sur l'esprit de Platon et ont enfanté la physique des stoïciens.

HÉRACLIUS Ier, empereur d'Orient (610-641). || HÉRACLIUS II, son fils, ne régna pas un an.

HÉRALDIQUE. adj. 2 g. (bas-lat. *heraldus*, héraut). Qui a rapport au blason. *Art h*, *Figures héraldiques*.

I. — Les objets que l'on représente sur le champ de l'écu ont reçu des héraldistes la dénomination générique de *Figures héraldiques*. Mais comme ces objets sont en grand nombre, on les a distribués en quatre classes : 1° *F. héraldiques proprement dites* ; 2° *F. naturelles* ; 3° *F. artificielles* ; 4° *F. chimériques*. Les figures *naturelles* comprennent les figures humaines et celles d'animaux, de végétaux, d'astres, de météores et d'éléments. Les figures *artificielles* sont celles qui représentent des objets produits par l'industrie humaine, comme les armes, les instruments de pêche, de chasse et de musique, les vêtements, les outils, etc. Les figures *chimériques* comprennent tous les êtres fantastiques créés par l'imagination de l'homme, tels que les sphynx, les hydres, les sirènes, les griffons, les harpies, les centaures, les aigles à deux têtes, etc. Le nombre des figures comprises dans les trois dernières classes est à peu près illimité. Comme les principales d'entre elles sont l'objet, soit de définitions, soit même d'articles particuliers dans le cours de cet ouvrage, nous ne traiterons ici que des figures héraldiques proprement dites.

Les *Figures héraldiques* proprement dites sont des signes de convention, qui datent de l'origine même des armoiries, et dont l'usage a toujours été très répandu. On les distingue en *F. de premier ordre* et *F. de second ordre*.

II. — Les figures héraldiques de *premier ordre* sont ainsi nommées, parce qu'elles ont été employées les premières. On les appelle aussi *pièces honorables*. On en compte dix-neuf.

Fig. 1.   Fig. 2.   Fig. 3.

— Le *Chef* occupe le tiers de l'écu à la partie supérieure. CHATEAUNEUF, en Dauphiné : d'argent, au chef de gueules (Fig. 1). — La *Fasce* occupe le milieu de l'écu dans le sens horizontal. BÉTHUNE : d'argent, à la fasce de gueules (Fig. 2). — La *Champagne*, de même largeur que le chef, occupe la partie inférieure de l'écu. WOODVILLE, en Angleterre : de gueules, au canton sénestre d'argent, et la Champagne du même (Fig. 3). — Le *Pal* occupe le tiers de l'écu verticalement. BOLOMIER, en Dauphiné : de gueules, au pal d'argent (Fig. 4). — La *Bande* se pose diagonalement de l'angle dextre du haut de l'écu à l'angle sénestre du bas. NOAILLES : de gueules, à la bande d'or (Fig. 5). — La *Barre*, au contraire, va de l'angle sénestre du haut de l'écu à l'angle dextre du bas. — La *Croix* est formée par la réunion de la fasce et du pal, et le *Sautoir* par celle de la bande et de la barre. Voy. CROIX. — Le *Chevron* a la forme d'un compas dont les pointes toucheraient les deux angles bas de l'écu. VAUDECOURT, en Champagne : de gueules, au chevron d'or (Fig. 6).

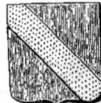

Fig. 4.   Fig. 5.   Fig. 6.

Fig. 7.   Fig. 8.   Fig. 9.

— Le *Franc-quartier* est une figure carrée qui se met à l'angle dextre du chef. LAMOIGNON : losange d'argent et de sable, au franc-quartier d'hermine (Fig. 7). — Le *Canton* est le diminutif du franc-quartier. Il occupe, tantôt l'angle dextre, tantôt l'angle sénestre du chef, particularité qu'il faut exprimer en blasonnant (Fig. 3). — La *Pointe* ou *Pile* a la forme d'un triangle très effilé dont la base repose ordinaire-

ment sur celle de l'écu et dont l'angle opposé s'élève vers le chef sans le toucher. SAINT-BLAISE DE BRUGNY : d'azur, à la pointe d'argent (Fig. 8). — Le *Giron* est également triangulaire, mais il diffère de la pointe en ce que sa partie aiguë se termine au centre de l'écu, et qu'ensuite il présente toujours un angle droit. (Voy. Écu, Fig. 21). — Le *Pairle* ressemble à un Y majuscule dont la branche inférieure repose sur la base de l'écu, tandis que les deux supérieures aboutissent aux deux angles du chef. La ville d'ISSOUDUN porte : d'azur, au pairle d'or, accompagné de 3 fleurs de lis du même (Fig. 9). — La *Bordure* est une espèce de plate-bande qui environne l'écu ; elle est souvent employée comme *Brisure*. Voy. ce mot (Fig. 3). — L'*Orle* est aussi une plate-bande qui environne l'écu, mais elle n'en touche pas les bords, et, en outre, elle est moins large que la bordure. D'AINGEVILLE : d'argent, à l'orle de sable (Fig. 10). — Le *Trescheur* ou *Essonnier* ne diffère de l'orle qu'en ce qu'il est fleuronné. On le trouve presque toujours double. Les armes de l'ÉCOSSE sont d'or, au lion de gueules enfermé dans un double trescheur fleuronné et contre-fleuronné du même (Fig. 11). — L'*Écu* ou *Écusson en abîme* est un petit écu posé au cœur, c.-à-d. au centre du champ. (Voy. Écu, Fig. 23). — Le *Gousset* est une sorte de pairle dont la partie supérieure est pleine. C'est une des pièces les moins usitées.

Les pièces honorables sont le plus souvent seules : elles couvrent alors le tiers de l'écu, sauf toutefois le franc-quartier, qui ne remplit que le quart, et le giron et le canton qui sont encore un peu moins grands. D'autres fois, au contraire, elles se trouvent multipliées un certain nombre de fois. Dans ce cas, elles perdent nécessairement de leurs dimensions, et l'on donne à ces répétitions le nom de *Rebattements*. Dans le cas même où elles sont simples, les pièces honorables éprouvent quelquefois une réduction analogue : on les appelle alors

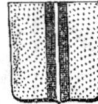

Fig. 10.   Fig. 11.   Fig. 12.

figures diminuées, et l'on désigne chacune d'elles par un nom particulier. — Le *Comble* est un chef qui n'a que le tiers de sa hauteur ; on l'appelle aussi *chef retrait, rompu* ou *diminué*. La *Vergette* est un pal réduit à la moitié ou au tiers de sa largeur. MASSI, à Florence : d'or, au pal de sable chargé d'une vergette d'argent (Fig. 12). — La *Devise* ou *Divise*, ou encore *Fasce en divise*, est une fasce qui a perdu les deux tiers de sa hauteur. YVER, en Poitou, porte : d'azur, à une devise d'or accompagnée de trois étoiles du même (Fig. 13). Lorsque le nombre des fasces excède celui de quatre, on leur donne le nom de *Burèles*. — La *bande diminuée* est appelée *Cotice* ou *Bâton en bande*, et la barre

Fig. 13.   Fig. 14.   Fig. 15.

diminuée est appelée *Traverse* ou *Bâton en barre*. BAYARD DU TERRAIL : d'azur, au chef d'argent chargé d'un lion issant de gueules à une cotice d'or brochant sur le tout (Fig. 14). Lorsque la cotice et la traverse sont alésées, c.-à-d. lorsque leurs extrémités ne touchent pas les bords de l'écu, on les nomme *Bâton péri en bande* et *Bâton péri en barre* : alors on les met en abîme, et elles servent presque exclusivement de brisure. Voy. ce mot. — La *Plaine* est une champagne diminuée des deux tiers. — L'*Étai* est un chevron réduit au tiers de sa largeur. — Les *Jumelles* et *Tierces* sont des fasces, des bandes ou des barres très rétrécies et groupées, celles-là deux par deux, et celles-ci trois par trois. On doit, en blasonnant, exprimer leur nombre et leur position. GOUFFIER : d'or, à trois jumelles de sable en fasce (Fig. 15). — Le *Flanchis* est un sautoir alésé et réduit au tiers ou au quart de sa largeur. Il s'emploie le plus souvent en nombre ou pour charger une pièce honorable. D'ENTRAGUES : d'azur, à trois flanchis d'argent, au chef du dernier émail chargé de trois franchis du premier (Fig. 16). — On désigne sous le nom de *Filet* toute pièce honorable qui est réduite à sa plus simple épaisseur, et l'on dit *Filet en pal, en barre, en croix*, etc., suivant la nature de ces dernières. Fossez porte : écartelé, au premier et au second, d'azur à un château d'argent; et troisième et au quatrième, d'hermine; et un filet de gueules, en

Fig. 16.    Fig. 17. 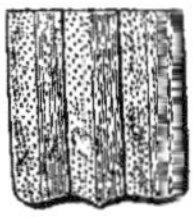   Fig. 18.

croix (Fig. 17). Cependant quand il s'agit de la bordure, on se sert de préférence du terme *Filière*. Il arrive aussi quelquefois que les chevrons, les pals, les bandes, les barres et les fasces, et leurs rebattements, sont en nombre tel qu'il est impossible de distinguer l'émail du champ. On dit alors que l'écu est *chevronné, palé, fascé, bandé, barré, cotisé*, etc., et l'on spécifie le nombre des divisions. Buqueville : palé d'or et de gueules de six pièces (Fig. 18). Enfin, si l'écu qui présente une de ces dispositions se trouve divisé par un trait, de telle sorte que chaque moitié des pièces soit d'un autre émail que la moitié qui lui correspond, on exprime cette disposition en disant que l'écu est *contre-fascé, contre-palé, contre-chevronné*, etc., de tel et tel émail et de tant de pièces. Joinville : contre-palé d'argent et de gueules de six pièces (Fig. 19).

III. — Les figures *moins honorables* ou de second ordre, sont au nombre de quatorze. L'*Émanché* ou *Emmanché* se

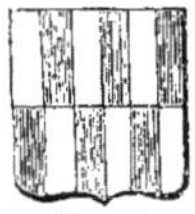

Fig. 19.    Fig. 20. 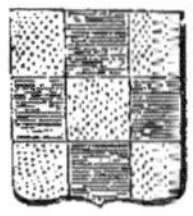   Fig. 21.

compose de grandes dents, *pointes* ou *émanches*, enclavées les unes dans les autres. Il peut être en fasce, en pal, en barre, en bande ou en chef. De Vaudrey : émanché en fasce d'une pointe et deux demies de gueules sur argent (Fig. 20). — Les *Points équipollés* sont neuf carreaux en échiquier, les quatre des angles et celui du centre de métal et les quatre autres de couleur, ou réciproquement. Bussi porte : cinq points d'or équipollés à quatre points d'azur (Fig. 21). — L'*Échiquier* ou l'*Échiqueté* se compose de plusieurs rangées ou tires, de petits carreaux alternativement de métal et de couleur. Ces rangées sont en général au nombre de six; lorsqu'elles sont en moindre nombre, on doit l'indiquer en blasonnant. Spanheim porte : échiqueté d'or et de gueules, de

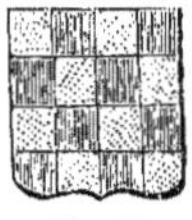

Fig. 22.    Fig. 23.    Fig. 24

quatre rangs ou tires (Fig. 22). — Les *Frettes* sont ces bandes et des barres entrelacées au nombre de six; l'écu sur lequel elles se trouvent est dit *fretté*. D'Humières : d'argent à six frettes de sable (Fig. 23). Les frettes prennent le nom de *Treillis*, lorsqu'il y a des clous à l'intersection des bandes et des barres. — Les *Losanges* sont des figures quadrangulaires un peu plus hautes que larges, qui se posent toujours perpendiculairement. Mollart : de gueules, à trois losanges d'or (Fig. 24). Lorsque l'écu est tout couvert de losanges, on dit qu'il est *losangé* (Fig. 7). — Les *Fusées* sont des losanges très allongés, en forme de fuseaux, et l'on appelle *fuselé* l'écu qui en est rempli. Grimaldi porte : fuselé d'argent et de gueules (Fig. 25). — Les *Macles* sont des losanges percés au milieu d'une ouverture également en losange, et les *Rustes* des losanges percés d'une ouverture circulaire. — Les *Carreaux* sont, comme leur nom l'indique, des pièces carrées posées sur

un de leurs côtés. Chomel : d'or, à la fasce d'azur, chargée de trois carreaux d'argent (Fig. 26). — Les *Billettes*, les

Fig. 25. 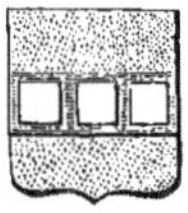   Fig. 26.    Fig. 27.

Besants, les *Tourteaux* et les *Besants-tourteaux* ont été décrits aux mots Billette et Besant.

IV. — La plupart des pièces qui précèdent peuvent être modifiées d'une infinité de manières. — Ces modifications se nomment *Attributs*. Le plus grand nombre de ces attributs peuvent s'appliquer à plusieurs figures différentes; quelques-uns cependant sont propres à certaines pièces. Nous citerons comme exemple, le terme *flambant* ou *flamboyant*, qui ne se dit que du pal ondé et aiguisé en forme de flamme. Bataille : d'argent, à trois pals flambants de gueules (Fig. 27). Le *chevron brisé* ou *éclaté* est celui dont la pointe supérieure est fendue sans que les deux branches soient séparées.

HÉRALDISTE. s. m. (R. *héraut*). Celui qui est versé dans la science du blason.

HÉRAPATHITE. s. f. (R. *Herapath*, nom d'un savant angl.) T. Chim. Composé résultant de la combinaison du sulfate de quinine avec l'acide iodhydrique et l'iode. Il cristallise en tables rectangulaires vertes qui polarisent la lumière comme le fait la tourmaline.

HÉRAT, v. forte de l'Asie (Afghanistan), capitale de la prov. d'Hérat, qui commande la route N.-O. de l'Inde; 50,000 hab. La province compte 800,000 hab.

HÉRAUDERIE. s. f. [*h* asp.]. Office de *Héraut*. Voy. ce mot.

HÉRAULT, fl. de France, se jette dans la Méditerranée auprès d'Agde; 164 kilomètres.

HÉRAULT (Dép. de l'), formé d'une partie du Bas-Languedoc; 461,700 hab. Ch.-l. *Montpellier*. 3 autres arr. *Béziers, Lodève, Saint-Pons*.

HÉRAULT DE SÉCHELLES (Marie-Jean), président de la Convention, né à Paris; m. sur l'échafaud (1759-1794).

HÉRAUT. s. m. [*h* asp.] (bas-lat. *heraldus*, m. s.). — L'étymologie du mot *Héraut*, qu'on écrivait autrefois, *hérault*, est incertaine; les uns le font venir du celtique *herod*, qui signifiait messager; d'autres le dérivent de l'allemand *herr*, seigneur, *heer*, armée, ou *ehr*, honneur, et *hold*, fidèle, ou *alt*, vieux. Si l'origine du nom de héraut est incertaine, la date de l'institution des officiers qui le portaient ne l'est pas moins. On a voulu, mais sans preuves suffisantes, la faire remonter jusqu'à Charlemagne; il est du moins certain qu'il y avait des hérauts sous saint Louis, et même un peu avant. Quoi qu'il en soit, les officiers nommés *hérauts* ou *hérauts d'armes* remplissaient, sous le régime féodal, des fonctions d'une haute importance. En effet, ils étaient spécialement chargés de dresser les généalogies, de composer les armoiries, de vérifier les preuves de noblesse, et de veiller au maintien et à l'intégrité de tout ce qui se rattachait aux questions nobiliaires. Ils publiaient les joutes et tournois, faisaient les lettres d'appel, signifiaient les cartels, marquaient l'emplacement du camp et des lices, donnaient le signal du combat, etc. Les déclarations de guerre aux princes étrangers étaient faites de vive voix par les hérauts, et leur personne était aussi sacrée que celle des ambassadeurs. Quand les armées étaient en campagne, c'étaient les hérauts qui comptaient les morts, relevaient les enseignes, traitaient de l'échange des prisonniers, connaissaient des contestations survenues au sujet du partage du butin, sommaient les places de se rendre, etc. A l'époque de la tenue des états généraux, ils faisaient les convocations et assistaient aux séances pour régler la préséance et empêcher la confusion. Ils figuraient aux sacres, aux mariages des souverains et à toutes les grandes cérémonies. Enfin, à la mort des princes, ils avaient exclusivement le droit d'enfermer dans le cercueil toutes les marques d'honneur du défunt.

L'office de h. se nommait *Hérauderie*. On appliquait également cette dénomination au corps de ces officiers, et à l'ensemble des connaissances spéciales (art héraldique, cérémonial, etc.) qu'on exigeait d'eux. On ne devenait h. qu'après avoir fait un long surnuméariat, qu'après avoir été successivement *Chevaucheur* et *Poursuivant d'armes*. Enfin, le personnel entier de la hérauderie était placé sous les ordres d'un chef nommé *Roi d'armes*. Les hérauts portaient une cotte d'armes sans manches appelée *Tabar*, qui était de velours armorié aux armes du prince au service duquel ils étaient attachés, et, dans certaines cérémonies, ils tenaient à la main un bâton ou sceptre appelé *Caducée*. A l'origine, il y avait en France autant de hérauderies particulières que de grands seigneurs indépendants. Après la destruction du régime féodal, on conserva les plus importantes, mais en les soumettant à la juridiction du roi d'armes du roi. Sous les derniers Valois, le nombre de ces officiers était de 30; le roi d'armes portait le nom de *Montjoie Saint-Denis*, ou simplement *Montjoie*, de l'ancien cri de guerre des rois de France; son tabar était de velours violet, chargé de fleurs de lis d'or devant et derrière. Les autres hérauts recevaient des noms de provinces: *Normandie, Guienne, Bourgogne, Dauphiné*, etc. A partir de l'extinction de la race des Valois, la hérauderie déclina rapidement, et finit par ne plus être qu'une institution d'apparat. Supprimée par la Révolution, elle reparut, mais avec ce dernier caractère seulement, sous le gouvernement impérial et sous la Restauration, pour disparaître de nouveau en 1830.

La hérauderie a également existé dans les autres États de l'Europe, et y a éprouvé le même sort qu'en France. L'Angleterre est aujourd'hui le seul pays qui ait conservé cette institution.

HERBACÉ, ÉE. adj. (lat. *herbaceus*, m. s. de *herba*, herbe). T. Bot. Se dit des végétaux dont la tige est tendre, grêle, non ligneuse, et meurt après la fructification. *Tige herbacée. Plante herbacée.* — *Consistance herbacée*, se dit en parlant des parties tendres de quelque autre plante.

HERBAGE. s. m. Se dit de toutes sortes d'herbes. *Vivre d'herbages.* — Plus ordin., l'herbe des prés où l'on met les animaux pour les engraisser. || Pré qu'on ne fauche jamais, et qu'on réserve pour y faire paître les bœufs. *Il possède les plus beaux herbages de toute la Normandie.*

Agric. — Les herbages sont, en général, des prairies très fertiles dans lesquelles on fait pâturer nuit et jour les bestiaux en liberté. Ordinairement les herbages sont enclos de haies ou de larges fossés pleins d'eau. La plupart restent toujours en prairie. D'autres se mettent en culture réglée de céréales pendant quelques années, temps pendant lequel on les fume à outrance, et ils sont restitués ensuite à leur première destination. Les soins généraux d'entretien que comportent les herbages sont les suivants : destruction des plantes inutiles ou nuisibles; épandage d'engrais et amendements en saison convenable, suivant la nature du sol; dessèchements et irrigations; semis partiels d'herbes de choix, s'il est besoin. Comme les bœufs bien nourris refusent, à mesure qu'ils engraissent, les herbes qui flattent le moins leur goût, on coupe celles-ci pour en faire du foin. On comprend que toutes les régions n'ont pas, comme en Normandie, des herbages naturels où l'homme n'a d'autre soin que de seconder les efforts de la nature pour obtenir une surabondance de nourriture pour ses bestiaux. Mais partout ailleurs, avec quelques nuances, des connaissances et de la persévérance, on peut obtenir des prairies naturelles, appropriées à la nature du sol, qui donneront des pâturages en abondance. Voy. PRAIRIE. Dans les Pyrénées, les Alpes, le Cantal, le Jura, etc., on appelle herbages les sommets des montagnes où il fait trop froid pour toute espèce de culture, mais où pendant les trois ou quatre mois de l'été la neige a disparu. Alors poussent et fleurissent sur ces sommets une incroyable quantité de plantes qui forment d'excellents pâturages. On y conduit de nombreux troupeaux de vaches et de chèvres qui fournissent un lait très abondant et bien supérieur en qualité à celui des gras herbages des plaines. C'est avec ce lait que l'on fait les fromages de Gruyère, du Cantal, etc., connus par leurs grandes dimensions, leur pâte ferme, décorée de grands œils.

HERBAGEMENT. s. m. [Pr. *erbaje-man*]. T. Agric. Action d'herbager les bestiaux.

HERBAGER. v. a. (R. *erba-jer*). T. Agric. Mettre les bestiaux à l'herbage.

HERBAGER. s. m. [Pr. *erba-jé*] (R. *herbage*). Celui qui nourrit, engraisse des bestiaux.

HERBAGEUX, EUSE. adj. [Pr. *erba-jeu*]. Couvert d'herbage.

HERBANT. s. m. T. Chas. Nom que l'on donne aux chiens qui se jettent durement sur le gibier.

HERBART (JEAN-FRÉDÉRIC), philosophe all. (1776-1841).

HERBAULT, ch.-l. de c. (Loir-et-Cher), arr. de Blois; 900 hab. Foires et marchés importants.

HERBE. s. f. (lat. *herba*, m. s.). Plante fine, verte, molle et tendre, qui croît un peu partout. *H. fraîche, sèche, tendre, touffue, épaisse. Un brin d'h. S'étendre sur l'h. L'h. croît dans les rues de la ville.* || *Mauvaises herbes*, Plantes qui nuisent à la culture. || *Blé en h., avoine en h.* Blé, avoine encore verte. || Figur. et prov., *Mauvaise h. croît toujours*, se dit, par plaisanterie, d'un enfant qui grandit beaucoup. — *Couper l'h. sous le pied à quelqu'un*, Le supplanter. — *Il a marché sur quelque mauvaise h.*, Il lui est arrivé quelque chose qui l'a mis de mauvaise humeur. *Sur quelle herbe avez-vous marché aujourd'hui?* Quelle est la cause de voire mauvaise humeur? — *Employer toutes les herbes de la Saint-Jean*, Employer, pour faire réussir une affaire, tous les moyens possibles. || *Un avocat en h., un médecin en h.*, Un jeune homme qui étudie pour devenir avocat. On dit dans un sens anal., en parlant de personnes qui semblent destinées à certains emplois, *C'est un ministre en h., un ambassadeur en h.* — Voy. d'autres locut. aux mots BATTRE, BLÉ et BROUTER. || *Ce cheval aura quatre ans aux herbes*, Il aura quatre ans au printemps.

Bot. — Plante dont la tige meurt chaque année; syn. de *Plante herbacée*. Dans le langage vulgaire, un grand nombre de plantes herbacées sont désignées par le mot *herbe*, suivi d'un qualificatif souvent en rapport avec leurs propriétés industrielles ou médicinales. En conséquence, nous mentionnerons celles d'entre ces dénominations vulgaires les plus usitées. — *H. aux abeilles*, l'Ulmaire, ROSACÉES. — *H. amère*, la Tanaisie vulgaire, COMPOSÉES. — *H. à l'ambassadeur*, le Tabac, SOLANACÉES. — *H. d'amour*, l'Oxalis sensitiva, GÉRANIACÉES; la Dentelaire grimpante, PLOMBAGINÉES. — *H. aux ânes*, l'Œnopordon acanthium, COMPOSÉES; la Bugrane, LÉGUMINEUSES; l'Œnothera biennis, ONAGRARIÉES. — *H. d'antal*, Cynoglosse officinale, BORRAGINÉES. — *H. à l'asthme*, la Lobélie enflée, CAMPANULACÉES. — *H. bénite*, la Benoîte, ROSACÉES. — *H. aux blessures*, le Plantain, PLANTAGINÉES. — *H. aux bœufs*, l'Oxalis acetosella, GÉRANIACÉES; l'Hellébore puant, RENONCULACÉES. — *H. de bonc*, l'Arroche puante, CHÉNOPODIACÉES. — *H. à cailler*, les Galium verum et G. Mollugo, RUBIACÉES. — *H. au cancer*, la Dentelaire d'Europe, PLOMBAGINÉES. — *H. aux cent maux*, la Lysimaque des bois, SCROFULARIACÉES. — *H. des champs*, la Nigelle des champs, RENONCULACÉES. — *H. aux chancres*, l'Héliotrope d'Europe, BORRAGINÉES. — *H. aux chantres*, l'Érysimum officinal, CRUCIFÈRES. — *H. aux charpentiers*, le Millefeuille et le Séneçon vulgaire, COMPOSÉES; l'Orpin, CRASSULACÉES; le Cresson alénois, CRUCIFÈRES; le Plantain lancéolé, PLANTAGINÉES. — *H. chaste*, le Gattilier, VERBENACÉES. — *H. au chat*, la Calaire et la Germandrée maritime, LABIÉES; la Valériane officinale, VALÉRIANÉES. — *H. à Chiron*, la Petite centaurée, GENTIANÉES. — *H. à cinq feuilles*, la Potentille rampante, ROSACÉES. — *H. de citron*, l'Aurone, COMPOSÉES; la Mélisse, LABIÉES. — *H. à cloques*, l'Alkékenge, SOLANACÉES. — *H. à cochon*, la Renouée des oiseaux, POLYGONACÉES. — *H. du cœur*, la Menthe rouge, LABIÉES; la Pulmonaire, BORRAGINÉES. — *H. de coq*, la Balsamite, COMPOSÉES. — *H. aux cors*, l'Orpin et la Joubarbe, CRASSULACÉES. — *H. à coton*, diverses espèces du genre Gnaphalium, COMPOSÉES. — *H. aux coupures*, la Grande Consoude, BORRAGINÉES; le Millefeuille, COMPOSÉES; l'Orpin, CRASSULACÉES; le Raisin des jardins, VALÉRIANÉES. — *H. aux couronnes*, le Romarin, LABIÉES. — *H. à couteau*, les Laiches, CYPÉRACÉES; l'Ivraie, et plusieurs autres GRAMINÉES. — *H. aux cuillers*, le Cochléaria officinal, CRUCIFÈRES. — *H. aux cure-dents*, l'Ammi visnaga, OMBELLIFÈRES. — *H. des démoniaques*, la Stramoine, SOLANACÉES. — *H. du diable*, la Scabieuse tronquée, DIPSACÉES; la Dentelaire grimpante, PLOMBAGINÉES; la Stramoine, SOLANACÉES. — *H. dorée*, le Buplèvre, OMBELLIFÈRES; la Doradille, POLYPODIACÉES. — *H. dragonne*, le Gouet, AROÏDÉES; l'Estragon, COMPOSÉES. — *H. à l'éclaire*, la Grande Chélidoine, PAPAVÉRACÉES. — *H. aux écrouelles*, la Lampourde vulgaire, COMPOSÉES; la Scrofulaire noueuse, SCROFULARIACÉES. — *H. à écurer*, la Charagne, CHARACÉES; les Prêles, ÉQUISÉTACÉES. — *H. aux écus*, la Nummulaire, PRIMULACÉES. — *H. émétique*, la Lobélie enflée, CAMPANULACÉES. — *H. empoisonnée*, la Belladone, SOLANACÉES. — *H. enchantée*, la Circée, ONAGRARIÉES. — *H. aux engelures*, la Jusquiame noire, SOLANÉES. — *H. à l'épurge*, l'Euphorbia lathyris, EUPHORBIACÉES. — *H. à l'esquinancie*, l'Asperula cynanchica, RUBIACÉES; le Géranium Robert, GÉRANIACÉES. — *H. à éternuer*, la Ptarmique, COMPOSÉES. — *H. aux femmes battues*, le Tamus communis, DIOSCORÉACÉES. — *H. de feu*, l'Armoise des champs, COMPOSÉES; la Renoncule âcre, RENONCULACÉES. — *H. à fière*, l'Orpin, CRASSULACÉES. — *H. à la fièvre*, la Germandrée officinale, LABIÉES; la Petite Centaurée, GENTIANÉES; la Gratiole officinale, SCROFULARIACÉES; la Douce amère, SOLANACÉES. — *H. aux fistules*, la Pédiculaire, SCROFULARIACÉES. — *H. du foie*, l'Hépatique à trois lobes, RENONCULACÉES; la Verveine officinale, VERBÉNACÉES. — *H. des foulons*, la Saponaire officinale, CARYOPHYLLÉES. — *H. aux fous*, l'Alysse des rochers, CRUCIFÈRES. — *H. à la gale*, la Morelle, SOLANÉES; le Rhus toxicodendron, ANACARDIACÉES. — *H. à la glace*, la Glaciale, AIZOACÉES. — *H. aux goutteux*, la Podagraire, OMBELLIFÈRES. — *H. aux grenouilles*, la Riccie flottante, RICCIÉES. — *H. de grâce*, la Rue puante, RUTACÉES. — *H. à la gravelle*, la Saxifrage granue, SAXIFRAGACÉES. — *H. aux gueux*, la Clématite, RENONCULACÉES. — *H. aux hémorroïdes*, le Cirse l'émorrhoïdal, COMPOSÉES; la Grande Joubarbe, CRASSULACÉES; la Petite Éclaire, PAPAVÉRACÉES; la Scrofulaire aquatique, SCROFULARIACÉES. — *H. d'Hermès*, la Mercuriale, EUPHORBIACÉES. — *H. aux hernies*, l'Herniaire glabre et l'H. velue, PARONYCHIÉES. — *H. de l'hirondelle*, le Cotylédon ombilic, CRASSULACÉES; la Chélidoine, PAPAVÉRACÉES. — *H. impériale*, la Balsamine jaune ou des bois, BALSAMINÉES. — *H. d'ivrogne*, l'Ivraie, GRAMINÉES. — *H. de Jacob*, la Jacobée, COMPOSÉES. — *H. à genoir*, le Genêt, LÉGUMINEUSES; la Gaude, RÉSÉDACÉES. — *H. de Judée*, la Douce-amère, SOLANACÉES. — *H. des Juifs*, la Gaude, RÉSÉDACÉES. — *H. aux ladres*, la Véronique officinale, SCROFULARIACÉES. — *H. au lait*, le Tithymale, EUPHORBIACÉES; le Glaux maritime, PRIMULACÉES. — *H. aux langues*, le Fragon épineux, LILIACÉES. — *H. de Madame Boivin*, l'Asclepias curassavica, ASCLÉPIADÉES. — *H. à loup*, l'Aconit lycoctonum, RENONCULACÉES. — *H. aux lunettes*, la Lunaire, CRUCIFÈRES. — *H. des magiciennes*, la Circée, ONAGRARIÉES. — *H. des magiciens*, la Mandragore, la Morelle commune, la St-amoine, SOLANACÉES. — *H. aux mamelles*, la Lampsane commune, COMPOSÉES. — *H. à la manne*, la Glycérie flottante, GRAMINÉES. — *H. aux massues*, le Lycopode en massue, LYCOPODIACÉES. — *H. à la meurtrie*, la Valériane officinale, VALÉRIANÉES. — *H. militaire*, le Millefeuille, COMPOSÉES. — *H. aux mites*, le Verbascum blattaria, l'H. aux mouches, l'Inula Conyza, COMPOSÉES. — *H. des murailles*, la Pariétaire officinale, URTICACÉES. — *H. musquée*, l'Ambrette, MALVACÉES. — *H. aux œufs*, l'Aubergine, SOLANACÉES. — *H. aux oies*, la Potentille ansérine, ROSACÉES. — *H. à la ouate*, l'Asclépiade de Syrie, ASCLÉPIADÉES. — *H. à pain*, le Gouet ou Arum, AROÏDÉES. — *H. aux panaris*, la Renouée aviculaire, POLYGONACÉES. — *H. à la paralysie*, la Primevère, PRIMULACÉES. — *H. aux Patagons*, l'Hydrocotyle, OMBELLIFÈRES. — *H. à pauvre homme*, la Gratiole, SCROFULARIACÉES. — *H. aux perles*, le Grémil officinal, BORRAGINÉES. — *H. aux piqûres*, le Millepertuis officinal, HYPÉRICACÉES. — *H. à pisser*, l'Chimaphila umbellata, ÉRICACÉES. — *H. à la pituite*, la Staphisaigre, RENONCULACÉES. — *H. aux plaies*, la Sauge sclarée, LABIÉES. — *H. à la plique*, le Lycopode en massue, LYCOPODIACÉES. — *H. aux pouilleux ou aux poux*, la Staphisaigre, RENONCULACÉES; la Pédiculaire, SCROFULARIACÉES. — *H. aux poumons*, la Sticta pulmonacea, LICHENS. — *H. puante*, l'Arroche puante, CHÉNOPODIACÉES; l'Anagyre fétide, LÉGUMINEUSES. — *H. aux puces*, le Rhus toxicodendron, ANACARDIACÉES; le Pouliot, LABIÉES; le Plantain des sables, PLANTAGINÉES. — *H. aux racheux*, la Bardane, COMPOSÉES. — *H. à la rate*, la Scolopendre, POLYPODIACÉES. — *H. à la reine*, le Tabac, SOLANÉES. — *H. à Robert*, le Geranium Robertianum, GÉRANIACÉES. — *H. à la rogne*, la Tanaisie, COMPOSÉES. — *H. rouge*, l'Asperula cynanchica, RUBIACÉES. — *H. royale*, l'Aurone, COMPOSÉES; le Basilic, LABIÉES. — *H. sacrée*, la Sauge officinale, LABIÉES; la Verveine, VERBÉNACÉES. — *H. de Sainte-Barthélemy*, l'Ilex paraguayensis, ILICACÉES. — *H. de Saint-Benoît*, la

Benoîte, ROSACÉES. — *H. de Saint-Christophe*, l'Actæa spicata, RENONCULACÉES. — *H. de Saint-Étienne*, la Circée, ONAGRARIÉES. — *H. du Saint-Esprit*, l'Angélique, OMBELLIFÈRES. — *H. de Saint-Fiacre*, le Bouillon-blanc, SCROFULARIACÉES. — *H. de Saint-Jacques*, la Jacobée, COMPOSÉES. — *H. de Saint-Jean*, l'Armoise et le Millefeuille, COMPOSÉES; l'Orpin âcre, CRASSULACÉES; le Millepertuis, HYPÉRICACÉES; le Lierre terrestre, LABIÉES. — *H. de Saint-Julien*, la Sariette des jardins, la — *H. de Saint-Laurent*, la Bugle et le Pouliot, la; la Sanicle d'Europe, OMBELLIFÈRES. — *H. de Saint-Roch*, l'Aunée antidysentérique, COMPOSÉES. — *H. de Sainte-Barbe*, la Barbarée vulgaire, CRUCIFÈRES. — *H. de Sainte-Marie*, la Balsamite, COMPOSÉES. — *H. de sang*, la Verveine, VERBÉNACÉES. — *H. sang-dragon*, la Patience rouge, POLYGONACÉES. — *H. sardonique*, la Renoncule scélérate, RENONCULACÉES. — *H. à savon*, la Saponaire, CARYOPHYLLÉES. — *H. au scorbut*, le Cochléaria officinal, CRUCIFÈRES. — *H. au siège*, la Scrofulaire aquatique, SCROFULARIACÉES. — *H. à serpent*, la Serpentaire de Virginie, ARISTOLOCHIACÉES; le Contrayerva, URTICACÉES. — *H. à sétons*, l'Hellébore vert, RENONCULACÉES. — *H. du soldat*, le Matico, PIPÉRACÉES. — *H. aux sorciers*, la Circée, ONAGRARIÉES. — *H. aux tanneurs*, le Coriaria myrtifolia, GÉRANIACÉES; le Sumac, ANACARDIACÉES. — *H. à la teigne*, la Bardane, le Tussilage pétasite, COMPOSÉES; la Jusquiame noire, SOLANACÉES. — *H. à teinture*, le Genêt des teinturiers, LÉGUMINEUSES. — *H. à tous les maux*, le Menispermum cocculus, MÉNISPERMACÉES; le Tabac, SOLANACÉES. — *H. trahunde*, la Cuscute, CUSCUTACÉES. — *H. de la trinité*, l'Hépatique à trois lobes, RENONCULACÉES; la Pensée sauvage, VIOLARIÉES. — *H. triste*, le Faux Jalap, NYCTAGINÉES. — *H. turque*, l'Herniaire, PARONYCHIÉES. — *H. aux varices*, le Cirse hémorrhoïdal, COMPOSÉES. — *H. au vent*, la Pulsatille, RENONCULACÉES. — *H. au verre*, la Soude (Salsola soda), CHÉNOPODIACÉES; la Pariétaire, URTICACÉES. — *H. aux verrues*, l'Héliotrope, BORRAGINÉES. — *H. aux vers*, la Mousse de Corse, CÉRAMIACÉES; la Matricaire officinale et la Tanaisie, COMPOSÉES. — *H. de vie*, l'Asperula cynanchica, RUBIACÉES. — *H. à la Vierge*, le Narcisse, AMARYLLIACÉES; le Marrube blanc, LABIÉES. — *H. vulnéraire*, l'Arnica, COMPOSÉES.

HERBEILLER. v. n. [Pr. er-bè-ller, *ll* mouil.] T. Chasse. Se dit d'un sanglier qui va paître l'herbe.

HERBELINE. s. f. (R. *herbe*). Brebis étique qu'on met à l'herbe.

HERBELOT (D'), savant orientaliste français, né à Paris (1625-1695).

HERBER. v. a. Exposer sur l'herbe. *H. de la toile.* == Herbé, ée. part.

HERBERIE. s. f. (R. *herbe*). Lieu où l'on herbe la rie. || Marché aux herbes.

HERBETTE. s. f. dim. [Pr. erbè-te]. Herbe courte et menue; ne s'emploie guère qu'en poésie et dans le style pastoral. *Danser sur l'herbette.*

> Guillot, le vrai Guillot, étendu sur l'herbette,
> Dormait alors profondément.
>
> LA FONTAINE.

HERBEUX, EUSE. adj. Se dit des lieux où il croît de l'herbe. *Une clairière herbeuse.*

HERBICOLE. adj. 2 g. (lat. *herba*, herbe; *colere*, habiter). T. Zool. Qui vit parmi les herbes des prés.

HERBIER. s. m. [Pr. er-bié]. Banc d'herbes qui se forme au milieu des eaux et sert de refuge au poisson. || Endroit dans une ferme où l'on conserve l'herbe pour la nourriture du bétail. || Panse des ruminants. || Collection de plantes desséchées et conservées entre des feuilles de papier (Voy. ci-après). || Collection de dessins représentant des plantes. || Ouvrage qui traite des plantes et en donne des descriptions et des dessins.

Bot. — Un *Herbier* est une collection de plantes desséchées avec soin, de façon qu'elles conservent leur forme et leurs caractères, et disposées méthodiquement, de manière à réunir sous peu de volume de nombreux sujets d'étude. Pour faire un h. dans des conditions scientifiques, le botaniste doit avoir recours à une série de procédés qui comprennent le choix des échantillons, leur étalage, leur dessiccation, leur conservation et leur classement méthodique.

Le *choix des échantillons* exige l'attention la plus grande. Tout échantillon doit, autant que possible, réunir tous les caractères que comprend sa description. Ainsi, quand les plantes sont petites, herbacées, annuelles ou vivaces, on doit les recueillir entières avec leur fleur, leur fruit et leur racine. Si elles sont de haute taille, on en prend l'extrémité ou une branche fleurie, des feuilles radicales, le fruit et la racine, quand celle-ci offre un caractère important. Pour les végétaux ligneux, on choisit une branche munie de feuilles, de fleurs et de fruits. On procède à l'*étalage*, en plaçant la plante fraîche sur du papier sans colle, en disposant les feuilles et les branches selon leur port naturel, et en ouvrant les fleurs quand on peut le faire sans altérer leur forme. On l'aplatit alors en la comprimant lentement. Une fois la plante étalée, on procède à sa *dessiccation*. Le moyen le plus généralement employé à cet effet consiste à poser sur la plante étalée quelques feuilles de papier gris sur lesquelles on étale une nouvelle plante, et ainsi de suite. On soumet alors le paquet à une certaine pression à l'aide d'une planche unie que l'on charge d'un poids. Dans ce système, il faut, au moins le matin et le soir, changer les plantes de papier, ce qui occasionne une grande perte de temps et ce qui ne permet guère de l'employer dans un voyage. Dans ce cas, un procédé très expéditif consiste à étaler les plantes comme nous l'avons dit plus haut, à leur faire subir une pression modérée pendant 10 à 12 heures, et à subdiviser le gros paquet en petits paquets de trois ou quatre couches qu'on dépose sur le plancher pendant quelques heures. Après quoi, on les empile de nouveau en les soumettant à la même pression, et l'on recommence à les étaler et à les empiler jusqu'à dessiccation complète. Au bout de 3 à 4 jours, les plantes sont assez sèches pour qu'on puisse les placer dans l'h. Certains végétaux, comme les plantes grasses, présentent de grandes difficultés dans leur préparation. Pour détruire l'énergie vitale de celles qui sont susceptibles de dessiccation, on les plonge quelques minutes dans l'eau bouillante, ou dans l'esprit-de-vin pendant plusieurs heures. Quant à certaines plantes cryptogames, telles que les Champignons, il faut les exposer au soleil et, avant de procéder à la dessiccation, les faire tremper dans une teinture alcoolique de Quassia amara. — On doit éviter de faire subir aux plantes une température trop élevée. Le soleil de midi suffit souvent pour les rendre friables. On doit également éviter l'emploi des fers chauffés au feu, l'action de la vapeur sur une plaque de tôle, etc. Il ne faut pas non plus presser trop fortement les plantes, car on les écrase, et, dans cet état, elles ne sont plus susceptibles d'être analysées. Au contraire, quand un échantillon n'a été soumis qu'à une pression modérée, on peut toujours l'analyser, après l'avoir exposé à l'action de la vapeur ou après l'avoir laissé tremper dans l'eau pendant quelque temps. Il importe encore de soustraire les plantes aux ravages des insectes. Le procédé le plus convenable est celui de Smith, qui consiste à tremper les échantillons dans une solution alcoolique de bichlorure de mercure, dans la proportion de 30 grammes de bichlorure pour un litre d'alcool.

Quand les plantes ont reçu ces diverses préparations, on les réunit en h. On se sert ordinairement pour cela d'un volume in-folio composé de feuilles doubles de papier fort, collé ou parfaitement sec. On y place les plantes qu'on laisse libres ou qu'on colle, ou bien encore qu'on attache avec des bandes de papier, en ayant soin de les classer par genres et par familles. Chaque échantillon d'une plante doit porter une étiquette contenant son nom, celui de l'auteur qui le premier l'a découverte, sa patrie originelle, la localité qui l'a fournie, et les particularités qu'un échantillon, en cet état, ne saurait conserver. — Parmi les herbiers les plus remarquables par leur richesse, nous citerons, à Paris, ceux du Muséum, de Delessert, de Webb, de Jussieu et d'A. Richard ; à Londres, ceux du British Museum, de la Société linnéenne, de Hooker, de Lindley, de Bentham ; à Genève, celui du prof. de Candolle ; en Allemagne, l'h. du Musée impérial de Vienne, les herbiers royaux de Berlin et de Munich, et ceux de Kunth et de Martius ; à Saint-Pétersbourg, l'h. de l'Académie des sciences, etc.

HERBIÈRE. s. f. Vendeuse d'herbes. || Femme qui va cueillir de l'herbe dans les champs.

HERBIERS (LES). ch.-l. de c. de la Vendée, arr. de la Roche-sur-Yon ; 3,800 hab.

HERBIFÈRE. adj. 2 g. (lat. *herba*, herbe ; *ferre*, porter). T. Did. Qui produit de l'herbe.

HERBIFORME. adj. 2 g. (lat. *herba*, herbe ; *forma*, forme). T. Zool. *Poils herbiformes*, Poils qui ressemblent à de l'herbe sèche.

HERBIGNAC. ch.-l. de c. de la Loire-Inférieure, arr. de Saint-Nazaire ; 4,200 hab.

HERBIVORE. adj. 2 g. (lat. *herba*, herbe ; *vorare*, manger). Se dit des animaux qui se nourrissent de substances végétales, et plus particulièrement de ceux qui paissent l'herbe des prairies, comme le cheval, le bœuf. *Les animaux herbivores.* || Substantiv. au masc., *Un h. Les herbivores.*

HERBON. s. m. T. Techn. Couteau à lame mousse dont le tanneur se sert pour débourrer les cuirs.

HERBORISATEUR, TRICE. s. [Pr. *erbori-za-teur*]. Celui, celle qui fait des herborisations.

HERBORISATION. s. f. [Pr. *erbori-za-sion*]. Action d'herboriser ; course faite dans l'intention d'étudier et de recueillir des plantes. *Son fils l'accompagne dans ses herborisations.* || T. Minér. Voy. ARBORISATION.

Bot. — Les *Herborisations* ont cette double utilité de fournir des matériaux aux herbiers, et de permettre d'observer des particularités d'organisation parfois très difficiles à reconnaître sur des échantillons secs. Linné a traité de la façon la plus minutieuse de tout ce qui concerne les herborisations, et même du costume du botaniste ; mais depuis longtemps les ordonnances de Linné sont tombées en désuétude, et aujourd'hui chacun herborise à sa guise. — La saison la plus favorable est naturellement celle où les plantes, selon leur espèce, atteignent leur plus complet développement. On doit choisir l'heure où la rosée a disparu, parce que les plantes cueillies humides sont sujettes à se noircir pendant la dessiccation. Dans ces excursions, le botaniste doit emporter avec lui une boîte de fer-blanc destinée à conserver les plantes fraîches ; une sorte de livre qu'on peut serrer fortement avec des courroies, et qui est fort avantageux pour conserver les fleurs à pétales fugaces et pour faire subir une certaine pression aux plantes aussitôt qu'on les a cueillies. L'instrument le plus commode pour arracher les plantes est une pioche au fer épais, long d'environ 20 centimètres et large de 4 à 5, qui se termine en arrière sous forme de marteau. Enfin, il est souvent fort utile, surtout dans les excursions de longue haleine, d'emporter avec soi une flore locale, afin de déterminer les plantes qu'on ne connaît pas, et de lever ses doutes sur celles qu'on connaît imparfaitement.

HERBORISÉ, ÉE. adj. [Pr. *erbori-zé*]. T. Min. Voy. ARBORISÉ.

HERBORISER. v. n. [Pr. *erbori-zer*] (R. *herbe*). Aller dans la campagne pour y cueillir des plantes.

HERBORISEUR. s. m. [Pr. *erbori-zeur*]. Celui qui herborise. Fam.

HERBORISTE. s. Celui, celle qui vend des simples, des herbes médicinales.

HERBORISTERIE. s. f. Le commerce d'herboriste. || La boutique d'un herboriste.

HERBOUVILLE (Marquis D'), général et homme politique fr. (1756-1829), directeur général des postes de 1815 à 1817.

HERBSTIE. s. f. (R. *Herbst*, nom d'un savant all.). T. Zool. Genre de *Crustacés* marins, qu'on trouve sur les rivages de l'Algérie. Voy. BRACHYOURES.

HERBU, UE. adj. Couvert d'herbe. *Un chemin h.* || HERBUE. s. f. Terre végétale de pâturage qu'on emploie comme amendement dans les vignes. || Terre légère bonne pour pâturages. || Fondant d'argile qu'on ajoute à la gangue pour en dégager le minerai.

HERCHAGE. s. m. Action de hercher.

HERCHE. s. f. (R. *hercher*). T. Techn. Dans une mine, wagon qu'on charge de minerai.

HERCHER. v. n. (R. *herser*). T. Techn. Pousser, faire circuler dans les mines les wagons chargés de minerai.

HERCHEUR, EUSE. s. Celui, celle qui herche.

HERCOTECTONIQUE. s. f. (gr. ἕρκος, clôture; τεκτονική, art de construire). L'art des fortifications militaires.

HERCULANO DE CARVALHO E ARAUJO (ALEXANDRE), célèbre poète, romancier et historien portugais (1810-1877).

HERCULANUM, v. de l'Italie anc. au pied du Vésuve et près de Pompéi; fut engloutie en 79 après J.-C., lors de la première éruption du Vésuve. Ses ruines furent découvertes en 1719; elles ont fourni de beaux spécimens de l'art et de l'industrie des anciens Romains. Félicien David en a tiré en 1859 le sujet d'un opéra, livret par Méry et Hadot.

HERCULE. s. m. T. Astron. Voy. CONSTELLATION. ‖ T. Entom. Espèce de *Coléoptères*, appartenant au genre *Dynastes*. Voy. SCARABÉIDES.

Myth. — Hercule est le héros le plus célèbre et le plus important de la mythologie grecque. Homère le fait naître à Thèbes, de Jupiter et d'Alcmène, femme d'Amphitryon, roi de Tirynthe, fils d'Alcée et de la famille de Persée. Le maître de l'Olympe ayant promis que le premier descendant de Persée qui naîtrait jouirait d'un pouvoir souverain, Junon, jalouse d'Alcmène, retarda la délivrance de celle-ci et avança celle de Nicippe, reine de Mycènes, qui donna le jour à Eurysthée, lequel descendait également de Persée. En outre, Junon, voulant à tout prix faire périr Hercule, envoya deux serpents près de son berceau. Mais celui-ci, qui n'avait encore que huit mois, les tua en les étouffant chacun d'une main. L'enfant devint en peu de temps d'une taille et d'une force extraordinaires, et alors commencèrent les grandes actions qui l'illustrèrent. Les mythographes divisent les actions en deux classes, les travaux proprement dits (ἄθλοι), et les œuvres secondaires (πάρεργα).

Les travaux proprement dits sont au nombre de douze, et lui furent imposés par Eurysthée : 1° il pénètre dans l'antre du *lion de Némée*, l'étrangle et en rapporte la peau; 2° il tue l'*hydre de Lerne*, reptile à plusieurs têtes, qui ravageait le Péloponèse, et ses flèches, trempées dans le sang du monstre, eurent dès lors la propriété de faire des blessures incurables; 3° il prend à la course la *biche Cérynitide*, après avoir poursuivie pendant une année; 4° il s'empare du *sanglier d'Erymanthe*, et l'amène vivant à Mycènes; 5° il nettoie en un jour les immenses *étables d'Augias*, roi des Éléens, en détournant le cours de l'Alphée ou du Pénée, pour en faisant passer leurs eaux par ces écuries; 6° il tue à coups de flèches les *oiseaux du lac Stymphale*, qui attaquaient les hommes et les animaux; 7° il dompte un *taureau furieux* qui désolait la Crète; 8° il s'empare des *chevaux de Diomède*, roi des Bistoniens, qui les nourrissait de chair humaine, et leur fait dévorer leur maître; 9° il tue dans un combat Hippolyte, reine des Amazones, et lui ravit son *baudrier*; 10° il enlève les *bœufs de Géryon*, roi d'Ibérie, qui étaient gardés par des monstres; puis il traverse le détroit de Cadès, qui porta désormais son nom, et plante deux colonnes, appelées Colonnes d'Hercule, sur les deux montagnes opposées qui se trouvent de chaque côté du détroit; 11° il s'empare des *pommes d'or du jardin des Hespérides*, au pied de l'Atlas, après avoir tué le dragon à cent têtes qui les gardait; 12° enfin, il descend aux enfers, enchaîne Cerbère et le conduit à Eurysthée. — Parmi les travaux secondaires nous citerons : son combat contre les Centaures; sa lutte avec les géants Antée et Cacus; la délivrance de Prométhée enchaîné sur le Caucase; son expédition contre les Cercopes à Éphèse; la prise de Troie, pour se venger du parjure de Laomédon; la mort du centaure Nessus, qui avait essayé d'enlever sa femme Déjanire, etc. Enfin, H. ayant amené d'Œchalie Iole, fille d'Euryte, il se disposait à épouser cette princesse, lorsque Déjanire, se voyant près d'être délaissée, lui envoya une tunique trempée dans le sang empoisonné de Nessus, dans la croyance que ce présent le rendrait à elle. Il ne se fut pas plutôt revêtu de cette robe, qu'il éprouva des douleurs intolérables. Pour y mettre un terme, il éleva un bûcher sur le mont Œta et s'y brûla. Après sa mort, il fut reçu au nombre des dieux, et Junon lui donna sa fille Hébé pour épouse.

H. avait d'abord porté le nom d'*Alcide*, comme descendant d'Alcée. Après les travaux qui l'illustrèrent, il reçut celui d'*Héraclès*, transformé en *Hercules* par les Latins. On fait généralement dériver ce nom des deux mots Ἥρα (Junon) et κλέος (gloire), parce que ce fut Junon qui, par les persécutions fut la cause de la gloire du héros. Suivant Pausanias, ce furent les Marathoniens, suivant d'autres les Athéniens et les Sicyo-

niens, qui les premiers rendirent les honneurs divins à H.; mais ils ne tardèrent pas à être imités par les autres peuples helléniques, et le culte du fils d'Alcmène devint le plus répandu, surtout dans la Doride et le Péloponèse, après ceux de Jupiter et d'Apollon. Presque toutes les villes avaient consacré à ce héros divin des temples où on l'adorait sous une multitude de noms différents, et l'on célébrait en son honneur des fêtes brillantes, appelées *Héraclées* (Ἡράκλεια), qui étaient principalement solennisées par des jeux. Il passait pour le fondateur des jeux Gymniques, et les athlètes l'avaient choisi pour patron. — Les anciens représentaient H. comme le type de la force mâle et surhumaine, endurcie et éprouvée par des exercices continuels. Il a la tête et les yeux petits comparativement au reste du corps; les cheveux abondants et crépus; le cou court, épais et musculaire; la partie inférieure du front très saillante; la poitrine, les épaules, et les membres extraordinairement développés. Il est ordinairement vêtu d'une peau de lion et porte pour armes une massue et un arc de scythe à double courbure. Parmi les œuvres que nous a laissées l'antiquité, nous citerons la statue colossale due au sculpteur Glycon, et qui est connue sous le nom d'*Hercule Farnèse* (Voy. la tête de cette statue, au mot COIFFURE, Fig. 14), parce qu'elle a longtemps fait l'un des plus beaux ornements du palais Farnèse, à Rome. Aujourd'hui cette statue est à Naples.

La multitude d'exploits attribués à H. porte à croire qu'on a confondu sous un même nom plusieurs héros de temps et de pays différents. Diodore de Sicile reconnaissait trois Hercules, un de Crète, un d'Égypte et un de Thèbes. Cicéron en admettait 6, Lydus 7, et Varron en comptait jusqu'à 43. Au reste, les Grecs prétendaient retrouver H. dans tous les pays où l'on honorait quelque héros de quelque divinité analogue : ils l'ont vu sous les traits du Bel ou Baal en Syrie, du Melkart des Phéniciens, du Som des Égyptiens, de l'Ogmius des Gaulois, du Rama des Hindous, etc.

HERCULE (COLONNES D'), nom du détroit de Gibraltar dans la géographie ancienne, extrémité occidentale du monde connu.

HERCULÉEN, ENNE. adj. Par allusion à Hercule, on dit de quelqu'un qu'il *a une taille herculéenne*, qu'il *est doué d'une force herculéenne*, pour dire qu'il est d'une taille grande et vigoureuse, qu'il possède une force corporelle extraordinaire.

HERCYNIEN. adj. m. T. Géol. *Terrain h.*, Ensemble de schistes et de lentilles calcaires que l'on trouve à différents niveaux du *Dévonien* et qui ne doit plus être considéré comme un terrain distinct.

HERCYNIENNE (FORÊT), forêt qui couvrait, dit César, l'Allemagne méridionale, et dont les restes constituent aujourd'hui la *Forêt-Noire.*

HERCYNITE. s. f. (R. *Hercynien*). T. Minér. Aluminate ferreux appartenant au groupe des spinelles.

HERD-BOOK. (Mots angl. sign. *Livre du troupeau*.) Registre officiel qui constate pour les bestiaux, l'origine des individus de bonne race. Une commission du H.-book, instituée au Ministère de l'agriculture, par décision ministérielle du 21 avril 1853, et reconstituée par décision du 24 septembre 1879, est chargée de recueillir, de coordonner et de réviser tous les renseignements relatifs à la constatation de la généalogie des animaux de l'espèce bovine de la race de Durham, et de se prononcer sur l'inscription de ces animaux au H.-Book français.

HERDER (JEAN-GOTTFRIED von), célèbre écrivain et philosophe allemand (1744-1803). Son principal ouvrage est la *Philosophie de l'histoire de l'humanité*, dans lequel il affirme nettement l'existence d'un autre monde, où l'homme doit réaliser ses destinées.

HERE. s. m. [*h* asp.] (lat. *herus*, maître). Ne s'emploie que dans ces loc., *Un pauvre h.; C'est un pauvre h.*, qui se disant fam., et par dérision, d'un homme sans mérite, sans considération, sans fortune. ‖ T. Chas. Jeune cerf qui n'est plus faon et qui n'est pas encore daguet. ‖ Sorte de jeu de cartes qu'on appelle aussi *L'as qui court.*

HÉRÉDIA (JOSÉ-MARIA DE), poète cubain (1803-1839).

HÉRÉDIE. s. f. T. Métrol. anc. Voy. AGRAIRE.

HÉRÉDITAIRE. adj 2 g. T. Jurisp. Qui se transmet par droit de succession. *Biens héréditaires. Part h. Droit h. Une charge, un office, un titre h. La pairie était h. en France.* — *Cette charge, cette dignité est comme h. dans cette famille,* Se dit d'une charge dont plusieurs membres d'une famille ont été successivement revêtus. — Par oppos. à **Électif**, on dit : *Un royaume, une couronne h. Les États héréditaires.* Dans un sens anal., *Prince h. Empereur h.* ‖ Se dit encore de ceux qui sont revêtus de certaines grandes dignités dont le titre seul est conservé. *Le connétable h. de Castille.* ‖ Par anal., Qui se transmet du père aux enfants par la voie de la génération. *Prédisposition h. Maladie h. Folie h. La goutte est h. dans cette famille.* — Fig. au sens moral, *Talent h. Vice h. Haine h. La vertu est h. dans cette maison.*

HÉRÉDITAIREMENT. adv. Par droit d'hérédité.

HÉRÉDITÉ. s. f. (lat. *hereditas*). T. Jurisp. Droit de succession sur une partie ou sur la totalité des biens d'une personne morte. *Accepter une h. Renoncer à l'h.* — Par ext., L'ensemble des biens qu'une personne laisse en mourant. *L'h. n'est pas considérable.* Peu us. ‖ Dans le lang. polit., se dit absol. de la successibilité au trône. *Défendre, attaquer le principe de l'h.* ‖ Autrefois, se disait du privilège accordé à un office que le roi rendait héréditaire, sans que le titulaire fût assujetti au paiement du droit de prêt et d'annuel. *Les offices des secrétaires du roi jouissaient du droit d'h.*

Biol. — I. — L'h. est la faculté que possèdent tous les êtres vivants de transmettre à leurs descendants les caractères physiques et psychiques qui les distinguent les uns des autres. Ces caractères sont de deux ordres, un suivant pour les êtres supérieurs : les uns sont les caractères du groupe (espèce, genre, etc.) auquel appartient l'individu considéré (*caractères spécifiques*) ; les autres sont ceux qui appartiennent en propre à cet individu (*caractères individuels*). Ainsi, chez l'homme, la station verticale, la présence de mains et de pieds, l'usage de la parole, etc., sont des caractères du premier ordre ; la taille, les traits du visage, la couleur des cheveux, etc., sont des caractères du deuxième ordre.

II. — *Hérédité des caractères spécifiques.* — Les ascendants transmettent toujours tous les caractères de leur espèce à leurs descendants. Quand ces derniers présentent des particularités organiques qui sont en dehors de leur type spécifique, il faut y voir ou bien des cas pathologiques survenus dans le cours de leur développement (Voy. TÉRATOLOGIE), ou bien des cas d'atavisme que nous étudierons plus loin. Quand les descendants appartiennent à des espèces différentes, comme l'âne et le cheval, ces descendants réunissent alors, en eux-mêmes, tous les caractères du groupe auquel appartiennent les deux espèces, plus quelques-uns des caractères spéciaux à l'espèce Ane et à l'espèce Cheval.

La transmission des caractères spécifiques n'a donc de limites que dans la fécondation, celle-ci ne pouvant avoir lieu, en général, qu'entre deux individus appartenant à la même espèce. On comprend quelle force réside dans cette h. Elle est combattue constamment, et c'est vrai, par la transmission des caractères individuels, qui finiraient par s'accumuler et dominer les caractères de l'espèce ; mais comme les croisements se font au hasard dans la nature, il en résulte que les seuls caractères spécifiques sont toujours ceux qui se trouvent invariablement en présence, les caractères individuels pouvant être différents au contraire et tendant alors à s'annihiler entre eux.

III. — *Hérédité des caractères individuels.* — Les caractères individuels ne se laissent pas distinguer chez les êtres inférieurs ; mais pour les êtres supérieurs, ils doivent être divisés en *caractères congénitaux* et en *caractères acquis* dans le cours du développement ontogénique.

1° *Hérédité des caractères congénitaux.* — L'h. transmet les caractères anatomiques et physiologiques, autrement dit, l'enfant ressemble plus ou moins à ses parents ; c'est là un fait sur lequel il est inutile d'insister. C'est également un autre fait d'observation journalière que certaines maladies (épilepsie, hystérie, arthritisme, syphilis, tuberculose), peuvent se transmettre par h. Tantôt l'enfant n'hérite que d'une prédisposition éventuelle due à des conditions anatomiques ou physiologiques déterminées, comme l'étroitesse du thorax pour la tuberculose, l'excitabilité nerveuse pour les maladies mentales. Tantôt la maladie est transmise directement. On a démontré expérimentalement, en effet, que certains microbes peuvent traverser le placenta ; tel est le cas du bacille pyocyanique. C'est ainsi qu'il faut expliquer probablement la transmission de la syphilis et de l'immunité vaccinale de la mère au fœtus.

Les caractères tératologiques peuvent se transmettre aussi dans certains cas, surtout quand les anomalies ne sont que la continuation d'un état embryonnaire (doigts soudés, appendice caudal, hypospadias, bec-de-lièvre, absence d'utérus) ou bien rappellent un caractère ancestral (pilosisme, polymastie, etc.).

L'h. psychique est tout aussi certaine que l'h. physique, mais elle a donné lieu à beaucoup moins d'observations scientifiques. Les instincts, la mémoire, les facultés sensorielles qui dépendent autant du cerveau que des organes qui leur sont propres, se transmettent plus ou moins complètement des parents aux enfants. Il n'en est pas de même des intelligences supérieures, et cela se comprend si l'on pense que les manifestations intellectuelles supérieures dépendent de conditions très diverses et essentiellement instables. « L'h., dit de Candolle, cité par Th. Ribot, consiste en une transmission générale des facultés élémentaires. Prenons le fils d'un grand capitaine ou d'un mathématicien célèbre : en supposant qu'il ressemble à son père et non à sa mère, il y aurait seulement probabilité au moment de la naissance, pour le premier, d'être un homme disposé à commander, pour le second d'être un homme disposé à calculer ; ce qui peut faire du premier un piqueur ou un majordome, et du second un teneur de livres très exact. » L'h. intellectuelle est loin, d'ailleurs, d'être démontrée par les faits. On peut même remarquer qu'en général les grands hommes sont sortis de parents ignorés, sains, sans doute, de corps et d'esprit, mais nullement supérieurs. On cite cependant nombre de cas où l'h. s'est manifestée d'une façon évidente ; nous rappellerons seulement l'exemple de la famille de Bach, qui a fourni 57 musiciens, dont 25 au moins ont été éminents. Il faudrait aussi tenir compte de l'éducation première de l'enfant et des premières impressions reçues.

Les sentiments et les passions se transmettent très souvent par l'h. et les livres de médecine en sont remplis d'exemples. Un des plus frappants est celui que rapporte le professeur Pellmann, de l'université de Bonn, et qui concerne la descendance d'une femme allemande morte alcoolique au commencement du XIXe siècle. L'existence de 709 descendants de cette femme a pu être reconstituée et sur ce nombre le docteur Pellmann cité : 106 bâtards, 206 mendiants, 181 filles publiques et 83 criminels.

On a créé un grand nombre de théories pour expliquer l'origine du sexe par l'h. On a dit que les garçons viennent du père et les filles de la mère, ou bien on a croisé ces termes en faisant dériver les garçons de la mère et les filles du père (Buffon). Galien disait que les sexes venaient toujours du mâle : le testicule droit aurait formé les garçons parce qu'il est le plus chaud, et le testicule gauche, les filles. Certains physiologistes pensent que dans la menstruation l'œuf est alternativement mâle et femelle. Aucune de ces théories n'est démontrée : le sexe n'est pas héréditaire. Ce qui est transmis — chez les Vertébrés, au moins — c'est un état d'hermaphrodisme qui se manifeste dès le premier âge du développement sous la forme d'un organe essentiellement transitoire. Bientôt, en effet, cet organe évolue en testicules ou en ovaires sous l'influence de conditions encore inconnues, mais pour lesquelles l'alimentation et la température ont une part très grande sinon essentielle. Deux naturalistes, Born et Yung, en nourrissant abondamment des têtards de grenouilles ont obtenu 95 p. 100 de femelles et M. Maupas a pu obtenir à volonté des mâles et des femelles en modifiant d'une façon déterminée la température des Rotateurs.

2° *Hérédité des caractères acquis.* — C'est l'une des questions les plus difficiles et qui partage les savants en deux camps opposés. Les uns, avec Lamarck, Darwin, Hæckel et Spencer, affirment que les caractères acquis sont transmissibles des parents aux enfants et, par caractères acquis, on entend, par ex., les variations organiques dues à l'usage ou à la désuétude des organes, les mutilations, les maladies, etc., survenues avant la fécondation. D'autres, tels que Weissmann, Nægeli, Kœlliker, prétendent que ces caractères ne sont pas transmis et que, dans les exemples donnés, il n'y a que coïncidence. Il est encore bien difficile de se faire une opinion absolue entre ces deux opinions, qui sont basées l'une et l'autre sur des faits positifs. Des savants dignes de foi ont vu des pères ou des mères dont un doigt avait été brisé, donner naissance à des enfants qui avaient les mêmes doigts ankylosés ; ou bien des cicatrices rappelant, chez l'enfant, les blessures de leurs parents et en particulier des filles à l'oreille déchirée dont les mères avaient eu le lobule de l'oreille coupé par leurs boucles. On a cité des vaches dont les cornes avaient été cassées mettre au monde des petits sans cornes, des chiennes dont la queue avait été coupée, donner des petits sans queue, etc.

Les partisans de la non-h. opposent à ces faits, qui paraissent probants, d'autres faits non moins probants ; par ex., les enfants des juifs et des Chinois viennent toujours au monde les uns avec leur prépuce, les autres avec leur pied normalement conformé et cela malgré les mutilations séculaires que l'on fait subir à ces organes ; « l'hymen des vierges, dit M. Delage, a été régulièrement détruit, depuis l'origine de l'espèce humaine chez toutes les femmes qui ont contribué à la propager. Il ne s'est pas atrophié cependant. »

IV. *Atavisme.* — On appelle *atavisme*, *hérédité en retour*, *réversion*, l'apparition chez un descendant de caractères psychiques ou physiques n'existant pas chez ses parents directs. Le cas le plus simple, c'est un enfant qui ressemble à son grand-père par une particularité quelconque, le père étant privé de ce caractère spécial. C'est ainsi que de Quatrefages cite le cas d'une mulâtre qui, marié avec une négresse, connaissance à une fille entièrement blanche. Cette transmission de caractères restés à l'état latent pendant le cours d'une génération, s'est présentée dans un grand nombre de cas différents. On a vu la gaucherie, le strabisme, les tics, etc., sauter ainsi une ou deux générations. Dans certains cas l'atavisme peut se manifester après un grand nombre de générations. On sait que certaines races de nos animaux domestiques ne peuvent être maintenues que par des croisements appropriés et continus, les descendants présentant toujours une tendance à se rapprocher de la forme primitive.

Partant de ces faits nettement démontrés, les naturalistes ont voulu voir des cas d'atavisme dans les chevaux à trois et à cinq doigts, dans les femmes polymastes, dans les hommes à queue, dans les hommes-chiens, etc. Si cette déduction paraît logique, à première vue, il faut bien dire qu'elle est surtout théorique et que nombre de faits, comparables à ceux-ci, ne peuvent s'expliquer par l'atavisme.

V. *Théories de l'hérédité.* — Les causes de l'h. ont été recherchées de tout temps ; les doctrines ont succédé aux doctrines et encore actuellement chaque savant de France ou d'Allemagne, d'Angleterre ou d'Italie prétend imposer la sienne. Aucune de ces théories ne peut résoudre la question : car le point de départ est presque toujours une hypothèse qu'il faudrait d'abord vérifier. M. Delage classe ces théories sous les quatre chefs suivants : 1° Les *Animistes* qui font intervenir tout simplement une force supérieure, étrangère à l'organisme (Aristote, Platon, Van Helmont, Stahl, etc.). 2° Les *Évolutionnistes* pour lesquels tous les germes préexistent emboîtés les uns dans les autres à l'intérieur de l'œuf (Harvey, Malpighi, Haller, etc.) ou du spermatozoïde (Leuwenhoek). 3° Les *Microméristes*, qui expliquent la vie et l'h. par l'agrégation d'un nombre immense de particules déterminées différemment groupées suivant les êtres et se trouvant représentées dans l'œuf. Ces particules seraient en quelque sorte comparables aux atomes et aux molécules des chimistes et, comme pour ceux-ci, leur existence n'est pas invraisemblable, mais combien d'hypothèses sur leur nature! Les uns les font immortels (*molécules organiques* de Buffon, *microzymas* de Béchamp, etc.) Les autres veulent qu'ils se détruisent après la mort (*plastidules* de Hæckel, *bioblastes* de Altmann, *plasmas ancestraux* de Weissmann, *gemmules* de Darwin, *micelles* de Nægeli, *idioblastes* de Hertwig, etc.). 4° Les *Organicistes* qui prétendent tout expliquer par des actions mécaniques et des modifications chimiques (Roux).

Enfin la dernière théorie en date est celle des *causes actuelles*, émise en 1895 par M. Delage. Pour lui savant professeur de la Sorbonne, les caractères héréditaires n'existent pas dans l'œuf, tel caractère particulier transmis du père au fils, le nez bourbonien, par ex., n'est pas représenté par une particule déterminée d'avance. L'œuf est le produit du mélange de deux constitutions physico-chimiques, celle de l'ovule et celle du spermatozoïde ; il doit donc avoir des caractères intermédiaires répondant à cette constitution mixte. Les deux premières cellules qui résultent de sa division ne sont pas chacune identique à lui-même ou, du moins, les conditions de leur existence ne sont plus les mêmes puisqu'elles sont deux au lieu d'un. Dès lors, la constitution physico-chimique de ces cellules variera un peu et leurs propriétés aussi. Ainsi le plan suivant lequel elles se diviseront sera perpendiculaire à celui de la division de l'œuf. Or, pour évoluer, cet œuf et ces cellules et toutes celles qui viendront ensuite, seront obligés de rencontrer les mêmes conditions que celles qui ont été rencontrées par l'œuf et les mêmes cellules que celles qui ont donné naissance au parent, autrement elles mourraient. C'est cette constitution identique et les mêmes conditions

extérieures qui sont pour M. Delage toute l'explication de l'h. dont il réduit beaucoup l'importance. « L'h., dit-il, donne à l'œuf sa constitution physico-chimique relativement simple, mais rigoureusement précise. Son rôle direct s'arrête là. »

Méd. — L'h., attribut essentiel de la vie, porte sur la constitution générale de l'être. Le produit de la conception, subit l'influence de ses deux générateurs, tend à leur ressembler, non seulement par ses caractères morphologiques, mais aussi par ses aptitudes fonctionnelles, c.-à-d. qu'il peut hériter de leurs défectuosités et de leurs prédispositions morbides. Leur transmission n'est pas et ne doit pas être fatale, car tout produit, étant proportionnel à ses facteurs, l'enfant doit participer des deux facteurs paternel et maternel. Aussi peut-il exister une h. uniparentale, à facteurs divergents, ou une h. biparentale, à facteurs convergents. L'influence neutralisante d'un facteur sur l'autre, ou conspirante d'un facteur par rapport à l'autre, telle est la double loi de l'h. relativement aux facteurs, loi si évidente dans les mariages consanguins. L'enfant ne subit pas seulement l'influence de ses ascendants directs, mais aussi celle de ses ancêtres. L'h. s'effectue par une substance, le plasma germinatif (Weismann), qui se transmet sans se modifier de génération en génération ; lorsqu'un nouvel organisme se développe, une partie de ce plasma reste en réserve pour former ses cellules germinatives ou blastogènes : celles-ci sont donc en continuité directe, non interrompue, dans les générations successives. Le plasma germinatif est nécessairement contenu dans les noyaux des cellules germinatives (ovule et spermatozoïde). La fécondation consiste essentiellement dans la substitution d'un demi-noyau fourni par le spermatozoïde à un demi-noyau qu'élimine l'ovule sous forme de globules polaires. Voy. FÉCONDATION. L'ovule ainsi constitué, est l'organe de la transmission héréditaire ; le protoplasma ambiant ne sert qu'à la nutrition. L'ovule fécondé renferme donc le plasma germinatif des deux parents et de leurs ancêtres ; celui de chaque ascendant s'y trouve en quantité d'autant plus faible qu'il appartient à une génération plus éloignée, et pourra se manifester dans le développement du nouvel être (atavisme). Mais les circonstances dans lesquelles vit l'individu et les altérations permanentes que subissent ses organes peuvent modifier dans une certaine mesure son plasma germinatif. — L'action de l'h. est complexe : les générations nouvelles subissent une sorte d'attraction vers le type de l'espèce qui leur permet de lutter contre les dégénérescences accidentelles et assure la durée de la race ; mais, en même temps, ces dégénérescences accidentelles et les vices d'évolution qu'elles engendrent ont tendance à se reproduire dans la descendance à devenir eux-mêmes un caractère de famille ou de race : il y a donc antagonisme entre ces deux forces.

Tantôt les prédispositions sont d'origine ancestrale, on peut voir pendant plusieurs générations les mêmes infirmités ou les mêmes diathèses se produire (hémophilie, goutte, aliénation mentale), surtout si l'on tient compte des relations étroites qui existent entre les différentes manifestations d'une même diathèse. A ces prédispositions se rattachent celles qui proviennent de la race (béri-béri chez les Malais, phtisie chez les Polynésiens). — Tantôt les prédispositions viennent des ascendants directs : les états morbides qui se produisent chez les parents ne sont susceptibles de se transmettre aux enfants que s'ils présentent un caractère de chronicité et, encore ne se transmettent-ils pas intégralement ; l'enfant hérite d'un vice général ou partiel de l'évolution constituant une prédisposition qui peut se manifester avec plus ou moins de puissance suivant les circonstances, ou rester latente ; il n'hérite pas d'une maladie déterminée. La transmission au produit fœtal des maladies infectieuses paraît, au premier abord, en contradiction avec la proposition que nous venons d'énoncer ; mais ce n'est qu'une apparence, car il ne s'agit pas, en pareil cas, d'une véritable h. : c'est, en effet, par la mère pendant la gestation que les maladies infectieuses sont, dans la grande majorité des cas, communiquées au nouvel être. Il semble, en général, que pour créer un vice de l'évolution transmissible par voie d'h., il faille l'intervention prolongée de causes capables de modifier profondément l'organisme, telles que les fautes d'hygiène constamment renouvelées et les intoxications chroniques. Cependant, il paraît établi, par certaines observations, qu'une lésion accidentelle peut donner lieu à des modifications persistantes dans la structure et l'évolution du plasma germinatif.

Le trouble de l'évolution, qui est la condition prochaine de l'h. morbide, peut intéresser l'organisme dans son ensemble ou se limiter à un appareil, à un organe ou à un tissu. — 1° Les plus importantes des prédispositions générales sont les diathèses ; nous appelons ainsi des modifications du type physiologique ayant pour effet de diminuer la résistance de l'organisme contre certaines influences morbifiques, de le prédisposer à certaines affections et d'imprimer à ses réactions une physionomie spéciale. On reconnaît et on étudie deux diathèses, la scrofule et l'arthritisme ou herpétisme; leurs manifestations sont multiples et variées et semblent ne pouvoir s'expliquer que par une modification dans la constitution générale de l'organisme. A côté des diathèses, on doit mentionner les dégénérescences du type physiologique: provoquées par les intoxications chroniques, les souffrances prolongées, les excès ou le défaut d'acclimatement; elles peuvent se transmettre à la descendance. Il est souvent difficile, en pareil cas, de savoir exactement quel rôle joue l'h. dans leur production, car souvent les enfants se trouvent soumis aux mêmes influences qui avaient altéré la santé de leurs parents: cependant l'action fâcheuse de l'alcoolisme, déterminante en particulier de l'aliénation mentale, paraît bien établie. — 2° Les prédispositions partielles peuvent être limitées à un appareil, à un organe ou à un tissu. Limitées à un appareil, elles affectent surtout la circulation (hémophilie), le système nerveux (vésanies, ataxie, épilepsie, chorée, aliénation mentale, hystérie), l'appareil locomoteur (rachitisme, amyotrophies, atrophies). Les troubles héréditaires de l'évolution limitée à un organe sont ceux qui aboutissent à une malformation (polydactylie, hypospadias, bec-de-lièvre, microcéphalie, goitre et crétinisme, etc.). De ceux-ci on peut rapprocher les troubles limités à l'évolution d'un tissu et qui favorisent, par exemple, le développement des tumeurs (cancer, nævi, ichtyose).

L'époque à laquelle apparaissent les maladies héréditaires est très variable: on les voit, tantôt se manifester pendant la vie intra-utérine, tantôt rester latentes jusqu'à la vieillesse. Il faut tenir compte à ce point de vue de la nature de la maladie et des conditions dans lesquelles vit l'individu, exagérant ou atténuant la prédisposition. Chez la femme les différentes évolutions de la vie sexuelle semblent augmenter les prédispositions morbides.

HEREFORD, v. d'Angleterre, ch.-l. du comté du même nom, sur le Wye; 20,000 hab.

HÉRENNIUS (Caïus Pontius), général samnite, qui vainquit les Romains dans le défilé de Caudium (321 av. J.-C.). Voy. Fourches caudines.

HERENTHALS. v. de Belgique, prov. d'Anvers, sur la Nèthe, 6,500 hab. Une des plus anciennes villes de la Belgique.

HÉRÉSIARQUE. s. m. [Pr. éré-zi-ark] (gr. αἵρεσις, hérésie; ἀρχός, chef). Auteur d'une hérésie, chef d'une secte hérétique. Les hérésiarques du XVIᵉ siècle.

HÉRÉSIE. s. f. [Pr. éré-zie] (gr. αἵρεσις, de αἱρέω, je choisis). Doctrine contraire à la foi, condamnée par l'Église en matière de religion. — Prov. et fam., on dit d'un homme sans esprit, Il ne fera pas d'h. || Par ext., Doctrine, maxime quelconque en opposition avec les idées reçues. H. littéraire, politique. C'est une h. en médecine.

Théol. — 1. Définition. — Les théologiens définissent l'h., une erreur opiniâtre et directement opposée à quelque article de foi, à une vérité que l'Église nous oblige à croire comme étant révélée de Dieu. Ce qui caractérise l'h., c'est l'erreur contre la foi avec obstination. « Il n'y a pas d'h., dit le cardinal Gousset, là où il n'y a pas erreur, et il n'y a pas d'erreur sans qu'il y ait un jugement de la part de l'entendement. Ainsi, celui qui doute ou suspendant son jugement, n'est point hérétique; mais il le deviendrait, s'il jugeait que tel ou tel dogme, enseigné par l'Église comme un article de foi, n'est point certain. Mais qu'il y ait h. ou non dans un doute sur la foi, il y aurait péché mortel à s'y arrêter volontairement, de propos délibéré. » — Pour que l'erreur constitue une h., il faut de plus que cette erreur soit directement opposée à un article de foi. Aussi les théologiens distinguent-ils, dans les censures de l'Église: les propositions hérétiques; celles, qui, sans être hérétiques, sentent l'h., ou sont favorables à l'h., et les propositions erronées, c.-à-d. contraires à certaines conclusions théologiques qui, quoique généralement reçues dans l'Église, ne sont point regardées comme articles de foi. Toute h. est une erreur, mais toute erreur n'est point une h. Enfin, il est nécessaire pour l'h. que l'erreur soit accompagnée d'obstination. On ne regarde point comme hérétique celui qui, par une ignorance même coupable des vérités de la foi, soutient une erreur avec la

disposition de s'en rapporter sincèrement au jugement de l'Église.

II. Histoire des principales hérésies. — Nous n'avons pas la prétention de faire ici l'exposition détaillée de toutes les controverses qui ont porté le trouble dans l'Église depuis son origine jusqu'à nos jours. Nous nous contenterons de nommer les plus importantes, en indiquant pour chacune le point de doctrine caractéristique qui a été condamné par l'Église.

A. Du Iᵉʳ au IIIᵉ siècle. — Si le christianisme eut à soutenir une lutte aussi vive dès son origine, c'est dans la généralité même de ses principes qu'il faut en chercher la première cause. Il invitait le monde entier à se placer dans ses rangs, et ne mettait d'autres bornes à son universalisme que celles du genre humain. Dès lors il ne pouvait tarder à posséder dans son sein des individus de tous les peuples et des éléments de tous les systèmes. Or, en embrassant la religion chrétienne, les nouveaux convertis conservaient en partie les préjugés dans lesquels ils avaient été élevés, les croyances philosophiques auxquelles ils avaient d'abord été attachés. C'est du mélange de toutes ces croyances que les hommes les plus intelligents de la nouvelle Église, à commencer par saint Paul, constituèrent peu à peu la foi catholique. Les dogmes catholiques ont été précisés successivement, et toutes les opinions contraires à celles qui obtenaient la majorité dans les conciles, ont été condamnées et qualifiées d'Hérésies. Dès le début du christianisme, les gnostiques se mirent en opposition avec l'opinion de la majorité. Ils pensaient que, pris à la lettre, les dogmes enseignés dans les livres saints étaient bons pour le vulgaire; mais qu'il y avait pour les esprits supérieurs, pour les élus, une science transcendante (γνῶσις) qui donnait la clef des mystères les plus cachés. La gnose ou le gnosticisme ne fut donc autre chose que l'introduction dans le sein du christianisme de toutes les spéculations cosmologiques ou théosophiques qui avaient formé la partie la plus considérable des anciennes religions de l'Orient et que les néo-platoniciens de l'école d'Alexandrie avaient également adoptées en Occident. Ce qui constitue essentiellement le fond commun de toutes les sectes gnostiques, c'est le système de l'émanation (Voy. ce mot). Toutefois, dans un système aussi arbitraire, tout individu qui aspirait au titre flatteur de chef de secte, multipliait ou restreignait à son gré le nombre des Éons ou intelligences secondaires émanées du sein de la pure divinité, et expliquait à sa fantaisie l'histoire de la création, l'origine du mal, la révélation mosaïque, le rôle de J.-C. comme rédempteur, etc. Quelques-uns, plus ambitieux, allèrent même jusqu'à se donner pour le rédempteur lui-même. Tels furent Simon le Magicien, né à Samarie, qui prétendait être Dieu le Père ou la grande puissance de l'Être suprême; Ménandre, son disciple, qui, plus modeste, se donnait pour un ange envoyé de Dieu. La plupart cependant se contentaient de se présenter comme des sages, comme des hommes plus et les seuls possesseurs de la vérité. Au nombre de ces hérésiarques dont l'histoire nous a conservé les noms et fait connaître plus ou moins complètement les opinions particulières, nous citerons: Clébule, Théodote, Cérinthe, Saturnin, Basilide, Carpocrate, Épiphane, Euphrate, Valentin, Ptolémée, Marc, Bardesanes, Colarbase, Secundus, Héracléon, dont la plupart créèrent des sectes qui adoptèrent le nom de leurs auteurs. D'autres sectes gnostiques tiraient leur nom de quelque circonstance particulière de leurs croyances. Tels étaient les Séthiens, qui honoraient Seth qu'ils disaient être J.-C. lui-même, les Ophites qui croyaient que la sagesse s'était manifestée aux hommes sous la figure d'un serpent (ὄφις), et en conséquence rendaient un culte à cet animal; les Adamites, qui se mettaient tout nus dans leurs assemblées, sous le prétexte qu'ils étaient dans le même état de Nature qu'Adam et Ève avant leur péché. Une branche de Valentiniens fut appelée Archontiques, parce qu'ils pensaient que le monde était l'œuvre de puissances inférieures. Les Caïnites honoraient d'une vénération particulière Caïn, le meurtrier de son frère Abel, et tous ceux qui étaient condamnés dans l'Ancien Testament, parce que ces hommes s'étaient montrés les ennemis du principe créateur. Ils honoraient de même Judas Iscariote, et recommandaient certaines pratiques véritablement criminelles. Ceux-là étaient pourtant des exceptions parmi les gnostiques dont la morale était en général assez pure. D'autres sectes gnostiques sont désignées par les auteurs ecclésiastiques sous le nom de Docètes, parce qu'elles enseignaient que le Fils de Dieu n'avait eu qu'une chair apparente, un corps fantastique; qu'il était né, avait souffert et était mort seulement en apparence et non en réalité.

A côté et du sein même des sectes gnostiques s'élevèrent d'autres sectes qui adoptèrent le système des deux principes, l'un bon et l'autre malfaisant, et qui toutes attribuaient à celui-ci l'origine de la matière et du mal. Tels furent *Cerdon*, *Marcion*, *Apelle*, *Tatien*, *Sévère*. Mais, au III° siècle, le Persan *Manès*, en développant avec éloquence la doctrine orientale du dualisme, en fit, pour ainsi dire, sa doctrine propre, et s'attacha une multitude de prosélytes, qu'on appela de son nom *Manichéens*. L'h. des Manichéens a eu une durée considérable. Au V° siècle, elle fut combattue par saint Augustin. Plus tard, elle reparaît sous diverses formes et en divers lieux, notamment chez les Albigeois dont nous parlerons plus loin. En général, les Gnostiques, ainsi que les Dualistes, condamnant la matière comme mauvaise, préconisaient un ascétisme outré, et faisaient un crime de s'occuper à nourrir le corps, tandis que d'autres, conformes en cela aux enseignements de l'école philosophique dite *Cyrénaïque*, se livraient sans scrupule à tous les plaisirs sensuels, en prétendant que c'était le moyen le plus sûr d'affranchir l'esprit de la domination des sens. Quelques-uns, comme *Hermogène*, *Seleucus*, *Hermias*, etc., étaient des philosophes plutôt que des sectaires, qui maintenaient la doctrine d'Aristote et des stoïciens, de l'éternité de la matière, et niaient la création *ex nihilo*.

Dès l'origine de l'Église, plusieurs des Juifs convertis soutinrent que, pour être sauvés, ce n'était pas assez de croire en J.-C. et de pratiquer sa doctrine, qu'il fallait encore être fidèle à toutes les observations judaïques ordonnées par la loi de Moïse, comme la circoncision, l'abstinence de certaines viandes, etc., et que même les Gentils devenus chrétiens y étaient obligés. Les apôtres décidèrent contre ces prétentions du particularisme juif, au concile de Jérusalem, l'an 51. Ceux qui persévérèrent dans leur opinion furent regardés comme hérétiques, et les auteurs les désignent sous le nom de *Chrétiens judaïsants*. Ces judaïsants opiniâtres se divisèrent eux-mêmes en deux sectes, les *Nazaréens* et les *Ébionites* qui, tout en admettant que J.-C. était le Messie, niaient sa divinité.

Montan, eunuque phrygien, se donna pour le Paraclet promis par J.-C. et d'enseigner aux hommes toute vérité. Il afficha une extrême austérité de mœurs et une grande sévérité contre les pécheurs. Entouré de femmes qui prophétisaient et de disciples enthousiastes, Montan forma une secte des plus nombreuses, qui se subdivisa en plusieurs autres. Le chef-lieu des *Montanistes* était la ville de Prépuza en Phrygie, ce qui leur fit donner le nom de *Prépuziers*, de *Phrygiens* et de *Cataphryges*. Ils se donnaient parfois à eux-mêmes le nom de *Cathares*, c.-à-d. les purs, et quoi ils furent imités par différentes autres sectes. Au nombre des branches issues du tronc montaniste, on mentionne les *Artotyrites*, ainsi nommés parce qu'ils consacraient l'eucharistie avec du pain et du fromage; les *Ascites*, appelés aussi *Ascodrutes*, *Ascodrupites* ou *Tascodrugistes*, qui tenaient leur nom du mot ασκος (outre), parce que dans leurs assemblées, ils dansaient autour d'une peau enflée, en disant qu'ils étaient les vases remplis du vin nouveau dont parle J.-C.; les *Passalorhynchites*, ainsi nommés de πεσσαλος (pieu), et ρίν (nez), parce qu'on priant ils mettaient leur doigt dans le nez comme un pieu, pour s'imposer silence et montrer plus de recueillement. Au milieu du III° siècle, *Novatien* et *Novat* renouvelèrent en partie les idées des Montanistes, en refusant d'admettre à la pénitence et de laisser rentrer au giron de l'Église les faibles qui avaient apostasié dans la persécution. De plus, ils rebaptisaient ceux qui entraient dans leur secte.

Vers la fin du III° siècle commencent les discussions relatives à la divinité de J.-C. et au mystère de la Trinité. *Théodote de Byzance*, *Artémon* ou *Artémas* et *Bérylle* enseignèrent que J.-C. n'a point existé avant l'incarnation et qu'il n'a commencé à être Dieu que parce que le Père demeurait en lui. *Praxéas* prétend que J.-C. n'est point distingué du Père, et que l'en distinguer c'est reconnaître deux principes. *Noétius* et *Sabellius* ôtent toute distinction entre les trois personnes de la Trinité. Lorsqu'ils considèrent Dieu comme faisant des décrets dans son conseil éternel et résolvant de rappeler les hommes au salut, ils le regardent comme Père; lorsque ce même Dieu descend sur la terre dans le sein de la Vierge, souffre et meurt sur la croix, ils l'appellent Fils; enfin, quand ils considèrent Dieu comme déployant son efficace dans l'âme des pécheurs, ils l'appellent Saint-Esprit. *Paul de Samosate* enseignait que les trois personnes de la Trinité n'étaient que trois attributs sous lesquels la Divinité s'était manifestée aux hommes. Les disciples de *Théodote le Banquier* disaient que J.-C. n'était qu'un homme, et que Melchisédec était d'une nature plus excellente que lui : de là le nom de *Melchisédéciens* qu'on leur donna. Les *Tropites* soutenaient que par l'incarnation le Verbe divin avait été changé en chair ou en homme, et qu'ainsi il avait cessé d'être une personne divine. Plusieurs de ces hérétiques qui niaient la divinité de J.-C., ou bien ne distinguaient pas le Verbe des autres personnes de la Trinité, furent appelés *Aloges*. *Euphrate* admettait trois Dieux, trois Verbes, trois SS.-Esprits.

D'autres opinions plus ou moins singulières ou bizarres se produisirent à la même époque. Les *Collyridiens* niaient la virginité de la mère de Dieu. Les *Cyrénaïques* disaient que la prière est inutile, Dieu connaissant mieux les besoins de l'homme que l'homme lui-même. Les *Angélites* rendaient un culte aux anges et prétendaient que c'était par leur ministère que Dieu avait créé le monde. Les *Cliniques* ne recevaient le baptême qu'au lit de la mort ou tout au moins dans un âge avancé, afin de se rendre le salut plus facile. Les *Valésiens* prétendaient que les eunuques seuls pouvaient se sauver, et que la mutilation était l'unique moyen de dompter la chair. D'autres fanatiques disaient que, pour faire son salut, il fallait marcher nu-pieds : de là le nom de *Déchaussés*, etc.

C'est aussi vers la fin du III° siècle qu'apparut *Origène*, esprit remarquable qui s'attaqua au dogme de l'enfer. Il trouvait que les peines éternelles ne s'accordaient pas avec la bonté divine, et niait en conséquence l'éternité du châtiment. Il croyait aussi que les démons eux-mêmes seront sauvés.

B. *Du IV° au VII° siècle.* — Les principales hérésies qui prirent naissance dans cette période eurent pour objet le dogme de la Trinité. La première en date comme en importance est celle d'*Arius*. Il soutint que le Fils de Dieu ou le Verbe divin était une créature tirée du néant, que Dieu le Père avait produite avant tous les siècles et dont il s'était servi pour créer le monde; qu'ainsi le Fils de Dieu était d'une nature et d'une dignité très inférieures au Père; enfin, qu'il n'était appelé Dieu que dans un sens impropre. La doctrine d'Arius fut condamnée par le concile œcuménique de Nicée (325 av. J.-C.). L'Arianisme remplit pendant plus d'un siècle l'Église de désordre et de troubles; mais nous ne pouvons pas suivre l'histoire des vicissitudes de cette secte alternativement victorieuse et vaincue. Nous nommerons seulement quelques-unes des branches issues de cette h. Les *Aétiens* ou *Eunomiens*, ainsi appelés du nom de leurs chefs, affirmaient non seulement qu'on ne pouvait supposer dans l'essence divine un Père et un Fils, mais encore qu'on ne pouvait y admettre plusieurs attributs, et que la sagesse, la vérité, la justice, n'étaient que l'essence divine considérée sous différents rapports. Ils regardaient donc le Fils et le Saint-Esprit comme des créatures, et disaient que le Saint-Esprit était une production du Fils. Ces sectaires étaient encore nommés *Anomiens*, c.-à-d. dissemblables, parce que, dans leur doctrine, le Fils et le Saint-Esprit différaient en tout du Père, et *Hétérousiens*, parce qu'ils enseignaient que la substance du Fils était différente de celle du Père. Les *Aériens*, ou partisans d'Aérius, ajoutaient d'autres hérésies à celle d'Arius : ils niaient l'autorité épiscopale, condamnaient les cérémonies de l'Église, les prières pour les morts, etc. Les *Eudoxiens* enseignaient, comme les précédents, que le Fils de Dieu avait été créé de rien, et en outre qu'il avait une volonté différente de celle de son Père. Les *Métangismonites* disaient que le Fils est dans le Père comme un vase est dans un autre. Les *Semi-Ariens* refusaient, comme les purs *Ariens*, d'admettre la consubstantialité du Verbe et du Père; mais cependant ils reconnaissaient qu'ils étaient de même nature. L'un de ces derniers, *Macédonius*, fut l'auteur d'une h. nouvelle qui toutefois était virtuellement contenue dans l'Arianisme : il niait la divinité du Saint-Esprit. *Apollinaire* croyait que J.-C. s'était incarné et avait pris un corps humain; mais il soutenait qu'il n'avait point pris une âme humaine, car, selon lui, la divinité avait présidé à toutes les actions de J.-C. et fait toutes les fonctions de l'âme. *Théodore de Mopsueste* enseigna qu'il y avait deux personnes en J.-C., la personne divine et la personne humaine, il n'y avait qu'une union morale; que le Saint-Esprit procède du Père et non du Fils, etc. *Nestorius* développa les principes émis par Théodore de Mopsueste au sujet du Verbe. Il nia l'union hypostatique, dans le Verbe, de la nature divine et de la nature humaine, supposa deux personnes en J.-C., et, en conséquence, repoussa le titre de *Mère de Dieu* que l'Église donne à Marie.

Après la condamnation de Nestorius par le concile général d'Éphèse (431), un grand nombre de Nestoriens passèrent en Perse et se répandirent jusqu'aux extrémités de l'Orient où ils portèrent leurs doctrines, qui sont encore professées par une secte assez nombreuse, connue sous les noms de *Nestoriens de Syrie* et de *Chaldéens*. Les Nestoriens de l'Arménie étaient encore, au VIIe siècle, désignés sous le nom de *Chazinzariens* ou de *Staurolâtres*, parce que, de toutes les images, ils n'honoraient que la croix.

L'un des hommes qui s'étaient montrés les plus ardents contre les Nestoriens, le moine *Eutychès*, tomba dans une h. opposée. Pour combattre le nestorianisme qui supposait deux personnes en J.-C., parce qu'il y a deux natures, il imagina que ces deux natures étaient tellement unies qu'elles n'en faisaient qu'une seule, composée de la divinité et de l'humanité. Il prétendait que la nature humaine avait été comme absorbée par la divinité, de même qu'une goutte de miel tombée dans la mer ne périrait pas, mais serait engloutie : de là le nom de *Monophysites* qu'on donna à ses partisans. Bien que l'Eutychianisme eût été condamné par le concile de Chalcédoine (451), celle h. ne laissa pas que de se propager et donna naissance à une douzaine de partis différents. Vers l'an 580, *Julien* et *Caïanus* enseignèrent qu'au moment de la conception du Fils de Dieu dans le sein de la Vierge, la nature divine s'insinua tellement dans le corps de J.-C. qu'il changea de nature et devint incorruptible. Les partisans de cette opinion furent nommés : *Caïanistes*, *Incorruptibles*, *Aphthartodocètes*, *Phantasiastes*, etc. Sévère d'Antioche et Damianus prétendirent que le corps de J.-C. avant sa résurrection était corruptible : ils eurent aussi des sectateurs que l'on nomma : *Sévériens*, *Damianistes*, *Phartolâtres*, *Corrupticoles*, etc. Quelques-uns de ceux-ci enseignèrent que toutes choses étaient connues à la nature divine de J.-C., mais que plusieurs choses étaient cachées à sa nature humaine ; ils furent appelés *Agnoètes*. C'est encore parmi les Eutychiens que se forma la secte des *Trithéistes*. Deux philosophes, Jean Acusnage et Jean Philoponus, furent les auteurs de cette h. Ils imaginèrent dans la Divinité trois substances ou personnes parfaitement égales, mais qui n'avaient pas une essence commune : c'était admettre trois Dieux. L'Eutychianisme devait finir par s'éteindre au milieu de toutes ces divisions ; mais un moine d'Édesse, appelé Jacob ou Jacques Baradeus, parvint à réunir les divers partis eutychiens, de telle sorte qu'à la fin du VIe siècle cette h. se trouva rétablie dans la Syrie, la Mésopotamie, l'Arménie, l'Égypte, la Nubie et l'Éthiopie. Depuis cette époque, les Monophysites ont regardé Jacques comme leur second fondateur, et c'est de lui qu'ils ont pris le nom de *Jacobites*, sous lequel on les désigne encore aujourd'hui dans tout le Levant. — L'h. du *Monothélisme* naquit de l'Eutychianisme, comme celui-ci était né du Nestorianisme. Ce fut une tentative malheureuse pour concilier la doctrine monophysite avec les sentiments catholiques. Ses auteurs, Athanase, Paul et Sergius, imaginèrent de dire qu'il y a, à la vérité, en J.-C. deux natures, mais qu'il n'y a qu'une seule volonté, la volonté divine. Cette doctrine fut condamnée par le sixième concile œcuménique tenu à Constantinople (680).

D'autres hérétiques s'attaquèrent à des points secondaires ou à des questions de culte ou de discipline. Ainsi, *Helvidius*, *Jovinien*, *Bonose*, nièrent la virginité de la Mère de Dieu : leurs partisans furent appelés *Antidicomarianites*. *Vigilance* attaqua le célibat, ainsi que le culte des saints et des reliques. Comme lui, *Eustache* condamnait le culte rendu aux martyrs ; mais il prétendait qu'on ne pouvait se sauver dans le mariage, etc. D'autres fanatiques, appelés pour cela *Agyniens*, ne prenaient point de femme, et disaient que Dieu n'était point auteur du mariage : ils se nommaient aussi *Agionites*, comme étant les seuls purs et les seuls saints. Les *Messaliens* ou *Massaliens*, nommés aussi *Euchites* par les Grecs, prétendaient que la prière était l'unique moyen de salut, que le baptême était inutile, que les bonnes œuvres, les mortifications, étaient superflues, et que, par la prière, l'homme se rendait impeccable. En conséquence, ils se livraient à tous les excès de l'impiété et du libertinage. Les *Priscillianistes* qui mélangèrent diverses idées gnostiques et manichéennes, firent de nombreux prosélytes dans l'Espagne. Les *Rhétoriens* ainsi appelés de Rhétorius, leur chef, admettaient toutes les hérésies qui avaient été émises jusqu'à eux et disaient qu'elles étaient toutes également soutenables. Les *Parhermeneutes* interprétaient à leur gré les saintes Écritures. Les *Paterniens*, ou *Vénustiens*, enseignaient que la chair était l'ouvrage du démon ; mais ils n'étaient pas pour cela plus mortifiés ni plus chastes. Les *Bicètes* croyaient ne

pouvoir mieux honorer Dieu qu'en dansant, à l'exemple des Israélites qui, après le passage de la mer Rouge, témoignèrent à Dieu leur reconnaissance par des chants et par des danses.

C'est à cette époque qu'apparaissent dans l'Église les discussions relatives à la grâce et au libre arbitre. C'est Pélage, moine du pays de Galles, en Angleterre, au commencement du Ve siècle, qui entama la discussion en se faisant le défenseur du libre arbitre. Pélage et ses disciples, les *Pélagiens*, soutenaient : 1° que la grâce de Dieu, sans laquelle on ne peut pas observer ses commandements, n'est point différente de la nature et de la loi ; 2° que celle que Dieu ajoute de surplus est accordée à nos mérites et pour nous faire agir avec plus de facilité ; 3° que l'homme peut dans cette vie s'élever à un tel degré de perfection qu'il n'a plus besoin de dire à Dieu, « Pardonnez-nous nos offenses » ; 5° qu'Adam serait mort quand même il n'aurait pas péché. Les idées de Pélage ont été combattues par saint Augustin qui essaya, sans grand succès, de concilier la grâce avec le libre arbitre, et plus tard, elles furent condamnées par l'Église tout entière. Cassien, abbé de Saint-Victor, tout en adhérant à la condamnation prononcée contre Pélage, ne voulut point admettre le principe de la prévenance et de la gratuité absolue de la grâce. Il enseigna que l'homme peut avoir de soi-même un commencement de foi et un désir de se convertir ; que le bien que nous faisons ne dépend pas moins de notre libre arbitre que de la grâce de J.-C. ; qu'à la vérité cette grâce est gratuite en ce sens que nous ne la méritons pas en rigueur, mais que cependant Dieu la donne, non arbitrairement par sa puissance souveraine, mais selon la mesure de foi qu'il trouve dans l'homme ou par sa volonté lui-même ; et qu'enfin il y a dans plusieurs une loi que Dieu n'y a pas mise. Cassien ne niait pas, comme Pélage, l'existence du péché originel dans tous les hommes, mais ses effets, qui sont la concupiscence, la condamnation à la mort, la privation du droit à la vie éternelle. Il n'enseignait pas, comme Pélage, que la nature humaine est encore aussi saine qu'elle l'était dans Adam innocent ; que l'homme peut, sans le secours d'une grâce antérieure, faire toutes sortes de bonnes œuvres et consommer ainsi par ses forces naturelles l'ouvrage de son salut, et qu'une grâce intérieure prévenante détruirait le libre arbitre ; mais il soutenait que le péché originel n'a pas tellement affaibli l'homme qu'il ne puisse désirer naturellement d'avoir la foi, de sortir du péché, de recouvrer la justice, et que, quand il est dans ces bonnes dispositions, Dieu le récompense par le don de la grâce. Ainsi, suivant lui, le commencement de la grâce vient de l'homme et non de Dieu. Telles sont les idées qui ont constitué le *semi-pélagianisme* : elles furent combattues par saint Augustin, et condamnées par le concile d'Orange de 529. Malgré cela, elles subsistèrent encore longtemps, et ont été reproduites à plusieurs reprises.

C. Du VIIIe au XIVe siècle. — Les hérésies que l'on voit surgir dans cette période portent sur les questions de métaphysique religieuse, comme dans la précédente. On va s'attaquer surtout aux questions de culte et de discipline, et vers la fin de la période, au dogme de l'Eucharistie, que les conciles seront obligés de préciser. La plus célèbre de ces hérésies est celle des *Iconoclastes*, c.-à-d. des briseurs d'images, dont le premier auteur fut l'empereur *Léon l'Isaurien*. Elle troubla l'empire d'Orient pendant environ 120 ans ; mais en Occident la querelle n'entraîna aucune violence. Après un instant de malentendu fondé sur une expression qui parut équivoque aux évêques de la Gaule et de la Germanie, le culte des images continua de subsister comme auparavant. En Espagne, Félix d'Urgel et Elipand renouvelèrent l'h. de Nestorius. Ils prétendaient que J.-C., en tant qu'homme, n'était que proprement Fils de Dieu, mais seulement son fils adoptif : de là le nom d'*Adoptiens* qu'on donna à leurs sectateurs. *Claude de Turin* soutint à la fois l'h. de Félix d'Urgel et celle des Iconoclastes. Au siècle suivant, c.-à-d. au IXe siècle, *Gotescalc*, qui avait beaucoup étudié saint Augustin, mais qui avait mal compris ce grand docteur, avança, au sujet de la grâce et de la prédestination, diverses propositions contraires à l'enseignement de l'Église catholique : 1° Dieu, disait-il, a de toute éternité prédestiné à la vie éternelle ceux qu'il a voulu, et les autres à la mort éternelle ; 2° comme ceux qui sont prédestinés à la mort ne peuvent être sauvés, ceux que Dieu a prédestinés à la vie ne peuvent jamais périr ; 3° Dieu ne veut pas que tous les hommes soient sauvés, mais seulement les élus ; 4° J.-C. n'est pas mort pour le salut de tous les hommes, mais uniquement pour ceux qui doivent être sauvés ; 5° depuis la chute du premier homme, nous ne sommes plus libres pour faire le bien, mais seulement pour faire le mal. La doctrine de Gotescalc, qui a reçu le nom de *Prédestinianisme*, fut condamnée dans un concile réuni à Mayence (848). L'un ces adversaires de Gotescalc, *Scot Érigène*, c.-à-d. l'Irlandais, attaqua la foi de l'Église catholique touchant l'Eucharistie, en soutenant que le pain et le vin sont de simples signes du corps et du sang de N.-S. Il renouvela aussi les idées généreuses de Pélage et d'Origène. Un Écossais nommé *Clément* soutint que les canons et les conciles, les traités des Pères, etc., n'avaient aucune autorité; que J.-C, en descendant aux enfers, avait délivré tous les damnés, etc. Un nommé *Valfrède* enseigna que l'âme mourut avec le corps. En Orient, une secte obscure prétendit que le Fils de Dieu, en ressuscitant, avait laissé dans les enfers son corps et son âme, et qu'il n'était monté au ciel qu'avec sa divinité : de là le nom de *Christoïtes* sous lequel on la désigna. Des moines grecs imaginèrent une sorte particulière de quiétisme, qui leur valut le nom d'*Hésychastes*, c.-à-d. d'oisifs. Ces visionnaires croyaient fixant avec persévérance les yeux sur un objet, sur leur nombril par ex., voir la lumière incréée qui apparut sur le mont Thabor. On les appela aussi *Omphalopsites*. En France, *Bérenger de Tours* attaqua le dogme de la transsubstantiation. Il croyait bien à la présence réelle, mais il prétendait néanmoins qu'après la consécration le pain et le vin conservaient leur nature; par conséquent, d'après lui, il y avait simplement union du corps et du sang de N.-S. avec le pain et le vin. *Roscelin de Compiègne* avança que les trois personnes divines étaient trois choses, comme trois anges, parce qu'autrement on pourrait dire que le Père et le Saint-Esprit se sont incarnés : c'était renouveler l'erreur des Trithéistes. *Abélard* émit, sur la Trinité et sur la grâce diverses erreurs, que saint Bernard fit condamner. Mais les dernières hérésies que nous venons de mentionner n'agitèrent guère que l'école. Un fou, appelé *Éon de l'Étoile*, s'imagina qu'il était le fils de Dieu, chargé de juger les vivants et les morts, et il rencontra une foule de croyants.

Vers 1140, un nommé *Pierre Valdo*, marchand de Lyon, se persuada que la pauvreté apostolique était absolument nécessaire au salut, et en conséquence il donna ses biens aux pauvres et forma une secte qui, de son nom, fut appelée *Vaudois*. Ces sectaires publièrent que, puisque les prêtres ne pratiquaient pas la pauvreté, ils n'étaient plus les vrais ministres de J.-C., qu'ils n'avaient plus le pouvoir de remettre les péchés, de consacrer l'eucharistie, ni d'administrer les vrais sacrements; que tout laïque qui pratiquait la pauvreté volontaire avait un pouvoir plus réel et plus légitime de faire ces fonctions et de prêcher l'Évangile que les prêtres, etc. Ces idées plus généreuses que réfléchies étaient inspirées par la conduite scandaleuse de beaucoup d'ecclésiastiques. Les Vaudois tant persécutés, étaient assurément plus honnêtes et plus vertueux que leurs persécuteurs. Leurs doctrines ayant été condamnées par le pape Lucius III, vers l'an 1185, ils se séparèrent davantage de l'Église catholique. Ils condamnèrent tous ce les cérémonies de l'Église, rejetèrent le baptême des enfants, la confirmation, l'extrême-onction, le culte des images, le purgatoire, les prières pour les morts, etc. Poursuivis par l'autorité, ils se dispersèrent en différents côtés et se maintinrent dans leur foi naïve malgré toutes les persécutions. Aujourd'hui même ils subsistent encore dans quelques hautes vallées des Alpes piémontaises.

Pierre de Bruys enseigna que l'on ne devait pas bâtir d'églises, qu'il fallait brûler les croix, que J.-C. n'est présent dans l'eucharistie, que les prières pour les morts sont inutiles, qu'on ne doit pas baptiser les enfants en bas âge, etc., et il eut des disciples que les auteurs désignent sous le nom de *Pétrobrusiens*. Ils sont aussi désignés sous le nom d'*Henriciens*, d'un certain Henri qui, après Pierre de Bruys, répandit les mêmes erreurs. Les idées d'*Arnaud de Brescia* différaient peu de celles des Henriciens; il attaqua surtout avec violence l'autorité du clergé et du souverain pontife. Un nommé *Tanchelin* prêcha contre le pape, les évêques, les sacrements, puis il prétendit avoir reçu le Saint-Esprit et être égal à J.-C.; enfin, il se plongea avec ses partisans dans les désordres les plus honteux. D'autres fanatiques, qui prenaient le titre de *Passagiens*, c.-à-d. tout saints, attaquaient la Trinité, la divinité de J.-C., pratiquaient la circoncision, et soutenaient la nécessité des rites judaïques, sauf les sacrifices. Les *Orbibariens* niaient la Trinité, la divinité de J.-C., la résurrection, le jugement dernier, les sacrements, etc. Les *Métamorphistes* disaient que le corps de J.-C., au moment de son ascension, avait été transformé en Dieu. *Amaury de Chartres* enseigna que Dieu était la matière première; que la loi de J.-C. devait finir l'an 1200 et

faire place à la loi du Saint-Esprit, qui sanctifierait les hommes sans sacrements et sans aucun acte extérieur. Il nia la résurrection des morts, l'enfer, le culte des saints, etc. *David de Dinan*, son disciple propagea ces doctrines. L'abbé de la Calabre, *Joachim*, reproduisit les visions d'Amaury au sujet de la venue du règne du Saint-Esprit. On lui attribue communément l'*Évangile éternel*, où sont consignées ses visions. Suivant lui, il y avait dans la religion trois époques : la première était le règne de Dieu le Père et de la chair, et avait commencé au temps de l'Ancien Testament; la seconde était le règne du Fils, de la chair et de l'esprit, ou de la loi de la grâce, et elle avait commencé avec la venue du Messie; la troisième devait être le règne du Saint-Esprit ou de la loi parfaite, de la loi de très grande grâce, qui seule pouvait mener les hommes à la perfection. Dans cette troisième époque, les sacrements, les figures et les signes sensibles devaient cesser, et la volonté de Dieu régner à découvert. *Ségarel* prêcha au peuple ces doctrines plus enthousiastes que sensées : il établit que la charité était la seule loi et que toutes les autres étaient abrogées. En conséquence, ses disciples damnaient tout ce qu'ils avaient, même leurs femmes. Ces enthousiastes se nommaient eux-mêmes les *Apostoliques*. Après la mort de Ségarel, *Dulcin* se mit à leur tête : de là le nom de *Dulcinistes*, sous lequel on les désigne encore. Un fanatique anglais, *Walter Lollard*, fut l'auteur d'une secte nombreuse, qui rejetait les cérémonies de l'Église, les sacrements, l'invocation des saints, et prétendait que le mariage n'était qu'une prostitution jurée : ses partisans furent de même appelés *Lollards*. Un théologien de la même nation, *Jean Wiclef*, attaqua l'autorité des chefs de l'Église; il soutint que le clergé ne pouvait posséder aucun bien temporel, que le péché fait perdre au prêtre ses pouvoirs spirituels; il nia la présence réelle, la nécessité de la confession, repoussa le culte des saints, les vœux monastiques, les cérémonies du culte, etc., et séduisit un grand nombre de personnes dans toutes les classes de la société. Vers le même temps, il parut dans la Flandre, etc., une bande d'insensés qui croyaient honorer Dieu en dansant jusqu'à perdre haleine et à tomber sans donner presque signe de vie. Ils prétendaient être favorisés de visions merveilleuses pendant cette agitation extraordinaire : on les nomma les *Danseurs*.

Les poursuites dirigées par les empereurs contre les *Manichéens* n'avaient pas étouffé cette h. Ces sectaires s'étaient réfugiés dans diverses parties de l'Asie, où ils s'étaient perpétués. Au reste, tout en reconnaissant, et c'était là le point capital de leur doctrine, l'existence de deux principes, l'un bon et l'autre mauvais, ils s'étaient divisés en une foule de partis, qui ne s'accordaient ni sur la nature de ces deux principes, ni sur leurs opérations, ni sur les conséquences spéculatives ou morales qu'ils en tiraient. De son temps, c.-à-d. au milieu du Ve siècle, Théodoret comptait plus de 70 sectes de Manichéens. Au milieu du VIIe siècle, le Manichéisme fit des progrès rapides en Arménie, où ses sectateurs furent nommés *Pauliciens*. Au IXe siècle, les Pauliciens se partagèrent en deux sectes principales : les partisans de Manès et les disciples de Sergius. Ces derniers furent appelés *Astatiens*, c.-à-d. inconstants, parce qu'ils changeaient à leur gré de langage et de croyance. Incapables de résister aux poursuites que les empereurs de Constantinople dirigèrent contre eux, les Manichéens furent obligés de se disperser. Les uns se réfugièrent dans l'Albanie ou la partie orientale de la Géorgie, les autres dans la Bulgarie, d'où les noms d'*Albanais* et de *Bulgares*, que leur donnent les historiens contemporains. Les Manichéens de Bulgarie sont aussi appelés *Bogomiles*, de deux mots esclavons qui signifient : « solliciteurs de la miséricorde divine ». Plusieurs poussèrent jusqu'à Italie et en France. Ceux de la Lombardie furent appelés *Patarins*, mais ils se nommaient eux-mêmes *Cathares*, ou purs, pour se distinguer des catholiques. Dès 1022, quelques-uns d'entre eux furent condamnés au feu à Orléans : mais c'est surtout dans les provinces du Midi qu'ils firent des progrès rapides. On les désigna sous le nom d'*Albigeois*, de la ville d'Alby, où ils étaient extrêmement nombreux. Ces sectaires admettaient deux principes, l'un bon, créateur des choses spirituelles; l'autre mauvais, créateur du corps et auteur de l'Ancien Testament et de la loi judaïque. Ils supposaient deux Christs : l'un méchant, qui avait paru sur la terre avec un corps fantastique et qui n'était mort ni ressuscité qu'en apparence; l'autre bon, mais qui n'avait pas été vu ni en corps en monde. Ils condamnaient tous les sacrements, le culte extérieur et la hiérarchie de l'Église, et niaient l'enfer, le purgatoire, la résurrection des corps, etc. Enfin, ils ne cessaient de déclamer contre les ministres de l'Église, brûlaient les images, les croix, etc., partout où ils étaient les maîtres. Ils furent d'abord condamnés (sous le nom de *Bonshommes*) par le concile d'Alby (1176), et par celui de Latran (1179). En 1208, le pape Innocent III publia contre eux une croisade. La guerre qui dura une vingtaine d'années fut remarquable par les atrocités que commirent les vainqueurs, et les Albigeois furent entièrement détruits. Cette croisade des Albigeois est restée comme une honte pour le catholicisme du moyen âge. Le petit nombre de ceux qui échappèrent se réfugia dans les vallées des Alpes occupées par les Vaudois et se confondit avec eux. Quelques-uns encore s'enfuirent en Allemagne et y propagèrent leurs doctrines. Ainsi les *Stadings*, qui, dans la seconde moitié du XIVᵉ siècle, désolèrent le diocèse de Brême, en pillant les églises et en massacrant les prêtres, professaient les doctrines des Albigeois.

C'est dans la période que nous venons de parcourir que s'opéra le *Schisme d'Orient*, c.-à-d. la séparation de l'Église grecque avec l'Église catholique. Ce schisme, provoqué par Photius, patriarche de Constantinople, en 858, fut consommé en 1054 par le patriarche Cerularius. Voy. SCHISME.

II. XVᵉ siècle. — Les doctrines de Wiclef s'étaient répandues dans toute l'Allemagne et jusque dans la Bohême. *Jean Huss*, recteur de l'université de Prague, les embrassa avec ardeur. Il enseigna que l'Église est la société des justes et des prédestinés, et que les réprouvés et les pécheurs n'en font pas partie. Il en concluait qu'un pape vicieux n'est plus le vicaire de J.-C., qu'un évêque et des prêtres qui vivent en état de péché ont perdu tous leurs pouvoirs, et étendit même cette doctrine jusqu'aux magistrats et aux souverains. Il dit que les fidèles n'étaient obligés d'obéir aux évêques qu'autant que les ordres de ceux-ci leur paraissaient justes; qu'il faut consulter l'Écriture sainte et s'en tenir là pour savoir ce que nous devons croire ou rejeter : c'était ériger chaque simple fidèle en juge de toutes choses. Aussi ce novateur se tarda-t-il pas à se faire en Bohême un parti considérable. Dénoncé au concile de Constance qui se trouvait alors assemblé, il fut cité à comparaître. Ayant refusé de se rétracter ses erreurs, il fut condamné et dégradé par le concile, puis livré au bûcher par l'empereur Sigismond (1415). L'histoire de Jean Huss est l'une des plus tristes que présente la série pourtant si lamentable des persécutions religieuses. C'était un homme d'une grande vertu et d'une haute moralité. Son supplice est une honte pour l'Église, d'autant plus qu'il y a eu trahison, et qu'il ne vint à Constance que sur la foi d'un sauf-conduit qui devait lui assurer le retour dans sa patrie, quelle que fût la décision du concile. Pendant que J. Huss était encore à Constance, un curé de Prague, *Jacobel*, éleva un nouveau grief contre l'Église, à laquelle il reprocha de ne donner la communion aux laïques que sous les espèces du pain. Cette attaque échauffa encore davantage les esprits. Lorsqu'on apprit en Bohême le supplice de J. Huss, ses partisans et ceux de Jacobel se soulevèrent et provoquèrent une guerre sanglante, qui pendant seize ans désola toute la Bohême et les contrées limitrophes. Néanmoins les insurgés ne s'accordèrent pas longtemps; ils se divisèrent en deux partis : les *Calixtins*, qui réclamaient surtout l'usage de la coupe ou du calice, c.-à-d. la communion sous les deux espèces; et les *Thaborites*, ainsi nommés d'une montagne voisine de Prague sur laquelle ils s'étaient fortifiés et qu'ils nommaient le Thabor. Ces derniers poussaient leurs prétentions plus loin que les Calixtins. Ils voulaient que l'on abolît l'autorité des papes, que l'on changeât la forme du culte divin, qu'il n'y eût plus dans l'Église d'autre chef que J.-C. Les Thaborites se subdivisèrent encore en plusieurs partis, et ces divisions ne contribuèrent pas peu au succès des armées impériales. C'est des débris des *Hussites* que s'est formée, vers le milieu du XVᵉ siècle, la secte des *Frères moraves*, autrement appelés *Herrnhutes*, du nom d'un village de la haute Lusace où se trouve leur principal établissement. Les Herrnhutes ont adopté le régime de la communauté de biens et mènent une vie quasi-monastique. Ils se distinguent en outre par une grande pureté de mœurs et leur dévouement pour la conversion des peuplades si dégradées du Groënland et de l'Afrique australe. L'h. des Hussites est la dernière h. importante qui se produisit avant le grand mouvement de réforme qui devait, au XVIᵉ siècle, enlever la moitié de la chrétienté à l'autorité du pape. Ce grand événement religieux est d'une importance capitale dans l'histoire du monde. Aussi consacrerons-nous un article spécial à la *Réforme* et aux diverses communions religieuses qui en sont nées. Voy. PROTESTANTISME. — Un autre article sera consacré au *Jansénisme*, qui joua un si grand rôle dans notre histoire sous les règnes de Louis XIV et Louis XV.

HÉRÉTICITÉ. s. f. (lat. *hæreticus*, hérétique). T. Dogmat. Qualité d'une doctrine, d'une proposition opposée à la foi catholique. *L'h. de cette proposition est évidente.*

HÉRÉTIQUE. adj. 2 g. (lat. *hæreticus*, gr. αἱρετικός, m. s.). Qui tient à l'hérésie. *Une proposition h.* ‖ Qui professe, qui soutient quelque hérésie. *Un prince, un peuple h.* — Subst., Celui qui professe, qui admet une hérésie. *C'est un h. La conversion des hérétiques.* ‖ Par ext., Qui soutient une opinion en opposition avec les idées reçues. *C'est un h. en littérature.* Voy. HÉRÉSIE.

HERFORD, v. de Prusse (Westphalie), au confluent de l'Aa et de la Werra; 17,000 hab.

HÉRICARD DE THURY, minéralogiste fr., né à Paris (1776-1854).

HÉRICOURT, h.-l. de c. (Haute-Saône), arr. de Lure; 4,720 h.

HÉRIGOTÉ, ÉE. adj. T. Ch. *Chienh.*, Chien qui a une hérigoture.

HÉRIGOTURE. s. f. T. Ch. Marque qui se présente quelquefois aux jambes de derrière des chiens.

HÉRISSEMENT. s. m. [Pr. *héri-se-man*, h asp.]. Le fait de se hérisser, d'être hérissé.

HÉRISSER. v. a. [Pr. *héri-ser*, h asp.] (lat. *hericiare*, m. s., de *hericius*, hérisson). Dresser; se dit proprement des animaux dont le poil et les plumes se dressent. *Le lion hérissa sa crinière. Le coq qui hérisse les plumes de son cou.* ‖ Par anal., se dit de certaines choses aiguës ou saillantes qui garnissent une surface. *Les piquants qui hérissent la tige de l'agave. Des buissons hérissaient le bord du chemin. Les rochers qui hérissent la côte.* — Fig., Il son *style de pointes, d'antithèses.* = SE HÉRISSER. v. pron. Dresser son poil ou ses plumes. *Ce sanglier se hérisse. Les deux coqs se hérissèrent.* ‖ Se dit aussi des cheveux, du poil, des plumes qui se dressent. *Mes cheveux se hérissèrent d'horreur. La crinière du lion se hérisse.* — Avec ellipse du pron., *Cela fait h. les cheveux sur la tête.* ‖ Fig., Ces *champs se hérissent d'épines.* = HÉRISSÉ, ÉE. part. Les cheveux hérissés. La barbe hérissée. Le poil hérissé. — Fig. et fam., *Un homme h.,* Un homme si difficile qu'on ne sait par où le prendre. ‖ Adjectiv., se dit d'une surface, d'un corps couvert d'objets droits, saillants, aigus. *Une côte hérissée de rochers. Un pays hérissé de montagnes. Un bataillon hérissé de baïonnettes. Une province hérissée de forteresses.* — Fig., *La voie est hérissée d'épines. Son style est hérissé d'archaïsmes. Une étude hérissée de difficultés. Un pédant hérissé de grec et de latin,* Qui cite à tout propos du grec et du latin. ‖ T. Bot. Se dit des plantes couvertes de poils roides et presque piquants. *Tige hérissée.*

HÉRISSON. s. m. [Pr. *héri-son*, h asp.] (lat. *hericius*, m. s.). Petit quadrupède dont toute la surface supérieure du corps est couverte de poils piquants. ‖ Fig., *C'est un h.,* C'est un homme difficile, qu'on ne sait comment prendre. ‖ Par ext. T. Hist. nat. Nom de divers animaux dont le corps est armé de piquants, comme le *H. de mer*, l'oursin. — Nom de poissons des genres Diodon et Tétrodon. — Nom de plusieurs coquilles du genre Rocher. — *H. blanc,* Larve de coccinelle. ‖ T. Bot. Champignon comestible (*Hydnum repandum*). — Enveloppe épineuse de la châtaigne. ‖ T. Techn. Assemblage de pointes de fer qu'on met aux grilles fermant l'entrée d'une habitation, pour en empêcher l'escalade. — Tige garnie de chevilles pour recevoir des bouteilles qu'on laisse égoutter. — Morceau de bois sur lequel on fait égoutter la vaisselle. — Tige garnie de lames flexibles de fer pour ramoner à la corde les cheminées étroites. — Disposition des briques, moellons plats dressés de champ sur la ligne supérieure d'un mur. ‖ T. Agric. Rouleau garni de chevilles pour écraser les mottes de terre dans un champ labouré. ‖ T. Filat. Nom donné à l'ensemble d'un cylindre travaillant et de son débourreur dans les cardes. — Petits cylindres de cuivre garnis d'aiguilles qui, dans les bancs d'étirage au bobinoir à laine, servent à guider les rubans entre les cylindres fournisseurs et étireurs. ‖ T. Guerre. Poutre portée sur un pivot, et garnie de pointes de fer, dont on se sert, aux portes des villes, pour ouvrir et fermer le passage à volonté. — Se dit aussi d'une grosse pièce de bois armée de la même manière, qu'on fait rouler sur la rampe ou sur les débris de la brèche d'une place pour empêcher l'ennemi d'y monter. — *H. foudroyant*, Bou be allongée, armée de piquants de fer. || T. Méc. Roue dont les rayons sont plantés directement sur la circonférence cu cercle, et qui ne peuvent s'engager que dans une lanterne.

Zool. — L'animal bien connu chez nous sous ce nom est le type d'une petite famille fort naturelle qui se range dans l'ordre des mammifères *Insectivores*. Les animaux qui composent cette famille sont essentiellement caractérisés par l'existence de piquants sur le corps. On les répartit en trois genres, *Hérisson*, *Ericule* et *Tenrec*, qui se distinguent surtout par leur système dentaire. — Les *Hérissons* (*Erinaceus*, l'ou le nom d'*Érinacéidés* donné à la famille) sont de petis animaux qui ont le corps épais et ramassé, les jambes très courtes, avec 5 doigts à chaque pied, la queue également très courte. Ils ont pour défense un bouclier de piquants acérés et très durs, qui s'étend du sommet de la tête sur le dos, la croupe et les cotés, tandis que la tête, le ventre et les jambes sont couverts de

poils soyeux. La peau du dos est garnie de muscles tels que l'animal, en fléchissant la tête et les pattes vers le ventre, peut s'y renfermer comme dans une bourse, et présenter de toutes parts ses piquants à l'ennemi. Les Hérissons se nourrissent principalement d'insectes, de mollusques. de crapauds, etc.; cependant ils mangent aussi des fruits et des racines. Le jour, ils sommeillent dans des trous, ou bien cachés sous la mousse ou sous des pierres, et ne sortent guère de leur retraite que la nuit pour aller à la chasse. Pendant l'hiver, ils se retirent dans un trou et y restent plongés dans un sommeil léthargique. Outre le *H. ordinaire* (Fig. ci-dessus), qui est répandu dans toute l'Europe, et qui est fort commun dans quelques-unes de nos provinces, il existe en Asie une seconde espèce du même genre, qui est un peu plus petite que la nôtre, et s'en distingue surtout par la longueur de ses oreilles; aussi l'appelle-t-on *H. à longues oreilles* (*Erin. auritus*). Les *Éricules* (*Ericulus*) ont la tête plus longue et la queue plus courte encore que les Hérissons. Les *Tenrecs* (*Centenes*) ont le museau plus pointu encore et sont dépourvus de queue. Les premiers sont diurnes, les seconds sont nocturnes. Mais ni les uns ni les autres ne possèdent, comme les Hérissons, la faculté de se mettre complètement en boule. Chacun de ces genres se compose jusqu'à ce jour de deux espèces : le *Sora* et le *Tendrac* appartiennent au genre Éricule, et le genre Tenrec comprend le *Tenrec* proprement dit et *le Tenrec rayé*. Ces quatre espèces sont propres à l'île de Madagascar.

HÉRISSON, ch.-l. de c. (Allier), arr. de Montluçon ; 1,900 hab.

HÉRISSONNE. s. f. (R. *Hérisson*). T. Entom. Nom vulg. de l'*Écaille-martre*. Voy. BOMBYCITES.

HÉRISSONNÉ, ÉE. adj. (Pr. héri-so-né, h asp.) (R. hérisson). T. Blas. Se dit d'un chat ou d'un autre animal ramassé et accroupi.

HÉRISSONNEMENT. s. m. (Pr. héri-sone-man, h asp.) État de ce qui est hérissonné.

HÉRISSONNER. v. a. (Pr. héri-so-ner, h asp.) (R. hérisson). T. Techn. *H. un mur*, Le couvrir d'une couche de mortier ou de plâtre, qu'on laisse rude à toucher.

HÉRISTAL, v. de Belgique, sur la Meuse, près de laquelle Pépin, maire d'Austrasie (678-714), eut un château fort ; 11,500 h.

HÉRITAGE. s. m. Biens transmis par succession. *Il vient de faire un h. Il a eu peu de chose de cet h. Recueillir l'h. de ses pères.* — Dans un sens particul., se dit des fonds de terre, des immeubles réels. *Il fait valoir son modeste h. Enclore un h.* || Fig., *Il n'a reçu de ses ancêtres qu'un*

grand nom pour h. *Cette maladie lui vient de son père; c'est un triste h.* || Fig., dans l'Écriture sainte, *Les impies n'auront point de part à l'h. céleste, à l'h. du Seigneur*, A la gloire éternelle. Voy. SUCCESSION.

HÉRITER. v. n. (lat. pop. *hereditare*, m. s.). *H. de quelqu'un*, Recueillir sa succession. *Il vient d'h. de son oncle. Elle hérita d'un parent éloigné.* — *H. d'une chose*, La recueillir, en devenir propriétaire par droit de succession. *H. d'une maison, d'une grande fortune. Il a hérité de la bibliothèque de son frère.* — Fig., *H. des vertus de son père, de la gloire de ses ancêtres. Il a hérité des haines de sa famille*. = **HÉRITER.** v. a. S'emploie au prop. et au fig. *Voilà tout ce qu'il a hérité de son père. Il n'a rien hérité de son oncle. C'est une maladie qu'il a hérité de sa mère. La vertu est le seul bien qu'elle ait hérité de son père.* = HÉRITÉ, ÉE. part.

HÉRITIER, IÈRE. s. (lat. *hæres, edis*, m. s.). Celui ou celle qui a le droit de recueillir une succession. *H. naturel, légitime, ab intestat. H. testamentaire, institué. H. présomptif, apparent. H. pur et simple. H. bénéficiaire. H. en ligne directe, en ligne collatérale. H. universel. Instituer un h. Faire un h. Elle est héritière pour moitié.* — Par rapport à la chose qui fait l'objet de la succession, on dit aussi, *Il sera h. d'une immense fortune. L'h. présomptif du trône.* || Fig., *Être h. des talents de son père, de la vertu, de la gloire de ses ancêtres.* || Par ext., se dit des enfants d'une personne, parce qu'ils sont ses héritiers naturels. *Il n'a pas encore d'h. Le roi étant mort sans h., la couronne passa à son neveu.* || Fam., *Héritière* s'emploie quelquefois absol., pour désigner une fille unique qui doit hériter d'une grande fortune. *Il a épousé une héritière, une riche héritière.* = Voy. SUCCESSION.

HERMANDAD. T. Hist. Ce mot espagnol qui signifie *confrérie*, désigne une puissante fédération des villes d'Aragon, Castille et Léon, au moyen âge, fédération dirigée contre la noblesse féodale. Au milieu du XVIe siècle, cette institution n'était plus qu'une sorte de gendarmerie, qui fut remplacée à son tour par la « garde civile ».

HERMANGARDE, femme de Louis le Débonnaire, m. en 818.

HERMANN, forme moderne du nom d'Arminius.

HERMANNIE. s. f. T. Bot. Genre de plantes Dicotylédones (*Hermannia*), de la famille des *Malvacées*. Voy. ce mot.

HERMANNSTADT, v. d'Autriche-Hongrie (Transylvanie); 24,800 hab.

HERMAPHRODISME. s. m. (R. *hermaphrodite*). Réunion des deux sexes dans un seul individu.

Phys. — L'h. complet existe dans certaines espèces de plantes et dans un certain nombre d'animaux inférieurs. Dans ce cas, l'être se reproduit par lui-même. L'h. n'existe pas dans les espèces animales supérieures, et notamment dans l'humanité. Chez l'homme, l'h. est une anomalie dans laquelle les organes de l'un ou l'autre sexe, ou ceux des deux sexes sont atrophiés et hors d'état de fonctionner. On peut y distinguer trois types essentiels : 1° H. avec prédominance du sexe masculin; 2° avec prédominance du sexe féminin; 3° neutre. Dans les deux premiers types, le mariage et la fécondation peuvent avoir lieu.

HERMAPHRODITE. s. m. (gr. Ἑρμαφρόδιτος, personn. mythol. fils de Ἑρμῆς, Mercure, et de Ἀφροδίτη, Vénus). Individu qui réunit les deux sexes. *On n'a jamais rencontré d'h. complet chez les animaux supérieurs. On ne trouve d'hermaphrodites vrais que dans les mollusques, les annélides et les animaux inférieurs.* — Adjectiv., *Les limaçons et les vers de terre sont hermaphrodites.* Voy. GÉNÉRATION et REPRODUCTION. || T. Bot. Adjectiv., se dit des fleurs qui renferment à la fois les étamines et le pistil; se dit aussi de la plante qui porte des fleurs hermaphrodites. *Le jasmin, la valériane, l'épine-vinette, sont hermaphrodites. Fleur h.*

HERMAPHRODITISME. s. m. (R. *Hermaphrodite*). T. Bot. État des fleurs hermaphrodites. Se dit aussi des plantes qui portent de pareilles fleurs.

HERMÉNEUTIQUE. s. f. et adj. 2 g. (gr. ἑρμενευτικὸς, m. s., de ἑρμηνεύω, j'explique). *L'art h., ou L'art sacré*,

L'art d'interpréter les livres sacrés, et, en général, tous les anciens textes. — Dans l'interprétation des livres sacrés, les théologiens prétendent parfois s'élever du sens littéral à un sens mystique : c'est ce qu'ils nomment l'*anagogie*, et l'interprétation ainsi faite est dite *anagogique*. Ainsi, dans le sens littéral, *Jérusalem* est la capitale de la Judée ; dans le sens anagogique, avec une épithète telle que *céleste*, *nouvelle*, etc., ce mot désigne la patrie des élus.

HERMÈS. s. m. [Faire sentir l's] (gr. Ἑρμῆς, Mercure) T. Myth. Voy. MERCURE. || T. Sculpt. Gaine portant une tête de Mercure. *A Athènes, on plaçait des hermès dans tous les carrefours.*

HERMÉSITE. s. f. [Pr. *ermé-zite*] (gr. Ἑρμῆς, le dieu Mercure, devenu pour les alchimistes le nom d'un métal). T. Minér. Variété de panabase renfermant du mercure.

HERMÈS TRISMÉGISTE (*Trois fois grand*), nom que les Grecs donnaient au dieu égyptien Thoth. — Nom donné par les alchimistes à l'auteur légendaire de leur art. — *Livres d'Hermès Trismégiste*, Ouvrages composés au IIIe siècle de notre ère par des néo-platoniciens très imbus des idées religieuses égyptiennes.

HERMÉTICITÉ. s. f. Qualité de ce qui est clos hermétiquement.

HERMÉTIQUE. adj. 2 g. [Pr. *ermé-tik*] (R. le nom propre Ἑρμῆς τρισμέγιστος, alchimiste légendaire). Qui a rapport à la science du grand œuvre, c.-à-d. à la connaissance de la transmutation des métaux et de la médecine universelle. *Philosophie h. Science h. Chimie h. Œuvre. h.* Voy. ALCHIMIE. || T. Archit *Colonne h.*, Colonne qui a une tête d'homme au lieu de chapiteau. || *Fermeture h.*, Fermeture parfaite d'un vase, mise en usage par les alchimistes et qu'on obtient en faisant fondre les bords de l'orifice et en les tordant. || Par ext., *Clôture h.*, Clôture parfaite.

HERMÉTIQUEMENT. adv. [Pr. *ermétli-ke-man*]. T. Phys. et Chim. Ne s'emploie que dans cette loc., *Boucher, sceller un vase h.*, de manière qu'aucune partie du contenu ne puisse s'échapper. || Par ext., se dit de tout ce qui est bien fermé. *Cela est fermé h.*

HERMINE. s. f. (R. *Armine*, la martre blanche étant particulièrement abondante en Arménie). T. Mamm. Petit animal blanc, avec le bout de la queue noir, qui est fort recherché pour sa peau. — Par ext., Fourrure qu'on fait avec cette peau. *Un manteau doublé d'h.* Voy. MARTRE. || T. Blas. Voy. ÉMAIL. || Bande de cette fourrure que portent certains magistrats d'un ordre élevé. *Porter l'h.* || Fig., *Peau d'h.*, Peau très blanche. *Pureté d'h.* || T. Zool. Nom d'un coquillage et d'un papillon blanc.

HERMINÉ, ÉE. adj. T. Blas. Se dit des pièces dont le fond est d'argent moucheté de noir. *Il porte de gueules à la croix herminée.*

HERMINETTE. s. f. Voy. ERMINETTE.

HERMINITE. s. f. T. Blas. Fond blanc, tacheté de noir, avec mélange de rouge dans chaque tache noire.

HERMIONE. s. f. (nom pr.) T. Zool. Genre de vers *Annélides.* Voy. DORSIBRANCHES.

HERMIONE, fille de Ménélas et d'Hélène, dut épouser Pyrrhus, fils d'Achille, qui lui préféra Andromaque. Après l'assassinat de Pyrrhus, elle épousa Oreste.

HERMITAGE, HERMITE. s. m. Voy. ERMITAGE, etc.

HERMITE (LOUIS TRISTAN L'), prévôt des maréchaux de France sous Charles VII et Louis XI.

HERMOCRATE, général syracusain du Ve siècle.

HERMODACTE. s. m. (gr. Ἑρμῆς, Mercure ; δάκτυλος, doigt). T. Bot. Nom donné autrefois aux tubercules du *Colchicum variegatum*, plante de la famille des *Liliacées.* Voy. ce mot.

HERMOGÈNE, rhéteur grec, lecteur de Marc-Aurèle, né à Tarse (IIe siècle de notre ère).

HERMOGÉNIEN. s. m. [Pr. *ermo-jé-ni-in*]. Disciple d'Hermogène, hérétique qui rejetait la Trinité. || Adj. *Code h.*, Supplément ajouté au code grégorien par le jurisconsulte Hermogène.

HERMOGRAPHIE. s. f. (gr. Ἑρμῆς, Mercure ; γράφειν, écrire). Description de la planète Mercure.

HERMON, chaîne de montagnes de l'anc. Palestine.

HERMOPOLIS, nom de deux villes de l'ancienne Égypte où Hermès était particulièrement révéré.

HERMOUPOLIS, cap. de l'île de Syra ; 21,300 hab.

HERNANDIE. s. f. T. Bot. Genre de plantes Dicotylédones (*Hernandia*), de la famille des *Lauracées.* Voy. ce mot.

HERNANDIÉES. s. f. pl. T. Bot. Tribu de plantes de la famille des *Lauracées.* Voy. ce mot.

HERNIAIRE. adj. 2 g. [h asp.]. Qui a rapport aux hernies. *Sac h.*, Partie du péritoine qui est entraînée en avant de l'intestin dans les hernies. *Tumeur h. Bandage h. Chirurgien h.*, Celui qui s'occupe plus spécialement du traitement des hernies. -- HERNIAIRE. Voy. ce mot. || s. f. T. Bot. Genre de plantes Dicotylédones (*Herniaria*), de la famille des *Illecébrées.* Voy. ce mot.

HERNIE. s. f. [h asp.] (lat. *hernia*). T. Chir. On donne le nom de hernies aux tumeurs que forment à l'extérieur les organes contenus dans une cavité, en s'échappant à travers les parois de cette cavité. Les hernies les plus communes sont celles que l'on rencontre au niveau du ventre. Les organes, pour sortir, profitent des points faibles que présentent normalement les parois de l'abdomen. Ces points faibles peuvent résulter d'une disposition transitoire embryonnaire ou fœtale (hernies congénitales) ; elles peuvent provenir de la dilatation d'un des orifices musculeux ou aponévrotiques qui donnent passage à des vaisseaux ou autres conduits, refoulant le péritoine pariétal (hernies acquises). Nous prendrons pour type la h. intestinale ou intestino-épiploïque ; nous ajouterons ensuite quelques détails sur les épiplocèles pures et les hernies qui renferment des organes tels que la vessie, l'ovaire, l'utérus, etc.

1. *Hernies en général.* — 1° *Les caractères anatomiques* doivent, les premiers, attirer notre attention. Il convient d'abord d'étudier le trajet de la h. : ce peut être un simple orifice constitué par un anneau fibreux unique (ligne blanche), ou bien un canal suivant la voie tracée par des vaisseaux ou des organes allant de l'abdomen dans le scrotum ou chez les membres inférieurs ; le trajet présente alors deux orifices correspondant aux points où la h. traverse les points aponévrotiques superficiels et profonds ; ces orifices sont dits *anneaux*. Suivant que le trajet herniaire traverse perpendiculairement ou plus ou moins obliquement la paroi abdominale, la h. est appelée *directe* ou *oblique*. La partie du trajet située au niveau de la paroi abdominale correspond au *pédicule* de la h. On nomme hernies *complètes* celles qui franchissent la paroi abdominale ; *incomplètes*, celles qui s'engagent seulement dans les couches de la paroi, soit à l'état de *pointe de h.*, soit à l'état de h. *interstitielle*. Quant à la h. elle-même, si on l'incise après avoir traversé un certain nombre de plans celluleux ou fibreux, on arrive sur une membrane résistante, lâchement adhérente aux plans environnants, dont la surface interne, lisse, limite la cavité où sont contenus les viscères herniés. Cette membrane porte le nom de *sac herniaire* ; le sac offre généralement la forme d'une ampoule ou d'une poire ofrant dont la partie renflée, externe, constitue le corps, tandis que l'orifice ou l'embouchure, par laquelle il se continue au travers du trajet et des orifices herniaires avec le péritoine, est appelée *collet* ; en eff t, le sac herniaire est constitué par la locomotion du péritoine entraîné par les viscères. Au point de vue anatomique, le sac présente des variétés qu'il est bon de connaître : il peut être absent ou incomplet, présenter des collets multiples ou cloisonnés, il peut être bilobé ; enfin, on observe des sacs déshabités, des modifications survenant à la suite de l'oblitération du collet du sac.

Le contenu du sac herniaire est le plus souvent constitué par l'intestin grêle et par l'épiploon, libre dans la cavité et présentant le même aspect et la même forme que dans la cavité péritonéale. Tantôt une seule anse d'intestin s'engage, tantôt plusieurs. Moins communément, mais très fréquemment encore, le gros intestin descend dans les hernies (S iliaque, côlon transverse, cæcum).

Tous les viscères, à l'exception peut-être du pancréas ont été rencontrés dans les hernies. Si les cas dans lesquels le foie s'est trouvé compris dans ces déplacements appartiennent plutôt à la tératologie, c'est dans des hernies ordinaires qu'on a constaté la présence de l'estomac, de la vessie, des trompes et des ovaires, de l'utérus même gravide, de la rate et du rein. On a même constaté l'existence de corps étrangers organiques mobiles dans la cavité de certains sacs.

2° *Étiologie.* — Les hernies sont une affection des plus répandues, et pas seulement dans l'espèce humaine, car elles sont fréquentes chez les sujets et chez certains animaux domestiques. Les hommes sont beaucoup plus fréquemment atteints que les femmes (5 pour 4). Les professions jouent un grand rôle dans la production de cette infirmité (journaliers, hommes de peine, maçons, etc.). Les classes paraissent prédisposées (ventre en besace, ventre en tablier, ventre à triple saillie). Chez les femmes, la grossesse, et surtout les grossesses multiples paraissent avoir une influence. Enfin, on ne peut que signaler, sans prétendre l'expliquer, la prédominance des hernies droites. — Il est peu de hernieux qui n'attribuent leur infirmité à une cause accidentelle (traumatisme, effort brusque, chute). Ce n'est là qu'une cause occasionnelle, et, plus intéressant est le mode de formation au point de vue anatomique. Si l'on peut admettre ces *hernies de force* produites uniquement par une cause toute mécanique, c'est là une exception, et il faut admettre généralement l'existence d'une cause prédisposante anatomique. Certains auteurs ont cru la trouver dans une *élongation du mésentère*; la *théorie de la préformation du sac* est fondée sur des données anatomiques plus certaines : tantôt le sac serait constitué par une traction de la graisse sous-péritonéale (hernies crurales et de la ligne blanche); tantôt on invoque l'existence d'une péritonite fœtale et la disparition de la graisse sous-péritonéale préparant des infundibulums; enfin, dans un grand nombre de cas, ces diverticules péritonéaux seraient d'origine congénitale, le canal péritonéo-vaginal, le canal funiculo-vaginal, le canal de Nück normal amorce. C'est cette dernière classe de hernies dans la production desquelles les efforts musculaires ou les violences extérieures ne peuvent être considérés que comme des causes banales; on peut dire, dans ce cas, que la h. est une maladie et non point une accident (hernies de faiblesse).

3° *Symptomatologie.* — Les hernies se révèlent par des signes appréciables à l'examen physique et par les troubles fonctionnels qu'elles déterminent. Parmi les signes physiques, le plus important est l'existence d'une tumeur ou plutôt d'une saillie généralement sessile, dont la palpation permet de reconnaître qu'elle se continue dans la profondeur par un pédicule plus ou moins large; la consistance en est élastique, mais dans les efforts, dans la toux, elle devient plus faible, en même temps que la main qui la circonscrit perçoit une sensation de choc ou d'expansion. Une pression un peu soutenue, quelquefois un simple attouchement, suffisent pour faire diminuer de volume la tuméfaction, puis pour la faire disparaître : c'est la réduction, pendant laquelle on constate le plus souvent un gargouillement caractéristique de la présence de l'intestin. La percussion traduit de la sonorité dans ce cas, tandis que l'épiploon se reconnaît à la matité. Lorsque la h. est réduite, le doigt peut s'engager à sa suite dans le trajet herniaire et, si le malade tousse ou fait effort, il sent l'impulsion communiquée par les viscères qui tendent à redescendre. — Les symptômes fonctionnels et les troubles physiologiques que déterminent les hernies sont des plus variables, suivant le siège, le volume de la h., son ancienneté, et aussi la susceptibilité particulière du sujet. Il est des hernies très petites ou moyennes qui peuvent passer inaperçues pendant des mois et des années, et d'autres qui se révèlent dès leur naissance par des troubles spéciaux : douleurs à la pression et en dehors de tout examen, douleurs gastralgiques, pongitives s'accompagnant de phénomènes dyspeptiques. Les hernies volumineuses sont presque toujours une source de gêne notable, elles entraînent des tiraillements à la région épigastrique, aux reins, aux flancs. La plupart des malades ressentent surtout des incommodités, quand leur h. peut se réduire et ne peut chez lesquels la réduction les provoque et ne peut être supportée. Les hernies n'ont aucune tendance à la guérison; elles ont au contraire une disposition constante à s'accroître; il y a néanmoins des exceptions. Il est des hernies qui guérissent spontanément ou par l'emploi de simples moyens contentifs : celles du jeune âge et particulièrement celles qui sont dites *congénitales*. Parfois aussi le sac, dans de petites

hernies, peut s'oblitérer, grâce à des adhérences épiploïques. Mais le caractère commun de toutes ces guérisons est d'être essentiellement précaire, en sorte que le malade, même guéri en apparence, n'est pas à l'abri d'un retour de sa h., ni même d'un accident subit, d'une complication grave, d'un étranglement.

4° *Complications.* — En étudiant les accidents à marche grave et rapide qui surviennent dans les hernies intestinales, c'est principalement l'étranglement qu'il faut avoir en vue. Mais on ne saurait passer sous silence quelques faits beaucoup plus rares où celui-ci a pu être simulé, soit par une péritonite herniaire accidentelle, soit par des phénomènes d'obstruction et d'engouement produits par le séjour des matières fécales ou de corps étrangers dans l'anse herniée; enfin par de véritables étranglements internes survenus dans le sac herniaire. D'autre part, les hernies sont très fréquemment le siège de transformations chroniques qui en modifient les caractères; tel est le cas des hernies très volumineuses, où l'intestin a perdu le droit de domicile dans l'abdomen, et celui des hernies compliquées d'adhérences. Le trait essentiel, commun à tous les accidents aigus ou chroniques, est l'irréductibilité de la h. qui en est le siège. — L'étranglement des entérocèles et des entéro-épiplocèles est la constriction plus ou moins forte de l'intestin dans un trajet herniaire, constriction qui gêne la circulation sanguine, arrête le cours des matières intestinales, apporte un obstacle invincible au passage à la réduction, et semble menacer, si elle persiste, de se terminer par une perforation ou une gangrène. Les effets fâcheux peuvent en être évités par une réduction immédiate, lorsque le chirurgien est appelé en temps opportun. L'agent des étranglements est constitué par le contour de l'orifice au travers duquel sont sortis les viscères, et, qui, s'appliquant intimement sur eux, s'oppose à leur réduction : il a donc son siège, en général, au niveau du pédicule de la h.; il est constitué par les anneaux fibreux naturels, soit par le collet même du sac, soit par les deux à la fois. Les viscères herniés ayant le siège de lésions diverses, suivant que l'étranglement porte sur une anse intestinale complète, ou que l'anse n'est comprise dans l'étranglement que par une partie de sa circonférence (pincement latéral). Les lésions consistent d'abord en une sorte d'œdème inflammatoire, circonscrit plus tard par un sillon ecchymotique, bientôt remplacé par un cercle grisâtre au niveau duquel la paroi s'amincit et finit par se perforer; des parties plus ou moins étendues d'intestin peuvent ainsi se gangréner. L'épiploon atténue par sa présence les effets de la constriction exercée sur l'intestin; l'étranglement des hernies intestino-épiploïques est en général moins serré, moins rapidement suivi de perforation ou de gangrène que celui des entérocèles pures. Le sac herniaire est généralement tendu, globuleux et fluctuant, ce qui tient à la distension produite par le liquide qui s'accumule dans sa cavité : ce liquide, d'abord citrin et limpide, devient d'un rouge plus ou moins foncé et renferme en suspension des flocons fibrineux, de petits caillots, etc.; plus tard, quand la gangrène, il prend une odeur intestinale fétide très prononcée. Ces phénomènes tiennent à la pénétration des micro-organismes qui peuplent le contenu intestinal, bacterium coli commune, streptococcus coli brevis et gracilis. Les lésions du côté de la cavité péritonéale tantôt se bornent à une exsudation plus ou moins grande de sérosité, tantôt consistent en une péritonite exsudative plastique ou même suppurée, tantôt enfin sont celles d'une péritonite par perforation. Assez souvent on trouve en ce cas l'anse gangrenée qui s'est spontanément réduite dans le ventre au milieu d'un épanchement stercoral et purulent et est devenue le point de départ d'une péritonite septique diffuse; mais dans quelques cas rares, des adhérences protectrices se sont établies entre l'anse intestinale malade, la paroi abdominale et les anses voisines, limitant l'épanchement des matières intestinales, ainsi dirigées vers l'orifice herniaire où l'on peut voir se former une fistule stercorale ou un anus contre nature. — L'étranglement est d'une fréquence assez grande au cours des hernies, puisque la statistique donne une proportion certainement inférieure à la réalité, de 3 p. 100. Une h. est souvent atteinte d'étranglement à répétition; les femmes sont plus exposées que les hommes, les vieillards que les enfants, les hernies anciennes que les récentes. C'est généralement à l'occasion d'un effort que les hernies s'étranglent, augmentant brusquement de volume. Lorsqu'on recherche de quelle manière une h. jusqu'alors réductible devient irréductible, on reconnaît que deux ordres de causes interviennent successivement : les unes, d'ordre purement mécanique, retiennent l'intestin dans le sac aussitôt après sa sortie; d'autres, surajoutées, concourent à rendre la constriction plus étroite et l'étranglement définitif, ce sont les modifications inflammatoires qui surviennent dans l'intestin étranglé. — Quelle que soit l'origine des accidents, la physionomie du début d'un étranglement est brusque : il y a eu une issue soudaine de la h., s'accompagnant d'une douleur locale et d'un malaise général; malgré des efforts multipliés le malade n'a pu faire rentrer sa h.; des coliques, de faux besoins, l'ont mené à la garde-robe sans succès ou pour un résultat qui ne lui donne aucun soulagement. Bientôt apparaissent les symptômes qui confirment l'aspect primitif. La tumeur est dure, tendue, réunie, mate, mais sans caractère principal, dominant, c'est l'irréductibilité. Du côté du ventre, on observe un état douloureux, une sensibilité vive à la pression dans les environs du trajet herniaire, une tension particulière, un ballonnement véritable, en même temps que s'établissent les symptômes fonctionnels constants de première importance : les vomissements, d'abord alimentaires ou muqueux, bientôt fécaloïdes, remplacés à la fin par des hoquets et des régurgitations; la suppression des garde-robes et des gaz rendus par l'anus. — L'étranglement herniaire, lorsqu'il est abandonné à lui-même, se termine presque invariablement par la mort, à moins de la création accidentelle d'un anus contre nature. La mort survient, soit par le fait d'une péritonite septique par épanchement ou d'une péritonite par propagation, soit par le fait de complications rénales (albuminurie), pulmonaires (congestions hypostatiques, spléno-pneumonies, broncho-pneumonies, pneumonies lobaires), ou de complications septiques générales, dénommées infection ou septicémie péritonéo-intestinale. — Ayant insisté longuement, à dessein, sur l'étranglement herniaire, nous ne décrirons pas les accidents très rares qui peuvent le simuler et qui n'intéressent guère que le médecin : tels l'engouement (accumulation des matières dans l'intestin hernié), l'inflammation des hernies et la péritonite herniaire, l'occlusion intestinale, siégeant dans l'intérieur du sac, les étranglements internes dans les hernies. Nous ne parlerons pas non plus avec détails des hernies incoercibles ou irréductibles qui ne déterminent pas d'accidents pressants, que ce soient des hernies incoercibles par perte de droit de domicile, des hernies adhérentes par inflammation ou par glissement, ou des hernies compliquées de tumeurs affectant soit les organes herniés (kystes, lipomes, cancers), soit le sac herniaire et les enveloppes externes (tuberculose, etc.).

5° *Diagnostic.* — Dans une région qui est un des sièges d'élection pour les hernies (régions inguinale, crurale, ombilicale, épigastrique, etc.), l'existence d'une tumeur élastique et souple, sonore à la percussion, augmentant de volume dans la toux et les efforts, s'affaissant au contraire sous la main, en donnant une sensation caractéristique de gargouillement, disparaissant sous la pression et permettant alors d'introduire le doigt dans un trajet creusé dans l'épaisseur de la paroi abdominale, tels sont les signes qui permettent d'affirmer qu'il existe une h. Ils sont confirmés par l'impulsion que l'intestin communique au doigt introduit dans le trajet herniaire quand le malade tousse, et par la réapparition de la tumeur sous l'influence des efforts quand on cesse de la contenir. Les phénomènes qui révèlent l'existence d'une h., ne se présentent pas toujours avec cette évidence; la tumeur peut échapper à l'examen, en raison de son petit volume et de la profondeur à laquelle elle est située (pointes de hernie); dans d'autres cas, il est impossible de constater les signes habituels, parce que la h., généralement réduite, ne sort qu'exceptionnellement (nouveau-nés). Les hernies réductibles peuvent être confondues avec un grand nombre d'affections offrant des caractères analogues; mais aucune des tumeurs en question ne présente la consistance particulière aux hernies, et ne se laisse réduire de la même manière. Certaines ne sont que refoulables, et disparaissent en bloc (kystes du cordon, ectopie inguinale de l'ovaire). Certaines collections liquides, en réalité réductibles (abcès par congestion, hydrocèles, varices, etc.), se distinguent par la fluctuation, la malité, et par la répressibilité plutôt que par la réductibilité. Une h. étant connue, reste à déterminer la nature des organes qui y sont contenus, ce qui se fait par des signes dépendant de la fonction normale des divers organes. Il convient ensuite de s'assurer du siège précis du pédicule, du trajet de la h., de l'état des organes qui y sont contenus, c.-à-d. qu'il faut prévoir ou deviner les complications.

6° *Traitement.* — 1° Traitement des hernies non compliquées : Le danger des opérations pratiquées pour obtenir la guérison radicale des hernies, l'incertitude de leurs résultats, ont longtemps poussé les médecins et les malades à chercher dans une exacte contention de la h., un moyen d'en pallier les inconvénients et d'en prévenir les dangers. Quoique les progrès modernes aient fait faire un grand pas à cette question, le traitement palliatif par les bandages est encore communément employé.

On donne le nom de bandages aux appareils mécaniques destinés à contenir la h., c.-à-d. à l'empêcher de sortir. On distingue plusieurs variétés de bandages : les deux premières sont le *bandage français* et le *bandage anglais*, les plus anciens, entre lesquels sont venus se placer un certain nombre

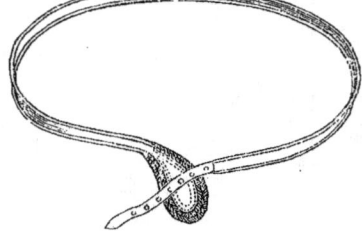

de bandages mixtes qui prétendent réunir les avantages de l'un et de l'autre. Le *bandage français* se compose d'un ressort en acier embrassant la demi-circonférence du corps correspondant à la h., s'appuyant par toute sa surface concave sur cette demi-circonférence dont il épouse les contours, et supportant la pelote qu'il maintient appliquée sur l'orifice herniaire par son élasticité : la pelote fait corps avec le ressort et ne jouit d'aucune mobilité; l'extrémité postérieure du ressort se continue avec une courroie qui, contournant le côté opposé du corps, vient se rattacher à la pelote de manière à prévenir ses déplacements, contrariés aussi par l'adaptation de sous-cuisses. — Dans le bandage anglais, le ressort embrasse la demi-circonférence du corps opposée au côté où siège la h.; son extrémité antérieure dépasse la ligne médiane du tronc (en avant du pubis), pour supporter la pelote qui repose sur l'orifice herniaire; son extrémité postérieure prend son point d'appui sur la région vertébrale au moyen d'une autre pelote sur laquelle elle se fixe.

Les deux pelotes sont mobiles sur les extrémités du ressort qui, dans l'intervalle, ne prend aucun point d'appui sur la surface du corps et n'est même pas en contact avec elle. Le bandage anglais agit donc à la façon d'une pince ou d'un arc métallique, dont les deux extrémités seules représentent les points d'application de la puissance et de la résistance. Le ressort lui-même est absolument libre; comme il est mobile sur les pelotes qui garnissent ses extrémités, il peut se déplacer dans les inflexions du tronc, sans que les pelotes suivent ce déplacement ou que la pression soit modifiée. Les bandages mixtes (à ressort brisé ou ressort Bural) ont été rejetés. Les bandages à pression rigide (de Dupré) sont destinés à contenir des hernies qui forcent le passage, quelle que soit la puissance du ressort qu'on leur oppose. Enfin, certaines hernies, faciles à contenir chez les nouveau-nés, se maintiennent encore avec une ceinture en caoutchouc supportant une ou deux pelotes insufflées d'air; ces appareils sont d'une efficacité contestable. — C'est le médecin, et non le bandagiste, qui doit lui-même, autant que possible, spécifier non seulement l'espèce d'appareil correspondant à la variété de h., mais la forme, les dimensions, la situation exacte de la pelote, la force du ressort. Le bandage doit être appliqué sur le malade couché, la h. étant réduite : une fois l'appareil assujetti, on s'assure de la contention en faisant tousser, marcher le malade. — Le bandage ne doit être porté nuit et jour que quand on cherche à obtenir, par une contention permanente, la guérison de la h., ainsi qu'on peut l'espérer chez les jeunes sujets; ou bien encore quand une circonstance particulière, telle qu'une affection de l'appareil respiratoire ou des voies urinaires, expose le malade, même la nuit, à des efforts fréquents sous l'influence desquels la h. pourrait sortir et s'étrangler. Les inconvénients et les dangers du bandage sont : la gêne et les douleurs, variables surtout suivant les dispositions individuelles et la fabrication du bandage; l'érythème, l'eczéma, les excoriations qu'une propreté minutieuse peut éviter; des ulcérations qui peuvent se produire sous les pelotes; la contusion, l'inflammation de la h. ou des organes connexes; enfin et surtout, l'étranglement, menace permanente.

Ce sont les raisons qui précèdent qui, de tout temps, préoccupant les chirurgiens, les ont conduits à chercher un traitement curatif, à réaliser une cure radicale, soit que la cure ainsi obtenue soit définitive, dispense le malade d'avoir désormais recours à aucun appareil, soit qu'elle soit précaire, et en quelque sorte temporaire, et que, pour éviter une récidive, l'opéré soit encore astreint à porter un bandage de précaution. On étend également cette dénomination aux opérations qui ont pour effet de rendre possible la réduction et la contention d'une h. qui était auparavant difficile ou impossible à réduire et à contenir. Enfin, la cure radicale qui s'applique essentiellement aux hernies libres, ne présentant pas d'accidents immédiats, est devenue le complément nécessaire de toutes les opérations dirigées contre les complications des hernies, spécialement de la kélotomie. Les moyens employés dans ces derniers temps pour obtenir la cure radicale peuvent se rattacher à trois méthodes : 1° la méthode des injections périherniaires; 2° l'oblitération du trajet par la suture sous-cutanée; 3° l'opération proprement dite, comprenant l'incision de la h., l'isolement du sac, l'oblitération de son collet par la ligature ou par la suture suivie de l'extirpation ou de la fixation dans l'abdomen du sac ainsi traité; il faut y joindre la suture à découvert du trajet herniaire et à constitution d'une cicatrice pariétale capable de s'opposer au retour de la h. De ces trois méthodes, les deux premières ne sont applicables qu'aux hernies réductibles; la troisième, à laquelle se rattachent aujourd'hui tous les chirurgiens, s'adresse à toutes les hernies, réductibles ou irréductibles, libres ou étranglées. Mais, avant d'en indiquer la technique, les résultats, les indications, il convient d'examiner ce qu'on est en droit d'attendre de l'effort curatif de la nature aidé par l'emploi méthodique des bandages. La guérison spontanée des hernies congénitales, traitées ou non, est un fait incontestable; elle provient de la tendance naturelle à l'oblitération de la communication temporaire péritonéo-vaginale, de l'accroissement rapide de la capacité abdominale, du point de plus en plus élevé auquel correspond l'insertion mésentérique de l'intestin. Le traitement par les bandages vient au secours de cette tendance à la cure spontanée. Chez les enfants et les nouveau-nés, les hernies congénitales simples peuvent et doivent guérir par le port régulier des bandages. Chez les jeunes sujets et même chez des adultes jeunes, des hernies de force, lorsqu'elles sont récentes, peuvent encore guérir. Les chances de guérison diminuent rapidement suivant que le sujet est plus âgé, les anneaux plus larges, la h. plus volumineuse et qu'elle est sorti et plus souvent. Le procédé qui consiste à pratiquer une injection irritante dans le sac pour y déterminer une inflammation adhésive, et dans les tissus périherniaires pour obtenir une inflammation plastique au niveau du trajet et des anneaux, est actuellement abandonné. La suture sous-cutanée du trajet herniaire n'a plus qu'un partisan qui la détaisse lui-même (John Wood) en raison de la complication du manuel opératoire et de la simplicité plus grande de l'opération que nous allons décrire. Pour pratiquer la cure radicale opératoire vraie, on incise les enveloppes jusqu'au sac qu'on ouvre largement; l'intestin est réduit; si le sac contient de l'épiploon, on en excise la plus grande partie possible, pour éviter les récidives; on isole alors le sac des parties environnantes avec précaution; on poursuit la dissection en le sectionnant, et souvent aussi en sectionnant la paroi antérieure du trajet herniaire jusqu'au péritoine que l'on pédiculise au-dessus de l'orifice herniaire et qu'on ligature fortement, tandis qu'on excise le sac. Il s'agit ensuite de reconstituer, avec une attention toute particulière, la paroi abdominale au niveau du trajet herniaire, temps très important à bien exécuter. Les sujets doivent, après l'opération porter un bandage, si le chirurgien le juge utile : il n'y a pas de règle fixe à ce sujet. Les résultats opératoires sont excellents : la mortalité est minime et il appartient au chirurgien de la réduire à zéro. Les dangers les plus sérieux, parce qu'ils ne dépendent ni de l'habileté du chirurgien, ni des précautions dont il s'entoure, sont ceux qui dépendent des conditions pulmonaires ou du shock opératoire. Au point de vue des résultats définitifs, la récidive ne survient guère que dans 20 à 25 p. 100 des cas, et, même dans le cas où le port d'un bandage reste nécessaire, la contention est plus parfaite, la crainte des accidents détournée. Aussi l'opération doit-elle être proposée dans deux sortes de cas : 1° Ceux dans lesquels on est en droit d'attendre de l'opération la guérison définitive; 2° ceux dans lesquels la guérison définitive est moins probable et où on a surtout pour but de diminuer les inconvénients qui résultent de la hernie.

2° *Reste à étudier le traitement des complications*, c.-à-d. de l'étranglement, la plus importante. Toute h. étranglée doit être aussitôt réduite, soit par des manipulations auxquelles on donne le nom de *taxis*, soit par l'opération de la kélotomie, lorsque le taxis échoue ou lorsqu'on ne doit pas y avoir recours. — Le taxis ne doit être pratiqué qu'après tous les préparatifs pour l'opération à laquelle on doit procéder sans retard en cas d'insuccès. Une tentative sérieuse de taxis ne doit être pratiquée que sous le chloroforme. Le chirurgien, placé à la droite du malade, embrasse de la main gauche le pédicule de la h., tandis que de la droite il étreint la tumeur en exerçant sur elle une pression soutenue comme pour en diminuer le volume. Les pressions exercées sont répétées d'une manière rythmique et avec une force croissante. On ne doit jamais recourir à un taxis prolongé au delà de quelques minutes ni à un taxis forcé, de peur de compromettre un intestin déjà endommagé. La réduction se reconnaît à la sensation de la résistance vaincue, la disparition de la tension et de la rénitence, l'affaissement de la tumeur et la possibilité d'introduire le doigt dans le trajet herniaire. Le taxis expose à certains accidents : contusion de la h. (le taxis qui échoue est toujours nuisible); péritonite septique généralisée par perforation; persistance des accidents d'étranglement après la réduction, soit que l'on ait opéré une fausse réduction de la h., ou bien qu'on ait substitué un étranglement interne à un étranglement herniaire, ou que la h. réduite ne fût pas le siège réel de l'étranglement, ou enfin que les lésions produites par l'étranglement en prolongent les symptômes, alors même que la constriction n'existe plus. — La kélotomie, d'autre part, a cessé d'inspirer des craintes, depuis qu'elle est devenue une opération aseptique; à ses bénéfices s'ajoutent ceux de la cure radicale par laquelle on la complète; elle ne reste une opération redoutable que lorsque des lésions intestinales graves modifient les conditions de son exécution. On procède comme pour faire une cure radicale simple : arrivé sur le sac, on l'incise largement jusque près du collet; on lave au cavité et on recherche l'agent de l'étranglement que l'on débride à découvert au bistouri ou aux ciseaux. Le temps le plus important est alors l'inspection de la h. et particulièrement de l'intestin. Si l'intestin est sain, on en pratique aussitôt la réduction après une pression lente et douce et on termine comme dans la cure radicale : ici encore, il faut se méfier des fausses réductions, et particulièrement du refoulement de l'intestin dans le tissu cellulaire sous-péritonéal à travers l'incision pratiquée par le débridement, et il faut prendre garde à ne pas blesser l'intestin. Si l'intestin est menacé ou atteint de perforation ou de gangrène, la conduite varie selon les cas. Les petites perforations de l'anse intestinale doivent être fermées avec soin par une suture de Lembert et l'anse réduite avec précaution; en cas de large perforation ou d'une gangrène étendue de l'anse étranglée, suivant l'état général du malade, on pratique un anus contre nature, ou bien une entérotomie suivie d'entérorraphie; enfin lorsque l'anse est seulement suspecte de gangrène ou de perforation imminente, au lieu de laisser l'anse au dehors pour attendre la conclusion, on peut établir une anastomose intestinale. — Pour résumer le traitement de l'étranglement, il convient donc de pratiquer la kélotomie tout de suite après le taxis, toutes les fois que celui-ci n'aura pas réussi; elle doit être pratiquée d'emblée, toutes les fois que le taxis ne doit pas être tenté, c.-à-d. dans les cas où l'on ne peut exclure d'une manière certaine l'existence de lésions graves de l'intestin; on pratique, on doit y recourir toutes les fois qu'il s'est écoulé plus de vingt-quatre heures depuis le début des accidents.

Quant aux autres complications des hernies, le traitement peut facilement être déduit de ce qui précède : repos et glace en cas d'engouement ou de péritonite herniaire, expectation armée si l'on est timide; mais si l'on veut agir vraiment en chirurgien, incision et recherche de la cause des accidents, l'opération terminée par la cure radicale étant toujours utile, si le sujet est en état de la supporter.

II. *Hernies en particulier.* — Nous avons décrit avec détail tout ce qui concerne les hernies en général, afin de pouvoir énumérer brièvement les hernies en particulier avec leurs traits propres, dont l'étude est confiée au domaine médical spécial.

1° *Hernies inguinales.* — La h. inguinale, avec ses trois variétés, directe, oblique interne et oblique externe la plus fréquente, est une des plus communes et des plus intéressantes. Elle est très fréquemment congénitale en raison de l'embryologie de la région où elle se produit, au niveau des fossettes péritonéales qui entourent l'arrière épigastrique au moment où elle pénètre dans la gaine du muscle grand droit.

Cette h. peut être, suivant son degré, une h. scrotale, une h. funiculaire, ou un bubonocèle. Elle ne peut guère se confondre qu'avec le varicocèle, l'hydrocèle congénitale, les kystes du cordon; le doigt, introduit en se coiffant de la peau du scrotum dans l'anneau inguinal externe, donne les plus précieux renseignements. Le traitement ne présente rien de très particulier à noter.

2° *Hernies crurales*. — Ce sont celles qui sortent du ventre en passant entre l'arcade de Fallope et la branche horizontale du pubis, par l'orifice connu sous le nom d'anneau crural et qui viennent se présenter à la partie supérieure et interne de la cuisse, dans le triangle de Scarpa. Tandis que la h. inguinale est beaucoup plus fréquente chez l'homme, la h. crurale est très commune chez la femme. Les seules erreurs de diagnostic peuvent avoir lieu en cas d'abcès froids issus du bassin, de dilatation ampullaire de la veine saphène ou d'engorgement ganglionnaire.

3° *Hernies ombilicales*. — On comprend généralement sous le nom de h. ombilicale toute tumeur en rapport avec l'ombilic et contenant dans son intérieur un ou plusieurs viscères de l'abdomen. Cette sorte de h. reconnaît deux variétés principales, suivant que la h. s'est développée pendant la vie intra-utérine et que l'enfant l'apporte au monde en naissant (vraiment congénitale) ou que la h. est accidentelle et tardive. Parmi les hernies ombilicales congénitales, les unes résultent de ce que la formation des parois abdominales s'étant effectuée d'une manière incomplète, un certain nombre des organes qui devraient être normalement contenus dans la cavité, restent en dehors d'elle et ne sont point revêtus par ces parois (elles sont embryonnaires). Les autres correspondent comme origine à la période fœtale où la paroi abdominale a achevé son développement, résultent, comme les hernies des nouveau-nés et des adultes, de ce que la cicatrice ombilicale s'est laissée forcer. La h. ombilicale est beaucoup plus fréquente chez la femme que chez l'homme. — Les bandages, qui sont appelés à la contenir sont tout à fait spéciaux, de même que les indications et les règles de la cure radicale.

4° *Hernies de la ligne blanche*. — Ces hernies présentent, suivant leur siège, leur mode de production et leur forme, deux variétés bien distinctes: les unes développées au niveau de la partie sus-ombilicale de ce raphé fibreux sont connues sous le nom de hernies épigastriques; les autres, sous-ombilicales, consistent le plus souvent dans une sorte d'éventration résultant de la distension de la paroi abdominale par des grossesses répétées, ou développée au niveau de la cicatrice d'une ancienne opération de laparotomie.

5° *Hernies ventrales. Laparocèles*. — On décrit sous ce nom les hernies qui s'échappent par un point des parois latérales de l'abdomen autres que les anneaux inguinal et crural, hernies cicatricielles sans lieu d'élection, ou spontanées, siégeant en général au niveau de la ligne semi-lunaire de Spigel.

6° *Hernies lombaires*. — La h. lombaire se distingue par son siège, comprise entre la dernière côte et la crête iliaque d'une part, la masse sacro-lombaire et le bord postérieur du muscle grand oblique de l'abdomen de l'autre; mais les auteurs ne sont pas d'accord sur le point anatomique précis par lequel elle fait issue.

7° *Hernie obturatrice*. — La h. obturatrice est celle qui se fait par le trou sous-pubien. Elle présente des variétés anatomiques assez nombreuses, dépendant du trajet suivi par la h., des rapports qu'elle affecte et des organes qui y sont contenus. La h. peut sortir soit par le canal sous-pubien qui donne normalement passage au nerf et aux vaisseaux obturateurs, soit à travers le muscle obturateur externe, en profitant de l'écartement de ses faisceaux supérieur et moyen. Les symptômes sont assez particuliers: en dehors des troubles fonctionnels, saillie à la partie interne de la cuisse, toucher vaginal, signe de Romberg, douleur spéciale. Le diagnostic est difficile et le traitement n'est guère appliqué que dans les cas où des accidents, des complications se produisent.

8° *Hernie ischiatique*. — C'est celle qui s'échappe par la partie supérieure de la grande échancrure sciatique, entre le rebord osseux et le muscle pyramidal.

9° *Hernies périnéales, vagino-labiales, vaginales et rectales (élytrocèles et hédrocèles)*. — Les hernies qui sont comprises sous les différents noms sont assez mal connues et leurs caractères anatomiques ne sont pas suffisamment établis; elles paraissent néanmoins n'être que des variétés ou même du degrés d'une seule espèce de déplacement viscéral, la h. du cul-de-sac de Douglas.

10° *Hernies vésicales, ovariques, tubaires, utérines.* — Inutile d'insister sur ces variétés fort rares, étudiées d'après des cas très restreints.

HERNIER. s. m. T. Mar. Morceau de bois cylindrique suspendu par une poulie et percé de trous dans lesquels passent les petits cordages destinés à soutenir la toile d'une tente.

HERNIEUX, EUSE. adj. T. Chir. Qui est incommodé d'une hernie.

HERNIOLE. s. f. [*h* asp.] (R. *hernie*) T. Bot. Nom vulgaire de la *Herniaire glabre* de la famille des *Illécébrées*. Voy. ce mot.

HERNIOTOMIE. s. f. (fr. *hernie*; gr. τομή, section). T. Chir. Opération qui consiste à ouvrir une hernie étranglée.

HERNIQUES, peuple de l'Italie anc. (Latium).

HERNUTES ou **HERRNHUTES.** s. m. pl. [*h* asp.] (all. *Herrenhuter*, m. s., de *Herrenhut*, localité de la Haute-Lusace). Voy. **HÉRÉSIE.**

HERNUTISME. s. m. Doctrine des Hernutes; leur manière de vivre.

HÉRO, prêtresse de Vénus. Voy. **LÉANDRE.**

HÉRODE, dit *le Grand*, roi des Juifs (40 ans av. J.-C., 4 an ap. J.-C.), fit mourir sa femme Marianne et ses fils, et ordonna, d'après l'Évangile, le massacre des Innocents pour atteindre Jésus qui venait de naître. = **HÉRODE-ANTIPAS,** fils du précédent, bâtit Tibériade en l'honneur de Tibère, et fit mourir saint Jean-Baptiste pour plaire à sa femme Hérodiade. Ce fut devant lui que Pilate renvoya Jésus. = **HÉRODE-AGRIPPA Iᵉʳ,** petit-fils d'Hérode le Grand, roi des Juifs (37-44 ap. J.-C.), fit mettre à mort saint Jacques le Mineur et emprisonner saint Pierre. = **HÉRODE-AGRIPPA II,** roi des Juifs (48-100 ap. J.-C.).

HÉRODE ATTICUS, célèbre rhéteur grec (104-180 ap. J.-C.), fut le maître de Marc-Aurèle et le bienfaiteur d'Athènes.

HÉRODIADE ou **HÉRODIAS,** petite-fille d'Hérode le Grand, épousa son beau-frère Hérode-Antipas, à qui elle demanda la mort de saint Jean-Baptiste, qui lui avait reproché cette union.

HÉRODIEN, grammairien d'Alexandrie (IIᵉ siècle ap. J.-C.).

HÉRODIEN, historien grec du IIIᵉ siècle ap. J.-C., a écrit l'histoire des empereurs romains depuis la mort de Marc-Aurèle jusqu'à l'avènement de Gordien III (238).

HÉRODIENS. s. m. pl. Sectaires juifs, partisans d'Hérode, qui existaient du temps de Jésus-Christ.

HÉRODOTE, surnommé *le Père de l'histoire*, né à Halicarnasse (480-425 av. J.-C.), a raconté dans ses *Histoires*, divisées en 9 livres, la lutte entre les Grecs et les Perses.

HÉROÏCITÉ. s. f. Qualité de ce qui est héroïque.

HÉROÏ-COMIQUE. adj. 2 g. Qui tient de l'héroïque et du comique. *Le Lutrin*, poème héroï-comique.

HÉROÏDE. s. f. (lat. *herois, idis*; gr. ἡρωΐς, ίδος, adj. *de héros*). Épître en vers composée sous le nom de quelque héros ou personnage fameux, ou adressée à un héros par une femme. *Les héroïdes d'Ovide. L'h. de Didon à Énée*, par Gilbert.

HÉROÏNE. s. f. (gr. ἡρωίνη, m. s.). Femme courageuse et qui a de la noblesse dans les sentiments, de la grandeur dans le caractère et la conduite. *Jeanne d'Arc fut une h.* || *L'h. d'un conte, d'un roman, d'un drame.* Celle dont on raconte ou dont on représente la vie, les aventures. || Par ext., Femme qui joue le principal rôle dans une aventure réelle.

HÉROÏQUE. adj. 2 g. (lat. *heroïcus*; gr. ἡρωικός, m. s.). Qui appartient au héros ou à l'héroïne. *Vertu, courage h. Sentiments héroïques, actions héroïques.* || Qui montre de l'héroïsme. *C'est une femme h. Il a fait preuve d'une âme h.* || Se dit d'une poésie noble et élevée. *Poésie h. Genre h.*

— *Poème h.*, Poème épique. — *Vers héroïques*, Vers alexandrins ou de douze syllabes. || *Âge h.*, *Siècles*, *temps héroïques* ou *fabuleux*, Temps où vivaient les anciens héros et dont l'histoire est mêlée de fables. || T. Méd. *Médicament h.*, *remède h.*, Qui a beaucoup d'énergie, de puissance. On dit de même, *Propriétés héroïques.* || Fig. *Il faut recourir à un remède h.*, Il faut prendre une grande et définitive résolution.

HÉROÏQUEMENT. adv. D'une manière héroïque.

HÉROÏSER. v. a. [Pr. *éro-i-zer*]. Donner à un personnage le caractère, les honneurs d'un héros.

HÉROÏSME. s. m. (R. *héros*). Ce qui est propre au héros, ce qui en fait le caractère. *Un acte d'h. Son dévouement à la science va jusqu'à l'h.*

HÉROLD (Louis-Joseph-Ferdinand), compositeur français, né à Paris (1791-1833). Principales œuvres : *Zampa*, le *Pré-aux-Clercs*, *Marie*. = Son fils, Ferdinand, homme politique et administrateur fr. (1828-1882) préfet de la Seine en 1879.

HÉRON. s. m. [*h* asp.] T. Ornith.
I. — Les Hérons sont le type de la famille des *Ardéidées*, qui appartient à l'ordre des *Échassiers*. Ces oiseaux ont comme caractères distinctifs : le bec fendu jusque sous les

Fig. 1.

yeux; une petite fosse nasale prolongée en sillon jusque très près de la pointe; les yeux placés dans une peau nue qui s'étend jusqu'au bec; les jambes écussonnées; les doigts et les pouces assez longs, avec l'ongle du doigt du milieu dentelé au bord interne. Ce sont des animaux tristes et presque

tous semi-nocturnes. On les rencontre ordinairement seuls sur le bord des lacs, des rivières ou dans les marais, s'y tenant le plus souvent immobiles pendant de longues heures. La tête presque cachée entre les deux épaules, le corps droit, les jambes roides, ils attendent leur proie, et, dès qu'ils l'aperçoivent, ils détendent leur cou avec la rapidité d'un ressort et dardent comme un trait leur bec acéré. Leur nourriture se compose principalement de poissons, de grenouilles, de mollusques et d'insectes. La nuit, ils se réunissent en troupe pour nicher dans le même lieu, et plusieurs espèces, à l'époque de l'accouplement, reprennent la vie sociale. Ils font, selon les espèces, leurs nids sur le sommet des arbres ou dans un fourré de plantes marécageuses, et la ponte ordinairement de trois à six œufs. Les femelles ne se distinguent guère des mâles que par des couleurs moins vives, une taille plus élevée et une huppe moins longue, quand leur tête en est ornée. Les Hérons émigrent en général par grandes troupes; mais les vieux et les jeunes voyagent toujours séparément. En automne, ils se retirent dans les contrées méridionales et au delà de la Méditerranée. Quelques espèces sont stationnaires. Lorsque ces oiseaux volent, ils étendent leurs jambes en arrière, renversent la tête, l'appuient sur leur dos, et représentent ainsi une masse sphérique qui semble entraînée par deux rames vigoureuses. Les espèces comprises dans cette famille étant fort nombreuses, on les a divisées en trois groupes. Le premier, comprenant les *Hérons* proprement dits, les *Aigrettes*, les *Crabiers* et les *Blongios*, est caractérisé par un bec droit et par un cou long et grêle. Le second, comprenant les *Butors* et les *Bihoreaux*, présente une mandibule supérieure un peu courbée en bas et un cou plus court et plus épais. Le troisième se compose d'une seule espèce, le *Savacou*.

II. — Les *Hérons* proprement dits (*Ardea*) se distinguent par leur cou très grêle et garni vers le bas de longues plumes pendantes, ainsi que par leur corps étroit, efflanqué et porté sur de hautes jambes. Le type de ce genre est le *H. commun* ou *H. cendré* (*A. major*) [Fig. 1]. Lorsqu'il est adulte, cet

Fig. 2.

oiseau a jusqu'à 1 mètre de longueur et 1m,60 d'envergure. Il est d'un cendré bleuâtre avec une huppe noire à l'occiput, et le devant du cou blanc parsemé de lames noires. Son caractère est méfiant et craintif; son cri ressemble à celui de l'Oie, mais il est plus plaintif et plus bref. Le H. cendré passe la nuit sur les arbres les plus élevés, où sa femelle fait un nid composé de petites branches, d'herbes sèches, de joncs et de plumes. Elle y pond trois ou quatre œufs d'un vert de mer, allongés et pointus aux deux bouts. Les petits se couvrent d'abord sur la tête et sur le cou d'un poil follet. Quand on les prend à cette époque, on peut les apprivoiser et les réduire presque à la domesticité. Le H. échappe au Faucon et même à l'Aigle, ses plus mortels ennemis, par son vol ascensionnel que favorise l'étendue de ses grandes ailes concaves. Il s'élève ainsi jusqu'à la région des nuages. S'il est obligé de se défendre, il se sert de son bec acéré et en présente la pointe à son agresseur, qui, dans l'impétuosité de son vol, vient souvent se percer lui-même. Son vol magnifique et son mode de défense le faisaient regarder autrefois comme l'oiseau le plus brillant de la fauconnerie. On trouve le H. cendré dans presque toutes les parties du globe : en Europe, en Égypte, au Congo, en Guinée, en Sibérie, en Perse, au Japon, au Chili, aux Antilles et dans l'Amérique du Nord. — Les *Aigrettes* sont des Hérons dont les plumes du bas du dos deviennent longues et effilées au printemps et tombent en automne. La *Grande Aigrette* (*A. egretta*) a environ 1 mètre de longueur. Son plumage est d'un blanc pur, et elle porte sur la tête une petite huppe de plumes pendantes. On la recherche à cause de ses plumes scapulaires, longues de plus de 40 centimètres, qui apparaissent en touffes soyeuses sur chaque épaule jusqu'à la queue, et qu'on emploie pour la parure des femmes. Cette espèce habite les deux continents : en Europe, on la trouve surtout en Pologne, en Hongrie et en Sardaigne. La *Petite Aigrette* (*A. Garzetta*), de moitié moins haute que le H., est également blanche, avec une touffe de plumes longues d'environ 20 centimètres. Elle habite les confins de l'Asie; mais on la voit périodiquement de passage en Suisse et dans le midi de la France. — Les *Crabiers* sont

Fig. 3.

de petits Hérons aux pieds assez courts. On ne trouve en Europe que le *Cr. de Mahon* (*A. comata*). Sa taille est à peu près de 40 centimètres. Il a le dos brun roussâtre, le cou jaunâtre ; les ailes, la queue et le ventre blancs, et une longue huppe à l'occiput. Cet oiseau est commun en Turquie, en Italie et dans l'Archipel. En France, il est de passage. — Les *Blongios* sont plus petits encore que les précédents. Nous en avons un en Europe, le *Bl. de Suisse* (*A. minuta*), dont la taille ne dépasse guère celle d'un Râle. Il est de couleur fauve, avec la calotte, les pennes et le dos noirs. On le rencontre particulièrement en Suisse et en Hollande.

III. — Les *Butors* se distinguent des précédents par leur corps plus épais, leurs jambes moins hautes, et leur cou plus court et garni de plumes lâches et écartées qui le font paraître plus gros. Ils sont ordinairement tachetés ou rayés. La seule espèce européenne de ce genre est le *Grand Butor* ou *B. vulgaire* (*A. stellaris*) [Fig. 2], dont la taille est d'environ 78 centimètres. Son plumage est d'un fauve doré parsemé de zigzags bruns, de taches transversales et de traits bruns et roses. Les plumes des côtés et du bas du cou sont plus longues que les autres, ondoyantes et flexibles, et son cou est verdâtre, ainsi que ses pieds. À l'état de repos, cet oiseau se tient ordinairement le bec levé vers le ciel. Il est très courageux et ne fuit jamais. Attaqué par des chiens, il se place sur le dos et se défend avec son bec et ses ongles. Blessé, il vise à l'œil de son adversaire. Mais ce qui le rend surtout remarquable et ce qui lui a valu son nom (*Butor* étant dérivé de *bos taurus*, par corruption), c'est sa voix qui ressemble au mugissement du taureau. Néanmoins elle est plus intense

et plus perçante et s'entend à une demi-lieue. On rencontre le Butor en Europe dans tous les pays où il y a de vastes marais. — Les *Bihoreaux* ont le port des Butors, avec un bec plus gros. Nous nous bornerons à citer le *Bih. d'Europe* (*A. nycticorax*), blanc, à calotte et à dos noirs. Sa tête est surmontée d'une aigrette formée de trois plumes blanches. Cet oiseau a 54 centim. de longueur. Il niche dans les rochers, cherche sa nourriture moitié dans l'eau et moitié sur terre et fréquente les bords de la mer, des rivières et des marais. Assez rare partout, on le trouve dans les contrées méridionales.

IV. — Le *Savacou* (*Cancroma cochlearia*) ne diffère guère des précédents que par son bec, qui semble formé de deux cuillers appliquées l'une contre l'autre par leur côté concave. Ses mandibules sont fortes et tranchantes, et la supérieure a une dent aiguë de chaque côté de sa pointe. Les narines sont obliques, longitudinales et situées dans une rainure. Cet oiseau singulier est grand comme une poule, blanchâtre, à dos gris ou brun, à ventre roux, à front blanc, avec une calotte qui se change en huppe dans le mâle adulte (Fig. 3). Il habite les savanes noyées de la Guyane et du Brésil. Il se tient perché sur les arbres au bord de l'eau, guettant les poissons. Il fond sur eux en plongeant et se relève sans s'arrêter.

HÉRON, savant mathématicien et physicien d'Alexandrie (285-222). Peut-être a-t-il existé deux savants de ce nom.

HÉRON DE · VILLEFOSSE (Baron), minéralogiste fr. (1774-1852).

HÉRONNEAU. s. m. [Pr. *héro-no*, *h* asp.]. Jeune héron.

HÉRONNER. v. n. [Pr. *héro-ner*, *h* asp.]. T. Chass. Chasser le héron, au faucon.

HÉRONNIER, IÈRE. adj. [Pr. *héro-nié*, *h* asp.]. T. Fauconnerie. *Faucon h.*, Qui est dressé à la chasse du héron. — *Oiseau h.*, Celui qui est sec, vide et aussi peu chargé de graisse que le héron. || Fig. et fam., *Cuisse héronnière*, Cuisse rude, sèche et maigre. — *Femme héronnière*, Femme maigre et sèche qui a les hanches fort hautes. Vieux.=HÉRONNIÈRE. s. f. Lieu où les hérons se retirent et font leurs petits. — Lieu où l'on élève des hérons.

HÉROPHILE, célèbre médecin et anatomiste grec (335-280 av. J.-C.).

HÉROS. s. m. [Pr. *hé-ro*, *h* asp.]. (gr. ἥρως, m. s.). Nom donné dans l'antiquité païenne à ceux qui étaient nés d'un dieu ou d'une déesse et d'une personne mortelle, et qu'on appelait aussi demi-dieux. *Les h. de la Fable. Hercule, Achille, Énée, étaient des h.* || Par extens., se dit de ceux qui se sont rendus célèbres par leur force prodigieuse, par leur courage, par leurs succès dans la guerre et dans des entreprises difficiles et périlleuses. *Les h. de l'Iliade. Les h. de la Grèce et de Rome. Épaminondas mourut en h. Saint Louis est le modèle du h. chrétien. C'est un h. Que de h. inconnus moissonne chaque bataille !* || Par extens., tout homme qui montre de la grandeur d'âme, de la noblesse et de la force de caractère. *Agir en h. C'est un h. d'abnégation et de dévouement.* On l'emploie quelquefois en ce sens par plaisanterie. || *Le h. d'un poème, d'une histoire, d'un drame,* Le principal personnage d'un poème, etc. *Achille est le h. de l'Iliade. Henri IV est le h. de la Henriade. Le h. de son drame est un personnage auquel il est impossible de s'intéresser.* — Fam., *Le h. d'une aventure,* Celui à qui elle est arrivée. — *C'est un h. de roman,* C'est un homme à qui il est arrivé des aventures comme on en conte dans les romans. || *Le h. d'une fête,* Celui pour qui on donne cette fête. || Fig. et fam., *Cet homme est mon h.,* Il est l'objet de mon admiration. — *Le h. du jour,* Celui qui, à un moment donné, accapare l'attention publique. — Prov. *Il n'y a point de h. pour son valet de chambre,* Ceux qui vivent auprès des grands hommes aperçoivent en eux les misères ou les vulgarités qui échappent au public.
Obs. gram. — L'*h* est aspirée dans *héros* et ne l'est ni dans *héroïne*, ni dans les mots dérivés : *héroïsme, héroïque,* etc.

HÉROUVILLE DE CLAYE (Antoine de Ricouart, comte d'), lieutenant général et écrivain militaire fr. (1712-1782).

HERPE. s. f. [*h* asp.]. (R. *harper*, saisir). T. Chass. *Chien de bonne h.,* Qui a de bonnes griffes. || T. Mar. Pièce de

bois recourbée qui sert à lier l'éperon au navire — Sculpture
que l'on met sur cette pièce de bois. = HERPES. s. f. pl.
H. marines, se disait, dans l'ancien droit, de certaines matières
que la mer jette sur le rivage ou laisse à découvert sur certaines
côtes. *L'ambre gris et l'ambre jaune sont des h. marines.*

HERPÈS. s. m. (gr. ἕρπης, dartre, de ἕρπω, je rampe). T.
Méd. Sous le nom d'*Herpès*, on comprend aujourd'hui des
lésions cutanées à évolution aiguë, ayant pour caractères
communs la présence de vésicules disposées en groupes sur
une base érythémateuse. Il ne s'agit pas là d'une maladie
définie de la peau, mais d'un groupe de lésions à caractères
objectifs communs, relevant de causes diverses et présentant
une évolution variable. Une plaque rouge légèrement saillante,
de dimensions variables, arrondie ou allongée, à contours
souvent mal limités, s'effaçant par la pression, dont le développement est accompagné ou mieux précédé d'une sensation
de tension, de brûlure ou de prurit, constitue la lésion initiale.
En l'espace de quelques heures apparaissent, sur cette plaque
rouge, de petits soulèvements épidermiques arrondis, d'abord
fermes et dont la coloration ne diffère pas de celle de la
plaque; puis ces soulèvements deviennent plus nets, plus
saillants et en même temps prennent une teinte blanchâtre
ou grisâtre; ils acquièrent la dimension moyenne d'un grain
de millet et se réunissent souvent de façon à former une
saillie à contours irréguliers, au voisinage de laquelle quelques vésicules restent isolées. Bientôt les vésicules se rompent, l'épiderme qui les recouvrait se plisse et se dessèche,
le liquide se concrète en croûtes jaunâtres ou brunâtres, dont
l'ablation laisse voir une exulcération irrégulière, polycyclique
avec petits îlots aberrants. Lorsque les croûtes sont enlevées,
elles se reproduisent plus minces et plus adhérentes, mais ne
tardent pas à tomber à leur tour, laissant une surface rosée
ou rougeâtre recouverte d'un épiderme mince. Les ganglions
lymphatiques correspondant à l'éruption d'h. sont, d'une
façon constante, légèrement tuméfiés, indurés et sensibles à
la pression.

L'h. peut se développer sous l'influence de causes variées :
des causes locales, contusions, plaies, etc., peuvent amener le
développement de groupes de vésicules soit au point atteint,
soit en des points éloignés; une altération nerveuse est l'intermédiaire entre le traumatisme et la lésion cutanée. Le plus
souvent, l'h. survient sans incitation locale, sous l'influence
de causes générales : infectieuses, toxiques ou constitution-
nelles. — Le type le plus habituel est celui que l'on désigne
sous le nom d'*H. fébrile*, consécutif à une infection ou à une
intoxication (fatigues, excès, menstruation). Les névrites toxiques ou infectieuses, les lésions de la moelle, du rachis ou
du cerveau peuvent amener de l'h., sans phénomènes généraux fébriles.

Les éruptions peuvent occuper des sièges très différents.
Le plus ordinaire est la face, ou plus exactement le pourtour
de l'orifice buccal et des narines. Les muqueuses buccale,
oculaire, nasale, bucco-pharyngée, sont parfois envahies en
même temps que les téguments de la face. Le tronc et les
membres sont rarement atteints, cependant l'h. zona siège
sur une moitié du corps, à peu près à la hauteur de la
ceinture, d'où son nom. L'h. des organes génitaux mérite une description spéciale : il présente, en effet, de
par sa localisation, un intérêt tout particulier au point de
vue de son diagnostic, qui se pose avec les diverses lésions
vénériennes des mêmes régions. Il peut survenir, accidentellement, à la suite d'un coït avec une femme atteinte d'une
affection suppurative des organes génitaux; il peut, exceptionnellement, constituer la lésion la plus apparente d'une
maladie infectieuse; il succède parfois à une fatigue, un excès
de table ou autre; enfin, il forme parfois à lui seul une maladie véritable revenant spontanément à intervalles variables,
et Diday et Doyon le considèrent comme en relations étroites
avec le chancre simple.

L'h. est presque toujours facile à reconnaître à son évolution rapide, à la présence de vésicules qui se rompent pour
former des croûtes ou être remplacées par des ulcérations à
contours polycycliques. La difficulté n'existe guère que quand
l'h. siège en des régions où il n'est pas habituel de le rencontrer et où on ne songe pas à sa possibilité. — Lésion sans
gravité par lui-même, l'h. comporte uniquement le pronostic
de l'affection générale ou de l'altération nerveuse dont il
dépend et qu'il traduit. Il ne nécessite à proprement parler
aucun traitement spécial, sauf lorsqu'il occupe des régions
dans lesquelles il donne lieu à des ulcérations; en pareil cas,
la propreté obtenue au moyen de lavages avec des solutions
antiseptiques, l'application de pommades antiseptiques légères

et l'isolement avec des poudres inertes ou légèrement antiseptiques sans être irritantes, suffisent presque toujours à permettre la réparation en un temps très court.

HERPESTE. s. f. T. Bot. Genre de plantes Dicotylédones
(*Herpestes*) de la famille des *Scrofulariacées*. Voy. ce mot.

HERPÉTIQUE. adj. 2 g. (gr. ἑρπητικός, dartreux). T. Méd.
Qui est de la nature de l'herpès. *Affection herpétique.*

HERPÉTISME. s. m. (it. *herpès*). T. Méd. Nom donné à
un état général de l'organisme qui se traduit par certaines
affections cutanées. L'h. est, avec la scrofule, une des deux
seules diathèses qui aient survécu aux théories modernes.
Pour M. Bouchard, l'h. ou arthritisme est l'expression d'un
ralentissement de la nutrition, d'une bradytrophie. D'après
lui, il y a nutrition retardante : 1° quand après l'ingestion
d'une quantité déterminée d'aliments l'organisme met un temps
plus considérable qu'à l'état normal pour revenir à son poids
primitif; 2° quand la ration d'entretien peut être plus faible
que la normale; 3° quand le poids du corps augmente avec
la ration normale; 4° quand avec la ration d'entretien la
quantité des excreta est moindre que la normale; 5° quand,
pendant l'abstinence, la diminution du poids du corps est
moindre que normalement; 6° quand, pendant l'abstinence,
la quantité des excreta est moindre que normalement; 7° quand
on voit apparaître dans les excreta des produits incomplètement élaborés : acide urique, acide oxalique, etc.; 8° quand
il s'accumule dans le corps un ou plusieurs principes immédiats, l'alimentation étant d'ailleurs normale; 9° quand il y
a, plus qu'à l'état normal, un abaissement de la température
du corps pendant le repos et l'abstinence, et particulièrement
pendant le sommeil. ⁓ Tous ces caractères ne sont pas nécessairement réunis; il suffit qu'un seul parmi eux soit nettement établi. Or, on les rencontre isolés ou associés dans un
certain nombre de maladies, qui se retrouvent fréquemment
chez le même individu à divers âges, ou dans une même
famille dans plusieurs générations, ou chez plusieurs membres
de la même génération. Ces maladies sont : la dyscrasie
acide, l'oxalurie, la lithiase biliaire, l'obésité, le diabète, la
gravelle et la goutte; il faut y ajouter les maladies dites rhumatismales : rhumatisme articulaire chronique et abarticulaire (rhumatisme musculaire, coryza à répétition, asthme,
eczéma et urticaire, migraine, névralgies, etc.). Ces maladies,
qui diffèrent d'ailleurs par leur siège, leur nature du processus,
l'évolution, les lésions, ont pourtant une sorte de parenté;
elles sont unies par un même caractère : oligotrophique,
ocnotrophique ou bradytrophique.

HERPÉTOGRAPHIE. s. f. (gr. ἑρπετόν, reptile ; γράφειν,
décrire). Description des reptiles.

HERPÉTOLOGIE. s. f. (gr. ἑρπετόν, reptile; λόγος, traité).
Partie de l'histoire naturelle qui traite des reptiles.

HERQUE. s. f. (all. *harke*, râteau). Râteau de fer pour
ramener le charbon.

HERRART, philosophe allem., né à Oldenbourg (1776-1841).

HERRERA (JUAN DE), architecte espagnol (1530-1597).

HERRERA (FERNANDO DE), poète lyrique espagnol (1554-
1597).

HERRERA (FRANCISCO DE) le vieux, célèbre peintre espa-
gnol, né à Séville (1576-1656). || Son fils, HERRERA le jeune,
né à Séville, fut aussi un des peintres les plus distingués de
son temps (1622-1685).

HERRERA Y TORDESILLAS, un des meilleurs historiens
espagnols (1559-1625).

HERRERITE. s. f. [Pr. er-rérite] (R. *Herrera*, nom d'un
savant mexicain). T. Minér. Variété de carbonate de zinc.

HERRNHUTES. s. m. pl. Voy. HERNUTES.

HERSAGE. s. m. [h asp.]. Action de herser. Voy. HERSE.

HERSCHEL (WILLIAM), un des plus grands astronomes de
tous les temps et de tous les pays, né à Hanovre le 15 novembre 1738, mort en son observatoire de Slough, près de

Windsor (Angleterre), le 23 août 1822. Il avait d'abord été musicien, comme son père et comme ses frères, et était organiste à Halifax, lorsqu'il eut la curiosité de se construire lui-même un télescope. L'observation du ciel qu'il fit à l'aide de cet instrument l'enthousiasma à un tel point qu'il résolut de consacrer entièrement sa vie à l'astronomie. Il découvrit successivement la planète Uranus, des étoiles doubles, des nébuleuses, observa les planètes et fit faire un progrès considérable à toutes les branches de l'astronomie. — Son fils, JOHN HERSCHEL, fut son digne successeur (1792-1871). — Sa sœur, CAROLINE, fut sa collaboratrice dévouée et consacra également sa vie à la science (1750-1848).

HERSCHELITE. s. f. [Pr. *er-ché-lite*] (R. *Herschel*, l'astronome). T. Minér. Silicate double d'alumine et de soude hydraté.

HERSE. s. f. [*h* asp.] (lat. *hirpex*, râteau). T. Agric. Sorte d'instrument aratoire. || T. Fortificat. anc. Voy. CHÂTEAU. || T. Liturg. Sorte de chandelier en triangle, sur les pointes duquel on met des cierges. || T. Pêch. Instrument qu'on promène sur le rivage à la marée basse, pour faire sortir le poisson du sable. || T. Blas. *H. sarrasine*, Pièce de l'écu figurant une herse. || T. Techn. Poutre munie de pointes placée en travers d'une route pour en interdire le passage. — Barrière en planches ou en treillis, devant une grande maison, en amont d'un établissement de bains froids, sur rivière, etc. — Cadre de bois sur lequel le mégissier tend les peaux pour les sécher ou les travailler || T. Constr. *H. de la croupe*, Pièces de bois qui se croisent dans la charpente d'un pavillon carré. || T. Théâtr. Autrefois, tablette sur laquelle on mettait des lampions pour éclairer certaines parties des décors. — Aujourd'hui, appareil d'éclairage de la scène, dissimulé au public par les décors, le ciel, etc. *Baisser la h.* || T. Mar. Corde servant à suspendre une poulie, ou à la renforcer. *H. du gouvernail*, Qui attache le gouvernail à l'étambot.

Agric. — Le *Hersage* a pour but, tantôt d'ameublir et de niveler le sol après qu'il a été labouré, tantôt d'enfouir la

semence et les engrais pulvérulents, tantôt d'enlever les racines et les herbes nuisibles, tantôt enfin de remuer et déplacer des graines non enterrées ou trop enterrées. On exécute ces travaux au moyen de la *Herse*. Cet instrument consiste ordinairement en un châssis de bois triangulaire ou quadrangulaire qui est muni inférieurement de plusieurs rangées de dents de bois ou de fer, et que l'on fait traîner par des chevaux. Quelle que soit la forme que l'on donne à la h., il est indispensable qu'elle remplisse certaines conditions : **1°** Les dents doivent être assez éloignées les unes des autres

pour que la terre ne s'amasse pas dans leur intervalle. **2°** Il faut que les dents soient placées de manière que les raies qu'elles tracent sur le sol soient à une égale distance les unes des autres. **3°** Chaque dent doit faire sa raie particulière, afin que la raie de l'une ne soit pas confondue avec la raie de l'autre. Dans la plupart des herses triangulaires, cette dernière condition n'est pas observée. L'une des meilleures herses que l'on puisse employer est la *H. à losange de Valcourt* (Fig. ci-dessus). Les hersages se donnent, à l'ordinaire, dans le sens du labour. Ils sont dit *une dent* ou de *deux dents*, selon qu'on passe une ou deux fois à la même place. Assez souvent, à la seconde dent, on croise la première, si ce n'est perpendiculairement, au moins obliquement.

HERSENT (LOUIS), peintre fr. (1777-1860).

HERSER. v. a. [*h* asp.]. *H. un champ*, Y passer la herse. = HERSÉ, ÉE. part. || T. Blas. Se dit d'un château représenté avec une herse. *Il porte de gueules au château d'or hersé de sable.*

HERSEUR, EUSE. [*h* asp.]. Celui, celle qui herse. || Fig. T. Zool. *Araignée herseuse*, Araignée qui a le bout des tarses garni d'une espèce de brosse.

HERSILLON. s. m. [Pr. *hèr-si-llon*, ll mouill., *h* asp.]. T. Art. milit. Table de charpente garnie de clous, avec la pointe en dehors, qu'on plaçait sur le passage de la cavalerie ennemie.

HERTFORD, comté et ville d'Angleterre, 203,100 hab. et 8,000 hab.

HERTZ (HENRIK), poète danois (1798-1870).

HÉRULES, peuple de la Germanie dont le roi, Odoacre, prit Rome en 476.

HERVÉ (FLORIMOND RONGER, dit), compositeur, librettiste, comédien fr. (1825-1892), auteur de l'*Œil crevé* et du *Petit Faust*.

HERVEY (JAMES), littérateur anglais (1714-1758).

HERVEY-SAINT-DENYS (Marquis D'), littérateur et orientaliste fr. (1823-1892).

HERVILLY (LOUIS-CHARLES, comte D'), général royaliste, né à Paris (1756-1795), auteur du désastre de Quiberon.

HERZÉGOVINE, région de la Bosnie méridionale, occupée et administrée par l'Autriche-Hongrie depuis 1878; 195,000 h. Cap. Mostar.

HERZEN (ALEXANDRE IVANOVITCH), écrivain russe (1812-1870).

HESCHAM Ier, 2e calife ommiade de Cordoue (787-796), acheva la mosquée de Cordoue. || HESCHAM II succéda à son père Hakem II (976-1013), et eut pour vizir Mohammed dit *Mansour* (le Victorieux). || HESCHAM III, dernier calife de Cordoue (1027-1036).

HESDIN, ch.-l. de c. du Pas-de-Calais, arr. de Montreuil; 3,400 hab.

HÉSIODE, célèbre poète didactique grec d'une époque incertaine, auteur des *Œuvres et Jours* et de la *Théogonie*.

HÉSIONE, fille de Laomédon, fut sauvée par Hercule d'un monstre prêt à la dévorer, et donnée en mariage à Télamon.

HÉSITATION. s. f. [Pr. *ézita-sion*] (lat. *hæsitatio*, m. s.). Indécision manifestée par les mouvements et les actions. *Il fit un mouvement d'h. Chaque fois qu'il faut agir, on voit recommencer aussitôt ses hésitations. Réciter sans h. Répondre avec h.*

HÉSITER. v. n. [Pr. *ézi-ter*] (lat. *hæsitare*, de *hærere*, être fixé). Rester en suspens sur la résolution qu'on doit prendre. *Il hésita longtemps avant de me confier son secret. Entre le mal et le bien, on ne doit pas h. Il hésite* *encore sur le parti qu'il doit prendre. Il n'y a pas à h. là-dessus.* || *Trouver difficilement ce qu'on veut dire, par timidité, par défaut de mémoire, ou par quelque autre cause. L'orateur se mit à h. et à balbutier. Il hésitait dans ses réponses.*

HESPÉRÉTINE. s. f. (R. *Hespéride*). T. Chim. Voy. HESPÉRIDINE.

HESPÉRÉTIQUE. adj. 2 g. T. Chim. *Acide hespérétique.* Voy. FÉRULIQUE.

HESPÉRÉTOL. s. m. T. Chim. Voy. HESPÉRIDINE.

HESPÉRIE. s. m. (gr. ἑσπέρα, soir). T. Entom. Espèce de papillon nocturne. Voy. BOMBYCITES. = HESPÉRIDES. s. m. pl. T. Entom. Famille de *Lépidoptères.* Voy. DIURNES.

HESPÉRIDÉES. s. f. pl. T. Bot. Nom sous lequel on a souvent désigné le groupe des *Aurantiacées* ou *Citrées,* qui forme aujourd'hui une tribu de la famille des *Rutacées.* Voy. ce mot.

HESPÉRIDÈNE. s. m. (R. *hespéridène,* et la term. *ène* qui indique les carbures d'hydrogène). T. Chim. Hydrocarbure terpénique qui forme la majeure partie de l'essence d'oranges rectifiée, et qui est identique avec le *citrène* ou *limonène.*

HESPÉRIDES, nom anc. d'îles de l'océan Atlantique (Canaries ou îles du Cap-Vert).

HESPÉRIDES, surnom des trois filles d'Atlas et d'Hespéris, qui possédaient un jardin rempli de pommes d'or, gardé par un dragon que tua Hercule.

HESPÉRIDIE. s. f. T. Bot. Nom sous lequel Desvaux a proposé de désigner la baie des *Aurantiacées* ou *Citrées.* Voy. FRUIT.

HESPÉRIDINE. s. f. (R. *Hespéride*). T. Chim. Glucoside contenu dans beaucoup de fruits du genre *Citrus,* notamment dans la substance blanche et spongieuse des zestes d'orange ou de citron. On l'extrait des oranges non mûres et desséchées; on l'obtient sous forme de petites aiguilles soyeuses dans l'eau chaude, l'alcool, l'acide acétique et les alcalis. L'h. a pour formule $C^{22}H^{16}O^{12}$. Elle fond à 251° et se décomposant. Par ébullition avec les acides étendus elle se dédouble, sans fixer de l'eau, en glucose, rhamnose et hespérétine.
L'*isohespéridine,* qui s'extrait aussi de l'écorce d'oranges, se dédouble de même en glucose, dulcite et hespérétine.
L'*hespérétine,* qui prend naissance dans ces dédoublements, est elle-même un glucoside et répond à la formule $C^{16}H^{14}O^6$. Elle se présente en cristaux blancs, à saveur très sucrée, fusibles à 226°, solubles dans l'alcool et dans l'éther. Elle se combine aux alcalis on s'y dissolvant. Par ébullition avec la potasse en solution aqueuse, elle fixe une molécule d'eau et se dédouble en phloroglucine et en acide hespérétique.
L'*acide hespérétique* ainsi obtenu es. identique avec l'acide iso-férulique. Voy. FÉRULIQUE. Son sel de calcium, soumis à la distillation sèche, donne naissance à l'*hespérétol.* Ce dernier corps est solide, cristallisable; il fond à 57°; il se dissout dans les solutions alcalines; il fonctionne à la fois comme éther et comme phénol et répond à la formule $C^8H^3 \begin{cases} CH^2 \\ OH \\ OCH^3 \end{cases}$

HESPÉRIE, nom donné par les Grecs à l'Italie, et par les Romains à l'Espagne.

HESPÉRIQUE. adj. 2 g. (lat. *Hesperus,* l'Occident). T. Géog. *La Péninsule h.* l'Italie.

HESPERIS. s. f. T. Bot. Voy. JULIENNE.

HESPÉRI-SPHINGIDES. s. m. pl. (gr. ἑσπέρα, soir; σφίγξ, sphinx). T. Entom. Famille de papillons crépusculaires. Voy. CRÉPUSCULAIRES.

HESPÉRORNIS. s. m. (gr. ἑσπέρα, occident; ὄρνις, oiseau). T. Paléont. Zool. Genre d'oiseaux fossiles trouvé en Amérique, pourvu de dents. Voy. DESCENDANCE.

HESS. (H.-M. DE), peintre allemand (1798-1863).

HESSE, nom de trois États de l'anc. Confédération germanique, situés entre le Mein et le Weser. En 1866, la Prusse en a absorbé deux : l'électoral de Hesse-Cassel, cap. Cassel, et le landgraviat de Hesse-Hombourg, cap. Hombourg. Le 3°, le grand-duché de Hesse-Darmstadt, cap. Darmstadt, v. pr. Mayence, fait actuellement partie de l'empire d'Allemagne; pop. 992,883 hab.

HESSE (NICOLAS-AUGUSTE), peintre français (1795-1869), a décoré plusieurs églises de Paris.

HESSE-NASSAU, pr. du royaume de Prusse; 1,664,426 hab. ; v. pr. Cassel et Wiesbaden.

HESSIAU. s. m. [Pr. *hè-si-ô, h* asp.]. Toile rude faite avec le jute.

HESSITE. s. m. T. Minér. Tellurure d'argent naturel, en masses cristallines cubiques, d'un gris métallique, qui se trouve en Transylvanie.

HÉSUS. Voy. ÉSUS.

HÉSYCHIUS, philologue grec d'Alexandrie, III° siècle.

HÉTAÏRE. s. f. (gr. ἑταίρα, amie). Chez les anciens Grecs, courtisane, femme entretenue.

HÉTAIRIE. s. f. (gr. ἑταιρεία, société). Chez les anciens Grecs, sorte de société politique que formaient ceux qui appartenaient au même parti, et principalement au parti aristocratique. || Nom d'une société secrète qui s'est formée en Orient, au commencement du XIX° siècle, pour travailler à l'affranchissement de la Grèce et au développement de la nationalité grecque.

HÉTAÏRISME. s. m. Condition, mœurs des hétaïres.

HÉTÉRACANTHE. adj. 2 g. (gr. ἕτερος, autre; ἄκανθα, épine). T. Bot. Se dit d'une plante épineuse chez laquelle les épines sont de différentes sortes.

HÉTÉRADELPHE. s. m. (gr. ἕτερος, autre; ἀδελφὸς, frère). T. Térat. Monstre double *hétérotypien,* où le parasite consiste en une moitié inférieure du corps privé de sa tête, et quelquefois aussi de son thorax, implanté sur la face antérieure du tronc du sujet normalement constitué.

HÉTÉRADELPHIE. s. f. T. Térat. État des monstres *hétéradelphes.* Voy. ce mot.

HÉTÉRADÉNIQUE. adj. 2 g. (gr. ἕτερος, autre; ἀδὴν, glande). T. Anat. Tissu pathologique qui se rapproche du tissu des glandes.

HÉTÉRANDRE. adj. 2 g. (gr. ἕτερος, autre; ἀνὴρ, mâle). T. Bot. Qui a les anthères ou les étamines de forme différente.

HÉTÉRANTHE. adj. 2 g. (gr. ἕτερος, autre; ἄνθος, fleur). T. Bot. Dont les fleurs ne se ressemblent pas.

HÉTÉROBAPHIE. s. f. (gr. ἕτερος, autre; βαφὴ, teinture). État d'un corps dont la surface est de deux ou de plusieurs couleurs.

HÉTÉROBRANCHE. adj. 2 g. (gr. ἕτερος, autre; fr. *branchies*). T. Zool. Dont les branchies varient.

HÉTÉROCARPE. adj. 2 g. (gr. ἕτερος, autre; καρπὸς, fruit). T. Bot. Se dit de toute plante qui produit spontanément, ou par la greffe, des fleurs ou des fruits de nature diverse.

HÉTÉROCARPIEN, IENNE. adj. (gr. ἕτερος, autre; καρπὸς, fruit). T. Bot. Dont le fruit résulte d'un ovaire modifié par quelque partie accessoire, le pédoncule, le disque ou le calice.

HÉTÉROCÈRE. s. m. (gr. ἕτερος, autre; κέρας, corne, antenne). T. Ent. Nom donné par Boisduval à un groupe de *Lépidoptères* que l'on a divisé depuis en deux : les CRÉPUSCULAIRES et les NOCTURNES. Voy. ces mots.

HÉTÉROCERQUE. adj. 2 g. (gr ἕτερος, autre; κέρκος,

quone). Dont la queue est inégalement bilobée, en parlant des poissons.

HÉTÉROCHRONE. adj. 2 g. (gr. ἕτερος, autre; χρόνος, temps). T. Path. Se dit d'une production qui se fait à une époque où elle n'apparaît pas normalement.

HÉTÉROCLINE. s. f. (gr. ἕτερος, autre; κλίνω, j'incline). T. Minér. Sesquioxyde de manganèse.

HÉTÉROCLITE. adj. 2 g. (gr. ἑτερόκλιτος, m. s., de ἕτερος, autre; κλίνειν, fléchir; lat. *heteroclitus*). Qui s'écarte des règles communes de l'analogie grammaticale *Nom h. Adjectif h.* — Par extens., Qui s'écarte des règles ordinaires de l'art. *Une construction h.* || Fig. et fam., Bizarre, étrange, ridicule, fantasque; se dit des personnes et des choses qui leur sont propres. *Une figure h. Manières hétéroclites. Langage h. Esprit h. Action h. Quel homme hétéroclite!*

HÉTÉRODOXE. adj. 2 g. (gr. ἑτερόδοξος, m. s., de ἕτερος, autre et δόξα, opinion). T. Dogmat. Qui est contraire aux sentiments reçus dans la religion catholique; se dit par oppos. à Orthodoxe. *Opinion h. Théologien hétérodoxe.*

HÉTÉRODOXIE. s. f. (gr. ἑτεροδοξία, m. s.). Opposition aux sentiments orthodoxes. *Il est suspect d'hétérodoxie.*

HÉTÉRODROME. adj. 2 g. (gr. ἕτερος, autre; δρόμος, course). T. Méc. *Levier h.*, Dont le point d'appui est entre la résistance et la puissance. || T. Bot. Se dit de la spirale sur laquelle sont disposées les feuilles d'un rameau, lorsque cette spirale est en sens inverse de celle de la branche précédente. Voy. FEUILLE.

HÉTÉRODYME. s. m. (gr. ἕτερος, autre; δίδυμος, jumeau). T. Térat. Monstre double *hétérotypien* où le parasite, uni à la face antérieure du tronc d'un sujet régulièrement conformé, consiste simplement en une tête plus ou moins imparfaite, un cot et un thorax le plus souvent rudimentaires.

HÉTÉRODYMIE. s. f. État des monstres *hétérodymes.* Voy. ce mot.

HÉTÉROGAME. adj. 2 g. (gr. ἕτερος, autre; γάμος, mariage). T. Bot. Se dit d'une plante qui porte à la fois des fleurs hermaphrodites, des fleurs mâles et des fleurs femelles; on emploie de préférence le mot POLYGAME. || Se dit aussi des plantes cryptogames dont les deux gamètes présentent des différences. Voy. CRYPTOGAME.

HÉTÉROGAMIE. s. f. T. Bot. État des plantes cryptogames *hétérogames.* Voy. CRYPTOGAME.

HÉTÉROGÈNE. adj. 2 g. (gr. ἑτερογενής, m. s., de ἕτερος, autre, et γένος, race). Qui est de nature différente. *Éléments hétérogènes. Corps composé de parties hétérogènes.* || Fig. *Une société, un État, une armée formée d'éléments hétérogènes.*

HÉTÉROGÉNÉITÉ. s. f. Qualité de ce qui est hétérogène.

HÉTÉROGÉNÉSIE. s. f. (gr. ἕτερος, autre; γένεσις, production). Nom de toutes les déviations organiques dans lesquelles il existe une anomalie.

HÉTÉROGÉNIE. s. f. (gr. ἕτερος, autre; γένος, naissance). T. Physiol. Nom donné à la doctrine, aujourd'hui abandonnée, de la *génération spontanée*, c.-à-d. à la croyance que certains animaux inférieurs pouvaient se produire, sans parents, dans certaines circonstances. Voy. GÉNÉRATION.

HÉTÉROGÉNISTE. s. m. Partisan de l'hétérogénie.

HÉTÉROGÉNITE. s. f. (R. *hétérogène*). T. Minér. Minéral en masses noires ou brunes formées essentiellement d'oxydes de cobalt hydratés.

HÉTÉROGYNES. s. m. pl. (gr. ἕτερος, autre; γυνή, femme). Cuvier et Latreille désignaient sous ce nom la première section de leurs *Hyménoptères Porte-aiguillon.* Les insectes qui en faisaient partie se distinguaient ordinairement en mâles, femelles et neutres; mais ce qui les caractérise, c'est que les ailes manquent chez les individus femelles ou neutres. En outre, leurs antennes sont coudées et leur languette est

petite, voûtée ou en cuiller. — Cette section peut être maintenue en la subdivisant en : *Fourmis* et *Mutilles.* Nous avons déjà parlé des premières; quant aux *Mutilles*, elles offrent fort peu d'intérêt, et d'ailleurs la plupart sont exotiques. Ces insectes sont surtout caractérisés par leurs antennes épaisses et filiformes. Les mâles souls sont pourvus d'ailes, tandis que les femelles sont aptères. Celles-ci ressemblent toujours à des chenilles. C'est cette différence entre les deux sexes qui a causé leur dénomination. La femelle ne sort pas de son cocon, si ce n'est quelques heures et sans s'en détacher, pour attendre l'accouplement, après lequel elle y rentre, y pond et y meurt. On rencontre en France la *Mutille tricolore* (*Mutilla Europæa*), la *Mut. chauve* (*M. calva*) et la *Mut. à selle* (*M. ephippium*) (Fig. ci-dessus). Elles habitent les endroits sablonneux.

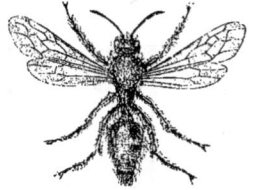

HÉTÉROÏDE. adj. 2 g. (gr. ἕτερος, autre; εἶδος, forme). T. Bot. *Parties hétéroïdes*, Qui varient par la forme sur un même individu.

HÉTÉROLOGUE. adj. 2 g. (gr. ἕτερος, autre; λόγος, rapport). T. Anat. *Tissus hétérologues*, Tissus morbides sans analogue avec les tissus du corps.

HÉTÉROMÈRE. adj. 2 g. (gr. ἕτερος, autre; μέρος, partie). T. Bot. Se dit des fleurs dans lesquelles le nombre des feuilles change d'un verticille à l'autre. Voy. FLEUR. — HÉTÉROMÈRES. s. m. pl. T. Entom. Une des quatre grandes divisions de l'ordre des Coléoptères. Voy. COLÉOPTÈRES.

HÉTÉROMORPHE. adj. 2 g. (gr. ἕτερος, autre; μορφή, forme). Qui est de forme différente. *Un tissu h.*

HÉTÉROMORPHISME. s. m. Qualité de ce qui est hétéromorphe.

HÉTÉROMORPHITE. s. f. (R. *hétéromorphe*). T. Minér. Syn. de *Jamesonite.*

HÉTÉROMYAIRES. s. m. pl. (gr. ἕτερος, autre; μῦς, muscle). Groupe de *Mollusques Lamellibranches Asiphonides*, dont les deux muscles adducteurs de la coquille sont inégalement développés; de plus les filaments qui composent leurs branchies ne sont jamais soudés entre eux.
Les principaux genres de ce groupe sont les genres : Moule (*Mytilus*), Jambonneau (*Pinna*), Avicule (*Avicula*).

HÉTÉROMYS. s. m. (gr. ἕτερος, autre; μῦς, rat). T. Mamm. Genre de *Mammifère rongeur* appartenant à la famille des *Géomydés.*

HÉTÉRONOME. adj. 2 g. (gr. ἕτερος, autre; νόμος, loi). T. Minér. Se dit des cristaux formés par des lois qu'on ne retrouve pas ailleurs.

HÉTÉRONOMIE. s. f. (gr ἕτερος, autre; νόμος, loi). Nom donné par Kant aux lois que nous recevons de la nature, par opposition à *autonomie.*

HÉTÉRONYME. adj. 2 g. (gr. ἕτερος, autre; ὄνομα, nom). *Ouvrage h.*, Publié sous le nom véritable d'un autre. — *Auteur h.*, Qui publie un livre sous le nom véritable d'une autre personne.

HÉTÉROPAGE. s. m. (gr. ἕτερος, autre; παγείς, fixé). T. Térat. Monstre double *hétérotypien*, où le parasite, implanté sur la face antérieure du tronc principal, est très petit, très imparfait, mais pourvu cependant d'une tête distincte et de ses membres inférieurs.

HÉTÉROPAGIE. s. f. État des monstres hétéropages.

HÉTÉROPATHIE. s. f. (gr. ἕτερος, autre; πάθος, maladie).

Mode de traitement dans lequel un état morbide est écarté par l'introduction d'un état morbide différent.

HÉTÉROPÉTALE. adj. 2 g. (gr. ἕτερος, autre; fr. pétale). T. Bot. Se dit d'une plante dont les pétales diffèrent entre eux.

HÉTÉROPHLEGMASIQUE. adj. 2 g. [Pr. étéro-fleg-ma-sike] (gr. ἕτερος, autre; fr. phlegmasie. T. Méd. Substances hétérophlegmasiques, Substances auxquelles la théorie attribue le pouvoir de substituer un mode particulier d'irritation à un autre.

HÉTÉROPHYLLE. adj. 2 g. (gr. ἕτερος, autre; φύλλον, feuille). T. Bot. Se dit d'une plante qui porte des feuilles de deux formes différentes, comme la Renoncule aquatique, l'Acacia hétérophylle, etc.

HÉTÉROPHYLLIE. s. f. [Pr. étéro-fil-lie]. T. Bot. État d'une plante hétérophylle.

HÉTÉROPLASME. s. m. (gr. ἕτερος, autre; πλάσμα, formation). Substance formant toute production morbide étrangère à l'économie.

HÉTÉROPLASTIE. s. f. (gr. ἕτερος, autre; πλαστός, factice). T. Chir. Transplantation de certaines parties de la peau, empruntées à des membres amputés d'un autre sujet et appliquées ou appropriées à certaines pertes de substance. Ce mot s'oppose à l'autoplastie dans laquelle les parties nécessaires à la restauration sont prises sur le corps du sujet. Voy. AUTOPLASTIE et GREFFE animale.

HÉTÉROPLASTIQUE. adj.2 g. Qui a rapport à l'hétéroplastie.

HÉTÉROPODES. s. m. pl. (gr. ἕτερος, autre; πούς πόδος, pied). T. Zool. Groupe de Gastéropodes, syn. de Nucléobranches. Voy. ce mot.

HÉTÉROPORE. adj. 2 g. (gr. ἕτερος, autre; fr. pore). T. Zool. Polypier h. Dont les ouvertures des cellules sont dirigées dans tous les sens.

HÉTÉROPSIDE. adj. 2 g. (gr. ἕτερος, autre; ὄψις, vue). T. Minér. Qui se présente sous un aspect propre à déguiser les propriétés spéciales et caractéristiques de la substance.

HÉTÉROPTÈRES. s. m. pl. (gr. ἕτερος, autre; πτερόν, aile). T. Ent. Sous-ordre d'insectes Hémiptères que l'on subdivise en Géocorises et Hydrocorises. Voy. ces mots.

HÉTÉROREXIE. s. f. [Pr. étéro-rex-si] (gr. ἕτερος, autre; ὄρεξις, appétit). T. Méd. Dépravation de l'appétit.

HÉTÉROSCIENS. s. m. pl. [Pr. étéro-si-in] (gr. ἕτερος, autre; σκία, ombre). T. Géogr. Les anciens géographes désignaient sous ce nom les habitants des deux zones tempérées, parce qu'à midi leur ombre se projette de côtés différents, savoir : l'ombre des peuples de l'hémisphère boréal vers le pôle nord, et celle des nations de l'hémisphère austral vers le pôle sud.

HÉTÉROSITE. s. m. [Pr. étéro-zite]. T. Minér. Minéral d'un gris bleuâtre et d'un éclat gras, qui devient terne et d'un beau violet par l'exposition à l'air. C'est un phosphate hydraté de fer et de manganèse qui se rencontre dans les pegmatites.

HÉTÉROSTROPHE. adj. 2 g. (gr. ἕτερος, autre; στρέφειν, tourner). T. Zool. Qui tourne au sens inverse du sens ordinaire.

HÉTÉROSTYLÉ, ÉE. adj. (gr. ἕτερος, autre; στύλος style). T. Bot. Qui présente les caractères de l'hétérostylie.

HÉTÉROSTYLIE. s. f. (gr. ἕτερος, autre; στύλος, style). T. Bot. Inégalité de longueur des styles. L'h. ne se produit pas naturellement sur la même fleur : elle consiste en ce que le même pied porte des fleurs à long style et d'autres à style très court. Ex. : la Primevère officinale (Primulacées).

HÉTÉROTAXIE. s. f. (gr. ἕτερος, autre; τάξις ordre). T. Méd. Dérangement des propriétés physiques d'un organe. Peu us.

HÉTÉROTHÉTIQUE. adj. 2 g. (gr. ἕτερος, autre; θετικός, qui pose). T. Philos. Signifie à peu près transcendant.

HÉTÉROTOME. adj. 2 g. (gr. ἕτερος, autre; τομή, division). T. Bot. Dont les divisions n'ont pas la même forme.

HÉTÉROTOPIE. s. f. (gr. ἕτερος, autre; τόπος, lieu). T. Anat. H. plastique, Formation de tissus simples ou composés en des endroits du corps où, à l'état normal, on ne les rencontre pas.

HÉTÉROTROPE. adj. 2 g. (gr. ἕτερος, autre; τρέπω, je tourne). T. Bot. Se dit de l'embryon végétal quand, à l'intérieur de la graine, sa radicule est plus ou moins éloignée du hile.

HÉTÉROTYPIEN. s. m. et adj. [Pr. étéro-ti-pi-in] (gr. ἕτερος, autre; τύπος, type). T. Térat. Genre de monstres doubles formés du sujet principal régulièrement conformé, et d'un parasite plus ou moins incomplet soudé à la partie antérieure du tronc du premier, d'ordinaire sur la région ombilicale. Les hétérotypiens se divisent en hétéradelphes, hétérodymes et hétéropages. Voy. ces mots.

HÉTÉROXANTHINE. s. f. (gr. ἕτερος, autre; et xanthine). T. Chim. Substance analogue à la xanthine et extraite, en petite quantité, de l'urine de chien. Elle a pour formule $C^6H^6Az^4O^2$. C'est une poudre blanche, neutre au tournesol, peu soluble dans l'eau, très soluble dans l'ammoniaque. Elle s'unit aux alcalis et aux acides en formant des combinaisons cristallisées.

HÉTHÉENS ou **HITTITES** ou **KHITI**, peuple de l'antiquité qui, antérieurement à la civilisation phénicienne, fonda un puissant empire en Asie Mineure.

HETMAN. s. m. T. Relat. Le mot polonais Hetman, qui se dit en russe Ataman, et en bohème Heytman, était autrefois, en Pologne, le titre du chef suprême de l'armée. Certains auteurs font dériver ce mot de l'allemand hauptmann, capitaine; mais il n'y a sans doute qu'une similitude accidentelle entre les deux mots, qui du reste ne se retrouve pas dans les formes russes et tchèques. Le mot est certainement d'origine slave. Dans le principe, il y avait deux hetmans, l'un qui commandait l'armée polonaise proprement dite, l'autre qui commandait les troupes lithuaniennes ; le premier avait le titre de grand h. de la couronne, et le second celui de grand h. de Lithuanie. Tous les deux étaient nommés à vie; aussi jouissaient-ils d'une autorité considérable. Depuis le partage de la Pologne, il n'y a plus d'autre h. ou ataman que celui des Cosaques. Le premier h. des Cosaques fut le prince Bogdan Rozynski, et ce fut le roi Ét. Bathori qui lui conféra ce titre (1576). L'h. était toujours choisi parmi les chefs les plus considérables des Cosaques. L'empereur Nicolas dérogea le premier à cette coutume, en nommant à cette fonction le grand-duc Alexandre, son fils aîné.

HÊTRAIE. s. f. [Pr. hé-trè, h asp.]. Lieu planté de Hêtres.

HÊTRE. s. m. [h asp.] (anc. fr. hestre, du holl. heester, m. s.). T. Bot. Genre de plantes Dicotylédones (Fagus) de la famille des Cupulifères. Voy. ce mot.
   Sylvic. — Le H., un des plus beaux arbres de nos forêts, atteint presque l'élévation et la majesté du Chêne. Cependant sa vie est plus courte, ses branches moins robustes, son tronc moins volumineux. Son bois, qui manque de résistance, n'est pas employé pour la charpente, mais il est d'une grande utilité pour la boissellerie ; on en fabrique des ustensiles de toutes sortes : des cuillers, des sébiles, des sabots, des boîtes d'emballage minces et légères, des meubles de cuisine. Le H. est aussi un excellent combustible, brûlant bien au foyer, avec une flamme claire et dégageant beaucoup de chaleur. Également propre aux futaies et aux taillis, on trouve le H. dans toutes les forêts de la zone tempérée où le sol est d'argile mélangée de parties graveleuses. — C'est à l'Amérique du Nord que nous devons la variété à feuille rouge, moins élevée, mais offrant un bois de qualité supérieure. Toutefois, cette espèce a l'inconvénient d'exiger un sol riche et profond, tandis que notre vieux H. trouve sa vie et prend des proportions de géant dans les terres ingrates, réfractaires à toute autre culture. La Fig. ci-contre montre le port de l'arbre. — L'écorce du H. contient un principe astringent qu'on a classé parmi les fébrifuges. La sève, obtenue par des incisions pratiquées sur les branches, donne entre autres produits, de l'acide gallique et une quantité considérable d'acétate d'alumine, ce qui explique la prédilection de l'arbre pour les terrains argileux. Les fruits ou faînes présentent,

après l'enlèvement de leur épiderme, un parenchyme blanc, consistant, d'une saveur douce analogue à celle des noisettes. Dans les Alpes, le Jura, les Vosges, on les récolte en octobre pour l'extraction d'une huile ayant toutes les qualités des huiles grasses, pouvant être employée aux mêmes usages économiques. Elle a été aussi employée en médecine comme succédanée de l'huile de foie de morue. Cette huile ne se congèle pas par le froid; elle ne rancit pas comme l'huile d'olive et s'améliore

en vieillissant. Cependant la faîne contient un principe délétère, d'ailleurs mal défini, la *fagine*, dont les effets toxiques ont été bien constatés. Ce fruit mangé en trop grande quantité agit sur le cerveau à la manière de l'ivraie, accident qui ne s'est jamais produit par l'absorption de son principe gras. Des praticiens ont observé des cas de mort et des accidents graves chez des enfants qui avaient mangé une trop grande quantité de ces fruits. — Il y a plus d'un demi-siècle que Reichenbach découvrit dans le bois du H. une substance, la *créosote*, qui n'a pas tardé à être employée dans la médecine et dans l'industrie. Voy. CRÉOSOTE.

HETTANGIEN. s. m. [Pr. *het-tan-ji-in*, *h* asp.]. (Nom de lieu, *Hettange* [Lorraine]). T. Géol. Étage supérieur de l'infra-lias.

HETZEL (J.), littérateur et éditeur fr., né à Chartres; il écrivit sous le pseudonyme de P.-J. Stahl (1814-1886).

HEU. interj. [*h* asp.], qui exprime l'admiration. *Heu! voilà ce que c'est que d'avoir étudié.* Vx.

HEU. s. m. [*h* asp.]. (flam. *hui*, m. s.). T. Mar. Bâtiment à fond plat, qui sort du cabotage dans la Manche et dans la mer du Nord. Le h. porte un grand mât avec une trinquette et un foc, et un petit mât sur l'extrémité arrière.

HEUCHÈRE. s. f. [*h* asp.] (R. *Heucher*, botaniste all.). T.

Bot. Genre de plantes Dicotylédones (*Heuchera*) de la famille des *Saxifragacées*. Voy. ce mot.

HEUGLIN (Th. DE), voyageur allemand (1824-1876).

HEULANDITE. s. f. [*h* asp.]. (R. *Heuland*, nom d'homme). T. Minér. Minéral du groupe des Zéolithes, en cristaux clino-rhombiques.

HEUR. s. m. (lat. pop. *agurium*, de *augurium*, augure). Bonheur, bonne fortune, chance heureuse. *L'h. et le malheur sont deux souveraines puissantes. Il est trop heureux, puisqu'il a l'h. de vous plaire.* Vx et n'est guère us. aujourd'hui que dans ces loc. proverbiales, *Il n'y a qu'h. et malheur*, et, *Il y a plus d'h. que de science.*

HEURE. s. f. (lat. *hora*, m. s.). Espace de temps qui comprend la vingt-quatrième partie du jour naturel. *On divise ordinairement le jour en deux parties de douze heures chacune, la première commençant à minuit et la seconde à midi.* — *Prendre quelqu'un à l'h.*, L'employer, le faire travailler en le payant tant par heure. On dit aussi, *Prendre une voiture à l'h.*, Louer un cheval à l'h. Être à l'h., Être employé à condition d'être payé tant par heure. — *H. de grâce. Quart d'h. de grâce*, Délai accordé au delà du temps fixé pour faire quelque chose. *Accordez-moi une h. de grâce. Le quart d'h. de grâce est passé, mettons-nous à table.* Fam., *N'avoir pas une h. à soi*, Ne pas pouvoir disposer librement d'une heure de temps. On dit de même, *N'avoir pas une h. de repos, de répit, de relâche*, etc. — Fig. et fam., *Avoir de bons et de mauvais quarts d'h.*, Être d'une humeur inégale et bizarre. *Passer un mauvais quart d'h.* — Se trouver dans une position pénible, cruelle. *On lui a fait passer un mauvais quart d'h.* — Prov., *Le quart d'h. de Rabelais*, Le moment de payer son écot, et, par extension, Tout moment désagréable. — Poétiquement, *La fuite des heures*, Le cours rapide du temps. || *Heure* se dit de chacun des moments du jour considérés par rapport au temps, aux heures écoulées depuis que l'une des deux parties du jour a commencé. *Quelle h. est-il? A quelle h. sortez-vous? Attendez-moi à telle h. Je suis visible à toute h. Se tromper d'h. Revenez à pareille h.* — Famil., *Être sujet à l'h.*, N'être pas maître de son temps. — *A deux heures de nuit. Deux heures après le coucher du soleil. A une heure de jour*, Une heure après le lever du soleil. *A l'h. de midi*, A midi. *A une h., à deux heures de relevée*, A une heure, à deux heures après midi. — *L'h. est trop avancée*, Il ne reste plus assez de temps, il est tard. *La discussion fut remise au lendemain, attendu l'h. avancée.* — *H. indue*, Heure de la nuit où tout le monde est ordinairement retiré. *Rentrer à h. indue. Se dit aussi de toute heure qui ne convient pas. Il s'est présenté chez moi à une h. indue.* — *Bonne h.*, Moment convenable, favorable pour faire quelque chose. *Voilà la bonne h. pour sortir.* On dit dans le même sens, *H. favorable. H. propice*; et, dans le sens contraire, *H. mauvaise. C'est une mauvaise h. pour le voir.* Fam., on dit encore, *Arriver à la bonne h.*, pour Arriver à propos. — Ironiq., on dit à une personne qui arrive trop tard dans un lieu où on l'attend: *Vous arrivez à une belle h., à belle h. Il est belle h. pour venir. La belle h. pour arriver.* || Se dit des divisions du nychthémère, en tant qu'elles sont indiquées par un instrument chronométrique quelconque, une horloge, une montre, un cadran solaire, etc. *L'horloge marque dix heures. Il est cinq heures et demie à ma montre. Une h. vient de sonner à la pendule. Il est trois heures sonnées. Avancer l'h., retarder l'h.*, Avancer, reculer les aiguilles d'un cadran. *Mettre une montre à l'h.*, Faire qu'elle indique l'heure qu'il est en ce moment. — Par extens., se dit des signes mêmes du cadran qui servent à marquer les heures. *Les heures de ce cadran sont en chiffres romains. La pe-*

tite aiguille est sur telle h. || Le moment qu'on indique pour un rendez-vous, une affaire ; dans ce cas, il est précédé quelquefois de l'adj. possessif. *Prendre une h. Fixer une h. Choisir une h. Convenir d'une h. Donnez-moi votre h. Quelle est son h.? Il se rendra à votre h. au lieu désigné. Je m'y trouvai à l'h. dite.* || Le moment de la journée où l'on fait ordinairement une chose. *C'est l'h. de dîner. Il est h. de se retirer. Voici l'h. de vous coucher. A l'h. de la messe. C'est l'h. de l'audience. L'h. de la récréation, de la promenade.* — Famil., *Il ne travaille, il ne mange, il ne fait rien qu'à ses heures,* se dit d'une personne qui ne veut rien changer à sa vie ordinaire. || Se dit des divers moments de la journée par rapport à la manière dont on les emploie : en ce sens, *Heure* se met ordinairement avec l'adj., et souvent avec l'adj. possessif. *Il passe les heures de la façon la plus monotone. Sa vie, ses heures, tout est réglé. Toutes mes heures sont remplies. — Toutes ses heures sont marquées,* se dit d'une personne occupée à différentes choses, dont chacune a son temps marqué. — *Heures de loisir. Heures perdues,* instants de loisir d'une personne ordinairement occupée. — *Faire quelque chose à ses heures dérobées,* l'rendre sur ses occupations le temps de faire quelque chose. || *Heure* se dit encore pour désigner un moment, une époque quelconque. *L'h. est venue de vous raconter ce secret. L'h. suprême est proche. Ces mesures violentes ne firent que précipiter l'h. de sa chute. Il n'attend plus que l'h. de partir.* — Figur. et famil., *C'est un ami de toutes les heures,* Sur lequel on peut compter en toute occasion. — Absol., avec l'adj. possessif signif. le temps, le moment où une chose doit arriver à quelqu'un. *On voulait la marier, mais son h. n'est pas encore venue. Il y a longtemps qu'il aspire à cette position ; mais je crois enfin son h. venue.* — Se dit particulièrement du moment de la mort. *Son h. est arrivée. Il réchappera de cette maladie, son h. n'est pas encore venue.* On dit aussi dans ce sens, *Dernière h. Heure suprême. Quand il fut à son h. suprême... Il vit venir sans trouble sa dernière h.* || T. Liturg. *Heures canoniales.* Voy. **BRÉVIAIRE.** *Livre d'heures* ou, simplement, *Heures,* Livre où sont contenues ces prières. *Heures en latin, en français. De belles heures. Acheter des heures.* || *Les prières de quarante heures,* ou simplement *Les quarante heures,* se dit de certaines prières extraordinaires qui se font sans interruption pendant trois jours devant le saint-sacrement. = Adverbial., *De bonne h.,* se dit par oppos. à tard, en parlant des époques, du jour et du temps en général. *Sortir de bonne h. Venez de bonne h. Ces fleurs fleurissent de bonne h. On lui a appris de bonne h. à ne rien craindre.* Dans un sens analog., *Venez de meilleure h. Vous êtes parti de trop bonne h.* — Famil., *A la bonne h.,* exprime tantôt une sorte d'approbation : *A la bonne h., voilà que vous devenez raisonnable* ; et, tantôt l'indifférence : *Il veut m'attaquer, à la bonne h.* | Fam., *A cette h.,* Maintenant. *A cette h., vous pouvez entrer.* — *A l'h. qu'il est,* En ce moment, au temps où nous sommes. *A l'h. qu'il est, son sort est décidé. A l'h. qu'il est, on est bien revenu de ces idées.* || *Sur l'h.,* A l'instant même. *Rendez-vous-y sur l'h.* || Fam., *Pour l'h.,* Pour le présent. *Je ne puis vous le donner pour l'h. Vx.* | *Tout à l'h.,* Dans un moment, ou il n'y a qu'un moment. *Je vous rejoins tout à l'h. De quoi parliez-vous tout à l'h.?* || *D'h. en h. D'h. à autre. D'une h. à l'autre,* D'un moment à l'autre. *On l'attend d'h. en h.,* etc.

Astron. — De temps immémorial, le *Nychthémère,* c.-à-d. la période comprenant le jour et la nuit, a été partagé en 24 parties ou *Heures,* mais plusieurs peuples de l'antiquité ont subi, du moins pendant un certain temps, des divisions très différentes. Ainsi, dans les poèmes homériques, le *jour naturel* est divisé en trois parties seulement. La première, ἠώς, commençait avec le lever du soleil et durait tant que la lumière de cet astre semblait augmenter, c.-à-d. jusqu'à près de midi. La seconde, μέρον ἦμαρ, était le moment où, parvenu au plus haut point de sa course, le soleil paraît suspendre sa mouvement. Enfin, la troisième était appelée δειλη ou δείλων ἦμαρ, parce que c'est, en effet, après midi que la température est la plus élevée. La dernière partie du δειλη était quelquefois désignée par les mots ποτὶ ἐσπέραν ou βουλυτός. Après l'époque d'Homère, la première et la seconde partie de la journée furent subdivisées chacune en deux parties. La première moitié du matin fut appelée πρωὶ ou πρωὶ τῆς ἡμέρας, et la seconde πληθοῦσης τῆς ἀγορᾶς, ου περὶ πλήθουσαν ἀγοράν. Le μέσον ἦμαρ d'Homère reçut le nom de μεσημβρία, de μέσος ἡμέρας ou de μέση ἡμέρα, et comprit comme précédemment le milieu du jour. Quant aux deux parties de l'après-midi, elles

furent appelées δείλη πρωΐα, ou πρωΐα, et δείλη ὀψία ou ὀψή. Cette division du jour en 5 parties resta en usage jusqu'aux derniers temps de l'histoire grecque, bien qu'Anaximandre, suivant les uns, Anaximène, d'après les autres, eussent fait connaître aux Grecs le cadran solaire babylonien, par lequel le jour était partagé en 12 parties ou *heures* d'égale longueur. Durant les premiers siècles de leur histoire, les Romains divisaient, comme les Grecs, le jour proprement dit en 3 parties, *mane, meridies,* et *suprema* (sous-entendu *tempestas*). Néanmoins, la division la plus généralement suivie à Rome était celle qui partageait le jour en deux moitiés, *tempus ante meridianum* et *tempus post meridianum* (temps avant midi, temps après midi), midi étant simplement considéré comme le point de séparation des deux moitiés de la journée. Les Romains ne commencèrent à employer la division du jour en 12 heures qu'à l'époque où ils eurent connaissance du cadran solaire, c.-à-d. vers 291 av. J -C. Plus tard, quand Scipion Nasica (159 av. J.-C.) eut fait construire la clepsydre publique dont nous avons parlé ailleurs, l'un des officiers du préteur fut chargé d'observer cet instrument, et d'annoncer la troisième, la sixième et la neuvième heure, l'usage s'étant alors introduit de partager le jour, ainsi que la nuit, en 4 parties, de 3 heures chacune. Chez les anciens peuples qui partageaient le nychthémère en 24 heures, plusieurs comptaient ces 24 heures de suite, de une à 24, tandis que d'autres, tels que les Grecs et les Romains, quand ils adoptèrent cette manière de diviser le jour, en formaient deux groupes consécutifs, de 12 heures chacun, l'un pour le jour proprement dit, c'est-à-dire pour le temps où le soleil est visible sur l'horizon ; l'autre pour la nuit, c'est-à-dire pour le temps compris entre le coucher et le lever de cet astre. Dans le premier système, les heures étaient égales entre elles : ces heures égales sont désignées par Galien sous le nom d'*heures équinoxiales.* Dans le second système, au contraire, les heures étaient nécessairement inégales. En effet, non seulement elles ne pouvaient avoir la même longueur dans les pays situés sous des latitudes différentes, mais encore, dans le même lieu, les heures du jour augmentaient depuis le solstice d'hiver jusqu'au solstice d'été, et décroissaient depuis le solstice d'été jusqu'au solstice d'hiver, tandis que les heures de la nuit subissaient une variation inverse. Il n'y avait égalité entre les heures du jour et celles de la nuit que les deux jours des solstices, parce que, à ces deux dates, le jour et la nuit ont la même durée. Pour éviter la confusion qui pouvait résulter de ces deux manières de compter les heures, Ptolémée avait soin, quand il calculait ses observations, de convertir les heures du second système, qu'il appelait *temporaires,* en heures égales ou équinoxiales. La différence qui existe entre les deux espèces d'heures a été observée pour la première fois par les astronomes de l'école d'Alexandrie.

Les nations modernes de l'Europe ont adopté la division du jour en 24 heures égales. Néanmoins il existe encore deux méthodes pour les supputer. Ainsi, pour les travaux astronomiques, le jour commence à midi, et l'on compte 24 heures de suite. Pour les usages ordinaires de la vie, au contraire, on fait commencer le jour à minuit, et l'on part de ce point pour compter jusqu'à 12, qui correspond à midi ; on recommence alors la série, et l'on arrive de nouveau à 12, qui tombe sur minuit. Pendant longtemps, les Italiens ont procédé d'une autre manière : ils commençaient au coucher du soleil, et comptaient de 1 à 24 sans s'arrêter. Ce système avait deux inconvénients : il n'était pas en harmonie avec le jour civil, et les heures n'arrivaient pas au même instant dans toutes les saisons, puisque le moment du coucher et du lever du soleil avance ou retarde aux différentes parties de l'année. Voy. **Jour.**

Heure sidérale ; heure solaire ; heure moyenne ; détermination de l'heure. Voy. **TEMPS.**

Légis. — *Heure légale.* — Les questions d'heure pouvant donner lieu à des contestations judiciaires, principalement en ce qui concerne l'expiration des délais accordés à certaines opérations, il importe que l'h. légale soit nettement définie et mise à la portée de tous les habitants. L'h. légale est indiquée par les horloges publiques. Pendant longtemps la question de l'h. est restée assez mal définie. Au commencement du XIXe siècle, les horloges publiques étaient censées marquer le *temps vrai* donné par les cadrans solaires, ce qui obligeait à les régler presque tous les jours, puisque, comme on sait, le jour vrai n'a pas toujours la même durée. On ne se préoccupait guère, du reste, de faire marcher d'accord toutes les horloges d'une même ville, et, de fait, il n'y avait pas d'h. légale. Le premier perfectionnement apporté à cet état de choses est dû à Arago, qui, en 1816, fit décider que les horloges publiques de

Paris marqueraient le temps moyen. Ses adversaires prétendaient que le public aurait de la peine à admettre une manière de compter l'h. qui ne placerait plus midi au milieu du jour, la différence entre le midi vrai et le midi moyen pouvant atteindre 18 minutes; mais la réforme passa inaperçue. Plus tard, la facilité des communications, la multiplication des voyages par chemin de fer et des relations télégraphiques mirent en évidence l'inconvénient qu'il y avait à compter le temps dans chaque localité suivant l'h. locale, puisque celle-ci varie avec la longitude et n'est pas la même à Paris, à Brest et à Nancy, par exemple. Dans les villes dont la longitude est un peu grande, il y avait couramment deux systèmes d'heure employés : 1° l'h. locale qui était l'h. légale; 2° l'h. des chemins de fer qui est l'h. de Paris. Cette situation ne fut changée que par la loi du 15 mars 1891, d'après laquelle on a enfin décidé que : l'h. légale est en France et en Algérie l'h. de Paris. Cette décision législative a mis fin à l'emploi des heures locales. Si l'on réfléchit que la longitude d'aucun point de la France n'atteint 30 minutes, et si on ajoute l'équation du temps dont le maximum est de 18 minutes, on voit que la plus grande différence entre le midi vrai et le midi légal est de 48 minutes, dans un sens ou dans l'autre, pour les points les plus à l'est ou les plus à l'ouest de Paris. Sans doute cette différence n'est pas sans importance; mais il est facile de régler ses occupations journalières en conséquence, et, en définitive, la réforme a été d'autant mieux accueillie que, dans la plupart des villes de France, les habitants se servaient déjà de l'h. des chemins de fer de préférence à l'h. loca'e.

Pour les relations internationales la question est plus délicate, parce qu'elle exige l'accord de tous les gouvernements et qu'elle se rattache intimement au choix du premier méridien. Deux congrès furent réunis : le premier à Rome en 1883, le second à Washington en 1884, pour étudier la question de l'h. et du premier méridien. Au congrès de Washington, presque toutes les puissances se mirent d'accord pour adopter le méridien de Greenwich; mais la France, le Brésil et la République de Saint-Domingue firent opposition, et cette absence d'unanimité empêcha des résolutions définitives. Voici quelle est actuellement (1897), la méthode suivie en Europe pour compter l'h. Excepté en France, en Espagne, au Portugal, en Grèce et en Russie, tous les chemins de fer d'Europe ont adopté le méridien de Greenwich; seulement, pour tenir compte de la différence des longitudes, on a partagé l'Europe en trois régions : 1° l'Europe occidentale qui a l'h. même de Greenwich; 2° l'Europe centrale comprenant l'Allemagne, qui a le temps de Greenwich augmenté d'une heure; 3° l'Europe orientale, qui a le temps de Greenwich augmenté de deux heures. Les chemins de fer russes ont l'h. de Saint-Pétersbourg, qui ne diffère que de deux minutes de l'h. de l'Europe orientale. L'Autriche n'a pas adopté, comme h. légale, l'h. choisie par ses chemins de fer : il y a une différence de cinq minutes entre l'h. légale, l'h. de Paris, qui est en avance sur celle de Greenwich de 9m 21s. On sait que les chemins de fer français sont réglés dans leur marche sur l'h. de Paris, avec un retard de cinq minutes, quoique les heures marquées sur les horloges installées dans les salles des gares marquent l'h. véritable, tandis que les horloges installées sur la voie retardent de cinq minutes. Cette mesure, assez discutable, a été prise pour laisser quelque marge aux voyageurs retardataires. L'Espagne, le Portugal et la Grèce ont des heures locales. — Beaucoup de personnes regrettent que le travail d'uniformisation de l'h., en Europe, ne soit pas plus avancé; un projet a même été déposé à la Chambre des députés en vue d'adopter, en France, l'h. et le méridien de Greenwich. Il est permis de se demander si les quelques avantages d'une telle modification en compenseraient les inconvénients. La question est, en effet, plus complexe qu'elle ne paraît au premier abord. Nous y reviendrons au mot MÉRIDIEN.

En dehors de l'Europe, le méridien de Greenwich domine presque partout. Les États-Unis sont partagés en quatre fuseaux qui ont respectivement l'h. de Greenwich diminuée de 5, 6, 7 et 8 heures. Au Japon, depuis le 1er janvier 1888, on a l'h. de Greenwich augmentée de 9 heures.

Heure universelle. — Au congrès de Washington en 1884, il avait été question d'établir, en dehors des heures locales, une *h. universelle*, qui eût été la même pour toute la Terre; c'aurait été naturellement l'h. de Greenwich, et, dans la pensée des initiateurs de cette mesure, elle aurait servi surtout aux relations télégraphiques et téléphoniques. Plus tard, on a reconnu que l'institution de cette h. universelle eût été sans utilité. Il est préférable que les télégrammes soient datés de l'h. locale, celui qui les reçoit ayant intérêt à savoir s'ils ont été déposés le matin ou le soir, avant ou après la Bourse, etc.

Aussi, cette proposition n'a été suivie d'aucun effet. Au reste, il faut reconnaître que si le système des *fuseaux* vient à se généraliser, c.-à-d. si le monde civilisé tout entier finit par adopter l'h. de Greenwich, augmentée ou diminuée d'un nombre entier d'heures suivant la longitude, on aura du moins uniformisé les minutes et les secondes, sinon les heures, de sorte que ce système rendrait les mêmes services qu'on pourrait atteindre d'une h. universelle.

Distribution électrique de l'heure à Paris. — À toutes les mairies et en certains endroits de la capitale sont installées des horloges donnant l'h., la minute et la seconde, qui sont reliées électriquement avec une horloge installée dans les caves de l'Observatoire de Paris. Cette dernière est contrôlée et réglée tous les jours d'après les observations astronomiques; un système particulier assure la remise à l'h. dès que la différence de marche atteint une seconde. Les Parisiens ont ainsi le moyen de connaître facilement l'h. à moins d'une seconde près. Ce service a été organisé par Le Verrier, vers 1876.

On a aussi installé, en plusieurs points de Paris, des cadrans reliés à une horloge type par une canalisation d'air comprimé. On les a nommés les *horloges pneumatiques*; mais ils ne donnent que la minute, et, encore il arrive fréquemment que des cadrans voisins ne marquent pas la même minute. Ces horloges ne doivent donc inspirer qu'une médiocre confiance.

Mythol. — Les Grecs avaient divinisé les *Heures*, et les représentaient sous la figure de jeunes vierges qui étaient chargées de garder les portes du ciel et d'atteler les chevaux au char du Soleil. Hésiode n'en admet que trois, conformément à la division du jour usitée de son temps. Suivant lui, elles sont filles de Jupiter et de Thémis, et il les appelle Eunomie, Dicé et Irène, c.-à-d. la loi, la justice et la paix. Enfin, il en fait, sous ces noms allégoriques, des divinités bienfaisantes qui répandent la fécondité sur la terre, et président à l'harmonie du monde. Plus tard, les mythographes augmentèrent le nombre de ces déesses. Hygin le porte jusqu'à dix, et leur donne les noms qui suivent : *Augé*, l'aube; *Anatolé*, le lever du soleil; *Musia*, l'heure de l'étude; *Gymnasia*, l'heure du gymnase; *Nymphé*, l'heure du bain; *Mesembria*, le milieu du jour; *Spondé*, l'heure des libations; *Élété*, l'heure de la prière; *Acté* ou *Cypris*, l'heure du repas ou du plaisir; et *Dysis*, le coucher du soleil. On voit que le nom et le nombre des Heures correspondaient aux principales occupations de la journée. — Les Heures avaient des temples à Corinthe, à Athènes, à Olympie, etc. On célébrait en leur honneur des fêtes appelées *Horées*, dans lesquelles on demandait la prospérité des biens de la terre.

HEUREUSEMENT. adv. [Pr. *eureu-ze-man*]. D'une manière heureuse, avec succès. *Vivre h. Jouer h. Terminer h. une entreprise. Il rime h. Il régna h. sur ses peuples. Cela est h. exprimé.* [Par bonheur. *Il accourut à mon secours. Fort h. pour lui, je ne l'ai pas rencontré. Il. que je suis arrivé à temps.*

HEUREUX, EUSE. adj. [R. *heur*]. Qui jouit du bonheur, qui possède ce qui peut le rendre content. *Tous les hommes veulent être h. Personne n'est absolument h. J'aime à voir h. ceux qui m'entourent. Il est très h. dans sa misère. Sa femme le rend très h. Qu'elle est heureuse d'être belle! Ce peuple vit heureux sous de sages lois.* Prov. *Est h. qui croit l'être. — Amant h.,* Amant favorisé. — Fam., *Être h. comme un roi,* très heureux. ‖ Qui est favorisé de la fortune, qui est bien partagé du sort, qui a du succès. *Il est né h. Il est plus h. que sage. C'est un h. mortel. Il est très h. au jeu, à la guerre. Il est h. en tout. Il a été constamment h. dans ses entreprises. Il a été h. d'en être quitte à si bon marché.* ‖ Qui donne du bonheur, qui procure du plaisir, qui est avantageux et favorable. *Un sort h. Un hasard h. Une heureuse destinée. Une heureuse tranquillité. Une heureuse simplicité. L'âge h. de l'enfance. Laissez-la dans cette heureuse ignorance. Une heureuse vieillesse. Un séjour h. Une heureuse retraite. Un climat h. Jour h. Année heureuse.*

Est-ce toi, chère Élise? Ô jour trois fois heureux !
RACINE.

Situation heureuse. Evénement h. Chance heureuse. Un h. concours de circonstances. C'est fort h. pour vous. — Fam. et ironiq., on dit, *C'est très h. C'est fort h.,* Lorsqu'une personne se détermine à faire quelque chose après une longue hésitation, ou parce qu'elle ne peut faire autrement eut. *Faire une heureuse rencontre, une rencontre heureuse,* Trouver par hasard ce que l'on cherchait, et que l'on n'espérait pas trouver si tôt. Dans le même sens, on dit d'un bon mot, d'un trait d'esprit, d'une pensée ingénieuse, *C'est une heureuse rencontre.* Fig., *Être né sous une heureuse étoile,* Être heureux dans tout ce qu'on entreprend. *Avoir la main heureuse.* Voy. MAIN. || Qui annonce la prospérité, qui présage le succès, qui prévient favorablement. *Un h. présage. Un h. pronostic. Une physionomie heureuse. Il a quelque chose d'h. dans la physionomie.* || Dans un sens particulier, se dit de certaines choses relativement à leur issue, à leur terminaison. *Ses couches ont été très heureuses. Un h. voyage. Une heureuse navigation. Un h. retour. Une heureuse tentative.* — *Un choix h. Un conseil h.,* Qui est suivi d'un bon succès. — *Une chute heureuse. Un coup h.,* Qui n'a pas eu de suites fâcheuses. || Dans un sens plus général, sign. bon, excellent, remarquable dans son genre. *Un h. naturel. Un h. caractère. Il a d'heureuses dispositions pour la musique. Un h. génie. Une heureuse imagination. Mémoire heureuse. Intention heureuse. Idée heureuse. Repartie heureuse. Vers h. Rime heureuse. Expression heureuse. Un h. choix de mots. Un tour h.* — *D'heureuse mémoire.* Voy. MÉMOIRE. = HEUREUX se dit subst. et au plur., en parlant des personnes. *Faire des h. Les h. sont en petit nombre.* — *Les h. du monde, de la terre, du siècle,* Les hommes riches et puissants. *Les h. du jour,* Les hommes en place, en faveur.

Syn. — *Fortuné.* — *Heureux* signifie jouissant du bonheur ou d'un bonheur; *fortuné* signifie favorisé du sort. La prospérité rend *fortuné,* la félicité *heureux.* Les biens extérieurs rendent *fortuné* lors même qu'ils ne rendent pas vraiment *heureux*; le contentement de l'âme rend *heureux* sans rendre *fortuné.* Le bonheur de l'*heureux* est tout intérieur, celui du *fortuné* extérieur. Celui à qui tout réussit est *fortuné*; celui qui est content de son sort et de lui-même est *heureux.* L'ambition peut être *fortunée*; la modération seule est *heureuse.*

HEURISTIQUE. s. f. (gr. εὑριστικὴ τέχνη, l'art de trouver, de εὑρεῖν, trouver). L'art d'inventer, de faire des découvertes, = Adj. *La méthode h.*

HEURT. s. m. [Pr. *heur,* h asp.] (orig. inconnue, probablement celtique). Choc de corps qui se rencontrent rudement. *Choc de deux voitures, de deux vaisseaux qui s'entrechoquent. Il évita le h.* || La marque imprimée par le choc. *Ce cheval a un h. à l'épaule,* Pour us. || T. Techn. Le point le plus élevé d'une rue, d'une conduite d'eau, d'un pont, etc., où aboutissent les deux pentes en sens contraire. — *H. public,* Dépotoir, décharge pour les tombereaux d'ordures, de décombres.

HEURTEMENT. s. m. [h asp.]. Action de heurter, de se heurter. || T. Gramm. Rencontre de voyelles qui produit un son désagréable.

HEURTEQUIN. s. m. [h asp.]. T. Artill. Saillie d'un essieu, contre laquelle bute le moyeu d'une roue.

HEURTER. v. a. [h asp.] (R. *heurt*). Choquer, rencontrer rudement. *On vient de me h. Ce bateau heurta le nôtre.* || Fig., Blesser, offenser, contrarier. *Il m'a heurté dans tous mes sentiments. Ce que vous dites là heurte la raison, le sens commun. Il heurte l'amour-propre, les intérêts, les préjugés de quelqu'un. Il heurte de front l'opinion publique.* = HEURTER. v. n. *Notre vaisseau heurta contre un écueil. H. de la tête contre un mur.* || Absol., Frapper à la porte. *On heurte à la porte. H. en maître. On a heurté trois coups.* Dans ce cas, on dit plus ordinair., *Frapper.* — Fig. et fam., *H. à toutes les portes,* Solliciter tout le monde, employer tous les moyens pour réussir. *Il heurte à toutes les portes pour obtenir cet emploi.* = SE HEURTER. v. pron. Se cogner l'un l'autre, ou se heurter contre quelque chose. *Les deux vaisseaux se heurtèrent avec violence. Les deux armées se heurtèrent dans des flots de poussière. Il s'est heurté à la tête. Se h. contre un mur.* || Fig., *Ces deux grandes puissances se heurtèrent. Il aime à se h. contre les opinions reçues.* = HEURTÉ, ÉE. part.

HEURTES. s. m. pl. [h asp.] (R. *heurt*). T. Blas. Se dit des tourteaux d'azur.

HEURTOIR. s. m. [h asp.]. Le marteau d'une porte. Aujourd'hui on dit *Marteau.* || T. Techn. Pièce de fer ou de fonte en saillie au-dessus du sol, pour arrêter les battants d'une porte cochère. — Face verticale d'une écluse, contre laquelle viennent s'appuyer les portes. || T. Artill. Coin de bois placé sous la roue d'une pièce de canon pour arrêter le recul. || T. Ch. de fer. Obstacle formé de massifs de terre et de tampons fixés sur des charpentes pour arrêter les véhicules à l'extrémité d'une voie. Les heurtoirs qu'on place à l'extrémité d'une voie de garage servent à arrêter les wagons qu'on lance sur cette voie. Ceux qu'on place à l'extrémité d'une voie principale doivent être munis d'un terminus ne sont là que comme mesure de précaution. Le train doit s'arrêter avant d'arriver aux heurtoirs, et le mécanicien qui vient les toucher est mis à l'amende.

HEUSE. s. f. [h asp.] (haut-all. *hosa,* chausse). Au moyen âge, on appelait ainsi une sorte de chaussure ou de botte, et spécialement le soulier de fer qui faisait partie de l'armure. || T. Techn. Cylindre de bois qui joue dans le corps de pompe.

HÉVÉA. s. m. (R. *Hheve,* nom de cette plante au Para). T. Bot. Genre de plantes Dicotylédones de la famille des *Euphorbiacées.* Voy. ce mot.

HÈVE (Cap de la), beau cap de la côte N.-O. de la France, au N. de l'estuaire de la Seine, au-dessus de Sainte-Adresse, près du Havre.

HÉVÈÈNE. s. m. T. Chim. Hydrocarbure liquide contenu dans les huiles lourdes de la distillation du caoutchouc.

HÉVÉLIUS (JOHANN), de son vrai nom HEVEL ou HÖVEL, astronome allemand, né à Dantzig, pensionné par Louis XIV (1611-1687).

HÉVERLÉ, v. de Belgique, arr. de Louvain, sur la Dyle; 5,000 hab. Abbaye norbertine du Parc (1129). Château des ducs d'Arenberg.

HEVES, comitat de Hongrie; 233,700 hab. Ch.-l. Éger.

HEXACANTHE. adj. 2 g. [Pr. *eg-za-kante*] (gr. ἕξ, six; ἄκανθα, épine). T. Zool. Qui a six épines ou aiguillons.

HEXACORDE. s. f. [Pr. *eg-za-korde*] (gr. ἕξ, six; (fr. *corde*). T. Mus. Gamme du plain-chant composée de six notes (*ut, ré, mi, fa, sol, la*).

HEXACYCLE. adj. 2 g. [Pr. *eg-za-si-kle*] (gr. ἕξ, six; κύκλος, cercle). Qui a six roues.

HEXADACTYLE. adj. 2 g. [Pr. *eg-za-daktile*] (gr. ἕξ, six; δάκτυλος, doigt). T. Zool. Qui a six doigts, ou bien six rayons aux nageoires pectorales.

HEXADÉCANE. s. m. [Pr. *eg-za..*] (gr. ἕξ, six; δέκα, dix, et la term. *ane* qui indique les carbures saturés). T. Chim. Nom donné aux hydrocarbures gras de la formule $C^{16}H^{34}$.

L'*h. normal,* appelé aussi *cétane,* correspond à l'acide palmitique et à l'alcool cétylique. Il fond vers 21° et bout à 288°. On peut le préparer en hydrogénant l'acide palmitique. Il se forme aussi par l'action du sodium sur l'iodure d'octyle primaire, ce qui lui a valu le nom de *bioctyle.* Il est probablement identique à l'*h.* qu'on trouve dans le pétrole américain.

Le bi-isocctyle s'obtient en faisant agir le sodium sur l'iodure octylique secondaire. Il est liquide et bout à 269°.

HEXADÉCYLE. s. m. [Pr. *eg-za...*] (gr. ἕξ, six, et *décyle*). T. Chim. Radical $C^{16}H^{33}$. Voy. CÉTYLE.

HEXADÉCYLÈNE. adj. 2 g. [Pr. *eg-za...*] (gr. ἕξ, six, et *décylène*). T. Chim. Hydrocarbure $C^{16}H^{32}$. Voy. CÉRÈNE.

HEXADÉCYLIQUE. adj. 2 g. [Pr. *eg-za...*] (gr. ἕξ, six, et *décylique*). T. Chim. Alcool *h.* ou *cétylique.* Voy. CÉTYLE.

HEXAÈDRE. adj. 2 g. et s. m. [Pr. *eg-za...*] (gr. ἕξ, six; ἕδρα, base). T. Géom. Se dit d'un solide qui a six faces. L'*h. régulier s'appelle autrement cube.*

HEXAÉDRIQUE. adj. 2 g. [Pr. *eg-za...*]. Qui se rapporte à l'hexaèdre.

HEXAÉTHYLBENZÈNE. s. m. [Pr. *eg-za...*] [gr. ἕξ, six, et *éthylbenzène*). T. Chim. Hydrocarbure dérivé du benzène et répondant à la formule $C^6(C^2H^5)^6$. On le prépare en faisant agir le chlorure d'éthyle sur le benzène en présence du chlorure d'aluminium. Il cristallise en prismes clinorhombiques, fusibles à 126°, bouillant à 292°, insolubles dans l'eau, très solubles dans l'éther. Il se dissout à chaud dans l'acide sulfurique fumant. Le brome, de même que l'acide azotique, l'attaque à chaud en donnant les dérivés disubstitués du tétraéthylbenzène.

HEXAGONAL, ALE. adj. [Pr. *eg-za...*] (R. *hexagone*). Qui a six angles et six côtés.

HEXAGONE. adj. 2 g. et s. m. [Pr. *eg-za...*] (gr. ἕξ, six; γωνία, angle). Qui a six angles et six côtés. *Une figure h. Une tour h.* Le côté de l'h. régulier est égal au rayon du cercle circonscrit. Voy. POLYGONE. || T. Art milit. Ouvrage de fortification composé de six bastions.

HEXAGYNE. adj. [Pr. *eg-za-jine*] (gr. ἕξ, six; γυνή, femme.). T. Bot. Se dit d'une plante qui a six styles.

HEXAGYNIE. s. f. [Pr. *eg-za-jîni*] (R. *hexagyne*). T. Bot. Nom donné, dans le système de Linné, à deux ordres comprenant chacun des plantes qui ont six styles.

HEXAICOSANE. s. m. [Pr. *eg-za-ico-zane*] (gr. ἕξ, six, et *icosane*). T. Chim. Hydrocarbure de la formule $C^{26}H^{34}$, rencontré parmi les produits de la distillation de l'acide cérotique. Il est solide, de consistance cireuse, fusible à 44°.

HEXAMÉTHYLBENZÈNE. s. m. [Pr. *eg-za...*] (gr. ἕξ, six, et *méthylbenzène*). T. Chim. Hydrocarbure dérivé du benzène et dont la formule est $C^6(CH^3)^6$. Il se forme par l'action du chlorure de méthyle sur le benzène en présence du chlorure d'aluminium. On l'obtient aussi lorsqu'on chauffe à 200° le chlorure de zinc avec l'acétone ou avec l'esprit de bois. Il cristallise en tables orthorhombiques fusibles à 164°, bouillant à 264°, solubles dans l'éther, insolubles dans l'acide sulfurique concentré. Traité par les agents d'oxydation, il se convertit en acide mellique. Chauffé en tubes scellés avec du perchlorure de phosphore il donne un dérivé chloré $C^{12}H^6Cl^{12}$ extrêmement stable.

HEXAMÉTHYLÈNE. s. m. [Pr. *eg-za...*]. (gr. ἕξ, six, et *méthylène*). T. Chim. Hexahydrure de benzène. V. HYDROBENZÈNE.

HEXAMÉTHYLÈNE-AMINE. s. f. [Pr. *eg-za...*]. T. Chim. Base répondant à la formule $(CH^2)^6Az^4$. Elle se forme par l'action du gaz ammoniac sur le trioxyméthylène. Elle cristallise en rhomboèdres blancs, brillants, très solubles dans l'eau. Par ébullition avec l'eau elle se décompose en reproduisant de l'ammoniaque et du trioxyméthylène. Elle forme un chloroplatinate et un monochlorhydrate cristallisés.

HEXAMÈTRE. adj. et s. m. [Pr. *eg-za...*] (gr. ἕξ, six ; μέτρον, mesure). Les Grecs et les Romains donnaient le nom d'*Hexamètre* à un vers de six pieds composé exclusivement de dactyles et de spondées. Les quatre premiers pieds pouvaient être indifféremment des dactyles ou des spondées, mais le cinquième devait être un dactyle et le dernier un spondée. En outre, l'h. exige une ou deux césures. Lorsqu'il s'en présente deux, l'une est au second pied, et l'autre au quatrième. Lorsqu'il n'y en a qu'une, elle doit être au troisième, ainsi qu'on le voit dans ces deux vers de Virgile :

Īnfān-|| -dūm, rē- | -gīnā, jŭ- ||-bēs rĕnō- | -vārĕ dŏ- |-lōrēm. Vītăquĕ | cūm gĕmĭ-|| -tū fūgĭt | īndī- | -gnātă sŭb | ūmbrās.

Quelquefois pour l'effet, les deux derniers pieds sont des spondées ; dans ce cas, l'h. est appelé *spondaïque;* tel est cet autre vers du même poète :

Cārā dō- | -ūm sŏbŏ- | -lēs, mā- | -gnūm Jŏvĭs | īncrē- | -mēntūm.

Ce vers, au rythme harmonieux, le plus beau et le plus ancien de tous les vers, convient à tous les sujets, se prête à tous les tons, au langage naturel et naïf de l'églogue, au style simple et précis du poème didactique, à l'allure noble et majestueuse du poème épique. L'épopée, au reste, n'admettait pas d'autre vers; aussi les auteurs désignent-ils souvent l'h. sous le nom de *vers héroïque*. — Suivant Pausanias, les Grecs attribuaient l'invention de l'h. au poète Olénus de Lycie, qui était antérieur à Orphée. C'est Ennius, dit-on, qui l'a introduit dans la poésie latine. Le vers h. des Grecs et des Latins s'est naturalisé dans la poésie allemande et dans celle des peuples slaves, mais avec des modifications importantes; mais c'est tout à fait abusivement qu'on applique quelquefois le nom d'h. à notre vers alexandrin.

HEXANDRE. adj. 2 g. [Pr. *eg-zandre*] (gr. ἕξ, six; ἀνήρ, homme). T. Bot. Se dit d'une plante qui a six étamines.

HEXANDRIE. s. f. [Pr. *eg-zandri*] (R. *hexandre*). T. Bot. Nom donné par Linné à la sixième classe de son système, qui comprenait toutes les plantes hermaphrodites qui ont six étamines.

HEXANE. s. m. [Pr. *eg-zane*] (gr. ἕξ, six, et la term. *ane* qui indique les carbures saturés). T. Chim. Nom donné aux hydrocarbures gras de la formule C^6H^{14}. Ce sont des liquides légers, dont la densité est comprise entre 0,6 et 0,7 et dont le point d'ébullition est peu élevé.
L'*h. normal* $CH^3(CH^2)^4CH^3$ a reçu différents noms : *hydrure d'hexyle, dipropyle, méthyle-amyle, éthyle-butyle*. Il existe dans les huiles de goudron et dans le pétrole ; c'est lui qui forme la majeure partie de la ligroïne et de l'éther de pétrole. Il bout à 69°. On peut le préparer par synthèse en traitant l'iodure de propyle par le sodium, ou encore en faisant agir le zinc et l'acide sulfurique sur l'iodure hexylique dérivé de la mannite.
Le *diméthylpropylméthane* $(CH^3)^2CH.C^3H^7$ ou *éthyle-isobutyle* est un liquide à odeur éthérée, qu'on rencontre dans les pétroles d'Amérique et de Galicie, et qui bout à 62°.
Le *méthyldiéthylméthane* $CH^3(C^2H^5)^2$ bout à 64°. On l'obtient en réduisant, par le zinc en poudre, l'iodure hexylique qui correspond au diéthylméthylcarbinol (l'un des alcools hexyliques).
Le *diméthylisopropylméthane* $(CH^3)^2CH.CH (CH^3)^2$ ou *biisopropyle* bout à 58°. Il se forme par l'action du sodium sur un mélange d'éther aqueux et d'iodure d'isopropyle.
Le *triméthyléthylméthane* bout vers 48° et a pour formule $(CH^3)^3C.C^2H^5$.

HEXAOXYBENZÈNE. s. m. [Pr. *eg-za...*] (gr. ἕξ, six, et *oxybenzène*). T. Chim. Phénol hexatomique répondant à la formule $C^6(OH)^6$. Il se forme quand on réduit l'hydrate de perquinone par le chlorure stanneux. Il cristallise en longues aiguilles peu solubles dans l'eau. Il se dissout dans les alcalis en se combinant avec eux. Son sel de potassium $C^6O^6K^2$ se produit par l'action du potassium sur l'oxyde de carbone. En solution dans le carbonate de sodium, l'h. s'oxyde à l'air en donnant de la tétraoxyquinone $C^6O^2(OH)^4$. Oxydé par l'acide azotique, il régénère l'hydrate de perquinone.

HEXAPÉTALE. adj. 2 g. [Pr. *eg-za...*] (ἕξ, six ; πέταλον, pétale). T. Bot. Se dit d'une corolle qui est formée de six pétales.

HEXAPHYLLE. adj. 2 g. [Pr. *eg-za-fil-le*] (gr. ἕξ, six; φύλλον, feuille). T. Bot. Qui a six feuilles ou folioles.

HEXAPLE. s. m. ou **HEXAPLES.** s. m. pl. [Pr. *eg-zaple*] (gr. ἑξαπλοῦς, sextuple). Compilation d'Origène contenant le texte hébreu de la Bible en caractères hébreux et en caractères grecs, et quatre traductions grecques. Voy. TÉTRAPLE.

HEXAPODE. adj. et s. m. [Pr. *eg-za...*] (gr. ἕξ, six; ποῦς, ποδός, pied). T. Entom. Nom qu'on donne encore à la classe des *Insectes*, comme étant caractérisée par la présence de trois paires de pattes. Voy. ARTICULÉS et INSECTES.

HEXAPOLE. s. f. [Pr. *eg-za...*] (gr. ἕξ, six; πόλις, ville). Confédération grecque qui se composait de six villes doriennes.

HEXAPTÈRE. adj. 2 g. [Pr. *eg-za...*] (gr. ἕξ, six; πτερόν, aile). Qui est muni de six ailes.

HEXAPTOTE. adj. 2 g. [Pr. *eg-za...*] (gr. ἕξ, six; πτωτός, qui tombe). T. Gram. *Nom h.*, Nom latin qui a six cas ou terminaisons différentes au singulier.

HEXASÉPALE. adj. 2 g. [Pr. *eg-za...*] (gr. ἕξ, six; fr. *sépale*). T. Bot. Qui est formé de six sépales.

HEXASPERME. adj. 2 g. [Pr. *eg-za...*] (gr. ἕξ, six; σπέρμα, graine). T. Bot. Qui renferme six graines.

HEXASTIQUE. adj. 2 g. [Pr. *eg-za-stik*] (gr. ἕξ, six; στίχος, rangée). T. Littér. Qui est composé de six vers.

HEXASTOME. adj. 2 g. [Pr. *eg-za*...] (gr. ἕξ, six; στόμα, bouche). T. Zool. Qui a six bouches, ou six orifices.

HEXASTYLE. adj. 2 g. [Pr. *eg-za*..] (gr. ἕξ, six; στύλος, colonne). Qui a six colonnes de face.

HEXASYLLABE. adj. 2 g. [Pr. *eg-za*...] (gr. ἕξ, six; fr. *syllabe*). Qui est composé de six syllabes.

HEXATÉTRAÈDRE. s. m. [Pr. *eg-za*...] (gr. ἕξ, six ; τέτταρα, quatre; ἕδρα, face). T. Géom. et Cristallographie. Solide à 24 faces qu'on peut considérer comme un cube sur les faces duquel on aurait appliqué des pyramides quadrangulaires. Voy. CRISTALLOGRAPHIE. IV.

HEXATEUQUE. s. m. [Pr. *eg-za-teuk*]. Ouvrage d'ensemble formé par la réunion des cinq livres de Moïse et du livre de Josué.

HEXATOMIQUE. adj. [Pr. *eg-za*...] (gr. ἕξ, six, et r *tome*). T. Chim. *Radical h.*, qui possède six atomicités ou valences libres. || *Alcool* ou *phénol h.*, qui possède six fonctions alcool ou phénol.

HEXAVALENT. adj. m. [Pr. *eg-za-valan*] (gr. ἕξ six, et *valent*). T. Chim. Syn. d'*Hexatomique*.

HEXÉCONTANE. s. m. [Pr. *eg-zé*...] (gr. ἑξήκοντα, soixante, et le suff. *ane* qui indique les carbures saturés). T. Chim. Hydrocarbure gras de la formule $C^{60}H^{122}$. Il se produit quand on chauffe l'iodure de myricyle avec du potassium. Il est solide et fond à 102°.

HEXÈNE. s. m. [Pr. *eg-zène*]. T. Chim. Syn. d'*Hexylène*.

HEXINE. s. f. [Pr. *eg-zine*]. T. Chim. Nom donné aux hydrocarbures acétyléniques de la formule C^6H^{10}. En faisant réagir la potasse alcoolique sur l'hexylène bromé on obtient deux hexines liquides auxquelles on attribue les formules $CH \equiv C.C^4H^9$ et $CH^3.C = C.C^3H^7$. La première, connue sous le nom d'*hexoylène*, bout vers 80°; la seconde vers 83°. Toutes deux s'unissent au brome en donnant un dibromure et un tétrabromure. Elles sont isomériques avec la biallyle.

HEXITE. s. f. [Pr. *eg-zite*] (gr. ἕξ, six). T. Chim. Nom donné aux matières sucrées, constituées par des alcools hexato-riques; telles sont la mannite, la sorbite, la dulcite, la rhamno-hexite.

HEXOL. s. m. [Pr. *eg-zol*] (gr. ἕξ, six, et la term. *ol*, qui indique les alcools). T. Chim. Syn. hexatomique.

HEXOSE. s. f. [Pr. *eg-zo-ze*] (gr. ἕξ, six, et la term. *ose*, qui indique les sucres). T. Chim. Nom générique des glucoses.

HEXOYLÈNE. s. m. [Pr. *eg-zo*...]. T. Chim. Voy. HEXINE.

HEXYLAMINE. s. f. [Pr. *eg-zi*...] (R. *hexyle* et *amine*). T. Chim. Nom donné aux amines qui dérivent des hexanes. Les *hexylamines* ont pour formule C^6H^{13}. AzH², les *di-hexyl*amines $(C^6H^{13})^2$, AzH, les *tri-hexylamines* $(C^6H^{13})^3Az$. On prépare généralement ces composés en faisant réagir l'ammoniaque sur les chlorures, bromures ou iodures d'hexyle. C'est ainsi que le chlorure hexylique dérivé de l'hexane normal du pétrole fournit, à l'état de chlorhydrates, une h. qui bout à 128°, une di-h. bouillant vers 195° et une tri-h. qui bout un peu au-dessous de 200°. — On rencontre une h. dans l'huile de foie de morue.

HEXYLE. s. m. [Pr. *eg-zile*] (gr. ἕξ, six; ὕλη, matière). T. Chim. Nom donné au radical univalent C^6H^{13} contenu dans les combinaisons hexyliques.

HEXYLÈNE. s. m. [P. *eg-zi-lène*] (R. *hexyle*). T. Chim. Nom que portent les hydrocarbures éthyléniques de la formu c C^6H^{12}. Ce sont des liquides incolores dont le point d'ébullition est peu élevé. En général, on les prépare en chauffant les iodures hexyliques avec la potasse en solution alcoolique. Ils peuvent s'unir au brome en donnant des *bromures d'h.*, ou hexanes dibromés $C^6H^{12}Br^2$, que la potasse alcoolique transforme en *h. bromés*, $C^6H^{11}Br$. L'acide sulfurique étendu dissout les hex-lènes en donnant naissance soit à des polymères, soit à des alcools hexyliques. L'acide iodhydrique peut se fixer sur les hexylènes pour produire des iodures hexyliques, c'est-à-dire des

hexanes mono-iodés $C^6H^{13}I$; les acides bromhydrique et chlorhydrique agissent de même, mais moins facilement. Voici quelques détails sur les hexylènes les mieux connus.

Le *butyléthylène* $CH^2 = CH.C^4H^9$ bout vers 69°. Il se produit par l'action de la potasse alcoolique sur l'iodure hexylique normal primaire. Il ne s'unit à l'acide chlorhydrique qu'à la température de 100°.

Le *méthylpropyléthylène* $CH^3.CH = CH.C^3H^7$ se prépare à l'aide de l'iodure hexylique secondaire dérivé de la mannite. Il bout à 67°. Oxydé par l'acide chromique, il se convertit en acide acétique et acide butyrique. Avec le brome, il donne un bromure d'h. qui bout à 195° et que la potasse alcoolique convertit en un h. bromé bouillant vers 140°.

L'*éthyldiméthyléthylène* $(CH^3)^2C = CH.C^2H^5$ s'obtient à l'aide de l'iodure hexylique qui correspond au diméthylpropyl-carbinol. Il bout à 66°. L'acide sulfurique étendu le polymérise en donnant un dodécylène bouillant à 191°.

Le *diméthyléthyléthylène* dérive de l'iodure correspondant au diéthylméthylcarbinol et répond à la formule :

$$CH^3.CH = C < \begin{matrix} CH^3 \\ C^2H^5 \end{matrix}$$

Il bout à 70°. L'acide sulfurique le convertit en un dodécylène bouillant à 198°.

Le *triméthyléthylène* $(CH^3)^3C.CH = CH^3$, qui bout à 70°, s'obtient en faisant bouillir avec de l'eau l'iodure de l'alcool pinacolique.

Le *tétraméthyléthylène* $(CH^3)^2C = C(CH^3)^2$ dérive de l'iodure correspondant au diméthylisopropylcarbinol. Il bout à 73°. Oxydé par l'acide chromique, il ne donne que de l'acétone. Chauffé avec l'acide sulfurique étendu, il se polymérise en un dodécylène à odeur de pétrole.

Oxyde d'h.; Hexylène-glycol. Voy. HEXYLÉNIQUE.

HEXYLÉNIQUE. adj. 2 g. [Pr. *eg-zi-lénik*] (R. *hexylène*). T. Chim. Se dit des composés contenant le radical bivalent C^6H^{12}. Les *glycols hexyléniques* ou *hexylène-glycols* correspondent à la formule $C^6H^{12}(OH)^2$. — Le *à hexylène-glycol*

$$CH^3.CHOH.(CH^2)^3.CH^2OH$$

s'obtient par l'action de l'hydrogène naissant sur l'alcool acétylbutylique. C'est un liquide épais, bouillant à 235°, très soluble dans l'eau et dans l'alcool. Chauffé avec l'acide sulfurique, il perd une molécule d'eau et se transforme en *oxyde d'hexylène* $C^6H^{12}O$, liquide mobile, bouillant à 104°, peu soluble dans l'eau. L'*alcool acétylbutylique*

$$CH^3.CO.(CH^2)^3CH^2OH,$$

liquide à odeur camphrée qui bout en se décomposant à 155°, est la cétone qui correspond à ce glycol. On prépare cette cétone en traitant le bromure de triméthylène par le dérivé sodé de l'éther acétylacétique et décomposant le produit de la réaction par l'acide chlorhydrique concentré et bouillant. — Un autre glycol h. est connu sous le nom de *dihydrate de biallyle* et répond à la formule

$$CH^3.CHOH.CH^2.CH^2.CHOH.CH^3.$$

Il est liquide, soluble dans l'eau, et bout vers 215°. Pour le préparer, on traite le biallyle par l'acide iodhydrique, de manière à le transformer en di-iodhydrate de biallyle, qu'on traite ensuite par l'oxyde d'argent humide. — La *pinacone* (Voy. ce mot) est aussi un glycol h.

HEXYLIQUE. adj. 2 g. [Pr. *eg-zi-lik*]. T. Chim. Les composés hexyliques dérivent des hexanes et contiennent le radical *hexyle* C^6H^{13}. Nous grouperons ces composés avec les alcools hexyliques, qui ont pour formule générale $C^6H^{13}OH$, et dont nous parlerons en alcools primaires, secondaires et tertiaires. A chaque alcool primaire correspond une aldéhyde h. et un acide caproïque. A chaque alcool secondaire correspond une cétone h. Les *chlorures; bromures et iodures d'hexyle* sont des dérivés mono-halogénés des hexanes. Les chlorures et les bromures peuvent s'obtenir soit en faisant agir le chlore ou le brome sur les hexanes, soit en traitant les alcools hexyliques par le perchlorure ou le perbromure de phosphore. Les iodures hexyliques se préparent en traitant les alcools hexyliques par l'iode et le phosphore en présence de l'eau.

L'*alcool hexylique normal primaire* $C^6H^{13}OH$ est contenu, à l'état d'éther butyrique, dans l'essence d'Heracleum; on peut l'isoler en saponifiant cet éther par la potasse. Il est liquide, peu soluble dans l'eau, doué d'une odeur aromatique; il bout à 157°. Les agents oxydants le transforment en acide caproïque. Voy. Caproïque. La distillation sèche du caproate de calcium fournit *l'aldéhyde hexylique normal* sous la forme d'un liquide limpide, bouillant à 128°. — Le *chlorure* correspondant à cet alcool bout à 135°; il se forme quand on fait agir le chlore sur l'hexane normal du pétrole. L'*iodure* est un liquide incolore, rougissant à la lumière, bouillant à 152°. Le bromure bout à 156°.

L'*alcool isohexylique* $CH^2OH.CH^2.CH^2.CH(CH^3)^2$ bout à 150°. Il correspond à l'acide isocaproïque et se prépare en hydrogénant l'aldéhyde correspondante. Cette *aldéhyde isohexylique* ou *isocaproïque* est un liquide limpide, bouillant à 128°, qui se forme dans la distillation sèche de l'isocaproate de calcium.

L'*alcool méthyléthylpropylique*

$$CH^2OH.CH^3.CH(CH^3).C^2H^5$$

est un liquide dextrogyre, bouillant vers 154°, qu'on extrait par saponification de l'essence de camomille romaine. Oxydé par le mélange chromique, il se transforme en *acide méthyléthylpropionique* $CO^2H.CH^2.CH(CH^3).C^2H^5$ qui bout à 197°.

L'action du chlore sur le biisopropyle (l'un des hexanes) fournit un *chlorure hexylique* bouillant à 124°, que la saponification convertit en un alcool hexylique primaire. Cet alcool répond à la formule $CH^2OH.CH(CH^3).CH(CH^3)^2$. Il bout vers 150°. Par oxydation, il donne de l'*acide méthylisopropylacétique*, liquide bouillant à 190°.

Alcools hexyliques secondaires. — En chauffant la mannite avec de l'acide iodhydrique, on obtient un *iodure* h. secondaire $CH^3.CH.C^4H^9$ que l'oxyde d'argent humide transforme en *méthylbutylcarbinol* $CH^3.CHOH.C^4H^9$. Cet alcool secondaire, qu'on peut aussi préparer par la saponification de son chlorure, est un liquide épais, à odeur agréable; il bout vers 140°. Il se forme en petite quantité, dans la transformation de la glucose par l'amalgame de sodium. Les agents oxydants le convertissent en *méthylbutylcétone* $CH^3.CO.C^4H^9$, liquide à odeur aromatique, qu'une oxydation plus énergique décompose en acides acétique et butyrique. — Le *chlorure* h., qui correspond à cet alcool, bout à 125°; il se forme en même temps que le chlorure normal primaire, lorsqu'on traite l'hexane normal par le chlore.

L'*éthylpropylcarbinol* $C^2H^5.CHOH.C^3H^7$ est un liquide bouillant à 135°, peu soluble dans l'eau. On le prépare en hydrogénant sa cétone. Celle-ci, appelée *éthylpropylcétone*, s'obtient par la distillation sèche du butyrate de calcium, ou par l'action du zinc-éthyle sur le chlorure de butyryle. Elle bout à 123°. Elle ne se combine pas au bisulfite de sodium. L'oxydation la convertit en acide propionique. — L'*iodure* correspondant bout à 165°.

L'*alcool pinacolique* $(CH^3)^3C.CHOH.CH^3$ s'obtient par l'hydrogénation de sa cétone, qui est connue sous le nom de *pinacoline*. Voy. ce mot. Il cristallise en aiguilles soyeuses, d'une odeur camphrée, d'une saveur brûlante. Il fond à 4° et bout à 120°. — Son *chlorure* bout à 114°; son *iodure* à 142°.

Alcools hexyliques tertiaires. — Le *diméthylpropylcarbinol* se prépare en traitant le chlorure de butyryle par le zinc-méthyle; il répond à la formule $(CH^3)^2COH.C^3H^7$. C'est un liquide à odeur camphrée, bouillant à 123°. L'oxydation le décompose en acide propionique et anhydride carbonique. — Son *chlorure* bout à 110°. Son *iodure* bout à 142° en se décomposant.

Le *diéthylméthylcarbinol* $CH^3.COH(C^2H^5)^2$ résulte de l'action du zinc-éthyle sur le chlorure d'acétyle. Il bout à 120°. L'oxydation le décompose en acide acétique. — Son *chlorure* bout à 110°; son *iodure* à 144°.

Le *diméthylisopropylcarbinol* $(CH^3)^2COH.CH(CH^3)^2$, obtenu en traitant le chlorure d'isobutyryle par le zinc-méthyle, est un liquide à odeur camphrée, bouillant à 118°. — Son *chlorure* bout à 111°; son *iodure* est solide à 0° et bout à 142°.

HEYNE (Christian Gottlob), célèbre philologue allemand, auteur d'une édition de Virgile (1729-1812).

HEYRIEUX, ch.-l. de c. de l'Isère, arr. de Vienne; 1,500 hab.

HEZAREH (Les), nom d'une peuplade de l'Afghanistan, habitant les montagnes entre Caboul et Hérat.

HIA, nom de la première dynastie chinoise.

HIANTICONQUE. adj. 2 g. (lat. *hians*, bâillant; *concha*, conque). T. Zool. Se dit des Mollusques dont la coquille bivalve est bâillante.

HIATUS. s. m. [Pr. l'*s*] (lat. *hiatus*, m. s., de *hiare*, bâiller). T. Gram. Voy. ci-après. || T. Méd. Nom donné par les anatomistes à quelques ouvertures. L'*h. de Fallope*, situé à la face antéro-postérieure du *rocher* et qui donne passage aux nerfs *pétreux*. || Fig., Solution de continuité entre les scènes d'une pièce de théâtre, les degrés d'une généalogie, etc.

Gram. — En termes de Grammaire, on donne le nom d'*h.* à la rencontre de deux voyelles sonores, qui sont placées, l'une à la fin d'un mot, et l'autre au commencement du mot suivant, lorsque la première ne s'élide pas. Ainsi il y a un h. dans cette phrase, *Il allait à Athènes*, et il n'y en a pas dans cette autre, *Elle est tombée à la renverse.* L'h. est rigoureusement proscrit dans la poésie, mais il n'en est pas de même pour la prose. Quand on écrit en prose ou quand on parle, on doit simplement éviter certaines sortes d'h. qui font véritablement cacophonie, comme serait par ex. cette phrase, *Il a eu une peur épouvantable.* La règle qui proscrit l'h. en poésie, avons-nous dit, est absolue. Toutefois elle n'est rigoureusement observée que depuis le XVII° siècle. Ainsi, Marot a écrit sans encourir de son temps aucun reproche :

Un doux nenni avec un doux sourire.

Il n'y a pas d'h. lorsque les deux voyelles sont séparées par un *e* muet qui s'élide :

La *mêlée*, *effroyable* et vivante broussaille.

Victor Hugo.

La rencontre d'un son nasal avec une voyelle au commencement du mot suivant est tolérée en poésie, bien qu'elle forme pour l'oreille un véritable h. Ainsi Racine a pu écrire :

Celui qui met un frein à la fureur des flots.

Pour éviter l'h., il faudrait lier l'n et prononcer *un frein na...*

L'h muette n'étant qu'un signe orthographique et ne comptant pas dans la prononciation, elle n'empêche pas l'h., tandis que l'h aspirée, qui compte toujours pour une consonne, le rend, au contraire, impossible. Ainsi, il y a un h. dans cette phrase, *Il s'est montré habile*, et il n'y en a pas dans cette autre, *Les cendres du héros furent apportées à Rome.*

HIBBERTIE. s. f. (H. *Hibbert*, nom d'un botaniste angl.). T. Bot. Genre de plantes Dicotylédones (*Hibbertia*), de la famille des *Dilléniacées*. Voy. ce mot.

HIBERNACLE. s. m. (lat. *hibernaculum*, construction pour l'hiver). T. Bot. Toute partie servant à envelopper les jeunes pousses et à les garantir du froid. Inus.

HIBERNAL, ALE. adj. (lat. *hibernalis*, m. s.). T. Bot. S'emploie pour désigner les plantes qui végètent ou fleurissent pendant l'hiver. *Floraison hibernale.*

HIBERNANT, ANTE. adj. Qui hiberne. *Les animaux hibernants.*

HIBERNATION. s. f. [Pr. *iberna-sion*] (lat. *hibernare*, hiverner). T. Physiol. — On appelle H. ou *Sommeil d'hiver*, l'état de torpeur et d'insensibilité dans lequel certains animaux demeurent pendant l'hiver. — Chez les animaux adultes à sang chaud, la production du calorique est, jusqu'à un certain point, indépendante de la température extérieure. Ainsi, par ex., les Mammifères des régions polaires supportent un froid capable de congeler le mercure, c.-à-d. un froid de 40° centigr. et même de 46° au-dessous de zéro. Cependant il existe quelques Mammifères, comme la Marmotte, le Loir, le Muscardin, le Hamster, le Hérisson et la Chauve-Souris, qui ne conservent leur chaleur animale que lorsque la température n'est pas trop basse; et, quand l'atmosphère environnante est très froide, ils deviennent incapables de maintenir leur calorique propre, et tombent dans un état de torpeur et d'asphyxie. Ces animaux ont reçu le nom d'*hibernants.*

Les phénomènes de la vie organique sont considérablement modifiés durant l'h. En général, la respiration continue; mais elle est beaucoup plus lente et presque imperceptible. Dans le sommeil d'hiver, la Marmotte respire 7 à 8 fois par minute, le Hérisson 4 à 5, le Muscardin 9 à 10. Néanmoins, dans l'état de torpeur le plus profond, la respiration est entièrement suspendue. Suissy a trouvé qu'avant de tomber dans un état de torpeur complet, les hibernants continuent d'absorber l'oxygène de l'air atmosphérique, la quantité d'oxygène consommé diminuant à mesure que la température s'abaisse. La circulation se ralentit et se suspend également. Suissy a observé qu'au commencement et vers la fin du sommeil d'hiver, le mouvement du sang s'opère avec une extrême lenteur, et que la torpeur une fois complète, les vaisseaux capillaires des extrémités sont presque vides, les grands vaisseaux eux-mêmes n'étant remplis qu'à moitié. Ce n'est que dans les principaux troncs vasculaires qu'on aperçoit un léger mouvement ondulatoire du sang. Le cœur de la Chauve-Souris, qui bat ordinairement 200 fois par minute, ne bat, pendant l'h., que 50 à 55 fois. Pendant le sommeil d'hiver, l'irritabilité musculaire et la sensibilité diminuent progressivement : elles semblent même entièrement disparaître dans l'état de torpeur profonde. Quant aux fonctions qui ont pour but la nutrition, elles persistent, mais elles ont beaucoup moins d'activité. Les animaux hibernants consomment alors la graisse qu'ils ont amassée pendant l'automne. Prunelle a observé que, du 19 février au 12 mars, une Chauve-Souris avait perdu un trente-deuxième de son poids.

Tant que la température extérieure se maintient à 10° ou à 11° centigr., les phénomènes de l'h. n'ont pas lieu ; mais on peut les produire artificiellement, même pendant l'été, en plaçant les animaux hibernants dans des glacières, ainsi que Pallas l'a expérimenté sur la Marmotte, et Saissy sur le Hérisson et sur le Loir. D'un autre côté, ces animaux s'éveillent au cœur même de l'hiver, lorsqu'on les expose à une température de 11 à 12° cent. Il semble donc, au premier abord, que l'abaissement de la température ambiante soit la cause unique du phénomène de l'h., chez les animaux à sang chaud. Mais d'autres expériences démontrent que le sommeil d'hiver est jusqu'à un certain point indépendant de la température extérieure. Ainsi, Berthold a constaté que les Muscardins tombent dans leur sommeil d'hiver, soit qu'on les tienne dans une chambre chauffée, soit qu'on les laisse exposés à l'air libre, et qu'ils ne sortent pas de leur état léthargique, même à une température de 10° à 47° centigr. Les Loirs, d'après Czermak, continuent à dormir quand la température extérieure est à 15° au-dessus de zéro, et cependant au printemps ils s'éveillent dès que la température atteint 11°,25 centigr. au-dessus de zéro. Enfin, ils restaient encore quelques heures en léthargie, quand on les transportait dans un milieu chauffé à 31°, et ne s'endormaient pas, pendant l'été, quand un froid artificiel de 25° au-dessous de zéro.

Quelques animaux à sang froid présentent aussi le phénomène du sommeil d'hiver. J. Franklin rapporte que, dans les régions arctiques, certains Poissons tombaient instantanément dans un état de torpeur quand on les mettait sur la glace ; mais ils se ranimaient au bout de quelques heures. On voit plus fréquemment des Poissons continuer à vivre dans la glace, et même on a remarqué que l'eau qui les entoure ne gèle pas. Les Reptiles tombent dans l'état de torpeur non seulement pendant l'hiver, à l'approche duquel ils se cachent dans la terre, mais encore pendant l'été. Au reste, ce sommeil d'été des Reptiles ne s'observe que dans les pays chauds, et il cesse à la saison des pluies. — Parmi les animaux à sang chaud, on n'en connaît qu'un seul qui présente le phénomène du sommeil d'été, c'est le Tanrec de Madagascar. Voy. ESTIVATION.

En résumé, la cause de l'h. paraît être un affaiblissement général et persistant dans l'activité du système nerveux, affaiblissement qui se manifeste aux changements des saisons. L'h. semble donc appartenir à la même classe de phénomènes que la mue des Oiseaux, la chute du poil des Quadrupèdes, les migrations de certains animaux, et les changements périodiques que nous présentent un grand nombre de végétaux.

HIBERNER. v. n. [Pr. iber-ner]. T. Physiol. Passer l'hiver dans un état de torpeur et d'insensibilité. Voy. HIBERNATION.

HIBERNIE ou **IVERNIA** ou **IERNE**, nom que les anciens donnaient à l'Islande.

HIBISCUS. s. m. (gr. ἱβίσκος, m. s.). T. Bot. Voy. KET IE.

HIBOU s. m. [h asp.] T. Ornith. Oiseau de proie nocturne. Voy. CHOUETTE. || Fig. et fam., on dit d'un homme mélancolique et qui fuit la société, C'est un h., un vrai hibou.

HIC. s. m. [h asp.) (lat. hic est, c'est là). Se dit fam., en parlant de la principale difficulté d'une affaire. Voilà le hic.

HICÉTAS (DE SYRACUSE), philosophe grec, pythagoricien, enseigna, dit-on, la rotation de la Terre.

HIDA, prov. du Japon, dans la région centrale de Nippon, 100,000 hab.

HIDALGO. s. m. [h asp.] (esp. hijo de algo, fils de quelque chose). Titre que prennent en Espagne les nobles qui prétendent descendre d'ancienne race chrétienne, sans mélange de sang juif ou maure. C'est un h. Fier comme un hidalgo.

HIDALGO, prov. du Mexique central ; 404,000 hab. Cap. Pachuca (25,000 hab.)

HIDALGO (L'abbé MIGUEL), promoteur de la première guerre d'indépendance au Mexique (1747-1811).

HIDEUR. s. f. [h asp.] (vx fr. hide, frayeur, peut-être du lat. hispidosus, hérissé). Qualité de ce qui est hideux. La h. du vice. Vx.

HIDEUSEMENT. adv. [Pr. hideu-ze-man, h asp.]. D'une manière hideuse. Il est h. défiguré. Elle est h. laide.

HIDEUX, EUSE. adj. [h asp.] (même orig. que hideur). Qui est difforme, affreux, repoussant. Un spectre, un monstre h. Une figure hideuse. Ce spectacle est h. à voir. La maladie l'avait rendu h. Il m'en fit un portrait h. = Syn. Voy. AFFREUX.

HIDROTIQUE. adj. 2 g. (gr. ἱδρωτικός, m. s., de ἱδρώς, sueur). T. Méd. Qui provoque la sueur. || T. Chim. Acide h., Acide particulier contenu dans la sueur.

HIE. s. f. [h asp.] (bas-allem. heie, m. s.). T. Techn. Espèce de masse dont on se sert pour enfoncer les pavés. Voy. DEMOISELLE. || T. Blas. Figure en forme de fusée allongée, terminée par deux lignes courbées, dans les bouts se rapprochent et forment pointe avec deux anneaux saillants vers le quart de la longueur, l'un à droite, en haut, l'autre à gauche, en bas.

HIÈBLE. s. f. et m. (lat. ebulus, m. s.). Nom vulgaire du Sambucus Ebulus, de la famille des Caprifoliacées. Voy. ce mot.

HIELMAR, lac de Suède communiquant avec le lac Mœlar. 480 kil. car. de superficie.

HIELMITE. s. f. T. Minér. Tantalite stannifère.

HIÉMAL, ALE. adj. (lat. hiemalis, m. s., de hiems, hiver). Qui appartient à l'hiver.

HIÉMATION. s. f. [Pr. ...sion] (lat. hiematio, m. s., de hiems, hiver). Action de passer l'hiver. || T. Bot. Propriété des plantes qui croissent en hiver.

HIEMENT. s. m. [Pr. hi-man, h asp.]. Action de hier. || T. Acoust. Ébranlement produit dans une construction par la sonnerie des cloches, le vent, etc.

HIEMPSAL, fils de Micipsa, roi de Numidie, fut assassiné par Jugurtha (118 av. J.-C.).

HIER. adv. de temps. [Pr. ier, en une syllabe] (lat. heri, m. s.) Se dit du jour qui précède immédiatement celui où l'on est. H. matin. H. au matin. H. au soir. Il nous a quitté h. — Avant-h. Le jour d'avant celui d'hier. Je l'ai vu avant-h. — D'h. en huit, en quinze, etc., Dans huit, dans quinze jours à compter d'hier. || Se dit quelquefois d'un temps indéterminé, mais passé récemment. C'est une histoire d'h Une fortune d'h. Je le connais d'h. à peine. Il pensait h. d'une façon, demain il pensera d'une autre. || Fig., Il est né d'h., Il n'a aucune espérance.

HIER. v. a. [Pr. hi-é, h asp.] Enfoncer avec la hie. = v. n. Produire un bruit qui indique l'effort.

HIERACIUM. s. m. [Pr. hiéra-siom]. T. Bot. Voy. ÉPERVIÈRE.

HIÉRARCHIE. s. f. [h asp.] (gr. ἱεραρχία, m. s., de ἱερός, sacré ; ἀρχή, gouvernement). L'ordre et le rang des différents chœurs des anges. La h. céleste. La h. des anges. Voy. ANGE. || Ordre et subordination des divers degrés de l'état ecclésiastique. *La h. de l'Église. La h. ecclésiastique.* || Par ext., Ordre et subordination de toutes sortes de rangs, d'autorités, de pouvoirs. *La h. sociale. La h. militaire.* II. administrative. II. des pouvoirs.

HIÉRARCHIQUE. adj. 2 g. [*h* asp.]. Qui appartient à la hiérarchie. *Ordre hiérarchique.*

HIÉRARCHIQUEMENT. adv. [*h* asp.]. D'une manière hiérarchique. *L'Église a toujours été gouvernée hiérarchiquement.*

HIÉRARCHISATION. s. f. [Pr. *hiérar-chi-za-sion, h.* asp.]. T. Néol. Action de hiérarchiser; résultat de cette action.

HIÉRARCHISER. v. a. [Pr. *hiérar-chi-zer, h* asp.]. T. Néol. Établir une hiérarchie.

HIÉRARQUE. s. m. [*h* asp.] (gr. ἱεράρχης, m. s.). Chef de prêtres, d'une hiérarchie.

HIÉRATISME. s. m. Caractère hiératique, esprit hiératique.

HIÉRATIQUE. adj. 2 g. (gr. ἱερατικός, m. s., de ἱερὸς, sacré). Qui concerne les choses sacrées. *Écriture h.* Voy. HIÉROGLYPHE.

HIÉRATIQUEMENT. adv. Concernant les choses hiératiques.

HIÉROCHLOÉ. s. f. (gr. ἱερὸς, sacré; χλόη, herbe). T. Bot. Genre de plantes de la famille des *Graminées.* Voy. ce mot.

HIÉROCLÈS, juge à Nicomédie, persécuteur des chrétiens sous Dioclétien.

HIÉRODULE. s. m. (gr. ἱερόδουλος, m. s., de ἱερὸς, sacré, et δοῦλος, esclave). T. Antiq. Serviteur attaché à un temple.

HIÉROGLYPHE. s. m. (gr. ἱερὸς, sacré; γλυφὴ, gravure). T. Archéol. égyptienne. Caractères de l'écriture égyptienne. || Par extens., Chose énigmatique, Écriture illisible.

Philol. — Les Grecs nommaient ἱερογλυφικὰ γράμματα, c.-à-d. *caractères sacrés gravés,* dont nous avons tiré le mot *Hiéroglyphes,* les caractères employés dans une espèce particulière d'écriture en usage chez les anciens Égyptiens, parce que les murs des temples, les tombeaux et les palais royaux étaient généralement couverts d'inscriptions sculptées. Ils donnaient également le nom d'*Hiérogrammates* à une classe de prêtres égyptiens qui était spécialement chargée de toute la partie graphique des actes de l'administration publique.

I. — L'*Écriture hiéroglyphique* proprement dite se compose de signes représentant des images de choses réelles, reproduites dans leur ensemble ou seulement dans quelques-unes de leurs parties : corps célestes, êtres humains, animaux de toutes les classes, végétaux, meubles, armes, vases, ustensiles, outils et instruments, figures géométriques, etc. Ces divers signes, au nombre d'environ 800, constituaient les hiéroglyphes proprement dits. Tantôt on les sculptait sans les peindre; tantôt on les peignait après les avoir sculptés; dans quelques cas, on se contentait d'en dessiner les contours avec une encre de couleur, après quoi on les peignait. Les hiéroglyphes de ce dernier genre ont reçu le nom de *linéaires.* — Mais cette sorte d'écriture exigeant une connaissance assez parfaite du dessin, et étant d'ailleurs excessivement lente, on chercha à la rendre moins difficile et plus expéditive, et l'on arriva à produire une écriture toute nouvelle, que les auteurs grecs ont désignée sous le nom de *hiératique,* parce qu'elle était principalement en usage parmi les membres de la caste sacerdotale. Les signes dont l'écriture hiératique est formée sont de plusieurs sortes. Les uns ne sont que des hiéroglyphes tracés rapidement, les autres ne reproduisent que le contour principal de ces derniers, ou même seulement une de leurs parties; d'autres, enfin, sont des figures arbitraires, mais toujours très simples, qui sont destinées à représenter les hiéroglyphes les plus compliqués et ceux qui se rencontrent le plus fréquemment. L'écriture hiératique était en réalité une véritable tachygraphie hiéroglyphique, où chaque hiéroglyphe avait son correspondant. — Cette simplification en amena une autre, qui donna naissance à l'écriture *Démotique* ou *populaire,* laquelle ne différait de la précédente qu'en ce qu'elle com-

prenait uniquement les signes rigoureusement nécessaires aux usages ordinaires de la vie.

L'écriture hiéroglyphique s'employait spécialement dans les inscriptions monumentales, l'hiératique dans les manuscrits, tandis que la démotique était usitée pour les besoins généraux et ordinaires de la vie, et pour la rédaction des actes publics. Cependant on remarque fort souvent qu'une même pièce présente des caractères empruntés à chacune de ces trois sortes d'écriture. — Les signes hiéroglyphiques se disposaient tantôt de haut en bas, en colonnes verticales, tantôt de gauche à droite ou de droite à gauche, en bandes horizontales. Dans ce dernier cas, on reconnaît la direction de l'écriture en observant le côté vers lequel sont tournées les têtes des figures d'hommes ou d'animaux, et les parties saillantes, anguleuses, courbées ou renflées, des images d'objets inanimés. Quant aux signes hiératiques, on les rangeait presque toujours en lignes horizontales et se succédant de droite à gauche. Parmi les textes parvenus jusqu'à nous, il en est très peu où ils soient placés en colonnes verticales. Les trois espèces d'écritures ne présentent pas les mêmes difficultés d'exécution, il était logique de commencer leur étude par la moins compliquée. En effet, saint Clément d'Alexandrie nous apprend que, dans les écoles égyptiennes, on s'exerçait d'abord à la démotique, puis successivement à l'hiératique et à l'hiéroglyphique.

II. — Maintenant que nous connaissons la classification matérielle des caractères graphiques égyptiens, il nous reste à parler de leur expression comme signes des idées. Sous ce rapport, ils forment trois catégories distinctes, suivant qu'ils sont *figuratifs, symboliques* ou *phonétiques.*

Les caractères *figuratifs,* qu'on appelle aussi *mimiques,* exprimaient tout simplement l'idée de l'objet dont ils offraient à l'œil l'image plus ou moins fidèle et idéale ou moins idéalisée. Ainsi, l'idée d'un cheval, d'un lion, d'un obélisque, d'une couronne, d'un arc, d'une étoile, etc., était représentée graphiquement par la figure même de chacun de ces objets.

Les caractères *symboliques,* appelés aussi *tropiques* ou *énigmatiques,* exprimaient les idées abstraites par des images d'objets physiques ayant des rapports vrais ou supposés, directs ou indirects, avec les objets des idées qu'il s'agissait de rendre graphiquement. Ils se formaient de quatre manières : 1° Par synecdoche, en figurant la partie pour le tout. Ainsi, deux bras tenant, l'un un bouclier, l'autre un trait ou une pique, signifiaient le *combat* ou une *armée;* une tête de bœuf, un *bœuf;* les prunelles de l'œil, les *yeux,* etc. 2° Par métonymie, en représentant la cause pour l'effet, l'effet pour la cause, ou l'instrument pour l'ouvrage produit. Ainsi, en exprimait l'action de *voir* par deux yeux humains; le *feu,* par une colonne de fumée sortant d'un réchaud; le *mois,* par le croissant de la lune vu les cornes en bas; l'*écriture,* par un roseau ou un pinceau avec un vase à encre ou une palette de scribe; etc. 3° Par métaphore, en représentant un objet qui avait quelque similitude réelle ou supposée avec l'idée à exprimer. D'après cela, un épervier signifiait la *sublimité,* à cause de la hauteur de son vol; un vautour la *mère,* parce que cet oiseau aimait ses petits au point de les nourrir de son propre sang; une abeille, le *roi,* parce que cet insecte est soumis à un gouvernement régulier; etc. 4° Par énigmes, en employant des images d'objets physiques n'ayant que des rapports excessivement éloignés, et souvent même de pure convention, avec l'objet de l'idée à exprimer. La *justice,* par ex., était figurée par une plume d'autruche, parce que, disait-on, toutes les plumes de cet oiseau sont égales; l'*année,* par un rameau de palmier, parce qu'on supposait que cet arbre poussait douze rameaux par an; *Dieu,* par un épervier perché sur une enseigne et souvent armé d'un fouet; *maître* ou *seigneur,* par un sphinx ou par une corbeille de joncs de couleurs variées, etc.

Les caractères *phonétiques* représentaient, non des idées, mais des sons ou des articulations. On en compte plus de 200, dont 100 purement alphabétiques et les autres syllabiques. Voici, suivant Champollion, comment on procéda pour les déterminer. « Habituée à une écriture idéographique, peignant les idées et non les sons de la langue, l'Égypte ne pouvait s'élever du premier bond à la simplicité tout arbitraire de nos alphabets. Obligée de combiner la forme des nouveaux signes, c.-à-d. des signes phonétiques, avec ceux dont elle avait déjà consacré l'usage par une longue pratique, elle ne renonça pas à la figure des objets naturels, elle en confirma l'emploi, et décida seulement, après avoir analysé les syllabes de son langage et en avoir décomposé les sons jusqu'aux plus simples éléments, qui sont les lettres, que la *figure* d'un objet dont le *nom* dans la langue parlée commencerait par la voix *a,* serait dans l'écriture le caractère A; que la *figure* d'un objet, dont le *nom* dans la langue parlée commencerait par l'articulation b, serait dans l'écriture le caractère B, et ainsi de suite.» En conséquence, dans l'écriture phonétique, l'aigle, qui se nommait *Ahôm* en égyptien, devint la lettre A; une cassolette, *Berbe*, la lettre B; la bouche, *Rô*, la lettre R; un lion couché, *Lubo*, la lettre L; une main, *Tot*, la lettre T; un scarabée, *Thôré*, la double consonne TH; etc. L'application de ce principe permettait d'exprimer le même son par différents signes. La lettre R, par ex., pouvait être représentée par une bouche, *Rô*, par une fleur de grenadier, *Roman*, ou par une larme, *Rime*. Toutefois, l'emploi de ces divers caractères n'était pas abandonné au caprice des scribes. Il n'y avait qu'un certain nombre de signes *homophones*, ou représentant le même son, qui pouvaient s'employer les unes pour les autres, et leur nombre était fixé d'avance. A l'origine, l'adoption de

plus grandes époques de l'histoire d'Égypte, c.-à-d. sous les Pharaons, les Lagides et les empereurs romains. Il importe de se rappeler, pour le déchiffrement des inscriptions égyptiennes, que, parmi les caractères qui composent l'écriture de l'ancienne Égypte, ce sont les signes phonétiques qui dominent dans tous les textes hiéroglyphiques; ils s'y trouvent dans la proportion des deux tiers, le reste appartenant, par portions à peu près égales, aux signes hiéroglyphiques et aux signes figuratifs. L'emploi même de ces deux dernières catégories de signes n'a le plus souvent lieu que pour faciliter l'intelligence, ou compléter la signification des caractères phonétiques.

Comme celle de tous les autres peuples, l'écriture égyptienne a éprouvé diverses modifications successives. Sans entrer dans des détails qui nous sont interdits par le cadre de notre livre, il nous suffira de dire que l'âge classique de cette écriture

A.O.E.	AI.EI.I.	Ô. OU.	B.	K.	T.	R.L.	M.	N.	P.	S.	SCH.	F.	KH.	H.

ces signes multiples pour représenter une même voix, n'avait eu sans doute pour but que de rendre plus facile et plus élégante la disposition des caractères hiéroglyphiques; mais ils devinrent d'un usage si fréquent dans les derniers temps de la domination grecque en Égypte et sous les empereurs romains, que l'on a trouvé, sur des monuments de cette époque, le nom de Latopolis, ville de la Thébaïde, écrit de dix manières différentes. Mais on ne rencontre pas seulement dans l'écriture phonétique des signes divers employés pour exprimer une même lettre, on voit encore certaines lettres employées les unes pour les autres. Ainsi, les signes de l'articulation R servent indifféremment à noter l'articulation L, ceux du G à exprimer le C, ceux du P à représenter l'H, etc. — Malgré cette complication, il est en général assez facile de trouver la valeur des signes-consonnes de l'écriture égyptienne mais il n'en est pas de même pour les voyelles. Comme dans les langues sémitiques, arabe, hébraïque, etc., la plupart des voyelles médiales des mots sont habituellement omises, et lorsqu'elles sont exprimées, leur son n'a guère plus de fixité que celui des signes-voyelles dans les alphabets hébreu et arabe.

Le tableau précédent contient l'alphabet phonétique c.-à-d. les éléments essentiels de la représentation des sons aux trois

s'étend de la XVIIIe à la XXe dynastie (1822 à 1279 av. J.-C.) Les textes de cette période sont les plus faciles à comprendre. Antérieurement, le laconisme exagéré du style et la grossièreté des formes, et postérieurement, l'abus des signes homophones et l'emploi de néologismes introduits par le caprice des hiérogrammates, rendent le déchiffrement très laborieux, souvent même impossible. Enfin, des trois divisions horizontales que présente le tableau, la première, en allant de haut en bas, renferme les signes employés dans les plus anciens styles; la seconde, ceux qui ont été d'usage aux époques postérieures; et la troisième, ceux dont se sont servis plus particulièrement les scribes de l'époque grecque et de l'époque romaine.

III. — Nous terminerons ce que nous avons à dire sur l'écriture égyptienne par quelques mots sur la manière d'écrire les noms propres. Les noms d'hommes sont suivis d'un signe représentant une figure humaine accroupie ou assise, et ayant un bras tendu ou une espèce de fouet entre les jambes (Fig. 1. *Sextus*, nom romain qui se lit SKSTS). Ceux de femmes sont indiqués par une figure semblable, mais ayant les bras collés le long du corps, ou une fleur de lotus entre les jambes (Fig. 2. *Daphné*, nom grec qui se lit TAPNAI). Les noms de souverains sont entourés d'un encadrement ovale, que les Égyptiens appelaient *Ran*, et auquel les savants modernes ont donné le nom de *Cartouche*. Ces cartouches sont tantôt verticaux, tantôt horizontaux. Ils présentent ordinairement un mélange de signes phonétiques et figuratifs, mais leur lecture est quelquefois très difficile, parce que souvent l'artiste qui les a tracés s'est écarté des règles ordinaires pour donner de la symétrie à son travail (Fig. 3. *Ptolémée*, Ptolmès; tiré de la pierre de Rosette. 4. *Rhamsès* ou *Rhamessès*, Rmsss ; 5. *Amenophi*, Amnophy, tirés de la table d'Abydos). Les noms des pays et des villes sont annoncés par deux signes représentant, l'un, un cercle divisé par deux diamètres qui se croisent à angles droits ; l'autre, la coupe d'une chaîne de montagnes. En

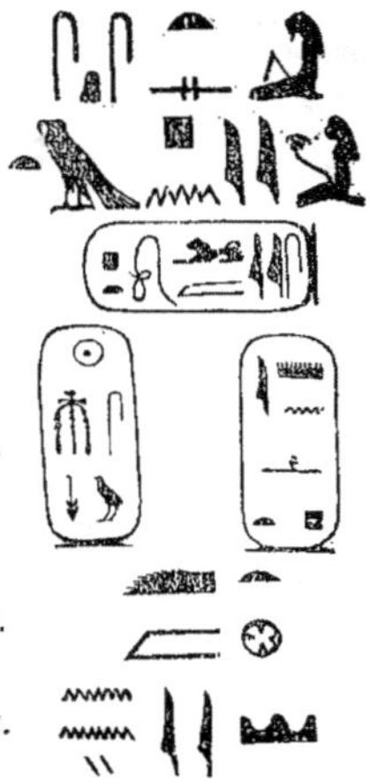

Fig. 1.

Fig. 2.

Fig. 3.

Fig. 4.   Fig. 5.

Fig. 6.

Fig. 7.

outre, quand ces pays ou ces villes sont situés hors de l'Égypte, le signe ordinaire est souvent surmonté d'un casse-tête (Fig. 6. *Keme* ou l'Égypte, km ; 7. *Ninive*, Nniai). Dans les grands bas-reliefs historiques, le cartouche qui contient le nom d'une nation hostile est orné extérieurement d'une ligne de palissades. Enfin, ce cartouche est constamment porté par un prisonnier peint à mi-corps, et les liens qui attachent ce dernier se terminent par une fleur de lotus, s'il s'agit d'un peuple africain, et par une houppe de papyrus, s'il s'agit d'un peuple européen ou asiatique.

IV. — L'écriture hiéroglyphique fut abandonnée quand le christianisme s'introduisit en Égypte. Les Égyptiens la remplacèrent alors par l'alphabet grec, auquel ils se contentèrent d'ajouter certaines lettres pour exprimer quelques articulations particulières à leur langue. Une fois hors d'usage, les hiéroglyphes cessèrent bientôt d'être compris, et, pendant 1,500 ans environ, nul ne songea à les déchiffrer. Les Arabes, maîtres de l'Égypte, n'y virent que des signes cabalistiques, et leur donnèrent le nom d'*écriture des oiseaux*, à cause de la forme d'un grand nombre d'entre eux. Au XVIIe siècle, le savant jésuite Kircher essaya le premier, mais sans succès, d'en découvrir la signification (1652), il eut le tort de considérer l'ancienne écriture égyptienne comme purement idéographique, et de ne pas tenir compte de divers passages d'écrivains grecs, entre autres de Clément d'Alexandrie, qui lui auraient peut-être fait éviter une partie de ses erreurs. L'étude de l'écriture égyptienne ne pouvait d'ailleurs mener à des résultats satisfaisants, tant qu'on négligeait de rechercher quelle langue parlaient les Égyptiens d'autrefois. Jablonski eut cette heureuse idée, et le premier (1750) il démontra l'affinité profonde de l'ancien égyptien avec le copte moderne. En 1797, le Danois Zoëga releva tous les caractères qui existaient sur les monuments égyptiens, et ayant reconnu qu'ils ne s'élevaient pas à plus de 800, les trouva bien peu nombreux pour une écriture idéographique, et soupçonna que plusieurs pouvaient avoir une valeur phonétique. Deux ans après (août 1799), la découverte de la *Pierre de Rosette* par

les Français vint tout à coup donner le moyen de résoudre la question. La pierre ainsi nommée est un bloc de granit de forme rectangulaire qui porte trois inscriptions en trois espèces de caractères, hiéroglyphiques, démotiques et grecs. Comme le texte grec n'était que la traduction des deux autres, on eut ainsi un interprète fidèle des hiéroglyphes, tu qu'on n'avait pas encore possédé. Malgré cela, les recherches de Sylvestre de Sacy et d'Akerblad (1802) ne donnèrent que de très médiocres résultats. En 1814, l'illustre physicien anglais Young détermina le sens de 5 signes et devina celui de 77 autres ; mais, désespérant de vaincre les difficultés inhérentes au sujet, il finit par conclure que les hiéroglyphes étaient essentiellement idéologiques, excepté dans le cas des noms propres. Enfin, en 1821 et 1822, parurent les travaux de Champollion jeune, qui, par la comparaison de l'inscription de Rosette avec des monuments semblables découverts à Philæ, à Esné et ailleurs, reconnut l'existence de trois écritures hiéroglyphique, hiératique et démotique, et détermina leur valeur graphique et presque toutes leurs formes grammaticales. C'est donc à ce savant qu'appartient la gloire d'avoir complètement dévoilé le mystère qui jusqu'alors avait entouré l'écriture des anciens Égyptiens. Les travaux qui ont été exécutés depuis sur le même sujet par Rosellini, Lepsius, Bunsen, de Rougé, Prisse d'Avesnes et autres savants, n'ont fait que compléter, confirmer ou développer les principes posés par Champollion.

HIÉROGLYPHÉ, ÉE. adj. Marqué d'hiéroglyphes.

HIÉROGLYPHIQUE. adj. 2 g. (gr. ἱερογλυφικός, m. s., de ἱερός, sacré ; γλύφω, je grave). Qui appartient à l'hiéroglyphe. *Caractère h. Symbole h.* || Qui se compose d'hiéroglyphes. *Écriture h.* Voy. Hiéroglyphe.

HIÉROGLYPHISME. s. m. (R. *hiéroglyphe*). Peinture d'objets matériels figurés aussi exactement que possible, et servant d'écriture. || Représentation de certaines choses par des analogies plus ou moins lointaines avec d'autres choses. *L'h. perpétuel sur lequel se fonde l'expression des sentiments humains* (E. Renan).

HIÉROGRAMMATE. s. m. [Pr. *iérogram-mate*] (gr. ἱερογραμματεύς, m. s., de ἱερός, sacré, et γράφειν, écrire). T. Antiq. Scribe égyptien. Voy. Hiéroglyphe.

HIÉROGRAMMATIQUE. adj. 2 g. [Pr. *iérogram-matik*]. Voy. Hiératique.

HIÉROGRAMMATISTE. s. m. [Pr. *iérogram-matiste*]. Syn. d'*Hiérogrammate*. Voy. ce mot.

HIÉROGRAMME. s. m. (gr. ἱερός, sacré ; γράμμα, écriture). Caractère propre à l'écriture hiératique.

HIÉROGRAPHIE. s. f. (gr. ἱερός, sacré ; γράφω, j'écris). Description des différentes religions.

HIÉROGRAPHIQUE. adj. 2 g. Qui a rapport à la hiérographie.

HIÉROLOGIE. s. f. (gr. ἱερός, sacré ; λόγος, discours). Étude, connaissance des diverses religions. || Bénédiction nuptiale chez les chrétiens grecs et chez les juifs.

HIÉROLOGIQUE. adj. 2 g. Qui appartient à l'hiérologie.

HIÉROMNÉMON. s. m. (gr. ἱερός, sacré ; μνήμων, scribe des archives). T. Antiq. Nom des députés envoyés à l'assemblée des Amphictyons, pour y remplir le rôle de greffiers sacrés. Voy. Amphictyons.

HIÉRON, nom de deux princes ou tyrans de Syracuse (478-467 ; 270-216 av. J.-C.).

HIÉRONIQUE. s. m. (gr. ἱερός, sacré ; νίκη, victoire). T. Antiq. Titre donné à un athlète vainqueur dans l'une des quatre grandes solennités de la Grèce. Voy. Athlète.

HIÉRONYME, roi de Syracuse, né en 231 av. J.-C.

HIÉRONYMITES. s. m. pl. (lat. *Hieronymus*, Jérôme). T. Hist. rel. Nom générique de plusieurs ordres religieux désignés aussi sous le nom d'*Ermites de Saint-Jérôme*.

HIÉROPHANTE. s. m. (gr. ἱερός, sacré; φαίνω, je n mni-feste). T. Antiq. Prêtre de Cérès. Voy. Cérès.

HIÉROPHANTIDE. s. f. Prêtresse de Cérès, à Athènes, subordonnée à l'hiérophante.

HIÉROSCOPIE. s. f. (gr. ἱερός, sacré; σκοπεῖν, examiner). Divination fondée sur l'inspection des victimes et de ce qu'il se passait dans les sacrifices.

HIGHLANDS, c.-à-d. Terres hautes, partie septentrionale et montagneuse de l'Écosse, dont les habitants, Highlanders, restèrent longtemps à demi sauvages.

HIGH-LIFE. s. m. [Pr. haï-la-ïfe] (angl. high, élevé; life, vie). Locution anglaise désignant la manière de vivre des hautes classes.

HIGO, prov. du Japon, dans l'île de Kiousiou; 975,000 hab.

HIGOUMÈNE. s. m. (gr. ἡγούμενος, m. s.). Désignation des supérieurs des monastères dans la religion grecque orthodoxe.

HIKONE, ville du Japon, sur le lac d'Omi; 27,700 hab.

HILAIRE. adj. 2 g. T. Bot. Qui a rapport au hile.

HILAIRE (Saint), évêque de Poitiers, m. en 367, fut le grand adversaire des Ariens. Fête le 10 septembre.

HILAIRE (Saint), pape de 461 à 467.

HILAIRE-DU-HARCOUËT (Saint-), ch.-l. de c. (Manche), arr. de Mortain; 3,900 hab.

HILARANT, ANTE. adj. (lat. hilarans, part. de hilarare, égayer). Qui excite à la gaieté. || T. Chim. Gaz h. Voy. Azote (Protoxyde d').

HILARE. adj. 2 g. (lat. hilaris, m. s.). Qui a une douce gaieté.

HILARION (Saint), fondateur de la vie monastique en Palestine (288-372). Fête le 21 octobre.

HILARITÉ. s. f. (lat. hilaritas, m. s., de hilaris, joyeux). Joie douce et calme. Une physionomie pleine d'h. || Gaieté subite, inattendue. A ces mots, il y eut dans l'assemblée un mouvement d'h. L'h. fut générale.

HILDEBRAND, pape. Voy. Grégoire VII.

HILDEGARDE (Sainte), abbesse de Disibodenberg, réformatrice et mystique célèbre (1098-1179). Fête le 17 septembre.

HILDESHEIM, v. du Hanovre (Prusse); 33,500 hab.

HILE. s. m. [h asp.] (lat. hilum, m. s.). T. Bot. Nom donné à la cicatrice que le funicule laisse toujours sur le tégument de la graine en se détachant pour rendre la graine libre à sa maturité. Voy. Graine. || T. Anat. Point où un vaisseau s'attache à un viscère. H. du poumon, du foie.

HILIFÈRE. adj. 2 g. (fr. hile; lat. ferre, porter). T. Bot. Qui porte un hile.

HILL (Mathew-Davenport), célèbre jurisconsulte anglais (1792-1872).

HILL (Sir Rowland), administrateur anglais, inventeur du timbre-poste (1795-1879).

HILLEBRAND (Karl), historien allemand (1829-1884).

HILLEL l'ancien, célèbre docteur juif, né à Babylone vers 112 av. J.-C.

HILLEL le jeune, docteur juif du IV° siècle.

HILOIRE. s. f. (esp. eslora. m. s.). T. Mar. Bordage qui va de l'avant à l'arrière d'un navire, cloué de chaque côté sur les baux.

HILON. s. m. (lt. hile). Hernie de l'iris au travers de la cornée perforée.

HILOSPERME. adj. 2 g. (fr. hile; gr. σπέρμα, graine). T. Bot. Dont la graine a un très large hile.

HILOTE ou **ILOTE.** s. m. T. Hist. grecque. Les Hilotes (Εἵλωτες) étaient une classe de serfs particulière à Sparte. Suivant Pausanias, ils tiraient leur origine de la population de la ville d'Hélos, en Laconie, dont les habitants auraient été réduits en servage après une révolte malheureuse contre les Spartiates; mais les habitants de Ἑλος s'appelaient Ἑλεῖοι, ou Ἑλεῖται et non Εἵλωτες. On a aussi fait venir le mot Hilotes de ἕλη, marais, de sorte qu'il signifierait les habitants des basses terres. Enfin, Müller considère ce même mot comme synonyme de prisonniers, et le fait dériver du verbe ἑλεῖν, prendre. Les anciens historiens grecs pensaient que les Hilotes étaient des Achéens qui, ayant à l'époque de l'invasion dorienne défendu leur indépendance jusqu'à la dernière extrémité, avaient été punis de leur résistance opiniâtre par la perte de la liberté. Toutefois Müller les croit une race aborigène, déjà réduite en esclavage à l'époque de cette invasion, et qui passa immédiatement, en conservant la même condition, sous la domination des conquérants étrangers; mais, ainsi que le remarque Thirlwall, cette théorie a le défaut de ne pas expliquer l'inimitié qui existait entre les Hilotes et leurs maîtres.
— Les Hilotes appartenaient à l'État, qui, tout en mettant leur travail à la disposition des particuliers, retenait le droit exclusif de les affranchir. Ils étaient attachés à la glèbe, ne pouvaient être vendus sans la terre elle-même. Ils habitaient, par groupes peut-être de cinq ou six ménages, le lot de terre (κλῆρος) qui constituait la propriété de chaque citoyen spartiate. Ils cultivaient le sol et payaient à leurs maîtres une redevance en nature qui avait été fixée, à une époque très ancienne, à 82 médimnes d'orge et à une certaine quantité de vin et d'huile par année et par héritage. Ils étaient également tenus de servir leurs maîtres aux repas publics établis par les lois de Lycurgue. Enfin, beaucoup d'entre eux étaient employés aux travaux que l'État faisait exécuter. — En temps de guerre, les Hilotes faisaient le service de troupes légères ou Psilites (ψιλοί), et, sur le champ de bataille, un certain nombre d'entre eux formaient comme la garde particulière de chaque Spartiate. A la bataille de Platée, par ex., chaque Spartiate avait auprès de lui sept Hilotes. Ceux qui avaient cette dernière destination étaient appelés θεράποντες (qui se tiennent autour), et l'un d'eux recevait la dénomination particulière de θεράπων, c.-à-d. servant d'armes, mot que les Doriens employaient aussi comme terme générique, pour désigner tout esclave armé. Les Hilotes ne servaient comme Hoplites que dans les circonstances graves, et il était alors considéré d'usage de les affranchir. Ils furent appliqués pour la première fois à ce genre de service, quand Brasidas alla faire le siège d'Amphipolis (424 av. J.-C.). — Les historiens grecs représentent les Hilotes comme soumis au traitement le plus barbare. Ainsi, Myron dit qu'on leur imposait les travaux les plus dégradants, qu'on les obligeait à porter un bonnet de peau de chien et des vêtements de peau de mouton, et qu'on les fouettait chaque année, même sans qu'ils eussent commis aucune faute, pour leur rappeler qu'ils étaient esclaves. Bien plus, si quelqu'un d'eux se distinguait par des qualités supérieures à sa condition, on le mettait à mort : on punissait même le maître qui ne faisait pas périr celui d'entre ses Hilotes qui était susceptible de porter quelque ombrage à Sparte. Plutarque ajoute qu'on les forçait à s'enivrer et à exécuter des danses obscènes devant les jeunes Spartiates, afin d'inspirer à ceux-ci l'horreur de l'ivresse. Ces atrocités, que les défenseurs modernes des institutions de Sparte ont vainement essayé d'atténuer en accusant d'exagération les historiens anciens, étaient le résultat de la terreur permanente que les Hilotes inspiraient à leurs maîtres, beaucoup moins nombreux qu'eux-mêmes. C'est également par cette terreur seule qu'on peut expliquer l'abominable institution de la Cryptie. De temps à autre, lorsque le gouvernement trouvait que le nombre des esclaves croissait outre mesure, ou redoutait quelque entreprise de leur part, on donnait mission à la jeunesse spartiate d'aller à la chasse aux Hilotes. Au jour dit, les jeunes gens de Sparte se dispersaient dans tout le territoire de la Laconie, armés de poignards et emportant avec eux les vivres nécessaires. Durant le jour, ils se tenaient cachés; mais la nuit venue, ils parcouraient les routes et massacraient les Hilotes qu'ils rencontraient, ou bien ceux qui étaient désignés à leur poignard. D'autres fois, ils allaient en troupe et en plein jour attaquer les Hilotes pour se défaire de ceux qui se distinguaient par leur force et par leur courage. Enfin, le

gouvernement de Sparte avait parfois même recours à la perfidie la plus odieuse. Ainsi, suivant ce que rapporte Thucydide, deux mille Hilotes ayant rendu des services signalés dans une guerre, on les convoqua à Sparte sous prétexte de les affranchir ; mais, quand ils furent réunis, on les massacra jusqu'au dernier. — Les Hilotes affranchis ne jouissaient point des mêmes droits politiques que leurs anciens maîtres. Ils formaient même alors plusieurs classes, dont Athénée nous a conservé les noms. Ainsi, les ἄφεται ne devaient probablement aucun service ; les ἐρυκτῆρες accompagnaient leurs anciens maîtres à la guerre et formaient sa suite ; les δεσποσιοναύται étaient attachés à la flotte ; enfin, les νεοδαμώδεις ne jouissaient que d'une liberté provisoire. Indépendamment de ces catégories, il y avait les μόθωνε; ou μόθακες, qui étaient des esclaves domestiques élevés avec les jeunes Spartiates, et qui étaient ensuite affranchis.

HIMALAYA (Monts), chaîne de montagnes de l'Asie centrale, entre la Chine et l'Hindoustan, dont le point culminant (mont *Everest* ou Gaorisankar), a 8,890 mètres d'altitude.

HIMALAYEN, ENNE. adj. [Pr. *imala-i-in*]. Qui a rapport à l'Himalaya.

HIMANTHALIE. s. m. (gr. ἱμας, ἱμάντος, lanière; ἅλιος, marin). T. Bot. Genre d'Algues de la famille des *Fucacées.* Voy. ce mot.

HIMANTOCÈRE. adj. 2 g. (gr. ἱμας, ἱμάντος, lanière ; κέρας, corne). T. Zool. Dont les antennes sont en forme de lanière.

HIMANTOPODE. adj. 2 g. (gr. ἱμας, ἱμάντος, lanière; πούς, pied). T Zool. Qui a les jambes très longues.

HIMÉRANTHUS. s. m. (gr. ἱμερος, charme; ἄνθος, fleur). T. Bot. Genre de plantes de la famille des *Solanacées.* Voy. ce mot.

HINCMAR, archevêque de Reims au IXᵉ siècle (806-882).

HINDOUISME. s. m. Caractère, ensemble des croyances et des institutions de l'Inde. || La religion des Indiens.

HINDOU-KOH, ancien Paropamisus, chaîne de montagnes entre l'Afghanistan et la Tartarie.

HINDOUSTAN, vaste péninsule de l'Asie Méridionale, entre le golfe de Bengale à l'est et la mer d'Oman à l'ouest. Voy. Inde.

HINDOUSTANI. s. m. Langue parlée dans l'Hindoustan. Philol. — La langue hindoustani, aujourd'hui parlée et comprise par cent trente millions d'hommes, peut être considérée comme l'idiome national de l'Hindoustan. Les Anglais l'ont adoptée pour langue administrative et diplomatique. Le bas peuple parle une sorte de patois nommé par les Anglais *moors*, et par les Français *maure*. L'h. dérive manifestement du sanscrit, sans doute par l'intermédiaire du pracrit. Il est probable qu'il s'est formé d'un des nombreux dialectes qui prirent naissance dans le pracrit. Avant l'invasion musulmane dans l'Inde, on parlait dans l'Hindoustan un grand nombre de dialectes plus ou moins éloignés les uns des autres ; mais celui qu'on parlait dans le vaste empire du Nord, dont Ganoje était la capitale, acquit de bonne heure une prééminence marquée. On l'a nommé *Indi* ou *Indoui*, ou *Hindoustani* ancien, et on le parle encore de nos jours avec une grande pureté dans le district de Braj. Les Indiens non musulmans tiennent à cœur de le savoir et de l'employer. C'est de l'Indi que dérive l'h.; seulement, la langue a subi une modification profonde à la suite de l'invasion musulmane et de la conquête de Mahmoud le Ghasnévide. Ces modifications ont porté plutôt sur le vocabulaire, qui s'est encombré d'une foule de mots arabes, mongols et persans, que sur les procédés grammaticaux, qui reposent sur les principes fondamentaux du sanscrit sans en avoir cependant conservé la structure savante et compliquée. L'h. moderne admet deux genres pour les substantifs, qui se déclinent suivant six cas. La conjugaison des verbes est restée assez riche ; elle admet cinq modes et dix temps. La langue s'écrit à volonté au moyen de deux alphabets : l'alphabet persan, qui n'est autre que l'alphabet arabe, et un système graphique emprunté au dévanagari ou ancienne écriture sanscrite. Les Hindous musulmans se servent de l'alphabet persan, et les autres de l'alphabet dévanagari.

HINDOUSTANISTE. s. m Savant qui se livre à l'étude de l'hindoustani.

HIPPANTHROPIE. s. f. (gr. ἵππος, cheval; ἄνθρωπος, homme). Manie dans laquelle le malade se croit métamorphosé en cheval.

HIPPARION. s. m. [Pr. *ip-parion*] (gr. ἱππάριον, petit cheval). T. Paléont. zool. Genre de Mammifères fossiles voisin du cheval. Voy. Descendance.

HIPPARQUE. s. m. (gr. ἵππος, cheval; ἄρχειν, commander). Général de cavalerie chez les Grecs.

HIPPARQUE, fils de Pisistrate, régna avec son frère Hippias, et fut assassiné par Harmodius et Aristogiton (514 av. J.-C.).

HIPPARQUE DE NICÉE, en Bithynie, le plus grand des astronomes de l'antiquité (IIᵉ siècle av. J.-C.), inventa l'astrolabe, découvrit la précession des équinoxes, calcula les éclipses de lune et de soleil, etc.

HIPPÉASTRE. s. m. [Pr. *ip-péastre*].T. Bot. Genre de plantes Dicotylédones (*Hippeastrum*), de la famille des *Amaryllidacées.*

HIPPEAU (Célestin), écrivain pédagogue, né à Niort (1803-1883).

HIPPÉLAPHE. s. m. [Pr. *ip-pélafe*] (gr. ἵππος, cheval; ἔλαφος, cerf). T. Mamm. Espèce de cerf vivant dans l'Asie. Voy. Cerf.

HIPPIAS, fils de Pisistrate et frère d'Hipparque, chassé d'Athènes (510 av. J.-C.), se retira chez Darius; il fut tué à Marathon.

HIPPIATRE. s. m. [Pr. *ip-piatre*] (gr. ἵππος, cheval; ἰατρός, médecin). Syn. de *Vétérinaire.*

HIPPIATRIE. s. f. [Pr. *ip-piatrie*] (R. *hippiatre*). Médecine des chevaux et des bestiaux. Syn. d'*Art vétérinaire.*

HIPPIATRIQUE. s. f. [Pr. *ip-piatrike*] (gr. ἵππος, cheval; ἰατρική, médecine). Syn. d'Art vétérinaire. — On dit aussi quelquefois *Hippiatre*, pour désigner un médecin vétérinaire.

HIPPIQUE. adj. 2 g. [Pr. *ip-pike*] (gr. ἱππικός, m. s., de ἵππος, cheval). Qui a rapport aux chevaux. *La science h. Les arts hippiques. Concours h.*

HIPPOBOSQUE. s. m. [Pr. *ip-poboske*] (gr. ἵππος, cheval; βόσκω, je pais). T. Entom. Genre de *Diptères Brachycères.* Voy. Pupipares.

HIPPOBROME. s. m. [Pr. *ip-pobrome*] (gr. ἵππος, cheval; βρῶμα, nourriture). T. Bot. Genre de plantes de la famille des *Sapindacées.* Voy. ce mot.

HIPPOCAMPE. s. m. [Pr. *ippo-kan-pe*] (gr. ἵππος, cheval; κάμπτω, je courbe). T. Icht. Genre de *Poissons osseux* appelé aussi *Chevaux marins.* Ils ont la forme d'un petit cheval appuyé debout et sont des plus gracieux. Voy. Lophobranches. || T. Anat. Grand h., dit aussi Corne d'Ammon; Petit h., dit aussi Ergol. Nom d'éminences des ventricules du cerveau. Voy. Encéphale.

HIPPOCASTANÉES. s. f. pl. [Pr. *ip-po...*] (gr. ἵππος, cheval; κάστανον, châtaigne). T. Bot. Nom donné par de Candolle à une petite famille dont l'*Æsculus Hippocastanum* était le type; elle est aujourd'hui confondue dans la famille des *Sapindacées.* Voy. ce mot.

HIPPOCENTAURE. s. m. [Pr. *ip-po-santore*] (gr. ἵππος, cheval; κένταυρος, centaure). T. Mythol. Syn. de *Centaure.* Ce dernier mot est plus usité.

HIPPOCOLLE. s. f. [Pr. *ip-poko-le*] (gr. ἵππος, cheval; fr. *colle*). Gélatine extraite de la peau du cheval ou de l'âne et qui fait la base de plusieurs médicaments.

HIPPOCRAS. s. m. [Pr. *ip-pokras*] (lat. [*vinum*] *hippo-*

craticum [vin] hippocratique). Infusion de cannelle, d'amandes douces, d'un peu de musc et d'ambre, dans du vin mêlé d'une petite quantité d'eau-de-vie, et édulcoré avec du sucre.

HIPPOCRATE, le plus grand médecin de l'antiquité, né dans l'île de Cos, a laissé de nombreux écrits (460-377 a°. J.-C.).

HIPPOCRATÉE. s. f. [Pr. *ip-po...*] (R. *Hippocrate*, nom d'homme). T. Bot. Genre de plantes Dicotylédones (*Hippocratea*, de la famille des *Célastracées*. Voy. ce mot.

HIPPOCRATÉES. s. f. pl. [Pr. *ip-po...*] (R. *Hippocratée*). T. Bot. Tribu de végétaux de la famille des *Célastracées*. Voy. ce mot.

HIPPOCRATIQUE. adj. 2 g. [Pr. *ip-po...*]. T. Méd. Qui concerne Hippocrate ou sa doctrine. *La doctrine h.* || *Face h.*, se dit du caractère particulier que présente la face chez les sujets menacés d'une mort prochaine.

HIPPOCRATISER. v. n. [Pr. *ip-po-krati-zer*]. Suivre le système d'Hippocrate.

HIPPOCRATISME. s. m. [Pr. *ip-po...*]. Voy. MÉDECINE.

HIPPOCRATISTE. s. m. [Pr. *ip-po...*]. Celui qui adopte l'hippocratisme.

HIPPOCRÈNE. s. f. [Pr. *ip-po...*] (gr. ἵππος, cheval ; κρήνη, fontaine). Fontaine du mont Hélicon, consacrée aux Muses. On l'appelait ainsi parce que le cheval Pégase, selon la Fable, la fit jaillir d'un coup de pied. Ce mot est employé fig. dans la poésie. *Il a bu des eaux de l'H.*, c'est un vrai poète.

HIPPOCRÉPIENS. [s. m. pl. [Pr. *ip-po...*] (gr. ἵππος, cheval; κρηπίς, chaussure). T. Zool Groupe de Bryozoaires appelé aussi *Plumatelliens*. Voy. BRYOZOAIRES.

HIPPODAMIE, épouse de Pirithoüs.

HIPPODAMOS DE MILET, célèbre architecte grec du Vᵉ siècle av. J.-C. Il rebâtit entièrement le Pirée.

HIPPODROME. s. m. [Pr. *ip-po...*] (gr. ἵππος, cheval; δρόμος, course). Lieu destiné aux courses de chevaux et de chars; se dit surtout en parl. des jeux publics qui se célébraient chez les Grecs et chez les Romains. Voy. CIRQUE et STADE.

HIPPODROMIE. s. f. [Pr. *ip-po...*] (R. *hippodrome*). Course de chevaux. Art de diriger les chevaux.

HIPPOGRIFFE. s. m. [Pr. *ip-po...*] (gr. ἵππος, cheval; γρύψ, griffon). Animal fabuleux qu'on représentait sous la forme d'un cheval ailé, et dont la tête ressemblait à celle d'un griffon.

HIPPOLITHE. s. f. [Pr. *ip-po*] (gr. ἵππος, cheval; λίθος, pierre). Calcul qu'on trouve quelquefois dans la vésicule biliaire ou dans les intestins du cheval.

HIPPOLOGIE. s. f. [Pr. *ip-po...*] (gr. ἵππος, cheval; λόγος, discours). La science de tout ce qui concerne le cheval.

HIPPOLOGIQUE. adj. 2 g. [Pr. *ip-po...*]. Qui a rapport à l'hippologie.

HIPPOLOGUE. s. m. [Pr. *ip-po...*]. Celui qui s'occupe d'hippologie.

HIPPOLYTE, fils de Thésée et d'Antiope, périt victime de la jalousie de sa belle-mère Phèdre, qui l'accusa faussement auprès de Thésée, lequel le fit périr.

HIPPOMANCIE. s. f. [Pr. *ip-po...*] (gr. ἵππος, cheval; μαντεία, divination). Divination par le hennissement et les mouvements des chevaux consacrés.

HIPPOMANE. s. m. [Pr. *ip-po...*] (gr. ἵππος, cheval; μανία, fureur). Chez les anciens, le fluide muqueux que rend la jument quand elle est en chaleur. || Celui qui a une passion pour les chevaux. || T. Bot. Genre de plantes de la famille

des *Euphorbiacées*, tribu des *Crotonées*. Voy. EUPHORBIACÉES.

HIPPOMANIE. s. f. [Pr. *ip-po...*] (R. *hippomane*). Goût passionné pour les chevaux. || Espèce de frénésie qui attaque quelquefois les chevaux.

HIPPOMÈNE, vainqueur et époux d'*Atalante*. Voy. ce nom.

HIPPONACTE. adj. m. (*Hipponax*, poète grec). *Vers h.*, Vers iambique trimètre dont le dernier pied est un spondée.

HIPPONAX, poète satirique grec (IIᵉ siècle av. J.-C.).

HIPPONE, anc. v. de Numidie, dont saint Augustin fut évêque; aujourd'hui Bône (Algérie).

HIPPONOÉ. s. f. [Pr. *ip-po-no-é*] (gr. ἵππος, cheval; νοέω, j'avertis). T. Zool. Genre d'*Annélides*. Voy. ce mot et DORSIBRANCHES.

HIPPOPATHOLOGIE. s. f. [Pr. *ip-po...*] (gr. ἵππος, cheval; fr. *pathologie*). Pathologie du cheval.

HIPPOPE. s. m. [Pr. *ip-pope*] (gr. ἵππος, cheval; πούς, pied). T. Zool. Genre de Mollusques *Lamellibranches*. Voy. CHAMACÉS.

HIPPOPHAÉ. s. m. [Pr. *ip-po-fa-é*] (gr. ἱππομανές, m. s., de ἵππος, cheval, φάος, plante épineuse). T. Bot. Genre de plantes Dicotylédones de la famille des *Éléagnées*. Voy. ce mot.

HIPPOPHAGE. adj. et s. m. [Pr. *ip-po-faje*] (gr. ἵππος, cheval; φάγω, je mange). Qui mange la chair du cheval, qui s'en nourrit. *Les Tatares sont hippophages.*

HIPPOPHAGIE. s. f. [Pr. *ip-po-faji*] (gr. ἵππος, cheval; φάγω, je mange). Habitude de se nourrir de viande de cheval. Dès le milieu du XIXᵉ siècle, certains philanthropes et économistes, frappés des avantages qu'il y aurait à utiliser la viande de cheval, d'âne et de mulet pour l'alimentation, au lieu de la laisser perdre, essayèrent de réagir contre les préjugés populaires qui s'opposaient à cette sorte d'alimentation. Il fut vite reconnu que ces viandes sont aussi saines et aussi nutritives que la viande de bœuf et que, si elles sont moins agréables au goût, elles peuvent cependant être acceptées, même avec plaisir, surtout si l'animal est jeune et bien nourri. Cependant, l'idée de se nourrir de cheval faisait peu de progrès, et les premières boucheries hippophagiques ne furent ouvertes à Paris qu'en 1865, dans les quartiers populeux; elles n'eurent qu'un succès médiocre.

Le siège de Paris de 1870-71 fit faire un pas considérable à la question. Les Parisiens ayant été obligés par force de se nourrir de cheval pendant plusieurs mois, cette nécessité fit plus contre le préjugé que tous les arguments des philanthropes et des économistes, et, depuis cette époque, le développement de la boucherie hippophagique a été en croissant, non seulement à Paris, mais encore dans plusieurs villes industrielles de France. A Paris, on a consacré des locaux spéciaux à l'abatage des chevaux, ânes et mulets, et à la préparation de la viande. Cette viande est exempte de droits d'entrée. Enfin, pour éviter les fraudes et prévenir le consommateur sur la nature de la marchandise, les boucheries qui vendent de la viande de cheval, doivent porter sur leur devanture une tête de cheval en relief, très apparente ou bien les mots : *Boucherie hippophagique*, en gros caractères. Dans les marchés, l'administration exige également que des enseignes très apparentes indiquent la nature de la viande mise en vente.

A l'étranger, la consommation de la viande de cheval va aussi en augmentant, même en Angleterre, où l'on a le plus longtemps résisté à cette innovation.

HIPPOPHAGIQUE. adj. 2 g. [Pr. *ip-po...*]. Qui a rapport à l'hippophagie. *Boucherie h.*

HIPPOPOTAME. s. m. [Pr. *ip-po...*] (gr. ἵππος, cheval; ποταμός, fleuve). T. Mamm. Le genre H. appartient à l'ordre des *Mammifères Pachydermes*. Il se distingue des autres animaux du même groupe par la présence à chaque pied de 4 doigts presque égaux et bornés par de petits sabots, ainsi que par son appareil dentaire qui se compose de 4 incisives en haut et en bas; 2 canines supérieures, 2 inférieures courbes, toutes les 4 fort grosses; 14 molaires en haut et 12 en bas. Une tête énorme et terminée par un large museau renflé; une bouche démesurément grande, armée de canines longues de plus de 30 centim.; des jambes courtes et trapues et un ventre qui touche presque à terre, donnent à l'H. une physionomie toute particulière. Quant à sa peau, elle est d'un roux tanné, à peu près entièrement dépourvue de poils, et tellement épaisse qu'on la dit impénétrable aux balles. — On ne connaît que'une seule espèce vivante : c'est l'*H. amphibie* (Fig. ci-dessous), qui habite l'Afrique orientale et méridionale. Après l'Éléphant et le Rhinocéros, l'H. est le plus grand des quadrupèdes. Il atteint jusqu'à 3m,50 de longueur sur 3m,25 de circonférence. Sa peau ne laisse distinguer aucune articulation et aucun muscle, et son cou ne se distingue que par quelques plis, de façon qu'il présente une masse informe et disgracieuse. Son caractère est défiant et farouche; néanmoins, il n'attaque jamais l'homme. Mais, quand il est attaqué, il se retourne pour se défendre et renverse tous les obstacles qu'il rencontre. Il marche difficilement sur terre; en revanche, il nage et plonge très facilement, et a même la faculté de marcher très rapidement sous l'eau, sur le fond même des rivières. Il peut y rester un temps assez long sans venir respirer à la surface; et comme alors ses narines se remplissent d'eau, il la chasse en respirant et en faisant un certain bruit qui trahit

sa présence. Il vit continuellement dans l'eau et dans la fange, et n'en sort ordinairement la nuit pour aller paître ou pour mettre bas; il s'en écarte très peu et s'y replonge au moindre bruit. L'H. est essentiellement herbivore, et se nourrit de racines, de joncs, de riz et de millet. Son cri ressemble au hennissement du cheval, ce qui lui a valu son nom, mais il est plus retentissant et on l'entend à un quart de lieue de distance. On le trouve en troupes nombreuses dans les fleuves où il n'a pas d'ennemis à craindre. Il vit par couple. La femelle ne produit qu'à la fois qu'un petit, qui la suit aussitôt dans la rivière. Le mâle et la femelle lui prodiguent leurs soins et le défendent avec courage. — L'H. a été chassé de l'Égypte où il habitait jadis; mais on le retrouve dans toute la partie supérieure du Nil, ainsi que dans ses affluents. Il existe aussi au Sénégal et dans tous les grands fleuves de l'Afrique australe. Il voyage en se laissant emporter par le courant, le corps entre deux eaux et ne montrant à la surface que les oreilles, les yeux et les narines; il dort même dans cette attitude. — Quand on chasse l'H., on l'attend au passage et on le tue roide en lui envoyant une balle dans la tête, le seul endroit qui soit vulnérable; si on le manque, il disparaît dans l'eau et est perdu pour le chasseur. Les Hottentots et les Abyssins s'en emparent aussi en creusant une fosse sur le chemin qu'il prend d'ordinaire quand il sort de l'eau. La chair de l'H. est mangeable : le lieutenant Mizon affirme même qu'elle est délicieuse et a le goût du filet de bœuf; d'autres voyageurs ont prétendu qu'elle avait un goût de sauvage. Peut-être ces différences tiennent-elles aux régions où l'animal a été chassé et aux végétaux différents dont il se nourrit. Le cuir de l'H. sert à de nombreux usages, et ses dents donnent un ivoire presque inaltérable, qui est fort recherché pour la fabrication des dents artificielles.

À l'époque quaternaire, on trouvait des Hippopotames en Europe et en Asie, et alors on pouvait distinguer plusieurs espèces, dont certaines dépassaient encore en grandeur l'espèce actuelle.

HIPPOPOTAMIEN, IENNE. adj. [Pr. *ip-popotami-in*]. T. Zool. Qui ressemble à l'hippopotame.

HIPPOTOMIE. s. f. [Pr. *ip-po...*] (gr. ἵππος, cheval; τομή, dissection). Anatomie du cheval.

HIPPURIE. s. f. [Pr. *ip-puri*] (gr. ἵππος, cheval; οὖρον, urine). T. Méd. Nom donné à la présence accidentelle de l'acide hippurique ou des hippurates dans l'urine de l'homme.

HIPPURIQUE. adj. m. [Pr. *ip-purike*] (gr. ἵππος, cheval; οὖρον, urine). T. Chim. L'*acide h.*, qui a pour formule

$$CO^2H.CH^2.AzH(C^7H^5O),$$

est un dérivé benzoylé du glycocolle; on a pu l'obtenir, par synthèse, en traitant le glycocollate d'argent par le chlorure de benzoyle. On le rencontre dans l'urine, principalement chez les herbivores. L'urine de vache en contient jusqu'à 27 grammes par litre. L'homme n'en sécrète que 1 gramme environ par jour. La proportion peut augmenter sous l'influence d'une alimentation végétale, ainsi que par l'ingestion de l'acide benzoïque et de certains aliments tels que les prunes. Pour préparer l'acide h., on sature l'urine de cheval ou de vache par un lait de chaux; la liqueur filtrée est additionnée d'acide chlorhydrique. Il se dépose de l'acide h. impur que l'on décolore à l'aide du chlore. L'acide h. cristallise en prismes rhombiques, fusibles à 187°, assez solubles dans l'eau chaude. Il bout à 240° en se décomposant. Il rougit fortement le tournesol et fonctionne comme acide monobasique. Par ébullition avec les acides ou les alcalis en solution aqueuse, ainsi que par l'action d'un ferment contenu dans l'urine, il fixe une molécule d'eau et se dédouble en acide benzoïque et en glycocolle.

HIPPURIS. s. m. [Pr. *ip-puris*] (gr. ἵππος, cheval; οὐρά, queue). T. Bot. Voy. **PESSE.**

HIPPURITES. s. m. [Pr. *ip-purite*]. T. Paléont. Genre de *Mollusques Lamellibranches* fossiles que l'on rapproche des Chamacés. Les H., appelés encore *Rudistes*, sont des fossiles caractéristiques des terrains crétacés, où leurs coquilles forment parfois de grands bancs superposés parallèlement les uns aux autres.

HIRAM, architecte tyrien, qui dirigea la construction du temple de Jérusalem.

HIRAM, roi de Tyr, contemporain de Salomon.

HIRCIN, INE. adj. (lat. *hircinus*, m. s., de *hircus*, bouc). T. Zool. Qui tient du bouc, qui dépend du bouc.

HIRCINE. s. f. (R. *hircin*). T. Chim. Principe qui est dans les graisses de bouc et de mouton.

HIRCIPELLE. adj. 2 g. [Pr. *irsi-pèle*] (lat. *hircus*, bouc; *pellis*, peau). Velu comme un bouc.

HIRCIQUE. adj. (lat. *hircus*, bouc). T. Chim. Chevreul a donné le nom d'*acide h.* à un acide odorant qu'il avait extrait du suif de mouton, et qui probablement n'est qu'un mélange de plusieurs acides gras.

HIRCISME. s. m. (lat. *hircus*, bouc). Odeur désagréable qui s'exhale des aisselles de certains hommes.

HIRN (GUSTAVE-ADOLPHE), physicien fr. (1815-1890).

HIRONDE. Voy. **ARONDE.**

HIRONDEAU. s. m. Petit d'Hirondelle.

HIRONDELLE. s. f. (lat. *hirundo*, m. s.). T. Ornith. Les Hirondelles forment un genre de Passereaux que G. Cuvier réunissait à celui des *Martinets* sous le nom de *Fissirostres*. Aujourd'hui, on sépare nettement ces deux sortes d'oiseaux pour les ranger dans deux familles distinctes.

Les *Hirondelles* (*Hirundo*) ont le bec triangulaire, déprimé et large à sa base, un peu recourbé à sa pointe, les narines oblongues, les pattes courtes, les doigts des pieds disposés comme dans le plus grand nombre des Passereaux, les ailes très longues et la queue ordinairement fourchue. Ces oiseaux se plaisent, en général, dans les lieux habités et populeux, et les services qu'ils rendent, en purgeant l'air d'une foule d'insectes nuisibles, les ont fait considérer longtemps comme des oiseaux sacrés qu'il serait criminel de détruire. Peu d'espèces ont l'instinct social aussi développé que les Hirondelles. Elles se réunissent en famille, croassent, parcourent les airs en famille, se prêtent un mutuel secours contre les oiseaux de proie, et construisent leurs nids dans les mêmes endroits pendant plusieurs années consécutives. C'est vers le printemps qu'on les voit revenir dans nos contrées (Fig. 1). Elles arrivent d'abord par bandes peu nombreuses, puis bientôt par masses, qui se répandent dans les villes et dans les campagnes. Aussitôt on les voit occupées à l'œuvre de la nidification, qui leur demande quelquefois un mois de travail, à moins qu'elles ne se bornent à réparer le nid qui leur a servi l'année précédente. La forme de ce nid, comme le lieu qu'il occupe, varie selon les espèces. Tantôt il a la forme d'un cylindre ou du quart d'un demi-sphéroïde (Fig. 2); tantôt il a celle d'un cône tronqué comme celui de l'*H. à collier* ou d'une coupe comme celui de l'*H. à ceinture brune*. Certaines espèces les attachent contre les murs, à l'angle des fenêtres; d'autres à des rochers, sous les voûtes des cavernes, dans des trous creusés en terre, dans les crevasses des murs et des vieux arbres. Les matières qu'elles emploient varient également. Nos *Hirondelles de cheminée et de fenêtre* fabriquent le leur avec de la terre gâchée et mêlée de menue paille, que l'oiseau tapisse ensuite à l'intérieur de duvet et de plumes; l'*H. acutipenne* de la Louisiane se sert de petites bûchettes qu'elle lie au moyen de la gomme que fournit le Liquidambar styraciflua. Le *Martinet noir* fait le sien avec des brins de bois, de la paille, des plumes et d'autres substances duveteuses; mais comme ces matériaux n'auraient pas assez de consistance, l'oiseau les colle les uns aux autres au moyen d'une humeur visqueuse qui enduit constamment l'intérieur de sa bouche, et forme ainsi un nid remarquable par son élasticité. La *Salangane* construit le sien avec la gélatine que lui fournissent diverses espèces de Fucus des genres Gelidium et Sphaerococcus. La ponte est de 4 à 6 œufs. Pendant l'incubation, qui dure ordinairement 16 jours, la femelle ne quitte pas le nid.

fenêtre peut faire au moins 80 kilomètres à l'heure, et que le vol du *Martinet noir* est beaucoup plus rapide encore(1). Un sens singulièrement développé chez ces oiseaux, c'est la vue. Un fait dont Spallanzani a été témoin lui a démontré que les Hirondelles distinguent parfaitement à la distance de 105 mètres un objet tel qu'une Fourmi ailée. — Quatre espèces d'Hirondelles se trouvent dans tout le sud-ouest de l'Europe, ce sont : l'*H. de fenêtre* (*H. urbica*) [Fig. 3], noire dessus, blanche dessous et au croupion, et dont les pieds sont revêtus de plumes jusqu'aux ongles. Elle construit, en terre, des nids solides aux angles des fenêtres, sous les rebords

Fig. 1.

Le mâle lui apporte le produit de sa chasse et veille la nuit sur la couvée. Quand les petits sont nés, leurs parents leur apprennent à faire usage de leurs ailes en leur montrant de loin de la nourriture; ils les guident dans leurs excursions jusqu'à ce qu'ils puissent se passer de leur secours, et s'occupent alors d'une nouvelle couvée qui se répète jusqu'à trois fois dans la saison. A l'automne, les Hirondelles émigrent en masse et commencent au mois d'octobre à se montrer au Sénégal. Néanmoins, pendant l'hiver, on en trouve quelquefois cachées dans des cavernes ou au milieu des roseaux où elles sont plongées dans un engourdissement léthargique. Ces oiseaux sont doués d'une puissance de vol remarquable; aussi presque tous leurs actes se passent-ils dans les airs. Autant leurs mouvements sont disgracieux et pénibles quand ils marchent, autant ils sont aisés et gracieux quand ils se développent dans leur élément favori. Il est peu d'espèces qui volent avec une égale rapidité. Spallanzani s'est assuré que l'*H. de*

des toits, etc. L'*H. de cheminée* (*H. rustica*), noire dessus et blanche dessous, avec le front, les sourcils et la gorge roux. Ses doigts sont nus; sa queue est à fourche et très longue. Elle doit son nom à l'habitation qu'elle choisit d'ordinaire et où elle construit son nid, qui a la forme du quart d'un demi-sphéroïde. L'*H. de rivage* (*H. riparia*), plus petite que les précédentes, est brune dessus et à la poitrine, blanche à la gorge et par dessous. Elle pond dans des trous le long des eaux, et on la trouve parfois l'hiver en état de torpeur léthargique. L'*H. des montagnes* (*H. rupestris*) ne diffère de l'*H. de cheminée* que par son plumage brun clair en dessus et sa queue un peu fourchue. Parmi les espèces

(1) Le 17 mai 1896, une hirondelle, prise à Anvers, a été marquée d'un peu de couleur pour être reconnue et confiée à un convoyeur qui emportait 250 paniers de pigeons voyageurs destinés à être lâchés à Compiègne; le lâcher eut lieu à 7h.15 du matin. L'hirondelle arriva à son nid, qui a à la forme avait franchi 250 kilomètres en 1h.8, soit avec une vitesse de 207 kilomètres l'heure, ou de 58 mètres par seconde. Les pigeons n'arrivèrent qu'à 11 h. 1/4.

étrangères, nous ne citerons que l'*H. Salangane* (*H. esculenta*), qui habite les îles de l'archipel Indien. Sa taille est très petite : la substance gélatineuse blanchâtre dont cette

Fig. 2.

espèce fabrique son nid est extrêmement recherchée par les Chinois, qui la regardent comme un excellent aphrodisiaque. Les potages de nids d'Hirondelles figurent dans tous les grands

Fig. 3.

repas que se donnent entre eux les habitants du Céleste Empire : aussi ces nids forment-ils l'objet d'un commerce très important et sont-ils d'un prix fort élevé.

Dans certaines contrées, notamment en Algérie, en Italie et dans le département des Bouches-du-Rhône, on fait la chasse aux Hirondelles, à l'époque de leur passage, et on les vend aux plumassiers, qui en font des articles de mode. On arrive ainsi à détruire des quantités considérables de ces oiseaux. Cette chasse devrait être sévèrement interdite, car

l'h., par l'immense consommation d'insectes qu'elle fait, est un des animaux les plus utiles à l'agriculture.

HIROSCHIMA, v. du Japon ; 90,200 hab.

HIROUX (JEAN), type légendaire de l'assassin bestial et cynique, imaginé vers 1830 par Henri Monnier.

HIRSCHBERG, v. de Prusse (Silésie); 16,000 hab.

HIRSINGEN, anc. ch.-l. de canton (Haut-Rhin), arr. de Mulhouse, cédé à l'Allemagne en 1871; 1,300 hab.

HIRSON, ch.-l. de c. (Aisne), arr. de Vervins, sur l'Oise; 6,300 hab.

HIRSUTE. adj. 2 g. (lat. *hirsutus*, m. s.). Garni de poils longs. || Fam. Hérissé. *Des cheveux, une barbe h.*

HIRTIMANE. adj. 2 g. (lat. *hirtus*, velu; *manus*, main). Qui a les mains velues.

HIRTIPÈDE. adj. 2 g. (lat. *hirtus*, velu; *pes*, pied). T. Zool. Qui a les pattes garnies de poils.

HIRTIUS, lieutenant de César dans les Gaules, consul avec Pansa, fut tué devant Modène. On lui attribue la dernière partie des *Commentaires* de César.

HIRUDINÉES. s. f. pl. (lat. *hirudo, hirudinis*, sangsue). T. Zool. — On nomme ainsi tous les *Annélides* dont le corps ne présente aucune espèce d'appendice membraneux ou sétacé, qui sont dépourvus de branchies, et qui sont munis de deux ventouses situées, l'une à l'extrémité antérieure, et l'autre à l'extrémité postérieure du corps. Ces

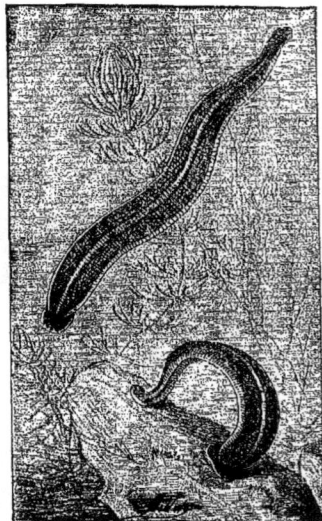

Fig. 1.

animaux ont le corps cylindrique ou déprimé, très contractile, et sans pieds ni branchies à l'extérieur. Les ventouses dont leurs extrémités sont pourvues leur permettent d'adhérer fortement aux objets, et leur servent de moyen de progression. La bouche est placée au fond de la ventouse antérieure, et généralement armée de trois petites mâchoires fortement dentelées; l'anus est situé à la base de la ventouse posté-rieure; enfin les anneaux ou segments de la surface du corps varient de 48 à 140. La respiration paraît s'effectuer par la peau. Les H. sont hermaphrodites et se reproduisent exclu-sivement par des œufs. En outre, toutes sont carnassières. Les unes, comme l'Aulastome, avalent les vers ou d'autres animaux aquatiques; les autres sucent le sang des Mammi-fères, comme les Sangsues proprement d tes et l'Hémopis, ou celui des poissons et des crustacés, comme les Branchiobdelles, ou celui des mollusques, comme les Clepsines. Elles habitent tantôt dans l'eau de la mer, comme les Pontobdelles et les Branchellions, tantôt dans l'eau douce, ou partie dans l'eau et partie dans la terre humide, comme les Aulastomes. Nous ne parlerons ici que des principaux genres d'Hirudinées.

Les *Sangsues* proprement dites (*Hirudo*) ont les mâchoires

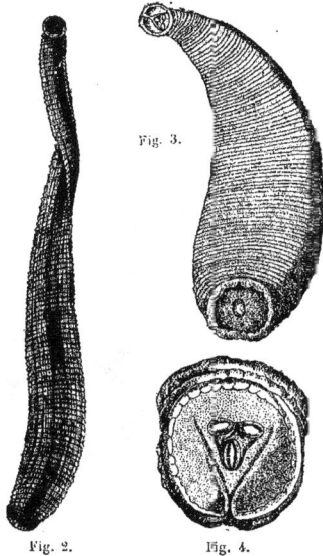

Fig. 3.

Fig. 2.   Fig. 4.

grandes, demi-ovales, comprimées, à denticules aiguës et nom-breuses, qui leur permettent de percer la peau des Mammi-fères et de sucer le sang avec leur ventouse orale; 10 yeux disposés sur une courbe, et un corps allongé et déprimé, le-quel, en se contractant, prend la forme d'une olive. Toutes ha-bitent les eaux douces. Parmi les espèces employées en méde-cine, nous mentionnerons la *S. médicinale* (*H. medicinalis*) ou *S. grise* (Fig. 1), dont le corps est ordinairement gris oli-vâtre, marqué en dessus de six bandes plus ou moins distinctes, à bords olivâtres, et marqué en dessous de lignes marginales; la *S. officinale* (*H. officinalis*) ou *S. verte* (Fig. 2); la *S. noire* (*H. obscura*), à dos brun, à ventre cendré ou tacheté de noir; et la *S. traite* (*H. troctina*), à corps verdâtre en dessus, avec 6 taches sur chaque ligne transversale, bord orangé et bande marginale en zigzag en dessus. La S. grise et la S. noire sont communes dans l'Europe du Nord, la S. verte dans l'Europe méridionale, et la S. traite dans l'Algérie. — Les *Hémopides* se distinguent des Sangsues par leurs mâchoires petites, non comprimées et plus dentelées. L'espèce type est la *S. de cheval* (*Hæmopis sanguisorba*), dont la voracité a été beau-coup exagéré la voracité. Elle est d'un brun roussâtre en dessus et noirâtre en dessous. On la trouve dans les eaux douces de l'Europe, et particulièrement dans les parties mé-ridionales. Les mâchoires de l'Hém. ne lui permettant pas de percer la peau des animaux, elle se fixe aux membranes mu-queuses de leur bouche ou de leur gésier. Cet Annélide peut

ainsi produire des accidents graves chez les personnes ou chez les animaux qui les avalent en buvant. — Le genre *Bdelle* paraît être particulier à l'Égypte; ses mâchoires ne sont pas dentelées. La seule espèce connue (Fig. 3. *Bdella nilotica*; 4. Bouche grossie) est brune en dessus et roux vif en dessous. Les *Clepsines* se distinguent de toutes les autres Hir. par leur sang incolore, et leur corps presque transparent, qui est d'ailleurs tellement ferme qu'il les rend incapables de nager. Leur bouche est dépourvue de mâchoires, et munie d'une trompe charnue exsertile, au moyen de laquelle elles dévorent les mollusques aquatiques.

L'usage des Sangsues en médecine est devenu si général à une certaine époque, qu'on n'en rencontre presque plus en France et en Espagne, là où on les trouvait jadis en abon-dance. Aujourd'hui, on est obligé de les faire venir de la Hongrie et de la Turquie; cependant, on les élève arti-ficiellement dans quelques parties de la France; cette industrie nouvelle a reçu le nom d'*Hirudiniculture* ou *Hi-rudiculture*. — Quand on veut appli-quer des Sangsues, on commence par lotionner avec de l'eau tiède la partie sur laquelle on veut les faire prendre. On couvre alors l'orifice d'un verre avec un morceau de toile sur lequel on pose les Sangsues, et l'on place le tout sur l'en-droit de la peau destiné à être mordu. Cela fait, et le vase étant maintenu en place, on tire successivement les quatre coins du linge, de sorte que les Sang-sues sont ramenées sur la peau. Elles mordent très vite, si l'on a eu soin d'humecter d'un peu de vin les parois du verre. Une Sangsue vigoureuse tire en moyenne 16 grammes de sang. S'il arrivait qu'une Sangsue s'introduisît dans la bouche et pénétrât dans le pha-rynx, il faudrait faire boire abondam-ment de l'eau salée, du vin ou de l'eau vinaigrée. Si elle pénètre dans l'esto-mac, on administre en outre un vo-mitif. On a recours aux lavements d'eau salée quand elle s'est introduite dans le rectum. La piqûre des Sang-sues qui ont servi n'est pas dange-reuse. Il est également faux que la morsure d'aucune espèce de Sangsue soit venimeuse. Les Sangsues qui ont servi peuvent être employées de nou-veau au bout de peu de jours, quand on a eu soin de les faire dégorger. Le meilleur procédé consiste à mettre la Sangsue gorgée dans un mélange d'eau et de vin. Dès qu'elle laisse échapper une goutte de sang, on la prend par l'extrémité postérieure, on la presse d'arrière en avant de manière à diri-ger le sang vers l'orifice buccal. L'ex-pression du liquide sanguin se fait sans que l'animal en souffre. Le tube digestif

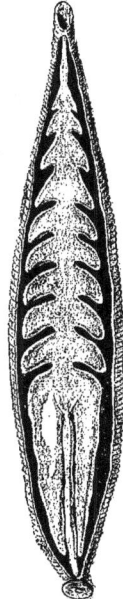

Fig. 5.

des Sangsues est essentiellement formé d'un vaste estomac présentant de chaque côté 9 ou 10 diverticules en cul-de-sac (Fig. 5). Si on voulait presser le corps de l'animal d'avant en arrière, pour faire sortir le sang par l'anus, on refoulerait tout simplement le sang dans ces culs-de-sac que l'on finirait par faire éclater. On lave ensuite la Sangsue, et on la place dans un vase d'eau. Les vases dans lesquels on conserve ces ani-maux doivent être à large ouverture, et contenir, aux deux tiers de leur hauteur, de l'eau de pluie, de rivière ou d'étang. qu'on renouvelle tous les deux jours en hiver, tous les cinq jours en été, et toutes les fois qu'une Sangsue vient à mourir.

HIRUDINICULTEUR. s. m. Celui qui s'occupe de l'hiru-diniculture. — On dit aussi *Hirudiculteur*.

HIRUDINICULTURE. s. f. (lat. *hirudo*, sangsue; fr. *cul-ture*). Art d'élever et de multiplier les sangsues. — On dit aussi *Hirudiculture*.

HISINGÉRITE. s. f. [Pr. *izin-jérite*] (R. *Hisinger*, nom d'un minéralogiste suédois). T. Minér. Silicate hydraté de fer, avec magnésie et chaux, en masses compactes, noires ou brunes.

HISPANIE, ancien nom de la péninsule qui comprend aujourd'hui l'Espagne et le Portugal.

HISPANIOLA, anc. nom d'Haïti.

HISPANIQUE. adj. 2 g. (lat. *Hispanus*, Espagnol). Qui appartient à l'Espagne ou aux Espagnols.

HISPANISME. s. m. Locution propre à la langue espagnole.

HISPE. s. m. (lat. *hispidus*, hérissé). T. Entom. Genre d'Insectes *Coléoptères Pentamères*.

HISPIDE. adj. 2 g. (lat. *hispidus*, hérissé). T. Bot. Qui est couvert de poils rudes, longs et épais. *Tige hispide*. || Fig. Désagréable. *Caractère hispide*.

HISPIDITÉ. s. f. État de ce qui est hispide.

HISSAR, prov. de l'Inde, 1,311,000 hab. Cap. Hissar, 14,200 hab.

HISSAR, v. du Turkestan; 15,000 hab.

HISSER. v. a. [Pr. *hi-ser*, *h* asp.] (suéd. *hissa*, m. s.). Élever, hausser. *Il une voile, un mât, un pavillon*. = SE HISSER. v. pron. S'élever, grimper. *Il se hissa jusqu'au haut du mur*. = Hissé, ÉE. part.

HISTASAPAGE. s. m. [Pr. *ista-za-paje*] (R. *histasape*). Apprêtage de la toile destiné à la préserver de l'altération que subissent les tissus ordinaires et qui consiste à imprégner cette toile, par voie d'immersion, d'un savon insoluble à base de zinc.

HISTASAPE. adj. 2 g. [Pr. *ista-za-pe*] (gr. ἱστὸς, tissu; ἀσαπἧς, incorruptible). Qui a subi l'histasapage.

HISTASAPER. v. a. [Pr. *ista-za-per*]. Donner l'histasapage à une toile.

HISTER. s. m. [Pr. *istè-re*] (lat. *hister*, danseur). T. Entom. Genre de *Coléoptères* dont les espèces sont connues vulgairement sous le nom d'*Escarbots*. Voy. HISTÉRIDES.

HISTÉRIDES. s. m. pl. (R. *Hister*). T. Entom. — Les *H.* forment une famille de Coléoptères pentamères dont toutes les espèces connues vulgairement sous le nom d'*Escarbots* se nourrissent de matières animales ou végétales en décomposition. Ces Insectes ont des antennes longues, toujours plus grosses à leur extrémité, le plus souvent même terminées en massue solide. Elles sont plus longues que les palpes maxillaires, avec la base nue ou à peine recouverte. Leurs quatre pattes postérieures sont très écartées et leurs élytres ne couvrent jamais l'abdomen tout entier. Ils ont des dents sur le côté externe des jambes, la tête enfoncée dans le corselet, le corps courbé et de forme carrée. La démarche des *H.* est lente. Lorsqu'ils se croient en danger, ils font les morts en collant leurs pattes contre le corps et en demeurant immobiles. Les larves se nourrissent des mêmes matières que l'insecte parfait. Elles sont presque linéaires et pourvues de six pattes courtes, que terminent deux filets articulés ainsi qu'un appendice tubulaire qui paraît servir à la progression. A la fin de l'été, elles se pratiquent une cellule très lisse où elles passent à l'état de nymphe. Celle-ci donne naissance à l'insecte parfait à l'été suivant.

La famille des *H.* comprend plusieurs genres dont le plus remarquable est le genre *Hister*, qui est assez nombreux en espèces et répandu dans toutes les parties du monde. Nous citerons l'*H.* des cadavres (*H. cadaverinus*) [Fig. ci-dessus grossie], qui est long de 7 à 8 millimètres et entièrement noir et l'*H. quadrimaculatus* dont chaque élytre est marqué de deux taches rouges. Ces deux espèces sont communes aux environs de Paris.

Les autres genres : *Hololepte*, *Abrée*, *Ontaphile*, offrent peu d'intérêt. Mentionnons seulement l'*Abræus globosus* qui est très commun aux environs de Paris, dans les fourmilières.

HISTIÉE, tyran de Milet, mort 494 av. J.-C.

HISTOCHIMIE. s. f. (gr. ἱστὸς, tissu; et fr. *chimie*). Étude chimique des principes immédiats des tissus organiques.

HISTOCHIMIQUE. adj. 2 g. Qui a rapport à l'histochimie.

HISTOGÉNIE ou **HISTOGÉNÈSE**. s. f. [Pr. *isto-jé-nè-ze*] (gr. ἱστὸς, tissu; γένεσις, naissance). T. Anat. — L'h. est la science qui traite de l'origine et du mode de formation des tissus. — Nous avons vu, à l'article EMBRYOLOGIE, qu'une des premières formes sous lesquelles apparaissent les animaux était celle d'une membrane, le blastoderme, constitué par trois feuillets accolés les uns aux autres : l'*ectoderme* (*a*), le méso-

Fig. 1.

derme (*b*) et l'*entoderme* (*c*) (Fig. 1). Ce sont ces trois feuillets qui se replient de différentes façons, s'épaississent et bourgeonnent en différents endroits, pour donner naissance au corps du nouvel être. Tous les tissus de l'organisme dérivent donc de ces trois tissus primordiaux qui constituent ces feuillets et on remarque que chaque feuillet donne toujours naissance aux mêmes parties.

Cette dernière proposition n'est pas absolument exacte cependant. Nous verrons que le tissu épithélial, par exemple, peut se former, chez le même individu, aussi bien aux dépens de l'entoderme et du mésoderme que de l'ectoderme. D'un autre côté, les animaux qui se reproduisent au même temps par œufs et par bourgeons, nous montrent, à ce point de vue, des particularités de développement encore plus importantes. Dans les blastozoïdes (individus formés par bourgeonnement de la larve sortie de l'œuf), on voit, en effet, des organes que tout le monde considère comme homologues, apparaître de différentes façons. Chez certains Bryozoaires, les *Pédicellines*, par exemple, l'anse digestive est constituée par l'entoderme chez la larve, et par l'ectoderme dans le bourgeon. Chez quelques Méduses du groupe des *Margélides*, le bourgeon tout entier provient de l'ectoderme et pourtant ce bourgeon reproduira une nouvelle Méduse. Chez la plupart des *Synascidies*, qui appartiennent aux Ascidies composées, la chambre péri-branchiale du bourgeon est tantôt d'origine ectodermique et tantôt d'origine entodermique. Chez les mêmes animaux, le système nerveux est formé par l'ectoderme chez la larve et par l'entoderme dans le bourgeon. Enfin, chez les *Botrilles*, la branchie et le tube digestif proviennent de l'entoderme chez la larve et de l'ectoderme chez le bourgeon.

Quoi qu'il en soit de ces exceptions, on peut dire que la théorie des feuillets reste toujours vraie dans ses grandes lignes. C'est ainsi que de l'ectoderme dérivent : l'épithélium de la peau ou épiderme, le tissu nerveux et les parties essentielles des organes des sens. De l'entoderme dérivent l'épithélium du tube digestif et des glandes qui en dépendent. Du mésoderme, enfin, dérivent : les tissus conjonctifs, la variété d'épithélium appelée endothélium, le tissu musculaire, le sang et la lymphe. Nous allons résumer l'h. de chacun de ces tissus en ayant principalement en vue, ici, l'homme et les mammifères.

I. TISSUS ÉPITHÉLIAUX. — Ce sont des tissus formés de cellules intimement unies entre elles au moyen d'une substance particulière appelée ciment intercellulaire et reposant sur une membrane hyaline appelée membrane vitrée ou hyalsale. Les trois feuillets du blastoderme peuvent donner naissance à ces tissus, car la forme et la constitution des cellules paraissent dépendre surtout de la fonction qu'elles ont à remplir. C'est ainsi que l'ectoderme produit l'épiderme, l'épithélium des muqueuses nasale, buccale, lacrymale et du canal de l'urètre. Le mésoderme donne l'épithélium des cavités séreuses, de la muqueuse des uretères, des canaux urinifères et des organes génitaux internes. L'entoderme donne l'épithélium de la muqueuse intestinale, de la trompe d'Eustache, de la caisse du tympan, de l'arbre respiratoire et de la vessie.

1° *Formation de l'épiderme*. — L'épiderme est formé, dans le blastoderme, par une seule couche de cellules plus ou moins hautes. C'est cette même couche de cellules que l'on retrouve dans l'épiderme de l'Amphioxus adulte. Mais, dans tous les autres vertébrés ces cellules se multiplient énormément de façon à former plusieurs strates cellulaires. Chez un embryon humain de cinq semaines, on ne trouve encore que deux couches de cellules, mais ces couches sont déjà nettement différenciées l'une de l'autre (Fig. 2). La couche inférieure formée de petites cellules peut être appelée génératrice, car c'est elle qui a produit la couche supérieure formée de grosses cellules polygonales et qui produira toutes les autres couches. L'h. de l'épiderme se produit donc de las en

Fig. 2.

haut, à partir de cette couche qui restera génératrice pendant toute la vie de l'individu; autrement dit, les cellules épidermiques es plus superficielles sont les plus âgées.

On peut donc voir comment évoluent ces cellules en étudiant l'épiderme d'un adulte (Fig. 3). Au-dessus de la couche basilaire qui reste toujours génératrice se trouvent plusieurs assises de jeunes cellules unies entre elles par des filaments protoplasmiques et dont l'ensemble porte le nom de *corps de Malpighi*. Plus haut, on trouve des cel-

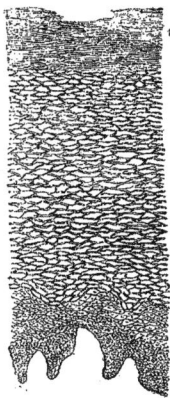

Fig. 3.

lules déjà vieilles (*stratum granulosum*); leur corps s'est aplati et chargé d'une substance à l'aspect huileux, l'éléidine, qui apparaît ici sous forme de gouttelettes séparées. Les filaments d'union disparaissent et les noyaux s'atrophient. Plus haut encore (*stratum lucidum*), on remarque que les cellules sont encore plus aplaties et que les gouttelettes d'éléidine se sont fusionnées en une grosse goutte qui occupe presque toute la cellule; de place en place même, cette éléidine a usé au dehors et formé des plaques intercellulaires. Enfin (couche cornée[2]) les cellules prennent la forme de petites lamelles lâchement unies et finissent par tomber à la surface de l'épiderme. Dans ces cellules, l'éléidine a disparu et a été remplacée par la substance de la corne, la kératine. On pourrait croire que c'est l'éléidine qui s'est ainsi transformée en corne et, cependant, c'est peu probable; cette substance n'a été trouvée que chez les mammifères, et même chez eux, au maximum elle n'existe pas dans la partie de l'épiderme qui forme les ongles et les sabots des ruminants.

Nous venons de voir comment se forme un type d'épithélium pavimenteux stratifié. Des épithéliums semblables apparaissent sur la conjonctive, dans la muqueuse buccale, dans le pharynx et l'œsophage, dans le vagin et dans la vessie. Des épithéliums pavimenteux, mais réduits à une seule assise de cellules, se produisent à l'intérieur des alvéoles pulmonaires et tapissent les cavités séreuses et vasculaires. Étudions maintenant la formation d'un deuxième type d'épithélium formé de cellules cylindriques et prenons comme exemple l'arbre respiratoire.

2° *Formation de l'épithélium trachéo-bronchique.* — L'appareil respiratoire se forme aux dépens de l'entoderme par l'intermédiaire de l'appareil digestif. Il apparaît vers le 35e jour, chez l'homme, sous forme d'un diverticule de la face antérieure du pharynx, diverticule creux qui se divise bientôt en deux poches revêtues d'un épithélium stratifié (poumon des Batraciens inférieurs; Protée et Triton). Ces poches se subdivisent ensuite un grand nombre de fois en descendant dans le

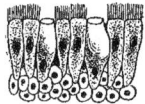

Fig. 4.

mésoderme du cou, et chaque rameau se termine par trois ou quatre branches en cul-de-sac dont l'ensemble s'appelle lobule. Chaque branche se termine enfin par des ampoules (alvéoles). Remarquons, en passant, que le poumon étant creux dès le début, ses cavités doivent être remplies par un liquide qui sera remplacé plus tard par de l'air. Chez un embryon

humain de 20 à 25 millimètres, l'épithélium de la trachée et des bronches ne diffère pas encore de celui de l'œsophage, c.-à-d. qu'il est formé de cinq ou six assises de cellules cylindriques renfermant des noyaux ovoïdes. Vers le troisième mois seulement, les cellules les plus superficielles produiront des cils vibratiles, sauf au niveau des cordes vocales où elles s'aplatissent et se kératinisent un peu, constituant ainsi, à ce niveau, un épithélium pavimenteux stratifié. Certaines cellules cependant se différencient, de manière à former des cellules caliciformes, cellules caractéristiques des membranes muqueuses (Fig. 4).

Dans les vésicules arrondies qui terminent chaque rameau de l'arbre respiratoire, l'épithélium reste sous la forme cylindrique jusqu'à l'époque de la naissance, mais il n'est formé que d'une seule couche. Au moment où le jeune être apparaît au jour, il commence par remplir d'air ses poumons. Il se produit ainsi des poussées dans ses vésicules, poussées qui déterminent un aplatissement considérable des cellules cylindriques et en fait des cellules pavimenteuses qui se fusionnent entre elles par leurs bords. Le corps de ces cellules est ainsi pressé fortement sur le réseau capillaire qui entoure les culs-de-sac pulmonaires; le noyau et la plus grande partie du protoplasma se logent dans les mailles du réseau, et il ne reste plus sur le capillaire lui-même qu'une mince couche de protoplasma.

Ce deuxième type d'épithélium formé de cellules cylindriques se retrouve dans la muqueuse intestinale, depuis le cardia jusqu'à l'anus et dans les conduits biliaires; mais là, il n'y a plus qu'une seule couche de cellules. Les cellules sont toutes semblables entre elles dans l'intestin des vertébrés les plus inférieurs, les Cyclostomes et l'Amphioxus, et portent chacune à leur extrémité libre des cils vibratiles. Chez les vertébrés supérieurs, chez l'homme, par exemple, on ne trouve plus de cils que dans le pharynx et l'œsophage, et encore dans les premiers temps seulement de l'état embryonnaire. Le plateau que portent les cellules intestinales a beaucoup de rapport avec la formation des cils; soumis en effet à l'action prolongée de l'eau, il se dissocie en petits bâtonnets.

3° *Les cils vibratiles* sont des prolongements protoplasmiques que certaines cellules épithéliales envoient sur toute leur surface libre. Dans certains cas, la cellule ne produit qu'un seul cil; d'autres fois, il existe plusieurs cils qui s'accolent bientôt pour former un seul faisceau (queue des spermatozoïdes). Mais le cas de beaucoup le plus général est celui où les cils restent toujours séparés. On les trouve sur des épithéliums cylindriques stratifiés (fosses nasales, trachée, bronches, trompe d'Eustache et oreille moyenne, sauf la membrane du tympan), sur des épithéliums cylindriques simples (trompes, utérus, organe de Rosenmuller, épididyme, épendyme). Les endothéliums peuvent même se couvrir de cils vibratiles d'une façon permanente ou transitoire. Le péritoine de certaines Aphrodites est toujours tapissé de cils dont les mouvements servent à la circulation du sang; chez la Grenouille, il se couvre de cils seulement à l'époque de l'ovulation. Enfin, chez les oiseaux (Pigeon) et les mammifères (Chat, Lapin, Brebis), la face externe des franges du pavillon, tapissée par le péritoine, porte des cils vibratiles qui se continuent avec ceux de l'oviducte.

II. Tissu nerveux et organes des sens. — Chez tous les animaux, les éléments nerveux ne sont autre chose que des cellules ectodermiques modifiées. Chez certains animaux inférieurs, les Polypes, tout le système nerveux reste ainsi cantonné dans l'intérieur de la peau (cellules neuro-épithéliales ou neuroblastes); mais, chez les autres animaux, ce tissu provient de portions d'ectoderme qui se sont invaginées, puis isolées complètement pour aller se loger plus ou moins profondément sous la peau. Là, ces bourgeons épithéliaux sont remaniés complètement par les vaisseaux qui pénètrent à leur intérieur; les cellules perdent leur caractère épithélial et évoluent de manière à former : 1° des cellules ou des fibres nerveuses; 2° des éléments de névroglie, et 3° des cellules sensorielles.

1° Les cellules nerveuses ressemblent donc, à leur origine, aux autres cellules de l'ectoderme, mais bientôt elles s'arrondissent et se divisent énergiquement par karyocinèse; ces cellules nerveuses, primordiales, que His appelle cellules germinatives, donnent naissance à un grand nombre de petits éléments composés d'un gros noyau et d'une petite masse de protoplasma; ce dernier forme une mince enveloppe au noyau (myélocites, neuroblastes) ou bien apparaît seulement comme deux prolongements partant des pôles du noyau (noyaux à queue). Peu à peu, le corps protoplasmique augmente et se modifie de manière à donner naissance aux diverses formes de cellules nerveuses : cellules multipolaires *de la moelle épinière* (Fig. 5), *cellules pyramidales du cerveau* (Fig. 6), *cellules en bois de cerf ou cellules de Purkinje du cervelet* (Fig. 7), *cellules bipolaires ou opposito-polaires des ganglions spinaux des poissons* (Fig. 8), *cellules unipolaires des ganglions spinaux des mammifères*, etc. Disons, en quelques mots, comment se forment les cellules pyramidales. Les neuroblastes (*a*, Fig. 9), s'allongent et envoient à une de leurs extrémités un court prolongement fibrillaire terminé par une partie renflée (*cône d'accroissement de Ramon y Cajal*) [*b*].

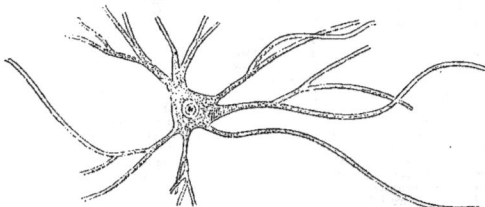

Fig. 5.

Quelque temps après, on voit apparaître à l'autre bout du neuroblaste un deuxième prolongement qui reste granuleux comme le protoplasma périnucléaire, et se termine par des ramifications d'abord peu nombreuses (*c*). Ces deux ordres de prolongements se couvrent ensuite de petits ramuscules latéraux qui vont en se dichotomisant de plus en plus, mais

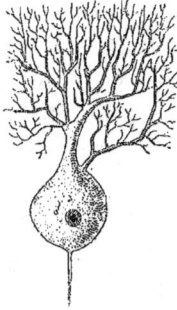

Fig. 6.   Fig. 7.

alors que le dernier reste toujours relativement court, le premier s'allonge de plus en plus, et va former le *cylindre-axe* d'une fibre nerveuse (*d*, *e*, *f*). Enfin, chez les mammifères, le corps de la cellule se couvre lui-même, à l'âge adulte, de prolongements protoplasmiques plus ou moins nombreux (Fig. 9, *f*, et Fig. 6).

2° Les *nerfs* sont formés d'abord par la réunion d'un grand nombre de cylindres nus accolés les uns contre les autres. Ces cylindres-axes végètent par leur extrémité et s'avancent peu à peu dans l'intérieur du mésoderme; là, ils rencontrent des cellules conjonctives embryonnaires qui leur forment une sorte de gaine, puis s'insinuent à leur intérieur et les écartant les uns des autres, en s'aplatissant à leur surface (Fig 10, en haut). Tel est l'état sous lequel restent toujours les fibres nerveuses connues sous le nom de *fibres de Remak*. Mais, pour les autres fibres, les cellules conjonctives s'allongent de plus en plus sur chaque cylindre-axe, en même temps qu'elles s'enroulent autour de lui et finissent par l'envelopper complètement (Fig. 10, en bas). Ces cellules, ainsi transformées en cylindre creux, élaborent à leur intérieur une substance grasse particulière, la myéline; enfin, elles secrètent à leur

surface une véritable membrane (*membrane de Schwann*) au moyen de laquelle elles se soudent entre elles (*incisures de la myéline*). Telle est l'évolution des fibres nerveuses dites à *myéline*.

3° La *névroglie* est une trame d'apparence conjonctive qui sert de soutien aux cellules nerveuses; ses éléments sont des cellules dont les corps envoient partout de longs prolongements enchevêtrés les uns dans les autres. Ces éléments, appelés *cellules de névroglie*, *cellules en araignée* ou *de Deiters*, sont les homologues des cellules nerveuses; elles ont, en effet, même origine comme nous allons le voir. Le système nerveux central apparaît comme une gouttière de l'ectoderme, gouttière dont les bords se rapprochent et se soudent pour former un canal situé sous la peau (*canal encéphalo-médullaire*). Les parois de ce canal sont donc formées de cellules épithéliales qui évoluent, comme nous l'avons vu plus haut, pour donner naissance aux éléments nerveux. Mais toutes les cellules qui composent ses parois ne forment pas des cellules nerveuses; celles, plus internes, celles qui tapissent le canal central, restent accolées les unes contre les autres comme les véritables cellules épithéliales; cependant, elles envoient, par leur base, un long prolongement ramifié qui traverse les parois du canal et vont se terminer sous la pie-mère. Chez les Poissons, les Batraciens et les Reptiles, ces prolongements sont les seuls éléments de névroglie que l'on rencontre dans la moelle et dans l'encéphale. Chez les Oiseaux et chez les Mammifères, au contraire, ces mêmes prolongements s'atrophient bientôt, sauf en face des sillons médians antérieur et postérieur de la moelle; par contre, les cellules qui avaient formé ces prolongements continuent à se développer et envoient même des cils vibratiles dans l'intérieur du canal (*épithélium vibratile du canal de l'é-*

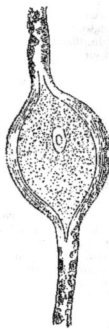
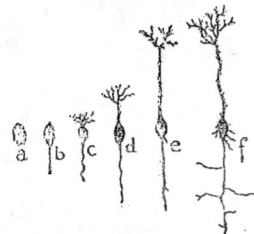

Fig. 8.   Fig. 9.

pendyme et des ventricules cérébraux); à leur base reste toujours un court prolongement simple ou bifide. Mais certaines de ces cellules quittent leur place, émigrent au milieu des cellules nerveuses; là, elles se multiplient et se transforment en cellules étoilées couvertes de nombreux appendices; ce sont les cellules de névroglie.

4° *Cellules sensorielles.* — On peut dire que tous les organes des sens ont, comme partie essentielle, une membrane sensible qui dérive de l'ectoderme directement ou indirectement.

Dans la *peau*, certaines cellules épidermiques sont entourées par l'extrémité ramifiée de cylindres-axes provenant de cellules situées profondément dans les ganglions spinaux, par ex. C'est encore la même disposition pour le sens du *goût*; seulement là, nous trouvons deux formes de cellules épithéliales modifiées en vue de cette fonction; les unes s'allongent, mais restent à peu près sous la forme épithéliale ordinaire, les autres acquièrent ordinairement, à leur face libre, des formations analogues aux cils, et, de l'autre côté, se mettent en contact avec les terminaisons nerveuses. De ces deux formes de cellules que nous allons retrouver dans tous les organes des sens, les premières sont des *éléments de soutien*, les secondes, seules, sont chargées de recueillir les impressions extérieures (*cellules sensorielles*).

L'oreille interne, la seule partie réellement indispensable de

l'appareil auditif, apparaît chez l'embryon, comme une dépression de l'ectoderme qui se creuse de plus en plus et devient
un petit sac au fond duquel vient s'épanouir le nerf auditif
(Fig. 11, VA, d'après M. Duval). Ce sac se ferme bientôt du
côté externe ; il forme alors une vésicule sous-cutanée tapissée
par une seule couche de cellules ectodermiques et remplie par
un liquide (endolymphe) où baignent des cristaux calcaires
(otolithes). Ces cellules ectodermiques s'aplatissent dans la
suite et prennent la forme de pavés épithéliaux, sauf cependant
au niveau de certains épaississements blanchâtres
qui deviendront les crêtes et taches acoustiques de
l'oreille adulte. Là, les cellules se modifient d'une
autre façon. Au lieu de s'aplatir, les unes deviennent fusiformes et se terminent en haut et en bas
par une partie élargie, étalée en forme de membrane ; les autres prennent la forme de bouteilles et
acquièrent, sur leur surface libre des cils vibratiles, libres (organe de Corti), ou accolés en un
seul faisceau (taches et crêtes acoustiques), cils qui
baignent dans l'endolymphe. Les premières cellules
sont des cellules de soutien, ces deuxièmes sont
des cellules auditives dont le rôle est de transmettre les impressions reçues par leurs cils aux
nerfs qui viennent se ramifier autour de leur base.
Ces nerfs sont formés de cylindres-axes provenant

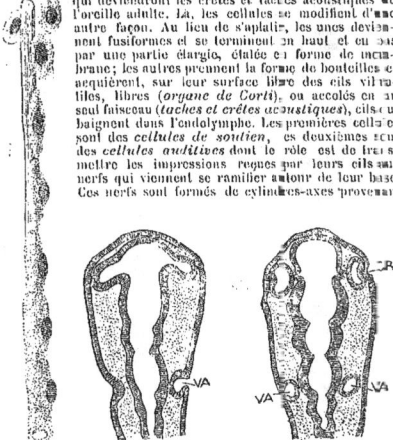

Fig. 10.   Fig. 11.

des cellules du ganglion de Scarpa (sur la branche vestibulaire du nerf auditif) et du ganglion de Corti (sur la branche cochléenne).

Les fosses nasales débutent par une large invagination qui
leur est d'abord commune avec la bouche. Ce n'est qu'à partir
de la 6e semaine de la vie embryonnaire, chez l'homme, que
l'ectoderme ainsi invaginé commence à se différencier pour
former la muqueuse pituitaire. Dans la partie inférieure des
fosses nasales, celle qui correspond à la face interne des cartilages du nez (région respiratoire), les cellules ectodermiques
restent cylindriques, mais forment plusieurs couches et les
plus superficielles se couvrent de cils vibratiles. Dans la partie
supérieure (région olfactive), les couches de cellules sont encore plus nombreuses et les plus superficielles se différencient
de deux façons. Les unes s'allongent, mais restent nues (cellules de soutien) ; les autres portent des cils sur leur face
libre et de l'autre côté envoient un prolongement cylindre-
axile qui va se terminer dans le lobe olfactif ; ces cellules
sensorielles sont donc ici de véritables cellules nerveuses
restées dans l'ectoderme.

La Rétine provient encore du feuillet externe par l'intermédiaire de la partie postérieure de la vésicule cérébrale antérieure (cerveau intermédiaire). A la fin de la 3e semaine, chez
l'embryon humain, on voit une dépression se produire de
chaque côté de cette vésicule, s'allonger vers l'extérieur et
aller se terminer en cul-de-sac sous la peau ; c'est la vésicule oculaire primitive (Fig. 11). Là, cette vésicule vient buter
contre un épaississement de l'ectoderme, le futur cristallin (CR),
et son extrémité s'invagine dans l'intérieur de sa cavité. Il se
forme ainsi une autre vésicule ouverte en dehors et dont les
parois sont doubles. C'est la vésicule oculaire secondaire dont
la cavité s'agrandit en même temps que celle de la vésicule
primitive diminue. Celle-ci disparaît bientôt complètement
par suite de l'accolement des deux parois ; alors les cellules
qui composent la paroi externe sécrètent à leur intérieur une
matière noirâtre qui va former le pigment choroïdien, les cel-

lules de l'autre paroi vont donner naissance aux éléments de
la rétine. Pour cela, certaines cellules se différencient, comme
précédemment, en cellules de soutien (fibres de Muller) et en
cellules sensorielles (cellules des cônes et des bâtonnets)
(I, Fig. 12, d'après Math. Duval). D'autres cellules constituent de véritables éléments nerveux que l'on distingue en
cellules bipolaires (neurône sensitif périphérique, II) et en

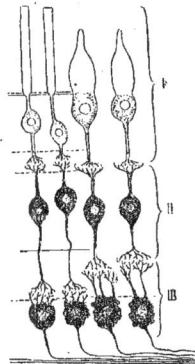

Fig. 12.

cellules multipolaires (neurône sensitif central, III), les premières servant d'union entre les cellules sensorielles et les
cellules multipolaires, ces dernières étant l'origine des cylindres-axes du nerf optique. Enfin, d'autres cellules encore

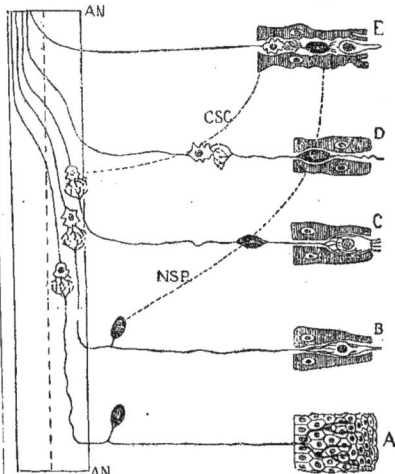

Fig. 13.

que l'on connaît sous les noms de cellules unipolaires, de
cellules horizontales ou de spongioblastes forment des neurônes d'association.

La rétine est donc bien, par son origine et par structure,

un véritable centre nerveux avec les deux sortes de neurônes (Fig. 13, E). Le nerf optique n'est autre chose qu'une portion de substance blanche; aussi ses fibres ne sont-elles pas entourées de myéline. Il en est de même pour le nerf olfactif qui est formé également de fibres du Remak. Mais la muqueuse olfactive ne renferme qu'une seule sorte de cellules nerveuses chargée de recueillir elle-même les sensations; elle forme donc un neurône sensitif périphérique (Fig. 13, D). Le neurône sensitif central a abandonné l'ectoderme pour se rapprocher du cerveau; il est situé dans le lobe olfactif (*cellules mitrales*). Pour l'audition (C) et pour la gustation (B), les membranes sensibles ne renferment plus de cellules nerveuses, mais seulement des éléments de soutien et des cellules sensorielles. Ici les neurônes sensitifs centraux sont contenus dans l'axe nerveux (*bulbe*); pour les neurônes périphériques, ils sont restés près de la membrane sensible (*ganglions de Scarpa et de Corti*) ou bien s'en sont éloignés pour se rapprocher des centres nerveux (ganglion du glosso-pharyngien). Enfin, dans le cas de la sensibilité générale (A), ces neurônes se sont logés dans les ganglions des nerfs rachidiens ou des nerfs craniens, c.-à-d. près des centres et loin des surfaces sensibles (Fig. 13, d'après M. Duval. La ligne NSP marque le déplacement vers la périphérie des neurônes sensitifs périphériques. La ligne CSC indique le déplacement des neurônes sensitifs centraux. AN, axe nerveux.)

III. TISSU MUSCULAIRE. — Les trois feuillets du blastoderme peuvent donner naissance à des cellules contractiles ou musculaires. Chez les Cœlentérés, à l'exception des Cténophores, l'ectoderme et l'entoderme présentent, en effet, au milieu des éléments ordinaires, des cellules musculaires appelées *myoblastes* ou *cellules myoépithéliales*. Chez l'Hydre d'eau douce, ce sont, dans l'ectoderme, de grosses cellules dont la partie superficielle est formée par un protoplasma granuleux et renferme un ou deux noyaux ovalaires. La partie profonde, celle qui touche à la membrane vitrée, présente un ou plusieurs prolongements en forme de fibres lisses

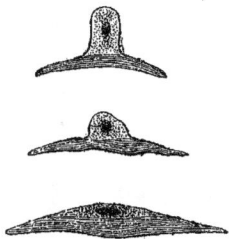
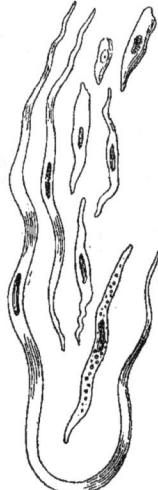

Fig. 14.　　　　Fig. 15.

ou striées en long; ces prolongements s'enchevêtrent avec ceux qui viennent des éléments voisins et leur ensemble forme une véritable couche musculaire située au-dessus de la membrane vitrée. Chez une Méduse, la *Lizzie*, ces fibres sont striées en travers. Chez la plupart des Méduses acraspèdes, enfin, la partie granuleuse disparaît; il ne reste plus que le noyau qui vient s'appliquer directement contre la partie fibrillaire (Fig. 14). Passage d'un myoblaste à une fibre lisse).

Chez les Mammifères et chez l'Homme, toute une catégorie de cellules musculaires se forme ainsi aux dépens de cellules ectodermiques. Ce sont des fibres lisses que l'on trouve dans les glandes sudoripares; ces fibres sont situées, en effet, entre la membrane vitrée et l'épithélium glandulaire, ce qui prouve qu'elles se sont développées à la base des bourgeons ectodermiques qui forment les glandes. Chacun de ces éléments contractiles se compose encore d'une partie protoplasmique nucléée, située entre les cellules glandulaires, à leur

base, et d'une partie aplatie, fibrillaire, qui va rejoindre les mêmes parties des éléments voisins; il résulte donc, de cette disposition, la formation d'une lamelle musculaire qui entoure la base des cellules sécrétantes. On trouve des cellules musculaires semblables dans les glandes séreuses de la membrane nictitante de la grenouille. Les *cellules en panier*, décrites par Boll, autour des acini des glandes salivaires, lacrymale et mammaire, ne sont peut-être aussi que des cellules myoépithéliales.

Quant aux autres fibres lisses des Vertébrés, on ne connaît pas encore d'une façon certaine leur origine blastodermique; il est bien probable, cependant, qu'elles proviennent des lames splanchnique et somatique du mésoderme. Pour former une fibre lisse ordinaire, une cellule s'allonge en forme de fuseau et son protoplasma élabore à la périphérie une gaine de fibrilles contractiles qui entoure la partie centrale restée granuleuse et contenant le noyau (Fig. 15). Cette colonne axiale envoie des prolongements vers la périphérie de manière à constituer des cloisons interfibrillaires; quelquefois même, le protoplasma vient ainsi former une enveloppe à la périphérie, mais il n'y a jamais de membrane véritable. Les fibrilles des fibres lisses sont en général formées par une substance homogène; chez les Mollusques, cependant, quelques-unes sont régulièrement striées en travers et nous avons vu que c'était la règle chez la Lizzie. Chez la grenouille, le ventricule cardiaque ne renferme également que des fibres striées transversalement, et pourtant ces fibres ont la forme en fuseau et le noyau en bâtonnet des fibres lisses ordinaires.

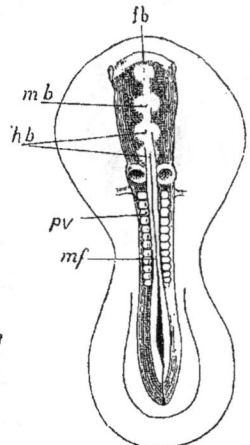

Fig. 16.　　　　Fig. 17.

Chez les autres vertébrés, le cœur est formé de cellules musculaires striées appartenant aussi au type des fibres lisses, mais dont la forme est tout autre. Ce sont des cellules cylindriques soudées bout à bout et envoyant latéralement de courts prolongements qui se soudent également entre eux; la partie centrale de ces cellules est une colonne de protoplasma granuleux renfermant un ou deux noyaux; à la périphérie est une épaisse couche de fibres striées en travers. Dans le cœur de certains Mammifères (porc, mouton, bœuf), on trouve sous l'endocarde des cellules cubiques et ne présentant qu'une mince écorce de fibrilles striées; on les appelle des *fibres de Purkinje* [Fig. 16. Passage des cellules de Purkinje (*a*) à une fibre cardiaque (*b*)].

Toutes les fibres musculaires striées de la vie de relation proviennent du mésoderme, mais elles débutent encore sous la forme épithéliale. Dans la partie axiale du blastoderme, de chaque côté du canal neural, le mésoderme présente une région creuse, indépendante de la grande fente pleuro-péritonéale; cette région, d'abord continue dans toute la longueur de l'embryon, se divise ensuite en un certain nombre de segments placés les uns derrière les autres; ces segments sont appelés *prévertèbres*, *myomères* ou *myotomes* (Fig. 17. Embryon de poulet âgé de 36 heures : *fb*, *mb*, *hb*, vésicules cérébrales; *pv*, prévertèbres; *mf*, canal médullaire), d'après Balfour.

Les muscles striés proviennent de la partie supérieure de ces prévertèbres, partie qui est formée de cellules (*myoblastes*) accolées les unes contre les autres comme les éléments épithéliaux ; les myoblastes se divisent activement, mais les cellules filles restent intimement unies par leur corps protoplasmique, de sorte que leur ensemble forme une longue colonne de protoplasma renfermant des noyaux à son centre

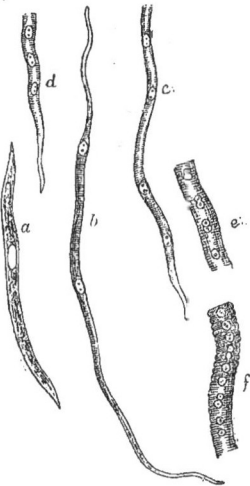

Fig. 18.

(fibre musculaire) (Fig. 18, *a, b, c, d*, d'après Frey) ; bientôt toute la partie périphérique de cette colonne sécrète des fibrilles striées qui envahissent peu à peu le protoplasma en s'avançant vers le centre (*e, f*). Chez beaucoup de muscles d'Insectes, les choses en restent à cet état, mais, chez les Vertébrés, il se forme ensuite une membrane (*sarcolemme*) à l'entour de chaque fibre et les noyaux, étant de plus ou plus pressés, viennent se placer sous cette membrane (Mammifères) ou restent épars un peu partout dans l'intérieur de la fibre (Batraciens).

IV. TISSUS DE SUBSTANCE CONJONCTIVE. — Alors que la partie supérieure des prévertèbres donne naissance à tous les muscles striés de l'organisme, comme nous venons de le voir, la partie inférieure forme les tissus de substance conjonctive, conjointement avec la plus grande partie des lames somatique et splanchnique du mésoderme. Les cellules qui composent ces parties sont formées primitivement de masses protoplasmiques fusionnées entre elles ; bientôt il se forme au cœur de chaque noyau une zone granuleuse éclée liée dont les prolongements s'anastomosent entre eux et avec ceux des éléments voisins, circonscrivant ainsi des espaces où le protoplasma reste amorphe et plus ou moins liquide (*cellules mésenchymateuses*). C'est dans l'intérieur de ces espaces que se forment les faisceaux de fibrilles conjonctives, alors que les noyaux et la partie granuleuse qui les entoure deviennent les cellules fixes du tissu conjonctif.

C'est encore par une transformation directe du protoplasma que se forment bien probablement tous les cartilages. Mais pour les fibres élastiques, le processus est un peu plus compliqué. Dans les tissus élastiques embryonnaires, le réseau protoplasmique qui unit les cellules en ré elles élabore à son intérieur des fibrilles conjonctives (Fig. 19, d'après G. Loisel, *a, b*) ; ensuite le protoplasma resté autour du noyau s'isole sous forme d'une masse fusiforme effilée à ses deux extrémités et contenue dans une sorte de manchon fibrillaire (*c*). C'est alors que les fibrilles conjonctives deviennent des fibrilles élastiques ; leur transformation se fait directement de toutes pièces, ou bien, on voit apparaître à leur intérieur des grains élastiques qui se soudent bientôt entre eux de manière à constituer des fibres ou des plaques élastiques.

De même que le tissu élastique, le tissu osseux ne provient pas directement des cellules mésodermiques ; il passe d'abord par une phase conjonctive ou cartilagineuse. La transformation du tissu fibreux en tissu osseux est des plus simples. On voit d'abord les faisceaux conjonctifs devenir rigides, par suite du dépôt de sels calcaires qui se fait à leur intérieur. Puis les

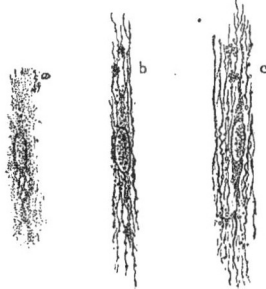

Fig. 19.

cellules plates qui les entourent prolifèrent et donnent naissance à des cellules globuleuses ; ces cellules (*ostéoblastes*) se groupent autour des capillaires sanguins et sécrètent de la substance osseuse qui se dépose à la surface des faisceaux calcifiés ; ceux-ci forment donc les *travées directrices* de l'ossification, ils persistent dans l'os adulte où on les connaît sous le nom de *fibres de Sharpey*. Un certain nombre d'os, tels que les os de la voûte du crâne, proviennent ainsi d'une transformation du tissu fibreux, mais la plupart des os du squelette passent d'abord par une phase de cartilage.

Lorsqu'un os cartilagineux va se transformer, le périoste commence par produire de la substance osseuse par le procédé que nous venons d'expliquer (ossification périostique), puis on voit apparaître au milieu de l'os une tache opaque qui est le début de l'ossification enchondrale et qu'on appelle *point primitif d'ossification*. Dans cet endroit (Fig. 20, d'après M. Duval), les cellules du cartilage ont proliféré et ont donné naissance à un certain nombre de cellules filles qui restent toutes contenues dans les mêmes capsules où elles paraissent empilées les unes au-dessus des autres (CS). Cette sériation de cellules (*cartilage sérié*) se fait toujours dans la même direction qui est celle de l'allongement de l'os. Les capsules ont suivi cet accroissement et sont devenues très grandes ; elles sont séparées par des bandes de cartilage qui s'incrustent bientôt de sels calcaires et vont servir de *travées*

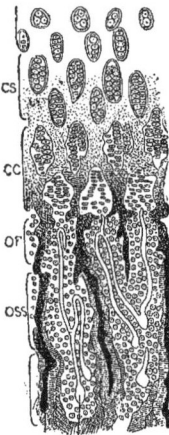

Fig. 20.

directrices pour la formation de la véritable substance osseuse (CC). Les vaisseaux sanguins contenus dans l'os périostique s'avancent en effet vers ce point d'ossification et finissent par rencontrer les grandes capsules calcifiées ; ils percent ces capsules et s'engagent dans leur intérieur (OF). Il est probable que les cellules cartilagineuses filles contenues dans ces capsules s'atrophient alors pour laisser place à d'autres cellules amenées par les vaisseaux. Ces cellules ne sont autre chose que les éléments conjonctifs contenus dans l'adventive des vaisseaux ; elles se multiplient énormément, reviennent à l'état embryonnaire et tapissent les parois des capsules cartilagineuses ouvertes ; on les appelle encore des *ostéoblastes*. Ce sont ces cellules qui tirent au sang les sels calcaires et les déposent tout autour d'elles de manière à former des lamelles osseuses, dans lesquelles elles restent incluses, et deviennent alors des *cellules osseuses* (OSS).

Tout os fœtal, qu'il provienne d'une transformation fibreuse ou cartilagineuse, est un os spongieux, c.-à-d. qu'il est formé de larges alvéoles dont les parois sont les travées directrices encroûtées et dont les cavités contiennent de la moelle rouge. Cette moelle renferme, entre autres éléments, des vaisseaux, des ostéoblastes et des cellules particulières, les myéloplaxes, qui vont remanier complètement l'os fœtal. En effet, les myéloplaxes appelés encore ostéoclastes détruisent, par *phagocytose* (Voy. ce mot), certaines cloisons osseuses, de manière à produire de longs canaux dirigés parallèlement entre eux dans toute la longueur de l'os. Alors les ostéoblastes entrent de nouveau en activité et déposent des lamelles osseuses sur les parois de ces canaux ; il se forme ainsi tout un système de lamelles concentriques qui rétrécissent de plus en plus la lumière du canal et ne s'arrêtent qu'au voisinage des vaisseaux contenus dans ces canaux ; c'est ainsi que se forment les *canaux de Havers* et les systèmes de lamelles qui portent leur nom. Ces systèmes sont séparés par les restes des premières cloisons de l'os primitif, cloisons contenant des fibres de Sharpey et formant les systèmes intermédiaires. Le canal médullaire se forme de la même façon par la destruction de l'os enchondral sous l'action des ostéoclastes. Mais ici, les ostéoblastes ne forment qu'une mince couche de lamelles osseuses sur les parois de ce canal (système médullaire). Le canal médullaire ne se ferme donc jamais ; il reste plein de moelle dont les éléments subissent la dégénérescence graisseuse (moelle jaune).

V. Formation du sang et des vaisseaux. — Le système vasculaire se constitue aux dépens de l'endoderme, il apparaît sous forme de bourgeons qui s'isolent bientôt et viennent se placer entre le feuillet interne et le feuillet moyen. Ces bourgeons cellulaires sont connus depuis longtemps sous le nom d'*îlots de Wolff ;* ils envoient à leur périphérie des prolon-

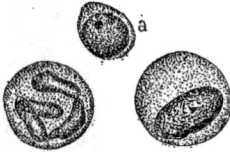

Fig. 21.

gements qui s'anastomosent avec les prolongements voisins et constituent ainsi un réseau de cordons cellulaires pleins. C'est dans les îlots que se montre la première trace de cavité vasculaire ; les cellules centrales sécrètent un liquide dans lequel elles baignent, puis elles se colorent légèrement en jaune, ce sont les premiers globules rouges ; les cellules périphériques s'aplatissent et se soudent entre elles par leurs bords, formant ainsi une véritable paroi endothéliale. Cette double évolution cellulaire se propage dans les cordons cellulaires qui réunissent les îlots de Wolff, et ainsi se constitue le premier réseau vasculaire de l'embryon ; ce réseau envahit peu à peu tout le mésoderme au moyen de bourgeonnements de ses parois. Les jeunes hématies se multiplient surtout par karyocinèse ; cette multiplication se fait d'abord partout, puis elle se localise dans le foie et dans la rate embryonnaires. Les globules blancs n'apparaissent que plus tard ; ils semblent provenir de cellules mésodermiques amiboïdes et passent par une phase jeune appelée *lymphocite* (a, Fig. 21, d'après Metchnikoff).

Chez l'animal adulte, les globules du sang se détruisent et se renouvellent continuellement ; les nouvelles hématies se

forment d'une façon différente, suivant qu'on a affaire à un ovipare ou à un vivipare. Chez les Poissons, les Batraciens, les Reptiles et les Oiseaux, ils ont la même origine que les globules blancs ; on trouve, dans la moelle des os et dans la rate des cellules particulières à gros noyau et à faible corps cellulaire qu'on appelle *lymphocites* ou *globulins* (Fig. 21, a) ; ces éléments se transforment peu à peu les uns en leucocytes, les autres en hématies ; dans ce dernier cas ils passent par une forme intermédiaire appelée *hématoblaste nucléé*. Chez les Mammifères, les hématies sont de véritables cellules nucléées, comme on l'a vu, pendant tout l'âge embryonnaire jusqu'à la fin de la vie fœtale, mais à partir de ce moment on ne trouve plus, dans le sang, que des hématies sans noyau. Pendant les premiers temps de la vie, il se forme encore dans le

Fig. 22.

foie, par ex., des vaisseaux capillaires par le moyen de bourgeonnements partant de vaisseaux déjà formés ; c'est dans ces bourgeons appelés encore *pointes d'accroissement* qu'apparaissent les nouvelles hématies (Fig. 22). En effet, les cellules qui constituent ces pointes d'accroissement deviennent très grandes (*cellules géantes*), puis leur corps protoplasmique isole à son intérieur de petites masses rondes qui se colorent en jaune et deviennent de jeunes hématies (hématoblastes non nucléés). Le noyau de la cellule géante ne prend pas part à cette divi-

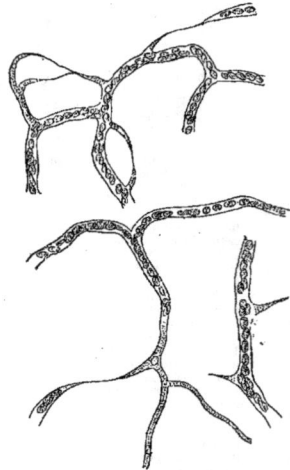

Fig. 23.

sion. Les *cellules vaso-formatives* de Ranvier ne sont autre chose que des pointes d'accroissement semblables, mais qui paraissent souvent isolées des capillaires qui leur ont donné naissance. Chez l'animal adulte, quand le système vasculaire s'est définitivement constitué, la formation des hématies se fait d'une autre façon. Dans la moelle des os et dans la rate, on trouve encore des lymphocites connus depuis longtemps sous le nom de *cellules de Neumann ;* ces cellules bourgeonnent à leur périphérie et chaque bourgeon, en se détachant, donne naissance à un hématoblaste non nucléé (Fig. 23, d'après Ranvier). Enfin, les vaisseaux lymphatiques croissent également par bourgeonnement des vaisseaux plus anciens et les derniers formés se terminent en culs-de-sac.

Pour la formation des éléments sexuels, voir Ovogénèse et Spermagénèse. Sur les causes de la différenciation cellulaire et de la constitution des tissus, voy. Ontogénie.

HISTOGRAPHIE. s. f. (gr. ἱστός, tissu; γράφειν, décrire). Description des tissus organiques.

HISTOIRE. s. f. (lat. *historia*, m. s.). Récit d'actions, d'événements dignes de mémoire. *H. universelle. A. ancienne. H. moderne. H. contemporaine. H. sainte. H. profane universelle. H. romaine. H. de France. H. de Charlemagne. H. du Dauphiné. H. de Paris. H. de la noblesse. H. de la philosophie, des mathématiques, de la médecine, de l'architecture, de l'industrie. H. politique, philosophique, littéraire d'une époque. Morceau d'h. Faits d'h. Époques de l'h.* — *L'H. d'Hérodote. L'H. de Tite-Live*, etc., L'histoire écrite par Hérodote, etc. || Récit quelconque d'actions, d'événements, d'aventures particulières, qui offrent plus ou moins d'intérêt. *L'h. d'une personne. L'h. d'un voyage. L'h. d'un procès.* Raconter l'h. de sa vie, de ses amours. *Il a toujours quelque h. amusante à raconter. Elle sait toutes les histoires du quartier. L'h. en est assez comique.* Ce sens est ordinairement fam. — Fam., *Je sais bien son h.*, Je connais bien sa vie et ses actions. *C'est une h., ce sont des histoires*, C'est un conte fait à plaisir, cela n'est pas vrai. On dit de même : *On vous a fait une h. H. que tout cela!* — Fam., *Le plus beau de l'h.*, Le fait le plus remarquable, le plus étrange d'une aventure. *Le plus beau de l'h., c'est que...* Fig., on dit aussi, *Ce n'est pas le plus beau de ses h.*, le plus bel endroit de son h., Ce fait n'est pas ce qu'il y a de plus honorable pour lui, ou bien Ce qu'il y a de plus agréable, de plus avantageux pour lui. — Fig. et fam., *C'est une autre h.*, C'est une autre chose, ce n'est pas de cela qu'il s'agit. *Voilà bien une autre h.*, Voilà un nouvel embarras, un nouvel incident qu'on ne prévoyait pas. On dit encore, *Voilà bien des histoires*, ou *Que d'histoires!* en parlant à quelqu'un qui forme des difficultés sur quelque chose, ou qui fait trop de cérémonies. || Absolum., *Histoire* se dit des ouvrages d'histoire en général et de la connaissance des faits que rapportent les historiens. *Étudier l'h. Connaître l'h. Cours d'histoire. Chaire de philosophie de l'h.* — On dit aussi, par une sorte de personnification : *Invoquer l'h. Interroger l'h. Le témoignage de l'h. Les enseignements de l'h. Les fastes de l'h. Le latrin de l'h.* — Fam., *Ce que dit l'h.*, Ce que l'on rapporte. || T. Beaux-Arts. *Peinture d'h.*, Voy. Genre. || *H. des animaux, des plantes*, etc., se dit de la description scientifique des animaux, etc. *L'h. des animaux d'Aristote.* — *H. naturelle*, se dit de l'ensemble des sciences qui ont pour objet les corps qui composent notre globe et les êtres qui y vivent à sa surface. *L'h. naturelle comprend la zoologie, la botanique, la minéralogie et la géologie. Cabinet d'h. naturelle.* = Syn. Voy. Annales.

Hist. — Dans son acception la plus générale, l'*Histoire* est le récit des faits qui tombent dans le domaine de l'expérience; d'où sa division en *H. civile*, quand elle s'applique spécialement aux faits accomplis par l'homme, et *H. naturelle*, quand elle s'occupe des phénomènes et des êtres étrangers à la race humaine; mais, quand on parle de l'h. sans autre désignation, c'est toujours de l'h. civile qu'il s'agit. — L'*h. civile* peut être *universelle* ou *particulière*. La première envisage l'humanité tout entière. On la partage ordinairement en quatre périodes : *H. ancienne, H. du moyen âge, H. moderne* et *H. contemporaine*. Voy. Chronologie. L'h. particulière a un champ plus ou moins limité. On l'appelle *spéciale*, quand elle s'occupe d'un seul peuple, d'une seule province, d'une seule ville, même d'un simple individu; et *fragmentaire*, lorsqu'elle n'étudie qu'un événement ou une époque mémorable, comme la guerre du Péloponèse, la conjuration de Catilina, les Croisades, la découverte du nouveau monde, etc. On lui donne encore les noms de *commerciale, industrielle, géographique, militaire, littéraire, administrative, judiciaire, morale, philosophique*, etc., suivant la nature spéciale des faits qu'elle recherche. — L'h. reçoit le nom d'h. *sacrée*, lorsque les faits sont du domaine religieux, et d'h. *profane*, s'ils n'appartiennent pas à ce domaine. On partage même l'h. sacrée en deux sections distinctes : l'h. *sainte*, qui embrasse les faits compris entre la création du monde et la prédication de l'Évangile; et l'h. *ecclésiastique*, qui comprend le temps écoulé depuis ce dernier événement jusqu'à nos jours. — Envisagée sous le rapport de la méthode, c.-à-d. de la manière dont elle présente les faits, l'h. est : le *chro-*

nologique, si elle suit régulièrement le cours des âges; *ethnographique*, si elle expose isolément les annales de chaque peuple; *synchronistique*, si elle rapproche les événements qui ont eu lieu à la même époque dans différents pays; et *pragmatique*, quand elle cherche à expliquer les événements en étudiant les circonstances au milieu desquelles ils se sont produits, en scrutant leurs causes et leurs résultats.

L'h. est l'étude du passé. Cette connaissance est-elle utile? Bien des hommes vivent et meurent sans s'être jamais souciés de la veille. Mais pour les esprits qui s'élèvent au-dessus de l'animalité, une curiosité infinie les attire à chercher ce qu'ont fait ceux qui nous ont précédés dans la vie. Enfants, nous avons besoin de l'expérience de nos parents; jeunes hommes, de celle de nos maîtres; il n'est pas une profession, une étude, un travail politique, même social, qui puisse être mené à bonne fin, si l'on ne consulte les antécédents. Or l'h. est le dépôt de l'expérience de l'humanité. C'est donc avec toute raison que Cicéron l'appelait : la maîtresse de la vie, « *magistra vitæ* », et que notre grand Cujas disait d'elle : « Elle est l'hameçon d'or qui saisit la force réelle et la science des lois. » Notre sagesse, quand nous en avons, est faite des leçons de nos pères.

L'ancienne école disait de l'h. : *scribitur ad narrandum*, la considérant comme matière excellente pour d'éloquents discours et d'intéressants tableaux. L'historien moderne a une tâche moins brillante, mais qui peut devenir utile; il essaye de retrouver les vérités de détail et de temps qui donnent la représentation fidèle d'une société, et les vérités générales qui sont de toutes les sociétés et de tous les temps. Il a besoin de connaître, de celle de nos maîtres pour la critique des textes; de philosophie pour l'interprétation des faits et des idées; d'art pour la mise au œuvre des documents et pour le talent qu'il faut rendre aux personnages historiques. Voilà l'idéal aujourd'hui proposé; mais le fond qui doit porter tout, c'est la vérité.

Pour la découverte de la vérité, le géomètre et le physicien ont deux méthodes puissantes : la déduction et l'expérimentation. Comme l'un, l'historien observe; comme l'autre, il déduit, ou plutôt il constate les déductions que le temps a tirées. S'il ne peut, à l'exemple du chimiste, isoler un fait et le reproduire par des expériences multipliées, afin de l'étudier sous toutes ses faces et d'en faire sortir une loi, l'humanité est pour lui un immense creuset où tous les phénomènes de la vie des peuples et des individus se manifestent dans des conditions différentes de temps et de lieux, ce qui permet d'aller saisir, sous la variété infinie des formes, certaines lois permanentes qui sont les lois mêmes de l'esprit humain.

On n'arrive point par cette méthode à des prévisions certaines, parce que l'h. ne se répète pas. Tandis que la fatalité règne partout en dehors de l'humanité, celle-ci porte dans son sein un principe, la liberté, qui, pour faible qu'il soit, empêche cependant de prévoir toutes les conséquences qu'auront les faits dans le drame dont l'homme est l'acteur parfois inconscient. L'h. ne peut donc annoncer quel sera le jour de demain, mais elle est le dépôt de l'expérience universelle; elle invite la politique à y prendre des leçons et elle montre le lieu qui rattache le présent au passé, le châtiment à la faute.

Cette justice de l'h. n'est pas toujours celle de la raison : elle épargne parfois le coupable et saute des générations; mais jamais les peuples n'y échappent. Pour ceux-ci, sagesse et grandeur, impéritie et décadence sont les termes d'une équation dont l'historien doit dégager l'inconnue, en retrouvant les causes qui ont amené les chutes ou les prospérités.

C'est toutefois pour cette étude une condition essentielle, c'est de ne pas oublier le peu de place qu'une génération occupe dans la durée. Les anomalies des faits changent, si nous regardons de près, c'est-à-dire si, disparaissent lorsque nous considérons l'ensemble; et alors se vérifie la loi que nous venons d'énoncer. Il semble que la nature ait le plus absolu dédain pour l'individu et la sollicitude la plus prévoyante pour l'espèce. On trouve dans l'h. quelque chose de cette loi mystérieuse : que d'héritiers innocents, individus ou sociétés, ont payé la rançon d'aïeux coupables!

Considérée ainsi, l'h. devient le grand livre des expiations et des récompenses; de sorte qu'en montrant aux hommes le lien étroit de solidarité qui unit le passé à l'avenir, elle peut leur rappeler la parole biblique : « Faites le bien ou le mal, et vous serez récompensé ou puni dans votre postérité jusqu'à la septième génération. »

Cette doctrine de la responsabilité historique n'est pas nouvelle; Polybe la connaissait. Nous pourrions la reprendre pour un contemporain, malgré les vingt siècles qui nous séparent de lui, car il est des nôtres par sa curiosité savante, par le besoin qu'il éprouve de se rendre compte de tout ce qu'il voit et de tout ce qu'il entend. Il l'est encore par la moralité de ses récits. Ce païen portait dans sa conscience «le témoin et l'accusateur formidable » qu'il aurait voulu que tout homme trouvât dans la sienne; aussi n'avait-il pas besoin des dieux du vulgaire. Il les a chassés de l'h., comme nos savants, pour constituer leurs sciences, ont chassé du monde matériel les puissances capricieuses que l'antiquité et le moyen âge avaient mises partout. Il ne croit pas à cette déesse tant adorée des anciens et qui l'est encore des modernes, la Fortune, pas plus qu'il ne croit au hasard, au Destin : mots commodes pour la faiblesse et l'ignorance. Il a des pensers plus virils. C'est dans l'âme humaine qu'il faut chercher les mobiles des faits humains, et non dans la volonté des dieux. Pour lui, les États s'élèvent ou tombent s'ils sont bien ou mal gouvernés, et les peuples, complices des fautes commises en leur nom par l'assentiment qu'ils y donnent, sont les artisans de leur destin. Ce n'est pas, comme le veut une école fameuse, le fort qui tue le faible; c'est le faible qui se tue lui-même: l'individu par les excès, les gouvernements par l'incurie, et cependant la désolante doctrine que la justice est souvent un mensonge.

Les témoins d'un fait n'en sont pas toujours les juges équitables. Pour l'h., comme pour un tableau, il faut chercher le point vrai de la perspective, et ce point ne se trouve que dans l'éloignement. Toutes les histoires contemporaines sont fausses ou incomplètes, parce que tous les témoignages n'ont pas encore été exprimés. Aux regards du voyageur qui gravit une montagne, l'horizon s'étend et, sans que sa vue soit meilleure, il distingue des sites dont il n'avait pas, dans la plaine, soupçonné l'existence. Le temps rend le même service à l'h.: il a pour elle des révélations que seul il peut faire, et c'est pour cela qu'elle reconnaît souvent son œuvre en l'élargissant. (Ce bel article sur l'histoire, qui en résume si lumineusement la philosophie, est le dernier que Victor Duruy ait écrit quelques semaines avant sa mort.)

HISTOLOGIE. s. f. (gr. ίστὸς, tissu; λόγος, discours). T. Anat. et Physiol. — Lorsqu'on examine à l'aide du microscope les parties constituantes solides et liquides du corps humain, on s'aperçoit que les éléments qui paraissent les plus ténus à l'œil nu ne sont pas encore des éléments ultimes. On voit au contraire que les parties les plus homogènes en apparence sont formées de particules plus petites variables dans les divers organes, mais toujours identiques dans les organes semblables. Ces parties élémentaires, qu'il est impossible de subdiviser davantage par l'analyse anatomique, sont les cellules, appelés encore éléments anatomiques. On désigne, sous le nom de Tissu, tout groupement de cellules présentant la même forme. L'Histologie est cette branche de l'anatomie générale qui a pour objet l'étude des tissus organiques. Mais comme l'h. ne peut arriver à une connaissance complète des éléments des tissus qu'en étudiant leur génération et leur développement, elle devient Histogénie (Voy. ce mot), quand elle recherche la manière dont les tissus ou leurs éléments se produisent, se développent et se combinent.

I. — La cellule étant l'élément essentiel de l'organisme de tout être vivant, et tous les tissus étant formés de cellules, son étude devient, par là même, la partie la plus importante de l'h.

La cellule fut découverte, pour la première fois, chez les plantes, en 1694, par Malpighi, qui lui donna le nom d'utricule. En 1800, ce nom fut changé en celui de cellule par le botaniste de Mirbel, parce qu'on croyait alors que ces éléments étaient de simples cavités limitées par une paroi ou

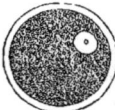

Fig. 1.

membrane. On s'aperçut bientôt que la cellule contient en réalité une substance azotée que l'on appela protoplasma, et dans l'intérieur de celui-ci on reconnut encore la présence d'une partie plus réfringente, le noyau (Fig. 1). Telle est la structure générale de toute cellule; étudions d'un peu plus près chacune de ces parties. La membrane n'est pas une partie essentielle de la cellule; elle existe chez presque toutes les cellules végétales, elle manque au contraire chez le plus grand

nombre des cellules animales. Le protoplasma, appelé encore cytoplasma ou matière vivante, est une substance de nature albuminoïde, mais dont la composition varie à chaque instant de la vie: au point de vue physique, on lui reconnaît une partie liquide (hyaloplasma) et une partie solide (spongioplasma) qui se présente généralement sous la forme de fines granulations. Le noyau est également formé de deux substances, une liquide et une solide; cette dernière se présente sous forme

d'un filament de chromatine (Fig. 3, 1, ch) présentant un ou plusieurs gros renflements appelés nucléoles. Enfin, on voit, quelquefois, près du noyau, un ou deux petits corpuscules sphériques appelés centrosomes (Fig. 3, 1, s). Les cellules étant douées d'une force vitale particulière, attirent en elles les substances du dehors, les élaborent, croissent et se multiplient. Non seulement, dès les premières périodes de la vie, elles constituent par leur assemblage le corps des animaux, mais encore c'est à leurs dépens que se forment les parties élémentaires plus élevées de l'organisme. La forme fondamentale des cellules est celle d'une sphère ou d'une lentille. Cette forme, qui est commune à toutes les cellules dans les premiers temps de leur formation, est permanente pour beaucoup d'entre elles, particulièrement pour celles qu'on rencontre dans les liquides. On trouve encore, mais plus rarement, la forme polygonale (cellules d'épithélium pavimenteux), la forme conique ou pyramidale (épithélium vibratile), la forme écailleuse (lamelles épidermiques), la forme étoilée (cellules nerveuses), et la disposition fusiforme (cellules contractiles allongées en forme de fibres). Chez l'homme, la grandeur des cellules varie depuis 2/1000 jusqu'à 8/100 de millim. et au delà. Voy. CELLULE.

II. — Indépendamment de ces parties élémentaires, il existe chez les animaux une substance interposée, liquide, demi-liquide, ou solide, qui remplit souvent un rôle tout à fait spécial, comme le sang ou les produits de sécrétion, mais qui, en définitive, provient toujours de la cellule. Cette substance intercellulaire appelée encore ciment et substance fondamentale, est ordinairement tout à fait liquide, comme dans le sang, le chyle, etc. Elle présente aussi parfois la consistance et la viscosité du mucus, comme dans le tissu gélatineux de l'embryon. Enfin, elle se présente dans les cartilages, dans les os, et aussi dans les dents, comme une masse solide, homogène.

III. — Toute cellule dérive d'une autre cellule préexistante; néanmoins, la multiplication des cellules s'opère par deux procédés distincts : la genèse par division directe, et la genèse par division indirecte ou Karyocinèse. — Dans le premier de ces modes de formation, le noyau primitif se

Fig. 2.

divise en deux noyaux secondaires, ou bien deux noyaux apparaissent dans la cellule primordiale. Alors celle-ci s'étrangle vers sa partie moyenne, et chaque moitié, contenant un noyau, s'éloigne de l'autre jusqu'à ce que la séparation soit complète. Ce mode de formation s'observe aisément dans les cellules suspendues librement au sein des liquides, par ex. dans les globules blancs du sang. (Fig. 2. Globules du sang d'un embryon de poulet au moment de la scission, à un grossissement de 350 diamètres. D'après Kœlliker).

Dans la karyocinèse (Fig. 3 — 1 à 10, d'après Retterer), la division de la cellule s'accompagne de modifications compliquées dans la structure du noyau. On voit d'abord les deux centrosomes contenus dans le protoplasma s'écarter l'un de l'autre et aller se porter aux deux pôles du noyau (1 et 2); on voit alors les granulations protoplasmiques voisines se disposer en séries rayonnantes vers chaque centrosome et formant une figure caractéristique appelée aster (3). Dans une deuxième phase, la membrane nucléaire disparaît, le filament de chromatine devient très visible et se brise en un certain nombre de segments appelés chromosomes (4). Pendant ce temps, les deux asters s'unissent l'un à l'autre par le moyen de filaments protoplasmiques qui traversent le noyau ainsi modifié. Alors chaque chromosome se recourbe en anse et s'attache à un de ces filaments (4 et 5); il se divise ensuite suivant sa longueur et chaque moitié est attirée, en glissant sur le filament protoplasmique, vers le centrosome correspondant (6 et 7). Là, toutes les moitiés de chromosomes se joignent entre elles et forment un nouveau filament de chromatine; cet ensemble s'entoure d'une membrane et un nouveau noyau se trouve ainsi constitué (8). Enfin, le protoplasma de la cellule primitive s'étrangle au niveau de l'équateur (9); il se segmente bientôt en deux moitiés qui entourent chacune le nouveau noyau, de manière à constituer deux nouvelles cellules (10).

IV. — Les parties élémentaires plus élevées correspondent à tout un ensemble de parties simples; mais il n'y a que les cellules qui possèdent la propriété de se développer de cette sorte. La manière dont la chose s'accomplit est multiple. Tantôt les cellules conservent encore leur nature de cellules, tout en s'accolant ou s'unissant ensemble; elles conservent aussi en partie leur individualité, et, suivant qu'elles sont des cellules fusiformes ou des cellules étoilées, apparaissent des *fibres de cellules* ou des *réseaux de cellules*. Tantôt les

dans le corps humain, mais ils s'y trouvent groupés suivant des lois définies, pour constituer les *tissus*. — Ces derniers, malgré leur extrême variété, peuvent être réunis en un certain nombre de groupes ou de genres, d'après le tableau suivant :

A. Cellules juxtaposées. — Tissu épithélial.

B. Cellules séparées par une substance intercellulaire. (*Tissus de substance conjonctive*).
{ Tissu muqueux.
Tissu cartilagineux.
Tissu élastique.
Tissu conjonctif.
Tissu osseux et ivoire.

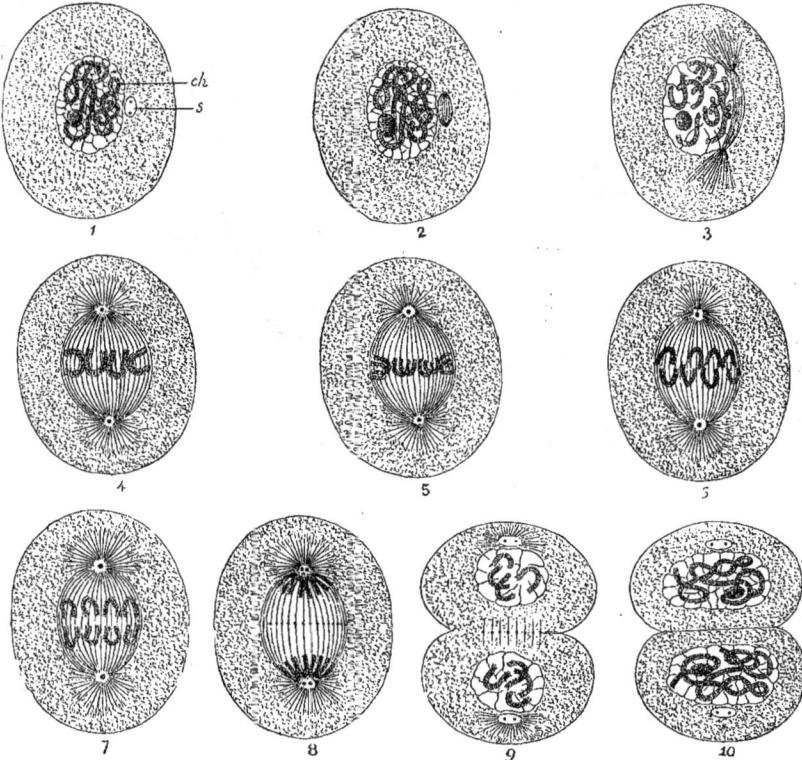

Fig. 3.

cellules, en se réunissant, perdent tout à fait leur individualité, et, dans ce cas, après s'être rangées en file sous une forme *linéaire*, ou réunies entre elles par des *prolongements multiples*, ou fondues complètement ensemble de tous les côtés, elles forment alors des *parties élémentaires allongées*, des *réseaux* et des *membranes*. Puis, des métamorphoses s'accomplissent dans le contenu des cellules ainsi réunies en parties élémentaires allongées et en réseaux, et, suivant la nature de ces métamorphoses, apparaissent les *fibres*, les *faisceaux de fibrilles*, et les *réseaux de fibres*. Toutes ces parties élémentaires plus élevées possèdent essentiellement les mêmes propriétés que les cellules dont elles proviennent.

Les éléments anatomiques ne sont pas répandus au hasard

C. Cellules allongées en fibres . . . { Tissu musculaire.
Tissu nerveux.

D. Sang.

E. Éléments sexuels.

A. Le *Tissu épithélial* ou *Épithélium* est formé de cellules qui sont intimement accolées les unes contre les autres et dont les différentes variétés peuvent se ramener à deux types qui déterminent la division de ce tissu en *Épithélium pavimenteux* et en *Épithélium cylindrique*. L'E. pavimenteux se compose de cellules aplaties, polygonales, disposées sur une seule couche (*E. p. simple*), ou bien présentant plusieurs assises superposées (*E. p. stratifié*). Il recouvre toutes les surfaces internes et externes de notre corps ; c'est ainsi qu'on le trouve à la surface de la peau, où il constitue l'*épiderme* (Fig. 4) dans une partie du tube digestif, à la surface interne de la vessie et des organes génitaux de la femme. Le cœur, les vaisseaux, les membranes séreuses et les synoviales sont encore tapissées par une seule couche de cellules aplaties que l'on appelle plus souvent *endothélium*. Ces cellules n'ont pas la même origine, que les épithéliums ; elles dérivent, en effet, du mésoderme, alors que les épithéliums proviennent des feuillets interne et externe du blastoderme.

L'é. cylindrique est formé de cellules allongées en forme

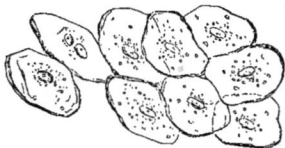

Fig. 4.

de cylindre ou, plus souvent, de pyramides disposées également en une ou plusieurs couches. Il tapisse la surface des muqueuses, c.-à-d. qu'on le trouve dans toute l'étendue du tube digestif, depuis le cardia jusqu'à l'anus, et dans les glandes. La surface libre de ces cellules présente quelquefois des formations particulières ; c'est ainsi que les cellules de l'intestin grêle sont recouvertes d'une sorte de plateau traversé par un grand nombre de canalicules très fins ; d'autres fois (Fig. 5), ce sont de petits prolongements filiformes, indépendants, animés, sur le vivant, d'un mouvement continu, et qu'on appelle des cils vibratiles (Fig. 6). Cet *épithélium cilié* se rencontre chez l'homme dans les canaux respiratoires, sauf au niveau des cordes vocales inférieures, dans la partie postérieure des fosses nasales, dans l'utérus, les vaisseaux

Fig. 5.

Fig. 6.

efférents, les cônes séminifères et l'épididyme, dans les cavités du cerveau et de la moelle de l'embryon, dans la trompe d'Eustache et dans l'oreille moyenne.

B. Les tissus qui appartiennent au groupe de la *Substance conjonctive* sont réunis par la similitude des fonctions qu'ils

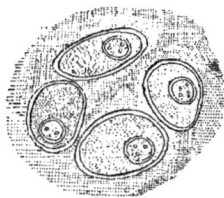

Fig. 7.

remplissent. Tous, en effet, peuvent être considérés comme servant de soutien et d'enveloppe aux autres parties du corps. En outre, ils procèdent tous des cellules embryonnaires, se développent en plusieurs séries parallèles, et concourent à un même but final. Le cartilage et le tissu muqueux passent de l'un à l'autre par des transitions insensibles ; ils peuvent probablement se transformer l'un dans l'autre, et tous deux également se métamorphoser en tissu conjonctif. Une preuve dé-

cisive de la connexion intime qui réunit tous les tissus de cette classe, c'est qu'ils sont tous capables de devenir du tissu osseux, si ce n'est à l'état normal, du moins à l'état pathologique. — 1° Le *Tissu muqueux* ne se rencontre, chez l'homme, que dans le corps vitré et dans le cordon ombilical. Son caractère essentiel consiste en ce qu'il est composé de cellules et d'une substance fondamentale molle. Les cellules peuvent disparaître dans le cours du développement ; mais elles existent toujours au début. Elles sont rondes ou oblongues. — 2° Le *Tissu cartilagineux* est composé de cellules mêlées avec une substance fondamentale. Celle-ci est amorphe (Fig. 7) ou fibreuse (Fig. 8) : de là deux espèces de

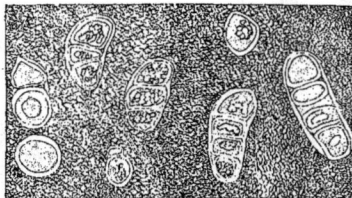

Fig. 8.

cartilages : le *cartilage hyalin* et le *fibro-cartilage*. La cellule cartilagineuse est ordinairement sphérique ou polyédrique et assez volumineuse (1/40 de millim.). Elle se compose d'une enveloppe et d'un contenu granuleux transparent ; le noyau est presque toujours infiltré et rempli de grosses perles graisseuses, de sorte que le nucléole disparaît à l'œil de l'observateur. Ce qui donne à la cellule cartilagineuse son caractère typique, c'est la présence d'une membrane anhiste ou *capsule* qui l'enveloppe de toutes parts, et qui se confond par sa face externe avec la substance fondamentale. La capsule peut ne renfermer qu'une cellule, mais le plus souvent elle en contient plusieurs. La substance fondamentale du cartilage vrai est constituée par une masse dure, élastique, et sans la moindre structure apparente. Dans le cartilage de l'adulte, on ne ren-

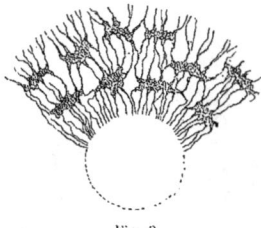

Fig. 9.

contre ni nerfs ni vaisseaux. Dans le fibro-cartilage, les fibres qui composent la substance fondamentale sont ordinairement de nature conjonctive. Quand elles sont de nature élastique, on désigne le cartilage sous le nom de *C. réticulé* ou *élastique*. — 3° Les éléments du *Tissu élastique* sont des fibres à contours opaques, cylindriques ou aplatis, dont le diamètre varie depuis 1/900 jusqu'à 1/10 de millim. Ces fibres s'anastomosent fréquemment entre elles, et forment ainsi des réseaux plus ou moins serrés ; d'autres fois, elles sont contournées en spirale autour de différents organes. Elles se trouvent le plus souvent mêlées au tissu conjonctif ; cependant elles constituent presque entièrement certains organes, tels que les ligaments jaunes des vertèbres et les membranes élastiques qui se trouvent dans les tuniques des vaisseaux, des bronches, etc. — 4° Les éléments essentiels du *Tissu conjonctif propre* sont des cellules et des fibres. Les premières sont peu volumineuses, habituellement étoilées, quelquefois fusiformes, et ordinairement unies les unes aux autres par des prolongements, de façon à constituer des réseaux. Les fibres sont de deux espèces, les fibres élastiques et les fibres conjonctives. Celles-ci sont des linéaments très fins, communément réunis en faisceaux parallèles ou plus ou moins feutrés. Ces trois éléments du tissu conjonctif sont mélangés avec une quantité variable de nerfs et de vaisseaux. Le tissu conjonctif relie entre eux les organes et les parties d'organes : il constitue les tendons, les ligaments, les aponévroses, le périoste, les séreuses, les muqueuses, la peau, etc. — 2° Le *Tissu osseux* est formé par deux éléments : la *cellule osseuse* et la *substance fondamentale*. Les cellules osseuses (Fig. 9) sont de petits corps fusiformes légèrement aplatis qui mesurent en moyenne de 1/66 à 1/80 de milim. dans leur plus grand diamètre. De leur pourtour se détachent des prolongements très fins qui rayonnent en tous sens dans des *canalicules*

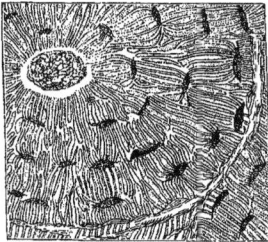

Fig. 10.

osseux, s'anastomosent entre eux, et mettent en communication chaque cellule avec les cellules voisines, et souvent aussi avec les *canaux de Havers* qui logent les vaisseaux nourriciers des os. Quant à la substance fondamentale, elle est constituée par une masse blanche, généralement amorphe, opaque ou transparente, selon son épaisseur (Fig. 10. Coupe transversale du cubitus. Au milieu de la substance fondamentale amorphe, on voit : les cellules osseuses; leurs prolongements, sous forme de canalicules, communiquant entre eux, avec les corpuscules et avec les canaux de Havers). Le dé-

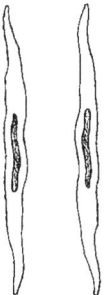

Fig. 11.   Fig. 12.

veloppement des os s'opère de deux manières : par transformation du squelette cartilagineux de l'embryon, et par métamorphose des couches profondes du périoste. L'*Ivoire* ou *Os dentaire* est une modification du tissu osseux, dans laquelle les cellules osseuses étoilées sont remplacées par de longs canalicules, appelés *canalicules dentaires*. Voy. DENT.

C. L'élément essentiel du *Tissu musculaire*, c.-à-d. l'élément contractile, se présente principalement sous la forme de fibre; mais cette fibre offre deux aspects différents et constitue deux espèces de muscles : les *muscles lisses* et les *muscles striés*. — Les *Muscles lisses* (Fig. 11), végétatifs ou organi-

ques, consistent essentiellement en fibres microscopiques, le plus souvent fusiformes, que Kœlliker nomme *fibres-cellules contractiles*. Ces fibres sont formées d'une substance homogène au milieu de laquelle se trouve un long noyau en forme de baguette et sont unies en faisceaux aplatis ou arrondis. — Les éléments du *Tissu musculaire strié*, ou *Tissu musculaire rouge*, consistent en fibres pourvues d'une enveloppe (Fig. 12). Ces fibres sont composées de *fibrilles* qui généralement présentent en série régulière des parties sombres et des parties claires (Fig. 13). L'enveloppe des faisceaux musculaires, ou *Sarcolemme*, est parfaitement anhiste et n'offre jamais de plis correspondant aux stries du contenu.

Le *Tissu nerveux* se compose de *cellules nerveuses* dont l'ensemble forme la substance grise du cerveau et de la moelle, et de *fibres* qui se réunissent en cordons distincts pour former les nerfs. Les cellules ont une forme très irrégulière et émettent à leur surface un ou plusieurs prolongements ramifiés, mais non anastomosés (Fig. 14); ces prolongements vont à la rencontre des formations analogues venant des cellules voisines, mais ils ne s'anastomosent pas avec eux, ils se terminent toujours librement dans la substance unissante de ces

Fig. 13.

Fig. 14.

éléments ou *névroglie*. Un de ces prolongements est toujours plus long et plus nettement délimité que les autres; il se termine non loin de la cellule par une sorte d'arborisation libre où il se prolonge pour se continuer avec une fibre nerveuse; c'est le *prolongement de Deiters*.

La fibre nerveuse (Fig. 15) présente à considérer une partie axiale appelée *cylindre-axe*, qui n'est autre chose que la continuation du prolongement de Deiters. Tout autour de cet axe, se trouve une première gaine de substance granuleuse, de nature graisseuse et qu'on appelle *myéline*; vient ensuite une seconde gaine beaucoup plus mince renfermant des noyaux cellulaires, et formée par une substance protoplasmique, c'est la *gaine de Mauthner*. Le tout est entouré par une enveloppe résistante connue sous le nom de *membrane de Schwann*. La gaine de myéline n'est pas continue; d'abord, elle ne se trouve qu'à une certaine distance de la cellule et disparaît avant la terminaison même de la fibre nerveuse; de plus, elle est interrompue, de place en place, par des étranglements (*incisures de Ranvier*) qui vont jusqu'au cylindre-axe. Ce dernier se continue sans interruption, dans toute la longueur de la fibre; il se termine par un nombre plus ou moins grand de petites branches présentant un renflement en forme de bouton à leur extrémité, branches qui se mettent en rapport de contiguïté (et non de continuité) avec les prolongements ordinaires ou protoplasmiques des cellules voisines, ou bien qui vont se rendre dans les muscles. L'histogénie nous apprend que les gaines qui entourent le cylindre-axe sont formées par des cellules graisseuses placées bout à bout comme les grains d'un chapelet et percées d'un canal où passe le cylindre-axe; les incisures de la myéline correspondent aux lignes de démarcation de chaque cellule (Voy. HISTOGÉNIE). Les nerfs de la vie animale sont formés par la réunion en un seul cordon de ces

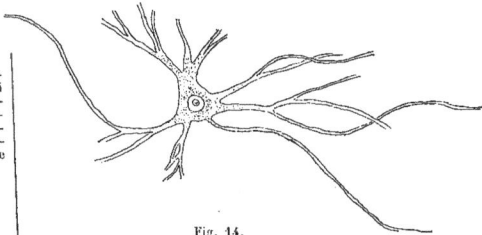

Fig. 15.

fibres à myéline. Les nerfs de la vie organique, comme le grand sympathique, par ex., renferment au contraire des fibres nerveuses sans myéline et anastomosées (Fig. 16); ce sont les *fibres de Remak*.

D. E. — Pour le *Tissu sanguin*, nous renvoyons à l'article SANG. Pour les *Éléments sexuels*, nous traiterons séparément de l'élément mâle (voy. SPERMATOZOÏDE), et de l'élément femelle (voy. OVULE).

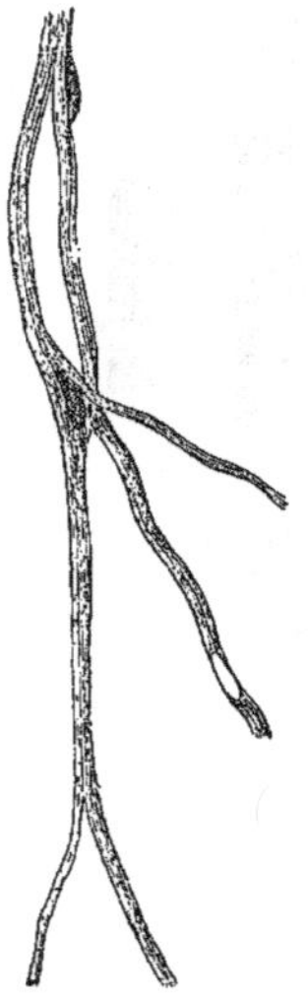

V. — L'h., avons-nous dit, est une science relativement récente. L'admirable traité de Bichat sur l'*Anatomie générale* (1801) est le premier ouvrage où les tissus aient été considérés dans leur ensemble. Si l'étude de la génération des tissus y est complétement absente, le livre du célèbre anatomiste français brille par un mérite qui lui est propre. En effet, les rapports des tissus entre eux, ainsi qu'avec les fonctions physiologiques et l'état morbide, y sont examinés dans tous leurs détails et d'un point de vue tellement supérieur, que son anatomie générale se trouve être en même temps un remarquable traité de pathologie générale. Après Bichat, l'h. doit tous les progrès qu'elle a accomplis à l'emploi du microscope. Toutefois l'application de ce précieux instrument à l'étude des tissus menaçait d'aboutir à un chaos de détails sans connexion entre eux et sans unité, lorsque Schwann (1838) démontra le premier l'unité de composition de l'organisme animal, en faisant voir que tous les tissus procèdent originairement et uniformément de cellules. Depuis ce moment, la science a marché d'un pas plus régulier et plus sûr, et s'est enrichie d'une multitude de faits nouveaux et intéressants. C'est en Allemagne surtout, la patrie de Schwann, que les travaux furent les plus nombreux. Citons seulement les noms de Henle, Reichert, Remak, Leydig, Virchow, et, de nos jours, Koelliker, Waldeyer, Stöhr, Hertwig, etc. En France, les savants semblèrent dédaigner tout d'abord les études histologiques, et il faut arriver jusqu'en 1862 pour voir l'enseignement de cette science donné officiellement à Paris, par Charles Robin, le dernier défenseur de la théorie de la génération spontanée des cellules. Actuellement (1897), deux noms sont à la tête de l'h. en France : ce sont les professeurs Ranvier, au Collège de France, et Mathias Duval, à la faculté de médecine de Paris; citons encore les histologistes suivants : Renaut, Hanneguy, Retterer, Tourneux, etc.

Fig. 16.

HISTOLOGIQUE. adj. 2 g. Qui a rapport à l'histologie.

HISTOLOGIQUEMENT. adv. Au point de vue histologique.

HISTONOMIE. s. f. (gr. ἱστός, tissu; νόμος, loi). Ensemble des lois qui président à la génération et à l'arrangement des tissus organiques.

HISTORIAL, ALE. adj. (lat. *historialis*, m. s.). Qui marque quelque point d'histoire. Vx, et ne se trouve guère que dans ces phrases : *Almanach h. Calendrier h. Le miroir h. de Vincent de Beauvais.*

HISTORICITÉ. s. f. Caractère de ce qui est historique.

HISTORIEN. s. m. [Pr. *istori-in*] (lat. *historia*, histoire). Celui qui écrit l'histoire. *Il. fidèle, impartial. Les historiens anciens et modernes.* — On dit quelquefois, *Je ne suis qu'h.*, Quand on se borne à raconter des faits, sans les accompagner de réflexions.

HISTORIER. v. n. (lat. *historiare*, m. s., de *historia*, histoire). Enjoliver de divers petits ornements. *Faire h. un cabinet.* || Raconter en détail. = HISTORIÉ, ÉE. part. *Lambris*

historié. Bible historiée. Vignettes historiées. Chapiteau historié.

HISTORIETTE. s. f. [Pr. *istori-ète*]. Dimin. Récit vrai ou faux de quelque aventure galante ou plaisante, ou d'autres choses de peu d'importance. *C'est une simple h. Cette h. est très bien racontée.* = Syn. Voy. ANECDOTE.

HISTORIEUR. s. m. Nom de celui qui ornait de miniatures les manuscrits au moyen âge.

HISTORIOGRAPHE. s. m. (gr. ἱστορία, histoire; γράφω, j'écris). Celui qui est nommé par un brevet pour écrire l'histoire d'un prince, d'un règne. *Racine et Boileau ont été historiographes de Louis XIV. Il y a bien de la différence entre un h. et un historien.*

HISTORIOGRAPHIE. s. f. (R. *historiographe*). Histoire littéraire des livres d'histoire.

HISTORIOGRAPHIQUE. adj. 2 g. Qui concerne l'historiographie.

HISTORIOSOPHIE. s. f. (gr. ἱστορία, histoire; σοφία, sagesse). Philosophie de l'histoire.

HISTORIQUE. [adj. 2 g. [Pr. *isto-rik*] (lat. *historicus*: gr. ἱστορικός, m. s.). Qui appartient à l'histoire. *Faits historiques. Mémoires historiques. Tableau h. Dictionnaire h. Style h. Recherches historiques.* — Cela est h., C'est un fait, un événement qui a eu réellement lieu. *Ce fait est h. Le sujet de ce roman est h.* — Nom h., Nom qui a de la célébrité dans l'histoire. — Pièce h., *roman h.*, Pièce de théâtre, roman dont le sujet est tiré de l'histoire. On dit dans un sens analogue, *Personnage h.* — Les temps historiques, par opposition aux temps fabuleux. = HISTORIQUE. s. m. Simple narration des faits dans leur ordre et avec leurs circonstances. *Faire l'h. des événements, ce n'est pas écrire l'histoire.*

HISTORIQUEMENT. adv. [Pr. *istori-ke-man*]. En historien, d'un style historique. Se dit par opposition à Oratoirement : *Exposer un fait h.*, et par opposition à Fabuleusement : *Virgile fait Didon contemporaine d'Énée; mais à en parler h.*, elle vivait plusieurs siècles avant ce héros.

HISTOTAXIE. s. f. (gr. ἱστός, tissu; τάξις, classement). T. Bot. Classement d'une plante d'après l'étude de ses tissus.

HISTOTAXIQUE. adj. 2 g. Qui a rapport à l'histotaxie.

HISTOTRIPSIE. s. f. (gr. ἱστός, tissu; τρίψις, écrasement). T. Chir. Écrasement linéaire.

HISTOTRIPTEUR. s. m. T. Chir. Instrument servant à l'histotripsie.

HISTOTROMIE. s. f. (gr. ἱστός, tissu; τρόμος, tremblement). Contraction fibrillaire qui s'observe sur différents muscles, mais surtout aux paupières.

HISTRION. s. m. (lat. *histrio*, de l'étrusq. *hister*, baladin, danseur). T. Antiq. Il s'est dit, chez les Romains, d'abord des baladins et des mimes qui furent appelés d'Étrurie à Rome pour donner des représentations publiques, et, plus tard, de toute espèce d'acteurs parlants et autres. || S'emploie encore aujourd'hui, mais comme terme de mépris, en parlant des acteurs. *Un vil h. De misérables histrions.*

HISTRIONAGE. s. m. Métier de comédien. Fam.

HISTRIONIE. s. m. Se dit, par dénigrement du métier de comédien.

HISTRIONIQUE. adj. 2 g. Qui concerne les histrions.

HISTRIONNER. v. n. [Pr. *istrio-ner*]. Jouer la comédie. Fam.

HITATSI. prov. maritime du Japon; 680,000 hab.

HITCHCOCKITE. s. f. (R. *Hitchcok*, n. d'un naturaliste amér.). T. Minér. Syn. de *Plombgomme.*

HITOPADESA, célèbre recueil de contes composés en sanscrit, à une date inconnue.

HITTITES. Voy. Héthéens.

HITTORF, architecte, né à Cologne (1793-1867), a construit à Paris l'église Saint-Vincent-de-Paul.

HIVER. s. m. (lat. *hibernus*, d'hiver). La saison la plus froide de l'année, saison qui, pour les astronomes, commence au solstice d'hiver et finit à l'équinoxe du printemps; les météorologistes la composent des trois mois de décembre, janvier et février. *H. rigoureux, doux, pluvieux, sec. Les rigueurs, les glaces de l'h. Le fort de l'h. Vêtement d'h. En h. Pendant l'h. Soirée d'h. Passer l'h. à la campagne.* — *Fruits d'h.*, Fruits qu'on ne mange qu'en h. *La bergamote d'h. Poires de bon-chrétien d'h.* — *Semestre d'h.*, Semestre dans lequel se trouvent compris les trois mois d'hiver. — *Quartier d'h.*, Voy. Quartier. || Se dit quelquefois par rapport au froid qu'il fait dans cette saison. *L'h. est tardif cette année. Nous avons eu un long h. L'année du grand h. Il n'y a point en d'h., L'h. ne s'est pas fait sentir.* — Fig. et prov., *Mi-mai, queue d'h.*, Le froid se fait souvent sentir au mois de mai. || Dans la poésie, *Hiver* se dit souvent pour année, en parlant des personnes d'un âge avancé. *Il compte quatre-vingts hivers.* On dit aussi fig., *L'h. de l'âge, L'h. de nos ans,* Pour désigner la vieillesse.

HIVERNAGE. s. m. T. Géogr. phys. La saison pluvieuse dans les régions équinoxiales. || T. Mar. Temps que les bâtiments passent en relâche pendant l'hiver. -- Port bien abrité où les bâtiments peuvent relâcher pendant à mauvaise saison. || T. Agric. Labour donné avant l'hiver aux terres ou aux vignes. — Semailles faites en automne et qui passent l'hiver dans la terre. — Mélange de seigle, d'orge, de vesces, etc., qu'on sème en automne pour faire consommer les produits en vert et sur place à la fin de l'hiver ou au printemps. — Séjour dans les étables durant l'hiver pour les bestiaux qui passent la belle saison dans les pâturages.

HIVERNAL, ALE. adj. Qui appartient à l'hiver.

HIVERNATION. s. f. [Pr. ...*sion*]. Voy. Hibernation.

HIVERNEMENT. s. m. Syn. d'Hibernation.

HIVERNER. v. n. Passer l'hiver, la mauvaise saison. Il se dit des troupes, des vaisseaux. *Les troupes hivernèrent dans cette ville. L'escadre hiverna dans ce port.* = Hiverner. v. a. T. Agric. *H. les terres,* Leur donner un labour avant l'hiver. = S'Hiverner. v. pron. S'exposer aux premiers froids de l'hiver pour y être moins sensible. = Hiverné, ée. part.

HIZEN, prov. maritime du Japon, dans l'île de Kiousiou; 1,150,000 hab.

HIZKIAH. Voy. Ézéchias.

HLODWIG. Voy. Clovis.

HO [*h* asp.]. Interj. qui sert tantôt pour appeler, tantôt pour témoigner de l'étonnement ou de l'indignation. *Ho! venez par ici. Ho! quel événement. Ho! quel homme.* — Quand il exprime l'étonnement ou l'indignation, *Ho* s'écrit quelquefois *Oh!* et se redouble le plus souvent. *Ho! Ho! qu'est-ce à dire! Ho! ho! c'est un peu trop fort.*

HOANG-HO, c.-à-d. *fleuve Jaune*, grand fleuve de la Chine septentrionale; 4,700 kil.

HOAZIN. s. m. (Onom. du cri de l'oiseau). T. Ornith. Genre de *Gallinacés*. Voy. Pénélopides.

HOBART-TOWN, ch.-l. de la Terre de Van Diemen (Océanie); 25,000 hab.

HOBBEMA (Meyndert), célèbre paysagiste hollandais (1338-1709).

HOBBES (Thomas), philosophe anglais (1588-1679), défenseur du despotisme en politique, du matérialisme en philosophie.

HOBEREAU. s. m. [*h.* asp.]. T. Ornith. Espèce de *Faucon*. Voy. ce mot. || Fig. et par mépris, Petit gentilhomme campagnard. *Les hobereaux de l'endroit se réunirent.*

HOC (**AD**). Mots latins qui signifient Pour cela même, et qui s'emploient dans quelques phrases familières comme : *Je lui ai envoyé un homme ad hoc. C'est une réponse ad hoc,* etc. || On dit encore fam., *Parler ab hoc et ab hac, Parler à tort et à travers.* || Sorte de jeu de cartes. *On attribue à Mazarin l'invention du jeu de hoc.* || Fam. et par allusion à une locution usitée dans ce jeu, on dit d'une chose qui est assurée à quelqu'un, *Cela lui est hoc.*

HOCA ou **BLOCCA**. s. m. [*h* asp.] (mot catalan). Espèce de jeu de hasard analogue au loto. *Jouer au hoca.*

HOCCO. s. m. [Pr. *oc-co*] (Onom. du cri de l'oiseau). T. Ornith. Genre de *Gallinacés*. Voy. Pénélopides.

HOCHE. s. f. [*h* asp.] (prov. *osca*, m. s.). Coche, entaillure. Peu us. || Brèche sur une lame.

HOCHE (Lazare), général fr., né à Versailles le 24 juin 1768, mort au camp de Netzlar le 19 septembre 1797; pacifia la Vendée et fit une brillante campagne au delà du Rhin.

HOCHEMENT. s. m. [Pr. *hoche-man, h* asp.]. *H. de tête,* Action de hocher la tête.

HOCHEPIED. s. m. [*h* asp.] (R. *hocher,* et *pied*). T. Fauc. Nom qu'on donne au premier des oiseaux qui attaque le héron dans son vol, ou qu'on lâche seul après le héron pour le faire monter.

HOCHEPOT. s. m. [*h* asp.] (R. *hocher,* et *pot*). T. Cuis. Espèce de ragoût fait de bœuf haché et cuit sans can dans au pot avec des marrons, des navets et autres assaisonnements. *On fait aussi des hochepots avec des oies grasses et des canards.*

HOCHEQUEUE. s. m. [*h* asp.] (R. *hocher* et *queue*). T. Ornith. Nom des *Hochequeues* dans la famille des *Motacilidés* un petit groupe naturel fort remarquable par ses mœurs et ses habitudes. Les oiseaux qui le composent ont le bec encore plus grêle que celui des Fauvettes; une queue longue qui s'élève et s'abaisse sans cesse, d'où leur nom générique; des jambes élevées et surtout des plumes scapulaires qui couvrent le haut de

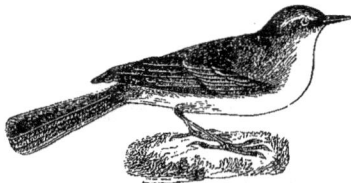

l'aile repliée, ce qui lui donne un certain rapport avec la plupart des Échassiers. Ce groupe comprend deux genres : les *Hochequeues* proprement dits et les *Bergeronnettes*. — Les *Hochequeues* (*Motacilla*) ont l'ongle du pouce courbé comme les autres becs-fins. Ils vivent sur le bord des eaux, particulièrement aux abreuvoirs et aux étangs, où ils poursuivent les moucherons et autres petits insectes. On les nomme aussi *Lavandières*, parce qu'on les voit souvent voltiger autour des lavoirs sans paraître redouter le bruit que font les laveuses. — L'espèce type est la *Lavandière grise* (*Mot. alba* et *cinerea*), qui est assez répandue chez nous. Elle est cendrée dessus, blanche dessous, avec une calotte à l'occiput et la gorge et la poitrine noires. — Les *Bergeronnettes* (*Budytes*) se distinguent des précédentes en ce qu'elles ont l'ongle du pouce allongé et peu arqué, ce qui les rapproche des Farlouses et des Alouettes. Elles accompagnent les troupeaux dans les pâturages pour saisir les insectes ailés attirés par eux, ou peut-être mis en évidence sur le sol par leur marche. L'espèce la plus commune dans nos provinces est la *Bergeronnette de printemps (B. flava)* [Fig. ci-dessus], qui est cendrée dessus, olive au dos, jaune dessous, avec un sourcil et les deux tiers des pennes latérales de la queue blancs.

HOCHER. v. a. [*h* asp.]. Secouer, n'est usité que dans les phrases suivantes : *H. un prunier, un pommier*, etc., *pour en faire tomber les fruits. H. une mesure, pour que la chose mesurée s'y entasse. H. la bride, le mors à un cheval, afin de l'animer.* — Fam., *H. la tête,* Lever subitement la tête ou haut pour marquer qu'on désapprouve une chose ou qu'on ne s'en soucie guère. — Fig. et fam., *H. le mors, la bride à quelqu'un,* Essayer de l'exciter à faire quelque chose. = **Hocher.** v. n. T. Man. Se dit d'un cheval qui lève et abaisse fréquemment la tête pour faire mouvoir le mors dans sa bouche. || Marquer d'une hoche. = **Hoché, ée.** part.

HOCHET. s. m. [*h* asp.] (R. *hocher*). Jouet qu'on donne aux enfants à la mamelle pour qu'ils le portent à leur bouche et le pressent entre leurs gencives pendant le travail de la dentition. *Un h. d'ivoire garni de grelots d'argent.* || Fig., se dit des choses futiles qui flattent une passion ou amusent l'esprit. *Les esprits légers ont besoin d'un h. Les femmes sont parfois de grands enfants qu'il faut amuser avec des hochets. Il y a des hochets pour tout âge,* Chaque âge a ses plaisirs, ses illusions.

HOCHEUR. s. m. T. Mamm. Espèce de *Singe* habitant la Guinée. Voy. **Cercopithèque.**

HOCHFELDEN. anc. ch.-l. de c. du Bas-Rhin, arr. de Saverne, cédé à l'Allemagne en 1871 ; 2,600 hab.

HOCHHEIM. v. de Prusse, sur un coteau au-dessus de la rive droite du Main ; 2,800 hab. Vins estimés. Victoire des alliés sur Bertrand (7 novembre 1813).

HOCHKIRCH. village de Saxe, près de Lobau, 540 hab., où le maréchal Daun vainquit Frédéric II (14 oct. 1758).

HOCHSTÆDT. v. de Bavière, sur le Danube, célèbre par les victoires de Villars sur les impériaux (20 sept. 1703), de Marlborough et d'Eugène sur les Français (13 avril 1704), et de Moreau sur les Autrichiens (13 juin 1800) ; 2,500 hab.

HOCQUINCOURT (Charles de Monchy, marquis d'), maréchal de France, né en Picardie (1599-1658).

HODIE MIHI CRAS TIBI (aujourd'hui pour moi, demain pour toi), sentence latine que l'on voit souvent gravée à la porte des cimetières.

HODOGRAPHIQUE. adj. 2 g. (gr. ὁδὸς, route ; γράφειν, écrire). Qui indique les routes.

HODOMÈTRE ou **ODOMÈTRE.** (gr. ὁδὸς, route ; μέτρον, mesure). T. Méc. Instrument servant à compter le nombre de tours de roues d'une voiture. — Instrument servant à compter le nombre de tours de nouvelle faits par un ouvrier.
Méc. — L'h. se compose essentiellement d'un rouage de roues dentées dont la première est mise en mouvement par l'essieu de la voiture et dont les dernières actionnent des aiguilles qui marquent, sur un cadran, l'une les centaines, l'autre les milliers de tours, etc. Quand on connaît la circonférence de la roue, on peut disposer les rouages de manière que les aiguilles indiquent le nombre de kilomètres parcourus. L'h. était déjà connu du temps de Vitruve. Il consistait alors en une série d'engrenages à lanternes dont le premier était actionné par un taquet fixé à la roue, et dont le dernier faisait tomber à chaque tour un caillou dans un bassin. Le médecin Fernel mesura, au XVIe siècle, la distance de Paris à Amiens à l'aide d'un appareil de ce genre, et en déduisit la longueur du méridien terrestre. Aujourd'hui, on adapte fréquemment de ces appareils aux bicyclettes, voitures automobiles, etc. On a construit aussi des appareils qui comptent les pas d'un voyageur à pied. On les appelle *Podomètres.*

HODOMÉTRIE. s. f. (R. *hodomètre*). Art de mesurer les distances parcourues. || Art de faire des hodomètres.

HODOMÉTRIQUE. adj. 2 g. Qui a rapport à l'hodomètre ou à son emploi.

HOECKE (Jan Van den), peintre hollandais, élève de Rubens (1598-1651).

HOEFER (Jean-Chrétien-Ferdinand), écrivain fr., savant encyclopédique d'origine allemande, né en 1811 à Dœschnitz (Thuringe) ; mort à Brunoy, près Paris, en 1878.

HOERNÉSITE. s. f. (*Hœrnes,* n. pr.). T. Minér. Arséniate hydraté de magnésie, en petits cristaux clinorhombiques ou en masses feuilletées blanches ressemblant au talc.

HOF, v. de Bavière sur la Saale ; 21,900 hab.

HOFFMANN (Frédéric), médecin et chimiste allemand, né à Halle (1660-1742). On appelle *Liqueur d'Hoffmann,* un éther officinal alcoolisé qui sert, comme calmant, dans certaines maladies nerveuses (névralgies, toux spasmodique, coqueluche, etc.).

HOFFMANN (François-Benoît), auteur dramatique et critique fr. né à Nancy (1760-1828).

HOFFMANN (Amadeus), écrivain allemand, auteur des *Contes fantastiques* (1776-1822).

HOFFMANN (Aug. Henri), écriv. all. (1798-1874).

HOFMANN (Aug. Guillaume), chimiste allem. (1818-1892).

HOGARTH (William), peintre et graveur anglais (1697-1764), créateur de la caricature morale.

HOGENDORP (Thierry, comte de), général hollandais (1761-1830). — Son frère, Gisbert-Charles, homme d'État hollandais (1762-1834).

HOGNER. v. n. [*h* asp.]. Gronder, se plaindre. Pop., vieux et presque inusité.

HOGUE (LA) ou **LA HOUGUE SAINT-WAAST,** fort à 18 kil. de Valognes (Manche), à l'entrée d'une rade où douze vaisseaux de l'escadre de Tourville cherchèrent vainement un refuge et furent brûlés par les Anglais (2 et 3 juin 1692).

HOHENLINDEN, village de Bavière, près duquel Moreau battit les Autrichiens (1800).

HOHENLOHE, principauté d'Allemagne, sous la souveraineté du Wurtemberg et de la Bavière. = Ancienne maison d'Allemagne, dont quelques branches subsistent encore.

HOHENSTAUFEN, illustre famille d'Allemagne, qui compta six empereurs (1138-1254). Le fils du cinquième, Conradin, dernier représentant de sa maison, périt à Naples en luttant contre Charles d'Anjou (1268).

HOHENZOLLERN, principauté all., ch.-l. *Sigmaringen,* cédée à la Prusse en 1849, aujourd'hui prov. de Prusse ; 66,700 hab.

HOHENZOLLERN. illustre maison d'Allemagne, se divisa en deux branches, celle de Souabe et celle de Franconie ; à cette dernière appartient la maison royale de Prusse.

HOÏ-HOU, v. de Chine, dans l'île de Haï-Nan ; 45,000 hab.

HOIR. s. m. (lat. *hæres,* héritier). T. Pratiq. Ne se dit que des héritiers en ligne directe. *Ses hoirs et ayants cause. Il est mort sans hoirs.*

HOIRIE. s. f. (R. *hoir*). T. Pratiq. Héritage. *Acceptation d'h. Il avait reçu trente mille francs de sa mère en avancement d'h.*

HOKI, prov. du Japon, île de Nippon.

HOKKAÏDO, une des neuf divisions principales du Japon, comprenant les îles de Yéso et les Kouriles ; 314,100 hab.

HOKOUSAÏ, célèbre peintre et dessinateur japonais (1760-1849).

HOLA. [*h* asp.]. Interj. dont on se sert pour appeler. *Holà ho !* Pour avertir. *Holà ! ne faites pas tant de bruit.* ‖ S'emploie subst. dans cette locut. *Mettre le holà, les holà !* Faire cesser une querelle, une batterie.

HOLACANTHE. s. m. (gr. ὅλος, tout ; ἄκανθα, épine). T. ich̄t. Genre de *Poissons osseux.* Voy. SQUAMMIPENNES.

HOLBACH (PAUL HENRI DIETRICH, baron D'), philosophe allemand, naturalisé français (1723-1789), auteur du *Système de la nature.* Défend le matérialisme et l'athéisme.

HOLBEIN (HANS), le vieux, peintre allem., né en Bavière entre 1450 et 1460, mort à Augsbourg en 1524. — HANS HOLBEIN, le jeune (1497-1543), fils du précédent, peintre célèbre, passa une partie de sa jeunesse à Bâle, puis fut appelé en Angleterre par Henri VIII.

HOLBERG (Baron de), auteur dramatique et poète danois, né à Bergen, surnommé le *Plaute* du Danemarck (1684-1754).

HOLBŒLLIE. s. m. (R. *Holbœl*, n. pr.) T. Bot. Genre de plantes Dicotylédones (*Holbœllia*), de la famille des *Berbéridées.*

HOLCUS. s. m. T. Bot. Voy. HOUQUE.

HOLDEMEZO-VASARHÉLY, v. de Hongrie ; 51,000 hab.

HÔLEMENT. s. m. [Pr. *hôle-man, h* asp.]. Cri propre au hibou et autres oiseaux de nuit.

HÔLER. v. n. [*h* asp.]. En parlant du hibou, pousser son cri.

HOLÊTRES. s. m. pl. (gr. ὅλος, tout ; ἦτρον, ventre). T. Entom. Groupe d'Arachnides.

Entom. — Les Arachnides qui composent le groupe des *H.* sont surtout caractérisés par la réunion du thorax et de l'abdomen en une seule masse ovale ou arrondie. On les divise en deux familles, les *Phalangides* et les *Acarides.* — 1° Les *Phalangides* se distinguent des Acarides par leur abdomen, qui présente des divisions annulaires qu'on ne trouve pas chez ceux-ci. De plus, ils ont les pattes fort longues, les mandibules très saillantes et terminées en pince didactyle, et les mâchoires

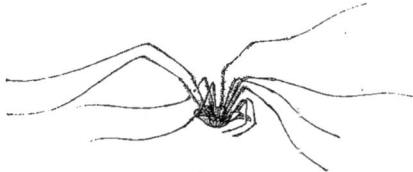

Fig. 1.

munies de palpes filiformes. Leurs yeux sont lisses et au nombre de deux seulement. Les Phalangides sont, en général, des animaux inoffensifs, lucifuges, qui vivent d'insectes et qui sont ornés de jolies couleurs. On les trouve répandus dans toutes ces parties du monde. Parmi les genres qui composent cette tribu, les genres *Phalangium* et *Trogule* sont les seuls qui aient des représentants en Europe. Nous citerons, comme type, le *Faucheur des murailles (Phal. cornutum)* (Fig. 1), qui est fort commun, en automne, dans les jardins et dans les bois. — 2° Les *Acarides*, ou *Acariens*, ont tantôt des antennes-pinces, mais composées uniquement d'une seule pince soit didactyle soit en griffe, tantôt un suçoir formé de lames ou lancette et réunies, ou n'ont même pour bouche qu'une simple cavité sans aucune pièce apparente. La plupart sont très petits ou presque microscopiques. Ces animaux sont dispersés partout. Les uns errent sur les plantes, sur les arbres, sous les pierres, dans les eaux ; d'autres habitent dans la farine, le vieux fromage, les viandes desséchées ; plusieurs enfin vivent en parasites sur les Insectes, sur les Oiseaux, sur les Mammifères et sur l'Homme lui-même. Tous les Acarides sont ovipares et pullulent beaucoup. Parmi les genres nombreux que

renferme cette famille, la plupart ont été encore peu étudiés. Dans le g. *Trombidion*, nous citerons le *Tr. soyeux*, qui est de couleur rouge et très répandu dans nos jardins, et le *Tr. colorant* des Indes orientales, qui donne une teinture rouge. Les *Gamases* vivent dans le fumier et sur le corps de beaucoup de Coléoptères. Les *Bdelles* se rencontrent communément sous les pierres. Dans le g. *Acarus*, tout le monde connaît l'*Acarus du fromage* (Fig. 2). Nous avons parlé ailleurs du *Sarcopte de la gale.* Les *Argas* vivent sur différents animaux : leur type est l'*A. bordé* qui vit en parasite sur les pigeons. En Orient, on redoute beaucoup l'*A. persica*, connu des voyageurs sous le nom de *Punaise venimeuse de Miana.*

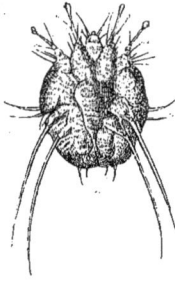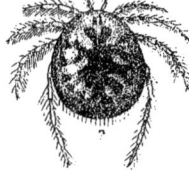

Les *Ixodes* fréquentent les bois fourrés, s'accrochent aux végétaux peu élevés par leurs deux pieds antérieurs, en tenant les autres étendus. Ils s'attachent aux Chiens, aux Bœufs, aux Chevaux, etc., et engagent tellement

Fig. 2.   Fig. 3.

leur suçoir dans la peau qu'on ne peut les arracher qu'en enlevant la portion de chair qui y adhère. Ils pondent une quantité d'œufs prodigieuse. Leur multiplication sur le Bœuf, le Cheval, etc., est quelquefois si considérable que l'animal périt d'épuisement. Les piqueurs appellent *Louvette* l'espèce qui vit sur le Chien ; mais les naturalistes la nomment *Ixode-ricin.* Le type du g. *Lepte* est le *L. automnal*, qui est très commun en automne sur les graminées et d'autres plantes. Il grimpe sur l'Homme et s'insinue dans la peau, à la racine des poils, où il cause des démangeaisons aussi insupportables que celles qui sont produites par l'Acarus de la gale. On le désigne vulgairement sous le nom de *Rouget* ; il est en effet de cette couleur et très petit. Le genre *Eupodes* se distingue par ses formes grêles et allongées, ses pattes longues ; le thorax est bien distinct de l'abdomen et porte une paire d'yeux. Ces animaux sont de très petite taille et si délicats qu'on ne peut les saisir sans briser leurs membres. Le type est *Eupodes variegatus* qui court sous les pierres humides au début du printemps. Le genre *Demodex* a fait l'objet d'un article spécial. Quant au genre *Ciron*, il est depuis longtemps tout à fait abandonné par les naturalistes et remplacé par le genre *Sarcopte.* Enfin, nous mentionnerons comme type des Acarides aquatiques, ou *Hydrachnes*, l'espèce appelée *Eylaïs étendue* (Fig. 3), qui est assez commune dans nos mares. Cette espèce qui est ordinairement d'un rouge très vif, est colorée en vert sur toute la partie du dos.

HOLIGARNE. s. m. T. Bot. Genre de plantes Dicotylédones (*Holigarna*), de la famille des *Anacardiacées.* Voy. ce mot.

HOLLAND (HENRI Fox, lord), homme d'État anglais, père du célèbre orateur Fox (1705-1774).

HOLLAND (HENRI-RICHARD Fox, baron), homme politique anglais (1773-1840). — Sa femme, lady HOLLAND (1770-1845), extrêmement belle et spirituelle, tint un salon politique et littéraire renommé.

HOLLANDAIS, AISE. adj. [Pr. *ho-lan-dè, h* asp.]. Habitant de la Hollande. ‖ T. Chim. *Gaz des H., Liqueur ou huile des H.* Voy. ÉTHYLÈNE. = s. m. Langue parlée en Hollande. = HOLLANDAISE. s. f. Espèce de machine d'épuisement.

HOLLANDE ou **PAYS-BAS**, pays situé aux bouches du Rhin, de la Meuse et de l'Escaut, et plus particulièrement sur la rive droite du premier de ces fleuves, entre le 1er et le 5e degré de longitude orientale de Paris et environ entre le 51e et le 54e degré nord. Il est borné à l'est par l'Empire d'Allemagne (Hanovre et Westphalie), au sud par la Belgique, au nord-ouest par la mer du Nord.

Les bouches des trois fleuves forment dans la partie méridionale du littoral une quantité d'îles importantes : Walcheren, Nord-Beveland, Sud-Beveland, Tholen, Schouwen, qui composent la Zéclande (terre maritime), et celles d'Over-Flakkee, Voorn, Beyerland, Yssel-Monde, habitées dans l'antiquité par les Bataves. C'est vis-à-vis des premières que se jette l'Escaut, vis-à-vis des dernières que la Meuse marie ses eaux avec les deux principaux bras du Rhin, le Wahal et le Leck, tandis qu'un autre bras de ce fleuve, le vieux Rhin, va se jeter plus au nord dans la mer, au milieu d'une côte longue, basse et sablonneuse qui forme la presqu'île de Hollande, entre la mer et le profond golfe du Zuyderzée, et que continue l'archipel Hollandais (Texel, Vlieland, etc.).

Cet archipel dans l'antiquité marquait la côte, le golfe actuel n'étant alors qu'un lac (Flevo Lacus), relié seulement à la mer par un étroit canal. Petit à petit, du V° au XIII° siècle, le canal s'agrandit et, vers le milieu du XIV°, devint la large

HOLLANDE (PAYS-BAS)

baie où quelques bandes de terre résistèrent seules à l'envahissement de la mer. Par contre, dans la suite, la mer de Harlem, qui s'ouvrait dans la partie sud-ouest du golfe, se dessèche. Ces terres sont du reste en grande partie en contre-bas de la mer maintenue par des digues et sont sans cesse menacées d'un submergement.

Elles ont fait successivement partie de l'antique Germanie, puis du royaume des Francs, de l'empire de Charlemagne, du duché de Lorraine, du Saint-Empire Germanique, de l'Allemagne, et, habitées par les Frisons, portèrent pendant tout le moyen âge le nom de Frise qui s'étendait alors jusqu'à la rive gauche du Weser, c.-à-d. sur une partie du Hanovre actuel. Le mot Hollande, qui signifie Pays-Bas, ne désigna longtemps qu'un comté situé à l'ouest et au sud du golfe.

Au XV° siècle, les Pays-Bas appartinrent aux ducs de Bourgogne, revinrent à l'Allemagne par le mariage de la fille de Charles le Téméraire avec Maximilien d'Autriche, puis, au partage de l'empire de Charles-Quint, en 1556, furent dévolus à l'Espagne. Les provinces du Nord s'étant prononcées pour la Réforme protestante, Philippe II déchaîna contre elles l'inquisition. Il y eut 50,000 victimes. Les opprimés se révoltèrent sous la conduite des princes d'Orange, se déclarèrent indépendants en 1579, et, avec l'appui des rois de France Henri III et Henri IV, constituèrent la République des Provinces-Unies, ou République de Hollande, dans laquelle furent comprises la Hollande, la Belgique et la Frise occidentale, la Frise orientale ou Ost-Frise restant par contre incorporée au Hanovre. Ce fut la grande époque de la Hollande. Hardis navigateurs et libres, les Hollandais fondèrent la Compagnie des Indes orientales (1602), s'installèrent aux îles de la Sonde, acquirent Formose, reconnurent l'Australie septentrionale et le nord de l'Amérique, conquirent l'Inde sur les Portugais et fondèrent la colonie du Cap de Bonne-Espérance. Leur école de peinture, qui occupe une si grande place dans l'histoire de l'art, atteignit en ce siècle son apogée.

Bien que la Belgique eût été reprise par les Espagnols et que la nouvelle république fût, de plus, vaincue par Louis XIV, ses dictateurs, nommés stathouders, acquirent une grande puissance, et l'un d'eux, Guillaume III d'Orange, devenu par un mariage roi d'Angleterre, prit sur Louis XIV la revanche de son pays (1688-1713). En 1747, le stathoudérat fut déclaré héréditaire dans la famille d'Orange-Nassau. Mais, vers la même époque, les colonies tombèrent en décadence et deux des plus importantes, l'Inde et le Cap, passèrent aux mains des Anglais. Le stathouder s'étant allié à la coalition contre la Révolution française, les armées républicaines envahirent ses États, le détrônèrent et fondèrent la République Batave, qui, sous l'Empire, devint royaume de Hollande en faveur de Louis Bonaparte, frère de Napoléon. Après 1815, la Hollande, remise par l'Europe coalisée sous la dynastie d'Orange-Nassau, s'accrut de la Belgique, mais celle-ci se souleva en 1830 et avec l'appui de la France se rendit indépendante.

Aujourd'hui, la Hollande comprend les provinces de Frise, Groningue, Drenthe, Over-Yssel, Gueldre, Utrecht, Hollande septentrionale, Hollande méridionale, Zéolande, Brabant nord et Limbourg. La capitale est la Haye (100,000 hab.). Les villes principales sont Amsterdam (300,000 h.), Utrecht (70,000 hab.), Rotterdam (150,000 hab.), etc. Les industries textiles y prospèrent, de même que les raffineries, distilleries, etc.

La population totale du royaume est d'environ 4,000,000 d'habitants. La superficie du territoire est de 33,000 kil. car. L'empire colonial de ce pays est toujours considérable et comprend en Amérique : la Guyane, Curaçao, Saint-Eustache, la moitié de Saint-Martin ; dans l'Océanie, les Indes Néerlandaises : Java, Madura, Sumatra, Banca, partie de Bornéo, les Célèbes, les Moluques, la moitié de Timor et partie de la Nouvelle-Guinée.

Liste chronologique des chefs d'État en Hollande. — *Stathouders :* Guillaume I°°, d'Orange, 1559. — Maurice, 1584. — Henri-Frédéric, 1625. — Guillaume II, 1647. — Suppression du Stathoudérat ; République : Jean de Witt, *Grand pensionnaire,* 1650. — Rétablissement du Stathoudérat : Guillaume III, 1672. — Nouvelle suppression du Stathoudérat : Heinsius, *Grand pensionnaire,* 1702. — Stathoudérat rétabli de nouveau : Guillaume V 1747. — Guillaume V, 1751. — République Batave (1795-1806) : Schimmelpenninck, *Grand pensionnaire,* 1805. — Royaume de Hollande : Louis Bonaparte, *roi,* 1806. — Réunion à la France, 1810.— Guillaume I°°, *roi des Pays-Bas,* 1814 ; *roi de Hollande,* 1831. — Guillaume II, *roi de Hollande,* 1840. — Guillaume III, 1849. — Wilhelmine, *reine de Hollande,* 1884.

HOLLANDE (NOUVELLE-) ou **AUSTRALIE**. Voy. ce mot.

HOLLANDE. s. f. [Pr. ho-lande, h asp.] Toile très fine et très serrée qui se fabrique en Hollande. || Porcelaine de Hollande. ¶ T. Bot. Espèce de groseille. — Pomme de terre jaune, grosse et farineuse. || s. m. Du hollande, Du fromage de Hollande. Voy. FROMAGE.

HOLLANDER. v. a. [Pr. ho-lander, h asp.] (R. Hollande). Il des plumes, C'est passer les plumes d'oie sous la cendre chaude pour les dépouiller d'une pellicule grasse qui empêcherait l'encre de couler. = HOLLANDÉ, ÉE. part. || Batiste hollandée, Batiste plus forte et plus serrée que la batiste ordinaire.

HOLLANDISER. v. a. [Pr. holan-dizer, h asp.]. Donner à quelque chose, à quelqu'un, le caractère, les mœurs de la Hollande.

HOLLAR (VENCESLAS), célèbre graveur, né à Prague en 1607, mort à Londres en 1677.

HOLMÉSITE. s. f. (R. Holmès, nom d'un médecin amér.). T. Minér. Syn. de Clintonite.

HOLMINE. s. f. (R. holmium). T. Chim. Terre rare que Sorel et Cleve ont isolée de l'erbine brute. L'h. est jaune et forme avec les acides des sels orangés. On la considère comme le sesquioxyde Ho²O³ d'un métal qu'on a appelé holmium. Celui-ci a pour symbole Ho, et pour poids atomique 162.

HOLMIUM. s. m. [Pr. olmi-ome] (mot formé avec la dernière syllabe de Stockholm). T. Chim. Voy. HOLMINE.

HOLOBRANCHE. adj. 2 g. (gr. ὅλος, entier; fr. branche). T. Zool. Qui a des branchies complètes.

HOLOCARPE. adj. 2 g. (gr. ὅλος, entier; καρπός, fruit). T. Bot. Dont le fruit reste entier, ne s'ouvre pas.

HOLOCAUSTE. s. m. [Pr. olo-köste] (gr. ὅλος, tout; καίω, je brûle). Sorte de sacrifice en usage chez les Juifs, et dans lequel la victime était entièrement consumée par le feu, de sorte qu'il n'en restait rien pour le sacrificateur. Autel des holocaustes. Offrir un h. — Par extens., La victime sacrifiée. Mettre l'h. sur l'autel. || Fig., se dit quelquefois dans le sens de sacrifice en général. Jésus-Christ s'est offert en h. pour nos péchés. Offrir à Dieu son cœur en h.

HOLOCENTRE. s. m. (gr. ὅλος, tout; κέντρον, épine). T. Ichth. Genre de poissons Acanthoptérygiens. Voy. PERSOÏDES.

HOLOCÉPHALES. s. m. pl. (gr. ὅλος, entier; κεφαλή, tête). T. Ichth. — Les H. forment un sous-ordre des Poissons chondroptérygiens ou Sélaciens. Ils sont caractérisés par la présence de granulations calcaires autour de la corde dorsale et par une seule paire de fentes branchiales avec opercule rudimentaire. On distingue, parmi les H., les genres Chimère et Callorhynque.

Les Chimères (Chimæra) ont à leurs mâchoires des plaques osseuses très dures. Leurs branchies s'ouvrent à l'extérieur par un seul trou apparent de chaque côté, mais elles sont attachées par une grande partie de leur bord, et il y a réellement cinq trous particuliers aboutissant au trou général. Ce genre ne renferme qu'une seule espèce appelée Ch. arctique (Ch. monstrosa) qui est de couleur argentée, tachetée de brun et longue de 60 à 90 centimètres. On la pêche dans nos mers, surtout à la suite des bandes de Harengs. On la nomme vulgairement Roi des Harengs ou encore Chat de mer. Voy. Fig. ci-dessous).

Les Callorhynques (Callorynchus) ont le museau terminé par un lambeau charnu, qui a la forme d'une houe. On les trouve dans les mers australes.

HOLOÈDRE. s. m. (gr. ὅλος, entier; ἕδρα, face). T. Minér. Cristal qui présente le caractère de l'holoédrie.

HOLOÉDRIE. s. f. (gr. ὅλος, entier; ἕδρα, face). T. Minér. Forme régulière d'un cristal dont toutes les faces symétriques sont physiquement identiques et géométriquement égales. Voy. CRISTALLOGRAPHIE.

HOLOÉDRIQUE. adj. 2 g. Qui a le caractère de l'holoèdre.

HOLOGRAPHE. adj. Voy. OLOGRAPHE.

HOLOMÈTRE. s. m. (gr. ὅλος, tout; μέτρον, mesure). T. Astron. Instrument qui sert à prendre la hauteur angulaire d'un point au-dessus de l'horizon.

HOLOPÉTALAIRE. adj. 2 g. (gr. ὅλος, entier; fr. pétale). T. Bot. Se dit d'une fleur dont toutes les parties se sont transformées en pétales. Inus.

HOLOPHERNE, général de Nabuchodonosor 1er, fut tué pendant son sommeil par Judith, au siège de Béthulie (659 av. J.-C.)

HOLOPHRASE. s. f. Système de langues holophrastiques.

HOLOPHRASTIQUE. adj. 2 g. (gr. ὅλος, entier; φράσις, phrase). T. Gram. Langues holophrastiques, Langues où la phrase tout entière, sujet, verbe, régime et incident, est agglutinée comme en un seul mot. Telles sont la plupart des langues des peuples indigènes de l'Amérique.

HOLOSIDÈRE. adj. 2 g. et s. m. (gr. ὅλος, entier; σίδηρος, fer). Se dit des météorites qui sont formées uniquement de fer. Voy. AÉROLITHE.

HOLOTHURIDES. s. f. pl. (R. holothurie). T. Zool. Classe d'Échinodermes renfermant des animaux à corps cylindrique, à symétrie bilatérale et dont la peau ne renferme que quelques particules calcaires ou spicules de formes variées. Les H. se rapprochent donc des Vers par leurs caractères extérieurs, mais, comme les autres Échinodermes, ils ont un appareil aquifère

dont le canal du sable s'ouvre dans la cavité générale du corps; à cet appareil sont annexés en général des ambulacres qui sont surtout bien développés sur la face ventrale ; ils servent alors d'organes locomoteurs.

La bouche occupe l'extrémité antérieure du corps : elle est entourée de tentacules rétractiles qui sont portés sur un cercle de pièces calcaires. L'intestin est fort long, replié et attaché aux côtés du corps par un mésentère ; il se termine en arrière par un cloaque où aboutissent également des organes arborescents que l'on considère comme des branchies ou poumons aquatiques. Le système nerveux ressemble à celui des autres Échinodermes. Le développement est direct ou se fait par métamorphoses. Quand ces animaux sont inquiétés, il leur arrive souvent de se contracter avec tant de force qu'ils déchirent et vomissent leurs intestins. Il y a des Holothurides dans toutes les mers, et notre littoral en possède un certain nombre d'espèces qui vivent sur les rochers plus ou moins près de la côte. Quelques-unes ont près de 33 centimètres de longueur. Parmi les espèces de nos côtes, nous citerons l'*Holothurie*

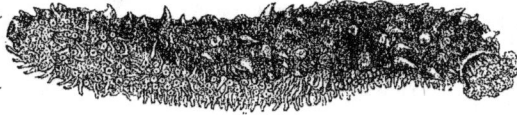

tubuleuse (*Holothuria* (*tubulosa*), qui se trouve dans la Méditerranée (Fig. ci-dessus, réduite des deux tiers). Les *Synaptes*, que l'on rencontre sur les côtes de Normandie et de Bretagne, sont dépourvues de poumons et d'ambulacres ; elles forment transition entre les *H.* et les vers Céphyriens. Certaines Synaptes des mers chaudes peuvent atteindre jusqu'à 2 mètres de long. — La substance assez coriace des Holothuries sert d'aliment dans certains pays. Suivant delle Chiaje, les pauvres habitants des côtes de Naples mangent ces animaux ; mais les peuples de l'Asie orientale recherchent avec passion une espèce d'Holothurie appelée *Trépang* (*Holoth. edulis*), à laquelle ils attribuent des propriétés aphrodisiaques. Cet animal fait l'objet d'un commerce immense entre les îles de la Malaisie, où on le pêche, et la Chine, la Cochinchine, le Cambodge, etc. Des milliers de jonques malaises sont armées chaque année pour la pêche de cet animal, et des navires anglais ou américains se livrent eux-mêmes à la vente de cette denrée.

Paléont. — Les *H.* ne possédant pas de squelette bien développé, sont mal conservées à l'état fossile ; on ne retrouve que les spicules calcaires de leur peau, dont les formes bien déterminées permettent cependant de les reconnaître. Les *H.* les plus anciennes datent de la fin des temps primaires.

HOLOTHURIE. s. (gr. ὅλος, tout ; θυρεός, bouclier). T. Zool. Genre d'*Échinodermes* appartenant à la classe des *Holothurides.* Voy. ce mot.

HOLOTONIQUE. adj. 2 g. (gr. ὅλος, entier ; fr. *tonique*). *Tétanos h.*, Qui attaque toutes les parties du corps.

HOLSTEIN (Duché de), État de l'ancienne confédération germanique, fut enlevé au Danemark par l'Autriche et la Prusse réunies (1864). La Prusse en resta seule maîtresse après Sadowa (1866), et en forma la prov. de Sleswig-Holstein. Voy. SLESWIG.

HOLSTENIUS (Luc HOLSTE, dit), savant écrivain allem., né à Hambourg (1596-1661).

HOLTZENDORFF (baron de), jurisconsulte allem. (1829-1889).

HOLYROOD, palais d'Édimbourg où résida Charles X après 1830.

HOM. [*h.* asp.]. Exclamation qui exprime le doute, la défiance. *Hom ! en êtes-vous bien sûr ?* Inus.

HOMALINÉES. s. f. pl. T. Bot. Nom donné à une famille qui porte aujourd'hui le nom de *Samydées*. Voy. ce mot.

HOMALIUM. s. m. [Pr. *oma-liome*] (R. *Homalius, d'Halloy*, nom d'homme). T. Bot. Genre de plantes Dicotylédones de la famille des *Samydées.* Voy. ce mot.

HOMALOGRAPHE. s. m. (R. *homalographique*). Instrument servant à déterminer, par une seule opération, la distance et l'altitude d'un point.

HOMALOGRAPHIQUE. adj. 2 g. (gr. ὁμάλος, plan ; γράφειν, écrire). *Projection h.*, Projection de la sphère dont les parallèles sont les lignes droites et les méridiens des ellipses, et qui a la propriété de conserver les surfaces. Voy. PROJECTION.

HOMALOÏDE. adj. 2 g. (gr. ὁμάλος, plan ; εἶδος, forme). T. Zool. Qui a le corps aplati.

HOMALOPHYLLE. adj. 2 g. (gr. ὁμάλος, plan ; φύλλον, feuille). T. Bot. Qui a des feuilles planes.

HOMALOSOME. adj. 2 g. (gr. ὁμάλος, plan ; σῶμα, corps). T. Zool. Qui a le corps aplati.

HOMARD. s. m. [*h.* asp.]. T. Zool. Genre de *Crustacés*. Voy. MACROURES.

HOMATROPINE. s. f. (gr. ὁμός, semblable, et *atropine*). T. Chim. Alcaloïde obtenu en combinant l'atropine avec l'acide oxytoluique. L'h. est un homologue inférieur de l'atropine et répond à la formule $C^{16}H^{21}AzO^3$. Elle cristallise en prismes incolores, fusibles à 98°; elle est déliquescente, bien qu'elle soit peu soluble dans l'eau. Elle provoque la dilatation de la pupille et possède les mêmes propriétés physiologiques que l'atropine.

HOMBERG (GUILLAUME), chimiste, né à Batavia en 1652, mort à Paris en 1715, inventeur de plusieurs préparations pharmaceutiques.

HOMBOURG, anc. cap. du landgraviat de Hesse-Hombourg, fut annexée à la Prusse en 1866 ; 8,700 hab. Eaux thermales.

HOMBRE. s. m. (esp. *hombre*, homme). Sorte de jeu de cartes qui nous est venu de l'Espagne. *Jouer à l'h. Faire une partie d'h.* || Celui qui fait jouer. *Qui est l'h. ? C'est l'h. qui a perdu.*

HOMBRÉE. adj. f. T. Jeux. *Bête h.*, Jeu de cartes qui lient à la Bête et de l'Hombre.

HOME. s. m. [Pr. *hô-me, h* asp.]. Mot anglais signifiant, à peu près, Le chez soi, le foyer. — *At home*, chez soi.

HOMÉLIE. s. f. (gr. ὁμιλία, conversation). Discours fait au peuple pour lui expliquer les matières de la religion et surtout l'Évangile. *Les Homélies de saint Jean Chrysostome.* — Fig. et par moquerie, se dit d'un livre ou d'un discours qui affecte la prétention de moraliser et qui est ennuyeux. *Son livre est une véritable h.* || Absol. et au pl., se dit de certaines leçons du bréviaire qu'on chante au troisième nocturne des matines. *Ces leçons sont ainsi nommées parce qu'elles sont extraites des homélies des Pères.*

HOMÉOMÉRIE. Voy. HOMŒOMÉRIE.

HOMÈRE, le plus grand des poètes grecs, auteur de l'*Iliade* et de l'*Odyssée* ; le lieu et la date de sa naissance sont ignorés. L'authenticité des poèmes d'Homère, et l'existence même de ce célèbre poète ont donné lieu à de nombreuses critiques. On a prétendu que les poèmes attribués à Homère n'étaient qu'une série de récits et de chants légendaires, composés par divers poètes, à une époque où l'écriture était inconnue, et remaniés plus tard à une époque littéraire. Cette opinion ingénieuse s'accorde cependant assez mal avec la grandeur poétique qui règne dans toute l'œuvre. Il se pourrait cependant que l'*Iliade* et l'*Odyssée*, qui sont notablement différentes, ne fussent pas du même auteur. — La légende veut qu'Homère ait perdu la vue à la fin de sa vie ; ce qui est certain, c'est que les poèmes en question ont été composés au IX° ou X° siècle av. J.-C.

HOMÉRIDE. s. m. (gr. ὁμηρίδης, m. s., de ὅμηρος, Homère). Membre d'une école de rhapsodes qui se forma en Ionie et qui chantait les poèmes d'Homère. || Se dit des poètes qui traitèrent des sujets analogues à ceux qu'avait chantés Homère.

HOMÉRIQUE. adj. 2 g. (R. *Homère*). Qui a rapport à Homère. *Hymnes homériques.* || *Rire h.*, Rire très bruyant qu'Homère prête aux dieux. || Partisan d'Homère.

HOMÉRISTE. s. m. Imitateur d'Homère.

HOME-RULE, nom du parti national irlandais qui revendique, à la Chambre des communes d'Angleterre, l'autonomie de l'Irlande.

HOMESTEAD. Exemption de saisie de la maison qu'habite un débiteur avec sa famille et de l'enclos qui l'entoure. Cette institution, qui a pour but la conservation de la famille, résulte d'une loi très démocratique promulguée aux États-Unis.

HOMICIDE. s. m. (lat. *homicidium*; de *homo*, homme, et *cædere*, tuer). Meurtre, action de tuer un homme. || Celui qui tue un homme. *Il sera puni comme h.* — Fig., *Être h. de soi-même*, Ruiner sa santé par les excès quelconques. || S'emploie adject., mais seulement dans le style soutenu. *Son bras h. Sa main h. Son fer h. Dessein h. Des regards homicides.*

Législ. — Dans presque toutes les législations anciennes, l'h. entraînait la peine de mort. Chez les Hébreux, dont la loi pénale était fondée sur le principe du talion, le meurtrier devait rendre *vie pour vie* (Exode, xxi). À Athènes, l'h. volontaire entraînait le dernier supplice. Si le coupable parvenait à s'échapper, on confisquait ses biens et l'on mettait sa tête à prix. Lorsque l'h. était involontaire, son auteur était condamné à un an d'exil. À Rome, la loi des Douze Tables infligeait au meurtrier la peine capitale. Chez les Germains, chez les Francs, et pendant le moyen âge, le meurtrier pouvait presque toujours racheter sa peine moyennant une amende qui variait selon la condition civile de la victime. Mais les progrès des mœurs firent abolir ces *compositions*, qui permettaient au riche seul d'échapper à la peine capitale. La législation criminelle des peuples modernes a adopté la peine de mort dans le cas d'h.

La loi française distingue dans l'h. les diverses circonstances qui l'ont accompagné, la volonté, l'âge et l'état mental de l'individu qui l'a commis. Tout meurtre accompli avec préméditation ou guet-apens est qualifié d'*Assassinat*, et puni de la peine de mort (C. Péna., art. 296, 302). L'h. commis volontairement, mais sans guet-apens, est qualifié de *Meurtre*, et entraîne, selon les circonstances qui l'accompagnent, la peine capitale ou celle des travaux forcés à perpétuité (art. 295, 304). Celui qui résulte de l'imprudence ou de l'inobservation des règlements est puni d'un emprisonnement de trois mois à deux ans et d'une amende de 50 à 600 francs (321, 336). Quand l'h. a été commis dans le cas de légitime défense, il n'existe ni crime ni délit.— Lorsque le meurtrier a moins de seize ans, le juge doit apprécier s'il a agi avec ou sans discernement. Dans le premier cas, s'il a encouru la peine de mort ou celle des travaux forcés à perpétuité, il est condamné à un emprisonnement de dix à vingt ans dans une maison de correction. Dans le cas contraire, il est acquitté, remis à ses parents ou conduit dans une maison de correction pour un temps qui ne saurait excéder l'époque à laquelle il atteindra sa vingt et unième année (66, 67). Enfin, il n'y a ni crime ni délit, lorsque le prévenu était en état de démence au temps de l'action ou lorsqu'il a été contraint par une force à laquelle il n'a pu résister (64)

HOMICIDER. v. a. Commettre un homicide. = HOMICIDÉ, ÉE. part. — Peu us.

HOMILÉTIQUE. s. f. (R. *homélie*). Se dit quelquefois de cette partie de la rhétorique qui traite de l'éloquence de la chaire. *Cours d'h.*

HOMILIAIRE. s. m. (R. *homélie*). Recueil d'homélies qu'on lit à l'église.

HOMMAGE. s. m. [Pr. *o-ma-je*] (bas-lat. *hommagium*, de *homo*, homme). T. Droit féod. Le devoir que le vassal était tenu de rendre au suzerain dont son fief relevait. *Voy.* FIEF. || Fig., Soumission, vénération, respect. *Toutes les créatures doivent h. au Créateur. On rendait h. à ses vertus. Il méprise les hommages qu'on lui rend. Jamais femme ne fut plus entourée d'hommages.* — *Rendre ses hommages à quelqu'un*, Lui rendre ses respects, ses devoirs. On dit aussi : *Offrir, présenter, faire agréer ses hommages.* — *Rendre h. à la vérité*, Déclarer la vérité. || Par ext., se dit d'une chose qu'on offre, qu'on donne à quelqu'un en signe de respect, d'hommage. *Faire h. d'un livre. Recevez l'h. de mon respect. Agréez ceci comme un h. de ma reconnaissance.*

HOMMAGER. v. a. [Pr. *o-ma-jer*]. T. Féod. Tenir en hommage. = HOMMAGÉ, ÉE. part. *Terre hommagée.*

HOMMAGER. adj. et s. m. [Pr. *o-ma-jé*]. T. Jurisp. féod. Celui qui doit hommage. *Vassal h.*

HOMMAGIAL, ALE. adj. [Pr. *oma-jial*]. D'hommage. *Serment h.*

HOMMASSE. adj. 2 g. [Pr. *oma-se*] (R. *homme*). Se dit en parlant d'une femme dont les traits, la voix et la taille tiennent plus de l'homme que de la femme. *Cette femme est h. Elle a le visage h.*

HOMMASSEMENT. adv. [Pr. *oma-se-man*]. D'une manière hommasse.

HOMMASSER (S'). v. pron. [Pr. *o-ma-ser*]. Se dit d'une femme qui imite les manières des hommes.

HOMME. s. m. [Pr. *o-me*] (lat. *homo*, m. s.). Animal raisonnable, être formé d'un corps et d'une âme. Dans ce sens, se dit des deux sexes et s'emploie souvent, au sing., pour désigner l'espèce humaine en général. *Dieu a créé l'h. à son image. L'âme, le corps de l'h. L'h. ne naît que pour mourir. Diverses races d'hommes couvrent la terre. Les hommes du Nord, du Midi. Les hommes de notre siècle. Fuir la société des hommes. Vivre dans la mémoire des hommes. De mémoire d'h.* || Se dit par rapport aux sentiments, aux passions, aux faiblesses, aux infirmités inhérentes à la nature humaine. *Avoir un cœur d'h. Dans les grandeurs il ne faut jamais oublier qu'on est h. Les douleurs lui montrèrent enfin qu'il était h.* — *Ce n'est pas être h.*, C'est être sans aucun sentiment d'humanité. — Prov., *Il y a toujours de l'h., il se mêle toujours de l'h. dans nos actions*, Quelque sage qu'on soit, on montre toujours quelque faiblesse. On dit encore d'une personne qui fait profession de sagesse, de piété, et qui se laisse néanmoins aller à des mouvements de passion ou d'intérêt, *Il entre bien de l'h. dans ce qu'il dit, dans ce qu'il fait.* — Dans le langage mystique, on dit, *L'h. intérieur*, pour *L'h. spirituel*, par opposition à *L'h. charnel. Dépouiller le vieil h.*, Voy. DÉPOUILLER. = *Homme*, se dit spécialement des individus du sexe masculin. *Le premier h. La femme est plus faible que l'h. Une armée de cent mille hommes. H. grand, petit, gros, maigre. Jeune h. H. âgé. H. marié. H. veuf. Un méchant h. Homme h. H. sans honneur. H. loyal. H. sans foi. H. habile. H. entrepreneur, etc.* — *Un bon h., Un bonhomme, Un brave h., Un pauvre h., Un plaisant h., Un petit bout d'h.* Voy. BON, BONHOMME, BRAVE, BOUT, etc. || *Faire un h., acheter un h.*, Acheter un remplaçant pour le service militaire. *Ceux qui font l'infâme trafic de vendre et d'acheter des esclaves.* || *C'est un bon cœur d'h., une bonne tête d'h., une bonne pâte d'h.*, Expressions familières dont on se sert pour louer la bonté, l'intelligence, l'humeur facile et agréable de quelqu'un. *C'est un h. sans façon*, se dit d'un homme aisé à vivre, ou qui ne se gêne pas assez avec les autres. — En termes de dévotion. *C'est un h. fort intérieur*, Très pieux et très recueilli. || Fig., *Un grand h.*, Un homme distingué par des qualités éminentes. *Les grands hommes anciens et modernes.* — Fig., *Un h. nouveau*, Ceux qui font par leur mérite la fortune ou d'un h. sans naissance qui, le premier de sa race, parvient à se distinguer. *Cicéron était un h. nouveau. Les plus grands personnages des temps actuels sont des hommes nouveaux.* — Fig. et fam., *Ce n'est pas un h., c'est un ange*, se dit d'un homme qui se distingue par une douceur extrême. Dans le sens contraire, on dit, *Ce n'est pas un h., c'est un diable.* — Fig. et prov., *C'est le roi des hommes*, se dit d'un h. très obligeant, très bienfaisant. = *Homme*, se dit aussi de celui qui est arrivé à l'âge viril, par opposition à *Enfant. Ce n'est plus un enfant, c'est un h. C'est un h. fait. Il devient h.* — *N'être pas h.*, Être impuissant à procréer des enfants. || Se dit encore absolument, pour désigner un homme de cœur, de fermeté. *Sachez lutter et souffrir ; soyez h. en un mot. Il a bien montré qu'il était h.* — Par mépris, on dit d'un homme sans énergie, sans fermeté. *Ce n'est pas un h.* = *Homme*, joint à un subst. par la prép. *de*, sert à indiquer l'état, la profession, les qualités bonnes ou mauvaises d'un h. *H. de guerre, d'Église, de robe, de lettres. H. de journée. H. de peine. H. de génie, de cœur, d'honneur. H. de courage. H. d'esprit, de goût. Homme d'État. H. de naissance. H. de peu. H. de rien. H. de parole. H. d'exécution. H. de résolution. H. de bonne volonté. Homme d'expérience. Homme de bon conseil.* || *H. de pied*, Fantassin. *H. de recrue*, Soldat de nouvelle recrue. — *H. du jour*, Homme à la mode. — *H. du vieux temps, du temps passé*, Qui a conservé les manières et les mœurs anciennes. — *H. du monde*, Homme qui vit dans le grand monde. Se dit quelquefois par opposition à savant, artiste. *Cet ouvrage s'adresse également au savant et à l'h. du monde.* — *H. de qualité*, H. d'une noblesse distinguée. Fig. et fam. *Cela sent son h. de qualité*, Cela marque un h. de qualité ou cela est digne d'un h. de qualité. — *D'h. d'honneur, en h. d'honneur*, Façons de parler dont on se sert quand on affirme quelque chose. — *Un h. de Dieu, Un h. d'armes, Un h. de paille, Un h. de*

sac et de corde. Voy. DIEU, ARME, CORDE, etc. — II. *d'affaires*, se disait autrefois d'un individu employé dans les affaires de finance et dans les fermes du roi. Aujourd'hui il ne se dit que d'un agent d'affaires. || *Homme*, construit avec la préposition *à* et un complément, exprime ce dont un h. est capable ou bien ou en mal ou ce dont on le croit digne. Dans le premier cas, on dit : *Il est h. à se fâcher, à tout braver. Il n'est pas h. à souffrir un affront. C'est un h. à tout*, C'est un homme propre à différents genres de services. — Dans le second, on dit : *C'est un h. à pendre. C'est un h. à étrivières. C'est un h. à ménager, à employer.* = *Homme*, joint à l'adj. possessif, *mon, ton, son, votre*, etc., signifie quelquefois Un homme propre et convenable à ce qu'on veut, tel qu'il faut. *Vous êtes mon h. Je vois qu'il ne peut être votre h. Je ne suis pas leur h. Il a trouvé son h.* On dit aussi, par plaisanterie, *Il a bien trouvé son h.* || Se dit aussi en parlant d'hommes qui obéissent aux ordres d'un autre, comme des soldats, des manœuvres, etc. *Il prit cinquante de ses hommes avec lui. Il m'envoya un de ses hommes. Combien payez-vous vos hommes ?* || Se dit encore de la personne dont on parle. *A ces mots, mon h. disparut. Notre homme ne se le fit pas dire deux fois. C'est un spadassin qui ne manque jamais son h. Cette maladie emporte son h. en vingt-quatre heures.* || Dans le langage populaire, se dit quelquefois pour Mari. *J'irai vous voir avec mon h.* || Dans la Jurisp. féod., se disait pour Vassal. *Le seigneur féodal pouvait, par faute d'h., mettre en sa main le fief qui relevait de lui.* Dans ce sens, on dit aussi, H. *lige;* H. *de mainmorte.* || Autrefois, on appelait H. *du roi*, Celui qui avait une commission du

roi, soit au dedans, pour remplir certaines fonctions, soit au dehors, près d'un prince souverain. *Il était l'h. du roi aux États de Dauphiné. L'h. du roi à Gênes.* — Par ext., *Être l'h. d'une personne*, Être commis, délégué, rétribué par une personne pour la représenter, etc. = H. *des bois*, Nom vulgaire de l'orang-outang. — H. *marin*, Nom vulgaire donné par ignorance aux phoques et aux lamantins.

Zool. — I. — *L'Homme*, considéré au point de vue zoologique, est le couronnement du Règne animal et se place au sommet de la classe la plus élevée de ce règne, c.-à-d. de la classe des *Mammifères*. Ses caractères peuvent se résumer ainsi :

Tête arrondie, plus développée dans sa partie crânienne que dans sa partie faciale, et articulée par sa base avec les vertèbres du cou. Tronc élargi aux épaules et au bassin, avec deux mamelles pectorales écartées et saillantes. Membres dissemblables : les supérieurs plus courts que les inférieurs, impropres à la translation et seuls terminés par des mains; les inférieurs terminés par des pieds qui posent dans toute leur étendue sur le sol. Station verticale résultant des dispositions harmoniques de la tête, du tronc et des membres. Distribution spéciale du système pileux, qui est abondant sur la tête, sur quelques parties de la face, et sur quelques autres points peu étendus, mais qui est court, rare ou nul sur la plus grande partie du corps. — A ces caractères zoologiques,

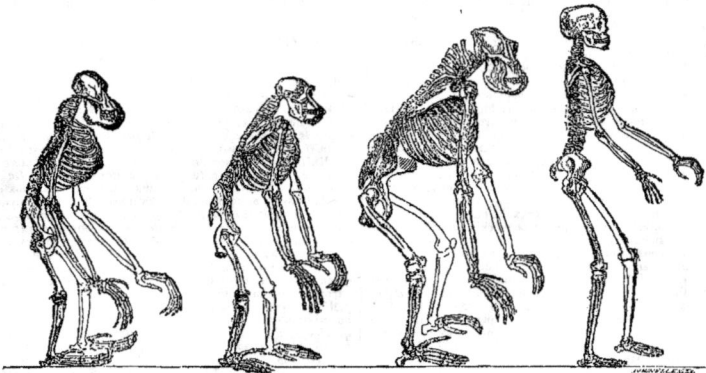

Fig. 1.

on doit ajouter les suivants : Intelligence dépassant les limites du présent et du monde sensible. Sentiment moral. Détermination libre. Langage articulé et varié.

Les naturalistes rangent l'espèce humaine dans le même groupe que les singes supérieurs ou *Anthropomorphes*. Cette classification est tout à fait naturelle au point de vue purement anatomique ; les différences que l'on constate en effet entre les deux types ne sont que d'un ordre secondaire. Le pied de l'H. est large, la jambe porte verticalement sur lui ; le talon est renflé en dessous; ses doigts sont courts et ne peuvent presque pas se ployer ; le pouce, plus long et plus gros que les autres, est placé sur la même ligne et ne leur est point opposable : ce pied est donc admirablement propre à porter le corps, mais il ne peut servir ni à saisir ni à grimper. Chez les Singes supérieurs, l'Orang, par ex., l'extrémité des membres postérieurs est une main imparfaite, elle pose sur le sol par sa tranche externe, et ne fournit pas une base de sustentation suffisante, de sorte que l'animal, dans la station normale, est obligé de se soutenir à l'aide des membres antérieurs. La main véritable des Quadrumanes se distingue de la main humaine par la longueur et la courbure de la région palmaire, par un pouce moins avancé et relativement court, par la dépendance des doigts dans leurs mouvements : aussi cette main est-elle limitée à des actes de préhension qui n'exigent que des mouvements d'ensemble. Notre main est plus large à la paume ; elle a le pouce plus long, mieux opposable ; tous nos doigts sont indépendants et peuvent exécuter des mouvements séparés. Ainsi donc, comme les pieds de l'H. sont construits de façon à porter seuls le poids tout entier du corps, il conserve la pleine liberté de ses mains pour les arts et pour l'industrie. L'H., comme le seul animal vraiment bipède, est aussi le seul dont le corps soit disposé pour la *station verticale* (Fig. 1, squelettes comparés de l'Orang, du Chimpanzé, du Gorille et de l'H.). Ses pieds, ainsi que nous venons de le voir, lui fournissent une base plus large que ceux d'aucun Mammifère ; les muscles qui retiennent le pied et la cuisse dans l'état d'extension sont plus vigoureux, d'où résulte la saillie du mollet et de la fesse ; le bassin est plus large, ce qui écarte les cuisses et les pieds, et donne au tronc

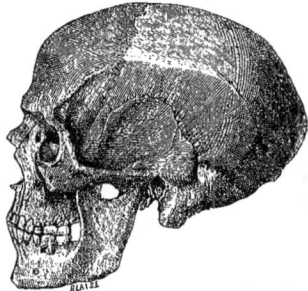

Fig. 2.

une forme pyramidale favorable à l'équilibre ; le col du fémur forme avec le corps de l'os un angle qui augmente encore l'écartement des pieds et élargit la base du corps ; la tête s'articule avec la colonne vertébrale, non tout à fait en arrière, mais par sa base et de manière à se trouver en équi-

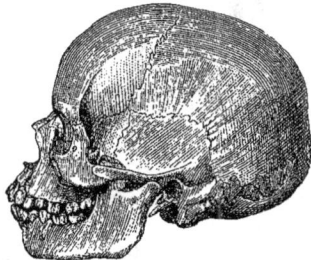

Fig. 3.

libre sur cette colonne, qui, en outre, présente une suite de courbures parfaitement calculées pour amener le centre de gravité à passer par l'axe du corps, et pour corriger l'inégale distribution des viscères renfermés dans le thorax et dans l'abdomen. La station verticale est tellement naturelle à l'h. que, quand bien même il le voudrait, il ne pourrait marcher commodément à la façon des Quadrupèdes. Son pied de derrière, court et presque inflexible, et sa cuisse trop longue ramèneraient son genou contre terre ; ses épaules écartées et ses bras jetés trop loin de la ligne moyenne soutiendraient mal le devant de son corps ; le muscle grand dentelé, qui, dans les Quadrupèdes, suspend le tronc entre les omoplates comme une sangle, est plus petit dans l'Homme que dans aucun d'entre eux ; la tête est plus pesante à cause de la grandeur du cerveau et de la petitesse des sinus ou cavités des os, et cependant les moyens de la soutenir sont plus faibles, car l'H. n'a ni ligament cervical, ni disposition des vertèbres propre à les empêcher de se fléchir en avant ; il pourrait donc tout au plus maintenir sa tête dans la ligne de de l'épine ; mais alors ses yeux et sa bouche seraient dirigés

contre la terre, et il ne verrait pas devant lui. La situation de ces organes, au contraire, est la plus parfaite, en admettant que l'H. est destiné à marcher debout. Enfin, les artères qui vont à son cerveau ne se subdivisant point, comme dans beau-

Fig. 4.

coup de Quadrupèdes, et le sang nécessaire pour un organe si volumineux s'y portant avec trop d'affluence, la position horizontale déterminerait des congestions et des apoplexies fréquentes.

Plusieurs animaux semblent l'emporter sur l'H. sous le

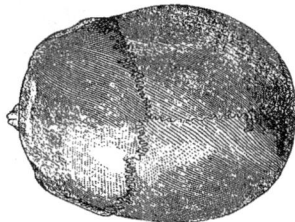

Fig. 5.

rapport du développement des organes des sens ; mais cet avantage se réduit à la prédominance d'activité de quelque sens spécial : de l'odorat chez le Chien, l'Ours et d'autres Carnassiers ; de l'ouïe chez plusieurs espèces faibles et

Fig. 6.

timides ; parfois de la vue, comme chez les Oiseaux de proie. Mais si l'H. a la vue moins perçante que ces derniers animaux, s'il ne voit point non plus de deux côtés à la fois comme beaucoup de Quadrupèdes et d'insectes, il y a plus d'unité dans les résultats de sa vue, et son attention est mieux fixée sur les sensations de ce genre. S'il a l'ouïe moins fine, il est cependont de tous les animaux celui qui distingue le mieux les intonations. Si son organe olfactif n'est pas sensible aux émanations odorantes les plus légères, il paraît néanmoins être le seul dont l'odorat soit assez délicat pour être affecté par les mauvaises odeurs. La délicatesse de son odorat influe sur celle de son goût. Enfin, il l'emporte sur tous les animaux par la finesse de son toucher, finesse qui résulte, et de celle des téguments, et de l'absence de parties insensibles à la surface cutanée, aussi bien que de la forme de sa main mieux faite qu'aucune autre pour s'adapter à toutes les petites inégalités des corps. — Sous le rapport des organes de la vie, les

L'H. diffère encore des autres mammifères par la lenteur de l'accroissement de son corps, ce qui explique pourquoi le jeune enfant ne peut se séparer de ses parents, même longtemps après la naissance, comme c'est la règle pour les animaux. Cet accroissement est commandé par le développement du squelette. Entièrement formés de cartilage pendant les premiers temps de la vie embryonnaire, les os sont encore en partie cartilagineux au moment de la naissance; leur ossification, c.-à-d. le dépôt d'osséine se continue pendant la jeunesse et pendant l'adolescence; ce dépôt se fait en épaisseur, mais surtout en longueur et ainsi s'explique la croissance de

Fig. 7.

différences qui existent entre l'H. et les Mammifères les plus élevés dans la série animale sont peu marquées. Néanmoins son système dentaire, bien qu'analogue à celui des Singes de l'ancien continent par le nombre et la forme générale des molaires et des incisives, s'en écarte notablement par les dimensions des canines qui, chez nous, ne dépassent qu'à peine les autres dents, et n'exigent pas, pour loger leur pointe, un espace vide à la mâchoire opposée. La constitution de notre appareil dentaire nous réduirait à nous nourrir de fruits, de racines et d'aliments faciles à broyer; elle ne nous permettrait guère, ni de paître l'herbe, ni de dévorer de la chair, si le feu ne venait à notre aide pour les ramollir. Enfin, aucun Mammifère n'approche de l'H. pour le volume et les replis des hémisphères cérébraux, c.-à-d. de la partie de l'encéphale qui sert d'instrument principal aux opérations intellectuelles. La forme même de son crâne annonce cette grandeur du cerveau, comme la petitesse de sa face montre combien la partie du système nerveux affecté aux sens externes est peu prédominante.

notre corps. Celle-ci ne se fait pas toutefois d'une façon régulière; ainsi la tête est d'autant plus grande relativement au corps, que l'enfant est plus jeune; chez le nouveau-né, elle atteint le quart du volume du corps; chez un enfant de trois ans elle n'est plus que le cinquième; chez l'adulte sa longueur est la huitième partie de la longueur du corps. Au contraire de la tête, on remarque que les membres sont d'autant plus courts que l'enfant est plus jeune. L'ossification du squelette n'est entièrement terminée qu'entre 20 et 25 ans; c'est vers cet âge également que cesse généralement la croissance du corps de l'homme.

H. — Quand on considère les nombreuses populations répandues à la surface du globe, on remarque certaines différences caractéristiques qui portent principalement sur la forme de la tête osseuse, sur les traits du visage, sur les proportions des membres, sur la stature, sur le système pileux et sur la couleur de la peau. Ces caractères se perpétuent par la génération, et constituent ainsi un certain nombre de *Races* marquées chacune d'un type particulier. Or, les individus de toutes les races peuvent se mêler indistinctement et produire des individus féconds et dont les descendants restent tels, à quelque degré qu'on les considère. Les races humaines appartiennent donc toutes à une même espèce, et ainsi l'ordre des Bimanes ne se compose que d'un seul genre et d'une espèce unique.

Parmi les caractères qui servent à distinguer les races, les formes de la tête osseuse, la couleur de la peau et la nature

gnathisme s'apprécie communément en mesurant *l'angle facial*, c.-à-d. l'angle formé par deux plans, l'un plus ou moins vertical, qui est tangent au front et aux incisives, et l'autre horizontal, qui passe par l'ouverture des conduits auditifs et l'épine nasale inférieure. La forme de la boîte crânienne s'apprécie exactement, en rangeant les têtes sur un plan horizontal de façon qu'elles reposent sur la mâchoire inférieure, et en se plaçant de manière à amener l'œil successivement au-dessus du vertex de chaque crâne. En considé-

Fig. 8.

Fig. 10.

du système pileux sont à la fois les plus importants et les plus apparents. — Relativement aux *formes de la tête osseuse*, le caractère qui frappe tout d'abord est celui qui

rant les crânes de ce point de vue, Retzius divise les races humaines en *dolichocéphales* et *Brachycéphales* (littéralement *têtes allongées* et *têtes courtes*). Dans les premières (Fig. 4), la boîte crânienne est ovale, la plus grande longueur

Fig. 9.

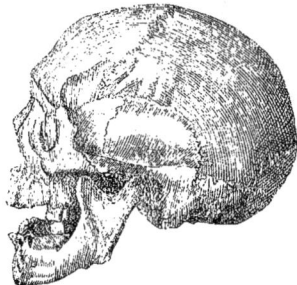

Fig. 11.

résulte du développement relatif du crâne et de la face. Celle-ci, au lieu de demeurer dans la direction plus ou moins verticale de la ligne qui descend du front (*Orthognathisme*, Fig. 2), se projette, dans certaines races, et quelquefois en avant, disposition qu'on désigne sous le nom de *Prognathisme* (Fig. 3); ou bien, les os de cette région prennent un développement latéral considérable. Quant au crâne, il se montre à son tour plus ou moins allongé et élevé, étroit et comprimé, globuleux ou ovoïde. La valeur du pro-

étant à la plus grande largeur (laquelle est le plus souvent au-dessous et un peu en avant des fosses pariétales) comme 9 est à 7. Dans les secondes (Fig. 5), la boîte crânienne présente la forme d'un œuf, mais plus courte, ou tronquée et arrondie en arrière; sa plus grande largeur est à sa plus grande longueur qui est en arrière comme 8 est à 7; enfin, la tête paraît carrée et à coins arrondis. La capacité de la boîte crânienne mesurée par Broca, C. Vogt, etc., est plus grande chez l'h. que chez la femme, dans les races supérieures que dans les races inférieures. Voici, d'après P. Topinard, quelle est la capacité crânienne moyenne des trois grandes races humaines :

	Européens	Mongols	Nègres
Hommes :	1560 c. c.	1510 c. c.	1405 c. c.
Femmes :	1375 c. c.	1385 c. c.	1250 c. c.

Tout le monde sait combien la *couleur de la peau* varie dans l'espèce humaine. Le blanc plus ou moins mat ou rosé, le jaune paille ou café au lait, l'olivâtre, le cuivré, le brun, le noir à divers degrés ; en un mot, une série de teintes passant par toutes les nuances imaginables, tel est l'un des traits les plus frappants de la diversité des peuples qui couvrent la surface du globe, et celui auquel on s'est le plus arrêté pour la distinction des races. On parle vulgairement de la *race blanche*, de la *race noire*, de la *race jaune*, de la *race rouge*, comme si ces épithètes emportaient

Fig. 12.

avec elles une caractéristique suffisante. Il n'en est rien cependant, car on trouve le mélanisme le plus prononcé chez des hommes qui ont d'ailleurs tous les traits de la race communément appelée blanche, et l'on observe de prodigieuses différences sous le rapport de la teinte de la peau parmi les peuples de même couleur. Toutefois il existe une certaine relation entre la couleur de la peau et les caractères plus réellement typiques. C'est ainsi que les races *prognathes* sont toujours teintes de couleurs foncées, et que les races *orthognathes* offrent le plus souvent des couleurs claires : néanmoins ces dernières peuvent présenter toute l'échelle des nuances, depuis le blanc des peuples d'Europe jusqu'au noir d'ébène. D'après cela, on voit que la couleur de la peau doit avoir une place, mais une place fort subordonnée, dans la caractéristique des grands types de l'espèce. Les teintes noires se montrent presque immédiatement après la naissance et persistent, au moins pour les noirs prognathes, pendant une longue suite de générations sous les climats les plus divers. Ces teintes semblent, en outre, pénétrer bien au delà de la peau ; car le sang et les muscles ont une nuance plus foncée chez les Nègres que chez nous. Cependant c'est une erreur de croire que la peau, chez les races colorées, présente un élément spécial, une couche pigmentaire propre à ces races, qui manquerait à la nôtre. L'organisation de la peau est identique dans toutes les races humaines. La coloration des races foncées a simplement son siège dans les cellules ordinaires de la couche muqueuse du derme, autour du noyau desquelles il se dépose une matière colorante, finement granulée ou homogène, ou de véritables granules pigmentaires. Le *système pileux* fournit un caractère qui n'est pas à négliger. Il diffère par son abondance ou sa rareté sur certaines parties, sur la face en particulier ; il est tantôt fin, tantôt grossier, lisse, bouclé ou crépu, et ces différences sont surtout très remarquables pour la chevelure. Enfin, comme on sait, sa couleur varie considérablement. Mais parmi ces diversités, la plus importante est celle de la nature lisse ou crépue des cheveux : de là la distinction des races humaines en *Lissotriques*, ou races à cheveux lisses, et *Ulotriques*, ou races à cheveux crépus. On donne parfois le nom de *laineux* aux cheveux crépus, parce qu'ils sont entremêlés comme ceux d'une toison. Cette expression est impropre. En effet, les cheveux qui ne frisent pas (*lissotriques*) et ceux qui frisent et sont crépus (*ulotriques*) offrent, quand on les examine au microscope, une surface également unie dans toute leur longueur, tandis

Fig. 13.

que les poils de la laine ont une surface rugueuse et hérissée d'aspérités.

III. — Malgré les nombreux travaux dont les races humaines ont été l'objet depuis un certain nombre d'années, les questions qui se rattachent à cette étude sont loin encore d'être résolues. Ceci tient à deux difficultés particulières. La première réside dans ce fait que les diverses races passent de l'une à l'autre par des transitions graduées, par des nuances presque insensibles, phénomène d'ailleurs fort naturel, puisqu'elles dérivent vraisemblablement toutes d'une souche unique. La seconde réside dans cette autre circonstance, que l'observation anatomique et physiologique est incapable à elle seule de résoudre le problème : il y faut joindre la recherche de la filiation historique, et particulièrement celle des langues. On partage généralement l'espèce humaine en cinq grands groupes ou races : la *Race blanche* ou *caucasique*, la *Race jaune* ou *mongolique*, la *Race nègre* ou *éthiopique*, les *Races mixtes océaniennes*, les *Races mixtes américaines*.

A. *Race caucasique.* — La race *caucasique* ou *race blanche* se distingue par un crâne régulièrement ovoïde, un visage ovale à traits médiocrement prononcés, sans projection de la mâchoire, sans développement des pommettes. L'angle facial varie de 80° à 90°, et même s'élève au delà (Fig. 2).

Fig. 14.

Le nez est long, plus saillant que large; les yeux sont horizontaux et plus ou moins largement découverts par les paupières. La bouche est petite ou moyenne, avec les lèvres minces et bien dessinées. La barbe est plus ou moins fournie aux lèvres, au menton et aux joues; les cheveux sont fins, droits ou bouclés, et varient du blond au noir. La peau est blanche, mais devient plus ou moins basanée et foncée, selon les climats, les tempéraments et la manière de vivre. Le bassin est large et la taille svelte; les membres sont bien dessinés et les mamelles sont hémisphériques ou à peine piriformes. C'est cette variété qui a donné naissance aux peuples les plus civilisés, à ceux qui ont le plus généralement dominé les autres.

L'histoire, comme l'induction rationnelle, semble placer les établissements où ont commencé les vies nationales et les civilisations de ces peuples sur les rives des grands fleuves qui arrosent les contrées situées dans le voisinage de la mer des Indes et de la Méditerranée. M. de Quatrefages divise la race blanche en 4 grandes branches : Allophyle, Finnique, Sémitique, Aryane.

La branche allophyle est formée par la réunion de types assez disparates. Ce sont les *Guanches*, habitants primitifs des îles Canaries; les *Aïnos*, qui vivaient autrefois au Japon, et ne se trouvent plus aujourd'hui que dans le Kamtchatka; les *Todas* (Fig. 6), qui vivent à côté des Hindous; les nombreuses tribus du Caucase (Géorgiens, Mingréliens Circassiens ou Tcherkesses, etc. C'est à cette branche qu'on rattache les habitants des provinces basques, en Espagne et en France.

La branche finnique comprend les *Lapons*, les *Esthoniens* et les *Finlandais*.

La branche sémitique renferme des types qui se sont peu éloignés de la souche primitive. Ce sont les *Juifs*, les *Arabes* (Fig. 7, Femme de Biskra), les *Abyssins*, les *Somalis*, les *Égyptiens*, les *Nubiens* (Fig. 8), les *Kabyles* (Fig. 9), les *Touareg*.

La branche aryane ou aryenne, appelée aussi *Japétique* est *Indo-européenne*, comprend les nombreuses populations du

type caucasien qui sont répandues depuis les Indes orientales jusqu'aux limites occidentales de l'Europe, et qui couvrent le plateau de l'Iran, le Turkestan, l'Arménie, l'Asie Mineure, toute l'Europe et quelques points de l'Afrique septentrionale; et qui ont colonisé la plus grande partie de l'Amérique. C'est ce rameau de la race caucasique qui a porté le plus loin la philosophie, les sciences et les arts, et qui en est le dépositaire depuis trente siècles. Les 4 langues principales de cette race, langues qui possèdent entre elles des affinités multipliées, sont : le sanscrit, langue sacrée des Hindous; l'ancienne langue des Pélasges, mère commune du grec, du latin et de toutes nos langues du midi de l'Europe; le gothique ou tudesque, d'où sont dérivées les langues du nord et du nord-ouest de l'Europe; enfin, la langue esclavonne, d'où descendent celles du nord-est, le russe, le polonais, le wende, etc. Le type physique, là où il a tout son caractère, toute sa beauté, en Géorgie, en Perse et en Grèce, est plus parfait encore que dans la famille Araméenne. La branche aryane comprend les grandes familles : *celtique* (Allemands du sud, Auvergnats, Bretons, Savoyards, Irlandais, Suisses); *slave* (Serbes, Monténégrins, Bulgares, Russes, Polonais, Prusse orientale); *hindoue* (Hindous [Fig. 10], Cinghalais, Persans, Afghans, Arméniens); *hellène* (Grecs, Albanais); *latine* (Italiens, Espagnols, Portugais, Français et Roumains); *germaine* (Suédois, Norvégiens, Danois, Allemands du Nord, Hollandais, Prussiens, Anglais, Écossais).

Toutes les nations de race caucasique sont dolichocéphales, à l'exception des peuples slaves, qui sont brachycéphales.

B. *Race mongolique* ou *race jaune*. — L'ovale de la tête caucasique s'altère chez les individus de cette race, et donne pour le contour de la face une sorte de losange. Ceci tient au développement et à la direction des os malaires et de toute l'arcade zygomatique, qui donnent beaucoup de saillie aux pommettes, et relèvent les joues vers les tempes. La cour-

Fig. 15.

bure de l'arcade est telle que la partie de la tête qui domine

celle-ci en prend une apparence pyramidale (Fig. 5 et 11). En
même temps, l'angle externe des yeux est relevé, et les pau-

Fig. 16.

pières sont comme bridées et demi-closes par l'étire-
ment qu'elles éprouvent. Le front, l'espace interocu-

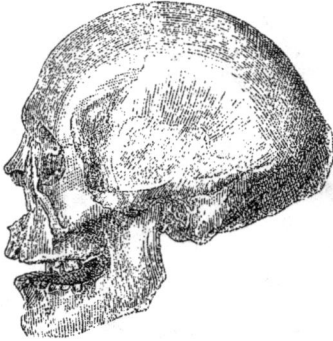

Fig. 17.

laire sont aplatis; le nez est épaté et plus large que dans le type
caucasique; tout le système de la face est plus développé. La
bouche est grande; les lèvres sont épaisses et arquées, les
incisives proclives, et l'angle facial varie de 75° à 80°. Les

membres sont gros, charnus, mal dessinés. Le poil est rare à
la face et au corps; les cheveux sont droits, grossiers, rudes,
plats et noirs. Les teintes de la peau varient du blanc mat au
jaunâtre plus ou moins rembruni. Enfin, chez les femmes,
les mamelles sont coniques. La race mongolique s'étend depuis
le nord de l'Himalaya et l'est du Gange sur la plus grande
partie du continent asiatique. Les peuples qui appartiennent
à cette race peuvent se partager en trois branches dont les
positions géographiques sont bien limitées : la famille Mon-

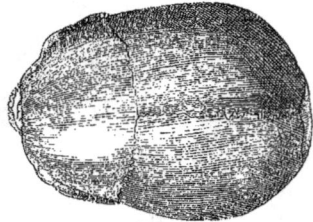

Fig. 18.

gole ou Sibérienne; la famille Indo-chinoise, et la famille
américaine. La première occupe la région centrale de l'Asie
au nord de l'Himalaya et de la Chine, et comprend les Mongols proprement dits, les Kalmouks (Fig. 12) et les Mandchous.
M. de Quatrefages rattache les Turcs à cette branche. La
seconde, qui se remarque par une civilisation sui generis fort
avancée, mais qui en est généralement restée au langage
monosyllabique, comprend les Chinois (Fig. 13), les Coréens,
les Tonkinois, et les habitants de la vaste presqu'île qu'on
désigne communément sous le nom d'Indo-Chine. La troisième

Fig 19.

comprend, dans l'Asie boréale, les Tongouses, les Samoyèdes,
les Iakoutes, et, en Amérique, les Groënlandais et les
Esquimaux. Ces deux derniers peuples, ainsi que ceux
de la famille Indo-Chinoise, sont dolichocéphales; tous les

aultres sont brachycéphales, soit prognathes, soit orthognathes.

C. *Race nègre.* — Ses caractères typiques sont les suivants : Crâne allongé, dolichocéphale; vertex aplati; front étroit comprimé aux tempes; prognathisme très marqué; apophyses montantes du maxillaire supérieur très écartées en bas, très rapprochées en haut, et laissant peu d'espace pour les os propres du nez, qui se trouvent ainsi refoulés vers le frontal. Nez aplati, court, épaté. Angle facial variant de 60° à 75° (Fig. 3); lèvres grosses; poils rares; cheveux courts, ultriqués, feutrés. Ajoutons que le bassin en particulier, et le tronc en général, ont moins de développement en largeur que dans les autres types; que les mamelles de la femme sont allongées et piriformes; que les membres supérieurs sont

Nubiens (région des grands lacs, Soudan (Fig. 15), Congo, Guinée, Dahomey, Bénin, Cafrerie); *Boschimans* (Fig. 16, Femme boschimane) et *Hottentots*. Il faut ajouter à cette liste les *nègres-créoles* de l'Amérique du Sud qui proviennent de tous les pays, mais surtout d'Afrique.

D. *Races mixtes américaines.* — Les populations qui habitaient l'Amérique à l'époque de sa découverte par les Européens n'ont pu être, sauf les Groënlandais et les Esquimaux, ramenées clairement ni à l'une ni à l'autre des trois races de l'ancien continent. Elles n'ont pas non plus le caractère à la fois précis et constant qui permette de les considérer comme une race homogène. Le type que plusieurs auteurs ont décrit comme constituant le type américain, est celui qui est propre

Fig. 20.

aussi proportionnellement plus longs; que les inférieurs sont un peu arqués en dedans et se distinguent en outre par l'aplatissement du mollet ainsi que par le défaut de cambrure du pied. Enfin, la peau est teinte de nuances plus ou moins brunes ou noires, et les muqueuses sont violacées.

M. de Quatrefages considère huit rameaux distincts dans la race nègre; ces rameaux se répartissent également en Mélanésie et en Afrique et semblent se correspondre dans les deux régions.

Les *nègres de la Mélanésie* se divisent en *Négritos* (nègres pygmées des îles Philippines (Aëtas) et des îles Andaman (Mincopies); *Papouas* (Nouvelle-Guinée, Nouvelle-Calédonie, Nouvelles-Hébrides, îles Salomon, Viti, etc.); *Tasmaniens* et *Australiens* (Fig. 14).

Les *nègres de l'Afrique* se divisent en *Négrillos* ou *Pygmées africains* (centre de l'Afrique, Gabon, Sénégambie);

aux tribus sauvages désignées sous la dénomination générique de *Peaux rouges*, et qui erraient jadis dans l'Amérique septentrionale, du Canada à la Louisiane, et des monts Alleghanys jusqu'aux montagnes Rocheuses. La forme de leur crâne, leur barbe rare, leurs cheveux généralement noirs, les rapprocheraient du type mongolique, si leurs traits aussi prononcés, leur nez aussi saillant que les nôtres, leurs yeux grands et ouverts, ne s'y opposaient et ne répandaient à nos formes européennes. Toutefois, leur nez est arqué et non aquilin, et leur front généralement fuyant (Fig. 17 et 18). En outre, leur peau est cuivrée. — Les autres nations américaines peuvent être réparties dans quatre familles principales, savoir : la famille *Mexicaine*, remarquable par la teinte olivâtre de sa peau; la famille *Brasilio-guaranienne*, qui rappelle le type mongolique par sa couleur jaunâtre, son front non fuyant, ses yeux souvent obliques et toujours relevés à l'angle extérieur;

la famille *Pampéenne*, qui est répandue à l'est de la grande Cordillère, depuis le Paraguay jusqu'à la pointe du continent ainsi que dans les Andes du Chili (Araucans), et qui se distingue par une tête ronde, un front peu développé, un nez épaté, une bouche grande avec de grosses lèvres, des yeux petits et un peu bridés en dehors, une peau brune olivâtre, et des formes robustes et parfois athlétiques, comme chez les Patagons; la famille *Ando-péruvienne*, dont la couleur est la même, mais qui a la taille petite, le front peu élevé ou fuyant, les yeux horizontaux et jamais bridés.

E. Races mixtes océaniennes. — Il en est de l'Océanie

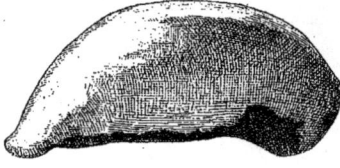

Fig. 21.

comme de l'Amérique. Au lieu d'un type unique, on y rencontre un certain nombre de formes particulières qui sont plus ou moins rapprochées des formes caractéristiques des races de l'ancien continent. — Le type *Malais* rappelle à la fois le type chinois et le type hindou : le premier, par la longueur du crâne, la saillie des os malaires, l'obliquité de la fente palpébrale; le second, par la taille et par la forme des membres. Les Malais offrent en outre un certain degré de prognathisme, un teint jaune plus ou moins bruni, et les cheveux

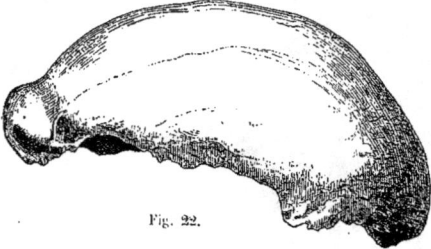

Fig. 22.

Fig. 23.

roïdes et noirs (Fig. 19. Danseuses javanaises). — Les habitants des nombreuses îles de la Polynésie présentent une telle diversité, qu'il est difficile de leur assigner un type propre. Néanmoins Lesson nous donne les Taïtiens comme les représentants les plus parfaits de ce qu'il y a de plus général dans la caractéristique de ces peuples. On retrouve ici de beaux traits, un beau développement du front, analogues à ce qui s'observe dans le type européen, si ce n'est que la face est proportionnellement un peu forte, le nez un peu large, la mâchoire supérieure et les deux lèvres sensiblement saillantes. La peau est d'un brun olivâtre, peu foncé chez les femmes. Les *Hovas* de Madagascar forment un rameau émigré du type malais. C'est également près de ce groupe que M. de Quatrefages range les autochtones du Japon (Fig. 20). Dans un grand nombre d'îles de l'archipel indien et de la Polynésie, il existe des peuplades noires qui offrent tous les traits de la

race nègre, mâchoires avancées, grosses lèvres, nez épaté, cheveux courts et ulotriques. Beaucoup d'entre elles ont des formes grêles et sont de très petite taille, et toutes vivent à l'état sauvage, dans les régions écartées et montagneuses.

F. Races préhistoriques. — L'antiquité de l'espèce humaine remonte beaucoup plus loin qu'on ne l'a cru pendant si longtemps sur la foi des traditions bibliques. Si l'on divise, en effet, l'histoire géologique de la terre en six grandes époques : primitive, primaire, secondaire, tertiaire, quaternaire et actuelle, c'est à la quatrième qu'il faut placer l'origine de l'h.; or, l'époque actuelle a déjà une durée de 30,000 ans, si l'on en croit les traditions des Égyptiens, et même de 129,000 ans, si l'on admet celles des Chinois.

Il est évident que ni l'histoire, ni les traditions, ne peuvent nous renseigner sur ces temps si lointains où l'espèce humaine est apparue sur la terre. C'est aux restes mêmes de l'h., à ses ossements, aux manifestations de son intelligence, c.-à-d. aux produits de son industrie, qu'il faut s'adresser en s'aidant de la géologie qui, seule, peut nous renseigner sur l'ancienneté relative de ces restes.

1° *L'homme à l'époque tertiaire.* — Jusqu'en ces derniers temps, l'existence de l'h. à l'époque tertiaire a été niée par la grande majorité des savants. On n'avait trouvé, en effet, comme preuve de son existence que des éclats de silex qui semblaient avoir été retouchés sur leurs bords par un être intelligent, ou bien des ossements d'animaux portant des incisions significatives.

Dans la République Argentine, M. Ameghino avait mis au jour un squelette de Macrauchenia (mammifère voisin du cheval), dont un des os renfermait un de ces silex taillés, et ce squelette se trouvait dans une couche tertiaire. Mais on n'avait encore rencontré aucun reste qui permît de se faire une idée de ce qu'était la race humaine à cette époque. Cette lacune a été en partie comblée, en 1892, par le docteur Dubois, médecin militaire hollandais, qui a trouvé à Java une calotte crânienne (Fig. 21), deux dents molaires et un fémur entier; ces ossements se trouvaient inclus dans une couche de grès dur que M. Dubois rapporte au pliocène (Voy. TERTIAIRE); ils étaient de plus en grande partie silicifiés, ce qui est un indice de leur très grande ancienneté. Les caractères particuliers de ces os ont fait penser que c'étaient les restes d'un être intermédiaire entre les singes et l'h.; cet être (*Pithecanthropus erectus*) devait descendre des Gibbons actuels,

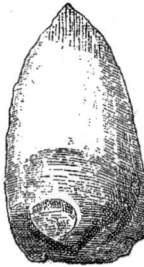

Fig. 24.

Fig. 25.

parce que, dit M. Dubois, ces singes ont les fémurs beaucoup mieux conformés pour la marche que ceux des autres Anthropomorphes.

2° *L'homme à l'époque quaternaire.* — Si les restes de l'h. sont très rares dans les terrains tertiaires, ils devi ennent assez communs à l'époque suivante; dès le début même du quaternaire, on peut déjà distinguer sept ou huit races différentes.

La race la plus ancienne connue de cette époque est la *Race de Canstadt*, du nom d'une localité près de Stuttgart où on a trouvé des ossements humains dans des couches appartenant au quaternaire supérieur. Les hommes de cette race étaient petits, le tronc court et robuste devait être penché en avant pendant la marche, comme l'indique l'articulation des genoux.

La tête avait quelques caractères nettement simiesques (Fig. 22) ; le crâne était très allongé d'avant en arrière, aplati et étroit ; les orbites, très grands, étaient presque circulaires, les arcades sourcilières énormes, le front bas et fuyant ; enfin, il y avait peu ou pas de menton et les dents étaient projetées en avant. Ces hommes vivaient en Europe à côté des Éléphants, des Rhinocéros, des Chevaux et autres animaux dont ils faisaient leur nourriture ; ils se tenaient par petits groupes et logeaient dans des cavernes. Leur industrie consistait un ce moment en éclats de silex taillés (Fig. 24) ; il semble qu'ils connaissaient l'emploi du feu.

La *Race de Cro-Magnon*, du nom d'une grotte située en Dordogne, est un peu plus récente que la précédente ; elle ne présente plus aucun caractère simiesque et même quelques crânes de femme indiquent une réelle beauté ; l'intelligence de ces hommes était, du reste, beaucoup plus développée qu'à l'époque précédente, la capacité de leur crâne est de 1,590 centimètres cubes et les restes de leur industrie, qui consistent en silex taillés (Fig. 25) et en ossements ciselés, dénotent un sentiment artistique réellement développé (Fig. 23). Ces hommes qui vivaient en Europe en compagnie du Mammouth, virent leur pays envahi par différentes races étrangères dont le type était encore plus éloigné du caractère simiesque. Ils émigrèrent alors vers le nord de l'Afrique et les îles voisines ; à l'époque romaine, l'Algérie était encore occupée par cette race et on pourrait encore rencontrer ce type, plus ou moins altéré, aux îles Canaries et dans quelques contrées du pays basque. En même temps, des croisements féconds se faisaient entre les individus de la race de Cro-Magnon et les envahisseurs, de sorte que l'on peut considérer cette race comme une des souches principales des différentes races européennes actuelles. L'industrie de la pierre allait en se développant au fur et à mesure des progrès de l'humanité, et, peu à peu, les hommes apprenaient à polir certains de leurs outils (Fig. 26). L'âge de la pierre polie a vu encore se développer l'industrie céramique ; mais on fut pendant longtemps sans savoir cuire au four ; les vases en terre étaient simplement séchés au soleil, puis placés pendant quelque temps sur le feu, aussi les morceaux que l'on en retrouve se réduisent-ils en poussière au moindre choc. Ces morceaux présentent quelquefois des ornementations très simples dans lesquelles on a voulu voir des indices d'une adoration au soleil. La chasse n'était plus la seule occupation des hommes ; ils avaient appris à domestiquer les animaux, à cultiver les céréales et à travailler le bois pour se faire des habitations. Celles-ci étaient souvent construites sur pilotis, dans les eaux des lacs qui étaient si nombreux alors. Les grottes n'étaient pas entièrement abandonnées cependant, mais elles étaient utilisées surtout pour l'ensevelissement des morts ; c'est pour le même usage qu'ils construisaient ces *monuments mégalithiques* qui sont restés jusqu'à nos jours et que l'on connaît sous le nom d'*allées couvertes*, de *dolmens*, de *menhirs* et de *cromlechs*.

Fig. 26.

Nous ne dirons rien des races qui vinrent ensuite et apprirent d'abord à allier le cuivre et l'étain (âge du bronze), puis à extraire le fer de ses minerais (âge du fer). De nouvelles races, originaires bien probablement de l'Asie, envahirent l'Europe et amenèrent avec elles l'habitude d'incinérer leurs morts ; c'est ce qui explique pourquoi on ne possède que de rares documents sur les caractères physiques de ces races qui nous conduisent, du reste, à l'aurore des temps historiques.

Philos. — Ce n'est pas ici le lieu de parler de l'*Homme* au point de vue philosophique. Les questions qui se rattachent à ce point de vue sont trop nombreuses et trop importantes pour que nous nous contentions de les traiter sommairement. En conséquence, nous avons consacré et nous consacrerons à chacune de ces questions un article particulier. Nous renverrons donc aux mots : Âme, Immortalité, Psychologie, Raison, Morale, etc.

HOMMÉE. s. f. [Pr. *omée*]. T. Métrol. Mesure agraire de contenance très variable, mais qui désignait, dans le principe,

la quantité de terre qu'un homme peut travailler en un jour. *Une h. de vigne, de pré.*

HOMO (dérivé du gr. ὁμὸς, semblable). T. Chim. Préfixe qu'on emploie quelquefois devant le nom d'un composé, pour désigner un homologue de ce corps.

HOMOBRANCHE. adj. 2 g. (gr. ὁμὸς, semblable ; βραγχία, branchie). T. Zool. Qui a les branchies semblables.

HOMOCENTRE. s. m. [Pr. *omo-santre*[(gr. ὁμὸς, semblable ; κέντρον, centre). T. Géom. Centre commun de plusieurs cercles

HOMOCENTRIQUE. adj. 2 g. [Pr. *omo-santrik*] (gr. ὁμόκεντρος, m. s.). Qui a le même centre. Syn. de *Concentrique*.

HOMOCENTRIQUEMENT. adv [Pr. *Omosan-trike-man*]. D'une façon homocentrique. || Sans changer de centre.

HOMOCÉRÉBRINE. s. f. (gr. ὁμὸς, semblable ; fr. *cérébrine*). T. Chim. Substance très analogue à la cérébrine et contenue comme elle dans le cerveau.

HOMOCERQUE. adj. 2 g. (gr. ὁμὸς, semblable ; κέρκος, queue). T. Zool. À queue également bilobée.

HOMOCUMINIQUE. adj. 2 g. (gr. ὁμὸς, semblable ; fr. *cuminique*). T. Chim. L'acide h. est un homologue de l'acide cuminique et répond à la formule :

$$C^{11} H^{14} O^2.$$

Pour le préparer, on saponifie par la potasse le cyanure de cumyle obtenu en chauffant l'éther chlorhydrique de l'alcool cuminique avec le cyanure de potassium. L'acide h. cristallise en petites aiguilles fusibles à 52°. Il forme avec les bases des sels cristallisables.

HOMODROME. adj. 2 g. (gr. ὁμὸς, semblable ; δρόμος, course). T. Méc. *Levier h.*, Levier dans lequel la résistance et la puissance sont l'une et l'autre du même côté du point d'appui. || T. Bot. *Feuilles homodromes*. Voy. Homodromie.

HOMODROMIE. s. f. (gr. ὁμὸς, semblable ; δρόμος, course). T. Bot. Les points d'insertion des feuilles sur une tige étant situés sur une ligne spirale, il y a h. quand on passe de la tige principale sur une branche secondaire et que la spire peut tourner dans le même sens. Voy. Feuille.

HOMOÈDRE. adj. 2 g. (gr. ὁμὸς, semblable ; ἔδρα, face). T. Minér. Syn. d'*Holoèdre*. Voy. ce mot.

HOMŒOCATALEXIE. s. f. [Pr. *oméo-kata-lek-sie*] (gr. ὁμοῖος, semblable ; καταλήγειν, se terminer). T. Gram. Consonance.

HOMŒOMÈRE. adj. 2 g. [Pr. *oméo-mèr*] (R. *homœoméric*). Formé de parties semblables.

HOMŒOMÉRIE. s. f. [Pr. *oméo-méric*] (gr. ὁμοῖος, semblable ; μέρος, partie). Dans le système atomistique d'Anaxagore, on désigne sous ce nom les Éléments anatomiques homogènes que Dieu, en débrouillant le chaos, sépara des éléments hétérogènes au milieu desquels ils étaient auparavant confondus.

HOMŒOMORPHE. adj. 2 g. [Pr. *oméo-morfe*] (gr. ὁμοῖος, semblable ; μορφή, forme). Se dit des humeurs et des tissus morbides constitués par des éléments anatomiques semblables à ceux qu'on trouve dans les humeurs et dans les tissus normaux.

HOMŒOMORPHISME. s. m. [Pr. *oméo-morfisme*]. État de ce qui est homœomorphe.

HOMŒOPATHE. adj. et s. m. Se dit d'un médecin qui pratique le système de l'homœopathie.

HOMŒOPATHIE. s. f. (gr. ὁμοῖος, semblable ; πάθος, affection). — On donne le nom d'*Homœopathie* à une doctrine thérapeutique imaginée par Samuel Hahnemann, de Leipzig. Elle consiste à traiter les maladies par des médicaments que l'on suppose capables de déterminer au sein de l'organisme, dans l'état de santé des symptômes morbides semblables à ceux que l'on veut combattre.

La première idée de cette doctrine remonte à l'année 1790. Voici à quelle occasion elle se présenta à l'esprit de son auteur. Peu satisfait des explications données par l'école au sujet de l'action thérapeutique du quinquina, il résolut d'essayer sur lui-même les effets de cette substance. Peu après, à sa grande surprise, il se sentit saisi de frisson, frisson auquel succéda bientôt une sensation de chaleur; et enfin il se trouva mouillé d'une sueur abondante: en un mot, il éprouva un véritable accès de fièvre intermittente, maladie contre laquelle, chacun le sait, le quinquina est un remède souverain. Cette série de phénomènes fut pour Hahnemann un trait de lumière. Puisque, dit-il, le spécifique de la fièvre intermittente est susceptible de produire sur l'homme sain des symptômes analogues à ceux qu'engendre la maladie elle-même, ne serait-il pas possible que tout médicament capable de déterminer dans l'économie un certain ordre de phénomènes morbides fût spécialement propre à guérir la maladie dont l'évolution présente un ensemble de symptômes analogues. Cette vue n'était encore qu'une hypothèse; mais à la suite d'expériences physiologiques et cliniques continuées pendant plusieurs années, sur des individus placés dans les conditions les plus diverses, il crut pouvoir présenter son hypothèse comme une loi générale que l'on peut ainsi formuler : « Tout vrai remède doit susciter, dans un homme jouissant de la santé, une maladie analogue à celle qu'il doit guérir, et réciproquement. » De là cet axiome fondamental de la méthode homœopathique : *Similia similibus curantur*, en opposition avec l'antique axiome d'Hippocrate : *Contraria contrariis curantur*. De là aussi le nom que Hahnemann lui-même a donné à sa doctrine, tandis qu'il appelait *Allopathie* ou médecine *Allopathique* la médecine des écoles, et *Allopathes* les médecins vulgaires. Suivant Hahnemann, deux maladies semblables ne pouvant exister dans un organe, l'artificielle qu'on produit avec le médicament détruit celle qui préexiste; puis on fait cesser la maladie artificielle en n'administrant plus le médicament cause de sa manifestation. Le principe de la doctrine étant posé, le rôle du médecin homœopathe se borne à ceci : 1° expérimenter sur des personnes jouissant de la plénitude de leur santé tous les agents de la matière médicale; 2° au lit du malade, noter avec soin les divers symptômes de la maladie, et chercher dans la matière médicale quelle est la substance dont les effets physiologiques représentent la plus exactement les symptômes observés; 3° enfin, préparer et administrer le remède choisi de la façon la plus favorable au développement de son action thérapeutique. — L'h. se fait une règle de ne point mélanger les médicaments les uns avec les autres, mais de les employer toujours simples, ou du moins incorporés à certains excipients qu'elle considère comme inertes et incapables d'en dénaturer les propriétés. Ces excipients, au nombre de quatre, sont : l'eau pure, l'alcool, le sucre de lait et l'amidon. On fait choix de tel ou tel excipient, suivant que la substance médicamenteuse doit être administrée en solution aqueuse ou alcoolique, ou bien à l'état solide.

Telle est une des faces de la doctrine d'Hahnemann; poursuivons. Les médicaments ne sont pas administrés avant d'avoir subi ce que l'on nomme un certain degré d'*atténuation*, qui les amène à un état extrême de *division*. La raison de cette proscription est fort simple. Comme le médicament exerce immédiatement son action sur l'organe malade, il conserve toujours assez d'énergie pour provoquer des symptômes un peu plus intenses que ceux de la maladie à laquelle on veut remédier. Ajoutez à cela que le médicament agissant dans le sens même de la maladie et poussant en quelque sorte l'affection dans la voie où elle marche, le médecin doit craindre d'aggraver celle-ci. Pour procéder à l'atténuation du remède, s'il s'agit d'une substance solide, on prend 1 grain de cette substance réduit en poudre, on le mêle à 99 grains de sucre de lait; puis on prend 1 grain de ce mélange, et on le mêle de nouveau à 99 grains de sucre, et ainsi de suite. S'il s'agit d'un suc ou d'une teinture, on opère de même en délayant successivement une goutte dans autant de fois 99 gouttes d'eau distillée qu'on veut avoir d'atténuations ou de *dilutions*. La quantité de substance médicamenteuse employée décroît donc par chaque fraction, comme les termes d'une progression géométrique dont la raison serait 0,01. Ainsi, la première dilution renfermant 1/100° de grain du médicament, la seconde en contient 1/10,000°; la troisième 1/1,000,000°; la quatrième 1/100,000,000° de grain, etc. Hahnemann est allé jusqu'à la *trentième* dilution; la fraction de principe actif représenté par cette atténuation a pour numérateur l'unité et pour dénominateur l'unité suivie de 60 zéros! Les disciples d'Hahnemann l'ont même dépassé dans cette voie; à

Saint-Pétersbourg, le Dr Korsakoff a poussé la réduction des doses jusqu'à la 1500° atténuation : le dénominateur de cette fraction de grain possède 3000 zéros ! — Après chaque atténuation, Hahnemann recommande la trituration de la poudre ou l'agitation du liquide dans son flacon; il recommande même de ne pas trop remuer la dilution, dans la crainte que les billionièmes ou les décillionièmes de grain du remède ne deviennent trop actifs. C'est en invoquant l'influence de ces successions que les homœopathes répliquent aux plaisanteries concernant la possibilité de faire du lac de Genève, avec un grain de quinine, un inépuisable réservoir de gouttes fébrifuges. « Non, disent-ils, le lac de Genève ne peut être un véhicule homœopathique, parce que, sans les dilutions successives et sans les successions voulues, le médicament ne s'y trouverait, ni également réparti, ni *dynamisé*; or, si d'atténuation en atténuation les propriétés ordinaires du médicament vont diminuant et disparaissant, les successions au contraire en accroissent de plus en plus les vertus homœopathiques. »

En même temps qu'ils administrent le remède, les médecins homœopathes prescrivent aux malades l'observation d'un régime très sévère. Comme les médicaments homœopathiques sont toujours administrés à doses infiniment petites, Hahnemann interdit aux malades toutes les substances capables d'exercer sur l'organisme une influence médicinale plus puissante que celle du remède administré. C'est ainsi qu'il leur défend le thé, le café, la bière, le chocolat, les liqueurs, les parfums, les préparations dentifrices, les pâtisseries, les glaces, les épices, les légumes herbacés, les viandes faisandées, le sucre, le sel, etc.

Après cette exposition des points capitaux de la théorie hahnemannienne, il nous reste à développer les raisonnements et les faits que lui oppose la médecine allopathique. Suivant elle, le principe capital de l'h. n'est basé sur aucun argument sérieux, sur aucune base scientifique. Et d'abord, il n'est pas vrai que les médicaments homœopathiques déterminent des maladies semblables à celles qu'ils sont destinés à guérir. Des observateurs consciencieux ont expérimenté, sur eux-mêmes ou sur d'autres, les globules homœopathiques. Nous citerons le professeur Andral, dont le talent d'observation et la véracité sont au-dessus de tout soupçon. Ayant pris lui-même et administré à onze autres personnes du quinquina, il n'a jamais vu apparaître même l'ombre de la fièvre intermittente. L'analogie entre les effets produits par un médicament sur l'organisme sain ou malade et les symptômes de telle ou telle maladie, n'existe donc en réalité que dans l'esprit de ceux qui la supposent. Mais admettons que, dans quelques cas, certains remèdes soient capables de produire des symptômes semblables à ceux de certaines maladies accidentelles, ils n'engendrent pas, pour cela, une maladie identique à la maladie contre laquelle on les administre. L'identité des symptômes n'entraîne pas l'identité des deux affections déterminées par des causes aussi dissemblables, par ex., que l'ingestion du quinquina et l'action des miasmes paludéens, cause de la fièvre intermittente. Ici, il n'y aurait donc de semblable que l'apparence; car l'organe impressionné par l'agent thérapeutique ou par le principe de la maladie peut réagir de la même manière sous chacune de ces influences, quoiqu'il soit impressionné dans les deux cas d'une manière toute différente. Dès lors, il n'y a plus de maladie médicinale destinée à combattre une maladie semblable, mais accidentelle. La médecine de Hahnemann devient donc la médecine des symptômes. Or, aux yeux de la raison, ce n'est pas la meilleure médecine possible. Hahnemann, en effet, prétend fonder le traitement de la maladie sur la seule et unique considération des symptômes. Nul besoin d'anatomie normale ou pathologique, nul besoin de physiologie, nul besoin de nosographie : il suffit seulement de relever tous les symptômes jusque dans leurs détails les plus minutieux. Il ne s'agit pas de savoir s'il y a pleurésie, fièvre typhoïde, hépatite, mais s'il y a de la toux, et quelle toux, si les crachats sont séreux, glaireux, verts ou jaunes, si la céphalalgie est frontale ou occipitale, nocturne ou diurne, etc. Quant à l'action prétendue des doses infinitésimales, c'est un pur effet de l'imagination de ceux auxquels on les administre. La vérité est qu'elles ne font absolument ni bien ni mal. C'est en vain qu'on objecte le fait que des personnes très véridiques affirment avoir éprouvé, après l'ingestion de globules homœopathiques, des effets plus ou moins notables. Nous ne contestons point la réalité des impressions éprouvées par ces personnes; mais on doit purement et simplement les rapporter à l'influence de l'imagination. Il en est d'elles comme de ces malades auxquels, dans les hôpitaux, on administre de simples pilules de mie de pain, que le médecin prescrit à haute voix sous le nom latin de *mica panis*. Ces malades assurent aussi en éprouver des effets, et se l'ment même de l'administration de ce remède. — Si maintenant, nous suivons l'h. dans le domaine des faits ; si nous l'observons, non pas dans la *pratique en ville*, mais dans les hôpitaux aux prises avec des maladies sérieuses, l'expérience a constamment tourné contre elle. Il est inutile de rappeler ici les essais homœopathiques faits en 1833 à l'Hôtel-Dieu de Lyon, puis un peu plus tard à Naples, à Montpellier ; en 1849, à l'hôpital Saint-Louis à Paris, à la Salpêtrière, etc. Tous ces essais n'ont servi qu'à mettre en évidence l'inefficacité de la médecine de Hahnemann.

Du sein de l'h. il s'est élevé diverses sectes schismatiques, dont nous croyons fort inutile d'exposer les idées. Nous nous contenterons de mentionner l'*Isopathie*, qui a pour auteur un nommé Lux, de Leipzig, et qui a pris pour devise, *Æqualia æqualibus curantur*; c'est l'h. poussée au superlatif. Pour donner une idée du traitement que l'isopathie infligeait à ses malades, nous dirons qu'elle combattait la phtisie pulmonaire par la *dynamisation* du parenchyme du poumon tuberculeux ; la gale, en faisant prendre au malade l'humeur *dynamisée* des vésicules psoriques, etc. Cette secte ne manqua pas non plus d'invoquer l'expérience, et prétendit également convaincre par les faits.

Et cependant peut-on voir autre chose, dans les faits ainsi invoqués, que des cas de guérison par la seule force médicatrice de la nature? Dès l'apparition de la doctrine de Hahnemann, le célèbre Hufeland avait dit qu'elle servirait à démontrer la force médicatrice de la nature. Cette prévision a été parfaitement justifiée. Il n'est nul besoin, pour réfuter la doctrine homœopathique, de mettre en doute la bonne foi et la sincérité des disciples et des partisans de Hahnemann. Il n'est nul besoin de nier la réalité de certaines cures aussi merveilleuses qu'on l'on voudra : ces cures sont l'œuvre de la nature seule, ou bien, dans quelques cas, aidée par le régime particulier que prescrit le maître. La médecine homœopathique n'est, dans la pratique, pas autre chose que la médecine expectante, c'est-à-dire qui est assez fréquemment une méthode excellente et la meilleure que l'on puisse adopter; mais enfin, c'est la médecine expectante abusivement généralisée, laissant, dans beaucoup de maladies chroniques, languir le malade, quand la médecine agissante pourrait procurer une guérison rapide, et, dans beaucoup de maladies aiguës, le laissant mourir, lorsqu'une médication énergique le sauverait peut-être.

L'h., après une brillante période, est aujourd'hui en pleine pays, du moins, tombée dans une profonde décadence. Cette décadence est due surtout à ce que ses grands prêtres n'y croient plus : ils font tous de l'*éclectisme*, dans les cas sérieux et s'empressent *de formuler allopathiquement*, dès que la vie du malade semble compromise. Le grand semeuse hahnemannien restera, pourtant encore longtemps, un atlas-épouvantail ou l'*asylum ignorantiæ* de certains riches, méfiants à l'égard de la médecine agissante. Au reste, les travaux de Pasteur et de ses disciples, en démontrant la nature parasitaire de la plupart des maladies et en mettant sur la voie d'une méthode thérapeutique nouvelle reposant sur l'emploi des sérums antitoxiques, ont achevé de ruiner la doctrine homœopathique.

HOMŒOPATHIQUE. adj. 2 g. [Pr. *oméo-patik*]. Qui a rapport, qui appartient à l'homœopathie. *Doctrine h. Médicament h.*

HOMŒOPATHIQUEMENT. adv. [Pr. *oméo-pati-ke-man*]. D'après la doctrine de l'homœopathie. *Il a voulu qu'on le traitât h.*

HOMŒOPLASIE. s. f. [Pr. *oméo-pla-zie*] (gr. ὅμοιος, semblable ; πλάσσειν, former). Génération de tissus pathologiques nouveaux, analogues ou identiques aux tissus nouveaux.

HOMŒOPLASTIQUE. adj. 2 g. [Pr. *oméo-plastik*]. Qui a rapport à l'homœoplasie.

HOMŒOPTOTE. s. f. [Pr. *oméo...*] (gr. ὅμοιος, semblable ; πτωτός, qui tombe). T. Rhétor. — On donnait, chez les Grecs et chez les Romains, le nom d'*Homœoptote* (*similiter cadens*) à une figure qui résulte de la similitude des cas. Les anciens rhéteurs ne séparent point cette figure de l'*Homœotéleute* (*similiter desinens*), qui consiste à rapprocher des mots dont les terminaisons sont semblables. Le retour périodique de certaines consonances se marie parfois heureusement à la symétrie des idées. Il devient alors un artifice de style,

et les orateurs, ainsi que les poètes de l'antiquité, tels que Gorgias, Isocrate, Démosthène, Cicéron, Virgile, Horace, etc., en ont fait un usage très fréquent. Nous citerons, pour en donner une idée, cette phrase de l'orateur romain : *Non modo ad salutem ejus extinguendam, sed etiam gloriam per tales viros infringendam*; et ces vers d'Horace :

> Multos sæpe viros, nullis majoribus ortos,
> Et vixisse probos, amplis et honoribus auctos.

C'est cet effet harmonieux de certaines assonances cadencées qui a donné naissance au système de versification rimée souvent employé dans le latin du moyen âge, et ensuite adopté dans un grand nombre de langues modernes. On trouve même des exemples de l'homœotéleute dans quelques-uns de nos prosateurs. Mais cette figure est surtout habituelle dans nos proverbes et dictons populaires, parce qu'elle indique très bien le parallélisme des idées. Telles sont les locutions proverbiales : « Qui terre a, guerre a ; Jeux de main, jeux de vilain ; Comparaison n'est pas raison, etc. »

HOMŒOSE. s. f. [Pr. *oméo-ze*] (gr. ὁμοίωσις, assimilation). T. Rhétor. Syn. de comparaison, assimilation, parabole. || T. Physiol. Assimilation.

HOMŒOSINE. [Pr. *omo-éo-zine*] (gr. ὅμος, semblable ; fr. *éosine*) T. Chim. Voy. HOMOFLUORESCÉINE.

HOMŒOTÈRE. adj. 2 g. [Pr. *oméo...*] (gr. ὁμοιότερος, comparatif de ὅμοιος, semblable). Qualificatif appliqué par Ptolémée à une projection géographique de son invention. Voy. PROJECTION.

HOMŒOZOÏQUE. adj. 2 g. [Pr. *oméo...*] (gr. ὅμοιος, semblable ; ζῶον, animal). T. Paléont. Qui contient les mêmes animaux fossiles.

HOMŒTÉLEUTE. s. f. [Pr. *oméo...*] (gr. ὅμοιος, semblable ; τελευτή, terminaison). Voy. HOMŒOPTOTE.

HOMOFLUORESCÉINE. s. f. (gr. ὅμος, semblable ; fr. *fluorescéine*) T. Chim. Dérivé triméthylé de la fluorescéine. On l'obtient en chauffant l'orcine avec du chloroforme et de la soude aqueuse. L'h. a pour formule $C^{23}H^{18}O^5$; elle cristallise en aiguilles qui ont l'aspect de la muroxide. Elle s'unit aux bases en donnant des sels cristallisables. Son dérivé tétrabromé $C^{23}H^{14}Br^4O^5$, appelé *Homœosine* cristallise en lamelles d'un rouge brun. Ses dérivés nitrés possèdent des propriétés tinctoriales.

HOMOFOCAL, ALE. adj. (gr. ὅμος, semblable ; fr. *focal*). T. Géom. Se dit des courbes ou surfaces qui ont les mêmes foyers.

Géom. — I. On dit que deux coniques sont *homofocales* quand elles ont les mêmes *foyers*. Voy. FOYER. Il résulte immédiatement de cette définition, que les coniques homofocales ont le même centre et les mêmes axes. L'équation d'une conique rapportée à ses axes peut se mettre sous la forme :

$$(1) \qquad \frac{x^2}{A} + \frac{y^2}{B} - 1 = 0,$$

et les foyers qui seront sur l'axe des x si l'on suppose

$$A > B,$$

auront pour abscisse :

$$c = \mp \sqrt{A - B}.$$

De là résulte que l'équation (1) représentera une infinité de coniques homofocales si l'on y fait varier A et B de manière que la différence A — B reste constante. A étant supposé positif, ces coniques seront des ellipses si B est positif et des hyperboles si B est négatif. On peut encore mettre l'équation des coniques homofocales sous la forme :

$$(2) \qquad \frac{x^2}{a^2 + \lambda} + \frac{y^2}{b^2 + \lambda} - 1 = 0,$$

les abscisses des deux foyers étant :

$$c = \mp \sqrt{a^2 - b^2},$$

en supposant toujours $a > b$. a et b sont deux nombres positifs constants et λ un paramètre arbitraire qui doit être plus grand que $-a^2$ pour que la courbe soit réelle. A chaque valeur de λ correspond une conique qui est une ellipse, si l'on a $\lambda > -b^2$ et une hyperbole si l'on a $\lambda < -b^2$. Pour $\lambda = -b^2$ la courbe se réduit à l'axe des x :

$$x = 0.$$

La propriété capitale des coniques homofocales, c'est que *deux coniques homofocales se coupent à angle droit*. En effet, par chaque point du plan passent deux coniques homofocales dont l'une est une ellipse et l'autre une hyperbole; cela est presque évident géométriquement, car on peut toujours construire une ellipse et une hyperbole, connaissant les deux foyers et un point de la courbe, puisqu'on connaît dans le premier cas la somme, dans le second la différence des rayons vecteurs. Cela résulte encore de l'équation (2) qui est du second degré par rapport à λ, de sorte que si l'on écrit que cette équation est vérifiée par les coordonnées $x_0 y_0$ d'un point donné, on obtient pour déterminer λ une équation de second degré dont les deux racines sont réelles, comme il est facile de le démontrer, et l'une plus petite, l'autre plus grande que $-b^2$. Or, on sait que la tangente à l'ellipse est la bissectrice de l'angle extérieur des rayons vecteurs, tandis que la tangente à l'hyperbole est la bissectrice de l'angle même des rayons vecteurs. Si donc on considère l'ellipse et l'hyperbole qui passent au point M et qui ont les deux foyers communs F et F', les tangentes à ces deux courbes seront les bissectrices des angles formés par les droites MF, MF' et elles seront perpendiculaires. Ce théorème important peut aussi se démontrer analytiquement à l'aide de l'équation (2); mais le défaut d'espace nous oblige à omettre la démonstration qu'on trouvera dans tous les bons traités de géométrie analytique et qui, du reste, est analogue à celle que nous donnerons tout à l'heure du théorème analogue de géométrie à trois dimensions. Il résulte de ce théorème que, si l'on considère toutes les coniques qui admettent les deux mêmes foyers F et F', ces coniques forment dans le plan un réseau de lignes qui se coupent à angle droit

II. — On appelle *quadriques homofocales* celles qui admettent les mêmes foyers et par suite les mêmes courbes focales. Elles ont aussi, par conséquent, mêmes centres et mêmes axes, et si on les rapporte à leurs axes, leur équation sera :

$$(3) \qquad \frac{x^2}{a^2+\lambda} + \frac{y^2}{b^2+\lambda} + \frac{z^2}{c^2+\lambda} - 1 = 0.$$

Si l'on suppose $a^2 > b^2 > c^2$, il faudra, pour avoir une surface réelle, que λ soit supérieur à $-a^2$. Si λ est supérieur à $-c^2$, on aura une ellipsoïde; s'il est compris entre $-c^2$ et $-b^2$, on aura un hyperboloïde à une nappe; si, enfin, il est compris entre $-b^2$ et $-a^2$, on aura un hyperboloïde à deux nappes. Il est facile de montrer que, par chaque point de l'espace passent trois quadriques homofocales qui sont précisément : une ellipse, un hyperboloïde à une nappe et un hyperboloïde à deux nappes. Cela tient à ce que l'équation (3) est du troisième degré par rapport à λ. Si alors on se donne les coordonnées $x_0 y_0$ d'un point de la surface, on trouve trois valeurs de λ, et ces trois valeurs sont : l'une plus grande que $-c^2$, l'autre comprise entre $-c^2$ et $-b^2$, l'autre entre $-b^2$ et $-a^2$.

Les trois quadriques homofocales qui passent par un même point de l'espace se coupent, et ce point à angle droit, c.-à-d. que leurs plans tangents forment un trièdre trirectangle. Pour le montrer, considérons deux de ces quadriques :

$$(4) \qquad \begin{cases} \dfrac{x^2}{a^2+\lambda_1} + \dfrac{x^2}{b^2+\lambda_1} + \dfrac{z^2}{c^2+\lambda_1} - 1 = 0, \\[2mm] \dfrac{x^2}{a^2+\lambda_2} + \dfrac{y^2}{b^2+\lambda_2} + \dfrac{z^2}{c^2+\lambda_2} - 1 = 0. \end{cases}$$

Le plan tangent à la première au point x, y, z, aura pour équation :

$$\frac{Xx}{a^2+\lambda_1} + \frac{Yy}{b^2+\lambda_1} + \frac{Zz}{c^2+\lambda_1} - 1 = 0.$$

Le plan tangent à la seconde aura une équation toute pareille, sauf que λ_1 y sera remplacé par λ_2. Pour que ces deux plans soient perpendiculaires, il faut et il suffit qu'on ait :

$$\frac{x^2}{(a^2+\lambda_1)(a^2+\lambda_2)} + \frac{y^2}{(b^2+\lambda_1)(b^2+\lambda_2)} + \frac{z^2}{(c^2+\lambda_1)(c^2+\lambda_2)} = 0.$$

Or, si l'on retranche membre à membre les deux équations (4) vérifiées toutes deux par le point x, y, z, on trouve pré-

cisément la condition précédente, multipliée, il est vrai, par $\lambda_1 - \lambda_2$; mais ce binôme n'est pas nul, parce que λ_1 est différent de λ_2, et alors la condition est vérifiée.

Les quadriques homofocales forment ainsi un exemple simple d'un réseau de surfaces se coupant trois par trois à angle droit. Voy. ORTHOGONAL.

Si on considère les trois quadriques homofocales passant par un point M, ces trois quadriques seront caractérisées par les trois valeurs correspondantes $\lambda_1, \lambda_2, \lambda_3$ du paramètre λ, qui sont les trois racines de l'équation (3); ce sont ces trois nombres que Lamé a appelés les *coordonnées elliptiques du point*. Chaque point de l'espace a des coordonnées elliptiques bien déterminées; mais un système de trois coordonnées elliptiques définit 8 points : 4 dans chacun des angles trièdres formés par les trois plans des coordonnées. Ce sont les 8 points d'intersection des trois quadriques définies par les trois valeurs du paramètre λ. L'emploi des coordonnées elliptiques a permis de simplifier certains problèmes de physique mathématique.

HOMOGAÏACOL. s. m. Syn. de *Créosot*.

HOMOGAME. adj. 2 g. (gr. ὁμός, semblable; γάμος, mariage). T. Bot. *Plante h.*, dont toutes ces fleurs sont du même sexe.

HOMOGAMIE. s. f. État d'une plante homogame.

HOMOGÈNE. adj. 2 g. (gr. ὁμογενής, m. s. de ὁμός, semblable, et γένος, genre). Qui est de même nature. *Parties homogènes.* || Qui est composé de parties homogènes. *Un tout h. Une substance h.* || T. Math. Voy. HOMOGÉNÉITÉ.

HOMOGÉNÉISER. v. a. [Pr. *omojé-néi-zer*]. Rendre homogène.

HOMOGÉNÉITÉ. s. f. Qualité de ce qui est homogène. **Math.** — On dit qu'une fonction de plusieurs variables :

$$f(x, y, z, ...)$$

est homogène par rapport à ces variables, lorsque, si les variables sont toutes multipliées par un certain nombre k, la fonction est multipliée par une certaine puissance de k, k^m. L'exposant m s'appelle le *degré* d'h. de la fonction. Ainsi, un polynôme entier dont tous les termes sont du même degré est une fonction homogène de ce degré-là. Par exemple, le trinôme :

$$ax^2 + 2bxy + cy^2$$

est homogène et du second degré par rapport aux deux variables x et y. De même, la fraction :

$$\frac{x^2+y^2+z^2}{yz+2x+xy}$$

est homogène et du degré 0 par rapport aux lettres x, y, z, car elle ne change pas si on multiplie x, y, z par un même nombre. De même encore, la fonction :

$$\sqrt{x+y+z}$$

est homogène et du degré $\frac{1}{2}$, parce qu'elle est multipliée par $k^{\frac{1}{2}}$ quand on multiplie x, y, z par k.

Les fonctions homogènes jouissent d'une propriété remarquable connue sous le nom de théorème d'Euclide. Si l'on désigne par f'_x, f'_y, f'_z, etc., les dérivées partielles d'une fonction homogène du degré m, par rapport aux variables $x, y, z, ...$, on aura identiquement :

$$(1) \qquad xf'_x + yf'_y + zf'_z + ... = mf(x, y, z ...).$$

Pour démontrer ce théorème, il suffit de remarquer qu'en vertu de la définition on aura, quel que soit le nombre k :

$$f(kx, ky, kz, ...) = k^m f(x, y, z, ...).$$

Cette égalité étant vraie quel que soit k, les dérivées des deux membres par rapport à k seront égales, et l'on aura, en calculant la dérivée du premier nombre par la règle des fonctions composées :

$$xf'_{kx} + yf'_{ky} + zf'_{kz} + ... = mk^{m-1}f(x, y, z, ...).$$

Si maintenant on suppose $k = 1$, on aura la relation d'Euler. Ce théorème important est fréquemment appliqué en algèbre et en géométrie analytique ; il explique pourquoi il est si souvent avantageux d'employer des *coordonnées homogènes*. Voy. Coordonnées.

La notion d'h. est d'une très grande importance dans les applications. Il est facile de comprendre que toutes les équations obtenues par la géométrie ou destinées à représenter la marche des phénomènes naturels doivent être homogènes par rapport aux quantités de même espèce. Cela tient à ce que les lettres qui figurent dans les équations ne représentent pas les grandeurs elles-mêmes, mais bien les nombres qui les mesurent. Or, pour trouver ces nombres, il faut choisir une unité qui est nécessairement arbitraire, et il est bien certain que l'équation doit rester vraie quelles que soient les unités employées. Mais si, par exemple, on divise l'unité par k, tous les nombres de mesure seront multipliés par k. L'équation doit donc satisfaire à cette condition qu'elle reste vraie si on multiplie toutes les variables par k, et cela exige que l'équation soit homogène, comme on le démontre rigoureusement par un raisonnement que nous ne pouvons reproduire. En géométrie, il est bien clair que l'h. disparaîtrait si l'on avisait de prendre pour unité l'une des lignes de la figure ; mais alors on n'aurait pas un théorème général, et cette prise que ne peut être considérée que comme un artifice destiné à simplifier les calculs en permettant d'omettre certaines lettres, et à la fin du calcul, il faudra rétablir l'h. en remplaçant toutes les lettres par des fractions ayant pour dénominateur une lettre représentant la longueur qui aura été prise pour unité. Ainsi, si on appelle u la longueur qui a été prise pour unité, on remplacera respectivement a, b, c, etc. par $\dfrac{a}{u}$, $\dfrac{b}{u}$, $\dfrac{c}{u}$, etc., et l'on obtiendra ainsi une équation homogène de degré 0, qui s'élèvera ensuite à un degré quelconque, quand on aura chassé les dénominateurs. En géométrie, une lettre qui désigne une surface doit être considérée comme étant du second degré, puisqu'une surface s'exprime par le produit de deux longueurs ; de même une lettre qui représente un volume doit être comptée comme étant du troisième degré.

S'il y a dans l'équation des quantités d'espèces différentes, c.-à-d. mesurées avec des unités indépendantes, l'équation devra être homogène séparément par rapport à chaque groupe de lettres qui représentent des grandeurs d'une espèce déterminée. Ainsi, en mécanique, on reconnaît trois unités fondamentales : la longueur, le temps et la masse ; il faudra donc que l'équation soit homogène séparément par rapport aux longueurs, par rapport aux temps et par rapport aux masses ; quant aux lettres qui représentent des grandeurs dérivées, il faut compter leur degré par rapport à chacune des unités fondamentales. Une vitesse est le quotient d'une longueur par un temps $\dfrac{L}{T}$; elle est donc du degré 1 par rapport à l'unité de longueur, et du degré — 1 par rapport à l'unité de temps. Une accélération est le quotient d'une vitesse par un temps, ou ce qui revient au même, d'une longueur par le carré d'un temps :

$$\frac{L}{T^2},$$

elle est donc du degré 1 par rapport à l'unité de longueur et du degré — 2 par rapport à l'unité de temps. Enfin, une force est le produit d'une masse par une accélération ; et ce sera donc représentée par un symbole :

$$\frac{LM}{T^2},$$

et sera du degré 1 par rapport à l'unité de longueur, du degré 1 par rapport à la masse et du degré — 2 par rapport au temps. Ces relations entre les diverses grandeurs fondamentales ou dérivées sont d'une grande importance. Nous y reviendrons au mot Unité.

HOMOGÈNEMENT. adv. D'une manière homogène.

HOMOGÉNIE. s. f. (gr. ὁμογένεια, de ὁμογενής, homogène). T. Physiol. Mode de génération d'un être qui est produit par des parents, c.-à-d. par des êtres de même espèce que lui.

HOMOGRAMME. adj. 2 g. (gr. ὁμόγραμμος, de ὁμός, semblable, et γράμμα, lettre). T. Gramm. *Mots homogrammes,* Mots qui, s'écrivant de la même manière, se prononcent différemment ; par ex., *le président, ils président.*

HOMOGRAPHIE. s. f. (gr. ὁμός, semblable ; γράφω, je dessine). T. Géom. Mode particulier de transformation des figures. L'h. peut être considérée sur une droite, dans le plan ou dans l'espace.

I. *Divisions homographiques.* — On appelle *division,* une suite de points marqués sur une droite. On dit que deux divisions tracées sur la même droite ou sur deux droites différentes sont *homographiques* quand elles se correspondent point par point de manière que le rapport anharmonique de 4 points de la première soit constamment égal au rapport anharmonique des 4 points correspondants de la seconde. Il suffit évidemment de connaître 3 couples de points correspondants pour définir la transformation homographique, par ex., AA', BB', CC', puisque le point D' correspondant à un quatrième point D quelconque de la première division sera défini par la valeur du rapport anharmonique des 4 points A', B', C', D'. Si l'on prend, sur chacune des deux droites une origine O et O' et si l'on appelle x et x' les abscisses de deux points correspondants, il est facile de démontrer que la condition géométrique précédente se traduit par une équation entre x et x' qui est du premier degré par rapport à chacune des deux variables et qui est, par conséquent, de la forme :

$$(1) \qquad Axx' + Bx + Cx' + D = 0.$$

Si on résout cette équation par rapport à x', on aura :

$$x' = -\frac{Bx + D}{Ax + C},$$

c.-à-d. que x' s'exprime en fonction de x par une fraction rationnelle du premier degré.

Lorsque les coefficients B et C sont égaux, la relation homographique devient :

$$Axx' + B(x + x') + D = 0;$$

elle est symétrique par rapport aux deux variables, et cette symétrie entraîne de nombreuses conséquences ; on dit alors que la relation est *involutive,* et si les deux divisions sont tracées sur la même droite, on dit qu'elles forment une *involution.* Voy. ce mot.

II. *Faisceaux homographiques.* — Un faisceau de droites est un ensemble de droites issues d'un même *sommet.* On dit que deux faisceaux tracés autour du même sommet ou autour de deux sommets différents sont *homographiques* quand ils se correspondent droite par droite, de manière que le rapport anharmonique de 4 droites ou *rayons* du premier faisceau soit égal au rapport anharmonique des 4 rayons correspondants du second. Il résulte de cette définition que : 1° L'h. est définie quand on connaît trois couples de rayons homologues ; 2° deux faisceaux homographiques découpent sur une même droite ou sur deux droites différentes des divisions homographiques ; 3° on obtient deux faisceaux homographiques en joignant les points de deux divisions homographiques à un même sommet ou à deux sommets, un correspondant à chaque division. La première proposition s'établit comme la proposition analogue des divisions homographiques, la deuxième et la troisième sont des conséquences immédiates de ce fait qu'un faisceau de 4 droites a le même rapport anharmonique que les 4 points qu'il détermine sur une transversale quelconque. Voy. Anharmonique.

Si l'on désigne par m et m' les coefficients angulaires de deux rayons homologues, ces deux coefficients angulaires sont liés par une équation de même forme que l'équation (1) :

$$Amm' + Bm + Cm' + D = 0$$

qui montre bien qu'à chaque rayon ou coefficient angulaire m du premier faisceau en correspond un, et un seul du second faisceau dont le coefficient angulaire est m'. Lorsque les coefficients B et C sont égaux, la relation est symétrique et l'on dit que les deux faisceaux sont en *involution.*

L'une des propriétés les plus importantes des faisceaux homographiques consiste en ce que, si l'on considère deux faisceaux homographiques de sommets A et B, le lieu du point d'intersection de deux rayons homologues est une conique. Cette propriété s'établit facilement par le calcul ; du reste on peut remarquer que chaque rayon du premier faisceau coupe le lieu considéré en deux points, savoir : le point d'intersection avec son homologue, et ensuite le point A, car lorsque le rayon du second faisceau prend la position BA, il coupe nécessairement son homologue au point A. De là résulte que le lieu, étant coupé par une droite en deux points, doit être représenté par une équation du second degré. Donc c'est une conique. De même, si l'on considère deux divisions homographiques tracées sur deux droites différentes, les droites qui joignent les points homologues sont tangentes à une même conique, ou, comme on dit, *enveloppent* une conique. Au reste, les propriétés des divisions et des faisceaux homographiques sont *corrélatives*, de telle sorte qu'on peut les déduire les unes des autres. Voy. QUALITÉ.

III. *Figures planes homographiques.* — Deux figures planes homographiques sont deux figures planes qui se correspondent point par point, de manière que : 1° plusieurs points en ligne droite de la première figure ont pour homologues dans la seconde plusieurs points en ligne droite ; et 2° le rapport anharmonique de 4 points de la première figure est le même que celui des 4 points homologues de la seconde. Ces conditions sont surabondantes ; mais il est facile de démontrer qu'elles sont réalisées si les coordonnées d'un point de chaque figure s'expriment en fonction de celles du point homologue de l'autre, par une fraction rationnelle du premier degré, de manière qu'à chaque point d'une des figures en correspond un et un seul de l'autre.

Les formules sont particulièrement simples, si l'on emploie les coordonnées homogènes (Voy. COORDONNÉES), parce qu'alors on n'aura pas besoin d'introduire de dénominateurs. En accentuant les lettres qui désignent les coordonnées d'un point de la seconde figure, ces formules seront :

$$(3) \quad \begin{aligned} x' &= \rho\,(ax + by + cz) \\ y' &= \rho\,(a'x + b'y + c'z) \\ z' &= \rho\,(a''x + b''y + c''z) \end{aligned}$$

$a, b, c,\ a', b', c',\ a'', b'', c''$, étant les coefficients de la transformation, et ρ un paramètre de proportionnalité qui vient de ce qu'on peut multiplier x', y', z' par un même nombre sans changer le point correspondant. Il faut cependant que le déterminant :

$$\begin{vmatrix} a & b & c \\ a' & b' & c' \\ a'' & b'' & c'' \end{vmatrix}$$

ne soit pas nul, afin qu'on puisse résoudre les équations (3) par rapport à x, y, z, pour obtenir les formules de la transformation inverse. On voit ainsi que la transformation homographique équivaut à une *substitution linéaire* dans toutes les équations.

Géométriquement, on peut encore interpréter l'h. en remarquant que deux figures planes homographiques peuvent toujours être placées *en perspective*, c.-à-d. de manière que les droites qui joignent les points homologues passent par un point fixe nommé *point de vue*. Alors on peut dire que deux figures planes homographiques sont deux figures en perspective qu'on a déplacées. De là résulte que toutes les propriétés qui se conservent en perspective seront conservées par la transformation. Telles sont toutes les propriétés relatives aux rapports anharmoniques et, en particulier, les propriétés des pôles et polaires. Dans certains cas, la transformation amène des rapprochements intéressants. C'est ainsi que les droites parallèles de la première figure sont remplacées par des droites concourantes, et que si l'on change la direction des droites parallèles, le point de concours des droites homologues décrit sur la seconde figure une ligne droite. Voy. PERSPECTIVE. C'est là ce qui a fait dire que les droites parallèles se rencontrent à l'infini, et que tous les points à l'infini d'un plan sont en ligne droite, puisque les transformés homographiques de ces points sont effectivement en ligne droite.

La transformation homographique est une méthode précieuse en géométrie. Elle permet de ramener à des formes très simples les équations de toute une catégorie de courbes, et d'en faire une étude plus facile. C'est ainsi que les propriétés les plus importantes des coniques peuvent être aisément déduites de celles du cercle.

IV. *Homographie dans l'espace.* — La définition des figures homographiques dans l'espace est identique à celle des figures homographiques dans le plan ; seulement les formules de transformation contiennent une variable de plus :

$$\begin{aligned} x' &= \rho\,(ax + by + cz + dt) \\ y' &= \rho\,(a'x + b'y + c'z + d't) \\ z' &= \rho\,(a''x + b''y + c''z + d''t) \\ t' &= \rho\,(a'''x + b'''y + c'''z + d'''t) \end{aligned}$$

à condition que le déterminant :

$$\begin{vmatrix} a & b & c & d \\ a' & b' & c' & d' \\ a'' & b'' & c'' & d'' \\ a''' & b''' & c''' & d''' \end{vmatrix}$$

ne soit pas nul. Seulement, l'interprétation par la perspective n'est plus possible ; mais les propriétés de la transformation sont

les mêmes, sauf les différences inhérentes à l'existence des trois dimensions, et ses avantages sont aussi précieux. En particulier, les propriétés principales des quadriques peuvent être déduites de celles de la sphère, comme celles des coniques sont déduites de celles du cercle.

HOMOGRAPHIQUE. adj. 2 g. (R. *homographie*). T. Géom. Se dit des figures qui se correspondent par homographie, de la transformation elle-même et des relations qui la définissent. *Transformation* h. *Relation* h. Voy. HOMOGRAPHIE.

HOMOÏDE. adj. 2 g. (gr. ὁμός, semblable ; εἶδος, forme). T. Bot. Parties homoïdes, qui ont la même forme que leur enveloppe ou tégument.

HOMOLE. s. m. (gr. ὅμολος, aplati). T. Zool. Genre de *Crustacés*. Voy. DÉCAPODES.

HOMOLOGABLE. adj. 2 g. Qui peut ou doit être homologué.

HOMOLOGATIF, IVE. adj. T. Dr. Qui produit une homologation.

HOMOLOGATION. s. f. [Pr. *omologa-sion*]. T. Jurisp. On appelle ainsi l'approbation, la sanction que l'autorité judiciaire ou administrative donne, après examen, à certains actes pour les rendre exécutoires. Le sens de ce terme se rapproche beaucoup de celui d'entérinement. — La législation indique les différentes circonstances dans lesquelles l'h. est nécessaire : elle ne peut être exigée qu'autant qu'un texte formel commande de recourir à cette mesure. Ainsi, par ex., lorsque les délibérations d'un conseil de famille portent sur des intérêts de mineur d'une certaine gravité, le Code civil exige qu'elles soient homologuées par le tribunal de première instance. Lorsqu'un failli a fait un concordat avec ses créanciers, le Code de commerce veut qu'il soit homologué par le tribunal de commerce. Lorsqu'un conseil municipal a fait une transaction relative à des objets mobiliers ou immobiliers, la transaction doit être homologuée par l'autorité supérieure. — L'h. judiciaire s'obtient en présentant la délibération ou une expédition de l'acte au président du tribunal qui, par une ordonnance mise au bas de la pièce même, ordonne la communication au ministère public et commet un juge pour faire son rapport. Le procureur de la République donne ses conclusions au bas de l'ordonnance, et la minute du jugement d'h. est mise à la suite de ces conclusions. Dans l'h. administrative, il suffit de présenter l'acte à l'autorité qui doit l'homologuer et qui l'approuve.

HOMOLOGIE. s. f. (gr. ὅμός, semblable ; λόγος, raison). T. Hist. nat. État des parties homologues. Voy. HOMOLOGUE. T. Géom. Mode de transformation des figures.

Géom. — I. *Homologie dans le plan.* — Deux figures planes sont *homologiques* quand elles se correspondent point par point,

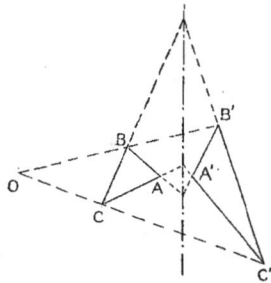

Fig. 1.

de manière que : 1° Deux points correspondants sont en ligne droite avec un point fixe appelé *centre d'h.*, et, 2° les droites qui joignent deux points de l'une des figures et les deux points correspondants de l'autre vont se couper sur une même droite appelée *axe d'h.* Ces conditions sont surabondantes, mais on démontre que si deux triangles ABC, A'B'C', sont tels que les droites qui joignent les sommets correspondants AA', BB', CC', sont concourantes, les côtés correspondants BC, B'C'; CA, C'A'; AB, A'B', se coupent sur une même droite, et réciproquement (Fig. 4). Ce théorème suffit à prouver l'existence des figures homologiques. Pour obtenir la figure homologique d'une figure donnée, il suffit de connaître l'axe et le centre d'h. et deux points correspondants. Soient, par ex. (Fig. 2), XY l'axe, et O le centre d'h., et A et A' deux points correspondants. Pour obtenir le

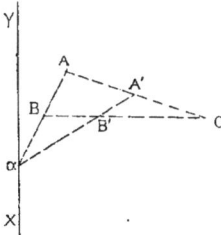

Fig. 2.

point B' homologue d'un point B donné, on joindra AB qui coupe l'axe XY en a; puis on joindra a A' et O; l'intersection de ces deux droites sera le point B'.

Le fait que les points homologues sont alignés sur un centre fixe, suffit à prouver que le rapport anharmonique de 4 points est égal à celui des 4 points homologues, ce qui montre que l'h. est un cas particulier de l'homographie; mais l'h peut être interprétée d'une autre manière. Imaginons deux figures planes tracées dans deux plans différents et dont l'une est la perspective de l'autre. Soient P et Q les plans de ces deux figures qui se coupent suivant une droite XY. Il est clair que toute droite du plan P aura pour perspective une droite du plan A et que ces deux droites couperont la droite XY au même point, puisque tout point de XY est à lui-même sa propre perspective. On démontre même aisément que pour que deux figures planes tracées dans deux plans différents P et Q soient en perspective, il suffit que les droites qui joignent deux points correspondants viennent se couper sur l'intersection XY des deux plans. Cela posé faisons tourner l'une des deux plans autour de XY; les deux figures ne cesseront pas d'être en perspective, et si on fait coïncider les deux plans, on aura deux figures homologiques.

La théorie des coniques présente de nombreuses applications de la transformation homologique, parce que toute conique peut être considérée, et cela d'une infinité de manières, comme la figure homologique d'un cercle. La géométrie descriptive fournit de nombreux exemples de figures homologiques. Ainsi, la projection et le rabattement d'une même figure plane sont deux figures homologiques, puisque les droites correspondantes vont toujours se couper sur la charnière; seulement les droites qui joignent les points homologues, au lieu d'être concourantes, sont parallèles, puisqu'elles sont perpendiculaires à la charnière. On dit que le centre d'h. est rejeté à l'infini. De même la trace d'un cône et la projection d'une section plane sont deux figures homologiques. Les points concordants sont ceux qui sont sur une même génératrice : ils sont alignés sur la projection du sommet du cône; les droites qui joignent des points correspondants vont nécessairement se rencontrer sur la trace du plan sécant, qui est ainsi l'axe d'h. Cette remarque fournit une construction très simple des différents points de la section avec la tangente en chacun d'eux.

II. *Homologie dans l'espace.* — Elle se définit comme dans le plan, sauf que les deux droites homologues, au lieu de se rencontrer sur un axe, vont se rencontrer sur un *plan* d'h. La transformation est encore définie quand on connaît le plan et le centre d'h. et deux points correspondants; la construction des autres points de la figure transformée se fait comme dans le plan. L'h. dans l'espace donne lieu à des développements analogues à ceux de l'h. plane; seulement, l'interprétation par la perspective n'est plus possible.

HOMOLOGIQUE. adj. 2 g. T. Géom. Qui a rapport à l'homologie. *Transformation h. Figures homologiques.* Voy. HOMOLOGIE.

HOMOLOGUE. adj. 2 g. [Pr. *omolo-ghe, g dur*] (gr. ὁμόλογος, semblable). Se dit des choses qui se correspondent suivant une loi déterminée. S'emploie particulièrement en histoire naturelle, en chimie et en géométrie. Voy. plus bas.

Sc. nat. — Les mots *Homologue* et *Homologie, Homotype* et *Homotypie*, sont des termes d'un fréquent usage dans l'anatomie philosophique. Le terme *homologue*, appliqué à un organe ou à un élément organique, signifie que cette partie du corps est reconnue pour être la même anatomiquement d'une espèce vivante à l'autre, ou analogue d'une région du corps à l'autre, quelles que soient d'ailleurs les variétés de forme, de volume, etc., que présentent les parties comparées. D'une espèce à l'autre, les parties homologues sont celles qui, d'après leurs rapports et leurs connexions, paraissent constituer un même organe fondamental, comme le bras, les ailes et les nageoires thoraciques chez les vertébrés Sur un même individu, les parties homologues sont, pour les organes impairs, chacune des deux moitiés, et, pour les organes pairs, ceux qui se correspondent dans chaque moitié du corps. L'*homologie* est donc la comparaison entre les parties similaires, soit d'une espèce à l'autre, soit dans le même individu. Toutefois Rich. Owen a proposé d'employer exclusivement les termes *homologue* et *homologie* pour les comparaisons qui s'établissent d'une espèce à une autre, et d'appliquer les termes *homotype* et *homotypie* à la comparaison des parties similaires ou correspondantes dans le même animal. L'*homotypie*, au sens d'Owen, est *transversale* ou *sériale*. Elle est *transversale*, quand elle étudie les organes correspondants dans les deux moitiés du corps, et, *sériale*, quand elle compare les parties qui se répètent dans le sens longitudinal. Ainsi, par ex., le membre supérieur de l'homme inférieur de l'homme sont homotypes, et il en est de même des parties qui les composent, de l'humérus et du fémur, du radius et du tibia, etc.

Chim. — Dans le sens le plus restreint, on dit que deux composés sont *homologues* lorsque leurs molécules sont constituées par des chaînes semblables d'atomes de carbone, mais différent par un ou plusieurs chaînons intermédiaires CH^2 en plus ou en moins. Le composé qui en contient davantage est dit l'h. supérieur de l'autre, et celui-ci est l'h. inférieur du premier. Ainsi le pentane $CH^3.CH^2.CH^2.CH^2.CH^3$, est un h. supérieur du butane $CH^3.CH^2.CH^2.CH^3$, tandis que le propane $CH^3.CH^2.CH^3$ en est un h. inférieur. — Une *série* de composés est l'ensemble de tous les composés qui ont homologues entre eux. Les hydrocarbures saturés à chaîne linéaire forment une série h. dont les termes ont pour formule générale $CH^3(CH^2)^n CH^3$. La série des alcools primaires qui correspond à ces hydrocarbures est représentée par la formule $CH^3(CH^2)^n CH^2OH$; celle des acides gras monobasiques, par $CH^3(CH^2)^n CO^2H$.

On appelle aussi composés homologues ceux dont les formules brutes diffèrent de CH^2 (ou d'un multiple de CH^2), lorsque cette différence résulte de la substitution d'un ou de plusieurs groupes CH^3 à autant d'atomes d'hydrogène. En ce sens, l'acide toluique $C^6H^5(CH^3).CO^2H$ est un h. supérieur de l'acide benzoïque $C^6H^5CO^2H$.

Enfin, l'on étend quelquefois la dénomination d'h. au cas où les chaînons intermédiaires sont des groupes autres que CH^2. On dira, par ex., que le glucose et l'arabinose sont des homologues appartenant à la série des aldoses :

$$CH^2OH(CHOH)^n CHO.$$

Dans chaque série h. on observe, au moins à partir du second terme, une différence à peu près constante entre les propriétés physiques de deux termes successifs. Par ex., dans une même série le point d'ébullition s'élève d'environ 20° chaque fois qu'on passe d'un terme au suivant. En général, si l'on considère trois termes consécutifs d'une série h., les propriétés du terme intermédiaire sont une sorte de moyenne entre celles des deux termes extrêmes.

Géom. — *Homologue* se dit des points ou des lignes qui se correspondent dans deux figures *semblables*, ou *homothétiques*, *homologiques* ou *homographiques*. Voy. SIMILITUDE, HOMOTHÉTIE, HOMOLOGIE, HOMOGRAPHIE.

HOMOLOGUER. v. a. [Pr. *omolo-gher, g dur*] (gr. ὁμολογεῖν, ratifier). T. Jurisp. Donner l'homologation à un acte. II. *une sentence arbitrale, un concordat.* = HOMOLOGUÉ, ÉE. part.

HOMOMORPHE. adj. 2 g. (gr. ὁμός, semblable; μορφή, forme). T. Did. *Parties, corps homomorphes,* Qui ont la même forme.

HOMOMYAIRES. s. m. pl. (gr. ὁμός, semblable; μύων, muscle). On appelle ainsi les *Mollusques Lamellibranches*, dont les muscles adducteurs des valves de la coquille sont à peu près égaux. Tels sont, par exemple, les *Arches*, les *Cyprines*, les *Anodontes*, les *Bénitiers*, les *Pholades*, etc.

HOMONOME. adj. 2 g. (gr. ὁμός, semblable; νόμος, loi). T. Minér. Qui obéit en tous points à une même loi.

HOMONYME. adj. (gr. ὁμὸς, semblable; ὄνομα, nom). T. Gramm. Se dit des choses qui ont un même nom, bien que de nature différente, et principalement des mots pareils qui expriment des choses différentes. *Sain, Sein, Seing, Ceint, Saint, sont des termes homonymes. Les mots Neuf* (chiffre) *et Neuf* (nouveau) *sont homonymes.* || Subst., au masc., *Le mot Chaîne a pour h. Chêne. Dictionnaire des homonymes.* || Se dit quelquefois de personnes qui portent le même nom, sans appartenir à la même famille. *Vous avez là un fâcheux h.*

HOMONYMIE. s. f. T. Gramm. Qualité de ce qui est homonyme. *L'h. des termes.*

HOMOPÉTALE. adj. 2 g. (gr. ὁμὸς, semblable; fr. *pétale*). T. Bot. Dont les pétales se ressemblent.

HOMOPHONE. adj. 2 g. (gr. ὁμὸς, semblable; φωνὴ, voix). T. Gram. Se dit des mots qui ont le même son et se prononcent de même, bien que s'écrivant différemment et ayant des significations diverses. *Comte* (titre), *Conte* (récit), et *Compte* (calcul) *sont des mots homophones.*

HOMOPHONIE. s. f. (R. *homophone*). Concert de plusieurs voix qui chantent à l'unisson. Inus. || T. Gram. Caractère de ce qui est homophone.

HOMOPHONOGRAPHE. adj. 2 g. (gr. ὁμὸς, semblable; φωνὴ, voix; γράφειν, écrire). *Mots homophonographes,* Qui diffèrent par le sens et pourtant ont la même orthographe et la même prononciation. Exemple : *Aimant,* s. m., et *Aimant,* adj.

HOMOPHTALIQUE. adj. T. Chim. Les *acides homophtaliques* sont les acides bibasiques correspondant aux éthyltoluènes. Ils sont au nombre de trois et ont pour formule :

$$CO^2H. C^6H^4. CH^2. CO^2H.$$

On peut les préparer en traitant les acides toluiques par le cyanure de potassium et saponifiant le nitrile ainsi formé.

L'acide *homo-orthophtalique* se produit aussi, lorsqu'on fait fondre les gommes-résines avec un alcali. Vers 175°, il fond et perd une molécule d'eau en donnant un anhydride qui cristallise en longues aiguilles fusibles à 144°. Chauffé avec de l'ammoniaque, il se convertit en *homophtalimide :*

$$CO. C^6H^4. CH^2. CO$$
$$\diagdown AzH \diagup$$

composé cristallisable qui fond à 223°.

L'acide *homo-isophtalique* se sublime sans fusion à 200° et sans donner d'anhydride.

L'acide *homo-téréphtalique* se sublime de même sans fondre; il est presque complètement insoluble dans tous les dissolvants.

HOMOPHYLLE. adj. 2 g. [Pr. *omofil-le*] (gr. ὁμὸς, semblable; φύλλον, feuille). T. Bot. Dont toutes les feuilles ou folioles sont semblables.

HOMOPODES. (gr. ὁμὸς, semblable; ποῦς, ποδὸς, pied). Tortues qui habitent l'Afrique. Voy. CHÉLONIENS.

HOMOPROTOCATÉCHIQUE. adj. 2 g. (gr. ὁμὸς, semblable; fr. *protocatéchique*) T. Chim. L'acide *h.* ou *dioxyphénylacétique* s'obtient en chauffant en vases clos l'acide homovanilique avec de l'acide chlorhydrique. Il est très soluble dans l'eau, l'alcool et l'éther. Il cristallise en petites aiguilles fusibles à 127°. Il colore en vert le perchlorure de fer. Il possède une fonction acide avec deux fonctions phénol

$$et\ répond\ à\ la\ formule\ C^6H^3\diagup CH^2. CO^2H \diagdown OH.$$

Les deux oxydryles occupent sur le noyau de benzène les positions 3 et 4 par rapport au groupe CH^2CO^2H.

Son éther méthylique $C^6H^3(OCH^3)(OH)CH^2. CO^2H$ porte le nom d'*acide homovanilique*. Il est solide et fond à 143°. On l'obtient en même temps que son homologue, l'acide vanillique, quand on oxyde l'acétyl-eugénol par le permanganate de potassium et qu'on fait bouillir avec un alcali le produit de cette réaction.

L'éther diméthylique $C^6H^3(OCH^3)^2CH^2. CO^2H$, appelé *acide homovératrique,* cristallise en aiguilles qui fondent à 99°.

HOMOPTÈRES. s. m. pl. (gr. ὁμὸς, semblable; πτερὸν, aile). T. Entom. Sous-ordre d'insectes hémiptères. Voy. HÉMIPTÈRES.

HOMOPYROCATÉCHINE. s. f. (gr. ὁμὸς, semblable; fr. *pyrocatéchine*). T. Chim. L'h. est un homologue de la pyrocatéchine et l'un des diphénols qui correspondent au toluène. Elle a pour formule $C^6H^3(CH^3)(OH)^2$; les oxhydryles OH occupent, sur le noyau benzénique, les positions 3 et 4 par rapport au groupe CH^3. On peut préparer l'h. en traitant le crésol par l'acide iodhydrique. Elle fond à 51° et bout à 252°. Elle réduit à froid la liqueur de Fehling et le nitrate d'argent. Avec le chlorure ferrique, elle se colore en vert comme la pyrocatéchine. — Le *crésol,* qu'on rencontre dans le goudron de hêtre, est l'éther méthylique de l'h.

HOMOPYRROL. s. m. [Pr. *omo-pir-rol*] (gr. ὁμὸς, semblable; fr. *pyrrol*). T. Chim. Nom que l'on donne aux dérivés méthylés du pyrrol quand la substitution a lieu dans le noyau. Il en existe deux : ils ont pour formule :

$$C^4H^3(CH^3)AzH ;$$

on les distingue par les lettres α et β. Tous deux sont contenus dans la portion de l'huile de Dippel qui passe à la distillation entre 140° et 150°. Pour les séparer, on les convertit d'abord, à l'aide du potassium et de l'anhydride carbonique, en *acides homopyrrol-carboniques :*

$$C^4H^2(CH^3)(CO^2H)AzH ;$$

on transforme ces deux acides en sels de plomb que l'on sépare par cristallisation et que l'on décompose ensuite par la chaleur. On obtient ainsi l'α *homopyrrol* qui bout à 178°, et le β *homopyrrol* bouillant à 143°.

Par fusion avec la potasse caustique, ils se changent en *acides pyrrol-carboniques.*

HOMOQUININE. s. f. (gr. ὁμὸς, semblable; fr. *quinine*). T. Chim. Alcaloïde de la formule $C^{19}H^{22}Az^2O^2$, contenu dans le *Quina cuprea.* L'h. est solide et fond à 177°. Elle est soluble dans l'alcool et dans le chloroforme. Elle se dissout aussi dans l'acide sulfurique en donnant une solution fluorescente.

HOMORGANIQUE. adj. 2 g. (gr. ὁμὸς, semblable; fr. *organe*). T. Gram. *Lettres homorganiques,* Qui procèdent d'un même organe : *d* et *t.* — *Consonnes homorganiques,* Qui sont semblablement organiques, c.-à-d. qui jouent un rôle semblable dans des mots de même radical appartenant à des langues de même souche. || T. Anat. Qui est semblable par son organisation.

HOMOSALICYLIQUE. adj. 2 g. (gr. ὁμὸς, semblable; fr. *salicylique*). T. Chim. Synonyme de *crésotique.*

HOMOTHERMAL, ALE. adj. 2 g. (gr. ὁμὸς, semblable; fr. *thermal*). Qui a une même température.

HOMOTHÉTIE. s. f. [Pr. *omoté-ti* ou *omoté-si*. Chasles, qui a fait le mot, prononçait *omoté-ti,* contrairement à l'analogie des mots de même terminaison] (gr. ὁμὸς, semblable; θέσις, position;

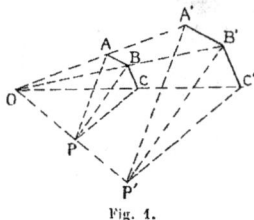

Fig. 1.

tion; le mot est mal formé : il faudrait *homothésie*). T. Géom. Similitude de forme et de position entre deux figures. — L'h. peut être considérée dans le plan ou dans l'espace; mais, pour éviter des redites, nous la considérerons immédiatement dans l'espace, le premier cas n'étant qu'un cas particulier du second. On dit que deux figures sont *homothétiques* quand elles se correspondent point par point, de manière que deux points correspondants ou *homologues* A et A' sont en ligne droite avec un point fixe O appelé *centre d'h.* et que le rapport des distances de ces deux points au centre d'h. conserve une valeur constante positive ou négative (Fig. 1 et 2) :

$$\frac{OA}{OA'} = k.$$

Si k est positif, les deux segments OA, OA' sont de même sens, et l'h. est dite *directe*. Si k est négatif, A et A' sont de part et d'autre du centre et l'h. est *inverse*. Si le point A décrit une ligne ou une surface quelconque, le point A' en décrira une autre qui sera dite l'*homologue* de la première. Si le point A décrit un segment de droite AB, le théorème de Thalès montre que le point homologue A décrira un segment de droite parallèle, et le rapport des deux segments homologues $\dfrac{A'B'}{AB}$ est égal en grandeur et en signe au rapport d'h. k; les deux segments sont donc de même sens dans l'h. directe, et de sens contraire dans l'h. inverse. De là résulte que la figure homothétique d'une droite est une droite parallèle, et que la figure homothétique d'un plan est un plan parallèle, puisque les deux figures sont composées de droites deux à deux

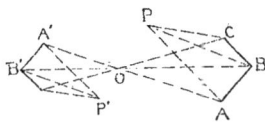

Fig. 2.

parallèles. Ces deux droites ou ces deux plans homologues ne peuvent se confondre que s'ils passent par le centre d'h., en excluant naturellement le cas où le rapport d'h. k sera égal à +1, cas auquel les deux figures coïncideraient. — De ce qui précède résulte aussi que deux polygones homothétiques ont leurs angles homologues égaux et leurs côtés homologues proportionnels : les angles homologues sont égaux comme ayant leurs côtés parallèles et de même sens et le rapport de deux côtés homologues est égal au rapport d'h.

Si l'on prend dans les deux figures deux points homologues P et P' et qu'on les joigne à tous les autres, on obtient des droites PA, PA'; PB, PB', etc., qui sont parallèles et proportionnelles. Il est facile de montrer que, réciproquement, si l'on a deux figures telles que toutes les droites PA, PB, etc., soient respectivement parallèles aux droites P'A', P'B', etc., les droites AA', BB', etc., iront toutes couper la droite PP' au même point O et que les rapports $\dfrac{OA}{OA'}$, $\dfrac{OB}{OB'}$, etc., seront tous

égaux au rapport $\dfrac{PA}{PA'}$. Les deux figures seront donc homothétiques, et l'on peut indiquer pour l'h. cette propriété fondamentale qui équivaut à une deuxième définition :

Deux figures sont homothétiques si elles sont composées de rayons parallèles et proportionnels.

Par exemple, deux cercles ou deux sphères quelconques, sont toujours homothétiques, et cela de deux manières, car

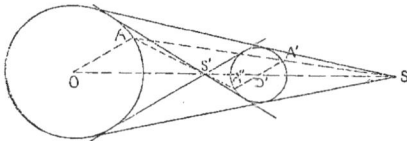

Fig. 3.

on peut les considérer comme formés de rayons parallèles, qui sont évidemment proportionnels, puisque ceux d'une même sphère sont égaux; mais on peut les considérer comme de même sens OA, O'A' ou de sens inverse OA et O'A'. Dans le premier cas, le rapport d'homothétie est égal à $+\dfrac{r}{r'}$; dans le second, il est égal à $-\dfrac{r}{r'}$, r et r' étant les deux rayons.

Il y a ainsi deux centres d'h. ou de *similitude*, qui sont les

deux points conjugués S et S', qui partagent la ligne des centres dans le rapport des rayons (Fig. 3). Ces points sont les points de rencontre des tangentes communes, ce qui fournit un tracé commode de celles-ci : il suffit, en effet, de mener deux rayons parallèles et de joindre leurs extrémités pour obtenir sur la ligne des centres l'un des centres de similitude, et il ne reste plus qu'à mener de ce point les tangentes à l'un des cercles; elles seront aussi tangentes à l'autre. Si les deux cercles sont tangents, le point de contact est l'un des centres d'h. Un cas particulier, fourni par la seconde définition, est celui où les rayons des deux figures sont *égaux et de même sens*. Alors les droites qui joignent les points homologues AA', BB', etc., au lieu d'être concourantes, sont parallèles : les deux figures sont égales et l'on passe de l'une à l'autre par un mouvement de *translation* défini par l'une des droites AA', BB'. Dans ce cas, le rapport d'h. est égal à $+1$; mais le centre d'h. est rejeté à l'infini.

Une autre conséquence immédiate de la seconde définition, c'est que deux figures homothétiques d'une troisième sont homothétiques entre elles; les trois rapports d'h. sont liés par une relation fort simple, si l'on désigne par a, a', a'', trois segments homologues pris dans les trois figures, on aura :

$$k = \frac{a'}{a''} \qquad k' = \frac{a''}{a} \qquad k'' = \frac{a}{a'};$$

d'où :

$$k\, k'\, k'' = +1.$$

Ainsi, il y aura zéro ou deux rapports négatifs, c.-à-d. que les trois groupes de deux figures sont directement homothétiques ou bien il y a un groupe direct et deux groupes inverses. On arrive encore à la même conclusion en remarquant que, ou bien les trois segments a a' a'' sont de même sens, ou bien il y en a deux dans un certain sens a et a', par ex., et l'autre a'' en sens contraire. Dans le premier cas, tous les groupes sont directs; dans le second, il y a un groupe direct : aa', et deux inverses : aa'' et $a'a''$.

Deux figures homothétiques d'une troisième par rapport à deux centres différents mais avec le même rapport d'h. sont égales, puisqu'elles ont tous leurs segments égaux et parallèles.

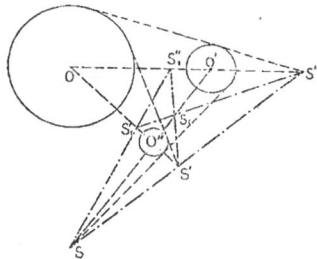

Fig. 4.

Il en résulte que si l'on n'a égard qu'aux dimensions des figures, et non à leur position, on peut dire qu'on obtient toutes les figures homothétiques d'une figure donnée au moyen d'un seul centre.

Enfin, une propriété importante de trois figures homothétiques, c'est que les trois centres d'h. sont en ligne droite. Pour l'établir, soit O le centre d'h. des figures (F') et (F''), O' celui des figures (F'') et (F) et O'' celui des figures (F) et (F'). Traçons la ligne droite O'O'', que nous pouvons considérer comme étant ajoutée à la figure (F), et que nous appellerons D. Cette droite aura une homologue D' dans (F') et une homologue D'' dans (F''); mais, puisque D passe par le centre d'h. O' de (F) et (F''), elle se confond avec son homologue D''. De même, passant par O'' elle se confond avec D'. Alors les trois droites se confondent, et puisque D'' coïncide avec D' il faut qu'elle passe par le centre d'h. O des figures (F') et (F''), ce qui prouve que les trois points O, O', O'' sont bien en ligne droite.

Cette conclusion s'applique en particulier aux centres de similitude de trois cercles ou trois sphères; mais deux sphères sont homothétiques de deux manières, et d'après ce que nous avons dit du sens de l'h., il faut associer ou les trois centres de similitude directs, ou deux centres inverses et un direct.

On trouve ainsi un *axe d'h.* dit *direct* S S' S'' et trois axes d'h. dits *inverses* S₁ S'₁S'', S₁ S'S''₁, S S'₁ S''₁ (Fig. 4).

Si l'on a quatre figures homothétiques deux à deux, on établit, par un raisonnement semblable, que les six centres d'h. des six groupes des deux figures sont dans un même plan qui contient naturellement les quatre axes d'h., qu'on obtient en considérant les quatre groupes des trois figures. Cette remarque s'applique à un système de quatre sphères; et le nombre des plans d'h. s'obtient en discutant les diverses manières de combiner les centres directs et inverses; mais, cette discussion est un peu longue, et sans grand intérêt.

La théorie de l'h. a été édifiée par Chasles; elle a permis de donner beaucoup plus de netteté à la théorie des figures semblables. Voy. SIMILITUDE. Nous ferons remarquer que l'h. est un cas particulier de l'homologie. Le centre d'h. est le centre d'homologie; mais l'axe d'homologie est rejeté à l'infini, les droites homologues étant parallèles au lieu de venir se couper sur l'axe d'homologie. Voy. HOMOLOGIE.

HOMOTROPE. adj. m. (gr. ὁμός, semblable; τρέπειν, tourner). T. Bot. Syn. de *Orthotrope.* Voy. ce mot.

HOMOTYPE. 2 g. (gr. ὁμός, semblable; τύπος, caractère). T. Anat. Se dit des organes qui, dans un même individu, sont analogues l'un de l'autre. Voy. HOMOLOGUE.

HOMOTYPIE. s. f. T. Anat. Caractère des organes homotypes.

HOMOVANILLIQUE. adj. 2 g. (gr. ὁμός, semblable; fr. *vanillique*). T. Chim. Voy. HOMOPROTOCATÉCHIQUE.

HOMOVÉRATRIQUE. adj. 2. g. (gr. ὁμός, semblable; fr. *vératrique*). T. Chim. Voy. HOMOPROTOCATÉCHIQUE.

HOMPESCH (FERDINAND, baron de), dernier grand maître de l'Ordre de Malte, né à Dusseldorf en 1744; mort à Montpellier en 1805.

HOMS, ville de la Turquie d'Asie, près de l'Oronte; 25,000 hab.

HOMUNCULE ou **HOMONCULE.** s. m. (lat. *homunculus,* dimin. de *homo,* homme). Petit homme. — Les alchimistes prétendaient avoir découvert le secret de fabriquer des êtres vivants et l'homme lui-même : mais cet homme artificiel n'apparaissait que sous une forme et dans des dimensions réduites. C'était l'*homunculus.*

HONAN, province de Chine, dans le bassin inférieur du Hoang-ho; 23,037,000 hab.; ch.-l. *Khat-Foung.*

HONCHETS. s. m. pl. [*h* asp.]. Voy. JONCHETS.

HONDO. Voy. NIPPON.

HONDSCHOOTE, ch.-l. de c. (Nord), arr. de Dunkerque; 3,500 hab. Victoire des Français sur les Anglais (6-8 septembre 1793).

HONDURAS, une des cinq républiques de l'Amérique centrale, entre le 86° et le 92° degré de longitude occidentale et entre le 13° et le 16° degré nord. Elle est bornée au nord par la mer des Antilles, du golfe du Honduras au cap Gracias à Dios, au sud-est par le Nicaragua, au sud-ouest par le golfe de Fonseca sur le Pacifique et par le San-Salvador, à l'ouest par le Guatemala. Popul. : 381,900 hab.; cap. *Tegucigalpa,* 12,000 hab.

Le Honduras fut découvert par Christophe Colomb à son quatrième voyage et, sous la domination espagnole, fit partie de la Capitainerie de Guatemala jusqu'au moment de la révolte, en 1825.

On appelle aussi Honduras anglais, une colonie de ce peuple située sur le rivage nord-ouest du golfe du Honduras et limitée à l'ouest par le Guatemala et le Yucatan mexicain. Sa capitale est Balize.

HONDURAS (Golfe ou baie de), formé par la mer des Antilles, au sud de la presqu'île du Yucatan.

HONFLEUR, ch.-l. de c. (Calvados), arr. de Pont-Lévêque; port à l'embouchure et sur la rive gauche de la Seine; 9,400 hab.

HONG-KONG, colonie anglaise de la Chine, comprenant l'île de Hong-Kong et une partie de la côte voisine.

HONG-KONG, île située dans la baie de Canton; aux Anglais; 221,450 hab.

HONGRE. adj. m. [*h* asp.] (R. *Hongrie*). Se dit d'un cheval châtré. *Un cheval h.* — Subst. *Les hongres ne peuvent pas faire le service dans les pays chauds.*

HONGRER. v. a. [*h* asp.]. Châtrer; ne se dit que des chevaux. *H. un cheval.* = HONGRÉ, ÉE. part.

HONGREUR. s. m. Celui qui hongre.

HONGRIE, nation formant actuellement un royaume autonome uni à l'empire d'Autriche sous la domination d'un seul et même souverain, empereur et roi. Elle est bornée à l'ouest par l'Autriche, à partir de la Leitha, affluent de droite du Danube; au nord, par la Silésie et la Galicie; à l'est, par la Bukowine et la Transylvanie; au sud, le long du cours de la Muhr, affluent de droite du Danube, par la Croatie et la Slavonie, toutes provinces de l'empire Austro-Hongrois, enfin, par la Serbie, royaume indépendant dont elle est séparée par le Danube même. Le pays est une vaste plaine fermée au N.-E. par la chaîne des Carpathes, au S.-O. par les Alpes Illyriennes et traversée dans sa plus grande largeur du N.-O. au S.-E par le cours moyen du Danube et par son principal affluent de gauche, la Theiss ou Tisza. Voy. la carte d'Autriche. Ces grandes étendues sont très fertiles en céréales de toutes sortes et en pâturages consacrés surtout à l'espèce chevaline. Les massifs montagneux contiennent du fer, du cuivre, de l'or de l'argent, du plomb, du pétrole, etc.

La région de la rive droite du grand fleuve fit partie de l'Empire romain sous le nom de Pannonie. La rive gauche fut successivement occupée par des barbares indépendants et nomades, les Agathyrses, les Iazyges, les Daces, les Goths, es Vandales, les Lombards, les Gépides, les Huns chassés de Gaule, les Avares, que vainquit Charlemagne, et enfin, au Xe siècle, par les Hongrois, appelés aussi Magyars (d'un mot qui signifie chariot) et que l'on croit être une transformation des anciens Huns revenus sur leurs pas, seule branche de la race Mongolique ou Tartare au milieu de l'élément aryen qui semble avoir peuplé le reste de l'Europe. Voy. Europe.

Ce peuple, sous la conduite de son chef Arpad, s'étendit bientôt jusqu'à l'Adriatique, puis arrêté par les Allemands aux batailles de Mersebourg et d'Augsbourg (933 et 955) se convertit au christianisme, et son premier roi chrétien fut sacré par l'Église et canonisé sous le nom de saint Étienne. Aussi, quand au XIVe et au XVe siècle, un autre peuple de la même race tartare, les Turcs musulmans, envahit l'empire d'Orient, ce furent les Hongrois qui, acceptant la suzeraineté de l'Allemagne, tant le lieu des croyances prima longtemps celui des races, se firent le rempart de l'Europe chrétienne contre leurs proches parents méconnus. Leurs princes, le héros Jean Hunyade et son fils Mathias Corvin, firent reculer Mahomet II et dominèrent un moment l'Autriche. Mais aux siècles suivants, la Hongrie, vaincue par les Turcs à Mohacz (1526), retomba sous la domination allemande. Impatiente du joug, elle se souleva de concert avec la Bohême et, soutenue cette fois par l'empire Ottoman, se déclara indépendante, en se donnant toutefois pour roi Mathias, frère de l'empereur. Deux nouvelles invasions des Turcs s'étant avancées sous Mahomet IV jusqu'aux portes de Vienne (1663 et 1683), la Hongrie disparut ; puis, reprise par l'Allemagne en 1687, elle fut pour des siècles incorporée à l'Empire. En 1848, une violente insurrection fut cruellement réprimée par l'Autriche, aidée des Russes ; mais, en 1867, l'empereur François-Joseph rétablit l'autonomie du royaume et prit le titre de roi.

A ce royaume furent adjointes les provinces à l'est de la Leitha (Transylvanie, Slavonie, Croatie, Confins militaires) ; enfin depuis 1877, Bosnie et Herzégovine prises aux Turcs), qui formèrent la Transleithanie avec le port militaire de Fiume sur l'Adriatique. Pendant des siècles avant la domination ottomane, la capitale de la Hongrie avait été Albe Royale ; aujourd'hui, en allemand : Stuhlweissenbourg ; en hongrois : Szekes Fejervar, à l'est du lac Balaton. La nouvelle capitale est Buda-Pest, formée des deux villes de Buda et de Pest, qui se font vis-à-vis sur les deux rives du Danube ; autres villes importantes : Szegedin et Temeswar. L'étendue totale de la Transleithanie est de 322,000 kilomètres carrés. La population est de 17,450,000 hab. L'élément magyar y est prédominant et mélangé de Roumains, surtout dans la partie orientale. De la Muhr à l'Adriatique s'étendent des peuples de races slave mêlés, sur le bord de la mer, d'éléments italiens. Le hongrois est la langue officielle du pays. Voy. Autriche-Hongrie.

HONGROIERIE. s. m. [Pr. hon-groua-rie, h asp.]. T. Techn. Industrie, commerce de hongroyeur.

HONGROIS, OISE. adj. Nom des habitants de la Hongrie. ∥ s. m. Le h., Langue parlée en Hongrie.

Philol. — Le hongrois, ou magyar, est une langue agglutinante qui appartient à la famille finnoise de la grande race tartare. Les Magyars prétendent que leur idiome est une langue vierge, sans mère et sans fille. Ce qui est certain, c'est que le magyar contient des mots qui ne se retrouvent dans aucune langue connue, et ce sont généralement ceux qui se rapportent aux idées les plus communes, aux premiers besoins. On a fait des rapprochements entre le hongrois et beaucoup d'autres langues ; mais c'est avec le turc que les analogies paraissent les plus grandes, surtout en ce qui concerne les radicaux. Comme dans toutes les langues tartares, la déclinaison des substantifs et la conjugaison des verbes sont très riches en désinences variées, puisqu'une grande quantité d'idées accessoires s'expriment par des suffixes accolés au radical. Ce qui est particulier au magyar, c'est qu'il y a deux formes de conjugaison dites : déterminée et indéterminée. La première se rapporte au cas où le verbe est employé sans complément, ou avec un complément qui n'est pas précédé de l'article défini : j'écris, j'écris une lettre ; la seconde est usitée quand le verbe a un complément précédé de l'article défini : j'écris la lettre.

L'ancienne littérature hongroise est peu connue, la langue magyare ayant été, pendant presque toute la période historique, proscrite par les gouvernements au profit de l'allemand et du latin. Le premier journal imprimé en hongrois parut

en 1781, et c'est seulement depuis cette époque que la littérature hongroise prit un développement important. Aujourd'hui, il existe des livres hongrois dans tous les genres de littérature, et beaucoup d'entre eux sont dignes d'un grand intérêt.

HONGROYER. v. a. [Pr. hongro-ier, h asp]. Préparer le cuir à la façon des cuirs de Hongrie.

HONGROYEUR. s. m. [h asp.] Ouvrier qui façonne les cuirs appelés Cuirs de Hongrie. On dit aussi Hongrieur. Voy. Cuir.

HONGUETTE. s. f. [Pr. on-ghè-te, g dur]. Ciseau carré terminé en pointe, à l'usage des marbriers et des sculpteurs.

HONNÊTE. adj. 2 g. [Pr. o-nê-te] (lat. honestus). Qui est conforme à la loi morale ; vertueux, probe, honorable. C'est un fort h. homme, un très h. homme. Il ne fréquente que d'honnêtes gens. Ame, cœur h. Action, conduite h. Sentiments, pensées, discours honnêtes. Amour h. Une h. émulation. Des intentions honnêtes. Prov., Il y a des honnêtes gens partout, ou Il y a partout d'honnêtes gens. ∥ Famille h. ou H. famille, Famille où il n'y a et où il n'y a jamais eu que d'honnêtes gens. C'est une h. famille. Il est né d'une h. famille. On dit de même, Il est né de parents honnêtes. ∥ H. femme, h. fille, Dont les mœurs sont irréprochables. — Famil., H. garçon, se dit d'un garçon bien né, bien élevé, dont les mœurs et les inclinations sont honnêtes. ∥ H. homme, outre sa signif. d'homme d'honneur, de probité, se dit encore de celui qui a toutes les qualités sociales et agréables de l'on recherche dans la vie civile. Il faut bien des qualités pour faire un h. homme. Cette acception a vieilli. — Par antiphrase et ironiq., Un h. fripon. Un h. usurier, etc. = Qui est conforme à la bienséance, à la raison ; qui est convenable. Il n'est pas h. de se lever soi-même. Cela n'est pas h. à une personne de votre âge et de votre caractère. Ces paroles ne sont pas honnêtes dans la bouche d'une femme. Un air, un maintien h. ∥ H. homme, se dit encore par civilité d'un homme qu'on ne connaît pas, mais qui a un air et des manières honnêtes, ou qui paraît être d'une condition honnête. Le hasard me plaça auprès d'un h. homme avec lequel je fis la conversation. ∥ Naissance h., condition h., Qui n'a rien de bas ni de fort élevé. On dit de même, Famille h. — Fortune h., aisance h., Qui permet de vivre d'une façon décente et donne une certaine indépendance. ∥ Excuse, refus, prétexte h., Qui est plausible, spécieux et sauve les convenances. — Présent h., Qui est convenable, par rapport à celui qui le fait et à celui qui le reçoit. On dit, dans un sens analogue : Don h. Traitement h. Récompense h. ∥ Habit h., Habit convenable et bienséant à la condition et à l'âge de celui qui le porte. On dit, dans le même sens, Équipage h. Il fait une dépense h. Ce meuble n'est pas magnifique, mais il est h. — On dit aussi par habit qui peut encore se porter, Cet habit est encore h. ∥ Fam., on dit quelquefois, Un homme h. débauché, en parl. de quelqu'un qui s'adonne au plaisir, mais qui, dans ses désordre, respecte encore certaines bienséances. ∥ Prix h., Prix convenable, qui est en rapport avec la valeur de la chose cédée. On dit de même, Indemnité h. Dédommagement h. ∥ Longueur h., largeur h., grosseur h., Qui est convenable et suffisante. = Civil, poli. Un air h. Des manières honnêtes. Un accueil, une réception h. Il lui adressa quelques paroles honnêtes. Des procédés honnêtes. — So dit aussi des personnes, mais alors on le place toujours après le subst., C'est un homme fort h. = Honnête. s. m. Se dit, dans un sens général, de ce qui est conforme à la loi du devoir. L'h., l'utile et l'agréable. On doit préférer l'h. à l'utile. = Syn. Voy. Affable.

HONNÊTEMENT. adv. [Pr. onè-teman]. D'une manière honnête, s'emploie dans tous les sens de l'adjectif. Il vit h. Il a toujours h. agi. Cette femme se conduit h. Ils s'amusent h. C'est h. payé. Il reçoit toujours h.

HONNÊTETÉ. s. f. [Pr. onè-teté] (R. honnête). Qualité de ce qui est honnête ; la vertu, la probité, l'honneur. L'h. de son âme, de son cœur. L'h. de sa conduite, de ses principes. — Chasteté, pudeur, modestie. Des paroles contre l'h. Cela choque l'h. L'h. des mœurs. ∥ Bienséance. Vous blessez les règles de l'h. L'h. de son maintien. Il n'est pas de l'h. d'en user ainsi avec des gens à qui l'on doit du respect. ∥ Politesse, civilité. Il est d'une grande h. envers tout le monde. Il a eu l'h. de m'écrire. C'est l'h.

même. — Par ext., se dit des actes de civilité que l'on fait. *Il ne lui a pas fait la moindre h. Il m'a fait mille honnêtetés.* || Manière d'agir obligeante. *L'h. de son procédé. En toute occasion, il en a usé avec la plus grande h.* || Dans un sens particulier, Présent que l'on fait par reconnaissance d'un service rendu. *J'ai cru devoir lui faire une petite h. Le service qu'il me rend mérite certes une h.* == Syn. Voy. INTÉGRITÉ.

HONNEUR. s. m. [Pr. *o-neur*] (lat. *honor*, m. s.). La gloire, l'estime, la considération qui suit la vertu, le courage, les talents. *Acquérir de l'h. Vivre sans h. De tels sentiments vous font h. Il est sorti de cette affaire à son h. Attaquer, blesser, flétrir, ménager, sauver l'h. de quelqu'un. Son h. y est intéressé. Être jaloux de son h. Faire réparation d'h. C'est un homme perdu d'h. Faire une tache à son h. Il y va de son h. Il met son h. à ne point céder. Il eut tout l'h. de la victoire. C'est à lui que revient l'h. d'avoir achevé cette entreprise. L'h. du drapeau.* || *Champ d'h.,* se dit de tout champ de bataille. *Il est mort au champ d'h.* || *Point d'h.,* Ce qu'on regarde comme intéressant l'h. *Il ne cédera jamais, il s'en fait un point d'h. Il est très susceptible sur le point d'h. Autrefois les maréchaux de France étaient juges du point d'h.* — *Prendre tout au point d'h.,* Regarder toutes choses, même les plus insignifiantes, comme intéressant l'h. || *Affaire d'h.,* Débat, querelle où les parties croient leur honneur intéressé. *C'est pour eux une affaire d'h.* — Se dit particul. d'un duel. *Ils ont eu ensemble une affaire d'h.* || *Mourir au champ d'h.,* se dit d'un homme qui meurt à la guerre pour le service de l'État. Fig., se dit aussi de tout homme qui meurt dans l'exercice actuel d'une profession honorable; et même, par plaisant., d'un ivrogne qui meurt en buvant, d'un joueur qui meurt les cartes à la main. || *Être l'h. de son siècle, de son pays, de sa famille,* En être la gloire et l'ornement. *Il est l'h. de la magistrature. Elle est l'h. de son sexe.* — *Faire h. à son siècle, à son pays, à sa famille,* Lui acquérir de la gloire, de la réputation, de l'estime, par ses talents, par ses actions. — *Faire h. à sa naissance,* En soutenir l'éclat. — *Faire h. à son éducation,* Répondre aux soins qui y ont été donnés. — *Faire h. à ses affaires, à ses engagements,* Remplir ses engagements. On dit de même : *Faire h. à une lettre de change. Faire h. à sa signature,* etc. — *Faire h. à quelqu'un d'une chose,* La lui attribuer. *On lui fait h. d'un acte de courage qui n'est pas de lui. Il se faisait h. d'un ouvrage qu'il n'avait pas fait.* — *Se faire h. de quelque chose,* sign. tantôt S'en tenir honoré. *Scipion se faisait h. d'être l'ami de Térence.* — On dit, dans le même sens, *Tenir à h.* || *Être en h.,* Être honoré, protégé, favorisé. *Les vertus et les talents furent en h. sous le règne de ce prince.* On dit aussi, *Mettre en h. les lettres, les sciences.* || *Piquer d'h., une personne.* Voy. PIQUER. || *Au jeu, La partie d'h.,* La troisième partie que l'on joue lorsque chacun des deux joueurs en a gagné une. — Fam. et par plaisant., *Ne jouer que pour l'h.,* ou simpl., *Ne jouer que l'h.,* Jouer sans intéresser le jeu. — Vertu, probité; sentiment qui se rapporte à l'estime et au respect de soi-même, et qui porte à remplir tous les devoirs de l'accomplissement desquels s'attache cette estime, ainsi que celle du monde. *L'h. lui est plus cher que la vie. L'h. ne lui permet pas de faire autrement. C'est un homme plein d'h. Ce sont des gens d'h. Il est sans h. Il n'a aucun sentiment d'h. Manquer à l'h. Écouter la voix de l'h. Satisfaire aux lois de l'h.* || On dit, par manière de serment, *Je l'atteste sur l'h. Je vous en réponds sur mon h. Foi d'homme d'h.,* ou simpl., *D'homme d'h.* — On dit encore, *D'h., je vous le promets. D'h., cela est impossible.* — *Parole d'h.,* Promesse faite ou assurance donnée sur l'h. *Il m'a donné sa parole d'h.* Voy. PAROLE. || En parlant des femmes, se prend dans le sens de Pudicité, chasteté. *C'est une femme d'h., sans h.* — Famil., *Elle a fait faux bond, elle a forfait à son h.* == *Honneur,* se dit encore de toute marque extérieure par laquelle on montre la vénération, le respect, l'estime qu'on a pour quelqu'un à cause de ses vertus, de son mérite ou de sa dignité. *Il faut rendre h. à qui il appartient. Accompagner quelqu'un par h. Porter h. et respect. On lui a fait de grands honneurs, des honneurs extraordinaires. Il fut reçu avec tous les honneurs dus à son rang. On lui rendit les honneurs militaires. Auguste souffrit qu'on lui rendît les honneurs divins. Il obtint les honneurs du triomphe. On décerna des honneurs à sa mémoire. On célébra des fêtes en son h. Faire quelque chose en l'h. de quelqu'un, en l'h. de Dieu.* — Ironiq., *Vous me croyez*

capable de cette bassesse ; vous me faites bien de l'h., c'est trop d'h. que vous me faites. — Prov., *A tous seigneurs tous honneurs,* ou *A tout seigneur tout h.,* Il faut rendre honneur à chacun selon son rang et sa qualité. — Popul. et par civilité, *Sauf votre h.,* Sauf le respect que je vous dois. || *Place d'h.,* dans certaines cérémonies et assemblées publiques, ainsi que dans les réunions privées, dans un repas, etc., La place réservée à un personnage éminent, à une personne qu'on veut honorer d'une distinction particulière. *Il avait la place d'h. On réserva des places d'h. pour les étrangers.* — *Fille ou demoiselle d'h.,* Jeune personne qui accompagne la mariée. — *Chevalier d'h., Dame d'h., Conseiller d'h., Garde d'h., Garçon d'h., Légion d'h.,* Voy. CHEVALIER, etc. || *Honneurs funèbres,* Ceux qu'on rend aux morts, les cérémonies des funérailles. On dit aussi : *Les honneurs de la sépulture. Les honneurs suprêmes,* etc. — *Les honneurs de l'Église,* Les prééminences et les droits honorifiques qu'on a dans l'Église. — *Les honneurs du Louvre,* se disait de certaines distinctions, et particulièrement du droit d'entrer à cheval ou en carrosse dans la cour du Louvre et dans celle des autres maisons où le roi était logé. — *Obtenir les honneurs de la guerre,* Voy. GUERRE. || *Faire les honneurs d'une maison,* Recevoir, selon les règles de politesse établies, ceux qui viennent dans la maison. — Fig., *Faire les honneurs d'une personne, d'une chose,* En parler ou en disposer comme d'une personne ou d'une chose qui nous appartient. || Fam., *Faire h. à un repas,* Y bien manger et témoigner par là qu'on le trouve bon. == *Honneur,* s'emploie encore dans le sens de distinction, faveur, grâce ; mais alors il est ordinair. suivi d'un complément auquel il est joint par la prép. *de. Le roi lui fit l'h. de l'admettre à sa table. Depuis que j'ai l'h. de siéger dans cette assemblée. Il ne m'a pas fait l'h. de me regarder. Réclamer, céder l'h. du pas,* La préséance. — On dit dans le même sens, mais par simple formule de civilité, *Faites-moi l'h. de... J'aurai l'h. de vous voir. J'ai l'h. d'être...* L'abus très fréquent de ce mot amène des tournures ridicules. C'est ainsi qu'un professeur de chimie disait dans une leçon à laquelle assistait un prince du sang : *Monseigneur, ces deux gaz vont avoir l'h. de se combiner devant vous.* Quelquefois aussi, la locution est employée à contre-sens, comme pour se solliciter qui disait à un homme influent : *Vous n'avez pas l'h. de me connaître,* au lieu de *Je n'ai pas l'h. d'être connu de vous.* || *Honneurs,* au plur., se dit souvent des dignités, des charges élevées, des emplois supérieurs. *Aspirer aux honneurs. Briguer les honneurs. Être élevé aux honneurs. Parvenir au comble des honneurs.* Prov., *Les honneurs changent les mœurs.* || *Votre H.,* Titre qu'on donne en Angleterre au vice-chancelier et au maître des rôles. || Dans certaines grandes cérémonies, telles que le sacre des rois, leurs funérailles, etc., on désigne sous le nom d'*Honneurs,* les insignes principaux qui figurent dans le cérémonial, comme la couronne, le sceptre, l'épée, etc. *Les honneurs étaient portés par...* || A certains Jeux de cartes, les figures d'atout sont appelées *Honneurs. J'ai tous les honneurs.* || Syn. Voy. GLOIRE.

HONNIR. v. a. [Pr. *ho-nir*, h asp.] (all. *hohnen*, m. s.). Couvrir de honte, déshonorer. *Il est honni partout.* Famil. == HONNI, IE. part. La devise de l'Ordre de la Jarretière, en Angleterre, porte ces mots : *Honni soit qui mal y pense.* Syn. — *Vilipender* — *Honnir,* c'est traiter quelqu'un honteusement surtout par des cris injurieux, le flétrir comme odieux, le signaler à l'aversion des gens de bien. *Vilipender,* c'est traiter quelqu'un d'une manière avilissante, le décrier, détruire sa réputation : *honnir* est le cri du soulèvement et de l'indignation ; *vilipender,* l'expression du mépris et du décri.

HONNISSEMENT. s. m. [Pr. *ho-ni-se-man,* h asp.]. Action de honnir, ignominie.

HONNISSEUR, EUSE. s. [Pr. *ho-ni-seur,* h asp.]. Celui, celle qui honnit.

HONOLOULOU, cap. de la République de Hawaï (Océanie) ; 22,900 hab.

HONORABILITÉ. s. f. (lat. *honorabilitas,* m. s.). Caractère de celui qui est honorable.

HONORABLE. adj. 2 g. (lat. *honorabilis,* m. s.). Qui fait honneur, qui attire de l'honneur et du respect. *Position, emploi, rang, caractère h. Vie, vieillesse, mort h. Action h.*

Obtenir une capitulation h. Conclure une paix h. Avoir une place h. dans l'histoire. Remplir une mission h. Obtenir une mention h. dans un concours. Le motif est peu h. || Qui mérite d'être honoré, considéré. *Il appartient à une famille h. Cette maison est des plus honorables.* — Dans le langage parlementaire, on dit en ce sens: *L'h. préopinant. L'h. membre. Mon h. ami vous a dit...* | Se dit de celui qui fait un usage décent de sa fortune, qui mène un train de maison convenable à sa position. *C'est un homme très h.* — Par anal., *Tenir une maison h. Faire les choses d'une manière h. Faire une dépense h.* || *H. homme,* Qualité qu'un simple bourgeois prenait autrefois dans les actes publics. || T. Blas. *Figure h.,* Voy. HÉRALDIQUE. || *∼. Jurispr. Amende h.,* Voy. AMENDE.

HONORABLEMENT. adv. D'une façon honorable. *Accueillir quelqu'un h. Parler d'une personne h. Vivre h. Faire les choses h. Il a été enterré très h.*

HONORAIRE. adj. 2 g. (lat. *honorarius,* m. s.). Se dit des personnes qui, après avoir exercé certaines charges, en conservent le titre et les prérogatives honorifiques. *Conseiller h. Inspecteur h. Chanoine h.* || Se dit des personnes qui portent un titre honorifique sans fonctions. *Académicien h.* || *Tuteur h.,* Voy. TUTELLE.

HONORAIRE. s. m. (lat. *honorarium,* don gratuit) Rétribution qu'on donne en échange d'un service aux personnes qui exercent des professions libérales et honorables. *Les honoraires d'un avocat, d'un médecin, d'un notaire, d'un curé.* = Syn. Voy. APPOINTEMENT.

HONORARIAT. s. m. (R. *honoraire*) Condition de celui qui a le titre honoraire d'une fonction. || Ce qui est dû à titre d'honoraires.

HONORAT (SAINT), évêque d'Arles vers 426, fondateur du monastère de Lérins; mort le 14 janvier 429. Fête le 16 janvier.

HONORÉ. (SAINT), évêque d'Amiens (554-600), patron des boulangers. Fête le 16 mai.

HONORER. v. a. (lat. *honorare*). Rendre honneur et respect. *Il. Dieu. H. les saints. H. les reliques. H. son père et sa mère. H. les maîtres de sa jeunesse.* || Par ext., Avoir de l'estime pour quelqu'un. *Personne ne l'honore plus que moi. On ne saurait trop h. son mérite et sa vertu.* || Faire honneur à. *Il honore son pays, sa profession. Elle honore son sexe. Il honore plus sa charge que sa charge ne l'honore.* — Par ext., s'emploie souvent, comme simple terme de politesse, pour marquer l'estime, le cas que l'on fait de ce qui vient des autres. *Il m'honore de son amitié, de sa protection, de ses bontés. Elle ne daigna même pas l'h. d'un regard. La lettre dont vous m'avez honoré. Votre confiance m'honore.* On abuse souvent ce ce mot, et son emploi exagéré prête au ridicule, témoin ce le phrase qu'on a pu lire dans un journal quotidien : *le roi des Belges devait h. l'éclipse totale de sa présence!* = S'HONORER. v. pron. Faire une chose honorable, qui attire de l'honneur. *C'est s'h. que d'agir ainsi.* || Tenir à honneur. *Je m'honore de son estime. Il s'honore de vous avoir pour ami.* = HONORÉ, ÉE. part. *Il est peu honoré. Cette profession est fort honorée.* || Adj., dans le style épistolaire, on dit à un homme de la même profession que soi, *Mon honoré confrère;* et à quelqu'un à qui l'on veut montrer de la déférence, de la considération de son âge ou de son talent, *Mon cher et honoré maître,* etc. = Syn. Voy. ADORER.

HONORES (AD). [Pr. *ad onorèsse*]. Expression latine qui sign. *pour l'honneur,* et dont on se sert dans le style fam., en parlant d'un titre sans fonction et sans émoluments. *C'est une place, un titre ad honores.*

HONORIFIQUE. adj. 2 g. (lat. *honorificus,* m. s.). Qui confère une distinction honorable. *Titre, privilège h.* || T. Féodal. *Droits honorifiques,* Voy. FIEF.

HONORIFIQUEMENT. adv. [Pr. *onorifi-ke-man*]. D'une manière honorifique.

HONORIUS (FLAVIUS AUGUSTUS), fils de Théodose le Grand, empereur d'Occident (395-424), sous lequel l'Italie fut ra-

vagée par Alaric et Radagaise, la Gaule et l'Espagne envahies par les Vandales, les Visigoths, les Bourguignons.

HONORIUS, nom de 4 papes (625-638; 1124-1130; 1216-1227; 1285-1287).

HONTE. s. f. [h. asp.] (anc. allem. *haunita,* m. s.). Confusion, trouble, sentiment pénible excité dans l'âme par la conséquence d'une faute qui l'avilit, ou par l'idée de quelque affront qu'on a reçu ou qu'on craint de recevoir. *Le remords accompagne toujours la h. Il a h. de se montrer. La h. le retient. Rougir, pleurer de h. Vous devriez mourir de h. Je puis vous faire cet aveu sans h. Défaites-vous de cette fausse h.* — *Faire h. à quelqu'un,* Lui causer de la honte, être un sujet de honte pour lui. *Ils tirent vanité de ce qui devrait leur faire le plus de h. Vous me faites h. quand je vous entends parler ainsi. Votre activité fait h. à ces paresseux.* — *Faire h. à quelqu'un de quelque chose,* Lui faire des reproches qui lui causent de la h. *Faites-lui h. de sa paresse.* || Déshonneur, ignominie, opprobre. *La h. suit les mauvaises actions. Couvrir quelqu'un de h. Effacer la h. d'une mauvaise action. Il s'est engagé dans une affaire d'où il ne sortira qu'à sa h. Il n'y a pas de h. à être pauvre. Il alla cacher sa h. au fond d'une retraite ignorée. Elle se vit forcée d'avouer sa h. Pleurer sa h. Quelle h. pour cette famille! Ce jeune homme sera la h. de sa famille. De tels hommes sont la h. de l'humanité.*

> Le crime fait la honte, et non pas l'échafaud.
>
> CORNEILLE.

|| Absolum., *Faites-lui h., il le mérite bien.* — Figur. et prov., *Avoir perdu toute h.,* Être sans pudeur, être insensible au déshonneur. On dit dans le même sens : *Avoir toute h. bue; Mettre bas toute honte.* = Syn. Voy. PUDEUR.

HONTEUSEMENT. adv. [Pr. *honteu-ze-man,* h asp.]. Avec honte et ignominie. *Vivre h. Mourir h. Agir h.*

HONTEUX, EUSE. adj. [h asp.] Qui éprouve de la honte, de la confusion. *Il est h. de sa mauvaise action. Elle est honteuse de mener une pareille vie. Vous l'avez rendu h. par vos reproches.* || Timide, embarrassé. *Il est h. devant ses supérieurs. Vous êtes trop h. pour votre âge. Il a l'air tout h.* — *Pauvre h.,* Qui n'ose aller demander l'aumône. — Prov., *Il n'y a que les h. qui perdent,* Faute de hardiesse et de confiance, ou manque de bonnes occasions. || Qui cause de la honte, du déshonneur. *Action honteuse. Trafic h. Une fuite honteuse. Vie honteuse. Fin honteuse. Il est moins honteux de convenir de ses torts que de chercher à les justifier.* — Fam., *Le morceau h.,* Celui qui reste le dernier sur le plat. — *Les parties honteuses,* Celles qui servent à la génération. *Mal h., maladie honteuse, Maladie vénérienne.* — Fig., *Être la partie honteuse d'un corps, d'une compagnie,* Faire déshonneur au corps, etc., dont on est membre. || T. Anat. Qui a rapport aux organes de la génération. *Nerfs, artères h. Veines honteuses.*

HONTHEIM (JOHANN NIKOLAUS von), dit *Febronius,* théologien catholique allemand, né à Trèves (1701-1790).

HONTHORST, peintre flamand distingué, né à Utrecht (1590-1656).

HOOD (ROBIN), célèbre héros des ballades et poésies populaires anglaises du XIIe au XVe siècle.

HOOD (SAMUEL, vicomte), amiral anglais (1724-1816).

HOOGHE (PIERRE DE), peintre hollandais (1629-1677).

HOOGLÈDE, bourg de la Flandre occidentale (Belgique), célèbre par une victoire des Français sur les Autrichiens (1794); 5,000 hab.

HOOKE, astronome anglais (1635-1703).

HOPÉINE. s. f. (angl. *hop,* houblon). T. Chim. Alcaloïde oxygéné, cristallisable, extrait du houblon. Il exerce une action narcotique, semblable à celle de la morphine. Il est toxique à la dose de 10 centigrammes.

HOPÉITE. s. f. (R. *Hope,* n. d'un savant angl.). T. Minér. Phosphate hydraté de zinc et de cadmium.

HÔPITAL. s. m. (lat. *hospitale* [*ædificium*], bâtiment où l'on reçoit les étrangers).

I. — Les établissements hospitaliers sont d'origine purement chrétienne, et l'on a vainement essayé d'en trouver des traces dans les sociétés païennes. Toutefois, ils ne commencèrent à se développer qu'après le règne de Constantin, c.-à-d. quand le triomphe du christianisme fut définitivement assuré. Dans le principe, ces établissements, ainsi que l'indique l'étymologie de leur nom (soit qu'on les appelle *Maisons hospitalières*, *Hôpitaux* ou *Hospices*), qui vient du lat. *hospes*, hôte, voyageur, étaient simplement destinés à recevoir les pèlerins ou les étrangers qui voyageaient par un motif de piété. C'est à Jérusalem, vers la fin du III° siècle, que d'illustres dames romaines, retirées dans cette ville pour y pratiquer les vertus chrétiennes, sous la direction de saint Jérôme, fondèrent les premières maisons hospitalières. Elles avaient créé deux sortes d'établissements, les uns appelés *Nosodochia*, où l'on traitait les pèlerins et les voyageurs malades, les autres appelés *Villa languentium*, où les malades guéris passaient le temps de leur convalescence. Ce pieux exemple fut imité dans beaucoup de villes, et les hôpitaux étaient déjà nombreux à la fin du IV° siècle. On cite entre autres pour leur importance l'h. fondé, vers 375, par saint Basile à Césarée, et celui de saint Chrysostome à Constantinople. Vers la fin du VIII° siècle, cette dernière ville possédait 37 maisons hospitalières. En Occident, lorsque l'invasion des barbares vint bouleverser l'empire romain, une foule d'églises et de monastères ouvrirent des asiles aux malades et aux infirmes. Les rois et les grands personnages suivirent l'exemple que leur donnait le clergé. Parmi les établissements qui remontent à cette époque, c.-à-d. aux V°, VI°, et VII° siècles, on mentionne les hôpitaux de Lyon, d'Autun, de Reims et de Paris. Ce dernier, qui est le maison à ceux, fut fondé vers l'an 660 par l'évêque saint Landry. Les maisons hospitalières se multiplièrent considérablement pendant les croisades : car, outre la charité qui parlait alors aux cœurs avec une éloquence irrésistible, une maladie cruelle, la lèpre, que les croisés avaient apportée d'Orient, provoqua la fondation d'une multitude d'hôpitaux pour les malheureux atteints de cette affection. En 1226, on comptait, en France seulement, 2,0,0 *Léproseries*. En même temps que les asiles destinés au traitement des différentes sortes de maladies et d'infirmités humaines se multipliaient, il se formait de toutes parts des congrégations d'hommes ou de femmes qui se vouaient au service des malades. Au XIV° siècle, une grande innovation fut introduite dans le régime intérieur des maisons hospitalières. Jusqu'alors, elles avaient été exclusivement administrées par le clergé ; mais le concile de Vienne, dont les décisions furent plus tard confirmées par le concile de Trente, en ordonna la sécularisation. Depuis cette époque, elles commencèrent à être régies par des laïques. Les siècles qui suivirent ne furent pas moins féconds que leurs devanciers en établissements hospitaliers. Ainsi la France à elle seule n'en possédait pas moins de 1438, quand la Révolution éclata. Néanmoins, les léproseries avaient disparu depuis longtemps avec la cause qui les avait produites.

II. — Au 1er janvier 1894, il existait en France 343 hôpitaux, 959 hôpitaux-hospices, 519 hospices, soit en tout 1821 établissements hospitaliers. Les premiers ne reçoivent que des malades ; les derniers sont ouverts aux vieillards, aux infirmes, aux incurables, aux orphelins et aux enfants trouvés ; et les autres, comme leur nom l'indique, sont des établissements mixtes, c.-à-d. possèdent des quartiers pour les divers genres d'assistance. La situation financière de ces établissements pour l'année 1893 peut se résumer ainsi : Recettes : 144,475,300 fr., dont 51,000,000 de revenus propres ; Dépenses : 122,891,500 fr., soit un excédent de recettes d'environ 21,583,000 fr. Le nombre des individus traités dans la même année a été le suivant : Malades, 571,176 ; Infirmes, Vieillards et Incurables, 91,783 ; Enfants assistés, 93,903 ; Aliénés, 73,947. A ces chiffres il convient d'ajouter les établissements d'assistance privée, c'est-à-dire ni autorisés, ni reconnus d'utilité publique, qui sont au nombre d'environ 3,200 pour toute la France.

Les nombreux établissements hospitaliers répandus dans notre pays sont actuellement régis par les lois des 7 août 1851, 24 mai 1874 et 5 août 1879. Ils sont considérés comme établissements d'utilité publique, et, à ce titre, ils peuvent acquérir, vendre, recevoir, plaider, etc., sous les autorisations déterminées par les règlements financiers. Leur administration est confiée à des *Commissions* de 6 membres dont 2 élus par le conseil municipal, 4 nommés par le préfet ; elles sont présidées par le maire. Les fonctions des commissions administratives sont gratuites et durent 4 ans. Le recouvrement des revenus et le paiement des dépenses sont à la charge d'un comptable spécial appelé *Receveur*, et la gestion des denrées et des autres objets de consommation forme les attributions d'un autre agent nommé *Économe*. Ces deux agents sont choisis par les préfets sur la présentation de la commission administrative. Les aumôniers et chapelains sont nommés par les évêques diocésains sur la même présentation. La commission est exclusivement chargée de nommer les médecins et chirurgiens, mais elle ne peut les prendre que parmi les docteurs reçus conformément aux règlements. Elle délibère sur le mode d'administration des biens et des revenus de l'établissement, sur le mode et les conditions des marchés pour fournitures et entretien, sur le budget, le compte, sur les acquisitions, échanges, aliénations de terrains, sur les acceptations de dons et legs, sur les projets de travaux pour construction, etc. Elle réunit dans ses attributions le soin de proposer à l'approbation supérieure le règlement destiné à régir le service intérieur. Enfin, les détails de ce dernier, ainsi que le soin quotidien des malades et infirmes, sont confiés, dans quelques établissements, à des serviteurs salariés ou à des congrégations religieuses qui ont passé des contrats avec l'administration de l'établissement.

III. — Le département de la Seine possède environ cinquante établissements hospitaliers destinés aux malades, aux infirmes et aux vieillards indigents. Ces établissements se divisent en hôpitaux généraux, hôpitaux spéciaux et hospices.

1° *Hôpitaux généraux.* — Hôtel-Dieu (553 lits), La Pitié (715 lits), La Charité (646 lits), Saint-Antoine (647 lits), Necker (475 lits), Cochin (472 lits), Beaujon (554 lits), Laribolsière (905 lits), Tenon (888 lits), Bichat (188 lits), Laënnec (628 lits), Andral (99 lits), Broussais (264), Hérold (100 lits), La Porte d'Aubervilliers (260 lits), Le Bastion (122 lits).

2° *Hôpitaux spéciaux.* — Saint-Louis (1,000 lits) pour les maladies de la peau ; Ricord (317 lits), Broca (300 lits) pour les maladies vénériennes ; Enfants Malades (589 lits) ; Forges-les-Bains (Seine-et-Oise) pour les enfants scrofuleux ; Orphelinat Riboullé-Vitallis à Forges (Seine-et-Oise) (40 lits) pour jeunes garçons ; Trousseau (602 lits) ; Maison de convalescence de La Roche-Guyon (Seine-et-Oise) (100 lits) ; Berck-sur-Mer (Pas-de-Calais) (600 lits) pour les enfants scrofuleux ; Maison-École d'accouchement (325 lits) ; Maison d'accouchement Baudelocque (109 lits, 71 berceaux) ; Hôpital de la Clinique d'accouchement (124 lits, 54 berceaux) ; Maison municipale de santé (310 lits). A cette liste il convient d'ajouter trois hôpitaux militaires : le Val-de-Grâce, l'Hôpital Saint-Martin et l'Hôpital militaire de Vincennes.

3° *Hospices.* — Bicêtre, à Gentilly (Seine) (2,534 lits) ; La Salpêtrière (4,410 lits) ; Ivry, à Ivry (Seine) (2,020 lits) ; Brévannes, à Brévannes (Seine-et-Oise) (100 lits) ; Enfants Assistés (244 lits) ; Annexes de l'hospice des Enfants Assistés, à Thiais (Seine-et-Oise), et à Châtillon-sous-Bagneux ; Les Ménages, à Issy (Seine) (1,387 lits) ; Devillois, à Issy (Seine) (65 lits) ; La Rochefoucauld (246 lits) ; Sainte-Périne (296 lits) ; Chardon-Lagache (165 lits) ; Rossini ; Debrousse ; La Reconnaissance ; Saint-Michel ; Lenoir-Jousseran, à Saint-Mandé (Seine) ; Galigliani, à Neuilly (100 lits). Les admissions des malades dans les hôpitaux sont faites le matin, dans chaque hôpital, par un des médecins ou chirurgiens. Toute personne malade et privée de ressources doit être admise sans condition de domicile dans les hôpitaux de Paris (loi du 7 août 1851), mais les frais de traitement doivent être remboursés à l'Assistance publique par la commune où le malade a son domicile de secours. Tout malade soigné dans un hôpital et qui est reconnu en état de payer est tenu d'acquitter les frais de traitement, au prorata du nombre de journées, à raison d'un prix moyen calculé d'après le dernier exercice, environ 3 fr. à 3 fr. 50.

HOPLIE. s. f. (gr. ὅπλον, arme). T. Entom. Genre d'insectes coléoptères. Voy. SCARABÉIDES.

HOPLITE. s. m. (gr. ὁπλίτης, m. s. de ὅπλα, armes). T. Antiq. Chez les anciens Grecs, fantassin pesamment armé.

HOPLOMAQUE. s. m. (gr. ὅπλον, arme ; μάχη, combat). T. Antiq. Voy. GLADIATEUR.

HOPLOPODE. adj. 2 g. (gr. ὅπλη, sabot ; πούς, pied). T. Zool. Dont les pieds sont garnis de sabots.

HOQUET. s. m. [h asp.]. T. Méd. On donne le nom de

hoquet à un phénomène spasmodique, caractérisé pa' une tension subite du diaphragme, immédiatement suivie d'une bruyante éructation, d'une inspiration incomplète et d'un mouvement naturel d'expiration. — Il apparaît en général brusquement, et les phénomènes décrits se répètent à des intervalles plus ou moins courts, pendant un temps variable. Les divers organes thoraciques et abdominaux sont plus ou moins secoués, et propulsés plus ou moins énergiquement vers l'épigastre où se produit souvent une sensation douloureuse; la tête, les épaules, les extrémités prennent souvent part aux secousses du h. Le bruit dont s'accompagne l'inspiration varie de timbre suivant les individus, et suivant la cause pathologique.

Le h. se produit dans les conditions les plus différentes, plus facilement, paraît-il, chez les enfants; il survient tantôt au milieu des apparences d'une bonne santé, après des éclats de rire, ou consécutivement à l'ingestion d'aliments qui ont impressionné les organes abdominaux, ou à la suite de l'irritation de la glotte par un corps étranger; tantôt au cours de maladies qu'il serait trop long d'énumérer, consistant toutes en irritation des organes compris dans la zone épigastrique; tantôt pendant la convalescence des maladies infectieuses graves; tantôt enfin le h. paraît reconnaître une excitation directe du système nerveux, hystérie, etc. — Le h. n'est pas toujours un phénomène identique à lui-même, reconnaissant la même pathogénie: son point de départ peut être digestif, respiratoire ou nerveux, ces trois modes se combinent en proportions variables. D'ailleurs, que le h. soit cardio-œsophagien (dans les cas de troubles digestifs), glottique (dans les cas d'affections respiratoires), diaphragmatique, et sans prédominance du type, le fait capital est l'irritation directe ou indirecte du pneumogastrique se réfléchissant, à travers la moelle épinière, sur le nerf phrénique.

Cet événement morbide est loin d'avoir une valeur séméiologique importante; il n'a qu'une valeur d'emprunt, provenant de sa coïncidence avec d'autres phénomènes. Comme c'est sur la santé générale, on ne doit pas lui attribuer une influence exagérée, et c'est plutôt une incommodité qu'un accident sérieux. De même, sa valeur pronostique doit être liée simplement des circonstances ambiantes; il est certain qu'au déclin des maladies graves, son apparition peut être considérée comme de mauvais augure.

Dans les cas ordinaires de la vie, le h. survenu chez une personne bien portante s'arrête en général spontanément. Les moyens divers préconisés sont: retenue de la respiration, ingestion de liquides chauds ou froids, etc. Lorsque le h. survient à titre d'épiphénomène, au cours d'une maladie, on peut essayer, mais toujours sans certitude, d'une série de moyens qui ont donné parfois un heureux résultat: pression à la région épigastrique, vésication ou cautérisation dans les régions épigastrique ou cervicale postérieure, ingestion de substances antispasmodiques, etc.

HOQUETER. v. n. Avoir le hoquet.

HOQUETON. s. m. [*h* asp.] (R. *al*, article arabe, e. *coton*). Sorte de casaque de coton.

Il s'habille en berger, endosse un hoqueton.
                   LA FONTAINE.

Casaque brodée que portaient les archers du grand prévôt et les gardes de la manche. *Porter le h.* || Par ext., L'archer qui portait le hoqueton. *Il était suivi par deux hoquetons.*

HOQUETTE. s. f. [Pr. *ho-kè-te*]. Ciseau de sculpteur.

HORACE (QUINTUS HORATIUS FLACCUS), célèbre poète latin (65-8 av. J.-C.), fut protégé par Mécène; auteur d'*Odes*, d'*Épitres*, de *Satires* et d'un *Art poétique*.

HORACES, nom des trois guerriers que Rome opposa aux trois Curiaces d'Albe et qui la vainquirent. Les trois Curiaces et deux des frères Horaces périrent dans la lutte.

HORAGALES, dieu du tonnerre dans la mythologie laponne.

HORAIRE. adj. 2 g. (lat. *horarius*, m. s. de *hora*, heure). T. Astr. Qui a rapport aux heures, qui est mesuré par une heure. *Cercles horaires. Les lignes horaires d'un cadran solaire. Mouvement h.* — Voy. SPHÈRE et GNOMONIQUE. = HORAIRE. s. m. Règlement, tableau des heures de départ et d'arrivée des trains de chemins de fer, des omnibus, des bateaux, etc.

HORATIUS COCLÈS. Voy. COCLÈS.

HORBACHITE. s. f. T. Minér. Sulfure de fer et de nickel trouvé dans le grès serpentineux de Horbach (Forêt-Noire).

HORCUS. T. Myth. gr. Personnification du serment, vengeur du parjure.

HORDE. s. f. [*h* asp.] (tartare *ordou*, camp). Peuplade, tribu nomade, comme sont les populations tartares. *Le chef d'une h. Des hordes de barbares fondirent sur la Dacie.* || Par ext. et par mépris, se dit d'une troupe indisciplinée, qui se livre au brigandage et à la dévastation. *Une h. sanguinaire. Il purgea le Midi des hordes de brigands qui l'infestaient.* || T. Hist. *H. d'Or,* Dynastie mongole qui a régné dans l'est et le sud de la Russie.

HORDÉATION. s. f. [Pr. *ordéa-sion*] (lat. *hordeatio*, m. s. de *hordeum*, orge). T. Vétér. Fourbure produite chez le cheval par une alimentation exclusivement composée d'orge.

HORDÉIFORME. adj. 2 g. (lat. *hordeum*, orge; fr. *forme*). T. Bot. Qui ressemble à l'orge.

HORDÉINE. s. f. (lat. *hordeum*, orge). T. Chim. Résidu insoluble qu'on obtient quand on chauffe l'amidon de l'orge avec de l'eau acidulée. C'est de l'amidon impur.

HORDEUM. [Pr. *ordé-ome*]. Nom latin de l'orge adopté par les botanistes. Voy. ORGE.

HOREB, montagne d'Arabie sur laquelle eut lieu la vision de Moïse (buisson ardent).

HORÉES. s. f. pl. T. Antiq. Voy. HEURE.

HORIDICTIQUE. adj. 2 g. (gr. ὥρα, heure, δεικτικός, qui montre). T. Astr. Quart de cercle sur lequel sont tracées les lignes horaires.

HORION. s. m. [*h* asp.] Coup asséné sur la tête ou sur les épaules; Vx et ne se dit plus que par plaisant. *Il reçut force horions.*

HORIZON. s. m. (gr. ὁρίζειν, borner). Dans le langage ordinaire, l'endroit où se termine notre vue, où la terre et le ciel semblent se toucher. *On apercevait une voile à l'h.* — L'étendue de la terre ou de la mer qu'on peut apercevoir en regardant autour de soi autant que la vue peut s'étendre. *H. étendu. Un vaste h. Un h. borné, étroit.* — La partie du ciel qui est voisine de l'horizon. *L'h. est chargé de nuages. L'h. s'éclaircit.* — Fig., Le cercle où se meut l'esprit. *Son h. est borné.* — Fig., *L'h. politique se rembrunit. L'h. politique s'assombrit. L'h. commence à s'éclaircir. L'h. des sciences s'agrandit sans cesse.* || T. Peinture. L'endroit d'un tableau où, selon l'ordre des plans, le ciel succède à la terre. — Par ext., La hauteur à laquelle le peintre a placé le point de vue. *L'h. est trop haut, trop bas.*

Cosmogr. — *L'Horizon* est la ligne où la terre et le ciel semblent se toucher. Dans un pays accidenté, cette ligne est sinueuse et irrégulière; mais quand on est au milieu des mers ou d'une vaste plaine, elle représente un cercle parfait. Ce cercle apparent est ce qu'on nomme l'*H. sensible*, et l'on appelle *H. visible* l'étendue de terre ou de mer comprise entre ce cercle et le lieu où se trouve l'observateur. Toutefois, ce cercle n'est pas dans un plan horizontal passant par l'œil de l'observateur, mais sur une surface conique, attendu que l'œil de l'observateur est situé à une certaine élévation au-dessus du sol. En pleine mer, lorsque l'œil de l'observateur est seulement à 1 mèt. 60 de hauteur, le cône dont son œil est le sommet va toucher la surface des eaux à plus de 4,500 mètres. Ce cône prolongé au delà de sa courbe de contact avec la terre, divise le ciel en deux parties dont l'une est visible et l'autre cachée par la Terre. Si l'œil de l'observateur était placé à la surface même de la terre, l'*h.* terrestre serait réduit à un simple point, et le cône précédent serait remplacé par le plan tangent à la surface terrestre au lieu même de l'observation. Ce plan porte aussi le nom d'*h.*; mais si l'on veut préciser, on l'appelle l'*H. rationnel* ou *H. astronomique.* L'*h.* rationnel fait avec les génératrices du cône circonscrit à la Terre un certain angle, lequel est d'autant plus grand que l'œil de l'observateur est situé à une plus grande hauteur au-dessus du sol. Cet angle donne l'*abaissement* ou la *dépression de l'h.*; il résulte de la forme sphérique de notre globe, et son observation fut le premier phénomène qui fit soupçonner la rotondité de la terre aux astronomes de l'antiquité. Les astronomes admettent encore un troisième h., qu'ils appellent *H. mathématique, géométrique* ou *géocentrique*, parce qu'il passe par le centre de la terre. Ce nouvel h., qui divise exactement la sphère en deux hémisphères égaux, est parallèle à l'h. rationnel. La distance entre ces deux horizons d'un même lieu est égale au rayon de la terre. Les astronomes n'ont imaginé cet h. géocentrique que parce qu'ils sont dans la nécessité de rapporter toutes leurs observations au centre de notre globe. Toutefois, lorsqu'il s'agit d'observations stellaires, ils prennent ces deux plans l'un pour l'autre, car une longueur de rayon terrestre est absolument insignifiante en comparaison de l'éloignement prodigieux des étoiles. — L'h. rationnel et l'h. géocentrique sont tous les deux perpendiculaires à la verticale du lieu de l'observation, ou, en d'autres termes, sont parallèles à la surface des eaux tranquilles dans ce lieu. Si l'on suppose la verticale qui passe par ce lieu prolongée indéfiniment, elle passera par le centre de la terre, si toutefois on suppose celle-ci sphérique, centre de l'h. géocentrique, par le point de contact de l'h. rationnel, et par le sommet du cône de l'h. sensible. Cette verticale sera donc l'axe commun de tous ces horizons, et elle ira rencontrer le ciel en deux points opposés. Le point qui se trouve au-dessus de l'observateur, c.-à-d. dans l'hémisphère visible, est appelé *Zénith*, tandis qu'on appelle *Nadir* celui qui est diamétralement opposé. Il est superflu de dire que l'h. est différent pour tous les points de la surface de la terre ; que chaque lieu, chaque observateur a le sien, et que nous changeons ainsi d'h. à chaque pas que nous faisons, dans quelque direction que ce soit.

En Astronomie, on appelle h. artificiel une surface réfléchissante placée horizontalement, telle que la surface d'un bain de mercure, et qui sert à déterminer par réflexion la hauteur des astres au-dessus de l'h. ou bien à observer le *Nadir*. Voy. ce mot et VERTICALE.

HORIZONTAL, ALE. adj. Parallèle à l'horizon. *Ligne horizontale. Plan h. Position horizontale.*

HORIZONTALEMENT. adv. Dans une direction horizontale.

HORIZONTALITÉ. s. f. Direction horizontale.

HORLOGE. s. f. (lat. *horologium;* du grec ὥρα, heure, et λέγω, je dis). Machine qui est destinée à marquer et à sonner les heures, et qui est mue par un poids. *Monter, remonter une h.* en en bandant les ressorts ou en en haussant les poids. *Régler une h.,* En corriger les variations. Voy. HORLOGERIE. || Fig., *Il est réglé comme une h.,* Il a des habitudes régulières. || *H. d'eau,* Voy. CLEPSYDRE. *H. de sable,* Voy. SABLIER. *H. solaire,* Cadran solaire. Voy. GNOMONIQUE. || T. Bot. *H. de Flore,* Voy. FLORAISON. || T. Entom. *H. de la mort,* Pou de bois, insecte qui ronge le bois avec un bruit comparable au tic-tac d'une montre.

HORLOGER. s. m. Celui qui travaille en horlogerie, qui fabrique, ou qui vend de l'horlogerie.

HORLOGÈRE. s. f. La femme d'un horloger. Femme qui s'occupe d'horlogerie.

HORLOGERIE. s. f. L'art de faire des horloges, des pendules et des montres. *École d'h. Atelier d'h.* || Se dit des ouvrages d'h. *Faire le commerce de l'h.*

Mécan. — L'*Horlogerie* est l'art de construire toutes sortes de machines propres à mesurer le temps. Néanmoins ce terme s'applique surtout à celles qui mesurent le temps au moyen d'aiguilles mobiles sur un cadran, et dont le mécanisme est mû par un poids ou par un ressort. Ces machines se divisent en trois classes, les *Horloges,* les *Pendules* et les *Montres.* On distingue dans toutes ces machines cinq parties principales, le *moteur,* le *mouvement,* l'*échappement,* le *régulateur* et la *boîte.*

1. *Horloges.* — On attribue vulgairement l'invention de l'horloge au moine Gerbert, d'Aurillac, qui devint pape (999) sous le nom de Sylvestre II. Suivant la tradition, ce fut lui qui, le premier, imagina de substituer un poids à l'eau dont la clepsydre constituait le moteur dans les clepsydres à rouages. Quoi qu'il en soit, l'art de l'h. paraît dans le principe n'avoir été cultivé qu'en Allemagne. La première h. qu'on ait vue à Paris fut construite par un Allemand, Henri de Vick, attiré

en France par Charles V. Elle fut placée dans une des tours du palais (1370. Cette horloge était mue par un poids et réglée par un balancier horizontal ; en outre, elle était munie d'une sonnerie.

Cette catégorie de machines diffère des deux autres en ce qu'on y emploie des poids pour moteur. — Le poids P qui sert de *moteur* à l'horloge (Fig. 1) est suspendu à l'extrémité d'une corde qui s'attache à la surface d'un cylindre horizontal C, et qui s'enroule un certain nombre de fois sur cette surface. Ce cylindre, qu'on appelle *Tambour* ou *Barillet,* peut tourner librement autour de son axe *aa.* Ainsi le poids, tendant constamment à descendre, lui imprime un mouvement de rotation qui se transmet au reste du mécanisme au moyen de la roue dentée DD, appelée *grande roue,* qui est fixée à une de ses extrémités. Dans les horloges communes, la corde à laquelle est suspendu le poids moteur est simplement passée sur le cylindre, et de petites pointes l'empêchent de glisser, et son extrémité opposée porte un second poids, mais plus petit (*Contrepoids*), qui sert à faciliter l'action de ces pointes. Une horloge de ce genre ne marche guère plus de

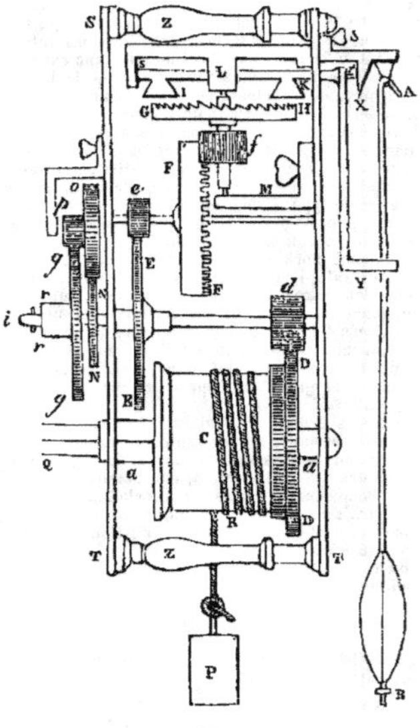

Fig. 1.

30 heures, parce que le moteur atteint rapidement le point le plus bas de sa course. Pour le *remonter,* c.-à-d. pour ramener le poids à son point de départ, il suffit de tirer le contrepoids de haut en bas. Dans les horloges où l'extrémité de la corde est fixée au barillet, on remonte le poids en faisant tourner le barillet en sens inverse, au moyen d'une clef forcée ou d'une manivelle qu'on applique au *remontoir* Q, c.-à-d. à l'extrémité carrée de l'axe *aa.* Un encliquetage approprié force la roue DD à rester en repos pendant que ce mouvement inverse s'exécute.

Le *mouvement* ou *rouage* comprend toutes les pièces, roues, pignons, etc., qui sont animées d'un mouvement circulaire continu ; voici comment il fonctionne. — La roue dentée DD, qui tourne en même temps que le tambour C, engrène avec le pignon *d,* qui est fixé sur un axe parallèle à celui du cylindre. Ce second axe porte aussi une roue dentée EE, appelée *roue du centre* ou *grande roue moyenne,* qui engrène également avec le pignon *e,* lequel fait corps avec un troisième axe de même direction, et ainsi de suite. Si la roue du premier axe a 6 fois plus de dents que le pignon qu'elle entraîne, le second axe tournera 6 fois plus vite que le premier ; si la roue du second axe a 4 fois plus de dents que le pignon qui lui correspond, le troisième axe tournera ∞ fois plus vite que le second, etc.; d'où l'on voit que le mouvement de rotation du premier axe, c.-à-d. du barillet sur lequel le poids moteur agit, se transforme dans des mouvements de rotation du second axe, du troisième axe, etc., qui sont d'autant plus rapides, car les vitesses de deux axes consécutifs sont toujours entre elles comme les nombres de leurs dents. La roue *gj* se nomme *roue de chaussée*, et la roue NN *roue de canon*; elles sont fixées, celle-ci à l'aiguille des minutes, celle-là à l'aiguille des heures. Ces deux roues, réunies à la roue *o* appelée *roue de minuterie*, et au pignon *p*, constituent ce qu'on appelle la *Cadrature*, parce qu'elles se trouvent directement sous le cadran. La *cage* ou *boîte* qui renferme le mécanisme est formée par deux plaques de cuivre ou de fer TS TS, réunies ensemble au moyen de quatre colonnes ZZ. Dans les horloges de prix, les roues et les pignons sont toujours de cuivre, et les axes de fer ou d'acier. Dans celles de pacotille, elles sont simplement de cuivre, et l'on n'emploie de métal que pour les dents et les extrémités des axes. Les horloges de cette dernière espèce sont vulgairement appelées *Coucous*, parce que souvent l'heure est annoncée par une figure qui imite grossièrement la forme et le cri de l'oiseau de ce nom.

Si le poids moteur était abandonné à lui-même, il descendrait avec une vitesse accélérée. Il faut donc régulariser son mouvement au moyen d'un obstacle périodique, appelé *régulateur*. Ce régulateur d'abord consiste en un *Balancier*, c.-à-d. en une roue métallique, massive à sa circonférence, et mobile autour d'un axe qui passe par son centre. Mais, au XVII° siècle, Huyghens eut l'heureuse idée de le former d'un *pendule*, AB, c.-à-d. d'un corps grave, tel qu'une masse de plomb, de cuivre, etc., fixée au bas d'une tige suspendue au sommet de l'horloge. On donne à cette masse la forme d'une lentille, afin qu'elle puisse fendre l'air avec facilité. L'appareil est disposé de telle sorte que chaque fois que le moteur descend d'une certaine quantité, les oscillations mêmes du pendule l'arrêtent momentanément, et la longueur de ce dernier détermine la durée de la période pendant laquelle le mouvement se trouve suspendu. Cette longueur du pendule, pour une même période, varie avec la latitude. Elle est, à Paris, pour la seconde sexagésimale, de 0m,9938267; et, pour la demi-seconde, 0m,315,25, c.-à-d. la racine carrée du premier nombre. Cette différence résulte de ce que la durée des oscillations des pendules est comme la racine carrée de leur longueur, ou, en d'autres termes, de ce que les longueurs des pendules sont comme les carrés des temps de leurs oscillations. Comme ce sont ces oscillations qui arrêtent périodiquement le mouvement et le laissent marcher, il est facile de comprendre que lorsque la longueur d'un pendule est une fois exactement déterminée, il est très important qu'elle reste invariable; car, si elle augmente, la période des oscillations devient plus longue, et si, au contraire, elle diminue, la période devient plus courte. Or, tout le monde sait que l'élévation de la température augmente les dimensions de tous les corps, particulièrement des métaux, et que son abaissement les diminue, d'où il résulte qu'un pendule métallique s'allonge par la chaleur et se raccourcit par le froid d'une quantité très appréciable quant à la marche d'une horloge. C'est pour remédier à cet inconvénient et pour conserver au pendule une longueur constante, qu'a été imaginé (en 1724) le système de la *compensation*; mais il en sera parlé au mot PENDULE.

Quelque délicat que soit le mode de suspension d'un pendule, il ne peut conserver indéfiniment le mouvement qu'on lui a une fois imprimé. Le frottement de ses points de suspension et la résistance de l'air sont autant de causes retardatrices qui diminuent, à chaque oscillation, la quantité de son mouvement, et qui finiraient bientôt par l'arrêter, si chaque perte n'était pas remplacée par une restitution de mouvement équivalente. Cette restitution s'opère au moyen de l'*échappement*, mécanisme intermédiaire entre le dernier mobile et le pendule, de telle sorte que, si, d'un côté, le pendule règle, par ses oscillations isochrones, la périodicité du mouvement du rouage, le dernier mobile restitue au pendule le mouvement qu'il perd à chaque oscillation. L'échappement est donc la pièce la plus importante d'une horloge. — On peut diviser toutes les espèces d'échappements en deux classes, les *échappements à recul*, et les *échappements à repos*, dont chacune renferme un grand nombre de variétés. Dans les premiers, la roue dentée exécute, à chaque arrêt, un petit mouvement rétrograde qui se fait sentir à toutes les pièces du rouage, mais de manière cependant qu'il n'échappe une dent à chaque oscillation du régulateur. Les seconds, c.-à-d. les

échappements à repos, sont ainsi nommés parce que la dernière roue passe, avec tout le reste du rouage, par une série d'alternatives de mouvements en avant et de repos; ils se subdivisent en outre en échappements *dépendants*, où les surfaces se trouvent toujours en contact par quelque point, et en échappements *libres*, où le régulateur est entièrement indépendant de la roue d'échappement, et oscille librement sans autre frottement que celui de ses points de support. Les échappements les plus usités pour les horloges sont l'échappement *à ancre* double employé avec soin, et l'échappement *à roue de rencontre* ou à verge, pour les plus communes. — L'échappement à ancre est un échappement à repos. La Fig. 2 le représente dans sa forme la plus simple. Le sommet de cette pièce est sur l'axe même autour duquel oscille le pendule. Les battements de ce dernier mettent alternativement en contact avec les dents du dernier mobile du rouage, ou *roue d'échappement*, l'une ou l'autre des dents de l'ancre. Lorsque l'un des bras de celle-ci s'abaisse, sa dent rencontre la roue et l'arrête momentanément; mais l'oscillation du pendule faisant remonter ce bras et cette dent, la roue *échappe* et tourne d'un cran. Alors l'autre bras s'est abaissé à son tour; il agit de la même manière que le premier, et ainsi de suite. Comme il faut un battement du pendule pour qu'une dent de la roue soit

Fig. 2.

rencontrée par l'une de ces dents de l'ancre, puis un second battement en sens inverse, pour que la dent de la roue se dégage, on voit qu'il ne peut passer qu'une dent à chaque double oscillation. Chaque dent de l'ancre présente un plan incliné en sens contraire de l'autre, et c'est sur ce plan incliné que les dents de la roue sont obligées de glisser avant d'échapper. Mais la dent de la roue, en glissant sur le plan incliné, produit sur l'ancre une pression qui tend à la faire tourner plus vite. Or, l'ancre réagit de son côté sur le pendule, de sorte que les oscillations du pendule sont entretenues par le mouvement de la roue, c.-à-d. par le moteur même dont il est destiné à régulariser le mouvement.

— L'échappement à roue de rencontre ou à verge consiste (Fig. 1) en une roue GH, appelée *roue de rencontre*, dont les dents viennent se heurter contre deux palettes IK fixées sur l'axe autour duquel oscille le pendule. Les rencontres ont lieu successivement en I et en K, et correspondent aux mouvements alternatifs de ce dernier. Chacune d'elles fait un peu reculer la roue, arrête momentanément la descente du poids moteur, et anéantit ainsi l'accélération que celui-ci tend à prendre. — Mais que l'échappement soit à ancre ou à roue de rencontre, il est toujours mis de la même manière en communication avec le pendule. L'axe qui le porte est muni à son extrémité libre d'une tige métallique XY (Fig. 1), laquelle se termine inférieurement par une *fourchette* horizontale Y. La tige du pendule passe entre les branches de cette fourchette, de manière qu'il ne peut osciller sans que l'échappement oscille en même temps.

Les indications chronométriques sont fournies par des *aiguilles* qui tournent sur un *cadran*, et par des *marteaux* qui frappent sur des *timbres* ou des *cloches*. Dans les deux cas, on obtient l'effet voulu en modifiant le nombre des dents des roues d'après la vitesse du pendule. — En ce qui concerne les aiguilles, supposons que le pendule batte la seconde, comme c'est le cas ordinaire, et que l'échappement soit à roue de rencontre comme dans la Fig. 1. Si l'on donne 15 dents à la roue de rencontre, comme il ne passe qu'une dent à chaque double oscillation, les 15 dents, ou la roue entière, passeront dans 30 secondes. Si l'on fait commander par cette roue une seconde roue disposée de manière à tourner 36 fois moins vite celle-ci exécutera son tour en 36 fois 30 secondes ou en 18 minutes. Subordonnons à cette seconde roue une autre roue tournant 40 fois moins vite; cette troisième roue demandera, pour faire le tour entier, 40 fois 18 minutes, ou 720 minutes, ou 12 heures. Enfin, si l'on fait passer l'axe de cette dernière roue à travers un cadran divisé en 12 arcs égaux, et que sur cet axe on fixe une aiguille, ce sera l'aiguille des heures. En appliquant à ce même axe l'action du poids moteur, on aura donc, avec 3 roues seulement, une horloge marquant les heures. Pour indiquer les minutes, on n'a qu'à subordonner à la roue des heures une quatrième roue tournant 12 fois plus vite, et dont l'axe traverse un second cadran. En donnant d'autres rapports de vitesse aux roues, on peut, sans en employer plus de 4, marquer à la fois les minutes et les heures. Il faut pour cela faire tourner la seconde roue 6 fois moins vite que la roue de rencontre, c.-à-d, dans 3 minutes; la troisième 20 fois moins vite que la seconde, c.-à-d. dans une heure; et la quatrième 12 fois moins vite que la troisième, c.-à-d. dans 12 heures. L'axe de la troisième pourra porter l'aiguille des minutes, puisqu'il lui fera parcourir le cadran entier dans une heure, et la quatrième portera l'aiguille des heures. Cette disposition, comme la précédente, exige un cadran particulier pour chaque aiguille; mais on peut obtenir le même résultat avec un cadran unique. Dans ce cas, on fait tourner l'axe r qui porte l'aiguille des minutes dans un cylindre rr appelé *Canon*, qui porte l'aiguille des heures, et l'on fait exécuter à ce cylindre au moyen des roues intermédiaires ogN, exactement le même nombre de tours qu'effectue, dans le système précédent, l'axe sur lequel est fixée l'aiguille des heures.

Le mécanisme spécial qui fait sonner les heures et les fractions d'heure, est appelé *Sonnerie*. Il est lié au mécanisme des aiguilles, de manière à être réglé par celui-ci, et se compose d'un certain nombre de roues et de pignons mus par un moteur particulier, qui est également un poids. L'une des roues est munie, sur l'un de ses côtés, d'un rang de chevilles, qui, au moment convenable, soulèvent successivement l'extrémité inférieure d'un levier nommé *marteau*, dont l'extrémité opposée va frapper un timbre ou une cloche. Enfin, un moulinet fixé à la partie supérieure de l'appareil, et avec lequel engrène la dernière roue, sert à régulariser le mouvement.

II. *Pendules.* — Elles diffèrent des horloges proprement dites en ce qu'elles ont un ressort pour moteur, et des mon-

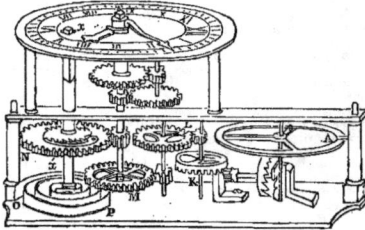

Fig. 3.

tres en ce que, outre leurs dimensions, qui sont plus grandes, elles ont pour régulateur un pendule, d'où le nom sous lequel on les désigne. Ce fut au XIVe siècle qu'on imagina pour la première fois de substituer l'action motrice d'un ressort à celle d'un poids; mais elles furent d'abord réglées par un balancier : c'est 300 ans plus tard seulement qu'elles commencèrent à recevoir le pendule pour régulateur. Le ressort qui met le mécanisme en mouvement est une lame d'acier longue, mince et aussi élastique que possible, et s'enroule en spirales autour d'un axe auquel il est attaché par l'une de ses extrémités (Fig. 3). Bien que cette figure représente une montre ancienne, elle suffit pour faire comprendre le mécanisme général d'une pendule). Le plus souvent, le ressort est renfermé dans une boîte cylindrique appelée *barillet*. Alors l'axe du ressort est fixe, et c'est le barillet qui tourne à mesure que le ressort se détend.

Les pendules forment deux catégories qui ne diffèrent que par le plus ou moins de complication de leur mécanisme. Celles qui n'ont point de sonnerie sont appelées *simples*. Comme, en général, elles ont besoin d'être remontées tous les huit ou neuf jours, on les désigne quelquefois sous le nom de *Semaines*. Les pendules à *sonnerie* qui sont les plus usitées, annoncent les heures et souvent aussi les divisions de l'heure, à l'aide du choc d'un petit marteau sur un timbre. Quant aux pendules dites *régulateurs*, ce sont des instruments exécutés avec le plus grand soin et qui servent, dans les ateliers d'hor-

logerie, à cause de la parfaite régularité de leur marche, à régler les divers appareils chronométriques. Enfin, on munit quelquefois les pendules d'un mécanisme particulier, appelé *Réveille-matin* ou simplement *Réveil*, qui met en mouvement une sonnerie spéciale à un instant que l'on peut déterminer à l'avance et à volonté. Les pendules se fixent à l'intérieur d'une cage cylindrique à laquelle on donne un support dont la forme et les ornements varient à l'infini.

III. *Montres.* — Ce qui les distingue essentiellement des pendules, c'est qu'elles sont réglées par un balancier. Leur invention date du XVe siècle et a suivi de très près celle du ressort moteur, mais on ignore dans quel pays. L'opinion qui l'attribue à un horloger de Nuremberg ne repose sur aucun fondement. Quant à leur usage, de ce qu'elles *montrent* les heures. Leur moteur consiste en un ressort communément appelé *grand ressort*, qui est semblable, à la force près, à celui des pendules (Fig. 3), et qui est également renfermé dans un barillet.

L'emploi du ressort comme moteur présente cet inconvénient que la force d'un ressort est d'autant plus grande qu'il est plus tendu; cette force va donc en diminuant à mesure que le ressort se détend, de sorte que la montre tend à avancer quand elle est montée récemment, et à retarder, quand le ressort approche de la fin de sa course. Pour remédier à cet inconvénient et assurer l'uniformité de la marche de l'appareil, on a imaginé d'abord la

Fig. 4.

Fusée qui constituait une solution fort ingénieuse du problème, que nous décrirons à cause de cette ingéniosité même, quoique ce système soit aujourd'hui abandonné. La fusée (Fig. 4) est une sorte de tambour conique qui est muni sur toute sa surface d'une rainure hélicoïdale et qui est uni au barillet par une chaîne articulée faite de petits brins d'acier nommés *paillons*. Quand on veut remonter la montre, au lieu de faire tourner l'axe du ressort, lequel est fixe, c'est sur celui de la fusée qu'on agit. La chaîne s'enroule alors dans les spires de celle-ci, en allant de bas en haut, et, comme elle est accrochée par l'autre bout au barillet, elle force ce dernier à tourner, et, par suite, le ressort serre ses tours autour de son axe. Quand le ressort est livré à lui-même, il exerce un effort en sens contraire et, à mesure qu'il se débande et que le barillet suit son mouvement, la chaîne se déroule sur la fusée en allant d'en haut en bas et s'enroule sur le barillet. Pendant tout ce mouvement, la tension de la chaîne va toujours en diminuant, mais aussi cette tension agit sur un bras de levier toujours plus grand. Or, la forme du cône est calculée de manière à obtenir une compensation exacte, c.-à-d. de manière que l'action de la chaîne produise *exactement* le même effet qu'une force constante agissant sur un levier invariable. Le mouvement de rotation imprimé par le ressort à la fusée se transmet aux diverses parties du mécanisme par l'intermédiaire de la roue dentée, ou *roue de fusée*, qu'elle entraîne en tournant. La fusée occupant une certaine hauteur, on a été obligé d'y renoncer quand la mode est venue de proscrire les montres épaisses. Dans les montres plates, comme on les veut aujourd'hui, on la supprime donc et l'on a recours à un autre artifice. Cet artifice consiste à donner au ressort moteur une largeur de plus en plus

Fig. 5.

grande à mesure qu'on se rapproche de la partie qui se déroule la dernière. Cette augmentation de matière élastique fournit un accroissement proportionnel de force qui tend à compenser la diminution d'intensité produite par le débandement partiel déjà effectué.

Le *rouage* est établi sur les mêmes principes que celui des autres instruments d'horlogerie. (Dans la Fig. 3, N est la *grande roue*, M la *grande roue moyenne*, L la *petite roue moyenne*, K la *roue d'échappement*, etc.) Il est renfermé entre deux disques de cuivre doré, qu'on appelle *platines*, et dont le supérieur porte le cadran. Le *régulateur* est un *balancier*, c.-à-d. un cercle massif à trois rayons (Fig. 3, A, et Fig. 5), qui pivote sur un axe central, et qui est muni intérieurement, depuis Huyghens, auteur de ce perfectionnement, d'un ressort capillaire qu'on nomme *Spiral*, lequel est dis-

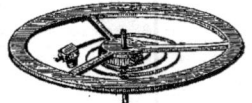

posé comme le ressort moteur. Ce ressort (Fig. 5) est fixé à la platine de la montre par son bout extérieur, et à l'axe du balancier par son bout intérieur. C'est lui qui donne au balancier la propriété d'osciller de lui-même sans avoir besoin de l'action du ressort moteur. En effet, quand on imprime au balancier un premier mouvement de rotation, le spiral se déforme, mais, en vertu de son élasticité, il tend à reprendre sa forme primitive. Or, d'une part, en se développant en sens contraire, il ramène le balancier dans la position que celui-ci avait précédemment, et, de l'autre, aussitôt que le spiral a retrouvé sa première forme, le balancier se trouve animé d'une vitesse qui le fait tourner dans le même sens jusqu'à ce que le spiral, se trouvant de nouveau déformé en sens contraire, lui oppose une résistance toujours croissante qui finit par l'arrêter et le ramène encore dans sa position primitive, et ainsi de suite. Et comme l'axe du balancier est constamment caressé par l'action du rouage, il retrouve à chaque coup la force que les résistances lui font perdre, et le mouvement s'entretient avec toute la régularité qui résulte d'une force constante agissant sur le spiral avec une égale énergie et de la même manière. Le balancier oscille donc de part et d'autre sur son axe de la même manière que le pendule de chaque côté de la verticale, et l'on peut dire que le spiral est au premier ce que la pesanteur est au second. La durée des oscillations du balancier dépendant de la longueur du ressort spiral, on modifie celle-ci à volonté au moyen d'un petit levier mû par un rouage particulier, et qui, suivant qu'on le fait agir de gauche à droite, ou de droite à gauche, allonge ou raccourcit le ressort. On peut donc ainsi donner aux oscillations une durée déterminée, c.-à-d. avancer ou retarder l'horloge, ou, en matière à la régler. Enfin, on obvie aux changements de forme que les variations de la température font éprouver au spiral de la même manière que pour le pendule, c.-à-d. en lui appliquant le système de la compensation. — L'échappement varie suivant la qualité des montres. On employait autrefois l'*échappement à verge* aujourd'hui abandonné et remplacé par l'*échappement à cylindre* ou l'*échappement à ancre*. Nous ne décrirons pas ces échappements, afin de ne pas dépasser ces limites. Nous dirons seulement que l'échappement à cylindre, qui a été imaginé au siècle dernier par l'Anglais Graham, a permis de supprimer la fusée et de diminuer beaucoup l'épaisseur de l'instrument, ce qui a donné lieu à la fabrication des *montres plates*, dites aussi *montres à la Lépine*, parce qu'elles ont été introduites en France par l'horloger de ce nom.

Indépendamment du plus ou moins de soin apporté à leur exécution, on classe les montres en plusieurs catégories. Les *montres ordinaires* marquent simplement les heures et les minutes. Les *montres chronomètres* indiquent en outre les secondes, et souvent les fractions de seconde. Les *montres à répétition* appartiennent ordinairement à cette catégorie ; elles sont ainsi nommées parce qu'elles sont munies d'un mécanisme spécial qui sonne les heures. Ces instruments ont été inventés en Angleterre, en 1766, par Barlow, Quare et Tompion, mais ils ont été beaucoup perfectionnés, au commencement de ce siècle, par le Suisse Louis Bréguet. C'est à ce dernier que l'on doit, sinon la première idée, du moins la première réalisation des montres dites *perpétuelles*, parce qu'elles se remontent d'elles-mêmes par le mouvement qu'on leur imprime en marchant. Enfin, on appelle *Montres marines*, *Garde-temps* et *Chronomètres*, de grosses montres à l'usage de la marine, qui sont destinées à mesurer le temps avec l'exactitude la plus rigoureuse. Elles servent surtout à déterminer la longitude en mer. Ces instruments sont montés sur deux balanciers et enfermés dans des boîtes d'environ 36 centimètres carrés. Quelquefois cependant, on fait ces chronomètres assez petits pour pouvoir les porter dans la poche. Ils ont été inventés en 1736 par l'Anglais Harrison, et introduits en France, quelques années après, par Pierre Leroi, qui les a perfectionnés considérablement.

Les chronomètres se distinguent des montres ordinaires surtout par la forme du ressort du balancier, lequel au lieu d'affecter la forme d'une spirale plane, prend celle d'une hélice. Cette forme permet d'assurer beaucoup plus exactement l'isochronisme des oscillations. L'échappement y est aussi très soigné. On arrive aujourd'hui à fabriquer des chronomètres qui marchent avec une précision et une régularité vraiment étonnantes. L'horlogerie est une des industries qui ont fait le plus de progrès dans le cours du XIXe siècle.

Horloges électriques. — C'est à Wheatstone, dès l'origine de la télégraphie électrique, que revient l'honneur d'avoir, le premier, songé à employer cette puissance nouvelle à l'h. C'est à l'aide d'un compteur électro-chronométrique, suivant le nom donné par lui à l'appareil spécial servant à transmettre

le mouvement qu'il transmettait l'heure électriquement. Le mouvement alternatif synchronique s'obtenait en faisant usage d'un autre appareil, l'*interrupteur*, qui ouvrait ou fermait le circuit au courant. A l'origine, cet interrupteur faisait souvent défaut, par suite de l'oxydation rapide des contacts. Napoli et Leclanché ne tardèrent pas à remédier à cet inconvénient, en choisissant comme contacts deux petites quantités de mercure qui s'unissaient ou se séparaient d'une manière isochrone ; l'opération s'effectuait dans un récipient hermétiquement clos. D'autres inventeurs, Everts, notamment, remplacèrent ultérieurement le mercure par des lamelles d'or, métal inoxydable à l'air. Plus tard, l'ingénieur Foucault mit à profit l'existence du balancier pour obtenir ces contacts. Les perfectionnements plus récents apportés par Colin et Glossener suppriment les interrupteurs, les remplaçant par un appareil magnéto-électrique, agissant sous l'influence de courants induits produits par le mouvement alternatif d'électro-aimants. Une horloge génératrice actionne les divers compteurs électro-chronométriques.

Ces derniers se divisent en quatre catégories distinctes : compteurs actionnés par des courants magnéto-électriques ; compteurs à mouvement d'horlogerie ; compteurs à mouvement direct et à simple cliquet d'impulsion ; compteurs à double cliquet d'impulsion. Dans beaucoup de cas, on n'utilise l'électricité que pour régulariser l'heure d'une manière simultanée dans plusieurs horloges mues indépendamment les unes des autres par un mouvement ordinaire d'horlogerie. Un fil les relie à un compteur électro-chronométrique qui agit en même temps sur leurs mouvements.

Horloges pneumatiques. — C'est seulement en 1864 que se produisirent les premiers essais tendant à donner à distance l'heure, à plusieurs horloges, au moyen de l'air comprimé. Les premières expériences ne répondirent pas au succès qu'on en attendait, et, pendant plusieurs années, on les interrompit. Ce ne fut qu'en 1877 que de nouvelles tentatives eurent lieu à Vienne et donnèrent des résultats satisfaisants complets. Les promoteurs de l'h. pneumatique, MM. Popp et Cie, inaugurèrent leur système à Paris, deux ans plus tard. Comme dans la capitale de l'Autriche, les essais furent déclarés satisfaisants et la ville était déclarée concessionnaire du nouveau mode de transmission de l'heure.

De puissantes machines compriment l'air dans des récipients spéciaux situés à l'usine centrale, occupant à peu près le centre du réseau. Un régulateur à balancier se trouve dans la même usine et par le mouvement de son pendule détermine l'ouverture ou la fermeture des récipients qui, mis en communication directe avec les horloges par de petits tuyaux, laissent échapper une quantité d'air suffisante pour faire mouvoir les aiguilles.

IV. — L'h. constitue aujourd'hui une industrie de premier ordre, qui est surtout florissante en France, en Angleterre et en Suisse. Elle se divise en plusieurs branches spéciales, la *Grosse h.*, qui fabrique les horloges pour les monuments publics ; l'*H. de précision*, qui produit les montres marines, les pendules astronomiques, et généralement tous les instruments destinés à donner des résultats d'une exactitude rigoureuse ; l'*H. de luxe*, qui fournit les régulateurs ordinaires à secondes, les pendules de cheminée et de voyage, les montres de prix ; et l'*H. ordinaire*, qui construit tous les appareils chronométriques dont la fabrication est peu soignée. Dans la grosse horlogerie, les mêmes ouvriers ébauchent et finissent, c.-à-d., font eux-mêmes les différentes parties du mécanisme, les ajustent et les montent. Il en est de même, en général, dans l'h. de précision. Dans les autres branches, les pièces sont presque toujours commencées dans des ateliers particuliers, puis transportées, à l'état d'ébauches, dans d'autres ateliers où on les termine et où on les monte. La fabrication des ébauches constitue l'h. de *fabrique*. — Les centres principaux de cette belle industrie se trouvent, en France, dans les départements du Doubs, du Jura, de la Haute-Saône et de la Seine-Inférieure, et en Suisse, dans les cantons de Genève et de Neuchâtel. Londres et Paris doivent aussi être mentionnés. Toutefois, à l'exception de l'h. de précision, pour laquelle les artistes parisiens l'emportent sur tous leurs rivaux étrangers, Paris n'est pas proprement une ville de fabrique. Le rôle de l'horloger parisien se borne au *repassage* des ébauches produites par les fabriques départementales et étrangères, et à la fabrication des ressorts et à celle des cages. Mais Paris a presque le monopole de ce travail.

HORMIS. prép. [Pr. or-mi] (R. hors, mis). Excepté. *Il fit venir tous ses enfants, h. le plus jeune. Il. en ou deux, tous étaient au rendez-vous.* = Syn. Voy. EXCEPTÉ.

452

HORMISDAS (Saint), pape de 514 à 523. Fête le 6 août.

HORMISDAS, nom de quatre rois de la dynastie des Sassanides, qui a régné en Perse de 225 à 652 après J.-C.

HORN (Cap), pointe la plus australe de l'Amérique du Sud, dans une des îles de la Terre de Feu.

HORN (Gustave, comte de), l'un des meilleurs généraux de Gustave-Adolphe (1592-1657).

HORN (Antoine-Joseph, comte de), roué vif en place de Grève le 26 mars 1720, pour avoir assassiné un courtier en actions de la banque de Law.

HORNBLENDE. s. f. (all. *horn*, corne; *blenden*, éblouir). T. Minér. Voy. Amphibole.

HORNEMANN, voyageur, né à Hildesheim (1772-1800).

HORNES (Comte de), seigneur des Pays-Bas (1522-1568), fut décapité avec le comte d'Egmont, par ordre du duc d'Albe.

HORODICTIQUE. adj. 2 g. (gr. ὥρα, heure; δεικτικός, qui montre). Se dit des instruments qui servent à trouver l'heure.

HOROGRAPHIE. s. f. (gr. ὥρα, heure; γράφω, j'écris). Syn. de *Gnomonique*. Peu us.

HOROGRAPHIQUE. adj. 2 g. Qui a rapport à l'horographie.

HOROPTÈRE. s. m. (gr. ὅρος, limite; ὀπτήρ, qui voit). T. Phys. Ligne droite passant par le point où convergent les axes optiques des deux yeux et parallèle à la droite qui joint les centres des deux pupilles. Voy. Œil.

HOROPTÉRIQUE. adj. 2 g. Qui a rapport à l'horoptère.

HOROSCOPE. s. m. (gr. ὥρα, heure; σκοπέω, je considère). Observation de l'état du ciel au moment de la naissance de quelqu'un, par laquelle on prétendait juger de ce qui devait lui arriver dans le cours de sa vie. *Faire, dresser, tirer l'h. de quelqu'un. H. fâcheux, favorable.* — Fig. et fam., *Cette entreprise n'a pas réussi, j'en avais fait l'h.,* Je l'avais prédit, conjecturé. Voy. Astrologie.

HOROSCOPIE. s. f. Manière de tirer des horoscopes.

HOROSCOPIQUE. adj. 2 g. (gr. ὡροσκοπικός, m. s.). Relatif à l'horoscope.

HOROSCOPISER. v. n. [Pr. *oros-ko-pi-zer*]. Tirer l'horoscope.

HOROTROPE. s. m. (gr. ὅρος, limite; τρέπειν, tourner). T. Opt. Plan courbe ou cercle qui est déterminé par trois points; les deux yeux et le point où la vision se fixe.

HORPS (LE), ch.-l. de c. de la Mayenne, arr. de Mayenne; 1,400 hab.

HORREUR. s. f. [Pr. *or-reur*] (lat. *horror*, m. s.). Mouvement de l'âme avec frémissement, causé par quelque chose d'affreux, de terrible, de révoltant. *A ce spectacle, je fus saisi d'h. Elle poussa un cri d'h. Frémir d'h. Sa vue me glace d'h. J'ai h. de le dire. On n'y saurait penser sans h.*

Un songe, me devrais-je inquiéter d'un songe,
Entretient dans mon cœur une horreur qui le ronge.
RACINE.

‖ Fam. et par 'exag., on dit d'une chose fort laide, fort grossière, fort défectueuse dans son genre : *Cela fait h.; Cela est à faire h.; C'est une h.* Cette dernière phrase s'emploie aussi en parlant d'une personne extrêmement laide. Fam., on dit encore, *Fi! l'h.!* pour marquer la répugnance qu'on éprouve pour quelque personne ou pour quelque chose. ‖ Impression singulière de terreur, de respect et parfois d'admiration, que l'on éprouve à la vue de certains lieux, de certains objets, sous l'influence de certaines idées. *Quand on pénètre dans cette forêt, on éprouve une secrète h.* En

entrant dans les catacombes, je fus saisi d'une sainte h. Une divine h. s'empara de la sibylle.* — Fam., *C'est une belle h.,* se dit de certaines choses telles qu'une tempête, un vaste incendie, qui font éprouver un sentiment d'admiration et d'effroi. ‖ *Horreur,* se dit encore de ce que certaines choses ont de cruel, d'effrayant, de sinistre. *L'h. de la mort n'ébranla pas son courage. L'h. d'un supplice. L'h. d'un cachot. L'h. des combats. Dans l'h. des ténèbres.*

C'était pendant l'horreur d'une profonde nuit.
RACINE.

Quel spectacle d'h! Une scène de carnage et d'h. — Fig., *Il envisagea sa situation dans toute son h. Vous ne connaissez pas toute l'h. de sa misère.* ‖ *Horreurs,* au pl., se dit souvent des choses horribles, effrayantes, cruelles et douloureuses à l'excès. *Le pays fut en proie à toutes les horreurs de la guerre, de la famine, de la misère. Les horreurs du carnage, de la captivité.* — *Les horreurs de la mort,* Les angoisses que l'on éprouve souvent à l'approche de la mort. *Au milieu des horreurs de la mort, il restait calme et priait.* ‖ Aversion extrême, détestation, haine violente. *On lui inspira de bonne heure l'h. du vice. Avoir de l'h. pour quelqu'un, pour quelque chose. Il a le mensonge en h. Il a pris cette femme en h. Il est devenu pour tous un objet d'h.* — *Être en h. à quelqu'un, être l'h. de quelqu'un,* Lui inspirer une haine mêlée d'h. *Il était en h. dans tout le pays. Ce tyran est en h. au monde civilisé. La vie lui est en h.* ‖ Énormité, atrocité. *L'h. de ce crime. Pour vous faire comprendre toute l'h. de cette action, il suffira de dire que...* ‖ Se dit également des choses qui sont atroces, infâmes, etc. *La vie de cet homme est remplie d'horreurs, n'est qu'un tissu d'horreurs. Faire, commettre des horreurs. Il a dit mille horreurs. Vomir des horreurs.* — *Dire des horreurs de quelqu'un,* signifie En dire beaucoup de mal, lui imputer des actions infâmes, déshonorantes.

HORRIBLE. adj. 2 g. [Pr. *or-rible*] (lat. *horribilis.* m. s.). Qui fait horreur. *Un monstre h. Une laideur h. Une mort h. Ce supplice est h. Un spectacle h. à voir. Un précipice h. Une action h. Une pensée h. Une h. accusation.* ‖ Très mauvais. *Il fait un temps h. Les chemins sont horribles.* ‖ Extrême, excessif. *Il était dans une inquiétude h. Il fait une dépense h. Nous avons eu un froid h.* = Syn. Voy. Affreux.

HORRIBLEMENT. adv. [Pr. *or-ribleman*]. D'une manière horrible. *Il est h. défiguré. Elle est h. laide. Il s'est conduit h. dans cette affaire.* ‖ Extrêmement, excessivement. *Je souffre h. de la tête. Il faisait h. froid. Il est h. contrarié.*

HORRIFIQUE. adj. 2 g. [Pr. *or-rifi-ke*] (lat. *horrificus* m. s.). Qui cause de l'horreur. Fam.

HORRIPILATION. s. f. [Pr. *or-ripila-sion*] (lat. *horripilatio;* de *horrere,* se hérisser, et *pilus,* poil). T. Méd. Frissonnement général qui précède la fièvre, et pendant lequel les bulbes des poils, devenus saillants, produisent cet état de la peau qu'on appelle *Chair de poule.*

HORRIPILER. v. a. [Pr. *or-ripiler*] (R. *horripilation*). Agiter par un léger frisson d'horreur.

HORS. [Pr. *hor, h* asp.] (lat. *foris,* dehors). Préposition qui marque exclusion du lieu dont on parle. *H. de la ville, de la maison, du jardin. Il est h. de prison. Il d'ici. Il de là. H. de chez soi. H. de l'eau. Ils sont h. de table.* — *H. d'œuvre,* Voy. Œuvre. — Ellipt., *H. d'ici!* Sortez d'ici! *Allons! hors d'ici au plus vite.* — Dans certaines locutions familières, *Hors* s'emploie sans la particule *de. Il demeure h. la barrière, h. la porte Saint-Antoine.* ‖ Par anal., on dit, *Être hors de la portée du canon. Nous étions h. d'atteinte. Cette place est h. d'insulte.* ‖ Fig., *Être h. de danger. Cela est h. de doute. Il de soupçon. Il d'embarras. H. de son bon sens. Ce domestique est h. de condition. Il est h. d'état de nuire. Il était h. d'haleine. Cela est h. de mode. H. de proportion. H. de mesure, de cadence. H. de prix.* — *Mettre h. de cour, h. de cause, h. la loi.* Voy. Cour, Cause et Loi. — *Ce malade est h. d'affaire,* Il ne court plus aucun danger. — *Être h. de service,* Ne plus être en état de servir. *Être h. de combat,* Voy. Combat. — *Être h. de soi,* Être tellement agité par quelque passion, qu'on est incapable ec se modérer, le se conduire avec prudence. *Il était h. de lui. Cela le ⸗ il h. de lui.* || *Hors* s'emploie quelquefois pour marquer Exclusion du temps. *Nous voilà h. de l'hiver. Cela est h. de saison. Parler h. de son rang.* — H. *d'âge,* Voy. ÂGE. H. *de page,* Voy. PAGE. == Excepté. *Ils y sont tous allés, h. deux ou trois. H. ce point, je partage votre avis.* || *Hors* s'emploie aussi, dans ce sens, devant les verbes à l'infinitif avec la préposition *de,* et devant tous les autres modes des verbes avec la conjonction *que. Hors de la battue, il ne pouvait la traiter plus mal. Il l'a maltraitée de toutes les manières, h. qu'il ne l'a pas battue.* == Syn. Voy. EXCEPTÉ.

HORSENS, v. du Danemark (Jutland), sur le Cattégat; 18,000 hab.

HORSE-POX. (mots angl. *horse,* cheval; *pox,* vérole). T. Art vétér. Affection pustuleuse du cheval analogue au *cow-pox* de la vache.

HÔRTELOUP (PAUL), chirurgien fr. (1837-1893).

HORTENSE (LA reine), fille d'Alexandre de Beauharnais et de Joséphine (1783-1837), épousa Louis-Bonaparte, roi de Hollande, et eut trois fils, dont le dernier fut Napoléon II.

HORTENSIA. s. m. [Pr. *or-tan-sia*] (R. *Hortense,* femme de l'horloger Lepaute). T. Bot. Nom donné par les horticulteurs à l'*Hydrangea Hortensia.*

HORTENSIUS (QUINTUS), célèbre orateur romain (114-50 av. J.-C.), rival de Cicéron. Ses discours ne nous sont pas parvenus.

HORTIA. s. m. [Pr. *or-sia*] (lat. *hortus,* jardin). T. Bot. Genre de plantes Dicotylédones de la famille des *Rutacées.* Voy. ce mot.

HORTICOLE. adj. 2 g. Qui a rapport à l'horticulture. *L'art h. Institution h.*

HORTICULTEUR. s. m. Celui qui s'occupe d'horticulture, qui est versé dans cet art.

HORTICULTURAL, ALE. adj. Qui a rapport à l'horticulture.

HORTICULTURE. s. f. (lat. *hortus,* jardin; *cultura,* culture). Culture des jardins. Voy. JARDINAGE.

HORTONOLITE. s. f. T. Minér. Variété de péridot jaune contenant environ 45 p. 100 de protoxyde de fer.

HORUS, dieu de l'ancienne Égypte, fils d'Osiris et d'Isis.

HORVATH (MICHEL), historien et homme d'État hongrois (1809-1878).

HOSANNA. s. m. [Pr. *o-za-na*] (lat. *hosanna,* de l'hébreu *hoschana,* sauve-nous maintenant). Refrain d'un hymne de la Synagogue. || Litur. cath. Hymne chantée le jour des Rameaux.

HOSPICE. s. m. Maison où des religieux donnent l'hospitalité aux voyageurs. *L'h. du Mont-Saint-Bernard* | Maison de charité où l'on entretient des pauvres, des convalescents, des vieillards ou des aliénés. Voy. HÔPITAL.

Syn. — *Hôpital.* — Les hôpitaux sont destinés à la guérison des malades; les hospices à l'entretien des vieillards, des aliénés, etc. Cette distinction est du reste purement administrative.

HOSPITALIER, ÈRE. adj. (lat. *hospitalis*). Qui exerce l'hospitalité. *Cet homme est très h. Un peuple h.* | Se dit encore, surtout en poésie, des lieux où l'on reçoit l'hospitalité, où l'on trouve un refuge. *Maison hospitalière. Asile h.* || Autrefois, on désignait sous la dénomination générique d'*Ordres hospitaliers,* de *Religieux hospitaliers* ou simplement d'*Hospitaliers,* Certains ordres militaires de chevalerie qui avaient été institués pour recevoir et protéger les pèlerins. *Les chevaliers de Malte étaient religieux hospitaliers.* — On appelle encore *Religieuses hospitalières, Sœurs hospitalières,* Les religieuses qui reçoivent et soignent les malades.

HOSPITALIÈREMENT. adv. D'une manière hospitalière.

HOSPITALISATION. s. f. [Pr. *ospita-li-za-sion*]. Action d'hospitaliser.

HOSPITALISER. v. a. [Pr. *ospitali-zer*] (lat. *hospitalis,* hospitalier). T. Admin. Faire entrer quelqu'un dans un établissement hospitalier. || Transformer un bâtiment en hôpital provisoire.

HOSPITALITÉ. s. f. (lat. *hospitalitas,* m. s.). Libéralité qu'on exerce en logeant gratuitement les étrangers. L'*Hospitalité* est un des traits de mœurs qui caractérisent généralement les peuples qui n'ont pas encore atteint un degré très élevé de civilisation En effet, si dans l'état actuel des sociétés européennes la nécessité de l'h. se fait peu sentir, c'est que l'activité industrielle sait pourvoir à tous les besoins de l'homme. Mais, à une certaine époque, alors que l'État ou les lois des nations offraient peu de sécurité et que le voyageur, sur sa route, ne pouvait trouver aucun endroit pour le recevoir et l'héberger, l'exercice de l'h. était absolument nécessaire. De là vient même que chez la plupart des nations de l'antiquité, l'h. était consacrée par la religion. Dans la Grèce, ainsi qu'à Rome, l'h. se présentait sous une double forme : elle était *privée* ou *publique,* selon qu'elle était établie entre de simples particuliers ou entre deux États.

1. — Dans la Grèce ancienne, l'étranger (ξένος, *hostis*) était considéré comme un ennemi; mais quand il se présentait dans une autre tribu ou dans une autre nation sans manifester aucune intention hostile, on le regardait non seulement comme une personne qui demande assistance, mais encore comme un suppliant protégé par Jupiter. Ce sentiment religieux était renforcé par la pensée que l'étranger pouvait être un dieu déguisé. Aussi, à son arrivée, l'étranger, quelle que fût sa condition, était accueilli avec bienveillance. On lui offrait le pain, le vin et le sel; on lui lavait les pieds; on s'empressait de satisfaire à ses besoins les plus pressants. L'hôte ne lui demandait ni qui il était, ni le motif qui l'avait conduit dans sa maison, avant d'avoir rempli les devoirs de l'h. Pendant le séjour de l'étranger, c'était pour son hôte un devoir sacré de le protéger contre toute insulte, alors même qu'il appartenait à une nation ennemie, de telle sorte que la maison de son hôte devenait pour lui un inviolable asile. Quand il partait, on lui faisait des présents et des souhaits. Ordinairement, au départ de l'étranger, l'hôte rompait avec lui une *tessera (tessera,* όστρ-άγαλος), dont chacun d'eux gardait une moitié, afin que plus tard, lorsqu'eux ou leurs descendants se rencontreraient, ils eussent un moyen de se reconnaître et de renouveler les liens de l'h. La violation des droits de l'h. était considérée comme un crime et comme une impiété: aussi était-elle punie par les hommes ainsi qu'elle devait l'être par les dieux. Quelques villes, telles qu'Athènes, Corinthe, Byzance, etc., étaient célèbres pour le caractère hospitalier de leurs habitants. Cependant, lorsque des communications plus fréquentes et plus régulières commencèrent à s'établir entre les Grecs, il devint impossible de recevoir tous les étrangers dans les maisons privées : cette circonstance conduisit naturellement à l'établissement d'hôtelleries (πανδοκείον, καταγώγιον, κατάλυσις) dans lesquelles les étrangers qui se trouvaient sans relations d'h. trouvaient ce qui était nécessaire à leurs besoins. Lorsqu'un grand nombre de visiteurs affluait dans un endroit pour célébrer une fête nationale ou religieuse, l'État ou le temple se chargeait de pourvoir au logement des étrangers, soit en faisant dresser des tentes, soit en élevant aux alentours des hôtelleries temporaires. Dans les maisons des Grecs les plus opulents, il existait une partie séparée (*hospitium, hospitalia,* ξενώνες), avec une entrée particulière. Cette partie était destinée à servir d'habitation aux étrangers, et était pourvue de toutes les choses nécessaires à ses passagers habitants.

L'h. publique (προξενία ou simplement ξενία) se formait entre deux États, ou entre un individu ou une famille d'un côté et un État tout entier de l'autre. On a conservé plusieurs exemples de ce dernier genre d'h. Telle était celle qui existait entre les Pisistratides et Sparte, et dans laquelle le peuple d'Athènes n'était pas compris. L'h. publique, chez les Grecs, découla sans aucun doute de l'h. privée et l'on peut lui assigner deux causes. Lorsque les tribus grecques étaient gouvernées par des chefs ou des rois, l'h. privée, qui s'était établie entre les familles régnantes, dut amener des relations semblables entre leurs sujets, relations qui continuèrent de subsister après l'abolition de la royauté. En outre, un citoyen qui appartenait à un État pouvait avoir de nombreuses relations avec les citoyens d'une autre cité, et, par sympathie pour cette dernière, offrir l'h. à tous ses habitants quand ils viendraient dans son propre pays pour leurs affaires. En ceci, il agissait d'abord comme simple particulier, mais la cité à laquelle il rendait ce genre de service devait naturellement le reconnaître et l'en récompenser ou lui conférant à son tour le droit d'h. publique. — Lorsque deux cités établissaient entre elles une h. publique, il fallait, dans chacune d'elles, désigner un ou plusieurs citoyens qui étaient chargés de donner l'h. et de veiller sur les intérêts de tous ceux qui venaient de la cité unie par les liens dont nous parlons. Les citoyens désignés pour cette charge, en tant qu'agents reconnus du gouvernement au nom duquel ils agissaient, étaient appelés *Proxènes* (πρόξενοι), tandis que les particuliers qui se chargeaient d'eux-mêmes de remplir ces fonctions étaient appelés ἐθελοπρόξενοι. — Les fonctions de proxène avaient une grande ressemblance avec celles des consuls et des ministres résidents modernes, et, le plus souvent, elles étaient héréditaires dans certaines familles. Quand un État désignait un proxène, il envoyait ou de ses propres citoyens habiter dans l'autre État, ou bien il choisissait un citoyen appartenant à ce dernier et lui conférait l'honneur d'être son proxène. Sparte avait d'abord adopté le premier de ces systèmes ; mais plus tard elle semble avoir préféré le second : car nous voyons qu'elle avait pour proxènes, à Athènes, les Callias ; à Élis, l'Éléen Xenias ; et à Argos, l'Argien Alciphron. Athènes et la plupart des autres cités de la Grèce suivaient le même usage. C'est ainsi qu'Arthmius de Zélée était proxène d'Athènes à Zélée, et Nicias l'Athénien proxène de Syracuse à Athènes. — Les principales fonctions du proxène consistaient à recevoir les personnes, particulièrement les ambassadeurs, qui venaient de l'État qu'il représentait, à leur procurer l'admission à l'assemblée, des places au théâtre ; à agir comme le patron de ces étrangers et à apporter sa médiation entre les deux États, si quelque contestation venait à s'élever entre eux. Enfin, quand un étranger mourait dans un État autre que le sien, le proxène de son pays prenait soin des biens qu'il laissait pour les remettre aux héritiers du défunt. Quant aux prérogatives et aux privilèges qui étaient confiés à un proxène par la cité qu'il représentait, ils variaient suivant les cités. Le citoyen étranger, par ex., qui remplissait dans son pays les fonctions de proxène d'Athènes, jouissait pour lui-même du droit d'h. chaque fois qu'il visitait cette ville, et de tous les autres privilèges que pouvait posséder un étranger, sans être un véritable citoyen d'Athènes. Parmi ces privilèges, qui s'accordaient par des décrets spéciaux, nous mentionnerons le droit d'épouser une citoyenne d'Athènes (ἐπιγαμία), celui d'acquérir des propriétés à Athènes (ἔγχτησις, ἔμπασις), l'exemption d'impôts (ἀτέλεια), et enfin l'inviolabilité en temps de paix et de guerre, soit sur terre, soit sur mer.

II. — Chez les Romains, de même que chez les Grecs, on doit distinguer l'h. privée et l'h. publique. Toutefois, chez les premiers, l'h. privée paraît avoir été définie avec plus de soin par la législation. D'après Massurius Sabinus, un hôte avait des droits plus étendus qu'un client. Les obligations qu'imposaient à un Romain les liens d'h. avec un étranger consistaient à recevoir dans sa maison son hôte quand celui-ci venait à Rome, à le protéger, et, en cas de procès, à remplir à son égard les fonctions de patron. L'h. privée donnait donc à celui qui la recevait sur celui qui la donnait des droits semblables à ceux du client, mais sans entraîner, à aucun degré, l'idée de dépendance que comporte le mot de clientèle. L'h. privée s'établissait entre individus au moyen de présents mutuels ou par l'entremise d'un tiers, et elle était consacrée par la religion. Quand elle était formée, les deux hôtes avaient l'habitude de partager une tessère (*tessera hospitalis*), qui plus tard, tout pour eux-mêmes que pour leurs descendants (quand les relations devenaient héréditaires, comme en Grèce), devait servir de signe de reconnaissance. Une expression de Plaute : *Deum hospitalem ac tesseram mecum fero*, démontrait à penser que cette tessère portait l'image de Jupiter hospitalier. Lorsque les liens de l'h. privée avaient été noués de cette manière solennelle, on ne pouvait les rompre que par une déclaration formelle (*renuntiatio*), et dans ce cas on brisait la tessère. Mais fort souvent l'h. s'exerçait sans aucune convention formelle entre les parties ; car on regardait comme une chose honorable de recevoir dans sa maison des hôtes distingués.

L'h. publique paraît remonter à une époque très ancienne parmi les peuples de l'Italie ; néanmoins la première mention formelle d'h. publique établie entre Rome et une autre ville remonte à l'époque qui suivit le départ des Gaulois, lorsqu'il fut décrété que la ville de Cære serait récompensée des services qu'elle avait rendus aux Romains par l'établissement d'une h. publique entre les deux cités. Cette h. publique accordée aux Cærites leur conférait le droit de cité, moins le droit de suffrage et celui d'arriver aux dignités et charges de la république. Dans les derniers temps de la république, nous ne voyons plus Rome admettre aucune cité étrangère à l'honneur de l'h. publique ; mais elle mettait quelquefois ces cités au rang de municipes, ce qui produisait le même effet pour les citoyens de celles-ci. Néanmoins l'usage de conférer à un étranger de distinction, en vertu d'un décret du sénat, l'honneur d'être hôte public de Rome, semble avoir subsisté jusqu'à la fin de la république.

III. — Chez tous les peuples de l'Orient, Égyptiens, Phéniciens, Syriens, Perses, Mèdes, Indiens, etc., l'h. n'était pas moins en honneur que chez les Grecs et chez les Romains. Il en était de même chez les peuples barbares du nord de l'Europe, et particulièrement chez les Gaulois et chez les Germains. Chez les Juifs, l'h. était au nombre des devoirs de la religion et prescrite par la loi de Moïse. La partie historique des Livres saints nous offre de nombreux exemples de la pratique de cette vertu, dont Tobie est demeuré le type le plus parfait. Aujourd'hui encore la pratique de l'h. est restée en pleine vigueur dans plusieurs pays de l'Orient, et surtout chez les populations nomades. L'islamisme n'a rien changé aux coutumes des peuples sur ce point ; le Koran a même fortifié l'habitude par le précepte, et le Bédouin voleur regarde comme un être sacré l'étranger qui a touché le seuil de sa tente. Enfin, dans les villes et même dans les vastes régions inhabitées de la Turquie, de la Perse et de l'Inde, la charité a élevé des *Khans* ou *Caravansérails* qui servent d'asiles et de lieux de repos aux voyageurs et aux caravanes.

L'avènement du christianisme donna au précepte de l'h. une sanction supérieure. « Comment les chrétiens n'auraient-ils pas exercé l'h., dit Fleury, eux qui se regardaient tous comme amis et comme frères, et qui savaient que Jésus-Christ l'a recommandée des œuvres les plus méritoires ? Pourvu qu'un étranger montrât qu'il faisait profession de la foi orthodoxe et qu'il plût dans la communion de l'Église, on le recevait à bras ouverts. Qui eût pensé à lui refuser sa maison, eût craint de rejeter J.-C. même ; mais il fallait qu'il se fît connaître. Pour cet effet, les chrétiens qui voyageaient prenaient des lettres de leur évêque, et ces lettres avaient certaines marques qui n'étaient connues que des chrétiens. Ils exerçaient l'h. même envers les infidèles. Ainsi ils exécutaient avec grande charité les ordres du prince qui les obligeaient à loger les gens de guerre, les officiers et les autres qui voyageaient pour le service de l'État, ou à leur fournir des vivres. Saint Pacôme, ayant été engagé fort jeune à servir dans les troupes romaines, fut embarqué avec sa compagnie, et aborda en une ville où il fut étonné de voir que les habitants le recevaient avec autant d'affection que s'ils eussent été leurs anciens amis. Il demanda qui ils étaient ; on lui répondit que c'étaient des gens d'une religion particulière, que l'on appelait Chrétiens. Dès lors, il s'informa de leur doctrine, et ce fut le commencement de sa conversion. » — Nous avons déjà mentionné (voy. HÔPITAL) les établissements créés par la charité des premiers chrétiens pour recevoir les pèlerins et les voyageurs. Si aujourd'hui ces établissements ont disparu, si l'h. semble être une vertu propre seulement aux temps anciens, c'est que les progrès de la civilisation et de l'industrie ont supprimé le besoin auquel répondaient ces institutions. En effet, l'h. chrétienne subsiste encore dans les pays où la civilisation n'est pas assez développée, ainsi que dans quelques circonstances exceptionnelles. Telle est l'h. que les voyageurs reçoivent dans les couvents chrétiens de l'Orient ; telle est encore celle qu'ils trouvent au célèbre hospice du mont Saint-Bernard, dans les Alpes.

HOSPODAR. s. m. (slave, *hospod*, seigneur). Titre que portent certains princes vassaux du Grand-Seigneur. H. de Moldavie. H. de Valachie.

HOSTIE. s. f. (lat. *hostia*, victime ; de *hostis*, ennemi). Victime que les anciens sacrifiaient à quelque divinité. — Se dit surtout des victimes que les anciens Hébreux immolaient sur l'autel. H. de paix. H. vivante. H. immaculée. ‖ Fig., Victime.

Cette seconde hostie est digne de la rage.
CORNEILLE.

‖ T. Théol. Se dit de Jésus-Christ immolé sur la croix pour les péchés des hommes, ainsi que de son corps et de son sang considérés comme réellement présents dans l'eucharistie, sous les apparences du pain. *Recevoir la sain e h. A l'élévat'on de l'h.* — Par ext., Le pain mince et sans levain destiné à la consécration. *Le prêtre prit autant d'hosties qu'il y avait de communiants et les consacra.*

HOSTILE. adj. 2 g. (lat. *hostilis*, m. s., de *hostis*, ennemi). Qui est d'un ennemi, qui annonce un ennemi. *Act on h. Vues, projets hostiles.*

HOSTILEMENT. adv. [Pr. *ostile-ma*a]. En ennemi, en faisant des actes d'ennemi.

HOSTILITÉ. s. f. (lat. *hostilitas*, m. s., de *hostis*, ennemi). Acte d'ennemi ; se dit particulièrement des actions hostiles que des puissances en guerre commettent les unes contre les autres. *La guerre était à peine déclarée que les hostilités commencèrent. On suspendit les hostilités.* — Fig., *Les journaux ennemis du gouvernement ne discontinuèrent pas leurs hostilités.* || Disposition hostile, à faire des actes d'ennemi. *Le gouvernement anglais s'attachait à entretenir l'h. des masses contre la France.* — Fig., *Sous l'ancien gouvernement, l'h. de la bourgeoisie contre la noblesse éclatait à toute occasion.*

HÔTE, ESSE. s. (lat. *hospes*, m. s.). Celui, celle qui donne l'hospitalité à quelqu'un. *Notre h. nous fit l'accueil le plus empressé. Notre hôtesse, malgré sa pauvreté, nous traita du mieux qu'elle put.* — Celui, celle qui reçoit l'hospitalité. *Le Bédouin qui recevrait mal son h serait déshonoré. Il a chez lui des hôtes aimables et spirituels.* || Celui, celle qui tient une auberge, un hôtel, et qui donne à manger et à loger pour de l'argent. *L'h. du Cheval blanc. L'hôtesse de la Croix d'or.* — Celui, celle qui vient loger ou manger dans un hôtel, une auberge. *Il a des hôtes fort exigeants.* || *Table d'h.* Voy. TABLE. — Fig., *Qui compte sans son h. compte deux fois.* Voy. COMPTER. || Par ext. et fam., se dit des animaux qui fréquentent la demeure de l'homme. *Les rats et les mouches sont des hôtes fort incommodes.* || Fig. et poétiq., *Les hôtes des bois,* Les animaux qui habitent les bois.

HÔTEL. s. m. (lat. *hospitale*, lieu d'hospitalité, parce qu'à l'origine ce mot avait le sens d'*hôtellerie* ou d'*hôpital*. Demeure somptueuse et vaste des hauts personnages, des grands seigneurs et des riches particuliers. *H. de la présidence. H. du duc de... L'h. de l'ambassade russe. H. de Saint-Paul. H. des Tournelles. H. de Rambouillet. H. de Cluny.* — Autrefois, *Hôtel* se disait absolument de la maison du roi. *Grand prévôt de l'h. Maître des requêtes de l'h.* || Se dit encore de certains édifices destinés à des établissements publics. *L'h. des Monnaies. L'h. du ministère de la guerre. L'h. des Invalides.* — *L'h. de ville,* Celui où siège l'autorité municipale. — *H.-Dieu,* Nom donné à l'hôpital principal de plusieurs villes. Voy. HÔPITAL. || Grande maison garnie, d'un rang plus élevé que les hôtelleries et les auberges. *L'h. d'Albion. L'h. de Londres. Tenir un h. Loger à l'h.* Le *maître d'un h.* || *Maître d'h.,* Officier préposé pour tout ce qui regarde la table d'un grand seigneur, d'un riche particulier, et qui ont fait servir à table. *Maître d'h. ordinaire du roi. Il a un excellent maître d'h.* — En parlant du premier maître d'hôtel du roi, on dit, *Le premier maître de l'hôtel.*

HÔTELIER, IÈRE. s. Celui, celle qui tient un hôtel. || Dans quelques maisons religieuses, le religieux chargé de recevoir et de nourrir les hôtes étrangers du couvent.

HÔTELLERIE. s. f. [Pr. *oté-le-rie*]. Maison où les voyageurs et les passants sont logés et nourris pour leur argent. || Dans certaines maisons religieuses, le corps de logis destiné à recevoir les étrangers.

HOTMAN (FRANÇOIS), sieur de Villiers-Saint-Pol, jurisconsulte et écrivain fr. (1524-1590).

HOTTE. s. f. [Pr. *ho-te*, h asp.] (a l. *huten*, cacher). Espèce de panier ordinairement d'osier et de forme variable, qu'on fixe sur les épaules avec des bretelles pour porter différentes choses. *H. à porter du pain. H. de vendangeur. H. de chiffonnier. Porter la h.* || T. Archit. H. de cheminée, Partie du tuyau qui est au-dessus du manteau. Voy. CHEMINÉE. || T. Techn. Cuvette qui reçoit les eaux ménagères et les égouts des toits. — Louchet d'une drague.

HOTTÉE. s. f. [Pr. *ho-tée*, h asp.]. Ce que contient ou ce que peut contenir une hotte pleine.

HOTTENTOTIE, région extrême de l'Afrique méridionale.

HOTTENTOTS ou **KHOÏN**, race de l'Afrique australe comprenant les Hottentots proprement dits, les Namaquas, les Koronas et les Boschimans. Ce sont les nègres qui complètent parmi les plus disgraciés de la nature. Leur état intellectuel paraît être en rapport avec leur laideur physique. Voy. HOMME.

HOTTER. v. a. [Pr. *ho-ter*]. Porter avec une hotte.

HOTTEREAU. s. m. [Pr. *ho-te-ro*, h asp.]. Petite hotte grossière.

HOTTEUR, EUSE. s. [Pr. *ho-teur*, h asp.]. Celui, celle qui porte la hotte. *Les hotteuses de la halle.*

HOTTINGER, orientaliste et théologien suisse, né à Zurich (1620-1667).

HOUACHE. s. f. T. Mar. Espèce de sillon que laisse derrière lui un navire en refoulant le fluide.

HOUAGE. s. m. [Pr. *hou-aje*, h asp.]. Action de houer la terre.

HOUARI. s. m. T. Mar. Bâtiment à deux mâts, gréant deux voiles auriques, avec un foc à chaque mât et un tape-cul.

HOUAT (Ile d'), entre les presqu'îles de Quiberon et du Croisic, formant depuis 1891 une commune du canton de Quiberon.

HOUBLON. s. m. [h asp.] (lat. *humulus*, m. s.). T. Bot. Genre de plantes Dicotylédones (*Humulus*), de la famille des Urticacées. Voy. ce mot. On donne surtout ce nom à l'espèce la plus importante du genre, l'*H. lupulus.*

HOUBLONNAGE. s. m. [Pr. *houblo-na-je*, h asp.]. Action de houblonner.

HOUBLONNER. v. a. [Pr. *houblo-ner*, h asp.[. Mettre du houblon dans une boisson. *On a trop houblonné cette bière.* = HOUBLONNÉ, ÉE. part.

HOUBLONNIER, ÈRE. adj. [Pr. *houblo-nié*, h asp.]. Qui appartient au houblon. *Pays h.* = HOUBLONNIÈRE. s. f. Champ planté de houblon.

HOUCHARD (JEAN-NICOLAS), un des généraux de la Révolution, né à Forbach (1740-1793).

HOUDAIN, ch.-l. de c. (Pas-de-Calais), arr. de Béthune ; 1,509 hab.

HOUDAN, ch.-l. de c. (Seine-et-Oise), arr. de Mantes ; 2,000 hab. Célèbre par l'élevage des volailles.

HOUDETOT (ÉLISABETH-FRANÇOISE-SOPHIE DE LA LIVE DE BELLEGARDE, comtesse D'), femme distinguée par son esprit (1730-1813).

HOUDON (ANTOINE), statuaire français (1741-1828).

HOUE. s. f. [h asp] (all. *haue*, bache). Instrument de fer, large et recourbé, à manche de bois, et avec lequel on remue la terre en la tirant vers soi. || *H. à cheval,* Espèce de petite charrue à roues, et munie de plusieurs socles en forme de houe plate. La *h. à cheval sert à biner les plantes disposées par rangées.* || T. Techn. Fer avec lequel le faïencier ajuste la couverte dans le baquet. — Rabot pour corroyer le mortier.

Agr. — La forme de la h. varie suivant les lieux et suivant les usages auxquels on la destine ; elle est carrée, triangulaire, fourchue ou à trident, mais toujours plus ou moins recourbée. La h. carrée est propre aux labours superficiels des vignes et des jardins ; la h. triangulaire est utilisée dans les terrains graveleux et pierreux ; la h. fourchue sert dans ceux qui abondent en pierres ou en racines traçantes ; la h. trident peut s'employer comme la h. fourchue en effectuant beaucoup mieux l'extirpation des racines traçantes, surtout celles du chiendent. Par ext., on a nommé h. à cheval un instrument aratoire, léger, porté d'ordinaire sur trois roues et armé de fers de h. triangulaires et parallèles à l'horizon. C'est un moyen de binage plus expéditif que le travail à la main. Son seul défaut est de ne pouvoir être utilisé dans les terrains trop cailloutoux. Sa manœuvre est, du reste, très facile; il suffit, comme avec la charrue sans avant-train, de soulever les mancherons pour la faire terrer, et de poser dessus pour la ramener au niveau du sol.

HOUEILLES, ch.-l. de c. (Lot-et-Garonne), arr. de Nérac; 1,252 hab.

HOUEMENT. s. m. [Pr. hou-man, h asp.]. T. Agric. Action de houer.

HOUER. v. a. [h asp.]. Travailler la terre avec une houe. Il. une terre. Il commença à h. le jardin. — Absol., Cet ouvrier houe très bien. = Houé, ée. part.

HOUETTE. s. f. [Pr. hou-èto, h asp.]. Petite houe.

HOUEUR. s. m. [h asp.]. Celui qui houe.

HOUGLY ou **HOUGLI**, branche occidentale du Gange, arrose Chandernagor et Calcutta.

HOUGUETTE. s. f. [Pr. hou-ghè-te, h asp.]. Outil pointu, à l'usage des marbriers, pour fouiller le marbre.

HOUIELLÈS. ch.-l. de c. (Lot-et-Garonne), arr. de Nérac; 1,250 hab.

HOUILLAGE. s. m. [Pr. hou-lla-je, h asp., ll mouillées]. Action de la houille sur les fers.

HOUILLE. s. f. [h asp., ll mouill.] (bas lat. hullœ, qui est sans doute d'origine germ.: à comparer avec le gothique hanja, l'all. kohl et l'angl. coal, charbon). — On trouve dans la partie de l'écorce terrestre qui est occupée par le terrain dit carbonifère, des masses stratifiées de matières combustibles que l'on désigne sous le nom générique de Houille ou de Charbon de terre. Ces masses gisent fréquemment dans de vastes dépressions qui ont fait appliquer la dénomination de bassins aux dépôts qu'elles constituent. Ces bassins ont souvent en plan une forme circulaire qui est parfois dessinée par les affleurements des couches à la surface du sol. Ils consistent en couches diverses de grès, de schistes et de h., irrégulièrement stratifiées, et quelquefois mêlées de conglomérats qui démontrent une origine mécanique.

I. — Les questions relatives à la formation des combustibles minéraux, malgré les nombreuses études dont elles ont été l'objet, laissent encore beaucoup à désirer. Néanmoins, il est certains points d'une très haute importance relativement à la théorie de la terre, sur lesquels les géologues sont à peu près unanimes. Ainsi, il est établi que ces dépôts sont exclusivement d'origine végétale, et qu'ils résultent très vraisemblablement de l'entassement de végétaux enfouis encore humides, pressés et desséchés en masse compacte, végétaux provenant soit de vastes forêts qui croissaient dans la localité, soit des débris transportés par les eaux. Si même on fait attention à la prodigieuse quantité de bois que certains grands fleuves charrient constamment à la mer, il est permis de supposer que des dépôts analogues se produisent encore aujourd'hui dans les profondeurs de l'Océan. Les caractères botaniques des différentes espèces végétales que l'on a pu reconnaître dans la h. semblent prouver la haute température de la terre à l'époque où elles couvraient sa surface. En effet, les analogues de ces espèces ne se rencontrant aujourd'hui que dans les régions tropicales, il est vraisemblable que partout où il y a de la h., la terre présentait alors une température égale à celle des contrées équatoriales actuelles, et même supérieure, si l'on en juge par les dimensions des végétaux. En troisième lieu, il paraît incontestable que ces dépôts de végétaux se sont produits, et que la transformation du bois en h. s'est opérée sous l'influence d'une pression énorme et d'une chaleur intense. C'est ce que démontre l'aspect même des masses végétales qui constituent la h., ainsi que la manière dont l'hydrogène carboné s'échappe parfois des fissures qui existent entre les couches, comme s'il avait été soumis à une condensation énorme. En outre, non seulement ces dépôts se sont formés à des époques successives, ainsi que le montre leur ordre de superposition, mais encore les plus anciens ont été

soumis à une température de plus en plus élevée, attendu que les dépôts les plus profonds, ou dépôts anthracifères, ne renferment point de substances volatiles, tandis que ces dernières augmentent à mesure qu'on se rapproche de la surface, comme on le voit dans les dépôts de h. proprement dite, et dans les lignites. Enfin, les dépôts houillers semblent avoir été, postérieurement à leur formation, généralement soulevés, et souvent même disloqués et contournés de mille manières, par des forces puissantes et agissant de bas en haut, lesquelles étaient probablement de nature volcanique.

Les calculs les plus récents portent la superficie qu'occupe le terrain houiller dans les deux hémisphères à 1,077,680 kilomètres carrés se répartissant approximativement comme suit:

	kilomètres carrés	
Angleterre . . .	19,135	— —
Allemagne. . .	2,894	— —
États-Unis . . .	308,736	— —
France.	2,894	— —
Belgique. . . .	1,447	— —
Autriche. . . .	2,894	— —
Russie.	17,688	— —
Nlle-Écosse. . .	28,944	— —
Espagne	4,824	— ... —
Chine	643,200	— —
Autres pays . .	45,024	— —

On peut voir sur les cartes géologiques la répartition de ce terrain précieux; mais il n'implique pas nécessairement l'existence de la h. En outre, celle-ci peut n'être pas utilement exploitable. On a signalé comme un fait remarquable l'accumulation des terrains houillers dans l'hémisphère boréal, et particulièrement entre les 49e et 56e parallèles, et la décroissance du nombre et de l'importance des bassins, à mesure qu'on s'avance vers le sud. « Cette assertion, dit Lamé-Fleury, ne nous paraît point exacte, et elle est, en somme, en contradiction complète avec les observations innombrables recueillies dans le volumineux ouvrage de Taylor intitulé Statistique de la houille. Il serait peut-être plus vraisemblable de supposer qu'il y a presque partout du combustible minéral plus ou moins convenable en qualité et en quantité.

II. — Tous les combustibles minéraux ont une densité supérieure à celle de l'eau; néanmoins cette densité varie de 2 à 1 et va en décroissant de l'anthracite au lignite: il est rare qu'elle dépasse le premier nombre. Tous sont essentiellement composés de carbone, d'hydrogène et d'oxygène. Les proportions de ces éléments sont très variables; cependant le carbone et l'hydrogène s'y trouvent toujours en quantité plus que suffisante pour se combiner avec l'oxygène, de manière à former de l'acide carbonique et de l'eau. Ils renferment, en outre, de 1,5 à 2 pour 100 d'azote, et diverses matières étrangères, telles que le sulfure de fer, qui donne lieu à la formation du sulfate et du carbonate de chaux, et le fer carbonaté lithoïde. Ce dernier est parfois associé à la h. de manière à constituer une véritable richesse, comme dans certaines mines de l'Angleterre et de la France. On rencontre encore dans beaucoup de houilles une certaine proportion de pyrite de fer, qui y est disséminée en petits cristaux; cette substance nuit beaucoup à leur qualité. En effet, sous l'action de l'air humide, elle se change en sulfate, augmente de volume et fait tomber le combustible en poussière. Quand ce phénomène a lieu dans l'intérieur des mines ou dans les magasins, le dégagement de chaleur qui provient de l'oxydation est quelquefois assez grand pour que la h. prenne feu. Les houilles très pyriteuses ne peuvent servir qu'à un petit nombre d'usages, parce que le soufre qu'elles renferment corrode les métaux (surtout le fer) avec lesquels elles sont en contact, ou en altère les qualités. Soumises à la distillation, elles donnent un gaz fétide, chargé d'hydrogène sulfuré. Enfin, tous les combustibles minéraux contiennent de l'eau hygrométrique en proportion variable.

La différence de composition élémentaire des combustibles minéraux est généralement en rapport avec leurs caractères extérieurs, l'ancienneté des formations dont ils font partie, et leurs propriétés. Ainsi, suivant Karsten, l'intensité du noir, la ténacité de l'éclat et la dureté indiquent l'abondance de carbone et la prédominance de l'oxygène sur l'hydrogène; l'éclat de la poix annonce une moindre abondance de carbone; l'éclat vitreux a la signification contraire; la vivacité de l'éclat avec défaut de dureté et de consistance, veut dire que le carbone est tanjours abondant, mais que la proportion d'oxygène diminue relativement à l'hydrogène; l'aspect mat et la dureté correspondent, au contraire, à une diminution de carbone et à une augmentation de l'oxygène par rapport à l'hydrogène; enfin, la couleur brune indique le rapport inverse entre ces deux éléments gazeux. De plus, c'est un fait général qu'à mesure que l'on s'élève dans l'échelle des terrains géologiques, la proportion de carbone diminue, tandis que celle d'oxygène augmente. En conséquence, l'anthracite contient plus de carbone et moins d'oxygène et d'hydrogène que n h., et celle-ci est dans le même cas relativement au lignite.

III. — En raison même de leur composition différente, les combustibles minéraux jouissent de propriétés particulières qui ne permettent pas de les employer indifféremment aux mêmes usages. D'après leurs applications industrielles, on les divise en trois groupes principaux : les *Anthracites*, les *Houilles* et les *Lignites*. En outre, les houilles sont individuellement subdivisées en quatre classes : telle est du moins la classification du professeur Regnault, laquelle a été adoptée par l'Administration des mines.

1° L'*Anthracite* est très compact, dur, et d'un noir gris quasi-métallique qui empêche de le confondre avec les autres combustibles minéraux. Sa cassure est presque toujours conchoïde, d'une poussière est d'un noir pur ou d'un noir grisâtre. Il est essentiellement composé de carbone et renferme fort peu de matières volatiles En conséquence, il brûle difficilement et avec lenteur. De plus, il ne brûle que par masses, ne donne point de coke, et a le défaut de se réduire en menus fragments sous l'action de la chaleur, ce qui est un énorme obstacle à son emploi. Depuis quelques années, des appareils de chauffage spéciaux dits *poêles à combustion lente* permettent de faire usage de ce combustible à l'intérieur des habitations particulières. On s'en sert beaucoup pour la cuisson de la chaux, le défaut qui précède étant dans ce cas sans inconvénients. Toutefois, comme il produit une très haute température quand sa combustion a lieu dans des circonstances convenables, on est parvenu à l'utiliser dans beaucoup d'autres cas, même pour le chauffage des chaudières à vapeur et le traitement des minerais de fer. On dispose alors les grilles et les machines soufflantes de manière à laisser passer une très grande quantité d'air, et l'on choisit les variétés qui décrépitent le moins. La flamme que donne dans ce cas l'anthracite est due, non pas à la combustion des rares matières volatiles qu'il contient, mais à celle de l'oxyde de carbone qui se forme par le passage de l'air à travers une grande masse de combustible.

2° Les *Houilles* ont pour caractères généraux d'être noires, luisantes, opaques et plus ou moins friables ; de s'allumer avec facilité ; de brûler avec flamme et fumée noire ; de dégager une odeur bitumineuse plus ou moins prononcée, et souvent même sulfureuse : cette dernière odeur tient à la présence des pyrites de fer. De tous les combustibles minéraux, la houille est celui dont l'usage est le plus étendu. Elle est surtout propre aux opérations métallurgiques, et sert, en outre, à la fabrication du gaz d'éclairage et à la préparation du *coke*. Ainsi que nous venons de le dire, on partage les houilles en 4 classes, savoir : houilles *grasses et fortes* ou *dures* ; houilles *grasses maréchales* ; houilles *grasses à longue flamme* ; houilles *sèches à longue flamme*. Regnault caractérise chacune de ces classes de la manière suivante. — A. Les houilles *grasses et fortes* donnent un coke fritté ou peu boursouflé, qui est le meilleur pour les hauts fourneaux. Elles sont les plus estimées pour les opérations métallurgiques, qui ont besoin d'un feu vif et soutenu. Leur poussière est d'un noir brun. — B. Les houilles *grasses maréchales* sont ainsi nommées de l'usage presque exclusif qu'en font les maréchaux. Elles produisent le coke le plus boursouflé que l'on connaisse. Elles sont d'un beau noir avec un éclat gris caractéristique ; leur poussière est brune. Ces houilles sont ordinairement frangiles, se divisent en petits fragments cubiques qui se recollent facilement au feu. Ce sont les meilleures pour la forge, parce qu'elles produisent une grande élévation de température, et qu'on peut aisément en former, au milieu du feu, ce petites voûtes sous lesquelles l'ouvrier échauffe les pièces à forger. Mais ces houilles sont très incommodes pour la grille, où elles produisent une croûte qu'il faut briser à chaque instant. Au reste, elles sont comparativement très rares. — C. Les houilles *grasses à longue flamme* donnent en général un coke métalloïde boursouflé, mais un peu moins que celui des houilles maréchales ; on y reconnaît souvent les différents fragments de h. employés à la carbonisation ; néanmoins ces fragments se sont toujours très bien collés les uns aux autres. Leur poussière est brune comme celle des houilles maréchales. Ces houilles développent une flamme abondante et très vive, et sont très recherchées pour les fourneaux à réverbère, quand on a besoin d'un coup de feu très vif comme dans le puddlage. Elles conviennent aussi très bien pour le chauffage domestique, et sont préférées pour la fabrication du gaz d'éclairage.

Elles donnent souvent un bon coke pour le haut fourneau, mais en petite quantité. Le type de cette classe de houilles est le *flénu de Mons*. — D. Les houilles *sèches* ou *maigres à longue flamme* donnent un coke non boursouflé ; les divers fragments n'acquièrent ordinairement, par la carbonisation, qu'une faible adhérence. Ces houilles brûlent avec une flamme longue, mais qui passe rapidement, et ne sont pas susceptibles de donner une chaleur aussi intense que celles des classes précédentes. En conséquence, elles conviennent peu aux opérations métallurgiques, mais elles suffisent pour le chauffage des chaudières et pour les usages qui n'exigent pas une très haute température.

Dans le commerce, les diverses variétés de h. reçoivent différents noms qu'il peut être utile de connaître. Après ce qui précède, il est à peine besoin de dire des dénominations de *grasses*, *demi-grasses* et *collantes*, qu'on applique à certaines houilles, reposent sur la propriété qu'elles possèdent de s'agglutiner plus ou moins facilement, de se coller, de se fondre sous l'action de la chaleur par suite d'un principe gras qu'elles contiennent ; que les qualifications de *sèches* et de *maigres* correspondent à la propriété contraire ; que les épithètes de *tendres* et de *dures* sont relatives à leur nature ; que celles de *gros*, *moyen*, *menu*, désignent l'état dans lequel elles sont livrées au commerce. Tout le monde comprend que les variétés appelées charbons de *forge*, de *fine forge*, de *grille*, houilles *à coke*, houilles *à gaz*, sont les combustibles qui conviennent particulièrement pour la forge, pour le chauffage des chaudières à vapeur, pour la fabrication du coke ou celle du gaz. Dans la Loire, le gros est désigné sous le nom de *Pérat* : le moyen sous celui du *Chapelet*, le menu sous celui de *Grêle*. Ces deux derniers termes correspondent à peu près à la *Gailletle* et à la *Gailleterie* du nord de la France. La gailletle comprend les morceaux dont le volume est au moins d'un décim. cube ; le reste comme la *gailletterie*. A Rive-de-Gier, on nomme *Marlborough* un mélange de gros et de menu. Dans la même localité, on désigne sous le nom de *Raffaud* une qualité particulière de h. qui est extrêmement dure. Enfin, dans certain bassin du Nord, on appelle *Trait, Traitvenant* ou *Tout-venant*, le charbon tel à peu près qu'il sort de la mine, c.-à-d. mélange de matières schisteuses.

3° Les *Lignites* sont de couleur plus ou moins brune, mais ils présentent d'ailleurs un aspect très variable. Ils offrent ordinairement la texture fibreuse des substances végétales, mais il faut quelquefois un œil très exercé pour la distinguer ; dans certains cas même, les traces de la structure organique des végétaux n'est plus visible, et alors ils ont véritablement l'aspect de la h. Dans d'autres cas aussi, et c'est de là que lui vient son nom (lat. *lignum*, bois), ce combustible ressemble en effet à du bois dont la couleur serait simplement foncée. C'est de tous les combustibles minéraux celui qui contient le moins de carbone et le plus d'oxygène, et donne le plus de cendres. Les lignites ne produisent pas de coke, brûlent généralement avec une flamme longue, répandent une odeur désagréable et caractéristique, et dégagent une grande quantité de substances volatiles. Néanmoins ils développent une température peu élevée. Aussi ne peuvent-ils guère servir qu'aux évaporations, au chauffage des chaudières et des appartements, à la cuisson des briques et de la chaux. Une de leurs variétés, le *lignite terreux*, est employée pour fabriquer les cendres *végétales* dont l'agriculture se sert comme amendement. Une autre variété appelée *Lignite jayet, Jais* ou *Jayet*, est très compacte, d'un noir brillant, d'un aspect vitreux, à cassure luisante, et susceptible d'être travaillée au tour et de recevoir un beau poli. On s'en sert pour faire des bijoux de deuil et autres menus objets.

Le petit tableau suivant, extrait du travail de Regnault, indique la composition des échantillons typiques sur lesquels le savant chimiste a opéré :

	Carbone.	Hydr. et Az.	Oxyg.	Cendres.
Anthracite	92,56	3,33	2,53	1,58
H. grasse et dure	89,27	4,85	4,47	1,41
H. grasse maréchale	87,45	5,14	5,63	1,78
H. gr. à longue flamme	83,75	5,66	8,04	2,55
H. maigre à long. flam.	76,48	5,23	16,01	2,28
Lignite	70,49	5,59	18,93	4,99

IV. — Depuis un certain nombre d'années, on a encore imaginé de fabriquer, avec diverses qualités de h. ou avec des menus auparavant sans emploi, des *Combustibles artificiels*, qui sont désignés sous les noms d'*Agglomérés*, de *Pérats artificiels*, de *Briquettes*, de *Fulgor*, de *Patent fuel* en Angleterre. Cette sorte de charbon se prépare en mélangeant, soit des houilles grasses et maigres en proportions convenables, soit des menus pulvérulents épurés, avec les matières goudronneuses fournies par les usines à gaz. Les mélanges sont ensuite fortement comprimés dans des moules, et souvent même chauffés au rouge sombre pour leur donner de la dureté. Les solides ainsi obtenus offrent tous les avantages de la h. en gros morceaux, mais ils ont le défaut de dégager une odeur désagréable. Ils conviennent surtout pour la navigation à vapeur, parce que leur forme régulière en rend l'arrimage très facile. Les chemins de fer en font aussi un grand usage. Voy. Agglomérés. — On désigne encore sous le nom ridicule de *Coke anthracite* un combustible artificiel qui est un mélange intime de h. grasse et d'anthracite dans la proportion de 1 à 2, et qui, sous l'action d'une forte chaleur, donne, dit-on, un produit homogène, bien agglutiné et très propre aux usages industriels.

V. — On ignore à quelle époque remonte la première découverte des combustibles minéraux, et surtout à quelle époque on a commencé à en faire usage dans les arts. Le λιθάνθραξ des Grecs, et le *Carbo fossilis* des Romains doivent se rapporter très vraisemblablement à des *lignites* qui, ayant encore généralement conservé leur aspect ligneux, ressemblent beaucoup plus à l'άνθραξ et au *carbo* (charbon de bois) que la h. proprement dite, qui n'en rappelle aucunement la contexture. En effet, Virlet d'Aoust ayant retrouvé sur les bords du Cladeus, torrent qui se jette dans l'Alphée au-dessous d'Olympie, le gisement de λιθάνθραξ que Théophraste signale comme existant en Élide, il a pu constater que ce combustible dont, selon l'auteur grec, les maréchaux se servaient, n'était qu'un lignite passant au jayet et appartenant au terrain tertiaire subapennin. D'un autre côté, Whitaker, Pennant, Wallis et quelques autres Anglais prétendent qu'on a reconnu, dans la Grande-Bretagne, plusieurs indices qui prouveraient que les Romains ont connu la h. Enfin, saint Augustin rapporte que, de son temps, on s'en servait dans le bornage des terres, comme d'un témoin susceptible de se conserver pendant un très long espace de temps, à cause de son inaltérabilité. Néanmoins le document le plus ancien qui constate d'une manière positive l'existence et l'usage de la h. ne remonte pas au delà du milieu du IXe siècle. C'est un acte de concession de quelques terres, fait en l'année 853 par l'abbaye de Peterborough, où l'on voit figurer parmi certaines réserves faites par le monastère, 60 chars de charbon de bois et 12 de charbon de terre. Il est donc positif que la h. était connue en Angleterre bien avant l'époque où les anciennes légendes flamandes en font remonter la découverte; car, suivant ces dernières, ce serait un pauvre forgeron, nommé Hullot ou Hullos, qui le premier en aurait fait usage, et l'aurait découverte en 1049 aux environs de Liège, où elle lui avait été indiquée par un vieillard mystérieux qui avait disparu aussitôt, et ce serait du nom de ce forgeron que viendrait le mot *Houille*, que la plupart des auteurs font tout simplement dériver du saxon.

Au reste, quelle que soit la date de la découverte de la h., son exploitation est restée pendant plusieurs siècles à peu près nulle, l'abondance du bois suffisant alors, et au delà, à tous les besoins. On n'a véritablement commencé à apprécier l'importance industrielle de cette richesse minérale qu'au XVIIe siècle, après l'invention de la machine à vapeur. Aujourd'hui la h. mérite véritablement le nom de *pain de l'industrie* qu'on lui a donné; aussi sa consommation va-t-elle chaque jour en augmentant. Un des derniers recensements donne comme quantité de h. extraite dans divers pays, les chiffres suivants comptés en tonnes métriques :

Angleterre . .	125,000,000	Autriche . . .	12,280,000
États-Unis . .	50,080,000	Russie . . .	4,392,000
Allemagne . .	46,658,000	Nouv.-Écosse .	1,052,000
France . . .	17,000,000	Pays divers. .	5,000,000
Belgique . . .	14,670,000		

Il est à remarquer que l'extraction de la h. augmente dans des proportions considérables dans certains pays, en Angleterre et aux États-Unis notamment; en France cette progression est beaucoup moins sensible à cause des difficultés qu'offre cette extraction, par suite de la grande profondeur des gisements houillers. En Angleterre comme aux États-Unis, ils affleurent presque partout. Le bassin houiller le plus important, comme aussi le plus anciennement connu et exploité, est celui de Newcastle, qui s'étend dans les comtés de Durham et de Northumberland, sur une surface d'environ 430 kil. carrés. Il produit presque trois fois plus que la France entière. Les principaux bassins houillers de la Prusse appartiennent aux

Provinces Rhénanes : l'un d'eux, celui de Sarrebruck, exporte en France la moitié du combustible qu'on en extrait. Quant à ceux de la Belgique, ils forment deux bassins particuliers : le bassin oriental ou de la Meuse, qui s'exploite dans la province de Liège ; et le bassin occidental ou de la Sambre, qui s'exploite dans la province du Hainaut. Les combustibles minéraux forment en France 62 bassins, dont 41 produisent de la h., 15 du lignite et 6 de l'anthracite ; mais deux d'entre eux, ceux de la Loire et du Nord, produisent à eux seuls plus que tous les autres réunis, et les 5/6 de ces derniers ne jouent qu'un rôle tout à fait secondaire, quoique quelques-uns soient susceptibles d'un rendement plus considérable. De plus, nos principaux gîtes se trouvent dans la région du Centre et dans celle du Nord. Enfin, notre production, bien qu'en progrès, est inférieure de près de moitié à notre consommation. Aussi sommes-nous obligés de combler ce déficit en recourant aux houilles étrangères. — Consulter A. Burat, *Traité théorique et pratique des combustibles minéraux*, et pour la partie commerciale, un remarquable article de l'ing. Lamé-Fleury, dans le *Dict. du commerce et de la navigation*.

HOUILLER, ÈRE. adj. [Pr. *hou-ller*, h asp., ll mouil.]. T. Géol. Qui renferme de la houille. *Terrain h. Formation houillère. Période houillère.* || Qui se compose de houille. *Dépôt houiller.*

HOUILLÈRE. s. f. [Pr. *hou-llère*, h asp., ll mouil.]. Mine de houille.

HOUILLEUR. s. m. [Pr. *hou-lleur*, h asp., ll mouil.]. Ouvrier qui travaille à extraire de la houille.

HOUILLEUX, EUSE. adj. [Pr. *hou-lleu*, h asp., ll mouil.]. T. Géol. Qui contient de la houille. *Terrain h. Roche houilleuse.*

HOUKA. s. m. [h asp.]. Pipe turque ou persane plus grande que le *narguilé.* Voy. ce mot.

HOULAGIDES, dynastie mongole qui a régné dans l'Iran de 1252 à 1350.

HOULAGOU, prince mongol, fondateur de la dynastie des Houlagides (1217-1265).

HOULAN. s. m. [h asp.]. Voy. Uhlan.

HOULE. s. f. [h asp.] (orig. germ.: holl. *holle*, creux; danois *haul*, creux; *huulsed*, mer houleuse). T. Mar. Mouvement ondulatoire des eaux de la mer, où il se forme des lames longues et élevées, mais à surface unie, et qui ne déferlent pas. *Il y a beaucoup de h. Une grosse h.* — Se dit aussi des lames qui se forment dans cet état de la mer. *Les houles de la mer étaient d'une longueur extraordinaire.*

HOULETTE. s. f. [Pr. *hou-lète*, h asp.] (R. anc. fr. *houler*, lancer). Bâton de berger terminé par une plaque de fer en forme de gouttière, et servant à jeter de la terre ou des pierres aux moutons qui s'écartent du troupeau. — Fig., *Porter la h., Être berger.* || Ustensile en forme de fer de houlette dont les jardiniers se servent pour lever de terre les oignons de fleurs ou les racines des plantes. || Dans quelques autres arts, on désigne encore sous ce nom certains instruments en forme de houlette, de pelle ou de spatule. || T. Zool. Genre de Mollusques acéphales à coquille bivalve.

HOULEUX, EUSE. adj. [h asp.]. T. Mar. Se dit de la mer agitée par la houle. *La mer est très houleuse.*

HOULGATE, hameau de la commune de Beuzeval (Calvados), à l'embouchure de la Dives. Bains de mer très fréquentés. 500 hab.

HOULICE. s. f. (lat. *oulla*, poteau). Assemblage d'une pièce de bois verticale qui vient en rencontrer une oblique.

HOULQUE. s. f. Voy. Houque.

HOUMIRI. s. m. T. Bot. Genre de plantes Dicotylédones (*Humiria*), de la famille des Humiriées. Voy. ce mot.

HOU-NAN, province de Chine, à l'intérieur de l'empire; 21,003,000 hab.

HOUP. interj. Sert pour appeler ou houper quelqu'un ou pour exciter un cheval.

HOU-PÉ, province de Chine, à l'intérieur de l'empire; 33,365,000 hab.

HOUPER. v. a. [*h* asp.] (all. *hop*, holà?). T. Chasse. Appeler son compagnon. Appeler, exciter un chien, un cheval. == Houpé, ée. part.

HOUPPE. s. f. [Pr. *hou-pe*, *h* asp.] (bas-lat. *hupa*, n. s.). Assemblage de plusieurs fils de soie, de laine, etc., liés ensemble de manière à former une touffe, un flocon. *La h. d'un bonnet carré. Une h. à poudrer.* || Touffe de cheveux sur le devant de la tête. || T. Bot. et Zool. *H. de poils*, Petite touffe de poils plus ou moins divergents. || T. Anat. *Houppes nerveuses.* Voy. Peau. || T. Blas. Touffe terminant chaque bout des entrelacements des cordons. || T. Techn. Toison lavée et peignée pour être filée. — Bout de fil d'or ou d'argent, ruban effilé qui déborde le fer de l'aiguillette.

Phys. — *Houppes d'Haidinger.* — Quand on observe directement à l'œil un faisceau de lumière polarisée, on aperçoit quatre *houppes* disposées en croix : deux jaunes et deux violettes. Ce phénomène est dû, d'après Jamin, à ce que la lumière polarisée qui a traversé les milieux convergents de l'œil, présente un maximum et un minimum d'intensité dans deux plans perpendiculaires : les *houppes* jaunes correspondent au maximum; les *houppes* sombres et violettes au minimum.

HOUPPÉE. s. f. [Pr. *hou-pé*, *h* asp.] (R. *houppe*). T. Mar. Écume légère à la crête des vagues qui s'entrechoquent.

HOUPPELANDE. s. f. [Pr. *hou-pe-lande*, *h* asp.] (ital. *palandra*, sorte d'habit?). Sorte de vêtement large qui se mettait par-dessus l'habit. Voy. Costume.

HOUPPER. v. a. [Pr. *hou-per*, *h* asp.] Faire des houppes. *H. de la laine*, La peigner. == Houppé, ée. part. || T. Bot. *Graine houppée*, Surmontée d'une houppe de poils.

HOUPPETTE. s. f. [Pr. *hou-pète*, *h* asp.]. Petite houppe.

HOUPPIER. s. m. [Pr. *hou-pié*, *h* asp.] (R. *houppe*). T. Forest. Arbre ébranché auquel on ne laisse que la cime. — Maladie qui attaque la cime des arbres.

HOUPPIFÈRE. adj. 2 g. [Pr. *houspi-fère*, *h* asp.] (R. *houppe*, et lat. *ferre*, porter). T. Zool. Qui porte une houppe ou des houppes de poils. == Houppifères. s. m. pl. T. Ornith. Nom donné par Cuvier à un groupe de *Faisans*. Voy. Faisan.

HOUQUE ou **HOULQUE.** s. f. [*h* asp.] (lat. *holkus*, orge sauvage). T. Bot. Genre de plantes Monocotylédones (*Luleus*) de la famille des Graminées. Voy. ce mot.

Agric. — Cette graminée, l'une des plus répandues dans les prairies fraîches ou humides du centre de la France, est généralement classée parmi les bonnes plantes fourragères. Aux environs de Paris, on la rencontre, notamment, presque toujours dans les prés de première qualité. On ne doit toutefois l'admettre dans les ensemencements que dans une faible proportion, son foin ayant l'inconvénient de blanchir, et manquant, d'après Davy, de quelques-uns des principes qui constituent les meilleurs fourrages. Aussi malgré sa vigueur, l'épaisseur de ses touffes et la rapidité de son accroissement, son emploi en prairie artificielle, autrefois très recommandé, n'a-t-il pas eu de succès soutenu. Associée avec le trèfle, on en obtiendrait probablement de meilleurs résultats.

HOURA. s. m. Voy. Hourra.

HOURAILLER. v. n. [Pr. *hou-ra-ller*, *h* asp., *ll* mouil.]. T. Chasse. Chasser avec des hourets.

HOURAILLERIE. s. f. [Pr. *houra-lle-rie*, *h* asp., *ll* mouil.]. Action de chasser avec des hourets.

HOURAILLIS. s. m. [Pr. *hou-ra-lli*, *h* asp., *ll* mouil.]. Meute de hourets.

HOURD. s. m. [Pr. *hour*, *h* asp.] (all. *hürde*, claie). T. Arch. Construction élevée au sommet d'une tour. Voy. Château. || T. Techn. Tréteau du scieur de long. —

Échafaud de l'ardoisier. — Hangar servant d'atelier au sabotier.

HOURDAGE. s. m. [*h* asp.] (R. *hourder*). Maçonnage grossier de moellons ou de plâtras. On dit aussi *Hourdis*. || La première couche de gros plâtre qu'on met sur un lattis pour former l'aire d'un plancher, ou l'épaisseur d'une cloison.

HOURDEL. s. m. [*h* asp.]. Synonyme de *Hourd*. Voy. Château.

HOURDER. v. a. [*h* asp.] (haut-all. *horden*, entasser). Maçonner grossièrement. *H. une cloison.* == Hourdé, ée. part. *Une cloison hourdée.*

HOURDIS. s. m. [Pr. *hourdi*, *h* asp.]. Voy. Hourdage. || T. Mar. *Lisse de h.*, Pièce de bois qui, placée à l'arrière d'un navire, sert à consolider la poupe.

HOURET. s. m. [Pr. *hou-rè*, *h* asp.]. Se dit, par mépris, d'un mauvais petit chien de chasse. *Des hourets galeux.*

HOURI. s. f. [*h* asp.] (ar. *hour* et *aïn*, aux yeux noirs). Nom des femmes qui seront données comme compagnes aux fidèles musulmans qui entreront dans le paradis. Voy. Paradis. || Femme d'une grande beauté.

HOURQUE. s. f. [*h* asp.] (holland. *hulke*, m. s.). T. Mar. On appelle ainsi une sorte de bâtiment de transport en usage dans le Nord, et principalement en Hollande. La h a le fond plat, avec l'avant et l'arrière arrondis. Elle ne porte que deux mâts, l'un au centre avec une grande voile et un hunier, l'autre à l'arrière avec une voile carrée. Comme ce genre de bâtiment navigue fort mal, les marins donnent par mépris le nom de *hourque* à tout navire qui est mal construit et qui ne marche pas bien.

HOURRA et **HOURA.** s. m. [*h* asp.]. *Hourra* paraît avoir été d'abord le cri de joie et de guerre des Mongols, et l'on prétend qu'il dérive des deux mots *hou* et *ra* : voilà l'eau. Quoi qu'il en soit, il a été introduit en Europe par les peuples Slaves et adopté par les nations Scandinaves et Germaniques. Chez nos voisins d'Outre-Manche, les Anglais, qui l'écrivent *Hurrah*, ce mot est une sorte de vivat que l'on pousse toutes les fois qu'on veut honorer quelqu'un. Par ext., ce terme est parfois employé en français pour désigner une attaque, une charge de troupes légères, comme les Cosaques, les hussards, etc. C'est ainsi que l'on dit : « Nous eûmes à essuyer trois hourras de Cosaques. » On emploie ce terme, par analogie, pour désigner le cri que les matelots poussent en cadence en halant ensemble sur un cordage.

HOURVARI. s. m. [*h* asp.]. T. Chasse. Ruse de la bête qui met le chien en défaut en revenant à l'endroit d'où elle est partie. || Cri du chasseur pour faire revenir ses chiens sur leurs premières voies quand ils sont tombés en défaut. *Faire h.* || Fam., se dit d'un grand bruit, d'un grand tumulte. || Aux Antilles françaises, Bourrasque mêlée de pluie et d'orage.

HOUSARD. s. m. [Pr. *hou-zar*, *h* asp.]. Voy. Hussard.

HOUSÉ, ÉE. adj. [Pr. *hou-zé*, *h* asp.] (de l'anc. franç. *houser*, botter). Crotté. *Il arriva tout h.* Fam. et vieux.

HOUSEAUX. s. m. pl. [Pr. *hou-zo*, *h* asp.] (all. *hose*, m. s.). Espèce de bottes ou de guêtres qui couvraient les jambes. Vieux et ne se dit que dans cette phrase proverbiale, *Laisser ses h. quelque part*, Y mourir.

HOUSPILLEMENT. s. m. [Pr. *houspi-lle-man*, *h* asp., *ll* mouil.]. Action de houspiller.

HOUSPILLER. v. a. [Pr. *houspi-ller*, *h* asp., *ll* mouil.] (vx fr. *houspigner*, de *housse* et *pigner*, pour *peigner*, peigner le manteau, battre). Tirailler, secouer quelqu'un pour le tourmenter, pour le maltraiter. || Fig., réprimander, critiquer quelqu'un avec aigreur. == Se Houspiller. v. pron. Se dit dans les deux sens ci-dessus. *Ils se sont bien houspillés Ces deux pédants ne cessent de se h.* == Houspillé, ée. part.

HOUSSAGE. s. m. [Pr. *hou-saje*, *h* asp.]. Action de housser. || Fermeture d'un moulin à vent, faite de bardeaux.

HOUSSAIE. s. f. [h asp.]. Lieu où il croît beaucoup de houx.

HOUSSAYE (Arsène HOUSSET, dit), littérateur français (1815-1896).

HOUSSE. s. f. [Pr. hou-se, h asp.] (arabe ghouchia, m.s.). Espèce de couverture qu'on attache à la selle d'un cheval et qui couvre la croupe. H. de velours. H. armoriée. — H. de pied. H. en souliers, Housse dont les côtés descendent plus bas que la jambe du cavalier. — H. traînante, Celle qui pend presque jusqu'à terre par les côtés. || Couverture d'étoffe légère qu'on met sur les meubles de prix pour les conserver. H. de lit, de guéridon, de fauteuil, etc. || H. de carrosse, Couverture de velours ou d'écarlate dont les princesses et les duchesses couvraient l'impériale de leur carrosse. On dit aussi Carrosse à h. || La couverture du siège du cocher. H. à franges.

HOUSSÉE. s. f. [Pr. hou-sée, h asp.]. Peau de mouton que le mégissier travaille en laine, et qui sert à faire des housses.

HOUSSER. v. a. [Pr. hou-ser, h asp.]. Nettoyer avec un houssoir. H. des meubles. Absol., Il faut h. partout. = Houssé, ée. part. || T. Blas. Se dit d'un cheval qui a sa housse.

HOUSSETTE. s. f. [Pr. hou-sè-te, h asp.]. Serrure de coffre qui se ferme quand on laisse retomber le couvercle.

HOUSSIÈRE. s. f. [Pr. hou-sière, h asp.] (R. houx). Fourré de houx et arbrisseaux analogues.

HOUSSINE. s. f. [Pr. hou-sine, h asp.] (R. houx). Petite baguette de houx ou d'autre bois dont on se sert pour faire aller un cheval, pour battre des vêtements, etc.

HOUSSINER. v. a. [Pr. hou-si-ner, h asp.]. Battre avec une houssine. Faire h. ses habits. || Fig. et fam., Battre quelqu'un avec violence. Il l'a houssiné d'importance. = Houssiné, ée. part.

HOUSSOIR. s. m. [Pr. hou-soir, h asp.]. Balai de houx, et, par ext., de brins de bouleau, de crins, et plus souvent de plumes, dont on se sert pour housser les meubles, les tapisseries, etc.

HOUSSON. s. m. [Pr. hou-son, h asp.]. Voy. Houx.

HOUSURE. s. f. [Pr. hou-sure, h asp.]. Fange que le sanglier laisse aux arbres contre lesquels il se frotte, ce qui fait connaître sa taille.

HOUTHIAS. s. m. T. Mamm. Nom donné par Cuvier à un genre de Rongeurs originaire de Cuba. Voy. Capromys.

HOUTTUYNIE. s. m. [Pr. ou-tui-ni] (R. Houttuyn, n. d'un botaniste holl.) T. Bot. Genre de plantes Dicotylédones (Houttuynia) de la famille des Pipéracées. Voy. ce mot.

HOUVET. s. m. [Pr. Hou-vè, h asp.]. Nom vulgaire d'une sorte de Crabe. Voy. Brachyoures.

HOUX. s. m. [Pr. hou, h asp.] (all. hulot, m. s.). T. Bot. Genre de plantes Dicotylédones (Ilex) de la famille des Ilicacées. Ce nom s'applique surtout au Houx commun (Ilex Aquifolium). Voy. Ilicacées. || H. frelon, H. fragon, Petit h... et Housson, noms vulg. du Fragon. Voy. Liliacées.
Techn. — Le bois du h. dur, solide, à grain fin et serré, prend la couleur noire mieux qu'aucun autre. Il est employé par les ébénistes; on en fait aussi des manches d'outils, des alluchons pour les roues de moulins, des engrenages et plusieurs ouvrages de tour. Les jeunes branches très flexibles servent à faire des manches de fouet. C'est avec sa seconde écorce qu'on prépare la meilleure glu pour prendre les oiseaux. Voy. Glu.

HOVAS, peuple de race malaise, établi depuis un temps immémorial dans l'île de Madagascar. Il y a plusieurs siècles, ils furent refoulés par les tribus nègres dans le plateau central de l'Imerina; mais à la fin du XVIIIe siècle sous la conduite de leur roi Andrianamponine, ils firent la conquête de

presque toute l'île, où ils maintinrent leur domination jusqu'à la conquête française en 1895. Voy. Madagascar.

HOVÉNIE. s. m. T. Bot. Genre de plantes Dicotylédones (Hovenia) de la famille des Rhamnées. Voy. ce mot.

HOWARD, nom d'une illustre famille d'Angleterre, qui a fourni des généraux, des amiraux, et de laquelle descendit Catherine, cinquième femme de Henri VIII, roi d'Angleterre, née en 1522, décapitée à l'âge de 19 ans.

HOWE (Richard), amiral (1726-1799).

HOWE (Élias), industriel américain (1819-1867), inventeur de la machine à coudre.

HOWLITE. s. f. T. Minér. Boro-silicate hydraté de chaux en petits nodules blancs ou en masses terreuses.

HOWRAH ou **HAORA,** v. de l'Inde; 105,200 hab. sur l'Hougli près Calcutta.

HOYAU. s. m. [Pr. ho-io, h asp.]. Sorte de houe à deux fourchons, qui sert à fouir la terre.

HOYÉ. adj. m. [Pr. ho-ié]. T. Pêche. Poisson h., Meurtri, secoué dans le filet ou attaqué par des poissons voraces.

HOYER. s. m. (R. Hoy, nom d'un horticulteur angl.). T. Bot. Genre de plantes Dicotylédones (Hoya) de la famille des Asclépiadées. Voy. ce mot. Le H. carnosa est une plante ornementale fréquemment cultivée dans les jardins.

HOZIER (Pierre d'), créateur de la science généalogique (1592-1660). = Son fils René, généalogiste (1640-1732).

HROTSVITHA, célèbre religieuse et poétesse saxonne, née vers 932, morte à une date inconnue.

HUAGE. s. m. [h asp.]. Action de huer.

HUALYAYOC, prov. du Pérou; 48,000 hab.

HUANACO. s. m. [Pr. houa-nako, h asp.] (mot américain). T. Mamm. Genre de Mammifères appartenant à l'ordre des Ruminants. Voy. Lama.

HUANO. s. m. [Pr. houa-no, h asp.]. Voy. Guano.

HUARD. s. m. [h asp.]. T. Ornith. Nom vulgaire du Pygargue.

HUASCOLITE. s. f. (R. Huesco, v. du Chili; gr. λίθος, pierre). T. Minér. Sulfure de plomb et de zinc ressemblant à la galène.

HUAU. s. m. [Pr. hu-ó, h asp.] (R. huer). Épouvantail fait avec des ailes d'un milan ou d'une buse.

HUBER (François), naturaliste suisse (1750-1830).

HUBERT (Saint), apôtre des Ardennes, évêque de Liège, né en 728 ; il est le patron des chasseurs. Fête le 3 novembre.

HUBLOT. s. m. [Pr. hu-blo, h asp.]. T. Mar. Petite ouverture qu'on perce dans la muraille d'un navire pour donner du jour et de l'air dans l'entrepont.

HÜBNER (Joseph-Alexandre, baron de), diplomate et écrivain autrichien (1814-1892).

HUBNÉRITE. s. f. [h asp.] (R. Hubner, n. d'homme). T. Minér. Tungstate de manganèse naturel, très rare, en cristaux orthorhombiques bruns.

HUC (Évariste-Régis), missionnaire français (1813-1860), auteur de Voyages dans la Tartarie, le Thibet et la Chine.

HUCHE. s. f. [h asp.] (lat. hutica, m. s.). Grand coffre de bois qui sert à pétrir le pain et à le serrer. || La h. du moulin, Le coffre où tombe la farine. || T. Techn. Sorte d'auge qui reçoit les minerais bocardés. Voy. Fer, VIII. || Réservoir à poisson composé d'une forte caisse percée de trous qu'on établit dans l'eau.

HUCHÉE. s. f. [*h* asp.]. Action de hucher.

HUCHEMENT. s. m. [Pr. *huche-man*, *h* asp.]. Action de hucher.

HUCHER. v. a. [*h* asp.]. T. Chasse. Appeler à haute voix ou en cornant. = Huché, ée. part.

HUCHET. s. m. [Pr. *hu-chè*, *h* asp.]. Cornet, espèce de petit cor avec lequel on appelle ou on avertit de loin.

HUDDERSFIELD, v. d'Angleterre ; 96,300 hab.

HUDSON (Baie ou mer d'), vaste baie au nord de l'Amérique.

HUDSON, fleuve de l'Amérique du Nord (États-Unis), arrose New-York ; 450 kilom.

HUDSON (HENRY), navigateur anglais qui découvrit le détroit et la baie d'Hudson en 1610 ; mort en 1611.

HUDSONITE. s. f. [R. *Hudson*, nom propre]. T. Minér. Variété de pyroxène riche en alumine et en peroxyde de fer.

HUE et **HUHAU**. [*h* asp.]. Mot dont se servent les charretiers pour faire avancer leurs chevaux, ou pour les faire aller à droite. Voy. DIA.

HUÉ, v. d'Asie (*Phou-Thoua-Thiên*), cap. du royaume d'Annam sur la rivière de Hué ; 30,000 hab.

HUÉE. s. f. [*h* asp.] (Onomatopée). Bruit que des paysans assemblés pour une battue font après le loup, soit pour le faire lever, soit pour le pousser vers les chasseurs. || Cri des pêcheurs pour faire tomber le poisson dans les filets. || Fig., se dit des cris de dérision qu'une réunion de gens pousse contre quelqu'un. *On l'accueillit avec des huées. Son discours s'acheva au milieu des huées.*

HUELGOAT (LE), ch.-l. de c. (Finistère), arr. de Châteaulin, 4,300 hab.

HUELVA, prov. d'Espagne, 254,000 hab. Ch.-l. *Huelva*, 13,500 hab.

HUER. v. a. [*h* asp.]. T. Chasse. *H. le loup*, Faire des huées après lui. — *H. le poisson*, Crier pour le faire tomber dans le filet. || Fig., Crier contre quelqu'un. *Dès qu'il commença à parler, on le hua. Il se fit h. de tout le monde. Sa pièce a été huée.* = HUER. v. n. Pousser son cri, en parlant d'un oiseau de nuit. = Hué, ée. part.

HUERTA (GARCIA DE LA), poète espagnol (1729-1797).

HUESCA, ville d'Espagne, ch.-l. de la province de ce nom ; 12,000 hab. La province compte 255,000 hab.

HUESCAR, ville d'Espagne (prov. de Grenade) ; 8,000 hab.

HUET (PIERRE-DANIEL), savant français, évêque d'Avranches (1630-1721), fut sous-précepteur du Dauphin fils de Louis XIV.

HUET (PAUL), paysagiste fr. (1804-1869).

HUETTE. s. f. [Pr. *huè-te*, *h* asp.]. Nom vulg. du Chathuant hulotte.

HUGO (SIGISBERT), général fr., né à Nancy (1774-1828), père du poète.

HUGO (VICTOR), le plus grand poète fr., auteur dramatique et romancier, chef de l'école romantique ; né à Besançon le 26 février 1802, mort à Paris le 22 mai 1885.

HUGOLÂTRE. s. m. [*h* asp.]. Partisan aveugle des ouvrages et des théories littéraires de Victor Hugo.

HUGONIE. s. f. (R. *Hugon*, nom d'un médecin all.). T.

Bot. Genre de plantes Dicotylédones (*Hugonia*) de la famille des Linacées. Voy. ce mot.

HUGUENOT, OTE. s. [Pr. *hu-ghe-no*, *h* asp., *g* dur] (all. *eidgenoss*, associé par serment). Sobriquet par lequel les catholiques de France désignaient autrefois les protestants. || Adj., *Le parti h. La faction huguenote.* — Elliptiq., *OEufs à la huguenote*, À la mode huguenote, c.-à-d. cuits dans du jus de mouton.

HUGUENOTE. s. f. (R. *huguenot*). Petit fourneau de terre ou de fer avec une marmite dessus. || Vaisseau de terre sans pieds, propre à être mis sur le fourneau.

HUGUENOTERIE. s. f. [Pr. *hu-ghenoteri*, *h* asp.]. Parti, faction des huguenots.

HUGUENOTIQUE. adj. 2 g. [*h* asp.]. Qui tient, qui appartient aux huguenots.

HUGUENOTISME. s. m. [*h* asp.]. Doctrine, profession de la religion prétendue réformée. Inus.

HUGUES, nom de cinq ducs de Bourgogne (1075-1315).

HUGUES *le Grand* ou *l'Abbé*, comte de Paris, fils du roi Robert, disputa la couronne à Charles le Simple ; m. en 956.

HUGUES CAPET, fils de Hugues le Grand (946-996), fut proclamé roi de France en 987 et devint le fondateur de la dynastie des Capétiens.

HUGUES DE SAINT-VICTOR, religieux et philosophe, mort en 1141.

HUHAU. [*h* asp.]. Voy. HUE et DIA.

HUI. (lat. *hodie*, aujourd'hui). Adv. de temps qui sert à marquer le jour où l'on est. Vx et ne s'empl. qu'en termes de Pratique. *Ce jour d'hui*, on en un seul mot. *Cejourd'hui*, les chambres assemblées. *D'hui en un mois. D'hui en un an.* Ces deux dernières locut. sont vieilles et inus.

HUILAGE. s. m. Action de huiler.

HUILE. s. f. (lat. *oleum*, m. s.). Liqueur grasse, onctueuse et inflammable, qui s'extrait de diverses substances, principalement végétales. *Huiles fixes. Huiles grasses. Huiles essentielles. H. d'olive. H. animale. H. de pétrole.* — Dans le langage ordinaire, se dit le plus souvent des huiles grasses, et plus partic. de l'huile d'olive. *Tache d'h. Frotter d'h. Magasin d'huiles. Voilà d'excellente h. Potage à l'h. Faire de l'h. Vendre de l'h. Éclairage à l'h. Assaisonner avec de l'h. Friture à l'h. H. figée. H. bouillante. H. rance. H. douce. H. amère. H. de lampe. H. à brûler. H. vierge.* || T. Peint. Mélange d'huile et d'une matière colorante. *Un plafond à l'h. Un portrait à l'h.* || Fig., *Les écrits de cet auteur sentent l'h.*, On sent en les lisant qu'ils lui ont coûté beaucoup de travail, de veilles. Vx et fig. dans cette locution de l'h. de la lampe. *Jeter de l'h. dans le feu, sur le feu*, Exciter une passion déjà très vive ; exciter des esprits déjà trop exaltés. *Il n'y a plus d'h. dans la lampe*, se dit d'une personne qui meurt de vieillesse ou dont les forces s'éteignent. *C'est une tache d'h.*, se dit d'une flétrissure, d'un déshonneur qui ne peut se réparer. *C'est une tache d'h. qui s'étend toujours*, se dit d'un mal qui ne peut que s'accroître. || T. Liturg. *Les saintes huiles.* Voy. CHRÊME.

Chim. — En termes de chimie, on donne exclusivement le nom d'*Huile* à tout corps gras qui conserve l'état liquide de 15° à 20° centigr. et, à plus forte raison, au-dessus. Mais, dans le langage ordinaire, on l'applique à différents liquides qui n'ont aucun rapport avec les huiles proprement dites, si ce n'est qu'ils en ont la consistance ou la viscosité. On distingue communément les huiles en trois classes : les huiles *fixes*, les huiles *essentielles*, et les huiles *empyreumatiques*.

1. *Huiles fixes.* — Ce sont les huiles véritables, et on les nomme également huiles *grasses*, à cause de l'identité de leur composition élémentaire avec les *graisses*. Les corps gras retirés des végétaux sont ordinairement fluides à la température ordinaire, et sont par conséquent des huiles. Ceux, au contraire, que l'on retire des animaux à sang chaud sont habituellement plus ou moins solides, c.-à-d. sont des graisses ; néanmoins les poissons, et en général les animaux à sang

froid, renferment des huiles comme les végétaux. — Chez les plantes, la matière grasse existe principalement dans les graines ; cependant l'Olivier, le Cornouiller sanguin et les Lauriers nous la présentent dans leur péricarpe. Le Souchet comestible offre le cas très rare d'une h. contenue dans une racine. La proportion d'h. que donnent les graines est souvent considérable : ainsi, la graine de lin en renferme environ 38 p. 100, celle de navette 35 à 40, et celle de ricin 60. En général, on extrait l'h. par une simple pression, tantôt à froid, tantôt à chaud. L'emploi de la chaleur facilite l'écoulement des matières grasses par la pression, mais il a l'inconvénient de les altérer légèrement et de les disposer à rancir. Lorsque la proportion d'h. n'est pas considérable, on a souvent recours à la fermentation, qui produit la désagrégation du fruit et détruit une partie des matières organiques capables de retenir le corps gras. Certaines huiles, surtout celles d'origine animale, se préparent en faisant bouillir avec de l'eau les organes qui les contiennent ; après refroidissement l'h. vient surnager. C'est ainsi qu'on obtient l'h. de pieds de bœuf et l'h. de hareng ; on traite de même les foies de morue ou de raie après les avoir abandonnés plus ou moins longtemps à la putréfaction. Enfin, les chimistes emploient quelquefois des dissolvants, principalement l'éther et le sulfure de carbone, que l'on chasse ensuite par l'évaporation. Les huiles exprimées à chaud contiennent toujours en suspension des parties parenchymateuses qu'il est indispensable d'enlever, quand on les destine à l'éclairage. En effet, lorsqu'elles sont chargées de débris organiques, elles brûlent mal et les mèches se charbonnent. Pour les *épurer* et les *blanchir*, on les bat fortement avec quelques centièmes d'acide sulfurique concentré, puis on les lave avec de l'eau. Les parties mucilagineuses charbonnées par l'acide se rassemblent sous la forme d'une masse noire et épaisse au-dessous de l'h. devenue parfaitement limpide. — Les huiles se figent et se solidifient plus ou moins complètement à une basse température. Leur liquidité n'est très complète qu'à une température élevée ; à la température ordinaire, elles présentent une certaine viscosité que l'on nomme *consistance huileuse*. Leur densité varie entre 0,89 et 0,93. Elles ne sont pas volatiles sans décomposition sous la pression ordinaire ; mais à basse pression la plupart peuvent être distillées sans qu'elles se décomposent. Chauffées au delà de 250°, elles dégagent des vapeurs abondantes et très âcres contenant de l'acroléine, qui provient de la décomposition de la glycérine. Soumises brusquement à l'action d'une chaleur rouge, les huiles se transforment, comme les autres corps gras, en hydrocarbures gazeux dont le mélange peut servir à l'éclairage. Dans certaines localités où l'on peut se procurer à bas prix les huiles de graines non épurées et les huiles de poisson brutes, on les emploie avec avantage dans ce genre d'industrie. Les huiles grasses pénètrent facilement les corps avec lesquels on les met en contact ; on tire parti de cette propriété pour enlever les taches d'h. sur le papier, sur les vêtements, et même sur le bois et la pierre. À cet effet, on recouvre ces taches avec de la terre de pipe, réduite en pâte ferme avec de l'eau ou de l'esprit-de-vin. En se desséchant, l'argile absorbe la matière grasse. Les huiles sont à peu près insolubles dans l'eau, mais elles se dissolvent dans les mêmes menstrues que les graisses en général. En vases clos, elles se conservent très longtemps sans altération ; mais, au contact de l'air, elles absorbent de l'oxygène, quoique avec une activité très variable. Les unes n'en prennent que de petites quantités sans changer sensiblement d'aspect ; elles contractent seulement une odeur désagréable et acquièrent la propriété de rougir le tournesol : en d'autres termes, elles *rancissent*. On leur restitue leurs qualités premières en les agitant à froid avec un peu de lessive alcaline. Les autres absorbent de plus grandes proportions d'oxygène ; elles s'épaississent, se couvrent d'une couche d'apparence résineuse et finissent par se solidifier complètement. On donne à ces dernières le nom d'*huiles siccatives ;* ce sont les seules qu'on puisse employer dans la peinture. Les huiles de lin, de chènevis, de noix, d'œillette, de ricin, sont siccatives ; celles d'amandes douces, d'olive, de navette, de colza, etc., ne le sont pas. Lorsque les huiles imprègnent des matières poreuses et offrent à l'action de l'air une large surface, leur oxydation est très rapide et s'accompagne alors d'un dégagement de chaleur qui est parfois assez considérable pour enflammer les corps gras : ainsi s'expliquent les incendies spontanés qui se déclarent dans certaines manufactures. On a vu des incendies se produire spontanément sur des tas de mouchures de chandelles ou de mèches de lampe. On active la dessiccation des huiles siccatives en les faisant préalablement bouillir avec quelques centièmes de litharge ou d'oxyde de zinc ; on leur donne alors le nom d'*huiles cuites*. Les huiles

grasses dissolvent de petites quantités de soufre et de phosphore, et lorsqu'on les traite par le chlorure de soufre, elles se convertissent en une matière solide dont la consistance est analogue à celle du caoutchouc.

Les alcalis saponifient les huiles : la réaction est analogue à celle qu'ils déterminent sur les corps gras en général, c.-à-d. qu'il y a production simultanée de glycérine et de savons à base d'alcalis. On peut, d'une manière générale, dire que les huiles sont composées d'*oléine* mélangée avec des proportions variables de *palmitine* et de *stéarine*. Nous avons déjà décrit ailleurs ces substances. Voy. GRAISSE. Les huiles siccatives contiennent, au lieu d'oléine, une substance isomère appelée *linoléine*. Celle-ci est constituée par le glycéride de l'acide linoléique ; elle se distingue de l'oléine en ce qu'elle se résinifie promptement au contact de l'air et ne se concrète pas sous l'influence de l'acide hyponitrique pour former de l'élaïdine.

II. *Huiles essentielles.* — Les *huiles essentielles*, qu'on appelle aussi *huiles volatiles* ou *essences*, ont été l'objet d'un article spécial. Voy. ESSENCE.

III. *Huiles empyreumatiques.* — Ce sont des produits volatils qui résultent de la distillation à feu nu de matières animales ou végétales. Les anciens préparaient des huiles empyreumatiques de sassafras, de gaïac, de copahu et de diverses gommes-résines. On fait encore quelque usage en médecine, comme antispasmodiques, de l'*H. empyreumatique de succin*, et de l'*H. volatile de corne de cerf* ou *H. animale de Dippel*. Voy. DIPPEL et PYROLIQUE. — Le *Naphte* ou *Pétrole* est une h. empyreumatique bitumineuse naturelle.

IV. *Huiles médicinales.* — Ce nom ne désigne point une catégorie particulière d'huiles : il sert simplement à désigner certaines combinaisons d'une h. fixe avec une h. volatile, ou certaines dissolutions de diverses substances médicamenteuses dans l'huile fixe. On les prépare à l'aide de la solution directe, de la macération, de l'infusion ou de la décoction, et l'on emploie ordinairement l'h. d'olive. Quand on veut charger l'h. des principes contenus dans des plantes fraîches, il faut soumettre ces plantes à une sorte de coction préalable pour dissiper leur eau de végétation, qui s'opposerait au contact des matières solubles avec l'h. et par conséquent à leur dissolution. Les huiles médicinales sont *simples* ou *composées*. On range parmi les premières : l'*H. camphrée*, que l'on prépare en triturant dans un mortier de marbre (à l'aide de quelques gouttes d'alcool) 50 grammes de camphre purifié, ajoutant peu à peu 450 gr. d'h. d'olive, et filtrant après dissolution complète ; l'*H. rosat* ou *H. de roses pâles*, qu'on obtient en écrasant légèrement dans un mortier de marbre 32 gr. de pétales mondés de roses pâles, ajoutant 130 gr. d'h. d'olive, laissant reposer pendant cinq jours, passant ensuite avec expression, décantant l'h., le mettant en contact avec une nouvelle quantité de roses, et, après une troisième opération semblable, filtrant et conservant pour l'usage ; les *Huiles de camomille*, de *mélilot*, de *millepertuis*, de *sureau*, qu'on prépare en faisant digérer pendant deux jours, dans un vase convenable, à la chaleur du bain-marie, 64 gr. de fleurs sèches dans 500 gr. d'h. d'olive, passant ensuite avec expression et filtrant ; les *Huiles d'absinthe* avec l'h. qu'on prépare de même, mais avec les sommités ; les *Huiles de ciguë*, *de belladone*, de *jusquiame*, de *morelle*, de *nicotiane* et de *stramoine*, qu'on prépare en pilant 500 gr. de feuilles, les mélangeant à 1 kilogr. d'h. d'olive, chauffant sur un feu très doux jusqu'à ce que toute l'eau de végétation soit dissipée, laissant digérer pendant deux jours, passant avec expression et filtrant ; l'*H. de cantharides*, qu'on obtient en faisant digérer pendant six heures, dans un vase fermé et à la chaleur du bain-marie, 125 gr. de cantharides en poudre grossière et 1 kilogr. d'h. d'olive, passant ensuite avec expression et filtrant ; l'*H. opiacée*, qu'on obtient en faisant digérer 14 grammes d'opium brut dans 500 gr. d'h. de jusquiame et exprimant ensuite. Cette dernière préparation peut r'mplacer les mélanges d'huiles fixes et de teintures opiacées. Les huiles médicinales *composées* sont souvent désignées sous le nom de *Baumes huileux :* tels sont le *Baume tranquille*, le *Baume vert de Metz*, etc. Ces préparations ne sont employées qu'à l'extérieur. Voy. BAUME.

V. *Essai des huiles.* — L'essai des huiles est une opération assez complexe. On peut cependant avoir des indications par un procédé très simple. Dans un tube à essai, on verse 10 centigrammes de l'h. à essayer avec 5 centigrammes d'une solution alcoolique de nitrate d'argent, à 25 pour 100 de nitrate dans l'alcool éthylique à 95°. Le mélange est soumis pendant une demi-heure à la chaleur tiède d'un bain-marie ; puis on observe la teinte de l'h. — L'Olive pure conserve sa transparence et prend une teinte vert pré. L'Arachide prend une teinte brun rougeâtre. Le Sésame prend la coloration du rhum très foncé en couleur. Le Colza devient noir, puis vert sombre. Le Lin prend une teinte rougeâtre foncée. — Le Coton devient noir. L'Œillette devient noir verdâtre. La Cameline paraît noire ; par transparence, elle présente une teinte rouge brique.

VI. *Falsifications de l'huile d'olive.* — Le plus ordinairement on falsifie cette huile avec des huiles de graine d'un prix inférieur, telles que celles d'œillette, de navette, de colza, de sésame, de coton, et plus rarement avec celle d'arachide, à cause du goût désagréable de ce produit suffisant pour déceler la fraude. Parmi les nombreux moyens proposés pour découvrir la fraude par l'huile d'œillette, l'un des plus simples est fondé sur la différence de viscosité des deux huiles. Il consiste à verser une petite quantité du produit suspect dans une fiole, puis à y introduire des bulles d'air en l'agitant brusquement. Si l'huile est pure, ces bulles disparaissent presque aussitôt, tandis que, si elle renferme de l'huile d'œillette, elles se maintiennent plus ou moins longtemps en se réunissant les unes aux autres, et en formant ce qu'on appelle le *chapelet*. Un autre moyen, d'une application également facile, est basé sur la différence des températures auxquelles les deux huiles passent à l'état solide. En effet, l'huile d'olive pure se congèle à 6° ou 8° au-dessus de zéro, et celle d'œillette de 8° à 12° au-dessous. En conséquence, la congélation des mélanges a lieu à des températures intermédiaires qui varient suivant les proportions respectives des deux huiles. On fait aussi, pour l'essai des huiles, usage de divers instruments qui ne sont que des *aréomètres* d'une construction spéciale. Indépendamment des moyens empiriques, on peut arriver facilement à la découverte de la fraude en se basant sur la présence du soufre dans les graines des crucifères, telles que celles de *navette*, de *colza*. A cet effet, 10 gram. de l'huile à vérifier sont saponifiés dans une capsule de verre, à l'aide d'une dissolution alcoolique de potasse caustique pure. On agite avec une spatule d'argent ; si cet argent ne noircit pas, la présence d'une huile de crucifère est indiquée. Si l'on ajoute à l'huile à essayer partie égale d'acide chlorhydrique à 23 degrés, légèrement sucrée, et qu'on agite fortement, la présence de l'huile de *sésame* est révélée, quelle que soit la petite quantité, par une coloration rouge qui se manifeste et persiste, après le repos, au fond du liquide.

VII. *Nomenclature des principaux produits qu'on désigne sous le nom commun d'huiles, soit dans le langage scientifique, soit dans le langage industriel et ordinaire.* — H. *d'Abricotier,* extraite des semences de l'Abricotier. Voy. ROSACÉES. — H. *d'amandes douces,* Voy. AMANDE. — H. *animale de Dippel,* obtenue par la distillation des os. Voy. PYRIQUE. — H. *d'Arachide,* H. extraite de la graine de l'Arachis hypogœa (Légumineuses) : elle est un peu plus claire que l'h. d'olive, mais elle a la même pesanteur spécifique que celle-ci. Elle se congèle vers 8° au-dessous de zéro. Cette h. est comestible ; néanmoins on ne l'emploie guère que pour la fabrication des savons. — H. *de Baleine,* Voy. H. *de Cétacés.* — H. *de Belladone,* Voy. H. *médicinales.* — H. *de Ben,* MORINGÉES. — H. *de blanche,* Syn. d'H. *d'œillette.* — H. *du Brésil,* Le Baume de Copahu. — H. *de Cacao,* H. grasse concrète, plus souvent appelée *Beurre de Cacao.* Voy. CACAOYER. — H. *de Cade,* Voy. CONIFÈRES. — H. *de Cameline,* H. jaune et fluide comme celle de Colza, mais qui ne se congèle qu'à — 15°. Elle donne une flamme rouge et beaucoup de fumée ; cependant on l'emploie pour l'éclairage ; mais elle est surtout propre à la fabrication des savons noirs, surtout en hiver. — H. *de Camomille,* Voy. H. *médicinales.* C'est aussi le nom vulgaire de l'h. de cameline. — *Huile camphrée* et H. *de Cantharides,* Voy. H. *médicinales.* — H. *de Carapa,* Voy. MÉLIACÉES. — H. *de Castor,* Syn. d'H. *de Ricin.* — H. *de Cétacés,* Graisse naturellement liquide, qui s'emploie dans les usages industriels et qui provient du lard de plusieurs sortes de Cétacés, tels que Baleines, Cachalots, Marsouins, etc. — H. *de Chanvre* ou H. *de Chènevis,* H. jaune verdâtre, très fluide et siccative, qui ne se solidifie qu'à 22° au-dessous de zéro et sert principalement à l'éclairage. — H. *de Ciguë,* Voy. H. *médicinales.* — H. *de coco,* Voy. H. *de Palme.* — H. *de Colza,* Voy. CHOU. — H. *de corne de cerf,* Voy. H. *empyreumatiques.* — H. *de Coton,* H. extraite des semences du Cotonnier herbacé : elle est employée pour l'éclairage et dans les savonneries. — H. *de Croton,* Voy. EUPHORBIACÉES. — *F. cuites,* Voy. ci-dessus H. *fixes.* — H. *douces,* so dit des huiles fixes alimentaires ou médicinales non purgatives. — H. *empyreumatiques,* Huiles obtenues par la distillation sèche des matières animales. — H. *d'épurge,* Voy. EUPHORBIACÉES. — *Huile éthérée* ou *d'éther,* Syn. d'H. *douce de vin.* — H. *de Faines,* Voy. CUPULIFÈRES. — H. *fétides,* Syn. d'H. *empyreumatiques.* — H. *fixes,* Voy. ci-dessus. — H. *de foie de Morue,* Voy. H. *fixes et* H. *de poisson.* — H. *de foie de Raie,* S'emploie aux mêmes usages que la précédente, mais paraît moins active. — H. *de Gabian,* Syn. de Pétrole. — H. ou plus souvent *Beurre de Galam,* H. concrète et comestible qu'on extrait des semences du Bassia butyracea. Voy. SAPOTACÉES. — H. *grasses,* Syn. d'H. *fixes.* — H. *de Hollandais,* Voy. ÉTHYLÈNE. — H. *d'Illipé,* Voy. SAPOTACÉES. — H. *de jaunes d'œufs,* H. d'un jaune citrin, d'une odeur de jaune d'œuf et d'une saveur très douce et très agréable, qu'on emploie quelquefois comme adoucissant. Pour l'obtenir, on fait réduire les jaunes d'œufs de moitié dans une bassine, puis on les enferme dans un sac de toile très serré, et enfin on les met ou presse entre deux plaques de fer préalablement chauffées dans l'eau bouillante. — H. *de Jusquiame,* Voy. H. *médicinales.* — H. *de Laurier,* Voy. LAURACÉES. — H. *de Lentisque,* H. comestible qu'on retire par expression des graines du Pistacia lentiscus (Anacardiacées) : elle sert principalement à l'éclairage. — H. *de Lin,* Voy. LIN. — H. *de Madi,* H. extraite des semences du Madia sativa. Voy. COMPOSÉES, tribu des *Radiées.* — H. *médicinales,* Voy. ci-dessus. — H. *de Médicinier,* H. qui s'obtient des graines du Curcas purgans. Naguère elle n'était usitée qu'en médecine, mais elle s'emploie aujourd'hui dans l'éclairage et dans la savonnerie. Voy. EUPHORBIACÉES. — H. *de Millepertuis,* Voy. H. *médicinales.* — H. *minérale,* Le Naphte ou Pétrole. — H. *de Morelle,* Voy. H. *médicinales.* — H. *de Moutarde,* Voy. MOUTARDE. — H. *de Naphte,* Voy. PÉTROLE. — H. *de Navette,* Voy. CHOU. — H. *de Nicotiane,* Voy. H. *médicinales.* — H. *de Noix,* Voy. JUGLANDÉES. — H. *de Noisettes,* Voy. CUPULIFÈRES. — H. *d'Œillette,* Syn. d'H. *de Pavot.* — H. *d'Olive,* Voy. OLÉACÉES. — H *omphacine,* H. amère qu'on retire des olives encore vertes. — H. *opiacée,* Voy. H. *médicinales.* — H. *de Palma-Christi,* Syn. d'H. *de Ricin.* — H. *de Palme,* Voy. PALMIERS. — H. *de Pavot,* Voy. PAPAVÉRACÉES. — H. *de Pétrole,* Voy. PÉTROLE. — H. *de pied de bœuf,* Se prépare en faisant bouillir dans l'eau les pieds des animaux de l'espèce bovine et en enlevant la graisse qui surnage. Cette graisse est fluide à la température ordinaire et ne se solidifie même que par un froid intense. Elle ne rancit que très difficilement, et cette double propriété la rend très précieuse pour certains usages, par ex., pour lubrifier les pièces d'horlogerie et de machines délicates, pour polir les métaux à l'émeri, pour humecter les pierres à repasser, etc. — H. *de pierre,* Le Naphte et le Pétrole. — H. *de Poisson,* Les huiles ainsi nommées sont quelquefois confondues avec les huiles de Cétacés, qui trop souvent servent à les falsifier. On les extrait, par macération et compression, des foies de plusieurs poissons, notamment du Hareng, de la Raie, du Congre et surtout de la Morue. Elles sont épaisses, douées d'une odeur et d'une saveur fortes, et diversement colorées, suivant la qualité. Sous ce rapport, on les distingue en brunes, blondes et blanches. On les emploie beaucoup en médecine, surtout l'h. de foie de morue, qui jouit de propriétés fortifiantes très énergiques. On a attribué l'action bienfaisante de cette h. à l'iode qu'elle contient en assez forte proportion. Outre l'usage médical qu'on fait de certaines d'entre elles, on en emploie beaucoup pour le chamoisage des peaux. Dans les pays maritimes du Nord, on s'en sert aussi pour l'éclairage. — H. *de Pommes de terre,* Voy. FUSELOL. — H. *de Résine,* Voy. COLOPHANE. — H. *de Ricin,* Voy. EUPHORBIACÉES. — H. *de schiste,* Voy. BITUMINEUX. — H. *de Sésame,* Voy. GESNÉRACÉES. — H. *de Stramoine* et H. *de Sureau,* Voy. H. *médicinales.* — H. *siccatives,* Voy. H. *fixes.* — H. *de tartre par défaillance,* Nom donné anciennement au carbonate de potasse liquéfié par l'humidité de l'air. — H. *de Touloucouna,* Voy. MÉLIACÉES. — H. *de Tilly,* Syn. d'H. *de Croton.* — H. *de Vin,* Voy. ÉTHYLSULFURIQUE et VIN. — H. *de Vitriol,* Nom ancien de l'acide sulfurique. — H. *de Vitriol dulcifié,* Voy. ÉTHER.

HUILEMENT. s. m. [Pr. *ui-leman*]. Action d'huiler.

HUILER. v. a. Oindre, frotter avec de l'huile. H. *une serrure, un ressort.* H. *du papier à châssis.* ═ HUILÉ, ÉE. part.

HUILERIE. s. f. Fabrique, magasin, commerce d'huile.

HUILEUX, EUSE. adj. [Pr. *uileu, euze*]. Qui est gras, de la nature de l'huile. *Liquide h. Substance huileuse.* || Qui est comme imbibé ou frotté d'huile. *Un teint h. Une peau huileuse. Des cheveux gras et h.* || *Sauce huileuse,* Sauce mal liée qui est devenue grasse ou chauffant, = HUILEUSE. s. f. Machine à faire l'huile.

HUILIER. s. m. Fabricant, marchand d'huile. || Espèce de vase contenant les burettes où l'on met l'huile et le vinaigre qu'on sert sur la table. *H. d'argent, de cristal.*

HUILIÈRE. s. f. T. [Mar. Burette contenant l'huile des lampes.

HUILURE. s. f. T. Agric. Suintement qui attaque certains arbres.

HUIS. s. m. [Pr. *ui*] (lat. *ostium,* porte). Vieux mot qui signifie *porte* et n'est guère usité aujourd'hui qu'au Palais, dans la locution *A. h. clos,* qui signifie A portes fermées et sans que le public soit admis. *L'affaire sera jugée à h. clos.* || Subst., on dit encore, *Le h. clos. Demander le h. clos,* Demander qu'une affaire soit jugée à h. clos.

HUISNE (L'), riv. de France, arrose Nogent-le-Rotrou et se jette dans la Sarthe (r. g.); 132 kil.

HUISSERIE. s. f. [Pr. *ui-se-rie*]. Le bâti de bois qui forme l'encadrement d'une porte. *Un poteau d'h.*

HUISSIER. s. m. [Pr. *ui-sié*] (R. *huis*). Le nom d'*Huissier,* qui littéralement signifie *portier,* n'était appliqué dans l'origine qu'à des officiers chargés d'ouvrir ou de fermer l'*huis* chez les grands ou dans les cours de justice. Ils remplissaient des fonctions analogues à celles des gens qu'aujourd'hui encore on nomme *ainsi,* et qui se tiennent dans l'antichambre des hauts personnages pour annoncer, ou qui font le service dans les chambres législatives, les Académies et les audiences des tribunaux. Sous l'ancienne monarchie, cet emploi finit par devenir très important, et le titre d'*H. de la chambre du roi* fut brigué même par de grands seigneurs. Les *Huissiers d'armes,* connus également sous le nom de *Sergents,* étaient chargés de veiller à la sûreté du roi et devinrent des espèces de gardes du corps. D'autres huissiers étaient chargés de porter par tout le royaume les ordres du souverain, et, comme cette mission était fort périlleuse, la royauté les plaça sous la sauvegarde de la loi, et considéra l'outrage fait à un h. royal comme une insulte faite à ses droits. Les huissiers ne sortaient pas du royaume et signifiaient leurs exploits dans tout le domaine directement ou indirectement soumis au roi. — Dès 1388, on voit des huissiers du parlement, et, à la fin du XVIIIe siècle, on trouve au Châtelet des *Huissiers audienciers,* chargés du service intérieur des audiences; *des Huissiers à verge,* qui avaient pour insigne un bâton fleurdelisé à la main, et enfin des *Huissiers fieffés,* dont la charge était regardée comme un fief. On appelait *Huissiers de la chaîne,* les huissiers du conseil et de la grande chancellerie, parce qu'ils portaient une chaîne d'or au cou avec la médaille du roi.

Aujourd'hui, les *Huissiers* sont des officiers ministériels, dont les fonctions consistent à signifier et à faire exécuter les actes nécessaires à l'instruction des procès et des jugements, et à assigner toute personne devant les cours et tribunaux. Il y en a près de chaque tribunal de première instance et de chaque cour d'appel. Leur nombre s'élève, pour toute la France, à environ 5,000. Le tribunal désigne ceux qui sont chargés du service intérieur de ses audiences et qu'on nomme *Huissiers audienciers.* Dans les villes où il n'y a pas de commissaires-priseurs, les huissiers ont le droit de procéder aux ventes publiques de meubles, comme les notaires et les greffiers. Les huissiers, sous peine d'être remplacés, doivent résider dans les villes où siègent les cours et tribunaux près desquels ils doivent accomplir leur service. Leur résidence, dans les localités autres que celles où siège le tribunal, est déterminée exclusivement par le tribunal. Ils sont nommés par le chef de l'État, sur le rapport du ministre de la justice, et ils ont le droit de présenter leurs successeurs. Les candidats doivent avoir 25 ans accomplis, avoir travaillé pendant deux ans au moins dans une étude d'avoué, de notaire ou d'h., ou dans un greffe, et avoir obtenu de la chambre de discipline un certificat de moralité et de capacité. Ils prêtent serment avant d'entrer en fonctions. Leurs honoraires sont fixés par un tarif, et ils sont tenus d'exercer leur ministère toutes les fois qu'ils en sont requis. Cependant ils ne peuvent faire aucun acte pour leurs parents ou alliés jusqu'au degré de cousin issu de germain inclusivement. Chaque communauté d'huissiers a une chambre de discipline, chargée de veiller à ce que ses membres ne s'écartent, pas des devoirs que leur impose leur profession.

HUIT. adj. num. 2 g. [h asp. Pr. *hui* devant une consonne ou une h aspirée; *huit* devant une voyelle ou *h* muette] (lat. *octo,* m. s.). Nombre pair qui contient deux fois quatre. *H. écus. H. hommes. H. cavaliers.Tous les h. jours. Dix-h. Trente-h.* — Ellipt., *D'aujourd'hui en h.,* Dans h. jours. *De mardi en h.* || Se dit aussi pour *Huitième. Page h. Tome h. Charles h., roi de France. Le pape Alexandre h.* On écrit ordinairement *Charles VIII. Alexandre VIII.* = HUIT. s. m. Le nombre huit. *Le produit de h. multiplié par deux.* — *Le h. du mois,* ou simplement *Le h.,* Le huitième jour du mois. On dit de même, *Le h. de la lune.* || Le chiffre qui sert à représenter le nombre h. *Le chiffre h.* (8). *Huit cent quatre-vingt-h. s'écrit par trois h.* (888). On dit de même, *Le numéro h.* (N° 8). || T. Jeu. Carte qui a huit marques. *Un h. de carreau, de pique. J'avais tous les h.* || *Chignon de femme* figurant un 8 || T. Mus. *Huit-pieds,* Nom donné à certains jeux d'orgue dont le caractère distinctif est qu'ils sont accordés à l'unisson de la note écrite. Par ext., Orgue dont les jeux les plus graves sont ceux de 8 pieds. || T. Techn. *Huit en-huit,* Papier quadrillé employé pour la mise en quatre des dessins Jacquard. Voy. TISSAGE.

HUITAIN. s. m. [Pr. *hui-tin, h* asp.]. Petite pièce de poésie composée de huit vers, ou Stance de huit vers dans un plus long ouvrage.

HUITAINE. s. f. coll. [Pr. *hui-tène, h* asp.]. Nombre de huit ou environ. *Il me devait une h. d'écus. Je suis resté chez lui une h. de jours.* || S'emploie souvent absolument en parlant d'une h. de jours. *Son voyage ne durera qu'une h. Il sera payé dans la h.* — Au Palais, *Remettre une cause à la h.,* à h., A huit jours. *Assigner à h. Dans h.*

HUITIÈME. adj. 2 g. [h asp.]. Nombre ordinal de huit. *La h. année. Le h. siècle. La h. page. Le h. rang. Vous êtes le h. sur la liste. La h. partie. Le h. jour du mois,* ou ellipt., *Le h. du mois. Le h. régiment de ligne,* ou ellipt., *Le h. de ligne.* || Se dit subst. et au mus., pour désigner la h. partie d'un tout divisé en huit parties égales. *Le paiement se fera par huitièmes. Il aura trois huitièmes dans les bénéfices.* || Aucun droit perçu sur le vin vendu au détail. — S'emploie encore subst., mais au fém., pour désigner la classe de huitième d'un collège. *Il n'est qu'en h.*

HUITIÈMEMENT. adv. [h asp.]. En huitième lieu.

HUÎTRE. s. f. (lat. *ostrea,* m. s.). T. Zool. Les Mollusques ainsi nommés appartiennent à la classe des *Lamellibranches,* et donnent leur nom à la famille des *Ostracés* dont ils sont le type. Comme tout le monde le sait, leurs coquilles sont irrégulières, inéquivalves, feuilletées à l'extérieur et nacrées à l'intérieur. Elles sont réunies par une charnière; mais celle-ci n'a ni dents ni lames saillantes, et n'offre qu'un petit ligament qui est logé de part et d'autre dans une fossette, et qui tend sans cesse à écarter les deux valves, tandis qu'à l'aide d'un muscle unique qui va d'une valve à l'autre, l'animal les maintient appliquées et s'y renferme hermétiquement. Les huîtres sont hermaphrodites et se multiplient d'une manière prodigieuse. En effet, chacune d'elles pond, chaque année, de 50 à 60 mille œufs. Lorsque les œufs sortent des mères, ils contiennent dans une coque transparente une petite coquille bivalve qui ne s'aperçoit qu'à l'aide du microscope. Quand la coque est rompue, l'embryon, pourvu de cils vibratiles, nage en tournant, et peut, par tomber, soit sur d'autres huîtres déjà développées, soit sur des corps solides sur lesquels il s'attache et se développe. Il arrive très souvent que si ce développant, les valves de l'H. prennent l'empreinte des irrégularités des corps auxquels elles adhèrent. Chez le plus grand nombre, après avoir contracté une adhérence solide, l'animal détache sa coquille du corps sous-jacent, de sorte que la valve inférieure n'est adhérente que par le sommet. C'est ainsi que se forment ces amas prodigieux d'huîtres auxquels on donne le nom de *Bancs,* et qu'on voit s'établir particulièrement non loin de l'embouchure des ruisseaux et des rivières. Les huîtres croissent très rapidement. Dès la première année, elles ont 5 centimètres de diamètre, et il leur faut de 3 à 4 ans pour atteindre la taille de celles qu'on vend sur nos marchés.

Ces mollusques existent en abondance dans toutes les mers et y sont répandus du nord au midi. Presque tous vivent à de médiocres profondeurs.

La plus répandue et la plus intéressante de ces espèces est l'*H. comestible* (*Ostrea edulis*), dont on fait, depuis l'antiquité, une consommation prodigieuse sans qu'elle ait disparu des lieux favorables à son développement [Fig. ci-dessous, *H. comestible*. L'animal est représenté dans sa coquille c, dont on a enlevé la valve supérieure : *a*, la partie supérieure du manteau couvrant la bouche et enveloppant les palpes labiaux; *b*, *c*, le manteau; *d*, les branchies; *e*, la portion des lobes du manteau entre lesquels l'anus vient déboucher; *f*, une portion du cœur que l'on voit à la partie antérieure et supérieure du muscle des valves *g*.] Tous les ans, la pêche aux Huîtres se fait, en France, du mois de septembre au mois d'avril, dans les mois qui ont des *r* dans leur nom. On se sert, pour les prendre, d'une espèce de râteau de fer, muni d'un filet appelé *drague*. Avant de les livrer à la consommation, on les *parque*, c.-à-d. qu'on les fait séjourner un certain temps dans des bassins d'eau salée qui ont de 1 mètre à 1 m. 30 de profondeur, et qui communiquent ordinairement avec la mer, de manière que leur eau se renouvelle à chaque marée : là elles engraissent et acquièrent une saveur particulière. Selon Pline, ce fut Sergius Aurata qui, le premier, eut l'idée de parquer les Huîtres. Il fit construire des

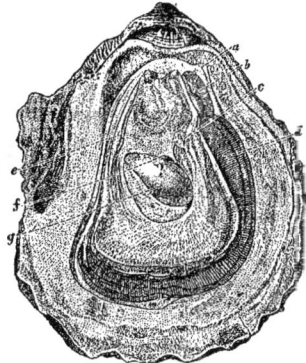

viviers aux environs de Baies pour y engraisser les Huîtres du lac Lucrin. Du temps du naturaliste romain, on avait reconnu la supériorité des Huîtres des mers britanniques sur celles de la Méditerranée, et pendant l'hiver on les envoyait à grands frais, enveloppées de neige, et suffisamment comprimées pour empêcher la coquille de s'ouvrir. Ce procédé est encore celui dont on se sert aujourd'hui pour faire parvenir au loin des Huîtres vivantes. L'habitude qu'elles ont de fermer leur coquille, quand on les retire de l'eau, permet de les conserver ainsi pendant un certain temps. Quand elles sont mortes, leur coquille reste béante. Les espèces d'Huîtres qu'on mange en France sont : sur les côtes de l'Océan, l'*H. commune* e (*O. edulis*); sur les côtes de la Méditerranée, l'*H. méditerranéenne* (*O. rosacea*); et en Corse, l'*H. lamelleuse* (*O. lamellosa*). Sous le nom d'*H. commune*, on comprend des variétés assez distinctes, l'*H.* dite de *Cancale*, celle de *Marennes* et celle d'*Ostende* sont différentes les unes des autres. L'*H. pied-de-cheval* (*O. hippopus*) se trouve dans l'Océan, ainsi que dans la Méditerranée. Les Huîtres vertes sont tout simplement des Huîtres ordinaires que l'on a fait engraisser dans des parcs où l'eau n'est pas renouvelée. « On sait, dit Moquin-Tandon, que la coloration des Huîtres vertes n'est pas générale, et se montre principalement sur les quatre feuillets branchiaux. Pendant longtemps, on a cru que cette *viridité* était due au sol même des réservoirs ou bien à la décomposition des Ulves ou des autres Hydrophytes, et bien encore à une maladie du foie, à une sorte d'ictère qui teindrait en vert le parenchyme de l'appareil respiratoire. Gaillon a prétendu qu'elle venait d'une espèce d'infusoire naviculaire, le *Vibrio*

ostrearius, qui pénétrait dans la substance de l'animal. Bory de Saint-Vincent a prouvé que le Vibrion dont il s'agit n'est pas normalement vert, mais qu'il se colore dans certaines circonstances, comme l'H., et par la même cause. Suivant lui, la source de la viridité est une substance moléculaire (*matière verte* de Priestley) qui se développe dans toutes les eaux par l'effet de la lumière. Selon Valenciennes, cette couleur est formée par une matière animale distincte de toutes les substances organiques déjà étudiées. Berthelot a analysé cette matière et reconnu qu'elle présente en effet des caractères particuliers. Les molécules vertes dont il s'agit pénètrent dans les branchies par l'effet du mouvement respiratoire, s'y arrêtent, les gorgent, les obstruent et les colorent. En même temps, l'animal, gêné dans une de ses fonctions essentielles, s'infiltre, se dilate et subit une sorte d'anasarque qui rend son tissu plus tendre et plus délicat. » En 1896, M. J. Chatin a montré que le verdissement des huîtres était dû à une petite plante aquatique, une sorte de diatomée qui envahit les cellules de l'huître.

Les Huîtres se mangent tout entières et encore vivantes : elles constituent un aliment délicat, savoureux et de facile digestion. Aussi sont-elles recommandées dans les affections chroniques des voies digestives, et dans la convalescence des maladies. Elles doivent leur digestibilité à l'eau salée qu'elles contiennent, et qui est réputée apéritive. Les Huîtres les plus estimées sont les Huîtres vertes; elles ont une saveur légèrement poivrée. L'espèce la moins recherchée parmi celles de nos côtes est l'H. portugaise qui forme le sous-genre *Gryphea*. On en fait cependant, à cause de son bas prix, une consommation colossale; en 1893, on en a vendu aux halles de Paris, plus de 20 millions. On prétendait autrefois que le lait dissolvait les Huîtres et facilitait leur digestion : c'est une erreur. Les acides faibles sonts jouissent de cette propriété : de là la coutume où sont les amateurs de boire, en mangeant ces mollusques, quelque vin blanc léger et légèrement acidulé. Les écailles d'Huîtres sont principalement composées de carbonate de chaux. C'est pour cela qu'autrefois on administrait leur poudre comme absorbant. Actuellement, on les emploie pour amender certaines terres.

Malgré la prodigieuse fécondité des Huîtres, nos côtes de l'Océan étaient naguère menacées de voir tarir promptement cette source de richesse. En effet, outre qu'une grande partie du *naissain* devient la proie d'une foule d'animaux marins, il se fait de ces Mollusques une consommation extraordinaire : Paris seul consomme plus de 80 millions d'Huîtres par année. Plusieurs de nos bancs étaient donc complètement ruinés, et les autres étaient destinés à subir le même sort, lorsque le gouvernement a fait appel à la science, pour repeupler les bancs dépouillés et en créer de nouveaux. A cet effet, on a régularisé la pêche, et les bancs subsistants ont été partagés en zones que l'on exploite successivement et périodiquement, de manière que les zones laissées en repos puissent se repeupler facilement. On a également, sur la proposition du professeur Coste, dont les travaux relatifs à la pisciculture sont bien connus, créé des bancs artificiels. Pour cela, on place sur différents points du littoral, dans des endroits convenablement préparés et entourés de fascines, des Huîtres mères dont les œufs se trouvent ainsi mis à l'abri des chances ordinaires de destruction et peuvent se développer en toute sécurité. Aussitôt que les champs ainsi commencés seront convenablement disposés, on les soumettra, comme les bancs naturels, au régime d'une exploitation réglée. C'est à cette multiplication artificielle des Huîtres qu'on a donné le nom d'*Ostréiculture*, bien que cette désignation puisse également s'appliquer aux divers procédés de parcage usités pour engraisser et améliorer ces Mollusques. Voy. OSTRACÉS.

HUÎTRIER. s. m. (R. *huître*). T. Ornith. Les Échassiers qui composent ce genre sont suffisamment caractérisés par leur bec fort, droit, pointu et comprimé latéralement, et par leurs jambes de hauteur médiocre, avec des tarses réticulés et des pieds divisés en trois doigts réunis à leur base par une membrane. Les Huîtriers vivent sur les plages désertes de la mer. Ils courent avec une grande rapidité et peuvent fort bien voler bien et longtemps. Ils ne craignent pas de s'abandonner aux flots, mais toutefois jamais aller au large. Leur nourriture se compose principalement de coquillages, et surtout d'Huîtres, dont ils font une consommation considérable et dont ils brisent les coquilles avec leur bec. Hors la saison des amours ces oiseaux vivent par bandes, et, quand arrivent les rigueurs du froid, ils entreprennent par troupes leurs voyages périodiques. Les Huîtriers se trouvent dans presque toutes les mers du globe; cependant, on n'en connaît sûrement que 4 espèces. Nous citerons comme type l'*H. d'Europe* (*Hæmatopus ostralegus*) [Fig. ci-dessous], qu'on nomme vulgairement *Bec-de-Hache*, ou *Pie de mer*, à cause de son plumage noir, avec

le ventre, la gorge, le bas de l'aile et de la queue d'un beau blanc. Cet oiseau a le bec et les pieds rouges, et il est de la taille du Canard.

HUÎTRIER, IÈRE. s. Marchand, marchande d'huîtres. == adj. *L'industrie huîtrière.*

HUÎTRIÈRE. s. f. Lieu où se trouve un banc d'huîtres.

HULAN. s. m. [*h* asp.]. Voy. UHLAN.

HULL, v. maritime d'Angleterre (York); 204,750 hab.

HULLIN (PIERRE-AUGUSTIN, comte), général français, né à Paris (1758-1841).

HULOT (HENRI), jurisconsulte français, né à Paris ; traduisit le premier les *Pandectes* de Justinien (1732-1775).

HULOTTE. s. f. [*h* asp.] (lat. *ulula*, chouette). T. Ornith. Espèce de Chouette appelée aussi *Chat-Huant, Chavant* et *Corbeau de nuit.* Voy. CHOUETTE.

HUMABLE. adj. 2 g. [*h* asp.]. Qui peut être humé.

HUMAGE. s. m. [*h* asp.]. Action de humer.

HUMAIN, AINE. adj. [Pr. *u-min, umè-ne*] (lat. *humanus*, m. s.). Qui est de l'homme, qui concerne l'homme en général. *Le genre h. L'espèce humaine. La nature humaine. La vie humaine. Le corps h. Le cœur h. L'esprit h. La raison humaine. Voix humaine. Figure humaine. La grandeur, la fragilité humaine. Les misères, les passions, les faiblesses humaines. Lois humaines. La puissance humaine a ses limites. Cela dépasse les forces humaines. — Les choses humaines,* se dit des affaires du monde, et de tout ce qui survient à l'homme dans la vie. *Tel est le cours des choses humaines. — Les moyens humains, les voies humaines,* Les moyens, les voies dont les hommes peuvent se servir. — *Plus qu'h,* Qui excède la portée ordinaire de l'homme. *Une intelligence, une force, une valeur plus qu'humaine.* — Fig. et fam., *N'avoir plus figure humaine,* Être difforme, être extrêmement défiguré par accident ou par maladie. *Lettres humaines.* Voy. LETTRES. || Sensible à la pitié, bienfaisant. *Un prince h. Un vainqueur h. Cet homme est fort h.* — On dit, dans un sens analogue, *Avoir, montrer des sentiments humains* ; et, dans le sens contraire, *N'avoir rien d'h.,* Être dur, impitoyable. == *Humain* s'emploie encore subst. et au masc. dans la signific. d'*Homme* ; mais il ne se dit au sing. que dans le langage fam., *C'est le meilleur h. du monde ;* tandis qu'au plur. il n'est guère usité que dans le style poétique et soutenu. *Le maître des humains. Il regardait avec mépris tout le reste des humains.*

HUMAINEMENT. adv. Suivant la capacité, le pouvoir de l'homme. *Cela est h. impossible. Il., cela ne se peut faire.* || Avec humanité, avec bonté. *Traiter h. les vaincus.* || *H. parlant,* En parlant d'après les idées communes.

HUMANISATION. s. f. [Pr. *umani-za-sion*]. Action de rendre humain, plus humain.

HUMANISER. v. a. [Pr. *umani-zer*]. Rendre humain, civiliser. *La prédication de l'Évangile pourra seule h. ces peuplades barbares.* || Fam., Rendre plus sociable, plus traitable, plus favorable. *La nécessité de voir beaucoup de personnes l'a déjà un peu humanisé. Cet homme lui était hostile, mais il trouva un excellent moyen pour l'h.* == s'HUMANISER. v. pron. Se dit dans tous les sens qui précèdent. *Ces sauvages commencent à s'h. Elle n'est plus aussi dédaigneuse, elle s'est bien humanisée. Un homme vraiment supérieur sait, quand il le faut, s'h. avec les esprits ordinaires.* — On dit aussi de quelqu'un qui vivait d'une façon singulière et commence à vivre comme tout le monde, *Il commence à s'h. Il s'est fort humanisé.* || Fam., *Humanisez vos discours,* Mettez-les à la portée de tout le monde. == HUMANISÉ, ÉE. part.

HUMANISME. s. m. Ensemble des doctrines des humanistes de la Renaissance.

HUMANISTE. s. m. Celui qui étudie les humanités ; et celui qui sait, qui enseigne les humanités. *C'est un excellent h., un médiocre h.*

HUMANITAIRE. adj. 2 g. Qui intéresse le bien-être de l'humanité. || Par dénigr., *La gent humanitaire.*

HUMANITAIRERIE. s. f. Fausse humanité; humanité exagérée et affectée.

HUMANITARISME. s. m. Système, doctrine humanitaire.

HUMANITÉ. s. f. (lat. *humanitas*, m. s.). Nature humaine. *Les faiblesses de l'h. — Cela est au-dessus de l'h.,* Cela dépasse les forces humaines. — Fig. et prov., *Payer le tribut à l'h.,* Mourir ou se laisser aller à quelque faiblesse humaine. || Bonté, compassion pour les malheurs des autres. *Il est plein d'h. Traiter avec h. Avoir des sentiments d'h. C'est un homme sans h. Il faut avoir renoncé à toute h. pour rester insensible au spectacle de cette misère.* || Le genre humain, les hommes en général. *L'amour de l'h. Rendre des services à l'h. Venger l'h. L'histoire de l'h.* || *Humanités,* au plur., se dit de la partie supérieure de l'éducation classique, qui embrasse l'étude plus approfondie du latin, du grec, de l'histoire, de la poésie, etc., jusqu'à la philosophie exclusivement. *Faire ses humanités. Il enseigne les humanités.*

HUMATILE. adj. 2 g. (lat. *humus*, terre). T. Géol. *Corps humatiles,* Corps organisés qui ont été enfouis depuis qu'il y a de l'humus.

HUMBERT II, dernier dauphin du Viennois, céda le Dauphiné à Philippe VI de Valois en 1343, sous la condition que l'aîné des fils des rois de France porterait le titre de dauphin.

HUMBERT Iᵉʳ, roi d'Italie, né à Turin le 14 mars 1844, a succédé à Victor-Emmanuel II, son père, en 1878.

HUMBLE. adj. 2 g. [Pr. *un-ble*] (lat. *humilis*, m. s., de *humus*, terre). Qui a de l'humilité. *Être h. devant Dieu. Avoir d'humbles sentiments de soi-même.* — Subst., au mascul., *Dieu élèvera les humbles et renversera les superbes.* || En parlant de ce qui regarde la vie civile, Celui qui exagère la déférence et le respect. *Être h. devant les grands. Vous la verrez toujours h. et soumise devant lui.* — En T. Civilité, *Votre très humble serviteur.* || Se dit plus ordinairement des choses et sign. Qui marque du respect et de la déférence. *Une h. prière. Une h. requête. Faire un h. aveu de ses fautes. Présenter d'humbles remontrances.* — En T. Civilité, *Faire de très humbles remercîments. Présenter ses très humbles respects.* || Modeste. *D'humbles vertus. Avoir une h. défiance de soi-même.* || Médiocre, peu relevé. *Il se contente de son h. fortune. On le laisse végéter dans les emplois les plus humbles.* || Fig., Ce qui est peu élevé, peu apparent, peu brillant. *L'h. cabane du pauvre. Une h. fleur des champs. L'h. violette. Une h. retraite.*

HUMBLEMENT. adv. [Pr. *unble-man*]. Avec humilité. *S'incliner h. devant la volonté de Dieu. Souffrir h. les* *injures.* || Avec soumission, avec modestie. *Supplier h. Parler h. Répondre h.* — On dit, par civilité, *Je vous salue très h.*

HUMBOLDT (ALEXANDRE, baron DE), célèbre savant et voyageur prussien (1769-1859), explora l'Amérique et l'Asie centrale, a tracé dans son *Cosmos* le tableau du monde physique. || Son frère, GUILLAUME DE HUMBOLDT, s'est distingué comme homme d'État et comme philologue (1767-1835).

HUMBOLDTILITE. s. f. (R. *Humboldt*, le célèbre savant all.). T. Minér. Voy. MÉLILITE.

HUMBOLDTINE. s. f. (R. *Humboldt*, le célèbre savant all.). T. Minér. Oxalate de fer naturel, en petites masses jaunes, dans les lignites de Hongrie.

HUME (DAVID), philosophe et historien anglais, auteur d'une *Histoire d'Angleterre* (1711-1776).

HUMECTAGE. s. m. (R. *humecter*). T. Techn. Opération qui a pour but de rafraîchir les étoffes destinées à être teindrées, en les ramollissant par une certaine quantité d'eau introduite après l'apprêt.

HUMECTANT, ANTE. adj. Qui humecte; peu us. et ne se dit que des aliments et des boissons qui rafraîchissent. *Les fruits sont humectants.* || Subst., *Donner des humectants à un malade.*

HUMECTATION. s. f. [Pr. ...sion]. Action d'humecter. Inusité.

HUMECTER. v. a (lat. *humectare*, m. s.). Rendre humide, mouiller. *H. la terre. La rosée qui humecte les fleurs. Des larmes humectent ses paupières.* || T. Techn. Rafraîchir les étoffes destinées à être teindrées. || En parl. des personnes, Rafraîchir. *Il faut vous h. la poitrine* = s'HUMECTER. v. pron. *La terre s'est bien humectée. Je vis ses yeux s'h. de larmes. Les gens d'un tempérament sec doivent s'h. S'h. le gosier,* Boire. Fam. = HUMECTÉ, ÉE. part.

HUMECTEUR, EUSE. adj. Qui humecte. *Appareil humecteur.*

HUMER. v. a. [h asp.] (lat. *humere*, être humide). Avaler quelque chose de liquide en retenant son haleine. *H. un bouillon un œuf frais.* || *H. l'air, h. le vent, h. le brouillard,* etc., S'exposer à l'air, au vent, au brouillard, de façon qu'il pénètre dans les poumons. Fam., on dit aussi, *H. l'odeur des mets.* || Fig. *Humer l'encens de la flatterie.* = HUMÉ, ÉE. part.

HUMÉRAL, ALE. adj. T. Anat. Qui a rapport à l'humérus ou au bras. *Artère humérale.*

HUMÉRO-CUBITAL, ALE. adj. (R. *humérus,* c. *cubitus*). T. Anat. *Muscle h.,* Muscle fléchisseur de l'avant-bras, chez le cheval.

HUMÉRO-OLÉCRANIEN, ENNE. adj. (R. *huméros,* et *olécranien*). T. Anat. *Muscles huméro-olécraniens,* Muscles extenseurs de l'avant-bras.

HUMÉRUS. s. m. [Pr. *l's*]. T. Anat. Mot latin, conservé en français, pour désigner l'os du bras. = De ce mot, les anatomistes ont fait, par composition, les adjectifs *Huméro-cubital, Huméro-olécranien,* etc., qui servent à désigner divers muscles du membre supérieur.

HUMESCENT, ENTE. adj. [Pr. *umes-san*] (lat. *humescens,* m. s., de *humor,* humeur). Qui devient humide.

HUMEUR. s. f. (lat. *humor,* liqueur). Se dit de toute substance liquide ou demi-liquide contenue dans un corps organisé, et principalement dans les organismes animaux. *Les humeurs du corps. La circulation des humeurs. Ce'e met les humeurs en mouvement. Il découle de cet arbre une h. visqueuse.* || Dans un sens partic., se dit des humeurs du corps que l'on croit ou suppose être altérées et viciées. *H. âcre, maligne. H. dartreuse, goutteuse. Être plein d'humeurs. Débordement d'humeurs. Fondre, évacuer, purger les humeurs.* — *Humeurs froides,* La maladie scrofuleuse. *Avoir les humeurs froides. Être attaqué d'hu-*

meurs *froides, des humeurs froides.* = Fig., Disposition de l'esprit, état de l'âme, qui paraît plus l'effet du tempérament que de la raison. *Une h. égale, inégale, douce, fâcheuse, enjouée, sombre, chagrine. Il est de bonne h., de mauvaise h., d'h. chagrine, inquiète, d'h. bourrue. Il a une h. noire, une h. mélancolique. Elle est aujourd'hui en belle h. Il n'a point changé d'h. On le voit toujours de même h. Quand sa mauvaise h. le prend, le tient. Chacun a ses humeurs. Essuyer les mauvaises humeurs de quelqu'un.* || Absol., *Humeur* se dit d'une disposition chagrine ordinairement momentanée, de la mauvaise humeur de quelqu'un. *Il a de l'h. Elle prend facilement de l'h. Cette humiliation lui donna beaucoup d'h. Il y a de l'h. dans tout ce qu'il fait.* — Fam., *C'est un homme d'h., C'est un homme capricieux et d'humeur inégale. Dans le sens contraire, on dit : C'est un homme qui n'a point d'h., qui est sans h., qui a une grande égalité d'h.* || *Être d'h. à faire quelque chose, être en h. de faire quelque chose,* signifie, Être disposé à le faire; mais *Être d'h.* exprime une disposition habituelle, et *Être en h.,* une disposition actuelle et passagère. En outre, *Être d'h.* régit la préposition à, et *Être en h.,* la prép. de. *Il est d'h. à tout souffrir. Il est en h. de rire.* — *Être en h. de faire une chose, de bien faire,* se dit encore des hommes d'imagination, lorsqu'ils se trouvent dans une disposition d'esprit telle qu'ils travaillent avec plaisir, avec verve. *Ces locutions vieillissent.* = Voy. HUMOUR.

HUMEUR, EUSE. s. [h asp.]. Celui, celle qui hume.

HUMEUX, EUSE. adj. [Pr. *umeu, euze*]. Qui a le caractère de l'humus.

HUMIDE. adj. 2 g. (lat. *humidus,* m. s.). Qui est liquide, qui est de la nature de l'eau; se dit par opposition à sec, solide, et ne s'emploie qu'en poésie. *L'h. élément, L'h. sein de l'onde, l'h. empire, la plaine h.,* La mer. || Qui est imprégné d'une substance liquide ou d'une vapeur aqueuse. *L'air se tout h. Du linge h. Une chambre h. Il a les yeux humides de larmes. L'air, le temps est h. La saison a été fort h. Ce pays est h. et malsain.* || T. Méd. anc. *Tempérament h.,* Tempérament lymphatique. *Cerveau h.,* se dit, par une erreur vulgaire, de la membrane pituitaire, lorsqu'elle donne une sécrétion abondante. *Il a le cerveau h., il ne cesse de se moucher.* = HUMIDE. m. T. Phys. anc. L'une des quatre premières qualités. *L'h. est opposé au sec.* || T. Méd. ancienne. *L'h. radical,* Fluide imaginaire qu'on supposait circuler dans le corps humain et être le principe de la vie.

HUMIDEMENT. adv. N'est guère usité que pour signifier : dans un lieu humide. *Il est logé h.*

HUMIDIFICATION. s. f. [Pr. ...sion]. Action d'humidifier l'atmosphère de certaines usines, notamment les filatures et les tissages.

HUMIDIFIER. v. a. Rendre humide.

HUMIDIFUGE. adj. 2 g. (R. *humide,* et lat. *fugare,* mettre en fuite). Qui repousse l'humidité, qui a la propriété de ne pas s'imbiber d'eau.

HUMIDITÉ. s. f. (lat. *humiditas,* m. s.). Qualité de ce qui est humide. *L'h. de la terre, du temps. Il règne dans cette pièce basse une h. constante. L'h. du cerveau.*

HUMIÈRES (D'), maréchal de France, favori de Louis XIV, m. en 1694.

HUMIFUSE. adj. 2 g. [Pr. *umifu-ze*] (lat. *humifusus,* de *humus,* terre, et *fusum,* sup. de *fundere,* répandre). T. Bot. Se dit des plantes dont les feuilles sont étalées sur le sol, sans que leurs tiges ou leurs rameaux émettent de racines.

HUMILIANT, ANTE. adj. Qui humilie, qui cause de la confusion, de la honte. *Un reproche, un refus h. Une défaite humiliante. Rien n'est plus h. que cette situation. Cela est fort h. pour son amour-propre.*

HUMILIATION. s. f. [Pr. ...sion] (lat. *humiliatio,* m. s.). Action par laquelle on s'humilie, on est humilié; ou état d'une personne humiliée. *Il ne put la voir dans une si grande h. sans lui pardonner. La fragilité humaine doit* *être pour nous un sujet perpétuel d'h. C'est le comble de l'humiliation.* || Se dit des choses qui donnent de la confusion, de la mortification. *Il a essuyé une grande h. Elle reçoit sans murmure les humiliations que Dieu lui envoie.*

HUMILIER. v. a. (lat. *humiliare*, m. s.). Abaisser, mortifier, causer de la confusion. *Dieu humilie les superbes. H. l'orgueil, la fierté de quelqu'un. On ne cesse de l'h.* — T. Piété. *H. son âme, son esprit devant Dieu.* = s'Humilier. v. pron. *Tout s'humilie devant lui. Humiliez-vous devant Dieu. Que votre cœur s'humilie. Celui qui s'humilie sur la terre sera exalté dans le ciel.* = Humilié, ée. part.. = Conj. Voy. Prier. = Syn. Voy. Abaisser.

HUMILITÉ. s. f. (lat. *humilitas*, m. s.). Abaissement volontaire. *Une véritable h. Une h. profonde. Faire des actes d'h. Pratiquer l'h. Souffrir les affronts avec h. Être plein d'h.* || Soumission, déférence. *Il avoue en toute h. que... Elle le pria en toute h.*

HUMINE. s. f. **HUMIQUE.** adj. 2 g. T. Chim. Voy. Humus.

HUMIRIE. s. f. T. Bot. Voy. Houmiri.

HUMIRIÉES. s. f. pl. (R. *Humiria*, nom scientifique de l'*Houmiri*). T. Bot. Famille de végétaux Dicotylédones de l'ordre des Dialypétales supérovariées méristémones à carpelles clos.

Caract. bot. : Arbres ou arbrisseaux souvent aromatiques. Feuilles alternes, simples, coriaces, penninerviées, dépourvues de stipules. Fleurs en cymes terminales ou axillaires, ou en corymbes. Calice imbriqué, à 5 divisions. Pétales imbriqués, réguliers, alternes avec les lobes du calice. Étamines hypogynes, 4 fois ou plusieurs fois aussi nombreuses que les pétales, monadelphes ; anthères biloculaires avec un connectif charnu qui se prolonge au-dessus des deux lobes. Pistil composé de 5 carpelles concrescents en un ovaire à 5 loges, souvent pourvu d'une cloison transversale, avec un ovule suspendu, anatrope, dans chaque loge. Style simple; stigmate calicé ou lobé. Fruit drupacé avec 5 loges sur le même plan ou avec des loges secondaires près du sommet, parfois moins nombreuses par suite d'avortement. Graine pourvue d'un tégument membraneux ; embryon étroit, droit, ordinairement situé dans un albumen charnu; radicule longue et supère. [Fig. 1 *Humiria crassifolia*. Sa fleur; 2. Une partie de ses étamines; 3. Étamine; 4. Pistil.].

Cette famille se compose en tout de trois genres (*Sacco-glottis, Humiria, Vantanea*) et de 20 espèces, qui toutes sont indigènes des régions tropicales de l'Amérique. — L'*Humiria floribunda* et l'*H. balsamifera*, lorsqu'on incise leur tronc, donnent un baume odoriférant, liquide et jaune, qu'on appelle *baume d'Houmiri*, d'*Humiri* ou de *Touri* et qui possède des propriétés analogues à celles du baume de copahu et du Pérou. Leur suc a une couleur rougeâtre et l'odeur du storax. On s'en sert pour préparer un onguent usité dans les douleurs des articulations, et on l'administre à l'intérieur dans le même cas que le copahu. On l'emploie aussi pour détruire le ténia. Au Gabon, on mange les fruits de l'*H. gabonensis.*

HUMITE. s. f. (R. *Hume*, nom d'homme). T. Minér. Silicate de magnésie contenant du fluor.

HUMMEL, célèbre compositeur et pianiste hongrois, né à Presbourg (1778-1837).

HUMORAL, ALE. adj. (lat. *humoralis*, m. s.). T. Méd. Qui a rapport aux humeurs. *Vice h. Fièvre humorale.*

HUMORISME s. m. (lat. *humor*, humeur). T. Méd. La doctrine des médecins humoristes. Voy. Médecine.

HUMORISTE. adj. et s. 2 g. (ital. *humorista*, m. s., du lat. *humor*, humeur). Qui prend aisément de l'humeur, qui est difficile à vivre. *Un homme h. Une femme h. C'est un h., une h.* || T. Littér. Celui qui a de l'humour. Voy. Humour. = Humoriste. adj. et s. m. Se dit des médecins partisans de l'humorisme. *Un médecin h. Les humoristes prétendaient que...*

HUMORISTIQUE. adj. 2 g. (R. *humoriste*). Qui est caractérisé par l'humour. *Écrivain h. Peintre h.*

HUMOUR. s. m. (mot anglais). T. Littér. Le mot anglais *humour* n'est autre que notre mot français *humeur*, sauf une légère altération orthographique. Dans nos anciens auteurs, le mot *humeur* est pris fréquemment dans le sens de penchant à la plaisanterie, d'originalité facétieuse. Mais tandis que cette acception tombait chez nous en désuétude, elle se conservait chez nos voisins, quoique un peu modifiée par la tournure d'esprit qui leur est propre. En conséquence, pour exprimer ce que les Anglais entendent par *humour*, nous avons été obligés de leur emprunter à notre tour ce mot, qui n'avait pas d'équivalent dans notre langue ; autant en ont fait les Allemands et d'autres peuples. L'*humour*, en effet, est quelque chose d'indéfinissable : c'est un mélange de gaieté et de tristesse, de sensibilité et de brusquerie, de philosophie profonde et de légèreté charmante. Sterne et Swift sont les types les plus remarquables de l'école *humoristique* anglaise. L'Allemagne a produit également des *humoristes* célèbres, à la tête desquels se place Jean-Paul Richter. En France, ce genre d'esprit semble peu en harmonie avec le génie national. Toutefois on pourrait citer, comme se rapprochant par un certain côté des écrivains que nous venons de nommer, Montaigne, La Fontaine, X. de Maistre, Topffer, Boucher de Perthes, etc.

HUMULÈNE. s. m. (R. lat. *humulus*, houblon; et le term. *ène* qui désigne les hydrocarbures). T. Chim. Hydrocarbure de la formule $C^{15}H^{24}$, constituant la majeure partie de l'essence de houblon. C'est un liquide qui bout à 265°; il forme avec l'acide chlorhydrique un chlorhydrate liquide, et avec le brome un tétrabromure incristallisable.

HUMULINE. s. f. Syn. de *Lupuline*. Voy. ce mot.

HUMULUS. [Pr. l's] (lat. *humus*, terre). Nom scientifique du genre *Houblon*. Voy. ce mot.

HUMUS. s. m. [Pr. l's] (lat. *humus*, terre). T. Chim. et Agric. On donne le nom d'*Humus* à une matière de couleur brune qui résulte de la décomposition spontanée des espèces végétales sous l'influence de l'air humide, et qui constitue une partie plus ou moins importante de la terre végétale. La composition de l'h. est variable, car, sous l'influence des agents atmosphériques et de l'eau, il va sans cesse se décomposant ou plutôt s'oxydant de plus en plus (quand il ne se renouvelle pas par l'adjonction de nouvelles matières organiques), et il finit par se réduire à des composés salins, qui constituent, pour ainsi dire, ses cendres. L'h. préalablement desséché, brûle facilement en dégageant une odeur assez forte et piquante. Il est peu abondant dans la nature à l'état pur; mais la terre végétale en contient toujours une certaine quantité qui varie d'un lieu à un autre. Ce que les jardiniers appellent *Terreau* n'est autre chose que de l'h. mélangé avec des matières argileuses, calcaires, siliceuses, etc. L'h. active considérablement la végétation; mais, ainsi que nous l'avons dit, il se détruit avec le temps, par suite de la réaction de ses éléments les uns sur les autres et de l'action de l'oxygène de l'air, sa destruction donne lieu à un dégagement de matières gazeuses. Voy. Engrais.

Les principes immédiats contenus dans l'h. sont encore mal connus. La plupart ont des propriétés acides et se dissolvent dans les alcalis en formant des sels. On leur a donné les noms d'acides *humique, ulmique* et *géique*. Pour les extraire, on fait digérer l'h. avec une solution faible de potasse ou de soude et l'on précipite la liqueur par un acide. On obtient en même temps des principes qui sont insolubles dans les alcalis et qu'on a appelés *Humine* et *Ulmine*. — Des substances analogues ou identiques aux précédentes peuvent s'extraire de la tourbe ou du bois pourri. Enfin, on obtient des composés humiques ou ulmiques lorsqu'on fait agir longtemps, à la température de l'ébullition, les acides minéraux étendus ou les alcalis sur le sucre, la cellulose, la gomme et l'amidon.

HUNALD, duc d'Aquitaine, fait prisonnier par Charlemagne, s'enfuit chez les Lombards et mourut à Pavie (705-774).

HUNE. s. f. [h asp.] (island. hun, m. s.). T. Mar. Plate-forme rectangulaire qui est en saillie autour des mâts, et celle solidifie, et qui sert aux gabiers de lieu d'observation. Voy. MÂT. Grand h., Hune du grand mât. || T. Techn. Grosse pièce de bois terminée par deux tourillons, et à laquelle une cloche est suspendue.

HUNÉRIC, roi des Vandales (477-488).

HUNETTE. s. f. [Pr. hu-nè-te]. Panneau de derrière d'une voiture.

HUNIER. s. m. [h asp.]. T. Mar. Mât portant une hune. — Voile du mât de hune. Voy. VOILE.

HUNINGUE, anc. ch.-l. de c. du Haut-Rhin, arr. de Mulhouse, sur le Rhin, cédé à la Prusse en 1871 ; 2,200 hab. Cette place fut démantelée en 1815 après un siège soutenu par 500 Français contre 25,000 Autrichiens.

HUNS, s. m. pl. Peuplade barbare d'origine mongole qui, sortie des steppes de la Russie au IVe siècle, ravagea l'empire romain, et disparut de l'histoire à la mort de son roi Attila (453).

HUNTER. s. m. (angl. to hunt, chasser). Terme emprunté à l'anglais, dont on se sert pour désigner le cheval de chasse à courre.

HUNYAD, comitat hongrois de Transylvanie; 266,700 hab.

HUNYADE (JEAN-CORVIN), voïvode de Transylvanie 1400-1456), général du roi de Pologne et de Hongrie, défendit Belgrade contre Mahomet II (1456).

HUNYADI-JANOS. Sources salines à Budapest, au S. du Blocksberg; découvertes en 1853. Très employées comme purgatif.

HUPPE. s. f. [Pr. hu-pe, h asp.] (lat. upupa, m. s.). Oiseau dont la tête est ornée d'une touffe de plumes. || La touffe de plumes que porte cet oiseau ainsi que certains autres. La h. d'un kakatoès.
Ornith. — L'oiseau connu sous le nom de Huppe (Upupa) est le type d'une famille de Passereaux, les Huppupides. Les Huppes, appelées vulgairement Coqs d'été ou Coqs merdeux, sont caractérisées par un bec plus long que la tête, grêle, triangulaire et faiblement arqué; par leurs tarses nus et

annelés; par leurs ailes moyennes, et surtout par la double rangée de plumes érectiles qui ornent leur tête. Ces oiseaux ont des mœurs solitaires et taciturnes; ils vivent de préférence dans les terres basses et humides, et cherchent à terre les insectes, les vers et les mollusques dont ils se nourrissent. Leur marche est mesurée, cadencée et gracieuse; leur vol sautillant et sinueux; leur chant se compose de petits cris d'appel ou de ralliement qu'on peut exprimer par les syllabes zi, zi, houp, houp : c'est de ce dernier qu'est venu leur nom. Les Huppes font leur nid dans les fentes des rochers, dans les crevasses des murs, ou dans les troncs d'arbres. Pris jeunes, ces oiseaux sont susceptibles d'attachement et deviennent très familiers. Nous en avons une espèce en Europe : c'est la H. commune (Up. epops) [Fig. ci-dessus]. Elle est d'un rouge

vineux avec la queue noire et les ailes noires rayées de blanc; sa huppe est terminée de noir avec quelques taches blanches. A l'automne, cet oiseau nous quitte pour aller passer l'hiver en Afrique.

HUPPÉ, ÉE. adj. [Pr. hu-pé, h asp.]. Se dit des oiseaux qui ont une huppe sur la tête. L'alouette huppée. || Fig. et fam., se dit d'une personne riche, de distinction, et ne s'emploie guère qu'avec le mot plus. Il y a des gens, et des plus huppés, qui sont moins fiers que lui. C'est une femme des plus huppées. — Prov., Les plus huppés y sont pris, Ceux qui se croient les plus habiles y sont attrapés.

HURA. s. m. [h asp.]. T. Bot. Genre de plantes Dicotylédones de la famille des Euphorbiacées. Voy. ce mot.

HURASSE. s. m. [Pr. hura-se, h asp.]. T. Métall. Anneau qui supporte le bout du manche du marteau de forge.

HURAULT (PHILIPPE), homme d'État fr., chancelier de Henri III (1528-1599).

HURE. s. f. [h asp.] (orig. inconnue). Nom donné à la tête de quelques animaux, surtout lorsqu'elle est coupée. Une h. de sanglier, de saumon, de brochet, Galantine farcie de morceaux de h. || Fig. et fam., on dit d'un homme dont les cheveux sont mal peignés et hérissés, qu'Il a une vilaine h. || T. Techn. Grosse brosse ronde adaptée à un long manche et qu'on appelle encore Tête de loup.

HURÉAULITE. s. f. T. Minér. Phosphate hydraté de fer et de manganèse, en cristaux clinorhombiques ou en masses compactes jaunes ou roses, de Hureaux, près Limoges.

HUREPOIX. anc. petit pays de l'Ile-de-France, ch.-l. Dourdan; auj. compris dans le dép. de Seine-et-Oise.

HURHAU. [h asp.]. Syn. de Huhau. Voy. HUE et DIA.

HURIEL, ch.-l. de c. (Allier), arr. de Montluçon; 3,100 hab.

HURINE. s. f. T. Chim. Principe âcre de l'Hura crepitans (Euphorbiacées).

HURLADE. s. f. [h asp.] (R. hurler). Grand cri.

HURLEMENT. s. m. [Pr. hurle-man, h asp.] (R. hurler). Le cri du loup. — Par ext., se dit du cri prolongé que fait quelquefois le chien. || Par anal., se dit des cris aigus et prolongés que l'on pousse dans la douleur, dans la colère. Il poussa des hurlements de rage.

HURLER. v. n. [h asp.] (lat. ululare, m. s.). Pousser des hurlements. Les loups hurlaient dans les bois. Le chien a hurlé toute la nuit. || Par anal., se dit des personnes. Elle ne crie pas, elle hurle. Une foule hideuse hurlait autour de lui. — Fig., Tandis que la raison parle, l'ignorance hurle. Ces mots hurlent de se trouver ensemble. H. avec les loups, Faire comme ceux avec lesquels on vit.

HURLERIE. s. f. [h asp.]. Cris comparés à des hurlements.

HURLEUR, EUSE. s. [h asp.]. Celui, celle qui hurle. = s. m. T. Mamm. Singes du Nouveau-Monde Voy. ALOUATE.

HURLUBERLU. s. m. Inconsidéré, étourdi. C'est un h. Il agit en h. || Sorte de coiffure de femme qui fut à la mode du temps de Mme de Sévigné, vers 1670.

HURON, grand lac de l'Amérique du Nord.

HURONS. s. m. pl. Peuple sauvage autrefois très nombreux et très puissant qui habitait au Canada, au nord du lac Huron, et qui fut exterminé par les Iroquois. = HURON. s. m. Le huron, La langue des Hurons. C'était une langue sans labiales qui se parlait du gosier et dont presque toutes les syllabes sont aspirées. || Fam., Individu grossier.

HUSS (JEAN), Bohémien, l'un des précurseurs de la Réforme, fut condamné par le concile de Constance et brûlé vif (1369-1415). Voy. HÉRÉSIE.

HUSSARD. s. m. [Pr. hu-sar, h asp.]. T. Guerre. Vers le milieu du XV° siècle (1458), les Hongrois, ayant à repousser une attaque des Turcs, levèrent un corps de cavalerie légère qui reçut le nom de Houzards (dont nous avons fait Hussards) parce que, pour le former, on prit un homme par vingt (husz) feux. Cette cavalerie se couvrit de gloire dans les guerres contre les Ottomans. En 1637, on vit en France quelques compagnies de Hussards hongrois servir comme auxiliaires dans notre armée; mais, au XVIII° siècle, on en accrut considérablement le nombre. Avant la Révolution, chaque régiment portait le nom de son colonel et se distinguait par des différences d'ornements dans l'uniforme. Avant la guerre de 1870, les régiments de hussards, qui étaient au nombre de 8, avaient un uniforme dont le dolman et les tresses étaient de nuance spéciale pour chacun d'eux. — Aujourd'hui, les Hussards forment 14 régiments qui ont tous la même tenue. La troupe porte le pantalon rouge busané à passepoil bleu clair, dolman bleu clair avec tresses blanches, collet de la couleur du drap du fond. Les hussards ont un schako bleu avec chabotte, pompon suivant l'escadron et un plumet en plumes de coq noir pour la grande tenue. Contrairement à la troupe, les officiers ont leur dolman garni de tresses noires. L'armement des hussards comporte le sabre de cavalerie légère, la carabine et le revolver.

HUSSARDE (A LA). loc. adv. [Pr. hu-sar-de]. A la mode des hussards Couper les crins des chevaux à la h., Les laisser depuis le bas de l'encolure jusqu'à la moitié, et couper le reste jusqu'à la tête. Pantalon à la h., Ample sur les cuisses et étroit sur les chevilles. Danse à la h., ou subst. Hussarde, Espèce de danse hongroise. || Prov., Vivre à la h., Vivre de pillage.

HUSSEIN-PACHA, dernier dey d'Alger, de 1818 à 1830, mourut à Alexandrie d'Égypte, en 1838.

HUSSITES. s. m. pl. [h asp.]. Partisans de la doctrine de Jean Huss, qui, pour venger sa mort, ravagèrent la Bohême, sous la conduite de Ziska (1415-1435). Voy. HÉRÉSIE.

HUSSITISME. s. m. Doctrine, parti de Jean Huss.

HUSTINGS. s. m. pl. [Pr. hus-ting, h asp.] (mot angl.: sax. hus, maison; ting, cour). La principale cour de la Cité de Londres, qui est composée du maire et des aldermen. || Dans le langage ordinaire, se dit des espèces de tribunes élevées en plein air, où se placent les candidats à la Chambre des communes, pour haranguer les électeurs.

HUTCHESON (FRANCIS), philosophe et moraliste irlandais (1694-1747), fondateur de l'école philosophique dite Écossaise. Voy. ÉCOSSAIS.

HUTIN. adj. m. [h asp.]. Entêté, opiniâtre. Vx. Louis le Hutin.

HUTINET. s. m. Petit maillet de tonnelier.

HUTTE. s. f. [Pr. hu-te, h asp.] (all. hütte, m. s.). Petite loge faite avec de la terre, des branches d'arbres, de la paille, etc. Une h. de sauvage. La h. d'un berger. Les huttes des soldats. En parlant de ces derniers, on dit plus ordinairement Baraque.

HUTTEAU. s. m. [Pr. hu-to, h asp.]. Petite hutte pour le chasseur.

HUTTEN (ULRICH DE), littérateur et théologien allemand (1488-1523).

HUTTER (SE). v. pron. [Pr. hu-ter, h asp.]. Faire une hutte pour se loger. Ils se huttèrent comme ils purent au pied de la montagne. Les soldats se huttèrent à la hâte. En parlant de ces derniers, on dit plus ordin. Se baraquer. = HUTTÉ, ÉE. part.

HUTTEUR. s. m. [Pr. hu-teur, h asp.]. Oiseleur qui se cache dans une hutte pour prendre les oiseaux à la pipée.

HUY, v. de Belgique, ch.-l. d'arr. de la province de Liège, sur la Meuse; 15,000 hab. Ville forte.

HUYGENS (CHRISTIAAN), célèbre physicien, géomètre et astronome, né à La Haye, fut attiré à Paris par Louis XIV (1629-1695).

HYACINTHE. s. f. (lat. hyacinthus, du gr. ὑάκινθος, personnage mythol.). T. Bot. Voy. JACINTHE. || T. Minér. Voy. GRENAT. || T. Pharm. Confection d'h. Voy. CONFECTION. Par ext., Étoffe couleur de jacinthe. Un drap d'h.

HYACINTHE, jeune homme aimé d'Apollon, qui le tua par accident en jouant au palet avec lui, le palet du dieu l'ayant frappé à la tempe. Apollon, désolé, le changea en fleur (Mylh.).

HYADES. s. f. pl. (lat. hyades, du gr. ὕω, pleuvoir). — C'est un groupe de sept étoiles disposées en forme de V, qui est placé sur le front de la constellation du Taureau, et dont Aldébaran, l'œil du Taureau, étoile de 1re grandeur, est la principale. Les anciens avaient ainsi nommé ces étoiles, parce qu'ils pensaient que leur lever et leur coucher étaient toujours accompagnés de pluie : de là les épithètes de pluvieuses, de sombres, de froides, de tristes, dont les Hyades sont habituellement qualifiées par les poètes. Mais ces différentes épithètes, qui pouvaient être vraies autrefois, ne le sont plus aujourd'hui, même sous le climat de la Grèce et de Rome, attendu que le lever des Hyades n'a plus lieu aux mêmes époques qu'alors. — L'imagination hellénique avait personnifié ces étoiles. Suivant les mythographes, les Hyades étaient sept sœurs, filles d'Atlas et d'Éthérie. Leur frère Hyas ayant été déchiré par une lionne, elles se montrèrent inconsolables de sa mort. Les dieux, touchés de leur douleur, les changèrent en astres; mais, dans le ciel même, elles ne cessaient de pleurer.

HYÆNANCHE. s. m. (gr. ὕαινα, hyène; ἄγχω, j'étouffe). T. Bot. Genre de plantes Dicotylédones de la famille des Euphorbiacées. Voy. ce mot.

HYALE. s. f. (gr. ὕαλος, verre). T. Zool. Genre de Mollusques Gastéropodes. Voy. PTÉROPODES.

HYALIN, INE. adj. (gr. ὕαλος, verre). T. Anat. et Zool. Qui est transparent comme du verre.

HYALINE. s. f. (gr. ὕαλος, verre). T. Chim. Substance qui forme la vésicule des échinocoques. Elle est transparente, opaline, insoluble dans l'eau, dans l'alcool et dans l'acide acétique. Elle se dissout dans les alcalis dilués; elle entre aussi en solution dans l'eau chauffée sous pression à 150°. (Certains auteurs réservent le nom d'H. à la substance ainsi solubilisée et appellent hyalogène l'h. primitive insoluble). L'h. est insoluble dans le suc gastrique. Chauffée avec des acides minéraux à l'ébullition, elle se transforme en un sucre réducteur et fermentescible; ce caractère la rapproche de la chitine. Des substances très analogues, sinon identiques, à l'h. ont été rencontrées dans les cartilages hyalins, dans les kystes hydatiques, dans certaines éponges, chez les vers, dans les nids d'hirondelle comestibles, etc. On a aussi donné le nom d'h. à une matière albuminoïde analogue à la mucine et contenue dans le protoplasma des leucocytes.

HYALITE. s. f. (gr. ὕαλος, verre). T. Minér. Variété d'opale d'une limpidité parfaite. || Sorte de verre noir obtenu en mêlant à la composition du verre des scories de forge pulvérisées, du soufre et autres ingrédients.

HYALITE. s. f. (R. hyaloïde). T. Méd. Inflammation de la membrane hyaloïde.

HYALOGÈNE. s. m. (gr. ὕαλος, verre; γεννάω, j'engendre). T. Chim. Voy. HYALINE.

HYALOGRAPHE. s. m. (gr. ὕαλος, verre; γράφειν, écrire). Instrument à l'aide duquel on dessine mécaniquement la perspective.

HYALOGRAPHIE. s. f. (R. hyalographe). Art de graver sur le verre. Voy. GRAVURE.

HYALOÏDE. adj. et s. f. (gr. ὕαλος, verre; εἶδος, apparence). T. Anat. Qui ressemble au verre par sa transparence. Humeur h. ou vitrée. Membrane h. Voy. ŒIL.

HYALOÏDIEN, IENNE. adj. [Pr. ialoïdi-in]. T. Anat. Qui appartient à l'humeur ou à la membrane hyaloïde.

HYALOMICTE. s. f. (gr. ὑαλὸς, verre; μιχτὸς, mêlé).
T. Minér. Roche composée de quartz et de mica blanc, généralement associée aux gîtes stannifères.

HYALOSOME. adj. 2 g. (gr. ὑαλὸς, verre; σῶμα, corps).
T. Zool. Dont le corps est translucide comme du verre.

HYALOTECHNIE. s. f. [Pr. ialo-tek-nie] (gr. ὑαλὸς, verre; τεχνη, art). Art de travailler ou de fabriquer le verre.

HYALOTECHNIQUE. adj. 2 g. [Pr. alo-tek-nik]. Qui a rapport à l'hyalotechnie.

HYALURGIE. s. f. (gr. ὑαλὸς, verre; ἐργον, œuvre). L'art de fabriquer le verre.

HYAS. T. Myth. Voy. HYADES.

HYBLA, nom de trois villes anciennes de Sicile.

HYBRIDATION. s. f. [Pr. ...sion] T. Hist. nat. Nom donné au phénomène de la production des hybrides.
Hortic. — On opère l'h. artificielle en fécondant le stigmate de la fleur avec le pollen d'une autre variété ou même d'une espèce différente, mais voisine, et le plus souvent du même genre. Voici quelques-unes des principales règles qui peuvent servir de guide dans la pratique horticole. Le choix du sujet qui doit porter le fruit présente quelque importance. Ainsi, l'on a remarqué que les individus obtenus artificiellement tiennent de manière tenant plus du pied mère que de l'espèce qui a servi à la fécondation. D'où il résulte que si l'on veut, par ex., augmenter le volume d'un fruit sans changer sensiblement sa qualité, il convient de choisir cette variété pour pied mère et de la féconder par une espèce à fruit plus gros. Si le contraire avait lieu, les qualités qui ont fait rechercher la première disparaîtraient presque dans son union avec la seconde. Il faut encore remarquer que les diverses variétés obtenues de ces fécondations croisées s'entre-féconde à ensuite bien plus facilement que les espèces mêmes qui leur ont donné naissance. Les types primitifs sont doués d'une stabilité qui résiste jusqu'à un certain point à ces sortes d'opérations. La préparation des pieds mères consiste à les éloigner le plus possible des variétés ou espèces du même genre, afin d'empêcher le pollen de ces plantes d'arriver sur le porte-graine que l'on a choisi. Au moment de la floraison, on ne laisse sur cet individu qu'un petit nombre de fleurs, et privés de tous leurs organes mâles. Pour les espèces hermaphrodites, on devra enlever avec soin, à l'aide de petites pinces, toutes les anthères avant qu'elles commencent à répandre le pollen; et les fleurs ainsi mutilées seront enveloppées de gaze pour prévenir les croisements accidentels. Quant aux espèces monoïques, il suffira de couper les fleurs mâles avant leur épanouissement. L'isolement complet et à grande distance du porte-graine dioïque est indispensable. La récolte du pollen exige les soins suivants: aussitôt que les anthères commencent à s'ouvrir, on les détache à l'aide d'une petite pince et on les réunit dans une boîte, pour appliquer ensuite le pollen sur les organes femelles qui doivent être fécondés. Quelquefois les fleurs de ces dernières s'épanouissent plusieurs jours après celles du sujet mâle; dans ce cas, on peut sans inconvénient conserver le pollen jusqu'au moment convenable. Des expériences ont démontré que la poussière fécondante de plusieurs espèces peut être conservée intacte pendant une année; on la place, dans ce but, entre deux verres de montre réunis à l'aide du paraffine et recouverts d'une feuille d'étain; on abrite le tout dans un endroit sec et non exposé à la chaleur. Pour appliquer la poussière fécondante, il faut saisir avec précision le moment où l'organe femelle est disposé à recevoir la fécondation; c'est ordinairement dès que les fleurs sont épanouies, et suivant les espèces, depuis le lever du soleil jusqu'à midi Pour pratiquer cette délicate opération, on se sert d'un petit pinceau très délié, semblable à ceux qu'on utilise pour l'aquarelle. La poussière fécondante, recueillie à l'avance, s'attache au pinceau, dont la surface du stigmate auquel le moment a été bien choisi, est recouvert d'un liquide visqueux auquel s'attache le pollen. Si les fleurs restent épanouies pendant plusieurs jours, on peut répéter la même opération tous les matins, afin d'assurer le succès. Après chaque séance, on aura soin de replacer la gaze protectrice, qui ne sera définitivement enlevée qu'après la floraison. — Tels sont les soins

principaux qu'exige l'h. artificielle. Ajoutons que les nouveaux sujets ainsi obtenus présentent peu de stabilité dans leurs caractères différentiels, qu'ils tendent sans cesse à retourner à leur type primitif, et que, ne pouvant être reproduits au moyen de graines avec les qualités qui les distinguent, on est obligé, pour les multiplier, d'avoir recours à la greffe, au marcottage ou aux boutures.

HYBRIDE. adj. 2 g. (lat. *hybridus*, m. s.). Métis; qui est né de deux espèces différentes; se dit des animaux et des plantes, mais surtout de ces dernières. — Subst., *Les hybrides sont en général stériles*. || Fig., *Mot h.*, Qui est composé de deux mots de langues différentes. *Monocle* (gr. μονός, seul; lat. *oculus*, œil) *et Bureaucratie* (fr. *bureau*; gr. χρατεω, je commande) *sont des mots hybrides*.
His. nat. — On appelle *Hybride* le produit d'une plante ou d'un animal femelle qui a été fécondé par un mâle d'une variété, d'une espèce ou d'un genre différent. Les hybrides les plus communs sont les hybrides *spécifiques*, c.-à-d. qui proviennent du rapprochement de différentes variétés de la même espèce, comme le produit du Sanglier et de la Truie domestique. Les modifications infinies qui résultent des croisements analogues dans les variétés des roses et d'autres plantes d'ornement ou d'utilité, sont des exemples familiers de ce phénomène dans les végétaux. Kœlreuter a produit des hybrides spécifiques en fertilisant artificiellement le *Nicotiana rustica* avec le pollen du *Nicotiana paniculata*; et Schick a démontré, par de nombreuses observations, qu'à l'état de nature il se produit beaucoup d'hybrides végétaux de cette catégorie. Voy. HYBRIDATION.
On nomme hybrides *congénères* ceux qui résultent de deux espèces différentes, mais appartenant au même genre. Tels sont chez les insectes les hybrides du *Papilio jurtina* avec le *P. janira*, du *Phalangium cornutum* avec le *Ph. opilio*. On a aussi obtenu, au moyen de la fécondation artificielle, des hybrides congénères dans la classe des Poissons; par ex., entre le *Cyprinus carpio* et le *C. carassius*; et entre le *C. carpio* et le *C. gibelio*. Parmi les Oiseaux, tout le monde connaît les hybrides que produisent le Chardonneret et le Serin, le Faisan commun et la Poule commune, l'Oie et l'Oie, le Corbeau et la Corneille, etc. Parmi les Mammifères, des hybrides ont été produits par le Lion et le Tigre, le Chien et le Loup, le Chien et le Chacal, le Chien et le Renard, la Chèvre et le Bouquetin, le Cheval et le Zèbre, le Zèbre et l'Ane, enfin le Cheval et l'Ane. Le produit de ces deux dernières espèces est le plus commun des hybrides; aussi l'appelle-t-on par excellence le *mulet*. — Les hybrides *bigénères*, c.-à-d. résultant du rapprochement de genres différents, sont beaucoup plus rares, soit dans le règne végétal, soit dans le règne animal, mais surtout dans ce dernier. Cependant on a vu des hybrides résulter du rapprochement de l'Antilope avec une espèce d'Antilope (*Ant. rupicapra*), du Cerf avec la Vache, et du Taureau avec la Brebis, malgré la disproportion de taille. Parmi les Reptiles, on a vu le Crapaud et la Grenouille produire des hybrides, et, parmi les insectes, le *Cantharis melanura* donner des métis avec l'*Elater niger*, le *Melolontha agricola* avec le *Cetonia hirta*. L'expérience seule peut déterminer le degré d'affinité au delà duquel l'*hybridation*, ou la production d'hybrides, est impossible; mais il est certain qu'elle est limitée aux individus qui appartiennent à des genres d'un même groupe naturel.
La tendance de tous les phénomènes naturels, en ce qui touche l'*hybridité*, est de la prévenir, et, lorsqu'elle a lieu, d'arrêter la propagation des variétés ainsi produites; enfin, de limiter leur pouvoir générateur de telle sorte qu'elles ne puissent se reproduire qu'en retournant au type primitif. Il arrive le plus souvent qu'un h. est stérile, ou bien il produit seulement avec un individu de race pure, et alors il y a retour plus ou moins complet vers cette dernière.

HYBRIDISME. s. m. Syn. d'*Hybridité*.

HYBRIDITÉ. s. f. Qualité de ce qui est hybride. Voy. HYBRIDE et HYBRIDATION.

HYCSOS ou **HYKSOS**, s. m. pl. Arabes pasteurs qui envahirent l'Égypte au XVIIe siècle av. J.-C.; Joseph fut ministre de l'un de leurs rois.

HYDANTOÏNE. s. f. T. Chim. L'h. ou *glycolylurée* est l'uréide de l'acide glycolique et répond à la formule

$$CO \begin{cases} AzH - C \\ \\ AzH - CO \end{cases} \Big| H^2$$

Elle se forme, en même temps que de l'urée, quand on chauffe l'allantoïne avec de l'acide iodhydrique. Elle est faiblement sucrée, neutre au tournesol, soluble dans l'eau chaude et dans l'alcool. Elle cristallise en aiguilles fusibles à 245°. Chauffée avec l'eau de baryte elle s'hydrate et se convertit en acide hydantoïque.

En chauffant la créatinine avec l'eau de baryte on obtient une *méthylhydantoïne* C⁴ H⁶ Az² O² qui fond à 156°. Une autre méthylhydantoïne, fusible à 182°, se produit quand on fait réagir la méthylurée sur le glycocolle. Enfin, l'action de l'acide cyanhydrique sur un mélange d'acétone et d'acide cyanique fournit une *diméthylhydantoïne* qui fond à 175°.

HYDANTOÏQUE. adj. T. Chim. L'acide *h.* ou *glycolurique* est un acide monobasique dérivant de l'urée et répondant à la formule :

$$CO < \begin{matrix} Az\,H^2 \\ Az\,H.\,CH^2.\,CO^2H \end{matrix}$$

On l'obtient par l'hydratation de l'hydantoïne ou par l'action du glycocolle sur l'urée à 120°. Il cristallise en prismes monocliniques, incolores, volumineux, solubles à chaud dans l'eau et dans l'alcool. Il déplace l'acide carbonique des carbonates et s'unit aux bases en donnant des *hydantoates* solubles dans l'eau, insolubles dans l'alcool.

HYDARTHROSE. s. f. [Pr. *idartro-ze*] (gr. ὕδωρ, ὕδατος, eau; ἄρθρον, articulation). Au sens étymologique, l'h. est une affection caractérisée par la présence d'un liquide séreux dans une cavité articulaire; au sens clinique, c'est une affection chronique, à marche lente.

Les causes nombreuses en sont encore incomplètement connues. — L'h. est parfois primitive, essentielle, idiopathique; elle survient sans qu'on puisse la rattacher à un traumatisme, ni à une inflammation, ni à un état diathésique. Le plus souvent, les hydarthroses sont consécutives, c.-à-d. sous la dépendance d'une autre affection ou d'une cause capable d'en expliquer l'apparition (traumatismes, marches forcées, changements de température). Les grandes diathèses, tuberculeuse, syphilitique, et surtout rhumatismale, peuvent se manifester par l'h., qui n'est plus alors qu'un symptôme dans une affection générale; de même, à la suite de certaines fractures, au cours de phlébites, au cours de l'ostéomyélite de croissance, les articulations en rapport avec ces lésions peuvent être atteintes; de même encore, consécutivement à certaines maladies infectieuses, scarlatine, fièvre typhoïde, etc. — L'h. se rencontre de préférence chez les hommes, plus exposés, à l'âge adulte, et elle se localise le plus volontiers au genou, à la hanche, à l'épaule, surtout au genou, dans les articulations lâches à glande synoviale.

On a rarement l'occasion d'autopsier des malades atteints d'h., mais les progrès de la chirurgie ont permis de connaître les lésions sur le vivant dans les cas où l'arthrotomie est indiquée. Les altérations siègent sur la synoviale, rouge, gonflée, ou pâle, décolorée, comme lavée suivant l'ancienneté de l'h. On a constaté parfois des épaississements synoviaux volumineux, des fausses membranes tapissant la cavité articulaire. La capsule et les ligaments se prennent secondairement, à l'état chronique, se distendent, en sorte que, l'épanchement résorbé, ils se trouvent trop lâches et rendent ainsi gênées les fonctions du membre. — Le liquide est en quantité variable, depuis quelques gouttes donnant le choc rotulien, jusqu'à 500 ou 600 grammes; il est généralement rétracté, transparent, il se coagule par la chaleur et donne les réactions de l'albumine; parfois, il est mêlé de flocons albumineux, ou roussâtres, lorsqu'il y est adjoint un léger épanchement sanguin.

L'h. est une affection à marche essentiellement chronique. Elle débute ordinairement par des douleurs vagues, de la faiblesse articulaire sans augmentation de volume; le liquide apparaît petit à petit; au genou, il est étranglé, séparé nettement en deux parties, externe et interne, par le ligament rotulien; il ne saille pas dans le creux rotulien; au pied, il se montre en avant des malléoles; au coude, en arrière, sur les côtés de l'olécrane, quand les articles communiquent avec des bourses séreuses ou des gaines tendineuses, on peut trouver des saillies de ces côtés; au genou, dans la bourse sus-condylienne du jumeau interne; à l'épaule, dans la bourse de la longue portion du biceps. — La position du membre ne présente rien de caractéristique; il n'est en demi-flexion que pour les épanchements aigus, développés en vingt-quatre heures, ce qui n'est pas le cas habituel. — Le symptôme le plus intéressant est la fluctuation, plus ou moins nette, suivant la forme de l'articu-

lation et la quantité du liquide : il faut parfois recourir à des artifices pour la percevoir, mettre le membre en extension, dans le relâchement musculaire, embrasser l'article entre les deux mains pour faire refluer le liquide au point central, et on a alors une sensation précise. particulièrement au genou, où l'on peut percevoir ainsi le choc rotulien, sensation qu'on doit se garder de confondre avec l'ondulation musculaire; dans les autres articulations, le liquide est plus difficile à chercher et on agit du côté le plus accessible. Lorsque l'affection est ancienne, on note la présence d'un bourrelet dur causé par l'épaississement des culs-de-sac synoviaux; l'atrophie des muscles est fréquente, par suite d'une dénutrition provenant de la distension de la synoviale.

L'évolution de l'h. est lente. Lorsque la maladie tend vers la guérison, le liquide se résorbe peu à peu, et laisse souvent les ligaments relâchés, allongés, permettant des mouvements de latéralité. Certaines complications peuvent se produire : telles la rupture de la synoviale, à l'occasion d'un mouvement brusque ou d'un traumatisme; telle encore l'impotence consécutive du membre, par raideur articulaire; enfin, une tumeur blanche peut succéder à l'h. chez les sujets prédisposés. C'est donc une maladie longue, incapable, sauf de rares complications, de menacer la vie, susceptible seulement d'amener l'impotence d'un membre. Il faut être réservé sur la durée de l'affection, et craintif eu égard aux sujets lymphatiques ou tuberculeux.

Ce n'est qu'exceptionnellement que le diagnostic peut être difficile. En effet, on peut écarter tout d'abord les tumeurs sanguines périarticulaires, l'œdème périarticulaire, l'hygroma; puis aussi les arthrites aiguës à marche rapide et inflammatoire, les tumeurs blanches qui s'accompagnent d'un état général particulier, les épanchements sanguins intra-articulaires signalés par les commémoratifs et l'apparition soudaine.

Le traitement se compose de deux parties : un traitement général qui s'adresse à la diathèse (rhumatisme, goutte, lymphatisme, etc.), et un traitement local. Au début, à la première période, trois indications : immobilisation, compression, révulsion. Dans le cas de tendance à la chronicité, badigeonnages iodés, pointes de feu. Contre les hydarthroses rebelles, les interventions chirurgicales : ponction articulaire avec un gros trocart, évacuation, lavage antiseptique à l'eau phéniquée; arthrotomie antiseptique avec drainage. — A la suite, les malades doivent porter une genouillère élastique; s'il persiste de l'impotence, il faut s'adresser aux courants électriques continus, faibles, et au traitement minéral (Aix-les-Bains).

HYDASPE, nom d'un fleuve de l'Inde ancienne, aujourd'hui *Djelam*.

HYDATIDE. s. f. (gr. ὑδατίς, cloche remplie d'humeur). T. Méd. Nom donné à diverses sortes de vers qui se développent dans les tissus en s'entourant d'un kyste. ‖ Adj. *Kyste h.*

HYDATIQUE. adj. 2 g. T. Méd. Qui a rapport aux hydatides. *Kyste h.*

HYDATISME. s. m. (gr. ὑδατισμος, m. s., de ὕδωρ, ὕδατος, eau). T. Méd. Bruit produit par la fluctuation d'un liquide épanché dans une cavité.

HYDATOÏDE. adj. 2 g. (gr. ὕδωρ, ὕδατος, eau; εἶδος, forme). T. Anat. *Membrane h.*, Membrane de l'humeur aqueuse.

HYDATOLOGIE. s. f. (gr. ὕδωρ, ὕδατος, eau; λόγος, doctrine). Syn. d'*Hydrologie.*

HYDATOSCOPIE. s. f. (gr. ὕδωρ, ὕδατος, eau; σκοπεῖν, examiner). Divination au moyen de l'eau.

HYDE DE NEUVILLE, homme politique fr., né à la Charité-sur-Loire en 1776, mort à Paris en 1857.

HYDERABAD. Voy. HAÏDERABAD.

HYDNE. s. m. (gr. ὕδνον, tubercule). T. Bot. Genre de Champignons (*Hydnum*) de la famille des *Hyménomycètes*. Voy. ce mot.

HYDNÉES. s. f. pl. (R. *Hydne*). T. Bot. Tribu de Champignons de la famille des *Hyménomycètes*. Voy. ce mot.

HYDNOCARPE. s. m. (gr. ὕδνον, tubercule; καρπὸς, fruit).

HYDNORE. s. m. T. Bot. Genre de plantes Dicotylédones (*Hydnora*) de la famille des *Rafflésiacées*. Voy. ce mot.

HYDNORÉES. s. f. pl. (R. *Hydnore*). T. Bot. Tribu de plantes de la famille des *Rafflésiacées*. Voy. ce mot.

HYDRA, île grecque de l'Archipel vis-à-vis de la presqu'île d'Argolide ; 17,500 hab. == Nom des hab. : HYDRIOTES. Ch-l Hydra ; 6,500 hab.

HYDRACHNE. s. f. [Pr. *idrak-ne*] (gr. ὕδωρ, eau ; ἀχνη, poil). T. Ent. Genre d'*Arachnides*. Voy. ROLÈTRES.

HYDRACIDE. s. m. (R. *hydrogène*, et *acide*). T. Chim. Le nom d'*Hydracide* sert à désigner les acides non oxygénés, surtout ceux qui sont formés par l'union de l'hydrogène avec le fluor, le chlore, le brome, l'iode, le soufre, le sélénium et le cyanogène. Ce nom est mal choisi, car tous les acides proprement dits contiennent de l'hydrogène remplaçable par un métal et mériteraient d'être appelés *Hydracides*.

HYDRACRYLIQUE. adj. 2 g. (gr. ὕδωρ, eau ; fr. *acrylique*). T. Chim. L'*acide* h. est un acide alcool dont la formule est $CO^2H.CH^2.CH^2OH$. On lui donne quelquefois le nom d'acide *Éthylène-lactique*, parce qu'il est un isomère de l'acide lactique. Il se forme dans l'oxydation du propylglycol ; on peut aussi le préparer en traitant le dérivé di-iodé de l'acide propionique par l'oxyde d'argent humide. C'est un liquide sirupeux, fortement acide, que la chaleur décompose en eau et en acide acrylique.

HYDRAGOGUE. adj. 2 g. et s. m. (gr. ὕδωρ, eau ; ἄγω, chasser). T. Méd. Se dit de certains médicaments auxquels on attribuait la propriété de faire évacuer la sérosité épanchée dans les cavités ou infiltrée dans les tissus. *Poudre h. Les prétendus hydragogues sont tout simplement des purgatifs drastiques.*

HYDRAMIDE. s. f. (R. *hydrogène*, et *amide*). T. Chim. Nom donné à des composés neutres qui se forment, avec élimination d'eau, quand on fait réagir l'ammoniaque sur certaines aldéhydes. C'est ainsi que l'aldéhyde benzylique fournit l'hydrobenzamide $Az^2(C^7H^6)^3$, que le furfurol donne la furfuramide $Az^2(C^5H^4)^3$, etc. Les hydramides ont pour formule générale Az^2H^3 ; elles sont solides, cristallisables, insolubles dans l'eau, solubles dans l'alcool. Par ébullition avec les acides étendus, elles reproduisent en général l'ammoniaque et l'aldéhyde génératrice. La potasse bouillante et même la chaleur seule les transforment ordinairement en alcaloïdes isomères.

HYDRANGÉES. s. f. pl. (R. *Hydrangea*). T. Bot. Tribu de végétaux de la famille des *Saxifragacées*. Voy. ce mot.

HYDRANGELLE. s. f. (gr. ὕδωρ, eau ; ἄγγος, vaisseau). T. Bot. Genre de plantes Dicotylédones (*Hydrangea*) de la famille des *Saxifragacées*. Voy. ce mot.

HYDRARGILLITE. s. f. [Pr. *idrar-jil-lite*] (gr. ὕδωρ, eau ; lat. *argilla*, argile). T. Minér. Alumine hydratée.

HYDRARGYRE. s. m. (gr. ὑδράργυρος, argent liquide, de ὕδωρ, eau ; ἄργυρος, argent). Ancien nom du mercure.

HYDRARGYRIE. s. f. (gr. ὑδράργυρος, mercure). Méd. Syn. d'*Hydrargyrisme*. Voy. MERCURE.

HYDRARGYRIQUE. adj. 2 g. Qui appartient ou se rapporte à l'hydrargyre ou à l'hydrargyrisme.

HYDRARGYRISME. s. m. (gr. ὑδράργυρος, mercure). T. Méd. Intoxication par le mercure. Voy. MERCURE.

HYDRARGYROSE. s. f. (gr. ὑδράργυρος, mercure). T. Méd. Friction mercurielle.

HYDRASTINE. s. f. (R. *hydrastis*). T. Chim. Alcaloïde contenu, avec la berbérine, dans l'*Hydrastis canadensis*. L'h. a pour formule $C^{21}H^{21}Az^2O^6$. Elle cristallise en prismes anorthiques presque insolubles dans l'eau, solubles dans l'alcool

et le chloroforme ; elle fond à 132°. Elle ne paraît pas posséder des propriétés vénéneuses. Traitée par l'acide azotique étendu, elle donne de l'acide opianique et de l'*Hydrastinine* $C^{11}H^{13}Az O^3$, alcaloïde qui cristallise en aiguilles blanches, fusibles à 117°, et dont les solutions aqueuses sont fortement alcalines et très amères.

HYDRASTIS. s. m. (gr. ὕδωρ, eau). T. Bot. Genre de plantes Dicotylédones de la famille des *Renonculacées*. Voy. ce mot.

HYDRATABLE. adj. 2 g. Qui est susceptible de se convertir en hydrate.

HYDRATATION. s. f. [Pr. ...*sion*]. T. Chim. Action d'hydrater. *Agent d'h.*, Corps ou mélange de corps servant à l'h.

HYDRATE. s. m. T. Chim. On donne en général le nom d'*Hydrate* à tous les composés qu'on peut considérer comme résultant de l'union de l'eau avec un autre corps. Dans un sens plus restreint, on appelle h. ceux de ces composés qui perdent facilement leur eau, soit à l'air sec ou dans le vide, soit à une température voisine de 100°. Tels sont, par ex., l'h. de chlore $(Cl + 5H^2O)$ et les combinaisons cristallisées que l'eau forme avec un grand nombre de sels. Voy. EAU (*Propriétés chimiques*).

Les *hydrates métalliques* se forment par la combinaison de l'eau avec les oxydes métalliques ; ils sont constitués par un métal uni à un ou plusieurs oxhydryles, suivant que ce métal est univalent ou polyvalent. Tels sont : la potasse ou h. de potassium KOH, la chaux ou hydrate de calcium $Ca(OH)^2$, etc.

Hydrates de carbone. — Sous le nom d'H. de carbone, on comprend un grand nombre de principes immédiats neutres, qui se composent de carbone uni aux éléments de l'eau. Cette classe de corps renferme les matières sucrées, les dextrines, l'amidon, la cellulose, les gommes et les mucilages. On applique surtout la dénomination d'h. de carbone aux composés représentés par la formule $C^6H^{10}O^5$ ou un multiple de cette formule ; les principaux sont : l'inuline, les dextrines, le glycogène des animaux, l'amidon, la cellulose végétale et la tunicine ou cellulose animale.

HYDRATER. v. a. T. Chim. Combiner un corps avec l'eau ou avec les éléments de l'eau. == S'HYDRATER. v. pron. Prendre le caractère des hydrates. == HYDRATÉ, ÉE. part.

HYDRATINÉES. s. f. pl. (R. *Hydre*). Famille d'*Hydroméduses*. Voy. HYDROIDES.

HYDRATIQUE. adj. 2 g. Qui a quelques-uns des caractères des hydrates.

HYDRATROPIQUE. adj. T. Chim. L'*acide h.* s'obtient en hydrogénant l'acide atropique et répond à la formule $C^6H^5.CH(CH^3).CO^2H$. Voy. ATROPIQUE.

HYDRAULICIEN. s. m. [Pr. *idro-li-si-in*]. Ingénieur ou artisan qui s'occupe d'hydraulique.

HYDRAULICITÉ. s. f. Qualité des mortiers hydrauliques.

HYDRAULIQUE. adj. 2 g. (gr. ὕδωρ, eau ; αὐλός, tuyau). Qui est mû par l'eau ou qui a pour objet de conduire ou d'élever les eaux. *Orgue h. Presse h. Machine h. Roue h. L'art h. La science h.* || *Chaux h., mortier h.,* Qui a la propriété de durcir sous l'eau. Voy. CIMENT.

HYDRAULIQUE. s. f. T. Phys. et Méc. L'*Hydraulique* est la science qui a pour objet le mouvement des eaux et la construction des machines destinées à les conduire : c'est la partie pratique de l'*Hydrodynamique*. Quelques auteurs cependant donnent le nom d'*Hydraulique* à toute la partie de la physique qui traite des fluides. Ainsi comprise, l'h. englobe l'*Hydrostatique* et l'*Hydrodynamique*, de telle sorte que cette dernière branche de la science devient une subdivision de l'h. dont, au contraire, elle n'est, d'après la première définition, qu'une application. Mais la première signification du mot *H.* est la plus généralement usitée. — Les principales questions relatives à l'*Hydrodynamique* et à l'*Hydrostatique* étant l'objet d'articles spéciaux dans cet ouvrage, nous nous contenterons de parler ici de quelques appareils particuliers qui ne rentrent pas aisément dans les catégories que nous avons adoptées pour la description des machines hydrauliques.

I. *Balancier hydraulique.* — L'appareil ainsi nommé est une sorte de bascule que l'eau met en mouvement par son poids. Il consiste en une petite caisse de bois (Fig. 1) tournant sur un axe et partagée par une cloison en deux moitiés égales. Deux appuis fixes A et B empêchent la machine de se renverser. L'eau qui coule par le tuyau D tombe dans la partie élevée de la caisse, dans la partie m' par ex., et quand

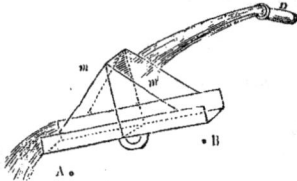

Fig. 1.

cette partie est pleine, la caisse tourne sur son axe et verse l'eau dont le poids a déterminé son mouvement. Alors la partie m se remplit à son tour, fait de nouveau pencher la caisse, et ainsi de suite. Le balancier h. a été imaginé par Perrault, qui le proposa comme utilisation d'une chute d'eau au mouvement d'une horloge. Mais cet appareil est resté sans applications pratiques.

II. *Bélier hydraulique.* — Une colonne d'eau étant renfermée dans un tube et animée d'une certaine vitesse, supposons que l'on mette un obstacle à son mouvement. Aussitôt le liquide pressera contre l'obstacle en vertu de la vitesse acquise; la première tranche en contact avec ce dernier se trouvera bientôt arrêtée, et en même temps elle sera poussée par la tranche qui vient après et ainsi de suite, de sorte que la pression se propagera de tranche en tranche jusqu'à la tête de colonne. Pendant ce temps, qui est très court, le tuyau

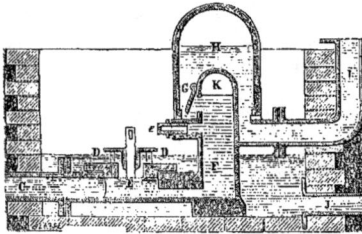

Fig. 2.

supportera un excès de pression latérale dépendant de son diamètre et de la vitesse de l'eau. On aura donc dans cet excès de pression une force disponible capable de produire un effet plus ou moins considérable, et que l'on pourra employer, par ex., pour élever une partie de l'eau fournie par la colonne à une hauteur supérieure à son point de départ. Tel est l'objet de l'ingénieuse machine qu'on appelle *Bélier h.* (Fig. 2), et qui a été imaginée, en 1797, par Montgolfier, l'inventeur des aérostats. C'est un tuyau communiquant avec la partie inférieure d'un réservoir plein d'eau, et dans lequel l'eau se meut avec une vitesse qui dépend de la hauteur de la chute : on l'appelle *corps du bélier.* A l'extrémité opposée se trouve la *tête du bélier*, composée de plusieurs parties : E est une soupape s'ouvrant de haut en bas et fermée d'une matière dont le poids est deux fois plus grand qu'un égal volume d'eau : on l'appelle *soupape d'arrêt.* Le tuyau C se relève à angle droit en F et aboutit à une chambre K, qui, à sa partie inférieure, est munie latéralement d'une soupape G s'ouvrant de dedans en dehors dans un réservoir de fonte H, communiquant avec le tuyau d'ascension I. L'eau du réservoir dans lequel est placé le bélier s'écoule par

le tuyau J. — L'eau qui arrive de la source par le tuyau C s'échappe au dehors par les orifices DD, ouverture que laisse libre la soupape E abaissée. A partir du moment où l'écoulement commence, la vitesse du liquide s'accélère, et bientôt celui-ci vient frapper le dessous de la soupape avec assez de force pour la soulever et la tenir appliquée contre les ouvertures DD qui se trouvent alors fermées. L'écoulement est donc brusquement interrompu, et la masse d'eau, animée d'une certaine vitesse, réagit avec force contre toutes les parties des parois qui la contiennent. Cette pression ou, comme on l'appelle, ce *coup de bélier*, chasse par la soupape G une certaine quantité d'eau et la fait monter dans le tuyau d'ascension I, à une hauteur qui dépend de la quantité de mouvement de la colonne liquide. Plus celle-ci sera longue, plus l'effet sera considérable. Après le choc, la vitesse est détruite, la soupape d'arrêt retombe en vertu de son poids, l'écoulement de l'eau recommence par les orifices DD; la vitesse s'accélère, et un second coup de bélier lance dans le tuyau d'ascension une nouvelle quantité d'eau. La chambre K contient de l'air à sa partie supérieure; le rôle de ce fluide est d'une grande importance. En effet, au moment du choc, l'air, se comprimant peu à peu, diminue considérablement les effets destructeurs de la pression contre les parois du tuyau; puis, quand la vitesse de l'eau est anéantie, l'air réagit à son tour pour reprendre son premier volume; il refoule le liquide dans le tuyau C et en fait passer une partie au delà de la soupape G, qui pendant ce temps restait ouverte; la pression intérieure surpassant la pression extérieure : c'est ainsi que la présence de l'air augmente la quantité de travail utile ou de rendement de la machine. Le récipient H renferme aussi de l'air. Ici le fluide élastique a pour effet de rendre l'ascension de l'eau plus régulière. Il se comprime pendant tous les coups de bélier, et, dans leur intervalle, il agit par sa force de ressort pour continuer à pousser l'eau dans le tuyau d'ascension. Mais l'eau dissout toujours une certaine quantité de l'air avec lequel elle est en contact; cela en dissout même d'autant plus que la pression du gaz est plus considérable : en conséquence, l'air contenu dans le récipient se dissoudrait, et disparaîtrait progressivement s'il n'était pas renouvelé. C'est pourquoi l'on adapte en c, au-dessous de la soupape G, un tube horizontal dont l'ouverture est fermée par une soupape s'ouvrant de dehors en dedans. Après chaque coup de bélier, une réaction s'opère qui fait un peu rebrousser la colonne avant de produire le choc; la soupape G se ferme, et il y a une aspiration qui permet à une petite quantité d'air atmosphérique de s'introduire à travers la soupape c, dans l'espace K, d'où il passe en H au coup de bélier suivant. — Le bélier h. donne plus de 60 p. 100 d'effet utile; mais il ne peut être établi sur de très grandes proportions, à cause des secousses qui tendent à produire la dislocation des pièces de l'appareil, et cela d'autant plus promptement que ses dimensions sont plus considérables. — Le bélier h. de Montgolfier a été perfectionné par M. Bolée; ces perfectionnements portent surtout sur le jeu des soupapes qui est mieux réglé et rend les chocs peu sensibles. Le bélier h. a été appliqué à l'épuisement des fouilles. On l'a aussi utilisé comme compresseur d'air dans le percement du mont Cenis.

III. *Presse hydraulique.* — Les liquides transmettent également dans tous les sens la pression qu'on exerce en un point quelconque de leur masse; la pression totale que supporte une surface liquide est donc proportionnelle à son étendue. C'est sur ce principe général d'hydrostatique qu'est fondée la *Presse h.*, due au génie de Pascal. Imaginons deux tuyaux ou corps de pompe communiquants, mais de diamètres très inégaux, tous deux remplis d'eau et munis chacun d'un piston. Si la surface de l'un des pistons est 100 fois plus petite que la surface de l'autre, une pression de 1 kilogr. exercé sur le premier fera équilibre à un effort de 100 kilogr. exercé sur le second. En revanche, si l'on enfonce le petit piston de 1 mètre, le grand ne sera soulevé que de 1 centim., c.-à-d. 100 fois moins. En effet, pendant le mouvement des pistons le volume de l'eau restant le même, la quantité de liquide qui sort de l'un des corps de pompe entre en entier dans l'autre; et comme ces quantités sont les volumes de deux cylindres ayant pour bases les surfaces des deux pistons, et pour hauteurs les chemins que ces pistons parcourent, il s'ensuit que ces chemins sont inversement proportionnels aux surfaces des pistons. La presse h. se compose de deux parties distinctes : une pompe aspirante et foulante qui donne la pression, et un plateau à piston qui la reçoit pour la transmettre immédiatement aux corps que l'on veut comprimer. Ces deux parties sont reliées par un tuyau de communication (Fig. 3, Coupe de l'appareil; Fig. 4, Corps de pompe). Un cylindre de fonte à parois très résistantes, c, renferme le piston plongeur P, auquel la pression doit être communiquée. Ce piston supporte un plateau u guidé dans ses mouvements par deux colonnes de fer qui soutiennent de leur côté un second plateau de fonte c. C'est entre ces deux plateaux, l'un fixe et l'autre mobile, que l'on comprime les corps.

L'eau est introduite dans le cylindre c au moyen de la pompe sr, dont le piston est mis en mouvement au moyen d'un levier l (Fig. 4) que l'on saisit par sa poignée pour l'élever et l'abaisser alternativement. La tige du piston s est reliée au levier par une bielle articulée elle est guidée par son passage à travers une ouverture cy-

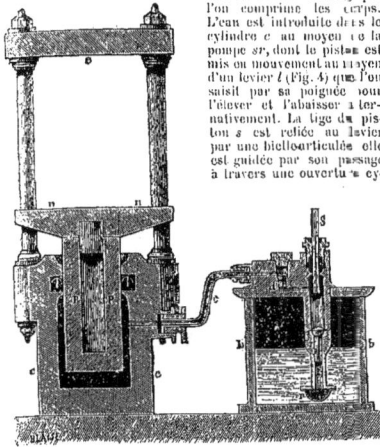

Fig. 3.

limbrique ménagée en haut de la monture. A chaque coup de piston, l'eau du réservoir inférieur b entre par la pomme d'arrosoir r, franchit la soupape i, puis est refoulée à

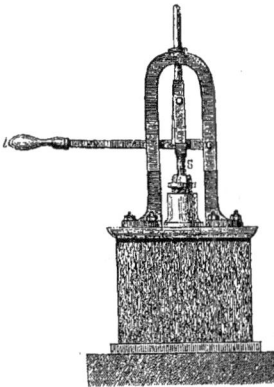

Fig. 4.

travers la soupape d, par l'intermédiaire du tuyau t, jusque dans le corps de pompe c, où elle exerce son effort contre le piston P et détermine son ascension. Il est facile de concevoir l'utilité des soupapes i et d. La première s'ouvre et la seconde se ferme quand on élève le petit piston s. Quand on l'abaisse, au contraire, i se tient fermée, tandis que d livre passage à l'eau. La soupape d a donc pour effet

de s'opposer au retour du liquide dans le petit corps de pompe pendant le mouvement d'élévation du piston s. Pour faire entrer la presse h, dans le domaine de la pratique, il fallait empêcher toute espèce de fuite du liquide entre la surface du piston P et les parois du cylindre contre lesquelles il frotte en montant, car la plus légère fuite se serait opposée au développement de pressions un peu considérables. L'ingénieur anglais Bramah est parvenu le premier (1796) à réaliser cette condition essentielle, en disposant dans une gorge ménagée à la partie interne et supérieure du corps de pompe un anneau de cuir embouti dont on voit la section droite dans la Fig. 3, sous la forme d'un U renversé. Cette garniture se prépare en taillant un morceau de cuir en forme de disque, et en enlevant la partie centrale de ce disque de manière à ne laisser qu'un anneau plat que l'on façonne en gouttière circulaire. L'eau fortement comprimée que contient le corps de pompe presse le bord intérieur de l'anneau contre le cylindre P avec une force qui croît avec l'intensité de la compression et rend toute fuite impossible. La presse h. est d'un usage très fréquent en agriculture et dans l'industrie. On l'emploie pour exprimer l'huile des graines oléagineuses et les sucs de certaines plantes, pour comprimer le papier, les étoffes, les acides gras destinés à la fabrication des bougies, etc. Elle joue un grand rôle dans l'industrie de la conservation des légumes, en leur donnant un faible volume qui les rend facilement transportables à la suite des armées et sur les navires. En outre, le principe de la presse h. a reçu de nombreuses applications pour la manœuvre de puissantes machines-outils, telles que les poinçonneuses, les machines à cater les bandages de roues, de wagons, etc.

IV. Machines à colonne d'eau. — On a tiré parti de la pression exercée par les colonnes liquides sur les parois des vases qui les renferment pour mettre en mouvement des pompes destinées à porter au dehors des mines les eaux d'infiltration qui s'y accumulent. Les machines de ce genre se nomment machines à colonne d'eau; leur invention est due à Bélidor. Elles ont une grande analogie avec les machines à vapeur, et, comme ces dernières, elles peuvent être à simple effet ou à double effet. Nous prendrons pour exemple une machine à colonne d'eau à double effet, dont la Fig. 5 représente une coupe verticale. — Cette machine consiste en un piston C qui peut se mouvoir dans un corps de pompe BB fermé à ses deux extrémités, et portant une double tige dont la partie inférieure communique le mouvement au piston a. Celui-ci aspire les eaux d'infiltration par le tuyau N, et les porte au dehors de la mine par le tuyau S. Le système abcNS fonctionne à la manière des pompes aspirantes et foulantes; il n'est donc pas besoin de le décrire ici. La double tige qui part du piston C traverse les deux bases du corps de pompe par des ouvertures entourées d'un rebord extérieur formant une sorte de boîte dans laquelle se trouve un amas d'étoupe grasse comprimée et que l'on désigne sous le nom de boîte à étoupe ou stuffing box, ce qui permet à la tige de glisser sans que l'eau puisse fuir par les joints. Un tuyau vertical A reçoit par sa partie supérieure l'eau d'un réservoir très élevé. Si ce liquide s'introduit au-dessous du piston C, ce dernier sera soulevé avec une force égale au poids d'une colonne d'eau ayant pour base sa surface, et pour hauteur sa distance verticale au niveau du réservoir. Si, au contraire, le liquide pénètre dans la partie supérieure du corps de pompe, le piston C sera pressé de haut en bas avec la même force. Il accomplira ainsi une suite de mouvements alternatifs qui seront transmis au piston de la pompe que l'on veut faire jouer. Pour régler l'introduction de l'eau d'un côté ou de l'autre du piston, et permettre en même temps au liquide qui se trouve du côté opposé de s'échapper, la machine possède un système de pistons égaux dd, placés dans un petit corps de pompe latéral et reliés entre eux par une tige rigide. Celle-ci se prolonge vers le haut et présente sur sa longueur deux viroles l et k entre lesquelles elle est embrassée par une traverse i qui termine la partie supérieure de la tige du piston C. Lorsque les pistons d se trouvent dans la position indiquée sur la figure, l'eau arrive par le tuyau e au-dessous du piston C et le pousse vers le haut. En même temps, l'eau qui remplit la partie supérieure du corps de pompe s'échappe par la tubulure g. Mais, arrivé en haut de sa course, le piston C soulève, par l'intermédiaire de la traverse i et de la virole k, les deux pistons d; aussitôt le tuyau e se trouve fermé, l'eau, s'introduisant par le tuyau f au-dessus du piston C, le fait descendre, tandis que celle qui remplit la partie inférieure du corps de pompe s'écoule par la tubulure h. Lorsque le piston C est parvenu au bas de sa course, la virole l, poussée par la traverse, descend avec les deux pistons d, et la série des phénomènes que nous venons de décrire se reproduit indéfiniment. — Dans les machines à colonne d'eau à simple effet, le corps de pompe est ouvert à l'une de ses extrémités et l'eau ne pénètre que d'un côté du piston, de

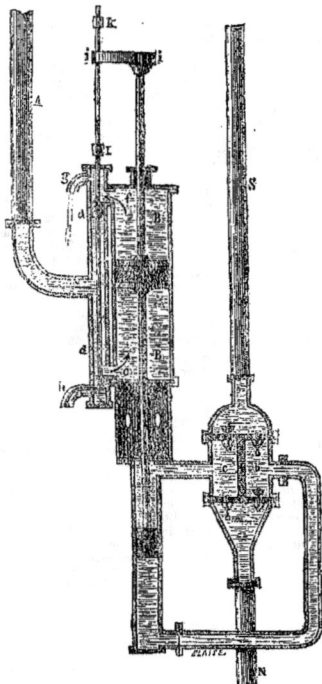

Fig. 5.

manière à le soulever. Le mouvement inverse est alors produit par des poids dont la tige inférieure est chargée. Ces sortes de machines rendent jusqu'à 60 p. 100 d'effet utile; elles constituent de bons agents hydrauliques, mais exigent une chute d'eau élevée.

V. *Moteurs hydrauliques.* — Les autres moteurs hydrauliques si employés dans l'industrie pour utiliser la force des chutes d'eau sont les *roues* et les *turbines*. Voy. ces deux mots.

HYDRAULISTE. s. m. Voy. HYDRAULICIEN.

HYDRAUTE. s. m. [Pr. *idró-te*] (gr. ὕδωρ, eau). Bouche d'eau disposée dans les rues et qu'on fait jouer en cas d'incendie. On dit plus couramment *Bouche d'incendie*.

HYDRAZIDE. s. m. T. Chim. Voy. HYDRAZINE.

HYDRAZINE. s. f. (R. *hydrogène*, et *azote*). T. Chim. Composé qui résulte de l'union de deux groupes amidogènes reliés par les atomes d'azote et qui répond à la formule $H^2Az - AzH^2$. L'h. est une base capable de s'unir à deux molécules d'acide en donnant des sels cristallisés. Curtius l'a préparé en partant du diazoacétate d'éthyle obtenu à l'aide du glycocolle. Voy. GLYCOCOLLE. Ce diazo-acétate traité par la potasse concentrée et chaude, puis par l'acide sulfurique, se transforme en *sulfate d'h.* $SO^4H^2Az^2H^4$. Le *chlorhydrate d'h.* $H^2Cl^2Az^2H^4$ fond à 198°. Lorsqu'on traite l'un de ces

sels par la potasse ou la chaux, on obtient l'h. sous la forme d'un gaz odorant, soluble dans l'eau. La solution aqueuse contient de l'*hydrate d'h.* $Az^2H^4H^2O$; c'est un liquide fumant, d'une saveur alcaline et brûlante, il bout à 119°; il attaque le caoutchouc et le liège, corrode le verre et réduit énergiquement à froid l'azotate d'agent ammoniacal et la liqueur de Fehling.

HYDRAZINES. s. f. pl. On donne le nom générique d'*Hydrazines* aux dérivés substitués de l'h. simple $H^2Az.AzH^2$ lorsqu'un ou plusieurs atomes d'hydrogène sont remplacés par des radicaux hydrocarbonés univalents. Ces composés sont basiques et présentent beaucoup d'analogie avec les amines; ils peuvent se diviser en bases primaires, secondaires, tertiaires et quaternaires. Les h. *primaires* ont pour formule générale $RH Az.AzH^2$. Les h. *secondaires* résultent d'une double substitution et se subdivisent en h. *symétriques* du type $RH Az.AzH R'$ et en h. *non symétriques* $RR'Az.AzH^2$. Les h. *tertiaires* et *quaternaires*, c.-à-d. celles qui contiennent trois ou quatre radicaux, ne sont connues que par leurs dérivés. — Pour la nomenclature des h. symétriques, on énonce les deux corps d'où sont tirés les radicaux R et R', en séparant leurs noms par le mot *Hydrazoï*; on supprime le premier nom dans le cas où R et R' désignent un même radical. Exemples : benzène-hydrazo-méthane (C^6H^5) $HAz.AzH$ (CH^3); hydrazo-benzène (C^6H^5)$HAz.Az H$(C^6H^5). Les autres h. sont désignées par les noms des radicaux qu'elles renferment, suivis du suffixe *hydrazine*. Exemples : phényl-hydrazine (C^6H^5) $HAz.AzH^2$; phényl-méthyl-hydrazine

$$(C^6H^5)(CH)^3Az.AzH^2.$$

Les h. dont les radicaux appartiennent à la série aromatique sont des solides facilement fusibles ou des liquides qui se décomposent à l'ébullition; elles sont peu ou point solubles dans l'eau; elles ne s'unissent qu'à un équivalent d'acide. Celles de la série grasse sont liquides, très solubles dans l'eau et peuvent bouillir sans décomposition; quelques-unes sont capables de s'unir à deux équivalents d'acide, de même que l'hydrazine non substituée. En général, les h. sont très stables vis-à-vis des réducteurs, mais elles s'oxydent facilement. Beaucoup d'entre elles absorbent l'oxygène de l'air. Les h. primaires réduisent à froid la liqueur de Fehling, les h. secondaires ne la réduisent qu'à chaud.

Les h. primaires s'obtiennent en réduisant les sels de diazoïques par le chlorure stanneux. Traitées par l'oxyde mercurique, elles s'oxydent en régénérant le composé diazoïque qui leur a donné naissance. Sous l'action de l'acide azoteux elles se transforment en composés nitrosés. Avec les anhydrides on obtient des chlorures d'acides elles donnent des *hydrazides*, dérivés à radical acide, analogues aux amides.

Les h. secondaires non symétriques se préparent en réduisant les nitrosamines par la poudre de zinc et l'acide acétique. Traitées par l'acide azoteux, elles reproduisent ces nitrosamines. Avec l'oxyde mercurique elles donnent des tétrazones. — Les h. secondaires symétriques, qu'on appelle aussi composés *hydrazoïques*, se forment en même temps que les précédentes, lorsqu'on fait réagir un bromure ou un iodure alcoolique sur les h. primaires. Souvent on les prépare en traitant les dérivés nitrés des composés aromatiques par l'hydrogène naissant en solution alcaline. Les h. symétriques sont transformées par l'oxyde mercurique en composés azoïques. Sous l'action des acides minéraux elles subissent une transposition moléculaire appelée *transformation benzidinique*, et se convertissent en diamines isomériques; cette réaction est utilisée dans l'industrie pour préparer la benzidine, la tolidine, la dianisidine, etc., qui servent à la fabrication des matières colorantes tétrazoïques.

Les h. secondaires peuvent s'unir directement aux bromures et aux iodures alcooliques en donnant des composés d'*hydrazoniums* de la formule $Az^2H^2R^2$, RBr ou $Az^2H^2R^2$, RIo.

L'une des réactions les plus importantes est celle qu'elles donnent avec les aldéhydes, les cétones, et généralement avec tous les composés contenant le groupe carbonyle CO. C'est surtout la phénylhydrazine qui sert de réactif pour déceler la présence de ce groupe dans un composé. Elle s'unit à ce composé en perdant de l'eau et formant une hydrazone. Les glucoses et les autres matières sucrées qui possèdent une fonc ion aldéhyde ou cétone associée à une ou plusieurs fonctions alcool donnent à froid une hydrazone, à chaud une osazone. Voy. PHÉNYLHYDRAZINE.

HYDRAZO. (R. *hydrogène* et *azote*). T. Chim. Préfixe employé pour la nomenclature des composés hydrazoïques, c.-à-d. des hydrazines secondaires symétriques. Voy. HYDRA-

ZINE. — L'hydrazobenzène (C^6H^5) H Az.II (C^6H^5) composé cristallisable, fusible à 131°, se prépare en chauffant le nitrobenzène avec la poudre de zinc et l'acide acétique; il ne forme pas de sels, mais les acides le dissolvent et le convertissent en son isomère, la benzidine (Az H²) C⁶ H⁴.C⁶H⁴ (Az H²) — De même l'hydrazotoluène, fusible à 124°, s'obtient à l'aide du nitrotoluène et se transforme, au contact des acides, en tolidine.

HYDRAZOÏQUE. adj. 2 g. (R. hydrogène et azote). T. Chim. On donne le nom de composés h. ou de dérivés h. aux hydrazines secondaires symétriques. Voy. HYDRAZONE.

HYDRAZONE. s. f. T. Chim. Le nom d'hydrazone a été donné par Em. Fischer aux produits de condensation que la phénylhydrazine forme avec les aldéhydes, les cétones, les acides cétoniques et, en général, avec tous les composés renfermant le groupe carbonyle CO attaché à des atomes de carbone ou d'hydrogène. Les deux corps s'unissent, en perdant une molécule d'eau, et l'oxygène du groupe carbonyle est remplacé par le groupe bivalent = Az - - Az II (C⁶H⁵). Pour la nomenclature de ces produits on ajoute le suffixe hydrazone au nom du composé aldéhydique ou cétonique. — Cette réaction n'appartient pas exclusivement à la phénylhydrazine; les autres hydrazines se comportent d'une façon analogue.

Les hydrazones sont solides et cristallisables, sauf quelques-unes qui sont liquides. La température de fusion d'une h. sert souvent à caractériser le composé aldéhydique et cétonique primitif; mais, pour déterminer cette température, il faut chauffer vivement, car la fusion est ordinairement accompagnée d'une décomposition. Sous l'action des acides minéraux, à chaud, la plupart des hydrazones fixent de l'eau et régénèrent la phénylhydrazine et le composé carboné primitif. Traitées par l'hydrogène naissant, elles fixent deux ou quatre atomes d'hydrogène. En les chauffant avec un anhydride d'acide organique, on peut introduire dans leur molécule un radical acide. En les traitant par le sodium et un iodure alcoolique on y introduit un radical hydrocarboné. Les hydrazones provenant des composés où un groupe CH³ ou CH² écrit directement attaché au carbonyle, se transforment généralement en dérivés de l'indol, quand on les chauffe avec du chlorure de zinc.

Avec les α-dicétones et avec les aldéhydes-alcools ou les cétones-alcools contenant le groupe CHOH.CO, la phénylhydrazine donne naissance à des Osazones. Voy. ce mot.

HYDRAZONIUM s. m. [Pr. idrazoni-ome] (R. hydrazine). T. Chim. Nom donné à des radicaux de la formule Az⁴H² R³ qui sont aux hydrazines ce que l'ammonium est à l'ammoniaque.

HYDRAZULMINE. s. f. T. Chim. Composé brun, amorphe, de la formule C³ Az³H⁶, formé par l'union à volumes égaux du cyanogène et du gaz ammoniac. L'eau décompose l'h. en ammoniaque et en acide azulmique.

HYDRE. s. f. (gr. ὕδρα, espèce de serpent aquatique). T. Mythol. L'h. de Lerne, ou simpl. L'hydre, Serpent fabuleux à sept têtes, à qui il en naissait plusieurs dès qu'on en coupait une, et qui fut tué par Hercule. — Fig., dans le style élevé, et surtout en parlant des choses politiques, se dit d'un mal qui augmente en proportion des efforts qu'on fait pour le détruire. L'h. de l'anarchie, des factions. C'est une h. toujours renaissante. || T. Zool. Genre de Polypes d'eau douce, qui a donné son nom à un ordre d'Hydroméduses. Voy. HYDROPIDES. — Nom donné par Cuvier aux serpents de mer. Voy. HYDROPIDES. || T. Astron. Voy. CONSTELLATION.

HYDRELÆON. s. m. (gr. ὕδωρ, eau; ἔλαιον, huile). T. Méd. Mélange d'eau et d'huile.

HYDRÉMIE. s. f. (gr. ὕδωρ, eau; αἷμα, sang). T. Méd. Prédominance du plasma sanguin sur les globules du sang. Voy. ANÉMIE. || On dit aussi Hydrhémie et Hydrohémie.

HYDRÉOLE. s. f. (gr. ὕδωρ, eau; fr. Éole). Machine pour faire monter de l'eau au-dessus de son niveau, au moyen d'une combinaison d'air et d'eau.

HYDRESCULINE. s. f. (gr. ὕδωρ, eau; fr. esculine). T. Chim. Glucoside amorphe obtenu en traitant l'esculine par l'amalgame de sodium en présence de l'eau.

HYDRHÉMIE. s. f. Voy. HYDRÉMIE.

HYDRIATRIE. s. f. (gr. ὕδωρ, eau; ἰατρεία, médecine). Partie de la thérapeutique qui s'occupe de l'emploi des eaux douces, salées, minérales, en bains, douches, boisson. Elle comprend l'Hydrothérapie. Voy. ce mot.

HYDRILLE s. f. T. Bot. [Pr. idril-le] (gr. ὑδρηλός, aquatique). Genre de plantes Monocotylédones (Hydrilla), de la famille des Hydrocharidées. Voy. ce mot.

HYDRILLÉES. s. f. pl. [Pr. idril-lé] (R. Hydrille). T. Bot. Tribu de végétaux de la famille des Hydrocharidées. Voy. ce mot.

HYDRINDIQUE. adj. 2 g. (R. hydrogène, et indol). T. Chim. Voy. DIOXINDOL.

HYDRIQUE. (R. hydrogène). T. Chim. Suffixe employé dans la nomenclature des hydracides. Ex. : acide chlorhydrique, acide sulfhydrique, etc.

HYDRISALIZARINE. s. f. T. Chim. Substance cristallisée jaune, contenue en petite quantité dans la garance.

HYDRO. T. Chim. Préfixe indiquant ordinairement une combinaison de l'hydrogène avec un autre corps. Pour les noms en hydro que l'on ne trouverait pas ici, voir le mot qui suit ce préfixe. — Quelquefois le préfixe hydro sert à désigner un sel hydraté ou un sel basique : hydrosilicate, hydrocarbonate.

HYDROAÉRIQUE. adj. 2 g. (gr. ὕδωρ, eau; lat. aer, air). Qui tient de l'eau et de l'air.

HYDRO-ALCOOLIQUE. adj. 2 g. (gr. ὕδωρ, eau; fr. alcoolique). Qui contient de l'eau et de l'alcool.

HYDROARION. s. m. (gr. ὕδωρ, eau; ᾠάριον, petit œuf). Hydropisie de l'ovaire.

HYDROBASCULE. s. f. (gr. ὕδωρ, eau; fr. bascule). Appareil pour éviter les pertes d'eau occasionnées par le passage des bateaux dans les écluses.

HYDROBENZAMIDE. s. f. (R. hydrogène, et benzamide). T. Chim. Substance neutre, répondant à la formule (C⁶H⁵. CH)³Az². On l'obtient en traitant l'aldéhyde benzylique par l'ammoniaque en solution aqueuse; les deux corps se combinent en perdant trois molécules d'eau. L'h. cristallise en octaèdres volumineux, incolores, fusibles à 110°, insolubles dans l'eau, solubles dans l'alcool. Elle ne se combine ni aux acides ni aux bases. Traitée par l'acide chlorhydrique aqueux, elle se dédouble en ammoniaque et en aldéhyde benzylique. Maintenue à la température de 130°, elle se convertit en un isomère, l'amarine. Voy. GLYOXALINE. Par distillation sèche, l'h. ainsi que l'amarine se transforment en un nouvel isomère, la lophine.

HYDROBENZÈNE. s. m. (R hydrogène, et benzène). T. Chim. Hydrocarbure cyclique ayant pour formule C⁶H¹², constituée par du benzène saturé d'hydrogène. On le prépare en faisant agir le sodium sur le benzène en solution alcoolique. On peut aussi l'extraire, par distillation fractionnée, des pétroles du Caucase, où il est accompagné de ses homologues supérieurs. L'h. est liquide, incolore, peu stable; à 69° il bout et se décompose partiellement en benzène et hydrogène.

HYDROBENZOÏNE. s. f. (R. hydrogène, et benzoïne). T. Chim. Glycol dérivant du benzyle et répondant à la formule C⁶H⁵.CHOH.CHOH.C⁶H⁵. On lui donne aussi le nom de glycol stilbénique. L'h. se prépare en faisant agir l'hydrogène naissant sur l'aldéhyde benzylique. Elle cristallise en tables rhomboïdales, très solubles dans l'alcool bouillant. Elle fond à 136° et bout au-dessus de 300°. Les oxydants la transforment en benzoïne, puis en benzile.

HYDROBIE adj. 2 g. (gr. ὕδωρ, eau; βίος, vie). T. Zool. Qui vit dans l'eau.

HYDROBILIRUBINE. s. f. (R. hydrogène, et bilirubine). T. Chim. Substance qui se forme quand on traite la bilirubine ou la biliverdine par l'hydrogène naissant. On l'a rencontrée dans la bile fraîche de l'homme, dans le sérum du sang de bœuf, dans l'urine des fiévreux. On lui attribue la formule

$C^{32}H^{19}Az^4O^7$. L'h. se présente sous la forme d'une poudre brun rouge, très peu soluble dans l'eau, mais soluble dans l'alcool et dans l'acide acétique. Elle se comporte comme un acide faible. Ses solutions alcalines ont la couleur de l'urine. La solution ammoniacale présente une fluorescence verte; sous l'action des acides sa couleur passe au rouge, puis au brun. L'h. ne donne pas la réaction de Gmelin qu'on obtient avec la bilirubine.

HYDROBORACITE. s. f. (gr. ὕδωρ, eau; fr. *boracite*). T. Minér. Borate hydraté de magnésie et de chaux, exploité pour la fabrication du borax et de l'acide borique.

HYDROBOROCALCITE. s. f. (gr. ὕδωρ, eau; fr. *borax*, et *calcium*). T. Minér. Syn. d'*Hayesine*.

HYDROBRANCHE. adj. 2 g. (gr. ὕδωρ, eau; fr. *branchie*). T. Zool. Qui a des branchies propres à respirer l'eau.

HYDROBROMATE. s. m. T. Chim. Ancien nom des bromhydrates et des bromures.

HYDROBROMIQUE. adj. 2 g. T. Chim. *Acide h.* Syn. de *Bromhydrique*.

HYDROCANTHARES. s. m. pl. (gr. ὕδωρ, eau; κάνθαρος, escarbot). T. Entom. Groupe d'Insectes Coléoptères créé par Latreille, et comprenant les *Dytiscides* et les *Gyrinides*. Voy. ces mots.

HYDROCARBONÉ. adj. (R. *hydrogène*, et *carbone*). T. Chim. Qui est composé de carbone et d'hydrogène.

HYDROCARBOXYLIQUE. adj. T. Chim. *Acide h.*, syn. de *Rhodizonique*.

HYDROCARBURE. s. m. (R. *hydrogène*, et *carbone*). T. Chim. On appelle *hydrocarbures* ou *carbures d'hydrogène* les composés dont la molécule ne contient que de l'hydrogène et du carbone. Ces corps sont extrêmement nombreux et peuvent être regardés comme les substances mères d'où dérivent tous les composés organiques. On les divise en deux grandes classes : 1° les *hydrocarbures gras* ou *acycliques*, dont les molécules sont constituées par des chaînes ouvertes de carbone, — chaînes pouvant, du reste, être linéaires comme dans le butane $CH^3-CH^2-CH^2-CH^3$ ou ramifiées comme dans le triméthyléthylméthane (l'un des hexanes) :

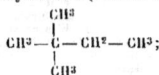

$$CH^3$$
$$|$$
$$CH^3 - C - CH^2 - CH^3 ;$$
$$|$$
$$CH^3$$

2° les *hydrocarbures cycliques*, tels que le benzène, l'anthracène, le triphénylméthane, dont les molécules contiennent une ou plusieurs chaînes fermées.

I. *Hydrocarbures gras* ou *acycliques*. — Les carbures de la première classe se subdivisent en *hydrocarbures saturés*, *éthyléniques* et *acétyléniques*.

Dans les *hydrocarbures saturés*, qui portent aussi le nom générique de *paraffines*, toutes les atomicités ou valences des atomes de carbone sont saturées par de l'hydrogène. Ces hydrocarbures ont pour formule générale C^nH^{2n+2}. Les premiers termes de la série sont le méthane, l'éthane, le propane et le butane. A partir du cinquième terme, on leur donne des noms tirés du grec qui indiquent le nombre des atomes de carbone et qu'on fait suivre de la terminaison *ane: pentane, hexane, heptane*, etc. A chaque valeur de n supérieure à 3 correspond un h. à chaîne linéaire $CH^3(CH^2)^{n-2}CH^3$, appelé h. *normal*; de plus, à partir du butane (n=4), il existe des isomères à chaîne ramifiée. Le nombre de ces isomères croît à mesure qu'on s'élève dans la série ; on compte 2 butanes, 3 pentanes, 5 hexanes, 9 heptanes, 18 octanes, etc. — Les hydrocarbures saturés se rencontrent dans le pétrole d'Amérique; on en obtient un grand nombre dans la distillation de la houille, du bois, des résines, etc. : le méthane ou gaz des marais se forme dans la décomposition des matières végétales sous l'eau. Les principales méthodes de préparation sont les suivantes: 1° on transforme un acide organique en sel de sodium ou de potassium et l'on chauffe ce sel avec un excès d'alcali ; il se forme un h. contenant un atome de carbone de moins que l'acide primitif. C'est ainsi que le méthane se prépare à l'aide de l'acétate de soude; 2° on transforme les alcools en éthers iodhydriques, qu'on appelle ordinairement iodures alcooliques, et qui sont les dérivés iodés des hydrocarbures saturés. En chauffant ensuite un pareil iodure avec du zinc et de l'eau, vers 200°, on obtient un h. saturé contenant autant d'atomes de carbone que l'alcool d'où l'on est parti. La réaction s'opère à froid lorsqu'on remplace le zinc par le couple zinc-cuivre, obtenu en immergeant des feuilles de zinc dans une solution de sulfate cuivrique. C'est ainsi qu'on transforme l'alcool ordinaire en éthane. On peut aussi chauffer un iodure alcoolique en tubes scellés avec du sodium; on arrive alors à un h. contenant deux fois plus d'atomes de carbone que l'alcool primitif. Un mode de formation très général des hydrocarbures saturés consiste à chauffer à 280°, en tubes scellés, un composé organique quelconque avec une solution saturée d'acide iodhydrique. — Les premiers termes de cette série sont gazeux ; les autres sont liquides à partir du pentane et solides à partir du terme en C^{17}. La paraffine ordinaire, les vaselines, les cires fossiles sont des mélanges de ces hydrocarbures solides, riches en carbone. Les hydrocarbures saturés ne sont susceptibles de s'unir à aucun corps par voie d'addition ; on ne peut les modifier que par substitution. Ils résistent à l'action de la plupart des réactifs. Le chlore et le brome les attaquent en se substituant à un ou plusieurs atomes d'hydrogène et formant ainsi les éthers chlorhydriques ou bromhydriques des alcools correspondants. Ces éthers peuvent servir à obtenir les autres dérivés des hydrocarbures saturés, c'est-à-dire les alcools, les acides, les amines, etc.

Dans les *hydrocarbures éthyléniques* ou *oléfines*, deux atomes de carbone voisins se sont unis par deux valences en perdant chacun un atome d'hydrogène. Ces corps répondent au type $R-C=C-R'$, où R et R' représentent des radicaux hydrocarbonés bivalents à chaîne ouverte. Leur formule générale est C^nH^{2n}; ils ont donc tous la même composition centésimale. Pour former leurs noms, on change en *ylène* la terminaison *ane* des hydrocarbures saturés; dans la nouvelle nomenclature, on a adopté la terminaison *ène*. Le terme le plus simple de la série est l'éthylène ou gaz oléfiant :

$$CH^2 = CH^2 ;$$

de là le nom générique d'oléfines. A chaque valeur de n supérieure à 3 correspondent plusieurs isomères, suivant la position que la liaison éthylénique $C=C$ occupe dans la molécule. Ainsi, par ex., on connaît 3 butylènes: l'éthyléthylène :

$$CH^3. CH^2. CH=CH^2,$$

le diméthyléthylène: $CH^3. CH=CH. CH^3$, et l'isobutylène :

$$\begin{matrix} CH^3 \\ CH^3 \end{matrix} \big\rangle C = CH^2.$$

— Les hydrocarbures éthyléniques existent à l'état naturel dans les pétroles de Bakou et dans les naphtes de Burmah. On en rencontre dans le gaz d'éclairage et, en général, parmi les produits qui résultent de l'action de la chaleur sur les substances organiques. On peut les préparer : 1° en traitant les alcools par un agent de déshydratation, tel que l'acide sulfurique, le chlorure de zinc, l'anhydride phosphorique; 2° en chauffant à 150° les iodures alcooliques ou les dérivés monohalogénés des hydrocarbures saturés avec de la potasse en solution alcoolique. — Les premiers termes de la série sont gazeux; les autres sont liquides à partir des pentènes et solides à partir des termes en C^{18}. Tous ces hydrocarbures, sauf l'éthylène, sont insolubles dans l'eau; mais ils sont solubles en toutes proportions dans l'alcool, l'éther, le chloroforme, le benzène. Leur propriété caractéristique est de perdre facilement la liaison éthylénique en fixant deux atomes ou deux radicaux univalents pour former des produits d'addition. Ils s'unissent à froid avec le brome en donnant des bromures tels que celui d'éthylène $CH^2Br. CH^2Br$. Ils s'unissent directement à l'acide iodhydrique et, avec moins de facilité, aux acides bromhydrique et chlorhydrique pour former des iodures, bromures ou chlorures alcooliques, tels que $CH^3. CH^2Br$. Ils s'unissent également à l'acide sulfurique en donnant des éthers analogues à l'acide éthylsulfurique, qui, sous l'action de l'eau, se transforment en alcools. Avec l'acide de Nordhausen, ils forment des acides iséthioniques non décomposables par l'eau. Enfin, ils sont capables de s'unir à eux-mêmes, sous l'influence des agents de condensation, tels que l'acide sulfurique ou le chlorure de zinc ; ils donnent alors naissance à des polymères $C^{2n}H^{4n}$ ou $C^{3n}H^{6n}$. Le permanganate de potassium en solution aqueuse transforme les hydrocarbures éthyléniques, d'abord en composés analogues à l'oxyde d'éthylène, puis en glycols. L'acide hypochloreux donne naissance aux mono-chlorhydrines de ces glycols. L'a-

cide chromique fournit un acide et une aldéhyde ou une cétone.

Les *hydrocarbures acétyléniques* contiennent un groupe
C—C formé par deux atomes de carbone qui se sont reliés
par trois valences en perdant 4 atomes d'hydrogène. Ces hydrocarbures ont pour formule générale C^nH^{2n-2}, le terme le
plus simple de la série étant l'acétylène $CH \equiv CH$. Dans la nouvelle nomenclature, on les nomme d'après l'h. saturé correspondant, en changeant la terminaison *ane* en *ine*. — Les hydrocarbures acétyléniques n'existent pas dans la nature; mais
ils se forment dans un grand nombre de réactions pyrogé-
nées; aussi en rencontre-t-on dans le gaz d'éclairage, dans les
produits des combustions incomplètes et parmi les composés
résultant de l'action de la chaleur sur les résidus de pétrole.
On les prépare généralement en chauffant les bromures des
hydrocarbures éthyléniques avec de la potasse sèche ou en
solution alcoolique. — Les hydrocarbures de cette série sont
gazeux jusqu'au terme en C^5, puis liquides, enfin solides à
partir du terme en C^{16}. Sous l'action des réactifs, ils per-
généralement leur triple liaison et se transforment en produits d'addition saturés. Ils fixent 4 atomes de chlore ou de
brome en donnant les dérivés tétra-halogénés des hydrocarbures saturés. Ils s'unissent à l'eau à 300° et se transforment
en cétones. L'acide sulfurique les dissout à froid et les transforme aussi, au contact de l'eau, en cétones. L'acide hypochloreux donne les dérivés dichlorés de ces mêmes cétones.
Les agents d'oxydation scindent la chaîne de l'h. à l'endroit
de la triple liaison et les deux tronçons s'oxydent en donnant
naissance à deux acides. Sous l'action de la chaleur ou de
certains agents de condensation, les hydrocarbures acétyléniques se polymérisent en donnant des hydrocarbures cycliques; c'est ainsi que l'acétylène, chauffé au rouge, se transforme en benzène, et que l'allylène au contact de l'acide
sulfurique concentré se convertit en mésitylène. — Au point
de vue de certaines réactions, il y a lieu de distinguer les
hydrocarbures acétyléniques *vrais* $R—C \equiv CH$, dérivant de
l'acétylène par une seule substitution, et les hydrocarbures
acétyléniques *bisubstitués* $R—C \equiv C—R'$. Les premiers peuvent se comporter comme des acides, en échangeant contre
un métal l'hydrogène du groupe terminal CH; traités par le
sodium, ils donnent des dérivés sodés $R.C \equiv CNa$; ils agissent
de même à l'égard du potassium; avec le nitrate d'argent en
solution ammoniacale, ils fournissent des dérivés argentifères
RC^2Ag; avec le chlorure cuivreux ammoniacal, des dérivés
cuivriques $(RC^2)^2Cu$ à l'état de précipités jaunes ou rouges.
Les hydrocarbures bisubstitués ne présentent pas ces réactions; mais ils partagent avec l'autre groupe la propriété de
donner un précipité blanc avec le bichlorure de mercure en
solution aqueuse. Chauffés vers 140° avec du sodium, ils se
convertissent en hydrocarbures acétyléniques vrais; la transformation inverse a lieu quand ces derniers sont chauffés avec
la potasse ou la soude en solution alcoolique.

Dans les trois séries précédentes, on peut faire rentrer tous
les hydrocarbures gras. Mais il faut remarquer qu'un même
h. peut contenir plusieurs fois la liaison éthylénique $C=C$ ou
la liaison acétylénique $C \equiv C$. Dans la nouvelle nomenclature,
on désigne de pareils composés très simplement en plaçant
devant la terminaison *ène* ou *ine* les particules *di*, *tri*,
tétra, etc. Les hydrocarbures di-éthyléniques ou *diènes* sont
isomériques avec les hydrocarbures acétyléniques et ont pour
formule brute C^nH^{2n-2}; ils possèdent, en quelque sorte, deux
fois les propriétés des oléfines. Ceux d'entre eux qui contiennent le groupe $C=C=C$, où les deux liaisons doubles sont
voisines, s'appellent ordinairement *hydrocarbures allé ques*,
le terme le plus simple de la série étant l'allène. Ceux qui
contiennent le groupe $C=CH—CH=C$ sont dits *bi-éthylé-
niques*. On compte aussi des hydrocarbures tri-acétylé-
niques ou *diines* qui ont pour formule C^nH^{2n-6}, des *ène-ines*
C^nH^{2n-4} à la fois éthyléniques et acétyléniques, etc.

II. *Hydrocarbures cycliques*. — Nous classerons ces hydrocarbures cycliques d'après la nature des noyaux à chaîne
fermée qu'ils contiennent. Les noyaux les plus importants sont
au nombre de trois et constituent autant d'hydrocarbures
fondamentaux; ce sont le benzène, le naphtalène et l'anthracène. En adoptant une notation polygonale, comme celle qui
a été expliquée au mot BENZÈNE, on peut figurer ces noyaux
par les schémas suivants :

Benzène   Naphtalène   Anthracène
C^6H^6 $C^{10}H^8$ $C^{14}H^{10}$

Les traits représentent les liaisons entre les atomes de carbone. Chaque sommet des polygones, suivant qu'il est l'origine de 3 ou de 4 liaisons, est occupé par un groupe CH ou
par un atome de carbone seul. Les homologues s'obtiennent
en remplaçant un ou plusieurs atomes d'hydrogène par des radicaux d'h. gras. Pour opérer cette substitution, on fait ordinairement agir le sodium sur un mélange des dérivés bromés
de l'h. cyclique et d'un h. gras; ou bien l'on chauffe l'h. donné
avec un dérivé chloré d'h. gras en présence du chlorure d'a-
luminium. — Les hydrocarbures cycliques, contenant des
atomes de carbone unis par une double liaison, peuvent, dans
certains cas, transformer cette liaison double en une liaison
simple et donner naissance à des composés d'addition : hydrures, chlorures, bromures. Mais ces composés sont généralement peu stables et les hydrocarbures cycliques se comportent le plus souvent comme s'ils étaient saturés, c.-à-d. qu'ils
ne fournissent avec les réactifs que des produits de substitution. Avec le chlore ou le brome, ils donnent des dérivés
chlorés ou bromés, et quelquefois des chlorures ou des bromures. L'acide azotique concentré fournit des dérivés nitrés
que les agents réducteurs transforment en amines et en composés azoïques. L'acide sulfurique concentré donne des dérivés
sulfoniques qui, par fusion avec la potasse, se convertissent
en dérivés phénoliques. Traités par les agents d'oxydation,
les hydrocarbures cycliques peuvent donner des acides à
noyau cyclique; dans certains cas, ils se convertissent en
composés du genre de l'anthraquinone. Avec l'acide picrique
ou avec la dinitro-anthraquinone beaucoup de ces hydrocarbures forment des combinaisons cristallisées et colorées.

Les *hydrocarbures benzéniques* ou *aromatiques* comprennent le benzène et ses nombreux homologues C^nH^{2n-6}.
Ils se forment par l'action de la chaleur sur beaucoup de
substances organiques. Presque tous se rencontrent dans les
huiles légères de la distillation des goudrons de houille. Ils
existent à l'état naturel dans les pétroles de Galicie. On a
donné des noms particuliers à un certain nombre de ces hydrocarbures : toluène, xylène, cumène, cymène, mésitylène,
durène, prehnitène. Les autres sont nommés comme dérivés
du benzène : par ex., les butyl-benzènes, les propyl-ben-
zènes, etc. — Aux hydrocarbures de cette série on peut rattacher leurs hydrures, appelés *paraffènes*, qui sont des produits d'addition, tels que l'hydrobenzène ou hexahydrure de
benzène C^6H^{12}. Ces paraffènes, qui sont isomériques avec les
oléfines C^nH^{2n}, existent à l'état naturel dans les pétroles du
Caucase.

La *série anthracénique* contient l'anthracène et ses homologues C^nH^{2n-18}. Ces hydrocarbures se retirent des huiles
lourdes des goudrons de houille ou sont obtenus par synthèse,
en partant de l'anthraquinone. — C'est aussi dans ces huiles
lourdes que l'on rencontre les hydrocarbures de la *série du
naphtalène* C^nH^{2n-12}.

Nous n'avons parlé jusqu'ici que des hydrocarbures à un
seul noyau cyclique. Mais, à chacune des trois séries précédentes correspondent encore des hydrocarbures contenant plusieurs noyaux pareils. Les uns sont formés par l'union de
deux noyaux avec perte de deux atomes d'hydrogène; tels sont
le *biphényle* et les *binaphtyles*. Les autres sont constitués
par des hydrocarbures gras où des noyaux cycliques se sont
substitués à des atomes d'hydrogène; les plus importants
sont le *diphénylméthane* et le *triphénylméthane*. Voy. ces
mots.

Un certain nombre d'hydrocarbures moins importants ou
moins bien étudiés possèdent des noyaux plus complexes que
ceux que nous avons considérés jusqu'à présent. Voy. les
mots *Chrysène*, *Fluorène*, *Fluoranthène*, *Pyrène*, *Phé-
nanthrène*.

La *série terpénique* diffère, à beaucoup d'égards, des séries précédentes et mérite d'être étudiée à part. Elle comprend
l'essence de térébenthine et ses nombreux isomères ou polymères qu'on rencontre à l'état naturel dans les térébenthines,
les huiles essentielles et autres produits élaborés par les végétaux. Ces hydrocarbures seront étudiés au mot TERPÈNE.

HYDROCÈLE. s. f. (gr. ὕδωρ, eau; κήλη, tumeur). T. Méd.
Le mot h. (hernie aqueuse) représente à l'esprit une collection
d'un liquide séreux enveloppant soit le testicule, soit le cordon.
On sait que le testicule, en descendant dans le scrotum chez le
fœtus, entraîne deux feuillets péritonéaux à travers le canal inguinal; l'un tapisse le testicule, l'autre s'épanouit à la surface
interne des bourses (tunique vaginale). On admet que, généralement, ces deux feuillets, libres dans le reste de leur étendue,
adhèrent intérieurement au niveau du canal inguinal. Suivant
le niveau de l'adhérence, son existence ou son absence, lors-

qu'une h. se produit, elle est congénitale, enkystée du cordon ou du testicule, vaginale, etc. De toutes ces formes, la vaginale est de beaucoup la plus commune. — En règle générale, la cause qui préside à la formation du liquide est de nature inflammatoire, comme le montrent l'existence de petits flocons et parfois sa coagulation spontanée : on a même voulu en faire, dans tous les cas, la conséquence de lésions épididymaires ou testiculaires, suite de blennorrhagie, début de tuberculose, etc., mais c'est une exagération. — Le liquide de l'h. est invariablement albumineux, presque toujours clair et transparent, quelquefois pourtant teinté de sang ; de même sa consistance le plus souvent liquide peut devenir exceptionnellement sirupeuse ; on y trouve encore de la fibrine soit en suspension, soit en fausses membranes. Dans les cas anciens, les fausses membranes épaississent les parois qui peuvent être cartilagineuses et même ossifiées — L'h. est généralement indolore dans son évolution et ne se traduit qu'à la vue par un volume anormal des bourses, et à la marche par de la gêne mécanique et quelques douleurs lombaires. En résumé, cliniquement, l'h. est une tuméfaction des bourses uni- ou bilatérale, régulière, sans adhérence profonde de la peau ; le début de la tumeur s'est fait autour du testicule, s'élevant progressivement vers l'anneau ; le cordon est parfaitement distinct de la tumeur ; la fluctuation est manifeste ; le testicule occupe la partie postérieure des bourses, et sa présence se traduit au palper par l'éveil d'une douleur sui generis ; enfin, la transparence donne un précieux renseignement, qui disparaît dans les hydrocèles anciennes ; la forme n'a rien de spécifique. L'h. s'observe à tous les âges, mais plus souvent chez l'enfant et l'adulte que chez le vieillard. — Trois formes distinctes peuvent s'observer : h. enkystée, enveloppant le cordon jusqu'à son émergence du testicule ; h. diffuse, entourant le cordon dans l'intérieur du canal inguinal ; kyste du cordon, formant une simple bague sur un point isolé ; l'h. congénitale se caractérise par sa mollesse et sa parfaite réductibilité.

Bien que l'on compte habituellement l'h. parmi les hydropisies, elle est le résultat, très fréquemment, d'une vaginalite, périorchite ou orchite séreuse. — Le crémaster et le testicule peuvent être altérés, atrophiés au bout d'un certain temps, et des transformations se produisent dans le liquide (cristallisations, tablettes de cholestérine, transformation en hématocèle).

Le signe diagnostique principal est, à coup sûr, la translucidité qui se rencontre dans la majorité des cas : pour percevoir nettement ce signe, il faut se mettre dans des conditions favorables ; un examen léger peut être absolument trompeur. Il faut d'ailleurs savoir que, dans certains cas de tumeurs, une petite quantité de liquide périphérique dans la vaginale peut donner une transparence, différente, il est vrai, de celle de l'h. — Enfin, l'h. peut ne pas être accompagnée de transparence. — La fluctuation, d'autre part, est un signe précieux, moins caractéristique : car elle est subordonnée à la répétition. — Un autre signe encore est la surface lisse, unie et surtout molle de la tumeur. Enfin, en dernière analyse, la ponction exploratrice peut être d'un grand secours. — L'h. ne peut guère être confondue qu'avec la hernie scrotale (entérocèle, épiplocèle, ou entéro-épiplocèle), le cancer encéphaloïde, l'hématocèle, le testicule syphilitique et les kystes hydatiques. Mais des signes assez nets permettent la différenciation, surtout l'ensemble des signes : car on ne rencontre généralement pas de cas où il y ait coïncidence simultanée de symptômes entraînant l'erreur. — Enfin, il faut tenir compte des complications possibles, surtout de la hernie.

La thérapeutique est bien armée à l'heure actuelle, surtout avec les progrès réalisés par l'antisepsie. — Chez les enfants, bien souvent, la résolution est spontanée et on ne doit pas se presser d'intervenir. — Dans les hydrocèles de date récente, la ponction avec un trocart suivie d'injection iodée (teinture d'iode et solution d'iodure de potassium) peut très bien réussir. Mais dans les hydrocèles anciennes, à paroi épaissie, indurée, il faut ne pas hésiter ; on incise la paroi de l'h., on l'ouvre largement, on résèque une partie de la paroi et on referme (opération de Volkmann).

HYDROCELLULOSE. s. f. (gr. ὕδωρ, eau ; fr. cellulose). T. Chim. Voy. CELLULOSE.

HYDROCÉPHALE. s. f. (gr. ὕδωρ, eau ; κεφαλή, tête). T. Méd. Hydropisie de la tête, accumulation de sérosité. Voy. HYDROCÉPHALIE. || Adj. Cet enfant est h., Est atteint d'hydrocéphalie.

HYDROCÉPHALIE. s. f. (gr. ὕδωρ eau ; κεφαλή, tête). T. Méd. On désigne sous le nom d'h. l'épanchement de liquide

séreux dans la cavité crânienne. Ce liquide s'accumule soit dans les ventricules (h. interne), soit entre les os du crâne et les méninges, soit entre la dure-mère et l'arachnoïde (h. externe). Parfois l'épanchement siège dans la pie-mère sous un infiltre le tissu cérébral (œdème du cerveau), en respectant les parties voisines ; l'h. interne ou ventriculaire est la plus fréquente. La quantité de liquide épanché est très variable ; il est presque toujours en assez grande abondance pour amener la déformation du crâne. — L'h. peut évoluer soit d'une façon aiguë, soit d'une façon chronique.

I. — L'h. aiguë relève le plus souvent d'une méningite tuberculeuse ou d'un léger degré d'encéphalite : elle est alors symptomatique. Elle peut également se produire sans altération appréciable des méninges et du cerveau ; c'est dans ce cas l'h. essentielle. — L'h. essentielle n'est pas acceptée par tous les auteurs qui pensent qu'on a décrit sous ce nom de véritables méningites. Cette appréciation paraît exagérée, et si cette affection est rare, il en existe néanmoins des observations typiques. Les causes en sont peu certaines : Bouchut estime qu'elle relève d'un arrêt de développement du cerveau ou de traumatismes abdominaux pendant la grossesse, etc.; mais l'alcoolisme chez les parents, le nervosisme, etc., sont des facteurs plus importants. — La symptomatologie est celle d'une attaque d'éclampsie ou d'une méningite aiguë tuberculeuse. Le début, habituellement brusque, se caractérise par une fièvre peu intense et des convulsions qui éclatent au milieu d'une santé en apparence parfaite. L'enfant reste à la suite de ces accidents dans le coma ou dans un état voisin. On assiste exceptionnellement à un retour à la connaissance, et les convulsions, revenant de plus en plus intenses, aboutissent rapidement à la mort. La guérison est tout à fait exceptionnelle, et les observations signalées semblent des erreurs dues à un mode de début particulier de l'h. chronique. — Le diagnostic offre de sérieuses difficultés ; il se base sur le début brusque de l'affection et l'absence chez l'enfant des signes habituels de la tuberculose (hypertrophie de la rate, micropolyadénopathie). À l'autopsie on trouve un épanchement séreux entre l'arachnoïde et la dure-mère et dans les ventricules plus ou moins dilatés, mais le liquide est toujours en petite quantité. Les méninges apparaissent saines, la substance cérébrale est légèrement congestionnée ou œdématiée ; enfin, il existe plus ou moins d'œdème des plexus choroïdes.

II. — L'h. chronique est congénitale ou acquise : l'épanchement qui la caractérise est plus abondant que dans la forme précédente, se fait habituellement dans les ventricules, plus rarement dans l'épaisseur des méninges. — L'h. congénitale, qui relève le plus souvent d'un arrêt de développement du cerveau, amène la mort peu après la naissance dans les cas rares où l'enfant n'a pas succombé dans l'utérus. — L'h. acquise débute, en général, lentement ; la tête se développe plus ou moins rapidement dès les mois qui suivent la naissance, peu frappante tout d'abord, puisqu'elle nécessite des mensurations pour être reconnue, devenant plus tard appréciable à la vue. A ce moment,

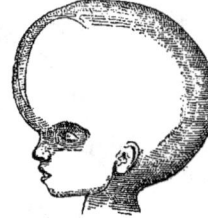

l'aspect de l'enfant est caractéristique (Fig. ci-dessus) : la tête est régulièrement augmentée de volume, le crâne hypertrophié fait contraste avec la face qui, ne participant pas à l'augmentation, est petite et effilée ; les yeux sont habituellement saillants ; à mesure que la tête augmente de volume, les os du crâne s'écartent les uns des autres, la membrane fibreuse intermédiaire se distend ainsi que les fontanelles ; les os du crâne sont en général amincis, pliant sous les doigts, transparents. L'enfant a peine à soutenir sa tête et reste dans le décubitus horizontal, ou, s'il marche, le maintient avec ses mains ; les hydrocéphales sont tristes, apathiques, et ont le plus souvent un aspect stupide. On note des altérations du côté des organes des sens : ouïe, odorat, goût, vue surtout, mais il n'y a rien

de fixe à cet égard et l'intensité des troubles dépend du siège
de la lésion cérébrale dont l'h. est la conséquence, et de la
quantité de liquide épanché. La sensibilité est souvent diminuée,
parfois même supprimée; la motilité est peu troublée au début,
mais bientôt apparaît une faiblesse générale des membres, et
parfois de la paralysie ou de la contracture vraie. — La
marche de l'h. est essentiellement chronique; la quantité de
liquide s'accroît très lentement, et les symptômes persistent
longtemps identiques. Cependant des épisodes aigus peuvent
apparaître, paroxysmes de convulsions, méningite aiguë, pneumonie, etc. Il est exceptionnel que les hydrocéphales dépassent 5 à 6 ans; parfois, néanmoins, la maladie cesse de faire
des progrès et l'enfant guérit, mais demeure inintelligent,
avec une vue affaiblie, et souvent des contractures partielles;
il reste pendant toute son existence un être inférieur. La guérison peut encore, mais d'une façon tout à fait exceptionnelle,
se manifester à la suite de l'écoulement du liquide épanché
par les fosses nasales. — Le diagnostic de l'h. chronique est
habituellement facile; il ne présente de difficultés que dans
certains cas d'h. congénitale chez des enfants dont le crâne,
ossifié dès la naissance reste petit. Les rachitiques à tête volumineuse se distinguent par la persistance de l'intelligence
et les stigmates caractéristiques. — A l'autopsie on trouve habituellement les os du crâne amincis et même perforés, es fontanelles sont déprimées. Le liquide est séreux, clair, limpide,
troublé parfois par des leucocytes et des cellules épithéliales,
de réaction alcaline; sa quantité varie de 250 grammes à 5,
7 et 8 litres. Le cerveau apparaît distendu par suite de l'agrandissement considérable des cavités ventriculaires, la substance
cérébrale est amincie, et les éléments qui la composent sont
plus ou moins modifiés, les méninges sont amincies, infiltrées
de sérosité ou congestionnées. — Les causes prédisposantes
à l'h. sont peu connues : consanguinité, alcoolisme, syphilis,
crétinisme, etc. Les causes déterminantes sont d'ordre mécanique; l'h. naît d'une gêne de la circulation cérébrale, qu'il
s'agisse de tumeurs intra-crâniennes ou extra-crâniennes, la
compression s'exerce le plus souvent sur les veines de Galien,
soit indirectement à travers la substance cérébrale ou cérébel-
leuse. Les tumeurs les plus fréquemment observées sont le
tubercule, le gliome et le sarcome. En dehors de ces cas,
l'h. relève soit de l'atrophie du cerveau, soit de la sécrétion
exagérée du liquide céphalo-rachidien, soit encore d'un arrêt
de développement du cerveau (anencéphalie partielle ou totale).
Souvent, enfin, la cause nous échappe complètement. — Au
point de vue thérapeutique on a conseillé au début les émissions sanguines et le calomel; plus tard, on prescrit des vésicatoires, des onctions mercurielles et de l'iodure de potassium à l'intérieur. En cas d'insuccès on essaye la compression
méthodique de la tête avec des bandelettes; enfin, on aura
recours à la ponction ou à la trépanation, qui se fait avec un
trocart long et mince au niveau du ventricule latéral sur la
face latérale du cerveau. Les résultats obtenus ont été jusqu'ici bien souvent défavorables.

HYDROCÉRAME. s. m. (gr. ὕδωρ, eau; κέραμος, terre à
potier). Vase à rafraîchir. Voy. ALCARAZAS.

HYDROCÉRAMIQUE. adj. 2 g. Qui est du genre de l'hydrocérame.

HYDROCHARIDE. s. m. [Pr. idro-karide] (gr. ὕδωρ, eau;
χάρις, beauté). T. Bot. Genre de plantes Monocotylédones
(Hydrocharis) de la famille des Hydrocharidées. Voy. ce mot.

HYDROCHARIDÉES. s. f. pl. [Pr. idro-karide] (B. Hydrocharide). T. Bot. Famille de végétaux Monocotylédones de
l'ordre des Iridinées.
    Caract. bot. : Plantes submergées ou flottantes Feuilles
sessiles ou pétiolées, submergées ou nageantes, quelquefois
dimorphes, à nervation parallèle. Fleurs solitaires ou en
cymes enfermées dans une spathe, unisexuées, rarement
hermaphrodites. Sépales 3, herbacés. Pétales 3, pétaloïdes,
quelquefois absents. Étamines en nombre défini ou indéfini.
Pistil composé de 3-6-9-12 carpelles concrescents en un ovaire
uniloculaire; autant de styles que de carpelles; ovules indéfinis, anatropes. Fruit sec ou charnu, indéhiscent, uniloculaire.
Graines sans albumen; embryon indivis, droit, avec une gemmule plus ou moins latérale et généralement apparente. [Fig. 1.
Hydrocharis morsus Ranæ; individu mâle; 2. fleur mâle
dépourvue de pétales et portant seulement deux étamines;
3. Fruit. — 4. Stratiotes aloides; Coupe de son fruit; 5. Son
embryon.]
    Cette famille renferme 14 genres avec environ 45 espèces,

qui habitent les eaux douces de l'Europe, de l'Amérique du
Nord et des Indes orientales, quelques-unes propres à la mer
des Indes. On en trouve une espèce en Égypte (le Damaso-
nium indicum), et deux Vallisnéries dans la Nouvelle-Hollande.

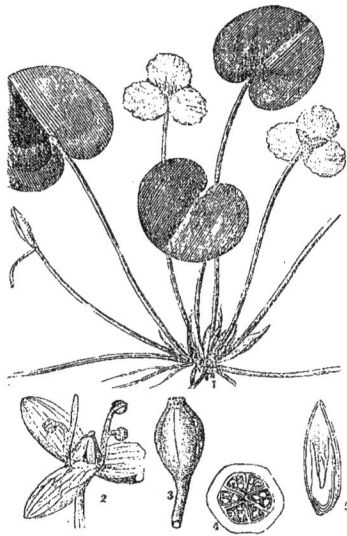

Quelques espèces habitent non loin de la mer vers les embouchures des fleuves. On peut grouper ces genres en 4 tribus :
    TRIBU I. — Hydrillées. — Plantes d'eau douce, tige allon-
gée, couverte de petites feuilles submergées; placentas peu
proéminents (Hydrilla, Elodea, Lagarosiphon).
    TRIBU II. — Vallisnériées. — Plantes d'eau douce, tige
très courte, à longues feuilles submergées; placentas peu
proéminents (Vallisneria, Blyxa, Hydrotrophus). La Vallisnérie à feuilles alternes (Vall. alternifolia) est une des
plantes dont on se sert dans l'Inde pour donner de l'eau au
sucre dans l'opération du raffinage. Il convient aussi de signaler le phénomène qu'offre ce mode de fécondation de l'une des
espèces de cette famille, la Vallisnérie spiralée (Vall. spi-
ralis), qui est fort commune dans le Rhône inférieur et dans
les canaux du midi de la France. Quand l'époque de la fécondation est arrivée, la spathe des fleurs mâles s'ouvre, et
celles-ci, se détachant de leur petit support, viennent flotter
librement à la surface de l'eau. Jusque-là les fleurs femelles
étaient restées au fond, retenues par leur hampe, qui formait
une spirale à tours serrés; mais, en ce moment, ce ressort
semble se détendre, la spirale écarte ses circonvolutions, et
la fleur arrive ainsi jusqu'à la surface du liquide, dont elle
suit les ondulations. Agitée de la sorte dans un étroit espace,
elle rencontre les fleurs mâles qui répandent sur elles leur
pollen. La fécondation opérée, la hampe resserre de nouveau
ses spires, et le fruit va se développer et mûrir au fond de l'eau.
    TRIBU III. — Stratiotées. — Plantes d'eau douce, tige très
courte, à feuilles en partie nageantes; placentas très proéminents (Limnobium, Hydrocharis, Ottelia, Boottia, Stratiotes). L'Hydrocharis morsus Ranæ, vulgair. Morène aquatique, est mucilagineux et légèrement astringent. Dans l'Inde,
l'Ottelia et la Boottia sont employées comme plantes potagères.
    TRIBU IV. — Thalassiées. — Plantes marines (Enhalus,
Thalassia, Halophila). Le fruit de l'Enhalus est comestible.

HYDROCHLORATE. s. m. [Pr. idro-klo...] (gr. ὕδωρ, eau,
et chlorate). T. Chim. Nom que portaient autrefois les chlorures et les chlorhydrates. Voy. CHLORE, IV.

HYDROCHLORE. s. m. [Pr. *idro-klore*] (gr. ὕδωρ, eau; fr. *chlore*). T. Chim. Solution de chlore dans l'eau. Peu us.

HYDROCHLORIQUE. adj. 2 g. [Pr. *idro-klo...*] (gr. ὕδωρ, eau, et *chlorique*). T. Chim. Synonyme de *Chlorhydrique*. Voy. CHLORE, III.

HYDROCHRYSAMIDE. s. f. [Pr. *idro-kri-zamide*] (gr. ὕδωρ, eau, et *chrysamide*). T. Chim. Voy. CHRYSAMIDE.

HYDROCLIMAX. s. m. (gr. ὕδωρ, eau; κλίμαξ, degré). Appareil inventé par Doyle pour mesurer la densité des liquides.

HYDROCOLLIDINE. s. f. [Pr. *idro-kol-lidine*] (R. hydrogène, et *collidine*). T. Chim. Alcaloïde de la formule C8H13Az, extrait de la chair de poisson putréfiée. L'h. est liquide, douée d'une odeur de seringa; elle bout à 210°. C'est une base qui absorbe l'acide carbonique de l'air et qui s'oxyde facilement. Elle est très vénéneuse; son ingestion amène des convulsions tétaniques et la mort.

HYDROCORALLINES. s. m. pl. [Pr. *idro-koral-line*] (R. hydre, et corail). T. Zool. Sous-ordre d'Hydroïdes. Voy. ce mot.

HYDROCORISES. s. f. pl. [Pr. idrokori-ze] (gr. ὕδωρ, eau; κόρις, punaise). T. Ent. — Les *H.*, ou *Punaises d'eau* appartiennent à l'ordre des *Hémiptères*. Ces insectes se distinguent des Géocorises par leurs antennes qui sont plus courtes que la tête ou à peine de sa longueur, et, en outre, insérées et cachées sous les yeux. Leurs tarses n'offrent qu'un ou deux articles, et leurs yeux sont ordinairement d'une grandeur remarquable. Ces Hémiptères sont tous aquatiques et carnassiers. Ils se nourrissent d'insectes qu'ils saisissent avec leurs pieds antérieurs qui se replient sur eux-mêmes et servent de pinces; ils piquent fortement. Cette famille se divise en deux tribus, les *Népides* et les *Notonectides*.

I. — Les *Népides* ont les pieds antérieurs en forme de serres ou de tenailles; le corps est ovale et déprimé dans certaines espèces, et de forme linéaire dans les autres. Parmi les genres qui ont des représentants dans nos pays, nous nommerons les *Naucores*, les *Nèpes* et les *Ranâtres*. Le type du premier est la *Naucore punaise* (*Naucoris cimicoïdes*) [Fig. 1, grossie], qui est longue de 11 à 13 millim. et d'un brun verdâtre, avec les bords de l'abdomen dentés en scie, et les ailes blanches et transparentes. On rencontre communément cet insecte dans les marais des environs de Paris, où il nage avec agilité. Les

Nèpes ont les pattes trop grêles pour pouvoir bien nager. Elles se tiennent le plus souvent dans la vase, au fond des mares, et ne viennent à la surface de l'eau que pour respirer. Leur corps est terminé par deux soies creuses qui leur servent à introduire de l'air dans des stigmates placés à l'extrémité de l'abdomen. La *N. cendrée* (*Nepa cinerea*) [Fig. 2] n'est pas rare aux environs de Paris. Elle est de couleur cendrée, ainsi que l'indique son nom, mais avec le dessus de l'abdomen rouge. Les *Ranâtres* (*Ranatra*) ne diffèrent des Nèpes que par la forme linéaire de leur corps: elles vivent de la même manière.

II. — Les *Notonectides* ont les deux pieds antérieurs simples et courbés en dessous. Leur corps est presque cylindrique ou ovoïde et assez épais. Ils nagent ordinairement sur le dos, ce qui leur a valu leur nom. Leurs pattes postérieures, longues et en forme de rames, les ont fait aussi appeler *Punaises à avirons*. Ils comprennent deux genres principaux, les *Notonectes* (*Notonecta*) et les *Corises* (*Corixa*). Les premières

ont un écusson très distinct et les secondes n'en ont pas. Le type du genre Notonecte est la *Not. glauque* (Fig. 3, double de la grandeur naturelle), qui est grise et noire avec les

élytres verdâtres et les ailes blanches, et qui pique fortement avec son bec. Comme exemple du g. Corise nous citerons la *Corise striée*, longue de 11 millimètres. Elle a le dessus brun foncé, avec beaucoup de points jaunâtres, la tête, le dessous du corps et les pieds de cette dernière couleur. Ces deux insectes ne sont pas rares aux environs de Paris.

HYDROCOTOÏNE. s. f. (gr. ὕδωρ, eau; fr. *cotoïne*). T. Chim. Voy. COTOÏNE.

HYDROCOTYLE. s. f. (gr. ὕδωρ, eau; κοτύλη, creux). T. Bot. Genre de plantes Dicotylédones de la famille des *Ombellifères*. Voy. ce mot.

HYDROCOTYLÉES. s. f. pl. (R. hydrocotyle). T. Bot. Tribu de végétaux de la famille des *Ombellifères*. Voy. ce mot.

HYDROCYANATE. s. m. T. Chim. Nom que l'on donnait autrefois aux *cyanures* et aux *cyanhydrates*. Voy. ces mots.

HYDROCYANIQUE. adj. 2 g. T. Chim. Synonyme de *Cyanhydrique*.

HYDROCYANITE. s. f. (gr. ὕδωρ, eau; κύανος, bleu). T. Minér. Sulfate anhydre de cuivre, en cristaux verdâtres orthorhombiques.

HYDROCYSTE. s. f. (gr. ὕδωρ, eau; fr. *cyste*). Kyste séreux.

HYDRODYCTIÉES. s. f. pl. [Pr. *idro-dik-tié*] (R. Hydrodyction). T. Bot. Les *H.* constituent une tribu de la famille des *Cénobiées*. Ce sont des Algues vertes habitant exclusive-

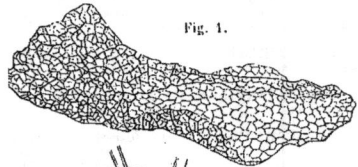

Fig. 1.

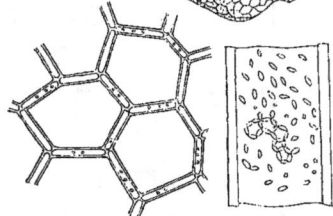
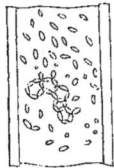

Fig. 2.   Fig. 3.

ment les eaux douces. Le thalle est un thalle composé qui se constitue par l'ajustement des zoospores, après que celles-ci ont perdu les deux cils qu'elles portent à l'extrémité antérieure et qu'elles se sont entourées d'une membrane de cellulose. Cet ajustement a lieu de diverses manières suivant les genres : il se fait en une série linéaire ou forme de palissade dans le *Scenedesmus*, en un disque circulaire plein ou laissant des vides entre les cellules dans le *Pediastrum*, en une sphère pleine dans le *Sorastrum*, en une sphère creuse percée à jour à la surface dans le *Celastrum*, en un sac irrégulier à larges mailles à réseau dans l'*Hydrodyction*, vulgairement appelé Filet d'eau (Fig. 1 et 2).

La production des zoospores, qui doivent former de nouvelles colonies a lieu, tantôt par la division simultanée du protoplasma de chaque thalle, comme dans l'*Hydrodyction*, où le nombre de ces zoospores varie entre 7,000 et 20,000 par thalle élémentaire, tantôt par une bipartition répétée qui donne au maximum 128 zoospores par thalle élémentaire. Ces zoospores se comportent de façon différente. Dans les *Pediastrum*, elles s'échappent de la cellule mère par une ouverture de la membrane, en demeurant enveloppées dans une ampoule hyaline ; elles se meuvent pendant quelque temps dans cette ampoule hyaline, puis se juxtaposent côte à côte en un disque étoilé. Dans l'*Hydrodyction*, les zoospores très nombreuses ne s'échappent pas du thalle où elles sont nées (Fig. 3) ; après s'y être mues pendant quelque temps, elles s'y fixent en une nouvelle colonie, qui détruit peu à peu la membrane du thalle et se met ainsi en liberté. Il y a donc autant de nouvelles colonies qu'il y avait de thalles élémentaires dans la colonie primitive.

[Fig. 1. Thalle composé de l'*Hydrodyction reticulatum*; 2. Portion du même grossie; 3. Zoospores à l'intérieur du thalle, dont quelques-unes s'organisent en colonie.]

Outre la multiplication par zoospores, ces plantes ont aussi une reproduction par œufs. Chez les *Hydrodyction* et les *Pediastrum*, il se forme à un moment dans chaque thalle et de la même façon que les zoospores, des corps protoplasmiques plus petits et plus nombreux, pourvus de 2 cils à leur extrémité antérieure ; un thalle d'*Hydrodyction* peut en produire jusqu'à 100,000. Ils s'échappent par une ouverture de la membrane et se dispersent dans le milieu ambiant ; isolés, ils se détruisent sans germer. En se réunissant deux par deux, quelquefois par 3, ils forment des corps qui ne tardent pas à se fixer et à s'entourer de cellulose et à passer à l'état de vie latente. Ce sont autant d'œufs qui sont issus d'une conjugaison de gamètes mobiles et qui germent au printemps.

HYDRODYCTION. s. m. [Pr. *idro-dik-ti-on*] (gr. ὕδωρ, eau; δίκτυον, filet). T. Bot. Genre d'Algues de la famille des *Cénobiées*, tribu des *Hydrodyctiées*. Voy. ce mot.

HYDRODYNAMIQUE. s. f. (gr. ὕδωρ, eau; δύναμις, force). — L'*H.* est cette partie de la physique qui traite du mouvement des fluides, des circonstances et des lois de ce mouvement. L'*h.* appliquée prend le nom d'*Hydraulique*. Assez souvent on divise l'*h.* en deux branches : la première considère les lois du mouvement des liquides, c'est l'*H.* proprement dite, et la seconde, le mouvement des gaz : c'est la *Pneumatique*.

1. *Écoulement des liquides.* — Les parois des vases qui contiennent des liquides supportent généralement deux pressions opposées : l'une de dedans en dehors, due à la colonne liquide qui s'élève au-dessus de la paroi considérée, colonne qui peut elle-même supporter à son sommet une certaine pression, celle de l'atmosphère par ex.; l'autre qui s'exerce de dehors en dedans et provient du milieu qui enveloppe le vase : c'est le plus souvent la pression atmosphérique. Lorsqu'on perce une ouverture soit dans le fond du vase, soit dans sa paroi latérale, le liquide qui s'introduit dans cette ouverture supporte la même pression que la paroi dont il tient la place ; par conséquent, la seule condition nécessaire pour qu'il s'écoule, c'est que la pression intérieure, qui tend à produire l'écoulement, soit plus grande que la pression extérieure, qui tend à y mettre obstacle. Lors donc qu'on verra de l'excès de pression dont nous parlons, un liquide sort par un orifice, la *dépense*, c.-à-d. la quantité de liquide qui s'écoule dans un temps donné, dépend évidemment de la section de l'orifice et de la vitesse dont les molécules liquides sont animées au moment où elles traversent ce dernier. Cette vitesse dépend à son tour de l'excès de pression qui s'exerce à l'orifice, et du frottement que le liquide peut éprouver, soit contre les parois du vase, soit contre les bords de l'orifice. Comme le frottement n'est ici qu'une force perturbatrice, il faut, pour étudier les lois de l'écoulement par les orifices, le diminuer autant que possible. A cet effet, on fait écouler les liquides par des orifices en *minces parois*, c.-à-d. percés dans des plaques très minces. — Dans de telles conditions, les lois de l'écou-

lement des liquides sont comprises dans le théorème suivant, qui est connu sous le nom de théorème de Torricelli : *La vitesse d'un liquide à la sortie d'un orifice pratiqué en mince paroi est égale à celle que posséderait un corps tombant librement dans le vide, d'une hauteur égale à la hauteur du niveau au-dessus du centre de l'orifice.* D'après ce principe, la vitesse sera représentée par la formule $v = \sqrt{2gh}$, qui se déduit des formules générales du mouvement des corps pesants, et dans laquelle h est la distance qui sépare le centre de l'orifice du niveau du liquide : c'est ce que l'on appelle la *vitesse théorique*. On déduit du principe de Torricelli les deux conséquences suivantes : 1° *La vitesse d'écoulement ne dépend que de la profondeur de l'orifice au-dessous du niveau, et nullement de la nature du liquide.* 2° *Pour un même liquide, les vitesses d'écoulement sont proportionnelles aux racines carrées des profondeurs des orifices au-dessous du niveau.* L'exactitude de la première de ces propositions ne saurait être douteuse, car on sait que tous les corps, en tombant de la même hauteur dans le vide, acquièrent la même vitesse. Il résulte aussi du principe de Torricelli que la densité du liquide n'exerce aucune influence sur la vitesse de l'écoulement ; en conséquence, un vase mettra toujours le même temps à se vider, quel que soit le liquide qu'il renferme. Ce résultat peut surprendre au premier abord, mais on s'en rend compte en observant que, si la force qui chasse la tranche liquide occupant l'orifice est proportionnelle à la densité du liquide, la masse de cette tranche est elle-même proportionnelle à cette densité ; or la force et la masse à mouvoir variant dans le même rapport quand la densité change, la vitesse reste donc la même. Au reste, l'expérience démontre que les choses se passent en réalité ainsi que l'indique la théorie. Imaginons, en effet, un petit tube vertical muni d'un orifice à sa partie supérieure et adapté à la partie inférieure d'un vase rempli d'eau. On aura ainsi un jet d'eau dont la hauteur atteindra à peu près le niveau du liquide dans le vase. Or, la vitesse verticale qui fait parvenir un corps à une certaine hauteur est

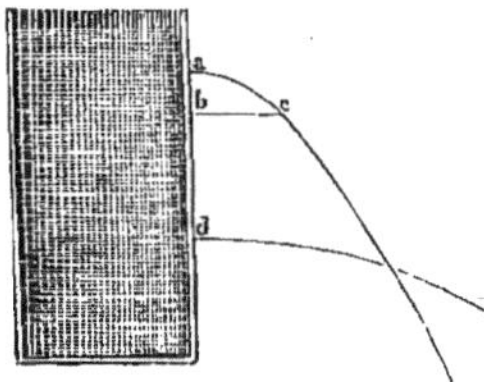

Fig. 1.

précisément égale à celle qu'il acquerrait en tombant de cette même hauteur. Si, dans l'expérience, le jet ne s'élève pas exactement à la hauteur du liquide dans le vase, cette différence est due uniquement à la résistance de l'air et au frottement des molécules qui retombent les unes sur les autres. Lorsque l'écoulement a lieu latéralement, par un orifice percé dans une paroi verticale (Fig. 1), le jet liquide prend la figure d'une parabole : c'est en effet la courbe que décrirait un corps pesant lancé horizontalement, avec une vitesse égale à celle que possède le liquide en s'échappant du vase. Dans ce cas, on vérifie le principe de Torricelli en mesurant la portée du jet parabolique. Soient cb la distance horizontale d'un point du jet à la verticale qui passe par l'orifice, et ab la différence de niveau de l'orifice et du point c. Si les molécules liquides étaient seulement soumises à l'action de la pesanteur, elles tomberaient de a en b dans un certain temps, donné par l'équation $ab = \frac{1}{2}gt^2$. D'autre part, si en a les molécules étaient seulement soumises à l'impulsion acquise, elles décriraient dans le même temps une ligne horizontale égale à bc, d'un mouvement continu. En supposant vraie la formule de Torricelli, on aura donc, sachant que l'espace bc est égal au temps multiplié par la vitesse, $bc = t \sqrt{2gh}$. Éliminant t entre ces deux équations, on aura $bc^2 = 4h \times ab$. Or, il est facile de mesurer bc, ab et h ; on constate ainsi que cette dernière relation se vérifie toujours d'une manière satisfaisante, et comme elle est fondée sur le théorème de Torricelli, elle implique l'exactitude de ce principe.

II. *Contraction de la veine.* — La vitesse d'écoulement d'un liquide étant connue par la règle de Torricelli, il est facile d'en déduire la *dépense*. Il est clair, en effet, que pendant l'unité de temps il passe un cylindre liquide ayant pour base la section de l'orifice et pour hauteur le chemin parcouru, c.-à-d. la vitesse. Ainsi, s représentant l'aire de l'orifice et $\sqrt{2gh}$ la vitesse, la dépense en volume, pendant le temps t, sera donnée par la formule $D = st\sqrt{2gh}$; et ce volume multiplié par la densité du liquide donnera le poids écoulé dans le temps t, en supposant que le niveau du liquide reste constant pendant le temps t. — Si l'orifice d'écoulement a été pratiqué dans une paroi mince, la quantité de liquide qui s'écoule réellement dans un temps donné est notablement inférieure à celle que l'on trouve au moyen de la formule qui

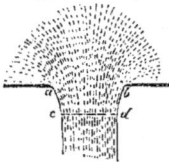

Fig. 2.

précède : la *dépense effective* n'est guère que les 0,62 de la *dépense théorique*. Ce désaccord entre la théorie et l'expérience tient à une circonstance particulière que présente la veine fluide, et qui a été observée pour la première fois par Newton. D'une part, les différents filets liquides qui se présentent pour sortir par l'orifice sont convergents (Fig. 2), et conservent leur convergence au delà de l'orifice même. D'autre part, ceux d'entre eux qui rasent les bords sont soumis à un frottement qui diminue leur vitesse et la rend plus petite que celle des filets moyens. Par cette double cause, la veine doit éprouver, au sortir de l'orifice, une *contraction* jusqu'à une petite distance où ces inégalités de direction et de vitesse des filets liquides ayant disparu, elle doit se trouver sensiblement cylindrique. C'est en effet ce que l'on observe : on voit la veine diminuer rapidement d'épaisseur à partir de l'orifice ab jusqu'à une petite distance cd. La section cd porte le nom de *section contractée*. Les mesures prises dans diverses circonstances montrent : 1° que l'aire de la section contractée est environ les 0,62 de la section de l'orifice ; 2° que la distance de la section contractée à l'orifice varie de la moitié du diamètre de ce dernier à une fois et demie cette même quantité. Au delà de cd, la forme de la veine dépend de la direction du jet. Si ce dernier est vertical et dirigé de bas en haut, la veine va en s'élargissant, de sorte que la section contractée est une section minima ; si, au contraire, le jet est dirigé de haut en bas, la veine continue à diminuer de diamètre, mais d'une manière insensible. Il résulte du phénomène de la contraction de la veine que, pour calculer la dépense, ce n'est pas la section de l'orifice qu'il faut prendre, mais bien la section contractée. Or, comme la dépense réelle est les 0,62 de la dépense théorique, et que l'aire de la section contractée est aussi les 0,62 de celle de l'orifice, on voit qu'en calculant la dépense de cette manière, on sera d'accord avec l'expérience. La formule donnant la dépense dans un temps t, deviendra donc $D = 0,62\ st\sqrt{2gh} = 2,75\ st\sqrt{h}$, en supposant que le niveau du liquide reste constant pendant le temps t. Il importe toutefois de remarquer que le *coefficient de contraction*, ou, en d'autres termes, le rapport de la section contractée à la section de l'orifice, n'est pas constant : il varie avec la charge, la forme et la disposition des orifices et d'autres circonstances. Des expériences nombreuses ont été faites pour les divers cas qui peuvent se présenter, et leurs résultats sont consignés dans les tableaux qui se trouvent dans tous les traités d'hydraulique.

Temps nécessaire à vider un réservoir. — Considérons un réservoir cylindrique dans lequel la hauteur de l'eau soit H et appelons S la section du réservoir. D'après la formule précédente, en appelant m le coefficient de contraction de la veine, il sort pendant un temps infiniment petit dt un volume de liquide $dQ = msvdt = ms\sqrt{2gh}\,dt$; mais on a aussi $dQ = -Sdh$, d'où $ms\sqrt{2gh}.dt = -Sdh$;

$$dt = -\frac{S}{ms\sqrt{2g}} \cdot \frac{dh}{\sqrt{h}},$$ et en intégrant de $h = H$ à $h = 0$,

on a le temps T que met le réservoir à se vider :

$$T = \frac{2S\sqrt{H}}{ms\sqrt{2g}},$$ mais en remarquant que le volume du

liquide $V = Sh$, on a $T = \dfrac{2V}{ms\sqrt{2g}H}$. Ce temps est précisément le double de celui qu'il faudrait pour vider le réservoir avec la vitesse initiale $\sqrt{2gH}$.

III. *Constitution de la veine.* — A partir de la section contractée, la veine liquide prend des formes diverses, suivant la direction dans laquelle se fait l'écoulement ; cependant on peut dire d'une manière générale que toute veine liquide se compose de deux parties : l'une liquide, transparente et semblable à une baguette de cristal ; l'autre trouble et gonflée (Fig. 3 et 4). Lorsqu'on examine attentivement la partie trouble, on trouve qu'elle présente des étranglements et des renflements successifs qui conservent la même position, quoique produits par des portions de liquide qui se renouvellent continuellement. De plus, la veine semble contenir un tuyau très mince enveloppé par les ventres (Fig. 3). La cause de cette apparence a été déterminée par Savart. Ce savant physicien a reconnu que la partie trouble est produite par des gouttes séparées qui s'allongent et s'aplatissent alternativement dans le sens transversal (Fig. 4). Le tuyau qui paraît occuper l'axe de la veine dans sa partie trouble, est produit par de petites gouttes qui se trouvent entre les grosses gouttes dont nous parlons. On peut observer ce fait en éclairant la veine pendant un temps assez court pour que son état n'ait pas le temps de se modifier. On y parvient en opérant dans l'obscurité et en illuminant instantanément la veine au moyen d'une étincelle électrique. Il est encore un moyen de reconnaître que la partie trouble n'est pas continue, c'est de l'observer dans une veine de mercure. On peut lire des caractères à travers une semblable veine, malgré l'opacité du liquide.

IV. *Écoulement par les ajutages.* — Lorsqu'à un orifice percé en mince paroi on adapte un *Ajutage*, c.-à-d. un tube d'une certaine longueur et ordinairement cylindrique ou conique, la dépense se trouve notablement augmentée. En effet, par suite de l'adhésion du liquide pour la matière qui forme l'ajutage, celui-ci se remplit, la veine ne se contracte pas, et, par suite, la dépense est plus forte. On dit dans ce cas que l'écoulement a lieu à *plein tuyau* ou à *gueule-bée*. Cependant la contraction peut encore se produire même avec un ajutage ; c'est ce qui a lieu lorsque la charge est très forte, ou lorsque le liquide ne mouille pas le tube : dans ce cas, l'ajutage ne produit aucun effet et la dépense est la même qu'en mince paroi. Venturi a aussi constaté qu'un ajutage, tel que celui de la Fig. 5, ayant exactement la forme de la veine contractée, ne changeait pas la dépense : celle-ci restait la même qu'en mince paroi. — L'influence de l'ajutage dépend de sa forme. La dépense, par un ajutage cylindrique, est environ les 0,82 de la dépense théorique. Un ajutage conique donne une dépense plus forte encore. Si les arêtes opposées du cône sont inclinées de 13 à 14 degrés, la dépense peut s'élever jusqu'à 0,95 de la dépense théorique. Enfin, dans le cas d'un ajutage conique divergent, la dépense peut surpasser la dépense théorique : elle atteint son maximum quand l'angle au sommet du cône a une valeur de 3°. — A ce propos, il est bon d'observer que, lorsque l'orifice est percé dans une paroi un peu épaisse, l'écoulement se fait en réalité par un ajutage, et que ce sont les lois relatives à ce cas qui doivent alors servir à l'évaluation de la dépense. — S'il y a des ajutages qui augmentent la dépense, il est très facile d'en construire qui la diminuent dans un très grand rapport. C'est ainsi que tout renflement situé à l'intérieur d'un ajutage conique ou cylindrique produit une diminution de vitesse. Dans des tubes très fins, les liquides cessent même de s'écouler sous des pressions quelquefois considérables. Enfin, lorsqu'un liquide est en mouvement dans un ajutage ou dans un tuyau quelconque, la pression exercée sur les parois n'est pas la même

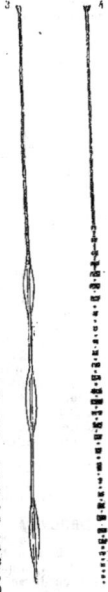

Fig. 3 et 4.

que dans l'état d'équilibre; elle est généralement d'autant moindre que la vitesse est plus grande. Bernoulli a démontré que *la pression est égale à la pression hydrostatique* H, diminuée de la hauteur h *du liquide qui produirait la vitesse au point considéré, si le tuyau se terminait en ce point.* La pression est donc H — h. Il résulte de là que la pression sera d'autant plus petite que la vitesse effective sera plus grande. Si cette dernière égale la vitesse théorique,

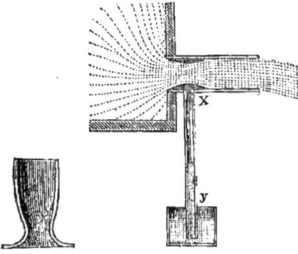

Fig. 5.   Fig. 6.

la pression sera nulle. Si enfin la vitesse effective est plus grande que la vitesse théorique, comme cela a lieu dans les ajutages, on constatera une espèce de *succion.* Venturi a vérifié par l'expérience ce résultat, en adaptant à un ajutage (Fig. 6) un tube *xy* plongeant dans l'eau par son extrémité inférieure. Le liquide s'élève dans le tube, et, si ce dernier est suffisamment court, l'eau, ainsi soulevée, peut monter jusque dans l'ajutage et se mêler au liquide qui s'en échappe.

V. *Écoulement par les tuyaux de conduite* — Lorsqu'au lieu de s'écouler par un ajutage, c.-à-d. par un tube court, le liquide suit un long tube, ce qu'on appelle un tuyau de de conduite, la dépense, bien loin de se trouver augmentée, par rapport à la dépense théorique, est notablement diminuée, ce qui tient au frottement des molécules liquides entre elles et contre les parois du tuyau. Dans ce cas, la vitesse est la plus petite possible au contact des parois, et la plus grande au centre de la colonne liquide. La dépense par seconde, pour les tuyaux de conduite rectilignes de diamètre uniforme et entièrement ouverts à l'extrémité, est donnée par la formule suivante déduite des expériences d'Eytelwein,

$$D = 20,8 \sqrt{\frac{hd^3}{l + 54d}},$$

dans laquelle h est la charge au-dessus de l'orifice de sortie, d le diamètre, et l la longueur du tuyau.

En appliquant les principes de la mécanique à l'écoulement de l'eau dans les conduites, on est conduit à la relation $\frac{1}{4} DJ = \varphi(U)$, où D est le diamètre du tuyau, J la perte de charge par unité de longueur, U la vitesse moyenne de l'eau. De Prony et Darcy admettent que la fonction $\varphi(U)$ est de la forme $\varphi(U) = aU + bU^2$; a et b étant deux coefficients. Ce dernier auteur fait varier les coefficients avec le diamètre de la conduite.

VI. *Unité de mesure pour l'écoulement des liquides.* — On évalue le débit en litres à la seconde ou pour les débits considérables en mètres cubes à la seconde.

VII. *Niveau constant.* — Dans les expériences relatives à l'écoulement des liquides, on est souvent obligé de maintenir ceux-ci à un niveau constant, afin que la vitesse avec laquelle le liquide s'échappe soit elle-même constante. Il existe plusieurs méthodes pour atteindre ce but; nous indiquerons seulement le *Trop-plein*, le *Flotteur de Prony* et le *Flacon de Mariotte.* — Le *Trop-plein* consiste en un vase alimenté supérieurement par un robinet, dont on règle le débit de façon que la quantité d'eau qu'il fournit soit un peu supérieure à celle qui s'écoule par l'orifice du vase. Lorsque le vase est plein, toute la quantité d'eau que le robinet fournit en plus de celle qui s'échappe par l'orifice s'écoule par une échancrure ménagée dans une des parois latérales du vase, et ainsi le niveau de ce dernier peut être considéré comme sensiblement constant. Le *Flotteur de Prony* se compose d'un vase d'écoulement rempli d'eau, d'une caisse qui flotte

dans le vase et d'une caisse suspendue au-dessous du vase par des tringles qui réunissent les deux caisses de façon à en former un système solidaire. L'eau qui s'écoule du vase se rend par un entonnoir dans la caisse inférieure. S'il en sort 10 litres par exemple, le système des caisses pèsera 10 kilogr. de plus. Le niveau ne sera donc pas changé dans le vase, car la caisse flottante s'enfoncera jusqu'à ce qu'elle déplace dans le vase 10 litres d'eau de plus. — Le *Flacon de Mariotte* (Fig. 7) est un flacon muni d'un orifice latéral d'un petit diamètre et dont le goulot est fermé par un bouchon qu'un tube traverse à frottement. Supposons le flacon et le tube remplis d'eau, et soulevons le tube au-dessus de l'orifice. Le liquide s'écoule aussitôt, car le liquide de dedans en dehors, exercé par l'eau et par l'atmosphère à l'orifice, l'emporte sur la pression que l'atmosphère y exerce de dehors en dedans. Le niveau dans le tube s'abaisse rapidement depuis l'extré-

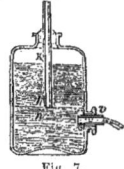

Fig. 7.

mité supérieure du tube jusqu'à son extrémité inférieure h. — Ce point atteint, le liquide s'écoule avec une vitesse constante, et conserve cette vitesse jusqu'à ce que son niveau dans le vase soit descendu à ce même point h. En effet, pendant cette partie de l'écoulement, l'atmosphère qui presse en h fait monter l'air par cette ouverture sous forme de bulles jusque dans la partie supérieure du flacon. Là cet air prend une force élastique égale à la pression atmosphérique diminuée du poids de la colonne d'eau kh. Mais, en vertu de son élasticité, l'air renvoie cette pression à la couche n. Or, celle-ci supporte en outre le poids de la colonne d'eau kn; donc, en représentant par H le poids de l'atmosphère, la pression transmise en n est, en réalité, H + kn — kh ou H + hn. Ces deux dernières quantités étant constantes tant que le niveau du liquide est supérieur au point h, l'écoulement doit être lui-même constant. On modère la vitesse de cet écoulement en enfonçant plus ou moins le tube dans le vase. Si l'on avait placé l'extrémité inférieure du tube au niveau de l'orifice v ou au-dessous, l'écoulement n'aurait eu lieu que dans le tube, et le flacon serait resté plein de liquide.

VIII. *Écoulement des gaz.* — Nous supposerons d'abord que l'écoulement du gaz a lieu dans le vide. Pour déterminer la vitesse de l'écoulement dans ce cas, on calcule la hauteur que devrait avoir une atmosphère homogène du gaz, supposée de même densité qu'à l'orifice, pour exercer par son poids la pression qui produit l'écoulement. Or, la vitesse du gaz à l'orifice est égale à celle qu'acquerrait un corps en tombant librement dans le vide de cette hauteur. Cette vitesse s'obtient donc par la formule $v = \sqrt{2gh}$. Considérons, par exemple, l'écoulement de l'air dans le vide. Pour déterminer la vitesse de l'écoulement dans ce cas, la densité de l'air étant environ 10464 fois plus petite que celle du mercure, la hauteur de l'atmosphère homogène qui produirait la même pression sera 0m,76 × 10464 ou 7954 mèt. Cette hauteur est toujours la même, quelle que soit la pression de l'air à l'orifice; car si la pression de l'air devenait, par ex., deux fois plus grande, la densité du mercure par rapport à cet air ne sera plus que de 10464; la hauteur

deviendra donc $0,76 \times 2 \times \frac{10464}{2} = 0,76 \times 10464 = 7954$

mèt. La vitesse avec laquelle l'air entre dans le vide est donc indépendante de la pression; elle est de 395 mèt. par seconde. Si nous considérons l'écoulement d'un gaz dont la densité soit d, la hauteur de l'atmosphère homogène qui produira la vitesse sera d fois moindre que 7954, c'est-à-

dire $\frac{7954}{d}$. Si l'on porte cette valeur dans la formule

$v = \sqrt{2gh}$, elle devient $v = \frac{395}{\sqrt{d}}$. On voit donc que la *vitesse*

est en raison inverse de la racine carrée de la densité du gaz par rapport à l'air. Pour l'hydrogène, dont la densité est 0,0692, la vitesse devient 1,500 mètres, quantité plus grande que la vitesse d'un boulet de canon, qui n'est que de 800 mèt. par seconde au moment où il sort de la pièce. — Lorsque l'écoulement a lieu dans un gaz, la vitesse à l'orifice est encore donnée par la formule $v = \sqrt{2gh}$; mais alors la quantité h représente la hauteur que devrait avoir une atmosphère homogène du gaz qui s'écoule, pour exercer par son poids une pression égale à la différence des pressions des deux gaz. — La veine fluide se contracte dans les gaz comme dans les liquides. Cette contraction devient visible lorsqu'on charge de fumée le gaz qui s'écoule; mais elle devient encore plus manifeste par la différence observée entre les résultats théoriques et ceux que donne l'expérience : la dépense effective n'est, en effet, que les 0,65 de la dépense théorique. Les ajutages modifient également la dépense. Ainsi, par exemple, un ajutage légèrement conique l'augmente dans un certain rapport.

La théorie précédente ne tient pas compte de la détente qui se produit quand le gaz arrive dans le milieu à faible pression. Cette détente introduit dans la question des éléments complexes qui exigent une analyse plus approfondie. Voy. THERMODYNAMIQUE.

IX. *Réaction due à l'écoulement des fluides.* — Lorsqu'un fluide liquide ou gazeux est en équilibre dans un vase, les composantes horizontales des pressions qu'il exerce sur les parois latérales sont égales et directement opposées. Dès lors, ces composantes s'équilibrent mutuellement et le vase reste en repos. Mais si l'on vient à pratiquer un orifice dans une des parois latérales, il n'existe plus de pression de dedans en dehors dans toute l'étendue de cet orifice, et la pression qui s'exerce sur la paroi opposée n'étant plus complètement contre-balancée, pousse le vase en sens inverse de

Fig. 8.

l'écoulement. En conséquence, si ce dernier est suffisamment mobile, si, par ex., il repose sur un liège flottant à la surface d'un liquide, il se met en mouvement. On met encore ce phénomène en évidence au moyen du *Tourniquet hydraulique* (Fig. 8). L'appareil ainsi nommé se compose d'un vase mobile entre deux pivots verticaux. Ce vase porte à sa partie inférieure deux petits tubes perpendiculaires à son axe et recourbés à leur extrémité libre dans un plan horizontal et en sens contraire. Si l'on verse de l'eau dans le vase, le liquide s'échappera par les tubes recourbés, et tout le système tournera en sens contraire de l'écoulement, parce que la pression exercée sur la paroi des tubes inférieurs opposée à l'orifice n'est pas équilibrée par la pression égale qui s'exercerait à l'orifice s'il était fermé. Le tourniquet se mettrait aussi en mouvement si l'on soufflait avec force dans son intérieur. — Tel est le principe du recul des armes à feu, de l'ascension des fusées et des *roues à réaction*, qui sont employées dans quelques cas exceptionnels comme moteurs hydrauliques.

Écoulement des liquides à travers les tubes capillaires. — Poiseuille a étudié le mouvement des liquides dans des tubes très fins. Il a trouvé que le débit par seconde pouvait

s'exprimer par la formule : $Q = k \dfrac{HD^4}{l}$, D étant le diamètre du tube, H la pression sous laquelle on fait écouler le liquide à travers le tube, *l* la longueur du tube, *k* un coefficient qui dépend de la nature du liquide. Ce coefficient augmente de valeur quand la température s'élève.

HYDROÉLECTRIQUE. adj. 2 g. (gr. ὕδωρ, eau; fr. *électrique*). T. Phys. *Courants hydroélectriques*, Obtenus à l'aide de piles à eau ou à liquides. *Chaînes hydroélectriques*, Piles portatives pour l'usage médical.

HYDRO-ENCÉPHALOCÈLE. s. f. (gr. ὕδωρ, eau; ἐγκέφαλος, encéphale; κήλη, tumeur). Tumeur produite par l'hydrocéphale.

HYDROFÈRE. s. m. (gr. ὕδωρ, eau; lat. *fero*, je porte). Appareil imaginé par Mathieu de la Drôme, pour administrer l'eau en pluie sur les corps humain.

HYDROFLUATE. s. m. T. Chim. Nom que portaient autrefois les *fluorures* et *fluorhydrates*.

HYDROFLUORIQUE. adj. T. Chim. Synonyme de FLUORHYDRIQUE.

HYDROFLUOSILICIQUE. adj. 2 g. (fr. *hydrogène* et *fluosilicique*). T. Chim. *Acide h.* Voy. SILICIUM.

HYDROFUGE. adj. 2 g. (gr. ὕδωρ, eau; lat. *fugio*, je fuis). Qui écarte l'humidité, qui en préserve. *Enduit, tissu h.*

HYDROGALE. s. m. (gr. ὕδωρ, eau; γάλα, lait). Lait coupé avec de l'eau.

HYDROGALLÉINE. s. f. [Pr. *idro-gal-lé-ine*]. T. Chim. Voy. GALLÉINE.

HYDROGÉNANT, ANTE. adj. T. Chim. Qui cède facilement de l'hydrogène. Qui sert à hydrogéner les corps.

HYDROGÉNATION. s. f. [Pr. *...sion*]. Action d'hydrogéner, d'introduire de l'hydrogène dans un composé chimique. État d'un corps qui s'imprègne d'hydrogène.

HYDROGÈNE. s. m. (gr. ὕδωρ eau; γεννάω, j'engendre). — L'H. est un corps simple, gazeux, excessivement léger, et formant l'un des principes constitutifs de l'eau. Il paraît avoir été connu, mais d'une manière fort incomplète, par les chimistes du XVII° siècle. C'est seulement en 1766 que le célèbre physicien Cavendish le reconnut comme un gaz distinct et commença à étudier ses propriétés. À l'état libre, l'h. est assez rare dans la nature: on le rencontre dans les gaz des geysers d'Islande, dans les fumerolles et les émanations gazeuses des volcans, dans le gaz des marais, et en petite quantité dans certaines météorites. Mais ses composés sont extrêmement abondants; toutes les matières organiques renferment de l'h.; l'eau en contient un neuvième de son poids; dans les pétroles, la houille et tous les combustibles végétaux, l'h. existe à l'état de combinaison avec le carbone; il est uni au soufre dans l'acide sulfhydrique et à l'azote dans les composés ammoniacaux.

Préparation. — Pour préparer l'h. on utilise ordinairement l'action que certains métaux exercent, soit de l'eau, soit sur les acides étendus. Dans le premier cas, le métal s'unit à l'oxygène de l'eau et met l'h. en liberté; dans le second cas, le métal se substitue à l'h. de l'acide pour former un sel. — Le potassium et le sodium jouissent au plus haut degré de la faculté de décomposer l'eau en ses éléments constitutifs; la réaction s'opère à froid et avec une grande

Fig. 1.

énergie. Mais on se sert habituellement de métaux communs tels que le fer et le zinc; dans ce cas, il faut faire intervenir la chaleur. On introduit, par ex., dans un tube de porcelaine (Fig. 1) une certaine quantité de fils de fer fins; on adapte à l'une des extrémités de ce tube une cornue contenant de l'eau, et à l'autre un tube abducteur recourbé, dont l'extrémité libre s'engage sous une éprouvette pleine d'eau; enfin, on place le tube de porcelaine dans un fourneau à réverbère où il est chauffé graduellement jusqu'à l'incandescence. Alors on fait bouillir l'eau de la petite cornue : la vapeur d'eau, à mesure qu'elle se forme, est décomposée en traversant le tube de porcelaine où elle se trouve en contact avec le fer incandescent : son oxygène est retenu par le fer qui s'oxyde, tandis que son h. devient libre et se dégage par le tube abducteur. On laisse perdre les premières portions de gaz, parce qu'elles sont mélangées d'air ; puis on recueille le reste dans une éprouvette. La réaction qui a lieu dans cette opération est exprimée par la formule $4 H^2O + 3 Fe = Fe^3 O^4 + 4 H^2$. — Pour préparer l'h. à froid on fait agir le zinc ou le fer sur un acide étendu d'eau. Dans les laboratoires le zinc est employé de préférence au fer. On met de la grenailte de zinc dans un flacon à deux tubulures (Fig. 2). A l'une d'elles on ajuste un tube recourbé, et à l'autre un tube droit surmonté d'un entonnoir et plongeant jusque vers le fond du flacon. On verse par l'entonnoir de l'acide sulfurique étendu de huit fois son poids d'eau, de façon à remplir à peu près la moitié du vase, et bientôt l'h. se dégage par l'extrémité du tube recourbé. On perd les premières portions, puis on recueille le gaz par les

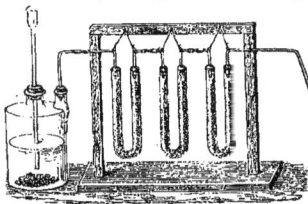

Fig. 2.

moyens ordinaires. 100 gr. de zinc et 250 gr. d'acide sulfurique produisent 33,8 litres d'h., dans les conditions normales de température et de pression. La réaction s'exprime par l'équation : $SO^4 H^2 + Zn = SO^4 Zn + H^2$. Avec l'acide chlorhydrique on aurait : $2 HCl + Zn = Zn Cl^2 + H^2$. Lorsqu'on prépare l'h. en grand, on remplace le zinc par le fer ; mais cette substitution présente un inconvénient : le sulfate de fer étant moins soluble que le sulfate de zinc, il cristallise avant la fin de la réaction, et l'arrête ou l'on rave notablement. — L'h. préparé par l'un ou l'autre de ces deux derniers procédés possède une odeur qui lui est communiquée par les petites quantités de carbone, de soufre, d'arsenic et de phosphore qui accompagnent le fer et le zinc du commerce. Ces impuretés se combinent avec l'h. ; il en résulte la production de l'arsénié, sulfuré et phosphoré, et d'un carbure d'h. Pour débarrasser l'h. de toutes ses impuretés, on le fait passer à travers une série de tubes en U contenant des fragments de pierre ponce imprégnée de différentes substances : acétate de plomb destiné à retenir l'h. sulfuré ; sulfate d'argent pour absorber l'h. arsénié et phosphoré ; potasse caustique pour retenir l'h. silicié ou les carbures d'h. ; acide sulfurique ou phosphorique destiné à dessécher le gaz. — On emploie quelquefois d'autres procédés de préparation. Certains métaux, tels que le zinc et l'étain, produisent un dégagement d'h. quand on les chauffe avec une solution de potasse ou de soude caustiques. Les formiates ou les oxalates alcalins chauffés avec de la potasse donnent de l'h. pur et sec. L'électrolyse de l'eau acidulée fournit aussi de l'h. très pur. Enfin, dans l'industrie, quand on veut utiliser l'h. pour le chauffage ou l'éclairage, on décompose la vapeur d'eau par du charbon chauffé au rouge ; on obtient ainsi le gaz de l'eau, qui est constitué par de l'h. impur, mélangé d'oxyde de carbone et d'anhydride carbonique. En 1873, Gifard a utilisé avec succès, pour la fabrication de l'h., la décomposition de l'air par le coke incandescent.

Propriétés de l'hydrogène. — L'h. est un gaz incolore, inodore et complètement dépourvu de saveur. Aucun autre gaz, sauf l'hélium, n'est aussi difficile à liquéfier que l'h. Caillelet et Raoul Pictet l'ont condensé à l'état de brouillard passager. Il a été de la sorte *liquéfié*, et même *solidifié*, sous la pression de 300 à 370 atmosphères. D'après Olszewski, la température critique de l'h. est — 234° avec la pression critique de 20 atmosphères, et le point d'ébullition sous la pression atmosphérique est — 243°. L'h. est le plus léger de tous les gaz : il a pour densité 0,0692, celle de l'air étant prise pour unité. Un litre de gaz pèse, dans les conditions normales de température et de pression, 0gr,0896 ; il est donc environ 14 fois 1/2 plus léger que l'air ; son emploi dans les aérostats est fondé sur cette propriété. En raison de cette

faible densité, l'h. est le plus diffusible des gaz. C'est lui aussi qui conduit le mieux la chaleur. Il est très peu soluble dans l'eau ; ce liquide n'en dissout que 2 p. 100 de son volume. Le spectre de l'h. dans un tube de Geissler présente 3 raies principales : l'une rouge, une autre d'un vert bleuâtre, la troisième violette. Le symbole de l'h. est H ; son poids atomique est égal à 1 et son poids moléculaire est 2.

Les éléments pour lesquels l'h. montre le plus d'affinité sont le fluor, le chlore, l'oxygène et certains métaux. L'h. s'unit au fluor avec explosion, même dans l'obscurité, en donnant de l'acide fluorhydrique. Avec le chlore, la combinaison ne se produit pas dans l'obscurité ; elle s'opère lentement à la lumière diffuse, vivement et avec explosion à la lumière solaire ; le composé qui se forme est l'acide chlorhydrique. Le brome et l'iode ne s'unissent à l'h. qu'à la température du rouge et en présence de la mousse de platine.

Dans l'air ou dans l'oxygène, le gaz h. est éminemment combustible, d'où les noms de *gaz* et d'*air inflammable* qu'on lui donna d'abord ; mais il éteint les corps en combustion qu'on y plonge. Pour mettre ces propriétés en évidence, on prend une éprouvette remplie d'h., en ayant soin d'en tenir l'orifice en bas pour que le gaz ne s'en échappe pas. En présentant une bougie à l'ouverture, le gaz s'enflamme aussitôt en faisant entendre une petite détonation. Si, au contraire, on enfonce la bougie dans l'intérieur de l'éprouvette, elle s'y éteint aussitôt. On peut encore démontrer la combustibilité de l'h. au moyen de la *Lampe philosophique* (Fig 3). Elle consiste en un flacon à deux tubulures, dont l'une porte un entonnoir et l'autre un tube à extrémité ouverte et effilée. Dans ce flacon se trouvent du zinc et de l'acide sulfurique étendu d'eau ; il s'en dégage donc de l'h. En approchant une bougie allumée à l'extrémité du tube effilé, l'h. prend feu et brûle avec flamme, mais celle-ci est peu brillante. Voy. FLAMME. Quand on fait cette expérience, il faut attendre, avant d'enflammer le jet gazeux, que l'h. ait entraîné l'air renfermé dans l'intérieur du flacon : car un mélange d'h. et d'air est explosif. Si l'on engage le tube effilé de la lampe philosophique dans un tube d'un plus grand diamètre ouvert aux deux bouts, on entend un son musical continu, grave ou aigu suivant les dimensions du tube et la rapidité du jet : on donne à ce petit appareil le nom d'*Harmonica chimique*. — Lorsqu'on mélange les gaz h. et oxygène, on ne remarque rien de particulier à la température et dans les circonstances ordinaires, mais ces deux gaz peuvent se combiner par l'un des moyens suivants : l'approche d'un corps enflammé ; le passage d'une étincelle électrique à travers le mélange ; une pression brusque agissant par la chaleur qu'elle développe ; l'influence du platine. Le produit de la réaction est toujours de l'eau. L'inflammation du mélange détonant en présence de la mousse de platine est due à la condensation des gaz dans les pores de la mousse de platine. Cette condensation s'accompagne d'une élévation de température suffisante pour porter le métal au rouge et pour déterminer l'explosion du mélange. Cette propriété a été utilisée dans le *briquet à gaz*. Voy. BRIQUET. — L'explosion qui accompagne la combinaison est d'autant plus violente que la composition du mélange gazeux est plus voisine de celle de l'eau (2 volumes d'h. pour 1 volume d'oxygène). Bien que la flamme de l'h. soit des plus faibles, elle n'en est pas moins des plus chaudes ; un gramme de ce gaz dégage en brûlant dans l'oxygène 35,000 calories. On a mis à profit cette propriété pour obtenir, dans certaines opérations industrielles, des températures excessivement élevées. Voy. CHALUMEAU.

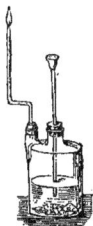

Fig. 3.

L'h. ne peut pas entretenir la respiration. Cependant il n'est pas délétère : il asphyxie, mais n'empoisonne pas. Le téméraire Pilâtre des Rosiers osa aspirer un mélange d'h. détonant, qu'il enflamma en l'expirant. Il en fut quitte, dit-il, pour une commotion douloureuse, surtout dans la bouche.

Certains métaux peuvent absorber de très grandes quantités d'h. Graham est, le premier, étudia ce phénomène, lui donna le nom d'*occlusion*. Souvent une grande partie de l'h. ainsi occlus se trouve à l'état de combinaison métallique, le reste étant en quelque sorte dissous. Le palladium forgé absorbe 376 volumes d'h. à la température ordinaire et 643 volumes à 95°. Avec la mousse de palladium, l'absorption est encore plus forte. Enfin, si l'on emploie une lame ou un fil de palladium comme électrode négative dans l'électrolyse de l'eau acidulée, le métal peut condenser jusqu'à 980 volumes d'h. Il se forme d'abord un *hydrure de palladium* Pd^2H, qui correspond à une absorption de 600 volumes et qui peut condenser en outre de l'h. non combiné. A un degré moindre, le potassium et le sodium absorbent aussi l'h., surtout entre 300° et 350°, en formant les hydrures K^2H et Na^2H. Tous ces hydrures se forment avec dégagement de chaleur et sont dissociables à une température élevée. — Graham a donné le nom d'*Hydrogénium* à l'h. occlus et l'a assimilé à un métal solide. Ces hydrures métalliques présentent en effet les caractères des alliages et ne ressemblent nullement aux combinaisons que les métalloïdes forment avec les métaux. D'autre part, la densité de l'hydrogénium, déduite de celle de ces hydrures, est environ 0,62 par rapport à l'eau; elle est donc comparable à la densité d'un solide et très voisine de celle du lithium.

Vis-à-vis des corps composés, l'h. se comporte généralement comme un réducteur. En raison de son affinité pour l'oxygène et le chlore, il décompose à chaud un grand nombre d'oxydes et de chlorures. Il réduit l'azotate d'argent en solution neutre, les sels de platine et ceux de palladium. L'h. occlus est bien plus actif que l'h. gazeux; il s'unit directement au brome et à l'iode, il réduit les sels mercuriques et ferriques en sels mercureux et ferreux.

Hydrogène naissant. — Beaucoup de corps sur lesquels le gaz h. n'a pas d'action, sont facilement attaqués lorsque, au lieu d'h. libre, on emploie un mélange capable de donner naissance à ce gaz. Dans ce cas, l'h. ne se dégage pas à l'état gazeux, mais il se porte directement sur le corps qu'on veut réduire ou hydrogéner, et l'on dit qu'il agit à l'*état naissant*. Les principaux mélanges hydrogénants dont on se sert lorsqu'on veut opérer en milieu acide sont : le zinc et l'acide chlorhydrique ou sulfurique, le fer et l'acide acétique, l'étain et l'acide chlorhydrique. Quand l'action doit se produire en milieu basique, on emploie soit l'amalgame de sodium en présence de l'eau, soit le zinc ou l'aluminium avec une solution bouillante de potasse. Pour opérer en solution neutre, on peut faire agir le magnésium ou l'aluminium sur un chlorure du même métal. L'acide iodhydrique constitue un agent d'hydrogénation puissant, quand on le chauffe à 280°, en vase clos, avec le corps qu'on veut hydrogéner; ce procédé, imaginé par Berthelot, est fréquemment usité en chimie organique pour étudier la constitution d'un composé. — L'h. naissant se fixe directement sur le phosphore, l'arsenic, l'antimoine; il réduit l'acide azotique en donnant de l'ammoniaque; il convertit l'indigo et beaucoup de matières colorantes en composés incolores; il transforme les aldéhydes et les cétones en alcools, les dérivés nitrés en amines, le nitrobenzène en aniline, etc.

Combinaisons de l'hydrogène. — L'h. est le type des éléments univalents. Les combinaisons qu'il forme avec les éléments halogènes répondent à la formule générale MH; avec les éléments bivalents, les combinaisons les plus simples ont pour formule MH^2; avec les éléments trivalents MH^3; avec les éléments quadrivalents MH^4. — En général, à la suite de chaque métalloïde nous parlerons de ses composés hydrogénés. Ainsi l'on trouvera l'h. *sulfuré* et le *bisulfure d'h.* au mot Soufre, l'h. *sélénié* au mot Sélénium, les acides chlorhydrique, bromhydrique aux mots Chlore, Brome, etc. Au mot Phosphore, nous parlerons des divers phosphures d'hydrogène, dont l'un gazeux et spontanément inflammable se dégage quelquefois de certains marais et produit en s'enflammant les lueurs appelées *feux follets*. Pour les composés azotés de l'h., Voy. Ammoniaque, Azothydrique, Hydrazine. Pour les composés oxygénés, Voy. Eau. Les divers carbures d'h. sont traités chacun sous son nom spécial ; leur classification et leurs propriétés générales sont exposées à l'article Hydrocarbure. — Pour l'h. *protocarboné* ou grisou, Voy. Méthane; pour l'h. *bicarboné*, Voy. Éthylène.

Quant aux combinaisons que l'h. forme avec certains métaux, nous en avons parlé tout à l'heure. En dehors des composés déjà cités on ne connaît guère que l'*hydrure de cuivre* Cu^2H, qui se forme à l'état de précipité brun quand on chauffe une solution de sulfate cuivrique avec de l'acide hypophosphoreux, ou lorsqu'on traite un sel de cuivre par l'acide hydrosulfureux.

Usages de l'hydrogène. — L'h. préparé par le fer et l'acide sulfurique était employé autrefois pour le gonflement des aérostats. Aujourd'hui, on le remplace généralement par le gaz d'éclairage, qui est plus économique et qui traverse moins facilement l'enveloppe de l'aérostat. Néanmoins, le grand ballon captif construit par Giffard en 1878 était gonflé à l'h. ; ce gaz a l'avantage d'exiger un volume moindre pour une même force ascensionnelle. — Le *gaz de l'eau*, dont nous avons parlé à propos de la préparation de l'h., a été maintes

fois essayé pour le chauffage et l'éclairage. Son principal inconvénient consiste dans la présence de l'oxyde de carbone, gaz très délétère. — On utilise la chaleur dégagée par la combustion de l'h. dans l'oxygène pour atteindre de très hautes températures. Voy. Chalumeau. — Dans les laboratoires, l'h. est fréquemment employé soit comme réducteur, soit comme agent d'hydrogénation. Ordinairement on le fait agir à l'état naissant, comme il a été dit plus haut. L'h. libre sert à réduire des oxydes et des chlorures et à obtenir certains métaux, comme le fer, à l'état de pureté absolue. Enfin, pour les opérations qui doivent se faire à l'abri de l'air, on emploie souvent une atmosphère d'h.

HYDROGÉNER. v. a. Combiner avec l'hydrogène. = s'Hydrogéner. v. pron. Se combiner avec l'hydrogène. = Hydrogéné, ée. part.

HYDROGÉNIE. s. f. (gr. ὕδωρ, eau ; γένεσις, production). Théorie sur la formation des masses d'eau répandues sur la terre.

HYDROGÉNIQUE. adj. 2 g. Qui appartient à l'hydrogène.

HYDROGÉNIUM. s. m. [Pr. idrojéni-ome]. T. Chim. Voy. Hydrogène.

HYDROGÉOLOGIE. s. f. (gr. ὕδωρ, eau ; fr. *géologie*). Étude des eaux répandues à la surface du globe.

HYDROGLOSSE. s. f. [Pr. idro-glo-se] (gr. ὕδωρ, eau ; γλῶσσα, langue). T. Méd. Syn. de *Grenouillette.* Voy. ce mot et Salive.

HYDROGNOMONIE. s. f. [Pr. idrog-nomoni, gn dur] (gr. ὕδωρ, eau ; γνώμων, qui connaît). Art de découvrir les sources cachées au moyen d'une baguette.

HYDROGNOSIE. s. f. [Pr. idrog-nozi, gn dur] (gr. ὕδωρ, eau ; γνῶσις, connaissance). Étude des eaux répandues sur la terre.

HYDROGRAPHE. adj. et s. m. Celui qui est versé dans l'hydrographie. *Ingénieur h. Un excellent h.*

HYDROGRAPHIE. s. f. (gr. ὕδωρ, eau ; γράφω, je décris). Dans son acception propre, l'*Hydrographie* a pour objet l'art de lever le plan des côtes et des mers, d'en dresser les cartes, en y indiquant la position et l'étendue exacte des rocs, bancs, îles, bas-fonds, etc., en y marquant la direction et la force des courants, et généralement de décrire tout ce qu'il y a de remarquable au-dessus et au-dessous de la surface de l'Océan. Mais, par suite du rapport intime qui existe entre ces différentes opérations et les connaissances spéciales qu'implique le métier de la mer, on applique encore le nom d'*Hydrographie* à la partie théorique de l'art de naviguer, c.-à-d. à la science qui enseigne à résoudre, soit par l'observation des astres, soit par le procédé de l'estime, tous les problèmes relatifs à la position des navires. — L'h. n'a d'abord été qu'un art tout routinier et différant fort peu de ce qu'on appelle le *pilotage*. Elle n'a commencé à prendre un caractère scientifique qu'au XVᵉ siècle, lorsque les grands voyages de découvertes en Afrique, dans l'Inde et en Amérique forcèrent les navigateurs à sortir des routes suivies jusqu'alors. On attribue ses premiers progrès au prince Henri de Portugal, qui exécuta lui-même plusieurs explorations sur la côte occidentale d'Afrique, et prit une part active à la rédaction et à la publication d'un grand nombre de documents maritimes. Depuis cette époque, l'invention de nouveaux instruments de précision, tels que les chronomètres, le sextant, le cercle de réflexion, etc., la découverte de formules à la fois plus exactes et plus expéditives, l'adoption de procédés graphiques plus parfaits, et les conquêtes incessantes de toutes les parties des sciences mathématiques, lui ont fait atteindre, dans tous les pays maritimes, un degré de perfection qui répond aujourd'hui à tous les besoins.

L'h. forme en France deux branches distinctes. L'H. *proprement dite*, ou *Topographie maritime*, constitue les attributions d'un corps spécial d'ingénieurs, appelés *ingénieurs-hydrographes*, qui ressortit au ministère de la marine et est placé sous les ordres du directeur général du Dépôt des cartes et plans de la marine annexé à ce même ministère. Ce corps se recrute exclusivement parmi les élèves de l'École polytechnique, et se compose d'un *ingénieur en* chef, de 8 *ingénieurs* de 1ʳ, 2ᵉ et 3ᵉ classe, de 8 *sous-ingénieurs* de 1ᵉ, 2ᵉ et 3ᵉ classe, et de 2 *élèves hydrographes*. Il est spécialement chargé des reconnaissances hydrographiques, du levé et de la construction des cartes marines, du dépouillement des documents nautiques et scientifiques recueillis par le Dépôt, de la rédaction des instructions à l'usage des navigateurs, de la publication des ouvrages scientifiques entrepris par le département de la marine, et des observations relatives aux marées, au régime des eaux, et des phénomènes magnétiques et météorologiques utiles à la navigation. Le recueil des cartes et plans qu'il exécute est connu sous le nom d'*Hydrographie française;* il est gardé au Dépôt, qui en fait exécuter les copies ou les réductions nécessaires à la navigation. Le Dépôt a été créé le 19 novembre 1720, mais il a été organisé sur les bases actuelles par l'ordonnance royale du 6 juin 1814, sauf diverses modifications qu'il a reçues depuis. C'est cette même ordonnance qui a institué le corps des ingénieurs hydrographes.

La partie de l'h. qui a pour objet la navigation théorique forme un enseignement régulier qui est donné par des écoles spéciales, appelées *Écoles d'h.*, et placées dans nos principaux ports de mer ; les cours sont gratuits et embrassent toutes les connaissances nécessaires pour l'obtention des brevets de capitaine au long cours et de maître au cabotage. Leur origine remonte au règne de Louis XIV (1681).

HYDROGRAPHIER. v. a. Faire l'hydrographie d'une région.

HYDROGRAPHIQUE. adj. 2 g. Qui est relatif à l'hydrographie. *Carte h. Description h.*

HYDROHÉMIE. s. f. (gr. ὕδωρ, eau ; αἷμα, sang). Syn. d'*Hydrémie*. Voy. ANÉMIE, HYDRÉMIE, CACHEXIE *aqueuse.*

HYDROÏDE. adj. 2 g. (gr. ὕδωρ, eau ; εἶδος, forme). Qui a une apparence d'eau.

HYDROÏDES. s. m. pl. (R. *hydre*; gr. εἶδος, aspect). T. Zool. Ordre d'*Hydroméduses* comprenant des animaux à structure très simple pouvant présenter deux formes, comme nous l'expliquerons au mot HYDROMÉDUSES. Pour bien faire comprendre l'organisation de ces animaux, nous considérons trois types différents en allant du simple au composé.

Les *Hydres* (*Hydra*) sont de petits i. qui vivent dans les eaux douces, attachées à la face inférieure des *Lemna* ou *Lentilles d'eau* (Fig. 1) et sont répandues dans presque toutes les parties de l'Europe. Bien qu'elles soient de petite taille, on peut néanmoins les apercevoir à la simple vue. Leur corps est tubiforme, gélatineux, remarquable par sa force de contractilité, terminé par de longs tentacules filiformes qui entourent l'orifice du corps. Cet orifice que l'on appelle la *bouche,* conduit dans une cavité qui se termine en bas par un cul-de-sac et communique en haut et sur les côtés avec les petites cavités centrales des bras. Tel est le seul appareil digestif que l'on peut trouver chez ces animaux. Les bras servent à saisir les petits animaux dont se nourrissent

Fig. 1.

les Hydres ; cette proie est amenée dans l'orifice buccal et, de là, passe dans la cavité centrale où elle est digérée ; les restes de la digestion sont rejetés par la bouche. Les parois de cette cavité, c.-à-d. les parois du corps, sont formées par trois couches d'éléments cellulaires : 1° l'ectoderme ou peau qui renferme des cellules urticantes (*néma ocystes*) et des cellules

musculaires ; 2° le mésoderme qui n'est qu'une simple lamelle de soutien ; 3° l'endoderme qui présente à peu près la même structure que l'ectoderme. Ce dernier s'épaissit beaucoup à la partie inférieure du corps, où il forme une sorte de disque, par le moyen duquel l'animal se fixe aux objets ; du reste, les hydres peuvent se déplacer en glissant lentement sur leur disque pédieux ou en exécutant une série de mouvements

Fig. 3.

dont rend bien compte la Fig. 2. La vitalité de ces animaux est extraordinaire ; on peut les retourner comme un doigt de gant, de façon que la surface interne devienne surface externe et *vice versa.* Ce changement n'altère en rien leurs fonctions digestives, qui continuent de s'exercer comme auparavant. D'un autre côté, lorsqu'on coupe une Hydre par morceaux, on obtient autant d'individus nouveaux, qui se reproduisent également par gemmiparité, comme nous allons le voir maintenant.

Les Hydres se reproduisent par bourgeons et par œufs. Dans le premier cas (Fig. 1 et 3), on voit une évagination du tube central se faire en un point quelconque du corps ; il se produit ainsi un ou plusieurs bourgeons qui s'ouvrent à leur sommet après avoir formé des tentacules. Une cloison transversale se forme ensuite à la base de chaque bourgeon, et ceux-ci se détachent de l'individu souche pour mener une vie indépendante. La reproduction se fait par le moyen d'œufs et de testicules qui se forment, chez le même individu, aux dépens de l'ectoderme ; c'est à l'automne et en hiver que les spermatozoïdes sortent des testicules pour aller féconder les œufs ; ceux-ci se développent en formant directement de nouvelles Hydres, sans passer par la forme Méduse. Les espèces d'Hydres les plus communes dans nos pays sont l'*Hydre verte* et l'*Hydre brune* (Fig. 3).

Fig. 2.

Les *Cordylophores* (Fig. 4, *Cordylophora lacustris*) sont de petits H. qui vivent en colonies fixées généralement

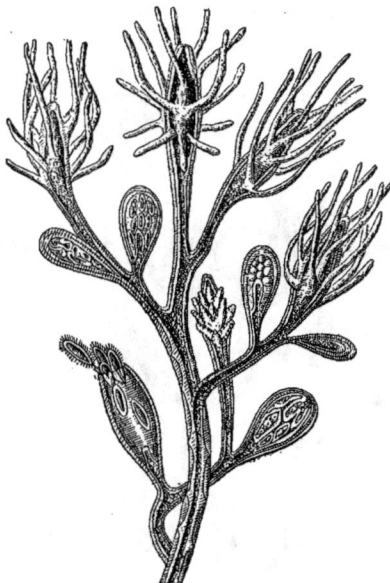

Fig. 4.

sur les coquilles des moules d'eau douce. Il n'y a ici qu'une seule différence avec l'Hydre d'eau douce : c'est que les bour-

Fig. 5.

geons produits par les différents individus, restent fixés les uns aux autres et s'allongent beaucoup par leur base pour former les branches tubuleuses de la colonie; de plus, toutes les cavités gastriques de ces individus communiquent entre elles. La reproduction sexuée des Cordylophores se fait à peu près comme dans l'Hydre; chaque œuf fécondé donne naissance à un polype et ce dernier bourgeonne pour former la colonie.

Tous les individus qui forment une colonie de Cordylophores sont entièrement nus, c.-à-d. que leur corps est limité par l'ectoderme. Chez les *Hydratinés*, la partie commune de la colonie est recouverte d'une cuticule de chitine. Chez les

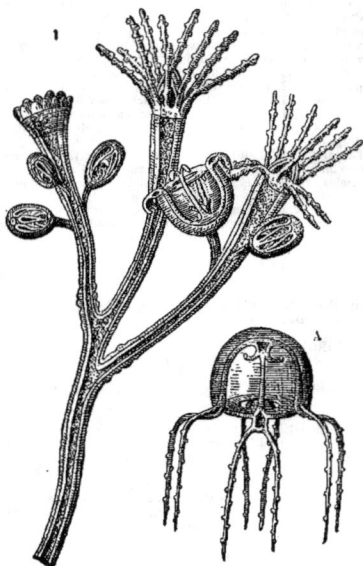

Fig. 6.

Tubulaires, cette enveloppe s'étend tout autour de la partie tubuleuse des individus. Enfin, chez les *Campanulaires* (Fig. 5), la couche de chitine forme, à chaque extrémité, un calice dans lequel peut se retirer la partie antérieure du polype avec ses tentacules.

Un troisième type d'H. nous est fourni par le genre *Bougainvilliera* (Fig. 6, *B. ramosa*). Ces animaux vivent également en colonie, et chaque individu présente encore la même structure que l'Hydre d'eau douce et forme encore des bourgeons sur les parois de son corps. Mais ces bourgeons, au lieu de rester fixés à la colonie et de reproduire une Hydre, se différencient d'une certaine façon et se détachent en emportant les œufs et les spermatozoïdes pour mener une vie libre; ces bourgeons détachés sont les *Méduses craspédotes* (Fig. 6, A) dont la forme rappelle beaucoup celle des *Méduses acalèphes* (Voy. ce mot). Elles en diffèrent surtout parce qu'elles présentent une mince membrane (*velum*), qui s'étend sur toute la face inférieure de l'ombrelle et présente, à son centre une ouverture par où passe le manubrium. C'est dans l'intérieur de ces Méduses que se développent les organes sexuels; de l'œuf fécondé sort un polype hydraire qui reformera la colonie de Bougainvillieras.

Nous pourrions enfin décrire un quatrième type d'H., dans lequel on ne trouve jamais que la forme Méduse, mais ce que nous avons dit précédemment nous permet de concevoir un mode de développement condensé dans lequel l'œuf formé par une Méduse reproduit directement une Méduse, la forme hydraire ayant disparu définitivement du cycle vital de ces Hydroïdes.

Les H. se divisent en quatre sous-ordres : 1° les *Tubulaires* dont les hydraires sont nus ou pourvus de tubes chitineux dans lesquels ils ne peuvent pas se retirer entièrement. Les Méduses que forment certains individus appartiennent presque toutes à l'ancienne famille des *Océanides* dans les Acalèphes de Cuvier. Principaux genres : *Hydra, Hydractinia, Cordylophora, Tubularia.*

2° Les *Hydrocorallines* ou *Tabulès* dont le tube d'enve-

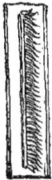 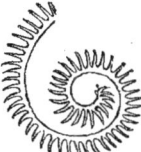

Fig. 7.   Fig. 8.

loppe est calcaire. Ce sont des animaux des grandes profondeurs et dont on ne connaît pas le mode de reproduction. Ex. : *Millepora.*

3° Les *Campanulaires*, dont le tube chitineux forme autour de chaque individu un calice (*hydrothèque*) qui peut contenir l'individu tout entier. Leurs colonies que l'on a rap-

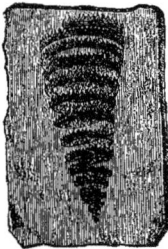 

Fig. 9.   Fig. 10.

prochées des Bryozoaires présentent en général des individus nourriciers et des individus prolifères. Ex. : *Campanularia, Sertularia, Æquorida.*

4° Les *Trachyméduses* qui se développent sans passer par la forme hydraire. Ex. : *Géryonides, Œginides*, etc.

Paléont. — Les H. ont été très répandus à toutes les époques géologiques, mais on ne retrouve les restes que des individus qui étaient entourés d'une enveloppe solide. Les *Graptolithes* sont les plus curieuses de ces formes fossiles qui vivaient à l'époque silurienne. C'étaient des H. voisines des Sertulaires et qui vivaient en colonies. Tantôt la colonie était linéaire, formée d'une série de loges disposées les unes à la suite des autres, en lignes droites, courbes ou spirales (Fig. 7, *Monograptus priodon*; 8, *Hastiles*; 9, *Monograptus turriculatus*). D'autres fois, c'étaient deux colonies linéaires adossées dos à dos (Fig. 10, *Diprion pristis*; 11, *Phyllographtus*).

Fig. 11.

HYDROLAT. s. m. (gr. ὕδωρ, eau). T. Pharm. On donne le nom d'*Hydrolats* aux liquides incolores qu'on obtient en distillant de l'eau sur des fleurs ou d'autres substances aromatiques tirées ordinairement végétales, et celui d'*Hydrolés* aux médicaments liquides formés d'eau et de principes médicamenteux qui y sont unis en totalité. Les hydrolés s'obtiennent par la solution dans l'eau d'un corps simple, d'un acide, d'une substance saline ou de quelque principe immédiat, soit végétal, soit animal, soit pur, soit mélangé.

HYDROLÉ. s. m. (gr. ὕδωρ, eau). T. Pharm. Se dit de certains médicaments liquides. Voy. HYDROLAT.

HYDROLÉACÉES. s. f. pl. (gr. ὑδρηλὸς, aquatique). T. Bot. Syn. d'*Hydrophyllées.* Voy. ce mot.

HYDROLITE. s. f. T. Minér. Syn. de *Gmélinite.*

HYDROLOGIE. s. f. (gr. ὕδωρ, eau; λόγος, discours). Partie de l'histoire naturelle qui traite des eaux, de leurs différentes espèces et de leurs qualités. *Traité d'h. médicale.*

HYDROLOGIQUE. adj. 2 g. Qui a rapport à l'hydrologie. *Science h.* || Qui s'occupe d'hydrologie. *Société h.*

HYDROLOGUE. s. m. [Pr. *idrolo-ghe*]. Celui qui sait, qui enseigne l'hydrologie.

HYDROLUTIDINE. s. f. (gr. ὕδωρ, eau; fr. *lutidine*), T. Chim. Alcaloïde de la formule $C^7H^{11}Az$, contenu dans l'huile de foie de morue. L'h. est liquide, peu soluble dans l'eau; elle a une odeur vive mais non désagréable. Elle bout à 199°. Elle présente une réaction fortement alcaline et absorbe l'acide carbonique de l'air, forme un chlorhydrate amer et un chloroplatinate jaune insoluble. Elle possède des propriétés vénéneuses.

HYDROLYSE. s. f. [Pr. *idroli-ze*] (gr. ὕδωρ, eau; λύσις, solution). T. Chim. Décomposition d'un corps qui fixe les éléments de l'eau pour se dédoubler en deux ou plusieurs composés. Tel est le dédoublement que les glucosides et un grand nombre d'hydrates de carbone subissent sous l'action de l'eau, en présence d'un acide ou d'une diastase. — Certains sels se comportent d'une façon analogue; ainsi, par ex., une solution de chlorure de fer, traitée par un excès d'eau, se dédouble en acide chlorhydrique et en hydrate de fer colloïdal.

HYDROLYTE. s. m. adj. 2 g. (gr. ὕδωρ, eau; λυτὸς, soluble). T. Minér. Qui se dissout dans l'eau.

HYDROMAGNÉSITE. s. f. (gr. ὕδωρ, eau; fr. *magnésite*). T. Minér. Carbonate de magnésie hydraté naturel, en petits cristaux clinorhombiques.

HYDROMANCIE. s. f. (gr. ὑδρομαντεία, m. s.). Divination par le moyen de l'eau.

HYDROMANCIEN. s. m. [Pr. *idroman-si-in*]. Celui qui pratique l'hydromancie.

HYDROMANIE. s. f. (gr. ὕδωρ, eau, et *manie*). T. Méd. Délire avec propension à se noyer. — Soif excessive.

HYDROMÉCANIQUE. adj. 2 g. (gr. ὕδωρ, eau, et *mécanique*). Où l'eau est employée comme moyen de transmettre la puissance.

HYDROMÉDUSES. s. f. pl. (R. *hydre*, et *méduse*) ou **HYDROZOAIRES.** s. m. pl. (R. *hydre*; gr. ζωάρμον, petit animal). T. Zool. Les H. forment une classe de *Cœlentérés* dont le corps mou est dépourvu de squelette et dont la cavité digestive ne présente pas de replis mésentéroïdes analogues à ceux qu'on rencontre chez les Coralliaires. Ces Cœlentérés présentent, en général, dans le cours de leur existence, deux formes complètement différentes : l'une, asexuée et fixée, rappelle la forme de l'Hydre d'eau douce, c'est la *forme hydraire* ou *polypoïde;* l'autre sexuée et mène une vie libre, c'est la *forme méduse* ou *médusoïde.* C. Vogt dit que cette dernière, bien qu'étant la plus complète, doit être considérée comme étant la forme primitive, celle d'où serait dérivée autrefois, par rétrogradation, la forme polype. L'opinion soutenue par Giard paraît plus probable; les formes gastrula primitives se seraient fixées par leur pôle oral, une autre ouverture se serait formée ensuite au pôle opposé, et autour de cette bouche, se seraient développés un certain nombre de tentacules. La forme méduse aurait été produite, plus tard, par le moyen de bourgeons sexuels s'isolant de l'individu souche, et acquérant des organes locomoteurs leur permettant de mener une vie libre.

Toutes les H. ne présentent pas cependant cette alternance de formes. Les unes restent toujours à la forme hydre et se reproduisent sous cette forme, ainsi est l'Hydre; d'autres ne présentent que l'état médusoïde comme les Pélagies, par exemple. Enfin, si les Hydroïdes sont en général fixées, nous trouvons des colonies d'Hydres qui mènent une vie pélagique.

Les H. se divisent en trois ordres : 1° les *Hydroïdes*, caractérisées par la prépondérance de la forme hydraire et par la présence d'un velum dans la forme Méduse (*Méduses craspédotes*).

2° Les *Acalèphes*, caractérisées par la prépondérance de la forme Méduse, qui est alors dépourvue de velum (*Méduses acraspèdes*).

3° Les *Siphonophores*, qui forment des colonies d'individus polymorphes : les uns, *polypoïdes*; les autres, *médusoïdes*. Voy. ces mots.

HYDROMEL. s. m. (lat. *hydromeli*, du gr. ὕδωρ, eau; μέλι, miel). C'est une boisson faite, ainsi que l'indique son nom, avec de l'eau et du miel; mais on peut la préparer de plusieurs manières. L'*h. simple* se prépare en faisant fondre 35 à 50 grammes de miel dans environ 500 grammes d'eau, à froid ou à chaud. Il constitue une boisson rafraîchissante et très légèrement laxative. L'*h. composé* est une sorte de tisane dans laquelle on fait entrer des aromatiques et des substances médicinales. Enfin, l'*h. vineux*, appelé *Œnomel*, est une liqueur enivrante qu'on obtient en faisant fermenter du miel dissous dans de l'eau, et en y ajoutant des aromates, du vin blanc ou d'autres substances destinées à en améliorer la saveur ou à en assurer la conservation. L'*h.* fermenté, *Miod* du Nord, était la boisson favorite des anciens barbares, et il est encore en grande faveur en Pologne, en Russie, en Suède et en Norwège.

HYDROMELLÉ. s. m. (R. *hydromel*). T. Pharm. Nom des médicaments formés d'hydromel et de parties extractives.

HYDROMÉTÉORE. s. m. (gr. ὕδωρ, eau, et *météore*). T. Météor. Météore produit par l'eau à l'état de vapeur, de liquide ou de glace. On dit, plus fréquemment, *Météore aqueux*.

HYDROMÈTRE. s. f. (gr. ὕδωρ, eau; μήτρα, matrice). T. Méd. Hydropisie de la matrice. — Augmentation anormale du liquide amniotique. On dit aussi *Hydrométrie*. Voy. HYDROPISIE.

HYDROMÈTRE. s. m. (gr. ὕδωρ, eau; μέτρον, mesure). T. Phys. Ce nom a été donné à divers instruments qui servent à mesurer la pesanteur spécifique de l'eau, la vitesse d'un cours d'eau, etc. Voy. ARÉOMÈTRE. || T. Entom. Genre d'*Insectes hémiptères*. Voy. GÉOCORISES.

HYDROMÉTRIDES. s. m. pl. (R. *hydromètre*). T. Entom. Tribu d'Insectes Hémiptères. Voy. GÉOCORISES.

HYDROMÉTRIE. s. f. T. Méd. Voy. HYDROMÈTRE. = T. Phys. Ensemble des mesures qui se font au moyen de l'hydromètre.

HYDROMÉTRIQUE. adj. 2 g. Qui appartient à l'hydrométrie.

HYDROMINÉRAL, ALE. adj. (gr. ὕδωρ, eau; fr. *minéral*). Qui appartient à une eau minérale.

HYDROMPHALE. s. f. (gr. ὕδωρ, eau; ὀμφαλός, nombril). T. Méd. Tumeur formée par un amas de sérosité dans le sac d'une hernie ombilicale.

HYDROMYS. s. m. (gr. ὕδωρ, eau; μῦς, rat). T. Mamm. Genre de *Mammifères rongeurs*. Voy. RAT.

HYDRONÉPHROSE. s. f. [Pr. *idroné-fro-ze*] (gr. ὕδωρ, eau; νέφρος, rein). T. Méd. L'*h.* consiste dans la distension par un liquide aseptique, des voies urinaires supra-vésicales. L'*h.* se distingue ainsi de la pyonéphrose, que caractérise un contenu septique. — Oblitération des voies urinaires et continuation de la sécrétion rénale plus ou moins modifiée, telles sont les conditions pathogéniques essentielles; elles expliquent les lésions. Si l'oblitération siège sur l'uretère, une cavité close est constituée dont les papilles rénales forment la limite supérieure; l'urine s'y déverse ; d'abord le bassinet et les calices se distendent, puis le rein lui-même est refoulé peu à peu, diminuant progressivement d'épaisseur pour s'étaler en surface : outre ces changements de forme, des changements de structure de la glande se produisent, de la sclérose de la glande qui se réduit finalement en une coque fibreuse. A son complet développement, la tumeur est franchement abdominale, arrondie, translucide, la cavité souvent cloisonnée. Le

contenu du kyste est un liquide clair, différent plus ou moins de l'urine : d'une faible densité, acide ou neutre, il contient un peu d'urée; il n'a aucun caractère spécifique. — La distension peut atteindre les deux reins, tout un rein, une portion d'un rein.

L'*h.* est quelquefois congénitale, due habituellement à un vice de développement de l'uretère. Ce canal peut faire défaut ou rester imperméable; l'*h.* est rare, en pareil cas, le rein étant atrophié. Parfois l'uretère s'abouche dans le canal déférent, dans la région prostatique ou aborde la vessie par un trajet vicieux. Mais le plus souvent il s'agit d'une valvule urétérale. Les causes précédentes, quoique congénitales, ne réalisent parfois l'*h.* que tardivement, le rétrécissement ayant été compensé pendant un certain temps sans doute par des contractions du canal en amont de l'obstacle. — Quant à l'*h.* acquise, l'obstacle peut siéger à l'intérieur des voies urinaires, ou dans leur paroi, ou en dehors d'elles. Comme obstacle siégeant dans la lumière du canal, un caillot, un calcul peuvent obstruer l'uretère. Les causes inhérentes à la paroi même sont des rétrécissements provenant de traumatismes, de néoplasmes, de foyers tuberculeux; les tumeurs de la vessie peuvent fermer le méat urétéral ou le col de la vessie; le rein mobile est une cause fréquente d'*h.*, ce serait même la seule cause de l'*h.* intermittente. En dehors de la paroi, une bride péritonéale résultant d'une péritonite chronique, le déplacement ou l'hypertrophie des organes adjacents à l'uretère peuvent comprimer ou couder ce conduit (utérus, vagin, vessie, rectum).

L'*h.* de petit volume n'est le plus souvent qu'une trouvaille d'autopsie; aussi est-il rare qu'on observe une *h.* au début même de son développement. D'ordinaire, le malade se présente au médecin avec une tumeur déjà volumineuse, soit qu'il ait remarqué lui-même l'existence d'une tumeur, soit qu'il ait ressenti de vagues douleurs dans les lombes. On sent alors par le palper, surtout lorsqu'une masse arrondie qui occupe la région lombaire et présente la caractéristique des tumeurs rénales, en particulier le ballottement ; la fluctuation y est généralement très nette. Le kyste tend à envahir l'abdomen ; il vient jusqu'au contact de la paroi antérieure du ventre, occupe tout le flanc correspondant. La ponction, qui aiderait certainement au diagnostic, ne doit pas être pratiquée. — Les phénomènes sont d'ordinaire peu douloureux, sauf des crises rappelant la colique néphrétique, en rapport avec un accroissement manifeste de la tumeur. Sauf le cas d'*h.* double, il n'y a pas de modification dans la quantité ni la qualité des urines. — L'*h. intermittente* se caractérise par l'accroissement et la diminution de la tumeur se succédant tantôt spontanément, tantôt à la suite de malaxations, tantôt sous l'influence d'une position particulière. Pendant la phase d'accroissement, le malade éprouve des douleurs, dont le siège et les irradiations ainsi que les symptômes concomitants (vomissements, etc.), rappellent la colique néphrétique ; puis, subitement, une émission abondante d'urine, et la douleur s'apaise. Cette forme n'a d'ailleurs pas toujours cette franchise d'allure. La marche de l'*h.* est généralement lente et progressive : le kyste peut atteindre un volume énorme. Unilatérale, la maladie est compatible avec une santé générale parfaite, à moins de compression des organes voisins, de rupture dans un viscère ou le péritoine, de pyonéphrose par suite d'invasion microbienne. Bilatérale, la mort arrive par urémie. La guérison est possible même au bout de plusieurs années à la suite d'une débâcle, ou par suppression physiologique du rein correspondant.

Quand la tumeur est peu développée, le diagnostic est très difficile. Quand elle est volumineuse, sa présence dans l'abdomen permet de reconnaître l'existence d'un kyste, quelquefois malaisé à distinguer d'un kyste de l'ovaire. Enfin il importe de rechercher la cause de l'*h.* pour fixer la thérapeutique. — Un point important est de savoir si l'*h.* est ouverte ou fermée, si l'uretère est perméable ou non. Dans l'*h.* ouverte, la malaxation du kyste, au besoin une tentative de cathétérisme rétrograde de l'uretère, peuvent réussir à vider la poche ; en cas de rein mobile, la néphrorrhaphie, la simple fixation du rein peut être curative. Quand l'*h.* est fermée, on a recours à la ponction, franchement proscrite aujourd'hui; la néphrotomie (incision avec suture de la poche à la peau et création d'une fistule permanente), indiquée dans les lésions bilatérales, mais créant de grands dangers d'infection; ou la néphrectomie, méthode de choix pour le traitement de l'*h.* fermée unilatérale.

HYDROOPHORIE. s. f. (gr. ὕδωρ, eau; ὠόν, œuf; φορός, qui porte). T. Méd. Syn. d'*Hydroarion*.

HYDROPATHE. s. m. Celui qui traite les maladies par l'hydrothérapie. Fam.

HYDROPATHIE. s. f. (gr. ὕδωρ, eau; πάθος, maladie). T. Méd. Traitement dans lequel on combat certaines maladies par l'usage de l'eau. Voy. HYDROTHÉRAPIE.

HYDROPÉDÈSE. s. f. [Pr. *idropé-dè-ze*] (gr. ὕδωρ, eau; πήδησις, jaillissement). T. Méd. Sueur excessive.

HYDROPÉRICARDE. s. m. (gr. ὕδωρ, eau; fr. *péricarde*). T. Méd. On désigne sous ce nom l'accumulation dans le sac péricardique d'une sérosité non inflammatoire due à la transsudation du sérum sanguin. L'étiologie est soit mécanique [affections cardiaques ou pulmonaires chroniques), soit dyscrasique (brightisme, tuberculose, cancer); mais cette hydropisie est très rare. Les symptômes sont purement et simplement ceux de l'épanchement péricardique; la marche est subordonnée à celle de l'affection causale. Le pronostic et le traitement sont ceux de l'affection hydropigène.

HYDROPHANE. s. f. (gr. ὕδωρ, eau; φαίνειν, briller). T. Minér. Voy. OPALE et CUIVRE, VII, J.

HYDROPHIDE. s. m. (gr. ὕδωρ, eau; ὄφις, serpent). T. Zool. Nom des serpents qui vivent dans l'eau.

HYDROPHIDÉS. s. m. pl. (R. *hydrophide*). Les Hydrophidés ou Serpents de mer forment une famille de Serpents protéroglyphes (Voy. SERPENTS) caractérisée par la forme de la queue qui est aplatie et comprimée latéralement, de manière à servir de rame ou de nageoire. D'après ce caractère,

Duméril avait donné le nom de *Platycerques* à cette famille et Cuvier celui d'*Hydres*, en considération du milieu où les H. vivent habituellement. Ils habitent exclusivement les climats les plus chauds, voisins de l'Équateur; leur morsure est très dangereuse, bien que leurs crochets soient peu développés. Le plus souvent on les rencontre dans les filets des pêcheurs, en pleine mer et parfois à de très grandes distances des terres. Nous nous contenterons de citer, comme exemple de cette famille, le Plature à bandes (*Platurus fasciatus* ou *Hydrophis colubris*, qui habite les mers de l'Indo-Chine et du Japon (Fig. ci-dessus). Il a le corps annelé de cercles complets successivement blancs et noirs, la tête noire avec le museau blanc et l'extrémité de la queue blanche.

HYDROPHILE. s. m. (gr. ὕδωρ, eau; φίλος, ami). T. Entom. Genre de *Coléoptères Pentamères*. Voy. HYDROPHILIDES. — adj. 2 g. T. Did. Qui aime l'eau.

HYDROPHILIDES. s. m. pl. (R. *hydrophile*). T. Entom. Les insectes ainsi nommés constituent une famille de l'ordre des *Coléoptères pentamères*. Ils sont essentiellement caractérisés par leurs antennes terminées en massue et ordinairement perfoliées, de 6 à 9 articles, insérées sous les bords latéraux et avancés de la tête, guère plus longues qu'elle et que les palpes maxillaires, et souvent même plus courtes que ces derniers organes. Leur corps est généralement ovoïde ou hémisphérique, bombé ou voûté. Les pieds, dans certaines espèces, sont propres à la natation et n'ont alors que 4 articles bien distincts, ou 5, mais dont le premier est beaucoup plus court que le suivant.

Les H. sont aquatiques, et ont les pattes postérieures plus ou moins aplaties et ciliées. Ils se font remarquer par la longueur extrême de leurs palpes, qui est beaucoup plus considérable que celle des antennes, et offrent une pointe sternale très acérée, qui est redoutable chez les grosses espèces, quand on les saisit sans précaution. On les trouve dans tous les pays, mais beaucoup plus rarement dans les pays chauds, sans doute parce que les eaux et les étangs y sont plus vite desséchés. Ils nagent avec facilité, mais ils sont obligés de venir souvent à la surface de l'eau pour y respirer. Les femelles, au moment de la ponte, filent un cocon soyeux où elles logent leurs œufs, au nombre de 50 à 60, et qu'elles fixent aux plantes aquatiques. Les larves, agiles et fort longues, sont

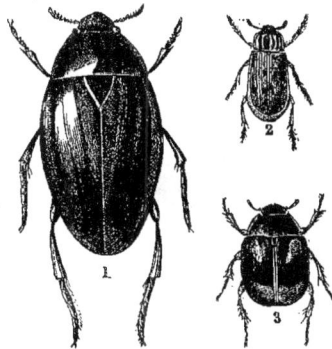

très carnassières, de même, en général, que les insectes parfaits. — Les *Hydrophiles* proprement dits (*Hydrophilus*) ont l'écusson grand, l'épine sternale fortement prolongée en arrière, et, chez les mâles, le dernier article des deux tarses antérieurs est dilaté en manière de palette triangulaire. Ce genre se compose de grandes espèces réparties dans les diverses régions du monde. La plus grande est l'*Hydr. brun piceus*) [Fig. 1] qu'on trouve communément en France. Cet insecte, long de 3 centimètres, est d'un brun noirâtre olivacé, avec les élytres munis d'une petite dent à l'angle sutural et offrant quelques stries peu prononcées. Il marche mal, mais il vole et nage très bien. La larve, semblable à un ver mou, est allongée, déprimée, noirâtre, et peut se renverser en arrière, de façon à saisir les petits insectes qui nagent à la surface de l'eau. — Les *Élophores* (*Elophorus*) ont le corps ovale et le corselet transversal. Ce genre se compose de petits insectes que l'on trouve communément dans notre pays sur les plantes aquatiques et les rivages fangeux. L'*Él. aquatique* (*El. aquaticus*) [Fig. 2. grossie] est d'un brun verdâtre cuivreux; on le voit sans cesse agiter les pattes et tenir souvent les antennes cachées sur les côtés de la tête et du corselet. Les *Ochthébies* (*Ochthebius*) ont le corselet presque demi-circulaire et vivent de même sur le bord des eaux. Les genres *Hydrochus*, *Hydrène* (*Hydræna*), *Limnébie* (*Limnebius*), *Hydrobie* (*Hydrobius*), n'offrent rien de particulier. Les *Globaires* (*Globaria*) ont le corps presque sphérique, et qui paraît susceptible de se mettre en boule. Enfin, les *Bérosus* (*Berosus*) se distinguent par leurs yeux très saillants, le rétrécissement brusque de l'extrémité antérieure de leur tête et leur corps très bombé.

HYDROPHITE. s. f. (gr. ὕδωρ, eau; ὄφις, serpent). T. Minér. Variété de serpentine.

HYDROPHOBE. adj. et s. 2 g. (gr. ὕδωρ, eau; φόβος, horreur). T. Méd. Qui a horreur des liquides. || Partic., Qui est atteint de la rage.

HYDROPHOBIE. s. f. (R. *hydrophobe*). T. Méd. — Le mot h., qui signifie exactement crainte ou horreur de l'eau, a été employé dans plusieurs acceptions. Hygrophobie serait plus exact, car d'autres liquides que l'eau peuvent inspirer de la répulsion. D'autre part, l'h. étant un des symptômes de la rage, ce terme a souvent été employé comme synonyme de la rage, confusion très regrettable, car, généralement, l'h. fait défaut dans la rage canine. — L'h. n'est donc qu'un symptôme commun à beaucoup d'affections différentes qui consiste en : 1° le refus non motivé, par un malade, d'opérer la déglutition d'un liquide, que la vue de celui-ci lui inspire ou non une sensation désagréable ; 2° l'horreur inspirée par la vue d'un liquide, alors même que le malade peut se vaincre et en opérer la déglutition.

Les formes que revêt l'h. sont extrêmement variables et plus diverses encore sont les causes qui lui donnent naissance, d'où la difficulté extrême de réunir et classer les faits, d'où la complexité si variée des classifications. — Nous allons tenter un essai de description, et, pour cela, nous distinguerons cinq espèces d'h. : 1° L'h. rabique ou virulente succède à la pénétration du poison rabique par effraction de l'épiderme ; c'est un symptôme habituel sinon constant chez l'homme, qui apparaît à la seconde période de cette zoonose et est caractérisé non seulement par l'horreur des liquides, mais par des contractions spasmodiques du pharynx et des muscles inspirateurs que provoquent la vue des liquides ou les tentatives de leur ingestion. On doit rapporter ce phénomène à un trouble nerveux général, car la convulsion hydrophobique est provoquée par une foule de circonstances étrangères à la déglutition (aérophobie, etc.). — 2° L'h. dite spontanée des auteurs (lyssophobie, hydrophobie morale de Trousseau, hydrophobie imaginaire) ne présente d'autre analogie avec la rage que le spasme rabique ; elle est plutôt du domaine de la psychologie que de la pathologie, car son point de départ est habituellement une perturbation des fonctions idéatrices qui retentit secondairement sur la moelle allongée dont elle stimule et réveille l'excitabilité réflexe. — 3° L'h. dans les névroses (h. hystérique, épileptique, tétanique, hypochondriaque, maniaque) est encore un spasme cervico-thoracique de nature réflexe, consécutif à l'excitabilité nerveuse centrale ; elle peut constituer à elle seule tout un accès d'hystérie. — 4° L'h. symptomatique peut être consécutive : à des affections du tube digestif (gastrite, angine, gastralgie, cancer de l'estomac, rétrécissements de l'œsophage, etc.); à des maladies aiguës ou chroniques et des fièvres, affections cérébrales (méningite, encéphalite), affections rhumatismales, pyrexies (fièvre typhoïde, fièvres éruptives). — 5° L'h. symptomatique du délire aigu, ou délire aigu hydrophobique est un délire essentiel, par excitation nerveuse primitive; et toute lésion congestive, hémorragique ou inflammatoire est accidentelle et secondaire. Un des traits importants est d'atteindre presque toujours des malades déjà tributaires de la folie, soit dans leurs antécédents, soit de par l'hérédité; c'est ainsi que ce délire complique la manie, la mélancolie, les folies puerpérale, choréique, etc., l'alcoolisme, l'idiotisme, la paralysie générale, etc. — 5° L'h. toxique, produite par certains poisons, est surtout la conséquence de l'ingestion des poisons dits nerveux, excitant les cellules cérébrales et déterminant par leur localisation sur le système bulbaire les accidents hydrophobiques (belladone, jusquiame, haschich, arsenic, alcool).

Envisagée en elle-même, dégagée des phénomènes concomitants, l'h. n'offre aucune signification séméiologique. Au point de vue diagnostique, elle ne peut être méconnue ni confondue avec aucune autre maladie. L'h. n'est donc pas une entité pathologique, et la première préoccupation en face d'un malade atteint de cet accident, est de savoir s'il est ou non enragé. La solution de ce problème domine à la fois le pronostic et le traitement. Seule, l'h. rabique est mortelle; l'h. jointe au délire est aussi extrêmement grave; au contraire, l'h. imaginaire est aisément curable. — Le traitement s'adresse à l'élément causal, à la rage, ou bien à l'excitabilité réflexe

exagérée (bromure de potassium, chloral, électricité à courants continus, hydrothérapie). Il faut ajouter que l'ingestion médicamenteuse se fait très souvent par voie rectale.

HYDROPHORE. adj. 2 g. (gr. ὕδωρ, eau ; φορός, qui porte). T. Didact. Qui charrie de l'eau ou de la sérosité.

HYDROPHORIES. s. f. pl. (R. *hydrophore*). Fêtes funèbres célèbres à Athènes, en souvenir des Grecs qui avaient péri dans les déluges d'Ogygès et de Deucalion.

HYDROPHOSPHATE. s. m. (gr. ὕδωρ, eau, et *phosphate*). T. Min. Phosphate combiné avec de l'eau.

HYDROPHOSPHURE. s. m. (gr. ὕδωρ, eau, et *phosphure*). T. Chim. Combinaison d'hydrogène phosphoré avec une base.

HYDROPHRACTIQUE. adj. 2 g. (gr. ὕδωρ, eau ; φρακτικός, qui empêche). Imperméable à l'eau.

HYDROPHTALMIE. s. f. (gr. ὕδωρ, eau ; ὀφθαλμός, œil). T. Méd. Hydropisie de l'œil.

HYDROPHTHORIQUE. adj. 2 g. Syn. de *Fluorhydrique*.

HYDROPHYLAX. s. m. (gr. ὕδωρ, eau ; φύλαξ, garde). T. Bot. Genre de plantes Dicotylédones de la famille des *Rubiacées*. Voy. ce mot.

HYDROPHYLLE. s. m. (gr. ὕδωρ, eau ; φύλλον, feuille). T. Bot. Genre de plantes Dicotylédones (*Hydrophyllum*) de la famille des *Hydrophyllées*. Voy ce mot.

HYDROPHYLLÉES. s. f. pl. (R. *Hydrophylle*). Famille de végétaux Dicotylédones de l'ordre des Gamopétales supérovariées.

Caract. bot. : Arbustes, arbrisseaux ou plantes herbacées, souvent hérissées de poils rudes. Feuilles fréquemment lobées, alternes; les plus basses quelquefois opposées, sans stipules. Fleurs disposées en grappes ou en épis unilatéraux et roulés en crosse, rarement solitaires et situées dans l'aisselle des feuilles, à bractées développées ou nulles. Calice persistant, profondément 5-fide. Corolle gamopétale, régulière, faiblement

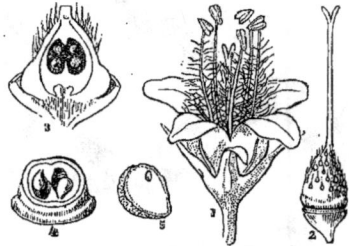

5-fide, campanulée et rotacée, rarement infundibuliforme. Étamines 5, alternant avec les segments de la corolle, infléchies dans la préfloraison; anthères versatiles, biloculaires, à déhiscence longitudinale. Pistil formé de 2 carpelles concrescents en un ovaire uni- ou biloculaire; styles 2, longs; stigmates 2, terminaux; placentas 2, libres à leur face dorsale ou unis à la paroi de l'ovaire, avec 2 ou plusieurs ovules anatropes ou campylotropes à leur face interne. Fruit capsulaire bivalve, tantôt uniloculaire, avec un large placenta remplissant la capsule, tantôt biloculaire. Graines réticulées; albumen abondant, cartilagineux; embryon conique avec sa radicule rapprochée du hile. (Fig. 1. *Hydrophyllum canadense*, Fleur; 2. Pistil; 3. Coupe verticale de l'ovaire; 4. Coupe horizontale du même. — 5. Coupe d'une graine d'*Hydroph. virginianum*.)

Cette famille, qui est aussi désignée par plusieurs auteurs sous le nom d'*Hydroléacées*, se compose de 16 genres et d'environ 150 espèces, qui sont presque toutes propres à l'Amérique, dont elles habitent la partie nord et l'extrémité australe. Cependant on en trouve quelques-unes aux Indes orientales et au cap de Bonne-Espérance. — On cultive dans nos jardins, à cause de leurs fleurs gracieuses, quelques espèces d'H., qui appartiennent principalement aux genres *Hydrophyllum, Nemophila, Eutoca* et *Cosmanthus*, mais aucune plante de cette famille ne paraît posséder de propriétés utiles. Cependant, aux États-Unis, la décoction de l'*Hydrophyllum canadense* est un des mille remèdes vantés contre la morsure des serpents; on prétend aussi qu'elle est fort efficace dans les cas d'éruption produite par les émanations toxiques du *Rhus toxicodendron*. L'*Hydrolea* a une saveur amère; dans l'Inde, ses feuilles réduites en pulpe s'appliquent, sous forme de cataplasmes, sur les ulcères de mauvaise nature.

HYDROPHYSOCÈLE. s. f. [Pr. *idro-fi-zo-sèle*] (gr. ὕδωρ, eau; φὖσα, vent; κήλη, hernie). Hernie qui contient de l'eau et du gaz.

HYDROPHYTES. s. f. pl. (gr. ὕδωρ, eau; φυτόν, plante). Végétaux qui croissent dans les eaux douces ou salées, ou dans les lieux humides.

HYDROPHYTOGRAPHIE. s. f. [Pr. *idro-fi-togre-fie*] (fr. *hydrophyte*; gr. γράφω, je décris). Description des hydrophytes.

HYDROPHYTOLOGIE. s. f. (fr. *hydrophyte*; gr. λόγος, traité). Histoire des hydrophytes.

HYDROPIGÈNE. adj. 2 g. (fr. *hydropisie*; gr. γεννάω, j'engendre). T. Méd. Qui a rapport à l'hydropisie. *Affection h.*

HYDROPISIE. s. f. [Pr. *idropi-zie*] (gr. ὕδωρ, eau; ὤψ). T. Méd. Le mot h. signifie étymologiquement collection liquide perceptible à la vue; il sert aujourd'hui à désigner l'accumulation de sérosité dans les parenchymes ou les cavités naturelles du corps. — Quand l'épanchement occupe une région limitée du corps, et surtout le tissu conjonctif sous-cutané ou sous-muqueux, c'est de l'*œdème*; l'œdème généralisé porte le nom d'*anasarque*; enfin l'épanchement dans une cavité séreuse ou synoviale prend les désignations spéciales: ascite, hydrothorax, hydarthrose, hydrocéphalie, etc. En un mot, le terme h. doit être considéré comme un acte purement passif, où l'activité des éléments histologiques n'intervient en rien, pour ainsi dire, où tout se passe en vertu des lois physiques et chimiques d'endosmose et de filtration: il faut donc bien distinguer ce phénomène de l'acte sécrétoire et des processus inflammatoires.

Le liquide des hydropisies est quelquefois transparent et clair, mais le plus souvent verdâtre ou d'un jaune citron; la réaction en est alcaline, le poids spécifique plus faible que celui du sérum sanguin; sa coagulation par la chaleur trahit l'albumine qu'il renferme en proportion d'ailleurs variable; la fibrine existe en quantité insignifiante; enfin, le liquide contient encore des matières extractives, de l'urée, des matières colorantes du sang et de la bile, etc.; les sels consistent surtout en chlorure de sodium, carbonate, phosphate et sulfate de soude; les éléments morphologiques sont des leucocytes, quelques cellules endothéliales, des cristaux de cholestérine.

Les altérations des tissus ont été bien étudiées par Cornil et Ranvier, à propos de l'œdème du tissu connectif: les faisceaux conjonctifs sont séparés par un liquide transparent, séreux, où nagent de nombreux leucocytes normaux; les cellules fixes du tissu conjonctif ont pris une forme globuleuse et sont remplies de granulations réfringentes. Ces résultats sont remarquables, en ce sens qu'ils montrent l'h. comme le premier degré de l'inflammation franche; de plus, ils affirment l'analogie des aréoles du tissu conjonctif avec les cavités séreuses et expliquent la production des hydropisies à la fois dans les mailles connectives et les cavités séreuses. Ces dites cavités présentent les caractères suivants: la membrane séreuse est pâle, anémiée, les cellules endothéliales sont gonflées et granuleuses. D'ailleurs, les tissus auxquels la trame conjonctive sert de gangue participent aussi, dans une certaine mesure, à l'infiltration (peau, parenchyme du foie, des reins, etc.), et, mal nourris, trahissent leur souffrance par des altérations de structure plus ou moins prononcées (sclérodème, sclérodermie, éléphantiasis, etc.).

La pathogénie de l'h. est simple: à l'état physiologique, les tissus sont baignés par un liquide interstitiel où ils puisent les matériaux de leur nutrition, de composition proche de celle du sérum sanguin, provenant de la filtration à travers les parois des vaisseaux; ce liquide est continuellement résorbé par les origines veineuses ou lymphatiques; mais que, pour une raison ou une autre, ce liquide soit exsudé en trop grande abondance, ou résorbé trop lentement, l'h. est constituée. — Les hydropisies, quant à leur mode de production, se ramènent à deux types principaux: 1° hydropisies d'origine mécanique, tenant à un trouble mécanique de la circulation qui exagère la filtration ou entrave la résorption de la sérosité; — 2° hydropisies d'origine dyscrasique, tenant à une altération du sang qui favorise la diffusion du sérum. — *Parmi les hydropisies d'origine mécanique*, on distingue: les hydropisies par obstacle à la circulation veineuse (insuffisance tricuspide, insuffisance et rétrécissement mitral, lésions aortiques plus tardivement, altération du péricarde et du myocarde faisant faiblir le cœur, compressions veineuses par des tumeurs oblitérant le calibre ou produisant une phlébite oblitérante ou une thrombose, etc.); — les hydropisies d'origine lymphatique, dont le rôle a été restreint par les recherches modernes (sclérème, éléphantiasis, etc.); — les hydropisies d'origine artérielle, fluxionnaires, consécutives à des dilatations artérielles soit passives (paralysie des nerfs vaso-constricteurs), soit actives (excitation des vaso-dilatateurs), comme les anasarques ou ascites consécutifs à des refroidissements, les œdèmes des névralgies sciatiques, etc.; — les hydropisies par diminution de résistance autour des vaisseaux, *ex vacuo* (œdème pulmonaire de la thoracentèse, etc.). — *Les hydropisies d'origine dyscrasique* résultent d'une modification du sang en vertu de laquelle celui-ci abandonne plus facilement sa partie séreuse qui transsude en plus grande abondance, modification qui consiste le plus souvent en une diminution de la proportion d'albumine, une *hypoalbuminose*; cette modification, à vrai dire, ne suffit pas à produire l'h., un obstacle mécanique est nécessaire, mais la susceptibilité des tissus est fort plus considérable et un minime obstacle produit une h. cachectique (inanition, diarrhée, suppurations longues, hémorrhagies, etc.). De même, l'albuminurie est en relations étroites par le mécanisme de l'hypoalbuminose avec l'h. (scarlatine, cardiopathies, etc.).

Quand une région superficielle, sous-cutanée, est le siège d'œdème, la lésion se reconnaît à première vue: la peau est humide, ses plis naturels sont effacés, sa surface est lisse, brillante, tendue et décolorée; de même aussi, pour les muqueuses; au palper, les téguments offrent une consistance molle, pâteuse, où l'impression du doigt détermine un godet persistant (surtout au niveau des plans osseux résistants) dû à la perte d'élasticité du derme distendu par l'épanchement. L'œdème, localisé à la face, se reconnaît très aisément au niveau des paupières, à moins que ce soit une simple bouffissure. Dans certaines formes, la consistance est, au contraire, dure et les téguments se dépriment malaisément; la coloration est rouge violacée par congestion passive. La peau finit par s'altérer; l'épiderme est sec, luisant, les sécrétions sont diminuées ou abolies, des vergetures se produisent, ou bien des poussées érysipélateuses et érythémateuses trahissent la mauvaise nutrition. — Les épanchements profonds, dans les cavités séreuses, se manifestent par des signes moins apparents, et on doit avoir recours à des moyens d'examen artificiels; pour l'ascite, la percussion combinée avec les déplacements du corps et la fluctuation spéciale; pour l'h. des plèvres, l'ampliation thoracique, la matité déclive, les signes d'auscultation, etc. — Enfin, dans certains cas, il faut se contenter des signes fonctionnels, sensation de poids, de plénitude et de tension particulière, allant rarement jusqu'à la douleur réelle, atonie et faiblesse musculaire, signes spéciaux dus à la localisation (dyspnée, tendance à la syncope, phénomènes cérébraux, etc.).

Le diagnostic comprend deux temps, reconnaissance de l'h. et reconnaissance de sa cause. La première donnée résulte des signes que nous avons énumérés; le diagnostic de la cause, souvent plus délicat, repose sur le mode de développement, le siège, la marche et les phénomènes concomitants. — Le pronostic échappe à toute formule générale et dépend absolument de la nature et de la cause de l'h. La plupart des œdèmes circonscrits, dus aux obstructions veineuses, se dissipent assez rapidement par rétablissement du calibre ou circulation collatérale; l'ascite est toujours une affection grave, résultant toujours d'une maladie hépatique ou péritonéale déjà sérieuse, et produisant une gêne des fonctions des organes abdominaux ou thoraciques; au cours des cardiopathies, l'œdème est toujours grave, indiquant un trouble de compensation, etc.

Le traitement comprend deux indications principales: l'une

qui s'adresse à la cause, l'autre au symptôme. La deuxième indication, qui seule nous intéresse ici, est remplie par l'emploi des médications purgative, sudorifique et diurétique, rendant le sang plus apte à reprendre le sérum infiltré dans les tissus, puisqu'on le prive artificiellement de sa partie liquide (régime lacté, etc.). L'intervention d'un traitement chirurgical (ponction, etc.) est souvent opportune, et palliative plutôt qu'efficace et curative.

HYDROPISINE. s. f. [Pr. *idropi-zine*] (R. *hydropisie*). T. Chim. Globuline contenue dans les liquides d'épanchement de la plèvre, du péritoine et du péricarde.

HYDROPLASIE. s. f. (gr. ὕδωρ, eau; πλάσις, action de façonner). Art de faire produire à l'eau jaillissante des effets agréables au moyen de certaines combinaisons d'ajutages. C'est en somme l'art des jets d'eau qui remonte au XVIIᵉ siècle et a été pratiqué sur une grande échelle pour la décoration des jardins d'agrément.

HYDROPLASTIE. s. f. Procédé qui consiste à obtenir le dépôt d'une couche métallique sans le concours de l'électricité.

HYDROPNEUMATIQUE. adj. 2 g. (gr. ὕδωρ, eau; πνεῦμα, air). *Cuve h.,* Cuve pneumatique à eau. Voy. GAZ. — *Turbine h.,* Qui marche sous une cloche pleine d'air comprimé.

HYDROPNEUMATISATION. s. f. [Pr. ...za-sion] (gr. ὕδωρ, eau; πνεῦμα, air). Dispositif imaginé par L.-D. Girard pour maintenir libre l'écoulement des moteurs hydrauliques, malgré l'élévation de l'eau d'aval; et qui est obtenu en refoulant de l'air dans une cloche recourant le moteur et dont le bord inférieur descend à quelques centimètres au-dessous du niveau de l'eau d'aval.

HYDROPNEUMOPÉRICARDE. s. m. (gr. ὕδωρ, eau; πνεῦμα, souffle; fr. *péricarde*). T. Méd. On désigne sous ce nom l'addition à un épanchement gazeux péricardique d'un liquide séreux. Les signes qui résultent des effractions du péricarde sont, brièvement résumés, les suivants : à l'inspection, voussure précordiale; à la palpation, affaiblissement du choc du cœur; à la percussion, son mat à la partie déchirée, son clair et tympanique à la partie supérieure; à l'auscultation, bruit de moulin. — Il est rare que la maladie soit de longue durée, l'asphyxie ou l'asystolie amène rapidement, en une dizaine de jours, la terminaison fatale.

HYDROPNEUMOTHORAX. s. m. (gr. ὕδωρ, eau, et *pneumothorax*). Pneumothorax compliqué d'un épanchement de liquide dans la plèvre.

HYDROPORE. s. m. T. Ent. Genre de Coléoptères appartenant à la famille des *Dytiscides.* Voy. ce mot.

HYDROPOTE. s. m. (gr. ὕδωρ, eau; πότης, buveur). Buveur d'eau.

HYDROPTÉRIDES. s. f. pl. (gr. ὕδωρ,, eau; πτέρις, fougère). T. Bot. Nom donné à l'un des ordres de la classe des Filicinées, caractérisé par ce fait que les sporanges sont de deux sortes et produisent des prothalles unisexués inclus. Il doit son nom à la propriété commune qu'ont les plantes de cet ordre de vivre dans des lieux très humides, ou même de nager à la surface des eaux dormantes.

Les sporanges sont des sacs ovoïdes, formés d'une simple assise de cellules, et dépourvus d'anneau. Ils sont de deux sortes : les uns formant des spores femelles ou *macrospores,* ce sont les *macrosporanges*; les autres, des spores mâles ou *microspores,* ce sont les *microsporanges.* Ces sporanges sont enveloppés dans une capsule entièrement close nommée *sporocarpe.* La macrospore produit un petit prothalle femelle, pourvu de chlorophylle, qui demeure en relation intime avec elle. La microspore donne un prothalle mâle rudimentaire, sans chlorophylle.

L'ordre des H. comprend seulement 4 genres, que l'on groupe en 2 familles : les *Salviniacées,* où les sporocarpes, uniloculaires, sont de deux sortes, les uns mâles, les autres femelles; les *Marsiliacées,* où les sporocarpes, pluriloculaires, contiennent à la fois des macrosporanges et des microsporanges. Voy. MARSILIACÉES et SALVINIACÉES.

HYDROPYRIQUE. adj. 2 g. (gr. ὕδωρ, eau; πῦρ, feu). T. Géol. *Volcans hydropyriques,* Qui lancent de l'eau et du feu.

HYDROQUINONE. s. f. (gr. ὕδωρ, eau; fr. *quinone*). T. Chim. L'h. est l'un des trois diphénols qui dérivent du benzène. Elle a pour formule C⁶H⁴(OH)², les deux oxhydryles OH occupant les positions 1 et 4 sur le noyau de benzène. On l'a obtenue d'abord dans la distillation sèche de l'acide quinique. Elle se forme quand on traite la quinone par des agents d'hydrogénation, quand l'arbutine se dédouble par hydratation, quand on fond avec la potasse caustique certains dérivés bisubstitués du benzène. Pour la préparer on fait agir le bichromate de potassium sur de l'aniline dissoute dans l'acide sulfurique; on dirige un courant d'anhydride sulfureux dans la solution; on filtre; on épuise par de l'éther qui s'empare de l'h. et l'abandonne ensuite par évaporation. L'h. est dimorphe; elle cristallise en prismes hexagonaux par voie humide, et en feuillets monocliniques par sublimation. Elle fond à 169°. Elle est incolore, inodore, et possède une saveur douceâtre. Elle se dissout dans l'eau chaude, dans l'alcool et dans l'éther. Ses solutions brunissent à l'air. Elle jouit de propriétés réductrices et se transforme en quinone sous l'action des corps oxydants; il se forme en même temps une combinaison d'h. et de quinone appelée *quinhydrone* ou *h. verte.* — Les dérivés chlorés et bromés de l'h. s'obtiennent en réduisant, par l'acide sulfureux, les dérivés correspondants de la quinone. L'acide sulfurique concentré transforme l'h. en dérivés sulfoniques. Avec l'anhydride phtalique, en présence du chlorure d'étain, on obtient l'*hydroquinone-phtaléine* C²⁰H¹²O⁶, cristallisable, fusible à 227°, en même temps que de la quinizarine. — Grâce à ses deux fonctions phénoliques, l'h. peut former des éthers à radicaux acides ou à radicaux alcooliques. L'un de ces éthers, la *méthyl-hydroquinone* C⁶H⁴(OH)(OCH)³ fusible à 53°, bouillant à 243°, se produit en même temps que l'h. dans le dédoublement de l'arbutine.

Les propriétés réductrices de l'h. sont utilisées en photographie; on emploie comme révélateur une solution d'h. et de sulfite de sodium, à laquelle on ajoute une solution de carbonate de sodium.

HYDRORACHIS. s. f. [Pr. *idro-ra-chis*] (gr. ὕδωρ, eau; fr. *rachis*). T. Méd. Hydropisie du canal rachidien. || Fissure des arcs vertébraux à travers laquelle font saillie la moelle et ses enveloppes avec une certaine quantité de liquide. Voy. VERTÈBRE.

HYDRORRHÉE. s. f. [Pr. *idror-ré*] (gr. ὕδωρ, eau; ῥέω, je coule). T. Méd. Écoulement de liquide qui se produit pendant la grossesse.

HYDROSCOPE. s. m. (gr. ὑδοσκόπος, m. s., de ὕδωρ, eau; σκοπέω, j'examine). Celui qui prétend découvrir les eaux souterraines, qui pratique l'hydroscopie.

HYDROSCOPIE. s. f. (gr. ὕδωρ, eau; σκοπέω, j'observe). Art prétendu de découvrir les sources souterraines. Voy. BAGUETTE.

HYDROSÉLÉNIATE. s. m. T. Chim. Nom que portaient autrefois les *séléniures.*

HYDROSÉLÉNIQUE. adj. 2 g. T. Chim. Syn. de *Sélénhydrique.*

HYDROSILICEUX, EUSE. adj. (gr. ὕδωρ, eau, et *siliceux*). T. Minér. Qui contient de l'eau et de la silice.

HYDROSILICITE. s. f. (gr. ὕδωρ, eau, et fr. *silicite*). T. Minér. Silicate hydraté de chaux, de magnésie, de soude, de potasse et d'alumine.

HYDROSTATIQUE. s. f. (gr. ὕδωρ, eau; fr. *statique*). T. Phys. et Méc. L'H., dont les premiers principes ont été établis par Archimède, est la science qui s'occupe des conditions de l'équilibre des fluides et des pressions qu'ils exercent sur les parois des vases qui les contiennent.

I. *Principe de l'égalité de pression.* — La plupart des lois de l'h. dérivent d'un principe fondamental qui est connu sous le nom de *principe d'égalité de pression,* et qui a été établi par Pascal : *Lorsqu'on exerce une pression en un point quelconque d'un liquide, cette pression se transmet dans tous les sens avec la même intensité.* Ainsi, par ex., si l'on a un vase de forme quelconque (Fig. 1) rempli de liquide, et muni de tubes cylindriques de même diamètre P, F, G, H, renfermant des pistons très mobiles, et si l'on exerce un certain effort de dehors en dedans sur l'un de ces pistons, P, il faudra exercer un effort égal sur tous les autres, pour qu'ils ne soient pas repoussés. Il faut remarquer toutefois que la pression ne se transmet avec la même intensité que sur des surfaces égales. Une surface plane deux fois plus grande que le piston (Fig. 2) recevra une pression double, car elle peut se décomposer en deux surfaces égales qui reçoivent chacune la même pression. Une surface triple recevra donc une pression triple, et, règle générale, la pression totale que supporte une surface est proportionnelle à son étendue. Dans la Fig. 2, si le grand piston possède une surface 10 fois plus grande que celle du petit, une pression de 1 kilog. sur ce dernier fera équilibre à un effort de 10 kil. sur le premier. — On peut reconnaître que la pression se transmet dans tous les sens au moyen d'un autre appareil. C'est un cylindre terminé par une sphère creuse sur laquelle est placé un grand nombre de petits ajutages. La sphère et le cylindre étant remplis d'eau, on enfonce un piston dans celui-ci, et le liquide jaillit à l'instant par tous les orifices.

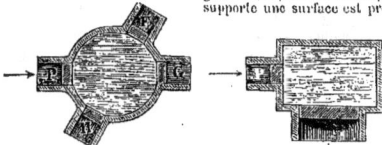

Fig. 1.   Fig. 2.

D'une manière générale, les pressions sont des forces qui agissent, soit sur les parois des vases qui contiennent les fluides soit au milieu même de la masse fluide. Ces press ons sont toujours normales à la surface de la paroi. Le principe de Pascal s'applique non seulement aux parois, mais aussi à toute la masse du fluide que contient le vase. Si l'on considère des éléments de surface égaux dans une masse fluide, ces éléments subiront des pressions égales, quelle que soit leur position ou leur orientation, et ces pressions sont normales à l'élément considéré. Il va sans dire que, dans l'énoncé du principe de Pascal, on suppose le fluide non pesant.

On appelle *pression moyenne* sur une surface, le rapport

$$p = \frac{P}{S} :$$

P, étant la force normale qui agit sur la surface, et S la valeur de cette surface. Lorsque cette surface S devient assez petite pour que l'on puisse considérer la pression comme constante en tous ses points, le rapport $\frac{P}{S}$ tend vers une limite bien déterminée, que l'on appelle la *pression en un point* quelconque de l'élément de surface. On voit que $p = \frac{P}{S}$ (ou pression rapportée à l'unité de surface) est une quantité de la forme d'une force divisée par une surface. Son équation de dimensions sera donc : $p = M L^{-1} T^{-2}$. Voy. UNITÉS.

En France, on prend comme unité de pression, le *kilogramme par centimètre carré*. On compte aussi quelquefois en *atmosphères*. Une *atmosphère* est le poids d'une colonne de mercure de 76 cent. de hauteur et un centim. carré de section, ce qui fait une pression 1^{k}033 par c. q. Les Anglais comptent en livres (*pounds*), par pied carré (*square foot*), ou par pouce carré (*square inch*). Dans le système C. G. S., l'unité de pression est de une *dyne* par centim. carré. La *mégadyne* par c. q., qui est un million de fois plus grande, est d'un usage plus pratique.

II. Équilibre des liquides pesants. — Dans le cas d'un liquide pesant, la pression est encore la même en un même point dans toutes les directions, mais elle varie suivant la profondeur du point considéré.

THÉORÈME I. — *Dans tout liquide pesant, la pression est la même en tous points d'un même plan horizontal.*

Soient A et B deux points situés dans un même plan horizontal. Considérons (Fig. 3) autour de ces points deux éléments de surface égaux à s et perpendiculaires à la droite AB. Construisons avec ces deux éléments un cylindre droit horizontal très délié. Supposons ce cylindre solidifié, ce qui ne change rien à l'état d'équilibre du fluide. Ce cylindre est

soumis : 1° A des pressions normales sur les bases A et B; 2° à des pressions perpendiculaires à sa surface latérale; 3° à son poids, appliqué en son centre de gravité G. Puisqu'il y a équilibre, il n'y a pas de composante horizontale, ce qui exige que les pressions normales sur A et B se détruisent, donc elles sont égales.

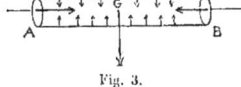

Fig. 3.

THÉORÈME II.— *Deux éléments de surface égaux, non situés dans un même plan horizontal, subissent des pressions différentes et l'élément le plus bas supporte un excédent de pression qui a pour valeur le poids d'une colonne de liquide ayant pour base la surface de l'un des éléments et pour hauteur la distance verticale des deux éléments.*

Soient A et B, ces deux éléments de surface s. Considérons un élément C de même surface, placé dans le même plan horizontal que A et verticalement au-dessus de B. La pression en C étant la même que celle en A, d'après le théorème précédent, il nous reste à évaluer la différence de pression entre C et B. Construisons, comme tout à l'heure, le cylindre BC, qui, cette fois, est vertical, il est soumis aux mêmes forces. Puisqu'il y a équilibre, les projections verticales des forces doivent s'annuler, ce qui exige que le poids du cylindre soit égal et opposé à la différence des pressions sur les bases (Fig. 4). Algébriquement, si nous appelons P la pression sur B, p la pression par unité de surface, d la distance verticale des deux éléments, d le poids spécifique du liquide, nous aurons :

$$P_1 - P = shd.$$

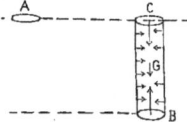

Fig. 4.

Ces deux théorèmes s'étendent facilement à des éléments de forme quelconque et orientés d'une façon quelconque.

Conséquences des théorèmes fondamentaux. La surface libre d'un liquide pesant en équilibre est plane et horizontale.

En effet, supposons-la quelconque, telle que MN (Fig. 5). Menons dans le liquide un plan horizontal XY, et considérons dans ce plan plusieurs éléments de surface égaux. D'après le premier théorème, la pression est la même en ces points A, B, C, etc. Construisons sur A, B, C les colonnes verticales AA', BB', CC', etc., ces colonnes devront avoir même poids pour qu'elles exercent une même pression sur A, B, C. Or, ayant même base, il faut qu'elles aient même hauteur. Donc les points A', B', C', se trouvent dans un même plan parallèle à XY, c.-à-d. horizontal.

Liquides superposés. — On démontrerait par un raisonnement analogue que les surfaces de séparation de plusieurs liquides non miscibles sont planes et horizontales. L'expérience se fait avec un tube fermé, dans lequel on introduit les liquides différents, qui sont ordinairement le mercure, une dissolution concentrée de carbonate de potasse, de l'alcool et de

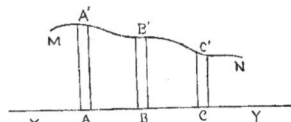

Fig. 5.

l'huile de pétrole : telle est la *fiole* dite *aux quatre éléments*. Quand on mélange ces liquides en agitant le tube et qu'on le laisse en repos dans la position verticale, on les voit se disposer par ordre de densité décroissante, et rester séparés par des surfaces horizontales.

Équilibre des liquides dans les vases communicants. — Tout ce que nous avons dit de l'équilibre des liquides comme étant indépendant de la forme des vases qui les renferment, s'applique également aux cas des *vases communicants*, c.-à-d. au cas où deux vases distincts sont réunis par un tube de communication qui établit la continuité entre le liquide renfermé dans chacun d'eux. En conséquence, *lorsqu'un liquide est en équilibre dans deux vases communicants, il s'élève à la même hauteur dans tous les deux* (Fig. 6). Un élément liquide *mn* du canal de communication doit, en effet, supporter sur ses deux faces des pressions égales et contraires. Or, la pression sur une paroi ne dépend que de l'étendue de la base pressée, de la densité du liquide et de sa hauteur; il faut donc, puisque la base et la densité sont égales de chaque côté de la tranche, que les hauteurs soient aussi égales. — Il n'en est plus de même quand les deux liquides sont différents. En effet, *lorsque deux liquides différents sont en équilibre dans deux vases communicants, les hauteurs auxquelles ils s'élèvent au-dessus de leur surface de séparation sont inversement proportionnelles à leurs densités*. Supposons, par ex., que le tube de la Fig. 7 contienne un liquide dans la partie BF et un liquide différent dans la partie BmE. Les deux colonnes Bm et Am, qui s'élèvent jusqu'au plan horizontal AB passant par la surface de séparation, exercent la même pression sur une tranche verticale mn, puisqu'elles sont formées du même liquide. Les deux colonnes supérieures BF et AE doivent donc, dans le cas d'équilibre, presser sur cette tranche avec des forces égales et opposées. Les pressions que ces colonnes exercent sur cette tranche, dont nous représenterons la surface par *s*, sont d'ailleurs *hds* et *h'd's*, en désignant les hau-

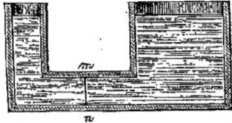

Fig. 6.   Fig. 7.

teurs par *h* et *h'* et les densités par *d* et *d'*; on doit donc avoir $hd = h'd'$, et par suite $\dfrac{h}{h'} = \dfrac{d'}{d}$.

III. *Pressions sur les parois des vases.* — Lorsque les masses liquides sont en équilibre, elles exercent sur elles-mêmes, et sur les corps solides avec lesquels elles sont en contact, des pressions plus ou moins considérables. Nous examinerons successivement les pressions de haut en bas, les pressions sur les parois latérales des vases, et les pressions de bas en haut.

A. *La pression exercée par un liquide en équilibre sur le fond horizontal du vase qui le contient est égale au poids d'une colonne de ce liquide ayant pour base la surface pressée et pour hauteur la profondeur du liquide.* — Il résulte de cet énoncé que la pression sur le fond d'un vase ne dépend, ni de la forme du vase, ni de la quantité

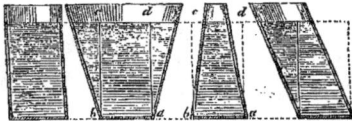

Fig. 8.   Fig. 9.   Fig. 10.   Fig. 11.

absolue de liquide qu'il renferme, mais uniquement de la densité et de la hauteur du liquide. Pour nous rendre compte de ce résultat, nous remarquerons d'abord que la pression supportée par le fond d'un cylindre vertical (Fig. 8) est évidemment égale au poids du liquide qui remplit le vase. Dans le cas du vase conique (Fig. 9) dont les parois divergent à partir du fond, la pression sera encore égale au poids de la colonne cylindrique verticale abcd. Il suffit, en effet, de décomposer la base ab en éléments de surface et d'évaluer la pression d'après le théorème fondamental, pour voir que la somme des pressions sur ab est bien égale au poids de la colonne abcd. Le raisonnement s'étend facilement au cas d'un vase rétréci par le haut (Fig. 10) ou d'un vase oblique (Fig. 11). Si le fond

des vases était mobile, il faudrait donc, pour le soulever, vaincre le poids d'une colonne d'eau égale à *abcd*, tandis que si l'eau était congelée et non adhérente aux parois, il suffirait, pour soutenir le fond, de faire équilibre au poids de la masse de glace réellement contenue dans le vase. Le principe qui nous occupe, et qui au premier abord paraît paradoxal, a été découvert par Stévin en 1585; cependant on le désigne quelquefois sous le nom de *paradoxe hydrostatique* de Pascal, parce que Pascal le premier l'a démontré d'une manière simple par le raisonnement et par l'expérience. L'appareil imaginé par Pascal et perfectionné par Masson se compose d'un cylindre métallique sur lequel on peut visser des vases de formes différentes. Le fond est constitué par un obturateur mobile

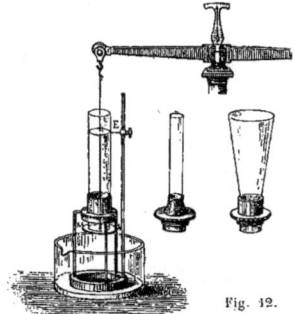

Fig. 12.

maintenu au moyen d'un fil attaché à l'un des plateaux d'une balance. On verse de l'eau dans le vase de l'appareil et l'on fait équilibre à la pression par des poids placés dans l'autre plateau de la balance (Fig. 12). On constate que pour faire équilibre à la pression sur le fond de tous vases (c.-à-d. sur l'obturateur), quand on y verse une même hauteur de li-

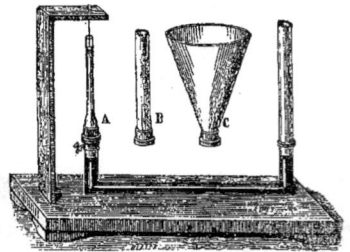

Fig. 13.

quide, il faut un même poids. L'appareil peut facilement donner la valeur de cette pression.

Parmi les appareils imaginés pour vérifier cette proposition expérimentalement, un des plus commodes est celui de Haldat (Fig. 13). Il consiste en un siphon de verre solidement assujetti sur une monture de bois. L'une de ses extrémités est mastiquée dans une virole de cuivre sur laquelle peuvent se fixer des vases de formes très diverses, A, B, C. Le siphon contenant du mercure jusqu'à la virole, on ajuste successivement les différents vases. Si l'on remplit ceux-ci d'eau jusqu'au même niveau, on voit toujours le mercure s'élever au même point dans l'autre branche du siphon. Le mercure monte parce qu'il est pressé par l'eau, et, comme l'effet est identique dans tous les cas où l'on se place, on en conclut que la pression est la même, quelle que soit la forme des parois des vases, pourvu que l'étendue de la surface pressée ne varie pas. — D'après le principe que nous venons de démontrer, si *s* est la surface du foud pressé, h la hauteur du liquide, et d son poids spécifique, la pression P sera donnée par la formule $P = s \times l \times d$.

B. Le liquide contenu dans un vase presse également contre ses *parois latérales*. En effet, aussitôt que l'on pratique un orifice en un point quelconque de la paroi situé au-dessous du niveau du liquide, ce dernier jaillit au dehors. En outre, si la paroi percée est très mince, le liquide sort dans une direction normale à la paroi : la pression est donc elle-même perpendiculaire aux parois du vase. Pour trouver la valeur de cette pression, considérons un vase plein d'un liquide quelconque (Fig. 14), et soit *mp* une mince couche de ce dernier. En chaque point de cette tranche, la pression est la même et égale au poids du filet liquide *ad* qui s'étend verticalement au-dessus. De plus, d'après le principe de Pascal, cette pression étant la même *dans tous les sens*, elle s'exerce au point *m* dans une direction perpendiculaire à la paroi du vase. Il est encore évident que tous les points de la paroi latérale du vase supportent normalement une pression égale au poids d'une file de molécules liquides dont la hauteur varie avec la profondeur du point considéré. Cette paroi est donc soumise à une pression totale, égale à la somme des poids des filets liquides qui auraient pour hauteurs les distances de ces différents points

Fig. 14.

au niveau. On peut encore dire que la pression totale supportée par la paroi est égale à la somme de chaque élément de surface multipliée par sa distance verticale au niveau du liquide et par la densité de celui-ci. Si l'on fait abstraction de ce dernier facteur, on trouve ce qu'on appelle en mécanique, la somme des moments des éléments de surface par rapport au plan du niveau, et cette somme est égale, d'après un théorème bien connu, à la *surface totale de la paroi multipliée par la distance* de son centre de gravité au plan du niveau du liquide. Si l'on rétablit maintenant le facteur égal à la densité, on voit ainsi que : *la pression sur une portion plane de la paroi latérale d'un vase est égale au poids d'une colonne de liquide ayant pour base la surface pressée et pour hauteur la distance du centre de gravité de cette surface au niveau du liquide.* Le point d'application de cette pression se nomme *Centre de pression*. Il est toujours un peu au-dessous du centre de gravité de la paroi, attendu que les pressions sur chaque point de la paroi vont en augmentant à mesure que l'on s'éloigne de la surface, ce qui a pour effet d'abaisser le point d'application de leur résultante.

C. La pression que les tranches supérieures d'un liquide quelconque exercent sur les tranches inférieures fait naître dans celles-ci une réaction égale et contraire, c.-à-d. qui a lieu de bas en haut, et qui est une conséquence du principe de la transmission de la pression en tous sens. Cette pression de bas en haut se désigne sous le nom de *Poussée des liquides*. On l'apprécie facilement en plongeant la main dans un liquide,

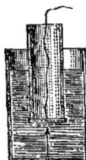

Fig. 15.

surtout si, comme le mercure, il est très dense. On la constate plus rigoureusement, au moyen d'un gros tube (Fig. 15), dont le bord inférieur est bien dressé, et sur lequel on applique une plaque *ab* que l'on maintient d'abord avec un fil. On enfonce le tube dans l'eau : aussitôt le fil devient inutile pour retenir la plaque, car la poussée suffit pour la fixer contre le tube. Quand on veut la détacher, il faut exercer sur sa face supérieure une pression égale à la poussée inférieure, en supposant que le poids de la lame soit négligeable, ce qui est à très peu près réalisé quand elle est formée d'une feuille de mica très mince. On y parvient en versant de l'eau dans le tube jusqu'au niveau extérieur. La pression de bas en haut est donc égale au poids d'une colonne liquide ayant pour base la surface pressée, et pour hauteur la distance de cette surface au niveau du liquide.

Nous terminerons ce paragraphe en citant encore deux ou trois expériences curieuses qui montrent bien que la pression sur les parois des vases dépend uniquement de la hauteur du liquide. Pascal fixa sur un tonneau plein d'eau un tube vertical étroit, de 10 à 15 mètres de longueur, dans l'intérieur duquel il versa de l'eau. Aussitôt le tonneau éclata, l'effort produit par quelques kilogrammes d'eau ayant équivalu à la pression qu'auraient développée plusieurs milliers de kilogrammes. Quand un vase contenant de l'eau est en équilibre sur le plateau d'une balance, on fait pencher la balance de son côté en plongeant

le doigt dans le liquide ; car alors, le niveau s'élevant, la pression sur le fond, et par conséquent sur le plateau, devient plus grande. Le *Soufflet hydrostatique* est encore une démonstration du principe qui nous occupe. Il consiste en deux disques réunis par un cylindre de cuir plissé. Le disque inférieur est percé d'un orifice auquel vient s'adapter un long tube coudé. Si l'on verse de l'eau par ce tube, les deux disques s'écartent en soulevant un certain nombre de poids placés sur le disque supérieur.

IV. *Équilibre des corps plongés dans les liquides.* — Un corps plongé dans un liquide supporte, sur tous les points de sa surface, une pression qui dépend de la profondeur à laquelle il se trouve et de la densité du liquide. Si, par ex., on plonge à une grande profondeur dans la mer une bouteille vide bien bouchée, elle se brise. Le liège, le bois et beaucoup d'autres corps remontent quand ils sont plongés dans l'eau. Tous ces phénomènes dépendent d'un seul principe : *Un corps plongé dans un liquide subit une poussée verticale de bas en haut égale au poids du liquide qu'il déplace.* — Ce principe, qu'on désigne communément sous le nom de *principe d'Archimède*, parce qu'il a été établi par cet illustre géomètre, se démontre par le raisonnement et se vérifie par l'expérience. Isolons par la pensée, dans un vase plein de liquide, une masse terminée par une surface quelconque ; elle est en équilibre et ne tombe pas. Il faut donc admettre que son poids est détruit par la réaction du liquide qui l'entoure, c.-à-d. qu'elle est soumise à des pressions dont la résultante totale est égale et directement opposée à son poids. Or, ces pressions sont indépendantes de la nature de la surface et de celle du corps plongé. Par conséquent, tout corps qui tiendra la place d'une masse liquide quelconque supportera nécessairement les mêmes pressions que cette dernière,

Fig. 16.

et sera soumis à une poussée égale au poids du liquide déplacé. On vérifie expérimentalement le principe d'Archimède au moyen de la *Balance hydrostatique*, qui a été inventée par Galilée. Cette balance (Fig. 16) diffère peu de la balance ordinaire. Les plateaux sont munis en dessous de petits crochets destinés à y suspendre différents corps, et le support peut s'élever ou s'abaisser au moyen d'un pignon denté qui commande une crémaillère. On procède de la manière suivante. Au-dessous d'un cylindre de cuivre creux *c*, on en fixe un autre de cuivre massif P, qui peut remplir très exactement la capacité du premier ; puis on les suspend ensemble à l'un des plateaux de la balance, et l'on établit l'équilibre par des poids mis de l'autre côté. Alors on fait descendre la balance jusqu'à ce que le cylindre massif plonge entièrement dans un vase plein d'eau. Aussitôt que l'immersion commence, le système des cylindres se relève et l'équilibre est rompu ; mais pour le rétablir il suffit de remplir exactement d'eau le cylindre creux. La poussée de bas en haut était donc égale au poids du liquide qui remplit le cylindre *c*, dont la capacité est exactement égale au volume extérieur du corps plongé. — Toutefois ce théorème n'exprime que la moitié des phénomènes qui se produisent pendant l'immersion, car non seulement le corps subit une poussée de bas en haut, mais encore l'eau éprouve une poussée égale de haut en bas, en vertu de la réaction. Pour s'en rendre compte, si l'on établit l'équilibre d'un vase plein d'eau et que l'on immerge le cylindre plein tenu à la main, la balance incline du côté du vase. Pour rétablir l'équilibre, il faut remplir avec l'eau du vase le cylindre creux. — Puisque, d'après le principe d'Archimède, un corps plongé est soumis à l'action de deux forces appliquées à son centre de gravité et opposées en direction, il pourra, s'il est libre, s'élever ou s'abaisser. Soient *v* le volume commun au corps plongé et au liquide déplacé,

d et d' les densités du corps et du liquide ; vd sera le poids du corps ou la force qui tendra à le faire tomber, vd' sera la poussée, c.-à-d. la force qui agira pour l'élever, et $v (d - d')$ exprimera leur résultante. Si d est plus grand que d', le corps tombera ; si d est égal à d', il sera en équilibre ; et si d est plus petit que d', il montera.

Corps flottants. — Lorsqu'on plonge dans un liquide quelconque un corps solide d'une moindre densité et qu'on l'abandonne à lui-même, ce corps revient à la surface de l'eau, poussé de bas en haut par une *force ascensionnelle* égale à l'excès du poids du volume du liquide qu'il déplace sur son propre poids. Tant qu'il est entièrement immergé, il est poussé par une force constante et suit les lois du mouvement uniformément accéléré ; mais, dès qu'il atteint la surface, il possède une vitesse acquise et sort du liquide. A partir de ce moment, le volume déplacé diminue, ainsi que la poussée, tandis que le poids du corps reste le même. Il arrive donc un instant où, la poussée et le poids devenant égaux, l'équilibre devrait avoir lieu ; mais, en vertu de la vitesse acquise, le corps dépasse cette position pour y être ensuite ramené avec son poids et s'y fixer après une série d'oscillations. Ainsi les corps de moindre densité que les liquides où ils plongent s'y maintiennent en équilibre en partie immergés, en partie émergés, et cet équilibre exige, comme première condition, que *le corps déplace un poids de liquide*

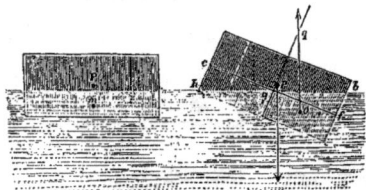

Fig. 17.   Fig. 18.

égal au sien. Cependant cette condition n'est pas la seule. Le poids du corps (Fig. 17), étant toujours appliqué à son centre de gravité p, et la poussée au centre de gravité m de la partie immergée, il faut non seulement que ces deux forces soient égales, mais encore qu'elles soient directement opposées ; de là une seconde condition de l'équilibre : *c'est que les centres de gravité du corps entier et du liquide déplacé par la partie immergée soient sur une même ligne verticale.* Il faut, en troisième lieu, pour que l'équilibre soit *stable*, une nouvelle et dernière condition. Supposons, par ex., que la ligne pm s'incline sur la surface de l'eau comme le montre la Fig. 18, le centre de gravité restera en p ; mais le centre de poussée aura pris une position nouvelle o, puisqu'il est le centre de gravité de la partie immergée et que celle-ci a changé. Alors le corps est soumis à l'action de son poids qui agit en p de haut en bas, et de la poussée qui agit en o de bas en haut ; il en résulte un nouveau système de forces qui tend, dans ce cas, à ramener le corps dans sa position d'équilibre primitive ; il était donc en équilibre stable. Le point q où la droite invariablement liée au corps, passant par le centre de gravité, et qui était verticale dans la position d'équilibre, rencontre la verticale passant par le nouveau centre de poussée, se nomme le *Métacentre*, et il se trouve ici au-dessus du centre de gravité. Mais si le nouveau centre de poussée était au point q, par ex., au lieu d'être en o, les deux forces concourraient à éloigner le corps de sa position première. Dans ce cas, le métacentre serait au-dessous du centre de gravité. On voit donc que *l'équilibre sera stable ou instable, suivant que le métacentre sera au-dessus ou au-dessous du centre de gravité.* L'équilibre serait *instable* si le grand axe du bloc de la Fig. 18 était vertical au lieu d'être horizontal. Enfin, on a un exemple d'équilibre indifférent dans celui d'une sphère homogène flottant à la surface de l'eau ; car, dans toutes ses positions, la verticale passant par le centre de poussée passe aussi par le centre de gravité.

Si les *poissons* peuvent se tenir en équilibre et en repos dans l'eau, sans être, ni entraînés par leur poids, ni rejetés par la poussée du liquide, c'est parce qu'ils pèsent précisément autant que l'eau qu'ils déplacent. Un poisson pèse 1 kil. s'il déplace un litre, et 1000 kil. s'il déplace 1000 lit. ou 1 m. c. Mais, en outre, afin que l'équilibre des poissons ne soit ni instable ni indifférent, un grand nombre d'entre eux sont pourvus d'un organe particulier, la *vessie natatoire*, qui est plein de gaz et qui est placé de manière à alléger les parties supérieures et à laisser plus de poids aux inférieures. Il résulte des observations de Biot que le gaz de la vessie natatoire n'est pas de l'air atmosphérique : c'est de l'azote presque pur dans les individus qui vivent près de la surface, tandis que, dans ceux qui vivent à des profondeurs de 1000 à 1200 mètres, il se compose d'environ 9 d'oxygène et 1 d'azote. A 8 ou 9000 m. de profondeur, ces gaz seraient aussi denses que l'eau. « Il paraît, dit Pouillet, que les poissons se servent aussi de leur vessie natatoire pour exécuter des mouvements de haut en bas et de bas en haut, qu'ils n'exécutent que difficilement au moyen de leurs nageoires. Il suffit pour cela qu'ils puissent la resserrer ou la gonfler à volonté : dans le premier cas, leur poids restant le même et leur volume devenant moindre, ils sont plus denses que l'eau et ils tombent ; dans le second cas, au contraire, ils montent comme du liège. » Cet effet est rendu sensible par le jouet de physique que représente la Fig. 19. Il consiste en une éprouvette de verre qui est complétement remplie d'eau et qui est fermée supérieurement par une membrane ab. Une petite boule de verre creuse l qui contient à la fois de l'air et de l'eau flotte dans l'appareil. Cette boule, qu'on appelle *Ludion* et *Diablotin de Descartes* ou *Diable cartésien*, est en outre percée d'une petite ouverture v. Le ludion monte ou descend selon que l'on soulève ou que l'on presse la membrane ab, parce que l'air qu'il contient reçoit une pression du liquide environnant au moyen de cette ouverture v. Quand on presse la membrane, tout le liquide du vase se comprime un peu plus, il entre dans le ludion et réduit le volume de l'air. Au contraire, quand on soulève la membrane, le liquide est moins comprimé ; la force expansive de l'air du ludion refoule le liquide et le fait sortir en partie par l'orifice v ; l'air prend plus de volume, et le ludion monte, parce qu'il devient plus léger.

Fig. 19.

V. *Équilibre des gaz.* — Les principes fondamentaux relatifs à l'équilibre des liquides, étant basés sur leur compressibilité et sur la mobilité de leurs molécules, s'appliquent également aux gaz, qui possèdent les mêmes propriétés à un degré bien supérieur, et se démontrent par les mêmes raisonnements. Nous dirons donc : 1° *Quand une masse gazeuse est en équilibre, chacune de ses molécules est également pressée dans tous les sens.* 2° *La pression exercée en un point d'une masse gazeuse se transmet également dans tous les sens.* Pour vérifier expérimentalement ce dernier principe, prenons une vessie ou un gazomètre de toile imperméable, ou bien encore le *soufflet hydrostatique*. Le sac étant à demi rempli d'air, posons sur lui un poids assez considérable, puis soufflons dans le tube qui communique avec sa capacité ; nous verrons le poids se soulever. Le souffle doit être ici assimilé à un effort de quelques grammes exercé sur l'étroite section du tube, et cet effort, en se transmettant sur toute la surface du disque supérieur de l'appareil, se trouve accru dans une proportion assez forte pour vaincre la résistance du poids qu'il s'agit de soulever.

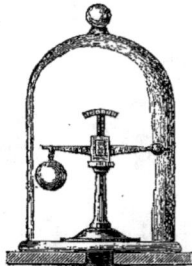

Fig. 20.

Théorème d'Archimède. — Le théorème d'Archimède est vrai des gaz comme des liquides. Ainsi, l'air étant pesant, les corps qui y sont plongés sont soumis à une force de poussée de bas en haut égale au poids du fluide déplacé : c'est le principe de l'ascension des ballons. Dans les cours de physique, on démontre expérimentalement l'existence de cette poussée, au moyen du *Baroscope*. Cet instrument (Fig. 20), qui a été imaginé par Otto de Guericke, consiste en un système de deux boules de volume très différent (l'une, par ex., étant de bois de sapin et l'autre de fer), qui sont suspendues aux extrémités d'un fléau de balance très mobile et se font équilibre. Si l'on place cet instrument sous une cloche dont on enlève l'air, l'équilibre est rompu et la grosse boule l'emporte sur l'autre, ce qui prouve qu'elle est réellement plus pesante : donc l'équilibre ne subsistait entre elles que par cette circonstance que, dans l'air, la grosse boule déplaçait un plus grand volume d'air que la petite boule, et par conséquent, perdait plus de son poids que celle-ci. Si l'on fait l'expérience inverse, c.-à-d. si, au lieu de vider la clochequi contient le baroscope, on y introduit un gaz plus dense que l'air, de l'acide carbonique par ex., la petite boule l'emporte à son tour sur la grosse.

VI. *Équations d'une masse fluide en équilibre.* — On peut établir ces équations en partant du principe de l'égalité des pressions dans toutes les directions autour d'un point et de ce que ces pressions sont normales à tout élément de surface pressé. Considérons une masse fluide (Fig. 21) rapportée à 3 axes rectangulaires OX, OY, OZ, et un point A dont les coordonnées sont x, y, z. Considérons, de plus, un parallélipipède élémentaire ayant pour dimensions $AD = dx$, $AB = dy$, $AE = dz$. Soit ρ la densité du fluide. Alors la masse de l'élément de volume est $\rho\, dx\, dy\, dz$. Si nous désignons par X, Y, Z les composantes de la force appliquée à

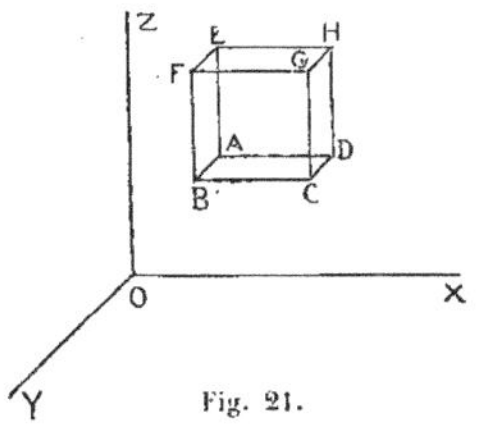

Fig. 21.

l'unité de masse du fluide, les composantes appliquées à l'élément de volume seront respectivement : $\rho X\, dx\, dy\, dz$, $\rho Y\, dx\, dy\, dz$ et $\rho Z\, dx\, dy\, dz$. Envisageons maintenant les pressions que le parallélipipède supporte sur ses faces. La pression (rapportée à l'unité de surface) est une certaine fonction continue de $x\,y\,z$. La face ABEF reçoit une pression normale que nous appellerons p par unité de surface, soit $p\,dy\,dz$ pour toute sa surface. La face CDGH reçoit une poussée normale opposée à la précédente et ayant pour valeur

$$p + \frac{dp}{dx}\, dx$$

par unité de surface, car pour passer de la première face à la seconde, il suffit d'augmenter x seul de dx. La pression sur cette face est donc $\left(p + \dfrac{dp}{dx}\, dx\right) dy\, dz$. La résultante des pressions sur ces deux faces est leur différence

$$- \frac{dp}{dx}\, dx\, dy\, dz$$

parallèle à OX. On aurait de même $- \dfrac{dp}{dy}\, dx\, dy\, dz$ parallèle à OY, et $- \dfrac{dp}{dz}\, dx\, dy\, dz$ parallèle à OZ. Puisqu'il y a équilibre, les projections de toutes ces forces sur les trois axes sont nulles et l'on a, en simplifiant :

$$\frac{dp}{dx} = \rho X, \quad \frac{dp}{dy} = \rho Y, \quad \frac{dp}{dz} = \rho Z.$$

On déduit de ces trois équations :

$$\frac{dp}{dx}\, dx + \frac{dp}{dy}\, dy + \frac{dp}{dz}\, dz = \rho(X\, dx + Y\, dy + Z\, dz).$$

Posons $p = f(x\,y\,z)$, alors l'équation précédente peut s'écrire :

$$dp = \rho(X\, dx + Y\, dy + Z\, dz),$$

car :

$$\frac{dp}{dx}\, dx + \frac{dp}{dy}\, dy + \frac{dp}{dz} = dp.$$

Surfaces de niveau. — On appelle ainsi l'ensemble des points où la pression a une même valeur. Elles sont déterminées par l'équation $p = $ constante ou $dp = 0$.

Examinons quelques cas particuliers de ces équations :

Équilibre d'un liquide pesant homogène. — Ici ρ est constant. La force appliquée au liquide est la pesanteur.

Alors $X = 0$, $Y = 0$, $Z = g$ (Intensité de la pesanteur). L'équation fondamentale se réduit à :

$$dp = \rho g\, dz,$$

ou, en intégrant :

$$p - p_0 = \rho g\,(z - z_0).$$

Les surfaces de niveau sont données par $dp = 0$, $\rho g\, dz = 0$, $dz = 0$, ou enfin $z = $ constante. Nous retrouvons ainsi les résultats énoncés dans des paragraphes précédents.

Cas d'un liquide pesant animé d'un mouvement de rotation uniforme autour d'un axe vertical OZ (Fig. 22).

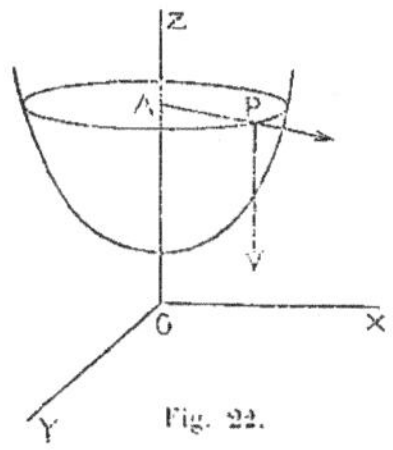

Fig. 22.

— On ramène ce problème à un cas d'équilibre en introduisant la force centrifuge qui a pour valeur $\omega^2 \times AP$ par unité de masse placée au point P. Ses composantes suivant OX, OY, OZ sont $\omega^2 x$, $\omega^2 y$ et 0. Les composantes de la pesanteur sont 0, 0 et $-g$. L'équation fondamentale devient :

$$dp = \rho \omega^2 (x\, dx + y\, dy) - \rho g\, dz.$$

ou, en intégrant :

$$p = \frac{1}{2}\rho \omega^2 (x^2 + y^2) - \rho g z + k,$$

k étant une constante. Les surfaces de niveau $p = $ constante, auront pour équation :

$$\frac{1}{2}\rho \omega^2 (x^2 + y^2) - \rho g z = \text{constante}.$$

Cette équation définit des paraboloïdes de révolution autour de OZ. La surface libre du liquide, qui est une surface de niveau, est donc un paraboloïde de révolution.

VII. *Équilibre d'un gaz pesant.* — Dans ce cas, la densité du fluide est proportionnelle à la pression $\rho = ap$, et l'on a : $dp = ap g\, dz$, ou $\dfrac{dp}{p} = ag\, dz$. Ce qui donne, en intégrant : $L\,\dfrac{p}{p_0} = ag(z - z_0)$ ou $p = p_0\, e^{ag(z - z_0)}$. C'est la base de la formule barométrique. Voy. HAUTEUR.

HYDROSULFATE. Voy. SULFHYDRATE.

HYDROSULFITE. s. m. (gr. ὕδωρ, eau; fr. *sulfite*). T. Chim. Nom générique des sels de l'acide hydrosulfureux. Voy. SOUFRE.

HYDROSULFURE. Voy. SULFHYDRATE.

HYDROSULFUREUX. adj. m. (gr. ὕδωρ, eau; fr. *sulfureux*). T. Chim. *Acide h.* Voy. SOUFRE.

HYDROSULFURIQUE. Voy SULFHYDRIQUE.

HYDROTACHYMÈTRE. s. m. [Pr. *idrota-ki-mètre*] (gr. ὕδωρ, eau; ταχύς, vite; μέτρον, mesure). Instrument pour mesurer la vitesse de l'eau.

HYDROTALC. s. m. (gr. ὕδωρ, eau, et *talc*). T. Minér. Syn. de Pennine.

HYDROTALCITE. s. f. (gr. ὕδωρ, eau; fr. *talc*). T. Minér. Aluminate hydraté de magnésie.

HYDROTECHNIQUE. s. f. [Pr. *idro-tek-nike*] (gr. ὕδωρ,

eau; τέχνη, art). Partie de la mécanique qui a pour objet la direction et la conduite de l'eau.

HYDROTHÈQUE. s. f. [Pr. *idro-têk*] (gr. ὕδρα, hydre; θήκη, boîte). T. Zool. Enveloppe chitineuse en forme de calice qui renferme les individus d'une colonie de polypes campanulaires. Voy. CAMPANULAIRES et HYDROÏDES.

HYDROTHÉRAPEUTIQUE. s. f. T. Méd. Synonyme d'*Hydrothérapie*.

HYDROTHÉRAPIE. s. f. (gr. ὕδωρ, eau; θεραπεία, guérison). T. Méd. Par le nom d'h., on désigne communément les diverses méthodes de traitement des maladies par l'eau. La synonymie est riche, mais peu usitée (hydriatrie, hydropathie, hydrothérapeutique, etc.). Le principe, déjà connu des anciens, n'a été appliqué scientifiquement qu'à partir du XVIIIᵉ siècle, et surtout au XIXᵉ avec les travaux de Fleury.

Il convient d'abord d'étudier l'action physiologique de l'eau aux diverses températures, étant donné qu'on appelle eau tiède l'eau entre 26 et 32 degrés, eau chaude l'eau entre 32 et 37 degrés, eau très chaude l'eau au-dessus de 37 degrés.

I. — L'eau froide conserve toujours la même action fondamentale, mais ses effets diffèrent dans de légères limites suivant que le contact de l'eau avec les téguments est plus ou moins étendu et parfait, suivant que le contact est établi brusquement ou progressivement, suivant qu'il s'y ajoute une percussion plus ou moins forte. — En applications courtes, la première impression produit une légère élévation de la température centrale, tandis que le tégument externe se refroidit par soustraction de chaleur, et consécutivement la réaction se produit, réaction circulatoire par laquelle le sang afflue dans les capillaires activant les combustions chimiques, réaction thermique due à la fois aux phénomènes circulatoires et aux actes réflexes parallèles qui, par l'intermédiaire du grand sympathique, influencent la thermogenèse; enfin, réactions organico-réflexes, chaque organe, chaque fonction, chaque cellule même, réagissant individuellement à l'action excitante du froid sur les nerfs périphériques. — De ce compte, ces applications agissent favorablement sur la nutrition générale, comme le prouve l'augmentation non seulement du nombre des globules rouges, mais encore de la valeur physiologique de chacun d'eux. — En applications prolongées, l'eau provoque les mêmes phénomènes, plus accusés, allant jusqu'au frisson, mais la réaction, beaucoup plus lente à se produire, demande plusieurs heures.

II. — L'eau chaude, de 32 à 37 degrés, en applications même prolongées, ne produit guère de modifications sensibles dans la température propre du corps. — Elle agit surtout sur la peau dont elle active les fonctions, en entraînant les lamelles épidermiques superficielles et les divers produits excrétés par les glandes, en facilitant l'excrétion des glandes sudoripares et sébacées et l'élimination de produits divers de la désassimilation; elle assouplit la peau, relâche les fibres contractiles et a une action calmante manifeste sur diverses manifestations douloureuses et inflammatoires.

III. — L'eau très chaude (37° et au-dessus) ne peut guère être supportée en bain que jusqu'à 45 degrés, en douche que jusqu'à 48 à 50 degrés, encore en ayant soin d'augmenter progressivement la température. Les effets physiologiques sont généraux (élévation de la chaleur périphérique et centrale, excitation des nerfs de la sensibilité et de la motilité, apparition de sueurs abondantes, etc., et finalement céphalalgie, bourdonnements d'oreilles, vertigos), et locaux (congestion des téguments, vaso-dilatation des vaisseaux cutanés, etc.).

Les méthodes d'application de l'h. sont nombreuses; emploi de l'eau animée d'une force de projection variable (douches), emploi de l'eau sans pression, méthode de sudation, méthodes antithermiques ou antipyrétiques.

1° *Douches.* — Les douches sont très fréquemment employées. Ce sont des douches fixes : douche verticale en pluie, circulaire, en lames concentriques, en cloche, en colonne, en nappe, en col de cygne : douche en cercles. Ou bien ce sont des douches mobiles : douche en jet simple ou en jet brisé, douche en pluie mobile, l'eau employée pouvant être froide ou chaude. — C'est encore la douche écossaise, dans laquelle à l'action plus ou moins prolongée de l'eau chaude et très chaude, on fait succéder l'action courte de l'eau froide. On distingue les douches écossaises, révulsive, révulsive et tonique, sédative et tonique, et la double douche révulsive. Il y a aussi la douche alternative, les douches localisées ou partielles (douches nasale, auriculaire, vaginale, utérine, rectale, improprement nommées; douches périnéale, anale, plantaire plus exactement intitulées); enfin, il y a les douches de vapeur.

2° L'eau sans pression peut être employée en affusions (seau ou arrosoir), en immersions (bains de rivière, de piscine, de baignoire, bains partiels), en lotions (éponge ou drap), en drap mouillé.

3° Les procédés de sudation peuvent constituer la base du traitement hydrothérapique dans la médication spoliatrice; ils sont alors employés seuls ou associés aux procédés précédents. Dans d'autres cas, ils sont utilisés, non pour provoquer une sudation abondante, mais pour produire, avant les applications froides, une sorte d'échauffement du corps ou de préaction qui facilitera ensuite la réaction. Ces procédés peuvent se diviser en plusieurs genres : d'abord ceux dans lesquels le corps est exposé en totalité dans une chambre ou étuve plus ou moins vaste, à l'action de l'air sec surchauffé (étuve sèche, bains turc, maure, Hammam), ou à l'action de l'air échauffé par la vapeur d'eau (étuve humide, bains de vapeur, bain russe); puis ceux dans lesquels le corps, à l'exception de la tête, est plongé dans un milieu d'air chaud, sec ou humide (étuves partielles, encaissement, étuve à la lampe); enfin, ceux dans lesquels le corps est enveloppé dans des couvertures sèches ou humides : maillot sec, humide, demi-maillot, ceinture humide.

4° Les méthodes réfrigérantes ou antipyrétiques ont été employées depuis longtemps dans le traitement des fièvres; dans cet ordre d'idées, on distingue les bains froids à 15 ou 20 degrés, les bains progressivement refroidis, les bains tempérés à 32 ou 33 degrés, les affusions froides, les enveloppements dans le drap mouillé ou le maillot humide.

Lorsqu'un traitement hydrothérapique est indiqué, il y a lieu de se demander où, quand et comment il doit être appliqué. C'est surtout le début du traitement qu'il est parfois assez délicat de bien diriger. Il convient de tâter au début l'impressionnabilité individuelle. Il y a donc tout avantage à ce que le traitement soit appliqué par une personne expérimentée. À domicile on ne peut se procurer des appareils à pression suffisante et il vaut mieux recourir aux méthodes où l'eau est employée sous pression. Pour favoriser l'action, il faut échauffer le corps par un exercice quelconque, tant avant qu'après la séance. Comme contre-indications, l'âge, la menstruation, les maladies de cœur, les affections aiguës des voies respiratoires, ne sont pas absolues; il faut apprécier.

HYDROTHERMIQUE. adj. 2 g. (gr. ὕδωρ, eau; θερμη, chaleur). Qui a rapport à l'eau et à la chaleur.

HYDROTHORAX. s. m. [Pr. *idroto-raks*] (gr. ὕδωρ, eau, et fr. *thorax*). T. Méd. L'h. est l'hydropisie de la plèvre. La membrane séreuse ne subit aucune altération anatomique; la lésion consiste uniquement dans la présence d'un épanchement de sérosité peu dense, à peine fibrineuse, citrine, variant de 100 gr. à plusieurs litres. — Par ses signes physiques, l'h. se rapproche de la pleurésie, mais il s'en distingue tout d'abord en ce qu'il n'est qu'un épiphénomène dont la marche est toujours subordonnée à l'état morbide dont il relève (mal de Bright, tumeur du médiastin, etc.). L'h. est le plus souvent un accident tardif ou terminal, et se traduit par un épanchement bilatéral, les causes agissant des deux côtés également. Son apparition n'est marquée par aucun signe spécial; il est des plus insidieux, et c'est la gêne mécanique de la respiration qui seule attire l'attention. Un de ses signes différentiels les plus importants est sa mobilité, le liquide n'étant pas emprisonné dans de fausses membranes, comme dans la pleurésie. Le pronostic est toujours fâcheux, parce qu'il indique d'ordinaire une aggravation de la maladie hydropigène, en même temps qu'il accroît la gêne respiratoire. — Il va sans dire que la première indication thérapeutique est de traiter la maladie causale. En outre, le régime lacté, les diurétiques, les sudorifiques, les purgatifs, etc., ont les mêmes bons effets que dans toutes les hydropisies; enfin lorsqu'il y a menace d'asphyxie on doit pratiquer la thoracentèse, mais, dans ce cas, cette opération est purement palliative, le liquide se reproduisant à bref délai.

HYDROTIMÈTRE. s. m. Instrument servant à l'hydrotimétrie.

HYDROTIMÉTRIE. s. f. T. Chim. (gr. ὕδωρ, eau, τιμή, valeur; μέτρον, mesure). Méthode pour déterminer le degré de dureté d'une eau. Les eaux *dures* sont impropres à la cuisson des légumes et désavantageuses pour le savonnage, parce qu'elles contiennent une trop forte proportion de sels calcaires ou magnésiens qui forment des composés insolubles avec les acides gras du savon et avec la légumine des légumes.

Si l'on agite de l'eau en l'additionnant peu à peu d'une solution de savon, on n'obtiendra une mousse persistante qu'après avoir ajouté assez de savon pour saturer tous les sels de chaux et de magnésie. Sur ce fait est basée la méthode hydrotimétrique imaginée par Clarke en 1847, et perfectionnée depuis par Boutron et Boudet. On prépare une *liqueur d'épreuve* ou *liqueur hydrotimétrique* en dissolvant 100 grammes de savon dans 1600 grammes d'alcool marquant 90° et en ajoutant 1000 grammes d'eau distillée. Un *flacon d'essai* de 60 centimètres cubes, jaugé de 10 en 10 centim. cubes, est destiné à recevoir l'eau qu'on veut analyser. Pour la liqueur d'épreuve, on se sert d'une *burette* qui est graduée à partir d'un trait supérieur, de telle sorte que 23 divisions correspondent à une capacité de 2cc,4. Le degré zéro est placé à la première division au-dessous du trait supérieur; l'intervalle entre ce trait et le zéro correspond à la quantité de liqueur nécessaire pour donner une mousse persistante avec 40 c.c. d'eau distillée. Il faut d'abord titrer exactement la liqueur d'épreuve; pour cela on verse dans le flacon d'essai 40 c.c. d'une *solution normale* préparée en dissolvant 0gr,25 de chlorure de calcium dans un litre d'eau distillée; on remplit la burette jusqu'au trait supérieur avec de la liqueur d'épreuve, et l'on fait tomber goutte à goutte cette liqueur dans le flacon d'essai, que l'on agite fréquemment, jusqu'à ce qu'on obtienne une mousse persistante; on doit avoir employé 23 divisions de la burette; s'il en fallait moins, on ajouterait de l'eau distillée à la liqueur d'épreuve jusqu'à ce qu'on arrive au résultat désiré. La liqueur étant ainsi titrée, on procédera à l'analyse d'une eau en opérant comme l'on a fait pour la solution normale, c.-à-d. qu'on mettra 40 c.c. de cette eau dans le flacon d'essai, on ajoutera de la liqueur d'épreuve jusqu'à formation d'une mousse d'un demi-centimètre de haut persistant pendant cinq minutes, et l'on notera le titre hydrotimétrique marqué par la burette. Tant que ce titre ne dépasse pas 30°, l'eau est bonne pour la boisson, la cuisson des légumes et le savonnage. Au-dessus de 30° les eaux deviennent impropres aux usages domestiques, et à partir de 60° elles sont impropres aux usages industriels. — Le titre hydrotimétrique indique le nombre de décigrammes de savon que neutralise un litre d'eau; de plus il représente approximativement le poids en centigrammes des sels terreux contenus dans un litre.

La méthode hydrotimétrique peut servir à doser les sels de calcium et de magnésium contenus dans une eau. Après avoir déterminé le titre hydrotimétrique total, soit, par ex. 25°, on fait bouillir l'eau pendant une demi-heure de manière à précipiter le carbonate de calcium; on filtre, on complète le volume primitif avec de l'eau distillée et on recommence l'essai. On trouve un titre plus faible, par ex. 15°. La différence 25 — 15 entre les deux résultats correspond au carbonate de chaux qu'on a éliminé. On ajoute alors de l'oxalate d'ammoniaque à la liqueur pour précipiter les sels solubles de chaux, et l'on détermine de nouveau le titre hydrotimétrique, soit 9°. La nouvelle différence 15 — 9 correspond aux sels qu'on vient de précipiter, et le titre final 9° correspond aux sels de magnésie qui restent en solution. Chaque degré hydrotimétrique équivaut à 0gr,0057 de chaux ou à 0gr,0042 de magnésie par litre d'eau.

HYDROTIMÉTRIQUE. adj. 2 g. T. Chim. Qui a rapport à l'hydrotimétrie.

HYDROTITE. s. f. (gr. ὕδωρ, eau; οὖς, ὠτός, oreille). Hydropisie de l'oreille moyenne.

HYDROTOLUÈNE. s. m. (R. *hydrogène*, et *toluène*). T. Chim. Hydrocarbure cyclique formé par la combinaison du toluène et de l'hydrogène. L'*hexa-hydrotoluène* ou *méthyl-hexaméthylène* est le dérivé méthylé de l'hydrobenzène et répond à la formule $C^6H^{11}.CH^3$. Il est liquide et bout à 100°. Il existe dans les pétroles du Caucase. On peut le préparer en chauffant à 140° la subérone avec de l'acide iodhydrique. — A cet hydrocarbure se rattache l'acide *naphténique* ou *hexahydrobenzoïque* $C^6H^{11}CO^2H$, fusible à 31°, bouillant à 233°, peu soluble dans l'eau.

HYDROTOLUQUINONE. s. m. (R. *hydrogène*, *toluène*, et *quinone*). T. Chim. Voy. DIOXYTOLUÈNE.

HYDROTOMIE. s. f. (gr. ὕδωρ, eau; τομή, section). T. Anat. Procédé de dissection qui consiste à infiltrer les tissus pour écarter les fibres et séparer les organes, en injectant de l'eau dans les artères.

HYDROTOMISER. v. a. [Pr. *idrotomi-zer*]. Pratiquer l'hydrotomie.

HYDROXAMIQUE. adj. 2 g. [Pr. *idrok-samik*]. T. Chim. *Acides hydroxamiques.* Voy. HYDROXYLAMINE.

HYDROXANTHINE. s. f. [Pr. *idrog-zantine*]. (gr. ὕδωρ, eau; ξανθός, jaune). T. Chim. Composé répondant à la formule $C^5H^6Az^4O^3$, obtenu par synthèse en partant du méthyl-uracile. L'h. est soluble dans les alcalis. Par oxydation elle donne naissance à l'alloxane. Évaporée avec de l'eau de chlore elle donne la coloration pourpre de la murexide.

HYDROXYLAMINE. s. f. [Pr. *idrok-silamine*] (R. *hydroxyle*, et *amine*)). T. Chim. Base dérivant de l'ammoniaque par la substitution d'un groupe hydroxyle à un atome d'hydrogène et répondant à la formule AzH^2OH. L'h., qu'on appelle aussi *oxyammoniaque*, fut découverte en 1865 par Lossen, en réduisant l'azotate d'éthyle par l'étain et l'acide chlorhydrique. Elle prend naissance dans la réduction d'un assez grand nombre de composés azotés : acide azotique, azotates d'ammoniaque ou de soude, bioxyde d'azote, etc. Comme agent de réduction l'on emploie généralement l'étain avec l'acide chlorhydrique; on obtient alors le chlorhydrate d'h. Pour isoler la base on ajoute de l'acide sulfurique à ce chlorhydrate et l'on évapore à sec; le résidu est constitué par du sulfate d'h.; on le redissout dans l'eau et on précipite l'acide sulfurique par la baryte. On obtient ainsi l'h. à l'état de solution aqueuse, incolore, inodore, à réaction fortement alcaline. Quand on veut la distiller, elle se décompose en ammoniaque et en eau. L'h. en solution aqueuse est fortement réductrice : elle convertit le sulfate ferrique en sulfate ferreux; elle précipite l'or, l'argent et le platine de leurs sels; dans les solutions alcalines de cuivre, telles que la liqueur de Fehling, elle donne le chaud un précipité rouge d'oxyde cuivreux. Dans toutes ces réactions, l'h. s'oxyde en donnant le protoxyde d'azote et de l'eau. Vis-à-vis des acides, l'h. se comporte comme l'ammoniaque : elle se combine par addition à un équivalent d'acide pour former des sels généralement cristallisés, décomposables par la chaleur. Le *chlorhydrate d'h.* ou *chlorure d'oxyammonium* $AzH^3.OHCl$ cristallise en prismes très solubles, qui se décompose vivement à 110° en dégageant de l'azote. Le *sulfate d'h.*, plus stable dans l'eau, peut former des aluns analogues aux aluns ammoniacaux. L'*azotate d'h.* est sirupeux, non cristallisable; chauffé, il se décompose en eau et en bioxyde d'azote.

Avec les composés organiques, l'h. peut fournir des dérivés de substitution en remplaçant un ou plusieurs atomes d'hydrogène par des radicaux alcooliques ou acides. Les dérivés à radicaux alcooliques sont basiques. Les dérivés produits par la substitution de radicaux acides aux atomes d'hydrogène du groupe AzH^3, possèdent des propriétés acides et portent le nom d'*acides hydroxamiques*; tels sont les acides *benzhydroxamique* $AzH(C^7H^5O)OH$ et $Az(C^7H^5O)^2OH$ qui se forment par l'action du chlorure de benzoyle sur le chlorhydrate d'h. L'h. est un réactif important pour caractériser les aldéhydes et les cétones. Elle s'unit directement à ces corps, sans élimination d'eau, en donnant naissance à des *oximes*. Voy. ce mot.

Le chlorhydrate d'h. peut être utilisé comme révélateur en photographie : on l'emploie à l'état de solution alcoolique additionnée de soude; on peut aussi le mélanger avec l'hydroquinone ou avec l'acide pyrogallique.

HYDROXYLE. s. m. [Pr. *idrok-sile*] (R. *hydrogène*, *oxygène*, et le suff. *yle*; du gr. ὕλη, matière). T. Chim. On donne le nom d'h ou d'*oxhydryle* au groupe univalent OH contenu dans l'eau, dans les oxacides, les hydrates métalliques, les alcools et les phénols.

HYDROXYLÈNE. s. m. [Pr. *idrok-silène*] (R. *hydrogène*, et *xylène*). T. Chim. Nom donné aux composés d'addition que l'hydrogène forme avec les xylènes. L'hydrogénation de l'orthoxylène fournit un *hexahydroxylène* $C^6H^{10}(CH^3)^2$; c'est un liquide qui bout à 124°; on le rencontre à l'état naturel dans le pétrole du Caucase. L'isomère correspondant au métaxylène s'obtient en chauffant l'acide camphronique et l'acide iodhydrique; il bout à 119°; il est identique avec un octonaphtène retiré du naphte. Enfin, l'hexa-h. qui correspond au paraxylène se forme dans l'action du chlorure de zinc à 160° sur le camphre bromé.

HYDROZOAIRES. s. m. pl. (gr. ὕδρα hydre; ζωάριον, petit animal). T. Zool. Voy. HYDROMÉDUSES.

HYDRURE. s. m. (R. *hydrogène*). T. Chim. Nom générique des composés que forme l'hydrogène en s'unissant à un corps simple ou composé. Les hydrures des métalloïdes portent des noms spéciaux : eau, ammoniaque, hydrocarbures, hydrogène phosphoré, hydrogène sulfuré, etc. Pour les *hydrures métalliques*, Voy. HYDROGÈNE. — Les hydrures des composés organiques sont souvent désignés par le préfixe *hydro-* placé devant le nom du composé.

HYDRURE. s. m. (gr. ὕδωρ, eau). T. Bot. Genre d'Algues (*Hydrurus*) de la famille des *Cryptomonadacées*. Voy. ce mot.

HYDRURÉES. s. f. pl. (R. *hydrure*). T. Bot. Genre d'Algues de la famille des *Cryptomonadacées*. Voy. ce mot.

HYDRURILIQUE. adj. 2 g. (R. *hydrogène*, et *urique*). T. Chim. L'acide *h.* a pour formule $C^8H^6Az^4O^6$; il se produit, en même temps que l'alloxane, dans l'oxydation de l'acide urique par l'acide azotique étendu. On peut le préparer en chauffant à 160° l'acide dialurique avec de la glycérine. Il est assez soluble dans l'eau chaude, d'où il cristallise en prismes quadratiques renfermant deux molécules d'eau. Il se comporte comme un acide bibasique. L'acide azotique fumant le convertit en alloxane; l'acide azotique étendu donne naissance aux acides violurique et dilituriqne.

HYÉMAL, ALE. adj. Voy. HIÉMAL, qui est l'orthographe correcte.

HYÉNANQUE. s. m. T. Bot. Voy. HYÉNANCHE.

HYÈNE. s. f. [Quelques auteurs font l'*h* asp., ce qui n'est pas correct] (gr. ὕαινα, m. s., de ὕς, cochon). T. Mamm.

I. — Ce nom désigne un genre de Carnivores digitigrades que Cuvier place entre les Viverridés et les Félidés. Les animaux qui le composent sont essentiellement caractérisés par leur système dentaire. Ils ont trois fausses molaires à chaque mâchoire et de chaque côté, et ces dents sont remarquables par leur forme conique et leur grosseur. La carnassière est presque entièrement tranchante, et derrière celle d'en haut on observe une petite dent tuberculeuse à laquelle rien ne répond à la mâchoire inférieure. De plus, leur langue est rude et épineuse à la partie antérieure de sa face dorsale. L'écartement des arcades zygomatiques, la saillie prononcée de la crête sagittale, de l'épine occipitale et des apophyses dorsales, ainsi que le développement des muscles du cou et de la mâchoire, indiquent une force prodigieuse dans cette région. Aussi, une H. peut-elle emporter avec sa gueule des proies énormes, et il est presque impossible de lui arracher ce qu'elle a une fois saisi. Les Hyènes n'ont que quatre doigts à chaque pied et ceux-ci sont armés d'ongles épais, courts, forts et propres à fouir la terre. Leurs yeux sont grands et la pupille a la forme d'un triangle à base arrondie; leur tête est terminée par un museau obtus; leur queue est courte et pendante; enfin, au-dessous de leur anus est une poche profonde et glanduleuse, qui rappelle la glande anale des Viverridés. Par leur forme générale, les Hyènes ressemblent aux Chiens, mais elles s'en distinguent par l'obliquité de leur corps et la bizarrerie de leur allure. Le train de derrière semble plus bas que celui de devant, apparence qui tient non à une moindre longueur des membres postérieurs, mais à ce qu'ils sont toujours dans un état de

Fig. 1.

demi-flexion. — Les Hyènes sont des animaux nocturnes, voraces, peu courageux : elles habitent de préférence les cavernes, et se nourrissent surtout de viandes qui commencent à entrer en putréfaction. Elles pénètrent dans les cimetières pour déterrer les morts et entrent même la nuit dans les villes, dont elles enlèvent rapidement les charognes et les immondices, en les débarrassant ainsi de tout ce qui pourrait engendrer des miasmes infects et pernicieux. Elles n'attaquent l'homme qu'à défaut complet de nourriture, même végétale, et l'on cite plusieurs exemples d'Hyènes parfaitement apprivoisées. Toutes les espèces vivantes de ce genre, qui sont au nombre de trois, appartiennent à l'ancien continent. — L'*H. rayée* (*Hyæna vulgaris*) [Fig. 1] a le pelage

Fig. 2.

gris jaunâtre, rayé transversalement et irrégulièrement de brun ou de noirâtre; elle possède tout le long de la nuque et du dos une crinière qu'elle hérisse dans ses moments de colère. Cet animal se trouve en Perse, en Syrie, en Égypte, en Abyssinie, au Sénégal, etc. — L'*H. brune* (*H. brunnea*) est d'un gris brun foncé, et n'a de raies noirâtres que sur les jambes. Elle habite le midi de l'Afrique, où les colons du Cap la désignent sous le nom de *Loup de rivage*. — L'*H. tachetée* (*H. crocuta*) [Fig. 2, *H.* tachetée et Chacals] est grise, semée de taches noires. Elle est également propre à l'Afrique australe, où on l'appelle *Loup-tigre*. Elle est très facile à apprivoiser : on l'emploie pour la chasse, et, selon Barrow, et égale le chien en fidélité et en intelligence.

II. — Nous placerons à la suite des Hyènes deux genres distincts, le *Protèle* et l'*Hyénoïde*, qui forment, avec le genre qui précède, la famille des *Hyénidés*. — Le *Protèle* ressemble beaucoup à l'H. par son aspect extérieur. Il a le pelage et la crinière de l'H. rayée. Il a aussi le train antérieur plus élevé que le postérieur; mais il est de taille plus petite et la tête plus svelte. Ce qui le distingue essentiellement

Fig. 3.

des Hyènes, ce sont ses pieds antérieurs et ses dents. Les premiers sont pentadactyles, comme chez les Renards et les Civettes. Quant à ses dents, il a 4 molaires en haut et 4 en bas, de chaque côté. L'espèce type, et peut-être unique du genre, est le *P. de Delalande* (*Proteles Delalandii*), qui habite la Cafrerie et le pays des Hottentots. C'est un animal nocturne, qui passe sa vie dans des terriers profonds et se nourrit pour faire la chasse à de jeunes agneaux : il est surtout friand des énormes loupes qui entourent la queue des moutons africains. — L'*Hyénoïde* se rapproche de l'H. par ses pieds tétradactyles et du Chien par son système dentaire, avec cette différence que le petit lobe en avant des fausses molaires est moins prononcé. On ne connaît qu'une espèce de ce genre, l'*H. peinte* (*Hyænoïdes picta*) [Fig. 3]. Elle a la taille d'un gros mâtin; le pelage extrêmement varié, gris tacheté de blanc, de noir, de jaune, et la queue très longue. Elle a le courage du Chien et la voracité des Hyènes. Elle se réunit en troupe pour faire la chasse aux Antilopes, etc.; néanmoins elle aime aussi à se nourrir de cadavres corrompus. On la trouve dans le midi de l'Afrique.

HYÉNIDÉS. s. m. pl. (gr. ὕαινα, hyène; εἶδος, aspect). T. Mar. Famille de *Mammifères carnivores*. Voy. HYÈNE.

HYÉNIQUE. adj. 2 g. (H. *Hyène*). T. Chim. *Acide h.*, Acide gras contenu à l'état de glycéride dans les glandes anales de l'Hyène. Il bout à 78°. On lui attribue la formule $C^{29}H^{90}O^2$.

HYÉNOÏDE. s. f. (gr. ὕαινα, hyène εἶδος, aspect). T. Mamm. Genre de *Mammifères*. Voy. HYÈNE.

HYÈRES. ch.-l. de c. (Var), arr. de Toulon; 15,000 hab. Patrie de Massillon.

HYÈRES (Iles d'), petit archipel de la Méditerranée, près des côtes S.-E. de France; les trois îles principales sont: Porquerolles, Porteros et l'île du Levant; 1,000 hab.

HYÉTOMÈTRE. s. m. (gr. ὑετός, pluie; μέτρον, mesure). Syn. de *Pluviomètre*. Voy. ce mot.

HYÉTOMÉTRIE. s. f. Emploi de l'hyétomètre.

HYÉTOMÉTRIQUE. adj. 2 g. Qui a rapport à l'hyétométrie.

HYÉTOSCOPE. s. m. (gr. ὑετός, pluie; σκοπέω, examiner). Syn. d'*Hyétomètre*.

HYGIE. s. f. T. Myth. La déesse de la santé. ǁ T. Astr. L'une des petites planètes entre Mars et Jupiter. Voy. PLANÈTE.

HYGIÈNE. s. f. (gr. ὑγιεινός, sain). T. Méd. L'h., dans l'acception vulgaire du mot, est la partie de la médecine qui a pour but la conservation de la santé. Cette définition est trop étroite et ne répond pas aux idées générales actuelles. L'h. doit être comprise comme la science qui apprend à conserver et à améliorer la santé. Son programme embrasse ainsi tout ce qui se rattache à l'amélioration matérielle et morale de l'homme envisagé comme individu et comme groupe social, toutes les conditions qui assurent la propriété de l'individu et de l'espèce. — La matière première de l'h. étant l'étude des relations sanitaires de l'homme avec le milieu extérieur, il convient d'envisager d'abord ces rapports d'une façon générale et d'étudier l'action des modificateurs à l'influence desquels l'humanité tout entière est soumise, qui sont communs et nécessaires à l'espèce; en un mot comment se comporte l'organisme humain vis-à-vis du sol, de l'atmosphère, du climat, de l'habitation, de l'aliment, etc. C'est l'objet de l'*h. générale*. Les conditions si diverses dans lesquelles l'homme est appelé à vivre modifient les rapports généraux de l'organisme avec le milieu extérieur, tantôt exaltant, tantôt atténuant les influences favorables ou nuisibles : âge, sexe, race, habitudes de vie, régime, profession, tout autant de conditions auxquelles répondent des exigences et des besoins spéciaux. Cette étude constitue l'*h. spéciale*, dont le domaine s'étend sans cesse et l'intérêt grandit, avec la complexité de notre organisation sociale. A cette partie se rattache la prophylaxie des maladies infectieuses, de ces maladies qu'on appelait autrefois fléaux de Dieu et qu'on peut maintenant, sans être taxé d'utopiste, qualifier de maladies évitables.

1. *Hygiène générale*. — 1° *Le sol*. — Le sol est cette partie superficielle de la croûte terrestre avec laquelle l'homme se trouve incessamment en rapport; c'est du sol que nous tirons nos aliments et notre boisson; c'est dans le sol que viennent se déverser et se résoudre en leurs éléments primitifs tous les déchets de la vie; c'est sur le sol que nous posons nos demeures. — La croûte terrestre est constituée géologiquement par deux ordres de roches : les premières, compactes et cristallines, nommées terrain primitif, forment le soubassement sur lequel se sont déposées, par lits successifs, les roches sédimentaires. Par suite des bouleversements successifs, les terrains de tous les âges viennent affleurer à la surface, en des points divers; aussi les terrains, beaucoup moins il est vrai par leur âge ou leur composition que par leurs propriétés physiques, sont plus ou moins salubres. Les conditions de salubrité sont multiples. — C'est d'abord la perméabilité du sol à l'eau et aux gaz. Le sol est ou moins poreux et perméable à l'eau et à l'air; en d'autres termes, il se laisse pénétrer par l'air et l'air, en retient une partie, et laisse passer, à travers ses pores, l'autre portion. Ces propriétés dépendent principalement de la constitution physique du terrain, de la grosseur des éléments, de leur degré de cohésion. Les liquides et les gaz étant les véhicules qui transportent dans les profondeurs du sol les souillures organiques et les germes pathogènes, on comprend l'importance de cette étude au point de vue de la salubrité. Toutes les roches, quelle que soit leur compacité, retiennent dans leurs pores une certaine quantité d'air; la terre sèche en contient un tiers de son volume; l'air tellurique diffère sensiblement, par sa composition, de l'air extérieur, et surtout par sa grande proportion en acide carbonique provenant des oxydations organiques et des fermentations qui se passent dans le sol, et par sa faible proportion d'oxygène, celui-ci étant consommé par les oxydations; cette différence étant d'autant plus accusée que les matières fermentescibles sont en plus grande quantité dans le sol, il y a là un moyen de mesure de la souillure du sol. De plus, il y a des courants de l'air à travers le sol, courant ascendant dans la journée, retiennent dans leurs pores une certaine quantité d'air; la terre sèche en contient, faut plus rapidement que l'air des couches profondes du sol, courant descendant au contraire pendant la nuit; des phénomènes analogues s'observent sous l'influence des oscillations thermiques mensuelles et des oscillations de la nappe d'eau souterraine. On comprend l'influence possible de ces courants qui, ascendants, peuvent introduire d'énormes proportions de gaz irrespirables, toxiques même, dans des espaces clos, dans les habitations chauffées en hiver, par exemple, qui constituent de véritables cheminées d'appel. En outre, Pettenkofer

attribue à ces courants un rôle dans la diffusion des germes morbides. — Il en est de l'eau tellurique comme de l'air : quand une pluie tombe sur le sol, une portion s'écoule directement dans les cours d'eau ; une autre pénètre dans la couche superficielle et est bientôt restituée à l'atmosphère, soit par l'évaporation, soit par les racines des végétaux ; l'eau définitivement absorbée (de 3 à 17 grammes pour 100 grammes de terre) tend à descendre dans la profondeur, retenue d'autre part par la capillarité des interstices ; aussi, plus la roche est à l'état de division, plus ses éléments sont fins, plus la capacité d'absorption est considérable. Il y a dans le sol des courants d'eau, et ceux-ci ont une influence notable, suivant leur direction, sur la salubrité des contrées. Ces courants sont tantôt ascendants, tantôt descendants. Quant à la partie de l'eau qui, obéissant à la pesanteur, s'infiltre dans les couches profondes, elle finit par être arrêtée par une zone imperméable imbibant complètement l'assise située au-dessus ; il se constitue là ce qu'on appelle la nappe souterraine, la nappe de puits, ou encore la nappe d'infiltration. Sa profondeur est très variable suivant la constitution géologique des localités ; des oscillations s'y produisent, surtout à la suite des pluies ou des sécheresses, modifiant les conditions d'existence des micro-organismes contenus dans les matières organiques du sol. Pettenkofer a étudié les relations entre le développement de certaines maladies infectieuses (choléra, fièvre typhoïde) et les changements de niveau des nappes souterraines, et il a constaté que l'acmé des épidémies coïncidait avec le niveau le plus bas de la nappe souterraine. — La thermalité du sol paraît avoir une influence également intéressante sur la salubrité, de par les conditions plus ou moins favorables qu'elle apporte à l'éclosion des germes pathogènes enfouis dans le sol : provenant de la chaleur centrale de la terre, de la chaleur dégagée par les processus chimiques, et enfin du soleil : la température du sol a des oscillations quotidiennes jusqu'à 40 centimètres de profondeur, et l'on comprend l'importance que peuvent avoir ces variations sur les conditions hygiéniques locales. — Le sol contient, outre l'eau et des gaz, une plus ou moins grande quantité de matières organiques, car il est le réservoir où viennent aboutir tous les déchets de la vie organique, animale et végétale, et le laboratoire où ces matières se transforment et se résolvent en leurs éléments simples : azote, acide carbonique et eau. La terre agit vis-à-vis des matières tenues en suspension dans l'eau comme un filtre, moins par l'étroitesse des pores que par l'action de la capillarité et de l'attraction moléculaire : c'est ainsi que des microbes plus petits que le diamètre des pores peuvent être arrêtés au passage. Mais le sol agit aussi sur les matières dissoutes : la plupart des ferments solubles perdraient leurs propriétés par le passage à travers cette couche de terre. Les transformations que subissent les matières organiques dans le sol sont l'œuvre des micro-organismes ; leur présence a été démontrée directement par la méthode des cultures, qui a permis en outre de procéder à leur numération. Le nombre des bactéries, très grand dans les couches superficielles, diminue brusquement et disparaît totalement tout d'un coup. Presque toutes les espèces qu'on rencontre sont inoffensives ; ce sont des saprophytes dont la fonction est de dissocier la matière organique qui a cessé de vivre et de la rendre propre à entrer dans la construction de nouveaux organismes (nitrification, ferment nitrique) ; nommons simplement le *bacillus subtilis*, le *bacillus amylobacter*, le *vibrio ruguta*, etc. On rencontre néanmoins des variétés pathogènes, telles que le *vibrion septique* (Pasteur), le *bacillus tetani* (Nicolaïer), le *bacillus anthracis* (Koch), etc. Ces germes infectieux, enfouis dans le sol, y rencontrent sans doute la redoutable concurrence des bactéries saprophytes et la plupart succombent dans cette lutte ; mais il est probable que nombre d'entre eux, ayant la faculté de former des spores, ont plus de résistance et peuvent sommeiller plus ou moins longtemps, quitte à recommencer leur évolution dès que les conditions sont favorables.

2º *L'atmosphère.* — La vie est, avant tout, un conflit incessant entre la cellule anatomique et l'air. Nous faisons passer par nos poumons 540 litres d'air par heure, 7 à 8 mètres cubes par jour, et il est difficile de supposer que les modifications de cet air n'aient pas un retentissement important sur l'économie. L'air présente la composition suivante en volume : oxygène, 20,99 ; azote, 78,98 ; acide carbonique, 0,04 ; vapeur d'eau, 0,96 ; le dernier élément pouvant varier dans d'assez larges limites. L'oxygène est, au point de vue biologique, l'élément actif de l'air ; un homme adulte, bien portant, au repos, en consomme 575 litres par vingt-quatre heures. S'il se livre à un travail musculaire, il en consomme 700. A l'air libre et à la pression normale, les variations se mainte-

nant dans d'étroites limites, ne sont pas intéressantes ; il n'en est plus de même dans les espaces clos, grottes naturelles, mines (car nous savons que l'air du sol est beaucoup plus pauvre en oxygène que l'air atmosphérique), et dans les salles de réunion à ventilation défectueuse. Il est bon, d'autre part, de savoir que l'oxygène pur est impropre à entretenir la vie, et qu'il tue la cellule organique comme un toxique. L'azote représente l'élément passif de l'air ; quoique inerte, il doit avoir un rôle utile encore inconnu, puisque l'oxygène respiré seul agit comme un poison. L'acide carbonique, élément à peu près constant, mais très minime, provient sans doute des dégagements qui ont lieu dans les régions volcaniques (grotte du chien de Pouzzoles), mais surtout de la respiration des animaux, de l'exhalation nocturne des végétaux, enfin des processus de fermentation qui s'opèrent dans les couches superficielles du sol ; une autre portion, minime, se dégage des foyers en combustion. L'acide carbonique finirait même par s'accumuler dans l'atmosphère, si les feuilles des végétaux ne se chargeaient, sous l'influence solaire, de le détruire au fur et à mesure de sa production, en s'assimilant le carbone de restituer l'oxygène. L'atmosphère des villes diffère peu de celle des campagnes, grâce aux courants atmosphériques, la diffusion étant très rapide ; mais, dans les espaces clos et dans les mines, la proportion d'acide carbonique peut s'élever à des chiffres inquiétants : car s'il est peu toxique, il ralentit et entrave les échanges organiques, diminue et supprime l'excitabilité nerveuse, et la mort arrive par inhibition du centre respiratoire sans agitation ni convulsions. On ne peut donner au point de vue de la quantité de vapeur d'eau contenue dans l'air qu'une moyenne sans valeur, car ses oscillations sont considérables. On nomme humidité absolue de l'air, le poids d'eau, en grammes, contenu dans un mètre cube de cet air ; lorsque l'air contient toute la quantité d'eau qu'il peut admettre, on dit qu'il est saturé ; mais cette quantité, contenue pour un même degré, croît avec la température. Si l'air saturé à un degré donné s'échauffe, il cesse d'être saturé, et peut recevoir une nouvelle quantité de vapeur d'eau ; au contraire, si l'air se refroidit, sa capacité diminue, et une partie de la vapeur d'eau se condense. L'humidité de l'atmosphère éprouve des oscillations quotidiennes assez régulières ; le maximum se trouve vers six heures du matin, et le minimum vers deux heures de l'après-midi. Les hygiénistes regardent comme la condition la plus favorable à la santé, une demi-saturation correspondant à 6gr,4 d'humidité absolue à 4 degrés. Les oscillations de l'humidité ont une influence manifeste sur l'organisme, en particulier sur les fonctions de la peau et des organes respiratoires. Le degré d'humidité relatif de l'air est déterminé au moyen de l'hygromètre à cheveu de Saussure, ou du psychromètre. — Outre les éléments précédemment signalés, nous devons indiquer l'ammoniaque et l'acide nitrique, accidentels dans l'air, n'intéressant l'h. qu'en ce qu'ils renseignent sur l'activité des ferments organiques du sol. Nous devons rappeler que, dans des circonstances exceptionnelles, locales ou temporaires, l'air peut contenir des gaz divers, dont les inconvénients ne font sentir que dans les atmosphères confinées. Il ne saurait être question, pour l'hygiéniste, de faire l'analyse quantitative des éléments de l'air ; mais l'acide carbonique peut, en quelque sorte, servir de thermomètre, de mesure, pour la souillure de l'air. Le procédé le plus commode, bien que ce ne soit pas une méthode de précision, est celui d'Angus Smith, dit procédé minimétrique, reposant sur la transformation de l'eau de baryte en carbonate de baryte, sous l'influence de l'acide carbonique de l'air.

L'atmosphère contient toujours en suspension une certaine quantité de poussières, 6 à 8 milligrammes environ par mètre cube : la plus grande partie de ces poussières (2/3 environ) sont d'origine inorganique, charbon, silice, sels terreux, etc., parfois assez abondantes pour déterminer des effets pathogènes (c'est ainsi que le macadam peut être insalubre, quand il n'est pas fréquemment arrosé). — Il y a, en outre, voltigeant, une plus ou moins grande quantité de filaments d'origine végétale ou animale, débris de tissus, déchets de toutes sortes, dont l'introduction dans les voies respiratoires peut déterminer, à la longue, certaines infections (fièvre des foins, causée par le pollen de certaines graminées ; hémoptysies provoquées par le duvet du platane, etc.). — Ce qui est autrement important pour l'h., ce sont les nombreux germes en suspension dans l'air, moisissures, levures, bactéries. C'est Pasteur qui a démontré leur présence par des expériences, classiques aujourd'hui et d'une simplicité vraiment scientifique. Miquel a poursuivi cet ordre de recherches et démontré que les proportions de bactéries varient, suivant les lieux, depuis 1 microbe par mètre cube sur le glacier d'Aletsch, jusqu'à 14,000 dans les salles de l'hôpital de la Pitié; et, suivant les conditions météorologiques, le chiffre des bactéries, faible en hiver, étant très élevé en été, surtout à cause du plus ou moins d'abondance des pluies qui purifient mécaniquement l'atmosphère. Toutes les formes microbiennes y sont représentées, la plupart sont inoffensives, saprophytes. Quant aux microbes spécifiques, on n'a jusqu'ici pu déceler que la présence du coccus de l'érysipèle dans l'air d'une salle d'autopsie cependant, on n'est nullement autorisé à tirer des résultats négatifs obtenus jusqu'ici la conclusion que l'infection n'a pas lieu par cette voie. Seulement, tandis que l'on attribuait autrefois à l'air le principal rôle dans la propagation et la dissémination des épidémies, on considère ce mode de contagion comme peu fréquent et secondaire, surtout depuis que l'on connaît des voies plus sûres et plus régulières pour la transmission des agents spécifiques. Évidemment, on ne trouve pas de microbes dans l'air expiré par les phtisiques, mais les poussières résultant de la dessiccation de leurs crachats ou de leurs déjections peuvent entraîner des bacilles et les faire pénétrer dans les organes respiratoires, comme l'ont démontre des expériences concluantes. Or, ce n'est pas là une raison pour que cette infection par l'air se réalise souvent dans la pratique, beaucoup de bactéries perdant leurs propriétés virulentes par la dessiccation et d'autres actions atténuantes; aussi, peut-on affirmer que l'infection par l'air est relativement rare.

Il est, dans l'atmosphère, un autre élément, la pression barométrique, dont les oscillations ne sont pas assez considérables pour influencer directement, d'une façon notable, l'organisme, mais qui ont une action indirecte sur la santé, en déterminant un appel de l'air du sol vers la surface, et nous savons l'importance que l'on attribue à ces courants gazeux dans le développement de certaines maladies infectieuses. — La pression barométrique est, en moyenne de 760 millimètres au niveau de la mer; par suite des appels ou des refoulements d'air occasionnés par les différences de température entre ces points divers de la surface de la terre, elle éprouve des oscillations. — Au fur et à mesure que l'on s'élève au-dessus du niveau de la mer, la densité de l'air diminue et la pression atmosphérique décroît; en même temps, la quantité d'oxygène diminue proportionnellement, les rapports des deux gaz qui constituent l'air restant les mêmes. Cet abaissement a pour conséquence d'introduire dans le poumon moins d'oxygène à chaque inspiration; l'organisme précipite donc la fréquence de ces inspirations et accélère les mouvements du cœur. Il arrive un moment où cette suractivité compensatrice est impuissante à combler le déficit, et les symptômes de l'asphyxie apparaissent (dyspnée, bourdonnement d'oreilles, palpitations, lassitude, soif vive, céphalalgie; puis vertiges, impotence, nausées et vomissements, enfin somnolence, perte de la connaissance, et enfin mort). Dans les ascensions de montagnes, les explorateurs éprouvent, à des degrés divers, des accidents analogues (mal des montagnes); ces effets, on ne saurait trop le dire, sont produits par un défaut d'ématose, une diminution d'oxygène; mais d'autres facteurs interviennent, température, efforts musculaires, etc., et c'est pourquoi les explorateurs des sommets éprouvent des troubles à des altitudes moins considérables que les aéronautes immobiles dans leur nacelle; c'est pourquoi, sous les tropiques, où l'organisme n'a pas besoin de lutter contre le froid, la limite du mal des montagnes est beaucoup plus élevée. On peut fixer de 8,500 à 9,000 mètres la limite de l'atmosphère au delà de laquelle la vie est impossible: c'est à peine le dixième de l'épaisseur totale de la masse gazeuse qui nous enveloppe. — Une augmentation de pression atmosphérique assez considérable pour influencer l'organisme ne s'observe guère que dans les appareils à air comprimé utilisés pour certains travaux à faire sous l'eau, ou employés comme moyens thérapeutiques. Dans ces appareils, où la pression varie de 2 à 4 atmosphères, on a constaté l'augmentation de la capacité thoracique, la facilité plus grande des mouvements, et la diminution de l'essoufflement, l'augmentation de l'appétit; mais, à la suite d'un séjour prolongé, la faiblesse et l'inertie physique et morale succèdent à l'excitation première. A une pression de 5 atmosphères, l'oxygène n'est plus seulement combiné avec l'hémoglobine; il est dissous dans le plasma et devient un obstacle à l'hématose; il se produit une intoxication qui peut amener la mort. C'est donc à la sortie des cloches et comme conséquence de la décompression subite que se produisent d'ordinaire les accidents susceptibles d'être mortels. La compression, dans la pratique, ne doit donc pas dépasser 3 atmosphères, et la décompression doit se faire graduellement en trois quarts d'heure ou une heure; le séjour des ouvriers ne doit pas dépasser six heures.

L'influence de la température sur l'organisme n'a pas besoin d'être affirmée; l'unique source de chaleur est la radiation solaire. 64 p. 100 seulement des rayons calorifiques, lorsqu'ils arrivent verticalement, traversent l'atmosphère et atteignent la surface du sol qui les absorbe et échauffe les couches d'air en contact avec elle; en s'échauffant, leur densité s'amoindrit, elles s'élèvent et sont remplacées par de nouvelles couches froides, d'où un circulus incessant qui répartit et égalise la température dans l'atmosphère. L'autre portion des rayons calorifiques, 36 p. 100 lorsque le soleil est au méridien, est absorbée par l'air; bien que les conditions font varier cette absorption, état hygrométrique, nébulosité; en tous cas, ces rayons ne sont pas perdus pour nous, ce sont eux qui fournissent la chaleur, la lumière et les actions chimiques diffuses qui rendent la vie possible. Par suite des différentes positions que prend le soleil par rapport à la surface de la terre, aux diverses heures de la journée et aux diverses périodes de l'année, la température éprouve dans un même lieu des oscillations quotidiennes et annuelles. D'une façon générale, la température est minima à peu près au lever du soleil, entre quatre et sept heures, suivant la saison, et maxima de deux à quatre heures de l'après-midi. — La quantité de calorique que à la surface de la terre dépendant de l'angle d'incidence des rayons solaires, la température moyenne annuelle dépend de la latitude et décroît de l'équateur aux pôles: les lignes isothermes devraient donc être parallèles à l'équateur; mais d'autres influences que la latitude interviennent et font subir à ces lignes des inflexions plus ou moins prononcées. Cette irrégularité est intimement liée à la répartition des mers et des continents à la surface du globe; les grandes masses d'eau constituent une sorte de réservoir qui emmagasine le calorique en été pour le restituer à l'atmosphère en hiver, d'où les saisons tempérées des régions littorales. Voy. CLIMAT. — Il faut tenir compte aussi des altitudes et des agglomérations d'habitations. Dans l'ancienne pathologie, son rôle était prépondérant (maladies a frigore); aujourd'hui, les théories microbiennes, après avoir établi néant cette influence pathogénique, ont permis de donner une interprétation moyenne vraie: dans l'étiologie de toute maladie, deux facteurs interviennent, le germe et le terrain: le froid met l'économie en état de réceptivité à l'égard de l'agent spécifique, créa en tous cas un locus minoris resistentiæ. A l'égard des hautes températures, il suffit de signaler la tolérance très différente de l'économie suivant le degré d'humidité de l'atmosphère ambiante; tandis que dans une étuve sèche, divers opérateurs ont pu supporter une température de plus de 100 degrés, dans l'étuve à vapeur humide, on n'a pu supporter au delà de 51 degrés; dans un air saturé, l'organisme ne peut en effet lutter contre l'échauffement du corps par son moyen habituel, l'évaporation cutanée.

Les pluies proviennent de la condensation d'une partie de la vapeur d'eau que contient l'atmosphère saturée, lorsque sa température s'abaisse. L'abondance des pluies et leur régime, c.-à-d. leur répartition par saison et par mois, est déterminée par des conditions générales, latitude et altitude, et par des conditions locales, éloignement plus ou moins grand des vastes masses d'eau, régime des vents, voisinage de chaînes de montagnes. Les pluies ont une action directe sur la température de l'atmosphère, qu'elles abaissent en lui enlevant de son calorique. En tombant sur le corps mal protégé par les vêtements, elles peuvent être une cause active de refroidissement avec toutes les conséquences qui s'ensuivent ; mais c'est surtout le rôle que les pluies jouent dans le développement des maladies zymotiques qui intéresse l'h., rôle encore passablement obscur. Nous savons, en effet, que les pluies exercent une action épuratrice mécanique sur l'atmosphère, mais c'est aux dépens du sol dans lequel les pluies entraînent ces souillures, et l'on a constaté les relations étroites qui existent entre les maladies infectieuses et le degré d'humidité des couches superficielles du sol. — A côté des pluies, les brouillards, résultant de la condensation de la vapeur d'eau qui est au voisinage de la surface du sol, sont considérés comme insalubres, sans doute à cause de la multitude de poussières nécessaires à la formation des vésicules qui les composent. Quant aux nuages, ils jouent surtout le rôle de régulateur de la chaleur solaire, modifiant les conditions d'arrivée des rayons solaires à la surface du sol, mais empêchant aussi le rayonnement nocturne et le refroidissement qui en résulte.

L'origine du vent dans l'atmosphère est toujours une différence de température entre deux régions voisines, produisant une rupture d'équilibre constituée par quatre courants : un courant ascendant au-dessus de la zone échauffée, un vent inférieur dirigé de la région froide à la région chaude, un vent supérieur dirigé de la région chaude à la région froide ; enfin un courant descendant qui s'établit dans la région froide à une distance variable de l'air échauffé. C'est d'après ces lois qu'on explique la production des vents alizés et contre-alizés, des moussons, etc., la direction de ces courants étant d'ailleurs modifiée par la rotation de la terre. La force du vent, ou mieux sa vitesse, est le principal facteur de l'impression ressentie par l'organisme ; il agit directement sur celui-ci, en enlevant au corps du calorique par évaporation et par conductibilité, d'autant plus que le vent est plus fort et l'air plus sec, moins saturé. D'autre part, le vent, en balayant les impuretés, contribue à purifier, à assainir l'atmosphère. Au point de vue des maladies infectieuses, le rôle important qu'on faisait jouer aux vents dans leur propagation est bien diminué, et l'on incrimine plutôt le transport par l'intermédiaire de l'homme ou des objets à son usage.

Restent à étudier deux conditions dont l'influence est difficile à apprécier, la lumière et l'état électrique de l'atmosphère. Quel que soit le mode d'action de la lumière solaire, elle épure le milieu qui nous entoure ; le soleil est non seulement le grand caloreur, mais le grand purificateur. Quant à l'influence de l'état électrique de l'air sur la morbidité, nos connaissances se résument aux malaises qu'éprouvent les individus nerveux avant et pendant les orages. Il importe cependant de savoir que l'atmosphère est chargée d'électricité positive en quantité d'autant plus grande que la température est plus élevée et qu'on se rapproche davantage de l'équateur.

3° *Les climats* — Le climat est la résultante des divers facteurs précédents, c'est l'ensemble des conditions physiques propres à chaque localité, envisagées dans leurs rapports avec les êtres organisés vivants.

La température, étant le facteur le plus important des climats, a généralement servi de base à la plupart de leurs classifications. La surface du globe est artificiellement divisée en 9 zones comprenant 5 climats distincts, dont 4 se répètent symétriquement dans les deux hémisphères. — Les *climats tropicaux* sont situés entre le 30° de lat. N. et le même degré de lat. S. Les caractères météorologiques de cette zone sont l'élévation de température et l'uniformité des phénomènes ; oscillations diurnes et annuelles de température insignifiantes, régularité des pluies et des vents, l'année étant divisée en deux périodes de six mois chacune (saison des pluies et saison sèche), enfin tension considérable de la vapeur d'eau atmosphérique. C'est cette presque saturation de l'atmosphère qui rend insupportable la haute température ; aussi les inconvénients physiologiques sont-ils nombreux : longueur des fonctions digestives, pléthore aqueuse du système vasculaire, affaiblissement général, imminence morbide. Mais ce n'est pas seulement par cette action climatérique que ces régions sont insalubres, c'est surtout par les conditions favorables au développement des maladies infectieuses, et le trait le plus saillant de la zone torride est la prédominance de la malaria, et conjointement de la dysenterie, de l'hépatite, et de nombreuses affections parasitaires. Enfin, là se trouvent les foyers d'origine du choléra et de la fièvre jaune. Ces régions si fertiles sont donc éminemment insalubres, et justement sur les côtes plates, aux embouchures et aux deltas des fleuves qui attirent le commerce et la colonisation, tandis que les collines et les hauts plateaux de l'intérieur sont relativement

sains. Il ne faut pas oublier toutefois que ces effets pernicieux s'exercent surtout sur les Européens transplantés. — Les *climats chauds* forment deux zones, l'une au nord, l'autre au sud de la zone tropicale ; leurs signes distinctifs consistent en : rareté relative des pluies, sécheresse de l'air, oscillations diurnes et annuelles très accentuées en même exagérées, division de l'année en 4 saisons. La distinction avec les climats tropicaux est peu marquée au point de vue pathologique : l'impaludisme est toujours la note dominante avec les affections cutanées et parasitaires. — Les *climats tempérés* succèdent aux climats chauds : tenant à la fois, par leurs phénomènes météorologiques et la façon dont ils influencent l'organisme, des climats froids en hiver et des climats chauds en été, ayant, par suite, les avantages et les inconvénients des uns et des autres. Ce sont les saisons qui règlent les modifications physiologiques imprimées à l'économie par ces climats : il y a en hiver tendance à l'hyperémie des organes internes, activité plus grande des fonctions, et au printemps, par suite, disposition à la pléthore. En été, au contraire, suractivité de la circulation périphérique, longueur des fonctions digestives et nutritives, tendance à l'anémie qui persiste pendant l'automne. Ces effets physiologiques des saisons retentissent naturellement sur la morbidité et la mortalité.. Le maximum serait en février et en mars et le froid sec serait surtout nuisible. L'influence saisonnière se fait aussi sentir sur la nature de la morbidité ; en hiver, ce sont les affections des voies respiratoires qui dominent ; en été, ce sont les affections des voies digestives. — Les *climats froids et polaires* ont pour limite inférieure l'isotherme de 5° ; le caractère météorologique de ces climats est la longueur et la rigueur des hivers, l'absence presque complète des saisons intermédiaires, la brièveté et la température relativement élevée des étés, l'amplitude des oscillations annuelles qui dépassent souvent 33°. Au point de vue pathologique, il faut signaler la rareté de la malaria, la fréquence et la gravité de la grippe, du scorbut, de la syphilis, etc.

Après avoir étudié les différents climats, il convient de parler de l'acclimatement, c.-à-d. de la faculté que possède l'homme de s'adapter à un climat différent du climat d'origine, et de l'acclimatation, c.-à-d. de l'intervention de l'art qui protège et surveille cette adaptation. Tandis que l'acclimatement individuel peut être obtenu avec quelques précautions, il est plus difficile et souvent même impossible de réaliser l'acclimatement complet ou de la race, celle-ci conservant sa longévité normale, sa force d'expansion démographique, ses aptitudes physiques et intellectuelles. Diverses influences favorisent ou entravent l'adaptation, et d'abord les conditions météorologiques : les mouvements d'émigration qui ont lieu dans le sens des parallèles, sur de mêmes latitudes, réussissent très bien, au lieu que, si les différences de latitude sont accusées, la tentative échoue. Cependant l'acclimatement aux pays froids semble se faire plus aisément qu'aux pays chauds. En tout cas, la mortalité infantile est énorme, et les survivants restent débiles, incapables de faire souche. L'influence de la race n'est pas à dédaigner, et seule la race juive paraît échapper à cette loi par son cosmopolitisme. D'autre part, les croisements avec la race autochtone aident puissamment à l'acclimatement complet, à condition toutefois que les races ne soient pas trop opposées comme caractères. Enfin les mœurs et les habitudes des colons ont une importance extrême, surtout bien entendu pour l'acclimatement individuel ; régime de sobriété et d'hygiène générale parfaits.

4° *L'habitation.* — L'habitation, destinée à nous préserver des vicissitudes atmosphériques, doit satisfaire à une série de conditions : maintien d'une température et d'un état hygrométrique convenables, renouvellement de l'air vicié par la respiration et les appareils de chauffage et d'éclairage, éloignement des déchets organiques produits.

A. — Pour la construction de l'habitation, il faut choisir un emplacement élevé, un sol suffisamment perméable et élevé de 1m,50 à 2 mètres au-dessus de la nappe d'eau souterraine ; l'exposition varie avec les pays et les climats ; en France, l'orientation N.-E. S.-O. est la plus recommandable. La superficie doit être en proportion du nombre d'habitants et les véritables casernes parisiennes sont défectueuses : le minimum d'étendue peut être fixé à 4 mètres carrés par individu. Comme les terrains des villes, choisis pour des raisons économiques ou politiques incompatibles avec l'h., ne sont pas toujours salubres, il faut souvent y remédier : pour empêcher l'humidité et les émanations telluriques susceptibles d'apporter dans les appartements de fortes proportions d'acide carbonique et autres gaz toxiques, le procédé le plus efficace consiste à drainer soigneusement le sol soit avec du simple gravier ou de gros cailloux, soit avec les drains usités en agriculture. De plus, on doit établir au-dessous du sol de la cave, au-dessus du niveau de la nappe d'eau, une canalisation étanche spéciale pour l'évacuation à l'égout des eaux de pluie et ménagères ; sur le sol de la cave on étend du gravier et un revêtement de ciment ou d'asphalte. — Les matériaux de construction doivent remplir deux conditions : 1° Être bien secs et non hygrométriques ; 2° être mauvais conducteurs du calorique. Comme il entre toujours de l'eau dans les matériaux, surtout le mortier, pendant environ six mois une maison nouvellement bâtie reste humide. Au point de vue du calorique, les métaux dont l'usage s'est répandu ont l'inconvénient d'être bons conducteurs ; mieux valait donc le bois et la pierre, à condition que les murailles soient assez épaisses (0m50 a-t-on conseillé, à cet effet, de construire des murs à double paroi, entre lesquels se trouve une couche d'air formant matelas. Sur la perméabilité des matériaux, les hygiénistes sont en désaccord, la perméabilité qui permet la ventilation ayant l'inconvénient de favoriser l'humidité et l'infection des murs par les microorganismes, l'imperméabilité amènerait la saturation de l'air par la vapeur d'eau expirée ; il faut donc se tenir dans un juste milieu. — La distribution des locaux n'a pas moins d'importance que les conditions précédentes : il faut supprimer les petites cours intérieures, puits sombres et humides. La cuisine doit être vaste, bien éclairée, largement ventilée, à sol dallé ou carrelé, jamais en sous-sol ; le tuyau d'évier doit être muni d'un siphon hydraulique empêchant le reflux des gaz et des odeurs de l'égout ; la canalisation des eaux ménagères doit être pratique et l'écoulement rapide. La chambre à coucher vient ensuite, elle doit être vaste, haute de 3 mètres à 3m,50, présenter de larges ouvertures à la meilleure exposition de la maison ; le parquet doit être en bois dur, ciré, les murs latéraux présenteront un minimum d'angles et d'inégalités ; pas d'alcôves, pas de tentures, de rideaux, de tapis, en étoffes épaisses. Les water-closets doivent être situés dans une partie reculée de l'appartement, loin des chambres à coucher, munis surtout d'air et de lumière ; le sol carrelé ou cimenté, les murs peints à l'huile fréquemment lavés.

B. — La ventilation, c.-à-d. le renouvellement de l'air vicié par la respiration des individus et les produits de combustion d'éclairage, est une des premières conditions de salubrité. En effet, l'air confiné produit des accidents rappelant les symptômes de l'asphyxie ; sans en venir à ce degré, le séjour prolongé dans une atmosphère viciée est une des causes les plus puissantes de dépression de l'organisme. Quant à savoir quelle est la cause de cette nocuité, diminution de l'oxygène, augmentation de l'acide carbonique ou dégagement des produits organiques de respiration, la question n'est pas encore définitivement jugée. Cependant c'est la proportion d'acide carbonique dans l'atmosphère qui sert de base à la mesure de la viciation de l'atmosphère. Deux moyens s'offrent à nous de prévenir les inconvénients d'une part, fournir à chaque individu un volume d'air proportionnel à son séjour ; d'autre part, assurer le remplacement de l'air vicié par de l'air parvenu du dehors. Plus la quantité d'air pur dans lequel se diffuse l'air souillé est considérable, plus il faut de temps pour que l'altération de la masse totale atteigne la limite au delà de laquelle elle est nuisible, d'où l'avantage des vastes pièces. Il est fixer le cubage de l'air à un minimum de 25 mètres cubes par heure et par individu ; ce chiffre est peut-être peu élevé, mais il faut savoir qu'on ne saurait être trop large en pareille question. Quelque vaste que soit l'espace consacré à l'habitation, il arrive nécessairement, si l'air ne se renouvelle pas, un moment où la viciation de l'air devient intolérable. Il est donc indispensable d'assurer le renouvellement de l'air : il est vrai que nos demeures ne sont jamais hermétiquement closes ; il y a une ventilation naturelle, il s'établit des courants incessants surtout à cause de la différence de température des atmosphères intérieure et extérieure. En dehors de ce fait, le meilleur procédé d'aération est l'ouverture des croisées, utile surtout avec un vent léger, et lorsque les fenêtres sont opposées ; malheureusement ce moyen ne peut être utilisé pendant la nuit et les atmosphères calmes rendent l'échange à peu près nul en raison de l'équilibre ; d'ailleurs les courants d'air ainsi établis sont pénibles à supporter et dangereux. Il n'en est pas de même de la ventilation par les tuyaux de cheminées, mais un inconvénient est que le débit d'évacuation étant exagéré relativement à l'apport, il se produit de violents courants d'air qui nécessitent l'installation de voies d'entrée spéciales que l'on place tantôt à la partie supérieure des croisées, tantôt à la partie inférieure des murs, etc. C'est dans ce but que l'on a fabriqué récemment des vitres perforées. Si pour les demeures privées où ne se produit pas d'agglomération la ventilation naturelle est insuffisante, il faut avoir recours à une méthode artificielle pour les salles de réunion, de cours, de théâtre. Deux systèmes sont en présence : le système de ventilation par appel emprunte à la ventilation naturelle ses moyens d'action, différence de température et force du vent ; le procédé consiste essentiellement à déterminer une raréfaction de l'air intérieur pour y faire affluer l'air extérieur ; on utilise généralement pour cela la chaleur développée par les foyers (poêles Geneste et Herscher) ; un grave défaut de ce système est de ne bien fonctionner que pendant une partie de l'année, lorsque les appareils de chauffage sont allumés ; aussi a-t-on cherché à remédier à ce défaut en plaçant sur le trajet du canal d'évacuation de l'air un foyer de chaleur quelconque, un simple bec de gaz, une veilleuse, qui suffit à produire un énergique appel d'air vicié, la force du vent est aussi quelquefois utilisée pour la ventilation (capes de vent des tuyaux de cheminée, agents très médiocres). Le second système de ventilation mécanique peut se faire par propulsion ou par aspiration : trompe à eau, air comprimé, propulsion par les hélices, etc. Quel que soit le système employé, il doit, pour remplir le but qu'on se propose, satisfaire à certaines conditions : l'air nouveau doit être aussi pur que possible à la prise doit donc se faire non pas dans des sous-sols comme on le faisait autrefois, mais au moins à 2 mètres au-dessus du sol ; l'air doit pénétrer d'une façon insensible et non sous forme de courant d'air, la vitesse de 50 centimètres par seconde est la plus favorable, et pour la réaliser il convient que le débit d'entrée soit supérieur au débit d'évacuation ; les orifices de sortie seront placés le plus près possible des points où s'accumule l'air vicié et autant que possible dans les angles voisins du vitrage ; au point de vue de la situation respective des bouches d'entrée et de sortie la ventilation horizontale est mauvaise ; la ventilation ascendante doit être réservée pour les cas où l'air n'est pas préalablement réchauffé avant son entrée dans la pièce ; enfin la ventilation descendante doit convenir aux cas fréquents où l'air traverse des appareils de chauffage avant de purifier l'espace.

C. — Il y a un chauffage naturel qui, s'il est gênant en été pour les habitations, n'est point à dédaigner en hiver ; le meilleur moyen d'accroître ses avantages et de diminuer ses inconvénients, c'est de construire les habitations avec des murs d'une grande épaisseur. Dans nos climats toutefois, cette source de chaleur est insuffisante dans la saison froide, et l'on est obligé de recourir au chauffage artificiel, destiné à fournir, quel que soit l'abaissement de la température extérieure, une température appropriée aux besoins et au bien-être des habitants, sans dessécher l'air et en permettant l'évacuation complète hors de l'habitation des produits de combustion. Pour les gens bien portants, la température peut sans inconvénient varier de 10 à 20° ; elle doit osciller entre 14 et 16°, surtout dans les chambres à coucher. Le chauffage doit maintenir une température égale dans les diverses parties de la pièce, résultat difficile à obtenir, surtout dans les appartements élevés de plafond. Tous les combustibles sont d'origine organique ; le calorique dégagé par eux est le résultat de la combinaison du carbone et de l'hydrogène qu'ils contiennent avec l'oxygène de l'air ; le calorique dégagé est donc d'autant plus considérable que la proportion des atomes de carbone, et surtout d'hydrogène, est plus élevée relativement à celle des atomes d'oxygène et d'azote. Une cause toutefois influe notablement sur le pouvoir calorifique, c'est la proportion d'eau de constitution des corps qui absorbe pour se vaporiser une grande quantité de chaleur, et celle des cendres minérales qui représente l'élément incombustible. De tous les éléments de chauffage, la houille fournit le plus de calorique pour le prix le plus modique, puis vient le coke et enfin le bois. — Un corps en brûlant fournit de la chaleur sous deux formes : 1° par contact, qui échauffait les couches d'air au contact desquelles il se trouve qui, devenues plus légères, s'élèvent en courant ascendant, mode peu profitable, puisque la fumée entraîne une partie du calorique ; 2° par rayonnement, en émettant des rayons caloriques dans tous les sens. Lorsque la combustion est complète, les résidus sont principalement de l'acide carbonique et de la vapeur d'eau, en proportion minime, si la substance est azotée, des acides azotique et azoteux, de l'ammonique, et, si elle contient du soufre, de l'acide sulfureux. Lorsque la combustion est incomplète, il se joint à ces gaz de l'oxyde de carbone, de l'hydrogène carboné, des produits pyrogénés et empyreumatiques, odorants, des particules de charbon non brûlé qui constituent la fumée. L'apport de l'air doit donc être suffisant pour diminuer autant que possible les combustions incomplètes, ce qui a lieu lorsque la fumée contient 8 à 10 p. 100 d'acide carbonique. Quel que soit du reste le mode de chauffage, la chaleur totale développée par la combustion n'est pas utilisée, et les meilleurs appareils sont ceux qui emploient les 2/3 du calorique produit. Ces considérations ont une extrême importance : car il n'est pas rare que, par suite d'un vice dans la construction ou dans la disposition d'un appareil de chauffage, les produits de la combustion viennent se mélanger à l'air intérieur de la maison et déterminer chez ses habitants des accidents plus ou moins graves, que l'on décrit sous le nom d'asphyxie par la vapeur du charbon. De tous les produits toxiques à craindre, le plus dangereux est l'oxyde de carbone : 1 p. 1000 dans l'air ambiant suffit pour empoisonner le sang et provoquer la formation de carbonoxyhémoglobine, produit qui agit énergiquement sur les centres nerveux et paralyse la sensibilité et la motilité. Les accidents ainsi provoqués peuvent revêtir une forme plus ou moins grave suivant les conditions où se produit l'intoxication, tantôt lente chez les ouvriers qui travaillent auprès de foyers où brûle du charbon, tantôt plus aiguë chez les gens qui se servent de braseros, de chaufferettes, de poêles mobiles, etc., et le danger n'est pas localisé dans la seule pièce où naît le gaz nocif : car l'oxyde de carbone peut diffuser à d'assez grandes distances. — Pour chauffer les pièces de nos habitations deux moyens se présentent à nous, l'échauffement de l'atmosphère intérieure, et l'échauffement des parois et des murs. Tout appareil de chauffage se compose essentiellement d'un foyer de combustion destiné à produire la chaleur et d'un tuyau d'évacuation pour la fumée et les gaz, entre lesquels se place souvent une chambre ou réservoir de chaleur, destiné à emmagasiner le calorique et à le distribuer. Le foyer peut être placé dans la pièce même à chauffer (chauffage local) ou bien plus ou moins loin de là ou des parties à chauffer (chauffage central). — Le chauffage local peut se faire à l'aide de cheminées, dont les avantages sont d'être un agent énergique de ventilation et de ne pas modifier l'état hygrométrique de l'air, mais dont un inconvénient important est le faible rendement en calorique, la plus grande partie se perdant dans l'atmosphère extérieure pour échauffer l'air et les gaz du tuyau; et si l'on ajoute qu'elles répartissent très inégalement la chaleur dégagée, qu'elles occasionnent des courants froids incommodes par suite de l'afflux d'air qu'elles déterminent, qu'elles fument souvent et rejettent dans les appartements les produits de la combustion, on comprendra leurs désavantages, malgré les perfectionnements qui y ont été apportés. Le même chauffage local peut se faire à l'aide de poêles construits tantôt en métal, fonte ou tôle, tantôt en faïence ou en terre; quel que soit du reste le mode de construction, le poêle chauffe à la fois par rayonnement obscur, par contact et par convection, ce qui explique leur supériorité pour le rendement en calorique et pour la dépense de combustible; mais leurs inconvénients sont grands : en surchauffant l'air ils modifient son état hygrométrique et répandent une odeur désagréable; les parois du tuyau permettent la diffusion de l'oxyde de carbone. On a d'ailleurs perfectionné les poêles en leur donnant une double enveloppe, constituant une sorte de réservoir de calorique, et en allant prendre au dehors l'air qui doit s'échauffer autour du poêle, faisant ainsi servir l'appareil à la ventilation. Quant aux poêles mobiles, dont la vogue tient la l'économie réalisée pour un rendement élevé, au peu de surveillance nécessaire et au déplacement facile de l'appareil, ils sont justement insalubres en proportion et à cause de leurs avantages; aussi l'Académie de médecine a-t-elle dû mettre le public en garde contre ces appareils et réglementer les précautions à prendre à leur égard. — Le chauffage central est employé pour chauffer économiquement toutes les parties d'un édifice un peu important; on doit distinguer les appareils à air chaud dans lesquels l'action du foyer s'exerce directement sur l'air du dehors qui se rend dans les salles, et les appareils à eau chaude et à vapeur, dans lesquels le foyer n'agit que médiatement et sert à échauffer l'eau ou la vapeur qui doit ensuite céder son calorique à l'air intérieur. Les calorifères à air chaud se recommandent par la simplicité, la facilité, l'économie de leur installation et de leur entretien; mais ils produisent une ventilation défectueuse; ils dessèchent et altèrent l'air, enfin et surtout, ils rendent possible le mélange des gaz de la combustion (oxyde de carbone) avec l'air chaud; d'ailleurs la répartition du chauffage est souvent difficile avec ce système. Les calorifères à eau chaude marchent très régulièrement, ont une chaleur douce constante, n'altèrent pas l'air et sont indépendants de la ventilation; malheureusement, leur installation coûteuse et leur action calorifique lente restreignent

leur application aux hôpitaux. Les calorifères à vapeur fournissent beaucoup de chaleur et la fournissent rapidement ; en revanche, leur action est fugace s'ils ne fonctionnent pas d'une façon ininterrompue; aussi a-t-on tendance à combiner le chauffage à l'eau et le chauffage à la vapeur, ce système mixte semblant réussir parfaitement. Il nous reste à signaler les tentatives très hygiéniques de chauffage par les murs (maisons à double paroi entre lesquelles circule de l'air chauffé), permettant, selon la formule idéale de Trélat, « de respirer un air frais dans un local chaud ». Voy. CHAUFFAGE.

D. — *L'éclairage artificiel* des habitations intéresse l'h. à un double point de vue; d'abord l'action des sources lumineuses sur l'œil et le moyen de les utiliser d'une façon favorable, ensuite les dangers qui peuvent résulter de l'altération de l'air par les produits de combustion des matières d'éclairage. — La lumière solaire peut nous arriver sous forme de rayons directs ou de lumière diffuse : pour les habitations collectives les rayons directs, très assainissants, sont recommandables; pour les locaux où s'accomplissent des travaux qui exigent l'application soutenue de l'organe de la vue, la lumière directe serait souvent fatigante; la lumière diffuse convient mieux pourvu qu'elle soit abondante, car la myopie si souvent constatée chez les jeunes gens paraît tenir moins à l'hérédité qu'à l'éclairage défectueux des salles d'étude : l'éclairage par le toit donne la lumière à profusion et dans des conditions très favorables à la vue, mais pour les écoles, la commission d'h. préconise l'éclairage bi-latéral et les directions intermédiaires entre le N.-S. et le N.E.-S.O. L'éclairage artificiel n'est jamais trop intense en principe; ses effets nuisibles tiennent presque toujours à son insuffisance. L'intensité lumineuse dépend de deux facteurs : la composition de la matière éclairante, la façon dont on l'utilise; la supériorité appartient au pétrole et au gaz d'éclairage comme matières premières, mais ils ont l'inconvénient de développer une trop grande chaleur pendant leur combustion, et c'est là que devient patent l'avantage de l'éclairage électrique qui, pour une même intensité lumineuse, fournit une proportion minime de calorique, tandis qu'avec les bougies et les lampes, si on voulait obtenir une lumière d'intensité égale, la chaleur dégagée serait la même qu'avec le gaz. La lumière électrique reste hygiénique malgré sa richesse en rayons chimiques : elle demande simplement à être soustraite au regard direct, à être projetée de haut en bas. L'altération de l'air par les appareils d'éclairage, consistant en consommation d'oxygène et production d'acide carbonique, atteint rarement un degré suffisant pour provoquer autre chose que des malaises; il n'en est pas de même de certaines substances employées dans l'éclairage, principalement du gaz tiré de la houille : car, même épuré, il contient une assez forte proportion d'oxyde de carbone, et bien des accidents mortels ont été dus à des fuites produisant des infiltrations.

E. — *L'évacuation des immondices* produites par l'homme (déchets organiques, matières fécales et urine, détritus de cuisine et de balayage, eaux ménagères, etc.) a une importance capitale pour la salubrité des habitations, ces matières pouvant devenir des foyers de fermentation, et étant souvent le réceptacle de germes pathogènes. Dans les campagnes et malheureusement aussi dans bien des villes, surtout dans les pays méridionaux, rien n'est disposé dans les maisons pour recevoir les immondices; nombreux sont les dangers de pareils procédés, et le rôle qu'ils jouent dans la propagation du choléra et de la fièvre typhoïde est connu de tous. Les systèmes de vidange employés à l'heure actuelle sont nombreux. Il y a d'abord les fosses fixes : la fosse fixe, en maçonnerie plus ou moins étanche, prête à bien des critiques, entre autres elle laisse séjourner des matières qui devraient être évacuées dans le plus bref délai ; malheureusement on ne peut la proscrire et il convient de s'efforcer de perfectionner la construction des fosses, d'activer leur ventilation, de désinfecter les cavités, surtout en temps d'épidémie (ce qui ne peut se faire qu'à l'aide des désinfectants chimiques, sulfate de fer, ou désinfectants perpétuels, sulfate de cuivre, chlorure de zinc, etc.), enfin, de faire des vidanges fréquentes, pratique dangereuse pour les ouvriers, désagréable et insalubre pour les voisins. — Les fosses mobiles ou tinettes ne sont qu'un perfectionnement du système primitif de nos aïeux, la garderobe ou chaise-percée; elles doivent avoir un volume peu considérable qui permette de les changer fréquemment, mais elles ont l'inconvénient d'entraîner de gros frais, de supprimer à peu près la ventilation, d'exclure l'usage de l'eau dans les latrines, enfin, d'exiger la conservation des dépotoirs ; même le système Goux ou le système Moule (earth closet) destinés à désinfecter les immondices ne peuvent avoir que des applications restreintes. — Le système diviseur n'est qu'une modification de la fosse mobile, se proposant de séparer les matières solides, retenues dans l'appareil, des liquides, qui se rendent directement dans l'égout ; il a l'inconvénient de ne pas produire une filtration, mais bien le délaiement des matières, qui se rendent à peu près toutes à l'égout. — Le système Liernur est d'une complication qui le rend inapplicable. — Le système Berlier, fondé sur le même principe de l'aspiration par le vide, est beaucoup plus simple ; appliqué à Paris et à Lyon, il a le seul défaut d'exiger l'établissement d'une canalisation spéciale très coûteuse. — Le système Waring (separate system) fait circuler dans un système de canalisation distincte, sans communication avec les égouts ordinaires, autant que possible à l'abri de l'air, les matières excrémentitielles, mais il s'obstrue trop facilement et n'a pas d'avantage économique pour les grandes villes, où un système d'égout est indispensable. — Le système du tout à l'égout est insuffisamment défini par son nom : il consiste à faire évacuer par les égouts convenablement aménagés tous les déchets qui se produisent dans les maisons. Les adversaires du tout à l'égout prétendent qu'en laissant circuler et forcément stagner des matières chargées de germes, on favorise, par la dessiccation et les infiltrations, l'infection du sol ; les partisans du système soutiennent que l'adjonction des excréments accroît que faiblement l'impureté des eaux d'égout et que l'insalubrité de ceux-ci provient surtout de leur aménagement défectueux, facile à améliorer en faisant circuler l'eau abondamment dans les conduits, et en pratiquant une large ventilation ; néanmoins, l'argument principal est l'heureuse influence exercée par le tout à l'égout sur l'état sanitaire des villes où il fonctionne depuis un certain temps. — Quel que soit le système d'évacuation, les cabinets et leurs dépendances doivent être absolument propres et inodores : ils doivent, en conséquence, être pourvus d'une prise d'eau assurant le lavage de la cuvette, et d'un système d'obturation empêchant le reflux des gaz de la fosse ou de l'égout dans le cabinet ; ils devront, de plus, être ventilés largement. Parmi les modèles d'appareils à effets d'eau, les meilleurs sont ceux qui ont le mécanisme le plus simple, et qui donnent lieu, avec une quantité relativement faible d'eau, à une chasse vigoureuse. Quant au système destiné à empêcher le reflux des gaz méphitiques, il faut repousser les appareils à valves, clapets, soupapes, pour n'admettre que l'obturation hydraulique ou coupe-air, perfectionnée par Geneste et Herscher. Les latrines doivent être particulièrement bien installées dans les habitations collectives, et il serait bon que l'appareil Doulton, dit combinaison, ou le système à auges, soient propagés dans ce genre d'édifice.

F. — Les habitations collectives, telles que casernes, lycées, écoles, hôpitaux, théâtres, sont soumises aux principes que nous venons d'énumérer, et ceux-ci doivent être appliqués avec d'autant plus de rigueur que l'encombrement y est imminent. — Les casernes peuvent se ramener à quatre types : le type quadrangulaire, antérieur à 1870 ; le type de 1874, où les bâtiments d'angle sont supprimés ; le type linéaire ; enfin, le type à pavillons isolés (pavillons Tollet) qui est supérieur à tous les autres. D'ailleurs, l'aménagement intérieur est encore plus intéressant ; les réformes doivent porter surtout sur la diminution du nombre d'étages, la suppression, dans la mesure du possible, des cloisonnements intérieurs qui font obstacle à la ventilation, la réduction du nombre d'hommes par bâtiment et par chambrée, et l'augmentation du cube d'air accordé à chacun ; l'installation de réfectoires distincts des dortoirs, l'amélioration de la tenue des cuisines, qui doivent être éloignées des latrines, la propreté de celles-ci, enfin, l'établissement de lavabos et la généralisation du système des douches tièdes. — Les écoles doivent être situées dans les emplacements les plus salubres, et les internats doivent être suburbains. On doit moins rechercher à construire un monument qu'un édifice aéré vraiment hygiénique. Les classes ne doivent pas recevoir plus de 50 élèves, la superficie doit être calculée à raison de 1 m.,50 par élève, en adoptant une hauteur de plafond de 3 m.,30 à 4 m.,50 ; l'aération doit assurer un renouvellement de 15 mètres cubes d'air par élève et par heure ; la température de chauffage doit être maintenue entre 12° et 17° et le degré hygrométrique entre 50 et 65 p. 100 ; l'éclairage diurne doit être tel que l'œil, placé au niveau de la table, à la place la moins favorisée, voie directement le ciel dans une étendue de 30 centimètres au moins, comptés à partir de la partie supérieure de la fenêtre. Quant à l'éclairage artificiel, la commission scolaire réclame un bec de gaz pour 6 élèves, placé à 1 m.,80 au moins au-dessus du sol. Une autre préoccupation

doit être le mobilier scolaire, tables et bancs, susceptibles de favoriser les déviations de la colonne vertébrale et des altérations de la vision ; il convient que la partie supérieure du corps soit droite, la colonne vertébrale restant rectiligne, et les reins ne présentant pas d'ensellure ; la hauteur des tables et des sièges doit être proportionnée à la taille, et la table doit surplomber légèrement le siège. Enfin, aucun détail ne doit être négligé, vestiaire, lavabo, préaux, latrines.

Les hôpitaux ont été l'objet d'études on ne peut plus nombreuses, destinées à atténuer leur insalubrité. La première condition est que le malade qui vient chercher la guérison d'une affection légère ne puise pas dans le milieu hospitalier un principe de mort, comme cela était et est encore trop fréquent ; un des premiers points est de fournir aux malades le maximum d'air pur. Aussi, l'emplacement de choix est-il suburbain, ce qui offre encore l'avantage de permettre une superficie plus considérable pour une même dépense. Rochard réclame 100 mètres par malade, et Tollet voudrait que la superficie individuelle crût en raison du nombre de lits. La disposition des bâtiments la plus favorable est celle des pavillons isolés ; les salles doivent avoir une double rangée de fenêtres et faisant face, entre lesquelles sont placés les lits ; la forme de voûte ogivale, donnée aux plafonds par Tollet, est avantageuse pour l'évacuation des produits viciés, mais rend le chauffage difficile ; le chauffage à la vapeur, associé à des poêles à eau, placés dans les salles, est le mode le plus efficace, avec les poêles à double enveloppe, qui servent à la fois au chauffage et à la ventilation. Inutile d'insister sur l'éclairage, les water-closets, etc., etc. Le système des hôpitaux-baraques, qui a été fort en vogue à un moment, est abandonné aujourd'hui, car ils protègent mal contre les vicissitudes atmosphériques, ils sont facilement envahis par les rongeurs et les punaises, et s'infectent volontiers par suite de la porosité du bois.

5° Les villes. — Une ville, au point de vue de l'h., n'est en quelque sorte qu'une habitation collective plus ou moins vaste. La mortalité des villes est toujours plus élevée que celle des campagnes, malgré l'incurie des populations rurales. Les causes de cette infériorité sont évidentes ; souillures de l'air et du sol, chances de contagion, infractions de régime qu'entraîne la vie de citadin. Nous avons à passer en revue successivement cinq paragraphes.

A. — La voirie, c'est-à-dire l'aménagement et l'entretien de la voie publique, doit avoir en vue l'accès libre de l'air et de la lumière, ces deux puissants agents d'assainissement. Malheureusement, l'application de ces principes refoule la population ouvrière dans les quartiers excentriques, où se créent des foyers insalubres. La largeur des rues devrait permettre l'arrivée des rayons solaires pendant une durée de 4 heures au minimum chaque jour ; cette loi est pratiquement inapplicable, mais, en aucun cas, on ne devrait permettre que la hauteur des maisons excédât la largeur des rues. Le pavage doit être aussi imperméable que possible et ne pas donner lieu à trop de poussière ; aussi, le macadam, le pavage en pierre lui-même, malgré sa solidité et son économie, sont-ils inférieurs au pavage en bois, d'un entretien et d'un nettoyage faciles, ne donnant que peu de poussière et durant de 4 à 10 ans. La chaussée doit être de forme convexe, avec rigoles latérales, étanches, revêtues en ciment, recouvertes de plaques de fonte qui permettent leur nettoyage. L'entretien de la rue a une grande importance pour le bon effet des règles que nous venons d'énoncer ; l'enlèvement des ordures ménagères fait quotidiennement, ces ordures étant renfermées dans des boîtes closes vidées directement dans un tombereau, n'a pas de grands inconvénients ; le voisinage des dépôts de ces matières est au contraire très nuisible, car, pour activer leur fermentation et les rendre plus propices aux travaux d'agriculture, pour transformer ces gadoues vertes en gadoues faites au terreau, on les arrose de temps à autre avec de l'eau de vidange ; aussi, la création de ces dépôts devrait être défendue en deçà de certaines zones suburbaines. — Un autre point important est l'arrosage qui fixe les poussières voltigeant dans l'air et rafraîchit l'atmosphère.

B. — L'évacuation des matières usées, avec ou sans les matières excrémentitielles auxquelles viennent se joindre les eaux de pluie, d'arrosage, se fait de nos jours par les égouts, dont les réseaux ont été conçus et réalisés dans certaines villes comme Paris sur le plan le plus grandiose. Assimilant une ville à un organisme vivant, Arnould a très heureusement comparé le système d'égouts au système veineux ; les branchements de maisons, avec toutes leurs ramifications, représenteraient les veines émergeant des organes ; les égouts des rues, les veines principales, et les collecteurs, les gros vaisseaux où se réunissent les veines des membres et du tronc. Les égouts sont aussi étanches que possible ; leur forme est ovoïde, à petite extrémité tournée en bas et aplatie ; dans les grands égouts on ménage à la base une rigole centrale bordée de deux banquettes pour faciliter la circulation des liquides ; les grands collecteurs sont de vrais monuments, celui d'Asnières a 4ᵐ,40 de haut et 5ᵐ,60 de large. — Une des conditions essentielles du bon fonctionnement est que les matières ne stagnent jamais : pour cela il faut disposer d'une grande quantité d'eau, environ 200 litres par jour et par habitant, surtout si l'on veut appliquer le tout à l'égout. Il est donc nécessaire d'avoir recours à des artifices : main-d'œuvre, curage à la main pour les petits égouts ; wagons et bateaux, vannes, barrage pour les grands ; chasses automatiques dans les moyens, etc. — Une autre nécessité des égouts est leur ventilation, destinée à activer l'oxydation des matières organiques qu'ils charrient, permettant le travail des ouvriers et empêchant les émanations incommodes. A Paris, la ventilation se fait par les bouches d'égout ; malheureusement, le courant est tantôt descendant, tantôt ascendant, d'où des émanations fréquemment incommodes ; d'ailleurs, dans les maisons mêmes, les gaz et les odeurs peuvent refluer par les tuyaux de chute, si l'on ne prend pas des mesures en conséquence ; il faut, à tout prix, empêcher la *disconnection ;* le moyen le plus pratique est l'établissement de siphons hydrauliques à l'origine de toutes les branches de canalisation et d'un siphon, dit siphon de pied, au débouché du branchement de la maison dans l'égout.

Une fois évacuées hors de la ville, ces eaux vannes, si éminemment fermentescibles, deviennent un danger ; lorsque ces eaux sont laissées quelque temps à l'abri du contact de l'air, il s'y forme des sulfures et de l'hydrogène sulfuré ; mais le péril provient surtout de la proportion énorme de matières organiques (773 grammes par mètre cube) et de la multiplicité des bactéries (20.000 par centimètre cube). Le moyen le plus simple de se mettre en garde est la projection à la mer ou dans les cours d'eau, mais la pollution de ces derniers a de graves inconvénients ; malgré l'établissement de collecteurs qui transportent les souillures au delà des villes, le dommage persiste pour les riverains, et les bords de la Seine, entre Asnières et Saint-Denis, sont bien connus pour leurs odeurs nauséabondes, provenant de l'épuration spontanée qui s'accomplit par l'oxydation des matières organiques ; encore ces oxydations sont-elles souvent incomplètes, si la proportion de ces matières est trop élevée. Malheureusement, il n'est guère possible d'avoir recours à d'autres procédés et il faut bien avouer que leur utilisation n'est guère vraiment nocive que si le débit des cours d'eau n'est pas très considérable ; le même principe engage, lorsque l'évacuation se fait dans la mer, à établir des conduites débouchant au large et non dans les eaux mortes, comme à Marseille, à Toulon. — Bien des agents chimiques ont été proposés pour épurer les eaux vannes (lait de chaux, alun, sels de fer, etc.) ; on a cherché aussi à faire de l'épuration mécanique par filtration et décantation des eaux ; ces deux méthodes ont même été associées, mais elles ont toujours le grave défaut de coûter très cher et de ne donner qu'un résultat insuffisant, sans parler de l'insalubrité desdites manipulations et de la difficulté de se débarrasser des résidus. Aussi, de toutes les solutions proposées, l'épuration par le sol est la plus généralisée, comme la plus simple et la plus efficace ; ce système est basé sur la propriété du sol bien connue d'oxyder les substances organiques contenues dans l'eau, propriété que l'on peut utiliser en agriculture. Les sols les plus perméables sont les plus propices ; quant à la superficie des terrains à consacrer à l'irrigation, elle dépend de la nature des terrains, de la profondeur de la couche perméable, et du mode d'épandage ; on peut fixer la faculté d'épuration du sol à 1 hectare pour 250 individus avec l'épandage continu ; on peut même accroître cette faculté en divisant la surface en plusieurs lots, qu'on laisse successivement reposer de façon à éviter la saturation. Le mode d'épandage est nécessairement subordonné à la nature des cultures qu'on veut pratiquer ; comme condition essentielle l'épandage doit être intermittent, car cela permet à l'air, agent comburant, d'entrer en conflit avec la matière organique ; le drainage du sol est très avantageux pour enlever l'eau surabondante non utilisée par la végétation : l'eau qui s'écoule des drains est limpide, sans odeur, et peut être bue sans inconvénient. Tout le monde est d'accord sur l'efficacité de cette méthode au point de vue de l'épuration des eaux, mais les germes ainsi déposés dans les couches superficielles du sol ne vont-ils pas se conserver intacts et changer ces champs d'irrigation en foyers d'infection ? Ces craintes sont tout au

moins exagérées, étant donnés les résultats obtenus et l'état sanitaire des régions voisines des champs d'épuration. Voy. Égout.

C. — *L'amenée et la canalisation de l'eau potable* est un des éléments fondamentaux de la salubrité de toute collectivité. Cette eau doit pourvoir aux besoins de la maison, aux besoins de la voie publique et aux besoins de l'industrie. D'une façon générale, on peut dire que : « il faut qu'il y ait trop d'eau pour qu'on en ait assez ». On peut donner comme moyenne, par individu, suivant les pays, de 200 à 500 litres d'eau par jour. — La provenance de l'eau est d'une importance majeure, tant pour sa qualité que pour sa quantité : en principe, il vaut mieux qu'une seule catégorie d'eau, pour que toute crainte de mélange ou de substitution soit écartée. L'eau peut être empruntée : 1° aux sources, c'est la plus pure ; puisée au griffon, Pasteur y a constaté l'absence de tout microbe ; malheureusement, c'est une ressource un peu précaire, surtout pour les grandes villes, pouvant faire défaut dans la saison chaude, au moment où l'eau est le plus nécessaire ; — 2° à la nappe souterraine, quand elle n'est pas souillée par des infiltrations provenant de la surface du sol ou des fosses d'aisance, elle a les mêmes qualités que l'eau de source ; en réalité, les puits ordinaires sont généralement souillés, à cause de leur voisinage ; de plus, leur eau contient souvent une trop forte proportion de sels minéraux et est insuffisamment aéré ; — 3° aux cours d'eau ; par suite de l'importance de leur débit, ils satisfont aux exigences urbaines ; de plus, l'eau en est fortement oxygénée et contient peu de sels minéraux ; en revanche, ils reçoivent sur leur passage toutes sortes de souillures ; les villes qui, par leur situation ou leurs ressources, peuvent aller prendre ces cours d'eau non loin de leur source, résolvent au mieux le problème ; mais celles qui sont obligées d'emprunter au fleuve ou à la rivière qui les traverse, sont moins favorisées et doivent avoir recours à une épuration par filtration ou décantation ; — 4° aux eaux de pluie, ressource très inégale, qui ne peut être considérée que comme pis-aller dans les pays arides, où l'on taille des citernes plus ou moins vastes, souvent dans le roc.

Une fois recueillie, l'eau doit être amenée, soit en vertu de son propre poids, soit par des machines élévatoires, dans des réservoirs suffisamment élevés pour obtenir dans les conduites de distribution une pression qui parvienne aux étages supérieurs des maisons ; ces réservoirs doivent être construits en maçonnerie cimentée, entourés de corps mauvais conducteurs ; l'eau doit y arriver en cascade, pour s'aérer, et des nettoyages périodiques doivent être opérés. De ces réservoirs partent des tuyaux en fonte, placés dans de profondes tranchées, sur lesquels viennent se raccorder les conduites des maisons ; ces conduites sont généralement en plomb ; il y aurait avantage pour la salubrité, de pour d'intoxication, à employer un autre genre de canalisation : car, si l'eau n'est pas souillée par la solubilité du plomb quand elle ne séjourne pas à son contact, il faut néanmoins faire des réserves et se méfier toujours ; aussi, quand on use de tuyaux neufs ou ayant chômé un certain temps, doit-on les vider périodiquement et laisser couler l'eau quelques minutes.

D. — *L'aménagement des cimetières* au point de vue hygiénique est compliqué par le désir naturel qui pousse les familles à demander leur proximité du centre des villes. Or, ceux-ci sont, pour les puits voisins et pour la nappe souterraine, une source d'infection, en même temps qu'ils vicient l'atmosphère en y répandant des miasmes dangereux ; cependant, il faut bien savoir que les gaz délétères, ou seulement incommodes, n'arrivent pas à la surface du sol, et que la presque totalité de la matière organique a disparu, brûlée, au bout de 5 ans, cette décomposition étant accélérée par un drainage méthodique des terrains. Ces faits diminuent les inconvénients, pourvu toutefois que les cadavres soient inhumés au moins à 1ᵐ,50, que la nature du terrain active la décomposition (terrain calcaire et terre végétale), et que la nappe souterraine n'atteigne jamais le fond des fosses. L'étendue des cimetières doit être proportionnelle au chiffre moyen des décès annuels, mais il conviendrait que la période de 5 ans, admise pour le renouvellement des sépultures, soit prolongée et portée à 10 ans. L'habitude de planter des arbres dans les cimetières, de les entourer d'un mur et d'un fossé profond, faisant office de collecteur des eaux d'infiltration pour les conduire en aval de la ville, aurait intérêt à se propager. — La crémation semble devoir présenter de grands avantages au point de vue hygiénique, mais elle restera encore dans l'état actuel de nos mœurs un procédé exceptionnel. — Nous devons signaler enfin une proposition utile qui a été ajournée, celle de la création de dépôts mortuaires destinés à recueillir les cadavres depuis le moment du décès jusqu'au moment de l'inhumation, au moins pour les familles pauvres, où plusieurs personnes couchent dans une même pièce.

E. — *La surveillance des habitations et des logements insalubres* est nécessaire pour compléter la salubrité d'une ville; c'est dans les bouges des quartiers miséreux des grands centres que débutent généralement les épidémies. A l'heure actuelle, les villes sont obligées d'avoir une commission des logements insalubres, dont les pouvoirs sont assez étendus, et c'est là une mesure qu'on ne saurait trop approuver.

6° *Alimentation.* — Toute substance qui, introduite dans le tube digestif, est susceptible de réparer les pertes de l'économie et de servir au développement des tissus, est un aliment. Tous de nature organique, animale ou végétale, ils doivent leur valeur nutritive à certains principes que l'on peut diviser en trois groupes : principes azotés, substances ternaires hydrocarbonées, et graisse. Dans aucun de ces principes, l'affinité du carbone, de l'hydrogène et de l'azote pour l'oxygène, n'est satisfaite : ce sont donc de vrais combustibles dont les combinaisons avec l'oxygène respiré dans l'intimité des tissus produisent la chaleur et la force. Voy. ALIMENT.

A. *Principes alimentaires.* — Les principes azotés se divisent, au point de vue de leur constitution chimique, en principes albuminoïdes ou protéiques (fibrine, albumine, caséine, etc.), principes gélatinigènes (chondrine, osséine, gélatine, etc.), et alcaloïdes (théobromine, caféine, théine, etc.). Sous l'influence des sucs digestifs, les substances albuminoïdes les plus importantes sont transformées en un corps soluble, la peptone, et introduites à cet état dans la circulation, éliminées ensuite sous forme d'eau, d'acide carbonique et d'urée, et, lorsque la combustion est incomplète, sous forme d'acide urique et de xanthine. — Les hydrates de carbone comprennent les amidons, les sucres et les gommes, qui pénètrent dans la circulation sous forme de glucose, après transformation par la salive et le suc pancréatique; ce glucose, brûlé en partie, produit de l'eau et de l'acide carbonique éliminés par les poumons, tandis qu'une autre portion s'accumule dans le foie pour constituer la matière glycogène. — Les graisses sont absorbées à l'état d'émulsion après avoir subi l'action du suc pancréatique, et brûlées dans les tissus en donnant de l'eau et de l'acide carbonique, et fournissant une quantité considérable de calorique. — Les sels minéraux dont la consommation s'élève environ à 30 gr. par jour, consistent surtout en chlorure de sodium et en phosphates.

B. *Aliments d'origine animale.* — Les caractères généraux de ces aliments sont : prédominance des principes azotés, proportion élevée des substances grasses, dose insignifiante de substance hydro-carbonée ; d'où la nécessité de les associer dans le régime normal aux aliments végétaux. (Il faut cependant faire une exception pour le lait et les œufs, qui réalisent le type de l'aliment complet.). — *Le lait* est l'aliment complet par excellence en ce sens que non seulement il contient tous les principes nécessaires, mais qu'il les contient dans les proportions les plus convenables. Le lait d'ânesse et le lait de femme sont très analogues; le lait de vache en revanche contient plus de caséine et moins de sucre et de beurre, faits importants au point de vue de l'alimentation artificielle ; la proportion des divers éléments varie dans d'assez larges limites suivant la durée de la lactation, le mode d'alimentation, la race et l'âge de l'animal, le moment de la traite. Au point de vue histologique, le lait est un liquide (sérum) où nagent d'innombrables globules graisseux et des granulations de caséine ; dans le liquide sont dissous le sucre de lait, la caséine soluble, et les sels. Quand le lait est abandonné à lui-même, au repos, les globules graisseux peu denses remontent à la surface pour former une couche de crème utilisée dans la fabrication du beurre; au contact de l'air se produit bientôt une altération chimique; sous l'influence du ferment lactique, le sucre de lait se transforme en acide lactique qui détermine la coagulation de la caséine, surtout si la température est favorable (24 à 28°), et si les récipients sont malpropres; à une température plus élevée se produit la fermentation butyrique (*Bacillus butyricus*); d'autres microorganismes peuvent encore se manifester : *bacillus cyanogenus, synxanthus, penicillium glaucum*, etc., dont l'action sur la santé paraît insignifiante. Les substances introduites dans le lait par l'alimentation peuvent produire des inconvénients multiples, agitation des enfants par abus d'alcool chez les nourrices, effets médicamenteux chez les nourrissons à la suite de l'ingestion par les nourrices de mercure, iode, fer, arsenic, etc. Plus importante est la possibilité de la transmission de maladies infectieuses par le lait servant de véhicule aux germes pathogènes (charbon, fièvre aphteuse, tuberculose). C'est surtout l'éclosion de la tuberculose provoquée par le lait des vaches atteintes de pom-

melière qui a ému l'opinion publique : heureusement nous possédons dans l'ébullition un moyen bien simple de parer au danger; si l'on tient à donner du lait cru, il suffit d'employer le lait des ânesses ou des chèvres, qui sont réfractaires à la maladie. Le lait est fréquemment falsifié, surtout par l'addition d'eau et l'écrémage, puis par des pratiques destinées à masquer les premières (addition de matières colorantes végétales, de gomme, de gélatine, pour lui donner de l'onctuosité; de cervelle d'animaux pour simuler la crème; enfin, de substances conservatrices, acide salicylique, acide borique, bicarbonate de soude). Seule, l'analyse chimique complète du lait peut donner des renseignements précis, qu'on ne peut malheureusement pas exiger dans la pratique, où les seuls procédés utilisés sont la détermination de la densité (*lacto-densimètre Quérenne*), vérifiée par le dosage du beurre (*lacto-butyromètre de Marchand, lactoscope Donné ou Vogel*). Une autre question est la conservation du lait, qui consiste simplement à mettre celui-ci à l'abri des ferments : l'ébullition quotidienne suffit pour garder le lait inaltéré pendant un temps presque indéfini. Un certain nombre de produits dérivés du lait sont encore à considérer : le *beurre*, composé de stéarine, palmitine, mitrine, oléine, caprilline, caproïne et butyrine, est une des substances les plus utiles en ce genre, quoique susceptible de rancir par dédoublement de la butyrine et de la caproïne, donnant des acides gras, butyrique et caproïque; le beurre est falsifié, surtout aujourd'hui, par l'addition de margarine et d'oléo-margarine; mais la preuve de sa pureté ne peut être faite que par des procédés de laboratoire, portant sur le point de fusion et de solidification et sur l'examen polarimétrique et microscopique des cristaux des divers corps gras; la conservation du beurre s'obtient momentanément en le soustrayant à l'air par l'interposition d'eau, ou, d'une façon plus durable, en le faisant fondre ou y ajoutant du sel, du borax, etc. — Les fromages sont le résultat de fermentations variées du lait, principalement butyrique et présure; soumis à l'action de la présure, le lait se sépare en deux parties par coagulation de la caséine dissoute : une, liquide, le petit-lait; l'autre, solide, dont la fermentation donnera lieu au fromage. Le fromage, très riche en azote, est, surtout associé au pain, un aliment des plus complets; malheureusement sa digestibilité n'est pas toujours égale à son pouvoir nutritif; il faut, d'ailleurs, se méfier des feuilles d'étain dont on enveloppe certains fromages et de ceux qui présentent une réaction acide. — Enfin, comme boissons fermentées dérivées du lait, nous devons citer le koumys et le kéfir (obtenus avec le lait de jument et le lait de vache, où le sucre de lait se transforme en alcool sous l'influence de ferments), boissons à la fois alimentaires et stimulantes, utilisées dans ces derniers temps par la thérapeutique dans les affections consomptives de la poitrine et des voies digestives.

Les œufs constituent un aliment complet (albumine, sels, eau et substances grasses), d'une digestion très facile à l'état cru ou cuit, plus indigestes une fois durcis, l'albumine étant coagulée; leur fraîcheur se constate par le procédé du *mirage* : on les conserve en les tenant à l'abri du contact de l'air, soit en les recouvrant d'un enduit imperméable, soit en les mettant dans l'eau additionnée de chaux pour empêcher la putréfaction.

La viande, chair musculaire des mammifères ou des oiseaux, est une des principales bases de la nourriture de l'homme; c'est un aliment très riche en substances azotées, la musculine étant la partie la plus nutritive, partie qui ne passe pas dans le jus de viande exprimé à la presse, dont la valeur nutritive est donc insignifiante; certaines viandes sont peu digestives par suite de la grande proportion de matières grasses (porc, canard, oie); la viande de cheval, quoique moins nutritive que celle de bœuf, fournit d'excellent bouillon. La viande est mangée crue, seulement par les malades affaiblis, rôtie ou bouillie; rôtie, il peut s'y conserver, dans les parties centrales, des microorganismes, des parasites dangereux, et ce mode de cuisson doit être rejeté si l'origine de la viande est suspecte; sous forme de bouillon, elle est très peu nutritive et n'a guère qu'une influence peptogène, favorable à la sécrétion du suc gastrique. — Il importe de savoir reconnaître les viandes malsaines provenant d'animaux vieux, surmenés; altérées, ayant subi un début de putréfaction (botulisme); insalubres, contenant le germe de maladies transmissibles : il faut tenir pour suspecte toute viande présentant une coloration brune ou noire, des infiltrations, des ecchymoses, et qui laisse écouler à la pression du sang noir, caillé ; la viande est dite dans ce cas *saigneuse*. D'autres viandes contiennent des helminthes, susceptibles de se développer chez l'homme (*ladrerie du porc* due au *cysticercus cellulosus*, larve du *tænia solium*, et du bœuf due au cysticerque du *tænia saginata; trichinose des porcs*). — Enfin, d'autres viandes encore sont nuisibles, provenant d'animaux atteints de maladies infectieuses virulentes : viandes charbonneuses, morveuses, rabiques, malgré des cas où elles ont été impunément consommées; viandes d'animaux tuberculeux, en général, malgré les distinctions adoptées qui permettent la vente des animaux chez lesquels la maladie est localisée, ne proscrivant que ceux où elle est généralisée. On comprend, d'après ce qui précède, l'importance de l'inspection sanitaire des animaux et des viandes qui sortent des abattoirs municipaux pour être livrés à la consommation.

La chair de poisson, analogue aux viandes blanches (poulet), est cependant bien moins riche en principes azotés : les poissons à chair blanche (sole, merlan, etc.), sont plus digestibles que ceux à chair jaune (saumon, etc.), et ceux-ci qu'à ceux à chair grasse (anguille, etc.). Le poisson s'altère rapidement, pouvant donner lieu à des produits toxiques dangereux. — Tandis que les crustacés (homards, langoustes), sont très nutritifs, mais indigestes, les mollusques sont plus pauvres en matière nutritive, d'où très faciles à digérer (huîtres), les autres difficiles (moules), ces dernières pouvant, en outre, présenter dans leur foie un ptomaïne toxique (mytilotoxine), qui peut engendrer l'urticaire.

La conservation de la chair des animaux si facilement altérable a une importance hygiénique et économique considérable, étant donnée son abondance en certains pays, où elle se perd faute de débouchés. Les nombreux procédés usités peuvent se ranger en cinq groupes : 1° conservation de la viande fraîche ; 2° conservation par dessiccation; 3° conservation par élimination de l'air; 4° conservation par enrobage; 5° conservation par les antiseptiques. Parmi tous ces procédés, tous destinés à entraver l'action des germes de la putréfaction, les seuls réellement importants au point de vue économique sont l'enrobage, principalement la salaison et la méthode Appert avec ses nombreux dérivés (méthode par élimination de l'air). Il y a, d'ailleurs, bien des inconvénients encore : la viande est modifiée dans sa texture et sa saveur, par suite, peu agréable; ensuite, la conserve une fois ouverte doit être consommée très rapidement sous peine d'altération immédiate; enfin, il faut signaler la possibilité d'accidents saturnins à la suite d'inclusion dans des boîtes métalliques. Aussi faut-il signaler et étudier de près les tentatives de transport de viandes congelées qui paraissent appelées à prendre de l'extension.

C. *Aliments d'origine végétale.* — Ces aliments contiennent les mêmes principes que les aliments d'origine animale, mais en diffèrent par les proportions de ces principes : ici ce sont les substances ternaires hydro-carbonées qui prédominent, qu'elles constituent la trame même des tissus (cellulose), ou soient déposées dans les cellules sous forme d'amidon ou de sucre de canne et de glycose; les principes azotés sont en faible quantité, sauf dans les graines des céréales et des légumineuses surtout, où elles s'accumulent pour nourrir l'embryon (caséines, légumine, amandine, albumines, gluten, etc.); les substances grasses sont en quantité variable, surtout dans la graine, les cotylédons ; enfin, il faut signaler la présence d'acides organiques combinés aux bases alcalines, surtout à la potasse.

Les *céréales* forment la base de l'alimentation publique sous diverses formes : riz, seigle, blé, etc. Cependant elles ne constituent pas à proprement parler un aliment complet, en raison de leur pauvreté en principes azotés, surtout après la décortication et la mouture, d'où la moindre résistance vitale des populations qui en font usage. Les céréales s'utilisent sous forme de farines, après avoir subi la mouture et le blutage ; plus les farines sont fines, moindre est la proportion d'azote et de sels minéraux : aussi le son est-il plus riche que la farine; il n'est pas, il est vrai, facilement digestible. Les farines peuvent être altérées par des parasites animaux ou végétaux existant déjà dans le grain, ou se développant spontanément; leur présence peut donner lieu à des troubles intestinaux. Les farines de blé sont parfois falsifiées par le mélange d'autres farines moins chères ou plus lourdes, ce qui se reconnaît au microscope par la différence de forme des grains d'amidon. Les farines de toutes les céréales ne sont pas propres à faire du bon pain, forme habituelle de leur emploi en France. La panification a pour objet de développer dans la farine additionnée d'eau une fermentation spéciale qui transforme une partie de l'amidon en dextrine, puis en glucose, enfin en alcool et acide carbonique, augmentant ainsi la digestibilité; la fermentation est déterminée le plus régulièrement par la levure de bière, bien préférable au levain (pâte qui a déjà fermenté); le pain est finalement porté au four chauffé à 260° environ. Le biscuit des troupes est un pain fabriqué avec très peu d'eau et où on prévient la formation d'yeux en ménageant des trous à la croûte; il se conserve longtemps, mais constitue un aliment passablement indigeste.

Les légumes, nom sous lequel on comprend usuellement des substances alimentaires végétales de provenance et composition diverses, peuvent se diviser en farineux et herbacés. — Les farineux ou féculents, de la famille des légumineuses, sont caractérisés par la proportion élevée de leurs principes azotés (légumine), très analogues à la caséine du lait ; leur enveloppe est réfractaire aux sucs digestifs (cellulose), et, par suite, mal supportée par certains estomacs. — Les herbacés sont divisés par A. Gautier en trois groupes : légumes riches en albumine végétale (choux, asperges, champignons, etc.), d'une bonne valeur nutritive, mais indigestes et parfois vénéneux (les champignons inoffensifs ne possèdent aucun signe certain qui les différencie des espèces nuisibles); légumes mucilagineux et salins (épinards, laitue, artichauts, haricots verts, etc.), caractérisés par leur faible quantité de matières nutritives et la forte proportion d'eau et de sels minéraux, surtout de potasse; enfin, légumes acides surtout par l'acide oxalique (tomates, oseille, etc.), redoutables pour la gravelle.

Les fruits diffèrent entre eux par la quantité de sucre qu'ils contiennent et la nature de leur acide (malique, tartrique, citrique, etc.); ces acides, en subsistant dans l'économie et en se transformant en carbonates alcalins, contribuent, comme les légumes herbacés, à maintenir l'alcalinité du sang; en même temps que leur sucre ils fournissent à l'économie des substances hydro-carburées, et par leur résidu (cellulose et liqueur) favorisent la régularité des selles.

A cette étude des végétaux, se rattachent les maladies d'origine végétale : ergotisme, pellagre, et les rapports du scorbut avec eux.

D. *Condiments.* — On désigne sous ce nom les substances employées d'habitude, en petites quantités, pour rehausser la saveur des mets. — Le sel, chlorure de sodium, est plus un aliment qu'un condiment, car il existe en quantité notable dans les liquides de l'organisme (sang, lait, salive, sueur, etc.), et a une action manifestement propice à la nutrition. — Les condiments autres peuvent se diviser en acides, âcres aromatiques et sulfurés, ayant tous une action locale irritante, qui détermine une hyperémie passagère de la muqueuse et une sécrétion plus abondante des sucs digestifs, et augmente l'appétit; de plus, ils appartiennent à la classe des agents antizymotiques et entravent l'action des ferments figurés; leur abus entraîne la phlegmasie chronique de la muqueuse digestive et consécutivement son atonie.

E. *Eau de boisson.* — L'eau représente à peu près 70 p. 100 de la masse totale du corps et joue un grand rôle dans les actes de la nutrition. La quantité nécessaire est estimée en moyenne à deux litres pour un adulte, lesquels sortent du corps et lui sont restitués en moyenne partie par les aliments, l'eau de boisson ne constituant en somme que l'appoint, éliminée très rapidement pour la majeure partie par les reins. — L'eau potable doit être limpide et incolore ; elle doit être aérée pour être digestive (oxygène, acide carbonique et azote); sa pureté est en rapport avec la quantité d'oxygène (car les matières organiques qui la souillent s'emparent toujours de l'oxygène libre), et avec sa faune et sa flore, car les végétaux et les animaux supérieurs sont beaucoup plus délicats et plus exigeants (cresson) que les organismes inférieurs (infusoires); de plus, l'eau doit être pauvre en sels minéraux, surtout en sels calcaires qui ne doivent pas dépasser un millième, sans quoi l'eau est lourde et dure, incrustant les tuyaux, cuisant mal les légumes, dissolvant incomplètement le savon ; la limite maximum de résidus fixes a été déterminée à 0,50 par litre. En outre, sont insalubres les eaux qui contiennent des matières organiques en suspension ou en dissolution, celles-ci s'oxydant rapidement pour se transformer en nitrites, nitrates et ammoniaque.

Les microorganismes constituent, d'autre part, un point important dans l'étude des substances constants dans toutes les eaux, généralement saprophytes, inoffensifs, mais parfois pathogènes, comme le bacille typhique, qui résiste à la glace. C'est surtout à cause de ce dernier microorganisme que le rôle étiologique de l'eau dans la genèse des maladies infectieuses a été étudié. Les relations entre les épidémies et l'emploi d'eaux polluées, ont mis l'esprit des savants en éveil, et les recherches faites avec ce point de départ par Moers, Michaël, Chantemesse et Vidal ont démontré la présence de bacilles typhiques et cholériques dans des eaux utilisées par les habitants des villes décimées par des épidémies, des maladies susdites. Il est démontré actuellement que les bactéries spécifiques peuvent vivre un temps assez long dans les eaux; surtout celles qui sont pourvues de spores, et y conservent leurs propriétés pathogènes.

Enfin, l'eau peut encore servir de véhicule aux œufs et de la plupart des entozoaires qui se développent dans le corps (distome, filaire du sang, ascarides lombricoïdes, bothriocéphale, ankylostome duodénal, etc.), et l'on a accusé certaines eaux trop chargées en magnésie ou privées d'iode, de produire le goitre et le crétinisme.

Les considérations qui précèdent nécessitent donc l'analyse chimique et l'analyse microscopique et bactériologique des eaux employées pour la consommation. — L'analyse chimique sommaire comprend quatre opérations : détermination du résidu fixe et des sulfates; détermination du degré hydrotimétrique (Voy. HYDROTIMÉTRIE); dosage du chlore; dosage de la matière organique (par décoloration du permanganate de potasse, ou par la liqueur de caméléon). — L'analyse bactériologique de l'eau a pris dans ces derniers temps un intérêt considérable. Elle comporte deux ordres d'opérations : l'une consiste à déterminer la richesse plus ou moins grande de l'eau en microorganismes, sans se préoccuper de leur nature ni de leur action; l'autre a pour but de rechercher dans l'eau un microbe donné dont on soupçonne la présence. Miquel, pour la numération des microbes, se sert de la méthode du fractionnement dans les bouillons; mais plus généralement on emploie un procédé plus bref et moins compliqué, la méthode des cultures solides sur plaque (R. Koch); quel que soit le moyen utilisé, on n'obtient jamais qu'une approximation, car beaucoup de germes ne se développent pas, faute de temps, d'un milieu favorable, etc. — La détermination d'une espèce pathogène recherchée est très délicate et n'est guère possible, en l'état actuel de la science, que pour le bacille cholérique et le bacille typhoïque.

Toutes les impuretés que nous venons de signaler en suspension dans l'eau peuvent en être, au moins partiellement, soustraites par la filtration, qui permet ainsi d'utiliser des eaux manquant primitivement de certaines qualités pour être potables. La filtration à domicile doit être faite, même dans les centres où se fait une filtration centrale. Tous les filtres sont établis sur le même principe : faire traverser à l'eau une couche plus ou moins épaisse de matière poreuse, retenant au passage les matières en suspension; certaines substances (charbon) ont, en outre, une action chimique sur les matières en dissolution. Le filtre idéal devrait donner une eau absolument stérile, et c'est ce problème qu'a cherché à résoudre Frankland et Chamberland. Chamberland a employé le porcelaine dégourdie qui donne une eau parfaite lorsqu'il n'y a aucune fissure et qu'on nettoye fréquemment l'instrument; le filtre Maignen a la prétention de retenir non seulement les matières en suspension, mais celles qui sont en dissolution : il se compose d'une couche d'amiante, revêtue d'une couche pulvérulente de charbon animal.

F. Boissons fermentées. — Quelle que soit leur provenance, elles doivent presque toutes leurs propriétés à l'alcool qu'elles contiennent : celui-ci doit être étudié en premier. A doses modérées et suffisamment dilué, il agit comme stimulant, manifestant d'abord son action sur le système nerveux; rapidement absorbé par l'intestin et passant du foie dans la circulation générale, il est, en partie, éliminé en nature; une autre portion est transformée et éliminée par les poumons sous forme d'aldéhyde et d'acide acétique. Plus rapidement absorbé lorsque l'estomac est vide, il agit à doses massives sur le système nerveux. — Loin d'être un agent de calorification comme on l'a cru, c'est un puissant antithermique; il diminue les oxydations intra-organiques ainsi que la sécrétion d'urée. Pris à hautes doses, il provoque les accidents aigus qui constituent l'ivresse, et, si cet abus est longtemps prolongé, détermine des désordres graves, constituant l'alcoolisme, avec son cortège de tares les plus sérieux et la tare héréditaire, la dégénération des descendants.

L'alcoolisme est en progression dans nos pays à l'heure actuelle, pour deux raisons principales : les progrès de la chimie industrielle qui ont mis à la portée de toutes les bourses les boissons alcooliques, et la nature des alcools consommés, les *alcools supérieurs* dominant dans les eaux-de-vie de grains et de pommes de terre, très employées aujourd'hui ; car les petites distilleries manquent d'appareils de rectification susceptibles d'isoler l'alcool éthylique presque pur, alcool du cœur, des alcools de tête et de presse, qui sont produits et sont nocifs. — Les hygiénistes doivent donc avoir deux buts : restreindre la consommation de l'alcool, et empêcher la vente d'alcools de mauvaise qualité; c'est ce qui a inspiré les mesures votées en 1887, par la commission nommée pour s'occuper de ces questions : 1° élever les droits de l'alcool, et dé-

grever les boissons fermentées dites hygiéniques (vin, cidre, bière); 2° exiger la vérification de tous les alcools livrés à la consommation; 3° empêcher la multiplication des cabarets. — A ces remarques nous ajouterons un seul mot à propos de l'absinthe, dont l'usage se répand d'une façon pernicieuse : tout contribue à la rendre funeste ; le moment où on la prend, la qualité des alcools employés, l'action toxique des essences d'absinthe, d'anis, de badiane, etc.

Deux mots, enfin, sur les boissons fermentées en particulier. — Le *vin* est le produit de la fermentation du jus de raisin : la proportion de l'alcool y est très variable suivant les vins, et pour chaque vin suivant les années, la maturité du raisin, etc. ; la proportion ne dépasse jamais 16 à 17. Le vin est la plus hygiénique des boissons fermentées; il est absorbé directement et en nature par le tube digestif: l'ensemble de ses principes lui donne des propriétés toniques qui le rapprochent des aliments. — Le vin subit d'incessantes transformations comme un être vivant, grâce aux ferments qu'il contient, mais ceux-ci sont une menace perpétuelle pour sa conservation, une cause de véritables maladies. Les principales sont la fermentation acétique (*mycoderma aceti*), la pousse, l'amertume, la graisse, etc. Le commerce use pour les prévenir de pratiques dont l'hygiène doit se préoccuper : si le sucrage, le collage et le chauffage ne soulèvent aucune objection, il n'en est pas de même du vinage et du plâtrage. Le vinage ou addition d'alcool au vin ne doit être approuvé en aucun cas, même à la cuve. Le plâtrage, destiné à accroître la limpidité et le brillant du vin à la cave ou dans les barriques, forme par décomposition des tartrates acides de potasse, du tartrate de chaux insoluble qui se dépose, et du sulfate de potasse qui reste dans le vin, sel purgatif qui peut entraîner des inconvénients pour la santé publique. Le salicylage a été défendu également. Le phosphatage et le tartrage des vins seraient sans inconvénients. — L'invasion du phylloxera, d'autre part, été le signal de tentatives multiples de falsifications; les principales sont le mouillage, la coloration artificielle, l'addition de bouquets artificiels, etc., qui toutes découlent les unes des autres. Les bouquets artificiels, ou huiles de vin, doivent être sérieusement prohibés comme toxiques; de même les matières colorantes, dont la plus en cours a été la fuchsine, qui contient toujours une assez forte proportion d'arsenic, considération suffisante. — Le *cidre* est la boisson résultant de la fermentation du jus des pommes, inférieure au vin et à la bière, n'ayant ni les propriétés toniques de l'un, ni les propriétés nutritives de l'autre. Il contient 2 à 3 p. 100 seulement d'alcool. Son acidité provoque de la gastrite et prédispose à la goutte. — La *bière* est le produit de la fermentation de l'orge germée à laquelle on ajoute une certaine quantité de houblon pour lui donner de la saveur et de l'arome, fermentation déterminée par une levure spéciale dont on distingue plusieurs variétés (haute, basse, impure), suivant la température à laquelle a lieu la fermentation. La proportion d'alcool oscille entre 3 et 7 p. 100; elle contient de plus 3 à 7 p. 100 de matières solides, d'extrait où entrent pour une large part les principes azotés, des substances hydrocarbonées et des sels. Cette composition en fait un véritable aliment, et explique comment elle favorise l'embonpoint. Essentiellement altérable, elle est sujette à une foule de maladies, fermentation acétique, visqueuse, etc., contre lesquelles on avait eu recours à l'acide salicylique, maintenant prohibé. — Parmi les substances employées pour remplacer l'orge ou le houblon dans la fabrication, certaines constituent une falsification dangereuse, noix vomique, acide picrique, picro-toxine, etc.

G. Boissons stimulantes. — Le *café*, boisson obtenue par décoction ou par infusion de la graine de *caféier* (rubiacées) préalablement torréfiée, est à petites doses un stimulant du système nerveux, particulièrement du cerveau, un accélérateur de la circulation ; à doses plus élevées, il détermine des palpitations, de l'arythmie, des vertiges (caféisme). Son influence est due à la caféine. Un de ses inconvénients fréquents est de provoquer l'insomnie. Par suite de son prix élevé, il est souvent falsifié, parfois en grains, surtout en poudre, principalement avec la poudre de chicorée, d'une digestion difficile, et manquant de toutes les qualités du café. — Le *thé* n'est autre que la feuille desséchée d'un arbuste chinois, *thea viridis* (caméliacées) ; on le prépare par infusion; c'est un stimulant du système nerveux, qui doit son action très analogue à celle du café à la théine, son alcaloïde. — Le *cacao* est la graine du *theobroma cacao* (sterculiacées), originaire du Mexique et de l'Amérique méridionale; il contient la théobromine, alcaloïde proche de la caféine. Le chocolat, qui en dérive, est un aliment complet très riche.

II. Régime alimentaire. — Reste à étudier comment on

doit associer les aliments pour constituer un régime complet propice à la santé. *La ration alimentaire* est la quantité de principes alimentaires nécessaires pour maintenir l'équilibre entre la recette et la dépense de l'organisme. On distingue une *ration d'entretien*, c.-à-d. la quantité d'aliments simples qui sont nécessaires à l'homme sous peine d'un déficit dans les recettes, et une *ration de travail*, qui équivaut à la ration d'entretien plus une supplémentaire subvenant au surcroît de dépense d'activité vitale. La ration par kilogramme et par jour est de 6 à 9 grammes de carbone et 0 gr. 250 à 0 gr. 360 d'azote. Certains individus satisfont à ces besoins par un régime exclusivement végétal ou animal, mais les proportions n'y sont pas convenables, et la nutrition s'en ressent vite. Le régime mixte est donc de beaucoup préférable. La ration minima du soldat en campagne doit lui fournir : albuminoïdes assimilables, 145 grammes; graisse, 72 grammes; hydrates de carbone, 610 grammes. Le régime est surtout défectueux souvent par sa monotonie; il convient de le varier. Enfin, il faut le dire, mille conditions le modifient : climats, races, habitudes... Une alimentation qui fournit à l'adulte au-dessous de 11 grammes d'azote et de 200 à 230 grammes de carbone est dite *insuffisante* et produit la *misère physiologique*. *L'inanition*, résultat de la privation complète d'aliments, arrive au bout d'un temps variable avec les individus : on en a vu résister 40, 50 et même 60 jours sans que la mort s'en suive.

7° *Hygiène corporelle*. — A. *Du vêtement*. — Le vêtement a pour but de protéger le corps contre les variations de la température extérieure. Son principal rôle, dans nos pays, est de s'opposer à la déperdition de calorique qui se fait incessamment à la surface de la peau par contact, par rayonnement et par évaporation; ailleurs c'est un obstacle à l'échauffement du corps par l'action directe du soleil. Étant un écran, sa première qualité est d'être mauvais conducteur de la chaleur. C'est la flanelle qui a le plus faible pouvoir conducteur, puis viennent la soie, le coton et, en dernière ligne, la toile de lin. En réalité, ce n'est pas tant la composition de l'étoffe que sa structure qui importe, car l'air ayant un très faible pouvoir conducteur, c'est l'air immobile à la surface du corps et contenu dans les mailles des tissus qui est le véritable agent de protection. Ceci explique la protection obtenue par la superposition de plusieurs vêtements légers, par le port de vêtements lâches, plutôt que d'habits collants. Enfin, l'influence de la couleur du vêtement sur le pouvoir absorbant est aussi très sensible : le noir est en tête, puis le bleu, le vert, le rouge, le jaune, enfin le blanc. — Tous les tissus sont plus ou moins hygroscopiques, c'est la laine qui a la capacité d'absorption la plus considérable, puis la soie et le coton; l'évaporation se fait en sens inverse; aussi les vêtements de laine (flanelle) sont-ils recommandables pour protéger les individus exposés à transpirer contre les refroidissements brusques. Mais un inconvénient de tous les tissus est leur perméabilité à l'eau, qui leur enlève tout pouvoir protecteur. Aussi les recherches à ce sujet tendent à trouver un vêtement qui, tout en restant perméable à l'air, serait imperméable à l'eau. — L'hygiène n'est guère consultée pour la disposition, l'usage des vêtements; elle doit donc se contenter de certaines recommandations : 1° les vêtements en contact direct avec la peau, le linge de corps, retenant des produits souvent toxiques ou infectieux, doivent être changés fréquemment; 2° les vêtements ne doivent comporter ni ligature ni constriction qui empêchent le libre jeu des organes (circulation, respiration) ou amènent des déformations (corsets, jarretières). — Les chaussures méritent une remarque : leur forme défectueuse dévie le gros orteil en dedans, fait chevaucher les doigts du pied, amène ampoules, cors, durillons et gêne la marche (l'axe du pied ne coïncidant pas avec l'axe du corps). Les matériaux doivent être souples et solides, et bien se mouler sur la forme du pied; ils doivent être imperméables à l'eau et perméables à l'air. Les vêtements sont souvent, et il faut s'en méfier, le véhicule de maladies infectieuses, par contact direct, par fixation des germes infectieux dans l'air, ou par dessiccation des déjections liquides qui s'y sont attachées.

B. *Propreté corporelle*. — La physiologie enseigne le rôle important que jouent les fonctions de la peau dans l'ensemble des actes vitaux, organe d'exhalation, de sécrétion, de régulation du calorique animal. L'insuffisance ou la perversion de ces fonctions est très souvent la cause de maladies. Pour les favoriser, il importe de débarrasser la peau de ses impuretés et de ses produits d'excrétion, de désobstruer les orifices des glandes sudoripares et sébacées, d'activer la circulation périphérique et la perspiration cutanée. Ces moyens sont les frictions, les massages, les bains, l'hydrothérapie. — Nous ne saurions trop dire combien il est regrettable qu'on n'ait pas encore créé en France les bains à bon marché et à la portée de tous.

C. *Exercice gymnastique*. — L'exercice est la pratique méthodique du mouvement. Toute contraction d'un muscle augmente les combustions intimes, y élève la température, y fait affluer le sang, produit de l'acide sarcolactique qui change la réaction alcaline normale en réaction acide; la répétition fréquente des contractions amène une hypertrophie de l'organe par irrigation et nutrition plus active. Dans les mouvements d'ensemble du corps, la plus grande partie du système musculaire entre en activité; le sang, surchargé d'acide carbonique par la sortie des muscles, afflue aux poumons, force le cœur à accélérer ses mouvements, la cavité thoracique à amplifier ses mouvements respiratoires; l'exhalation d'acide carbonique et l'absorption d'oxygène augmentent sensiblement ces phénomènes, amènent même l'essoufflement chez les individus non entraînés, limite de résistance, de tolérance de l'économie pour l'effort musculaire, qui peut être reculée profondément par un entraînement rationnel. La circulation devenant plus active, il peut y avoir par abus surcroît de travail, et la dilatation, l'hypertrophie du cœur peuvent être la conséquence. En même temps, un excès de calorique se produit malgré la transformation en travail mécanique d'une grande partie, calorique qui se répartit surtout vers les extrémités. Comme conséquences plus lointaines, l'appétit et l'activité digestives sont accrues; le système nerveux est déprimé; les mouvements d'assimilation et de désassimilation de la nutrition sont accélérés, d'où une action tonique, régulatrice de la nutrition. — Mais il ne faut avoir en vue, dans ces considérations, que l'exercice modéré, car l'excès produit des effets inverses, depuis la courbature jusqu'aux accidents de surmenage de formes diverses, *coup de chaleur*, forme typhoïde ou auto-typhisatrice de Peter, forme rhumatoïde, cœur forcé, arrivant à provoquer une dépression de l'organisme qui crée l'imminence morbide.

L'exercice peut être pris sous des formes variées : 1° *les exercices de force*, dans lesquels chaque mouvement représente une somme considérable de travail et met en jeu la puissance contractile d'un grand nombre de muscles (professions manuelles pénibles, lutte, etc.); 2° les exercices de vitesse qui consistent en la répétition fréquente et rapide des mouvements musculaires, en une série d'efforts peu considérables, mais souvent répétés (course, jeux des enfants, etc.); 3° les exercices de fonds, dont le travail exige une dépense de forces modérée, mais devant être continuée longtemps (courses à pied, excursions pédestres, etc.). Ces exercices doivent être mesurés sagement suivant l'âge des sujets, leur tempérament. Il faut savoir par exemple que les jeunes supportent moins bien les exercices de fonds que ceux de vitesse; et il ne faut pas exiger de ceux qui travaillent des exercices difficiles (escrime, équitation, etc.) nécessitant un effort cérébral, mais des exercices automatiques; autrement on n'obtient pas la détente nerveuse que l'on recherche. Enfin, il faut se méfier des exercices qui ne mettent en jeu qu'un groupe de muscles, produisant certaines déformations (trapèze, escrime, équitation, etc.). A ce titre les meilleurs exercices sont la natation, le canotage, la boxe française ou chausson, la gymnastique dite d'assouplissement qui consiste à faire exécuter aux diverses parties du corps des mouvements variés dans tous les sens et répétés un certain nombre de fois.

II. *Hygiène spéciale*. — 1° *Hygiène de la première enfance*. — La première enfance s'étend de la naissance à la fin de la première évolution dentaire, c.-à-d. jusqu'à l'âge de deux ans et demi : dans cette période, ce sont presque exclusivement les fonctions de nutrition qui sont en activité et méritent l'attention. Nous ne parlerons pas des soins qui ressortissent du domaine de l'accoucheur; mais nous devons signaler l'influence néfaste qu'exerce le froid pendant les premiers jours de la vie, cause de l'énorme mortalité pendant le premier mois, surtout parmi les enfants abandonnés et les enfants avant terme, pour lesquels l'emploi des couveuses a été si salutaire (Tarnier). — Au delà des premières semaines, la cause la plus importante de morbidité est l'alimentation défectueuse, mal appropriée aux organes digestifs de l'enfant, qui réclament un aliment complet, imposant un minimum de travail aux fonctions digestives : cet aliment est le lait, et ne doit pas être autre tant que l'évolution dentaire n'est pas avancée, sous peine d'accidents nombreux : gastro-entérite, athrepsie, etc.

L'allaitement peut être naturel, maternel ou mercenaire, artificiel par une femelle d'animal ou au biberon, ou enfin mixte. — L'*allaitement maternel* est le meilleur à tous les points de vue, à moins de contre-indication absolue du côté de la mère; il importe alors que les tétées soient données régu-

lièrement et à heures fixes, d'une durée toujours iden.ique.
L'allaitement mercenaire se pratique de deux façons : antôt
la nourrice est prise dans la famille, tantôt l'enfant .ui est
confié à son domicile propre. Le premier mode est évidemment
préférable pour la nourriture à cause de la surveillance
exercée sur la nourrice, mais il a des inconvénients graves
pour les enfants des nourrices, alimentant particulieme... l'*industrie nourricière*, dont les conséquences sont une mortalité désastreuse. — L'*allaitement artificiel* comprend tous
les modes d'alimentation autres que le lait de femme : sa condition est que l'aliment se rapproche le plus possible du lait
de femme. C'est, d'après les notions déjà acquises, .e lait
d'ânesse qui remplit cette condition : malheureusement sa rareté
et son prix élevé s'opposent à cette méthode. C'est d'habitude
au lait de vache qu'on a recours ; or, celui-ci contient plus
de matières solides et moins d'eau que celui de la femme ;
pour l'adapter aux conditions digestives, il faut donc le couper
d'eau. Tarnier pèse les proportions comme il suit : trois parties
d'eau pour une de lait au début, en diminuant l'eau jusqu'au
dixième pour en donner le lait pur ; l'eau ajoutée doit être
bouillie. Rarement on peut faire téter directement l'animal
par l'enfant, et on se sert en général d'un biberon ; celui-ci
doit être aussi simple que possible, très facile à nettoyer, et
ne comprendre dans sa constitution ni métaux, ni caoutchouc
vulcanisé. L'allaitement artificiel est très inférieur ; par les
décès des enfants élevés au biberon sont de 30 p. 100 des
naissances vivantes ; c'est donc un pis-aller. Les principes à
observer dans son application sont : de donner un lait non
altéré et aussi proche que possible de la composition du lait
humain, et d'éviter la transmissibilité des maladies communes
à l'homme et aux animaux, de la tuberculose en particulier.
On n'a qu'à se reporter plus haut pour avoir les renseignements sur le meilleur procédé à suivre, qui est le bouillissage.
— L'*allaitement mixte* est l'allaitement dans lequel on supplée à l'insuffisance du lait de la nourrice par un autre aliment,
qui doit être du lait ; ce mode a les inconvénients atténués de
l'allaitement artificiel. — Quant aux succédanés du lait dont
on a essayé l'introduction, ils doivent tous être rejetés sans
exception et ne peuvent rendre de services qu'au moment du
sevrage.

Il nous reste à indiquer et à recommander, pour compléter
ce chapitre, le mode de constatation de l'excellence du régime
suivi. De fréquentes pesées, surtout dans les premiers mois,
doivent rendre compte de la régularité de l'accroissement de
l'enfant. Les pesées doivent être faites au moins toutes les
semaines. Pendant les quatre premiers mois, l'accroissement
doit être de 20 à 30 grammes par jour ; pendant les quatre mois
suivants de 10 à 20 grammes ; puis de 5 à 10 grammes par jour.
Le sevrage graduel, qui a pour résultat d'habituer l'enfant
à d'autres aliments en adjoignant ceux-ci au lait progressivement, est de beaucoup le préférable. On peut continuer l'allaitement jusqu'au dix-huitième mois, après l'éruption des
huit premières dents. Le sevrage prématuré, surtout avant le
sixième mois, a les fâcheuses conséquences de l'athrepsie,
rachitisme, etc.

2° *Hygiène scolaire.* — La première idée à inculquer aux
enfants est la propreté ; d'où la nécessité de multiplier les
lavabos de toutes sortes, en évitant que les objets ou toilette
soient communs à plusieurs. Rien ne doit être négligé, ni la
figure, ni les mains, ni le cou, ni les oreilles, ni le cuir chevelu, ni la bouche, ni les vêtements. Pour que cette éducation
soit féconde, il importe que l'école elle-même soit tenue en
parfait état. — Seconde question, l'alimentation. La vie sédentaire exigée réclame une nourriture relativement riche en
matière azotée, et sobre en féculents, qui seront avantageusement remplacés par de petites doses de boissons fermentées ;
quatre repas par jour sont nécessaires à cet âge, ne durant
jamais plus de vingt-cinq minutes, sans intervalle de plus de
quatre heures, sauf pour le principal repas ; le souper doit
avoir lieu avant le coucher immédiatement. — Le sommeil est
encore une question importante : un enfant a besoin de dormir
neuf heures.

La partie la plus intéressante de ce chapitre est celle qui contredit l'hygiène intellectuelle, la répartition du travail et du
repos. Le fait le plus remarquable qui doit servir de guide
est la faible durée du pouvoir d'attention dont dispose l'enfant ; aussi convient-il de couper les heures d'étude par des
repos d'autant plus fréquents que l'enfant est plus jeune. Les
séances ne doivent pas dépasser une heure et demie dans les
écoles maternelles ou primaires ; et les heures de travail peuvent varier entre trois et six heures, suivant l'âge. Dans les
lycées et collèges, la discipline est plus sévère et on peut
adopter huit heures de sommeil, huit heures de travail et huit

heures de repos comme division du temps, pourvu qu'on éta-
blisse une pondération suffisante entre les exercices du corps
et le travail intellectuel. Le surmenage est une conséquence
de la surcharge des programmes de par le développement des
sciences en notre siècle et de par les conditions sociales ; il
s'observe surtout chez les jeunes gens engagés dans la voie des
concours, la tension prématurée trop prolongée de l'esprit amenant de la céphalalgie, des névroses, un affaiblissement de
l'organisme lui donnant une réceptivité morbide particulière,
surtout pour la tuberculose. De tous les moyens proposés pour
obvier à ces inconvénients (recul de la limite d'âge d'admission aux écoles, renoncement aux moyens d'émulation, etc.),
le plus efficace est certainement de donner une large place à
l'éducation corporelle, comme on le fait maintenant en intéressant la jeunesse aux sports (canotage, steeple-chase, natation, etc.), pourvu que ceux-ci n'entraînent pas de fatigue
cérébrale, ne demandent ni apprentissage laborieux ni attention
soutenue.

Il nous reste à dire un mot des maladies qui peuvent atteindre l'enfance pendant la période scolaire. Les unes sont
plus particulièrement la conséquence de la fréquentation de
l'école, comme la myopie, les attitudes vicieuses. La myopie
est le résultat des mauvaises attitudes provenant des défauts
du mobilier scolaire et des méthodes d'écriture en usage ; il
faut renoncer à l'écriture anglaise (écriture droite sur papier
droit, corps droit en écrivant) ; il faut de même exclure les
livres à caractères trop fins. Des déformations la plus habituelle est une scoliose compliquée d'élévation de l'épaule correspondante et d'inclinaison du bassin. Les mêmes remèdes
que pour la myopie conviennent ici.

D'autre part, les maladies transmissibles trouvent dans les
écoles une occasion favorable de propagation. Il faut distinguer trois groupes : les maladies infectieuses (fièvres éruptives,
diphtérie, coqueluche, etc.) nécessitent un isolement du malade
durant de 25 à 30 jours, suivant la maladie, cessant seulement après un bain et la désinfection des vêtements de
l'enfant et des locaux par lui habités, sur présentation d'un
certificat médical ; les affections cutanées parasitaires, gale et
teigne, nécessitent l'exclusion momentanée de l'enfant des communications avec ses camarades, et démontrant la nécessité de
consacrer à chaque enfant un peigne et une brosse, et de
défendre à tous l'échange des coiffures ; enfin, il y a un groupe
de maladies qu'on peut qualifier de contagieuses par imitation
(épilepsie, hystérie, chorée, etc.) qui ne nécessitent pas moins
que les précédentes l'exclusion des malades jusqu'à guérison
complète. — A côté de ces maladies, signalons un vice, l'onanisme, fléau des internats : les moyens préventifs que l'on possède sont les suivants : le meilleur sans contredit est
l'exercice physique poussé jusqu'à la fatigue.

3° *Hygiène professionnelle et industrielle.* — La plupart
des professions, soit par la nature du travail et des attitudes,
soit par le milieu dans lequel ceux qui les exercent sont obligés
de vivre, soit par les matières qu'ils mettent en œuvre, ont une
influence considérable sur la santé. On peut grouper les professions sous trois chefs principaux à ce point de vue : 1° Les
professions manuelles qui exposent plus que d'autres aux
accidents traumatiques ; 2° les professions qui prédisposent à
des maladies vulgaires, infectieuses ou non ; 3° les professions
qui, par les substances manipulées ou leurs émanations, donnent
lieu à des intoxications. D'une manière générale, les professions les plus insalubres sont celles qui se rattachent à la
grande industrie ; dangereuses pour le voisinage, elles le sont
plus encore pour l'ouvrier. — Trois éléments concourent à
l'influence pathogénique des industries : la nature du travail,
le milieu où il s'accomplit, et les substances manipulées. Une
question en quelque sorte secondaire à cet égard est le salaire
de l'ouvrier ; néanmoins l'hygiéniste doit s'en occuper pour
affirmer que les conditions défectueuses dans lesquelles se
trouve l'ouvrier sont plus souvent dues au manque d'ordre qu'à
l'insuffisance du salaire ou à l'excès de travail dont le résultat
est toujours une dépense supplémentaire. Seule l'enfance mérite
d'être protégée à ce point de vue et la loi du 3 juin 1874 a
établi une réglementation à cet égard en France sur la limite
d'âge, la durée maximum du travail, etc.

Les machines, tendant de plus en plus à remplacer le travail
manuel dans l'industrie, sont fréquemment la cause de traumatismes par leurs engrenages ou leurs courroies de transmission ; aussi l'on ne saurait trop insister pour exiger l'espacement,
dans les ateliers, des machines, qui devraient être également
entourées de clôtures empêchant leur abord. Il est à peine
utile de signaler les brûlures et les explosions des machines à
vapeur qui ont inspiré des décrets préventifs ; il est plus intéressant d'insister sur les déformations, les attitudes vicieuses,

les éruptions cutanées, les troubles de l'appareil locomoteur, etc., qui sont le fait de l'exercice de certaines professions, et constituent même souvent des stigmates spécifiques attendrineux (crampe des écrivains, mal de la grenouille des débardeurs, callosités, bourses séreuses particulières, gale des épiciers, etc.); ces inconvénients doivent inciter les recherches destinées à modifier les procédés de fabrication et les instruments de travail.

Le milieu professionnel peut agir sur la santé de l'ouvrier par des modifications dans la composition de l'air et de la pression barométrique, par la température, par la présence de gaz, de vapeurs ou de poussières dans l'atmosphère, et souvent par la réunion de plusieurs de ces éléments. Les modifications de l'air et de la pression atmosphérique ne s'observent guère que dans les mines et dans les appareils à air comprimé (cloche à plongeur, scaphandre); on n'a qu'à se reporter plus haut pour connaître les accidents déterminés par l'air comprimé. — Plus importants à étudier sont les procédés de fabrication où le calorique joue un grand rôle (chauffeurs, forgerons, verriers); le séjour dans ces atmosphères à 35, 40 jusqu'à 60° amènent un affaiblissement rapide de l'organisme par des sueurs rapides et continues.

Plus nombreuses encore sont les industries où se produisent des dégagements de gaz ou de vapeurs; les uns sont éminemment toxiques, les autres sont seulement irrespirables ou incommodes par leurs odeurs, que ce soient l'acide chlorhydrique (produits chimiques), l'acide sulfureux (blanchiment des chapeaux de paille, fabrication des allumettes), des vapeurs nitreuses (décapage des métaux), des vapeurs de chlore, d'ammoniaque, d'hydrogène sulfuré (plomb des vidangeurs), etc., que ces produits agissent sur l'appareil respiratoire ou sur d'autres organes, ce sont là de graves dangers qui guettent les ouvriers.

Un plus grand nombre encore d'industries donnent lieu à la production de poussières qui, restant en suspension dans l'atmosphère, sont inhalées et provoquent dans les voies respiratoires des lésions chroniques spéciales dites *pneumoconioses*. On distingue, suivant la nature des poussières : l'*anthracosis* (charbon), le *sidérosis* (poussières métalliques), le *chalicosis* (poussières de silice), le *byssicosis* (particules de coton). Ces affections des voies respiratoires ont une grande analogie clinique avec la phtisie à marche lente.

Contre tous ces dangers, deux espèces de protection peuvent être mises en œuvre : d'une part la protection individuelle, au moyen de masques ou respirateurs que les ouvriers s'appliquent sur le visage, d'autre part des procédés généraux applicables au milieu lui-même, aux ateliers, aux machines, au mode de fabrication, et ayant pour objet de prévenir la viciation de l'air. Ces derniers moyens sont les plus efficaces; car les masques sont toujours incommodes et l'ouvrier s'astreint rarement à les endurer. Entre tous les modes d'assainissement la ventilation est un des plus actifs, nous savons comment on la pratique. Dans certaines industries on emploie des appareils absolument clos dans lesquels se fait, par des procédés mécaniques, l'opération industrielle.

Nous n'insisterons pas sur les détails particuliers aux professions telles que celles de mineurs, de peintres, de broyeurs de couleurs, de fabricants de céruse, de fabricants de verdet (vert-de-gris), d'étameurs, etc., et l'on pourra trouver d'utiles renseignements aux articles *mines*, *saturnisme*, *cuivre*, *mercure*, *arsenic*, etc. — Mais il nous reste à signaler les inconvénients du voisinage d'établissements industriels pour les régions habitées; aussi une réglementation est-elle établie en France qui prescrit autant que possible l'isolement des usines et la combustion dans les foyers des vapeurs et des gaz produits ou leur condensation dans l'eau.

4° *Prophylaxie des maladies infectieuses*. — Ce chapitre comprend l'ensemble des moyens propres à prévenir le développement de ces maladies et leur extension à l'état épidémique : cette branche de l'hygiène a fait d'importants progrès, grâce aux récentes découvertes; du moment que ces maladies proviennent de l'invasion de microorganismes, l'objectif doit être d'empêcher l'introduction de ces agents dans l'économie. C'est aux autorités administratives qu'il appartient d'intervenir pour protéger les individus, chacun en particulier n'ayant ni le moyen ni le pouvoir de le faire. — Le point de départ de toute maladie infectieuse est presque toujours un organisme malade, qui transmet le germe soit par contact direct, soit par l'intermédiaire du milieu extérieur, contaminé primitivement, c.-à-d. par contagion médiate (infection par les objets, par l'air, par le sol, par l'eau potable, par les aliments). Contre l'infection par contact direct, le seul moyen est l'isolement du malade et de ceux qui le soignent; contre l'infection médiate, les mesures doivent varier : contre les ob-

jets souillés, leur désinfection rigoureuse; contre l'infection par l'air, la ventilation puissante; contre l'infection par le sol, le drainage superficiel et profond, prévenant l'excès d'humidité si favorable aux microbes pathogènes, l'évacuation des immondices, etc.; contre l'infection par l'eau, la consommation d'eau de source ou d'eaux suffisamment filtrées; enfin, contre l'infection par les aliments, une surveillance sévère des produits livrés à la consommation et la cuisson suffisante de ces produits pour en détruire les germes.

Parmi tous ces procédés, trois sont particulièrement importants et utilisés : l'isolement, la désinfection, l'assainissement des localités. — *L'isolement* a pour but d'opposer une barrière aux germes, de façon qu'ils ne puissent essaimer au dehors et que le malade s'éteigne sur place; il doit être absolu et complet, commencer au moment même où la maladie est contagieuse, et durer aussi longtemps que le malade est susceptible de transmettre l'infection; réaliser ces desiderata est très difficile au domicile même des malades, surtout dans les classes pauvres; aussi, une solution serait peut-être d'isoler plutôt les bien portants, en créant des asiles pour les enfants sains des familles où un membre est atteint de maladie contagieuse. Dans le milieu hospitalier, des progrès sérieux ont été faits pour éviter la promiscuité si nuisible d'autrefois; l'isolement doit s'adresser aux fièvres éruptives (scarlatine, rougeole et variole), à la diphtérie, aux maladies pestilentielles d'origine exotique (choléra, peste, fièvre jaune), aux affections puerpérales, au typhus exanthématique et récurrent, enfin, à la coqueluche. Cet isolement peut être individuel ou collectif, mais il importe qu'il soit complet : outre l'emplacement des pavillons destinés à cet usage, qui doit être choisi dans les quartiers reculés, les évacuations des immondices ne doivent être faites qu'après désinfection préalable; tout peut entrer en franchise, rien ne doit sortir sans avoir été désinfecté. Pour que ces mesures portent tout leur fruit, il faudrait qu'elles s'étendent à tous les cas; malheureusement, on ne peut rendre l'isolement obligatoire; il faut donc s'efforcer de répandre dans le public la coutume de l'isolement volontaire. — Étant donnée l'impossibilité que nous venons de signaler, on a souvent recours à la désinfection, c'est-à-dire à la destruction des germes, ou, à son défaut, à des procédés destinés à les rendre inoffensifs; c'est elle qui joue le rôle le plus puissant dans l'hygiène actuelle. Ces agents sont de deux sortes, physiques ou chimiques; la chaleur est le seul qui donne des garanties absolues; c'est elle qui sert dans les laboratoires à la stérilisation, mais on ne peut l'employer sous forme de chaleur sèche que pour les objets qui peuvent être portés sans dommage à une très haute température, 160 à 200°; aussi, a-t-on exclusivement recours aujourd'hui à la chaleur humide, par l'emploi d'étuves à vapeur sous pression. Les agents chimiques, c'est-à-dire les antiseptiques, pèchent pour ainsi dire par excès de nombre; la liste en grossit tous les jours, mais ils sont loin d'avoir tous fait leurs preuves; d'ailleurs, il faut bien le dire, même les plus puissants ne répondent pas à toutes les indications, et n'ont pas dans tous les cas la même efficacité, les microbes ayant un pouvoir de résistance très inégal, suivant leur espèce et les conditions ambiantes. En première ligne, parmi les désinfectants, il faut placer le sublimé et l'acide phénique; en raison de la toxicité du sublimé, on avait émis des craintes au sujet de son emploi pour la désinfection des locaux, mais ces craintes n'ont pas été confirmées. Signalons rapidement à côté de ces deux substances classiques, la chaux, dont le pouvoir antiseptique a été récemment démontré, et dont le bas prix fait un agent utile; enfin, il faut citer une série de corps susceptibles de donner des services dans des conditions déterminées : l'acide borique, l'acide sulfurique, l'acétate d'alumine, la créoline... Si, en fait de désinfectants liquides, nous n'avons que l'embarras du choix, il n'en est pas de même des désinfectants gazeux; seul l'acide sulfureux peut rendre quelques services, mais on doit considérer son action comme irrégulière; elle doit être réservée pour le cas où les moyens plus puissants sont inapplicables. Les procédés de désinfection employés en pratique sont extrêmement variés suivant les circonstances; la désinfection doit d'abord s'adresser au malade et aux produits virulents qu'il rejette par ses divers émonctoires; ensuite, il faut songer aux locaux dans lesquels a séjourné le malade, et c'est là que l'acide sulfureux peut rendre des services lorsque les lavages et les pulvérisations antiseptiques sont impossibles; enfin, la désinfection doit s'adresser aux objets de literie et aux vêtements, et elle s'obtient alors par les étuves à vapeur.

Il n'est pas toujours possible d'empêcher l'importation ou la dissémination d'un germe spécifique, mais il appartient à l'h.

de rendre le terrain stérile, réfractaire au développement et à la multiplication de ce germe. De ces données découlent les mesures prophylactiques : surveillance, assainissement et, au besoin, évacuation des logements insalubres ; propreté de la voie publique, nettoyage des égouts, désinfection des cloaques, protection de l'eau contre toute cause de contamination. En cas d'épidémie, il faut prévenir toutes les causes d'encombrement, licencier les lycées, réduire les effectifs militaires et les disséminer, interdire toutes les causes de réunions publiques, etc.

5° *Prophylaxie internationale*. — Un certain nombre de maladies infectieuses ont leur foyer originel hors de l'Europe et ne se développent à l'état épidémique dans nos climats, qu'après importation du germe par des individus ou des marchandises contaminés. L'ensemble des mesures qui ont pour but d'arrêter l'agent contage à la porte d'entrée constitue la *police sanitaire*. Les trois affections exotiques surtout recoutables sont la peste, la fièvre jaune et le choléra. C'est aux portes d'entrée habituelles que les mesures défensives doivent être prises. Une entente internationale est indispensable pour établir une réglementation, mais elle est souvent difficile à réaliser, certaines nations, comme l'Angleterre, protégées par des conditions particulières, voulant abolir toute entrave à leur commerce, d'autres, plus directement exposées, étant désireuses de revenir aux quarantaines d'autrefois; en attendant l'accord, chaque État doit se défendre lui-même. Les quarantaines ont été réduites, en France, au minimum, et ce sont les mesures d'assainissement et de désinfection pratiquées au point de départ et au point d'arrivée qui sont mises au premier rang.

Bibliogr. — Les ouvrages du Dr MONIN : *Hygiène du travail, Hygiène des sexes, Hygiène des riches*, etc.

HYGIÉNIQUE. adj. 2 g. Qui a rapport à l'hygiène. *Soins hygiéniques. Traitement h. Bains hygiéniques.*

HYGIÉNIQUEMENT. adv. [Pr. *ijié-nike-man*]. D'une manière hygiénique.

HYGIÉNISTE. s. m. Médecin qui s'occupe particulièrement de l'hygiène.

HYGIN (SAINT), pape, de 139 à 142.

HYGINUS (CAIUS JULIUS), grammairien latin du 3 siècle d'Auguste.

HYGINUS, écrivain latin du Ve siècle de notre ère, auteur du *Poeticon astronomicon*.

HYGIOCÉRAME. s. m. (gr. ὑγιής, sain; κέραμος, poterie). Poterie dans la couverture de laquelle il n'entre aucune substance nuisible à la santé.

HYGIOLOGIE. s. f. (gr. ὑγιής, sain; λόγος, doctrine) Histoire de la Santé.

HYGRINE. s. f. (gr. ὑγρὸς, humide) T. Chim. Alcaloïde oxygéné, liquide et volatil, qui accompagne la cocaïne dans les feuilles de Coca. L'h. répond à la formule $C^8H^{15}AzO$. Elle bout à 92° sous la pression de 20 millimètres. Elle possède une saveur brûlante, une odeur rappelant celle de la triméthylamine, une réaction fortement alcaline. Oxydée par l'acide chromique, elle se transforme en *acide hygrinique* $C^6H^{11}AzO^2$ cristallisable, fusible à 174°. — Les vapeurs d'h. ainsi que celles de l'acide hygrinique provoquent des maux de tête et des vomissements.

HYGROBIE. adj. 2 g. (gr. ὑγρὸς, humide; βίος, vie). T. Zool. Qui vit dans l'eau.

HYGROBIÉES. s. f. pl. (gr. ὑγρὸς, humide; βίος, vie). T. Bot. Nom donné parfois à la famille des *Haloragées*. Voy. ce mot.

HYGROBLÉPHARIQUE. adj. 2 g. (gr. ὑγρὸς, humide; βλέφαρον, paupière). T. Anat. *Conduits hygrobléphariques.* Conduits excréteurs de la glande lacrymale. — *Orifices hygrobléphariques*, Orifices par lesquels ces conduits versent les larmes au-dessous de la paupière supérieure.

HYGROCOLLYRE. s. m. [Pr. *igro-kol-lire*] (gr. ὑγρὸς, humide; fr. *collyre*) Collyre liquide.

HYGROLOGIE. s. f. (gr. ὑγρὸς, humide; λόγος, traité). His-

toire de l'eau. || T. Méd. Traité sur les fluides du corps humain.

HYGROMA. s. m. (gr. ὑγρὸς, humide). T. Méd. On entend par h. une collection séreuse enkystée. Avant la fin du XVIIIe siècle, l'anatomie des bourses séreuses était encore inconnue, et l'h. n'avait pas été distrait du groupe confus des kystes séreux, des abcès enkystés, des loupes, etc. — Nous décrirons l'h. aigu et l'h. chronique.

L'h. aigu est l'inflammation aiguë des bourses séreuses, comme les synovites. Il comprend trois variétés : sec, séreux et purulent. — L'h. aigu est d'origine traumatique ou secondaire : traumatique, il succède aux chocs, aux contusions, aux plaies pénétrantes, d'autant plus aisément qu'il s'agit de bourses séreuses déjà enflammées (bourses professionnelles) ; secondaire, il résulte de l'extension d'un processus inflammatoire voisin (hygromas furonculeux, lymphangitiques, érysipélateux ; h. des arthrites suppurées; h. au cours des maladies infectieuses; rhumatisme, blennorrhagie, etc.) — De l'anatomie pathologique des hygromas, on ne connaît guère que le liquide tantôt clair, visqueux, mêlé de grumeaux fibrineux, tantôt teinté de sang, tantôt séro-purulent, ou purulent, et la paroi n'est décrite que par induction, en appliquant les constatations faites sur les synovites. L'h. sec n'a qu'une durée éphémère ; il se traduit par trois signes : une légère rougeur, de la douleur, et une crépitation fine, neigeuse. L'h. séreux s'entoure en apparence de phénomènes inflammatoires graves: localement, de la rougeur accusée et diffuse, du gonflement de l'œdème, une tumeur arrondie et fluctuante, mais transparente; en même temps, des signes généraux : fièvre, frissons, douleurs vives irradiées dans tout le membre; au bout de huit à dix jours, l'inflammation s'apaise, la collection se résorbe lentement, devient le point de départ d'un h. chronique, ou, très exceptionnellement, se rompt. L'h. suppuré répond à deux formes, localisée et diffuse; dans le premier cas, c'est l'abcès des bourses séreuses, abcès circonscrit, qui tantôt s'ouvre au dehors pour se cicatriser rapidement, plus souvent tarde à se fermer, l'orifice restant fistuleux, ou enfin est susceptible de se transformer en phlegmon diffus ; le plus souvent, la forme diffuse est précoce, la situation est alors très grave, et la mort peut en être la terminaison, ou, tout au moins, des arthrites suppurées graves. Le diagnostic est en général simple, basé sur le siège, la forme, le mode d'évolution de la tumeur. — Au point de vue thérapeutique, les hygromas aigus d'origine rhumatismale disparaissent assez vite sous l'influence du repos, des applications résolutives, de la médication générale. Dans les autres variétés, le repos du membre est la première condition ; les vésicatoires volants, les sangsues, ont été préconisés ; mieux vaut l'enveloppement de compresses antiseptiques recouvertes d'un imperméable; dès que la suppuration est suffisamment indiquée, toute hésitation serait dangereuse ; il faut fendre largement la bourse suppurée, déterger sa cavité avec un liquide antiseptique, et faire le drainage.

L'h. chronique, inflammation chronique des bourses séreuses, succède assez rarement à la forme aiguë; il relève surtout des heurts, des frottements répétés ; c'est l'h. professionnel par excellence, et son siège témoigne de son origine: au genou, bourse prérotulienne (frotteurs, parqueteurs, maçons, asphalteurs) ; bourse spéciale des carrossiers au-dessus du genou; des tailleurs, à la malléole externe; des menuisiers, à la partie antérieure du sternum; d'autres bourses et d'autres hygromas peuvent se développer au niveau des déformations ou des tumeurs, de quelque nature qu'elles soient: néoplasmes, cyphoses, pieds-bots, exostoses, moignons d'amputation. A côté de ces causes mécaniques, on ne saurait oublier les états diathésiques : rhumatisme, goutte, dont l'influence est parfois très marquée sur ces épanchements. — Les lésions de l'h. chronique ne consistent pas seulement dans l'hydropisie; elles portent aussi sur les parois de la séreuse. On peut distinguer quatre variétés anatomiques: l'h. kystique, le plus fréquent, correspond à l'hydarthrose; l'h. proliférant est caractérisé par l'irrégularité de la poche à sa face interne, toute végétante; l'h. fibreux est une sclérose en masse de la paroi, laissant au centre une cavité très petite; l'h. hémorrhagique présente, comme signe distinctif, son contenu noirâtre, sanguin. — Au point de vue symptomatique, la formation de l'h. est lente et indolente : une fois constitué, c'est une tumeur arrondie, bosselée ou aplatie, indolore, fluctuante, de volume très variable (d'un œuf à une tête d'enfant). Souvent, par places, la paroi est épaisse, indurée, calcaire; elle peut même être indurée dans toute son étendue (h. fibreux); d'autres fois, on sent rouler sous la main des grains résistants, des végétations (h. proliférant), ou bien encore on sent une crépitation fine de caillots qui s'écrasent (h. hématique). L'évolution de l'h. est essentiellement chronique, en quelque sorte indéfinie : on a constaté, d'une façon exceptionnelle, la guérison spontanée par une sorte de sclérose progressive, mais plus souvent la tumeur est en butte à des complications traumatiques diverses : les ruptures sous-cutanées ou extérieures, les épanchements sanguins, la suppuration. — Le diagnostic peut être égaré par ces accidents, mais il est aisément rétabli grâce à la préexistence de la tumeur liquide; l'important est de bien localiser l'origine de la tumeur. — Les procédés de traitement qui ont été appliqués sont presque innombrables. A l'heure actuelle, deux méthodes sont en présence, ayant pour but, l'une, l'oblitération de la poche, l'autre, sa destruction. La méthode oblitérante se pratique par l'écrasement et la discission, ou plutôt, de nos jours, la compression qui expose aux récidives; et la ponction suivie d'injections (teinture d'iode et solution d'iodure de potassium), ce dernier procédé étant en somme le seul utilisé, mais qui ne trouve guère son indication que dans les hygromas de date récente, à paroi mince et encore élastique. Dans les autres conditions, les plus fréquentes, on a recours soit à l'extirpation, intervention de choix quand la tumeur n'est pas de grosseur excessive et se laisse décortiquer, ou, à l'incision suivie de grattage, opération aujourd'hui bénigne et d'une pratique courante.

HYGROMÈTRE. s. m. (gr. ὑγρός, humide; μέτρον, mesure). T. Phys. Instrument destiné à mesurer l'état hygrométrique de l'air. Voy. HYGROMÉTRIE.

HYGROMÉTRICITÉ. s. f. Qualité de ce qui est hygrométrique.

HYGROMÉTRIE. s. f. (R. hygromètre). Mesure de la quantité de vapeur d'eau contenue dans l'air atmosphérique.

Phys. — 1. Nous savons que l'atmosphère renferme toujours une certaine quantité de vapeur d'eau ; mais elle est loin d'en être toujours chargée au même degré. L'Hygrométrie a pour objet d'étudier et principalement d'évaluer la quantité d'humidité répandue dans l'air. Celui-ci nous semble très humide quand il est à peu près saturé; au contraire, nous jugeons que la sécheresse est grande, lorsqu'il est très éloigné du point de saturation. Or, comme il faut d'autant plus de vapeur pour saturer l'air que la température est plus élevée, l'air peut être très humide avec peu de vapeur s'il est froid, et très sec avec une fort grande quantité de vapeur lorsqu'il est chaud. Ainsi, quand un poêle échauffe rapidement l'air d'une chambre, cet air nous paraît plus sec, et cependant la quantité de vapeur qu'il contient n'a pas varié. L'état d'humidité d'un certain volume d'air ne dépend donc pas de la quantité absolue de vapeur qui s'y trouve, mais de la distance à laquelle cet air se trouve de l'état de saturation. En conséquence, l'état d'humidité ou l'état hygrométrique d'un air a été défini : *le rapport entre la quantité de vapeur qu'il contient et celle qu'il contiendrait s'il était saturé à la même température*. Mais, comme la loi de Mariotte s'applique aux vapeurs non saturées de même qu'aux gaz, il en résulte qu'à égalité de température et de volume, le poids de la vapeur, dans un espace non saturé, est proportionnel à la tension de cette vapeur. On peut donc au rapport des quantités de vapeur substituer celui des forces élastiques correspondantes, et définir également l'état hygrométrique de l'air : *Le rapport entre la force élastique de la vapeur d'eau qu'il contient et la force élastique de la vapeur d'eau qu'il contiendrait, à la même température, s'il était saturé*. — L'état hygrométrique représente donc à la fois les rapports $\frac{p}{P}$ et $\frac{f}{F}$: p étant le poids de la vapeur d'eau au moment de l'observation, et P le poids de cette vapeur si l'air était saturé, f, la tension de la vapeur au moment de l'observation, et F la tension *maximum* à la même température. Or, F étant donné à toutes les températures par les tables des tensions de la vapeur d'eau, il suffira de déterminer f pour avoir l'état hygrométrique.

II. *Hygromètres.* — On nomme ainsi les instruments qui servent à déterminer l'état hygrométrique de l'air. On en a imaginé un fort grand nombre; mais ils peuvent se ramener à quatre types principaux.

A. *Hygromètres par absorption.* — Presque toutes les matières animales ou végétales sèches possèdent la propriété d'absorber l'humidité répandue dans l'air, et l'observation prouve, en outre, qu'elles augmentent de volume toutes les fois qu'elles se chargent d'eau. Ainsi, sous cette influence, le bois, les fanons de baleine, les cordes à boyau, se gonflent perpendiculairement au sens de leurs fibres, tandis que les cheveux s'allongent. Ces substances ont reçu le nom d'*hygrométriques*. Néanmoins il n'y en a qu'un petit nombre qui puissent servir à mesurer l'humidité atmosphérique. Pour qu'une matière soit susceptible d'être employée à la construction des hygromètres, il faut qu'elle soit très sensible aux variations de l'humidité de l'air, qu'elle soit en petite masse afin que ses indications soient plus promptes, et qu'elle n'éprouve aucun changement permanent par le laps du temps, afin que, dans les mêmes circonstances, ses indications redeviennent les mêmes. Les cheveux seuls réunissent ces conditions : aussi les emploie-t-on exclusivement dans la construction des hygromètres d'absorption. — L'H. à cheveu est encore appelé H. de Saussure, du nom du savant physicien qui l'a imaginé. Quand on veut établir un h. de ce genre, on commence par préparer le cheveu. A cet effet, on prend une mèche de cheveux, longs, lisses et soyeux, qui doivent être coupés sur une tête vivante et saine. Comme ils sont toujours revêtus d'une couche huileuse qui les préserverait de l'action de l'humidité, on les laisse séjourner 24 heures dans l'éther. On choisit ensuite un de ces cheveux que l'on fixe par une de ses extrémités à la partie supérieure d'un cadre de laiton (Fig. 1), tandis que l'autre extrémité s'enroule sur la gorge d'une poulie très mobile, dont l'axe porte une aiguille. La poulie a une seconde gorge autour de laquelle s'enroule encore, mais en sens inverse, un fil de soie à l'extrémité duquel pend un petit poids qui est destiné à tendre le cheveu, mais qui est trop faible pour l'allonger. Lorsque l'air devient sec, le cheveu se raccourcit et fait monter l'aiguille; quand, au contraire, l'humidité atmosphérique augmente, le cheveu

Fig. 1.

s'allonge, et le petit poids fait descendre l'aiguille. Pour graduer l'arc sur lequel se meut la pointe de l'aiguille, on détermine deux points fixes : celui de l'humidité extrême et celui de la sécheresse absolue. On détermine le premier de ces points en plaçant l'instrument sous une cloche dont on a mouillé les parois intérieures et qui repose sur une assiette pleine d'eau. L'air de la cloche se sature d'humidité, le cheveu s'allonge, et l'aiguille s'arrête au point qui correspond à l'extrême humidité : on le désigne par le chiffre 100. Pour avoir le second point, on place l'h. sous une autre cloche où l'on a mis une capsule renfermant du chlorure de calcium, de la chaux vive, ou de l'acide sulfurique concentré. Ces substances, étant très avides d'eau, absorbent complètement l'humidité que peuvent contenir la cloche et le cheveu ; l'aiguille monte, et l'on marque un 0 au point où elle s'arrête : c'est le point de la sécheresse absolue. Enfin, on divise en 100 degrés égaux l'intervalle compris entre ces deux points invariables. Lorsque l'instrument a été construit avec tout le soin désirable, on trouve qu'il indique toujours 100° dans l'air saturé, et 0° dans l'air parfaitement sec. On fait toutefois abstraction de la dilatation du cheveu par la chaleur, mais l'erreur est peu sensible, car 33° de différence de température ne le font varier que de 3/4 de degré. Néanmoins cet instrument présente des défauts graves. D'abord, ses degrés ne sont pas comparables entre eux, c.-à-d. qu'ils ne sont pas proportionnels aux états hygrométriques de l'air. Ainsi, par ex., lorsque l'aiguille marque 50°, nombre qui correspond au milieu du cadran, l'air est loin d'être à moitié saturé. Pour obvier à cet inconvénient, plusieurs physiciens, parmi lesquels nous citerons Dulong, Gay-Lussac, Melloni et Regnault, ont construit, à la suite d'expériences minutieuses, des tables de correspondance entre le nombre de degrés marqué par l'appareil et l'état hygrométrique de l'air. Malheureusement, une pareille table ne peut pas s'appliquer à tous les instruments. En effet, Regnault a comparé entre eux un grand nombre d'hygromètres, et il a reconnu que, si les appareils construits avec des cheveux identiques dégraissés dans la même opération sont sensiblement d'accord, il n'en est plus de même quand ils sont construits avec des cheveux différents ou préparés différemment. La différence des indications peut aller jusqu'à 5°. Des cheveux identiques, mais tendus par des poids différents, ne marchent pas non plus de la même manière. Bref, il faut construire une table particulière pour chaque instrument. Or, la simplicité qui fait le principal mérite de l'h. à cheveu dis-

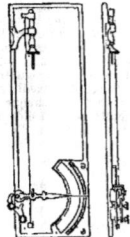

paraît devant cette nécessité. — On construit encore des espèces d'hygromètres par absorption, qu'on désigne sous le nom particulier d'*Hygroscopes*. Ce sont des instruments grossiers qui indiquent simplement si l'humidité de l'air augmente ou diminue, mais qui ne peuvent donner la valeur de l'état hygrométrique, c.-à-d. faire connaître la quantité de vapeur d'eau contenue dans l'air. Les plus répandus sont de véritables jouets, auxquels on donne le plus souvent la figure d'un petit bonhomme en robe de moine avec un capuchon. Lorsque le temps est humide, le capuchon couvre la tête du personnage; il retombe, au contraire, en arrière quand l'air devient sec. Ce mouvement est déterminé par un morceau de corde à boyau tordue, qui est fixé par une de ses extrémités et s'adapte par l'autre au capuchon. Le boyau se détordant ou revenant à son premier état, selon que l'air est humide ou sec, le capuchon suit ces alternatives d'allongement ou de raccourcissement. Ces hygroscopes sont destinés à pronostiquer les changements de temps. En effet, quand l'air est très humide, il est probable que la pluie va survenir; et quand il est sec, on peut s'attendre au beau temps. On peut aussi se servir de papier verni d'un côté et enduit de gélatine de l'autre, comme substance hygroscopique. Une bande de ce papier enroulée en spirale est très sensible aux variations de l'humidité, car le côté verni n'absorbe pas la vapeur d'eau, tandis que, au contraire, le côté gélatiné l'absorbe facilement et se gonfle sous son influence. Il résulte de cela qu'une spirale ou une hélice de ce papier s'enroulera ou se déroulera suivant l'humidité plus ou moins grande de l'air. Il est facile de fixer un index au papier de manière à avoir un hygroscope. M. Nodon a même construit un hygromètre très sensible basé sur ce principe.

Certaines plantes ont des propriétés hygrométriques très remarquables. Ainsi les gaines caulinaires du *Gynerium argenteum* (herbe des pampas) se roulent en spirale sous l'influence de la sécheresse et se déroulent lorsque l'humidité augmente. M. Bourdelles a proposé d'employer cette plante comme hygroscope. On peut aussi utiliser le chlorure de cobalt comme hygroscope. Voy. Cobalt.

B. *Hygromètres par évaporation.* — On a imaginé aussi différents instruments destinés à indiquer l'état hygrométrique de l'air au moyen de l'évaporation de l'eau, ou plutôt au moyen de l'abaissement de température que produit cette évaporation. Nous ne décrirons que le *Psychromètre d'August*, de Berlin (Fig 2). Il consiste simplement en deux thermomètres très sensibles dont l'un donne la température de l'air ambiant, et dont l'autre a son réservoir enveloppé de batiste et continuellement humecté au moyen d'un faisceau de fils qui plongent dans un petit réservoir plein d'eau. Le thermomètre mouillé finit par devenir stationnaire, parce qu'il rayonne moins, et que l'évaporation diminue à mesure que sa température s'abaisse, tandis que le contact de l'air qui se renouvelle continuellement à sa surface lui fournit de la chaleur. On note à ce moment les températures des deux thermomètres, et de cette observation on conclut l'état hygrométrique. A cet effet, August admet que le refroidissement du thermomètre mouillé est indépendant du mouvement de l'air, ce qui n'est pas tout à fait exact, et qu'il est proportionnel à la différence F — f entre la tension maximum de la vapeur et la tension telle qu'elle existe dans l'air. Mais il résulte d'expériences entreprises par Regnault que le psychromètre, tout en donnant des résultats assez voisins de la vérité, est néanmoins sujet à des causes de perturbations locales et variables qu'on ne peut introduire dans le calcul.

C. *Hygromètres à condensation.* — Ces hygromètres sont les seuls qui permettent de déterminer avec précision la tension de la vapeur d'eau contenue dans l'air atmosphérique. Le docteur Leroy, de Montpellier, conçut le premier la pensée de déterminer l'état hygrométrique en observant la température à laquelle il faut refroidir l'air ambiant, pour que la vapeur qu'il renferme puisse le saturer. A cet effet, il versait de l'eau dans un vase d'argent, et la refroidissait graduellement en y jetant successivement de petits morceaux de glace,

jusqu'à ce qu'un voile de rosée se déposât sur ses parois. Pendant l'expérience, la mince couche d'air qui participe au refroidissement du vase se contracte sans perte de force élastique, puisqu'elle fait toujours équilibre à la pression atmosphérique, et il en est de même de la vapeur qu'elle renferme, puisqu'on n'a pas dépassé son point de saturation. Or, si la tension de cette dernière reste constante pendant toute la durée de l'expérience, elle est nécessairement égale à la tension *maximum* qui correspond à la température du point de rosée. Lors donc que l'on a déterminé cette température, à l'aide d'un thermomètre plongeant dans le vase, on connaît immédiatement la force élastique de la vapeur atmosphérique en consultant les tables qui la donnent. Enfin, la valeur de l'état hygrométrique s'obtient en divisant la tension trouvée par la force élastique maximum de la vapeur d'eau qui répond à la température de l'expérience. Au lieu de se borner à noter le degré de température auquel le dépôt de rosée commence à se faire, il faut déterminer aussi celui auquel il disparaît, et prendre la moyenne de ces deux résultats pour la température exacte du point de rosée. — Comme on n'a pas toujours de la glace à sa disposition, Daniell a imaginé un h. très ingénieux, dans lequel le froid est produit par l'évaporation de l'éther. L'*H. de Daniell* (Fig. 3) est un tube deux fois recourbé, terminé par deux boules. L'une est à moitié remplie d'éther dans lequel baigne à demi la boule d'un petit thermomètre. L'autre se termine par une pointe effilée qui a servi, avant d'être fermée, à chasser l'air de l'appareil par l'ébullition de l'éther : une batiste enveloppe toute sa surface. Quand on veut faire une observation, on verse sur cette dernière boule des gouttes d'éther. Ce liquide, placé par le tissu, s'évapore avec rapidité et refroidit la boule; la condensation de la vapeur d'éther renfermée dans cette boule, et volatilisation partielle du liquide contenu dans le premier récipient. La surface extérieure de celui-ci se refroidit donc à son tour, et bientôt la rosée s'y dépose. On lit aussitôt la température du petit thermomètre, puis on fait une seconde lecture au moment où la vapeur condensée se dissipe ; la moyenne des deux lectures donne exactement le point de rosée. Quant à la température de l'air, elle est indiquée par le thermomètre fixé sur le pied de l'instrument. Pour rendre le point de rosée plus facile à saisir, la boule est très souvent de verre bleu. Malgré sa supériorité

Fig. 3.

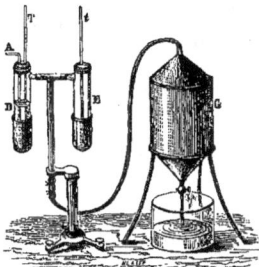

Fig. 4.

sur les appareils qui précèdent, l'h. de Daniell présente divers inconvénients qui ont été signalés par Regnault : 1° La température qui correspond au point de rosée n'existe qu'à la surface de l'éther : par conséquent, le thermomètre dont le réservoir est enfoncé dans le liquide donne une température un peu trop élevée; 2° la présence de l'opérateur et l'eau toujours contenue dans l'éther versé sur la boule recouverte de gaze modifient l'état hygrométrique de l'air; 3° dans les temps secs et chauds, le refroidissement n'est pas suffisant pour produire la condensation. — L'*H. de Regnault* (Fig. 4) est exempt de

Fig. 2.

tous ces défauts. Un tube de verre D, terminé par un dé d'argent très mince et parfaitement poli, contient de l'éther. Le bouchon qui le ferme donne accès, d'abord à un tube recourbé A qui plonge dans le liquide, puis à la tige d'un thermomètre T qui indique la température de l'éther. Enfin le tube D est mis en communication, par le pied même du support et par un tuyau de plomb, avec un aspirateur G plein d'eau. Un second tube E, semblable au premier, mais ne renfermant pas d'éther, contient un thermomètre t qui donne à chaque instant la température de l'air. Ce tube sert aussi à juger par contraste du moment où la rosée se dépose sur son voisin. Pour mesurer l'état hygrométrique, on fait écouler l'eau de l'aspirateur; l'air pénètre par le tube recourbé à travers l'éther, et le refroidit uniformément dans toute sa masse, en emportant de la vapeur. Au bout de quelques instants, la rosée se dépose sur le dé d'argent; alors on arrête l'écoulement de l'aspirateur, et l'on observe la température à laquelle la rosée disparaît. L'observateur se place à environ 10 mètres de distance, et c'est avec une lunette qu'il fait ses observations : il est inutile de dire

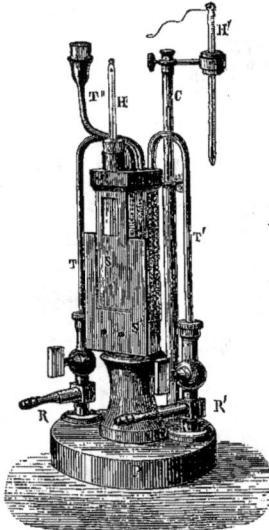

Fig. 5.

que l'aspirateur doit être à la portée de sa main. Dans les pays chauds où l'éther est très difficile à conserver, on peut le remplacer par l'alcool. On doit à M. Allard une heureuse modification de l'hygromètre à condensation (Fig. 5). Il se compose d'un vase en laiton doré S contenant de l'éther dans lequel plonge un thermomètre H. Un système de tubes, que l'on voit sur la figure, sert à diriger un courant d'air à travers l'éther au moyen d'une poire en caoutchouc et d'un tube assez long pour que le voisinage immédiat de l'observateur ne fausse pas les indications de l'appareil. Le vase est ainsi refroidi et sa face se recouvre d'un dépôt de rosée. Une lame de laiton doré S' encadre la face S sans la toucher. Cette lame reste toujours brillante et, par effet de contraste, permet à l'œil de distinguer avec précision l'instant où se fait le dépôt de rosée sur S. Un thermomètre H' donne la température ambiante. La lecture des thermomètres et les calculs se font comme dans l'hygromètre de Regnault.

b). *Méthode chimique.* — Cette méthode fait connaître l'état hygrométrique de l'air avec une grande exactitude par la détermination du rapport $\frac{p}{P}$; mais elle exige une manipulation longue et minutieuse. Un aspirateur semblable à celui de la figure 4 va puiser l'air dans l'atmosphère. A mesure que l'eau de l'aspirateur s'écoule, l'air y pénètre en traversant une série de tubes remplis de pierre ponce imbibée d'acide sulfurique, où il dépose toute son humidité. Si donc, avant l'expérience, on a pesé les tubes avec leur contenu, on les pèse après, l'augmentation de poids donnera la quantité de vapeur d'eau contenue dans un volume d'air égal à celui de l'aspirateur (en tenant compte de ce que l'air qui n'était pas saturé à l'intérieur le devient dans l'aspirateur). Quand on connaît le poids p de la vapeur (que contient un volume d'air connu, il faut, pour obtenir l'état hygrométrique, diviser ce poids par celui de la vapeur qui serait capable de saturer ce même volume d'air à la même température. On calcule ce dernier poids au moyen de la densité de la vapeur d'eau, qui est approximativement les 5/8es de celle de l'air pris à la même température.

Hygromètre enregistreur. — L'h. à cheveu peut être rendu enregistreur. MM. Richard prennent un faisceau de cheveux fixés par leurs deux extrémités et reliés par leur milieu à un levier qui actionne le mécanisme enregistreur par l'intermédiaire d'un système de cames correctrices. La plume et le cylindre sont disposés comme dans le *thermomètre enregistreur.*

Psychromètre enregistreur (Système Richard). — Cet instrument se compose de deux thermomètres enregistreurs dont les deux styles tracent leur courbe sur un même cylindre tournant. Le tube de l'un des thermomètres reste sec, l'autre est maintenu humide au moyen d'une mousseline constamment humectée. L'état hygrométrique se déduit de la différence des ordonnées des deux courbes.

III. *Résultats d'observations hygrométriques.* — On peut dire, en général, que la *quantité absolue* de vapeur augmente avec la température. Ainsi elle augmente à mesure qu'on se rapproche de l'équateur. Elle est aussi plus grande sur les mers et sur les côtes que dans l'intérieur des continents. Dans nos climats, l'air est rarement saturé. Par les plus grandes pluies, l'h. à cheveu ne dépasse guère 95°. La moyenne est de 72°, ce qui suppose que l'air contient moyennement la moitié de la vapeur nécessaire à sa saturation; sa limite inférieure 40° correspond à un état hygrométrique égal à peu près à 1/4. D'après Kaemtz, la quantité absolue de vapeur est minimum un peu avant le lever du soleil, et va ensuite croissant à mesure que la chaleur active l'évaporation. Au contraire, l'état hygrométrique est maximum au lever du soleil, et va ensuite en diminuant à cause de l'échauffement de l'atmosphère. L'humidité absolue diminue à mesure qu'on s'élève dans l'atmosphère. Il paraît qu'il en est de même de l'humidité relative, mais seulement par un temps serein; car il résulte des observations de Kaemtz qu'en général l'air des couches supérieures étudié sur les hautes montagnes est aussi humide que celui des couches inférieures. Les vents exercent aussi une influence très marquée sur la proportion de vapeur contenue dans l'atmosphère. Suivant Kaemtz, la quantité de vapeur est aussi petite que possible lorsque le vent souffle d'une direction comprise entre le nord et le nord-est; elle augmente quand il tourne à l'est, au sud-est et au sud, et atteint son maximum entre le sud et le sud-ouest, pour diminuer de nouveau en passant à l'est et au nord-ouest. Mais les résultats obtenus par le savant météorologiste ne peuvent être regardés comme absolus : ils ne sont rigoureusement vrais que pour le lieu même où ont été faites les observations, c.-à-d. pour la ville de Halle.

Les observations hygrométriques ont un rôle important en *Météorologie.* Voy. ce mot.

IV. *Hygromètre de Flore.* — Voy. FLORAISON.

HYGROMÉTRIQUE. adj. 2 g. T. Phys. Se dit, en général, des corps qui sont particulièrement sensibles à l'influence de l'humidité ou de la sécheresse. *Propriétés hygrométriques. Plantes hygrométriques.*

HYGROMÉTRIQUEMENT. adv. D'une manière hygrométrique.

HYGROPHOBIE. s. f. (gr. ὑγρὸς, humide; φόβος, crainte). Aversion des liquides.

HYGROPHTALMIQUE. adj. 2 g. (gr. ὑγρὸς, humide; ὀφθαλμός, œil). Qui sert à humecter l'œil.

HYGROSCOPE. s. m. (gr. ὑγρὸς, humide; σκοπεῖν, observer). T. Phys. Instrument qui sert à apprécier l'état hygrométrique de l'air. Voy. HYGROMÈTRE.

HYGROSCOPICITÉ. s. f. Propriété d'être hygroscopique.

HYGROSCOPIE. s. f. Emploi de l'hygroscope.

HYGROSCOPIQUE. adj .2 g. (R. *hygroscope*). T. Phys. Se dit des corps qui subissent quelque modification apparente par l'effet de l'humidité et qui, par cela même, peuvent servir à apprécier l'état hygrométrique de l'air. Voy. HYGROMÉTRIE.

HYKSOS, nom donné par les Égyptiens à un peuple d'Arabes pasteurs qui envahirent l'Égypte vers l'a 2000 av. J.-C. Voy. PASTEURS.

HYLA. s. m. (gr. ὕλη, forêt). T. Zool. Genre de *Batraciens anoures,* type de la famille des *Hylædidés.* Voy. RAINETTE.

HYLÆDIDÉS. s. m. pl. (R. *Hyla*). T. Zool. Famille de *Batraciens.* Voy. HYLA et RAINETTE.

HYLARCHIQUE. adj. 2 g. (gr. ὕλη, matière; ἄρχειν, commander). *Esprit h.,* Esprit universel qui, selon quelques philosophes, régit la matière première.

HYLAS. Myth. Fils de Theiodamas, ami d'Hercule, qui l'emmena avec lui dans l'expédition des Argonautes. Hylas fut ravi par les nymphes des eaux, charmées de sa beauté.

HYLÉ. s. f. (gr. ὕλη, matière). T. Philos. La matière première.

HYLÉMIDE. adj. 2 g. (gr. ὕλη, bois). T. Zool. Qui vit dans les taillis et les haies.

HYLÉSINE. s. m. (Pr. *ilé-zine*) (gr. ὕλη, bois; σίνος, dommage). T. Entom. Genre d'Insectes Coléoptères de la famille des *Bostrichides.* Voy. ce mot et XYLOPHAGES.

HYLLUS, fils d'Hercule, tua Eurysthée, et fut tué par le roi des Tégéates.

HYLOBATRACIEN, IENNE. adj. (Pr. *ilobatrasi-ɛn*) (gr. ὕλη, bois; fr. *batracien*). T. Zool. Se dit des batraciens qui vivent dans les taillis.

HYLOBIE. s. m. (gr. ὕλη, bois; βίος, vie). T. Entom. Genre d'Insectes Coléoptères appartenant à la famille des *Curculionides.* Voy. ce mot.

HYLOGÉNIE. s. f. (gr. ὕλη, matière; γένος, qui engendre). Formation de la matière.

HYLOTOME. s. m. (gr. ὕλη, bois; τομεύς, coupeur). T. Entom. Genre d'Insectes Hyménoptères. Voy. PORTE-SCIE.

HYLOZOÏSME. s. m. (gr. ὕλη, matière; ζόω, je vis). T. Philos. Système dans lequel on attribue à la matière une existence nécessaire et où on la considère comme douée nécessairement de la vie. Voy. MATIÈRE, MATÉRIALISME.

HYLURGE. s. m. (gr. ὕλη, bois; ἔργον, travail). T. Entom. Genre d'Insectes Coléoptères. Voy. XYLOPHAGES.

HYMEN. s. m. (Pr. *imène*) (gr. ὑμήν, membrane). T. Anat. Repli qui forme, chez la plupart des vierges, la membrane muqueuse à l'entrée du vagin.

HYMEN (Pr. *imène*) et **HYMÉNÉE.** s. m. Nom de la divinité païenne qui présidait aux noces. Il s'employait dans certaines phrases poétiq. et fig. en parlant du mariage. *Le flambeau de l'h. L'autel de l'hyménée. Les lois de l'h. Le joug de l'h. Les fruits de l'h., Les enfants.* || Par ext., en poésie, se dit pour Mariage. *Un h. bien assorti. Un heureux hyménée. Les fruits de leur h.*

HYMENÆA. s. m. (gr. ὑμήν, membrane). T. Bot. Genre de plantes Dicotylédones de la famille des *Légumineuses.* Voy. ce mot.

HYMÉNÉE. s. m. Voy. HYMEN.

HYMÉNÉLYTRE. adj. 2 g. (gr. ὑμήν, membrane; fr. *élytre*). T. Entom. Qui a les élytres membraneux.

HYMÉNIAL, ALE. adj. T. Bot. Qui a rapport à l'hyménium.

HYMÉNIUM. s. m. (Pr. *i-mé-niome*) (gr. ὑμήν, membrane). T. Bot. On donne ce nom à l'assise reproductrice que l'on rencontre dans la plupart des champignons de l'ordre des Basidiomycètes et des Ascomycètes; cette assise est constituée par des basides ou des asques, étroitement serrés les uns contre les autres et entremêlés d'organes stériles nommés paraphyses.

HYMÉNOCARPE. adj. 2 g. (gr. ὑμήν, membrane; καρπός, fruit). T. Bot. Qui a le fruit membraneux.

HYMÉNOGASTRE. s. m. (gr. ὑμήν, membrane; γαστήρ, ventre). T. Bot. Genre de Champignons (*Hymenogaster*) de la famille des *Gastéromycètes.* Voy. ce mot.

HYMÉNOGASTRÉES. s. f. pl. (R. *hyménogastre*). T. Bot. Tribu de Champignons de la famille des *Gastéromycètes.* Voy. ce mot.

HYMÉNOGRAPHIE. s. f. (gr. ὑμήν, membrane; γράφω, je décris). T. Anat. Description des membranes.

HYMÉNOLÉPIDOPTÈRE. adj. 2 g. (gr. ὑμήν, membrane; λεπίς, écaille; πτερὸν, aile). *Insecte h.,* Qui a les ailes membraneuses et couvertes d'une poussière écailleuse.

HYMÉNOLOGIE. s. f. (gr. ὑμήν, membrane; λόγος, traité). Traité des membranes.

HYMÉNOMYCÈTES. s. m. pl. (R. *hyménium,* et μυκής, champignon). T. Bot. Famille de Champignons de l'ordre des Basidiomycètes.

Caract. bot. : Le thalle des H. se développe ordinairement dans la terre ou dans les corps végétaux en voie de décomposition; quelquefois il est parasite (*Exobasidium Vaccinii, Agaricus melleus,* etc.). En se développant dans le sol des prairies, divers Agarics, notamment l'A. champêtre, produisent des places circulaires de plus en plus larges, limitées en dehors par une zone de 15 à 20 centimètres d'un vert plus intense où le gazon est plus vigoureux, et, en dedans, par une zone jaunâtre où le gazon est mort; c'est ce qu'on appelle les *cercles des fées* ou des *ronds de sorcière.* Ces cercles proviennent de ce fait que le thalle a une croissance périphérique, tandis que la région centrale meurt progressivement; les fructifications périphériques, en se décomposant, forment une sorte d'engrais qui rend plus fertile la zone extérieure. Quel que soit le mode de végétation, les filaments du thalle sont rameux, cloisonnés en cellule, et fréquemment anastomosés; tantôt ils sont libres, constituant ce que l'on appelle le *Mycélium;* tantôt ils s'unissent çà et là en masses pseudo-parenchymateuses, plus ou moins développées, auxquelles on donne le nom de *Stroma.* Le stroma forme tantôt de larges membranes, coriaces ou ligneuses (*Polyporus, Dædalea,* etc.), tantôt des cordons plus ou moins gros, ramifiés, comme dans l'Agaric champêtre où ils forment ce qu'on appelle le *Blanc de Champignon.* Ces cordons rameux affectent quelquefois l'aspect de racines, ce qui leur a fait attribuer le nom de *Rhizomorphes,* dont l'ex. le plus intéressant nous est fourni par l'*Agaricus melleus;* la plupart de ces rhizomorphes sont phosphorescents dans l'obscurité. Dans des conditions de nutrition convenable, certaines espèces d'H. appartenant aux genres les plus différents forment des stromas qui passent à l'état de vie latente et à l'intérieur desquels s'amassent des substances de réserve; ce sont, en un mot, des *Sclérotes.*

Parvenu à l'état adulte, le thalle produit son appareil sporifère sur le mycélium, sur le stroma ou sur le sclérote, et cela fait, tantôt il meurt, tantôt il est vivace, se détruisant au centre et persistant à la périphérie, comme dans beaucoup d'Agarics, de Polypores, d'Hydnes, etc. Sous sa forme la plus simple, l'appareil sporifère se réduit à une assise de basides étroitement serrées, sans support distinct du thalle (*Exobasidium*). Ailleurs, il forme, à la surface du milieu nutritif, une lame membraneuse ou coriacée, dont la face supérieure est tapissée par l'hyménium (*Corticium,* divers *Thelephora,* etc.). Mais, d'ordinaire, il se dresse perpendiculairement au support, quelquefois en colonne simple ou abondamment ramifiée en buisson, tous couverte de basides (*Clavaries*), le plus souvent en un pied dilaté au sommet en un chapeau (Fig. 5 et 6), portant les basides seulement sur sa face inférieure (Agarics, Polypores, Bolets, etc.); ce sont ces derniers appareils fructifères, généralement de grande taille, que le vulgaire désigne sous le nom de *Champignons à chapeau*. La face supérieure du chapeau est plus ou moins convexe ou plane, ou concave ou creusée en entonnoir; sa coloration est très variable; elle peut être molle, dure, visqueuse, lisse et même luisante, hérissée de poils. La face inférieure revêtue par l'hyménium est rarement lisse (*Craterella*, etc.); le plus souvent, elle porte soit des pointes molles, pendantes (*Hydnum*, etc.), soit des côtes saillantes (*Chanterelles*, etc.), soit encore des lamelles perpendiculaires à la surface : ces lamelles sont tantôt disposées en rayons allant de l'insertion du pied au bord du chapeau (Agarics, etc.), tantôt anastomosées en un réseau plus ou moins fin (*Dædalea*, Polypores, etc.); ailleurs, elles forment des tubes étroits, serrés côte à côte, soudés (Bolets, etc.), ou libres (Fistulines). Le chapeau est quelquefois dépourvu de pied; il est alors semi-circulaire et attaché au support vertical par son bord plan, à la façon d'une console (beaucoup de Polypores). L'appareil sporifère offre parfois, dans toute son épaisseur, une consistance gélatineuse qui provient de la gélification de la couche externe des filaments constitutifs (*Dacryomyces*, *Calocera*, *Guepinia*, etc.); ailleurs, au contraire, il est tout entier dur par sclérification des membranes de ses filaments (*Polyporus*, *Lenzites*, *Dædalea*, etc.).

Ainsi conformé, l'appareil sporifère peut être nu à tout âge; mais, dans quelques cas, il est enveloppé tout entier dans sa jeunesse par une couche filamenteuse qui se déchire

plus tard pour mettre l'appareil sporifère à nu : c'est la *Volve*. En outre, qu'il soit nu ou enveloppé d'une volve, l'appareil sporifère peut avoir, pendant son développement, son chapeau soudé par son bord au pédicelle; pour s'étaler plus tard, il rompt cette attache, et il en résulte le plus souvent une manchette annulaire qui reste adhérente au pied (Fig. 6) : c'est l'*Anneau* (certains Agarics, certaines Amanites, etc.).

Quoi qu'il en soit de la diversité de conformation de l'appareil sporifère, l'hyménium est essentiellement constitué de la même façon. Il est formé par une assise de cellules renflées en massue, étroitement serrées les unes contre les autres et perpendiculaires à la surface du support. Beaucoup de ces cellules demeurent stériles et sont des *paraphyses*; d'autres, plus longues, proéminant au-dessus de la surface générale, sont des *Basides* (Fig. 1). Dans la plupart des H. la baside produit 4 spores (Fig. 2). A cet effet, la cellule pousse autour de son sommet 4 rameaux grêles ou *Stérigmates*; à l'extrémité de chaque stérigmate, se produit un renflement qui se sépare par une cloison et devient une *spore*; une fois mûre, celle-ci se détache de son pédicelle et tombe. Dans quelques espèces, la baside ne porte que deux spores (Agaric champêtre, Pistillaire brillante), les Guépinies, les Dacryomyces, etc.); dans d'autres, elle en porte 6 (Chanterelle comestible, etc.). Parmi les paraphyses, il en est quelquefois qui s'allongent au-

dessus des autres, constituant ainsi des poils de formes diverses, qu'on nomme *Cystides* (Fig. 3).

L'appareil sporifère est toujours formé de filaments juxtaposés; le plus fréquemment, ces filaments sont minces, cloisonnés en longues cellules, et cheminent côte à côte parallèlement ou en ondulant dans le pied, en divergeant dans le chapeau; quelquefois, la couche externe de leurs membranes se gélifie et l'appareil sporifère tout entier a une consistance gélatineuse (Dacryomitrées). Dans les *Lactaires*, au milieu des filaments de l'appareil sporifère circulent des laticifères renfermant un liquide laiteux, diversement coloré, auquel ces champignons doivent leur nom. Le protoplasma des cellules est très riche en substances azotées; aussi, beaucoup de ces appareils sporifères sont-ils pour l'homme des aliments précieux. D'autres renferment des principes vénéneux et sont des poisons redoutables (*Amanita muscaria*, etc.). A côté des substances azotées, on y observe des matières grasses et des hydrates de carbone; ces derniers sont des dextrines, dont la plus répandue est l'amylodextrine, et des sucres de deux sortes : tantôt du tréhalose (*Pleurotus Eryngii*, *Amanita muscaria*, *A. cæsarea*, etc.), tantôt de la mannite (Agaric champêtre, Chanterelle comestible, etc.).

Ajoutons, pour terminer, qu'en outre des spores proprement dites, nées des basides, sur l'appareil plus ou moins compliqué que nous venons d'étudier, certains H. appartenant aux genres les plus divers produisent des conidies arrondies ou allongées en bâtonnets. [Fig. 1. Hyménium d'*Agaricus semiovalus*, montrant des basides avec spores à divers degrés de développement; 2. Baside d'*Agaricus elixus*; 3. Hyménium d'Agaric avec plusieurs cystides; 4, 5, 6. Agaric à divers degrés de développement; 7. Coupe transversale d'un tube de Bolet avec son hyménium].

Cette vaste famille des H. est la plus nombreuse de la classe des Basidiomycètes, car elle compte plus de 3,000 espèces en Europe seulement, dont 2,000 pour la seule tribu des Agaricées; le seul genre Agaric (avec ses divers sous-genres) contient plus de 1,200 espèces européennes. On la divise en 9 tribus, de la façon suivante :

Tribu I. — *Dacryomitrées*. — Appareil sporifère gélatineux; basides à deux spores et à longs stérigmates (*Dacryomitra*, *Dacryomices*, *Guepinia*, *Calocera*, etc.).

Tribu II. — *Exobasidiées*. — Appareil sporifère réduit à l'hyménium (*Exobasidium*, *Microstoma*, etc.). Le thalle de l'*Exobasidium Vaccinii* vit en parasite dans les feuilles et les tiges des diverses espèces de Vaccinium.

Tribu III. — *Hypochnées*. — Appareil sporifère filamenteux (*Hypochnus*, *Hypochnella*, etc.).

Tribu IV. — *Clavariées*. — Basides recouvrant toute la surface lisse de l'appareil sporifère, ordinairement dressé en colonne simple ou rameuse (*Clavaria*, *Pistillaria*, *Typhula*, etc.). La plupart des Clavaires sont comestibles, mais leur chair est généralement coriace.

Tribu V. — *Téléphorées*. — Basides recouvrant une partie de la surface lisse du fruit, tantôt la face supérieure (*Corticium*, *Cyphella*, etc.), tantôt la face inférieure (*Thelephora*, *Stereum*, *Cratevellus*, etc.).

Tribu VI. — *Hydnées*. — Basides recouvrant des pointes de forme diverse sur la face inférieure du chapeau (*Hydnum*, *Radulum*, *Odontia*, *Sistotrema*, etc.).

Tribu VII. — *Polyporées*. — Basides recouvrant des lames anastomosées en réseau, ou en tubes plus ou moins larges, à la face inférieure du chapeau (*Polyporus*, *Merulius*, *Helvella*, *Dædalea*, *Lenzites*, *Fistulina*, *Boletus*, etc.). Le Polypore amadouvier (*Polyporus igniarius*) et le Polypore anguleux (*P. fomentarius*), encore appelé *Agaric du chêne*, fournissent la substance appelée *Amadou*. Le premier vient sur les saules, les frênes, les cerisiers, les pommiers; le second sur les hêtres, les chênes, les tilleuls, etc.; c'est ce dernier que l'on emploie de préférence pour la préparation de l'*amadou*. Voy. ce mot. Quand l'amadou est destiné à la combustion, on le trempe dans une solution de nitrate de potasse. Pour le définir, il sert à arrêter les hémorrhagies capillaires et, particulièrement, les piqûres de sangsues. Le Polyporc du mélèze (*Polyporus officinalis*), encore appelé qui croît sur les troncs des vieux mélèzes, est connu dans les officines sous le nom impropre d'*Agaric blanc*. Il est réputé drastique, mais il a été surtout employé pour combattre les sueurs nocturnes des phtisiques. Les genres *Fistulina* et *Boletus* renferment des espèces comestibles à côté d'espèces dangereuses.

Tribu VIII. — *Cantharellées*. — Basides recouvrant des côtes dichotomes, rayonnantes, à la face inférieure du chapeau (*Cantharellus*, *Leptotus*, *Leptoglossum*, etc.). Certaines Chanterelles (*Cantharellus*) sont comestibles.

Tribu IX. — *Agaricées.* — Basides recouvrant des lames rayonnantes, à la face inférieure du chapeau (*Agaricus* avec ses divers sous-genres, *Amanita, Nyctalis, Hygrophorus, Russula, Cortinarius, Lactarius, Coprinus, Marasmius,* etc.). Un grand nombre d'Agarics, d'Amanites, de Russules, de Lactaires, etc., sont comestibles; mais c'est aussi dans ces différents genres que l'on rencontre les espèces les plus vénéneuses, particulièrement l'*Amanita muscaria* ou *fausse Oronge,* l'*A. bulbosa,* ou Oronge bulbeuse, etc. Les Coprins présentent ce fait particulier, c'est qu'à le maturité, le chapeau de l'appareil sporifère se résout en un liquide qui renferme une grande quantité de spores noires; il en résulte une sorte d'encre que l'on emploie, dans certaines régions, pour marquer le linge, parce qu'elle est indélébile.

HYMÉNOPHORE. s. m. (gr. ὑμήν, membrane; φορέω, qui porte). T. Bot. Nom donné par certains botanistes au *chapeau* de certains Champignons, tels que *Agaricus, Bolets,* etc. Peu us.

HYMÉNOPHYLLE. s. m. [Pr. *iménofil-le*] (gr. ὑμήν, membrane; φύλλον, feuille). T. Bot. Genre de Fougères (*Hymenophyllum*) de la famille des *Hyménophyllées.* Voy. ce mot.

HYMÉNOPHYLLÉES. s. f. pl. [Pr. *iméno-fil-lé*] (R. *Hyménophylle*). T. Bot. Famille de Cryptogames vasculaires de l'ordre des Fougères.

Caract. bot. : Les H. ont une tige souvent rampante et ordinairement très grêle; la feuille est aussi très simple et le plus souvent formée d'une seule assise de cellules. Dans certaines espèces de *Trichomanes,* les racines manquent et elles sont remplacées physiologiquement par des branches souterraines de la tige, qui s'allongent, se ramifient énormément et se couvrent de poils analogues aux poils radicaux.

Les sporanges ont un anneau transversal et complet, s'ouvrant par une fente longitudinale. Ils sont insérés sur un prolongement de la nervure au delà du bord de la feuille et sont entourés d'une indusie cupuliforme à bord entier ou bilobé. Ce prolongement s'accroît par allongement intercalaire et par conséquent produit de nouveaux sporanges; ceux-ci sont disposés en spirale autour de la nervure, sessiles et biserrés.

La famille des H. comprend seulement 3 genres (*Hymenophyllum, Trichomanes, Loxsoma*) et un certain nombre d'espèces, habitant pour la plupart les régions chaudes; on en connaît seulement 3 espèces en Europe. On connaît une espèce d'*Hymenophyllum* fossile, l'*H. Weissii,* l'une des formes les plus anciennes que l'on trouve dans les schistes houillers de Saarbruck.

HYMÉNOPODE. adj. 2 g. (gr. ὑμήν, membrane; πούς, ποδός, pied). Se dit d'oiseaux qui ont les doigts à moitié réunis par une membrane.

HYMÉNOPTÈRES. s. m. pl. (gr. ὑμήν membrane; πτερόν, aile). — Les H. constituent l'un des ordres les plus nombreux de la classe des *Insectes,* et il en est sans contredit le plus intéressant par l'industrie et l'instinct merveilleux que possèdent certaines espèces. Les animaux qui en font partie sont essentiellement caractérisés par leurs ailes au nombre de 4, qui sont entièrement membraneuses, pourvues de nervures sans réticulations, et croisées horizontalement sur le corps pendant le repos. Ils se distinguent aussi par la conformation de leur appareil buccal. Les mâchoires et la languette sont fort allongées, et les premières ont même une forme tubulaire de façon à engainer les côtés de la languette et à constituer une sorte de trompe, qui sert de conduit aux aliments toujours mous et liquides dont ces insectes font leur nourriture. Les mandibules servent uniquement à découper les substances dont les H. font leur nid, ou bien à saisir et à tuer les animaux dont ces insectes sucent les humeurs. Ainsi les H. établissent le passage entre les Insectes broyeurs et les Insectes suceurs. — En outre, les H. ont la tête globuleuse, munie de deux yeux composés et de trois yeux lisses, ou ocelles, placés en triangle sur le vertex. Le thorax est formé de trois segments réunis en une masse, et l'abdomen, suspendu au corselet par un étranglement, se termine, chez les femelles, par une tarière ou par un aiguillon, ordinairement formé de trois appendices longs et grêles. Les antennes sont très variables, non seulement selon les genres, mais encore dans les sexes de la même espèce; néanmoins elles sont communément filiformes ou sétacées. Les pattes sont pourvues de tarses à cinq articles non divisés.

Les H. subissent une métamorphose complète. Tantôt leurs larves, semblables à un ver, sont dépourvues de pattes; tantôt elles en ont six à crochet, et souvent douze à seize autres simplement membraneuses, ce qui leur a fait donner le nom de *fausses chenilles.* Toutes ont la tête écailleuse, et sont pourvues de mandibules, de mâchoires, et d'une lèvre ayant à son extrémité une filière destinée au passage de la matière soyeuse qui sert à construire la coque de la nymphe. Parmi ces larves, les unes vivent de substances végétales, les autres se nourrissent de cadavres d'insectes, de larves et d'œufs. La mère approvisionne les larves sans pattes et qui ne peuvent agir, soit en portant des aliments dans les nids qu'elle leur a préparés, soit en plaçant ses larves dans le corps des nymphes d'insectes dont elles doivent se nourrir. D'autres fois, les larves sont élevées en commun par des individus sans sexe réunis en sociétés. Arrivés à leur état parfait, les H. vivent presque tous sur les fleurs, et la durée de leur vie ne dépasse pas une année.

L'ordre des H. est divisé en deux grandes sections : celle des *Térébrants,* qui est caractérisée par l'existence d'une tarière chez les femelles, et celle des *Porte-aiguillon,* où la tarière est remplacée par un aiguillon rétractile. La section des Térébrants comprend 2 familles, savoir: les *Porte-scie* et les *Pupivores,* et celle des Porte-aiguillon, 4, qui sont les *Diploptères,* les *Fouisseurs,* les *Mellifères* et les *Hétérogynes.* Voy. ces mots et ABEILLE, FOURMI, etc.

HYMÉNOPTÉROLOGIE. s. f. (R. *hyménoptère*; gr. λόγος, traité). Partie de l'entomologie qui traite des hyménoptères.

HYMÉNORRHIZE. adj. 2 g. (gr. ὑμήν, membrane; ῥίζα, racine). T. Bot. Qui a des racines membraneuses.

HYMÉNOSTOME. s. m. (gr. ὑμήν, membrane; στόμα, bouche, ouverture). T. Bot. Genre de Mousses (*Hymenostomum*) de la famille des *Bryacées.* Voy. ce mot.

HYMÉNOTHÉCIEN, IENNE. adj. [Pr. *iménoté-si-in*] (R. *hymenium,* et gr. θήκη, loge). T. Bot. Se dit de Champignons Ascomycètes pourvus d'un hyménium.

HYMÉNOTOMIE. s. f. (gr. ὑμήν, membrane; τομή, section). Dissection des membranes.

HYMETTE. s. m. Montagne de l'Attique, à 11 kilomètres d'Athènes, renommée par son miel.

HYMNAIRE. s. m. Recueil d'hymnes.

HYMNE. s. m. (gr. ὕμνος, m. s., de ὕδω, je chante, ou, suivant Curtius, de ὑφάω, je tisse, la plupart des mots qui ont rapport à la composition poétique ayant été empruntés à l'art du tisserand, du constructeur, etc., à l'époque où l'écriture était inconnue). Dans l'antiquité, comme de nos jours, le nom d'*Hymne* désignait exclusivement un chant en l'honneur de la divinité. En conséquence, on peut dire que l'h. a été, chez tous les peuples, la première forme de la poésie. Les hymnes figurent en effet parmi les plus anciens monuments des grandes littératures des temps primitifs. Le plus antique des livres sanscrits, le *Rig-Véda,* est un recueil d'hymnes. Les livres sacrés des Juifs nous offrent de très beaux modèles de ce genre de poésie, qu'on peut appeler la poésie sacrée par excellence. Tels sont, dans l'Exode, le cantique de Moïse après le passage de la mer Rouge, dans les Juges, le cantique de Déborah après la défaite des ennemis d'Israël, et les Psaumes de David. La Grèce paraît avoir été riche en ce genre de poésie. On fait remonter les premiers hymnes grecs à Orphée, à Eumolpe, à Olen de Lycie, et à Olympe de Mysie. Les hymnes inscrits sous le nom d'Homère appartiennent évidemment à une époque postérieure à celle de l'auteur de l'*Iliade.* D'autres poètes durent à leurs hymnes une grande partie de leur célébrité : nous nous contenterons de citer Alcée, Sapho, Tyrtée, Simonide, Pindare, Callimaque, Proclus. Le stoïcien Cléanthe nous a laissé un h. à Jupiter qui est empreint d'un caractère remarquable de grandeur. Ces hymnes prenaient quelquefois des noms différents selon les dieux qu'ils célébraient. Ainsi, par ex., on appelait *Pæans,* les hymnes à Apollon, et *Dithyrambes,* les hymnes à Bacchus. Les Romains ont laissé peu de poèmes de ce genre, ce qui tient sans doute à ce qu'ils furent écrits à une époque où la langue latine était en voie de formation, comme on le voit par les fragments du *Chant arval* et des Chants saliens ou *Axamenta,* qui sont arrivés jusqu'à nous. Les quelques hymnes que l'on trouve dans les poètes latins, comme l'h. à

Diane de Catulle et le *Carmen sæculare* d'Horace, ne peuvent guère être considérés que comme des œuvres purement littéraires. — Les hymnes inspirés par le christianisme se distinguent en deux catégories, selon qu'ils font ou ne font pas partie de la liturgie. Les cantiques en langues vulgaires appartiennent à la première. Au nombre des hymnes les plus célèbres adoptés dans la liturgie de l'Église catholique latine, nous nommerons le *Te Deum*, qu'on attribue à saint Ambroise (vers 380), le *Salvete, flores martyrum*, de Prudence (vers 400); le *Pange lingua* de Claudien Mamert, mort en 474; le *Vexilla regis* de Fortunat, mort évêque de Poitiers en 609; le *Dies iræ* de Thomas de Celano, moine du XIII° siècle, et le *Stabat mater* de Jacopone de Todi, mort en 1306. Enfin, au XVII° siècle, Santeuil se fit un nom célèbre comme *Hymnographe*. La plupart des hymnes qu'il a composés ont été insérés dans nos offices diocésains. En général, ces hymnes se composent de quatre à six strophes, de quatre vers chacune, et se terminent par une paraphrase du *Gloria Patri*. — Par ext., on donne quelquefois le nom d'*Hymnes* à certains poèmes lyriques d'un style élevé, bien qu'ils ne s'adressent pas à la divinité. C'est ainsi que l'on dit, un *h.* guerrier, un *h.* patriotique, etc.

Nous terminerons par une observation sur le genre du mot *Hymne*. Les grammairiens ont dit qu'il est masculin, mais qu'il devient féminin quand il s'agit des hymnes qu'on chante dans les églises. Aujourd'hui cette anomalie que rien ne justifie n'existe plus. Il s'emploie au masculin dans tous les cas.

HYMNIQUE. adj. 2 g. [Pr. *im-nik*]. Qui a rapport à l'hymne.

HYMNODE. s. (gr. ὑμνῳδός, m. s., de ὕμνος, hymne, et ᾠδή, chant). T. Antiq. Celui, celle qui chantait des hymnes dans les cérémonies religieuses.

HYMNOGRAPHE. s. m. (gr. ὕμνος, hymne; γράφω, j'écris). Auteur qui compose des hymnes.

HYMNOGRAPHIE. s. f. (gr. ὕμνος, *hymne*; γράφω, j'écris). Genre de poésies qui comprend les hymnes. — Traité bibliographique des hymnes.

HYMNOLOGIE. s. f. (gr. ὕμνος, *hymne*; λόγος, discours). Traité sur les hymnes. || T. Liturg. Récitation ou chant des hymnes.

HYMNOLOGUE. s. m. [Pr. *imno-loghe*]. Auteur d'une hymnologie.

HYOCHOLALIQUE. adj. 2 g. [Pr. *io-ho-lalike*] (gr. ὗς, ὑός, cochon; fr. *cholalique*). T. Chim. L'*acide h.* se forme par le dédoublement des acides hyoglycocholiques et hyotaurocholiques. Il a pour formule $C^{25}H^{40}O^5$. Il cristallise en mamelons insolubles dans l'eau. Chauffé avec l'acide chlorhydrique il se transforme en *hyodyslysine* $C^{25}H^{38}O^3$ analogue à la dyslysine.

HYODYSLYSINE. s. f. [Pr. *iodisli-zine*] (gr. ὗς, ὑός, cochon; fr. *dyslysine*). T. Chim. Voy. HYOCHOLALIQUE.

HYOÉPIGLOTTIQUE. adj. 2 g. [Pr. *io-épiglot-like*] (R. *hyoïde* et *épiglotte*). T. Anat. Qui appartient à l'hyoïde et à l'épiglotte.

HYOGLOSSE. s. m. [Pr. *ioglo-se*] (fr. *hyoïde*; gr. γλῶσσα, langue). T. Anat. Muscle pair qui s'attache à l'os hyoïde et à la langue.

HYOGLYCOCHOLIQUE. adj. 2 g. [Pr. *iogli-ko-ko-like*] (gr. ὗς, ὑός, cochon; γλυκύς, doux; χολή, bile). T. Chim. L'*acide h.*, analogue à l'acide cholique, se trouve à l'état de sel de soude dans la bile de porc. Il est amorphe, incolore, amer, insoluble dans l'eau, soluble dans l'alcool. Sa formule est $C^{27}H^{42}Az O^5$. Par ébullition avec les alcalis étendus il fixe une molécule d'eau et se dédouble en acide hyocholalique et en glycocolle.

HYOÏDE. adj. et s. m. (gr. ὁ, et εἶδος, aspect). Les anatomistes nomment ainsi un petit os en forme d'arc et convexe en devant, qui est situé à la partie antérieure et supérieure du cou, entre la base de la langue et le larynx. On l'a aussi appelé *os lingual*, parce qu'il donne attache aux divers muscles qui se rendent à la langue. Cet os est, chez l'homme, entièrement isolé des autres pièces osseuses du squelette et suspendu dans l'épaisseur des parties molles du cou.

Anatomie. — Situé au niveau de l'angle rentrant que forme le plancher de la bouche avec la région antérieure du cou, l'os h. est comme suspendu entre la base de la langue et le larynx. De forme parabolique, il se compose de cinq pièces, une partie moyenne ou corps, et quatre cornes, deux grandes et deux petites. Le corps présente deux faces, dont l'antérieure est couverte d'insertions musculaires (digastriques, stylo-hyoïdiens, myo-hyoïdiens, génio-hyoïdiens, hyo-glosses, sterno-hyoïdiens, omo-hyoïdiens et thyro-hyoïdiens), deux bords, dont le supérieur donne attache au lingual supérieur, à la membrane thyro-hyoïdienne et à la membrane hyo-glossienne et l'inférieur aux muscles thyro-hyoïdiens, enfin deux extrémités articulées à la base des grandes cornes. — Les grandes cornes, beaucoup plus longues que le corps, aplaties de haut en bas, dirigées d'avant en arrière, donnent insertion, par leur face supérieure, à l'hyo-glosse et au constricteur moyen du pharynx, par leur face inférieure à la membrane thyro-hyoïdienne, par leur extrémité postérieure aux ligaments thyro-hyoïdiens latéraux. Les petites cornes ou styloïdiennes, situées sur le bord supérieur de l'os, unies par un cordon fibreux très court en avant de l'union du corps avec les grandes cornes, reçoivent, à leur extrémité supérieure, l'insertion des ligaments stylo-hyoïdiens, qui tiennent l'os h. comme suspendu à la base du crâne. — Cet os divise la moitié antérieure du cou en deux régions, sus- et sous-hyoïdienne; il fait sous les téguments une saillie appréciable au toucher et même à la vue, fait important à cause des rapports très intéressants au point de vue chirurgical qu'il présente (épiglotte, artère linguale, etc.); il forme, en un mot, le squelette flottant de la région.

L'os h. est formé surtout de tissu compact; il se développe par cinq points d'ossification, un pour le corps et un pour chacune des cornes. Les grandes cornes se soudent quelquefois au corps vers quarante ans; quant aux petites cornes, ce n'est jamais que dans l'extrême vieillesse. — Cet os h. est le rudiment, réduit à sa plus simple expression chez l'homme, de l'appareil hyoïdien, qu'on retrouve chez tous les vertébrés, et qui atteint chez les poissons son développement maximum.

Au point de vue physiologique, l'os h. forme le véritable point d'appui et le centre d'action de la langue, en même temps qu'il est associé à tous les mouvements du larynx, grâce aux ligaments qui l'unissent au cartilage thyroïde; il joue un rôle dans les mouvements de la langue, dans la déglutition, et même chez certains animaux, grâce à une forme particulière, dans la phonation.

Pathologie. — La pathologie de l'os h. est assez intéressante, sinon importante par sa fréquence. — Les fractures, étant données la mobilité de l'os et sa protection par la saillie du maxillaire inférieur, ne se produisent guère qu'à la suite de coups de feu ou de tentatives de pendaison, de strangulation; ce sont généralement les grandes cornes qui sont atteintes, les symptômes physiques sont à peu près ceux de toutes les fractures; mais il s'y ajoute des symptômes fonctionnels particuliers, gêne de la déglutition, difficulté de la parole, dyspnée intense; ces fractures n'ont aucune gravité par elles-mêmes; la gravité ne provient que des lésions concomitantes possibles des voies aériennes. Le traitement consiste avant tout dans la réduction des fragments, s'il y a déplacement, opéré d'une part par l'arrière-bouche, d'autre part par le cou; le malade est condamné à l'usage exclusif des aliments liquides, à un silence absolu et à l'immobilité complète dans la demi-flexion en avant. — Les luxations, très rares, ne se produisent bien entendu qu'avant l'ossification de la lame cartilagineuse intermédiaire aux grandes cornes et au corps, dans le cas de tentative de strangulation; mais leur diagnostic est extrêmement difficile d'avec les fractures, malgré que l'existence en soit incontestable, d'après quelques autopsies. Enfin, des lésions diverses peuvent se produire au niveau de l'os h. qui n'ont rien de très particulier: carie, cancer, tumeurs.

HYOÏDIEN, ENNE. adj. [Pr. *ioi-di-in*]. T. Anat. Qui a rapport à l'os hyoïde.

HYO-PHARYNGIEN, ENNE. adj. [Pr. *iofa-rinji-in*] (R. *hyoïde*, et *pharynx*). T. Anat. Qui a rapport à l'hyoïde et au pharynx.

HYOSCINE. s. f. [Pr. *ios-sine*] (R. *Hyoscyamus*). T. Chim. Base qu'on extrait des eaux mères de la cristallisation de l'hyoscyamine. Elle existe avec cet alcaloïde dans la jusquiame. Elle constitue la majeure partie de l'hyoscyamine amorphe du commerce. L'h. s'obtient sous la forme d'une masse amorphe, fusible à 55°. Elle a pour formule $C^{17}H^{21}AzC^4$. Elle ressemble beaucoup à l'hyoscyamine, tant par son action sur la pupille que par ses autres propriétés. L'ébullition avec les alcalis étendus la dédouble en acide isopique et en une base $C^8H^{13}AzO^2$ fusible à 106°, appelée *oscine*.

HYOSCYAMÉES. s. f. pl. [Pr. *ios-siarnées*] (R. *Hyoscyamus*). T. Bot. Tribu de végétaux de la famille des *Solanacées*. Voy. ce mot.

HYOSCYAMINE. s. f. [Pr. *ios-siamine*] (R. *Hyoscyamus*). T. Chim. Alcaloïde contenu avec l'hyoscine dans les semences et dans le suc de la jusquiame. L'h. se rencontre aussi dans les feuilles du Duboisia myoporoïdes; elle accompagne l'atropine dans la Belladone et dans les semences du Datura stramonium; elle est identique avec la *Duboisine* et avec la *Daturine* du commerce. L'h. a la même formule que l'atropine $C^{17}H^{23}AzO^3$. Elle cristallise en aiguilles incolores, fusibles à 108°, solubles dans l'eau et surtout dans l'alcool, peu solubles dans l'éther. Ses solutions sont lévogyres. Chauffée pendant plusieurs heures un peu au-dessus de son point de fusion, elle se transforme en atropine. Chauffée avec de l'acide chlorhydrique ou avec de l'eau de baryte, elle se dédouble en acide tropique et en tropine. En se dissolvant dans l'acide sulfurique concentré ou dans l'acide chlorhydrique fumant, elle perd une molécule d'eau et se transforme en une autre base $C^{17}H^{21}AzO^2$ appelée *belladonine*.

L'h. est un poison narcotique et cardiaque; elle agit comme l'atropine en dilatant la pupille et en accélérant les mouvements du cœur et de la respiration. On l'a essayée comme succédané de l'atropine et de la morphine; mais c'est un médicament dangereux et peu maniable.

La *pseudo-h.*, que l'on rencontre dans le Duboisia myoporoïdes, est isomérique avec l'h. Elle est soluble dans l'alcool et dans le chloroforme; elle est lévogyre; elle cristallise en aiguilles jaunes fusibles à 134°. Sous l'action de l'eau de baryte elle se dédouble en acide tropique et en une base isomère de l'atropine.

HYOSCYAMUS. s. m. [Pr. *ios-siamus*] (gr. Ὅς, ὑός, cochon; κύαμος, fève). T. Bot. Nom latin de la *Jusquiame*. Voy. ce mot.

HYOSTERNAL. s. m. (R. *hyoïde*, et *sternum*). T. Anat. Troisième pièce du sternum.

HYOTAUROCHOLIQUE. adj. 2 g. [Pr. *ioto-roko-like*] (gr. Ὅς, ὑός, cochon; ταυρος, taureau; χολή, bile). T. Chim. L'acide *h.* existe en petite quantité, à l'état de sel de soude, dans la bile de porc. Il a pour formule $C^7H^{45}AzSO^6$. Chauffé avec les alcalis ou les acides étendus, il fixe de l'eau et se dédouble en taurine et en acide hyocholalique.

HYOTTYROÏDIEN. adj. m. [Pr. *iotiroïdi-in*] (R. *hyoïde*, et *thyroïde*). Muscle *h.*, appelé aussi *thyro-hyoïdien* moy. HYOÏDE.

HYPALLAGE. s. f. [Pr. *i-pal-laje*] (gr. ὑπαλλαγή, changement). T. Gram. Figure très commune dans les langues anciennes par laquelle on attribue à un mot de la phrase ce qui convenait à un autre. C'est ainsi qu'l orace dit en parlant de Mécène : *Tyrrhena regum progenies,* au lieu de : *regum Tyrrhenorum progenies.* En français, l'h. est plus rare et n'est le plus souvent qu'un vice de langage comme dans les phrases vulgaires : *Ce chapeau n'entre pas bien dans ma tête. Mettre ses souliers dans ses pieds.* On cite cependant ce vers de Boileau :

Trahissant la vertu sur un papier *coupable*.

HYPANTHE. s. m. (gr. ὑπό, sous; ἄνθος, fleur). T. Bot. Partie inférieure du calice. Peu us.

HYPANTHÉ, ÉE. adj. (gr. ὑπό, sous. ἄνθος, fleur). T. Bot. Dont le calice et la corolle s'insèrent sous l'ovaire. Inus.

HYPANTHERA. s. m. (gr. ὑπό, sous; fr. *anthère*). T. Bot. Genre de plantes Dicotylédones de la famille des *Cucurbitacées*.

HYPARGYRITE. s. f. T. Minér. Syn. de MIARGYRITE.

HYPATIA ou **HYPATIE**, femme célèbre qui professa la philosophie à Alexandrie et fut massacrée par des chrétiens fanatiques (370-415).

HYPÉCOUM. s. m. [Pr. *ipé-koume*]. T. Bot. Genre de plantes Dicotylédones de la famille des *Papavéracées*. Voy. ce mot.

HYPÉRACUSIE. s. f. [Pr. *ipèra-ku-zie*] (gr. ὑπὲρ, au-dessus; ἄκουσις, action d'entendre). T. Méd. Exaltation de l'ouïe.

HYPÉRALBUMINOSE. s. f. [Pr. *ipèralbumino-ze*] (gr. ὑπὲρ, au-dessus, et *albumine*). T. Méd. Augmentation de la quantité d'albumine du sang

HYPERBATE. s. f. (gr. ὑπὲρ, au-dessus; βαίνω, je vais). T. Gram. Figure de grammaire qui consiste à intervertir, à renverser l'ordre exigé par la syntaxe. Ainsi, c'est par h. qu'un de nos grands poètes a écrit :

Et les hautes vertus que de vous il hérite,

au lieu de : *les hautes vertus qu'il hérite de vous.* Cette figure n'est d'un fréquent usage qu'en poésie : elle est plus rarement employée dans la prose, où d'ailleurs elle ne convient que dans le style oratoire. L'h. était surtout propre aux langues anciennes, et elle servait quelquefois, suivant Longin, à exprimer la passion.

HYPERBOLE. s. f. (gr. ὑπὲρ, au-dessus; βάλλω, je jette). Rhét. — *L'hyperbole* est une figure qui donne à l'objet dont on parle quelques degrés de plus ou de moins qu'il n'en a dans la réalité. « L'h., dit La Bruyère, exprime au delà de la vérité pour ramener l'esprit à la mieux connaître. » Elle est l'effet d'une imagination vivement frappée à qui les expressions ordinaires semblent trop faibles pour rendre ce qu'il éprouve. C'est ainsi que Fléchier a pu dire : *Des ruisseaux de larmes coulèrent des yeux de tous les habitants.* Mais on doit user sobrement de cette figure, et craindre de tomber dans une enflure ridicule. Pour vouloir porter trop loin l'h., on en détruit tout l'effet. C'est ce qui est arrivé à Brébœuf dans ces vers si souvent critiqués :

De morts et de mourants cent montagnes plaintives,
D'un sang impétueux cent vagues fugitives...

Géom. — L'h. est la section faite dans un cône circulaire par un plan qui coupe les deux nappes du cône. Voy. CONIQUE. On peut étudier la propriété de cette courbe par la géométrie pure, en prenant pour définition l'une de ses propriétés fondamentales :

1° L'h. *est le lieu des points tels que la différence de leurs distances à deux points fixes appelés foyers reste constante.* Si F et f désignent ces deux foyers, et D, un point de la courbe (Fig. 1), on voit que le point D décrira deux lignes distinctes, suivant que DF sera inférieur ou supérieur à Df. L'h. est symétrique par rapport à la ligne Ff qui a reçu le nom d'*axe transverse*, et à la perpendiculaire CB' élevée au milieu de Ff, laquelle est l'*axe non transverse*. Le point de rencontre C de ces deux axes est le *centre* de la courbe. Les points A et A' où la courbe rencontre l'axe sont les *sommets*.—L'h.

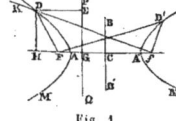
Fig. 1.

peut se décrire mécaniquement de la manière suivante. Soit le bout d'un fil fixé au point F et l'autre à l'extrémité d'une règle fDK, et soit la différence entre la longueur de la règle et du fil égale à AA'. Soit encore l'autre extrémité de la règle fixée au point f ; faisons tourner la règle autour de f comme pivot dans le plan où les axes sont situés, tandis que le fil est tendu, au moyen d'une épingle D, de manière que la partie du fil entre K et D reste exactement appliquée contre le bord de la règle : la pointe de l'aiguille décrira par son mouvement sur le plan une courbe DAM qui sera l'une des branches de l'h.; et si l'on fait tourner la règle autour de l'autre foyer F, tandis que l'extrémité du fil est fixée au point f, l'épingle D décrira la branche opposée D'A'M'.

2° On verra, comme nous l'avons expliqué pour l'ellipse, que l'h. *est le lieu des points équidistants de l'un des foyers et du cercle décrit de l'autre foyer comme centre avec l'axe transverse AA' comme rayon.* Ce cercle a reçu le nom de *cercle directeur*; mais tandis que l'ellipse du second foyer est à l'intérieur du cercle directeur, dans l'h. il est à l'extérieur.

3° *L'h. est le lieu des points tels que la distance de chacun d'eux à un point fixe F appelé foyer est dans un rapport constant, plus grand que l'unité, avec la distance du même point à une droite PQ appelée directrice.* Le rapport constant $\frac{DF}{DP}$ s'appelle l'*excentricité*. A chacun des deux foyers F et f correspond une directrice. Voy. FOYER.

4° Une autre propriété caractéristique de l'h., c'est que le rectangle construit avec les deux longueurs AH et HA', comprises entre les deux sommets et la projection H d'un point de la courbe sur l'axe transverse, est dans un rapport constant avec le carré de l'ordonnée HD (Fig. 1). Posons CA $= a$, demi-axe transverse, CH $= x$, abscisse du point D, HD $= y$, ordonnée du point D; et soit b une longueur constante. La condition précédente se traduit par l'équation :

$$y^2 = \frac{a^2}{b^2}(x-a)(x+a),$$

ou

$$y^2 = \frac{a^2}{b^2}(x^2-a^2),$$

qu'on peut mettre sous la forme :

$$\frac{x^2}{a^2} - \frac{y^2}{b^2} - 1 = 0,$$

qui est l'équation de l'h. rapportée à ses axes.

5° L'h. a deux branches infinies ainsi que deux asymptotes. Par A (Fig. 2), l'un des sommets de l'axe transverse, tirons une ligne droite H*Ah* parallèle à l'axe non transverse, et prenons sur cette droite deux longueurs AH, A*h*, égales à la longueur que nous avons désignée par b. Les lignes droites CH et C*h*, menées par le centre de l'h. et les extrémités de

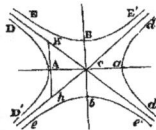

Fig. 2.

cette parallèle, sont asymptotes à l'h., c.-à-d. que si on les prolonge indéfiniment, elles ne rencontreront jamais la courbe, quoiqu'un point de l'axe s'en approche autant qu'on voudra. Voy. ASYMPTOTE. Chacune des deux asymptotes est parallèle aux deux branches de la courbe, l'une étant d'un côté, l'autre de l'autre. Il y a une infinité d'hyperboles qui ont les mêmes asymptotes : il suffit que le rapport $\frac{a}{b}$ reste le même, pour que les asymptotes restent les mêmes. Toutes ces

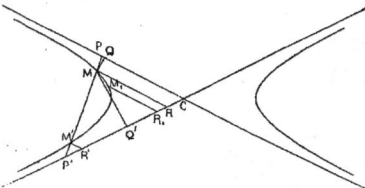

Fig. 3.

hyperboles sont situées, les unes dans l'angle HC*h* et l'angle opposé par le sommet, les autres dans les deux angles adjacents. En particulier, il y a une h. qui a pour axe transverse l'axe non transverse de la première et qui a ses sommets B et *b* à une distance du centre égale à b. Celle-là est dite *conjuguée* de la première et son équation est :

$$\frac{x^2}{a^2} - \frac{y^2}{b^2} + 1 = 0.$$

6° Les asymptotes de l'h. jouissent de propriétés importantes, dont nous signalerons seulement les principales :

Si l'on coupe une h. par une transversale quelconque, les segments MP, M'P' (Fig. 3) compris entre la courbe et les deux asymptotes, sont égaux.

Si la sécante se déplace parallèlement à elle-même, le produit MP $\times$ MP' restera invariable.

Ce dernier théorème se rattache à une propriété importante qui peut fournir une nouvelle définition à l'h. Abaissons du point M les perpendiculaires MQ, MQ' sur les deux asymptotes. Chacun des deux rapports $\frac{MP}{MQ}$, $\frac{MP'}{MQ'}$, restera invariable quand la sécante se déplacera parallèlement à elle-même; donc leur produit sera aussi constant, et puisque MP $\times$ MP' reste invariable, il faudra que MQ $\times$ MQ' reste également invariable. Donc *l'h. est le lieu des points tels que le produit de leurs distances à deux droites fixes reste invariable*. Cet énoncé montre bien que lorsque le point de la courbe s'éloigne indéfiniment de l'une des deux droites, il doit se rapprocher indéfiniment de l'autre, puisque l'un des deux facteurs devenant infiniment grand, il faut que l'autre facteur devienne d'autant plus petit. C'est pourquoi les deux droites sont bien des *asymptotes*. Si l'on prend ces deux droites pour axes de coordonnées, l'abscisse CR sera proportionnelle à MP, et l'ordonnée MR à MP', de sorte que l'équation de l'h. rapportée à ses asymptotes est :

$$xy = k^2.$$

Cette équation permet de calculer l'aire d'un segment MM'R'R compris entre un arc d'h., une des asymptotes, et des parallèles à l'autre. L'élément de cette aire est en effet un petit parallélogramme MM₁RR₁ qui a pour surface :

$$du = y\,dx\sin\theta,$$

en désignant par θ l'angle des deux asymptotes; mais d'après l'équation précédente, on a :

$$y = \frac{k^2}{x}.$$

Donc :

$$du = k^2\frac{dx}{x}\sin\theta,$$

et, on intégrant de $x = x_0$ à $x = x_1$:

$$u = k^2\sin\theta.\,\mathrm{L}\frac{x_1}{x_0}.$$

Il résulte de cette formule que l'aire augmente indéfiniment quand le deuxième point M' s'éloigne indéfiniment sur la branche de courbe. L'aire de l'h. étant proportionnelle au logarithme népérien de l'abscisse, de là vient qu'on a donné à ces logarithmes le nom de logarithmes hyperboliques. Voy. LOGARITHMES.

Une h. dont les asymptotes sont rectangulaires est dite *équilatère*. L'h. équilatère jouit de propriétés curieuses; mais nous ne pouvons nous y arrêter plus longtemps.

L'h. admet comme l'ellipse une infinité de systèmes de *diamètres conjugués*, c.-à-d. tels que chacun d'eux partage en deux parties égales les cordes parallèles à l'autre. Ces deux diamètres passent toujours par le centre; l'un est *transverse*, c.-à-d. qu'il rencontre la courbe, et l'autre non transverse; ils sont donc dans deux angles adjacents des asymptotes, et, contrairement à ce qui arrive dans l'ellipse, ils peuvent se rapprocher de manière à faire entre eux un angle aussi petit qu'on veut. Il en résulte que chaque asymptote peut être considérée comme la position limite de deux diamètres conjugués confondus. Au reste, la plupart des propriétés de l'ellipse s'appliquent aussi à l'h. Voy. ELLIPSE, CONIQUE, DIAMÈTRE, FOYER, POLAIRE, etc. Pour plus de détails, consulter un ouvrage de géométrie ou de géométrie analytique.

HYPERBOLIFORME. adj. 2 g. (R. *hyperbole*, et *forme*). T. Géom. Qui se rapproche de l'hyperbole.

HYPERBOLIQUE. adj. 2 g. (lat. *hyperbolicus*; gr. ὑπερβολικὸς, m. s.). Qui exagère beaucoup au delà du vrai. *Langage, discours h. Expression h.* || Se dit d'une personne qui a l'habitude d'exagérer dans tout ce qu'elle dit. *Je ne connais pas d'homme plus h.* || T. Math. Qui a la forme de l'hyperbole. *Figure h. Miroir h.* — *Logarithmes hyperboliques*, Les logarithmes népériens. Voy. LOGARITHME; *Sinus, Cosinus h.*, Voy. SINUS.

HYPERBOLIQUEMENT. adv. D'une manière hyperbolique.

HYPERBOLISER. v. n. [Pr. *iperboli-ze-*]. Parler par hyperboles.

HYPERBOLISME. s. m. Emploi abusif de l'hyperbole.

HYPERBOLOÏDE. s. m. (R. *hyperbole* et gr. εἶδος, forme). T. Géom. On appelle *hyperboloïde* une surface qui est engendrée par une ellipse dont le plan se meut parallèlement à lui-même, et dont le centre décrit une droite perpendiculaire à ce plan et qui change de dimensions en restant toujours semblable à elle-même et en conservant ses axes parallèles, de manière qu'un de ses points décrive une hyperbole située dans un plan passant par le lieu des centres de l'ellipse mobile et dont ce lieu est l'un des axes. — On démontre aisément, en formant l'équation de la surface, que tous les points de l'ellipse variable décrivent des hyperboles. — Cette surface présente deux variétés suivant que la droite lieu du centre de l'ellipse mobile est l'axe transverse ou l'axe non transverse de l'hyperbole. Dans le premier cas, la surface se compose de deux nappes séparées correspondant à chacune des deux branches de l'hyperbole : c'est *l'h. à deux nappes*. Dans le second, on a *l'h. à une nappe*, dont on peut se représenter la forme en imaginant la gorge d'une poulie qui, au lieu d'être circulaire, serait elliptique, et dont le profil, au lieu d'être circulaire, serait hyperbolique. Il faut aussi concevoir que cette gorge serait indéfiniment prolongée. Ajoutons que l'h. à une nappe est une surface à courbures opposées. — Si l'ellipse génératrice est remplacée par un cercle, on aura *l'h. de révolution*, qui peut alors être considéré comme engendré par la révolution d'une hyperbole autour d'un de ses axes ; il est à une nappe ou à deux nappes suivant que l'axe de révolution est l'axe non transverse ou l'axe transverse.

Les deux hyperboloïdes présentent trois plans de symétrie. L'h. à une nappe est coupé par ces trois plans suivant deux hyperboles et une ellipse, qui est appelée *ellipse de gorge*, parce que c'est la plus petite de toutes les sections elliptiques (cette ellipse de gorge est remplacée par un *cercle de gorge* dans l'h. de révolution à une nappe. Dans l'h. à deux nappes, l'un des plans de symétrie, celui qui est perpendiculaire à l'axe de l'hyperbole directrice ne coupe pas la surface et passe entre les deux nappes. Les deux autres, qui passent par l'axe de l'hyperbole directrice donnent des sections hyperboliques. Les deux surfaces ont aussi trois axes de symétrie, perpendiculaires aux plans de symétrie et passant par le *centre*.

L'h. à deux nappes, rapporté à ses plans de symétrie, a pour équation :

$$\frac{x^2}{a^2} - \frac{y^2}{b^2} - \frac{z^2}{c^2} = 1$$

qui devient :

$$\frac{x^2}{a^2} - \frac{y^2 + z^2}{b^2} = 1$$

si la surface est de révolution.

L'h. à une nappe a pour équation :

$$(1) \quad \frac{x^2}{a^2} + \frac{y^2}{b^2} - \frac{z^2}{c^2} = 1$$

qui devient :

$$\frac{x^2 + y^2}{a^2} - \frac{z^2}{c^2} = 1$$

si la surface est de révolution.

L'équation (1) peut s'écrire :

$$\frac{x^2}{a^2} - \frac{z^2}{c^2} = 1 - \frac{y^2}{b^2}$$

et alors elle résulte de l'élimination de λ entre les deux équations :

$$(2) \quad \begin{cases} \dfrac{x}{a} + \dfrac{z}{c} = \lambda\left(1 + \dfrac{y}{b}\right) \\ \dfrac{x}{a} - \dfrac{z}{c} = \dfrac{1}{\lambda}\left(1 - \dfrac{y}{b}\right), \end{cases}$$

comme on le voit en multipliant membre à membre les deux équations (2) ; mais ces équations (2) représentent une droite qui change de position quand on fait varier λ. Cette droite variable est entièrement située sur la surface, puisque tous ses points vérifient l'équation (1). Donc, l'h. à une nappe

est une *surface réglée*, qu'on peut considérer comme engendrée par le déplacement d'une droite. On pourrait aussi remplacer les équations (2) par :

$$(3) \quad \begin{cases} \dfrac{x}{a} + \dfrac{z}{c} = \mu\left(1 - \dfrac{y}{b}\right) \\ \dfrac{x}{a} - \dfrac{z}{c} = \dfrac{1}{\mu}\left(1 + \dfrac{y}{b}\right) \end{cases}$$

qui donnent un *second système de génératrices rectilignes*. On démontre que : 1° *Deux génératrices de même système ne se rencontrent jamais* ; 2° *deux génératrices de système différent se rencontrent toujours* ; 3° *l'h. est complètement déterminé par trois génératrices d'un même système*, et peut être considéré comme engendré par une *droite qui se meut en s'appuyant constamment sur trois droites fixes*. La droite mobile prend toutes les positions des génératrices d'un système, et les trois droites fixes sont trois génératrices de l'autre système ; 4° *par chaque point de la surface passent deux génératrices de systèmes différents qui déterminent le plan tangent*.

Si, par le centre de la surface, on mène des parallèles à toutes les génératrices d'un système, celles-ci sont aussi parallèles aux génératrices de l'autre système et déterminent un cône, qui est appelé *cône asymptote*, parce que ses génératrices ne rencontrent pas la surface, tout en s'en approchant indéfiniment.

Il résulte aussi de l'existence des génératrices rectilignes que l'h. de révolution à une nappe est engendré par une droite qui tourne autour d'une droite fixe ne la rencontrant pas. Cette propriété, qui sert de définition à la surface en géométrie descriptive, peut être utilisée pour représenter cette surface au moyen de fils tendus. On dispose dans deux plans parallèles deux cercles dont les centres sont sur un même perpendiculaire à ces plans ; on partage chacun de ces cercles en un même nombre de parties égales et on numérote les points de division en tournant dans le même sens ; puis on joint par des fils tendus les points de même numéro. S'il arrive que les points numérotés 1 soient dans un même plan avec l'axe, il en sera de même de tous les autres points de même numéro, et l'on aura la représentation d'un cône (ou d'un cylindre si les deux cercles sont égaux) ; mais si l'on a ce soin d'éviter ce cas particulier, on aura représenté un h. de révolution. On aura d'autres h. en faisant tourner l'un des cercles autour du son centre. On obtient aussi une représentation de la surface en disposant des queues de billard dans leur support circulaire et en faisant tourner plus ou moins le disque supérieur de ce support. Enfin, le cache-pot articulé donne également une représentation de l'h. de révolution avec ses deux systèmes de génératrices rectilignes. La déformation du cache-pot donne en même temps la représentation de quelques théorèmes intéressants relatifs à la déformation de l'h. de révolution, mais sur lesquels il ne nous est pas possible d'insister.

Hyperboloïde de raccordement. — On appelle ainsi un h. à une nappe qui est tangent tout le long d'une même génératrice à une surface réglée quelconque. On démontre que si un h. est tangent en trois points d'une même génératrice à une surface réglée, il sera tangent tout le long de la génératrice. Dès lors, il suffit de considérer trois tangentes à la surface en trois points différents d'une même génératrice, et l'h. défini par ces trois droites sera un h. de raccordement. Il y en a une infinité.

HYPERBORÉE. adj. 2 g. **HYPERBORÉEN, ENNE.** adj. (gr. ὑπερβόρεος, m. s., de Βορέας, Borée, vent du Nord). Se dit des peuples et des pays très septentrionaux. *Les peuples hyperboréens. Les mers hyperborées.*

HYPERCATALECTIQUE. adj. et s. m. (gr. ὑπέρ, audessus ; καταλήγω, je termine). T. Versif. gr. et lat. Se dit d'un vers qui a une syllabe de trop. *Dans l'hexamètre h., pour que le vers ne soit pas faux, la syllabe en excès doit disparaître par élision avec le commencement du vers suivant.*

HYPERCATHARSIE. s. f. (gr. ὑπέρ, au delà ; καθαίρειν, purger). T. Méd. Superpurgation.

HYPERCHLORHYDRIE. s. f. [Pr. *iper-kloridri*] (gr. ὑπέρ, au delà ; fr. *chlorhydrique*). T. Méd. Production exagérée d'acide chlorhydrique dans les sucs de l'estomac. Voy. GASTRALGIE.

HYPERCRINIE. s. f. (gr. ὑπὲρ, au-dessus; κρίνειν, séparer). T. Méd. Augmentation de sécrétion plus ou moins considérable. — On dit aussi *Hyperdiacrisie*.

HYPERCRITIQUE. s. m. (gr. ὑπὲρ, au-dessus; κριτικὸς, censeur). Censeur outré, qui passe les bornes d'une critique sage et judicieuse.

HYPERDIACRASIE. s. f. [Pr. *iperdiakra-zie*] (gr. ὑπὲρ, au dela; διὰ, à travers; κρᾶσις, séparation). T. Méd. Syn. de *Hypercrinie*.

HYPERDRAMATIQUE. adj. 2 g. (gr. ὑπὲρ, au delà; fr. *drame*). Trop dramatique.

HYPERDULIE. s. f. (gr. ὑπὲρ, au-dessus; fr. *dulie*). Culte de la Sainte Vierge, dans la liturgie catholique.

HYPERELLIPTIQUE. adj. 2 g. [Pr. *iperel-liptik*] (gr. ὑπὲρ, au delà; et fr. *elliptique*). T. Math. On appelle intégrale h. une intégrale de la forme :

$$\int \frac{F(x, R)}{\varphi(x, R)} dx$$

Or, F et φ sont deux polynômes entiers et R la racine carrée d'un polynôme entier, par rapport à *x*, le degré de ce polynôme étant supérieur à 4. Lorsque le degré du polynôme est égal à 3 ou 4, on a une intégrale elliptique; lorsqu'il est égal à 1 ou 2, on a une intégrale qui peut s'exprimer par des logarithmes ou des fonctions circulaires et qui, dans des cas particuliers, est algébrique. Si l'on pose :

$$y = \int_{z_0}^{z} \frac{F(x, R)}{\varphi(x, R)} dx$$

y est une fonction de *z* et inversement *z* est une fonction de *y*. Cette fonction *z* de *y* s'appelle une *fonction h*.

HYPERÉMIE, HYPERÉMIER. Voy. HYPERHÉMIE, HYPERHÉMIER.

HYPERENCÉPHALE. s. m. [Pr. *iper-ancéfal*] (gr. ὑπὲρ, au delà; ἐγκέφαλος, encéphale). Nom de monstres qui ont l'encéphale situé en très grande partie hors de la boîte cérébrale et au-dessus du crâne.

HYPERENCÉPHALIE. s. f. [Pr. *iper-ancéfalie*]. Anomalie qui caractérise les hyperencéphales.

HYPERENCÉPHALIEN, IENNE. adj. [Pr. *iper-ancéfa-li-in*]. Qui a le caractère de l'hyperencéphalie.

HYPERESPACE. s. m. (gr. ὑπὲρ, au-dessus; fr. *espace*). T. Géom. *Espace fictif à plus de trois dimensions*. — Pour les géomètres, une équation à une variable représente une ligne, c.-à-d. une étendue à une seule dimension : la longueur; une équation à deux variables représente une surface, c.-à-d. une étendue à deux dimensions; une équation à trois variables représente un volume, c.-à-d. une étendue à trois dimensions, une étendue de l'espace proprement dite. Les équations à quatre variables peuvent être considérées comme représentant symboliquement des figures d'un espace à quatre dimensions, inconcevable pour nous dans la réalité, et qu'on appelle un *Hyperespace*. De même pour les équations à plus de quatre variables. C'est une simple manière de parler pour abréger le langage. Non seus ne peuvent nous donner aucune idée d'un espace à quatre dimensions, c'est donc au point de vue physique une fiction; elle prend cependant une certaine signification si l'on fait intervenir le temps comme quatrième variable dans les problèmes de l'espace proprement dit. Les espaces à deux et une dimension ne sont eux-mêmes que des abstractions; il faut concevoir des êtres très différents de nous pour imaginer que leur existence et leurs connaissances ne s'étendent qu'à deux dimensions; les ombres des êtres réels peuvent aider l'imagination dans cette voie. Mais si de tels êtres existaient, ils ne pourraient avoir aucune idée de notre géométrie à trois dimensions.

HYPERESTHÉSIE. s. f. [Pr. *iperesté-zie*] (gr. ὑπὲρ, au delà; αἴσθησις, sensibilité). T. Méd. Exagération de la sensibilité de la peau et des muqueuses, qui fait que tout contact est douloureux. Elle se remarque souvent dans les névroses, en divers états de l'hypnose, dans la chlorose, l'anémie, dans les empoisonnements chroniques par le plomb, le tabac, l'opium, etc.

HYPERESTHÉSIQUE. adj. 2 g. T. Méd. Qui a rapport à l'hyperesthésie.

HYPERGENÈSE. s. f. [Pr. *iper-jenè-ze*] (gr. ὑπὲρ, au-dessus; γένεσις, production). Altération caractérisée par un excès dans la production des parties constituantes du corps.

HYPERGÉNÉTIQUE. adj. 2 g. Qui a rapport à l'hypergenèse.

HYPERGÉOMÉTRIQUE. adj. 2 g. (gr. ὑπὲρ, au delà; fr. *géométrique*). T. Math. Gauss a donné le nom de série h. à une certaine série dont les termes dépendent de plusieurs paramètres et dérivent les uns des autres, suivant une loi plus compliquée que celle des termes de la progression géométrique.

HYPERHÉMIE. s. f. (gr. ὑπὲρ, au delà; αἷμα, sang). T. Méd. Maladie caractérisée par l'accumulation du sang dans les vaisseaux capillaires d'une partie du corps. — On écrit aussi HYPERÉMIE.

HYPERHÉMIER. v. a. Produire une hyperhémie. = s'HYPERHÉMIER. v. pron. Devenir hyperhémié. = HYPERHÉMIÉ, ÉE. part.

HYPÉRICACÉES. s. f. pl. (R. *Hypericum*). T. Bot. Famille de végétaux Dicotylédones de l'ordre des Dialypétales superovariées méristémones à carpelles clos.
Caract. bot. : Arbres, arbrisseaux, sous-arbrisseaux, et herbes, soit vivaces, soit même, dans un petit nombre de cas, annuelles; tige et racine pourvues de canaux sécréteurs oléi-

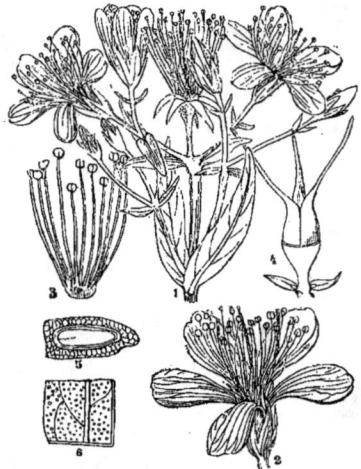

fères. Feuilles opposées, entières, dépourvues de stipules, quelquefois crénelées, ordinairement pourvues de nodules sécréteurs, qui les font paraître comme percées de petits trous. Fleurs hermaphrodites le plus souvent jaunes, quelquefois rouges ou blanches, régulières, avec différentes formes d'inflorescence. Sépales 4 ou 5, libres, tantôt distincts, tantôt soudés en partie, persistants. Pétales en nombre égal aux sépales, à côtés inégaux, à préfloraison contournée, bordés de points noirs, ayant quelquefois une écaille charnue ou un creux à leur base. Étamines presque toujours en nombre indéfini et polyadelphes, parfois distinctes ou monadelphes, ayant quelquefois des glandes charnues entre les faisceaux; filets filiformes; anthères biloculaires, s'ouvrant longitudinalement, fréquemment surmontées d'une glande. Pistil formé de 5 ou 3 carpelles concrescents en un ovaire uniloculaire ou multiloculaire. Styles en même nombre que les carpelles, ordinairement distincts, mais parfois soudés à leur base; stigmates en tête ou tronqués, rarement biloculaires; ovules presque toujours en nombre indéterminé, généralement horizontaux, rarement ascendants, quelquefois pendants, anatropes. Le fruit est une capsule, une baie ou une drupe. Graines petites, cylindriques ou oblongues, attachées à un placenta axile, ou adhérentes au bord interne des cloisons; embryon droit ou courbe, avec une radicule infère, et dépourvu d'albumen. [Fig. 1. *Hypericum floribundum*; 2. Fleur entière; 3. Faisceau d'étamines; 4. Un pistil avec trois carpelles; 5. Graine coupée pour montrer l'embryon et le testa réticulé; 6. Morceau d'une feuille avec les points transparents].

Cette famille se compose de 9 genres et de 222 espèces répandues dans les contrées tempérées et chaudes de toute la surface du globe; néanmoins le plus grand nombre se trouve dans les parties tempérées de l'hémisphère boréal et particulièrement en Amérique. Toutes les espèces qui s'élèvent en arbres ou en grands arbrisseaux sont limitées aux régions intertropicales. Les genres se groupent en 2 tribus:

Tribu I. — *Hypéricées*. — Capsule (*æscyrum*, *Hypericum*, *Cratoxylon*, etc.). Le *Millepertuis commun* (*Hypericum perforatum*) et l'*Androsème officinal* (*Hypericum Androsæmum*) s'employaient autrefois comme toniques, astringents, vulnéraires et fébrifuges. L'*Hypericum hircinum* est fétide. Au Brésil, l'*Hyp. connatum* s'emploie sous forme de gargarisme dans les maux de gorge. La décoction des feuilles de l'*Hyp. laxiusculum* passe dans le même pays pour être un spécifique contre les morsures des serpents. L'*Hyp. sessilifolium* ou *Bois d'Acossois*, et l'*Hyp. salifolium*, vu pairement *Bois de dartres*, sont usités contre certaines affections cutanées. Aux États-Unis, on prépare une teinture stomachique avec l'*Hypericum virginicum*. Le *Cratoxylon Hornschuchia* est légèrement astringent et diurétique.

Tribu II. — *Vismiées*. — Fruit charnu (*Vismia*, *Jaronga*, etc.). Certaines espèces américaines contiennent un suc jaune abondant et doué de propriétés très énergiques: celui qu'on obtient du *Vismia guianensis*, arbre qui croît à Surinam et au Mexique, est connu dans le commerce sous le nom de *Gomme-gutte d'Amérique*. Le *Vismia micrantha* et le *V. laccifera* donnent une gomme-résine rougeâtre et drastique, qui est aussi analogue à la gomme-gutte.

HYPÉRICÉES. s. f. pl. (R. *Hypericum*). T. Bot. Tribu de végétaux de la famille des *Hypéricacées*. Voy. ce mot.

HYPERICUM. s. m. [Pr. *ipéri-kome*] (mot lat., du gr. ὑπέρικον, m. s.). T. Bot. Genre de plantes Dicotylédones de la famille des *Hypéricacées*. Voy. ce mot.

HYPÉRIDE, orateur athénien contemporain et émule de Démosthène; mis à mort (322 av. J.-C.), par ordre d'Antipater.

HYPÉRIDÉATION. s. f. [Pr. ...sion](gr. ὑπὲρ, au-dessus; fr. *idéation*). Excitation intellectuelle se manifestant par une production incessante d'idées plus ou moins incohérentes.

HYPÉRIDROSE. s. f. [Pr. *ipéri-dro-ze*] (gr. ὑπὲρ, au delà; ἱδρώς, sueur). T. Méd. Supersécrétion de sueur.

HYPÉRINE. s. f. T. Zool. Famille de *Crustacés*. Voy. AMPHIPODES.

HYPÉRINOSE. s. f. [Pr. *ipérino-ze*] (gr. ὑπὲρ, au delà; ἴς, ἰνός fibre). T. Méd. Augmentation de la quantité de la fibrine.

HYPÉRION. Myth. Un des Titans.

HYPERLYMPHIE s. f. [Pr. *iperlin-fie*] (gr. ὑπὲρ, au delà; fr. *lymphe*). T. Méd. Surabondance de la lymphe.

HYPERMÉTAMORPHOSE s. f. [Pr. *ipermétu-morfo-ze*] (gr. ὑπὲρ, au-dessus; fr. *métamorphose*). Changement que subissent certaines insectes, passant par l'état de première larve, de deuxième larve, puis de pseudo-chrysalide, à laquelle succède une troisième larve, suivie enfin de la nymphe.

HYPERMÈTRE. adj. et s. m. (gr. ὑπὲρ, au delà; μέτρον, mesure). T. Versif. grecque et latine. Syn. d'*Hypercatalectique*.

HYPERMÉTROPE. adj. et s. 2 g. (gr. ὑπὲρ, au delà; μέτρον, mesure; ὤψ, vue). T. Méd. Qui est atteint d'hypermétropie.

HYPERMÉTROPIE. s. f. (R. *hypermétrope*.) T. Méd. État de l'œil dans lequel les rayons parallèles convergent en arrière de la rétine. — Chez l'homme, l'emmétropie constitue l'exception et l'on peut avancer que la plupart des yeux réputés normaux rentrent dans les faibles degrés de l'hypermétropie. Dans l'œil emmétrope les rayons parallèles se réunissent sur la rétine sans intervention de l'accommodation; l'œil hypermétrope est constitué de telle sorte que dans les mêmes conditions il ne réunit sur la rétine que des rayons convergents; les rayons parallèles vont former leur foyer au delà de la rétine. L'œil hypermétrope est donc un œil doué d'un pouvoir réfringent insuffisant; il peut aussi être considéré comme un œil trop court.

L'h. est presque toujours due à la brièveté trop grande de l'axe antéro-postérieur de l'œil (*h. axile*). Parfois cependant, l'h. résulte d'un défaut de courbure de la cornée ou de l'absence du cristallin (*aphakie*). L'h. axile est ordinairement congénitale; les autres formes sont acquises (glaucome, extraction ou luxation du cristallin, etc.). L'h. représente l'état normal de l'œil des nouveau-nés et des enfants au-dessous de huit ans, ainsi que des animaux et des races sauvages.

Certains signes extérieurs permettent de soupçonner l'existence de l'h.: l'œil est petit, mobile, enfoncé dans l'orbite; la face est aplatie, la distance inter-oculaire considérable, le crâne plus ou moins brachycéphale; le strabisme convergent accompagne fréquemment l'h. Le champ visuel est plus étendu que normalement, mais l'acuité visuelle est abaissée. L'h. se traduit surtout par des troubles fonctionnels: à un haut degré, non compensé par l'accommodation, l'œil ne voit confuse de loin comme de près; dans les degrés moins élevés la vision nette à distance est possible, grâce à l'intervention de l'accommodation; mais pour la vision de près, celle-ci devient insuffisante, et la perception des images des objets rapprochés est défectueuse. Lorsque l'h. est très peu considérable, la vision de près se fait encore pendant un certain temps, grâce à l'accommodation; mais bientôt celle-ci est au-dessous de la tâche, le travail de près devient impossible et il survient des phénomènes douloureux désignés sous le nom d'*asthénopie accommodative* (fatigue péri-orbitaire avec maux de tête, photophobie et larmoiement).

L'h. se reconnaît par la *méthode de Donders*, par l'emploi de l'*optomètre*, par l'examen ophtalmoscopique à l'image droite et par l'étude des ombres ou *kératoscopie*. Par la méthode de Donders, l'h. est démontrée lorsque le sujet placé à cinq mètres devant les tableaux de Snellen lit aussi bien ou mieux la dernière ligne avec l'interposition d'un verre convexe que sans verre; le verre le plus fort avec lequel la lecture est possible mesure l'h. manifeste. Pour mesurer l'h. totale, il faut préalablement paralyser l'accommodation par l'usage des mydriatiques.

L'h. ne doit pas être confondue avec la presbytie, qui résulte de l'insuffisance de l'accommodation survenant avec l'âge et existe aussi bien pour l'œil emmétrope que pour l'œil myope. Il faut cependant savoir que l'œil hypermétrope, en raison du déficit de sa réfraction, est atteint beaucoup plus tôt que l'emmétrope par les effets de la presbytie.

Le traitement de l'h. ne peut être que palliatif; il consiste dans le choix de verres appropriés pour chaque individu. L'h. est corrigée par l'usage des verres convexes. Dans la jeunesse les hypermétropes d'un degré faible ou moyen n'ont pas besoin de verre pour voir à distance; pour le travail de près, ces verres ne leur sont nécessaires que lorsqu'il survient des phénomènes d'asthénopie accommodative. Avant de fixer le numéro des verres, il est bon de s'assurer, par une lecture prolongée, qu'ils ne déterminent aucune fatigue. Ce n'est que dans les degrés élevés d'h., surtout compliqués de presbytie, et dans l'aphakie que deux paires de lunettes sont nécessaires, l'une moins forte, pour la vision à distance, l'autre plus puissante, pour le travail de près.

HYPERMNESTRE, une des Danaïdes, la seule qui épargna Lyncée, son époux.

HYPERMYOPIE. s. f. (gr. ὑπὲρ, au delà; fr. *myopie*). Myopie très prononcée.

HYPEROODON. s. m. (gr. ὑπερῴα, palais de la bouche; ὀδούς, ὀδόντος, dent). T. Mamm. Genre de Cétacés carnivores appartenant à la famille des *Delphinidés*. Voy. DAUPHIN.

HYPERORGANIQUE. adj. 2 g. (gr. ὑπὲρ, au delà : fr. *organique*). Qui est au delà de l'organisme.

HYPEROSTOSE. s. f. [Pr. *iperos-toze*] (gr. ὑπὲρ, au delà : ὀστέον, os). Épaississement général d'une ou de plusieurs pièces du squelette, par apposition de couches nouvelles formées sous le périoste. Voy. Os.

HYPERPHYSIQUE. adj. 2 g. (gr. ὑπὲρ, au delà; fr. *physique*). Qui est au delà de la nature.

HYPERPLASIE. s. f. [Pr. *iperpla-zie* (gr. ὑπὲρ, au delà; πλάσις, formation). Syn. d'*Hypertrophie*. Voy. ce mot.

HYPERPLASTIQUE. adj. 2 g. Où la plasticité est un excès.

HYPERPRESBYOPIE. s. f. (gr. ὑπὲρ, au delà; fr. *presbyopie*). Presbyopie très prononcée.

HYPERPYRÉTIQUE. adj. 2 g. (gr. ὑπὲρ, au delà; fr. *pyrétique*). T. Méd. Qui est au delà de l'état pyrétique.

HYPERSARCOSE. s. f. [Pr. *ipersar-ko-ze*] (gr. ὑπὲρ, au delà; σάρκωσις, de σάρξ, chair). Développement excessif des bourgeons charnus d'une plaie.

HYPERSÉCRÉTION. [Pr. *iper-sékré-sion*] (gr. ὑπὲρ, au delà; fr. *sécrétion*). T. Méd. Sécrétion exagérée. L'h. continue des glandes stomacales s'observe dans certains cas de gastralgie.

HYPERSONORE. adj. 2 g. (gr. ὑπὲρ, au delà; fr. *sonore*). Dont la sonorité est excessive.

HYPERSONORITÉ. s. f. Défaut de ce qui est hypersonore.

HYPERSTÈNE. s. m. (gr. ὑπὲρ, au delà; στενὸς, étroit). T. Minér. Substance dans laquelle la pyramide supérieure des cristaux est terminée par des faces très étroites.

HYPERSTHÉNIE. s. f. (gr. ὑπὲρ, au-dessus; σθένος, force). T. Méd. Se dit de l'exaltation des forces vitales que certains médecins supposent exister dans diverses maladies.

HYPERSTHÉNIQUE et **HYPERSTHÉNISANT, ANTE.** adj. [Pr. *ipersté-nik*,... *sténi-zan*]. Qui augmente l'énergie des forces vitales. Voy. CONTRE-STIMULISME.

HYPERSTOMIQUE. adj. 2 g. (gr. ὑπὲρ, au-dessus; στόμα, orifice). T. Bot. Qui s'insère au-dessus de l'orifice du calice, Inus.

HYPERSTYLIQUE. adj. 2 g. (gr. ὑπὲρ, au-dessus; fr. *style*). T. Bot. Qui s'insère au-dessus du style. Inus.

HYPERTHERMIE. s. f. (gr. ὑπὲρ, au delà; θέρμη, chaleur). Chaleur du corps portée à un degré supérieur à la chaleur normale.

HYPERTHYRON. s. m. [Pr. *iperti-ron*] (gr. ὑπέρθυρον, m. s., de ὑπὲρ, au-dessus; θύρα, porte). T. Arch. Espèce de table en forme de frise au-dessus du chambranle dans les portes doriques.

HYPERTONIE. s. f. (gr. ὑπὲρ, au delà; fr. *ton*). T. Méd. Excès de ton dans les solides organiques.

HYPERTROPHIQUE. adj. 2 g. [Pr. *ipertro-fik*]. Qui se rapporte à l'hypertrophie.

HYPERTROPHIE. s. f. (gr. ὑπὲρ, au delà; τροφὴ, nutrition). On désigne sous le nom d'Hypertrophie ou d'Hyperplasie l'excès de nutrition et de développement d'un organe ou d'une partie du corps.

Primitivement, ce mot a été appliqué presque sans distinction à toutes les augmentations de volume des parties, quelle qu'en fût la nature; mais ce signe n'est pas suffisant pour justifier le terme *h.*, car celle-ci peut se manifester par une simple augmentation de densité, sans changement de forme extérieure ou même avec une diminution du volume total de l'organe. Aujourd'hui, l'apparence doit être contrôlée par l'analyse microscopique : on reconnaît alors que l'excès de nutrition atteint rarement d'une façon égale tous les tissus dont se compose un organe ; le plus souvent l'un ou l'autre de ces éléments, surtout les tissus fibreux ou graisseux, sont seuls hypertrophiés, tandis que les autres éléments constitutifs ne sont pas développés outre mesure ou sont même atrophiés ; ce ne sont plus alors des hypertrophies, mais des dégénérescences (cirrhose du foie, etc.). — De même si l'h. n'atteint qu'un point limité et reste partielle, elle produit, non une h., mais une tumeur, un néoplasme (exostose, lipome, fibrome, etc.). En un mot, il y a vraiment h. toutes les fois que l'excès de nutrition et de développement a atteint également toutes les parties d'un organe, de façon à en respecter les proportions physiologiques. On l'observe dans les amygdales, dans les rates et les glandes lymphatiques, dans certaines formes de goitre et dans le rein après l'ablation de son congénère ; la mamelle, vers l'âge de la puberté, en est quelquefois le siège ; l'augmentation de volume de la prostate chez les vieillards est considérée généralement comme une h. vraie, quoique le développement anormal du tissu musculaire et fibreux soit d'ordinaire la seule cause du gonflement de cet organe. — On a voulu, au point de vue anatomique, établir une distinction entre l'h. simple (hypernutrition) et l'hyperplasie (hyperformation), mais ce n'est là qu'une superfluité de langage inexacte en réalité.

L'étiologie des h. est souvent obscure, quelquefois manifeste. Une des causes les plus fréquentes est l'exercice ou le fonctionnement exagéré de la partie hypertrophiée (h. musculaire, h. du ventricule gauche dans le rétrécissement aortique, h. de la mamelle des jeunes filles sous l'influence des succions répétées) ; une seconde cause, assez fréquente, est constituée par les irritations locales légères et prolongées (cors, durillons, cal des fractures) ; enfin, une troisième cause réside dans une stase veineuse passive (h. du foie dans les maladies du cœur).

Quelquefois les parties hypertrophiées se développent lentement ou par poussées jusqu'à un degré énorme ; plus souvent il se produit à un moment donné une dégénérescence graisseuse ou fibreuse, et une involution régressive aboutissant à l'atrophie.

Les moyens thérapeutiques sont rarement actifs. Écarter toute irritation, mettre la partie ulcérée au repos, sont les premières indications ; certains médicaments dits altérants, comme l'iode ou le mercure, peuvent rendre des services ; enfin, la ligature ou la compression des vaisseaux afférents a été tentée dans quelques cas, le plus souvent avec un succès seulement passager, à cause du rétablissement trop rapide de la circulation collatérale. Il ne reste plus alors que l'extirpation ou la destruction des parties hypertrophiées, si toutefois leur nature et leur siège la permettent.

HYPERTROPHIER (S'). v. pron. (R. *hypertrophie*). Se dit d'un membre, d'un organe, d'un tissu qui augmente de volume, de consistance. *Le cœur s'hypertrophie à la suite de l'induration des valvules.* = HYPERTROPHIÉ, ÉE. part.

HYPÈTHRE. adj. et s. m. (gr. ὕπαιθρος, m. s., de ὑπὸ, au-dessous; αἴθρα, air). T. Arch. Se dit d'un temple ou autre monument qui est à ciel ouvert. Voy. TEMPLE.

HYPHÉMIE. s. f. (gr. ὑπὸ, au-dessous; αἷμα, sang). T. Méd. Diminution du sang.

HYPHÈNE. s. m. (gr. ὑφαίνω, je tisse). T. Bot. Genre de plantes Monocotylédones (*Hyphæne*) de la famille des *Palmiers*. Voy. ce mot.

HYPHOMYCÈTES. s. f. pl. (gr. ὑφὴ, tissu ; μύχης, champignon). T. Bot. Nom donné autrefois à une famille de Champignons désignés indistinctement sous le nom de *Moisissures*. Ces Champignons, aujourd'hui mieux connus, rentrent dans des familles très diverses.

HYPHOSPORES. adj. (gr. ὑφὴ, tissu ; fr. *spore*). T. Bot. Se dit des lichens qui ont la forme de filaments. Inus.

HYPNAGOGIQUE. adj. 2 g. (gr. ὕπνος, sommeil ; ἀγωγὸς, qui amène). Qui conduit au sommeil.

HYPNAL. s. m. (gr. ὕπνος, sommeil, et la term. *al*, de chloral). T. Chim. Composé utilisé en thérapeutique, obtenu en combinant à molécules égales l'antipyrine avec l'hydrate de chloral.

HYPNÉ. s. m. T. Bot. Genre de Mousses (*Hypnum*) de la famille des *Bryacées*. Voy. ce mot.

HYPNÉES. s. f. pl. (R. *Hypné*). T. Bot. Tribu de Mousses de la famille des *Bryacées*. Voy. ce mot.

HYPNIATRE. s. m. (gr. ὕπνος, sommeil; ἰατρός, médecin). Nom de certains somnambules doués de la faculté, vraie ou supposée, d'indiquer pendant le sommeil magnétique les médicaments convenables au traitement des maladies.

HYPNIATRIE. s. f. Traitement des maladies par un hypniatre.

HYPNOBATE. s. m. (gr. ὕπνος, sommeil; βαίνειν, marcher). Syn. inus. de *Somnambule*.

HYPNOBATÈSE. s. f. [Pr. ...tèze (R. *hypnobate*). Syn. inus. de *Somnambulisme*.

HYPNOBLEPSIE. s. f. (gr. ὕπνος, sommeil; βλέπειν, voir). Somnambulisme lucide. Inus.

HYPNOGRAPHIE. s. f. (gr. ὕπνος, sommeil; γράφειν, décrire). Description du sommeil.

HYPNOLOGIE. s. f. (gr. ὕπνος, sommeil; λόγος, traité). Étude du sommeil, traité sur le sommeil.

HYPNOLOGIQUE. adj. 2 g. Qui a rapport à l'hypnologie.

HYPNONE. s. f. (gr. ὕπνος, sommeil, et la term. *one*, de acétone). T. Chim. L'h. qui porte aussi les noms d'*acétophénone*, de *phénylméthylcétone* et d'*acétylbenzène*, est un cétone qui répond à la formule $C^6H^5.CO.CH^3$ et qu'on obtient par la distillation sèche d'un mélange d'acétate et de benzoate de calcium. Elle cristallise en grandes lames fusibles à 20°, bouillant à 202°, insolubles dans l'eau, solubles dans l'alcool, l'éther et le benzène. Ses propriétés hypnotiques l'ont fait employer pendant quelque temps en thérapeutique, à la dose de 15 à 35 centigrammes par jour.

HYPNOPHOBIE. s. f. (gr. ὕπνος, sommeil; φόβος, crainte). Crainte de dormir, terreur durant le sommeil.

HYPNOPHONE. s. m. (gr. ὕπνος, sommeil; φωνή, voix). Celui qui parle dans le sommeil magnétique.

HYPNOSE. s. f. [Pr. *ip-noze*] (gr. ὕπνος, sommeil). Maladie du sommeil. || Sommeil provoqué par les pratiques de l'hypnotisme. Voy. ce mot.

HYPNOTISER. v. a. [Pr. ...zer]. Plonger dans le sommeil hypnotique. = HYPNOTISÉ, ÉE. part. Voy. HYPNOTISME.

HYPNOTISME. s. m. (gr. ὕπνος, sommeil). L'h. est une névrose, de découverte récente, utilisée en thérapeutique. Son histoire commence avec Mesmer qui publia, en 1779, son mémoire sur le magnétisme animal, bientôt suivi des recherches de Puységur. Cependant ce n'est qu'après une longue période où les discussions académiques nuisirent aux progrès, que Braid fit paraître son livre (*Neurypnologie*), où le mot *H*. est prononcé pour la première fois. Les recherches d'Azam, de Liébault, de Charcot, ont rendu cette question vraiment scientifique.

Les principaux procédés d'hypnotisation, ou moyens employés pour plonger un malade dans le sommeil hypnotique sont : la fixation du regard, l'occlusion des paupières, avec ou sans pression des globes oculaires, la production d'un bruit soudain (coup de gong), d'une lumière vive (lumière électrique, projection des rayons solaires à l'aide d'un miroir), enfin la suggestion (commandements énergiques, persuasifs et répétés de dormir). — Charcot décrit, dans la forme qu'il qualifie de grand h., trois états hypnotiques distincts : 1° l'état léthargique; 2° l'état cataleptique; 3° l'état somnambulique. — Dans l'état léthargique, le malade, inerte comme une bûche, les yeux clos, est anesthésique total. C'est dans cet état que l'on observe le phénomène décrit par Charcot sous le nom l'hyperexcitabilité neuro-musculaire, qu'il considère comme le signe somatique distinctif; il consiste en ceci : lorsqu'on excite directement par le pincement, la pression, un muscle quelconque, ce muscle entre en contracture, et, pour défaire cette contracture, l'opérateur doit exercer la même manœuvre sur son antagoniste, s'arrêtant au point mort, pour ainsi dire, au moment où l'excitation du second, n'en ayant pas encore produit la contracture, a cependant vaincu le spasme du premier. Le même phénomène se produit lorsqu'on excite d'une manière analogue un nerf moteur quelconque, et les muscles qui sont sous la dépendance de ce nerf, ceux-là seulement, entrent en contracture, de façon à mettre en évidence selon les lois strictes de l'anatomie, le domaine de distribution de ce nerf : cette précision permet de se mettre en garde contre une simulation possible. — L'état cataleptique se manifeste quelquefois d'emblée lorsque le malade est surpris par un bruit inopiné, une lumière vive. On peut le faire succéder à volonté à l'état léthargique en soumettant la rétine à l'impression de la lumière, c.-à-d. en ouvrant brusquement les yeux du sujet qui, en léthargie, a les paupières closes. Dans cet état, le phénomène somatique le plus important consiste en la flexibilité musculaire, comparée à la souplesse de la cire, et qui permet au sujet de garder sans effort les positions que l'on donne à ses membres ou à son corps, dans les limites des lois de la pesanteur, bien entendu. — Nous ne nous occuperons point ici du détail de l'état somnambulique, le plus complexe des états hypnotiques, qui sera décrit avec les autres somnambulismes. Il nous suffira de dire que son signe distinctif est la contracture somnambulique par frôlement des muscles et que, de plus, dans cet état, l'opérateur peut provoquer à peu près toutes les suggestions, c.-à-d. qu'il peut donner au sujet endormi des ordres qui sont exécutés après le réveil à l'heure dite, sans que le sujet ait souvenir de l'ordre donné ni conscience des motifs qui le poussent à exécuter l'acte commandé. Dans la sphère motrice, on observe des paralysies, des contractures, des mouvements variés depuis le geste le plus simple jusqu'à des actes très complexes; dans la sphère sensitive, sensorielle et intellectuelle, hallucinations, changements de personnalité, etc. Le caractère commun à tous ces phénomènes, c'est la passivité presque complète du sujet, et l'oubli absolu au réveil. On peut en outre reporter dans l'état de veille des suggestions données dans l'état somnambulique (suggestions post-hypnotiques) : ce sont précisément des suggestions de ce genre que l'on utilise au point de vue thérapeutique; on suggère pendant l'hypnose la disparition d'une paralysie, par ex., en ajoutant que la guérison se maintiendra après le réveil. À côté de cette forme typique, Charcot admet un grand nombre de formes frustes dans lesquelles la séparation en trois périodes n'existe pas, et où les phénomènes somatiques et psychiques se trouvent mêlés (petit hypnotisme).

La description de Charcot est loin d'être admise par tous; c'est ainsi que Liégeois, Bernheim, etc., non seulement divergent d'opinions sur la nomenclature et la classification, sur la valeur thérapeutique, etc., mais, fait plus important, ne reconnaissent pas la légitimité des signes somatiques, qu'ils considèrent comme créés de toutes pièces par la suggestion; en effet, pour eux, dans l'hypnose, tout vient de la suggestion et n'est que suggestion. Tandis que Charcot et son école admettent que l'h. est une véritable maladie, une névrose proche parente de l'hystérie et qu'on dehors des hystériques il y a peu de sujets hypnotisables, les auteurs en question affirment que l'h. est une fonction de l'homme normal, qu'il suffit de la suggestion pour la faire naître avec tous ses phénomènes, en un mot, que tous les individus sont hypnotisables. L'accord est difficile entre ces opinions opposées, d'autant qu'à la vérité, les uns entendent par h. tout autre chose que les autres. — De même, en ce qui concerne la possibilité des crimes commis par suggestion, les avis sont partagés : Liégeois, Bernheim, etc., prétendent que toute suggestion se réalise, que le sujet est entièrement passif; Charcot admet qu'il persiste toujours chez l'hypnotisé un certain degré de personnalité, le produit de l'éducation, le milieu social, etc., qui lui fait refuser certaines suggestions et ne les accepter que s'il a conscience qu'il s'agit là d'expérimentations, de crimes de laboratoire. Quant à la valeur thérapeutique de la suggestion hypnotique, elle ne s'exerce pas en tous cas avec sûreté; elle ne vaut guère que chez les hystériques, et encore! En tous cas, on ne doit tenter ce mode de traitement que dans les cas absolument rebelles où toutes les autres méthodes ont échoué. On sait, en effet, que les tentatives d'hypnotisation répétées sont loin d'être sans danger, et peuvent provoquer l'hystérie, lorsque celle-ci est latente, et l'aggraver lorsqu'elle existe.

Certains expérimentateurs prétendent avoir obtenu des phénomènes beaucoup plus étranges et beaucoup plus complexes que ceux que nous venons de décrire, mais qui sont encore controversés et qui demanderaient à être observés plus souvent pour entrer définitivement dans le domaine scientifique. Sans remonter jusqu'aux anciens magnétiseurs continuateurs de Mesmer, nous citerons d'abord les expériences du docteur Luys à l'hôpital de la Charité, dont les principales ont rapport à l'action des aimants et à l'action des médicaments à distance. Les aimants produisent sur les sujets hypnotisés des phénomènes variés dont les plus curieux sont la disparition ou le déplacement de paralysies ou de douleurs névralgiques pathologiques ou produites par suggestion. Quant à l'action des médicaments à distance, elle consiste en ce qu'il suffit d'approcher d'un sujet hypnotisé un flacon contenant un médicament, sans même prévenir le sujet, pour que celui-ci en éprouve bientôt les effets habituels. Par ex., un flacon d'alcool le plongera dans l'ivresse, une boîte d'ipéca le fera vomir, etc. L'effet se produit sans que le sujet soit prévenu ni puisse avoir aucune connaissance de la substance apportée qui peut rester cachée dans la poche de l'expérimentateur.— D'autres magnétiseurs ont obtenu l'action de médicaments qui n'existaient pas par simple suggestion. On fait boire au sujet un verre d'eau en lui déclarant que c'est de l'eau-de-vie. Le sujet lui trouve en effet la saveur brûlante de l'eau-de-vie et entre en ivresse. Si on lui dit qu'il boit de l'émétique, il vomira, etc. L'effet inverse aurait aussi été obtenu, c.-à-d, qu'un médicament très actif ne produirait aucune action si le sujet l'absorbait après qu'on lui aurait suggéré que c'était de l'eau pure, ou bien il produirait l'action d'un autre médicament au gré de l'opérateur. — L'expérimentateur qui paraît avoir été le plus loin dans cette voie est M. de Rochas, qui étudie l'hypnotisme depuis plus de vingt ans. D'après lui, Charcot et les médecins de l'École de Nancy se seraient arrêtés *aux premiers états de l'hypnose*, tandis qu'en poursuivant les manœuvres hypnotiques on peut mettre le sujet dans une succession d'états plus ou moins variés qu'il appelle les *états profonds de l'hypnose*. C'est dans ces états que se produisent les phénomènes les plus extraordinaires et les plus inattendus obtenus autrefois par les anciens magnétiseurs : subordination complète de la volonté du sujet à celle de l'expérimentateur, hallucinations produites par la volonté de l'expérimentateur, visions à distance, récits d'événements passés, dont le sujet n'a jamais eu connaissance, diagnostic immédiat de la maladie d'une tierce personne et indication du traitement, extase avec exaltation de l'intelligence, etc. Mais, ce que M. de Rochas a observé de plus remarquable est ce qu'il appelle l'*extériorisation de la sensibilité*. Ce phénomène consiste en ce que, d'une part, le sujet est insensible aux attouchements, pincements, brûlures, etc., tandis que si, à une certaine distance de son corps, quelques centimètres, on fait le simulacre de le pincer, il en ressent aussitôt l'effet dans la partie la plus voisine de son corps; les choses se passent comme si tout le corps insensible du sujet était enveloppé d'une gaine sensible située à quelques centimètres. Il y a plus, si l'on place certains objets sur la peau du sujet et qu'ayant ensuite emporté ces objets on les pique avec une épingle, le sujet ressent une piqûre à l'endroit où ils avaient été piqués. M. de Rochas affirme avoir répété et varié de mille manières cette dernière expérience, qui semblerait donner raison aux pratiques de l'envoûtement exécutées au moyen âge. Enfin il paraît qu'on observe des phénomènes encore plus extraordinaires; mais nous arrêterons ici cette courte description.

Il est difficile de faire une critique sérieuse et impartiale de ces phénomènes étranges. A coup sûr, leur invraisemblance porte *à priori* à la négation systématique. Cependant, ils ont été observés. Faut-il n'y voir autre chose qu'une adroite simulation exécutée par le sujet ? Les expérimentateurs répondent qu'en effet les sujets hypnotisables sont assez portés à simuler les phénomènes qu'on attend d'eux; mais qu'il y a des moyens de se mettre à l'abri de ce genre de fraude, et de distinguer les phénomènes vrais des phénomènes simulés. Quoi qu'il en soit, ces phénomènes sont rares et par cela même difficiles à observer. Il paraît certain que si toutes ces observations ne peuvent être acceptées qu'avec une grande réserve, elles présentent cependant un fonds de vérité que l'avenir finira par dégager complètement. Il y a dans la nature bien des choses qui nous sont encore inconnues, et les phénomènes les plus invraisemblables peuvent être cependant réels. Le plus sage est de réserver son jugement et d'observer attentivement. Peut-être l'avenir nous réserve bien des surprises.

Quoi qu'il en soit, les phénomènes hypnotiques, s'ils ne sont étudiés que depuis peu de temps, ne sont cependant pas nouveaux. Il est certain qu'ils se sont produits de tout temps, et l'on comprend, sans qu'il soit nécessaire d'insister, quel rôle considérable ils ont dû jouer dans les faits qualifiés de miracles, dans l'établissement de toutes les religions, sans en excepter le christianisme, dans ce qu'on a appelé au moyen âge la sorcellerie, et dans certaines épidémies de névroses, comme celle dont l'histoire des *Convulsionnaires* a fourni au XVIII° siècle un si remarquable exemple. Voy. SOMNAMBULISME.

HYPO. (gr. ὑπό, sous). T. Chim. Préfixe employé dans la nomenclature des acides oxygénés et de leurs sels. Pour les acides et les sels inorganiques dont le nom commence par *hypo*, voy. le nom du corps simple correspondant à cet acide. On trouvera, par exemple, l'acide hyposulfureux à l'article SOUFRE; l'acide hypophosphoreux et les hypophosphites à l'article PHOSPHORE.

HYPOAZOTIDE. s. m. (gr. ὑπό, sous; fr. *azote*). T. Chim. Peroxyde d'azote ou acide hypoazotique. Voy. AZOTE.

HYPOBOLE. s. f. (gr. ὑποβολὴ, m. s., de ὑπό, sous, et βάλλειν, jeter). T. Rhét. Figure plus connue sous le nom de *Subjection* ou *Anticipation*. Voy. ANTICIPATION.

HYPOBRANCHE. adj. 2 g. (gr. ὑπό, sous; fr. *branchie*). T. Zool. Qui a les branchies sous le corps.

HYPOCALICIE. s. f. (gr. ὑπό, sous; fr. *calice*). T. Bot. État des plantes dont le calice est inférieur à l'ovaire. Peu us.

HYPOCARPE. s. m. (gr. ὑπό, sous ; καρπὸς, fruit). T. Bot. Partie de la plante sur laquelle le fruit repose. Peu us.

HYPOCARPOGÉ, ÉE. adj. (gr. ὑπό, sous; καρπὸς, fruit; γῆ, terre). T. Bot. Se dit de plantes dont les fruits mûrissent sous la terre.

HYPOCATHARSIE. s. f. (gr. ὑπό, sous; κάθαρσις, purgation). T. Méd. Purgation très faible.

HYPOCAUSTE. s. m. (gr. ὑπό, sous; καίω, je brûle). T. Archéol. Fourneau souterrain qui chauffait les bains. Voy. THERMES.

HYPOCÉPHALE. s. m. (gr. ὑπό, sous; κεφαλὴ, tête). T. Archéol. Amulette que l'on plaçait sous la tête de la momie et qui consistait en un disque de toile enduite de stuc, sur laquelle des figures étaient tracées à l'encre noire. Quelquefois c'était un disque de bronze, gravé à la pointe. || T. Entom. Genre d'insectes Coléoptères Longicornes.

HYPOCHILE. s. m. [Pr. *ipo-kile*] (gr. ὑπό, sous; χεῖλος, lèvre). T. Bot. Partie inférieure du labelle des Orchidées. Peu us.

HYPOCHNE. s. m. [Pr. *ipok-né*] (gr. ὑπό, sous; χνόος, duvet). T. Bot. Genre de Champignons (*Hypochnus*) de la famille des *Hyménomycètes*. Voy. ce mot.

HYPOCHNÉES. s. f. pl. [Pr. *ipok-ne*] (R. *Hypochne*). T. Bot. Tribu de Champignons de la famille des *Hyménomycètes*. Voy. ce mot.

HYPOCHONDRE, HYPOCHONDRIAQUE, HYPOCHONDRIE. Voy. HYPOCONDRE, etc. L'orthographe étymologique et correcte est *ch*. Cependant l'Académie supprime l'*h*.

HYPOCINÉTIQUE. adj. 2 g. (gr. ὑπό, sous; κινητικός, qui met en mouvement). T. Méd. Se dit de médicaments antispasmodiques et calmants qui servent à combattre les convulsions.

HYPOCISTE. s. m. (gr. ὑπό, sous ; *ciste*). T. Bot. Nom vulgaire du *Cytinus hypocistis* de la famille des *Rafflésiacées*. Voy. ce mot.

HYPOCONDRE ou **HYPOCHONDRE**. s. m. (gr. ὑπογόνδριον, m. s., de ὑπό, sous, et χόνδρος, cartilage). T. Anat. Chacune des parties latérales de l'abdomen situées juste au-dessous des fausses côtes. Voy. ABDOMEN. || S'emploie quelquefois substant. et adjectiv. pour *Hypocondriaque. Elle est h. C'est un h.*

HYPOCONDRIAQUE ou **HYPOCHONDRIAQUE**. adj. et s. 2. g. (gr. ὑπογόνδριακος, m. s.). T. Méd. Qui est atteint d'hypocondrie. *Elle est h. C'est un h. La solitude rend parfois h.*

— Fig., se dit de quelqu'un qui est d'une humeur mélancolique et bizarre. *C'est un véritable h.* || Adjectiv., Qui appartient à l'hypocondrie; qui a rapport aux hypocondres. *Affection h.*

HYPOCONDRIE ou **HYPOCHONDRIE**. s. f. (R. *hypocondre*). T. Méd. Ce mot signifierait littéralement, d'après son origine, maladie des hypochondres, c.-à-d. des régions situées au-dessous des cartilages costaux contenant plusieurs des principaux viscères de l'abdomen ; c'est dans ce sens que cette maladie semble avoir été d'abord comprise. Plus tard, lorsqu'on eut remarqué que les troubles des viscères abdominaux réagissent très facilement sur l'intelligence et font naître des idées d'abattement et de tristesse exagérée, le mot *h.* s'appliqua aux maladies à manifestations simultanément viscérales et intellectuelles ; enfin, par une nouvelle déviation, on a désigné sous ce nom l'état de trouble intellectuel auquel nous avons fait allusion indépendamment de toute affection viscérale de l'abdomen : l'*h.* n'est plus qu'une maladie purement cérébrale. — Les variations d'interprétation que nous venons d'exposer expliquent la confusion et les controverses auxquelles a donné lieu cette maladie. — A l'heure actuelle, il convient de distinguer deux sortes d'hypocondriaques : d'une part, les aliénés dont la folie est caractérisée par un ensemble de symptômes où prédominent les conceptions délirantes relatives à leur individualité physique et à leurs organes ; d'autre part, l'*h. simple*, état habituel d'anxiété morale, non motivée, ou insuffisamment motivée, relative à la santé physique de celui qui en est atteint ; cet état d'anxiété peut exister tantôt chez des individus affectés de quelque maladie qui s'en exagèrent la gravité, tantôt chez des individus qui, en réalité, n'ont aucune maladie et qui sont de véritables malades imaginaires ou nosomanes. En somme, telle que nous la définissons, l'*h.* n'est pas, à proprement parler, une espèce morbide à part, c'est plutôt un symptôme pouvant se produire à titre idiopathique ou de complication dans un grand nombre de circonstances différentes.

Au point de vue étiologique on doit considérer comme causes prédisposantes toutes celles qui sont de nature à produire l'irritabilité nerveuse, d'une part, l'exagération de l'instinct de conservation, de l'autre. (Séjours dans les milieux industriels, dans les grandes villes, hérédité morbide, surtout nerveuse, professions intellectuelles et sédentaires, âge adulte, bien-être matériel, etc.). A côté de ces prédispositions, les causes occasionnelles ou déterminantes de l'*h.* peuvent être d'ordre moral ou d'ordre physique (grands chagrins, passion violente malheureuse, vie solitaire et oisive, lecture des livres de médecine, expatriation, nostalgie, imitation ou contagion morale ; — infection des viscères dépendants du système du grand sympathique, non seulement du l'estomac, du foie et de la rate, mais de l'appareil génito-urinaire, etc.).

Les symptômes peuvent se diviser en symptômes intellectuels et symptômes physiques. Les symptômes intellectuels les plus importants, pathognomoniques, consistent dans l'anxiété habituelle relative à la santé physique, dans un sentiment avoué ou inavoué de crainte exagérée de la souffrance et de la mort. Cet état commence d'habitude par une simple préoccupation légère et momentanée qui pousse ensuite le malade à une analyse minutieuse de ses moindres sensations, à un examen particulier de ses excrétions naturelles (crachats, urine, déjections). Le malade s'astreint alors à une foule de règles hygiéniques, maigré lesquelles l'inquiétude persiste, les malaises ne disparaissant pas totalement : d'où la fréquentation de médecins différents, l'étude des réclames pharmaceutiques, des brochures médicales. Souvent les consolations continuelles des médecins donnent au malades un certain calme, mais d'autres fois ils se dégoûtent aussi promptement des médecins que des médicaments et s'adressent alors aux charlatans, aux commères, aux sorciers ; tantôt leur anxiété est généralisée, ils sont près de penser que tous leurs organes sont atteints ; tantôt ils localisent exactement la lésion qui les occupe et qu'ils considèrent comme incurable et mortelle. — Les symptômes physiques doivent être distingués en deux catégories, ceux que les malades éprouvent en réalité et ceux qu'il est possible de constater cliniquement chez eux. Étant donnés l'importance de la fonction digestive et le retour périodique des opérations qui y ont trait, c'est presque toujours aux organes digestifs que les hypocondriaques attribuent leurs premières souffrances, indice pour eux d'une gastrite, d'un cancer ! A côté de celle-là, la fonction qui préoccupe le plus sérieusement l'homme est celle de la reproduction : aussi les organes génito-urinaires sont-ils l'objet de fréquentes sollicitations. Tour à tour les divers appareils de l'économie peuvent être mis en jeu ; mais tient

aux conditions particulières à chacun, au genre de vie qu'il mène, au milieu où il évolue. Parmi les symptômes dont les malades se plaignent le plus souvent, il faut mentionner des battements artériels ou autres, très violents, à l'épigastre, aux hypocondres, dans la tête ; ils n'ont, en réalité, aucune importance caractéristique. — Les symptômes objectifs, réels, de l'*h.* ne sont pas constants ; les malades peuvent avoir toutes les apparences de la bonne santé ou revêtir une physionomie amaigrie, un aspect malheureux et préoccupé, sans que la maladie soit plus grave. L'examen clinique peut faire découvrir quelque altération de la santé physique, mais le caractère essentiel est la disproportion des altérations avec la valeur qui leur est attribuée par le malade. — Il est d'ailleurs admissible que l'on puisse rencontrer des maladies organiques ne donnant lieu que fort tard à une évolution pathologique accusée, mais réagissant dès le principe sur le cerveau, de manière à y faire naître, par sympathie ou par action réflexe, des craintes hypocondriaques.

L'*h.* est une affection essentiellement chronique, à marche irrégulière, elle peut persister toute la vie sans entraver d'ailleurs une carrière ; elle est susceptible de diversions parfois assez profondes pour être définitives, en tous cas, elle ne conduit généralement pas à la mort ; il est rare que leur tristesse profonde et permanente pousse les hypocondriaques au suicide, c'est même là un moyen de différencier l'*h.* de la lypémanie hallucinatoire. D'après le tableau que nous venons de tracer, on comprend qu'il est facile de distinguer l'hystérie de l'hypocondrie, les stigmates et les crises convulsives faisant de l'hystérie une maladie à caractère bien déterminé. Le point important à déceler est de savoir si l'*h.* n'a pas pour origine une maladie organique vraie.

L'*h.* ne doit pas être négligée par les médecins et abandonnée à elle-même : car les malades s'occupent d'autant plus de leurs maux et de leurs organes que les autres leur donnent moins d'attention. La première préoccupation doit être le *primum non nocere*, c.-à-d. de détourner le malade de pratiques et de remèdes qui sont plus propres à lui faire du mal que du bien. Le médecin doit donc acquérir d'abord la confiance de son client pour lui faire adopter un régime sensé. Contre l'*h.* elle-même, le médecin doit recourir à un traitement complexe qui comporte à la fois des moyens moraux, hygiéniques et thérapeutiques ; il convient de faire diversion à l'esprit du malade, par des exercices physiques (équitation, voyages, jeux, distractions de tous genres, travail obligatoire) ; cette thérapeutique intellectuelle doit être favorisée par l'emploi de l'hydrothérapie modérée, ou de simples lotions froides, avec la précaution indispensable de faire disparaître de la peau, par des frictions sèches, toute trace d'humidité et d'assurer par un exercice convenable le retour de la chaleur ; un détail d'une importance particulière est la surveillance des garde-robes, la constipation étant très fréquente et très nuisible chez les hypocondriaques. Il est impossible de donner des préceptes plus explicites, car chaque cas demande des soins spéciaux appropriés non prévus.

HYPOCOPHOSE. s. f. (Pr. *ipo-ko-fo-ze*] (gr. ὑπό, sous ; κώφωσις, surdité). Surdité incomplète, dureté de l'ouïe.

HYPOCORISTIQUE. adj. 2 g. (gr. ὑποκοριστικὸς, m. s.). T. Gram. Qui atténue.

HYPOCOROLLÉ, ÉE. adj. (Pr. *ipokorol-lé*] (gr. ὑπό, sous ; fr. *corolle*). T. Bot. Dont la corolle s'insère sous l'ovaire.

HYPOCOROLLIE. s. f. (Pr. *ipokorol-li*] (R. *hypocorollé*). T. Bot. Une des classes de la méthode de Jussieu, comprenant les plantes Dicotylédones gamopétales à corolle et à étamines hypogynes.

HYPOCOTYLÉ, ÉE. adj. (gr. ὑπό, sous ; fr. *cotylédon*). T. Bot. Qui est au-dessous des cotylédons. *Tige hypocotylée.* Voy. GERMINATION.

HYPOCOTYLÉDONAIRE. adj. 2 g. (gr. ὑπό, sous ; fr. *cotylédon*). T. Bot. Qui est placé sous les cotylédons.

HYPOCRÂNE. s. m. (gr. ὑπό, sous ; fr. *crâne*). Abcès situé entre le crâne et la dure-mère.

HYPOCRAS. s. m. Voy. HIPPOCRAS.

HYPOCRATÉRIFORME. adj. 2 g. (gr. ὑπό, sous ; fr. *cratère* et *forme*). T. Bot. Se dit d'une corolle dont le tube long et étroit se dilate brusquement en un limbe large et légèrement concave.

HYPOCRISIE. s. f. [Pr. *ipokri-zi.*] (gr. ὑποκρίνομαι, simuler, jouer un rôle). Vice qui consiste à affecter une dévotion, une vertu, un sentiment qu'on n'a pas. *L'h. est un hommage secret que le vice rend à la vertu. Se couvrir du manteau de l'h. Toute sa conduite n'est qu'h.*

HYPOCRITE. adj. 2 g. (lat. hypocrita; gr. ὑποκριτής, comédien, et par extens., *hypocrite*). Qui a de l'hypocrisie. *Cette femme est h. au dernier point.* || Par ext., se dit des manières, des actions d'une personne hypocrite. *Il a l'air, la mine, le ton h. Des manières hypocrites. Un zèle h.* || Substant., se dit des personnes. *C'est un h., une h. Un h. de vertu, de probité.*

HYPOCRITEMENT. adv. D'une manière hypocrite.

HYPOCYCLOÏDAL, ALE. adj. T. Géom. Qui appartient à l'hypocycloïde.

HYPOCYCLOÏDE. s. f. (gr. ὑπό, sous; fr. *cycloïde*). T. Géom. Courbe engendrée par un point d'une circonférence qui roule, sans glisser à l'intérieur d'une circonférence fixe de plus grand rayon.

HYPODACTYLE. s. m. (gr. ὑπό, sous; δάκτυλος, doigt). T. Zool. Le dessous de chaque doigt de la patte d'un oiseau.

HYPODERMATOMIE. s. f. (gr. ὑπό, sous; δέρμα, peau; τομή, section). Incision sous-cutanée.

HYPODERME. s. m. (gr. ὑπό, sous; δέρμα, peau). Peau qui garnit les élytres des coléoptères. = Adj. Qui vit sous la peau. = HYPODERMES. s. m. pl. T. Entom. Genre de Diptères Brachycères de la famille des Œstrides.

HYPODERMIEN, IENNE. adj. [Pr. *ipoder-mi-in*] (R. *hypoderme*). T. Bot. Qui croît sous l'épiderme des végétaux.

HYPODERMIQUE. adj. 2 g. (gr. ὑπό, sous; δέρμα, peau). Qui se pratique sous la peau. *Injection h.*

HYPODERMIQUEMENT. adv. D'après le procédé hypodermique.

HYPOGALA. s. m. (gr. ὑπό, sous; γάλα, lait). T. Méd. Collection d'un liquide blanc comme du lait dans les chambres de l'œil.

HYPOGALLIQUE. adj. 2 g. [Pr. *ipogal-like*] (gr. ὑπό, sous; fr. *gallique*). T. Chim. L'*acide h.* est un acide dioxybenzoïque répondant à la formule $C^6H^3(OH)^2CO^2H$. On l'a obtenu en chauffant l'acide hémipinique avec de l'acide iodhydrique concentré. Il cristallise en petites aiguilles incolores qui perdent leur eau de cristallisation à 100° et qui fondent vers 180° en se décomposant. Il possède les propriétés d'un acide monobasique et d'un diphénol.

HYPOGASTRE. s. m. (gr. ὑπό, sous; γαστήρ, ventre). T. Anat. Partie inférieure de l'abdomen. Voy. ABDOMEN.

HYPOGASTRIQUE. adj. 2 g. Qui appartient à l'hypogastre. *La région h. Artère h.* Ceinture h., Appareil destiné à immobiliser l'utérus malade ou à rectifier la direction de cet organe quand il est dévié.

HYPOGASTROCÈLE. s. f. (R. *hypogastre*; gr. κήλη, hernie). Hernie formée à la région hypogastrique.

HYPOGASTRODIDYME. s. m. (R. *hypogastre*; gr. δίδυμος, jumeau). T. Térat. Nom des monstres doubles soudés par l'hypogastre.

HYPOGÉ, ÉE. adj. (gr. ὑπό, sous; γῆ, terre). T. Bot. Se dit des cotylédons qui restent sous terre au moment de la germination des graines. — Se dit aussi de l'appareil reproducteur de certains champignons qui est enfoui dans le sol, comme la truffe.

HYPOGÉE. s. m. (gr. ὑπό, sous; γῆ, terre). T. Antiq. Se dit des excavations et des constructions souterraines où les anciens déposaient les morts. *Les hypogées de Thèbes.* || Adjectiv., *Les temples hypogées de l'Inde.*

HYPOGÉIQUE. adj. 2 g. (gr. ὑπό, sous; γῆ, terre). T. Chim. L'*Acide h.*, qui a pour formule $C^{16}H^{30}O^2$, est contenu à l'état de glycéride dans l'huile d'arachide. Il cristallise en aiguilles fusibles à 34°, brunissant à l'air. C'est un composé non saturé, capable de fixer directement deux atomes de brome.

HYPOGÈNE. adj. 2 g. (gr. ὑπό, sous; γένος, naissance). T. Géol. *Roches hypogènes*, Roches plutoniques et métamorphiques, occupant la place inférieure dans l'ordre de la superposition.

HYPOGLOBULIE. s. f. (gr. ὑπό, sous; fr. *globule*). T. Méd. Diminution des globules du sang.

HYPOGLOSSE. adj. et s. m. (gr. ὑπό, sous; γλῶσσα, langue). T. Anat. *Nerf h.*, ou simpl. *L'h.*, Nerf placé sous la langue. Voy. ENCÉPHALE et GOUT.

HYPOGNATHE. s. m. [Pr. *ipog-nate, gn, dur*] (gr. ὑπό, sous; γνάθος, mâchoire). T. Térat. Monstre ayant une tête accessoire incomplète attachée à la mâchoire inférieure de la tête principale.

HYPOGNATHIE. s. f. [Pr. *ipog-nati, gn, dur*]. État des monstres hypognathes.

HYPOGYNE. adj. 2 g. (gr. ὑπό, sous; γυνὴ, femme). T. Bot. Se dit des organes floraux, corolle, étamines, disque, insérés sous l'ovaire.

HYPOGYNIE. s. f. (R. *hypogyne*). T. Bot. État d'une partie de la fleur qui s'insère dans l'ovaire.

HYPOGYNIQUE. adj. 2 g. T. Bot. Qui a le caractère de l'hypogynie.

HYPOHÉMA. s. m. (gr. ὑπό, sous; αἷμα, sang). T. Méd. — L'h. est l'épanchement de sang dans la chambre antérieure. Il peut reconnaître des causes diverses : en première ligne, les traumatismes accidentels ou opératoires ; en deuxième, les irido-choroïdites chroniques, le glaucome (forme hémorrhagique), certaines tumeurs intra-oculaires ; enfin on en observe au cours du purpura, chez des femmes mal réglées. — Le sang est en quantité variable, remplissant partiellement ou en entier la chambre antérieure ; le trouble visuel est considérable, variable suivant la maladie originelle. L'h. a tendance à se résorber, du moins quand il est traumatique ; autrement il peut se renouveler. — Aucun traitement actif n'est de mise en général : un peu de compression, et en cas d'épanchement considérable une petite ponction à la partie inférieure de la cornée.

HYPOLYMPHIE. s. f. (gr. ὑπό, sous; fr. *lymphe*). T. Méd. Diminution de la lymphe.

HYPONARTHÉCIE. s. f. (gr. ὑπό, sous; νάρθηξ, attelle). T. Chir. Procédé qui consiste dans l'emploi d'une seule attelle placée sous le membre fracturé pour la guérison de la fracture.

HYPOPÉTALE, ÉE. adj. (gr. ὑπό, sous; fr. *pétale*). T. Bot. Dont les pétales s'insèrent sous l'ovaire.

HYPOPÉTALIE. s. f. (R. *hypopétalé*). T. Bot. État d'une plante dont la corolle s'insère sous l'ovaire.

HYPOPHARYNX. s. m. [Pr. *ipo-fa-rinks*] (gr. ὑπό, sous; fr. *pharynx*). T. Entom. Appendice du pharynx de quelques insectes Hyménoptères.

HYPOPHASE. s. f. [Pr. *ipo-fa-ze*] (gr. ὑπό, sous; φάσις, apparition). T. Chir. État de l'œil dont on ne voit que le blanc entre les paupières.

HYPOPHLÉODE. adj. 2 g. [Pr. *ipo-flé-ode*] (gr. ὑπό, sous; φλοιός, écorce). T. Bot. Qui croît sous l'épiderme des végétaux. Peu us.

HYPOPHORE. s. f. (gr. ὑπό, sous; φέρω, je porte). T. Rhétor. Partie de la prolepse dans laquelle on cite et énumère des objections. || T. Chirurg. Ulcère profond.

HYPOPHTHALMIE ou **HYPOPHTALMIE**. s. f. [Pr. *ipo-ftal-mie*] (gr. ὑπὸ, sous ; ὀφθαλμός, œil). Inflammation de la partie inférieure de l'œil ou de la paupière inférieure.

HYPOPHYLLE. adj. 2 g. (gr. ὑπὸ, sous ; φύλλον, feuille). T. Bot. Qui est inséré sous la feuille.

HYPOPHYLLOCARPE. adj. 2 g. (gr. ὑπὸ, sous ; φύλλον, feuille ; καρπὸς, fruit). T. Bot. Dont le fruit naît au-dessous de la feuille.

HYPOPHYSE. s. f. [Pr. *ipo-fi-ze*] (gr. ὑπὸ, sous ; φύσις, production). T. Anat. Nom donné quelquefois à la glande pituitaire.

HYPOPITYS. s. m. (gr. ὑπὸ, sous ; πίτυς, pin). T. Bot. Genre de plantes Dicotylédones de la famille des *Éricacées*. Voy. ce mot.

HYPOPYGE. s. m. (gr. ὑπὸ, sous ; πυγή, derrière). T. Entom. Dernier segment ventral de l'abdomen des insectes.

HYPOPYON. s. m. (gr. ὑπὸ, sous ; πύον, pus). T. Méd. — L'h. ou présence de pus dans la chambre antérieure de l'œil est presque toujours (trois fois sur quatre) symptomatique d'une affection ulcéreuse de la cornée ; elle accompagne aussi les inflammations de l'iris et du corps ciliaire. — Les cellules lymphoïdes qui constituent l'épanchement peuvent provenir de trois sources : 1° de l'extérieur lorsqu'un ulcère ou un abcès de la cornée perfore la membrane de Descemet pour s'ouvrir dans la chambre antérieure ; 2° par diapédèse des vaisseaux de l'iris à la suite des inflammations de cette membrane ; 3° des vaisseaux du corps ciliaire et du cercle veineux de l'iris, par le même mécanisme, lorsqu'un corps étranger logé dans la partie antérieure du corps ciliaire détermine l'irritation de cette région. Au point de vue symptomatique, au début, l'épanchement forme un étroit croissant jaunâtre à la partie inférieure de la chambre antérieure, et il faut se servir de l'éclairage oblique pour le distinguer de l'infiltration purulente du limbe de la cornée (onyx) ; lorsque l'épanchement est plus considérable, il est plus facile à reconnaître et son bord supérieur prend une direction horizontale. Les changements de position du globe oculaire font varier la situation de l'h. — L'h. au début est susceptible de se résorber, lorsque l'affection qui lui a donné naissance est convenablement traitée ; on observe assez fréquemment ce phénomène dans les inflammations de l'iris, dès qu'on a institué les instillations d'atropine et les lavages antiseptiques. Lorsque l'épanchement est très considérable, il faut l'évacuer par une ponction faite à la partie inférieure de la cornée, avec un couteau triangulaire ou un couteau de la Graefe ; lorsque le pus mêlé d'exsudats plastiques ne s'écoule pas facilement, on introduit dans la chambre antérieure soit une spatule, soit une curette, soit une ance à iridectomie. La plaie cornéenne se ferme facilement en 24 heures sous un pansement compressif, mais le pus a une tendance fâcheuse à se reproduire.

HYPORCHÈME. s. m. [Pr. *ipor-kème*] (gr. ὑπόρχημα, m. s.). Chants lyriques des anciens Grecs, destinés à accompagner les chœurs de jeunes garçons aux fêtes de Délos.

HYPORYCTIQUE. adj. 2 g. (gr. ὑπὸ, sous ; ὀρύσσειν, creuser). T. Did. Qui se fait au moyen des mines.

HYPOSCÉNIUM. s. m. [Pr. *ipos-séni-ome*] (gr. ὑπὸ sous ; fr. *scène*). T. Archit. Le dessous de la scène. || Le mur à hauteur d'appui qui supportait le proscénium dans le théâtre antique. || La place située au pied de ce mur et où l'on plaçait les musiciens.

HYPOSPADE. adj. m. T. Méd. Qui est affecté d'hypospadias.

HYPOSPADIAS. s. m. (gr. ὑποσπάδιος, m. s. de ὑπὸ, sous, et d'un rad. *spad*, sanscrit *spd*, qui sign. ouverture, fendue et qu'on retrouve dans σπάω, j'étends, et le lat. *spatium*, espace). Th. Chir. — L'h. est un vice de conformation qui consiste dans une ouverture anormale et congénitale occupant la paroi inférieure de l'urèthre de l'homme.

Cette malformation est assez commune. Les causes en sont mal connues ; cependant, l'hérédité paraît y jouer un rôle incontestable. Quoi qu'il en soit, l'h. est le résultat d'un arrêt de développement que les travaux de Coste et de ses successeurs ont mis en évidence. Nous ne pouvons exposer en détail l'évolution des organes génitaux externes de l'homme ; il nous suffira de donner un résumé de la formule embryogénique. L'urèthre se développe en trois pièces : ce sont d'arrière en avant, l'urèthre profond, membrano-prostatique qui dérive de la partie inférieure tubulée du conduit urogénital ; l'urèthre spongieux, le plus important, constitué par la clôture en un canal cylindrique de la grande gouttière, composée en arrière par la fente uro-génitale, en avant par le sillon formant canaliculé sous le tubercule génital ; enfin, l'urèthre balanique, bout de canal qui se creuse dans une crête épithéliale et s'abouche à l'urèthre spongieux. Tout arrêt dans l'évolution ou dans le raccord de ces pièces composantes constitue un type anatomique d'h. qui n'est que la fixation permanente d'un stade embryonnaire.

Au point de vue anatomique on distingue donc trois variétés d'h. : *H. balanique, H. pénien* et *péno-scrotal*, enfin, *H. scrotal* et *périnéo-scrotal*. — Dans l'*H. balanique*, l'ouverture anormale est située à la base du gland ; la commissure supérieure de cet orifice existant seule, l'urèthre affecte à ce niveau la forme d'une fente longitudinale ouverte en bas ; l'orifice est parfois si petit qu'il admet à peine la tête d'une épingle. Quant à l'urèthre balanique, tantôt il forme en avant du méat anormal une rigole peu profonde, tantôt il existe un méat normal en cul-de-sac, tantôt enfin il existe ce qu'on appelle un urèthre double. Certaines malformations accompagnent cette disposition : le gland est aplati, rapetissé, incurvé en bas, le frein fait défaut, le prépuce manque à la partie inférieure, la verge est d'ordinaire incurvée en bas. — L'*H. pénien* et *péno-scrotal* sont deux variétés d'un même cas : dans l'h. pénien l'urèthre s'ouvre en un point quelconque de la face inférieure du pénis, entre la base du gland et l'angle péno-scrotal. Dans l'h. péno-scrotal l'ouverture anormale est dans l'angle péno-scrotal sous la bifidité du scrotum. Bien des variétés peuvent se présenter, le même sujet pouvant être porteur en même temps que d'un *H. pénien*, d'un *H. balanique* ou *péno-scrotal* et en plus d'un *méat normal;* le canal antérieur peut être conservé en totalité ou en partie. Les complications que nous avons déjà signalées pour l'h. balanique se rencontrent encore plus accusées dans ce type (*verge palmée*). — L'*H. scrotal* et *périnéo-scrotal* offre des malformations d'autant plus étendues et plus rapprochées du type femelle, que l'arrêt de développement s'est produit plus tôt ; le méat anormal s'ouvre sous la symphyse pubienne au fond d'une encoche antéro-postérieure constituée par le scrotum, divisé en deux bourses indépendantes qui peuvent contenir chacune un testicule. La partie inférieure de l'urèthre est complètement divisée, mais la déhiscence ne dépasse jamais la région spongieuse ; le méat est cerné par deux replis cutanéo-muqueux plus ou moins semblables aux petites lèvres de la femme ; ces analogies sont si grandes que souvent des hypospades scrotaux sont considérés toute leur vie comme appartenant au sexe féminin ou même comme des hermaphrodites.

Les troubles fonctionnels causés par l'h. consistent en troubles urinaires et troubles de la génération. Quelle que soit la variété observée, on ne constate jamais d'incontinence d'urine, mais en revanche la rétention peut être consécutive à l'étroitesse du méat. D'autre part, plus l'orifice se rapproche du scrotum, plus la miction est difficile et les sujets urinent souvent « à croupeton » ; pour pisser contre les murs il faut redresser fortement la verge. L'h. balanique, sans incurvation trop accentuée de la verge, n'apporte qu'une gêne insignifiante à l'érection, la copulation et la fécondation. Dans les h. péniens et péno-scrotaux, l'érection et la copulation sont difficiles, imparfaites et douloureuses, mais en somme souvent possibles. Quant à l'efficacité du coït, les auteurs divergent : la fécondation ne paraît possible que dans les cas où il existe un h. balanique avec ouverture libre et assez large, ou un h. pénien avec ouverture rapprochée du gland ; dans d'autres cas il y a possibilité du coït sans fécondation lorsque l'incurvation de la verge n'est pas trop forte ; enfin, dans les cas d'h. vulviformes, il y a impossibilité des deux actes.

Le diagnostic de la nature de cette difformité n'offre aucune difficulté : lorsque la découverte de l'orifice anormal est malaisée, on n'a qu'à faire uriner le sujet. Plus délicats sont les problèmes sexuels au point de vue médico-légal lorsqu'il s'agit de déterminer un état civil.

Si l'hypospade balanique n'a que le désagrément d'uriner sur ses bottes et d'éjaculer moins droit, combien cette gêne de la miction et du coït ne tourmente-t-elle pas les autres infirmes ! Mais la disposition de ces parties, la présence du liquide urinaire, la ténuité des couches tégumentaires sont souvent des causes d'insuccès opératoires. — L'*H. balanique* n'est que très rarement opéré; il n'en est pas de même de l'*H. pénien*. Il est impossible de créer d'un seul coup et tout d'une pièce un nouvel urèthre; sa reconstruction comprend trois temps : il faut d'abord redresser la verge par section de la bride sous-pénienne, inextensible, qui la sous-tend ; on peut en même temps restaurer le méat urinaire, car il faut toujours se préoccuper de faire aux opérés un gland ; dans un deuxième temps, on crée un nouveau canal à la face inférieure depuis le méat jusqu'au voisinage de l'ouverture hypospadienne ; enfin, le troisième temps consiste à aboucher les deux portions de l'urèthre. — Au point de vue de l'âge à choisir pour l'opération, on convient généralement d'attendre la puberté pour la plus grande docilité des sujets et les conditions de développement et de vitalité favorables à la confection autoplastique.

HYPOSPHAGME. s. m. (gr. ὑπόσφαγμα, sang épanché; de ὑπὸ, sous, et σφάσσειν, verser le sang). Épanchement du sang sous la conjonctive.

HYPOSTAMINÉ, ÉE. adj. (gr. ὑπὸ, sous; lat. *stamina*, étamines). T. Bot. Dont les étamines s'insèrent sous l'ovaire.

HYPOSTAMINIE. s. f. (R. *hypostaminé*). T. Bot. Une des classes de la méthode de de Jussieu comprenant les plantes Dicotylédones apétales à étamines hypogynes.

HYPOSTASE. s. f. [Pr. *ipo-sta-ze*] (gr. ὑπὸ, sous; στάσις, état, situation). T. Méd. Dépôt qui se produit au fond d'un liquide, et notamment dans les urines. || T. Théol. Ce terme a été employé par les Pères grecs de l'Église, pour exprimer la personnalité distincte du Père, du Fils et du Saint-Esprit. Il est opposé à οὐσία, qui désigne l'essence, la substance, la nature commune aux trois *hypostases* divines. Le mot *hypostase* est identique avec le mot *persona* (*personne*) employé par les Pères latins. On emploie encore, dans le langage de la théologie, les expressions *Union hypostatique* et *Forme hypostatique*. La première se dit de l'union du Verbe avec la nature humaine, et la seconde de ce qui constitue chacune des trois personnes de la Trinité. La forme hypostatique du Père consiste à ne point avoir de principe, mais à être le principe d'où procèdent les deux autres personnes; celle du Fils à être engendré de toute éternité par le Père, et à être avec lui le principe du Saint-Esprit; et celle du Saint-Esprit à procéder de toute éternité du Père et du Fils.

HYPOSTATIQUE. adj. 2 g. (gr. ὑποστατικὸς, m. s.). T. Méd. Relatif à l'hypostase médicale. *Congestion h.*, Accumulation du sang dans les vaisseaux capillaires. || T. Théol. Voy. HYPOSTASE.

HYPOSTATIQUEMENT. adv. D'une manière hypostatique.

HYPOSTERNAL. s. m. (gr. ὑπὸ, sous, et *sternum*). Pièce du sternum des tortues.

HYPOSTHÉNIE. s. f. (gr. ὑπὸ, sous; σθένος, force). T. Méd. Diminution des forces.

HYPOSTHÉNIQUE et **HYPOSTHÉNISANT, ANTE.** adj. Qui diminue l'énergie des forces vitales. Voy. CONTRE-STIMULISME.

HYPOSTHÉNISER. v. a. [Pr. *iposté-nizer*]. T. Méd. Procurer l'hyposthénie.

HYPOSTOME. s. m. (gr. ὑπὸ, sous ; στόμα, bouche). T. Entom. Partie de la tête des insectes qui se trouve au-dessous de la lèvre inférieure.

HYPOSTROME. s. m. (gr. ὑπὸ, sous; στρῶμα, lit). T. Bot. Base sur laquelle reposent les pédoncules supportant les corpuscules reproducteurs dans certaines plantes cryptogames.

HYPOSTYLE. adj. 2 g. (gr. ὑπόστυλος, m. s., de ὑπὸ, sous, et στύλος, colonne). T. Archéol. Dont le plafond est soutenu par des colonnes.

HYPOTÉNUSE. s. f. (gr. ὑποτείνουσα, m. s., de ὑποτείνω, je tends en dessous). T. Géom. Le côté d'un triangle rectangle opposé à l'angle droit. Le carré construit sur l'h. est équivalent à la somme des carrés construits sur les deux autres côtés. Voy. TRIANGLE.

HYPOTHALASSIQUE. adj. 2 g. (gr. ὑπὸ, sous ; θάλασσα, mer). Qui se fait sous l'eau de la mer.

HYPOTHALLE. s. m. [Pr. *ipo-ta-le*] (gr. ὑπὸ, sous ; fr. *thalle*). T. Bot. Couche interne des lichens. Inus.

HYPOTHÉCABLE. adj. 2 g. Qui peut être hypothéqué.

HYPOTHÉCAIRE. adj. 2 g. (lat. *hypothecarius*, m. s., de *hypotheca*, hypothèque). T. Jurisp. *Créancier h.*, Qui a droit d'hypothèque. *Dette h.*, Dette assurée par hypothèque. *Inscription h.*, Qui constate l'hypothèque. *Action h.* Voy. ACTION.

HYPOTHÉCAIREMENT. adv. T. Jurisp. Avec hypothèque ; ou par rapport aux hypothèques. *S'obliger h. Être tenu des dettes h.*

HYPOTHÉCION. s. m. [Pr. *ipoté-sion*] (gr. ὑπὸ, sous; θήκη, loge). T. Bot. Base du réceptacle des lichens. Inus.

HYPOTHÉNAR. s. m. [Pr. *ipoté-nar*] (gr. ὑποθέναρ, m. s., de ὑπὸ, sous ; θέναρ, paume de la main). T. Anat. Saillie à la paume de la main sous le petit doigt.

HYPOTHÈQUE. s. f. (lat. *hypotheca* ; gr. ὑποθήκη, m. s. de ὑπὸ, sous, et τίθημι, je place). T. Droit. En principe, les biens d'un débiteur répondent de ses dettes et sont le gage commun de tous ses créanciers, qui, dans les cas déterminés par la loi, peuvent les saisir et les faire vendre à l'effet d'être payés sur le prix. Ce prix doit se distribuer entre eux par contribution, à moins qu'il ne se présente, pour quelques-uns, une cause légitime de préférence. Ces causes de préférence sont les *Hypothèques* et les *Privilèges*.

1. *Des Hypothèques.* — L'h. est un droit *réel* sur les immeubles affectés à l'acquittement d'une obligation. Elle confère au créancier un *droit de préférence*, c.-à-d., le droit d'être payé sur le prix de l'immeuble avant d'autres créanciers, et un *droit de suite*, c'est-à-dire le droit de forcer le détenteur de l'immeuble, à quelque titre que ce soit, d'abandonner l'immeuble ou d'en subir l'expropriation, s'il ne préfère acquitter le montant intégral de la dette. En outre, l'h. est *indivisible*, c.-à-d. que l'immeuble en totalité ou tous les immeubles hypothéqués sont affectés au paiement de la dette entière, et que chaque portion des biens hypothéqués est affectée au paiement de la dette entière et de chacune de ses parties. Les meubles, à l'exception des navires (Lois des 10 décembre 1874 et 10 juillet 1885) ne sont pas susceptibles d'h., le législateur ayant pensé que le droit de suite, appliqué à cette sorte de biens, serait une entrave pour le commerce et une source de difficultés inextricables. Outre les biens immeubles par leur nature, l'h. peut frapper encore les immeubles par destination (mais comme accessoires seulement), ou l'usufruit, tant qu'il dure, de ces biens ou accessoires. Les immeubles qui ne peuvent pas être vendus aux enchères sont exceptés de cette règle. L'usage de l'habitation, qui sont des droits incessibles, ne peuvent donc être hypothéqués ; les servitudes ne peuvent l'être séparément de l'immeuble auquel elles appartiennent. Enfin, les actions immobilières ne sont pas susceptibles d'h. — Toute h. est légale en ce sens qu'elle ne peut avoir lieu que dans les cas ou sous les formes indiqués par la loi. Toutefois le Code, en considérant la cause immédiate de la constitution des hypothèques, les divise en hypothèques *légales*, *judiciaires* et *conventionnelles*.

A. *Hypothèque légale.* — Les hypothèques légales sont celles qui résultent directement de la loi. Le Code civil en compte cinq, savoir : 1° celle des femmes mariées sur les biens de leurs maris ; 2° celle des mineurs et interdits sur les biens de leurs tuteurs ; 3° celle de l'État, des communes, et des établissements publics sur les biens des receveurs et des administrateurs comptables ; 4° celle des légataires sur les immeubles de la succession ; 5° les privilèges dégénérés en simple h., pour n'avoir pas été inscrits dans les délais prescrits par la loi. Sur ces cinq hypothèques, les trois premières frappent en général tous les biens présents et à venir. En outre, les deux premières sont dispensées de la formalité de l'inscription.

B. *Hypothèque judiciaire.* — L'h. judiciaire est celle qui résulte des jugements, soit contradictoires, soit par défaut, définitifs ou provisoires, en faveur de celui qui les a obtenus, ainsi que des reconnaissances ou vérifications faites, en jugement, des signatures apposées à un acte obligatoire sous seing privé. Les décisions arbitrales, qui ont pour les parties la même force de chose jugée qu'un jugement, n'emportent h. qu'autant que le président du tribunal leur donne, par une ordonnance, la force exécutoire. Il en est de même des jugements rendus en pays étranger. — L'h. judiciaire, comme l'h. légale, peut, en général, s'exercer sur tous les immeubles présents et à venir du débiteur.

C. *Hypothèque conventionnelle.* — L'h. conventionnelle est celle qui dépend des contrats et de la forme extérieure des actes et contrats. Elle comprend donc deux choses, la convention d'h. et la forme particulière que cette convention doit revêtir pour être productive de l'h. — Comme convention, l'h. ne peut être consentie que par ceux qui sont capables de s'obliger. Ainsi, sont incapables de consentir une h., les mineurs, les interdits, les femmes mariées. En outre, l'h. étant une sorte d'aliénation, elle ne peut être consentie que par une personne capable d'aliéner. Par suite, celui qui n'est pas propriétaire ne peut hypothéquer; celui dont la propriété est suspendue par une condition ne peut hypothéquer que conditionnellement; enfin, l'h. consentie par le propriétaire commutable est sujette à résolution et à rescision, comme le droit du constituant lui-même. En vertu du même principe, les immeubles des mineurs ou des interdits, et ceux des absents jusqu'à l'envoi définitif, n'étant pas susceptibles d'aliénation volontaire, ne peuvent de droit être grevés d'h. conventionnelle. Néanmoins les biens de ces personnes peuvent être hypothéqués pour les causes et dans les formes établies par la loi ou en vertu de jugements. La forme extérieure à laquelle est assujettie la convention d'h. consiste en un acte authentique et *par-devant notaire.* Néanmoins, d'après la jurisprudence, l'h. peut être consentie par acte sous seing privé, mais cet acte doit être déposé par les deux parties chez un notaire, et la constitution d'h. doit être renouvelée dans l'acte même de dépôt. Tout acte constitutif d'h. doit, à peine de nullité, désigner le bien ou les biens soumis à l'h. et, pour cela, déclarer leur *nature* e. leur *situation;* en d'autres termes, l'h. conventionnelle doit être *spéciale.* L'h. peut ainsi se concentrer sur ceux des biens que le créancier juge suffisants à sa sûreté. D'un autre côté, cette spécialité de l'h. est favorable au crédit du débiteur, propre à prévenir les contestations entre créanciers, et en harmonie avec le système de publicité adopté. Le principe de la spécialité entraîne comme conséquence la prohibition générale d'hypothéquer les biens à venir. On ne peut donc hypothéquer que les biens dont on est actuellement propriétaire, ce qui cependant n'empêche pas d'hypothéquer les biens dont on n'est propre étaire que sous condition suspensive. La loi, en outre, a fait fléchir la rigueur de ce principe dans deux cas. Elle a permis à l'emprunteur que l'insuffisance de ses biens actuels pourrait priver de tout moyen de crédit, d'affecter à l'h. chacun des biens qu'il pourra acquérir par la suite, au fur et à mesure des acquisitions. La loi a également prévu le cas où les biens présents, assujettis à l'h., deviendraient insuffisants par perte ou dégradation; elle autorise alors le créancier à poursuivre son remboursement ou à obtenir un supplément d'h. — Enfin l'acte constitutif d'h. n'est valable qu'autant que la somme pour laquelle elle est consentie s'y trouve fixée et déterminée. Le législateur a pensé que la publicité, base principale de notre régime hypothécaire, serait illusoire s'il était permis de prendre h. pour des créances absolument incertaines et indéterminées.

D. *Du rang que les hypothèques ont entre elles.* — Autrefois le rang qu'occupait une h. était réglé par son ancienneté. Mais aujourd'hui, le droit d'ancienneté étant subordonné à la publicité, la préférence est due à l'h. qui la première a reçu la publicité légale par une inscription régulière sur les registres du conservateur. Ainsi l'h. n'a de rang que du jour de l'inscription, et cette règle comprend les trois espèces d'hypothèques. La loi n'admet d'exception, ainsi que nous l'avons vu plus haut, qu'en faveur de deux hypothèques légales, celle des mineurs et des interdits sur les immeubles appartenant à leur tuteur à raison de sa gestion, du jour de l'acceptation de la tutelle, et celle qu'ont les femmes, pour raison de leur dot et conventions matrimoniales, sur les immeubles de leur mari et à compter du jour du mariage. Ces hypothèques, dans ces deux cas, sont dispensées d'inscription, en ce sens qu'elles subsistent en général et prennent leur rang indépendamment de cette formalité; mais la loi prescrit toujours l'inscription, et c'est aux maris et tuteurs qu'elle impose l'obligation d'y faire procéder. Elle les rend responsables envers les intéressés s'ils ont négligé cette formalité, et les répute, par leur silence, en état de déclarer ou de dissimuler, comme de frauduleux ou même d'avoir laissé prendre inscription ou h. sur leurs biens sans déclaration expresse de l'h. légale qu'ils auraient omis de faire inscrire. Afin de

s'assurer que cette inscription, qui est exigée dans l'intérêt public comme dans celui des femmes et des mineurs, ne sera point omise, la loi étend à plusieurs personnes le droit d'y faire procéder. Ces personnes sont le subrogé tuteur, le procureur de la république, les parents du mari, de la femme, ceux du mineur, et, à défaut de parents, leurs amis; enfin, la femme et les mineurs eux-mêmes. La loi du 23 mars 1855, tranchant un doute qui existait dans la législation antérieure, est venue exiger qu'après la dissolution du mariage ou la fin de la tutelle, inscription soit prise par la veuve, le mineur devenu majeur, l'interdit relevé de l'interdiction, ou leurs héritiers et ayants cause, dans le délai d'une année, faute de quoi l'h. ne date plus, à l'égard des tiers, que du jour des inscriptions prises ultérieurement.

II. *Des Privilèges.* — Le *Privilège* est un droit que la *qualité de sa créance* donne à un créancier d'être préféré aux autres créanciers même hypothécaires. A la différence de l'h., il peut avoir pour objet des meubles aussi bien que des immeubles, et il ne reconnaît qu'une source, la loi. De même que l'h., il confère le droit de suite sur les immeubles et, dans certains cas, sur les meubles eux-mêmes. Les moindres privilèges priment les hypothèques les plus anciennes, et, lorsque plusieurs créanciers privilégiés sont en conflit, le rang dans lequel chacun d'eux doit être payé se détermine uniquement par la qualité des privilèges; et si ceux-ci sont de même nature, ils se paient dans le même rang, sans considération de date, pour places dans le même ordre et par concurrence. — Le Code divise les privilèges en trois classes : privilèges *généraux sur les meubles,* et subsidiairement sur les immeubles ; privilèges *spéciaux sur certains meubles* ; privilèges *spéciaux sur certains immeubles.*

A. Les créances privilégiées sur la généralité des meubles et subsidiairement des immeubles, sont : 1° les frais de justice ; 2° les frais funéraires ; 3° les frais quelconques de la dernière maladie, concurremment entre ceux à qui ils sont dus ; 4° les salaires des gens de service pour l'année échue et ce qui est dû sur l'année courante ; 5° les fournitures de subsistances faites au débiteur et à sa famille, savoir : pendant les six derniers mois, par les marchands au détail, tels que boulangers, bouchers et autres ; et, pendant la dernière année, par les maîtres de pension et les marchands en gros. — A cette énumération donnée par le Code civil, il faut ajouter les privilèges du Trésor public pour le recouvrement des contributions directes autres que la contribution foncière ; pour la condamnation aux frais prononcée au profit du Trésor en matière criminelle, correctionnelle et de police, sur tous les biens meubles des comptables. Le premier de ces privilèges du Trésor passe avant tous ceux qu'énumère le Code, mais les deux derniers ne viennent qu'après.

B. Les privilèges spéciaux sur certains meubles sont : 1° les frais faits pour la conservation de la chose ou pour obtenir certains produits prévu la chose conservée ou sur les produits obtenus ; 2° le droit du créancier gagiste sur le gage dont il est muni ; 3° celui de l'aubergiste sur les effets du voyageur déposés dans son auberge ; 4° celui du voiturier sur la chose voiturée ; 5° celui sur les objets mobiliers qui garnissent la maison louée ou la ferme, sur les fruits de la récolte de l'année, etc. Le propriétaire peut même, pour les meubles qui garnissaient sa maison ou sa ferme quand ils ont été déplacés sans son consentement, et il conserve sur eux son privilège (c'est le seul cas où le droit de suite sur les meubles soit admis par le Code), pourvu qu'il fasse la revendication dans le délai de quinze jours, s'il s'agit de meubles garnissant une maison, et de quarante jours quand il s'agit du mobilier d'une ferme ; 6° celui du vendeur sur les effets mobiliers non payés qui sont encore en la possession du débiteur ; 7° ajoutons le privilège du Trésor sur le cautionnement des fonctionnaires publics en cas de prévarication.

C. Les créances privilégiées sur certains immeubles sont les suivantes : 1° les architectes, entrepreneurs, maçons et autres ouvriers employés pour édifier, construire ou réparer des bâtiments, canaux, etc., ont privilège sur la plus-value acquise par les bâtiments, etc., construits ou réparés par eux, et résultant de leur travail. Mais pour établir la valeur primitive des immeubles et la plus-value résultant des nouveaux travaux, il est indispensable de constater par des procès-verbaux l'état antérieur des lieux et les travaux faits postérieurement ; 2° les prêteurs qui ont fourni les deniers pour payer les travaux desquels résulte la plus-value peuvent prendre la place de l'entrepreneur lui-même ; 3° le vendeur a privilège sur l'immeuble vendu pour le paiement du prix. Ce privilège ne fait aucun obstacle à la faculté qu'il a toujours, s'il le préfère, de faire résoudre la vente ; mais il lui assure un droit plus durable qui ne doit s'éteindre que par le paiement du prix. Il s'oppose en outre à ce que l'acheteur puisse, en revendant le bien et en acquérant ainsi un privilège semblable, obtenir la concurrence avec le vendeur précédent. En cas de ventes successives, le premier vendeur est préféré à tous ceux qui suivent; 4° le même privilège appartient au prêteur qui a fourni les fonds pour payer le prix de vente. Ce privilège n'est autre que celui du vendeur, lequel peut être acquis par un bailleur de fonds en opérant une subrogation; 5° enfin, le cohéritier a privilège sur les immeubles de la succession dévolus à ses cohéritiers, pour la garantie du partage fait entre eux et pour le paiement de la soulte qui peut lui être due.

D. La loi a malheureusement négligé de régler l'ordre dans lequel doivent être colloqués les privilèges spéciaux qui concourent sur les mêmes meubles ou immeubles, lorsque le prix est insuffisant pour payer tous les créanciers privilégiés. Suivant la doctrine des auteurs les plus estimés, on doit les colloquer généralement dans l'ordre que nous avons suivi pour les énumérer. — Lorsque les privilèges spéciaux sur les meubles concourent, à raison de l'insuffisance du mobilier, avec les privilèges spéciaux sur les immeubles, les premiers sont toujours préférés aux seconds; mais, d'après la doctrine qui paraît la plus accréditée, les privilèges généraux, sauf cependant les frais de justice, sont primés par les privilèges spéciaux sur certains meubles.

E. Les privilèges sur les meubles ne sont assujettis pour leur conservation à aucune formalité particulière. Il en est autrement des privilèges sur les immeubles : ils sont soumis à la condition de la publicité, et pour les tiers auxquels ils sont opposables, soient avertis de leur existence. Ils ne produisent d'effet à leur égard qu'autant qu'ils sont rendus publics par leur inscription sur un registre spécial du conservateur des hypothèques. La loi admet à cette règle générale quatre exceptions que nous croyons inutile de citer. Les privilèges attachés à une créance passent aux cessionnaires, qui naturellement exercent les mêmes droits et sont soumis aux mêmes conditions que leurs cédants. Quant aux privilèges assujettis à la formalité de l'inscription dans un certain délai, le défaut d'accomplissement des conditions requises pour les conserver leur ôte leur qualité de privilège, mais ne détruit pas l'h. légale qu'ils renferment. Celle-ci peut donc toujours prendre rang par une inscription, mais seulement à la date de l'inscription.

III. *Du mode d'inscription des privilèges et hypothèques.* — On appelle *Inscription*, une mention qui contient les choses que les tiers ont le plus d'intérêt de connaître, et notamment la désignation de l'immeuble grevé, de la personne à laquelle cet immeuble appartient, du débiteur et du créancier, et le montant de leur créance. L'inscription sert à constater les créances privilégiées ou hypothécaires. Elle diffère de la *Transcription*, en ce que celle-ci constate l'existence des actes translatifs de propriété, comme actes de donation et de vente. L'inscription se fait par extrait; la transcription est la reproduction de l'acte entier. L'inscription apprend au public que le créancier a sur un bien une cause de préférence; la transcription, que le bien est passé du patrimoine d'une personne dans celui d'une autre. Les inscriptions et les transcriptions sont mentionnées sur deux registres particuliers. — L'inscription étant destinée à faire connaître les charges qui pèsent sur chaque immeuble du débiteur, elle doit être faite au bureau de la situation, et si elle porte sur des biens situés dans le ressort de divers bureaux, elle doit être inscrite autant de fois qu'il y a de bureaux différents. Quant au délai, la loi n'en fixe aucun; mais il importe de faire diligence afin d'acquérir un rang avantageux. Cependant l'inscription ne produit aucun effet, quand elle a été prise dans le délai pendant lequel les actes faits avant l'ouverture des faillites sont déclarés nuls. Tous les créanciers inscrits le même jour exercent en concurrence une h. de la même date. — Pour opérer l'inscription, le créancier représente, soit par lui-même, soit par un tiers, au conservateur des hypothèques, l'original en brevet, ou une expédition authentique du jugement ou de l'acte qui donne naissance à l'h. Il y joint deux bordereaux sur papier timbré, qui doivent contenir : 1° les noms, prénoms et domicile (ou élection de domicile) du créancier et du débiteur, leur profession, s'ils en ont une; 2° la date et la nature du titre; 3° le montant du capital des créances exprimées dans le titre, ou évaluées par l'inscrivant pour les rentes et prestations, ou pour les droits éventuels ou indéterminés, comme aussi le montant des accessoires de ces capitaux; 4° enfin, l'indication de l'espèce et de la situation des biens hypothéqués. Cette dernière indication n'est pas nécessaire pour les hypothèques légales et judiciaires qui, étant générales, frappent tous les immeubles.

Il suffit que, outre les noms, etc., du créancier et du débiteur, les bordereaux mentionnent la nature des droits à conserver et le montant de leur valeur quant aux objets déterminés, sans être tenus de le fixer quant à ceux qui sont éventuels. Toute irrégularité qui peut occasionner aux tiers un préjudice quelqu'il soit, le défaut d'élection de domicile dans l'arrondissement du bureau, par ex., doit, suivant la jurisprudence de la Cour de cassation, entraîner la nullité de l'inscription, lors même que le préjudice n'est pas prouvé. Le créancier privilégié dont le titre a été inscrit ou transcrit, ou le créancier hypothécaire inscrit pour un capital produisant intérêts ou arrérages, a le droit d'être colloqué pour trois années seulement au même rang que le principal, sans préjudice des inscriptions particulières à prendre, portant hypothèque à compter de leur date pour les intérêts et arrérages autres que ceux qui sont conservés par la transcription ou l'inscription primitive (Art. 2151 du Code civ., modifié par la loi du 17 juin 1893). — La loi, pour ne pas rendre trop difficile la recherche des inscriptions, oblige à les renouveler tous les dix ans. Ainsi renouvelée, l'inscription conserve tous ses effets, et les perd à défaut de renouvellement.

IV. *Effets des hypothèques contre les tiers détenteurs.* — Les créanciers qui ont privilège ou h. inscrite sur un immeuble le suivent en quelques mains qu'il passe, afin d'être colloqués et payés suivant l'ordre de leurs créances ou inscriptions. Le tiers détenteur, à quelque titre que ce soit, du bien aliéné, demeure obligé, par l'effet seul des inscriptions, à toutes les dettes privilégiées et hypothécaires. En conséquence, lorsqu'il est poursuivi par des créanciers hypothécaires ou privilégiés, il peut opter entre trois partis. Il peut : 1° s'obliger au paiement de toutes les dettes, auquel cas il jouit des termes et délais accordés au débiteur originaire; 2° faire, au greffe de de la situation des biens, le délaissement de l'immeuble qu'il détient, auquel cas il cesse d'être tenu vis-à-vis des créanciers; 3° *purger* les privilèges et hypothèques, c.-à-d. conserver l'immeuble, à la charge seulement de payer aux créanciers, en ordre de recevoir, le prix de son acquisition, ou la valeur qu'il offre de l'immeuble qui lui a été donné. Autrement, il est exproprié de l'immeuble hypothéqué. Néanmoins la saisie ne peut être pratiquée que trente jours après commandement fait au débiteur originaire, et sommation faite au détenteur de payer ou de délaisser. Enfin, celui-ci, soit qu'il ait payé la dette hypothécaire, soit qu'il ait délaissé l'immeuble ou subi l'expropriation, a son recours en garantie contre le débiteur principal.

V. *Radiation et réduction des inscriptions.* — Le sort de l'h. dépendant de l'inscription, la loi a voulu que la radiation ne pût avoir lieu que du consentement des parties capables ou en vertu d'un jugement. Le consentement doit être constaté par acte authentique, dont expédition est déposée au bureau du conservateur. Le cas où les tribunaux doivent prononcer la radiation est celui où l'h. n'est fondée ni sur la loi, ni sur un titre régulier. — Les hypothèques ayant pour effet de mettre à peu près hors de la circulation les biens qui en sont grevés et de restreindre singulièrement le crédit dont jouissent les propriétaires, la loi autorise les maris et les tuteurs à demander la réduction ou la radiation partielle d'inscriptions excessives en limitant l'h. aux immeubles suffisants pour la sûreté de la créance. Cette réduction ne peut avoir lieu que dans le cas d'h. légale ou d'h. judiciaire, et non dans celui d'h. conventionnelle, car les conventions légalement formées tiennent lieu de loi. Le débiteur se pourvoit à cet effet devant le tribunal compétent, et il obtient la réduction, quand la valeur libre de ses biens hypothéqués excède le tiers du montant du capital et des accessoires légaux. L'évaluation excessive de la créance est réduite par l'arbitrage des juges, et la loi établit la manière de calculer la valeur des biens. Cette valeur est déterminée par quinze fois la valeur du revenu déclaré par la matrice du rôle de la contribution foncière, ou indiqué par la cote de contribution sur le rôle.

VI. *Extinction et purge des hypothèques.* — La loi indique quatre manières d'éteindre les hypothèques; ce sont : 1° l'extinction de l'obligation principale, c.-à-d. de la créance dont l'h. n'était que l'accessoire; 2° la renonciation du créancier à l'h.; 3° la prescription; 4° l'accomplissement par le tiers détenteur des formalités et conditions prescrites pour la purge. Les deux premiers modes d'extinction n'exigent aucun développement. La prescription est acquise au débiteur, quant aux biens qui sont dans ses mains, par le temps fixé pour la prescription des actions mêmes qui donnent l'h. Pour le tiers détenteur, il prescrit contre le créancier par dix et vingt ans, s'il a titre et bonne foi, ou, en tout cas, par trente ans.

Le législateur, dans le but de favoriser la circulation des biens, a voulu ouvrir à l'acquéreur un moyen de *purger* sa nouvelle propriété, c.-à-d. de la libérer des hypothèques qui peuvent la grever, en offrant aux créanciers le prix de son acquisition, sauf à eux à surenchérir si la vente aux enchères leur présente un résultat plus avantageux. — Les formalités de la purge diffèrent suivant qu'il s'agit de privilèges ou d'hypothèques inscrites, ou d'hypothèques dispensées de l'inscription. Dans le premier cas, le tiers détenteur qui veut purger doit d'abord faire transcrire son contrat au bureau des hypothèques de l'arrondissement. Le tiers détenteur doit ensuite, dans le mois à compter de la première sommation qui lui est faite, notifier aux créanciers inscrits, aux domiciles par eux élus dans leurs inscriptions, et cela par ministère d'huissier, l'indication du prix de la vente et des charges faisant partie du prix, ou une évaluation de la chose si elle a été donnée, avec déclaration de la part du tiers détenteur qu'il est prêt à acquitter sur-le-champ le prix ou la valeur offerte, entre les mains des créanciers en ordre de recevoir. Si quelqu'un des créanciers croit que la vente a été consentie à un prix trop modique ou que l'évaluation du donataire est trop faible, il peut requérir la mise de l'immeuble aux enchères en s'engageant à porter ou faire porter le prix à un dixième en sus de celui qui a été stipulé dans la vente ou offert par le donataire. Le créancier doit notifier par huissier commis sa surenchère au tiers détenteur : les formalités de cette notification sont indiquées par les art. 2185 du Code civ. et 832 du Code de proc. Elle doit avoir lieu dans les quarante jours au plus tard de la notification faite par le tiers détenteur, en ajoutant deux jours par cinq myriamètres de distance entre le domicile élu dans son inscription par le créancier requérant et son domicile réel. À défaut, par les créanciers, d'avoir requis la mise aux enchères dans le délai et les formes prescrites, la valeur de l'immeuble demeure définitivement fixée au prix stipulé dans l'acte de vente ou déclaré par le donataire, et, en conséquence, le tiers détenteur est libéré de tout privilège et hypothèque en payant le prix fixé dans son acte aux créanciers qui sont en ordre de le recevoir, ou en le consignant. — Pour purger les hypothèques non inscrites qui grèvent les biens des maris ou tuteurs, l'acquéreur doit déposer une copie dûment collationnée du contrat translatif de propriété, au greffe du tribunal civil du lieu de la situation de l'immeuble acquis, et certifier ce dépôt par acte signifié tant à la femme ou au subrogé tuteur qu'au procureur de la République près le tribunal. Si, pendant le mois qui suit l'exposition du contrat dans l'auditoire du tribunal, aucune inscription n'a été requise du chef des femmes, mineurs ou interdits, sur les immeubles aliénés, ces immeubles demeurent affranchis de l'h. légale.

VII. *De la publicité des registres et de la responsabilité des conservateurs.* — La publicité de l'h. est essentiellement attachée à celle des registres et sa conservation dépendant de la régularité avec laquelle ces registres sont tenus, la loi a pourvu en chargeant de ce soin des fonctionnaires spéciaux appelés *Conservateurs des hypothèques.* La loi du 21 ventôse an VII, en réunissant à l'administration de l'enregistrement la conservation des hypothèques, en a établi un près de chaque tribunal civil. Ce conservateur est chargé de la tenue des registres de transcription et d'inscription. Il délivre à tous ceux qui le requièrent une copie des actes transcrits sur ses registres et celle des inscriptions subsistantes, ou le certificat qu'il n'en existe aucune. Ces fonctionnaires sont soumis, suivant l'importance de leur résidence, à un cautionnement de 12,500 à 200,000 francs, qui est exclusivement destiné à répondre des erreurs dont la loi les rend garants envers les citoyens. En effet, ils sont responsables du préjudice qui résulte de l'omission de transcriptions ou inscriptions ou du défaut de mention dans leurs certificats d'une ou plusieurs des inscriptions existantes, à moins, dans ce dernier cas, que l'erreur ne provienne de désignations insuffisantes qui ne pourraient leur être imputées. L'omission d'une inscription dans le certificat du conservateur porte préjudice, soit au créancier omis, soit à la personne qui a été induite en erreur par cette omission. Quand il s'agit d'un acquéreur qui voulait payer, et qui, par l'inexactitude du certificat, s'est trouvé dans l'impossibilité de faire à un créancier les notifications légales, la loi fait prévaloir la bonne foi de l'acquéreur sur le droit de ce créancier qui n'a pas plus que lui de reproches à se faire. Elle réserve seulement à celui-ci, outre son recours contre le conservateur, le droit de se présenter à l'ordre. Dans aucun cas, les conservateurs ne peuvent refuser ni retarder la transcription des actes de mutation, l'inscription des droits hypothécaires, ou la délivrance des certificats requis, sous peine de

dommages et intérêts envers les parties. Néanmoins, on n'exige pas que les inscriptions ou transcriptions soient portées immédiatement sur les registres destinés à les recevoir, car le temps peut manquer; mais les conservateurs sont obligés de tenir un registre sur lequel les remises sont inscrites jour par jour et par ordre numérique; après quoi, les transcriptions ou inscriptions sont opérées à la date et dans l'ordre des remises. Ce registre doit être tenu en double et l'un des exemplaires doit être déposé, dans les trente jours qui suivent sa clôture, au greffe du tribunal civil d'un arrondissement autre que celui où réside le conservateur. La loi du 5 janvier 1875 enjoint aux conservateurs de délivrer aux requérants un bulletin ou une reconnaissance distincte par chaque acte ou extrait d'acte déposé au bureau pour être transcrit et par chaque bordereau remis pour être inscrit ou mentionné. Les registres des conservateurs doivent être en papier timbré, cotés, paraphés, sans interligne et arrêtés jour par jour. La première contravention contre une des prescriptions qui leur sont imposées est punie d'une amende de 200 à 1,000 fr.; la seconde entraînerait la destitution. — Les conservateurs sont chargés, en outre, de la perception des droits établis au profit du Trésor public pour chacune des formalités qu'ils remplissent. Le droit d'inscription des créances hypothécaires est de 1 pour 1000. La perception de ce droit suit les sommes de 20 fr. en 20 fr. inclusivement sans fraction. Le droit de transcription pour les immeubles et droits immobiliers est fixé en général à 1 fr. 50 pour 100; pour les partages d'ascendants, ce droit est réduit à 0 fr. 50 pour 100; il n'est que de 1 fr. fixe pour les actes qui n'ont été soumis à la formalité de la transcription que par la loi du 23 mars 1855.

HYPOTHÈQUE. s. f. Composition faite avec de l'eau-de-vie, du sucre, des fruits, etc., qu'on buvait autrefois après le repas. *Boire de l'h.* Il. *de muscat.*

HYPOTHÉQUER. v. a. T. Jurisp. Soumettre à l'hypothèque, donner pour hypothèque. = HYPOTHÉQUÉ, ÉE. part. || Fig. et fam. *Être hypothéqué*, Avoir une santé délabrée, avoir quelque infirmité grave. *Le pauvre homme est bien hypothéqué.* = Conj. Voy. CÉDER.

HYPOTHÈSE. s. f. [Pr. *ipo-tè-ze*] (lat. *hypothesis;* gr. ὑπόθεσις, m. s., de ὑπό, sous, et θέσις, position. — Ce mot est formé exactement comme *supposition*). T. Philos. scolast. Proposition particulière comprise sous la thèse générale. *Réduire la thèse à l'h. Appliquer la thèse à l'h.* || T. Didact. Supposition que l'on fait de certaines choses pour rendre raison de ce que l'on observe. *Cette h. a été confirmée par l'expérience.*

Syn. — *Supposition.* — *Hypothèse* est un mot scientifique; *supposition* est du langage usuel. La supposition est généralement simple. L'h. est une supposition abstraite d'où l'on tire des conséquences, ou bien elle embrasse souvent un grand nombre d'idées complexes et constitue une théorie par laquelle on cherche à expliquer tout un ensemble de phénomènes naturels.

Philos. — Il y a lieu de distinguer le sens du mot h. en mathématiques et dans les sciences physiques ou naturelles. En mathématiques, l'h. est la première partie de l'énoncé d'un théorème dont la seconde partie, appelée *conclusion*, est la conséquence nécessaire de l'h. Voy. THÉORÈME. — L'h., telle qu'on l'entend dans les sciences physiques et naturelles, a une portée beaucoup plus étendue. C'est de celle-là seule que nous nous occupons ici.

Une h. est, à proprement parler, une affirmation sans preuves suffisantes, d'où l'on déduit un certain nombre de conséquences vraies ou fausses. Les hypothèses sont perpétuellement nécessaires dans la théorie de la science : car ce n'est point assez pour l'esprit d'observer et de connaître les phénomènes, il veut encore découvrir leurs lois, remonter à leurs causes, et les voir en quelque sorte dans le principe même d'où ils sortent.

Plusieurs auteurs ont distingué les hypothèses en *hypothèses de loi* et *hypothèses de cause;* mais cette distinction subtile et peu précise est sans intérêt. D'autres écrivains ont distingué les hypothèses en *hypothèses vérifiables* et en *hypothèses invérifiables.* Les hypothèses vérifiables sont celles que l'on prend dans un domaine où l'expérience, l'observation, l'induction, pourront parvenir, et l'h. proposée est réelle ou fausse, et elle doit être éliminée, ou bien passer de l'état de conjecture à l'état de fait. Ainsi c'est en se posant, au sujet du mouvement des planètes, une série d'hypothèses vérifiables, que Képler arriva à la découverte des lois qui portent son nom. Ayant lui-même vérifié successivement par l'observation et par le calcul chacune de ces hypothèses, il les élimina l'une après l'autre, et trouva enfin que l'h. de l'ellipticité des orbes planétaires était la seule qui fût conforme aux faits observés et aux lois de la mécanique. Les hypothèses invérifiables seraient celles qui appartiennent à un domaine où ne peuvent pénétrer ni l'observation ni l'expérience. Telle serait l'h. de Laplace sur la formation du système solaire. Telle serait encore celle des atomes de la chimie. Cependant, cette distinction est encore arbitraire, car il est impossible de savoir jusqu'où peuvent s'étendre les enseignements de l'expérience aidée du raisonnement. Telle h. qui paraît aujourd'hui en dehors du domaine de l'expérience, peut se trouver plus tard confirmée ou détruite indirectement par la découverte de phénomènes encore inconnus. Déclarer une h. invérifiable, ce serait poser *à priori* une limite à la science, et cela n'est ni sage ni prudent.

Les hypothèses ne sont pas seulement d'une haute utilité dans les sciences, on peut encore dire qu'elles sont absolument indispensables. — Lorsque l'h. est susceptible d'une vérification facile, elle offre par elle-même peu de dangers; l'observation et l'expérience ne tardent pas à la réduire à sa juste valeur. Une h. de ce genre n'est le plus souvent que le résultat d'une induction prématurée, car ordinairement elle est fondée sur un certain nombre de faits ou sur des analogies plus ou moins probables. S'il faut, en général, un grand nombre d'observations et d'expériences pour vérifier définitivement une loi naturelle, un fort petit nombre de faits, un seul même suffit parfois pour la fonder. Or, c'est précisément cette sorte de divination qui caractérise les grands génies. « Il n'est pas inutile, disait Bacon, de tenter l'interprétation de la nature par une ébauche ou conclusion provisoire. » Les hypothèses qui ne sont pas directement vérifiables paraissent *à priori* n'avoir pas la même fécondité et même présenter des dangers. Cependant la science ne peut s'en passer et elles sont peut-être plus fécondes que les autres, car elles servent à établir dans certaines séries de faits une unité provisoire, elles facilitent l'intelligence et la démonstration même des phénomènes, en les coordonnant et en permettant de saisir d'un coup d'œil leur ensemble. Telles sont, par ex., l'h. d'un éther dont les vibrations donnent lieu aux phénomènes de la lumière, l'h. que les corps sont composés d'atomes, etc. Parmi ces hypothèses, les unes tombent d'elles-mêmes, parce qu'elles ne cadrent plus avec les connaissances acquises, avec le résultat des recherches nouvelles; la théorie de l'émission de la lumière de Newton nous offre un exemple d'h. abandonnée, parce qu'elle ne suffisait plus à l'explication des faits. D'autres durent et se fortifient, parce qu'elles sont de plus en plus d'accord avec les faits et la manière de les envisager; le plus souvent elles se précisent et se modifient peu à peu. C'est ainsi que l'h. de l'existence de l'éther devient de plus en plus probable et qu'elle se mêle à toutes nos conceptions sur l'énergie et la constitution de la matière.

Il n'y a pas d'exagération à dire que l'astronomie, la physique et la chimie modernes doivent tout autant à l'h. qu'à l'observation et à l'expérience, tandis que, chez les anciens, si fertiles cependant en hypothèses, ces sciences n'avaient pu sortir de l'enfance. Les brillantes hypothèses des philosophes grecs sont restées infécondes non seulement parce que la plupart d'entre elles étaient invérifiables, mais surtout parce que les faits eux-mêmes n'étaient ni observés ni connus. Au lieu d'étudier ceux-ci en eux-mêmes, on faisait des hypothèses sur leur nature, de telle sorte que les systèmes prétendus scientifiques des anciens n'étaient que des hypothèses édifiées sur d'autres hypothèses. Celles des modernes n'ont été fécondes que parce que déjà elles partaient de faits connus, et faisaient immédiatement appel à l'observation, à l'expérience et au calcul.

Une h., pour être admissible, doit remplir certaines conditions : 1° elle doit rendre compte d'un certain nombre de faits bien observés, celle qui en explique le plus grand nombre étant naturellement la plus probable; 2° il faut qu'en tirant logiquement toutes les conséquences qu'elle contient, on n'arrive point à quelque déduction en contradiction avec un seul fait constaté : car alors l'h. est fausse. Mais il n'est pas nécessaire qu'elle explique tous les phénomènes qu'on veut interpréter; il suffit qu'elle en rende mieux compte que toute autre h. Enfin, il est essentiel de toujours se rappeler qu'une h. est une construction provisoire, et être prêt à l'abandonner dès qu'elle cesse de répondre aux besoins de la science.

En définitive, l'h. est un instrument nécessaire au progrès des sciences physiques. On ne peut raisonner sur les faits observés qu'en les rattachant entre eux par des lois ou en les considérant comme dérivés d'une cause commune, et c'est là l'h. dont on déduit ensuite les conclusions. L'accord plus ou moins parfait ou le désaccord de ces conclusions avec l'expérience confirmera l'h. ou bien montrera son insuffisance et mettra sur la voie des modifications qu'il faut lui apporter, ou enfin la fera définitivement rejeter. C'est ainsi que les théories scientifiques se perfectionnent de plus en plus et s'approchent de plus en plus de la vérité objective sans jamais l'atteindre complètement. Au point de vue pratique, il convient de remarquer aussi que les hypothèses stimulent le zèle des savants et font naître de nombreux travaux, aussi bien de la part de ceux qui ont le secret désir de voir l'h. se confirmer que de ceux qui entreprennent de la détruire. C'est ainsi que l'h. de la génération spontanée a été l'une des causes des si remarquables travaux de Pasteur, qui ont fini par la détruire complètement et qui, en même temps, ont fait faire un pas si considérable à la science. Il serait facile de trouver d'autres exemples qui montrent combien l'h. fausse, l'erreur même peut être profitable au progrès scientifique. Voy. THÉORIE.

HYPOTHÉTIQUE. adj. 2 g. (lat. *hypotheticus;* gr. ὑποθετικός, m. s.). Qui est fondé sur une hypothèse. *Raisonnement h. Une proposition h.* || Fam. Douteux.

HYPOTHÉTIQUEMENT. adv. Par hypothèse. *Cela n'est admissible qu'hypothétiquement.*

HYPOTHIONIQUE. adj. 2 g. (gr. ὑπό, sous; θεῖον, soufre). T. Chim. Syn. d'*Hyposulfurique.* Voy. SOUFRE.

HYPOTROPHIE. s. f. (gr. ὑπό, sous; τροφή, nourriture). Nutrition insuffisante.

HYPOTYPOSE. s. f. (gr. ὑπό, sous; τύπος, type). T. Rhét. L'*Hypotypose* est une figure de rhétorique qui peint les objets avec des images si vraies, avec des couleurs si vives, qu'elle met en quelque sorte sous les yeux ce qu'elle veut représenter. L'h. est parfois simple et courte : une phrase, un vers lui suffisent pour produire l'effet voulu. Mais, ordinairement, elle a plus d'étendue : l'auteur choisit les détails et les circonstances les plus propres à faire image, il les énumère, les coordonne et les fait ressortir de manière à frapper l'imagination aussi vivement que possible. L'écrivain disparaît alors : on ne voit plus que ce qu'il fait voir; on n'entend plus que ceux qu'il fait parler. L'h. est surtout propre à la poésie; car la poésie peint avec plus d'enthousiasme et avec des traits plus hardis que la prose. Cependant les grands prosateurs anciens et modernes nous ont laissé d'admirables peintures en ce genre. — Sous le nom générique d'h., on comprend aujourd'hui six figures différentes : 1° L'*Effiction,* ou la *Prosopographie,* représente les traits extérieurs, l'air, le maintien d'une personne. Cicéron nous en a laissé un bel exemple dans sa peinture de Verrès : « *Stetit soleatus prætor* », etc. 2° L'*Éthopée* nous décrit les mœurs, les vertus ou les vices, les qualités ou les défauts. Telle est celle que fait Salluste en nous peignant Catilina. 3° Le *Caractère,* ou *Portrait,* est formé de la réunion des deux figures précédentes. Théophraste et la Bruyère en ont laissé de modèles justement admirés. 4° La *Chronographie* caractérise le temps d'un événement par le détail de circonstances qui font image :

Nox erat, et placidum carpebant fessa soporem
Corpora per terras... (Virg., *Æn.* IV, 522.)

5° La *Topographie* décrit les lieux : telle est, dans le *Télémaque* de Fénelon, l'admirable peinture de la grotte de Calypso. 6° Enfin, la *Démonstration,* ou *Description,* rassemble quelquefois toutes les espèces d'hypotyposes, l'extérieur, les sentiments, etc. Parmi la foule d'exemples de ce genre que l'on trouve dans les grands écrivains, nous nous contenterons de citer les descriptions de la prise de Troie et de la mort de Didon, dans l'*Énéide,* et celle de l'Éden dans le *Paradis perdu* de Milton.

HYPOXANTHINE. s. f. [Pr. *ipo-gzan-tine*] (gr. ὑπό, sous; fr. *xanthine*). T. Chim. Substance qui se forme par la réduction de la xanthine et qu'on trouve dans la chair musculaire, dans la rate, dans le foie et dans la plupart des tissus animaux renfermant de la nucléine. On la rencontre aussi, en petite quantité, dans le blé, le lupin, l'orge germée. Elle se produit dans la fermentation de la levure et de la fibrine. C'est ordinairement de l'extrait de viande qu'on la retire. L'h., qui porte aussi le nom de *Sarcine*, a pour formule $C^6H^4Az^2O$. Elle se présente sous la forme d'une poudre blanche, cristalline, peu soluble dans l'eau froide. Elle est neutre au .ournesol; mais elle se comporte comme une base vis-à-vis des acides et forme avec eux des sels définis. Elle se dissout aussi dans les solutions alcalines. Avec l'azotate d'argent ammoniacal elle forme une combinaison cristallisée peu soluble, ce qui permet de séparer l'h. de la xanthine qui l'accompagne presque toujours.

HYPOXYDE. s. m. (gr. ὑπό, sous; ὀξύς, aigu). T. Bot. Genre de plantes Monocotylédones (*Hypoxis*) de la famille des *Amaryllidacées*. Voy. ce mot.

HYPOXYDÉES. s. f. pl. (R. *Hypoxide*). T. Bot. Tribu de végétaux de la famille des *Amaryllidacées*. Voy. ce mot.

HYPOXYLE. s. m. (gr. ὑπό, sous; ξύλον, bois. T. Bot. Genre de Champignons (*Hypoxylon*) de la famille des *Pyrénomycètes*. Voy. ce mot.

HYPOZOÏQUE. adj. 2 g. (gr. ὑπό, sous; ζῶον, animal. T. Géol. *Terrains hypozoïques*, Terrains inférieurs à ceux où l'on rencontre des débris de corps organisés.

HYPSOGRAPHIE. s. f. (gr. ὕψος, hauteur; γράφειν, décrire). Description des lieux élevés.

HYPSOMÈTRE. s. m. (gr. ὕψος, hauteur; μέτρον, mesure). Appareil qui détermine l'altitude d'un lieu d'après la température à laquelle l'eau entre en ébullition. La table des valeurs de la tension maximum de la vapeur d'eau fait connaître la tension qui correspond à la température de l'ébullition. Cette tension est égale à la pression atmosphérique et la hauteur s'en déduit par la formule de Laplace. Voy. HAUTEUR.

HYPSOMÉTRIE. s. f. (gr. ὕψος, hauteur; μέτρον, mesure). T. Phys. L'art de mesurer la hauteur absolue ou relative d'un lieu. Voy. HAUTEUR.

HYPSOMÉTRIQUE. adj. 2 g. Qui est relatif à l'hypsométrie. *Observations, instruments hypsométriques*.

HYPTIDE. s. m. (gr. ὕπτιος, renversé, à cause de la disposition de la fleur). T. Bot. Genre de plantes Dicotylédones (*Hyptis*) de la famille des *Labiées*. Voy. ce mot.

HYRACÉUM. s. m. [Pr. *irassé-ome*] (R. *Hyrax*, nom scientifique du Daman). Nom donné aux excréments du *Daman du Cap* ramassés sur les pentes montagneuses du pays. Ce produit renferme les mêmes effets physiologiques et thérapeutiques, au Castoréum, mais il est peu employé. Voy. HYRACIENS.

HYRACIENS ou **HYRACOÏDES.** s. m. pl. [Pr. *irassi-in*] (gr. ὕραξ, ὕραχος, souris; εἶδος, forme). T. Mamm. Les Damans (*Hyrax*), qui constituent le seul genre actuel des H., sont de petits mammifères que Buffon a décrit sous le nom de *Marmottes du Cap* et que l'on a [classés successivement parmi les Rongeurs (Pallas), les Rhinocéros (Cuvier) et les Marsupiaux (Oken); aujourd'hui on en fait un ordre spécial sous les noms d'H. ou de *Lamnungia*.

Ces animaux possèdent une dentition complète dans le jeune âge : 2 incisives en haut et 4 en bas, 2 canines en haut seulement et 14 molaires en haut et en bas; mais à l'âge adulte les canines disparaissent toujours. Les membres sont courts et terminés par cinq doigts en avant et par trois en arrière : le pouce est rudimentaire, le doigt interne des pattes postérieures possède une longue griffe recourbée; tous les autres doigts sont munis d'une sorte de sabot. La queue est très petite et cachée dans une toison épaisse formée de poils fins. L'estomac est bilobé; l'intestin est muni de trois grands cæcums. Les testicules restent toujours en dehors de la cavité abdominale; il y a 4 mamelles inguinales et 2 axillaires; enfin, le placenta est zonaire comme chez les Éléphants et chez les carnivores.

Les Damans ont une taille qui ne dépasse pas celle des Lapins; leur tête rappelle celle des rongeurs par la fente qui coupe verticalement le milieu de leur lèvre supérieure. On les trouve en Afrique, en Arabie et en Syrie, où ils étaient connus des Juifs de l'antiquité sous le nom de *Saphan*. L'ancienne pharmacopée employait comme astringente une sub-

stance brune à odeur pénétrante et fétide, et que l'on désignait sous le nom de *Pissat de Blaireau* ou d'*Hyraceum*. Cette substance se trouve dans les trous de rochers où vivent les Damans, et il est probable qu'elle est formée par la dessiccation des matières fécales et de l'urine que ces animaux déposent toujours au même endroit.

On peut diviser les Damans en deux sous-genres, d'après les mœurs de ces animaux; ce sont les *Damans de rochers* (*Hyrax*) et les *Damans d'arbres* (*Dendrohyrax*). Parmi les premiers nous citerons le *Daman de Syrie* (*H. syriacus*)

dont il est question dans la Bible (Fig.). Cet animal est d'un brun fauve en dessus et blanchâtre en dessous. Son humeur est douce; on l'apprivoise aisément et sa chair n'a rien de désagréable. Le *Daman du Cap* (*H. capensis*), qui habite l'Afrique australe, est brun foncé avec de fines taches blanches et une grande plaque noire sur le dos.

Les Damans d'arbres diffèrent très peu des premiers par leurs caractères extérieurs, seulement ils ne sortent que la nuit, alors que les Damans de rochers sont des habitudes diurnes. Nous citerons seulement, parmi eux, le *Dendrohyrax sylvestris* que l'on trouve dans le pays des Achantis, en Afrique. Son poil est très dur; il est noirâtre avec une tache blanche sur le dos.

Paléont. — Les Damans ne datent que de l'époque actuelle; ils forment un groupe isolé dans la nature et proviennent probablement des *Ongulés primitifs*, dont ils forment une courte branche latérale.

HYRACOTHERIUM. s. m. [Pr. *irako-té-riome*] (gr. ὕραξ, ὕραχος, souris et aussi daman; θηρίον, bête sauvage). T. Paléont. Genre fossile de *Mammifères périssodactyles* ayant vécu à l'époque éocène. Voy. DESCENDANCE.

HYRCAN Ier, souverain pontife et prince des Juifs (135-106 av. J.-C.), triompha des Syriens et eut un règne glorieux. — HYRCAN II, roi des Juifs (69-40 av. J.-C.), périt par ordre d'Hérode le Grand (30).

HYRCANIE, contrée de l'ancienne Asie, sur la côte S.-E. de la mer Caspienne.

HYRCANIEN, IENNE, adj. et s. [Pr. *ir-ka-ni-in*]. Qui est d'Hyrcanie. || Mer Hyrcanienne, anc. nom de la partie S. de la mer Caspienne.

HYSOPE. s. f. (gr. ὕσσωπος; hébr. *izob*, m. s.). T. Bot. Genre de plantes Dicotylédones (*Hyssopus*) de la famille des *Labiées*. Voy. ce mot. || Fig., *Il connaît tout depuis le chêne jusqu'à l'h.*, se dit d'un homme fort instruit dans les sciences naturelles, depuis les plus grandes jusqu'aux plus petites choses.

HYSTAZARINE. s. f. T. Chim. L'h. est un dérivé deux fois oxydrilé de l'anthraquinone et répond à la formule $C^{14}H^8O^4$. Elle se forme en même temps que l'alizarine, son isomère, quand on fait agir à 140° l'anhydride phtalique sur la pyrocatéchine en présence de l'acide sulfurique concentré. L'h. cristallise en fines aiguilles orangées qui se dissolvent en bleu dans l'alcali, en violet dans l'ammoniaque, en rouge sang dans l'acide sulfurique. Elle ne teint que très faiblement les tissus mordancés.

HYSTÉRALGIE. s. f. (gr. ὑστέρα, matrice; ἄλγος, douleur). Nom donné aux douleurs variées que ressentent les hystériques et aux douleurs névralgiques de l'utérus.

HYSTÉRANTHE. adj. 2 g. (gr. ὕστερον, après; ἄνθος, fleur). T. Bot. Dont les fleurs paraissent après les feuilles. Peu us.

HYSTÉRECTOMIE. s. f. (gr. ὑστέρα, matrice; ἐκτομή, amputation, de ἐκ, hors de, et τομή, section). T. Chir. Ablation totale de l'utérus pratiquée dans certains cas de tumeurs fibreuses ou cancéreuses.

HYSTÉRÉSIS. s. f. (gr. ὕστερος, postérieur). T. Phys. Retard dans la désaimantation. Voy. Magnétisme.

HYSTÉRIE. s. f. (gr. ὑστέρα, utérus). T. Méd. — L'h. est une névrose dont il est encore impossible de donner une définition nette. Son histoire montre qu'elle se présentait jadis avec les mêmes traits fondamentaux qu'aujourd'hui ; mais les travaux de l'école de la Salpêtrière l'ont tellement modifiée qu'elle n'est plus reconnaissable et qu'une nouvelle maladie semble née. Il est à peine nécessaire d'expliquer l'étymologie du nom, dont l'origine est très ancienne : Platon, Hippocrate, expliquaient les phénomènes observés par une migration de la matrice, et tendaient à instituer le mariage comme traitement efficace. Les travaux qui ont décelé l'h. mâle ont fait justice de cette théorie (Briquet, Charcot).

I. *Étiologie.* — Le développement de l'h. relève de deux facteurs, l'un essentiel et invariable, l'hérédité névropathique ; l'autre, contingent et polymorphe, l'agent provocateur. — L'hérédité, similaire ou dissemblable, éloignée ou rapprochée, domine de très haut l'étiologie, c.-à-d. que deviennent hystériques les seuls individus qui ont dans leurs ascendants, soit des hystériques, soit plutôt des épileptiques, des neurasthéniques, des vésaniques, etc. Il est indispensable, à côté de cet élément, de signaler l'âge auquel se développe généralement cette maladie, de 15 à 25 ans, et de dire que le sexe n'a à cet égard aucune influence sérieuse. — L'h. mâle, dans les classes inférieures de la société, est plus fréquente que l'h. féminine. — La liste des causes provocatrices de l'h. est tellement longue qu'il est impossible d'en faire une énumération complète. On doit cependant accorder une mention spéciale aux émotions morales, quelles que soient leur nature et leur intensité, et aux traumatismes qui interviennent, moins par le choc physique que par le « shock nerveux », c.-à-d. par l'état mental très particulier consécutif au trauma. Ce « shock nerveux » joue un rôle prépondérant dans les cas si fréquents où le choc physique est insignifiant ou nul. On a vu l'h. succéder à des accidents de chemin de fer, à des chutes, à des morsures, à l'émotion d'un tremblement de terre, à des traumatismes chirurgicaux (empyème, ovariotomie, etc.). Dans tous ces faits, le trauma se borne d'habitude à marquer le siège des manifestations ; c'est le choc psychique, l'imagination, l'idée, qui prépare les troubles somatiques. Que l'on suppose un individu prédisposé, victime d'un choc sur l'épaule ; instinctivement, l'idée d'impotence motrice se présente à son esprit ; il continue cependant à se servir de son bras, mais l'idée d'impotence, au lieu de s'effacer, grossit, importune son esprit jour et nuit, inhibe son centre brachial et, après une phase plus ou moins longue, s'extériorise sous forme de monoplégie brachiale ; cet individu a pensé sa paralysie avant de l'objectiver. Une fine analyse psychologique est souvent nécessaire pour suivre l'évolution de l'idée provocatrice. — Il convient encore de mentionner, au-dessous des émotions et des traumatismes, comme agents provocateurs, les intoxications (saturnisme, alcoolisme, tabagisme, etc.), et les maladies infectieuses (fièvre typhoïde, pneumonie, diphtérie, syphilis...), ou générales (diabète, goutte, chlorose...). Il est temps de clore cette liste et de nous résumer. *La cause provocatrice n'est rien ou presque rien; le terrain, c.-à-d. la tare névropathique, est tout.*

II. *Symptomatologie.* — L'h. se manifeste uniquement par deux ordres de signes : les uns durables, dits stigmates permanents, qui en constituent le fond ; les autres, transitoires ou accidentels, qui en sont les épisodes. Nous conservons cette division, tout artificielle et critiquable qu'elle soit (car à la limite rien ne sépare un stigmate d'un accident), parce qu'elle est commode pour une description didactique.

A. *Stigmates hystériques.* — Il est d'usage d'en décrire deux ordres : les uns psychiques, les autres somatiques ; logiquement on devrait tous les étudier comme psychiques, car la plupart des stigmates somatiques, sinon tous, reconnaissent une origine mentale. Aussi diviserons-nous simplement les stigmates en sensitivo-sensoriels, moteurs et psychiques.

Les troubles sensitifs portent sur la sensibilité générale et sur les sensibilités spéciales. Suivant les cas, la sensibilité est plus ou moins abolie, exaltée ou pervertie. L'anesthésie, diminution ou abolition de la faculté de sentir, peut atteindre tous les organes, et se manifester dans tous les éléments de la sensibilité (contact, douleur, température). Ces éléments peuvent être frappés simultanément ou isolément (anesthésie complète ou incomplète, dissociée). Les malades peuvent donc présenter de l'analgésie, de la thermo-anesthésie, etc. La distribution topographique est un des points les plus importants : on constate le plus généralement de l'hémianesthésie, exceptionnellement l'anesthésie généralisée, insulaire, segmentaire (en manche de veste, en gigot). Quelque étendue qu'elle soit, l'anesthésie n'occasionne jamais de troubles fonctionnels. L'anesthésie de certaines muqueuses, de certains organes des sens, est particulièrement caractéristique (anosmie, surdité, rétrécissement du champ visuel, amaurose, achromatopsie ou dyschromatopsie). La pathogénie de l'anesthésie hystérique a donné lieu à de nombreuses hypothèses ; la plus récente est celle de P. Janet : l'anesthésie est une distraction très grande et perpétuelle qui rend les sujets incapables de rattacher certaines sensations à leur personnalité ; c'est un rétrécissement du champ de conscience. — L'hyperesthésie des hystériques n'a été étudiée que depuis Charcot. Contrairement à l'anesthésie, elle est très gênante ; elle peut frapper la peau, les muqueuses, les muscles, les viscères, selon les divers modes de la sensibilité et à des degrés différents. Sa distribution est variable, le plus souvent partielle : le type insulaire est le plus intéressant, car à lui se rattache l'étude des *zones hystérogènes*. Ces zones sont des régions circonscrites du corps, douloureuses ou non, d'où partent souvent, pendant les prodromes des attaques spontanées, des sensations spéciales faisant partie de l'aura et dont la pression a pour effet, soit de déterminer l'attaque convulsive, soit de l'arrêter brusquement. Elles sont superficielles ou profondes, cutanées ou viscérales, uniques ou multiples. Leurs sièges de prédilection sont : le cuir chevelu, le rachis, les régions ovarienne, testiculaire, cardiaque, mammaire ; ou, sur les muqueuses, le pharynx, le larynx, l'estomac, le vagin, les organes des sens, etc. — La paresthésie se traduit par des troubles rares et peu importants ; un des plus curieux est l'allochirie qui se rencontre d'ailleurs dans d'autres lésions organiques, médullaires ou cérébrales ; elle est caractérisée par ce fait que le sujet rapporte à un côté du corps une impression partie du côté opposé, avec conservation du pouvoir de localisation.

Les troubles ou stigmates moteurs sont d'espèces très variées ; énumérons rapidement : l'amyosthénie, affaiblissement musculaire qui n'est ni la paralysie, ni la parésie, sorte de maladresse des mouvements que traduit surtout le dynamomètre, tantôt localisée, tantôt généralisée ; — la diathèse de contracture, état du système neuro-musculaire, tel qu'une excitation souvent légère provoque la contracture ; — des troubles divers, comme celui qui consiste dans l'incapacité pour un membre atteint d'anesthésie tactile et musculaire complète, d'effectuer un mouvement sans le secours de la vue ; — la syncinésie, c.-à-d. le fait de lever les deux bras en même temps quand on veut en lever un seul ; — l'allocinésie, c.-à-d. l'élévation du bras du côté opposé ; — l'hétérocinésie, à savoir l'exécution d'un mouvement inverse à celui qui a été ordonné. Les stigmates mentaux, connus de tout temps, n'ont été étudiés systématiquement qu'à notre époque. La méthode psychologique a montré que l'imagination est la cause originelle, nécessaire et suffisante de la plupart des manifestations hystériques, sinon de toutes. L'hystérique est un être extraordinairement crédule, et chez lui une idée, une suggestion, venue du dedans ou du dehors, prend aussitôt des proportions énormes, obsède l'esprit, fait naître une hallucination, et se traduit objectivement sous un aspect clinique approprié. Il faut signaler : l'amnésie systématisée (perte des souvenirs durant une période, mais d'un groupe de souvenirs du même genre, comme l'oubli d'une langue, des noms propres) ; localisée à un accident, par ex., à tous les événements antérieurs ou postérieurs à cet accident ; générale, continue ; — l'aboulie, diminution ou suppression de la volonté ; — enfin des troubles des caractères, inattention, impuissance d'assimilation, et des troubles des facultés motives et affectives (irritabilité, vanité, tristesse, mélancolie, agoraphobie, sensualité...) ; mais il faut faire justice des opinions exagérées qui tendaient à faire des hystériques des menteuses, des vicieuses, des dépravées.

B. *Accidents hystériques.* — On peut classer ces accidents en cinq groupes.

1° *Attaques.* — On a vu pendant longtemps dans les manifestations convulsives de la névrose qu'une réunion confuse de mouvements et d'attitudes désordonnés ; mais Charcot a mis de l'ordre dans ce chaos. Grande est la fréquence des attaques qui reconnaissent habituellement comme causes provocatrices de vives émotions morales. Il faut étudier successivement la grande attaque avec ses prodromes et ses quatre périodes, puis ses principales variétés. — La grande attaque est généralement précédée de signes avant-coureurs, de prodromes éloignés ou prochains : dans le domaine psychique, des troubles du caractère, tristesse, jalousie, envie de rire ou de pleurer, hallucinations, surtout des visions d'animaux d'espèce fabuleuse (zoopsie); dans le domaine somatique, des troubles digestifs (nausées, vomissements, borborygmes) du ptyalisme, de la polyurie; des troubles respiratoires (hoquet, toux, bâillements). Tandis que ces prodromes sont en général assez éloignés, les signes d'ordre sensitivo-sensoriel sont un prélude immédiat, constituent l'*aura* proprement dite. Elle a son point de départ le plus fréquent dans les régions ovariennes ou pseudo-ovariennes; parties le plus souvent du flanc gauche, ces sensations douloureuses s'élèvent jusqu'au globe jusqu'à l'épigastre, montent jusqu'au cou où elles provoquent une strangulation bien connue (boule hystérique). D'autres fois, l'aura part de zones sous-cutanées ou viscérales variables; l'une des plus fréquentes est l'aura céphalique; mais tous ces modes de début aboutissent à la sensation de strangulation laryngée. D'ailleurs, l'orage convulsif éclate bientôt. C'est d'abord la première période ou période épileptoïde, tout à fait analogue à un accès d'épilepsie, qui se subdivise en trois phases dites : tonique, clonique et résolutive. Le sujet, après des secousses rapprochées, généralisées ou localisées, tombe brusquement sans cri initial, privé de connaissance, la respiration suspendue; alors commence la phase tonique, stigmatisée par des signes, la perte de connaissance et la tétanisation du système musculaire, généralement en attitude d'extension à décubitus dorsal; la phase clonique s'annonce par des secousses brèves et rapides des membres tétanisés, auxquelles succèdent de grandes secousses lentes de plus en plus espacées, qui, finalement, font place au relâchement musculaire, à la phase de résolution. La deuxième période, ou période des contorsions ou des grands mouvements, dite encore période des tours de force et clownisme, se subdivise en deux phases, toutes deux exigent une souplesse, une agilité et une force musculaire bien faites pour étonner le spectateur. Parfois ces deux phases se mêlent et se confondent; souvent elles se succèdent dans l'ordre suivant : vient d'abord la phase des contorsions ou des attitudes illogiques (par opposition à celles de la phase passionnelle qui représentent une idée) entre autres, l'attitude en arc de cercle extrêmement fréquente; ensuite survient la phase des grands mouvements, caractérisée par la grande étendue et leur indépendance de toute tétanisation musculaire, parmi lesquels un des plus constants est la grande salutation; au cours de cette période les sujets poussent d'ordinaire des cris aigus répétés à de courts intervalles. Il n'y a pas entre cette période et la troisième période, dite des attitudes passionnelles ou poses plastiques, de limites bien tranchées. La caractéristique en est un délire vécu; le malade assiste à des scènes où il joue le principal rôle, gardant au réveil le souvenir de ses hallucinations, que seule la compression des zones hystérogènes réussit à arrêter. A ce moment l'attaque semble finie; les malades ont repris leurs sens, mais en partie seulement, car apparaît la quatrième période ou période de délire, peu distincte de la précédente, mais dans laquelle le délire peut varier à l'infini; tandis que dans la période passionnelle, il est toujours identique à lui-même chez un sujet donné. Il faut enfin signaler quelques phénomènes terminaux de l'attaque : secousses épileptoïdes, spasmes viscéraux (hoquet, vomissements, borborygmes, sécrétion urinaire, etc.), qui jugent la crise. Telle est la grande attaque, la première période durant de une à cinq minutes, nettement séparée de la deuxième par un instant de répit, la deuxième période se prolongeant un peu plus que la première, la troisième variant de cinq à quinze minutes, la quatrième, reste de l'attaque peu à épuise, variant de quelques minutes à un ou plusieurs jours. L'attaque est rarement unique; les récidives sont constantes; tantôt quotidiennes, tantôt mensuelles et menstruelles, tantôt irrégulières. Il arrive même que les attaques se montrent en séries, sans intervalles, subintrantes; c'est l'état de mal. Fait important à signaler : c'est à peine si le sujet sort courbaturé de ces crises; il reprend vite ses forces et ses occupations. — La petite attaque hystérique, beaucoup plus fréquente que la grande, est d'observation quotidienne; on lui reconnaît trois périodes : la préconvulsive, remplie par les prodromes éloignés ou rapprochés de la crise; la convulsive, se composant de deux phases, tonique et clonique, d'un type stéréotypé, et la post-convulsive où le sujet est en résolution, avec délire de paroles sans gestes. — Les attaques frustes, quelque dégra-

dées et transformées qu'elles soient, peuvent se rattacher au prototype de la grande attaque. Celle-ci peut se modifier suivant deux modes principaux : soit par extension ou prédominance d'une de ces périodes, aux dépens des autres qui restent normales, atténuées ou effacées, soit par immixtion d'éléments étrangers à sa constitution fondamentale. Parmi les modifications de l'aura, il faut citer l'attaque de spasmes (boule, palpitations, suffocation, strangulation, etc.); mais la crise tourne court aussitôt, se bornant à un aspect asphyxique ou hydrophobique. Les modifications de la première période déterminent les attaques dites épileptoïdes, aux nombreuses variétés : état de mal épileptoïde, accès épileptoïde partiel, attaque épileptoïde avec contractures généralisées ou permanentes, vertige épileptique. Les variétés par modifications de la deuxième période sont : l'attaque de contorsion ou attaque démoniaque et l'attaque de grands mouvements ou attaque clownique. Aux variétés par modifications de la troisième période ressortissent les attaques d'attitudes passionnelles (attaques d'extase); enfin, la quatrième période atteint à la folie hystérique des anciens auteurs, à ce que Charcot a appelé le somnambulisme hystérique, qu'on observe sous trois aspects cliniques différents : attaques somnambulo-délirantes proprement dites, vigilambulisme ou dédoublement de la personnalité, automatisme ambulatoire (syndromes intermittents, caractérisés par des impulsions qui poussent les sujets à des fugues plus ou moins longues et injustifiées); le délire, le vigilambulisme et l'automatisme sont trois modalités du somnambulisme hystérique, unies par de nombreux cas de passage; l'h. réclame aussi une bonne partie des faits de somnambulisme dits naturels ou noctambulisme, que l'on considère aujourd'hui comme toujours pathologiques. Comme le somnambulisme, l'attaque de sommeil est une modification de la grande attaque : atténuation ou effacement des phénomènes convulsifs et prédominance ou isolement du sommeil, telle est la caractéristique de ces attaques : le malade présente les apparences du sommeil naturel, mais il se retrouve pas là la résolution musculaire du véritable sommeil : les membres, les mâchoires, les paupières sont contracturés; les yeux, convulsés; la sensibilité générale est abolie; les sens spéciaux ne réagissent pas à leurs excitations habituelles; c'est la mort apparente; les sensations sont perçues et conservées; soulés, les réactions sont impossibles; la preuve en est que ces dormeurs entendent d'habitude ce qui se passe autour d'eux. Rien n'est plus variable que la durée de ces attaques : tantôt brusques et courtes, comme un évanouissement, pseudo-syncopales; tantôt, durant plusieurs heures, rappelant l'ictus apoplectique ou comateux. Elles se prolongent le plus souvent de 3 à 15 jours; on en a cité qui auraient duré quatre ans. Généralement le sommeil se termine par une crise convulsive : rire inextinguible, larmes, délire de paroles, etc. Le malade peut ne garder qu'une légère courbature ou se réveiller avec une hémiplégie motrice ou sensitivo-sensorielle. Le côté le plus délicat de ces attaques est leur diagnostic : étant donné qu'elles ne sont presque jamais l'accident initial, les commémoratifs prennent ici une grande importance.

2º Accidents moteurs. — Ces accidents sont de quatre espèces. — Les *paralysies* et les *contractures* unies par des liens étroits reconnaissent les mêmes causes, peuvent coexister ou alterner chez un même sujet, caractérisées essentiellement par de l'impuissance motrice; la contracture n'est, en dernière analyse, qu'une paralysie spasmodique. Dans un certain nombre de cas, la paralysie et la contracture forment partie intégrante de l'attaque qu'elles peuvent précéder, accompagner ou suivre, ce qui est le plus fréquent; ces accidents peuvent être brusques, intenses, transitoires, mobiles, ou généralisés et douloureux, persistant pendant des mois et des années. D'autres fois, ces troubles moteurs sont indépendants de l'attaque convulsive, consécutifs à une inflammation locale (conjonctivite, vaginite, etc., provoquant et localisant l'accident sous forme de spasme des paupières, du vagin, etc.) ou à une maladie infectieuse, une intoxication, un traumatisme.

Les deux principales complications avec l'amyotrophie simple ou accompagnée de secousses fibrillaires, et les rétractions fibro-tendineuses qui maintiennent l'impotence, après la guérison, si elles ne sont pas rompues ou sectionnées. La liste des contractures et des paralysies possibles est interminable; elles peuvent intéresser tous les muscles des membres, de la face, du tronc, des viscères : monoplégies, hémiplégies, hémispasme glosso-labié, paralysie faciale, paraplégie, quadriplégie, trismus, blépharospasme, torticolis, scoliose, arthralgies, et, en particulier, coxalgie hystérique. — L'astasie-abasie est un trouble des mouvements coordonnés pour la station debout et la marche avec intégrité de la force musculaire et de la coordination pour les autres mouvements des membres inférieurs. On conçoit que ce trouble puisse atteindre les membres supérieurs, et empêcher les mouvements systématisés pour l'écriture, le dessin, etc. Dans le décubitus, dans la station assise, le malade peut mouvoir ses membres en tous sens; il peut en outre sauter, courir; mais s'il veut se tenir debout ou marcher de la marche normale, les troubles apparaissent aussitôt. — Le *spasme saltatoire* n'est autre chose qu'un incident de la diathèse de contracture; il consiste en une série de contractions successives des muscles extenseurs et fléchisseurs de la jambe et quelquefois de la cuisse, survenant à l'occasion d'une excitation quelconque, d'une émotion légère, d'une secousse. Dans la station debout, le sujet saute sans pouvoir s'en empêcher; c'est une danse incoordonnée, ridicule, et la marche peut devenir impossible. — Les *chorées* se présentent sous deux types (sans tenir compte de la *chorea Germanorum*, de la danse de Saint-Guy, de Saint-Jean, etc., qui révélaient, au moyen âge, la forme épidémique et relevaient certainement de l'hystérie): la chorée arythmique est caractérisée par des mouvements involontaires, irréguliers, illogiques et contradictoires, identiques, en un mot, à ceux de la chorée vulgaire, dite de Sydenham; la chorée rythmique, type le plus fréquent, se traduit par des secousses involontaires, cadencées, systématiques, c.-à-d. coordonnées pour un but, imitant certains mouvements d'expression, comme la danse (chorée saltatoire), les actes de ramer, forger, nager (chorée natatoire, malléatoire, etc.). — Les *tremblements hystériques* apparaissent brusquement, consécutivement à une attaque et peuvent persister depuis quelques heures jusqu'à plusieurs années; variables d'intensité, ils sont généralisés ou partiels, d'un rythme régulier, et ont été classés en quatre variétés: le tremblement à oscillations rapides (de 8 à 12 secousses par minute); le tremblement de rythme moyen (5 1/2 à 7 1/2 secousses par seconde); le tremblement lent (4 à 5 1/2 oscillations par seconde); les tremblements, de forme variée et changeante, trop polymorphes pour rentrer dans une description commune.

3° *Accidents sensitivo-sensoriels*. — Nous ne reviendrons pas sur les stigmates déjà signalés (surdité et cécité hystériques, zones hystérogènes), mais nous soulignerons ici quelques manifestations où la douleur joue un rôle presque exclusif. — Ce sont d'abord les névralgies hystériques constituées par la mise en action d'une zone hystérogène, siégeant au niveau ou dans le voisinage d'un nerf: la névralgie faciale est la mise en œuvre d'une zone hyperesthésique du trijumeau; parmi les névralgies du tronc, la plus importante est celle du rachis, susceptible de singer certaines maladies organiques du poumon ou de la plèvre, de la moelle ou des vertèbres (pleuralgie, pseudo-mal de Pott hystérique). La mise en action de zones douloureuses épigastriques peut donner lieu à des crises gastralgiques, comme celle d'une zone précardiaque est l'origine d'une angine de poitrine hystérique. — La céphalalgie hystérique est aussi sous la dépendance d'une zone hystérogène; lorsqu'il n'existe qu'une seule zone, celle-ci siège le plus souvent au vertex, quelquefois à la tempe ou à l'occiput; ce n'est autre chose que le clou ou œuf hystérique; cette céphalalgie se complique parfois de vomissements, de constipation, et simule la méningite. A cet accident se rattache la migraine ophtalmique hystérique, se montrant sous forme d'accès qui tantôt accompagnent l'attaque, tantôt la suivent, lui servent d'aura; ces signes, le scotome scintillant, la céphalalgie, les troubles de la vision ressemblent à ceux de la migraine ophtalmique vulgaire, moins l'hémiopie.

4° *Accidents trophiques et vaso-moteurs*. — On a cru pendant longtemps que l'absence de troubles trophiques dans l'h. établissait une barrière infranchissable entre la névrose et les maladies organiques. Il n'en est rien, et nous allons étudier les troubles trophiques et vaso-moteurs du côté de la peau et de ses dépendances d'abord, et ensuite du côté des muscles et des tendons. — Les troubles trophiques de la peau et de ses dépendances consistent principalement en éruptions vésiculeuses, pemphigoïdes, gangréneuses, etc., sur lesquelles les émotions ont une influence considérable; tous ces troubles, même les gangrènes, peuvent se reproduire à volonté par suggestion hypnotique. On a cité, d'autre part, quelques faits de canitie, de chute des cheveux et des ongles. — Parmi les troubles vaso-moteurs et sécrétoires, deux méritent une mention particulière, les hémorragies et les œdèmes; les hémorragies ne sont pas rares, elles peuvent se faire par la voie muqueuse et par la voie cutanée (hémoptysie, hématémèse, ecchymoses, sueurs de sang, larmes de sang, hé-

morragie mammaire, érythèmes éphémères, etc.). Il est fréquent, d'autre part, de rencontrer de l'anémie cutanée se traduisant par une syncope locale, de l'asphyxie des extrémités, ou bien des troubles vaso-moteurs fugaces, comme le dermographisme. L'œdème hystérique est encore plus important; cette enflure est plus grande le matin que le soir, et quand on la presse avec le doigt, il ne reste aucune marque; c'est un œdème blanc; à côté de ce type, a été décrit un œdème bleu, dur et cyanotique; blanc ou bleu, l'œdème est tantôt indolent, tantôt accompagné d'engourdissements ou de douleurs; il est sujet à des fluctuations à la suite des émotions, de la menstruation, etc.; il peut disparaître et réapparaître brusquement; on rapproche de ces phénomènes le gonflement douloureux du sein, ou sein hystérique, assez fréquemment observé. — Les troubles trophiques peuvent être tendineux et musculaires; on a signalé l'existence de rétractions fibro-tendineuses dans les contractures, surtout dans celles des membres inférieurs. Charcot a montré que l'atrophie musculaire peut être terminée par l'h.; cette amyotrophie peut se présenter cliniquement sous plusieurs aspects; l'un myopathique, le plus fréquent, sans secousses fibrillaires, sans troubles électriques; l'autre myélopathique, avec contractions fibrillaires, et, peut-être, réactions de dégénérescence.

5° *Accidents viscéraux*. — L'h. peut frapper les divers viscères et appareils de l'économie : dans ses syndromes viscéraux, paralysies, contractures, troubles sensitifs et vaso-moteurs se combinent souvent d'une manière inextricable. — l'h. respiratoire se traduit du côté du larynx par des paralysies des muscles, souvent associées à de l'anesthésie laryngée, par de l'aphonie, qui ne est la conséquence, par du mutisme (aphasie motrice typique, pure et isolée), par une sorte de bégaiement, troubles de l'articulation des mots (difficultés et répétitions saccadées des syllabes) plus aisés à reconnaître qu'à décrire; par des bruits laryngés, bizarres, associés à des troubles respiratoires, les uns expiratoires (toux, raclement, aboiement, hurlement, miaulement, gloussement, etc.); les autres inspiratoires (hoquet, reniflement); par de la toux paroxystique ou permanente, éclatante ou rauque, revenant tantôt à chaque expiration, tantôt toutes les trois ou quatre expirations, ne s'accompagnant ni d'expectoration, ni d'angoisse, ni de signes stéthoscopiques. A côté de ces bruits laryngés, doivent prendre place certains spasmes à la fois expiratoires et inspiratoires; les plus fréquents sont les éternuements et les bâillements, dont il faut rapprocher le rire hystérique. Il nous faut enfin signaler la congestion pulmonaire et l'hémoptysie hystérique. — L'h. digestive se caractérise par divers accidents dus à des paralysies ou à des contractures, parmi lesquelles nous devons signaler la dysphagie et l'œsophagisme, les vomissements amenant à l'inanition, la tympanite et l'iléus nerveux, enfin, la pseudo-péritonite hystérique; le spasme anal amène de la constipation opiniâtre et peut simuler un rétrécissement organique. A côté de ces incidents, nous placerons les troubles de l'appétit, perversion, boulimie, anorexie. — L'h. génito-urinaire se traduit par des phénomènes multiples; sans parler de l'oligurie et de l'ischurie, on peut voir du côté de l'uretère des spasmes douloureux rappelant la colique néphrétique; du côté de la vessie, de la rétention ou de l'incontinence d'urine; du côté du vagin, le vaginisme, isolé ou associé aux spasmes de l'anus ou de la vessie.

6° *Troubles de la nutrition en général*. — L'étude de la nutrition dans l'h. est de date récente; on a distingué deux sortes d'hystériques, les normaux et les pathologiques, ou mieux les paroxysiques. Par hystériques normaux, il faut entendre les sujets qui ne présentent d'autres manifestations de la névrose que les stigmates permanents; chez ceux-là, la nutrition s'effectue normalement: le volume de l'urine, le taux des excréta urinaires rapportés au kilogramme d'individu sain, est exactement superposable à ce qui existe chez ce dernier. Au contraire, dans l'h. pathologique, la nutrition est profondément troublée: pendant l'attaque convulsive, il y a un abaissement du résidu fixe, de l'urée et des phosphates, avec inversion de la formule de ces derniers (*formule urinaire*); il en est de même après les attaques à forme d'épilepsie, de chorée rythmée, de toux, de bâillements, dans les états de mal hystérique, de délire, de sommeil; l'amaigrissement se fait très rapidement; la courbe de l'inanition s'abaisse jusqu'à la mort. Par contre, dans les cas de paralysie, de contracture et de tremblement hystérique, il n'y a aucun trouble de la nutrition, et cela tient à ce qu'il s'agit là, non de paroxysmes, mais d'accidents permanents. — Nous ne pouvons terminer ce paragraphe sans parler de la *fièvre hystérique*, dont l'existence a toujours été et est encore contestée.

Actuellement, pourtant, la question est définitivement jugée, et les reproches de simulation ou d'observation insuffisante ne valent plus; cette fièvre est essentiellement irrégulière et résiste à tous les antipyrétiques; tantôt elle reste isolée, monosymptomatique, tantôt, et c'est le cas le plus fréquent, elle accompagne d'autres manifestations, simulant alors une maladie organique fébrile (fièvre typhoïde, méningite, tuberculose, pneumonie, péritonite, fièvre intermittente).

III. *Diagnostic.* — S'il fallait étudier en détail le diagnostic respectif de chaque manifestation hystérique, nous sortirions de notre cadre et pénétrerions dans le domaine des spécialiste; nous nous bornerons donc à quelques réflexions générales. — Pour éviter de méconnaître l'h., il faut, chez tout malade, rechercher systématiquement les stigmates de la névrose; sa fréquence, solitaire ou associée, légitime une telle méthode. Si les stigmates font défaut, il est extrêmement probable que la névrose n'est pas en jeu; mais, si l'on ne parvient pas à rattacher à une maladie connue le complexus morbide, on peut et on doit, par exclusion, penser à la névrose; toutefois, le diagnostic d'h. monosymptomatique ne doit être porté qu'à bon escient: l'hérédité, les antécédents personnels, le mode de début des phénomènes, leurs circonstances, permettent de se prononcer. Si les stigmates existent, il ne reste plus qu'à les interpréter: tous n'ont pas la même valeur séméiologique; tandis qu'il en est de secondaires et d'accessoires, d'autres, comme le rétrécissement du champ visuel, sont caractéristiques; il faut surtout tenir compte de leurs caractères propres, de leur nombre et de leur mode de groupement. Mais il existe des difficiles, car l'h. est une maladie mimétique par excellence. L'existence de l'h. reconnue, il reste encore à savoir si elle est seule en jeu, si elle n'est pas associée à une autre affection organique ou dynamique.

IV. *Pronostic.* — Le pronostic des manifestations hystériques n'est pas univoque; il varie avec chacune d'elles; il en est qui sont peu gênantes, d'autres condamnent les malades au lit et à l'incapacité de travail durant des années; d'autres, enfin, peuvent se terminer, indirectement, par la mort. Ces manifestations, bénignes ou graves, sont en somme toujours curables, sans toutefois qu'il soit possible de dire quand et comment se fera la guérison. Il est un second élément dont il faut tenir compte, ce sont les récidives, toujours à craindre, sous la même forme ou sous un aspect différent, à la suite d'une cause provocatrice souvent banale: avoir été hystérique constitue toujours une tare dangereuse pour la descendance. L'âge et le sexe sont encore des éléments qu'il faut prendre en considération; chez les enfants, l'h. est bénigne et rapidement curable; chez la femme, toutes choses égales d'ailleurs, elle est moins tenace que chez l'homme.

V. *Nature.* — « La définition de l'h., disait Lasègue, n'a jamais été donnée, et elle ne le sera jamais », ajoutait-il. Cette dernière proposition est un paradoxe; nous possédons actuellement la formule générale de l'h., encore que nous ignorions le substratum anatomique qui échappe à nos moyens imparfaits d'investigation. Mais il existe réellement, car il est impossible de concevoir un trouble fonctionnel quelconque sans une lésion; il se peut qu'elle consiste en de purs troubles de circulation, de polarisation électrique ou en simple changement de la composition chimique des cellules. En tous cas, il s'agit d'un trouble dynamique, c.-à-d. d'une altération des tissus très voisine d'une lésion organique; tandis que celle-ci produit des désordres facilement appréciables après la mort, la lésion dynamique n'engendre que des modifications qui ne laissent aucune trace visible; il n'y a qu'une différence de degré; et, en effet, les lois qui régissent les lésions organiques sont applicables aux lésions de l'h.; il suffit de faire appel aux connaissances anatomiques et physiologiques pour localiser une manifestation hystérique donnée. La conclusion est que l'h. est une affection dynamique des centres supérieurs du cerveau; elle apparaît de plus en plus comme une maladie mentale, comme une psychose.

VI. *Traitement.* — La thérapeutique de l'h. a toujours été régie par les théories qui ont eu cours sur sa nature. Le mariage et les antispasmodiques ont tour à tour été préconisés. Le mariage n'est pas un remède contre l'h. Aux parents d'une hystérique, le médecin doit dire: « Si votre fille est plus heureuse avec son mari que chez vous, il y a des chances pour que sa maladie s'atténue et guérisse; si elle est malheureuse, il est à craindre qu'elle ne devienne plus malade. » Aux parents du fiancé, on dira : « Le pronostic de l'h. est délicat; son évolution dépend de circonstances extérieures difficiles à prévoir; des hystériques ont pu devenir des épouses modèles et des mères excellentes; mais d'autres ont vu leur

état s'aggraver par le mariage; en ce qui concerne l'hérédité, l'h. des ascendants est une condition prédisposante aux affections nerveuses pour les descendants, mais les lois qui président à ces transmissions ne sont pas fatales; des mères franchement hystériques ont souvent donné le jour à des enfants jouissant d'une excellente santé. — Quant aux antinervins, tout l'arsenal thérapeutique y a passé; ils sont utiles ou inofficaces, suivant qu'ils impressionnent ou non l'imagination des sujets. »

Ceci revient à dire qu'à une maladie psychique il faut opposer un traitement psychique. Et c'est dès l'origine du mal qu'on doit intervenir, sous peine de voir les accidents s'installer à l'état permanent. Il est nécessaire et suffisant d'impressionner l'imagination des malades, de les convaincre de l'utilité, de l'infaillibilité de la médication; c'est la foi qui guérit. — Cette psychothérapie repose sur l'influence du moral sur le physique. Le mieux est de recourir à l'isolement qui doit se faire dans un hôpital, ou mieux dans un établissement d'hydrothérapie; pratiqué dans la famille, il est fatalement incomplet et, par suite, insuffisant. L'isolement a pour but de soustraire l'hystérique au milieu où il vit qui d'ordinaire entretient le mal, quand il ne l'a pas fait naître. Le corollaire obligé de cet isolement est de faire naître chez le malade le désir de guérison pour rentrer dans sa famille: ce n'est plus alors qu'une question de temps.

Quant à la suggestion hypnotique, elle compte des détracteurs et des défenseurs ardents; elle a ses inconvénients, et même ses dangers. Outre qu'elle n'est pas applicable chez tous les sujets, elle a pour résultat d'exalter la suggestibilité, déjà exagérée, des malades. Elle ne produit souvent qu'une amélioration éphémère, et nécessite parfois des hypnotisations quotidiennes rendant le médecin esclave de son malade; pis encore, il ne manque pas d'accidents hystériques graves provoqués par les tentatives destinées à guérir des manifestations bénignes. Cependant, la suggestion hypnotique ayant rendu des services, on peut y recourir dans les cas graves, en ayant soin d'avoir le consentement exprès des malades, ou mieux d'attendre qu'ils en aient eux-mêmes la première idée; on ne doit jamais hypnotiser une femme sans témoins. Enfin, on ne doit donner que des suggestions utiles à la guérison. — Si la suggestion hypnotique présente tant de difficultés, les suggestions à l'état de veille qui ont pour but de frapper l'imagination des malades, allant même jusqu'au transfert par l'aimant à la métallothérapie, etc., sont excellentes à utiliser. — Il est toujours utile d'associer à la psychothérapie un traitement tonique et reconstituant: le fer, l'hydrothérapie, le massage, la gymnastique, etc. — Enfin, il faut songer à la prophylaxie chez les candidats à l'h., c.-à-d. chez les enfants issus de névropathes.

HYSTÉRIQUE. adj. 2 g. (lat. *hystericus*; gr. ὑστερικὸς, m. s.). Qui appartient à l'hystérie. *Affection h. Phénomènes hystériques.* || Se dit aussi d'une femme attaquée d'hystérie. *Elle est h.* — Subst., *C'est une h.*

HYSTÉRITE. s. f. (gr. ὑστέρα, matrice). T. Méd. Syn. de *Métrite.*

HYSTÉROCATALEPSIE. s. f. Attaque d'hystérie compliquée de symptômes de catalepsie.

HYSTÉROCÈLE. s. f. (gr. ὑστέρα, matrice; κήλη, tumeur). T. Méd. Hernie de la matrice.

HYSTÉROCYSTIQUE. adj. 2 g. (gr. ὑστέρα, matrice; κύστις, vessie). Qui a rapport à la matrice et à la vessie.

HYSTÉROCYSTOCÈLE. s. f. (gr. ὑστέρα, matrice; κύστις, vessie; κήλη, hernie). Hernie dans laquelle se trouvent l'utérus et la vessie.

HYSTÉRO-ÉPILEPSIE. s. f. Hystérie compliquée d'accès épileptiformes.

HYSTÉROGÈNE. adj. 2 g. (gr. ὑστερον, postérieurement; γενής, engendré). Né, engendré postérieurement.

HYSTÉROGÈNE. adj. 2 g. (R. *hystérie*, et gr. γεννάω, j'engendre). T. Méd. Qui engendre l'hystérie ou qui en dépend.

HYSTÉROGRAPHIE. s. f. (gr. ὑστέρα, matrice; γράφω, je décris). Description de la matrice.

HYSTÉROLITHE. s. f. (gr. ὑστέρα, matrice ; λίθος, pierre). Concrétion calcaire ou phosphatique formée dans les parois de l'utérus.

HYSTÉROLOGIE. s. f. (gr. ὑστέρος, le dernier des deux ; λόγος, discours). T. Rhét. On appelle ainsi une figure qui consiste dans un renversement de l'ordre naturel des idées, comme lorsqu'on place le conséquent avant l'antécédent, l'effet avant la cause, etc. Le vers suivant de Virgile offre un exemple d'hystérologie :

.... *Moriamur et in media arma ruamus.*
Mourons, et précipitons-nous au milieu des armes.

HYSTÉROLOXIE. s. f. (gr. ὑστέρα, matrice ; λοξός, oblique). Obliquité de la matrice.

HYSTÉROMALACIE. s. f. (gr. ὑστέρα, matrice ; μαλακός, mou). Ramollissement des tissus de la matrice.

HYSTÉROMANIE. s. f. (gr. ὑστέρα, matrice ; μανία, folie). Fureur utérine ou *Nymphomanie.* Voy. ce mot.

HYSTÉROMÈTRE. s. m. (gr. ὑστέρα, matrice ; μέτρον, mesure). Instrument destiné à sonder l'utérus et à le ramener à sa direction normale.

HYSTÉROPHYSE. s. f. (gr. ὑστέρα, matrice, φῦσα, gaz). Distension de l'utérus par des gaz.

HYSTÉROPTOSE. s. f. [Pr. *istéro-pto-ze*] (gr. ὑστέρα, matrice ; πτῶσις, chute). T. Méd. Prolapsus et renversement de l'utérus.

HYSTÉRORRHÉE. s. f. (gr. ὑστέρα, matrice ; ῥεῖν, couler). Syn. de *Leucorrhée.* Voy. ce mot.

HYSTÉROSCOPE. s. m. (gr. ὑστέρα, matrice ; σκοπεῖν, examiner). Syn. peu us. de *Speculum utérin.*

HYSTÉROSTOMATOME. s. m. (gr. ὑστέρα, matrice ; στόμα, orifice ; τομή, section). T. Chir. Instrument pour fendre le col de la matrice.

HYSTÉROTOCOTOMIE. s. f. (gr. ὑστέρα, matrice ; τόκος, accouchement ; τομή, section). Incision de la matrice pour en extraire le fœtus. C'est l'opération césarienne.

HYSTÉROTOME. s. m. (gr. ὑστέρα, matrice ; τέμνω, je coupe). T. Chir. Instrument propre à ouvrir la matrice.

HYSTÉROTOMIE. s. f. (gr. ὑστέρα, matrice ; τομή, incision). T. Chir. Incision de la matrice, soit pour en extraire le fœtus, ce qui est l'opération césarienne ; soit pour en retirer une tumeur. — Se dit aussi de la dissection de la matrice.

HYSTÉROTOMOTOCIE. s. f. (gr. ὑστέρα, matrice ; τομή, section ; τόκος, accouchement). Accouchement procuré par l'incision de la matrice.

HYSTRICIDÉS. s. m. pl. (gr. ὕστριξ, hérisson). T. Mamm. Famille de *Rongeurs* dont le type est le *Porc-Épic.* Voy. ce mot.

une préposition avec le mot qu'elle régit. Au reste, les poètes comiques sont loin d'avoir toujours respecté cette règle, car, chez eux, on trouve des anapestes à tous les pieds, le dernier seul excepté. — Le vers iambique que nous venons de considérer est appelé *iambique trimètre acatalectique*, parce qu'il est composé de trois mètres ou six pieds complets. On le dit *pur*, quand il ne renferme que des iambes, et on le nomme *tragique*, *libre* ou *senarius*, lorsqu'il présente les formes variées que nous venons d'indiquer.

Mais ces variétés ne sont pas les seules. — Ainsi, les Romains appelaient vers *saturnien* un iambique trimètre *hypercatalectique*, c.-à-d. qui avait une syllabe de plus à la fin. Cette sorte de vers parait être d'origine latine. Ce fut d'abord le vers de l'épopée, jusqu'à Ennius, qui lui substitua l'hexamètre. — Le *vers scazon*, appelé aussi *claudus* ou *choliambe*, avait pour dernier pied un spondée au lieu d'un iambe : de là sans doute le nom qu'on lui donna, et qui signifie *boiteux*. Les anciens attribuaient l'invention de ce vers à Hipponax. L'iambique trimètre *catalectique* n'avait que cinq pieds et demi. Il pouvait recevoir le spondée au premier et au troisième pied ; les autres étaient des iambes. — L'*iambique dimètre* n'avait que quatre pieds. Dans le *dimètre acatalectique*, c.-à-d. complet, le second et le quatrième sont ordinairement des iambes et quelquefois des tribraques tandis que le premier et le troisième peuvent être des tribraques ou des spondées. Horace s'en est beaucoup servi. L'*iambique dimètre catalectique* est celui auquel il manque une syllabe : on l'appelle aussi vers *anacréontique*. Le premier pied est un iambe, un spondée ou un dactyle ; les autres sont des iambes. L'*iambique dimètre hypermètre* ou *hypercatalectique* renferme au contraire une syllabe de plus que le dimètre ordinaire. — L'*iambique tétramètre acatalectique* avait, comme l'indique son nom, huit pieds complets : son invention était attribuée à Alcée. Les tragiques et les comiques latins en ont fait un grand usage. L'*iambique tétramètre catalectique* avait sept pieds plus une syllabe. Ce vers avait, dit-on, été inventé par Hipponax. Le dernier pied, dans le tétramètre acatalectique, et le septième dans le tétramètre catalectique, devaient être des iambes. — Enfin, les anciens rangeaient encore dans la catégorie des vers iambiques les espèces de vers appelées *galliambique*, *élégiambique* et *iambélégiaque*. Le premier de ces vers tirait son nom des prêtres de Cybèle appelés Galles. Il se composait d'un iambique dimètre catalectique, suivi d'un anapeste, d'un tribraque et d'un iambe. Le vers *élégiambique* se compose de la seconde moitié du vers pentamètre et d'un iambique dimètre. Quant au vers iambélégiaque, il n'est autre chose que le précédent, mais renversé, c.-à-d. commençant par l'iambique et finissant par le pentamètre.

II. — Le vers iambique, comme nous l'avons dit, fut primitivement consacré à la satire, comme à la satire outrée, d'où l'épithète de *criminosum* que lui applique Horace. André Chénier ayant, à la fin du XVIII° siècle, composé plusieurs poèmes virulents contre les excès de la Révolution, leur appliqua, par analogie, la dénomination d'*iambes*, et cette expression a été adoptée depuis pour désigner les pièces de vers violemment satiriques. Les satires qu'on désigne sous ce nom sont composées de vers alternatifs de douze et de huit syllabes, dont les rimes croisées se retrouvent respectivement à la fin des vers de même longueur. C'est le mètre qu'avait employé André Chénier, et que d'autres poètes ont adopté après lui.

L'une des plus belles pièces de ce genre est celle d'Auguste Barbier, l'*Idole*, faisant partie de son livre *Iambes et poèmes* (1832), et qui commence ainsi :

O Corse à cheveux plats ! que la France était belle
  Au grand soleil de messidor !

C'est, sans contredit, l'une des poésies satiriques les plus admirables de la langue française.

IAMBÉLÉGIAQUE. adj. 2 g. Vers composé d'un iambique dimètre et du second hémistiche de l'élégiaque. Voy. IAMBE.

IAMBIQUE. adj. 2 g. et s. m. (gr. ἰαμβικὸς, m. s.). Voy. IAMBE.

IAMBOGRAPHE. s. m. (gr. ἴαμβος, iambe ; γράφειν, écrire). Auteur d'iambes.

IANTHIN, INE. adj. (gr. ἰάνθινος, m. s. de ἴον, violette). T. Did. Qui est d'un violet plus ou moins brillant.

IAPYGIE, contrée de l'Italie anc., à son extrémité sud-est (Apulie).

IARBAS, roi des Gétules, vendit à Didon le terrain où fut bâtie Carthage.

IAROSLAV, v. de Russie sur le haut Volga ; 35,000 hab. — Le gouvernement d'Iaroslav comprend 1,198,269 hab.

IAROSLAV, grand-duc de Russie, de 1016 à 1054, né en 978, premier législateur des Russes, maria sa fille Anne à Henri I⁰ʳ, roi de France.

IASSY. Voy. JASSY.

IATRALEPTIQUE. adj. 2 g. (gr. ἰατραλειπτικὴ, m. s., de ἰατρὸς, médecin, et ἀλείφω, j'oins, je frictionne). T. Méd. La méthode i. est un mode d'introduction des médicaments qui consiste à employer divers agents thérapeutiques en friction ou en applications sur la peau recouverte de son épiderme. Presque détrônée par l'injection sous-cutanée elle dans deux cas : 1° pour agir directement sur une partie malade ; 2° pour faire absorber une drogue dont l'action doit se développer par l'absorption générale. — Les diverses douleurs locales, les hyperesthésies de la surface cutanée, les névralgies diverses, nombre d'affections cutanées, surtout parasitaires, sont combattues par des onctions ou des frictions. Le plus ordinairement, l'iatralepsie est choisie pour l'administration de substance qui ne peuvent pas être prescrites par les voies ordinaires, par ex., chez les enfants, chez certains malades rebelles ou chez lesquels la déglutition est impossible, etc. A ce point de vue, certaines zones cutanées ont un pouvoir absorbant plus considérable, la peau y étant fine et mince : face interne des membres, aines, aisselles... La dose des médicaments doit être plus élevée que celles que l'on donne à l'intérieur. Ce procédé est, actuellement, surtout utilisé dans les cas de syphilis (onguent napolitain), où les résultats sont très remarquables.

IATRIQUE. adj. 2 g. (gr. ἰατρικὸς, m. s., de ἰατρὸς, médecin). Qui appartient à l'art du médecin.

IATROCHIMIE. s. f. (gr. ἰατρὸς, médecin ; fr. *chimie*). Syn. de *Chimiatrie*. Voy. ce mot et MÉDECINE.

IATROCHIMIQUE. adj. 2 g. Qui appartient à l'iatrochimie.

IATROCHIMISTE. s. m. Sectateur de l'iatrochimie.

IATROMATHÉMATICIEN. s. m. (Pr. ...*si-in*). Médecin partisan de l'iatromathématique.

IATROMATHÉMATIQUE. adj. 2 g. et s. f. (gr. ἰατρὸς, médecin ; fr. *mathématique*). Se dit d'un ancien système de médecine qui prétendait expliquer les phénomènes de la vie par des calculs, en partant de l'hypothèse qu'ils dérivaient de l'hydraulique et de la mécanique. Voy. MÉDECINE.

IATROMÉCANIQUE. adj. 2 g. et s. f. (gr. ἰατρὸς, médecin ; fr. *mécanique*). Syn. de *Iatromathématique*.

IATROPHYSIQUE. adj. 2 g. (gr. ἰατρὸς, médecin, et fr. *physique*). Qui appartient à la physique envisagée dans ses rapports avec la médecine.=IATROPHYSIQUE. s. f. Physique médicale.

IAXARTE ou **ARAXE**, fl. d'Asie, qui, selon les anciens se jetait dans la mer Caspienne : auj. Amou-Daria ou Djihoun, tributaire du lac d'Aral.

IBÈRES, peuple de l'Espagne ancienne. Les Ibères constituaient une race spéciale, distincte de toutes les autres races de l'antiquité et dont les Basques sont les descendants. Voy. BASQUE.

IBÉRIDE. s. f. (gr. ἰϐηρὶς, ἰδος, cresson). T. Bot. Genre de plantes Dicotylédones (*Iberis*) de la famille des *Crucifères*. Voy. ce mot.

IBÉRIE, nom ancien de la presqu'île Ibérique (Espagne et Portugal) habitée par les Ibères.

IBÉRIE, ancien pays d'Asie, au nord du Caucase.

IBÉRIEN, IENNE. adj. [Pr. *ibé-ri-in*]. Syn. d'IBÉRIQUE.

IBÉRIQUE. adj. Qui appartient à l'Ibérie, ou à l'Espagne.

IBEX. s. m. (lat. *ibex*, chamois). T. Mamm. Nom donné au *Bouquetin des Alpes*. Voy. CHÈVRE.

IBIDEM. Mot emprunté du latin, dont on se sert souvent dans les citations pour signifier que le mot ou la phrase, etc., que l'on cite se trouve à l'endroit déjà indiqué dans la citation précédente. On écrit souvent par abrév., *Ibid.* ou *Ib.*

IBIJAU. s. m. [Pr. *ibi-jo*] (mot péruvien). T. Ornith. Genre de *Passereaux*. Voy. ENGOULEVENT.

IBIOCÉPHALE. adj. 2 g. (gr. ἴϐις, ibis ; κεφαλή, tête). T. Zool. Qui a une tête d'ibis.

IBIS. s. m. [Pr. *i-bis*] (gr. ἴϐις, m. s.). T. Ornith — Le genre *Ibis*, qui appartient à l'ordre des *Échassiers* et à la famille des *Longirostres*, est surtout caractérisé par la forme du bec, qui est allongé, arqué, épais, presque carré à sa base, arrondi et obtus à sa pointe. En outre, les narines sont percées vers le dos de la base du bec et se prolongent chacune en un sillon qui règne jusqu'au bout, et il y a toujours quelque

Fig. 1.

partie de la tête et même du cou dénuée de plumes. Enfin, les doigts externes sont notablement palmés à la base, et se pouce appuie à terre sur plusieurs phalanges. — Les espèces qui composent ce genre sont des oiseaux migrateurs, qui vivent en société, par petites troupes, dans les terrains humides et marécageux, où ils se nourrissent d'insectes aquatiques et d'herbes tendres. Leurs mœurs sont douces et paisibles. Chez toutes les espèces, la monogamie est un fait naturel. Les petits, au nombre de deux ou trois par couvée, sont nourris dans le nid jusqu'à ce qu'ils puissent voler. Leur chair est alors bonne à manger, ce qu'on ne peut dire de celle des adultes. Ces oiseaux parcourent les contrées chaudes des deux continents. L'espèce type est l'*Ibis sacré* (*Ibis religiosa*) [Fig. 1], ainsi nommé du culte que lui rendaient les anciens Égyptiens. On l'élevait dans l'enceinte des temples et on l'embaumait après sa mort ; aussi les momies d'ibis ne sont-elles pas rares dans les nécropoles. Le meurtre même involontaire de cet oiseau était puni de la peine capitale. C'est en reconnaissance des services supposés que l'ibis rendait à l'Égypte, que celle-ci l'honorait comme une divinité propice. Selon la tradition, les ibis allaient chaque année à la rencontre des serpents ailés et venimeux qui venaient de l'Arabie, et ils les détruisaient tous. Leurs plumes avaient, disait-on, la propriété de frapper de stupeur, et même de mort, les Crocodiles et les Serpents qui en étaient touchés. Mais d'après Savigny, la véritable cause de la vénération que

les Égyptiens portaient à l'ibis était la coïncidence de son apparition dans le pays avec le débordement du Nil, car cet oiseau n'est nullement ichtyophage. Les Égyptiens actuels désignent l'ibis sacré sous le nom d'*Abou-Hannès*. Il est de la grosseur d'une Poule ; son plumage est blanc, à l'exception du bout des pennes de l'aile qui est noir ; les dernières couvertures ont leurs barbes allongées, effilées, d'un noir à reflets violets,

Fig. 2.

et recouvrent ainsi le bout des ailes et la queue. Le bec et les pieds sont noirs, ainsi que toute la partie nue de la tête et du cou. L'espèce se trouve dans toute l'étendue de l'Afrique. Nous citerons encore l'*Ibis rouge* (*Ib. rubra*), de l'Amérique méridionale ; et l'*Ibis vert* ou *Falcinelle* (*Ib. falcinellus*) [Fig. 2], qui habite le midi de l'Europe. Le premier est d'un beau rouge vermillon, à l'exception de l'extrémité des rémiges, qui est noir ; et le second est d'un noir à reflets verts et violets en dessus, et d'un noir cendré en dessous. L'*I. acolor* est appelé quelquefois *Corbeau aquatique*.

IBN, mot arabe qui signifie *fils* et s'écrit également *ebn* et *ben*. = Au pluriel, *béni*.

IBN-BADJDJA, introducteur en Espagne de la philosophie arabe ; mort vers 1138.

IBN-BATOUTAH, célèbre voyageur arabe, né à Tanger (1304-1378).

IBN-KHALDOUN (ABOU ZEID ABD ER RAHMAN), célèbre historien arabe, né à Tunis en 1332, assassiné à Tlemcen en 1378.

IBRAHIM, sultan turc de 1640 à 1648 ; né en 1617.

IBRAHIM-BEY, l'un des chefs des Mamelucks d'Égypte à l'époque de l'expédition de Bonaparte (1798), né vers 1735, mourut en 1816 chassé par Méhémet-Ali.

IBRAHIM-PACHA, fils de Méhémet-Ali (1789-1848), prince remarquable par ses talents militaires, aurait enlevé la Syrie au sultan (1839-1840), sans l'intervention des puissances d'Europe, moins la France.

IBSAMBOUL. Voy. EBSAMBOUL.

IBYCUS, poète grec du VIᵉ siècle av. J.-C., né à Reggio.

IÇA (SAN-GERONIMO DE), ville du Pérou, ch.-l. de département ; 9,000 hab. Vin et eau-de-vie renommés.

ICACINE. s. f. (R. *icaque*). Résine cristallisable extraite de l'*icacus* indien. Quand on distille l'encens avec de la vapeur d'eau il se dégage une huile essentielle appelée *conimène*, contenant du pinène et de l'olibène ; le résidu non volatil est presque entièrement formé d'i. que l'on dissout dans l'alcool et qui cristallise en aiguilles soyeuses, fusibles à 178°. || T. Bot. Genre de plantes Dicotylédones (*Icacina*) de la famille des *Olacacées*. Voy. ce mot.

ICACINÉES. s. f. pl. (R. *icaque*). T. Bot. Tribu de plantes de la famille des *Olacacées*. Voy. ce mot.

ICAQUE. s. f. [Pr. *i-kake*] (esp. *icaco*, m. s., d'un mot indien). T. Bot. Nom donné au fruit de l'*Icaquier*, appelé aussi *Prune coton*, *Prune des Andes* ou d'*Amérique*. Voy. ROSACÉES.

ICAQUIER. s. m. [Pr. *ika-kié*]. T. Bot. Nom vulgaire du *Chrysobalanus Icaco*, arbuste de la famille des *Rosacées*. Voy. ce mot.

ICARE, fils de Dédale ; enfermé avec lui dans le Labyrinthe, il s'échappa avec son père au moyen d'ailes d'oiseau attachées avec de la cire. Malgré les avis de son père, il s'approcha trop du soleil, la cire fondit, et Icare périt dans la mer Égée, nommée ensuite mer *Icarienne* (Myth.).
On pense qu'Icare est probablement un navigateur qui, un des premiers, fit usage des voiles et périt dans un naufrage ; mais ce souvent pourrait aussi rappeler une première tentative faite par l'homme pour voler dans les airs.

ICARIE, aujourd'hui Nikaria, île turque de l'Archipel sur la côte occidentale de l'Anatolie ; 8,000 hab. Cabet a écrit en 1842, sous le titre de *Voyage en Icarie*, un roman socialiste très remarqué.

ICEBERG. s. m. [Pr. *aï-se-berk*] (angl. *ice*, glace ; allem. *berg*, montagne). Montagne de glace. Glaces flottantes détachées des banquises.

ICELUI, ICELLE. adj. démonst. et pronom. Vieux mot qui ne s'emploie plus qu'on style de Pratique, et parfois dans le langage fam. *Icelle dame*. *Dans la maison d'icelui*.

ICHNEUMIE. s. m. [Pr. *ik-neu-mi*] (gr. ἰχνεύω, je suis les traces). T. Mamm. Genre de *Mammifères Carnivores*. Voy. CIVETTE.

ICHNEUMON. s. m. [Pr. *ik-neumon*] (gr. ἰχνεύω, je suis les traces). T. Mamm. Nom donné par les anciens à la *Mangouste d'Égypte*. Voy. CIVETTE. || T. Entom. Genre d'*Insectes Hyménoptères*. Voy. PUPIVORES.

ICHNOCARPUS. s. m. [Pr. *ik-no-carpus*] (gr. ἴχνος, trace ; καρπός, fruit). T. Bot. Genre de plantes Dicotylédones de la famille des *Apocynées*. Voy. ce mot.

ICHNOGRAPHIE. s. f. [Pr. *ikno-gra-fie*] (gr. ἰχνογραφία, m. s., de ἴχνος, trace, et γράφειν, décrire). T. Archit. Plan horizontal et géométral d'un édifice. *L'i. d'u. e église*.

ICHNOGRAPHIQUE. adj. 2 g. [Pr. *ikno-gra-fi-ke*]. Qui appartient à l'ichnographie. *Un dessin, un plan i.*

ICHNOGRAPHIQUEMENT. adv. D'une manière ichnographique.

ICHOR. s. m. [Pr. *i-kor*] (lat. *ichor* ; gr. ἰχώρ, m. s.). T. Méd. Sanie ou sang aqueux, mêlé de pus fétide et âcre, qui est le produit d'une inflammation de mauvais caractère.

ICHOREUX, EUSE. adj. [Pr. *i-ko-reu*]. Qui a le caractère de l'ichor. *Pus i. Humeur ichoreuse*.

ICHTHINE ou **ICHTINE.** s. f. [Pr. *ik-tine*] (gr. ἰχθύς, poisson). T. Chim. Matière protéique extraite des œufs de poissons cartilagineux. Elle est analogue à la vitelline des œufs d'oiseaux.

ICHTHYIQUE ou **ICHTYIQUE.** adj. 2 g. [Pr. *ik-ti-ike*] (gr. ἰχθύς, poisson). Du poisson, qui consiste en poisson. *Régime i.*
Obs. gram. — Dans l'édition de 1877 de son Dictionnaire, l'Académie écrit : *Ichtyologie, Ichtyophage*, etc., qu'on écrivait autrefois : *Ichthyologie, Ichthyophage*, etc. Cette nouvelle orthographe, contraire à l'étymologie, n'est pas adoptée par tous les naturalistes, dont beaucoup continuent à écrire *Ichth...* tous les mots dérivés du grec ἰχθύς.

ICHTHYOCOLLE ou **ICHTYOCOLLE.** s. f. [Pr. *ik-tio-ko-le*] (gr. ἰχθύς, poisson ; κόλλα, colle). Colle de poisson. Voy. COLLE et GÉLATINE. == On a donné le nom impropre d'*i. végétale* à la *gélose*. Voy. ce mot.

ICHTHYODORULITHE ou **ICHTYODORULITHE.** s. m. [Pr. *ik-ti-odorulite*] (gr. ἰχθύς, poisson ; δόρυ, lance ; λίθος, pierre). Piquant de la nageoire dorsale de certains Sélaciens fossiles.

ICHTHYOGRAPHE ou **ICHTYOGRAPHE.** s. m. [Pr. *ik-ti-o-grafe*]. Auteur qui écrit sur les poissons.

ICHTHYOGRAPHIE ou **ICHTYOGRAPHIE.** s. f. [Pr. *ik-ti-o...*] (gr. ἰχθύς, poisson ; γράφειν, écrire). Description des poissons.

ICHTHYOÏDE ou **ICHTYOÏDE.** adj. 2 g. [Pr. *ik-ti-o...*] (gr. ἰχθύς, poisson ; εἶδος, forme). T. Zool. Qui ressemble à un poisson.

ICHTHYOL ou **ICHTYOL.** [Pr. *ik-ti-ol*] (gr. ἰχθύς, poisson, et la term. *ol*, qui indique les phénols). s. m. T. Chim. Goudron sulfureux qu'on extrait par distillation de certaines roches bitumineuses du Tyrol, formées par des dépôts de poissons fossiles. L'i. est très usité en Allemagne contre les maladies de la peau.

ICHTHYOLITHE ou **ICHTYOLITHE.** s. m. [Pr. *ik-ti-o-lite*] (gr. ἰχθύς, poisson ; λίθος, pierre). Se dit de tous les poissons fossiles, et des pierres qui portent l'empreinte d'un poisson.

ICHTHYOLITHOLOGIE ou **ICHTYOLITHOLOGIE.** s. f. [Pr. *ik-ti-o...*] (R. *ichtyolithe* ; gr. λόγος, traité). Histoire des poissons fossiles.

ICHTHYOLOGIE ou **ICHTYOLOGIE.** s. f. [Pr. *ik-ti-oloji*] (gr. ἰχθύς, poisson ; λόγος, discours). Partie de l'histoire naturelle qui traite des poissons. Voy. POISSON.

ICHTHYOLOGIQUE ou **ICHTYOLOGIQUE.** adj. 2 g. [Pr. *ik-ti-olojike*]. Qui appartient, qui a rapport à l'ichtyologie ou aux poissons.

ICHTHYOLOGISTE ou **ICHTYOLOGISTE.** s. m. [Pr. *ik-ti-olo-jiste*]. Celui qui s'occupe particulièrement de l'ichtyologie.

ICHTHYOMORPHE ou **ICHTYOMORPHE.** adj. 2 g. [Pr. *ik-ti-o...*] (gr. ἰχθύς, poisson ; μορφή, forme). Qui a la forme d'un poisson.

ICHTHYOPHAGE ou **ICHTYOPHAGE.** adj. 2 g. [Pr. *ik-ti-ofa-je*] (gr. ἰχθύς, poisson ; φάγειν, manger). Qui se nourrit de poissons ; ne se dit guère qu'en parlant de peuplades qui vivent exclusivement du produit de leur pêche. *Les Esquimaux sont forcément ichthyophages*. || s. m. *Un i. Les ichtyophages*. == Au plur., nom donné par les anciens à divers peuples des bords du golfe Persique et de la côte ouest d'Afrique.

ICHTHYOPHAGIE ou **ICHTYOPHAGIE.** s. f. [Pr. *ik-ti-ofa-ji*] (gr. ἰχθυοφαγία, m. s.). Habitude de se nourrir de poisson.

ICHTHYOPHAGIQUE ou **ICHTYOPHAGIQUE.** adj. 2 g. [Pr. *ik-ti-o...*]. Qui a rapport à l'ichtyophagie.

ICHTHYOPHILE ou **ICHTYOPHILE.** adj. 2 g. [Pr. *ik-ti-o...*] (gr. ἰχθύς, poisson ; φίλος, ami). Qui aime le poisson.

ICHTHYOPSOPHOSE ou **ICHTYOPSOPHOSE.** s. f. [Pr. *ik-ti-opso-fo-ze*] (gr. ἰχθύς, poisson ; ψόφος, bruit). Bruits produits par les poissons et qui semblent dus à la vibration des muscles de la vessie pneumatique.

ICHTHYOPTÉRYGIENS ou **ICHTYOPTÉRYGIENS.** s.m.pl. [Pr. *ik-ti-optéri-ji-in*] (gr. ἰχθύς, poisson ; πτερύγιον, nageoire); **ICHTHYOSAURIENS** ou **ICHTYOSAURIENS.** s.m.pl. [Pr. *ikhi-o-sóri-in*] (gr. ἰχθύς, poisson ; σαῦρα, lézard). — Les *I.* forment un ordre de *Reptiles* fossiles qui ont vécu depuis l'époque triasique jusqu'à l'époque crétacée. C'étaient de grands animaux aquatiques dont l'aspect extérieur rappelait celui des Cétacés actuels; leur grosse tête était terminée par un long museau pourvu de dents coniques, sillonnées longitudinale-

Fig. 1.

ment (Fig. 1). Leur corps était massif et pourvu de quatre membres modifiés en forme de palettes natatoires; leur queue était très longue et terminée par une nageoire. Une particu-

moins ce que donne à croire la forme des coprolithes qu'on trouve en abondance dans les gisements où ont été découverts ces Reptiles. Enfin les Ichtyoptérygiens étaient vivipares, car on a quelquefois trouvé, à la place de leur abdomen,

Fig. 2

des squelettes d'embryon (Fig. 3). Les Ichtyoptérygiens comprenaient trois genres qui diffèrent peu les uns des autres ; ce sont les genres *Ichtyosaurus*, *Baptodon* et *Ophtalmosaurus*. Nous figurons ici l'*I. communis* (Fig. 4).

ICHTHYORNIS ou **ICHTYORNIS**. s. m. [Pr. *ik-ti-ornis*] (gr. ἰχθύς, poisson; ὄρνις, oiseau). T. Paléont. Oiseaux fossiles dont on a trouvé de nombreux squelettes dans le terrain crétacé des montagnes Rocheuses, en Amérique. Ces animaux étaient surtout remarquables par la présence de dents à leurs mâchoires; ils constituent une des formes de passage entre les Reptiles et les Oiseaux actuels. Voy. DESCENDANCE.

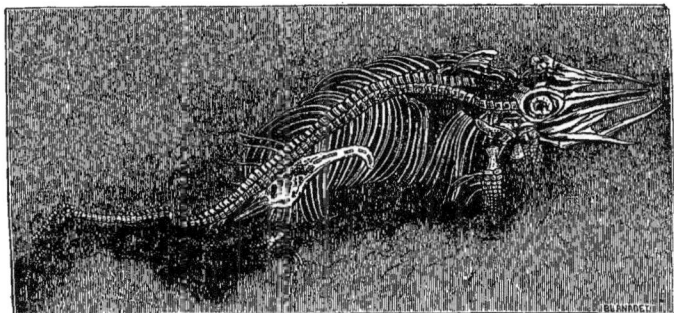

Fig. 3.

larité remarquable de ces animaux, c'était la grandeur de leur cavité orbitaire qui, dans les *Ichtyosaurus platyodon*, atteint jusqu'à 38 centimètres de diamètre; dans cette cavité

ICHTHYOSAURE ou **ICHTYOSAURE**. [Pr. *ik-ti-o-sôre*]. s. m. Genre de Reptiles fossiles. Voy. ICHTHYOPTÉRYGIENS.

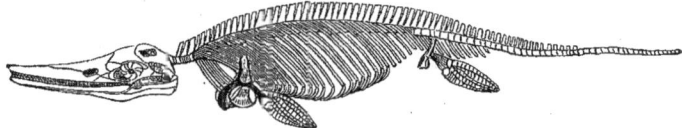

Fig. 4.

orbitaire on trouve souvent un anneau de plaques osseuses répondant à la place de la sclérotique (Fig. 2).
La taille des Ichtyoptérygiens variait de 5 à 13 mètres. La flexibilité de leur colonne vertébrale, la puissance de leur queue et de leurs nageoires les rendaient admirablement propres à la vie aquatique; en même temps le nombre et la forme de leurs dents en faisaient des animaux carnivores fort redoutables; on retrouve à la place de leur estomac les débris fossilisés de leur proie, parmi lesquels des ossements d'animaux de leur espèce. Leur canal intestinal était court et pourvu d'une valvule spirale, comme celui de certains Poissons. C'est du

ICHTHYOSAURIENS. Voy. ICHTYOPTÉRYGIENS.

ICHTHYOSE ou **ICHTYOSE**. s. f. [Pr. *ik-ti-oze*] (lat. *ichtyosis*, m. s., du gr. ἰχθύς, poisson). T. Méd. Ce terme désigne un état particulier de la peau, existant d'une manière permanente, sur une étendue plus ou moins considérable, et caractérisé par la sécheresse, l'épaississement de l'épiderme, le plus souvent aussi sa desquamation.
La forme la plus légère est constituée par un état rugueux de la peau qui est sèche, irrégulière, surmontée d'une série de petites saillies coniques rappelant la chair de poule et don-

I

I

I, s. m. La neuvième lettre de notre alphabet et la troisième de nos voyelles. *La lettre I. Un grand I. Un petit i. Mettre un point sur un i. On ne met pas de point sur les I majuscules.*

Obs. gram. — De toutes les voyelles, l'I est celle dont le son est le plus délié et le plus aigu. Elle se prononce naturellement comme dans les mots *idée, péri, virilité*. Quand l'I est placé devant une des consonnes M, N, sa prononciation varie suivant qu'il forme ou non une même syllabe avec la consonne. Dans le premier cas, il prend en général un son nasal, comme dans *imprimer, insoluble, infini*. Dans le second, au contraire, il se prononce sans liaison avec la consonne, et conserve le son qui lui est propre, comme dans *inodore, inutile*, qui se lisent comme si l'on écrivait *i-nodore, i-nutile*. Toutefois l'usage a introduit quelques exceptions pour les cas mêmes où l'I précède l'une ou l'autre de ces consonnes. Ainsi, on lui donne le son naturel dans plusieurs noms propres d'origine étrangère, comme *Sélim, Périn*, etc., ainsi qu'au commencement des mots en *imm* et *inn*, comme *immense, immodéré, innocence, inné*. L'I conserve encore le son qui lui est propre dans la plupart des mots où il est surmonté d'un tréma, comme *naïf, Ephraïm*, ce signe ayant spécialement pour objet de le faire prononcer sans liaison avec la voyelle après laquelle il est placé. Autrefois, l'I placé entre une voyelle et *gn* se prononçait pas et servait seulement à indiquer le son mouillé du *gn*. Ainsi, le nom de l'écrivain *Montaigne* n'était autre chose que l'ancienne orthographe du mot *montagne* et se prononçait *montagne. Araignée* se prononçait *aragnée*, etc. Aujourd'hui encore on prononce *oignon, encoignure* comme s'il n'y avait pas d'I, et plusieurs autres mots tels que : *poignard, poignée, poignant*, peuvent se prononcer de même très correctement sans faire sentir l'I.

Ling. — L'I est la troisième voyelle et la neuvième lettre des alphabets des langues néo-latines et germaniques. Il correspond à l'*iod* sémitique. Comme ce dernier caractère, il avait autrefois, chez nous, deux valeurs, c.-à-d. qu'il faisait les fonctions tantôt de voyelle et tantôt de consonne. C'est Ramus qui le premier fit une règle de distinguer par l'écriture l'I voyelle de l'I consonne, en donnant uniformément à ce dernier la forme du J. L'I consistait primitivement en une simple barre verticale ; mais vers le XVe siècle l'usage s'introduisit de le surmonter d'un point pour empêcher de le confondre avec le jambage de quelque autre voisine. Toutefois ce signe accessoire se supprime sur l'I majuscule, comme *Isaac, Italie*. Comme lettre numérale, dans le système des chiffres dits romains, I représente le nombre *un*. Placé devant l'un des chiffres V et X, il les diminue d'une unité, tandis qu'il les augmente de la même quantité quand il est placé après. Dans les inscriptions, il est souvent seul, et signifie alors *illustris, imperator, invictus*, etc. Combiné avec d'autres initiales, il donne lieu à un grand nombre de signes plus ou moins compliqués, tels que les suivants : I. AG., *ia agro*;

I. D. M., *inferis diis maledictis*, ou *Jovi deo magno*; II. VIR, *duumvir*: INRI, *Jesus Nazarenus rex Judæorum*; I. O. M., *Jovi optimo maximo*; I. P., *in pace, innocentissimo puero*, etc. Chez les modernes, les abréviations S. M. I., S. I., I. H. S., signifient *Sa Majesté impériale, Societatis Jesu, Jesus hominum salvator.*

IABLONNOÏ, chaîne de montagnes de la Sibérie orientale, long. 650 kil.

IAHVÉ. s. m. Représentation du tétragramme hébraïque qu'il était défendu d'articuler, et qui, depuis le XVIe siècle seulement, s'est prononcé *Jéhovah*. Certains théologiens réformés le prononcent maintenant *Iahvé.*

IAKOUTES, nom des indigènes du nord-est de la Sibérie.

IAKOUTSK, v. de la Sibérie Orient. sur la Léna, à 9320 k. de Saint-Pétersbourg ; 4,800 hab. = Nom des habitants de la province : IAKOUTES.

ÏAMBE. s. m. (gr. ἴαμβος, m. s.). T. Versific. anc.

1. — Dans la prosodie des Grecs et des Romains, on appelle *ïambe* un pied composé de deux syllabes, la première brève et la seconde longue (dïès). La réunion de six pieds semblables constitue ce qu'on appelle un *vers ïambique*. Suivant Horace, ce vers fut inventé par Archiloque, qui le consacra à la satire ; par la suite, cependant, on l'appliqua à d'autres genres de poésie, mais plus particulièrement à la poésie dramatique. En même temps, le vers ïambique cessa d'être composé exclusivement d'ïambes, et l'on y admit différentes espèces de pieds, afin de le rapprocher du style de la conversation. Le tableau suivant indique les formes principales qu'il présente aux auteurs :

1.	2.	3.	4.	5.	6.
˘-	˘-	˘-	˘-	˘-	˘-
˘˘˘	˘˘˘	˘˘˘	˘˘˘	˘˘˘	
--		--	--		
-˘˘		-˘˘			

D'où l'on voit que tous les pieds peuvent être des tribraques, excepté au dernier ; que le premier pied, le troisième et le cinquième, c.-à-d. les pieds impairs, peuvent être des spondées ; que le premier et le troisième peuvent être des dactyles ; et enfin, que le premier peut être un anapeste. Les grammairiens ont longtemps discuté au sujet de l'emploi de ce dernier pied dans le vers ïambique. Aujourd'hui, on pense généralement qu'on peut l'employer dans tous les pieds impairs, mais avec cette restriction qu'au troisième et au cinquième il doit être contenu dans un nom propre, comme *Antigone*, ou dans

nant à la main la sensation d'une râpe : chacune de ces petites saillies, recouvertes d'une squame mince et adhérente, correspond à un follicule pileux, et représente une agglomération d'épiderme corné entourant un poil atrophié et contourné sur lui-même. Cette lésion est surtout développée à la partie postéro-externe des bras, sur la face externe des jambes et des cuisses; elle peut encore s'observer sur le front : elle mérite le nom d'*i. ansérine*, en raison de son origine congénitale et de sa persistance indéfinie; elle se manifeste particulièrement chez les jeunes sujets à tendance lymphatique. — Dans des autres formes, les squames sont plus développées et plus apparentes : tantôt elles forment une couche mince, tantôt elles sont plus épaisses, résistantes et opaques, de coloration grisâtre ou noirâtre; elles peuvent former une couche continue ou s'imbriquer légèrement les unes sur les autres, ou flotter à la surface de la peau, fixées par une seule extrémité; leur adhérence est variable, d'autant plus grande qu'elles sont plus minces; au-dessous se trouve l'épiderme corné intact. Ces diverses variétés ont reçu le nom d'*i. nacrée*, lorsque les squames sont peu épaisses, d'*i. serpentine*, lorsque ce sont de véritables plaques losangiques épidermiques rappelant la peau des serpents ; d'*i. cornée* ou *hystrix* (*hystrix*, porc-épic), lorsque les excroissances présentent la forme de saillies verruqueuses et cornées. — L'*i.*, toujours plus ou moins généralisée, respecte à peu près constamment certaines régions : creux axillaire, pli du coude, anus, en un mot, les points où l'adossement des téguments à eux-mêmes entretient de l'humidité; les lésions plus accusées aux extrémités sont toujours symétriques. Les muqueuses sont respectées. Le système pileux est peu formé. La sécrétion sudorale est diminuée ou abolie. Les diverses fonctions physiologiques s'accomplissent bien en général, sauf qu'on observe parfois de la gravelle urique ou oxalique, due aux modifications que la suppression des fonctions cutanées entraîne dans la nutrition.

Les lésions de l'*i.* deviennent généralement apparentes vers deux ans, augmentent d'intensité jusque vers douze ou quinze ans, puis demeurent stationnaires. Elles sont surtout accusées en hiver où toute transpiration est supprimée. D'ailleurs cette affection est essentiellement persistante, susceptible d'améliorations passagères, sujette à des récidives continuelles. — Au point de vue anatomique, les altérations consistent tantôt en une atrophie, tantôt en une hypertrophie de l'épiderme, dont la couche cornée succède par une transition brusque au corps muqueux. Les lésions du derme, consécutives, se traduisent par une infiltration de cellules embryonnaires et l'allongement des papilles. Les anneaux de l'épiderme (glandes sudoripares et sébacées, follicules pileux) sont presque toujours atrophiés, déformés.

L'*i.* est une affection essentiellement héréditaire : elle s'observe presque constamment chez plusieurs membres d'une même famille, soit dans la ligne directe, soit dans la ligne collatérale, appartenant à des générations successives, ou séparées par une ou plusieurs générations indemnes. — Toutes les lésions qui peuvent simuler l'*i.* peuvent toujours en être distinguées par leur marche et leur époque d'apparition, étant toutes acquises et limitées à des surfaces cutanées restreintes : (*pityriasis tabescentium, séborrhée, nævi verruqueux* ou *cornés*). Il nous reste à signaler une lésion dite *i. congénitale* ou mieux *fœtale*, caractérisée par des fissures profondes limitant d'épaisses productions épidermiques, incompatible avec l'existence au delà de quelques heures, et dont les relations avec l'*i.* ne sont pas encore déterminées.

Le traitement de l'*i.* est uniquement externe : bains prolongés et répétés avec frictions au savon et à la pierre ponce, application de corps gras, de préférence la glycérine.

ICHTHYOSPONDYLE ou **ICHTYOSPONDYLE**. s. f. [Pr. *ik-tio...*] (gr. ἰχθὺς, poisson; σπόνδυλος, vertèbre). Vertèbre fossile de poisson.

ICI. adv. de lieu (lat. *ecce hic*, voici ici). Indique le lieu où se trouve celui qui parle. *Venez ici. Sortez d'ici. Hors d'ici. Il a passé par ici. Il est venu jusqu'ici. Ici et là. D'ici là on compte une heure de marche.* — Ellipt., en appelant un chien, on dit *Ici*, pour *Viens ici*. || S'emploie souvent avec l'adv. *là*, et par oppos. *là* ou *ce dernier*, pour indiquer la différence des lieux, des circonstances, etc. *Ici il y a une forêt, là une montagne. Là, il passa une rivière. Ici il pardonne, là il punit.* — On dit de même, *C'est l'usage dans votre pays, mais ici on se moquerait de vous. Cette industrie est plus développée à Londres qu'ici. On se conduit là-bas plus sagement qu'ici.* || Sert aussi à désigner un endroit particu-

lier dans un discours, dans un livre, etc. *Ici finit la citation. Ici l'auteur commence à parler de telle guerre. Jusqu'ici nous n'avons raconté que des combats. Ici l'orateur est plein de véhémence, là plein d'onction et de douceur.* = S'emploie quelquefois comme adv. de temps, et désigne alors le moment présent. *On n'avait rien vu de pareil jusqu'ici. Revenez demain, d'ici là j'aurai fini ce travail.* = ICI-BAS. Dans ce bas monde, sur la terre. *Ici-bas tout périt. Les affaires d'ici-bas.*

ICICA. s. m. T. Bot. Voy. ICIQUIER.

ICICARIBA. s. m. T. Bot. Nom vulgaire de l'*Icica Icicariba*, grand arbre de la famille des *Anacardiacées*, qui fournit l'*Élémi du Brésil*. Voy. ANACARDIACÉES.

ICIQUIER. s. m. [Pr. *isi- kié*]. T. Bot. Genre de plantes Dicotylédones (*Icica*) de la famille des *Anacardiacées*. Voy. ce mot.

ICOGLAN. s. m. (turc, *itch oghlan*, enfants de l'intérieur). Page du Grand Seigneur. *Une troupe de jeunes icoglans.*

ICONE (gr. εἰκών, image). Image sainte, dans l'Église grecque. On en vénère dans presque toutes les maisons en Russie.

ICONIUM, v. anc. de Phrygie, auj. *Konieh*; fut la résidence d'une dynastie des Turcs Seldjoucides, aux XIe et XIIe siècles.

ICONOCLASME. s. m. Doctrine des iconoclastes.

ICONOCLASTE. s. m. (gr. εἰκών, image; κλᾶειν, briser). Briseur d'images. Nom donné à des sectaires chrétiens de Constantinople, qui condamnaient le culte des images et brisaient les statues dans les églises. Voy. HÉRÉSIE.

ICONOCLASTIE. s. f. Disposition à être iconoclaste.

ICONOGRAPHE. s. m. (gr. εἰκών, image; γράφειν, écrire). Celui qui est savant en iconographie.

ICONOGRAPHIE. s. f. (gr. εἰκών, image; γράφειν, décrire). — Conformément à son étymologie, l'*I.* a pour objet la description explicative des images, de quelque genre qu'elles soient. Mais le plus souvent on prend ce mot dans un sens plus restreint pour désigner l'histoire de la représentation figurée des personnages remarquables, anciens ou modernes. Alors on désigne sous le nom d'*Iconologie*, cette partie de la science qui s'occupe spécialement de l'explication des symboles, emblèmes, attributs et signes de convention qui servent à caractériser les êtres fictifs ou surnaturels.

L'origine de l'art qui s'applique à reproduire sur le bois, le marbre ou l'airain, la figure ou la ressemblance des individus célèbres remonte certainement à une haute antiquité, mais nous ignorons son origine. Chez les Hébreux, il est question de l'image des défunts. Diodore mentionne l'image du roi Osymandias, et Hérodote parle de celle de Sésostris et des statues de bois de 345 grands prêtres; mais les Égyptiens paraissent en être tenus à une représentation symbolique, sans s'inquiéter de la ressemblance de l'image avec le personnage représenté. La véritable patrie de l'*i.* est la Grèce, où l'on honorait les citoyens en plaçant leurs statues ou leurs bustes sur les places publiques, dans les théâtres ou sur les tombeaux. Dès la LVIIIe olympiade (vers 545 av. J.-C.), on avait commencé, en Grèce, à ériger des statues aux vainqueurs des jeux; ceux qui avaient remporté le prix trois fois avaient droit à des statues de grandeur naturelle. Toutefois on prétend que Démétrius d'Athènes (XC[e] olymp., vers 420 av. J.-C.) fut le premier artiste qui s'appliqua à la ressemblance exacte du sujet représenté. L'assertion de Pline, qu'avant Alexandre le Grand il n'existait point de portraits peints ou sculptés, est donc dénuée de fondement. Ce qui est vrai, c'est que ce prince fut le premier dont on reproduisit l'image sur les monnaies, car auparavant on n'y représentait que des images de divinités, et c'est même en qualité de dieu que cet honneur lui fut conféré. A Rome, l'*i.* fut de bonne heure cultivée avec soin, toutes les familles nobles étant dans l'usage de conserver chez elles, et d'exposer publiquement, aux funérailles de quelqu'un de leurs membres, les images de leurs ancêtres. Ces images étaient le plus souvent des bustes (ou peut-être seulement des masques de cire, mais parfois aussi des bustes de marbre). Jules César le premier obtint du sénat le droit de faire représenter son image sur la monnaie; les triumvirs s'arrogèrent ce droit; Auguste les imita, et depuis lors la monnaie fut toujours frappée à l'effigie des empereurs. A cette époque, le portrait envahit également les pierres précieuses, les anneaux, les médaillons. Les bustes des philosophes et des auteurs furent admis dans les bibliothèques et chez les libraires, et l'on s'empressa de reproduire les traits de tous les grands hommes. Une coutume qui flattait si bien la vanité ne pouvait guère tomber en désuétude.

L'étude méthodique des monuments iconographiques de l'antiquité a commencé d'être cultivée au XVIᵉ siècle, par Michel-Ange et l'antiquaire romain Orsini. Depuis elle n'a cessé d'être l'objet de recherches approfondies. Mais, pendant plus de trois siècles, les savants s'occupèrent presque exclusivement de l'antiquité païenne, et il faut arriver jusqu'à notre temps pour les voir étendre leurs recherches aux produits de l'art chrétien. Des notions, même très sommaires, sur les branches les plus importantes de cette science nous feraient sortir du cadre de notre livre. Aussi nous bornerons-nous à renvoyer le lecteur aux traités où ses principes sont exposés avec le plus de soin. On consultera surtout : pour l'antiquité, Visconti, I. grecque, 1811; et I. romaine, 1817-20; pour l'époque chrétienne, Crosnier, I. chrétienne, 1848; Jukénaud, Dictionnaire d'i., 1851, ainsi que les remarquables publications de Didron, et des RR. PP. Arthur Martin et Cahier; et enfin, pour l'Iconologie proprement dite, les ouvrages de Ch. Delafosse (1768), de Cravelot et de Cochin (1796) et de F. Pistrucci (1821).

Par ext., on donne parfois le titre d'I. à une suite de planches qui représentent, soit des portraits d'hommes illustres, soit une série d'espèces animales ou végétales, pour servir à l'étude de quelque branche de l'histoire naturelle. Nous citerons l'I. des contemporains, publiée par Delpech, c. l'I. du Règne animal, par Guérin-Méneville.

ICONOGRAPHIQUE. adj. 2 g. Qui appartient à l'iconographie.

ICONOLÂTRE. s. m. (gr. εἰκών, image; λατρεύω, j'adore). Nom que les iconoclastes donnaient aux catholiques, qu'ils accusaient d'adorer les images.

ICONOLÂTRIE. s. f. Adoration des images.

ICONOLÂTRIQUE. adj. 2 g. Qui a rapport aux iconolâtres et à l'iconolâtrie.

ICONOLOGIE. s. f. (gr. εἰκών, image; λόγος, discours). Traité sur les images. Voy. Iconographie.

ICONOLOGIQUE. adj. 2 g. Qui a rapport à l'iconologie.

ICONOLOGISTE. s. m. Auteur d'une iconologie.

ICONOMANIE. s. f. (gr. εἰκών, image, et manie). Passion pour les tableaux, les images.

ICONOMAQUE. s. m. (gr. εἰκών, image; μάχη, combat). Celui qui combat le culte des images.

ICONOPHILE. s. m. (gr. εἰκών, image; φίλος, ami). Celui qui aime les images, qui se connaît en fait d'estampes.

ICONOPHILIE. s. f. (R. iconopaile). Amour des images ou représentations figurées; dans son sens le plus habituel, Amour des estampes.

ICONOSCOPE. s. m. (gr. εἰκών, image; σκοπεῖν, examiner). Instrument destiné à donner du relief aux images planes examinées avec les deux yeux.

ICONOSTASE. s. f. [Pr. ikono-sta-ze] (gr. εἰκών, image; στάσις, pose). T. Liturg.—Dans les premiers temples chrétiens, il était d'usage de fermer la vue du sanctuaire aux fidèles pendant une partie du saint sacrifice. Les Occidentaux se servaient pour cela du drapeau (aulæa) suspendu au-dessus de la balustrade (cancelli) qui séparait la nef du chœur, tandis que les Orientaux surmontaient cette balustrade d'une sorte de cloison appelée i., parce qu'elle était ornée de peintures pieuses. Cette cloison subsiste encore dans les églises de la communion grecque : on y expose le plus souvent des images de J.-C., de la Vierge, des évangélistes et de quelques autres saints. Ces images sont presque toujours exécutées avec soin, rehaussées d'or et d'argent, et quelquefois enrichies de pierres précieuses

et de pièces d'orfèvrerie. Par ext., les chrétiens orientaux désignent encore sous le nom d'I., de petites tablettes chargées de peintures semblables que l'on porte au bout d'une hampe comme nos bannières de procession, ainsi que de petites niches ornées de la même manière, que les fidèles aiment à faire construire dans leurs maisons.

ICONOSTROPHE. s. m. (gr. εἰκών, image; στρέφειν, tourner). Instrument d'optique, qui, renversant les objets à la vue, sert aux graveurs pour copier leur modèle.

ICOSAÈDRE. s. m. [Pr. iko-za-èdre] (gr. εἴκοσι, vingt; ἕδρα, base). T. Géom. Corps solide qui a vingt faces. L'i. régulier présente vingt triangles équilatéraux.

ICOSAGONE. s. m. [Pr. iko-za-gone] (gr. εἴκοσι, vingt; γωνία, angle). T. Géom. Polygone de vingt côtés.

ICOSANDRE. adj. 2 g. [Pr. iko-zandre] (gr. εἴκοσι, vingt; ἀνήρ, homme). T. Bot. Se dit d'une plante qui a vingt étamines.

ICOSANDRIE. s. f. [Pr. iko-zandrie] (gr. εἴκοσι, vingt; ἀνήρ, homme). T. Bot. Nom donné par Linné à la XIIᵉ classe de son système, qui comprenait les plantes ayant 20 étamines ou plus insérées sur le calice.

ICOSANDRIQUE. adj. 2 g. [Pr. iko-zan-drik]. Qui appartient à l'icosandrie.

ICOSANE. s. m. [Pr. iko-zane]. T. Chim. Syn. d'Éicosane.

ICOSIGONE. adj. 2 g. [Pr. iko-zigone] (gr. εἴκοσι, vingt; γωνία, angle). Qui a vingt angles.

ICOSYLÈNE. s. m. [Pr. iko-zi-lène]. T. Chim. Syn. d'Éicosylène. Voy. Éicosane.

ICTÈRE. s. m. (gr. ἴκτερος, m. s.). T. Méd. L'i., vulgairement appelé jaunisse, n'est pas une maladie; c'est un symptôme révélateur. Je plus apparent auquel donnent lieu les maladies hépatiques, symptôme sous lequel il faut chercher un état pathologique précis de la glande biliaire. Aussi les dénominations multiples dont on affuble ce terme n'ont-elles de raison d'être que l'ignorance où l'on était autrefois des rapports de ce symptôme avec les altérations du foie. — Ceci posé, on peut définir l'i. un syndrome que caractérisent la coloration des téguments et des muqueuses par les pigments normaux ou modifiés de la bile, et la présence de ces mêmes pigments dans les urines.

1. Pathogénie. — Pour que l'état normal des fonctions biliaires du foie soit maintenu, il faut l'intégrité de trois facteurs : destruction d'une quantité normale d'hémoglobine dans le sang; fonctionnement suffisant de la cellule hépatique; libre écoulement au dehors de la bile ainsi formée. L'équilibre peut être rompu par l'un des facteurs qui entraîne la déviation des autres. — Le mécanisme le plus sûr et le plus intense de ces troubles est celui que provoque un obstacle au libre écoulement de la bile, et nombreuses sont les causes d'obstruction totale ou partielle du canal cholédoque : lithiase biliaire, cirrhoses, angiocholites, rétrécissement cicatriciel du cholédoque, ulcère duodénal, compression extrinsèque des voies biliaires par un cancer de la tête du pancréas; le spasme des canaux excréteurs paraît pouvoir aussi réaliser l'i. par rétention (i. émotif). — Le fonctionnement défectueux de la cellule hépatique, ou par dyshépatie, provient de l'action bio-chimique d'un poison, que celui-ci soit d'ordre minéral, végétal ou microbien. En un mot, les infections et les intoxications sont à l'origine de tout i. qui ne reconnaît pas pour cause l'obstruction des voies biliaires. Que le mécanisme soit une sécrétion exagérée en quantité (hypercholie), que ce soit la sécrétion d'une bile de qualité anormale par production trop abondante des pigments normaux (i. pléiochromique), ou par formation de pigments anormaux insolites, il faut toujours, pour expliquer la résorption intra-hépatique, une dislocation de la travée hépatique, dislocation qui, à son dernier terme, produit en somme une rétention. — Quant à l'i. hématique dû à la transformation intra-sanguine de l'hémoglobine sans que le foie soit en cause, sa réalité est contestée. Il faut toujours en revenir aux deux termes que nous avons rencontrés

jusqu'ici, rétention et résorption dans le foie. Donc *tout i. est dû à la rétention et à la résorption des pigments*. Tantôt il s'agit d'un obstacle au cours de la bile, tantôt d'une dyshépatie ; mais quel que soit le processus, deux cas peuvent se présenter : i. orthopigmentaire où les pigments restent normaux, et i. méta-pigmentaire où interviennent des pigments anormaux.

II. *Étude clinique.*

A. *Ictère orthopigmentaire.* — Parmi les symptômes qui caractérisent ce groupe, le plus apparent est la coloration, l'imprégnation des tissus par les pigments et les sels de la bile normale pouvant varier du jaune soufre le plus pâle jusqu'au jaune d'or éclatant, lumineux, tirant toujours sur le vert ; cette coloration n'est appréciable qu'à la lumière du jour ; elle siège dans les cellules du derme au réseau de Malpighi et dans les viscères, en particulier le foie et les reins. Quant aux sécrétions, elles sont rarement altérées, à part les urines où les pigments biliaires sont constants et paraissent même avant que les conjonctives soient colorées. Les urines varient comme couleur de la bière brune au vin de Malaga, et la réaction caractéristique de cette adultération est le procédé de Gmelin, où l'on utilise les réactions de l'acide azotique nitreux. Le sang n'est pas moins intéressant, le sérum contient des pigments biliaires. Concurremment à ces phénomènes se produisent des troubles fonctionnels : d'abord du côté de l'appareil digestif, où les troubles gastro-intestinaux sont souvent difficiles à distinguer de ceux qui sont produits par la maladie qui a occasionné l'i. ; du côté de l'appareil circulatoire, le ralentissement du pouls (bradycardie) et la production de souffles cardiaques (souffles mitraux, tricuspidiens, extra-cardiaques) ; du côté du système nerveux, la sensibilité générale est troublée d'une façon quelquefois insupportable par des démangeaisons (prurit des ictériques), par des fourmillements, etc. ; les sensibilités spéciales ne sont guère intéressées sauf la vue (xanthopsie, héméralopie, amblyopie, asthénopie, rétinite hémorragique, xanthélasma et xanthome, etc.). Enfin des troubles de la nutrition générale se produisent d'une façon à peu près constante, tantôt dépressifs, tantôt excitants de l'état physique ou psychique.

L'i. est subordonné, dans sa marche et sa durée, à la cause qui l'a produit : il y a des ictères aigus et des ictères chroniques, et la même cause peut tour à tour, suivant les conditions dans lesquelles elle agit, provoquer une crise passagère ou un état durable avec rémission insensible. Le plus souvent donc, lorsque l'i. évolue en un temps relativement bref, il se termine par la guérison ; en dehors de cette marche les cas d'ictères aigus ou même les longs ictères chroniques peuvent prendre le type d'ictères aggravés, aboutissant soit à l'i. grave, soit à une cachexie funeste. — En somme, à ne considérer que l'i. lui-même, le pronostic est généralement bénin surtout pour les ictères aigus et passagers ; mais comme ce sont les émonctoires qui sont chargés d'éliminer les substances toxiques venues de l'intestin et du foie, le pronostic dépend surtout de l'intégrité des fonctions du rein et de la peau. D'autre part, il ne faut pas oublier que le foie, tout en reprenant sa manière d'être habituelle, présente toujours une infériorité vis-à-vis des accidents futurs : la cellule a été touchée, le foie n'est plus vierge, l'avenir est engagé.

B. *Ictère métapigmentaire.* — Comme dans l'i. orthopigmentaire, les téguments sont imprégnés de pigments résorbés au niveau du foie ; mais la teinte de la coloration est ici particulière : ce n'est pas, comme on le dit souvent, une teinte subictérique ; la teinte présente simplement les diverses notes d'une gamme que l'on peut qualifier du jaune-rouge-brun. Ces pigments modifiés n'ayant pas une puissance tinctoriale très active, les viscères ne sont pas colorés par eux, à part le foie et l'intestin, bien entendu. — Les urines ont une couleur variant de l'orangé à l'acajou plus ou moins prononcé ; mais, si on les regarde, par transparence, elles sont d'un jaune plus ou moins nuancé, elles sont donc *dichroïques*. Les pigments, qui y sont contenus, sont nombreux : urobiline et son chromogène, pigments rouge brun, uro-érythrine, hémato-porphyrine, urochrome, indol, skatol. — Le sang montre au spectroscope la présence de l'urobiline. — Les troubles digestifs, circulatoires et nerveux sont peu accusés. Quant aux troubles de la nutrition générale, ils sont ceux que comporte cet état d'hépatisme créé par le fonctionnement défectueux de la cellule hépatique. — Le pronostic de cet i. est sévère si les symptômes sont de longue durée, car il est toujours lié à l'état des cellules du foie, dont la coloration jaune-rouge de la peau trahit la souffrance ; d'ailleurs l'i. métapigmentaire est, à plus ou moins longue échéance, le prélude de l'i. grave, c.-à-d. de la destruction définitive de la cellule hépatique.

III. *Diagnostic.*

— Il est inutile d'insister ici sur les différences qui séparent les ictères ortho- et métapigmentaires ; c'est surtout l'examen chimique et spectroscopique des urines qui devra fournir la solution dans les cas douteux. — Au point de vue *diagnostic différentiel*, il faut être prévenu que certaines colorations peuvent en imposer pour l'i., tels sont : le teint de la chlorose et des anémies symptomatiques, le teint jaune terreux des cancéreux, la teinte jaunâtre de la syphilis aiguë, celle des saturnins et des paludéens, celle du mercurialisme, la pigmentation de la maladie d'Addison ; enfin il faut se méfier des tentatives de simulation, badigeonnage de la peau avec des infusions aux teintures de safran, de curcuma, de rhubarbe, de suie, avec de la teinture d'iode, etc., coloration de l'urine par nombre de médicaments (rhubarbe, santonine, salicylate, acide phénique). — L'i. étant indiscutable, comment le rattacher à ses véritables causes ? Force est d'avoir recours à l'analyse chimique. — Pour l'i. orthopigmentaire, l'intensité de la coloration ne saurait fournir que de faibles présomptions ; le mode de début peut donner de meilleurs renseignements ; l'allure de l'i., c.-à-d. ses variations d'intensité, ses recherches et ses récidives, peuvent, joints à d'autres symptômes, assurer le diagnostic ; l'âge des malades est un indice de second ordre ; quant à la présence ou l'absence de fièvre, elles ne donnent que des indications générales, la fièvre n'étant pas un symptôme qui dépende de l'i. proprement dit, mais un signe d'infection. — Quant à l'i. métapigmentaire, au point de vue du diagnostic, la cellule hépatique étant toujours malade, peu importe que cette dyshépatie soit le fait d'un poison, d'un microbe ou de toute autre cause. — Pour compléter le tableau, il convient d'énumérer rapidement les maladies du foie où se rencontre l'i. On peut diviser à ce point de vue les affections du foie en trois groupes : *a*) celles qui ne se révèlent que par cet i., condition *sine qua non* de leur entité (i. infectieux, cirrhose hypertrophique avec i. chronique ou maladie de Hanot) ; *b*) celles où l'i., symptôme habituel et logique, peut manquer cependant quelquefois (lithiase biliaire, angiocholites, cholécystite) ; *c*) enfin les maladies hépatiques où l'i. est plutôt accidentel (congestion active du foie, foie cardiaque, cirrhoses vasculaires, syphilis hépatique, tuberculose hépatique, cancer du foie, etc.).

IV. *Traitement.*

— L'i. étant un syndrome, il semble qu'il n'ait pas de traitement propre, et qu'il faille s'adresser à l'affection causale. Même lorsque cela est possible, l'action thérapeutique peut ne pas être immédiatement efficace et force est de parer aux inconvénients fonctionnels et subjectifs qui résultent d'une part de l'imprégnation de l'organisme par les pigments ou les sels biliaires, d'autre part de la rétention de la bile dans le tube digestif. Il y a donc une série d'indications à remplir en présence d'un i., d'où qu'il vienne. Il convient de favoriser l'élimination de la substance colorante en s'adressant aux divers émonctoires, reins et peau ; contre les troubles digestifs, la médication évacuante est tout d'abord indiquée ; mais l'indication principale est de combattre les fermentations anormales du tube digestif, en réalisant aussi rigoureusement que possible l'antisepsie du tractus gastro-intestinal. En résumé, le traitement tient dans les prescriptions suivantes : régime lacté, absolu dans les ictères récents, mixte dans les ictères anciens ; purgatifs salins ; lavements froids ; salicylate de soude ou benzoate de lithine ; calomel, au besoin pancréatine ; bains alcalins et frictions stimulantes. D'ailleurs, chaque cas particulier fournit ses indications spéciales.

Telles sont les idées générales que l'on peut donner sur les ictères dans un article aussi résumé ; et nous ne pouvions avoir la prétention de donner ici une description détaillée, quelque intéressante qu'elle puisse être, de toutes les variétés d'i. parmi lesquelles dominent à l'heure actuelle : d'une part, les ictères infectieux à formes multiples composant une gamme indéfinie depuis l'i. grave type jusqu'à l'i. catarrhal ; d'autre part, l'i. des nouveau-nés. Une telle étude rentre dans le cadre des traités spéciaux. Voy. FOIE.

ICTÈRE. s. m. (gr. ἴκτερος, loriot). T. Ornith. Genre de *Passereaux* d'Amérique. Voy. CASSIQUE.

ICTÉRIQUE. adj. 2 g. T. Méd. Qui a rapport à l'ictère ou qui est affecté d'ictère. *Affection i. Cet homme est i.* || Subst., *Les ictériques.*

ICTÉROCÉPHALE. adj. 2 g. (gr. ἴκτερος, jaunisse ; κεφαλή, tête). T. Zool. Dont la tête est de couleur jaune.

ICTÉRODE. adj. 2 g. (gr. ἰκτερώδης, qui tient de l'ictère). T. Méd. *Fièvre i.* Syn. de *Fièvre jaune.*

ICTÉROPODE. adj. 2 g. (gr. ἴκτερος, jaunisse; πούς, ποδὸς, pied). T. Zool. Qui a les pattes jaunes.

ICTIDE. s. m. (gr. ἰκτὶς, ἰκτίδος, fouine). T. Mamm. Genre de *Mammifères carnivores*. Voy. Civette.

ICTINUS, architecte d'Athènes, du temps de Périclès, construisit le Parthénon.

ICTUS. s. m. [Pr. *ik-tus*] (lat. *ictus*, coup]. T. Métriq. Coup frappé en marquant le temps fort d'un pied. || Temps fort marqué sur une syllabe. || T. Méd. Attaque brusque d'une maladie, comme si elle résultait d'un coup. *I. apoplectique.*

IDA, chaîne de montagnes au pied de laquelle était Troie, en Phrygie. || Montagne de Crète (île de Candie), aujourd'hui Psiloriti. Altitude : 2,300 mètres.

IDAHO, territoire du N.-O. des États-Unis, 113,900 hab. Cap. Boissé-City.

IDALIE, ville antique et célèbre de l'île de Chypre, entourée de bois sacrés.

IDE. s. m. T. Jeu. Se dit, au piquet à écrire, de chacun des deux coups que l'on joue pour la décision d'un parti.

IDÉAL, ALE. adj. (lat. *idealis*, m. s.). Qui existe ou qui ne peut exister que dans l'entendement; qui est créé par l'imagination. *Les choses que désignent les mots abstraits n'ont qu'une existence idéale. Un être i. Le héros de ce poème est un personnage i.* — Par ext., signifie quelquefois Chimérique. *Pouvoir i. Des richesses idéales.* || T. Philos. Se dit des choses qui ont un degré de perfection supérieur aux choses réelles. *Perfection idéale. Beauté idéale. Des formes idéales. Le beau i.*, ou subst., *L'i.* — *Idéal* se dit encore subst. dans le sens de Conception d'une perfection idéale. *Ce qui, à vos yeux, est une utopie, est aux miens un i. dont nous devons nous rapprocher sans cesse.* Voy. Esthétique.

IDÉALISER. v. a. [Pr. *idéali-zer*]. Élever à l'idéal, représenter une chose sous des formes supérieures à celles qu'offre la réalité. *Ce peintre copie simplement son modèle au lieu de l'i. La nature la plus belle peut toujours être idéalisée, parce que l'intelligence est supérieure à la nature.* = Idéalisé, ée. part.

IDÉALISME. s. m. (R. *idéal*). T. Philos. Ce mot a diverses significations au sein de la philosophie moderne. L'acception la plus répandue dans la langue littéraire est celle que lui a donnée Cousin dans sa classification des systèmes de l'histoire de la philosophie, d'après les tendances fondamentales de l'esprit humain. En opposition à l'empirisme ou au sensualisme, l'*Idéalisme* désigne en général tous les systèmes qui ont pour tendance d'élever la raison au-dessus des sens et de l'expérience. Les systèmes idéalistes sont ceux, par ex., qui, dans le monde extérieur, au lieu de s'arrêter aux phénomènes attestés par les sens et aux rapports de ces phénomènes, s'efforcent de pénétrer dans le monde invisible des substances et des causes dont ces phénomènes sont la manifestation, et jusqu'aux types immuables dont ils sont l'image réelle. Dans l'âme humaine, les systèmes idéalistes admettent des idées absolues qui ne viennent pas de l'expérience : telles sont les idées de causalité, de volonté, celles du bien, du beau absolu, de l'être infini. Par ces idées, ils cherchent à s'élever jusqu'à la réalité suprême, jusqu'à l'infini, dans la contemplation duquel ils oublient plus ou moins le monde des sens, le matériel du fini et du contingent. Parménide, Platon, Plotin, dans l'antiquité; Descartes, Malebranche, Leibniz, dans les temps modernes, voilà les philosophes idéalistes, le mot étant pris dans l'acception précédente.

Dans le langage de la critique philosophique, le mot i. a pris une acception plus restreinte. Il désigne les systèmes qui, attachant plus d'importance aux idées qu'aux choses et aux choses qu'aux choses elles-mêmes, finissent par refuser toute réalité au monde extérieur. C'est en ce sens que les philosophes écossais accusent les idées représentatives de conduire à l'i.; c'est en ce sens qu'ils qualifient d'i. les systèmes de Berkeley et de Malebranche. — « C'est l'i., dit Fichte le fils, qui est le fondement sur lequel ils reposent, et le fil conducteur qui les relie les uns aux autres. »

L'i. n'est pas toujours aussi absolu que celui de Berkeley

(Voy. Berkeleyisme) ; mais, complet ou incomplet, il joue un grand rôle dans le développement des systèmes de la philosophie allemande du XIXe siècle. Il apparaît déjà dans Kant, par la distinction du *phénomène* accessible à l'esprit, et du *noumène* tellement insaisissable, qu'il pourrait être supprimé. Alors le *phénomène*, restant sans support substantiel, ne serait plus qu'une idée pure; mais Kant évite de verser dans l'i. absolu par la considération de ce qu'il appelle la *raison pratique*. La notion du devoir et de l'impératif catégorique est pour lui le support qui manquait à la raison pure et qui, entre autres certitudes, nous assure celle du monde extérieur. Voy. Criticisme et Philosophie. Les successeurs de Kant n'ont pas eu la même prudence et sont rapidement arrivés à un i. plus complet. Il y a cependant lieu de distinguer l'i. *objectif* de Schelling, de l'i. *subjectif* de Fichte. Pour Schelling le *moi* ne prend conscience de lui-même que par le *non-moi* qui impose une forme à son activité. Mais le moi et le non-moi, le monde subjectif et le monde objectif sont deux mondes séparés et fermés l'un à l'autre, sans action ni réaction mutuelle. Au premier appartiennent les idées et la volonté; au second les choses extérieures. Mais alors comment expliquer que les idées se conforment aux choses extérieures et celles-ci aux impulsions de la volonté. Schelling n'y voit pas d'autre solution que celle de l'harmonie préétablie déjà proposée par Leibniz : les deux mondes évoluent parallèlement suivant un principe d'harmonie qui établit entre tous les ordres de faits des proportions admirables, c'est le principe même de l'identité absolue, c'est Dieu. Comme on voit, Schelling ne nie pas le monde extérieur; mais il en fait quelque chose d'insaisissable pour nous, qui pourrait être supprimé sans qu'il y ait rien de changé à notre existence. Dès lors on retomberait sur l'i. absolu, tel que l'entendait Berkeley.

De Fichte, nous dirons peu de chose parce que son système revient, au définitive, à nier tout ce qui n'est pas Fichte pur. Pour Fichte, c'est le moi qui passe avant le non-moi, ce qui revient à dire que le non-moi n'existe pas. Donc, je suis seul dans l'Univers, lequel n'est formé que de mes propres idées. Un pareil système aboutit évidemment au scepticisme le plus complet. Nous avons expliqué au mot *Berkeleyisme*, la profonde différence qu'il y a entre cet i. subjectif et égoïste, et l'i. de Berkeley, dans lequel les idées ont une existence indépendante et sont, en réalité, des êtres créés par Dieu. Voy. Berkeleyisme, Philosophie, Hégélianisme.

IDÉALISTE. adj. 2 g. Qui a rapport à l'idéalisme. *Philosophie i. Doctrines idéalistes.* || Qui est partisan de l'idéalisme. *Un philosophe i.* — Subst., au masc., *Les idéalistes.*

IDÉALISTIQUE. adj. 2 g. Qui a rapport à l'idéalisme.

IDÉALITÉ. s. f. (R. *idéal*). Qualité de ce qui est idéal. Disposition de l'esprit à donner aux choses un caractère idéal. = Au plur. Rêveries, imaginations. *Se perdre dans les idéalités.*

IDÉATION. s. f. [Pr. *idéa-sion*]. T. Philos. Faculté d'avoir des idées; formation des idées.

IDÉE. s. f. (lat. *idea*, du gr. εἶδω, voir). Représentation d'une chose dans l'esprit; notion que l'esprit se forme d'une chose. *L'i. d'un arbre, d'une montagne. L'i. du blanc, du noir. L'i. du juste et de l'injuste. I. simple, complexe. I. claire et nette. I. vague et confuse. I. juste. I. fausse. Avoir une i., des idées. L'origine, le développement des idées. Ce mot réveille telle i. Sur dix personnes, il n'y en a pas deux qui attachent la même i. à ce mot. Vous n'avez aucune i. de nos usages. L'i. que vous vous prenez une i., une juste i. de cela. Cela ne peut vous en donner qu'une faible i. J'en avais conçu une haute i. Il ne répond pas à l'i. que je m'en étais faite. Vous ne sauriez vous faire une i. de ce que j'éprouvai alors.* — Fam. et par exag., *On n'a pas d'i. de cela*, se dit d'une chose qui paraît extraordinaire, excessive en son genre. || Par ext., Pensée, conception de l'esprit, réflexion revenue, etc. *I. belle, noble, grande, sublime. C'est l'i. fondamentale de son livre. C'est une heureuse i. Avoir des idées tristes. Quelle folle i. ! Communiquer ses idées. Faire part de ses idées. Il perdit le fil de ses idées. Il a des idées de l'ordre le plus élevé. C'est un partisan des idées nouvelles. Il a des idées neuves, des idées hardies. Cet ouvrage est plein d'idées ingénieuses, originales. — I. fixe*, Idée dominante dont l'esprit est sans cesse occupé, obsédé. || Se dit des visions chimériques, des choses qui sont irréalisables. *Ce ne sont que des idées. Il n'a que des idées creuses. Il donne ses idées pour des réalités. Il se repaît d'idées. Il nous a entretenus de ses idées vraiment folles. Quelle i. avez-vous eue là?* || Souvenir, image qui est dans la mémoire ou dans l'imagination. *J'ai quelque i. d'avoir vu cet homme. Je ne me rappelle pas ce fait, je n'en ai aucune i. Le temps en a complètement effacé l'i. dans ma mémoire.*

A deux fois, en dormant, revu la même idée.

RACINE.

|| Fam., se dit pour Pensée, esprit, imagination. *J'ai dans l'i. qu'il ne viendra pas. Il s'est mis dans l'i. que... Vous ne lui ôterez pas cela de l'i. Il me revient à l'i. Il n'est riche qu'en i. J'assisterai.en i. à votre fête.* || En parlant des œuvres de l'art, se dit souvent pour Invention. *L'i. de ce tableau est fort gracieuse.* || Dit encore, dans un sens anal., *Il n'y a pas d'idées dans ce livre, dans ce tableau. Cet auteur, cet artiste manque d'idées, est sans idées.* || En Litt. et dans les arts d'imitation, se dit aussi quelquefois pour Esquisse, ébauche rapide d'un ouvrage. *Il en a jeté l'i. sur le papier. C'est une première i. Ce n'est qu'une i. informe.* || Fam., Exposé rapide de quelque chose, de quelque récit. *Il ne m'a donné qu'une i. de ce qui s'est passé.*

Syn. — Notion, Pensée. — L'*idée* est la représentation d'une chose dans l'esprit : elle arrive sans travail, sans effort. La *notion* est un simple aperçu, une connaissance élémentaire qui demande peu de travail pour être acquise. La *pensée* est l'opération propre de l'esprit. Toute *idée* qui est notre ouvrage est une *pensée*. Elle demande l'attention et la méditation. Pour avoir des *idées*, il suffit d'avoir un entendement ; l'homme le plus ordinaire est apte à recevoir des *notions*; mais il faut un esprit doué d'une véritable puissance intellectuelle pour produire des *pensées* nouves.

Philos. — I. — Le mot *Idée* désigne un fait intellectuel élémentaire, irréductible, et qui par conséquent n'est pas susceptible d'une définition rigoureuse. Dans sa signification commune, qui est aussi la plus étendue, on l'applique à toute appréhension de l'esprit, et les scolastiques la définissaient une simple aper-ception de l'esprit, *mera mentis aperceptio.* Le fait exprimé par le mot *idée* est souvent encore désigné par d'autres termes, selon l'objet auquel il se rapporte. Ainsi, on l'appelle, quand il se rapporte à une chose présente, *perception ;* à un objet visible, *image;* à un phénomène purement intellectuel, *conception;* à une chose passée, *souvenir;* à un état moral, *sentiment.* Mais *idée* est le terme générique, et s'applique à tout fait de l'intelligence par lequel les choses sont rendues présentes à notre esprit.

II. — On distribue généralement les idées en plusieurs classes, selon les divers points de vue sous lesquels on les considère.

A. Envisagées au point de vue de leurs *objets*, elles varient à l'infini, comme les choses auxquelles elles se rapportent. Néanmoins on peut les ranger sous les deux chefs suivants : 1° les *idées sensibles*, qui représentent les objets extérieurs ou leurs attributs; 2° les *idées supra-sensibles*, qui se rapportent aux phénomènes de la vie psychique de l'homme. Ces dernières peuvent encore se subdiviser en idées *psychologiques*, en idées *métaphysiques*, et en idées *morales*.

B. Si on les considère au point de vue de la *qualité*, c.-à-d. eu égard à la façon dont elles représentent les objets, les idées peuvent être *vraies* ou *fausses, exactes* ou *inexactes, précises* ou *vagues, claires* ou *obscures, distinctes* ou *confuses*, etc. Ces différents termes n'ont pas besoin d'être expliqués en détail. Nous ferons seulement une observation au sujet des idées fausses et des idées vraies. On a prétendu que les idées étaient toujours *vraies*, attendu que le terme d'*idée* n'impliquait pas affirmation. Il n'y a là qu'un malentendu résultant des deux significations du mot *vrai*. Une idée est toujours *vraie*, en ce sens qu'elle est un fait, qu'elle est existante; mais elle peut en même temps être *fausse*, c.-à-d. non conforme à son objet, soit qu'il y ait, soit qu'il n'y ait pas affirmation de l'esprit qui l'a conçue. En somme une idée est fausse toutes les fois qu'elle constitue une représentation inexacte d'un objet.

C. On distingue encore les idées d'après leur *forme* ou d'après leur *quantité*. Ainsi, on les dit *simples* ou *composées*, selon que leur objet est simple ou composé; *abstraites* ou *concrètes*, selon qu'elles s'appliquent à une qualité isolée ou à l'ensemble de leur objet; *individuelles* ou *collectives*, selon qu'elles représentent un ou plusieurs individus; *particulières* ou *générales*, selon qu'elles correspondent à un objet déterminé ou à tout un genre; *compréhensives* ou *étendues*,

selon qu'elles représentent des qualités communes à un plus ou moins grand nombre d'objets. Voy ABSTRACTION et COMPRÉHENSION.

D. Mais les classifications qui précèdent, et d'autres encore que nous croyons inutile de citer, sont d'une importance fort médiocre et sont toutes plus ou moins arbitraires.

On a aussi distingué les *idées contingentes* et les *idées nécessaires.* Les premières sont relatives aux choses qui pourraient ne pas être. Par ex., l'idée d'une rose est contingente parce que je puis concevoir la rose autrement qu'elle n'est ou même imaginer qu'elle n'existe pas. Au contraire, si j'ai l'idée d'un théorème de géométrie, c'est une idée nécessaire parce que je ne puis imaginer sans contradiction le théorème autrement qu'il n'est.

III. — Le problème de l'origine des idées a été de tout temps un sujet de controverse parmi les philosophes.

A. Pour les idées que nous avons des choses extérieures, c.-à-d. des corps et de leurs propriétés, la question ne paraît pas douteuse. Elles arrivent à notre intelligence par l'intermédiaire des sens, à la suite de l'impression qu'elles produisent sur eux, impression qu'on désigne sous le nom de *sensation.* Ces idées constituent ce qu'on appelle les *idées sensibles.* Toutefois, bien que ces idées nous viennent des sens, elles ne sont point, ainsi que le prétendaient Condillac et son école, des *sensations transformées.* Une sensation est simplement la réaction de l'organe sensoriel contre la cause extérieure qui agit sur lui, réaction qui est perçue par l'âme, et à l'occasion de laquelle notre esprit conçoit l'idée. La sensation est un phénomène passif; l'idée est le produit de notre activité intellectuelle. La sensation prend fin aussitôt que l'objet qui la déterminait cesse d'agir; l'idée persiste et subsiste dans notre intelligence, sans qu'il soit désormais besoin de l'intervention de l'impression ou de l'agent qui a donné lieu à sa naissance. Ajoutons que la sensation est un phénomène purement subjectif, intérieur, et qu'il faut à l'esprit une activité propre pour *conclure* que la sensation est produite par une cause objective, étrangère. Passer des sensations de la vue et du parfum d'une rose à la notion de l'existence d'une chose appelée rose, est un phénomène intellectuel très mystérieux quoique primordial, et qui échappe à toute explication.

B. Les idées relatives à l'âme, à ses états, à ses facultés, en un mot, à tous les phénomènes de la vie intellectuelle et morale, nous sont révélées par le sens intime, c'est-à-dire par l'âme s'observant elle-même. Mais non seulement l'âme a le pouvoir, en se repliant sur elle-même, de s'étudier et de se connaître, mais encore elle a le pouvoir d'agir sur les idées qu'elle a conçues, soit par l'intermédiaire de la sensation, soit par son action propre sur elle-même, et de créer ainsi une série indéfinie d'autres idées, qui n'ont d'existence qu'en elle et par elle : telles sont toutes les idées générales et toutes les idées de rapports, idées qui constituent presque à elles seules toute la matière des sciences. Les idées que l'âme obtient par la propre observation d'elle-même ou par sa propre énergie sont appelées *idées intellectuelles*, et peuvent se diviser en *idées psychologiques* et en *idées morales*, selon la nature des faits et des rapports qu'elles représentent.

C. Toutes ces idées nous viennent-elles de la double source dont il a été question jusqu'à présent, c.-à-d. de l'expérience, soit externe, soit interne ? L'affirmative a été soutenue par une école célèbre qui, pour cela même, a reçu le nom d'école empirique. Cette école, en effet, suppose que toutes les idées viennent de l'expérience, soit directement, soit indirectement, et comme résultat des opérations de l'entendement. Les *idées simples* viendraient directement des sens; les *idées complexes* seraient formées par la réunion de plusieurs idées simples ; elles résulteraient ainsi d'un travail de l'entendement, c'est pourquoi Locke les appelait *idées factices.* Locke est, en effet, le représentant le plus célèbre de cette doctrine qui a reçu le nom de *sensualisme.* Il avait pris pour principe la célèbre formule *Nihil est in intellectu quod non prius fuerit in sensu* (il n'y a rien dans l'intelligence qui n'ait été préalablement dans les sens). Leibniz s'attaqua vigoureusement à la doctrine de Locke : à sa formule, il ajouta les mots *nisi ipse intellectus* (si ce n'est l'intelligence elle-même), qui mettaient en dehors de l'origine empirique toutes les idées d'ordre purement intellectuel. Leibniz suivait la tradition de Descartes : il admettait des idées *innées*, c.-à-d. existant dans l'esprit sans y avoir été apportées du dehors : telles étaient pour lui les idées d'infini, de Dieu, de cause, de bien, etc.

Pour Kant, l'analyse est si profonde, l'expérience ne saurait nous fournir que la *matière* de l'idée ; la *forme* de l'idée vient de nous : c'est l'élément à priori de la connaissance. Ainsi, d'après lui, ce qui est inné, ce ne sont pas des idées toutes faites, mais des formes, des catégories, qui, par elles-mêmes, ne sont rien et qui ne deviennent quelque chose que quand elles viennent se superposer à l'élément fourni par la sensibilité.

Cette question de l'origine des idées est capitale en philosophie ; on peut dire que c'est le nœud de tou e la métaphysique.

Nous avons déjà expliqué plus haut comment la sensation seule ne pouvait pas nous donner l'idée du monde extérieur. On ne saurait trop insister sur ce point, qui est la vraie réfutation du sensualisme. Les sens ne peuvent donner que l'idée d'un groupe de sensations ; mais ils ne peuvent nous donner l'idée qu'il existe quelque part une chose qui est la cause de ce groupe de sensations. On dira bien que chaque fois que nous rencontrons le même groupe de sensations, nous lui donnons le même nom, soit celui de rose, pour reprendre l'exemple précédent ; mais comment savoir s-nous que chaque fois que nous retrouvons le même groupe de sensations, il y a la même objet, extérieur à nous, qui est la cause de ces sensations?

Voilà un fait capital, la croyance au monde extérieur, que le sensualisme est impuissant à expliquer. En vain répondra-t-il que la croyance au monde extérieur est une conséquence du principe de causalité, qui nous oblige à attribuer nos sensations à une cause, et que la notion de cause vient, comme les autres, de l'expérience. D'abord, il faudrait prouver cette dernière assertion ; mais le ferait-on qu'on n'expliquerait encore pas la nécessité par laquelle nous attribuons une cause à nos sensations. Cela se fait instinctivement, sans raisonner, par une opération primordiale de l'esprit. En admettant même que l'idée de cause vienne des sens, d'où vient que nous voulons attribuer une cause à tout ce qui nous arrive, et que nos sensations nous suggèrent, par cet intermédiaire, l'idée d'une chose qui n'est pas nous? Enfin, nous avons longuement expliqué au mot Cause que cette idée ne pouvait venir des sens externes et qu'elle avait son origine dans le sens intime. ainsi le sensualisme pur est condamné à nier l'idée de cause pour n'y voir que celle de succession, et à nier du même coup l'existence du monde extérieur, ce qui le plonge dans l'idéalisme et, de plus, le met en contradiction avec lui-même, car en disant que les idées viennent des sens, il entend bien nettement des sens impressionnés par les objets extérieurs, et nullement des sens s'excitant eux-mêmes. Aux sens extérieurs il faut donc adjoindre, comme origine des idées, le sens intime. Alors, en effet, on pourra expliquer l'idée de cause par le sentiment que nous avons d'être une cause ; mais on n'expliquera encore pas la nécessité du principe de causalité, et l'on arrivera encore à la négation du monde extérieur, avec la même contradiction. Au reste, il s'agit de bien s'entendre. Si l'on admet que toutes les idées viennent des sens externes et de la conscience, et qu'on nomme le mot conscience dans toute sa généralité, on aura raison, puisque la conscience comprend l'être tout entier et que toute idée est nécessairement dans la conscience avant d'être dans l'entendement. Le sensualisme est la doctrine qui admet que toutes les idées viennent soit des sens extérieurs, soit du sentiment que nous avons de notre existence et de notre activité, et qui, en particulier, fait dériver des sensations extérieures toutes les idées des choses distinctes du sujet pensant, ce qui réduit à très peu de chose les idées dérivées du sens intime.

Procédons maintenant d'une autre manière. Analysons un certain nombre d'idées que les anciens philosophes appelaient nécessaires, absolues, etc. On peut peu -être discuter si l'idée d'infini ne provient pas de la négation de l'idée de fini, quoique les deux termes ne puissent s'entendre l'un sans l'autre et qu'on puisse répondre que si l'on n'avait pas la notion de l'infini, on n'aurait pas non plus celle du fini. L'idée de cause a déjà été analysée (Voy. Cause), et nous avons vu qu'elle ne pouvait venir que de la conscience que nous avons nous-mêmes d'être une cause. L'idée de volonté a la même origine. Mais les idées de bien et de beau? Il est impossible de leur trouver une origine empirique. Aussi les empiristes qui ont voulu rester logiques les ont simplement niées, en remplaçant l'idée de bien par celle d'utile, l'idée ce devoir par celle d'intérêt bien entendu, l'idée de beau par celle d'agréable. Voy. Esthétique, Morale. Ainsi, voilà l'empirisme condamné à nier la morale. Cette nécessité n'a pas arrêté certains philosophes ; mais on remarquera que de la négation de la morale à celle du libre arbitre il n'y a pas loin, et que l'empirisme aboutit au même point que le matéria isme, et qu'il est comme lui impuissant à expliquer tout ce qui constitue l'homme moral.

Il y avait cependant dans le sensualisme une part de vérité et c'est ce qui a fait illusion à Locke et à ses disciples. Ce qui est très vrai, c'est que les idées, quelles qu'elles soient, n'ap-

paraissent dans l'esprit qu'à propos d'une sensation. L'idée de cause n'apparaît qu'après la sensation d'effort, l'idée de beau qu'après une sensation éveillant une émotion esthétique, etc. La formule exacte serait donc : les idées ne viennent pas des sens ; mais elles sont éveillées par les sensations. C'est, en d'autres termes, la formule de Kant : La sensation donne la matière et l'esprit la forme de l'idée.

IV. — L'étymologie du mot idée, qui signifie proprement image, nous révèle l'hypothèse qui la première s'est produite en philosophie sur la nature de ce phénomène. Les anciens avaient imaginé qu'entre l'esprit renfermé dans le corps et les objets qui nous entourent, il ne pouvait y avoir de communication immédiate. En conséquence, ils supposèrent que les objets envoient à l'esprit, par le canal des sens, des images d'eux-mêmes, appelées par Aristote espèces sensibles, et que ce sont ces images, et non les objets, que nous percevons. Cette supposition fut ensuite généralisée et appliquée à toutes les facultés de l'esprit. Les objets passés furent représentés à la mémoire par des images, les objets immatériels ou de raison par des espèces intelligibles. « En un mot, dit Jouffroy, on créa dans l'esprit un peuple de fantômes, qui furent comme des ombres des objets que nous percevons. » Cette hypothèse, quelque vaine qu'elle soit, s'est reproduite dans la philosophie moderne ; seulement ces êtres intermédiaires ont reçu le nom commun d'idée. D'après cette théorie que, dans l'histoire de la philosophie, on appelle théorie de l'idée représentative, la connaissance et l'idée sont deux choses distinctes. L'idée n'est qu'un moyen de connaissance et non la connaissance même ; c'est une sorte d'intermédiaire entre l'objet et le sujet. Pour ce dernier, l'idée est donc la représentation de l'objet, mais une représentation objective ayant une existence en dehors de nous, et pénétrant pour ainsi dire dans notre entendement ; l'exactitude de la connaissance se mesure sur le plus ou moins de fidélité de l'image par rapport à l'objet qu'elle représente. Ainsi, ce n'est pas le soleil que nous voyons, mais l'idée du soleil entrée en nous ; ce n'est pas l'événement qui nous est arrivé hier que la mémoire atteint, mais l'idée de cet événement en elle. Mais si l'on presse les conséquences de cette théorie, on aboutit à un scepticisme absolu. En effet, bien que l'esprit se saisisse lui-même par une aperception immédiate et qu'on ne puisse mettre en question son existence, il en est tout autrement des objets extérieurs qu'il ne nous est jamais donné d'atteindre directement, à cause de la présence de cet être intermédiaire, l'idée, qui vient toujours s'interposer entre notre âme et la réalité extérieure, devenue dès lors à jamais insaisissable. De la l'impossibilité de nous assurer de l'existence réelle des objets qui constituent l'extériorité matérielle, et, par conséquent, on aboutit, comme Berkeley, à la négation logique du monde extérieur. Or, cette doctrine une fois adoptée, rien ne me garantit plus l'existence extérieure d'êtres semblables à moi, et il ne reste seul dans l'univers, ou plutôt je le constitue à moi seul, avec mon esprit et mes idées. — Cette hypothèse des idées représentatives avait pour objet d'expliquer comment les corps pouvaient agir sur l'entendement afin d'être perçus ; il est clair qu'elle n'explique rien et qu'elle est du même ordre que celle du médiateur plastique, inventé pour expliquer l'action réciproque du corps et de l'âme. Par ces intermédiaires on complique le problème, au lieu de le simplifier ; au lieu d'une action mystérieuse, il y en a maintenant deux : celle des corps sur l'idée, et celle de l'idée sur l'entendement. Au reste, ces tentatives d'explication sont vaines et inutiles. Le fait est que nous avons des idées et que ces idées sont plus ou moins conformes aux objets extérieurs suivant que nous les connaissons bien ou mal. Les seules recherches qui puissent être profitables à la science philosophique, sont celles qui concernent l'analyse des idées comprises, la manière dont elles se forment dans l'esprit. On peut dire que toute la métaphysique n'est autre chose que l'analyse critique des idées.

Association des idées. Voy. Association.

IDELER (Christian-Ludwig), astronome all. (1766-1846).

IDEM. [Pr. idè-me]. Mot emprunté du latin, qui signifie Le même. On l'emploie pour éviter de répéter ce qui vient d'être dit ou écrit. Par abréviation, on écrit souvent Id.

IDÉMISTE. adj. 2 g. (R. idem). On appelait Docteurs idémistes, ceux qui, dans les assemblées, se contentaient d'opiner du bonnet et de dire idem sans apporter de raison.

IDENTIFICATION. s. f. [Pr. idan-tifi-ka-sion]. Action d'identifier.

IDENTIFIER. v. a. [Pr. *idan...*] (lat. *idem*, le même; *fieri*, devenir). Comprendre deux choses sous une même idée. *La définition doit toujours être identifiée ou s'i. avec le défini.* || Considérer deux choses comme identiques. *Les panthéistes identifient Dieu et le monde, le créateur et la création.* || *I. un nom de lieu*, Trouver le nom moderne qui correspond au nom ancien. = s'IDENTIFIER. v. pron. S'assimiler, devenir pareil, identique; se dit au prop. et au fig., *Une partie des substances introduites dans l'organisme s'identifie avec les différents tissus. La législation avait fini par s'i. avec les mœurs. A force de vivre avec les gens, on s'identifie en quelque sorte avec eux. — Le poète et l'acteur doivent s'i. avec les personnages qu'ils font agir et parler.* = IDENTIFIÉ. ÉE. part.

IDENTIQUE. adj. 2 g. [Pr. *idan-tike*] (lat. *identicus*, m. s.). Qui persiste dans l'existence. *Malgré les changements continus qu'éprouve incessamment son corps, l'homme se sent toujours i. avec lui-même.* || Qui est le même qu'un autre, qui ne se distingue d'un autre par aucune différence. *Deux et deux sont identiques avec quatre. Ces deux objets sont identiques.* || Qui est compris sous une même idée qu'une autre chose, nonobstant les différences de forme. *Au fond, ces deux propositions sont identiques.*

IDENTIQUEMENT. adv. [Pr. *idan-tike-man*]. D'une manière identique.

IDENTITÉ. s. f. [Pr. *idan...*] (lat. *identitas*, m. s.). Caractère de ce qui est identique. || T. Jurisp. Le fait qu'un individu est bien celui qu'il dit être ou qu'on présume être. *Prouver son i.* || T. Philos. Conscience de la persistance du moi. || T. Alg. Egalité qui est vraie quelles que soient les valeurs qu'on attribue aux lettres qui y entrent. Voy. ÉQUATION.

Philos. — Le mot *Identité* exprime la qualité d'être le même, ce qui peut s'entendre et s'entend en effet dans deux sens différents.

Une chose est la même quand elle persiste dans son existence. On dit alors qu'elle a conservé son *identité*, qu'elle est demeurée *identique*. Les corps de la nature inorganique ne sont identiques qu'autant qu'ils n'éprouvent aucune espèce de changement; chez eux, l'i. est incompatible avec toute mutation, toute modification, soit dans la composition, soit dans dans la forme. Mais il en est autrement pour les êtres vivants: leur i. se concilie avec les changements matériels les plus apparents et, on peut presque dire, avec une transformation complète. En effet, les altérations que subissent ces êtres portent non seulement sur la forme, mais encore sur leur substance elle-même. Ainsi, par ex., au bout d'un petit nombre d'années, le corps de l'homme, outre les modifications extérieures qu'il présente habituellement sa forme, ne contient plus un atome des matières qui le composaient. Tous les éléments organiques que le constituaient ont été éliminés et remplacés par des éléments de même nature. Ce flux est incessant et dure autant que la vie; car s'il s'arrête ou même se ralentit, celle-ci ne tarde pas à s'éteindre. Il est difficile d'expliquer en quoi consiste cette i. des êtres vivants et de l'homme en particulier. Cependant cette notion d'i. est inséparable de tout raisonnement, et le monde comprend ce qu'on veut dire quand on dit: *voici le même chien, le même arbre, le même homme*. Au reste, certaines choses inanimées possèdent une i. de même nature, malgré le renouvellement des parties qui les composent: tel un fleuve dont l'eau se renouvelle à chaque instant et dont les rives changent d'aspect et même de position avec le temps; telle encore une machine dont on remplace successivement les diverses pièces à mesure qu'elles s'usent. L'i. absolue ne peut se concevoir que de Dieu qui, étant infini, est éternellement tout ce qu'il est sans modifications possibles.

On dit encore que deux choses sont *identiques*, ou les mêmes, lorsqu'il n'existe aucune différence entre elles : ici donc i. désigne un rapport de similitude et signifie *non-différence*. En logique, on dit qu'il y a i. entre deux propositions lorsqu'elles expriment absolument la même chose. Il y a alors i. totale. Deux propositions identiques de cette manière n'en font en réalité qu'une. Une seule proposition peut aussi être identique, lorsque l'attribut est exactement le même que le sujet. La proposition est alors vaine et oiseuse et sans signification. On l'appelle aussi une *tautologie*. Par exemple, la manière dont on énonce souvent le principe de causalité : *Tout effet a une cause* est une i., de cette nature, puisque le mot *effet* implique l'idée de cause. Voy. CAUSE. — Le plus souvent, l'i. n'est que partielle; ainsi on a dit, quoiqu'à tort, qu'il y

a i. entre le sujet et l'attribut lorsque l'attribut appartient réellement au sujet. C'est ainsi que le principe sur lequel repose le syllogisme a été appelé quelquefois *principe d'i.*, alors qu'il convient de lui conserver le nom de *principe de contradiction*. Ce principe n'est point nouveau : c'est celui qu'Aristote appelle le premier et le plus évident des principes, celui sur lequel il fonde toute la logique, car en effet tout raisonnement et toute pensée reposent sur lui. Aristote l'a formulé de diverses manières : « Une chose ne peut pas à la fois être et n'être pas en un même sujet et sous le même rapport »; ou « Le même sujet n'admet pas en même temps deux attributs contraires »; ou bien encore : « L'affirmation et la négation ne peuvent être vraies en même temps du même sujet. »

Le principe d'i. et de contradiction, condition essentielle de toute vérité, paraît à tout esprit sensé aussi inattaquable que la réalité objective et la réalité subjective. Mais on a bien douté de celles-ci, il n'est donc pas étonnant qu'on ait contesté celui-là. Ce principe a eu pour principaux adversaires : Héraclite, Protagoras et autres sophistes dans l'antiquité, et Hegel dans les temps modernes. Hegel a reproduit contre lui les arguments des sophistes grecs en proclamant hautement l'i. des différences, des contraires et des contradictoires. Ainsi, par ex., l'Être et le Néant sont assurément les deux termes les plus contradictoires que puisse atteindre la pensée. Or, Hegel affirme, après Héraclite, leur i. absolue : « L'Être et le Néant sont même chose. » De même il affirme l'i. du fini et de l'infini, de l'identique et du non identique, de la liberté et de la nécessité, du bien et du mal, de la lumière et des ténèbres, de Dieu et du monde. « Tout est Dieu et rien n'est Dieu », voilà la conséquence suprême de cette logique. Un exemple suffira pour donner une idée du procédé de démonstration employé par le philosophe allemand, afin d'établir l'i. des contradictoires. « En premier lieu, *quelque chose* et *autre chose* existent l'un et l'autre; donc ils sont tous les deux *quelque chose*. En second lieu, chacun des deux est en même temps autre chose, peu importe celui des deux qu'on appellera d'abord *quelque chose*. Si nous appelons A un certain être et B un autre être, B d'abord est par la déterminé comme *autre*. Mais A est en même temps tout aussi bien l'*autre* de B. Tous les deux sont, au même titre, *autre chose*. Donc tous les deux, en tant que *quelque chose*, soit en tant qu'*autre chose*, sont bien toujours *même chose*. » Il est visible que cette argumentation repose sur un emploi abusif du mot *autre*, qui est essentiellement relatif et auquel on cherche à attribuer une signification absolue. A et B sont bien autres tous les deux, mais A par rapport à B et B par rapport à A. Dire qu'ils sont autres l'un et l'autre sans rien ajouter, c'est ne rien dire du tout.

Légist. — En termes de jurisprudence, on appelle *Identité* la reconnaissance d'une personne, la certitude qu'elle est bien ce qu'on croit ou ce qu'elle dit être. La constatation de l'id. peut avoir lieu tant en matière civile qu'en matière criminelle. En matière civile, nous citerons le cas de l'absent, revenant après un long espace de temps réclamer ses biens (Code civil, 115 à 132). — En matière criminelle, nous mentionnerons seulement celle qui a lieu pour reconnaître un individu en état d'arrestation, et un condamné évadé et repris (C. Instr. crim. 518-520), ou encore une personne qu'on croyait à tort avoir été homicidée (*Ib.* 444). Souvent aussi il est nécessaire de constater l'id. d'une personne après la mort, particulièrement quand un individu a été victime d'un crime. Dans beaucoup de cas, cette constatation doit se faire avec l'assistance d'un médecin.

L'application de la méthode anthropométrique aux condamnés facilite la constatation de l'id. des récidivistes. Voy. ANTHROPOMÉTRIE, et plus bas.

Méd. légale. — On comprend en médecine légale, sous ce titre, la recherche et la constatation des signes physiques à l'aide desquels il est possible d'établir, soit avant, soit après la mort, l'individualité de personnes inconnues, ou encore la participation de tel ou tel individu à certains actes incriminés.

1° *Les signes propres à établir l'individualité* sont tirés de l'âge, du sexe, de la taille, de la couleur des poils et des cheveux, de la conformation particulière ou vicieuse de telle ou telle partie, de la présence de signes, cicatrices ou tatouages, enfin, de certaines modifications produites par le travail professionnel. — L'*âge* n'est pas facile à établir avec certitude, pas plus sur le vivant que sur le mort; les données qui peuvent fournir d'utiles renseignements sont : le développement physique, taille et physionomie générale; le degré d'ossification, surtout important pour le fœtus et le nouveau-né (avortement et infanticide); les modifications de densité et de friabilité du tissu osseux; enfin, la dentition, plus caractéristique. — Le *sexe* peut rester douteux en raison d'un vice de conformation originel qui n'est pas toujours reconnu lès la naissance, d'où peuvent naître des contestations au sujet de l'état civil, à l'occasion d'une demande en nullité de mariage : il est bien entendu qu'il ne peut s'agir que d'une méconnaissance du sexe vrai et non de malformation des organes ayant pour conséquence l'impuissance de l'homme ou la stérilité de la femme. La question peut encore être posée à l'occasion de la découverte d'ossements pour la reconnaissance desquels la détermination du sexe est essentielle. L'examen général du squelette montre chez la femme des os plus petits, plus grêles, plus lisses, sans aspérités; le thorax est moins haut, plus arrondi, plus bombé, aminci vers la base; mais les signes sont plus accusés du côté du bassin où tous les diamètres, sauf le vertical, sont plus étendus, la symphyse est plus épaisse, les crêtes et les tubérosités iliaques sont plus écartées, les os coxaux plus plats; l'échancrure ischiatique et les trous sous-pubiens plus grands; les fémurs plus courbés en avant, et l'angle que forme le col avec le corps de l'os plus ouvert. — La *taille* est un élément signalétique essentiel, facile à mesurer sur un corps intact; mais lorsque l'expert n'a à sa disposition que des débris, il se trouve réduit à des approximations pour lesquelles les tables dressées par Sué, Orfila, etc., peuvent être utilement consultées. — La *chevelure* fournit un signe important par sa fixité et par la résistance du système pileux à la putréfaction, mais il faut se méfier des fraudes que les divers procédés de teinture peuvent réaliser; les moyens de décoler ces tentatives sont faciles et varient suivant la teinture employée pour faire passer les cheveux du noir au blond ou du blond au noir : le plomb, qui fait la base des nuances foncées, est dissous et décoloré par les acides; les poudres et liqueurs végétales qui produisent les couleurs claires cèdent au lavage avec l'eau, l'alcool ou l'éther. — La *conformation particulière* ou *vicieuse* de telle ou telle partie constitue un indice extrêmement précieux; aussi l'expert doit-il s'attacher à décrire très exactement toutes les parties du corps de l'individu qu'il examine : cet examen portera sur les taches ou signes de naissance : les vices de conformation des parties molles, telles que les verrues, les loupes, les hernies, ainsi que sur les déformations du squelette, claudication, déviation rachitique; enfin, le nombre et la forme des dents doivent être soigneusement notés; on reconnaît les fumeurs à la même que creuse entre les dents le tuyau de la pipe. Les cicatrices ont un grand intérêt : elles peuvent être anciennes, c.-à-d. blanches, nacrées; ou récentes, et alors d'un rouge plus ou moins vif clacé; très apparentes comme dans la variole, ou peu visibles, et alors une friction un peu vive les rend distinctes; la forme et l'origine de la cicatrice doivent être recherchées avec soin; les plaies par instruments piquants ou tranchants laissent une cicatrice linéaire ou curviligne suivant la tension de la peau et la forme concave ou convexe de la partie blessée; la dépression particulière dénonce les plaies par armes à feu; l'irrégularité, les brûlures; leur étendue, les maladies ulcéreuses, etc. À côté des cicatrices il convient d'étudier le *tatouage* : le mode de tatouage est peu varié; il se fait le plus souvent avec l'encre de Chine ou le vermillon, plus rarement avec l'indigo des blanchisseuses dissous dans l'acide sulfurique; il faut considérer, d'une part, la valeur positive des tatouages apparents; d'autre part, la valeur négative des tatouages effacés. Les images indiquent surtout la condition spéciale de l'individu, la classe ou la profession à laquelle il appartient; parfois elles présentent une véritable signification morale; toutes les parties du corps peuvent en être le siège, même le visage où l'on a vu inscrit sur le front : « Pas de chance »; mais le plus grand nombre sont inscrits de préférence sur l'avant-bras et à droite; la poitrine, le ventre des prostituées portent souvent inscrits des tatouages chez les jeunes, de femmes chez les vieilles; le pénis lui-même peut être choisi. La nature des images offre les mélanges les plus singuliers, tantôt obscènes, tantôt mystiques : emblèmes militaires ou religieux, emblèmes amoureux, tatouages professionnels surtout; puis des initiales, des noms propres, des dates, etc. Il n'est pas rare de rencontrer chez des détenus, dans les maisons d'arrêt, de faux tatouages destinés à égarer la justice : le dessin n'est tracé que par une peinture superficielle que le lavage fait disparaître. La disparition des tatouages véritables mérite d'être étudiée de plus près; c'est une erreur de croire que les tatouages ne peuvent pas disparaître spontanément, cela dépend du mode de tatouage, des piqûres et de la nature de la couleur employée; en dehors de ces cas, ils peuvent être détruits volontairement par des procédés artificiels certains et assez perfectionnés pour ne laisser

aucune trace. Sans recourir à l'acide sulfurique, on a pu obtenir de bons résultats avec de la pommade acétique, une solution étendue de potasse et de l'acide chlorhydrique ou nitrique faible.

Enfin, il faut signaler parmi les signes propres à établir l'individualité : les *modifications physiques et chimiques que détermine, dans certains organes, l'exercice des diverses professions*. On peut les rattacher aux quatre types suivants :

A. L'épaississement de l'épiderme est l'effet le plus commun du travail manuel en général; il varie depuis une simple dureté calleuse jusqu'aux durillons, aux bourrelets très saillants (chez les cardeurs de matelas, à l'avant-bras; dans la paume, chez les serruriers, charrons, cochers, coiffeurs, etc.).

B. Les altérations de structure de la peau peuvent s'étendre à la profondeur : ramollissement du derme, crevasses profondes (boulangers, débardeurs, etc.); destruction des ongles, formation de tumeurs et de kystes sous-cutanés, etc., que l'origine en soit une sorte d'usure mécanique, une irritation permanente ou le contact habituel de quelque substance.

C. Les changements de coloration sont très caractéristiques : brunisseurs, corroyeurs, ébénistes, teinturiers, etc.; mais comme les teintes en apparence les plus semblables peuvent résulter de causes différentes, il faut très souvent faire intervenir comme élément de jugement l'analyse chimique.

D. Les déformations des parties peuvent porter, soit sur un organe circonscrit, soit sur toute une partie du corps, parfois même sur l'ensemble de la constitution; ce sont tantôt une disposition spatuliforme de l'ongle (cordonniers, fleuristes, etc.), tantôt une déviation des doigts (cloutiers, ébénistes), tantôt une rétraction des tendons fléchisseurs (cloutiers), tristes apanages de certaines professions, infirmités souvent incurables. Toutes ces altérations se montrent à des degrés variables : elles sont d'autant plus accusées que l'individu exerce sa profession depuis plus longtemps et d'une manière plus suivie; elles peuvent diminuer et même disparaître sous l'influence du repos. Il ne suffit pas de s'en tenir à des idées générales, et il convient de déterminer le siège exact des altérations produites par tel ou tel genre de travail : la main est naturellement la partie essentielle, la droite est le plus souvent marquée; au pied, les altérations sont beaucoup plus rares; sur le tronc, les déformations sont souvent considérables : il faut encore insister sur ce point, que la conclusion se tire d'ordinaire d'un ensemble de signes. Pour ne rien omettre, signalons les altérations de coloration ou de texture de certains organes intérieurs en rapport avec l'absorption métallique à laquelle sont exposés les ouvriers qui travaillent le cuivre et le plomb. À ces circonstances se rattache aussi l'usure des vêtements à certaines places déterminées.

2° *Signes particuliers propres à établir la participation d'un individu à certains actes criminels ou délictueux.* — Pour compléter les notions précédentes, il faut montrer qu'il est facile à l'expert, en général, de reconnaître que tel ou tel individu a réellement assisté ou participé aux actes sur lesquels la justice informe. Les signes principaux qui nous intéressent sont :

A. Dans des marques laissées sur les vêtements ou sur le corps : traces de lutte avec une victime, vestiges de l'emploi de certaines armes; taches diverses : de sang, de plâtre, de poussières de toute nature sur les vêtements, sur la chaussure, etc. Voy. TACHES.

B. Dans des cheveux ou poils adhérents à certains objets, ceux de la victime ou de l'assassin.

C. Dans des empreintes laissées par certaines parties du corps de l'inculpé, soit la main, soit le pied, empreintes que l'on peut fixer et conserver à l'aide de procédés spéciaux, comme de véritables pièces à conviction.

Nous ne ferons que rappeler les preuves d'identité que l'on a prétendu tirer de l'image photographique que laisserait sur la rétine de sa victime l'image du meurtrier, sans même nous attarder à les réfuter. Terminons en disant combien ces questions d'identité exigent du médecin légiste une attention et une sagacité, une réserve et une circonspection particulières.

IDÉOGÉNIE. s. f. (R. *idée*; gr. γένεια, production). Science qui traite de l'origine des idées.

IDÉOGÉNIQUE. adj. 2 g. Qui a rapport à l'idéogénie.

IDÉOGRAMME. s. m. (R. *idée*; gr. γράμμα, chose écrite). Nom donné aux signes qui n'expriment ni une lettre ni un son quelconque, mais une idée, abstraction faite du son par lequel cette idée est rendue dans telle ou telle langue. *Les chiffres sont des idéogrammes.* — Les caractères chinois sont des idéogrammes; aussi sont-ils employés avec le même sens et compris par des peuples qui ne parlent pas le même idiome. || Dans les écritures hiéroglyphiques, signes présentant des images d'idées et de choses.

IDÉOGRAPHIE. s. f. (gr. ἰδέα, idée; γραφή, écriture). Système d'écriture dans lequel les idées sont représentées par les images des objets ou par leurs symboles.

IDÉOGRAPHIQUE. adj. 2 g. Qui a rapport, qui appartient à l'idéographie. *Écriture i. Signes idéographiques.* Voy. ÉCRITURE et HIÉROGLYPHE.

IDÉOGRAPHIQUEMENT. adv. A la manière idéographique.

IDÉOGRAPHISME. s. m. Système consistant à exprimer une idée par un signe, à la peindre.

IDÉOLOGIE. s. f. (gr. ἰδέα, idée; λόγος, discours). Si l'on s'en tenait à sa signification étymologique, ce mot désignerait simplement cette partie de la philosophie qui étudie les idées considérées en elles-mêmes, c.-à-d. comme de purs phénomènes de l'esprit humain. Mais les philosophes qui l'ont créé et mis pour un instant à la mode, à la fin du siècle dernier, comprenaient sous cette dénomination la philosophie tout entière, c.-à-d. la métaphysique, la logique, la morale, et même les sciences qui s'en déduisent directement, comme la politique, l'économie politique et la législation. Cette école voulait appliquer à l'étude de l'homme la méthode analytique et les procédés d'observation qui venaient de donner un essor prodigieux aux sciences physiques et naturelles. Il suffisait pour cela d'étudier les phénomènes intellectuels en eux-mêmes, ou, en d'autres termes, les *idées*, pour arriver à des résultats aussi brillants, à des vérités positives A en croire cette école, Condillac venait de jeter les fondements de la philosophie définitive et de les asseoir sur des bases inébranlables. L'analyse avait démontré que la sensation seule donnait naissance à toutes nos idées, à tous nos sentiments, à toutes nos facultés. Il n'y avait donc qu'à continuer l'œuvre si bien commencée. De là la substitution du nom d'*Idéologie* aux mots surannés de philosophie et de métaphysique. L'ouvrage le plus remarquable qu'aient produit les idéologues est les *Éléments d'idéologie*, par Destutt de Tracy. Ce livre est plein d'idées saines et neuves; mais le principe de la doctrine étant que toutes les idées viennent exclusivement des sens, il était inévitable que l'auteur se heurtât aux mêmes difficultés qu'avaient déjà rencontrées les *sensualistes*. Au reste, l'i. n'est que le développement de la doctrine sensualiste. Voy. IDÉE et SENSUALISME.

IDÉOLOGIQUE. adj. 2 g. Qui a rapport, qui appartient à l'idéologie.

IDÉOLOGISTE. Syn. d'*Idéologue*.

IDÉOLOGUE. s. m. [Pr. *idéo-logh*]. Celui qui s'occupe d'idéologie. *Un profond i.* — En mauvaise part, Celui qui, dans la pratique, se laisse diriger par les théories plutôt que par les faits.

IDES. s. f. pl. (lat. *idus*, m. s.). Quinzième jour des mois de mars, mai, juillet et octobre dans le calendrier romain, et treizième jour des autres mois. Voy. CALENDRIER, CALENDES.

IDEVILLE (HENRY, comte d'), diplomate fr. (1830-1887).

IDIOCYCLOPHANE. adj. 2 g. (gr. ἴδιος, propre; κύκλος, anneau; φανός, lumineux). T. Minér. Se dit de cristaux au travers desquels on aperçoit à l'œil nu les anneaux colorés que l'on ne voit généralement qu'au moyen des appareils de polarisation.

IDIOÉLECTRICITÉ. s. f. Qualité de ce qui est idioélectrique.

IDIOÉLECTRIQUE. adj. 2 g. (gr. ἴδιος, propre, et *électrique*). S'est dit des corps susceptibles d'être électrisés par le frottement, qui sont les corps mauvais conducteurs. Voy. ÉLECTRICITÉ.

IDIOGYNE. adj. 2 g. (gr. ἴδιος, propre; γυνή, femelle). T. Bot. *Plantes idiogynes*, Plantes dont les étamines ne sont pas placées dans la même fleur que le pistil. Inus.

IDIOGYNIE. s. f. État des plantes dont les étamines sont idiogynes. Inus.

IDIOMATIQUE. adj. 2 g. Qui appartient aux idiomes.

IDIOME. s. m. (gr. ἰδίωμα, m. s.). Voy. LANGUE.

IDIO-MÉTALLIQUE. adj. 2. g. (gr. ἴδιος, propre, et *métallique*). T. Phys. *Phénomènes idio-métalliques*, Phénomènes électriques qui se manifestent au contact de deux métaux. Voy. GALVANISME.

IDIOMOGRAPHIE. s. f. (R. *idiome*; gr. γράφειν, décrire). Science qui a pour objet la description et la classification des idiomes.

IDIOMOGRAPHIQUE. adj. 2 g. Qui a rapport à l'idiomographie.

IDIOMORPHES. s. m. pl. (gr. ἴδιος, propre; μορφή, forme). Nom générique donné aux corps fossiles provenant des animaux ou des végétaux.

IDIOPATHIE. s. f. (gr. ἴδιος, propre; πάθος, souffrance). T. Méd. Maladie qui existe par elle-même et qui n'est point sous la dépendance d'une autre affection. || T. Mor. Inclination particulière qu'on a pour une chose.

IDIOPATHIQUE. adj. 2 g. (R. *idiopathie*). T. Méd. Se dit d'une maladie qui n'est liée à aucune autre, qui n'en dépend pas. *Cette migraine n'est point i., elle n'est qu'un symptôme du dérangement de l'estomac. Maladie i. — Abcès i.*, Voy. Ancès.

IDIOSYNCRASIE. s. f. [Pr. *idio-sinkra-zî*] (gr. ἴδιος, propre; σύγκρασις, constitution). T. Physiol. Au sens étymologique ce terme s'applique à une disposition individuelle de l'économie, à une manière particulière et en général insolite de percevoir certaines sensations internes ou externes; cette signification restreinte est la seule qui mérite d'être conservée, car le cercle des faits ainsi désignés s'est singulièrement rétréci, à mesure que les progrès de la physiologie ont permis de les rattacher à des lois déterminées qui régissent les phénomènes d'innervation et, avant tout, aux actions réflexes. On ne peut donc faire rentrer dans ce groupe que ces antipathies natives, ces répugnances instinctives et invincibles dont l'action, même ignorée de ceux qui la subissent, produit des troubles variés et constants (syncopes, vomissements, convulsions, éruptions); ce sont encore ces effets tout à fait insolites et inattendus que déterminent quelques médicaments à des doses même minimes, ou au contraire, leur défaut presque absolu d'action chez quelques individus. Voy. TEMPÉRAMENT.

IDIOSYNCRASIQUE. adj. 2 g. [Pr. *idio-sinkra-zike*]. Qui a rapport à l'idiosyncrasie.

IDIOT, IOTE. adj. et s. (gr. ἰδιώτης, homme du peuple, homme ignorant; de ἴδιος, particulier). Stupide, imbécile; se dit proprement de celui qui, par un vice quelconque de conformation ou par quelque altération dans les organes de l'entendement, est incapable de combiner aucune idée. *Un pauvre i. Une femme idiote.* — Fig., *C'est l'homme du monde le plus i.* || Subst., *C'est un i.* Voy. IDIOTIE.

IDIOTHALAME. adj. 2 g. (gr. ἴδιος, propre, et fr. *thalame*). T. Bot. *Plantes idiothalames*, dont les conceptacles diffèrent du thalle par leur nature et leur couleur. Inus.

IDIOTIE. s. f. [Pr. *idio-sî*] (R. *idiot*). T. Méd. I. — L'i. et l'imbécillité sont des infirmités congénitales ou remontant à la première enfance, qui consistent: anatomiquement, dans un défaut plus ou moins grand d'organisation ou de développement du cerveau; symptomatiquement, dans une absence ou insuffisance correspondante de développement des facultés sensorielles, intellectuelles, morales et affectives. Tandis que le fou, le dément, sont privés des biens dont ils jouissaient autrefois, riches devenus pauvres, l'idiot a toujours été dans l'infortune et la misère. — Depuis l'état des infirmes qui atteignent presque un degré normal d'intelligence jusqu'à celui des abrutis, qui n'ont qu'une existence végétative, existe une échelle de nuances insensibles dans laquelle les divisions sont forcément artificielles. On peut cependant distinguer l'imbécillité comprenant les cas les moins graves, et l'i., les plus accentués; ajoutons qu'on a coutume d'appeler *faibles* d'esprit, ceux des imbéciles qui s'écartent le moins de l'État normal, et de désigner par le mot d'automatisme l'état des plus dégradés.

II. — Lorsque l'i. est congénitale, les causes doivent nécessairement remonter à la vie intra-utérine et être recherchées chez les parents; lorsqu'elle date de la première enfance, tantôt elle peut être rapportée aux parents, tantôt à l'enfant lui-même qui aurait été atteint d'une affection cérébrale : cependant, même dans ce cas, d'une manière générale, les vices morbides héréditaires ont une grande part de responsabilité et c'est une des formes les plus communes de dégénérescence de l'espèce humaine. Aussi toutes les influences susceptibles d'abâtardir la race peuvent être en jeu : qu'elles tiennent au sol, à l'air, à l'eau; ou à des habitudes collectives de mauvaise hygiène; ou aux conditions qui ont entouré la conception, misère physiologique ou pathologique, âge avancé des parents, consanguinité, tares nerveuses comme l'épilepsie et la folie, alcoolisme ou simplement ivresse accidentelle au moment de la conception. — Ces causes étant pour la plupart permanentes chez le même individu, on rencontre fréquemment dans une même famille plusieurs imbéciles. L'influence dépressive de la syphilis mérite d'être signalée. — Les causes d'i. exclusivement propres à l'enfant peuvent être des manœuvres obstétricales malheureuses, des blessures du crâne, des méningites précoces, l'hydrocéphalie, le ramollissement cérébral infantile, etc.

III. — Cliniquement, il est un petit nombre d'imbéciles chez lesquels rien ne dénote à l'extérieur leur état; le plus souvent, au contraire, il se traduit par des défectuosités physiques variées. Les plus frappantes portent sur le crâne et la face asymétriques; le front est étroit, bas, fuyant; le crâne est d'un volume inférieur à la normale (microcéphale), ou au contraire la tête est volumineuse, le front proéminent, l'angle facial supérieur à 90°; symptômes qui se traduisent par la distension exagérée des cavités ventriculaires, un premier degré de l'hydrocéphalie. La face présente un développement exagéré, le nez épaté, les traits épais, sans expression, les joues et les lèvres pendantes, les yeux bridés ou affectés du strabisme; quelquefois la tête entière très réduite ressemble à celle d'un oiseau (Aztèques). — La cavité buccale offre des signes nombreux : étroitesse des arcades dentaires voussure exagérée de la voûte palatine, implantation vicieuse et carie prématurée des dents, etc. — Les oreilles sont mal implantées, déformées, désourlées, trop détachées du crâne. — Le reste du corps, exceptionnellement normal, est généralement mal conformé ou asymétrique : déformations rachitiques, mains courtes et massives, pieds bots, hémiplégies partielles, atrophies unilatérales, tics, mouvements automatiques. Le développement des organes sexuels présente d'importantes anomalies; très développés chez les imbéciles avec prédominance d'instinct érotique, très atrophiés jusqu'à la stérilité chez les idiots. — Les organes des sens sont habituellement bien conformés, à part le sens du toucher, ce qui explique leur maladresse manuelle; en tout cas une des particularités caractéristiques est l'inégalité avec laquelle les différents sens sont atteints.

Le défaut de développement intellectuel est le caractère constant et pathognomonique; dans les cas peu graves toutes les facultés peuvent exister en réduction, susceptibles de se développer par la culture; mais l'association des idées, le jugement, font défaut, la conscience est inconséquente, la responsabilité incomplète. A mesure que l'infirmité s'aggrave, l'individu se rapproche de la vie végétative; ici encore les facultés sont atteintes à des degrés différents : tantôt la mémoire est excessivement étendue alors que le jugement manque complètement, certains infirmes récitent par cœur un long répertoire et ne parviennent jamais à connaître l'alphabet; tantôt, et c'est fréquent, les aptitudes musicales sont assez remarquables, et l'infirme est réfractaire aux autres genres d'impressions. — La parole permet par ses modifications de mesurer le degré des lésions; d'abord incorrecte dans l'articulation des mots ou la formation des phrases, puis rudimentaire ou même nulle, rappelant les groupements d'animaux. Les facultés morales et affectives sont incomplètes ou absentes; les idées du bien et du mal, du mien et du tien, l'affection, la reconnaissance, peuvent exister ou être inconnues. Les instincts érotiques se manifestent librement n'étant refrénés par aucune pudeur, surtout chez les filles; la masturbation est très fréquente. — La plupart sont mobiles, variables, et sujets à des retours périodiques d'excitation maniaque, allant de la dépression et de la stupeur jusqu'à une agitation dangereuse, qui les pousse au suicide, à l'homicide, etc.

Les idiots proprement dits atteignent rarement un âge

avancé; ils succombent soit au progrès des affections cachectiques dont ils sont atteints (scrofule, rachitisme, tuberculose), soit à des affections aiguës, intercurrentes, qui peuvent devenir très graves avant de se manifester par les symptômes habituels. Les imbéciles au contraire sont susceptibles de vivre longtemps.

IV. — Les seules lésions intéressantes sont celles du crâne et de l'encéphale. Nous avons dit que le volume de la tête est généralement au-dessous de la moyenne; le tissu osseux est lui-même modifié; les os crâniens sont parfois très épais, diminuant encore la capacité cérébrale. D'après Virchow, toutes les anomalies du crâne observées peuvent être ramenées à une cause anatomique unique, l'ossification prématurée des sutures crâniennes, et la solidification précoce des fontanelles. On peut attribuer ces phénomènes à un état maladif inflammatoire du bord de ces sutures. D'autres auteurs, au contraire, attribuent au cerveau lui-même un arrêt de développement spontané qui supprime la tendance à l'extension des parois crâniennes et permet leur solidification. — L'encéphale est altéré dans son poids, dans son volume et dans sa structure; les lésions frappent de préférence la partie antérieure du cerveau; elles peuvent être limitées à un seul hémisphère. Les progrès de l'histologie microscopique permettent d'étudier de près les altérations des éléments nerveux les plus délicats, la répartition inégale des vaisseaux et la diminution de leur calibre.

V. — Le traitement ne saurait avoir la prétention d'être curatif; même palliatif, il est très important. Il y a d'abord un traitement physique qui comprend l'ensemble des moyens destinés à combattre l'état cachectique des infirmes (agents propres à tonifier la constitution, à régulariser les mouvements, les sécrétions, à guérir le rachitisme, etc.). — Le traitement spécial devrait plutôt porter le nom d'éducation; il s'agit de rechercher les facultés rudimentaires, de les cultiver et d'en tirer le meilleur parti possible. De nos jours, grâce aux travaux entrepris à Bicêtre, particulièrement par Bourneville, celle tâche est devenue l'objet d'une véritable systématisation théorique, et c'est une satisfaction pour le curieux et le philanthrope que de visiter les salles d'étude et de récréation où l'on apprend tout à ces pauvres êtres dénués, depuis la marche jusqu'aux actes plus compliqués de l'existence, où l'on cherche même à utiliser leurs forces physiques dans un but utile.

IDIOTIQUE. adj. 2 g. Qui renferme un idiotisme. Tournure i. ‖ Qui appartient à l'idiot. État i.

IDIOTISME. s. m. (gr. ἴδιος, propre). T. Gram. Construction, association de mots, qui est contraire aux règles communes et générales, et qui est propre à telle ou telle langue. Chaque langue a ses idiotismes. Un id. latin, français, etc. Voy. GALLICISME. ‖ T. Méd. Syn. inusité d'idiotie.

IDIOTROPHOSPERME. adj. 2 g. (gr. ἴδιος, propre, et trophosperme). T. Bot. Qui a un trophosperme latéral monosperme.

IDISTAVISUS CAMPUS, plaine de Germanie, près du Weser, où Germanicus battit les Chérusques, l'an 16.

IDOCRASE. s. f. [Pr. idokra-ze] (gr. εἶδος, forme; κρᾶσις, mélange). T. Min. On nomme ainsi des minéraux qui ont la même composition chimique que les grenats, se trouvent dans les mêmes terrains, et n'en diffèrent que par leur système de cristallisation, lequel est le prisme carré. Comme les grenats, il y en a de diverses bases, mais plus ou moins mélangées. Les idocrases ont une cassure vitreuse, sont assez dures pour rayer le quartz, et sont fusibles en verre jaunâtre. Leurs couleurs sont le brun, le rouge violet, le vert obscur, le vert jaunâtre et le bleu. On distingue surtout l'Id. du Vésuve ou Vésuvienne, qui est d'un vert obscur; l'Id. manganésienne, appelée aussi Id. violette, à cause de sa coloration; et l'Id. cyprine, remarquable par sa couleur bleue, qui est due à la présence d'une petite quantité d'oxyde de cuivre. Quand ces pierres sont transparentes, on peut les tailler et en faire de petits objets d'ornement, des chapelets, des bagues, etc. A Naples, ces pierres taillées se vendent sous le nom de Gemmes du Vésuve.

IDOINE. adj. 2 g. (lat. idoneus, m. s.). Propre à quelque chose. Il est apte et id. à faire cela. Vx.

IDOLÂTRE. adj. 2 g. (lat. idololatres; gr. εἰδωλολάτρης, m. s., de εἴδωλον, idole, et λατρεύω, j'adore). Qui adore les idoles

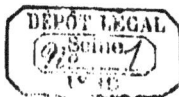

et leur rend des honneurs qui n'appartiennent qu'à Dieu. *Une nation id. Les peuples idolâtres. Toute la terre était id.* || Par ext., se dit de tous ceux qui rendent un culte divin à des créatures. *Les Perses qui adoraient le feu, les Égyptiens qui adoraient les crocodiles, étaient idolâtres.* || Se dit également du culte rendu aux idoles ou à de fausses divinités. *Un culte id. Des sacrifices idolâtres. Offrir un encens id.* || Fig., se dit d'une personne qui en aime une autre avec excès, ou qui estime trop une chose, qui en raffole. *Cette mère est id. de ses enfants. Cette femme l'a subjugué au point qu'il en est id.* = IDOLÂTRE. s. m. Ne se dit que de ceux qui adorent les idoles ou les autres fausses divinités. *Les idolâtres des Indes. Convertir les idolâtres.*

IDOLÂTREMENT. adv. D'une manière idolâtre.

IDOLÂTRER. v. n. (gr. εἴδωλον, idole; λατρεύω, j'adore). Adorer les images des dieux. *Les femmes portèrent Salomon à id.* Peu us. = IDOLÂTRER. v. a. Ne s'emploie qu'au fig., et signifie aimer avec trop de passion. *Il idolâtre cette femme. Elle idolâtre ses enfants.* = s'IDOLÂTRER. v. pron. Se dit dans le même sens. *Cet homme s'idolâtre. Ces deux amants s'idolâtraient.* = IDOLÂTRÉ, ÉE. part. N'est usité qu'au fig.

IDOLÂTRIE. s. f. (gr. εἴδωλον, image; λατρεία, culte). Adoration des idoles, culte des faux dieux. *Un peuple adonné à l'id. Tomber dans l'id.* || Fig., se dit d'un amour, d'un attachement excessif, déraisonnable. *Il l'aime jusqu'à l'id., avec idolâtrie.*

Antoine qui l'aima jusqu'à l'idolâtrie.
RACINE.

IDOLÂTRIQUE. adj. 2 g. Qui a le caractère de l'idolâtrie.

IDOLE. s. f. (gr. εἴδωλον, m. s.). Figure, statue représentant une divinité et exposée à l'adoration. *Id. d'or, d'argent, de pierre. Id. de Jupiter, de Mercure. Le culte, les plantes, les prêtres des idoles. Adorer une id. Renverser les idoles.*

Peux-tu penser que d'un zèle frivole
Je me laisse aveugler pour une vaine idole ?
RACINE.

— Fig. et fam., on dit d'une belle personne sans grâce, et qui ne paraît point animée, ou bien qui paraît douée de peu d'intelligence, *Elle est belle, mais c'est une id., une vraie id.* || Fig., *Idole* se dit encore d'une personne à laquelle on prodigue les honneurs, les louanges, les flatteries. *Il est l'id. du jour.* — *Fléchir le genou devant l'id.,* S'incliner devant les puissants. || Ce qui fait le sujet de l'affection, de la passion de quelqu'un. *Cet enfant est l'id. de sa mère. La gloire était son id. L'avare fait son id. de son argent.*

IDOMÉNÉE, roi de Crète, tua son fils, à son retour du siège de Troie, pour accomplir un vœu imprudent.

IDONÉITÉ, s. f. (lat. *idoneus,* idoine). Qualité d'idoine.

IDONIQUE. adj. T. Chim. *L'acide i.* est un isomère stéréochimique de l'acide gluconique et répond comme lui à la formule $CH^2OH(CH OH)^4 CO^2H$. Il possède une fonction acide et cinq fonctions alcool. Il existe sous deux formes : l'une dextrogyre, l'autre lévogyre. On les obtient en chauffant les acides guloniques avec la pyridine ou avec la quinoléine. Les acides idoniques se transforment facilement en lactones idoniques. Celles-ci, traitées par l'amalgame de sodium, donnent naissance aux idoses.

IDOSACCHARIQUE. adj. 2 g. [Pr. *ido-sak-ka-rik*] (R. *idonique,* et *saccharique*). T. Chim. *L'acide i.* est un acide bibasique possédant quatre fonctions alcool ; il a la même formule que l'acide saccharique $CO^2H(CH OH)^4 CO^2H$ dont il est un isomère stéréochimique. Il se présente en cristaux clinorhombiques, fusibles à 185°, solubles dans l'eau, l'alcool et l'éther. On le prépare en oxydant l'acide idonique à l'aide de l'acide azotique.

IDOSCOPIQUE. adj. 2 g. (gr. εἴδος, image ; σκοπεῖν, voir). *Yeux idoscopiques,* Qui fournissent des images, par opp. à *Yeux photoscopiques.*

IDOSE. s. f. [Pr. *ido-ze*] (R. *idonique,* et le suff. *ose* qui désigne les sucres). T. Chim. Matière sucrée de la classe des glucoses. Elle a pour formule $CH^2OH(CH OH)^4 CHO.$

On en connaît deux variétés, l'une dextrogyre, l'autre lévogyre. Ce sont des liquides sirupeux, qui réduisent la liqueur de Fehling et qui ne fermentent pas sous l'action de la levure de bière. On obtient les idoses par la réduction des acides idoniques.

IDRAC (JEAN-ANTOINE-MARIE), sculpteur fr. (1849-1884).

IDRIALINE. s. f. (R. *idrialite*). T. Chim. Substance qu'on extrait de l'idrialite et qui se présente en cristaux blancs, à fluorescence bleue, insolubles dans l'eau, solubles dans le sulfure de carbone, l'alcool amylique et l'essence de térébenthine. Elle fond vers 250° en se décomposant. On lui attribue la formule $C^{40}H^{28}O.$

IDRIALITHE. s. f. (R. *Idria,* petite ville de Carniole, et gr. λίθος, pierre). T. Minér. Minerai de mercure d'Idria, constitué par un schiste bitumineux contenant du cinabre.

IDRYLE. s. m. (R. *idrialite,* et gr. ὕλη, matière). T. Chim. Nom donné à un hydrocarbure que fournit la distillation sèche de l'idrialithe et qui est identique avec le fluoranthène.

IDUMÉE, petite contrée de la Palestine, nommée ainsi de ses habitants, les Iduméens ou Édomites; elle fut soumise par David.

IDYLLE. s. f. [Pr. *idi-le*] (lat. *idyllium;* gr. εἰδύλλιον, petite pièce, de εἴδος, image). T. Littér. Petit poème presque toujours amoureux dont le sujet est ordinairement pastoral. Était du masculin au XVIIe siècle. Voy. PASTORAL (*Poésie pastorale*).

IDYLLIQUE. adj. 2 g. [Pr. *idi-lik*]. Qui appartient à l'idylle.

IÉKATÉRINENBOURG, v. forte de la Russie, au pied des monts Ourals (gouvernement de Perm); 25,000 hab.

IÉKATÉRINODAR, v. de la Russie caucasienne; 27,300 hab.

IÉKATÉRINOSLAF, v. de la Russie d'Europe ; ch.-l. du gouvernement de même nom; 42,000 hab., sur le Dnieper. Le gouv. à 1,400,000 hab.

IÉNA, v. du grand-duché de Saxe-Weimar ; 12,000 hab. Célèbre université. Victoire de Napoléon 1er sur les Prussiens (14 octobre 1806).

IÉNIKALEH, petite v. et forteresse de la Crimée, a donné son nom au détroit qui unit la mer Noire à la mer d'Azov (anc. Bosphore cimmérien).

IÉNISSEÏ, fl. de la Sibérie, se jette dans la mer Glaciale; 4,300 kil.

IÉNISSÉISK, v. de la Sibérie orientale; 7,200 hab. sur l'Iénisseï.

IERNE. Voy. HIBERNIE.

IF. s. m. (orig. germ. ou celt. : anc. haut-all. *iwa;* kymri *yew*). T. Bot. Genre d'arbres Gymnospermes (*Taxus*), de la famille des *Conifères.* Voy. ce mot. On emploie plus particulièrement ce terme pour désigner le *Taxus baccata.* || Pièce de charpenterie, de forme triangulaire, et imitant un if taillé en pyramide, qui sert à porter des lampions dans les illuminations. *La promenade était plantée d'ifs qui portaient des verres de couleur. If à bouteilles,* Support à branches sur lesquelles on met égoutter les bouteilles.

IF, petite île de la Méditerranée, à 3 kil. de Marseille ; château fort, ancienne prison d'État.

IFFLE. s. f. [Pr. *i-fle*]. T. Métall. Réunion de feuilles de tôle destinées à la ferblanterie et qui viennent d'être ébarbées.

IGA, prov. du Japon (Nippon); 405,000 hab.

IGASURINE. s. f. [Pr. *iga-zurine*]. T. Chim. Nom que l'on avait donné à de la brucine impure extraite de la noix vomique.

IGLAU, v de Moravie, sur l'Iglava; 22,300 hab.

IGLESIAS DE LA CASA (José), poète espagnol (1755-1791).

IGLÉSIASITE. s. f. [Pr. *iglézi-azite*] (R. *Iglesias*, nom de lieu, en Italie]. T. Minér. Variété de cérusite contenant du carbonate de zinc.

IGNACE (Saint), docteur de l'Église, martyrisé en 107. Fête le 1er février.

IGNACE DE LOYOLA (Saint), Espagnol, fondateur de l'ordre des Jésuites (1491-1556).

IGNACIEN. s. m. [Pr. *ignasi-in*, *gn* mouillé] (R. *Ignace*). Nom donné parfois aux Jésuites, qui ont pour fondateur Ignace de Loyola.

IGNAME. s. f. [Pr. *gn* mouillé] (esp. *iñame*, m. s.; orig. exotique). T. Bot. Nom donné indistinctement aux diverses espèces du genre *Dioscorea*, dont les portions souterraines sont alimentaires. Voy. DIOSCORÉACÉES.
 Hortic. — On plante en pleine terre au printemps, et mieux encore en automne, quand on emploie des tubercules entiers, avec la seule précaution d'abriter la plantation par une couverture de feuilles pendant les fortes gelées. L'i. aime les terres profondes, meubles et moyennement riches. La sécheresse arrêtant sa végétation, il conviendra de l'arroser, s'il y a lieu. Ses tiges volubiles, qui n'occupent que peu d'espace en largeur quand elles sont enroulées autour d'une perche, permettent de mettre en terre 8 à 10 tubercules par mètre carré. La récolte s'effectue le plus tard possible, le développement des tubercules ayant lieu surtout à l'automne. Cette récolte est le point critique qui, jusqu'à présent, a fait rejeter sa culture en grand. Elle est effectivement très pénible, et partant coûteuse, à cause de la profondeur excessive à laquelle s'enfoncent les tubercules, et la partie la plus renflée, la plus riche en fécule, est précisément la plus basse, partant la plus difficile à atteindre. Il faut remuer le sol à la profondeur d'au moins 0m.60 pour enlever chaque tubercule sans le rompre, ce qui est essentiel pour sa conservation. La partie supérieure et amincie des tubercules peut être mise de côté pour la reproduction, et la portion inférieure et charnue est livrée à la consommation, après qu'on l'aura laissée se ressuyer pendant quelques jours, afin de lui faire perdre l'excès de son eau de végétation.

IGNARE. adj. et s. 2 g. [Pr. *gn* mouillé] (lat. *ignarus*, qui ne sait pas). Qui n'a point étudié, qui n'a point de littérature. *C'est un homme i. Des gens ignares. C'est un i.* Fam.

IGNATIE. s. f. [Pr. *igna-sie*, *gn* mouillé] (R. *Fève de Saint-Ignace*, nom vulg. de la plante). T. Bot. Nom parfois donné à une espèce de *Strychnos*, le *S. Ignatii*, de la famille des *Loganiacées*. Voy. ce mot.

IGNÉ, ÉE. adj. [Pr. *ig-né*, *gn* dur] (lat. *igneus*, m. s., de *ignis*, feu). Qui est de feu, qui a rapport au feu, qui est produit par l'action du feu. *Substance ignée. Matière ignée. D'une nature ignée. Action ignée. Couche de formation ignée.*

IGNESCENCE. s. f. [Pr. *ig-nès-san-se*, *gn* dur]. État d'un corps ignescent.

IGNESCENT, ENTE. adj. [Pr. *ig-nès-san*, *gn* dur] (lat. *ignescere*, m. s., de *ignis*, feu). Qui est en feu, qui s'enflamme.

IGNICOLE. adj. 2 g. [Pr. *ig-ni-kole*, *gn* dur] (lat. *ignis*, feu; *colere*, adorer). Se dit des adorateurs du feu. Peu us.

IGNIFÈRE. adj. 2 g. [Pr *ig-ni-fère*, *gn* dur] (lat. *ignis*, feu; *ferre*, porter). Qui porte le feu. *Sel i.*, Produit par l'ébullition de l'eau.

IGNIPUNCTURE. s. f. [Pr. *ig-ni-pon-kture*, *gn* dur] (lat. *ignis*, feu, et *puncture*). T. Méd. Cautérisation par une aiguille rougie ou par le thermo-cautère. Voy. CAUTÉRISATION.

IGNITION. s. f. [Pr. *ig-ni-sion*, *gn* dur] (lat. *ignis*, feu). T. Chim. État des corps qui dégagent à la fois de la lumière et du calorique. *Un corps en i.*, dans l'état d'i. Voy. COMBUSTION.

IGNIVOME. adj. 2 g. [Pr. *ig-ni-vome*, *gn* dur] (lat. *ignis*, feu; *vomere*, vomir). Qui vomit du feu. *Les monts ignivomes*, Les volcans.

IGNIVORE. adj. 2 g. [Pr. *gn* dur] (lat. *ignis*, feu; *vorare*, dévorer). Qui dévore ou feint de dévorer des matières enflammées.

IGNOBILITÉ. s. f. [Pr. *gn* mouillé] (lat. *ignobilitas*, m. s., de *ignobilis*, non noble). Qualité de ce qui est ignoble.

IGNOBLE. adj. 2 g. [Pr. *gn* mouillé] (lat. *ignobilis*, m. s.). Qui est bas, sans noblesse, qui indique une âme dépourvue de sentiments nobles et élevés. *Langage i. Expressions ignobles, physionomie i. Avoir des manières, des sentiments ignobles. C'est un procédé i.* || Par anal., *Il se cache dans un réduit i.* || T. Fauconn. *Oiseaux ignobles.* Voy. AIGLE et FAUCONNERIE.

IGNOBLEMENT. adv. [Pr. *gn* mouillé]. D'une manière ignoble. *Il parle i. Il s'est conduit ignoblement.*

IGNOMINIE. s. f. [Pr. *gn* mouillé] (lat. *ignominia*, de *in*, priv., et *nomen*, nom). Infamie qui souille le nom, grand déshonneur. *Être couvert d'i. Il s'enfuit chargé d'opprobres et d'i. C'est une grande i. pour sa famille. Souffrir de grandes ignominies. Être exposé à l'ignominie.*

IGNOMINIEUSEMENT. adv. [Pr. *ignominieu-ze-man*, *gn* mouillé]. Avec ignominie. *On l'a traité ignominieusement.*

IGNOMINIEUX, EUSE. adj. [Pr. *gn* mouillé] (lat. *ignominiosus*, m. s.). Qui porte ignominie, qui cause de l'ignominie. *Mort ignominieuse. Supplice i. Traitement i. Action ignominieuse.*

IGNORABLE. adj. 2 g. [Pr. *gn* mouillé]. Qui peut être ignoré.

IGNORAMMENT. adv. [Pr. *ignora-man*, *gn* mouillé]. Avec ignorance. Peu us.

IGNORANCE. s. f. [Pr. *gn* mouillé] (lat. *ignorancia*, m. s.). Défaut de connaissance, manque de savoir. *Grande i. I. profonde, grossière, crasse. I. invincible. I. volontaire, affectée. Heureuse i. Les siècles d'i. Vivre, croupir dans l'i. de toutes choses. Avouez votre i. Il était dans la plus complète i. de tout ce qui se passait.* || *Faute qui marque une ignorance grossière. Ce livre est plein d'ignorances impardonnables.* || T. Droit. *Prétendre cause d'i.* Alléguer son ignorance pour excuse. *Afin que nul n'en puisse prétendre cause d'i.* — Dans le langage fam., on dit aussi, *Prétendre cause d'i.*, en parlant de choses qu'on veut faire semblant d'ignorer.

IGNORANT, ANTE. adj. [Pr. *gn* mouillé] (lat. *ignorans*, *antis*, m. s.). Qui est sans étude, sans lettres, qui n'a point de savoir. *Un homme i. Une femme très ignorante. Tous ces gens-là sont fort ignorants. Il est si i. qu'il ne sait même pas lire.* || Se dit aussi de quelqu'un dont l'ignorance est relative, qui n'est pas instruit de certaines choses. *Il est très i. sur des matières-là. C'est un homme fort i. des usages du monde. Il sait beaucoup de choses, mais il est tout à fait i. en histoire naturelle.* — T. Droit. *Être i. du fait.* || Se dit encore de celui qui n'a pas l'habileté, le savoir que sa profession exige. *Un médecin i. Un magistrat fort i.* = *Ignorant, ante*, s'emploie subst. dans tous les sens de l'adject. *C'est un vrai ignorant. Un franc i. L'i. a le ton décisif, faute de savoir douter. Il fait l'i. sur ce sujet, mais je le crois bien informé.*

IGNORANTIFIER. v. a. [Pr. *gn* mouillé]. Rendre ignorant.

IGNORANTIN. adj. m. [Pr. *gn* mouillé] (R. *ignorant*). Ne s'empl. que dans la dénomination *Un frère i.*, ou elliptiq., *Un i.*, pour désigner les frères de Saint-Jean-de-Dieu, qui se sont donné ce nom par modestie. || Nom donné, en mauvaise part, aux frères des Écoles chrétiennes. Voy. DOCTRINE chrétienne et INSTRUCTION publique.

IGNORANTISME. s. m. [Pr. *gn* mouillé]. Système de ceux qui prônent les avantages de l'ignorance.

IGNORANTISSIME. adj. 2 g. [Pr. *i-gnoranti-sime*, *gn* mouillé]. Très ignorant. T. Fam.

IGNORANTISTE. s. m. [Pr. *gn* mouillé]. Partisan de l'ignorantisme.

IGNORER. v. a. [Pr. *gn* mouillé] (lat. *ignorare*, m. s.). Ne savoir pas, ne pas connaître. *J'ignore ce que vous voulez dire. J'ignorais ce fait. J'en ignore la cause. J'ignore si je m'abuse. J'ignorais qu'il fût parti. Elle ignore quand il partira. J'ignore d'où elle vient. I. les premiers principes des sciences.* — *I. les hommes,* Ne pas connaître le cœur humain. || Dans le style élevé, on dit de quelqu'un qu'*Il ignore l'art de flatter,* qu'*Il ignore l'imposture,* pour exprimer qu'Il ne flatte jamais, etc. = Neutral. et fam., *C'est un homme qui n'ignore de rien,* Qui est savant en toutes choses. = Pron., *S'i. soi-même,* N'avoir point une juste idée de soi-même, de ses forces. = IGNORÉ, ÉE, part. Se dit souvent pour Inconnu, caché. *Un homme ignoré. Il découvrit un peuple ignoré jusqu'alors. Il vit ignoré du monde. Dans une retraite ignorée.*

IGNONOTES, peuplade sauvage de l'île de Luçon.

IGUALADA, ville d'Espagne, province de Barcelone, au pied du Monserrat; 12,000 hab.

IGUANE. s. m. **IGUANIENS.** s. m. pl. [Pr. *i-gouane* et *i-gouani-ins*] (R. *Yuana*, mot caraïbe). T. Erpét. Cette famille de *Sauriens* se rapproche beaucoup des Lacertiens, telé. L'*I. ordinaire, d'Amérique,* ou *I. tuberculeux* (Fig. 1), est long de 1m,30 à 1m,60, et a le dessus du corps vert jaunâtre et marbré de vert pur, et la queue annelée de brun. Ce reptile est commun dans toutes les parties chaudes de l'Amérique : il vit en grande partie sur les arbres, va quelquefois à l'eau, et se nourrit de fruits, de graines et de feuilles. Sa chair passe pour être à la fois délicieuse et malsaine. On mange

Fig. 2.

aussi ses œufs, qui sont presque sans blanc, et gros comme ceux d'un Pigeon. — Les *Basilics (Basiliscus)* sont surtout remarquables par la crête continue et élevée qui règne le long de leur dos et de leur queue, et qui est soutenue par les apophyses épineuses des vertèbres comme chez les Istiuros. Ce sont des animaux tout à fait inoffensifs et qui se nourrissent de graines. L'espèce type est le *Bas. à capuchon,* ainsi nommé d'une proéminence membraneuse de son occiput, en forme de capuchon. Ce reptile est long de 70 à 80 centim., et se trouve

Fig. 1.

dont ils ont la forme générale, la longue queue, les doigts libres et inégaux, etc. Ils n'en diffèrent guère que par leur langue, qui est charnue, épaisse, non extensible, et seulement échancrée au bout. Cette famille peut être subdivisée avec Cuvier en deux sections, les *Iguaniens* proprement dits, qui ont des dents au palais, et les *Agamiens* qui n'en ont pas Comme nous avons déjà parlé de ces derniers, nous ne nous occuperons ici que des premiers, en nous contentant de citer les genres principaux. — Les *Iguanes (Iguana)* ont le corps et la queue couverts de petites écailles imbriquées, tout le long du dos une rangée d'écailles redressées, comprimées et pointues, et sous la gorge un fanon comprimé et pendant. Leurs cuisses portent une rangée de tubercules poreux. Enfin, chaque mâchoire est entourée d'une rangée de dents triangulaires, à tranchant den-

à la Guyane, à la Martinique et au Mexique. — Les *Marbrés (Polychrus)* n'ont point de crête, et leur queue est longue et grêle. De même que les Caméléons, ils peuvent changer de couleur : aussi leur poumon est-il très volumineux. Comme chez les Caméléons encore, les fausses côtes entourent l'abdomen en se réunissant pour former des cercles entiers. Le *Marbré de la Guyane,* qui est gris roussâtre, avec des bandes transversales irrégulières d'un roux brun et quelquefois mêlées de bleu, est la seule espèce connue du genre. — Les *Anolis (Anolius)* ont la forme générale des Iguanes et surtout des marbrés; mais ils s'en distinguent, ainsi que de tous les Iguaniens, par la forme de leurs doigts. En effet, la peau s'élargit sous l'antépénultième phalange en un disque ovale et strié en travers qui les aide à s'attacher aux diverses surfaces, où ils se cramponnent en outre par le moyen d'angles très cro-hus. La plupart portent sous la gorge un fanon qu'ils enflent et font changer de couleur dans la colère et dans l'amour. Plusieurs d'entre eux égalent au moins le Caméléon par la faculté de faire varier la couleur de leur peau. Ces reptiles sont en général de la taille de nos Lézards. Ils sont vifs et lestes, chassent ordinairement sur les arbres et les buissons, et se nourrissent non seulement d'insectes, mais encore de graines et de baies. Nous citerons comme ex. du genre, l'*An. caiman* (Fig 2), appelé vulgairement *Roquet* par les habitants des Antilles. C'est un petit reptile de la taille du Lézard gris; il est de couleur verdâtre, avec le museau piqueté de brun.

IGUANODON. s. m. [Pr. *igoua...*] (R. *iguane*, et gr. ὀδούς, ὀδόντος, dent). T. Paléont. Zool. Genre fossile de *Reptiles Dinosauriens*. Voy. ORTHOPODES et DINOSAURIENS.

IGUASSU, rivière du Brésil, affluent du Parana; 1,300 kil.

IXCHAVAKOUS, une des tribus de l'Inde védique.

IL. (lat. *ille*, celui-là). pron. masc. qui désigne la troisième personne. *J'attends mon frère, il doit venir. J'ai lu cet ouvrage, il est bien écrit. Nous allâmes à leur rencontre, ils ne vinrent pas. Il me fuit, le perfide. Ils sont rares les hommes qui... Ils ne reviendront plus, ces jours heureux.* || Le pron. *Il* se met immédiatement après le verbe dans les interrogations, et dans certaines phrases exclamatives, suppositives, et même affirmatives. *Que fait-il? Où son t-ils? Est-il barbare! Dût-il s'en fâcher. Ce projet dût-il échouer, il sera toujours beau de l'avoir conçu. Alors, dit-il, mon parti est pris. Aussi est-il vrai que... Est-il sage?* Quand le verbe se termine par une voyelle, on intercale un *t* euphonique pour éviter l'hiatus. *Qu'a-t-il dit? Viendra-t-il?* || Il se met aussi avec les verbes impersonnels ou employés impersonnellement, et alors il n'est point relatif à un sujet exprimé. *Il tonne. Il pleut. Il grêle. Il faut que... Il est juste que... Il y a des hommes qui... Il se répandit un bruit étrange. Il fait un temps affreux.*

ILDEFONSE ou **ALPHONSE** (SAINT), archevêque de Tolède (607-667); fête le 23 janvier.

ILDÉFONSITE. s. f. T. Minér. Variété de tantalite d'Ildefonso (Espagne).

ÎLE. s. f (lat. *insula*, m. s.). T. Géogr. Les *Iles* sont des portions de terre environnées d'eau de tous les côtés Elles diffèrent beaucoup entre elles par leur forme, leur étendue et leur nature, et se montrent, tantôt isolées, tantôt rangées en chaînes, d'autres fois réunies plusieurs ensemble de manière à constituer des *groupes*, quand leur nombre est peu élevé, et des *archipels*, quand il est plus considérable. Les îles varient encore par leur élévation au-dessus de l'eau. Ainsi, pendant que les unes s'élancent à une très grande hauteur, et renferment souvent des pics d'une altitude énorme qui servent au loin de guide aux navigateurs, les autres dépassent à peine la surface liquide et parfois même sont fort souvent cachées sous les flots, où elles constituent les *Bancs, des Écueils* ou des *Récifs*.

Il y a des îles dans les rivières, dans les lacs et dans les mers. Les premières, qui sont les moins importantes, n'ont pas toutes la même origine. En général, elles se forment, soit parce que l'eau, coulant dans un bassin plat et large, surtout à l'embouchure des fleuves, se partage en deux ou en un plus grand nombre de bras, soit parce que des fragments de rochers qu'elle entraîne tombent au fond du lit et servent de point d'appui aux particules terreuses qui, en s'accumulant, finissent par l'exhausser. Telle île aussi bien pour base des rochers aussi anciens que l'eau qui les entoure; c'est ce qu'on observe surtout dans les lacs. Quelquefois cependant la formation des îles lacustres est due à des débordements qui ont emporté des terrains moins compacts. Quant aux îles flottantes, que l'on rencontre dans quelques lacs et qu'on regardait jadis comme des merveilles, ce sont tout simplement des fragments de terre de fort petites dimensions, qui sont soutenus sur l'eau et maintenus contre son action végétante, par l'entrelacement des racines des arbres et des plantes aquatiques.

Bien que les îles innombrables qui sont disséminées dans l'Océan et dans les mers soient très différentes entre elles par leur position, leur forme et leurs caractères, le savant géologue Léopold de Buch les partage en deux grandes classes : les *îles continentales* et les *îles pélagiques*.

Les *îles continentales* sont en général beaucoup plus longues que larges, et disposées le long des côtes de la terre ferme comme si elles avaient été formées pendant le soulèvement du continent lui-même, ou comme si elles avaient été détachées de ce dernier par l'action des flots. On remarque, en général, que ces séries d'îles sont parallèles aux chaînes de montagnes continentales les plus voisines de la mer, et présentent la même structure que celles-ci. Aussi est-on naturellement porté à admettre que ces îles pourraient bien être des parties sous-marines des chaînes continentales voisines, qui ne sont pas encore entièrement sorties du sein des mers, ou qui, si l'on a lieu de supposer un affaissement du sol, ne sont pas encore complètement submergées. Les îles de ce genre sont très nombreuses le long des côtes du Nouveau-Monde. Ainsi, sur la côte nord-ouest, on observe une longue série d'îles, toutes semblables et toutes parallèles à la chaîne continentale, qui commence vers le groupe du Nouveau-Norfolk et finit à l'île de Vancouver. Une autre rangée fort remarquable s'étend sur la côte ouest de l'Amérique du Sud, depuis l'île de Chiloé jusqu'au cap Horn. Ces îles représentent évidemment les derniers contreforts des Andes de la Patagonie, car leur structure granitique est la même que celle de la côte du Chili. Dans le golfe du Mexique, les limites primitives du continent sont indiquées par le groupe semi-circulaire composé de Porto-Rico, Haïti, la Jamaïque et Cuba, qui touche presque à la péninsule du Yucatan. Enfin, les îles qui longent la côte de l'Amérique, dans l'Océan Arctique, sont également des fragments détachés du continent. L'ancien monde offre aussi un très grand nombre d'îles continentales. Nous citerons d'abord celles qui courent le long des côtes occidentales de la Norvège, à partir du cap Nord, et parallèlement à la grande chaîne des Alpes Scandinaves. La Grande-Bretagne elle-même, les Orcades, les Hébrides et les Shetland sont des exemples remarquables d'îles de ce genre. Beaucoup d'îles de la Méditerranée sont de simples prolongements des chaînes du continent. La Corse et la Sardaigne, entre autres, ne sont que des prolongements des Alpes maritimes. La grande chaîne centrale de Madagascar et la forme allongée de cette île, qui est parallèle à la partie sud-est du grand plateau de l'Afrique, montrent que cette terre a été autrefois unie au continent. Enfin, l'Asie offre également de nombreux exemples d'îles continentales; telles sont les îles de la Sonde et des Moluques, et cet immense série d'îles ou d'îlots qui s'étendent le long de la côte orientale depuis Formose jusqu'au Kamtchatka. De Buch pense encore que la longue ligne courbe formée par la Nouvelle-Zélande, l'île de Norfolk, la Nouvelle-Calédonie, les Nouvelles-Hébrides, l'archipel de Salomon, la Nouvelle-Bretagne, le Nouveau-Hanovre, la Nouvelle-Irlande, la Louisiade et la Nouvelle-Guinée, ont formé anciennement la limite septentrionale et occidentale du continent australien. Dans cette hypothèse, toutes ces terres appartiendraient à la classe des îles continentales.

Les *îles pélagiques* sont sorties du fond de l'Océan, et presque toujours à une grande distance des terres. Leur formation a été indépendante de celle des continents, et les îles distingue, d'après leur origine, en îles *volcaniques* et en îles *madréporiques*.

Les *îles volcaniques* peuvent être telles, soit en totalité, soit en partie. Elles sont parfois fort élevées. En outre, tantôt elles sont isolées, tantôt, et le plus souvent, elles sont réunies en groupes. Chacun de ces groupes renferme ou a jadis renfermé un centre d'action volcanique, situé soit dans une seule île, soit dans plusieurs de ces îles, et autour duquel les autres se sont formées. Beaucoup d'entre ces îles sont des cônes de soulèvement, c.-à-d. présentent de vastes dômes creux qui ont été soulevés par l'action de vapeurs intérieures. Tantôt ces cônes sont demeurés intacts, tantôt leur surface a été déchirée en fissures gigantesques, tantôt ils se sont affaissés sur eux-mêmes de façon à représenter une coupe immense, dans laquelle s'est formé un cratère par l'éruption de matières diverses ou de courants de laves poussées au dehors par la pression interne. Un grand nombre de ces îles ont des soupiraux encore en activité. — Le mode de formation que la science assigne aux îles volcaniques, n'a rien d'hypothétique. L'histoire a enregistré un assez grand nombre d'exemples d'îles produites par les feux sous-marins. Ainsi, tout le groupe de Santorin (Fig 1), qui fait partie des Cyclades méridionales dans la Méditerranée, a été produit depuis les temps historiques. Suivant les anciens, les îles de Santorin, de Therasia et d'Aspronisi apparurent au-dessus des eaux, à la suite de violents tremblements de terre, plusieurs siècles avant notre ère. Palaia-Kameni, appelée aussi Hiéra, parut ensuite (186 ans av. J.-C.), et son apparition s'accompagna de phénomènes semblables. Elle s'accrut successivement par des îlots soulevés sur ses bords à des époques postérieures, surtout en 19, 726 et 1427 ap. J.-C. Micra-Kameni se montra en 1573, et Nea-Kameni en 1707, et l'une et l'autre s'accrurent successivement en 1709, 1711, 1712, etc. Mais il arrive fréquemment que ces îles volcaniques disparaissent après s'être montrées plus ou moins longtemps au-dessus des flots. Cette disparition est due quelquefois à l'érosion de la mer ; le plus souvent elle résulte de l'affaissement du cône qui les avait produites. Nous citerons comme ex. l'île Julia qui se montra subitement au sud-ouest de la Sicile, en 1831, et qui disparut peu de mois après. Mais l'éruption volcanique la plus considérable des temps modernes est celle du volcan de l'île de Krakatoa qui, en 1883, précipita dans la mer la moitié de l'île et augmenta la superficie des

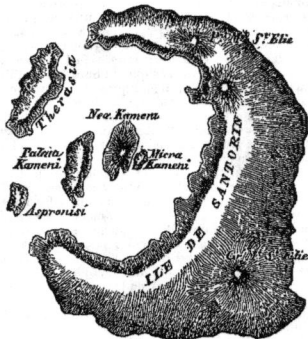

Fig. 1.

îlots voisins. Voy. VOLCAN. — Les petites îles et les groupes disséminés à de grandes distances les uns en dedans du cercle polaire antarctique sont tous d'origine volcanique, quoique la plupart aient cessé d'être en activité. Il en est de même dans l'Océan Atlantique, où les îles de Tristan d'Acunha, de Sainte-Hélène, de l'Ascension et de Madère ont été produites par des feux souterrains aujourd'hui complètement éteints, tandis que les archipels du Cap Vert, des Açores et des Canaries possèdent tous des cratères en activité : l'île de Ténériffe, qui fait partie du dernier, renferme même un des plus magnifiques cônes volcaniques qui existent.

Par une circonstance singulière qui résulte de l'instabilité de la croûte terrestre, toutes les petites îles pélagiques disséminées dans la partie tropicale de l'Océan Pacifique et de l'Océan Indien, sont, à l'exception de la Nouvelle-Calédonie et des Seychelles, d'origine volcanique ou d'origine madréporique. C'est aussi un fait extraordinaire que la plupart de celles qui possèdent des volcans en voie de soulèvement, et s'élèvent graduellement et insensiblement au-dessus du niveau de la mer, tandis qu'il y a tout lieu de croire que ces vastes espaces qui sont semés d'îles madréporiques, sont en voie d'affaissement, et que cet affaissement dure depuis une longue série de siècles.

Les *îles madréporiques* sont essentiellement constituées par des polypiers pierreux agglomérés les uns avec les autres. Les espèces qui contribuent le plus à la formation de ces constructions, appartiennent aux genres Astrée, Méandrine, Caryophyllie, Oculine, Madrépore, etc. Mais, d'une part, ces animaux ne peuvent subsister s'ils ne sont constamment submergés, et de l'autre ils ne peuvent pas vivre à plus d'une trentaine de mètres de profondeur. Ils s'établissent sur toutes les roches préexistantes qui se trouvent à cette profondeur, et là, par une exsudation de matière calcaire, ils construisent leurs polypiers, qu'ils accumulent les uns au-dessus des autres jusqu'au niveau de l'eau, où s'éteignent les dernières générations. On a comparé l'ensemble de ces petits êtres à une immense végétation de prairies qui revêtirait la région océanique, et dont les espèces, au lieu de disparaître successivement, se pétrifieraient à l'automne et deviendraient chaque année la base permanente destinée à recevoir la végétation de l'année suivante. Les constructions madréporiques s'élèvent donc graduellement du fond de l'eau, avec le secours des

siècles, elles atteignent sa surface, où elles forment des bancs sous-marins ou à fleur d'eau qui s'étendent parfois sur d'immenses espaces. Presque toutes les îles de l'Océan Pacifique et de la Mer des Indes sont ainsi produites, et le travail silencieux des polypes ne cesse d'en former de nouvelles ou d'accroître les anciennes par des bancs construits sur leurs bords. Beaucoup même se trouveront réunies un jour par suite de ces accroissements successifs sur certains points de la Polynésie ; dans différents endroits, le fond de la mer est même déjà si exhaussé, que les populations communiquent à gué, sans avoir besoin de pirogues, à plusieurs lieues de distance.

Les îles madréporiques sont généralement très peu élevées (de 2 à 4 mèt.) au-dessus du niveau de la mer, et ce fait n'a rien d'étonnant : car, une fois arrivés à ce point, les Zoophytes ont dû terminer leur rôle. Un grand nombre constituent des récifs d'autant plus redoutables, que leur faible hauteur empêche de les voir, même en s'en approchant, à moins, comme

Fig. 2.

cela arrive souvent, qu'elles ne soient couvertes de palmiers, de cocotiers ou d'autres arbres du même genre. Très fréquemment les formations madréporiques représentent des anneaux, tantôt circulaires et tantôt ovales ou irréguliers, complètement ou incomplètement clos, dont la partie intérieure constitue une sorte de lac (Fig. 2). D'autres fois l'intérieur de l'anneau est occupé par une île, de manière qu'il existe une sorte de fossé profond et plein d'eau entre celle-ci et l'anneau madréporique. Les formations qui présentent cette disposition annulaire, ont reçu le nom d'*Attolons* ou *Atolls*. Le diamètre des îles annulaires varie de 4 à 140 kil. La largeur moyenne de l'anneau lui-même au-dessus du niveau de la mer est au plus de 400 mèt. et ordinairement moindre. La profondeur du bassin

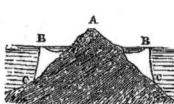
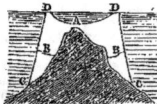

Fig. 3.   Fig. 4.

central varie de 35 à 90 m. Au contraire, sur le côté externe de l'anneau, la mer est ordinairement très profonde, et la muraille madréporique présente une pente plus rapide que les cônes volcaniques les plus hardis. On a d'abord expliqué la formation de ces îles en supposant qu'elles avaient pour base des montagnes à cratère sur le sommet desquelles les Polypes étaient venus s'installer. Ceux de ces animalcules qui habitaient les bords du cratère devaient naturellement, disait-on, parvenir à la surface de la mer bien plus promptement que ceux qui vivaient au fond, puisque, dans la première direction, il y avait moins de chemin à faire que dans la seconde. Toutefois, comme ces derniers continuaient leur travail après la disparition des autres, ils devaient finir par combler le bassin et transformer ainsi l'anneau circulaire en une île entièrement plane. Mais de nouvelles et plus exactes observations ont démontré l'inexactitude de cette théorie. Il est aujourd'hui établi que le lac central des îles annulaires, au lieu de correspondre au cratère d'un volcan, correspond, au contraire, à la cime d'une montagne sous-marine, et que la formation de ces îles résulte du concours de deux causes agissant en sens inverse, savoir : le travail des polypes, et l'affaissement continu du sol sous-marin sur lequel reposent les constructions madréporiques. En effet, soit (Fig. 3) une montagne à demi submergée et laissant encore voir sa partie

ILE ILI 543

culminante A. Les Polypes saxigènes s'établiront sur ses flancs et y construiront le dépôt madréporique BC. Supposons maintenant que cette montagne descende graduellement sous les eaux par l'effet d'une flexion générale de l'écorce du globe. A mesure que la base s'enfonce sous le niveau de l'Océan, les Polypes saxigènes retrouvant de l'eau continuent leurs travaux et élèvent continuellement leur construction. Si le mouvement d'affaissement du sol n'est pas plus rapide que leur travail, le banc madréporique, malgré ce mouvement souterrain, continuera de rester à fleur d'eau, car sa hauteur au-dessus de sa base ne cessera pas d'augmenter. Mais il n'en sera pas de même de la montagne centrale. A mesure que celle-ci descendra, l'eau gagnera sur les rivages en diminuant d'autant ce qui en demeure au-dessus de l'Océan, si bien qu'à la fin la montagne disparaîtra entièrement, tandis que la construction madréporique subsistera toujours à peu près avec la même étendue superficielle qu'elle avait au commencement. De cette manière, le bassin central de l'île annulaire (Fig. 4) correspondra au sommet d'une montagne submergée, au lieu de correspondre, comme on le supposait naguère, à une dépression cratériforme. — Après les îles formées par les Polypes saxigènes, nous devons encore mentionner les immenses récifs qui reconnaissent une origine identique. Ainsi, l'immense récif, appelé Récif de la Grande-Barrière, qui longe la côte nord-est de l'Australie ou Nouvelle-Hollande, constitue la plus grande formation madréporique connue. En effet, il naît à une profondeur énorme, et s'étend sur une longueur de plus de 450 lieues. Sa largeur varie de 180 à 1,800 mètres. Sa distance moyenne de la côte est de 4 à 5 lieues, mais elle dépasse quelquefois 25. On rencontre également de vastes barrières de récifs madréporiques le long des îles de la Louisiade et de la Nouvelle-Calédonie; ces récifs font précisément face à la Grande-Barrière de l'Australie. En outre, comme la partie de l'Océan Pacifique qui est comprise entre ces deux chaînes de récifs, est semée d'attolons et d'écueils madréporiques, les navigateurs lui ont imposé le nom de Mer de corail.

Les attolons madréporiques couvrent des espaces énormes. Dans l'Océan Pacifique, on ne rencontre que des îles de ce genre depuis l'extrémité sud de l'archipel Pomotou jusqu'à l'extrémité nord de l'archipel de Marshall ou de Radick, c.-à-d. sur une longueur de 1,450 lieues et sur une largeur de plusieurs degrés. Dans l'Océan Indien, elles occupent également une étendue immense entre Saya de Matha et l'extrémité des Laquedives, c.-à-d. un espace de 25 degrés de latitude. Ailleurs encore, on rencontre des agglomérations très considérables d'attolons : tels sont l'archipel des Carolines, et ceux de la Mer de corail, au nord-est de la Nouvelle-Hollande. Il y a donc lieu de croire que cette immense portion de la croûte terrestre a été et est encore le siège d'un affaissement continu, mais fort lent.

Quoique les îles volcaniques soient nombreuses dans l'Océan Pacifique, on n'en trouve aucune dans les régions dont nous venons de parler, comme aussi il n'existe aucun volcan actif dans les divers groupes d'attolons et même à plusieurs centaines de lieues de ces groupes. Un fait plus remarquable encore, c'est que, dans plusieurs de ces îles, on trouve à diverses hauteurs des coquillages modernes et des débris de polypiers : ce qui démontre qu'à une époque antérieure elles ont éprouvé un mouvement de soulèvement graduel et prolongé.

Législ. — Aux termes des articles 560 et suiv. du Code civil, les îles, îlots et atterrissements se forment dans les rivières non navigables ni flottables, appartiennent aux propriétaires riverains du côté où l'île s'est formée : si l'île n'est pas formée d'un seul côté, elle appartient aux riverains des deux côtés, à partir de la ligne qu'on suppose tracée au milieu de la rivière. Les îles, îlots et atterrissements qui se forment dans le lit des fleuves ou des rivières navigables et flottables appartiennent à l'État, s'il n'y a titre ou prescription contraire. Si une rivière ou un fleuve, en se formant un bras nouveau, coupe et embrasse le champ d'un propriétaire riverain et en fait une île, ce propriétaire conserve la propriété de son champ, encore que l'île se soit formée dans un fleuve ou dans une rivière navigable ou flottable.

ILÉADELPHE. adj. 2 g. (R. iléon; gr. ἀδελφός, frère). T. Térat. Monstres iléadelphes, qui sont doubles inférieurement, depuis et y compris le bassin.

ÎLE-BOUCHARD (L'), ch.-l. de c. d'Indre-et-Loire, arr. de Chinon, sur la Vienne; 1,400 hab.

ÎLE-DE-FRANCE, anc. prov. de France dont Paris était la capitale; elle fut comme le noyau de la monarchie française.

ÎLE DE FRANCE, ancien nom de l'île Maurice. Voy. MAURICE.

ÎLE D'YEU (L') ou ÎLE-DIEU. Voy. DIEU (Île).

ILÉITE. s. f. T. Méd. Inflammation de la membrane muqueuse de l'iléon.

ILÉO-CÆCALE. s. f. (R. iléon et cæcum). T. Anat. Valvule qui sépare le gros intestin de l'iléon.

ILÉO-DICLIDITE. s. f. (R. iléon; gr. δυκλίς, double porte). T. Méd. Inflammation de l'iléon et de la valvule iléo-cæcale. — On devrait écrire iléo-dyclidite.

ILÉON ou ILÉUM. s. et adj. m. [Iléum se prononce Iléome] (gr. εἰλεῖν, tourner). T. Anat. La dernière et la plus longue partie de l'intestin grêle. Voy. INTESTIN.

ÎLE-ROUSSE, ch.-l. de c. (Corse), arr. de Calvi, 2,000 hab.

ILES. s. m. pl. (lat. ilia, flancs). T. Anat. Les parties latérales et inférieures de l'abdomen. || Os des îles, Os iliaque. Voy. SQUELETTE et ILIAQUE.

ILET. s. m. [Pr. i-lè]. Petite île.

ILETTE. s. f. [Pr. i-lè-te]. Petite île.

ILÉUS. s. m. [On pron. l's] (gr. ἰλεὸς, m. s.). T. Méd. Obstruction de l'intestin, appelée aussi Colique de Miserere, à cause des douleurs et des angoisses extrêmes qu'éprouve le malade.

ILEX. s. m. [Pr. ileks] (lat. ilex, chêne vert). T. Bot. Voy. HOUX.

ILFORE, district de Roumanie, près du Danube; 400,000 hab.

ILHAVO, v. du Portugal, prov. de Beira; 8,700 hab.

ILIA. s. m. (lat. ilia, flancs). T. Zool. Genre de Crustacés. Voy. BRACHYOURES.

ILIACO-FÉMORAL, ALE. adj. T. Anat. Qui appartient à la surface iliaque et au fémur.

ILIACO-MUSCULAIRE. adj. 2 g. T. Anat. Qui appartient aux muscles de la surface iliaque.

ILIADE. s. f. Poème d'Homère célébrant la guerre d'Ilion ou Troie.

ILIAQUE. adj. 2 g. (lat. ilia, flancs). T. Anat. et Méd. Qui a rapport aux flancs; s'emploie surtout dans les locutions suivantes : Os iliaques, Os des îles. Crête i., Épine i., Fosses iliaques, Qui appartiennent aux os iliaques. — Muscle i., Muscle qui remplit la fosse iliaque et qui sert à faire mouvoir l'os de la cuisse sur le bassin. — Artères iliaques, Artères qui sont formées par la bifurcation de l'aorte descendante. || Passion i., ou Iléus. Voy. ILÉUS.

Méd. — On désigne sous ce nom les régions inférieure et latérale de l'abdomen, paires et symétriques.

1° Anatomie chirurgicale. — Les fosses iliaques sont limitées en haut par les hypochondres et la région ombilicale, en bas par le pubis et les régions inguinales ou inguino-crurales; elles sont séparées l'une de l'autre par l'hypogastre. Le squelette de la région est constitué par la portion i. de l'os des îles, recouverte par le muscle psoas-iliaque, dans son aponévrose d'enveloppe dite fascia iliaca; au-dessus se trouvent le tissu cellulaire sous-péritonéal et le péritoine. Une artère principale et très importante occupe cette région, l'i. primitive à laquelle succède l'i. externe; la fosse droite est remplie par le cæcum et l'appendice vermiculaire iléo-cæcal; la gauche est occupée par l'S i. — L'exploration de la fosse i. doit être primitive : le malade doit être courbé, le tronc un peu élevé et la cuisse dans la flexion sur le bassin. Chez la femme le toucher vaginal, chez l'homme le toucher rectal complètent les renseignements.

2° Médecine opératoire. — Les opérations que l'on pratique sur cette région, en dehors des incisions et ablations de tumeurs, sont l'opération de l'anus artificiel (Voy. ANUS), les ligatures des artères iliaques primitive et externe et de l'aorte nullement pratiques en chirurgie, enfin des résections (trépanations ou extractions de séquestre).

3° *Pathologie médico-chirurgicale*. — Nous ne ferons ici qu'une rapide énumération, renvoyant d'ailleurs plus loin pour la typhlite, maladie la plus intéressante de toutes celles de la région. Voy. TYPHLITE.

A. *Plaies*. — Ces plaies présentent deux particularités : contuses, elles intéressent presque toujours le péritoine ; par instruments piquants ou tranchants, elles peuvent atteindre l'intestin ou les vaisseaux iliaques.

B. *Fractures de l'os iliaque*. — Elles peuvent siéger sur la crête i. ou présenter le type des fractures doubles verticules du bassin.

C. *Abcès de la fosse iliaque*. — Ces abcès d'une importance extrême et d'une gravité non moins grande peuvent reconnaître pour cause la propagation d'une inflammation des ligaments larges et de l'utérus, ou d'une inflammation intestinale, particulièrement cæcale. Cet abcès est susceptible de déterminer de dangereuses complications : péritonite, issue dans un organe abdominal ou pelvien, etc., lorsqu'il ne vient pas aboutir à la peau, ou n'est pas diagnostiqué à temps. Les progrès modernes de la chirurgie antiseptique permettent des interventions précoces et suivies de succès.

D. *Abcès par congestion*. — Ceux-ci sont de deux ordres : abcès migrateurs, dépendant d'altérations osseuses des vertèbres dorsales et lombaires, ou de l'os i., généralement vertébraux, pottiques.

E. *Anévrysmes iliaques*. — Ils dépendent des artères iliaques externe, interne et primitive, et de l'aorte. Leur pronostic est toujours grave, en raison des interventions particulièrement périlleuses qu'ils nécessitent.

F. *Tumeurs*. — Les plus diverses s'y rencontrent donnant lieu à de multiples erreurs de diagnostic : rein mobile ; adénites profondes ; tumeurs du psoas ; ostéo-périostite de l'os i. ; enchondromes, fibromes, sarcomes, etc.

ILICACÉES. s. f. pl. (R. *Ilex*, nom scientifique du Houx). T. Bot. Famille de plantes Dicotylédones de l'ordre des Dialypétales supérovariées isostémones.

Caract. bot. : Arbres ou arbustes à feuilles alternes, simples et sans stipules, à limbe entier, coriace et persistant.

Fleurs petites, blanches ou verdâtres, solitaires ou diversement groupées, parfois unisexuées dioïques par avortement. Sépales, 4 à 6. Corolle formée de 4 à 6 pétales libres ou concrescents à la base. Étamines 4 à 6, alternant avec les pétales ; anthères adnées, biloculaires, s'ouvrant en long. Pistil formé de 4 à 6 carpelles concrescents en un ovaire pluriloculaire contenant dans chaque loge 1 ou 2 ovules anatropes, pendants ; style court portant un stigmate globuleux ou discoïde. Fruit drupacé à 2-6 noyaux. Graine renfermant un petit embryon droit avec un albumen charnu. [Fig. 1. — 1. *Ilex macrophylla* ; 2. Fleur ; 3. Coupe d'un fruit mûr ; 5. Coupe d'une graine].

Cette famille qui portait autrefois le nom d'*Aquifoliacées*, se compose de 11 genres et de 150 espèces. Nous n'avons en

Fig. 1.

Europe que le *Houx commun* (*Ilex Aquifolium*). — L'écorce et les baies du *Prinos verticillé* (*Prinos verticillatus*) jouissent de propriétés toniques et astringentes fort prononcées, et on les vante comme d'excellents antiseptiques. La racine de la *Myginde* (*Myginda uragoga*), administrée sous forme de décoction ou d'infusion, a la réputation d'être un puissant diurétique. Diverses espèces appartenant à cette famille sont

employées en guise de thé : tels sont le *Prinos glabre* (*Prinos glaber*) ; le *Houx vomitif* (*Ilex vomitoria*) de l'Amérique du Nord ; l'*Ilex gongonha* et l'*Ilex theezans* du Brésil. Mais l'espèce la plus usitée est le *Maté* ou *Ilex Paraguayensis* dont on fait une grande consommation dans l'Amérique méridionale, et où l'on a découvert de la caféine. Les feuilles connues sous le nom d'*Apalachines* ou *Thé des Apalaches*, proviennent du *Houx vomitif*. Les *Ilex paraguayensis*, *gongonha* et *theezans* sont d'excellents diurétiques et diaphorétiques. D'après Martius, les teinturiers se servent de l'*Ilex Paraguayensis* et de quelques autres espèces. Les fruits de l'*Ilex macoucoua* contiennent, quand ils ne sont pas encore parvenus à maturité, une grande

Fig. 2.

quantité de tanin, et sont employés dans la teinture des étoffes de coton. Quant à l'unique espèce de cette famille qui soit indigène chez nous, c.-à-d. le *Houx commun* (*Ilex Aquifolium*) (Fig. 2), elle est loin d'être sans utilité. Son écorce donne de la glu, et son beau bois blanc est fort estimé des tourneurs. Ses baies sont émétiques et purgatives ; 3 ou 6 suffisent pour provoquer le vomissement ; on a recommandé le suc des feuilles dans l'ictère. On a employé avec succès l'écorce de houx dans certains cas de fièvres intermittentes épidémiques où le quinquina avait échoué. On a extrait des feuilles du Houx une matière cristalline très amère (*Ilicine*), à laquelle sont évidemment dues les propriétés antipériodiques du végétal.

ILICINE. s. f. (R. *Ilex*, nom scientifique du Houx). T. Chim. Principe amer extrait des feuilles du Houx (*Ilex Aquifolium*). On a conseillé son emploi contre le rhumatisme et les fièvres intermittentes.

ILICIQUE. adj. 2 g. (R. *Ilex*, nom scientifique du Houx). T. Chim. *Acide i.*, Acide extrait, par Moldenhauer, des feuilles du Houx.

ILICYLIQUE. adj. 2 g. (R. *Ilex*, nom scientifique du Houx, et gr. ὕλη, matière). T. Chim. *Alcool i.*, Alcool de la formule $C^{25}H^{44}O$, cristallisable en aiguilles fusibles à 172°, extrait de la glu.

ILINIZA, volcan de l'Équateur (Andes occidentales) ; 5,300 mètres.

ILIO-ABDOMINAL, ALE. adj. (R. *ilion* et *abdomen*). T. Anat. Muscle *ilio-abdominal*, Nom donné au muscle petit-oblique de l'abdomen.

ILIO-FÉMORAL, ALE. adj. (R. *ilion* et *fémur*). T. Anat. *Muscle ilio-fémoral*, Nom donné au muscle grêle antérieur de la cuisse.

ILIO-LOMBAIRE. adj. 2 g. (R. *ilion* et *lombes*). Qui appartient au muscle iliaque et aux lombes.

ILION ou **ILIUM.** s. m. [Pr. *ili-on*, *ili-ome*] (lat. *ilium*, sing. de *ilia*, flancs). T. Anat. Nom donné à la plus grande des pièces osseuses qui, chez le fœtus, forment l'os iliaque, ainsi qu'à la partie supérieure et postérieure de cet os. De ce mot dérivent plusieurs mots composés, tels que : *Ilio-lombaire, Ilio-pectiné, Ilio-sacro-fémoral*, etc., qui désignent des muscles ou d'autres parties en rapport avec l'ilium.

ILION ou **ILIUM.** [Pr. *ili-ome*]. Nom de l'anc. Troie.

ILIO-PECTINÉ, ÉE. adj. (R. *ilion*, et lat. *pecten*, peigne). T. Anat. Éminence *ilio-pectinée*, formée par la jonction de la branche de l'os iliaque avec celle du pubis.

ILIO-PUBIEN, IENNE. adj. [Pr. *ilopubi-in*]. T. Anat. Qui a rapport à l'ilion et au pubis.

ILIO-ROTULIEN, IENNE. adj. [Pr. *iliorotuli-in*] (R. *ilion* et *rotule*). T. Anat. Muscle *ilio-rotulien*, Muscle droit antérieur de la cuisse.

ILIO-SCROTAL, ALE. adj. T. Anat. Qui se distribue à l'ilion et au scrotum.

ILISSUS, ruisseau qui, sorti de l'Hymette, contourne Athènes, tombe dans le Céphise.

ILIXANTHINE. s. f. [Pr. *ilig-zanthine*] (R. *Ilex*, nom scientifique du *Houx*; gr. ξανθός, jaune). T. Chim. Substance colorante extraite des feuilles du Houx. Elle cristallise en aiguilles jaune paille, fusibles à 192°, solubles dans l'eau chaude et dans l'alcool. Elle teint en jaune les tissus mordancés au fer ou à l'alumine.

ILKESTON, v. d'Angleterre, comté de Derby; 15,000 hab.

ILL, riv. d'Alsace, prend sa source près d'Altkirch, et se jette dans le Rhin au-dessous de Strasbourg; 205 k.

ILLABOURABLE. adj. 2 g. [Pr. il-la...] (R. *in* priv., et *labourable*). Qui n'est point labourable.

ILLACÉRABLE. adj. 2 g. [Pr. il-la...] (R. *in* priv., et *lacérable*). Qui ne peut être lacéré.

ILLAMPON, pic de la Cordillère orientale de la Bolivie, près du lac Titicaca; 6,500 mètres.

ILLATIF, IVE. adj. [Pr. il-la...] (lat. *illativus*, m. s., de *il* pour *in*, dans, et *lativus*, qui porte). T. Gram. Se dit des conjonctions qui amènent une conséquence de ce qui précède.

ILLATION. s. f. [Pr. il-la-sion] (lat. *illatio*, m. s., de *in*, dans, et *latio*, action de porter). T. Jurisp. Apport de biens d'une personne qui entre en noviciat dans une maison religieuse. *Registre d'i.*, Où est inscrit l'apport de chaque religieuse. || Transport ou retour des reliques d'un saint.

ILLE, riv. de France qui se jette dans la Vilaine, à Rennes; 45 kil.

ILLÉCÈBRE. s. m. [Pr. il-lé-sèbre] (lat. *illecebra*, attrait, charme). T. Bot. Genre de plantes Dicotylédones (*Illecebrum*) de la famille des *Illécébrées*. Voy. ce mot.

ILLÉCÉBRÉES. s. f. pl. [Pr. il-lé-sébré] (R. *Illécèbre*). T. Bot. Famille de plantes Dicotylédones de l'ordre des Apétales superovariées.
Caract. bot. : Herbes annuelles ou vivaces, rarement des sous-arbrisseaux, à feuilles opposées, rarement alternes, petites, entières, souvent fasciculées, et munies de stipules scarieuses. Fleurs petites, axillaires. Sépales 5, rarement 4 ou 3, tantôt

distincts, tantôt concrescents. Étamines 5, superposées aux sépales, rarement libres, quelquefois accompagnées de 5 staminodes alternes. Pistil formé de 2-3 carpelles concrescents en un ovaire uniloculaire; style 2-3, tantôt distincts, tantôt soudés; ovule unique, campylotrope ou anatrope, rarement 2-4 ovules. Le fruit, enveloppé par le calice persistant, est une

Fig. 1.

capsule monosperme s'ouvrant vers la base, quelquefois un akène. Graine renfermant un albumen amylacé et un embryon tantôt courbé en anneau autour de la graine, tantôt droit. [Fig. 1. — 1. *Paronychia capitata;* 2. Coupe d'une fleur; 3. Coupe verticale de l'ovaire; 4. Graine mûre; 5. Coupe de la même. — Fig. 2. — 1. *Scleranthus perennis;* 2. Jeune calice étalé; 3. Coupe verticale de l'ovaire mûr; 4. Pistil isolé du calice; 5. Anthère; 6. Coupe d'une graine].
Cette famille comprend environ 17 genres (*Illecebrum, Pollichia, Paronychia, Herniaria, Corrigiola, Scleranthus*, etc.), avec 90 espèces répandues partout, excepté dans

Fig. 2.

les contrées froides, abondant surtout dans les lieux secs et chauds. — Les plantes en sont généralement sans usages. Nous citerons, dans le genre *Scléranthe* (*Scleranthus*), vulg. appelé *Gnavelle*, le *Scl. annuel* (*Scl. annuus*), qui passe pour diurétique et astringent, et le *Scl. vivace* (*Scl. perennis*), sur lequel on recueille la Cochenille de Pologne, employée, dans ce pays, ainsi qu'en Russie, pour la teinture en écarlate. Quelques espèces paraissent être légèrement astringentes. L'*Herniaire glabre* (*Herniaria glabra*), appelée vulg. *Herniole, Turquette, Herbe au cancer,* passait autrefois pour diurétique, fondante et vulnéraire.

ILLE-ET-VILAINE (Dép. d'), formé d'une partie de l'anc. Bretagne; ch.-l. *Rennes*; 5 autres arr. : *Fougères, Montfort, Redon, Saint-Malo, Vitré*; 626,000 hab.

ILLÉGAL, ALE. adj. [Pr. *il-légal*] (lat. *illegalis*, m. s., de *in* priv., et *legalis*, légal). Qui est contre la loi. *Convention illégale. Formes illégales. Actes illégaux. Arrestation illégale. Assemblée illégale.*

ILLÉGALEMENT. adv. [Pr. *il-lé...*]. D'une manière illégale. *Agir i. On l'a arrêté illégalement.*

ILLÉGALITÉ. s. f. [Pr. *il-lé...*]. Caractère, vice de ce qui est illégal. *L'i. d'une convention, d'une ordonnance, d'une arrestation.*

ILLÉGITIME. adj. 2 g. [Pr. *il-lé-jitime*] (lat. *illegitimus*, m. s., de *in* priv., et *legitimus*, légitime). Qui n'a pas les qualités, les conditions requises par la loi pour être légitime. *Mariage i. Enfant i. Amour i.* — Fig., *Des feux illégitimes.* || Par analog., Injuste, déraisonnable. *Prétention i. Désirs illégitimes.*

ILLÉGITIMEMENT. adv. [Pr. *il-lé-jitime-man*]. Injustement, sans fondement, sans raison. *Posséder i. Il prétend cela i.*

ILLÉGITIMITÉ. s. f. [Pr. *il-lé...*]. Défaut de légitimité. *L'i. d'un titre. L'i. de sa naissance. L'i. d'un enfant.*

ILLÉSÉ, ÉE. adj. [Pr. *il-lé-zé*] (R. *in* priv., et *lésé*). Qui n'a éprouvé aucune lésion.

ILLETTRÉ, ÉE. adj. [Pr. *il-lé-tré*] (R. *in* priv., et *lettré*). Qui n'a aucune connaissance en littérature, ignorant. *C'est un homme complètement i.* || Qui ne sait pas lire. *Un conscrit i.*

ILLIBÉRAL, ALE. adj. [Pr. *il-li...*] (lat. *illiberalis*, m. s., de *in* priv., et *liberalis*, libéral). T. Politiq. Qui n'est pas libéral. *Idées illibérales. Système i.* || Qui est l'effet d'un système illibéral. *Des lois, des mesures illibérales.*

ILLIBÉRALEMENT. adv. [Pr. *il-li...*]. Sans libéralité. || Sans libéralisme.

ILLIBÉRALISME. s. m. [Pr. *il-li...*]. Opinion opposée au libéralisme.

ILLIBÉRALITÉ. s. f. [Pr. *il-li...*]. Défaut de générosité. || Tendance à restreindre la liberté.

ILLICIÉES. s. f. pl. [Pr. *il-li-sié*] (R. *Illicium*). T. Bot. Tribu de plantes de la famille des *Magnoliacées*. Voy. ce mot.

ILLICITE. adj. 2 g. [Pr. *il-li-site*] (lat. *illicitus*, m. s., de *in* priv. et *licitus*, licite). Qui est défendu par la loi ou par la morale. *Action i. Plaisir i. Amour i. Conventions illicites. Assemblées illicites. Un gain i. S'enrichir par des voies illicites.*

ILLICITEMENT. adv. [Pr. *il-li-siteman*]. Contre le droit et la justice. *Cela s'est fait i.*

ILLICIUM. s. m. [Pr. *il-li-siome*] (lat. *illicium*, charme, attrait). T. Bot. Nom scientifique du genre *Badiane*. Voy. MAGNOLIACÉES.

ILLICO. adv. [Pr. *il-liko*] (lat. *illico*, m. s.). Sur-le-champ, immédiatement. T. Fam.

ILLIERS, ch.-l. de c. (Eure-et-Loir), arr. de Chartres : 2,900 hab.

ILLIGÈRE. s. m. [Pr. *il-li-jère*] (R. *Illiger*, n. d'un savant all.). T. Bot. Genre de plantes Dicotylédones (*Illigera*), de la famille des *Combrétacées*. Voy. ce mot.

ILLIMITABLE. adj. 2 g. [Pr. *il-li...*] (R. *in* priv., et *limitable*). Auquel on ne peut assigner des limites.

ILLIMITATION. s. f. [Pr. *il-limita-sion*]. État d'une chose illimitée.

ILLIMITÉ, ÉE. adj. [Pr. *il-limité*] (lat. *illimitatus*, m. s., de *in* priv., et *limitatus*, limité). Qui n'a pas de limite, de terme. *Un espace, un temps i. Pouvoir i. Autorité illimitée. Liberté illimitée. Congé illimité.*

ILLINOIS, riv. des États-Unis, se jette dans le Mississipi; 500 kil.

ILLINOIS, un des États-Unis d'Amérique (Centre); pop. 3,830,000 hab.; ch.-l. *Springfield*; v. pr. *Chicago.*

ILLIPÉ. s. m. [Pr. *il-lipé*]. T. Bot. Nom donné par les Hindous au *Bassia longifolia*, arbre de la famille des *Sapotées.* Voy. ce mot.

ILLISIBILITÉ. s. f. [Pr. *illi-zi-bilité*]. État de ce qui est illisible.

ILLISIBLE. adj. 2 g. [Pr. *il-li-zible*] (R. *in* priv., et *lisible*). Qu'on ne saurait lire. Dont on ne peut supporter la lecture.
Obs. gram. — Les grammairiens ont cherché à établir une différence entre les mots *illisible* et *inlisible*. A la vérité, il n'y en a pas, mais aujourd'hui *illisible* est beaucoup plus usité qu'*inlisible.*

ILLISIBLEMENT. adv. [Pr. *illi-zi-bleman*]. D'une manière illisible.

ILLITION. s. f. [Pr. *il-li-sion*] (lat. *illitio*, m. s., de *in*, dans, et *linere*, oindre). T. Méd. Syn. d'*Onction.*

ILLITTÉRATURE. s. f. [Pr. *il-li-térature*] (R. *in* priv., et *littérature*). Défaut d'instruction, de lettres.

ILLOGICITÉ. s. f. [Pr. *il-lo-jisité*]. Qualité de ce qui est illogique. || Privation de logique.

ILLOGIQUE. adj. 2 g. [Pr. *il-lo-jik*] (R. *in* priv., et *logique*). Qui n'est pas conforme aux règles de la logique. *Raisonnement i.* || Qui manque de logique. *C'est un esprit illogique.*

ILLOGIQUEMENT. adv. [Pr. *il-logi-keman*]. D'une manière illogique.

ILLOGISME. s. m. [Pr. *il-lo-jisme*]. Caractère de ce qui est illogique.

ILLORA, v. d'Espagne (prov. de Grenade); 8,000 hab.

ILLUDÉRITE. s. f. [Pr. *il-ludérite*]. Syn. de *Zoïsite.* Voy. ÉPIDOTE.

ILLUMINABLE. adj. 2 g. [Pr. *il-luminable*]. Qui peut être illuminé.

ILLUMINATEUR. s. m. [Pr. *il-luminateur*] (lat. *illuminator*, m. s.). Celui qui illumine, qui se charge de faire des illuminations. || Fig., Celui qui explique clairement. *L'i. des antiquités.*

ILLUMINATIF, IVE. adj. [Pr. *il-luminatif*]. Qui illumine; n'est guère usité que dans cette loc. mystique. *La vie illuminative.*

ILLUMINATION. s. f. [Pr. *il-lumina-sion*]. Action d'illuminer, ou état de ce qui est illuminé. *L'i. de la lune par le soleil.* || Se dit d'une grande quantité de lumières disposées avec symétrie à l'occasion d'une fête, d'une réjouissance. *Cette i. était quelque chose de féerique. Il y avait des illuminations dans toutes les rues.* || Fig. et en terme de Dévot., Lumière extraordinaire que Dieu répand quelquefois dans l'âme. *Une i. divine. Par i. du Saint-Esprit.*

ILLUMINER. v. a. [Pr. *il-luminer*] (lat. *illuminare*, m. s., de *in*, dans, et *lumen*, lumière). Éclairer, répandre de la lumière sur quelque chose. *La lune est illuminée par le soleil. Toute la ville était illuminée par les feux de joie qu'on avait allumés dans les rues.* || Faire des illuminations. *On avait illuminé la façade de l'hôtel de ville. On ordonna d'i. dans toutes les rues.* || Fig. et en termes de Relig., Éclairer, l'esprit, l'âme. *Priez Dieu d'i. les idolâtres. Ce pays n'avait pas encore été illuminé par l'Évangile.*

|| Rendre très brillant; faire mieux comprendre. *De telles actions illuminent un discours. Ces illuminations illuminent le texte.* = ILLUMINÉ, ÉE. part. *Toute la ville était illuminée.* = *Illuminé, ée,* s'emploie aussi subst., mais au fig. seulement, en parl. d'une personne qui prétend avoir des visions et être inspirée immédiatement par la divinité. *C'est un i., une illuminée.*

Hist. relig. — Depuis les premiers temps du christianisme jusqu'au XVII° siècle, le titre d'*Illuminés* a été pris par diverses sectes qui prétendaient posséder des vérités supérieures à celles que possédaient les autres chrétiens ou être favorisées d'une inspiration spéciale de la part de Dieu. A cette heure, toutes ces sectes, ainsi que les doctrines plus ou moins singulières qu'elles professaient, sont complètement tombées dans l'oubli. Quand aujourd'hui on parle des *illuminés,* on entend presque toujours parler d'une société secrète née dans le siècle dernier, et à laquelle certains auteurs ont attribué une influence plus qu'exagérée sur l'avènement de la Révolution. Cette société fut fondée, en 1771, par Adam Weishaupt, professeur de droit canon à Ingolstadt, en Bavière, qui se proposait de réformer l'Europe entière sous le rapport politique et religieux. Il constitua sa société sous le nom d'*ordre des perfectibilistes,* qu'il changea bientôt en *ordre des illuminés,* et imita, dans son organisation, la hiérarchie des sociétés maçonniques. Ainsi, la hiérarchie des illuminés se composait de huit grades : le *novice,* le *minerval,* l'*illuminé mineur,* l'*illuminé majeur,* le *chevalier écossais,* l'épopte ou le *prêtre,* le *régent* ou *prince illuminé,* le *mage* ou l'*homme-roi.* Des épreuves sévères étaient imposées aux initiés qui aspiraient à un grade supérieur. Le nombre des adeptes de l'illuminisme ne paraît pas avoir jamais dépassé le nombre de 2,000. La société fut dissoute en 1784 par le gouvernement bavarois.
On a également donné ce nom aux disciples de Saint-Martin « le philosophe inconnu », et à ceux de Swedenborg.

ILLUMINISME. s. m. [Pr. *il-lumi-nisme*]. Doctrine, opinions des illuminés. *L'i. faisait des progrès dangereux.*

ILLUSION. s. f. [Pr. *il-lu-zion*] (lat. *illusio,* m. s., de *illudere,* se jouer; de *in,* dans, et *ludere,* jouer). Apparence trompeuse; Erreur des sens qui fait voir les choses autrement qu'elles ne sont; Erreur de l'esprit qui fait prendre l'apparence pour la réalité. *Le mirage est une i. d'optique. I. des sens. I. théâtrale. I. pathologique. Être dans l'i. La manière d'éclairer le tableau d'un diorama produit une i. extraordinaire. Faire i. à quelqu'un. Se prêter à l'i. Cela détruit l'i.* — *Se faire i. à soi-même,* S'abuser soi-même. *Je cherchais à me faire i. sur ses défauts.* || Se dit des fausses apparences que l'on attribue au démon ou à la magie. *I. magique. Ce sont des illusions du démon.* || Se dit aussi des pensées et des imaginations chimériques. *Les illusions de l'amour-propre. C'est un homme plein d'illusions. Se repaître d'illusions. Dissiper les illusions de quelqu'un. Ses prétentions sont une pure i.* || Par ext., se dit encore des songes, des images, des pensées qui flattent ou qui troublent l'imagination. *Une agréable i. Le jour vint dissiper les illusions qui avaient enchanté mon sommeil.*

Méd. — L'i. est constituée par l'interprétation fausse, erronée, d'une sensation réellement perçue. Elle se distingue donc de l'hallucination qui est un trouble psycho-sensoriel caractérisé par la croyance à une sensation réelle, au moment où l'exercice du sens n'a été déterminé par aucune excitation extérieure; dans l'hallucination, l'intégrité du sens n'est pas nécessaire; dans les illusions, au contraire. — Nous ne devons faire que signaler les illusions dont nous sommes le jouet continuellement à l'état normal, dans le domaine intellectuel où elles charment, dans le domaine des faits physiques où nous nous donnons souvent par artifice des illusions que nos jugements antérieurs sont appelés à rectifier (telle l'i. théâtrale); enfin, dans des domaines divers où les illusions dérivent de l'imperfection de nos organes, par ex., les apparences trompeuses que nous donne l'œil (mirage dans le désert, bâton plongé dans l'eau apparaissant brisé, berlue, phosphène, tintoin, etc.); mais, dans tous ces cas, le jugement ne devient pas complice de l'impression produite par le sens troublé. Il n'en est plus de même dans les illusions qui relèvent de la pathologie mentale; l'erreur est complète et est accentuée. A son degré le plus simple, l'i. développée sous l'influence de la passion en est un ex. saisissant (illusions données par la peur, par une préoccupation quelconque, etc.). Dans l'état d'aliénation mentale, le délire général ou partiel favorise les illusions, qui se succèdent alors avec une rapidité extrême, très difficiles d'ailleurs à distinguer avec précision des hallucinations.

Deux groupes naturels d'illusions se présentent à étudier; dans le premier, le trouble intellectuel prédominant impose en quelque sorte aux sensations l'empreinte du délire; dans le second groupe, la sensation n'est pas extérieure à l'individu, elle émane de lui, elle naît tantôt à l'occasion du fonctionnement des organes, tantôt à l'occasion d'une maladie localisée; l'interprétation de la sensation étant erronée, expliquée par des interventions étrangères le plus souvent personnifiées.
Les illusions du premier groupe sont dites *illusions de l'intelligence.* Toujours associées à un délire soit général, soit partiel, elles se peuvent observer pour tous les sens; il suffit même, sans délire, d'une préoccupation, d'une vive concentration de l'esprit sur un point déterminé. Les illusions sont beaucoup plus nettes dans les délires chroniques, dans les aliénations partielles, que dans les délires avec excitation, la manie aiguë et le délire alcoolique par ex. Les hystériques sont sujets à des illusions de la vue, certainement attribuables aux désordres de l'innervation; c'est en effet ce sens qui est le point de départ le plus fréquent des illusions; cependant, les illusions de l'ouïe sont presque aussi communes; c'est aux illusions provenant du sens du tact que l'on doit rapporter les erreurs de beaucoup d'aliénés sur la situation qu'ils occupent dans l'espace, et les sensations d'allongement ou d'aplatissement du corps très souvent signalées. Quant aux illusions de l'odorat et du goût, elles sont généralement très malaisées à distinguer des hallucinations.
Le second groupe d'illusions ou illusions internes a le même point de départ que celles de l'intelligence; nées à l'occasion, soit du fonctionnement normal des organes, soit d'une sensation douloureuse provoquée par un trouble passager ou permanent, elles ont un aliment réel, la sensation primitive faussement appréciée, la préoccupation excessive, la conception délirante, suspend l'œuvre de rectification du jugement. Quelques exemples fixeront l'esprit : un typemaniaque entendant, la tête sur l'oreiller, le battement de ses artères lorsqu'il était couché sur le côté, se croyait en butte à l'action de quatre puissantes machines électriques; — une femme, atteinte de palangros utérin, s'imaginait avoir un loup dans son corps; — toutes les altérations organiques, quel que soit l'appareil dont elles troublent la fonction, peuvent être l'origine de fausses interprétations. Les illusions du sous génital chez les démono-maniaques sont très fréquentes et très intimement entretenues par les ulcérations du corps utérin, des tumeurs de ces organes, de l'eczéma de la vulve; les illusions de cette espèce sont généralement doublées d'hallucination qui permettent souvent de confondre des allégations compromettantes.
Les illusions, telles que nous venons de les distinguer des hallucinations se rapprochent beaucoup de celles-ci au point de vue de leurs causes, de leur marche et de leur interprétation théorique. Elles sont en rapport évident avec des altérations des amas cellulaires nerveux voués aux fonctions de réceptivité des sensations de conduction et de mise au point de celles-ci. — Les indications thérapeutiques se déduisent des circonstances mêmes où les illusions se produisent. Si elles sont liées à un trouble fonctionnel, c'est à ce trouble lui-même qu'il faut s'adresser; si elles succèdent à un délire à marche aiguë, elles disparaîtront sans avoir été directement combattues. En un mot, il n'y a pas d'indications fermes, c'est au médecin d'apprécier et de décider.

Phys. et Physiol. — *Illusions d'optique.* — Parmi les jugements erronés que l'esprit porte à la suite des sensations, les plus fréquents et les plus intéressants sont ceux qui dépendent du sens de la vue et sont relatifs aux dimensions des images. C'est ainsi que de deux disques égaux, l'un blanc, l'autre noir, le disque blanc paraît toujours le plus grand (Fig. 1). Cet effet doit être vraisemblablement attribué à l'irradiation de la lumière sur la rétine, c.-à-d. à ce que l'impression faite sur les éléments de la rétine s'étend au delà de l'image géométrique de la partie lumineuse, de sorte que la partie de la rétine impressionnée est plus grande que ne le voudrait la simple théorie géométrique, d'où il suit que tout ce qui est lumineux est agrandi, et tout ce qui est obscur diminué. Cette illusion doit être prise en considération dans les observations astronomiques. Voy. IRRADIATION. Plus difficile à expliquer est l'illusion qui nous montre la lune, le soleil et les constellations plus grands à l'horizon qu'à une certaine hauteur dans le ciel. Voy. VOÛTE *du ciel.* D'autres illusions d'optique paraissent s'expliquer, quoique assez mal, par l'habitude où l'on est de voir les objets affecter certaines dispositions. Nous en donnons plus loin quelques exemples. — Enfin, d'autres illusions sont relatives à la couleur, et s'expliquent par la fatigue de la rétine. Si l'on fixe, par ex., un objet rouge pendant quelques instants, la partie de la rétine impressionnée devient, pour un temps, insensible aux rayons rouges. Si, alors, on porte le regard sur un espace blanc, cette partie de la rétine ne sera impressionnée que par les rayons complémentaires du rouge, et l'image de l'objet apparaîtra en vert. De même, si l'on écrit une ou deux heures à l'encre rouge, et qu'on reprenne ensuite une page imprimée ou écrite en noir, l'encre noire paraîtra verte. De même, encore, si l'on fixe pendant quelques instants une estampe encadrée avec une marge blanche et bien éclairée, et qu'on reporte ensuite son regard au plafond, on verra sur celui-ci l'image de l'estampe, mais en *négatif*, comme disent les photographes; c'est-à-dire que la marge paraîtra noire et le dessin blanc. — Pour une raison analogue, mais plus difficile à expliquer, des

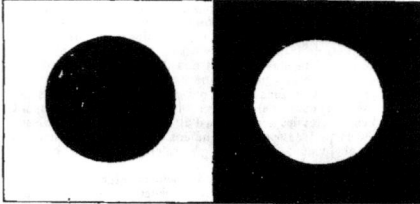

Fig. 1.

couleurs différentes placées l'une à côté de l'autre, sur une même surface, ne sont pas vues comme si chacune était isolée : chaque aire colorée est vue comme si on lui avait ajouté une certaine quantité de la couleur complémentaire de sa voisine. Ainsi, si l'on met du rouge à côté du vert, le rouge paraîtra plus rouge et le vert plus vert ; si l'on met du rouge et du bleu, le bleu tendra vers le vert, et le rouge vers l'orangé, etc. Tous ces effets doivent être pris en considération dans l'art de la décoration.

Voici quelques exemples curieux d'*illusions d'optique :*
Vous trouvez sans doute que les quatre lignes droites (Fig. 2) ne sont pas parallèles entre elles ? C'est une erreur complète.

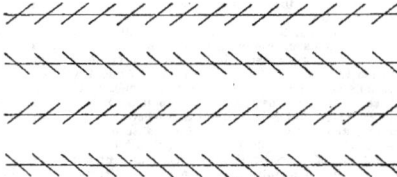

Fig. 2.

Elles sont partout équidistantes et parallèles. Vérifiez vous-même et retournez la figure dans les deux sens.

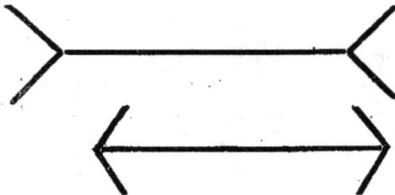

Fig. 3.

Vous trouvez sans doute que la ligne du haut (Fig. 3) est la

plus grande ? Erreur ! Les deux lignes sont rigoureusement de même longueur. Mesurez-les.

Ces quatre lignes horizontales (Fig. 4) ont la même lon-

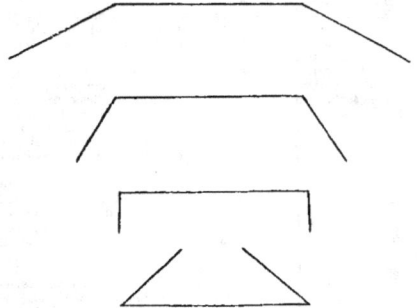

Fig. 4.

gueur. Mesurez-les. Mais la ligne *paraît* d'autant plus petite que l'angle qui la termine de chaque côté est plus aigu.

Le quadrilatère du bas (Fig. 5) vous paraît certainement

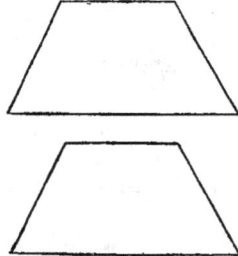

Fig. 5.

plus petit que celui du haut. Mesurez-les. Ils sont superposables ; les côtés sont égaux et parallèles.

ILLUSIONNER. v. a. [Pr. *il-lu-zio-ner*]. Causer des illusions, faire illusion. = S'ILLUSIONNER. v. pron. Se faire des illusions.

ILLUSOIRE. adj. 2 g. [Pr. *il-lu-zouare*] (lat. *illusorius*, m. s., de *illusor*, qui se joue, se moque). Captieux, qui tend à tromper sous une fausse apparence. *Proposition i. Contrat i.* || Dans le langage ordinaire, se dit le plus souvent de ce qui est sans effet, de ce qui ne se réalise point. *Promesse i. Un projet i. Des espérances illusoires.*

Alg. — Il peut arriver qu'une formule qui exprime une quantité *x* en fonction de plusieurs autres *a*, *b*, *c*, etc., prenne, pour certaines valeurs de ces données *a*, *b*, *c*. une forme qui ne permette plus d'effectuer le calcul. Par ex., les formules :

$$x = \frac{a^2-1}{a-1}, \quad x = \frac{\log a}{\log 2 a}, \quad x = a - \log a,$$

deviennent :

La 1re $x = \frac{0}{0}$ si on fait $a = 1$,

La 2e $x = \frac{\infty}{\infty}$ si on fait $a = 0$,

La 3e $x = \infty - \infty$ si on fait $a = \infty$,

expressions ne permettant aucun calcul et non seulement n'indiquent pas ce que devient la valeur de la fonction *x*, pour ces valeurs particulières de la variable a, mais n'apprennent même rien sur la manière dont se comporte la fonction quand a varie dans le voisinage de ces valeurs *singulières*. On dit alorsque la formule prend une forme *illusoire* ou *indéterminée*. — La première dénomination est préférable. La seconde provient de ce que l'expression i. prise littéralement s'applique, en effet, à n'importe quel nombre. Ainsi $\frac{0}{0}$ veut dire un nombre qui, multiplié par 0, donne 0 ; c'est évidemment tel nombre que l'on veut. Il en est de même de $\frac{\infty}{\infty}$ et $\infty - \infty$, etc. Cependant, il n'y a pas toujours d'indétermination si l'on admet que la fonction est assujettie à varier d'une manière continue. Pour expliquer cette circonstance, considérons le cas général d'une fonction de plusieurs variables

$$X = f(x, y, z\ldots),$$

qui prend une forme i. pour $x = x_1, y = y_1, z = z_1$, etc. ; mais qui peut se calculer pour des valeurs voisines :

$$x = x_1 + \alpha, \quad y = y_1 + \beta, \quad z = z_1 + \gamma, \text{ etc.},$$

pourvu toutefois que α, β, γ, restent compris entre certaines limites. La fonction X sera bien déterminée pour ces valeurs des variables $x_1 + \alpha$, $y_1 + \beta$, $z_1 + \gamma$, etc. Si, maintenant, il arrive que lorsque α, β, γ, etc., tendent simultanément vers zéro, la fonction $f(x, y, z)$ tende vers une limite bien déterminée X_1, on dira que X_1 est la *vraie valeur*, ou, suivant une expression plus correcte, la *valeur limite* de la fonction X.

Quelquefois la valeur limite peut se déterminer facilement par les propriétés des fonctions considérées. Ainsi, si nous reprenons les exemples précédents, on a :

1° $x = \dfrac{a^2 - 1}{a - 1} = \dfrac{(a - 1)(a + 2)}{(a - 1)} = a + 1$

tant que a est différent de 1. Si a tend vers 1, le dernier membre et, par suite, x qui lui est égal, tend vers 2. Donc, la valeur limite est 2 ;

2° $x = \dfrac{\log a}{\log 2a} = \dfrac{\log a}{\log 2 + \log a} = \dfrac{1}{\frac{\log 2}{\log a} + 1}$

tant que a est différent de 0. Quand a tend vers 0, $\log a$ augmente indéfiniment, $\dfrac{\log 2}{\log a}$ tend vers 0 et x tend vers 1 qui est ainsi la valeur limite ;

3° $x = a - \log a = a\left(1 - \dfrac{\log a}{a}\right).$

On démontre que quand a augmente indéfiniment, la fraction $\dfrac{\log a}{a}$ tend vers 0. Donc le dernier facteur tend vers 1, et x augmente indéfiniment. On dit que sa valeur limite est l'∞.

Les principales formes illusoires sont :

$$\frac{0}{0}, \quad \frac{\infty}{\infty}, \quad 0 \times \infty, \quad 1^\infty, \quad 0^0, \quad \infty^0,$$

Lorsqu'il s'agit d'une fonction d'une seule variable $x = f(a)$ qui prend l'une de ces formes illusoires pour $a = a_1$, la méthode générale pour trouver la valeur limite consiste à poser $a = a_1 + z$ et à développer la fonction

$$x = f(a_1 + z)$$

en série ordonnée suivant les puissances croissantes de z :

$$x = a_0 + a_1 z + a_2 z^2 + \ldots$$

a_0 est la valeur limite, et, en général, on pourra trouver la valeur de a_0 en appliquant la formule de développement de Taylor, sinon à la fonction x, du moins aux fonctions qui deviennent nulles ou infinies. Si c'est pour $a = \infty$ que la forme devient i., on fera d'abord le changement de variable $z = \dfrac{1}{b}$, et l'on développera par rapport aux puissances croissantes de b.

1° Nous avons déjà parlé au mot *Fraction* de la forme $\dfrac{0}{0}$.

Souvent cette forme se présente parce que les deux termes de la fraction comprennent un facteur commun, qu'il suffit de supprimer pour *lever l'indétermination*, suivant l'expression consacrée. C'est ce qui est arrivé pour le premier de nos exemples. Dans le cas général, soit :

$$x = \frac{f(a)}{\varphi(a)},$$

les deux termes de la fraction s'annulant pour $a = a_1$. Développons ces deux termes suivant la série de Taylor. On aura :

$$x = \frac{f(a_1) + \dfrac{(a - a_1)}{1} f'(a_1) + \dfrac{(a - a_1)^2}{1.2} f''(a_1) + \ldots}{\varphi(a_1) + \dfrac{(a - a_1)}{1} \varphi'(a_1) + \dfrac{(a - a_1)^2}{1.2} \varphi''(a_1) + \ldots}$$

En vertu de l'hypothèse on a, en supprimant le facteur commun $(a - a_1)$:

$$x = \frac{f'(a_1) + \dfrac{a - a_1}{2} f''(a_1) + \ldots}{\varphi'(a_1) + \dfrac{a - a_1}{2} \varphi''(a_1) + \ldots}$$

Si les deux dérivées ne sont ni nulles ni infinies, la valeur limite pour $a = a_1$, sera :

$$x_1 = \frac{f'(a_1)}{\varphi'(a_1)}.$$

On verra de même que si les deux dérivées premières sont nulles, la valeur limite sera :

$$x_1 = \frac{f''(a_1)}{\varphi''(a_1)}$$

et ainsi de suite.

Telle est la *règle de l'Hôpital*, qui consiste, comme on le voit, à *remplacer les deux termes de la fraction par leurs dérivées*.

2° Cauchy a démontré que la même règle s'applique à la forme $\dfrac{\infty}{\infty}$, mais sa démonstration suppose que la valeur limite existe, existence sur laquelle on peut élever des doutes. Le mieux est d'employer des développements en série. Soit, par ex., la fonction :

$$x = \frac{e^a}{a}$$

qui prend la forme $\dfrac{\infty}{\infty}$ par $a = \infty$. L'application de la règle de Cauchy donne :

$$\lim x = \lim \frac{e^a}{1} = \infty.$$

Le développement en série est :

$$x = \frac{1}{a}\left(1 + \frac{a}{1} + \frac{a^2}{1.2} + \ldots\right) = \frac{1}{a} + 1 + \frac{a}{1.2} + \ldots$$

Le premier terme devient nul ; tous les termes, à partir du troisième, deviennent infinis, et comme ils sont positifs, le résultat est ∞.

3° La forme $0 \times \infty$ se ramène à $\dfrac{0}{0}$. En effet, on a :

$$x = f(a) \times \varphi(a)$$

qu'on peut écrire :

$$x = \frac{f(a)}{\left(\dfrac{1}{\varphi(a)}\right)}$$

qui prend bien la forme $\dfrac{0}{0}$ puisque $f(a)$ devient nul, et $\varphi(a)$, ∞.

4° Si on a :

$$x = f(a) - \varphi(a),$$

$f(a)$ et $\varphi(a)$ devenant ∞ pour $a = a_1$, on écrira :

$$x = f(a)\left[1 - \frac{\varphi(a)}{f(a)}\right]$$

et l'on cherchera d'abord la valeur limite de $\dfrac{\varphi(a)}{f(a)}$, qui prend la forme $\dfrac{\infty}{\infty}$. Si cette limite est finie, et différente de 1, x

deviendra ∞. Si cette limite est 1, on sera ramené à la forme $\infty \times 0$.

5° Les formes à exposants se ramènent aux précédentes par l'emploi des logarithmes. On a :

$$x = f(a)^{\varphi(a)}$$

d'où

$$\log x = \varphi(a) \log f(a)$$

qui prendra dans les trois cas la forme :

$$\infty \times 0.$$

Le cas de 1° peut se traiter directement en s'appuyant sur la définition du nombre e :

$$e = \lim \left(1 + \frac{1}{m}\right)^m \quad \text{ou} \quad e = \lim (1 + \alpha)^{\frac{1}{\alpha}} \text{ pour } \alpha = 0.$$

Soit $x = u^v$, u tendant vers 1, et v augmentant indéfiniment, on écrira :

$$x = (1 + u - 1)^v = (1 + u - 1)^{\frac{v}{u-1} \times (u-1)}$$
$$= \left[(1 + u - 1)^{\frac{1}{u-1}}\right]^{v(u-1)}$$

u tendant vers 1, $u - 1$ tend vers 0, et la parenthèse tend vers e ; $v(u - 1)$ prend la forme $\infty \times 0$ et a en général une limite. Enfin, on démontre que l'expression α^β, où α et β tendent respectivement vers les limites α_1 et β_1, tend elle-même vers la limite $\alpha_1{}^{\beta_1}$. Alors, on a immédiatement :

$$\lim x = e^{\lim v(u-1)}.$$

6° Lorsqu'il s'agit d'une fonction de plusieurs variables indépendantes, la limite n'existe généralement pas, et l'expression est réellement indéterminée. Pour obtenir une limite, il faut établir $n - 1$ relations entre les n variables, et cette limite change de valeur suivant les relations qu'on établit.

ILLUSOIREMENT. adv. [Pr. *il-lu-zouareman*]. D'une façon illusoire. N'est guère d'usage qu'en style de pratique.

ILLUSTRATEUR. s. m. [Pr. *il-lustrateur*]. Celui qui donne du lustre, de l'éclat. || Celui qui illustre un ouvrage.

ILLUSTRATION. s. f. [Pr. *il-lustra-sion*]. État de ce qui est illustre, ou Action de rendre illustre. *Cette ville doit son i. à ce poète. Les conquêtes de Louis XIV ont moins fait pour l'i. de son règne que les œuvres des grands écrivains qui vécurent pendant ce temps.* || Se dit encore des marques d'honneur qui jettent de l'éclat sur une famille. *C'est une famille noble et ancienne, mais sans i.* || Abusiv., est parfois usité pour désigner un personnage illustre. *Les illustrations de l'époque.* = Au pl., *Illustrations* s'empl. quelquefois dans le sens d'explications, d'éclaircissements ajoutés à un ouvrage. *Une édition de Tite-Live enrichie des illustrations de Drakenborch.* || Autrefois, on nommait aussi *Illustrations*, Les ornements coloriés des manuscrits. — Dans un sens anal., on désigne aujourd'hui sous ce nom les gravures qu'on intercale dans le texte d'un ouvrage. *Les illustrations de Don Quichotte.*

ILLUSTRE. adj. 2 g. [Pr. *illustre*] (lat. *illustris*, m. s., de *in*, dans, et *lustrare*, purifier). Éclatant, célèbre par le mérite, par le savoir, par l'éclat de ses œuvres, par son action dans l'humanité. *Un homme i. Les hommes illustres de Plutarque. Un général i. Un artiste, un auteur i. Un nom i. Un sang i. Une race i. Une i. maison. Une i. origine. Une assemblée i. Il a donné d'illustres marques de sa vertu, de son courage. Une i. infortune.*

Plus d'un sot descendit d'une illustre origine,
Plus d'un homme célèbre eut un humble berceau.

|| S'empl. quelquefois subst., en parlant d'une personne célèbre, mais principalement d'un artiste. *Ce compositeur était pourtant un des illustres de son époque.* = Syn. Voy. CÉLÈBRE.

ILLUSTREMENT. adv. [Pr. *il-lustreman*]. D'une façon illustre.

ILLUSTRER. v. a. [Pr. *il-lustrer*] (lat. *illustrare*, m. s. ; de *in*, dans, et *lustrare*, purifier). Rendre illustre. *I. son*

nom. *Il illustra son règne par de grandes victoires. Cet auteur a illustré son pays par des ouvrages immortels.* || Orner un ouvrage de gravures qu'on intercale dans le texte. *I. une édition.* = s'ILLUSTRER. v. pron. *Il s'est illustré par de grandes actions.* = ILLUSTRÉ, ÉE. part. *Cette ville a été illustrée par la naissance de plusieurs grands hommes. Une maison, une famille illustrée par de grandes charges. Un livre illustré.*

ILLUSTRISSIME. adj. 2 g. [Pr. *il-lustri-sime*] (ital. *illustrissimo*, très illustre). Titre qu'on donne par honneur à quelques personnes élevées en dignité, et principalement aux ecclésiastiques. *I. et révérendissime seigneur.*

ILLUTATION. s. f. [Pr. *il-luta-sion*] (lat. *in*, dans, *lutum*, boue). Action d'enduire quelque chose de boue. || T. Méd. Action d'enduire de boue quelque partie du corps afin de déterminer un effet thérapeutique.

ILLYRIE, nom donné par les Grecs aux pays montagneux situés au N.-O. de la Grèce, et par les Romains aux contrées à l'E. de l'Italie et de la Rhétie et au S. du Danube. || Royaume d'Illyrie, royaume formé en 1816 avec les pays rendus à l'Autriche, et divisé depuis 1849 en trois provinces : Trieste, Carniole et Carinthie.

ILLYRISME. s. m. [Pr. *il-li...*]. Mouvement littéraire et politique qui se produisit en Croatie au commencement du XIXe siècle.

ILMEN, lac de la Russie (gouv. de Novogorod).

ILMENAU, v. d'Allemagne, sur l'Ilm, dans le grand-duché de Saxe-Weimar-Eisenach ; 6,000 hab. Eaux minérales.

ILMÉNITE. s. f. (R. *Ilmen*, n. de lieu). T. Minér. Variété de fer titané, en prismes clinorhombiques noirs.

ILMÉNIUM. s. m. [Pr. *ilméni-om*] (R. *Ilmen*, n. de lieu). T. Chim. Métal qui, d'après Hermann, serait contenu dans l'yttrotitanite, mais qui paraît n'être que du niobium impur.

ILORIN, v. du Soudan oriental, dans le pays des Yoroubas ; 150,000 hab. environ.

ÎLOT. s. m. Très petite île. || Par anal. *Un îlot de maisons*, Petit groupe de maisons entourées de tous côtés par des rues.

ILOTE. s. m. (gr. εἱλώτης, m. s.). T. Hist. grecq. Esclave des Spartiates. Voy. HILOTE. || Fig., Celui qui dans une société est réduit au dernier degré d'abjection.

ILOTIE. s. f. [Pr. *ilo-sie*] (gr. εἱλωτεία, m. s., de εἵλως, ilote). Syn. d'Ilotisme. Voy. ce mot.

ILOTIER. s. m. (R. *îlot*). Agent de police chargé de la surveillance d'un îlot de maisons.

ILOTISME. s. m. La condition d'ilote. || Par ext., se dit de l'état d'ignorance et de dégradation dans lequel une partie d'un peuple est réduite par la classe dominante. *L'aristocratie avait réduit les classes pauvres à un véritable ilotisme.*

ILUS, fils de Tros, fondateur d'Ilion, père de Laomédon (XIVe s. av. J.-C.).

ILVAÏTE. s. f. (R. *Ilva*, n. lat. de l'île d'Elbe). T. Min. Syn. de *Liévrite*.

IMABENZILE. s. m. [Pr. *ima-ben-zile*]. T. Chim. Composé obtenu en ajoutant de l'ammoniaque à une solution alcoolique, concentrée et bouillante, de benzile. L'i. forme des cristaux orthorhombiques, qui fondent entre 160° et 190° en se décomposant. Par ébullition avec l'alcool ou avec l'acide acétique, il se transforme en benzilimide. Traité par l'acide sulfurique concentré, il se convertit en benzilam. D'après Japp, la formule de l'imabenzile serait $C^{35}H^{28}Az^2O^3$, celle de la benzilimide $C^{21}H^{17}AzO^2$ et celle du benzilam $C^{23}H^{15}AzO$.

IMAGE. s. f. (lat. *imago*, m. s.). Représentation d'une personne ou d'une chose par la sculpture, la peinture, la gravure, le dessin, etc. *I. ressemblante, fidèle. Vous voyez ici l'i. d'un grand homme.* || Dans un sens part., *Image* se dit des figures sculptées ou peintes qui sont l'objet d'un culte religieux, et alors il s'emploie le plus souvent absol. et au pl. *Les images des faux dieux. Les images des saints. Honorer, abattre, briser les images. Le culte des images.* || Se dit aussi de certaines estampes qui sont ordinairement coloriées. *Un livre rempli d'images. Marchand d'images. On amuse les enfants avec des images.* — Fig. et fam., on dit d'une femme belle, mais froide et sans physionomie, *C'est une belle i.*; et d'un enfant d'une nature calme et tranquille, *Il est sage comme une i.* || Se dit aussi de la représentation d'un objet quelconque qui résulte de la réunion des faisceaux lumineux émanés de ce corps, quand ils ont été réfractés ou réfléchis par un autre corps. *Voir son i. dans l'eau, dans un miroir. Les nuages réfléchissent quelquefois l'i. de l'arc-en-ciel. Dans cette expérience on reçoit l'i. solaire sur un écran de papier.* || Ressemblance. *Cet enfant est la vivante i. de son père. Ce tableau est la fidèle i. de la nature. L'i., de son âme. L'écriture est l'i. de la parole, comme la parole est l'i. de la pensée.* || Représentation des objets dans l'esprit, dans l'âme. *Les sens transmettent à l'âme l'i. des objets. L'i. de cette scène affreuse est toujours présente à mon esprit. Son i. me suit en tous lieux. Il ne peut arracher de son cœur cette i. trop chère.* — Se dit aussi pour Idée. *L'i. du péril, l'i. de la mort l'épouvantait. Je me fais une bien douce i. de votre bonheur.* || Fig., se dit parfois pour Description. *Après avoir décrit un combat sanglant, le poète oppose à cette scène affreuse la riante i. de la vie pastorale.* — En parlant du style, *Image* se dit de cette espèce de métaphore par laquelle on rend une idée plus vive, plus sensible, on prête à l'objet des formes, des apparences, des qualités empruntées à d'autres objets. *I. gracieuse, riante, noble, hardie, sublime. C'est une belle i. Ce mot fait i. Ce sont les images qui donnent du coloris au style.*

Syn. — **Portrait.** — Au sens propre, l'*image* est la représentation de toutes sortes de choses, le *portrait* est la représentation ou la ressemblance des personnes. Au figuré, ces mots désignent tous deux une espèce de description oratoire ou poétique ; mais l'*image* décrit des choses et des faits: le *portrait* représente des personnes tant au physique qu'au moral. La description d'une tempête peut donner une *image* frappante de la réalité. Quand Salluste nous peint Catilina, il en fait un vivant *portrait*. En outre, l'*image* frappe surtout par l'éclat, l'imprévu, la vivacité des couleurs, tandis que le *portrait* a quelque chose de plus travaillé et de plus fini.

IMAGER. v. a. Orner d'images. = IMAGÉ, ÉE. part. *Style imagé.*

IMAGER, ÈRE. s. Celui, celle qui vend ces espèces d'estampes qu'on appelle images. Vx.

IMAGERIE. s. f. L'industrie, le commerce de celui qui fabrique et qui vend ces sortes d'estampes. *I. d'Épinal.*

IMAGIER. s. m. Faiseur d'images.

IMAGINABLE. adj. 2 g. (lat. *imaginabilis*, m. s.). Qui peut être imaginé, conçu. *Cela n'est guère i. Il lui est arrivé tous les malheurs imaginables. Malgré tous les efforts imaginables, on n'a pu le sauver.*

IMAGINAIRE. adj. 2 g. (lat. *imaginarius*, m. s.). Qui n'est que dans l'imagination. *Un mal i. Des biens, des maux imaginaires.* || Qui n'a point de réalité. *Dignité i. Il nourrit son esprit de choses imaginaires. Une valeur i. Malade i.*, se dit d'une personne qui a l'imagination blessée au point de se croire malade, quoiqu'elle ne le soit pas. || *Espaces imaginaires*, Espaces créés par l'imagination, hors du monde réel, pour y placer des chimères. — Fig. et fam., *Être, voyager, se perdre dans les espaces imaginaires*, Se former des visions, se repaître d'idées chimériques.

Math. — Les carrés des nombres négatifs étant positifs comme ceux des nombres positifs, il en résulte qu'il n'y a aucun nombre positif ou négatif dont le carré soit négatif. La racine carrée d'un nombre négatif est donc une opération impossible, et cette impossibilité entrave la généralité des formules algébriques et est la source de difficultés analogues à celles que fait naître l'impossibilité des soustractions en arith-

métique, quand le nombre qu'on veut retrancher est plus grand que l'autre. Ces dernières difficultés ont été levées par l'introduction des nombres négatifs, qui permet d'effectuer *toutes les soustractions*. De la même manière, on a fait disparaître les difficultés relatives à la racine carrée des nombres négatifs par une nouvelle généralisation de l'idée de quantité qui a donné naissance aux quantités dites *imaginaires*.

Si l'on considère une équation du second degré:

$$(1) \qquad x^2 + px + q = 0,$$

cette équation admet deux racines qui sont données par la double formule:

$$(2) \qquad x = -\frac{p}{2} \pm \sqrt{\frac{p^2}{4} - q}.$$

Lorsque $\frac{p^2}{4} - q$ est positif, le calcul des racines s'effectue aisément ; mais quand $\frac{p^2}{4} - q$ est négatif, le calcul est impossible et l'équation (1) n'est vérifiée par aucun nombre positif ou négatif. Cependant, si l'on substitue à x, dans l'équation (1) le second membre de la formule (2), et qu'on effectue les calculs suivant les règles ordinaires de l'algèbre, l'équation (1) sera bien vérifiée. D'autre part, en appliquant toujours les règles du calcul algébrique, la formule (2) peut s'écrire :

$$x = -\frac{p}{2} \pm \sqrt{q - \frac{p^2}{4}} \sqrt{-1},$$

et

$$\sqrt{q - \frac{p^2}{4}}$$

peut être calculé, puisque c'est la racine carrée d'un nombre positif. On dit alors que les racines de l'équation (1) sont imaginaires, et l'on appelle quantité imaginaire toute expression de la formule:

$$(3) \qquad x = a + b\sqrt{-1},$$

où a et b sont deux nombres quelconques, positifs ou négatifs, et $\sqrt{-1}$ un symbole dépourvu de signification. On convient, du reste, de calculer les expressions (3) suivant les règles ordinaires de l'algèbre.

On s'est longtemps contenté de la définition précédente, quoique cette manière d'introduire les quantités imaginaires soit tout à fait insuffisante pour légitimer leur usage si général et lever les doutes qui peuvent subsister sur l'exactitude des raisonnements où l'on emploie ces sortes de quantités. Aussi s'est-il rencontré des mathématiciens qui ont douté de cette exactitude et qui ont prétendu que l'emploi des imaginaires était peut-être excellent comme procédé de recherche, mais qu'il fallait ensuite démontrer le résultat obtenu par des raisonnements où l'on ne ferait usage que de quantités *réelles*, c.-à-d. de nombres positifs ou négatifs. Cependant, l'emploi des quantités imaginaires est parfaitement légitime et correct ; mais la théorie doit en être présentée autrement. Il y a plusieurs manières de faire cette théorie que nous ne pouvons donner ici avec tous ses développements. Nous ferons seulement remarquer que dans la question des imaginaires, comme dans toutes les autres *généralisations de l'idée de quantité*, la chose importante est la nature des opérations, bien plus que les objets sur lesquels on opère. Si, en effet, les opérations convenablement définies jouissent de toutes les propriétés des opérations arithmétiques, les règles de calcul ne seront pas changées et tous les résultats acquis par l'algèbre pourront être appliqués avec certitude. En ce qui concerne les imaginaires, on pourra raisonner de la manière suivante:

On appelle *quantité imaginaire*, l'ensemble de deux nombres positifs ou négatifs a et b pris dans un ordre déterminé, que nous représenterons par le symbole $a + bi$, le signe $+$ et la lettre i n'étant, pour le moment, que des symboles de séparation auxquels il ne faut pas attacher d'autre signification. L'égalité de deux quantités imaginaires consiste, par définition, dans les égalités séparées des deux nombres qui les composent. Ainsi, l'égalité :

$$a + bi = a' + b'i$$

équivaut aux deux égalités :

$$a = a' \qquad b = b'.$$

L'addition et la multiplication des quantités imaginaires se définissent de la manière suivante : On fait l'opération d'après les règles ordinaires de l'algèbre, comme si $a + bi$ était un véritable binôme et i un nombre ordinaire; seulement, à la fin du calcul, on remplace partout i^2 par -1, et par suite i^3 par $-i$, i^4 par $+1$, i^5 par i, etc. Il résulte presque immédiatement de cette définition que l'addition et la multiplication des quantités imaginaires jouissent des mêmes propriétés que celles des nombres en arithmétique, ce qui assure la permanence des règles de calcul. La soustraction et la division sont définies comme opérations inverses de l'addition et de la multiplication. On démontre que ces opérations sont possibles et que le résultat est unique et est une imaginaire de même espèce que les autres. On remarquera que, d'après la définition des opérations, on a l'identité :

$$a + bi = (a + 0i) + (b + 0i)(0 + 1i),$$

ce qui justifie la notation employée, si l'on convient d'écrire en abrégé :

$$a + 0i = a \qquad b + 0i = b \qquad 0 + 1i = i.$$

Enfin :

$$(0 + 1i)^2 = -1,$$

ce qui fait dire que i est la racine carrée de -1, quoique, en réalité, la racine carrée de -1 soit la quantité imaginaire formée par les deux nombres réels 0, 1.

Les nombres positifs ou négatifs sont appelés, par opposition, *quantités réelles* se présentent aussi, comme cas particuliers, des imaginaires lorsque le second nombre d'une imaginaire ou, comme on dit, le coefficient de i est nul.

On dit que deux quantités imaginaires sont *conjuguées* quand elles ne diffèrent que par le signe du coefficient de i; par ex. :

$$a + bi \qquad \text{et} \qquad a - bi.$$

Le produit de deux imaginaires conjuguées :

$$(a + bi)(a - bi) = a^2 + b^2$$

est un nombre positif dont la racine carrée $\sqrt{a^2 + b^2}$ a reçu le nom de *module*. Deux imaginaires conjuguées ont le même module; celui d'une imaginaire est nulle, son module l'est aussi, et réciproquement, car $a^2 + b^2$ ne peut être nul que si a et b sont nuls séparément.

On met souvent les imaginaires sous une forme trigonométrique. On peut toujours trouver un nombre positif r et un angle φ, tel que l'on ait :

$$a = r \cos \varphi$$
$$b = r \sin \varphi$$

Alors, la quantité imaginaire se met sous la forme :

$$a + bi = r(\cos \varphi + i \sin \varphi).$$

$r = \sqrt{a^2 + b^2}$ est le module; l'angle φ a reçu le nom d'argument; on peut lui ajouter un multiple de 2π sans rien changer à la quantité imaginaire.

Si l'on multiplie deux imaginaires, on trouve :

$$r(\cos \varphi + i \sin \varphi) \times r'(\cos \varphi' + i \sin \varphi')$$
$$= rr'[\cos \varphi \cos \varphi' - \sin \varphi \sin \varphi' + i(\cos \varphi \sin \varphi' + \sin \varphi \cos \varphi')]$$
$$= rr'[\cos(\varphi + \varphi') + i \sin(\varphi + \varphi')].$$

Ainsi, *pour multiplier des imaginaires, on multiplie les modules et on ajoute les arguments*. Il en résulte immédiatement que pour élever une imaginaire à une certaine puissance, il suffit d'élever le module à cette puissance, et de multiplier l'argument par l'exposant :

$$[r(\cos \varphi + i \sin \varphi)]^m = r^m(\cos m\varphi + i \sin m\varphi).$$

Telle est la célèbre formule de Moivre si souvent appliquée en mathématiques.

On peut aussi obtenir une représentation graphique très aisée des quantités imaginaires : il suffit de tracer dans un plan deux axes rectangulaires ox et oy et de considérer le point M qui a pour abscisse a et pour ordonnée b. Ce point est appelé l'*affixe* de la quantité imaginaire $a + bi$. On voit immédiatement que le module est la longueur OM et l'argument l'angle xoM dont la tangente est $\dfrac{b}{a}$. Les quantités réelles sont représentées par les points de l'axe des x, et les quantités de la forme ib, par l'axe des y. Cette représentation graphique rend les plus grands services dans l'analyse mathématique.

Les quantités imaginaires se sont introduites pour ainsi dire d'elles-mêmes dans la science; mais c'est Cauchy qui, le premier, a montré, d'une part, tout le parti qu'on peut en tirer, et, d'autre part, la nécessité de leur introduction pour la généra-

lisation et l'intelligence complète de la théorie des fonctions.

La théorie des imaginaires a suggéré à son tour des théories plus ou moins analogues. On a appelé *quantité complexe* tout assemblage de plusieurs nombres réels qu'on soumettait à des opérations convenablement définies. Les imaginaires sont donc des quantités complexes à deux variables. On a eu l'idée de considérer des quantités complexes à plus de deux variables. Il y a là toute une théorie importante dans laquelle les *quaternions* ou quantités complexes à quatre variables, inventés par Hamilton, occupent le rang principal. Mais, tandis que les imaginaires s'introduisent naturellement et forcément dans l'analyse, les autres systèmes de quantités complexes ne constituent que des artifices de raisonnement plus ou moins ingénieux. De plus, les règles de calcul des quaternions, et, à plus forte raison, celles des quantités complexes plus compliquées ne sont pas les mêmes qu'en arithmétique. Par ex., un produit change de valeur avec l'ordre des facteurs. Cette absence de permanence dans les règles de calcul rend l'usage des quaternions assez incommode et empêche cette méthode de calcul de se répandre.

IMAGINATEUR. s. m. Celui qui imagine, qui se livre aux écarts de son imagination.

IMAGINATIF, IVE. adj. (lat. *imaginativus*, m. s.). Qui imagine aisément, qui a une grande fertilité d'imagination. *Un esprit i. C'est une personne fort imaginative.* || *La faculté imaginative*, ou plus ordin., au subst. fém., *L'imaginative*, La faculté où a la puissance d'imaginer. *J'admire votre imaginative.* Vx.

IMAGINATION. s. f. [Pr. *imajina-sion*] (lat. *imaginatio*, m. s.; d'*imago*, image). Faculté d'imaginer, de combiner des idées. *Une i. vive, puissante, riante, sombre. Il a l'i. malade, troublée. Son i. lui fait voir tout en beau. Son i. franchit toujours les bornes de la réalité. C'est un effet de votre i.* || En Littér. et dans les Beaux-Arts, se dit soit de la faculté d'inventer, soit de la faculté de se représenter les choses et de rendre vivement ses conceptions. *Une i. créatrice. Une i. forte, brillante, hardie, heureuse, fertile, stérile. S'abandonner à son i. Les écarts de l'i. Cela refroidit l'i.* || Par extens., se dit de la chose conçue, créée par l'imagination, et particulièrement des conceptions bizarres, extravagantes. *Voilà une belle i. Vous avez eu là une singulière i. Des imaginations creuses, bizarres. Se repaître d'imaginations.* || Se dit quelquefois pour Esprit. *Cela m'est venu à l'i. Ce danger n'existe que dans votre i. Il a l'i. frappée de cela.* || Fam., s'emploie aussi dans le sens d'idée, de Croyance. *La plaisante i. que de vouloir me persuader cela. C'est une pure i.*

Philos. — Les définitions que les philosophes ont données de l'*Imagination* sont fort diverses. Pour Platon, comme pour Aristote, l'i. paraît consister dans la simple faculté de conserver et de reproduire les perceptions sans de la vue, en absence des objets. Suivant Plotin, l'i. a pour fonction de représenter en images les êtres du monde intelligible, les idées. Ainsi, pour le philosophe alexandrin, l'i. est une faculté essentiellement active, tandis que pour ses prédécesseurs c'est une faculté à peu près passive. Laromiguière, se rapprochant de Plotin, la définit la faculté qui combine des images. Beaucoup d'auteurs adoptent l'une et l'autre de ces deux manières de voir, et pour soit son rôle dans certaines œuvres appelées *œuvres d'imagination*, sa nature ne change point pour cela. L'i. est une faculté toute différente : elle est essentiellement créatrice, et sa fonction est de produire des objets ou des idées nouvelles. Elle n'est ni la simple attention que nous contemple les choses, ni la mémoire qui les rappelle à l'esprit, ni la comparaison qui considère leurs rapports, ni le jugement qui prononce à leur sujet une affirmation ou une négation. L'i. vient après et, à un certain point, au-dessus de ces facultés; elle a besoin de leur concours, elle travaille sur les matériaux que ces facultés lui ont préparés, mais elle les rapproche, les combine, et crée ainsi des images ou des idées nouvelles. Ce qui a fait confondre avec l'i. des facultés qui en diffèrent essentiellement, et méconnaître la fonction qui la caractérise exclusivement, c'est que, pour faire un grand poète ou un grand artiste, la faculté de combiner ne suffit pas à elle seule; il est absolument indispensable qu'il réunisse et possède à un haut degré d'autres facultés encore, celles de concevoir, de sentir, de se rappeler et de représenter vivement. C'est la réunion de ces facultés éminentes qui forme l'i. de l'artiste ou de l'écrivain créateur. Mais si l'on veut étudier l'i. toute nue et isolée, pour ainsi dire, des autres facultés qui l'accompagnent ordinairement, il faut la considérer chez le savant. Les grands géomètres, comme Newton, Lagrange, Laplace, les grands métaphysiciens, comme Platon, Aristote et Kant, et les grands naturalistes, comme Linné, Cuvier, Geoffroy de Saint-Hilaire, ont prouvé par leurs travaux qu'ils possédaient cette faculté au plus haut degré, et à un degré assurément aussi prodigieux qu'Homère et que Michel-Ange. Seulement, chez le savant, l'i. consiste dans la pure faculté de combiner, tandis que, chez le poète et l'artiste, il doit s'y joindre des facultés esthétiques. Toute œuvre d'art digne de ce nom doit comprendre l'idéal et le réel ; il faut dans une œuvre pareille, à quelque genre qu'elle appartienne, poésie, peinture, musique, etc., que ces deux mondes se pénètrent l'un l'autre. Or, c'est là la fonction essentielle de l'i. dans l'art : car alors elle ne représente pas seulement, elle combine, produit et exprime des idées nouvelles, en un mot, elle se montre vraiment créatrice.

Cependant, quand nous disons que l'i. est une faculté créatrice, il importe d'expliquer comment nous entendons ce mot. Les idées nouvelles créées par l'i. ne sont pas créées de toutes pièces, tirées du néant. Elles résultent toujours d'un assemblage d'idées déjà existantes. Par ex., quand l'i. crée un animal fantastique, elle emprunte à des animaux connus, mais différents, certaines parties de leur corps, et les réunit ensuite pour en former un assemblage terrible ou grotesque. Ainsi l'i. ne crée pas à proprement parler d'idées nouvelles : elle assemble des idées anciennes suivant un ordre autre que celui où elles sont apparues dans l'esprit, mais cet assemblage est véritablement nouveau, et c'est en cela que l'i. mérite le nom de créatrice. La faculté de l'i. existe à un degré plus ou moins élevé chez tous les hommes, et peut s'appliquer à tous les objets de la connaissance humaine. Quand elle est réglée par la raison, elle produit les plus grandes choses en art ou en science, et est sans contredit la faculté la plus élevée de l'esprit de l'homme de génie ; mais quand elle est abandonnée à elle-même, elle devient extrêmement dangereuse, parce que l'esprit ne se contraint pas lui-même, finit par prendre pour des réalités les créations les plus invraisemblables de l'i., et tombe ainsi dans les erreurs les plus funestes. La jeunesse et les passions sont les causes qui développent le plus non pas l'i., mais cette propension fâcheuse à la faire intervenir dans les jugements. C'est ce qui explique la puissance de certains orateurs sur les foules. Ceux qui savent entraîner les hommes s'adressent à leurs passions, et non pas à leur raison. Quand on est parvenu à exciter chez ses semblables certaines passions en rapport avec le but où on veut les conduire, il devient facile d'éveiller les imaginations, de leur faire prendre pour des réalités tout ce qu'on veut qu'ils croient et de les entraîner par là à des actes qu'ils n'auraient jamais commis si on s'était seulement efforcé de leur en démontrer la convenance et l'utilité. Cet état particulier des foules et des individus où l'i. devient leur guide exclusif, s'appelle l'enthousiasme, ou le fanatisme, suivant qu'on considère les actes qu'il inspire comme bons ou mauvais. Parmi toutes les passions, la peur est peut-être celle qui excite le plus l'i. Le moindre bruit, la moindre sensation visuelle est attribuée à des causes invraisemblables, mais toujours effrayantes, et la peur s'accroît pour ainsi dire par elle-même jusqu'au moment où l'individu affolé perd complètement la raison, s'il n'a pas assez d'énergie pour se ressaisir et reprendre le contrôle sévère de ses sensations. Cet affolement par la peur est plus fréquent chez les foules que chez les individus ; il se produit quelquefois dans des cas apparente dans les années et transforme en défaite une victoire qui paraissait assurée. C'est la panique, ainsi nommée parce que les anciens l'attribuaient à l'action du dieu Pan. Quoi qu'il en soit, dans toutes les affaires de la vie qui exigent de l'attention et de la réflexion, il faut se défier de l'i.

IMAGINER. v. a. (lat. imaginare m. s.). Se représenter quelque chose à l'esprit. On ne peut r. rien de plus surprenant. Qu'imaginez-vous là-dessus ? Je n'en imagine rien de bon. || Créer de nouvelles conceptions, inventer. La faculté d'i. Il a imaginé une machine merveilleuse. I. un divertissement. Il a imaginé de fort belles choses. Il faut i. un autre moyen. J'ai imaginé de faire ceci. = S'imaginer, avec le pronom personnel régime indirect, s'emploie souvent dans la première acception ci-dessus. Imaginez-vous un

homme qui soit jeune, beau, riche, etc. Je m'imagine un pays riant et fertile. || Se dit aussi et plus souvent pour se figurer quelque chose sans beaucoup de fondement. Il s'imagine être un grand savant. Elle s'est imaginé qu'on voulait la tromper. Vous vous imaginez cela. Cela n'est pas si difficile que vous vous l'êtes imaginé. || Se dit encore pour croire, se persuader. Je ne saurais m'i. que les choses se soient passées comme on les raconte. = IMAGINÉ, ÉE. part. Le conte est bien imaginé. Tout cela n'est pas mal imaginé.

IMAMAT. s. m. Dignité d'iman.

IMAN ou **IMAM.** s. m. Iman, ou mieux Imam, est un mot arabe qui veut dire celui qui préside. Mais les musulmans lui donnent plusieurs significations. A l'origine, ce fut l'un des titres que s'attribuèrent les califes comme chefs suprêmes des peuples musulmans, soit au spirituel, soit au temporel. En conséquence, tous les héritiers de Mahomet sont imams aux yeux des Turcs et des populations sunnites ou orthodoxes. Aujourd'hui ce titre appartient aux sultans, non pas en vertu de leur naissance, puisqu'ils sont d'origine turque, mais en vertu de la cession qui en fut faite en 1516 à Sélim par Motawakkel, le dernier des Abbassides. Mais les chiites, comme les Persans et les musulmans de l'Inde, refusent ce titre aux successeurs de Mahomet. Pour eux, il n'y a d'imams véritables et légitimes, après le prophète, qu'Ali, ses deux fils Hassan et Hossein, et neuf des descendants de Hossein en ligne directe. L'histoire des imams, descendants d'Ali, est devenue, chez les chiites, le sujet d'une infinité de légendes. Suivant eux, le dernier de ces imams disparut miraculeusement à l'âge de 12 ans ; mais il doit reparaître un jour pour faire régner sur la terre entière la justice et la vraie religion : ils le nomment le Mahdi (le Dirigé) et l'attendent comme une sorte de Messie. Les sunnites donnent encore le titre d'imam aux docteurs musulmans fondateurs des quatre rites orthodoxes. Ils l'attribuent même à certains ministres du culte qui font le service dans les mosquées. Le premier imam de chaque mosquée, imam el haïkh, préside aux cérémonies de la circoncision, aux enterrements, etc. C'est lui qui, dans les prières publiques ordinaires, se met à la tête de l'assemblée, prononce les paroles, et fait les mouvements que les assistants sont obligés d'imiter. Quant à la prière solennelle du vendredi, elle est faite par un ministre d'un ordre plus élevé : le khatib ou imam el djemid. — Dans la partie méridionale de l'Arabie, on appelle encore imams certains chefs qui réunissent en leur main le pouvoir politique et religieux : tels sont l'imam de Sana et celui de Mascate. On désigne aussi quelquefois, sous le nom d'Imamat, le pays régi par un imam, et la dignité de ce dernier.

IMARET. s. m. (ar. amaret, habitation). Hôpital chez les Turcs.

IMAÜS, chaîne de montagnes de l'Asie centrale.

IMAZIREN, populations berbères du massif montagneux de l'Atlas marocain.

IMBÂTI, IE. [Pr. in-bâti]. Qui n'est pas bâti. Terrain i.

IMBÉCILE. adj. 2 g. [Pr. in-bé...] (lat. imbecillis). Faible ; se dit du corps et de l'esprit. L'âge et les infirmités l'ont rendu i. de corps et d'esprit. — Absol., se dit de la faiblesse d'esprit, soit congénitale, soit acquise. Cet enfant est né i. Un vieillard i. Il devient i. || Par exag. et très fam., se dit d'une personne qui a peu d'esprit, ou qui agit sottement. Peut-on être plus i. ! Il faut qu'il soit bien i. pour... On dit aussi. Un air i. Quel air i. ! || S'emploie subst. dans les deux sens ci-dessus. Prononcer l'interdiction d'un i. C'est une grande i.

Syn. — Inepte, Insensé, Stupide, Idiot. — L'imbécile est faible, languissant, pusillanime, sans force d'esprit. Le stupide est, en quelque sorte insensible aux impressions et comme paralysé par un assoupissement, par une pesanteur intellectuelle, qu'on trouve dans tous ses discours et dans toutes ses actions. L'inepte est incapable : il manque d'aptitude, de talent, pour ce qu'on exige de lui. L'insensé a l'esprit troublé, égaré, malade : il est inhabile à discerner les raisons, les convenances, les conséquences des choses. L'imbécile, le stupide, l'insensé, sont tels ou toutes choses ; mais on peut être très inepte pour une chose, et fort intelligent et fort capable pour d'autres. Idiot dit plus qu'imbécile. L'idiot est privé de toute intelligence et ne vit que d'une vie végétative.

IMBÉCILEMENT. adv. [Pr. *in-bé-sile-man*}. Avec imbécillité.

IMBÉCILLITÉ. s. f. [Pr. *inbé-si-lité*] (lat. *imbecillitas*, m. s.). Faiblesse. *L'i. de la nature humaine*. Vx. || Faiblesse d'esprit qui ôte plus ou moins la faculté de comprendre, de raisonner, etc. *L'i. de l'enfance, de la vieillesse. Tomber dans l'i. Il est dans un état complet d'i*. || Fam. et par exag., Sottise, niaiserie. *Cet homme est d'une rare i*. Voy. IDIOTIE.

IMBELLIQUEUX, EUSE. adj. [Pr. *in-bel-li-keu*]. Qui n'est point belliqueux.

IMBERBE. adj. 2 g. [Pr. *in-berbe*] (lat. *imberbis*, m. s.). Qui est sans barbe. *Menton i. Une race i. Un jeune homme encore i*. || Se dit, par ironie, de quelqu'un qui a peu d'expérience. *Voyez ces politiques imberbes qui prétendent régenter le monde*. || T. Bot. Qui est dépourvu de poils. || T. Zool. *Poissons imberbes*, Dépourvus de barbillons. — *Oiseaux imberbes*, Qui ont le bec imbre à la base.

IMBERT (BARTHÉLEMY), poète fr., né à Nîmes (1747-1790).

IMBIBER. v. a. [Pr. *in-bi...*] (lat. *imbibere*, m. s.). Pénétrer d'eau ou de quelque autre liquide. *La pluie a suffisamment imbibé la terre. I. une compresse de vinaigre. I. d'eau une éponge*. = s'IMBIBER. v. pron. Devenir imbibé d'eau ou de tout autre liquide. *La terre s'imbibe d'eau. Le linge s'est bien imbibé*. || Se dit quelquefois du liquide lui-même, et signifie alors Pénétrer dans... *L'huile s'imbibe dans le drap*. = IMBIBÉ, ÉE. part.

IMBIBITION. s. f. [Pr. *in-bibi-sion*]. L'action d'imbiber ou de s'imbiber. Voy. ABSORPTION. || T. Techn. Procédé employé pour la conservation des bois qu'on laisse immergés dans un liquide antiseptique. || T. Métall. Méthode employée pour séparer des sulfures métalliques les métaux précieux qu'ils peuvent renfermer, et qui consiste à fondre le minerai avec du plomb. Voy. COUPELLATION.

IMBLESSABLE. adj. 2 g. [Pr. *inblé-sable*]. Qui ne peut être blessé.

IMBOIRE. v. a. [Pr. *in-bouare*] (R. en, et *boire*). Humecter de... = s'IMBOIRE. v. pron. Devenir imbu. = IMBU, UE. part.

IMBRICARIA. s. m. [Pr. *in-bri...*] (lat. *imbricatus*, imbriqué). T. Bot. Genre de plantes Dicotylédones de la famille des *Sapotées*. Voy. ce mot.

IMBRICATIF, IVE. adj. [Pr. *in-bri...*]. T. Archit. Qui offre la disposition de l'imbrication.

IMBRICATION. s. f. [Pr. *inbrika-sion*]. T. Archit. Disposition d'ornements imbriqués, c.-à-d. superposés les uns aux autres comme les tuiles d'un toit, les écailles d'un poisson, etc.

IMBRIFUGE. adj. 2 g. [Pr. *in-bri...*] (lat. *imber*, pluie; *fugare*, chasser). Qui préserve de la pluie.

IMBRIM ou **IMBRIN**. s. m. [Pr. *in-brim, in-brin*]. T. Ornith. Nom donné par les indigènes des îles Féroé à une espèce de Plongeon. Voy. BRACHYPTÈRES.

IMBRIQUANT, ANTE. adj. [Pr. *inbri-kan*]. T. Bot. Qui recouvre une autre partie à la manière des tuiles d'un toit.

IMBRIQUÉ, ÉE. adj. [Pr. *in-briké*] (lat. *imbricatus*, m. s., de *imbrex, imbricis*, tuile). Se dit de parties qui sont appliquées les unes contre les autres, de manière à se recouvrir comme les tuiles d'un toit. *Des feuilles, des plumes, des écailles imbriquées*.

IMBROGLIO. s. m. [Mot ital. qui se prononce *imbrollio* à l'italienne, ou *imbroille* à la française, sans faire sentir l'i, et en mouillant les *l*]. Embrouillement, confusion. *Il y a de l'i. dans cette affaire*. || Par ext., Pièce de théâtre dont l'intrigue est fort compliquée. *Cette comédie est un i. fort amusant. Des imbroglios à l'espagnole*.

IMBROS, île de la Turquie d'Europe, dans l'Archipel, au N.-O. de l'entrée des Dardanelles; 6,000 h.

IMBRÛLABLE. adj. 2 g. [Pr. *in-bru...*]. Qui ne peut brûler.

IMBU, UE. [Pr. *in-bru...*] (part de l'ancien v. *Imboire*, qui signifie Imbiber). Se dit pour Pénétré, rempli, et ne s'emploie que figur. au sens moral. *Elle est imbue d'excellents principes. Des jeunes gens imbus de fausses doctrines*. = IMBUE. s. f. Première couche de peinture à l'huile appliquée sur les murs d'un appartement.

IMBUVABLE. adj. 2 g. [Pr. *in-bu...*]. Qui n'est pas buvable.

IMÉRÉTIE, pays d'Asie annexé la Russie en 1810 et faisant partie du gouvernement de Koutaïs.

IMIDAZOL. s. m. T. Chim. Syn. de GLYOXALINE.

IMIDE. s. f. T. Chim. Nom générique des composés qui dérivent des acides bibasiques par la substitution du groupe bivalent Az H à deux oxhydryles. Ce groupe Az H porte lui-même le nom d'*imide* ou d'*imidogène*. Les acides bibasiques répondant à la formule $CO^2 H. R. CO^2 H$, où R désigne un radical hydrocarboné, donnent naissance à des imides qui ont

pour formule $R\begin{array}{c}CO\\ \diagdown\\ \diagup\\ CO\end{array}Az H$. Pour nommer ces composés on

change en *imide* la terminaison *ique* de l'acide. Ainsi, l'i. de l'acide succinique s'appellera *succinimide*. — En général, les acides organiques bibasiques n'engendrent des imides que si les deux groupes CO^2H sont en position 1.4 comme dans l'acide succinique $CO^2H. CH^2. CH^2. CO^2H$, ou en position
$$1 \quad\quad 2 \quad 3 \quad 4$$
1.5 comme dans l'acide glutarique $CO^2H.CH^2.CH^2.CH^2.CO^2H$.
$$1 \quad\quad 2 \quad 3 \quad 4 \quad 5$$

On prépare les imides par l'action de la chaleur sur divers composés dérivés des acides bibasiques : 1° les amides à fonction acide $CO^2H.R.CO Az H^2$ donnent des imides en perdant une molécule d'eau; 2° les diamides $CO Az H^2.R.CO Az H^2$, en perdant une molécule d'ammoniaque; les sels ammoniacaux $CO^2Az H^4. R. CO^2Az H^4$, en perdant à la fois de l'eau et de l'ammoniaque. On peut aussi faire agir l'ammoniaque sur les anhydrides des acides bibasiques; il y a alors élimination d'une molécule d'eau.

Les imides sont généralement solides et sublimables sans décomposition. Elles fonctionnent comme des imides monobasiques, l'hydrogène du groupe Az H pouvant être remplacé par un métal. Elles donnent, par ex., avec le sodium des dérivés sodés qui, par double décomposition avec des sels, peuvent fournir les autres dérivés métalliques. En traitant ces dérivés sodés par des iodures alcooliques, on arrive à remplacer le sodium par un radical alcoolique et l'on obtient ainsi des dérivés tels que l'éthyl-succinimide :

$$\begin{array}{c}CH^2 - CO\\ \quad\quad\quad\quad\diagdown\\ \quad\quad\quad\quad\quad Az\, C^2 H^5.\\ \quad\quad\quad\quad\diagup\\ CH^2 - CO\end{array}$$

Chauffées avec de l'eau, en présence d'un alcali, les imides fournissent d'abord une amide acide, puis l'acide bibasique générateur. Avec l'ammoniaque elles peuvent donner la diamide correspondante. Traitées par la poudre de zinc, les imides en position 1.4 donnent du pyrrol ou ses homologues, les imides en position 1.5 engendrent des pyridines.

À l'acide carbonique correspond une i. douée d'une constitution et de propriétés particulières ; c'est la *carbimide*, plus connue sous le nom d'acide cyanique ou isocyanique. Voy. CYANIQUE.

On donne souvent le nom d'*imide* à des composés qui renferment le groupe Az H, mais qui ne dérivent pas des acides. Voy. IMINE.

IMIDO. T. Chim. Préfixe employé pour la nomenclature des imides.

IMIDOGÈNE. s. m. T. Chim. Nom que l'on donne au groupe bivalent = Az H contenu dans l'ammoniaque, dans les imides et dans les imines. On l'appelle aussi le groupe *imide* ou *imine*.

IMINE. s. f. T. Chim. Nom générique des composés dans lesquels le résidu bivalent = Az H ferme une chaîne de radicaux électropositifs ; tel est l'éthylène-imine ou imino-éthane :

$$\begin{array}{c}CH^2\\ \quad\quad\diagdown\\ \quad\quad\quad\quad Az H.\\ \quad\quad\diagup\\ CH^2\end{array}$$

On appelle aussi *imines* ou *imides* les composés qui se forment, avec élimination d'eau, lorsque les aldéhydes, les cétones ou les quinones se combinent avec l'ammoniaque ou avec une amine primaire. Le groupe CO des aldéhydes, des cétones et des quinones est alors remplacé par le groupe $C = Az H$ ou par $C = Az R$, si l'on appelle R le radical univalent contenu dans une amine primaire de la formule $Az^{1/2}R$. C'est ainsi que l'aldéhyde benzylique C^6H^5.CHO donne naissance à la benzylidène-méthylamine C^6H^5. $CH = Az CH^3$. Comme exemple d'une i. dérivant d'une cétone, on peut citer

l'auramine $H Az = C \begin{cases} C^6H^4.Az(CH^3)^2 \\ C^6H^4.Az(CH^3)^2 \end{cases}$ qui se rattache à la

benzophénone $CO \begin{cases} C^6H^5 \\ C^6H^5 \end{cases}$.

Une quinone contenant deux groupes CO peut donner une i. et une di-imine. À ces imines quinoniques se rattachent les indophénols et les indamines.

IMINO. T. Chim. Préfixe servant à la dénomination des imines.

IMITABLE. adj. 2 g. Qui peut être, qui doit être imité. *Cette conduite n'est pas imitable.*

IMITATEUR, TRICE. adj. (lat. *imitator, trix,* m. s.). Qui imite, qui s'attache à imiter. *Un esprit i. Le singe est un animal i.* || Subst., se dit d'une personne qui règle sa conduite, ses actions sur celles d'un autre. *Il est i. des vertus de ses ancêtres.* || En parl. d'œuvres littéraires ou artistiques, se dit de celui qui imite le style, la manière, le genre d'un autre. *Ce peintre a eu beaucoup d'imitateurs. Ce n'est qu'un pâle i. de Racine. Un servile i. des anciens.* || T. Ornith. Nom vulgaire d'un Passereau de nos pays, le *Motteux.* Voy. TRAQUET.

IMITATIF, IVE. adj. (lat. *imitativus,* m. s.). Qui imite. *Sons imitatifs. Harmonie imitative. Musique imitative.*

IMITATION. s. f. [Pr. ...sion] (lat. *imitatio,* m. s.). Action d'imiter, ou le résultat de cette action. *L'i. des vertus, des vices. Se proposer l'i. des grands hommes. Ce peintre s'attache à l'i. de la nature. On dirait que cette rose est naturelle, tant l'i. est parfaite. Cela est admirable de toute i. On ne saurait l'imiter exactement.* || Action de présenter l'apparence d'une chose. *L'i. de la signature, de l'écriture de quelqu'un.* || Faire des imitations, imiter la manière de tel ou tel acteur. || En parl. d'œuvres littéraires ou artistiques, se dit de celles que l'on s'est proposé d'en imiter d'autres. *Les poèmes de Vida sont une i. continuelle de Virgile. Ce tableau est une i. de Raphaël. Cet ouvrage est une i. de l'anglais,* Une imitation d'un ouvrage écrit en anglais. || Dans l'industrie, on donne le nom d'*imitation* à des objets artificiels auxquels on donne autant que possible l'aspect et l'apparence de certains produits naturels ou fabriqués. *I. d'or, d'argent, de diamants. I. d'ivoire. I. d'ébène. Ce sont des perles en i. I. de dentelle. Fabriquer, vendre de l'i.,* Des bijoux en imitation. || T. Mus. *I.* se dit d'une phrase mélodique qui passe alternativement d'un instrument ou d'une voix à une autre, et qui sert d'accompagnement à d'autres phrases. Voy. CANON. || Par ellipse, on dit *L'imitation* pour *l'Imitation de J.-C.,* Titre du plus beau livre de piété qui soit sorti de la main des hommes. *L'i. est l'œuvre du chancelier Gerson. Acheter une I.* = À L'IMITATION DE. locut. prép. À l'exemple de, sur le modèle de, etc. *Faire quelque chose à l'i. de quelqu'un.*

IMITER. v. a. (lat. *imitari,* m. s.). Faire ou s'efforcer de faire exactement ce qu'on voit ou ce qu'on a vu faire. *Il imite tout ce qu'il voit faire. Elle imite ses manières et jusqu'au son de sa voix. Le singe imite l'homme.*

> Ses gardes affligés
> Imitaient son silence, autour de lui rangés.
> RACINE.

|| Prendre quelqu'un pour modèle ; s'efforcer de conformer sa conduite à la sienne. *I. les grands hommes. Imitez les vertus de votre père. Imitez un si bel exemple.* — Par anal., *La médecine doit i. la nature.* || Dans les Beaux-Arts, Faire l'image d'une chose, la reproduire au moyen des procédés de l'art. *L'art ne doit pas simplement imiter la nature. La*

musique imite le bruit de la tempête. — Se dit aussi d'un écrivain, d'un artiste qui prend pour modèle la composition, le plan, le style, le genre, la manière d'un autre. *I. les anciens. I. Virgile, Racine. I. Raphaël, Michel-Ange. Ce drame est imité de Shakespeare. Ce tableau est imité du Corrège. Cet ouvrage est imité de l'allemand,* Est imité d'un ouvrage écrit en allemand. || Imiter se dit encore pour Copier, contrefaire, donner à une chose l'apparence d'une autre. *I. l'écriture de quelqu'un. Partout on imite les produits de nos fabriques. Cela est admirablement imité.* || En parl. des choses, Ressembler, avoir l'apparence d'une autre chose. *Cette composition imite le diamant à s'y méprendre. Ce papier peint imite le velours. Le mugissement du volcan imitait les roulements du tonnerre.* = IMITÉ, ÉE. part. — Syn. Voy. COPIER.

IMMACULÉ, ÉE. adj. [Pr. im-makulé] (lat. *immaculatus,* m. s., de *in* priv., et *macula,* tache). Qui est sans tache de péché. Ne se dit au propre que dans cette phrase, *L'immaculée conception de la Vierge,* ou simpl., *L'Immaculée Conception.* Voy. VIERGE. || Fig. et poétiq., Qui est d'une grande pureté morale. *Une âme immaculée.*

IMMANENCE. s. f. [Pr. im-ma-nan-se]. Qualité de ce qui est immanent.

IMMANENT, ENTE. adj. [Pr. im-ma-nan] (lat. *immanens,* qui dure). T. Philos. et Théol. Qui est perpétuel, indestructible, fixe, invariable, constant. *Les actions immanentes sont opposées aux transitoires. La gravitation est immanente aux particules matérielles. Dans le système panthéiste de Spinoza, Dieu est appelé la cause immanente du monde.*

IMMANGEABLE. adj. 2 g. [Pr. in-man-jable] (R. *in* priv., et *mangeable*). Qui ne peut pas se manger.

IMMANIABLE. adj. 2 g. [Pr. in-ma...]. Qui n'est pas maniable.

IMMANIÉRÉ, ÉE. adj. [Pr. in-ma...]. Qui n'est pas maniéré.

IMMANITÉ. s. f. [Pr. im-ma...] (lat. *immanitas,* de *immanis,* cruel, de *in* priv., et *manis,* doux). Cruauté monstrueuse.

IMMANQUABLE. adj. 2 g. [Pr. in-man-kable] (R. *in* priv., et *manquer*). Qui ne peut manquer d'être, d'arriver, de réussir. *Cela est i. Le gain de sa cause est i.* Syn. — *Infaillible.* Ce qui est *immanquable* est ce qui ne peut manquer d'arriver, ce qui arrivera très certainement. Ce qui est *infaillible* est ce qui ne peut se tromper ou être trompé. *Immanquable* ne se dit que des choses. *Infaillible* se dit proprement des personnes, de la science, de l'opinion. Le succès d'une entreprise bien combinée est *immanquable*; l'Église est dite *infaillible.* Le lever du soleil est *immanquable* : c'est l'ordre de la nature ; une règle d'arithmétique est *infaillible,* car elle est fondée sur l'évidence.

IMMANQUABLEMENT. adv. [Pr. in-man-ka-bteman]. Infailliblement.

IMMANSUÉTUDE. s. f. [Pr. in-man...] (R. *in* priv., et *mansuétude*). Défaut de mansuétude.

IMMARCESCIBLE. adj. 2 g. [Pr. im-marses-sible] (lat. *immarcescibilis,* m. s., de *in* priv., et *marcescere,* se flétrir). Qui ne peut se flétrir.

IMMARIABLE. adj. 2 g. [Pr. in-mariable] (R. *in* priv., et *mariable*). Qui n'est pas susceptible d'être marié.

IMMATÉRIALISER. v. a. [Pr. im-matériali-zer] (R. *in,* dans, et *matérialiser*). Rendre, supposer tout immatériel.

IMMATÉRIALISME. s. m. [Pr. im-ma...] (R. *in* priv., et *matière*). Doctrine qui nie l'existence de la matière.

IMMATÉRIALISTE. s. m. [Pr. im-ma...]. Partisan de l'immatérialisme.

IMMATÉRIALITÉ. s. f. [Pr. im-ma...] (lat. *immaterialitas,* m. s.). Qualité de ce qui est immatériel.

IMMATÉRIEL, ELLE. adj. [Pr. im-ma...] (lat. *immaterialis*, m. s., de *in* priv., et *materia*, matière). Qui est sans aucun mélange de matière. *Substance, forme immatérielle.*

IMMATÉRIELLEMENT. adv. [Pr. im-matériè-le-man]. D'une manière immatérielle, en esprit.

IMMATRICULATION.: . f. [Pr. im-matri-ku-la-sion]. Action d'immatriculer; état de ce qui est immatriculé.

IMMATRICULE. s. f. [Pr. im-matricule] (R. *in*, dans, et *matricule*). Inscription d'un nom, d'une chose, d'un fait sur un registre appelé Matricule. *Un exploit d'ajournement doit contenir les noms, demeure et i. de l'huissier.*

IMMATRICULER. v. a. [Pr. im-matriculer] (R. *immatricule*). Inscrire dans le registre, dans la matricule. *On l'a i. Il se fit i. sur les registres de l'université.* = IMMATRICULÉ, ÉE. part. *Huissier immatriculé.*

IMMATURITÉ. s. f. [Pr. im-maturité] (R. *in* priv., et *maturité*). Défaut de maturité.

IMMÉDIAT, ATE. adj. [Pr. im-médi-a] (lat. *immediatus*, m. s., de *in* priv., et *medius*, moyen). Qui agit, qui est produit sans intermédiaire. *Cause, action immédiate. Effet i.* || Qui précède ou qui suit, qui est au-dessus ou au-dessous d'un autre sans intermédiaire; ne se dit que des personnes. *C'était mon prédécesseur i. Son successeur i. fut un tel. Seigneur i. Vassal i.* || T. Chim. *Principes immédiats*, Composés définis dont le mélange constitue une substance organique naturelle. Voy. PRINCIPE. *L'analyse immédiate a pour objet la séparation et la purification de ces principes.*

IMMÉDIATEMENT. adv. [Pr. im-médiateman]. D'une manière immédiate. *Agir im. Dans la république, c'est du peuple que les magistrats tiennent im. leur autorité. Ce village est situé im. au-dessus de tel autre. Ma maison est im. après la sienne.* || *Im. après*, sign. encore Aussitôt après, incontinent après. *Il arriva im. après moi.*

IMMÉDIATETÉ. s. f. [Pr. im-médiateté]. Qualité de ce qui est immédiat. || Qualité, privilège d'un noble ou d'un fief immédiat de l'empire.

IMMÉDITÉ, ÉE. adj. [Pr. im-médité] (lat. *immeditatus*, m. s., de *in* priv. et *meditatus*, médité). Qui n'a point été l'objet de méditations.

IMMÉMORABLE. adj. 2 g. [Pr. im-mémorable] (lat. *immemorabilis*, m. s., de *in* priv., et *memorabilis*, mémorable). Qui ne mérite pas d'être rappelé à la mémoire.

IMMÉMORÉ, ÉE. adj. [Pr. im-memoré] (lat. *immemoratus*, m. s., de *in* priv., et *memoratus*, qui est rappelé). Dont on ne conserve pas la mémoire.

IMMÉMORIAL, ALE. adj. [Pr. im-mémorial] (lat. *immemorialis*, m. s., de *in* priv. et *memoria*, mémoire). Qui est si ancien qu'on n'en sait pas l'origine, qu'il n'en reste aucune mémoire. *De temps i. on en a usé ainsi. C'est un usage i. Une possession immémoriale.*

IMMÉMORIALEMENT. adv. [Pr. im-mémorialeman]. Depuis un temps immémorial; d'une manière immémoriale.

IMMENSE. adj. 2 g. [Pr. im-manse] (lat. *immensus*, m. s., de *in* priv., et *mensus*, mesuré). Qui est infini, au point de vue de l'étendue. *Dieu est i.* — Par anal., *La sagesse et la bonté de Dieu sont immenses.* || Qui est d'une très grande étendue. *Un espace i. Un désert i. Une distance i.* || Par anal., Qui est très considérable en son genre. *Une somme i. Des richesses immenses. L'Angleterre fait un commerce i.* = Se dit aussi des choses morales. *Une gloire i. Un i. pouvoir. Une érudition i. Des désirs immenses.*

IMMENSÉMENT. adv. [im-manséman]. D'une manière immense. *Il est i. riche. J'ai perdu i.*

IMMENSITÉ. s. f. [Pr. im-mansité] (lat. *immensitas*, m. s.). Qualité de ce qui est immense. *L'infinité considérée au point de vue de l'étendue.* — Par anal., *L'i. de la miséricorde divine.* || Très vaste étendue. *L'i. de l'univers. L'i. de l'espace qui sépare le soleil des étoiles fixes.* L'i. de l'Océan. || Par anal., se dit des choses qui sont très considérables dans leur genre. *L'i. de ses richesses. L'i. de son ambition.*

IMMENSURABLE. adj. 2 g. [Pr. im-man-surable] (lat. *immensurabilis*, m. s., de *in* priv., et *mensurabilis*, mesurable). Qui ne peut être mesuré.

IMMERGER. v. a. [Pr. im-merjer] (lat. *immergere*, m. s., de *in*, dans, et *mergere*, plonger). T. Didact. Plonger dans un liquide. = IMMERGÉ, ÉE. part. *Un corps immerge.* — *Une plante immergée*, Qui vit entièrement plongée sous l'eau. *Planète immergée*, Planète qui, plongée dans l'ombre d'un astre, est éclipsée. = Conj. Voy. MANGER.

IMMÉRITÉ, ÉE. adj. [Pr. im-mérité] (R. *in* priv., et *mérité*). Qui n'est pas mérité.

IMMÉRITOIRE. adj. 2 g. [Pr. im-méri-touare] (R. *in* priv., et *méritoire*). Qui n'est pas méritoire.

IMMERMANN (KARL LEBERECHT), poète et romancier allem. (1796-1840).

IMMERSIF, IVE. adj. [Pr. im-mer...] (lat. *immersum*, supin de *immergere*, immerger). T. Didact. *Calcination immersive*, Épreuve qui se fait de l'or dans l'eau-forte.

IMMERSION. s. f. [Pr. im-mersion] (lat. *immersio*, m. s., de *immersum*, sup. de *immergere*, immerger) Action par laquelle on plonge dans l'eau. *Donner le baptême par i. L'i. d'un câble sous-marin.* || *I. des terres*, État des terres recouvertes par le débordement des eaux.

Astr. — En astronomie, on appelle *immersion*, par opposition à *émersion*, l'entrée d'un astre, soit dans les rayons du soleil, soit dans l'ombre ou derrière le disque d'une planète. Ainsi, lorsqu'une étoile ou une planète se rapproche tellement du soleil qu'elle semble se perdre dans ses rayons et devient invisible pour nous, on dit qu'il y a im. Dans une éclipse de lune, l'im. est l'entrée de cet astre dans le cône d'ombre que projette la terre. Lorsqu'on parle des satellites de Jupiter, l'i. est le moment où l'un de ses satellites entre dans l'ombre projetée par la planète.

Phys. — En physique, on nomme *point d'i.*, celui par lequel un rayon lumineux se plonge dans un milieu quelconque, et *point d'émersion* celui par lequel il sort de ce milieu.

IMMESURABLE. adj. 2 g. [Pr. im-me-zurable] (R. *in* priv., et *mesurable*). Qui ne peut être mesuré.

IMMÉTHODIQUE. adj.2 g. [Pr. im-métodik] (R. *in* priv., et *méthodique*). Qui manque de méthode.

IMMÉTHODIQUEMENT. adv. [Pr. im-métodi-keman]. D'une manière méthodique.

IMMEUBLE. adj. 2 g. et s. m. [Pr. im-meuble] (lat. *immobilis*, m. s., de *in* priv., et *mobilis*, mobile). T. Jurisp. Qui ne peut être transporté d'un lieu à un autre. Voy. BIEN.

IMMIGRANT, ANTE. adj. et s. [Pr. im-migran] (part. prés. de *immigrer*). Celui ou celle qui vient s'établir dans un pays étranger. *Une grande quantité d'immigrants arriva dans l'Amérique du Nord.*

IMMIGRATION. s. f. [Pr. im-migra-sion]. Action d'immigrer. Établissement d'étrangers dans un pays; se dit par oppos. à Émigration. *L'Australie se peuple par l'i.*

IMMIGRER. v. n. [Pr. im-migrer] (lat. *immigrare*, m. s., de *in*, dans, et *migrare*, migrer). Venir s'établir dans un pays. = IMMIGRÉ, ÉE. part. *Une famille immigrée.*

IMMINEMMENT. adv. [Pr. im-mina-man]. D'une manière imminente.

IMMINENCE. s. f. [Pr. im-minanse] (lat. *imminentia*, m. s.). Qualité de ce qui est imminent. *L'im. du danger.* || T. Méd. *Im. morbide*, État de l'organisme qui n'est pas la maladie, mais qui la prépare, et à la suite duquel elle éclate presque inévitablement.

IMMINENT, ENTE. adj. [Pr. *im-minan*] (lat. *imminens*, m. s., de *in*, dans, et *manère*, demeurer). Qui est près de tomber sur quelqu'un, sur quelque chose; ne se dit qu'au fig. *Un péril i. Une ruine, une disgrâce imminente.*

Syn. — *Instant, Pressant, Urgent.* — *Imminent*, qui est suspendu sur la tête, qui est près de tomber, se dit de tout ce qui nous menaçant et dangereux, de tous les périls qui sont sur le point de fondre sur nous. *Instant*, qui ne s'arrête pas, qui insiste vivement, se dit surtout des prières, des sollicitations qu'on fait avec persévérance pour arriver à ce qu'on désire. *Pressant*, qui pousse fortement, qui serre de près, se dit des circonstances qui forcent à faire une chose sans délai, qui exigent une vive, une prompte exécution. Enfin, *urgent*, qui étreint, qui serre étroitement, s'applique surtout aux choses, aux causes, aux besoins, qui nous aiguillonnent au point de nous plonger dans la souffrance et dans le malheur, si nous n'y pourvoyons.

IMMISCER (S'). v. pron. [Pr. *s'im-mis-ser*] (lat. *immiscere*, mêler, de *in*, dans, et *miscere*, mêler). S'ingérer, se mêler mal à propos dans une affaire. *S'i. imprudemment dans une querelle. Je vous prie de ne pas vous i. dans mes affaires.* — On dit quelquefois, S'im. *de faire quelque chose* || T. Jurisp. Se dit de celui qui, étant appelé à une succession, fait quelque acte de propriétaire. *Après s'être immiscé dans une succession, on n'y peut plus renoncer.* = **IMMISCER.** v. a. Mêler, faire intervenir; ne se dit que des personnes. *Je ne veux pas que tu immisces la mère dans nos affaires.* Fam. = **IMMISCÉ, ÉE.** part.

IMMISCIBILITÉ. s. f. [Pr. *im-mis-sibilité*]. Qualité de ce qui est immiscible.

IMMISCIBLE. adj. 2 g. [Pr. *im-mis-sible*] (lat. *immiscibilis*, m. s., de *in*, priv., et *miscibilis*, qui peut être mêlé). Qui n'est pas susceptible de se mélanger.

IMMISÉRICORDE. s. f. [Pr. *im-mi-zéricorde*] (R. *in* priv., et *miséricorde*). Défaut de miséricorde.

IMMISÉRICORDIEUSEMENT. adv. [Pr. *im-mi-zé-rikor-dieu-ze-man*]. Sans miséricorde.

IMMISÉRICORDIEUX, EUSE. adj. [Pr. *im-mi-zé-rikor-dieu*]. Qui est sans miséricorde.

IMMIXTION. s. f. [Pr. *im-mik-sion*] (lat. *immixtio*, m. s., de *immixtum*, sup. de *immiscere*, mêler). T. Jurisp. Action de s'immiscer dans une discussion. *Les actes conservatoires n'emportent point i.*

IMMOBILE. adj. 2 g. [Pr. *im-mobile*] (lat. *immobilis*, m. s., de *in* priv., et *mobilis*, mobile). Qui ne se meut pas. On a cru longtemps que la terre était i. *Demeurer i. comme une statue.* || Fig., au sens moral, Ferme, inébranlable. *Les stoïciens restaient calmes et immobiles au milieu des plus grandes douleurs.*

IMMOBILEMENT. adv. [Pr. *im-mo-bile-man*]. D'une manière immobile.

IMMOBILIER, IÈRE. adj. [Pr. *im-mobilié*] (R. *in* priv., et *mobilier*). T. Jurisp. Qui est immeuble, composé d'immeubles, ou considéré comme immeuble. *Succession immobilière. Fonds im. Effets immobiliers. Droits immobiliers.* || Qui concerne, qui a pour objet un immeuble, des immeubles. *Action immobilière. Saisie, vente immobilière.*

IMMOBILIÈREMENT. adv. [Pr. *im - mobilièreman*]. Comme immeuble, d'une manière immobilière.

IMMOBILISATION. s. f. [Pr. *im-mobili-za-sion*]. T. Jurispr. Action d'immobiliser; ou le résultat de cette action. *Les rentes sur l'État dont il jouit sont frappées d'immobilisation.*

IMMOBILISER. v. a. [Pr. *im-mobili-zer*] (R. *in* priv., et *mobiliser*). Rendre immobile. *Im. un corps d'armée.* || T. Jurisp. Donner fictivement à un effet mobilier la qualité d'immeuble. *Im. des rentes sur l'État.* = **IMMOBILISÉ, ÉE.** part.

IMMOBILISME. s. m. [Pr. *im-mobilisme*] (R. *immobile*). Disposition à s'attacher aveuglément aux choses anciennes.

IMMOBILISTE. adj. 2 g. [Pr. *im-mobiliste*] (R. *immobile*). Qui ne fait aucun progrès, qui ne change pas.

IMMOBILITÉ. s. f. [Pr. *im-mobilité*] (lat. *immobilitas*, m. s.). L'état d'une chose ou d'une personne immobile, qui ne se meut point. *L'astronomie moderne a fait justice de la prétendue i. des étoiles fixes. Je le trouvai couvert de sang et dans une i. complète.* || Fig., se dit d'un homme qui reste dans l'inaction. *Son i., lorsqu'il faudrait agir, me met hors de moi.* || T. Vét. Maladie du cheval, caractérisée par l'im. indéfinie des membres croisés les uns sur les autres en équilibre instable.

IMMODÉRATION. s. f. [Pr. *im-modéra-sion*] (lat. *immoderatio*, m. s., de *in* priv., et *moderatio*, modération). Manque de modération. Peu us.

IMMODÉRÉ, ÉE. adj. [Pr. *im-modéré*] (lat. *immoderatus*, m. s., de *in* priv., et *moderatus*, modéré). Qui n'est pas modéré, qui passe le juste milieu et tend à l'extrême. *Un luxe i. Des dépenses immodérées. Un zèle i. Ardeur, passion immodérée. Des désirs immodérés. Des ris immodérés. Chaleurs immodérées. Prix immodérés.* = Syn. Voy. **EXCESSIF.**

IMMODÉRÉMENT. adv. [Pr. *im-modéréman*]. Sans modération, avec excès. *Boire im. Travailler im.*

IMMODESTE. adj. 2 g. [Pr. *im-modeste*] (lat. *immodestus*, m. s., de *in* priv., et *modestus*, modeste). Qui manque à la modestie, aux bienséances, à la pudeur. *Vous êtes i. à l'église. Une femme i.* || Qui est contraire à la modestie, à la pudeur. *Un air i. Regards discours, actions immodestes.*

IMMODESTEMENT. adv. [Pr. *im-modesteman*]. D'une manière immodeste. *Elle était vêtue très i.*

IMMODESTIE. s. f. [Pr. *im-modesti*] (lat. *immodestia*, m. s., de *in* priv., et *modestia*, modestie). Manque de modestie, de bienséance. || Manque de pudeur. *L'i. dans les discours. L'i. des regards. L'i. dans la manière de s'habiller.* || Parole, action contraire à la pudeur. *Les immodesties d'une pièce de théâtre.*

IMMODIFIABLE. adj. 2 g. [Pr. *im-modifiable*] (R. *in* priv., et *modifiable*). Qui ne peut être modifié.

IMMODULÉ, ÉE. adj. [Pr. *im-modulé*] (R. *in* priv., et *modulé*). Qui n'est pas modulé.

IMMOLATEUR. s. m. [Pr. *im-molateur*]. Celui qui immole.

IMMOLATION. s. f. [Pr. *im-mola-sion*] (lat. *immolatio*, m. s.). Action d'immoler. *L'im. de la victime. Pendant l'im.* Voy. **SACRIFICE.** || Massacre. *Les immolations de la Terreur.*

IMMOLER. v. a. [Pr. *im-moler*] (lat. *immolare*, m s., de *in*, dans, et *mola*, sorte de gâteau d'orge). Offrir en sacrifice; se dit des victimes qu'on tuait pour les offrir en sacrifice aux dieux. *I. des victimes humaines. I. des taureaux. I. des agneaux sur l'autel.* — Dans la religion chrétienne, se dit du sacrifice sanglant et du sacrifice non sanglant de Jésus-Christ. *Jésus-Christ est la victime qui a été immolée pour le salut des hommes. Chaque jour Jésus-Christ s'immole pour nous sur l'autel.* || Fig., *i. quelqu'un à sa rage, à sa fureur*, etc., Le tuer dans un transport de rage, etc. — Poétiq., se dit pour Égorger, tuer, massacrer. *On les immola tous. Elle fut immolée par le vainqueur sous les yeux même de sa mère.*

Rome à qui vient ton bras d'immoler mon amant.
　　　　　　　　　　　　　　　　　CORNEILLE.

|| Fig., Perdre, ruiner quelqu'un; renoncer à une chose, s'en priver pour satisfaire quelque passion, quelque idée. *Im. quelqu'un à sa haine, à son ambition. Im. son amour au devoir, ses intérêts au bien de l'État. J'ai tout immolé pour lui, richesses, honneurs*, etc. *Je vous ai tout immolé.* || Fig. et fam., *Im. quelqu'un*, Le railler impitoyablement. *Ils l'ont immolé par mille épigrammes.* = **S'IMMOLER.** v. pron. Exposer, sacrifier sa fortune ou sa vie pour quelqu'un, pour

quelque chose. *S'im. pour quelqu'un, pour la patrie. S'im. au bien public.*

> Je m'immole à ma gloire et non pas à ma sœur.
>
> CORNEILLE.

|| Fig. et par plaisant., *Je m'immole*, Je fuis ce qu'on veut et ce que je ne voulais pas faire. On dit aussi dans un autre sens, *Il s'est immolé de bonne grâce*, Il s'est laissé railler, il a entendu raillerie. = IMMOLÉ, ÉE. part.

Syn. — *Sacrifier.* — Dans le sens religieux, on sacrifie toutes sortes d'objets; on n'*immole* que des victimes, des êtres animés. L'objet *sacrifié* est voué à la divinité; l'objet *immolé* est détruit. Le *sacrifice* a généralement pour but d'honorer; et l'*immolation* a pour but particulier d'apaiser. Les persécuteurs du christianisme naissant obligeaient les chrétiens à *sacrifier* aux faux dieux, non en leur faisant *immoler* des animaux, mais seulement en exigeant d'eux un acte de culte, comme de brûler de l'encens, de goûter des viandes consacrées, etc. — Dans le sens profane, ces mots conservent cette différence. Vous *sacrifiez* tous les genres d'objets ou de choses auxquels vous renoncez volontairement, que vous abandonnez pour votre intérêt ou l'intérêt d'un autre; vous *immolez* pour votre satisfaction ou pour celle d'un autre des êtres animés ou des choses personnifiées que vous traitez comme des victimes. L'idée de *sacrifier* est plus vague et plus étendue, celle d'*immoler* plus forte et plus restreinte. Aristide se *sacrifie* pour sa patrie; Codrus *s'immole* pour elle. Le poids du *sacrifice* tombe quelquefois tout entier sur celui qui le fait; mais l'action d'*immoler* pèse toujours sur la victime qu'on *immole*. Si vous *immolez* votre ennemi à votre vengeance, le mal est pour votre victime. Quand vous *sacrifiez* vos droits, vos prétentions, votre fortune, vous seul en souffrez. *Immoler* exprime la destruction ou la dégradation de l'objet; *sacrifier* n'exprime qu'un renoncement de votre part.

IMMONDE. adj. 2 g. [Pr. *im-monde*] (lat. *immundus*, m. s., de *in* priv., et *mundus*, pur). Sale, impur; se dit surtout des choses que certains législateurs ont déclarées impures. *Moïse avait distingué les animaux en animaux purs et en animaux immondes. S'abstenir des choses immondes.* || T. Écrit. Sainte. *Les esprits immondes*, Le démon, les diables. *Le péché i.*, Le péché de la chair. || D'une saleté repoussante. *Un bouge i.*

IMMONDICE. s. f. [Pr. *im-mondi-se*] (lat. *immunditia*, m. s., de *mundus*, immonde). Amas d'ordures, de saletés; ne se dit guère qu'au pluriel. *Enlevez ces immondices.* || T. Écrit. Sainte. *I. légale*, Impureté légale dans laquelle tombaient les Juifs lorsqu'il leur était arrivé de toucher quelque chose d'immonde, un cadavre, par exemple.

IMMONDICITÉ. s. f. [Pr. *im-mondi-sité*]. Qualité de ce qui est immonde moralement.

IMMONTABLE. adj. 2 g. [Pr. *in-montable*] (R. *in* priv., et *montable*). Qu'on ne peut monter.

IMMORAL, ALE. adj. [Pr. *im-moral*] (R. *in* priv., et *moral*). Qui est sans principes de morale, ou contraire à la morale, aux bonnes mœurs. *C'est un homme i. au dernier point. Un caractère im. Des principes immoraux. C'est un livre immoral.*

IMMORALEMENT. adv. [Pr. *im-moraleman*]. D'une manière immorale.

IMMORALITÉ. s. f. [Pr. *im-moralité*]. Qualité de ce qui est immoral. Absence de principes moraux; Opposition aux principes de la morale. *C'est un homme qui fait parade de son im. Cet ouvrage est d'une im. révoltante.*

IMMORTALISATION. s. f. [Pr. *im-mortali-za-sion*]. Action d'immortaliser, de s'immortaliser.

IMMORTALISER. v. a. [Pr. *im-mortali-zer*] (lat. *immortalis*, immortel). Rendre immortel dans la mémoire des hommes. *Im. son nom, sa mémoire. Cette action l'a immortalisé. Les poètes immortalisent les héros.* = S'IMMORTALISER. v. pron. *Il s'est immortalisé par ses exploits, par ses ouvrages.* = IMMORTALISÉ, ÉE. part.

IMMORTALISEUR. s. m. [Pr. *im-mor-tali-zeur*]. Celui qui immortalise, qui donne l'immortalité.

IMMORTALITÉ. s. f. [Pr. *im-mor...*] (lat. *immortalitas*, m. s.). Qualité de ce qui est immortel. *L'i. de l'âme. L'i. des bienheureux. L'i. bienheureuse.* || Fig., se dit de la perpétuité de notre souvenir dans la mémoire des hommes. *Des actions dignes de l'i. Travailler pour l'i. Aspirer à l'i. Aller à l'i. Combien de héros doivent au seul Homère leur i.*

Philos. — « L'immortalité de l'âme, dit Pascal (*Pensées*, IX), est une chose qui nous importe si fort, qui nous touche si profondément, qu'il faut avoir perdu tout sentiment pour être dans l'indifférence de savoir ce qui en est. » C'est là une pensée émise par les philosophes de tous les siècles, et que l'on retrouve aussi bien dans Platon et Pythagore que dans Confucius ou Bouddha, en Orient comme en Occident, chez les païens comme chez les chrétiens.

Le dogme de l'*immortalité* de l'âme et celui de l'existence de Dieu sont fondamentalement inséparables. « Ces deux dogmes, dit très bien Franck, constituent le fonds commun et, si l'on peut parler ainsi, la substance invariable de toutes les religions. C'est qu'en effet la raison ne permet pas de les diviser et ne saurait, sans se mutiler elle-même, accepter l'un sans l'autre. Si ce monde n'est pas l'œuvre d'une cause intelligente qui a fait toutes choses avec poids et mesure, et marqué à chaque être une destination proportionnée aux facultés dont il dispose, il est évident que nous n'avons rien à attendre après la mort; que les contradictions, les iniquités et les souffrances dont cette vie est remplie, sont un mal sans but et sans réparation; et réciproquement, si nous n'apercevons en nous aucun principe qui puisse survivre à l'extinction des sens, aucune idée, aucun sentiment, aucun besoin qui dépasse notre existence physique, où même les conditions de l'ordre social, comment notre intelligence s'élèvera-t-elle à la conception de l'infini, à la connaissance de Dieu ? »

La question de l'i. de l'âme comprend en réalité deux problèmes : le premier est relatif à l'*impérissabilité* de l'âme, et le second à la persistance de sa personnalité après cette vie. Nous avons déjà expliqué au mot ÂME par quels arguments la philosophie spiritualiste a établi la distinction de l'âme et du corps, et comment de cette distinction découle nécessairement la conclusion que l'âme est impérissable. Nous ne nous occuperons ici que de la persistance de la personnalité, qui est la question la plus intéressante, on pourrait dire la seule intéressante. Il est bien entendu aussi que nous laisserons de côté la philosophie matérialiste. Celle-ci, niant l'âme, ne peut parler de son i. Nous en reparlerons au mot MATÉRIALISME.

Certains philosophes, tout en accordant l'i. de l'âme, ont professé que l'âme, après la mort, doit rentrer dans le sein de Dieu d'où elle est sortie. Le panthéisme a une théorie analogue : c'est la persistance de l'âme, comme substance, mais ce n'est pas l'i. telle que nous l'entendons. Il convient de remarquer que, dans cette hypothèse, le problème de la destination humaine ne reçoit point une solution réelle. Qu'importe à l'homme l'i. de son âme, s'il n'en a pas conscience, si sa personnalité a cessé d'exister ? Les preuves de l'i. de l'âme, comme être personnel, supposent sa preuve de l'existence de Dieu : elles se déduisent de l'harmonie qui doit nécessairement exister dans l'œuvre de la création, et de la notion que nous avons des attributs divins, c.-à-d. de la sagesse, de la bonté et de la justice de Dieu.

La première de ces preuves, qu'on désigne habituellement sous le nom de *preuve psychologique*, se déduit des facultés mêmes que Dieu a données à l'homme. Quand on étudie la nature morale, on y distingue divers instincts, si l'on peut parler ainsi, qui sont les signes d'une destinée immortelle. On a cité l'horreur qu'inspire l'idée de la mort à tout homme, et particulièrement à celui qui n'a pas une foi ferme dans le dogme de l'i. et dans la justice de Dieu. On parle aussi de la douleur que nous fait éprouver la mort de ceux que nous aimons, douleur qui puise sa principale et sa plus haute consolation dans la croyance que cette séparation n'est que momentanée. Mais le premier sentiment s'explique suffisamment par l'instinct de la conservation, et le second n'est qu'une des conséquences des passions affectives de l'homme. Plus importants sont les désirs, les aspirations qui dépassent ce monde terrestre, et qui ne sauraient trouver leur satisfaction en cette vie. Notre intelligence aspire à connaître la vérité, non pas seulement telle ou telle vérité particulière ou isolée dans l'ordre de la connaissance scientifique, mais la vérité totale, la vérité en soi, la vérité absolue, c.-à-d. la vérité en Dieu qui est la source de toute vérité et qui a déposé lui-même cette aspiration dans notre âme. Nous aimons encore le beau et le bien; en un mot, nous aspirons à l'infini par toutes nos facultés intellectuelles. Or, aucune de ces aspirations ne peut être satisfaite sur la terre; il faut donc que toutes trouvent leur satisfaction au delà de cette vie; autrement nous serions en droit de dire que Dieu a mis en nous des facultés et des désirs sans but, ou bien destinés à être la déception et le tourment des hommes.

La loi morale fournit les éléments d'une preuve tout à fait démonstrative, et qu'on désigne dans l'école sous le nom de *preuve métaphysique*. — L'idée de justice, comme les idées de vrai, de beau et de bien dont nous venons de parler, a sa source en Dieu lui-même. Elle est nécessaire, et solue, indépendante de toute limite et de toute condition; elle ne saurait donc être circonscrite à la durée de la vie. Il en est de même de l'idée d'obligation morale; elle a les mêmes caractères, elle n'en est pas moins absolue que l'idée de justice dont elle est inséparable. Le but de l'homme sur la terre est donc l'accomplissement du devoir, et non la conservation de la vie. Cela est si vrai que la mort est quelquefois la condition du devoir. Mais s'il y a une loi morale, il doit y avoir une sanction à cette loi. Notre intelligence conçoit une proportion logique constante et nécessaire entre la vertu et le bonheur, entre le vice et le malheur. L'idée de mérite et de démérite, et celle de peine et de récompense ne se conçoivent point l'une sans l'autre, et appartiennent aux convictions les plus intimes, les plus puissantes de la conscience humaine. Or, qu'on soit que sur cette terre la loi morale manque d'une sanction suffisante? Le coupable s'endurcit dans le mal, et tel homme souffre plus dans sa conscience d'une faute légère que tel autre du crime le plus odieux. Il est des vices que nos lois ne sauraient atteindre, des dévouements qu'elles ignorent ou qu'elles ne sauraient récompenser. L'opinion publique, adulatrice du mal triomphant, presque toujours n'a que du mépris pour la vertu malheureuse, et tandis que les conséquences d'un acte vertueux se retournent souvent contre son auteur, la prospérité la plus scandaleuse suit les actes les plus coupables. La loi morale ne serait qu'un vain mot, sa sanction qu'une dérision, et l'accusation d'injustice remonterait jusqu'à Dieu lui-même, si ce désordre, qui va parfois jusqu'à troubler la conscience de l'homme vertueux, ne cessait après cette vie, et si l'âme responsable n'était jugée et récompensée ou punie selon ses œuvres. Bien que la philosophie soit obligée d'avouer son ignorance quant à la nature de la récompense et du châtiment qui attendent les hommes après cette vie, néanmoins elle peut sans hésiter affirmer qu'une des jouissances du juste sera de se rappeler les épreuves qu'il a surmontées, un des châtiments du coupable de se souvenir de ses vices et de ses crimes. Mais cette sanction exige la persistance de la personnalité humaine, c.-à-d. l'i. de l'âme considérée comme être distinct et individuel. « Si l'âme est immatérielle, dit éloquemment J.-J. Rousseau, elle peut survivre au corps; et si elle y survit, la providence de Dieu est justifiée. Quand je n'aurais d'autre preuve de l'immatérialité de l'âme que le triomphe du méchant et l'oppression du juste en ce monde, cela seul m'empêcherait d'en douter. Une contradiction si manifeste, une si choquante dissonance dans l'harmonie universelle me ferait chercher à la résoudre. Je me dirais : Tout ne finit pas pour nous avec la vie; tout rentre dans l'ordre à la mort. »

Le consentement universel des peuples à la croyance de l'i. de l'âme constitue ce qu'on appelle la *preuve morale*. Mais il est évident que cette croyance ne forme pas une preuve distincte de celles qui précèdent. En effet, l'universalité de cette croyance démontre simplement l'identité de la conscience humaine dans tous les temps et dans tous les lieux. Les idées singulières et bizarres que se font certains peuples barbares au sujet de l'état des âmes après la mort, sont ces circonstances secondaires et résultent uniquement de ce qu'en général ils supposent la réalisation, après leur mort, de leurs désirs les plus vifs dans cette vie. Le respect pour les morts, respect qui va parfois jusqu'au culte, est aussi un sentiment qui découle de la croyance à l'i., et qui n'est étranger à aucun temps, à aucune race. L'universalité de cette croyance prouve également en faveur, non seulement de l'i. de l'âme mais encore de l'individualité de l'être immortel.

En définitive, la garantie de la persistance de la personnalité consiste dans la disproportion qui existe entre les tendances de l'esprit humain et les moyens qu'il a, dans cette vie, de les satisfaire, et parmi lesquels, celles qui dépendent de l'idée de morale sont les plus élevés. On a objecté que le fait qu'on éprouve un désir ne prouve nullement la certitude de la réalisation du désir. L'objection est très sérieuse; aussi les preuves de l'i. de l'âme ne sont valables que si l'on admet dans l'univers un principe d'ordre et de finalité, si l'on admet en un mot que l'homme a une des idée à accomplir. D'autres philosophes, particulièrement les positivistes, ont déplacé

cette idée de destinée, et, s'inspirant de fausses analogies tirées de l'histoire naturelle, à la destinée de l'homme ils ont substitué celle de l'espèce humaine et ont essayé d'établir sur cette base un système de morale tout en niant, bien entendu, l'i. de l'âme. Mais il est facile de répondre par des considérations qui semblent détruire entièrement le système : 1° Quelque effort d'imagination que l'on essaye de faire, il nous est absolument impossible de s'intéresser à ce que sera l'espèce humaine dans quelques milliers de siècles, si nous avons la certitude de *n'être pas là* pour voir le résultat auquel nous aurons contribué par nos efforts et nos sacrifices; nous ne pouvons nous intéresser qu'aux êtres que nous connaissons, que nous laissons après notre mort; notre sollicitude pour l'espèce humaine ne dépasse pas la génération qui nous suit. La théorie ne donne donc pas satisfaction à l'idée que nous nous faisons d'une destinée; elle est impuissante à expliquer l'origine de l'obligation morale, car on ne voit pas en vertu de quel principe nous serions *obligés* de nous dévouer pour des générations qui n'existent pas encore; enfin, elle ne peut établir qu'une morale dénuée de sanction. — 2° La Terre, avec tous ses habitants, est destinée à périr : philosophes et physiciens sont à peu près d'accord sur ce point. Alors que deviendra cette belle théorie du progrès indéfini de l'espèce humaine? Quelle que soit la durée de l'humanité, que sont quelques millions de siècles dans l'éternité, et que signifie cette destinée de l'humanité condamnée d'avance à rentrer dans le néant? A quoi bon les efforts et les sacrifices de tant d'hommes de courage et de vertu pour aboutir au néant? Pourquoi se donner tant de mal pour une œuvre dont la stérilité est certaine et inéluctable?

En définitive, si l'on ne veut pas croire à l'i. de l'âme, il faut renoncer à trouver une signification quelconque à l'univers : il faut considérer celui-ci comme une œuvre de hasard, plutôt mauvaise que bonne, et ne voir dans la vie qu'une immense supercherie dont nous sommes les victimes; alors disparaissent en même temps toutes les idées élevées qui ont fait et font encore la gloire de l'humanité : vertu, courage, art, science, ne sont plus que des mots vides et creux; ils ne représentent plus que de vains amusements par lesquels nous essayons d'employer le temps d'une vie sans gloire et sans but, ou des appâts trompeurs qui servent aux plus adroits à faire de leurs semblables les instruments de leurs passions. On ne saurait trop le répéter : pour quiconque réfléchit et raisonne avec logique, si l'âme ne survit pas au corps, il n'y a que deux partis à prendre : le suicide immédiat ou la recherche acharnée et sans scrupule de toutes les satisfactions que l'on peut trouver dans la vie.

Il importe pourtant de remarquer que les raisonnements précédents s'appliquent seulement à la *persistance* du moi après la mort, et non à son *immortalité*. Il est vrai que si l'on admet la première proposition, il devient difficile de concevoir comment le *moi* pourrait finir, à moins que ce ne soit par absorption définitive dans le sein de Dieu. C'est, en effet, quelque chose d'analogue que la religion bouddhique donne pour destinée finale à l'âme du juste, arrivée au Nirvana. Voy. BOUDDHISME. Mais cette question est moins intéressante qu'elle ne paraît. Si, sur la foi du principe d'ordre et de finalité dans l'univers, nous acceptons la doctrine de la persistance du moi après la mort, nous sommes bien obligés d'admettre que nous aurons alors une nouvelle existence en rapport avec les nouvelles conditions qui nous seront faites, et aussi en rapport avec les actes que nous avons accomplis dans cette vie où nous nous accomplirons plus tard. Notre destinée s'accomplira ainsi tout entière, c.-à-d. que toutes nos aspirations légitimes seront satisfaites, et si, ce qui paraît improbable, la personnalité devait disparaître, ce ne serait qu'après le désir et l'idée même de l'existence personnelle auraient eux-mêmes préalablement disparu, comme le travailleur s'endort paisiblement avec le sentiment de l'œuvre accompli. On pourrait imaginer, sur ce point, bien des systèmes et des théories; mais ce serait œuvre vaine. La condition de l'âme après la mort est tellement différente des conditions actuelles de la vie, qu'il est impossible de rien conjecturer sur ce qu'elle pourra devenir par la suite. Le mieux est de faire son devoir ici-bas, et de s'en rapporter à la Justice éternelle, ou, si l'on aime mieux, et ce qui revient au même, à ce principe d'ordre et de finalité qui assure à chaque être, d'une manière ou d'une autre, l'accomplissement de la destinée pour laquelle il a été créé.

IMMORTEL, ELLE. adj. [Pr. *im-mortel*] (lat. *immortalis*, m. s., de *in* priv., et *mortalis*, mortel). Qui n'est point sujet à la mort. *Dieu est im. L'âme est immortelle.*

Les anciens appelaient leurs dieux, les Dieux immortels.

Ton âme est immortelle et les maux vont finir.

                         MUSSET.

|| Poétiq., se dit des choses qui ne peuvent point périr. *Le trône im. de Dieu. L'éclat im. qui l'environne.* || Fig., se dit de ce qu'on pense devoir être d'une très longue durée. *Monument im. Jurer une haine immortelle.* Se dit plus souvent des choses dont on pense que la mémoire durera toujours. *Les ouvrages immortels d'Homère. Des exploits immortels. S'acquérir une gloire immortelle. Rendre son nom im. Sa mémoire sera immortelle.* = *Immortel* s'emploie aussi subst., surtout en parlant des divinités du paganisme. *L'Olympe, séjour des immortels. Hercule fut placé au rang des immortels. Une immortelle.* || Fig. et fam., se dit quelquefois, mais avec quelque ironie, des membres de l'Académie française. *Enfin, vous voilà au rang des immortels.* || T. Hist. *Immortels*, chez les anciens Perses, corps d'élite composé de dix mille hommes, qu'on maintenait toujours au complet, d'où leur nom.

    Syn. — *Perpétuel, Sempiternel.* — *Immortel* signifie qui ne meurt pas, qui vit toujours, et s'applique à tout ce qui semble vivre sans fin : l'âme est *immortelle;* la gloire qui vit dans la mémoire des hommes est *immortelle. Perpétuel,* dans son sens littéral, signifie qui dure jusqu'au bout, qui est sans fin, soit par rapport à un but fixé, lorsqu'on parle, par ex., d'un esclavage *perpétuel,* soit par rapport à un temps indéterminé, comme lorsqu'il s'agit des rentes *perpétuelles* sur l'État, du mouvement *perpétuel.* Quant à *sempiternel,* qui est à jamais, qui ne peut périr, il ne s'emploie que dans le langage familier, et ordinairement en parlant des personnes, comme lorsqu'on dit d'une vieille femme qu'on semble ennuyé de voir vivre : *C'est une vieille sempiternelle.*

    IMMORTELLE. s. f. [Pr. *im-morte-le*]. T. Bot. Nom vulgaire donné à plusieurs plantes Dicotylédones, dont les involucres à bractées scarieuses se conservent pendant très longtemps avec leur couleur. Elles appartiennent surtout aux genres *Gnaphalium, Xeranthemum* et *Helichrysum,* de la famille des *Composées.* Voy. ce mot. La plus connue est l'*Hélichryse d'Orient (Helichrysum orientale),* originaire de l'île de Candie et cultivée en grand en Languedoc et en Provence. Le *Gnaphalium margaritaceum* produit l'*Immortelle blanche.* Enfin le *Gomphrena globosa,* plante du groupe des Amarantées, donne l'*Immortelle violette.*

    IMMORTELLEMENT. adv. [Pr. *im-mor-tè-le-man*]. D'une manière immortelle.

    IMMORTIFICATION. s. f. [Pr. *im-mortifi-ka-sion*] (R. *in* priv., et *mortification*). Dans le style ascétique, état d'une personne qui n'est pas mortifiée. *Vivre dans l'im.*

    IMMORTIFIÉ, ÉE. adj. [Pr. *im-mortifié*] (R. *in* priv., et *mortifié*). Qui n'est point mortifié. *Esprit im. Vie immortifiée.*

    IMMOTIF, IVE. adj. [Pr. *im-motif*] (lat. *in* priv., et *motus,* mouvement). T. Bot. *Germination immotive,* Qui a lieu sans que l'épisperme se déplace.

    IMMOTIVÉ, ÉE. adj. [Pr. *im-mo*...] (R. *in* priv., et *motivé*). Qui n'est pas motivé.

    IMMOUVABLE. adj. 2 g. [Pr. *im-mouvable*] (R. *in* priv., et *mouvoir*). Qui ne peut pas être ému.

    IMMUABILITÉ. s. f. [Pr. *im-mu-abilité*]. Qualité de ce qui est immuable. On dit plutôt *immutabilité.*

    IMMUABLE. adj. 2 g. [Pr. *im-muable*] (R. *in* priv., et *muable*). Qui ne change pas. *Dieu est im., il n'y a pour lui ni passé, ni présent, ni futur.* Se dit aussi dans un sens moins absolu. *Ma volonté est im.*

    IMMUABLEMENT. adv. [Pr. *im-muableman*]. D'une manière immuable.

    IMMUNITÉ. s. f. [Pr. *im-munité*] (lat. *immunitas,* m. s.; de *in* priv., et *munus,* charge). Exemption d'une chose. || T. Pathol. État de l'organisme qui est devenu réfractaire à certaine maladie. *La vaccine confère l'i. contre la petite vérole.* Voy. VACCINATION.

    Législ. anc. — Avant la Révolution, on appelait *Immu-* nités les exemptions d'impôts ou d'autres charges qui résultaient de la possession d'un privilège. Toutefois, cette dénomination, qui à l'origine s'appliquait à toute espèce de privilèges, finit par ne plus désigner que les exemptions propres au clergé. Les immunités ecclésiastiques se rapportaient aux lieux, aux personnes ou aux biens. L'*Im. des lieux* consistait dans le droit d'asile qui appartenait aux églises. Par *Im. des personnes,* on entendait les droits, exemptions et privilèges dont jouissaient les ecclésiastiques, comme d'avoir la préséance dans les cérémonies, de n'être pas soumis à la contrainte par corps, de ne pouvoir être jugés par les juges laïques, etc. Enfin, on donnait le nom d'*Im. des biens* à l'exemption des charges auxquelles les terres laïques seules étaient sujettes et qui ne portaient point sur celles du clergé. *Immunité parlementaire.* Voy. INVIOLABILITÉ.

    IMMURATION. s. f. [Pr. *in-mura-sion*] (lat. *in,* dans; *murus,* mur). Action de séquestrer une personne entre quatre murailles.

    IMMUTABILITÉ. s. f. [Pr. *im-mutabilité*] (lat. *immutabilitas,* m. s., de *in* priv., et *mutabilis,* qui peut être changé). Qualité de ce qui est immuable.

    IMMYSTIFIABLE. adj. 2 g. [Pr. *in-mis*...] (R. *in* priv., et *mystifiable*). Qu'on ne peut mystifier.

    IMOLA, v. d'Italie, prov. de Bologne ; 12,000 hab

    IMPACT. s. m. [Pr. *in-pakte*] (lat. *impactus,* part. pass. d'*impingere,* heurter). Choc. *Point d'i.,* Point où la trajectoire du centre d'un projectile rencontre la cible.

    IMPACTION. s. f. [Pr. *in-pak-sion*] (lat. *impactio,* choc). Rupture d'un os avec enfoncement d'un côté et saillie de l'autre.

    IMPAIR, AIRE. adj. [Pr. *in-pèr*] (lat. *impar,* m. s.). Qui ne peut être divisé en deux nombres entiers égaux. Voy. PAIR. || T. Jeux. *Jouer à pair ou im.* Deviner si des objets qu'on tient cachés dans la main fermée sont en nombre pair ou impair. = IMPAIR. s. m. L'ensemble des nombres impairs. *Faire un double im.,* Prendre, par erreur, deux fois l'impair. || Fig., *Faire un im.,* Faire une maladresse.

    IMPAIREMENT. adv. [Pr. *in-pè-reman*]. En nombre impair.

    IMPALPABILITÉ. s. f. [Pr. *in-pal*...]. Caractère de ce qui est impalpable.

    IMPALPABLE. adj. 2 g. [Pr. *in-pal*...] (lat. *impalpabilis,* m. s.). Qu'on ne peut palper, qui ne fait aucune impression sensible sur le toucher à cause de sa ténuité. *Du corail réduit en poudre impalpable.*

    IMPALUDATION. s. f. [Pr. *in-paluda-sion*]. Syn. d'*Impaludisme.*

    IMPALUDISME. s. m. [Pr. *inpaludisme*] (R. *in,* dans, et *paludisme*). T. Pathol. Voy. PALUDISME.

    IMPANATEUR. s. m. [Pr. *in-panateur*]. Celui qui professe l'impanation.

    IMPANATION. s. f. [Pr. *inpana-sion*] (lat. *in,* dans; *panis,* pain). T. Théol. Coexistence de la substance du pain avec celle du corps de Jésus-Christ dans l'Eucharistie, suivant l'opinion de Luther. Voy. EUCHARISTIE.

    IMPANISSURE. s. f. [Pr. *in-pani-sure*]. T. Techn. Défaut de fabrication d'un tissu de soie, qui consiste dans l'altération de la couleur des fils de la chaîne.

    IMPARCOURU, UE. adj. [Pr. *in-par*...]. Qui n'est pas, qui n'a pas été parcouru.

    IMPARDONNABLE. adj. 2 g. [Pr. *inpardo-nable*] (R. *in* priv. et *pardonnable*). Qui ne mérite pas de pardon, qui ne doit pas être pardonné. *Une faute im. Il m'a fait un outrage im.*

    IMPAREIL, EILLE. adj. [Pr. *in-parell, ll* mouil.]. Qui n'est pas pareil.

IMPAREILLEMENT. adv. [Pr. *in-parelle-man,* *ll* mouil.]. D'une manière dissemblable.

IMPARFAIT, AITE. adj. [Pr. *in...*] (lat. *imperfectus,* m. s., de *in,* priv., et *perfectus,* achevé). Qui n'est pas achevé. *Laisser un ouvrage im. Cette construction est demeurée imparfaite.* ‖ À qui il manque quelque chose pour être parfait. *Une guérison imparfaite. Une langue imparfaite. Une joie imparfaite.* ‖ Dans les sciences naturelles, *Imparfait* se dit d'organes qui, normalement ou anormalement, subissent un arrêt de développement dans leur totalité ou dans quelqu'une de leurs parties. ‖ T. Mus. *Accord im.* Celui qui porte une dissonance ou une sixte, et celui qui n'est pas complet. ‖ T. Librairie. *Livre im.,* Livre imprimé auquel il manque quelque feuille. ‖ T. Gram. *Passé im.,* ou subst., *Imparfait.* Voy. TEMPS.

IMPARFAITEMENT. adv. [Pr. *in...*]. D'une manière imparfaite. *Il n'est guéri qu'im. Je ne le connais qu'im. Il a traité cette matière très im.*

IMPARINERVIÉ, ÉE. adj. [Pr. *in...*] (lat. *impar,* impair; *nervus,* nerf). T. Bot. Qui est pourvu d'une nervure médiane ou impaire, ou qui a des nervures en nombre impair.

IMPARIPENNÉ, ÉE. adj. [Pr. *in-paripèn-né*] (lat. *impar,* impair; *penna,* plume). T. Bot. Se dit d'une feuille composée pennée dont le pétiole commun est terminé par une foliole impaire. Voy. FEUILLE.

IMPARISYLLABE. adj. 2 g. [Pr. *in-parisil-labe*]. Synon. d'*Imparisyllabique.*

IMPARISYLLABIQUE. adj. 2 g. [Pr. *in-pari-sil-labike*] (lat. *impar, imparis,* impair; et *syllabique*). T. Gram. Se dit des noms qui ont, au génitif singulier, une syllabe de plus qu'au nominatif. *Nom im.* Déclinaison *imparisyllabique.*

IMPARITÉ. s. f. [Pr. *in...*] (lat. *imparitas,* m. s.). Caractère de ce qui est impair. ‖ Défaut de parité. *Une im. choquante entre époux.*

IMPARLEMENTAIRE. adj. 2 g. [Pr. *in-par...*] (R. *in,* priv., et *parlementaire*). Qui n'est pas parlementaire.

IMPARTABLE. adj. 2 g. [Pr. *in...*]. Voy. IMPARTAGEABLE.

IMPARTAGEABLE. adj. 2 g. [Pr. *in-parta-ja-ble*] (R. *in,* priv., et *partageable*). Qui ne peut être partagé, qui n'est pas susceptible de partage. Peu usité.

IMPARTIAL, ALE. adj. [Pr. *in-par-sial*] (R. *in,* priv., et *partial*). Exempt de partialité. *Un esprit im. Un historien im. Des juges impartiaux. Jugement im. Examen im. Il juge d'une manière impartiale.*

IMPARTIALEMENT. adv. [Pr. *in-parsia-leman*]. D'une manière impartiale, sans partialité.

IMPARTIALITÉ. s. f. [Pr. *in-parsi-alité*]. Qualité, caractère de ce qui est impartial. *L'im. est le devoir du juge, de l'historien. Juger avec im. Son histoire est écrite avec im.*

IMPARTIBILITÉ. s. f. [Pr. *in...*] (lat. *impartabilis,* de *in,* priv., et *partiri,* partager). T. Féod. État de deux fiefs réunis qui ne peuvent passer que sur une seule tête, quoiqu'ils puissent relever de deux seigneurs différents.

IMPARTIR. v. a. [Pr. *in...*] (lat. *impartiri,* m. s., ce in, dans, et *partiri,* partager). T. Dr. Accorder un droit, une faveur.

IMPASSABLE. adj. 2 g. [Pr. *in-pa-sa-ble*] (R. *in,* priv., et *passable*). Qu'on ne peut passer, franchir.

IMPASSE. s. f. [Pr. *in-pase*] (R. *in* priv., et *passer*). Petite rue qui n'a qu'une issue. ‖ Fig. Situation où l'on ne peut avancer. ‖ T. Jeux. *Faire une im.,* Jouer de manière à placer une carte de l'adversaire entre deux cartes dont l'une lui est inférieure et l'autre supérieure, ce qui le réduit à l'impuissance.

IMPASSIBILITÉ. s. f. [Pr. *in-pa-si-bilité*]. Qualité de ce qui est impassible. *L'im. stoïque. J'admirais son im. au milieu du danger.*

IMPASSIBLE. adj. 2 g. [Pr. *in-pa-si-ble*] (lat. *impassibilis,* m. s., de *in* priv., et *passibilis,* passible). Qui n'est pas susceptible de souffrance. *Les corps glorieux sont impassibles.* ‖ Par ext., Celui qui, par la force de son caractère, se met au-dessus de la douleur ou des émotions. *Les martyrs restèrent impassibles au milieu des plus affreux tourments. Il demeura im. au milieu de cette pluie de feu.* ‖ Qui ne témoigne extérieurement aucune émotion, aucune souffrance. *Un air im. Son visage resta im.* ‖ Fig., On dit encore, *Un juge im.,* En parl. d'un juge qui ne se laisse déterminer dans ses jugements par aucune considération particulière.

IMPASSIBLEMENT. adv. [Pr. *in-pa-si-bleman*]. D'une manière impassible.

IMPASTATION. s. f. [Pr. *in-pas-ta-sion*] (lat. *in,* en; *pasta,* pâte). Réduction d'une substance quelconque à l'état de pâte. ‖ T. Maçon. Composition faite de substances broyées et mises en pâte. *Le stuc est une im.*

IMPATIEMMENT. adv. [Pr. *in-pa-si-aman*]. Avec impatience, avec inquiétude. *Je vous attendais im. Il supporte im. cette contrariété. Il souffre im. qu'on lui en ait préféré un autre.*

IMPATIENCE. s. f. [Pr. *in-pa-si-anse*] (lat. *impatientia,* m. s., de *in* priv., et *patientia,* patience). Manque de patience, inquiétude de celui qui souffre, ou qui attend avec agitation l'accomplissement de ses vœux. *Attendre avec im. Il souffre avec im. qu'on le contredise. Il est dans l'im. de vous voir. Il meurt d'im. Que vous cela soit achevé. Cela redouble son im.* ‖ Famil. et au plur., se dit des légers mouvements nerveux que cause l'impatience. *Cela vous donne des impatiences. J'ai des impatiences dans les jambes.*

IMPATIENT, ENTE. adj. [Pr. *in-pa-sian*] (lat. *impatiens,* m. s., de *in* priv., et *patiens,* patient). Qui manque de patience, soit dans la souffrance de quelque mal, soit dans l'attente de quelque chose. *Un homme im. Un malade im. Un naturel im. C'est un esprit im. Je suis fort im. de savoir ce qui en arrivera.* ‖ Poétiq., *Im. du joug, du frein, de toute domination, des obstacles,* etc., Qui ne peut souffrir le joug, etc.

> *L'impatient Néron cesse de se contraindre.*
> RACINE.

IMPATIENTANT, ANTE. adj. [Pr. *in-pa-sian-tan*]. Qui impatiente. *Rien n'est plus im. que ces contre-temps. Ces enfants sont impatientants avec leurs cris.* Fam.

IMPATIENTER. v. a. [Pr. *in-pa-si-anter*] (R. *impatient*). Faire perdre patience. *Il impatiente avec sa lenteur. Vous m'impatientez par vos discours. Cela m'impatiente au dernier point.* = s'IMPATIENTER. v. pron. Perdre patience. *Ne vous impatientez pas, il va venir. Il s'impatiente de garder le lit.* = IMPATIENTÉ, ÉE. part.

IMPATRIOTISME. s. m. [Pr. *in-pa..*] (R. *in* priv, et *patriotisme*). Manque de patriotisme.

IMPATRONISATION. s. f. [Pr. *in-patroni-za-sion*]. Action d'impatroniser, de s'impatroniser.

IMPATRONISER. v. a. [Pr. *in-patroni-zer*] (lat. *in,* dans, et *patron*). Établir en maître, dans une maison. = s'IMPATRONISER. v. pron. S'introduire dans une maison, et y acquérir une telle influence qu'on y gouverne tout.

> *De voir qu'un inconnu céans s'impatronise.*
> MOLIÈRE.

Fam. et ne se dit qu'en mauvaise part. = IMPATRONISÉ, ÉE. part.

IMPAYABLE. adj. 2 g. [Pr. *in-pè-iable*] (R. *in* priv., et *payer*). Qui ne se peut pas trop payer. *Voilà un tableau im.* ‖ Figur. et famil., se dit de quelque chose qu'on trouve extraordinaire, bizarre, plaisant. *Le mot est im. Cette aventure est impayable.*

IMPAYÉ, ÉE. adj. [Pr. *in-pè-ié*] (R. *in* priv., et *payé*). T. Comm. Qui n'a pas été payé. *Traite impayée à l'échéance.*

IMPECCABILITÉ. s. f. [Pr. *in-pek-kabilité*]. T. Théol. État de celui qui est impeccable.

IMPECCABLE. adj. 2 g. [Pr. *in-pek-kable*] (lat. *impeccabilis*, m. s., de *in* priv., et *peccare*, pécher). T. Théol. Incapable de pécher. *Dieu seul est im. par nature. La Vierge n'a pu être im. que par grâce. Il n'y a point d'homme im.* || Fam., Incapable de faire une faute. *J'ai pu manquer, je ne suis pas im.*

IMPECCANCE. s. f. [Pr. *in-pek-kan-se*] (lat. *impeccantia*, de *in* priv., et *peccare*, pécher). T. Dogm. État d'un homme qui ne commet aucun péché.

IMPÉDIMENTS. s. m. pl. [Pr. *in-pédi-man*] (lat. *impedimenta*, m. s., de *impedire*, empêcher, venant lui-même de *in*, en, et *pes*, *pedis*, pied). Les objets qui gênent la marche et les mouvements d'une armée en campagne.

IMPÉNÉTRABILITÉ. s. f. [Pr. *in*...]. T. Phys. Qualité de ce qui est impénétrable. Propriété de la matière en vertu de laquelle deux corps ne peuvent occuper en même temps le même lieu de l'espace. Voy. CORPS, MATIÈRE. || Figur. État de ce qui ne peut être pénétré par l'intelligence. *L'im. des décrets de Dieu.*

IMPÉNÉTRABLE. adj. 2 g. [Pr. *in*...] (lat. *impenetrabilis*, m. s., de *in* priv., et *penetrabilis*, pénétrable). Qui ne peut être pénétré; au travers duquel on ne peut passer. *Une cuirasse im. aux balles. Un cuir im. à l'eau. Des ombrages impénétrables aux rayons du soleil.* || Fig., Qu'on ne peut connaître, expliquer. *Un mystère im. Cet homme est d'un secret im. C'est un homme im. — Il est im. dans ses desseins,* On ne peut découvrir ce qu'il pense, ce qu'il projette, etc. || T. Phys. *La matière est im. Les corps sont impénétrables,* Possèdent la propriété de l'impénétrabilité.

IMPÉNÉTRABLEMENT. adv. [Pr. *in*...]. D'une manière impénétrable. Peu us.

IMPÉNITENCE. s. f. [Pr. *in-pénitan-se*]. État d'un homme impénitent, endurcissement dans le péché. *Vivre, mourir dans l'impénitence. — Im. finale,* Celle dans laquelle on meurt. || Fam. *Je mourrai dans l'im. finale,* On ne me fera pas changer de sentiment.

IMPÉNITENT, ENTE. adj. [Pr. *in-péni-tan*] (lat. *impœnitens*, m. s., de *in* priv., et *pœnitens*, pénitent). Qui est endurci dans le péché, et n'a aucun regret d'avoir offensé Dieu. *C'est un homme im. — Mourir im.,* se dit de quelqu'un qui, après une vie de scandale, meurt sans donner aucune marque de repentir et de pénitence. || Subst., *Un im. Les impénitents.*

IMPENSES. s. f. pl. [Pr. *in-pan-se*] (lat. *impensa*, dépense).

Légis. — On appelle ainsi les dépenses faites pour l'entretien, l'amélioration ou l'embellissement d'un immeuble. Le Code civil reconnaît trois sortes d'imp. : *imp. nécessaires*, qui ont pour but de conserver la chose, mais non d'améliorer le fonds; les *imp. utiles*, qui, sans être d'une absolue nécessité, augmentent la valeur de la chose, et les *imp. voluptuaires*, qui, faites pour l'agrément seul et souvent par pur caprice, sont loin ordinairement de représenter la valeur de ce qu'elles ont coûté. Lorsqu'un donataire fait rapport à la succession pour opérer partage, on lui tient compte des imp. *nécessaires* et *utiles* qu'il a faites, mais nullement des imp. *voluptuaires*. Lorsqu'il s'agit d'un acquéreur de bonne foi évincé, le vendeur est également tenu de lui rembourser toutes les imp. *nécessaires* et *utiles*; mais si le vendeur a été de mauvaise foi, il est obligé de rembourser même les impenses *voluptuaires* que l'acquéreur a faites pour le fonds.

IMPÉRATIF, IVE. adj. [Pr. *in*...] (lat. *imperativus*, m. s., de *imperare*, ordonner). Qui marque le commandement. *Parler d'un air im. Il ne vous appartient pas de prendre ici le ton im.* Famil. || T. Jurisp. et Polit. *Mandat im. Disposition impérative,* Qui ordonne de faire quelque chose.

Voy. MANDAT. || T. Gram. *Mode im.,* ou substant., *L'impératif,* Le mode des verbes qui expriment commandement, défense, exhortation, etc. On dit de même, *Forme impérative. Phrase impérative.* Voy. MODE. || T. Philos. *Im. catégorique.* Voy. MORALE.

IMPÉRATIVEMENT. adv. [Pr. *in*...]. D'une manière impérative. *Parler im. La loi le prescrit im.*

IMPÉRATOIRE. s. f. [Pr. *in*...] (lat. *imperatoria*, impériale). T. Bot. Genre de plantes Dicotylédones (*Imperatoria*) de la famille des *Ombellifères.* Voy. ce mot.

IMPÉRATORINE. s. f. [Pr. *in*...] (R. *Impératoire*). T. Chim. Substance cristallisable qu'on rencontre dans les racines de l'Impératoire (*Imperatoria Ostruthium*, Ombellifères) et de quelques autres plantes. Elle cristallise en aiguilles incolores, insolubles dans l'eau, solubles dans l'alcool et dans l'éther. Elle fond d'abord à 82°; mais, une fois solidifiée, elle est fusible à 75°. On lui attribue la formule $C^{16}H^{16}O^4$.

IMPÉRATRICE. s. f. [Pr. *in*...] (lat. *imperatrix*, m. s.), La femme d'un empereur, ou la princesse qui, de son chef, possède un empire. *L'im. de Russie. L'im. Marie-Thérèse.* || Fig. *Prendre, se donner des airs d'im.*

IMPERCEPTIBILITÉ. s. f. [Pr. *in*...]. Qualité de ce qui est imperceptible.

IMPERCEPTIBLE. adj. 2 g. [Pr. *in*...] (R. *in* priv., et *perceptible*). Qui ne peut être aperçu. *Des animalcules imperceptibles. Changement, mouvement im. La nature marche par degrés imperceptibles.* || Par anal., *Une odeur im. Ce mets a un goût de fumée, mais il est presque im.* || Fig., Que l'esprit ne peut apercevoir, qui échappe à l'attention. *Les transitions dans cet ouvrage sont tellement heureuses qu'elles y sont imperceptibles.*

IMPERCEPTIBLEMENT. adv. [Pr. *in*...]. D'une manière imperceptible, peu à peu, insensiblement.

IMPERDABLE. adj. 2 g. [Pr. *in*...] (R. *in* priv., et *perdre*). Qu'on ne saurait perdre, dont le gain est sûr. *Un procès im. Une partie im.* Fam.

IMPERFECTIBILITÉ. s. f. [Pr. *in*...]. Manière d'être de ce qui est imperfectible.

IMPERFECTIBLE. adj. 2 g. [Pr. *in*...] (R. *in* priv., et *perfectible*). Qui n'est pas perfectible.

IMPERFECTION. s. f. [Pr. *in-per-fek-sion*] (lat. *imperfectio*, m. s., de *in* priv., et *perficio*, j'achève). État de ce qui n'est point achevé, terminé. *L'état d'im. où se trouve le livre des Pensées, nous montre que son auteur a été enlevé par une mort prématurée.* || Défaut, ce qui fait qu'une personne ou une chose n'est point parfaite. *Im. de corps, d'esprit. Tous les hommes sont pleins d'imperfections. Cet auteur a beaucoup d'imperfections. Corriger ses im.* || T. Libr. Autrefois on appelait *Imperfections* ce qu'on nomme aujourd'hui *Défets.* = Syn. Voy. DÉFAUT.

IMPERFORATION. s. f. [Pr. *in-perfora-sion*] (R. *in* priv., et *perforation*). T. Méd. Occlusion permanente et congénitale de canaux ou d'orifices qui, naturellement, doivent être libres et communiquer à l'extérieur. *Im. de la bouche, de l'anus.*

Méd. — On donne le nom d'i. à un vice de conformation consistant dans l'oblitération complète, congénitale, accidentelle ou opératoire d'un canal, d'une cavité ou d'un orifice.

Les *imperforations congénitales* siègent : à la tête (paupières, pupille, points lacrymaux, fosses nasales, bouche); — au cou (œsophage, trachée); — au tronc (intestin, rectum); — aux organes génito-urinaires (col de la vessie, urèthre, vagin). — Le plus souvent, ces imperforations tiennent à un conduit; d'autres fois, à la persistance d'un état fœtal : ces conditions étant généralement la conséquence d'une maladie de l'enfant dans le ventre de la mère.

Les *imperforations accidentelles* résultent de cicatrices vicieuses à la suite de brûlures, plaies contuses, gangrène, etc., à la bouche, aux paupières, à la vulve, etc. Certaines causes pathologiques peuvent encore être incriminées, tel le développement de tumeurs.

Les *imperforations opératoires* ou *chirurgicales* comprennent les oblitérations de conduits naturels que le chirurgien se trouve amené à déterminer dans un but thérapeutique (oblitération du canal vaginal par autoplastie dans le cas de fistule vésico-vaginale).

Les imperforations des orifices périphériques du corps se manifestent aisément à un examen même peu attentif, pour les imperforations profondes, la physiologie seule sert de guide. Le pronostic ne peut être posé d'une façon générale, certaines imperforations n'amenant que des infirmités gênantes, d'autres étant incompatibles avec la vie.

Le *traitement des imperforations* consiste dans la ponction, l'incision, l'excision, méthodes qui doivent être complétées par l'autoplastie et la dilatation. — La ponction avec le trocart peut faire disparaître les principaux accidents déterminés par une rétention du sang menstruel, par une rétention d'urine, etc., mais ce moyen seul ne donne guère lieu à un orifice persistant suffisant pour éviter la récidive des accidents d'urine; aussi, le chirurgien s'adresse-t-il en général à l'incision suivie d'autoplastie.

IMPERFORÉ, ÉE. adj. [Pr. *in...*] (R. *in* priv., et *perforer*). T. Méd. Qui n'est pas ouvert et qui devrait l'être. *Bouche imperforée.* = IMPERFORÉS. s. m. pl. T. Zool. Groupe de Foraminifères. Voy. ce mot.

IMPÉRIAL, ALE. adj. [Pr. *in...*] (lat. *imperialis*, r. s.). Qui appartient à un empereur ou à un empire. *Couronne impériale. Manteau im. Ornements impériaux. La dignité impériale. Sa Majesté impériale. La garde impériale. Les troupes impériales.* || Dans l'ancien empire d'Allemagne, on appelait *Villes impériales,* Certaines villes libres qui s'administraient elles-mêmes et ne relevaient que des empereurs. *Les villes impériales formaient le troisième collège du corps de l'empire.* || T. Blas. *Aigle impériale.* On figure dans les armoiries des empereurs d'Autriche et de Russie et qui figurait dans celles de Napoléon 1er et de Napoléon III. Voy. AIGUILLES. || T. Bot. *Couronne impériale,* ou simpl. *Impériale* Nom donné à la *Fritillaire impériale (Fritillaria imperialis),* plante de la famille des Liliacées. Voy. ce mot. || T. Hortic. *Prune impériale,* ou simpl. *Impériale.* Espèce de grosse prune longue. || T. Techn. *Serge impériale,* ou simpl. *Impériale,* Espèce de serge faite de laine fine. — *Eau impériale,* Sorte de tisane où il entre de la crème de tartre. — *Comble im.,* Sorte de dôme dont la coupe représente deux s unies par le haut et s'éloignant par le bas. — *Barbe à l'impériale,* ou substantiv. *Impériale,* Barbe maintenue à la lèvre inférieure, en rasant le reste du menton. || Qui est supérieur aux autres par sa qualité. *Papyrus impérial.* | *Série impériale,* et subst. *Impériale,* Sorte de jeu de cartes, qu'on appelle aussi parce qu'on y nomme *Impériale* une séquence de cartes composée de l'as, du roi, de la dame et du valet de la même couleur. || Qui est placé au-dessus. Subst. *Impériale,* Le dessus d'un carrosse, d'un omnibus. — On dit aussi, *L'im. d'un lit,* en parlant du dessus d'un lit à colonnes. || T. Mar. *L'impériale d'une tente,* La partie supérieure.

IMPÉRIALEMENT. adv. [Pr. *in...*]. D'une façon impériale.

IMPÉRIALINE. s. f. [Pr. *in...*] (R. *impériale*). T Chim. Alcaloïde contenu dans les bulbes de la *Fritillaria imperialis* (Liliacées), et qui cristallise en petites aiguilles incolores, fusibles à 254°, solubles dans le chloroforme et dans l'alcool bouillant, très peu solubles dans l'eau. Les solutions sont amères, lévogyres. *L'i.* est un poison du cœur.

IMPÉRIALISME. s. m. [Pr. *in...*]. Opinion des impérialistes.

IMPÉRIALISTE. s. et adj. 2 g. [Pr. *in...*]. Qui est partisan du gouvernement impérial. *Il est fort i.*

IMPÉRIAUX. s. m. pl. [Pr. *in...*]. Se disait autrefois des troupes de l'empereur d'Allemagne. *Les impériaux campèrent dans la plaine.* || Se disait quelquefois des représentants de l'empereur d'Allemagne à la diète, à un congrès, etc. *Les i. proposèrent que...*

IMPÉRIEUSEMENT. adv. [Pr. *in-périeu-ze-man*]. D'une

manière impérieuse. *Parler im. Traiter quelqu'un impérieusement.*

IMPÉRIEUX, EUSE. adj. [Pr. *in-périeu, euze*] (lat. *imperiosus,* m. s., de *imperium,* commandement). Altier, hautain, qui commande avec orgueil. *C'est une femme très impérieuse. Humeur impérieuse. Esprit i.* — Poétiq., se dit quelquefois de certains animaux et de certaines choses. *L'aigle im. Les flots im.* || Figur., en parlant des choses, sign., Qui est pressant, auquel on ne peut résister. *Un instinct im. Besoin im. Nécessité impérieuse.* == Syn. Voy. AUSOLU.

IMPÉRIOSITÉ. s. f. [Pr. *in-pério-zi-té*]. Qualité de ce qui est impérieux.

IMPÉRISSABILITÉ. s. f. [Pr. *in-péri-sabilité*]. Qualité de ce qui est impérissable.

IMPÉRISSABLE. adj. 2 g. [Pr. *in-péri-sable*] (R. *in* priv., et *périssable*). Qui ne saurait périr. *Quelques philosophes soutiennent que la matière est i.* || Par ext., se dit des choses qu'on pense devoir durer très longtemps. *Monument i. Souvenir im. Gloire im.*

IMPÉRISSABLEMENT. adv. [Pr. *in-péri-sa-bleman*]. D'une manière impérissable.

IMPÉRITIE. s. f. [Pr. *in-péri-sie*] (lat. *imperitia,* m. s., de *in* priv., et *peritia,* habileté). Incapacité, inhabileté; ignorance de ce qu'on doit savoir dans sa profession. *Il fit preuve de la plus grande i. en cette circonstance. L'i. de ce juge, de ce chirurgien, est notoire.*

Syn. — *Inaptitude, Incapacité, Insuffisance.* — L'*impéritie* est l'ignorance de l'art qu'on professe ou le défaut des connaissances nécessaires pour les fonctions qu'on exerce. L'*inaptitude* est le manque d'une disposition naturelle et particulière qui rend propre à faire une chose. L'*insuffisance* est le défaut de proportion entre les moyens et le but qu'on se propose. L'*incapacité est la nullité,* la complète impuissance.

IMPERMANENCE. s. f. [Pr. *in-perma-nan-se*] (R. *in* priv., et *permanence*). Qualité de ce qui n'est pas permanent.

IMPERMANENT, ENTE. adj. [Pr. *in-perma-nan*] (R. *in* priv., et *permanent*). Qui n'est pas permanent.

IMPERMÉABILISATION. s. f. [Pr. *in-perméabili-zasion*] (R. *imperméabiliser*). T. Techn. Opération qui a pour but de rendre divers objets imperméables, inaccessibles à l'action pénétrante de l'eau. Voy. IMPERMÉABLE.

IMPERMÉABILISER. v. a. [Pr. *in-perméabili-zer*]. Rendre imperméable. = IMPERMÉABILISÉ, ÉE. part. *Toile imperméabilisée.*

IMPERMÉABILITÉ. s. f. [Pr. *in...*]. T. Phys. Qualité de ce qui est imperméable.

IMPERMÉABLE. adj. 2 g. [Pr. *in...*] (lat. *impermeabilis,* m. s., de *in* priv., et *permeabilis,* perméable). T. Phys. Se dit des substances qui ne se laissent pas traverser par certains fluides et surtout par les liquides. *Le verre est perméable à la lumière et i. à l'eau. Les terres argileuses sont imperméables à l'eau.* || Absol., se dit d'un cuir, d'une étoffe, etc., apprêtée de manière que l'eau ne puisse la traverser. *Tissu i. Cuir i. Chaussure i.*

Techn. — Dans les arts industriels, on comprend sous le nom de *tissus imperméables,* différentes étoffes que, grâce à certaines préparations, l'eau ne peut ni traverser ni dissoudre. Parmi ces tissus, les plus répandus dans le commerce sont ceux qu'on désigne improprement sous le nom de *toiles cirées* et de *taffetas gommés,* car il n'entre ni cire ni gomme dans leur fabrication. — Les *toiles cirées* servent à faire, selon leur finesse et la beauté de leur préparation, des emballages, des bâches, des couvertures de hangars, des tapis de table, des cartes de géographie, etc. Les plus grossières se préparent au moyen d'un enduit d'huile de lin siccative dans laquelle on a délayé un peu du bitume épuré. Pour les toiles moins communes, on commence par boucher, avec de la colle ou du mucilage de graine de lin, les interstices du tissu, et on enduit ensuite leur surface de plusieurs couches d'huile de lin rendue siccative par la litharge : après quoi, si l'on veut, on y imprime, à la planche, des dessins d'ornement. — Les *taffetas gommés* sont des tissus de soie, des taffetas ou de la gaze, qu'on rend imperméables par une immersion dans l'huile de lin siccative. Ces taffetas servent à faire des manteaux, des tabliers, des serre-tête pour baigneurs, etc. Avec les qualités les plus fines, on fait des stores et des écrans transparents, inattaquables à l'humidité et à la poussière. On emploie également les taffetas gommés en médecine, pour accumuler la chaleur et empêcher sa déperdition sur un point donné. — Il existe encore bien d'autres procédés pour rendre les étoffes imperméables ; mais ils se ramènent tous aux deux méthodes précédentes ou aux trois suivantes : On plonge les étoffes dans des bains d'une composition plus ou moins complexe, mais toujours à base d'alumine ou à base métallique (sulfate d'alumine, de fer, de cuivre, etc.). Ce procédé est très employé pour la fabrication des manteaux de dames dits *imperméables*. — On étale sur les étoffes une ou plusieurs couches de paraffine ou d'une autre matière cireuse dissoute dans la benzine ou l'éther de pétrole. — On recouvre les étoffes d'une ou plusieurs couches de caoutchouc ou de gutta-percha sur des épaisseurs variables ; ou bien encore on colle ensemble deux étoffes au moyen d'une colle formée de caoutchouc dissous dans la benzine ou le sulfure de carbone.

IMPERMÉABLEMENT. adv. [Pr. *in*...]. D'une manière imperméable.

IMPERMUTABILITÉ. s. f. [Pr. *in*...]. Qualité de ce qui est impermutable.

IMPERMUTABLE. adj. 2 g. [Pr. *in*...] (lat. *impermutabilis*, m. s., de *in* priv., *per*, à travers, et *mutabilis*, changeant). Qui ne peut être permuté.

IMPERSCRUTABLE. adj. 2 g. [Pr. *in*...] (lat. *in* priv., *per*, à travers, et *scrutari*, scruter). Qui ne peut être scruté.

IMPERSÉVÉRANCE. s. f. [Pr. *in*...] (R. *in* priv., et *persévérance*). Défaut de persévérance.

IMPERSONNALITÉ. s. f. [Pr. *inperso-na-lité*] (R. *in* priv., et *personnalité*). T. Philos. Absence de personnalité. *Certains philosophes ont soutenu l'i. de Dieu. L'i. de la raison.*

IMPERSONNEL, ELLE. adj. [Pr. *inperso-nel*] (lat. *impersonalis*, m. s., de *in* priv., et *persona*, personne). T. Philos. Qui n'a pas de personnalité. *Certains philosophes font Dieu i. Suivant Descartes, la raison est impersonnelle.*

Gram. — En termes de grammaire, on nomme *verbes impersonnels* certains verbes dont le sujet reste indéterminé, et qui, pour ce motif, ne sont usités qu'à la troisième personne du singulier, quel que soit le temps et quel que soit le mode employé. Plusieurs auteurs appliquent encore à ces verbes la dénomination d'*unipersonnels*; mais ce terme n'est pas admis par l'Académie, et cela avec raison, car les verbes impersonnels n'ayant jamais de sujet déterminé, l'action qu'ils expriment ne saurait être attribuée à une personne certaine. On distingue communément ces verbes en verbes impersonnels *essentiels* et en verbes impersonnels *accidentels*. Les premiers sont des verbes défectueux qui s'emploient constamment et exclusivement à 'a troisième personne : tels sont *falloir*, *pleuvoir*, *neiger*, *tonner*, etc., qui font, *il faut*, *il pleut*, *il neige*, etc. Les seconds sont des verbes personnels qui prennent accidentellement la forme impersonnelle. Ainsi les verbes *convenir*, *arriver*, *importer*, *être*, *avoir*, sont fréquemment employés sous cette forme, comme dans ces phrases : *il convient de faire cela; il arrive souvent que...; il importe que vous partiez sur-le-champ; il est juste que...; il y a des hommes qui...* Dans les verbes impersonnels, le pronom *Il* ne joue pas le même rôle que dans les autres verbes où il représente toujours un nom déjà exprimé. Ici, il ne tient la place d'aucun nom, il n'est pas proprement le sujet du verbe : c'est une sorte de mot indicatif qui équivaut à *ceci* ou à *cela*, et annonce simplement le véritable sujet du verbe. Cette phrase, *Il convient que vous suiviez ces sages conseils*, équivaut en effet à cette autre : CECI, *que vous suiviez ces sages conseils, convient.* — Les verbes impersonnels se conjuguent les uns avec l'auxiliaire *avoir*, comme *il a fallu*, *il a tonné*, *il a convenu*, et les autres avec l'auxiliaire *être*, comme *il est arrivé*, *il est résulté*, etc. — Conformément

à l'étymologie du mot *impersonnel*, on l'applique quelquefois aux modes du verbe qui ne reçoivent ni pronoms ni inflexions indiquant les personnes. C'est ainsi que l'infinitif et le participe sont appelés *modes impersonnels*.

IMPERSONNELLEMENT. adv. [Pr. *inperso-nè-leman*]. T. Gramm. D'une manière impersonnelle; se dit des verbes personnels qui deviennent accidentellement impersonnels.

IMPERSUASIBLE. adj. 2 g. [Pr. *in-persua-zi-ble*] (R. *in* priv., et *persuasible*). Qui ne peut pas être persuadé.

IMPERTINEMMENT. adv. [Pr, *inperti-na-man*]. Avec impertinence. *Il répondit im. On ne peut en user plus impertinemment.*

IMPERTINENCE. s. f. [Pr. *inperti-nan-se*]. Caractère d'une personne ou d'une chose impertinente. *L'im. de cet homme est choquante. J'admire l'im. de ce discours.* || Parole, action contre la bienséance ou contre le bon sens. *Les grands parleurs sont sujets à dire beaucoup d'impertinences. Faire des impertinences.* || Se dit particul. pour parole, action offensante. *Il m'a fait une im. dont je me souviendrai. Il m'a écrit une lettre remplie d'impertinences.*

IMPERTINENT, ENTE. adj. [Pr. *inperti-nan*] (lat. *impertinens*, qui n'a pas rapport à..., de *in* priv., et *pertinens*, qui concerne). Qui parle, qui agit contre la bienséance ou contre le bon sens. *C'est l'homme du monde le plus i.* — On dit, dans un sens anal., *Un ouvrage i. Une action impertinente. Une opinion impertinente.* || Qui parle ou qui agit d'une manière offensante pour quelqu'un. *Cet homme est i. au suprême degré. Vous êtes bien impertinente de répondre ainsi à votre maîtresse.* — On dit aussi, dans un sens anal., *Air i. Ton i. Réponse impertinente.* || T. Prat. *Fait, article i.*, Fait, article qui n'a rien de commun avec la chose dont il s'agit. Vx. — *Impertinent*, *ente*, s'emploie souvent subst. dans le sens d'Insolent. *C'est un i., une impertinente.*

Syn. — Insolent. — L'*impertinent* manque avec impudence aux égards qu'il convient d'avoir; l'*insolent* manque, avec arrogance, au respect qu'il doit porter. L'*impertinent* vous choque, l'*insolent* vous insulte. L'*impertinent* est ridicule et insupportable; l'*insolent* est odieux et punissable. Les airs de la fatuité, de la prétention, sont *impertinents*; les airs de hauteur, de dédain, sont *insolents*.

IMPERTURBABILITÉ. s. f. [Pr. *in*...]. État de ce qui est imperturbable. *L'i. de son âme, de son humeur. L'i. de sa mémoire. L'i. de ses résolutions.*

IMPERTURBABLE. adj. 2 g. [Pr. *in*...] (lat. *imperturbabilis*, m. s., de *in* priv., et *perturbare*, troubler). Que rien ne peut troubler, ébranler. *Il est i. dans les résolutions qu'il a prises. Il est d'un sang-froid i. Il a une mémoire i.*

IMPERTURBABLEMENT. adv. [Pr. *in*...]. D'une manière imperturbable. *Savoir quelque chose par cœur i.*

IMPÉTIGINEUX, EUSE. adj. [Pr. *in*...] (lat. *impetiginosus*, m. s., de *impetigo*). T. Méd. Qui tient de la nature de l'impétigo.

IMPÉTIGO. s. m. [Pr. *in*...] (lat. *impetigo*, m. s., de *impetere*, attaquer, de *in*, dans, et *petere*, aller). T. Méd. — L'i. (gourme) est une affection contagieuse et inoculable due à l'introduction sous l'épiderme de micro-organismes pyogènes, caractérisée cliniquement par le développement de pustules de petite dimension auxquelles succèdent rapidement des croûtes jaunâtres. — La pustule initiale a d'emblée, ordinairement, la dimension d'un grain de chènevis; blanchâtre ou gris jaunâtre, elle est recouverte d'un épiderme mince qui se rompt spontanément ou sous l'influence du plus léger grattage; autour de la pustule, on observe une zone rouge érythémateuse peu étendue. Une fois la pustule rompue, l'épiderme se flétrit, le contenu se concrète en une couche jaunâtre à la périphérie de laquelle la pustule continue de s'étendre, en sorte que la croûte s'élargit progressivement jusqu'à ce que la pustule, arrêtée dans son évolution, laisse isolée une *croûte mélicérique*. Cette croûte se détache facilement, laissant une surface humide à sécrétion visqueuse dont la dessication reproduit la croûte. Au bout de huit à quinze jours, la croûte ne se reproduit plus et la surface reste simplement, pendant un temps variable, un peu rouge, puis brunâtre. — Les pustules peuvent être disséminées en petit nombre sur diverses régions, ou bien se grouper, se confondant par leurs bords et formant un placard irrégulier polycyclique. On les rencontre dans toutes les régions, sauf au niveau du dos, mais c'est surtout à la face et au cuir chevelu où elles coïncident souvent avec la présence des poux. — L'éruption qui a débuté par un petit nombre d'éléments isolés se développe au voisinage ou même dans une région éloignée par le fait du grattage ou d'une altération quelconque de la peau ; il en résulte que l'évolution de la maladie peut être assez longue, procédant par poussées.

L'i. est une maladie de l'enfance qui atteint surtout es enfants à tempérament lymphatique ; il s'observe cependant aussi chez l'adulte, surtout à la suite d'excès de boisson. Il complique très fréquemment les affections cutanées prurigineuses qui facilitent l'insertion épidermique des agents pyogènes eczéma, phthiriase, etc.) ; il s'observe encore à la suite de lésions suppuratives (tourniole, ecthyma, abcès, etc.) dont il dérive, car on a démontré que ses agents pathogènes sont des staphylocoques pyogènes. Aussi l'i. est-il contagieux, comme le démontrent les épidémies localisées d'observation journalière.

L'évolution rapide, la guérison facile, font de l'i. une affection bénigne ; elle n'est cependant pas sans importance : car elle peut ouvrir une porte d'entrée à des agents infectieux susceptibles de déterminer des lésions viscérales graves, des néphrites, ou même l'infection tuberculeuse.

Le diagnostic est quelquefois délicat, certains eczémas ne s'en distinguant que par leur marche lente et l'absence de pustules en voie d'évolution sur les bords des placards très larges. Il faut d'ailleurs savoir que les deux ordres de lésion peuvent coïncider et l'eczéma impétigineux se rencontre très fréquemment dans la classe pauvre. L'ecthyma se distingue par le volume des pustules qui reposent sur une base indurée, par la coloration brun noirâtre des croûtes et les cicatrices qui leur succèdent.

Le traitement consiste dans l'emploi successif des agents susceptibles d'amener la chute des croûtes (cataplasmes, pulvérisations émollientes), et des préparations antisepti ues non irritantes (vaseline boriquée au précipité jaune, au calomel, etc.). Un traitement reconstituant et tonique est toujours indiqué, variable suivant l'état général du sujet ; enfin, le médecin devra toujours insister sur l'importance ces soins de propreté, particulièrement des mains et des ongles, à donner aux enfants.

IMPÉTRABLE. adj. 2 g. [Pr. in...] (lat. impetrabilis, m. s.). Qu'on peut impétrer.

IMPÉTRABILITÉ. s. f. [Pr. in...]. Qualité de ce qui est impétrable.

IMPÉTRANT, ANTE. s. [Pr. in...] (part. de impétrer). T. Jurispr. anc. Celui ou celle qui avait obtenu des lettres du prince ou quelque bénéfice. || Se dit encore, dans les administrations, de celui ou de celle qui a obtenu un titre, un diplôme, une charge, etc.

IMPÉTRATION. s. f. [Pr. in-pétra-sion] (lat. impetratio, m. s.). T. Jurisp. anc. Obtention ; se disait en parl. de lettres, du prince ou de quelque bénéfice. L'im. d'une grâce. L'im. d'un bénéfice.

IMPÉTRER. v. a. [Pr. in...] (lat. impetrare obtenir, de in, dans, et patrare, faire, exécuter). I. des lettres du prince. I. un bénéfice. = IMPÈTRE, ÉE. part. — Conj. Voy. CÉDER.

IMPÉTUEUSEMENT. adv. [Pr. in-pétueu-ze-man]. Avec impétuosité.

IMPÉTUEUX, EUSE. adj. [Pr. in...] (lat. impetuosus, m. s. de in, dans, et petere, aller). Violent, véhément, rapide. Un vent i. Un torrent i. Les flots i. || Figur., Qui ne sait point se contenir, vif, bouillant, fougueux. Un homme i. Un caractère i. Ardeur, fureur impétueuse. Désirs i. Passions impétueuses. Éloquence impétueuse.
Syn. — Fougueux, Véhément, Violent. — L'impétuosité, de impetus, est l'élan, le choc, la vive attaque ; la fougue, de fuga, est le mouvement qui consiste à s'échapper, à courir ou fuyant ; la véhémence, de vis mentis, est le transport de

l'âme ; la violence, de vis, est la force dans sa brutalité et dans ses excès. Une bravoure impétueuse conduit à des actions d'éclat ; un homme fougueux fait de grands écarts ; un caractère véhément exécute avec une grande vivacité de grandes choses ; une humeur violente se porte à tous les excès.

IMPÉTUOSITÉ. s. f. [Pr. in-pétuo-zi-té] (lat. impetuositas, m. s.). Action, qualité de ce qui est impétueux. L'im. des flots, des vents, de la tempête, d'un torrent. L'aigle fondit avec im. sur sa proie. L'ennemi ne put tenir devant l'im. de notre attaque. Le sang jaillissait avec im. || Figur., se dit d'une vivacité extrême dans l'esprit, dans le caractère, dans les manières. L'im. française. L'im. de la jeunesse. L'im. de son caractère, de son humeur, de sa colère. Parler, agir avec impétuosité.

IMPEUPLÉ, ÉE. adj. [Pr. in-peuplé]. Qui n'est pas peuplé.

IMPIE. adj. 2 g. [Pr. in-pie] (lat. impius, m. s., de in priv., et pius, pieux). Qui n'a point de religion, qui a du mépris pour les choses de la religion. Un homme i. C'est un esprit i. — Par ext., on dit, dans le style poétiq. et soutenu, Leur bouche i. a vomi le blasphème. Il osa porter sur lui ses mains impies. || Qui est contraire à la religion. Des actions, des sentiments, des pensées, des paroles impies. Un culte i. Un ouvrage i. || Qui offense ce que tout le monde respecte. || Subst., on dit, C'est un i., une impie.

IMPIÉTÉ. s. f. [Pr. in...] (lat. impietas, m. s.). Caractère de ce qui est impie. Mépris pour la religion. Il affiche l'i. Acte d'i. Dieu les punit de leur i. — Par ext., on dit, L'i. d'une action. Des discours pleins d'i. || Action, parole, sentiment contraire à la religion. Commettre, dire des impiétés. Ce livre est un tissu d'impiétés. || Mépris de ce que tout le monde respecte.

IMPIEUSEMENT. adv. [Pr. in-pieu-ze-man]. D'une manière impie.

IMPITIÉ. s. f. [Pr. in-pitié] (R. in priv., et pitié). Défaut de pitié.

IMPITOYABLE. adj. 2 g. [Pr. in-pito-iable] (R. in priv., et pitoyable). Qui est sans pitié, qui ne fait aucune grâce. Un homme, un cœur, une âme i. Un juge i. Un critique, un censeur i. Il est i. sur les fautes les plus légères. Des maximes impitoyables.
Syn. — Inexorable, Inflexible, Implacable. — L'homme impitoyable est celui qui est sans pitié, qu'on ne peut pas toucher ; l'homme inexorable, celui qu'on ne gagne pas, qu'on ne fait pas fléchir par des prières ; l'homme inflexible, celui qui ne fléchit point, qu'on ne peut plier par quelque moyen que ce soit. La férocité de l'humeur et l'insensibilité du cœur rendent impitoyable. La sévérité de la justice et la jalouse obstination du pouvoir rendent inexorable. La rigidité des principes et la roideur du caractère rendent inflexible. La violence de la colère et la profondeur du ressentiment rendent implacable. Il faudrait inspirer de la pitié à celui qui est impitoyable, de la clémence à celui qui est inexorable, de la bénignité à celui qui est inflexible, de la modération à celui qui est implacable.

IMPITOYABLEMENT. adv. [Pr. in-pito-iableman]. D'une manière impitoyable, sans aucune pitié. On l'a traité i. Il a été i. dépouillé. Le pays fut i. ravagé.

IMPLACABILITÉ. s. f. [Pr. in...]. Qualité de ce qu est implacable. Persévérance dans le ressentiment.

IMPLACABLE. adj. 2 g. [Pr. in...] (lat. implacabilis, m. s., de in priv., et placare, apaiser). Qui ne peut être apaisé. Un homme i. Un ennemi i. Une colère, une haine i. = Syn. Voy. IMPITOYABLE.

IMPLACABLEMENT. adv. [Pr. in-pla-ka-bleman]. D'une manière implacable.

IMPLANTATION. s. f. [Pr. in-planta-sion]. Action d'implanter ou de s'implanter. || T. Physiol. Soudure naturelle ou artificielle de deux parties différentes ou hétérogènes.

IMPLANTER. v. a. [Pr. *in*...] (lat. *implantare*, m. s., de *in*, dans, et *plantare*, planter). Insérer dans, ficher, planter une chose dans une autre. ‖ Fig., *C'est en vain qu'on essaye d'i. des institutions étrangères dans un pays qui n'y est pas préparé.* = S'IMPLANTER. v. pron. Se dit des corps qui s'attachent ou qui adhèrent spontanément à un autre corps. *Le gui s'implante sur le chêne. Le lichen s'implante jusque dans les plus petits interstices des rochers. Les cheveux s'implantent sur la tête.* ‖ Fig., *Ces doctrines ne réussiront jamais à s'i. en France.* ‖ Séjourner outre mesure dans une maison. Fam. = IMPLANTÉ, ÉE. part. *Les poils sont implantés dans la peau.*

IMPLEURÉ, ÉE. adj. [Pr. *in-pleu*...] (R. *in* priv., et *pleuré*). Qui n'est pas, n'a pas été pleuré.

IMPLEXE. adj. 2 g. [Pr. *in-plck-se*] (lat. *implexus*, embrouillé, de *in*, dans, et *plectere*, plier). Se dit des ouvrages dramatiques, particulièrement des ouvrages anciens, où il y a reconnaissance ou péripétie, ou bien l'une et l'autre.

IMPLIABLE. adj. 2 g. [Pr. *in-pli-able*] (R. *in* priv., et *pliable*). Qui ne peut être plié.

IMPLICANCE. s. f. [Pr. *in-pli-kan-se*]. État de ce qui est impliqué, entortillé.

IMPLICATION. s. f. [Pr. *in-pli-ka-sion*] (lat. *implicatio*, m. s.). T. Jurispr. Action d'impliquer, état d'une personne impliquée dans une affaire criminelle. *L'i. dans une affaire criminelle rendait incapable de posséder un bénéfice.* ‖ T. Logiq. Contradiction; ne se dit qu'en parlant des propositions contradictoires. *Il y a i., il y a de l'i. dans ces deux propositions.*

IMPLICITE. adj. 2 g. [Pr. *in*...] (lat. *implicitus*, enveloppé dans, de *in*, dans, et *plicare*, plier). Qui est contenu dans un discours, dans une clause, dans une proposition, non pas en termes clairs, exprès et formels, mais qui s'en tire naturellement par induction, par conséquence; se dit par opp. à Explicite. *C'est une condition i. du marché. Cela est contenu dans le contrat d'une manière i.* ‖ *Volonté i.,* Celle qui se manifeste moins par des paroles que par des faits. ‖ T. Math. *Fonction i.,* Voy. FONCTION.

IMPLICITEMENT. adv. [Pr. *in*...]. D'une manière implicite. *Cette clause est contenue i. dans le contrat.*

IMPLIQUER. v. a. [Pr. *in-pli-ker*] (lat. *implicare*, de *in*, dans, et *plicare*, plier). Envelopper, comprendre quelqu'un dans quelque affaire fâcheuse. *On l'a impliqué dans ce crime. On aurait voulu l'i. dans cette accusation. Je tiens avant tout à ne point être impliqué dans cette affaire.* ‖ Se dit des choses qui en comprennent d'autres implicitement. *L'idée d'homme implique les idées d'intelligence et de volonté. Ce que vous venez de dire implique nécessairement que vous aviez connaissance du complot.* ‖ En T. Logiq., on dit d'une proposition qui renferme des idées, des suppositions, des conditions, des circonstances qui s'excluent réciproquement, qu'*Elle implique contradiction.* — On dit aussi absol., *Cela implique. Il implique de dire que...* = IMPLIQUÉ, ÉE. part. = Syn. Voy. COMPLIQUER.

IMPLORABLE. adj. 2 g. [Pr. *in-plo*...]. Que l'on peut implorer.

IMPLORATEUR. s. m. [Pr. *in*...]. Celui qui implore.

IMPLORATION. s. f. [Pr. *in-plora-sion*]. Action d'implorer.

IMPLORER. v. a. [Pr. *in*...] (lat. *implorare*, m. s., de *in*, dans, et *plorare*, pleurer). Demander humblement et avec instance quelque chose. *I. Dieu. I. l'assistance, le secours du ciel. I. la clémence du vainqueur. I. la protection de quelqu'un. J'implore de vous cette grâce, je l'implore à genoux.* ‖ *I. le bras séculier,* se disait autrefois des tribunaux ecclésiastiques, quand ils avaient recours au pouvoir séculier pour faire mettre leurs sentences à exécution. On disait aussi en ce sens, *Imploration.* = IMPLORÉ, ÉE. part. = Syn. Voy. PRIER.

IMPLOREUR. s. m. [Pr. *in*...]. Celui qui demande comme en implorant.

IMPLOYABLE. adj. 2 g. [Pr. *in-plo-i-able*] (R. *in* priv., et *ployable*). Qu'on ne peut plier, fléchir.

IMPLUVIUM. s. m. [Pr. *in-plu-vi-ome*]. T. Archit. Cour découverte, dans les maisons antiques, au milieu de laquelle se trouvait un bassin qui recevait les eaux de pluie.

IMPOÉTIQUE. adj. 2 g. [Pr. *in-po*...] (R. *in* priv., et *poétique*). Qui n'est pas poétique.

IMPOLARISABLE. adj. 2 g. [Pr. *in-polari-za-ble*] (R. *in* priv., et *polarisable*). Qui ne peut être polarisé.

IMPOLI, IE. adj. [Pr. *in*...] (R. *in* priv., et *poli*). Qui est sans politesse; se dit des personnes et des choses. *Un homme i. Manières impolies. Réponse impolie.* ‖ Subst., *Vous êtes un i.*

IMPOLICE. s. f. [Pr. *in-polise*] (R. *in* priv., et *police*). Manque de police.

IMPOLICÉ, ÉE. adj. [Pr. *in*...] (R. *in* priv., et *policé*). Qui n'est pas policé.

IMPOLIMENT. adv. [Pr. *in*...]. Avec impolitesse.

IMPOLITESSE. s. f. [Pr. *in-polité-se*] (R. *in* priv., et *politesse*). Manque de politesse; ignorance ou mépris des règles de la politesse. *L'i. tient en général à un manque d'éducation.* — Par ext., *Sa réponse est pleine d'i. L'i. de ce procédé m'a beaucoup surpris.* ‖ Action, procédé contraire à la politesse. *Il m'a fait mille impolitesses.*

IMPOLITIQUE. adj. 2 g. [Pr. *in*...] (R. *in* priv., et *politique*). Qui est contraire à la saine politique. *Une mesure i. Sa conduite i. lui aliéna tous les esprits.*

IMPOLITIQUEMENT. adv. [Pr. *in*...]. D'une manière impolitique. *C'est agir bien impolitiquement.*

IMPOLLU, UE. adj. [Pr. *in-pol-lu*] (lat. *impollutus*, m. s., de *in* priv., et *polluere*, souiller). Non souillé. Vx.

> Je saurai conserver d'une âme résolue
> A l'époux sans macule une épouse impollue.
>
> CORNEILLE.

IMPONDÉRABILITÉ. s. f. [Pr. *in*...]. Qualité de ce qui est impondérable.

IMPONDÉRABLE. adj. 2 g. [Pr. *in*...] (R. *in* priv., et *pondérable*). T. Phys. Qui n'est pas soumis à la loi de la gravitation. **Phys.** — Les anciens physiciens attribuaient les phénomènes lumineux, calorifiques, électriques et magnétiques à quatre substances différentes qu'ils appelaient des *fluides impondérables* et auxquels ils avaient donné les noms de *lumière, calorique, électricité et magnétisme.* Les travaux de Fresnel, en ruinant la théorie de l'*émission* de la lumière, pour y substituer celle de l'*ondulation*, ont fait admettre l'existence de l'*éther* comme siège des vibrations qui constituent la lumière et la chaleur rayonnante. Voy. ÉTHER. Plus tard, la découverte de l'équivalent mécanique de la chaleur a fait considérer la chaleur comme un mode de mouvement, opinion encore soutenue aujourd'hui par quelques physiciens. Enfin, l'identité du magnétisme et de l'électricité a été reconnue et leurs rapports avec l'éther soupçonnés, sinon expliqués d'une manière suffisante. Aujourd'hui (1898), les physiciens, sans rien présumer sur la cause première des phénomènes attribués autrefois aux *fluides impondérables*, les considèrent comme des manifestations diverses de l'*énergie* répandue dans l'univers, et il ne reste plus dans la physique moderne d'autre substance impondérable que l'*éther*. Le mot *impondérable* lui-même est devenu sans objet et a disparu des traités de physique.

IMPONDÉRÉ, ÉE. adj. [Pr. *in*...] (lat. *in* priv., *pondus, ponderis*, poids). T. Phys. Qu'on n'a point pesé, qu'on ne peut peser.

IMPOPULAIRE. adj. 2 g. [Pr. *in*...] (*in*, priv. et *populaire*). Qui n'est pas populaire, qui n'est pas conforme aux désirs du peuple. *Une mesure i. Lois impopulaires.* ‖ En parlant des personnes, Qui n'a pas l'affection du peuple. *Un prince i. Des ministres très impopulaires.*

IMPOPULARISER. v. a. [Pr. *in-populari-zer*]. Rendre impopulaire.

IMPOPULARITÉ. s. f. [Pr. *in...*]. Qualité de ce qui est impopulaire. *Il est tombé dans une grande i. L'i. de cet impôt obligera de le supprimer.*

IMPOROSITÉ. s. f. [Pr. *in-poro-zi-é*] (R. *in* priv. et *pore*). État de ce qui n'a point de pores.

IMPORTABLE. adj. 2 g. [Pr. *in...*]. Que l'on peut importer.

IMPORTANCE. s. f. [Pr. *in...*] (R. *importer*). Ce qui fait qu'une chose est d'un grand intérêt, est considérable, soit par elle-même, soit par les circonstances qui l'accompagnent, soit par les suites qu'elle peut avoir. *L'i. d'une question. Une affaire d'une très grande i. La chose n'est d'aucune i. En toutes choses, il est de plus d'i. qu'on ne croit de bien commencer.* — *Mettre, attacher de l'i. à une chose* Y mettre une grande valeur, la considérer comme étant d'un grand intérêt. *Il met de l'i. aux plus petites choses.* || En parlant des personnes, il se dit pour Crédit, influence. *C'est un homme d'i. Sa position lui donne beaucoup d'i. dans une petite ville.*

Il vint des partis d'importance.
La belle les trouva trop chétifs de moitié.
                                        LA FONTAINE.

— On dit aussi en mauvaise part, de ceux qui montrent de l'orgueil, de la vanité, qui veulent paraître plus considérables, soit en qualité ou en crédit, soit en savoir ou en capacité, qu'ils ne le sont réellement : *Il fait l'homme d'i. Il prend un ton d'i. Il se donne des airs d'i. Ses airs d'i. chassent tout le monde.* = D'IMPORTANCE, loc. adv. et fam. Très fort, extrêmement ; ne se dit guère que des mauvais traitements. *Je l'ai querellé d'i. Les ennemis furent étrillés d'importance.*

IMPORTANT, ANTE. adj. [Pr. *in...* . Qui importe, qui est considérable, qui est de conséquence, d'un grand intérêt. *Devoir i. Parole importante. Avis, conseil i. Sujet i. Question, affaire importante. Événement i. Cette faute est plus importante que vous ne croyez. Cela n'est pas fort i. Il est i. de terminer promptement cette affaire. Il était très i. qu'il entreprît ce voyage.* — Subst. on dit, *L'important*, pour La chose essentielle, importante. *L'i., dans cette affaire, est de prendre ses précautions.* || En parlant des personnes, sign. Qui a de l'influence, du pouvoir, du crédit. *C'est un homme i., un personnage i. Il a su se rendre i.* — Subst., il se dit aussi, mais ironiq., d'un individu vain qui se fait trop valoir, qui veut faire croire qu'il possède plus de crédit, d'influence, de savoir, de capacité ou de mérite qu'il n'en a. *Il fait l'i. Ce sont des importants dont tout le monde se moque.*

IMPORTATEUR. s. m. [Pr. *in...*]. Celui qui importe quelque produit, quelque industrie de l'étranger ; celui qui fait le commerce d'importation.

IMPORTATION. s. f. [Pr. *in-porta-sion*] (R. *importer*). Action d'importer dans un pays les productions d'un pays étranger. Voy. COMMERCE. || Par ext., Ce qui est importé. *La race des moutons mérinos est une i.* || Par anal., *L'i. de la peste par les pèlerins de la Mecque.* || Fig., *L'i. des modes anglaises. L'i. des idées.*

IMPORTER. v. a. [Pr. *in...*] (lat. *importare*, m. s., de *in*, dans, et *portare*, porter). T. Comm. Apporter, introduire dans un pays des produits étrangers, une industrie créée à l'étranger, etc. || Fig., *Cette doctrine a été importée de l'Allemagne. Pourquoi i. dans notre lang ce des termes étrangers dont nous n'avons nul besoin? I. une maladie contagieuse, l'influenza, le choléra, la peste.* = IMPORTÉ, ÉE, part.

IMPORTER. v. n. [Pr. *in...*] (ital. *importare*, porter dans, de *in*, dans, et *portare*, porter). Qui n'est usité qu'à l'infinitif et aux troisième personnes. Être d'importance, de conséquence. *Tout cela ne m'importe guère. Cela ne m'importe en rien. Que vous importent ces bavardages? Qu'importe ces menaces.* — S'empl. aussi avec la forme impersonn. *Il importe pour la sûreté publique. Il importe au bien de l'État. Il m'importe peu qu'il parte ou qu'il reste.* || Les locutions *Qu'im-porte, Peu importe, N'importe,* s'emploient fréquemment pour marquer qu'on est indifférent à la chose dont il s'agit.

Qu'importent la gloire, la puissance! Qu'importent les richesses, les honneurs. Qu'importe de son amour ou de sa haine? Qu'il réussisse ou qu'il échoue, peu importe, il n'importe. Peu importe sur qui tombera le sort. Si l'on me demande, n'importe qui, je n'y suis pas. Il veut s'enrichir, n'importe par quel moyen, n'importe comment.

IMPORTUN, UNE. adj. [Pr. *in...*] (lat. *importunus*, m. s., de *in* priv., et *portus*, port). Fâcheux, incommode, qui déplaît, qui chagrine, qui ennuie, qui fatigue par sa présence, par ses discours, par ses demandes, etc. *Il craint de vous être i., de se rendre i., de devenir i. Une foule importune de courtisans, de flatteurs. Il est i. par ses questions. Il est i. à tout le monde.* — Substantivement, *C'est un i. Il est obsédé d'importuns.* || Se dit aussi, tant au sens phys. qu'au sens moral, des choses qui deviennent incommodes par leur continuité, leur fréquence, etc. *Un vent i. Une pluie importune. Un babil i. Les mouches sont importunes. D'importuns souvenirs. Ses fréquentes visites me sont importunes.*

IMPORTUNÉMENT. adv. [Pr. *in...*]. D'une manière importune. *Il revient i. à la charge.* Peu us.

IMPORTUNER. v. a. [Pr. *in...*] (R. *importun*). Incommoder, ennuyer, fatiguer par ses assiduités, par ses démarches, par ses demandes, etc. *Je crains de vous i. On ne peut rien obtenir de lui qu'à force de l'i. Il m'a tant importuné de ses demandes que je ne ferai rien pour lui.* || Fig. et poétiq., *I. les dieux, le ciel de ses prières indiscrètes.* || Se dit aussi des choses qui incommodent, qui fatiguent, qui causent de l'ennui. *Ce bruit m'importune. Ce bruit l'importunait. Il est de mauvaise humeur que tout l'importune.* = IMPORTUNÉ, ÉE. part.

IMPORTUNITÉ. s. f. [Pr. *in...*] (lat. *importunitas*, m. s.). Action d'importuner. *Obtenir une chose à force d'importunités. Il est d'une i. sans égale. Il finit par céder à l'i. de ses demandes.*

IMPOSABLE. adj. 2 g. [Pr. *in-po-zable*]. Qui doit, qui peut être imposé ; qui est sujet aux taxes, aux droits.

IMPOSANT, ANTE. adj. [Pr. *in-po-zan*] (part. prés. de *imposer*). Se dit de tout ce qui inspire un sentiment de respect, d'admiration, de crainte. *Un homme i. Un aspect, un air, un regard, un ton i. Une figure imposante. Une gravité imposante. Une assemblée imposante.* — *Un spectacle i. Une cérémonie imposante. Un édifice d'une architecture imposante.* || *Force imposante,* Forces imposantes, Forces militaires considérables.

IMPOSER. v. a. [Pr. *in-po-zer*] (lat. *imponere*, m. s., de *in*, dans, et *ponere*, poser). Mettre dessus ; en ce sens, il ne se dit guère au propre que dans cette phrase, *I. les mains,* Mettre les mains sur la tête, au-dessus de la tête. *Les Juifs imposaient les mains à celui pour lequel ils priaient. L'évêque impose les mains en donnant la prêtrise. I. l'antienne,* En chanter tout bas le début au prêtre, qui l'entonne ensuite à voix haute. || Fig., *I. un nom,* Donner un nom. *I. le nom à une ville nouvellement bâtie.* || Charger quelqu'un d'une chose, lui proscrire quelque chose ; se dit le plus souvent en parlant de choses difficiles, pénibles, douloureuses. *Il vous a imposé une tâche difficile à remplir. I. un joug insupportable. I. de dures conditions. I. une peine, une pénitence. Vous vous imposez là une gêne bien grande. S'i. une tâche, une pénitence. I. silence à quelqu'un.* — Fig., *I. silence aux passions, aux médisants, à la calomnie.* Voy. SILENCE. || Établir une taxe, frapper d'un impôt. *i. un tribut sur une province conquise, à un peuple vaincu. I. des droits sur une marchandise. I. des contributions, des charges nouvelles. On a imposé tous les produits soit à l'entrée, soit à la sortie.* — S'emploie avec le pron. pers. signifiant *soi* et à *soi. La commune a été autorisée à s'i. extraordinairement. Elle s'est imposé cinq centimes additionnels.* || Sign. quelquefois Contraindre à accepter une pensée ou une chose. *Il voulait nous i. ses créatures. Je ne prétends pas nous i. ma manière de voir.* || *I. du respect,* Inspirer du respect. *Sa figure impose le respect. La présence du général imposa du respect aux mutins.* — *Imposer* simplement au sens abs., dans le même sens. *Sa présence m'impose. Il impose par la fierté de son regard. L'air noble et simple de l'innocence impose. Notre fière contenance imposa aux ennemis.* — *En imposer* est souvent employé dans le sens qui précède. *Le cardinal légat leur en imposait* (VOLTAIRE). || Tromper, abuser, on faire accroire.

Le fourbe qui longtemps a pu vous imposer.

MOLIÈRE.

— *En imposer*, est plus souvent employé dans ce sens, *Ne le croyez pas, il en impose. Il m'en avait imposé par ses airs doucereux. Vous essaierez en vain de m'en i.* || Imputer à tort. *On lui a imposé un crime dont il est innocent.* Vx. || T. Impr. *I. une feuille*, Placer, dans l'ordre convenable, les pages de chacune des formes de la feuille. Voy. TYPOGRAPHIE. = IMPOSÉ, ÉE. part.

Obs. gram. — Certains grammairiens ont cherché à établir une distinction entre *imposer* et *en imposer*, disant qu'*imposer* voulait dire commander le respect, et *en imposer* tromper. Cette distinction n'est pas justifiée par les auteurs qui ont employé les deux locutions dans les deux sens. Mussillon les a même employées dans la même phrase avec le sens de tromper : *Il ne veut ni imposer aux autres, ni s'en imposer à lui-même.*

IMPOSEUR. s. m. [Pr. *in-po-zeur*]. Celui qui impose.

IMPOSITION. s. f. [Pr. *in-po-zi-sion*] (lat. *impositio*, m. s.). Action d'imposer; n'est usité au propre que dans cette loc., *L'i. des mains*, Action de placer les mains sur ou au-dessus de la tête de quelqu'un. *Chez les Juifs, c'est par l'i. des mains sur la tête qu'un père bénissait son enfant.* || Fig., se dit des noms qu'on donne. || Action d'imposer quelque chose de pénible, d'onéreux, comme une peine, un tribut, des taxes. *L'i. d'une peine, d'une pénitence. L'i. d'un nouveau droit, d'un tribut.* — Absol., se dit des taxes, des droits, des contributions imposées sur les choses ou sur les personnes. Voy. CONTRIBUTION et IMPÔT || T. Imprim. Action d'imposer les pages d'une forme. Voy. TYPOGRAPHIE.

IMPOSSESSION. s. f. [Pr. *in-po-sè-sion*]. Condition dans laquelle on ne possède rien, par exemple l'esclavage.

IMPOSSIBILITÉ. s. f. [Pr. *in-po-si-bilité*] (R. *impossible*). Défaut de possibilité. *Une i. absolue, relative. Il m'est de toute i. de faire ce que vous me demandez. Il est de toute i. que cela soit. Mettre quelqu'un dans l'i. de nuire.* — *I. métaphysique*, Celle qui implique contradiction. *Il y a i. métaphysique qu'une chose soit et ne soit pas, qu'un triangle n'ait pas trois côtés.* — *I. physique*, Celle qui résulte des lois de la nature. *Il y a i. physique qu'une rivière remonte vers sa source.* — *I. morale*, Celle qui résulte des mœurs ordinaires des hommes. *Il y a i. morale qu'un homme de bien fasse une mauvaise action.* || Par ext., Chose impossible.

IMPOSSIBLE. adj. 2 g. [Pr. *in-po-si-ble*] (lat. *impossibilis*, m. s., de *in* priv., et *possibilis*, possible). Qui ne peut être, qui ne peut se faire. *Il n'y a rien d'i. à Dieu. Ce que vous me demandez est i. Le mouvement perpétuel, la quadrature du cercle, etc., sont des problèmes dont la solution est i. Cela est moralement, physiquement i. Il est i. qu'il soit déjà arrivé. Il s'est rendu i. dans cette maison, dans cette situation.* || Par ext., se dit de ce qui est très difficile. *Il lui est i. de rester en repos.* || *Impossible* s'emploie aussi subst., au masc., pour dire Une chose impossible. *Je ne puis pourtant faire l'i. C'est entreprendre, c'est tenter l'i.* Prov., *À l'i. nul n'est tenu.* || *Réduire quelqu'un à l'i.*, Exiger de lui ce qu'il ne peut faire, ou en T. Logique, Le réduire à ne pouvoir répondre sans tomber en contradiction. || Par exag., *Je ferai l'i. pour vous*, Il n'y a rien que je ne fasse pour vous obliger. || Fig. et fam., *Gagner, perdre l'i.*, etc. — *Par impossible*, Formule qu'on emploie dans le discours, lorsqu'on suppose une chose qu'on sait être impossible. *Si, par i., on redeviendrait jeune.*

IMPOSSIBLEMENT. adv. [Pr. *in-po-si-bleman*]. D'une manière impossible.

IMPOSTE. s. f. [Pr. *in...*] (lat. *impositus*, placé dessus, part. passé de *imponere*). T. Archit. La plus haute pierre du pied droit d'une arcade qui fait saillie sur les autres, et est ornée de moulures. Voy. ARCADE. || Abusivement, on appelle encore *Imposte*, La partie fixe qui surmonte la partie mobile d'une porte ou d'une croisée, et qui en diminue la hauteur. || Par ext., Partie

vitrée dormante, d'une porte, d'une cloison, pour donner du jour à une pièce obscure.

IMPOSTEUR. s. m. [Pr. *in...*] (lat. *impostor*, m. s., de *imponere*, imposer). Celui qui en impose, qui abuse de la crédulité, de l'ignorance, de l'imbécillité des hommes pour les tromper. *C'est le plus grand i. qui ait jamais été. Après la mort de ce prince, plusieurs imposteurs prétendirent à sa succession. Cette secte fut fondée par un i. audacieux.* || Dans un sens partic., se dit d'un calomniateur, de celui qui impute faussement à quelqu'un quelque chose de répréhensible, d'odieux. *Un lâche, un vil i. Vous avez dit cela de moi, vous êtes un i.* — Adjectivem., on dit, *Discours i. Éloge i. Des oracles imposteurs.*

IMPOSTURE. s. f. [Pr. *in...*] (lat. *impostura*, m. s., de *imponere*, imposer). Action de tromper, d'un imposeur. *Une i. grossière. Son i. fut bientôt découverte. Confondre l'i.* || Calomnie, ce que l'on impute faussement à quelqu'un dans le dessein de lui nuire. *C'est une i. manifeste, une horrible i. Il est facile de détruire de pareilles impostures.* || Fig., se dit quelquefois pour Illusion. *L'i. des sens égare souvent la raison. Les arts séduisent par une i. agréable.*

IMPÔT. s. m. [Pr. *in-pô*] (lat. *impositum*, imposé, part. passé de *imponere*, de *in*, dans, et *ponere*, poser). Taxe, droit imposé sur les personnes ou sur les choses, pour subvenir aux dépenses publiques. || Fig., *Les dépenses que peut faire la vanité sont le plus lourd de tous les impôts.*

Fin. — 1. NATURE ET LÉGITIMITÉ DE L'IMPÔT. — Nous définirons l'*Impôt* « la quote-part que chaque citoyen prélève sur sa propre fortune et paie à la collectivité (État, Département ou Commune) pour l'exécution et la rémunération des services dont elle est chargée. » Faisons tout d'abord une distinction entre les *taxes* et les *impôts*. Pour certains services, les dépenses sont acquittées, au moins dans une certaine mesure, par ceux-là seuls qui en profitent directement au moyen de *taxes* qui ne sont autre chose que la rémunération du service rendu : de ce nombre sont les taxes postales et télégraphiques, etc. Mais la plupart des dépenses de l'État ne peuvent pas être remboursées de cette façon, parce que beaucoup de services s'appliquent à la généralité des citoyens indivisément et qu'il n'est pas possible de déterminer dans quelle mesure chacun en profite. Il en est ainsi, par exemple, des dépenses faites pour assurer la sécurité des citoyens ou des dépenses d'administration générale. De cette impossibilité de déterminer la part de chaque citoyen dans la dépense et de la solidarité qui unit les citoyens d'un même pays et de recourir à l'*impôt*, c.-à-d. à une sorte de cotisation obligatoire payée par tous les citoyens et répartie entre eux d'après une présomption légale, au lieu de l'être d'après le coût du service effectivement rendu.

L'économie politique n'a pas à considérer l'*i.* dans ses rapports avec la forme du gouvernement, c.-à-d. s'il est consenti par le libre vote des citoyens, ou s'il est simplement déterminé par la volonté arbitraire d'un souverain absolu.

La détermination des services dont l'État doit être chargé et de l'étendue des attributions du gouvernement, soit par la loi, soit par la coutume, est une question fort complexe, que la science économique a le droit d'étudier, mais sur laquelle elle n'a pas seule le droit de prononcer. C'est un point sur lequel les auteurs sont en grand désaccord, chacun d'eux se laissant influencer, sciemment ou à son insu, par des considérations étrangères à l'objet même de la science. Un grand nombre d'écrivains, parmi lesquels on remarque surtout Bastiat et Molinari, prétendent réduire la fonction du gouvernement au maintien de la justice et de la sécurité, et veulent que tout le reste soit abandonné à la libre activité des citoyens. Rossi avait par avance réfuté cette exagération fâcheuse. « L'État, dit l'éminent économiste, tout en laissant à l'association générale; s'il protège les individualités, il doit en même temps songer au développement et au progrès de l'association générale. Il est, pour ainsi dire, le conseil d'administration de la société civile, et c'est pour cela qu'il ne s'en tient pas à la production indirecte et qu'il se livre à la production directe. Où en serions-nous, si l'État s'en était remis complètement à l'action des intérêts individuels et à l'influence de l'association uniquement volontaire ? Pour le saisir, voyez ce qu'était la société dans son enfance, avant que les intelligences se fussent ouvertes, avant que cette grande vérité, la puissance de l'association, eût été sentie. La puissance de l'association est, en effet, une de ces vérités que les peuples ne comprennent que lorsqu'ils sont déjà fort avant dans la carrière de la civilisation. Les dépenses publiques sont souvent un bienfai. pour des gens qui, sans elles, ne profiteraient en rien de la richesse générale. Quand l'État travaille pour assurer à tous le monde une certaine instruction, que fait-il, sinon une grande œuvre d'association? Ce que je dis de l'instruction publique, on peut le dire de bien d'autres choses. Lorsque l'État assainit des quartiers, perce des rues nouvelles, fait circuler l'air et la lumière là où l'on ne voyait que ténèbres, misère et saleté, ces dépenses ont-elles lieu au profit du riche, qui peut aller trouver la lumière et la salubrité où il veut? Non, c'est au profit de ceux qui, sans cela, ne jouiraient jamais de ces avantages. Ainsi, lorsque l'État produit, c'est à l'avantage non seulement de ceux qui paient, mais de tout le monde, tandis que les associations particulières ne sont souvent d'aucune utilité pour ceux qui n'ont pas de quoi y participer. L'association générale n'est donc autre chose que la société civile elle-même. Les dépenses publiques sont le moyen de la rendre utile, productive, profitable, non à quelques-uns, mais à tous. C'est là le point capital, c'est là le mètre avec lequel il faut mesurer l'utilité des impôts. Il faut se demander si leur emploi est réellement dirigé dans le sens de l'utilité générale; il faut se demander si cet emploi fait faire, chaque année, à la société civile tout entière, un pas en avant dans la carrière du développement de la prospérité. »

La plupart des auteurs rangent l'i. dans cette branche de l'économie politique qui traite de la consommation. Cette place, suivant nous, n'est pas celle qui lui convient. Il suffit, pour s'en convaincre, de considérer la destination de l'i. En effet, il est destiné, soit à payer des travaux, soit à salarier des services. Par conséquent, il n'y a dans l'i. qu'un simple échange de services, et, à ce point de vue, il doit être placé dans la division qui traite de la distribution de la richesse. La circonstance que les contribuables ne paient pas directement le service que leur rendent les fonctionnaires de l'État, et qu'il existe entre eux un intermédiaire, le gouvernement qui perçoit l'argent des premiers et le répartit entre les agents des services publics, ne change rien à la nature du phénomène économique. « Il n'existe pas dans la société, dit très bien Baudrillart, un seul genre de travail qui consiste à cultiver la terre, à tisser les fils, à faire de ces fils des étoffes propres aux vêtements, à construire des habitations, en un mot à nourrir, à vêtir, à loger l'homme; il y en a un second non moins indispensable, c'est celui qui consiste à protéger le premier. De même que le laboureur produit des grains pour celui qui tisse, et que celui qui confectionne des tissus travaille pour le laboureur, l'un et l'autre travaillent et tissent pour celui qui monte la garde, applique les lois ou administre. Ils lui doivent une partie de leur travail et en échange du travail qu'il exécute pour eux. »

La nécessité et la légitimité de l'i. sont donc incontestables, lors même qu'on se rangerait à l'opinion extrême de Bastiat (opinion qui paraît surtout être née d'une vive réaction contre les utopies socialistes) et qu'on limiterait le rôle de l'État à la production de la sécurité, c.-à-d. au maintien de la justice et de l'ordre. Que l'on compare, en effet, la situation physique et morale des pays où cette sécurité n'existe pas et celle des nations civilisées où elle est assurée, et l'on comprendra toute l'importance du rôle de l'État et de ses agents. On voit, d'après ce qui précède, ce qu'il faut penser de l'assertion de certains écrivains qui professent, avec Destutt de Tracy, que « la totalité des dépenses publiques doit être rangée dans la classe des dépenses justement nommées stériles et improductives ».

II. DE L'ASSIETTE DE L'IMPÔT — Tous les citoyens d'un État jouissant des bienfaits qui résultent de la protection sociale et des services rendus par les agents du gouvernement, il est évident que tous doivent contribuer à la rémunération de ces services, ou, en d'autres termes, doivent payer l'i. Cependant ces services ne profitent pas à tous également; il y a donc lieu d'examiner la question de la proportion suivant laquelle chacun doit contribuer aux dépenses publiques

De l'impôt proportionnel et de l'impôt progressif. — Affirmer, comme nous venons de le faire à l'instant, et cette assertion ne sera assurément contredite par personne, que tous les habitants d'un pays participent pas également à ses avantages, c'est éliminer l'idée d'un i. *fixe* et le même pour tous. Il s'ensuit donc que l'i. doit être proportionnel au service rendu. Or, celui qui a une propriété de 10 hectares et qui, grâce à la protection de la société, en jouit avec pleine sécurité, reçoit un service pour 10, et celui qui a une terre de 100 hectares (nous supposons que la valeur des terres est la même pour une même étendue) reçoit un service égal à 100. Aussi les législations de tous les peuples ont-elles posé

comme règle fondamentale, que l'i. doit être *proportionnel* à la fortune des citoyens. Telle a été aussi l'opinion de l'immense majorité des économistes. — Cependant, tout en reconnaissant que la *justice* est satisfaite par la proportionnalité de l'i., il s'est rencontré divers publicistes, et même quelques économistes, qui ont pensé que l'*équité* ne l'était pas, et ont voulu corriger la première par la seconde. « Une contribution simple et proportionnelle, dit J.-B. Say, n'est-elle pas plus lourde pour le pauvre que pour le riche? L'homme qui ne produit que la quantité de pain nécessaire pour nourrir sa famille, doit-il contribuer exactement dans la même proportion que celui qui, grâce à ses talents distingués, à ses immenses biens-fonds, à ses capitaux considérables, non seulement jouit de tout, qui lui procure aux siens toutes les jouissances du luxe le plus somptueux, mais de plus accroît chaque année son trésor? Ne trouvez-vous pas dans cette prétention quelque chose qui choque l'équité? »

Les adversaires de l'i. proportionnel ont proposé de lui substituer le système de l'i. *progressif*. Dans ce système, on ne prendrait rien à celui dont la fortune serait inférieure à un certain chiffre, et l'on chargerait, en proportion progressive, les fortunes qui dépasseraient ce minimum. Ainsi, par ex., on demanderait zéro à un revenu de 500 fr.; 1 pour 100 à un revenu de 600 fr.; 2 pour 100 à un revenu de 700 fr.; 3 à un revenu de 800, et ainsi de suite. — On a objecté aux partisans de l'i. progressif que la progression, en se développant, finirait par absorber le revenu. L'objection étant irréfutable, les plus modérés ont répondu qu'il ne s'agissait pas de suivre les lois absolues de l'arithmétique; qu'on dresserait une échelle avec de faibles tantièmes; et enfin qu'on ne dépasserait pas certaines limites. En d'autres termes, ils ont avoué qu'il s'agissait simplement d'établir un surtaxe arbitraire sur les fortunes à mesure que celles-ci s'élèveraient. Or, cela seul est la condamnation du système: car, n'y ayant point de règle définie et scientifique pour l'établissement de la taxe, les fortunes des citoyens seraient mises à la discrétion du législateur. L'i. progressif, et le plus grand nombre de ses partisans ne dissimulent pas leur espoir à ce sujet, l'i. progressif, disons-nous, pourrait devenir, entre les mains d'un gouvernement révolutionnaire, un instrument tout forgé de confiscation et de spoliation. Voilà en fin de compte où mènerait ce principe de l'équité que l'on suppose supérieur à celui de la justice. Le premier tuerait le second, et l'arbitraire prendrait la place de la règle. L'i. progressif, lors même qu'il serait établi avec cette modération relative recommandée par quelques économistes, présenterait toujours le grave inconvénient de décourager l'épargne et la formation des capitaux. En outre, ainsi qu'on l'a justement fait observer, il aurait pour conséquence inévitable de déterminer l'exportation à l'étranger des capitaux du pays, capitaux qu'il suffit souvent d'une prime assez légère pour attirer au dehors. Ce sont les objections qui ont amené les partisans de l'i. progressif à mitiger la rigueur du principe.

Quelques-uns ont substitué à la progression mathématique une « progression rationnelle limitée » se réglant non sur le revenu total, mais seulement sur l'accroissement du revenu: tel est la base de l'i. *progressionnel* de J. Garnier. D'autres ont atténué encore davantage les effets de la progression et ils ont imaginé l'i. *dégressif* et suspendu la progression, lorsqu'elle atteint un taux déterminé. L'i. dégressif a un taux unique et uniforme; mais pour former le revenu imposable auquel il s'applique, on déduit du revenu vrai des sommes d'autant plus fortes que ce revenu est moins élevé et on ne considère comme totalement imposables que les gros revenus. Ce mode de taxation est celui des impôts sur le capital et sur le revenu du canton de Zurich.

Mais, quel que soit le système que l'on adopte, on ne saurait échapper au reproche d'arbitraire: car il est impossible de déterminer scientifiquement la *raison* de la progression. Aussi, malgré son aspect séduisant, l'i. progressif n'a encore pénétré, en tant que système, dans la législation fiscale d'aucun des grands États; il n'existe que dans les Cantons Suisses, dans certaines communes de l'Allemagne, et enfin dans les trois communes belges qui ont établi l'impôt général sur le revenu.

On a encore proposé une sorte de dégression limitée aux petits revenus, c'est-à-dire que l'on juge strictement nécessaires à la satisfaction du minimum de besoins des individus. Mais, dans nos budgets modernes, où les impôts sur la dépense ont grande place, cette exonération du minimum nécessaire à l'existence est impossible. Cependant on peut exempter les petits revenus de l'impôt direct, et c'est ce qui se fait dans un certain nombre de cas.

L'impôt réel et l'impôt personnel. — Ces tendances de certaines législations fiscales, qu'elles se traduisent par l'i.

progressif ou seulement par l'exonération du minimum nécessaire à l'existence, out pour effet d'enlever à l'i. son caractère réel pour lui donner un caractère de plus en plus personnel.

Au lieu d'une toise invariable, uniformément applicable à tous les revenus et excluant jusqu'à l'idée même d'arbitraire, on préfère une règle flexible qui puisse tenir compte de l'inégalité des sacrifices et qui aille même jusqu'à atténuer d'une manière indirecte l'inégalité des fortunes. On substitue donc, autant que possible, l'i. *personnel* à l'i. *réel* qui est resté la caractéristique des écoles française et anglaise.

Un impôt est *réel* lorsqu'il est assis sur les sources de revenu du contribuable, abstraction faite de 'a personnalité de ce contribuable, de sa position, abstraction faite même du revenu qu'il en obtient. Un i. est *personnel* lorsqu'il prend, au contraire, en considération la situation, la personnalité du contribuable.

En France, presque tous nos impôts sont réels. Au premier abord, cependant, l'i. personnel paraît plus équitable ; il paraît même mieux se prêter à la recherche de la proportionnalité, puisqu'il embrasse la situation du contribuable et qu'il ne vise que le revenu net, c.-à-d. l'excédent du revenu sur les charges. Mais c'est précisément là qu'est son plus grand défaut : toute méthode de taxation, d'après le revenu effectif et non d'après les signes extérieurs et tangibles, entraîne des investigations de la part des agents du fisc et une inquisition qui peut facilement dégénérer en odieuses vexations. Peut-être ces investigations seraient-elles défendables si l'impôt frappait toujours en dernière analyse celui qui le paie.

Mais la moindre observation des faits montre qu'il n'en est rien. Pour la plupart des impôts, la répartition effective des charges fiscales diffère essentiellement de la répartition légale et l'i. n'arrive quelquefois à son incidence définitive qu'après un temps assez long, pendant lequel il a été successivement avancé par toute une série de contribuables qui sont arrivés à en rejeter la charge sur d'autres. Il y a ainsi *translation* ou transfert de l'i. lorsque le contribuable, après en avoir fait l'avance, parvient à le rejeter sur d'autres en augmentant ses prix de vente ou en réduisant ses prix d'achat. Il y a *incidence* lorsque l'i. arrive à celui qui le paie définitivement et qui ne peut rejeter sur d'autres la charge de l'i. : tel est le cas du consommateur du produit taxé.

De l'impôt unique et de l'impôt multiple. — Nous venons de démontrer que l'i. devait être proportionnel à la fortune ou, comme on dit, aux facultés des citoyens. Mais, d'autre part, ainsi que nous le savons, l'intérêt des classes laborieuses en particulier exigeut que le capital n'éprouve aucune entrave dans son développement : car il n'y a plus de progrès possible quand l'accroissement des capitaux devient moins rapide que celui de la population. De là résulte cette autre règle que l'i. ne doit jamais entamer le capital, et qu'il doit être uniquement prélevé sur le revenu. La formule relative à la proportionnalité de l'i. qui a été posée ci-dessus peut donc se traduire en ces termes plus précis : l'i. *doit être proportionnel au revenu*. En conséquence, si l'on parvenait à déterminer exactement le revenu de chaque citoyen, il suffirait de fixer chaque année le quantum pour cent exigé pour les besoins de l'État, et l'on aurait un i. unique rigoureusement proportionnel. — Malheureusement, c'est un idéal que nous n'atteindrons jamais et auquel, nous le croyons du moins, il est inutile de songer. En effet, la mise en pratique de ce système rencontrerait des difficultés insurmontables. Les citoyens, ou du moins l'immense majorité, s'efforceraient constamment de dissimuler leurs revenus afin d'échapper autant que possible à la taxe, et cela d'autant plus qu'un i. unique paraîtra toujours plus lourd, à égalité de charge réelle, que plusieurs impôts différents. Le gouvernement, dit-on, sera armé des pouvoirs nécessaires pour empêcher et réprimer la fraude. Soit ; ces moyens seront inévitablement vexatoires et inquisitoriaux, et l'i. deviendra par là plus odieux encore. Comprend-on en effet les agents du fisc examinant les livres de commerce de tous les industriels, et venant, à des époques régulières, dresser le bilan de chacun d'eux pour river quelle est la situation de ses affaires et évaluer son revenu imposable, son profit net ? Se figure-t-on les inconvénients qui résulteraient pour cette classe si nombreuse de producteurs, notamment sous le rapport de leur crédit, de cette immixtion perpétuelle de l'autorité dans leurs affaires ? Conçoit-on le fisc obligeant (ce serait une mesure inévitable) tous les citoyens, agriculteurs, rentiers et autres, à tenir une comptabilité régulière pour servir de base aux opérations de ses agents ? Imagine-t-on l'armée d'agents qu'il faudrait au Trésor pour remplir une pareille tâche : car ce serait un travail à recommencer à chaque instant, les revenus,

surtout ceux dont la source est mobilière, étant généralement très variables. Qui ne sait qu'une entreprise commerciale ou industrielle, par ex., donne tantôt des profits, tantôt des pertes ? Mais ce n'est pas tout. Il faudra, sinon l'i. sur le revenu sera de la plus criante injustice, établir plusieurs classes, selon l'origine des revenus eux-mêmes. En effet, supposons un propriétaire terrien, un propriétaire de maison, un rentier sur l'État, un commanditaire d'une maison de commerce, un médecin vivant exclusivement de sa profession, qui tous auraient 10,000 fr de revenu. Percevra-t-on le même quantum sur chacune de ces sommes ? Mais le capital du premier est impérissable et tend à augmenter de valeur par le seul laps du temps ; celui du second diminue par la même cause, et se trouve en outre sujet à des causes particulières de ruine, l'incendie, par ex.; les capitaux du troisième et du quatrième sont exposés à des risques qui vont croissant ; enfin, le capital du dernier est nul : il réside dans son intelligence et dans son travail, et doit périr avec lui. Les trois premiers sont assurés à divers degrés de pouvoir laisser à leurs enfants le capital dont ils vivaient eux-mêmes; mais le dernier et la foule de citoyens qui sont dans une situation analogue, que laisseront-ils après eux ? Pour que l'i. soit juste, il faudra donc exempter de toute taxe une portion considérable des revenus de ces derniers, portion qui devra être telle qu'elle puisse par son accumulation produire, au bout d'un certain nombre d'années, un capital égal à 200,000 fr. Mais ici surgit encore une difficulté nouvelle. Prenons deux avocats gagnant tous les deux 10,000 fr. par an ; l'un a 30 ans et l'autre 60. Or, pour le premier, la durée probable de la vie est 37 ans ; elle n'est que 14 pour le second. Sera-t-il juste encore de les taxer au même chiffre ?

Enfin, répondra-t-on, l'i. sur le revenu existe dans divers pays, et notamment en Angleterre, où on le désigne sous le nom d'*Income-tax*. Mais l'income-tax de l'Angleterre serait un i. intolérable, s'il était unique. Il n'est supporté, et non sans soulever bien des plaintes, que parce qu'il est modéré (il varie de 1.04 à 2,91 pour 100 suivant l'espèce de revenu), parce qu'il atteint seulement les revenus supérieurs à 3,700 fr., et enfin parce qu'il est considéré comme temporaire. Il faut observer en outre que les impôts directs ont reçu peu de développement en Angleterre, et que l'income-tax les remplace en quelque façon. De là à l'i. unique il y a loin. On a proposé chez nous l'introduction de l'income-tax, non point comme i. unique, mais comme une nouvelle source de revenus, et cela avec toutes sortes de ménagements. Cependant la proposition a rencontré peu de faveur. La raison en est fort simple : c'est qu'en France toutes les sources de la richesse sont déjà frappées de taxes plus ou moins fortes. L'i. sur le revenu ferait donc toujours double emploi avec quelqu'un i. déjà existant. En conséquence, l'income-tax nous paraît inadmissible dans notre système financier général.

La proposition d'établir un i. unique sur le capital ne prête pas moins à la critique que l'i. sur le revenu. Par ce mode d'assiette, il est vrai, les revenus des capitaux se trouvent seuls intégralement atteints par l'i., les revenus mixtes sont moins chargés et les revenus du travail se trouvent complètement épargnés. Mais ces résultats sont la condamnation de l'i. sur le capital. Il cesse, en effet, d'être proportionnel au revenu des contribuables, puisqu'il les exonère, en totalité ou en partie, un grand nombre de citoyens qui ne paient désormais plus rien à l'État en échange des services qu'il leur rend. On peut répondre, il est vrai, à cet argument des adversaires de l'i. unique sur le capital, que tous les citoyens sont frappés indirectement, par répercussion et que lorsque le capital est frappé, les loyers, les produits de la terre augmentent pour les locataires ou les consommateurs, la proportion où les maisons, les terres sont grevées d'impôts.

Quoi qu'il en soit, c'est pour cela que là où il existe des systèmes d'impôts assis sur le capital (dans la plupart des Cantons Suisses et dans les États de l'Union américaine), ils ont d'ordinaire pour complément un i. sur le revenu destiné à atteindre tous les revenus dont les sources n'ont pas été frappées par l'i. sur le capital.

Si donc nous écartons successivement l'i. unique sur le capital et l'impôt unique sur le revenu, il reste le système de l'i. multiple diversifié de manière à atteindre le revenu dans ses diverses manifestations. Tout impôt, comme nous le verrons tout à l'heure, ayant des inconvénients plus ou moins graves qui lui sont propres, le seul moyen d'atténuer les inconvénients de chacun d'eux consiste à ne presser fortement aucune espèce de taxe. De cette façon, on n'en exprime pas, que l'on nous permette la métaphore, tous les vices qui lui sont inhérents. En outre, la diversité des époques et des circonstances du paiement fait que la charge totale paraît moins lourde, en même temps que la variété des modes de perception rend celle-ci moins vexatoire. Enfin, la fraude est moins profitable et moins facile à exercer lorsqu'elle doit s'appliquer à plusieurs impôts, tandis que, avec l'i. unique, nécessairement très élevé puisqu'il devrait suffire à toutes les dépenses du pays, elle recevrait une impulsion considérable, en raison de la prime énorme qui se trouverait offerte aux fraudeurs.

De l'impôt direct et de l'impôt indirect. — On distingue deux manières générales d'asseoir l'i., le système direct et le système indirect. — L'i. *direct* est celui que le législateur demande nominativement à tels ou tels contribuables. L'i. *indirect* au contraire est celui qui est demandé à la chose, et qui est perçu à l'occasion d'un fait sans qu'il y ait lieu de s'inquiéter de qui ce fait provient. Ainsi, la contribution foncière et l'i. des patentes sont des contributions directes; les droits de douanes et ceux d'octroi sont des contributions indirectes. Lorsque, par ex., j'introduis du vin dans Paris, il est soumis à une certaine taxe, laquelle doit être acquittée par l'introducteur, sans qu'on s'embarrasse de savoir si ce vin lui appartient ou non, s'il est destiné à sa consommation ou à celle d'un autre. — La distinction ci-dessus est principalement fondée sur le mode de perception des taxes; le terme d'i. direct ne veut donc pas dire que l'i. est nécessairement payé par celui auquel il est demandé: car nous verrons tout à l'heure que certaines taxes qualifiées d'impôts directs sont simplement avancées par le contribuable nommé, mais sont en définitive payées par d'autres sur lesquels il parvient à les rejeter.

1° Impôt direct. — Les impôts directs se distinguent en outre en impôts de *répartition* et en impôts de *quotité*. L'i. de répartition est celui dont la somme totale est fixée par la loi et répartie ensuite entre tous les contribuables; et l'i. de quotité celui qui est perçu en vertu de tarifs, et dont le produit varie suivant les vicissitudes qu'éprouve l'élément imposé. Ainsi, la contribution foncière sur la propriété non bâtie est, chez nous, un i. de répartition, l'i. des patentes et les droits de mutation sont des impôts de quotité. — Nous allons maintenant passer sommairement en revue les principales espèces d'impôts directs.

L'i. sur les personnes est le plus direct de tous les impôts, car celui qui le paie ne peut jamais le rejeter sur un autre. Lorsqu'il est un peu élevé, il est souverainement injuste: car, étant fixé par tête, il ne considère pas les différences de fortune et de revenus. Mais, quand il est excessivement faible, comme en France, où il varie entre 1 fr. 50 et 4 fr. 50, cet inconvénient disparaît: il est alors simplement un signe que tout citoyen doit contribuer aux charges publiques.

La *contribution foncière*, ou i. *territorial*, peut être établie de trois manières. Elle peut consister dans une part proportionnelle des récoltes, c.-à-d. du produit brut du sol, comme la *dîme*, qui en prenait la dixième partie; ou dans une part proportionnelle du revenu net de la terre, comme autrefois les *vingtièmes* en France; ou dans une somme déterminée à l'avance et répartie chaque année entre les contribuables. La dîme est justement exécrée dans les pays où elle est en vigueur, soit à cause des vexations et des spoliations qu'elle entraîne, soit parce que, portant sur le produit brut, elle entame parfois le capital agricole : c'est ce qui a lieu nécessairement quand les frais de culture ne sont pas couverts. Suivant l'énergique expression de Turgot, elle fauche alors plus que l'herbe. Le second mode d'assiette a deux inconvénients graves : en effet, d'un côté, l'État ne peut savoir par avance ce que lui produira l'i.; de l'autre, il tend à paralyser les progrès de l'agriculture, car le cultivateur se sent peu stimulé à faire des améliorations, lorsqu'il sait que le fisc en viendra aussitôt prendre sa part. En outre, si l'i. est parfois très léger, il est, certaines années, très onéreux, et l'évaluation d'un revenu variable donne inévitablement lieu à une foule de débats et de vexations. Le troisième mode n'a pas ces inconvénients, à la condition toutefois que la somme demandée par l'État soit modérée et à peu près invariable, et que, dans la répartition de la taxe, il soit tenu compte des différents degrés de fertilité du sol, ainsi que la chose se pratique chez nous. Voy. CADASTRE. — « Une remarque essentielle en ce qui concerne l'i. territorial, à ce sujet un de nos plus savants économistes, Hipp. Passy, c'est qu'il finit par ne plus être considéré à titre véritablement onéreux pour ceux qui l'acquittent. Cet effet résulte des transmissions dont la terre est l'objet. Sur chaque fraction du sol pèse, par l'effet de l'i., une rente réservée à l'État; acheteurs et vendeurs le savent; ils tiennent compte du fait dans leurs transactions, et les prix se règlent entre eux uniquement en vue de la portion de revenu qui, l'i.

payé, demeure nette, c.-à-d. affranchie de toute charge. Aussi le temps arrive-t-il où nul n'a plus le droit de se plaindre d'une redevance antérieure à son entrée en possession, et dont l'existence commande de lui a atténué proportionnellement le montant des sacrifices qu'il a eu à faire pour acquérir. Cet effet de la durée commande de ne toucher à l'i. territorial qu'avec infiniment de réserve. On ne peut en élever le taux, sans ravir aux propriétaires non seulement une portion des revenus dont ils jouissent, mais encore du capital même mis à leur charge; on ne peut au contraire abaisser ce taux sans leur faire don d'une rente appartenant à l'État et en même temps du capital de cette même rente. » Cette observation est importante en ce qu'elle constitue une réponse péremptoire à toutes les demandes de *péréquation*, c.-à-d. qui ont pour objet la révision des anciennes évaluations foncières pour établir une plus exacte proportion entre les diverses parties du territoire. Aujourd'hui toute tentative de péréquation aurait pour résultat, dit très bien J. Garnier, de prendre aux uns pour donner aux autres.

On a dit que l'i. foncier était entièrement à la charge du propriétaire. Si cependant cet i. venait à disparaître, n'en résulterait-il pas que la terre pourrait se louer à moindre prix, et que les produits du sol pourraient être vendus moins cher? Ou encore, si la disparition de l'i. était sans influence sur le prix de location des terres ce qui est fort contestable, n'arriverait-il pas que le propriétaire pourrait consacrer les sommes que lui laisserait l'i. à des améliorations du fonds qui augmenteraient son rendement et permettraient par cela même de livrer les denrées à meilleur marché? Il semble donc que le fermier d'une part, et les consommateurs d'autre part, paient aussi une part de l'i. foncier. Au reste, pour cet i. comme pour tous les autres, les questions d'incidence sont tellement complexes, et dépendent de tant de facteurs différents, qu'il est à peu près impossible de les résoudre et qu'en définitive *on ne sait qui paie l'impôt.*

L'i. *sur les propriétés bâties* a donné lieu à quelques discussions parmi les économistes, quant à son incidence. On admet généralement qu'il est simplement avancé par le propriétaire, et qu'il retombe en définitive sur le locataire, c.-à-d. sur le consommateur. Cela est vrai dans l'immense majorité des cas. Cependant il se présente des circonstances où le propriétaire ne peut pas le rejeter sur le locataire : c'est ce qui a lieu lorsque la population de la localité vient à diminuer dans une proportion sensible. Le propriétaire, forcé de baisser ses loyers, ne peut plus mettre l'i. dans le prix de la location. Mais si la question change, si la maison est vendue; car le nouvel acquéreur n'aura pas manqué de régler son prix d'achat d'après le revenu net que donnait l'immeuble après la baisse des loyers.

Les *impôts qui portent sur l'exercice des professions,* et qu'on désigne chez nous sous les noms de *patente* et de *licence,* sont avancés simplement par les contribuables, qui en définitive finissent par faire payer l'i. aux acheteurs de leurs produits. Toutefois, s'il existe entre les producteurs d'une même catégorie une concurrence excessive, ils ne peuvent y réussir, et la taxe reste à leur charge, soit en totalité, soit en partie. Nous observons ici le même phénomène que pour l'i. sur les propriétés bâties : c'est la loi de l'offre et de la demande qui détermine l'incidence définitive de la taxe.

Par l'i. *sur les transmissions des biens* l'État prélève purement et simplement une partie de la valeur de la chose qui change de maître. C'est un genre d'i. fort simple, mais qui a des effets très différents, selon que la transmission a lieu *à titre onéreux* ou *à titre gratuit.* — Dans le premier cas, l'i. est payé, au moins pour la plus grande part, par le vendeur, par ce motif qu'il sait l'acheteur en ligne de compte la somme qu'il lui faudra payer au fisc et la déduit du prix qu'il offre au vendeur. Du reste, cet i. a deux inconvénients fâcheux : l'un, de gêner les ventes et de mettre obstacle à la circulation des biens, et particulièrement des fonds de terre, circulation dont la facilité est si importante au progrès social; l'autre, de faire subir au vendeur une perte d'autant plus sensible, que fort souvent ce dernier ne se défait de sa propriété que parce qu'il y est forcé par des circonstances de fortune. — L'i. sur les transmissions à titre gratuit pèse entièrement sur l'héritier ou donataire ; c'est comme s'il avait là lieu pour cohéritier ou pour codonataire. Cette taxe, chez nous, est susceptible d'une objection grave, c'est de frapper les biens d'après leur valeur vénale et *sans tenir compte des charges dont ils sont grevés :* de là résulte parfois un défaut choquant de proportionnalité. Des projets ont été déposés au Parlement, pendant ces dernières années, en vue de faire cesser cette anomalie; aucun de ces projets n'a encore abouti (1898). En outre, les deux taxes ont souvent un vice commun, c'est d'être trop élevées; elles poussent alors à la dissimutation et à la fraude, et obligent fréquemment le nouveau propriétaire à contracter des dettes ou à aliéner une partie de son capital pour acquitter les droits dus au fisc.

L'*i. du timbre* a peu d'inconvénients quand il est modéré et proportionnel, et atteint simplement la richesse mobilière lorsqu'elle se met en évidence par la circulation.

Nous avons déjà parlé de l'*income-tax*. L'incidence de cet *i.* varie suivant la source d'où il dérive. Si celui qui paie l'i. est propriétaire foncier ou rentier sur l'État, employé du gouvernement ou d'une administration privée, il le paiera lui-même; s'il est producteur, il tâchera de le mettre dans le prix de ses produits. Notre *contribution mobilière* est également un i. sur le revenu, mais elle est basée uniquement sur la valeur locative du lieu d'habitation. Il en est de son incidence comme de celle de l'income-tax anglais.

2° *Des impôts indirects.* — Ces impôts sont souvent appelés *impôts de consommation*, et les deux dénominations leur conviennent parfaitement: car, en général, le détenteur de la chose au moment où celle-ci est frappée fait simplement l'avance de la taxe, et s'en fait ensuite rembourser le montant par le consommateur: en d'autres termes, il en met le prix dans sa facture. — Les impôts indirects forment trois groupes: les *contributions indirectes* proprement dites ou l'*accise*, dont les principales sont chez nous: les taxes sur le sel, les vins et alcools, le sucre indigène, la bière, les cartes à jouer, les voitures publiques, etc.; les *octrois*, et enfin les *douanes*. Quant aux *monopoles* qui sont rangés par certains économistes parmi les impôts indirects, il convient de les distinguer suivant leur nature: les uns, comme les postes et télégraphes, constituent un service public dont les taxes, comme nous l'avons vu, représentent la rémunération directe et raisonnable du service rendu: ils échappent ainsi aux reproches adressés d'ordinaire aux impôts indirects. Les autres (tabac, allumettes, etc.) constituent un véritable i. indirect, puisque l'État, s'étant établi seul fabricant d'une certaine catégorie de marchandises, vend cette marchandise à un prix très supérieur à son prix de revient. Le monopole des tabacs, assez ancien et bien entré dans les mœurs, ne soulève aucune récrimination malgré le prix élevé de la marchandise; au contraire, le monopole des allumettes est assez impopulaire, et il faut bien reconnaître que l'un de ses plus graves inconvénients est la mauvaise qualité de la marchandise fabriquée par l'État et imposée exclusivement au consommateur. Ajoutons qu'il y a entre le rendement des exploitations de ces deux monopoles une différence capitale. L'État a intérêt à ce que le tabac soit bon, pour qu'on en consomme davantage. L'augmentation des frais nécessitée par une production soignée est plus que compensée par l'accroissement de la vente au prix élevé qu'on subit. Au contraire, l'État a intérêt à ce que les allumettes soient détestables, car plus elles sont mauvaises, plus on en débite. Cette dernière considération suffit à condamner le monopole des allumettes. On peut être assuré que les allumettes de l'État seront toujours plus ou moins défectueuses.

Les impôts indirects ont d'énormes défauts aux yeux de l'économiste, et d'immenses qualités aux yeux du financier. L'économie politique leur reproche de n'être pas proportionnels, en ce sens que, bien que frappant les choses proportionnellement, ils n'atteignent pas proportionnellement le consommateur, lequel est celui qui en définitive paie la taxe. Au reste, il y a dans ces impôts, comme l'observe très justement Hipp. Passy, autant de degrés de proportionnalité différente qu'il y a de degrés de nécessité ou d'utilité dans les objets soumis aux droits, la première étant en raison inverse de la seconde. En effet, pour que les impôts indirects soient productifs, il faut que le fisc s'adresse aux produits d'une consommation universelle, c.-à-d. aux produits de première nécessité, aux choses indispensables à la vie, telles que les substances alimentaires. Or, comme la consommation de ces choses varie peu d'individu à individu, il s'ensuit que les classes ouvrières, les plus pauvres, supportent la plus grande partie de l'i. Ainsi donc, les impôts indirects manquent en général ce défaut: car les seuls qui n'aient point ce défaut, ce sont ceux qui portent sur les choses de luxe, doivent à peine compter, tant ils sont peu productifs. En outre, ces impôts sont généralement fort difficiles à percevoir, parce que, portant sur une foule d'objets de consommation différents, ils sont obligés de se diversifier comme ces objets, de les suivre dans leurs mouvements, dans leurs transformations, de les attendre à l'entrée des villes, au passage des frontières, d'aller chez les contribuables en contrôler l'existence, etc. Ils exigent l'emploi d'un grand nombre d'agents, et ne sont pas moins dispendieux que vexatoires. De

plus, pour peu qu'ils soient élevés, ils offrent une prime à la fraude et deviennent une cause de démoralisation pour certaines parties de la population. Enfin, s'ils sont assez lourds pour restreindre la consommation, et c'est ce qui n'arrive que trop souvent, ils atteignent indirectement le producteur et nuisent à la production. — Nous avons parlé ailleurs des *droits de douane*. Voy. COMMERCE et DOUANE. Quant à ceux qu'on désigne sous le nom d'*octrois*, on peut en général leur appliquer ce que nous avons dit des taxes douanières, en raison de l'analogie qui existe entre les deux sortes d'impôts. Voy. OCTROI.

Les financiers, avons-nous dit, font grand cas de l'i. indirect, et beaucoup même le préfèrent à l'i. direct. Pour eux, ce dernier a un inconvénient capital, c'est que le contribuable sait fort bien ce qu'il paie, et s'il trouve la charge un peu lourde, ne manque jamais de murmurer. L'i. indirect, au contraire, frappe le contribuable de telle sorte que celui-ci ne s'en rend pas compte. En effet, le consommateur ne voit pas de combien le prix de la chose qu'il achète est augmenté par l'i., et oublie que son vendeur est un percepteur indirect. En outre, comme il achète par petites portions, au fur et à mesure de ses besoins, et ne paie ainsi l'i. que par fractions minimes, il ne s'aperçoit pas qu'au bout de l'année il a donné au fisc beaucoup plus qu'il n'aurait consenti à donner si on lui eût demandé directement une contribution quelconque à des époques déterminées. « En conséquence, dit J. Garnier, si l'on se place au point de vue exclusivement fiscal, qui fait consister tout le problème financier à extraire l'i. du contribuable sans qu'il s'en aperçoive et sans qu'il crie, à extraire le maximum de contribution avec le minimum de mécontentement, on peut conclure à la supériorité de l'i. indirect sur l'i. direct. Mais c'est là de l'art financier d'assez mauvais aloi. Au surplus, le sacrifice et la charge n'en existent pas moins: le contribuable est obligé de restreindre sa consommation de tout le montant de la taxe, et le producteur lui-même se trouve atteint indirectement par un i. qui ne s'adresse pas à lui. » Ainsi, l'argument de ce que le contribuable ne s'aperçoit pas de l'i. indirect qu'il paie, argument qui paraît aux financiers si victorieux en faveur de ce genre d'i. indirect, est précisément un des grands motifs pour lesquels les économistes lui sont peu favorables. « Si toutes les impositions étaient directes, dit J. Stuart-Mill, on sentirait bien plus qu'on ne sent les impôts actuels, et il y aurait là une garantie qui n'existe pas, en faveur de l'économie dans les dépenses publiques. »

Les financiers avancent encore en faveur de leur thèse deux assertions insoutenables. — À les en croire, l'i. indirect est une contribution volontaire, parce que le contribuable peut y échapper en cessant de se servir de la marchandise imposée. Certainement il peut, si telle est sa volonté, se dispenser de payer l'i.; mais il ne s'en dispensera qu'en sacrifiant une partie de son aisance. Bien plus, comme les principaux objets de consommation soumis à l'i. indirect sont de première nécessité, le contribuable ne pourrait échapper à l'i. qu'en sacrifice de sa santé et même de sa vie. Ainsi, l'ouvrier de nos grandes villes pourra échapper à l'i. en ne consommant ni vin, ni viande, ni beurre, ni œufs, etc. Et l'on appellera ces impôts des contributions volontaires ! On prétend aussi que les impôts indirects ne sont pas une charge pour la classe ouvrière, parce qu'elle sait se les faire rembourser. Il faut, dit-on, que l'ouvrier retrouve dans son salaire le prix des taxes qu'il a payées, car autrement il changerait de profession. Cette thèse, qui a été avancée par Ricardo, est vraie en tant qu'elle exprime une tendance; mais pour que cette tendance se réalise, il est indispensable que la demande de travail soit supérieure à l'offre, c.-à-d. que les patrons se fassent entre eux une concurrence plus active que les ouvriers ne se la font entre eux-mêmes. Le phénomène peut s'observer dans telle ou telle industrie à un moment donné: mais on a-t-on jamais vu les salaires s'élever simultanément dans toutes les carrières industrielles ? Quand les a-t-on vus hausser par le seul effet de l'établissement d'une nouvelle taxe indirecte ? Il importe, dans les études qui touchent à la question des salaires, de ne jamais oublier qu'ils sont avant tout réglés par une loi suprême et fondamentale, nous voulons dire la loi de la population. Quant à affirmer que les ouvriers changeraient de profession, s'ils ne retrouvaient pas dans leur salaire le prix de l'i., l'assertion est ridicule. On ne change pas d'état et de profession comme on change de vêtement. « Les cultivateurs, dit à ce propos de Sismondi, se feront-ils avocats ou médecins, ou bien leurs horlogers ou mécaniciens, parce que leurs salaires ne leur suffiront plus pour vivre ? La seule chose vraie dans cette formule abstraite, c'est que l'industrie où les salaires sont devenus trop bas n'attire plus à elle de nouveaux travailleurs ; mais ceux qui y sont actuellement attachés se trouvent dans la dure nécessité de ne pouvoir changer. — Concluons donc que la seule et la meilleure justification des taxes indirectes est la nécessité, nécessité qui dans l'état actuel de la civilisation ne saurait être contestée par aucun homme sérieux.

Règles pratiques. — Nous terminerons en citant les maximes pratiques posées par Ad. Smith au sujet de l'assiette et de la perception des impôts. Elles sont d'ailleurs un excellent résumé des observations qui précèdent. — 1° Tout i. doit être proportionnel aux facultés respectives des citoyens, c.-à-d. aux revenus dont chacun d'eux jouit sous la protection du gouvernement. « C'est, dit-il, en se conformant à cette règle, ou en la violant, qu'on introduit ce que j'appelle *l'égalité* ou *l'inégalité* en matière d'impositions. » — 2° La taxe que chaque citoyen est obligé de payer doit toujours être certaine, et ne doit jamais être arbitraire. Le temps de paiement, la manière de payer, la quotité à payer, tout doit être clair et précis pour le contribuable, ainsi que pour toute autre personne. — 3° Toute taxe doit être levée à l'époque et de la manière qui conviennent le mieux aux imposés. « C'est ainsi, dit Smith, qu'un i. sur la rente des terres et des maisons, s'il est payable à l'époque où les contribuables perçoivent cette rente, se trouve levé dans le moment qui, selon toutes les apparences, leur est le plus commode. » En France, cet i. est exigible au plus commode à la fois pour l'État et pour le contribuable ; ce dernier, en effet, n'est obligé ni à de longues économies, ni à de fortes avances. — 4° Toute taxe doit être combinée de façon qu'il ne sorte des mains du contribuable que le moins possible au delà de ce qui doit entrer dans le trésor public, et en outre de façon que la perception n'exige des mesures vexatoires et inquisitoriales. — 5° La perception doit aussi être organisée de manière à laisser au contribuable le moins de facilité possible à échapper au paiement de ce qu'il doit. A ces sages maximes les économistes qui sont venus après Smith en ont ajouté deux autres. — 6° L'i. ne doit jamais être immoral, soit dans sa source, soit dans ses effets : l'i. de la loterie et ce ti des jeux auraient ces graves défauts. — 7° L'i. doit être modéré. Cette dernière règle n'a pas besoin d'être développée ; nous nous contenterons à ce sujet de répéter avec Droz : « Après avoir réfléchi sur les impôts, on voit qu'ils ont tous des inconvénients graves, et l'on finit par dire que le meilleur ministre des finances est celui qui fait le moins payer. »

Ajoutons qu'il est toujours grave de modifier le système d'impôts. Un i. ancien et modéré est généralement préférable à un i. nouveau, même un peu moins lourd, parce que l'i. nouveau apporte avec lui des entraves aux transactions commerciales, et modifie l'état des fortunes. S'il est établi sans précaution, il peut ruiner toute une catégorie de contribuables, faire disparaître toute une industrie, et les répercussions qu'il entraîne à sa suite et qui ont échappé à l'œil peu clairvoyant du législateur. Que nous avons eu plus haut de la difficulté de déterminer la vraie incidence de l'i. montre bien à quels sophismes on se laisse entraîner quand on prétend discuter les impôts au point de vue de la justice et de l'égalité.

III. L'IMPÔT AU POINT DE VUE DU DROIT. — L'i. doit être préalablement consenti par la nation. Ce principe a été proclamé de bonne heure en France et solennellement reconnu par la royauté elle-même. C'est ainsi que sous Louis XI, le ministre Philippe de Commines déclare qu'il n'y a ni roi, ni seigneur sur terre qui ait pouvoir de mettre ou lever un denier sur ses sujets sans octroi et consentement de ceux qui le doivent payer, sinon par tyrannie et violence ». Toutefois, si on reconnaît le principe on l'applique mal. Aussi, en 1789, tous les *Cahiers* sont unanimes pour réclamer la restauration de ce principe de notre droit public et le premier soin de l'Assemblée nationale est de déclarer illégaux tous les impôts levés sans l'autorisation de la nation (17 juin 1789).

Depuis lors, tous les gouvernements qui se sont succédé chez nous se sont généralement conformés à cette règle. La sanction en est d'ailleurs inscrite en ces termes chaque année dans la loi de finances : « Toutes contributions directes ou indirectes autres que celles qui sont autorisées par les lois de finances de l'exercice 18.., à quelque titre et sous quelque dénomination qu'elles se perçoivent, sont formellement interdites à peine contre les autorités qui les ordonneraient, contre les employés qui confectionneraient les rôles et tarifs et ceux qui en feraient le recouvrement d'être poursuivis comme concussionnaires, sans préjudice de l'action en répétition pendant trois années contre tous receveurs, percepteurs ou individus qui en auraient fait la perception. »

On cite cependant quelques violations de ce principe ; elles datent presque toutes du premier empire. Ainsi, Napoléon Ier établit, de sa propre autorité, l'i. sur le sel en 1806, etc. Depuis cette époque, on n'a plus à relever qu'un seul exemple d'i. décrété sans le concours des représentants du pays : c'est l'i. des 45 centimes additionnels au montant des quatre contributions directes établi, en 1848, pour épargner au pays la banqueroute, par le Gouvernement provisoire.

Presque partout, l'autorisation de percevoir des impôts est accordée annuellement. En Allemagne, toutefois, si le vote est resté annuel, ce fut malgré le prince de Bismarck qui en 1880, 1882 et 1883 fit tous ses efforts pour le rendre biennal ; en Bavière, il est encore biennal après avoir été quinquennal ; il a été décennal dans les Pays-Bas jusqu'à la séparation de la Belgique et de la Hollande.

Nulle part, il est vrai, on ne discute à nouveau, chaque année, le principe ni même la tarification de tous les droits et contributions en vigueur ; mais, en droit, aucune disposition constitutionnelle ne s'opposerait, du moins en France, à ce que tous les impôts fussent remis chaque année en question.

En Angleterre, au contraire, certains impôts ont été établis pour une durée déterminée : l'*income-tax* a été voté pour trois ans d'abord (en 1842), pour sept ans en 1853. Depuis 1860, il est voté annuellement. Tous les autres droits, sauf le droit du thé, étant votés par des lois permanentes, le gouvernement se borne à faire connaître ses prévisions et à proposer des suppressions, des augmentations ou des revisions de tarifs.

En France, les prévisions de la loi de finances relativement au produit des impôts sont établies d'après les recettes réalisées pendant le dernier exercice dont les résultats sont définitivement arrêtés, c.-à-d. sur l'antépénultième année.

L'évaluation portée dans la loi de finances est l'évaluation du produit brut des impôts. Jusqu'à la Restauration, cependant, le produit net figurait seul au budget : c'était soustraire au contrôle des Chambres les frais de perception qui avaient pris des proportions exagérées. Depuis 1818, il est fait recette intégrale au budget du montant des produits ; les frais de perception et de régie sont portés en dépense et soumis par le Parlement.

IV. RECOUVREMENT DES IMPÔTS. — Avant la Révolution, le recouvrement des impôts était effectué par des agents qui payaient une somme fixe à l'État et gardaient en toute propriété les sommes qu'ils se faisaient payer par les contribuables. La totalité des impôts était divisée en plusieurs catégories qui portaient le nom de *fermes*, et étaient, au début du règne de Louis XIV, affermées séparément. En 1697, les cinq *grosses fermes*, celles des gabelles (sel), des aides (droits réunis, douanes), de la taille (contributions directes), des domaines et du tabac, furent affermées en bloc à une seule compagnie, et l'ensemble de cette administration devint la *ferme générale*. Plus tard, la ferme fut baillée à Law ; enfin, en 1720, elle fut baillée à une compagnie de 40 actionnaires qui prirent le nom de *fermiers généraux*. Ce système financier fut la source d'effroyables abus : il devint absolument odieux, et sa suppression fut l'un des premiers actes de l'Assemblée constituante de 1789. Depuis cette époque les impôts sont recouvrés, en France, par des fonctionnaires rétribués sur des bases fixes et régulières. Voy. FINANCE, FERMIER.

V. STATISTIQUE. — On sait à quelles difficultés se heurtent tous les essais de statistique comparative des charges d'État qui grèvent les habitants des principaux pays de l'Europe : les résultats de ces statistiques ne peuvent donner qu'une idée d'une exactitude très relative, de la réalité des faits. Nous reproduisons, néanmoins, à titre d'indication, les résultats publiés par M. Cerboni, directeur général de la comptabilité du royaume d'Italie, pour l'année 1887-88, et pour les sept États ci-après :

	QUOTITÉ PAR TÊTE	
	IMPÔTS DIRECTS	IMPÔTS INDIRECTS
	fr. c.	fr. c.
France	12,04	56,99
Angleterre.	12,95	40,20
Allemagne.	7,20	17,87
Autriche-Hongrie. .	12,04	26,57
Espagne.	15,57	27,23
Italie.	12,89	29,72
Russie.	2,99	16,42

Le même financier a essayé de déterminer le contingent que les principaux pays demandent à leurs domaines, aux produits de leurs exploitations et monopoles (taxes, ventes des tabacs, etc.) et à l'i. proprement dit (exercice 1887-88) :

QUOTITÉ PAR TÊTE

	DOMAINE	TAXES	IMPÔTS	TOTAL
France	0,99	5,02	69,03	75,04
Angleterre . . .	0,71	8,30	53,15	62,16
Allemagne. . . .	17,44	6,11	25,07	48,62
Autriche-Hongrie.	4,79	3,40	38,61	46,80
Espagne.	0,69	1,43	42,80	44,92
Italie	2,75	2,63	42,61	47,99
Russie.	1,41	1,02	19,41	21,84

La France est le pays le plus lourdement imposé du globe. Mais ces statistiques internationales n'ont pas une valeur absolue : car pour comparer utilement le chiffre des impôts des différents pays, il est indispensable de le rapprocher de l'ensemble des services rendus aux citoyens par l'État et par les administrations locales.

Enfin, ce n'est pas le chiffre de l'i. qu'il faut considérer, mais son rapport avec la richesse publique. Tel i., très lourd dans un pays relativement pauvre, comme l'Espagne, sera léger en France ou en Angleterre. Voy. BUDGET, CONTRIBUTION.

En France, les impôts de toute nature donnent à l'État un budget annuel de 3 milliards 538 millions. Ce budget a *doublé* depuis 1855 et *triplé* depuis 1830.

Bibliogr. — *Dictionnaire des finances*, de LÉON SAY. — VAUBAN, *La Dîme royale*, 1707. — MIRABEAU, *Théorie de l'impôt*, 1770. — J.-B. SAY, *Traité d'économie politique*, 1820. — STUART MILL, *Principes d'économie politique*, 1848. — E. DE PARIEU, *Traité des impôts*, 1850. — PROUDHON, *Théorie de l'impôt*, 1861. — VIGNES, *Traité des impôts*, 1871. — MENIER, *L'impôt sur le capital*, 1872. — PAUL LEROY-BEAULIEU, *Traité de la science des finances*, 1876. — CLAMAGERAN, *Histoire de l'impôt en France*, 1876. — VICTOR BONNET, *La question des impôts*, 1878. — YVES GUYOT, *L'impôt sur le revenu*, 1887.

IMPOTABLE. adj. 2 g. [Pr. *in-po...*] (R. *in* priv., et *potable*). Qu'on ne peut boire.

IMPOTATION. s. f. [Pr. *in-pota-sion*] (lat. *in*, en, et *potare*, boire). Action de boire.

IMPOTENCE. s. f. [Pr. *impotan-se*] (lat. *impotentia*, m. s.). T. Méd. État de celui qui est impotent. Peu us.

IMPOTENT, ENTE. adj. et s. [Pr. *in-potan...*] (lat. *impotens*, qui est sans puissance, de *in* priv., et *potens*, qui peut). Qui est privé de l'usage d'un bras, d'une jambe, etc., soit par vice de nature, soit par accident. *Elle est impotente. C'est un pauvre i. Il est i. des deux jambes. La goutte l'a rendu i.* — On dit de même, *Un bras i. Une jambe impotente.*

IMPOURVU, UE. adj. [Pr. *in...*] (R. *in* priv., et *pourvu*). A quoi on n'a pas pourvu. Vx. || *A l'impourvu*, À l'improviste.

IMPRATICABILITÉ. s. f. [Pr. *in...*]. État de ce qui est impraticable.

IMPRATICABLE. adj. 2 g. [Pr. *in...*] (R. *in* priv., et *praticable*). Qui ne peut se faire, se pratiquer. *Ce projet est beau, mais i. Ce que vous me proposez est tout à fait i.* || Se dit des lieux où l'on ne peut passer, où l'on ne passe qu'avec beaucoup de difficulté. *Un passage i. Les chemins sont impraticables.* || Par ext., *La Turquie est devenue i. à cause des brigands.* || En parlant d'une maison, d'un appartement, d'une chambre, se dit quelquefois pour Inhabitable. *Cet appartement est i. pendant l'hiver.* || Fig., Insociable, très difficile à vivre. *C'est un homme i. Il est d'un caractère, d'une humeur impraticable.*

IMPRÉCATEUR. s. m. [Pr. *in...*]. Celui qui prononce des imprécations.

IMPRÉCATION. s. f. [Pr. *inpré-ka-sion*] (lat. *imprecatio*, m. s., de *in*, dans, et *precari*, prier). Malédiction, souhait qu'on fait contre quelqu'un. *Faire des imprécations contre quelqu'un*, le charger d'imprécations. = Syn. Voy. EXÉCRATION.

Hist. — Chez les anciens, on nommait *Imprécations*, certaines formules solennelles par lesquelles on appelait la co-

lère divine contre une ou plusieurs personnes. On distinguait les imprécations *publiques*, qui étaient ordonnées par les magistrats, contre une ville ou une armée ennemie, contre un individu condamné pour impiété ou sacrilège, etc. ; les imprécations *privées*, qui étaient prononcées par les particuliers et dont les plus redoutables, aux yeux des Romains, étaient celles d'un père contre son fils ; et les imprécations *personnelles*, que l'on prononçait contre soi-même. Cette dernière sorte d'imp. accompagnait toujours le sacrifice du citoyen qui se dévouait pour son pays. Voy. DÉVOUEMENT.

Rhét. — En termes de Rhétorique, on donne le nom d'*I*. à une figure de pensée par laquelle on invoque le ciel, l'enfer, ou quelque puissance supérieure contre une personne ou une chose qui est l'objet de sa haine. Cette figure constitue un moyen oratoire d'un grand effet, quand elle est employée à propos. Nous avons déjà cité ailleurs (Voy. ANAPHORE) la magnifique imprécation de Camille contre Rome, dans les *Horaces* de Corneille :

Rome, l'unique objet de mon ressentiment !

Tout le monde connaît aussi celle que le même poète a placée dans sa tragédie de *Rodogune* :

Règne : de crime en crime enfin te voilà roi !...
Et pour vous souhaiter tous les malheurs ensemble,
Puisse naître de vous un fils qui me ressemble !

IMPRÉCATOIRE. adj. 2 g. [Pr. *in...*]. Qui a rapport à l'imprécation. *Formule i.* || Qui est fait avec imprécation. *Serment imprécatoire.*

IMPRÉCISÉ, ÉE. adj. [Pr. *in-prési-zé*] (R. *in* priv., et *précisé*). Qui n'est pas précisé.

IMPRÉCISION. s. f. [Pr. *in-prési-zion*] (R. *in* priv., et *précision*). Manque de précision.

IMPRÉGNATION. s. f. [Pr. *inpré-gna-sion*, *gn* mouil.] (R. *imprégner*). T. Physiol. Action par laquelle le germe est vivifié dans le corps de la femelle par le fluide fécondant du mâle. *L'i. de l'ovule.* || Se dit quelquefois pour Imbibition. *L'i. des bois*, infiltration de certains liquides pour les colorer, les conserver, etc.

IMPRÉGNER. v. a. [Pr. *inpré-gner*, *gn* mouil.] (lat. *impraegnare*, féconder, de *in*, dans, et *praegnans*, qui est enceinte). T. Physiol. Vivifier un germe, féconder ; se dit de l'action du fluide fécondant du mâle. || Par ext., Imbiber, faire pénétrer les molécules d'un corps entre les molécules d'un autre corps. *Imprégnez ce linge de vinaigre. I. une liqueur de sels. Cette odeur imprègne encore vos habits.* || Fig., se dit des opinions, des principes, etc. Dès son enfance, on *l'a imprégné de ces idées.* = S'IMPRÉGNER. v. pr. Se dit tant au prop. qu'au fig. *Ces étoffes se sont imprégnées de miasmes dangereux. Son esprit s'est imprégné de tous les préjugés de sa mère.* = IMPRÉGNÉ, ÉE. part. *Une terre imprégnée de nitre.* = Conj. Voy. CÉDER.

IMPRÉMÉDITATION. s. f. [Pr. *in-prémédita-sion*] (R. *in* priv., et *préméditation*). Qualité de ce qui est soudain, sans préméditation.

IMPRÉMÉDITÉ, ÉE. adj. [Pr. *in...*] (R. *in* priv., et *prémédité*). Qui n'est pas prémédité.

IMPRÉMÉDITÉMENT. adv. [Pr. *in-pré...*]. D'une manière impréméditée, sans préméditation.

IMPRENABLE. adj. 2 g. [Pr. *in...*] (R. *in* priv., et *prenable*). Qui ne peut être pris ; ne se dit qu'en parlant de places de guerre. *Il n'y a pas de place i.* — On dit aussi qu'*Une place est i.*, pour faire entendre qu'elle est très difficile à prendre.

IMPRÉPARATION. s. f. [Pr. *in-prépara-sion*] (R. *in* priv., et *préparation*). Manque de préparation.

IMPRÉPARÉ, ÉE. adj. [Pr. *in...*] (R. *in* priv., et *préparé*). Qui n'est pas préparé, qui n'a pas fait de préparatifs.

IMPRESARIO. s. m. [Pr. *in-pré-za-rio*]. Mot emprunté de l'italien, dérivé d'*impresa*, entreprise, et qui signifie chef d'une entreprise théâtrale.

IMPRESCIENCE. s. f. [Pr. *in-pres-sian-se*] (R. *in* priv., et *prescience*). Manque de prescience.

IMPRESCRIPTIBILITÉ. s. f. [Pr. *in...*]. T. Droit. Qualité de ce qui est imprescriptible.

IMPRESCRIPTIBLE. adj. 2 g. [Pr. *in...*] (R. *in* priv., et *prescriptible*). Qui n'est pas susceptible de prescription. || Dans le langage ordinaire, *Les droits de la nature sont impres-criptibles.*

IMPRESSE. adj. [Pr. *in-prè-se*] (lat. *impressa*, part. pass. fém., de *imprimere*, imprimer). T. Philos. Idée imprimée en nous par la sensation. Voy. INTENTIONNELLES.

IMPRESSIBILITÉ. s. f. [Pr. *inprè-sibilité*]. Faculté de recevoir une impression.

IMPRESSIF, IVE. adj [Pr *in-prè-sif*]. Qui cause une impression matérielle. || Se dit aussi au fig. *Chants impres-sifs, harmonies impressives.*

IMPRESSION. s. f. [Pr. *inprè-sion*] (lat. *impressio*, m. s., de *impressum*, sup. de *imprimere*, de *in*, dans, et *pre-mere*, presser). Action par laquelle on applique une chose sur une autre pour obtenir une empreinte; ou la marque obtenue par cette action. *L'i. d'un cachet sur la cire. L'i. que le coin laisse sur la monnaie. Le sable n'avait pas conservé l'i. de ses pas.* || Action ou manière d'obtenir, sur une surface unie, des empreintes qui reproduisent les figures tracées sur une autre surface, qui est chargée d'une matière colorante, et le résultat de cette action. *L'i. d'un livre, d'une gravure, d'une lithographie, d'une étoffe,* etc. *Il a imaginé un nouveau procédé d'i. en couleur. L'i. de ce papier peint a été manquée. Ce livre est d'une bien mauvaise. i.* || Se dit quelquefois pour Édition. *Les anciennes impressions sont aujourd'hui fort recherchées.* || Effet que l'action d'une chose quelconque produit sur un corps. *L'i. que les objets font sur nos sens. Les impres-sions de la douleur, du plaisir. Il est sensible aux moindres impressions de l'air.* — Ce qui reste de l'action qu'une chose a exercée sur un corps. *Mon accès de goutte m'a laissé quelque i. de douleur.* || Fig., L'effet qu'une cause quelconque produit dans le cœur ou dans l'esprit. *Les pre-mières impressions sont ordinairement les plus durables. Cet événement fit sur lui une i. pro-fonde i. Affaiblir, détruire, effacer l'i. qu'une personne a reçue de quelque chose. Il m'a laissé de lui une très mauvaise i. Je ne prends pas si facilement ces impressions-là.* || T. Peint. La couleur qu'on met sur la toile ou sur un panneau soit à l'huile, soit en détrempe, et qui sert de pre-mière couche à l'ouvrage. — *Peinture d'i*, La pein-ture à couches plates que font les peintres en bâti-ments. || T. Anat. *Impressions digitales.* Voy. DIGITAL. || T. Conchyl. *Impressions musculaires,* Marques à l'intérieur de la coquille à l'endroit où sont fixés les muscles qui servent à l'animal à fer-mer sa coquille. Voy. CONCHYLIOLOGIE.

Techn. — Le terme d'*i.* s'applique à des objets bien diffé-rents, et constitue des industries fort diverses, mais qui toutes sont très importantes et auxquelles nous consacrerons des ar-ticles spéciaux. En conséquence, nous traiterons de l'*im. en lettres* ou *im. typographique* au mot TYPOGRAPHIE, de l'*im. lithographique* au mot LITHOGRAPHIE, de l'*im. en taille-douce* à l'article TAILLE-DOUCE, des impressions *photo-typi-que, photolithographique, photoglyptique,* etc , au mot PHOTOGRAVURE. Nous nous contenterons de parler ici de l'*im. sur étoffes* et de l'*im. des papiers peints,* ces deux indus-tries ayant entre elles de grandes analogies.

1. IMPRESSION SUR TISSUS. — On nomme ainsi l'art de pro-duire mécaniquement sur les tissus des dessins variés avec des couleurs qui résistent au lavage à l'eau et au frottement. Cet art diffère de celui de la *Teinture* en ce qu'il a pour objet d'obtenir des figures autrement colorées que le fond, tandis que la teinture ne donne que des nuances unies. L'i. des tissus a été connue de tout temps des peuples de l'Asie méri t onale. Les anciens Égyptiens l'ont également pratiquée de très bonne heure. Les premiers principes de cet art nous sont ve us de l'Inde, et c'est pour ce motif que l'on a donné le nom d'*In-diennes* à ses produits, et celui d'*Indienneurs* à ceux qui les fabriquent. Les indiennes ont été appelées aussi *Toiles peintes,* parce que, dans le principe, à l'exemple des Orientaux les Eu-ropéens exécutaient les dessins au moyen du *pinceautage,*

c.-à-d. à l'aide du pinceau. Les indiennes ont été introduites en Europe par les Portugais, à la fin du XV° siècle, mais ce sont les Hollandais qui, environ un siècle plus tard, ont fait connaître les procédés indiens. Les premières manufactures s'élevèrent en Hollande, en Angleterre et en Suisse. Mais ce dernier pays, où l'industrie n'était pas entravée par les cor-porations, atteignit en peu de temps une supériorité qui lui assura, pendant longtemps, le monopole du marché. Cette in-dustrie fut importée chez nous par le Suisse Oberkampf, qui, en 1759, fonda la belle fabrique de Jouy (Seine-et-Oise). Pres-que à la même époque, le Génevois Frey et le Normand Abraham Pourchet en établirent une autre à Bondeville, près de Rouen. Ces trois industriels furent les véritables créateurs de l'indiennerie française. A Mulhouse, Kœchlin, Schmalzer et Dolfus avaient, dès 1746, établi une fabrique, qui est devenue le point de départ de l'indiennerie alsacienne. L'im. sur tissus est aujourd'hui pratiquée dans la plupart des États de l'Europe; néanmoins l'Angleterre, la France et la Suisse oc-cupent le premier rang. Ses centres principaux sont, pour la France, Rouen, Paris, etc.; pour l'Angle-terre, Manchester, Londres Glascow, etc.; pour la Suisse, Bâle, Genève, Neufchâtel, etc. Nous citerons encore Barcelone, en Espa-gne, et Vienne en Autriche, ainsi que Mul-house et Thann en Alsace-Lorraine. An-ciennement, on n'appliquait les dessins que sur les tissus de fibres végétales, et parti-

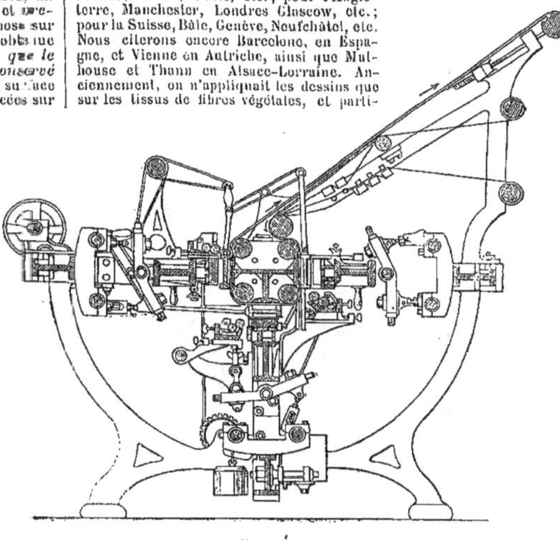

Fig. 1.

culièrement de coton, mais aujourd'hui on soumet également à l'im. ceux de soie, de laine, de jute, de lin et de ramie, ainsi que les mélanges obtenus par l'emploi combiné de ces diverses substances. Toutefois, la dénomination d'*indiennes* et de *toiles peintes* s'applique exclusivement aux cotonnades imprimées.

Nous examinerons successivement l'im. des tissus par les procédés dits à la main. et par les procédés mécaniques, bien que les premiers n'aient plus à l'heure actuelle qu'une importance minime. Mais comme certaines opérations sont communes aux deux procédés, nous en donnerons le détail en premier lieu, sauf à les énumérer simplement en parlant des méthodes mécaniques.

L'im. des tissus comprend cinq opérations principales : la *préparation des étoffes,* l'*épaississage des couleurs,* le *mordançage, l'application des couleurs,* et l'*avivage.* — Les premières manipulations que l'on fait subir aux étoffes ont pour objet de les débarrasser des matières étrangères qui pourraient nuire à la fixation des substances colorantes, et de rendre leur surface aussi unie que possible, afin que les par-ties les plus délicates du dessin s'y appliquent parfaitement. Ces manipulations varient plus ou moins suivant la nature des fibres textiles; mais voulant simplement donner une idée de ce travail, nous nous en tiendrons, dans tout ce qui va suivre, aux seuls tissus de coton. On détruit d'abord les aspérités et l'espèce de duvet que ces tissus présentent au sortir des mains du tisserand, tantôt par le *tondage*, tantôt par le *grillage* ou par le *flambage*. Le tondage s'exécute avec des machines appelées *Tondeuses*; nous avons, aux mots DRAP et DRAPERIE, examiné en détail leur fonctionnement et décrit les appareils le plus communément employés. — Une fois tondue ou grillée, la toile est soumise au *blanchiment* (Voy. ce mot); après quoi on la *passe au sur;* en d'autres termes, on la fait tremper quelques instants dans de l'eau chaude aiguisée d'acide sulfurique pour enlever les taches ferrugineuses et les portions de potasse qu'elle a pu conserver dans les opérations précédentes. Au sortir de ce bain, on la porte à la rivière où, au moyen de cylindres cannelés, on lui fait dégorger l'eau acidulée qu'elle contient. Enfin on la fait sécher, et on la *calandre*, c.-à-d. on la fait passer entre deux cylindres métal-

Fig. 2.

liques qui, agissant comme des laminoirs, unissent parfaitement sa surface. Le tissu alors est prêt à recevoir l'im. Il faut tout d'abord épaissir la couleur destinée à l'im. de l'étoffe, sans quoi elle *coulerait,* c.-à-d. s'infiltrerait, en vertu des lois de la capillarité, au delà des limites voulues, ce qui détruirait la régularité et altérerait les nuances des dessins. On épaissit les couleurs en y introduisant certaines substances, le l'amidon, de la léiocome, de la gomme, de la gélatine ou de la terre de pipe. Il n'est pas moins indispensable d'épaissir les *mordants* qu'on emploie, dans le plus grand nombre des cas, pour faire adhérer les matières colorantes aux fibres textiles. — Nous ne parlerons ici, ni du *mordançage,* ni de la *teinture,* ni de l'*avivage,* afin de ne pas faire double emploi (Voy. TEINTURE), et nous passerons aux procédés qui servent à appliquer les dessins sur les tissus.

Application. — Cette application se fait par une impression qui a la plus grande analogie avec celle des livres. Elle a

lieu, d'une manière intermittente, à l'aide de *blocs* ou de *planches plates,* ou d'une manière continue, au moyen de *cylindres* métalliques. Les figures à reproduire sont gravées, soit en creux, soit en relief sur ces blocs, ces planches et ces cylindres, et elles comprennent autant de parties qu'elles offrent de nuances ou couleurs différentes. Chaque partie s'imprime isolément, et l'on reconstitue l'œuvre du dessinateur, en les superposant exactement à l'aide de points de repère. — Les *blocs* ou *planches* ont été imaginés au commencement du XVIIIe siècle pour remplacer le pinceautage; mais on ne connaît pas le nom de leur inventeur. Ce sont des planches de bois dur gravées en relief d'un côté, ou bien incrustées de lames ou de fils de laiton qui font relief. Les dimensions de chaque planche sont telles qu'un homme puisse aisément la manier. L'ouvrier imprimeur saisit sa planche en introduisant les doigts dans des trous pratiqués sur la partie opposée au dessin, l'imprègne de couleur et l'applique avec soin sur le tissu préalablement étendu sur une table recouverte d'un drap désigné sous le nom de *doublier.* Pendant longtemps, les imprimeurs sur tissus ont fait usage d'une machine simplifiant beaucoup la manutention, et qui est d'origine anglaise. On la désigne sous le nom de *machine de Watt.* C'était déjà un immense progrès permettant d'obtenir rapidement une im. parfaite. Mais, depuis cette époque, les machines à imprimer ont été singulièrement perfectionnées. L'une des premières et des plus remarquables est la *Perrotine,* due à notre compatriote Perrot qui l'imagina en 1834. Dans cette machine, toutes les opérations se font mécaniquement : les planches reçoivent les couleurs de châssis mobiles qui puisent ces couleurs dans un certain nombre de baquets renfermant chacun une couleur différente. Plus tard, en 1845, le même inventeur perfectionna de telle façon sa machine, qu'il parvint à imprimer quatre couleurs différentes (Fig. 1).

A l'heure actuelle, on est arrivé à construire des machines qui, à l'aide de cylindres et d'un dispositif mécanique extrêmement ingénieux, impriment huit, douze et quatorze couleurs; telles sont celles qui portent les noms des inventeurs Silbermann, Huguenin, Dubosc, Hereuville, etc., etc. Ces machines sont extrêmement variées, mais, dans tous les cas, chacune d'elles se compose d'autant de séries de cylindres qu'il y a de couleurs à imprimer. Chaque série fonctionne d'une manière continue et comprend trois cylindres : l'un qui est gravé en creux; l'autre qui puise la couleur dans une sorte d'auge et la distribue sur le premier; enfin le troisième, qui comprime l'étoffe sur celui-ci et la force à se charger de la matière colorante. Enfin on a imaginé, depuis quelques années, d'imprimer à plusieurs couleurs à la fois avec des machines à un seul cylindre. C'est à cette dernière invention que l'on doit les toiles peintes à dégradations de teintes, appelées *genre fondu* ou *ombré.*

Nous venons de donner une idée des opérations principales dont l'ensemble constitue la fabrication des tissus imprimés. Mais cette fabrication n'a pas toujours lieu de la même manière; elle varie, dans certaines de ses parties, suivant les matières colorantes employées, les dessins à produire, et la nature des fibres textiles. Ainsi, très souvent, on fixe les dessins sur l'étoffe par une im. véritable en recourant aux blocs, les planches plates ou les rouleaux, de la couleur convenable, tandis que, dans certains cas, on applique simplement les mordants avec ces mêmes blocs, planches ou rouleaux; il suffit ensuite, pour obtenir les teintes désirées, de plonger le tissu dans un bain de teinture. Les matières colorantes contenues dans ce bain ne se fixent alors d'une manière stable que sur les parties mordancées, et l'on rend au fond sa couleur primitive au moyen de lavages plus ou moins répétés.

Les différents procédés d'application des couleurs sur les tissus forment cinq classes que l'on désigne sous les noms de *genre garancé, g. vapeur, g. réserve, g. lapis,* et *méthode par rongeants.* 1° Le genre *garancé,* qui est le plus employé, consiste à imprimer d'abord les mordants, après quoi on passe au bain de teinture ordinaire ayant la coloration voulue, ce que l'on obtient aisément à l'aide d'appareils spéciaux dits *machines de vaporisage,* et qui se composent de cuves en communication directe avec des chaudières; une sorte de diaphragme facilement traversé par la vapeur recouvre l'orifice de ces cuves. Ce procédé facilite certaines réactions chimiques indispensables. 2° Dans le genre *vapeur,* on imprime directement sur le tissu un mélange composé d'un mordant et d'une couleur, et l'on fixe cette dernière au moyen d'un courant de vapeur d'eau. 3° Le genre *réserve* est surtout usité pour produire des dessins blancs sur fond coloré en bleu par l'indigo. A cet effet, on applique sur les parties qui doivent rester blanches des compositions particulières, appelées *réserves*, et l'on passe dans un bain d'indigo. Ces réserves ont la propriété d'empêcher l'indigo de se fixer sur les points qu'elles recouvrent. 4° Le genre *lapis* a beaucoup d'analogie avec le précédent, et nécessite également l'emploi des réserves. Il sert à former des dessins colorés sur fond bleu. On introduit un mordant dans la réserve; on passe au bain d'indigo en procédant comme s'il s'agissait d'obtenir des dessins blancs; enfin, on teint dans un bain de garance ou de quercitron, suivant la nuance que l'on veut avoir. 5° La méthode *par rongeants* s'emploie le plus souvent pour produire des dessins blancs sur fond noir, c.-à-d. pour la fabrication des étoffes de deuil, mais on l'applique également sur des fonds d'autre nuance. Elle consiste, en général, à imprimer d'abord les mordants, à déposer sur ces derniers, aux endroits convenables, des substances nommées *rongeants*, qui sont ordinairement des acides végétaux, lesquels ont la propriété de dissoudre les mordants. Après quoi, on passe dans un bain de garance, qui ne teint que les parties où le rongeant ne s'est pas fixé.

II. IMPRESSION DES PAPIERS PEINTS. — Cette sorte d'im. présente une très grande analogie avec celle des indiennes. Elle se pratique soit à la main, soit en faisant usage de machines semblables à celles qui sont employées pour les tissus. On commence par faire le *fond*, c.-à-d. par donner au papier une teinte uniforme en passant sur toute sa surface une brosse à longs poils trempée dans la couleur. Cette opération terminée, on le fait sécher, après quoi on le *lisse* en promenant une pierre polie ou un morceau de verre sur le côté opposé au fond; puis on le *satine* en couvrant ce même fond de craie de Briançon en poudre très fine et en frottant avec une brosse. Le papier peut alors recevoir l'im. proprement dite. Celle-ci s'exécute au moyen de blocs ou de machines comme pour les toiles peintes. Dans le premier cas, l'ouvrier prend une planche de bois sur laquelle les dessins sont tracés en relief par de petites lames de cuivre, la charge de couleur et l'applique immédiatement sur le papier. Enfin, il exerce sur le tout une pression convenable à l'aide d'une longue perche dont une extrémité est fixée à demeure sous une traverse, tandis qu'il agit sur l'autre. Quand la planche a produit son effet, il la garnit de nouveau de couleur et exerce comme précédemment jusqu'à ce qu'il arrive à la fin du rouleau. Il y a autant de planches que de couleurs, et ces planches s'appliquent successivement et isolément. On a soin de les placer le plus exactement possible, en se servant pour cela des points de repère dont elles sont pourvues. L'im. mécanique se fait au moyen d'appareils analogues à ceux qui sont en usage dans l'indiennerie, et à l'aide desquels on peut appliquer sur le papier les diverses couleurs qu'il doit recevoir. Nous n'insisterons donc pas sur les machines à papiers peints. Certains papiers peints sont ornés de dessins dorés ou argentés. Pour obtenir ces derniers, on dépose sur les parties voulues une espèce de pâte appelée *assiette*, sur laquelle on applique des feuilles d'or ou d'argent. Pour obtenir les papiers *veloutés*, on étend, au moyen d'une planche gravée, sur les parties qui doivent recevoir ce genre d'ornement, un mordant composé de céruse broyée et d'huile cuite, et l'on place le papier dans une caisse de bois dont le fond, qui est de peau, est chargé de *tontisse* (laine teinte provenant de la tonte des draps), laquelle a été préalablement moulue, blutée et réduite en poussière impalpable. On fait alors sauter la tontisse en frappant le fond de la caisse avec des baguettes, et la laine s'attache seulement sur les points mordancés. On applique des couleurs à côté et l'on termine en mettant sous presse. — L'industrie des papiers peints est originaire de la Chine, et ce sont les Hollandais qui en ont fait connaître les produits à l'Europe; mais c'est à Rouen que paraît avoir été établie la première manufacture de ce genre, vers le commencement du XVII° siècle. Toutefois cette industrie n'a réellement pris grand essor en France que lorsque Réveillon l'eut introduite à Paris, quelques années avant la Révolution. Depuis lors, bien que la fabrication des papiers peints se pratique dans toutes les grandes villes de l'Europe, Paris est resté le centre principal de cette industrie et n'a pas cessé de donner à ses produits un cachet de supériorité incontestable.

IMPRESSIONNABILITÉ. s. f. [Pr. *in-prèsi-ona-silité*]. Qualité de ce qui est impressionnable ou susceptible d'impression.

IMPRESSIONNABLE. adj. 2 g. [Pr. *in-prè-sio-nable*]. Qui s'impressionne facilement. *Un esprit, une âme i. C'est une nature excessivement i.*

DICTIONNAIRE ENCYCLOPÉDIQUE. — T. V.

IMPRESSIONNER. v. a. [Pr. *in-prè-sio-ner*]. Affecter d'une impression matérielle. *La lumière impressionne les sels d'argent.* || Fig., Faire impression, émouvoir. *Cette scène m'a douloureusement impressionné. Ce discours impressionna vivement l'auditoire.* = S'IMPRESSIONNER. v. pron. S'émouvoir. *Il s'impressionne facilement.* = IMPRESSIONNÉ, ÉE. part.

IMPRESSIONNISME. s. m. [Pr. *imprè-sio-nisme*]. Procédé, en peinture et en littérature, qui consiste à produire des impressions à tout prix et telles quelles.

IMPRESSIONNISTE. s. m. [Pr. *in-prè-sio-niste*] (R. *impression*). Peintre appartenant à l'école qui prétend rendre l'impression que font les objets à première vue, en éliminant tous les détails accessoires.

IMPRÉVISION. s. f. [Pr. *in-prévi-zion*] (R. *in* priv., et *prévision*). Manque de prévision.

IMPRÉVOYABLE. adj. 2 g. [Pr. *in-prévo-ia-ble*] (R. *in* priv., et *prévoir*). Qui ne peut pas être prévu.

IMPRÉVOYANCE. s. f. [Pr. *in-pré-vo-iance*]. Défaut de prévoyance.

IMPRÉVOYANT, ANTE. adj. [Pr. *in-pré-vo-ian*] (R. *in* priv., et *prévoir*). Qui manque de prévoyance. *La jeunesse est imprévoyante.*

IMPRÉVU, UE. adj. [Pr. *in-prévu*]. Qui n'est pas prévu; qui arrive quand on y pense le moins. *Accident i. Mort imprévue.*

Syn. — *Inattendu, Inespéré, Inopiné.* — *Imprévu* regarde les choses qui font l'objet particulier de notre prévoyance. *Inattendu* regarde les choses qui forment l'objet particulier de notre attente; *inespéré* regarde les choses qui font l'objet de nos espérances et de nos désirs; *inopiné* regarde les choses qui ne peuvent nous venir dans l'esprit, qui sont le sujet de notre surprise. Une mort *imprévue* frappe un homme sans qu'il s'y soit préparé. La visite d'une personne avec laquelle on n'est pas en relations est *inattendue*. Un bien nous paraît d'autant plus grand qu'il est *inespéré*. La chute d'un bâtiment neuf est *inopinée*.

IMPRIMABLE. adj. 2 g. Qui peut être imprimé.

IMPRIMER. v. a. (lat. *imprimere*, m. s., de *in*, dans, et *premere*, presser). Faire ou laisser une empreinte sur quelque chose. *I. un sceau sur de la cire. Le balancier imprime mieux les figures sur la monnaie que le marteau. Le cerf a imprimé ses pas sur la terre molle.* — Fig., Il *imprime à tout ce qu'il fait un cachet d'originalité. Cette action imprime à sa mémoire une honte éternelle.* || Sign. aussi Produire des figures quelconques sur une surface en y appliquant une autre surface chargée d'une matière colorante. *I. en taille-douce. I. une lithographie. I. des indiennes. I. un livre, un mémoire. I. sur vélin. Cette presse imprime mal. Cet ouvrier imprime très nettement.* — Par ext., en parlant des livres, se dit de tous les travaux nécessaires à la confection d'un livre. *On imprime très bien dans cette maison. Faire i. un manuscrit.* || Publier par la voie de l'impression. *Il n'a encore rien imprimé. Non seulement il a dit cela, mais encore il l'a imprimé.* — Se faire i., Mettre au jour quelque ouvrage. *Mon roman est fini, je me fais i.* || Fig., se dit des sentiments, des images, etc., qui font impression dans l'esprit, dans le cœur. *Il faut i. de bonne heure les sentiments de la vertu dans le cœur des jeunes gens. Ce spectacle lui imprima une grande terreur.*

     . . . La haine ordinaire
Qu'imprime à ses pareils le nom de belle-mère.
                     CORNEILLE.

|| En parlant du mouvement, signifie Communiquer. *Le choc imprimera à cette bille un mouvement en ligne droite. La vitesse que lui imprime le vent.* — Fig., *Cette découverte imprima aux esprits, aux idées, une direction nouvelle.* || T. Peint. Donner à une toile ou à un panneau la préparation nécessaire pour y peindre un tableau. — Parmi les peintres en bâtiments, enduire d'une ou plusieurs couches de couleur des ouvrages de menuiserie, etc. = S'IMPRIMER. v. pron. Être imprimé. *Leurs pas s'imprimaient sur le sable. Ce journal s'imprime chez un tel. Ce que j'ai vu une fois s'imprime dans ma mémoire d'une manière ineffaçable.*

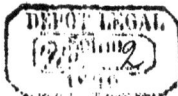

≕ **Imprimé, ée.** part. *Un livre imprimé en gros caractères.* || S'emploie subst., en parlant de petites brochures ou de feuilles volumes. *On m'a remis un imprimé. Il court des imprimés scandaleux.* = Syn. Voy. **Empreindre.**

IMPRIMERIE. s. f. [Pr. *in-primerie*]. L'art d'imprimer des livres. *L'invention de l'i. a changé la face du monde moderne.* || Établissement où l'on imprime des livres. *Il veut acheter une i. L'i. Nationale. Le matériel d'une i. Le prote d'une i* — On dit, dans un sens anat., *I. en taille-douce. I. lithographique.* || *I. portative,* se dit d'une presse portative, avec l'assortiment de caractères et d'ustensiles pour imprimer des ouvrages de peu d'étendue. Voy. **Lithographie** et **Typographie.**

Hist. et Admin. — L'*I. Royale,* appelée aujourd'hui *I. Nationale* n'a point été fondée par François Ier, comme on le répète tous les jours, mais par Louis XIII, en 1640. Elle fut d'abord établie dans les galeries du Louvre, d'où le nom d'*I. du Louvre,* sous lequel elle fut d'abord désignée. Cette même année, le cardinal de Richelieu, alors ministre, l'inaugura en lui faisant publier une édition latine de l'*Imitation,* qui fut immédiatement suivie d'une édition également latine du *Nouveau Testament.* Ces deux publications, ainsi que celles qui leur succédèrent, furent trouvées si remarquables sous le rapport typographique, que la nouvelle i. fut proclamée à l'étranger la première du monde. Depuis lors elle n'a pas cessé de justifier cette haute réputation. Aujourd'hui elle constitue l'établissement typographique le plus complet qui existe, car elle réunit la pratique de tous les arts qui, de près ou de loin, se rattachent à la fabrication matérielle des livres. Cet établissement entretient un nombre permanent d'environ 1,250 ouvriers, et renferme 2,700 pierres, machines, outils d'impression, etc. Il emploie à son exploitation une masse de 2 millions de kil. de caractères. Sa collection des caractères est unique, surtout en ce qui concerne les langues orientales. L'outillage de la section étrangère se compose de 265,381 poinçons et de 46,593 matrices. La valeur du matériel, en 1895, était estimée à plus de 7 millions de francs. — L'*I. Nationale* est administrée pour le compte et au nom de l'État. Elle est spécialement chargée de la publication du *Bulletin des Lois* et de tous les règlements, décrets et actes de l'autorité publique. Elle imprime aussi les travaux d'art et de sciences édités par l'État. Enfin, elle se charge d'imprimer, pour le compte des auteurs et avec l'approbation du Garde des sceaux, les publications exigeant des caractères étrangers qui ne se trouvent pas dans les imprimeries particulières. L'*I. Nationale* est administrée par un directeur assisté d'un ingénieur. Elle comprend six services : 1° travaux typographiques ; 2° travaux accessoires de l'impression ; service du *Bulletin des Lois* ; 3° comptabilité administrative ; 4° comptabilité en deniers et matériel ; 5° contrôle ; 6° service intérieur. Le budget de cet établissement se rattache pour ordre à celui du ministère de la Justice. Ce rattachement s'explique par ce fait qu'à l'origine la tâche principale de l'I. Nationale consistait dans l'impression du *Bulletin des Lois,* dont le service dépendait de l'administration de la Justice. Nous rappellerons, en terminant, que toutes les impressions qui y sont faites se reconnaissent à un signe particulier que porte la lettre *l,* et qui consiste en un petit trait latéral (*l̸*). L'imitation de ce signe est formellement interdite.

IMPRIMEUR. s. m. Celui qui exerce l'art de l'imprimerie, qui dirige un établissement de typographie. *Brevet d'i. I.-libraire. I. de la faculté de droit.* — Dans un sens anal., on dit, *I. en taille-douce, I. lithographe.* || Par ext., se dit aussi de tous les ouvriers qui travaillent dans une imprimerie, mais plus particulièrement de ceux qui travaillent à la presse et tirent les feuilles.

Législ. — La profession d'*Imprimeur* a été soumise en France, dès le XVIe siècle, à un régime restrictif qui a peu varié jusqu'en 1789. Dans les derniers temps, il fallait, pour l'exercer, être *congru* en langue latine, savoir lire le grec, être de bonnes vie et mœurs, professer la religion catholique, subir un examen, et avoir déjà passé 7 années dans la typographie, comme apprenti et comme compagnon. Cette législation fut abolie en 1791, et la profession d'i. devint pleinement libre comme toutes les autres professions. Mais ce régime de liberté fut de nouveau détruit par un décret du 5 février 1810, dont les dispositions, modifiées et complétées par une loi du 21 octobre 1814, ont été appliquées jusqu'en 1870. Sous ce régime, nul ne pouvait être i. s'il n'était breveté et assermenté. Le brevet était accordé par le ministre de l'Intérieur et pour un lieu déterminé Pour l'obtenir, il fallait justifier de sa capacité et de sa moralité au moyen de certificats délivrés, le premier par quatre imprimeurs régulièrement en exercice, et le second par les autorités municipales. Le nombre des imprimeurs était limité. De plus, chaque i. était tenu d'avoir 4 presses à la disposition du public, s'il exerçait à Paris, et 2 seulement si c'était dans un département. La non-exécution de cette condition pouvait amener le retrait du brevet. Il en était de même lorsque le brevet restait inexploité, comme aussi lorsque le titulaire avait encouru une condamnation devenue définitive, quand bien même cette condamnation était motivée par un acte étranger à sa profession. Sous le rapport de l'exercice de son industrie, l'i. était tenu d'avoir un registre coté et paraphé par le maire de la ville où il résidait, et sur lequel il devait inscrire, par ordre chronologique, le titre des ouvrages qu'il se proposait d'exécuter. Il lui était encore interdit d'imprimer aucun écrit sans l'avoir préalablement déclaré, et de le mettre en vente ou de le publier, de quelque manière que ce fût, avant d'en avoir déposé deux exemplaires. La déclaration et le dépôt avaient lieu, à Paris au ministère de l'Intérieur, et dans les départements au secrétariat de la préfecture. Tout oubli de l'une ou de l'autre de ces deux obligations était puni d'une amende de 1,000 fr. pour la première fois, et de 2,000 fr. pour la seconde. Enfin, l'i. était tenu d'indiquer son nom et sa demeure sur tous les produits qui sortaient de ses ateliers. Toute omission à ce sujet était passible d'une amende de 3,000 fr., qui était doublée, sans préjudice de l'emprisonnement prononcé par le Code Pénal, s'il y avait indication d'un faux nom ou d'une fausse adresse. — La loi n'atteignait pas seulement les imprimeurs typographes. Aux termes d'une ordonnance royale du 8 oct. 1817 et du décret du 22 mars 1852, les imprimeurs lithographes et les imprimeurs en taille-douce étaient assimilés aux typographes, et, par conséquent, ils devaient être brevetés et assermentés. Bien plus, en vertu de ce dernier décret, les fondeurs en caractères, les clicheurs ou stéréotypeurs, les fabricants de presses et les marchands d'ustensiles d'imprimerie étaient obligés à une déclaration quotidienne de leurs ventes, conforme à l'inscription faite sur le registre coté et paraphé qu'ils étaient également tenus d'avoir. Toute infraction à ce sujet de ces dispositions était punie d'une amende de 50 à 200 fr. — Enfin, la détention d'un matériel d'imprimerie par des personnes qui n'étaient ni brevetées ni assermentées, était passible de 6 mois de prison et de 10,000 fr. d'amende. Toutefois on pouvait faire usage de presses de petite dimension pour exécuter des impressions privées et de peu d'importance ; mais il fallait alors se pourvoir d'une autorisation qui était délivrée, à Paris, par le ministre de l'Intérieur, et par les préfets dans les départements.

Le décret du 19 sept. 1870 rendit libre la profession d'imprimeur, en exigeant toutefois une déclaration au ministère de l'Intérieur. Cette dernière condition fut supprimée par la loi du 29 juillet 1881, qui, dans son article premier, proclame la liberté de l'imprimerie et de la librairie. La même loi exige (art. 2) que tout imprimé rendu public, à l'exception des ouvrages dits *de ville* ou *bilboquets,* porte l'indication du nom et du domicile de l'i., à peine, contre celui-ci, d'une amende de 5 fr. à 15 fr. La peine de l'emprisonnement sera être prononcée si, dans les douze mois précédents, l'i. a été condamné pour contravention de même nature. De plus, la loi précitée (art. 3 et 4) oblige l'i., sous peine d'une amende de 16 à 300 fr., à faire, au moment de la publication, le dépôt de deux exemplaires pour tout imprimé rendu public, de trois exemplaires pour les estampes et la musique. Le dépôt de ces exemplaires destinés aux collections nationales, est fait au ministère de l'Intérieur pour Paris, à la préfecture pour les chefs-lieux de département, à la sous-préfecture pour les chefs-lieux d'arrondissement, et, pour les autres villes, à la mairie. Sont exceptés de cette disposition les bulletins de vote, les circulaires commerciales, et les ouvrages dits *de ville* ou *bilboquets.*

IMPRIMEUSE. s. f. Machine servant à imprimer.

IMPRIMURE. s. f. (R. *imprimer*). T. Techn. Première couche que le peintre étend sur la toile. — Enduit dont l'ouvrier cartier revêt le papier fort. — Ce papier lui-même revêtu de son enduit.

IMPROBABILITÉ. s. f. Qualité de ce qui est improbable. *Il y a toute i. Chose improbable.*

IMPROBABLE. adj. 2 g. (R. *in* priv., et *probable*). Qui n'a point de probabilité. *Cette assertion est i.*

IMPROBABLEMENT. adv. D'une manière qui n'est pas probable.

IMPROBANCE. s. f. (R. *in* priv., et *probant*). T. Jurisp. État de ce qui n'est pas probant.

IMPROBANT, ANTE. adj. (R. *in* priv., et *probant*). Qui n'est pas probant.

IMPROBATEUR. TRICE. adj. (lat. *improbator*, u. s. de *in* priv., et *probare*, approuver). Qui désapprouve, qui marque improbation. *Geste i. Coup d'œil i. Silence i.* || Subst., *Cette action a trouvé de nombreux improbateurs*.

IMPROBATIF, IVE. adj. Qui improuve.

IMPROBATION. s. f. (lat. *improbatio*, m. s.). Action d'improuver. *Une i. sévère. Signe d'i. Un murmure d'i. Manifester son i.*

IMPROBE. adj. 2 g. (lat. *improbus*, m. s. de *in* priv., et *probus*, probe). Qui manque de probité.

IMPROBITÉ. s. f. (lat. *improbitas*, m. s. de *in* priv., et *probitas*, probité). Défaut de probité, mépris de la justice et de l'honnêteté. *Son i. est connue. L'i. de sa conduite.*

IMPRODUCTIBLE. adj. 2 g. (R. *in* priv., et *productire*). Qui ne peut être produit.

IMPRODUCTIF, IVE. adj. (R. *in* priv., et *productif*). Qui ne produit point, qui ne rapporte rien. *Un capital i. Des terres improductives.* || T. Écon. polit. *Travail i., Consommation improductive.* Voy. TRAVAIL et CONSOMMATION.

IMPRODUCTIVEMENT. adv. D'une manière improductive. *Consommer i.*

IMPRODUCTIVITÉ. s. f. Défaut de ce qui est improductif.

IMPRODUIT, ITE. adj. Qui n'est pas produit.

IMPROFANÉ, ÉE. adj. Qui n'est pas, qui n'a pas été profané.

IMPROFITABLE. adj. 2 g. Qui n'est pas profitable.

IMPROMPTU. s. m. [Pr. *in-promp-tu*] (lat. *impromptu*, visiblement, aux yeux de tous, de *in*, dans, et *promptu*, mise dehors, de *promere*, étaler, faire voir). Ce qui se fait sur-le-champ, sans avoir été prémédité, préparé. *Le dîner qu'il nous donna était un i., car il ne nous attendait pas. Ce concert est un i.* — Adjectiv., *Un dîner, un bal, un voyage i.* || En Littérat., se dit d'une épigramme, d'un madrigal, ou d'une autre petite pièce de poésie faite sur-le-champ. *Un joli i. — Un i. fait à loisir*, se dit, par plaisant., d'une petite pièce de poésie, d'un bon mot, etc., qui a été préparé d'avance, et que l'auteur donne comme fait, comme trouvé sur-le-champ. — Le pluriel s'écrit à volonté avec une s ou sans s : *Il fait très bien les impromptu* ou *les impromptus.* — On dit encore adjectiv., *Des vers impromptu* ou *impromptus.*
L'un des plus jolis impromptus (mais le fut-il vraiment?) est le madrigal « improvisé » par le marquis de Saint-Aulaire, au château de Sceaux, chez la duchesse du Maine qui le comparait à Apollon, un soir que l'on jouait aux *Secrets* :

> La divinité qui s'amuse
> A me demander mon secret,
> Si j'étais Apollon, ne serait pas ma muse ;
> Elle serait Thétis... et le jour finirait.

IMPROMPTUAIRE. s. m. [Pr. *inpromptu-ère*]. Celui qui fait des impromptus.

IMPROMULGUÉ, ÉE. adj. T. Législ. Qui n'est pas promulgué.

IMPRONONÇABLE. adj. 2 g. Qui ne peut être prononcé.

IMPROPICE. adj. 2 g. Qui n'est pas propice.

IMPROPORTIONNALITÉ. s. f. [Pr. *in-pro-por-sio-na-lité*]. Caractère de ce qui n'est pas proportionnel.

IMPROPORTIONNEL, ELLE. adj. [Pr. *in-pro-por-sio-nel*]. Qui n'est pas proportionnel.

IMPROPOSABLE. adj. 2 g. [Pr. *in-propo-za-ble*]. Qui ne peut être proposé.

IMPROPRE. adj. 2 g. (lat. *improprius*, m. s. de *in* priv., et *proprius*, qui convient en propre). Qui ne convient pas, qui n'est pas juste, exact ; ne se dit guère qu'en parlant du langage. *Expression i. Il faut éviter les termes impropres.*

IMPROPREMENT. adv. D'une manière qui ne convient pas, qui n'est pas juste, exacte ; ne se dit qu'en parlant du langage.

IMPROPRETÉ. s. f. (R. *in* priv., et *propreté*). Malpropreté.

IMPROPRIÉTÉ. s. f. (lat. *improprietas*, m. s. de *in* priv., et *proprius*, qui convient en propre). Qualité de ce qui est impropre ; ne se dit qu'en parlant du langage. *L'i. des termes rend le style obscur.*

IMPROSPÈRE. adj. 2 g. (R. *in* priv., et *prospère*). Qui n'est pas prospère.

IMPROTÉGÉ, ÉE. adj (R. *in* priv., et *protégé*). Qui n'est pas protégé.

IMPROUVER. v. a. (lat. *improbare*, m. s. de *in* priv., et *probare*, approuver). Désapprouver, blâmer. *Tout le monde improuve sa conduite.* == IMPROUVÉ, ÉE. part. == Syn. Voy. DÉSAPPROUVER.

IMPROVISADE (A l'). loc. adv. [Pr. *à l'improvi-za-de*]. En improvisant.

IMPROVISATEUR, TRICE. s. [Pr. *in-provi-za-teur*]. Celui, celle qui improvise, qui a le talent d'improviser.

IMPROVISATION. s. f. [Pr. *improvi-za-sion*]. Action d'improviser.
    Littér. — L'art d'improviser en vers remonte aux premiers âges de la poésie ; on peut même dire que les premiers poètes n'ont réellement été que des improvisateurs. Pour réussir, cet art exige deux choses qui ne se trouvent pas développées au même degré chez tous les peuples : une imagination très vive, une langue riche, sonore et très harmonieuse. C'est ce qui explique pourquoi les populations de l'Italie se sont toujours fait remarquer par leur facilité d'i. L'espagnol et l'allemand se prêtent encore assez facilement à ce genre de composition. Quant à la langue française, elle présente, sous ce rapport, des difficultés presque insurmontables. Aussi, chez nous, les improvisations ne sont que des jeux d'esprit dépourvus d'inspiration et où la mémoire a le principal rôle. En Italie, le talent de l'improvisation a toujours été en grand honneur, et les Italiens citent encore avec orgueil les noms de leurs improvisateurs célèbres ; tels furent Serafino d'Aquila et Bernardo Accolti, surnommé l'*Unico Aretino* ; au XVIᵉ, Andrea Marone, Quercio et Silvio Antoniano ; au XVIIIᵉ, Perfetti de Sienne, auquel le pape Benoît XIII conféra le droit de cité romaine et la couronne de laurier ; Zucco, Metastasio, Lorenzo et Francisco Gianni ; au XIXᵉ, Syrieci, Cicconi et Biodocci. Plusieurs femmes se sont également distinguées dans cet art : telles furent Cæcilia Micheli de Venise, Giovanna di Santi, la religieuse Barbara di Correggio, Teresa Bandinelli de Lucques, et surtout la Corilla (Madalena Morelli Fernandez, de Pistoia) qui, en 1776, fut couronnée au Capitole, et nommée par le savant romain *nobile cittadina.* Enfin, au XIXᵉ siècle, on cite l'improvisatrice Rosa Taddei. Les nations septentrionales n'ont pas eu d'improvisateurs comparables à ceux de l'Italie. Cependant les Hollandais mentionnent avec éloge Willem de Clercq, et les Allemands Wolf d'Altona et Langenschwarz. Chez nous, Eug. de Pradel s'est fait une brillante réputation ; mais cet improvisateur, fort médiocre dans le genre élevé, n'excellait que dans les jeux d'esprit poétiques, comme le madrigal, les bouts-rimés, etc.

IMPROVISER. v. n. [Pr. *improvi-zer*] (ital. *improvvisare*, du lat. *in* priv., et *provisus*, prévu). Faire sans préparation et sur-le-champ des vers ou un discours sur un sujet donné. *Il improvise avec une étonnante facilité. Cet orateur n'improvise jamais ; tous ses discours sont écrits d'avance.* — Par anal., se dit aussi d'un musicien qui compose et exécute en même temps quelque morceau de musique. *Il improvise sur le piano.* == IMPROVISER. v. a. Faire une chose sans préparation et sur-le-champ. *I. des vers, un discours. I. des variations sur un air.* — Par ext., *I. une fête, un* *bal, un concert,* etc. || Fig., Établir soudainement. *On improvisa la dictature. Les gouvernements qu'on improvise sont de courte durée.* == IMPROVISÉ, ÉE. part.

IMPROVISTE (A L'). loc. advorb. (ital. *improvvisto,* m. s., de *in* priv., *pro,* en avant, et *visto,* vue). Subitement, lorsqu'on y pense le moins. *Il survint à l'i.*

IMPRUDEMMENT. adv. [Pr. impru-da-man]. Avec imprudence.

IMPRUDENCE. s. f. (lat. *imprudentia,* m. s., de *in* priv., et *prudentia,* prudence). Défaut, manque de prudence. *Cet homme est d'une extrême i. Il y a bien de l'i. à agir ainsi. Un moment d'i. peut tout perdre. Il se conduit avec une i. incroyable. Quelle i.! ||* Action contraire à la prudence. *Il a commis une grande i. Faire des imprudences.*

IMPRUDENT, ENTE. adj. (lat. *imprudens,* m. s., de *in* priv., et *prudens,* prudent). Qui manque de prudence. *Un homme i. Elle a été fort imprudente de se confier à lui.* || Par ext., se dit aussi des actions et des discours. *Discours i. Conduite, action, parole imprudente. Gardez-vous d'un zèle i.*

IMPUBÈRE. adj. et 's. 2 g. (lat. *impubes, eris,* m. s., de *in* priv., et *puber,* pubère). T. Jurisp. Celui ou celle qui n'a pas encore atteint l'âge de puberté. *Chez les Romains, l'homme était considéré comme i. jusqu'à quatorze ans, et la femme jusqu'à douze. Les impubères ne peuvent tester.*

IMPUBERTÉ. s. f. (R. *impubère*). Age qui précède la puberté. || Absence de puberté.

IMPUBLIABLE. adj. 2 g. (R. *in* priv., et *publiable*). Qu'on ne peut, qu'on ne doit pas publier.

IMPUDEMMENT. adv. [Pr. impu-da-man]. Effrontément, avec impudence. *Parler i. Mentir i. Il étale i. sa honte.*

IMPUDENCE. s. f. [Pr. impu-dan-se] (lat. *impudentia,* m. s., de *in* priv., et *pudor,* pudeur). Effronterie, manque de pudeur. *Il y a de l'i. à soutenir une chose qu'on sait être fausse. Cela est de la dernière i. Mentir avec i. Quelle i.!* || Par ext., se dit des actions et des paroles impudentes. *Il mérite d'être châtié pour ses impudences.*

IMPUDENT, ENTE. adj. (lat. *impudens, entis,* m. s., de *in* priv., et *pudens,* qui a honte). Effronté, qui n'a point de pudeur. *Un homme i. Un menteur. Ce n'est qu'une impudente créature.* || Par ext., se dit des actions ou des paroles qui blessent la pudeur, ou qui sont trop libres, trop hardies. *Action impudente. Proposition impudente.* || S'empl. quelquefois subst., en parl. des personnes. *C'est un grand i. C'est une impudente.* == Syn. Voy. EFFRONTÉ.

IMPUDEUR. s. f. (R. *in* priv., et *pudeur*). Défaut, manque de pudeur. *Des paroles pleines d'i. Il y avait de l'i. dans son attitude.* || Défaut, manque de cette réserve découle que doit l'homme le sentiment de sa dignité personnelle. *Il y a de l'i. dans sa conduite à agir ainsi.*

IMPUDICITÉ. s. f. (R. *in* priv., et *pudicité*). Vice contraire à la pudicité. *L'i. perd le corps et l'âme. Être plongé dans l'i.* || Par ext., se dit quelquefois des actions impudiques. *Les révoltantes impudicités de Néron et d'Héliogabale.*

IMPUDIQUE. adj. 2 g. (lat. *impudicus,* m. s., de *in* priv., et *pudicus,* pudique). Qui fait des actions contraires à la pudicité. *Une femme i. est la honte de sa famille.* || Par ext., se dit des actions et des discours qui blessent la chasteté. *Regards, gestes, paroles, chansons impudiques. Désir i. Posture i.*

> Phèdre seule charmait tes impudiques yeux.
> RACINE.

|| En parlant des personnes, s'emploie quelquefois substant., *C'est une i.*

IMPUDIQUEMENT. adv. D'une manière impudique. *Vivre impudiquement.*

IMPUGNATION. s. f. [Pr. impu-gna-sion, gn mouillés]. Action d'impugner.

IMPUGNER. v. a. [Pr. in-pu-gner, gn mouillées] (lat. *impugnare,* m. s., de *in* dans, contre, et *pugnare,* combattre). Disputer contre, combattre une proposition; un point de doctrine, etc. *Je n'oserais i. l'opinion d'un si grand philosophe. I. un acte, un titre.* == IMPUGNÉ, ÉE. part. — Ce mot est vieux et peu usité.

IMPUISSANCE. s. f. [Pr. in-pui-san-se] (R. *in* priv., et *puissance*). Manque de pouvoir, de moyens pour faire une chose. *Je suis dans l'i. de vous servir. Il est dans l'i. de payer ses dettes. Il se trouva dans l'i. d'agir.*

Méd. — L'i. n'est ni l'anaphrodisie, absence de désirs vénériens, ni la stérilité; elle est caractérisée par l'impossibilité d'accomplir le coït. Une question se pose ici : Que doit-on entendre par coït complet? Du côté de l'homme, il faut qu'il y ait érection, intromission et éjaculation avec sensation voluptueuse; du côté de la femme, il faut excitation des parties génitales, réception et sensation voluptueuse. Toutes les fois qu'une seule ou plusieurs de ces conditions manqueront, il y aura impuissance.

1° *De l'impuissance chez l'homme.* — Elle peut tenir à deux causes :

A. — A l'absence, à des vices de conformation originels, ou à des altérations pathologiques des organes génitaux externes. Dans ce cadre rentrent : l'absence congénitale de la verge, extrêmement rare; la direction vicieuse du pénis, congénitale ou secondaire à des brides ou à des adhérences de la verge avec les parties voisines, ne pouvant se corriger, car l'obstacle réel vient de l'état des corps caverneux ou de l'urèthre; la grosseur et la longueur excessive du pénis; les affections traumatiques ou ulcéreuses phagédéniques de la verge; les mutilations, l'épispadias et l'hypospadias; l'exstrophie de la vessie; les tumeurs de voisinage, causes plus ou moins passagères (hernies, sarcocèles ou hydrocèles); la cryptorchidie et l'atrophie des testicules, les dégénérescences syphilitique, tuberculeuse. La question de l'impuissance chez les eunuques a été fort discutée et doit se résoudre par la distinction de diverses sortes d'eunuques : les *spadones,* privés d'un seul testicule, les *thadedi* dont on atrophiait les testicules par le *bistournage,* susceptibles encore de fécondation, les eunuques auxquels on a totalement enlevé les testicules en respectant le pénis, enfin les eunuques vrais qui n'ont plus ni testicules, ni autres organes externes de la génération.

B. — L'i. peut tenir, d'autre part, au défaut d'érection de l'appareil copulateur, et à l'absence d'éjaculation spermatique qui procure la sensation voluptueuse. Si l'on se reporte aux phénomènes physiologiques de l'érection (action cérébrale réagissant sur les fibres musculaires de la vie organique, très nombreuses dans les veines des tissus érectiles) et de l'éjaculation (excitation transmise au cerveau, et fatigue musculaire laissant passer le sperme sous forme de jet), on comprend comment l'anémie, la congestion, l'hémorrhagie, l'inflammation, le ramollissement de certaines parties du cerveau, sont suivies d'i.; comment des maladies analogues de la moelle ou du plexus sacré peuvent produire le même effet; quelle influence peut avoir l'état moral ou intellectuel des individus; quelle importance acquièrent à cet égard les troubles de la nutrition consécutifs aux maladies aiguës ou chroniques, variables d'ailleurs suivant leur nature (i. de la polyurie et du diabète). Enfin, il existe aussi des substances qui, employées dans un but criminel, thérapeutique, ou autre, occasionnent l'i. plus ou moins durable : iode, plomb, camphre, haschich, narcotiques et stupéfiants (opium, belladone, jusquiame, bromure de potassium, tabac, etc.). Enfin, les abus de toutes sortes (coït, onanisme, excès de table, spermatorrhée) déterminent une variété d'i. particulière.

2° *De l'impuissance chez la femme.* — Elle est de deux sortes :

A. — Obstacles à l'intromission. — Ceux-ci sont variés : absence congénitale de la vulve; absence congénitale du vagin, plus fréquente; existence d'un vagin en cul-de-sac, ou à cloisons plus ou moins complètes, congénitales ou chirurgicales; nous n'insisterons pas sur les affections aiguës entraînant une i. toute momentanée, plaies, ulcérations, abcès... Mais il est important de signaler la sensibilité excessive des organes génitaux externes empêchant, chez certaines femmes tout rapprochement, le vaginisme. Enfin, certaines malformations de voisinage, certaines tumeurs peuvent créer un obstacle au coït : hernies, prolapsus utérin, polypes, etc.

B. **Frigidité.** — Quoique la femme puisse concevoir sans éprouver de sensation voluptueuse, comme le prouvent maints faits bien observés et les expériences de fécondation artificielle, toutes les causes qui entraînent l'insensibilité des organes génitaux de la femme doivent être considérées comme autant de sources d'i., que ces causes portent sur le clitoris, les bulbes du vagin ou le constrictor cunni, ou qu'elles tiennent à la coexistence de maladies générales entraînant une perturbation profonde des fonctions de nutrition (hystérie). L'influence de l'âge, de la constitution, des substances toxiques est à peu près identique chez la femme aux effets produits chez l'homme. De même, les excès de coït, l'onanisme, les influences morales, etc., peuvent déterminer de la frigidité, et conséquemment l'i. chez la femme.

Médecine légale. — L'i. n'est pas considérée par notre législation comme une cause de nullité de mariage. Au point de vue de la séparation de corps, l'i. a été tantôt admise, tantôt repoussée, mais à titre d'injure grave faite à l'époux qui ne trouvait pas sous le toit conjugal les satisfactions sur lesquelles il avait pu compter. Quant à la filiation des enfants légitimes et au désaveu qu'on peut faire le mari, le Code repousse le désaveu pour cause d'impuissance constitutionnelle, mais admet l'i. accidentelle qui aurait rendu le mari incapable d'engendrer pendant l'intervalle de temps auquel remonte la conception (art. 312, 313).

IMPUISSANT, ANTE. adj. [Pr. *in-pui-san*] (R. in priv. et *puissant*). Qui a peu ou point de pouvoir. *Ses ennemis sont faibles et impuissants.* || En parlant des choses, incapable de produire aucun effet. *Une haine, une colère impuissante. Des efforts impuissants.* || T. Méd. Se dit adjectiv. et substantiv., d'un homme frappé d'impuissance. *Cet homme est i. C'est un i.*

IMPULSEUR. s. m. (lat. *impulsor*, m. s.). Celui qui donne une impulsion.

IMPULSIF, IVE. adj. (lat. *impulsivus*, m. s.). Qui imprime une impulsion. *Force impulsive.*

IMPULSION. s. f. (lat. *impulsio*, m. s., de *impellere*, pousser, de *in*, dans, et *pellere*, pousser). Action d'un corps qui en pousse un autre, et qui lui imprime un mouvement ou tend à le lui imprimer. *Il suffit de la plus légère i. pour mettre cette machine en mouvement.* || Fig., au sens moral, Action d'exciter, de pousser quelqu'un à faire une chose. *Une i. irrésistible. Suivre l'i. de son cœur. Cette découverte donna une vive i. à la science. Céder, obéir aux impulsions d'un autre.*

Méc. — On appelle i. *élémentaire* d'une force F, pendant le temps infiniment petit *dt*, le produit F*dt* de cette force par l'élément de temps. Si la force agit toujours dans la même direction, l'impulsion totale pendant le temps de t_0 à t est l'intégrale $\int_{t_0}^{t} F dt$ qui se réduirait à $F(t - t_0)$ si la force était constante. Lorsque la direction de la force est variable, on la projette sur trois axes rectangulaires, et l'on considère les impulsions des trois composantes X, Y, Z, qui sont respectivement :

$$\int_{t_0}^{t} X dt, \quad \int_{t_0}^{t} Y dt, \quad \int_{t_0}^{t} Z dt.$$

Si la direction de la force est constante, son impulsion totale est égale à l'accroissement de la quantité du mouvement du point mobile sur lequel agit la force. On a ainsi l'équation :

$$\int_{t_0}^{t} F dt = m(v - v_0)$$

qui se déduit en effet, par l'intégration de la formule :

$$F = m \frac{dv}{dt},$$

qui est l'équation fondamentale de la mécanique.

Quand la direction de la force est variable, le théorème s'applique à l'impulsion des composantes et aux composantes de la quantité de mouvement relativement aux trois axes :

$$\int_{t_0}^{t} X dt = m\left[\frac{dx}{dt} - \left(\frac{dx}{dt}\right)_0\right];$$

$$\int_{t_0}^{t} Y dt = m\left[\frac{dy}{dt} - \left(\frac{dy}{dt}\right)_0\right];$$

$$\int_{t_0}^{t} Z dt = m\left[\frac{dz}{dt} - \left(\frac{dz}{dt}\right)_0\right],$$

x, y, z, désignant les coordonnées du point d'application de la force.

IMPULSIONISTE. s. m. Celui qui admettait l'impulsion et non l'attraction, au temps de la polémique qui suivit les découvertes de Newton.

IMPULVÉRISÉ, ÉE. adj. [Pr. *inpul-véri-zé*] (R. in priv., et *pulvérisé*). Qui n'est point réduit en poudre.

IMPUNÉMENT. adv. [Pr. *inpuné-man*]. Avec impunité, sans subir aucune punition. *Voler, tuer i.* On ne l'offenserait point i. || Sans préjudice, sans quelque inconvénient. *Vous n'userez pas i. de ce narcotique. Cet homme est d'une santé délicate, il ne saurait faire i. le moindre excès.* || Poét., Sans punir.

Néron impunément ne sera pas jaloux.
RACINE.

IMPUNI, IE. adj. (lat. *impunitus*, m. s., de in priv., et *punitus*, puni). Qui demeure sans punition. *Cette faute ne demeurera pas impunie. Le coupable ne restera pas impuni.*

IMPUNISSABLE. adj. 2 g. [Pr. *inpu-ni-sable*]. Qui n'est pas punissable.

IMPUNITÉ. s. f. (lat. *impunitas*, m. s., de *impunitus*, impuni). Manque de punition, exemption d'une peine méritée. *L'i. enhardit le crime. Les grands coupables se flattaient en vain de l'i. Faire le mal avec i.*

IMPUR, URE. adj. (lat. *impurus*, m. s., de in priv., et *purus*, pur). Qui n'est pas pur, qui contient des matières hétérogènes. *Des eaux impures. Séparer les métaux de ce qu'ils ont d'i.* || Fig. et poétiq., *Un sang im., une race impure, Une famille, une race flétrie, déshonorée.* || T. Théol. Souillé. *Des animaux purs et impurs.* || Fig., se dit encore pour Impudique. *Des pensées, des mœurs impures. Une vie impure. Des amours impures.*

IMPUREMENT. adv. [Pr. *in-pure-man*]. D'une manière impure.

IMPURETÉ. s. f. (lat. *impuritas*, m. s., de *impurus*, impur). Ce qu'il y a d'impur, d'hétérogène dans quelque chose. *Il faudra ensuite filtrer la liqueur pour en ôter toutes les impuretés. L'i. de l'eau, de l'air. L'i. des humeurs.* — Chez les Juifs, on appelait *I. légale*, La souillure que l'on contractait en faisant certaines choses défendues par la loi des Juifs. || Fig., se dit souvent pour Impudicité. *Le péché d'i. Vivre dans l'i.* — Au plur., *C'est un livre rempli d'impuretés, De choses obscènes.*

IMPURIFIÉ, ÉE. adj. Qui n'est pas purifié.

IMPUTABILITÉ. s. f. Qualité de ce qui est imputable.

IMPUTABLE. adj. 2 g. (R. *imputer*). Qui peut, qui doit être attribué à. *Les revers de nos armes n'étaient imputables qu'à la seule impéritie de nos généraux.* || T. Financ. et Jurispr. Se dit d'une somme, d'une valeur qui doit être imputée sur une autre. *Cette somme est i. sur telle autre. Les avantages qu'un père fait à ses enfants sont imputables sur la quotité disponible.*

IMPUTATIF, IVE. adj. (lat. *imputativus*, m. s., de *imputare*, imputer). T. Théol. Qui est relatif à l'application des mérites de Jésus-Christ.

IMPUTATION. s. f. [Pr. *in-puta-sion*] (lat. *imputatio*, m. s., de *imputare*, imputer). Action d'attribuer à quelqu'un une chose digne de blâme; se dit surtout des accusations faites sans preuve certaine. *Voilà une i. faite bien légèrement. C'est une i. calomnieuse. Il s'est justifié des imputations dont on l'avait chargé.*

À l'amour de Pharnace on impute mes pleurs.
RACINE.

|| T. Fin. et Jurisp. Compensation d'une somme avec une autre; déduction d'une somme sur une autre. *L'i. des paiements partiels faits pour une dette a lieu sur les intérêts*

d'abord, puis sur le capital. || T. Théol. Application des mérites de Jésus-Christ. *Les protestants prétendent que nous ne sommes justifiés que par l'i. des mérites de J.-C.*

IMPUTER. v. a. (lat. *imputare*, m. s., de *in*, dans, et *putare*, compter). Attribuer à quelqu'un une chose digne de blâme. *On lui impute une mauvaise action. On lui impute d'avoir corrompu les témoins. On ne doit i. cela qu'au hasard. On lui impute que... Les deux partis s'imputaient réciproquement des manœuvres illégales.* — Se dit quelquefois en bonne part. *C'est à son seul talent qu'il impute son succès.*

Nos superbes vainqueurs, insultant à nos larmes,
Imputent à leurs dieux le bonheur de leurs armes.
RACINE.

— On dit encore : *I. à négligence, à oubli*, etc., Attribuer à la négligence, etc.; et *I. à blâme, à faute, à crime, à déshonneur*, Trouver, dans une action qui paraît indifférente ou même louable, de quoi blâmer celui qui l'a faite, et lui en faire un reproche, un crime. || T. Fin. et Jurispr. Appliquer un paiement à une certaine dette; déduire une valeur sur une autre. *Les paiements que fait un débiteur doivent être imputés ou s'imputer sur les dettes qui lui sont le plus à charge.* || T. Théol. *Les mérites de Jésus-Christ nous sont imputés*, Nous sont appliqués. = s'IMPUTER. v. pron. Être imputé. *Les paiements doivent s'i.*, etc. = IMPUTÉ, ÉE. part. = Syn. Voy. ATTRIBUER.

IMPUTEUR. s. m. Celui qui impute.

IMPUTRESCIBILITÉ. s. f. [Pr. *in-putres-sibilité*]. Qualité de ce qui est imputrescible.

IMPUTRESCIBLE. adj. 2 g. [Pr. *in-putres-sible*] (R. in priv., et *putrescible*). Qui ne peut se putréfier.

IMROULQAIS-BEN-HODJR, célèbre poète arabe du VI° siècle ap. J.-C.

IMTIAZ (Ordre d'), fondé en 1879, par Abd-ul-Hamid.

IN—. Particule empruntée du latin, qui entre dans la composition de beaucoup de mots dont elle forme la syllabe initiale, et où elle prend divers sens. Tantôt elle signifie qu'une chose est en vu *dans* une autre, et répond alors à la particule grecque ἐν, εἰς; tantôt elle peut se traduire par *à*, *vers*, *sur*, *contre*, et correspond à ἀνά; tantôt enfin, elle exprime l'idée de négation ou d'absence, et représente l'a privatif des Grecs. — Dans les mots *incorporer*, *importer*, *importer*, *impliquer*, etc., in a le sens de *dans*. Elle conserve ce même sens dans beaucoup d'expressions latines ou italiennes, telles que *in manus*, *in naturalibus*, *in pace*, *in statu quo*, *in petto*, etc. Dans ces mêmes expressions, in conserve aussi la prononciation latine ou italienne. Au contraire, dans les mots *in-folio*, *in-quarto*, *in-octavo*, *in-douze*, etc., in prend le son nasal, sauf dans *in-octavo* qu'on prononce *i-noctavo*, à cause de la voyelle initiale du second mot. — *In* signifie *à* dans *inhérence*, *vers* dans *inciter*, *sur* dans *imposer*, *contre* dans *s'insurger*. — Dans une foule de cas, la particule *in* donne au mot composé un sens contraire à celui du mot simple, et alors elle est négative ou privative, comme dans *indocile*, *impartial*, *inhabile*, *insupportable*. Quelquefois elle exprime même plus que la négation ou la privation, et indique une signification opposée, comme dans *infamie*, *improuver*.

Dans un grand nombre de mots composés, l'n finale de la particule *in* se transforme par attraction, selon la lettre initiale du mot auquel elle sert de préfixe. Ainsi dans les mots composés dont le simple commence par *l*, *m*, ou *r*, l'n garde le son qui lui est propre, et l'n s'assimile à la consonne dont elle est suivie : *illettré*, *immédiat*, *immortel*, *irréligieux*. On écrit encore, il est vrai, *inlisible*; mais ce mot n'est qu'une exception. Quand le mot simple commence par une des labiales *b* ou *p*, l'n se change en *m* et l'on prononce *im* avec le son nasal, comme dans *imbu*, *importer*. Enfin, dans quelques cas, l'n d'*in* se change en *g*; mais cette transformation n'a jamais lieu que devant un *n* : *ignoble*, *ignorance*, *ignominie*, etc. Devant une voyelle ou devant un *h*, la particule conserve sa prononciation latine, c.-à-d. ne prend pas le son nasal. Ainsi, *inattendu*, *inhabile* se prononcent *i-nattendu*, *i-nhabile*. Il en est de même quand le simple commence par une *n* : *inné*, *innombrable* se prononcent *i-nné*, *i-nnom-*

brable. Devant les autres consonnes, au contraire, *in* prend toujours le son nasal : on prononcera donc *indocile*, *injuste*, comme s'ils s'écrivaient *aindocile*, *ainjuste*.

INABONDANCE. s. f. Défaut d'abondance.

INABORDABLE. adj. 2 g. (R. *in* priv., et *abordable*). Qu'on ne peut aborder. *Cette partie de la côte est i.* || Par extension, Dont on ne peut approcher. *Les bureaux de l'Opéra sont inabordables, tant la foule y est grande.* || Figur., en part. des personnes, signifie Qui est de difficile accès. *C'est un homme i.* Fam. dans ces deux derniers sens. || Fig., *Marchandises d'un prix inabordable.*

INABRITÉ, ÉE. adj. (R. *in* priv., et *abrité*). Qui n'est protégé par aucun abri.

INABROGÉ, ÉE. adj. Qui n'a point été abrogé.

INABSOLUTION. s. f. [Pr. *i-nab-solu-sion*]. Défaut d'absolution, de pardon.

INABSOUS, OUTE. adj. Qui n'a point été absous.

INABSTINENCE. s. f. Défaut d'abstinence. Manque à s'abstenir.

INABSTINENT, ENTE. adj. (lat. *inabstinens*, m. s.). Qui n'est pas abstinent.

INACCENTUÉ, ÉE. adj. [Pr. *inak-san-tué*] (R. *in* priv., et *accentué*). T. Gram. Qui ne porte pas d'accent tonique.

INACCEPTABLE. adj. 2 g. [Pr. *inak-septable*] (R. *in* priv., et *acceptable*). Qu'on ne peut, qu'on ne doit pas accepter. *Cette proposition est i.*

INACCEPTATION. s. f. [Pr. *inak-septa-sion*] (R. *in* priv., et *acceptation*). Refus d'accepter.

INACCEPTÉ, ÉE. adj. [Pr. *inak-septé*]. Qui n'a point été accepté.

INACCESSIBILITÉ. s. f. [Pr. *inak-ses-sibilité*]. Manière d'être de celui qui est inaccessible.

INACCESSIBLE. adj. 2 g. [Pr. *inak-sès-sible*] (lat. *inaccessibilis*, m. s., de *in* priv., et *accessibilis*, accessible). Dont on ne peut approcher, dont l'accès est impossible. *Un rocher, une plage, un château i.* — Fig., au sens moral, *La connaissance des causes premières est i. à l'esprit humain.* || En parl. des personnes, sign. Auprès de qui on ne peut trouver d'accès, à qui il est très difficile de parler. *Depuis qu'il est en place, il est devenu i.* — Figur., On dit de quelqu'un qu'il est i. *aux prières, aux sollicitations, à la peur, à l'amour, à la pitié*, etc., Lorsque la peur, les prières, la pitié, etc., ne peuvent rien sur lui.

INACCLIMATABLE. adj. 2 g. [Pr. *ina-klima-table*] (R. *in* priv., et *acclimater*). Qui ne peut s'acclimater.

INACCLIMATÉ, ÉE. [Pr. *ina-klimaté*] (R. *in* priv., et *acclimaté*). Qui n'est point acclimaté.

INACCLIMATEMENT. s. m. [Pr. *ina-klimateman*] (R. *in* priv., et *acclimatement*). Manque à s'acclimater.

INACCOMMODABLE. adj. 2 g. [Pr. *ina-ko-mo-dable*] (R. *in* priv., et *accommoder*). Qu'on ne peut accommoder. *C'est une querelle inaccommodable.* Peu us.

INACCOMPAGNÉ, ÉE. adj. [Pr. *ina-kon-pagné*, *gn* mouillé]. Qui n'est point accompagné.

INACCOMPLISSEMENT. s. m. [Pr. *ina-kon-pli-seman*]. Manque d'accomplissement.

INACCORD. s. m. [Pr. *ina-kor*]. Manque d'accord.

INACCORDABLE. adj. 2 g. [Pr. *ina-kor-dable*] (R. *in* priv., et *accorder*). Qu'on ne peut mettre d'accord. *Des caractères inaccordables.* || Qu'on ne peut octroyer. *Cette demande est inaccordable.*

INACCOSTABLE. adj. 2 g. [Pr. *ina-kos-table*] (R. *in* priv. et *accoster*). Qu'on ne peut accoster. *C'est un homme inaccostable.* Fam. et peu usité.

INACCOUTUMANCE. s. f. [Pr. *in-i-kou-tuman-se*]. Défaut d'accoutumance, d'habitude.

INACCOUTUMÉ, ÉE. adj. [Pr. *ina-kou-tu-mé*] R. *in* priv., et *accoutumé*). Qui n'a pas coutume de se faire, d'arriver. *Des honneurs inaccoutumés. Des cérémonies inaccoutumées. Je sens en moi des mouvements inaccoutumés.* || Qui n'est pas accoutumé à faire quelque chose.

INACCUSABLE. adj. 2 g. [Pr. *inc-ku-za-ble*] (de *inac-nsabilis*, m. s., de *in* priv., et *accusare*, accuser) Qui ne peut, qui ne doit pas être accusé.

INACHETÉ, ÉE. adj. Qui n'a point été acheté.

INACHEVÉ, ÉE. adj. Qui n'a point été achevé. *Un poème inachevé. La construction resta inachevée.*

INACHUS, premier roi légendaire d'Argos, fils de l'Océan et de Téthys.

INACHUS. s. m. [Pr. *ina-kus*] (n. mythol.). T. Zool. Genre de Crustacés marins appelés vulgairement *Araignées de mer.* Voy. BRACHYOURES.

INACQUÉRABLE. adj. 2 g. [Pr. *ina-kérable*] (R. *in* priv., et *acquérir*). Qui ne peut être acquis.

INACQUITTABLE. adj. 2 g. [Pr. *ina-ki-table*] (R. *in* priv., et *acquitter*). Qui ne peut être acquitté.

INACTIF, IVE. adj. (R. *in* priv., et *actif*). Qui n'a point d'activité. *C'est un homme i. Reste i.*

INACTION. s. f. [Pr. *inak-sion*]. Absence de toute action. *Être dans l'i. L'armée demeura dans l'i. tout l'hiver. Tirer quelqu'un de son i.*

INACTIVEMENT. adv. D'une manière inactive.

INACTIVITÉ. s. f. Manque, défaut d'activité. || T. Admin. Situation d'un fonctionnaire qui n'est pas en activité de service.

INADÉQUAT, ATE. adj. [Pr. *inadé-koua*]. T. Philos. Qui n'est pas adéquat.

INADHÉRENT, ENTE. adj. [Pr. *ina-dé-ran*]. Qui n'est pas adhérent.

INADMIS, ISE. adj. Qui n'est point admis.

INADMISSIBILITÉ. s. f. [Pr. *inadmi-si-bilité*]. Qualité de ce qui est inadmissible, de ce qui ne peut être admis. *L'i. d'une preuve.*

INADMISSIBLE. adj. 2 g. [Pr. *inadmi-sible*] (R. *in* priv. et *admissible*). Qui n'est point recevable, qui ne saurait être admis. *Cette demande est i. La preuve par témoins est i. dans ce cas. Ses moyens ont été trouvés inadmissibles.*

INADMISSION. s. f. [Pr. *inadmi-sion*] (R. *in* priv., et *admission*). Refus d'admettre.

INADVERTAMMENT. adv. [Pr. *inadverta-man*]. Avec inadvertance.

INADVERTANCE. s. f. (lat. *inadvertentia*, m. s., de *in* priv., et *advertere*, remarquer de ad, vers, et *vertere* tourner). Défaut d'attention, d'application à quelque chose. *Il a fait cela par i., par pure i.* ||Par ext., Faute que l'on fait par inadvertance. *Vous avez commis une i. Il faut lui pardonner ses inadvertances.*
Syn. — *Inattention.* — L'*inadvertance* désigne le défaut ou la faute de n'avoir pas tourné ses regards sur un objet, et l'*inattention*, le défaut ou la faute de n'avoir pas fixé sa pensée sur lui. Dans l'*inadvertance*, on n'a pas pris garde, mais on n'était pas averti; dans l'*inattention*, on était averti de prendre garde et on ne l'a pas fait. L'*inadvertance* est un accident involontaire, l'*inattention* une négligence répré-

hensible. Les gens vifs tombent dans des *inadvertances;* ils vont à leur but sans regarder autour d'eux. Les gens légers tombent dans des *inattentions:* ils sont à peine tournés vers un objet qu'ils en regardent un autre.

INADVERTANT, ANTE. adj. Qui a de l'inadvertance.

INAFFABILITÉ. s. f. [Pr. *ina-fabilité*]. Manque d'affabilité.

INAFFECTATION. s. f. [Pr. *ina-fek-ta-sion*]. Absence d'affectation.

INAFFECTÉ, ÉE. adj. [Pr. *ina-fekté*]. Qui n'est point affecté.

INAFFLIGÉ, ÉE. adj. [Pr. *ina-fli-jé*]. Qui n'est point affligé.

INAGUERRI, IE. adj. [Pr. *ina-ghè-ri*]. Qui n'est point aguerri.

INAIMABLE. adj. 2 g. Qui n'est point aimable.

INAJOURNABLE. adj. 2 g. (R. *in* priv, et *ajourner*). Qui ne peut être ajourné.

INALBUMINÉ, ÉE. adj. (R. *in* priv., et *albuminé*). T. Bot. Qui n'a point d'albumen. On dit aussi *exalbuminé.*

INALIÉNABILITÉ. s. f. Qualité de ce qui est inaliénable. Voy. DOMAINE, DOT.

INALIÉNABLE. adj. 2 g. (R *in* priv. et *aliénable*). Qui ne peut s'aliéner. Voy. DOMAINE, DOT.

INALIÉNABLEMENT. adv. D'une manière inaliénable.

INALIÉNATION s. f. [Pr. *...sion*] (R. *in* priv., et *aliénation*). État de ce qui n'est pas aliéné.

INALIÉNÉ, ÉE. adj. (R. *in* priv. et *aliéné*). Qui n'a pas été aliéné.

INALLIABILITÉ. s. f. [Pr. *ina-li-abilité*]. Qualité des choses inalliables.

INALLIABLE. adj. 2 g. [Pr. *ina-li-able*] (R. *in* priv., et *allier*). Ne se dit qu'en parlant des métaux qui ne peuvent s'allier l'un avec l'autre. *Ces deux métaux sont inalliables.* || Figur., *Les intérêts de Dieu et ceux du monde sont inalliables.*

INALTÉRABILITÉ. s. f. Qualité de ce qui est inaltérable. *L'i.* attribuée à certains corps n'est que relative.

INALTÉRABLE. adj. 2 g. (R. *in* priv, et *altérer*). Qui ne peut s'altérer ou être altéré. *L'or, l'argent et le platine sont les métaux les plus inaltérables. Ce bois est i. à l'humidité.* || Fig., au sens moral, *Une tranquillité i. Il est d'une gaieté, d'une douceur i. Une amitié i.*

INALTÉRATION. s. f. [Pr. *...sion*]. Absence d'altération.

INALTÉRÉ, ÉE. adj. Qui n'a point été altéré.

INAMABILITÉ. s. f. Défaut d'amabilité.

INAMENDABLE. adj. 2 g. [Pr. *ina-man...*] (R. *in* priv., et *amendable*). Qui ne peut s'amender, se corriger. || T. Agric. Qui ne peut être amendé.

INAMICAL, ALE. adj. Qui n'est point amical.

INAMICALEMENT. adv. D'une manière non amicale.

INAMISSIBILITÉ. s. f. [Pr. *inami-sibilité*] T. Théol. Qualité de ce qui est inamissible. *L'i. de la justice.*

INAMISSIBLE. adj. 2 g. [Pr. *inami-sible*] (lat. *in* priv.; *amissibilis*, qui peut se perdre, de *amittere*, perdre, composé de *a*, hors de, et *mittere*, envoyer). T. Théol. Qui ne peut se perdre. *Grâce inamissible.*

INAMOLLIBLE. adj. 2 g. [Pr. *inamo-li-ble*] (R. *in* priv., et *amollir*). Qu'on ne peut fléchir, amollir.

INAMOLLISSABLE. adj. 2 g. [Pr. *inamo-li-sa-ble*] (R. *in* priv., et *amollir*). Qui ne peut être ramolli.

INAMOVIBILITÉ. s. f. Qualité de ce qui est inamovible. Caractère attribué par la loi à certaines fonctions dont le titulaire ne peut être destitué. *L'i. des juges. L'i. est indispensable à l'indépendance des tribunaux.* Voy. *Organisation* JUDICIAIRE.

INAMOVIBLE. adj. 2 g. (R. *in* priv., et *amovible*). Qui ne peut être destitué de sa place. *Sénateur i.* || Se dit aussi des emplois dont le titulaire est inamovible. *Emploi, dignité, magistrature inamovible.* || Figur., *Nous croyons être les possesseurs inamovibles de la vérité.* Voy. AMOVIBLE.

INAMUSABLE. adj. 2 g. [Pr. *inamu-za-ble*] (R. *in* priv. et *amuser*). Que l'on ne peut amuser.

INAMUSANT, ANTE. adj. [Pr. *inamu-zan*]. Qui n'est pas amusant.

INANALYSABLE. adj. 2 g. (R. *in* priv. et *analyser*). Qui ne peut être analysé.

INANIMABLE. adj. 2 g. (R. *in* priv. et *animer*). Qui ne peut être animé.

INANIMÉ, ÉE. adj. (R. *in* priv., et *animé*) Qui n'est point doué de la vie, ou qui a cessé de vivre. *Les êtres inanimés. Ce n'était déjà plus qu'un corps froid et i.*

Froide, gémissante et presque inanimée,
Aux pieds de son amant elle tombe pâmée.
RACINE.

|| Fig., Qui manque de mouvement, de vivacité, d'expression. *Une figure inanimée. Un chant i.*

INANISATION. s. f. [Pr. *inani-za-sion*] (lat. *inanis*, vide). T. Méd. Passage graduel du corps à un état dont le terme est l'inanition. Voy. INANITION.

INANITÉ. s. f. (lat. *inanitas*, m. s., de *inanis*, vide; gr. ἰνέϊν, vide). Le vide d'une chose; ne se dit que fig. en parlant des choses vaines, inutiles. *L'i. des choses terrestres.*

INANITIÉ, ÉE. adj. [Pr. *inani-sié*]. T. Méd. Atteint d'inanition.

INANITION. s. f. [Pr. *inani-sion*] (lat. *inanitio*, m. s., de *inanis*, vide). Faiblesse, épuisement causé par défaut de nourriture. *Tomber d'i. Mourir d'i.* Voy. ABSTINENCE.
Méd. — On désigne sous ce nom l'épuisement par défaut de nourriture: on appelle inanisation l'état de l'individu arrivant graduellement à l'inanition. L'i. a été étudiée expérimentalement dans ces dernières années; chez l'homme il est à peu près impossible à l'observateur d'isoler les effets propres de l'abstinence, parce qu'elle n'est jamais seule à agir sur les individus qui y sont soumis; l'animal seul peut être mis dans des conditions expérimentales simples. On admet généralement trois périodes assez distinctes dans l'inanisation: une légère agitation, puis de la fureur, enfin un abattement extrême. Les principaux phénomènes qui marquent son évolution, sont: la perte de poids, qui passe par trois phases, la première où elle est maxima, la phase moyenne, où elle est minima, et la période ultime, où la perte augmente de nouveau; — la température, qui subit un refroidissement quotidien d'abord intense, puis peu accusé, jusqu'à la chute terminale aboutissant à la mort, refroidissement à oscillations diurnes, la température du matin étant beaucoup plus basse que celle du midi; — la respiration, qui est influencée eu égard au nombre des mouvements respiratoires, sensiblement diminués jusqu'aux approches de la mort, où ils s'accélèrent et deviennent haletants; — l'excrétion urinaire toujours abondante, surtout le premier jour, malgré la privation de boisson, caractérisée par la persistance de l'urée; — l'évacuation des fèces devenant de moins en moins abondants, le plus souvent diarrhéiques le dernier jour. — Les évaluations à propos de la nutrition, de la quantité des matériaux albuminoïdes et hydrocarbonés de l'économie journellement consommés pendant l'inanisation, n'ont pas donné de résultats intéressants, ou

mieux applicables à l'homme, malgré des recherches multiples. Si, au lieu de priver les animaux simultanément d'aliments solides et liquides, on ne les prive que des solides, les différences sont peu remarquables: car l'animal refuse assez souvent de boire l'eau qu'on lui présente, ou n'en boit que fort peu. L'homme adulte, sain, dans des circonstances particulières et fort rares, peut se trouver privé d'aliments d'une manière brusque et absolue; dans ces conditions, on assiste aux phénomènes habituels de l'i. auxquels se surajoutent simplement des impressions morales plus ou moins vives. Mais l'extrême rareté de ces faits les rend peu intéressants au point de vue médical. — Chez les nouveau-nés, il est malheureusement trop vrai que l'i. fait beaucoup de victimes; parmi les causes qui tiennent à l'enfant lui-même, les plus importantes sont celles qui mettent obstacle à la digestion et à l'assimilation du liquide ingéré, telle la diarrhée, qui contribue, d'autre part, à l'épuisement de l'enfant. Les symptômes sont caractéristiques: la physionomie devient sénile, la peau se plisse, s'enflamme en tous les points où s'exerce un frottement; des pustules d'ecthyma apparaissent, le thorax est déprimé, le ventre est aplati, les os du crâne rétréci chevauchent l'un sur l'autre, les selles sont rares et d'un vert foncé, l'appétit augmente, l'enfant est agité, pousse des cris incessants, la température s'élève et la mort peut survenir à ce moment; enfin, l'enfant se refroidit, les fonctions se ralentissent, et la léthargie peut précéder la mort d'un temps plus ou moins long. Les signes que nous venons d'énumérer sont importants à retenir pour juger certaines questions médico-légales. — Il est plusieurs groupes d'adultes chez lesquels l'i. doit être étudiée. D'abord les aliénés, principalement les aliénés mélancoliques qui refusent tout aliment; ces malheureux peuvent vivre de 20 à 60 jours; très vite, la peau change de coloration, prend une teinte cyanotique, l'amaigrissement apparaît, le malade exhale une mauvaise odeur, et la gangrène pulmonaire, de même que d'autres gangrènes, se développe de bonne heure. Chez les hystériques, l'abstinence est suivie d'effets beaucoup moins graves: ils ne s'astreignent, en effet, jamais à une privation absolue d'aliments; d'ailleurs, les processus de désassimilation semblent susceptibles d'éprouver chez eux un ralentissement remarquable. Chez les cachectiques, dans le cours de maladies chroniques, d'un rétrécissement de l'œsophage, d'un carcinome de l'estomac, etc., on observe l'i. favorisée par l'épuisement qu'amènent les sécrétions morbides, la gêne d'absorption des peptones; les symptômes sont ici atténués, en raison de la chronicité de l'évolution, et ce n'est que tardivement que se déclare du délire ou tout autre symptôme quelque peu saisissant. Chez les convalescents des maladies aiguës l'inanition peut se développer d'une manière très insidieuse: les phénomènes morbides, fièvres, etc., sont à peine dissipés que survient un délire calme qu'on hésite à attribuer à un processus encéphalique ou à l'i. (fièvre typhoïde). Il importe donc de savoir distinguer le délire d'i. des autres espèces de délire; il est généralement tranquille, accompagné d'hallucinations, mais il est bien d'être prévenu de la possibilité d'erreur, de confusion avec la méningite par exemple, par production de vomissements; en effet, chez bien des convalescents inanitiés, prendre un fantôme de méningite pour une réalité et différer l'alimentation, c'est prononcer un arrêt de mort. D'ailleurs, il faut bien le dire, ces dangers sont bien diminués de nos jours, où l'alimentation pendant la fièvre est presque de règle, évitant l'inanisation.

INANTHÉRÉ, ÉE. adj. (R. *in* priv., et *anthère*). T. Bot. *Filets d'étamines inanthérés,* Ceux qui ne portent pas d'anthères. Peu us.

INAPAISABLE. adj. 2 g. [Pr. *ina-pè-za-ble*] (R. *in* priv. et *apaiser*). Qui ne peut être apaisé.

INAPAISÉ, ÉE. adj. [Pr. *ina-pè-zé*]. Qui n'est point apaisé.

INAPAISEMENT. s. m. [Pr. *ina-pè-ze-man*]. Absence d'apaisement. État d'une âme qui n'est pas apaisée, satisfaite.

INAPERCEVABLE. adj. 2 g. (R. *in* priv. et *apercevoir*). Qui ne peut être aperçu. Peu usité.

INAPERCEVANCE. s. f. [Pr. *ina-per-se-van-se*] (R. *in* priv. et *apercevoir*). Manque à apercevoir.

INAPERÇU, UE. adj. Qui n'est point aperçu. *Jusqu'alors ce phénomène avait passé i. Le hasard n'est que l'effet d'un concours de causes inaperçues.*

INAPPARENCE. s. f. [Pr. *ina-pa-ran-sc*]. Manque d'apparence.

INAPPARENT, ENTE. adj. [Pr. *ina-pa-ran*]. Qui n'est point apparent.

INAPPAUVRI, IE. adj. [Pr. *ina-pô-vri*]. Qui n'a point été appauvri.

INAPPÉTENCE. s. f. [Pr. *inap-pé-tanse*] (R. *in* priv., et *appétence*). T. Méd. Défaut d'appétit. Voy. ANOREXIE, APÉTIT.

INAPPLICABILITÉ. s. f. [Pr. *ina-pli-kabilité*] (R. *in* priv., et *applicable*). Défaut de ce qui ne peut s'appliquer.

INAPPLICABLE. adj. 2 g. [Pr. *ina-pli-kable*] (R. *in* priv., et *applicable*). Qui ne peut être appliqué. *Cette loi est inapplicable au cas dont il s'agit.*

INAPPLICATION. s. f. [Pr. *ina-pli-ka-sion*]. Défaut d'application. Inattention. *Son i. est cause qu'il ne fera jamais rien.*

INAPPLIQUÉ, ÉE. adj. [Pr. *ina-pli-ké*]. Qui n'est pas appliqué, qui n'a point d'application, d'attention. *Un homme i. C'est un esprit inappliqué.* || Qui n'a pas été employé. *Un procédé inappliqué.*

INAPPRÉCIABLE. adj. 2 g. [Pr. *ina-pré-siable*] (R. *in* priv., et *appréciable*). Qui ne peut être apprécié, déterminé. *Quantité i. Ce sont des différences presque inappréciables.* || Qui est d'un grand prix, qu'on ne saurait trop estimer. *Ce tableau est i., d'une valeur i. Un talent i. C'est une faveur i.*

INAPPRÉCIABLEMENT. adv. [Pr. *ina-pré-siable-man*]. D'une manière inappréciable.

INAPPRÉCIÉ, ÉE. adj. [Pr. *ina-pré-sié*]. Qui n'est pas apprécié, estimé.

INAPPRENABLE. adj. 2 g. [Pr. *ina-pre-nable*] (R. *in* priv., et *apprendre*). Qu'on ne peut apprendre.

INAPPRÊTÉ, ÉE. adj. [Pr. *ina-prê-té*]. Qui n'est point apprêté.

INAPPRIS, ISE. adj. [Pr. *ina-pri*] Qui n'a pas été appris, enseigné.

INAPPRIVOISABLE. adj. 2 g. [Pr. *ina-pri-voua-zable*] (R. *in* priv., et *apprivoiser*). Qu'on ne peut apprivoiser.

INAPPRIVOISÉ, ÉE. adj. [Pr. *ina-pri-voua-zé*]. Qui n'est point apprivoisé.

INAPPROUVÉ, ÉE. adj. [Pr. *ina-prouvé*]. Qui n'a point été approuvé.

INAPTE. adj. 2 g. (R. *in* priv., et *apte*). Qui manque d'aptitude.

INAPTITUDE. s. f. Défaut d'aptitude à quelque chose. *Son inaptitude l'exclut de cet emploi.* = Synon. Voy. IMPÉRITIE.

INARTICULABLE. adj. 2 g. (R. *in* priv., et articuler). Qu'on ne peut articuler.

INARTICULATION. s. f. [Pr. *inarti-ku-la-sion*]. T. Zool. Absence d'articulation. || T. Gramm. Impuissance d'articuler les mots.

INARTICULÉ, ÉE. adj. Qui n'est point articulé ou qui ne l'est qu'imparfaitement. *Des sons inarticulés. Quelques mots inarticulés s'échappaient de ses lèvres.* = INARTICULÉS. s. m. pl. T. Zool. Une des divisions des *Brachiopodes*. Voy. ce mot.

INARTIFICIEL, ELLE. adj. (lat. *inartificialis*, m. s., de *in* priv., et *artificialis*, artificiel). Qui est sans art.

INARTIFICIEUX, EUSE. adj. (lat *inartificiosus*, m. s., de *in* priv., et *artificiosus*, artificieux). Simple, sans artifice.

INASSERMENTÉ, ÉE. adj. [Pr. *ina-scr-man-té*]. Qui n'est pas assermenté. || T. Hist. *Prêtre i.*, Prêtre qui avait refusé de prêter serment à la constitution civile du clergé de 1790.

INASSERVI, IE. adj. [Pr. *ina-servi*]. Qui n'a pas été asservi.

INASSIDUITÉ. s. f. [Pr. *inasi-duité*]. Défaut d'assiduité.

INASSIÉGEABLE. adj. 2 g. [Pr. *ina-sié-jable*] (R. *in* priv., et *assiéger*). Qui ne peut être assiégé.

INASSIGNABLE. adj. 2 g. [Pr. *inasi-gnable*, *gn* mouillé] (R. *in* priv., et *assigner*). Qu'on ne peut assigner.

INASSIMILABLE. adj. 2 g. [Pr. *inasi-milable*]. Qui n'est pas assimilable.

INASSISTÉ, ÉE. adj. [Pr. *inasis-té*] (R. *in* priv., et *assisté*). Qui ne reçoit pas d'assistance.

INASSOCIABLE. adj. 2 g. [Pr. *ina-so-siable*] (R. *in* priv., et *associer*). Que l'on ne peut associer, concilier.

INASSOCIATION. s. f. [Pr. *ina-so-si-a-sion*]. Manque d'association, de réunion, d'harmonie.

INASSORTI, IE. adj. [Pr. *ina-sorti*]. Qui n'est point assorti.

INASSORTISSABLE. adj. 2 g. [Pr. *ina-sorti-sable*] (R. *in* priv., et *assortir*). Qui ne peut être assorti.

INASSOUPI, IE. adj. [Pr. *ina-soupi*]. Qui n'est point assoupi.

INASSOUVI, IE. adj. [Pr. *ina-sou-vi*]. Qui n'est pas assouvi. *Faim inassouvie. Désir i.*

INASSOUVISSABLE. adj. [Pr. *ina-sou-vi-sa-ble*] (R. *in* priv., et *assouvir*). Qui ne peut être assouvi.

INASSOUVISSEMENT. s. m. [Pr. *ina-sou-vi-se-man*] (R. *in* priv., et *assouvir*). État de ce qui ne peut être assouvi.

INASSUJETTI, IE. adj. [Pr. *ina-su-jè-ti*]. Qui n'est point assujetti.

INATTAQUABLE. adj. 2 g. [Pr. *ina-ta-kable*] (R. *in* priv., et *attaquer*). Qu'on ne peut attaquer. *De ce côté-là, la place est i.* || Fig., *Un droit, un titre i.*

INATTAQUÉ, ÉE. adj. [Pr. *ina-ta-ké*]. Qui n'est point attaqué.

INATTENDU, UE. adj. [Pr. *ina-tan-du*] (R. *in* priv., et *attendu*). Qu'on n'attend pas, qu'on n'avait pas lieu d'attendre. *Visite inattendue. Bonheur i. Une disgrâce inattendue.* = Syn. Voy. IMPRÉVU.

INATTENTIF, IVE. adj. [Pr. *ina-tan-tif*]. Qui n'est pas attentif, qui n'a point ou qui a peu d'attention. *Un enfant i. Un esprit i. Vous êtes bien i.*

INATTENTION. s. f. [Pr. *ina-tan-sion*]. Défaut d'attention. *Il a fait cette faute par i.* = Syn. Voy. INADVERTANCE.

INATTESTÉ, ÉE. adj. [Pr. *ina-testé*] Qui n'est point attesté.

INATTRACTION. s. f. [Pr. *ina-tra-ksion*]. Défaut d'attraction.

INAUDIBLE. adj. 2 g. [Pr. *inô-dible*] (lat. *inaudibilis*, m. s., de *in* priv., et *audire*, entendre). Que l'on ne peut entendre, que l'on n'entend que difficilement.

INAUGURAL, ALE. adj. Qui a rapport à l'inauguration. *Fête, cérémonie inaugurale. Discours i.*

INAUGURATEUR, TRICE. s. Celui, celle qui inaugure. **472**

INAUGURATION. s. f. [Pr. *inôgura-sion*] (lat. *inauguratio*, action de prendre les augures). Action d'inaugurer.

Hist. — Les Romains ne manquaient jamais de consulter les augures lorsqu'ils choisissaient un emplacement pour y élever une ville, un temple, un tombeau, une statue, etc. Ils prenaient aussi les augures lorsqu'un citoyen était appelé à faire partie d'un collège pontifical, et lorsqu'on installait solennellement, après leur élection, les personnages élus aux magistratures supérieures. Cette cérémonie s'appelait *inauguratio*. Par suite, lorsque le paganisme eut fait place au christianisme, on continua par habitude, et malgré son étymologie, à appliquer le nom d'*inauguration* aux cérémonies religieuses ou nationales qui avaient pour objet la dédicace, la consécration ou la bénédiction d'un édifice ou d'un monument public, et même la consécration d'un souverain. Toutefois, il convient, dans ce dernier sens, de se servir des mots de *sacre*, et de *couronnement*, d'employer les termes de consécration et de *dédicace* pour les édifices religieux, et de réserver celui d'*inauguration* pour les monuments civils. Aujourd'hui, quand il s'agit d'un monument civil, comme une mairie, une école, ou quand il s'agit d'une statue, les *inaugurer* c'est les livrer pour la première fois aux regards ou à l'usage des citoyens. Dans ce cas, la partie principale de la cérémonie consiste ordinairement dans les discours qui y sont prononcés et qui portent le titre de *discours d'inauguration*. Enfin, par ext., on donne le même nom au premier discours, à la première leçon que fait un professeur quand il prend possession de sa chaire.

INAUGURER. v. a. (lat. *inaugurare*, m. s., prendre les augures, de *in* dans, et *augurium*, augure). Faire l'inauguration d'un monument, d'une statue, etc. *I. un temple. On a inauguré la statue de ce prince.* || Fig., Marquer le début d'un ordre de choses. = INAUGURÉ, ÉE. part.

INAURATION. s. f. [Pr. *inô-ra-sion*] (lat. *in*, dans, et *auratio*, de *aurum*, or). T. Pharm. Action de dorer des bols, des pilules.

INAURICULÉ, ÉE. adj. (R. *in* priv., et *auricule*). T. Zool. Qui est dépourvu d'auricule.

INAUTHENTICITÉ. s. f. [Pr. *inô-tan-ti-si-té*]. Caractère de ce qui est inauthentique.

INAUTHENTIQUE. adj. 2 g. Qui n'est pas authentique.

INAUTORISÉ, ÉE. adj. [Pr. *inôto-ri-zé*] (R. *in* priv., et *autorisé*). Qui n'a point reçu d'autorisation.

INAVARE. adj. 2 g. (lat. *inavarus*, m. s., de *in*, priv., et *avarus*, avare). Qui n'est pas avare.

INAVERTI, IE. adj. Qui n'a pas été averti.

INAVOUABLE. adj. 2 g. Qui n'est pas avouable. *Passion inavouable.*

INAVOUÉ, ÉE. adj. Qui n'est point avoué, qu'on n'avoue point.

INCA. s. m. [Pr. *in-ka*]. Nom que portaient les anciens souverains du Pérou.

INCAGUER. v. a. [Pr. *in-ka-gher*, *g* dur] (lat. *in*, dans; *cacare*, rendre ses excréments). Défier quelqu'un, le braver en lui témoignant du mépris. *Il me menace, mais je le défie de me rien faire; je l'incague.* Bas et inusité.

INCALCINABLE. adj. 2 g. (R. *in* priv., et *calciner*). Qui ne peut être calciné.

INCALCINÉ, ÉE. adj. Qui n'a pas été calciné.

INCALCULABLE. adj. 2 g. (R. *in* priv., et *calculer*). Qui ne peut être calculé. *Le nombre des étoiles est i.* || Par ext., Très nombreux, très considérable. *C'est une perte i. Les maux qu'entraîne la guerre sont incalculables. Cet événement aura des suites incalculables.*

INCALCULABLEMENT. adv. D'une manière incalculable.

INCALCULÉ, ÉE. adj. Qui n'a point été calculé; que l'on n'a point compté.

INCALOMNIABLE. adj. 2 g. (R. *in* priv., et *calomnier*). Qui ne peut être calomnié; se dit dans un sens favorable de celui dont la vertu impose un tel respect qu'on ne peut songer à l'attaquer, comme dans un sens défavorable de celui qui est tellement criminel que la calomnie ne peut rien ajouter à ses crimes.

INCAMÉRATEUR. s. m. Celui qui exécute une incamération.

INCAMÉRATION. s. f. [Pr. *inkaméra-sion*] (ital. *incamerazione*, m. s., du lat. *in*, dans; *camera*, chambre). T. Chancell. de la cour de Rome. Action d'incamérer.

INCAMÉRER. v. a. (lat. *incamerare*, de *in*, dans, et *camera*, chambre). Unir quelque terre au domaine de la chambre ecclésiastique. *Cette terre ne peut plus se vendre, elle a été incamérée.* = INCAMÉRÉ, ÉE. part.

INCANDESCENCE. s. f. [Pr. *inkan-des-sanse*] (lat. *incandescere*, blanchir, de *in*, dans, et *candescere*, blanchir, de *candere*, être d'un blanc éclatant). État d'un corps qu'on a chauffé assez pour le rendre lumineux. Voy. COMBUSTION. — *Lampes à incandescence.* Voy. LUMIÈRE électrique.

INCANDESCENT, ENTE. adj. [Pr. *inkan-des-san*] (lat. *incandescens*, m. s., part. prés. de *incandescere*, blanchir). Qui est en incandescence. *Une masse de fer incandescente.*

INCANDEUR. s. f. Défaut de candeur.

INCANTATION. s. f. [Pr. *inkanta-sion*] (lat. *incantatio*, m. s.). Cérémonie ayant pour but de produire des sortilèges ou des enchantements. Voy. MAGIE.

INCAPABLE. adj. 2 g. Qui n'est pas capable, qui n'est pas en état de faire une chose. *Il est i. de marcher, de se tenir debout. Il est i. de porter ce fardeau. Sa mauvaise santé le rend i. de toute attention. Il est i. d'une mauvaise action, il sign.* Qui est sans capacité, qui est inhabile à toute chose. *C'est un homme i., tout à fait i. C'est l'homme du monde le plus i.* || Se dit aussi en bonne part, en parl. d'un homme qui ne saurait faire une chose moralement mauvaise. *Il est i. de manquer à sa parole. Il est i. d'une mauvaise action. Il est i. de bassesse, de lâcheté* || En parl. des choses, sign. Qui n'a pas les qualités et les conditions nécessaires pour quelque chose. *Son estomac est i. de digérer. Cet arbre est i. de porter de bons fruits. Ces landes sont incapables de rien produire.* || T. Jurisp. Se dit de celui que la loi prive de certains droits ou qu'elle exclut de certaines fonctions. *Un mineur est i. de disposer de ses biens par donation entre-vifs. Cet homme est incapable de tutelle et de curatelle. Il a été déclaré i. de remplir aucune fonction publique.* — S'emploie quelquefois subst. en ce sens. *Toute disposition au profit d'un i. est nulle.*

INCAPACITÉ. s. f. Défaut de capacité; ne se dit que des personnes. *On a reconnu son i. Il est d'une telle i. qu'on ne peut l'employer à rien.* || T. Jurisp. Défaut de capacité pour faire quelque acte civil ou autre prescrit par la loi. *Il est frappé d'i. Les incapacités légales dérivent de la nature ou sont fondées sur l'intérêt général de la société.* = Syn. Voy. IMPÉRITIE.

INCARCÉRABLE. adj. 2 g. Qui peut être incarcéré.

INCARCÉRATEUR. s. m. Celui qui fait incarcérer.

INCARCÉRATION. s. f. [Pr. *inkar-sé-rasion*]. Action d'incarcérer, ou état de celui qui est incarcéré. *Ordonner l'i. de quelqu'un. Son i. n'a duré qu'un mois.*

INCARCÉRER. v. a. (lat. *incarcerare*, de *in*, dans, et *carcer*, prison). Mettre en prison. *Faire i. son débiteur.* = INCARCÉRÉ, ÉE. part. = Conj. Voy. CÉDER.

INCARNADIN, INE. adj. (ital. *incarnadino*, m. s., dimin. de *incarnato*, incarnat). Qui est d'une couleur plus faible que l'incarnat ordinaire. *Un ruban i. De la moire incarnadine.* || Subst. et au masc., on dit : *I. d'Espagne. Ce ruban est d'un très bel incarnadin.*

INCARNAT, ATE. adj. (ital. *incarnato*, m. s., du lat. *in*, sur; *caro*, *carnis*, chair). Se dit d'une couleur qui est entre le cerise et le rose. *Du velours i. Avo r les lèvres incarnates.* || Subst. et au masc., *Voilà de be i. L'i. de son teint.*

INCARNATIF. adj. et s. m. (R. *incarnation*). T. Chir. anc. Se disait des agents thérapeutiques auxquels on attribuait la propriété de favoriser l'*incarnation*, c.-à-d. la régénération des chairs, dans les plaies avec perte de substance. *Les prétendus incarnatifs étaient des onguents, des teintures stimulantes,* etc.

INCARNATION. s. f. [Pr. *inkarna-sion*] (lat. *in*, dans; *caro, carnis,* chair). Le mystère fondamental de la religion chrétienne, par lequel Dieu se serait fait homme sous le soin de la vierge Marie. *Jésus-Christ est l'i. du Verbe, le Fils de Dieu.* || Mystère analogue dans la religion brahmanique pour Vischnou. Voy. AVATAR, BRAHMANISME. | T. Physiol. Production du germe ou embryon dans l'ovule. || T. Chir Production de chair ou séparation d'une plaie. Voy. INCARNATIF.

INCARNER. v. a. (lat. *incarnare*, m. s., de *in*, dans, et *caro, carnis,* chair). Revêtir d'un corps de chair. *Dieu a fait i. son Fils pour notre salut.* == s' INCARNER. v. pron. Se dit de la Divinité qui prend un corps de chair, qui se fait homme. *Jésus-Christ s'est incarné pour le salut des hommes. Selon les Indiens, Vichnou s'est incarné dix fois.* — INCARNÉ, ÉE. part. *Le Verbe incarné.* || Fig. et fam., *C'est un diable incarné.* Voy. DIABLE. — On dit aussi, en parlant d'une personne qui a une qualité ou un vice au plus haut degré, *C'est la malice incarnée,* etc. || T. Chir. *Ongle incarné,* Ongle entré dans les chairs. Voy. ONGLE.

INCARTADE. s. f. (esp. *encartarse*, prendre une mauvaise carte). Espèce d'insulte qu'une personne fait brusquement et inconsidérément à une autre. *Une étrange i. Il lui a fait une i.* || Au plur., se dit des extravagances, des folies que fait une personne. *Il fait chaque jour de nouvelles incartades.*

INCASSABLE. adj. 2 g. [Pr. *in-ka-sable*] (R. *in* priv., et *casser*). Qu'on ne peut casser.

INCÉLÉBRÉ, ÉE. adj. (R. *in* priv., et *célébrer*). Qui n'a point été célébré.

INCENDIAIRE. s. 2 g. [Pr. *insan-di-ère*] (lat. *incendiarius*, m. s., de *incendium,* incendie). L'auteur volontaire d'un incendie || Au fig., se dit subst et de celui qui, par ses discours ou ses écrits, cherche à troubler l'ordre public, à exciter les esprits. *Un écrivain i. C'est un i.* — Se dit également des choses, mais toujours adjectif *Un discours i. Des écrits incendiaires. Des matières incendiaires.*

INCENDIE. s. m. [Pr. *in-sandi*] (lat. *incendium,* m. s., de *incendere,* brûler, de *in,* en, et *candere* qui tient à *candere,* être blanc, brillant). Grand embrasement. *Un vaste i. L'i. d'une maison, d'une ville. L'i. a tout dévoré. Éteindre, apaiser, arrêter l'i.* || Fig., se dit des troubles que les factions excitent dans un État, des grandes guerres, etc *Le fanatisme alluma dans ce royaume un i. qui dura près d'un siècle.* || Prov., au prop. et au fig., on dit : *Il ne faut qu'une étincelle pour allumer un grand i.* == Syn. Voy. EMBRASEMENT.

Législ. — I. — L'*Incendie* a toujours été poursuivi avec une grande rigueur. Dans notre législation, il devient crime quand il a été commis volontairement, et constitue un simple délit s'il est le fait d'une imprudence. La loi punit de mort celui qui a mis volontairement le feu à des édifices, navires, magasins ou chantiers, habités ou servant à l'habitation, soit qu'ils ne lui appartiennent pas, soit qu'ils lui appartiennent, ou à des édifices servant à des réunions de citoyens, ou à des voitures ou wagons contenant des personnes ou faisant partie d'un convoi qui en contient. La peine est celle des travaux forcés à perpétuité, si les lieux ci-dessus ne sont pas habités et ne servent pas à l'habitation, ou s'il s'agit de forêts, bois, aillis ou récoltes sur pied n'appartenant pas à l'auteur de l'i.; des travaux forcés à temps, si, en mettant le feu à l'un de ces mêmes objets lui appartenant, il a volontairement causé un préjudice à autrui, ou s'il a mis le feu à des bois ou récoltes abattues qui n'étaient pas à lui ; et, enfin, de la réclusion, si ces objets incendiés par lui étaient sa propriété. Celui qui a communiqué l'i. à l'un des objets qui viennent d'être énumérés, en mettant le feu à des objets quelconques lui appartenant ou appartenant à autrui, mais placés de manière à communiquer ledit i., est puni comme s'il avait directement mis le feu à l'un de ces objets. Dans tous les cas, l'incendiaire est puni de mort, si l'i. a occasionné la mort d'une ou de plusieurs personnes (C. Pén. 434). La simple menace d'i est punie de peines différentes, travaux forcés à temps ou emprisonnement, suivant les circonstances qui l'accompagnent. Enfin, la loi punit d'une amende de 50 à 500 fr. l'i. des propriétés mobilières ou immobilières d'autrui causé par le défaut de réparation ou de nettoyage des fours, cheminées, forges, maisons ou usines voisines; par des feux allumés dans les champs à moins de 100 mètres des maisons, forêts, meules, etc ; par des feux ou lumières portés ou laissés sans précautions suffisantes; et par des pièces d'artifice allumées ou tirées par négligence ou imprudence. — Indépendamment des poursuites criminelles, les crimes et délits d'i. peuvent donner lieu à des actions civiles. Ainsi, par ex , les locataires sont responsables de l'i., à moins qu'ils ne prouvent que le feu résulte d'un cas fortuit, un vice de construction ou de force majeure, ou bien qu'il a été communiqué par la maison voisine. Depuis la loi du 5 janv. 1883, chaque locataire n'est responsable vis-à-vis du propriétaire que proportionnellement à la valeur locative de la partie de l'immeuble qu'il occupe, si toutefois il peut démontrer que le feu a pris chez un locataire autre que lui. Le seul moyen d'échapper, à l'occasion, à ces responsabilités écrasantes est l'*assurance.* Voy. ce mot.

II. — En France, les autorités locales sont spécialement chargées de prendre pour prévenir les incendies toutes les mesures qu'elles jugent nécessaires, et les contraventions à leurs arrêtés sont punies des peines de simple police (Loi du 24 août 1790). Quand un i. est déclaré, elles prennent également toutes les dispositions convenables pour l'arrêter. Elles ont même le droit de faire abattre les édifices voisins du foyer, afin de circonscrire les ravages du feu. Dans ce cas, les propriétaires des immeubles démolis sont indemnisés par la commune ou par toutes autres personnes responsables. Enfin, tout individu qui, après avoir été requis, refuse de prêter secours, peut être condamné à une amende de 6 à 40 fr. — Au reste, depuis la fin du XVIIIe siècle, les secours contre les incendies ont été organisés avec zèle sur tous les points du territoire. Toutes les communes de quelque importance sont pourvues de pompes mobiles, appelées *pompes à i.,* et les villes possèdent les diverses espèces d'appareils propres au sauvetage des personnes ou des effets. Ces dernières ont aussi des compagnies de *Sapeurs-pompiers,* composées particulièrement d'ouvriers en bâtiments, c.-à-d. des hommes les plus aptes, d'après leur profession habituelle, à rendre des services efficaces. Ces hommes s'exercent en outre aux manœuvres spéciales que réclame la destination du corps. À Paris, les pompiers font partie de l'armée et forment un régiment comprenant 2 bataillons et 16 compagnies, donnant un ensemble d'environ 50 officiers, 120 sous-officiers, 385 caporaux et 1,200 sapeurs-pompiers (Loi du 13 mai 1873). Dans les départements, le service des sapeurs pompiers a été réorganisé par le décret du 9 janvier 1879.

Techn. — I. — Les incendies les plus fréquents sont les feux de cheminée produits par la combustion de la suie qui tapisse les parois du tuyau, mais ils sont aussi les moins dangereux et les plus faciles à éteindre Ces feux ne sont sérieusement à redouter que lorsqu'ils peuvent se communiquer aux parties environnantes, ce qui n'est guère possible que lorsque le tuyau ou ils sont déclarés est traversé par des pièces de bois ou en renferme quelqu'une dans ses parois, ou bien lorsqu'il crève sous l'action d'une trop forte chaleur. Dans tous les cas, il importe d'éteindre immédiatement le feu développé dans l'intérieur du tuyau. En général, on y parvient aisément en interceptant le passage de l'air. Il suffit pour cela de fermer exactement l'ouverture de la cheminée avec un drap mouillé que l'on maintient sur la tablette à l'aide de corps pesants. Ce moyen, quelque peu primitif, n'est pas toujours suffisant; aussi est-il préférable de procéder autrement. On lance sur le feu dans l'âtre une certaine quantité de fleur de soufre et l'on ferme immédiatement l'ouverture. En brûlant, le soufre absorbe beaucoup d'oxygène et dégage de l'acide sulfureux, qui, ne pouvant entretenir la combustion, en détermine l'extinction. Autrement graves et difficiles à combattre sont les incendies qui s'attachent aux maisons ou aux usines. C'est pourquoi on a imaginé différents procédés pour les éteindre rapidement ou du moins le plus promptement possible ; le plus simple est l'emploi de l'eau. Néanmoins il exige encore un certain discernement. Ainsi, règle générale et principalement lorsqu'on n'a pas une grande masse de liquide à sa disposition, il faut bien se garder de le projeter tout d'abord sur les parties embrasées. Car alors l'eau se décompose, et les gaz (oxygène et hydrogène) qui résultent de cette décomposition ont pour effet d'activer l'i. Dans ce cas, on doit se borner à lancer l'eau sur les points non encore atteints, afin de les mouiller et d'empêcher la propagation du feu. — Un autre moyen très efficace, mais qui n'est applicable que dans certaines circonstances, est l'emploi de la vapeur d'eau. Il est surtout avantageux lorsque le feu est enfermé dans l'intérieur d'un bâtiment. On peut, en effet, s'assurer, par une expérience fort simple, que la vapeur d'eau possède réellement la propriété d'éteindre les corps en ignition. Il suffit de faire bouillir de l'eau dans un vase et de plonger un morceau de bois enflammé dans la colonne de vapeur qui s'élève du vase; la flamme s'éteint instantanément. Ce fait s'explique d'ailleurs aisément, puisque la vapeur d'eau est impropre à entretenir la combustion. Une magnifique expérience en grand de ce système a été faite par Fourneyron à Amiens. Le feu ayant éclaté dans une vaste filature, cet ingénieur fit lâcher dans l'intérieur du bâtiment la vapeur de trois grandes chaudières; au bout de quelques minutes l'i. était étouffé. Des faits du même genre se sont reproduits à Douai, à Séclin, dans des établissements analogues; ils prouvent mieux que tous les arguments l'efficacité de la vapeur d'eau dans de pareilles circonstances. Les industriels, les capitaines de navires à vapeur, etc., ne doivent donc pas oublier qu'ils ont dans leurs machines un moyen puissant de combattre l'i., et ils doivent y recourir aussitôt que le feu se déclare. L'heureuse idée d'opposer la vapeur d'eau aux incendies est due au Dr Dujardin, de Lille.

II. — Les principaux appareils employés, soit pour éteindre le feu, soit pour sauver les personnes et les choses, sont les *Pompes*, les *Extincteurs*, les *Ignifuges*, les *Échelles*, les *Sacs de sauvetage*, la *Blouse contre l'asphyxie*, ainsi qu'un grand nombre d'appareils ingénieux de sauvetage.

Les pompes à i. se divisent en deux catégories bien distinctes, suivant qu'elles sont manœuvrées à bras d'hommes ou fonctionnent par l'action de la vapeur. La pompe à bras (Fig. 1) se compose de deux pompes aspirantes et foulantes placées

Fig. 1.

à côté l'une de l'autre dans une caisse ou *bâche*, et marchant alternativement. Les pistons *aa* se meuvent en même temps, mais en sens contraires, l'un montant quand l'autre descend. L'eau s'introduit par les soupapes *bb* dans les corps de pompe; puis quand elle est refoulée, elle ouvre les soupapes *cc*, et se rend dans un petit réservoir *d* placé au milieu, et où plonge le tuyau d'ascension. Afin de pouvoir diriger le jet liquide dans tous les sens, on ajuste au tuyau de la pompe un tube de cuir flexible et de longueur variable. Ce tuyau se termine par un ajutage en cuivre que manœuvre un des pompiers et qui sert à diriger le jet d'eau sur les points menacés par l'i. Cet ajutage porte le nom de *lance*. En sortant de ce tuyau, l'eau doit avoir une vitesse très considérable et, autant que possible, la même à chaque instant. On obtient ce résultat en disposant un réservoir d'air à la partie supérieure de celui qui reçoit le liquide. La pression de cet air, comprimé par le liquide, régularise la vitesse de l'eau dans le tuyau, comme cela se fait aussi dans le bélier hydraulique. Quand les pompes à i. sont à proximité d'une fontaine ou d'un amas d'eau, on les

alimente en amenant l'eau directement dans la bâche à l'aide d'un tuyau de cuir ou de toile. Dans le cas contraire, on a recours à des paniers et seaux de toile ou de cuir que des hommes formant deux *chaînes* parallèles, l'une pour les paniers vides et l'autre pour les paniers pleins, se passent de main en main et versent dans la bâche. Enfin, la pompe se manœuvre au moyen d'un balancier qui oscille autour d'un axe horizontal placé au-dessus du réservoir à air, et qui est muni à ses deux extrémités de barres de bois destinées à servir de poignées. La pompe à i. mue à bras d'hommes ne présente une réelle efficacité que lorsqu'on se trouve en présence d'un i. de proportions restreintes. Pendant de nombreuses années les municipalités et les particuliers ont dû se contenter de cet engin imaginé et mis en usage vers la fin du XVIIe siècle. Bien que ces pompes aient rendu de très grands services depuis leur

Fig. 2.

apparition, on a dû songer à trouver des appareils d'une puissance bien supérieure. Après nombre de tentatives infructueuses, les résultats obtenus, enfin, grâce à la création de la pompe à vapeur ont donné toute satisfaction. Cet engin, par la quantité considérable d'eau qu'il débite et la grande force de projection du jet, permet de combattre victorieusement les incendies les plus violents. C'est vers 1850 qu'en Amérique furent construites les premières pompes à vapeur; elles mirent dix ans à pénétrer en Angleterre, où elles subirent quelques modifications qui les perfectionnèrent. Elles ne furent définitivement adoptées en France que vers 1867. Pendant longtemps on se borna à faire venir d'Angleterre les pompes à vapeur qu'achetaient les municipalités des principales villes de France. Puis nos constructeurs, entre autres un ingénieur très distingué, M. Thirion, étudièrent et construisirent des engins beaucoup plus puissants sous un volume et un poids moindres que ceux qui provenaient de la Grande-Bretagne ou d'Amérique. De plus, ces nouvelles pompes, généralement adoptées, n'offraient pas les inconvénients présentés par les autres. Leur fonctionnement était beaucoup plus énergique et, chose importante, elles étaient mises très vite en pression.

L'ensemble de l'engin (Fig. 2) est installé sur un chariot que des chevaux transportent rapidement où besoin est. A l'arrière, se trouve la chaudière verticale d'une contenance inférieure à un hectolitre, chaudière dont les tubes offrent une surface considérable de chauffe. Au centre du chariot sont les corps de pompe à double effet et au nombre de trois qu'actionnent deux cylindres à vapeur horizontaux. Afin d'augmenter la puissance du jet, on donne dans ces engins au tuyau d'aspiration un diamètre double de celui du tuyau de refoulement; pour ce dernier, le diamètre varie de 10 à 12 centimètres, tandis qu'il n'est que de 5 à 6 centimètres pour le premier. Lancé verticalement, le jet atteint une hauteur de plus de 30 mètres et une longueur de près de 50 mètres horizontalement. Enfin, dans ces temps derniers, les Américains ont construit une pompe à vapeur automobile dont la puissance dépasse celle des engins similaires. Elle peut débiter 70 hectolitres à la minute en les lançant à une hauteur considérable. La seule difficulté que présente parfois l'emploi des pompes à vapeur est dans la quantité d'eau qu'il faut leur fournir et qui est considérable. A Paris, des bouches spéciales sont disposées dans la canalisation d'eau, afin qu'en cas d'incendie la pompe puisse y puiser la quantité d'eau nécessaire.

À côté de ces appareils produisant des effets considérables, il en existe d'autres beaucoup plus humbles, mais qui, employés à temps, peuvent couper court au développement d'un i. Il s'agit des *Extincteurs*, dont on trouve un très grand nombre de types et qui rendent de réels services. Tous sont d'un maniement simple: il suffit, en effet, à l'homme qui porte cet engin sur le dos, d'ouvrir un robinet et de diriger sur les objets en ignition l'extrémité de la lance qu'il tient à la main. Tous ou presque tous sont basés sur ce principe qu'un corps en flamme s'éteint instantanément lorsqu'il se trouve plongé dans une atmosphère d'acide carbonique. C'est, en effet, un mélange de ce dernier gaz et d'eau qui s'échappe par la lance et vient frapper le foyer de l'i. naissant.

En outre, dans les théâtres et autres endroits où s'assemble la foule, et afin d'éviter les conséquences terribles d'un i. éclatant dans un tel lieu, on fait souvent usage d'enduits spéciaux désignés sous le nom d'*Ignifuges* et qui jouissent de la propriété de se vitrifier à la chaleur sans se volatiliser, mais en laissant dégager un gaz neutre (acide carbonique ou acide sulfureux) qui s'oppose à la propagation des flammes. Ces ignifuges sont également très nombreux. Bien que des ordonnances successives de police fassent de leur emploi une obligation pour les directeurs de salles publiques, très peu observent les règlements; ils les éludent purement et simplement, sous divers prétextes. Le terrible i. du Bazar de la Charité, survenu à Paris le 4 mai 1897, et qui a fait tant de victimes, n'aurait certainement pas offert la même gravité si les organisateurs avaient eu la sage précaution de faire badigeonner les bois et tentures avec l'un de ces ignifuges, *carbonate, chlorhydrate ou sulfate d'ammoniaque*, qui sont ceux le plus communément employés.

Enfin, dans les théâtres et autres lieux publics existent, pour combattre l'i., des installations spéciales qui consistent en réservoirs à eau et conduites aux divers étages, permettant en cas de besoin d'inonder les différentes parties de la salle et les couloirs. De plus, un rideau de fer isolant la scène d'une manière absolue peut s'abaisser instantanément. Un dispositif très ingénieux le fait manœuvrer. Pour cela on a, on a le plus souvent recours à la puissance hydraulique.

Comme nous le disions plus haut, il existe des appareils accessoires qui ont également une très grande importance. En premier lieu viennent les échelles de sauvetage, dont les types varient presque à l'infini.

On peut au besoin se servir de toute espèce d'échelles, mais les échelles dont la nomenclature suit sont les plus employées: 1° *l'échelle italienne*; 2° *les échelles pliantes*; 3° *les échelles à crochets*. La première se compose de plusieurs petites échelles, longues de 2 mètres, larges de 50 centimètres à la base et de 45 au sommet, qui s'emboîtent l'une à la suite de l'autre de manière à n'en former qu'une. Les secondes, montées sur chariots, varient beaucoup de forme et de dimensions. Presque toutes cependant sont plusieurs échelles qui sont réunies deux à deux par leurs extrémités. Elles se replient les unes sur les autres à l'aide de solides charnières garnissant leurs extrémités. La longueur de ces échelles développées est beaucoup plus considérable. Les échelles *à crochets* sont également précieuses. Ainsi que leur nom l'indique, elles sont munies, à la partie supérieure de chacun de leurs montants d'un crampon très solide qui sert à les accrocher à l'appui d'une fenêtre, à un balcon, à une corniche ou à tout autre objet du même genre.

Le *Sac de sauvetage* consiste en un boyau de toile à voile, qui est long de 20 mètres et large de 80 centimètres. On l'emploie pour mettre hors de danger les habitants des édifices incendiés, quand il ne leur reste plus d'autre retraite que les croisées. À cet effet, un homme s'élève, à l'aide d'échelles au autrement, jusqu'au point où doit avoir lieu le sauvetage; hissé le sac avec lequel on qu'il a emporté avec lui, fixe la partie supérieure du sac à la croisée et y introduit successivement les personnes qu'il s'agit de sauver. Celles-ci descendent aussitôt en ayant soin d'écarter les coudes pour modérer le mouvement, et sont reçues par deux hommes qui tiennent le bas du sac un peu élevé au-dessus du sol, afin d'empêcher tout accident.

La *Blouse contre l'asphyxie* permet à celui qui en est revêtu de pénétrer dans les caves ou autres lieux remplis de fumée ou de gaz irrespirables pour y combattre les progrès du feu. Cet appareil, qui est dû au capitaine Paulin, des sapeurs-pompiers de Paris, consiste en une casaque de cuir qui enveloppe entièrement le corps depuis la tête inclusivement jusqu'au-dessous des hanches. Une ceinture assujettit le

vêtement autour des reins; des sous-cuisses l'empêchent de se soulever; et des courroies serrées autour des poignets retiennent les manches. La partie qui correspond au visage est pourvue d'un masque de verre épais qui permet de voir les objets environnants. Un ajutage vissé sur la gauche de la poitrine communique au dehors par un tuyau flexible, et c'est par ce moyen que l'on envoie de l'air frais à l'homme revêtu de l'appareil. Un sifflet est fixé au-dessous de la plaque de verre pour les signaux. Enfin, on attache une lanterne à la ceinture pour éclairer le sauveteur dans les lieux obscurs.

INCENDIER. v. a. [Pr. *in-san-dier*] (R. *incendie*). Brûler, consumer par le feu; ne se dit que d'un grand embrasement. *L'ennemi incendia la ville. I. une forêt. S maison a été incendiée.* || Fig. *I. un pays, les esprits, L*agiter par des doctrines révolutionnaires. = INCENDIÉ, ÉE. part. || S'emploie subst., en parlant des personnes dont l'habitation a été brûlée. *Faire une quête au profit des incendiés.* = Conj. Voy. PRIER.

INCENSURABLE. adj. 2 g. [Pr. *insan-surable*] (R. *in* priv., et *censurer*). Qui ne peut pas ou ne doit pas être censuré.

INCÉRATION. s. f. [Pr. *in-séra-sion*] (lat. *in*, dans; *cera*, cire). Action d'incorporer de la cire avec quelque autre matière.

INCÉRÉMONIEUX, EUSE. adj. (R. *in* priv., et *cérémonieux*). Qui ne fait point de cérémonies.

INCERTAIN, AINE. adj. Qui n'est pas certain, douteux. *Un avenir i. Le succès de son entreprise est encore i. La victoire fut longtemps incertaine.* || Variable, sujet à changer. *Le temps est bien i. La faveur des rois est incertaine.* || Faible, vacillant. *Jour i. Clarté, lumière incertaine.* || Qui n'est pas fixé, qui est indéterminé. *Une époque incertaine. L'heure de la mort est incertaine. Un nombre i.* || Mal assuré, qui manque de précision. *Dessin i. Des contours incertains.* — On dit aussi, *Une main incertaine.* || En parl. des personnes, se dit de l'incertitude où l'on est au sujet d'une chose qui ne dépend pas de nous. *Je suis i. de ce qui doit arriver.* || Sign. encore irrésolu. *Je suis i. de ce que je dois faire.* || Subst. L'INCERTAIN, Ce qui est incertain. *Quitter le certain pour l'i.* = Syn. Voy. DOUTEUX.

INCERTAINEMENT. adv. D'une manière incertaine, avec doute et incertitude. *On parle de cela i.* Peu usité.

INCERTIFIÉ, ÉE. adj. Qui n'est pas certifié.

INCERTITUDE. s. f. (R. *in* priv., et *certitude*). État d'une personne irrésolue sur ce qu'elle doit faire, ou incertaine de ce qui doit arriver. *Il est dans l'i. du parti qu'il doit prendre. L'i. où nous sommes de ce qui doit arriver. Nous nageons dans l'i.* — Par analogie, L'i. de son caractère. *L'i. habituelle de ses opinions.* || En parlant des choses, se dit de tout ce qui manque de fixité, ce qui est ou conjectural, ou susceptible de doute. *L'i. des jugements humains. L'i. des doctrines philosophiques. L'i. des fortunes. Il y a beaucoup d'i. dans l'histoire, dans la médecine.* — *L'i. du temps,* l'état incertain et variable du temps. = Syn. Voy. DOUTE.

INCESSAMMENT. adv. [Pr. *insè-sa-man*]. Sans cesse, continuellement. *Il travaille i. Les planètes roulent i. dans leurs orbites.* || Sans délai, au plus tôt; ne s'emploie que par rapport au temps futur. *On l'attend i. Il doit partir i.*

INCESSANT, ANTE. adj. [Pr. *in-sè-san*] (R. *in* priv., et *cesser*). Qui ne cesse pas, qui dure sans interruption. *Un travail i. Des douleurs incessantes.*

INCESSIBILITÉ. s. f. [Pr. *insè-sibilité*]. Qualité de ce qui est incessible.

INCESSIBLE. adj. 2 g. [Pr. *insè-sible*] (R. *in* priv., et *cessible*). T. Jurispr. Qui ne peut être cédé. *Le droit d'usage est incessible.*

INCESTE. s. m. (lat. *incestus*, m. s., de *in* priv., et *castus*, chaste). Union charnelle illicite entre personnes parentes ou alliées dans les degrés prohibés par les lois. || T. Droit can. *I. spirituel,* Commerce illicite entre deux personnes alliées par une affinité spirituelle, comme entre le parrain et la filleule. Se dit aussi d'un commerce coupable entre un confès sur et sa pénitente. || Se dit quelquefois, surtout en poésie, d'une personne coupable d'inceste. || Adj. 2 g. *Désir i.* Vx.

INCESTUEUSEMENT. adv. [Pr. *inces-tueu-ze-man*]. Dans l'inceste. *Vivre i.*

INCESTUEUX, EUSE. adj. (lat. *incestuosus*, m. s., de *incestûs*, inceste). Coupable d'inceste. *Une femme incestueuse.* || Qui a le caractère d'inceste. *Amour, commerce, mariage i. Union incestueuse.* — Poétiq., *Des mains incestueuses. Désirs, regards i.* || Qui résulte de l'inceste. *Enfant i.* || Subst., Qui est coupable d'inceste.

> Un perfide assassin, un lâche incestueux.
>
> RACINE.

INCHANGÉ, ÉE adj. Qui n'a pas été changé.

INCHANTABLE. adj. 2 g. (R. *in* priv., et *chanter*). Qu'il est impossible de chanter. *C'est de la musique i.* Peu us.

INCHARITABLE. adj. 2 g. (R. *in* priv., et *charitable*). Qui manque de charité.

INCHARITÉ. s. f. Défaut de charité.

INCHASTETÉ. s. f. Défaut de chasteté.

INCHÂTIÉ, ÉE. adj. Qui n'a pas été châtié.

INCHAVIRABLE. adj. 2 g. (R. *in* priv., et *chavirer*). Qui ne peut chavirer.

INCHOATIF, IVE. adj. [Pr. *in-koatif*] (lat. *inchoare*, commencer*). T. Gram. Se dit des verbes qui expriment le commencement d'une action. *Suivant les grammairiens, Vieillir, S'endormir, Verdir, sont des verbes inchoatifs,* ou substant., *sont des inchoatifs.*

INCHRÉTIEN, IENNE. adj. [Pr. *in-kré-ti-in*]. Qui n'est pas chrétien.

INCHRÉTIENNEMENT. adv. [Pr. *in-kré-tiè-neman*]. D'une manière contraire aux doctrines chrétiennes.

INCIDEMMENT. adv. [Pr. *insi-da-man*]. Par incident ou par occasion. *Il s'est constitué i. demandeur. Il en parle i. dans son histoire.*

INCIDENCE. s. f. [Pr. *in-si-dan-se*] (lat. *incidere*, tomber sur). — Ce terme n'est guère usité que dans la langue scientifique. En géométrie, en mécanique et en physique, on appelle *incidence* la direction suivant laquelle une ligne, une surface, un corps, un rayon, etc., vient rencontrer une ligne, une surface, etc. Le point de rencontre est appelé le *point d'i.*, et l'on nomme *angle d'i.* l'angle que fait la ligne, le plan, le rayon incident, ou la direction du corps incident avec la perpendiculaire élevée au point d'i. sur la ligne ou la surface frappée. Lorsque la lumière, la chaleur rayonnante, ou un corps élastique quelconque est réfléchi par une surface, l'*angle d'i.* est égal à l'*angle de réflexion*; et dans le cas de la réfraction, le sinus de l'angle d'i. est dans un rapport constant avec le sinus de l'angle de réfraction. Voy. RÉFLEXION, RÉFRACTION.

En termes d'économie politique, on dit aussi l'*i.* d'un impôt, en parlant de la personne qui le paie véritablement. Presque toujours, en effet, les impôts sont avancés par une personne qui les paie au Trésor, et se les fait ensuite rembourser par une autre d'une manière indirecte, par ex. en élevant le prix de ses produits; c'est alors sur cette dernière que tombe l'i. En général, il est extrêmement difficile de savoir quelle est la personne ou la catégorie de personnes qui supporte réellement la charge d'un impôt. Aussi, la théorie de l'i. de l'impôt est-elle une des plus difficiles, quoiqu'une des plus importantes de l'économie politique au point de vue pratique. Cette théorie est généralement méconnue, et l'on s'imagine volontiers que ce sont les personnes qui acquittent l'impôt au Trésor qui en supportent réellement la charge. Rien n'est plus faux et plus dangereux que cette opinion à courte vue. Voy. IMPÔT.

INCIDENT. s. m. [Pr. *in-si-dan*] (lat. *incidens*, part. de *incidere*, tomber sur). Événement qui survient dans le cours d'une entreprise, d'une affaire. *Un heureux i. vint le tirer de ce mauvais pas. Il survint un i. qui m'obligea de m'arrêter.* || En parl. d'une pièce dramatique, d'un roman, etc., Événement plus ou moins important qui survient dans le cours de l'action principale. *Un i. bien amené. Cet i. manque de vraisemblance. Un drame trop chargé d'incidents.* || En matière de procès, Contestation accessoire qui survient dans le cours de la cause principale. *On videra cet i avec le principal. Cet avoué est habile à multiplier les incidents.* — Par ext., se dit, dans le langage ordin., Des mauvaises difficultés qu'une personne élève dans une dispute, au jeu, etc. *Au lieu de répondre à la question, il élève des incidents.*

INCIDENT, ENTE. adj. [Pr. *insi-dan*] (lat. *incidens*, part. prés., de *incidere*, tomber sur). Se dit de certaines difficultés qui surviennent dans les affaires. *Une demande, une requête, une contestation incidente. Un point i.* || T. Gram. et Logiq., *Proposition, phrase incidente*, Celle qui est insérée dans une autre proposition dont elle fait partie. Voy. PROPOSITION. || T. Physiq. Se dit des rayons lumineux, calorifiques, etc., qui tombent sur une surface.

INCIDENTAIRE. s. m. [Pr. *in-si-dan-tère*]. Celui qui forme des incidents, chicaneur. Peu us.

INCIDENTEL, ELLE. adj. [Pr. *insi-dantel*]. Qui tient de l'incident, qui arrive par incident.

INCIDENTER. v. n. [Pr. *in-si-dan-ter*] (R. *incident*). T. Jurisp. Faire naître, élever des incidents dans le cours d'un procès. *Il éloigna le jugement du procès, à force d'i.* — Par ext., dans le langage ordin., Faire des objections peu sérieuses, élever de mauvaises difficultés. *On pourrait i. sur ce récit. C'est un mauvais joueur, il incidente à tout coup.*

INCINÉRATION. s. f. [Pr. *in-si-néra-sion*] (lat. *incineratio*, m. s., de *incinerare*, incinérer). T. Chim. Action d'incinérer, état de ce qui est incinéré. || Action de brûler le corps des morts. Voy. CRÉMATION, FUNÉRAILLES.

INCINÉRER. v. a. (lat. *incinerare*, m. s. de *in*, en; *cinis, cineris*, cendre). T. Chim. Réduire en cendres; se dit surtout des matières organiques dont on veut recueillir les cendres pour les soumettre à l'analyse. || Brûler les corps des morts. = INCINÉRÉ, ÉE. part. — Conj. Voy. CÉDER.

INCIPIT. s. m. [Pr. *in-si-pit*] (lat. 3e personne du sing. de l'indicatif présent du verbe *incipere*, commencer). Premiers mots de telle ou telle partie d'un manuscrit.

INCIRCONCIS, ISE. adj. Qui n'est point circoncis. *Une nation incirconcise. Un homme i.* — Fig , dans le style de l'Écriture, Immortifié. *I. de lèvres. I. de cœur.* || Substant., *Les incirconcis*, Nom donné par les Juifs à ceux qui n'étaient pas de leur nation.

INCIRCONCISION. s. f. [Pr. *in-sir-kon-si-zion*] (R. *in* priv., et *circoncision*). État de celui qui n'est pas circoncis ; ne se dit que fig. *L'i. du cœur.*

INCIRCONSCRIPTIBLE. adj 2 g. (R. *in* priv., et *circonscrire*). Qui ne peut être circonscrit dans des limites.

INCIRCONSCRIT, ITE. adj. Qui n'est pas circonscrit.

INCIRCONSPECT, ECTE. adj. Qui n'est pas circonspect.

INCIRCONSPECTION. s. f. [Pr. *insirkonspek-sion*]. Manque de circonspection.

INCISE. s. f. [Pr. *in-si-ze*] (lat. *incisum*, coupé). T. Gram. Phrase très courte qui forme un sens détaché et entre dans le sens total de la période ou d'un membre de la période.

INCISER. v. a. [Pr. *in-si-zer*] (lat. *incisum*, sup. de *incidere*, couper). T. Chir. Diviser des parties molles avec l'instrument tranchant. *Il a fallu i. les chairs pour extraire la balle.* || Se dit aussi des végétaux. *I. l'écorce d'un arbre pour le greffer. I. un pin pour en tirer la résine.* = INcisé, etc. part. || En Bot., s'emploie adject., en parlant des feuilles, etc., qui présentent sur leurs bords des découpures qui n'atteignent pas au delà de la partie moyenne.

INCISIF, IVE. adj. [Pr. *in-si-zif*]. Qui incise. T. Anat. *Le muscle i.*, ou subst., *L'incisif*, Le releveur propre de la lèvre supérieure. — *Dents incisives*, ou subst., *Les incisives*, Voy. DENT. || Fig., se dit pour Mordant. *Ce mot est i. Un style i.* || T. Méd. anc. Se disait des médicaments qu'on supposait doués de la propriété d'atténuer les humeurs trop épaisses. — Subst., au masc., *Il faut employer les incisifs.*

INCISION s. f. [Pr. *in-si-zion*] (lat. *incisio*, m. s., de *incisum*, sup. de *incidere*, couper). T. Chir. Division des parties molles faite avec l'instrument tranchant. *Faire une i. à la peau, dans les chairs.* || Se dit aussi des végétaux. *On pratique d'abord une i. à l'écorce.*
   Arboric. — On pratique sur les arbres deux sortes d'i., l'annulaire et la longitudinale ou saignée. L'i. annulaire consiste à enlever, sur toute la circonférence d'une tige ou d'une branche, une lanière d'écorce de quelques millimètres de largeur. Pour l'exécuter, on pratique, à une certaine distance l'une de l'autre deux incisions circulaires après quoi, on enlève l'écorce placée entre elles. Cette opération se fait aussi à l'aide d'un instrument spécial, nommé *pince annulaire.* Les avantages que l'on cherche à obtenir par ce moyen sont encore contestés. Néanmoins il est certain que celle i. pratiquée au-dessous des fruits les fait grossir et avance la maturité. D'autres prétendent qu'elle fatigue les arbres et que, répétée souvent, elle peut même les faire périr. Les incisions longitudinales ou saignées consistent en un certain nombre de fentes pratiquées en longueur dans l'écorce à l'aide d'un instrument tranchant. Ces incisions, qui quelquefois atteignent même l'aubier, peuvent être rapprochées, sans qu'il y ait pour l'arbre le moindre inconvénient; au contraire elles augmentent sa vigueur. On les exécute dans deux circonstances particulières: 1° sur les parties dont l'écorce très dure forme une sorte d'étui ou de bride qui, comprimant les tissus, gêne la circulation des sucs séveux et nuit à l'accroissement; 2° sur les fruitiers à noyaux, lorsque la sève, très abondante et non décomposée par les organes du végétal, s'extravase au dehors sous forme de gomme. Dans le premier cas, ces incisions favorisent la végétation, et par elles on parvient souvent à donner de la vigueur à des parties très affaiblies; dans le second, elles guérissent de la gomme des arbres dont la mort était à peu près certaine.
   Chir. — On nomme i. la section des parties molles par un instrument tranchant, couteau ou bistouri. Pour pratiquer une incision, il faut d'abord fixer les parties molles que l'on veut inciser, les tendre sans les déplacer en les le pouce et l'index de la main gauche, ou entre les doigts de la main gauche et les doigts d'un aide. Le bistouri est tenu comme une plume à écrire, pour éviter de donner aux incisions une profondeur différente dans les angles et au milieu, pour ne pas faire de *queue*, on doit protéger le bistouri perpendiculairement à la surface de la peau, incliner l'instrument à 45° pour faire l'i. et, en terminant, le relever dans la position qu'il avait au départ.

INCISIVEMENT. adv. [Pr. *in-si-zi-veman*]. D'une manière incisive.

INCISURE. s. f. [Pr. *in-si-zure*] (R. inciser). T. Zool. Nom donné à des découpures de certains organes.

INCITABILITÉ. s. f. (R. *incitabls*). T. Physiol. Excitabilité, faculté qu'ont les corps vivants d'obéir à l'action des stimulants.

INCITABLE. adj. 2 g. (lat. *incitabilis*, m. s., de *ncitare*, inciter). Qui peut être incité.

INCITANT, ANTE. adj. [Pr. *in-si-tan*] (part. prés. de *inciter*). T. Physiol. Se dit quelquefois pour Stimulant. || Subst., au masc., *Les incitants.*

INCITATEUR, TRICE. s. (lat. *incitator*, m. s.). Celui, celle qui incite.

INCITATION. s. f. [Pr. *in-sita-zion*]. Action d'inciter. || T. Physiol. Se dit quelquefois pour Excitation, stimulation, surtout en parlant de l'action nerveuse qui détermine la contraction des muscles. *L'i. motrice.* || Impulsion, instigation.

i. à la vertu. I. au crime, à la débauche. Il a cédé à l'i. d'autrui.

INCITEMENT s. m. [Pr. *in-si-teman*] (lat. *incitamentum*, m. s.). Action d'inciter.

INCITER. v. a. (lat. *incitare*, m. s., de *in*, dans, et *citare*, pousser, fréq. de *ciere*). Pousser, déterminer à faire quelque chose. *Les bons exemples incitent à la vertu. I. au mal. I à bien faire. I. les peuples à la révolte.* ⇒ INCITÉ, ÉE part. ⇒ Syn. Voy. AIGUILLONNER.

INCITO-MOTEUR, TRICE. adj. T. Physiol. *Action incito-motrice*, Action des centres nerveux qui détermine la contraction des muscles par l'intermédiaire des nerfs moteurs.

INCITO-MOTRICITÉ. s. f. Action incito-motrice.

INCIVIL, ILE. adj. (lat. *incivilis*, m. s., de *in* priv., et *civilis*, civil). Qui manque de civilité. *Un homme i. Une personne incivile.* — Par ext., *Des manières inciviles. Une réponse incivile. Un procédé i.* || T. Jurispr. *Clause incivile*, Clause faite contre la disposition des lois civiles. Vx.

INCIVILEMENT. adv. D'une manière incivile

INCIVILISABLE. adj. 2 g. [Pr. *insi-vili-za-ble*] (R. in priv., et *civiliser*). Qui ne peut être civilisé.

INCIVILISÉ, ÉE. adj. [Pr. *insivili-zé*]. Qui n'est point civilisé.

INCIVILITÉ. s. f. (lat. *incivilitas*, m. s.). Manque de civilité. *Son i. choque tout le monde. Il y a de l'i. à agir ainsi.* || Action, parole contraire à la civilité. *Il a commis une grande i. Il m'a fait toutes sortes d'incivilités.*

INCIVIQUE. adj. 2 g. Qui n'est point civique. *Une conduite, une proposition incivique.*

INCIVIQUEMENT. adv. [Pr. *insi-vike-man*]. D'une manière incivique.

INCIVISME. s. m. Défaut de civisme. *Acte d'i. Son i. est bien connu.*

INCLAIRVOYANT, ANTE. adj. Qui n'est pas clairvoyant

INCLASSABLE. adj. 2 g. [Pr. *inkla-sable*] (R. in priv., et *classer*). Qui ne peut être classé.

INCLÉMENCE. s. f. [Pr. *in-klé-man-se*] (R. in priv., et *clémence*). Rigueur. Au prop., n'est guère usité qu'en poésie. *L'i. des dieux. L'i. du parterre.* — Au fig., ne se dit que du temps, de la saison. *L'i. de l'air, de l'hiver, des aquilons. L'i. de ces climats.*

INCLÉMENT, ENTE. adj. [Pr. *in-klé-man*] (lat. *inclemens*, m. s.). Qui n'a pas de clémence, d'indulgence. Au prop., n'est guère usité qu'en poésie, *Des dieux incléments.* — Au fig., ne se dit que du temps, des climats. *Un ciel i.*

INCLINAISON. s. f. [Pr. *in-kli-nè-zon*] (R. *incliner*). Ce terme, qui est d'un très fréquent usage en Géomét., en Astron., en Physiq., en Mécan., etc., exprime toujours la relation d'obliquité d'une ligne, d'une surface ou d'un plan, par rapport à une autre ligne, etc. *Angle d'i.*, Celui qui mesure l'i. *L'i. de l'orbite d'une planète est l'angle que fait le plan de son orbite avec le plan de l'écliptique. Aiguille d'i.*, Boussole d'i. Voy. BOUSSOLE et MAGNÉTISME. || Dans le langage ordinaire, se dit de l'obliquité d'une ligne droite ou d'une surface plane relativement au plan de l'horizon. *L'i. de ce mur est très sensible. L'i. du terrain facilite l'écoulement des eaux.*

INCLINANT, ANTE. adj. Qui incline. *Cadran i.* ou *incliné.* Voy. GNOMONIQUE.

INCLINATION. s. f. [Pr. *inkli-na-sion*] (lat *inclinatio*, m. s.). Action d'incliner, de pencher; n'est guère usité au prop qu'en parlant de l'action de pencher la tête ou le corps en signe d'acquiescement ou de respect. *Il fit une légère i. de tête.* — T. Chim. Verser par i., Verser une liqueur en penchant doucoment le vase. || Fig., Disposition et pente naturelle à quelque chose. *Inclinations naturelles, bonnes, nobles, vertueuses, mauvaises, basses, vicieuses. I. au bien, à la vertu, au mal, à la débauche. Il a de l'i. pour les armes, pour les lettres, pour les beaux-arts. Combattre les inclinations d'une personne.* || Dans un sens particulier, Affection, amour. *Avoir, se sentir de l'i. pour quelqu'un. Un mariage d'i.,* par opposition à mariage de convenance. — Fam., on dit encore, *Je crois qu'il a une i. secrète. Changer d'i.* || Par ext. et fam., se dit de la personne qu'on aime. *Cette jeune fille est l'i. d'un tel, est son i.* — Dans ce sens, on dit encore, au plur., *Boire aux inclinations de quelqu'un,* Boire à la personne qu'il aime. || Se dit aussi de la chose même pour laquelle on a du penchant. *L'étude est son i. C'est son i. favorite.*

Syn. — *Penchant.* — L'*inclination* dit quelque chose de moins fort que le *penchant :* la première nous porte vers un objet, et l'autre nous y entraîne. L'*inclination*, calme, modérée, se prend plutôt en bonne part. Le *penchant*, se rapportant davantage à ce qui tient aux sens, est souvent regardé comme portant au mal. C'est ainsi qu'un homme a de l'*inclination* pour les arts et pour les sciences, tandis qu'il a du *penchant* à la débauche, au libertinage. — Voy. AFFECTION.

INCLINEMENT. s. m. [Pr. *inkli-neman*] (lat. *inclinamentum*, m. s.). Action d'incliner.

INCLINER. v. a. (lat. *inclinare*, pencher vers, de *in*, dans, vers, et *clinare*, pencher). Mettre dans une situation oblique; se dit ordinairement relativement au plan de l'horizon. *Inclinez un peu plus la bouteille. Il faut i. cette planche sur l'évier. Ce mât est incliné vers l'arrière.* || Baisser, courber. *I. le corps, la tête. Le vent incline la cime des arbres.* = INCLINER. v. n. Être incliné, penché. *Ici le terrain incline vers l'est. Ce mur me semble i. à gauche. Cette balance incline plus d'un côté que de l'autre.* || Fig., Avoir du penchant, être porté à quelque chose. *I. à la miséricorde. I. à une opinion, pour une opinion. J'incline pour cette couleur. La France inclinait à la paix. J'incline à prendre ce parti.* — Par métaphore, on dit d'une bataille où l'une des armées commence à obtenir quelque avantage, *La victoire incline de ce côté.* = S'INCLINER. v. pron. || Se baisser, se courber. *S'i. profondément.* *S'i. respectueusement. S'i. profondément devant quelqu'un.* — Dans le style élevé, s'emploie absol. dans le sens de se prosterner par respect, par crainte. *L'Asie entière s'inclinait devant ce conquérant.* || Se dit, dans les sciences mathématiques, de ce qui est dans une situation oblique par rapport à une ligne, à une surface quelconque. *L'écliptique s'incline vers l'équateur de vingt-trois degrés et demi.* = INCLINÉ, ÉE. part. *Un plan incliné. Il se tenait le corps incliné. Tête inclinée.*

Mécan. — Le *Plan incliné* est une des cinq machines simples des auteurs. La théorie de cette machine se déduit aisément du principe de la décomposition des forces. Soit AC (Fig. 1) la direction du plan incliné, BC sa hauteur, et AB la distance horizontale de l'extrémité inférieure du plan au pied de la perpendiculaire BC. Supposons un corps pesant réduit à un simple point matériel placé sur le plan au point D. Représentons par DE le poids de ce corps, nous décomposerons cette force en deux autres, DF parallèle au plan et DG qui lui est perpendiculaire. Or, la force DG est annihilée par la résistance du plan; il ne reste donc, pour faire descendre le corps pesant le long de celui-ci, que la force représentée par DF. Mais le triangle DGE est évidemment semblable à CBA, et par conséquent

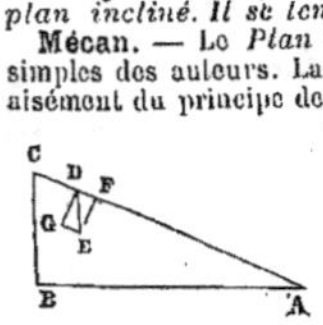

$$\frac{DF}{DE} = \frac{CB}{CA}.$$

En d'autres termes, la force qui fait descendre le corps pesant le long du plan est au poids total du corps comme la hauteur du plan est à sa longueur. Donc la force qui est nécessaire pour élever un corps le long d'un plan est moindre que celle qu'il faudrait pour l'élever verticalement dans le rapport ci-dessus. C'est Stévin de Bruges qui le premier a démontré cette propriété fondamentale du plan incliné, mais par un procédé différent.

Si on désigne par *i* l'angle CAB ou inclinaison du plan, on aura, dans le triangle rectangle DEF où l'angle E est justement égal à *i* : DF = DE sin *i*.

Mais DF est la force qui sollicite le corps le long du plan incliné et DE le poids de ce corps P. Pour maintenir le corps il suffit d'équilibrer la force F par une force égale et comme on a : F = P sin *i*, on voit que la force qui peut maintenir le corps en équilibre est égale au poids de ce corps multiplié par le sinus d'inclinaison du plan. Il y a donc intérêt à réduire cet angle le plus possible, quoiqu'il résulte de cette réduction que, pour une même hauteur verticale, le chemin parcouru sera plus considérable. C'est pour cette raison que les routes de montagnes sont construites en *lacets*, ce qui en diminue considérablement la pente.

Parmi les propriétés relatives au mouvement des corps sur un plan incliné, il y en a deux qui méritent d'être signalées. La première, c'est que la vitesse acquise par un corps qui descend d'une hauteur quelconque le long d'un plan incliné est la même quand il arrive au bas de ce plan que s'il était tombé librement et verticalement. La seconde, c'est que les temps qu'un corps emploie pour descendre par toutes les cordes du même cercle jusqu'à son point le plus inférieur sont égaux entre eux, et égaux au temps que ce corps mettrait pour tomber verticalement d'une hauteur égale au diamètre du cercle. Ainsi (Fig. 2), soit AB le diamètre, et CB, DB et EB les cordes d'un cercle ; le temps qu'un corps pesant mettrait à tomber verticalement par le diamètre AB est égal au temps qu'il mettrait à parcourir le plan incliné CB, ou le plan incliné DB, ou le plan incliné EB. En d'autres termes, des corps pesants placés aux points A, C, D et E, qu'on abandonnerait au même instant à l'action de la pesanteur, arriveraient en même temps au point B. Il est superflu d'avertir que, dans ces propositions, on néglige complètement la résistance résultant du frottement.

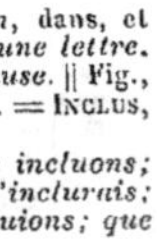

Fig. 2.

INCLURE. v. a. (lat. *includere*, m. s., de *in*, dans, et *claudere*, fermer). Renfermer. *I. un billet dans une lettre.* || Insérer. *Vous ferez l'acte sans y i. cette clause.* || Fig., Impliquer, renfermer en soi. = S'INCLURE. v. pron. —INCLUS, usé. part. Peu us.

Conj. — *J'inclus, tu inclus, il inclut; nous incluons; j'incluais, nous incluions; j'inclus; j'inclurai; j'inclurais; inclus, incluons; que j'inclue, que nous incluions; que j'inclusse; incluant, inclus.*

INCLUS, USE. [Pr. *in-klu, uze*] (part. pass. du verbe *Inclure*). Enfermé, enveloppé. — Absol. et subst. *La lettre enfermée dans un paquet. Veuillez remettre l'incluse à mon frère.* || Dans certaines élections, lorsqu'on a rejeté une partie des candidats, on dit de ceux qui restent *Ils sont inclus.* *Ils sont inclus*. || T. Bot. Se dit de certains organes, lorsqu'ils sont renfermés dans un autre, et particul. des étamines, quand elles ne font pas saillie au-dessus de l'orifice du périanthe.

Obs. gram. — *Inclus* placé devant un substantif ne s'accorde pas si le substantif est pris dans un sens indéfini, et s'accorde s'il est précédé de l'article ou d'un mot déterminatif. Ainsi on dit : *Le paquet ci-in. La lettre ci-incluse. Je vous envoie ci-inclus copie du contrat,* et *ci-incluse la copie du contrat.*

INCLUSIF, IVE. adj. [Pr. *inklu-zif*] (R. *inclus*). Qui enferme, qui comprend. = INCLUSIVE. s. f. Action d'admettre dans le sein du conclave un cardinal arrivé en retard.

INCLUSIVEMENT. adv. [Pr. *inklu-zi-veman*] (R. *inclure*). Y compris la chose dont on parle. Voy. EXCLUSIVEMENT.

INCLUSION. s. f. [Pr. *inklu-zion*] (R. *inclus*). T. Minér. Substances étrangères que renferment certains cristaux.

INCOAGULABLE. adj. 2 g. (R. *in* priv., et *coaguler*). Qui ne se coagule pas.

INCOCTION. s. f. [Pr. *inkok-sion*]. Défaut de coction.

INCOERCIBILITÉ. s. f. État de ce qui est incoercible.

INCOERCIBLE. adj. 2 g. T. Phys. Qui n'est pas coercible. *Les liquides sont à peu près incoercibles.*

INCOERCITION. s. f. [Pr. *inko-er-si-sion*]. Absence de coercition.

INCOGITANCE. s. f. (lat. *incogitantia*, m. s. de *v* privat. et *cogitare*, penser). T. Philos. État où l'on ne pense pas à telle ou telle chose.

INCOGNITO. adv. [Pr. *in-cog-nito*, *gn* dur] (lat. *incognito*, m. s., du lat. *incognitus*, inconnu, de *in* priv., et *cognoscere*, connaître). Se dit des personnes de qualité qui, en pays étranger, ne voulant pas être connues ou traitées selon leur dignité, n'ont pas leur train ordinaire ou leurs autres marques distinctives, et qui, le plus souvent, prennent un autre nom, un autre titre que le leur. *Ce prince voyage i. Il traversa la France i. Il séjourna i. à Paris.* | Se dit également de toute personne qui ne veut pas être connue dans l'endroit où elle se trouve, ou qui veut laisser ignorer qu'elle y est. *Je suis à Paris i. et je n'y vois personne.* || Substant., *Garder l'i. Il profita de son i. pour se livrer à ses plaisirs. Ne trahissez pas mon incognito.*

INCOGNOSCIBLE. adj. 2 g. [Pr. *inkog-nos-sible*, *g* dur] (lat. *incognoscibilis*, m. s., de *in* priv., et *cognoscere*, connaître). Qui ne peut être connu.

INCOHÉRENCE. s. f. [Pr. *inkoé-ranse*]. Qualité de ce qui est incohérent ; ne se dit qu'au fig. : *L'i. de ses idées.*

INCOHÉRENT, ENTE. adj. [Pr. *inko-é-ran*] (R. *in* priv., et *cohérent*). Qui n'est pas cohérent. Se dit des parties d'un tout qui sont peu ou point liées entre elles, et du tout lui-même, relativement au peu de liaison de ses parties. S'emploie surtout au fig. *L'empire d'Autriche est formé de parties incohérentes. Une législation incohérente. Il n'a que des idées incohérentes. Ces images incohérentes produisent le plus mauvais effet.*

INCOHÉSION. s. f. [Pr. *inko-ézion*] (R. *in* priv., et *cohésion*). Défaut de cohésion.

INCOLAT. s. m. [Pr. *inko-la*] (lat. *incola*, habitant, de *in*, dans, et *colere*, cultiver). Nom donné, dans quelques États, au droit qu'a le chef de l'État d'accorder à certains étrangers les mêmes prérogatives qu'aux indigènes.

INCOLORE. adj. 2 g. (lat. *incolor*, m. s., de *in* priv., et *color*, couleur). Qui n'est pas coloré. *L'eau est un fluide i.* || Fig., *Un style incolore.*

INCOLORÉ, ÉE. adj. (R. *in* priv., et *coloré*). Qui n'est pas coloré.

INCOMBANT, ANTE. adj. [Pr. *inkon-ban*] (lat. *incumbens*, part. prés. de *incumbere*, être couché sur). T. Bot. Se dit des organes floraux qui se recouvrent latéralement les uns les autres, et des cotylédons appliqués l'un contre l'autre, le radicule étant entre les deux. Voy. CHAINE.

INCOMBER. v. n. [Pr. *inkon-ber*](lat. *incumbere*, peser sur, de *in*, dans, sur, et *cubare*, être couché). Être à la charge de. *C'est à vous qu'incombe ce soin. Cette obligation incombe à l'héritier.*

INCOMBUSTIBILITÉ. s. f. [Pr. *in-kon...*] (R. *in* priv., et *combustibilité*). Qualité de ce qui est incombustible. *L'i. de l'amiante.*

INCOMBUSTIBLE. adj. 2 g. [Pr *in-kon...*] (R. *in* priv., et *combustible*). Qui ne peut être consumé ou altéré par le feu. Chim. — Il n'y a point de substance véritablement *incombustible*. L'amiante lui-même ne fait pas exception à la règle : il se décompose sous l'action du feu suffisamment prolongée, et sous celle du chalumeau. En conséquence, le terme *l'incombustible* signifie simplement, qui résiste plus ou moins énergiquement à l'action du feu, c.-à-d. qui brûle difficilement. — On a souvent recherché les moyens de rendre incombustibles ou, pour mieux dire, moins combustibles, certains objets exposés plus particulièrement aux chances de l'incendie, comme, par ex., les bois, toiles et tentures, qui servent aux décorations de théâtre. On est parvenu à les empêcher, sinon de se consumer, du moins de brûler avec flamme, ce qui seul suffit pour ralentir singulièrement la propagation et les ravages du feu. A cet effet, on imprègne les objets que l'on veut rendre incombustibles de la dissolution de certains sels, tels que les borates, les phosphates et les tungstates alcalins. Ces sels fondent facilement sous l'action du feu en

formant un enduit vitreux, non volatil, qui préserve le bois ou le tissu du contact de l'air. A ces substances on en adjoint d'autres, telles que le carbonate, le chlorhydrate et le sulfate d'ammoniaque ; celles-ci, sous l'action de la chaleur, dégagent une grande quantité de gaz non inflammables, impropres à entretenir la combustion. Voy. INCENDIE.

INCOMESTIBLE. adj. 2 g. (R. *in* priv., et *comestible*). Qui n'est pas comestible, qui ne peut être mangé.

INCOME-TAX. s. m. Mot anglais qui sign. Impôt sur le revenu. Voy. IMPÔT.

INCOMMENSURABILITÉ. s. f. [Pr. *inkom-mansurabilité*] (lat. *incommensurabilitas*, m. s.). T. Mathém. État, caractère de ce qui est incommensurable.

INCOMMENSURABLE. adj. 2 g. [Pr. *inkom-mansurable*] (lat. *incommensurabilis*, m. s.). T. Math On dit que deux grandeurs de même espèce sont *commensurables* entre elles, quand elles admettent une partie aliquote commune, c.-à-d. quand il existe une troisième grandeur de même espèce qui est contenue un nombre exact de fois dans chacune d'elles. S'il est impossible de trouver une troisième grandeur remplissant cette double condition, les deux grandeurs données sont dites *incommensurables* entre elles On définira de même les grandeurs *commensurables* ou *incommensurables* avec l'unité. Étant données deux grandeurs de même espèce prises au hasard, elles seront le plus souvent incommensurables entre elles et ce n'est que par exception qu'elles seront commensurables. Une grandeur commensurable avec l'unité sera mesurée par un nombre entier ou fractionnaire. La mesure d'une grandeur incommensurable avec l'unité, ou le rapport de deux grandeurs incommensurables entre elles, ne peut être représenté que d'une manière approchée par les nombres entiers et les fractions. C'est pourquoi on a été conduit à imaginer une nouvelle espèce de nombres dits *incommensurables*. Par opposition à ceux-là, les nombres entiers et fractionnaires sont dits *commensurables*.

Cette généralisation de l'idée du nombre soulève des difficultés qui tiennent à la différence capitale que présentent les idées de grandeur et de nombre. Les grandeurs qu'on rencontre, dans la géométrie et la physique, se présentent avec un caractère de *continuité* assez difficile à définir, mais dont on se rend bien compte en considérant l'accroissement d'un segment de droite dont une des deux extrémités s'éloigne de l'autre. Au contraire, l'idée de nombre, qui a son origine dans la répétition d'un même événement, est nécessairement *discontinue*. Cette discontinuité se retrouve dans les fractions, puisque les fractions de même dénominateur ne peuvent s'accroître que d'une même portion aliquote de l'unité. L'invention des nombres incommensurables a justement pour objet d'introduire dans l'idée de nombre la *continuité* qui lui faisait primitivement défaut.

Il existe deux procédés pour établir rigoureusement la théorie des nombres incommensurables. Le premier est fondé sur la notion de mesure. On considère un nombre comme un symbole indiquant les opérations qu'il faut faire subir à l'unité pour retrouver une grandeur déterminée. Ainsi un nombre entier est un symbole d'addition : une longueur de 4 mètres s'obtient par l'addition de 4 longueurs égales au mètre Une fraction est le symbole d'une division suivie d'une multiplication : une longueur de $\frac{4}{3}$ mètres s'obtient en divisant le mètre en trois parties égales et en multipliant le résultat par 4. Dans cet ordre d'idées, un nombre i. est le symbole d'une série indéfinie d'opérations par lesquelles on obtient une suite de grandeurs s'approchant de plus en plus de la grandeur donnée.

Ainsi, si l'on considère les valeurs décimales approchées de $\sqrt{2}$, ces valeurs approchées définiront des grandeurs qui différeront de celle qui a pour mesure $\sqrt{2}$ d'autant moins que l'approximation numérique aura été poussée plus loin. La grandeur qui a pour mesure un nombre i. est donc la *limite* de celles qui ont pour mesures les valeurs approchées de ce nombre i. Par extension, on dira de même que le nombre i. est la limite de ces valeurs approchées. Partant de là, on peut, avec quelques précautions, établir une théorie qui répond à toutes les difficultés et présente toute la rigueur désirable.

Mais cette méthode a l'inconvénient de faire perdre à l'arithmétique et à l'algèbre le caractère d'abstraction qui leur est propre, puisqu'elle exige l'intervention de l'idée de grandeur dans une question qui ne concerne que les nombres. Les nombres i. sont en effet aussi indispensables dans l'analyse pure que dans les applications, plus même. Si l'on n'introduisait pas ces nombres incommensurables, la plupart des nombres entiers ou fractionnaires n'auraient pas de racine carrée, ce qui enlèverait toute généralité à l'algèbre. C'est pourquoi la seconde méthode, qui a été proposée par M. Tannery, nous paraît de beaucoup supérieure. Elle consiste à généraliser la propriété qu'a tout nombre entier ou fractionnaire de partager les autres nombres en deux classes, les uns plus petits, les autres plus grands Tout procédé de classement des nombres commensurables en deux classes telles que tout nombre de la première soit plus petit que tout nombre de la seconde, définira donc un *nombre* qui ne sera lui-même commensurable que par exception. Il est facile, en partant de là, de définir l'égalité des nouveaux nombres et les opérations qu'on peut leur faire subir. On montre que ces opérations jouissent bien des propriétés fondamentales que possèdent les opérations arithmétiques de même nom, et on fait voir ensuite comment les nombres ainsi généralisés se prêtent à la mesure des grandeurs. Voy. QUANTITÉ.

INCOMMENSURABLEMENT. adv. [Pr. *in-kom-mansu-rableman*]. D'une manière incommensurable.

INCOMMERÇABLE. adj. 2 g. [Pr. *inko-mèr-sable*] (R. *in* priv., et *commercer*). Qui n'est point susceptible d'être mis dans le commerce. *Valeur incommerçable.*

INCOMMISÉRATION. s. f. [Pr. *inkom-mizé-ra-sion*] (R. *in* priv., et *commisération*). Manque de commisération.

INCOMMODANT, ANTE. adj. [Pr. *in-ko-modan*]. Qui incommode.

INCOMMODE. adj. 2 g. [Pr. *inko-mo-de*] (lat. *incommodus*, m. s., de *in* priv., et *commodus*, commode). Qui n'est pas commode, dont on ne se sert pas facilement. *Cet outil est i. Des habits incommodes.* || Qui fatigue, qui ennuie. *La chaleur est i. Ce grand vent est fort i. Une posture i. Ce bruit est bien i. quand on étudie.* || En parl. des personnes, sign. Qui n'est pas facile à vivre, ou qui est importun. *Il a une femme bien i. C'est un voisin fort i. C'est un homme d'une société, d'une humeur fort i.* — Par anal., *Ces mouches sont bien incommodes.*

INCOMMODÉMENT. adv. [Pr. *inko-mo-déman*]. Avec incommodité.

INCOMMODER. v. a [Pr. *inko-mo-der*] (lat. *incommodare*, m. s., de *incommodus*, incommode). Causer quelque sorte d'incommodité. *La moindre chose l'incommode. Il ne peut rien souffrir qui l'incommode. Je crains de vous i. La possession de ce fort incommoda beaucoup les ennemis. Son asthme l'incommode fort.* — Par anal., se dit quelquefois des choses. *Cette servitude incommode beaucoup sa maison. Ces arbres incommodent la vue du château.* || Mettre dans l'embarras relativement à la fortune. *La perte de ce procès l'a fort incommodé. Cette dépense l'incommodera.* || Fam., se dit aussi pour rendre un peu malade, causer une indisposition. *Ce petit excès l'a incommodé. Je suis incommodé depuis quelques jours.* = s'INCOMMODER. v. pron. Se mettre à la gêne. *Si vous pouvez, sans vous incommoder, me rendre ce service. Il s'est beaucoup incommodé par cette dépense.* = INCOMMODÉ, ÉE. part. || Fam., *Être incommodé d'un bras, d'une jambe*, N'en avoir pas le libre usage. — *Être incommodé dans ses affaires*, Être mal dans ses affaires. || T. Mar. On dit qu'*Un bâtiment est incommodé*, Quand il a perdu un de ses mâts ou souffert quelque avarie importante. Peu us.

INCOMMODITÉ. s. f. [Pr. *inko-modité*] (lat. *incommoditas*, m. s.). La peine, la gêne que cause une chose incommode. *L'i. de la chaleur, du vent, de la pluie. L'i. des voyages, des chemins. C'est une grande i. que d'être mal logé. Je serais fâché de vous causer la moindre i. Il n'y a rien qui n'ait ses incommodités* || Se dit quelquefois pour Gêne, embarras, relativement à la fortune. *La perte de son procès lui causera de l'i.* Peu us. || Indisposition, maladie. *Son i. ne lui permet pas de sortir. Les incommodités de l'âge, de la vieillesse. Il est sujet à beaucoup d'incommodités.* || T. Mar. État d'un bâtiment qui a subi des avaries. *Signal d'i.*, se disait autrefois pour signal de détresse.

INCOMMODO. [Pr. *in-kom-modo*] (mot lat., abl. de *incommodus*, incommode). Voy. COMMODO.

INCOMMUABLE. adj. 2 g. [Pr. *in-kom-muable*] (R. *in* priv., et *commuer*). Qui ne peut être commué.

INCOMMUN, UNE. adj. [Pr. *inko-mun*]. Qui n'est pas commun.

INCOMMUNIANT, ANTE. adj. [Pr. *inko-mu-nian*] (R. *in* priv., et *communiant*). Qui ne communie pas.

INCOMMUNICABILITÉ. s. f. [Pr. *inko-muni-kabilité*] (R. *in* priv., et *communiquer*). Qualité de ce qu'on ne peut communiquer.

INCOMMUNICABLE. adj. 2 g. [Pr. *inko-muni-kable*] (R. *in* priv., et *communiquer*). Qui ne peut communiquer, dont on ne peut faire part. *La toute-puissance de Dieu est i. Des honneurs, des droits incommunicables.*

INCOMMUNIQUÉ, ÉE. adj. [Pr. *inko-muni-ké*]. Qui n'est point communiqué.

INCOMMUTABILITÉ. s. f. [Pr. *inko-mu-tabilité*] (R. *incommutable*). T. Jurisp. Se dit d'une possession où l'on ne peut être légitimement troublé. *Il prouve l'i. de sa possession par une possession centenaire.*

INCOMMUTABLE. adj. 2 g. [Pr. *inko-mu-table*] (lat. *incommutabilis*, m. s., de *in* priv., et *commutabilis*, qu'on peut changer, de *commutare*, composé lui-même de *cum*, avec, et *mutare*, changer). T. Jurisp. N'est usité que dans ces locutions, *Propriétaire i. Possesseur i.*, Propriétaire, etc., Qui ne peut être légitimement dépossédé; *Propriété i. Possession i.*, Qui ne peut être légitimement contestée.

INCOMMUTABLEMENT. adv. [Pr. *inko-mu...*]. T. Jurisp. N'est guère usité que dans cette locution, *Posséder i.*, À tel titre que l'on ne puisse être dépossédé légitimement.

INCOMPACITÉ. s. f. [Pr. *in-kon...*]. Manque de compacité.

INCOMPARABILITÉ. s. f. [Pr. *in-kon...*]. Qualité de ce qui est incomparable.

INCOMPARABLE. adj. 2 g. [Pr. *in-kon...*] (R. *in* priv., et *comparable*). Qui est si supérieur en son genre qu'on ne trouve rien qui puisse lui être comparé. *Un orateur i. Un homme d'une valeur i., d'une sagesse i., d'une piété i. Une femme d'une beauté i.* — Famil. et ironiq., *Vous êtes vraiment i. C'est un homme i.*

INCOMPARABLEMENT. adv. [Pr. *in-kon...*] (R. *incomparable*). Sans comparaison. Ne s'emploie jamais sans être suivi de quelque autre adv. de comparaison, comme *plus, mieux,* etc. *Elle est i. plus belle que sa sœur. Ce palais est i. moins vaste que celui de Versailles. Il écrit i. mieux que...*

INCOMPARATIVEMENT. adv. [Pr. *in-kon...*]. D'une manière qui n'est pas comparative.

INCOMPARÉ, ÉE. adj. [Pr. *in-kon...*]. Qui n'est point comparé à un autre objet.

INCOMPASSIBLE. adj. 2 g. [Pr. *inkon-pa-sible*] (lat. *incompassibilis*, m. s., de *in*, dans, *cum*, avec, et *passibilis*, passible). T. Théol. Simultanément impassible.

INCOMPASSION s. f. [Pr. *in-kon-koupa-sion*]. Défaut de compassion.

INCOMPATIBILITÉ. s. f. [Pr. *in-kon...*] (R. *incompatible*). Opposition qui fait que deux personnes, que deux choses ne peuvent s'accorder, subsister ensemble; se dit ordinairement de l'antipathie des caractères, des esprits. *I. d'humeur. I. de vues, de principes.* || Impossibilité qu'il y a, selon les lois, à ce que certaines fonctions puissent être exercées en même temps par un même individu. *Il y a i. entre les fonctions administratives et les fonctions judiciaires. Il faut opter entre votre profession d'avocat et le commerce: car il y a i.* — Dans un sens anal., on dit qu'*Il y a i. entre le père et le fils, que les deux frères, que* l'oncle et le neveu soient juges dans un même tribunal.

INCOMPATIBLE. adj. 2 g. [Pr. *in-kon...*]. Qui n'est pas compatible. *Ces deux caractères sont incompatibles. Ces deux emplois sont incompatibles. Les fonctions de juge sont incompatibles avec celles de notaire, celles de préfet avec celles de député*, etc. || T. Alg. Deux ou plusieurs équations sont incompatibles quand elles n'admettent pas de solution commune.

INCOMPATIBLEMENT. adv. [Pr. *inkon-patible-man*]. D'une manière incompatible.

INCOMPATISSANT, ANTE. adj. [Pr. *inkon-pati-san*]. Qui n'est pas compatissant, manque de compassion.

INCOMPENSABLE. adj. 2 g. [Pr. *-n-konpensable*]. Qui ne peut être compensé.

INCOMPENSÉ, ÉE. adj. [Pr. *inkor-pansé*] (R. in priv., et *compensé*). Qui n'a pas été compensé.

INCOMPÉTEMMENT. adv. [Pr. *in-kon-pé-ta-man*]. T. Jurispr. Sans compétence, par un juge incompétent. *Cela a été mal et i. jugé.*

INCOMPÉTENCE. s. f. [Pr. *in-kon-pé-tan-se*]. T. Jurispr. Défaut de compétence. Voy. *Organisation judiciaire.* || Fig., Incapacité de faire une chose, par défaut des connaissances nécessaires. *L'i. de ce critique en fait de peinture est notoire.*

INCOMPÉTENT, ENTE. adj. [Pr. *in-kon-péta n*] (lat. *incompetens*, m. s., de in priv., et *competens*, compétent). T. Jurispr. Qui n'est pas compétent. *Juge i. Le tribunal s'est déclaré i. Il est i. pour connaître de cette affaire.* — Par ext., *Ce fonctionnaire ne peut prendre telle mesure; il est i. pour cela.* || Fig., Dans le langage ordin., Qui manque des connaissances nécessaires pour une chose. *Il est tout à fait i. dans ces matières. C'est un juge i. en littérature.*

INCOMPLAISANCE. s. f. [Pr. *inkon-plè-zan-se*]. Défaut de complaisance.

INCOMPLAISANT, ANTE. adj. [Pr. *inkon-plè-zan*]. Qui n'est pas complaisant.

INCOMPLET, ÈTE. adj. [Pr. *in-zon-plè*] (lat. *incompletus*, m. s., de in priv., et *completus*, complet). Qui n'est pas complet. *Un recueil i. Cet ouvrage est i. Il n'a sur cette science que des notions fort incomplètes.* || T. Hist. nat. Se dit d'un organe dans lequel une partie quelconque manque complétement ou reste à l'état rudimentaire. *Cloison incomplète. — Fleur incomplète.* Voy. FLEUR.

INCOMPLÉTEMENT. adv. [Pr. *in-kon-plète-man*]. D'une manière incomplète.

INCOMPLEXE. adj. 2 g. [Pr. *in-kon-plèk-se*] (lat. *incomplexus*, m. s., de in priv., et *complexus*, complexe). Qui n'est pas complexe.

INCOMPLEXITÉ. s. f. [Pr. *in-kon-plèk-sité*]. Qualité de ce qui est incomplexe.

INCOMPOSÉ, ÉE. adj. [Pr. *inkon-posé*]. Qui n'est pas composé.

INCOMPOSSIBLE. adj. 2 g. [Pr. *inkon-po-si-ble*] (lat. in priv.; *cum*, avec; *possibilis*, possible). T. Dogmat. Qui se détruit réciproquement, en parlant d'idées, de propositions.

INCOMPRÉHENSIBILITÉ s. f. [Pr. *inkon-pré-an...*]. État de ce qui est incompréhensible. *L'i. de Dieu. L'i. des mystères.*

INCOMPRÉHENSIBLE. adj. 2 g. [Pr. *in-kon-pré-an...*] (lat. *incomprehensibilis*, m. s., de in priv., et *comprehensibilis*, compréhensible). Qui ne peut être compris. *Dieu est incompréhensible.* — Par anal., Qui est très difficile à concevoir, à expliquer. *Cela est i. Sa conduite est tout à fait i.* || On dit encore d'un individu dont on ne peut expliquer la conduite, les procédés, etc., qu'*il est i.*, qu'*il a un caractère i.* = Syn. Voy. ININTELLIGIBLE.

INCOMPRÉHENSIBLEMENT. adv. [Pr. *inkon-préan-sible-man*]. D'une manière incompréhensible.

INCOMPRENABLE. adj. 2 g. [Pr. *in-kon...*] (R. in priv., et *comprendre*]. Que l'on ne peut comprendre.

INCOMPRESSIBILITÉ. s. f. [Pr. *in-kompres-si...*]. T. Phys. Qualité de ce qui est incompressible. Voy. Cours et EAU.

INCOMPRESSIBLE. adj. 2 g. [Pr. *in-kompres-sible*] (R. in priv., et *compressible*). T. Phys. Qui ne peut être comprimé. *Il n'existe point de corps qui soit véritablement i.*

INCOMPRIMÉ, ÉE. adj. [Pr. *in-kon...*]. Qui n'est point comprimé.

INCOMPRIS, ISE. adj. [Pr. *in-kon-pri*]. Qui n'est pas compris, dont le mérite n'est pas apprécié à sa juste valeur. *Un génie i. Un ouvrage i. Combien de femmes se prétendent incomprises!* — Ce mot s'emploie le plus souvent dans un sens ironique.

INCOMPTABLE. adj. 2 g. [Pr. *in-kon-table*] (R. in priv., et *compter*). Que l'on ne peut compter.

INCONCESSIBLE. adj. 2 g. [Pr. *inkon-ses-sible*] (lat. *inconcessibilis*, m. s., de in priv., et *concedere*, concéder). Que l'on ne peut concéder.

INCONCEVABILITÉ. s. f. Qualité de ce qui est inconcevable.

INCONCEVABLE. adj. 2 g. Qui n'est pas concevable, explicable; dont on ne peut aisément se rendre raison. *Ce que vous me dites là est i. Cette conduite est i. Il est i. qu'il ait dit cela.* || Fam. et par exag., *Il s'exprime avec une facilité i. Il a une activité i. Il est d'une hardiesse i.* = Syn. Voy. ININTELLIGIBLE.

INCONCEVABLEMENT. adv. D'une manière inconcevable.

INCONCILIABILITÉ. s. f. État de ce qui est inconciliable, qui ne peut être mis en concordance.

INCONCILIABLE. adj. 2 g. (R. in priv., et *conciliable*). Se dit des personnes et des choses qui ne peuvent se concilier. *Ces deux plaideurs sont inconciliables. Voilà des faits inconciliables. Ces idées sont absolument inconciliables.*

INCONCILIABLEMENT. adv. D'une manière inconciliable.

INCONCILIANT, ANTE. adj. Qui n'est pas conciliant.

INCONCILIATION. s. f. [Pr. *inkon-silia-sion*] (R. in priv., et *conciliation*). Se dit de parties qui ne se concilient pas. *Procès-verbal d'i.*

INCONCILIÉ, ÉE. adj. Qui n'est point concilié.

INCONCLUANT, ANTE. adj. Qui n'est pas concluant.

INCONCRESCIBLE. adj. 2 g. [Pr. *inkonkrès-sible*]. Qui n'est pas concrescible.

INCONÇU, UE. adj. Qui n'est point conçu.

INCONDITIONNÉ, ÉE. adj. [Pr. *in-kondi-si-oné*] (R. in priv., et *condition*). Qui n'est soumis à aucune condition.

INCONDITIONNEL, ELLE. adj. [Pr. *in-kondi-si-onèl*]. Qui n'est soumis à aucune condition.

INCONDITIONNELLEMENT. adv. [Pr. *in-kon-disi-onè-leman*]. D'une manière inconditionnelle.

INCONDUCTEUR, TRICE. adj. T. Phys. Qui n'est pas conducteur.

INCONDUITE. s. f. (R. in priv., et *conduite*). Défaut d'ordre, de régularité, de sagesse dans la conduite. *Il s'est ruiné par son i. Voilà où mène l'i.*

INCONFESSÉ, ÉE. adj. [Pr. *inkon-fè-sé*] (R. in priv., et *confesser*). Qui n'a point fait sa confession.

INCONFIANCE. s. f. Défaut de confiance.

INCONFIANT, ANTE. adj. (R. *in* priv., et *confiant*). Qui manque de confiance.

INCONFORMITÉ. s. f. Défaut de conformité.

INCONGÉDIABLE. adj. 2 g. (R. *in* priv., et *congédier*). Qu'on ne peut congédier.

INCONGELABLE. adj. 2 g. (R. *in* priv., et *congeler*). Qui ne peut être congelé. || *Corps incongelables*, Qui sont liquides à des températures ordinaires et qui ne peuvent pas se solidifier dans certaines conditions.

INCONGELÉ, ÉE. adj. Qui n'a pas subi la congélation.

INCONGRU, UE. adj. (lat. *incongruus*, m. s., de *in* priv., et *congruus*, congru, convenable). Qui n'est pas convenable par rapport aux personnes ou aux circonstances. *Faire une demande, une réponse, une démarche incongrue*. Fam. || Fig. et par plaisant., on dit de quelqu'un qui est sujet à manquer aux bienséances du monde. *C'est un homme fort i.* || T. Gram. Qui pèche contre les règles de la syntaxe. *Une phrase incongrue. Une façon de parler incongrue.* || T. Arith. *Nombres incongrus relativement au module* m, Qui ne donnent pas le même reste quand on les divise par m. Voy. CONGRUENCE.

INCONGRUITÉ. s. f. (lat. *incongruitas*, m. s., de *incongruus*, incongru). Faute contre la bienséance, soit dans les discours, soit dans la conduite. *Il n'y a point de jour qu'il ne dise quelque i. Sa conduite est pleine d'incongruités.* Fam. || Fam., et par euphémisme, se dit encore de certaines choses sales, quand elles se font en présence d'autres personnes. *Il a fait une i.* || T. Gram. Faute contre les règles de la construction. *Tout ce qu'il écrit est plein d'incongruités.*

INCONGRÛMENT adv. D'une manière incongrue. *Parler, se conduire i.* Fam.

INCONJUGABLE. adj. 2 g. (R. *in* priv., et *conjuguer*). Qui ne peut être conjugué.

INCONJUGAL, ALE. adj. Qui n'est point conjugal.

INCONNAISSABLE. adj. 2 g. [Pr. *inko-nè-sable*] (R. *in* priv., et *connaissable*). Qui ne peut être connu.

INCONNAISSANCE. s. f. [Pr. *inko-nè-san-se*]. Manque de connaissance.

INCONNEXE. adj. 2 g. [Pr. *inkonn-nekse*] (lat. *inconnexus*, m. s., de *in* priv., et *connexus*, connexe). Qui n'a pas de connexité avec une chose.

INCONNEXION. s. f. [Pr. *inkonn-nek-sion*] (lat. *inconnexio*, m. s.). Défaut de connexion.

INCONNEXITÉ. s. f. [Pr. *inkonn-nek-sité*] (R. *inconnexe*). Défaut de connexité.

INCONNU, UE. adj. [Pr. *inko-nu*] (R. *in* priv., et *connu*). Qu'on ne connaît point. *Pays i.*

Une femme inconnue
Qui ne dit point son nom et qu'on n'a pas revue (RACINE).

L'usage de la boussole était i. aux anciens. Agir par des moyens inconnus. Marcher par des routes inconnues. || Qui n'a point de renommée, de réputation, dont on ignore l'état et l'origine. *Un auteur, un peintre i. Ce poète, aujourd'hui célèbre, est cependant mort i.* || Qu'on n'a point encore éprouvé, ressenti. *Un trouble i. Éprouver des sensations inconnues. La crainte est un sentiment qui lui est i.* = *Inconnu, ue*, s'emploie souvent subst. en parlant des personnes. *Cet avis lui a été donné par un i.* — Se dit plus particul. d'une personne qui est peu connue, ou qu'on regarde comme une personne de rien. *Elle s'est entêtée d'un i. Il veut absolument épouser cette inconnue.* || Se dit absol., au masc., en parl. des choses qu'on ignore, par oppos. à celles que l'on connaît. *Aller du connu à l'i.* || T. Math. *Quantité inconnue*, ou subst., *Inconnue*, La quantité que l'on cherche pour la solution d'un problème.

INCONQUÉRABLE. adj. 2 g. (R. *in* priv., et *conquérir*). Qui ne peut être conquis.

INCONQUIS, ISE adj. Qui n'a point été conquis.

INCONSCIEMMENT. adv. [Pr. *inkon-sia-man*]. D'une manière inconsciente.

INCONSCIENCE. s. f. [Pr. *in-kon-si-anse*] (R. *inconscient*). État de l'âme accomplissant certains actes sans en avoir conscience.

INCONSCIENT, ENTE. adj. [Pr. *inkon-sian*] (R. *in* priv., et *conscient*). Qui n'est pas conscient. *Actes inconscients.* = m. L'INCONSCIENT. T. Philos. Ce dont on n'a pas conscience. *La philosophie de l'Inconscient*, de Hartmann. **Philos.** — Le livre de Hartmann intitulé *Philosophie de l'Inconscient* a été traduit en français en 1877. Hartmann distingue l'i. dans l'homme, les animaux et même les plantes, et l'i. dans l'univers. Il admet chez tous les êtres organisés des idées inconscientes, et une volonté inconsciente qui veut un but déterminé sans le connaître et y travaille inconsciemment. Cela est passablement obscur. Quant à l'univers, il est réglé par la volonté inconsciente d'un être unique et i., sujet un et identique, d'où dérivent toutes les opérations inconscientes et dont les individus ne sont que la manifestation phénoménale. Nous n'essayons pas d'expliquer, nous citons seulement. Cependant, si l'on cherche à comprendre la pensée de l'auteur, il est difficile de bien voir quelle différence il peut y avoir entre la volonté inconsciente de cet i. universel et les lois générales qu'admettent les positivistes. Dire que le monde obéit à une volonté qui n'a pas conscience d'elle-même ou qu'il obéit à des lois fatales et inéluctables, c'est à peu près la même chose, si ce n'est que la première formule exige que l'on torture passablement le sens du mot volonté. Peut-être répondra-t-on que l'i. de Hartmann implique dans l'univers une idée téléologique, une idée de but à atteindre. Nous verrons plus bas ce que Hartmann lui-même pense de ce but. Mais qu'est-ce que poursuivre un but que l'on ne connaît pas, si ce n'est agir comme instrument de quelque autre être qui connaît ce but et fait contribuer au résultat final les êtres sur lesquels il a plus ou moins d'action? Un but qui n'est connu que d'une manière inconsciente est en réalité inconnu, et s'il n'est connu de personne, ce n'est pas un but. En pratique, il n'y a donc aucune différence entre la philosophie de l'i. et le déterminisme positiviste.

Les conséquences morales de la doctrine ont été parfaitement exposées par l'auteur : elles méritent qu'on s'y arrête. L'auteur commence par admettre que l'homme a toujours recherché le bonheur et a toujours été déçu. Cette recherche a passé par trois stades différents, qui se sont terminés chacun par la disparition des illusions qu'il avait fait naître. Dans le premier stade, l'homme a cherché le bonheur sur la terre. N'ayant pu y réussir, il a imaginé de le reporter dans une vie future, afin d'en conserver au moins les uns l'espérance; mais cet espoir lui-même nous échappe, et peu de gens, prétend Hartmann, croient encore à la vie future. Alors est arrivé le troisième stade, où l'homme, se résignant lui-même, réserve le bonheur pour les générations qui le suivront et qui bénéficieront des travaux de leurs prédécesseurs; mais les progrès de la science et de l'industrie n'assurent le bonheur de personne, et cela encore est une illusion. En réalité, la vie est mauvaise, parce qu'elle est une *folie du vouloir*, et que tout vouloir implique souffrance. La vie du chien vaut mieux que celle de l'homme, celle du poisson est meilleure que celle du chien et celle de l'huître est préférable à celle du poisson. Les progrès de l'intelligence ne peuvent qu'amener la disparition des dernières illusions et conduire les hommes à reconnaître l'absolue vanité de toutes choses. Alors finira la folie de vouloir. Alors s'éteindra toute sensibilité et avec elle toute souffrance. C'est pour arriver à ce but que l'i. s'est divisé en une foule d'individualités distinctes, et a, dans ce fractionnement, la folie du vouloir et de la guérir par son exercice même. Ajoutons que l'i. a trouvé ce plan magnifique *inconsciemment*, et qu'il le réalise sans le connaître. Quoi qu'il en soit, le dernier mot du système est l'anéantissement, le suicide. L'auteur ne cherche pas à dissimuler cette conclusion lamentable; mais, ajoute-t-il, si le lecteur n'y trouve pas la consolation qu'il pensait chercher dans un ouvrage de philosophie, c'est qu'il se fait une idée fausse de la philosophie. Celle-ci n'a pas mission de consoler les douleurs des hommes et de flatter leurs illusions : elle cherche ce qui est et rien que ce qui est; tant pis si la vérité lui paraît déplaisante.

À cette argumentation il est facile de répondre que si la vérité est aussi triste, il vaut mieux la taire, et cette réponse doit s'appliquer, on ne saurait trop le répéter, à tous les systèmes qui se déclarent incapables de fonder la morale et d'offrir un but à l'existence. On parle de la vérité comme si la connaissance de cette vérité était le bien suprême de l'homme et qu'il fallût tout sacrifier à cette connaissance : il faudrait expliquer pourquoi cette connaissance est si précieuse et pourquoi elle est supérieure à tout le reste. Dans leur vulgaire bon sens, les hommes simples préfèrent un ignorant vertueux à un savant criminel, et ils ont raison. Si la connaissance de la vérité ne doit aboutir qu'à nous rendre plus malheureux ou plus mauvais, c'est que le monde est mal fait, et nous n'avons aucun intérêt à le connaître; qu'on nous laisse nos erreurs et nos illusions. En réalité, on ne peut parler des *droits supérieurs de la vérité* que si l'on admet *à priori* dans l'univers un principe d'ordre et d'harmonie en vertu duquel notre vie deviendra d'autant plus facile et d'autant plus féconde que nous connaîtrons mieux l'univers qui nous entoure. Alors la recherche de la vérité nous apparaît comme une des formes de la fin qui nous est imposée, comme un des buts de notre existence. En d'autres termes, il faut admettre que l'homme a une fin à accomplir et que l'erreur ne peut que l'entraver dans l'accomplissement de cette fin. C'est à cette seule condition que l'intérêt de la vérité doit passer avant tous les autres. S'il n'en est pas ainsi, si le principe d'ordre et d'harmonie dans le monde n'est qu'un vain mot, la fin de l'homme une illusion, alors la recherche de la vérité n'est qu'un jeu puéril, la philosophie une occupation de pédant, et ceux qui seraient tentés de s'y adonner feraient mieux d'imiter Candide et d'aller cultiver leur jardin.

INCONSÉQUEMMENT. adv. [Pr. *inkon-séka-man*]. Avec inconséquence.

INCONSÉQUENCE. subst. f. [Pr. *in-kon-sékan-se*] lat. *inconsequentia*, m. s., de *inconsequens*, inconséquent]. Défaut de conséquence dans les idées, dans les discours, dans les actions; irréflexion. *Il y a de l'i. dans ses discours, dans sa conduite. C'est pure i. de sa part. Il a fait cela par i.* || Ce que l'on fait ou dit par inconséquence ou par irréflexion. *Sa conduite est pleine d'inconséquences. Il nous a dit mille inconséquences.*

INCONSÉQUENT, ENTE. adj. [Pr. *inkon-sékan*] (lat. *inconsequens, entis*, m. s., de *in* priv., et *consequens*, conséquent, formé lui-même de *cum*, avec, et *sequi*, suivre). Qui manque de conséquence, de logique. *Raisonnement i. Conduite inconséquente.* || En parlant des personnes, sign. Qui agit, qui parle sans se conformer à ses propres principes. *Il est aussi i. dans sa conduite que dans ses propos.* — Subst., *Ce jeune homme est un i.* || Fam., on dit d'une femme qui se compromet par l'oubli des bienséances, par la légèreté de sa conduite, *C'est une femme bien inconséquente.*

INCONSIDÉRABLE. adj. 2 g. Non considérable, non digne de considération.

INCONSIDÉRATION. s. f. [Pr. *inkon-sidéra-sion*] (lat. *inconsideratio*, m. s., de *in* priv., et *consideratio*, action de considérer). Manque de réflexion, légèreté dans les discours ou dans la conduite. *Faire quelque chose par i. Il parle avec i. Il y a bien de l'i. en cela. Il n'y a dans ses fait qu'un peu d'i.*

INCONSIDÉRÉ, ÉE. adj. (lat. *inconsideratus*, m. s., de *in* priv., et *consideratus*, considéré). Étourdi, imprudent qui fait les choses sans attention, sans réflexion. *C'est une personne inconsidérée. Il est fort i. dans ses discours, dans sa conduite. La jeunesse est inconsidérée.* — Substantiv., *C'est un i.* || Par ext., *Action, conduite inconsidérée. Tenir des discours inconsidérés.*

INCONSIDÉRÉMENT. adv. [Pr. *inkon-sidéré-man*]. D'une manière inconsidérée. *Parler, agir, se conduire i.*

INCONSISTANCE. s. f. Manque de consistance, de fixité. *L'i. de la glace.* || Fig., Se dit des idées, des opinions de la conduite. *L'i. de ses opinions lui a fait perdre toute influence à la Chambre.*

INCONSISTANT, ANTE. adj. Qui manque de consistance morale.

INCONSOLABLE. adj. 2 g. (lat. *inconsolabilis*, m. s., de *in* priv., et *consolabilis*, consolable). Qui ne peut se consoler, qu'on ne peut consoler. *Elle est i. de la mort de son fils. Sa douleur est i.*

INCONSOLABLEMENT. adv. De manière à ne pouvoir être consolé. *Il est affligé i.* Peu us.

INCONSOLÉ, ÉE. adj. Qui n'est pas consolé. *Veuve inconsolée.*

INCONSOMMABLE. adj. 2 g. [Pr *in-kon-so-ma-ble*] (R. *in* priv., et *consommer*). Qui ne peut être consommé.

INCONSOMMÉ, ÉE. adj. [Pr. *in-kon-so-mé*]. Qui n'es point consommé.

INCONSTAMMENT. adv. [Pr. *in-konstaman*]. Avec inconstance.

INCONSTANCE. s. f. (lat. *inconstantia*, m. s., de *in* priv., et *constantia*, constance). Facilité à changer d'opinion, de résolution, de passion, de conduite, de sentiment; se prend en mauvaise part. *L'i. est indigne d'un homme sage. Son i. lui a fait perdre ses amis. L'i. d'un amant.* — Par ext., Fait qui prouve l'inconstance. *Elle n'a plus voulu le revoir après son i.* || Se dit aussi des choses sujettes à changer. *L'i. du temps, des vents, des saisons. L'i. de la fortune. L'i. des choses humaines. L'i. de la mode, de la faveur.*

INCONSTANT, ANTE. adj. (lat. *inconstans*, m. s., de *in* priv., et *constans*, constant). Qui est sujet à changer. *Un esprit, un caractère i. Il est i. dans ses résolutions. Elle est très inconstante en amour.* || Se dit aussi des choses qui ne demeurent pas longtemps en même état. *Un temps i. L'automne est une saison inconstante.* || S'emploie substant., en parlant des personnes, mais surtout quand il s'agit d'amour. *C'est un i., une inconstante. Elle est parvenue à ramener son i.*

INCONSTITUÉ, ÉE. adj. Qui n'est pas constitué.

INCONSTITUTIONNALISER. v. a. [Pr. *in-konstitu-sionali-zer*]. Rendre inconstitutionnel.

INCONSTITUTIONNALITÉ. s. f. [Pr. *in-konstitu-sio-nalité*] Caractère de ce qui n'est pas constitutionnel. *L'i. d'un projet de loi.*

INCONSTITUTIONNEL, ELLE. adj. [Pr. *in-konstitusio-nel*] (R. *in* priv., et *constitutionnel*). Qui n'est pas conforme à la loi constitutionnelle de l'État, qui est en opposition avec elle. *Proposition inconstitutionnelle.*

INCONSTITUTIONNELLEMENT. adv. [Pr. *in-konstitusio-nè-leman*]. D'une manière inconstitutionnelle.

INCONSULTÉ, ÉE. adj. Qui n'a pas été, qui n'est plus consulté.

INCONSUMÉ, ÉE. adj. Qui n'a point été consumé.

INCONTABLE. adj. 2 g. (R. *in* priv., et *conter*). Qui ne peut être conté.

INCONTAMINÉ, ÉE. adj. Qui est sans souillure, non contaminé.

INCONTESTABILITÉ. s. f. État, qualité de ce qui est incontestable.

INCONTESTABLE. adj. 2 g. (R. *in* priv., et *contestable*). Qui est certain, qui ne peut être contesté. *Une vérité, un principe i. La preuve est i. C'est un fait i. Son droit est d'une évidence i.*

INCONTESTABLEMENT. adv. D'une manière incontestable *Cette proposition est i. vraie.*

INCONTESTÉ, ÉE. adj. Qui n'est point contesté. *Un principe i. Une supériorité incontestée.*

INCONTINENCE. s. f. (lat. *incontinentia*, m. s., de *in*

priv., et *continentia*, continence). Vice opposé à la conti-
nence, à la chasteté. *S'adonner à l'i.* || *1. de langue*, Défaut
de celui qui ne sait pas retenir sa langue. || T. Méd. *1. d'u-*
rine, Écoulement involontaire de l'urine.

Méd. — On nomme i. l'émission involontaire des matières
excrémentitielles par les orifices des organes destinés à les
contenir (urine et matières fécales). — Le mécanisme qui
retient ou expulse les matières est identique dans les deux
cas : les agents, analogues, reçoivent leur innervation de la
même part, d'où la simultanéité fréquente de ces accidents.
— Pour la vessie comme pour le rectum, il y a deux forces
musculaires qui agissent soit pour retenir, soit pour expulser
les matières : ce sont, à côté des fibres que le grand sympathique tient sous sa dépendance et dont la contraction n'est pas
soumise à la volonté, des muscles volontaires commandés par
les nerfs rachidiens et qui concourent à l'efficacité des précédents. Or, pour que les matières soient retenues dans leurs
réservoirs, il faut un certain équilibre entre les forces antagonistes, expultrices et contentives : la rupture de la balance détermine l'incontinence, ou bien encore, les forces restant égales,
un obstacle qui s'oppose à l'occlusion complète des orifices.

Les causes de l'i. sont de deux ordres : *a*. lésions matérielles
des organes ; *b*. altérations de leurs propriétés vitales et
affections générales ou locales du système nerveux. — Parmi
les premières, citons, à propos de l'urine, toutes les lésions
du col de la vessie, sa distension, les tumeurs de la prostate
(où la rétention et l'i. coïncident parfois), les fongus ou cancers de la vessie, les abcès et ulcères du col vésical, les
calculs ou graviers vésicaux. Ces mêmes causes se retrouvent
au niveau du rectum et de l'anus : distension extrême, après
les fissures et les fistules, tumeurs de la région. Dans le
second ordre des causes, tantôt il y a irritation des organes
chargés de l'expulsion, tantôt, et plus souvent, affaiblissement,
inertie ou paralysie des organes qui s'opposent à la sortie des
matières. Toutes les affections du cerveau, de la moelle et
des racines nerveuses qui produisent la paralysie peuvent
entraîner l'i. (ramollissement, dégénérescence du cerveau et
de la moelle, compression de la moelle. — Quelquefois, lorsqu'il est impossible de rattacher l'i. à une lésion matérielle
quelconque, elle est dite *essentielle*. Ici, l'i. n'est plus un
symptôme, mais constitue à elle seule toute la maladie ; on ne
la rencontre que pour l'urine et elle est souvent appelée i.
nocturne ; elle s'observe généralement dans l'enfance, où
l'excitabilité de la vessie est plus grande, et où la sensibilité
engourdie, soit par le sommeil, soit par une préoccupation
étrangère, laisse échapper un jet d'urine. Très fréquemment,
sous l'influence des dentitions ou au moment de la puberté, l'i.
disparaît, soit par une modification de l'état nerveux, soit
aussi sans doute par un changement de l'état moral.

Le diagnostic n'offre aucune difficulté, si ce n'est parfois
pour l'incontinence nocturne. On voit néanmoins prendre une
rétention d'urine pour une i., lorsque la vessie étant détendue
au maximum se vide spontanément au fur et à mesure de sa
réplétion : le cathétérisme renseigne d'une façon précise. —
Comme symptôme de lésions nerveuses, l'i. constitue un
signe important, soit qu'il attire l'attention sur une maladie
qu'on ne soupçonnait pas, soit qu'il permette de distinguer
une affection dont le diagnostic est resté indécis. C'est ainsi
que la résolution des sphincters est un phénomène habituel
dans l'attaque d'épilepsie ; dans les formes adynamiques des
fièvres graves, c'est un signe inquiétant, etc.

Au point de vue thérapeutique, lorsque l'i. est le symptôme d'une maladie plus profonde, il n'y a pas d'autre traitement que celui des maladies qui sont en cause : malheureusement beaucoup d'entre elles sont incurables ; cependant, on
peut au moins rendre l'i. moins pénible, moins incommode.
Lorsqu'il s'agit d'un état d'excitation des organes, on a
recours aux antiphlogistiques et aux calmants ; lorsqu'il y a
irritation nerveuse, on peut obtenir de bons effets des antispasmodiques (belladone, opium, bromure de potassium). Au contraire, lorsqu'il y a diminution de l'innervation, il faut employer les excitants et les toxiques (strychnine, noix vomique),
l'électricité, le massage. Enfin, lorsque l'i. résiste aux moyens
thérapeutiques, on est forcé d'en venir à des procédés artificiels ; les compresseurs de l'urèthre mâle ou féminin n'ont
jamais eu de vogue, et les malades préfèrent l'usage des
urinaux portatifs fixés par une ceinture autour des hanches

INCONTINENT. adv de temps. (lat. *in continenti [tem-*
pore], m. s., dans le temps qui suit). Aussitôt, sur-le-champ.
Au reçu de sa lettre, je partis i. Peu usité.

INCONTINENT, ENTE. adj. (lat. *incontinens, entis,*

m. s., de *in* priv., et *continens*, contenant). Qui n'a pas la
vertu de continence, qui n'est pas chaste. *C'est un homme i.*

INCONTINGENT, ENTE. adj. [Pr. *inkon-tin-jan*]. T.
Philos. Qui n'est pas contingent.

INCONTINU, UE. adj. (lat. *incontinuus*, m. s., de *in*
priv., et *continuus*, continu). Qui n'est pas continu. On dit
plutôt *discontinu*.

INCONTINUITÉ. s. f. (R. *incontinu*). Défaut de continuité.

INCONTRADICTION. s. f. [Pr. *in-kontradik-sion*].
Absence de contradiction.

INCONTRIT, ITE. adj. Qui n'est point contrit, qui n'a
pas fait acte de contrition.

INCONTRÔLABLE. adj. 2 g. (R. *in* priv., et *contrôler*).
Que l'on ne peut soumettre à aucun contrôle.

INCONTRÔLÉ, ÉE. adj. Qui n'a pas été contrôlé.

INCONTROVERSABLE. adj. 2 g. (R. *in* priv., et *contro-*
verser). Qui ne peut être controversé ; certain, indubitable.

INCONTROVERSÉ, ÉE. adj. Qui n'a point été controversé.

INCONVAINCU, UE. adj. Qui n'a point été convaincu.

INCONVENABLE. adj. 2 g. Qui n'est pas convenable.

INCONVENABLEMENT. adv. D'une manière inconvenable.

INCONVENANCE. s. f. (R. *in* priv., et *convenance*). Se
dit d'une action ou d'un propos qui blesse les convenances.
Vous avez fait là une i. Quelle inconvenance !

INCONVENANT, ANTE. adj. (R. *in* priv., et *convenir*).
Qui blesse les convenances. *Cela est fort i. Une question*
inconvenante.

INCONVÉNIENT. s. m. [Pr. *inkon-véni-an*] (lat. *in* priv.,
conveniens, convenable). Se dit des désavantages attachés à une chose, des suites désagréables, des résultats fâcheux
qu'elle doit ou peut produire. *Ce projet a ses avantages et*
ses inconvénients. C'est un i. grave. Remédier aux incon-
vénients. En voulant éviter un i., il est tombé dans un
autre. Cela peut se faire sans in. Je n'y vois pas d'i. Il
n'y a nul i. à faire ce que vous dites. Il en est résulté
pour lui de graves inconvénients.

INCONVERSIBLE. adj. 2 g. (lat. *inconversibilis*, m. s.,
de *in* priv., et *convertere*, retourner, de *cum*, avec, et
vertere, tourner). T. Log. *Proposition i.*, Qui ne peut avoir
de converse, c.-à-d., où l'on ne peut changer l'attribut en
sujet et le sujet en attribut, sans qu'elle cesse d'être vraie.

INCONVERTI, IE. adj. Qui n'a point été converti.

INCONVERTIBLE. adj. 2 g. (lat. *inconvertibilis*, m. s.,
de *in* priv., et *convertere*, retourner, de *cum*, avec et *ver-*
tere, tourner). Qui n'est pas convertible. || Qu'on ne peut
convertir en autre chose. *Papier-monnaie i. en espèces.*
|| Qu'on ne peut convertir à la religion. Vx.

INCONVICTION. s. f. [Pr. *inkon-vik-sion*]. Défaut de
conviction.

INCONVIÉ, ÉE. adj. Qui n'a pas été convié.

INCOORDINATION. s. f. [Pr. *inkoor-dina-sion*]. Manque
de coordination.

INCOQUE. adj 2 g. [Pr. *in-koke*] (R. *in* priv., et *coque*)
Qui n'a pas de coque.

INCORPORABLE adj 2 g. (R. *incorporer*). Qui peut être
incorporé.

INCORPORALITÉ. s. f. (lat. *incorporalitas*, m. s., de
in priv., et *corpus*, corps). T. Théol. Qualité des êtres in-
corporels.

INCORPORATION. s. f. [Pr. *inkor-po-ra-sion*]. Action d'incorporer ou de s'incorporer, et le résultat de cette action ; se dit au propre et au fig. *Il faut pétrir ces substances jusqu'à parfaite i.* *L'i. du peuple vaincu avec les vainqueurs ne s'opéra que lentement. L'i. d'une terre au domaine.* || T. Milit. Action d'incorporer les jeunes soldats.

INCORPORÉITÉ. s. f. (R. *in* priv., et *corporéité*). Qualité de ce qui n'a pas de corps.

INCORPOREL, ELLE. adj. (lat. *incorporalis*, m. s., le *in* priv., et *corpus*, corps). Qui n'a point de corps. *Dieu est i. Les substances incorporelles.* || T. Jurispr. Se dit des choses qui n'ont qu'une existence morale. *Les choses incorporelles. Tous les droits sont incorporels.*

INCORPORER. v. a. (lat. *incorporare*, m. s., de *in*, dans, et *corpus*, corps). Mêler, unir ensemble certaines choses de manière qu'elles ne fassent qu'un seul corps. *I. une substance avec une autre. Il faut que ces drogues soient bien incorporées ensemble.* || T. Milit. Répartir les jeunes soldats entre les diverses unités du corps où ils doivent faire leur service militaire. || Par anal., se dit des pays, des terres, des corps politiques, etc. *I. une province au royaume. I. une terre au domaine. I. un peuple avec un autre. On doit i. les nouvelles levées dans l'armée.* || Fig., *Cette ordonnance a été incorporée dans le Code civil.* = s'INCORPORER v. pron. *La cire s'incorpore facilement avec la gomme. Ces deux substances ne peuvent s'i. ensemble. Le peuple vainqueur ne s'incorpora que lentement avec le peuple vaincu.* = INCORPORÉ, ÉE. part. = Syn. Voy. AGRÉGER.

INCORRECT, ECTE. adj. [Pr. *inko-rekt*]. Qui n'est pas correct. *Une figure incorrecte. Un dessin i. Un style i. Cette édition est fort incorrecte.* || Par ext., se dit des auteurs et des artistes dont les œuvres sont incorrectes *Écrivain i. Peintre incorrect.*

INCORRECTEMENT. adv. [Pr. *inko-rek-teman*]. D'une manière incorrecte. *Parler, écrire i. Il dessine incorrectement.*

INCORRECTION. s. f. [Pr. *inko-rek-sion*]. Défaut de correction. *I. de style. Il y a beaucoup d'i. dans son dessin.* || Se dit aussi des endroits incorrects d'un ouvrage d'esprit ou d'art. *Faites disparaître cette i. Cet ouvrage fourmille d'incorrections.*

INCORRIGÉ, ÉE. adj. [Pr. *inko-rije*]. Qui n'est point corrigé.

INCORRIGIBILITÉ. s. f. [Pr. *inkori-jibilité*]. Défaut de celui qui est incorrigible. *L'i. de son caractère.*

INCORRIGIBLE. adj. 2 g. [Pr. *inkori-jible*] (lat. *incorrigibilis*, m. s.). Qu'on ne peut corriger ; se dit surtout des personnes et de leurs défauts. *Un esprit i. Un enfant i. Il y a des vices de l'esprit et du cœur qui sont incorrigibles.*

INCORRIGIBLEMENT. adv. [Pr. *inko-rijible-man*]. D'une manière incorrigible.

INCORROMPABLE. adj. 2 g. [Pr. *inko-ron-pable*]. Qui ne peut être corrompu.

INCORROMPU, UE. adj. [Pr. *inko-ron-pu*]. Qui n'est pas corrompu.

INCORRUPTIBILITÉ. s. f. [Pr. *inko-rup-tibilité*] (lat. *incorruptibilitas*, m. s.) Qualité de ce qui est incorruptible. *L'i. est une des propriétés des corps glorieux. L'i. de ce bois dans l'eau le rend précieux.* || Fig., sign. L'intégrité d'un homme incapable de se laisser corrompre pour agir contre son devoir. *L'i. de ce juge.*

INCORRUPTIBLE. adj. 2 g. [Pr. *inko-rup-tible*] (lat. *incorruptibilis*, m. s.). Qui n'est pas sujet à corruption. *Le bois de cèdre passait autrefois pour i.* || Fig., Qui est incapable de se laisser corrompre pour agir contre son devoir. *Un homme i. Un magistrat i. Il est d'une probité, d'une fidélité incorruptible.*

INCORRUPTIBLEMENT. adv. [Pr. *inko-rup-tible-man*]. D'une manière incorruptible.

INCORRUPTION. s. f. [Pr. *inko-rup-sion*] (R. *in* priv., et *corruption*). État des choses qui ne peuvent se corrompre.

INCOUPABLE. adj. 2 g. Qui n'est point coupable.

INCOURANT, ANTE. adj. (R. *in* priv., et *cours*). T. Comm. Qui n'a pas de cours.

INCOURBÉ, ÉE. adj. Qui n'est point courbé.

INCRASSANT, ANTE. adj. [Pr. *inkra-san*]. T. Méd. anc Qui incrasse, qui épaissit. Se disait autrefois des substances que l'on supposait douées de la propriété d'épaissir les humeurs trop fluides, trop ténues. || Subst., *Les prétendus incrassants n'étaient que des mucilages.*

INCRASSER. v. a. [Pr. *inkra-ser*] (lat. *incrassare*, m. s., de *in*, dans, et *crassare*, dérivé de *crassus*, épais). T. Méd. anc. Épaissir. *Cette alimentation incrasse le sang, incrasse les humeurs.* = INCRASSÉ, ÉE. part.

INCRÉABLE. adj. 2 g. (R. *in* priv., et *créer*). Qui ne peut être créé.

INCRÉDIBILITÉ. s. f. (lat. *incredibilitas*, m. s., de *in* priv., et *credibilis*, croyable, de *credere*, croire). T Philos. Ce qui fait qu'on ne peut croire une chose. *L'i. de ce fait, de cette opinion. Motifs d'incrédibilité.*

INCRÉDULE. adj. 2 g. (lat. *incredulus*, m. s., de *in* priv., et *credulus*, crédule). Qui ne croit que difficilement, qu'on a peine à persuader. *Vous êtes bien i. Un esprit i.* || En parl. des choses de foi, qui ne croit point et ne veut point croire aux mystères. *Les philosophes incrédules du dix-huitième siècle.* — En ce sens, il s'emploie ordin. comme subst. *C'est un i. Convaincre, convertir les incrédules.*

INCRÉDULITÉ. s. f. (lat. *incredulitas*, m. s., de *incredulus*, incrédule). Opposition, répugnance à croire ce qui est pourtant croyable. *I. opiniâtre.* || Manque de foi. *L'i. des Juifs.*

INCRÉÉ, ÉE. adj. (R. *in* priv., et *créer*). Qui existe sans avoir été créé. *Dieu seul est un être i. Les anciens philosophes supposaient que la matière était incréée et éternelle.* || Chez les chrétiens. *La sagesse incréée, Le Verbe, le Fils de Dieu.*

INCRÉMENT. s. m. [Pr. *inkré-man*] (lat. *incrementum*, accroissement, de *in*, dans, et *crescere*, croître). T. Math. anc. Quantité infiniment petite dont croît une quantité

INCRIMINABLE. adj. 2 g. Que l'on ne peut incriminer.

INCRIMINATION. s. f. [Pr. *in-krimina-sion*]. Action d'incriminer ; état de la personne incriminée.

INCRIMINEL, ELLE. adj. Qui n'est point criminel.

INCRIMINER. v. a. (lat. *in*, dans, *crimen*, crime). Accuser quelqu'un de crime, imputer une chose à crime. *I. quelqu'un. Il incrimine les actions les plus innocentes de sa femme.* = INCRIMINÉ, ÉE. part.

INCRISTALLISABLE. adj. 2 g. [Pr *inkris-ta-li-zable*] (R. *in* priv., et *cristalliser*). T. Phys. Qui n'est pas susceptible de cristalliser.

INCRITIQUABLE. adj. 2 g. (R. *in* priv., et *critiquer*). Qui est à l'abri de la critique.

INCRITIQUÉ, ÉE. adj. [Pr. *inkri-ti-ké*] (R. *in* priv., et *critiquer*). Qui n'est pas l'objet de la critique.

INCROCHETABLE. adj. 2 g. (R. *in* priv., et *crocheter*). Qui ne peut être crocheté.

INCROYABLE. adj. 2 g. [Pr. *inkro-iable*] (R. *in* priv., et *croyable*) Qui ne peut être cru, ou qui est difficile à croire ; ne se dit que des choses. *Cela est i. C'est une merveille i.* — On dit, *Il est i.*, pour : On ne saurait croire, concevoir, s'imaginer. *Il est i. combien cet homme-là sait de choses. Il est i. toutes les sottises qu'il fait. Cette dernière loc. a vieilli.* || Par exag., Excessif, extraordinaire, qui passe la croyance. *Une joie, un plaisir i. Des douleurs, des maux incroyables. Il est d'une activité i.* — Subst. et absol.. *Il leur faut du merveilleux, de l'i.* || Sous le Directoire, on donnait le sobriquet d'*Incroyables* à des jeunes gens, à des jeunes femmes, qui affectaient une façon particulière de prononcer, et, dans leur mise, une recherche ridicule. *C'est un i.* Ils supprimaient les *r* dans leur prononciation et disaient : *c'est incoyable! ma paole d'honneu.* Le nom changea dans la suite, avec d'autres ridicules. A la jeunesse dorée, on donna successivement les noms de *fashionables, dandys, lions, petits crevés*, etc.

INCROYABLEMENT. adv. [Pr. *inkro-iable-man*]. D'une manière incroyable, extraordinaire. Fam. et peu us.

INCROYANCE. s. f. [Pr. *inkro-ianse*]. État de celui qui n'a point de croyance.

INCROYANT, ANTE. s. [Pr. *inkro-ian*]. Celui, celle qui n'a pas la foi.

INCRUSTANT, ANTE. adj. (part. pass. de *incruster*). Qui recouvre les corps d'une couche formant croûte. *Source minérale incrustante.*

INCRUSTATION. s. f. [Pr. *inkrus-ta-sion*] (lat. *incrustatio*, m. s.). Action d'incruster; le résultat de cette action. *Les mosaïques se font par i. Un meuble orné d'incrustations.* || T. Minér. Action par laquelle il se dépose autour de certains objets une couche pierreuse. Voy. CRISTALLOGRAPHIE, XII. || T. Anat. Se dit des dépôts calcaires qui se développent dans les tissus organiques ou à leur surface.

Techn. — *Incrustation des chaudières à vapeur.* — Les incrustations des chaudières à vapeur constituent un très grave inconvénient ; elles entraînent l'industriel à des dépenses considérables en combustible, la transmission de la chaleur du foyer à travers le métal des générateurs rencontrant un obstacle considérable dans la présence des concrétions qui recouvrent ses parois. De plus, le manque de surveillance, le défaut de nettoyage, la moindre négligence apportée dans l'enlèvement des dépôts formés par les eaux, peuvent occasionner de terribles accidents dont les annales industrielles n'ont malheureusement que trop d'exemples à donner. Voy. CHAUDIÈRE.

Chacun sait qu'en faisant bouillir dans un vase quelconque des eaux de rivière, de puits et même de source, il ne tarde pas à se produire au fond du récipient et sur ses parois internes un dépôt pulvérulent qui prend une consistance et une épaisseur de plus en plus grande, si on néglige de l'enlever par un nettoyage immédiat. Ce dépôt n'est autre chose qu'un commencement d'incrustation. Le même phénomène se produit dans un générateur à vapeur et avec une facilité plus considérable encore.

A quelle cause sont dues ces incrustations? Toujours à l'impureté des eaux d'alimentation qui, presque toutes, renferment à l'état de dissolution certains sels de chaux, comme le carbonate et le sulfate de calcium. Le chlorure de sodium lui-même, bien que très soluble, ne laisse pas que d'occasionner sur les parois des chaudières marines des dépôts très épais, si l'on n'a la précaution de procéder à de fréquentes évacuations des eaux saturées contenues dans les générateurs. Il est clair que si l'industrie avait à sa disposition une eau chimiquement pure, complètement débarrassée de substances en dissolution ou même en suspension, l'inconvénient signalé ne pourrait plus se produire ; les parois des chaudières à vapeur demeureraient nettes et propres, d'où très notable économie en combustible, en temps, en rendement de vapeur et aussi en argent. C'est pourquoi il est du plus grand intérêt de se débarrasser aussi économiquement que possible, par des procédés efficaces, des incrustations, qui sont tout d'abord une gêne avant de devenir un danger.

Les moyens employés pour l'enlèvement des incrustations, comme aussi pour les empêcher de se reformer, sont de trois sortes : En premier lieu les *procédés mécaniques*, puis les *procédés expérimentaux* ou *empiriques*, en dernier lieu les *méthodes chimiques*, les plus sûres et les plus efficaces de toutes, sans contredit. Nous examinerons successivement ces divers procédés, qu'on ne peut malheureusement considérer comme de véritables panacées, mais qui, en tous cas, diminuent dans une large proportion les inconvénients signalés plus haut, s'ils ne parviennent à les annihiler d'une manière complète, absolue.

1° *Procédés mécaniques.* — Disons d'abord que ces pro-

cédés, employés encore par nombre d'industriels à l'heure actuelle, sont, de tous, les moins efficaces et, par contre, les plus onéreux. L'opération se produit en frappant à petits coups précipités les parois intérieures de la chaudière à l'aide d'un marteau à lame tranchante, dans le but de couper et de détacher l'incrustation. Outre que cette méthode nécessite, pour être conduite à bonne fin, un temps extrêmement considérable, elle a l'inconvénient de rayer la tôle du générateur en y pratiquant de minuscules entailles, qui serviront ultérieurement d'autant de points d'attache pour les nouvelles concrétions.

Un second procédé mécanique, plus actif que le précédent, mais dont les résultats laissent encore beaucoup à désirer, consiste à introduire dans le corps de la chaudière des appareils spéciaux, qui ont reçu différents noms et dont la description nous entraînerait à de trop grands développements. Nous nous bornerons à donner la nomenclature des principaux d'entre eux. Tels sont les *débourbeurs* ou *décanteurs* et les *collecteurs*, qui ont été imaginés par Belleville, Geward, Cuvellier, Dumery, Sewart, Smith, Carcol, etc., etc. Le but de tous ces appareils est de recueillir les sels et matières en dissolution ou en suspension dans l'eau et de les empêcher ainsi de s'attacher aux parois des générateurs à vapeur.

2° *Procédés expérimentaux ou empiriques.* — Ils consistent à introduire certaines substances dans l'eau que contient une chaudière à vapeur, pommes de terre, copeaux de chêne, argile plastique, glycérine, etc., etc. L'amidon des pommes de terre, le tanin des copeaux de chêne, les matières grasses de la glycérine, se diluant dans la masse liquide, s'attachent aux sels en excès dans l'eau et qui tendent à se déposer sur la tôle ; ces matières, plus ou moins mucilagineuses, entourent chaque grain de tartre d'une sorte de gaine qui empêche toute agglomération de se produire. Souvent aussi on passe sur la paroi du générateur une couche épaisse de goudron qui, par sa présence, s'oppose à ce que les incrustations produites s'attachent à la tôle. Il suffit dans ces conditions, au moment du nettoyage intérieur de la chaudière, d'un simple grattage, souvent même d'un unique balayage pour détacher le tartre dont l'adhérence est à peu près nulle, grâce à ces précautions.

3° *Procédés chimiques.* — Les *procédés chimiques* basés sur l'analyse qualitative et quantitative des eaux servant à l'alimentation, sont, en réalité, les seuls qui empêchent les incrustations de se produire, par la simple raison que les sels se trouvent précipités ou transformés avant de nuire. Les sels sont, par conséquent, épurés et se conduisent comme si on faisait usage de ce liquide absolument pur, puisque les substances chimiques que l'on y introduit dans des proportions rigoureusement exactes et voulues, neutralisent, en les précipitant, les sels qui, sans cette précaution, se seraient transformés en tartre très dur et très difficile à enlever. On emploie deux méthodes bien distinctes, suivant que l'épuration se produit avant ou après l'introduction dans la chaudière de l'eau nécessaire à son alimentation. Dans le premier cas, après avoir procédé à l'analyse qualitative et quantitative de l'eau, on fait usage d'appareils particuliers, d'assez grandes dimensions, malheureusement, et qui, par leur encombrement, exigent un espace considérable. L'eau circule dans cet appareil et rencontre à chaque instant, par suite d'un dispositif spécial contrariant son écoulement, la substance chimique, au contact de laquelle elle abandonne les sels qu'elle contenait en dissolution. Après un assez long parcours, le liquide qui arrive à la bâche d'alimentation se trouve complètement débarrassé de ces sels, ainsi que des matières en suspension. Il est suffisamment pur pour qu'on n'ait plus à redouter les incrustations. C'est sur ce principe qu'a été imaginé l'appareil Gaillet et Huet, qui rend de grands services aux industries dans lesquelles la pureté de l'eau joue un rôle important, puisque de cette pureté résulte la qualité des produits. La seconde méthode, celle qui consiste à épurer l'eau après son introduction dans le générateur, donne également d'excellents résultats et ne se départ pas du même principe, demandant aussi une analyse minutieuse de l'eau à employer.

En terminant, nous dirons quelques mots de certains procédés ayant quelques points communs avec ceux que nous venons d'examiner. Nous voulons parler de diverses préparations, dénommées anticalcaires, antitartres, etc., etc., chaque inventeur donnant à son produit une appellation différente. Ces compositions, dans la plupart desquelles entrent de l'alun, de la soude, de la potasse, de la mélasse, du lichen, etc., pourraient agir plus efficacement qu'elles ne le font, si les fabricants se préoccupaient, avant de lancer leurs produits, de la nature des eaux qu'ils veulent traiter et des sels qu'elles contiennent en dissolution. C'est ce qu'ils négligent généralement de faire; aussi la plupart des anticalcaires et autres demeurent-ils sans aucun effet utile.

INCRUSTER. v. a. (lat. *incrustare*. m. s., de *in*, sur, et *crusta*, croûte). Appliquer, enchâsser à la surface d'un corps des fragments de quelque autre matière, afin de l'orner, etc. *I. de marbre un portique*, ou simpl., *I. un portique. I. d'or une tabatière d'écaille.* — On dit aussi, *I. des lames d'argent sur le devant d'un autel. I. une mosaïque dans le pavé d'un temple.* || En parlant des eaux, sign. Couvrir d'un dépôt calcaire. *Cette source incruste promptement les objets qu'on y dépose.* = s'INCRUSTER. v. pron. Se dit des choses qui adhèrent fortement à la surface d'une autre, qui font corps avec elle *Ces coquillages se sont profondément incrustés dans la pierre. Ces tuyaux s'incrustent de stalactites.* = INCRUSTÉ, ÉE. part. *Les vêtements d'or de la statue étaient incrustés de pierres précieuses. Une boîte incrustée d'or. Des lettres d'or incrustées dans une plaque de marbre.*

INCUBATEUR, TRICE. adj. Qui opère l'incubation artificielle.

INCUBATION. s. f. [Pr. *inkuba-sion*] (lat. *in*, sur; *cubare*, se coucher). Action de couver, de faire éclore les œufs. *Ornith.* — En termes de Physiologie, on appelle *incubation*, l'acte par lequel la plupart des oiseaux et quelques reptiles, en se couchant sur leurs œufs et en leur communiquant ainsi la chaleur de leur propre corps, déterminent le développement des embryons que contiennent ces œufs. La durée de 'i. varie selon les espèces. Voici quelques moyennes : Poule, 21 jours; Dindon, 30 j.; Oie, 30 j.; Canard, 28 j.; Pigeon, 16 j.; Paon, 30 j. — On peut aussi, au moyen de procédés, suppléer par une chaleur artificielle à la chaleur naturelle de l'animal *incubateur* : c'est ce qu'on appelle l'i. artificielle. Nous avons déjà indiqué ailleurs (Voy. Coq) le procédé usité de toute antiquité en Égypte pour faire éclore les œufs de poule. On a essayé à diverses reprises d'introduire en Europe le procédé égyptien. Ainsi, des essais de ce but furent faits en Italie au XV° siècle, et en France au XVI° siècle, mais sans beaucoup de succès. Les recherches que fit l'anmur, dans la première moitié du XVIII° siècle, avancèrent beaucoup la solution du problème. On doit à ce savant naturaliste l'invention des *poussinières* et celle des *mères artificielles*, c.-à-d. des boîtes garnies intérieurement de peaux de mouton sous lesquelles les poulets nouvellement éclos vont chercher la chaleur artificielle dont ils ont besoin. Réaumur reconnut encore que la température la plus convenable à l'éclosion est celle de 39 à 40 degrés centigrades. Mais l'homme qui porta l'i. artificielle au plus haut degré de perfection dont elle paraisse susceptible, fut le physicien Bonnemain Il obtint ce résultat en employant le chauffage à circulation d'eau, et en construisant des appareils ingénieux pour chacune des phases de l'opération. En outre, il pratiqua le premier cet art sur une grande échelle, et créa un établissement qui, dès 1777, approvisionna les marchés de Paris. Néanmoins ce bel établissement disparut au bout de quelques années, à cause du prix élevé de la nourriture nécessaire aux jeunes poulets. Du reste, la même cause a fait échouer les entreprises analogues qui ont eu lieu depuis, tant en Angleterre qu'aux États-Unis. Mais si l'i. artificielle ne parait pas destinée à prendre un rang élevé dans l'industrie, elle n'est pas sans utilité quand on l'exploite en petit. On a imaginé à cet effet un grand nombre d'appareils de dimensions variables, communément appelés *Couvoirs* et *Couveuses artificielles*, et construits d'après les principes de Bonnemain, c.-à-d. où la température nécessaire est produite au moyen de l'eau chaude. Voy. COUVEUSE.

L'i. artificielle a été appliquée aussi à l'élevage des Poissons. Voy. PISCICULTURE.

Méd. — Le terme d'*incubation* s'empl. aussi, en Médecine, mais dans un sens figuré, pour désigner le temps qui s'écoule entre l'action d'une cause morbifique, principalement d'un virus ou d'un agent miasmatique, et l'invasion de la maladie. INFECTION. — On a encore appliqué ce nom, par analogie avec sa signification ordinaire, à l'emploi de l'air chaud comme moyen de traitement dans certaines maladies. Mais cette méthode thérapeutique étant peu usitée, nous croyons inutile d'exposer ses procédés.

INCUBE. s. m. (lat. *incubus*, cauchemar, de *in*, dans, sur, et *cubare*, être couché). Sorte de démon qu'on croyait prendre un corps pour jouir des plaisirs de l'amour avec une femme endormie ou transportée au sabbat. Il est opposé à *succube*.

Voy. ce mot. || T. Méd. Sorte de cauchemar où le patient se sent oppressé et se croit étouffé par un monstre, un démon, etc. Voy. CAUCHEMAR.

INCUBER. v. a. (lat. *incubare*, m. s.). T. Physiol. Opérer l'incubation. = v. n. Mener à terme ses œufs dans le corps même, en parlant d'insectes.

INCUBISME. s. m. (R. *incube*). T. Méd. Variété de *Cauchemar*. Voy. ce mot et INCUBE.

INCUBATION. s. f. [Pr. *inkubita-sion*] (lat. *in*, sur; *cubitus*, coude). Manière romaine de se coucher à table dans le repas, en s'appuyant sur le coude.

INCUISABLE. adj. 2 g. [Pr. *in-kui-zable*] (R. *in* priv., et *cuire*). Qui ne peut être cuit.

INCUIT, ITE. adj. Qui n'est pas bien cuit. = INCUITES. s. m. pl. T. Techn. Fragments en carbonate de chaux qui n'ont pas été assez cuits dans les fours à chaux.

INCULPABLE. adj. 2 g. Qui peut être inculpé, mis en accusation, ou bien qui ne peut être inculpé, accusé.

INCULPATION. s. f. [Pr. *inkulpa-sion*] (lat. *inculpatio*, m. s., de *inculpare*, inculper). Action d'attribuer une faute à quelqu'un. *Une grave i. Une i. hasardée.* || La faute qui est attribuée. *Repousser une i. Se justifier d'une i.*

Droit. — Ce mot est surtout usité en termes de Droit criminel. On appelle *inculpation*, la dénonciation d'un crime et l'instruction qui la suit. On ne doit la confondre, ni avec la *prévention*, ni avec l'*accusation*, bien que, dans le langage ordinaire, on fasse ces trois mots synonymes. La *prévention* est la déclaration de la chambre du conseil statuant sur les suites à donner à l'inculpation, et renvoyant l'affaire, s'il y a lieu, à la chambre des mises en accusation. Enfin, l'*accusation* est la poursuite d'un crime ou d'un délit, en vertu d'un arrêt de cette chambre.

INCULPER. v. a. (lat. *inculpare*, m. s., de *in*, sur; *culpa*, faute). Accuser quelqu'un d'une faute. *C'est à tort que l'on m'inculpe.* = INCULPÉ, ÉE. part. || En matière criminelle, on dit subst., *L'inculpé*, pour désigner l'individu inculpé d'un crime ou d'un délit. Voy. INCULPATION.

INCULQUER. v. a. (lat. *inculcare*, m. s., de *in*, dans, et *calcare*, enfoncer avec le pied). Imprimer une chose dans l'esprit de quelqu'un à force de la répéter. *Il faudra bien lui i. cette maxime, cette vérité. Cette opinion est si inculquée dans les esprits que...* = s'INCULQUER. v. pron. *Les proverbes s'inculquent fortement dans l'esprit.* = INCULQUÉ, ÉE. part.

INCULTE. adj. 2 g. (lat. *incultus*, m. s., de *in* priv., et *cultus*, part. pass. de *colere*, cultiver). Qui n'est point cultivé. *Un pays i. Ses terres restent incultes.* || Par anal., *Une barbe, une chevelure i.* || Fig., *Esprit i. Naturel i. Un talent i. Mœurs incultes et farouches.*

INCULTIVABLE. adj. 2 g. (R. *in* priv., et *cultiver*). Qui ne peut être cultivé.

INCULTIVÉ, ÉE. adj. Qui n'est pas cultivé.

INCULTURE. s. f. État de ce qui est inculte. Inus.

INCUNABLE. adj. 2 g. (lat. *incunabulum*, berceau). *Édition i.*, se dit d'une édition qui appartient aux premiers temps de l'imprimerie. = Subst. au masc., *Un i.* On distingue les incunables en incunables tabellaires ou xylographiques, c.-à-dire obtenus au moyen de planches de bois d'une seule pièce sculptées ou gravées, et en incunables typographiques, c.-à-d. composés en caractères mobiles.

INCURABILITÉ. s. f. État de ce qui est incurable. *L'i. d'une maladie.*

INCURABLE. adj. 2 g. (lat. *incurabilis*, m. s., de *in* priv., et *curare*, soigner, guérir). Qui ne peut être guéri. *Mal i. Maladie, plaie i. Ce malade est i.* || Fig. *Défaut, passion, vice i. Caractère i.* || *Incurable* se dit subst. en parlant des malades qui habitent l'hospice appelé *Hospice des incu-*

rables. C'est un i. — Par ellipse, on dit encore, *Les Incurables,* pour désigner cet hospice.

Syn. — *Inguérissable.* — *Incurable* se dit par rapport à l'art, *impérissable* par rapport à la nature. Un mal *incurable* est un mal contre lequel les médecins ne connaissent pas de traitement, quoique ce mal puisse guérir par l'effet spontané de la nature. Un mal *inguérissable* est celui qui n'est susceptible de guérison ni naturelle ni provoquée par le traitement. Néanmoins, à cause de l'analogie des sons, les deux mots s'emploient fréquemment l'un pour l'autre.

INCURABLEMENT. adv. [Pr. *inkurable-man*]. D'une manière incurable.

INCURIE. s. f. (lat. *incuria*, m. s., de *in* priv., *cura*, soin). Défaut de soin, négligence. *Il s'est ruiné, c'est par son i.*

INCURIEUSEMENT. adv. [Pr. *inkurieu-ze-man*]. D'une façon incurieuse, sans curiosité.

INCURIEUX, EUSE. adj. (lat. *incuriosus*, m. s.). Qui n'est pas curieux. *Un esprit i.*

INCURIOSITÉ. s. f. [Pr. *inku-rio-zité*] (lat. *incuriositas*, m. s., de *in* priv., et *curiositas*, curiosité). Insouciance d'apprendre ce qu'on ignore. *L'i. de ce peuple empêche ses progrès dans les sciences et dans les arts.*

INCURSIF, IVE. adj. (R. *incursion*). Qui fait irruption, qui envahit.

INCURSION. s. f. (lat. *incursio*, m. s., de *in*, dans, et *cursus*, course). Course de gens de guerre en pays ennemi. *Les barbares faisaient des incursions continuelles sur les terres de l'empire. Ces provinces sont à l'abri des incursions de l'ennemi.* || Courses, voyages que l'on fait dans un pays dans un but scientifique ou de pure curiosité. *J'ai fait une incursion i. en Italie. Les incursions de nos savants dans cette contrée ont eu d'importants résultats pour la science.* || Fig., *Gœthe a souvent quitté le domaine de la poésie et la littérature pour faire d'heureuses incursions dans celui de la science.*

Syn. — *Invasion, Irruption.* — L'*incursion* est l'action de faire une course; c'est une action brusque et passagère, un coup de main après lequel on se retire aussitôt. L'*irruption* est l'action de fondre sur quelque chose; c'est une vive attaque, un acte de violence soutenue, fait dans un esprit de destruction ou de conquête. L'*invasion* exprime une action générale par laquelle on se rend maître de tout un pays. Des brigands qui se cherchent que du butin font des *incursions;* des barbares qui ne savent que ravager et détruire font une *irruption;* enfin, une armée ou des multitudes qui inondent une contrée pour s'y établir font une *invasion.*

INCURVABLE. adj. 2 g. (lat. *incurvus*, courbé). Qui est susceptible d'être incurvé.

INCURVATION. s. f. [Pr. *inkurva-sion*] (lat. *incurvus*, courbé). T. Méd. Courbure; ne se dit que d'une courbure anomale, et particul. de la courbure des os.

INCURVER v. a. (lat. *incurvare*, m. s., de *in*, dans, et *curvare*, courber). Donner une courbure de dehors en dedans. = INCURVÉ, ÉE. adj. Qui est affecté de courbure anomale. || T. Bot. Qui est courbé de dehors en dedans.

INCURVIFOLIÉ, ÉE. adj. (lat. *incurvus*, courbé; *folium* feuille). T. Bot. Qui a les feuilles recourbées du dehors en dedans.

INCUSE. adj. et s. f. [Pr. *inku-zel*] (lat. *incusus*, frappé, de *in*, dans, et *cudere*, frapper). Médaille frappée d'un seul côté en creux ou dont le type est d'un côté en creux, de l'autre en relief. Voy. NUMISMATIQUE.

INDAMINE. s. f. (R. *indigo*, et *amine*). T. Chim. Nom donné à des matières colorantes qui dérivent de la quinone dans laquelle les deux atomes d'oxygène sont remplacés, l'un par AzH, l'autre par AzC^{6}H^4(AzH^2). L'indamine fondamentale a pour formule :

$$AzH : C^6H^4 : Az C^6H^4 (AzH^2);$$

les autres en dérivent par des substitutions opérées sur l'hydrogène des groupes AzH et AzH^2. On prépare les *indamines* en oxydant un mélange d'une para-diamine et d'une amine aromatique. On les obtient aussi par l'action de la nitrosodiméthylaniline sur les amines aromatiques ou sur les métadiamines. — Les indamines sont des bases faibles qui forment avec les acides des sels bleus ou verts. Elles ne sont pas utilisées comme matières colorantes, à cause de leur instabilité, mais elles servent à préparer les safranines.

INDAZINE. s. f. (R. *indigo*). T. Chim. Matière colorante bleue de la classe des indulines, obtenue en faisant agir la nitroso-diméthylaniline sur la diphényl-méta-phénylène-diamine. C'est une poudre à éclat bronzé, fusible à 220°, soluble en bleu dans l'eau et dans le benzène. L'i., teint, en bleu très solide, le coton mordancé au tanin et à l'émétique.

INDAZOL. s. m. (R. *indigo*). T. Chim. Composé cyclique de la formule C^{7}H^{6}Az^2, formé par la soudure d'un noyau du pyrazol et d'un noyau de benzène. Cette soudure peut se faire de deux façons différentes, en donnant naissance à deux isomères :

L'*indazol* cristallise en fines aiguilles, solubles dans l'eau chaude, dans l'alcool et dans l'éther. Il commence à se sublimer à 100°; il fond à 1,6° et bout à 270°. Il est faiblement basique et se dissout dans les acides en formant des sels décomposables par l'eau. Avec l'azotate d'argent, il donne un précipité argentique. Avec l'acide azoteux, il fournit un dérivé nitrosé, cristallisé en lamelles jaunes d'or. En chauffant l'i. avec un iodure alcoolique, on peut remplacer l'hydrogène du groupe AzH par un radical hydrocarboné. — Pour préparer l'i., on transforme l'acide cinnamique ou un dérivé diazoïque, que l'on traite successivement par le sulfite de sodium et par la poudre de zinc ; le produit de cette réaction, traité par l'acide chlorhydrique, fournit l'acide *hydrazine-cinnamique* AzH^2. AzH. C^{9}H^{7}O^2, que la chaleur décompose en acide acétique et en indazol.

En faisant réagir l'acide chlorhydrique sur certains acides à liaison éthylénique et à fonction hydrazine substituée, on obtient les dérivés de l'*isindazol*; ce sont des bases faibles, de même que les dérivés correspondants de l'indazol.

INDE. s. m. (lat. *indicum*, de l'Inde). T. Techn. Fécule tirée des feuilles de l'indigotier et donnant une couleur bleue. — Couleur bleue que l'on tire de l'indigo; on dit, en peinture, *Employer de l'i., au bleu d'i.*

INDE ou **HINDOUSTAN**, vaste contrée de l'Asie méridionale, limitée au nord par la chaîne de l'Himalaya qui la sépare de l'empire chinois (Thibet), au nord-ouest par celle de l'Hindou-Kousch qui la sépare du Turkestan, à l'ouest par l'Afghanistan et le Bélouhitchistan, au sud-ouest par la mer d'Oman, au sud-est par le golfe du Bengale (Océan Indien), à l'est par l'Indo-Chine.

I. *Inde proprement dite.* — L'Inde comprend au centre la presqu'île du Dékan terminée par le cap Comorin, au nord-ouest, la vallée de l'Indus (ou Sindh qui signifie *rivière*), au nord-est les vallées du Gange (Oude et Bengale) et du Brahmapoutre (Assam). C'est ce que l'on appelait, dans l'antiquité et au moyen âge, l'Inde en deçà du Gange, le nom d'Inde au delà du Gange étant appliqué à la presqu'île plus orientale désignée depuis du nom d'Indo-Chine. La limite orientale de l'Inde proprement dite s'arrêtait donc vers le 90° degré oriental de Paris ; mais l'extension permanente que les Anglais donnent à leur colonie l'ont fait empiéter depuis ce siècle sur l'Indo-Chine, par l'annexion progressive de la Birmanie (Carte 1). A l'ouest, elle s'arrête au 65° de longitude, au nord, elle varie du 27° au 37° de latitude, et au sud elle s'étend jusqu'au 8° nord, ce qui donne à l'Inde une étendue de 3,100 kil. du nord au sud et de 2,500 kil. de l'est à l'ouest, et une superficie d'environ 4,670,000 kilomètres carrés.

La géodésie de l'Inde présente un énorme contraste, entre l'altitude de l'Himalaya, la plus haute chaîne du globe, dont le sommet, le Gaorisankar, atteint 8,800 mètres, et la plaine qui, brusquement, au pied même des montagnes, s'abaisse dans les vallées du Gange et de l'Indus jusqu'à 200 mètres au-dessus du niveau de la mer, pour se relever progressivement dans la presqu'île du Dékan et atteindre à son extrémité des hauteurs de 2,650 mètres (mont Nilghiri) et de 2,690 mè:res (mont Anamali).

Des trois grands fleuves que nous venons de citer, le premier, l'Indus, dont le bassin occupe la région nord-ouest, prend sa source dans l'empire chinois, au nord de l'Himalaya, longe cette chaîne de l'est à l'ouest, la contourne, et se dirige du nord-est au sud-ouest, vers la mer d'Oman. Le second, le Gange, est sensiblement parallèle à l'Himalaya, au sud de cette chaîne, et se dirige, du nord-ouest au sud-est, vers le golfe du Bengale. Le troisième, le Brahmapoutre, comme le premier, prend sa source au nord de la chaîne, la longe, par contre, de

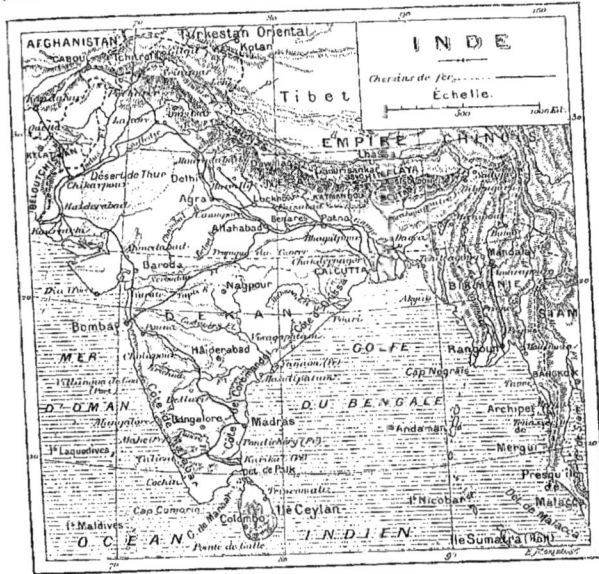

Fig. 1.

l'ouest à l'est, la contourne à son extrémité orientale, et descend du nord au sud, vers le golfe du Bengale.

Dans la presqu'île du Dékan, les fleuves sont de moindre importance : les plus longs sont le Mahanaddy et le Godavery, le Krichna, qui se jettent dans le golfe du Bengale; les côtes de cette presqu'île portent les noms d'Orissa et de Coromandel, à l'est, et de Malabar à l'ouest; au nord de cette dernière s'ouvrent les golfes de Cambaye et de Kontch, séparés par la presqu'île de Kathiavar. Les îles principales sont, au sud-ouest de l'Hindoustan, les îles Laquedives et Maldives dans la mer d'Oman, Ceylan, au sud de l'Hindoustan avec lequel elle est presque reliée, à travers le détroit de Palk, par de petites îles formant le pont de Rama ou d'Adam, et circonscrivant le golfe de Manaar; enfin, les îles Adaman et Nicobar, dans la région orientale du golfe du Bengale.

Toute la gloire de l'Inde est dans sa haute antiquité, dont la civilisation primitive semble être la mère de toutes les autres. Ce pays paraît, en effet, avoir été, sinon le berceau d'un grand nombre de peuples civilisés, du moins le li u de passage où ils firent de longs séjours. La pointe méridionale de l'Hindoustan abonde en monuments mégalithiques comme on en retrouve en si grand nombre dans les presqu'îles de Bretagne, du Jutland, etc. On compte encore, dans l'Inde proprement dite, une vingtaine de races distinctes, vivant mêlées, mais ne se fusionnent jamais, et se distinguant entre elles par une industrie spéciale, ce qui occasionne la nécessité d'une domesticité multiple. Les parias sont les plus misérables.

Les aryas, au contraire, furent de toute l'an.iquité la race

la plus illustre, celle qui, descendue des hauts plateaux du Thibet ou du Pamir, il y a plus de 6,000 ans, conquit l'Inde et, divisée en rameaux nombreux, se jeta sur l'Europe.

Ces peuples qui importaient le culte des Devas (de dev, briller), mot sans doute appliqué d'abord aux astres et dont les nations dérivées ont fait dios, dieus, deus, etc., ont laissé des monuments littéraires colossaux, le Mahabahrata, attribué à Vyasa, le Ramayana, attribué à Valmiki, et dans lequel le dieu Vichnou se fait homme pour sauver le monde de l'empire du démon; puis les Puranas et d'autres moindres.

Depuis la période historique, l'Inde, successivement attaquée par Sésostris, par Darius, par Alexandre, par les Romains, soumise par les Turcs, puis par les Mongols, cessa d'être elle-même et ne fut plus qu'un important marché commercial dont le transit avec l'Europe se faisait par la Perse et l'Asie Mineure. La découverte du cap de Bonne-Espérance et de l'océan Indien par Vasco de Gama, en 1498, y amena par mer les Portugais au XVI° siècle, les Hollandais au XVII°, les Français et les Anglais rivaux au XVIII°. La France y posséda la côte d'Orissa, entre le Mahanaddy et le Kritchnah, avec Yannon et Masulipatam, et une partie de la côte du Coromandel avec Madras, Pondichéry et Karikal. La défaite héroïque de Dupleix et de son successeur Lally fit tomber entre les mains des Anglais, déjà maîtres de Bombay, la presque totalité de cet empire. Ils l'ont du reste considérablement accru et mis en valeur depuis. La colonie fondée par la Compagnie anglaise des Indes fut rachetée par le gouvernement anglais en 1833, et, malgré une révolte de ses troupes indigènes, les cipayes, en 1857, acquit une puissance et une prospérité incomparables.

L'empire se divise en trois présidences : celles de Calcutta, capitale, résidence du vice-roi, de Bombay et de Madras. Il comprend en outre des États vassaux ou indépendants : le Mysore et l'Hiderabad, au centre de l'Hindoustan; les États radjpoutes, dans les grands déserts de Thaur, entre l'Indus et le Gange; le Kachmire, le Pendjab, capitale Lahore, le Népaul, le Boutan, le Manipour, enfin le Tchitral ou pays des Kafridis, en deçà de l'Hindou-Kousch, naguère enlevé à l'Afghanistan.

L'île de Ceylan, capitale Colombo, villes principales, Trinquemalay et Pointe-de-Galles, forme une colonie à part, relevant directement de la couronne.

Les autres plus importantes villes, Patna, Bénarès, Allahabad, Lucknow, Agra, Delhi, sont semées dans la vallée du Gange.

Les Français possèdent encore Chandernagor, au nord de Calcutta, Yanaon, Pondichéry, capitale, et Karikal sur le golfe du Bengale, et Mahé des Indes sur la mer d'Oman. Ce sont les villes complètement tombées de leur splendeur passée. Les Portugais ont conservé sur cette mer, Din, Goa et Konanore.

Le nom d'empire des Indes a été donné à l'ensemble des possessions anglaises, depuis surtout qu'elles débordent sur l'Indo-Chine. La reine d'Angleterre a pris le titre d'Impératrice des Indes.

Les indigènes portent le nom d'Hindous; la langue, du moins celle qui est la plus répandue, celui d'Hindoustani. Le sud de l'Hindoustan et l'île de Ceylan sont peuplés de Dravidens et de Cinghalais.

La population de l'Inde est 190,000,000 d'habitants, sur lesquels 100,000 Anglais dont 70,000 hommes de troupe. Les principaux produits agricoles sont : le blé dans la plaine indo-gangique (quaternaire), l'opium et le coton dans la présidence de Bombay (roches volcaniques), le riz dans les deltas et les régions basses (alluvions), les forêts de teck dans les provinces centrales (terrains primitifs). Malheureusement d'immenses fléaux, comme la famine et la peste, s'abattent régulièrement sur l'Inde et y sèment la désolation.

II. *Inde ou delà du Gange* ou *Indo-Chine*. — L'Indo-Chine est une presqu'île à peu près aussi vaste que l'Inde, bornée au nord par la Chine, à l'ouest par l'Inde et le golfe du Bengale, à l'est par la mer de Chine. Cette péninsule est plus déchiquetée que la première. On y remarque le cap Negrais et le golfe de Martaban, où se jettent l'Iraouaddy et le Salouen, la presqu'île de Malacca qui s'allonge jusqu'à l'archipel Malais dont elle n'est séparée que par le détroit de Malacca, le golfe de Siam où se jette le Ménam, la pointe du Cambodge, près de laquelle se jette le Mékong, enfin le golfe du Tonkin, où se jette le Song-Koï ou fleuve

aux bouches du Mékong; enfin, au sud, comme une enclave entre le Siam et la Cochinchine, le Cambodge, capitale Pnom-Penh. Il convient d'ajouter, dans le nord, les États Changs, à peu près indépendants, quoique partagés nominalement entre la Birmanie et le Siam; le Laos, entre le Siam et le Tonkin et dont la ville principale est Luang-Prabang. (Cartes 1, 2 et 3).

Les peuples Changs et ceux du Laos, qu'on appelle aussi Muongs, d'un mot qui signifie village, paraissent être les autochtones du pays, ainsi que les Khmers qui habitent le Cambodge et que M. Pavie, l'homme qui a le plus exploré l'Indo-Chine, considère comme les plus vaillants, les plus dociles,

Fig. 2.

Rouge. Ces cinq importants cours d'eau, dont les plus longs, (plus longs que ceux de l'Inde) sont le Salouen et le Mékong descendent de l'Himalaya, entre de longues ramifications de cette chaîne. L'Indo-Chine s'étend donc du 90° au 108° Est de Paris et du 1° au 27° Nord. La presqu'île de Malacca s'étrangle à l'isthme de Kraw, qu'il a été question de couper par un canal.

L'Indo-Chine est formée de quatre royaumes : la Birmanie à l'ouest, du golfe du Bengale au Salouen, capitales Mandalé sur l'Iraouaddy et Rangoun, aux bouches de ce fleuve; le Siam, capitale Bangkok, du Salouen à la vallée du Mékong, et qui comprend la longue presqu'île de Malacca; l'Annam, capitale Hué, avec deux importantes provinces à ses extrémités, Tonkin, au nord, dans la vallée du Song-Koï, Cochinchine, au sud,

les plus progressibles de la péninsule. Ces éléments n'appartiennent pas à la race jaune proprement dite et paraissent plutôt être un croisement d'Hindous et de Malais. Les Birmans les Siamois, les Annamites, semblent, au contraire, être les produits d'invasions chinoises.

Ces pays furent explorés par les Portugais, au XVIe siècle ; mais, pendant longtemps, ils eurent peu de rapports avec l'Europe, sauf quelques ambassades, dont celle du Siam à Louis XIV En 1787, des Français, visitant le Tonkin, y fortifièrent les principales villes, Hanoï, Sontay, d'après le système de Vauban Ce n'est qu'au XIXe siècle que les Anglais, maîtres de l'Inde et franchissant le Gange, s'installèrent sur toute la côte occidentale de l'Indo-Chine, sur le golfe du Bengale, empiétant ainsi sur le littoral de la Birmanie et du Siam, avec les villes d'Arakan, de Rangoun, de Tenasserim, de Tavay, de Merghi, de Georgetown et de Malacca, et les îles du Prince-ce-Galles et de Singapour, celle-ci, la plus forte, relâche entre l'Inde et la Chine.

Déjà en 1787 les envoyés du roi Louis XVI avaient passé un traité avec l'Annam.

Mais, en 1868, les Français ayant eu à châtier, en ce pays, avec le concours des Espagnols, le meurtre de deux missionnaires de cette nationalité, l'empereur Tu-Duc, menacé dans Hué, céda à la France la basse Cochinchine, c.-à-d. le delta du Mékong et le cap Cambodge, comprenant les provinces de Saïgon, de Mytho, de Bien-Hoa, et en 1867 celles de Vin-Long, de Chaudoc et Hatien avec les îles Poulo-Condor.

Entre temps, l'amiral Bonnard avait exploré le Cambodge, l'immense lac Talé-Sap et les ruines des antiques palais khmers d'Angkor, sur la frontière envahie déjà par le Siam; et le capitaine de frégate Doudart de Lagrée, remontant le Mékong, traversait le Laos, et atteignait au nord la province chinoise du Yunnam. A sa mort survenue en ce pays en 1868, son lieutenant, Francis Garnier, redescendit vers la côte chinoise par le Yang-Tsé-Kiang; mais, en 1873, il repartit, remonta le cours de ce fleuve, atteignit les sources du Song-Koï et le redescendit, tandis qu'un négociant, M. Dupuis, explorait le Tonkin. Les deux explorateurs s'étant rencontrés et formant, un total de 168 Français et Chinois, enlevèrent, le 20 novembre, la citadelle d'Hanoï. Un mois après, Garnier était assassiné. Cet événement détermina le gouvernement français à s'établir sur la côte du Tonkin; mais, en 1883, le commandant Rivière, ayant recommencé l'exploit de Garnier, eut la même fin tragique aux environs d'Hanoï. Ce fut le point de départ d'une conquête qui ne dura pas moins de deux ans et se signala par la prise des villes de Sontay, Hong-Hoa, Lang-Son, les surprises de Bac-Lé, l'héroïque défense de Tuyen-Quang. En même temps, l'Annam était attaqué au cœur même dans Hué sa capitale, et subissait le protectorat français ainsi que le Cambodge, formant ainsi un seul et même empire colonial du golfe du Siam à la frontière de Chine, juste compensation de celui que les Anglais nous avaient pris aux Indes, le siècle précédent. (Carte 2).

Cependant, la France se trouvait voisine désormais de la Birmanie par les Etats Changs; ce que voyant les Anglais envahirent le pays dont ils ne possédaient jusqu'alors que le littoral, et l'annexèrent aux Indes. C'était un coup indirect porté contre la France, et la réponse se fit un peu attendre. Mais, en 1893, le gouvernement français, prenant en main les revendications de l'Annam et du Cambodge contre le Siam qui, depuis un demi-siècle, avait occupé, franchi même le Mékong, força les Siamois à rétrograder jusqu'à une distance de 25 kilomètres sur toute la rive droite du fleuve. Comme garantie, la France occupait le port de Chantaboun sur le golfe de Siam. Or le Siam est inféodé à l'Angleterre. On a raconté depuis que le gouvernement anglais décida alors de déclarer la guerre à la France et qu'il en fut empêché par l'empereur d'Allemagne, dont cela contrecarrait la politique coloniale. Que ce bruit soit fondé ou non, toujours est-il que la guerre n'eut pas lieu. Actuellement, l'Indo-Chine française est constituée et prospère . elle a à sa tête un gouverneur général, un lieutenant-gouverneur pour la Cochinchine, et un résident supérieur pour chacun des trois pays de protectorat, Annam, Tonkin et Cambodge, avec, sous leurs ordres, des résidents et vice-résidents réunissant les pouvoirs administratifs et judiciaires et réglant les affaires des colons entre eux et des colons avec les indigènes. Les autorités locales ont été maintenues pour l'administration des populations annamites et cambodgiennes. Saïgon est la ville, non pas la plus importante et la plus commerçante, mais la plus coquette et la plus agréable de tout l'Extrême-Orient. Hanoï, percée maintenant de rues françaises et semée de monuments élégants, réalise, autour de son

joli lac, un peu de vie parisienne; mais la plus étonnante est Haïphong, la ville maritime construite de toutes pièces là où, dix ans plus tôt, il n'y avait qu'un bourbeux marécage.

Comprise entre le 9e et le 23e degré nord, l'Indo-Chine française est sensiblement sous le même climat que l'Inde, c.-à-d. à la limite nord de la zone intertropicale. Les souffrances qu'y ont endurées nos soldats, marchant et couchant dans la lagune surchauffée ou dans la brousse ont fait au Tonkin notamment la réputation d'un climat meurtrier; mais, pour le colon ou le fonctionnaire, vivant à l'ombre, dans sa maison, avec tout le confort asiatique, c'est, au contraire, un séjour généralement considéré comme très agréable. Le docteur Harmand cite, en Annam, le plateau des Boloven comme jouissant d'une salubrité incomparable et d'un climat tout à fait européen.

La grande culture de toute l'Indo-Chine est le riz. On y trouve aussi, sur les hauteurs, d'immenses forêts où abonde le teck. Non loin de la frontière chinoise, au fond de la prodigieuse baie d'Along, toute semée d'îles montagneuses en forme de dômes et baignées dans l'eau, on exploite les mines de houille de Kebao.

Fig. 3.

La population de la Birmanie est d'environ 7,000,000 d'habitants; celle du Siam d'autant. La capitale, Bangkok, en renferme, à elle seule, 500,000. Le Cambodge n'a guère qu'un million d'habitants. Mais l'Annam, y compris la Cochinchine et le Tonkin, en contient plus de 17,000,000.

III. *Indes néerlandaises* ou *Archipel asiatique*. — On donne encore le nom d'Indes à l'Archipel Asiatique ou Malaisie, classé aussi dans l'Océanie, qui s'étend au sud de la presqu'île de Malacca et contourne la mer de la Chine (Carte 3). Le mot s'applique tout particulièrement aux possessions de la Hollande connues sous le nom d'Indes Néerlandaises. Elles comprennent les îles de la Sonde, Sumatra, Java, capitale Batavia, Linga, Banca, Belleton et Madoua; l'île de Bornéo, sauf le nord qui appartient à l'Angleterre avec les Anambas, Natunas et Labonan; les Célèbes, Sumbavia, Sandelbos, Florès et Timor (la moitié de cette dernière est aux Portugais); les Moluques, et enfin la moitié occidentale de la Nouvelle-Guinée ou Papouasie, dont la partie orientale a été depuis peu occupée par l'Allemagne. Au nord, l'Archipel des Philippines, dont les principales sont Luçon et Mindanao, appartient à l'Espagne. Les indigènes de ces îles sont des Malais, de race à peine bronzée, tandis que la Nouvelle-Guinée, peuplée de nègres papous, se rattache à la Mélanésie.

IV. *Indes occidentales*. — Enfin, on a donné le nom d'Indes occidentales aux régions orientales de l'Amérique, par suite de la méprise qui a fait croire à Colomb qu'il abordait les Indes après avoir fait le tour du globe, alors qu'il n'était encore qu'au quart du chemin. Les Anglais appellent encore aujourd'hui West-India l'ensemble de leurs colonies des Anfilles et de la Guyane; et le nom d'Indiens a été conservé, contre tout bon sens, corrigé il est vrai de la qualification de Peaux-Rouges, aux peuples indigènes du Nouveau Continent. Aussi, ne s'en sert-on jamais pour les populations de l'Inde réelle, que l'on distingue par le mot Hindous.

INDÉBATTU, UE. adj. [Pr. *indéba-tu*]. Non débattu, qui n'a été soumis à aucun débat.

INDÉBROUILLABLE. adj. 2 g. [Pr. *indébrou-lla-ble*, *ll* mouillées] (R. *in* priv., et *débrouiller*). Qui ne peut être débrouillé. *Un point d'histoire i. Une affaire i.* Fam.

INDÉBROUILLÉ, ÉE. adj. [Pr. *indébrou-llé*, *ll* mouil.]. Qui n'est point débrouillé.

INDÉCACHETABLE. adj. 2 g. (R. *in* priv., et *décacheter*). Qui ne peut être décacheté.

INDÉCEMMENT. adv. [Pr. *indé-sa-man*]. Contre la décence, contre les bienséances. *Il agit, il se comporte indécemment.*

INDÉCENCE. s. f. [Pr. *indé-san-se* (lat. *indecentia*, m. s., de *indecens*, indécent). Vice de ce qui est contraire à la décence, à l'honnêteté, aux bienséances. *Il y a de l'i. à parler ainsi.* || Action indécente, propos indécent. *Dire, commettre une grossière i. Faire des indécences. Il y a beaucoup d'indécences dans cet ouvrage.*

INDÉCENT, ENTE. adj. [Pr. *indé-san*] (lat. *indecens*, *entis*, m. s., de *in* priv., et *decens*, décent). Qui est contre la décence, contre l'honnêteté, contre les bienséances. *Paroles indécentes. Action indécente. Posture indécente. Habit i. Tableau i. Il est i. à un magistrat de dormir à l'audience.*

INDÉCHIFFRABLE. adj. 2 g. [Pr. *indéchi-fra-ble*] (R. *in* priv., et *déchiffrer*). Qui ne se peut déchiffrer, deviner. *Un chiffre bien fait et à double clef est i.* Voy. CRYPTOGRAPHIE. || Par extens., se dit d'une écriture mal formée et qui est difficile à lire. *Cette lettre est i. Voilà un manuscrit i.* || Obscur, embrouillé, qu'on ne peut expliquer. *Il y a dans cet auteur des passages indéchiffrables pour tous les commentateurs.* || Fig. et fam., se dit d'une personne dont on ne peut pénétrer les vues, les desseins. *Cet homme est i.* On dit de même, *Sa conduite est indéchiffrable.*

INDÉCHIFFRABLEMENT. adv. [Pr. *indéchi-fra-ble-man*]. D'une manière indéchiffrable.

INDÉCHIFFRÉ, ÉE. adj. [Pr. *indéchi-fré*]. Qui n'est point déchiffré.

INDÉCHIRABLE. adj. 2 g. (R. *in* priv., et *déchirer*). Qui ne peut être déchiré.

INDÉCIS, ISE. adj. [Pr. *indé-si*, *size*] (lat. *indecisus*, non tranché, de *in* priv., et *decisus*, part. pass. de *decidere*, couper, formé lui-même de *de* indiquant séparation, et *cædere*, couper). Qui n'est pas décidé. *C'est un point encore i. La question reste indécise* || Irrésolu, qui hésite, qui balance entre deux partis, qui ne s'est pas déterminé. *C'est un homme i., toujours i. Je suis i. sur ce que j'ai à faire.* — Figur., *La victoire resta longtemps indécise.* || Au propr. et au Fig., Vague, difficile à distinguer, à déterminer. *Les traits de cette figure sont i. La lumière indécise du crépuscule. Les formes de son style sont vagues et indécises.*

INDÉCISIF, IVE. adj. [Pr. *indé-si-zif*]. Qui n'est point décisif.

INDÉCISION. s. f. [Pr. *indé-si-zion*] (R. *indécis*). Indétermination; caractère, état d'un homme indécis. *Son i. est cause qu'on ne finit rien avec lui. Il est dans l'i. du parti ou sur le parti qu'il doit prendre. Flotter dans l'i.*

INDÉCISIVEMENT. adv. [Pr. *indé-si-zi-veman*]. D'une manière non décisive.

INDÉCLINABILITÉ. s. f. T. Gram. Qualité des mots indéclinables.

INDÉCLINABLE. adj. 2 g. (lat. *indeclinabilis*. m. s.). T. Gram. Qui ne se décline point. *Nom i.* || Par extens., se dit des mots qui ne reçoivent pas les signes du genre et du nombre. *Particule i. Un participe i.* On dit mieux *Invariable.*

INDÉCLINÉ, ÉE. adj. T. Gram Qui n'a point été décliné

INDÉCOLLABLE. adj. 2 g. [Pr. *indéko-la-ble*] (R. *in* priv., et *décoller*). Qui ne peut être décollé.

INDÉCOMPOSABLE. adj. 2 g. [Pr. *indé-kon-poza-ble*] (R. *in* priv., et *décomposer*). Qui ne peut être décomposé. *Un corps simple qui ne reçoit pas proprement un corps indécomposable.*

INDÉCOMPOSÉ, ÉE. adj. [Pr. *indé-kon-pozé*]. Qui n'est pas décomposé.

INDÉCOUVERT, ERTE adj. Qui n'est pas découvert, pas trouvé. *Terres indécouvertes.*

INDÉCOUVRABLE. adj. 2 g. (R. *in* priv., et *découvrir*). Qui ne peut être découvert, trouvé, aperçu.

INDÉCRIT, ITE. adj. Qui n'a point été décrit.

INDÉCROTTABLE. adj. 2 g. (R. *in* priv., et *décrotter*) [Pr. *indékro-ta-ble*]. Qu'on ne peut décrotter ; ne s'emploie qu'au figuré, dans les locutions famil. et popul., *Homme i.. Animal i.,* Qui se disent, en plaisantant, d'un homme d'un caractère très difficile.

INDÉDOUBLABLE. adj. 2 g. (R. *in* priv., et *dédoubler*). Qui ne peut être dédoublé.

INDÉFECTIBILITÉ. s. f. T. Théol. Qualité de ce qui est indéfectible ; ne se dit guère que dans cette locution, *L'i. de l'Église.*

INDÉFECTIBLE. adj. 2 g. (lat. *in* priv.; *deficere*, manquer). T. Théol. Qui ne peut défaillir, cesser d'être. *L'Église est i.* Voy. ÉGLISE.

INDÉFENDABLE. adj. 2 g. [Pr. *indé-fan-dable*] (R. *in* priv., et *défendre*). Qu'on ne peut défendre. *Cette forteresse est i.* || Fig., *Une cause indéfendable.*

INDÉFENDU, UE. adj. [Pr. *indé-fan-du*]. Qui n'est point défendu, protégé.

INDÉFENSABLE. adj. 2 g. [Pr. *indéfan...*] (R. *in* priv., et *défense*). Syn. d'*indéfendable.*

INDÉFIÉ, ÉE. adj. (R. *in* priv., et *défié*). Qui n'a pas reçu de défi.

INDÉFIGURÉ, ÉE. adj. Qui n'est point défiguré.

INDÉFINI, IE. adj. (lat. *indefinitus*, m. s., de *in* priv., et *definitus*, limité, défini). Dont les bornes ne peuvent point être déterminées. *Temps, espace i. Nombre i. Ligne indéfinie.* — En Métaphys., qui n'est pas limité, dont nous n'apercevons pas la limite, par opposition à *infini*, par lequel nous affirmons l'impossibilité de la limite. Voy. INFINI. || T. Gram. Indéterminé, qui exprime une idée vague ou générale. *Sens i. Des mots indéfinis. Article i. Pronom i.* Voy. PRONOM. *Passé i.* Voy. TEMPS. || T. Bot. Se dit des parties dont le nombre n'a rien de constant *Étamines indéfinies. Inflorescence indéfinie.*

INDÉFINIMENT. adv. D'une manière indéfinie. *On a ajourné i. cette affaire.* || T. Gramm. Dans un sens indéfini. *Ce mot est pris i.*

INDÉFINISSABLE. adj. 2 g. [Pr *indéfini-sable*] (R. *in* priv., et *définir*). Qu'on ne saurait définir. *Il y a des termes si simples qu'ils sont indéfinissables. Une sensation, un trouble i.* || Figur., *C'est un caractère i. Un homme i.*

INDÉFINITÉ. s. f. Qualité de ce qui est indéfini.

INDÉFORMABLE. adj. 2 g. (R. *in* priv., et *déformer*). Qui ne peut être déformé.

INDÉFRICHABLE. adj. 2 g. (R. *in* priv., et *défricher*). Qui ne peut être défriché.

INDÉFRICHÉ, ÉE. adj. Qui n'est point défriché

INDÉGONFLABLE. adj. 2 g. (R. *in* priv., et *dégonfler*). Qui ne peut se dégonfler. *Ballons indégonflables.*

INDÉGUISÉ, ÉE. adj. [Pr indé-ghi-zé, *g* dur] (R *in* priv., et *déguisé*). Qui ne porte aucun déguisement.

INDÉHISCENCE. s. f. [Pr. indé-is-san-se] (R. indéhiscent). T. Bot. Absence de la faculté de s'ouvrir spontanément.

INDÉHISCENT, ENTE. adj. [Pr. in-dé-is-san, a-te] (lat. *in* priv., et *dehiscens*, qui s'ouvre). T. Bot. Qui ne s'ouvre pas spontanément. Voy. Fruit.

INDE IRÆ. [Pr. indé-irée]. Mots latins qui signifient : De là la colère, dans une satire de Juvénal.

INDÉLÉBILE. adj. 2 g. (lat. *indelebilis*, m. s., de *in* priv.; *delere*, effacer). Qui ne peut être effacé; se d t au prop. et au fig. *Encre, couleur, tache i. Flétrissure i. Le baptême et l'ordre impriment un caractère indélébile.* **Syn.** — *Ineffaçable.* — *Ineffaçable* se dit proprement de la chose empreinte sur une autre ; lorsque cette empreinte doit toujours être sensible, la chose est *ineffaçable*. *Indélébile* désigne proprement la ténacité d'une chose adhérente à une autre : lorsque cette adhérence est indestructible, la chose est *indélébile* La forme est *ineffaçable*, la matière est *indélébile*. L'écriture sera *ineffaçable* si l'encre est *indélébile*. Indélébile se dit aussi des choses morales. *Flétrissure, caractère i.*

INDÉLÉBILEMENT. adv. D'une manière indélébile.

INDÉLÉBILITÉ. s. f. Qualité de ce qui est indélébile, de ce qui ne peut s'effacer.

INDÉLECTATION. s. f. [Pr. indé-lek-ta-sion]. Absence de délectation.

INDÉLÉGABLE. adj. 2 g. (R. *in* priv., et *déléguer*). Qu'on ne saurait déléguer.

INDÉLIBÉRATION. s. f. [Pr. ...sion]. Défaut, absence de délibération.

INDÉLIBÉRÉ, ÉE. adj. (R. *in* priv., et *délibéré*). Se dit d'une action, d'un mouvement sur lequel on n'a point délibéré, qui s'est fait presque machinalement. *Acte involontaire et i. Les premiers mouvements de la colère peuvent être excusables parce qu'ils sont indélibérés.*

INDÉLIBÉRÉMENT. adv. [Pr. indélibéré-man]. D'une manière indélibérée.

INDÉLICAT, ATE. adj. [Pr. indéli-ka] (R. *in* priv., et *délicat*). Qui manque de délicatesse dans les sentiments. *Une personne indélicate. C'est être bien i. que d'agir ainsi.* — Par extens., *Ce procédé me semble fort i.*

INDÉLICATEMENT. adv. D'une manière indélicate. *Il s'est conduit fort i. à mon égard.*

INDÉLICATESSE. s. f. [Pr. indélikatè-se]. Manque de délicatesse dans les sentiments. *Je connais son i.* || *Procédé indélicat. Il est incapable de commettre une indélicatesse.*

INDEMANDÉ, ÉE. adj. Qui n'est pas demandé.

INDEMNE. adj. 2 g. [Pr. in-dèm-ne] (lat. *indemnis*, m. s., de *in* priv.; *damnum*, dommage). T. Jurisp. Indemnisé; ne s'emploie guère que dans ces loc., *Rendre quelqu'un i.*, et *Sortir i. d'une affaire.*

INDEMNISABLE. adj. 2 g. [Pr. indèm-niza-ble]. Qui peut être indemnisé, qui a droit à une indemnité.

INDEMNISATION. s. f. [Pr. indèm-ni-za-sion]. Action d'indemniser.

INDEMNISER. v. a. [Pr. indèm-ni-zer] (R. *indemne*). Dédommager; payer à quelqu'un la valeur du dommage qu'il souffre ou qu'il a souffert. *Il faut l'i. des pertes qu'il a souffertes. Vous serez condamné à l'i.* = s'INDEMNISER, v. pron. *Il prétendait s'i. lui-même.* = INDEMNISÉ, ÉE. part. = Synon. Voy. DÉDOMMAGER.

INDEMNITAIRE. s. m. [Pr. indèm-nitère] Celui qui a droit à une indemnité.

INDEMNITÉ. s. f. (lat. *indemnitas*, m. s., de *indemnis*, indemne). Dédommagement. *On lui a alloué tant pour i.*, *pour son i. Le jury d'expropriation a réglé toutes les indemnités.* Voy. EXPROPRIATION. — *I. de route*, La somme allouée à tout soldat ou sous-officier voyageant à l'intérieur isolément et par étapes, ou à un indigent se rendant au lieu qui lui est assigné — Émoluments des sénateurs, des députés, de certains maires, conseillers municipaux, etc. || T. Jurisp. féod. Le droit que les gens de mainmorte payaient au seigneur pour le dédommager des droits qui lui auraient été dus aux mutations.

INDÉMONTRABLE. adj. 2 g. (R. *in* priv., et *démontrer*). Qu'on ne peut démontrer.

INDÉMONTRÉ, ÉE. adj. Qui n'est point démontré.

INDÉNIABLE. adj. 2 g. (R. *in* priv., et *dénier*). Qu'on ne peut dénier.

INDÉNONCÉ, ÉE. adj. Qui n'a point été dénoncé.

INDÉNOUABLE. adj. 2 g. (R. *in* priv., et *dénouer*). Qu'on ne saurait dénouer.

INDÉNOUÉ, ÉE. adj. Qui n'est point dénoué.

INDENTATION. s. f. [Pr. indan-ta-sion] (lat. *in*, dans ; *dens, entis*, dent). Échancrure semblable à la trace ou à la morsure d'une dent.

INDENTÉ, ÉE. adj. [Pr. in-dan-té] (lat. *in*, dans ; *dens, entis*, dent). T. Bot. Qui n'a ni dent, ni dentelures, en parlant des feuilles.

INDENTURE. s. f. [Pr. indanture] (lat. *in*, dans ; *dens, dentis*, dent). T. Géogr. Enfoncement, coupure.

INDÉPENDAMMENT. adv. [Pr. indé-pan-daman]. D'une manière indépendante. *A la guerre, il faut souvent agir i.* || Sans aucun égard, sans aucune relation à une chose. *I. de tout ce qui pourra en arriver.* || Outre, par-dessus. *I. de vos appointements, vous aurez encore le logement.*

INDÉPENDANCE. s. f. [Pr. indé-pan-dan-se] (R. *in* priv., et *dépendance*). État d'une personne indépendante. *Il vit dans l'i. Il aspire à l'i. Il tient à son i. Il a le goût de l'i.* — On dit de quelqu'un qui accepte difficilement le joug de l'autorité en fait d'opinions, qui se plie peu à la sujétion, *qu'il a une grande i. d'esprit, d'opinions.* || En parlant des nations, Autonomie. *Proclamer l'i. d'une nation. La guerre de l'i. des États-Unis d'Amérique.* || T. Jeu de cartes. Se dit d'un certain nombre de levées qu'un joueur fait seul au boston. *Faire une grande, une petite i.*

INDÉPENDANT, ANTE. adj. [Pr. indé-pan...] (R. *in* priv., et *dépendant*). Qui est libre de toute dépendance. *Il est i. de tout le monde. Il est tout à fait i. Un peuple i. Le vrai sage a l'âme indépendante.* || Qui repousse toute domination, toute sujétion. *C'est un esprit i. Un caractère i. Qui n'est pas subordonné à telle personne ou à telle ch se. Il commande un corps d'armée i. du général en chef. Son zèle fut toujours i. des circonstances.* || Par anal., se dit d'une chose qui n'a point de connexité avec une autre. *Ce point est i. de la question. Les mouvements de ces deux roues sont indépendants l'un de l'autre.* = Subst., se dit d'une secte qui est répandue en Angleterre et aux États-Unis, et qui ne reconnaît aucune autorité ecclésiastique. *La secte des Indépendants.*

Hist. — Les *Indépendants* ont formé vers 1640, en Angleterre, une secte à la fois politique et religieuse, qui sous la direction de Cromwell fit la révolution et fit périr le roi Charles Ier.

INDÉPENDANTISME. s. m. [Pr. *indé-pan...*]. Opinion politique et religieuse des Indépendants d'Angleterre.

INDÉPENSÉ, ÉE. adj. [Pr. *indé-pansé*]. Qui n'est pas, qui n'a pas été dépensé.

INDÉPLORÉ, ÉE. adj. Qui n'a point été déploré.

INDÉPOUILLÉ, ÉE. adj. [Pr. *indé-pou-llé, ll* mouil.]. Qui n'a pas été dépouillé.

INDÉRACINABLE. adj. 2 g. (R. *in* priv., et *déraciner*). Qu'on ne peut déraciner. S'emploie au propre et au figuré.

INDÉRACINÉ, ÉE. adj. Qui n'est point déraciné.

INDÉRAILLABLE. adj. 2 g. [Pr. *indérè-lable*, ou *indéra-llable, ll* mouillées] (R. *in* priv., et *dérailler*). Se dit des locomotives qu'on ne peut faire sortir à volonté des rails.

INDES. Voy. INDE.

INDESCRIPTIBLE. adj. 2 g. (R. *in* priv., et *descri-bere*, décrire). Qui ne saurait être décrit. *Une joie i. Des transports indescriptibles.*

INDESCRIPTIBLEMENT. adv. D'une manière indescriptible.

INDÉSIRABLE. adj. 2 g. [Pr. *indé-zirable*] (R. *in* priv., et *désirable*). Qui n'est pas désirable.

INDESTITUABLE. adj. 2 g. (R. *in* priv., et *destituer*). Qui ne peut être destitué.

INDESTRUCTIBILITÉ. s. f. Qualité de ce qui est indestructible.

INDESTRUCTIBLE. adj. 2 g. (R. *in* priv., et *destructible*). Qui ne peut être détruit. *L'essence des choses est i.* — Fig. et par exng., *Un mal i. On proclamait les abus indestructibles, pour se dispenser d'y remédier.*

INDESTRUCTIBLEMENT. adv. D'une manière indestructible.

INDÉTERMINABLE. adj. 2 g. (R. *in* priv., et *déterminer*). Qu'on ne peut déterminer.

INDÉTERMINATION. s. f. [Pr. *indétermina-sion*] (R. *in*-détermina). Irrésolution. *Il est encore dans l'i.* || Caractère de ce qui est indéterminé. *L'i. du sens d'un passage.*

INDÉTERMINÉ, ÉE. adj. (lat. *indeterminatus*, m s.). Qui n'est pas déterminé, fixé. *Un espace, un temps i. Un nombre i. Un sens i. Forme indéterminée.* || Irrésolu, indécis. *Il ne sait s'il partira; il est encore i.* Vx. || T. Bot. Syn. d'*Indéfini.* — **Math.** — On appelle *Quantité indéterminée* ou *variable*, celle qui peut changer de grandeur, et qui, n'ayant pas de bornes prescrites, peut être prise aussi grande ou aussi petite que l'on veut. — Un *Problème indéterminé* est celui qui peut admettre une infinité de solutions. Ainsi, par ex., si l'on demande de trouver un nombre qui soit divisible par 3, 4 et 5, on comprend que tous les produits tels que 60, 180, etc., que l'on peut faire à l'infini de ces nombres, avec d'autres quelconques, satisferont à cette question. On donne le nom d'*Analyse indéterminée* à cette partie de l'algèbre qui consiste à trouver la solution d'une équation ou d'un système d'équations indéterminé avec la condition supplémentaire que les inconnues doivent recevoir des valeurs entières. L'analyse indéterminée du premier degré a été traitée au mot FRACTION (*Fractions continues*). Lorsque les équations sont d'un degré supérieur au premier, le problème est beaucoup plus difficile et on ne sait le résoudre que dans quelques cas particuliers. — La question des fonctions qui prennent une forme indéterminée par certaines valeurs des variables a été traitée au mot ILLUSOIRE. — Enfin, on nomme *Méthodes des indéterminées*, une méthode analytique qui consiste à représenter une fonction inconnue, mais qui doit satisfaire à certaines conditions par un polynôme ou une série, et à déterminer ensuite les coefficients de ce polynôme ou de cette série, d'après les conditions de l'énoncé. Cette méthode, entrevue par Viète, fut dé-

veloppée par Descartes, qui en fit l'application à la résolution des équations du quatrième degré. Voy. BIQUADRATIQUE.

INDÉTERMINÉMENT. adv. D'une manière indéterminée, sans spécifier. *Ce mot est pris i. Il lui a promis beaucoup de choses, mais i.*

INDÉTERMINISME. s. m. T. Philos. Système opposé au déterminisme.

INDÉTERMINISTE. s. m. Partisan de l'indéterminisme.

INDÉVIDABLE. adj. 2 g. (R. *in* priv., et *dévider*). Que l'on ne peut dévider.

INDEVINABLE. adj. 2 g. (R. *in* priv. et *deviner*). Qu'on ne saurait deviner. *Une énigme i.*

INDEVINÉ, ÉE. adj. Qui n'a pas été deviné.

INDÉVORABLE. adj. 2 g. (R. *in* priv., et *dévorer*). Qui ne peut être dévoré.

INDÉVOT, OTE. adj. et s. (lat. *indevotus*, m. s.). Qui ne respecte pas les pratiques religieuses. *C'est un i. Elle est fort indévote.* || Adject., *Discours i. Un ton i.*

INDÉVOTEMENT. adv. D'une manière indévote. *Assister à la messe indévotement.*

INDÉVOTION. s. f. [Pr. *indévo-sion*]. Manque de dévotion, manque de respect pour les pratiques religieuses.

INDEX. s. m. [Pr. *in-deks*] (lat. *index*, de *in*, dans, et le radical *dic*, montrer, qu'on retrouve dans *dicere*, dire, et le grec δείκνυμι, je montre). Mot pris du latin, qui signifie la table d'un livre, *L'i. d'un livre. I. géographique. I. historique. Cherchez ce mot dans l'i.* || *L'i. de la cour de Rome*, ou simpl., *L'index*, Le catalogue des livres défendus par l'Eglise. *Ce livre est à l'i., a été mis à l'i. I. expurgatoire*, Le catalogue des livres dont la vente et la lecture sont interdites jusqu'à ce qu'ils aient été corrigés. *Congrégation de l'i.* Voy. CONGRÉGATION. || Par anal., *Mettre une chose à l'i.* se dit de la défense faite par une autorité quelconque de l'exposer en vente. *Le gouvernement a mis ce livre à l'i. Cette gravure est à l'i. de la police.* || Fig., *Mettre quelqu'un à l'i.*, L'exclure. || T. Anat. Le doigt le plus près du pouce. Voy. MAIN. || Aiguille portée par un pivot, et dont l'extrémité parcourt un limbe gradué.

INDEXTÉRITÉ. s. f. [Pr. *indeks-térité*]. Manque de dextérité.

INDIANA, un des États-Unis de l'Amérique ; 2,440,000 hab. cap. *Indianopolis.*

INDIANAPOLIS, cap. de l'État d'Indiana, sur la White River. Université. 104,400 hab.

INDIANISME. s. m. Caractère indien, études indiennes.

INDIANOLOGIE. s. f. (R. *indien*, et gr. λόγος, discours). Études sur les Indiens.

INDIBILIS, prince des Ilergètes, en Espagne, fut l'allié tantôt de Scipion, tantôt des Carthaginois ; m. 205 av. J.-C.

INDICAN. s. m. (R. *indigo*). T. Chim. Glucoside contenu dans les plantes qui fournissent l'indigo. De l'extrait ordinairement du pastel et on l'obtient sous la forme d'une masse sirupeuse, amère, soluble dans l'eau et dans l'alcool. L'i. a pour formule $C^{26}H^{31}AzO^7$. Il est très instable. Chauffé avec les acides étendus, il fixe de l'eau et se dédouble en indiglucine, matière sucrée qui reste dissoute, et en *indigotine* insoluble. S'il a été soumis à une ébullition prolongée on obtient, au lieu d'indigotine, des flocons bruns contenant de l'*indihumine* et de l'*indirétine*, dans les alcalis, avec de l'*indifulvine*, soluble dans l'alcool. Si l'on chauffe l'i. avec les alcalis étendus ou avec l'hydrate de baryte, il se dédouble en indiglucine et en *indicanine*, glucoside soluble qui ressemble beaucoup à l'indican, mais qui, sous l'action des acides étendus, donne de l'indiglucine et de l'*indirubine*. Des transformations analogues se produisent, sous l'action de certains ferments, dans la préparation de l'indigo. De tous ces produits de dédoublement, les plus importants et les mieux connus sont l'indigotine ou indigo bleu et l'indirubine (indigo rouge).

On donne le nom d'*i. urinaire* à une substance qu'on rencontre dans les urines et qui, dans certaines circonstances, peut s'oxyder à l'air et se colorer par suite de la formation de l'indigotine ou d'indirubine. Ce prétendu i. est le sel potassique de l'acide *Indoxyle-sulfurique.* Voy. ce mot.

INDICANINE. s. f. T. Chim. Voy. INDICAN.

INDICATEUR, TRICE. s. et adj. (lat. *indicator,* m. s). Celui, celle qui dénonce un coupable. *Un esclave peut être i., mais il ne doit pas servir de témoin.* Vx. ‖ T. Anat. *Le doigt i.,* ou l'*Indicateur,* l'index. Voy. MAIN. ‖ *Une plume indicatrice. Un poteau i.* ‖ Livre, journal, contenant des renseignements, des indications. *L'i. des chem. de fer.* ‖ T. Phys. *I. de Watt,* Instrument servant à déterminer la pression de la vapeur dans le cylindre de la locomotive. ‖ T. Ornith. Genre de *Grimpeurs.* Voy. COUCOU.

Méc. — *Indicateur de pression des machines à vapeur.* — Cet appareil, imaginé par Watt, indique non seulement la pression que la vapeur exerce, à chaque instant, sur le piston et les parois du cylindre, mais encore le travail mécanique effectué par la force élastique de cette vapeur. Le principe de cet appareil est la propriété que possède un ressort à boudin de se comprimer de longueurs proportionnelles aux pressions qu'il subit, propriété qu'il est facile de vérifier par l'expérience en chargeant un ressort de poids connus et en mesurant sa longueur réduite correspondant à chaque charge. L'i. de Watt se compose essentiellement (Fig. 1) d'un petit cylindre dans lequel se meut un piston séparé d'une des bases du cylindre par un ressort à boudin. L'autre partie de ce petit cylindre étant mise en communication avec le cylindre de la machine à vapeur, la pression de la vapeur refoulera le petit piston et l'excursion de celui-ci sera proportionnelle à cette pression. Il suffira donc d'avoir étalonné l'appareil, c'est-à-dire d'avoir déterminé une fois pour toutes quelle est l'excursion du petit piston qui correspond à une pression d'une atmosphère pour en déduire ensuite, par une simple lecture, la valeur de la pression dans le cylindre.

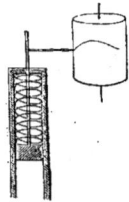

Fig. 1.

Mais la pression de la vapeur dans le cylindre d'une machine varie considérablement et très rapidement pendant la durée d'un seul coup de piston. Il serait impossible de suivre à l'œil ces variations et d'en déduire des conséquences utiles. Il était donc nécessaire d'enregistrer les indications de l'instrument. A cet effet, la tige du piston de l'i. porte un traceur qui fait saillie en dehors du petit cylindre et vient laisser une empreinte sur un tambour cylindrique recouvert d'une feuille de papier. Ce tambour est mis en mouvement par la tige du piston de la machine, au moyen d'un engrenage à crémaillère, d'un cordon actionnant une poulie, ou de tout autre mécanisme, mais de manière que *l'angle de rotation du tambour soit proportionnel au chemin parcouru par le piston moteur de la machine.* Le traceur laisse ainsi sur le tambour une courbe ou *diagramme* dont chaque point indique, par sa distance à la base du tambour, la pression de la vapeur qui correspond à une position déterminée du piston moteur. Il est clair que cet appareil peut s'appliquer à d'autres moteurs qu'aux moteurs à vapeur, par exemple : aux moteurs à gaz, à vapeur de pétrole, à air comprimé, etc.

Il est facile de déduire de ce diagramme le travail mécani-

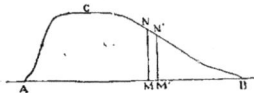

Fig. 2.

que effectué, pendant la course totale du piston moteur. Soit, en effet, ACB (Fig. 2), le diagramme obtenu, déroulé sur un plan. On voit que la pression s'est élevée rapidement de A en C à l'introduction de la vapeur, qu'elle est restée ensuite à peu près constante pendant la phase de pleine admission, qu'elle s'est ensuite abaissée pendant la détente. Pendant un élément de temps, le piston moteur de la machine s'est avancé d'une longueur proportionnelle à l'élément d'abscisse MM' qui représente l'arc dont a tourné le tambour, et la pression pendant cet élément de temps est restée sensiblement égale à celle qui correspond à l'ordonnée MN. Le travail effectué, qui est le produit de la force par le chemin parcouru, est donc représenté par l'aire du segment MN M'N' et le travail total correspondant à toute la course du piston sera représenté par l'aire totale du segment ACB.

On remarquera que la théorie précédente ne s'applique qu'à une machine à simple effet, les ordonnées du diagramme représentant, non pas, comme l'a dit pour simplifier, la pression de la vapeur dans le cylindre, mais l'excès de cette pression sur la pression atmosphérique, et encore faut-il que la pression de la vapeur ne tombe jamais au-dessous de la pression atmosphérique. L'i. de Watt a donc dû être modifié en conséquence; mais le principe reste le même. L'un des dispositifs les plus simples consiste à placer le piston de l'i. entre deux ressorts à

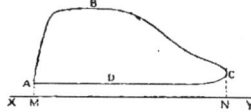

Fig. 3.

boudin qui ne lui sont pas fixés. Le ressort supérieur se comprime quand la pression de la vapeur est supérieure à la pression atmosphérique, et le ressort inférieur quand la pression de la vapeur est inférieure à la pression atmosphérique, la partie supérieure du cylindre de l'i. étant en communication avec l'atmosphère, et la partie inférieure avec le cylindre de la machine. De la sorte, les ressorts ne travaillent jamais qu'à la compression, et l'excursion du style marque toujours les variations de pression. Pour obtenir l'indication de la pression pendant le retour du piston, on dispose le tambour de manière qu'il tourne en sens inverse, quand le piston se meut dans un sens et dans l'autre. On obtient ainsi, pour l'aller et le retour du piston, un diagramme fermé (Fig. 3) dont la partie inférieure, presque toujours horizontale, mesure la pression dans le condenseur, ou la pression atmosphérique, s'il n'y a pas de condenseur.

Si on représente par XY la ligne qui correspondrait à une pression nulle, l'aire MABCDN mesure le travail positif de la vapeur pendant l'aller du piston, et l'aire NCDAM mesure le travail négatif de la pression du condenseur qui s'oppose au retour du piston, de sorte que le travail positif résultant est donné par l'aire du diagramme fermé ABCD. Enfin, pour obtenir le travail complet de la machine, pendant une oscillation complète du piston, il faut mettre l'i. en communication avec la partie du cylindre de la machine qui est en contact avec la seconde face du piston. On obtient ainsi un nouveau diagramme qui donne le travail de la vapeur agissant sur cette autre face, et c'est la somme de ces deux travaux qui est le travail total de la machine.

M. Marcel Deprez a imaginé un i. électrique qui est exempt des erreurs dues à l'inertie des pièces et qui peut transmettre son diagramme à distance. Il est assez souvent employé.

L'i. est un instrument précieux, et les diagrammes qu'il fournit donnent des renseignements très utiles sur l'allure de la machine. C'est par l'examen de ces diagrammes qu'on peut voir si la distribution de la vapeur s'effectue de la manière la plus avantageuse, et remédier aux inconvénients et défectuosités qui sont ainsi révélés.

Indicateur de niveau. — Il est essentiel que le mécanicien qui surveille le fonctionnement d'une machine à vapeur puisse connaître, à chaque instant, le niveau de l'eau dans la chaudière: car ce niveau ne doit pas s'abaisser au delà d'une certaine limite, sans danger d'explosion. On a imaginé, pour cet objet, un assez grand nombre d'appareils dont le plus simple consiste en un tube de verre communiquant avec la chaudière par ses deux extrémités, l'une vers le bas, l'autre vers le haut. Le niveau dans ce tube est le même que dans la chaudière. L'inconvénient de ce système est la fréquence relative des ruptures de ce tube, lesquelles amènent des fuites toujours gênantes et même dangereuses, si l'on ne ferme pas assez vite les robinets. D'autres indicateurs sont formés d'un flotteur qui transmet son mouvement de haut en bas à une aiguille mobile sur un cadran, par l'intermédiaire d'un levier mobile autour d'un axe qui franchit la façade de la chaudière à travers un presse-étoupe. Un autre système consiste à disposer un flotteur surmonté d'une tige munie d'un aimant pouvant monter ou descendre dans une petite colonne de bronze. Cet aimant attire à l'extérieur un léger index d'acier dont la hauteur indique le niveau. D'autres systèmes font intervenir l'électricité.

Indicateur de vitesse. — M. Marcel Deprez a imaginé un appareil qui fait connaître la vitesse de rotation d'un axe, en utilisant les courants de Foucault, courants qui se développent dans un conducteur, quand on fait tourner autour de lui un aimant. L'appareil est disposé de manière que l'aimant étant actionné par l'axe mobile, le conducteur, sous l'action des courants, tende à tourner sur lui-même. On empêche cette rotation par un contrepoids portant une aiguille. L'écart plus ou moins grand de cette aiguille permet de mesurer la vitesse de l'aimant.

INDICATIF, IVE. adj. (lat. *indicativus*, m. s.). Qui indique. *Ce symptôme est i. d'une crise.* Peu us. || s. m. T. Gram. Mode du verbe indiquant l'action d'une manière absolue. Voy. MODE et CONJUGAISON.

INDICATION. s. f. [Pr. *indika-sion*] (lat. *indicatio*, m. s.). Action par laquelle on indique. *Il a été arrêté sur l'i. d'un tel.* || Désignation, renseignement. *Vous m'avez donné une fausse i. D'après votre i. je suis allé chez un tel. La table de ce livre est pleine d'indications fautives.* || Ce qui donne à connaître quelque chose et qui en est une espèce de signe. *Son embarras est une i. de sa faute, une i. qu'il se sent coupable.* || T. Méd. Notion fournie par l'examen raisonné d'un malade, ainsi que par la recherche et l'appréciation des circonstances, et d'où l'on peut déduire le traitement à employer.

INDICATRICE. s. f. (C'est le f. de l'adj. *indicateur*; prop., Ligne qui indique). T. Géom. — Euler a démontré que si l'on coupe une surface par des plans normaux passant par un même point A d'une surface, les rayons de courbure de ces diverses sections au point A sont proportionnels aux carrés des rayons qui joindraient le point A aux points d'intersection des plans sécants avec une certaine conique tracée dans le plan tangent et ayant le point A pour centre. C'est cette courbe qu'on nomme l'*indicatrice* de la surface au point A. Quand la surface est convexe, toutes les sections ayant leur concavité dans le même sens, l'*i.* est une ellipse. Si la surface est à courbures opposées, l'*i.* est une hyperbole. Dans les surfaces développables, l'*i.* se réduit à deux droites parallèles. Enfin, le point où l'*i.* est un cercle, et où, par conséquent, toutes les sections normales ont le même rayon de courbure, sont des *ombilics*. Si l'on suppose la surface rapportée à trois axes rectangulaires, dont deux, *Ox*, *Oy*, sont dans le plan tangent et dont le troisième *Oz* est la normale au point A, l'équation de l'*i.* est :

$$rx^2 + 2sxy + ty^2 = k,$$

r, *s*, *t*, désignant les trois dérivées partielles secondes de *z* prises respectivement par rapport à x^2, à xy et à y^2, et *k* une constante arbitraire : car, d'après sa définition, l'*i.* peut être remplacée par toute autre conique homothétique et concentrique. L'*i.* joue un rôle considérable dans la théorie des surfaces. Voy. COURBURE, SURFACE.

INDICE. s. m. (lat. *indicium*, marque, même origine que *index*). Signe apparent et probable qu'une chose est, existe. *Un léger, un faible i. Les indices les plus forts sont souvent trompeurs. Les indices d'un crime. Fournir des indices. On ne condamne pas un homme sur de simples indices. Cette action est l'i. d'une belle âme.* || Se dit quelquefois pour *Index* ou Catalogue des livres défendus à Rome. || En T. Mar., on appelle *Indices*, les phénomènes qui annoncent l'approche d'une terre. || T. Phys. *I. de réfraction.* Voy. RÉFRACTION.

Alg. — On appelle *i.* les numéros qu'on met au bas et à droite des lettres pour les distinguer et faciliter la notation. Ces indices permettent en effet de désigner des quantités différentes par la même lettre affectée d'indices différents : a_0, a_1, a_2..., etc. — On appelle *i.* d'un radical l'exposant de la puissance à laquelle il faut élever l'exposant ou radical pour reproduire la quantité écrite dessous. L'*i.* s'écrit au-dessus du radical ; il est d'usage de ne pas écrire l'*i.* 2. Ainsi :

$$\sqrt{a},\ \sqrt[3]{a},\ \sqrt[7]{a},$$

désignant respectivement la racine carrée, la racine cubique et la racine septième de *a*, c.-à-d. des nombres qu'il faut élever respectivement au carré, au cube, ou à la septième puissance pour reproduire *a*.

INDICIBLE. adj. 2 g. (lat. *in* priv., et *dicere*, dire). Qu'on ne saurait exprimer. *Joie, douleur, plaisir i.* — Syn. Voy. INEFFABLE.

INDICIBLEMENT. adv. [Pr. *indi-si-bleman*] (R. *indicible*). D'une manière qui ne peut être exprimée.

INDICOLITE. s. f. (R. *indigo*). T. Minér. Variété de tourmaline de couleur bleue. Voy. TOURMALINE.

INDICTION. s. f. [Pr. *indik-sion*] (lat. *indictio*, m. s., de *indicere*, annoncer, de *in*, dans, et *dicere*, dire). Convocation d'une grande assemblée à certain jour ; ne se dit guère parlant de la convocation d'un concile ou d'un synode. *De l'i. du concile de Trente jusqu'à l'ouverture.* || T. Chron. I. rom. Voy. CYCLE.

INDICULE. s. m. dimin. (lat. *indiculus*, m. s.). Petit indice. Peu us.

INDIEN, IENNE. s. et adj. [Pr. *indi-in*]. Habitant de l'Inde. On dit aussi *Indou* et *Hindou*.

INDIEN (TERRITOIRE), territoire des États-Unis ; 167,500 h. v. pr. *Tahléquat*.

INDIEN (OCÉAN), ou *Mer des Indes*, mer située au sud de l'Asie, vaste golfe entre l'Afrique et l'Australie.

INDIENNE. s. f. [Pr. *indi-ène*] (R. *Inde*). T. Techn. Étoffe de coton peinte ou imprimée qui fut d'abord fabriquée dans l'Inde. Voy. IMPRESSION.

INDIENNERIE. s. f. [Pr. *indi-ène-rie*]. Industrie des indiennes. Produits de cette industrie. Commerce des indiennes.

INDIENNEUR. s. m. [Pr. *indiè-neur*]. Ouvrier qui fabrique des indiennes.

INDIENS, nom donné par Christophe Colomb aux indigènes de l'Amérique et qui leur a été conservé, malgré l'erreur évidente du grand navigateur. Voy. INDE.

INDIFFÉREMMENT. adv. [Pr. *indi-fé-ra-man*] (R. *ind-if-férent*) Sans distinction, sans faire de différence. *Il lit toutes sortes de livres i. et sans choix. Il mange de tout i.* || Avec indifférence. *Recevoir, traiter quelqu'un indifféremment.*

INDIFFÉRENCE. s. f. [Pr. *indifé-ran-se*] (lat. *indifferentia*, de *indifferens*, indifférent). État tranquille dans lequel l'âme, placée vis-à-vis d'un objet, ne le désire ni ne le repousse, et n'est pas plus affectée par sa possession qu'elle ne le serait par sa privation. *J'admire son i. pour toutes choses. Sous cet air d'i., il cache beaucoup d'ambition. J'ai une extrême i. pour cela. Il regarde la mort avec i. Il professe une grande i. religieuse, une grande i. en matière de religion.* — On dit absol., en ce sens, *Vivre dans l'i.* — *Liberté d'i.* Voy. LIBERTÉ. || Dans un sens partic., se dit d'une personne dont le cœur est fermé aux sentiments d'affection ou d'amour. *Il a été navré de l'i. de ses anciens amis. Elle a pour lui la plus complète i. Vivre dans l'i. Avoir le calme de l'i.* || T. Physiq. et Chim. État d'équilibre ou de neutralité d'un corps. *I. magnétique. I. électro-chimique.*

Syn. — *Insensibilité.* L'*indifférence* se rapporte surtout à l'esprit, et l'*insensibilité* au cœur. La première a lieu à l'égard de ce qui peut intéresser ; la seconde à l'égard de ce qui peut émouvoir. L'*indifférence* vient surtout de l'absence des passions, l'*insensibilité* de la dureté du cœur.

INDIFFÉRENT, ENTE. adj. [Pr. *indifé-ran*] (lat. *indifferens, entis*, m. s., de *in* priv., et *differens*, différent. C'est par l'intermédiaire de la philosophie scolastique que ce mot a pris le sens actuel). Qui ne présente en soi aucun motif de détermination, de préférence. *Ces deux moyens sont indifférents. Le choix entre ces deux choses est i. Il est i. de suivre cette opinion ou l'autre. Il m'est i. d'aller là ou ailleurs. Tous les chemins sont indifférents.* — *Actions indifférentes*, Les actions qui, d'elles-mêmes, ne sont ni bonnes ni mauvaises. || Qui touche peu, dont on ne se soucie point, qui est de nul intérêt, de nulle importance. *Tout cela m'est i. Il m'est fort i. quel jugement vous en portiez. Cet homme-là m'est très i. Ses bonnes grâces me sont fort indifférentes. Parler de choses indifféren es.* = En parlant des personnes, Qui n'a pas plus de penchant pour une chose que pour une autre, pour un parti que pour un autre. *Il n'est plus temps de demeurer i., il faut prendre un parti.* || Qui ne prend point d'intérêt à quelqu'un ou à quelque chose. *Il reste i. à tout ce qui se passe. Il est i aux hommes du public. Il est i. pour tout, sur tout Il regarde tout d'un œil, d'un esprit, d'un air i. Il n'a trouvé que des cœurs indifférents à sa détresse.* || Absol., Qui n'a d'attachement à rien, qui n'est touché de rien. *I faudrait que je passe mort pour être i. Il est d'une humeur indifférente.* — Dans un sens partic., sign. Insensible à l'amour. *Avou le cœur i., l'âme indifférente.*

Et pour tout autre objet ton âme ind fférente
Dédaignait de brûler d'une flamme innocente.
RACINE.

Elle est également indifférente pour tous ses adorateurs. — T. Phys. et Chim. Se dit d'un corps qui n'est sollicité par aucune force à sortir du lieu qu'il occupe ou de son état. *La matière est d'elle-même indifférente au repos ou au mouvement. Ces deux corps actuellement indifférents von se combiner si on les soumet à une certaine chaleur.* == Subst., en parlant des personnes. *Il fait l'i. Il n'y a que les indifférents qui puissent juger avec impartialité votre ouvrage. Les indifférents ne peuvent se faire une idée de l'amitié.* — On dit en plaisantant, *Une belle indifférente,* et ironiq., *Un bel i.*

INDIFFÉRENTISME. s. m. [Pr. *indifé-rantisme*]. Doctrine des indifférents en matière de religion.

INDIFFÉRENTISTE. s. m. [Pr. *indifé-rantiste*]. Celui qui est indifférent au dogme religieux.

INDIFFUSIBLE. adj. 2 g. [Pr. *indi-fu-zible*]. (L. *in* priv., et *diffusible*) T. Phys. Qui, soumis à la dialyse, n'est pas susceptible de diffusion.

INDIFULVINE. s. f. (R. *indigo*, et lat. *fulvus*, jaune, fauve). T. Chim. Voy. INDICAN.

INDIGÉNAT. s. m. [Pr. *indi-jéna*] (R. *indigène*). Droit de citoyen dans un État.

INDIGENCE. s. f. [Pr. *indi-janse*] (la. *indigentia*, m. s., de *indigere*, manquer). Grande pauvreté, état où l'on manque des choses nécessaires à la vie. *Être dans l'i., dans une extrême i. Tomber dans l'i., dans la plus affreuse i. Un certificat d'i. Secourir l'i.* || Fig., au sens moral. *I. d'esprit. I. d'idées.*

INDIGÈNE. adj. 2 g. (lat. *indigena*, m. s., de *indi*, *indu*, à l'intérieur, et *gena*, né, de l'inus. *geno*, j'engendre, gr. γεννάω). Qui est du pays, qui en est originaire. *Plantes indigènes. Animaux indigènes. Productions indigènes* || Se dit, particulièrement, des peuples établis de tout temps dans un pays. *La population i. Les races indigènes.* — On dit subst., dans ce sens, *Les indigènes de l'Amérique, de l'Australie.*

INDIGÉNÉITÉ. s. f. Qualité, état d'indigène.

INDIGENT, ENTE. adj. [Pr. *indi-jan, ante*] (lat. *indigens, entis*, m. s., de *indigere*, manquer). Qui est dans l'indigence. *Il ne vit d'aumônes. Assister ceux qui sont indigents.* — Subst., *On doit secourir l'i., les indigents.*

Syn. — *Nécessiteux, Pauvre.* — L'*indigent* souffre, est dans un état de peine; il pâtit. Le *nécessiteux* a grand besoin de secours; il est pressé d'argent ou d'assistance. Le *pauvre* a peu, est mal partagé. *Pauvre* est le cas trois synonymes le terme le plus général et celui qui signifie le moins.

INDIGÉRER (S'). v. pron. Se donner une indigestion. == INDIGÉRER. v. a. Causer une indigestion.

INDIGESTE. adj. 2 g. (lat. *indigestus*, m. s., de *in* priv.,

---

et digestus, digéré). Qui est difficile à digérer. *Viande i.* || Qui n'est pas digéré. *Il rend les viandes crues et indigestes.* || Fig., en part. des ouvrages d'esprit, qui est confus, mal ordonné; qui n'est pas bien expliqué, bien mis dans son jour. *Ouvrage i. Compilation i. Pensées indigestes.*

INDIGESTIBILITÉ. s. f. État de ce qui est indigestible.

INDIGESTIBLE. adj. 2 g. Qu'on ne peut digérer.

INDIGESTION. s. f. (lat. *indigestio*, m. s., de *in* priv., et *digestio*, digestion). T. Méd. Mauvaise digestion. || Fig. *Avoir une i. de quelque chose, En avoir trop, en être dégoûté. Avoir une i. de musique.* Fam.

Méd. — L'i. se définit très bien d'après l'étymologie, car elle n'est autre chose qu'un arrêt de la digestion, subit et accidentel; c'est en somme la suppression de la fonction digestive dans une des phases qui est toujours la même, la phase stomacale; cependant suivant la direction que prendront les aliments non digérés, on aura ou bien des vomissements, ou bien des garderobes. — Les causes de l'i. sont de deux ordres, les unes se rapportent aux aliments ingérés, les autres à l'individu affecté. La trop grande quantité d'aliments, les aliments dits indigestes dans l'appréciation desquels il faut tenir compte de l'idiosyncrasie, l'ingestion intempestive de boissons froides, l'absorption exagérée de boissons alcooliques, l'administration de substances médicamenteuses à un intervalle insuffisant des repas, etc., sont autant de causes d'i. Mais une influence non moins précise revient à l'individu; l'âge a ses influences, gloutonnerie chez les enfants, absence de mastication chez les vieillards, etc., plus encore l'état maladif de l'organe, embarras gastrique, catarrhe stomacal, gastrite chronique, etc.

Les symptômes de l'i. sont peu compliqués et très caractéristiques; l'i. éclate peu de temps après le repas, elle s'annonce par un sentiment de gêne et de lourdeur dans la région épigastrique, un violent mal de tête, des frissons, une sueur froide, des renvois rappelant l'odeur des aliments ingérés; puis apparaissent des nausées, des vertiges, une tendance à la syncope, enfin les vomissements complètent le tableau, copieux, faciles, exhalant une odeur aigre. Chez quelques malades qui vomissent difficilement, les efforts n'aboutissent pas; des borborygmes se propagent le long de l'intestin grêle et finissent par d'abondantes évacuations alvines très fétides, composées en grande partie d'aliments à peine altérés. Lorsque l'exonération de l'estomac se fait par les deux bouts à la fois, le malade est dans un état d'anxiété très incommode; à la suite de ces évacuations le malade, quoique soulagé, reste anéanti et tombe dans un sommeil réparateur. On a signalé exceptionnellement des complications graves (apoplexies, hémorrhagie méningée, hémoptysie, hernies, syncope mortelle, etc.); mais il faut bien savoir que l'inconvénient le plus grave est la tendance à la récidive, entraînant des gastrites, de la dyspepsie. — D'après les signes qui précèdent, le diagnostic n'offre aucune difficulté. Il n'y a vraiment que deux questions possibles à soulever: le choléra, qu'on ne rencontre guère dans nos climats qu'en temps d'épidémie, et l'empoisonnement. Dans ce dernier cas, au point de vue pathologique, il y a vraiment i. et le seul complément est le diagnostic médicolégal qui se base sur les renseignements acquis et l'analyse chimique des matières vomies.

La thérapeutique, en face d'une i., a deux partis à prendre: ou stimuler l'aptitude à digérer, ou favoriser les évacuations. Cette dernière méthode paraît la plus avantageuse: elle soulage rapidement le malade, et lui épargne un malaise plus ou moins long qui, malgré tous les agents digestifs (infusion de thé, de mélisse, éther, pastilles de Vichy, etc.), aboutit en général à la même terminaison.

INDIGÈTE. adj. 2 g. (lat. *indiges, etis*, qui est du pays, de *indi, indu*, à l'intérieur, et *ges*, engendré, de l'inus. *geno*, j'engendre, gr. γεννάω). Nom que les anciens donnaient aux héros divinisés, aux demi-dieux particuliers d'un pays. *Romulus était à Rome un dieu indigète.*

INDIGLUCINE. s. f. (R. *indigo* et *glucose*). T. Chim. Matière sucrée qui se produit dans le dédoublement de l'indican et qui répond à la formule $C^6H^{10}O^6$. Elle se présente sous forme de sirop jaunâtre, à saveur sucrée; elle est soluble dans l'eau et dans l'alcool. Elle brunit sous l'action des alcalis caustiques; elle réduit la liqueur de Fehling et le nitrate d'argent; elle ne fermente pas, mais s'acidifie par le contact prolongé de la levure de bière.

INDIGNATION. s. f. [Pr. *indi-gna-sion*, *gn* mouil.] (lat. *indignatio*, m. s., de *indignari*, s'indigner). Sentiment de colère et de mépris qu'excite une injustice criante, une action honteuse, etc. *Cela donne de l'in., excite l'in. On ne saurait voir cela sans in. Il en conçut une si vive in., que... Frémir d'in. Il n'est plus maître de son in. Cette mesure souleva l'in. publique.*

INDIGNE. adj. 2 g. [Pr. *gn* mouil] (lat. *indignus*, m. s., de in priv., et *dignus*, digne). Qui n'est pas digne, qui ne mérite pas. *Il est in. de vos bienfaits. Il est in. de vivre. Il s'est rendu in. de ma confiance. Il est in. du rang qu'il occupe. Il est in. qu'on lui fasse grâce. Un crime, une faute in. de pardon. Cet ouvrage est in. de votre attention. Il a été déclaré in. de succéder à son oncle.* — En T. Jurisprud., on dit encore substantiv., *Les enfants de l'in.* Voy. SUCCESSION. || Qui n'est pas séant, convenable. *C'est une chose in. d'un honnête homme. Ces paroles sont indignes de vous. Cette conduite est in. de votre rang.* || Odieux, très condamnable; s'emploie absol. dans ce sens. *C'est un homme in. Cette action, cette conduite est in. Cela est in. Il lui fait subir des traitements indignes. C'est un in. métier que vous faites là.* — *Communion in.*, Communion qui n'est pas faite dans les conditions requises. || *Indigne* est quelquefois un titre que l'on se donne par humilité. *Signé: Un tel, prêtre in., capucin in. Je fus chargé, moi in., de terminer son ouvrage.* — Fam., *Indigne* se dit encore subst. en parlant d'une personne vile, méprisable. *Ne me parlez pas de cet homme-là, c'est un indigne.*

INDIGNEMENT. adv. [Pr. *indi-gne-man*, *gn* mouil.]. D'une manière indigne. *S'acquitter in. de ses devoirs. Se conduire in. On l'a traité in. Communier indignement.*

INDIGNER. v. a. [Pr. *indi-gner*, *gn* mouil.] (lat. *indignari*, ressentir de l'indignation, de *indignus*, indigne). Exciter l'indignation. *Cette action indigna tout le monde contre lui.* || *Être indigné*, Éprouver de l'indignation. *Je suis indigné de sa conduite. Elle est indignée qu'il lui ait manqué de parole. On ne saurait en entendre parler sans être indigné. Il en fut si indigné, que...* — S'INDIGNER. v. pron. Être indigné, s'irriter. *S'in. d'une injustice, contre une injustice. S'in. contre quelqu'un. Il s'indigne de voir que... A cette tentative de corruption, sa vertu s'indigna.* = INDIGNÉ, ÉE. part.

INDIGNITÉ. s. f. [Pr. *indi-gnité*, *gn* mouil.] (lat. *indignitas*, m. s., de *indignus*, indigne). Qualité d'une personne qui est réputée indigne d'une grâce, d'un emploi, d'une succession, etc. *L'in. du pécheur. Il fut exclu de cet emploi pour cause d'in., à cause de son in. In. civile, politique.* — Par extens. *L'in. de sa profession.* || Méchanceté, énormité. *L'in. de cette action, de cette conduite souleva tout le monde contre lui.* || Action odieuse, déshonorante. *C'est une in. Commettre des indignités. Quelle in.! || Outrage, affront. Traiter quelqu'un avec in. On lui a fait mille indignités.*

...Je n'ai mérité
Ni cet excès d'honneur, ni cette indignité.

RACINE.

INDIGO. s. m. (esp. *indigo*, m. s. du lat. *indicum*, de l'Inde). Matière colorante qui sert à teindre en bleu. *Tablettes d'in. Teindre en in.* || Par ext., se dit de toute couleur semblable à celle de l'indigo. *L'in. est une des couleurs primitives du spectre.* || Chim. *L'in. ou indigo bleu est la solaire.* || Abusiv., se dit pour Indigotier.

Chim. — La substance tinctoriale ainsi nommée se rencontre dans un grand nombre de plantes appartenant à des familles différentes : telles sont le *Pastel* (*Isatis tinctoria*, Crucifères); la *Renouée tinctoriale* (*Polygonum tinctorium*, Polygonacées); la *Wrightie tinctoriale* (*Wrightia tinctoria*, Apocynées) et les *Indigotiers* (*Indigofera*) de la famille des Légumineuses. Ces derniers, qui viennent dans les parties tropicales et intertropicales de presque toute la surface du globe, fournissent presque tout l'i. que consomme l'industrie. Ce sont des plantes herbacées, sous-frutescentes ou frutescentes, à feuilles pennées avec impaire, à fleurs axillaires. L'ovaire est presque sessile, allongé, et renferme de deux à plusieurs ovules. La gousse qui lui succède est arrondie ou quadrangulaire, droite ou courbe, polysperme et parfois monosperme par avortement. Les graines sont tronquées aux deux extrémités, et séparées l'une de l'autre par une portion membraneuse du fruit [Fig. 1.

Indigofera anil: 2. Gousse; 3. La même dont on a enlevé une des valves]. — Malgré le grand nombre d'espèces connues du genre Indigotier, les plus ordinairement cultivées pour l'exploitation, sont : l'*Indigotier bâtard* (Ind. anil), qui est originaire de l'Inde, et a été naturalisé en Amérique; l'*Ind. franc* (I. tinctoria), qui paraît être originaire de l'Inde et qui se trouve également dans l'Afrique équatoriale, à Madagascar, à l'île Maurice et à la Réunion; l'*Ind. argenté* (I. argentea), qui croît en Égypte, en Arabie et sur quelques points de la presqu'île indienne; l'*Ind. de la Caroline* (I. Caroliniana), qui vient spontanément dans l'Amérique du Nord; les *Indigofera disperma, pseudotinctoria, angustifolia, arcuata, cinerea, cærulea*, cultivés dans l'Inde, etc. L'in. n'existe pas tout formé dans le tissu de ces plantes;

leur suc est incolore et la matière colorante ne se développe qu'au contact de l'air. A cet effet, on les récolte au moment où les fleurs commencent à se former, parce que c'est alors qu'elles sont les plus riches en matière colorante; puis on les fait tremper, tantôt sèches, tantôt fraîches, dans de vastes cuves ou trempoires pleines d'eau froide. Quelques heures après, par suite de la fermentation qui s'établit, le liquide prend une teinte jaune verdâtre, et une coloration bleue se montre à sa surface. On le fait passer dans d'autres cuves appelées *batteries* avant qu'il ait perdu sa limpidité, et l'on agite avec des bâtons pour mettre ses différentes couches en contact avec l'air. Il se trouble alors de plus en plus, se colore fortement et laisse déposer, par le repos, une matière féculente d'un bleu intense qui, lavée, moulée en pains et séchée, constitue l'indigo. Dans le commerce, l'in. se rencontre ordinairement sous forme de morceaux irréguliers, quelquefois cubiques, légers, faciles à rompre, sans saveur, et d'une nuance qui varie du bleu violet au bleu noirâtre. On en distingue un grand nombre de variétés, dont la plus estimée est celle du Guatemala, appelée *indigo flore*. Après elle vient l'in. du Bengale. Ces variétés diffèrent surtout entre elles par la quantité du principe colorant nommé *indigotine*, qu'elles renferment : les meilleures en renferment jusqu'à 90 ou 95 p. 100, tandis que les qualités inférieures n'en contiennent guère plus de 20 p. 100. Voy. INDIGOTINE.

Quelques praticiens ont essayé d'introduire l'in. dans la matière médicale. On l'a employé, à l'extérieur, comme détersif, et même à l'intérieur, contre la diarrhée, les toch es trop abondantes, etc. Enfin, on l'a préconisé contre l'épilepsie.

INDIGO-CARMINE. s. f. T. Chim. Substance pourpre que produit l'indigo altéré.

INDIGOFÈRE, adj. 2 g. (R. *indigo* et lat. *fero*, je porte). *Plantes, substances indigofères,* qui fournissent une teinture analogue à l'indigo.

INDIGOMÈTRE. s. m. (R. *indigo*, et gr. μέτρον, mesure). Nom donné parfois au chloromètre.

INDIGOPURPURINE. s. f. (R. *indigo*, et lat. *purpura*, pourpre). T. Chim. Syn. d'INDIRUBINE.

INDIGOTATE. s. m. (R. *indigo*, et la term. *ate* qui indique les sels). Sel produit par la combinaison de l'acide indigotique avec une base. T. Chim. Voy. INDIGOTINE.

INDIGOTERIE. s. f. Lieu où l'on prépare l'indigo. || Terre qui est plantée d'indigotiers.

INDIGOTIER. s. m. Ouvrier qui fabrique l'indigo.

INDIGOTIER. s. m. (R. *indigo*). T. Bot. Genre de plantes Dicotylédones (*Indigofera*) de la fam lle des *Légumineuses.* Voy. ce mot et INDIGO.

INDIGOTINE. s. f. (R. *indigo*). T. Chim. L'i. ou indigo bleu est la principale matière colorante de l'indigo du commerce. Voy. INDIGO. Pour l'obtenir pure, il suffit de sublimer avec précaution, par exemple dans un courant d'hydrogène, l'indigo commercial ; on peut aussi traiter cet indigo par un réducteur alcalin, de manière à transformer l'in. en son leucodérivé que l'on dissout et qu'on ramène ensuite, par oxydation, à l'état d'in. bleue.

Chim. — L'in. répond à la formule $C^{16}H^{10}Az^2O^2$. Elle se sublime sans fondre à 290°, en donnant des vapeurs violettes qui se condensent en aiguilles bleues à reflets cuivrés. Elle est inodore, insipide, inaltérable à l'air, insoluble dans la plupart des dissolvants ordinaires ; elle se dissout dans le chloroforme, l'aniline, l'essence de térébenthine et le pétrole. Dans l'acide sulfurique concentré, elle se dissout d'abord sans altération ; mais à la longue ou sous l'action de la chaleur la solution verdâtre devient bleue, et il se forme deux dérivés sulfoniques solubles : l'acide *sulfopurpurique* ou *sulfophénique* $C^{16}H^8Az^2O^2$ SO²H), et l'acide *sulfindigotique* ou *sulfate d'indigo* $C^{16}H^8Az^2O^2$ (SO³H)², qui s'emploie pour donner aux tissus de laine la couleur connue sous le nom de Bleu de Saxe. Les sels de l'acide sulfindigotique sont désignés dans le commerce sous le nom de *carm n d'indigo* et d'*indigo soluble.* L'acide nitrique, légèrement chauffé, transforme l'i. en *isatine* $C^8H^5AzO^2$, cristallisable en beaux prismes d'un rouge brun. Mais lorsque l'indigo nitrique est employé bouillant, l'action oxydante est plus complète, et l'on obtient l'acide anthranilique $C^7H^7AzO^2$. A la distillation sèche, l'in. fournit surtout de l'aniline. Fondue avec la potasse caustique, elle se dédouble en aniline et acide anthranilique. Par ébullition avec une solution de potasse, elle se change en acide isatique. La plupart des agents d'oxydation, comme l'acide azotique, les sels ferriques, les composés oxygénés du chlore, etc., la convertissent en isatine. La poudre de zinc la transforme à 400° en indol.

Sous l'action des réducteurs peu énergiques l'in. fixe de l'hydrogène en donnant naissance à un leucodérivé appelé *leucindigotine, indigo blanc, indigo soluble* ou *indigotine réduite.* Pour cette transformation, l'on emploie ordinairement l'hydrosulfite de sodium, ou la glucose en présence d'une alcali, ou encore le sulfate ferreux additionné d'une solution de soude ou de chaux. L'indigo soluble se présente sous la forme d'une masse grisâtre qui se dissout, non dans l'eau pure, mais dans les solutions aqueuses d'alcalis ou de terres alcalines. Il joue le rôle d'un acide faible et donne, avec la plupart des solutions métalliques, des précipités bleus appelés *indigotates.* La solution reste claire et d'une couleur de bière, tant qu'on la tient à l'abri du contact de l'air mais dès qu'on permet l'accès de l'air, l'indigotine bleue réabsorbe aussitôt l'oxygène qu'elle avait perdu, et il se dépose des flocons d'i. bleue régénérée. Ces diverses réactions s'accomplis-

sent sur les fibres textiles aussi bien que dans l'eau seule, de telle sorte qu'en plongeant un tissu quelconque dans le bain décoloré et en l'exposant ensuite à l'air, l'i. blanche dont ce tissu est imprégné se réoxyde immédiatement et reprend son insolubilité primitive, en formant avec la fibre organique un composé bleu très solide : c'est le procédé employé pour teindre les tissus avec l'indigo.

La constitution de l'in. a été élucidée par Bœyer ; on peut la représenter par la formule :

$$C^6H^4 \begin{matrix} CO \\ \diagup \\ \diagdown \\ Azll \end{matrix} C = C \begin{matrix} CO \\ \diagup \\ \diagdown \\ Azll \end{matrix} C^6H^4$$

et celle de l'indigo blanc par :

$$C^6H^4 \begin{matrix} COH \\ \diagup \\ \diagdown \\ Azll \end{matrix} C = C \begin{matrix} COH \\ \diagup \\ \diagdown \\ Azll \end{matrix} C^6H^4.$$

La synthèse de l'in. a été réalisée par un grand nombre de méthodes dont la plupart sont dues à Bœyer et dont nous ne donnons ici que les plus importantes. — Réduire à l'aide du sulfure d'ammonium ou de la poudre de zinc, le chlorure d'isatyle obtenu par l'action du perchlorure de phosphore sur l'isatine. — Oxyder l'indoxyle, l'acide indoxylique ou l'acide indoxylo-sulfurique, soit par l'air en présence des alcalis, soit par le perchlorure de fer (Baumann et Tiemann). — Réduire le bi-isatogène (Voy. ISATOGÈNE) par le sulfure d'ammonium, ou par la poudre de zinc en présence des alcalis, ou encore par la glucose et les alcalis. — Réduire l'acide « propiolique » du commerce, c.-à-d. l'acide ortho-nitro-phénylpropiolique obtenu en partant de l'acide cinnamique. Ce procédé a été utilisé industriellement pour la teinture en indigo ; la réduction se fait à l'aide de la glucose et de la soude caustique. — Chauffer un mélange d'aldéhyde benzylique ortho-nitrée et d'acétone ou à l'acide pyruvique avec une solution d'alcalis. — Le procédé le plus récent est dû à Heumann ; il consiste à fondre le phénylglycocolle ou son homologue, le crésylglycocolle, avec de la soude caustique ; il se produit de l'indoxyle qui, en s'oxydant à l'air, se change en indigotine.

INDIHUMINE. s. f. (R. *indigo* et *humine*). T. Chim. Voy. INDICAN.

INDILIGEMMENT. adv. [Pr. *indili-ja-man*]. D'une manière qui n'est pas diligente.

INDILIGENCE. s. f. [Pr. *indili-janse*] (R. *in* priv., et *diligence*). Défaut de diligence.

INDILIGENT, ENTE. adj. [Pr. *indili-jan*] (R. *in* priv., et *diligent*). Qui n'est pas diligent.

INDINE. s. f. (R. *indigo*). T. Chim. Substance rose foncé, insoluble dans l'eau, obtenue par l'action de la chaleur sur l'isatane ou sur l'insoluble.

INDIPURPURINE. s. f. (R. *indigo*, et lat. *purpura*, pourpre). T. Chim. Synonyme d'INDIRUBINE.

INDIQUE-FUITES. s. m. Petit manomètre à eau servant à constater l'existence de fuites dans les conduites de gaz à l'intérieur des habitations. Ce manomètre se fixe à la sortie du compteur. On tient le compteur et tous les becs fermés. S'il n'y a pas de fuite, le niveau de l'eau dans le manomètre reste le même ; sinon, il s'abaisse lentement.

INDIQUER. v. a. (lat. *indicare*, m. s., même orig. que *index*). Montrer, désigner une personne ou une chose. I. une chose du doigt. Allez à l'endroit que je vous indique. L'aiguille de cette pendule indique midi. || Faire connaître, informer, renseigner. Indiquez-moi sa demeure. Pourriez-vous m'i. telle rue ? Je lui ai indiqué une terre qui est à vendre. Indiquez-lui un bon médecin. La table de ce livre indique les chapitres. Ce poteau sert à i. le chemin. Le baromètre indique les variations du temps. || Déterminer, assigner. I. les causes d'un phénomène. I. tous les emplois d'un mot. — I. une assemblée, une session, etc., Fixer le jour, l'époque où elle aura lieu. || Faire connaître, révéler l'existence d'une chose. La fumée indique le feu. Ces monuments indiquent une civilisation fort avancée. Ces symptômes indiquent une fièvre typhoïde. || T. Méd. Se dit aussi de la médication qui paraît convenir d'après l'interprétation des symptômes. L'état du tube digestif indique l'emploi des évacuants. || Dans les Arts du dessin, Marquer, représenter quelque objet, sans trop s'attacher aux détails. *C'est une esquisse ; je me suis contenté d'i. les masses, les principaux traits.* — Par analogie, se dit aussi des ouvrages de l'esprit. *Les situations, les caractères, etc., sont à peine indiqués dans cette pièce.* = INDIQUÉ, ÉE. part. *Au lieu indiqué. A l'heure indiquée.* = Syn. Voy. DÉSIGNER.

INDIRECT, ECTE. adj. (R. *in* priv., et *direct*). Qui n'est pas direct. *Chemin i. Voie indirecte.* || Fig., *Critique, louange indirecte. Question indirecte. Moyen i. Il n'est parvenu à cette charge que par des voies indirectes.* || T. Fin. *Impôt i., Contributions indirectes.* Voy. IMPÔT et CONTRIBUTION. || T. Gram. *Régime i., Complément i.* Voy. RÉGIME. — *Construction indirecte,* Construction qui ne suit pas l'ordre logique. — *Cas indirects :* le génitif, le datif, l'ablatif. — *Discours i.,* Discours où l'on rapporte qu'une personne a dit telle ou telle chose, au lieu de la faire dire par la personne qui parle. || T. Jurispr. *Ligne indirecte,* se dit pour Ligne collatérale. Voy. FAMILLE. — *Avantage i.,* Celui que l'on fait à quelqu'un contre la loi, au moyen d'une personne interposée ou autrement.

INDIRECTEMENT. adv. D'une manière indirecte. Ne se dit que fig. *Ce qu'il vous disait s'adressait i. à moi. Cette nouvelle m'est parvenue i. Il ne l'assiste ni directement, ni indirectement.*

INDIRECTION. s. f. [Pr. *indi-rè-ksion*] (R. *in* priv., et *direction*). Défaut de direction.

INDIRÉTINE. s. f. (R. *indigo*). T. Chim. Voy. INDICAN

INDIRUBINE. s. f. (R. *indigo*, et lat. *ruber*, rouge). T. Chim. L'i. ou *indigo rouge* est un produit de dédoublement de l'indican, et répond à la formule :

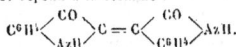

$$C^6H^4\underset{AzH}{\overset{CO}{\diagdown}}\!\!\!C = C\underset{C^6H^4}{\overset{CO}{\diagdown}}\!\!\!AzH.$$

On la rencontre avec l'indigotine, son isomère, dans l'indigo commercial. On peut l'obtenir par synthèse en combinant l'indoxyle avec l'isatine.

L'i. cristallise en petites aiguilles brunes, à éclat métallique, qui se subliment plus facilement que l'indigotine. Insoluble dans l'eau, elle se dissout en rouge dans l'alcool ; elle est également soluble dans le benzène, le chloroforme, l'acide acétique, l'acide sulfurique. Elle offre un spectre d'absorption caractéristique, très différent de celui de l'indigo.

INDISCERNABILITÉ. s. f. [Pr. *indi-sernabilité*]. Caractère de ce qui est indiscernable.

INDISCERNABLE. adj. 2 g. [Pr. *indi-sernable*] (R. *in* priv., et *discernable*). Qui ne peut se distinguer d'une autre chose de même espèce. — *Principe des indiscernables* (de Leibniz), Principe qu'il ne peut exister deux choses exactement semblables.

INDISCERNÉ, ÉE. adj. [Pr. *indi-serné*]. Qui n'est point discerné.

INDISCERNEMENT. s. m. [Pr. *indi-serneman*]. Absence de discernement.

INDISCIPLINABILITÉ. s. f. [Pr. *indi-si...*]. État, qualité de ce qui est indisciplinable.

INDISCIPLINABLE. adj. 2 g. [Pr. *indi-si...*] (R. *in* priv., et *discipliner*). Indocile, qui n'est pas capable de discipline. *C'est un enfant i. Des soldats indisciplinables. Cette armée est i.*

INDISCIPLINE. s. f. [Pr. *indi-sipline*]. Manque de discipline. *L'i. des soldats.*

INDISCIPLINÉ, ÉE. adj. [Pr. *indi-si-pliné*]. Qui n'est pas discipliné, qui manque à la discipline. *Écolier i. Soldats indisciplinés. Une troupe indisciplinée.* || Fig., *Un esprit indiscipliné.*

INDISCIPLINER (S'). v. pron. [Pr. *indi-sipliner*]. Devenir indiscipliné.

INDISCRET, ÈTE. adj. (R. *in* priv., et *discret*). Qui manque de discrétion, de retenue, de prudence. *Cette femme est fort indiscrète. Il faut être bien i. pour faire une pareille question.* — Par ext., se dit des choses qui indiquent un manque de discrétion. *Des paroles indiscrètes. Une action, une demande, une prière indiscrète. Curiosité indiscrète. Zèle i. Ce remède est trop actif pour en faire un usage i.* || Fig.

De peur qu'en le voyant quelque trouble indiscret
Ne fasse avec mes pleurs échapper mon secret.

RACINE.

|| Qui ne sait point garder un secret. *Un amant i. Les enfants sont indiscrets.* — Par ext., se dit des choses par lesquelles on révèle ce qu'on devrait taire ou cacher. *Un mot, un geste i. Des regards indiscrets.* || Subst., se dit d'une personne indiscrète à laquelle il ne faut pas se fier. *Fuir les indiscrets.*

INDISCRÈTEMENT. adv. D'une manière indiscrète. *Il parle i. Il en a usé bien i.*

INDISCRÉTION. s. f. [Pr. *indis-kré-sion*] (lat. *indiscretio*, m. s.). Manque de discrétion. *L'i. est un grand défaut. Y aurait-il de l'i. à vous demander si...* || Action indiscrète. *C'est la seule i. qu'il ait faite en sa vie. Commettre des indiscrétions.*

Son indiscrétion de sa perte fut cause.

LA FONTAINE.

INDISCUTABILITÉ. s. f. Qualité de ce qui est indiscutable, de ce qui ne peut être soumis à la discussion.

INDISCUTABLE. adj. 2 g. (R. *in* priv., et *discutable*). Qui n'est point susceptible d'être discuté. *Ce principe est i.*

INDISCUTABLEMENT. adv. D'une manière indiscutable.

INDISCUTÉ, ÉE. adj. Qui n'est point discuté.

INDISERT, ERTE. adj. [Pr. *indi-zèr*]. Qui n'est point disert.

INDISERTEMENT. adv. [Pr. *indi-zèr-teman*]. D'une manière indiserte.

INDISPENSABILITÉ. s. f. [Pr. *indis-pan...*]. État, qualité de ce qui est indispensable.

INDISPENSABLE. adj. 2 g. [Pr. *indis-pan...*] (R. *in* priv., et *dispenser*). Dont on ne peut se dispenser. *Un devoir, une obligation, un engagement i. Avoir une affaire i.* || Qui est nécessaire, dont on ne peut se passer. *C'est une dépense i. Ce voyage est i. Ces objets me sont indispensables. Ce mot est i. pour rendre telle idée.* = Subst., *L'indispensable,* Ce dont on ne peut se passer. *Un i.,* Sorte de petit sac dans lequel les femmes portent leur mouchoir et divers petits objets. Voy. RIDICULE.

INDISPENSABLEMENT. adv. [Pr. *indis-pan...*]. Nécessairement, par un devoir indispensable. *Il y est i. engagé.*

INDISPERSÉ, ÉE. adj. Qui n'est point dispersé.

INDISPONIBILITÉ. s. f. État d'une chose indisponible, dont on ne peut disposer.

INDISPONIBLE. adj. 2 g. (R. *in* priv., et *disponible*). T. Jurisp. Se dit des biens dont la loi ne permet pas de disposer i. *titre gratuit. Portion i.* || T. Milit. Dont on ne peut disposer pour le service. — Subst. dans ce sens, *Les indisponibles.*

INDISPOS. adj. m. [Pr. *indis-po*]. Qui n'est pas dispos.

INDISPOSER. v. a. [Pr. *indispo-zer*] (R. *in* priv., et *disposer*). Aliéner, fâcher, mettre dans une disposition peu favorable. *Cette conduite m'a indisposé contre lui. Ce rapport l'indisposera contre vous.* || Mettre dans un état de légère incommodité physique. *Elle s'est sentie indisposée.* = INDISPOSÉ, ÉE. part.

INDISPOSITION. s. f. [Pr. *indispo-zi-zion*] (R. *indisposer*). Incommodité légère, légère altération dans la santé. *Il est remis de son i.* || Disposition peu favorable, éloignement pour quelqu'un, pour quelque chose. *Tout le monde est d'ens une grande i. contre lui.* Peu us.

INDISPUTABILITÉ. s. f. Qualité de ce qui est indisputable.

INDISPUTABLE. adj. 2 g. (R. *in priv.*, et *disputable*). Qui ne saurait être l'objet d'une discussion, d'une contestation. *Mon droit est i. C'est un principe indisputable.*

INDISPUTABLEMENT. adv. D'une manière indisputable.

INDISPUTÉ, ÉE. adj. Qui n'est point disputé.

INDISSOLUBILITÉ. s. f. [Pr. *indis-so...*]. T. Chim. Qualité de ce qui est indissoluble. Peu us.; on dit *Insolubilité*. || Fig., *L'i. d'un lien, d'un engagement.*

INDISSOLUBLE. adj. 2 g. [Pr. *indis-so...*] (lat. *u dissolubilis*, m. s.). T. Chim. Qui ne peut être dissous. Peu us., on dit *Insoluble*. || Fig., *Un attachement, une amitié une union i. Des liens indissolubles.*

INDISSOLUBLEMENT. adv. [Pr. *indis-so...*]. D'une manière indissoluble. *Ils sont unis i.*

INDISSOUS, OUTE. adj. [Pr. *indis-zou*]. Qui n'es. point dissous.

INDISTINCT, INCTE. adj. [Pr. *indis-tin*. Voy. DISTINCT] (lat. *indistinctus*, m. s.). Qui n'est pas bien distinct. *Je ne voyais les objets que d'une manière fort indistincte. On entendait des voix confuses et indistinctes. Notions indistinctes.*

INDISTINCTEMENT. adv. [Pr. *indis-tink-leman*]. D'une manière indistincte. *On ne peut voir ces objets que fort i. Il prononce si i. qu'on a de la peine à l'entendre. Cette idée ne s'offre à mon esprit qu'i.* || Sans distinction, sans mettre de différence entre une personne et une autre, entre une chose et une autre. *On les punit tous i. Il critique i. ses amis et ses ennemis. On embarque i. les Français et les étrangers.*

INDISTINCTION. s. f. [Pr. *indis-ink-sion*]. État de ce qui est indistinct. || Défaut de distinction dans l'air et les manières.

INDISTINGUÉ, ÉE. adj. Qui n'es. point distingué, séparé.

INDISTINGUIBLE. adj. 2 g. [Pr. *indistin-ghible* g dur] (R. *in priv.*, et *distinguer*). Qu'on ne peut distinguer.

INDIUM. s. m. [Pr. *indi-ome*] (R. *indigo*, parce que son spectre présente une raie bleue caractéristique, et le suffixe *ium*, employé pour désigner les métaux). T. Chim. Métal contenu dans certaines blendes de zinc. Reich et Richter l'ont découvert en 1868, par voie spectroscopique, dans la blende de Freiberg. Le zinc que fournit cette blende contient 0 à p. 100 d'indium que l'on peut extraire par le procédé suivant. On traite ce zinc par de l'acide chlorhydrique ou de l'acide sulfurique en quantité insuffisante pour dissoudre le tout; il reste une éponge métallique renfermant l'i. avec de l'arsenic, du plomb, du cuivre, du cadmium et du fer. On dissous l'éponge dans l'acide azotique; on précipite le plomb à l'état de sulfate; on ajoute à la liqueur filtrée un excès d'ammoniaque qui précipite les hydrates de fer et d'i. On redissout ce précipité dans l'acide chlorhydrique et l'on fait bouillir avec du bisulfite de sodium; l'i. se sépare à l'état de sulfite insoluble que la calcination convertit en sesquioxyde. La réduction de ce sesquioxyde fournit l'i. — Ce métal a pour densité 7,4; il est blanc, ductile, assez mou pour laisser une trace sur le papier. Il fond à 176°. A la température ordinaire il est inaltérable à l'air et à l'eau. Au rouge il s'unit avec incandescence à l'oxygène, au chlore, au soufre; il se dissout assez bien dans l'acide azotique. Les acides chlorhydrique et sulfurique le dissolvent lentement avec dégagement d'hydrogène. Le spectre de l'i. présente une raie caractéristique intense dans le bleu, et une autre plus faible dans le violet. — L'i. appartien au même groupe que l'aluminium et le gallium, avec lesquels il présente beaucoup d'analogies. Dans la plupart de ses combinaisons il est trivalent. Son symbole est In; son poids atomique est compris entre 113 et 114.

Le *chlorure d'i.* a pour formule In Cl³; il est blanc, sublimable, soluble dans l'eau. On l'obtient par l'action du chlore sur le métal ou sur un mélange de son sesquioxyde et de charbon. Il s'unit aux chlorures alcalins pour former des chlorures doubles cristallisables. — Le *sulfure d'i.* est un solide brun, infusible, combustible, capable de se combiner avec les sulfures alcalins. — Le *sesquioxyde* In² O³ est jaune, mais il brunit sous l'action de la chaleur. Il se dissout facilement dans les acides en donnant naissance aux sels d'i. Ces solutions, traitées par l'ammoniaque, fournissent l'*hydrate* In (OH)³ sous forme d'un précipité blanc gélatineux. — Les sels d'i. sont généralement incolores, solubles dans l'eau, difficilement cristallisables. L'acide azotique donne un *azotate* neutre (Az O³)³ In et un azotate basique. On connaît un *sulfate* neutre (SO⁴)³In², un sulfate basique insoluble, et un *alun ammoniacal d'i.* ayant la même composition que celui d'aluminium. L'hydrogène sulfuré ne précipite pas les sels d'i. en solution acidulée; le sulfure d'ammonium donne un précipité de sulfure ou du sulfhydrate; les carbonates alcalins donnent du *carbonate d'i.* sous forme de précipité blanc gélatineux.

INDIVIDU. s. m. (lat. *individuus*, qui ne peut se diviser, de *in priv.*, et *dividere*, diviser). Se dit, au propre, de tout être qui ne peut être divisé sans perdre son nom et ses qualités distinctives. En particulier, se dit de tout être organisé, soit animal, soit végétal, par rapport à l'espèce à laquelle il appartient. *Le genre, l'espèce, l'i.* — En Minér. et en Chim., on appelle *Individu* tout corps simple ou composé cristallisable ou volatil sans décomposition. || Particul., se dit d'une personne quelconque. *Voilà un i. qui se rend coupable de...* || Fam., se dit aussi d'un homme que l'on ne connaît pas, ou qu'on ne veut pas nommer, ou dont on parle avec un certain mépris. *Quel est cet i.? Comment pouvez-vous fréquenter de pareils individus?* — Par plaisant., on dit, Avoir soin de son i., soigner son i., Avoir grand soin de sa personne, de sa santé.

INDIVIDUALISATION. s. f. [Pr. *individuali-za-sion*]. Action d'individualiser, effet de cette action; état de l'objet individualisé.

INDIVIDUALISER. v. a. [Pr. *individuali-zer*] (R. *individu*). T. Philos. Considérer individuellement; séparer, abstraire de l'espèce. = INDIVIDUALISÉ, ÉE. part.

INDIVIDUALISME. s. m. (R. *individu*). T. Politiq. Système de ceux qui ne considèrent la société que comme une agrégation d'individus, et l'État comme n'ayant aucun droit par lui-même. Se dit surtout par opposition aux systèmes qui absorbent l'individu dans l'État.

INDIVIDUALISTE. adj. 2 g. (R. *individuel*). Qui appartient à l'individualisme. || s. m. Partisan de l'individualisme.

INDIVIDUALITÉ. s. f. (R. *individuel*). T. Philos. Ce qui constitue l'individu, ce qui fait qu'il est tel. *Tout être pensant connaît son i.* || Se dit quelquefois pour Individu. *Toutes les individualités entrent en lutte.*

INDIVIDUATION. s. f. [Pr. *...sion*] (R. *individu*). L'ensemble des qualités particulières qui constituent l'individu.

INDIVIDUEL, ELLE. adj. [Pr. *indivi-du-el*] (R. *individu*). T. Did. Qui est de l'individu, qui appartient à l'individu. *Qualité, différence individuelle.* || Qui concerne chaque personne ou une seule personne. *Nous n'avons pas de loi qui garantisse la liberté individuelle. Avoir des opinions individuelles.*

INDIVIDUELLEMENT. adv. [Pr. *individu-è-leman*]. D'une manière individuelle, isolément. *Pierre est i. différent de Paul, et ne l'est pas spécifiquement. Considérer un objet i.* || Chacun en particulier, chacun pour ce qui le concerne. *Les membres de l'assemblée prêtèrent i. le serment prescrit par la loi.*

INDIVIDUELLISTE s. m. [Pr. *individu-è-liste*] (R. *in-*

dividuel). Se dit dans le langage des socialistes, par opposition à Mutuelliste.

INDIVIDUER. v. a. T. Philos. Constituer l'individu, lui donner une forme individuelle.

INDIVIDUITÉ. s. f. (lat. *individuitas*, m. s., de *individuus*, individu). Caractère individuel.

INDIVINITÉ. s. f. (R. *in* priv., et *divinité*). Absence des qualités divines.

INDIVIS, ISE. adj. [Pr. *indi-vi, vi-ze*] (lat. *indivisus*, m. s., de *in* priv., et *divisus*, part. pass. de *dividere*, diviser). T. Jurisp. Qui n'est point divisé. *Ses biens sont demeurés communs et i. La succession reste indivise.* || *Des propriétaires i.,* Ceux qui possèdent une chose en commun. = Par indivis. loc. adv. Sans être divisé. *Ils possèdent ce domaine par i.* — On dit quelquefois *Indivisément*.

INDIVISÉ, ÉE. adj. [Pr. *indivi-zé*]. Qui n'est point divisé.

INDIVISÉMENT. adv. [Pr. *indivi-zé-man*]. Par indivis.

INDIVISIBILITÉ. s. f. [Pr. *indivi-zi...*] (R. *indivisible*). Qualité de ce qui ne peut être divisé. *L'i. d'un atome. L'i. de l'hypothèque.*

INDIVISIBLE. adj. 2 g. [Pr. *indivi-zi...*](lat. *indivisibilis*, m. s., de *in* priv., et *divisibilis*, divisible). Qui ne peut être divisé. *Un point i. Un atome est i. La question est i. L'hypothèque est i.* || T. Math. Se disait autrefois pour désigner ce qu'on nomme aujourd'hui les infiniment petits. *Géométrie des indivisibles.* || Fig. *La République une et i.* || T. Droit. *Obligation i.,* A laquelle chacun des coobligés est tenu pour le tout.

INDIVISIBLEMENT. adv. [Pr. *indivi-zible-man*]. D'une manière indivisible. *Ils sont i. unis.*

INDIVISION. s. f. [Pr. *indivi-zion*] (R. *indivis*). T. Jurisp. État de ce qui est indivis, ou de personnes qui possèdent une chose par indivis. *Faire cesser l'i. Nul ne peut être contraint à rester dans l'i.*

INDIVULGUÉ, ÉE. adj. Qui n'est pas, qui n'a pas été divulgué.

IN-DIX-HUIT. adj. et s. m. [Pr. *indi-zuit*]. Dont la feuille est pliée en 18 feuillets. On écrit le plus souvent *in-18*. Voy. Format.

INDO-ANILINE. s. f. T. Chim. Voy. Indophénol.

INDO-CHINE. Grande presqu'île située entre l'Hindoustan et la Chine, au sud-est de l'Asie. Voy. Inde.

INDOCILE. adj. 2 g. (lat. *indocilis*, m. s., de *in* priv., et *docilis*, docile, de *docere*, enseigner). Qui n'est pas docile, qui est très difficile à instruire, à gouverner. *Un caractère, un esprit in. Un enfant in. Un peuple in. In. au joug, à la règle, aux leçons de ses maîtres. Un cheval in.*

INDOCILEMENT. adv. D'une manière indocile.

INDOCILITÉ. s. f. Caractère de celui qui est indocile. *L'in. d'un enfant. L'in. de son esprit. L'in. d'un peuple sauvage. L'in. d'un cheval.*

INDOCTE. adj. 2 g. (lat. *indoctus*, m. s.). Qui n'est point docte.

INDOCTEMENT. adv. (R. *indocte*). D'une manière qui annonce le défaut de science ou d'érudition.

INDO-EUROPÉEN, ENNE. adj. (Pr. *indo-europé-in, ène*]. Qui concerne une grande famille de peuples qui ont pour ancêtres les Aryas et qui se sont répandus entre l'Inde et l'extrémité occidentale de l'Europe. *Langues indo-européennes,* Langues parlées par ces peuples.

La famille indo-européenne peut être divisée en plusieurs rameaux : 1° les peuples indiens dont l'ancienne langue était le sanscrit, qui ont parlé ensuite le prâcrit, et qui parlent aujourd'hui l'hindoustani ; — 2° le rameau *Iranien,* comprenant les Persans anciens et modernes, les Américains, et quelques autres peuples de l'Asie centrale ; — 3° le rameau *Celtique* qui comprenait les Gaëls et les Kymris et dont les langues encore vivantes sont parlées en Bretagne, dans le pays de Galles, en Écosse et en Irlande ; — 4° le rameau *Italique,* comprenant les anciennes populations de l'Italie, Étrusques, Èques, Romains et dont la langue la plus importante est le *latin,* qui a donné naissance à l'italien, au français et à l'espagnol ; 5° le rameau *Illyrique,* comprenant les Albanais ; 6° le rameau *Hellénique,* célèbre par sa langue et l'influence qu'il a exercée sur la civilisation ; 7° le rameau *Windique* ou Slave, répandu aujourd'hui à l'est et au nord-est de l'Europe (Russes, Polonais, Tchèques, Serbes, Bulgares, etc.) ; — 8° le rameau *Teutonique* comprenant les Germains et les Scandinaves.

La population de l'Europe presque tout entière est d'origine indo-européenne ; il n'y a guère lieu d'excepter que les *Basques,* descendus des Ibériens qui habitaient autrefois l'Espagne et se sont fondus dans ce pays avec les envahisseurs aryens, les *Finnois* qui habitent les bords de la Baltique, les *Hongrois* et les *Turcs,* de la même famille ethnique que les Finnois.

INDOGÈNE. s. m. (R. *indigo,* et gr. γεννάω, j'engendre). T. Chim. Radical contenu dans les indogénides. Voy. Indoxyle. || On a aussi donné le nom d'in. à l'acide *indoxylesulfurique.* Voy. ce mot.

INDOGÉNIDE. s. m. (R. *indogène*). T. Chim. Voy. Indoxyle.

INDO-GERMANIQUE. adj. 2 g. Qui appartient à l'Inde et à la Germanie.

INDO-HELLÉNIQUE. adj. 2 g. Qui appartient à l'Inde et à la Grèce.

INDOÏNE. s. f. (R. *indigo*). T. Chim. Matière colorante bleue répondant à la formule $C^{32}H^{20}Az^4O^5$. On l'obtient en réduisant l'acide ortho-nitro-phénylpropiolique, par le sulfate ferreux, en solution sulfurique, ou encore en faisant réagir l'acide propiolique sur l'indoxyle. L'in. est soluble à froid dans l'acide sulfurique concentré et dans l'aniline. Elle a beaucoup d'analogie avec l'indigo et peut fournir, comme celui-ci, une cuve de teinture quand on la traite par les réducteurs alcalins.

INDOL. s. m. (R. *indigo*). T. Chim. Composé cyclique de la formule C^8H^7Az, résultant de la soudure d'un noyau de benzène et d'un noyau de pyrol. C'est la substance mère de l'indigotine. Sa constitution est représentée par

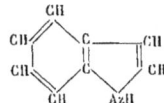

L'in. se forme dans la réduction de l'indigo, de l'isatine, de l'oxindol par la poudre de zinc. Il se produit dans la fermentation des matières albuminoïdes sous l'influence du Bacillus coli ou des ferments contenus dans le pancréas. Il existe en petite quantité dans les excréments des carnivores. Pour le préparer, on réduit l'indigo par l'étain et l'acide chlorhydrique et l'on distille sur de la poudre de zinc le produit de cette réaction. On peut obtenir l'in. par synthèse, en réduisant l'acide ortho-nitro-cinnamique par la poudre de zinc en acore en traitant l'aniline par l'aldéhyde chlorée.

L'in. se présente en lamelles incolores, fusibles à 52°, bouillant à 245°, peu solubles dans l'eau, très solubles dans l'alcool, le benzène et la ligroïne. Son odeur ressemble à celle des matières fécales. Il est faiblement basique et se dissout dans les acides, d'où il est précipité par l'eau. Traité par le chloroforme et la potasse, il se transforme en quinoléïne chlorée. L'in. en solution aqueuse, traité par l'acide azotique chargé de vapeurs nitreuses, donne une coloration rouge sang caractéristique. En solution alcoolique, il colore en rouge le bois de sapin humecté d'acide chlorhydrique.

Les dérivés de substitution de l'in. présentent de nombreuses isoméries. Pour les distinguer, on marque la position du groupe substitué par des chiffres :

Quelquefois on préfère désigner par la lettre B les substitutions du noyau benzénique et par Pr celles du noyau pyrolique ; les positions 2 et 3 sont alors indiquées par α et β.

Les homologues de l'in. portent eux-mêmes le nom générique d'indols. On les obtient : 1° en faisant réagir les aldéhydes ou les cétones chlorées sur les amines aromatiques ; 2° en chauffant à 180° les phénylhydrazones des aldéhydes ou des cétones avec de l'acide chlorhydrique ou du chlorure de zinc ; 3° en déshydratant certaines amines aromatiques qui possèdent une fonction aldéhyde ou cétone. L'acide pyruvique en réagissant sur les phénylhydrazines donne les dérivés carboxylés de l'in. Les dérivés chlorés ou bromés se préparent en faisant réagir le pentachlorure ou le pentabromure de phosphore sur l'oxindol ou sur le dioxindol.

Les méthylindols substitués dans le noyau benzénique s'obtiennent en réduisant par la poudre de zinc les dérivés n éthylés de l'acide ortho-nitro-cinnamique. On les appelle quelquefois tolindols. Leurs propriétés sont analogues à celles de l'in. Les autres dérivés méthylés sont : le 1 — méthylindol, huile jaune qui bout à 239° ; le 2 — méthylindol, appelé aussi méthyl-kétol, solide, fusible à 69° ; le 3 — méthylindol connu sous le nom de scatol. Fondus avec un alcali caustique, les deux derniers fournissent les acides indol-carboniques 2 et 3 dont les points de fusion sont 200° et 218°. Les homologues de l'in., traités par l'étain et l'acide chlorhydrique, donnent facilement des hydrures tels que le dihydro-méthyl-indol

$$C^6H^4 \underset{AzH}{\overset{CH^2}{\diagdown}} CH.CH^3$$

qui bout à 227°.

L'oxindol, le dioxindol ou acide hydrindique et l'isatine sont des dérivés oxhydrylés ou oxygénés de l'in.

Certains composés dérivent d'une forme isomérique de l'i, appelée iso-indol et répondant à la formule :

$$CH \atop CH \diagup \overset{C}{\underset{C}{\diagdown}} \overset{CH^2}{\underset{CH}{\diagup}} Az$$

On a aussi donné le nom d'iso-indol à un dérivé diphénylé de la pyrazine.

INDOLEMMENT. [Pr. indo-la-man] (R. indolent). D'une manière indolente.

INDOLENCE. s. f. [Pr. indo-lan-se] (lat. indolentia, m. s., de indolens, indolent). Caractère d'un mal qui ne cause aucune douleur. L'in. de cette tumeur ne doit pas abuser sur sa gravité. || Apathie, caractère d'une personne peu sensible à la plupart des choses qui touchent ordinairement les autres hommes. Il est d'une telle in. que rien ne peut l'émouvoir. || Impassibilité, état d'une âme qui s'est mise au-dessus des passions. L'in. des stoïciens est difficile à concevoir. Vieux. || Nonchalance, paresse. Une lâche in. Cet enfant est d'une in. qui désespère. = Syn. Voy. APATHIE.

INDOLENT, ENTE. adj. [Pr. indo-lan] (lat. indolens, entis, m. s., de in priv., et dolere, souffrir). T. Méd. Qui ne cause aucune douleur. Tumeur indolente. || Apathique, indifférent, sur qui rien ne fait impression. C'est un être in. qui ne s'émeut de rien. Il est d'un naturel fort in. Avoir l'air in., l'âme indolente. || Nonchalant, paresseux. Un écolier, un ouvrier in.

Quatre bœufs attelés, d'un pas tranquille et lent
Promenaient dans Paris le monarque indolent
BOILEAU.

|| S'emploie substant., dans les deux derniers sens. C'est un grand in. qui ne se met en peine de rien. = Syn. Voy. FAINÉANT.

INDOLINE. s. f. (R. indol). T. Chim. L'in. ou diindol est un polymère de l'indol et répond à la formule $C^{16}H^{14}Az^2$. Elle se produit quand on traite l'indigotine par l'eau de baryte et la poudre de zinc. Elle cristallise en longues aiguilles jaunes, fusibles vers 245°, insolubles dans l'eau, solubles dans l'alcool et dans l'éther.

INDOLORE. adj. 2 g. (lat. in priv., et dolor, douleur). Qui ne cause point de douleur.

INDOMANITION. s. f. [Pr. indomani-sion] (lat. in, dans ; domanium, domaine). Action de faire entrer une propriété dans le domaine de l'État.

INDOMPTABLE. adj. 2 g. [Pr. indon-table] (R. in priv., et dompter). Qu'on ne peut dompter, qu'on ne peut soumettre à l'obéissance. Un animal, un homme, un caractère, un peuple in. || Fig., Un courage in. Il est d'un orgueil in.

INDOMPTABLEMENT. adv. [Pr. indon-tableman]. D'une manière indomptable.

INDOMPTABILITÉ. s. f. [Pr. indon-ta...]. Qualité de ce qui est indomptable.

INDOMPTÉ, ÉE. adj. [Pr. indon-té] (R. in priv., et dompté). Qui n'a pas encore été dompté. Des chevaux indomptés. || Furieux, fougueux, sauvage. On l'attacha à la queue d'un cheval in. Taureau in. || Fig., Qui ne peut être contenu, réprimé. Un orgueil indompté.

INDONE. s. f. T. Chim. Synonyme d'Indulone.

INDOPHANE. s. m. (R. indigo, et gr. φαίνω, je parais). T. Chim. Substance violette, insoluble dans les dissolvants neutres, soluble dans l'acide sulfurique et dans l'acide acétique, obtenue en traitant le dinitro-naphtol par le cyanure de potassium.

INDOPHÉNINE. s. f. (R. indigo, et phénique). T. Chim. Matière colorante qui résulte de l'union du thiophène et de l'isatine en présence de l'acide sulfurique. L'in. a pour formule $C^{12}H^7OAzS$. C'est une poudre bleue à reflets cuivrés, insoluble dans l'eau, dans le benzène et dans la ligroïne, soluble en bleu dans l'acide sulfurique.

INDOPHÉNOL. s. m. (R. indigo, et phénol). T. Chim. On donne habituellement le nom d'in. à des matières colorantes bleues qui dérivent des quinones, l'un des atomes d'oxygène de ces quinones étant remplacé par le résidu bivalent d'une diamine aromatique. L'in. le plus simple correspond à la quinone ordinaire et a pour formule

$$O = C^6H^4 = AzC^6H^4(Az^2H).$$

L'in. du commerce correspond à la naphtoquinone. Voy. COLORANTES, IV, 10.

Les indophénols sont à peu près insolubles dans l'eau, mais ils se dissolvent dans l'alcool, l'éther, le benzène, la ligroïne. Avec les acides, ils donnent à froid des sels incolores ; à chaud, ils se dédoublent en quinones et en diamines. Sous l'action des réducteurs, ils fournissent des leucodérivés qui sont solubles dans les alcalis aqueux et qui s'oxydent facilement en régénérant la matière colorante. Pour teindre on l'imprègne du leucodérivé qu'on oxyde ensuite, soit par exposition à l'air, soit par le bichromate de potassium. La couleur résiste assez bien à la lumière, mais elle est très sensible à l'action des acides. Le nom d'in. n'est pas en rapport avec la constitution de ces composés. Certains chimistes le remplacent par celui d'indo-aniline et réservent le nom d'indophénol aux corps de constitution analogue dans lesquels le résidu de diamine est remplacé par le résidu d'une amine possédant une fonction phénol. Le plus simple de ces corps aurait pour formule $O = C^6H^4 = AzC^6H^4(OH)$. Ces indophénols proprement dits se préparent en faisant réagir les phénols sur les diamines à fonction phénolique en présence d'un agent d'oxydation, ou bien en oxydant le mélange d'un phénol et d'une diamine. Ils sont peu stables ; chauffés avec les acides concentrés, ils se dédoublent en quinones et en diamines. Traités par les agents de réduction, ils donnent des leucodérivés qui, par oxydation, régénèrent le composé primitif.

INDORE, v. de l'Inde anglaise, capitale de l'État du même nom ; 92,399 hab.

476

INDOU. s. et adj. Habitant de l'Inde; qui appartient à ce pays. On dit aussi *Hindou*, et plutôt *Indien*.

INDOULOUREUX, EUSE. adj. Qui n'est point douloureux.

INDOUSTAN. Voy. Hindoustan et Inde.

IN-DOUZE. adj. et s. m. Dont la feuille est pliée en douze feuillets. On écrit le plus souvent *in-12*. Voy. Format.

INDOXANTHIQUE. adj. 2 g. [Pr. *indox-zantike*] (R. *indigo*, et gr. ξανθός, jaune). T. Chim. *L'éther i.* se produit quand on oxyde l'éther indoxylique par le perchlorure de fer ou par le ferricyanure de potassium. Il cristallise en aiguilles jaunes, fusibles à 107°, solubles dans l'eau. Sa formule est :

$$C^6H^4\underset{Az\,H}{\overset{CO}{<}}COH.CO^2(C^2H^5).$$

INDOXYLE. s. m. [Pr. *indok-sile*] (R. *indol*, *oxygène*, et gr. ὕλη, matière). T. Chim. Composé à fonction phénolique, dérivé de l'indol et répondant à la formule C^8H^7AzO. Il se forme quand on décompose l'acide indoxylique par la chaleur, ou encore lorsqu'on chauffe l'acide indoxyle-sulfurique ou son sel de potassium avec de l'acide sulfurique. L'i. est un liquide huileux, peu stable, soluble dans les acides et dans les alcalis. Sa solution sulfurique traitée par l'acide orthonitrophénylpropiolique se convertit en indone. Ses solutions alcalines s'oxydent rapidement à l'air en donnant de l'indigotine. L'acide azoteux le transforme en *nitroso-indoxyle* cristallisable en prismes jaunes d'or, solubles dans l'alcool. — On peut déceler de très petites quantités d'i. dans une substance en y ajoutant à froid du perchlorure de fer; il se forme de l'indigo bleu (indigotine); c'est ce qu'on appelle la *réaction de l'indoxyle*.

L'i. présente le phénomène de la desmotropie. Sa forme stable est représentée par la formule :

$$C^6H^4\underset{Az\,H}{\overset{C\,(OH)}{<}}CH.$$

Mais, dans beaucoup de réactions, il se comporte comme s'il se transformait préalablement en un isomère instable :

$$C^6H^4\underset{Az\,H}{\overset{CO}{<}}CH^2$$

auquel on a donné le nom de *pseudo-indoxyle* et qui n'a pas été isolé. C'est ainsi qu'il s'unit aux aldéhydes, aux cétones et aux acides cétoniques, avec élimination d'une molécule d'eau, pour former des composés appelés *indogénides*, qui renferment le radical *indogène :*

$$C^6H^4\underset{Az\,H}{\overset{CO}{<}}C=$$

Par ex., l'aldéhyde benzylique $CHO.C^6H^5$ donne naissance à une indogénide qui cristallise en longues aiguilles jaunes, fusibles à 176°, solubles dans l'alcool, et dont la formule est :

$$C^6H^4\underset{Az\,H}{\overset{CO}{<}}C=CH.C^6H^5.$$

L'indigotine peut être considérée comme le *di-indogène*. Son isomère, l'indirubine, est l'indogénide de l'isatine.

INDOXYLE-SULFURIQUE. adj. 2 g. [Pr. *indok-sile*]. T. Chim. *L'acide i.* est un éther acide constitué par le sulfate acide d'indoxylo :

$$SO^4H(C^8H^6Az)$$

Son sel de potassium $SO^4K'(C^8H^6Az)$ se rencontre normalement dans l'urine de l'homme et des carnivores; il apparaît en quantité considérable chez les animaux auxquels on a fait absorber de l'indol. Cet indoxyle-sulfate de potassium, que l'on peut préparer en traitant l'indoxyle par le pyrosulfate de potassium, est connu sous le nom d'*indican urinaire*, parce qu'on l'avait d'abord confondu avec l'indican de l'indigo. Il cristallise en lamelles brillantes, très solubles dans l'eau et dans l'alcool. Sous l'action des oxydants les plus fai

bles et même par simple exposition à l'air, il se transforme en indigotine.

INDOXYLIQUE. adj. 2 g. [Pr. *indok-silike*] (R. *indoxyle*). T. Chim. *L'acide i.* $C^9H^7AzO^3$ s'obtient, à l'état de sel sodique, lorsqu'on saponifie son éther éthylique par la soude en fusion à 180°. Ce sel sodique, traité par un acide, fournit l'acide i. sous forme d'un précipité blanc, peu soluble dans l'eau. — L'acide i. fond à 123° et se dédouble en anhydride carbonique et en indoxyle. Chauffé avec l'acide sulfurique concentré, il se convertit en acide sulfindigotique. En solution alcaline étendue, il s'oxyde à l'air et donne de l'indigotine.

L'éther i., qui sert à préparer l'acide, s'obtient en réduisant, à l'aide du sulfure d'ammonium, l'éther ortho-nitrophénylpropiolique. Il cristallise en prismes incolores, fusibles à 120°, solubles dans les alcalis. Oxydé par le perchlorure de fer, il se convertit en éther indoxanthique.

L'acide i. est desmotropique comme l'indoxyle. Sa forme stable répond à la formule :

$$C^6H^4\underset{Az\,H}{\overset{COH}{<}}C.CO^2H.$$

Mais, en réagissant sur les aldéhydes, les cétones et les acides cétoniques, il paraît se transformer en un isomère instable qui donner naissance à des *indogénides*. Voy. Indoxyle. Cet isomère, qui a reçu le nom d'*acide pseudo-indoxylique*, n'a pas été isolé; il aurait pour formule :

$$C^6H^4\underset{Az\,H}{\overset{CO}{<}}CH.CO^2H.$$

INDRE, riv. de France, prend sa source dans le dép. de la Creuse, arrose La Châtre, Châteauroux, Loches, et se jette dans la Loire après un cours de 60 lieues.

INDRE (Dép. de l'), formé d'une portion du Berry, de la Marche et de la Touraine; 292,900 hab. Ch.-l. *Châteauroux*. 3 autres arr. : *Le Blanc, La Châtre, Issoudun*.

INDRE-ET-LOIRE (Dép. d'), formé de la Touraine, de l'Anjou et du Poitou; 337,300 hab. Ch.-l. *Tours*. 2 autres arr. : *Chinon, Loches*.

INDRET, île de la Loire (dép. de la Loire-Inférieure, à 8 kilom. de Nantes), 1,800 hab., dans laquelle se trouve une magnifique usine pour la construction de machines à vapeur pour la marine de l'État et de coques pour les navires en fer.

INDRI. s. m. T. Mamm. Genre de Quadrumanes. Voy. Lémuriens.

INDROITURE. s. f. Absence de droiture

INDU, UE. adj. (R. *in* priv., et *dû*). Qui est contre la règle, contre l'usage; n'est guère usité que dans les loc., *A heure indue*, et *A une heure indue*. || T. Prat. Ce qui n'est pas dû. *On est en droit de répéter le paiement de l'indu*. Voy. Contrat, XI.

INDUBITABLE. adj. 2 g. (lat. *indubitabilis*, m. s., de *in* priv., et *dubitare*, douter). Dont on ne peut pas douter; certain, assuré. *Le succès de cette affaire est i. C'est un principe i. Ces nouvelles sont indubitables. Il est i. que nous nous sommes trompés.*

INDUBITABLEMENT. adv. Sans doute, certainement, assurément. *Il arrivera i. Ici jour. S'il continue comme il a commencé, il se ruinera i.*

INDUCTEUR, TRICE. adj. T. Phys. Qui produit de l'induction. *Courant i. Pile inductrice.* || Subst. *L'inducteur*, Le conducteur où passe le courant i. Voy. Induction.

INDUCTIBILITÉ. s. f. Manque de ductilité.

INDUCTIF, IVE. adj. (lat. *inductivus*, m. s., de *inductum*, sup. de *inducere*, conduire, induire). T. Philos. Qui a rapport, qui appartient à l'induction. *Méthode inductive.*

INDUCTILE. adj. 2 g. (R. *in* priv., et *ductile*). Qui n'est pas ductile.

INDUCTION. s. f. [Pr. *induk-sion*] (Lat. *inductio*, action d'induire). T. Philos. Manière de raisonner qui consiste à inférer une chose d'une autre. *Raisonner par i.* || Se dit aussi de la conclusion même obtenue par i. *Cette i. est fausse. Vous jugez sur de simples inductions.* || Action d'étendre quelque chose sur la surface d'un objet.

Philos. — I. — L'*I.* est une manière de raisonner qui consiste à tirer de plusieurs cas particuliers une conclusion générale. Le procédé *inductif* est donc précisément l'inverse du procédé *déductif*. Le premier nous élève de la connaissance de faits particuliers à la connaissance des lois générales, le second nous fait descendre du général au particulier. Par ex., lorsque, après avoir observé que l'eau, l'huile et le lait se congèlent sous l'influence du froid, nous en inférons que tous les liquides doivent se congeler, pourvu que le froid soit assez intense, nous procédons par i. Quand, au contraire, nous disons : Tous les liquides sont susceptibles de se congeler; or, le mercure est un liquide, donc il peut se congeler, nous procédons par déduction. L'exemple que nous venons de choisir montre que, outre cette différence dans leur mode de procéder, la déduction et l'i. diffèrent encore l'une de l'autre, en ce que celle-ci doit en général précéder celle-là dans l'ordre de l'acquisition de nos connaissances. En effet, avant de déduire certaines vérités particulières d'une formule générale, il faut déjà s'être élevé à cette formule : or, dans la plupart des cas, nous ne pouvons y parvenir qu'au moyen de l'i. C'est par l'i. que l'homme atteint la science ; c'est par la méthode déductive qu'il l'enseigne et la transmet. Toutes les sciences d'observation sont fondées sur l'i., et spécialement les sciences physiques et naturelles. Les connaissances empiriques que nous acquérons et dont nous faisons un usage incessant dans le cours ordinaire de la vie, alors même qu'elles ne constituent pas un ensemble scientifique, ont également l'i. pour base. En effet, sans le raisonnement inductif, il ne saurait y avoir pour l'homme ni sagesse, ni prévoyance, ni règles d'industrie : car, dit très bien Franck, nous ne serions pas sûrs que les mêmes moyens pourront atteindre deux fois de suite les mêmes fins ; nous ne serions pas sûrs de conserver d'un instant à l'autre les mêmes facultés et les mêmes besoins, ou de retrouver hors de nous la même nature.

II. — En considérant le rôle que joue l'i. dans l'existence de l'homme, on comprend aussitôt que l'esprit humain a toujours été en possession du procédé inductif et qu'il y aurait folie à en attribuer l'invention à tel ou tel philosophe. Au reste, les philosophes anciens l'ont décrit et mis en parallèle avec le procédé déductif. Il est l'âme de la philosophie de Socrate et de Platon. Aristote le définit très exactement dans plusieurs passages de ses *Analytiques*, et dans son *Histoire des animaux* il en montre les résultats. Longtemps avant lui, le père de la médecine, Hippocrate, l'avait employé avec une sagacité merveilleuse. — Ce n'est donc point à l'ignorance où ils auraient été du procédé inductif que l'on doit attribuer le peu de progrès qu'ont fait les anciens dans les sciences d'observation, mais à leur impatience de savoir, à leur défaut d'observation et à leur absence totale d'expérience. Au lieu de s'acheminer lentement vers des vérités qui ne s'acquièrent qu'en partant d'observations rigoureuses, ils prétendaient les emporter de haute lutte et les obtenir *à priori*. Dans le moyen âge, l'i. fut également peu employée, parce que la direction des esprits n'était point alors la science expérimentale. La théologie ayant été, pendant cette longue période, la science dominante, le moyen âge dut être naturellement le règne du syllogisme. En effet, les principes qui servent de base à la théologie étant donnés et imposés, il n'y avait plus qu'à en déduire et à en coordonner les conséquences. La nouvelle direction imprimée aux esprits à l'époque de la renaissance devait nécessairement amener un changement de méthode. L'emploi de l'observation ou de l'expérience comme moyen d'étude entraînait celui de l'i. comme moyen d'élever la connaissance des phénomènes individuels au rang de principes et de lois. Aussi les travaux de Copernic, de Képler et de Galilée ont-ils précédé les recherches philosophiques de Bacon, qui n'a eu qu'à codifier, pour ainsi dire, les procédés employés par ces grands investigateurs de la nature.

III. — Le caractère le plus essentiel de l'i. est, ainsi qu'on l'a vu, d'élever notre esprit de la connaissance des phénomènes à celle des lois ou des principes qui les contiennent virtuellement. « Or, dit Franck, dans cette marche ascendante ou génération successive de l'i., on peut distinguer trois de-

grés : 1° Le phénomène qu'un certain objet ou un certain être nous a présenté plusieurs fois, en des moments ou en des lieux déterminés, nous l'admettons pour toute la durée de cet être et pour tous les points de l'espace où il peut être transporté, à la condition que l'on ne changera rien aux circonstances dans lesquelles le phénomène s'est toujours produit : c'est par ce moyen que nous reconnaissons dans les choses des attributs essentiels et des propriétés invariables. 2° Ce que nous avons observé dans quelques êtres se ressemblant entre eux aussi complètement que le comporte la nature, nous l'affirmons, sans distinction de temps et de lieux, de tous les êtres semblables aux premiers, et que notre esprit se représente par un même type : c'est ainsi que nous reconnaissons non seulement des propriétés invariables, mais encore des propriétés générales, c.-à-d. communes à tous les individus d'une même espèce. 3° Enfin, ce que nous avons observé dans plusieurs espèces, c.-à-d. dans des êtres semblables par certaines qualités, et différents par beaucoup d'autres, nous l'attribuons à tous ceux qui possèdent les premières de ces qualités, en ne tenant compte des autres que pour marquer les degrés et les proportions dont le phénomène en question est susceptible : c'est ainsi que nous arrivons à découvrir, avec les rapports des espèces aux genres, des lois, des propriétés, des forces de plus en plus générales, et que l'univers se montre à nos yeux dans son unité et sa sublime harmonie. »

Les conditions de l'i. ont été ramenées par Bacon à trois règles fondamentales : 1° Il faut multiplier les observations et varier les expériences jusqu'à ce qu'on ait discerné ce qu'il y a de constant dans les phénomènes naturels, ou, en d'autres termes, jusqu'à ce qu'on ait démêlé l'accessoire du principal, les purs accidents du fait essentiel. 2° Il faut rechercher par les mêmes procédés quelles sont les propriétés et les circonstances qui excluent la manifestation d'un phénomène, ou qui lui sont indifférentes : ce qui complète la connaissance du phénomène en lui-même. 3° Il faut rechercher si les propriétés que l'on a reconnues dans un individu, dans une espèce ou dans un genre, ne s'y produisent pas dans des proportions différentes, suivant des circonstances différentes, et si ces proportions elles-mêmes ne peuvent pas être ramenées à une règle uniforme. — Ainsi donc, c'est par une série de comparaisons que l'i. procède. Bacon appelle *instances positives*, les cas où le phénomène étudié se présente dans des conditions différentes ; *instances négatives*, ceux où, dans des conditions semblables, le phénomène n'a pas lieu. En comparant les instances positives entre elles, puis en les confrontant avec les instances négatives, on arrive à déterminer les conditions essentielles et celles qui ne le sont pas, pour rejeter ces dernières. De la sorte, l'expérience marche du particulier au général, et l'intelligence s'élève jusqu'à la loi, c.-à-d. jusqu'à la connaissance des rapports qui lient invariablement les phénomènes. Aux règles qui viennent d'être exposées, correspondent les trois espèces de tableaux que Bacon recommande de dresser, savoir : les *tables de présence*, qui constatent tous les cas où l'on observe un certain phénomène, les *tables d'absence*, qui constatent les cas où la manifestation du phénomène n'a pas eu lieu ; et les *tables de comparaison*, qui donnent les proportions dans lesquelles il se manifeste. Nous citerons, avec J. Stuart-Mill, la théorie de la rosée de Wells comme une des plus admirables applications de la méthode inductive, telle que Bacon en a donné les procédés.

IV. — Certains philosophes ont contesté la légitimité de l'i., ou, en d'autres termes, la certitude des connaissances et des vérités acquises par le procédé inductif. Quel que soit le nombre d'observations recueillies au sujet d'un phénomène disent-ils, on n'est jamais assuré d'avoir épuisé tous les cas possibles. Or, il suffit d'une seule instance négative pour réduire à néant la plus longue suite d'instances positives, et, par conséquent, pour infirmer la loi qu'on a pu en tirer. Cette difficulté est très grave et se rattache à la théorie de la certitude. On ne peut la résoudre que par une analyse précise des principes généraux sur lesquels repose l'i. Remarquons d'abord que si l'on veut arguer de cette difficulté pour établir la supériorité de la méthode déductive sur la méthode inductive, en ce qui concerne l'acquisition de nos connaissances, on tournera nécessairement dans un cercle vicieux. La légitimité du procédé déductif repose sur le principe de contradiction et paraît, en effet, *à priori*, plus solide que celle du procédé inductif. Dans la pratique, il est aussi plus facile de contrôler l'application du procédé déductif en d'autres termes, un raisonnement déductif faux se reconnaît plus facilement qu'une i. téméraire et prématurée. Mais la méthode déductive ne nous apprend en réalité rien qui ne soit déjà contenu implicitement dans les prémisses. Pour déduire, il faut être déjà en possession d'une proposition générale dont on développe les conséquences, lesquelles auront exactement la même valeur objective que la proposition générale. Or, celle-ci ne peut être acquise que par i., au moins en ce qui concerne les sciences physiques, à moins qu'elle n'ait été créée de toutes pièces par une imagination trop vive. Les résultats du raisonnement déductif auront donc exactement la même valeur que l'i. primitive qui a servi à les établir. C'est donc en définitive l'i. qui est à la base de toute science et c'est elle dont il faut faire une solide analyse et une minutieuse critique.

On a dit que l'i. avait dans l'esprit un fondement inébranlable, qui est le *principe de causalité*. Cela est vrai, dans une certaine mesure, mais le principe de causalité ne suffit pas à légitimer l'i. Il faut y ajouter une notion supplémentaire, à savoir que les mêmes effets sont produits par la même cause. Or, cela n'est pas vrai d'une manière absolue, deux causes différentes pouvant produire, parmi un grand nombre d'effets différents, quelques effets identiques. De là résulte que la légitimité de l'i. n'est pas d'ordre logique ou rationnel. La *raison pure*, au sens où l'entendait Kant, ne peut voir dans l'i. une méthode certaine. La vérité est que, si l'i. suppose le principe de causalité, elle suppose aussi une croyance d'ordre intuitif ou sentimental, assez vague et assez difficile à définir, et qu'on peut caractériser par les mots de *principe d'ordre et d'harmonie dans l'Univers, permanence des lois naturelles*, etc. C'est en vertu de cette croyance que nous affirmons que ce qui s'est passé plusieurs fois se reproduira dans les mêmes circonstances : c'est ce principe indémontrable et indéfinissable qui est le vrai fondement de l'i., et, par suite, la seule base des sciences physiques. On voit ainsi combien certaines écoles ont eu tort d'attribuer aux progrès scientifiques la découverte ou la démonstration de la permanence des lois naturelles. Loin d'être au sommet de l'édifice scientifique, ce principe en est la base ; il en constitue l'axiome initial et indémontrable, et toute cette science dont nous sommes si fiers a juste la valeur de ce principe. Dès lors, le métaphysicien peut se demander quelle est l'origine de ce principe ; il voudra en faire l'analyse et la critique. Cela n'est pas chose facile, et nous ne nous y arrêterons pas. Nous nous bornerons à deux remarques. Premièrement, la deuxième forme sous laquelle nous l'avons énoncé : *permanence des lois naturelles*, malgré son apparence de précision, nous semble bien inférieure à l'autre : *ordre et harmonie de l'Univers*. Le mot *loi* fait illusion ; on croit y voir quelque chose de net et de précis ; mais quand on y réfléchit, on s'aperçoit bien vite que la notion d'une *loi naturelle* est loin d'être une notion simple et qu'il est extrêmement difficile de comprendre d'une manière nette et précise ce qu'il faut entendre par ces mots. Voy. Loi. En second lieu, nous ferons observer que le principe dont il s'agit fait partie de ces principes premiers qui, comme le principe de contradiction, le principe de causalité, la croyance à la réalité du monde extérieur, etc., ne peuvent ni s'expliquer par les enseignements de l'expérience, ni se justifier par aucun raisonnement démonstratif, et sans lesquels cependant toute vie intellectuelle deviendrait impossible. Pour en revenir au langage de Kant, ils ne font pas partie de la *raison pure*, et appartiennent à la *raison pratique*. La certitude que nous en avons n'est pas une certitude logique, et s'impose à l'esprit par une sorte d'intuition toute personnelle. Voy. IDÉE et CERTITUDE.

Hume, qui a nié le principe de causalité, devait nier aussi la légitimité de l'i. Selon lui, toute i. se fonde seulement sur l'habitude. Cette assertion, suivant la manière dont on l'entend, est, ou une vaine tautologie, ou une pétition de principe. Si Hume entend que lorsque nous avons éprouvé plusieurs fois un certain groupe de sensations, nous nous attendons, par habitude, à éprouver les mêmes sensations, il dit que l'i. est l'i. et pas autre chose, car c'est précisément en cela qu'elle consiste, et l'attente des sensations n'est pas autre chose que le jugement par lequel nous affirmons qu'elles se produiront. Si le philosophe anglais dit que le jugement inductif est formulé par l'habitude acquise de formuler des jugements analogues dans les cas semblables, il faut expliquer comment et pourquoi le premier jugement qui a contribué à fonder l'habitude a été formulé, et c'est l'absence de cette explication qui est une pétition de principe, puisque ce premier jugement était nécessairement inductif, lui aussi. Pour Stuart Mill l'i. repose entièrement sur le principe de causalité qui, lui-même, serait d'origine empirique. Cette opinion a été réfutée par M. Lachelier, qui a nettement montré que le principe de causalité ne suffisait pas à justifier l'i., et qu'il fallait y adjoindre un principe de finalité, identique en définitive au principe d'ordre et d'harmonie dans l'Univers dont nous avons déjà parlé.

V. — Si l'i. est parfaitement légitime comme méthode, est-ce à dire que les conclusions qu'on en tire soient parfaitement certaines ? Loin de là, l'i. est un outil difficile à manier, et qui, dans tous les cas, ne donne que des probabilités, car les inductions nouvelles fondées sur des faits antérieurement inconnus peuvent restreindre la généralité des inductions précédentes. L'histoire des sciences offrirait de nombreux exemples d'inductions trop générales ainsi rectifiées par la suite. On connaît l'histoire de cet Anglais qui, débarquant à Calais dans un hôtel où la servante était rousse, écrivait : En France toutes les femmes sont rousses. Sans faire d'erreurs aussi grossières, celui qui raisonne par i. est toujours exposé à trop généraliser. On peut cependant affirmer que toute i. faite avec les précautions suffisantes contient une part de vérité ; mais elle n'est pas toute la vérité. En science, l'i. sert à découvrir des lois qui doivent être contrôlées et vérifiées plus tard ; il en est des inductions scientifiques à peu près comme des hypothèses : elles se précisent et se limitent avec les progrès mêmes de la science. Il ne ressort nullement de là que toute connaissance est impossible, comme voudraient le faire croire les sceptiques, mais seulement que l'homme ne saurait atteindre la vérité absolue. Voy. HYPOTHÈSE, CERTITUDE.

VI. — L'*Analogie* est souvent confondue, du moins dans le langage ordinaire, avec l'i. ; mais il existe entre ces deux procédés de raisonnement une différence essentielle. L'i. a pour objet la recherche des lois et la découverte des causes ; l'analogie ne recherche que des ressemblances. L'i. s'appuie sur des phénomènes de même ordre, l'analogie sur des phénomènes d'ordre différent. La conclusion que l'i. tire des faits observés est une généralisation, celle que l'analogie tire des ressemblances saisies est une hypothèse. L'analogie n'est pas, à proprement parler, un instrument logique ; elle est une simple vue de l'esprit, une sorte de divination. Elle suggère les expériences sur lesquelles viendra se fonder l'i. ; elle abrège le travail de la science, en supprimant une foule de tâtonnements ; elle peut même être l'origine de grandes découvertes ; mais le génie seul sait en faire un emploi utile, tandis que, pour le vulgaire, elle n'est le plus souvent qu'une source d'erreurs. — Tout raisonnement par analogie se base, soit sur une ressemblance d'attributs, soit sur une ressemblance de moyens. De la ressemblance entre les attributs on conclut à la ressemblance des substances : ainsi, par ex., c'est en concluant des ressemblances observées entre la terre et certaines planètes, sous le rapport de la forme, de la densité, des mouvements, etc., que l'on conçoit la possibilité que ces astres soient, comme la terre, habités par des êtres plus ou moins semblables à nous. De la ressemblance des fins on conclut à celle des moyens, et, réciproquement : c'est ainsi que certaines ressemblances observées entre le développement des végétaux et des animaux, une fois le fait constaté que les premiers se développent au moyen de cellules, ont suggéré l'idée que ce mode de développement pourrait bien être aussi celui des animaux. C'est donc l'analogie qui a déterminé Schwann à instituer ses admirables recherches histogéniques. Mais rien n'est plus facile que d'abuser de ce mode de raisonnement. C'est une fausse analogie, par ex., qui a enfanté le système socialiste connu sous le nom de *Fouriérisme*. L'attraction est la loi fondamentale des mouvements des corps célestes, et l'on peut dire, dans du monde physique tout entier. Pourquoi, s'est dit Fourier, ne serait-elle pas la loi du monde moral ? Et sur cette hypothèse ruineuse il a édifié un système social que la plus simple observation fait crouler avec elle. Comme exemple d'analogie aventureuse, nous citerons aussi les théories sociologiques soutenues par plusieurs philosophes contemporains qui assimilent la société à un organisme animal et les individus humains aux *cellules* qui composent cet organisme. En poursuivant cette analogie, on arriverait à fausser toute la morale en sacrifiant complètement l'individu au profit de la collectivité, sans faire attention que cette collectivité n'existe pas comme être distinct des individus, qu'elle ne constitue qu'un être abstrait dénué de personnalité, et que seule la destinée des individus est intéressante. Les philosophes contemporains paraissent se plaire beaucoup à l'étude de l'histoire naturelle, et on ne peut que les en louer ; mais les analogies qu'ils croient quelquefois pouvoir tirer de cette étude risquent de les conduire à des conclusions hasardées et dangereuses.

Phys. — I. *Définition.* — On désigne quelquefois, sous le nom d'*Induction*, l'action qu'un corps électrisé exerce à distance sur un corps neutre ; mais c'est surtout lorsqu'il s'agit des effets produits par l'électricité dynamique que cette dénomination est usitée. On nomme donc *courants d'induction*, ou *courants induits*, des courants qui se développent dans des conducteurs métalliques sous l'influence d'autres courants. Les phénomènes d'i. ont été découverts par Faraday en 1832. L'illustre physicien, partant de ce principe que l'électricité en mouvement possède le pouvoir de développer le magnétisme, se demanda si, réciproquement, les aimants ne seraient pas capables de faire naître des courants électriques dans des conducteurs fermés. Le succès le plus complet couronna ses expériences, qui fournirent à la science la preuve la plus décisive de l'identité d'origine entre les phénomènes magnétiques et les phénomènes électriques. D'après les recherches et celles des physiciens qui ont étudié les courants induits, on peut les développer par les courants voltaïques, par les aimants, par l'action de la terre, par les décharges d'électricité statique, et, enfin, par l'action des corps en mouvement.

II. *Induction par les courants voltaïques.* — Lorsqu'un courant voltaïque commence à circuler dans un conducteur, ou qu'il cesse d'y circuler, il développe, dans tout conducteur voisin, un courant de très courte durée : c'est le *courant induit*. On constate ce phénomène au moyen d'un appareil fort simple (Fig. 1). On enroule sur un cylindre de bois deux fils de cuivre recouverts de soie (celle-ci peut être de couleur différente pour chacun d'eux, ce qui permet de reconnaître facilement leurs extrémités). On forme ainsi deux hélices parallèles, très voisines, et isolées. En mettant les extrémités d'un des fils en communication avec les pôles d'une pile, et celles de l'autre avec un galvanomètre, on observe les phénomènes suivants : 1° A l'instant de la fermeture du circuit de la pile par l'un des fils, une déviation instantanée de l'aiguille du galvanomètre indique qu'il s'est produit un courant dans l'autre fil ; mais ce courant est de très courte durée, car la déviation ne se maintient pas, et l'aiguille revient au zéro après quelques oscillations. Quant à la direction du courant induit,

Fig. 1.

elle est de sens contraire à celle du courant de la pile. On nomme *fil inducteur*, le fil traversé par le courant de la pile, et *courant inducteur*, ce courant lui-même. 2° Quand on interrompt le circuit, l'aiguille est encore déviée instantanément ; mais ici, le sens de sa déviation montre que le courant induit est de même sens que le courant inducteur. 3° Tant que le courant voltaïque persiste, il n'exerce aucune action inductrice. On nomme *courant direct ou positif*, le courant induit dont le sens est le même que celui du courant inducteur, et *courant inverse ou négatif*, le courant induit dont le sens est contraire à celui du courant inducteur. — Lorsqu'au lieu d'expérimenter sur deux fils enroulés autour d'une même bobine, on prend deux fils rectilignes tendus parallèlement, ou deux spirales plates superposées, on observe des phénomènes identiques. Avec des fils tendus, l'action inductrice atteint son maximum quand les fils sont parallèles, elle devient nulle quand leurs directions sont rectangulaires ; pour des positions intermédiaires, elle varie en sens inverse de l'angle compris entre les deux fils.

Fig. 2.

Il n'est pas nécessaire que le courant inducteur se détruise complètement ou se développe instantanément, pour donner naissance à un courant induit ; il suffit qu'il éprouve une variation quelconque dans son intensité. On obtient également des courants d'i., lorsqu'on approche ou lorsqu'on éloigne rapidement du fil inducteur le fil conducteur en communication avec le galvanomètre. Le sens de ces courants varie selon les cas ; ainsi, un courant dont l'intensité *augmente* ou un courant qui *commence* agissent sur un fil métallique voisin, comme un courant qui *commence*, et déterminent, par conséquent, un courant induit de sens contraire au sien, tandis qu'un courant dont l'intensité *diminue* ou un courant qui *s'éloigne* exercent sur un fil métallique voisin la même action qu'un courant qui *finit*, et déterminent ainsi un courant induit de même sens. Ces différents effets sont rendus très sensibles avec les deux spirales cylindriques de la Fig. 2. Chacune d'elles se compose d'un fil de cuivre recouvert de soie, et enroulé en hélice creuse de bois ou de carton. Les extrémités du fil sont en communication avec deux bornes métalliques fixées à la partie supérieure de la bobine ; ces bornes servent à faire entrer la spirale dans le circuit d'une pile ou d'un galvanomètre, suivant qu'elle doit servir d'appareil inducteur ou d'appareil induit. On obtient ainsi des courants induits d'une grande intensité, dont les faits précédents permettent de prévoir le sens. Tous les phénomènes de l'i. établissent donc qu'un simple mouvement relatif d'un circuit voltaïque et d'un circuit métallique fermé suffit pour développer un courant induit dans ce dernier. On peut remarquer en outre que la réaction électrodynamique du courant induit est *répulsive* quand les deux circuits *se rapprochent*, et *attractive* quand ils *s'éloignent* l'un de l'autre. En effet, dans le premier cas, les deux circuits sont parcourus par des courants de *sens contraire*, et, dans le second, par des courants de *même sens*. Tous ces résultats peuvent être considérés comme les conséquences directes d'une loi générale établie par le physicien russe Lenz et que l'on peut énoncer en ces termes : *Toutes les fois qu'il y a mouvement relatif d'un conducteur et d'un circuit voltaïque, il y a dans le conducteur induction d'un courant dont la réaction sur le courant inducteur tend à s'opposer au mouvement produit.*

III. *Induction par l'action des aimants.* — Soit une bobine de bois A (Fig. 3) recouverte par un fil de cuivre long de 200 ou 300 mètres, et ayant ses deux extrémités en communication avec un galvanomètre. Lorsqu'on introduit dans l'intérieur de cette bobine le pôle austral, du barreau aimanté NS, l'aiguille du galvanomètre est déviée, et le sens du

Fig. 3.

Fig. 4.

courant qui la dévie est tel que, dans la bobine, il a une direction opposée à celle des courants *particuliers* qu'Ampère admet dans les aimants, en les assimilant à des solénoïdes. Bientôt cependant l'aiguille reviendra à sa position initiale, attendu que le courant induit par l'action de l'aimant n'a qu'une très courte durée. Maintenant, si l'on enlève l'aimant, l'aiguille s'écartera de nouveau de sa position ; mais cette nouvelle déviation sera de sens contraire à la première, et les courants induits développés dans la bobine seront de même sens que les courants particuliers de l'aimant. Si, au lieu d'un barreau aimanté, c'est un cylindre de fer doux qu'on introduit dans la bobine A, on peut également obtenir des courants induits, en approchant ou éloignant vivement de ce cylindre un barreau aimanté. Ces courants sont produits par le développement et la cessation du magnétisme du fer doux, et ils sont régis par les mêmes lois que les courants développés par un courant voltaïque commençant ou finissant. La propriété dont jouissent les barreaux de fer doux de s'aimanter sous l'influence d'un courant voltaïque, et de retomber instantanément à l'état neutre, quand le circuit de la pile est rompu, a été utilisée pour augmenter l'intensité des courants induits. Il suffit de placer dans l'axe d'une bobine, comme celle de la Fig. 1, un cylindre de fer doux. Alors, à l'action inductrice du courant voltaïque vient s'ajouter l'action inductrice du développement et de la cessation du magnétisme dans le cylindre de fer, et les phénomènes d'I. augmentent dans des proportions considérables. On obtient encore des courants d'i., en faisant tourner rapidement un aimant *ab* (Fig. 4) en avant des extrémités d'un électro-aimant *mn*. L'aimantation temporaire de celui-ci est encore la cause de la production de ces courants. Les courants induits par l'action des aimants sont communément désignés sous le nom de courants *magnéto-électriques*.

IX. *Induction par l'action de la terre*. — La terre pouvant être assimilée à un puissant barreau aimanté parallèle à l'axe de l'aiguille d'inclinaison, on, conformément à la théorie d'Ampère, à un électromoteur dont le courant serait dirigé de l'est à l'ouest parallèlement à l'équateur magnétique, il était naturel de penser qu'elle peut aussi développer des courants d'i. dans des circuits métalliques fermés. Faraday a indiqué une manière très simple et très élégante de mettre en évidence l'i. terrestre. Il prend un galvanomètre, et il tend les deux extrémités de son fil perpendiculairement au méridien magnétique ; puis il les replie horizontalement vers le nord et les réunit par un fil métallique de manière à obtenir un rectangle. Le galvanomètre restant fixe, il fait tourner le rectangle sur lui-même, et sur le champ l'aiguille aimantée accuse la production d'un courant induit dont le sens reste conforme aux indications de la loi de Lenz. On peut disposer l'appareil d'une façon différente, c.-à-d. tendre les fils du galvanomètre parallèlement au méridien magnétique. Dans ce cas encore, on constate l'i. d'un courant dans le fil de l'instrument. Il en est de même quand on fait tourner un conducteur circulaire ayant son plan perpendiculaire à l'aiguille aimantée, autour d'un axe perpendiculaire aussi à l'aiguille aimantée. Nous ajouterons que Palmieri et Linari sont parvenus à reproduire, avec les courants induits développés sous l'influence du globe terrestre, tous les effets que l'on peut obtenir avec des appareils fondés sur l'i. des courants voltaïques et des aimants.

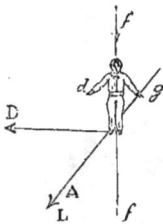

V. *Sens du courant induit*. — Les lois précédentes, et surtout la loi de Lenz qui les résume, permettent de déterminer le sens du courant induit. Les règles suivantes n'en sont que la traduction : 1° Considérons un bonhomme couché le long du fil (Fig. 5) regardant dans la direction des lignes de force L et ayant sa main droite du côté du déplacement D, alors le courant induit ira de ses pieds vers sa tête.

2° *Règle des trois doigts du D' Fleming* (Fig. 6). — On dirige le pouce de la main *droite* dans le sens du déplacement D et l'index dans le sens des lignes de force L, le médius ne peut alors être disposé parallèlement au fil que d'une seule manière, le courant induit ira alors de la racine du médius vers son extrémité.

3° *Règle de Maxwell*. — Considérons un tire-bouchon que l'on fait avancer dans la direction des lignes de force dans un circuit fermé, en le tournant, le courant ira dans le même sens que la rotation du tire-bouchon, si le flux de force qui traverse le circuit diminue, et en sens inverse si le flux augmente.

VI. *Valeur de la force électromotrice d'induction*. — L'expérience et le calcul montrent que l'on peut considérer les courants d'induction comme naissant sous l'influence d'une force électromotrice spéciale siégeant dans toutes les parties du

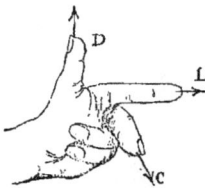

circuit induit qui subissent une variation de flux ou qui coupent des lignes de force dans leur déplacement. On obtient la force électromotrice d'induction, à un moment donné, en divisant le travail effectué par les forces électromagnétiques si l'intensité du courant avait l'unité, par le temps que dure le déplacement. D'une manière générale, Lord Kelvin et Helmholtz ont démontré que la force électromotrice d'induction a pour valeur la dérivée du flux de force qui traverse le circuit, par rapport au temps, changée de signe. On voit que plus le mouvement est rapide, plus la force électromotrice d'induction est grande.

VII. *Quantité d'électricité mise en jeu*. — La quantité d'électricité mise en jeu s'obtient en divisant la variation du flux de force par la résistance du circuit, dans le cas où l'intensité finale reprend sa valeur initiale.

VIII. *Self-induction. Extra-courants*. — Au moment où on lance le courant d'une pile dans une bobine de fil, chaque spire induit la spire voisine, ce qui produit un courant d'in-

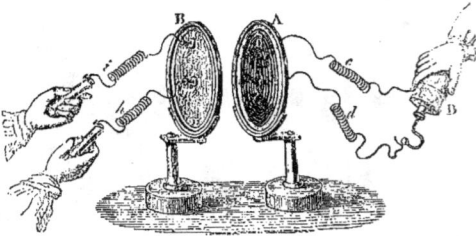

Fig. 7.

duction inverse du courant principal et tend à s'y opposer. On a donné le nom d'extra-courant de fermeture à ce courant induit. Il ne dure qu'un instant et le régime du courant permanent s'établit aussitôt. Lorsqu'on vient à interrompre le circuit, chaque spire induit dans la spire voisine un courant de même sens que le courant qui cesse ; c'est l'extra-courant de rupture. Celui-ci prolonge donc pendant un instant le courant que l'on vient d'interrompre. La force électromotrice de cet extra-courant est bien plus considérable que celle de la pile qui fournit le courant principal. L'étincelle que l'on voit aux interrupteurs des sonneries électriques des bobines d'induction est due à l'extra-courant de rupture. On se sert souvent du mot anglais *self-induction* pour indiquer les phénomènes relatifs aux extra-courants qui ont lieu chaque fois que l'intensité du courant varie dans un circuit. On dit aussi *auto-induction*.

IX. *Courants induits de divers ordres*. — Tout courant

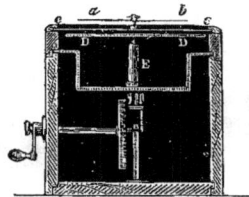

Fig. 8.

induit peut, à son tour, malgré son instantanéité, exercer une action inductrice sur les conducteurs voisins. On nomme courant induit de *premier ordre*, celui qui se développe dans un circuit métallique au moment où un courant voltaïque est fermé ou interrompu ; courant induit de *deuxième ordre*, celui qui est produit par un courant induit de premier ordre ; courant induit de *troisième ordre*, celui qui est dû à l'action d'un courant induit de deuxième ordre, et ainsi de suite.

X. *Induction par l'électricité statique*. — La décharge

d'une bouteille de Leyde D à travers une spirale de fil A (Fig. 7) produira, dans une spirale voisine B, un courant

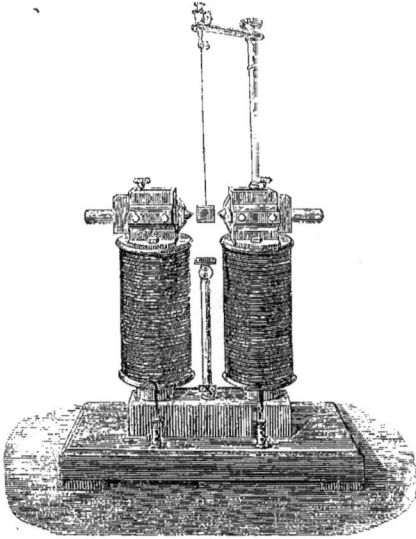

Fig. 9.

induit instantané que l'on pourra constater en prenant les poignées i, h.

XI. *Magnétisme de rotation.* — On désigne sous ce nom l'action mutuelle qui s'exerce entre une aiguille aimantée et un corps métallique en mouvement, particulièrement en mouvement de rotation. Gambey le premier (1824) observa qu'un corps conducteur, tel qu'un disque de cuivre, placé au-dessous d'une aiguille aimantée, diminue l'amplitude des oscillations de celle-ci. La présence du disque se traduit donc par une résistance opposée au mouvement de l'aiguille, résistance qui est développée par ce mouvement lui-même : car dans l'état de repos, on ne constate aucune action du disque sur l'aiguille. Arago fit de la remarque de Gambey le point de départ de recherches d'un haut intérêt. Au-dessous d'une aiguille aimantée horizontale ab (Fig. 8), plaçons un disque de cuivre DD mobile autour d'un axe vertical E, et séparons l'aiguille du disque par une membrane tendue cc, destinée à mettre la première à l'abri de l'agitation causée dans l'air par le mouvement du second. Maintenant, si nous imprimons au disque un rapide mouvement de rotation, au moyen du mécanisme représenté dans le dessin ci-contre, de même que ce disque au repos agissait tout à l'heure sur l'aiguille en mouvement, de même, quand il est mis en mouvement, il réagit sur l'aiguille au repos. En effet, on la voit se dévier de sa position d'équilibre, dans le sens du mouvement; puis, si la rotation devient très rapide, elle est elle-même entraînée et suit le mouvement du disque pendant tout le temps qu'il persiste. On peut conclure de cette expérience d'Arago qu'il se développe, par le fait même de la rotation du disque, une force agissant sur l'aiguille et ayant pour effet de la déplacer *parallèlement* au plan du disque et dans le sens du mouvement de ce dernier. Mais l'action du disque sur l'aiguille se manifeste encore par d'autres phénomènes. Lorsqu'on suspend l'aiguille au fléau d'une balance très sensible et qu'on l'équilibre par des poids, l'équilibre est rompu dès que le disque se met en mouvement; la balance s'incline du côté des

poids, comme si l'aiguille devenait moins pesante : le disque en mouvement exerce donc sur cette aiguille une force *répulsive verticale*. Ce n'est pas tout; il a encore sur elle une *action horizontale* dirigée dans le sens de son rayon : voici comment Arago l'a démontré. Supposons une aiguille d'inclinaison mobile autour de son centre dans un plan vertical et suspendue perpendiculairement au-dessus du plan du disque; si on l'approche graduellement du centre de ce dernier, on observe qu'elle est repoussée tant que son prolongement tombe en dehors du disque, et cette répulsion augmente à mesure que la distance diminue, pour atteindre son maximum lorsque la verticale du centre de l'aiguille est arrivée un peu à l'intérieur du disque. Mais si l'on continue de rapprocher l'aiguille vers le centre de rotation du disque, la répulsion diminue, puis devient nulle, c.-à-d. que le fil qui supportait l'aiguille reprend sa position verticale. — Herschel et Babbage ont produit le phénomène inverse de l'entraînement d'un aimant par un disque tournant, c.-à-d. qu'ils ont déterminé la rotation d'un disque par un aimant en mouvement. Plus tard, Ampère reproduisit toutes ces expériences avec des solénoïdes. Mais la cause de ces phénomènes resta inconnue jusqu'à l'époque où Faraday conçut sa théorie de l'i., et démontra qu'ils sont dus à des courants de ce genre, en faisant voir que toutes les circonstances qui favorisent le développement de courants induits favorisent également la production de ces phénomènes. Ainsi, par ex., pour que l'expérience que nous venons de décrire réussisse, il faut que le disque soit conducteur. L'action est même d'autant plus manifeste que sa conductibilité est plus grande, et elle devient nulle, au contraire, quand le disque n'est pas conducteur, comme lorsqu'il est de bois, de verre ou de marbre. De même, les disques métalliques fendus suivant quelques-uns de leurs rayons, ont un pouvoir d'entraînement très faible; mais on leur rend presque toute leur puissance, quand on réunit par des soudures les différents secteurs en lesquels on les avait découpés. En outre, le célèbre physicien anglais a donné une démonstration directe de son hypothèse. Il touche deux points du disque avec deux fils en communication avec un galvanomètre; l'un est appliqué au centre, l'autre à la circonférence. Aussitôt l'aiguille accuse par sa déviation la présence d'un courant. Voici d'ailleurs comment Faraday explique le phénomène principal, c.-à-d. l'entraînement de l'aiguille par le disque tournant. Lorsqu'un corps conducteur est mis en mouvement au voisinage d'une aiguille aimantée, il se dé-

Fig. 10.

veloppe des courants qui, par leur réaction électro-magnétique, tendent à ralentir le mouvement du conducteur. Si le disque tourne de droite à gauche, les courants en question tendront à le faire tourner de gauche à droite; mais, à leur tour, ils exerceront sur l'aiguille une action égale et opposée à la précédente, c.-à-d. qu'ils l'entraîneront dans le sens de la rotation du disque.

Une expérience célèbre due à Faraday met en évidence les courants induits dans des corps conducteurs tournant dans

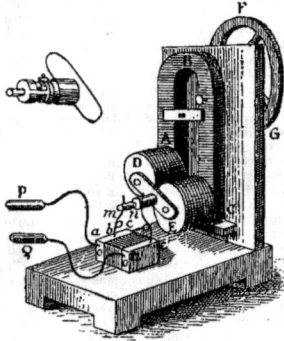

Fig. 11.

dans un champ magnétique. Un cube métallique est suspendu entre les pôles d'un puissant électro-aimant; on le fait tourner rapidement au moyen de la torsion du fil qui le supporte (Fig.9)

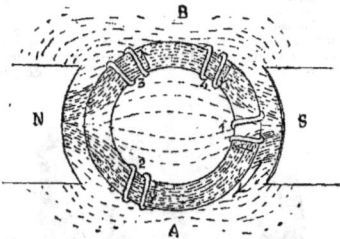

Fig. 12.

Pendant que ce cube tourne, on lance le courant dans le fil de l'électro, créant ainsi un champ magnétique puissant. On voit aussitôt le cube s'arrêter. Il s'est produit des courants

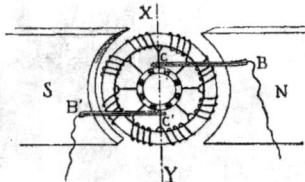

Fig. 13.

d'i. dans la masse du cube et, conformément à la loi de Lenz, ils se sont opposés au mouvement du cube.

Courants de Foucault. — Ce savant fit tourner très rapidement un disque métallique A (Fig. 10) entre les pôles d'un puissant électro-aimant, au moyen d'un système de roues à engrenage et d'une manivelle. Tant que l'électro-aimant ne fonctionne pas, cela se fait très facilement, mais, dès que l'on vient à lancer le courant dans ses spires, on sent une résistance très considérable. Cela est dû à ce qu'il se produit des courants d'i. dans le disque tournant et que ces courants s'opposent au mouvement. C'est encore là une vérification de la loi de Lenz. Si l'on continue à faire tourner le disque dans le champ magnétique, il s'échauffe fortement. Le travail mécanique est transformé en chaleur. Ces courants induits de ce genre, dits « courants de Foucault », tendent à se produire dans les pièces des machines industrielles, et comme ils constituent une perte d'énergie et une source d'échauffement, on doit les atténuer autant que possible.

XII. Appareils basés sur l'induction. — Ces appareils sont très nombreux. L'un des premiers construits, la *bobine*

Fig. 14.

de Ruhmkorff, est un cas particulier des TRANSFORMATEURS. Le TÉLÉPHONE est également basé sur l'induction. Voy. ces mots.

Nous décrirons ici les machines magnéto- et dynamo-électriques ou électromoteurs basés sur l'induction. Le principe de tous ces appareils consiste à faire tourner rapidement, dans un champ magnétique puissant, des bobines de fil électrique, et à recueillir les courants d'i. ainsi produits.

A. *Machines magnéto-électriques.* — Dans ces machines le champ magnétique est produit par un puissant aimant permanent. Nous citerons d'abord la machine de Clarke, une des plus anciennes et dont la théorie est fort simple.

Appareil de Clarke. — Il est constitué par un fort aimant vertical en fer à cheval ABC (Fig. 11), solidement fixé à une planchette de bois, et par un électro-aimant DE mobile autour d'un axe métallique perpendiculaire à l'aimant. Les deux bobines sont formées de fils indépendants. Dans l'une le

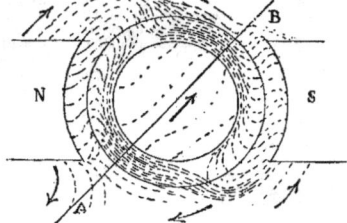

Fig. 15.

fil s'enroule de gauche à droite, et l'autre a le sien enroulé de droite à gauche. Une extrémité du fil de chaque bobine se réunit, sur l'axe de rotation m, à une extrémité du fil de l'autre. Quant aux deux autres extrémités, elles viennent aboutir à une virole de cuivre n fixée autour de l'axe, mais séparée de cet axe par une enveloppe cylindrique isolante d'ivoire. On choisit de telle manière les extrémités pour les réunir, que le courant y circule toujours dans le même sens. Cela posé, imprimons un mouvement de rotation à l'électro-aimant à l'aide d'une grande roue FG et d'une corde sans fin; les deux bobines s'aimanteront alternativement en sens contraire en passant devant les pôles de l'aimant fixe, et, dans chaque fil, il se produira un courant induit dont la direction changera à chaque demi-révolution.

On obtient ainsi une succession rapide de courants alternativement dans un sens et dans l'autre, c'est ce qu'on appelle des *courants alternatifs*. Cependant on préfère obtenir un courant d'une direction constante, et voici comment on y est parvenu. En avant de la virole dont nous avons parlé, se trouvent deux demi-viroles (Fig. 11) séparées l'une de l'autre

Fig. 16.

par un intervalle de deux ou trois millimètres, selon deux génératrices opposées du cylindre. Elles communiquent, l'une

nomme *commutateur*, se trouve une pièce de bois dont les surfaces verticales sont garnies de deux bandes métalliques étroites, et percées de mortaises et de trous *abc*, *a'c'*, destinés à fixer des ressorts métalliques verticaux et des fils servant de réophores. Lorsque l'électro-aimant est en mouvement, chacun des ressorts passe d'une demi-virole à l'autre, à chaque demi-révolution. Mais, comme le signe de la tension

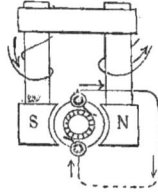

Fig. 17.

électrique des demi-viroles change aussi à chaque demi-révolution, les ressorts deviennent les véritables pôles de la machine et leur signe reste toujours le même. C'est donc dans les trous *o*, *o'* des bandes de cuivre en communication avec ces ressorts que l'on doit fixer les réophores qui transmettront le courant de la machine. — Pour produire des effets chimiques et physiologiques, on emploie un électro-aimant formé par l'enroulement de fils de cuivre très longs et très fins. Quand on veut obtenir des effets physiques, on remplace les fortes bobines à long fil par un système de bobines à fil gros et court. Au reste, on peut produire avec la machine de Clarke tous les effets des courants voltaïques ordinaires.

La machine de Clarke est aujourd'hui abandonnée, sauf comme objet de démonstration, ou bien pour donner des se-

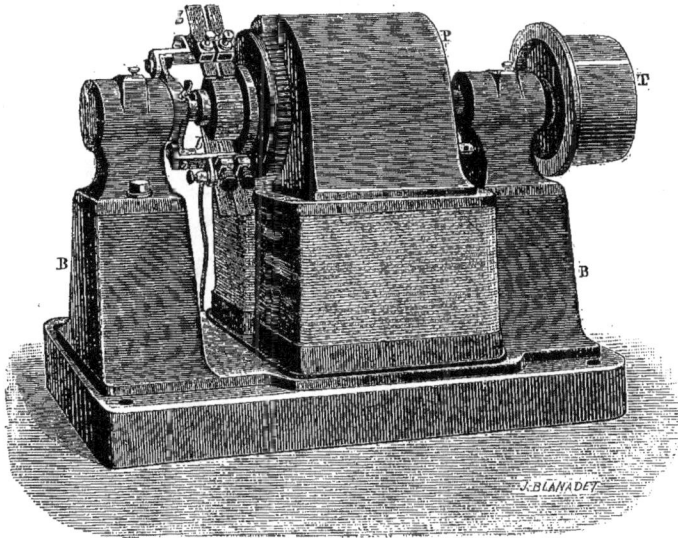

Fig. 18.

avec la première virole, l'autre avec l'axe de l'électro-aimant. Ces deux demi-viroles peuvent donc être regardées comme les pôles de la machine. Au-dessous de cet appareil, qu'on

cousses en utilisant l'extra-courant de rupture au moyen d'un collecteur spécial.

En 1863, la compagnie l'*Alliance* fit une machine que l'on

peut considérer comme une machine de Clarke multiple. Six couronnes de 16 bobines tournaient rapidement devant les pôles de sept séries de huit aimants en fer à cheval disposés en cercle. Cette machine fut destinée à l'éclairage du phare de la Hève. La machine de l'Alliance donnait des courants alternatifs qu'il était inutile de redresser pour la lumière.

Cette machine est très lourde et volumineuse, mais elle donne des courants très réguliers grâce à la constance du champ magnétique et vu la masse considérable de l'induit en rotation, qui agit comme volant. Une machine à vapeur était employée pour faire tourner le système des bobines induites.

On doit à M. de Méritens une machine dérivant du type précédent et qui a remplacé la machine de l'Alliance pour l'éclairage des phares.

Machine magnéto-électrique de Gramme. — Avant de décrire cette machine, nous allons indiquer le principe de la production du courant. Considérons un anneau de fer doux placé entre les pôles NS d'un aimant. Le champ magnétique sera modifié ainsi que l'indique la Fig. 12. Les lignes de force

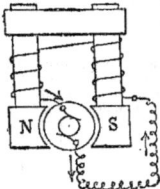 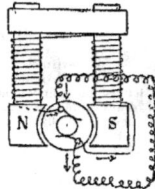

Fig. 19.   Fig. 20.

passeront par l'anneau, il n'y en aura pas à l'intérieur qui constituera donc un espace neutre à l'abri des forces magnétiques émanant des pôles de l'aimant. Supposons maintenant des spires de fil 1, 2, 3, 4 enroulées sur l'anneau et formant un circuit, puis faisons tourner l'anneau dans le sens de la

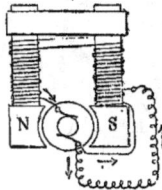

Fig. 21.

grande flèche. Les spires deviendront alors le siège de courants d'i. dont le sens est indiqué par les petites flèches, ainsi qu'on pourra le vérifier en appliquant la loi de Lenz ou l'une des règles que nous avons données à la suite. La partie du fil située à l'intérieur de l'anneau ne donne rien, n'étant soumise à aucune force magnétique ; la partie latérale ne donne rien non plus, car la force électro-magnétique, étant perpendiculaire au déplacement, n'aide ni ne gêne le mouvement. Reste donc la partie extérieure du fil qui seule est efficace. C'est elle qui fournit les courants induits par son déplacement dans le champ. On voit que les spires à droite de la verticale et les spires à gauche tendent à donner des courants de sens contraires, ce qui donnerait un résultat nul dans le circuit unique 1, 2, 3, 4, absolument comme si l'on avait réuni 4 éléments de piles en les opposant deux à deux. Mais nous allons voir qu'en prenant une dérivation convenablement choisie on obtient un courant continu. Reportons-nous à la Fig. 13 qui représente le schéma de l'induit Gramme. On voit le fil enroulé sur l'anneau de manière à former un circuit unique, divisé en un grand nombre de bobines par des fils de dérivation qui rayonnent vers le centre. Ces fils aboutissent chacun

à une languette de cuivre fixée sur un cylindre qui tourne avec l'anneau. Ces languettes sont soigneusement isolées les unes des autres. C'est contre ce cylindre muni de ses languettes, et appelé *collecteur*, que viennent frotter les *balais* de la machine, constitués chacun par un faisceau de fils de cuivre ou des lames de toile métallique. Ces balais sont en contact avec les touches du collecteur qui se trouvent dans le plan vertical ; en reliant ces balais par un fil conducteur, il

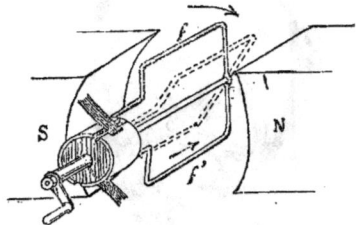

Fig. 22.

sera le siège d'un courant formé par la somme des deux courants opposés venant des parties droite et gauche de l'induit. On peut comparer les bobines de l'induit à un système de deux groupes de piles réunies en série (pôle positif au pôle négatif de la suivante), ces deux groupes étant réunis en quantité c.-à-d. les 2 pôles positifs ensemble et les 2 négatifs ensemble (Fig. 14). En réunissant ces deux pôles communs par un circuit extérieur, on aura un courant. C'est ce qui arrive avec les bobines de la machine Gramme. (La force électro-motrice des bobines de l'anneau va en diminuant depuis la ligne des pôles jusqu'à la perpendiculaire à cette ligne, où elle change de signe).

La machine Gramme donne un courant sensiblement continu. Cependant, quand les balais passent d'une touche du collecteur à l'autre, ils appuient pendant un instant sur deux touches consécutives et ferment chacun le circuit d'une bobine sur elle-même, d'où affaiblissement du courant. Cette variation est d'autant moins sensible que le nombre des bobines ou sections est plus considérable.

Il va sans dire que, pendant la rotation, l'anneau s'aimante

Fig 23.

sous l'influence du courant qui circule dans l'induit. Il tendrait à prendre deux pôles perpendiculaires à la ligne NS. Le champ est alors modifié comme l'indique la Fig. 15. La ligne neutre, au lieu d'être perpendiculaire à NS, vient en AB, elle est déplacée dans le sens du mouvement d'un angle qu'on appelle *angle de calage*. C'est sur cette ligne que doit avoir lieu le contact des balais et du collecteur. Dans la pratique, on détermine cet angle en déplaçant les balais de manière à réduire à un minimum les étincelles entre le balai et les lames du collecteur. Lorsqu'une machine est très bien réglée, on ne voit même plus d'étincelle aux balais.

La Fig. 16 montre la machine magnéto-électrique de Gramme, modèle de démonstration pour les laboratoires. La rotation de l'induit est obtenue au moyen d'une roue à manivelle et d'un système d'engrenage. Pour éviter les courants de Foucault, l'anneau de fer doux n'est pas d'une pièce, mais constitué par un tore de fils de fer vernis.

Machines dynamo-électriques. — Elles diffèrent des machines magnéto-électriques en ce que les aimants permanents inducteurs de celles-ci sont remplacés par des électro-aimants. Lorsque les électro-aimants inducteurs (Fig. 17), sont excités par un courant venant d'une source extérieure, on dit que la machine est à excitation indépendante. Lorsque c'est le courant même de la machine qui excite les électro-aimants, on dit qu'elle est auto-excitatrice.

Machine dynamo-électrique de Gramme à courant | partie d'un même circuit. Si le noyau des électro-aimants
continu. — L'induit est le même que dans la machine | inducteurs était du fer absolument dénué de toute trace de

Fig. 24.

magnéto-électrique. L'aimant inducteur permanent est rem- | magnétisme, on conçoit facilement que la machine ne donne-
placé par des électro-aimants dont les pôles P enveloppent | rait rien en faisant tourner l'induit. Mais, dans la pratique, il

Fig. 25.

l'induit (Fig. 18). Cette machine est auto-excitatrice. A cet | n'en est pas ainsi. Le fer des électros inducteurs possède tou-
effet, le circuit extérieur, les électro-inducteurs et l'induit font | jours un peu de magnétisme, de quoi créer un champ magné-

tique faible et déterminer par conséquent un faible courant dans l'induit. Ce courant lancé dans les électros augmentera le champ magnétique, d'où augmentation des effets d'i., de là courant plus intense et ainsi de suite de proche en proche, jusqu'à ce que les électros se trouvent saturés de magnétisme, et la machine donne son débit maximum, ce qui a lieu dans un temps très court.

Lorsque le courant tout entier passe dans les électros inducteurs, on dit que la machine est excitée en *série* (Fig. 19). Lorsqu'une partie seulement passe dans les électros, c'est l'excitation en *dérivation* (Fig. 20). On peut même combiner ces modes d'excitation avec l'excitation indépendante et avoir l'excitation *compound* ou en *double circuit* (Fig. 21). (Ces remarques sur l'excitation sont générales.) Il a été construit des types très différents de la machine Gramme, et d'autres machines en dérivent directement. Leur caractéristique est l'induit annulaire Gramme.

Machine Siemens. — Le principe de cette machine est indiqué dans la Fig. 22. On voit que le cadre de fil *ff'* tournant entre les pôles NS sera le siège de courants alternatifs que l'on pourra redresser au moyen du collecteur indiqué sur la figure. En enroulant sur une armature en fer un grand nombre de spires, on réalise la bobine Siemens ou induit en forme de navette (Fig. 23) à l'usage des petites machines. Pour les machines industrielles, tout en étant basé sur le même principe, l'enroulement qui se fait sur un cylindre de fer doux, est plus compliqué et la machine offre l'aspect de la Fig. 24.

Ces machines sont réversibles, c.-à-d. qu'en lançant en courant dans leurs fils elles se mettent à tourner et agissent comme *moteurs* ou réceptrices. Voy. MOTEURS *électriques*.

Machines dynamo-électriques à courants alternatifs. — Nous avons décrit la machine de *l'alliance* qui est magnéto-électrique. On emploie surtout aujourd'hui des dynamos pour donner les courants alternatifs.

La Fig. 25 représente la machine Ferranti. L'induit est composé de lames de cuivre formant un ruban replié sur lui-même BB. Il tourne entre deux couronnes d'électro-aimants inducteurs. Dans la figure on les voit écartés à droite et à gauche de l'induit, afin de laisser voir celui-ci. Les inducteurs sont excités par une dynamo indépendante. L'induit ne contenant pas de fer est très léger, ce qui permet une grande vitesse de rotation.

Dynamo Siemens à courants alternatifs. — L'induit est composé d'une couronne de bobines sans fer doux tournant entre les pôles d'une double couronne d'électros inducteurs. L'excitation se fait au moyen d'une dynamo indépendante.

M. Joubert a démontré que lorsque cette machine fonctionne en circuit ouvert, la force électro-motrice peut être représentée par la formule $e = E \sin 2\pi \frac{t}{T}$, où E est la force électro-motrice maxima, *t* le temps, T la période d'une alternance double. L'intensité, qui dépend des effets de self-induction du circuit, est également représentée par une formule sinusoïdale.

Dynamo Gramme à courants alternatifs. — L'induit, fixe, se compose d'un cylindre sur lequel le fil est entouré parallèlement aux génératrices. Les électros-inducteurs au nombre de six ou huit tournent à l'intérieur et sont excités par une petite dynamo à courant continu, qui est en général calée sur le même axe.

Les machines à courants alternatifs sont surtout employées pour obtenir de fortes tensions, 500 à 2000 volts par ex.

Le nombre de périodes par seconde, appelé la *fréquence* d'une machine à courants alternatifs ou *alternateur*, varie de 40 à 140.

Le choix d'une dynamo est absolument déterminé par l'application que l'on veut en faire : LUMIÈRE, GALVANOPLASTIE, ÉLECTRO-CHIMIE, TRANSPORT DE LA FORCE, SOUDURE, etc., etc. Voy. ces mots.

Enfin, de nombreux appareils sont basés sur l'i. : la roue de Faraday qui réalise en quelque sorte la réciproque de l'expérience de la de Barlow. Voy. ROUE. Il convient aussi de citer les expériences de M. Tesla et de M. d'Arsonval sur les courants à haute fréquence (Voy. TESLA); les expériences de M. Élihu Thomson sur les actions exercées par un électro-aimant excité par des courants alternatifs (Voy. THOMSON); la transmission de l'énergie par les courants polyphasés (Voy. ce mot), etc.

INDUIRE. v. a. (lat. *inducere*, m. s. de *in*, dans; *ducere*, conduire). Porter, pousser à faire quelque chose; se prend ordinairement en mauvaise part. *I. au mal, à mal faire. Qui vous a induit à cela?* Cependant, il y a des exemples contraires :

Et mon fils à l'aimer vous devrait tous induire.
MOLIÈRE.

‖ *I. à erreur*, Être la cause volontaire ou involontaire de l'erreur où tombe une personne. — *I. en erreur*, Tromper à dessein. — Dans l'oraison dominicale, *Ne nous induisez point en tentation*, Ne permettez pas que nous soyons tentés au-dessus de nos forces. ‖ Raisonner en remontant de faits observés à la loi qu'ils supposent. Voy. INDUCTION (Philos.) ‖ Inférer, tirer une conséquence. *Qu'induisez-vous de là? La conséquence que j'en induis. J'en veux induire que...* = INDUIT, ITE. part. *Courant induit*, Courant déterminé par l'action influente d'aimants ou de conducteurs traversés par un courant. Voy. INDUCTION (Phys.). — *Contraction induite* Contraction que produit un muscle qui se contracte par le contact sur un autre muscle. = Conj. Voy. NUIRE. = Syn. Voy. AIGUILLONNER et CONCLURE.

INDULGEMMENT. adv. [Pr. indul-ja-man]. D'une manière indulgente.

INDULGENCE. s. f. [Pr. indul-jan-se] (lat. *indulgentia*, m. s., de *indulgere*, accorder). Facilité à excuser et à pardonner les fautes, les défauts. *Grande i. Avoir de l'i. User d'i. Avoir besoin d'i. Réclamer l'i. de ses auditeurs. Avoir droit à l'i. Traiter quelqu'un avec i.*

D'une mère facile affectez l'indulgence.
RACINE.

Théol. — L'Indulgence est définie par les théologiens : « La rémission de la peine temporelle qui reste à faire au pécheur pénitent, pour les fautes qui lui ont été pardonnées quant à la coulpe et à la peine éternelle, rémission que l'Église accorde hors du tribunal de la pénitence, par le ministère de ceux qui ont la dispensation du trésor de ses grâces. » L'i. ne remet ni le péché, même véniel, ni la peine éternelle. Elle ne remet que la peine à expier en ce monde ou en purgatoire. Il est de foi que l'Église a le pouvoir d'accorder des indulgences. « Comme le pouvoir d'accorder des indulgences, lisons-nous dans les actes du concile de Trente, a été donné par J.-C. à son Église, qu'elle a usé de ce pouvoir divin dès son origine, le saint concile enseigne et décide qu'on doit conserver cet ancien usage comme salutaire au peuple chrétien, et dit anathème à ceux qui prétendent que les indulgences sont inutiles, ou que l'Église n'a pas le pouvoir d'en accorder. » Toutefois, comme des abus s'étaient à plusieurs reprises glissés dans la concession des indulgences, qui étaient le plus souvent accordées à prix d'argent, et que le commerce des indulgences constituait l'un des griefs les plus justes et les plus sérieux des ennemis de la papauté, le même concile veut que l'on y observe de la modération, de peur qu'une trop grande facilité à les accorder n'affaiblisse la discipline ecclésiastique ». En outre, dans le dessein de les corriger, il ordonne « d'en abolir d'abord toute espèce de gain sordide », et il recommande aux évêques « de supprimer tous les abus qu'ils trouveront dans leurs diocèses, et d'en faire le rapport au concile provincial et au souverain pontife ».

On divise les indulgences en plusieurs classes. Relativement à l'étendue de leur effet, elles sont *plénières* ou *partielles*. L'i. *plénière* est ainsi appelée parce qu'elle remet toute la peine temporelle due au péché, de telle sorte que si un fidèle la gagnait tout entière et en recevait une application parfaite, il serait aussi pur devant Dieu qu'au moment où il a été régénéré en J.-C. par le baptême. L'i. *partielle* ne remet qu'une partie plus ou moins grande de la peine due au péché, par ex., 10 jours, 40 jours, sept quarantaines, etc. Par ces expressions, on entend que la personne qui gagne une i. de 10, 40 jours, etc., obtient la rémission de la peine qu'elle aurait rachetée par une pénitence canonique du même nombre de jours.

Le pape et les évêques ont seuls qualité pour accorder des indulgences; mais le premier seul peut les donner plénières, parce que seul il a juridiction sur l'Église universelle. Les évêques ne peuvent accorder qu'une i. de 40 jours, sauf toutefois lorsqu'ils consacrent une église : car, dans ce cas, ils sont autorisés à fixer sa durée à un an.

INDULGENCIER. v. a. [Pr. indul-jan-sier]. Attacher des indulgences à quelque acte, à quelque objet. = INDULGENCIÉ, ÉE. part.

INDULGENT, ENTE. adj. [Pr. *indul-jan, antc*] (lat. *indulgens, entis*, m. s). Qui a de l'indulgence, qui pardonne aisément les fautes, les défauts. *Un prince, un maître, un père i. Il est trop i. pour ses enfants, à ses enfants. Être i. à soi-même. Être i. pour les fautes de ses amis II. Vous êtes trop i. dans vos critiques.* — Fam. on dit d'un mari qui ferme les yeux sur l'inconduite de sa femme, *C'est un mari i.* || Par ext., se dit aussi de certaines choses. *Religion, morale, critique indulgente.* || Poétiq., Qui se laisse aller facilement à quelque chose. *I. à l'amour.*

INDULINE. s. f. (R. *indigo*, et *aniline*). T. Chim. Voy. COLORANTES (*Matières*), IV, 8.

INDULONE. s. f. (R. *induline*). T. Chim. Nom donné à des matières colorantes qui dérivent des indulines par la substitution d'un atome d'oxygène au groupe imidogène Az H. On les obtient en chauffant les indulines avec les acides minéraux concentrés. On utilise quelques indulones en teinture, à l'état de dérivés sulfonés.

INDULT. s. m. (lat. *indultum*, chose accordée). — Pris dans son sens le plus large, le mot *Indult* signifie une grâce, un privilège émanant du souverain pontife. On l'applique, par ex., aux permissions de lire les livres défendus par la congrégation de l'index, ainsi qu'aux brefs obtenus par des religieux qui désirent entrer dans un ordre moins austère que celui où ils ont fait profession. Employé dans une acception plus limitée, ce mot désigne toute concession faite par le pape à un souverain, à une communauté ou même à un simple particulier, soit pour les dispenser du droit commun, soit pour les replacer sous l'empire c e ce droit, quand ses dispositions leur sont plus favorables. Enfin, avant la révolution, on entendait, en France, par *I.*, le privilège, accordé par lettres du pape, à quelque corps ou à quelque personne, de pouvoir nommer à de certains bénéfices ou de pouvoir les tenir contre la disposition du droit commun, et l'on nommait *indultaire*, celui qui avait droit à un bénéfice en vertu d'un privilège de ce genre. On appelait *i. du roi*, le droit que le concordat de Léon X avait reconnu aux rois de France de nommer aux bénéfices en pays d'obédience ; et *i. du parlement*, le privilège qu'avaient le chancelier de France et les officiers du parlement de Paris, en vertu d'une concession du pape Eugène IV, en 1434, de pouvoir requérir, une fois dans leur vie, sur un évêché ou sur une abbaye, le premier bénéfice vacant, soit pour eux-mêmes, soit pour un autre, après y avoir été autorisés par lettres du prince. Un autre i., appelé *i. de compact*, avait été reconnu aux cardinaux par le pape Paul IV. En vertu de cet i., les cardinaux avaient droit de tenir des bénéfices, soit réguliers, soit séculiers, et ne pouvaient être prévenus, dans les six mois, par les souverains pontifes pour la collation des bénéfices qui dépendaient d'eux. — Enfin, en Espagne, on donnait autrefois le nom d'*i.* à un droit que l'État levait sur les métaux précieux et ces marchandises qui arrivaient d'Amérique.

INDULTAIRE. s. m. (R. *indult*). Celui qui tenait un bénéfice d'un corps ou d'une personne ayant acquis par indult le droit de nommer à un bénéfice. Voy. INDULT.

INDÛMENT. adv. [Pr. *indu-man*] D'une manière indue. *Il a payé cette somme i.*

INDUPLICATIF, IVE. adj. (lat. *in*, dans ; *duplicatus*, fléchi). T. Bot. Qui se replie en dedans. On donne le nom de l'*Préfloraison induplicative* à une variété de préfloraison valvaire, dans laquelle les parties contiguës s'appliquent l'une contre l'autre par leur face externe. Voy. PRÉFLORAISON.

INDURATION. s. f. [Pr. ...*sion*] (R. *indurer*). T. Méd. Endurcissement, transformation qui rend un tissu plus dur.

INDURER. v. a. (lat. *indurare*, m. s., de *in*, dans, et *durus*, dur). Durcir. = INDURÉ, ÉE. part. *Glande indurée. Tissu. i.* — *Chancre i.* Voy. CHANCRE et SYPHILIS.

INDUS ou **SIND**, fleuve de l'Inde qui se jette dans la mer d'Oman en formant un vaste delta ; 2 900 kilom.

INDUSIE. s. f. [Pr. *indu-zie*] (lat. *indusium*, sorte de chemise, de *induere*, vêtir). T. Bot. On donne ce nom à une membrane de forme variable qui, dans un grand nombre de Fougères, recouvre les amas de sporanges ou *sores*, et est

constituée soit par un prolongement de l'épiderme, soit par un repli des bords de la feuille. Voy. FOUGÈRE.

INDUSTRIALISME. s. m. Goût pour l'industrie ; préférence donnée au monde industriel. || Système que considère l'industrie comme le pivot des sociétés. || Prépondérance politique des industriels ; puissance de l'industrie.

INDUSTRIALISTE. adj. 2 g. Qui appartient à l'industrialisme. == s. m. Partisan de l'industrialisme.

INDUSTRIE. s. f. (lat. *industria*, m. s., de *indo*, en dedans, et *struere*, bâtir). Dextérité, adresse à faire quelque chose. *Cela est fait avec beaucoup d'i., avoir une i. merveilleuse. Une coupable, une dangereuse i. Avoir de l'i. Mettre, employer son i. à... Il y a de l'i. à faire... Il n'a pas assez d'i. pour en venir à bout. C'est un homme d'i., de beaucoup d'i. Il fait subsister sa famille par son travail, par son i. — Vivre d'i., subsister d'i.*, Trouver moyen de subsister à l'aide d'expédients en général peu délicats. — *Chevalier d'i.* Voy. CHEVALIER. || Art, métier que l'on exerce. *L'i. du charron.* || Par extens., L'ensemble des arts, des métiers, qui mettent en œuvre les matières premières. *L'i. minière. L'i. agricole.*

Écon. polit. — Dans le langage économique, le mot *Industrie* est presque synonyme du mot *Production* ; néanmoins celui-ci se prend dans un sens plus abstrait, tandis que celui-là se dit surtout de la production considérée eu égard à la nature des objets produits et aux instruments de travail dont elle fait usage à cet effet. Cela est si vrai que, dans le langage ordinaire, le mot *industrie* employé seul désigne un genre particulier d'i., l'i. *manufacturière*, parce qu'aux yeux du vulgaire, elle semble due tout entière à l'emploi des outils et des machines. Enfin, toujours dans le langage ordinaire, on applique la dénomination d'*industrie* à toute profession mécanique ou mercantile, à tout métier que l'on exerce pour vivre. — Conformément à la distinction qui existe entre les termes de *production* et d'*industrie*, nous exposerons sous le premier de ces mots les lois et les phénomènes généraux de la production ; ici, nous traiterons simplement de la classification des industries. Nous parlerons ensuite des écoles qui ont pour objet de répandre la connaissance théorique et pratique des meilleurs procédés en usage dans les différentes industries.

I. Classification des industries. — On divise communément les industries en trois classes : l'i. *agricole* ou *agriculture*, l'i. *manufacturière* ou *industrie* proprement dite, et l'i. *commerciale* ou *commerce*. Sous la première de ces dénominations, on comprend tous les travaux qui ont pour but la production des matières premières que fournit le sol, ou mieux tous les travaux qui ont pour but de conquérir la richesse dans chacun des trois règnes de la nature. En conséquence, l'i. *agricole* embrasse non seulement l'extraction de tous les produits que peut donner le sol, mais encore ceux de la chasse et de la pêche. Cependant les choses que produit l'i. agricole ne fécondant le sein de la terre, sont rarement propres à satisfaire nos besoins d'une manière immédiate. En effet, si l'on passe en revue les résultats de cette industrie, on reconnaît que son œuvre se borne à recueillir des produits bruts. Presque rien de ce qu'elle fait naître, si l'on en excepte les fruits et certains légumes pour l'homme et les fourrages pour les animaux, n'est susceptible d'être consommé tel que l'agriculteur l'a obtenu. Mais l'i. *manufacturière* s'empare de ces produits et se charge de les approprier à nos divers besoins. Elle atteint ce but par des procédés sans nombre, dont l'ensemble constitue les arts et métiers, et dont la description appartient à la technologie. Toutes les opérations auxquelles l'i. manufacturière a recours sont mécaniques ou chimiques ; et il n'est pas de produit, considéré dans son état d'achèvement, qui ne soit le résultat de ces deux sortes de moyens. Enfin elle s'exerce, soit dans des ateliers, soit en chambres, soit en boutiques, soit dans les maisons et les ménages ; car, puisqu'elle consiste à modifier la matière, à lui procurer une utilité qu'elle n'avait pas précédemment, la femme qui, sous le toit domestique, prépare le modeste repas et raccommode le linge de la famille, exécute, sauf l'étendue, une œuvre industrielle tout comme le plus grand fabricant de Lille ou de Manchester. Mais les produits industriels, qu'ils soient fournis par le travail agricole ou par le travail industriel, ne se consomment jamais en totalité sur les lieux mêmes où ils ont été obtenus. Il faut donc qu'une autre i. les fasse passer, suivant les cas, des mains des producteurs agricoles dans celles des manufacturiers, puis des mains des uns et des autres dans celles des consommateurs : c'est là le but de l'i. *commer-*

ciale, à laquelle on rattache d'ordinaire l'*i.* des transports, quoique en réalité la fonction commerciale soit tout autre chose qu'un simple transport de marchandises. Voy. COMMERCE. — Chacune des trois branches industrielles produit donc d'une manière distincte, et dont il est important de bien saisir la différence. L'*i.* agricole crée la richesse en tirant du sein de la terre, ou en faisant naître à sa surface toutes les choses utiles. L'*i.* manufacturière crée la richesse, en incorporant à ces choses, dites matières premières ou produits bruts, un travail dont l'effet est de les rendre propres à la satisfaction immédiate de nos besoins. Enfin, l'*i.* commerciale et celle des transports ajoutent aux matières premières et aux produits manufacturés une espèce de façon, consistant à les mettre à portée de celui qui doit les consommer, et qui augmente leur valeur échangeable, sans modifier leur degré d'utilité intrinsèque.

La classification qui précède est sujette à de nombreuses objections, car elle confond des choses fort distinctes. En conséquence, plusieurs économistes ont cru devoir la rejeter, tandis que d'autres se sont contentés de la modifier. — Destutt de Tracy, considérant que toutes les opérations de la nature et de l'art se réduisent à des changements de forme ou de lieu, a divisé l'*i.* en deux branches seulement, l'*i. fabricante* ou *transformatrice*, et l'*i. commerçante* ou *translocutrice* ; mais cette classification purement abstraite a l'inconvénient de ne point correspondre aux divisions pratiques établies dans la société. Dunoyer, au contraire, en analysant philosophiquement les différents travaux qui font l'objet de l'activité humaine, a proposé une classification beaucoup plus rationnelle et qui est aujourd'hui généralement adoptée. Il a d'abord séparé de l'*i.* agricole les travaux du chasseur, du pêcheur et des mineurs, et en a fait un groupe particulier sous le nom d'*i. extractive*. Passant à l'*i.* commerciale des anciens auteurs, le savant économiste démontre également qu'il faut y distinguer deux fonctions bien différentes, et qui dans la pratique sont ordinairement séparées, l'une qui consiste à déplacer, à transporter les produits agricoles ou manufacturés, pour les faire arriver là-bas où ils doivent être consommés ; l'autre qui a pour objet propre de faciliter l'échange entre le producteur et le consommateur. En conséquence, il donne à la première le nom d'*i. voiturière* ou du *voiturage*, et il conserve à la seconde celui d'*i. commerciale* ou de commerce. Ainsi, dans la division établie par Dunoyer, le commerce, conformément à son étymologie, désigne exclusivement l'*i.* de celui qui fait sa profession habituelle d'acheter pour vendre, ou de servir d'intermédiaire entre le producteur et le consommateur. Voy. COMMERCE. Les distinctions établies par l'éminent auteur de la *Liberté du travail* sont parfaitement fondées. Toutefois, il nous paraît forcer un peu la signification des termes de la langue, en comprenant la chasse et la pêche dans l'*i.* extractive. Ne conviendrait-il pas de considérer ces deux sortes de travaux comme constituant un groupe spécial, qu'on pourrait désigner, par exemple, sous le nom d'*i. agreutique*. — Au reste, quel que soit le choix que l'on fasse parmi les opinions des auteurs, il ne faut pas oublier que la classification des industries n'a d'importance qu'au point de vue de l'étude de la science, et qu'elle a surtout pour objet de faciliter l'analyse des phénomènes économiques. Dans l'état actuel des choses, le même individu, bien que classé dans une catégorie spéciale d'industriels, exerce habituellement une ou plusieurs autres industries différentes de celle qui lui donne son nom. Ainsi, le colporteur est à la fois de l'*i. voiturière* et de l'*i. commerciale*. Celui qui se livre à l'*i. extractive*, fait de l'*i. voiturière* quand il transporte ses produits, houille, minerai de fer, pierres de taille, etc., à une certaine distance du carreau de sa mine ou carrière, et de l'*i. commerciale* quand il les vend aux consommateurs. Enfin, l'*agriculteur* exerce une *i. extractive*, lorsqu'il tire du sein de la terre la marne ou la chaux nécessaires pour amender son champ ; il est *manufacturier*, lorsqu'il fait du beurre ou presse sa vendange pour en faire du vin ; il fait de l'*i. voiturière*, quand il porte son blé au marché ; il est *commerçant*, lorsqu'il le vend et achète avec le prix les outils dont il a besoin pour ses travaux.

Les industries qui précèdent exercent leur action sur la matière ; aussi les appelle-t-on quelquefois *Arts matériels*, et donne-t-on à leur ensemble le nom d'*i. matérielle*. Mais en dehors de ces arts, il en est encore d'autres qui agissent particulièrement sur l'homme lui-même considéré comme être individuel et comme être social, c.-à-d. qui ont pour objet de travailler à son développement physique, intellectuel et moral, à faire régner l'ordre et la justice dans les rapports sociaux. J.-B. Say, le premier, a qualifié ces genres de travaux d'*i. immatérielle*. Mais Dunoyer est l'économiste qui a traité le plus complètement cette question. Il distingue les arts immatériels en quatre catégories : 1° les arts qui ont pour objet le perfectionnement et la conservation de l'homme physique (gymnastique, natation, danse, hygiène, médecine, etc.) ; 2° les arts qui travaillent à la culture de l'imagination et des facultés esthétiques (l'architecture, la sculpture, la peinture, la poésie, en un mot les Beaux-Arts) ; 3° les arts qui travaillent à l'éducation de nos facultés intellectuelles (les sciences, la littérature, l'enseignement) ; 4° les arts qui travaillent au perfectionnement de nos habitudes morales (le sacerdoce, le gouvernement, etc.). — Nous croyons cette classification susceptible d'objections sérieuses, et nous serions, par ex., fort disposé à réduire ces quatre groupes à trois, savoir : 1° les arts qui ont pour objet l'homme physique ; 2° ceux qui ont pour objet l'homme intellectuel et moral ; 3° ceux qui ont pour objet le règlement des relations sociales entre les hommes, c.-à-d. les fonctions propres du gouvernement et de l'administration.

II. *Écoles agricoles, industrielles, commerciales.*

A. Pour l'enseignement agricole, Voy. aux mots AGRICULTURE et ÉCOLES.

B. Les établissements destinés à l'*enseignement industriel* sont ou publics ou privés. Les premiers sont entretenus, soit par l'État, soit par les communes. — Les établissements de l'État les plus importants sont : le *Conservatoire des arts et métiers*, dont il a été déjà parlé au mot CONSERVATOIRE ; l'*École centrale des arts et manufactures* dont il a été parlé au mot ÉCOLE, et les *Écoles d'arts et métiers* dont nous parlerons plus bas. — D'autres écoles industrielles sont entretenues soit par l'État, soit par des départements ou des villes, ordinairement avec le concours financier de l'État. Nous citerons : l'*Institut industriel du Nord de la France*, à Lille ; l'*École centrale lyonnaise*, l'*École d'ingénieurs*, à Marseille ; l'*École supérieure d'électricité*, à Paris ; l'*École de chimie industrielle*, à Lyon ; l'*Institut chimique*, à Nancy ; l'*École de chimie*, à Bordeaux ; l'*École municipale de physique et de chimie industrielles*, à Paris ; l'*Institut chimique*, à Paris ; les *Écoles d'horlogerie*, à Besançon, Cluses et Paris.

Les *Écoles d'arts et métiers* sont au nombre de trois et établies à Châlons (Marne), à Angers (Maine-et-Loire) et à Aix (Bouches-du-Rhône). Elles sont destinées à former, en unissant la théorie à la pratique, des chefs d'atelier et des industriels versés dans la pratique des arts mécaniques. Ces établissements sont entretenus aux frais de l'État. Les études durent trois ans. L'enseignement théorique comprend : l'arithmétique, la comptabilité industrielle et commerciale, le dessin des machines, la géométrie élémentaire et descriptive, la trigonométrie, la cosmographie, la cinématique, la technologie, la mécanique, la chimie et la physique, le lever des plans et le nivellement, la langue française, l'histoire et la géographie, l'hygiène industrielle. L'instruction pratique embrasse les travaux de forge, de fonderie, de moulage, d'ajustage, de tour, de serrurerie, de construction des modèles et de menuiserie. Pour s'exercer, les élèves fabriquent des produits appropriés à la consommation locale, ou commandés par les particuliers, qui sont vendus pour le compte de l'État. L'âge fixé pour l'admission des candidats est 15 ans au moins et 17 ans au plus : ceux-ci doivent en outre subir un examen préalable. L'État et les départements entretiennent, dans ces établissements, des bourses et des fractions de bourses. Le nombre des boursiers, dans les *Écoles d'arts et métiers* atteint 80 p. 100 de l'effectif total des élèves. — Il existe, en outre, à Cluny, une *École nationale pratique d'ouvriers et de contremaîtres* ; à Dellys, en Algérie, une *École nationale d'apprentissage*.

L'enseignement commercial a pris un grand développement en France depuis plusieurs années. Cet enseignement comporte deux degrés : le degré élémentaire et le degré supérieur. Il est donné au degré élémentaire dans les *Écoles primaires supérieures* et dans les *Écoles primaires de commerce* qui relèvent directement de l'État. Au degré supérieur, il est donné dans les *Écoles supérieures de commerce*. À Paris, il existe quatre écoles commerciales : l'*École des hautes études commerciales*, l'*École supérieure de commerce*, l'*École commerciale*, l'*Institut commercial*. Il existe en outre des *Écoles supérieures de commerce* à Bordeaux, au Havre, à Lille, à Lyon, à Marseille, à Nancy, à Rouen. Les élèves de ces Écoles se recrutent par la voie du concours. Les cours normaux durent deux ans. On y enseigne les connaissances indispensables ou simplement utiles à tout commerçant : l'économie, la comptabilité, les mathématiques, la chimie, le droit commercial, la géographie, etc. Les jeunes gens compris dans les quatre premiers cinquièmes de la liste des élèves français, et ayant obtenu à leur sortie de l'École la note moyenne 13 (le maximum étant de 20), reçoivent le *diplôme supérieur* qui confère la dispense de deux années de service militaire.

INDUSTRIEL, ELLE. adj. Qui appartient, qui a rapport à l'industrie. *Les arts industriels. Les professions industrielles. Des établissements industriels. Une entreprise industrielle.* — *Action industrielle,* Titre représentant l'une part de propriété dans une entreprise industrielle. Voy. ACTION. — *Centre i.,* Lieu où sont réunies de nombreuses manufactures. *Écoles industrielles,* Écoles qui préparent à l'industrie. Voy. INDUSTRIE. || Qui provient de l'industrie. *Les produits industriels. La richesse industrielle d'un État.* = Subst., Celui qui se livre à l'industrie. *C'est un i. fort distingué.*

INDUSTRIELLEMENT. adv. [Pr. *industriè-le-man*]. D'une manière qui se rapporte à l'industrie, d'une manière industrielle.

INDUSTRIER (S'). v. pron. Employer son industrie, chercher à la faire valoir, s'ingénier.

INDUSTRIEUSEMENT. adv. [Pr. *industrien-ze-man*]. Avec industrie, avec art. *Il travaille i. Cela est i. travaillé.*

INDUSTRIEUX, EUSE. adj. (lat. *industriosus,* m. s., de *industria,* industrie). Qui a de l'industrie, de l'adresse. *C'est un homme fort i. Une ouvrière industrieuse. Il a l'esprit fort i., les mains fort industrieuses. Cet ouvrage est fait d'une manière industrieuse.*

INDUT. s. m. (lat. *indutus,* habillé, part. pass. de *induere*). T. Litur. Clerc qui assiste aux messes hautes, revêtu de l'aube et de la tunique, pour servir le diacre et le sous-diacre.

INDUVIAL, ALE. adj. (R. *induvie*). T. Bot. Voy. INDUVIÉ.

INDUVIE. s. f. (lat. *induvia,* vêtement). T. Bot. Toute partie accessoire de la fleur qui persiste et recouvre le fruit. Peu us.

INDUVIÉ, ÉE. adj. (lat. *induviæ,* vêtement). T. Bot. Se dit d'un fruit recouvert d'une induvie. Peu us.

INÉBLOUI, IE. adj. Qui n'est pas ébloui.

INÉBRANLABILITÉ. s. f. Qualité de ce qui est inébranlable.

INÉBRANLABLE. adj. 2 g. (R. *in* priv., et *ébranler*). Qui ne peut être ébranlé. *Ce roc est i. à l'impétuosité des vents. Il demeure i. contre la violence des vagues. Ces bataillons sont inébranlables au feu.* || Fig., Constant, ferme, qui ne se laisse point abattre. *Ame, cœur, courage, fermeté i. Il resta i. aux coups de l'adversité.* || Qu'on ne peut faire changer d'opinion, de dessein, etc. *Mon parti est pris, je suis i. C'est un homme i. dans ses résolutions.* || Se dit également des choses morales. *Ma résolution est i. Sa foi est i.*

INÉBRANLABLEMENT. adv. D'une manière inébranlable; ne se dit guère qu'au figuré. *C'est un homme i. attaché à son devoir, i. attaché à ses opinions.*

INÉBRANLÉ, ÉE. adj. Qui n'est point ébranlé.

INÉBRIATIF, IVE. adj. (lat. *inebriare,* de *in,* en, et *ebrius,* ivre). Qui cause l'ivresse.

INÉCLAIRCI, IE. adj. Qui n'a point été éclairci; qui n'est pas rendu clair.

INÉCLAIRÉ, ÉE. adj. Qui n'est pas éclairé.

INÉCOUTÉ, ÉE. adj. Qui n'est point écouté.

INÉCRIT, ITE. adj. Qui n'est pas écrit, mis sur le papier.

INÉCROULABLE. adj. 2 g. (R. *in* priv., et *écrouler*). Qui ne peut s'écrouler.

INÉDIFIÉ, ÉE. adj. (lat. *in,* dans; fr. *édifié*). Édifié dans, bâti dans.

INÉDIT, ITE. adj. (lat. *ineditus,* m. s., de *in* priv., et *editus,* édité). Qui n'a point été imprimé, publié. *Poème i. Mémoire i. Histoire inédite. Cet ouvrage est encore i.* || Qui n'a point encore été décrit. *Recueil de plantes rares et inédites.* || Par extens., Un *spectacle i.*

INÉDITABLE. adj. 2 g. (R. *in* priv., et *éditer*). Qu'on ne peut éditer.

INÉDUCATION. s. f. [Pr. *inédu-ka-sion*]. Défaut d'éducation.

INÉE. s. m. Poison préparé avec le suc du *Strophantus* (Apocynées), dont les Pahouins du Gabon se servent pour empoisonner leurs flèches. Voy. STROPHANTINE.

INEFFABILITÉ. s. f. [Pr. *inè-fa-bilité*] (lat. *ineffabilitus,* m. s.). Impossibilité d'exprimer quelque chose par des paroles; n'est guère usité que dans ces locutions, *L'i. des mystères. L'i. des grandeurs de Dieu.*

INEFFABLE. adj. 2 g. [Pr. *inè-fa-ble*] (lat. *ineffabilis,* m. s., de *in* priv., et *effari,* dire). Qui ne peut être exprimé par des paroles. *Un bonheur, une joie i. Une i. douleur. D'ineffables voluptés.* || Se dit plus ordinairement en parlant de Dieu et des mystères de la religion. *La grandeur i. de Dieu. Son nom i. Le mystère i. de l'Incarnation.*
Syn. — *Indicible, Inénarrable, Inexprimable.* — *Ineffable* est ce dont on ne peut parler; *inénarrable,* ce qu'on ne peut raconter; *indicible,* ce qu'on ne peut dire, mettre au jour; *inexprimable,* ce qu'on ne peut exprimer, représenter fidèlement par la parole. On ne peut proférer le mot, parler de la chose qui est *ineffable;* on se tait. On ne peut raconter les faits, rapporter dans toutes leurs circonstances les choses qui sont *inénarrables;* on les indique à peine. On ne peut mettre dans tout son jour ce qui est *indicible;* on le fait entendre. On ne peut exprimer, peindre au naturel ce qui est *inexprimable;* on ne fait que l'affaiblir. C'est le mystère qui rend la chose *ineffable;* c'est le merveilleux qui la rend *inénarrable;* c'est le charme secret qui la rend *indicible;* c'est la force ou l'intensité qui la rend *inexprimable.* — *Ineffable* et *inénarrable* sont surtout du style religieux; *indicible* est du style ordinaire; *inexprimable* est de tous les styles.

INEFFABLEMENT. adv. [Pr. *inè-fable-man*]. D'une manière ineffable.

INEFFAÇABLE. adj. 2 g. [Pr. *inè-fa-sable*] (R. *in* priv., et *effacer*). Qui ne peut être effacé. *Une empreinte i. Des traits ineffaçables.* || Fig., au sens moral. *Un souvenir i. Des expressions ineffaçables. Le caractère imprimé par le baptême est i. Il a fait à son honneur une tache i.* = Syn. Voy. INDÉLÉBILE.

INEFFICACE. adj. 2 g. [Pr. *inè-fi-kase*]. Qui n'est point efficace, qui ne produit point son effet. *Protection, secours i.*

INEFFICACEMENT. adv. [Pr. *inè-fi-kaseman*]. D'une manière inefficace.

INEFFICACITÉ. s. f. [Pr. *inè-fi-kasité*]. Manque d'efficacité. *L'i. d'un moyen. L'i. d'un secours. L'i. d'un remède.*

INEFFRAYABLE. adj. 2 g. [Pr. *inè-frè-iable*] (R. *in* priv., et *effrayer*). Qui ne peut être effrayé.

INEFFRAYÉ, ÉE. adj. [Pr. *inè-frè-ié*]. Qui n'est pas effrayé.

INÉGAL, ALE. adj. Qui n'est point égal; se dit proprement des choses considérées sous le rapport de leurs dimensions, de leur valeur, etc. *Deux champs de grandeur inégale. Ces deux montagnes sont d'inégale hauteur. Ces parts sont inégales. Durée inégale. Valeur inégale. Des forces inégales ou d'inégale intensité.* — Fig., *Deux personnes de condition inégale.* || Qui n'est pas uni, qui est raboteux. *Un terrain, un chemin, un plancher i. Une surface inégale.* || Qui n'est pas régulier, uniforme. *Mouvement i. Respiration i. Pouls i. Marcher d'un pas i.* — Fig., Sa conduite est fort inégale. Le style de cet écrivain est i. Le jeu de cet acteur est très i. — Par ext., se dit aussi des personnes. *Un homme i. dans* *sa conduite. C'est un esprit i. Un écrivain, un acteur fort i.*

INÉGALÉ, ÉE. adj. Qui n'est pas égalé.

INÉGALEMENT. adv. D'une manière inégale. *Les parts sont faites i. Il s'est toujours conduit fort i.*

INÉGALISER. v. a. [Pr. *inégali-zer*]. Rendre inégal. = INÉGALISÉ, ÉE. part.

INÉGALITAIRE. adj. 2 g. Qui n'est pas égalitaire.

INÉGALITÉ. s. f. Défaut d'égalité; se dit dans tous les sens d'inégal. *L'i. de deux lignes. L'i. de ces tours produit un mauvais effet. L'i. des lots était choquante. L'i. des saisons. Il y avait entre eux une trop grande i. de forces. L'i. des conditions. L'i. d'un chemin, d'un plancher. L'i. d'un mouvement. I. de style, d'esprit, d'humeur. L'i. du pouls. Avoir de l'i. dans le caractère.* || Se dit quelquefois au plur., soit au propre, soit au fig., des irrégularités, des défectuosités qui font qu'une chose est inégale. *Les inégalités d'un terrain. Son style est plein d'inégalités. C'est un homme qui a de grandes inégalités.* || T. Astr. *Les inégalités planétaires*, Les différences qu'on observe entre le mouvement réel des planètes et celui qui est défini par les lois de Képler. Voy. PLANÈTE. || T. Alg. Expression algébrique composée de deux ou plusieurs termes, dont l'un est plus grand ou plus petit que l'autre. = Syn. Voy. DIFFÉRENCE.

Alg. — En mathématiques, on appelle *Inégalité* l'affirmation qu'une quantité est plus grande ou plus petite qu'une autre. Si A et B désignent ces deux quantités, on écrit l'inégalité :

$$A > B \quad \text{ou} \quad A < B.$$

En arithmétique, on n'a pas besoin de définir un nombre plus grand qu'un autre; l'idée de plus grand ou plus petit est comprise dans celle de la formation successive des nombres; mais il n'en est plus de même dès qu'on introduit les nombres négatifs. Alors, *on dit qu'un nombre* a *est plus grand qu'un nombre* b, *quand la différence* a — b *est positive.* Cette définition, appliquée aux nombres positifs, reproduit la notion de plus grand et plus petit telle qu'on l'entend en arithmétique. Il en résulte que les nombres positifs sont dits plus grands que zéro, et les nombres négatifs plus petits que zéro. Par suite, les deux inégalités :

$$a > b, \quad a - b > 0,$$

sont identiques par définition : elles veulent dire la même chose. On conclut aussi de la définition précédente que : 1° de deux nombres positifs, le plus grand est celui qui a la plus grande valeur absolue; 2° de deux nombres négatifs, le plus grand est celui qui a la plus petite valeur absolue; 3° tout nombre positif est plus grand que tout nombre négatif.

On peut, sans détruire une i., ajouter une même quantité aux deux membres de cette i. Ainsi, les deux inégalités :

$$a > b \quad \text{et} \quad a + c > b + c$$

sont identiques, parce que les deux différences

$$a - b \quad \text{et} \quad a + c - (b + c)$$

étant égales sont positives ou négatives en même temps. On peut multiplier les deux membres d'une i. par un nombre *positif :*

$$a > b \quad \text{et} \quad ma > mb$$

sont identiques, si m est positif, parce que les différences :

$$a - b \quad \text{et} \quad ma - mb = m(a - b)$$

sont de même signe, si m est positif; mais si m est négatif, les deux différences sont de signes contraires. Donc :

On peut multiplier les deux membres d'une i. par un nombre *négatif, à condition de renverser l'i.*

Jamais on ne doit multiplier une i. par une quantité dont on ne connaît pas le signe.

Il est clair qu'au lieu d'ajouter une même quantité aux deux membres, on peut en retrancher une même quantité, puisque retrancher c équivaut à ajouter — c, et qu'au lieu de multi-

plier les deux membres d'une i. par m, on peut les diviser par m, puisque diviser par m équivaut à multiplier par $\frac{1}{m}$ et que m et $\frac{1}{m}$ sont toujours de même signe.

On peut élever les deux membres d'une i. à une *puissance impaire.* Ainsi, de

$$a > b$$

on peut conclure :

$$a^3 > b^3, \quad a^5 > b^5, \quad \text{etc.}$$

Mais on ne peut élever les deux membres d'une i. à une *puissance paire*, que s'ils sont positifs. Ainsi, de :

$$a > b,$$

on déduira :

$$a^2 > b^2,$$

si a et b sont positifs. Si a et b étaient négatifs, on en déduirait, au contraire :

$$a^2 < b^2, \quad a^4 < b^4,$$

tandis que si a et b étaient de signes contraires, on ne pourrait rien conclure, car l'i. $a^3 < b^3$ dépend seulement des valeurs absolues de a et b, a^3 et b^3 étant positifs, tandis que l'i. $a > b$ où a et b sont de signes contraires, apprend seulement que a est négatif et b positif, sans rien indiquer sur leurs valeurs absolues.

Inversement, on peut extraire les racines d'ordre impair des deux membres d'une i.; mais on ne peut extraire les racines d'ordre pair que si les deux membres sont positifs, et à condition de prendre les valeurs positives des racines.

On a souvent à considérer des inégalités qui contiennent une ou plusieurs lettres désignant des quantités variables, et qui ne sont vraies qu'autant qu'on fait varier ces variables entre certaines limites. Une pareille i. s'appelle une *inéquation.* Résoudre une inéquation, c'est chercher les limites entre lesquelles il faut faire varier les variables pour que l'i. soit vérifiée. Le cas le plus intéressant est celui où il n'y a qu'une variable ou *inconnue.*

1° *Inéquation du premier degré.* L'équivalence des inégalités obtenues en ajoutant aux membres une même quantité aux deux membres d'une autre i. permet de faire passer des termes d'un membre dans l'autre, à condition de changer leur signe, comme on le fait pour les équations. La possibilité de multiplier tous les termes par un nombre commun permet de chasser les dénominateurs connus, de sorte que toute inéquation du premier degré peut être ramenée à la forme :

$$ax > b,$$

où a et b sont connus et où x est l'inconnue. Cette inéquation sera résolue, si l'on divise les deux membres par a. On aura :

$$x > \frac{b}{a} \quad \text{ou} \quad x < \frac{b}{a},$$

suivant que a sera positif ou négatif.

2° *Inéquations algébriques rationnelles.* On pourra faire passer tous les termes dans le premier membre, réduire les fractions au même dénominateur, et les ajouter. L'inéquation prendra la forme :

$$\frac{f(x)}{\varphi(x)} > 0,$$

où $f(x)$ et $\varphi(x)$ sont deux polynômes entiers. Or, il résulte de la règle des signes dans la multiplication des quantités positives ou négatives que le produit de deux quantités quelconques a toujours le même signe que leur quotient, savoir le signe + si les deux facteurs sont de même signe, le signe — si les deux facteurs sont de signes contraires. On pourra donc remplacer l'inéquation précédente par l'inéquation équivalente :

$$f(x) \varphi(x) > 0,$$

dont le premier membre est un polynôme entier. On peut écrire plus simplement :

$$F(x) > 0.$$

Pour résoudre cette inéquation, on résoudra d'abord l'équation :

$$F(x) = 0,$$

qui admet un certain nombre de racines réelles ou imaginaires, simples ou multiples. Voy. ÉQUATION. Si on désigne ces racines par a, b, c, etc., le polynôme F (x) pourra se décomposer en facteurs du premier degré :

$$A (x-a)(x-b)(x-c)... > 0.$$

Comme il n'y a d'i. qu'entre des nombres réels, il faut supposer que tous les coefficients de F (x) sont réels. Alors, si le polynôme admet une racine imaginaire $a = \alpha + \beta i$, il admet aussi la racine imaginaire conjuguée $a' = \alpha - \beta i$, et le produit :

$$(x-a)(x-a') = (x-\alpha-\beta i)(x-\alpha+\beta i) = (x-\alpha)^2 + \beta^2,$$

est positif, quel que soit x. On peut donc supprimer ce facteur, sans changer le signe du premier membre, de sorte qu'il n'y a à s'inquiéter que des racines réelles. Si on met en évidence l'ordre de multiplicité de chacune d'elles, l'inéquation peut s'écrire :

$$A (x-a)^{\alpha} (x-b)^{\beta} (x-c)^{\gamma} ... > 0.$$

Si α est pair, le facteur $(x-a)^{\alpha}$ est toujours positif; on peut donc le supprimer, sauf à réserver le cas de $x = a$ pour lequel l'inéquation se transforme en *égalité*. Si β est impair, $(x-b)^{\beta}$ a le même signe que $x-b$: donc, il est inutile d'écrire l'exposant, et l'inéquation se simplifie encore. En définitive, *il suffira de considérer les racines d'ordre impair du premier membre qui seront les limites de variation* de x, et l'inéquation prendra la forme :

$$A (x-a)(x-b)(x-c).....(x-h)(x-k)(x-l) > 0.$$

Cela posé, supposons que les racines du premier membre aient été rangées par ordre de grandeur :

$$a < b < c ..... < h < k < l.$$

Si l'on fait décroître x de $+\infty$ à $-\infty$, on voit que, tant que x sera supérieur à l, le polynôme aura le signe de l, tous les facteurs binômes étant positifs. Si x varie entre k et l, le premier membre aura le signe de $-A$, un seul facteur binôme étant négatif; si x varie entre h et k, le premier membre aura le signe de A, deux facteurs binômes étant négatifs, et ainsi de suite. Cette discussion permet de trouver les intervalles entre lesquels il faut faire varier x pour que l'inéquation soit vérifiée. En résumé, les racines d'ordre impair du premier membre d'une inéquation algébrique partagent l'étendue complète de la variation de x de $-\infty$ à $+\infty$ en un certain nombre d'intervalles contigus qui, alternativement, conviennent et ne conviennent pas à l'inéquation.

Soit, par ex., à résoudre l'inéquation :

$$\frac{2}{x-1} > 1 + \frac{1}{x}.$$

On la mettra successivement sous les formes :

$$\frac{2}{x-1} > \frac{x+1}{x},$$

$$\frac{2x-(x^2-1)}{x(x-1)} > 0, \qquad \frac{x^2-2x-1}{x(x-1)} < 0,$$

$$x(x-1)(x^2-2x-1) < 0,$$

$$(x-1+\sqrt{2})\, x\, (x-1)\, (x-1-\sqrt{2}) < 0.$$

Les valeurs critiques sont :

$$1-\sqrt{2}, \quad 0, \quad 1, \quad 1+\sqrt{2}.$$

Pour $x = +\infty$, l'inéquation n'est pas vérifiée. Donc il faut faire varier x :

entre 1 et $1 + \sqrt{2}$,

ou entre $1 - \sqrt{2}$ et 0.

Si l'on applique les principes qui précèdent au trinôme du second degré

$$ax^2 + bx + c = 0,$$

on retrouve les résultats bien connus :

Un trinôme du second degré dont les racines sont imaginaires a le signe de son premier terme, quelle que soit la valeur de la variable.

Un trinôme du second degré dont les racines sont réelles prend le signe de son premier terme, quand on donne à la variable une valeur non comprise entre les racines, et le signe contraire à celui de son premier terme, quand

on donne à la variable une valeur comprise entre les racines.

3° *Inéquations irrationnelles et transcendantes.* — On peut toujours ramener une inéquation à la forme :

$$f(x) > 0,$$

où $f(x)$ est une fonction quelconque.

La méthode repose sur l'idée de continuité : il est clair que tant qu'une fonction reste continue, elle ne peut changer de signe qu'en passant par la valeur 0. Donc les limites des intervalles cherchés ne peuvent être que les valeurs de x qui rendent le premier membre $f(x)$ nul, infini ou discontinu. Il faut d'abord chercher ces valeurs et les ranger par ordre de grandeur. On obtient ainsi une suite d'intervalles tels que si x varie dans l'un d'eux, l'inéquation sera constamment vérifiée ou jamais vérifiée. Il suffit alors de prendre une valeur quelconque dans chaque intervalle, et de voir si elle vérifie ou non l'inéquation : on saura ainsi si l'intervalle convient ou ne convient pas. Le plus souvent, si l'inéquation est vérifiée dans un intervalle, elle ne l'est pas dans l'intervalle voisin, et réciproquement; mais cette règle n'est pas absolue; elle présente de nombreuses exceptions, et il serait dangereux de s'y fier.

Il y a des inéquations qui sont vérifiées, quelles que soient les valeurs des variables :

$$x^2 + 1 > 0,$$

$$x^2 + y^2 + z^2 > 0.$$

D'autres, inversement, ne le sont jamais, par ex. :

$$1 - x^2 > 2,$$

$$x^2 + x + 1 < 0, \text{ etc.}$$

Les inéquations à plusieurs variables doivent être traitées d'une manière toute différente. Quand il n'y a que deux ou trois variables, elles sont susceptibles d'une interprétation géométrique. Si, par ex., on a une inéquation à deux variables :

$$f(xy) > 0,$$

on peut supposer que x et y représentent les coordonnées d'un point du plan. En vertu de la continuité, lorsque ce point se déplace dans ce plan, la fonction $f(xy)$ ne peut passer d'une valeur positive à une valeur négative sans passer par la valeur 0, c.-à-d. sans que le point vienne traverser la courbe qui a pour équation :

$$f(xy) = 0.$$

Donc cette courbe sépare le plan en deux régions et l'inéquation est vérifiée tant que le point reste dans une de ces régions; elle ne l'est pas quand le point est dans l'autre. Si l'on a trois variables, il faut les considérer comme les coordonnées d'un point de l'espace, et au lieu d'une courbe, on aura une surface séparatrice. Enfin, au delà de trois variables, il n'y a plus d'interprétation géométrique.

INÉLÉGAMMENT. adv. [Pr. *inélé-gaman*]. D'une manière inélégante, sans élégance.

INÉLÉGANCE. s. f. Défaut d'élégance.

INÉLÉGANT, ANTE. adj. (R. *in* priv., et *élégant*). Qui manque d'élégance. *Style i.* Des manières inélégantes.

INÉLIGIBILITÉ. s. f. État de celui qui est inéligible. Absence, défaut des qualités requises pour être éligible.

INÉLIGIBLE. adj. 2 g. (R. *in* priv., et *éligible*). Qui ne peut être, élu, qui n'a pas les qualités requises pour être éligible.

INÉLOQUENT, ENTE. adj. [Pr. *inélo-kan*] (lat. *ineloquens*, m. s., de *in* priv., et *eloquens*, éloquent). Qui n'est pas éloquent.

INÉLU, UE. adj. Qui n'a pas été élu.

INÉLUCTABLE. adj. 2 g. (lat. *ineluctabilis*, m. s., de *in* priv., et *eluctabilis*, qu'on peut surmonter, de e, hors de, et *luctari*, lutter). Contre quoi on ne peut lutter.

INÉLUCTABLEMENT. adv. D'une manière inéluctable.

INÉLUDABLE. adj. 2 g. (R. *in* priv., et *éluder*). Qu'on ne peut éluder.

INEMBRYONÉ, ÉE. adj. [Pr. *inan-brioné*] (R. *in* priv., et *embryon*). T. Bot. Qui est dépourvu d'embryon. Nom que quelques botanistes ont voulu substituer à celui de *Cryptogame*.

INEMPÊCHÉ, ÉE. adj. [Pr. *inan-pêché*]. Qui n'est pas empêché.

INEMPLOYÉ, ÉE. adj. [Pr. *inan-plo-ié*] (R. *in* priv., et *employé*). Qui n'a pas d'emploi.

INÉNARRABLE. adj. 2 g. [Pr. *iné-na-rable*] (lat. *inénarrabilis*, m. s., de *in* priv., et *narrare*, raconter). Qui ne peut être raconté. *Saint Paul, étant transporté au troisième ciel, vit des choses inénarrables. Gémissements inénarrables.* = Syn. Voy. INEFFABLE.

INÉNARRABLEMENT. adv. [Pr. *inéna-ra-bleman*]. D'une manière inénarrable.

INÉNARRÉ, ÉE. adj. [Pr. *inéna-ré*]. Qui n'a pas été narré, raconté.

INENGENDRÉ, ÉE. adj. [Pr. *inan-jan-dré*]. Qui n'est point engendré.

INENSEIGNÉ, ÉE. adj. [Pr. *inan-sè-gné, gn* mouillé]. Qui n'est pas enseigné.

INENSEMENCÉ, ÉE. adj. [Pr. *inan-seman-sé*]. Qui n'est pas ensemencé.

INENTENDU, UE. adj. [Pr. *inan-tan-du*]. Qui n'a point été entendu.

INENVIÉ, ÉE. adj. [Pr. *inan-vié*] (R. *in* priv., et *envié*). Qui n'excite pas l'envie.

INÉPANOUI, IE. adj. Qui n'est point épanoui.

INÉPROUVÉ, ÉE. adj. (R. *in* priv., et *éprouvé*). Qui n'a pas été mis à l'épreuve.

INEPTE. adj. 2 g. (lat. *ineptus*, m. s., de *in* priv., et *aptus*, apte). Qui n'a nulle aptitude à certaines choses. *Un homme tout à fait i. aux sciences. Avec toute sa science, il est complétement i. en affaires.* || Sol., impertinent, absurde. *C'est l'homme du monde le plus i.* — Par ext., *Raisonnement i. Tout ce qu'il dit est i.* Syn. Voy. IMBÉCILE.

INEPTEMENT. adv. D'une manière inepte. *Il s'est conduit fort i. dans toute cette affaire.*

INEPTIE. s. f. [Pr. *inep-si*] (lat. *ineptia*, m. s., de *ineptus*, incapable). Sottise, impertinence, absurdité. *Cette femme est d'une grande i., d'une i. incroyable. Il y a de l'i. dans une pareille conduite. Il a fait preuve d'i. C'est une véritable i. Ce livre est plein d'inepties. Il ne débite que des inepties.*

INÉPUISABLE. adj. 2 g. [Pr. *inépui-zable*] (R. *in* priv., et *épuisable*). Qu'on ne peut épuiser, tarir, mettre à sec. *Une source d'eau i.* || Par anal., *Cette mine est i. Des richesses inépuisables.* || Fig., *La miséricorde de Dieu est i. Cet homme a un fonds de science i. Sa bonté, sa complaisance, sa patience sont inépuisables. Ce sujet est i.*

INÉPUISABLEMENT. adv. [Pr. *inépui-za-bleman*]. D'une manière inépuisable.

INÉPUISÉ, ÉE. adj. [Pr. *inépui-zé*]. Qui n'est point épuisé.

INÉQUALIFOLIÉ, ÉE. adj. [Pr. *iné-koua-lifolié*] lat. *inæqualis*, inégal; *folium*, feuille). T. Bot. Qui a des feuilles inégales ou dissemblables.

INÉQUATION. s. f. [Pr. *iné-koua-sion*] (R. *in* priv., et *équation*). T. Alg. Inégalité qui n'est vraie qu'autant qu'on astreint certaines quantités qui y entrent à certaines conditions qu'il s'agit de déterminer. Voy. INÉGALITÉ.

INÉQUIANGLE. adj. 2 g. [Pr. *iné-kui-angle*] (lat. *inæquus*, inégal, et *angle*). Dont les angles sont inégaux.

INÉQUILATÉRAL, ALE. adj. [Pr. *iné-kui-latéral*] (lat. *inæquus*, inégal; *latus, lateris*, côté). Dont les deux côtés ne sont point égaux. *Feuille inéquilatérale.* Voy. FEUILLE — *Coquille inéquilatérale.* Voy. CONCHYLIOLOGIE.

INÉQUIPÈDE. adj. 2 g. [Pr. *iné-kui-pède*] (lat. *inæquus*, inégal; *pes, pedis*, pied). Dont les pattes n'ont pas toutes la même dimension.

INÉQUITABLE. adj. 2 g. [Pr. *iné-kitable*] (*in* priv., et *équitable*). Qui manque d'équité.

INÉQUITABLEMENT. adv. [Pr. *inéki-table-man*]. D'une manière qui n'est pas équitable.

INÉQUITÈLE. adj. et s. f. [Pr. *iné-kui-tèle*] (lat. *inæquus*, inégal; *tela*, toile). T. Zool. Nom donné aux araignées filandières. Voy. ARAIGNÉE.

INÉQUIVALVE. adj. 2 g. [Pr. *iné-kui-valve*] (lat. *inæquus*, inégal; *valva*, porte). T. Zool. Dont les valves sont inégales. Voy. CONCHYLIOLOGIE.

INERME. adj. 2 g. (lat. *inermis*, sans armes, de *in* priv., et *arma*, armes). T. Hist. nat. Se dit des êtres, soit animaux, soit végétaux, qui n'ont point d'armes, c.-à-d. qui sont dépourvus de griffes, de cornes, d'épines, d'aiguillons, etc.

INERTE. adj. 2 g. (lat. *iners, ertis*, m. s., de *in* priv., et *ars*, art). Qui est sans ressort et sans activité. *La matière est i. Une masse i. Un membre i.* Fig., *Un esprit inerte.* || T. Phys., Chim. et Pharm. *Matières, gaz, poudres inertes*, Matières, etc., qui ne jouent aucun rôle dans l'action qu'on a en vue et ne servent qu'à diluer la substance active.

INERTIE. s. f. [Pr. *iner-si*] (lat. *inertia*, m. s., de *iners*, inerte). État de ce qui est inerte; défaut d'aptitude à changer spontanément d'état. *L'i. de la matière. Force d'i.* — Fig., on appelle *Force d'i.*, Cette résistance passive qui consiste principalement à ne pas obéir. *Le ministre rencontra dans ses bureaux une force d'i. qui fit échouer tous ses projets.* || Fig., au sens moral, Manque absolu d'activité ou d'énergie. *Tomber, languir, vivre dans l'i. Tirez-le de son i.* || T. Méd. État des organes qui ont perdu, en totalité ou en partie, l'énergie nécessaire à l'accomplissement de leurs fonctions. Se dit plus particulièrement des organes contractiles. *L'i. de l'utérus.* || T. Méc. Voy. plus bas.

Méc. — On appelle *Inertie*, la propriété qu'on attribue aux corps matériels d'être indifférents à l'état de repos ou de mouvement, ou, en d'autres termes, de persister indéfiniment dans l'état où ils se trouvent, tant qu'une cause étrangère n'agit pas sur eux. En conséquence, une boule posée sur le sol restera éternellement immobile, si une force quelconque ne vient pas changer sa position, et la même boule lancée dans l'espace conserverait indéfiniment le mouvement rectiligne et la vitesse qu'elle a reçus, si des causes extérieures, la pesanteur et la résistance de l'air, ne venaient pas modifier la direction de son mouvement et en ralentir la vitesse — Les anciens pensaient que la matière possédait la propriété d'opposer une certaine résistance au mouvement. Ce fut Galilée qui, le premier, démontra qu'un corps une fois mis en mouvement se mouvrait indéfiniment sans l'influence de causes extérieures qui agissent incessamment sur lui et tendent à l'arrêter. Au reste, la notion d'i., qui peut être considérée comme dérivant d'une sorte d'attraction, se rattache intimement à celle de *Force*. Voy. ce mot. Quant à l'expression de *Force d'inertie*, employée communément aujourd'hui pour désigner le produit de la masse d'un corps par son accélération, elle a été créée par Képler, parce qu'il se figurait qu'un corps mis en mouvement développait une certaine force pour y persister. Voy. FORCE, MÉCANIQUE.

Moments et axes d'inertie. — Le *moment d'i.* d'un corps solide autour d'un axe est la somme des moments autour du même axe des forces d'i. des divers points matériels dont se compose le corps, lorsque celui-ci tourne autour de l'axe avec une vitesse angulaire égale à l'unité.

Nous ne pouvons indiquer ici comment on calcule ces moments; nous nous bornerons à faire remarquer que si l'axe des moments est pris pour axe des z, par exemple, la somme dont nous parlons dépend des trois intégrales :

$$\int r^2 m \qquad \int zx\, dm \qquad \int xy\, dm$$

où dm désigne la masse d'un élément matériel du corps, r la distance de cet élément à l'axe des z, et x, y, z ses coordonnées. Or, on démontre qu'il existe, dans tout corps solide, trois droites rectangulaires passant par le centre de gravité et telles que, si on les prend pour axes de coordonnées, les trois intégrales

$$\int yz dm \qquad \int zx dm \qquad \int xy dm$$

sont nulles. Ces droites jouissent ainsi d'une propriété remarquable : on les a nommées les *axes principaux d'inertie*. Quand on les prend pour axes de coordonnées, le moment total, dont nous avons déjà parlé, se réduit à :

$$\frac{d\omega}{dt}\int r^2 dm$$

ω désignant la vitesse angulaire de la composante du mouvement de rotation autour de celui des trois axes qu'on a pris pour axe des moments. De là vient que l'expression

$$\int r^2 dm$$

a reçu le nom de *moment d'inertie*, par rapport à l'axe considéré. Cette quantité joue un rôle des plus importants dans un grand nombre de problèmes de mécanique notamment dans toutes les questions où l'on a des mouvements de rotation à considérer. Elle s'introduit aussi dans la plupart des questions relatives à la résistance des matériaux.

Ce moment d'inertie $I = \int r^2 dm$ peut être pris par rapport à un axe quelconque qui traverse le corps ou reste en dehors; en raison de la grande importance de cet élément pour les applications pratiques de la mécanique, nous allons donner quelques formules qui permettent de le calculer dans des cas simples.

On démontre d'abord que le moment d'inertie I d'un corps solide de masse M par rapport à un axe situé à une distance a de son centre de gravité, est égal à ce qu'il serait si toute la masse du corps était concentrée au centre de gravité, plus le moment d'inertie I du même corps, par rapport à un axe parallèle au premier mené par le centre de gravité, en raison de

$$I = I' + Ma^2$$

Il nous suffira donc de donner les formules pour des axes passant par le centre de gravité.

1° *Moment d'inertie d'une droite homogène de longueur $2l$ et de masse M, par rapport à un axe qui passe par son milieu et sur lequel elle est inclinée d'un angle α :*

$$I = \frac{1}{3} Ml^2 \sin^2\alpha.$$

La même formule peut servir comme suffisamment approchée dans le cas où la droite est remplacée par une barre cylindrique dont on peut négliger l'épaisseur; elle se réduit à

$$I = \frac{1}{3} Ml^2,$$

si l'axe est perpendiculaire à la barre.

2° *Moment d'inertie d'un disque ou d'un cylindre circulaire plein, de rayon r et de masse M par rapport à son axe :*

$$I = \frac{Mr^2}{2}.$$

Si le disque ou cylindre est creux, soit r le rayon intérieur, R le rayon extérieur :

$$I = \frac{M(R^2 + r^2)}{2}.$$

3° *Moment d'inertie d'un disque circulaire par rapport à un axe situé dans son plan et négligeant l'épaisseur du disque :*

$$I = \frac{1}{4} Mr^2.$$

La même formule s'applique à un disque elliptique pourvu que l'axe des moments soit un des axes de l'ellipse; r représente alors le demi-axe perpendiculaire à celui des moments.

Si le disque est évidé à son centre :

$$I = \frac{1}{4} M(R^2 - r^2),$$

formule qui s'applique encore à la couronne elliptique comprise entre deux ellipses homothétiques, moyennant les mêmes restrictions que tout à l'heure.

4° *Moment d'inertie d'une sphère pleine :*

$$I = \frac{2}{5} M r^2,$$

formule qui s'applique encore à un ellipsoïde de révolution autour de l'axe des moments; r représente alors le rayon équatorial.

Si la sphère est creuse :

$$I = \frac{2}{5} M \frac{R^5 - r^5}{R^3 - r^3},$$

formule qui s'applique aussi à un ellipsoïde de révolution creux, pourvu que les surfaces intérieures et extérieures soient homothétiques.

5° *Moment d'inertie d'un tore autour de son axe : r rayon du cercle générateur, R distance du centre de ce cercle à l'axe :*

$$I = M\left(R^2 + \frac{3}{4} r^2\right)$$

INÉRUDITION. s. f. [Pr. *inérudi-sion*]. Défaut d'érudition ; manque d'instruction.

INÈS ou **INEZ DE CASTRO**, épousa secrètement dom Pèdre, fils du roi de Portugal Alphonse IV (1354), et fut assassinée par ordre de son beau-père. Dom Pèdre, devenu roi, vengea la mort de sa femme.

INESCOMPTABLE. adj. 2 g. [Pr. *ines-kon-table*]. Qui ne peut pas être escompté.

INESPÉRABLE. adj. 2 g. (R. *in* priv., et *espérer*). Que l'on ne peut espérer.

INESPÉRÉ, ÉE. adj. Imprévu, à quoi on ne s'attendait pas ; ne se dit qu'en bonne part. *Événement, succès, bonheur i. Victoire inespérée.* = Syn. Voy. Inaténdu.

INESPÉRÉMENT. adv. Contre toute espérance, lorsqu'on s'y attendait le moins ; ne se dit que des événements heureux. *Il était ruiné; il lui est survenu i. une succession qui a rétabli ses affaires.* Peu us.

INESSAYÉ, ÉE. adj. [Pr. *iné-sè-ié*]. Qui n'a pas été mis à l'essai.

INESTIMABLE. adj. 2 g. (R. *in* priv., et *estimable*). Qu'on ne peut assez estimer, assez priser; on ne dit que des choses. *Cela est d'une valeur, d'un prix i. Un tableau i. Son amitié m'est un trésor inestimable.*

INESTIMABLEMENT. adv. D'une manière inestimable.

INESTIMÉ, ÉE. adj. Qui n'est point apprécié, estimé.

INÉTENDU, UE. adj. [Pr. *iné-tan-du*] (R. *in* priv., et *étendu*). Qui n'a pas d'étendue.

INÉTIRABLE. adj. 2 g. (R. *in* priv., et *étirer*). Qui ne peut être étiré.

INÉTONNABLE. adj. 2 g. [Pr. *iné-tonable*] (R. *in* priv., et *étonner*). Qui ne peut être étonné.

INÉTUDIÉ, ÉE. adj. Qui n'a pas été étudié.

INÉVIDENCE. s. f. [Pr. *inévi-dan-se*]. Manque d'évidence.

INÉVIDENT, ENTE. adj. [Pr. *inévi-dan*] (R. *in* priv., et *évident*). Qui manque d'évidence.

INÉVITABILITÉ. s. f. Qualité de ce qui est inévitable.

INÉVITABLE. adj. 2 g. (lat. *inevitabilis*, m. s.). Qu'on ne peut éviter. *Un malheur, un inconvénient i. La mort est inévitable.*

INÉVITABLEMENT. adv. Nécessairement, sans qu'on puisse l'éviter. *Vous vous ruinez inévitablement.*

INÉVITÉ, ÉE. adj. Qui n'a pas été évité.

INEXACT, ACTE. adj. [Pr. *ineg-za*] (R. *in* priv., et *exact*). Qui manque d'exactitude. *Calcul i. Copie inexacte. Un copiste i. Un homme fort i.*

INEXACTEMENT. adv. [Pr. *ineg-zakte-man*]. D'une manière inexacte.

INEXACTITUDE. s. f. [Pr. *ineg-zaktitude*]. Défaut d'exactitude. *L'i. d'un calcul. Il est d'une grande i. à remplir ses devoirs.* || Faute, erreur commise par inexactitude. *Il y a beaucoup d'inexactitudes dans son livre.*

INEXAMINABLE. adj. 2 g. [Pr. *ineg-zaminable*] (R. *in* priv., et *examiner*). Qui ne peut être examiné.

INEXAMINÉ, ÉE. adj. [Pr. *ineg-zaminé*] (R. *in* priv., et *examiner*). Qui n'est pas, qui n'a pas été examiné.

INEXAUCÉ, ÉE. adj. [Pr. *ineg-zô-sé*]. Qui n'a pas été exaucé.

INEXCITABILITÉ. s. f. [Pr. *inek-sitabilité*]. Qualité de ce qui est inexcitable. Incapacité à recevoir l'excitation.

INEXCITABLE. adj. 2 g. [Pr. *inek-si-table*] (R. *in* priv., et *excitable*). Qui ne peut être excité.

INEXCUSABLE. adj. 2 g. [Pr. *ineks-ku-zable*] (lat. *inexcusabilis*, m. s.). Qui ne peut être excusé. *Faute i. Un vice i. Vous êtes i. d'avoir agi ainsi.*

INEXCUSABLEMENT. adv. [Pr. *ineks-kuza-bleman*]. D'une manière inexcusable.

INEXCUSÉ, ÉE. adj. [Pr. *ineks-ku-zé*]. Qui n'est pas excusé.

INEXÉCUTABLE. adj. 2 g. [Pr. *ineg-zékutable*] (R. *in* priv., et *exécuter*). Qui ne peut être exécuté. *C'est un projet inexécutable.*

INEXÉCUTABLEMENT. adv. [Pr. *ineg-zéku-tableman*]. D'une manière inexécutable.

INEXÉCUTÉ, ÉE. adj. [Pr. *ineg-zé-kuté*] Qui n'a pas été exécuté

INEXÉCUTION. s. f. [Pr. *ineg-zé-kusion*]. Manque d'exécution. *L'i. d'une convention, d'un testament, d'un arrêt. L'i. des lois.*

INEXÉCUTOIRE. adj. 2 g. [Pr. *inek-zéku-touare*]. Qui n'est pas exécutoire.

INEXERCÉ, ÉE. adj. [Pr. *ineg-zèr-sé*]. Qui n'est point exercé. *Cet ouvrage est d'une main inexercée.*

INEXIGÉ, ÉE. adj. [Pr. *ineg-zi-jé*]. Qui n'est point exigé.

INEXIGIBILITÉ. s. f. [Pr. *ineg-zi-jibilité*]. Qualité de ce qui est inexigible.

INEXIGIBLE. adj. 2 g. [Pr. *ineg-zi-jible*]. Qui n'est point encore exigible. *Dette i. Le capital est inexigible.*

INEXISTANT, ANTE. adj. [Pr. *ineg-zis-tan*] (lat. *inexistens, entis,* m. s., de *in* priv., et *existens,* existant). Qui n'existe pas

INEXISTENCE. s. f. [Pr. *ineg-zis-tan-se*]. Défaut d'existence. *L'i. d'un testament.*

INEXORABILITÉ. s. f. [Pr. *ineg-zo...*]. Défaut de l'homme inexorable.

INEXORABLE. adj. 2 g. [Pr. *ineg-zo-rable*] (lat. *inexorabilis,* m. s.). Qui ne peut être fléchi, apai... . *Il est i. Le public est un censeur i. Se montrer i. Il fut i. à toutes les prières. Une sévérité i.* = Syn. Voy. IMPITOYABLE.

INEXORABLEMENT. adv. [Pr. *ineg-zo-rable-man*]. D'une manière inexorable. *Ne lui demandez pas cette grâce, il vous refusera inexorablement.*

INEXPÉDIENT, ENTE. adj. [Pr. *ineks-pédian*]. Qui n'est pas expédient.

INEXPÉRIENCE s. f. [Pr. *ineks-péri-an-se*]. Manque d'expérience. *L'i. des jeunes gens. Son i. du monde lui a beaucoup nui.*

INEXPÉRIMENTÉ, ÉE. adj. [Pr. *ineks-péri-man-té*]. (R. *in* priv., et *expérimenté*). Qui n'a point d'expérience. *Général i. Chirurgien inexpérimenté.*

INEXPERT, ERTE. adj. [Pr. *inek-spèr*] (R. *in* priv., et *expert*). Qui manque d'habileté. *Il est encore i. dans cet art.*

INEXPIABLE. adj. 2 g. [Pr. *ineks-piable*] (lat. *inexpiabilis,* m. s.). Qui ne peut être expié. *Des crimes inexpiables.*

INEXPIÉ, ÉE. adj. [Pr. *ineks-pié*]. Qui n'a pas été expié. *Un crime i.*

INEXPLICABILITÉ. s. f. [Pr. *ineks-plika...*]. Qualité de ce qui est inexplicable.

INEXPLICABLE. adj. 2 g. [Pr. *ineks-pli-kable*] (R. *in* priv., et *expliquer*). Qui ne peut être expliqué. *Les mystères de la religion sont inexplicables. Il y a là une difficulté i.* || Incompréhensible, bizarre, étrange. *C'est un être i., un caractère i. Sa conduite est i. Ces retours de fortune sont inexplicables. L'homme est une énigme i. à lui-même.*

INEXPLICABLEMENT. adj. [Pr. *ineks-pli-kableman*]. D'une manière inexplicable.

INEXPLICITE. adj. 2 g. [Pr. *ineks-pli-site*]. Qui n'est pas explicite.

INEXPLIQUÉ, ÉE. adj. [Pr. *ineks-pli-ké*]. Qui n'a pas été expliqué.

INEXPLOITABLE. adj. 2 g. [Pr. *ineks-plouè-table*] (R. *in* priv., et *exploiter*). Qui ne peut pas être exploité.

INEXPLOITATION. s. f. [Pr. *ineks-plouè-tation*]. Manque d'exploitation.

INEXPLOITÉ, ÉE. adj. [Pr. *ineks-plouè-té*]. Qui n'a pas été exploité.

INEXPLORABLE. adj. 2 g. [Pr. *ineks-plo...*] (R. *in* priv., et *explorer*). Qu'il n'est pas possible d'explorer.

INEXPLORÉ, ÉE adj. [Pr. *ineks-ploré*]. Qui n'a pas été exploré. *Des terres, des régions inexplorées. Une littérature inexplorée.*

INEXPLOSIBLE. adj. 2 g. [Pr. *ineks-plo-zible*]. Qui n'est pas explosible, pas sujet à faire explosion. *Chaudière i. Bateau i.*

INEXPRESSIBLE. s. m. [Pr. *ineks-prè-sible*] (R. *in* priv., et lat. *expressum,* sup. de *exprimere,* exprimer). Que l'on ne peut exprimer. || Mot que l'on dit en Angleterre pour ne pas prononcer celui de *culotte,* et en France par plaisanterie.

INEXPRESSIF, IVE. adj. [Pr. *ineks-prè-sif*]. Qui n'est pas expressif.

INEXPRIMABLE. adj. 2 g. [Pr. *ineks-primable*] (R. *in* priv., et *exprimer*). Qu'on ne peut exprimer par des paroles. *Joie, plaisir, douleur, peine i. Reconnaissance i. Charme i. Sentiments inexprimables.* = Syn. Voy. INEFFABLE.

INEXPRIMABLEMEMT. adv. [Pr. *ineks-primable-man*]. D'une manière inexprimable.

INEXPRIMÉ, ÉE. adj. [Pr. *ineks-primé*]. Qui n'est pas exprimé.

INEXPUGNABLE. adj. 2 g. [Pr. *ineks-pug-nable, g* dur] (lat. *inexpugnabilis,* m. s., de *in* priv.; *expugnabilis,* qu'on peut prendre de force, de *ex,* hors de, et *pugna,* combat). Qui ne peut être forcé, pris d'assaut. *Ville i. Il n'y a plus de forteresses inexpugnables.*

INEXPUGNABILITÉ. s. f. [Pr. *ineks-pug-nabilité, g* dur]. Qualité de ce qui est inexpugnable.

INEXTENSIBILITÉ. s. f. [Pr. *ineks-tan...*]. Qualité de ce qui est inextensible, de ce qui ne peut pas être étendu.

INEXTENSIBLE. adj. 2 g. [Pr. *ineks-tan-sible*]. Qui n'est pas extensible, qui n'est pas susceptible de s'étendre.

INEXTENSILINGUE adj. 2 g. [Pr. *ineks-tansi-langh*] (lat. *inextensus*, inétendu, et *lingua*, langue). T. Zool. Qui ne peut allonger sa langue hors de la bouche.

IN EXTENSO [Pr. *ineks-tin-so*]. Loc. latine, qui sign. Dans toute son étendue. *J'ai cité la pièce in extenso.*

INEXTERMINABLE. adj. 2 g. [Pr. *ineks-ter...*] (ᴧ *in* priv., et *exterminer*). Qui ne peut être exterminé.

INEXTINGUIBILITÉ. s. f. [Pr. *ineks-tin-ghu-ib·sité*]. Qualité de ce qui est inextinguible.

INEXTINGUIBLE adj. 2 g. [Pr. *ineks-tin-ghu-ible*] (lat. *inextinguibilis*, m. s., de *in* priv., et *extinguere*, éteindre). Qu'on ne peut éteindre. *Feu i. Lampe i.* || Fig., *Une soif i.* Une soif que rien ne peut apaiser. *Un rire i.*, Un rire éclatant et prolongé.

INEXTIRPABILITÉ. s. f. [Pr. *ineks-tir...*]. État de ce qui est inextirpable.

INEXTIRPABLE. adj. 2 g. [Pr. *ineks-tir...*] (lat. *inextirpabilis*, m. s., de *in* priv., et *exstirpare*, extirper). Qu'on ne peut extirper.

IN EXTREMIS [Pr. *ineks-tré-mis*]. Voy. EXTREMIS.

INEXTRICABILITÉ. s. f. [Pr. *ineks-trika...*]. Qualité de ce qui est inextricable.

INEXTRICABLE. adj. 2 g. [Pr. *ineks-tri-kabl*] (lat. *inextricabilis*, m. s., de *in* priv.; *extricare*, démêler). Qui ne peut être démêlé. *Un labyrinthe i. Un chaos i. De difficultés.*

INEXTRICABLEMENT. adv. [Pr. *ineks-trika-bleman*]. D'une manière inextricable.

INEXUVIABLE. adj. 2 g. [Pr. *ineg-zu...*] (lat. *i* priv., et *exuviæ*, dépouilles). T. Zool. Qui n'est point sujet à la mue.

INEZ DE CASTRO. Voy. INÈS.

INFAILLIBILISTE. s. f. [Pr. *infa-lli-bilisle*, *ll* mouillées]. Partisan de l'infaillibilité.

INFAILLIBILITÉ. s. f. [Pr. *infa-lli-bilité*, *ll* mouillées]. Qualité de ce qui est infaillible. *L'i. d'un succès. L'i. d'une règle, d'un principe. L'i. d'une promesse. L'i. d'un remède.* || Impossibilité de se tromper, d'errer. *L'i. de l'Église. L'i. du pape.* Voy. PAPE.

INFAILLIBLE. adj. 2 g. [Pr. *infa-lli-ble*, *ll* mouillées] (lat. *infallibilis*, m. s., de *in* priv., et *fallere*, tromper). Qui ne peut faillir, est certain et immanquable. *Règle, vérité, principe i. Remède i. Science i. C'est une chose i. Sa perte est i. Le succès de cette affaire est i.* || Qui ne peut tromper, ni errer. *L'instinct des animaux est souvent i. Croyez-vous donc cet homme i.?* = Syn. Voy. IMMANQUABLE.

INFAILLIBLEMENT. adv. [Pr. *infa-lli-bleman*, *ll* mouillées]. Immanquablement, sans aucun doute. *I. cela arrivera. Je m'y trouverai i.*

INFAISABLE. adj. 2 g. [Pr. *in-fè-zable*] (R. *in* priv., et *faisable*). Qui ne peut être fait. *C'est une chose i.*

INFALSIFIABLE. adj. 2 g. (R. *in* priv., et *falsifier*). Qui ne peut être falsifié.

INFAMANT, ANTE. adj. (part. prés. de l'anc. verbe *infamer*, rendre infâme). Qui porte infamie. *Des paroles, des injures infamantes. Une sentence infamante. Un supplice i. Peine afflictive et infamante.* Voy. PEINE. = Syn. Voy. DIFFAMANT.

INFAMATION. s. f. [Pr. *infama-sion*] (lat. *infamatio*, m. s., de *infamare*, rendre infâme). T. Jurispr. crim. anc. Note d'infamie. *La condamnation au blâme emportait i.*

INFÂME. adj. 2 g. (lat. *infamis*, m. s., de *in* priv., et *fama*, réputation). Qui est diffamé, noté, flétri par les lois, par l'opinion publique. *C'est un homme i. Il y a des peines qui rendent infâmes. Ceux qui sont réputés infâmes par la loi ne peuvent être admis en témoignage.* || Qui est indigne, honteux, avilissant. *Une action, une conduite i. — Lieu i.,* Maison de prostitution. || Par exag., Sale, malpropre, malséant.

> En effet tous ces soins sont des choses infâmes.
> MOLIÈRE.

Il loge dans un taudis i. || Subst., se dit d'une personne, qui est flétrie par la loi ou par l'opinion. *C'est un i., une i. Les infâmes ne sont pas reçus en témoignage.*

INFÂMEMENT. adv. D'une manière infâme; avec ignominie.

INFAMIE. s. f. (lat. *infamia*, m. s., de *infamis*, infâme). Flétrissure imprimée à l'honneur, à la réputation, soit par la loi, soit par l'opinion publique. *Note d'i. Encourir l'i. Cette peine emporte i. Couvrir quelqu'un d'i. Vivre dans l'i. — Couronne d'i.,* Couronne de laine que l'on faisait porter jadis au condamné à une peine infamante. || Action vile, déshonorante. *C'est une i. de manquer à sa parole. Il a fait mille infamies. —* On dit, dans un sens anal., *L'i. de ses mœurs, de sa conduite.* Absol., *Je dévoilerai son i., Je dévoilerai sa conduite infâme* || Au plur., se dit de paroles injurieuses à l'honneur, à la réputation. *Il lui a dit mille infamies, toutes les infamies imaginables, toutes sortes d'infamies.*

INFANT, ANTE. s. (esp. *infante*, m. s.). Titre qu'on donne aux enfants puinés des rois d'Espagne et de Portugal. *Les infants d'Espagne. Le cardinal i. Ce prince épousa l'infante de Portugal. En Espagne, on trouve ce titre dans un document qui date de 999, où les fils du roi Vérémond II sont qualifiés d'infants.* || Par ext. et fam., Princesse, femme aimée.

> Hé! vous voilà, princesse, infante de ma vie!
> REGNARD.

INFANTADO (PEDRO DE TOLEDO, duc de l'), général et homme d'État espagnol (1773-1841).

INFANTERIE. s. f. (ital. *fante*, valet). *Infanterie* est un terme collectif qui désigne dans une armée l'ensemble des troupes qui combattent constamment à pied. Chez la plupart des nations guerrières de l'antiquité, et surtout chez les nations européennes, elle constituait la force principale des armées. Entre autres les Grecs paraissent avoir attaché une importance particulière à une bonne organisation de cette arme. L'i. grecque était composée de trois éléments distincts, afin de faciliter son action sur toute espèce de terrain. Ces trois catégories de fantassins étaient armées d'une manière différente et appropriée au genre de service auquel chacune d'elles était destinée. Les *Hoplites* (ὁπλίται) formaient comme le noyau de l'armée; ils étaient destinés à agir en masse, soit pour l'attaque, soit pour la défense, et à servir d'appui aux autres troupes. Ils avaient pour armes défensives le casque, la cuirasse, le bouclier ovale et des bottines garnies de fer, et, pour armes offensives, l'épée et surtout une pique longue de plusieurs mètres. Les *Peltastes* (πελτασταί) étaient armés de la même manière, mais plus légèrement; ils combattaient tantôt en masse, tantôt en corps détachés. Enfin, les *Psilites* ou *Psilos* (ψιλῆται, ψιλοί) constituaient une sorte d'i. irrégulière, destinée à combattre en tirailleurs, comme on dirait aujourd'hui; ils n'avaient que des armes offensives : le javelot, l'arc ou la fronde. — Les Romains avaient deux sortes d'i. : les *Légionnaires* et les *Vélites*, qui représentaient ce que nous appellerions l'i. de ligne et l'i. légère. Voy. LÉGION. — Quant aux armées barbares qui détruisirent l'empire romain, elles étaient presque entièrement composées de troupes à pied. Plus tard, quand le régime féodal se fut constitué, la cavalerie devint l'arme prédominante dans toute l'Europe, et les gentilshommes qui en remplissaient alors exclusivement les cadres n'eurent que du mépris pour les bandes à pied, le plus souvent confuses et inutiles, qui les suivaient sur les champs de

que l'eau et ne doit pas surnager, tandis que lorsque le poumon de l'enfant a été pénétré par l'air, il est moins dense; au contraire, si l'eau et doit, par conséquent, surnager. Certaines précautions doivent être prises pour éviter toute erreur, et certaines duperies doivent être prévues : lorsque les expériences sur les poumons sont prévues; lorsque les poumons se présentent soit en masse, soit isolément, entiers ou divisés, et qu'ils ne sont ni pourris, ni insufflés artificiellement, ni congelés, ni macérés dans l'esprit-de-vin, il est permis d'affirmer que l'enfant a respiré et que, par conséquent, il a vécu; par contre, lorsque les poumons ne surnagent pas, il ne faut pas en conclure immédiatement que l'enfant n'a pas respiré; en effet, certaines altérations pathologiques (atélectasie) et la désorganisation de l'organe par la putréfaction ou d'autres causes peuvent induire en erreur. D'autres moyens ont été employés, mais ils prêtent à la critique, et ne doivent être utilisés que comme complémentaires : *docimasie pulmonaire optique, auriculaire, gastro-intestinale, sidéro-pulmonaire.*

2° *L'enfant a-t-il péri de mort violente? Quelles sont les causes de la mort?* Tardieu a signalé huit genres différents de morts : *La mort par suffocation* est de beaucoup la plus fréquente et peut être pratiquée de différentes manières : occlusion des voies aériennes, introduction d'un tampon dans la gorge, emprisonnement dans un espace confiné, enfouissement. À part les traces de violences directes ou les signes extérieurs, rares en pareil cas, on a les signes les plus importants et représenté par les taches ecchymotiques sous-pleurales, petites taches ecchymotiques ponctuées, irrégulièrement arrondies, d'un rouge très foncé. — *La mort par immersion dans les fosses d'aisances* n'est pas un procédé fréquent; on y fait plutôt disparaître les cadavres. Ces cadavres exhalent une odeur âcre et pénétrante, les téguments sont d'un blanc verdâtre, la putréfaction est lente; mais la première question est celle-ci : l'enfant a-t-il été noyé vivant? On s'en assure en étudiant les caractères des blessures que présente l'enfant, en recherchant si l'enfant a pu ingérer des matières fécales jusque dans l'estomac (enfant vivant). D'autre part, il faut savoir si l'enfant a pu tomber accidentellement dans les latrines au moment de l'expulsion; matériellement le fait est possible, mais il faut que l'orifice de la fosse soit assez large pour que la tête, puis le corps puissent passer facilement sans pression, que le cordon ait cassé ou que le placenta ait été expulsé en même temps que l'enfant; enfin que l'aire de la lunette corresponde à l'aire vulvo-vaginale. — *La mort par submersion* est assez rare; or doit s'assurer successivement si l'enfant a respiré, s'il a péri noyé ou s'il n'est pas mort à la suite d'autres violences. — *La mort par strangulation,* seule ou combinée à la suffocation, laisse inévitablement des traces, ecchymoses et empreintes de la pulpe des doigts, sillon blanchâtre à bords violacés laissé par un lien quelconque. — *La mort par fracture du crâne et blessures* est très fréquente; le diagnostic est compliqué par la possibilité des blessures accidentelles. Les manœuvres obstétricales et les lésions produites par les os du bassin ont un siège classique sur la tête de l'enfant; la chute sur le sol au moment de la naissance est matériellement possible, mais demande les mêmes conditions que la chute accidentelle dans les latrines. Quelquefois les nouveau-nés sont mutilés ou ont subi l'acuponcture, laquelle laisse des traces facilement négligeables; il faut donc s'attacher de très près à l'examen des cadavres. — *La mort par combustion* laisse le plus souvent des cendres ou des débris informes : l'analyse doit être minutieuse (physique et chimique) de ces restes. — *La mort par empoisonnement* n'est le plus généralement qu'accidentelle. — *La mort par défaut de soins (infanticide par omission),* même lorsque celui-ci a été volontaire, fait assimiler le crime à l'homicide par imprudence; — hémorrhagie ombilicale par défaut de ligature du cordon, fait très rare, étant donné que la non-ligature n'entraîne pas toujours une hémorrhagie, en tous cas trahie par la coloration et l'absence de sang dans le foie; — exposition au froid (cadavre d'un blanc mat, induré, engouement pulmonaire); — inanition (Voy. INANITION), fait encore très rare, car le nouveau-né peut supporter pendant huit jours la privation d'aliments.

B. QUESTIONS SECONDAIRES. — 1° *Détermination de l'âge de l'enfant.* Il faut d'abord savoir reconnaître l'âge pendant la vie intra-utérine, à propos des questions d'avortement. La plupart des caractères donnés par ces tableaux spéciaux sont variables et ne peuvent fournir que des données approximatives, surtout en ce qui concerne les premiers mois. Casper a remarqué qu'à partir du cinquième mois de la vie fœtale, si l'on divise par 5 le chiffre de la longueur totale du corps, le quotient donne l'âge du fœtus en mois. Les signes fournis par l'ossification sont importants : le plus constant est le point

qui existe entre les deux condyles du fémur et dont l'existence indique le neuvième mois; de même la constatation d'un cloisonnement complet circonscrivant quatre alvéoles sur une moitié de l'un des os du maxillaire. — Pour la vie extra-utérine, lorsque les expériences docimasiques ne peuvent être pratiquées, certains signes permettent de prouver que l'enfant a vécu : exfoliation de la peau, expulsion du méconium, chute du cordon ombilical et oblitération des vaisseaux ombilicaux, du canal veineux, du trou de Botal et du canal artériel. D'autre part, les travaux de Magitot sur la détermination de l'âge de l'embryon humain par l'examen de l'évolution du système dentaire, permettent de suivre l'évolution folliculaire depuis la septième semaine à partir de la conception jusqu'à la fin du neuvième mois. — Enfin la détermination de l'époque de la mort, point souvent essentiel, se fait en grande partie d'après les signes fournis par la putréfaction, plus active chez le nouveau-né que chez l'adulte, et aussi d'après les renseignements quelquefois tout à fait imprévus.

2° *Circonstances relatives à la femme.* Le crime prouvé, pour que l'accusation d'i. puisse être soutenue, il faut établir d'abord que la femme est accouchée, ensuite que son accouchement répond à l'âge de l'enfant. Ces recherches sont généralement facilitées parce que les constatations sont généralement faites dans un délai assez court après la délivrance. Quant aux signes qui permettent de fixer l'époque de l'accouchement, l'expert doit bien retenir qu'ils sont des plus incertains. — Souvent, dans les cas d'i., la défense invoque la folie, une folie transitoire et impulsive, conduisant la mère à tuer un enfant qu'elle pleurera aussitôt après. Il faut être en garde contre ces allégations, et les seuls cas d'irresponsabilité paraissent être ceux où les symptômes habituels de la folie hystérique ou de la mélancolie lipémaniaque avec hallucination ont précédé le crime.

INFANTILE. adj. 2 g. (lat. *infantilis.* m. s., de *infans,* enfant). Qui est relatif aux enfants du premier âge. *La mortalité i.*

INFARCTUS. s. m [Pr. ...uss] (mot lat. sign. action de farcir, de *in,* dans, et *farcire,* farcir). Stase du sang qui se produit dans un réseau de vaisseaux capillaires dont l'artériole principale a été oblitérée par une *embolie.* Voy. ce mot. Les infarctus se présentent sous la forme de petits cônes sanguins, de coloration rougeâtre, dont le sommet correspond à l'artère oblitérée, regarde le centre de l'organe, tandis que la base est périphérique. Ils peuvent, suivant les cas, se résorber ou suppurer.

INFATIGABILITÉ. s. f. Qualité de ce qui est infatigable.

INFATIGABLE. adj. 2 g. (lat. *infatigabilis,* m. s., de *in* priv. et *fatigare,* fatiguer). Qui ne peut être lassé par le travail, par la peine, par la fatigue. *Un homme, un corps, un esprit i. Un cheval i. Il est i. à la course. Elle est i. à secourir les pauvres.* — On dit aussi, *Un travail i. Un zèle, une ardeur, une complaisance i.,* etc.

INFATIGABLEMENT. adv. Sans se lasser. *Appliqué i. à son travail.*

INFATIGUÉ, ÉE. adj. (lat. *infatigatus,* m. s..de *in* priv. et *fatigatus,* fatigué). Qui n'éprouve pas de fatigue.

INFATUATION. s. f. [Pr. *infatua-sion*] (R. *infatuer*.) Prévention excessive et ridicule en faveur de quelqu'un ou de quelque chose. Il est dans une grande i. de sa noblesse, de son mérite. Son i. est incurable.

INFATUER. v. a. (lat. *infatuare,* troubler l'esprit, de *in,* dans, et *fatuus,* fou). Prévenir tellement quelqu'un en faveur d'une personne ou d'une chose qu'on ne le mérite pas, qu'il y ait presque pas moyen de l'en désabuser. *Qui vous a infatué de cet homme-là? Il est infatué de ce livre.* == s'INFATUER. v. pron. *S'i. de quelqu'un. S'i. d'une opinion.* == INFATUÉ, ÉE. part. *C'est un homme trop infatué de sa personne. Il est bien infatué de son talent.* = Conj. Voy. PUER.

INFAVORABLE. adj. 2 g. Qui n'est pas favorable.

INFÉCOND, ONDE. adj. [Pr. infé-kon] (lat. *infecundus,* m. s., de *in* priv., et *fecundus,* fécond). Stérile, qui ne produit rien ou qui produit peu. Dans le langage ordin., il ne se dit que des terres; mais, en poésie, il se dit aussi des animaux ou des plantes. *Un champ i. Une terre inféconde. Une vache inféconde. Des germes inféconds.* || Figur., *Esprit i. Génie i. Veine inféconde.*

INFÉCONDITÉ. s. f. [Pr. *infé-kondité*] (lat. *infecunditas*, m. s.). Manque de fécondité, stérilité; ne se dit guère que des terres. *L'i. du sol est compensée par les richesses minérales qu'il renferme.*

INFECT, ECTE. adj. (lat. *infectus*, m. s., de *inficere*, gâter, de *in*, dans, et *facere*, faire). Qui offense l'odorat par une odeur désagréable, et principalement par une odeur putride. *Une odeur infecte. Une haleine infecte. Une viande infecte. Un air i. Des eaux infectes. Un lieu i. Des miasmes infects.* || Fig., Qui excite le dégoût. *C'est un roman i.*

INFECTANT, ANTE. adj. Qui infecte.

INFECTEUR. s. m. Celui qui propage une infection, une contagion.

INFECTER. v. a. (R. *infect*). Corrompre, incommoder par des exhalaisons puantes, nuisibles, délétères. *Il nous infecte avec son haleine, de son haleine. Cette charogne infecte. Cet égout infecte l'air. Tout le canton est infecté par ce marais.* — Dans un sens plus particulier, se dit des maladies qui se propagent ou qu'on suppose se propager au moyen de virus ou de miasmes. *La peste avait infecté toute la ville. L'hôpital tout entier fut infecté par le typhus. Les soldats qui étaient infectés de cette maladie.* || Fig., au sens moral, *Il infecta le pays de cette hérésie. Si vous le fréquentez, il vous infectera par ses dangereuses maximes. Ces pernicieuses doctrines eurent bientôt infecté tout le pays, toute la population.*

Un vil amour du gain, infectant les esprits.

BOILEAU.

= INFECTÉ, ÉE. part. *Fuir les lieux infectés de la peste.*

INFECTIEUX, EUSE. adj. [Pr. *infek-sieu*] (R. *infection*). T. Méd. Qui est susceptible de déterminer une infection putride ou purulente. *Miasmes i. Tissu i.* || *Maladies infectieuses*, Maladies générales produites par l'action de microorganismes. Voy. INFECTION.

INFECTION. s. f. [Pr. *infek-sion*] (lat. *infectio*, m. s.). Grande puanteur. *Il sort de cet égout une i. insupportable.* || Corruption, altération résultant de l'action de miasmes délétères ou de substances putrides. *L'i. de l'air. L'i. se répandit au loin.*

Méd. — On doit entendre par i. la pénétration d'un germe dans l'économie animale et son développement sur le terrain qu'il rencontre, cette évolution provoquant des phénomènes pathologiques.

I. *Historique.* — Les doctrines anciennes sur les humeurs permettent de comprendre comment, longtemps avant les découvertes modernes, on avait attribué aux fermentations chimiques un rôle important dans l'étiologie des maladies; mais l'origine du ferment restait inconnue et son apparition paraissait spontanée. Cependant déjà la doctrine du parasitisme pathogène était née, et on avait incriminé de soi-disant microzoaires comme auteurs de diverses maladies contagieuses. Il a fallu néanmoins l'avènement d'une méthode scientifique précise et le travail d'un esprit consciencieux comme celui de Pasteur pour détruire la théorie de la génération spontanée et démontrer, à propos de la fermentation lactique, que la fermentation est fonction de la vie d'êtres microscopiques. Pendant longtemps la médecine n'a pas su profiter de cette loi importante, et ce n'est guère qu'en 1875-76 que les recherches de Davaine et Rayer, etc., démontrant dans le sang des animaux charbonneux la présence de bâtonnets, recourent de Pasteur et de Koch une interprétation pathogénique définitive. A partir de ce moment les découvertes se succèdent, découvertes d'espèces microbiennes, distinction des aérobies et des anaérobies, etc.; mais dans le cours de ces études, les idées générales sur la pathologie microbienne ont subi des transformations qui seules nous intéressent : au début, on accuse les microbes d'agir sur l'organisme mécaniquement, par leur présence; puis on s'imagine que leur influence est due à l'absorption d'oxygène, mais l'objection est aisée, quel serait le rôle des anaérobies? Et bientôt est émise et consacrée par les laboratoires la doctrine des produits solubles, et la chimie microbienne, la chimie des toxines et des antitoxines est créée. Parallèlement à ces investigations s'est échafaudé, sous l'influence de Bouchard, le dogme pathogénique qui affirme le rôle considérable de l'organisme dans la germination des infections : le microbe n'explique pas tout, le terrain avec ses constituants chimiques, physiques et dynamiques mérite qu'on s'y attache.

II. *Notions générales sur les bactéries.* — Avant d'entreprendre l'étude même des infections, il convient de donner un aperçu rapide des caractères généraux concernant la morphologie et la physiologie des microorganismes, renvoyant d'ailleurs pour le détail à l'article MICROBE. — A l'heure actuelle les microbes sont considérés comme appartenant au groupe des végétaux, proches des algues. Leurs formes peuvent être rapportées à trois types principaux : *arrondi* (coccus), *bacillaire* et *spiralé*, ces types comprenant de nombreuses variétés : *micrococcus, streptococcus, staphylococcus, bacillus, bacterium, vibrio, spirillum*, etc. Leurs dimensions sont très inégales, leur longueur atteint généralement 5 à 6 μ, leur largeur 1 μ, μ désignant le *micron* ou millième de millimètre. Au point de vue de la structure, ce sont des cellules dont le protoplasma présente une partie centrale d'apparence nucléaire, qui sont entourées d'une membrane mince et pourvue de cils simples ou composés, servant d'appareil locomoteur. Leur reproduction se fait par multiplication, bipartition, plus ou moins complexe, ou par sporulation, la formation desdites spores pouvant être endogène (*endospores*), ou se faire aux dépens de la masse cellulaire totale (*arthrospores*). — Ces microorganismes ont besoin pour se développer de la réalisation d'une série de conditions extérieures : il leur faut d'abord un substratum alimentaire composé de substances azotées ou hydrocarbonées et de quelques substances minérales, matériaux dont l'assimilation peut être directe chez les bactéries pigmentées et les nitrobactéries, ou plus complexe pour les bactéries ordinaires qui ont besoin d'aliments déjà préparés; — d'autre part, pour vivre et se développer, ces cellules microbiennes ont besoin d'une source d'énergie, l'oxygène leur est indispensable : tantôt il est emprunté à l'air libre par simple combustion, tantôt il est extrait d'un composé oxygéné par un processus particulier, la fermentation, qui est le propre des microorganismes anaérobies dont le fait est extrêmement important : car ce caractère « ferment » qu'elles possèdent est très proche des caractères dévolus aux germes pathogènes. — Une série de conditions accessoires favorisent le développement des microbes : température, lumière, électricité, agents chimiques; mais ces actions sont trop spéciales à chaque espèce microbienne pour que nous puissions y insister dans ce court résumé. — Il résulte ainsi aux dépens du milieu extérieur, les microorganismes remplissent un rôle qui n'est pas à négliger dans les processus chimiques de l'univers : que ce soit par leur action destructive de la matière organique, que ce soit par les diastases ou ferments qu'ils sécrètent, par les emprunts qu'ils font à leur entourage pour produire de la lumière ou des pigments qu'ils fabriquent, ou encore que ce soit par les réserves minérales qu'ils créent dans leur for intérieur (soufre, azote, etc.), enfin que ce soit par la nitrification si féconde du sol dont ils sont susceptibles, peu importe, et ces capacités dont ils font preuve nous préparent à comprendre le rôle si remarquable qu'ils jouent dans la genèse des maladies. — Ces fonctions si diverses semblent exiger chez les microorganismes qui les exercent une spécificité parfaitement nette; d'autre part, l'expérimentation, les recherches de laboratoire, ont permis de reconnaître des variations de formes, de fonctions, chez des espèces que l'on croyait bien déterminées, et si nombre de bactériologistes affirment l'existence caractérisée d'espèces microbiennes, d'autres l'ont mise en doute, et peut-être est-il permis de considérer que les variétés actuelles dérivent toutes d'un même type, tant est grande la faculté d'adaptation des variétés observées, entraînant des modifications morphologiques et physiologiques connexes de l'acclimatement. — Ceci posé, nous pouvons voir les microorganismes à l'œuvre.

III. *Étiologie générale de l'i.*

A. *Habitats des microbes.* — Nul ne peut se rendre compte des conditions qui président à la mise en jeu des agents infectieux, s'il ne sait où les trouver, s'il ignore les influences qu'ils subissent. Les habitats des microorganismes sont si nombreux que nous ne pourrons que les passer en revue sans donner de grands détails.

L'air a été considéré autrefois comme un des agents de propagation les plus importants : la démonstration de l'existence des germes dans ce milieu a été donnée par Pasteur réfutant la génération spontanée, et confirmée par les procédés de numération dus à Miquel, Pétri, etc. La teneur en germes varie suivant les conditions météorologiques (été ou hiver), et la région où la prise a été faite (ville ou campagne). Les espèces qu'on y rencontre sont généralement saprophytes, et ce n'est que dans les milieux particulièrement viciés, comme les hôpitaux, qu'on décèle des germes pathogènes. Il importe de savoir que les divers agents physiques ou chimiques que les microbes subissent dans ce milieu sont défavorables à la persistance de leur virulence, et la contagion provenant de ce milieu est encore amoindrie par les obstacles que les germes rencontrent à leur pénétration dans les voies aériennes supérieures.

Dans le sol, les germes ne sont pas moins nombreux, et leur numération démontre des variations suivant : la profondeur (les couches superficielles sont les plus chargées) ; — la culture ; — la nature du terrain (l'humus et l'argile sont les plus favorables). — le degré d'humidité. D'ailleurs les aérobies ou les anaérobies n'ont pas les mêmes besoins et la présence de substances oxydantes ou réductrices entraîne celle des germes auxquels elles conviennent. La nature des germes est en général inoffensive : ce sont surtout des saprophytes comme les agents de la nitrification ; cependant il faut signaler le *vibrion septique*, le *bacille du tétanos*, la *bactéridie du charbon*, etc. En somme, le sol est le réceptacle d'agents pathogènes déposés par les titulaires de maladies infectieuses : d'une part, certains y trouvent leur fond la guerre ; mais, d'autre part, certains y trouvent un terrain propice à leur évolution, surtout s'ils ont des spores, jusqu'au jour où des conditions favorables leur permettent de se développer. Et, à ce propos, nous ne pouvons passer sous silence le rôle de la nappe souterraine étudié par Pettenkofer : des oscillations épidémiques ont été constatées, en rapport avec le niveau de l'eau (recrudescence avec son abaissement) ; c'est là un élément dont il faut tenir compte, mais qui n'est jamais seul en cause. Les germes du sol peuvent contaminer l'homme, soit directement, une pluie étant en contact avec le sol, soit indirectement par des objets servant d'intermédiaires, par les aliments souvent souillés par l'eau d'arrosage, ou par les animaux rampants qui servent de véhicules aux microphytes enfouis dans ces profondeurs.

L'eau, troisième habitat, a une teneur en microbes fort variée, suivant les sources, suivant les infiltrations et les causes d'i. (agglomérations urbaines). Une eau qui contient entre 50 et 160 parasites par centimètre cube est dite bonne. Les microbes pathogènes (fièvre typhoïde, choléra, etc.) peuvent s'y rencontrer, y végéter, y sporuler. C'est ici le lieu de parler des observations intéressantes montrant la disparition des germes pathogènes sous l'influence des saprophytes, et de l'influence épuratrice qu'ont les mouvements de la masse aquatique, les phénomènes physiques auxquels elle est soumise (pression et lumière), les combinaisons chimiques qui s'y effectuent (gaz en dissolution, flore, faune, etc.). Le dernier point qu'il faut mettre en lumière est la difficulté extrême à laquelle on se heurte pour mettre en évidence ces microbes pathogènes de l'eau. Quant à la pénétration de ceux-ci dans l'organisme, elle se fait par l'ingestion ou par l'usage des eaux de toilette.

À côté de ces habitats très importants, signalons : les objets mobiliers, les vêtements, les voitures, etc., toutes et ces sournises au contact d'excrétions de malades et ces microbes se conservent d'autant plus longtemps qu'ils ne sont pas soumis à une dessiccation rapide. À ce sujet, il importe de dire les services rendus par l'organisation des services urbains de désinfection.

Plus intéressants comme véhicules sont les aliments : que ce soient des liquides, boissons fermentées (cidre bière) ou lait (agent de transport de la tuberculose) ; que ce soient des légumes, des fruits souillés à la surface du sol ; des viandes contaminées (charbon, rage, tuberculose), les dangers sont considérables. Heureusement les voies digestives sont protégées contre les envahisseurs ; heureusement la surveillance dans les abattoirs prohibe la plupart des viandes malsaines, heureusement enfin le public suit l'importance de la cuisson pour réduire à néant les risques d'i.

Le dernier habitat que nous avons à étudier a longtemps été méconnu, et c'est pourtant l'origine de la plupart des infections ; c'est à lui que le rôle principal est actuellement dévolu ; il s'agit de l'organisme vivant. Sans parler du rôle que jouent certaines espèces animales inférieures (mouches, punaises, perruches, vers de terre...), l'être humain est lui-même la source de la plupart des infections. La mère peut contaminer son enfant. La loi de Brauell-Davaine, d'après laquelle le placenta serait infranchissable aux microphytes, a

été battue en brèche par Strauss, Chamberland, etc. (charbon, pneumococcie, streptococcie, tuberculose, syphilis, etc.). On a démontré que les agents figurés sont capables de s'introduire dans les tissus du fœtus ; les toxines en font autant ; celles-ci ne confèrent pas la maladie, mais affaiblissent la résistance, s'oppose à la phagocytose. On a pu mettre en lumière la création dans l'organisme de corps protecteurs (vaccination, immunité) ; ou au contraire de plasmas favorables aux microphytes, et on a vu que ceux-ci peuvent passer de la mère à l'enfant, et inversement. Mais ce passage est soumis à certaines conditions : il faut que le placenta, s'il est normal, fonctionne en filtre et que les microphytes séjournent un temps suffisant à ce niveau ; mais le passage est encore plus aisé lorsque le placenta est altéré (hémorrhagie, rupture, dégénérescence) ; d'autres conditions interviennent encore : pression considérable du sang maternel et faible du sang fœtal, abondance et activité du virus, amoindrissement de la résistance de la mère amené par des intoxications externes ou internes détériorant les tissus du délivre, gênant la phagocytose, etc. — D'autre part, nos milieux intérieurs peuvent servir de points de départ aux infections, pas nos milieux clos, fermés, mais les milieux qui « continuent à faire partie du monde extérieur » (Claude Bernard) : tube digestif, voies respiratoires, organes génito-urinaires, peau, etc. De ces sources diverses, a l'état de santé, la pénétration est faible et rare dans le sang, la lymphe, les viscères profonds ; mais certains régimes alimentaires, le froid, la faim, la fatigue, etc., peuvent permettre le développement et la pullulation de l'i. On sait, en effet, que le bacille de la tuberculose a été trouvé dans les fosses nasales et les ganglions lymphatiques, que l'urèthre sert d'asile à des staphylocoques, des gonocoques, etc. — De même, et plus encore, les sécrétions et les excrétions peuvent être vectrices de germes : la salive, les expectorations, les excréments, les urines, le lait, la bile, le sperme, les sueurs, etc., etc. ; quant au sang, les microbes n'y pullulent pas en général, et ce n'est qu'après la mort que se fait une diffusion générale dès le moment de la période agonique.

B. *Conditions de création de l'infection.* — Ce n'est pas tout, pour une bactérie, de s'introduire dans l'organisme, de pénétrer dans une cavité même peuplée normalement de germes, il faut encore qu'elle-même soit suffisante au point de vue de la quantité comme de la qualité : réduit à quelques unités, de trop peu pour résister, il faut assez d'éléments pour combattre et adapter les tissus aux besoins de leur nutrition, et à hauteur de la tâche. — La porte d'entrée n'est pas non plus indifférente ; il la faut favorable : la bactéridie charbonneuse injectée dans un vaisseau, vaccine ; injectée sous la peau, elle tue. En un mot, l'organisme est composé d'une multitude de bouillons de culture juxtaposés : les parenchymes hépatiques et spléniques sont généralement milieux de choix, les muscles, au contraire.

Tout ne se borne pas là dans la genèse de l'i. ; tout n'est pas dans l'agent envahisseur. En face de lui se dresse l'organisme qui résiste, et celui-ci possède des protections multiples, mécaniques (épithéliums), physiques (agitation, pression du sang, écoulement des sécrétions glandulaires), dynamiques (activité phagocytaire), chimiques (propriétés microbicides ou antitoxiques du sérum, des mucus, de la bile, etc.). — Mais cette résistance de l'organisme, bien des influences la font fléchir, et cette étude appelle maintenant notre attention.

Ce sont d'abord les agents atmosphériques : tout change suivant les régions, les altitudes, les saisons. Pour les climats, le fait est évident : il y a des maladies des pays chauds sont spéciales (fièvre jaune, peste...), mais il importe de se rappeler qu'elles sont susceptibles d'acclimatation, d'une vie latente dans un milieu inorganique ou d'une somnolence chez un être organisé, jusqu'à renaître de leurs cendres. — L'altitude influe sur la malaria, et dans ce cas, plus que la pression atmosphérique, agissent l'électricité, la lumière, la température. L'influence des saisons se fait surtout sentir dans les climats à haute température ; mais elle existe aussi dans nos pays, comme l'a montré Netter pour la pneumonie : ne sait-on pas combien l'état anatomique et fonctionnel des cellules de certains animaux (marmottes) varie avec les saisons.

D'autres conditions sont plus individuelles. L'âge a ses prédilections : au début de la vie, les entérites ; à l'adolescence, les fièvres éruptives ; plus tard, la fièvre typhoïde ; chez le vieillard, le cancer, etc. La clinique et l'expérimentation sont d'accord pour affirmer ces différences : ne suffit-il pas de rappeler que le nouveau-né élimine 1 gramme d'urée par vingt-quatre heures, tandis que plus tard ce chiffre se réduit à

479

0,15 centigrammes. — Les différences sexuelles n'ont pas moins de réalité; elles tiennent à des raisons anatomiques et physiologiques; l'homme, comparé à la femme, consomme plus d'oxygène: ses vaso-moteurs sont moins changeants, partant les transsudations, les humeurs germicides, la diapédèse des leucocytes phagocytaires sont moins mobiles. — Il en est de même dans les races, et certaines infections sont propres à des espèces déterminées: telle la syphilis à l'homme, la morve aux solipèdes..., et les faits ainsi constatés se rapprochent de ceux qui lient les membres d'une même famille ou qui différencient l'habitant du nord de celui du midi, le citadin du paysan, et les individus rapprochés par leurs professions créent à leur tour des familles à caractères propres.

Les considérations précédentes nous amènent à un autre ordre d'influences. Les traumatismes ont une action directe ou indirecte, locale ou à distance, pour les infections comme pour toutes les maladies; ils interviennent en affaiblissant les tissus, en créant des désordres vaso-moteurs, en changeant le milieu chimique, et même les tissus qui ne sont pas directement intéressés peuvent être victimes; si la révulsion modérée est bonne, exagérée elle crée un appel microbien, des localisations inattendues. L'expérimentation et la clinique démontrent quotidiennement ces assertions (expériences de Max Schuler. — Au même genre d'action se rattachent les influences de température: le froid, très invoqué par l'ancienne médecine, a une action locale et à distance produisant la contraction réflexe des vaisseaux cutanés, chassant le sang vers la profondeur, faisant perdre de leur vitalité aux globules (poules refroidies de Pasteur, animaux au repos de Bouchard); la chaleur produit des effets analogues, et parallèlement nous pourrions citer une foule d'agents extérieurs: oxygène, ozone, humidité, vent, électricité, son, lumière, gaz, etc. Mais il faut insister sur la fatigue, qui a fait l'objet d'importantes recherches: tantôt elle agit en amenant de l'auto-intoxication par les produits de désassimilation, ou il y a i. aidée par le mauvais état de l'organisme. On a vu que le surmenage favorise chez les animaux le développement et la généralisation de i.; il diminue l'alcalinité des humeurs et augmente le nombre des poisons d'origine interne (on sait, en effet, que la fatigue excessive entraîne l'élévation de la toxicité urinaire). À côté de ce surmenage général, il ne faut pas négliger le surmenage local, affaiblissant certains organes en particulier (un poumon dont la plèvre a des adhérences, un rein dont l'excrétion est gênée par un calcul. — De ces conditions nous pouvons rapprocher les variations de régime; l'abondance des aliments ternaires permet aux microbes de passer aisément de l'intestin dans le sang; le jeûne ou le défaut de nutrition (ablation du pancréas) entraîne une diminution de l'acte bactéricide, un affaiblissement de la phagocytose, la suppression du rôle des cellules hépatiques qui manquent de glycogène, etc.

Un dernier chapitre, et non le moins important, doit être consacré à l'influence des intoxications. Dans ce cas, si la cellule microbienne était seule, les infections seraient enrayées, mais au contraire les substances toxiques favorisent étrangement les agents pathogènes, en dehors des actions réflexes, des effets directs sur les tissus... par des modifications chimiques. L'alcool, le mercure..., préparent le terrain à la pneumonie et à la tuberculose. L'expérimentation a démontré que c'est la quantité des germes qui augmente et que ce n'est point leur qualité, leur virulence qui est influencée. Ce résultat n'est pas obtenu par une modification de l'état bactéricide, c'est plutôt une modification considérable de l'afflux cellulaire et de l'inclusion des parasites, du moins lorsque l'inoculation et l'empoisonnement sont proches l'un de l'autre; pour obtenir une modification de l'état bactéricide, il faut produire une intoxication chronique modifiant à la longue la vitalité des cellules.

Ces considérations nous conduisent au rôle considérable des intoxications d'origine interne, autrement dites maladies humorales, maladies de nutrition, ou diathèses. Le diabète sucré en est le type le plus net; in vitro, le sucre constitue, pour les éléments pathogènes, un excellent aliment, éminemment fermentescible, propre à la pullulation microbienne; expérimentalement, on exalte chez les animaux la virulence microbienne par la production des milieux sucrés. En outre, la déshydratation des tissus au-÷ ÷ne l'hydrémie, si favorable aux germes pyogènes, et si la goutte semble avoir une action inverse, cela est dû aux conditions tout opposées qu'elle présente. — Nous parlons de poisons d'origine interne; ceux-ci peuvent être sécrétés par des microbes appelant de même l'i.; c'est ainsi que les putridités digestives entretiennent les furonculoses cutanées; c'est ainsi que s'expliquent les mariages de

maladies virulentes, les associations microbiennes. Les germes pathogènes s'entr'aident presque toujours; on a étudié l'influence du streptocoque sur le bacille tuberculeux; des pyogènes sur le microbe du tétanos; Metchnikoff a soutenu que la flore intestinale, suivant son état, régit la teneur en sucre des plasmas, neutralise et détruit toute une série de principes nocifs, en particulier bactériens, enfin sécrète la bile, qui est un antiseptique. Il en est de même du rein, car dans les pyrexies il faut, ou bien annuler les poisons, ou les éliminer, sous peine d'une terminaison fatale: la première fonction est dévolue au foie, aux capsules surrénales, à l'épithélium intestinal, aux oxydations et aux dédoublements interstitiels; la deuxième fonction relève des émonctoires, tube digestif, poumons, peau, et surtout des voies urinaires. Ainsi donc on comprend l'importance du bon accomplissement de ces travaux pour la résistance aux i. Ce serait dépasser notre cadre que de décrire les influences particulières aux différents viscères et aux différents tissus: chacun a son rôle protecteur, et, quelque minime qu'il soit, il n'est jamais négligeable, car pour être utile il n'est pas nécessaire que les micro-organismes soient anéantis par l'agent protecteur, il suffit que leur œuvre pathologique soit entravée. Néanmoins, il convient de signaler deux éléments dont le rôle, peut-être encore mal défini, prendra de jour en jour une extension croissante: ce sont, d'une part, les sécrétions internes des glandes comme le testicule, le corps thyroïde, etc. (Brown-Séquard), et, d'autre part, les actions multiples du système nerveux (vaso-motrices, trophiques, etc.).

La multiplicité des causes secondes que nous venons d'énumérer, le nombre considérable des cas où elles interviennent prouvent à quelle série infinie de variations sont soumises les défenses de l'organisme, défenses naturelles ou protections acquises. — En dehors des circonstances qui permettent la pénétration d'un virus des plus actifs, c'est quand, sous l'une de ces mille influences ou sous plusieurs réunies, la résistance de l'organisme a fléchi, que les microbes se développent: alors commence la maladie infectieuse.

IV. Pathogénie des symptômes généraux de l'infection. — La question se pose maintenant de savoir par quels procédés les microbes générateurs du mal vont provoquer l'éclosion des désordres morbides. On a pensé qu'ils pouvaient être dus à des obstructions capillaires ou à des obstructions vasculaires; cette théorie ne peut convenir à la majorité des cas, puisque le sang constitue en général un milieu peu hospitalier pour les germes, et que ceux-ci n'y séjournent que passagèrement et ne s'y multiplient le plus souvent qu'à la période agonique. Néanmoins, certaines levures devenues pathogènes peuvent engendrer une foule de détériorations en entravant la circulation, mais il faut pour cela l'intervention de certaines conditions, susceptibles de faciliter les greffes vasculaires pariétales, ralentissement qui se trouve sous la dépendance des vaso-moteurs influencés par les toxines microbiennes. — D'autres auteurs, d'opinion peu différente, incriminent les effets directs des bactéries, leur action en quelque sorte traumatique, de cellule à cellule; mais ces processus sont peu généralisés: car le plus grand nombre des appareils peuvent être le siège de détériorations manifestes, sans contenir d'agent spécifique. — Pasteur a pensé que les infiniment petits en évoluant consommaient l'oxygène, et que l'anoxémie est le mécanisme mis en jeu pour créer les désordres pathologiques; évidemment ce phénomène est réel, mais dans l'économie les choses ne se passent pas exactement comme en vaso clos, dans les laboratoires, et l'étude comparée du sang de sujets infectés par des aérobies et par des anaérobies n'a montré qu'une différence minime. — D'ailleurs cette doctrine n'est qu'une forme de la théorie de la concurrence vitale, où les arrêts de développement sont la conséquence d'une série

bataille. Ce furent les Suisses qui, les premiers, révélèrent à l'Europe féodale toute la puissance de l'i. Obligés de lutter contre les cavaliers bardés de fer des ducs d'Autriche et de Bourgogne, ils créèrent de gros bataillons armés de piques auxquels ils durent les célèbres victoires de Sempach, de Morgarten et de Morat, qui les affranchirent de la domination étrangère. Flamands, Anglais, Allemands, Italiens, Espagnols et Français suivirent successivement leur exemple. Cette révolution militaire fut d'ailleurs singulièrement favorisée par l'invention des armes à feu, qui vint enlever à la cavalerie pesamment armée tous ses avantages antérieurs pour les faire passer aux masses à pied solidement organisées. En ce qui concerne la France, c'est du règne de Charles VII que date réellement l'i. régulière. Le premier corps de fantassins réguliers que nous ayons possédé fut celui des *Francs-archers*, créé en 1448, et qui, malgré ses défauts, n'en contribua pas moins à chasser les Anglais du territoire. Ce corps disparut sous Louis XI, qui le remplaça par des troupes suisses et allemandes. A l'exemple de ce prince, Charles VIII, Louis XII et François Ier n'employèrent guère que des fantassins étrangers, mais l'élément national prit définitivement le dessus à l'époque de Henri II, et l'organisation de l'i. en *régiments* (1558) vint donner à cette arme l'unité qui devait assurer sa force. A partir du XVIe siècle, l'i. française alla toujours se perfectionnant, et la victoire de Rocroy (19 mai 1643) vint constater sa supériorité sur l'i. espagnole, qui passait alors pour la meilleure de l'Europe. Depuis cette époque jusqu'à nos jours, notre i. n'a pas déchu un seul instant du rang qu'elle acquit alors. Quant à l'effectif de l'i. française, il a nécessairement varié suivant les époques : il est actuellement d'environ 405,000 hommes, dont 331,000 pour l'i. de ligne, 25,000 pour les chasseurs à pied, 12,000 pour les zouaves, 16,000 pour les tirailleurs algériens, 13,000 pour les régiments étrangers, 8,000 pour l'i. légère d'Afrique. — A l'exemple de ce qui avait lieu dans l'antiquité, l'i., chez les peuples modernes, est divisée en i. *de ligne* et en i. *légère;* mais la distinction a été longtemps purement nominale; et, encore aujourd'hui, la seconde a le même armement et la même organisation que la première, exécutant les mêmes manœuvres et combattant de la même manière. Cependant nos *Chasseurs à pied* constituent véritablement une merveilleuse i. légère, ce sens qu'au lieu d'être enrégimentés par 3 ou 4 bataillons, ils ne sont formés qu'en bataillons détachés, ce qui les rend plus maniables. Il en est de même de l'i. légère d'Afrique. Les bataillons de chasseurs affectés à la défense des Alpes prennent le nom de *Chasseurs alpins*.

L'i. française se décompose en 163 régiments d'i. de ligne (à 3 bataillons que l'on porte actuellement à 4), 30 bataillons de chasseurs, 4 régiments de zouaves, 4 régiments de tirailleurs algériens, 2 régiments étrangers, 5 bataillons d'i. légère d'Afrique, 1 compagnie de tirailleurs sahariens, 4 compagnies de fusiliers de discipline. On ne comprend pas dans l'i. les troupes à pied qui ont un service spécial, comme l'artillerie à pied, le génie, les troupes d'administration, les infirmiers, etc. Mais il convient d'y ajouter, pour le cas de mobilisation, les régiments de réserve numérotés de 201 à 344 et armés et habillés comme l'i. de ligne (képi rouge, capote bleue, pantalon rouge), et les régiments territoriaux numérotés de 1 à 144 et dont l'uniforme ne diffère des précédents que par la couleur du numéro du képi ou du col, qui est blanc au lieu d'être rouge.

On donne le nom d'*i. de marine* à un corps d'i. qui, dans le principe, était spécialement destiné à protéger et à défendre les colonies, à garder les ports et les arsenaux, à faire partie des expéditions de guerre maritime, et à augmenter la force militaire des vaisseaux de guerre, mais qui, depuis une quinzaine d'années, est appelé à concourir aussi à la défense du territoire, comme il y a déjà du reste concouru, mais à titre exceptionnel, en 1870. Ce corps, dont la création date de 1831 seulement, est placé sous la direction du ministre de la marine, et se compose de 12 régiments qui présentent un effectif total d'environ 50,000 hommes, et dont les 8 premiers régiments forment un corps d'armée figurant dans la mobilisation de l'armée de terre, les 4 derniers étant réservés aux colonies.

L'i. coloniale comprend encore les cipayes de l'Inde, les tirailleurs Annamites, Tonkinois, Sénégalais, Soudanais, Congolais, Haoussas, Malgaches, etc.

INFANTICIDE. s. m. (lat. *infans, infantis*, enfant; *cædere*, tuer). Meurtre d'un enfant nouveau-né. *Elle est accusée d'i.* S'emploie aussi comme adj et s. 2 g., en parl. d'une personne qui a commis le crime d'infant. *Cette fille est i. Une mère infanticide.*

Législ. — Le Code pénal définit l'*infanticide*, le meurtre d'un enfant *nouveau-né;* néanmoins, dans le langage ordinaire, on ne se sert de ce mot que lorsque le meurtre a été commis par le père ou la mère de l'enfant. Mais que doit-on entendre par enfant nouveau-né ? Les auteurs ne sont point d'accord à ce sujet. Suivant les uns, la loi entend seulement parler de l'instant qui suit immédiatement la naissance; d'autres pensent, par induction des articles 55 et 58 du Code civ., qu'il s'agit des trois jours qui suivent la naissance. Suivant la jurisprudence, on doit considérer comme nouveau-né l'enfant dont la naissance n'était pas encore notoire, ce qui exige deux conditions : la première que l'enfant n'ait pas été déclaré à l'officier de l'état civil; la seconde, qu'il ne se soit pas écoulé un temps assez long pour qu'en fait la naissance ait pu être connue. C'est aux tribunaux qu'il appartient d'apprécier ces circonstances. On distingue l'inf. *par omission*, qui résulte de l'omission des premiers soins nécessaires à l'enfant, et l'inf. *par commission*, qui a lieu quand la mort a été occasionnée par quelque violence extérieure. L'individu déclaré coupable d'inf. est puni de mort, et la loi n'examine pas si le crime a été commis avec ou sans préméditation : il suffit, pour qu'il y ait condamnation, que la mort ait été donnée volontairement. Mais si le jury a admis l'existence de circonstances atténuantes, la Cour applique la peine des travaux forcés à perpétuité ou à temps. Presque tous les cas d'inf. soulèvent la question de savoir si l'enfant a vécu, ce qui nécessite l'intervention du médecin.

Méd. lég. — Dans l'étude de l'i., il convient de distinguer des questions principales et des questions secondaires.

A. QUESTIONS PRINCIPALES. — 1o *L'enfant est-il né vivant? a-t-il respiré?* Il y a là une distinction à établir qui scinde ce chapitre. — D'abord l'enfant est-il vivant ? L'aspect extérieur du cadavre suffit souvent pour établir *a priori* que l'enfant avait cessé d'exister au moment de sa naissance, et les caractères des fœtus ayant subi la putréfaction utérine, la macération amniotique sont trop connus des accoucheurs pour qu'il faille y insister. Mais lorsque ces signes sont absents, l'expert doit avoir présentes à l'esprit toutes les causes qui ont pu déterminer la mort de l'enfant pendant l'accouchement : longueur du travail, trahi par la tumeur séro-sanguinolente du sommet de la tête et par l'allongement et la difformité de cette tête; — précédence du cordon amenant la mort par asphyxie et se manifestant à l'autopsie par des ecchymoses sous-pleurales et les autres indices de l'asphyxie; — entortillement du cordon ombilical autour du cou de l'enfant entraînant la mort, soit par compression du cordon, soit par étranglement distinct de la strangulation criminelle, en ce que l'enfant, dans ce cas, n'a jamais fait de respiration complète; — hémorrhagie résultant du décollement du placenta, se traduisant chez l'enfant et chez la mère par tous les signes de l'hémorrhagie; — accouchement précipité, la femme étant debout ou dans les latrines; mais alors il faut, si la femme a accouché debout, pour que la chute de l'enfant sur le sol soit possible, que le cordon ait été rompu, ou que la tête ait été immédiatement suivie de l'expulsion du placenta, phénomènes faciles à reconnaître.

Ceci posé, reste à savoir si l'enfant a respiré. Les modifications apportées dans les organes du fœtus par la respiration portent sur 5 points. Le volume du thorax, évidemment augmenté, n'a aucune valeur en médecine légale, la comparaison ne pouvant pas être faite avec l'état antérieur. La situation des poumons a plus d'importance; ils remplissent la cage thoracique et recouvrent le péricarde au lieu d'être renfoncés dans la gouttière costo-vertébrale. L'aspect extérieur des poumons est également remarquable; tandis que les poumons qui n'ont pas respiré présentent une surface lisse sans lobulation et de leur couleur est rouge brun ou lie de vin, la surface de l'organe qui a respiré est lobulée, partagée en cellules polygonales dilatées par l'air, et sa coloration est d'un rose vif ou d'un rouge bleuâtre, marbré de nombreuses taches circonscrites. La structure du poumon n'a pas moins d'intérêt; après la respiration, les vésicules sont distinctes, fournissent à la palpation la sensation de crépitation, au lieu d'être constituées par un tissu compact et spongieux à peine réticulé. Enfin le poids, le volume et la densité des poumons donnent les renseignements les plus précis; l'ensemble des épreuves destinées à les mesurer constitue la *docimasie pulmonaire :* bien des méthodes ont été préconisées, docimasie par la balance (méthode de Ploucquet), docimasie hydrostatique (méthode de Daniel); mais le procédé le plus simple et le plus sûr est le plus ancien, la docimasie hydrostatique par la méthode ordinaire ou de Galien : il repose sur ce principe que chez l'enfant qui n'a pas respiré, le poumon est plus dense

d'autres circonstances plus influentes. — Les cl ses en étaient là lorsque Charrin a établi par des expériences précises que les infiniment petits engendrent les maladies par voie d'intoxication, en modifiant le jeu des appareils et la structure des tissus à l'aide de leurs sécrétions; Bouchard, pour répondre à une objection possible, a démontré vers la même époque que dans l'organisme, aussi bien que dans les milieux inertes, les bactéries sécrètent des poisons capables de créer des lésions; mais la formule était encore trop vague : il est nécessaire de savoir pourquoi et comment se réalisent les perturbations. C'est en suivant cette voie que l'on a découvert les éléments bactéricides et antitoxiques. — Les désordres produits ne varient pas seulement d'un microphyte à l'autre; ils varient pour un seul de ces microphytes suivant sa vitalité, ses qualités, sa quantité, suivant la porte d'entrée, l'âge, la nature, l'état du terrain : un même bacille en coque est capable de produire différentes perturbations d'autre part, il n'y a qu'un petit nombre d'agents hautement spécifiques qui soient propres à engendrer des maladies également spécifiques, reconnaissant toujours le même facteur, se traduisant par des phénomènes sensiblement constants.

Quels que soient les appareils ou tissus atteints, leurs procédés de réaction à des infections même très différentes ne sont pas indéfiniment variés, et les symptômes sur sont quelquefois communs. Des modifications de la température, hyperthermie le plus souvent ou hypothermie, se présentent dans l'immense majorité des cas; ces phénomènes naissent sous l'influence des toxines et l'expérimentation permet de se convaincre que les oscillations sont en rapport avec la nature de l'infiniment petit qu'on a choisi, avec les doses introduites et la porte d'entrée utilisée, etc. Les procédés mis en jeu pour imprimer des oscillations à la chaleur organique sont multiples : impression des centres nerveux par les pyrotoxines; — actions chimiques, physiologiques et anatomiques, telles que fermentations, dédoublements, oxydations, diapédèses, exsudations, karyokinèses, proliférations cellulaires, etc., toutes susceptibles d'impressionner la température; — passage dans le sang de composés putrides dus à la réactivité des putréfactions intestinales; — mise en liberté excessive par destruction des leucocytes, du ferment de la fibrine éminemment thermogène; — dilatation ou constriction des vaisseaux augmentant ou restreignant les déperditions, etc. Cette hyperthermie n'est qu'un des éléments de la fièvre qui comporte en outre des modifications dans les échanges respiratoires, circulatoires, interstitiels, échanges qui se trahissent par l'étude des émonctoires : diminution de l'oxygène absorbé et augmentation de l'acide carbonique exhalé; — troubles dans les proportions urinaires de chlore, urée, acide phosphorique; — modifications de la qualité et de la quantité de la bile; — albuminurie tantôt légère, tantôt persistante, due soit à des embolies capillaires, soit à des infarctus, soit à l'abaissement de la tension ou au ralentissement du cours du sang, etc. Le fait le plus établi que les agents pathogènes modifient notablement et la quantité et la qualité des humeurs; ils peuvent augmenter le volume de la lymphe et agir sur sa répartition; faire fléchir la teneur du sang en albumine, en sucre, en oxygène, matières minérales ils peuvent causer l'hydrémie, introduire dans les plasmas les éléments bactéricides, altérer les globules blancs ou rouges, faire osciller la réaction des milieux. — Les désordres digestifs sont parfois une note dominante, soit que le micro se localise dans cet appareil, soit que la maladie révèle une forme abdominale, soit qu'une complication frappe secondairement les viscères de la nutrition : des flux intestinaux peuvent être provoqués en raison de l'excitation des glandes par intermédiaire des nerfs ou des propriétés vaso-motrices des toxines, ou de l'irritation de la muqueuse par les germes, par les toxines agissant directement sur cette muqueuse, ou intervenant en traversant la paroi, en allant du sang dans la cavité intestinale: l'état saburral de la langue, la rougeur de la bouche, la rougeur du pharynx, les nausées, les vomissements, le dégoût, l'inappétence, etc., peuvent s'expliquer d'une part en se souvenant que l'i. en général favorise l'i.; d'une part en invoquant l'action des toxines sur les sécrétions glandulaires, buccales, gastriques ou intestinales; sous l'influence des modifications statiques ou dynamiques engendrées par l'évolution bactérienne, sous l'influence de l'affaiblissement total des activités phagocytaires que des états microbicides, les parasites nombreux qui végètent dans les différentes zones du canal alimentaire se multiplient, fonctionnent, fabriquent de leur côté des matières nocives. Le mal frappe parfois les viscères annexes du tube digestif au point d'introduire dans la symptomatologie des phénomènes spéciaux ; il se fait une ascension

des microphytes dans les canaux excréteurs réalisant ici de la parotidite, là la glycosurie pancréatique, ailleurs des symptômes hépatiques, ictères par altération ou rétention de la bile, oscillations de pression conduisant la bile dans les capillaires sanguins par suite de désordres nés sous l'influence des toxines; destruction globulaire livrant trop de pigments au foie, d'où polycholie, hémaphéisme surmenage du foie résultant de la chute de l'épithélium de l'intestin, et l'accroissement des putridités digestives... — D'autres infections peuvent présenter une forme dite thoracique ou mieux respiratoire, et les causes intimes des troubles produits résident dans les altérations du champ de l'hématose, des globules rouges par les toxines, dans l'imprégnation des centres bulbaires par ces mêmes toxines, ou même dans des lésions pleurales s'opposant aux mouvements des poumons. — Le second appareil qui concourt à l'hématose, l'appareil circulatoire, n'est pas à l'abri de ces atteintes; elles se traduisent par des palpitations, des arythmies régulières ou irrégulières; les sécrétions microbiennes peuvent agir sur le myocarde, sur ses enveloppes, sur la capacité du ventricule et des oreillettes, enfin sur la pression ; il peut y avoir abaissement de la pression et diminution du travail cardiaque ou accélération des mouvements; on observe de la dilatation du cœur, enfin les toxines actionnent les nerfs de cet organe et les autres. De leur côté les vaisseaux ne restent pas indemnes; on voit apparaître des œdèmes et ischémies locales, des nodosités, des gangrènes, des cordons veineux. Le sang est altéré, les leucocytes transportent les germes, généralisant le mal, donnant la clef des métastases. Les oscillations des conditions physiques de la circulation expliquent, avec les détériorations des parois vasculaires, le mécanisme des hémorragies fréquentes dans certaines formes, et permettent de comprendre la production de ces hémorragies que l'on doit considérer comme une fonction contingente des microbes, de même que la fonction pyogène. — Certaines infections revêtent une forme nerveuse, les toxines peuvent être cause de convulsions, de contractures, de paralysies. Ces phénomènes ne sont pas déterminés par la simple imprégnation des fibrilles musculaires, mais sont la conséquence de l'action des toxines sur les filets nerveux sensitifs : la substance morbifique qui cause les désordres cérébro-spinaux serait créée par les tissus sous l'influence des produits solubles (Courmont et Doyon); cette opinion est séduisante par ses analogies avec la doctrine des principes bactéricides ou antitoxiques, mais certains arguments, que nous ne pouvons exposer, lui sont défavorables. En tous cas un grand nombre de symptômes, parmi lesquels il faut compter les variations du pouvoir réflexe, dépendent d'altérations anatomiques, de la simple imprégnation, des perturbations vaso-motrices du cerveau, de la moelle, des nerfs, dus aux produits microbiens. — Après les détails que nous venons de donner il est inutile d'insister sur la production des symptômes cutanés des fièvres : les toxines peuvent être cause des congestions, des sueurs, et cela s'explique; par la pullulation des bactéries de l'épiderme favorisée par l'i. première ; par l'élimination de ces bactéries et des substances fabriquées par elles au travers du derme; par les attributs vaso-moteurs de ces substances. — La pathogénie des phénomènes observés du côté des organes des sens, des séreuses, des os, des muscles, est soumise aux mêmes facteurs.

On le voit, les symptômes locaux ou généraux relèvent des organes profonds comme des superficiels, les uns cachés, les autres apparents, les associations microbiennes, les infections secondaires, ajoutent encore à cette variété; la persistance des désordres connaît toutes les durées; le tableau est donc d'une excessive mobilité. D'ailleurs quand tout semble fini, quand les microphytes sont détruits, les toxines éliminées, de nouveaux phénomènes apparaissent, suites de l'i., des déviations fonctionnelles des viscères qui poursuivent indépendamment leur évolution.

V. *Anatomie pathologique générale de l'infection.* — Considérée en son ensemble, l'anatomie pathologique de l'i. comporte une foule de localisations. Tout d'abord les localisations des processus sont elles-mêmes des plus nombreuses; elles dépendent de la nature du virus, de sa quantité, de sa qualité, de sa porte d'entrée, de l'état des réactions du terrain. Le choix du microbe conserve néanmoins une réelle importance: chaque agent préfère un tissu, celui qu'il connaît, celui dans lequel il a vécu. D'ailleurs, ordinairement, les maladies virulentes sont locales ou on ne considère que l'agent pathogène; ce qui est généralisé, ce qui diffuse partout, à part les périodes agoniques, ce sont les produits solubles bactériens. En un mot, les lésions anatomiques sont tantôt généralisées, tantôt localisées; les localisées peuvent se généraliser, les généralisées peuvent se localiser. Il faut enfin tenir grand compte des détériorations antérieures pour la détermination des localisations.

Si nous étudions une à une les lésions locales, nous verrons que le tissu conjonctif est fréquemment le siège de l'i. : la première modification qu'on observe est la vaso-dilatation par voie réflexe qui facilite l'œdème et la diapédèse. En dehors de la distension des artérioles due à l'acte réflexe, les toxines paralysant les centres constricteurs ou dilatateurs réalisent tantôt des congestions, tantôt des anémies locales; il se forme à la périphérie des foyers une couche, un rempart de cellules qui circonscrit les bacilles et en partie les poisons. Les éléments conjonctifs s'hypertrophient pour y prendre part avec les leucocytes et une prolifération se produit par segmentation des éléments; ceux-ci présentent à l'examen des phénomènes de karyokinèse. La vie des tissus est ainsi profondément troublée : dégénérescences, hydratations, peptonisations, dédoublements, réductions, fermentations, etc., sont la conséquence des atteintes des sécrétions des microphytes, et les lésions dégénératives produites aboutissent souvent à la suppuration, lorsque lesdites sécrétions sont capables de produire la nécrose. Il est probable que les infiniment petits, en bouleversant la nutrition, sont capables de faire apparaître des substances propres à déterminer la dégénérescence suppurative. On sait d'ailleurs combien il est fréquent que, les ferments figurés, au bout d'un temps variable, trouvent la mort dans les foyers qu'ils ont déterminés : le défaut d'aliment et plus encore l'apparition de principes bactéricides, la présence même de leurs toxines, expliquent leur mort, après laquelle le mal cesse de progresser; les matières toxiques s'éliminent, et les tissus de granulation forment une cicatrice scléreuse. D'autres dégénérescences que la suppurative peuvent se produire : dégénérescences pigmentaires, granuleuses, muqueuses, graisseuses, nécrosiques, caséenses, etc., suivant la vitalité des agents ou du terrain, suivant la nature même de ce terrain. Le muscle, à cause de ses acides, présente rarement ces altérations. Il n'en est plus de même pour les os et pour les articulations; le périoste, la moelle offrent des conditions particulièrement favorables au développement microbien.

Quels que soient les tissus, les viscères dont on étudie les lésions, les processus sont toujours analogues, et l'étude que nous avons faite de la pathogénie des altérations particulières des organes et des tissus nous permet d'avoir une idée générale des constatations que l'on peut faire à l'autopsie des individus qui ont succombé à une i. Nous ne pouvons en effet préciser les caractères spéciaux à chaque i.

VI. *Évolution des infections.* — L'observation du développement d'un agent pathogène dans une culture révèle une foule de variations, tenant à l'agent lui-même, au milieu, aux circonstances. S'il en est ainsi *in vitro*, on devine combien plus intenses doivent être les variations auxquelles est sujet un même microorganisme dans l'économie humaine; le milieu n'est jamais identique à lui-même, et l'agent pathogène émane de sources si diverses que son mode d'évolution est toujours des plus problématiques. Aussi la marche des infections est tantôt lente, tantôt rapide; elle est tantôt continue, tantôt interrompue par des périodes d'arrêt, puis de recrudescence, par des récidives, par des terminaisons brusques. Néanmoins, au milieu de cet ensemble polymorphe, surgissent certains caractères dont la constance doit être signalée. — Il est extrêmement rare qu'une phase d'incubation ne précède pas l'apparition d'une i.; il faut pour cela que le microbe arrive dans un terrain admirablement préparé à le recevoir, et pourvu d'une virulence qui brave tout. En un mot, l'incubation correspond à une phase de combat entre les infiniment petits et les phagocytes, de la terminaison de laquelle dépend l'avortement de la maladie ou son installation. Les phénomènes généraux n'éclatent qu'à l'instant où les tissus, sous l'influence des sécrétions des microbes, ont répandu dans la circulation les principes morbifiques. Lorsque s'est écoulé le temps nécessaire à l'organisme pour produire ces substances, naît la période d'état, qui se poursuit jusqu'à la mort ou à la guérison. Ces terminaisons sont généralement précédées d'une période de défervescence qui s'explique par la diminution progressive de la multiplication et du fonctionnement des microphytes, coïncidant d'ailleurs avec l'élimination des toxines et leur destruction. Si la mort survient, c'est que, malgré la décroissance terminale de l'i., l'intoxication était trop avancée pour qu'une réparation soit possible. Lorsque la guérison se produit, ou même une amélioration passagère, cela tient à une série de circonstances : durée limitée de l'activité des germes; — effets nocifs pour ceux-ci de l'hyperthermie, — inter-

vention des organes suppléants, vicariants, pour débarrasser l'économie des toxines; — défaut d'aliments pour les microorganismes, parallèle à l'accumulation des matières dites empêchantes. — Mais des rechutes sont fréquentes; sous l'influence d'une imprudence, d'un écart de régime, d'un événement inattendu, etc., les défenses statiques ou dynamiques des liquides humoraux fléchissant; les germes épuisés recouvrent leur activité. La pathogénie de ces récidives est diverse : il s'agit tantôt d'un affaiblissement d'un pouvoir bactéricide, tantôt d'une atténuation de la phagocytose, tantôt de la cessation du fonctionnement d'un viscère important lésé par la première poussée, tantôt d'une rénovation de l'activité des microbes. On comprend avec ces éléments qui sont en jeu dans le développement des infections comment peuvent se produire des accès, des crises, dans le cours continu d'une i.; de ces crises, certaines jugent définitivement l'avenir du malade, prennent en un mot un caractère critique; tels sont les décharges urinaires qu'on peut considérer comme un signe précurseur favorable. On s'explique également comment avec certains terrains et avec certaines propriétés des virus, des infections aiguës des infections peuvent prendre un caractère chronique.

Étant données les considérations qui précèdent, on peut affirmer que pour le diagnostic des infections, aucun symptôme n'est à négliger : lésions, caractères d'évolution, examens histologiques, cultures, inoculations, réactions déterminées par les injections de toxines, tous les moyens que nous possédons doivent être mis en œuvre pour fixer le médecin non seulement sur la nature de l'i., mais sur sa gravité ou sa bénignité. En effet, ces caractères dépendent d'une multiplicité de conditions; ils dépendent du virus, de sa quantité et de sa qualité; du terrain, des cellules bactériennes, comme les cellules de nos tissus, étant soumises aux influences des agents physico-chimiques ambiants, et présentant plus d'analogies que de différences.

VII. *Immunité.* — L'immunité innée contre l'infection a été connue dès l'antiquité, mais l'étude du mécanisme est de date récente. Au point de vue historique, l'immunité augmente avec les siècles pour un mal donné; en d'autres termes, les maladies sont plus graves dans les populations vierges que dans les populations affectées depuis longtemps; et ce n'est pas à l'atténuation du virus qu'il convient d'attribuer la décroissance des manifestations infectieuses, c'est à l'augmentation de l'immunité des organismes, augmentation qui ne peut s'expliquer que par l'hérédité de l'immunité. L'état réfractaire à une maladie se transmet de génération en génération, aboutissant à une immunité naturelle de plus en plus accusée, au point que certains auteurs ont invoqué cette influence pour expliquer la disparition de quelques maladies. — Deux théories ont été imaginées pour rendre compte du mécanisme de la vaccination : la *théorie de la soustraction*, d'après laquelle l'état réfractaire résulterait de l'épuisement du milieu, de la consommation par les microbes des principes nécessaires à leur évolution, et la *théorie de l'addition*, d'après laquelle la vaccination est rattachée à l'introduction au sein de l'économie de principes engendrés par la vie des microphytes. Les expérimentations ont permis d'abord de reconnaître qu'il est possible d'augmenter la résistance du lapin à un microbe déterminé, et de rendre cette résistance plus ou moins constante et durable, soit en inoculant au préalable ce microbe par une autre voie, soit en injectant préalablement les produits solubles des cultures. La démonstration de cette assertion a pu être réalisée pour un nombre relativement considérable de microorganismes; on a même pu immuniser vis-à-vis d'un virus en se servant d'un autre virus. Mais il ne faut pas s'illusionner et croire que cette simple constatation nous a donné la clef du mécanisme de l'immunité. Les modifications chimiques qui la réalisent ne dépendent pas uniquement, directement, de la présence des toxines; certainement la soustraction des principes indispensables à la vie des microbes a une part d'influence. Tout cela s'explique pas d'ailleurs l'hérédité; tout cela ne répond pas à cette objection immédiate que dans l'organisme naissant l'alimentation peut faire pénétrer des éléments qui manquent dans l'être générateur. On oublie trop souvent qu'au fond de sa cornue le chimiste ne rencontre pas l'élément qui sans cesse complique les problèmes du physiologiste, c'est-à-dire la vie, la nutrition. D'ailleurs, on a pu observer que l'immunité existe surtout lorsque les matières bacillaires introduites n'existent plus. La vaccination est due à des modifications organiques réalisées par le passage des produits solubles; alors est née la théorie de l'accoutumance, de l'insensibilité acquise de l'organisme aux poisons bactériens. Cette théorie a été présentée sous des formes très diverses, et on peut dire qu'elle renaît de ses cendres sous des noms différents suivant les observateurs qui l'émettent. Nous ne pouvons ici passer en revue en détail toutes les hypothèses qui ont été émises en cette question si compliquée, et nous pouvons encore moins les discuter : on a fait intervenir la phagocytose et la phagolyse ; on a étudié le rôle des principes bactéricides ; on a découvert les antitoxines, etc., etc.

Pour donner l'idée générale de l'immunité, nous pouvons résumer les recherches modernes en disant que : on pénétrant dans une économie immunisée en raison des composés germicides ou antitoxiques qui y sont contenus, en raison des uns ou des autres, ou des premiers et des seconds réunis, en raison, dans certaines circonstances, d'une température trop élevée ou trop basse, en raison de la pauvreté du milieu, en raison d'une composition spéciale, etc., un virus subit de suite des détériorations qui font que les phagocytes accourus luttant plus efficacement ; ils ont devant eux un ennemi affaibli qui ne peut même pas les empêcher d'affluer, qui excite les vasomoteurs à se dilater sans être capable de mettre un frein à cette diapédèse. En définitive, la défense repose sur deux grands processus : activités cellulaires, phagocytisme ou influences humorales, les unes bactéricides, nuisibles aux germes vivants, les autres antitoxiques, nuisibles à leurs sécrétions. Dans certaines conditions, on peut voir intervenir l'accoutumance, le défaut de sensibilité aux poisons, la température, la constitution spéciale de la région inoculée. Ces protections en définitive se réduisent à ces propriétés des éléments anatomiques ; *l'immunité est une propriété cellulaire*. Or, de même que les ascendants confèrent aux descendants le pouvoir de fabriquer de la bile de la salive, de même ils peuvent leur transmettre ces qualités de phagocytisme, ces attributs permettant d'engendrer des composés microbicides ou antitoxiques. Si les deux générateurs sont vaccinés, cette transmission s'opère plus fréquemment que quand un seul, surtout le père, est pourvu de l'état réfractaire.

VIII. *Thérapeutique générale de l'infection.* — Nous avons vu qu'il ne suffit pas qu'un microbe pénètre dans les tissus pour que la maladie se développe ; il faut une sorte de consentement de la part de l'organisme. Il existe, en effet toute une série de moyens protecteurs, de procédés thérapeutiques naturels, surtout au voisinage des points par où l'assaillant peut s'introduire. Ces défenses de l'organisme consistent en défenses mécaniques, constituées par les épithéliums ; défenses physiques, lumière et mouvement ; défenses chimiques, sucs digestifs, sérosités, sécrétions glandulaires, réactions des humeurs, etc., défenses cellulaires, humorales, nerveuses. Il nous est possible d'augmenter ces défenses en suivant les leçons que nous donne la nature. Deux grandes thérapeutiques, en effet, permettent l'intervention au cours des infections : la thérapeutique préventive qui vise l'état réfractaire, et la thérapeutique curative qui s'adresse à la maladie en évolution. Le premier procédé thérapeutique correspond aux vaccinations ; ces vaccinations se font par des procédés spéciaux que nous ne pouvons décrire ; nous devons nous contenter de signaler l'existence de vaccins figurés et de vaccins solubles ; nous devons, en outre, dire que la vaccination contre un microbe se fait tantôt à l'aide de ce microbe ou de ses sécrétions, tantôt à l'aide d'un autre microbe, tantôt enfin avec des vaccins non bactériens. Les inconvénients de ces vaccinations ne peuvent pas entrer en balance avec les résultats excellents qu'elles donnent ; mais il faut bien avouer que lorsqu'on possède beaucoup de chances pour ne pas contracter l'i. contre laquelle on veut vous prémunir, on ne se soumet pas volontiers à ces vaccinations. La thérapeutique curative utilise les toxines ; c'est une méthode curative où les antagonismes morbides sont appelés à jouer un grand rôle, où déjà les humeurs et les tissus des réfractaires, la sérothérapie a fait merveille. A côté de ces méthodes, la thérapeutique par les humeurs ou par les tissus des sujets normaux, la transfusion montre la préoccupation de fortifier le terrain ; mais tout ne peut se borner là, et bien souvent on est obligé de viser les bactéries elles-mêmes à l'aide des antiseptiques. L'eau a été introduite dans la thérapeutique contre les infections ; les lavages internes, l'hydrothérapie sont parfois l'un grand secours. D'autres agents physiques, et surtout l'Électricité, apportent leur concours. Quoi qu'il en soit, les armes que nous possédons à l'heure actuelle sont trop incomplètes pour que nous puissions être toujours en mesure d'enrayer le développement des infections. Aussi les mesures prophylactiques conservent-elles une importance non négligeable ; prévenir le mal, combattre son extension, tels sont les résultats que nous apportent les progrès modernes, progrès divers dans l'hygiène, l'agriculture, la civilisation, le bien-être social. Le dernier

mot doit être la nécessité de fortifier l'organisme tout en combattant le microbe.

IX. *Infection purulente.* — On nomme infection purulente, ou pyohémie, une maladie produite par l'introduction dans le sang d'un pus contaminé, caractérisée anatomiquement par la suppuration fréquente des séreuses et l'apparition d'abcès multiples dans la plupart des viscères, spécialement dans les poumons. — Avant 1871, elle emportait les deux tiers des blessés et des opérés, et seuls les progrès de l'antisepsie et de l'ascepsie en ont eu raison. — Le milieu (encombrement), le sujet (misère physiologique), et la blessure initiale (plaies anfractueuses) constituent les conditions les plus favorables à son développement, sans compter l'élément le plus efficace, la contagion, l'endémie. Il n'y a pas de germe microbien spécial qu'on puisse invoquer comme auteur du mal : ce sont des microcoques, streptocoques ou staphylocoques, parfois associés. Lorsque la couche protectrice de bourgeons charnus qui recouvre la plaie a été déchirée ou s'est affaissée sous l'influence de causes encore mal déterminées, la barrière qui s'opposait à l'absorption est levée : le pus et les microbes qu'il contient, les poisons qu'il dissout pénètrent jusqu'aux viscères par trois mécanismes différents, embolies veineuses allant jusque dans les ramifications de l'artère pulmonaire, embolies graisseuses allant plus loin encore dans la rate et le foie, embolies septiques leucocytiques allant partout. Ces microbes par leurs leucomaïnes ont une influence pyrogène en sus de leur action phlogogène.

Les symptômes sont frappants : le début est en général soudain, éclate, vers la fin de la première semaine de la blessure, par un frisson, souvent très violent, qui s'accompagne de modifications profondes du côté de la plaie, décollement des bords, affaissement du bourgeons charnus, apparition d'une sérosité louche et d'odeur fade. L'état général paraît cependant rentré dans l'ordre, lorsque réapparaissent un second frisson, puis un troisième, un quatrième, laissant le malade chaque fois plus abattu. Alors la respiration s'embarrasse, le délire survient violent, l'adynamie succède, des eschares apparaissent, les complications pulmonaire et hépatique se traduisent par des signes graves, le malade tombe dans le coma et meurt de huit à quinze jours après le premier frisson.

Le traitement laisse le chirurgien à peu près désarmé même à l'heure actuelle : il est vrai que des mesures prophylactiques sont pleinement efficaces, et désormais le chirurgien peut et doit éviter la pyohémie. — Lorsqu'il la trouve tout établie, la lutte est trop inégale ; mais tout permet de penser qu'elle ne le sera pas toujours dans l'avenir, et l'avènement des sérums antimicrobiens résoudra peut-être la question dans un sens favorable.

INFÉLICITÉ. s. f. (lat. *infelicitas*, m. s.). Manque de félicité. || Manque de qualités favorables, fécondes.

INFÉODATION. s. f. [Pr. *inféoda-sion*] (R. *inféoder*). T. Jurispr. féod. Acte par lequel un seigneur mettait son vassal en possession de son fief. Voy. FIEF.

INFÉODER. v. a. (bas-lat. *infeodare*, m. s., de *in*, dans, et *feodum*, fief). T. Jurispr. féod. I. *une terre*, un *héritage*, Le donner à quelqu'un pour être tenu en fief. = S'INFÉODER. v. pron., S'attacher par un lien étroit à un chef, à un parti, etc. = INFÉODÉ, ÉE. part. *Domaine inféodé*, Partie du domaine royal distribué en fiefs. Voy. DOMAINE. *Dîmes inféodées.* Voy. DÎME.

INFÈRE. adj. 2 g. (lat. *inferus*, inférieur). T. Bot. Qui est situé au-dessous d'un autre organe qui semble le surmonter ou le couronner ; se dit par opposition à *Supère*. *Calice i. Ovaire i.*

INFÉRENCE. s. f. [Pr. *infé-rance*]. T. Log. Action d'inférer.

INFÉRER. v. a. (lat. *infero*, je porte dans, de *in*, dans, et *fero*, je porte). Tirer une conséquence de quelque proposition, de quelque fait. *Vous dites que telle chose est : que voulez-vous in. de là ? Je n'en infère telle chose. Vous n'en pourrez rien in.* = INFÉRÉ, ÉE. part. = Conj. Voy. CÉDER. = Syn. Voy. CONCLURE.

INFÉRIEUR, EURE. adj. (lat. *inferior*, m. s., comp. de *inferus*, inférieur). Qui est placé au-dessous, en bas. *La région inférieure de l'air. La partie inférieure du corps, d'un tableau, d'un édifice. La mâchoire inférieure. Les* membres inférieurs. Les planètes inférieures. || T. Géogr. Se dit de la partie d'un pays qui est la plus éloignée d'un fleuve, ou la plus voisine de la mer. Germanie inférieure. Pannonie inférieure. Département de la Seine-Inférieure, de la Loire-Inférieure, etc. ; ou plus souvent, par ellipse, La Seine-Inférieure, La Loire-Inférieure, etc. || Figur., Qui est au-dessous d'un autre en rang, en dignité, en mérite, en force. In. en science, en savoir, en mérite. Les ennemis nous étaient inférieurs en forces, en nombre, en infanterie. Les classes inférieures de la société. || Se dit des choses, tant au sens physique qu'au sens moral. Ces tissus sont d'une qualité inférieure. Pour le dessin, ce tableau me semble in. à tel autre. Son mérite est in. au vôtre. — Tribunal in., Celui dont il y a appel. On dit, dans le même sens, Juges inférieurs — Dans les collèges, on appelle Classes inférieures, Celles par où commence le cours des études classiques. = INFÉRIEUR. s. m. Celui qui est au-dessous d'un autre en rang, en dignité, et ordinairement avec subordination et dépendance. Les inférieurs doivent respect aux supérieurs. Il en use bien avec ses inférieurs. Obs. gram. — Inférieur étant déjà un comparatif ne doit pas se construire avec plus. C'est par abus qu'on dit la plus inférieure de ces couches. Il faut dire la plus basse ou la plus profonde.

INFÉRIEUREMENT. adv. Au-dessous, à la partie inférieure. In. on ajuste une tubulure. || Fig., Ces deux auteurs ont écrit sur cette matière, mais l'un bien in. à l'autre.

INFÉRIORITÉ. s. f. Caractère de ce qui est inférieur. || Fig. Désavantage, inégalité en ce qui concerne le rang, le talent, la force, etc. L'in. de son rang. L'in. des forces, du nombre. In. de talent, de mérite. Son in. devrait le rendre plus modeste. Il avoue son inf.

INFERMABLE. adj. 2 g. (R. in priv., et fermer). Qui ne peut être fermé.

INFERMENTÉ, ÉE. adj. [Pr. infer-man-té]. Qui n'est pas fermenté, qui n'a pas subi la fermentation.

INFERMENTESCIBLE. adj. 2 g. [Pr. infer-mantes-sible] (R. in priv., et fermentescible). Qui n'est pas susceptible de fermenter.

INFERNAL, ALE. adj. (lat. infernalis, m. s., de infernus, souterrain, qui est au-dessous). Qui appartient à l'enfer. Les puissances infernales. Le dragon in., Le démon. — En parlant de l'enfer des païens. Les dieux infernaux. Les divinités infernales. Le séjour in. La rive infernale. || Fig., se dit de ce qui annonce une extrême perversité, beaucoup de méchanceté, de cruauté. Malice, rage infernale. Piège, complot in. Machinations infernales. || Fam., et par exagération, se dit d'un grand bruit ou de ce qui fait un grand bruit. Vacarme, tintamarre in. Musique infernale. || T. Chim. Pierre infernale, Azotate d'argent. Voy. ARGENT et CAUTÉRISATION. || Machine infernale, se dit de différents appareils destinés à produire une explosion meurtrière.

INFERNALEMENT. adv. D'une manière infernale.

INFERNALITÉ. s. f. Caractère de ce qui est infernal.

INFERNET (LOUIS-ANTOINE-CYPRIEN), marin fr. (1757-1815).

INFÉROSUPÈRE. adj. 2 g. (R. infère et supère). T. Bot. Se dit d'un fruit qui est supère par rapport au calice et infère par rapport à la corolle.

INFÉROVARIÉ, ÉE. adj. (R. infère et ovaire). T. Bot. Se dit de plantes dont l'ovaire est infère.

INFERTILE. adj. 2 g. (lat. infertilis, m. s., de in priv., et fertilis, fertile). Stérile, qui ne produit rien, ou qui ne rapporte que fort peu. Un sol in. Des terres infertiles. || Fig., Un esprit in. Une veine in. — Sujet, matière in., Qui fournit peu de chose à dire.

INFERTILEMENT. adv. D'une manière infertile.

INFERTILISABLE. adj. 2 g. [Pr. infertili-zable] (R. in priv., et fertiliser). Qui ne peut être fertilisé.

INFERTILISÉ, ÉE. adj. [Pr. infertili-zé] (R. in priv., et fertilisé). Qui n'est pas fertilisé.

INFERTILITÉ. s. f. (lat. infertilitas, m. s., de in priv., et fertilitas, fertilité). Stérilité. L'in. du sol.

INFESTATION. s. f. [Pr. infes-ta-sion]. Action d'infester; état de ce qui est infesté.

INFESTER. v. a. (lat. infestare, m. s., de infestus, hostile, ennemi, autre forme de infensus, infenstus, part. pass., de infendere, attaquer, composé de in, dans, sur, et de l'inusité fendere, frapper, qu'on retrouve dans offendere, pour obfendere, offenser). Ravager, désoler, tourmenter par des actes fréquents de violence et de brigandage. Les pirates infestaient les côtes de l'Italie. Les ennemis infestaient le pays par leurs courses. La France était infestée par des brigands. || Par extens., se dit des animaux nuisibles et incommodes, etc. Les rats infestent cette maison. Les mauvaises herbes qui infestent nos champs. INFESTÉ. ÉE. part.

INFIBULATION. s. f. [Pr. ... sion] (R. infibuler). Action d'infibuler.

INFIBULER. v. a. (lat. infibulare, m. s., de in, dans, et fibula, boucle). Réunir au moyen d'un anneau ou même d'une suture les parties dont la liberté est nécessaire à l'acte de la génération, ce qui condamnait la victime à une continence absolue. L'opération, abandonnée depuis longtemps, était pratiquée autrefois sur les hommes et sur les femmes, pour des raisons qu'il est plus facile d'imaginer que d'excuser. = INFIBULÉ, ÉE. part.

INFIDÈLE. adj. 2 g. (lat. infidelis, m. s., de in priv., et fidelis, fidèle). Qui ne garde point sa foi, qui n'est pas constant dans ses affections. Être in. à ses serments, à sa parole. Être in. à son ami. Un amant in. Une femme in. à son mari.

Les flots ont englouti cet époux infidèle.
RACINE.

— Subst., se dit souvent de celui ou de celle qui manque à la fidélité, à la constance. C'est une in. Elle pleure son in. || Qui manque à la probité, qui ne tient pas ses engagements. Dépositaire in. Un commis in. Domestique in. Guide in. || Fig., se dit des choses sur lesquelles on ne peut pas ou l'on ne peut plus compter. La mer est un élément in. La victoire, la fortune lui devint in., L'abandonna. Une mémoire in., Qui retient mal, qui fait défaut. || Qui manque à la vérité, inexact. Narrateur, traducteur, interprète in. Un récit, un rapport in. Les belles infidèles, traductions élégantes, mais inexactes. — Copie, traduction in. Miroir, glace in. Portrait in. || Nom donné par les chrétiens à ceux qui ne le sont pas. Les peuples infidèles. — Substant., L'in. n'a point de part au royaume de Dieu. Dans ce sens, il est surtout usité au plur. Prêcher, convertir, combattre les infidèles. Marcher contre les infidèles.

INFIDÈLEMENT. adv. D'une manière infidèle.

INFIDÉLITÉ. s. f. (lat. infidelitas, m. s., de in priv., et fidelitas, fidélité). Manque de fidélité ou de probité. L'in. d'un amant, d'une femme, d'un mari. L'in. d'un mari. L'in. d'un dépositaire. L'in. d'un domestique, d'un commis. — Par extension, Acte d'infidélité. Elle a fait à son mari plus d'une in. Ce domestique a commis bien des infidélités. || Manque d'exactitude, de vérité. L'in. d'un historien, d'un traducteur, d'un copiste. L'in. d'un récit, d'une citation, etc. L'in. de la mémoire, Le défaut de mémoire. — Par extens., se dit d'une simple inexactitude. Il y a bien des infidélités dans cette traduction, dans ce récit. || État de ceux qui ne sont pas dans la religion chrétienne. Il était chrétien et tomba dans l'in. Les Juifs s'obstinèrent dans leur infidélité.

INFILTRATION. s. f. [Pr. ... sion] (R. infiltrer). Passage lent d'un liquide à travers les interstices, les pores d'une substance solide. L'in. de l'eau dans le bois. Les infiltrations qui ont lieu à travers les couches perméables de la terre. || T. Méd. Se dit ordinairement d'un engorgement indolent formé par la présence d'un liquide, le plus souvent séreux, dans les aréoles du tissu cellulaire. Il y a un peu d'in.

aux extrémités inférieures. In. d'urine. || Fig., *L'in. des mauvaises doctrines.*

INFILTRER (S'). (lat. *in*, dans, et fr *filtre*). v. pron. Passer comme par un filtre ; pénétrer à travers les pores, les interstices d'un corps solide. *L'eau s'infiltre dans le bois le plus dur. Le sérum du sang s'infiltre dans le tissu cellulaire.* || Fig. Pénétrer peu à peu dans l'esprit. = INFILTRÉ, ÉE. part. *L'eau infiltrée dans le bois. Il a les membres tout infiltrés.*

INFIME. adj. 2 g. (lat. *infimus*, m. s , superl. de *inferus*, inférieur). Placé le plus bas ; ne se dit qu'au fig. *Les rangs infimes de la société.*

INFIMITÉ. s. f. État de ce qui est infime ; ne se dit que fig. *L'in. de l'homme. L'in. de sa condition.* = Exiguïté extrême, en parlant d'une valeur, d'un produit.

INFINI, IE. adj. (lat. *infinitus*, m. s., de *in* pri--, et *finitus*, fini, de *finis*, fin). Qui n'a ni commencement ni fin, qu est sans bornes et sans limites. *L'être in. Dieu seul est in. Quelques philosophes ont prétendu que le monde est in.* — Se dit des attributs de Dieu. *La miséricorde de Dieu est infinie. Sa puissance est infinie.* || Par anal., se dit de ce qui ne doit point avoir de fin. *La gloire, la béatitude infinie des élus* ; et de ce dont on ne peut assigner les bornes, la durée. *Un espace in. Une durée infinie.* Se dit même, par abus de ce qui dépasse les notions habituelles de grandeur. *La distance infinie où se trouvent les nébuleuses.* || Par cons., se dit, tant au sens physiq. qu'au sens moral, de tout ce qui est très nombreux, très considérable en so. genre. *Une infinie variété d'objets. Il y a un nombre in. d'auteurs qui rapportent que... Des peines infinies. Des travaux infinis. Il y a un temps in. qu'il est parti. Elle a une grâce infinie. Je vous ai des obligations infinies. Il vous en sait un gré in.* = INFINI. s. m. Se dit de ce qui est ou de ce que l'on suppose sans limites. *Le calcul de l'in. La géométrie de l'in. L'homme ne peut bien concevoir l'in.* = A L'INFINI. loc.t. adv. Sans fin, sans bornes, sans mesure. Se dit principalement de certaines choses auxquelles on peut toujours ajouter, comme le temps, l'espace, l'étendue et le nombre. *Cela irait à l'in. Multipliez ce nombre à l'in. Les physiciens ne pensent pas que la matière soit divisible à l'infini.* = Voy DIVIN et RAISON.

Philos. — Il n'y a peut-être pas de mot dont les philosophes aient plus usé et abusé que le mot *infini*. Aussi y a-t-il intérêt à essayer d'en préciser la signification. Le mot est si souvent employé mal à propos ou hors de propos, avec un sens vague, ou même contraire à sa véritable valeur, qu'il devient l'origine d'une obscurité irrémédiable dans les raisonnements et qu'il se prête à une multitude de sophismes. L'erreur la plus commune est la confusion des mots i. et indéfini, qui expriment des idées radicalement opposées, comme nous allons essayer de le faire comprendre. *Infini* veut dire proprement : *qui n'a pas de fin, de borne, de limite* ; mais le mot *infini* est le plus souvent appliqué aux choses qui peuvent être conçues comme plus grandes ou plus petites. Dans ce cas on l'a longtemps défini comme désignant l'état suprême de grandeur au delà duquel on ne peut supposer un autre état. Kant a fait voir que cette définition n'est pas acceptable : elle fait de l'i. une sorte de maximum, et elle implique que toutes les choses infinies de la même espèce ne peuvent pas être comparées entre elles sous le rapport de la grandeur. En d'autres termes, pour employer un langage abrégé, elle suppose que *tous les infinis sont égaux*, notion qui n'est pas comprise dans l'idée d'infini et qui de reste est fausse, comme on peut s'en convaincre en réfléchissant à la pluralité des i. : il y a sur une longueur de 1 centimètre une *infinité* de points, et sur une longueur de deux centimètres il y en a *davantage*. La conception de l'i. comme un maximum est une grave source de sophismes. Kant dit seulement qu'*une chose est infinie est celle qui est plus grande que toutes les choses finies de même espèce.* Les mots *fini* et *infini* sont ainsi définis l'un par l'autre, c.-à-d. qu'ils expriment les deux faces positive et négative d'une idée qui n'est pas susceptible d'être définie. Quoi qu'il en soit, les choses auxquelles s'attache l'idée de grandeur sont les *qualités* susceptibles d'être possédées par les objets ou substances à des degrés différents. Pour que le mot i. s'applique à l'une de ces qualités, il n'est pas nécessaire que le degré de la qualité soit susceptible de mesure, il suffit que cette qualité puisse être conçue comme possédée à des degrés différents. Ainsi, l'i. peut s'appliquer à l'étendue, qui est une qualité susceptible de mesure : une chose infiniment étendue serait une chose plus étendue que toutes les choses finies de même espèce. Mais, l'i. peut aussi s'appliquer aux qualités morales non susceptibles de mesure : on peut parler d'une chose infiniment belle, infiniment bonne.

Au contraire le mot *indéfini* désigne la possibilité de concevoir une qualité comme possédée par différents sujets ou par le même sujet à des degrés de plus en plus élevés, sans qu'il soit possible d'assigner une limite à cette extension de la qualité considérée. Le mot *indéfini* ne s'appliquera donc pas à un sujet particulier eu égard à la manière dont il possède la qualité, mais à la qualité elle-même. Par ex., la qualité d'être rond n'est pas indéfinie : une chose est ronde ou elle ne l'est pas ; on dit bien qu'une chose est plus ronde qu'une autre ; mais cela veut dire qu'elles ne sont rondes ni l'une ni l'autre et que la première s'approche plus que la seconde de la vraie forme ronde. Il en est de même de la couleur. Au contraire, l'étendue, qui est une propriété, une qualité des corps, est indéfinie, parce que si grand qu'on suppose un corps, on peut toujours en supposer un plus grand. Les philosophes qui considèrent encore l'espace comme ayant une existence indépendante des corps, diront avec raison que l'espace est i. ; ceux, au contraire, qui, avec Leibniz, Kant, et tous les grands métaphysiciens, ne voient dans l'espace que la possibilité du déplacement des corps, ceux-là diront que *l'espace est indéfini*, et cette expression, qu'il faut considérer comme abrégée, ne sera pas encore correcte, car pour eux l'espace n'est même pas une qualité des corps : c'est une abstraction dérivée de l'idée d'étendue, ou, suivant l'expression de Kant, une des formes de la sensibilité. Si donc l'espace est indéfini, c'est l'étendue. En somme, quand on dit que l'espace est i. on indéfini,on entend simplement par là qu'il est impossible d'assigner une limite nécessaire à l'Univers. Si loin qu'on suppose la borne, on peut toujours concevoir qu'elle soit reculée. Si grand qu'on suppose l'Univers, on peut toujours le supposer plus grand. C'est l'idée d'indéfini qui seule est en cause, et ce fait que l'Univers, supposé limité, peut être conçu comme plus grand qu'il n'est, n'implique nullement qu'il est i., bien au contraire. C'est là une question différente et sur laquelle nous reviendrons tout à l'heure. Pour le moment, nous voulons seulement préciser le sens des mots et montrer comment l'indéfini est, d'une certaine manière, l'opposé de l'infini.

Cependant, les philosophes emploient le mot i. dans un sens beaucoup plus étendu : dans la notion d'i. ils font rentrer celles de *perfection* et d'*absolu*. La conformité d'une chose, ou plutôt d'une qualité d'une chose avec un type idéal ou abstrait. Pour emprunter un exemple à la géométrie, nous remarquons des objets d'aspect à peu près rond. Nous nous élevons ainsi par abstraction à la notion géométrique du cercle, et nous dirons qu'un objet est parfaitement rond si son contour est identique avec la figure définie en géométrie sous le nom de cercle. En d'autres termes, la perfection suppose l'existence de défauts : elle suppose l'identité entre la qualité réelle possédée par l'objet, et la qualité idéate telle que nous la concevons dans notre esprit. Il y a une certaine analogie entre l'idée de perfection et celle d'i ; mais la perfection s'applique à la forme, tandis que l'i. s'applique à la grandeur. Enfin, la notion d'*absolu* implique l'existence d'une qualité que possède le sujet en lui-même, sans aucun égard aux autres objets ni aux êtres sensibles capables de discerner ou d'apprécier cette qualité. L'absolu suppose donc l'existence objective de ce *type* qui nous a servi à définir la *perfection*. Absolu s'oppose à *relatif*, ce dernier terme faisant intervenir dans l'appréciation de la qualité des choses étrangères au sujet. Par ex., une chose est belle *relativement à nous* si elle éveille en nous certaine émotion d'une nature spéciale qui dépend de ce qu'on a appelé le sentiment esthétique ; sa beauté dépend ainsi plus de nous que d'elle-même, et il juge plus ou moins de conformité qu'elle a avec un type que nous imaginons nous-mêmes. Elle peut cesser d'être belle si notre type particulier de beauté vient à se modifier. Au contraire, une chose *absolument belle* serait celle qui est belle en elle-même, indépendamment de celui qui la contemple : celui-là pourrait bien la déclarer belle ou laide ; mais alors il formulerait un jugement qui pourrait être vrai ou faux. Cela suppose nécessairement l'existence objective d'un type de beauté connu ou inconnu de celui qui porte le jugement, mais indépendant de lui ; la chose serait belle ou laide suivant qu'elle serait conforme ou non à ce type qui mériterait alors le nom de *type de la beauté absolue*. La philosophie reconnaît facilement l'analogie entre les trois idées d'infini, de perfection et d'absolu, et, de plus, les problèmes que soulèvent ces trois idées doivent recevoir des solutions identiques, de sorte que, suivant qu'on adoptera telle ou telle conclusion pour les problèmes de l'une des trois catégories, la solution des problèmes des deux autres catégories sera déterminée par cela même. De là vient que certains philosophes ont pu dire que toutes nos idées se répartissaient en deux classes, celle du *fini* et celle de l'*i*. Cette distinction est au fond la même que celle que Kant a établie entre le *phénomène* (relatif) et le *noumène* (absolu). Voy. CRITICISME.

Maintenant, le problème général est le suivant : Y a-t-il quelque chose d'i., de parfait, d'absolu, ou bien tout ce qui existe est-il nécessairement fini, imparfait, relatif ? Ce problème est en définitive celui de l'existence de Dieu : car, à part la question de l'étendue du monde, sur laquelle on peut faire des réserves, tout ce que nous connaissons est essentiellement imparfait et relatif. Si donc nos idées d'i. et d'absolu ne sont pas une pure abstraction, si ces idées correspondent à une réalité objective, cette réalité ne peut pas se trouver dans le monde sensible, et l'i. ne peut être que l'attribut d'un être qui domine le monde, qui en est la cause première, et qui contient en lui le type suprême de nos idées absolues. Cet être est Dieu. Descartes a essayé de résoudre le problème en s'attachant à l'origine de l'idée d'i. Cette idée, dit-il, ne peut venir de nous, qui sommes un être fini. Donc elle a été mise en nous par un être i. Cette argumentation, ainsi que nous l'avons fait observer au mot Dieu, n'est pas démonstrative. Depuis Descartes on n'a cessé de discuter sur l'origine de l'idée de l'i. et l'on n'est pas parvenu à s'entendre. Il est très vrai que fini et i. sont deux termes qui se supposent l'un l'autre, deux idées corrélatives qui ne peuvent être séparées, ou même, comme nous le disions plus haut, les deux faces d'une même idée ; mais cela ne prouve pas qu'un être fini ne puisse avoir l'idée d'i. Il semble même que l'idée d'i. se rattache intimement à celle de nombre. Comme nous le montrerons plus bas (Voy. Math.), on peut distinguer la multitude numérique susceptible d'être comptée, et la multitude infinie, et le raisonnement de Descartes équivaudrait à dire que l'existence de Dieu serait démontrée par ce seul fait que l'homme est arrivé à concevoir que sur une ligne droite il y a une infinité de points. Ce serait aller bien loin. Ce qui importe plus que l'idée d'i., c'est celle d'*absolu*. L'existence de Dieu est nécessaire pour donner une valeur objective aux idées de cause, de vérité, de morale, de beauté, qui n'ont de sens que si elles sont absolues et qui deviendraient relatives sans l'existence de Dieu, dégénérant ainsi dans les idées de convenance, de croyance arbitraire, d'utilité et d'agrément. L'athéisme est donc condamné à nier les idées absolues, et il ne serait pas difficile de montrer que la disparition des idées absolues entraîne la négation de toute connaissance : c'est le scepticisme et l'impossibilité de toute vie intellectuelle et morale.

La nécessité de conserver au moins une idée absolue a poussé la philosophie athée à attribuer au monde et aux lois qui le régissent une existence nécessaire, et, par suite, à considérer l'Univers comme i. dans le temps et dans l'espace. Il est visible que si le monde était limité dans le temps, il faudrait lui reconnaître une cause créatrice, et s'il était limité dans l'espace il faudrait admettre une cause pour laquelle il n'est ni plus grand ni plus petit. En le déclarant i., on croit échapper à cette nécessité d'une cause ; et il est vrai qu'on n'y échappe que partiellement, car on ne lui attribue que l'infinitude de l'étendue et de la durée ; il reste à expliquer les variétés phénoménales qu'il présente, et parviendrait-on même à les faire dépendre d'une loi unique, il faudrait expliquer pourquoi cette loi est ainsi plutôt qu'autrement, aucune loi physique ne se présentant à l'esprit avec le caractère de l'absolu et de la nécessité. Cependant les théologiens, probablement dans l'espoir d'opposer un argument irréfutable aux athées, ont toujours admis que le monde est limité dans le temps et dans l'espace. Les arguments qu'on a fait valoir dans les deux camps sont très faibles ; nous ne les avons discuté, en ce qui concerne le temps, au mot CRÉATION. Ce sont les mêmes pour ce qui regarde l'étendue, nous n'y reviendrons pas ici ; nous nous contenterons de rappeler que la question ne nous paraît guère susceptible d'être résolue par la métaphysique. Quoi qu'on en ait dit, l'hypothèse du monde indéfiniment étendu, ne nous paraît pas incompatible avec l'existence de Dieu. Le fameux argument d'après lequel ce serait en présence de deux infinis qui se limiteraient l'un par l'autre ne nous paraît pas recevable, parce qu'il ne s'agit que de l'étendue, et que l'étendue n'a rien à voir avec l'existence de Dieu qui, suivant la belle expression du catéchisme, est un *pur esprit*. Si, comme l'a dit Kant, l'espace n'est qu'une forme de la sensibilité, la propriété, que nous appelons l'étendue n'est que notre manière particulière de sentir une propriété plus mystérieuse des corps ; elle est

entièrement subjective, et le fait que le monde posséderait cette propriété à un degré i. prouverait seulement une sorte particulière de relation du monde avec notre sensibilité et n'empêcherait nullement que les qualités objectives du monde, celles précisément qui nous échappent et qui, cependant, importent seules à la question, ne demeurassent cependant finies. En d'autres termes, le monde serait i. *relativement à nous*; il ne s'ensuit pas qu'il le serait *absolument*. Pour Dieu, il n'y a ni étendue, ni temps, et la manière d'être du monde par rapport au temps et à l'étendue, ne peut être invoquée dès qu'il s'agit de Dieu. La question de l'étendue finie ou infinie du monde reste donc une question contingente, une question de fait, justiciable de l'expérience, quelque difficile que puisse sembler aujourd'hui cette expérience ; mais la science pourra peut-être un jour l'aborder par une voie détournée, comme on a commencé à le faire en ce qui concerne la durée. Voy. CRÉATION.

On peut aussi envisager la question du monde fini ou i. sous un autre point de vue : si l'on admet que l'Univers est composé d'atomes, ces atomes forment-ils un ensemble dénombrable, c'est-à-dire *fini*, ou une multitude infinie ? Problème de même ordre dont nous avons déjà parlé à propos de la continuité. Voy. CRÉATION, CONTINUITÉ.

En résumé, il faut se méfier de l'emploi du mot i. Il faut surtout éviter de l'employer d'une manière abstraite et synthétique. Quand on dit l'*Infini*, on ne sait généralement pas de quoi on parle. Si l'on veut être précis, il ne faut se servir de ce mot que comme adjectif et bien indiquer à quoi on l'applique. Des expressions comme *être i., substance infinie*, sont tellement vagues, qu'on y peut trouver tout ce qu'on veut. Un être i. devrait posséder à un degré i. toutes les qualités connues. Il serait infiniment bon et infiniment méchant. En vain objectera-t-on qu'à l'i. les contraires se rassemblent. Alors Dieu n'est ni bon ni méchant. Le catéchisme dit qu'il est *infiniment bon ;* c'est beaucoup plus clair. Substance infinie est une expression tout à fait vide de sens. Il est vrai que les philosophes qui en parlent ainsi savent, quelquefois, ce qu'ils veulent dire ; mais il serait bon d'abandonner une fois pour toutes cette phraséologie vague et de ne parler que de choses précises avec des expressions précises. Quand la pensée est vague, il vaut mieux ne rien dire.

Math. — Le mot *infini* est souvent employé dans le langage des mathématiques, et plus d'un philosophe a cru trouver des arguments dans l'emploi qu'on prétend que font les mathématiciens de l'idée d'infini. On a quelquefois étrangement abusé de ce genre d'arguments. La vérité est que l'idée d'i. n'est d'aucun usage en mathématiques ; quand par hasard cette idée se rencontre, loin de la faire servir à un raisonnement quelconque, on l'élimine aussitôt pour y substituer celle d'*indéfini*, et les phrases où se rencontre l'i. sont des phrases abrégées qui expriment des faits où l'i. n'a rien à voir. Cette assertion paraîtra peut-être étrange à quelques personnes qui, sur la foi d'affirmations répétées à la légère, s'imaginent qu'il y a une géométrie de l'i. et un calcul des prétendues quantités infinies. Elle est cependant rigoureusement exacte, comme nous allons le faire voir, pour essayer de détruire des erreurs trop répandues à ce sujet.

Il y a lieu de distinguer la notion de l'i. en arithmétique et en algèbre d'une part, en géométrie d'autre part. Cette distinction est rendue nécessaire par le fait que l'arithmétique et l'algèbre reposent exclusivement sur l'idée de nombre, tandis que la géométrie repose sur celle d'étendue.

1. *De l'infini en arithmétique et en algèbre.* — On a beaucoup discuté s'il y a ou s'il n'y a pas de *nombre infini*. Ainsi posée. la question est une pure question de mots qui dépend de la signification qu'on donne au mot nombre. Le vrai problème est : *Peut-on concevoir une pluralité infinie, ou toute pluralité est-elle nécessairement dénombrable ?* La réponse ne nous paraît pas douteuse ; la pluralité infinie est concevable, malgré l'affirmation contraire de l'école néo-criticiste. L'ensemble de tous les nombres entiers imaginables, l'ensemble des points qu'on peut marquer sur une ligne droite constituent des pluralités infinies. Maintenant, l'idée de nombre peut être conçue de deux manières. Si on définit le nombre une *collection d'objets considérés chacun comme une unité*, le nombre infini sera nécessaire pour représenter la pluralité infinie. Cette manière de concevoir le nombre constitue ce qu'on appelle le *nombre cardinal :* il y a donc un nombre cardinal infini ; il peut même y en avoir plusieurs, car toutes les pluralités infinies ne sont pas équivalentes. Mais on peut aussi concevoir les nombres dans leur ordre de succession, chacun d'eux dérivant du précédent par l'*addition* d'une unité : c'est la notion du nombre *ordinal*. Or

l'idée fondamentale de l'arithmétique, celle qu'on généralise ensuite pour constituer l'algèbre, ce n'est pas l'idée même du nombre, quelque paradoxale que puisse sembler cette assertion, c'est l'idée d'*addition*. Cette seule idée suffit à l'établissement de toute l'analyse mathématique. Il en résulte nécessairement que si l'on veut conserver à la science son caractère abstrait et purement logique, il ne faut pas concevoir le nombre comme le symbole d'une pluralité, mais comme le symbole des additions successives de l'unité à elle-même. Le nombre mathématique n'est donc pas le nombre cardinal, c'est le nombre ordinal, et c'est dans ce sens exclusif que nous prenons le mot *nombre*. Dès lors, la suite des nombres est illimitée, chacun d'eux se formant du précédent par l'addition d'une unité. Au sens où nous l'entendons, il n'y a donc pas de nombre i. : un nombre i. serait une notion contradictoire, puisqu'il serait plus grand que tous les autres. Mais l'idée de nombre n'est plus identique avec celle de pluralité et rien ne nous empêche de concevoir une pluralité infinie; seulement, tandis que la pluralité finie se compose d'objets distincts qu'on peut *compter* et se définit par un nombre, la pluralité infinie échappe à tout calcul et n'a plus rien de commun avec le nombre. On dit quelquefois alors, mais par abus de langage, que les objets sont en *nombre i.* Nous avons déjà cité comme exemple l'ensemble de tous les nombres imaginables qui forment une pluralité infinie; cependant on voit de suite que, dans cet exemple, comme il arrivera dans les suivants, c'est l'idée d'indéfini qui domine : car dire qu'il y a une infinité de nombres, c'est indiquer la possibilité d'en concevoir indéfiniment de nouveaux. Si l'on considère une équation du premier degré à deux inconnues :

$$ax + by = c,$$

on pourra se donner arbitrairement x ou y, et calculer l'autre inconnue de manière que l'équation soit vérifiée. On peut donc trouver autant de solutions qu'on veut de cette équation. L'ensemble de toutes ces solutions forme donc une pluralité infinie. On dira que l'équation admet une *infinité de solutions*. La géométrie fournit de nombreux exemples analogues : il y a sur une ligne une infinité de points, sur une surface une infinité de lignes, etc. Cependant, la pluralité infinie n'est d'aucun usage et n'est soumise à aucun calcul. Tout au plus distingue-t-on les *infinités de divers ordres* ou de *diverses puissances*, et alors on se borne à compter le nombre de quantités qui peuvent être prises arbitrairement, ce qui est bien éloigné de l'idée de l'i. proprement di. Ainsi, les solutions d'une équation du premier degré à trois inconnues,

$$ax + by + cz = c,$$

forment une infinité qui sera dite du second ordre, parce qu'on peut se donner arbitrairement deux inconnues et calculer ensuite la troisième. De même les solutions d'une équation à 4 inconnues formeraient une infinité de 3e ordre, etc. De même encore les points contenus sur une ligne forment une infinité du premier ordre, parce que le point sera déterminé si l'on donne la longueur comprise sur la ligne entre ce point et une certaine *origine*. Les points contenus sur une surface formeront une infinité du second ordre, parce que, pour déterminer l'un d'eux, il faut se donner deux *coordonnées*, par ex. leurs distances à deux lignes fixes; enfin, pour une raison analogue, l'infinité des points de l'espace est du 3e ordre. On sait que les mathématiciens désignent l'i. par le symbole ∞. Pour abréger le langage, on écrit quelquefois, pour représenter les infinités des divers ordres : ∞, ∞², ∞³, etc. On voit qu'il s'agit là de faits très simples, qui n'ont qu'un rapport fort éloigné avec l'i. philosophique, et qui du reste ne sont la base d'aucun raisonnement. Si, par hasard, on était conduit à raisonner sur les infinités de divers ordres, ce qui serait en cause ce serait, non l'i. lui-même, mais *les nombres de paramètres* servant à définir ces divers ordres, de sorte qu'en définitive le raisonnement porterait sur des nombres.

L'i. se rencontre encore dans l'étude de la variation de certaines fonctions. Voy. Fonction. L'exemple le plus simple est fourni par la fonction $\frac{1}{x}$. Tant que x n'est pas nul, cette expression désigne un nombre entier, fractionnaire ou incommensurable que l'on calcule en divisant 1 par x; mais si l'on veut à supposer $x = 0$, la division n'est plus possible, et la seule chose qu'on puisse dire *à priori*, c'est que pour $x = 0$ la fonction n'existe plus. Il est alors intéressant de voir *comment* la fonction disparaît, c.-à-d. d'étudier la variation que subit la fonction

quand on donne à x des valeurs de plus en plus petites. On aperçoit alors les deux résultats suivants : 1° Tant que x diminue, la fonction $\frac{1}{x}$ augmente; 2° on peut choisir x assez petit pour que la fonction $\frac{1}{x}$ devienne aussi grande qu'on veut; si par ex. on veut que $\frac{1}{x}$ soit plus grand que 1 million, il suffit de prendre x plus petit que 1 millionième. Ainsi, le fait caractéristique, c'est que, lorsque x devient de plus en plus petit, la fonction grandit, et grandit sans qu'il soit possible de lui assigner une limite : elle dépassera successivement tous les nombres imaginables : c'est la notion de l'*indéfini*, et on dit très correctement que *la fonction augmente indéfiniment quand x tend vers 0*. Mais cette phrase est longue et, par suite, incommode; on la remplace alors par un autre énoncé qui a conventionnellement le même sens, mais qui est incorrect, au point de vue du sens strict des mots, ce qui est sans inconvénient dès qu'on sait exactement ce qu'on veut dire; on dit :

$$\frac{1}{x} \ est \ infini \ pour \ x = 0,$$

et on écrit :

$$\frac{1}{x} = \infty,$$

quoiqu'en réalité il n'y ait jamais rien d'i. On dit aussi, et très incorrectement, que $\frac{1}{x}$ tend vers l'i. quand x tend vers 0. La forme d'égalité $\frac{1}{x} = \infty$ qu'on donne à la proposition ne doit pas faire illusion : c'est un symbole rapide signifiant que $\frac{1}{x}$ peut être rendu aussi grand qu'on veut.

D'autres fois, c'est la variable qu'on dit devenir infinie. Pour comprendre ce qu'il faut entendre par là, reprenons l'exemple précédent de la fonction $\frac{1}{x}$ et supposons qu'on donne à x des valeurs de plus en plus grandes. On reconnaît alors que : 1° si x augmente, $\frac{1}{x}$ diminue; 2° en prenant x suffisamment grand, $\frac{1}{x}$ deviendra aussi petit qu'on voudra. Si, par ex., on veut que $\frac{1}{x}$ soit plus petit que un millionième, il suffit de prendre x plus grand que un million. Pour abréger le langage on exprime ce fait caractéristique en disant que $\frac{1}{x}$ *tend vers 0 quand x augmente indéfiniment*, locution très correcte, ou que $\frac{1}{x}$ *est infiniment grand quand x est infiniment petit*, énoncé déjà incorrect puisqu'il faudrait *indéfiniment* au lieu de *infiniment*, ou enfin que $\frac{1}{x}$ *devient nul quand x devient i.*, ce qui est tout à fait incorrect, puisque x étant un nombre ne saurait devenir i., et l'on écrit :

$$\frac{1}{x} = 0 \quad si \quad x = \infty$$

Quelque compliqués que soient les cas qui peuvent se présenter dans le calcul algébrique, l'i. s'y rencontre toujours de la même manière, et, sous le rapport philosophique, il n'y a jamais rien de plus dans la notion d'i. algébrique que ce que nous venons d'expliquer. Il est très vrai que, pour abréger le langage, on rédige souvent les raisonnements en y faisant intervenir à plusieurs reprises le mot i.; mais pour que les raisonnements soient valables, il est de toute nécessité qu'on puisse les traduire en un langage plus long d'où le mot i. serait complètement proscrit, et où l'on ne considérerait jamais que des variables devenant aussi grandes ou aussi petites qu'on le voudrait. Ce point a été parfaitement mis en lumière par Cauchy, qui a montré, sur de nombreux exemples, à quelles erreurs grossières s'étaient exposés certains géomètres anciens qui avaient cru pouvoir faire figurer d'emblée dans leurs calculs des expressions prenant une forme infinie. En définitive, quand se présente en algèbre ce qu'on appelle l'i., c'est qu'un des symboles employés cesse d'avoir une signification précise, parce que la série des calculs qu'il représente devient impossible, et on ne peut poursuivre le raisonnement qu'à la condition d'étudier attentivement toutes les circonstances que présente la variation des fonctions lorsque les variables s'approchent des valeurs pour lesquelles la forme infinie se présente.

Enfin, les expressions *infiniment grand* et *infiniment petit* sont d'un langage courant. Que faut-il entendre par là ? Ces expressions sont malheureuses; d'une part, l'infiniment grand serait le nombre i., qui ne peut exister, et l'infiniment petit serait un nombre plus petit que tous les autres, c'est-à-dire zéro. Cela ne pourrait être l'objet d'aucun calcul. Or, par infiniment grand, on entend simplement une quantité variable qui augmente indéfiniment et par infiniment petit une quantité variable qu'on fait tendre vers 0, c'est-à-dire qu'on diminue de plus en plus, de manière qu'on puisse la supposer aussi petite qu'on voudra. L'infiniment grand se ramène immédiatement à l'i. petit par la considération du nombre inverse. Si, en effet, x augmente indéfiniment, $\dfrac{1}{x}$ tendra vers 0 et sera par conséquent un infiniment petit. Ce sont surtout les infiniment petits qui sont d'un usage courant, et leur introduction dans la science qui est due à Leibniz, a permis d'étendre considérablement le domaine de l'algèbre et a singulièrement facilité l'application de l'algèbre à l'étude des phénomènes naturels. Les raisonnements fondés sur l'emploi des infiniment petits constituent la partie la plus élevée des mathématiques, comprenant le calcul différentiel et le calcul intégral, qu'on réunit aujourd'hui sous le nom de *calcul infinitésimal* ou *d'analyse infinitésimale*; mais malgré le nom qu'on lui a donné, cette branche de l'algèbre, pas plus que les autres, ne se permet de spéculations sur de prétendues grandeurs infinies. Voy. INFINITÉSIMAL.

Ainsi l'i. actuel ou la grandeur infinie n'a aucune place dans l'arithmétique ou l'algèbre. La notion même d'*infini* ne s'y rencontre pas; seule la notion d'*indéfini* prête à des spéculations utiles dans lesquelles, du reste, on ne considère jamais que des quantités finies, des *nombres*. En définitive, nous pouvons conclure cette critique par cette phrase de M. Tannery : « La notion d'i. dont il ne faut pas faire mystère se réduit à ceci : *Après tout nombre entier, il y en a un autre.* »

II. *De l'infini en géométrie.* — Sera-ce donc dans la science de l'étendue que l'i. sera l'objet des spéculations des mathématiciens ? Pas davantage. On y considère bien des objets qui n'ont pas de limite comme des lignes droites, des surfaces planes, des angles, etc., mais ces objets ne peuvent entrer dans les raisonnements qu'à la condition qu'ils soient définis par un nombre fini de conditions : une droite est définie par deux points, un plan par trois points, etc.; c'est sur ces points que porteront les raisonnements, et l'i. n'a rien à y voir. Si l'on a besoin de faire remarquer que la droite est illimitée, c'est pour montrer que si loin qu'on suppose un point sur cette droite, on peut encore en supposer un plus éloigné, ce qui est la notion d'indéfini. Les angles forment aussi des figures illimitées; mais on les mesure, soit par juxtaposition les uns aux autres, soit par la considération de l'arc de cercle compris entre leurs côtés, de sorte que ce qu'on a dans l'esprit est toujours fini. Nous avons déjà fait remarquer que sur une droite on pourrait placer une *infinité* de points. Or, en réalité, jamais on ne raisonne sur tous ces points à la fois, et pratiquement la proposition veut dire qu'on peut marquer sur la droite autant de points qu'on veut, ce qui est la notion d'indéfini. Au reste, les objets dont s'occupe la géométrie sont des objets abstraits que nous créons nous-mêmes : ils n'existent que dans notre esprit, et quand nous disons qu'il y en a une infinité, nous voulons dire seulement que nous pourrions en imaginer autant que nous voudrons. Cela est toujours l'indéfini, et fort éloigné de l'i. actuel, tel que l'entendent les philosophes.

Cependant, en géométrie, plus peut-être qu'en algèbre, le mot i. est d'un usage courant pour abréger les énoncés et les raisonnements, en permettant de comprendre dans un même énoncé le cas général et un cas particulier qui exigerait un énoncé nouveau. Deux exemples simples feront bien comprendre la nature de ces propositions, où le mot i. n'a qu'une valeur toute conventionnelle; nous choisissons à cet effet deux propositions bien connues dans les classes, dont nous allons préciser le sens :

1° On dit que *deux droites parallèles se rencontrent à l'i.* La vraie définition de deux droites parallèles, c'est que deux droites sont parallèles lorsque, situées dans le même plan, elles n'ont pas de point commun. Pourquoi dire alors qu'elles se rencontrent, mais que leur point de rencontre est à l'i. ? Voici : Supposons une droite AB et un point extérieur O. Chaque point M de AB définit une droite MO passant par O, et une seule; mais toutes les droites passant par O ne peuvent pas être ainsi définies : il y en a une et une seule qui échappe à ce mode de génération : c'est la parallèle OX à AB. Cette exception sera une gêne dans tous les théorèmes et tous les raisonnements qui vont suivre. Pour la faire disparaître, on convient de dire qu'il y a sur la droite AB un point I à l'i., et que la parallèle OX est la droite qui joint ce point I au point O. Alors on aura des énoncés généraux qui comprendront comme cas particulier le cas où deux droites de la figure deviendront parallèles, et l'énoncé général fera connaître, sans qu'il soit besoin d'explication supplémentaire, ce qui arrivera dans le cas particulier du parallélisme. Mais, à tout prendre, dire qu'il y a sur une droite un point à l'i. et un seul, cela ne veut dire autre chose que : par un point on peut mener une parallèle à une droite, et l'on n'en peut mener qu'une seule.

2° On dit que *tous les points à l'i. du plan sont sur une même ligne droite qu'on appelle la droite de l'i.* Cet énoncé a été imaginé pour généraliser certains résultats obtenus par la considération des coordonnées homogènes. Un point d'un plan est défini par ses distances à deux droites, distances qu'on appelle les *coordonnées* du point. Voy. COORDONNÉES. Au lieu de désigner ces deux distances par deux lettres x et y, désignons-les par deux rapports $\dfrac{x}{z}$ et $\dfrac{y}{z}$.

Ce sont là coordonnées homogènes; il en faut trois, x, y, z, pour définir un point; mais le point ne change pas quand on les multiplie toutes trois par un même nombre. Supposons maintenant que x et y restant invariables, on fasse tendre z vers 0; les deux distances $\dfrac{x}{z}$ et $\dfrac{y}{z}$ augmenteront indéfiniment et le point s'éloignera dans le plan; mais, comme le rapport des deux distances reste invariable, le point décrit une ligne droite. Pour $z = 0$, il n'y a plus de point; mais, pour conserver la généralité des formules, on dit que l'ensemble des trois nombres $x = x_1$, $y = y_1$, $z = 0$ définit le point de la droite qui est à *l'infini*. Maintenant, toute équation du premier degré représente une ligne droite; mais l'ensemble des points à l'i. est représenté par l'équation

$$ z = 0 $$

qui est du premier degré. Donc, il faut dire que tous les points à l'i. sont sur une même droite. Cette phrase exprime ainsi un fait algébrique ; mais elle exprime aussi les faits géométriques que l'on pourra déduire de l'équation $z = 0$ par les méthodes de la géométrie analytique. On pourrait donc aussi justifier ce langage conventionnel sans employer l'algèbre. Voici, par exemple, une manière de faire : On sait ce qu'est la *perspective* ou la *projection conique* d'une figure. D'un point O, appelé point de vue, on tire une droite qui passe par un point A de l'espace et le point A' où OA rencontre un plan fixe appelé plan du tableau est dit la perspective de A. Imaginons qu'on fasse sur un plan P' la perspective d'une figure plane située dans un autre plan P. Tout point M de P aura une perspective M', excepté si le *rayon* OM est parallèle au plan P'. Or, le lieu des points I de P tels que OI soit parallèle à P' est l'intersection de P avec le plan parallèle à P' mené par O. C'est une droite IJ dont tous les points n'ont pas de perspective ; cependant, d'après la proposition qui nous a servi de premier exemple, on pourra dire que tous les points de IJ ont leur perspective à l'i. sur le plan P', et que, réciproquement, tout point à l'i. sur le plan P' est la perspective d'un point de IJ. Mais la perspective d'une ligne droite est une autre ligne droite, et puisque l'ensemble des points à l'i. du plan P' est la perspective d'une ligne droite, on ne pourra conserver la généralité des énoncés qu'à l'i. que si l'on dit que l'ensemble des points à l'i. du plan P' est une droite.

Ces exemples suffiront à montrer ce qu'il faut entendre par l'introduction de l'i. dans les spéculations géométriques. On voit qu'il n'y a d'i. que le mot, et que les raisonnements portent toujours, en dernière analyse, sur des quantités finies.

Il y a aussi une *géométrie infinitésimale*, où l'on considère des figures *infiniment petites*; mais *infiniment petit* a ici le même sens qu'en algèbre. Une figure infiniment petite est une figure finie, mais qu'il est permis de supposer aussi petite que l'on veut. L'emploi de ces figures infiniment petites repose sur les mêmes principes et sert aux mêmes usages que l'emploi des infiniment petits en algèbre. Voy. INFINITÉSIMAL.

INFINIMENT. adv. (R. *infini*). Sans bornes et sans mesure. *Dieu est in. bon, in. juste.* || Extrêmement. *Il est in. heureux. Il souffre in. Il a in. d'esprit. Je vous suis in. obligé.* || T. Math. *Quantité in. petite.* Voy. INFINITÉSIMAL. [T. Hist. nat. *Les in. petits,* les êtres organisés qui sont si petits qu'on ne peut les voir qu'au microscope.

INFINITAIRE. s. m. Partisan du calcul infinitésimal. Vx.

INFINITÉ. s. f. (lat. *infinitas,* m. s. de *infinitus,* infini). Qualité de ce qui est infini. *L'esprit humain ne saurait comprendre l'in. de Dieu. Quelques philosophes soutiennent l'in. de la matière.* — Quelques auteurs ont dit aussi, *Infinitude.* || Un très grand nombre. *Une in. de personnes, de choses. Une in. de gens ont cru que... On pourrait vous alléguer une in. de raisons.*

INFINITÉSIMAL, ALE. adj. [Pr. ... *zi-mal*] (R. *infinitésime*). T. Math. *Calcul in.,* La partie des mathématiques qui comprend le calcul différentiel et le calcul intégral. || Très petit. *Une dose infinitésimale.*

Math. — I. DÉFINITIONS ET GÉNÉRALITÉS. — On appelle *calcul infinitésimal* la partie de l'algèbre qui établit ses raisonnements sur la considération de quantités dites *infiniment petites.* Par infiniment petit, on entend simplement une quantité variable qui tend vers 0, c.-à-d. qu'on peut supposer aussi petite qu'on veut. L'introduction des infiniment petits dans le calcul est due à Newton et à Leibniz; mais si l'on réfléchit que l'algèbre a pour but définitif de découvrir des relations entre des quantités bien déterminées, on se récriera que les quantités variables, et dans une certaine mesure indéterminées, qu'on nomme infiniment petites ne peuvent servir que d'intermédiaires de raisonnement. Il y a donc lieu de penser que les calculs auxquels on est conduit par cette considération pourraient être établis par des raisonnements différents ne portant que sur des quantités finies. C'est, en effet, ce qui a lieu. Lagrange, trouvant avec raison que la manière dont on exposait de son temps les principes du calcul i. laissait beaucoup à désirer sous le rapport de la rigueur logique, parvint à établir la théorie sur des bases ne prêtant pas à la critique; pour y arriver, il ne fit pas entrer les infiniment petits eux-mêmes dans les équations et ne considéra jamais que les *limites* de leurs rapports mutuels, limites qui sont en effet qui sont en définitive les seules quantités qu'il importe de connaître. Cependant, l'emploi des infiniment petits facilite singulièrement les raisonnements et abrège considérablement les calculs. De plus, Lagrange lui-même, et les mathématiciens qui, de son temps, élevaient quelques critiques contre la méthode de Leibniz savaient très bien que cette méthode ne péchait point par inexactitude, et qu'en l'appliquant correctement on ne s'exposait à aucune erreur: les critiques portaient simplement sur la manière de présenter les principes. Aujourd'hui, on est arrivé à justifier en toute rigueur la conception de Leibniz, et il n'est plus un seul géomètre qui élève le moindre doute sur l'emploi des infiniment petits dont l'usage est devenu courant. La question mérite qu'on s'y arrête, car, dans l'établissement des équations, on *néglige toujours quelque chose,* et si l'on ne démontre pas rigoureusement que les termes négligés ne peuvent avoir *aucune influence* sur le résultat, on pourra craindre que ce genre de calcul ne donne jamais que des approximations. C'est Carnot et ensuite Duhamel qui ont donné les bases de la théorie que l'on enseigne aujourd'hui, après l'avoir simplifiée et perfectionnée. Cette théorie ne peut laisser aucun doute dans l'esprit le plus difficile; nous allons en exposer les points principaux.

II. PRINCIPES SUR LESQUELS REPOSE LE CALCUL INFINITÉSIMAL. — Rappelons d'abord qu'on appelle *limite* d'une quantité variable *a,* un nombre fixe A, tel que la différence A — *a* entre ce nombre fixe et le nombre variable puisse devenir et rester aussi petite qu'on veut; mais cette définition est encore trop vague, car il faudrait savoir comment varie *a* et de quoi dépend la variation de *a.* Nous expliquerons tous ces détails au mot *limite,* où nous donnerons la définition rigoureuse et complète.

Comme ici, il ne s'agit que d'infiniment petits, il nous suffira de considérer le cas très simple où *a* est une fonction d'un infiniment petit *x.* Alors, on dit que *a* a pour limite A ou tend vers A s'il est possible d'assigner une limite x_0 à x, telle que, tant que la valeur absolue de x sera plus petite que celle de x_0, la différence A — *a*, prise en valeur absolue sera plus petite qu'un nombre quelconque donné à l'avance. En d'autres termes, il faut que, ε étant donné aussi petit qu'on voudra, on puisse trouver un nombre positif x_0 tel que la double inégalité:

$$-\varepsilon < A - a < \varepsilon,$$

soit résolue toutes les fois qu'on donnera à x une valeur comprise entre les deux nombres — x_0 et + x_0.

Cela posé, il est bien évident que les infiniment petits, étant des quantités indéterminées, ne peuvent servir que d'intermédiaires de raisonnement et que le calcul définitif devra porter sur des quantités finies. Quelles sont donc ces quantités finies? Elles ne peuvent être que des limites de fonctions d'infiniment petits. Or, il n'y a lieu de considérer que deux espèces de limites: 1° la limite du rapport de deux infiniment petits; 2° la limite d'une somme d'infiniment petits dont le nombre augmente indéfiniment.

1° *Limite du rapport de deux infiniment petits. — Infiniment petits équivalents.* — Infiniment petits de divers ordres. — Soient *a* et *b* deux infiniment petits fonctions l'un de l'autre, ou, ce qui revient au même, fonctions d'un même infiniment petit *x.* Quand *x* tend vers 0, les deux quantités *a* et *b* tendent aussi vers 0 par définition, mais leur rapport $\dfrac{a}{b}$ tend en général vers une limite finie. Par ex., si $a = 3x$, et $b = 4x$, le rapport $\dfrac{a}{b}$ est constamment égal à $\dfrac{3}{4}$ qui est ainsi sa limite. Si on suppose:

$$u = 3x + 5x^2, \qquad b = 4x - 3x^2,$$

le rapport :

$$\frac{a}{b} = \frac{3x + 5x^2}{4x - 3x^2} = \frac{3 + 5x}{4 - 3x}$$

tend encore vers $\dfrac{3}{4}$.

Pour des raisons que nous expliquerons tout à l'heure, deux infiniment petits sont dits *équivalents,* lorsque leur rapport a pour limite *l'unité.*

On peut alors formuler le théorème suivant, qui est l'une des bases de la théorie:

La limite du rapport de deux infiniment petits ne change pas si l'on remplace l'un d'eux par un infiniment petit qui lui est équivalent.

Ce théorème est presque évident. Il résulte de l'identité:

$$\frac{a'}{b} = \frac{a}{b} \times \frac{a'}{a}.$$

Si *a* est équivalent à *a'*, le rapport $\dfrac{a'}{a}$ tend vers 1, et comme un produit de deux facteurs a pour limite le produit des limites des deux facteurs, la limite de $\dfrac{a'}{b}$ est égale à celle de $\dfrac{a}{b}$.

Il est clair qu'après avoir remplacé *a* par un infiniment petit équivalent *a'*, on pourra aussi remplacer *b* par un infiniment petit *b'* équivalent à *b.*

Si le rapport de deux infiniment petits $\dfrac{a}{b}$ tend vers 0, on dit que *a* est d'un ordre supérieur à *b.* Cet ordre peut souvent s'évaluer par un nombre entier. Si $\dfrac{a}{b}$ tend vers 0, il peut arriver et il arrive le plus souvent qu'on peut trouver une certaine puissance de *b,* b^n, telle que le rapport $\dfrac{a}{b^n}$ ait une limite finie différente de 0. Alors on dit que *a* est du n^e ordre par rapport à *b.* Il est clair que si l'on prenait une puissance inférieure à *n,* $m < n$, $\dfrac{a}{b^m}$ tendrait vers 0, puisqu'on aurait :

$$\frac{a}{b^m} = \frac{a}{b^n} \times b^{n-m},$$

et que dans le second membre $\dfrac{a}{b''}$ tend vers une limite finie, et b''''' vers 0. Si, au contraire, on prenait une puissance supérieure à n, $p > n$ $\dfrac{a}{b''}$ augmenterait indéfiniment; alors, son inverse $\dfrac{b''}{a}$ tendrait vers 0. n est donc le seul exposant qu'il faille attribuer à b pour que le rapport $\dfrac{a}{b''}$ ne devienne ni nul ni infini. Ainsi, l'ordre de a est bien défini. Il y a cependant des cas où l'ordre d'un infiniment petit par rapport à un autre dépasse tout nombre entier et n'est plus assignable. Cela arrivera, en particulier, si quelque grand qu'on suppose l'exposant n le rapport $\dfrac{b''}{a}$ tend toujours vers zéro. L'analyse offre de nombreux exemples de ce cas.

2° *Limite d'une somme d'infiniment petits.* — Considérons une somme d'infiniment petits :
$$S = a_1 + a_2 + a_3 + \ldots + a_n,$$
tous fonctions d'un même infiniment petit x, et supposons que quand x diminue et tend vers 0, le nombre des infiniment petits augmente indéfiniment, en même temps que chacun d'eux tend vers 0. C'est ce qui arrive, par ex., quand on divise une aire plane en n segments par des droites parallèles. Si l'on pose $\dfrac{1}{n} = x$, on voit que si x diminue indéfiniment, le nombre des segments augmente indéfiniment, en même temps que chacun d'eux tend vers 0. Dans ces conditions, il arrivera généralement que la somme S tendra vers une limite finie. Dans l'ex. précédent, la somme des segments demeurait invariable et égale à l'aire considérée; mais dans le cas général, la somme S est variable et tend vers une limite. Nous aurons alors un théorème analogue au précédent :

La limite d'une somme d'infiniment petits ne change pas si l'on remplace quelques-uns d'entre eux ou tous par des infiniment petits qui leur soient respectivement équivalents.

Ce théorème résulte immédiatement de l'inégalité bien connue :
$$\lambda < \frac{a' + b' + c' \ldots}{a + b + c + \ldots} < \mu,$$
où λ désigne le plus petit et μ le plus grand de tous les rapports $\dfrac{a'}{a}$, $\dfrac{b'}{b}$, etc. Mais, par hypothèse, λ et μ tendent vers l'unité. Donc le rapport des deux sommes tend aussi vers 1, et l'on peut écrire :
$$a' + b' + c' + \ldots = (a + b + c \ldots) k,$$
k étant un facteur variable qui tend vers 1. On en conclut que
$$a' + b' + c' + \ldots$$
tend vers la même limite que :
$$a + b + c + \ldots,$$
et c'est ce qu'il fallait démontrer.

A la vérité, le raisonnement précédent suppose que tous les infiniment petits sont positifs; s'il n'en est pas ainsi, on décomposera la somme S en parties dans chacune desquelles les infiniment petits seront de même signe, et l'on appliquera le théorème à chaque partie.

Ces deux théorèmes justifient pleinement le nom d'*équivalents* donné aux infiniment petits dont le rapport tend vers l'unité : ils donnent aussi la clef du nouveau calcul. Puisqu'on ne cherche après tout que des limites de rapport ou de somme, il sera toujours permis de remplacer un infiniment petit par un infiniment petit équivalent, absolument comme dans le calcul des quantités finies on remplace une quantité par son égale. Ce qu'il importe de connaître, c'est donc l'*équivalence* et non l'*égalité* des infiniment petits. Il était inutile d'inventer un signe spécial et une terminologie nouvelle. On peut, sans inconvénient, dire et écrire que des infiniment petits équivalents sont égaux, puisque le fait caractéristique de l'équivalence, c'est la possibilité de substituer ces infiniment petits les uns aux autres. La terminologie n'a pas d'importance, du moment qu'on en comprend bien le sens. Quoi qu'il en soit, toute équation entre infiniment petits exprime que les deux membres sont équivalents et peuvent être remplacés l'un par l'autre dans tous les calculs subséquents.

Cette question importante de la substitution des infiniment petits peut être présentée d'une autre manière. Remarquons d'abord que *si deux infiniment petits sont équivalents, leur différence est un infiniment petit d'ordre supérieur.*

En effet, le rapport $\dfrac{a - b}{a}$ peut s'écrire $1 - \dfrac{b}{a}$, et puisque, par hypothèse, $\dfrac{b}{a}$ tend vers 1, cette expression tend vers 0, d'où il suit que, d'après la définition, $a - b$ est d'ordre supérieur à a. Il est, du reste, évident que deux infiniment petits équivalents sont du même ordre. — La réciproque de ce théorème est vraie; c.-à-d. que si deux infiniment petits diffèrent d'un infiniment petit d'ordre supérieur, ils seront équivalents.

Soit, en effet, α la différence de deux infiniment petits : on pourra les représenter par a et $a + \alpha$, et l'on a évidemment :
$$\frac{a + \alpha}{a} = 1 + \frac{\alpha}{a}.$$

Si α est d'ordre supérieur à a, $\dfrac{\alpha}{a}$ tend vers 0, et l'expression considérée tend vers 1, ce qui prouve que $a + \alpha$ et a sont bien équivalents.

Il résulte de là qu'on peut toujours ajouter aux infiniment petits ou en retrancher des infiniment petits d'ordre supérieur. En d'autres termes, il est permis de *négliger* tous les infiniment petits d'ordre supérieur à celui des termes que l'on conserve. On voit immédiatement quelle énorme simplification cette possibilité apportera dans le calcul. Une conséquence importante qui en découle, c'est que les équations entre infiniment petits sont *homogènes*, par rapport aux infiniment petits, c.-à-d. que tous les termes qui y figurent sont des infiniment petits de même ordre, puisqu'on peut supprimer et qu'on supprime en effet tous les termes d'ordre supérieur, de manière à ne laisser subsister que les termes de l'ordre le moins élevé.

III. DIVISIONS DU CALCUL INFINITÉSIMAL. — *Calcul différentiel et calcul intégral.* — On divisait autrefois, et plusieurs auteurs divisent encore le calcul i. en deux parties distinctes, suivant qu'il s'agit de trouver la limite d'un rapport ou la limite d'une somme. Les problèmes de la première catégorie constituent le *calcul différentiel*, et ceux de la seconde catégorie le *calcul intégral*. Aujourd'hui, on ne suit plus généralement cette division, et l'on aborde successivement les problèmes des deux catégories en les classant d'après la nature des questions auxquelles ils se rapportent. Au reste, les problèmes et les opérations du calcul intégral sont les inverses de ceux du calcul différentiel, comme nous allons le montrer, et il y a un véritable intérêt à les rapprocher ainsi.

Le problème qui a le premier attiré l'attention des géomètres, et pour lequel, pourrait-on dire, a été inventé le calcul i. est le *problème des tangentes*. Une courbe étant définie, soit par une propriété géométrique de tous ses points, soit par

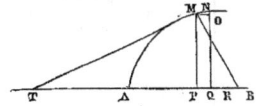

Fig. 1.

une construction mécanique, on demande de trouver la tangente en un de ces points. Soit M un point de la courbe (Fig. 1). Prenons sur cette courbe un point voisin N et traçons la droite MN. La tangente est, par définition, la position limite vers laquelle tend la droite MN, quand le point N se rapproche indéfiniment du point M. Il est clair que cette tangente sera déterminée si l'on connaît l'angle qu'elle fait avec l'axe des x, AB. Menons les deux ordonnées MP et NQ des points M et N, et traçons la ligne MO parallèle à l'axe des x. Le triangle rectangle MNO donne immédiatement :
$$\operatorname{tg} \text{NMO} = \frac{\text{NO}}{\text{MO}}.$$

Mais NO est l'accroissement dy que subit l'ordonnée du point de la courbe, quand on passe du point M au point N, et

MO est l'accroissement dx de l'abscisse dans les mêmes conditions. On aura donc :

$$\operatorname{tg} NMO = \frac{dy}{dx}.$$

Enfin, quand N se rapproche indéfiniment de M, l'angle NMO tend vers une limite qui n'est autre que l'angle MTA que fait la tangente avec l'axe des abscisses. On aura donc :

$$\operatorname{tg} MTA = \lim \frac{dy}{dx},$$

et l'on voit que la détermination de la tangente est ramenée à la *détermination du rapport des deux infiniment petits* dy et dx.

Si on connaît l'équation de la courbe, l'ordonnée y est une fonction connue de l'abscisse, et la limite du rapport $\frac{dy}{dx}$ des accroissements de la fonction et de la variable a reçu le nom de *dérivée* de la fonction. Voy. Dérivée.

La mécanique fournissait un problème analogue qui consistait à déterminer la vitesse d'un mobile connaissant le chemin parcouru en fonction du temps. Cette vitesse v est encore la *dérivée* du chemin parcouru s, par rapport au temps t :

$$v = \lim \frac{ds}{dt}.$$

On peut donc dire que le calcul différentiel a pour objet la détermination des dérivées des fonctions et la résolution des problèmes qui peuvent se résoudre par la considération de ces dérivées. Ici se révèle la différence qui existe entre la méthode de Leibniz et celle que Lagrange a voulu lui substituer et dont nous avons parlé au début. Supposons qu'on ait à résoudre un problème un peu compliqué où interviennent plusieurs fonctions y, z, etc. Leibniz écrivait des équations entre les accroissements infiniment petits dy, dz, etc., de ces fonctions et l'accroissement de la variable, et poursuivait le calcul à l'aide de ces équations : ce n'est qu'arrivé aux dernières équations, celles qui donnaient la solution, qu'il divisait tous les termes par dx. Il obtenait ainsi des équations entre les quotients finis $\frac{dy}{dx}$, $\frac{dx}{dz}$, etc. Il remplaçait ces quotients par leurs limites et tirait des équations les valeurs mêmes de ces limites. Lagrange, au contraire, n'écrivait pas d'équations entre infiniment petits : il divisait la première équation par dx et faisait immédiatement tendre dx vers 0, de manière à n'avoir jamais dans ses calculs que les dérivées des fonctions y, z, etc. En définitive, les équations de la seconde méthode sont celles de la première divisées toutes par dx : mais, dans les cas un peu compliqués, les transformations sont plus pénibles que par la méthode des infiniment petits qui est aujourd'hui, à cause de sa commodité, la plus couramment employée.

Les accroissements dx, dy, dz, que nous venons de considérer, ont reçu à diverses époques des noms différents. Newton les appelait les *fluxions* de x, y, z ; Leibniz, qui a imaginé la notation dx, dy, dz, disait les *différences*. Aujourd'hui on dit les *différentielles*. On a beaucoup discuté sur le sens exact qu'il fallait attribuer au mot *différentielle*. Ces discussions sont assez oiseuses : il n'est pas nécessaire de définir complètement la différentielle, puisque d'après l'essence même du calcul infinitésimal, on remplacera cette différentielle par n'importe quel autre infiniment petit équivalent. Dès lors il suffit de dire que : 1° la différentielle d'une variable indépendante x est l'accroissement infiniment petit qu'on donne à cette variable ; 2° la différentielle d'une fonction y de x est l'accroissement dy que subit cette fonction quand x reçoit l'accroissement dx, ou *tout autre infiniment petit équivalent* à dy.

Si nous désignons par y' la dérivée de la fonction y, on aura par définition :

$$y' = \lim \frac{dy}{dx},$$

d'où il suit que :

$$\frac{dy}{y'\,dx} = \frac{1}{y'}\frac{dy}{dx}$$

a pour limite l'unité. Donc la différentielle infiniment petite dy est équivalente au produit $y'\,dx$.

On peut donc dire que la *différentielle d'une fonction est

le produit de la dérivée de cette fonction par la différentielle de la variable ;* mais il conviendrait d'ajouter, *ou tout autre infiniment petit égal à ce produit*, et l'on écrit :

$$dy = y'dx \text{ ou } y' = \frac{dy}{dx}.$$

Cette règle permet de calculer les différentielles des fonctions simples ; il suffit de se reporter au tableau que nous avons donné au mot Dérivée, et de multiplier tous les résultats par dx.

Le symbole d se met aussi devant une fonction pour désigner la différentielle de cette fonction. Ainsi, l'on écrira :

$$d\,f(x)\,dx = f'(x)\,dx,$$
$$d\sin x = \cos x\,dx,$$
$$d\cos x = -\sin x\,dx, \text{ etc.}$$

On considère aussi des différentielles de divers ordres. Ainsi dy est une fonction de x et de dx. On peut supposer dx constant et x variable. Alors dy est une simple fonction de x qui admettra aussi une différentielle ; mais cette différentielle est un infiniment petit du second ordre, et pour qu'elle fût définie, il faudrait que dy fût défini aux infiniment petits près du second ordre, car si l'on ajoute aux deux valeurs initiales et finales de dy des infiniment petits du second ordre différents, la différence sera modifiée. On convient alors que la *valeur principale* de dy est justement le produit $y'dx$, et c'est la différentielle de ce produit qui est appelée la différentielle seconde. On aura alors en appelant y'' la dérivée seconde de x :

$$d^2y = y''dx^2,$$

on aurait de même pour la différentielle tierce :

$$d^3y = y'''dx^3,$$

et ainsi de suite.

De même que le problème des tangentes est le problème type du calcul différentiel, de même le problème des surfaces ou des *quadratures* est le problème type du calcul intégral. Il s'agit de déterminer l'aire comprise entre un arc de courbe EF (Fig. 2), une droite prise pour axe des abscisses, ox, et les ordonnées des deux extrémités de l'arc, EG, FH. Pour trouver cette surface, partageons la base GH du segment en un certain nombre de parties égales dx, et élevons les ordonnées en chacun des points de division. Ces ordonnées partagent l'aire en segments plus petits tels que $PpqQ$ qui sont des infiniment petits, puisqu'ils tendent vers 0 en même

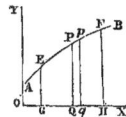

Fig. 2.

temps que dx, et dont il faut déterminer la somme. Or, si l'on mène des parallèles à ox par P et p, on verra immédiatement que le segment $PpqQ$ est compris entre deux rectangles qui ont pour base commune dx et pour hauteurs respectives y et $y + dy$, en désignant par y l'ordonnée Pp de la courbe, et qui ont par conséquent pour surface : $y\,dy$ et $y\,dx + dx\,dy$. La différence entre l'aire du segment et la plus petite de ces rectangles est donc plus petite que la différence $dx\,dy$ des deux rectangles ; mais celle-ci est du second ordre par rapport à dx. On pourra donc n'en pas tenir compte d'après les principes généraux et chercher seulement la limite de la somme des rectangles. Le problème est ainsi ramené à la détermination de la limite d'une somme d'infiniment petits.

Cette limite porte le nom d'*intégrale définie*, et on la représente par la notation

$$\int_{x_0}^{x_1} y\,dx,$$

x_0 étant l'abscisse du point G et x_1 celle du point H ; x_0 et x_1 s'appellent les limites de l'intégrale définie. Le symbole $\int$ est une s, initiale du mot somme, et l'expression s'énonce : *somme de x_0 à x_1 de $f(x)dx$*. D'une manière générale, nous appellerons intégrale définie, et nous représenterons par la notation

$$\int_{x_0}^{X} f(x)\,dx$$

la limite définie de la manière suivante :

Partageons la différence $X - x_0$ en n parties égales que nous appellerons dx, et soient x_0, x_1, x_2, x_3, ... x_{n-1}, X les valeurs respectives :

$$
\begin{aligned}
x_0 &= x_0 + dx, \\
x_2 &= x_1 + dx = x_0 + 2\,dx, \\
x_3 &= x_2 + dx = x_0 + 3\,dx, \\
&\vdots \\
x_{n-1} &= x_{n-2} + dx = x_0 + (n-1)\,dx, \\
X &= x_{n-1} + dx = x_0 + n\,dx.
\end{aligned}
$$

Considérons l'expression :

$$[f(x_0) + f(x_1) + f(x_2) + \dots + f(x_{n-1})]\,dx$$

qui est la somme de n quantités infiniment petites. Quand n augmente indéfiniment, dx, et chacun des termes de la somme précédente tend vers 0; mais le nombre des termes augmente indéfiniment et la somme tend vers une certaine limite. C'est cette somme qu'on appelle l'*intégrale définie*. Pour justifier cette définition, il faudrait démontrer que cette limite existe. On démontre, en effet, l'existence de la limite sous la seule condition que la fonction $f(x)$ soit continue, et même on établit qu'il n'est pas nécessaire que les intervalles soient égaux; il suffit que chacun d'eux tend vers 0.

De cette définition résultent immédiatement les relations importantes qu'expriment les égalités :

$$\int_{x_0}^{x_1} f(x)\,dx = -\int_{x_1}^{x_0} f\,dx\,(x);$$

$$\int_{x_0}^{x_1} f(x)\,dx = \int_{x_0}^{x_2} f(x)\,dx + \int_{x_2}^{x_1} f(x)\,dx.$$

Supposons que, laissant invariable la limite inférieure x_0, nous fassions varier la limite supérieure que nous appellerons X. L'expression :

$$z = \int_{x_0}^{X} f(x)\,dx$$

est une fonction de X. D'après la définition même, l'accroissement ou la différentielle de cette fonction correspondant à un accroissement infiniment petit dX donné à X est :

$$dz = f(X)\,dX,$$

puisque dX est le nouveau terme qui s'ajoute à la somme. Alors la dérivée de z est :

$$\frac{dz}{dX} = f(X).$$

Ainsi l'intégrale d'une fonction $f(x)$ prise entre une limite fixe et une limite variable X est une fonction dont la dérivée est $f(X)$; c'est ce qu'on appelle quelquefois la *fonction primitive* de $f(x)$. Mais on sait que la dérivée d'une fonction ne change pas si l'on ajoute une constante à cette fonction, résultat qui, du reste, découle immédiatement de la définition de la dérivée. De plus, deux fonctions qui ont la même dérivée ne peuvent différer que par une constante. Cela est un peu plus difficile à établir, mais peut cependant être démontré en toute rigueur. Il en résulte que la fonction primitive d'une fonction $f(x)$ n'est définie qu'à une constante près : c'est une expression de la forme $F(x) + C$, C étant un nombre constant arbitraire. Si alors on ne précise pas les limites, on écrira simplement :

$$\int f(x)\,dx = F(x) + C,$$

et l'on a ce qu'on appelle une intégrale *indéfinie*.

Fixons maintenant la limite inférieure x_0 et laissons variable la limite supérieure :

$$\int_{x_0}^{X} f(x)\,dx = F(X) + C.$$

Cette fois, la constante C est déterminée, car le premier membre est une fonction bien déterminée de X; mais cette constante est encore inconnue. Pour la calculer, il suffit de remarquer que si l'on fait $X = x_0$ l'intégrale, par définition, sera nulle. On aura donc :

$$0 = F(x_0) + C,$$

ou

$$C = -F(x_0),$$

et, finalement, en écrivant x_1 au lieu de X, on aura :

$$\int_{x_0}^{x_1} f(x)\,dx = F(x_1) - F(x_0).$$

Ainsi, si $F(x)$ est une fonction dont la dérivée est $f(x)$, l'in-

tégrale de $f(x)$, prise de x_0 à x_1 est l'excès de la valeur que prend la fonction primitive F lorsque la variable devient égale à la limite supérieure sur la valeur qu'elle prend lorsque la variable devient égale à la limite inférieure.

On voit par là que le problème fondamental du calcul intégral, c.-à-d. la détermination des intégrales est bien le problème inverse de celui du calcul différentiel, qui est la détermination des dérivées. On se trouve ainsi en présence de deux opérations inverses : *dériver* qui équivaut à chercher la dérivée, et *intégrer* qui équivaut à chercher une fonction dont la dérivée est donnée.

Newton appelait le calcul intégral la *méthode inverse des fluxions*, et il appelait *fluente* la fonction qu'il s'agissait d'obtenir. La dénomination de *somme* ou d'*intégrale* est due à Leibniz, elle est aujourd'hui la seule usitée.

IV. PROCÉDÉS D'INTÉGRATION. — Il n'y a pas de méthode générale d'intégration. Tout ce qu'on peut faire, c'est d'essayer de transformer l'expression proposée jusqu'à ce qu'elle devienne la différentielle d'une certaine fonction, différentielle connue à l'avance. Alors on a immédiatement l'intégrale. Nous allons indiquer quelques procédés qui servent à ces transformations.

1° *Intégration immédiate*. — Lorsqu'on reconnaît la différentielle donnée comme étant celle d'une fonction connue, l'intégration se fait immédiatement. Si l'on se reporte au tableau que nous avons donné des dérivées des principales fonctions, on pourra immédiatement écrire la liste des intégrales simples suivantes où toutes les lettres, excepté x, désignent des nombres constants. Voy. DÉRIVÉE.

$1°$
$$\int a\,dx = ax + C.$$

$2°$
$$\int x\,dx = \frac{1}{2}\,x^2 + C.$$

$3°$
$$\int x^m\,dx = \frac{1}{m+1}\,x^{m+1} + C,$$

formule applicable quel que soit m, entier, fractionnaire ou incommensurable, positif ou négatif;

$4°$
$$\int \frac{1}{x}\,dx = \log x + C,$$

log désignant le logarithme népérien. Comme on peut remplacer C par $\log A$, A étant une autre constante, et que

$$\log x + \log A = \log Ax,$$

on a aussi :

$$\int \frac{dx}{x} = \log Ax.$$

$5°$
$$\int c^x\,dx = c^x + C.$$

(Voy. EXPONENTIELLE.)

$6°$
$$\int \frac{dx}{\pm \sqrt{1-x^2}} = \pm \arcsin x + C = \mp \arccos x + C.$$

$7°$
$$\int \frac{dx}{1+x^2} = \operatorname{arc\,tg} x + C.$$

$8°$
$$\int \sin x\,dx = -\cos x + C.$$

$9°$
$$\int \cos x\,dx = \sin x + C.$$

Ces formules sont la base et le point de départ de toutes les formules du calcul intégral. Il convient d'y ajouter les deux remarques suivantes qui découlent des propriétés les plus simples des dérivées :

L'intégrale d'une somme est la somme des intégrales des termes :

$$\int [\varphi\,dx + \psi\,dx + \chi\,dx] = \int \varphi\,dx + \int \psi\,dx + \int \chi\,dx,$$

φ, ψ, χ, étant des fonctions de x. On n'écrit pas les constantes qui restent implicitement contenues dans le signe d'intégration indéfini.

Si la différentielle placée sous le signe $\int$ est multi-

pliée par une constante a, l'intégrale elle-même sera multipliée par a :

$$\int a\varphi\,dx = a\int \varphi\,dx.$$

Quand on applique cette formule, on dit qu'on fait sortir du signe $\int$ le facteur constant a. La première remarque donnera, entre autres applications, l'intégrale d'un polynôme entier, par exemple :

$$\int (a x^4 + bx^3 + cx^2 + ex + f)\,dx$$
$$= \frac{ax^5}{5} + \frac{bx^4}{4} + \frac{cx^3}{3} + \frac{ex^2}{2} + fx + h;$$

2° *Changement de variable.* — Ce procédé, très usité, consiste à désigner par une seule lettre une certaine fonction de x; si cette fonction est convenablement choisie, il peut arriver qu'on tombe sur une des différentielles dont l'intégrale est connue; en voici quelques exemples :
Soit

$$\int (x - a)^m\,dx.$$

On posera

$$x - a = y, \text{ d'où } dx = dy,$$

et l'on aura :

$$\int (x-a)^m\,dx = \int y^m\,dy = \frac{1}{m+1}y^{m+1} + C$$
$$= \frac{1}{m+1}(x-a)^{m+1} + C.$$

Soit l'intégrale $\int \frac{\varphi\,dx}{y}$. S'il arrive que le numérateur φ soit la dérivée du dénominateur y, on prendra y pour variable, et l'on aura : $dy = y'dx = \varphi\,dx$; l'intégrale deviendra donc $\int \frac{dy}{y}$ qui est égale à $\log y$. On a ainsi la formule :

$$\int \frac{y'\,dy}{y} = \log y + C = \log Ay,$$

en remplaçant la constante C par log A, autre constante.
Par exemple :

$$\int \frac{x\,dx}{x^2+1} = \frac{1}{2}\int \frac{2x\,dx}{x^2+1} = \frac{1}{2}\log (x^2+1) + C = \log A\sqrt{x^2+1},$$

si l'on pose C = log A, A étant une autre constante.
La même formule s'applique aussi aux intégrales :

$$\int \operatorname{tg} x\,dx = \int \frac{\sin x\,dx}{\cos x} = -\int \frac{d\cos x}{\cos x} = -\log\cos x + C$$
$$= \log \frac{A}{\cos x}$$

$$\int \operatorname{cotg} x\,dx = \int \frac{\cos x\,dx}{\sin x} = \int \frac{d\sin x}{\sin x}$$
$$= \log\sin x + C = \log A\sin x.$$

Soit encore l'intégrale :

$$\int \frac{dx}{\sqrt{a^2 - x^2}} = \int \frac{\dfrac{dx}{a}}{\sqrt{1 - \left(\dfrac{x}{a}\right)^2}}.$$

Si l'on pose $\frac{x}{a} = y$ l'intégrale devient $\int \frac{dy}{\sqrt{1 - y^2}}$ dont l'intégrale est arc sin y, et en remplaçant y par sa valeur :

$$\int \frac{dx}{\sqrt{a^2 - x^2}} = \arcsin\frac{x}{a} + C.$$

De même :

$$\int \frac{dx}{a^2 + x^2} = \frac{1}{a}\int \frac{\dfrac{dx}{a}}{1 + \left(\dfrac{x}{a}\right)^2} = \frac{1}{a}\operatorname{arctg}\frac{x}{a} + C.$$

3° *Intégration par parties.* — Ce procédé repose sur la formule qui donne la dérivée ou la différentielle d'un produit :

$$d uv = u\,dv + v\,du.$$

Si on intègre, on aura :

$$\int d uv = \int u\,dv + v\,du,$$

ou

$$\int v\,du = uv - \int u\,dv,$$

qui est la formule dite d'intégration par parties et qui est applicable toutes les fois que la quantité sous le signe $\int$ peut se décomposer en deux facteurs dont on connaît l'intégrale de l'un. Soit par exemple :

$$\int \log x\,dx.$$

On remplacera u par x et v par $\log x$, et l'on aura :

$$\int \log x\,dx = x\log x - \int x\,d\log x = x\log x - \int x\frac{1}{x}\,dx$$
$$= x\log x - \int dx,$$

et finalement :

$$\int \log x\,dx = x(\log x - 1) + C.$$

On traiterait de même l'intégrale $\int (\log x)^m\,dx$, m étant entier et positif. L'intégration par parties diminuerait d'une unité l'exposant m, et en répétant m fois l'application du procédé, on arriverait au résultat.
De même :

$$\int x\sin x\,dx = -x\cos x + \int \cos x\,dx = -x\cos x + \sin x + C,$$

en posant :

$$du = \sin x\,dx, \quad v = x.$$

$$\int x^m e^x\,dx = x^m e^x - m\int x^{m-1} e^x\,dx,$$

en posant :

$$x^m = v e^x\,dx = du.$$

L'exposant m a diminué d'une unité et en répétant plusieurs fois l'application du procédé, on arrivera au résultat.
Souvent on combine le procédé d'intégration par parties avec celui du changement de variables; soit par ex. :

$$\int \log (ax + b)\,dx.$$

Je pose $ax + b = y$, d'où $a\,dx = dy$, $dx = \frac{dy}{a}$.
On aura :

$$\int \log (ax + b)\,dx = \frac{1}{a}\int \log y\,dy$$
$$= \frac{1}{a}\left[y\log y - \int y\frac{1}{y}\,dy\right]$$
$$= \frac{1}{a}(y\log y - y) + C.$$

L'intégration par parties sert à ramener plusieurs intégrales d'une même catégorie à une seule d'entre elles; par exemple :

$$\int \frac{e^x}{x^m}\,dx = \int e^x x^{-m}\,dx$$
$$= -\frac{1}{m-1}x^{-(m-1)} e^x + \frac{1}{m-1}\int x^{-(m-1)} e^x\,dx,$$

ou :

$$\int \frac{e^x}{x^m}\,dx = -\frac{1}{(m-1)x^{m-1}} + \frac{1}{m-1}\int \frac{e^x}{x^{m-1}}\,dx.$$

L'exposant a diminué d'une unité; en réitérant l'application du procédé, on finira par tomber sur l'intégrale $\int \frac{e^x}{x}\,dx$, qui est alors la seule qu'on ne puisse exprimer par les signes ordinaires de l'algèbre. Les formules de récurrence ainsi obtenues sont d'un grand usage.

4° *Intégration des fractions rationnelles.* — Toute fraction rationnelle peut être décomposée en fractions simples de la forme $\dfrac{A}{x-a}$ ou $\dfrac{A}{(x-a)^m}$. (Voy. Fraction.) Or l'intégrale

$$\int \frac{A\,dx}{x-a}$$

est

$$A \log (x-a),$$

et celle de

$$\int \frac{A\,dx}{(x-a)^m} \quad \text{ou} \quad \int A(x-a)^{-m}\,dx$$

est

$$-\frac{1}{m-1} A (x-a)^{-m+1} = -\frac{1}{m-1} \frac{A}{(x-a)^{m-1}},$$

à une constante près. On pourra donc, en ajoutant les intégrales des différents termes, trouver l'intégrale de la fraction. Si nous reprenons l'exemple donné au mot Fraction, nous aurons :

$$\int \frac{(x^2 + x + 1)\,dx}{(x+1)(x+2)^2}$$
$$= \int \left[\frac{1}{3(x-1)} - \frac{1}{(x+2)^2} + \frac{2}{3(x+2)} \right] dx,$$

et, en séparant les termes :

$$\frac{1}{3}\int \frac{dx}{x-1} - \int \frac{dx}{(x-2)^2} + \frac{2}{3}\int \frac{dx}{x+2}.$$

L'intégrale est donc :

$$\frac{1}{3} \log (x-1) + \frac{1}{x+2} + \frac{2}{3} \log (x+2) + C,$$

ou

$$\log (x-1)^{\frac{1}{3}} + \log (x+2)^{\frac{2}{3}} + \frac{1}{x+2} + C,$$

ou enfin, d'après les propriétés des logarithmes :

$$\frac{1}{x+2} + \log A \sqrt[3]{(x-1)(x+2)^2}.$$

Ici se présente une circonstance remarquable. Si le dénominateur de la fraction rationnelle admet une racine imaginaire $a + bi$, il admettra aussi la racine imaginaire conjuguée $a - bi$, qui donnent dans la décomposition en fractions simples des termes également conjugués :

$$\frac{A+Bi}{x-a-bi} + \frac{A-Bi}{x-a+bi}$$

qu'on pourra décomposer ainsi :

$$A\left(\frac{1}{x-a-bi} + \frac{1}{x-a+bi} \right) + iB\left(\frac{1}{x-a-bi} - \frac{1}{x-a+bi} \right)$$

et qui multipliés par dx et intégrés donneront :

$$A \log [(x-a)^2 + b^2] + iB \log \frac{x-a-bi}{x-a+bi}$$

Le premier terme est réel; le second est compliqué d'imaginaires. Cependant il est réel aussi et se réduit à un arc tg. On peut en effet écrire ce second terme avant l'intégration :

$$iB \frac{2bi}{(x-a)^2 + b^2} = -\frac{2Bb}{(x-a)^2 + b^2}.$$

En multipliant par dx et intégrant, on trouvera facilement, si l'on a soin de prendre $x - a$ pour variable ;

$$- 2B \arctan \frac{x-a}{b}.$$

De là résulte que la fonction arc tg peut s'exprimer par une combinaison de logarithmes de quantités imaginaires. Ce résultat remarquable est en effet une conséquence de la définition des exposants imaginaires telle qu'elle a été donnée par Euler; mais nous ne pouvons insister sur ce point. Voy. Exposants.

5° *Intégration de certaines fonctions circulaires.* — Considérons d'abord l'expression :

$$\int F(\sin x, \cos x)\,dx,$$

où F est un polynôme entier. Ce polynôme est une somme de termes de la forme :

$$A \sin^m x \cos^n x.$$

Or, d'après la trigonométrie :

$$\cos^2 x = \frac{1 + \cos 2x}{2}, \qquad \sin^2 x = \frac{1 - \cos 2x}{2}.$$

Le terme deviendra donc :

$$\frac{1}{4} A \sin^{m-2} x \cos^{n-2} x (1 + \cos 2x)(1 - \cos 2x),$$

ce qui peut se décomposer de nouveau en termes dont le degré maximum est $m + n - 2$; seulement, on aura les arguments x et $2x$. Maintenant :

$$\sin a \cos b = \frac{1}{2}\left[\sin (a+b) + \cos (a-b) \right];$$
$$\cos a \cos b = \frac{1}{2}\left[\cos (a+b) + \cos (a-b) \right];$$
$$\sin a \sin b = \frac{1}{2}\left[\cos (a-b) - \cos (a+b) \right].$$

L'application de ces formules permettra encore de diminuer le degré, et, finalement, on tombera sur des constantes ou des expressions du premier degré, et l'on aura à ajouter des intégrales de la forme :

$$\int A\,dx, \quad \int \cos \alpha x\,dx, \quad \int \sin \beta x\,dx,$$

qui sont respectivement égales à :

$$Ax, \quad \frac{1}{\alpha} \sin \alpha x, \quad -\frac{1}{\beta} \cos \beta x,$$

à une constante près. Si l'on a une fraction rationnelle de $\cos x$ et $\sin x$, on fera le changement de variable :

$$\operatorname{tg} \frac{x}{2} = z,$$

et l'on aura :

$$\sin x = \frac{2z}{1+z^2}, \quad \cos x = \frac{1-z^2}{1+z^2},$$
$$x = 2 \arctan z,$$
$$dx = \frac{2\,dz}{1+z^2}$$

et la différentielle :

$$f(\sin x, \cos x)\,dx$$

deviendra :

$$f\left(\frac{2z}{1+z^2}, \frac{1-z^2}{1+z^2} \right) \cdot \frac{2\,dz}{1+z^2}$$

qui est une fonction rationnelle et qu'on sait intégrer.

6° — On considère aussi dans les cours des intégrales de différentielles contenant la racine carrée d'un polynôme entier. On est ainsi conduit, suivant les cas, à des fonctions logarithmiques ou circulaires, aux fonctions elliptiques et aux fonctions hyperelliptiques; mais le sujet devient trop vaste pour que nous puissions même l'esquisser ici. Voy. Elliptique, Hyperelliptique.

7° *Intégration par les séries.* — On peut souvent développer la fonction qu'il s'agit d'intégrer en une série dont on sait intégrer les différents termes. On démontre rigoureusement que si la série obtenue par l'intégration des différents termes de la série donnée est convergente, elle représente exactement l'intégrale de la différentielle proposée. Ce procédé est souvent plus instructif. Si, en effet, on sait intégrer directement la différentielle proposée, la comparaison des résultats donnera le développement en série de la fonction intégrale. En voici quelques exemples.

On a, par la simple division :

$$\frac{1}{1+x} = 1 - x + x^2 - x^3 + \ldots \pm x^n \mp \ldots,$$

série convergente pour toute valeur de x dont le module e est inférieur à 1.

Si on multiplie par dx, et qu'on intègre, on aura :

$$\int \frac{dx}{1+x} = C + \frac{x}{1} - \frac{x^2}{2} + \frac{x^3}{3} + \dots \pm \frac{x^n}{n} \dots \pm$$

Mais l'intégrale qui figure dans le premier membre est aussi égale à :

log (1 + x).

J'égaliserai donc les résultats et j'aurai, en remarquant que C est nul, parce que pour x = 0, log (1 + x) = log 1 = 0 :

$$\log(1+x) = \frac{x}{1} - \frac{x^2}{2} + \frac{x^3}{3} - \dots \pm \frac{x^n}{n} \mp \dots,$$

série convergente encore pour toute valeur de x dont le module est inférieur à 1.

On a aussi, par la division :

$$\frac{1}{1+x^2} = 1 - x^2 + x^4 - x^6 + \dots \pm x^{2n} \pm \dots$$

En opérant comme précédemment, on trouve :

$$\operatorname{arc\,tg} x = \frac{x}{1} - \frac{x^3}{3} + \frac{x^5}{5} - \dots \pm \frac{x^{2n+1}}{2n+1} \mp \dots$$

série qui est encore convergente pour toute valeur de x dont le module est inférieur à l'unité.

Par l'application de la formule du développement du binôme de Newton, on a :

$$\frac{1}{\sqrt{1-x^2}} = \left(1-x^2\right)^{-\frac{1}{2}} = 1 + \frac{1}{2}x^2 + \frac{1.3}{2.5}x^4 + \frac{1.3.5}{2.4.6}x^6 + \dots$$
$$+ \frac{1.3.5\dots(2n-1)}{2.4.6\dots 2n} x^{2n} + \dots$$

En multipliant par dx et intégrant, on trouvera :

$$\arcsin x = x + \frac{1}{2}\frac{x^3}{3} + \frac{1.3}{2.5}\frac{x^5}{5} + \dots$$
$$+ \frac{1.3.5\dots(2n-1)}{2.4.6\dots 2n}\frac{x^{2n+1}}{2n+1} + \dots$$

série qui est encore convergente pour toute valeur de x dont le module est inférieur à 1.

Ces développements en série sont d'un grand usage dans l'analyse.

V. DES ÉQUATIONS DIFFÉRENTIELLES. — Le calcul intégral n'a pas seulement pour objet de déterminer des fonctions ; il comprend aussi le problème beaucoup plus vaste et beaucoup plus difficile qui consiste à déterminer une fonction quand on sait qu'il existe une relation entre la variable, la fonction inconnue, et les dérivées de divers ordres de cette fonction. Une pareille relation s'appelle une *équation différentielle*. On appelle *ordre* d'une équation différentielle l'ordre de la dérivée d'ordre le plus élevé qui y figure. Ainsi, si une équation contient la dérivée quatrième de y, et ne contient pas des dérivées d'ordre supérieur, elle sera du 4e ordre. La théorie des équations différentielles a donné lieu à de nombreux travaux, et les difficultés qu'elle soulève permettent de croire qu'il se passera encore bien du temps avant qu'on parvienne à l'ordre du sujet, si toutefois on doit l'épuiser jamais. Une équation différentielle ne détermine pas complètement la fonction inconnue : elle admet une solution générale qui comprend autant de *constantes arbitraires* qu'il y a d'unités dans l'ordre de l'équation. On peut se rendre compte de ce fait en considérant une fonction de x comprenant plusieurs paramètres qui peuvent recevoir des valeurs arbitraires. Par ex., soit :

$$y = f(x, a_1 a_2 \dots a_n)$$

$a_1 a_2 \dots a_n$ étant les n paramètres arbitraires. On peut calculer les n premières dérivées de cette fonction, et éliminer les n paramètres entre les n + 1 équations ainsi obtenues :

$$y = f \quad y' = f' \quad y'' = f'' \dots y^{(n)} = f^{(n)}.$$

On obtiendra ainsi une équation entre x, y et les n dérivées :

$$F(x, y, y', y'' \dots y^{(n)}) = 0,$$

qui sera nécessairement vérifiée par l'une quelconque des fonctions que l'on peut former en donnant aux paramètres des valeurs particulières.

Il n'existe aucune méthode pour trouver la solution ou, comme on dit, l'*intégrale générale* d'une équation différentielle quelconque. On se borne dans les cours à faire la théorie de certaines catégories d'équations. L'une des plus importantes de ces théories est celle des équations différentielles linéaires à coefficients constants, c.-à-d. de la forme :

$$(1) \quad a_0 y^{(n)} + a_1 y^{(n-1)} + a_2 y^{(n-2)} + \dots + a_{n-1} y' + a_n y = X,$$

$a_0 a_1 \dots$ étant des constantes et X une fonction connue de X. On traite d'abord le cas où X est nul, *équation sans second membre*, et l'on démontre que l'on en peut trouver facilement l'intégrale générale, si l'on connaît les racines du polynôme :

$$a_0 z^n + a_1 z^{n-1} + \dots a_{n-1} z + a_n = 0.$$

Si X n'est pas nul, il suffit de connaître une solution de l'équation, ou, suivant l'expression en usage, une intégrale particulière, et l'on obtient l'intégrale générale en ajoutant, à cette intégrale particulière, l'intégrale générale de l'équation sans second membre.

Comme exemples, nous nous bornerons à intégrer, dans un cas simple, l'équation différentielle linéaire du premier ordre et une du second ordre sans second membre.

Soit, d'abord :

$$y' + ay = 0;$$

on peut l'écrire :

$$\frac{y'}{y} = -a,$$

qui s'intègre immédiatement et donne :

$$\log y = -ax + C,$$

ou :

$$y = e^{-ax+c} = e^c e^{-ax};$$

mais e^c est une constante arbitraire qu'on peut appeler A, et l'intégrale générale est :

$$y = Ae^{-ax}.$$

Soit maintenant l'équation :

$$(1) \quad y' + ay = X.$$

Je représente encore y par la formule $y = Ae^{-ax}$, qui vérifie l'équation sans second membre ; mais j'y suppose A variable, au lieu de le laisser constant : c'est la méthode nommée par Lagrange *Méthode de la variation des constantes.* J'aurai :

$$y' = -aAe^{-ax} + A'e^{-ax},$$

et en substituant dans (1) :

$$A'e^{-ax} = X,$$

d'où :

$$A' = Xe^{ax},$$

et en intégrant :

$$A = \int Xe^{ax} dx.$$

L'intégrale générale de l'équation (1) est donc :

$$y = e^{-ax} \int Xe^{ax} dx,$$

la constante étant contenue dans le signe $\int$.

Soit enfin l'équation du second ordre très simple :

$$y'' + ay = 0,$$

a étant une constante *positive*.

On peut l'écrire :

$$2y'y'' = -2ayy'.$$

Les deux membres sont des dérivées connues, et l'on peut intégrer :

$$y'^2 = -ay^2 + c^2;$$

qui peut se mettre sous la forme :

$$\frac{y'}{\sqrt{c^2 - ay^2}} = 1.$$

Posons $y\sqrt{a} = z$, d'où : $y = \dfrac{z}{\sqrt{a}}$ $y' = \dfrac{z'}{\sqrt{a}}$; nous aurons :

$$\frac{z'}{\sqrt{c^2 - z^2}} = \sqrt{a} \, ;$$

Le premier membre est la dérivée de arc sin $\dfrac{z}{c}$, le second de $x\sqrt{a}$, on aura donc l'intégrale :

$$\text{arc sin } \frac{z}{c} = x\sqrt{a} + \mathrm{D},$$

ou

$$\frac{z}{c} = \sin(x\sqrt{a} + \mathrm{D}),$$

et par suite :

$$y = c\sqrt{a}\,\sin(x\sqrt{a} + \mathrm{D}),$$

qu'on peut écrire en désignant par E la constante $c\sqrt{a}$:

$$y = \mathrm{E}\sin(x\sqrt{a} + \mathrm{D}),$$

formule qui contient les deux constantes arbitraires E et D. On peut la mettre sous une autre forme ; on a en effet par la trigonométrie :

$$y = \mathrm{E}\cos\mathrm{D}\sin x\sqrt{a} + \mathrm{E}\sin\mathrm{D}\cos x\sqrt{a}.$$

Mais $\mathrm{E}\cos\mathrm{D}$ et $\mathrm{E}\sin\mathrm{D}$ sont des constantes qu'on peut désigner par A et B, et l'on aura finalement :

$$y = \mathrm{A}\sin x\sqrt{a} + \mathrm{B}\cos x\sqrt{a}.$$

Il est facile de vérifier que cette fonction vérifie bien l'équation :

$$y'' + ay = 0.$$

VI. Équations aux dérivées partielles. — Ce sont les équations entre une fonction de plusieurs variables, ses dérivées partielles des divers ordres et les variables. C'est peut-être le sujet le plus épineux des mathématiques, et nos connaissances, à cet égard, sont encore bien restreintes. Bornons-nous à dire que l'intégrale générale de ces équations contient une ou plusieurs fonctions arbitraires, et à signaler le théorème classique relatif aux équations linéaires du premier ordre, et encore, dans le cas particulièrement simple d'une fonction de deux variables et d'une équation sans second membre. On représente souvent les dérivées partielles par la notation :

$$f'_x = \frac{\partial f}{\partial x}$$

en donnant à la caractéristique f une forme distincte, afin de distinguer les dérivées partielles des dérivées ordinaires. Alors l'équation linéaire du premier ordre sans second membre s'écrira :

$$(2) \qquad a\frac{\partial z}{\partial x} + b\frac{\partial z}{\partial y} = 0,$$

où z est la fonction inconnue de x et y et a et b deux fonctions connues des mêmes variables. Si on considère l'équation différentielle

$$\frac{dx}{a} = \frac{dy}{b}$$

et si l'on peut trouver son intégrale générale, on pourra supposer que cette intégrale générale soit résolue par rapport à la constante α qui y figure :

$$\alpha = f(x, y).$$

Alors l'intégrale générale de l'équation (3) sera :

$$z = \mathrm{F}(f),$$

c.-à-d., que pour vérifier l'équation (3), il suffira de prendre pour z une fonction quelconque de f. Si, par exemple a et b sont égaux à l'unité, on aura :

$$(3) \qquad \frac{\partial z}{\partial x} + \frac{\partial z}{\partial y} = 0.$$

L'équation différentielle dont nous avons parlé se réduira à :

$$dx = dy$$

dont l'intégrale générale est

$$x - y = z.$$

L'intégrale générale de l'équation (4) sera donc que z est une fonction quelconque de $x - y$:

$$z = \mathrm{F}(x - y).$$

Il est facile de vérifier ce résultat, car on a :

$$\frac{\partial z}{\partial x} = \mathrm{F}' \quad \frac{\partial z}{\partial y} = -\mathrm{F}'.$$

Dès que l'ordre de l'équation s'élève et que le nombre des variables augmente, on se heurte à des complications actuellement inextricables. Nous touchons ici à l'une des parties des mathématiques qui ont fait l'objet des travaux les plus remarquables des géomètres contemporains ; mais, il faut bien le reconnaître, la théorie des équations aux dérivées partielles est encore rudimentaire.

VII. Applications du calcul infinitésimal. — 1° *Calcul différentiel.* — Les applications du calcul différentiel sont innombrables ; nous indiquerons seulement les principales.

Les *applications analytiques* les plus importantes sont : 1° le développement des fonctions en séries ordonnées suivant les puissances croissantes de la variable ; c'est ce qu'on appelle la série de Taylor (Voy. Série) ; 2° la détermination de la valeur limite des fonctions qui prennent une forme illusoire pour une valeur particulière de la variable (Voy. Illusoire) ; 3° la détermination des maxima et des minima d'une fonction d'une seule variable ; 4° un grand nombre de questions analogues aux précédentes, mais concernant des fonctions de plusieurs variables. Dans ce cas, la théorie se complique assez vite. Il faut considérer, au lieu de la dérivée ordinaire, les *dérivées partielles* de la fonction par rapport à chacune des variables. Il y a lieu aussi de faire intervenir une notion nouvelle, celle de la *différentielle totale*. Pour expliquer en quoi elle consiste, considérons une fonction de 3 variables :

$$u = f(x, y, z),$$

et donnons à ces variables des accroissements dx, dy, dz ; l'accroissement correspondant du de la fonction est la différentielle totale. On démontre, par un raisonnement que nous ne pouvons reproduire, que si l'on désigne par f'_x, f'_y, f'_z les trois dérivées partielles de la fonction u par rapport à x, y, z, respectivement, on aura :

$$du = f'_x dx + f'_y dy + f'_z dz.$$

Il est bien entendu que cette égalité, comme toutes les égalités du calcul différentiel, exprime seulement que les deux membres sont équivalents, c.-à-d. que leur différence est un infiniment petit du second ordre. Avec la notation précédemment indiquée, l'égalité précédente s'écrira :

$$du = \frac{\partial f}{\partial x}\,dx + \frac{\partial f}{\partial y}\,dy + \frac{\partial f}{\partial z}\,dz.$$

Les principales applications géométriques du calcul différentiel sont la détermination des tangentes aux courbes planes et gauches, l'étude de la courbure des courbes planes ou gauches, celle de la torsion des courbes gauches, l'étude de la forme d'une surface dans le voisinage d'un de ses points et de la courbure des sections planes de cette surface, la théorie des enveloppes, celle des développées planes et gauches, etc. Voy. Tangente, Courbure, Torsion, Indicatrice, Enveloppe, Développée, Surface, etc.

En mécanique, le calcul différentiel donnera la vitesse d'un point mobile, ou les vitesses des divers points d'un solide mobile, le centre instantané de rotation d'une figure plane mobile dans son plan, l'axe instantané de rotation et de glissement d'un solide mobile, etc. Voy. Cinématique, Mouvement.

2° *Calcul intégral.* — Les applications du calcul intégral sont beaucoup plus variées et beaucoup plus étendues que celles du calcul différentiel. La théorie des surfaces, tout entière, repose sur des systèmes d'équations différentielles et d'équations aux dérivées partielles. La mécanique exige à chaque instant l'emploi du calcul intégral ; mais c'est surtout la physique mathématique, en comprenant sous ce nom la mécanique céleste, qui en fournit les applications les plus intéressantes et les plus variées. C'est, en effet, dans l'application du calcul à l'étude des phénomènes naturels que les notions du calcul intégral s'introduisent peut-être le plus directement. Cela tient à ce que les phénomènes que nous observons dérivent d'une multitude de causes qu'il s'agit de démêler. Pour y arriver, on est obligé de faire des hypothèses, des formules, des lois, dont on vérifie ensuite le plus ou moins d'accord avec les expériences ; mais, pour que ces lois soient simples, il faut les formuler en tant qu'elles concernent des objets simples, par exemple, des éléments de matière, des vibrations infiniment petites, etc. Ces *éléments* n'existent jamais séparés dans la nature; il faut donc remonter de la loi élémentaire à l'action que doit produire un ensemble d'éléments, un corps, et c'est là l'essence même du calcul intégral. Un exemple simple fera bien comprendre ce fait capital dans toute la philosophie des sciences. Newton, pour formuler la loi de la gravitation universelle, dit que deux éléments de matière sont soumis à une force qui agit dans la direction qui les joint, tendant à les rapprocher et est proportionnelle au produit de leurs masses et à l'inverse du carré de la distance qui les sépare. Cette loi est la base de la mécanique céleste. Mais la nature ne nous montre nulle part des éléments de matière isolés; nous n'y trouvons que des *corps*. Or, pour appliquer la loi de Newton à deux corps, il faut supposer qu'on décompose ces corps en une infinité de particules élémentaires, et déterminer la résultante de toutes les forces qui s'exercent entre deux de ces particules. Or, c'est là un problème qui ressortit évidemment au calcul intégral. Toutes les grandes théories de la physique, celles de l'élasticité, de la capillarité, de la lumière, de la chaleur, des actions électriques et magnétiques, etc., présentent des circonstances analogues. Aussi les équations diffèrent telles et les équations aux dérivées partielles s'y rencontrent à chaque pas et y créent des difficultés qui dépassent souvent les ressources de l'analyse mathématique, malgré le degré d'avancement remarquable où elle est parvenue de nos jours.

VIII. GÉOMÉTRIE INFINITÉSIMALE. — Les principes fondamentistes du calcul infini, à savoir la notion des infiniment petits et la possibilité de négliger les infiniment petits d'ordre supérieur, peuvent s'appliquer aux spéculations géométriques indépendamment de tout calcul algébrique. On arrive ainsi, dans bien des cas, à démontrer des propositions importantes par des raisonnements beaucoup plus rapides que ceux que fournirait l'application du calcul i. En revanche, la difficulté y est peut-être beaucoup plus grande et les chances d'erreur plus nombreuses. L'écueil qu'il faut éviter réside dans la détermination de l'ordre d'infiniment petit des diverses parties de la figure. Il est souvent malaisé de déterminer cet ordre. Si l'on se trompe en moins, on risque de négliger des éléments qui ne sont nullement négligeables, et le raisonnement est faux; si l'on se trompe en moins, on conserve des parties de figure qui pourraient être supprimées, on n'obtient pas toutes les simplifications possibles, et l'on se perd dans des complications inextricables, qu'il eût été facile de faire disparaître. Quoi qu'il en soit, la géométrie infinitésimale a été cultivée avec succès dans le courant du XIXe siècle, par des géomètres de grande valeur et a déjà donné de nombreux et utiles résultats.

IX. HISTORIQUE. — Nous avons déjà dit que Newton et Leibniz avaient inventé simultanément le calcul infinitésimal. A ces deux grands noms, il convient d'ajouter celui du Français *Fermat*, qui avait aussi découvert les principes du nouveau calcul. Depuis cette époque, tous les mathématiciens se sont attachés à perfectionner le nouvel instrument mathématique. Faire l'histoire de ces perfectionnements ce serait faire la théorie tout entière. Qu'il nous suffise de citer, parmi les plus illustres, les deux *Bernoulli*, *Euler*, *Lagrange*, etc. Les géomètres contemporains ont aussi réalisé d'immenses progrès.

Bibliogr. — LAGRANGE, *Théorie des fonctions analytiques*; — DUHAMEL, *Éléments de calcul infinitésimal*; — SERRET, *Cours de calcul différentiel et intégral*; — HERMITE, *Cours d'analyse de l'École polytechnique et feuilles autographiées du cours professé à la Sorbonne*; — HOÜEL, *Cours de calcul infinitésimal*; — BERTRAND, *Traité de calcul différentiel et intégral*; — FRENET, *Recueil d'exercices sur le calcul infinitésimal*; — LAURENT, *Traité d'analyse*; — MÉRAY, *Leçons nouvelles d'analyse infinitésimale*; — PICARD, *Traité d'analyse* (Cours de la Sorbonne); — TISSERAND, *Recueil complémentaire d'exercices sur le calcul infinitésimal*.

INFINITÉSIMALEMENT. adv. [Pr. ...zi-male-man]. En quantité infiniment petite.

INFINITÉSIME. adj. 2 g. [Pr. ... zi-me] (lat. *infinitus*, infini, et la finale *esimus* qui désigne les nombres ordinaux : *vigesimus*, vingtième; *millesimus*, millième, etc.). T. Math. Qui est infiniment petit.

INFINITIF, IVE. adj. et s. (lat. *infinitivus*, m. s., de *infinitus*, non fini, non défini). T. Gram. Qui exprime l'action du verbe d'une manière indéterminée. *Le mode in.* ou

subst., *l'in.* Voy. MODE et CONJUGAISON. *Proposition infinitive*, Proposition où le verbe est à l'infinitif : Vous croyez *avoir été trompé* Les trois derniers mots forment une proposition infinitive. *Construction infinitive*, Construction où le verbe à l'inf.

INFINITUDE. s. f. Qualité de ce qui est infini. Voy. INFINITÉ.

INFIRMABLE. adj. 2 g. (R. *in* priv., et *infirmer*). Que l'on peut infirmer.

INFIRMATIF, IVE. adj. T. Jurispr. Qui infirme, qui rend nul; ne se dit que dans cette phrase : *Un arrêt in. d'une sentence, d'un jugement.*

INFIRMATION. s. f. [Pr. ... sion] (lat. *infirmatio*, m. s., de *in* priv., et *firmare*, rendre ferme). Action d'infirmer. || T. Jurispr. Fait qui enlève sa force à un acte juridique.

INFIRME. adj. 2 g. (lat. *infirmus*, m. s., de *in* priv., et *firmus*, ferme). Qui a une constitution faible, qui est sujet à des infirmités, ou qui a actuellement quelque indisposition qui le rend languissant. *Un homme, un vieillard in. C'est un corps extrêmement in. Il traîne une vieillesse in.* — Subst., *Il y a beaucoup d'infirmes dans cet hospice.* || Fig., Faible, fragile, qui manque de force pour faire le bien. *Le péché a rendu l'homme in., notre volonté infirme.*

INFIRMER. v. a. (lat. *infirmare*, m. s., de *in* priv., et *firmus*, ferme). Affaiblir, diminuer, ôter la force; ne se dit que fig. *In. l'autorité d'un historien. Il prétendait, pour in. cet acte, que... — In. une preuve, un témoignage*, En montrer le faible. || T. Jurispr. *In. un jugement, une sentence*, se dit d'un juge supérieur qui annule ou réforme la sentence rendue par un juge inférieur. *La cour d'appel infirma le jugement du tribunal de première instance.* = INFIRMÉ, ÉE. part.

INFIRMERIE. s. f. (R. *infirmier*). Dans les établissements où vivent en commun un certain nombre de personnes, comme les collèges, les séminaires, les maisons religieuses, etc., Le local où l'on traite les malades et les infirmes. *Il est à l'in.* || Dans certaines abbayes d'hommes, se disait d'un office claustral dont le revenu était destiné à l'entretien des religieux malades. *Il était dû tant de blé de rente à l'in. de l'abbaye.* || Local disposé pour les animaux malades, dans une ferme, un chenil, etc. || Fig. *Cette maison est une in.*, en parlant d'une maison où il y a plusieurs malades.

INFIRMIER, IÈRE. s. (bas-lat. *infirmarius*, m. s., de *infirmus*, faible, malade). Celui, celle qui soigne et sert les malades dans une infirmerie, dans un hôpital. *C'est l'in. qui est chargé de ce soin. Appelez l'infirmière.* || Dans certaines abbayes d'hommes, Le religieux qui était revêtu de l'office claustral appelé *Infirmerie*. || Membre du conclave chargé d'aller chercher les bulletins de vote des cardinaux malades.

INFIRMITÉ. s. f. (lat. *infirmitas*, m. s., de *infirmus*, faible, malade). Indisposition ou maladie habituelle. *Les infirmités corporelles. Les infirmités de l'âge, de la vieillesse. La surdité, la cécité sont des infirmités. Il est sujet à de grandes infirmités.* || Fig., Faiblesse, fragilité pour le bien, défaut, imperfection. *L'in. humaine. L'in. de la nature causée par le péché. Il faut supporter les infirmités de son prochain.*

Méd. — Les médecins attachent à ce mot une signification plus précise. Ils entendent par *Infirmité* tout cas dans lequel un individu, avec ou sans désordre appréciable des organes, ne possède pas ou telle fonction, ou la possède d'une manière imparfaite ou irrégulière, tout en jouissant d'ailleurs d'une bonne santé relativement aux conditions physiologiques qui lui sont propres dès la naissance ou que des maladies antérieures lui ont faites. Dans la maladie qui ne porte que sur une seule fonction, celle-ci subit actuellement une altération; dans l'in., la fonction n'a jamais existé, ou bien est définitivement altérée ou abolie. La maladie est un fait qui s'opère, et l'in. un fait accompli; celle-ci est souvent la terminaison de celle-là.

INFIXABLE. adj. 2 g. [Pr. *infik-sable*]. Qui ne peut être fixé.

INFIXE. s. m. [Pr. *infik-se*] (lat. *infixus*, fixé dans, de *in*, dans, et *fixus*, fixe). T. Gramm. Mot ou partie de mot qui se place à l'intérieur des mots de la même façon que le préfixe à la tête et le suffixe à la fin.

INFIXÉ, ÉE. adj. [Pr. *in-fik-sé*] (lat. *in*, dans, et *fixé*). Qui est fixé dans.

INFIXER. v. a. [Pr. *in-fik-ser*] (R. *infixe*). T. Gramm. Donner à un mot ou à une partie de mot le rôle d'infixe.

INFLAGRATION. s. f. [Pr. *in-flagra-sion*] (lat. *inflagrare*, brûler au dedans, de *in*, dans, et *flagrare*, brûler). État d'un corps qui prend feu et se consume.

INFLAMMABILITÉ. s. f. [Pr. *in-fla-ma...*] Qualité des corps qui sont inflammables. *L'in. de la poudre, de l'éther, de l'hydrogène.* || Fig. et fam., *L'in. de son cœur, de son imagination.*

INFLAMMABLE. adj. 2 g. [Pr. *in-fla-mable*] (lat. *inflammare*, enflammer). Qui pout s'enflammer, qui s'enflamme facilement. *Gaz in. Le gaz hydrogène bicarboné et l'alcool sont des matières fort inflammables.* || Fig. Qui prend facilement feu pour quelque chose. *Cœur in., caractère in.*

INLAMMATEUR. s. m. [Pr. *in-fla-mateur*]. Substance ou engin destiné à produire l'inflammation.

INFLAMMATION. s. f. [Pr. *in-flam-ma-sion*] (lat. *inflammatio*, m. s.). Action par laquelle une matière combustible s'enflamme. *Le feu ayant pris aux poudres, l'in. fut si prompte qu'elle fit un affreux ravage.* || Fig. Violente excitation.

Méd. — On nomme i. l'ensemble des phénomènes provoqués dans les milieux organiques par la pénétration de certains germes pathogènes, et que caractérisent, du moins dans les tissus vasculaires, la chaleur, la douleur, la rougeur et la tuméfaction. — Les auteurs anciens connaissaient dès longtemps les caractères cardinaux de l'i., mais l'histoire sérieuse de ce processus commence avec l'observation et l'expérimentation vraiment scientifiques, les étapes étant marquées par les découvertes de Virchow, de Cohnheim et des élèves de Pasteur.

Anatomie pathologique. — Les anciens observateurs savaient que tant d'abord l'i. s'affirme par un trouble de la circulation locale, les tissus devenant rouges, tuméfiés et chauds, grâce à l'afflux du sang dans les réseaux vasculaires des organes phlogosés. Lorsqu'un agent irritant est au contact d'un tissu, les vaisseaux se resserrent d'abord; mais cette contraction, toute passagère, est bientôt remplacée par une dilatation qui livre passage à un courant large et rapide; à cette phase succède une période où la colonne sanguine n'obéit plus régulièrement à toutes les systoles, il y a des suspensions, puis des poussées brusques, jusqu'à ce que toute circulation cesse : il y a stase complète dans le territoire enflammé. Concurremment avec ces phénomènes, des événements anormaux se sont produits dans la lumière des vaisseaux, principalement des capillaires : deux courants se sont établis, l'un central, rapide, où se pressent les globules rouges; l'autre, marginal, où se traînent les globules blancs. C'est alors que commence la diapédèse dont Cohnheim a donné la première description complète, montrant l'importance majeure, pour la constitution de l'exsudat inflammatoire, de la migration de globules blancs à travers les parois des vaisseaux. Il a assisté, en contemplant au microscope le mésentère d'une grenouille, à la succession des mouvements amiboïdes, grâce auxquels le globule blanc voyage dans les espaces intercellulaires. Le phénomène se produisant surtout au niveau des capillaires, il est bon d'insister sur ce fait, et d'ajouter que ces leucocytes peuvent entraîner un certain nombre d'hématies, de globules rouges, sans qu'on connaisse d'une façon indiscutable le mécanisme de cette extravasation. Cette diapédèse serait le fait capital de l'i., même dans les tissus non vasculaires (Cohnheim), dont tous les éléments de l'exsudat inflammatoire auraient le sang pour origine; nous sommes loin ainsi de la théorie de Virchow, d'après laquelle l'agent inflammatoire irritait les cellules du tissu conjonctif, et provoquait par réaction sa prolifération Cependant les globules blancs émigrés ne représentent pas la totalité des éléments embryonnaires de l'exsudat inflammatoire, et les cellules fixes du tissu conjonctif prennent une part non négligeable à sa formation.

Quoi qu'il en soit, il y a toujours au début de l'i. une irritation des tissus; l'agent irritant varie à l'infini : c'est le chaud, c'est le froid, c'est un traumatisme, ou l'introduction d'un corps étranger; mais les découvertes des bactériologistes ont précisé les termes du problème en montrant que dans l'immense majorité des cas, l'i. est causée par la pénétration dans l'organisme de microparasites pathogènes, que l'i. est une infection. La démonstration absolue en a été donnée par l'isolement des germes qui, cultivés et inoculés aux animaux, provoquent au point d'insertion une phlegmasie semblable à celle qui détermina l'exsudat primitif. — Les microbes pyogènes sont fort nombreux : *staphylococcus aureus* et *albus*, *staphylococcus flavescens* et *citreus*, *micrococcus tenuis*, *streptococcus pyogenes*, *bacillus pyogenes fœtidus*; ces microorganismes, dont la liste n'est pas épuisée, sont loin d'avoir la même importance, et le *staphylococque orangé* l'emporte sur tous ses congénères tantôt isolé, tantôt associé aux autres variétés (abcès, furoncles, lymphangites, ostéomyélites, etc.). — C'est ici qu'intervient la théorie séduisante de Metschnikoff enchaînant les phénomènes inflammatoires que nous venons d'énumérer, et les révélant comme une mise en défense de l'organisme contre l'agression des germes pathogènes. Dès que ceux-ci ont pénétré dans les tissus, les cellules libres éparses dans les mailles conjonctives, les globules blancs du sang, accourent à la sauvegarde du point lésé, cernant les envahisseurs, grâce à leurs mouvements amiboïdes. Ce processus est d'autant plus accusé que les assaillants sont plus massés et leur virulence plus active. Les leucocytes se jettent sur les microbes, les incorporent dans leur protoplasme, et les digèrent, d'où le nom de phagocytes. Metschnikoff appelle encore microphages les éléments amiboïdes, et macrophages les éléments non amiboïdes chargés surtout de résorber les éléments morts ou affaiblis par leur victoire sur les microbes. Cette théorie est triomphante aujourd'hui, mais une discussion reste pendante, ayant trait à la possibilité du développement d'i. sans germes pathogènes. Les expériences sur les animaux démontrent la possibilité de suppurations simplement chimiques qui se développent en dehors de toute intervention microbienne : le nitrate d'argent, l'essence de térébenthine et le mercure provoquent chez le chien la formation d'abcès. Il ne faut pas s'en étonner, car ce sont les substances chimiques sécrétées par les microbes de la suppuration et non les microparasites eux-mêmes qui sont pyogènes. L'important est qu'en clinique toute suppuration est liée à l'introduction dans nos tissus de microorganismes spéciaux de formes peu nombreuses et bien caractérisées, agissant soit directement, soit par les alcaloïdes qu'ils fabriquent.

Outre les éléments figurés dont l'i. détermine l'accumulation et la multiplication, une quantité notable de plasma s'échappe des réseaux vasculaires pour constituer l'exsudat. Cet exsudat, remarquable par sa richesse en albumine, est spontanément coagulable; il est variable suivant la gravité de l'i.: *séreux* ou *muqueux* dans les phlegmasies légères, *fibrineux*, *croupal* ou *purulent* dans les phlogoses intenses; les suintements hémorrhagiques caractérisés par le déchirement des vaisseaux à parois altérées et l'amas de globules rouges au milieu des tissus, témoignent d'un état général fort précaire. Quant aux destinées ultérieures de ces divers exsudats, ils peuvent disparaître sans laisser de trace, par *résolution*; ou donner naissance à des produits nouveaux, *induration* et *organisation*, ou bien encore provoquer la *suppuration*. Voy. ABCÈS.

Étiologie. — Le temps est passé où Broussais considérait l'i. comme « le principal phénomène de la pathologie, la principale maladie du corps humain »; au lieu d'une longue énumération de causes, ce chapitre est devenu merveilleux de simplicité et d'unité: pénétration des microbes pyogènes, apparition de la phlegmasie. Néanmoins les causes naguère invoquées persistent, ayant seulement déchu d'importance, jouant le rôle d'agents prédisposants. Tantôt elles ouvrent aux microorganismes la porte de nos milieux intérieurs, tantôt elles y créent des espaces favorables au foisonnement des germes, tantôt enfin elles affaiblissent les éléments cellulaires chargés de la lutte contre les parasites envahisseurs. Sans l'intervention de ces causes prédisposantes, les inoculations positives des germes phlogogènes seraient chose rare, et nécessiteraient un nombre considérable de microbes. Parmi ces circonstances, il faut mettre en vedette les traumatismes, les éraillures du revêtement épithélial ou épidermique, les causes qui favorisent la béance des glandes cutanées (transpiration, etc.).

Symptômes. — On ne saurait tracer un tableau général de de l'i. et réunir dans un même cadre les phlegmasies des viscères et celles des tissus superficiels accessibles à la vue. Les premières ne nous sont révélées d'ordinaire que par une série de symptômes dont il faut interpréter la valeur. Les secondes sont les seules que nous puissions décrire ; les signes a1 sont évidents et ont déjà été indiqués : la rougeur est constante, mais son intensité varie suivant la gravité de la phlegmasie et la profondeur du foyer ; elle diminue sous la pression du doigt et laisse souvent après elle des taches livides ou cuivrées ; — la tuméfaction, constante aussi, varie surtout suivant les tissus, dépendant de la distension des vaisseaux, de l'hyperplasie des éléments fixes du tissu, enfin de l'extravasation du plasma et de la diapédèse ; la douleur n'est pas la même dans toutes les régions, dans toutes les phlegmasies et chez tous les individus ; elle est gravative, lancinante, brûlante, pongitive, pulsative, etc ; — la chaleur se perçoit à la main et le malade accuse lui-même au niveau du foyer une sensation de brûlure qu'il s'exagère d'ailleurs. Ces signes locaux s'accompagnent le plus souvent de phénomènes généraux dont le plus important est la fièvre, ainsi que l'état saburral des voies digestives. Nous n'insisterons pas sur les variations que peuvent présenter ces symptômes liés trop étroitement à la variété particulière de l'i. La marche et la terminaison des phlegmasies ne sauraient non plus nous arrêter, tant elles différent dans chaque cas.

Traitement. — La thérapeutique des phlegmasies chirurgicales et même médicales a été fondée le jour même où on eu découvert l'étiologie. Puisque l'i. est causée par les microparasites, il faut de toute nécessité s'opposer à leur pénétration dans nos tissus et les y poursuivre, si, par malheur, ils ont pu s'y cantonner. Les mesures prophylactiques sont aujourd'hui bien connues : toutes se résument dans l'antisepsie, dont l'idéal est d'atteindre une asepsie parfaite. — Lorsque l'i. existe, il faut renoncer à tout l'ancien arsenal thérapeutique : le vieux cataplasme, si longtemps le topique obligé de toute i., est l'opprobre, la peste de la chirurgie : dans la moite température de son milieu organique, les germes se développent et pullulent. Pour réaliser les réserves de chaleur humide qui en ont fait la vogue en calmant la douloureuse tension des tissus phlegmasiés, il suffit de compresses propres, trempées dans une solution antiseptique chaude et recouverte d'une toile imperméable : ce cataplasme a l'immense mérite de ne pas se dessécher et d'être antiseptique. Mieux encore, lorsqu'elles sont applicables, valent les méthodes de balnéation continue antiseptique et de pulvérisations qu'a surtout préconisées Verneuil et qui sont aujourd'hui vulgarisées.

INFLAMMATOIRE. adj. 2 g. [Pr. *infla-matoire*] (lat. *inflammare*, enflammer). Qui tient de l'inflammation. *Maladie i. État i. Tumeur i.* || Qui indique l'inflammation. *Symptôme i. Sang i.*

INFLATION. s. f. [Pr. *infla-sion*] (lat. *inflatio*, m. s., de *inflare*, enfler, de *in*, dans, et *flare*, souffler). Action d'enfler, de s'enfler.

INFLÉCHIR. v. a. (R. *in*, dans, et *fléchir*). T. Géom. Phys. et Hist. nat. Fléchir de manière à former un coude. *L'atmosphère infléchit les rayons lumineux.* Peu us. à l'actif. S'emploie surtout avec avec le pron. pers. = s'Infléchir. v. pron. Se dévier, se courber, principalement quand la courbure a lieu du dehors au dedans. *La ligne s'infléchit à droite. En rasant les bords de la lentille, les rayons lumineux s'infléchissent. L'artère s'infléchit ensuite. Ces rameaux se sont infléchis du côté de la lumière. La frontière s'infléchit à l'ouest.* = Infléchi, ie. part. *Rayon infléchi. Rameaux infléchis. Étamines infléchies.* || T. Géom. *Arc infléchi,* Arc formé de deux talons tangents par leurs sommets.

INFLÉCHISSABLE. adj. 2 g. [Pr. *infléchi-sable*] (R. in priv., et *fléchir*). Qui ne peut être fléchi.

INFLECTIF, IVE. adj. (R. *inflexion*).T. Ling. Qui reçoit des inflexions grammaticales.

INFLÉTRISSABLE. adj. 2 g. [Pr. *inflétri-sable*] (R. in priv., et *flétrir*). Qui ne peut être flétri.

INFLEXE. adj. 2 g. [Pr. *inflek-se*] (lat. *inflexus*, m. s., de *in*, dans, et *flexus*, fléchi). T. Bot. Syn. de *Infléchi.*

INFLEXIBILITÉ. s. f. [Pr. *inflek-sibilité*]. Qualité de ce qui est inflexible. || Fig., au sens moral, *L'i. d'un juge. L'i. de son cœur, de son caractère.*

INFLEXIBLE. adj. 2 g. [Pr. *inflek-sible*] (lat. *inflexibi-*

lis, m. s., de *in* priv., et *flectere*, fléchir). Qu'on ne peut fléchir, plier, courber. *Aucun métal n'est absolument i.* || Fig., Qui ne se laisse point émouvoir à compassion, qui ne se laisse fléchir par aucune considération. *Un tyran i. Un juge i. Il est i. aux prières. Une vertu, une constance i. Une opiniâtreté i.* = Syn. Voy. Impitoyable.

INFLEXIBLEMENT. adv. [Pr. *inflek-sible-man*]. D'une manière inflexible. *Il résista i. à leurs menaces. Il demeura i. attaché à son opinion.*

INFLEXION. s. f. [Pr. *in-flek-sion*] (lat. *inflexio*, m. s., de *in*, dans, et *flexio*, flexion). Action de fléchir, de plier, d'incliner. *I. du corps, de corps. Saluer en faisant une légère i. de corps.* || Changement de ton, d'accent dans la voix, soit en chantant, soit en parlant. *Ce chanteur, cet acteur a des inflexions de voix touchantes. Des inflexions variées font le charme du débit.* || Disposition, facilité qu'on a à faire ces changements et à passer d'un ton à un autre. *Un homme qui n'a point d'i. de voix, dans la voix, ne fera jamais un chanteur.* || T. Gram. Se dit des terminaisons variables d'un nom dans la déclinaison, ou d'un verbe dans la conjugaison. Voy. Langue. || T. Phys. Se dit quelquefois pour déviation. *L'i. des rayons lumineux.* || T. Hist. nat. Courbure, flexion du dehors en dedans.

Géom. — On appelle point d'i. un point d'une courbe où la concavité change de sens, ou, ce qui revient au même, un point où la tangente traverse la courbe (Fig.). Nous avons déjà expliqué, au mot Concavité que pour qu'il y ait la dérivée seconde de l'ordonnée par rapport à l'abscisse est nulle ; mais cette condition analytique nécessaire n'est pas suffisante pour qu'il y ait un point d'i. On peut aborder la question d'une autre manière. On sait qu'on peut considérer une tangente comme la position limite d'une sécante lorsque l'un des points d'intersection se rapproche indéfiniment d'un autre point d'intersection. Il peut arriver qu'au moment où les deux points d'intersection viennent à se confondre, d'autres points d'intersection viennent se confondre aussi avec ceux-là. On dit alors que la tangente est *osculatrice*, et, pour préciser, on dit que *l'ordre du contact* est égal au nombre de points d'intersection qui viennent se confondre, diminué d'une unité. Ainsi la tangente ordinaire présente un contact du premier ordre, la tangente qui coupe la courbe en trois points confondus présente un contact du deuxième ordre, et ainsi de suite. Or, il est clair que la tangente restera, dans le voisinage du point de contact, d'un même côté de la courbe, si le nombre de points qui se confondent est *pair*, et traversera la courbe si le nombre de points confondus est *impair*. Donc, pour qu'il y ait i., il faut que la tangente rencontre la courbe en un nombre *impair* de points confondus, ou, ce qui revient au même, que *l'ordre du contact soit pair*. Cette condition elle-même n'est pas suffisante, car on pourrait se trouver en présence d'un point *multiple*, c.-à-d. d'un point où viennent se rencontrer plusieurs branches de courbes ; mais nous ne pouvons donner ici la discussion complète. Voy. Multiple. Le cas le plus simple et aussi le plus fréquent est celui où la tangente d'i. rencontre la courbe en trois points confondus.

Nous ne pouvons non plus donner la théorie complète du contact. Nous nous bornerons à quelques courtes indications. D'abord, on peut, en faisant un changement d'axes de coordonnées, si c'est nécessaire, supposer que la tangente, au point qu'on étudie, n'est pas parallèle à l'axe des y, c.-à-d. que la dérivée de *y* par rapport à *x* est finie. Soit alors x_0, y_0 les coordonnées du point de contact et $y = f(x)$ l'équation de la courbe résolue par rapport à *y*. Développons *y* par la formule de Taylor :

$$y = f(x_0) + f'(x_0)\,\frac{x-x_0}{1} + f''(x_0)\,\frac{(x-x_0)^2}{1.2} +$$

$$f'''(x_0)\,\frac{(x-x_0)^3}{1.2.3} + \dotsc$$

Soit maintenant $y - y_0 = m(x - x_0)$ l'équation d'une droite, passant par le point x_0, y_0, équation qu'on peut écrire :

$$y = y_0 + m(x - x_0) = f(x_0) + m(x - x_0).$$

Au point d'intersection, les ordonnées seront les mêmes, et

l'on aura, en supprimant le terme $f(x_0)$ qui se trouve dans les deux membres :

$$m(x - x_0) - f'(x_0)\frac{x - x_0}{1} + f''(x_0)\frac{(x - x_0^2)}{1.2} +$$
$$f'''\frac{(x - x_0)^2}{1.2.3} + \ldots = 0$$

pour l'équation qui détermine les abscisses des points d'intersection. Cette équation est de même degré que la courbe si celle-ci est algébrique, autrement elle est transcendante, c.-à-d. qu'elle admet une infinité de racines. Dans tous les cas, elle admet la racine $x = x_0$, ce qui était évident. Pour qu'elle admette une deuxième racine égale à x_0, il faut et il suffit que $m = f'(x_0)$, ce qui démontre le fait bien connu que le coefficient angulaire de la tangente est égal à la dérivée de l'ordonnée par rapport à l'abscisse. Il reste alors, pour déterminer les autres points d'intersection, l'équation :

$$0 = f''(x_0) + f'''(x_0)\frac{x - x_0}{3} + f^{IV}(x_0)\frac{(x - x_0)^2}{3.4} + \ldots$$

Pour que cette équation admette encore la racine $x = x_0$, il faut et il suffit que $f''(x_0)$ soit nul. De plus, si la première dérivée qui ne s'annule pas est $f^{(n)}(x)$, l'équation contiendra en facteur $(x - x_0)^{n-2}$ et admettra $n - 2$ fois la racine x_0, ce qui, avec les deux racines déjà supprimées, donnera n points confondus en $x_0 y_0$. Si donc on veut que le nombre de ces points soit impair, il faut et il suffit que n soit lui-même impair. Donc, pour qu'un point x_0 y_0 qui n'est pas multiple soit un point d'i., il faut et il suffit qu'en ce point la dérivée seconde de l'ordonnée par rapport à l'abscisse soit nulle, et que la première dérivée qui ne s'annule pas après la seconde soit d'ordre impair.

Pour écarter les points multiples, il suffit de considérer l'équation non résolue :

$$F(x, y) = 0,$$

les points multiples sont ceux où les deux dérivées partielles s'annulent :

$$\frac{\partial F}{\partial x} = 0, \quad \frac{\partial F}{\partial y} = 0$$

Dans le cas où l'équation n'est pas résolue, on trouve les dérivées successives de y en différenciant plusieurs fois de suite l'équation $F(x, y) = 0$, d'après les règles ordinaires.

Enfin, quand il y a un point multiple, il faut examiner si l'une des branches de courbe qui y passent, ne présente pas une i. ; mais cette recherche fait partie de la discussion générale des points multiples. Voy. MULTIPLE.

INFLEXIONNEL, ELLE. adj. [Pr. *in-flek-sio-nèle*]. Qui a rapport à l'inflexion. T. Géom. *Tangente inflexionnelle*, Tangente en un point d'inflexion.

INFLEXIPÈDE. adj. 2 g. [Pr. *inflek-sipède*] (R. *inflexe*, et lat. *pes, pedis*, pied). T. Zool. Dont les pattes de devant se recourbent de dehors en dedans.

INFLEXUEUX, EUSE. adj. [Pr. *inflek-su-eu*] (lat. *inflexuosus*, m. s., de *in* priv., et *flexuosus*, flexueux). Qui n'est pas flexueux.

INFLICTIF, IVE. adj. T. Jurispr. Qui est relatif à l'infliction. *Peines inflictives*.

INFLICTION. s. f. [Pr. *inflik-sion*] (lat. *inflictio*, m. s.). Action de condamner à une peine corporelle, ou de la faire subir.

INFLIGER. v. a. (lat. *infligere*, m. s., de *in*, dans; *flectere*, courber). Prononcer une peine contre quelqu'un, lui imposer une peine pour quelque trangression, quelque crime, quelque faute. *Les peines que la loi inflige aux meurtriers. La peine est infligée par le juge. I. une amende, un châtiment, un supplice, une punition, une pénitence.* — Par analog., on dit, *S'i. une pénitence*, S'i. *des privations*. == INFLIGÉ, ÉE. part. == Conj. Voy. MANGER.

INFLORESCENCE. s. f. [Pr. *inflo-res-san-se*] (lat. *inflorescere*, fleurir, de *in*, dans, et *florescere*, fleurir). T. Bot. — On désigne sous ce nom, pris dans un sens général, la manière dont la plante fleurit, c.-à-d., dont les pousses florales

sont distribuées par rapport aux pousses végétatives. Constante dans le même végétal et parfois dans des groupes importants de plantes, l'i. subit des modifications qui peuvent se rattacher à un certain nombre de types bien définis.

Les organes floraux étant des feuilles modifiées, une fleur est analogue à un bourgeon ; mais c'est un bourgeon qui arrête l'axe qu'il termine. Tout axe s'arrête donc dans sa croissance quand une fleur en occupe le sommet, que ce soit la tige ou une ramification ; chacun de ces axes terminés par une fleur est un *Pédoncule*. Quand ce pédoncule ne se ramifie pas, l'i. est dite *solitaire*. Mais le plus fréquemment les pédoncules se ramifient et les fleurs portées à l'extrémité des rameaux sont rapprochées par groupes : l'i. est *groupée*. Le petit support de chaque fleur, quel que soit le degré de division auquel il appartient, se nomme le *Pédicelle*. On restreint quelquefois le mot d'i. et on l'applique au groupe floral lui-même. Si le pédoncule floral reste à la terminaison différenciée de la tige principale ou d'un rameau ordinaire, l'i. est *terminale* ; s'il provient de la différenciation d'une branche tout entière située à l'aisselle d'une feuille, l'i. est *axillaire*.

On peut diviser les inflorescences en 2 grands groupes, suivant que l'axe principal se termine par une fleur ou non. Lorsque l'axe principal reste à l'état végétatif, à mesure qu'il s'allonge, il produit de nouvelles fleurs vers son extrémité et il continue ainsi jusqu'à ce qu'il s'épuise. Il en résulte qu'une pareille i. porte successivement, du bas vers le haut, des fleurs de plus en plus jeunes, et que parfois le sommet présente encore de jeunes boutons alors qu'à la base les fleurs sont déjà passées. Ce développement indéterminé caractérise les inflorescences qu'on a nommées pour ce motif *inflorescences indéterminées* ou *indéfinies*, ou aussi *centripètes*, parce que le sommet de l'axe primaire est comme le centre vers lequel marchent la formation et l'épanouissement des fleurs. Mais d'autres fois, l'axe primaire, portant une fleur, est terminé par cela même et l'i. se bornerait à cette fleur terminale. Mais à un entre-nœud plus bas, ce même axe porte 2 petites bractées opposées et à l'aisselle de chacune d'elles naît un axe secondaire, chacun d'eux se terminant par une fleur ; puis au-dessous d'elles, ils émettent chacun 2 axes tertiaires. Ces quatre axes tertiaires donnent autant de fleurs

terminales et huit axes de quatrième génération, et ainsi de suite (Fig. 1). Les inflorescences ainsi composées d'axes déterminés sont appelées *Inflorescences déterminées* ou *définies*, et comme les fleurs se développent et s'épanouissent en s'éloignant de l'axe primaire qui est comme le centre de l'i., on les dit aussi *centrifuges*. Enfin, il arrive que ces 2 modes d'i. se réunissent et se combinent de différentes manières, formant alors des *inflorescences mixtes*.

I. *Inflorescences indéfinies ou indéterminées*. — 1° la *Grappe* qui est la forme fondamentale des inflorescences de ce groupe est une i. dans laquelle l'axe primaire indéterminé émet sur toute sa longueur des pédicelles secondaires terminés chacun par une fleur (Groseillier, Fig. 6). C'est une *grappe simple*. Si les pédicelles secondaires, au lieu de se terminer par une fleur se ramifient, on a alors une *grappe composée* (Vigne, Lilas, etc.). — 2° Le *Corymbe* ou *Fausse ombelle* est une grappe dont tous les rameaux latéraux inférieurs sont très longs et les inférieurs très courts, de telle sorte qu'ils se terminent à peu près sur le même plan, bien que chacun d'eux parte d'un point différent sur la tige (Prunier, Poirier,

Fig. 7, etc.). — 3° L'*Épi* peut être considéré comme une grappe dans laquelle les pédicelles secondaires sont très courts, la sorte que les fleurs sont sessiles ou à peu près sur l'axe primaire (Plantain, Verveine, Fig. 3). Si au lieu d'une fleur ce sont de petits épis ou *épillets* qui s'insèrent sur l'axe primaire, on a un épi composé (Blé, Orge, etc.). Certaines modifications de l'épi reçoivent depuis longtemps un nom particulier. — A. Le *Chaton* est un épi de fleurs sessiles, unisexuées, qui ont des écailles à la place du périanthe, et qui sont articulées à leur

base, au moins les mâles, de façon à tomber tout entières après la floraison (Cupulifères, Fig. 4. Chaton de Charme) — B. Le *Cône* est un chaton plus raccourci ou même complète-

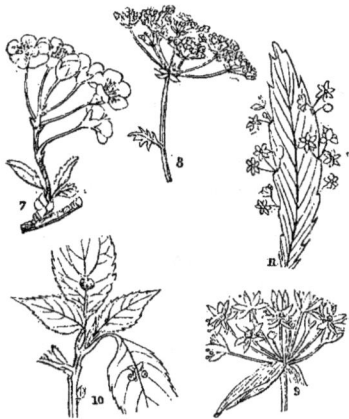

ment arrondi et dont les écailles deviennent souvent ligneuses (Conifères). — C. Le *Spadice* est un épi, avec un axe épais, charnu, portant des fleurs généralement unisexuées et non seulement sessiles, mais encore enfoncées dans l'axe. Le plus souvent les fleurs femelles sont en bas et les fleurs mâles à la partie supérieure. Chaque spadice est enveloppé au moins dans sa jeunesse par une *Spathe*. Le spadice des Palmiers est rameux et il est parfois énorme ; on l'appelle *Régime*. — 4° L'*Ombelle* est une i. dans laquelle l'axe primaire est supprimé. Il n'y a que des pédicelles secondaires ou *rayons* partant tous du même point et arrivant à la même hauteur. L'ombelle est *simple* si les rayons se terminent par une fleur (Cerisier, *Astrantia*, etc.), et *composée* si les rayons se ramifient et portent eux-mêmes des pédicelles tertiaires ter-

minés par une petite ombelle ou *Ombellule* (Panais, Carotte, Petite Ciguë, Fig. 8, etc.). — 5° Le *Capitule* peut être considéré comme une ombelle dont les rayons sont très courts ou nuls ; alors l'axe primaire se dilate pour porter des fleurs sessiles. Cette extrémité élargie est le réceptacle relevé en cône (Matricaire, Panicaut, etc.), ou aplati en assiette (Hélianthe, Dorsténie, etc.), ou creusé en cuvette (Ambora). Quand il se creuse davantage, il forme une sorte de bouteille comme dans le Figuier. Mirbel avait cru devoir donner le nom de *Cala-thide* au capitule des Composées.

Dans les inflorescences composées dont il vient d'être question, la ramification s'opère suivant le même mode à tous les degrés successifs ; mais elle peut changer de mode et l'on obtient : une grappe d'épis ou d'épillets que beaucoup de botanistes désignent sous le nom de *Panicule* (Avoine, Yucca, Fig. 5, etc.) ; une grappe d'ombelles (Lierre, Fig. 9, etc.) ; un corymbe de capitules (Achillée, etc.).

II. *Inflorescences définies.* — Tous les modes d'i. définis ont été réunis sous le nom de *Cymes*. On les distingue en *Cymes bipares* et en *Cymes unipares*. Les Cymes bipares se produisent, ainsi qu'il a été dit plus haut, par une succession d'axes terminés qui émettent chacun plus bas que leur fleur terminale deux axes symétriques, opposés ou non. Il y a donc là une série de bifurcations avec une fleur dans chacune (Petite Centaurée, Fig. 1). Si au lieu de bifurcations, il se forme des ramifications par 3 ou davantage, la cyme devient *multipare*. Si l'un des 2 axes avorte constamment à chaque ramification, la cyme est unipare, et ici deux cas se présentent. Si à chaque ramification l'avortement se produit toujours du même côté, on aura une *Cyme scorpioïde* ou *Inflorescence en crosse* (Consoude, Myosotis, Fig. 2, etc.). Si, au contraire, à chaque ramification l'avortement porte alternativement d'un côté et de l'autre, on aura une *Cyme hélicoïde* (Hémérocalle, Sparmannia, etc.). Quelques anciens botanistes ont donné le nom de *Glomérule* à des cymes dont les pédoncules floraux sont très courts, ce qui les fait ressembler à un capitule.

III. *Inflorescences mixtes.* — Si les types des inflorescences définies et indéfinies se montrent souvent isolés dans la nature, plus souvent encore on les voit se combiner entre eux de façons diverses et à différents degrés, formant ce qu'on a appelé des *Inflorescences mixtes*.

IV. *Anomalies d'inflorescence.* — Né à l'aisselle d'une feuille, le pédoncule floral peut être concrescent avec la tige et ne s'en séparer qu'à l'entre-nœud suivant. La fleur ou le groupe de fleurs se trouve ainsi déplacé (Douce-amère). Ailleurs le pédoncule floral contracte adhérence avec la feuille ou la bractée. Il paraît alors inséré sur la feuille (Helwingia, Fig. 10) ou sur la bractée (Tilleul). Enfin, on peut encore rencontrer des Cladodes florifères (Xylophylla, Fig. 11, Petit Houx, etc.).

INFLUENCE. s. f. [Pr. *in-flu-anse*] (lat. *influentia*, m. s., de *influere*, influer). Action d'une chose qui influe sur une autre ; se dit au prop. et au fig. L'*i. de la lune sur les marées*. L'*i. que la chaleur exerce sur les corps*. Montesquieu a fort exagéré l'*i. des climats sur les mœurs*. On croyait autrefois que les astres avaient de l'*i. sur la destinée des hommes*. L'*i. des passions*. L'*i. de l'opinion publique*. L'*i. du langage sur les idées*. *Éprouver, subir une i. Une douce, une salutaire i. Il a sur lui une i. dangereuse*. ‖ Autorité, crédit, ascendant. *C'est un h. sans i. Il a beaucoup d'i. à la cour. Il a perdu toute i. Exercer une grande i. sur les esprits*. ‖ T. Phys. Aimantation par i. Voy. AIMANT., Électrisation par i. Voy. ÉLECTRICITÉ. IX.

INFLUENCER. v. a. [Pr. *influ-an-ser*]. Exercer une influence, un ascendant. *I. les esprits, les opinions. I. une assemblée. Il s'est laissé i. par sa femme* = INFLUENCÉ, ÉE. part. == Conj. Voy. AVANCER.

INFLUENT, ENTE. adj. [Pr. *influ-an, ante*] (part.-prés. de *influer*). Qui a de l'influence, du crédit. *C'est un homme i., un personnage très i.*

INFLUENZA. s. f. [Pr. *influ-on-dza*] (ital. *influanza*, influence). T. Méd. Grippe maligne. Voy. GRIPPE.

INFLUER. v. n. (lat. *influere*, m. s. de *in*, dans, et *fluere*, couler). Exercer sur une cause une action qui tend à la modifier ; se dit principalement des choses qui agissent par une action lente et peu apparente. *La lune influe sur les marées. La lumière influe sur la végétation. Le climat influe sur les mœurs, sur le caractère. On croyait jadis* *que les astres influaient sur la destinée.* || Fig., *La bonne ou mauvaise éducation d'un jeune homme influe sur tout le reste de sa vie. Ce motif a influé sur sa résolution.* — Se dit aussi des personnes. *Un tel influa beaucoup dans la détermination que l'on prit. Il a beaucoup influé sur cette affaire.* == Conj. Voy. Fluer.

INFLUX. s. m. [Pr. *in-flu*] (lat. *influxus,* action de couler dans, de *influere,* couler dans). Mouvement de certains fluides pénétrant dans quelque corps. *L'in. nerveux.*

INFLUXION. s. f. [Pr. *influk-sion*] (lat. *influxio,* m. s). Syn. d'influx.

IN-FOLIO. adj. et s. m. T. Imp. et Lib. Se dit du format dans lequel la feuille, étant pliée en deux, ne fournit que quatre pages. Voy. Format.

INFONDIBULIFORME. adj. 2 g. Voy. Infundibuliforme.

INFORÇABLE. adj. 2 g. (R. *in* priv., et *forcer*). Qu'on ne peut forcer.

INFORMATEUR, TRICE. s. Celui, celle qui donne des informations.

INFORMATION. s. f. [Pr. *informa-sion*] (R. *informer*). T. Jurisp. Acte judiciaire où l'on rédige les dépositions des témoins en matière criminelle : c'est ce qu'on nomme *Enquête* en matière civile. *Faire une i., des informations. Procéder à une i. Peu us.* — *Convertir les informations en enquête; I. de commodo et incommodo,* Voy. Enquête. — I. *de vie et de mœurs,* Enquête que se faisait autrefois de la conduite et des mœurs de celui qui prétendait à une charge, une dignité, etc. || Dans le langage ordinaire, *Aller aux informations, prendre des informations,* sign. simplement Faire des recherches pour s'assurer de la vérité d'une chose, pour connaître la conduite, les mœurs d'une personne. *Les informations que j'ai recueillies sur sa conduite sont peu satisfaisantes.*

INFORME. adj. 2 g. (lat. *informis,* m. s., de *in* priv., et *forma,* forme). Imparfait, qui n'a pas de forme précise, qui n'a pas la forme qu'il doit avoir; se dit au prop. et au fig. *Une masse i. Un être i. Des essais informes. C'est un ouvrage i.* — Abusiv. *Un animal i. L'hippopotame est un animal i.* || T. Droit. Qui n'est pas revêtu des formes prescrites. *Cet acte est i. C'est une pièce i., qui ne peut servir.* || T. Astr. *Étoiles informes,* Étoiles qui n'étaient classées dans aucune constellation. Voy. Constellation.

INFORMER. v. a. (lat. *informare,* de in, dans, et *forma,* forme). Douer d'une forme, avertir, instruire. *I. les juges de la vérité du fait. Informez-le de ce qui se passe, de tout ce que vous avez appris. Vous êtes mal informé. Attendez d'être mieux informé* || T. Philos. Façonner dans sa forme intérieure. == Informer, v. n. T. Jurisp. crimin. Faire une information, une instruction. *I. contre quelqu'un. I. d'un assassinat. I. sur un fait. Autrefois les juges pouvaient, en certains cas, ordonner qu'il serait plus amplement informé pendant un temps déterminé ou indéterminé.* En ce sens, on dit mieux *Instruire.* — *I. des vie et mœurs de quelqu'un,* se disait autrefois de l'enquête que l'on faisait sur la conduite de celui qui prétendait à une charge, à une dignité, etc. || Par ext. Faire une enquête. *I. de commodo et incommodo.* == s'Informer, v. pron. S'enquérir. *S'i. de la vérité d'un fait, de la santé de quelqu'un. Je m'informerai de ce qu'il doit être. Je me suis informé à tous ceux qui le connaissent.* == Informé, Ée. part. || En matière criminelle, on dit subst., *Un plus amplement informé,* ou *Un plus ample informé,* Une nouvelle et plus ample instruction de l'affaire. *Conclure à plus ample informé. Jusqu'à plus ample informé.* || Fig. *S'abstenir de tout jugement jusqu'à plus ample informé.* == Syn. Voy. Enseigner.

INFORMITÉ. s. f. (lat. *informitas,* m. s., de *informis.,* informe). État de ce qui est informe. Vx.

INFORTIAT. s. m. [Pr. *infor-sia*]. Nom du second volume du Digeste compilé sous Justinien.

INFORTIFIABLE. adj. 2 g. (R. *in* priv., et *fortifier*). Qui n'est point susceptible d'être fortifié.

INFORTUNE. s. f. (lat. *infortunium,* m. s., de *in* priv., et *fortuna,* fortune). La mauvaise fortune, l'adversité. *Une grande, une illustre i. Tomber, vivre dans l'i. Je plains son i.* || Revers de fortune, désastre, disgrâce. *Faire le récit de ses infortunes. La mort termina ses infortunes, le cours de ses infortunes.* — Ce mot s'emploie surtout dans le style soutenu, et se dit aussi par ironie. *Infortune conjugale,* Malheur d'un mari trompé par sa femme.

INFORTUNÉ, ÉE. adj. (lat. *infortunatus,* m. s., de *in* priv., et *fortunatus,* heureux, qui vient de *fortuna,* sort, fortune). Malheureux. *Prince i. Mère infortunée. Vie infortunée. Sort i.* || Subst., *C'est un i., une infortunée. Secourir les infortunés.*

INFRACTEUR. s. m. (lat. *infractor,* m. s., de *in,* dans, et *frangere,* briser). Celui qui viole une loi, un ordre, un traité. etc. *I. des lois, des traités. A peine contre les infracteurs d'être condamnés à,* etc.

INFRACTION. s. f. [Pr. *infrak-sion*] (lat. *infractio,* m. s., de in, dans, et *frangere,* briser). Transgression, contravention, violation d'une loi, d'un ordre, d'un traité, etc. *Ils ont fait une i. au traité. C'est une i. au droit des gens. Une telle i. à la loi sera punie. L'i. des lois.* — *I. du bon,* Transgression que commet celui qui revient dans un lieu où il lui est interdit de résider, ou qui quitte le lieu qu'on lui a assigné pour résidence.

INFRAJURASSIQUE. adj. 2 g. [Pr. *infrajura-sik*] (lat. *infra,* au-dessous, et fr. *jurassique*). T. Géol. Se dit des terrains situés au-dessous des terrains jurassiques.

INFRALIAS. s. m. (lat. *infra,* au-dessous, et fr. *lias*). T. Géol. Nom donné à un groupe de couches situées à la base du Lias.

INFRANCHISSABLE. adj. [Pr. *infranchi-sable*] (R. *in* priv., et *franchir*). Qu'on ne peut franchir. *Un obstacle i. Des déserts infranchissables.*

INFRANGIBLE. adj. 2 g. (lat. *in* priv. et *frangere,* briser). Qui ne peut être brisé.

INFRA-ROUGE. adj. 2 g. (lat. *infra,* au-dessous, et fr. *rouge*). T. Opt. Se dit des rayons dont la longueur d'onde est plus grande que celle des rayons rouges, et de la partie du spectre qui contient ces rayons et qui est au delà du rouge. *Les rayons infra-rouges sont invisibles pour nos yeux. Ils sont calorifiques.* Voy. Dispersion, Spectre.

INFRASTRUCTURE. s. f. (lat. *infra,* au-dessous, et fr. *structure*). Nom donné aux terrains, aux terrassements et aux travaux d'art d'une voie ferrée. Voy. Chemin de fer.

INFRATERNEL, ELLE. adj. (R. *in* priv., et *fraternel*). Qui n'a point un caractère fraternel.

INFRAYÉ, ÉE. adj. [Pr. *infré-ié*] (R. *in* priv., et *frayé*). Qui n'est point frayé.

INFRÉQUEMMENT. adv. [Pr. *infré-kaman*] (R. *infréquent*). Rarement, peu fréquemment.

INFRÉQUENCE. s. f. [Pr. *infré-kanse*] (R. *infréquent*). Défaut de fréquence. || Petit nombre de gens qui fréquentent, qui assistent.

INFRÉQUENT, ENTE. adj. [Pr. *infré-kan, ante*] (lat. *infrequens,* m. s., de *in* priv., et *frequens,* fréquent). Qui n'a pas lieu fréquemment.

INFRÉQUENTÉ, ÉE. adj. [Pr. *infré-kanté*]. Qui n'est point fréquenté, qui n'a pas encore été fréquenté.

INFRUCTUEUSEMENT. adv [Pr. *infruktueu-ze-man*] (R. *infructueux*). Sans profit, sans utilité. *Il a travaillé infructueusement.*

INFRUCTUEUX, EUSE. adj. [Pr. *infruktueu, euze*] (lat. *infructuosus,* m. s. de *in* priv., et *fructuosus,* fructueux, de *fructus,* fruit). Qui ne rapporte point de fruit ou qui en rapporte fort peu. *Terre infructueuse. Année infructueuse.* || Fig., Qui n'apporte aucun profit, aucune utilité, qui ne donne aucun résultat. *Travail i. Soins i. Recherches infructueuses.*

INFRUCTUOSITÉ. s. f. [Pr. *infruk-tr-o-zité*]. Qualité de ce qui est infructueux.

INFULE. s. f. (lat. *infula*, m. s.). Bandelette de laine blanche dont les prêtres se ceignaient la tête chez les anciens

INFULMINABILITÉ. s. f. (lat. *in* priv., *fulmen*, foudre). Propriété qui fait qu'un corps ne peut être foudroyé.

INFUMABLE. adj. 2 g. (R. *in* priv., c. *fumer*). Qu'on ne peut fumer.

INFUNDIBULIFORME. adj. 2 g. [Pr. *in-fon-dibuli-forme*] (lat. *infundibulum*, entonnoir; *forma*, forme). Qui a la forme d'entonnoir. || T. Bot. Se dit des corolles gamopétales qui ont la forme d'un entonnoir. Voy. Fleur.

INFUNDIBULUM. s. m. [Pr. *infondi-bu-lome*] (mot lat. sign. entonnoir, de *in*, dans, et *fundere*, verser). T. Hist. nat. Nom de parties qui ont la forme d'entonnoir.

INFUS, USE. adj. [Pr. *in-fu*, *in-fu-ze*] (lat. *infusus*, m. s. de *in*, dans, et *fusus*, versé). Se dit des connaissances ou des vertus que l'on possède, pour ainsi dire, naturellement, sans avoir pris beaucoup de peine pour les acquérir. *Science infuse. Sagesse infuse.* Fam. *Il croit avoir la science infuse*, se dit, par raillerie, d'un homme qui se croit savant sans avoir étudié.

INFUSER. v. a. [Pr. *in-fu-zer*] (lat. *infusum*, supin de *infundere*, répandre dans). Mettre et laisser plus ou moins de temps une plante ou une drogue dans quelque liquide afin qu'elle lui abandonne les principes qu'elle contient. *I. du quinquina dans du vin. I. à froid, à chaud.* || Faire pénétrer un liquide dans un corps. *I. un sang nouveau dans un corps affaibli.* || Fig. *I. dans toute la nation l'esprit des conjurés.* == S'INFUSER. v. pron. *Il faut donner au thé le temps de s'i.* Avec ellipse du pron., *Laissez i. cette substance pendant dix minutes.* == INFUSÉ, ÉE. part.

INFUSIBILITÉ. s. f. [Pr. *infu-zibilité*]. Qualité de ce qui est infusible.

INFUSIBLE. adj. 2 g. [Pr. *infu-zib'e*] (R. *in* priv., et *fusible*). Qui n'est pas susceptible d'entrer en fusion. *Une matière infusible.*

INFUSION. s. f. [Pr. *infu-zion*] (lat. *infusio*, m. s.). Action de verser dans, sur quelque chose. || T. Théol. Se dit de la manière dont certaines facultés surnaturelles seraient infuses dans l'âme. *Les apôtres avaient le don des langues, par l'i. du Saint-Esprit.*
Pharm. — On appelle *Infusion* l'opération qui consiste à traiter par l'eau bouillante une substance dont on veut extraire les principes médicamenteux, et *Décoction*, celle qui consiste à mettre la substance dans l'eau froide, puis à les faire bouillir ensemble. On préfère la seconde pour les substances dures et coriaces. On désigne encore sous les noms l'*infusion* et de *décoction* le produit de ces opérations, c.-à-d. le liquide chargé des principes médicamenteux; quelques auteurs disent, dans ce dernier cas, *infusé* ou *décocté*. Ce qu'on nomme *infusion à froid* n'est autre chose qu'une dissolution ou une macération.

INFUSOIR. s. m. [Pr. *infu-zouar*] (R. *infuser*) Instrument dont on s'est servi pour introduire des médicaments dans les veines.

INFUSOIRES. s. m. pl. [Pr. *infu-zouare*] (R. *infusion*, parce que ces animalcules ont été d'abord observés dans les infusions végétales et animales). T. Zool. On désigne sous ce nom une classe nombreuse de *Protozoaires cortiqués* (Voy. Protozoaires) qui vivent au sein des liquides, surtout des eaux stagnantes, et dont la petitesse est telle qu'ils sont le plus souvent invisibles à l'œil nu.

La grandeur moyenne des I. est de 1 à 5/10e de millimètre. Les plus grands se montrent à l'œil nu sous la forme de points blancs ou colorés fixés à divers corps submergés, ou comme une poussière ténue flottant dans le liquide; les autres ne se voient qu'avec l'aide du microscope simple ou composé. Presque tous sont demi-transparents et paraissent blancs ou incolores; mais plusieurs sont colorés en vert ou en bleu; d'autres sont rouges, brunâtres ou noirâtres. Tous vivent dans l'eau ou dans les substances fortement humides. Quand on les observe au microscope, les I. semblent formés d'un protoplasma homogène glutineux et diaphane, qui est revêtu en partie d'une enveloppe plus ou moins résistante. En un point, en effet, cette membrane se déprime à l'intérieur du corps pour former une sorte de canal pharyngien, par où sont introduits les aliments. La surface du corps est revêtue plus ou

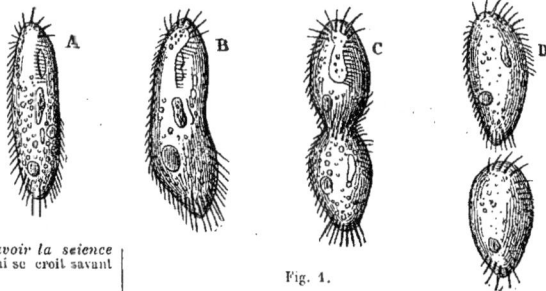

Fig. 1.

moins complètement par les organes de mouvement appelés *cils vibratiles.* Voy. Vibratile. Ce sont de fins prolongements du protoplasma qui traversent la membrane d'enveloppe pour venir faire saillie à l'extérieur. On voit souvent, à l'intérieur du corps, surtout en vert ce sont des parties végétales. En outre, tous peuvent présenter une ou plusieurs cavités sphériques remplies d'eau. Ces cavités, que les auteurs nomment *Vacuoles*, sont essentiellement variables quant à leur grandeur et à leur position, et disparaissent en se contractant, pour être remplacées par d'autres vacuoles creusées spontanément dans la substance charnue vivante. La plupart se multiplient par fissiparité, c.-à-dire par division spontanée (Fig. 1). Mais ce mode de reproduction ne

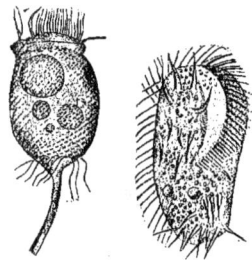

Fig. 2.   Fig. 3.

peut se continuer indéfiniment. Il arrive un moment où les infusoires sont obligés de s'accoler deux à deux, de se conjuguer, comme on dit, pour pouvoir continuer à se reproduire. Pendant cette *Conjugaison* (Voy. ce mot), ils échangent une partie de leur micronucleus, le macronucleus paraissant servir uniquement à la nutrition de l'animal. Enfin, lorsque, par suite de l'altération chimique du liquide soumis au microscope ou de son évaporation, ou par toute autre cause, un I. n'est plus dans les conditions favorables à son existence, il se décompose par *Diffluence*, c.-à-d. que la substance glutineuse dont il est formé s'écoule en globules hors de la masse, laquelle, si les mêmes circonstances continuent à agir, se décompose tout entière ou ne laissant pour dernier résidu que des particules irrégulières ou des globules épars. Mais si, par une addition d'eau fraîche, on change ces circonstances funestes, le reste de l'animalcule reprend sa vivacité primitive et recommence à vivre sous une forme plus ou moins modifiée. — On divise la classe des I. en ordres, d'après la forme ou le mode de répartition de leurs cils vibratiles.

I. Les *Homotriches* ou *Holotriches* ont le corps couvert de cils courts et tous semblables : Paramécies, Opalines, Chilodons, etc.

II. Les *Hétérotriches* diffèrent des précédents par la présence de cils plus longs autour de l'orifice pharyngien ou bouche : Stentor, Balantidium, etc.

III. Les *Péritriches* ou *Discotriches* présentent seulement une ou plusieurs couronnes de cils autour de leur corps. Quelques-uns vivent fixés par un long pédoncule rétractile : Vorticelle (Fig. 2).

IV. Les *Hypotriches* n'ont de cils vibratiles que sur une des faces de leur corps, qui devient alors la face ventrale : Euplote, Stylonichies (Fig. 3), etc.

INGA. s. m. T. Bot. Genre de plantes Dicotylédones de la famille des *Légumineuses*. Voy. ce mot.

INGAGNABLE. adj. 2 g. [Pr. *gn* mouillé] (R. *in* priv., et *gagner*). Qui n'est pas susceptible d'être gagné. *Procès i.*

INGAIETÉ. s f. [Pr. *in-ghè-té*, *g* dur] Absence de gaieté.

INGAMBE. adj. 2 g. (Ital. *in gumba*, en jambe). Léger, dispos, alerte. *Ce vieillard est encore i. Vous n'êtes pas assez i. pour sauter ce fossé.* Fam.

INGARANTI, IE. adj. Non garanti.

INGEBURGE ou **INGELBURGE**, Princesse danoise que Philippe-Auguste épousa, et qu'il répudia pour prendre Agnès de Méranie (Voy. ce nom) (1176-1237).

INGELHEIM (NIEDER-), v. du grand-duché de Hesse-Darmstadt, près du Rhin, où Charlemagne eut un château magnifique, bâti de 768 à 774 ; 2,800 hab.

INGELHEIM (OBER), v. du grand-duché de Hesse-Darmstadt ; 3,200 hab. ; ancienne ville impériale; ceinte de murs.

INGEMANN (BERNARD-SÉVERIN), écrivain danois (1789-1862).

INGÉNÉRABILITÉ. s. f. (R. *ingénérable*.) Qualité de ce qui ne peut être engendré.

INGÉNÉRABLE. adj. 2 g. (lat. *in* priv. et *generare*, engendrer). Qui ne peut pas être engendré.

INGÉNÉREUX, EUSE. adj. Qui n'est pas généreux.

INGÉNÉROSITÉ. s. f. [Pr. *injénéro-zité*]. Manque de générosité.

INGENHOUSZ (JAN), naturaliste et chimiste hollandais (1730-1799).

INGÉNIER (S'). v. pron. (lat. *ingeniari*, s'ingénier, de *ingenium*, au sens d'engin). Chercher, tâcher de trouver dans son esprit quelque moyen pour réussir. *Ingéniez-vous pour sortir de cet embarras.* Fam. || Conjug. Voy. PRIER.

INGÉNIEUR. s. m. (R. *ingénier*). Celui qui conduit et dirige des travaux d'art à l'aide de l'application des sciences mathématiques ou physico-chimiques. *I. militaire. I. des ponts et chaussées. I. des mines. I.-hydrographe. I.-mécanicien. I. civil,* Ingénieur qui ne relève pas du gouvernement, etc. V. GÉNIE.

INGÉNIEUSEMENT. adv. [Pr. *injénieu-ze-man*]. D'une manière ingénieuse. *Cela est i. imaginé, i. dit, i. disposé.*

INGÉNIEUX, EUSE. adj. (lat. *ingeniosus*, m. s., de *ingenium*, génie, de *in*, dans, et *genius*, génie). Plein d'esprit, plein d'invention et d'adresse. *Homme i. Femme ingénieuse. Un mécanicien fort i.* || Par ext., se dit des choses qui marquent de l'adresse, de l'esprit, de l'invention chez celui qui en est l'auteur. *Cette invention est fort ingénieuse. Cet ouvrage est extrêmement i. Une repartie ingénieuse. Le trait est i. Ce mécanisme est très i.* || Se dit quelquefois des personnes, au sens moral. *Elle est ingénieuse à faire le bien. Il est i. pour le plaisir des autres. Vous êtes i. à vous tourmenter, à trouver des torts à tout le monde.*

INGÉNIOSITÉ. s. f. [Pr. *injé-niozi-té*] (R. *ingénieux*). Caractère d'une personne, d'une chose ingénieuse.

INGÉNU, UE. s. (lat. *ingenuus*, m. s., de *in*, dans, et *genus*, engendré, propr. naturel du pays, et, par ext., né libre). T. Droit rom. Se disait, par oppos. à *Affranchi, ie,* d'une personne née libre, et qui n'avait jamais été dans une servitude légitime. *Une ingénue qui avait des relations avec un esclave devenait elle-même esclave. Auguste permit aux ingénus qui n'étaient pas sénateurs, d'épouser des affranchies.* — INGÉNU, UE. adj. Naïf, simple, qui est sans déguisement, sans finesse. *Un homme i. Un esprit i. C'est l'homme du monde le plus i. Cette jeune personne est très ingénue.* — Par ext., *Il a l'air fort i. Il a quelque chose d'i. dans la physionomie. Elle a dit cela d'une manière tout à fait ingénue. Discours i. Réponse ingénue. Il en fit l'aveu i.* || S'emploie subst., *Faire l'i., l'ingénue.* — Au Théât., on dit : *Jouer les ingénues,* Jouer les rôles de jeunes filles naïves. *L'emploi des ingénues,* L'emploi de l'actrice qui joue ces rôles.

INGÉNUITÉ. s. f. (lat. *ingenuitas*, m. s., de *ingenuus*, né libre). T. Droit anc. État d'une personne née libre. || Naïveté, simplicité, franchise. *Elle a beaucoup d'i. Elle est d'une grande i.*

Cet âge est innocent; son ingénuité
N'altère point encore la simple vérité.
RACINE.

Avec une i. affectée, il trompe ceux qui ne le connaissent pas. || Par ext., Observation, remarque, trait qui marque de l'ingénuité. *Une i. fort plaisante. Voilà de ses ingénuités.* || T. Théât. *Jouer les ingénuités,* Jouer les rôles de jeunes filles ingénues. — Syn. Voy. NAÏVETÉ.

INGÉNUMENT. adv. D'une manière ingénue et naïve. *Elle nous dit cela fort i. et sans y entendre malice.* || Franchement, sincèrement. *Je vous avouerai i. que... Pour vous parler ingénument.*

INGÉRENCE. s. f. [Pr. *injé-ran-se*]. Action de s'ingérer. *Je ne veux point de son i dans mes affaires.* Fam.

INGÉRER. v. a. (lat. *ingerere*, pousser dans, de *in*, dans, et *gerere*, porter). T. Physiol. Introduire. *Lorsqu'on ingère des substances huileuses dans l'estomac.* — INGÉRER (S'). v. pron. Se mêler de quelque chose sans en avoir le droit ou l'autorisation. *Il s'est ingéré dans cette affaire. Je ne m'ingère point de vos affaires. Elle s'ingéra de donner des avis.* — INGÉRÉ, ÉE. part. *Les poisons ingérés dans l'estomac.* — Conj. Voy. CÉDER.

INGESTA. s. m. pl. Mot lat. sign. Les choses ingérées, employé par les hygiénistes, depuis Hallé, pour désigner les substances alimentaires liquides et solides introduites dans l'économie par les voies digestives.

INGESTION. s. f. (lat. *ingestio*, action de pousser dans, de *ingerere*, pousser dedans). T. Physiol. Introduction ; ne se dit que des substances qu'on introduit dans les premières voies.

INGLORIEUX, EUSE. adj. (lat. *ingloriosus*, m. s., de *in* priv., et *gloria*, gloire). Qui est sans gloire.

INGLORIFIÉ, ÉE. adj. Qui n'est point glorifié, célébré.

INGOLSTADT, v. de la haute Bavière, sur le Danube ; 16,500 hab. Université fondée en 1472 par le duc Louis Le Riche.

INGOUVERNABLE. adj. 2 g. Qui ne peut être gouverné. *Les mauvais gouvernements trouvent toujours que les peuples sont ingouvernables. Cet enfant est i.*

INGRAIN. s. m. [Pr. *in-grin*]. Nom vulgaire de l'*Épeautre.* Voy. FROMENT.

INGRAMMATICAL, ALE. adj. [Pr. *ingram-matikal*] (R. *in* priv., et *grammatical*). Qui est contraire aux lois de la grammaire.

INGRAT, ATE. adj. (lat. *ingratus*, m. s. de *in* priv., et *gratus*, reconnaissant). Qui n'a point de reconnaissance. *Un cœur i. Des fils ingrats. Il a été i. envers son bienfaiteur. La patrie ne fut point ingrate envers lui. Il est devenu i. à vos bontés.* — Par ext. *Un oubli i. Une conduite ingrate.* || Fig., Stérile, infructueux, qui ne dédommage point des dépenses qu'on fait ou des peines qu'on se donne. *Sol i. Une affaire ingrate. Une terre ingrate à la culture.* — *Étude ingrate, travail i.,* Étude, travail, où aucune sorte d'agrément, de profit, ne dédommage des peines que l'on se donne. || En Littér. et dans les B.-Arts, se dit aussi d'un sujet qui fournit peu d'idées, qui n'est pas favorable au développement du talent. *Le sujet de ce poème est très i. Vous avez choisi une matière bien i.* || Famil., se dit quelquefois pour désagréable, qui ne prévient pas. *Cet homme a l'extérieur i., une figure ingrate. Age ingrat,* L'adolescence où les formes sont encore indécises et où le caractère est souvent désagréable. *Miroir ingrat,* Miroir qui reproduit les traits en les déformant. = *Ingrat, ate,* se dit subst. dans le premier sens, *Rendez-moi ce service, vous n'obligerez pas un i. Il a fait bien des ingrats. Allez, vous êtes une ingrate!*

INGRATEMENT. adv. Avec ingratitude.

INGRATITUDE s. f. (lat. *ingratitudo*, m. s., de *ingratus*, ingrat). Vice des ingrats, manque de reconnaissance pour un bienfait reçu. *Une grande, une horrible i. C'est une noire i. Il m'a payé d'i. C'est un trait, un acte d'i. Se rendre coupable d'i. Une donation peut être révoquée pour cause d'i.* || On dit encore, *L'i. du sol. L'i. de ce travail. L'i. de ce sujet. L'i. de ses traits.*

INGRÉDIENT. s. m. [Pr. *ingré-dian*] (lat. *ingrediens*, entrant dans, part. prés. de *ingredi*, entrer). Ce qui entre dans la composition d'un médicament, d'une boisson, d'un mets ou de quelque autre mélange. *Bon, mauvais, i. Il entre beaucoup d'ingrédients dans la composition de la thériaque. Le principal i. de ces pilules est l'opium. Il n'y faut pas tant d'ingrédients.*

INGRES (JEAN-AUGUSTE-DOMINIQUE), illustre peintre fr., né à Montauban, le 29 août 1780, mort à Paris, le 14 janvier 1867. Ses œuvres sont innombrables. Signalons, parmi les principales : *l'Apothéose d'Homère,* le *Vœu de Louis XIII,* la *Saint-Symphorien,* la *Source, OEdipe expliquant l'énigme* (ces deux derniers au Louvre), *Henri IV jouant avec ses enfants.*

INGUÉABLE. adj. 2 g. [Pr. *in-ghé-able*] (R. *in* priv., et *guéable*). Qui n'offre pas de gué.

INGUÉRISSABLE. adj. 2 g. [Pr. *inghéri-sable*] (R. *in* priv., et *guérir*). Qui ne peut être guéri. *C'est un homme i. Sa maladie est i.* = Syn. Voy. INCURABLE.

INGUINAL, ALE. adj. [Pr. *ingu-inal*] (lat. *inguinalis*, m. s., de *inguen*, aine). T. Anat. et Chirur. Qui appartient ou qui a rapport à l'aine. *Ligament i. Glande inguinale. Hernie inguinale. Bandage i.* Voy. AINE.

INGUINO-CUTANÉ, ÉE. [Pr. *ingui-no...*]. T. Anat. Nom donné au rameau nerveux provenant du premier nerf lombaire.

INGURGITATION. s. f. [Pr. *in-gurgita-sion*] (lat. *ingurgitatio*, m. s.) T. Méd. Action d'ingurgiter.

INGURGITER. v. a. (lat. *ingurgitare*, m. s., de *in*, dans, et *gurges, gurgitis,* gouffre). T. Méd. Introduire en grandes quantités un liquide dans l'estomac. || Fig. *On lui ingurgita de force les éléments de l'algèbre.*

INHABILE. adj. 2 g. (lat. *inhabilis*, m. s., de *in* priv., et *habilis,* propre à). Qui manque d'habileté, d'aptitude. *Un artiste i. La vieillesse est i. au métier des armes.* || T. Jurisprud. Qui n'a pas les qualités requises pour faire une chose. *Être i. à contracter, à tester. Un mineur est i. à gérer ses biens.*

INHABILEMENT. adv. D'une manière inhabile

INHABILETÉ. s. f. Manque d'habileté. Peu us.

INHABILITÉ. s. f. (R. *inhabile*). T. Jurisprud. Incapacité. *La condamnation à une peine infamante perpétuelle em-*

portait, sous le régime de la mort civile, i. à recueillir aucune succession.

INHABILITER. v. a. T. Jurisp. Rendre inhabile, mettre dans l'état d'inhabilité.

INHABITABLE. adj. 2 g. (lat. *inhabitabilis*, m. s., de *in* priv., et *habitare,* habiter). Qui ne peut être habité. *Maison i. Pays i. Des lieux inhabitables.*

INHABITATION. s. f. [Pr. *inabita-sion*]. Non-habitation. *Les maisons se dégradent par l'i.*

INHABITÉ, ÉE. adj. Qui n'est point habité. *Lieux inhabités. Ville inhabitée. Maison inhabitée.* = Syn. Voy. DÉSERT.

INHABITUDE. s. f. Défaut d'habitude.

INHABITUÉ, ÉE. Non habitué, qui n'a pas l'habitude.

INHABITUEL, ELLE. adj. Qui n'est point habituel.

INHALANT, ANTE. adj. [Pr. *ina-lan*] (part. prés. de *inhaler*). T. Méd. Qui absorbe.

INHALATEUR. s. m. T. Méd. Instrument pour l'inhalation. Les inhalateurs se composent essentiellement d'un réservoir pour le liquide médicamenteux, d'une embouchure qu'on introduit dans la bouche et d'une poire en caoutchouc, qui envoie dans le réservoir un courant d'air que le patient reçoit dans la bouche. Ce courant se charge en traversant le liquide, soit de vapeurs utiles, soit d'une poussière liquide qui pénètre ainsi dans les voies respiratoires. La forme des inhalateurs varie suivant les effets qu'on veut produire.

INHALATION. s. f. [Pr. *inala-sion*] (lat. *inhalatio*, m. s., de *inhalare,* inhaler). T. Physiol. Absorption ; ne se dit guère que des fluides aériformes. || Méthode thérapeutique dans laquelle on utilise l'inspiration respiratoire pour introduire dans les voies respiratoires des gaz ou des vapeurs ayant une action médicamenteuse, ou même des liquides très divisés et réduits pour ainsi dire en poussière. — *Salle d'i.,* Salle d'un établissement hydrothérapique où l'on respire la vapeur des eaux minérales, ou plutôt les eaux minérales elles-mêmes très divisées.

INHALER. v. a. (lat. *inhalare*, de *in,* dans, et *halare,* souffler). T. Physiol. Aspirer, absorber ; se dit des fluides aériformes, et par opposition à *Exhaler.* = INHALÉ, ÉE. part.

INHARMONIE. s. f. Défaut d'harmonie.

INHARMONIEUSEMENT. adv. [Pr. *inar-monieu-zeman*]. Sans harmonie.

INHARMONIEUX, EUSE. adj. (R. *in* priv., et *harmonieux*). Qui est privé d'harmonie.

INHÉRENCE. s. f. [Pr. *iné-ranse*] (R. *inhérent*). État de ce qui est inhérent. || T. Philos. Se dit de l'union des choses inséparables par leur nature, et qui ne peuvent être séparées que mentalement et par abstraction. *L'i. de l'accident à la substance.*

INHÉRENT, ENTE. adj. [Pr. *iné-ran*] (lat. *inhærens,* m. s., part. prés. de *inhærere,* être fixé, de *in,* dans, et *hærere,* être attaché). Qui par sa nature se joint inséparablement à un sujet. *La pesanteur est inhérente à la matière. Un vice i. au sujet d'un ouvrage. La faiblesse inhérente à la nature humaine.*

INHIBER. v. a. (lat. *inhibere*, m. s., de *in,* dans, et *habere,* avoir. Le sens propre est tenir dans, d'où interdire). T. Chancellerie et Jurispr. Défendre, interdire. *Nous avons inhibé et défendu.* = INHIBÉ, ÉE. part.

INHIBITION. s. f. [Pr. *inibi-sion*] (lat. *inhibitio,* m. s.). Défense, prohibition ; peu us., et ne se dit guère qu'au pluriel et se joignant au mot Défense. *Inhibitions et défenses furent faites à toutes personnes.* Vx. || T. Physiol. Phénomène physiologique d'origine nerveuse qui consiste dans la suspension temporaire ou la suppression définitive d'une fonction. C'est ainsi que l'irritation du nerf pneumogastrique arrête les battements du cœur. La notion d'i. a été introduite dans la science par Brown-Séquard, qui a montré que l'action du système nerveux sur les organes est tantôt excitatrice, tantôt modératrice. Quand la fonction modératrice s'exagère par une influence morbide ou traumatique, il y a i.

INHIBITOIRE. adj. 2 g [Pr. *inibi-touare*] (R. *inhiber*). T. Jurisp. Qui défend, qui prohibe.

IN HOC SIGNO VINCES, ou plutôt, en grec. ἐν τούτῳ νίκα : *Tu vaincras par ce signe*, inscription que Constantin plaça sur son étendard ou labarum, pour rappeler l'apparition d'une croix dans le ciel (sans doute un halo) qui aurait eu lieu au moment où il allait marcher contre Maxence. Voy. LABARUM.

INHONORÉ, ÉE adj. [Pr. *inono-ré*]. Qui n'est point honoré.

INHOSPITALIER, IÈRE. adj. (R. *in* priv., et *hospitalier*). Qui n'exerce point l'hospitalité, inhumain envers les étrangers. *Un peuple i* || Fig , se dit d'un lieu où les étrangers sont mal accueillis, où l'on ne trouve aucune ressource. *Terre inhospitalière. Rivage i.*

INHOSPITALIÈREMENT. adv. D'une façon inhospitalière.

INHOSPITALITÉ. s. f. (lat. *inhospitalitas*, m. s., de *in* priv., et *hospitalitas*, hospitalité). Inhumanité envers les étrangers. *La barbarie et l'i. de ces peuples.*

INHOSTILE. adj. 2 g. Qui n'est pas hostile.

INHUMAIN, AINE. adj. (lat. *inhumanus*, m. s., de *in* priv., et *humanus*, humain). Cruel, sans pitié, sans humanité; se dit des personnes et des choses. *Un maître i. Il se montra fort i. envers ces malheureux. Un acte i. Un traitement i. Une loi, une coutume inhumaine.*] Dans le langage des amants et des poètes, *Inhumaine* se dit adj. et subst. d'une femme qui ne répond pas à la passion de celui dont elle est aimée.

Mais voici de retour cette aimable inhumaine.

CORNEILLE.

Beauté inhumaine. Une belle inhumaine. L'abus qu'on a fait de cette expression l'a fait tomber en désuétude : elle ne s'emploie plus qu'en plaisantant. == s. f.

INHUMAINEMENT. adv. Avec inhumanité.

INHUMANITÉ. s. f. (lat. *inhumanitas*, m. s., de *in* priv., et *humanitas*, humanité). Cruauté, barbarie. *Il y a de l'i. à cela. Il traite ses esclaves avec i. Un acte d'i.* || Acte d'inhumanité. *C'est une i. Exercer de grandes inhumanités.*

INHUMATION. s. f. [Pr *inuma-sion*]. Action d'inhumer, d'enterrer les corps des morts.

Législ. — On appelle *Inhumation*, l'action de déposer un cadavre dans le sein de la terre. Cette opération ne peut être faite qu'après constatation du décès par un médecin et délivrance d'une autorisation spéciale par l'officier de l'état civil. Elle ne peut avoir lieu que 24 heures après le décès, sauf les cas de maladie contagieuse, de putréfaction du corps, de mort d'un supplicié, ou de mort violente, quand, dans ce dernier cas, l'inspection du cadavre ne laisse aucun doute sur la réalité de la mort. Enfin, on ne peut procéder à l'autopsie ou à l'embaumement d'un corps, à moins que ce ne soit ordonné par décision judiciaire ou par la direction des hôpitaux, qu'après en avoir obtenu l'autorisation de l'autorité municipale de la famille.— L'i. doit se faire dans le cimetière de la commune, aux jour et heure indiqués par l'officier de l'état civil. L'autorisation du magistrat est nécessaire pour pratiquer une i. dans une propriété particulière. Toute contravention aux règlements relatifs aux inhumations est punie de 6 jours à 2 mois d'emprisonnement, et d'une amende de 16 à 200 francs. Voy. FUNÉRAILLES.

On ne devrait jamais inhumer un corps sans être sûr de la mort, et, jusqu'à présent, le *seul* signe certain de la mort est la décomposition. C'est un véritable crime de procéder, comme on le fait légalement encore, 24 heures seulement et sans un contrôle suffisant. En France seulement il y a, chaque année, une treizaine de personnes enterrées vivantes. Il ne se passe guère de mois sans que des catastrophes de cet ordre ne soient évitées par un simple hasard : le réveil avant ou pendant l'en-

terrement. Il y a quelques années, un Anglais très amoureux de sa femme s'opposa absolument à ce qu'on l'enterrât et la veilla pendant huit jours. Le huitième jour elle se réveilla. On ne retourne presque jamais les terrains occupés par d'anciens cimetières sans trouver des squelettes qui ont changé de position. Depuis le jour où Vésale, en 1564, fit renaître un gentilhomme espagnol en le disséquant, les chirurgiens ont plus d'une fois observé le même fait ; récemment encore, l'un d'eux *tua* littéralement le mort en lui coupant la gorge : la victime ne sentit le scalpel que pour expirer. Ne se souvient-on pas aussi du beau discours du cardinal Donnet, archevêque de Bordeaux, qui avait failli lui-même être enterré vivant !

Parmi les trop nombreux exemples de ces drames, rappelons l'un des plus authentiques et des plus célèbres, quoiqu'il date déjà d'un peu loin (1810), celui de Victorine Lafourcade, jeune personne fort riche et d'une grande beauté, qui comptait au nombre de ses passionnés admirateurs un pauvre journaliste, Julien Bossuet. Victorine épousa l'opulent banquier Renelle; mais, après quelques années d'une union malheureuse, elle mourut ou plutôt parut avoir quitté la vie, et fut enterrée au cimetière du village où elle était née. Au désespoir d'avoir perdu celle qu'il aimait encore, Bossuet conçut le romanesque projet de se rendre au cimetière où elle reposait pour violer sa sépulture et s'approprier une des tresses de sa chevelure. Il déterra le cercueil, l'ouvrit et, au moment où il se disposait à accomplir son amoureuse profanation, la lune se dégageant d'un nuage éclaira le visage de la morte dont les yeux démesurément ouverts le regardaient fixement. Après un moment de terreur indicible, le jeune homme s'aperçut que la jeune femme n'était pas morte. Il la couvrit de baisers qui achevèrent de la tirer de son sommeil léthargique et la transporta dans le logement qu'il avait pris au village. Là, grâce aux soins d'un médecin, il parvint à la sauver. La jeune femme, émue d'une telle preuve d'amour, consentit à suivre son amant en Amérique. Vingt ans après, convaincus qu'un si longtemps devait avoir changé les traits de Victorine au point la rendre méconnaissable, ils revinrent en France; mais, Renelle, ayant rencontré sa femme, la reconnut et fit valoir ses droits sur elle par les tribunaux. Le jugement rendu en cette occasion débouta le mari de sa demande, considérant que les circonstances particulières de la cause et le temps qui s'était écoulé avaient rompu, non seulement en équité, mais en droit, les liens du premier mariage et complètement autorisé l'union de la ressuscitée avec son ravisseur.

On ne peut nier les inhumations prématurées, et ce serait le devoir des législateurs d'en assurer l'impossibilité. A défaut de lois, l'affection des survivants doit en tenir lieu. Si l'on n'embaume pas, le mieux est d'ordonner l'autopsie.

INHUMECTATION. s. f. [Pr. *inumck-tasion*]. Défaut d'humectation.

INHUMECTÉ, ÉE. adj. Qui n'est point humecté.

INHUMER. v. a. [Pr. *inu-mer*] (lat. *inhumare*, m. s., de *in*, dans, et *humus*, terre). Enterrer; ne se dit que des corps humains. == INHUMÉ, ÉE. part. == Syn. Voy. ENTERRER.

INIAQUE. adj. 2 g. (gr. ἴνιον, nuque). T. Anat. Qui a rapport à la nuque.

INIENCÉPHALE. adj. 2 g. [Pr. *ini-an-séfale*] (gr. ἴνιον, nuque, et T. *encéphale*). T. Térat. Se dit d'un monstre dont l'encéphale est situé en partie dans la boîte cérébrale et en partie hors d'elle en arrière.

INIENCÉPHALIE. s. f. [Pr. *ini-an-séfali*]. T. Térat. État des monstres iniencéphales.

INIMAGINABLE. adj. 2 g. (R. *in* priv., et *imaginer*). Qu'on ne peut imaginer.

INIMITABILITÉ. s. f. Qualité de ce qui est inimitable.

INIMITABLE. adj. 2 g. (lat. *inimitabilis*, m. s.). Qu'on ne saurait imiter. *Action i. Ouvrage i. Stylei . Grâce i. Talent i. Un homme i. dans son art. Un poète i.*

INIMITABLEMENT. adv. D'une manière inimitable.

INIMITÉ, ÉE. adj. Que l'on n'a point encore imité.

INIMITIÉ. s. f. [Pr. *inimi-tié*] (lat. *inimicus*, ennemi, de *in* priv., et *amicus*, ami, par l'intermédiaire d'une forme barbare *inimicitas*; le mot classique *inimicitia* aurait donné *enemiesse*, comme *pigritia* paresse). Haine, malveillance, aversion qu'on a pour quelqu'un, et qui ordinairement dure longtemps. *I. cachée, ouverte, déclarée. Vieille i. I. héréditaire. Il existait entre ces familles d'anciennes inimitiés. Avoir de l'i. pour une personne. Concevoir de l'i. contre quelqu'un. Encourir son i.*

    Sa vaine inimitié n'est pas ce que je crains.
                           RACINE.

|| Par ext., se dit de l'antipathie naturelle qui existe entre certains animaux. *Il y a une i. naturelle entre le chien et le chat.* = Syn. Voy. HAINE.

ININPRIMABLE. adj. 2 g. [Pr. *inim...*] (R. *in* priv., et *imprimable*). Qui ne peut être imprimé.

ININDUSTRIEUX, EUSE. adj. Non industrieux.

ININFLAMMABILITÉ. s. f. [Pr. *ininfla-mabilité*]. Qualité de ce qui est ininflammable.

ININFLAMMABLE. adj. 2 g. [Pr. *ininfla-moble*]. (R. *in* priv., et *inflammable*). Qui n'est pas susceptible de s'enflammer. *Cette préparation rend les bois et les tissus ininflammables.*

ININFLAMMATION. s. f. [Pr. *ininfa-ma-sion*]. Défaut, manque d'inflammation.

ININSCRIPTION. s. f. [Pr. *inins-krip-sion*]. Défaut, manque d'inscription.

ININTELLIGEMMENT. adv. [Pr. *inintel-lija-man*]. D'une manière inintelligente.

ININTELLIGENCE. s. f. [Pr. *inintel-lijan-se*]. Défaut d'intelligence. *S'il ne comprend pas, ce n'est pas faute de volonté, c'est i.*

ININTELLIGENT, ENTE. adj. [Pr. *inintel-lijan, ante*] (lat. *inintelligens*, m. s.). Qui manque d'intelligence.

ININTELLIGIBILITÉ. s. f. [Pr. *inintel-li-jibilité*]. Qualité de ce qui est inintelligible.

ININTELLIGIBLE. adj. 2 g. (lat. *inintelligibilis*, m. s., de *in* priv., et *intelligere*, comprendre). Qui n'est pas intelligible, qu'on ne peut comprendre. *Phrase i. Ce discours, ce langage, cela m'est inintelligible, c'est i. —* On dit aussi, *C'est un homme i. Une philosophie i.*

    Syn. — Inconcevable, Incompréhensible. — Inintelligible se dit par rapport à l'expression; inconcevable par rapport à l'imagination; incompréhensible, par rapport à la nature de l'esprit humain. Ce qui est inintelligible est vicieux, mal présenté. La faute en est à celui qui veut expliquer la chose et non à la faiblesse de l'esprit humain, ni à la nature de la chose; ce qui est inconcevable dépasse notre faculté de concevoir, d'imaginer; ce qui est incompréhensible dépasse la portée de notre faculté de comprendre; c'est le mystère.

ININTELLIGIBLEMENT. adv. [Pr. *inintel-lijibleman*]. D'une manière inintelligible.

ININTERPRÉTABLE. adj. 2 g. (R *in* priv., et *interpréter*). Que l'on ne saurait interpréter.

ININTERPRÉTÉ, ÉE. adj. Qui n'a point encore été interprété.

ININTERROMPU, UE. adj. [Pr. *ininté-ron-pu*]. Qui n'est pas interrompu.

ININTERRUPTION. s. f. [Pr. *ininté-rup-sion*]. Non-interruption, continuité.

INIODYME. adj. 2 g. (gr. ἰνίον, nuque; δίδυμος, jumeau). T. Térat. Se dit d'un monstre double qui n'a qu'un seul corps portant deux têtes réunies en arrière.

INIODYMIE. s. f. T. Térat. État des monstres iniodymes.

INION. s. m. (gr. ἰνίον, nuque). T. Obstét. Protubérance occipitale. Voy. FŒTUS.

INIO-NASAL, ALE. adj. [Pr. *iniona-zal*] (R. *inion*, et *nasal*) T. Obstét. *Diamètre inio-nasal.* Voy. FŒTUS.

INIOPE. adj. 2 g. (gr. ἰνίον, nuque; ὤψ, œil). T. Térat. Se dit d'un monstre double dont la tête, incomplètement double, présente d'un côté une face, et de l'autre un œil imparfait.

INIOPIE. s. f. T. Térat. État des monstres iniopes.

INIQUE. adj. 2 g. [Pr. *inike*] (lat. *iniquus*, m. s., de *in* priv., et *æquus*, juste). Injuste à l'excès, qui blesse grièvement l'équité. *Juge, Jugement i. Cela est i.*

INIQUEMENT. adv. [Pr. *ini-ke-man*]. D'une manière inique.

INIQUITÉ. s. f. [Pr. *ini-kité*] (lat. *iniquitas*, m. s.). Vice de ce qui est inique; injustice criante, manifeste. *L'i. des juges. L'i. de cet arrêt est évidente. Un acte d'i. C'est le comble de l'i. C'est un mystère d'iniquité.* || Acte d'injustice. *Commettre une i., des iniquités. C'est une i. révoltante.* || Se dit dans un sens plus général, en parlant de la corruption des mœurs, du débordement des vices. *L'i. du siècle. Un homme rempli d'i.* — Dans le langage religieux, se dit, au pluriel, des péchés, des actes contraires à la religion, à la morale. *Jésus-Christ s'est chargé de nos iniquités. Les enfants portent souvent les iniquités des pères. Seigneur, remettez-nous nos iniquités.* — Dans l'Écriture sainte, *Boire l'i. comme l'eau,* Se livrer au péché sans scrupule et sans remords.

INIRASCIBILITÉ. s. f. [Pr. *iniras-sibilité*]. Qualité de celui qui n'est pas irascible.

INIRASCIBLE. adj. 2 g [Pr. *iniras-sible*]. Qui n'est pas irascible.

INITÉRABILITÉ. s. f. (R. *in* priv., et *itérer*). Qualité de ce qui ne peut être itéré.

INITIAL, ALE. adj. [Pr. *ini-sial*] (lat. *initialis*, m. s., de *initium*, commencement). Se dit des lettres, des syllabes qui commencent un mot. *La lettre initiale d'un nom propre est toujours une majuscule. Consonne, syllabe, particule initiale.* || T. Impr. et Calligr. *Lettre initiale,* ou subst., *L'initiale,* Celle qui commence un livre, un chapitre. *Les initiales sont ordinairement plus grandes que les majuscules du texte, et sont quelquefois accompagnées d'ornements. Ce billet n'est signé que d'une initiale, que de l'initiale de son nom.*

INITIALEMENT. adv. [Pr. *ini-si-aleman*]. En initiale; au commencement.

INITIATEUR, TRICE. s. [Pr. *ini-siateur*] (lat. *initiator, trix*, m. s.). Celui, celle qui initie. = Adj. *Un génie initiateur.*

INITIATIF, IVE. adj. [Pr. *ini-siatif*]. Qui a le caractère de l'initiative.

INITIATION. s. f. [Pr. *ini-sia-sion*] (lat. *initiatio*, m. s.). Admission à la connaissance de certaines choses secrètes. || T. Antiq. Cérémonie par laquelle on était initié à la connaissance et à la participation de certains mystères. || T. Relig. *L'i. religieuse,* Cérémonie par laquelle les israélites correspondant à la première communion des catholiques.

INITIATIVE. s. f. [Pr. *ini-siative*] (lat. *initiatum*, supin d'*initiare*, commencer). Action de celui qui propose le premier quelque chose. *Prendre l'i.* || Qualité de celui qui est disposé à l'entreprise. *Il manque d'i.* || T. Polit. *Droit d'i.,* ou simpl. *Initiative,* Le droit de proposer de nouvelles lois. *L'initiative des lois appartient concurremment au président de la République et aux membres des deux Chambres.*

INITIER. v. a. [Pr. *ini-sier*] (lat. *initiare*, m. s., de *initium*, commencement). Se dit proprement en parlant de la religion des anciens païens, et signifie Recevoir au nombre de ceux qui font profession de quelque culte particulier, admettre à la connaissance et à la participation de certaines cérémonies secrètes qui regardaient le culte particulier de quelque divinité. *Il se fit i. aux mystères de Cérès, de Bacchus. Ceux qui n'étaient pas initiés aux mystères d'Eleusis ne pouvaient assister à certains sacrifices.* || Par extens., se dit de quelque religion que ce soit. *Quand les Pères de l'Eglise ont parlé à ceux qui n'étaient pas encore initiés aux mystères de la religion, ils ont usé d'une grande réserve.* || I. quelqu'un dans une compagnie, dans une société, L'admettre, le recevoir au nombre des membres qui la composent. *Il n'est pas encore entièrement initié parmi nous.* || Figur., Donner la connaissance d'une chose, mettre au fait d'une science, d'un art, d'une profession, etc. *Il n'est pas initié dans cette affaire, dans le secret. I. quelqu'un à la philosophie, dans les secrets de la philosophie.* = s'INITIER, v. pronom. Acquérir les premiers principes d'un art, d'une science. *C'est ainsi que je m'initiai aux premiers principes de la philosophie.* = INITIÉ, ÉE, part. || Se dit subst., de ceux qui ont été initiés à certains mystères. *Les initiés.*

INJECTER. v. a. (lat. *injectum*, supin de *injicere*, jeter dedans, de *in*, dans, et *jacere*, jeter). T. Chir. et Anat. Introduire, par le moyen d'une seringue ou de tout autre instrument, une substance liquide quelconque, soit dans une cavité naturelle ou accidentelle du corps, pour remplir une indication chirurgicale, soit dans les vaisseaux d'un cadavre, pour les rendre plus apparents, ou pour conserver le corps lui-même. *In. une décoction dans une fistule. In. de l'huile dans l'oreille. In. du mercure dans les vaisseaux lymphatiques.* || Il prend aussi pour régime le nom des parties dans lesquelles on injecte une liqueur. *On a injecté plusieurs fois sa fistule. In. les veines. In. les artères. In. les lymphatiques avec du mercure. In. un cadavre avec du sulfate d'alumine pour le conserver.* || T. Techn. Imprégner une pièce de bois d'un liquide organique ou métallique pour le protéger contre la destruction. *In. des traverses de chemin de fer.* = s'INJECTER. v. pron. *Le mercure s'injecte à l'aide d'un petit tube de verre recourbé. Les veines s'injectent de la périphérie au centre.* = INJECTÉ, ÉE. part. *Le liquide injecté. Un cadavre injecté.* || T. Méd. *Injecté, ée, se dit, par anal., des parties où le sang, en s'accumulant dans les vaisseaux capillaires, rend ceux-ci plus apparents et donne à la partie une coloration rouge plus ou moins prononcée. Il a la face injectée. L'œil est très injecté.*

INJECTEUR. s. m. (R. *injecter*). Appareil pour injecter. Techn. — C'est en 1858 que, pour la première fois, Giffard fit part au monde savant de l'extraordinaire découverte qu'il venait de faire en inventant son *i.* Tout d'abord, chacun cria à l'invraisemblance avec un semblant de raison. En effet, aucune théorie plausible du fonctionnement de l'appareil n'accompagnait la communication. Cependant, les premiers essais

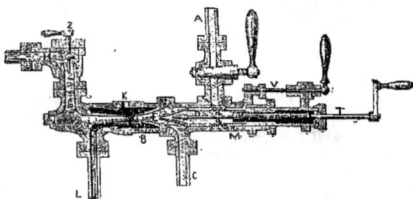

officiels que Giffard exécuta avec son *i.*, en présence des sommités scientifiques, enlevèrent tous les doutes et l'on dut se rendre à l'évidence en constatant le fait acquis. La surprise de tous n'en demeura pas moins grande et vive. Le singulier appareil qui allait, par son adoption, supplanter presque partout la pompe alimentaire avec tous ses inconvénients, était la négation absolue de tous les principes connus en physique et en mécanique.

L'*i.* est, en somme, un appareil d'alimentation qui, sous l'action même de la pression de la vapeur du générateur, envoie dans ce dernier une quantité d'eau froide suffisante pour maintenir, à peu près constant, le niveau intérieur.

Cet appareil qui, depuis son apparition, a reçu de grandes modifications en même temps que de très nombreux perfection-

nements, comprend plusieurs organes que nous allons successivement énumérer. Il se compose en premier lieu d'un tuyau A communiquant avec la chaudière et conduisant la vapeur jusqu'à l'*i.* proprement dit, dans la *chambre à vapeur*, espace vide ménagé à cet effet. Cette chambre contient un tube de forme allongée et se terminant en pointe effilée E; il porte sur sa périphérie une quantité de petits trous par lesquels la vapeur contenue dans la chambre peut se répandre à l'intérieur du tube qui est mobile; il peut effectivement monter ou descendre à volonté, guidé dans sa course par une tige filetée T, qui le traverse dans le sens de sa longueur en venant obturer son orifice intérieur. Tube et tige sont reliés à des manivelles extérieures à l'aide desquelles on imprime à chacune des pièces le mouvement d'ascension ou de descente.

Cette tige filetée, appelée aussi *aiguille de réglage*, joue un rôle important dans le fonctionnement de l'*i.* Elle a pour but de ralentir ou d'accélérer suivant les besoins, de supprimer même la vitesse du courant de vapeur.

Un second tuyau C est en communication directe avec la bâche contenant l'eau nécessaire à l'alimentation. Ce tuyau, relié, d'autre part, à l'*i.*, débouche dans une seconde chambre, dite *chambre à eau* et que la pointe de la tige filetée abaissée sépare complètement de la chambre à vapeur. C'est en ce point que s'opère le mélange d'eau et de vapeur qui, par une troisième tubulure, réintègre la chaudière après avoir franchi une soupape d'arrêt G. Un robinet de trop-plein expurge au dehors l'excédent par l'intermédiaire du tuyau L. Telle est, en principe, la constitution de l'*i.* Sauf les modifications apportées dans le dispositif général par les divers constructeurs qui ont imaginé d'autres types d'injecteurs, l'ensemble reste le même et la description ci-dessus suffit à la démonstration du fonctionnement de tous les systèmes connus à ce jour.

L'amorçage et la mise en train de l'*i.* Giffard sont des plus simples : On commence par ouvrir le robinet amenant la vapeur du générateur, puis celui de la conduite d'eau et, en dernier lieu, le robinet du trop-plein. En même temps on faisant monter ou descendre le tube cylindroconique ainsi que l'aiguille de réglage à l'aide des manivelles, on régularise la venue de vapeur et, par suite, l'intensité de sa vitesse. Dès que l'eau d'alimentation qui, tout d'abord, s'écoulait au dehors par le trop-plein, cesse de s'échapper, l'*i.* est amorcé. L'eau vigoureusement aspirée pénètre dès lors dans la chaudière. Si l'on désire interrompre l'alimentation, il suffit pour mettre un terme au fonctionnement de l'appareil de fermer simultanément les robinets de prise de vapeur, et de prise d'eau. L'*i.* est ainsi tout prêt à fonctionner de nouveau dès que le besoin s'en fait sentir.

Comme nous le faisons observer au commencement de cet article, la théorie de l'*i.*, celle notamment qui a été donnée par l'inventeur de ce merveilleux instrument, est demeurée longtemps obscure et vague. Nombre de savants se sont attachés à résoudre cette intéressante question; Callon, en particulier, à la suite d'études minutieuses, a pu formuler une théorie vraisemblable admise généralement aujourd'hui. Nous ne saurions entrer ici dans le détail des calculs qui ont permis au savant mécanicien d'établir cette théorie; nous nous bornerons à en exposer le principe. Callon expose que l'on peut aisément expliquer théoriquement le fonctionnement de l'*i.*, en observant que la masse de vapeur introduite dans l'appareil d'alimentation représente un volume beaucoup plus considérable que celle du mélange faisant retour à la chaudière et se composant d'eau aspirée par l'instrument et de vapeur qui se condense à son contact. Dès lors, ajoute le savant, la somme de travail effectif dû à la pression intérieure du générateur et agissant sur la quantité de vapeur introduite dans l'injecteur, l'emporte sur le travail résistant qu'offre la pression de l'eau agissant de son côté sur le mélange de vapeur condensée et d'eau, mélange qui pénètre dans la chaudière. Entre les deux actions contraires il se produit donc une différence, et c'est grâce à cette différence que l'introduction du mélange devient possible.

Dans sa marche, en dépit des perfectionnements apportés à l'appareil par l'inventeur lui-même, l'*i.* Giffard présente quelques graves inconvénients. Parmi ceux-ci nous devons signaler la difficulté qu'offre fréquemment l'amorçage. A chaque instant, même quand l'alimentation semble s'opérer d'une manière très régulière, il se produit un désamorçage incompréhensible, souvent gênant en ce sens que la présence du mécanicien est pour ainsi dire obligatoire pendant tout le temps consacré à l'alimentation de la chaudière. En outre, cet injecteur entraîne avec le mélange d'eau et de vapeur qui pénètre dans le générateur, les huiles de graissage; c'est un sérieux ennui, parce que la présence des matières grasses dans la masse aqueuse du générateur peut occasionner des soulèvements du liquide et, par suite, des ruptures d'importants organes produits par cet entraînement.

C'est pourquoi nombre de mécaniciens se sont évertués à apporter à l'i. primitif de grandes modifications tendant à parer d'une façon à peu près absolue aux inconvénients ci-dessus. Nous nous bornerons, sans entrer dans des détails de construction, à énumérer les principaux appareils actuellement en usage dans le monde entier, tous, basés sur le principe de l'i. Giffard. Tels sont les injecteurs de Bonveret, de Sellus, d'Hammer et Davie, de Turck, de Friedmann; les injecteurs-réchauffeurs de Mazza et de Chiazzari, qui permettent, avant de procéder à l'alimentation, d'élever d'une manière très notable la température de l'eau, ce qui représente une économie certaine de combustible, puisqu'il ne se produit dans la masse liquide du générateur qu'une déperdition très faible de calories.

Nous n'omettrons pas de citer non plus l'i. Korting. L'un des plus répandus actuellement et qui offre des qualités remarquables de fonctionnement en même temps qu'une extrême simplicité. Avec lui il devient possible d'alimenter la chaudière avec de l'eau chaude atteignant la température de 60 à 70 degrés centigrades, sans que l'amorçage présente plus de difficultés que si cette eau n'était qu'à la température ordinaire. Cette opération deviendrait tout à fait impossible à exécuter avec l'i. Giffard et la majeure partie de ceux que nous venons d'énumérer. Cet appareil se compose généralement de deux injecteurs proprement dits et situés dans le prolongement l'un de l'autre. L'eau, préalablement portée à une température supérieure à la température ambiante par un réchauffeur indépendant de l'injecteur, traverse successivement les deux parties de l'appareil en venant de la bâche d'alimentation. Le second injecteur partiel reçoit cette eau très chaude et douée d'une grande vitesse, condition essentielle pour obtenir une pression suffisante amenant la condensation de la vapeur et, par suite, l'amorçage de l'appareil. Le réchauffeur élève la température de l'eau d'alimentation grâce à la vapeur d'échappement du générateur, qui s'écoule par un très grand nombre de petits tubes traversant la masse liquide.

Chir. — Les injecteurs sont des appareils employés pour injecter des liquides dans le vagin, le rectum ou autres cavités. Ils se composent essentiellement d'une poire en caoutchouc reliée à deux tubes dont l'un plonge dans le réservoir et sert à aspirer le liquide, tandis que l'autre porte la canule qui doit être introduite dans la partie où doit se faire l'injection. Deux soupapes fonctionnant en sens inverse séparent ces tubes de la poire, de sorte que l'ensemble constitue une véritable pompe aspirante et foulante : c'est en pressant sur la poire qu'on refoule le liquide du côté de la canule, et c'est l'élasticité du caoutchouc qui, ramenant la poire à son volume primitif, détermine l'aspiration. Au reste, la poire ne s'emplit jamais complètement de liquide : il y reste toujours une grande quantité d'air. Pour régulariser le débit de l'appareil, on interpose sur le tuyau de refoulement une ampoule en caoutchouc qui s'emplit pendant la phase de refoulement, parce que la pression de la poire envoie plus de liquide qu'il ne peut s'en échapper par la canule; alors, pendant la phase d'aspiration, l'élasticité de l'ampoule suffit à refouler le liquide qu'elle contient, de sorte qu'on obtient un écoulement continu, l'ampoule qui sert de régulateur s'emplissant et se vidant alternativement pendant les phases de refoulement et d'aspiration.

INJECTION. s. f. [Pr. *in-jèk-sion*] (lat. *injectio*, m. s.). Action par laquelle on injecte une substance liquide, soit dans quelque cavité naturelle ou accidentelle du corps, soit dans les vaisseaux d'un cadavre. On lui a prescrit des injections dans l'oreille. Faites-moi l'in. de ce sujet. I. intra-veineuse, Celle qui est faite dans les veines. I. hypodermique, Celle que l'on fait sous la peau au moyen d'une petite seringue. || Le liquide que l'on injecte. In. vineuse, aromatique. In. colorée. In. mercurielle. || Par ext., se dit des pièces anatomiques préparées au moyen de l'injection. Les admirables injections de Ruysch. || T. Minér. Pénétration d'une roche encore liquide dans une autre roche qui n'est pas entièrement solidifiée.

Méd. — On nomme i. une opération qui a pour but de faire pénétrer une certaine quantité de liquide ou d'un fluide gazeux dans les cavités naturelles ou accidentelles, dans les vaisseaux, dans le tissu cellulaire sous-cutané, dans les parenchymes normaux ou pathologiques; à ces différentes variétés il faut joindre les injections cadavériques. — Il n'est de cavité accessible qui ait échappé aux injections, soit qu'on

puisse y pénétrer directement par un orifice naturel ou accidentel, soit qu'il faille ouvrir par ponction la cavité où on veut pratiquer l'i. Les injections se pratiquent au moyen de seringues, d'irrigateurs, de clysopompes, de poires en caoutchouc pourvues d'une canule, de bocks ou douches d'Esmarck, etc., etc. Les liquides que l'on injecte varient comme composition, comme température, suivant l'effet que l'on veut produire : effet mécanique, caustique, antiseptique, etc. — Les injections dans les vaisseaux, très prônées avant l'emploi de la méthode hypodermique, ont été remises en faveur de nos jours, soit à la suite des grands traumatismes, soit au cours des maladies infectieuses où le milieu sanguin est altéré, soit avant les grandes opérations chirurgicales exposant à des hémorrhagies, etc. Elles donnent des résultats vraiment merveilleux lorsqu'on suit les règles qui ont été établies par Hayem et ses successeurs (i. de sérum artificiel). — Les injections dans le tissu cellulaire sous-cutané ou hypodermique ont acquis une importance capitale, vu leur commodité, surtout depuis l'emploi de la seringue de Pravaz. Cependant au point de vue médicamenteux, elles sont souvent détrônées de nos jours par les injections intra-musculaires. Les injections intra-parenchymateuses se font surtout dans les tumeurs, goitres, tumeurs ganglionnaires. — Quant aux injections cadavériques, on les pratique pour l'embaumement des cadavres et pour faciliter leur dissection.

INJONCTIF, IVE. adj. Qui enjoint, qui est relatif à l'injonction.

INJONCTION. s. f. [Pr. *in-jonk-sion*] (lat. *injunctio*, m. s., de *injungere*, imposer). Commandement exprès fait par quelqu'un qui en a le droit. Faire une in. à quelqu'un. Un arrêt portant in. Tous les officiers de ce corps ont reçu l'in. de se trouver au camp à telle époque. = Syn. Voy. COMMANDEMENT.

INJOUABLE. adj. 2 g. (R. in priv., et jouer). Qui ne peut être joué. Ce drame est fort beau à la lecture, mais il est in. Fam.

INJUDICIEUX, EUSE. adj. [Pr. injudi-sieu, euze] (R. in priv., et judicieux). Qui n'est pas judicieux.

INJURE. s. f. (lat. injuria, m. s. de in, contre ; jus, droit). Injustice. Vx.

A ma fidélité ne faites point d'injure.

CORNEILLE.

|| Insulte, outrage, ou de fait, ou de parole, ou par écrit. Grande in. grave, sanglante, irréparable. Faire une in. à quelqu'un. Vous me faites in. en supposant que... Endurer, souffrir, dévorer une in. Oublier, pardonner les injures. Venger une in. Laver une in. dans le sang. Une in. à l'honneur, faite à l'honneur. Faire satisfaction d'une in. Réparer l'in. qu'on a faite. || Parole offensante, outrageuse. Une in. grossière. Dire des injures à quelqu'un. En venir aux injures. Charger quelqu'un d'injures. Éclater en injures contre quelqu'un. Vomir des injures. || Fig. Les injures du sort, les revers, les malheurs extraordinaires et non mérités || Fig., L'in. du temps, les injures du temps, de l'air, des saisons, Les intempéries de l'air ou des saisons, comme le vent, la pluie, la grêle, le brouillard, considérées par rapport aux incommodités ou aux dommages qu'elles causent. Être exposé à l'in. du temps, aux injures de l'air. — L'in. du temps, des temps, sign. aussi La dégradation, la ruine, la perte de certaines choses par le laps du temps. Ce monument a beaucoup souffert de l'in. du temps. Nous avons perdu beaucoup d'écrits, beaucoup de connaissances par l'in. des temps.

Légis. — En Droit, l'injure est définie une expression outrageante, un terme de mépris, qui ne renferme l'imputation d'aucun fait. C'est ce dernier caractère qui la distingue de la diffamation. On lui distingue deux sortes d'injures : l'inj. publique ou qualifiée, et l'in. simple. La publicité consiste dans un des moyens suivants : discours, cris proférés dans des lieux ou réunions publiques, dessins, gravures, images, écrits ou imprimés vendus ou exposés aux regards du public. La répression est différente suivant que l'in. s'adresse à des corps constitués ou à des personnes revêtues d'un caractère public, ou à de simples particuliers. Dans le premier cas, elle est poursuivie devant la cour d'assises et elle est punie d'un emprisonnement de 6 jours à 3 mois et d'une amende de 16 à 500 francs ou de l'une de ces deux peines seulement; dans le second cas, elle est de la compétence du tribunal correctionnel et fait encourir un emprisonnement de 5 jours à 2 mois et une amende de 16 à 200 francs ou l'une de ces deux peines seulement. L'in. simple, qui ne réunit pas les deux conditions sus-énoncées, se poursuit devant les tribunaux de simple police: elle est punie d'une amende de 1 à 5 fr. et, en cas de récidive, d'un emprisonnement de 3 jours au plus. Toutefois l'amende n'est applicable qu'autant que l'in. n'a pas été motivée par une provocation préalable. Voy. OUTRAGE. (Loi du 29 juil. 1881). L'expédition d'une correspondance à découvert contenant une injure est punissable d'un emprisonnement de 5 jours à 2 mois et d'une amende de 16 à 300 fr., ou de l'une de ces deux peines seulement. (Loi du 12 juin 1887.)

INJURIATION. s. f. [Pr. ... sion]. Action d'injurier.

INJURIDIQUE. adj. 2 g. (R. in priv., et juridique). Qui n'est pas juridique.

INJURIDIQUEMENT. adv. D'une manière non juridique.

INJURIER. v. a. (lat. injuriare, m. s. de injuria, injure). Offenser quelqu'un par des paroles injurieuses. Il l'a gravement injurié. Il injurie tout le monde. = S'INJURIER. v. pron. Se dire réciproquement des injures. Ils commencèrent par s'in., et bientôt ils en vinrent aux mains. = INJURIÉ, ÉE. part. = Conj. Voy. PRIER.
Syn. — Invectiver. — Injurier quelqu'un, c'est lui dire des paroles outrageantes. Invectiver contre une personne ou une chose, c'est se répandre contre elle en discours véhéments. L'injure se rapporte davantage au sens même des paroles, l'invective à la manière dont les paroles sont exprimées. Le mépris, l'insolence, la grossièreté, injurient. La chaleur, la colère, l'indignation, invectivent. On n'injurie que les personnes; on invective aussi contre les choses, les abus, les vices, etc.

INJURIEUR. s. m. Celui qui injurie.

INJURIEUSEMENT. adv. [Pr. injurieu-ze-man]. D'une manière injurieuse, outrageante. Il l'a traité si in. que... Il a parlé fort in. de vous, contre vous.

INJURIEUX, EUSE. adj. (lat. injuriosus, m. s., de injuria, injure). Outrageux, offensant. Des paroles injurieuses. Des termes in. Un discours, un écrit in. Un procédé, un soupçon in. Une injurieuse pitié.
L'injurieux aveu d'une coupable flamme.
MOLIÈRE.
|| Fig. et poét., Injuste, nuisible. Le sort in. Le destin in. Les ans injurieux.

INJUSTE. adj. 2 g. (lat. injustus, m. s., de in priv., et justus, juste) Qui n'a point de justice, qui agit contre la justice. Un homme in. Un maître in. Il s'est montré bien in. à votre égard, envers vous. La douleur le rend in. || Qui est contraire à la justice, à l'équité, et, par ext., Qui est déraisonnable, mal fondé. Une sentence in. Un châtiment in. Une guerre in. Des moyens injustes. Une demande in. Des propositions, des prétentions injustes. Une in. colère. Un in. mépris. D'injustes soupçons. Une in. défiance. Il est in. de vouloir que...
La nature envers vous me semble bien injuste.
LA FONTAINE.
= Subst. et absol., Ce qui est injuste. La distinction du juste et de l'injuste.

INJUSTEMENT. adv. D'une manière injuste. Il fut condamné in. || D'une manière mal fondée. Se plaindre injustement.

INJUSTICE. s. f. (lat. injustitia, m. s.). Manque de justice, d'équité. Abhorrer l'in. Son procédé est plein d'in.
Je vois que l'injustice en secret vous irrite.
RACINE.
|| Acte d'injustice. C'est une grande, une horrible in. Commettre une in. envers quelqu'un. Commettre des injustices. Essuyer, souffrir, réparer une in. Se plaindre d'une in. Ne me faites pas l'in. de croire... || Fig. L'in. du sort. || Par extens. Les gens injustes.

INJUSTIFIABLE. adj. 2 g. (R. in priv. et justifier). Qu'on ne saurait justifier. C'est un procédé in. Sa conduite est in.

INJUSTIFICATION. s. f. [Pr. injustifi-ka-sion]. Défaut de justification.

INJUSTIFIÉ, ÉE. adj. Qui n'est pas justifié.

INKERMAN, village de Russie (Crimée), à 7 kilomètres de Sébastopol, célèbre par une victoire des armées française et anglaise sur les Russes le 5 novembre 1854.

INKERMANN, village d'Algérie, arr. de Mostaganem: 4,300 hab.

INLISIBLE. adj. 2 g. [Pr. inli-zible] (R. in priv., et lisible). Qu'on ne peut lire. Voy. ILLISIBLE.

INLOUABLE. adj. 2 g. (R. in priv., et louable). Que l'on ne peut louer.

IN MANUS. IN NATURALIBUS. Voy. MANUS, etc.

INN, riv. d'Allemagne, affluent du Danube, 525 kil.

INNASCIBLE. adj. 2 g. [Pr. inn-nas-sible] (lat. innascibilis, m. s., de in priv., et nasci, naître). T. Théol. Qui ne peut naître.

INNASCIBILITÉ, s. f. [Pr. inn-nas-sibilité] (lat. innascibilitas, m. s.). T. Th. Qualité de ce qui ne peut avoir de naissance, ou ne peut naître.

INNAVIGABLE. adj. 2 g. [Pr. inn-navigable] (lat. innavigabilis, m. s., de in priv., et navigare, naviguer). Où l'on ne peut naviguer. Les glaces rendent cette mer innavigable. || Se dit aussi d'un navire sur lequel on ne peut naviguer.

INNAVIGABILITÉ. s. f. [Pr. inn-navigabilité] (R. innavigable). État d'un cours d'eau qui n'est pas navigable. || État d'un bateau qui ne peut pas naviguer.

INNATUREL, ELLE. adj. [Pr. inn-naturel] (lat. innaturalis, m. s., de in priv., et naturalis, naturel). Qui n'est pas naturel.

INNÉ, ÉE. adj. [Pr. inn-né] (lat. innatus, m. s., de in, dans, et natus, né). Qui est né avec nous, que nous apportons en naissant. Qualités innées. Dispositions innées. L'homme a le sentiment i. de la justice. Nous avons dans l'âme le désir i. du bien-être. — Infirmité, maladie innée. On dit mieux Congénitale ou Congéniale. — Idées innées. Voy. IDÉE.

INNÉITÉ. s. f. [Pr. inn-néité]. Qualité de ce qui est inné.

INNERVABLE. adj. 2 g. [Pr. inn-nervable] (R. innerver). Qui est doué de l'innervation, en parlant des éléments nerveux.

INNERVATION. s. f. [Pr. inn-nerva-sion] (R. innerver). T. Physiol. Se dit du mode d'activité propre au système nerveux central et périphérique et de l'influence qu'exerce le système nerveux comme agent spécial des sensations, des mouvements et des expressions volontaires, et comme présidant aux fonctions de la vie organique.

INNERVER. v. a. [Pr. inn-nerver] (lat. in, dans; nervus, nerf). T. Physiol. Transmettre l'innervation.

INNOCEMMENT. adv. [Pr. ino-sa-man]. Avec innocence, avec simplicité; sans dessein de mal faire. Je n'y voyais point de mal, je l'ai fait, je l'ai dit i. On ne saurait agir plus i. Il a vécu i. — Fam., Le plus i. du monde. — Nuisement. Il vint i. raconter la sottise qu'il avait faite.

INNOCENCE. s. f. [Pr. i-no-san-se] (lat. innocentia, m. s., de innocens, innocent). État de celui qui n'est point coupable. On a reconnu son i. Poursuivre, persécuter, protéger, sauver, défendre l'i. Faire triompher l'i., la cause de l'i. || Qualité de celui qui est exempt de méchanceté, qui est incapable de faire le mal sciemment; pureté; simplici é. *L'i. de nos premiers parents, Adam fut creé dans un état d'i. Vivre dans l'i. Il a conservé son i. au milieu de cette société corrompue. Perdre son i. Abuser de l'i. d'une jeune fille.*

Votre innocence, Agnès, avait été surprise.

MOLIÈRE

Elle m'a trompé avec son air d'i. — Par anal., se t t des animaux qui ne sont point malfaisants. *L'i. d'un agneau, d'une colombe.* — *L'âge d'i*, L'enfance — Fig., en s yle de dévotion, *La robe d'i.*, L'état de celui qui est sans péché. *Avoir perdu sa robe d'i.*, N'être plus dans l'état d'innocence. || Ineptie, niaiserie. *Admirez l'i. de cet homme.*

INNOCENT, nom de 13 papes dont voici les principaux : INNOCENT III (1198-1216), fit prêcher la 4e croisade et la croisade contre les Albigeois, excommunia le roi de France Philippe-Auguste et le roi d'Angleterre Jean. || INNOCENT VI (1352-1362), résida à Avignon. || INNOCENT X (1644-1655), condamna les cinq propositions de Jansénius. || INNOCENT XI (1675-1689), soutint contre Louis XIV une lutte très vive, qui se termina sous le pape INNOCENT XII (1691-1700).

INNOCENT, ENTE. adj. [Pr. i-no-san] (lat. *innocens*, m. s., de *in* priv., et *nocere*, nuire). Qui n'est point coupable. *Il est i. du crime dont on l'accuse. Il en est i.* — Subst., *Opprimer, condamner l'i. Protéger les innocents.* || Exempt de toute malice, de tout vice ; pur et candide. *Une jeu ne fille innocente. Un cœur i. Il est i. comme un enfant.* — *Faire l'i., l'innocente. Il a abusé de cette pauvre innocente.* || Se dit, dans un sens anal., de la conduite, des actions, des paroles, etc. *Mener une vie innocente. Ses mœurs, ses pensées sont innocentes. Une action innocente. Des plaisirs innocents. Un propos i. Les caresses innocentes de ces enfants.* — *Jeux innocents*, Petits jeux de société où l'on impose des pénitences à ceux qui se trompent. || Qui ne nuit point, qui n'est point malfaisant, dangereux. *L'agneau est un animal fort i. Remède, breuvage i. Cet écrit est bien i.* || Simple, crédule, qui a l'esprit faible, borné. *Vous êtes bien i. de croire tout ce qu'elle vous dit. Il est bien i. de donner dans un piège si grossier.* — Subst., *C'est un pauvre i., un grand i. Vous faites l'i.*

Contre tant de trompeurs qu'eût fait une innocence ?

LA FONTAINE.

— Fig. et prov., *C'est un i. fourré de malice*, se t t d'un homme qui est malicieux et qui feint la simplicité. || Subst., se dit des enfants au-dessous de l'âge de sept à huit ans. *On a dépouillé ces pauvres innocents. Il a laissé trois ou quatre petits innocents. Ces phrases sont du langage famil.* — *Les Innocents, les saints Innocents*, Les petits enfants que le roi Hérode fit égorger. *Le massacre des Innocents. La fête des Innocents*, ou simplement, *Les Innocents. La fête des Innocents a lieu le 28 décembre.* | *Tourte d'innocents*, Tourte de pigeons nouveau-nés. *Des innocents aux truffes. Un plat d'innocents.*

INNOCENTER. v. a. [Pr. i-no-san-ter]. Absoudre, déclarer innocent. *L'arrêt les innocente.* == INNOCENTÉ, ÉE. part.

INNOCUITÉ. s. f. [Pr. inn-no-kuité] (lat. *innocuus*, qui ne fait point de mal, de *in* priv., et *nocere*, nuire). Qualité d'une chose qui n'est pas nuisible. *L'i. d'un remède.*

INNOMABLE. adj. 2 g. Voy. INNOMMABLE.

INNOMBRABLE. adj. 2 g. [Pr. inn-non-brable] (la. *innumerabilis*, m. s. de *in* priv.; *numerabilis*, qu'on peut compter). Qui ne se peut nombrer. *Les étoiles sont innombrables comme les grains de sable de la mer.* || Par exag., Multitude, armée i. *Il rencontra des obstacles innombrables. D'innombrables bienfaits.*

INNOMBRABLEMENT. adv. [Pr. inn-non-brabe-man]. D'une manière innombrable. Peu usité

INNOMÉ, ÉE. adj. Voy. INNOMMÉ.

INNOMINÉ, ÉE. adj. [Pr. inn-nomi-né] (lat. *innominatus*, m. s., de *in* priv., et *nomen*, nom). T. Anat. Qui n'a pas reçu de nom particulier. *Os innominés*, Les os iliaques. *Artère innominée*, Le tronc de la sous-clavière et de la carotide primitive droites.

INNOMMABLE. adj. 2 g. [Pr. inn-nomable[(R. *in* priv., et *nommer*). Qui ne peut pas être nommé; pour qui l'on ne saurait trouver un nom.

INNOMMÉ, ÉE. adj. [Pr. inn-no-mé] (R. *in* priv., et *nommé*). Qui n'a pas de nom spécial. *Os i.* Voy. INNOMINÉ. || T. Jurispr. Qui n'a pas encore reçu de nom. *Contrat i.* Voy. CONTRAT. == L'Académie écrit *innomé*, mais c'est une faute, le mot venant de *nommer*.

INNOVATEUR, TRICE. s. [Pr. inn-novateur] (lat. *innovator*, m. s., de *innovare*, innover). Celui, celle qui propose ou fait des innovations. *D'imprudents innovateurs.* — En parlant de re.igion, ou dit mieux, *Novateur*.

INNOVATION. s. f. [Pr. inn-nova-sion] (lat. *innovatio*, m. s., de *innovare*, innover). Introduction de quelque nouveauté dans le gouvernement, dans les lois, dans une croyance, un usage, une science, etc. *C'est une in. en politique, en médecine. Des innovations littéraires. Ces innovations à l'ancienne croyance trouvèrent de nombreux partisans. Faire d'heureuses innovations, des innovations dangereuses.*

INNOVER. v. n. [Pr. inn-nover] (lat. *innovare*, m. s., de *in*, dans, et *novare*, renouveler, de *novus*, neuf). Faire une innovation, des innovations. *Ils prétendaient in. en tout. Il est dangereux d'in. dans les choses de religion.* || On dit activ., *Il ne faut rien innover.* == INNOVÉ, ÉE. part.

INNSBRUCK ou **INSPRUCK** (littéralement, pont sur l'Inn). v. d'Autriche, cap. du Tyrol ; 30,000 hab., sur l'Inn. Université fondée en 1672 par Léopold Ier. Ville et situation très pittoresques.

INO, fille de Cadmus et d'Harmonie, et femme d'Athamas, roi de Thèbes (Myth.).

INOBÉISSANCE. s. f. [Pr. inobéi-san-se]. Défaut d'obéissance.

INOBÉISSANT, ANTE. adj. [Pr. inobéi-san]. Qui n'obéit pas, qui n'est pas obéissant.

INOBSCURCI, IE. adj. Qui n'est pas obscurci.

INOBSERVABLE. adj. 2 g. (R. *in* priv., et *observer*). Que l'on ne saurait observer.

INOBSERVANCE. s. f. [Pr. in-observan-se] (lat. *inobservantia*, m. s.). Défaut d'observation des prescriptions religieuses, médicales, morales, etc.

INOBSERVATION. s. f. [Pr. inob-serva-sion] (R. *in* priv.. et *observer*). Manque d'obéissance aux lois, etc.; inexécution des engagements qu'on a pris, des promesses qu'on a faites. *L'i. des lois, des traités, d'une convention, d'une condition, d'une clause. L'i. des commandements de l'Église. L'i. des règles.*

INOBSERVÉ, ÉE. adj. Qui n'a pas été observé. *Il a constaté une foule de faits curieux inobservés jusqu'à lui.*

INOCARPE. s. m. (gr. ἴς, ἴνος, fibre; καρπός, fruit). T. Bot. Genre de plantes Dicotylédones (*Inocarpus*) de la famille des *Thyméléacées*. Voy. ce mot.

INOCCUPATION. s. f. [Pr. inoku-pasion] (P. *in* priv., et *occupation*). État d'une personne inoccupée.

INOCCUPÉ, ÉE. adj. [Pr. ino-kupé]. Qui n'est pas occupé. || Qui est sans occupation. *Un homme i. Une vie inoccupée.* || En parlant des choses, Qui n'est occupé, possédé par personne. *Des terres inoccupées. Prenez cette place, elle est inoccupée.*

IN-OCTAVO. adj. et subst. m. T. Imp. et Librairie. Format où la feuille est pliée en huit. Voy. FORMAT.

INOCULABILITÉ. s. f. T. Méd. Caractère de ce qui est inoculable.

INOCULABLE. adj. 2 g. Qui est susceptible d'être inoculé.

43

— Se dit des maladies qui se transmettent par l'inoculation d'un virus, et du virus lui-même.

INOCULATEUR, TRICE. s. Celui, celle qui fait l'opération de l'inoculation. — On a dit *Inoculatrice*, en part. des femmes grecques qui apportèrent ou renouvelèrent, à Constantinople, la pratique de l'inoculation préventive de la petite vérole.

INOCULATION. s. f. [Pr. *inokula-sion*] (lat. *inoculatio*, action de greffer). T. Méd. Action d'inoculer. *L'i. de la variole, de la rougeole. I. syphilitique.* ǁ Absol., se dit de l'inoculation de la variole. *L'i. était pratiquée en Asie de temps immémorial.*

Méd. — L'i. est un mot mal défini, qui désignait originairement l'introduction artificielle dans l'économie, à la suite d'un traumatisme tégumentaire, d'un principe matériel de quelque maladie contagieuse. Plus tard, on a qualifié ainsi toute pratique consistant à provoquer l'absorption d'une substance contagieuse par la surface cutanée, même sans lésion. Sans insister sur d'autres abus de langage, il convient de limiter l'emploi de ce terme aux pratiques introduisant un germe morbide dans l'organisme par une lésion des téguments.

1° *Méthodes d'inoculation.* — La pratique est simple avec des variantes suivant les cas ; il suffit de recueillir le liquide à expérimenter à la pointe d'une lancette, et de l'insérer sous l'épiderme par une légère piqûre faite au tégument. L'instrument, lancette ou autre, doit être parfaitement aseptique, la piqûre doit être petite et superficielle, faite à plat, parallèlement au tégument. On choisit généralement la région deltoïdienne à cause du repos possible facilement aux membres supérieurs, et de la dissimulation aisée des cicatrices. Signalons comme procédés accessoires : la dénudation de la peau par une vésication ou un grattage suivi d'un pansement contagieux, l'incision, les scarifications, le séton, voire même les injections sous-cutanées, etc. — Lorsque l'on pratique une i., ou peut faire une auto-i., c.-à-d. une i. sur le sujet même auquel est empruntée la substance à expérimenter, ou une hétéro-i., c.-à-d. une i. sur un sujet avec une substance contagieuse empruntée à un autre. D'autre part, il faut être bien certain de l'état antérieur du sujet soumis à l'expérience, de l'état du sujet qui fournit le germe pathogène ; enfin la nature de la lésion originelle doit être spécifiée de façon absolue.

2° *Résultats de l'inoculation.* — Ou bien l'i. donne naissance à une lésion spéciale en harmonie de nature avec la lésion d'où elle dérive, l'i. est *positive;* ou bien elle ne produit rien, aucune lésion spéciale, l'i. est *négative* ou *stérile.* Déterminer le résultat est chose généralement simple, cependant, il ne faut pas se contenter d'une seule i. négative et le contrôle est nécessaire; d'autre part, il faut être sûr que la période d'incubation s'est écoulée. — L'i. peut servir à bien des points de vue; non seulement on l'utilise en expérimentations de laboratoire sur les animaux, car l'homme ne doit jamais servir au médecin de sujet d'expérience même lorsqu'il s'y prête ; mais elle est encore utile en chirurgie où elle permet de résoudre des difficultés de diagnostic; elle doit toujours alors se pratiquer sur un animal si la chose est possible, ou tout au moins sur l'individu même qui est atteint de la maladie contagieuse (diagnostic du chancre mou et du chancre syphilitique). Voy. RAGE, VARIOLE.

INOCULER. v. a. (lat. *inoculare*, greffer, de *in*, dans, et *oculus*, œil, bourgeon). Introduire artificiellement dans l'économie le principe matériel d'une maladie contagieuse. Communiquer artificiellement le virus d'une maladie comme préservatif contre cette même maladie. *I. la petite vérole. I. la peste. I. un virus.* — *I. une personne,* Lui communiquer la petite vérole par inoculation. *Se faire i.* ǁ Fig., *I. une doctrine.* = S'INOCULER. v. pron. Se dit d'un virus qui se communique par absorption. *L'endroit du corps où le virus s'est inoculé.* = INOCULÉ, ÉE. part. *La petite vérole inoculée est plus bénigne que la petite vérole naturelle. Tous ses enfants sont inoculés.*

INOCULISTE s. m. Partisan de l'inoculation, considérée comme mesure préventive contre une maladie, la maladie inoculée étant plus bénigne et plus facile à soigner que la maladie naturelle, et garantissant d'une récidive. Voy. VARIOLE. — On disait, dans le sens contraire, *Anti-inoculiste.*

INODORE. adj. 2 g. (lat. *in* priv.; *odor*, odeur). Sans odeur. *Fleurs inodores. L'eau est un fluide i. Cabinets inodores,* Cabinets d'aisances.

INODULAIRE. adj. m. Qui tient de l'inodule. *Tissu i.* Voy. CICATRICE.

INODULE. s. f. (gr. *ἴς, ἰνός*, fibre). T. Chir. Tissu fibreux qui se développe dans les plaies et en détermine ou en active la cicatrisation. Voy. CICATRICE.

INOFFENSÉ, ÉE. adj. [Pr. *ino-fan-sé*]. Qui n'a pas été offensé.

INOFFENSIF, IVE. adj. [Pr. *ino-fan-sif*] (R. *in* priv., et *offensif*). Qui n'est pas capable d'offenser, de nuire; qui ne fait de mal, d'offense à personne. *C'est un homme tout i fait i. Esprit i. Cette brochure est très inoffensive. Un animal i.*

INOFFENSIVEMENT. adv. [Pr. *ino-fansi-ve-man*]. D'une manière inoffensive.

INOFFICIEL, ELLE. adj. [Pr. *ino-fi-siel*] (R. *in* priv., et *officiel*). Qui n'est pas officiel.

INOFFICIELLEMENT. adv. [Pr. *ino-fi-sièle-man*]. D'une manière inofficielle.

INOFFICIEUX, EUSE. adj. [Pr. *ino-fi-sieu*] (lat. *inofficiosus*, m. s., de *in* priv., et *officiosus*, officieux). T. Jurisp. *Testament i.,* Celui par lequel l'héritier légitime est déshérité sans cause par le testateur. *Donation inofficieuse,* Celle par laquelle un des enfants est avantagé aux dépens de la légitime des autres.

INOFFICIOSITÉ. s. f. [Pr. *inofi-sio-zité*] (lat. *inofficiositas,* m. s.). T. Jurisp. Qualité d'un acte inofficieux. ǁ *Action d'i.,* Action intentée contre un testament inofficieux, une donation inofficieuse, etc.

INOMISSIBLE. adj. [Pr. *inomi-sible*] (lat. *in* priv.; *omissum,* sup. de *omittere,* omettre). Qui ne peut pas être omis.

INONDABLE. adj. 2 g. Qui peut être inondé.

INONDATION. s. f. [Pr. *inon-dasion*] (lat. *inundatio*, m. s.). Débordement d'eaux qui inondent un pays. *I. causée par les pluies, par la fonte des neiges. L'i. couvrait toute la plaine. Les ravages de l'i. L'Égypte est fécondée par les inondations périodiques du Nil.* ǁ *Faire des inondations autour d'une place,* Lâcher les eaux autour d'une place, pour empêcher les approches de l'ennemi. ǁ Fig., se dit d'une grande multitude qui envahit un pays : *Une grande i. de barbares;* et par dénigrement d'une grande quantité de certaines choses. *Une i. de pamphlets, de brochures.*

Hydrol. — Les inondations et les crues paraissent soumises à une certaine périodicité. Si l'on veut se rendre compte des années qui ont reçu le plus d'eau, il est tout naturel de comparer les nombres annuels donnés par les pluviomètres (Voy. PLUIE); mais il importe de remarquer que ce n'est pas la *quantité totale* annuelle qui détermine les inondations, mais plutôt la *répartition* suivant les mois, la surabondance en une période d'eau qui est arrivé, par exemple, récemment, en 1896, où nous n'avons eu que 27 millimètres d'eau pour le mois d'avril et mai, contre 277 pour septembre et octobre. Ce sont les pluies de ces derniers mois qui ont amené les crues et les inondations dans les bassins de la Seine, de la Loire et du Rhône, inondations désastreuses. A Paris, le maximum de hauteur d'eau a été atteint le 1er novembre avec les cotes suivantes :

Pont d'Austerlitz, 5m30;
Pont de la Tournelle, 5m20;
Pont Royal, 6m21.

Les zéros de ces trois ponts ne sont pas au même niveau. Celui du pont de la Tournelle a été tracé sur les basses eaux de l'année 1719. C'est là un étiage conventionnel. Le zéro de l'échelle du pont d'Austerlitz a été inscrit à 0m,14 *au-dessous.* En a résulté qu'un même niveau d'eau est marqué plus haut à l'échelle du pont d'Austerlitz qu'à celle du pont de la Tournelle.

Il est intéressant de comparer entre elles les différentes crues, exactement mesurées, pendant le XIXe siècle. Voici celles de la Seine, à Paris, à l'échelle du pont d'Auste-litz :

1802	3 janvier . . . 7ᵐ,45	1876	17 mars 6ᵐ,59
1807	3 mars . . . . 6 ,70	1882	7 décembre. . 6 ,12
1836	16 décembre . 6 ,40	1883	5 janvier . . . 6 ,24
1866	29 septembre . 5 ,21	1896	1ᵉʳ novembre. 5 ,30
1872	19 décembre. . 5 ,85		

On voit que la plus élevée a été celle de 1802. L'une des plus curieuses est assurément celle de janvier 1883, arrivant un mois seulement après celle de décembre 1882.

On ne devinerait pas ces années de crues et d'inondations à l'inspection des hauteurs annuelles de pluie. L'année 1802 manque malheureusement; mais depuis 1804, il n'y a pas d'interruption. Or, les années qui ont reçu le plus d'eau sont les suivantes pour Paris :

1804 . . . . 703ᵐᵐ,1	1872 . . . . 687ᵐᵐ,2
1819 . . . . 615 ,2	1873 . . . . 607 ,2
1836 . . . . 610 ,7	1878 . . . . 675 ,5
1854 . . . . 613 ,9	1886 . . . . 728 ,0
1860 . . . . 655 ,2	1892 . . . . 612 ,6
1866 . . . . 638 ,3	

Les deux séries diffèrent considérablement. Si, n'ayant pas connaissance des époques d'inondations, on s'imaginait en déterminer les années par la comparaison des quantités d'eau mesurées aux pluviomètres, on serait dans l'erreur. Et c'est ce qui est arrivé assez souvent. Pour que des inondations se produisent, la première condition est que des pluies considérables tombent en grande abondance sur des terres imperméables. Celles qui tombent sur des terres perméables ne fournissent presque rien aux crues. Les premières, au contraire, ruissellent à la surface et accroissent rapidement le débit des rivières.

Les époques d'inondations, à leur tour, ne fournissent qu'une base incomplète à l'appréciation météorologique des diverses années. Ainsi, d'une part, l'année 1804 a reçu beaucoup d'eau sans que des inondations en soient résultées, et, d'autre part, les inondations de 1882-1883 ne correspondent pas à des années très pluvieuses.

On ne peut s'empêcher de faire ici une remarque, c'est que les années dont le millésime se termine par le chiffre 3 sont fréquentes dans l'une ou l'autre série :

1836. Grandes inondations. Pluies d'automne.
1846. Inondations : Rhône, Durance et Gardon.
1856. Désastreuses inondations de Lyon.
1866. Inondations dans la vallée du Rhône.
1876. Grande crue de la Seine et inondations.
1886. Plus grande quantité d'eau mesurée à Paris depuis deux siècles.
1896. Grandes pluies d'automne. Inondations de la Seine, du Rhône, etc.

Cet examen nous montre que bien des facteurs entrent en cause dans la solution du problème météorologique.

INONDER. v. a. (lat. inundare, m. s., de in, dans, et unda, eau). Submerger un terrain, un pays par un débordement d'eaux. Quand cette rivière déborde, elle inonde tout le pays. Le Nil inonde l'Égypte en certaines saisons. La mer a inondé bien des terres dans les Pays-Bas. — Par exagér., Nous avons été inondés par la pluie Des pleurs inondaient son visage.|| Par analogie, Le paysage était inondé de lumière.

La lune, se levant dans un ciel sans nuage,
D'un long réseau d'argent tout à coup l'inonda.
                                A. DE MUSSET.

|| Fig., se dit des nations, des grandes armées qui envahissent un pays, ou d'une grande multitude qui se porte vers un même lieu.

Le peuple saint en foule inondait les portiques.
                                RACINE.

Les barbares inondèrent l'empire romain. L'Asie fut inondée par les Tartares. La campagne est inondée de soldats. || Se dit encore, mais presque toujours par dénigrement, de certaines choses répandues, multipliées avec une extrême profusion. Le public est inondé de brochures, d'une multitude de mauvais livres. = INONDÉ, ÉE. part. Visage inondé de larmes.

Inondé des éclairs de sa fauve prunelle.
                                V. HUGO.

= Subst., Les inondés, Les habitants d'un pays inondé. || T. Bot. Se dit adj. des plantes qui naissent dans l'eau et ne flottent jamais à sa surface.

INOPÉRABLE. adj. 2 g. (R. in priv., et opérer). Que l'on ne peut opérer.

INOPÉRANT, ANTE. adj. (R. in priv., et opérer). Qui n'a point d'effet.

INOPEXIE. s. f. [Pr. inopek-sie] (gr. ἴς, ἰνός, fibre; πῆξις, coagulation). Coagulation de la fibrine.

INOPINÉ, ÉE. adj. (lat. inopinatus, imprévu, de in priv., et opinari, penser). Imprévu, qui vient sans être attendu; se dit que des événements. Accident i. Querelle inopinée. Il lui est arrivé un bonheur i., une affaire inopinée. = Synonyme. Voy. IMPRÉVU.

INOPINÉMENT. adv. D'une manière inopinée; se dit des personnes et des choses. Cela est arrivé i. Il arriva i. et lorsqu'on le croyait encore bien loin. Tomber i. sur l'ennemi. = Syn. Voy. ACCIDENTELLEMENT.

INOPPORTUN, UNE. adj. [Pr. ino-portun] (lat. inopportunus, m. s , de in priv., et opportunus, opportun). Qui n'est pas opportun à propos. Vous ne pouvez choisir un moment plus i. Cette mesure est inopportune.

INOPPORTUNÉMENT. adv. [Pr. ino-portuné-man]. D'une manière inopportune.

INOPPORTUNISTE. s. m. (It. ino-portuniste). Celui qui soutient qu'une mesure est inopportune.

INOPPORTUNITÉ. s. f. [Pr. ino-portunité] (bas-lat. inopportunitas, m. s.). Qualité de ce qui n'est pas opportun. L'i. d'une démarche.

INOPPOSABILITÉ. s. f. [Pr. ino-po-zabilité]. T. Droit. Qualité de ce qui ne peut être opposé.

INOPPOSABLE. adj. 2 g. [Pr. ino-po-zable] (R. in priv., et opposable). T. Droit. Qui ne peut être opposé.

INORGANIQUE. adj. 2 g. (R. in priv., et organiques). T. Hist. nat. Qui n'est point organisé, par opposition aux corps organisés, c.-à-d. vivants. Voy. MATIÈRE.

INORGANISABLE. adj. 2 g. (R. in priv., et organiser). [Pr. inorgani-zable]. Qui ne peut être organisé.

INORGANISATION. s. f. [Pr. inorgani-za-sion]. Défaut d'organisation.

INORNÉ, ÉE. adj. Qui n'est pas orné, qui est dépourvu d'ornements.

INOSCULATION. s. f. [Pr. inoskula-sion] (lat. in, dans; osculari, baiser). T. Anat. Syn. d'Anastomose.|| T. Chirur. Se dit de l'abouchement des deux bouts d'un vaisseau divisé en travers, avec conservation de son calibre après la cicatrisation.

INOSIQUE. adj. 2 g. [Pr. ino-zik] (gr. ἴς, ἰνός, fibre). T. Chim. L'acide inosique existe dans la chair musculaire et reste en solution dans les eaux-mères de la préparation de la créatine. On l'obtient sous la forme d'une masse amorphe, très soluble dans l'eau, à peu près insoluble dans l'alcool. On lui attribue la formule C¹⁰H¹¹Az⁴O¹¹.

INOSITE. s. f. [Pr. ino-zite] (gr. ἴς, ἰνὸς, fibre). T. Chim. Matière sucrée, isomérique avec la glucose C⁶H¹²O⁶, mais constituée par une chaîne formée:

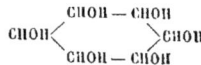

$$CHOH \underset{CHOH - CHOH}{\overset{CHOH - CHOH}{<\quad>}} CHOH$$

C'est l'alcool hexatomique correspondant à l'hydrobenzène. L'i. existe en petite quantité dans les muscles, le poumon, les reins, le foie, la rate; on la rencontre aussi dans les haricots verts, les petits pois, les pousses de pomme de terre et dans les feuilles du noyer, de la vigne, du frêne, etc. On peut la préparer avec l'extrait de viande en précipitant les substances étrangères par l'acétate neutre de plomb, puis l'inosite par l'acétate de plomb ammoniacal; on la débarrasse ensuite du plomb par un courant d'hydrogène sulfuré. On peut aussi traiter les feuilles de noyer par un lait de chaux, les épuiser à l'eau et ajouter de l'acétate neutre de plomb; la liqueur filtrée et additionnée d'ammoniaque donne un précipité qu'on décompose par l'acide sulfurique; on concentre le liquide obtenu et on précipite l'i. par l'alcool.
L'i. convenablement purifiée forme des cristaux clinorhombiques, efflorescents, à saveur sucrée, contenant deux molécules d'eau qu'ils perdent à 100°. Elle fond à 225°. Elle est très soluble dans l'eau chaude, insoluble dans l'alcool et dans l'éther. Elle n'a pas d'action sur la lumière polarisée, ne réduit pas la liqueur de Fehling et ne subit pas la fermentation alcoolique, mais elle peut subir les fermentations lactique et butyrique. Chauffée avec l'acide azotique concentré, elle se transforme en tétra-oxyquinone.
Pour déceler de petites quantités d'inosite dans un mélange on a recours à la *réaction de Scherer* : on évapore à sec le mélange après y avoir ajouté de l'acide azotique concentré; le résidu, additionné d'ammoniaque et de chlorure de calcium, prend une coloration rouge due à la formation d'un rhodizonate de calcium.

INOSTÉATOME. s. m. (gr. ἴς, ἴνός, fibre, et *stéatome*). T. Méd. Tumeur formée de corpuscules graisseux et de masses de fibres.

INOSTENSIBLE. adj. 2 g. [Pr. *inostan-sible*] (R. *in* priv., et *ostensible*). Qui n'est pas ostensible.

INOSTENSIBLEMENT. adv. [Pr. *inostan-sible-man*]. D'une manière inostensible.

INOSURIE. s. f. (fr. *inosite*; gr. οὖρον, urine). Passage de l'inosite dans l'urine.

INOUBLIABLE. adj. 2 g. (R. *in* priv., et *oublier*). Qui ne peut être oublié.

INOUBLIÉ, ÉE. adj. (R. *in* priv., et oublié). Qui n'est pas oublié.

INOUÏ, ÏE. adj. (R. *in* priv., et *ouï*, part. pass. de *ouïr*, entendre). Dont on n'a jamais ouï parler. *Il est i. que pareille chose soit jamais arrivée.* || Qui est tel que jusque-là on n'avait ouï parler de rien de semblable. *Voilà qui est i. Sa conduite est inouïe. Il a commis des cruautés inouïes.*

INOVULÉ, ÉE. adj. (R. *in* priv., et *ovule*). T. Bot. Qui ne contient pas d'ovule.

INOWRAÇLAW, ville de Prusse (Posnanie), 15,000 hab. Saline importante.

INOXYDABLE. adj. [Pr. *inok-sidable*] (R. *in* priv., et *oxyder*). Qui n'est pas susceptible de s'oxyder. *Ce métal est i. à l'air sec et humide.*

IN PACE, IN PARTIBUS, IN PETTO. Voy. PACE, etc.

IN-PLANO. adj. et s. m. T. Impr. et Libr. Voy. FORMAT.

IN-PROMPTU. Voy. IMPROMPTU.

INQUALIFIABLE. adj. 2 g. [Pr. *inka-lifiable*] (R. *in* priv., et *qualifier*). Qui ne peut se qualifier; ne se dit qu'en mauvaise part. *C'est une conduite i. Un procédé i.*

INQUART. s. m., ou mieux **INQUARTATION.** s. f. [Pr. *in-kurta-sion*] (R. *in*, dans, et *quart*). T. Chim. Opération qui consiste à ajouter à l'or qu'on veut essayer par la coupellation, environ trois fois son poids d'argent. Voy. ESSAI.

IN-QUARTO. adj. et s. m. [Pr. *in-kouarto*]. T. Impr. et Libr. Format où la feuille est pliée en quatre. Voy. FORMAT.

INQUERESSE. s. f. [Pr. *inke-rèse*]. Femme qui enfile les harengs dans les brochettes pour les faire sécher.

INQUIET, ÈTE. adj. [Pr. *in-ki-è*] (lat. *inquietus*, m. s. de *in* priv., et *quietus*, tranquille). Qui est dans quelque trouble, dans quelque agitation d'esprit, soit par crainte, soit par irrésolution ou incertitude. *Il est i. des suites de son affaire. Il en est tout i. Elle a l'air inquiète. Elle est inquiète de ne point recevoir de nouvelles. Je suis inquiète de son sort.* || Qui marque de l'inquiétude. *Des regards inquiets.* || Remuant, qui n'est jamais content de l'état où il se trouve, qui désire toujours quelque changement. *Il est si i., qu'à peine entré dans un lieu il veut en sortir. C'est un esprit brouillon et i. Il a l'humeur inquiète.* — Par anal., *Une politique inquiète.* || Se dit aussi des passions et des mouvements de l'âme. *Une ambition inquiète. Une inquiète curiosité. Une activité inquiète.*|| Se dit d'une personne que la souffrance met dans une agitation continuelle. *Le malade a été très i. pendant toute la nuit.* — *Sommeil i.*, Sommeil qui est souvent interrompu, qui est troublé par quelque cause que ce soit.

INQUIÉTANT, ANTE. adj. [Pr. *inki-étan*]. Qui cause de l'inquiétude. *Une situation inquiétante. Des nouvelles inquiétantes. L'état de ce malade n'a rien d'i.*

INQUIÈTEMENT. adv. [Pr. *inki-èteman*]. D'une manière inquiète.

INQUIÉTER. v. a. [Pr. *inki-éter*] (lat. *inquietare*, m. s., de *inquietus*, inquiet)). Rendre inquiet; dans ce sens, il ne se dit que de l'âme. *Cette nouvelle, cette pensée m'inquiète. Ce qu'il vient d'apprendre l'inquiète beaucoup.* ||Troubler, faire de la peine en quelque chose que ce soit. *Dès qu'il est dans son cabinet, il ne veut point qu'on l'inquiète. Nos troupes inquiétaient les assiégeants par de continuelles sorties.* || Troubler quelqu'un dans la possession d'une chose. *On ne l'a jamais inquiété dans la possession de cette terre. Si l'on vous inquiète, faites assigner votre vendeur en garantie.* — s'INQUIÉTER. v. pron. Se dit dans le premier sens. *C'est un homme qui s'inquiète aisément, qui s'inquiète d'un rien. C'est un homme sans souci qui ne s'inquiète de rien. De quoi vous inquiétez-vous ?* ═ INQUIÉTÉ, ÉE. part. Conjug. Voy. CÉDER.

INQUIÉTUDE. s. f. [Pr. *inki-étude*] (lat. *inquietudo*, m. s., de *inquietus*, inquiet). Trouble, agitation d'esprit causée par l'idée d'une chose future. *Grande, vive, continuelle i. Il est dans une i. mortelle.*

> Dans quelle inquiétude, Esther, vous me jetez !
>
> RACINE.

J'ai des inquiétudes sur sa santé. Ce jeune homme donne de l'i. à sa famille. Il est sans i. de l'avenir, sur l'avenir. N'en ayez point d'i. Soyez sans i. Je l'ai tiré d'i. || Inconstance d'humeur, amour du changement, qui fait que l'on est toujours mécontent de l'état où l'on se trouve. *L'i., naturelle à l'homme.* || Agitation du corps causée par quelque malaise. *Ce malade a passé la nuit dans quelque inquiétude i., dans de grandes inquiétudes.* — Au plur., *Inquiétudes*, se dit de certaines petites douleurs qui donnent de l'agitation et de l'impatience, et qui se font sentir ordinairement aux jambes. *Il a des inquiétudes aux jambes, dans les jambes.* ═ Syn. Voy. AGITATION.

INQUINÉ, ÉE adj. [Pr. *in-kui-né*] (lat. *inquinatus*, m. s., de *in*, dans, et *cunio*, je vais à la selle). Souillé. Inus.

INQUISITEUR. s. m. [Pr. *inki-ziteur*] (lat. *inquisitor*, m. s.). Celui qui se livre à des enquêtes. || *I. de la foi*, Juge de l'inquisition. Voy. INQUISITION.

> Un doux inquisiteur, un crucifix en main,
> Au feu, par charité, fait jeter son prochain.
>
> VOLTAIRE.

INQUISITIF, IVE. adj. [Pr. *inki-ziif*]. Qui s'enquiert; qui a le caractère de l'inquisition. *Regard i.*, Regard scrutateur.

INQUISITION. s. f. [Pr. *inki-zi-sion*] (lat. *inquisitio*, m. s., de *inquisitum*, sup. de *inquirere*, enquérir; de *in*, dans, et *quærere*, chercher). Recherche, enquête; ne se dit que d'une recherche rigoureuse, et où il se mêle de l'arbitraire. C'est une véritable i.

Hist. — On désigne sous ce nom, ainsi que sous celui de *Saint-Office*, un tribunal ecclésiastique chargé de rechercher et de poursuivre l'hérésie — Le premier germe de cette institution se trouve dans un décret du concile de Vérone de 1184 qui enjoint aux évêques de Lombardie de rechercher les hérétiques et de livrer au magistrat civil, pour être punis, ceux qui persisteraient dans leurs erreurs. « Il n'est pas centreux, dit le R. P. Lacordaire, que les premiers linéaments de l'i. ne se trouvent là tout entiers, quoique informes : recherche des hérétiques par commissaires, application de peines spirituelles graduées, abandon au bras séculier en cas d'impénitence manifeste, concours des laïques et des évêques. Il n'y manque qu'une forme définitive, c.-à-d. l'élection d'un tribunal particulier, qui exerce ce nouveau mode de justice ; mais on n'en vint là que beaucoup plus tard. » En effet, les premiers inquisiteurs dont on ait conservé la nom ne paraissent qu'en 1198 : c'étaient deux moines de l'ordre de Cîteaux, frère Guy et frère Rainier, que le pape Innocent III avait envoyés dans nos provinces méridionales pour y rechercher et poursuivre les Albigeois, avec ordre aux évêques et aux seigneurs temporels de leur prêter toute l'assistance possible. Proposée d'abord comme institution temporaire, l'i. fut transformée en établissement régulier et permanent par les conciles de Latran, en 1215, et de Toulouse, en 1229. En 1233, Grégoire IX confia la direction exclusive de l'i. aux Dominicains pour la soustraire à la juridiction des évêques. En même temps, il donna aux inquisiteurs une autorité sans limites et sans contrôle réel de la part du pouvoir temporel. La même année, l'i. reçut une sanction solennelle du roi Louis IX, dans les conférences de Melun. A la fin du XIIIe siècle, l'i. était établie, non seulement en Provence, en Languedoc et dans les pays voisins, mais encore dans la plupart de nos provinces du Nord, ainsi qu'en Lombardie (1224), en Catalogne (1232), en Aragon (1233), dans la Romagne (1252), en Toscane (1258), à Venise (1289), etc. Partout elle fut placée entre les mains des Dominicains, sauf toutefois en Italie, où ces religieux partagèrent les fonctions d'inquisiteurs avec les moines de Saint-François.

Nous venons de voir que, dans le midi de la France, l'i. avait eu pour cause l'hérésie des Albigeois. Cette hérésie ayant disparu vers la fin du XIIIe siècle, les fonctions de l'i. se trouvèrent naturellement suspendues. D'ailleurs l'influence toujours croissante des justices royales diminua peu à peu et finit par annihiler l'autorité des inquisiteurs. En outre, le génie national était si hostile à cette institution qu'au XVIe siècle, les Guises firent de vains efforts pour la remettre en vigueur. L'édit de Romorantin, œuvre de l'illustre chancelier Michel de l'Hôpital (1560), empêcha le rétablissement de l'i., en attribuant exclusivement aux évêques le soin de constater l'hérésie et aux parlements celui de la punir. Néanmoins il y eut toujours à Toulouse, jusqu'à la Révolution de 1789, un frère de l'ordre de Saint-Dominique qualifié du titre d'*Inquisiteur*, mais ce titre n'impliquait en réalité aucune fonction.

C'est en Espagne surtout que l'i., favorisée par les circonstances politiques et le sombre génie de la nation, acquit une célébrité déplorable. L'i., ainsi qu'on l'a déjà vu, avait été mise en vigueur dès 1232 et 1233 dans la Catalogne et l'Aragon. Les royaumes de Castille et de Léon, dans lesquels on essaya aussi de l'introduire, la repoussèrent et ne voulurent reconnaître qu'aux évêques le droit de rechercher l'hérésie. Les choses changèrent de face au XVe siècle, c.-à-d. après l'expulsion définitive des Maures. Le gouvernement, n'ayant plus alors à lutter contre les étrangers, entreprit de rendre l'autorité royale absolue, et l'i. lui parut une arme éminemment propre à détruire toutes les résistances. Le saint-office continua donc de connaître des matières religieuses mais il servit aussi à abattre, sous prétexte de religion, l'aristocratie féodale et les défenseurs des libertés municipales. C'est à cette circonstance, ainsi qu'au caractère propre d'une nation qui pousse tout à l'extrême, que l'i. espagnole a dû sa détestable renommée. La *nouvelle i.*, comme les historiens nationaux appellent le saint-office ainsi modifié, fut d'abord établie à Séville, en 1477, par le cardinal Mendoza, archevêque de cette ville. Elle fut ensuite peu à peu étendue à toutes les provinces de la monarchie, malgré l'opposition, plus d'une fois sanglante, des Cortès, de la noblesse et des populations. Elle s'intitula *la general inquisicion suprema*, et par abréviation *la suprema*. A sa tête se trouvait un *inquisiteur général*, nommé par le roi. Le grand inquisiteur appartenait toujours à l'ordre de Saint-Dominique (le premier fut Thomas de Torquemada, prieur des Dominicains de Ségovie). Il était assisté de différents agents qu'il nommait lui-même, sous

l'approbation du roi, suivant la nature de leurs fonctions. Les uns, qu'on appelait *calificadores*, étaient chargés de juger de l'orthodoxie des opinions ; les autres, nommés *officiaux*, présidaient aux arrestations ; les *procureurs fiscaux* dirigeaient les poursuites et soutenaient les accusations ; les *secrétaires* rédigeaient les procès-verbaux et surveillaient, pendant les procès, les accusateurs, les témoins et les accusés ; les *sequestradores* veillaient à l'administration des biens confisqués ; enfin, les *familiers* jouaient le rôle d'espions et prenaient au besoin les armes pour faire exécuter les mesures de l'i. ou défendre la personne des inquisiteurs. L'i. avait des tribunaux dans toutes les villes de la monarchie, même dans les colonies, et des prisons particulières, nommées vulgairement *casus santas*. — La procédure de l'i. était avant tout secrète. Les dénonciations étaient accueillies de quelque part qu'elles vinssent ; et même on les provoquait par l'appât de récompenses. On avait ordinairement recours à la torture pour forcer l'individu soupçonné à s'accuser lui-même. Enfin, tout moyen de défense sérieuse lui était enlevé. Les sentences étaient toujours prononcées publiquement, et les Espagnols appelaient *auto-da-fé*, c.-à-d. acte de foi, la solennité qui avait lieu à cette occasion. Les condamnés étaient revêtus du *San-benito* (abréviation de *sacco benito*, sac béni), c.-à-d. d'une espèce de robe jaune en forme de scapulaire et parsemée de croix rousses et d'autres emblèmes funèbres. Ceux qui devaient subir le supplice avaient un san-benito noir semé de flammes et de diables rouges ; ils portaient en outre un bonnet pointu qu'on nommait *coroza* et qui était orné de la même manière. On les conduisait processionnellement sur la place publique préparée pour la cérémonie. Là on leur donnait lecture du jugement du tribunal ; après quoi, un officier de l'i. leur frappait au coup sur la poitrine, pour indiquer que le saint-office n'avait plus d'autorité sur eux et qu'il les livrait au pouvoir temporel. Alors on les chargeait de liens et on les conduisait au bûcher. Ceux qui déclaraient vouloir mourir dans la religion catholique étaient étranglés avant d'être la proie des flammes ; les autres étaient brûlés vifs. Les auto-da-fé étaient de véritables fêtes pour le peuple espagnol, qui s'y précipitait avec fureur. — Cette abominable institution a subsisté en Espagne jusqu'à notre époque. Supprimée une première fois, le 4 déc. 1808, par un décret de Napoléon, elle fut rétablie en 1814 par Ferdinand VII, et n'a été enfin abolie qu'en 1820, par la constitution des Cortès.

A Venise, de religieuse qu'elle était en principe, l'i. devint, au XVIe siècle, une institution exclusivement politique. En 1554, trois membres du pouvoir, choisis les deux premiers dans le conseil des Dix et le troisième parmi les conseillers du doge, furent chargés, sous le nom d'*Inquisiteurs d'État*, de veiller au maintien de la constitution. Ces magistrats avaient droit de vie et de mort sur tous les citoyens sans exception, et c'est à la terreur qu'ils inspiraient et à la cruauté inexorable avec laquelle ils traitaient la moindre attaque contre le gouvernement, que l'oligarchie vénitienne dut le pouvoir conserver sa prépondérance. Ils ne disparurent qu'en 1797, lorsque l'armée française détruisit la prétendue république de Venise.

A Rome, l'i. était tombée en désuétude, quand, au XVIe siècle, le pape Paul III la releva pour opposer une digue à la propagation des doctrines de Luther. Ce même pape institua une congrégation, dite du *dogma* ou *du Saint-Office*, chargée d'instituer et de diriger les inquisiteurs, et de juger souverainement toutes les affaires relatives à l'hérésie ou considérées comme telles. Cette congrégation subsiste encore aujourd'hui ; elle se compose du Pape, qui en est le chef et le président, de 12 cardinaux, qui remplissent les fonctions de juges, d'un certain nombre de théologiens, appelés *Consulteurs*, et d'avocats, qui sont chargés d'examiner les livres, ainsi que les actes et les paroles des personnes suspectes. L'i. romaine, même au XIVe siècle et au XVe, s'est toujours distinguée par sa modération, résultat qui peut être attribué, en partie, à la présence des souverains pontifes, généralement choisis parmi les hommes les plus éclairés de leur époque.

INQUISITORIAL, ALE. adj. [Pr. *inki-zi-torial*] (baslat. *inquisitorius*, d'inquisition). Relatif à l'Inquisition. *Tribunaux inquisitoriaux.* || Se dit de tout pouvoir ombrageux, trop sévère, de tout juge, de toute recherche arbitraire, et se prend toujours en mauvaise part. *Pouvoir i. Tyrannie inquisitoriale. Recherche inquisitoriale. Visites inquisitoriales. Il y a quelque chose d'i. dans cette mesure.*

INRACINABLE. adj. 2. g. (R. *in* priv., et *racine*). Qui ne peut prendre racine.

INRECOMMENÇABLE. adj. 2 g. [Pr. *inre-ko-man-sable*] (R. *in* priv., et *recommencer*). Qui ne peut être recommencé.

INRI, abréviation que l'on voit souvent sur les crucifix, formée des initiales des mots : *Jesus Nazaræus Rex Judeorum*, « Jésus Nazaréen roi des Juifs ».

INRUINABLE. adj. 2 g. (R. *in* priv., et *ruiner*). Qui ne peut être ruiné.

INSAISISSABILITÉ. s. f. [Pr. *in-sè-zi-sabilité*]. Qualité de ce qui est insaisissable. *L'i. des salaires, des rentes.*

INSAISISSABLE. adj. 2 g. [Pr. *in-sè-zi-sable*] (R. *in* priv., et *saisissable*). T. Jurisp. Qui ne peut être saisi valablement. Voy. SAISIR. || Figur., Qui ne peut être perçu, compris. *Cette différence me semble i. Des abstractions insaisissables.*

INSAISISSABLEMENT. adv. [Pr. *in-sè-zi-sable-man*]. D'une manière insaisissable.

INSALIVATION. s. f. [Pr. *insaliva-sion*] (lat. *in*, dans ; fr. *saliver*). T. Physiol. Imprégnation des aliments par la salive. Voy. DIGESTION.

INSALUBRE. adj. 2 g. (lat. *insalubris*, m. s., de *in* priv., et *salubris*, salubre). Malsain, qui nuit à la santé. *Un logement i. Établissements dangereux et insalubres.*

INSALUBREMENT. adv. D'une manière insalubre.

INSALUBRITÉ. s. f. (lat. *insalubritas*, m. s., de *in* priv., et *salubritas*, salubrité). Qualité de ce qui est nuisible à la santé. *L'i. de l'air, d'un pays, d'un climat.*

INSALUTAIRE. adj. 2 g. Qui n'est point salutaire.

INSANITÉ. s. f. (lat. *insanitas*, m. s., de *insanus*, fou, de *in* priv., et *sanus*, sain). Folie, aliénation mentale. *C'est un acte d'i. C'est de l'i.* Peu us. || Au pl., *Des insanités*, Des sottises, des paroles, des actions dénuées de raison.

INSAPIDE. adj. 2 g. Qui n'est point sapide.

INSAPIDITÉ. s. f. État de ce qui est insapide.

INSAPONIFIABLE. adj. 2 g. Qui n'est pas saponifiable.

INSATIABILITÉ. s. f. [Pr. *insasi-abilité*] (lat. *insatiabilitas*, m. s.). État de celui qui est insatiable. Avidité de manger qui ne peut se rassasier. || Fig., *I. de gloire. L'i. de cet avare, de cet ambitieux. L'i. des richesses, des honneurs.*

INSATIABLE. adj. 2 g. [Pr. *insa-siable*] (lat. *insatiabilis*, m. s., de *in* priv., et *satiabilis*, qui peut être rassasié, de *satiare*, rassasier). Qui ne peut être rassasié. *Une faim, une avidité i.* || Fig., *Avarice i. Rien ne le satisfait, il est i. I. de gloire, d'honneurs, de richesses, de louanges.*

INSATIABLEMENT. adv. [Pr. *insa-siable-man*]. D'une manière insatiable. *Il est i. avide d'honneur et de gloire.*

INSCIEMMENT. adv. [Pr. *insi-aman*]. Non sciemment, sans savoir.

INSCRIPTEUR, TRICE. adj. Qui inscrit. *Appareils inscripteurs.* Voy. ENREGISTREUR.

INSCRIPTIBLE. adj. 2 g. Qui peut être inscrit. Se dit surtout en Géom. *Polygone i. dans un cercle, dans une conique*, etc.

INSCRIPTION. s. f. [Pr. *inskrip-sion*] (lat. *inscriptio*, m. s., de *inscribere*, inscrire). Caractères inscrits ou gravés sur le marbre, le bronze, etc., pour conserver la mémoire d'une personne ou d'une chose, pour indiquer la destination d'un édifice, etc. || Action d'inscrire une personne ou une chose sur un registre, une liste, etc.; Résultat de cette action. *L'i. d'un acte de naissance sur les registres de l'état civil. Il a requis son i. sur les listes électorales. Mon fils a déjà pris huit inscriptions en médecine. Il a toutes ses inscriptions. — I. sur le grand-livre de la dette publique*, ou simpl.,

I. sur le grand-livre, Le titre d'une rente perpétuelle due par le Trésor. — *I. hypothécaire.* Voy. HYPOTHÈQUE. — *I. maritime.* Voy. MARITIME. || T. Jurisp. *I. de faux*, Acte par lequel on soutient en justice qu'une pièce est fausse ou falsifiée. || Indication écrite dans un lieu apparent, pour servir de renseignement.

Archéol. — *I.* L'usage des *Inscriptions* remonte à une époque très reculée, mais il a été beaucoup plus répandu chez les anciens que chez les modernes, parce qu'avant l'invention de l'imprimerie il constituait le seul moyen que l'on possédât pour soustraire à la destruction les documents dont on voulait prolonger la durée. Les Grecs donnaient aux inscriptions le nom d'*Épigraphes*, d'où nous avons fait *Épigraphie*, pour désigner la science qui étudie ces monuments. Ils les appelaient aussi *Épigrammes*, mais ils réservaient surtout cette dénomination pour celles qui étaient en vers. Quant aux Romains, ils appelaient les inscriptions, *inscriptio*, *titulus*, *memoria*, *mensa*, *tabula*, *marmor*, etc.

Les inscriptions sont une des sources les plus importantes et les plus sûres de l'histoire. On leur doit les notions les plus positives sur la chronologie, la géographie, les systèmes religieux, le gouvernement civil, les lois et l'administration, l'état des personnes, les mœurs et usages, l'organisation politique, la linguistique, etc., des divers peuples qui nous les ont transmises. On leur est également redevable de la plupart des corrections qui ont répandu la lumière sur les passages obscurs des grands écrivains de l'antiquité, ou rectifié leurs assertions erronées.

Les inscriptions se trouvent sur toute espèce de matières solides, mais c'est le bronze et le marbre que les Grecs et les Romains ont le plus souvent employés pour celles qui étaient d'un intérêt général. Les unes sont *écrites*, c.-à-d. simplement tracées au pinceau; les autres sont *gravées*, c.-à-d. tracées en creux ou en relief. Enfin, on en trouve aussi qui sont *ajustées*, c.-à-d. composées de lettres de bronze, exécutées isolément et mises en place au moyen de crampons. Les inscriptions qui présentent cette dernière disposition ont disparu presque toutes par l'effet du temps ou les entreprises de la cupidité; mais on peut quelquefois les rétablir en relevant les trous des crampons. C'est ainsi, par exemple, que l'on est parvenu à restituer celle de la Maison carrée de Nîmes.

Les inscriptions sont le plus souvent en prose. On en trouve cependant quelquefois qui sont *métriques*, c.-à-d. en vers. L'emplacement destiné à les recevoir étant presque toujours peu étendu, on a, de bonne heure, reconnu la nécessité de donner à leur rédaction une forme particulière, ou d'autres termes, de créer ce qu'on est convenu d'appeler le *style lapidaire*. Ce style a pour caractères distinctifs la précision, la force et la concision. Il présente aussi, surtout dans l'épigraphie grecque et romaine, une multitude d'abréviations, ainsi que des constructions contraires aux règles ordinaires de la syntaxe, des formes inusitées ou arbitraires, et beaucoup d'autres particularités que l'usage seul peut apprendre. Enfin les mots sont rarement séparés et les signes de ponctuation peu usités. On conçoit par là combien de difficultés présente l'interprétation des inscriptions antiques. Il faut nécessairement joindre à une connaissance approfondie de la langue, des usages et des institutions, toutes les ressources d'une critique judicieuse mais prudente, pour se guider dans les restitutions conjecturales qu'exigent si souvent les lacunes de monuments mutilés ou en partie effacés. Il faut, en outre, une grande expérience paléographique, car les modifications que l'écriture a subies à différentes époques servent souvent à fixer approximativement l'âge des monuments, et quelquefois même font reconnaître la fraude d'un faussaire habile à imiter les produits de l'art antique.

On divise ordinairement les inscriptions en deux grandes classes : *ins. païennes*, *ins. chrétiennes*, et chaque classe en quatre sections : 1° *Ins. religieuses* : honneurs rendus aux dieux, aux demi-dieux et aux héros; vœux, dédicaces, cérémonies du culte, fondations, autels, sacrifices, libations, invocations, principes de morale. 2° *Ins. historiques* : lois, décrets, traités de paix, d'alliance, d'hospitalité, actes publics de toute nature; comptes et inventaires publics; listes de prêtres, de magistrats, de guerriers morts au service de la patrie; services rendus à l'État par des citoyens; honneurs décernés à un simple particulier de son vivant; marbres portant une indication d'époque : fastes chronologiques, calendriers; inscriptions n'appartenant à aucune autre classe, mais ayant une date; actes des villes et des corporations; textes contenant des noms de lieux et autres renseignements géographiques, tels que les pierres milliaires; dédicaces des monuments publics autres que les monuments religieux; discours des princes, des magistrats, et tout ce qui indique un usage public, un fait relatif aux mœurs et coutumes, à l'état des personnes, à l'organisation sociale, etc. 3° *Ins. scientifiques*, exprimant quelques principes des sciences, des procédés des arts, portant des noms d'artistes ou d'écrivains, des causes et des époques de maladie ou de mort, des noms de professions manuelles, etc. 4° *Ins. funéraires*, tracées sur des ci-gés, tables sarcophages, cénotaphes, etc., et relatives à ce qui concerne les tombeaux et les funérailles, si la qualité du défunt n'en fait pas un personnage historique, ou si le texte de l'i. ne la met pas au rang des monuments géographiques ou chronologiques.

L'importance des inscriptions a été reconnue de bonne heure. L'historien Évhémère, qui florissait au IVe siècle avant notre ère, fut le premier qui en fit un objet d'étude, et son exemple eut de nombreux imitateurs. Négligés pendant toute la durée du moyen âge, les monuments épigraphiques furent recherchés avec ardeur par les érudits à l'époque de la Renaissance. Néanmoins c'est seulement au XVIe siècle que l'on songea à publier des recueils d'inscriptions. La première publication de ce genre fut faite à Augsbourg, en 1505, par Peutinger. D'autres compilations analogues parurent ensuite, mais celle de Smetius, qui fut imprimée en 1588, avec des additions de Juste-Lipse, est la première où les inscriptions soient disposées dans un ordre méthodique, et qui joigne une bonne critique à la fidélité des textes. Au XVIIe siècle apparticement les célèbres recueils de J. Gruter, de Gronovius et de Grævius. Vers le milieu du XVIIIe siècle, Scipion Maffei et le président Séguier eurent l'idée de former un corps unique de toutes les inscriptions alors connues; mais ils ne purent exécuter leur projet. La même idée a été reprise à notre époque par l'Académie de Berlin; néanmoins l'immensité de la tâche l'ayant effrayée (il nous reste en effet environ 10,000 inscriptions grecques, et 80,000 latines), elle résolut ce se borner d'abord à l'épigraphie grecque. Cette décision a eu pour résultat l'admirable ouvrage édité par le savant Aug. Bœckh et son continuateur Franz, sous le titre de *Corpus inscriptionum græcarum*. Enfin, en 1857, la même Académie a entrepris un travail semblable pour l'épigraphie romaine. Nous ferons remarquer, à ce sujet, qu'en 1839, c.-à-d. bien avant que l'Académie prussienne se fût décidée à éditer les inscriptions latines, notre Académie des inscriptions avait, sur le rapport de Ph. le Bas, projeté une publication analogue; malheureusement, des difficultés de plus d'un genre ne lui ont pas permis de l'exécuter. — Parmi ceux de nos contemporains qui ont fait faire le plus de progrès à l'épigraphie grecque et romaine, nous citerons, en Allemagne, Raubold, Mommsen, Henzen, Bœckh, Franz, Kirchoff, Dittenberger, Kohler, Hinrichs, etc.; en Suisse, Orelli; en Angleterre, Leake; en Italie, Rossi; et en France, Letronne, Ph. le Bas, Léon Renier, Hase, Waddington, Foucart, Cagnat, Salomon Reinach Enfin, on ne s'est pas borné à étudier les inscriptions grecques et romaines; celles des autres peuples civilisés de l'antiquité ont été également l'objet de travaux importants. Voy. HIÉROGLYPHE, CUNÉIFORME.

II. — *L'Académie des Inscriptions* a été fondée, en 1663, par Colbert. Elle fut d'abord désignée sous le nom de *petite Académie* que lui avait donné Louis XIV, soit parce qu'elle n'était composée que de 4 membres, choisis parmi ceux de l'Académie française, soit à cause du peu d'importance relative de ses travaux. En effet, elle était alors spécialement chargée de présenter des dessins pour les tapisseries du roi, de faire les devises des jetons du trésor royal, des bâtiments et de la marine, de dresser des examen ner les plans de décoration pour le palais et les jardins de Versailles, etc. Un peu plus tard, on lui confia la rédaction d'une histoire de Louis XIV par les médailles, et elle reçut en même temps le titre d'*Académie des Inscriptions et Médailles*. En 1701, l'Académie comptait 9 membres; mais elle allait se dissoudre faute d'occupations, quand son président, l'abbé Bignon, obtint des lettres patentes qui la réorganisèrent sur de nouvelles bases. Le nombre des membres fut porté à 40, et on les divisa en quatre classes: *honoraires, pensionnaires, associés* et *élèves*. En 1713, l'Académie admit, pour la première fois, des savants étrangers associés. L'année suivante, un arrêt du conseil d'État lui conféra le titre d'*Académie des Inscriptions et Belles-Lettres*, qui lui est resté, et supprima la classe des *élèves*, qui furent répartis dans les autres classes. Enfin, un peu plus tard, elle fut augmentée d'une nouvelle classe, celle des *académiciens libres*. C'est en 1717 que cette Académie a commencé la publication de ses *Mémoires*. Ce recueil, qui s'est poursuivi depuis lors sans interruption, est sans contredit la plus riche et la plus judicieuse collec-

tion de travaux d'érudition. L'Académie des Inscriptions fut supprimée par la Convention (1793). A la création de l'Institut (1795), elle fut d'abord comprise dans la seconde classe (sciences morales et politiques). Sous le Consulat (1803), elle forma une troisième classe, sous le nom de *Classe d'histoire et de littérature anciennes*. Enfin, sous la Restauration (1816), elle reprit le second rang ainsi que son ancien nom. Aujourd'hui, l'Académie des Inscriptions et Belles-Lettres se compose de 40 membres résidants, de 10 académiciens libres, de 50 correspondants et d'un certain nombre d'associés étrangers. Son objet principal est l'étude de toutes les branches des sciences historiques, mais en s'attachant plus particulièrement à la philologie des peuples anciens et du moyen âge, à l'état de leurs connaissances scientifiques et technologiques comparées avec celles des modernes; à la chronologie et à la géographie; à la numismatique, à l'épigraphie, à l'architecture, etc.; à l'éclaircissement des titres, diplômes et antiquités de l'histoire nationale et des autres nations, surtout de celles dont les intérêts politiques sont ou ont été mêlés aux nôtres. Elle renferme plusieurs commissions ayant chacune des attributions particulières, et chargées de publier ou de continuer un grand nombre de collections importantes, telles que le *Recueil des historiens des croisades*, les *Ordonnances des rois de France*, le *Recueil des historiens des Gaules et de la France*, l'*Hist. littéraire de la France*, le *Corpus inscriptionum Semiticarum*, etc.; une autre commission, appelée *C. des Antiquités de la France*, a pour mission d'examiner et de classer les notices et documents relatifs aux monuments de l'histoire nationale, et d'indiquer les mesures à prendre pour assurer leur conservation.

INSCRIRE. v. a. (lat. *inscribere*, m. s., de *in*, dans, et *scribere*, écrire). Écrire le nom de quelqu'un ou prendre note, faire mention de quelque chose sur un registre, sur une liste, etc. *I. quelqu'un au rôle des contributions, sur la liste du jury, sur la liste électorale. I...jour par jour, toutes ses opérations commerciales. I. un bordereau. I. une rente au grand-livre.* || *Mettre une inscription. I. une maxime sur un monument. Le nom du sculpteur est inscrit sur le socle de la statue.* — *Fig., I. son nom au temple de mémoire, dans les fastes de la gloire,* Se rendre célèbre par ses écrits, par ses exploits. || T. Géom. *I. une figure dans une autre,* Tracer, dans l'intérieur d'une figure géométrique, une autre figure qui en touche le contour intérieurement. Voy. CERCLE et POLYGONE. — S'INSCRIRE. v. pron Inscrire ou faire inscrire son nom dans un registre, sur une liste, etc. *S'i. sur une liste d'abonnés. Il s'est inscrit à l'école de droit.* || T. Jurispr. *S'i. en faux,* Soutenir en justice qu'une pièce que la partie adverse produit est fausse. — Par ext, dans le langage ordinaire, Nier quelque proposition que l'on entend alléguer. *Je m'inscris en faux contre ce que vous dites.* = IN-CRIT, ITE. part. *Dette inscrite.* Créancier inscrit. Les orateurs inscrits pour ou contre le projet de loi. — T. Géom. *Polygone i. dans une courbe; polyèdre inscrit dans une surface.* || *Les inscrits,* Les marins qui font partie de l'inscription maritime. = Conj. Voy. ÉCRIRE.

INSCRUTABILITÉ. s. f. Qualité de ce qui est inscrutable.

INSCRUTABLE. adj. 2 g. (lat. *inscrutabilis*, m. s., de *in* priv., et *scrutari*, fouiller). Impénétrable, qui ne peut être compris par l'esprit humain; ne se dit guère qu'en style de l'Écriture. *Les desseins de Dieu sont inscrutables. Le cœur de l'homme est i.*

INSCRUTABLEMENT. adv. D'une manière inscrutable.

INSÇU (A L'). Voy. INSU.

INSCULPATION. s. f. (Pr. ... *sion*). Action d'insculper.

INSCULPER ou **INSCULPTER.** v. a. (lat. *insculpere*, m. s., de *in*, dans, et *sculpere*, sculpter). Graver en frappant avec un poinçon.

INSÉCABILITÉ. s. f. Qualité de ce qui est insécable.

INSÉCABLE. adj. 2 g. (lat. *insecabilis*, m. s., de *in* priv., et *secare*, couper). Qui ne peut être coupé, partagé.

INSECOUABLE. adj. 2 g. (R. *in* priv., et *secouable*). Qu'on ne peut secouer.

INSECOURABLE. adj. 2 g. Qui n'est pas secourable.

INSECTE. s. m. (lat. *insectus*, divisé, de *insecare*, diviser, de *in* dans, et *secare*, couper). T. Zool.

I. *Définition.* — La classe des *Insectes* comprend tous les animaux articulés dont le corps, composé d'anneaux placés bout à bout, forme trois segments distincts, et qui possèdent trois paires de pattes: de là le nom d'*Hexapodes* sous lequel on désigne fréquemment cette classe. En outre, les Insectes respirent au moyen de trachées aérifères, n'ont point de système vasculaire proprement dit, et subissent presque tous, pour arriver à l'état parfait, des métamorphoses plus ou moins complètes. Enfin, la plupart d'entre eux sont pourvus d'ailes. Il est même à remarquer que parmi les autres classes d'invertébrés, on ne rencontre aucune espèce qui soit conformée pour le vol.

II. *Description générale des Insectes.* — A proprement parler, le squelette des Insectes est extérieur, et se compose de ceintures vertébrales en forme d'anneaux plus ou moins réguliers et complets, et unis entre eux d'une manière plus ou moins solide. Ce squelette tégumentaire, ou, comme disent plusieurs auteurs, ce *dermato-squelette*, conserve chez beaucoup d'espèces une certaine flexibilité, mais, le plus souvent, il offre une dureté assez considérable et une consistance analogue à celle de la corne. Dans ce cas, la flexibilité du corps résulte de la mollesse des points de suture des anneaux qui constituent l'animal. Ainsi que nous venons de le dire, la série d'anneaux qui forment le corps des Insectes se divise en trois grands segments, qui ont reçu le nom de *tête*, *thorax* et *abdomen*.

La *Tête* (*c*, Fig. 1) est constituée en apparence par un seul tronçon, mais se compose en réalité de plusieurs anneaux

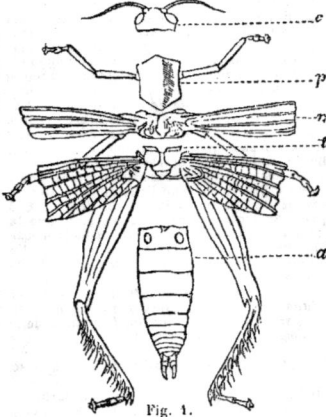

Fig. 1.

dont la fusion est plus ou moins complète. Elle porte les appendices de la bouche, les yeux et les antennes. Les *Antennes* sont généralement situées en avant et au-dessus de la bouche. Ces organes sont extrêmement mobiles en raison de la multiplicité des pièces dont ils sont formés. Ils présentent d'ailleurs de grandes variations dans leur forme et dans le nombre de leurs articles, variations dont on tire un fort bon parti pour la classification entomologique. Ainsi, les antennes sont tantôt *droites*, et tantôt *coudées* ou *brisées*. Dans l'un et l'autre cas, elles peuvent être *filiformes*, c.-à-d. d'égale épaisseur partout; *sétacées*, ou terminées en pointes; *claviformes* ou en *massue*, c.-à-d. terminées par des articles plus gros; *moniliformes* ou composées d'articles globuleux; *dentelées* ou *en scie*, c.-à-d. composées d'articles plats et triangulaires; *pectinées* et *flabellées*, c.-à-d. formées d'articles allongés sur l'un des côtés de manière à imiter les dents d'un peigne; *plumeuses*, c.-à-d. ressemblant à une plume munie de ses barbes, etc. On les dit *lamelleuses* ou *foliacées*, lorsque les articles terminaux sont élargis en lamelles, comme

dans le Hanneton. Nous parlerons tout à l'heure de la bouche et des yeux.

Le *Thorax*, appelé aussi *corselet*, qui constitue la région moyenne du corps, se compose de trois anneaux plus ou moins intimement soudés, que l'on distingue par les noms de *Prothorax* (*p*, Fig. 1); *Mésothorax*, *m*; et *Métathorax*, *t*. Chacun d'eux porte à sa partie inférieure une paire de pattes; mais le second et le troisième portent en outre, à leur partie supérieure, une paire d'ailes chacun. — Les *Pattes* se composent de cinq parties, d'une *hanche*, d'un *trochanter*, d'une *cuisse* et d'une *jambe* n'ayant qu'un seul article chacune, puis d'une espèce de doigt appelé *Tarse*, qui compte de 1 à 5 articles, et se termine ordinairement par 2 *crochets*. Quelquefois le nombre des articles du tarse diffère du nombre réel, parce que l'un d'eux se trouve très réduit dans ses dimensions, et en partie caché par ceux qui l'avoisinent. Quelquefois le nombre de ces articles n'est pas le même à toutes les pattes, comme on le voit dans la famille des Coléoptères qui a reçu le nom d'*Hétéromères*. — Les ailes sont composées d'une double membrane soutenue à l'intérieur par des nervures. Elles sont généralement au nombre de quatre, quelquefois au nombre de deux (Diptères). Tantôt elles sont toutes minces et transparentes, comme chez les Hyménoptères; tantôt elles sont opaques et recouvertes d'une poussière colorée, comme chez les Lépidoptères. Dans beaucoup d'espèces à quatre ailes, les deux premières deviennent dures et coriaces, et servent de couvertures ou d'étuis aux secondes, quand l'insecte est à l'état de repos. Ces ailes durcies se nomment *Elytres*, lorsqu'elles sont entièrement transformées, et *Hémélytres*, lorsque la partie supérieure seule est durcie et que la partie inférieure reste molle. Dans les espèces qui n'ont que deux ailes, les deux ailes qui manquent sont représentées par deux petits filets mobiles insérés sur le métathorax, et qu'on nomme *Balanciers*.

L'*Abdomen* est composé d'une série d'anneaux dont le nombre s'élève quelquefois jusqu'à neuf, et qui sont mobiles les uns sur les autres. Ceux de la partie postérieure portent souvent des appendices très variables de forme et d'usages. Tantôt ces appendices offrent la forme de pinces, comme chez les Forficules; tantôt ils agissent à la manière d'un ressort, comme chez les Podurelles: alors l'animal s'en sert pour se lancer en avant. Le plus souvent ils constituent une arme offensive, comme chez les Abeilles, ou une tarière qui sert à percer le bois pour y déposer les œufs, comme chez les Tenthrèdes et les Cynips.

III. *Système des organes de la vie végétative.* — On peut classer les Insectes, d'après la manière dont ils se nourrissent, en deux grandes sections, les *Broyeurs* et les *Suceurs*, ceux-ci vivant du suc des plantes et des animaux, et ceux-là se repaissant d'aliments solides soit végétaux, soit animaux. Les appareils qui servent à la préhension des aliments doivent donc nécessairement différer dans les deux classes: c'est ce qui a lieu en effet. Dans la classe des Broyeurs, qu'on appelle aussi quelquefois *Mandibulés*, et qui comprend les Coléoptères, les Orthoptères, les Névroptères, etc., la bouche est conformée de manière que l'animal puisse couper ou broyer les matières dont il se nourrit. Les pièces principales dont se compose cet organe sont au nombre de

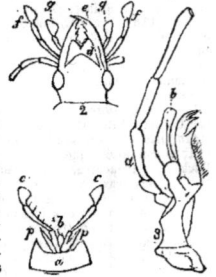

Fig. 4.   Fig. 3.

six. En avant (Fig. 2. Tête d'un Coléoptère du genre *Cychrus*, vue en dessus), il présente une pièce médiane *d*, appelée *Labre* ou *Lèvre supérieure*, qui s'articule avec le bord antérieur de la tête ou *Chaperon*. De chaque côté du labre, on voit une espèce de grosse dent mobile *c*, appelée *Mandibule*. En arrière des mandibules se trouvent les *Mâchoires*, qui constituent un appareil plus compliqué. Chaque mâchoire (Fig. 3. Mâchoire d'une espèce de *Sauterelle*) est munie en dedans d'une lame armée de dentelures ou de poils, tandis qu'au côté externe elle offre deux petits appendices articulés qu'on nomme *Palpes maxillaires*, et qu'on distingue en *palpe externe*, *a*, et *palpe interne* ou *Galette*, *b* (Dans la Fig. 2, on voit aussi les palpes maxillaires, *ff*.) Le lobe terminal de a mâchoire est quelquefois muni de dents. Enfin, on appelle *Lèvre inférieure*, ou simplement *Lèvre* (Fig. 4). Lèvre *ce Lycärus*, détachée), une pièce impaire comme le labre, et placée vis-à-vis de lui à la partie inférieure de la bouche. On y distingue plusieurs parties, le *Menton*, *a*, la *Languette*, *s*, les *Paraglosses*, *cc*, et les *Palpes labiaux*, *pp* (Dans la Fig. 2, les palpes labiaux sont indiqués par les lettres *gg*). Les palpes servent à saisir les aliments et à les maintenir entre les mandibules pendant que celles-ci les divisent. Dans quelques espèces, par ex. chez les Lucanes, auxquels appartient le Cerf-volant, les mâchoires se prolongent d'une manière démesurée et forment une sorte de pince qui leur sert d'arme offensive. Chez les Suceurs, les appendices buccaux sont tellement modifiés que pendant longtemps on les a crus construits d'après un autre type. Mais Savigny a démontré que les mêmes pièces se retrouvent également chez les Broyeurs et les Suceurs. Dans cette dernière classe d'Insectes, les mâchoires ou le labre se prolongent de manière à constituer une sorte de trompe tubulaire garnie souvent à l'intérieur de filaments déliés qui remplissent les fonctions de lancettes. Les Papillons, par ex., sont pourvus d'une trompe qui s'enroule dans le repos et qui s'allonge quand ils veulent puiser leur nourriture dans le calice des fleurs. C'est cette trompe qui, par son développement, entraîne l'atrophie des autres pièces de la bouche, qui en conséquence restent à l'état rudimentaire, à l'exception de la lèvre inférieure. Chez les Hyménoptères, la conformation de la bouche offre une disposition intermédiaire entre les Broyeurs et les Suceurs. La lèvre supérieure et les mandibules sont les mêmes que chez les Broyeurs, mais les autres appendices sont réunis en faisceau et constituent une trompe qui sert de conduit aux aliments toujours mous ou liquides dont ces Insectes se nourrissent. Cette trompe est flexible, mais ne s'enroule pas comme celle des Papillons et les mandibules servent à découper les matières dont les Hyménoptères font leur nid, ou à mettre à mort les petits animaux dont ils sucent les humeurs. Dans les Hémiptères, comme la Punaise des bois et la Cigale, la bouche est encore conformée d'une manière différente. L'appendice qui offre le plus de développement est la lèvre inférieure, qui s'allonge en forme de rostre tubulaire et contient dans son intérieur quatre soies ou stylets garnis à leur extrémité de petites denticules ou d'épines dirigées en arrière. Ces stylets représentent les mandibules et les mâchoires des Broyeurs, et servent à piquer la peau des animaux ou l'écorce des plantes. Chez les Mouches, la trompe représente aussi la lèvre inférieure et porte souvent des palpes à sa base.

Le *Canal intestinal* s'étend dans toute la longueur du corps et présente une structure assez compliquée : c'est un tube tantôt droit et de la longueur du corps seulement, comme dans les Chenilles; tantôt contourné, décrivant de nombreuses circonvolutions et plus long que le corps. Mais quelle que soit sa forme, le tube intestinal n'a pas partout le même diamètre, et il présente des renflements et des rétrécissements successifs (Fig. 5. Canal intestinal du *Carabe doré*). On y distingue alors en général sept parties : le pharynx ou fond de la cavité buccale, l'œsophage, *b*, le premier estomac ou *jabot*, *c*, le second estomac ou *gésier*, *d*; le troisième estomac ou *ventricule chylifique*, *e*, l'intestin grêle, *f*, et le gros intestin ou *cæcum*, *g*. Le gésier est surtout caractérisé par les replis saillants ou par les dents et épines qui arment sa surface interne, et qui servent à triturer les aliments. Quant au troisième estomac, il présente à sa surface externe une mul-

Fig. 5.

titude d'appendices ou petits canaux aveugles qui sont tapissés à l'intérieur par la muqueuse stomacale, et qui sont considérés par Léon Dufour comme servant au passage du chyle, lequel se répandrait ainsi librement dans la cavité générale du corps. Les Insectes n'ont pas de glandes proprement dites ; ces or-

ganes sont remplacés chez eux par des tubes longs et déliés flottant dans l'intérieur du corps. Les tubes salivaires s'ouvrent au fond du pharynx, et les tubes biliaires (Fig. 5, *ii*) s'ouvrent dans la partie inférieure de l'estomac. Enfin, dans beaucoup d'espèces on trouve encore vers l'extrémité postérieure de l'abdomen d'autres organes sécréteurs qui servent à préparer certains liquides fétides ou caustiques que l'animal lance au dehors ou introduit dans le corps d'un adversaire pour le blesser ou le mettre à mort (Fig. 5. *k*, organe sécréteur de ce genre ; *m*, réservoir du liquide ; *n*, canal excréteur).

La *circulation*, chez les Insectes, est d'une extrême simplicité. Le cœur ou *Vaisseau dorsal* s'étend de la tête à l'extrémité du corps : sa structure est musculaire, et il se

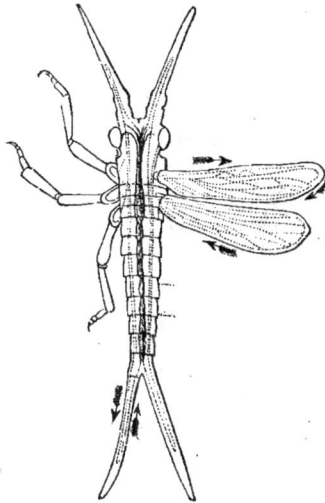

Fig. 6.

contracte et se dilate alternativement (Fig. 6. Circulation chez une larve d'Éphémère). La direction qu'il imprime au sang (lequel est ordinairement incolore, mais parfois jaunâtre ou verdâtre) est d'arrière en avant, et, après s'être distribué dans les différentes parties du corps, il revient au vaisseau dorsal ; mais comme il n'existe pas dans l'i. de parois vasculaires, le sang, hors du vaisseau dorsal, forme de simples courants marchant en sens inverse. L'appareil respiratoire est représenté par un système de tubes déliés, appelés *Trachées*, qui reçoivent l'air par des orifices nommés *Stigmates*, lesquels sont généralement situés sur les côtés des anneaux de l'abdomen. Les trachées distribuent ainsi l'air dans toutes les parties de l'organisme (Fig. 7. Système respiratoire de la *Mante religieuse*, d'après Marcel de Serres). Chez certains Insectes, notamment chez les Orthoptères, on aperçoit de véritables mouvements respiratoires qui consistent en des alternatives de resserrement et de dilatation de l'abdomen. Tous les Insectes à l'état parfait respirent par des stigmates, mais ils n'ont pas tous un aussi grand nombre de stigmates pour l'entrée de l'air. Ainsi, parmi les espèces aquatiques, les Nèpes et les Ranâtres ont à l'extrémité de l'abdomen deux longs tubes par lesquels s'opèrent l'entrée et la sortie de l'air. Pour cela, l'animal vient présenter de temps en temps à la surface de l'eau l'extrémité de ses deux tubes respiratoires ; mais il n'ont pas tous à la fois grand nombre de stigmates pour l'entrée de l'air. D'autres Insectes respirent de la même manière, mais seulement pendant leur état de larve : tels sont les Hydrophiles et les Dytiques parmi les Coléoptères, les Stratiomys et les Éristales parmi les Diptères. En outre, il y a des espèces qui possèdent à la fois des trachées et des branchies : celles-ci, qui ne sont que des houppes de trachées, remplacent les stigmates et ont pour fonction de séparer l'air de l'eau qui le tient en dissolution, et de le transmettre ensuite aux trachées à l'état de fluide aériforme. Quand les larves et les nymphes qui respirent par des branchies passent à l'état parfait, elles perdent cet appareil et respirent l'air par des stigmates. Au reste, quel que soit le mode de pénétration de l'air dans les trachées, il est évident que l'action de ce fluide sur le sang doit se produire dans tous les organes, comme l'a remarqué Cuvier, en sorte que la respiration n'est pas localisée chez les Insectes, comme chez presque tous les autres animaux. — Les Insectes produisent de la chaleur, et l'activité de la respiration des Abeilles suffit pour élever notablement la température de l'intérieur des ruches. Un autre phénomène plus remarquable est la production de lumière qui s'observe chez quelques espèces, ainsi qu'on l'observe chez la femelle du Lampyre ou Ver luisant, chez certaines espèces de

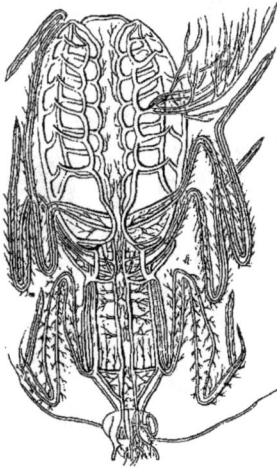

Fig. 7.

Taupins et chez les Fulgores d'Amérique. Chez nos Lampyres, cette lumière provient de quelques taches situées au-dessus des deux ou trois derniers anneaux de l'abdomen, tandis que, chez la Fulgore, elle provient de taches analogues placées sur la tête même. L'animal a la faculté de pouvoir faire varier cette lumière d'intensité et d'éclat. Elle subsiste quelque temps dans les gaz impropres à la respiration et dans le vide, mais elle s'éteint dans l'eau. La cause de ce phénomène singulier est encore inconnue.

IV. *Appareils de la vie animale.* — Le système nerveux des Insectes est formé par une double série de ganglions qui sont reliés entre eux par des cordons longitudinaux (Fig. 8. Système nerveux du *Carabe doré*). Leur nombre correspond à celui des anneaux qui composent le corps. C'est à ceux de ces ganglions dont le siège est dans la tête, et qui sont les plus volumineux, que se rattachent les nerfs appartenant aux divers organes et appendices de cette partie de l'animal. Les pattes et les ailes sont mues par les ganglions thoraciques. Les ganglions abdominaux sont en nombre très variable. On en compte quelquefois huit paires dans les larves ; mais dans les Insectes parfaits ils ne sont pas aussi nombreux. Il y a même des espèces où l'on ne trouve aucun ganglion dans l'abdomen. Dans ce cas, il y a eu fusion des ganglions abdominaux avec les ganglions thoraciques, mais ceux-ci émettent des nerfs qui s'irradient dans l'abdomen. Outre ce système nerveux principal, on a découvert chez les Insectes un système stomatogastrique. Il se compose d'une série de petits ganglions qui partent des gros ganglions cérébraux, et qui envoient des filets nerveux aux divers organes et principalement à l'appareil digestif.

Les Insectes possèdent des *sens* très développés, mais à des degrés différents suivant les espèces. Comme un grand nombre de ces animaux paraissent sentir la sapidité des corps, il y a lieu de croire qu'il existe une membrane gustative, soit à l'orifice même de la cavité buccale ou sur les lèvres, soit dans l'intérieur même de cette cavité. L'existence de l'odorat ne paraît pas être douteuse, au moins chez certaines espèces ; mais plusieurs anatomistes le placent dans les antennes, tandis que d'autres font de ces organes le siège de l'ouïe. Quant à l'appareil de la vision, les Insectes sont généralement très bien partagés sous ce rapport. Seulement la structure de leurs yeux est tout à fait différente de celle qui s'observe chez les Vertébrés. On les distingue en *yeux composés* et en *yeux simples.* Les premiers, qu'on appelle aussi *yeux à réseau* ou *à facettes,* sont composés d'une multitude de tubes qui sont réellement autant d'yeux distincts et dont chacun ne reçoit que les rayons de lumière parallèles à son axe (Fig. 9. Coupe de l'œil composé du Hanneton : *a,* facettes de la cornée, *b,* cônes transparents entourés de pigment ; *c,* fibres du nerf optique). Le nombre de ces tubes accolés est de 9,000, chez le Hanneton, pour chaque œil composé ; chez quelques espèces il dépasse, dit-on, 15,000. Les yeux simples, appelés encore *yeux lisses, Ocelles* et *Stemmates,* doivent leur nom à ce qu'ils n'ont qu'une facette et ne forment qu'un seul œil. Certains Insectes, comme les Coléoptères, n'ont que des yeux composés ; d'autres, comme les Hémiptères, ont à la fois des yeux à facettes et des yeux lisses. Dans ce cas, les premiers sont situés sur les côtés de la tête, tandis que les seconds sont

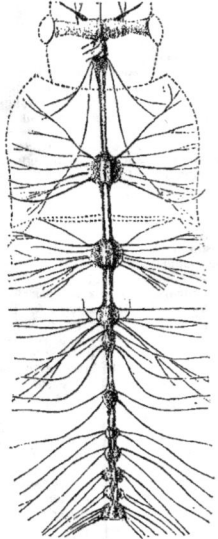

Fig. 8.

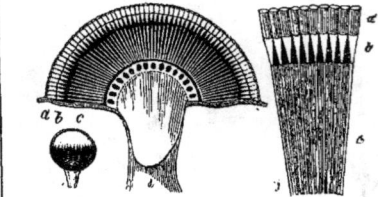

Fig. 9.

en général réunis en groupe au nombre de trois et situés vers le sommet de cette partie. Les organes tactiles des Insectes sont multiples : ce sont les palpes, les pattes, et surtout les antennes. Il suffit d'observer le manège des Fourmis pour voir que ces derniers appendices sont chez elles le moyen, pour ainsi dire, de communication des idées.

V. *Reproduction et Métamorphoses.* — Les sexes sont en général très faciles à distinguer chez les Insectes : parfois même il existe entre le mâle et la femelle des différences telles qu'on croirait avoir sous les yeux des espèces et des genres différents. Les organes de la génération sont situés à l'extrémité de l'abdomen. Quelques Insectes, mais en très petit nombre, sont vivipares ; la grande généralité est ovipare. Dans cette dernière classe, presque tous sortent de l'œuf en dehors du corps de la femelle ; néanmoins il en est plusieurs-

qui éclosent dans l'oviducte et naissent à l'état de larve. Il en est même qui restent dans le corps de la mère jusqu'à ce qu'ils aient pris leur enveloppe de nymphe : ces insectes sont dits *pupipares;* on en trouve des exemples parmi les Diptères. Les Hémiptères offrent de leur côté ce que l'on pourrait nommer, pour la même raison, la génération *larvipare.* — Mais un phénomène presque général, dans la classe

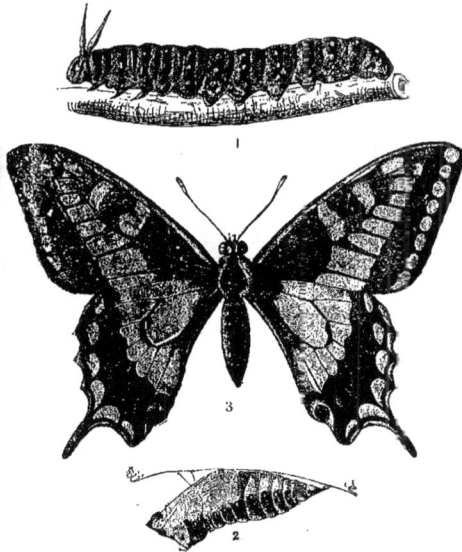

Fig. 10.

des Insectes, ce sont les métamorphoses plus ou moins complètes qu'ils subissent dans le cours de leur existence. En effet, on les observe sous trois états bien distincts, qu'on appelle état de *larve,* état de *nymphe,* et état d'*insecte parfait.* Tantôt les changements qu'ils subissent les rendent complètement méconnaissables : c'est ce qu'on nomme *métamorphose complète* (Fig. 10. Métamorphoses d'un Lépidoptère, le Machaon. — 1. Larve ou chenille; 2. Nymphe ou *chrysalide;* 3. Insecte parfait); tantôt ils consistent simplement dans le développement de quelques parties lu corps : c'est la *métamorphose incomplète* ou *demi-métamorphose.*

Les Insectes à métamorphose complète sont toujours vermiformes au sortir de l'œuf et pendant le temps qu'ils restent à l'état de *larve.* Leur corps de forme allongée se compose d'anneaux mobiles dont le nombre le plus ordinaire est de 13. Parmi ces larves, les unes possèdent des pattes, les autres n'en possèdent pas. Ces pattes sont ou articulées ou formées d'une seule pièce. Leurs yeux sont presque toujours simples; quelques larves même en sont complètement privées. Le système nerveux et le système digestif présentent aussi des différences notables, dans le détail desquelles nous ne pouvons entrer. L'état de larve est celui sous lequel généralement les Insectes vivent le plus longtemps. Le Hanneton passe 3 ans à l'état de larve, et quelques semaines seulement à l'état parfait L'Éphémère qui, dans ce dernier état, vit à peine quelques heures, a déjà vécu deux ans à l'état de larve. Certaines espèces, au contraire, subissent dans un seul été toutes leurs transformations, et ne se perpétuent l'année suivante que par l'éclosion des œufs qu'elles ont déposés. C'est pendant qu'ils sont à l'état de larve que les Insectes à métamorphose complète absorbent le plus de nourriture; pour ceux dont la métamorphose est incomplète, c'est souvent le contraire qui a lieu. C'est improprement qu'on donne aux larves le nom de *Vers;* toutes sont des *Chenilles.* L'accroissement des larves se fait en général par de véritables mues qui semblent résulter de l'augmentation du corps de l'animal. Le nombre de ces mues est ordinairement de cinq ;

chez les Lépidoptères, on en compte même davantage. Pendant les quelques heures qui précèdent la mue, la larve reste immobile; seulement tout son corps éprouve de temps à autre des contractions brusques et saccadées. La peau se dessèche peu à peu, et finit par s'ouvrir sur le dos en commençant par la tête; alors la larve s'en dégage peu à peu et se montre revêtue de nouveaux téguments qui ne tardent pas à se solidifier.

Avant de passer à l'état de *nymphe,* beaucoup de larves s'enferment dans un cocon qu'elles fabriquent avec de la soie sécrétée par leurs glandes salivaires et préparée à l'aide de filières creusées dans les lèvres. D'autres pénètrent dans la terre, où elles se creusent une loge qu'elles tapissent avec soin. Chez un grand nombre, la peau dont la larve s'est dépouillée à sa dernière mue se dessèche, et constitue une sorte de coque oviforme dans laquelle l'animal reste enveloppé. Parfois la larve se recouvre d'une pellicule mince qui semble emmailloter son corps. Cette dernière disposition, que tout le monde a observée chez les nymphes des Papillons, leur a valu les noms de *Pupes* et de *Maillots;* mais on appelle communément *Chrysalide* cette sorte de nymphe. Plusieurs se filent un cordon qui les soutient par le milieu du corps. Quelques-unes encore se suspendent à la tête en bas, à l'aide de leurs fausses pattes postérieures. Ces nymphes restent tout à fait immobiles, renfermées dans leur coque ou dans leur trou, sans prendre aucune nourriture. Mais pendant cet état de repos apparent, l'organisme tout entier éprouve les changements les plus extraordinaires, pour revêtir sa forme définitive. Les différents organes dont l'insecte parfait doit être pourvu se développent sous le tégument qui les cache à nos regards, et, lorsque cette évolution est achevée, l'animal se débarrasse de son linceul et apparaît comme doué d'un organisme supérieur et d'une vie plus active : il est alors à l'état *parfait.* Cette série de métamorphoses s'observe très aisément chez les Lépidoptères; mais elle a lieu également chez les Coléoptères, les Hyménoptères, les Diptères, etc. — Chez les Insectes à demi-métamorphoses, comme les Névroptères, les nymphes sont actives et ressemblent à la fois à ce qu'elles étaient sous forme de larves et à ce qu'elles seront à l'état parfait, si ce n'est sous le rapport des organes du vol. Ces nymphes vivent, marchent et se nourrissent comme à l'ordinaire, ainsi qu'on le voit chez les Sauterelles. Ici l'état de nymphe est simplement caractérisé par la naissance des ailes qui, d'abord repliées et cachées sous la peau, sont alors libres, mais ne prennent tout leur développement qu'à la dernière mue. Certains Insectes commencent par subir des changements considérables, puis s'arrêtent tout à coup dans la voie des métamorphoses qu'ils n'acquièrent jamais d'ailes. Les Puces nous offrent un cas de ce genre. Au sortir de l'œuf, la larve a l'aspect d'un petit ver apode, d'abord blanchâtre, puis rougeâtre, qui est plein d'activité. Au bout de quelques jours, elle se fabrique une petite coque soyeuse, dans laquelle elle se transforme en nymphe, pour sortir, après quelques jours encore, à l'état d'insecte parfait. Enfin, il existe aussi quelques Insectes qui font exception à la règle et n'éprouvent point de métamorphoses. Ces espèces, qui sont aptères comme les précédentes, naissent avec tous les organes dont elles doivent être pourvues : tels sont les Poux et les Podurelles. Cuvier avait fait des Insectes aptères un ordre spécial. Aujourd'hui, on préfère une classification différente de celle de Cuvier.

VI. *Mœurs et Classification.* — Nous ne décrirons point ici les mœurs des Insectes. Cette partie de leur histoire, dont l'étude est plus curieuse encore que celle de leur organisation même, nous entraînerait trop loin. En outre, elle ferait double emploi avec les détails que nous donnerons en parlant des familles et des espèces les plus importantes.

La classe des Insectes se divise en 9 ordres, dont les caractères seront donnés aux articles spéciaux consacrés à chacun d'eux; ce sont : 1° les *Coléoptères,* 2° les *Orthoptères,* 3° les *Pseudo-Névroptères* ou *Orthonévroptères,* 4° les *Névroptères,* 5° les *Hyménoptères,* 6° les *Lépidoptères,* 7° les *Hémiptères,* 8° les *Diptères,* 9° les *Thysanoures.*

Paléont. — Les premiers Insectes sont apparus à l'époque silurienne par des formes voisines de nos Blattes actuelles. Mais les représentants de cette classe ne sont devenus très nombreux qu'à l'époque secondaire, où commencent les différents types des ordres actuellement connus.

INSECTICIDE. adj. 2 g. et s. m. (lat. *insectum,* insecte; *cædere,* tuer). Se dit des substances qui ont la propriété de faire périr les insectes incommodes à l'homme, tels que mouches, poux, puces, punaises, etc. *Poudre i. Le pyrèthre du Caucase est l'i. le plus efficace que l'on connaisse.* || s. m. *Un i. puissant.*

INSECTIER. s. m. (R. *insecte*.) Casier où l'on conserve des insectes.

INSECTIFÈRE. adj. 2 g. (lat. *insectum*, insecte, *fero*, je porte). T. Minér. Qui renferme des insectes fossiles.

INSECTIVORE. adj. 2 g. et s. m. (lat. *insectum*, insecte ; *vorare*, manger). T. Zool. Le qualificatif *Insectivore*, qui signifie mangeur d'insectes, peut s'appliquer à tous les animaux qui se nourrissent principalement ou exclusivement d'insectes ; or, dans toutes les classes du règne animal, on trouve des espèces qui se présentent avec cette habitude. Néanmoins, plusieurs naturalistes ont désigné sous la dénomination d'*Insectivores* certains ordres de Mammifères ou d'Oiseaux composés d'espèces dont les insectes forment la nourriture principale. C'est ainsi que Temminck a groupé sous ce nom une partie des Passereaux Dentirostres de Cuvier, et que ce dernier a appelé *Insectivores* une famille de ses Mammifères *Carnassiers*. — Le groupe des *Insectivores* de notre grand naturaliste a été généralement adopté, mais en l'élevant au rang d'ordre. « Ces animaux, dit Cuvier, ont des mâchelières hérissées de pointes coniques, et une vie le plus souvent nocturne ou souterraine : dans les pays froids, beaucoup d'entre eux passent l'hiver en léthargie. Ils sont munis de clavicules, leurs pieds sont courts et leurs mouvements faibles, et tous appuient la plante entière du pied sur la terre en marchant. » Les insectivores forment un ordre composé de trois familles principales qui ont pour types la *Musaraigne*, la *Taupe* et le *Hérisson*. Voy. ces mots. On y rapporte quelques genres étrangers qui ne rentrent pas dans les types précédents. Le plus important est le genre *Tupaïa* ou *Cladobate*, qui est propre à l'archipel Indien. Les espèces qu'il renferme diffèrent surtout des autres insectivores par leur queue velue, et par la faculté qu'elles possèdent de monter sur les arbres avec agilité, comme les écureuils. Le genre *Euptère*, qui habite Madagascar, est remarquable par l'analogie de forme qu'il présente avec les Viverridés. En conséquence, il semble faire la transition entre les Insectivores et les Carnivores proprement dits.

Paléont. — Les I. sont parmi les premiers Mammifères qui ont apparu à la surface du globe. Ils datent, en effet, de l'éocène et présentent alors de grandes ressemblances avec les Carnivores de cette époque et avec les Lémuriens.

INSECTOLOGIE. s. f. (R. *insecte*, et gr. λόγος, traité). Étude des insectes. Inus. On dit *Entomologie*.

INSECTOLOGIQUE. adj. 2 g. Qui a rapport à l'insectologie. Inus.

INSECTOLOGISTE. s. m. (R. *insectologie*). Syn. inus. d'entomologiste.

INSÉCURITÉ. s. f. (R. *in* priv., et *sécurité*). Défaut de sécurité. L'*i. des routes entrave le commerce.*

IN-SEIZE. adj. et s. m. T. Imp. et Lib. Format où la fouille est pliée en seize. Voy. FORMAT.

INSÉNESCENCE. s. f. [Pr. *insénes-san-se*] (lat. *in*, dans, et *senescens*, vieillissant). T. Physiol. Qualité de ce qui vieillit.

INSENSÉ, ÉE. adj. et s. [Pr. *insan-sé*] (lat. *insensatus*, m. s., de *in* priv., et *sensatus*, sensé). Se dit de ceux qui ont perdu le sens et la raison, qui ont l'esprit aliéné ; de ceux qui parlent et se conduisent comme s'ils étaient aliénés. *Un homme i.*

Fallait-il en croire une amante insensée ?
RACINE.

Elle parle comme une insensée. Il agit en i. Jeune i., que faites-vous ? Il faut être i. pour se conduire ainsi. || Se dit adjectivem. des choses qui ne sont pas conformes à la raison, au bon sens. *Discours i. Action, entreprise, ardeur, conduite insensée. Passion insensée.* == Syn. Voy. IMBÉCILE.

INSENSÉMENT. adv. [Pr. *in-sansé-man*.] D'une manière insensée.

INSENSIBILISATEUR. s. m. [Pr. *insan-sibili-zateur*]. Instrument dont on se sert pour pratiquer l'insensibilisation.

INSENSIBILISATION. s. f. [Pr. *insansibili-za-sion*]. Action d'insensibiliser.

INSENSIBILISER. v. a. [Pr. *in-san-sibili-zer*]. T. Phys. Rendre insensible ; ôter la sensation à l'individu tout entier ou à une partie de l'individu.

INSENSIBILITÉ. s. f. [Pr. *in-san...*]. Défaut de sensibilité ; se dit au sens phys. et au sens moral. *Une complète i. L'i. produite par le froid. I. aux reproches. Vit-on jamais pareille i.?* || Spéc., Caractère d'une personne insensible à l'amour. == Syn. Voy. APATHIE, INDIFFÉRENCE.

INSENSIBLE. adj. 2 g. [Pr. *insan-sible*] (lat. *insensibilis*, m. s., de *in* priv., et *sensibilis*, sensible). Qui n'est point doué de sensibilité. *Une matière i. et inerte. Les végétaux paraissent insensibles.* || Qui a perdu la sensibilité, qui ne reçoit point l'impression que les agents physiques doivent faire sur les sens. *Être i. au froid, au chaud. Le froid m'avait engourdi les mains et les avait rendues insensibles. Il souffre si patiemment ses douleurs, qu'on le croirait i.* — Au sens moral, on dit : *Une âme, un cœur i. Les longues afflictions l'ont rendu i. Il est devenu i. Il fut i. à nos plaintes, à nos maux. Cette femme est i. à l'amour. Il est i. aux louanges.* — On dit quelquefois substantiv. *C'est un i., une i.,* en parlant d'une personne insensible à l'amour.

L'insensible Hippolyte est-il connu de toi ?
RACINE.

|| Qui n'est point perceptible aux sens, qui n'est connu que difficilement par les sens. *Le mouvement de l'aiguille d'une horloge est i. à l'œil. Cette pente est i. Ces nuances sont presque insensibles.* || Qui a perdu la sensibilité, qui ne fait sur les sens. *La transpiration i. Cela se fait d'une manière i.*

INSENSIBLEMENT. adv. [Pr. *insan-sibleman*] (R. *insensible*). Peu à peu, d'une manière peu sensible, qui se connaît difficilement par les sens ou par l'esprit. *Le temps passe i. L'eau creuse i. les pierres. Une secrète langueur le consumait i. Il sut gagner i. mon cœur. Cet abus s'est i. glissé dans l'administration. S'habituer i. à quelque chose.*

INSÉPARABILITÉ. s. f. Caractère de ce qui est inséparable.

INSÉPARABLE. adj. 2 g. (lat. *inseparabilis*, m. s., de *in* priv., et *separare*, séparer). Qui ne peut être séparé. *La chaleur est i. du feu. L'ombre est i. du corps. Ces deux corps sont inséparables l'un de l'autre. Les calamités inséparables de la guerre. Le remords est i. du crime.* || Se dit des personnes qui ne se quittent presque jamais. *Deux amis inséparables. Ils sont inséparables.* || T. Gram. *Particules inséparables,* prépositions ou adverbes qui ne s'emploient que dans les mots composés. == INSÉPARABLES. s. m. pl. *Ce sont deux inséparables.* Fam. || *Des inséparables,* petites perruches qu'on n'élève que par couples. — Cigares qui se vendent deux pour vingt-cinq centimes.

INSÉPARABLEMENT. adv. De manière à ne pouvoir être séparés. *Ils sont i. unis.*

INSÉPARÉ, ÉE. adj. Qui n'est pas séparé.

INSÉRABLE. adj. 2 g. Qui peut être inséré.

INSÉRER. v. a. (lat. *inserere*, m. s., de *in*, dans, et *serere*, entrelacer). Mettre parmi, introduire. *I. un feuillet dans un livre. I. un bourgeon dans la fente d'un greffe. I. le vaccin sous l'épiderme.* || Par ext., se dit des ouvrages d'esprit, des actes, de certaines publications, etc. *Il faut i. cette anecdote dans votre histoire. Ces vers ne sont pas de cet auteur ; ils sont insérés dans son œuvre. Une clause dans un contrat, dans un traité. Votre observation sera insérée au procès-verbal. I. un article, une réclamation dans un journal.* || T. Math. *Insérer des moyens.* Voy. PROGRESSION. == INSÉRÉ, ÉE. part. *Étamines insérées sur l'ovaire. Os sur lequel un muscle est inséré.* == Conj. Voy. CÉDER.

INSERMENTÉ. adj. et s. m. (R. *in* priv., et *serment*). T. Hist. *Prêtre i.,* Prêtre qui refusa de prêter le serment civil lorsque la constitution civile du clergé fut proclamée en 1790. Voy. CONSTITUTION.

INSERTION. s. f. [Pr. *inser-sion*] (lat. *insertio*, m. s. de *insertum*, sup. de *inserere*, insérer). Action par laquelle on insère, ou état de la chose insérée. *L'i. d'un feuillet dans un livre. L'i. du vaccin. L'i. l'une note dans un texte. L'i. d'un article dans un traité. L'i. d'une annonce dans un journal. L'i. d'une ordonnance au Bulletin des lois. Demander l'i. au procès-verbal.* || T. Anat. et Bot. Attache d'une partie sur une autre. *L'i. des fibres musculaires sur un tendon. L'i. d'un tendon, d'un ligament sur un os. Point d'i. Mode d'i. L'i. de la corolle, des étamines,* etc. || T. Math. *I. des moyens.* Voy. PROGRESSION.

INSERVABLE. adj. 2 g. Qu'on ne peut servir, présenter à quelqu'un.

INSERVILITÉ. s. f. Absence de servilité.

INSEXÉ, ÉE. adj. [Pr. *insek-sé*] (R. in priv., et *sexe*). Dépourvu d'organe sexuel ; neutre.

INSIDIEUSEMENT. adv. [Pr. *insidieu-ze-man*]. D'une manière insidieuse. *Il a agi fort i. à mon égard.*

INSIDIEUX, EUSE. adj. (lat. *insidiosus*, m. s., de *insidiæ*, embûches). Qui tend ou qui cherche à surprendre quelqu'un. *Un esprit i. Une question insidieuse. Des caresses insidieuses. Des présents i.* || T. Méd. *Cette maladie est fort insidieuse. Sa marche est insidieuse.* = Syn. Voy. CAPTIEUX.

INSIGNE. adj. 2 g. (lat. *insignis*, remarquable, de *in*, dans, et *signum*, signe, marque). Signalé, remarquable ; se dit des personnes et des choses. *Un i fripon. Un faussaire i. Un bonheur i. Un malheur i. Une grâce, une faveur i. C'est une fausseté, une calomnie i.*

Devant qui se couvrir est un honneur insigne.
V. HUGO.

|| Se dit de quelques églises cathédrales. *L'i. église de...*

INSIGNE. s. m. (lat. *insignia* m. s., de *in*, dans, et *signum*, signe, marque). Marque distinctive ; ne se dit que des personnes ou des grades, des dignités, et s'emploie le plus souvent au plur. *Les insignes royaux. Les insignes de député, de sénateur. Les insignes de l'ordre du Saint-Esprit. On avait placé sur le cercueil les insignes du défunt, les insignes de son grade.*

INSIGNIFIANCE. s. f. [Pr. *gn* mouillé]. Qualité de ce qui est insignifiant. *C'est un homme d'une grande i. L'i. de sa physionomie. L'i. de ses discours.*

INSIGNIFIANT, ANTE. adj. [Pr. *gn* mouillé] (R. in priv., et *signifier*). Prop. Qui ne signifie rien. Qui est sans importance, sans caractère, insipide. *Action, démarche insignifiante. Ouvrage i. Phrase insignifiante. Propos i. C'est un homme tout à fait i. Elle a une physionomie insignifiante.*

INSIMULÉ, ÉE. adj. Qui n'est pas simulé.

INSINCÉRITÉ. s. f. Manque de sincérité.

INSINUANT, ANTE. adj. Qui a l'adresse de s'insinuer, d'insinuer quelque chose. *C'est un homme i., une femme fort insinuante.* Se dit des manières, des discours. *Un air i. Langage i. Des manières insinuantes.*

INSINUATIF, IVE. adj. Qui a la propriété de s'insinuer. *Un petit clystère insinuatif, préparatif et rémollient.* (MOLIÈRE). || Fig. *Paroles insinuatives.*

INSINUATION. s. f. [Pr. *insinua-sion*] (lat. *insinuatio*, m. s.). Action de s'insinuer. || Se dit de tout discours par lequel, sans énoncer positivement une chose, on la donne à entendre et l'on prépare l'esprit à la recevoir. Là *i. adroite. Une légère i. Une i. perfide. Il est parfois plus difficile de se défendre contre une i. maligne que contre une accusation ouverte.* || T. Rhét. *Exorde par i.* Voy. EXORDE. || T. Jurisp. anc. *L'i. d'un acte.* Voy. ENREGISTREMENT.

Syn. — *Instigation, Suggestion. L'insinuation* est une manière subtile et adroite de se glisser dans l'esprit de quelqu'un et de s'emparer de sa volonté sans qu'il s'en doute. La *suggestion* est une manière cachée ou indirecte de prévenir et d'occuper l'esprit de quelqu'un d'une idée qu'il n'aurait pas sans cela. *L'instigation* est un moyen stimulant et pressant d'exciter secrètement quelqu'un à faire ce à quoi il répugne et résiste. *L'insinuation* s'ouvre doucement le chemin et se ménage adroitement la confiance des âmes molles et faciles ; la *suggestion* surprend et entraîne l'esprit inattentif ou dominé ; *l'instigation* sollicite sourdement, mais fortement, et contraint enfin les esprits faibles et les âmes lâches.

INSINUER. v. a. (lat. *insinuare*, mettre dans le sein, de *in*, dans, et *sinus*, sein). Introduire doucement et adroitement quelque chose. *I. le doigt, une sonde dans une plaie.* || Fig., Faire entendre adroitement, faire entrer insensiblement dans l'esprit. *Insinuez-lui cela doucement. Il faut en parlant lui i. que... I. de bons sentiments. I. une doctrine.* || T. Jurispr. anc. *I., faire i. une donation,* etc., La faire enregistrer. Voy. ENREGISTREMENT. = S'INSINUER. v. pron. Pénétrer ; se dit tant au prop. qu'au fig. *L'air s'insinue dans les corps. L'eau s'insinuait par les fissures du bois. Ce sentiment s'insinua peu à peu dans son âme. Son éloquence onctueuse sait s'i. dans les cœurs.* || En parl. des personnes, Se faire admettre, s'introduire quelque part avec adresse. *S'i. dans une société.*

On l'accueille, on lui rit ; partout il s'insinue.
MOLIÈRE.

Il est adroit à s'i. partout. — Fig., *S'i. dans l'esprit, dans les bonnes grâces, dans la bienveillance de quelqu'un,* Se mettre bien dans son esprit, gagner adroitement ses bonnes grâces. = INSINUÉ, ÉE. part. = Conj. Voy. JOUER.

INSIPIDE. adj. 2 g. (lat. *insipidus*, m. s., de *in* priv., et *sapidus*, sapide). Qui n'a point de saveur. *Liqueur, mets, viande i. Cela est i., cela ne sent rien.* || Fig., en parlant des choses. Qui n'a aucun agrément, qui n'a rien qui touche et qui pique. *Un poème, un roman i. Conte fade et i. Discours froid et i. Une conversation i. Des plaisanteries, des louanges insipides.* — Se dit aussi des personnes. *Un orateur i. Un railleur i.* = Syn. Voy. FADE.

INSIPIDEMENT. adv. D'une manière insipide. *Il plaisante bien i.*

INSIPIDITÉ. s. f. Qualité de ce qui est insipide. *L'i. de l'eau. L'i. d'une viande, d'un mets.* || Fig., *L'i. de ce livre m'a rebuté. L'i. de ses railleries.*

INSIPIENCE. s. f. [Pr. *in-sipi-an-se*] (lat. *insipientia*, m. s., de *in* priv., et *sapientia*, sagesse). Défaut de lumière, de sagesse.

INSISTANCE. s. f. Action d'insister. *Son i. devient fatigante.*

INSISTER. v. a. (lat. *insistere*, s'arrêter sur, de *in*, dans, et *sistere*, se tenir debout, qui a le même radical et le même sens que *stare*). Faire instance, persévérer à demander, à vouloir une chose. *Il insiste à demander cet emploi. N'insistez pas davantage sur ce point. Vous me refusez, je n'insiste point.* || Appuyer fortement sur. *I. sur une preuve. L'avocat insista principalement sur ce moyen.*

INSOBRIÉTÉ. s. f. Manque de sobriété.

INSOCIABILITÉ. s. f. Caractère de ce qui est insociable.

INSOCIABLE. adj. 2 g. (R. in priv., et *sociable*). Fâcheux, incommode, avec qui l'on ne peut vivre. *Un homme i. Une humeur i., un caractère i.*

INSOCIABLEMENT. adv. D'une manière insociable.

INSOCIAL, ALE. adj. Qui n'est pas social.

INSOLATION. s. f. [Pr. *insola-sion*] (lat. *insolatio*, m. s., de *in*, dans, et *sol*, soleil). Exposition à l'action des rayons et de la chaleur solaires. *L'i. est très avantageuse aux enfants étiolés ou scrofuleux, et aux individus affaiblis par des excès ou des maladies. Faire sécher des plantes par i.* || T. Méd. Ensemble de phénomènes morbides généraux, sans lésions locales, produits par une chaleur intense.

INSOLEMMENT. adv. [Pr. *inso-la-man*]. Avec insolence.

INSOLENCE. s. f. [Pr. *inso-lan-se*] (lat. *insolentia*, m. s., de *insolens*, insolent). Effronterie, manque de respect avec arrogance. *L'i. d'un laquais. On ne peut souffrir son i. Cela va jusqu'à l'i.*

> Avec quelle insolence et quelle cruauté
> Ils se jouaient tous deux de ma crédulité!
> RACINE.

C'est de la dernière i. Répondre avec i. Un air d'i. || Orgueil offensant. *L'i. d'un grand seigneur, d'un financier, d'un parvenu.* || Se dit des paroles et des actions où il y a de l'insolence. *Il a dit, il a fait mille insolences.*

INSOLENT, ENTE. adj. [Pr. *inso-lan*] (lat. *insolens*, m. s., de *in* priv., et *solere*, avoir coutume). Effronté, qui manque de respect. *Il est très i., i. au dernier point. Cette femme est fort insolente. Si vous étiez assez i. pour oser... Il est i. en paroles. Il est i. avec les femmes.* — Par ext., *Il a le ton bien i. Des airs, des regards insolents. Réponse insolente. Il tient des discours insolents.* || Orgueilleux, qui en use avec orgueil, avec dureté. *Il ne faut pas être i. dans la victoire. La prospérité l'a rendu i.* — Par ext., *Les airs insolents, le ton i. de ces parvenus. Une prospérité insolente. Une insolente présomption. Cet ordre i. les irrita.* || Fam., Extraordinaire, inouï. *Il a un bonheur i.* || S'empl. subst., en parlant des personnes, surtout dans le premier sens. *C'est un i., une insolente.*

> L'insolent devant moi ne se courba jamais.
> RACINE.

= Syn. Voy. IMPERTINENT.

INSOLENTER. v. a. [Pr. *insolan-ter*]. Traiter avec insolence. Vx.

INSOLER. v. a. (lat. *insolere*, m. s., de *in*, dans, et *sol*, soleil). Exposer au soleil. = INSOLÉ, ÉE. part.

INSOLIDAIRE. adj. 2 g. (R. *in* priv., et *solidaire*). Où manque la solidarité.

INSOLIDARITÉ. s. f. Manque de solidarité.

INSOLIDE. adj. 2 g. (lat. *insolidus*, m. s., de *in* priv., et *solidus*, solide). Qui manque de solidité.

INSOLIDITÉ. s. f. (R. *insolide*). État de ce qui n'est pas solide.

INSOLITE. adj. 2 g. (lat. *insolitus*, m. s., de *in* priv., et *solitus*, accoutumé, de *solere*, avoir coutume). Qui n'est point d'usage, qui est contraire à l'usage, aux règles ordinaires. *Procédé bizarre et i. Expression i. Clause i.*

INSOLITEMENT. adv. D'une manière insolite.

INSOLUBILISER. v. a. [Pr. *insolubili-zer*]. Rendu insoluble.

INSOLUBILITÉ. s. f. (lat. *insolubilis*, insoluble). T. Chim. Qualité des substances qui ne peuvent se dissoudre. *Ce sel se distingue tout d'abord de tel autre par son i. dans l'eau.* || Fig., *L'i. d'un problème, d'une question,* L'impossibilité de les résoudre.

INSOLUBLE. adj. 2 g. (lat. *insolubilis*, m. s., de *in* priv., et *solubilis*, soluble). T. Chim. Qui ne peut se dissoudre. *La résine est i. dans l'eau.* || Fig., Qu'on ne peut résoudre, expliquer. *Une difficulté, une question, un problème i.*

INSOLUBLEMENT. adv. D'une manière insoluble.

INSOLUTION. s. f. [Pr....*sion*]. Absence de solution d'une question, d'un problème.

INSOLVABILITÉ. s. f. État de celui qui est insolvable. *L'i. de cet homme est notoire.* Voy. FAILLITE.

INSOLVABLE. adj. 2 g. (R. *in* priv., et *solvable*). Qui n'a pas de quoi payer. *Débiteur i. Il est devenu i.*

INSOMNIE. s. f. [Pr. *l'm*] (lat. *insomnia*, m. s., de *in* priv., et *somnus*, sommeil). Privation de sommeil causée par quelque indisposition, quelque chagrin, quelque inquiétude. *Une longue, une continuelle i. Une i. fébrile. Il est suj à des insomnies.*

INSONDABLE. adj. 2 g. (R. *in* priv., et *sonder*). Qu'on ne peut sonder, dont on ne peut trouver la limite, illimité. *Un abime i.* || Fig., *Les jugements insondables de la Pr vidence.*

> Qui sondera des cieux l'insondable distance,
> Quand après l'infini, l'infini recommence?

INSONORE. adj. 2 g. Qui n'est point sonore.

INSONORITÉ. s. f. (R. *in* priv., et *sonorité*). État de qui n'est point sonore.

INSOUCI. s. m. Absence de souci, de sollicitude.

INSOUCIAMMENT. adv. [Pr. *insoucia-man*]. D'une manière insouciante.

INSOUCIANCE. s. f. État ou caractère de celui qui est insouciant. *Il est là-dessus d'une extrême i. C'est un homme d'une grande i. Sa coupable i. a ruiné sa famille.*

INSOUCIANT, ANTE. adj. (R. *in* priv., et *souci*). Qui ne se soucie et ne s'affecte de rien. *C'est un homme i. Vous êtes trop i. pour vos affaires. Être i. du lendemain. Quel caractère i.!* || Subst., *C'est un i., une insouciante.*

INSOUCIEUSEMENT. adv. [Pr. *insoucieu-ze-man*]. D'une manière insoucieuse.

INSOUCIEUX, EUSE. adj. (R. *in* priv., et *soucieux*). Qui ne prend pas souci d'une chose.

INSOUDABLE. adj. 2 g. (R. *in* priv., et *souder*). Qu'on ne peut souder.

INSOUFFRABLE. adj. 2 g. [Pr. *insou-frable*] (R. *in* priv., et *souffrir*). Qu'on ne peut être souffert.

INSOUMIS, ISE. adj. Non soumis. *Peuples i.* || T. Législ. mil. Qui est coupable d'insoumission. *Soldat i.* — Subst., *Les insoumis ont été peu nombreux.* Voy. DÉSERTION. || T. Adm. *Fille insoumise,* Fille publique non inscrite à la police.

INSOUMISSION. s. f. [Pr. *insoumi-sion*]. Caractère, état de celui qui est insoumis. *L'i. de cet enfant désespère ses maitres.* || État du jeune soldat qui n'a pas répondu à l'appel sous les drapeaux. Voy. DÉSERTION.

INSOUPÇONNABLE. adj. 2 g. [Pr. *in-soup-so-nable*] (R. *in* priv., et *soupçonner*). Qui ne peut être soupçonné.

INSOUTENABLE. adj. 2 g. (R. *in* priv., et *soutenir*). Qu'on ne peut soutenir, défendre, justifier; ne se dit que de choses. *Cette assertion, cette cause, cette opinion est i* || Qu'on ne peut supporter, qui choque extrêmement; se d des personnes et des choses. *C'est un homme i. Des ma nières insoutenables. Une vanité i.*

INSOUTENABLEMENT. adv. D'une manière insoutenable.

INSPECTER. v. a. (lat. *inspectare*, regarder en dedan de *in*, dans, et *spectare*, regarder). Examiner avec atten ou en vertu d'une mission spéciale. *I. des travaux. I. établissement public. I. un collège. I. des livres de co merce. I. des troupes, un régiment. La police inspe minutieusement toute la maison.* = INSPECTÉ, ÉE. pa

INSPECTEUR. s. m. (lat. *inspector*, m. s.). Celui qui chargé d'inspecter, de surveiller quelque chose. *I. des bo ments. I. des ponts et chaussées. I. des forêts. I. des pr sons. I. des théâtres. I. de l'Université, des études. I. . finances. I. aux revues. I. de la cavalerie.* || On dit au au fém., Inspectrice. Inspectrice des salles d'asile.

INSPECTION. s. f. [Pr. *inspek-sion*] (lat. *inspectio*, s., de *inspectare*, inspecter). Action par laquelle on regard on considère, on examine quelque chose. *A la première*

on connaît que cet acte est faux. J'ai connu par l'i. des pièces du procès que... L'i. du ciel, des astres. Il lui prédit, par l'i. de sa main, que... Les aruspices prétendaient juger de l'avenir par l'i. des entrailles des victimes. L'i. des lieux. Faire l'i. des armes. Des soldats qui passent à l'i. Cette i. a duré bien longtemps. || Fonction, soin d'examiner, de surveiller quelque chose. *Il a l'i. des travaux. On lui a donné l'i. du matériel. Il a droit d'i. là-dessus. Il a i. sur ces ouvriers.* || Charge, emploi d'inspecteur. *Il obtint une i. dans les bâtiments.*

INSPIRATEUR, TRICE. adj. (lat. *inspirator*, m. s.). Qui inspire. *Un génie i. Muse inspiratrice. Les anciens croyaient à des divinités inspiratrices.* || T. Anat. *Muscles inspirateurs,* Ceux qui concourent par leurs contractions simultanées à agrandir le thorax pendant l'inspiration. *Le diaphragme et les intercostaux sont des muscles inspirateurs.*

INSPIRATION. s. f. [Pr. *inspira-sion*] (lat. *inspiratio*, m. s.). Action d'inspirer quelqu'un, de le conseiller de lui suggérer quelque chose. *L'i. divine. C'est par votre i. que j'ai agi.* || La chose inspirée. *Je vous dois cette i. Il s'écoute que les inspirations de sa haine. C'est là qu'il a puisé ses plus belles inspirations.* || Se dit partic. des sentiments, des pensées, des desseins qui semblent naître spontanément, et que l'on regarde souvent comme inspirés par la divinité ou par quelque puissance surnaturelle. *C'est une i. divine, une i. du ciel, de Dieu, d'en haut. J'ai eu une bonne i. De sublimes inspirations. Les inspirations du génie. Cette idée m'est venue comme par i.* || En parl. de Littér. et de Beaux-Arts, se dit quelquefois pour Enthousiasme. *Ceci a été fait d'i. On sent dans cette ode la chaleur de l'i. Céder à l'i.* || T. Physiol. Acte de la respiration par lequel on fait entrer de l'air dans les poumons. Voy. RESPIRATION.

INSPIRATOIRE. adj. 2 g. Qui sert, qui a rapport à l'inspiration.

INSPIRER. v. a. (lat. *inspirare*, souffler dans, de *in*, dans, et *spirare*, souffler). Faire naître dans le cœur, dans l'esprit, quelque mouvement, quelque dessein, quelque pensée. *C'est un sentiment que la nature inspire. I. de l'amour, des désirs, de l'horreur, du mépris, du respect, de la crainte. Sa présence inspire la joie, la tristesse. Ces lieux inspirent la mélancolie. Ses richesses lui inspirent de l'orgueil. C'est lui qui m'a inspiré cette bonne pensée. I. des soupçons. C'est l'envie qui lui a inspiré cette mauvaise action. Sa conduite m'inspira le désir de le connaître. Cette circonstance lui inspira l'idée d'un grand ouvrage.* — On dit de même, avec un nom de personne pour complément direct : *C'est la haine, c'est la charité qui l'inspire. A cette conduite du prince, on reconnut le ministre qui l'inspirait.* || Se dit particul. des lumières, des sentiments, de l'enthousiasme qui viennent ou qu'on suppose venir de la Divinité ou de quelque puissance surnaturelle. *Dieu inspirait les prophètes. Le Saint-Esprit les inspira de se retirer dans la solitude. Les païens croyaient qu'Apollon inspirait la Pythie. Ce poète n'a pas été bien inspiré.* || T. Méd. *I. de l'air dans les poumons d'un asphyxié, d'un nouveau-né,* Y souffler de l'air. On dit mieux, *Insuffler.* = s'INSPIRER. v. pron. Puiser certains sentiments, certaines idées. etc. *Ce poète s'est inspiré de la Bible. Ce peintre ne s'inspire pas de la nature.* — FRm., *Je fus bien inspiré quand je fis telle chose,* Je fus bien avisé, j'eus une bonne idée lorsque, etc. = INSPIRÉ, ÉE. part. | Subst., se dit d'une personne qui est ou que l'on suppose inspirée de la Divinité. *Un inspiré, une inspirée*

INSPRUCK. Voy. INNSBRUCK.

INSTABILITÉ. s. f. (lat. *instabilitas*, m. s.) T. Physiq. Défaut de stabilité. *L'i. de cet équilibre résulte de ce que...* || T. Chim. *L'i. d'une combinaison,* État d'une combinaison qui cesse sous la moindre influence. || Fig., *L'i. de la fortune. L'i. du monde, des choses du monde. L'i. de l'esprit humain.*

INSTABLE. adj. 2 g. (lat. *instabilis*, m. s., de *in* priv., et *stabilis*, stable). T. Physiq. et Chim. Qui n'est pas stable. *Équilibre i. Des combinaisons instables.* || Fig., *Un caractère i. Tout ce qui dépend de la fortune et de l'opinion est i. comme elles.*

INSTABLEMENT. adv. D'une manière instable, qui manque de stabilité.

INSTALLATEUR. s. m. [Pr. *in-sta-lateur*]. Celui qui installe; celui qui pose, qui établit quelque engin.

INSTALLATION. s. f. [Pr. *in-sta-la-sion*]. Action par laquelle on installe ou l'on est installé. *L'i. du président d'un tribunal. L'i. d'un curé dans son église. On s'opposa à son i.* || Fam., se dit quelquefois des choses. *On travaille à l'i. des colis dans le navire. L'i. d'une usine, d'un appartement. Une i. agréable.*

INSTALLER. v. a. [Pr. *insta-ler*] (lat. *installare*, m. s., de *in*, dans, et *stallus*, siège). Mettre solennellement en possession d'une place, d'un emploi, d'une dignité. *I. le président d'un tribunal. On l'a installé dans cette dignité, dans cette charge. Il n'est pas encore installé.* || Placer, établir quelqu'un en quelque endroit. *I. un commis à son bureau. On l'a installé dans son nouveau logement.* — Se dit aussi des choses, et signifie, Les disposer dans la place qui convient à chacune d'elles, *J'ai fini d'i. mes livres dans ma bibliothèque.* Fam. || Par ext.. *I. une usine, une bibliothèque.* = s'INSTALLER. v. pron. Se mettre, s'établir. *S'i. dans un fauteuil. Je m'installerai bientôt dans mon nouvel appartement. Il s'est si bien installé dans cette maison qu'on l'en croirait le maître.* =INSTALLÉ, ÉE. part.

INSTAMINÉ, ÉE. adj. (lat. in priv.; *stamina*, filaments, pris dans le sens d'*étamine*). T. Bot. Qui ne contient pas d'étamines.

INSTAMMENT. adv. [Pr. *insta-man*] (R. *instant*). Avec instance, d'une manière pressante. *Il vous le demande, il vous en prie i.*

INSTANCE. s. f. (lat. *instantia*, m. s., de *in*, dans, et *stare*, se tenir debout). Sollicitation pressante; se dit surtout au pluriel. *Faire i., de grandes, de vives instances auprès de quelqu'un. Je l'en ai sollicité avec i., avec toutes les instances possibles.* || T. Jurisp. Demande, poursuite en justice. *L'i. est pendante à tel tribunal. Il y a i. entre cet tel. Former, reprendre, faire vider une i. Péremption d'i. L'i. est périmée. — Première i.,* Poursuite d'une action devant le premier juge. *Il perdit son procès en première i. Tribunal de première i.* Voy INDICIAIRE (Organisation). || T. Logique. Se dit d'un nouvel argument qui a pour objet de détruire la réponse faite au premier. *Voilà une bonne i. Que répondez-vous à cette i.?*

INSTANT. s. m. (R. *instant*, adj.). Moment très court, le plus petit espace de temps. *Un i. favorable. Un i. d'illusion. Il est celé en un i. Il ne faut qu'un i. Je reviens dans un i. Il peut rentrer d'un i. à l'autre. En cet i. Dans le même i. Au même i. Dès l'i. que...* || Elliptt. et fam., *Un i.,* Attendez, arrêtez un instant. = *A chaque i., à tout i.,* loc. adv. Continuellement, sans cesse. *Il se fâche à chaque i., à tout i.* =*A l'i., Dans l'i.,* loc. adv. Aussitôt, à l'heure même, tout à l'heure. *Il partit à l'i., à l'i. même. Je reviens à l'i., tout à l'i. Je suis à vous dans l'instant.*

Syn. — *Moment. — Instant* et *moment* expriment les plus petites parties de la durée, mais un *instant* est encore plus court qu'un *moment. Instant* marque la plus petite durée du temps et n'est jamais employé que dans le sens littéral. Dans le langage précis, *instant* désigne une époque sans durée, comme en géométrie un point est sans étendue. *Moment* a une signification plus étendue. Il se prend quelquefois pour le temps en général et il est d'usage dans le sens figuré. *Instant,* l'heure ou le trop tard est quelquefois tout ce qui fait la différence du succès à l'infortune; dans une foule de choses, tout dépend de savoir prendre le *moment* favorable.

INSTANT, ANTE. adj. (lat. *instans, antis*, part. prés. de *instare*, presser, de *in*, dans, et *stare*, se tenir debout). Pressant. *Instante sollicitation. Aux instantes prières d'un tel.* || Imminent, urgent. *Le péril, le besoin est i.* = Syn. Voy. IMMINENT.

INSTANTANÉ, ÉE. adj. (R. *instant*, subst.). Qui ne dure qu'un instant. *Une action, une frayeur instantanée.* || *Photographie instantanée,* Photographie dont le cliché est pris en un instant. *Un cliché i.,* ou substantiv., *Un i.* || T. Méc. *Axe, centre i. de rotation.* Voy. AXE, CENTRE, CINÉMATIQUE, MOUVEMENT, ROTATION.

INSTANTANÉITÉ. s. f. Qualité de ce qui est instantané. *L'i. du choc. L'i. d'une impression.*

INSTANTANÉMENT. adv. D'une manière instantanée.

INSTAR (A L'). loc. prép. empruntée du lat. *ad instar*, A la manière, à l'exemple de, de même que. *Il a fait construire des maisons à l'i. des maisons romaines. A l'i. des cours étrangères. A l'i. de Paris.*

INSTAURATEUR. s. m. (lat. *instaurator*, m. s.). Celui qui instaure.

INSTAURATION. s. f. [Pr. *insto-ra-sion*] (lat. *instauratio*, m. s., de *instaurare*, instaurer). Rétablissement d'une chose dans son premier état. *L'i. d'un temple, d'un culte, d'une fête.*

INSTAURER. v. a. (lat. *instaurare*, m. s., de *in*, dans, et l'inusité *staurare*, qui paraît signifier *affermir*, et tient à *stare*, se tenir debout). Donner l'instauration. *I. un temple.*

INSTERBOURG, v. de la Prusse orientale; 20,900 hab.

INSTIGATEUR, TRICE. s. (lat. *instigator*, m. s., de *instigare*, instiguer). Celui, celle qui pousse à faire quelque chose : se prend le plus souvent en mauvaise part. *C'est lui qui a été l'i. de la révolte. Elle a été l'instigatrice du crime.*

INSTIGATION. s. f. [Pr. ...*sion*] (lat. *instigatio*, m. s., de *instigare*, instiguer). Suggestion, excitation, sollicitation pressante à faire quelque chose ; ne se dit qu'en mauvaise part. *Ce crime a été commis à l'i. d'un tel. Il s'est laissé séduire aux instigations de cette femme. L'i. du malin esprit.* = Syn. Voy. INSINUATION.

INSTIGUER. v. a. [Pr. *insti-gher*] (lat. *instigare*, m. s., de *in*, dans, et l'inusité *stigare* qui est le même que le grec στίζειν, piquer). Exciter, pousser quelqu'un à faire quelque action. *Cet homme est instigué par un tel.* Peu us. = INSTIGUÉ, ÉE. part.

INSTILLATION. s. f. [Pr. *instil-la-sion*] (lat. *instillatio*, m. s.). Action d'instiller. *Verser par i.*

INSTILLER. v. a. [Pr. *instil-ler*] (lat. *instillare*, m. s., de *in*, dans, et *stilla*, goutte). Faire couler, verser goutte à goutte. *I. un collyre entre les paupières. I. quelques gouttes d'essence dans une pluie.* = INSTILLÉ, ÉE. part.

INSTINCT. s. m. (lat. *instinctus*, m. s., de *instinctum*, sup. de *instinguere*, pousser à, de *in*, dans, et *stinguere*, pousser, qui a le même radical que le grec στίζειν, piquer).
I. — On définit *l'instinct*, un penchant intérieur qui porte à exécuter un acte sans aucune notion de son but, en employant des moyens toujours les mêmes, sans jamais chercher à les modifier. L'i. existe chez l'homme et chez les animaux, où il est généralement en raison inverse de l'intelligence et en rapport avec les besoins de l'organisation. En effet, pour que ceux-ci puissent être satisfaits, l'une ou l'autre de ces puissances leur est indispensable. On remarque même que l'i. est moindre dans les espèces douées de moyens d'action énergiques ; il est plus développé au contraire dans les espèces plus faibles dont la ruse est la principale ressource, soit pour échapper à leurs ennemis, soit pour se procurer leur nourriture. Les actions instinctives ont trait à la conservation de l'individu, à celle de l'espèce, ou aux relations des animaux entre eux. — « L'i., dit très bien Flourens, a trois caractères qui lui sont propres : 1° Il agit sans instruction, sans expérience : l'Araignée, en effet, n'apprend point à faire sa toile, ni le Ver à soie son cocon, ni l'Oiseau son nid, ni le Castor sa cabane. 2° Il ne fait jamais de progrès : l'Araignée ne fait pas mieux sa toile le dernier jour de sa vie que le premier ; elle fait bien du premier coup ; elle ne fait jamais mieux ; elle n'a jamais fait mal. 3° L'i. est toujours particulier, c.-à-d. relatif à un objet particulier. Le Castor a la merveilleuse industrie de se bâtir une cabane, mais cette merveilleuse industrie ne lui sert qu'à bâtir sa cabane. Pour tout le reste, pour les qualités relatives à nous, comme dit Buffon, il est fort inférieur au Cheval, au Chien, etc. » — Les instincts des animaux varient suivant les espèces. Chaque i. particulier est propre à une espèce particulière, et relatif à son

organisation particulière. Chaque espèce, en même temps qu'elle a reçu certains organes, a donc reçu les instincts qui y correspondent. L'homme lui-même a des instincts. L'enfant, par ex., comme tous les petits des mammifères, se met à teter aussitôt après sa naissance, et sans qu'il soit besoin de le dresser à cette manœuvre. Mais dès que l'homme a fait quelques pas dans la vie, il est bien difficile de discerner ce qui appartient à l'i. de ce qui appartient à l'intelligence : car, chez lui, celle-ci détermine et dirige tous les actes qui, chez les animaux, sont du domaine de l'i., même ceux qui se rapportent à la conservation de l'individu et de l'espèce. Toutefois on peut certainement qualifier d'*instinctifs* certains sentiments indélibérés, comme la crainte, et certains mouvements irréfléchis, comme ceux que provoque ce sentiment. Mais c'est tout à fait abusivement que, dans le langage ordinaire, on applique le nom d'instincts à ces actes habituels que nous exécutons comme machinalement, à certaines dispositions qui sont comme innées, à certains sentiments qui nous sont familiers, et à certaines idées qui nous apparaissent immédiatement par l'effet du phénomène de l'association, tous phénomènes qui relèvent de l'habitude et non de l'i. Il est vrai qu'il y a une grande analogie entre l'i. et l'habitude, celle-ci pouvant être considérée, dans une certaine mesure, comme un *i. acquis*; cependant, l'habitude diffère de l'i. par bien des caractères et doit en être soigneusement distinguée.
II. — L'i., quelque développé qu'il soit dans une espèce, n'est pas le mobile de toutes les actions des individus de cette espèce. L'observation démontre que la plupart des animaux sont doués d'*intelligence*, quoique à des degrés bien différents. Chez l'homme, l'intelligence prédomine sur l'i.; chez les animaux, l'i. prédomine toujours sur l'intelligence. Au reste, ce sont deux forces essentiellement différentes, et qui se distinguent par des caractères absolument opposés. L'i. agit par spontanéité, sans instruction ; l'intelligence agit par instruction, par expérience. L'i. n'a pas conscience de son but ; l'intelligence comprend ce but, y tend volontairement, et saisit les rapports des moyens avec lui. En conséquence, l'i. reste stationnaire, tandis que l'intelligence progresse. Enfin, l'i. est seulement commun à l'espèce, tandis que l'intelligence est également commune à l'espèce, mais, en outre, particulière à l'individu. Ce n'est point à l'intelligence des animaux, mais à leur i. seul que sont dus ces actes et ces travaux merveilleux qui de tout temps ont fait l'admiration de l'homme. Nous ne pouvons pas perfectionner l'i., nous ne pouvons que l'étouffer; au contraire, nous pouvons développer l'intelligence des animaux, et tel est le résultat de l'éducation que nous donnons à quelques-uns d'entre eux. Cependant ceux-là seuls sont susceptibles d'éducation qui sont doués de la plus grande somme d'intelligence, et qui précisément ont les instincts les moins puissants.
Descartes et quelques-uns de ses disciples regardaient les animaux comme de pures machines, et auraient cru blasphémer en appliquant le nom d'intelligence à la force interne qui détermine leurs actions, et en leur attribuant une faculté qui semble les rapprocher de l'homme. Mais le sens commun a toujours protesté contre cette conception bizarre, qui justifiait toutes les cruautés commises contre les animaux. Cependant il n'y a aucune assimilation à faire de l'intelligence des animaux et de l'intelligence humaine, car il y a un abîme entre elles. A une époque où dominait l'opinion de l'automatisme des bêtes, Bossuet, dont on peut dire qu'il a allié au suprême degré le génie et le bon sens, accordait à l'animal tout ce qu'il y a dans la partie sensitive de l'âme humaine, le plaisir, la douleur, les sensations, les passions, les idées sensibles. Cette manière de voir « paraît, dit-il, d'autant plus vraisemblable, qu'en donnant aux animaux le sentiment et ses suites, elle ne donne rien dont nous n'ayons l'expérience en nous-mêmes, et qu'elle sauve parfaitement la nature humaine en lui réservant le raisonnement. » Telle était aussi la doctrine de Leibniz. « Autant qu'on peut en juger, dit cet illustre métaphysicien, l'intelligence des animaux est purement empirique ; bornés à l'association et à la mémoire des idées, ils sont incapables de toute notion générale et nécessaire. Ils ne raisonnent pas, mais passent d'une image à une autre, et à chaque rencontre nouvelle qui paraît être semblable à la précédente, ils s'attendent à ce qu'ils y ont trouvé joint autrefois, comme si les choses étaient liées dans la réalité, parce que leurs images sont liées dans leur mémoire. » Ainsi donc, s'il n'y a pas lieu d'exalter les bêtes pour rabaisser l'homme, comme l'ont fait Montaigne, Gassendi et plusieurs philosophes du dernier siècle, il ne faut pas se figurer non plus qu'on rehausse la dignité humaine en réduisant les animaux au rang de simples machines. L'intelligence

humaine a seule le pouvoir de se replier sur elle-même ; seule elle possède la faculté de se mettre en rapport avec les autres et de les faire participer à ses progrès ; seule elle est capable d'*abstraction*, procédé merveilleux qui est l'origine des idées générales et la source de ces étonnants progrès que l'histoire des sciences et de l'industrie nous montre comme une forme pour ainsi dire nécessaire de l'activité humaine, et peut-être aussi comme une des formes de la destinée de l'humanité. Voy. INTELLIGENCE.

INSTINCTIF, IVE. adj. Qui naît de l'instinct, qui appartient à l'instinct. *Mouvement, sentiment in. Impulsions instinctives.*

INSTINCTIVEMENT. adv. Par instinct.

INSTINCTIVITÉ. s. f. Qualité, état de ce qui est instinctif.

INSTINCTUEL, ELLE. adj. Qui appartient à l'instinct.

INSTINCTUELLEMENT. adv. [Pr. *instin-ktu-èle-man*]. D'une manière instinctuelle.

INSTIPULÉ, ÉE. adj. T. Bot. (R. *in* priv., et *stipule*). Qui n'est pas garni de stipules.

INSTITUER. v. a. (lat. *instituere*, m. s., de *in*, dans, et *statuere*, établir), Établir quelque chose de nouveau, donner commencement à quelque chose. *Jésus-Christ a institué le sacrement de l'eucharistie. In. une fête, des jeux solennels. In. un ordre, une confrérie. In. des tribunaux. Les censeurs furent institués pour surveiller les mœurs.* || Se dit de ceux qu'on établit en charge, en fonction. *Le sultan peut in. ou destituer ses officiers comme il lui plaît. In. un juge, un notaire.* || T. Jurispr. *In. un héritier, in. héritier*, Nommer quelqu'un son héritier par testament. = INSTITUÉ, ÉE. part. *Héritier institué.*

INSTITUT. s. m. [Pr. *insti-tu*] (lat. *institutum*, établissement). Constitution d'un ordre religieux, règle de vie qui lui est prescrite en vue de son établissement. *Un pieux, un saint in. Ces religieux n'ont rien changé à leur in.* — Par ext., se dit quelquefois de l'ordre lui-même. *L'in. des jésuites.* || Corps constitué de gens de lettres, de savants, d'artistes, etc. *L'in. de Bologne. L'in. Pasteur. L'in. de France.* Se dit aussi de certains établissements d'instruction. (Voy. ci-après).

Hist. et *Légis.* — I. — Après avoir, par un décret du 8 août 1793, supprimé toutes les Académies et sociétés savantes patentées ou dotées par l'État, la Convention s'occupe presque aussitôt de les réorganiser sur de nouvelles bases. En conséquence, un article de la constitution de l'an III (1794) décréta qu'il y aurait « un *Institut national* chargé de recueillir les découvertes, et de perfectionner les arts et les sciences. » La loi sur l'instruction publiée le 25 octobre de l'année suivante disposa que cet Institut serait fixé à Paris, et décida qu'il serait composé de 312 membres, savoir : 144 titulaires résidant à Paris, 144 associés répandus dans les provinces, et 24 correspondants étrangers. En outre, l'In. fut divisé en trois classes, partagées elles-mêmes en un certain nombre de sections : 1re classe, *Sciences physiques et mathématiques*, 10 sections : Mathématiques, Arts mécaniques, Astronomie, Physique expérimentale, Chimie, Histoire naturelle et Minéralogie, Botanique et Physique générale, Anatomie et Zoologie, Médecine et Chirurgie, Économie rurale et Art vétérinaire. 2e classe, *Sciences morales et politiques*, 6 sections : Analyse des sensations et des idées, Morale, Science sociale et Législation, Économie politique, Histoire, Géographie. 3e classe, *Littérature et Beaux-Arts*, 8 sections : Grammaire, Langues anciennes, Poésie, Antiquités et Monuments, Peinture, Sculpture, Architecture, Musique et Déclamation. L'In. devait distribuer, tous les ans, un certain nombre de prix, et adresser au Corps législatif un compte rendu des progrès des sciences et des travaux de ses différentes classes. Chacune de ces dernières devait également publier, chaque année, le résultat de ses recherches. L'In. fut organisé dans le mois de déc. 1795, et son règlement ayant été approuvé par le Corps législatif, le 4 avril suivant, il fut officiellement installé, onze jours après, le 11 avril, par le pouvoir exécutif. Il subsista jusqu'en 1803 tel que la Convention l'avait constitué ; mais, le 23 janvier de cette année, un arrêté du premier consul lui donna une orga-

nisation nouvelle. La seconde classe, c.-à-d. celle des sciences morales, fut supprimée, et les trois autres furent remaniées de manière à en former quatre : 1re classe, *Sciences physiques et mathématiques*, répondant à l'ancienne Académie des Sciences, et composée des mêmes sections que précédemment, plus une nouvelle pour la navigation ; 2e classe, *Langue et littérature françaises*, ayant les attributions de l'ancienne Académie française ; 3e classe, *Histoire et littérature anciennes*, remplaçant l'ancienne Académie des Inscriptions et Belles-Lettres, et comprenant dans ses attributions les langues savantes, les antiquités et les monuments, l'histoire et les diverses sciences morales et politiques dans leur rapport avec l'histoire ; 4e classe, *Beaux-Arts*, composée de 5 sections réunissant aux travaux des anciennes Académies de peinture, sculpture et architecture, ceux de la gravure et de la composition musicale. Le nombre total des membres fut fixé à 367, savoir : 171 *résidants* et 196 *correspondants* français ou étrangers. En même temps, les secrétaires de chaque classe, qui jusqu'alors avaient été temporaires, furent déclarés *perpétuels*. En 1811, l'Inst., qui jusqu'alors s'était successivement appelé *Inst. national* (1796-1806), *Inst. de France* (1806), et *Inst. des sciences, lettres et arts* (1807-1811), prit le titre d'*Institut impérial*, qu'il conserva jusqu'en 1814, où il devint *Inst. royal*. Le 21 mars 1816, une ordonnance royale modifia une troisième fois l'Inst. Tout en maintenant son nom et sa division en quatre sections, elle rendit chacune d'elles indépendante des autres et rétablit les anciennes dénominations d'*Académie française*, *Académie des Inscriptions et Belles-Lettres*, *Académie des Sciences*, et *Académie des Beaux-Arts*. En 1832, une ordonnance de Louis-Philippe en date du 26 octobre 1832 compléta le cadre de l'Inst. en rétablissant la classe des sciences morales et politiques, sous le nom d'*Académie des Sciences morales et politiques*. — L'Inst., proprement dit, n'a donc subsisté qu'une vingtaine d'années, depuis le 20 novembre 1795 jusqu'au 21 mars 1816. Il a publié, dans cet intervalle, outre deux comptes rendus de ses travaux annuels (1797-1798), et divers rapports sur l'état et les progrès des sciences, des lettres et des arts depuis 1789 (1808), et sur les prix décennaux (1810, etc.), 29 volumes in-4° de *Mémoires*, dont 13 pour la classe des sciences physiques et mathématiques, 5 pour la classe de littérature et beaux-arts, 3 pour la base du système métrique, et 3 pour les savants étrangers.

Le terme *Institut de France* n'est plus aujourd'hui qu'une expression générique, qui sert à désigner l'ensemble des cinq Académies que nous venons de nommer. Ces Académies n'ont de commun que l'agence, le secrétariat et les collections ; pour tout le reste, elles agissent avec la plus entière indépendance. Toutefois elles se réunissent une fois chaque année, le 25 octobre, en séance publique. C'est dans cette séance solennelle que se fait la distribution des prix et des encouragements décernés par chaque Académie. Ces prix consistent en médailles ou sommes une fois données, et dont les fonds sont fournis, soit par l'État, soit par des fondations particulières.

Au point de vue du droit public, l'Inst. constitue une personne morale distincte de chacune des académies qui y sont comprises : comme tel, cet établissement possède la capacité d'acquérir, notamment par donations ou legs : nous citerons, parmi les libéralités faites à l'Inst., celle du domaine de Chantilly donné par le duc d'Aumale, à la charge de conserver ce domaine avec le musée et la bibliothèque qu'il renferme. Voy. ACADÉMIE.

II. — La dénomination d'*Institut* a été également adoptée par diverses sociétés savantes qui n'ont rien de commun avec l'institution qui précède. Ainsi, on appelle *Inst. d'Égypte* ou *Inst. du Caire*, la commission scientifique qui, en 1798, fut attachée à l'expédition d'Égypte, et à laquelle tous doivent le grand ouvrage qui porte son nom. L'*Inst. historique* est une société particulière fondée à Paris, en 1833, pour propager et propager le goût des études historiques. L'*Inst. des provinces* est une association analogue créée vers la même époque, pour développer le mouvement scientifique, littéraire et artistique dans les départements. A l'étranger, il existe aussi plusieurs sociétés savantes qui ont choisi ce titre d'*Institut*. Nous nous contenterons de citer l'*Inst. national* des États-Unis, l'*Inst. archéologique* de Rome, et l'*Inst. historique et géographique* de Rio-Janeiro.

III. *Institut national agronomique*. — Fondé à Versailles en 1849, supprimé par un décret de 1852, l'Institut agronomique a été rétabli à Paris par la loi du 9 août 1896. Il a pour but de former des agriculteurs, des professeurs spéciaux d'agriculture pour les établissements d'instruction, des administrateurs pour les services publics ou privés ressortissant au département de l'agriculture (inspection de l'agriculture, forêts, haras, etc.), des directeurs de stations agronomiques, des ingénieurs ou chimistes agricoles. Le diplôme d'ingénieur agronome pour les anciens élèves de l'I. pourvus en outre du baccalauréat, donne droit d'inscription au stage provisoire exigé pour concourir aux emplois d'attaché d'ambassade, élève-consul, etc. L'I. comprend : 1° l'École supérieure de l'agriculture ; 2° un établissement de recherches et d'expérimentation installé à Joinville-le-Pont. L'I. reçoit des élèves proprement dits et des auditeurs libres ; les étrangers y sont admis. L'admission des élèves a lieu après concours. Pour y prendre part, il faut avoir eu au moins 17 ans au 1er janvier de l'année courante. Le niveau du concours est un peu supérieur à celui du baccalauréat de mathématiques élémentaires ; un supplément de points est accordé aux candidats qui justifient de certains titres ou diplômes, tels que la licence, le baccalauréat, le certificat d'études physiques, chimiques et naturelles, le brevet supérieur, le diplôme des écoles nationales d'agriculture, des écoles pratiques d'agriculture, des écoles nationales vétérinaires. Les candidats peuvent en outre être interrogés sur l'agriculture et obtenir de ce chef un supplément de points. Le régime de l'école est l'externat ; des bourses ou demi-bourses peuvent être accordées. Les auditeurs libres sont admis sans condition d'âge ni d'examen ; ils paient une rétribution annuelle de cent francs. La durée des études est de deux années. L'enseignement porte sur la physique, la chimie, les mathématiques, l'agriculture, la botanique, la zoologie, la minéralogie, l'économie politique, la comptabilité, la législation rurale, l'hygiène, etc. Les cours sont complétés par des conférences et des exercices pratiques. Un diplôme d'ingénieur agronome est délivré à la fin des études aux élèves qui obtiennent la moyenne 14, un certificat d'études à ceux qui obtiennent seulement la moyenne 13. L'école forestière et l'école des haras du Pin se recrutent à l'Institut national agronomique. La dispense de deux années de service militaire est conférée aux élèves qui sortent dans les 60 premiers et qui ont obtenu 70 p. 100 du maximum des points. (Loi du 15 juillet 1889, art. 23.)

INSTITUTES. s. f. pl. (lat. *institutiones*, m. s., de *instituere*, instituer). On appelle communément *Institutes* ou *Instituts*, les traités élémentaires de droit écrits par les jurisconsultes romains pour servir à l'enseignement : telles étaient les Inst. de Gaïus, de Florentinus, de Callistrate, de Paul, d'Ulpien, de Marcien et de Tribonien. Le premier de ces ouvrages, qui fut composé sous Antonin, et le dernier qui fut écrit sous Justinien, dont il porte le nom, sont seuls parvenus jusqu'à nous. Celui-ci, qu'on appelle encore tout simplement les *Inst.*, a été tiré des écrits des anciens jurisconsultes, et principalement du livre de Gaïus. Depuis l'époque de leur publication (533 ap. J.-C.) jusqu'à nos jours, les Inst. de Justinien ont servi, dans l'Europe tout entière, de manuel pour l'étude du droit romain. En conséquence aucun ouvrage, à l'exception des Livres saints, n'a été l'objet d'un aussi grand nombre de commentaires : nous citerons les plus connus en France, ceux d'Ortolan et d'Accarias.

INSTITUTEUR, TRICE. s. (lat. *institutor*, m. s.). Celui, celle qui institue, qui établit. *L'in. d'une fête, d'une cérémonie. L'in. d'un ordre religieux. La reine Jeanne, fille de Louis XI, est l'institutrice de l'ordre de l'Annonciade.* || Celui, celle qui est chargée de l'éducation et de l'instruction d'un ou de plusieurs enfants. *Un savant in. Une sage institutrice. L'in. d'un jeune prince.* || Celui, celle qui tient une école, une maison d'éducation. *In. primaire. Cet in. a grand soin de ses élèves.*

INSTITUTION. s. f. [Pr....*sion*] (lat. *institutio*, m s.). Action par laquelle on institue, on établit. *L'in. des jeux Olympiques. L'in. d'un ordre religieux. L'in. d'une fête annuelle. L'in. du parlement. Tout ce qui est d'in. humaine est sujet au changement. Usages d'in.*, Usages institués par les hommes et non établis naturellement. — T. Jurispr. *In. d'héritier*, Nomination d'un héritier — T. Droit canoniq. *In. canonique*, La collation par l'autorité spirituelle du droit spirituel attaché à une fonction ecclésiastique. || La chose instituée. *Les institutions politiques et religieuses. Les institutions nationales. Les hôpitaux, les écoles sont des institutions utiles. Les institutions d'un pays*, Les lois fondamentales qui le régissent. *Saper les institutions. Défendre les institutions menacées.* || Se dit quelquefois pour Éducation et Instruction. *L'in. de la jeunesse doit être l'objet d'une surveillance rigoureuse de la part du gouvernement.* || Par ext., École,

maison d'éducation. *Une in. de jeunes demoiselles. L'in. des sourds-muets. Chef d'institution.*

INSTRUCTEUR. s. m. (lat. *instructor*, m. s., de *instructum*, sup. de *instruere*, instruire). Celui qui instruit ; ne se dit que, dans l'armée, de celui qui est chargé d'enseigner aux jeunes soldats l'exercice et le maniement des armes. *Manuel de l'in.* — On dit adjectivem., *Capitaine, officier in.*, Chargé d'instruire les jeunes soldats dans le maniement des armes. *Le manuel de l'in.* || T. Pal. *Juge in.*, ou Juge d'instruction. Voy. JUDICIAIRE.

INSTRUCTIF, IVE. adj. Qui instruit ; ne se dit que des choses. *Un livre inst. La conversation est instructive.*

INSTRUCTION. s. f. [Pr. *instruk-sion*] (lat. *instructio*, m. s., de *instructum*, sup. de *instruere*, instruire). Action, enseignement. *L'in. de la jeunesse, des enfants. Travailler à l'in. des pauvres. Répandre le bienfait de l'in. Le ministre de l'in. publique.* || Leçon, préceptes qu'on donne pour instruire. *Vous lui donnez là une bonne in., une in. salutaire. On puise dans cet ouvrage d'utiles instructions.* || Connaissance qu'on donne à quelqu'un de certains usages qu'il ignore. *In. sur la manière de se servir du microscope. Je vous demande cela pour mon in.* — In. pastorale, Mandement d'évêque sur quelque point de doctrine. || Savoir, connaissances acquises. *C'est un homme d'une grande in., rempli d'in. Elle manque d'in. Un jeune homme sans in.* || Se dit des ordres, des explications, des avis qu'on donne à quelqu'un pour la conduite de quelque affaire, de quelque entreprise ; dans ce sens, il s'emploie surtout au plur. *Instructions verbales, écrites, secrètes. J'irai prendre vos instructions sur l'affaire dont vous m'avez chargé. Donnez-lui vos instructions. L'ambassadeur attend de nouvelles instructions. Il a des instructions détaillées dont il ne doit pas s'écarter. On vous demandez est contre mes instructions.* || T. Jurispr. Se dit des recherches et des formalités nécessaires pour mettre une affaire, soit civile, soit criminelle, en état d'être jugée. *Travailler à l'in. d'un procès. Code d'in. criminelle. Juge d'in.* Voy. JUDICIAIRE.

Législ. et Admin. — I. — C'est aux père et mère qu'incombe, en principe, le devoir de pourvoir à l'éducation et à l'i. de l'enfant. — L'i peut être *domestique*, c.-à-d. donnée au sein même de la famille ; *privée*, c.-à-d. donnée par des particuliers qui se vouent à cette noble profession ; *publique*, c.-à-d. dispensée par l'État. On a souvent contesté le droit de l'État à dispenser l'i. Nous pensons que c'est à tort, car il importe à tout pays, d'une part, que chaque citoyen ait un certain degré de culture intellectuelle qui stimule et soutienne son activité, et, d'autre part, que la nation ne se laisse point dépasser par les peuples voisins dans la voie de la science pure et appliquée. De là la nécessité pour l'État de répandre ce qu'on appelle l'i. primaire, même en la donnant à celui qui ne peut la payer, et d'entretenir à ses frais ces établissements et ces écoles supérieures qui ont mission de faire progresser les sciences, et d'initier à tous leurs secrets le petit nombre d'hommes appelés par leur vocation à ces hautes études. L'i. intermédiaire ou secondaire, c.-à-d. celle qui se distribue dans les collèges, dans les lycées et dans les établissements analogues, est la seule que l'État pourrait peut-être abandonner à l'initiative privée. Mais ici il faut tenir compte des circonstances locales : si, chez nous, l'État fermait ses collèges et ses lycées, l'i. subirait une décadence rapide, et la nation ne tarderait pas à ressentir les effets de cette déchéance. Les établissements universitaires sont donc nécessaires, ne fût-ce que pour contraindre les établissements privés à maintenir le niveau des études. Dès que l'État ne s'attribue pas un monopole, dès que la liberté d'enseignement est admise, en d'autres termes, dès que tout citoyen, moyennant les garanties que la société est en droit d'exiger de lui et la surveillance dont elle n'a pas le droit de se départir, peut se livrer à la fonction de l'enseignement, les objections adressées à l'enseignement public tombent immédiatement, lors même que les critiques qu'on en a faites subsisteraient. Or, tel est le régime qu'on a établi et organisé chez nous les lois de 1833, 1850 et 1875.

II. — En 1791, quand l'Assemblée législative institua les ministères, elle comprit dans les attributions de celui de l'Intérieur la surveillance et la direction de l'enseignement. Cet ordre de choses dura jusqu'en 1820, époque à laquelle on créa du 22 déc. créa un *Ministère de l'instruction publique*. En 1822, le titulaire du nouveau département ne prit que le titre de

Grand maître de l'Université, auquel fu. ajouté, en 1824, celui de *Ministre des affaires ecclésiastiques*, parce qu'à cette époque il fut également chargé de la direction des affaires ecclésiastiques. Enfin, le 29 juillet 1830, il reçu. le titre de *Ministre de l'i. publique et des cultes*. Depuis ce temps, la direction des cultes a été plusieurs fois, par suite de considérations de personnes, retirée au ministère de l'i. publique, pour être réunie à d'autres départements, notamment à celui de la justice.

Les principales attributions du ministre de l'i. publique sont les suivantes : il pourvoit à l'établissement et à l'entretien des écoles, bibliothèques publiques, observatoires, etc. Il dirige tout le personnel enseignant, nomme de sa propre autorité la plupart des fonctionnaires de l'i. publique ; c'est sur sa proposition que sont nommés, par décret, les inspecteurs généraux, les recteurs, professeurs de facultés, etc. Le ministre de l'i. publique a sur le personnel de ce département une autorité disciplinaire définie par les lois et règlements ; c'est ainsi qu'il peut prononcer, à l'égard d'un professeur de l'enseignement supérieur ou de l'enseignement secondaire, la peine de la censure, non celles de la révocation et de l'interdiction, qui nécessitent un jugement du conseil académique. Il exerce, en outre, un certain droit de contrôle et de surveillance sur tous les établissements d'enseignement privé.

Le ministre de l'i. publique est assisté par un comité consultatif, par les directeurs et les bureaux de l'administration centrale et par les inspecteurs généraux, qui relèvent directement de son autorité. Le comité consultatif, composé d'inspecteurs généraux, de fonctionnaires ou anciens fonctionnaires du personnel administratif ou du personnel enseignant, désignés pour un an par le ministre, se divise en trois sections correspondant aux trois ordres d'enseignement ; les règlements prévoient un certain nombre de cas dans lesquels le ministre est tenu de prendre, mais non de suivre, l'avis dudit comité. L'administration centrale de l'i. publique comprend, indépendamment du cabinet du ministre, quatre directions, qui sont les suivantes : 1° Direction du secrétariat et de la comptabilité ; 2° direction de l'enseignement supérieur ; 3° direction de l'enseignement secondaire ; 4° direction de l'enseignement primaire.

Il est établi auprès du ministre de l'i. publique un conseil supérieur qui porte le titre de *Conseil supérieur de l'i. publique*, et se réunit au moins deux fois par année sur la convocation du ministre, lequel en est aussi le président. Ce conseil se compose de 57 membres, dont les uns sont nommés par décret, les autres élus par leurs collègues, appartenant à la même catégorie et au même ordre d'enseignement. C'est ainsi que les 6 représentants de l'enseignement primaire sont élus par les inspecteurs primaires, directeurs et directrices des écoles normales primaires, etc. ; le conseil supérieur renferme quatre membres de l'enseignement libre. Le tableau ci-contre indique la représentation numérique des membres de l'enseignement public et de l'enseignement privé au conseil supérieur.

Le conseil supérieur de l'i. publique a des attributions administratives, pédagogiques, contentieuses, disciplinaires. Les principales sont les suivantes : il donne son avis sur le tarif des droits à percevoir pour la collation des grades, sur les programmes, méthodes d'enseignement, modes d'examens, règlements relatifs à la surveillance des écoles privées, livres à introduire dans les écoles, règlements relatifs aux demandes d'autorisation d'enseigner en France pour les étrangers. Le conseil supérieur qui joue, à ce point de vue le rôle d'un véritable tribunal d'ordre administratif, statue en appel et en dernier ressort : 1° Sur les jugements rendus par les conseils académiques en matière contentieuse ou disciplinaire ; 2° sur les jugements des conseils départementaux frappant de l'interdiction un instituteur public ou privé. — Neuf membres nommés par décret et six désignés par le ministre parmi les conseillers élus constituent une *section permanente*, dont les fonctions sont : d'étudier les programmes et règlements, avant qu'ils soient soumis au Conseil supérieur, de donner son avis sur les créations de facultés, lycées, collèges, écoles normales primaires ; sur les créations, transformations ou suppressions de chaires dans les facultés ; sur les livres qui doivent être interdits dans les écoles ; enfin, sur toutes les questions d'études, d'administration, de discipline ou de scolarité qui lui sont envoyées par le ministre.

III. — La France est divisée, au point de vue de l'enseignement, en 17 circonscriptions administratives, dites académies. Voy. ACADÉMIE. Chacune de ces circonscriptions est dirigée par un recteur, nommé par décret, sur la proposition du ministre de l'i. publique. Nul ne peut être nommé recteur, s'il n'est pourvu du grade de docteur. Agents de

transmission et d'exécution des décisions du pouvoir central, les recteurs exercent en outre des attributions propres : ils président les conseils des universités ; ils dirigent le personnel des établissements publics d'enseignement supérieur et d'enseignement secondaire ; il ont la surveillance de ces établissements ; ils sont, en outre, chargés du maintien des méthodes de l'enseignement primaire public. Ils sont assistés par les inspecteurs d'académie. Les inspecteurs d'académie sont répartis à raison d'un par département, sauf dans les départements du Nord et des Bouches-du-Rhône, où il en existe deux, et Paris, où il y en a huit. Les attributions des inspecteurs d'académie se rapportent aux trois ordres d'enseignement : les plus importantes sont celles qu'ils exercent pour l'enseignement primaire, dont ils dirigent le personnel, sous l'autorité des préfets. Il y a, au chef-lieu de chaque académie, un conseil, composé du recteur, président, des inspecteurs d'académie, des doyens ou directeurs d'écoles d'enseignement supérieur, d'un certain nombre de professeurs de l'enseignement supérieur ou de l'enseignement secondaire, d'un proviseur et d'un principal, de deux membres pris dans les conseils généraux et de deux membres pris dans les conseils municipaux de la région. Les conseils académiques donnent leur avis sur les règlements relatifs aux lycées et collèges, sur les budgets et comptes de ces établissements ; ils exercent, en outre, des attributions disciplinaires et contentieuses pour l'enseignement supérieur et l'enseignement secondaire ; ils statuent, sauf appel au conseil supérieur, sur les peines disciplinaires à infliger au personnel ressortissant à ces deux ordres d'enseignement. Les conseils académiques tiennent deux sessions ordinaires par an.

IV. — Depuis la loi du 14 juin 1854, le personnel des instituteurs et institutrices primaires est sous l'autorité du préfet, assisté de l'inspecteur d'académie et des inspecteurs primaires placés sous les ordres de ce dernier. C'est le préfet

Conseil supérieur de l'Instruction publique.			
Le Ministre président.			1
GRANDES ÉCOLES	Institut.	5	17
	Collège de France	2	
	Muséum	2	
	École normale supérieure . .	2	
	École des Chartes.	1	
	École des langues orientales vivantes.	1	
	École polytechnique. . . .	1	
	École des beaux-arts . . .	1	
	Conservatoire des Arts et Métiers.	1	
	École centrale des arts et manufactures.	1	
	Institut agronomique. . . .	1	
MEMBRES ÉLUS — ENSEIGNEMENT supérieur.	Facultés de théologie protestante.	1	10
	Facultés de droit.	2	
	Facultés de médecine. . .	2	
	Écoles supérieures de pharmacie.	1	
	Facultés des sciences . . .	2	
	Facultés des lettres . . .	2	
ENSEIGNEMENT SECONDAIRE — LYCÉES.	Agrégés de grammaire. . . .	1	10
	— de lettres. . . .	1	
	— de philosophie. .	1	
	— d'histoire . . .	1	
	— de mathématiques. .	1	
	— de sciences physiques et naturelles. .	1	
	— langues vivantes. .	1	
	— enseignement secondaire spécial. .	1	
COLLÈGES.	Licenciés ès lettres.	1	
	Licenciés ès sciences	1	
Enseignement primaire.			6
MEMBRES NOMMÉS	Membres ou anciens membres de l'enseignement public, nommés par le Président de la République.	9	
	Membres de l'enseignement libre, nommés par le Président de la République	4	
	TOTAL.		57

qui nomme, déplace, révoque les instituteurs, sur la proposition de l'inspecteur d'académie. Dans chaque département, un conseil dit *conseil départemental* exerce des attributions analogues à celles qu'exerce le conseil académique pour l'enseignement secondaire. Sous la présidence du préfet, il comprend, comme membres : l'inspecteur d'académie, des conseillers généraux, les directeur et directrice d'école normale, des instituteurs et institutrices élus par leurs collègues, des inspecteurs primaires. Chargé des intérêts de l'enseignement primaire, ce conseil exerce en outre un pouvoir disciplinaire sur les instituteurs ou institutrices publics ou privés, contre qui il peut prononcer la peine de l'*interdiction* temporaire ou même perpétuelle. Les autorités préposées à l'inspection des écoles primaires sont les suivantes : inspecteurs généraux, recteurs, inspecteurs d'académie, inspecteurs primaires, membres du conseil départemental, maires et délégués cantonaux, inspectrices des écoles maternelles, médecins inspecteurs. Nommés par le conseil départemental, les *délégués cantonaux* ont pour mission principale celle d'inspecter les écoles du canton, au point de vue de l'état des locaux, du matériel, de l'hygiène et de la tenue des élèves; leur droit d'inspection ne peut jamais s'exercer sur l'enseignement donné dans les écoles.

V. — La loi reconnaît deux espèces d'écoles : 1° les écoles publiques; 2° les écoles privées. Les établissements d'i. publique comprennent : pour l'enseignement supérieur, les facultés, écoles supérieures; pour l'enseignement secondaire, les lycées, collèges et cours secondaires ; pour l'enseignement primaire, les écoles maternelles et classes enfantines, les écoles primaires élémentaires, les écoles primaires supérieures et cours complémentaires, les écoles professionnelles ou écoles manuelles d'apprentissage, les écoles normales primaires.

Le régime de la *gratuité* a été institué dans les écoles primaires publiques par la loi du 16 juin 1881. D'autre part, la loi du 28 mars 1882 a décrété, dans ces mêmes établissements, le principe de la neutralité religieuse en décidant qu'aucun enseignement religieux ne devait être donné à l'école ; en outre, par application de la loi du 30 octobre 1886, aucune nomination nouvelle d'instituteur ou d'institutrice congréganiste ne peut être faite dans les écoles publiques. Complètement effectuée dans les écoles de garçons, la *laïcisation* du personnel enseignant se poursuit pour les écoles de filles, au fur et à mesure des vacances qui se produisent dans les emplois d'institutrice congréganiste.

En dehors des écoles dont nous avons parlé plus haut, le ministère de l'i. publique comprend dans ses attributions un certain nombre de grands établissements publics, tels que l'Institut, le Collège de France, le Muséum d'histoire naturelle, les Écoles françaises d'Athènes, de Rome et du Caire, l'École pratique des hautes études, les laboratoires de recherches, le Bureau des longitudes, les observatoires, l'École des langues orientales, l'École des Chartes, la Bibliothèque nationale, les bibliothèques publiques de Paris et des départements. Voy. UNIVERSITÉ, LYCÉE, COLLÈGE, ÉCOLE, INSTITUT, MUSÉUM, OBSERVATOIRE, etc.

VI. — Tout en organisant l'instruction publique à tous ses degrés, la loi française consacre le principe de la liberté pour les trois ordres d'enseignement. Toutefois, la loi réserve à l'État le droit exclusif de conférer les grades : elle exige, d'autre part, de ceux qui veulent instruire la jeunesse, spécialement pour ce qui touche à l'enseignement primaire, des garanties portant principalement sur l'âge, la moralité, la capacité. Pour exercer dans une école primaire privée, il faut avoir 18 ans pour les hommes, 17 ans pour les femmes, n'avoir encouru aucune peine infamante, être pourvu du brevet de capacité. La possession du brevet supérieur n'est exigée que pour ceux qui veulent ouvrir un cours complémentaire privé. D'après la loi du 15 mars 1850, les *lettres dites d'obédience* délivrées par leurs supérieurs aux membres des congrégations religieuses enseignantes, telles que celle des frères de la doctrine chrétienne, pouvaient tenir lieu de brevet; la loi du 16 juin 1881 a supprimé, pour l'avenir, toutes les équivalences admises par la loi de 1850. Tout instituteur remplissant les conditions requises qui veut ouvrir une école privée, doit préalablement déclarer son intention au maire de la commune. Cette déclaration permet au maire et à l'inspecteur d'académie d'exercer, s'il y a lieu, le droit d'opposition que leur confère la loi. Toute opposition est portée devant le conseil départemental, qui statue, sauf appel au conseil supérieur. À défaut d'opposition dans les délais voulus, l'école est ouverte de plein droit.

VII. — Depuis la loi du 28 mars 1882, l'i. primaire a été rendue obligatoire en France pour les enfants des deux sexes âgés de six ans révolus à treize ans révolus. Cette instruction peut d'ailleurs être donnée dans la famille ou dans les écoles privées. Une commission municipale, dite *commission scolaire*, est instituée dans chaque commune pour surveiller et encourager la fréquentation des écoles. Elle se compose du maire, président, d'un délégué cantonal et des membres délégués par le conseil municipal; l'inspecteur primaire fait partie de droit de toutes les commissions scolaires de son ressort. Lorsqu'un enfant s'est absenté de l'école quatre fois dans le mois, sans excuse légitime, la commission scolaire invite à comparaître devant elle le père de famille, en vue de lui rappeler ses devoirs envers son enfant. En cas de récidive dans les douze mois, la commission peut ordonner l'affichage des nom, prénoms et qualités du père, à la porte de la mairie, pendant quinze jours ou un mois. En cas d'une nouvelle récidive, la commission ou, à son défaut, l'inspecteur primaire doit adresser une plainte au juge de paix, qui peut prononcer contre le père une amende de un à quinze francs et même un emprisonnement de un à cinq jours. Sur la demande qui lui en est faite par la famille, la commission accorde des dispenses de fréquentation scolaire. Appel des décisions de la commission scolaire peut être porté devant le conseil départemental. Les séances de la commission ne sont pas publiques. En vue de faciliter le contrôle des absences, la loi impose aux maîtres des écoles publiques ou des écoles privées la tenue de certains registres spéciaux. Les enfants qui, à partir de onze ans, ont obtenu le certificat d'études primaires, sont dispensés du temps de scolarité obligatoire qui leur restait à passer.

Bibliogr. — Louis GONNON. *Législation et jurisprudence de l'enseignement public et de l'enseignement privé en France*, Paris, 1896.

INSTRUIRE. v. a. (lat. *instruere*, m. s., de *in*, dans, et *struere*, bâtir). Enseigner quelqu'un, lui donner des leçons, des préceptes pour les mœurs, pour quelque science, etc. *I. la jeunesse. Il a fort bien fait i. ses enfants. Ces enfants sont mal instruits. Instruisez d'abord la jeunesse par l'exemple.* I. *un prince à gouverner. L'i. dans la science du gouvernement. On l'a instruit aux armes, aux affaires. I. des soldats au maniement des armes.* Absol., *C'est un homme qui instruit fort bien.* — Fig. *L'exemple instruit mieux que tous les préceptes. C'est l'expérience qui m'a instruit. Il a été instruit par le malheur.* || Par ext., se dit aussi en parlant de certains animaux. *On instruit l'éléphant à se mettre à genoux. On instruit les chiens à chasser, à rapporter, etc. La nature instruit les animaux à chercher ce qui leur est propre.* || Informer, avertir, donner connaissance de quelque chose. *J'instruirai sa famille de la conduite qu'il tient. Cet ambassadeur est bien instruit de ce qui se passe, ou absol., est bien instruit. On vous a mal instruit de cette affaire. Instruisez-le de tout ce que vous voulez qu'il fasse.* || T. Jurisp. Mettre une affaire civile ou criminelle en état d'être jugée. *C'est un tel juge qui est chargé d'i. ce procès. Cette affaire est suffisamment instruite.* — *I. le procès de quelqu'un, ou absol., I. contre quelqu'un,* Lui faire son procès en matière criminelle. = S'INSTRUIRE. v. pron. Acquérir des connaissances, du savoir. *Il aime, il cherche à s'i. Il s'est instruit lui-même. S'i. dans un art, dans une science.*

Pour s'instruire d'exemple, en dépit de l'envie,
Il lira seulement l'histoire de ma vie.

CORNEILLE.

Il voulut s'i. de la chose par lui-même, par ses propres yeux. Les animaux s'instruisent par l'expérience. || S'enseigner réciproquement. *Ils s'instruisaient mutuellement dans la vertu. Nous nous instruisons l'un l'autre de ce qui nous arrive.* || T. Jurisp. Être instruit. *Le procès s'instruit rapidement.* = INSTRUIT, ITE. part. *Un homme instruit d'une affaire. Un procès bien instruit.* || Absol., *C'est un homme instruit, très instruit,* Qui a beaucoup de connaissances, de savoir. On dit *qu'un général, qu'un ambassadeur est bien instruit,* Lorsqu'il est bien informé de ce qui se passe. = Conj. Voy. NUIRE. = Syn. Voy. APPRENDRE et ENSEIGNER.

INSTRUISABLE adj. 2 g. [Pr. *instrui-zable*]. Qui est susceptible d'être instruit.

INSTRUMENT. s. m. [Pr. *ins-truman*] (lat. *instrumentum*, m. s., de *instruere*, de *in*, dans, et *struere*, construire). Nom générique qui s'applique à la plupart des outils, machines ou appareils qui, dans un art ou dans une science, servent à exécuter quelque chose, à faire quelque opération. *Bon i. l. nécessaire. Cet i. ne vaut rien. La terre est le premier des instruments de travail. I. le maçon, de charpentier. Instruments d'agriculture. Instruments aratoires. Instruments de chirurgie, de chimie, de physique, d'optique, de mathématiques, d'astronomie. I. de musique. I à vent, à cordes, à percussion.* — Absol. *Un concert de voix et d'instruments. Au son des instruments. Monter un i. Jouer d'un i.* || Par ext., se dit des différents objets dont on se sert pour faire une chose quelconque. *Un i. tranchant. Frapper quelqu'un avec un i. contondant. Il portait sur lui l'i. de son crime. Les instruments de la passion de Notre-Seigneur. Le prêtre portait les instruments du sacrifice.* || Fig. Ce qui sert à produire quelque effet, à parvenir à quelque fin. *Vous avez été l'i. de sa vengeance. Ses propres lettres ont servi d'i. pour le perdre. Ses domestiques ont été les instruments de sa ruine. Ses amis ont été l'i. de sa fortune.* || T. Liturg. *I. de paix,* Reliquaire, anneau, image, etc., avec lesquels on donne la paix, en le faisant baiser aux fidèles. || En T. Droit, *Instrument* se disait autrefois de toute espèce d'acte; mais plus tard il servit seulement à désigner les contrats et les actes authentiques. Aujourd'hui, il ne s'emploie plus que dans le langage de la diplomatie pour désigner l'original d'un traité, d'une convention. *L'i de la paix de Westphalie.* || *Instruments de chirurgie.* Voy. AMPUTATION, CHIRURGIE. — *Instruments d'optique.* Voy. LUNETTE, TÉLESCOPE, MICROSCOPE, etc. — *Instruments de musique.* Voy. ARCHET, COR, FLUTE, HAUTBOIS, ORGUE, PIANO, etc.

Syn. — *Outil.* — L'instrument est une invention adroite, ingénieuse, dont les arts les plus relevés se servent pour faire des opérations d'un ordre supérieur. L'*outil* est une invention utile, usuelle, simple, qui sert à faire des ouvrages communs. On dit les *outils* d'un menuisier, d'un charpentier, et des *instruments* de chirurgie, de mathématiques. Le luthier fait avec des *outils* des *instruments* de musique. Par les *instruments* d'un peuple, on connaît quel est chez lui l'état des arts et des sciences; par ses *outils*, on connaît son genre d'industrie.

INSTRUMENTAIRE. adj. m. [Pr. *instru-man-tère*]. T. Jurisp. Qui rédige ou aide à rédiger un instrument. *Officier i.,* Faisant fonction d'officier de l'état civil à bord d'un navire. *Témoin i.* Voy. TÉMOIN.

INSTRUMENTAL, ALE. adj. [Pr. *instru-man-tal*] Qui sert d'instrument. *La cause instrumentale.* || T. Musiq. Qui s'exécute, qui doit être exécuté par des instruments. *Musique instrumentale. Un concert vocal et instrumentale.* || T. Gram. *Cas i.,* Cas qui exprime l'instrument, le moyen.

INSTRUMENTALEMENT. adv. [Pr. *instru-man-tale-man*]. D'une manière instrumentale.

INSTRUMENTATION. s. f. [Pr. *instru-man-tasion*] (R. *instrument*). T. Musique. L'*Instrumentation* est l'art de disposer les diverses parties de l'harmonie, de telle sorte que les instruments chargés de chacune d'elles rendent le mieux possible la pensée du compositeur. Ce dernier doit donc parfaitement connaître les facultés des instruments, c.-à-d. leur étendue, les qualités et les défauts de chacun d'eux relativement à leur timbre, à leur sonorité et à leur expression, et savoir exactement quels traits leur sont accessibles et quels traits ils ne sauraient aborder. Il est également indispensable que le compositeur soit instruit des effets qui résultent des combinaisons particielles ou totales qu'on en peut faire. Cette connaissance de la valeur des instruments conduit à les unir plusieurs ensemble de manière qu'ils forment duo, trio, quatuor, etc. Ils peuvent s'associer en familles ou à familles peuvent s'associer des étrangers; ils peuvent doubler, tripler, quadrupler, etc., une même partie, ou un mot mettre en rapport et en commun les facultés propres à chacun d'eux, jusqu'à ce qu'enfin, se réunissant tous, ils forment l'orchestre.

INSTRUMENTER. v. n. [Pr. *instru-manter*] (R. *instrument*). T. Prat. Faire des contrats, des procès-verbaux, des exploits et autres actes publics. *Les notaires ne peuvent pas i. hors de leur ressort.* = INSTRUMENTER. v. a. T. Mus. Écrire l'instrumentation d'une œuvre musicale. *Il instrumenta son opéra.* — Absol., *Ce compositeur instrumente fort bien.*

INSTRUMENTISTE. s. m. [Pr. *instru-mantiste*]. T. Mus. Musicien qui joue d'un ou de plusieurs instruments. *Un bon instrumentiste.*

INSTUDIEUX, EUSE. adj. (lat. *instudiosus*, m. s.). Qui n'est pas studieux.

INSU. s. m. (lat. *inscius*, qui ne sait pas, de *in* priv., et *scire*, savoir). Ne s'emploie que dans la loc. prép. *A l'i. de,* et dans les locut. analogues, *A mon i., à votre i., à leur i.,* etc., pour dire, Sans qu'on en ait eu connaissance. *Il s'est marié à l'i. de sa famille. Il a fait cela à mon i. Nous sommes souvent dirigés à notre i. par nos passions.*

INSUAVE. adj. 2 g. (lat. *insuavis*, m. s.). Qui n'est pas suave.

INSUAVITÉ. s. f. (lat. *insuavitas*, m. s.). Défaut de suavité.

INSUBMERSIBILITÉ. s. f. Qualité de ce qui est insubmersible.

INSUBMERSIBLE. adj. 2 g. (lat. *in* priv., et *submersum,* sup. de *submergere,* submerger). Qui n'est pas susceptible d'être submergé. *Bateau i. Jetée insubmersible.*

INSUBORDINATION. s. f. [Pr. ...*sion*]. Défaut de subordination, manquement à la subordination. *Une grande i. règne dans ce corps. Esprit d'i. Acte d'i. Punir l'i. Cet officier a été cassé pour fait d'i.*

INSUBORDONNÉ, ÉE. adj. [Pr. *insubordo-né*] (R. *in* priv., et *subordonné*). Qui a l'esprit d'insubordination, qui manque fréquemment à la subordination. *Un soldat i. Des troupes insubordonnées.*

INSUBRES. Peuple de la Gaule Cisalpine, qui habitait le Milanais actuel.

INSUBSTANCE. s. f. Absence de substance.

INSUBSTANTIEL, ELLE. adj. [Pr. *insub-stan-siel*] (lat. *insubstantialis*, m. s.). Qui n'est pas substantiel.

INSUCCÈS. s. m. [Pr. *insuk-sè*]. Défaut de succès. *L'i. de sa tragédie l'a fait renoncer au théâtre.*

INSUFFISAMMENT. adv. [Pr. *insufi-za-man*]. D'une manière insuffisante. Peu usité.

INSUFFISANCE. s. f. [Pr. *insufi-zan-se*]. Manque de suffisance. *L'i. des récoltes. L'i. de ses raisons, de ses moyens. Pourvoir à l'i. d'une loi.* || Incapacité, relativement à une chose particulière. *Je reconnais mon i. pour cet emploi. Il avoue son i.* || T. Pathol. *I. des valvules du cœur.* Voy. CŒUR et HYPERTROPHIE. = Syn. Voy. IMPÉRITIE.

INSUFFISANT, ANTE. adj. [Pr. *insufi-zan*] (R. in priv., et *suffisant*). Qui ne suffit pas. *Les récoltes sont encore insuffisantes cette année. Ses moyens sont insuffisants. La raison est insuffisante pour pénétrer les mystères de la foi.*

INSUFFLATEUR. s. m. [Pr. *insu-flateur*] (R. *insuffler*). Appareil destiné à envoyer de l'air comprimé sous les grilles des chaudières à vapeur, dans les gazogènes, etc. Voy. VENTILATEUR.

INSUFFLATION. s. f. [Pr. *insufla-sion*] (lat. *insufflatio,* m. s.). L'action d'insuffler.

INSUFFLER. v. a. [Pr. *insu-fler*] (lat. *insufflare,* m. s., de *in,* dans, et *sufflare,* souffler). Introduire à l'aide du soufflet un gaz, une vapeur dans quelque cavité du corps. *I. de l'air dans les poumons d'une personne asphyxiée.* = INSUFFLÉ, ÉE. part.

INSUIVI, IE. adj. Qui n'est pas suivi.

INSULAIRE. adj. et s. 2 g. (lat. *insularis,* m. s., de *insula,* île). Qui habite une île. *Les peuples insulaires. Je vis un i. armé d'un arc. Les insulaires de la mer Pacifique.*

INSULARITÉ. s. f. (R. *insulaire*). État d'un pays composé d'une ou de plusieurs îles.

INSULÉ, ÉE. adj (lat. *insula*, île). T. Hist. nat. Qui offre des espaces comparables à des îles.

INSULTABLE. adj. 2 g. Susceptible d'être insulté ; qu'on peut attaquer, insulter.

INSULTANT, ANTE. adj. Qui insulte ; ne se dit que des choses. *Discours, air, procédé i. Paroles, manières insultantes. Un i. mépris.*

INSULTATEUR. s. m. (lat. *insultator*, m. s.). Celui qui a l'habitude d'insulter.

INSULTATION. s. f. [Pr ...*sion*] (lat. *insultare*, insulter). Action d'insulter.

INSULTE. s. f. (lat. *insultus*, agression). Injure, outrage, de fait ou de parole, fait avec dessein d'offenser. *Faire i., une i., des insultes à quelqu'un. Recevoir une cruelle i., une i. grave.* || Fig. *C'est une i. au bon sens.* || T. Guerre. Coup de main, attaque brusquée. *Cette place est hors d'i., à l'abri de toute i. Nous restâmes exposés plusieurs heures aux insultes de l'ennemi.* == Syn. Voy. AFFRONT

INSULTER. v. a. (lat. *insultare*, sauter sur, de *in*, dans, et *saltare*, sauter). Outrager quelqu'un de fait ou de parole, et de propos délibéré. *Il l'a insulté publiquement. I. quelqu'un de parole. I. une femme par des propositions indécentes.* — Figur., *Leur pavillon fut insulté par des pirates.* || En T. Guerre, Tenter une attaque brusque et à découvert. *I. une place, les dehors d'une place.* == INSULTER. v. n. Manquer à ce qu'on doit aux personnes et aux choses.

Le même Agamemnon à qui vous insultez.
        RACINE.

I. aux malheureux. I. à la misère de quelqu'un. I. au bon sens, à la raison, au bon goût. — Fig., *Leur faste insulte à la misère publique.* == INSULTÉ, ÉE. part.

INSULTEUR. s. m. Celui qui fait métier d'insulter. T. Néol.

INSUPPORTABLE. adj. 2 g. [Pr. *insu-portable*] (R. *in* priv., et *supporter*). Qui ne peut être supporté, ou qui est extrêmement fâcheux, désagréable. *Cet homme est i. Il est devenu i. à tout le monde. Des douleurs insupportables.*

O d'une indigne sœur insupportable audace !
        CORNEILLE.

Quel joug i. Un orgueil i. Cette façon d'agir est i. Des manières insupportables.

INSUPPORTABLEMENT. adv. [Pr. *insu-portable-man*]. D'une manière insupportable. *Il écrit i.*

INSURGENCE. s. f. [Pr. *insur-jan-se*]. État d'insurgé. Néol.

INSURGENT. s. m. [Pr. *insur-jan*] (lat. *insurgens, entis*, part. d'*insurgere*, s'insurger). Celui qui se soulève. Vx. || T. Hist. Corps de troupes hongroises qu'on levait extraordinairement pour le service de l'État. *Les insurgents s'assemblèrent.* || S'est dit aussi des Anglo-Américains qui se soulevèrent pour rendre leur pays indépendant de la mère patrie. *L'armée des insurgents.*

INSURGER (S'). v. pron. (lat. *insurgere*, se lever contre, de *in*, dans, et *surgere*, se lever). Se soulever, se révolter. *La plupart des provinces s'insurgèrent. Le peuple entier s'insurgea.* — Elliptiq., *Faire i. un peuple, une province,* etc. || Fig. S'insurger contre la sottise. == INSURGÉ, ÉE. part. *Un peuple insurgé. Les provinces insurgées.* || Subst. *Une troupe d'insurgés. Les insurgés se portèrent vers l'hôtel de ville.* == Conj. Voy. MANGER

INSURGERIE. s. f. Disposition à s'insurger. T. Néol.

INSURMONTABLE. adj. 2 g. (R. *in* priv., et *surmonter*). Qui ne peut être surmonté. *Un obstacle i. Des difficultés insurmontables. Une envie de dormir i.*

INSURMONTABLEMENT. adv. D'une manière insurmontable.

INSURPASSABLE. adj. 2 g. [Pr. *insurpa-sable*] (R. *in* priv., et *surpasser*). Qui ne peut être surpassé.

INSURRECTEUR, TRICE. adj. [Pr. *insu-rekteur*]. Qui insurge, qui excite une insurrection. *Comité i.*

INSURRECTION. s. f. [Pr. *insu-rek-sion*] (lat. *insurrectio*, m. s., de *insurgere*, se soulever). Soulèvement contre le gouvernement. *L'i. des Américains. L'i. des Grecs. L'i. fit des progrès rapides. L'i. devint générale. Le peuple était en pleine i.* || En Hongrie se disait de la levée en masse de toute la noblesse du royaume. *L'armée d'insurrection.*

Syn. — Rébellion, Révolte, Sédition, Soulèvement. — La *rébellion* est la résistance à l'autorité légitime, le refus d'obéir, appuyé au besoin par la force : elle peut être le fait d'un seul individu comme de plusieurs. La *révolte*, comme la *rébellion*, peut être le fait de plusieurs ou d'un seul individu ; mais elle diffère de celle-ci en ce qu'elle présente un caractère agressif, spontané, qui a pour but d'amener un changement, un renversement. On fait *rébellion* contre les agents de l'autorité quand on refuse d'obéir à leurs injonctions ; on se *révolte* contre un souverain en s'armant contre lui. Le *soulèvement* est une révolte ou une rébellion naissante ; mais il implique en outre l'idée d'un grand nombre d'individus prêts à se lever pour prendre les armes. Il faut prévenir les *soulèvements* pour n'avoir pas à réprimer ni à punir une *rébellion* et une révolte. La *sédition* est l'action combinée d'un parti, d'une faction, qui entre en révolte ouverte ; c'est une agitation désordonnée qui le plus souvent entraîne la guerre civile. Enfin, l'*insurrection* est l'action de se soulever en nombre formidable contre un gouvernement pour le renverser : c'est un mouvement général qui, dans certains cas, peut être légitime, comme lorsqu'une nation veut repousser une domination étrangère. Aussi ce terme, à la différence des précédents, n'emporte pas nécessairement une idée de blâme.

INSURRECTIONNEL, ELLE. adj. [Pr. *insu-rek-sionel*]. Qui tient de l'insurrection. *Mouvement insurrectionnel.*

INSURRECTIONNELLEMENT. adv. [Pr. *insu-rek-sio-nè-leman*]. Par l'insurrection, d'une manière insurrectionnelle.

INSUSCEPTIBLE adj. 2 g. [Pr. *insu-septible*]. Qui n'est pas susceptible de.

INTACT, ACTE. adj. [On pron. le *c* et le *t*] (lat. *intactus*, m. s., de *in* priv., et *tactus*, part. pass. de *tangere*, toucher). À quoi l'on n'a point touché. *Le dépôt s'est trouvé i.* || Par extens., Entier, qui n'a point souffert d'altération. *Ce monument est resté presque intact. Ces meubles-là n'arriveront pas intacts à leur destination.* || Fig. On dit : *Matière intacte,* Qui n'a point encore été traitée ; *Réputation intacte,* Qui n'a jamais été attaquée, sur laquelle la calomnie n'a pu laisser aucun soupçon ; *Vertu, probité intacte,* Qui est à l'abri de toute espèce de reproche ; *Honneur i.,* Qui n'a souffert aucune atteinte. — *C'est un homme i.,* À qui l'on ne peut rien reprocher de contraire à la probité.

INTACTILE. adj. 2 g. (lat. *intactilis*, m. s., de *in* priv., et *tactum*, supin de *tangere*, toucher). Qui échappe au sens du toucher. *La lumière est i.* Vx. — On dit aussi *Intangible.*

INTACTILITÉ. s. f. Qualité de ce qui est intactile, de ce qui ne peut se toucher.

INTAILLABLE. adj. 2 g. [Pr. *inta-llable, ll* mouil.]. (R. *in* priv., et *tailler*). Qui ne peut être taillé.

INTAILLE. s. f. [Pr. *in-talle, ll* mouil.] (lat. *in*, dans, et fr. *taille*). Pierre gravée en creux. Voy. GLYPTIQUE.

INTAILLÉ, ÉE. adj. [Pr. *inta-llé, ll* mouil.]. Travaillé à l'intaille.

INTANGIBILITÉ. s. f. Qualité de ce qui est intangible.

INTANGIBLE. adj. 2 g. (R. *in* priv., et *tangible*). Qu'on ne peut toucher.

INTARISSABLE. adj. 2 g. [Pr. *intari-sable*] (R. *in* priv. et *tarir*). Qui ne peut tarir, être tari, épuisé. *Source i. Des larmes intarissables.* || Fig. *Une imagination i. Une veine, un verre, une érudition i. C'est un babil i. Vous êtes le sujet i. de nos entretiens.*

INTARISSABLEMENT. adv. [Pr. *intari-sable-man*]. D'une manière intarissable.

INTÉGRABLE. adj. 2 g. Qui peut être intégré.

INTÉGRAL, ALE. adj. (lat. *integer*, entier, total). *Paye-ment i. Restitution intégrale.* || T. Math. *Calcul i.* Voy. INFINITÉSIMAL. = INTÉGRALE. s. f. T. Math. Voy. INFINITÉ-SIMAL.

INTÉGRALEMENT. adv. (R. *intégral*). En totalité. *Ces sommes furent payées i. La Chambre des députés fut re-nouvelée intégralement.*

INTÉGRALITÉ. s. f. (R. *intégral*). État d'une chose complète, entière.

INTÉGRANT, ANTE. adj. (lat. *integrans*, part. prés. de *integrare*, rendre entier, de *integer*, entier). *Parties inté-grantes,* Celles qui contribuent à l'intégrité d'un tout à la différence des parties qui en constituent l'essence. — *Molé-cules constituantes,* Celles qui sont homogènes, à la diffé-rence des *Molécules intégrantes,* qui peuvent être elles-mêmes composées. || T. Math. Qui sert à l'intégration. *Fac-teur i.*

INTÉGRATEUR. adj. et s. m. T. Math. et Méc. Qui in-tègre, qui effectue une intégration. *Le planimètre d'Amsler est un I.* Se dit surtout des appareils qui sont disposés de manière à faire automatiquement la somme des indications variables et successives qu'ils fournissent, ce qui peut se faire de trois manières: 1° les indications *continues* se traduisent par une courbe fermée enveloppant une aire que l'on mesure ensuite et dont la valeur numérique est l'intégrale cherchée; 2° l'instrument est disposé à peu près comme dans le premier cas, mais la surface limitée par la courbe est mesurée auto-matiquement par un mécanisme spécial analogue au *plani-mètre* (Voy. ce mot); 3° l'instrument est disposé pour ne fonctionner qu'à intervalles très courts et très rapprochés, et les indications successives ainsi obtenues s'ajoutent en action-nant une même pièce. L'indicateur de Watt est un i. de la première espèce. Voy. INDICATEUR. — Les appareils intégra-teurs sont appelés aussi *Totaliseurs.*

INTÉGRATION. s. f. [Pr. ...*sion*]. T. Math. Action d'in-tégrer. Voy. INFINITÉSIMAL.

INTÈGRE. adj. 2 g. (lat. *integer*, entier). Qui est d'une probité incorruptible. *Un juge i. Il est fort i.* — On dit de même, *Une vertu i.*

INTÉGREMENT. adv. D'une manière intègre.

INTÉGRER. v. a. (lat. *integrare*, rendre entier). T. Math. Trouver l'intégrale d'une quantité différentielle. Voy. INFINITÉ-SIMAL. = INTÉGRÉ, ÉE. part. Voy. CÉDER.

INTÉGRIFOLIÉ, ÉE. adj. (lat. *integer*, entier; *folium*, feuille). T. Bot. Qui a des feuilles entières.

INTÉGRIFORME. adj. 2 g. (lat. *integer*, entier; *forma*, forme). T. Minér. Dont la forme se montre dans toute son in-tégrité.

INTÉGRITÉ. s. f. (lat. *integritas*, m. s., de *integer*, entier). L'état d'un tout qui a toutes ses parties. *Il a remis le dépôt dans son i. Il faut conserver l'i. du territoire.* — Fig., *Défendre l'i. de ses droits. La matière et la forme sont nécessaires à l'i. des sacrements.* ||Par ext., État d'une chose qui n'a éprouvé aucune dégradation, au-cune altération. *Ce monument est encore dans toute son i. On a trouvé les organes intérieurs dans toute leur i. Il a gardé des fruits d'une année à l'autre dans leur i.* || Fig., Vertu, qualité d'une personne intègre. *Parfaite i.*

L'i. d'un juge. Tenter l'i. de quelqu'un. L'i. des mœurs.
Syn. — *Honnêteté, Probité.* — *L'intégrité* est la qualité de l'homme qui remplit ce qu'il doit; la *probité* est la qualité de l'homme qui respecte les droits d'autrui; l'*honnêteté* est la qualité de l'homme qui pratique le bien prescrit par la morale. *L'intégrité* exclut la corruption; la *probité,* l'injustice; l'*honnêteté,* le mal et les matières offensantes de faire le bien.

INTÉGROMÈTRE. s. m. (R. *intégrale,* et gr. μέτρον, me-sure). Nom donné par Marcel Deprez à un instrument de son invention qui est fondé sur le même principe que le plani-mètre d'Amsler, mais qui permet d'obtenir non seulement l'aire limitée par une courbe fermée tracée sur une feuille de papier, c.-à-d. l'intégrale $\int y\,dx$, mais encore les intégrales $\int y^2 dx$, $\int y^3 dx$ et $\int y^n dx$, et cela en faisant simplement suivre à la pointe de l'appareil le contour de la courbe considérée. Voy. PLANIMÈTRE.

INTÉGUMENT. s. m. [Pr. *intéghu-man*] (lat. *integu-mentum,* m. s., de *in,* dans, et *tegumentum,* tégument). T. Hist. nat. Ce qui enveloppe la peau. Inus.

INTELLECT. s. m. [Pr. *intel-lek-te*] (lat. *intellectus,* m. s., de *intellectum.* sup. de *intelligere,* comprendre). L'âme en tant qu'elle conçoit.

INTELLECTIF, IVE. adj. [Pr. *intel-lek...*] (lat. *intellec-tivus,* m. s.). Appartenant à l'intellect. Ne se dit guère qu'au fém., dans ces locutions, *La faculté, la puissance intellective.* Peu us.

INTELLECTION. s. f. [Pr. *intel-lek-sion*] (lat. *intel-lectio,* m. s., de *intellectum,* sup. de *intelligere,* compren-dre). T. Philos. anc. Action par laquelle l'intellect conçoit les idées.

INTELLECTUALISER. v. a. [Pr. *intel-lektuali-zer*]. T. Philos. Élever au rang des choses intellectuelles. = S'IN-TELLECTUALISER. v. pron. Devenir plus intellectuel, obtenir plus d'intelligence.

INTELLECTUALISME. s. m. [Pr. *intel-lek...*] (R. *intel-lectuel*). Doctrine philosophique d'après laquelle tout dans l'univers est subordonné à l'intelligence.

INTELLECTUALISTE. s. m. [Pr. *intel-lek...*]. Métaphy-sicien qui suit la doctrine de l'intellectualisme.

INTELLECTUALITÉ. s. f. [Pr. *intel-lektualité*]. T. Phi-los. Qualité des choses intellectuelles.

INTELLECTUEL, ELLE. adj. [Pr. *intel-lek...*] (lat. *in-tellectualis,* m. s., de *intellectus,* intellect). Qui appartient à l'intelligence, qui est dans l'entendement. *Les facultés in-tellectuelles. Les vérités intellectuelles. Un objet i. L'es-pérance et la foi sont des vertus intellectuelles.* || Spiri-tuel, par opposition à Matériel. *L'âme est un être i., une substance i.* || Par extens., *Une femme intellectuelle,* Une femme qui a du goût pour les choses de l'intelligence, Se dit aussi substantiv., *Un intellectuel, une intellectuelle.*

INTELLECTUELLEMENT. adv. [Pr. *intel-lek-tuè-le-man*]. D'une manière intellectuelle.

INTELLIGEMMENT. adv. [Pr. *intel-li-ja-man*]. D'une façon intelligente.

INTELLIGENCE. s. f. [Pr. *intel-li-janse*] (lat. *intelli-gentia,* m. s., de *intelligere,* comprendre, de *inter,* entre, et *legere,* choisir). L'esprit en tant qu'il conçoit, qu'il pense; faculté de concevoir, de comprendre. *L'i. humaine. Le développement de l'i. Cet homme a l'i. vive, prompte, dure, tardive,* etc. *Il a de l'i., peu d'i. Cet enfant est plein d'i., sans i. Ce livre est à la portée de toutes les intelligences. L'éléphant a beaucoup d'i. Chez les ani-maux, l'i. est en raison inverse de l'instinct.* || Connais-sance approfondie; compréhension nette et facile; entente parfaite d'une chose. *Il a l'i. des langues, des affaires. Ce poète a une parfaite i. des passions. Il a l'i. des Écri-tures. Ce peintre n'a aucune i. des effets de lumière. Il a une admirable i. du clair-obscur.* — Se dit quelquefois pour Sens, signification. *Il m'a donné l'i. de ce passage.* || Adresse, habileté; se dit surtout relativement au choix des moyens employés pour obtenir un certain résultat. *Il s'est acquitté de sa mission avec i. Il y a beaucoup d'i. dans le choix de ces ornements. On remarque une certaine i. dans la manière dont le campagnol de Sibérie distribue son logement.* || Union, conformité de sentiments, *Vivre en bonne i. La meilleure i. règne entre tous ses enfants. Les deux cabinets marchent en parfaite i. Il est survenu un démêlé qui a rompu leur i.*

> Que la bouche et le cœur ont peu d'intelligence!
> RACINE.

|| Correspondance, communication entre des personnes qui s'entendent l'une avec l'autre; ne se dit que d'une correspondance secrète, et ne se prend guère qu'en mauvaise part. *Ils sont d'i. pour vous tromper. Je vis qu'ils étaient d'i. Il y de l'i. entre eux. Ils se faisaient des signes d'i. Avoir des intelligences secrètes. Entretenir i. avec les ennemis. Il avait des intelligences dans la place afin de la surprendre. Avoir une double i.*, Avoir des intelligences dans les deux partis, dans les deux armées. || Substance purement spirituelle. *Dieu est la suprême i., la souveraine i. Les intelligences célestes*, Les anges.

Philos. — On définit communément l'*Intelligence* la faculté de penser, c.-à-d. de connaître, de comprendre, de se souvenir, etc.; mais il est plus rigoureux de dire qu'elle est l'âme considérée en tant qu'elle pense, afin de ne pas avoir l'air de détruire l'unité de la personnalité humaine en la divisant en facultés distinctes. — Bien que la variété de nos idées soit, pour ainsi dire, infinie, l'analyse psychologique, en étudiant la vie intellectuelle dans son développement le plus complet, peut réduire à un fort petit nombre les facultés ou les opérations de l'i. Nous en admettrons neuf, qui peuvent, en outre, se ranger sous les quatre chefs suivants : acquisition, conservation, transformation, et transmission des idées. Au reste, nous n'attachons pas grande importance à ces classifications si en vogue dans l'ancienne philosophie. Toutes les facultés de l'âme sont liées intimement les unes aux autres; il faut toujours se rappeler que les divisions et classifications, commodes ou même nécessaires pour l'étude, sont forcément arbitraires et factices.

1° L'opération par laquelle l'i. saisit les phénomènes constitue la *Perception*. Elle saisit les phénomènes du monde extérieur par l'intermédiaire des sens : c'est la *Perception externe;* mais elle saisit immédiatement ceux dont l'âme elle-même est le théâtre : c'est la *Perception interne*, appelée encore *Sens intime* et *Conscience*. De plus, tandis que la perception externe nous fait simplement connaître les qualités des objets, la perception interne atteint la force même qui produit les phénomènes internes, et nous révèle cette force comme une cause libre et intelligente. En d'autres termes, dans la perception interne, l'i. se manifeste à elle-même; c'est une force qui a conscience de sa propre activité. De l'acte de la perception résulte le fait de la connaissance proprement dite. — 2° Mais il y a des notions que notre i. ne peut atteindre par la perception, soit externe, soit interne, parce qu'elles dépassent toute notion empirique et sont la condition même de toute expérience. Ces notions, il est vrai, nous apparaissent seulement à l'occasion des phénomènes connus par la perception; cependant elles ne nous sont point données par celle-ci, et elles diffèrent par leurs caractères essentiels de toutes les connaissances acquises par cette voie. L'i. humaine, en tant qu'elle est capable de concevoir des notions qui ne dépendent ni de l'expérience externe ni de l'expérience interne, a reçu le nom de *Raison*. On donne quelquefois celui de *Conception* à l'acte par lequel la raison acquiert des notions, parce que, dans cet acte, l'i. est, pour ainsi dire, passive. Ces notions s'imposent à l'intelligence. On peut les discuter et les critiquer; mais on les sans à grand effort : tels sont le principe de contradiction, celui de causalité, celui de l'obligation morale, etc. Remarquons que cette faculté de l'i., la *Raison*, est nécessairement niée par la philosophie sensualiste, qui prétend que toutes les idées viennent des sens. Voy. IDÉE. — 3° Les opérations que nous venons de nommer peuvent avoir lieu sans aucune intervention de la volonté; c'est ainsi que nous voyons sans regarder, que nous entendons sans écouter, que notre âme passe successivement par différents états sans que notre conscience y porte ses regards. Mais, dès que la volonté dirige les actes de l'i., ceux-ci changent de nature. L'application volontaire de l'esprit à un objet quelconque s'appelle *Attention*. Néanmoins l'attention est encore nommée *Observation*, quand elle se tourne vers les objets sensibles, et *Réflexion*, quand elle s'attache à l'étude des phénomènes intellectuels ou bien des idées considérées en elles-mêmes. Enfin, quand elle se

porte successivement sur deux ou plusieurs objets, sur deux ou plusieurs idées, dans le but de rechercher et de découvrir les rapports qui existent entre eux, elle constitue la *Comparaison*. De la résulte encore le savoir à des degrés très variables de précision et de clarté. — 4° Les opérations par lesquelles l'i. conserve les idées ou les connaissances qu'elle a une fois acquises, sont aussi essentielles à la vie intellectuelle que les actes par lesquels notre esprit les a obtenues. Que servirait à l'homme de chercher à connaître, à savoir, si chaque idée qu'il acquiert, s'évanouissait à l'instant même où son esprit passerait à une autre idée ? Bien plus, comment pourrait-il, s'il en était ainsi, concevoir même la pensée du savoir ? La conservation des connaissances résulte de deux opérations qui ont une relation intime, quoiqu'elles soient parfaitement distinctes l'une de l'autre. Ce sont l'*Association*, par laquelle s'enchaînent tous les faits de la vie intellectuelle, et la *Mémoire*, opération très complexe qui a pour effet de retenir, de reproduire et de reconnaître les idées. A ces deux opérations se rattachent les phénomènes internes qu'on désigne sous les noms de *Réminiscence* et de *Souvenir*. — 5° Nous n'avons pas seulement la faculté de conserver et de rappeler les idées que nous avons obtenues par les différents modes d'acquérir dont il a été parlé tout à l'heure. Ces idées deviennent l'objet d'un travail particulier de l'i. par lequel celle-ci les modifie et les transforme. Ainsi, l'*Abstraction* détache et sépare par la pensée telle ou telle qualité de l'être ou de l'objet auquel elle est inhérente dans la nature, et la *Généralisation* réunit, pour ainsi dire, en une somme les idées simples dégagées par l'abstraction, de manière à représenter par une idée unique ce qu'elles ont de commun. — 6° En outre, l'i. a la faculté de créer, au moyen d'éléments qu'elle combine, des idées d'objets ou d'êtres qui n'ont pas d'existence réelle dans la nature. L'i. considérée comme créatrice reçoit le nom d'*Imagination*. — 7° Le *Jugement* est l'opération par laquelle l'i. affirme ou nie. C'est la manifestation de l'i. sur la vérité ou la fausseté des choses, sur les rapports de convenance ou de disconvenance des idées. Le jugement s'applique à tous les faits de la vie physique, intellectuelle et morale de l'homme : aussi, comme le dit très bien Pellissier, juger est pour l'esprit ce que respirer est pour le corps. — 8° Le *Raisonnement* est une opération analogue au jugement, en ce que, comme ce dernier, il a pour objet une affirmation; mais il en diffère par ce fait qu'il n'arrive à cette affirmation que par la considération de certains rapports et à l'aide de procédés particuliers. Tantôt il étend à l'avenir une affirmation vraie pour le passé ou pour le présent, ou érige en lois certaines observations particulières : c'est l'*Induction*. Tantôt il part d'un principe posé et accepté comme vrai, et en tire les conséquences qu'il contient : c'est la *Déduction*. L'*Analogie* et la *Démonstration* se rattachent, celle-ci à la déduction, et celle-là à l'induction. Grâce à la puissance de ces procédés, l'esprit humain est parvenu à pénétrer dans l'avenir, et à atteindre des vérités que ne pouvait lui donner l'expérience. — 9° Enfin, toutes les idées qu'elle a acquises, modifiées, créées, l'i. les exprime par le *Langage* qui leur donne, pour ainsi dire, un corps, et permet de les transmettre à l'infini, dans le temps et dans l'espace, de telle sorte que les connaissances acquises par un peuple et par une génération deviennent un bien commun à tous les peuples et à toutes les générations.

Telles sont les opérations que l'on distingue communément dans l'i.; mais, il importe de ne pas l'oublier, ces actes ne sont que des manifestations diverses d'une même activité. En outre, bien que séparés dans nos classifications, ils concourent presque toujours dans le travail de l'esprit. Cependant, quoique ces facultés soient communes à tous les hommes, il est incontestable que les individus présentent de grandes différences sous le rapport de l'i. totale, ou tout au moins sous le rapport de tel ou tel mode d'activité intellectuelle. La même chose peut se dire des âges : l'observation démontre qu'il y a, dans les diverses périodes de la vie, une prédominance particulière de certaines facultés. Ainsi, la perception externe, l'association des idées, la mémoire, l'imagination et la faculté d'expression ou le langage se déploient avec une énergie singulière dans l'enfance; dans l'âge mûr, au contraire, ce sont la conscience claire de soi, l'attention, l'abstraction, la généralisation, la réflexion, la raison, qui se développent plus particulièrement. Enfin, la vieillesse présente habituellement un affaiblissement marqué dans la perception externe, la mémoire, le raisonnement et l'imagination. Les états différents du corps apportent aussi des modifications dans l'état de l'esprit. Pendant la veille, toutes les aptitudes intellectuelles sont en jeu et l'homme a la direction de ses pensées. Pendant le sommeil, l'homme perd en grande partie cet empire sur lui-même, et la mémoire, l'imagination, l'association se développent souvent avec une vivacité extraordinaire pour produire les fantaisies des rêves. L'état de santé du corps est une condition d'harmonie dans le développement des facultés intellectuelles ; la maladie peut altérer certaines aptitudes, comme la perception externe, la mémoire, le raisonnement, le langage, et activer certaines dispositions comme l'imagination. Ces modifications se produisent surtout dans les différentes affections qu'on désigne sous la dénomination générique d'aliénation mentale.

Les animaux ne sont certainement pas dénués d'i., mais leur i., bien inférieure à celle de l'homme, paraît en différer par quelques traits caractéristiques. Il semble que tous les animaux possèdent la *perception externe* ; la *mémoire* paraît aussi très répandue dans le règne animal ; l'*attention* semble nécessaire aux animaux qui poursuivent des proies comme à ceux qui prennent des précautions pour se défendre contre les attaques de leurs ennemis. L'*imagination* n'est l'apanage que de quelques animaux supérieurs ; elle se révèle chez le chien par les rêves. Tous les chasseurs savent que le chien aboie et s'agite quelquefois en dormant : il rêve qu'il chasse. Le *jugement* et le *raisonnement* paraissent aussi se rencontrer chez les animaux supérieurs, chien, éléphant, singe, etc., quoiqu'à un état très imparfait. Au contraire, la *raison* et l'*abstraction* sont l'apanage de l'homme ; toutes les observations semblent indiquer que les animaux en sont complètement dépourvus, et c'est là ce qui ferait la supériorité considérable de l'i. humaine et ce qui aurait permis à celle-ci seule d'inventer le *langage*. Au reste, il est très difficile de porter un jugement sur cette question, car beaucoup d'actes qui semblent dénoter de l'i., peuvent être attribués à l'instinct seul. C'est ainsi que tandis que certains zoologistes exaltent l'i. des insectes qui vivent en colonie comme les abeilles et les fourmis, d'autres n'y voient que des manifestations de l'instinct.

Anciennement on employait le mot *Entendement* comme absolument synonyme d'*intelligence*. Aujourd'hui, le premier de ces termes tombe en désuétude, et quand on en fait usage, même dans le langage ordinaire, c'est par opposition au second. Alors, l'i. désigne particulièrement l'esprit comme agissant, comme acquérant des connaissances, et l'*entendement* le désigne plutôt comme passif, comme recevant et gardant les idées qui sont le fruit du travail de l'i. « En philosophie, dit Lafaye, l'i. est aussi plutôt considérée comme un instrument actif qui produit certains effets qu'on peut étudier ; l'*entendement* est plutôt regardé comme un objet ayant des propriétés, et qu'on peut décomposer dans ses éléments. On observe les phénomènes de l'i. ; on fait l'analyse de l'*entendement* humain, on cherche à connaître sa nature, sa constitution. Et ce qui confirme bien la distinction établie entre ces deux mots, c'est que, dans les ouvrages de philosophie, dans ceux, par ex., de Locke, de Condillac et de Malebranche, où l'on traite de notre faculté de connaître, sous le nom d'*entendement*, la connaissance est plutôt présentée comme une modification que comme le résultat de l'action de notre âme. L'homme y apparaît comme simple auditeur, comme écolier passif de la nature ou de Dieu. » Voy. AME, ABSTRACTION, ASSOCIATION ATTENTION, CERTITUDE, COMPARAISON, INDUCTION, IDÉE, etc.

INTELLIGENT, ENTE. adj. [Pr. *intel-li-jan*] (lat. *intelligens, entis*, m. s., part. prés., de *intelligere*, comprendre). Qui est doué d'intelligence, qui est capable de concevoir et de raisonner. *L'homme est un être* i. *L'âme est une substance intelligente.* || Qui saisit, qui conçoit, qui comprend avec facilité. *Cet enfant est fort* i. *Il est bien peu* i. *pour son âge. Ce chien est très* i. || Qui a beaucoup d'habileté, d'adresse. *C'est un ouvrier très* i., *un domestique fort* i. *Il est fort* i. *dans les affaires. Il s'est conduit en homme* i.

INTELLIGIBILITÉ. s. f. [Pr. *intel-li*...]. Qualité de ce qui est intelligible.

INTELLIGIBLE. adj. 2 g. [Pr. *intel-li*...] (lat. *intelligibilis*, m. s., de *intelligere*, comprendre). Qui peut être ouï facilement et distinctement. *Des sons distincts et intelligibles. Parler à haute et* i. *voix. Prononcer d'une manière* i. || Qui est aisé à comprendre. *Ce passage est fort* i. *Cet auteur n'est pas* i. || T. Scolast. Qui ne subsiste que dans l'entendement, comme les êtres de raison ; se dit par opposition à Réel. *Les êtres intelligibles. Les universaux sont purement intelligibles.*

INTELLIGIBLEMENT. adv. [Pr. *intel-lijible-man*]. D'une manière intelligible. *Prononcer, lire, écrire* i.

INTEMPÉRAMMENT. adv. [Pr. *intan-péra-man*]. D'une manière intempérante.

INTEMPÉRANCE. s. f. [Pr. *in-tan-péranse*] (lat. *intemperantia*, m. s., de *in* priv., et *temperantia*, tempérance). Vice opposé à la tempérance, à la sobriété. *Son* i. *a ruiné sa santé.* || Par anal., se dit de certaines choses où il y a de l'excès, défaut de mesure. i. *d'étude, de travail.* i. *de langue, de plume. L'i. de son imagination.*

INTEMPÉRANT, ANTE. adj. [Pr. *in-tan*...] (lat. *intemperans*, m. s., de *in* priv., et *temperans*, tempérant). Qui a le vice de l'intempérance. *Un homme* i. *Langue intempérante.* || Substant. *L'*i. *abrège ses jours.*

INTEMPÉRÉ, ÉE. adj. [Pr. *in-tan*...] (R. *in* priv., et *tempéré*). Déréglé dans ses passions et dans ses appétits. *C'est un homme intempéré en toutes choses.* Peu us.

INTEMPÉRÉMENT. adv. [Pr. *intan-péré-man*]. D'une manière intempérée.

INTEMPÉRIE. s. f. [Pr. *in-tan*...] (lat. *intemperies*, m. s., de *in* priv., et *temperies*, état tempéré). Dérèglement ; ne se dit plus que de l'air, des saisons, etc. *Le corps se ressent de l'*i. *des saisons. Il passa la nuit exposé à toutes les intempéries de l'air*, ou simplem., *à toutes les intempéries.*

INTEMPESTIF, IVE. adj. [Pr. *in-tan*...] (lat. *intempestivus*, m. s., de *in* priv., et *tempestivus*, venu à temps, de *tempestas*, saison). Qui n'est pas fait à propos, qui n'est pas à propos de faire pour le moment. *Demande, démarche intempestive. Un projet* i.

INTEMPESTIVEMENT. adv. [Pr. *in-tan*...]. D'une manière intempestive. *Vous avez fait cette demande fort* i.

INTEMPESTIVITÉ. s. f. [Pr. *in-tan*...] (lat. *intempestivitas*, m. s.). Qualité de ce qui est intempestif.

INTENABLE. adj. 2 g. (R. *in* priv., et *tenir*). Où l'on ne peut tenir, demeurer. *La rade est* i. *par le gros temps. Un poste* i.

INTENDANCE. s. f. [Pr. *in-tan*...] (R. *intendant*). Direction, administration d'affaires ; ne se dit que d'affaires importantes. *Un grand seigneur lui confia l'*i. *de sa maison, de ses biens.* || Se dit aussi de certaines fonctions publiques d'ordre administratif. *L'*i. *des bâtiments. L'*i. *des menus plaisirs. L'*i. *des vivres. L'*i. *d'une province. Le corps de l'*i. *militaire.* || Par ext., Le temps que dure l'administration d'un intendant. *Pendant son* i. — Le territoire qui formait le district d'un intendant de province. *Cette élection n'était point de son* i. — L'hôtel où demeure l'intendant, où il a ses bureaux. *Je vais à l'*i.

INTENDANT. s. m. [Pr. *in-tan*...] (lat. *intendens, entis*, qui s'applique à, de *in*, dans, et *tendere*, tendre). Celui qui est chargé de régir les biens, de conduire et de surveiller la maison d'un prince, d'un grand seigneur, d'un riche particulier. *L'intendant d'un grand seigneur, d'une grande maison. Il a pris un* i. *Il a un* i. *qui le vole.* || Se dit de certains fonctionnaires qui surveillent et dirigent un service public ou un grand établissement. *L'*i. *des bâtiments.* i. *de la marine.* i. *des finances.* i. *militaire.*

Hist. et Admin. — Avant la Révolution de 1789, on donnait le nom d'*Intendant* à divers fonctionnaires préposés à l'administration financière, au service des vivres, à l'exploitation des mines et minières, à l'exécution des ordonnances de police, à la surveillance du commerce, à l'entretien des bâtiments royaux, etc. On appelait *intendants des provinces*, des magistrats qui étaient chargés de veiller, dans les provinces, à la bonne administration de la justice, de la police et des finances, d'y maintenir la tranquillité et d'y exécuter les ordres du souverain. Ces magistrats dataient du XVIe siècle, mais leur organisation définitive n'avait eu lieu qu'en 1636, sous le ministère de Richelieu. Il y en avait un dans chaque généralité. Aujourd'hui on désigne sous le nom d'*intendants militaires* un corps administratif qui est spécialement chargé de la direction et du contrôle de tout ce qui se rattache aux services dépendant du département de la guerre, tels que les services des fonds, de la solde, des subsistances, du chauffage, de l'habillement et du logement, etc. Ils ont été établis par une ordonnance du 29 juillet 1819, pour remplacer les Commissaires des guerres et les Inspecteurs aux revues, qui se partageaient alors leurs attributions, et qui devaient leur origine, ceux-ci au Consulat (29 janv. 1800), ceux-là à l'ancienne monarchie. Le *Corps de l'intendance militaire* se recrute parmi les officiers des diverses armes, y compris les officiers d'administration des services administratifs. Il se compose actuellement de 7 intendants généraux, 30 intendants militaires, 90 sous-intendants militaires de 1re classe, 100 de 2e classe, 110 de 3e classe, 50 adjoints à l'intendance. Les grades de l'intendance correspondent à ceux de la hiérarchie militaire, savoir : le grade d'adjoint à celui de *capitaine*, le grade de sous-intendant militaire de 3e cl. à celui de *chef de bataillon*, le grade de sous-intendant militaire de 2e cl. à celui de *lieutenant-colonel*, le grade de sous-intendant militaire de 1re cl. à celui de *colonel*, le grade d'intendant militaire à celui de *général de brigade*, le grade d'intendant général à celui de *général de division* (Loi du 16 mars 1882, art. 28 à 36). Un décret du 21 avril 1891 a organisé le cadre auxiliaire de l'intendance (réserve et armée territoriale), dont la hiérarchie, la même que celle des fonctionnaires des cadres actifs, est complétée par la création d'attachés de 1re et de 2e classe.

INTENDANTE. s. f. [Pr. *in-tan...*]. Se disait autrefois de la femme d'un intendant de province. || Supérieure de certains couvents de femmes.

INTENSE. adj. 2 g. [Pr. *in-tanse*] (lat. *intensus*, qui a de la tension, de *in*, dans, et *tensus*, part. passé de *tendere*, tendre). Qui agit avec force, avec énergie. *Une chaleur, un froid i. Une maladie i. Le son devient plus i.*

INTENSIF, IVE. adj. [Pr. *in-tan...*] (R. *intense*). Qui a de l'intensité. *Culture intensive.* Procédé de culture qui accumule sur un terrain la plus grande somme de travail et de capital. || T. Philos. Qui a la plénitude de l'être. || T. Gram. Qui renforce le sens.

INTENSIFIER. v. a. [Pr. *in-tan...*] (R. *intense*, et le suff. *fier*, du suff. lat. *ficare*, faire). Rendre plus intense.

INTENSITÉ. s. f. [Pr. *in-tan...*] (R. *intense*). Degré d'activité ou d'énergie d'une force, d'une puissance. *L'i. de la lumière, de la chaleur, d'une force. L'i. d'un choc. La table d'harmonie des instruments augmente l'i. des sons.* || T. Gram. *Accent d'i.* Qui consiste à appuyer plus fortement sur une syllabe d'un mot.

Phys. — I *Intensité d'une force.* Voy. Force. — *Intensité lumineuse.* Voy. Photomètre. — *Intensité des sons.* Voy. Acoustique.

II. *Intensité des courants électriques.* — On appelle i. d'un courant la quantité d'électricité qui traverse une section de ce courant en une seconde. L'unité pratique a reçu le nom de *ampère* et débite un *coulomb* (l'unité pratique d'électricité) en une seconde. Un tel courant dégage 0mmc,0104 d'hydrogène en une seconde dans un voltamètre. Il dépose, dans le même temps, 0mmc,327 de cuivre ou 1mmc,118 d'argent. Voy. Électrochimie. On peut donc mesurer l'i. d'un courant au moyen du voltamètre, en mesurant l'hydrogène dégagé pendant un temps déterminé ou en pesant le cuivre ou l'argent qu'il peut déposer pendant un certain temps. Ce procédé est long et ne saurait, par conséquent, donner la mesure de l'i. à un instant quelconque. De plus, il faut, pour que l'électrolyse ait lieu, que la force électromotrice atteigne une valeur minima qui dépend de la substance décomposée. On se sert habituellement, pour mesurer l'i. d'un courant, d'appareils appelés

rhéomètres ou *galvanomètres* basés sur les actions électromagnétiques. Voy. Boussole *des sinus*, Boussole *des tangentes*, Ampèremètre. On sait, d'après l'expérience d'Oersted (Voy. Magnétisme [électro-]) qu'un courant enroulé sur un cadre, au milieu duquel on a placé une aiguille aimantée, fait

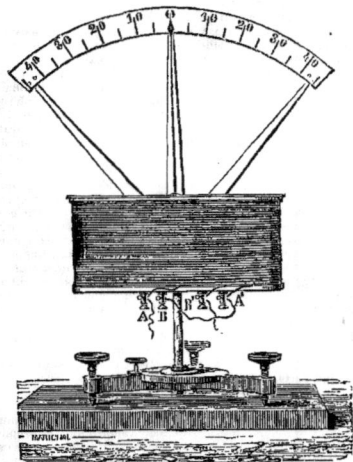

Fig. 1.

dévier cette aiguille à la gauche du bonhomme d'Ampère. Rappelons qu'on appelle ainsi un observateur imaginaire

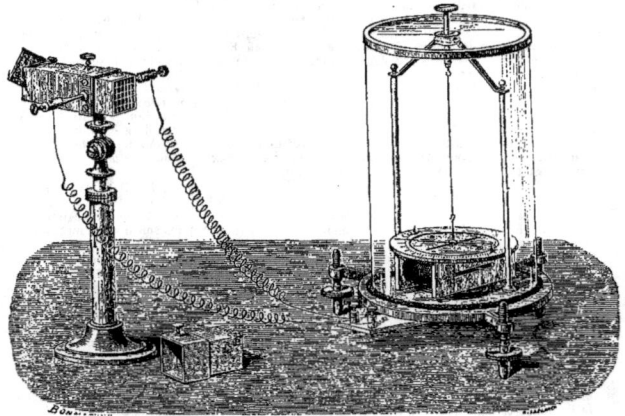

Fig. 2.

couché le long du fil, de manière que le courant lui entre par les pieds et lui sorte par la tête, cet observateur regardant le pôle nord de l'aiguille aimantée. Le multiplicateur de Schweigger se compose simplement d'un cadre en bois sur lequel on a enroulé un grand nombre de spires de fil de cuivre, entourées de coton ou de soie, au centre duquel se trouve une aiguille aimantée mobile dans un plan horizontal. On oriente d'abord les spires du cadre dans le méridien magnétique, puis on fait passer le courant. L'aiguille est alors déviée. M. *Bourbouze* a construit un galvanomètre de démonstration basé sur ce principe, dans lequel l'aiguille est mobile

Fig. 3.

dans un plan vertical, à l'intérieur du cadre multiplicateur. Des bornes, que l'on voit sur la Fig. 4, en A, B, A', B', permettent de mettre le fil en relation avec le circuit extérieur. La sensibilité des galvanomètres est limitée par l'action du magnétisme

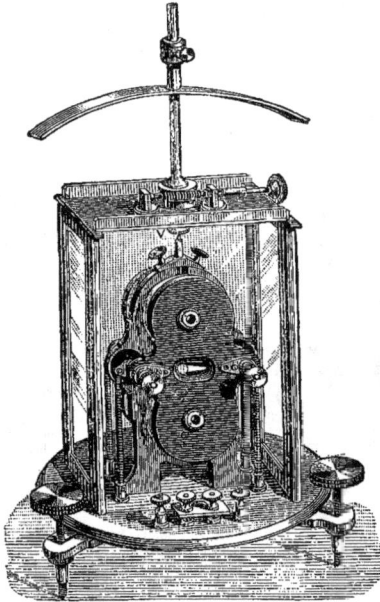

Fig. 4.

terrestre sur l'aiguille. On augmente la sensibilité en diminuant cette action. A cet effet, on remplace l'aiguille unique par un système dit *astatique* composé de deux aiguilles reliées à un même axe vertical et dont les pôles de noms contraires sont adjacents. On voit que si les deux aiguilles sont presque identiques, la terre aura une action très faible sur le système, puisque les deux aiguilles exerceront presque des actions égales et opposées. Ce système est en général suspendu par un fil fin ou deux fils (suspension bifilaire). L'aiguille inférieure est à l'intérieur du cadre du galvanomètre sur lequel est enroulé le fil. L'aiguille supérieure se meut au-dessus

d'un cercle divisé en degrés. Tel est le galvanomètre astatique auquel on donne parfois le nom de galvanomètre de *Nobili*. La Fig. 2 montre un de ces appareils en relation avec une pile de Melloni. Les oscillations sont assez longues; on les amortit en partie en plaçant sous l'aiguille supérieure une plaque de cuivre dans laquelle il se développe des courants d'induction, dits courants de Foucault, qui tendent à s'opposer au mouvement de l'aiguille et, par suite, à amortir les oscillations.

Galvanomètre différentiel. — On nomme ainsi un galvanomètre sur le cadre duquel on a enroulé simultanément deux fils au lieu d'un seul. En faisant passer dans ces fils deux courants de sens contraires, l'aiguille obéit à la différence de leurs intensités. Le galvanomètre de la Fig. 4 peut être disposé ainsi au moyen des quatre bornes A, B, A', B', que l'on voit sur la figure.

Les systèmes d'aiguilles astatiques peuvent être très variables. La Fig. 3 en montre deux qui sont bien différents. Ces équipages portent des miroirs MM' permettant d'évaluer la déviation par la méthode optique.

Dans le *galvanomètre Thompson* (Fig. 4), les aiguilles

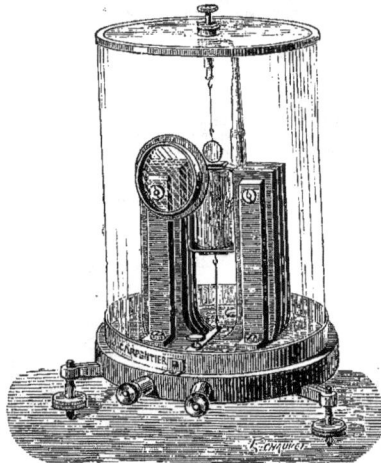

Fig. 5.

sont mobiles à l'intérieur de deux bobines superposées. L'amortissement est obtenu en adjoignant au système mobile un losange en aluminium qui frotte contre l'air dans ses mouvements. Un miroir, collé sur cet amortisseur, permet d'évaluer la déviation par la méthode optique. Un aimant recourbé est mobile sur une tige qui surmonte l'appareil. En déplaçant cet aimant, on contrebalance plus ou moins le champ magnétique terrestre et l'on fait varier la sensibilité de l'appareil. Cet appareil peut servir de récepteur télégraphique. Voy. TÉLÉGRAPHIE.

Galvanomètre Desprez-d'Arsonval (Fig. 5). — Cet appareil se compose d'un puissant aimant en fer à cheval entre les pôles duquel on voit un cylindre de fer doux. L'espace entre les deux constitue un champ magnétique intense. Un cadre mobile suspendu par un fil est relié à deux bornes qui permettent de lancer le courant dans les spires du fil qui le forment. On voit que, contrairement aux appareils précédents, c'est l'aimant qui est fixe et le courant qui est mobile sous l'influence de la force électromagnétique. Quand on fait passer le courant dans le cadre, celui-ci est dévié d'un côté ou de l'autre, suivant le sens du courant. La lecture se fait au moyen d'un petit miroir qui tourne avec le cadre. Ce galvanomètre est dit *apériodique*, parce que ses indications sont très rapides. Les oscillations sont amorties presque instantanément.

On doit à M. *Lippmann* un galvanomètre basé sur des

principes bien différents. L'appareil (Fig. 6) consiste en deux tubes en verre encastrés dans une garniture métallique et communiquant entre eux. Ces tubes contiennent du mercure. La partie centrale est placée entre les pôles d'un aimant en fer à cheval, les lignes de force étant dirigées suivant la flèche

Fig. 6.

horizontale. Lorsqu'on lance un courant dans la direction indiquée par la flèche verticale, la force électro-magnétique appliquée au mercure le pousse vers la gauche du bonhomme d'Ampère et produit une dénivellation qui est proportionnelle à l'i. du courant.

Tous ces appareils ne peuvent servir qu'à mesurer l'i. des

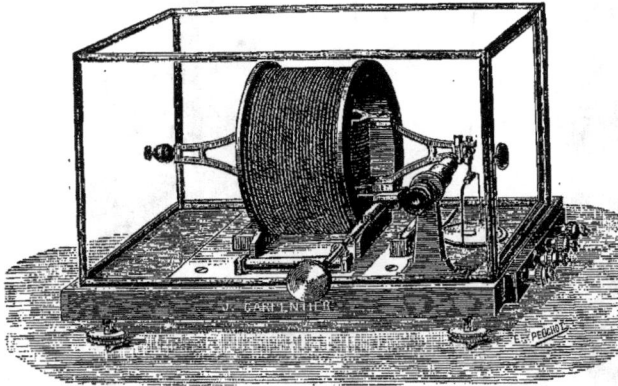

Fig. 7.

courants continus. Il n'en est pas de même des *électrodynamomètres* (Voy. ce mot) qui donnent des indications proportionnelles au carré de l'i. Dans l'électrodynamomètre de M. Pellat, la petite bobine intérieure est fixée à un fléau de balance portant à son autre extrémité un plateau. On fait équilibre à l'action électrodynamique du courant lancé dans les deux bobines au moyen de poids. On a alors l'i. par la formule $i = k\sqrt{p}$, k étant une constante dépendant de l'appareil, et p le poids que l'on a dû mettre dans le plateau. Voy. Fig. 7.

Loi de Ohm. — On sait que plus les conducteurs sont longs et fins, plus ils affaiblissent le courant. On dit qu'ils offrent une grande résistance. La *résistance* (Voy. ce mot) s'exprime par la formule $R = k\dfrac{l}{s}$, l étant la longueur du fil,

s sa section, et k le coefficient de *résistance spécifique* dépendant de la nature du fil. On écrit souvent $R = \dfrac{l}{sc}$, c étant un coefficient appelé la *conductibilité* du fil. c est l'inverse de k. On doit à Ohm une loi des plus importantes reliant la différence de potentiel en deux points d'un conducteur, l'i. et la résistance. Elle s'exprime par la formule très simple :

$$E = IR,$$

ou :

$$I = \frac{E}{R},$$

E étant la différence de potentiel, I l'intensité, R la résistance. Dans le système d'unités pratiques, E étant exprimé en volts, R en ohms, I sera exprimé en ampères. (Rappelons que le volt est à peu près la force électromotrice d'un élé-

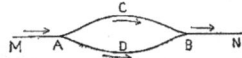

Fig. 8.

ment Daniell et que l'ohm est la résistance d'une colonne de mercure de $1^{mm²}$ de section et 106 centimètres de longueur à la température de 0°). La formule de Ohm peut se démontrer facilement par l'expérience en se servant de l'électromètre. Non seulement elle s'applique à une portion de circuit ne contenant pas de force électromotrice propre, mais à un circuit contenant des piles ou des machines d'induction. On en verra une application au mot PILE.

Courants dérivés. — Lorsque plusieurs conducteurs aboutissent en un même point A, la somme algébrique des intensités dans les différentes branches qui aboutissent à un même point est évidemment nulle dans le régime permanent. Les courants dérivés donnent lieu à des problèmes complexes de ce cas général. La Fig. 8, qui représente un courant qui se divise en deux, en A, les deux courants dérivés se réunissant ensuite en B, nous montre un cas simple. Appelons I l'i. suivant MA, i et i' les intensités respectives suivant ACB et ADB, r et r' les résistances de ces deux branches. Les trois intensités suivant AM, AC, AD, ont une somme nulle; mais la première est égale et de signe contraire à l'intensité suivant le sens contraire MA, laquelle a été désignée par I. On aura donc : $I = i + i'$. De plus, si nous appelons E la différence de potentiel entre A et B, la loi de Ohm appliquée à la branche ACB nous donne $E = ir$. On aura de même, le long de ADB : $E = i'r'$. Égalant les deux valeurs de E, on a : $ir = i'r'$, ou :

$$\frac{i'}{i} = \frac{r}{r'}$$

On voit que les intensités dans les deux branches sont inversement proportionnelles aux résistances.

Le pont de Wheatstone (Voy. PONT), qui sert à comparer les grandeurs électriques, est une application importante des courants dérivés.

Loi de Joule. — Joule a démontré par l'expérience que la quantité de chaleur dégagée par seconde dans un circuit homogène est proportionnelle à sa résistance et au carré de l'i. du courant. Elle est donnée par la formule $Q = \dfrac{1}{J} RI^2T$

(pour T secondes), R étant la résistance du conducteur, I l'i. du courant, et J l'équivalent mécanique de la chaleur. L'énergie du courant qui se manifeste à l'état de chaleur a alors pour expression : $W = I^2RT$ ou $W = EIT$ (puisque $E = IR$ d'après la loi de Ohm).

Lorsqu'on emploie les unités pratiques, ohm, volt, ampère, W est exprimé en une nouvelle unité qu'on appelle le *Joule*, qui vaut $\frac{1}{9,81}$ de kilogrammètre. On a donné le nom de *Watt*

à la puissance de un *Joule* par seconde. Un cheval-vapeur vaut 736 watts.

Système C. G. S. — En partant des unités électromagnétiques absolues, on serait conduit à prendre une autre unité d'i. Ce serait l'i. d'un courant de 1 centimètre de longueur recourbé, suivant un arc de cercle de 1 centimètre de rayon, et agissant avec une force de une dyne sur l'unité de magnétisme nord placé à 1 centimètre de lui (au centre de courbure du courant). Cette unité vaut 10 ampères.

III. *Intensité d'un champ électrique ou magnétique.* — On appelle i. d'un champ électrique ou magnétique en un point M, l'i. de la force qui agirait sur l'unité de masse électrique ou magnétique placée en ce point.

IV. *Intensité d'aimantation d'un barreau aimanté.* — C'est le quotient du moment magnétique de ce barreau par son volume.

INTENSIVEMENT. adv. [Pr. *intan-sive-man*]. D'une manière intensive.

INTENTER. v. a. [Pr. *intan-ter*] (lat. *intentare*, m. s., fréq. de *intendere*, tendre vers). T. Jurisp. N'est usité que dans ces phrases : *I. une action, un procès, une accusation contre quelqu'un*, Lui faire un procès, former une accusation contre lui. On dit aussi, *I. un procès à quelqu'un.* == INTENTÉ, ÉE. part.

INTENTION. s. f. [Pr. *intan-sion*] (lat. *intensio*, m. s., de *intendere*, tendre vers). Acte de la volonté considéré par rapport à son but et aux moyens d'atteindre ce but. *Bonne i. Mauvaise i. I. pure, droite, louable, honnête. La pureté, la droiture des intentions. Avoir i., l'i. de faire quelque chose. Mon i. n'était pas de vous déplaire. Si j'ai fait cela, c'est bien contre mon i., c'est sans i. Cet homicide a-t-il été commis avec i.? Il faut considérer l'i. du législateur. L'i. du législateur est bien évidente. Vous ne saisissez pas l'i. de l'artiste. Je l'ai fait à bonne i. Je ne l'ai fait à autre i. Je lui sais gré de l'i. Je rends justice à ses intentions.* || Se dit aussi pour Volonté, désir. *Le roi lui a fait savoir ses intentions. L'i. de votre père est que... Agir contre les intentions d'une personne. Elle comprit mon i.* || *Faire une chose à l'i. de quelqu'un*, A sa considération. — *Faire des prières, donner des aumônes, dire la messe*, etc., à l'i. de quelqu'un, Faire ces choses dans le dessein qu'elles lui servent devant Dieu. || T. Dévotion. *Diriger son i.* Voy. DIRIGER. — *Direction d'i.*, Action de rapporter ses actions à une bonne fin. — Se dit aussi de ceux qui, pour sauver ce qu'il y a de mauvais dans un discours, dans une action, allèguent l'innocence de leur motif. *Il n'y a rien qu'on ne prétende justifier par la direction d'i.* || T. Chir. Mot employé par les chirurgiens pour désigner le mode de réunion des plaies. Réunion par première, par deuxième i. Voy. PLAIE.

INTENTIONALITÉ. s. f. [Pr. *in-tan...*]. T. Philos. Caractère intentionnel.

INTENTIONNÉ, ÉE. adj. [Pr. *intan-sio-né*]. Qui a certaine intention ; ne se dit qu'avec *bien, mal* ou *mieux*. *Une personne bien intentionnée. Des gens mal intentionnés.*

INTENTIONNEL, ELLE. adj. [Pr. *intan-sio-nel*]. Qui est relatif à l'intention. *Le sens apparent de cette proposition est bien différent du sens i. de l'auteur. Question intentionnelle*, Question soumise au jury, sur l'intention de l'accusé en commettant l'acte incriminé. || T. Philos. scolast. *Espèces intentionnelles. Espèces impresses*, syn. d'*Espèces sensibles*, Images que l'on supposait sortir des corps pour frapper les sens, et qui présentent une grande analogie avec les *idées représentatives* de certains philosophes plus modernes. Voy. IDÉE.

INTENTIONNELLEMENT. adv. [Pr. *intan-sionè-le-man*]. D'une manière intentionnelle.

INTERACTION. s. f. [Pr. *intèr-ak-sion*] (lat. *inter*, entre; fr. *action*). Action de deux ou plusieurs objets l'un sur l'autre.

INTERAMBULACRAL, ALE. adj. (lat. *inter*, entre; fr. *ambulacre*). T. Zool. Qui est entre les ambulacres.

INTERANNULAIRE. adj. 2 g. [Pr. *inter-an-nu-lère*] (lat. *inter*, entre; *annulus*, anneau). T. Didact. Qui est placé entre les anneaux.

INTERANTENNAIRE. adj. 2 g. [Pr. *inter-antènnère*] (lat. *inter*, entre; fr. *antenne*). T. Zool. Qui est entre les antennes.

INTERARTICULAIRE. adj. 2 g. (lat. *inter*, entre; fr. *articulaire*). *Cartilages i.*, Cartilages situés entre la surface articulaire de deux os.

INTERASTRAL, ALE. adj. (lat. *inter*, entre; *astra*, astre). Qui est entre les astres. *L'espace i. Les communications interastrales par l'attraction, la lumière*, etc.

INTERATOMIQUE. adj. 2 g. (lat. *inter*, entre; fr. *atome*). Qui est placé entre les atomes.

INTERBRANCHIAL, ALE. adj. (lat. *inter*, entre; fr. *branchie*). T. Zool. Qui est compris entre les branchies.

INTERCADENCE. s. f. [Pr. *inter-ka-danse*] (R. *intercadent*). T. Méd. Se dit du pouls, lorsqu'il offre par intervalles une pulsation surnuméraire. *L'i. du pouls.*

INTERCADENT, ENTE. adj. [Pr. *inter-ka-dan*] (lat. *inter*, entre; *cadens, entis*, qui tombe). Qui offre des intercadences.

INTERCALAIRE. adj. 2 g. (lat. *intercalarius*, m. s.). Qui est intercalé, qui est ajouté et inséré. *Jour i., Mois i.* Voy. CALENDRIER et CYCLE. — T. Méd. *Jour i.*, Jour d'intermission. || T. Versif. *Vers intercalaires*, Ceux qui se répètent plusieurs fois dans certains petits poèmes, tels que les chants royaux, les ballades, les virelais, etc.

INTERCALATEUR. s. m. Celui qui fait des intercalations.

INTERCALATION. s. f. [Pr. *interka-la-sion*] (lat. *intercalatio*, m. s.). Action d'intercaler, ou le résultat de cette action; se dit proprement de l'addition d'un jour au mois de février dans les années bissextiles, et de l'addition d'un mois à une année lunaire. || Par ext., en parlant d'écrits. *L'i. d'un mot, d'une ligne dans un acte, d'un passage dans un texte.*

INTERCALER. v. a. (lat. *intercalare*, m. s., de *inter*, entre, et *calare*, crier, appeler). Insérer; se dit proprement en parlant des jours et des mois intercalaires. = Par ext., se dit en parl. d'écrits. *I. un mot dans un acte, un article dans un compte. I. une demi-feuille dans une feuille d'impression.* == INTERCALÉ, ÉE. part.

INTERCARTILAGINEUX, EUSE. adj. (lat. *inter*, entre; fr. *cartilagineux*). T. Anat. Qui est placé entre les cartilages.

INTERCÉDENT, ENTE. adj. [Pr. *inter-sé-dan, ante*] (lat. *intercedens*, qui cède entre, part. prés. de *intercedere*, de *inter*, entre, *cedere*, aller). T. Méd. Se dit du pouls qui, étant mal réglé, semble disparaître par intervalles.

INTERCÉDER. v. n. (lat. *intercedere*, venir entre, de *inter*, entre, et *cedere*, aller). Prier, solliciter dans l'intérêt de quelqu'un. *On a intercédé pour lui auprès du prince. Je vous prie d'i. pour lui obtenir sa grâce.* == Conj. V. CÉDER.

INTERCELLULAIRE. adj. 2 g. [Pr. *inter-sè-lulère*] (lat. *inter*, entre; fr. *cellule*). Qui est entre les cellules.

INTERCEPTER. v. a. (lat. *intercipere*, m. s., de *inter*, entre, et *capere*, prendre). Interrompre le cours, la propagation, la communication. *Les nuages interceptent les rayons du soleil. Cet écran intercepte la chaleur. I. le son. I. les communications.* || S'emparer par surprise de ce qui est adressé, envoyé à quelqu'un. *On intercepta toutes ses lettres. I. un convoi.* == INTERCEPTÉ, ÉE. part. *Des lettres interceptées découvrirent l'intrigue.*

INTERCEPTION. s. f. [Pr. *inter-sep-sion*] (lat. *interceptio*, m. s.). Action d'intercepter, Arrêt, interruption du cours, de la propagation d'une chose. *L'i. des rayons de lumière. L'i. du son.* = Famil., *L'i. de cette lettre m'intrigue beaucoup.*

INTERCERVICAL, ALE. adj. (lat. *inter*, entre; *cervix, cervicis*, cou). Syn. d'INTERÉPINEUX.

INTERCESSEUR. s. m. |Pr. *intersè-seur*] (lat. *intercessor*, m. s.) Celui qui intercède. *Puissant i. Je serai votre i. auprès du ministre. Être i. pour quelqu'un, en faveur de quelqu'un.*

INTERCESSION. s. f. |Pr. *inter-sè-sion*] (lat. *intercessio*, m. s.). Action, prière par laquelle on intercède. *Une puissante i. Demander quelque chose à Dieu par l'i. de la sainte Vierge. Son i. m'a été inutile.*

INTERCHANGEABLE. adj. 2 g. (lat. *inter*, entre; fr. *changeable*). Qui peut être mis à la place l'un de l'autre.

INTERCLAVICULAIRE. adj. 2 g. (lat. *inter*, entre; fr. *clavicule*). Qui s'étend d'une clavicule à l'autre.

INTERCOLONIAL, ALE. adj. (lat. *inter*, entre; fr. *colonie*). De colonie à colonie.

INTERCOLUMNAIRE. adj. 2 g. [Pr. *interkolom-nère*] (lat. *inter*, entre; *columna*, colonne). T. Anat. se dit de fibres qui, partant de l'épine iliaque antéro-supérieure et de l'arcade crurale, se portent en dedans et en haut.

INTERCOMMUNICATION. s. f. [Pr. *interko-mu-nika-sion*] (lat. *inter*, entre; fr. *communication*). Communication réciproque de l'un à l'autre.

INTERCONTINENTAL, ALE. adj. |Pr. *interkonti-nantal*| (lat. *inter*, entre; fr. *continent*). Qui a lieu entre deux continents.

INTERCOSTAL, ALE. adj. (lat. *inter*, entre; *costa*, côte). T. Anat. Qui est entre les côtes. *Nerf i. Artère intercostale. Muscles intercostaux.*

INTERCOURSE. s. f. (Mot anglais qui vient du français *entre-cours*).T. Com. Ensemble de relations commerciales entre deux pays.

INTERCURRENT, ENTE. adj. |Pr. *interkur-ran, ante*] (lat. *intercurrens*, m. s., de *inter*, entre, et *currere*, courir). T. Did. Qui survient entre. || T. Méd. *Maladies intercurrentes,* Celles qui se déclarent dans les saisons et dans les lieux qui en sont ordinairement exempts et qui viennent compliquer les maladies régnantes.

INTERCUTANÉ. ÉE. adj. (lat. *inter*, entre; fr. *cutané*). Qui est entre la chair et la peau.

INTERDENTAIRE. adj 2 g. [Pr. *inter-dan-tère*] (lat. *inter*, entre; *dens, dentis*, dent). Qui est entre les dents.

INTERDÉPARTEMENTAL, ALE. adj. (lat. *inter*, entre; fr. *département*). De département à département.

INTERDÉPENDANCE. s. f. (lat. *inter*, entre; fr. *dépendance*). Dépendance réciproque.

INTERDICTION. s. f. [Pr. *interdik-sion*] (lat. *interdictio*, m. s.). Action d'interdire. Prohibition, défense de faire quelque chose *En temps de guerre, il y a i. d'importer les armes, les chevaux, etc. L'i. du commerce.*
Législ. — I. — En termes de Droit civil, l'*interdiction* est la déclaration faite par le juge qu'une personne est privée de l'exercice des actes de la vie civile. Cette i. n'est point une peine, mais une simple mesure de précaution, ne doit d'ailleurs être prononcée par la justice qu'après un mûr examen. En outre, elle ne peut l'être que pour les causes déterminées par la loi. Ces causes sont l'imbécillité, la démence ou la fureur, quand elles constituent un état habituel (C. civ. 489). L'i. peut être provoquée, soit par l'époux, soit par un parent, soit par le procureur de la République, lorsqu'il n'existe ni époux ni parents connus. Ce magistrat doit même la requérir dans le cas de fureur, car alors elle intéresse la société tout entière : c'est l'*i. d'office.* La demande en i. doit être faite devant le tribunal de première instance du domicile de l'individu à interdire, et le jugement est rendu après réunion d'un conseil de famille appelé à donner son avis, après interrogatoire du défendeur, après enquête nouvelle en cas d'insuffisance de l'interrogatoire et des pièces, et enfin après avoir entendu les conclusions du ministère public. L'effet de l'i. date du jour du jugement, et ce jugement doit être rendu public

par l'inscription sur les tableaux affichés dans la salle d'audience du tribunal et dans les études des notaires de l'arrondissement. Extrait du jugement est, en outre, envoyé au greffier du tribunal du lieu de naissance du défendeur, lequel en fait mention sur un registre spécial dont toute personne peut demander communication. Tous les actes passés ultérieurement par l'interdit sont nuls de plein droit. On peut même annuler ceux qu'il a passés antérieurement, si la cause de l'i. existait notoirement alors. L'interdit est assimilé au mineur et reçoit un tuteur. Cette tutelle est au reste régie par les lois sur la tutelle des mineurs; mais elle est toujours dative, à l'exception de celle de la femme interdite, laquelle appartient de droit au mari. Dans certains cas, l'incapacité de l'interdit est plus étendue que celle du mineur. Ainsi, l'interdit ne peut ni tester ni contracter mariage. Il ne peut pas non plus être tuteur, ni membre d'un conseil de famille. Enfin, l'interdit est privé de la jouissance de ses droits politiques. — En rejetant la demande en i., le tribunal peut néanmoins, si les circonstances l'exigent, ordonner que le défendeur ne pourra désormais plaider, transiger, emprunter, recevoir un capital mobilier ni en donner décharge, aliéner ni grever ses biens d'hypothèques, sans l'assistance d'un conseil ou faire nommer par le même jugement : c'est l'*i. partielle.* — L'i. cesse avec les causes qui l'ont fait naître. On obtient la mainlevée de l'i. par jugement et après avoir employé les formalités à la suite desquelles elle a été prononcée (C. civ. 489 à 512, Loi du 16 mars 1893).
Sous la législation ancienne, la prodigalité était une cause d'i.; aujourd'hui il n'en est plus ainsi. Toutefois il peut être défendu au prodigue de plaider, de transiger, d'emprunter, de recevoir un capital mobilier ou d'en donner décharge, d'aliéner ou d'hypothéquer, sans l'assistance d'un *Conseil judiciaire.* La nomination de ce conseil est faite dans le jugement qui déclare la prodigalité. Au reste, la défense de procéder sans l'assistance d'un conseil doit être provoquée par ceux qui ont le droit de demander l'i.; cette demande est instruite et jugée de la même manière, et les mêmes formalités sont nécessaires pour obtenir la levée de la défense (C. civ. 513 à 516).
II. — Il y a une autre sorte d'i. que l'on appelle *légale,* par laquelle un individu est privé en tout ou en partie de l'exercice de ses droits civiques, civils et de famille : cette seconde sorte d'i. est une peine grave. Elle résulte de certaines condamnations pénales, telles que les travaux forcés, la détention, et la réclusion (C. Pénal, 29, 31). Pendant le temps de l'i., c.-à-d. pendant toute la durée de la peine, un tuteur et un subrogé tuteur sont chargés d'administrer les biens du condamné. Les tribunaux jugeant correctionnellement peuvent aussi, dans certains cas et en vertu de dispositions particulières de la loi, interdire aux condamnés, en tout ou en partie, l'exercice des droits civiques, civils ou de famille énumérés dans l'art. 42 du C. Pén.
On donne encore le nom d'i. à la défense, soit perpétuelle, soit temporaire, faite par sentence ou arrêt, ou par décision de l'autorité compétente, à certains fonctionnaires de continuer l'exercice de leurs fonctions. Cette peine s'applique particulièrement aux magistrats et aux officiers ministériels. — Pour l'*I. du feu et de l'eau,* en usage chez les Romains, Voy. BANNISSEMENT.
III. — En même temps qu'elle a supprimé la surveillance de la haute police, la loi du 27 mai 1885 a institué une nouvelle peine, l'*interdiction de séjour,* qui consiste dans la défense faite à certains condamnés, de paraître dans les lieux dont l'interdiction leur a été signifiée par le Gouvernement avant leur libération. Rappelons qu'en outre, aux termes de l'article 635 du Code d'instruction criminelle, le condamné qui a prescrit sa peine, *en matière criminelle,* ne doit résider dans le département où demeureraient, soit celui sur lequel ou contre la propriété duquel le crime a été commis, soit ses héritiers directs. Toute infraction à l'i. dont il s'agit, entraîne un emprisonnement de 5 ans au maximum.
IV. — L'*interdiction du droit d'enseigner* peut être prononcée contre un membre de l'enseignement secondaire par le conseil académique, contre un instituteur public ou privé, par le conseil départemental, sauf appel devant le Conseil supérieur. Pour un instituteur public ou privé, l'interdiction peut être perpétuelle ou temporaire : cinq ans au maximum; pour un instituteur privé, elle peut être, en outre, absolue ou restreinte à la commune ou au département dans lequel l'inculpé exerçait (Lois des 15 mars 1850 et 30 octobre 1886).

INTERDIGITAL, ALE. adj. (lat. *inter*, entre; *digitus,* doigt). T. Anat. Qui est entre les doigts. *Les palmipèdes* ont les doigts unis par une membrane appelée membrane interdigitale.

INTERDIRE. v. a. (lat. *interdicere*, m s, de *inter*, entre, et *dicere*, dire. Le sens actuel vient de la locution *inter- licere jus*, invoquer le droit pour empêcher quelque chose, et par suite, défendre.). Défendre quelque chose à quelqu'un. On lui a interdit l'entrée dans la ville. Il lui est interdit d'habiter Paris. I. sa porte à quelqu'un. Ce décret interdisait tout commerce avec l'Angleterre. I. le barreau à un avocat, la chaire à un prédicateur. I. à quelqu'un l'exercice des droits civiques, civils et de famille. I. l'usage des sacrements, l'entrée de l'église. I. toute communication. I. la parole. Cela vous est interdit. Les médecins lui ont interdit tout mouvement. Il lui est interdit de travailler. Il s'interdit tous les plaisirs. — I. le feu et l'eau. Voy. BANNISSEMENT. || Fig., se dit des choses qui en rendent une autre impossible. La fortune nous interdit cet espoir. Cette affaire impérieuse m'interdit d'accepter votre invitation. || T. Jurispr. I. un imbécile, un aliéné, etc., Prononcer son interdiction. — I. quelqu'un de ses fonctions, de sa charge, de sa profession, Lui en défendre l'exercice, soit temporairement soit pour toujours. Voy. INTERDICTION. || T. Droit canon. I. un prêtre, Lui défendre d'exercer son ministère. — I. une église, une ville, un royaume, Les mettre en interdit. Voy. INTERDIT. || Étonner, troubler quelqu'un au point qu'il ne sache plus ni ce qu'il dit, ni ce qu'il fait. La peur l'avait tellement interdit, qu'il ne put prononcer un mot. == INTERDIT, ITE. part. || Étonné, troublé, qui ne sait ce qu'il fait, ce qu'il dit. Il demeura tout interdit, si interdit que... == T. Jur spr. S'empl. subst. en parl. de celui contre equel une interdiction est prononcée. == *Interdire* se conjugue comme *Dire*, excepté à la seconde personne du plur. de l'indic. qui fait, *Vous interdisez.*

INTERDIT. s. m. (R. *interdire*). T. Droit canonique. L'i. est une censure ecclésiastique qui défend l'usage des sacrements, du service divin et de la sépulture ecclésiastique en certains lieux ou à certaines personnes. On l'appelle *local*, quand il tombe sur des lieux et non sur les personnes ; *personnel*, quand il frappe directement celles-ci ; et *mixte*, quand il s'applique en même temps aux lieux et aux personnes. L'i. local est dit *général*, quand il frappe une ville, une province, un diocèse, un royaume, etc. ; et il est *particulier*, lorsqu'il porte sur un seul lieu, comme une église, un cimetière, une chapelle, etc. L'i. personnel se divise en *général* et *particulier*, selon qu'il tombe sur toute une communauté ou sur plusieurs personnes qui ne sont point dé- signées nominativement, ou selon qu'il atteint une ou plusieurs personnes désignées par leurs noms. L'i. mixte ne frappe que sur des personnes et des lieux dénommés. Ainsi, par exemple, si le peuple seul est nommé, le clergé n'y est pas compris. L'i. est une censure très rare aujourd'hui, à moins qu'il ne soit local ; on y substitue presque toujours la suspense ou l'excommunication. — C'est abusivement que, dans le langage ordinaire, on applique le nom d'i. à la défense appelée par les canonistes *Cessation des offices divins*. Cette défense ne renferme aucune idée de censure et a simplement pour objet d'interdire momentanément la célé- bration des cérémonies sacrées dans un lieu, comme une église, un cimetière, etc., qui a été pollué par quelque crime. — Enfin, par extens. du sens du mot *interdit*, on nomme encore ainsi la défense faite à un ecclésiastique, par son su- périeur légitime, d'exercer les fonctions attachées à son ordre ou à son titre.

INTERÉPINEUX, EUSE. adj. (lat. *inter*, entre ; fr. *épine*). T. Anat. Se dit des muscles du cou et des lombes.

INTÉRESSANT, ANTE. adj. (Pr. *intérè-san*). Qui inté- resse. *Sujet, ouvrage i. Pièce, nouvelle intéressante. Si- tuation intéressante. Figure intéressante. Cette jeune fille est fort intéressante. Il cherche à se rendre i.* On dit qu'une femme *est dans une position intéressante* lorsqu'elle est enceinte.

INTÉRESSER. v. a. (Pr. *intérè-ser*) (lat. *interesse*, de *inter*, entre, et *esse*, être). Faire entrer quelqu'un dans une affaire, en sorte qu'il ait part aux bénéfices. On l'a *intéressé dans cette affaire, dans cette entreprise. I. quelqu'un, Le disposer favorablement à une affaire, à une entreprise, en se l'atta- chant par l'appât du gain. Cette affaire ne saurait se faire

sans lui ; il faut l'i. || Importer, être de quelque importance pour quelqu'un. Cela m'intéresse fort peu, ne m'intéresse en rien, en aucune façon.

Dans vos secrets discours étais-je intéressé ?

RACINE.

En quoi cela vous intéresse-t-il? Cette affaire intéresse toute la ville, toute la population, tous les commerçants. Se dit également des choses. Cela intéresse ma santé, ma réputation. || Fixer l'attention, piquer la curiosité, attacher, émouvoir, inspirer de l'intérêt. *Ce récit, ce voyage, ce roman m'intéresse beaucoup. Cette aventure intéresse tout le monde. Ce jeune homme m'intéresse, m'intéresse vivement. Sa triste situation est bien faite pour i. en sa faveur. Il n'y a dans ce drame aucun personnage qui intéresse le spectateur.* — Absolum., *Ce roman est bien écrit, mais il n'intéresse pas. Personne n'a mieux connu l'art d'i. et d'attendrir. Il a une physionomie qui intéresse. Le gros du gain.* || *I. le jeu,* Le rendre plus attachant par l'appât du gain. || T. Chir. Léser, blesser. *Dans cette opération, il faut surtout prendre garde d'i. l'artère. Un coup d'épée qui a intéressé le poumon.* == S'INTÉRESSER, v. pron. Prendre part dans une affaire. *Il s'est intéressé dans cette entre- prise.* || Entrer dans les intérêts de quelqu'un, prendre in- térêt à quelque chose. *Personne ne s'intéresse plus que moi à tout ce qui vous regarde, dans tout ce qui peut vous arriver. Je m'intéresse à toutes vos peines. Il s'inté- resse à votre affaire comme si elle était la sienne. Toute l'Europe s'intéresse dans cette affaire, dans cette guerre.* == INTÉRESSÉ, ÉE. p. *Les parties intéressées.* == *Être inté- ressé dans une chose, à faire une chose,* Y avoir intérêt, y être engagé par quelque motif qui touche personnellement. *Tous les citoyens sont intéressés au repos de l'État. Vous êtes intéressé à empêcher que...*

À l'honneur d'un époux vous-même intéressée.

RACINE.

|| Adjectiv., sign. Qui est trop attaché à ses intérêts, qui n'a jamais en vue que son intérêt propre. *Il ne fera rien pour rien, il est fort intéressé. Cette femme est trop intéressée.* — Par ext., *Des vues intéressées. Démarche intéressée. C'est un motif intéressé qui le fait agir.* || Subst., se dit de celui qui a intérêt à quelque chose, qui prend part à une af- faire, comme capitaliste ou autrement. *Pour conclure l'af- faire, il faut la signature de tous les intéressés. Tous les intéressés ont été convoqués.* == Syn. Voy. AVARE.

INTÉRÊT. s. m. (Pr. *inté-rè*) (lat. *interest*, il importe). Pris dans un sens absolu, sign. Le sentiment instinctif qui nous fait rechercher ce qui nous est nécessaire, utile ou agréable. *L'i. est le principe actif de la société, mais la justice en est le principe régulateur. La plupart des gens ne se conduisent, ne se gouvernent que par i., que par l'i. L'i ne lui fera jamais rien faire de malhonnête. C'est un homme au-dessus de l'i. Un vil i. mène certaines âmes.*

Le sang les avait joints, l'intérêt les sépare.

LA FONTAINE.

La morale de l'intérêt, Système de morale qui fait de l'i. l'unique mobile et la seule règle des actions humaines. || Ce qui est utile, ce qui convient, ce qui importe. *L'i. indivi- duel, personnel, privé, particulier. L'i. public, général, commun. I. de famille. L'i. de l'État, du public, de la société. Les intérêts d'un État. La plupart des hommes ne connaissent pas leurs véritables intérêts. J'ai i. qu'il en soit ainsi. C'est un vil i., un i. sordide qui le fait agir. Prendre, embrasser, soutenir, abandonner, trahir les in- térêts de quelqu'un. Il n'est pas facile de concilier tous les intérêts. Sacrifier ses intérêts à un bien public. Recom- mander tous ses intérêts à quelqu'un. Lui remettre ses intérêts entre les mains. Agir, aller contre ses propres intérêts. Cela ne blesse point vos intérêts. Il y va, il est de votre i. Il n'a que son i. en vue. Il ne songe qu'à ses intérêts. Dès qu'il s'agit de ses intérêts, il ne connaît plus personne. Il faut le prendre par son i. Je parle sans i. Je n'ai en cela d'autre i. que le vôtre. Je vous parle dans l'i. de votre fortune, de votre avenir, de votre santé. L'i. de mon honneur m'en fait un devoir.* — *Avoir un i. dans une société, dans une entreprise, etc.,* Avoir une partie des bénéfices qu'elle peut donner. *Mettre quelqu'un hors-d'i.,* Le dédommager. || Ce revenu que l'on tire d'un capital, et plus particulièrement celui que l'on tire de l'argent. *I. légal, usuraire, simple, composé. I. à cinq,* à *dix pour cent par an. 1. au denier vingt, au denier dix-huit. Prêter, placer de l'argent à i. Emprunter à gros i. Cet argent porte i. L'i. court, les intérêts courent depuis le jour du jugement. Je lui remis tous les intérêts.* — T. Jurispr. *Intérêts civils,* Le dédommagement que l'on adjuge, en matière criminelle, à celui qui a été lésé en sa personne ou dans ses biens par le crime ou le délit, et qui s'est constitué partie civile contre l'accusé. *Dommages-intérêts.* Voy. DOMMAGE. ‖ Sentiment sympathique qui nous fait prendre part à ce qui regarde une personne, à ce qui lui arrive d'agréable ou de fâcheux. *Il m'a inspiré beaucoup d'i. Sa triste situation m'a inspiré un vif i. pour lui. Il est digne de l'i. que vous lui portez. Prendre i. à quelqu'un, à la joie, à la douleur de quelqu'un, à la perte qu'il a faite,* etc. *Témoignages, marques d'i.* — *Prendre i à une affaire,* Désirer qu'elle réussisse, travailler à la faire réussir. ‖ Signifie aussi Le plaisir que nous éprouvons à être émus de curiosité, d'inquiétude, de crainte, de pitié, d'admiration, et se dit des personnes qui l'éprouvent et des choses qui le procurent. *Pendant ce récit, mon i. croissait avec ma surprise. J'ai lu cet ouvrage avec un vif i. Cette découverte excita l'i. des savants. Il sut captiver l'i. de son auditoire. Faire naître l'i. dans l'âme du spectateur. Cette histoire est pleine d'i. Cette pièce est bien écrite, mais elle manque d'i. L'i. le plus attachant, le plus fort, est celui de l'action dramatique. L'i. qui se partage s'anéantit bientôt.*

Écon. polit. — I. *Définition.* — En parlant du capital, nous avons exposé la fonction essentielle qu'il remplit dans l'organisme social. Nous avons établi qu'il est l'instrument indispensable du travail, qu'il est l'agent nécessaire de la condition *sine quâ non* de tout accroissement de richesse, de tout progrès industriel et de toute amélioration dans le sort de l'espèce humaine. Nous avons fait voir que le capital est exclusivement le produit de l'épargne, c.-à-d. d'une certaine abstention de consommation, et que le stimulant essentiel de l'épargne, ou, en d'autres termes, de la formation du capital, est le désir de retirer un profit, un revenu de ce dernier. Maintenant, nous avons à étudier les questions qu'on a soulevées à propos de ce revenu. — Le revenu du capital est appelé *Loyer* ou *intérêt,* suivant la forme sous laquelle se trouve le capital lui-même, c.-à-d. selon que celui-ci est *fixe* ou *circulant,* ou, en d'autres termes, selon qu'il est *engagé* ou *flottant.*

II. *Légitimité du revenu du capital.* — L'économie politique, et, avec elle, la justice, le bon sens et la pratique de tous les temps et de tous les peuples affirment que la cession d'une valeur a droit à une contre-valeur, que tout service rendu a droit à un service équivalent : c'est la loi pure et simple de l'échange. Si donc je cède un capital, j'ai droit à recevoir une valeur équivalente ; si je cède seulement l'usage d'un capital, j'ai droit aussi à une rémunération, quel que soit le nom que l'on donne à celle-ci. Seulement, comme ici je ne cède qu'un usage, je ne puis recevoir, comme dans le premier cas, une valeur égale à la chose prêtée. La rémunération est à débattre entre le propriétaire du capital et celui qui demande la faculté d'user de ce capital à son profit, de même que le prix de vente est débattu entre le vendeur et l'acheteur. Mais tandis que, pour le contrat d'échange, qu'on nomme *vente,* on n'a jamais dénié au vendeur le droit de recevoir l'équivalent du capital dont il se prive à toujours, dans le contrat de *louage,* de *prêt,* etc., on a contesté au locataire et au prêteur celui de recevoir une indemnité pour la privation temporaire de son capital. Cependant, dans ce cas-ci comme dans celui-là, le capitaliste se prive d'une valeur, d'un avantage, confère une valeur, un avantage, rend un service à un autre, et par conséquent a droit à une rémunération. La privation, d'une part ; le service rendu, l'avantage conféré, de l'autre : voilà le principe, le fondement commun du prix de vente et du loyer ou de l'i. La légitimité est la même dans les deux cas : contester cette légitimité dans le second, c'est lui porter atteinte dans le premier, c'est aboutir au régime de la communauté.

Le revenu attribué au capital comme prix du service rendu, de l'avantage conféré à l'emprunteur, n'est pas simplement la légitime récompense de l'abstention de l'individu qui a produit le capital, il est aussi le mobile de la production même du capital. Non seulement il est juste que le capitaliste prêteur reçoive une rétribution pour son capital, mais encore il est utile à la société et à l'emprunteur lui-même que le capital soit rémunéré pour le concours dû au travail. En effet, le capital étant l'instrument de toute production, de tout progrès social, il importe qu'il se multiplie aussi rapidement que possible, et, quoi qu'on fasse, sa multiplication sera toujours trop lente au gré des besoins et des désirs de l'humanité. Or, supposons que toute rémunération soit déniée au capital, qui donc, dans cette hypothèse, songera à s'abstenir, à épargner, c.-à-d. à créer des capitaux, pour les mettre gratuitement à la disposition des autres ?

Les attaques contre la légitimité de la rémunération exigée par le capital sont fort anciennes ; cependant c'est seulement dans le courant du XIX° siècle qu'elles ont pris un caractère général et systématique. Jadis on ne contestait que la légitimité de la rétribution due au capital circulant ; aujourd'hui on conteste aussi celle qui est due au capital fixe ; en conséquence, nous examinerons séparément les objections adressées à l'i. proprement dit d'abord, puis au loyer et à l'i. tout à la fois.

A. *Attaques contre l'intérêt proprement dit.* — Nous venons de dire que la pratique de tous les peuples avait consacré la légitimité de la rémunération due pour l'usage d'un capital. Cependant il y a eu des exceptions pour la location du capital circulant, et particulièrement du capital avancé sous forme d'espèces. Des philosophes, des jurisconsultes et des législateurs, tout en admettant que le locataire d'une terre ou d'une maison devait une rétribution au prêteur pour l'usage de ce capital, ont interdit au capitaliste de rien recevoir pour l'usage de l'argent avancé. Ainsi la loi hébraïque défendait le prêt à i., et l'Église chrétienne a formulé la même défense pendant tout le moyen âge et même au delà. Pourquoi cette interdiction ? Chez les Hébreux, il ne s'agissait que d'un sentiment de confraternité nationale : car le prêt à i. n'était interdit qu'entre Hébreux ; il était permis envers les étrangers. L'horreur que l'Église chrétienne a toujours manifestée contre l'i. qu'elle appelle l'*usure* s'explique, d'une part, par la tradition hébraïque ; d'autre part, par des raisons sentimentales. Cependant, on a aussi vite cherché à justifier l'interdiction par des raisons théoriques. L'argent, a-t-on dit, est stérile de sa nature, et ne produisant rien, il ne doit rien rapporter. C'est ce qu'Aristote exprime en ces termes : « L'argent ne devrait servir que l'échange, et l'i. qu'on en tire le multiplie lui-même, comme l'indique assez le nom (τόκος) qu'on lui donne dans la langue grecque. Les pères lui sont absolument semblables aux enfants : l'i. est de l'argent issu de l'argent, et c'est de toutes les acquisitions celle qui est la plus contre nature. » Ce sophisme est véritablement si grossier qu'on a peine à croire qu'il soit l'œuvre du philosophe le plus éminent de l'antiquité. Bentham y répond ainsi : « Bien qu'une darique (monnaie persane) fût aussi incapable d'engendrer une autre darique que d'engendrer un bélier ou une brebis, un homme cependant, avec une darique empruntée, pouvait acheter un bélier et deux brebis, qui, laissés ensemble, devaient probablement, au bout de l'année, produire deux ou trois agneaux ; en sorte que cet homme venant, à l'expiration de ce terme, à vendre son bélier et ses deux brebis pour rembourser la darique, et en donnant en outre un de ses agneaux pour l'usage de cette somme, devait encore se trouver de deux agneaux, ou d'un au moins, plus riche que s'il n'avait point fait ce marché. »

Les anciens regardaient la monnaie comme un signe des valeurs ; aujourd'hui personne n'ignore qu'elle est à la fois signe et gage, qu'elle est une marchandise comme tout autre produit, blé, vin, toile, drap, charrue, machine, etc., et par conséquent qu'elle s'échange comme équivalent contre toutes les choses qui sont dans le commerce. En bien ! il nous semble même que, dans la vieille théorie qui considérait les espèces monnayées comme des signes, il n'était pas permis de tomber dans l'erreur du philosophe de Stagyre. En effet, on n'emprunte jamais un signe pour lui-même, on ne l'emprunte que pour en faire un certain emploi. Aristote devait donc dire : Ce que l'emprunteur emprunte en réalité, ce sont les divers objets qu'il se procure avec l'argent prêté ; or, ces objets donnent un profit, confèrent un avantage à l'emprunteur ; donc le prêteur de l'argent doit recevoir une rémunération tout comme s'il avait prêté directement ces choses. Et cela est d'autant plus vrai que si l'emprunteur bénéficie de l'usage des choses qu'il achète avec la somme prêtée, le prêteur se prive, lui, de l'usage des choses qu'il aurait achetées, suivant ses goûts, avec la même somme.

Pour justifier la distinction arbitraire établie entre les revenus des capitaux, les jurisconsultes se sont fondés sur une circonstance particulière, c.-à-d. sur ce fait que certains capitaux sont fongibles et d'autres ne sont pas fongibles. Les capitaux non fongibles sont ceux dont on peut se servir sans les détruire, comme une terre, une maison, un outil, un cheval, etc., et que, par conséquent, l'emprunteur doit rendre individuellement ; les capitaux fongibles, au contraire, sont ceux qu'on détruit par la consommation, comme le blé, le vin, l'huile, etc., dont on ne peut faire usage qu'en les anéantissant, et dont, par conséquent, l'emprunteur est seulement tenu de restituer l'équivalent. Les espèces métalliques ont été rangées dans cette seconde catégorie, non pas qu'elles se détruisent par l'usage, mais parce que l'emprunteur ne saurait rendre identiquement les mêmes pièces, une fois qu'il les a mises en circulation. D'après cette différence, on a dit : « Les choses non fongibles et que l'on doit rendre individuellement se détériorant par l'usage, cette détérioration exige une compensation, et c'est cette compensation qui constitue le prix du loyer. Au contraire, pour les choses fongibles, il n'y a pas de détérioration réelle, puisque l'on rend une valeur exactement équivalente en poids, nombre ou mesure. Cette argumentation est fausse en plusieurs points. 1° Si le principe du loyer résidait purement et simplement dans le fait de la détérioration, il devrait seulement équivaloir à cette détérioration. Or la pratique universelle nous montre qu'il n'en est pas ainsi. Le propriétaire d'une maison fixe le prix de sa location d'abord d'après le prix d'achat de l'immeuble, puis d'après la détérioration probable. Supposons deux maisons absolument semblables, situées l'une dans un faubourg et l'autre place de la Bourse; la détérioration sera égale pour toutes les deux dans un même laps de temps. Pourquoi donc sera-t-il permis au propriétaire de la seconde de tirer de sa maison un loyer 5 à 6 fois plus fort que celui qui est payé pour l'usage de la première? 2° L'argument tiré de la détérioration ne peut pas non plus s'appliquer aux fonds de terre. En effet, j'ai un domaine dans la Beauce, et un fermier qui me paie 10,000 francs par an pour avoir le droit de le cultiver. Ces 10,000 francs représentent-ils par hasard la détérioration annuelle du fonds? Mais est-ce que la culture d'un fonds de terre le détériore? Si, au contraire, je l'abandonnais sans culture et le laissais se couvrir de ronces, de mauvaises herbes, ou d'eaux croupissantes, il me semble que c'est alors qu'il se détériorerait. En outre, dans l'espace de 30 ans, mon fermier m'a payé 300,000 francs de loyer; cette somme représente-t-elle donc la détérioration de ma terre? Dans ce cas, il faudrait que le fonds lui-même eût disparu, car j'en ai reçu la valeur totale. 3° Si le propriétaire d'un capital fixe est en droit d'exiger une rémunération pour une simple détérioration possible, comment trouver illégitime que le prêteur d'un capital circulant tire également un revenu de son capital? car, en fin de compte, le premier retrouvera toujours sa maison ou son champ, tandis qu'il se peut fort bien que le second perde complètement le capital qu'il a prêté. Si le premier a droit à une prime d'amortissement pour un dommage possible, à plus forte raison le second a droit à une prime d'assurance pour le risque de perte, soit partiel, soit totale.

Les distinctions des auteurs et les opinions des jurisconsultes restant sans effet relativement à la pratique du prêt à i., c.-à-d. les capitalistes persistant à ne pas trouver à leur goût la doctrine qui interdisait de recevoir aucune rémunération pour la location du capital sous forme d'espèces, on imagina au XIII° siècle, afin de légitimer la perception d'un int., du moins dans le plus grand nombre de cas, la théorie du dommage naissant et du lucre cessant. On admit qu'il est licite de recevoir un i. de l'argent prêté lorsque le prêteur, en se dessaisissant de son capital, éprouve un préjudice, ou se prive d'un gain, ou lorsqu'il court un péril extraordinaire de perdre le principal. C'était assurément un progrès ; mais encore une fois, pourquoi ce qui est légitime dans le cas d'une terre ou d'une maison, ne l'est-il pas dans le cas de l'argent? ou bien pourquoi ne pas appliquer au capital fixe, fonds de terre ou maison, la même règle qu'au capital circulant? La raison en est simple : c'est qu'on n'avait pas recours au véritable principe de la légitimité de la rémunération du capital, sans distinction du nom affecté à cette rémunération, principe qui n'est autre que celui de l'échange des valeurs et des services. Toutefois nous devons avouer que, dans la pratique, cette théorie est suffisante : car, en en poursuivant les conséquences, elle aboutit en définitive aux mêmes idées que la théorie actuelle. Il n'est guère possible, en effet, de supposer un cas de prêt dans lequel il n'y ait ni risque extraordinaire, ou lucre cessant, ou dommage naissant. On peut même dire que cette dernière circonstance se rencontre dans tous les prêts d'argent. En effet, l'argent que je prête à un emprunteur quelconque, j'aurais pu l'employer d'une manière profitable pour moi et licite même aux yeux des plus ardents adversaires de l'i. de l'argent. Je pourrais m'en servir pour acheter une terre, une

maison, une usine ; je pourrais m'associer dans une manufacture ou un commerce, etc. Les avantages dont je me prive sont précisément ceux dont va jouir l'emprunteur ; il est donc juste qu'il m'en paie la compensation, et nous voilà retombés dans la vraie théorie.

B. Plus logiques qu'Aristote et que les scolastiques, nos socialistes modernes ont vu que si l'argent est frappé de stérilité, il doit en être de même d'une maison. En effet, deux maisons n'en produisent point une troisième ; elle ne produisent même pas la plus petite pièce de monnaie. Un fonds de terre également ne rapporte rien s'il n'est fécondé par le travail de l'homme : la valeur de son produit spontané se réduisant à peu près à zéro, on peut le dire stérile tout comme une maison et comme l'argent lui-même. En conséquence, ils ont conclu non seulement à l'illégitimité de l'i., mais aussi à celle du loyer et du fermage. Et il est vrai de dire que leur argumentation est irréfutable pour ceux qui contestent la légitimité de l'i. Nous-mêmes nous venons tout à l'heure de recourir à quelques arguments socialistes comme moyen de démonstration par l'absurde.

L'un des grands arguments des écoles socialistes contre le profit afférent au capital, c'est que, dans le prêt, il n'y a pas privation de la part du capitaliste. « Celui qui prête, écrivait Proudhon, ne se prive pas du capital qu'il prête. Il le prête, au contraire, parce que ce prêt ne constitue pas pour lui une privation ; il le prête parce qu'il n'en a que faire pour lui-même, étant suffisamment pourvu, d'ailleurs, de capitaux. Il le prête, enfin, parce qu'il n'est ni dans son intention ni dans sa puissance de le faire valoir. » A cette objection, Bastiat répond avec raison : « Et qu'importe, si le prêteur l'a créé par son travail, précisément pour le prêter? Il n'y a là qu'une équivoque sur la séparation des occupations. Votre argument attaque la vente aussi bien que le prêt. En voulez-vous la preuve? Je vais reproduire votre phrase, en substituant rente à prêt et chapelier à capitaliste. — Celui qui prête, dira-t-je, ne se prive pas du chapeau qu'il vend. Il le vend, au contraire, parce que cette vente ne constitue pas par lui une privation. Il le vend parce qu'il n'en a que faire pour lui-même, étant d'ailleurs suffisamment pourvu de chapeaux. Il le vend, enfin, parce qu'il n'est ni dans son intention ni dans sa puissance de le faire personnellement servir. » L'observation de Bastiat est sans réplique ; mais en outre, d'après ce que nous avons dit plus haut, il est évident que si le capital ne méritait rémunération que lorsque le capitaliste se priverait lui-même, dans le sens vulgaire du mot, il y aurait immédiatement cessation absolue de toute espèce de location et de prêt. Serait-ce un avantage pour celui qui a besoin de louer ou d'emprunter? Vaut-il mieux pour lui et pour la société qu'il soit dans l'impossibilité de trouver les capitaux dont il a besoin pour travailler, ou qu'il soit dans la nécessité de payer une rétribution modique pour la coopération du capital dont il veut obtenir l'usage? Faites cette question à tous ceux qui cherchent à louer ou à emprunter, et nous nous en tenons à leur réponse.

Tout en acceptant la formule économique, service pour service, valeur pour valeur, certains écrivains ont dit qu'il n'y a pas d'équivalence entre le service rendu par l'emprunteur au prêteur et le service rendu par celui-ci à celui-là. L'emprunteur, disent-ils, confère seulement au prêteur le droit d'user du capital prêté, tandis que le prêteur confère à l'emprunteur un droit de propriété définitive. En conséquence, ils proclament que le propriétaire d'une maison, par ex., doit, quand le locataire lui rend sa maison, restituer au locataire partant le montant des loyers payés par ce dernier. Cette objection est fondée sur un faux interprétation du mot équivalence. Mais, supposons-la fondée pour un instant, et admettons qu'un usage ne peut avoir pour équivalent qu'un autre usage. Il s'en suivra la conséquence nécessaire que voici : Je prête à Pierre une maison pour vingt ans moyennant 20,000 francs ; il faut, pour qu'il y ait entre les services échangés équivalence réelle, que Pierre me prête, à l'instant même où il entrera dans ma maison, une somme de 20,000 francs en espèces ou bien en un capital d'égale valeur à ma convenance ; cela étant, je lui restituerai ce capital au bout du terme fixé, quand il quittera ma maison. Il en sera de même pour mon fermier, etc. Dans cette singulière théorie, que ses auteurs ont baptisée du nom d'Egal-échange, les capitalistes seuls pourront emprunter ; et le travailleur, qui n'a que son intelligence et son activité ne pourra se procurer le capital dont il aura besoin, puisqu'il n'aura aucun capital à prêter en échange, et que, de par la loi, il lui sera interdit, pour obtenir l'usage d'un capital quelconque, de donner la propriété d'un capital infiniment moindre. Ce sophisme, avons-nous dit, repose sur la fausse interprétation du mot *équivalence*. Sans entrer dans une longue discussion, nous nous contenterons de faire observer que le mot *valeur* désigne simplement un rapport entre deux termes, qu'*équivalence* signifie donc uniquement égalité de deux rapports ; que l'usage d'un capital est susceptible d'être *cédé* et a une valeur tout comme la *propriété* de ce même capital, et que par conséquent on peut établir une *équivalence* entre la *valeur d'un usage* et la *valeur d'une propriété Équivalence* veut dire égalité de valeur et non identité de nature.

« D'après quelle règle, sur quel principe, dit Bastiat, empêcherez-vous deux contractants de comparer un usage à une somme d'argent, à une quantité de main-d'œuvre, et d'échanger sur ces bases, si cela les arrange ? » — Il résulterait encore de la singulière doctrine que nous réfutons les conséquences les plus étranges. En effet, si l'on ne peut payer un usage avec une cession de propriété, il s'ensuit que le manœuvre que j'ai employé, que le domestique qui a été à mon service, devront, quand je les congédie, me restituer les sommes que je leur ai payées à titre de salaire ou de gages.

Enfin, on a accordé qu'autrefois le capital avait pu légitimement exiger une rémunération, loyer, fermage, intérêt, escompte, etc. ; mais en même temps on a affirmé qu'aujourd'hui cette rémunération avait, en vertu des progrès de la science et de la société, cessé d'être légitime. Deux arguments ont été avancés à l'appui de ce paradoxe. 1° L'i. n'est pas aussi élevé qu'il l'était autrefois, et l'on observe que l'i. baisse au fur et à mesure des progrès de la société. Le fait est incontestable. Mais d'abord la diminution du taux de l'i. n'implique point l'illégitimité de l'i. lui-même. En second lieu, la baisse de l'i. est la conséquence de la multiplication des capitaux, d'où résulte une moins grande disproportion entre la demande et l'offre. Est-on en droit d'inférer de là que l'i. pourra jamais tomber à zéro ? Cette hypothèse est absurde et contradictoire. Pour que l'i. devînt zéro, il faudrait que les capitaux de tous genres devinssent surabondants, ne coûtassent aucune peine à produire, c.-à-d. pussent se former spontanément sans la participation d'aucun effort humain. Or, comme tout produit exige du travail, dès l'instant que la peine que l'on se donne pour créer des capitaux se trouverait sans rétribution ou même n'obtiendrait pas une rémunération suffisante, toute formation s'arrêterait, ils deviendraient rares, plus demandés, et l'i. se relèverait. 2° Une science nouvelle, dit-on, a trouvé le moyen d'organiser le crédit gratuit. Ceci est une confusion de termes et une déception. On a proposé de remplacer absolument la monnaie métallique par le papier-monnaie. Mais la monnaie d'un pays ne forme qu'une bien minime fraction de son capital ; et en supposant un instant que les inventeurs du prétendu crédit gratuit aient réellement imaginé un procédé efficace pour substituer le papier aux espèces, il s'ensuivrait simplement que les chiffons de papier pourraient faire la fonction circulatoire de l'or et de l'argent, mais non qu'ils pourraient faire la fonction de charrue, de machine à vapeur, d'approvisionnements de matières premières, c.-à-d. remplir la fonction du capital. Les auteurs de la merveilleuse découverte à laquelle nous faisons allusion ont donc confondu la circulation de la monnaie comme instrument des échanges avec la transmission du capital, et c'est cette erreur grossière (car la confusion de la monnaie avec le capital est un fait vulgaire) qui a été la principale cause de la popularité de cette doctrine chimérique. Quant aux moyens proposés pour substituer une circulation de papier à la circulation métallique, nous les examinerons lorsque nous parlerons du papier-monnaie.

Au reste, il n'est pas un homme de bon sens qui puisse être dupe de ce sophisme : Telle chose a été juste à telle époque et ne l'est plus aujourd'hui ; telle chose est juste aujourd'hui et ne le sera pas demain. Il est peut-être possible de raisonner ainsi quand il s'agit d'utilité pure et simple ; mais dès qu'il s'agit de justice, un pareil langage n'est plus permis. Ce qui a été juste il y a trois mille ans l'est encore à cette heure : ce qui est juste aujourd'hui l'a toujours été et le sera toujours, parce que l'idée de justice est absolue, parce que ce qui est marqué à son empreinte est vrai dans tous les temps et dans tous les lieux. Et le principe de la *mutualité des services* a été vrai et le sera toujours vrai, parce qu'il est fondé sur la justice. Lorsqu'un capitaliste prête une terre, une maison, une machine, une certaine provision de blé, une certaine somme d'argent, un navire, etc., en un mot, une valeur, pour un temps déterminé, il rend un service. Il doit donc recevoir, outre la restitution de cette valeur à l'échéance, un service équivalent.

« Suffira-t-il, dit à ce sujet Bastiat, pour que nous soyons quittes, pour que les services aient été équivalents et réciproques, pour que la justice soit satisfaite, suffira-t-il qu'à l'échéance je restitue au capitaliste intégralement, mais uniquement, sa terre, sa maison, son blé, ses écus ? Prenez garde, s'il en doit être ainsi, je vous avertis que le rôle que je me réserverai toujours, dans ces sortes de transactions, sera celui d'emprunteur : ce rôle est commode, il est tout profit ; il me mettra à même d'être logé et pourvu toute ma vie aux dépens d'autrui, à la condition toutefois de trouver un prêteur, ce qui dans ce système ne sera pas facile ; car qui hâtira des maisons pour les louer gratis, et se contentera, de terme en terme, de la pure restitution ? »

La perpétuité de l'i. est encore un fait qui offusque singulièrement les socialistes. Cependant c'est le phénomène du monde le plus simple ; car il résulte uniquement de la restitution du capital au terme convenu. Dès que le capitaliste rentre dans la possession de son capital, il le prête de nouveau, et ainsi de suite. Il n'y a rien là de merveilleux ni de contre nature. C'est même une des plus heureuses harmonies qui découlent de l'ordre économique, attendu que cette perpétuité de l'i. permet à l'homme de se reposer lorsqu'il a fait sa tâche, lorsqu'il se trouve incapable de travailler davantage.

En réalité, les attaques contre l'i. s'adressent bien plus à la propriété même qu'à l'i. du prêt. La justification du droit de propriété est une tout autre question ; mais dès qu'on admet ce droit qui, au fond, n'est que le droit de jouir du fruit de son travail, et de transmettre à ses héritiers ce qu'on n'a pas dépensé, on est obligé par la logique même d'accorder au propriétaire le droit de prêter son bien moyennant i. Aussi voyons-nous que les socialistes contemporains ont abandonné ce terrain peu solide. Aujourd'hui, c'est à la propriété individuelle qu'ils s'attaquent directement, et en cela ils sont au moins conséquents. Voy. PROPRIÉTÉ, SOCIALISME.

III. *Éléments dont se compose l'i., et variations de son taux.* — D'après ce qui précède, il est facile de voir que la rétribution due par l'emprunteur au capitaliste prêteur se compose de plusieurs éléments. En effet, elle se comprend quatre : 1° la rémunération du service rendu ; 2° la prime d'assurance contre le risque que le prêteur court de ne pas rentrer dans son capital ; 3° le prix du travail que fait le prêteur pour colloquer son capital ; 4° l'amortissement nécessaire pour l'entretien du capital, lorsque celui-ci est sujet à se détériorer. Mais de ces quatre éléments les deux premiers sont de beaucoup les plus importants ; le troisième peut être négligé sans inconvénient ; et le dernier n'existe que pour certaines catégories de capitaux.

La variabilité du taux de l'i. selon les temps et selon les lieux, est un phénomène connu de tout le monde et dont l'explication ne présente aucune difficulté. Elle dépend tantôt de l'abondance ou de la rareté des capitaux disponibles, tantôt des risques plus ou moins considérables que courent les capitaux dans les divers emplois auxquels on peut les appliquer. Dans le premier cas, c'est surtout le premier élément de l'i. qui varie : il hausse quand la demande est supérieure à l'offre et baisse lorsque le contraire a lieu ; dans le second cas, c'est l'élément que nous avons nommé prime d'assurance qui est principalement influencé. Cela est assez clair, sans que nous y insistions. Nous dirons seulement que la prime destinée à couvrir le risque peut également se ramener à la loi de l'offre et de la demande : car les capitaux, même lorsqu'ils sont abondants, s'offrent peu si la sécurité vient à faire défaut, tandis que les placements très sûrs font affluer les épargnes de toutes parts. L'histoire des emprunts et des dettes publiques est un commentaire perpétuel de cette vérité.

Le fait observé à certaines époques et dans certains pays, aux États-Unis, par ex., d'une grande abondance de capitaux s'offrant aisément, et, en même temps, d'un i. élevé, ne contredit point ce que nous venons d'établir. La cause de ce phénomène réside dans l'extrême activité industrielle du pays et dans la rapidité avec laquelle s'accroît sa population. La formation du capital, quelque énergique qu'elle soit, marche encore moins vite que l'accroissement du nombre des travailleurs. D'autre part, il est des moments où les capitaux sont peu abondants, où ils s'offrent pas, et cependant l'i. est peu élevé : cet état anormal tient alors à la situation des esprits, à une inquiétude générale qui agit sur les industriels plus encore que sur les capitalistes. Telles sont les époques de crises, de guerre, de révolution ; personne n'ose rien entreprendre, et le capital, sous toutes les formes, subit un chômage forcé. Mais, comme on le voit, c'est toujours la loi de l'offre et de la demande qui préside à toutes les variations de l'i.

On regarde généralement la baisse de l'i. comme un signe d'activité industrielle et de prospérité, et l'élévation de ce même i. comme indiquant une situation opposée. Cette manière de voir est fondée dans le plus grand nombre de cas ; cependant nous venons de citer des circonstances où ces faits ont précisément une signification contraire. Il importe donc d'analyser et d'interpréter avec soin les phénomènes, si l'on veut en tirer des conclusions exactes. Si la baisse de l'i. est un bien, c'est qu'elle signifie en général que les capitaux sont abondants, que la population ne croît pas vite que la production des instruments de travail, que les travailleurs trouvent aisément les capitaux dont ils ont besoin, que la sécurité règne, etc. Cependant l'activité industrielle es. un facteur indépendant dont il y a lieu de tenir le plus grand compte. Par exemple, l'apparition d'une grande invention industrielle, telle qu'a été par exemple celle des chemins de fer, aura pour effet de provoquer la création d'industries nouvelles et d'absorber d'immenses capitaux ; il en résultera nécessairement que cette circonstance élèvera le taux de l'i., ou, tout au moins, empêchera son avilissement ; seulement , la baisse se produira dès que la nouvelle industrie aura fini de constituer son outillage. C'est précisément ce qui est arrivé pendant et après la longue période d'établissement des chemins de fer. Mais il est d'autres erreurs dont il faut se garder, c'est, par ex., de croire qu'il soit possible de produire par des moyens artificiels la baisse de l'i. ; c'est de se figurer que la baisse de l'i. vient de l'abondance du numéraire métallique. Ces deux erreurs sont d'ailleurs intimement liées ensemble, car les individus qui s'imaginent pouvoir à volonté faire baisser l'i. par des procédés artificiels les ont toujours cherchés, ainsi que nous l'avons déjà fait observer, dans la substitution du papier-monnaie à la monnaie métallique. Le professeur Baudrillart a réfuté avec une extrême clarté l'erreur de ceux qui regardent l'abondance des métaux précieux comme la cause de la baisse de l'i. ; aussi lui laissons-nous la parole.

« Pour partager cette opinion, dit-il, il faudrait pouvoir échapper à l'une des démonstrations les mieux fondées de l'économie politique. Il y a longtemps qu'elle a établi que l'i. se règle sur l'offre et sur la demande des capitaux de toute espèce, c'est à savoir de tout cet immense ensemble de valeurs qui sont dans la possession de la société, masse devant laquelle la monnaie représente une valeur presque insignifiante. Si l'on persistait à en douter, nous n'aurions que l'embarras du choix parmi les preuves à opposer à ce doute ; il suffit d'ailleurs, pour le combattre, de rappeler que le phénomène économique appelé i. ou loyer s'applique à tous les capitaux et existerait encore sans la monnaie. Toute avance donnerait droit, outre la restitution pure et simple, à une certaine quantité en sus du prêt, destinée à rémunérer la privation et à couvrir les risques du capital avancé. Bien loin d'être un fait isolé et indépendant, la baisse de l'i. de l'argent n'est qu'un signe d'un autre fait plus général, la baisse des profits, sur le taux moyen desquels il se règle nécessairement. On fera peut-être cette objection : l'offre des charrues, des ateliers, des maisons augmentant, leur loyer diminue ; pourquoi n'en serait-il pas ainsi des pièces de monnaie ? La réponse est aisée, et se tire de la nature même de la monnaie. Si, à titre de somme prêtée, elle se déprécie, il est clair que la dépréciation portera également sur la portion qui est payée à titre d'i. Supposez que 100 francs n'achètent plus qu'autant qu'achetaient naguère 50 francs, il est certain que 5 francs représentant l'i. n'achèteront plus que ce qu'achetaient 2 fr. 50 avant la dépréciation. Encombrez tant que vous voudrez le marché d'or et d'argent, la proportion de 5 à 100 restera la même. Le rapport n'ayant pas changé, on ne conçoit pas comment le loyer d'un capital dût être modifié d'une manière quelconque. On met en avant la baisse de l'i. qui a eu lieu depuis la découverte des mines de l'Amérique. Locke et Montesquieu, par ex., n'hésitent pas à expliquer cette baisse si sensible par l'accroissement dans la production des métaux précieux. La réponse est encore facile. Si l'i. a baissé depuis Christophe Colomb, c'est que tous les capitaux se sont multipliés par l'effet notamment des progrès de la science et de la mécanique, qui ont si considérablement diminué les frais de production, ainsi que par suite de l'accroissement des échanges, c'est qu'il a d'autre part s'offrir avec plus de sécurité. Mais si l'i. suivait, comme on le dit, la quantité croissante ou décroissante des métaux précieux, ce n'est pas dans la proportion de 10 à 5 p. 100 qu'il se serait abaissé, ce serait dans une proportion fort supérieure. La différence qui existe entre la quantité dont la monnaie a augmenté et celle dont l'i. de l'argent a baissé prouve bien que celle-ci ne dépend pas de celle-là. Des faits non moins concluants achèveraient, s'il était besoin, d'éclaircir ce point sur lequel Hume, Ad. Smith, et plus récemment Th. Tooke, ont répandu tant de lumière.

On trouve plus d'une fois l'i. très bas dans des pays où il y a peu de métaux précieux, très élevé dans d'autres où ces métaux abondent. Dans la patrie même des mines, en Amérique, le taux de l'i. était élevé. Pendant qu'il ne dépassait pas 4 à Londres ou à Amsterdam, il était environ de 10 à la Jamaïque. Le taux s'est maintenu très modéré en Angleterre, où les métaux précieux figurent relativement pour peu dans les échanges, et a été constamment plus haut en France, malgré leur plus grande abondance. L'exemple plus récent de l'Australie et de la Californie est encore plus décisif. En Australie, à certaines époques, l'i. était de 15 à 25 p. 100 ; en Californie, il était de 36 p. 300. Il nous semble que cet exemple porte le coup de mort à cette proposition, que le taux de l'i. dépend de la quantité de l'or ou de l'argent. — Cependant il serait excessif de nier qu'une grande quantité de métaux précieux, affluant tout à coup sur le marché, ne puisse avoir un certain effet sur le taux de l'i., et contribuer momentanément à le faire baisser dans une certaine proportion. »

IV. *Lois limitatives du taux de l'intérêt ; Usure.* — Les lois civiles des divers États de l'Europe, en autorisant l'i. de l'argent comme chose légitime, prétendirent en fixer le taux et qualifièrent d'*usure* tout i. qui le dépasserait. Cette limitation légale du taux de l'i. est-elle juste et sage ? Cette question a été depuis un siècle fort controversée entre les jurisconsultes et les économistes, les premiers tenant pour la limitation, et les seconds la repoussant. Nous serons très brefs sur ce sujet, car il est facile de résoudre le problème en déduisant les conséquences des principes que nous avons posés pour établir la légitimité du profit des capitaux. La manière de voir des économistes nous paraît la vraie. En conséquence, nous répondrons avec eux : « Est-il bon de limiter le taux des fermages, des loyers, etc. ? » Le législateur ne l'a point fait, et avec raison, parce qu'il est hors d'état de tenir compte, pour ces sortes de valeurs, du rapport entre l'offre et la demande. Est-il donc plus capable d'évaluer ce rapport quand il s'agit des capitaux circulants ? Bien moins encore. Mais, dit-on, la loi veut protéger l'emprunteur contre sa propre inexpérience, contre ses propres entraînements, contre les exigences excessives du prêteur. Telle est, en effet, la prétention que le législateur met en avant. Mais alors pourquoi ne songe-t-il pas aussi à protéger les cultivateurs et les locataires contre leur inexpérience, contre les exigences des propriétaires de terres et de maisons. Une boutique de quelques mètres carrés, sur le boulevard Montmartre ou sur celui des Italiens, se loue bien plus cher qu'une vaste maison dans une petite ville de province : n'est-ce pas là une *usure locative* au premier chef ? Ce n'est pas encore tout. Des que le législateur admet l'hypothèse qu'en fait de transactions économiques il est bon de protéger l'une des parties contre l'autre, il ne consent pas à s'en rapporter à l'intelligence des contractants, et croit devoir substituer son jugement à celui de l'individu qu'il suppose incapable de veiller à son propre intérêt, pourquoi ne pas faire intervenir la loi dans tous les marchés commerciaux ? Que ne fixe-t-elle un prix maximum pour toutes les denrées et pour tous les produits ? On a vu des prêteurs d'argent abuser de la position difficile des emprunteurs ; mais est-ce qu'on n'a pas vu des propriétaires abuser de la position des locataires, des marchands abuser de la position, de l'inexpérience, des entraînements de l'acheteur, et, en revanche, des acheteurs abuser de la situation critique des marchands. Au point de vue de la logique, ces arguments sont sans réplique, et les partisans des lois limitatives de l'i. le reconnaissent eux-mêmes : seulement ils se retranchent sur la pratique des choses.

Eh bien ! un illustre économiste, J. Bentham, qui était en même temps un jurisconsulte du premier ordre, s'est placé sur ce terrain, et, passant en revue tous les cas possibles où le législateur a la prétention de protéger l'emprunteur, il a démontré que la limitation du taux de l'i. par la loi est nuisible à ce dernier. Nous citerons les deux cas qui se présentent le plus fréquemment. Un commerçant compte sur une rentrée pour faire face à ses engagements. Les circonstances sont peu favorables, et il apprend que la somme qu'il attendait ne lui sera pas payée au jour dit. Il faut donc qu'il se procure ailleurs les fonds qui lui sont nécessaires. Il ne peut en trouver qu'à un taux très supérieur à celui qu'autorise la loi, et il s'empresse d'accepter, heureux et reconnaissant d'obtenir un service qui lui épargne une suspension de payements, et peut-être la faillite. Sans cet infâme prêteur, transgresseur de la loi, qui lui a pris 10 p. 100 par ex., notre négociant courait risque d'être ruiné.

Il faut l'avouer de bonne foi : le législateur est incapable d'apprécier d'une manière générale, soit les éléments du taux de l'i., c.-à-d. le prix du service, qui est en général proportionnel à la quantité des capitaux disponibles, soit la prime d'assurance, laquelle est en raison du risque couru par le prêteur et varie suivant une foule de circonstances, telles que la moralité et l'intelligence de l'emprunteur, l'emploi auquel le capital est destiné, l'état général de sécurité ou d'insécurité du pays, etc. Aussi qu'arrive-t-il dans les pays où le législateur prétend déterminer le taux de l'i., comme chez nous, où la loi de 1807 le fixe à 5 p. 100 en matière civile et à 6 p. 100 en matière commerciale? C'est que de toutes parts on l'élude. Pour ne pas parler des procédés détournés usités par ce qu'on nomme les usuriers de profession, dans le commerce, la loi est constamment éludée au moyen de l'escompte. En outre, les gouvernements qui prétendent que la loi soit exécutée par les particuliers, la violent ouvertement eux-mêmes ou accordent à certains établissements des dispenses légales. Ainsi le Mont-de-Piété prête à 9 pour 100 ; la Banque de France est autorisée à élever son escompte au-dessus de 6 ; la plupart de nos emprunts publics, jusqu'en 1871, ont été faits bien au-dessous du pair, c.-à-d. à un taux bien supérieur à 5 p. 100, et il en est de même des emprunts contractés par la majorité des autres puissances européennes, sans en excepter l'ancien gouvernement pontifical.

Les partisans de la limitation ne se lassent pas de rappeler les troubles amenés à Rome par les usures excessives des prêteurs, sans chercher si les désordres causés, il y a 2,400 ans, par les aristocrates usuriers de la république ne tenaient pas à des causes particulières et même tout à fait étrangères au taux de l'i. Pourquoi oublient-ils l'exemple de la république athénienne, où les lois de Solon n'apportaient aucune restriction au taux de l'i., et où jamais aucune plainte ne s'éleva contre cette non-limitation. Enfin, vient l'argument pathétique adressé aux économistes : « Vous voulez donc protéger ces usuriers qui spéculent sur les passions et l'inconduite des jeunes gens, qui les circonviennent par des manœuvres frauduleuses, et qui, au moyen de prêts généralement fort minimes, s'emparent, par avance, de leur avoir futur. » Bien que nous ayons peu de sympathie pour cette classe d'emprunteurs, nous pensons que les prêteurs sont punissables; mais leur délit consiste moins encore à avoir, en donnant peu, exigé beaucoup, sur les courent malgré tout de très grands risques, qu'à avoir facilité et encouragé les désordres de la jeunesse. En même temps que le législateur proclamerait la liberté du taux de l'i., il ferait bien, d'autre part, d'étendre dans le Code pénal le cercle des escroqueries, afin d'atteindre les misérables dont il vient d'être parlé. Au reste, la suppression de la limitation aurait pour effet de faire à peu près disparaître cette race de corsaires.

En résumé, nous dirons avec Jos. Garnier : « La loi qui limite le taux de l'i. empêche les capitalistes scrupuleux d'alimenter les industries qui, par suite des risques et des autres circonstances, ne peuvent emprunter au taux légal; elle les livre aux capitalistes plus aventureux qui se font payer une prime pour les dangers que la loi leur fait courir, et un loyer supérieur en raison du peu de concurrence qu'ils rencontrent; elle est un obstacle à la distribution du capital ; elle nuit aux emprunteurs, qu'elle a l'intention de favoriser ; elle agit, en un mot, comme toute loi de maximum. Ajoutons que de semblables prescriptions amènent des fraudes continuelles, auxquelles se prêtent tous les intermédiaires, même officiels, et qu'il en résulte une pratique nuisible à la morale publique. » Nous terminerons en disant que l'expérience a prononcé : l'Angleterre, la Hollande, le Piémont, le Wurtemberg, ont proclamé la liberté du taux de l'i., et les résultats ont été ceux qu'avait annoncés la science économique. Aux États-Unis, le prêt est légalement libre dans quelques États ; il l'est de fait dans tous. Le Danemark n'a conservé la limitation légale que pour les capitaux prêtés sur hypothèque, et pour lesquels, par conséquent, le risque est minime ; pour tous les autres, la liberté est entière. Cette disposition n'est pas tout à fait conforme aux principes; car le service également est variable. Néanmoins, comme une réforme incomplète vaut mieux que point de réforme, comme aussi le législateur est obligé de tenir compte jusqu'à un certain point des préjugés des populations, une loi semblable est peut-être tout ce qu'il serait possible d'obtenir en France, où les saines notions de l'économie politique sont si peu répandues. — Cons. TURGOT, *Mémoire sur le prêt à i.* BENTHAM, *Défense de l'usure.* BASTIAT, *Capital et rente*, etc.

Arith. — On distingue deux sortes d'intérêts, l'*i. simple* et l'*i. composé*. L'i. est *simple* lorsqu'il se paie aux époques convenues, de telle sorte que le capital reste toujours le même pendant toute la durée du prêt. On dit que l'i. est composé, ou qu'on *prend l'i. des intérêts*, lorsque, à chaque échéance, on ajoute l'i. au capital, de manière que celui-ci grossit sans cesse et produit à chaque terme un i. plus élevé.

I. Dans le cas d'*i. simple*, l'i. est proportionnel au capital, au temps pendant lequel le capital reste placé, et au *taux* de l'argent, c.-à-d. à la somme que l'emprunteur doit payer annuellement pour chaque 100 francs. En conséquence, soient c le capital, t le taux de l'i., n le nombre d'années exprimant la durée du placement, et i l'i., on dira : Si 100 fr. au bout d'un an rapportent t, 1 franc rapportera au bout d'un an $\frac{t}{100}$;

au bout de n années, il rapportera $\frac{t \times n}{100}$; ainsi donc, c francs,

au bout du même temps, rapporteront c fois plus, ou $\frac{t \times n \times c}{100}$.

Par conséquent on a $i = \frac{c \times t \times n}{100}$, d'où l'on tire

$$c = \frac{i \times 100}{t \times n}, \qquad t = \frac{i \times 100}{c \times n}, \qquad \text{et } n = \frac{i \times 100}{t \times c}.$$

Ces formules, ainsi qu'il est facile de le voir, résolvent tous les problèmes d'intérêts simples. Néanmoins, dans la pratique ordinaire, on en fait peu d'usage. — En banque, par ex., où les calculs d'i. ont surtout pour objet de connaître l'i. que doit produire un capital donné pour un nombre déterminé de jours, on suppose, en faisant tous les mois de 30 jours, que l'année se compose de 360 jours. Alors la formule de l'i. devient, si l'on désigne par p le nombre de jours :

$$i = \frac{c \times t \times p}{360 \times 100},$$

qu'on écrit :

$$i = \frac{c \times p}{\left(\dfrac{36000}{t}\right)};$$

on multiplie le capital par le nombre de jours, et l'on divise le produit par $\frac{3.600}{t}$, soit par 6,000 si l'i. est de 8 p. 100 par 7,200, si l'i. est 5, par 8,000, lorsque le taux est 4 1/2, par 9,000, lorsqu'il est de 4, par 1,200 lorsqu'il est de 3 p. 100, etc. Ces nombres représentent la valeur du dénominateur $\frac{3.600}{t}$ sont désignés sous le nom de *diviseurs fixes*.

II. La méthode la plus simple, mais non pas la plus courte, de calculer combien vaudra, au bout d'un nombre d'années donné, un capital placé à i. composé, est la suivante. Soit proposé de trouver combien vaudra au bout de trois ans un capital de 480,000 fr. placé à i. composé au taux de 6 p. 100. L'i. annuel de 100 fr. étant 6 fr., on sait que 100 fr. payables à la fin de la première année valent 106 fr. Nous pouvons donc poser la proportion $\frac{106}{100} = \frac{x}{480000}$; d'où $x = 508800$ fr.

Pour déterminer combien cette dernière somme vaudra au bout de la seconde année, nous écrirons encore $\frac{106}{100} = \frac{x}{508800}$,

d'où $x = 539328$. Enfin, en posant $\frac{106}{100} = \frac{x}{539328}$, on trouve que le capital primitif vaudra à la fin de la troisième année, 571687 fr. 68 cent.

On arrive à des calculs beaucoup plus rapides en appliquant la formule suivante :

Soit r l'intérêt de 1 fr. pendant un an, c.-à-d. la centième partie du taux. 1 fr. au bout de 1 an vaudra $1 + r$, et c fr. vaudront $c(1 + r)$. C'est cette somme qui va porter l'i. l'année suivante; mais on voit que l'effet de l'i. est de multiplier le capital par le binôme $1 + r$. Donc, au bout de la seconde année le capital, qui était $c(1+r)$ au début de cette seconde année, sera devenu $c(1+r)^2$; au bout de la troisième année, il sera devenu $c(1+r)^3$, et, en général, au bout de n années, le capital aura une valeur Λ :

$$\Lambda = c(1 + r)^n.$$

Si la durée du prêt comporte une fraction d'année, soit f cette fraction plus petite que 1, de sorte que la durée totale est $n + f$. Pendant la fraction f d'année, 1 fr. rapporte seulement fr au lieu de f, et chaque franc devient $1 + fr$. Le capital est donc, pendant la fraction d'année multiplié par $1 + fr$, et la formule complète est :

$$A = c (1 + r)^n (1 + fr).$$

Cette formule, qui se calcule aisément par logarithmes, permet de résoudre tous les problèmes relatifs aux intérêts composés.

La somme va en doublant tous les 14 ans (14,21). Ainsi, 5 centimes qui auraient été placés à 5 p. 100 à la naissance de J.-C. seraient devenus 10 centimes en l'an 14, 20 en l'an 28, 40 en l'an 42, 80 en l'an 56, 1 fr. 60 en l'an 71, 3 fr. 20 en l'an 85 et 6 fr. 40 en l'an 99. En 1880, cette somme serait de 342 *undécillions* 653 *décillions de francs*; en 1894, de 685 *undécillions*, 306 *décillions*; c'est un nombre composé de 39 chiffres :

685,306,497,398,000,000,000,000,000,000,000,000,000.

Si le globe terrestre était en or massif, il pèserait 20,502 sextillions de kilos et vaudrait 69,910,800,000 milliards de milliards de francs. Il faudrait donc 9 milliards 800 millions de globes d'or gros comme la Terre pour représenter ce fabuleux capital. En imaginant qu'il tombât du ciel chaque minute un lingot d'or de la dimension de la Terre, il faudrait que cette chute se perpétuât pendant dix-huit mille six cents ans pour arriver à payer la somme totale!

INTERFASCICULAIRE. adj. 2 g. [Pr. ...*fas-si-ku-lère*] (lat. *inter*, entre; *fasciculus*, division, de *fascis*, faisceau). T. Anat. Qui est placé entre les faisceaux.

INTERFÉRENCE. s. f. [Pr. *interfé-ran-se*] (angl. *to interfere*, se rencontrer; du lat. *interferre*, porter entre). T. Physiq. On entend par *I. de la lumière*, l'action mutuelle que deux rayons lumineux exercent l'un sur l'autre, et dont l'effet le plus curieux est l'extinction plus ou moins complète de leur lumière. Ce phénomène est évidemment incompatible avec le système de l'émission. En effet, nous ne pouvons pas concevoir que deux molécules matérielles se détruisent réciproquement dans quelque circonstance que ce soit, tandis que nous comprenons très bien que deux mouvements opposés puissent se neutraliser et s'annuler.

Le savant jésuite Grimaldi est le premier qui ait observé cet étrange phénomène (1650), mais c'est seulement en 1801 que l'illustre physicien anglais Thomas Young le mit dans tout son jour au moyen d'expériences précises, et le posa comme une conséquence immédiate du système des ondulations. On constate aisément le phénomène de l'i. au moyen de l'*expérience des miroirs* de Fresnel. Elle consiste à faire réfléchir la lumière venue d'un point lumineux sur deux miroirs métalliques plans, inclinés sous un angle très voisin de 180°, de manière à obtenir deux faisceaux réfléchis se croisant dans une partie de leur étendue. Soit S (Fig. 1), une source lumineuse sensiblement réduite à un point : c'est ordinairement le foyer d'une petite lentille placée dans le volet d'une chambre obscure. De cette lentille diverge un cône lumineux qui vient tomber en partie sur le miroir AB, et en partie sur le miroir AC. Les rayons lumineux, après leur réflexion, viennent se rencontrer sous un angle très petit, plus près du miroir AC que du mi-

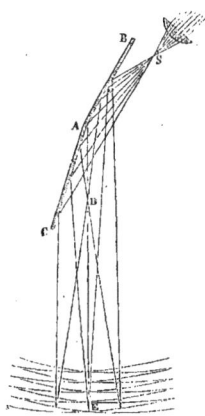

Fig. 1.

roir AB. Si on les reçoit sur un écran blanc, une partie de cet écran sera éclairée en même temps par les deux faisceaux réfléchis. C'est dans cette partie qu'on observe les *franges d'i.* On appelle ainsi de petites bandes alternativement sombres et brillantes, parallèles à l'intersection des miroirs, et symétriquement disposées de part et d'autre du plan ADE, qui passe par l'intersection des miroirs, et divise en deux parties égales l'angle que les rayons réfléchis forment entre eux. La frange centrale qui coïncide avec le plan ADE, et autour de laquelle les autres franges se groupent symétriquement, est toujours une frange brillante. La Fig. 3 montre la disposition ordinaire de l'expérience. Maintenant si l'on couvre l'un des miroirs, ou si l'on arrête avec un écran la lumière qui tombe sur sa surface, toutes les franges disparaissent. Quand on opère avec la lumière ordinaire, les franges sont irisées; mais lorsqu'on emploie une lumière homogène, en mettant, par ex., un verre rouge devant la petite lentille, on n'observe plus que des bandes alternativement rouges et noires. En opérant successivement avec les différentes lumières homogènes, on reconnaît que les bandes sont d'autant plus étroites que la lumière est plus réfrangible. Avec la lumière violette, leur largeur est presque moitié moindre qu'avec la lumière rouge. Il est évident d'après cela que les iris que l'on observe avec la lumière composée proviennent de ce que chaque couleur simple donne un système de bandes, et que ces bandes se débordent en se superposant.

Cette expérience, l'une des plus importantes de l'optique, démontre d'une manière irréfragable cette vérité fondamentale, que, dans certaines circonstances, *de la lumière ajoutée à de la lumière produit des ténèbres*. En effet, il est évident, par ex., que la première frange sombre, voisine de la frange brillante centrale, reçoit de la lumière des deux miroirs comme la frange centrale elle-même, et que c'est le concours des deux lumières qui produit l'obscurité, puisqu'en couvrant l'un des miroirs cette bande prend un éclat beaucoup plus vif. En mesurant avec précision la distance des franges, Fresnel a reconnu que s'il n'y avait, pour deux rayons lumineux interférents, une certaine différence dans les chemins parcourus. En effet, les bandes étant rangées symétriquement, et celle du milieu étant brillante, il s'ensuit déjà qu'il n'y a pas d'i. quand les chemins parcourus sont égaux. Mais comme nous voyons de chaque côté une succession de bandes obscures et brillantes, il est clair qu'il n'y a d'i. que pour certaines différences

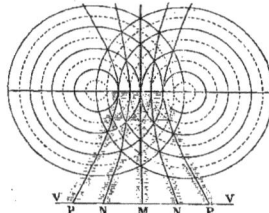

Fig. 2.

dans les chemins parcourus, tandis que pour d'autres différences les lumières s'ajoutent. L'expérience prouve qu'après avoir parcouru des chemins dont la différence est

$$0, \frac{2\lambda}{2}, \frac{4\lambda}{2}, \frac{6\lambda}{2}, \ldots,$$

c.-à-d. un nombre *pair* de demi-valeurs d'une quantité très petite et constante que nous nommerons λ, les deux rayons ajoutent leur éclat. Au contraire, ces rayons se détruisent et produisent l'obscurité, quand ils se rencontrent après avoir parcouru des chemins dont la différence est

$$\frac{\lambda}{2}, \frac{3\lambda}{2}, \frac{5\lambda}{2}, \ldots,$$

c.-à-d. un nombre *impair* de demi-valeurs de cette même quantité λ, dont la valeur est un nombre différent pour les diverses couleurs, et même pour les diverses nuances du spectre, mais qui, nous le répétons, reste toujours la même pour une couleur donnée; c'est ce qu'on appelle la *longueur d'onde*.

On se rend compte de ce phénomène en admettant que la lumière se propage par des ondulations analogues à celles qu'on voit à la surface des liquides. Lorsque, sur une eau tranquille, on produit simultanément des ondulations égales partant de deux centres, on voit se former par leur rencontre des lignes telles que M, N, P (Fig. 2), où l'agitation de l'eau est très forte, et dans leur intervalle des lignes où la surface reste sensiblement plane. Cela résulte de ce que les deux systèmes d'ondulations se propageant à la fois, les mouvements s'ajoutent dans certains points et se détruisent dans d'autres. En imaginant des ondulations sphériques, au lieu d'ondulations planes, on aurait évidemment sur un plan vertical VV des espaces linéaires de repos et de mouvement analogues aux bandes obscures et brillantes de l'expérience de Fresnel. On

mouvement sont serrées. D'après cela, on conçoit sans peine que si les points lumineux sont trop écartés, les bandes obscures et brillantes pourront tellement se serrer qu'on ne puisse plus les distinguer. On comprend donc la nécessité de rapprocher les points lumineux, ce qui revient à faire croiser les rayons sous un angle aigu. A la surface d'un liquide, lorsque les ébranlements qui produisent les ondulations ne sont pas simultanés et identiques, les lignes d'i. sont irrégulières et changent de direction. Il en est de même pour la lumière; mais alors les changements se succèdent si rapidement, que l'œil ne distingue plus les bandes brillantes des

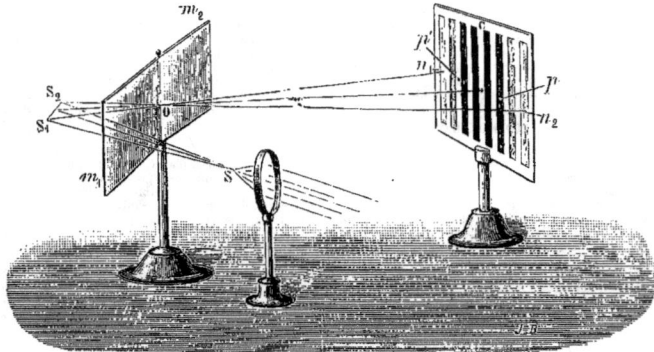

Fig. 3.

arrive ainsi à concevoir comment des ondulations dans l'éther peuvent donner lieu à des interférences, et cette explication si naturelle d'un phénomène qui paraît d'abord fort étrange, est certes une des meilleures raisons de croire qu'en effet la lumière est due à des ondulations. Pour l'explication du phénomène, nous continuerons à considérer les ondulations de l'eau, et ce que nous en dirons s'appliquera sans peine, par analogie, aux ondulations de l'éther. Lorsqu'on produit un ébranlement à la surface d'un liquide, en y jetant, par ex., une petite pierre, on remarque, au point où elle tombe, une dépression entourée d'une élévation circulaire. Cette première élévation s'abaisse à son tour au-dessous du niveau, mais elle détermine une seconde élévation d'un rayon plus considérable; de là ces plis circulaires alternativement saillants et enfoncés qui se propagent en s'élargissant toujours. Dans ce mouvement, l'eau ne fait réellement monter et descendre, comme on peut s'en assurer en y faisant flotter des corps légers; il n'y a pas de véritable translation des molécules liquides. Or, supposons que les circonférences pleines de la Fig. 2 marquent les points les plus élevés des ondes, et les circonférences ponctuées les points les plus abaissés; il est clair que les intersections de deux circonférences pleines, ou de deux circonférences ponctuées, seront des points de mouvement maximum, et qu'au contraire l'intersection d'une circonférence pleine et d'une circonférence ponctuée sera un point de repos ou d'i. complète. Par conséquent, la ligne de symétrie M, où se coupent les circonférences de même rayon, sera une ligne de mouvement maximum; il en sera de même des lignes N, P, où se coupent les circonférences dont les rayons diffèrent de 2, de 3 ondulations. Dans les intervalles, on aura des lignes d'i. formées par les intersections des circonférences dont les rayons diffèrent de 1, de 2, de 3 demi-ondulations. On voit d'après cela, que les points d'i. sur la ligne VV sont rangés par rapport aux centres d'ondulation, comme les bandes obscures par rapport aux points lumineux, et que l'intervalle fondamental des interférences, que nous avons désigné par la lettre λ, n'est autre chose que la *longueur d'une ondulation*, c.-à-d. l'étendue de la masse d'éther modifiée pendant une des vibrations du corps lumineux, ou, en d'autres termes, l'espace que la lumière parcourt pendant une des vibrations de ce corps. Il importe encore de remarquer que plus les centres d'ondulation sur l'eau sont écartés, plus les lignes de repos et de

bandes obscures : c'est pourquoi il n'y a pas d'i. sensible quand les deux points lumineux ne proviennent pas de la

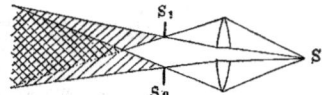

Fig. 4.

même source. — L'expérience de Fresnel donne le moyen de mesurer la longueur d'une ondulation lumineuse qui, avons-nous vu, n'est autre chose que la quantité λ. On a trouvé, en prenant le millimètre pour unité, les valeurs suivantes pour les différentes couleurs du spectre solaire :

Violet	0,000424
Indigo	0,000449
Bleu	0,000475
Vert	0,000521
Jaune	0,000551
Orangé	0,000583
Rouge	0,000640

Demi-lentilles de Billet. — La lumière émanée d'une fente éclairée S est reçue sur deux moitiés d'une même lentille que l'on a légèrement séparées (Fig. 4). On a ainsi deux images réelles de la fente S_1 et S_2 qui agissent comme deux sources synchrones. Dans la région de lumière commune aux deux sources, on verra des franges d'i. parallèles à la fente. On pourra recevoir des franges sur un écran, ou les observer au moyen d'un oculaire.

On peut se rendre compte de ces franges (ainsi que de celles des miroirs de Fresnel) en appliquant les règles de la composition des *Vibrations*. Voy. ce mot. Considérons les deux

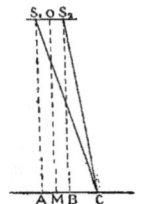

Fig. 5.

fentes synchrones S_1 et S_2 (Fig. 5). Soient : $S_1C = d_1$, $S_2C = d_2$. La vitesse de vibration venant de S_1 en un point C est :

$$v_1 = a \sin 2\pi \left(\frac{t}{T} - \frac{d_1}{\lambda} \right).$$

La vitesse venant de S_2 au même point C est :

$$v_2 = a \sin 2\pi \left(\frac{t}{T} - \frac{d_2}{\lambda} \right).$$

La vitesse résultante :

$$v = v_1 + v_2 = 2a \cos \pi \frac{d_1 - d_2}{\lambda} \sin 2\pi \left(\frac{t}{T} - \frac{d_1 + d_2}{\lambda} \right).$$

L'amplitude résultante est $A = 2a \cdot \cos \pi \frac{d_1 - d_2}{\lambda}$ et l'éclairement est proportionnel à $A^2 = 4a^2 \cos^2 \pi \frac{d_1 - d_2}{\lambda}$. Cette expression est maximum pour $\pi \frac{d_1 - d_2}{\lambda} = 2m \frac{\pi}{2}$ (franges brillantes) et nulle pour : $\pi \frac{d_1 - d_2}{\lambda} = (2m + 1) \frac{\pi}{2}$ (franges obscures, ce qui donne : $d_1 - d_2 = 2m \frac{\lambda}{2}$ pour les franges brillantes, et : $d_1 - d_2 = (2m + 1)$ pour les franges obscures. En résumé, on voit en faisant successivement $m = 1, 2, 3, 4 \dots$ disparus fois que la différence de marche est un nombre pair de demi-longueurs d'onde $\frac{\lambda}{2}$, c.-à-d. un nombre entier de longueurs d'onde λ, on a une frange brillante. Chaque fois que la différence de marche $d_1 - d_2$ est un nombre impair de demi-longueur d'onde, on a une frange obscure.

La relation entre la position des franges et la différence de marche est facile à calculer dans le cas qui nous occupe. Nous désignerons par x la distance MC d'une frange à la frange centrale brillante qui est en M. Posons de plus $S_1S_2 = AB = 2l$ et $OM = d$. On a : $\overline{S_1C}^2 = \overline{S_1A}^2 + \overline{A_1C}^2$ ou $d_1^2 = d^2 + (x + l)^2$. De même : $d_2^2 = d^2 + (x - l)^2$, d'où $d_1^2 - d_2^2 = 4lx$, ce qui peut s'écrire $(d_1 - d_2)(d_1 + d_2) = 4lx$, ou $d_1 - d_2 = \frac{4lx}{d_1 - d_2}$, mais $d_1 + d_2$ peut être remplacé sans erreur sensible par $2d$ et l'on a finalement pour différence de marche $d_1 - d_2 = \frac{2lx}{d}$.

Nous aurons des franges lumineuses pour $\frac{2lx}{d} = 2m \frac{\lambda}{2}$ et des franges obscures pour $\frac{2lx}{d} = (2m + 1) \frac{\lambda}{2}$. Ces équations pourront servir à calculer λ puisque l, d et x sont mesurables par l'expérience et que m est donné par le rang de la frange.

Couleurs des lames minces. — Tout le monde sait que les lames minces de verre, de liquides ou même de gaz exposés

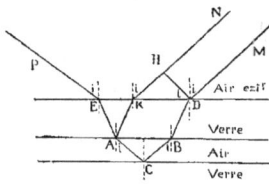

Fig. 6.

à la lumière blanche présentent des couleurs très vives quand on les expose à la lumière du soleil. Ex. : les bulles de savon, la couche très mince formée par une goutte d'huile s'étendant à la surface de l'eau. Tous ces phénomènes sont dus à des interférences provenant des rayons réfléchis aux deux surfaces très rapprochées qui limitent la lame mince.

Considérons, en particulier une couche très mince d'air comprise entre deux lames de verre très rapprochées et envisageons deux rayons suivant les chemins (Fig. 6) MDBCAEP et NIIKAEP ; ces deux rayons concordant en H et D ne suivent pas le même chemin pour arriver en E. La différence de marche est $\Delta = AB + BC - KH = 2AB - KH$. Mais en appelant e l'épaisseur de la lame d'air : $AC = \frac{e}{\cos i}$, et $KH = iD \cdot \sin i$

$$= AB \sin i = 2e \operatorname{tg} i \sin i \text{ d'où } \Delta = \frac{2e}{\cos i} - 2e \cdot \operatorname{tg} i \sin i = 2e \cos i.$$

Telle est la différence de marche *géométrique*, mais la réflexion au point c, se faisant d'un milieu moins réfringent sur un milieu plus réfringent, introduit une différence de marche $\frac{\lambda}{2}$, de sorte que la différence de marche totale *optique* est $2e \cos i + \frac{\lambda}{2}$. Il y aura obscurité chaque fois que cette quantité vaudra un nombre impair de demi-longueurs d'onde et maximum de lumière quand la différence de marche sera un nombre entier de longueurs d'onde. Il en résulte que si nous regardons une telle lame par réflexion dans de la lumière blanche, il y aura : pour les rayons tels que $2e \cos i + \frac{\lambda}{2} = (2m + 1) \frac{\lambda}{2}$ et ces rayons seront éteints, la lame nous paraîtra alors avoir la couleur complémentaire des rayons disparus. Si la lame a même épaisseur partout, elle nous paraîtra d'une teinte homogène qui variera avec l'incidence des rayons lumineux, puisque $2e \cos = m\lambda$ c.-à-d que les λ éteints par i, sont proportionnels aux cosin. de l'angle incidence i. Quand l'épaisseur de la couche mince n'est pas constante, la teinte n'est plus homogène, mais varie suivant l'épaisseur. En posant une lentille plan-convexe sur un verre plan, on réalise une couche mince d'air dont l'épaisseur varie proportionnellement au carré de la distance au point de contact, et l'on obtient alors le remarquable phénomène des *anneaux colorés de Newton* qui a été décrit au mot *Anneau.*

Limite du nombre de franges visibles. — Lorsque l'on opère avec la lumière blanche, les systèmes de franges ou anneaux n'ayant pas la même largeur pour toutes les couleurs, ces franges sont irisées. On en distingue seulement un petit nombre ; 8 ou 10 par ex. Au delà, on a de la lumière qui paraît blanche. On distinguera un bien plus grand nombre de franges en observant le phénomène avec un verre rouge, ou mieux encore en se servant d'une lumière mono-chromatique, qui est habituellement celle de l'alcool salé, ou d'un bec Bunsen dans la flamme duquel on a introduit du sel. En réalité cette lumière contient les deux raies jaunes D dont les longueurs d'onde sont 5893 et 5889 dix-millionièmes de millim., mais on peut observer un très grand nombre de franges avant que les 2 séries de franges ou d'anneaux donnés par ces rayons ne se troublent mutuellement. L'expérience montre que l'on a avantage à se servir d'une flamme peu intense pour obtenir des *interférences* d'un ordre très élevé, et qu'il est très difficile d'obtenir une source lumineuse bien homogène et présentant un mouvement vibratoire bien régulier sans changement d'états plus ou moins capricieux. Avec la flamme de l'alcool salé, M. Fizeau a pu observer les anneaux de Newton correspondant à une différence de marche de 50,000 longueurs d'onde.

Spectres cannelés. — Considérons un système de franges irisées produites dans la lumière blanche, et en particulier la région au delà des franges où la lumière nous paraît blanche. En réalité ce n'est pas le blanc complet, comprenant toutes les radiations du spectre, puisqu'il manque un nombre plus ou moins grand de rayons par i. C'est ce qu'on appelle quelquefois un « blanc d'ordre supérieur ». Recevons les rayons de cette région dans un spectroscope ; nous aurons alors un spectre incomplet sillonné par des lignes noires ; c'est ce qu'on appelle un spectre cannelé. Ces franges noires correspondent aux différentes couleurs qui interfèrent dans la portion du « blanc supérieur » que l'on observe. Fizeau et Foucault ont pu observer des franges pour une différence de marche correspondant à 2,000 longueurs d'onde du violet.

Applications des interférences. — M. Fizeau a appliqué les interférences à l'étude des surfaces et de la dilatation des corps. Dans ce dernier cas, il produit des anneaux entre une lentille presque plane, portée sur un trépied en platine et une plaque du corps dont la face supérieure est polie à une faible distance de la face inférieure de la lentille. Il se produit alors des anneaux de Newton dont on détermine la position au moyen de points de repère gravés sur la face inférieure de la lentille; on se sert de la lumière de l'alcool salé. En chauffant tout l'appareil d'un certain nombre de degrés, on voit les anneaux se déplacer, puisque les dilatations du corps et de l'appareil font varier la distance de la lentille à la face supérieure du corps. Connaissant le déplacement des anneaux, les dimensions et la dilatation de l'appareil, il est facile d'en déduire la dilatation du corps. On a pu aussi faire servir les interférences à des mesures de longueur très délicates. Par des dispositifs très ingénieux comprenant des prismes ou des miroirs, on arrive à ce que la moindre variation de longueur se traduit par un déplacement des franges d'interférence.

Les interférences s'appliquent aussi à la mesure des indices de réfraction (Voy. RÉFRACTOMÈTRE) et jouent un grand rôle dans l'étude de la *Diffraction*, de la *Polarisation*. (Voy. ces mots.)

Mais la plus remarquable et la plus élégante de toutes les applications qui ont été faites des interférences, c'est assurément la reproduction des couleurs naturelles des objets par la photographie, au moyen de la belle méthode imaginée par M. Lippmann. Voy. PHOTOGRAPHIE.

Interférence du son. — Lorsque deux sons, ayant la même longueur d'onde, suivent la même route, ils s'ajoutent ordinairement, de manière que l'intensité est augmentée; mais il peut arriver aussi que ces deux sons se détruisent, et que le *silence* résulte de leur réunion. C'est ce qui a lieu quand la

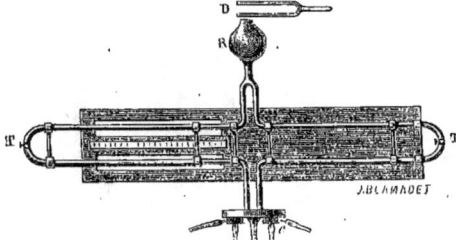

Fig. 7.

demi-onde *condensante* de l'un coïncide avec la demi-onde *dilatante* de l'autre. Les molécules de l'air traversé par les deux systèmes d'ondes, étant sollicitées en sens contraire en chaque point, resteront en repos, en supposant que les deux sons aient la même intensité et que les ondes dilatantes soient égales aux ondes condensantes. Cette destruction de deux sons l'un par l'autre se nomme aussi *interférence*. Wheatstone a relaté le phénomène de l'i. du son au moyen de divers appareils fondés sur la propriété que possède une colonne d'air, renfermée dans un tuyau, de renforcer certains sons produits à son extrémité, en entrant elle-même en vibration. Si, par ex., on place au-dessus d'une plaque vibrante un tuyau bifurqué capable de rendre le même son qu'elle, ce tuyau résonne et renforce le son, lorsque ces deux branches sont placées au-dessus de deux *concamérations*, c.-à-d. de deux surfaces comprises entre des lignes nodales qui, au même moment, ont la même phase de vibration. Au contraire, il ne rend aucun son quand ses deux extrémités sont toutes deux placées au-dessus de deux ventres consécutifs dont les vibrations sont égales et contraires. Pour rendre le phénomène plus apparent, on ferme par une membrane de baudruche l'extrémité du tuyau opposée à la bifurcation, et l'on la recouvre de sable fin; celui-ci s'agite violemment ou reste en repos, selon qu'il y a renforcement ou destruction du son produit par la plaque. On doit à Lissajous une expérience fort élégante et qui est aussi très concluante. Lorsqu'on fait vibrer une plaque de manière qu'elle se divise, par ex., en 8 concamérations, l'oreille placée au-dessus reçoit des mouvements inverses, qui proviennent de chaque groupe de concamérations contiguës, et qui, par conséquent se détruisent ou partie. Mais on renforce très notablement le son quand on superpose à la plaque, on la suspendant à un fil, un carton formé par 4 secteurs égaux, qui laisse passer les vibrations concordantes et intercepte les mouvements contraires. En faisant tourner ce carton, on entend suc-

cessivement des renforcements et des affaiblissements lorsque les secteurs couvrent ou croisent les concamérations.

On peut aussi démontrer l'i. du son par l'appareil de M. Kœnig (Fig. 7). Le son est produit par un diapason D et les ondes se propagent par les tubes latéraux TT', qui aboutissent à un tube de sortie commun. Le tube de gauche à coulisse, on peut le rentrer plus ou moins et faire varier de la sorte le chemin parcouru par le son des deux côtés. Lorsque la différence de marche est un nombre pair de demi-longueur d'onde, le son que l'on perçoit à l'oreille au tube de sortie est maximum. Lorsque cette différence de marche est un nombre impair de demi-longueurs d'onde, il y a i. et les deux vibrations s'annulent. Au lieu d'écouter directement au tube de sortie, on peut adapter à l'appareil une capsule manométrique.

INTERFIBRILLAIRE. adj. 2 g. [Pr. ...*fibril-lère*] (lat. *inter*, entre; fr. *fibrille*). T. Anat. Placé entre les fibrilles des muscles.

INTERFOLIACÉ, ÉE. adj. (lat. *inter*, entre, et *folium*, feuille). T. Bot. Qui naît entre les couples de feuilles opposées.

INTERFOLIER. v. a. (lat. *inter*, entre, et *folium*, feuille). Brocher ou relier un livre, manuscrit ou imprimé, en insérant des feuillets blancs entre les feuillets qui portent l'écriture ou l'impression. = INTERFOLIÉ, ÉE. part. — Conj. Voy. PRIER.

INTERFRONTAL, ALE. adj. et s. m. (lat. *inter*, entre, et *frons*, *frontis*, front). T. Zool. Pièce de la tête des insectes.

INTERGLACIAIRE. adj. 2 g. (lat. *inter*, entre; fr. *glaciaire*). T. Géol. Qui occupe l'intervalle entre deux périodes glaciaires.

INTÉRIEUR, EURE. adj. (lat. *interior*, m. s., compar. de *interus*, intérieur, du même radical que *in*, dans) Qui est au dedans ou qui a rapport au dedans, par oppos. à Extérieur. *Les parties intérieures du corps. Il est consumé d'un feu i. Les ornements intérieurs d'une maison. Les parties intérieures de la terre. Les provinces intérieures d'un empire. La tranquillité intérieure. Le commerce i.* || Au sens moral on dit *Le for i. Un mouvement i. Les sentiments intérieurs. La paix intérieure*, etc. — *Être fort i.*, Être fort recueilli, rentrer souvent en soi-même. *L'homme i.*, L'homme spirituel, par oppos. à l'homme charnel. On dit aussi, *La vie intérieure.* = INTÉRIEUR s. m. Le dedans, la partie de dedans. *L'i. d'un temple, L'i.du corps. On entend de bruit dans l'i. de la maison, dans l'i. S'enfoncer dans l'i. d'un pays. Tous ces produits sont de consommation à l'i. du pays*, ou simpl., *à l'intérieur.* || *L'i. d'une personne*, l'intérieur de sa maison, sa vie domestique. *Cet homme se plaît beaucoup dans son i. Il est fort malheureux dans son i. Il a été admis dans l'i. de cette famille.* — Fig., *On connaît bien l'i. de ces gens-là*, ou simpl., *leur i.*, Il connaît bien ce qui s'y passe de plus secret. || *L'i. d'un royaume. Le ministère de l'i.* || Fig., au sens moral, se dit des pensées les plus secrètes, des mouvements les plus intimes de l'âme. *Dieu seul connaît l'i. Rentrer dans son i. Quand on veut vivre chrétiennement, il faut commencer par réformer l'i.* || T. Peint. *Tableau d'i.*, ou simplem., *Intérieur*, Tableau de genre qui a pour objet principal la représentation de l'architecture ou des effets de lumière à l'intérieur des édifices, ou bien qui représente quelque scène de la vie domestique dans l'intérieur d'une maison. || En parlant de voitures publiques, on dit *Intérieur*, par opposition à l'*Impériale*.

Obs. gram. — *Intérieur*, étant déjà un comparatif, ne doit pas être employé avec l'adverbe *plus*. Il n'est donc pas correct de dire qu'une chose est plus intérieure qu'une autre.

Syn. — *Interne, Intrinsèque.* — *Intérieur* signifie ce qui est dans la chose, sous sa surface et non apparent, par opposition à *extérieur*, qui est apparent, hors de la chose, à sa surface. *Interne* signifie ce qui est profondément caché, enfoncé dans la chose et agit en elle, par opposition à *externe*, qui vient du dehors et agit du dehors sur elle. *Intrinsèque* signifie ce qui fait comme partie de la chose, ce qui lui est propre ou essentiel, ce qui en fait le fond, par opposition à *extrinsèque*, qui n'est pas dans la nature de la chose, qui tient à des causes étrangères. *Intérieur* est du langage ordinaire et de tous les styles; *interne* et *intrinsèque* sont du langage scientifique.

Admin. publ. — *Le Ministère de l'intérieur* a été créé

par un décret de l'Assemblée constituante, en date du 27 avril 1791, mais ses attributions ont reçu à diverses époques d'importantes modifications. Il suffira de dire que le Ministère de l'instruction publique, et celui du commerce et des travaux publics, ont été formés à ses dépens. Aujourd'hui, le Ministre de l'i. a dans ses attributions le personnel des Préfets des Sous-préfets, des Secrétaires généraux, des Conseillers de préfecture et des Maires. Il veille à l'exécution des lois relatives aux assemblées électorales. Il est chargé de l'administration générale des départements et des communes, des hospices et des bureaux de bienfaisance et de la distribution des secours. De lui dépendent le régime et la surveillance des prisons et des maisons centrales de force et de correction ainsi que le service de l'assistance et de l'hygiène publiques. Il pourvoit à la sûreté publique. Enfin il a, dans son département, la librairie, la police de la presse et celle des jeux. — Outre les services qui précèdent, il est établi auprès de ce ministère de grands conseils consultatifs, dont les titres désignent assez les fonctions. Ce sont : le *Conseil supérieur de l'assistance publique*, le *Comité supérieur de protection des enfants du premier âge*, le *Comité consultatif d'hygiène publique de France*, le *Conseil supérieur des prisons*, la *Commission de classement des récidivistes*, le *Comité de libération conditionnelle*, le *Comité consultatif de la vicinalité*, le *Comité technique et d'inspection des chemins vicinaux*.

INTÉRIEUREMENT. adv. (R. *intérieur*). Au dedans. *L'autopsie du cadavre a montré qu'il n'y avait aucune lésion i. Ce fruit, si beau en apparence, était gâté i. Ce remède agit i.* || Au sens moral, on dit, *Il se sentit i. touché.*

INTÉRIM. s. m. [On prononce l'm] (lat. *interim*, pendant ce temps). Entre-temps. *Après la mort du vice-roi, un tel gouverna dans l'i., par i. Il a le portefeuille de la guerre par i.* — Ellipt., on dit *Faire l'i., Être chargé de l'i.*, en parlant de fonctions que l'on remplit par intérim. || L. Hist. ecclés. Formulaire que Charles-Quint avait fait dresser sur les matières de foi, pour pacifier les troubles causés par Luther en Allemagne, et dont l'autorité ne devait durer que jusqu'à la décision d'un concile général. *L'i. permettait le mariage des prêtres et la communion sous les deux espèces.*

INTÉRIMAIRE. adj. et s. m. (R. *intérim*). Qui remplit une fonction par intérim. *Ministre i. Il n'est qu'i.*

INTÉRIMAIREMENT. adv. D'une manière intérimaire.

INTERJACENT, ENTE. adj. [Pr. *interja-san, an'te*] (lat. *interjacere*, être placé entre). Qui git, qui est situé entre.

INTERJECTION. s. f. [Pr. *interjec-sion*] (lat. *interjectio*, m. s., de *interjicere*, jeter entre). T. Dr. *I. d'appel.* Action d'interjeter un appel. || T. Gram. Mot qui à lui seul exprime un mouvement de l'âme.

Gram. — Nos grammairiens regardent l'*I.* comme la dernière partie du discours. L'*i.* sert à peindre d'un seul trait les affections subites de l'âme. Ce n'est, pour ainsi dire, qu'un cri, et c'est ce que veut dire son nom, qui signifie qu'on la peut *jeter entre* les mots qui composent une phrase ou un discours. On distingue les interjections en *naturelles* et *conventionnelles*. Les premières sont simplement les voix orales *a, e, i, o, u, ou*, aspirées ou redoublées, sous les formes *Ah! Ha! Eh! Hé! Hihi! Oh! Ho! Ohé! Hoao! Hu! Ouf!* etc. Elles n'ont aucun sens particulier, et leur signification très vague dépend absolument de la place et elles se trouvent, du sentiment que l'on veut actuellement exprimer, et de l'accent avec lequel on les prononce. Les interjections de la seconde catégorie sont des mots qui appartiennent à la langue usuelle, tels que *Paix! Quoi! Silence! Allons! Tope! Miséricorde!* etc., et qui, de même que les interjections naturelles, ne se construisent pas avec le reste de la phrase.

INTERJECTIONNEL, ELLE. adj. [Pr. *interjek-sio-nel*]. Qui a le caractère de l'interjection. || Qui provient des interjections.

INTERJECTIVEMENT. adv. D'une manière interjective.

INTERJETER. v. a. (lat. *interjicere*, jeter entre, de *inter*, entre, et *jacere*, jeter). N'est usité que dans cette

phrase, *I. appel, un appel*, Appeler d'un jugement. = INTER-JETÉ, ÉE. part. — Conj. Voy. JETER.

INTERLAKEN, ville de Suisse entre le lac de Brienz et le lac de Thoune, en face le massif alpestre de la Jungfrau, dans l'une des situations les plus pittoresques de l'Oberland bernois ; 4,020 hab.

INTERLATÉRICOSTAL, ALE. adj. (lat. *inter*, entre ; *latus, lateris*, côté ; *costa*, côte). T. Anat. Se dit des muscles intercostaux externes.

INTERLIGNE. s. m. (lat. *inter*, entre, et *linea*, ligne). L'espace vide qui est compris entre deux lignes écrites ou imprimées. *Écrire dans l'i., en l. Laisser de grands interlignes.* || Espace entre deux lignes de la portée musicale. || Fig., Sous-entendu. = INTERLIGNE. s. f. T. Typogr. Lame de métal que l'on met entre les lignes afin de les séparer et de les maintenir.

INTERLIGNER. v. a. (R. *interligne*). T. Typogr. Séparer par des interlignes. *Il ne faut pas i. cette composition.* = INTERLIGNÉ, ÉE. part. *Composition interlignée,* Celle dont les lignes sont plus ou moins espacées au moyen d'interlignes.

INTERLINÉAIRE. adj. 2 g. (lat. *interlinearis*, m. s., de *inter*, entre, et *linea*, ligne). Qui est écrit dans l'interligne, dans les interlignes. *Glose i., Traduction i.,* Traduction où chaque ligne du texte est accompagnée de la traduction.

INTERLINÉATION. s. f. [Pr. ...*sion*]. Ce qui est écrit entre deux lignes.

INTERLINÉER. v. a. (lat. *inter*, entre ; *linea*, ligne). Écrire entre les lignes.

INTERLOBAIRE. adj. 2 g. (lat. *inter*, entre, et fr. *lobe*). Qui est entre les lobes d'un organe.

INTERLOBULAIRE. adj. 2 g. (lat. *inter*, entre, et fr. *lobule*). Qui est situé entre les lobules d'un organe.

INTERLOCUTEUR, TRICE. s. (lat. *interlocutum*, sup. de *interloqui*, parler entre). Se dit proprement des personnages qu'on introduit dans un dialogue. || Par ext., Toute personne qui converse avec une autre. *Vous aviez un i. fort ennuyeux.*

INTERLOCUTION. s. f. [Pr. ...*sion*] (lat. *interlocutio*, m. s., de *interloqui*, parler entre). Discours qu'échangent les interlocuteurs dans un dialogue. || T. Prat. Jugement par lequel on prononce un interlocutoire. *Arrêt d'i.* Peu us.

INTERLOCUTOIRE. adj. 2 g. et s. m. Voy. JUGEMENT.

INTERLOCUTOIREMENT. adv. Par voie interlocutoire.

INTERLOPE. s. m. (angl. *interloper*, m. s. du lat. *inter*, entre, et du holl. *looper*, coureur). Autrefois, navire marchand trafiquant en fraude dans les pays concédés à une compagnie de commerce, dans les colonies où les navires étrangers ne sont pas admis, dans les ports et sur le lieu du blocus. = INTER-LOPE. adj. 2 g. *Navire, Commerce i.* || Fig. *Maison i.,* Maison où se réunit une société mêlée, équivoque, se livrant à des jeux clandestins. *Société, monde i.*

INTERLOQUER. v. a. [Pr. *interlo-ker*] (lat. *interloqui*, interrompre, de *inter*, entre, et *loqui*, parler). T. Prat. anc. Ordonner un interlocutoire. *On a interloqué cette affaire.* || Absol., *Les juges n'ont pas voulu juger définitivement, ils ont interloqué.* || Fam., Interloquer, étourdir, interdire. *Cette plaisanterie m'a interloqué.* = INTERLOQUÉ, ÉE. part.

INTERLUNAIRE. adj. 2 g. Qui a rapport à l'interlune.

INTERLUNE. s. m. (lat. *interlunium*, m. s. de *inter*, entre, et *luna*, lune). Temps qui s'écoule entre le moment où la lune décroissante cesse d'être visible, et celui où elle reparaît.

INTERMARIAGE. s. m. (lat. *inter*, entre, et fr. *mariage*). Mariage entre personnes d'une même famille.

INTERMAXILLAIRE. adj. et s. m. [Pr. *intermak-si-lère*] (lat. *inter*, entre; *maxilla*, mâchoire). *Os intermaxillaires*, ou simpl., *Intermaxillaires*, Les os situés entre les deux maxillaires supérieurs et qui portent les dents incisives. On dit quelquefois les *Os incisifs*, ou subst., les *incisifs*.

INTERMÈDE. s. m. (ital. *intermedio*, m. s., du lat. *intermedius*, intermédiaire, de *inter*, entre, et *medius*, moyen). T. Théât. Sorte de représentation et de divertissement, comme ballet, danse, chœur, etc., qui se place entre les actes d'une pièce. *I. de musique*, *en musique*. *I. de danse*. *Les intermèdes du Malade imaginaire*. || T. Pharm. La substance qui, dans une formule de médicament, se prescrit uniquement pour faciliter la mixtion des autres ingrédients. *Quand on veut employer le camphre dans une potion, on prend pour i. un peu de jaune d'œuf*. || Fig.,

Otez le temps des soins, celui des maladies,
Intermède fatal qui partage nos vies.
            LA FONTAINE.

INTERMÉDIAIRE. adj. 2 g. (lat. *intermedius*, m. s., de *inter*, entre, et *medius*, moyen). Qui est entre deux. *Corps i. Espace i. Temps i. Les terrains intermédiaires entre ces deux formations. Idées intermédiaires. Commerce i.*, Commerce consistant à importer des marchandises pour les réexporter dans un autre pays. — On dit subst., *Ces deux couleurs sont trop tranchantes, il faut les adoucir par un i. Passer brusquement d'une idée à une autre sans i.* || S'emploie aussi subst. dans le sens d'entremise, de moyen, et se dit souvent de la personne entremise, interposée, etc. *Je me suis procuré ce tapis par l'i. de l'ambassade turque. Il fut leur i. dans cette affaire*.

INTERMÉDIAIREMENT. adv. Dans une position intermédiaire.

INTERMÉDIARITÉ. s. f. Caractère de ce qui est intermédiaire.

INTERMÉDIAT, ATE. adj. [Pr. *intermédi-a*] (lat. *inter*, entre, et fr. *médiat*). Ne se dit que dans ces locutions, *Le temps i.*, Le temps qui se trouve entre deux actions, entre deux termes. *Congrégation intermédiate*, Assemblée d'une société religieuse qui se tient entre deux chapitres généraux ou provinciaux. || Subst., *Lettres d'i.*, Lettres que le roi accordait pour faire jouir des gages d'un office depuis la mort du titulaire jusqu'à ce que le possesseur fût pourvu et qu'il eût pris possession.

INTERMETTRE. v. a. [Pr. *intermè-tre*] (lat. *intermittere*, m. s., de *inter*, entre, et *mittere*, envoyer). Interrompre, mettre un intervalle entre. Vx. — INTERMIS, ISE. part. *Un son intermis*.

INTERMINABLE. adj. 2 g. (lat. *interminabilis*, m. s., de *in* priv., et *terminare*). Qui ne peut être terminé; qui dure très longtemps. *Ouvrage, procès i. Des difficultés, des disputes interminables*.

INTERMINABLEMENT. adv. D'une manière interminable.

INTERMINÉ, ÉE. adj. (lat. *interminatus*, m. s., de *in* priv., et *terminatus*, limité). Qui n'est pas terminé, achevé. || Qui n'a pas de bornes, de terme.

INTERMISSION. s. f. [Pr. *intermi-sion*] (lat. *intermissio*, m. s., de *intermissum*, sup. de *intermittere*, mettre entre). Interruption d'une chose commencée. || T. Méd. Interruption, discontinuation. *La fièvre lui a duré trente heures sans i. Il y a eu longtemps à ses douleurs. Jour d'i.*, Jour où les symptômes morbides s'apaisent pour reparaître ensuite.

INTERMITTENCE. s. f. [Pr. *intermit-tan-se*] (R. *intermittent*). Intervalle qui a lieu entre deux manifestations d'un phénomène périodique. *Les intermittences de cette source durent environ vingt minutes.* || Se dit quelquefois pour Interruption, discontinuation. *Sans i. Sans la moindre i.* || Caractère de ce qui est intermittent. *L'i. du pouls, de la fièvre. L'i. des sources est facile à expliquer*.

INTERMITTENT, ENTE. adj. [Pr. *intermit-tan*] (lat. *intermittens*, part. prés. de *intermittere*, discontinuer). Qui discontinue et reprend par intervalles. Ne se dit guère que dans les loc. suivantes : *Pouls i.*, Voy. POULS; *Fièvre intermittente*, Voy. FIÈVRE; *Type i.*, Le type d'une fièvre intermittente. — *Source intermittente*, Source qui de temps en temps coule et s'arrête alternativement. *Fontaine intermittente*, Appareil de physique qui démontre le phénomène de ces sources.

Phys. — Dans les cabinets de physique, on donne le nom de *Fontaine intermittente* à un appareil disposé de manière à produire un écoulement intermittent. Cet appareil (Fig. 1) consiste en un vase R en partie rempli d'eau et muni de deux robinets HH par lesquels cette eau peut s'écouler. Le vase ne communique pas supérieurement avec l'extérieur, mais il est traversé par un tube vertical Ae, ouvert par les deux bouts, dont l'extrémité supérieure s'élève au-dessus du niveau du liquide, ... dis que l'extrémité inférieure plonge dans la cuvette PP'. Grâce à cette disposition, l'air pénètre de bas en haut dans le tube et exerce librement sa pression sur l'eau. Celle-ci s'écoule alors par les robinets HH et tombe dans la cuvette PP', où son niveau s'élève de plus en plus, malgré le trou o dont le fond de la cuvette est percé, parce que cet orifice est petit et laisse écouler une quantité d'eau moindre que celle qui est versée par les robinets. Il arrive donc bientôt un moment où le niveau de l'eau dépasse l'extrémité e du tube. La communication de l'air extérieur avec le réservoir se trouve alors interrompue, et, par suite, l'écoulement par les robinets est également suspendu. Toutefois, ce n'est pas pour longtemps. En effet, l'eau de la cuvette PP' continue de s'écouler par le trou o, son niveau baisse, et l'orifice du tube finit par être dégagé. L'air atmosphérique pénètre donc de nouveau dans le réservoir R, qui recommence à se vider dans la cuvette, et le liquide continue alors à s'écouler jusqu'à ce que son niveau, dans cette dernière, monte assez haut pour intercepter encore la communication de l'air. Les mêmes phénomènes se reproduisent, et l'on obtient ainsi un écoulement intermittent, tant qu'il y a de l'eau dans le réservoir.

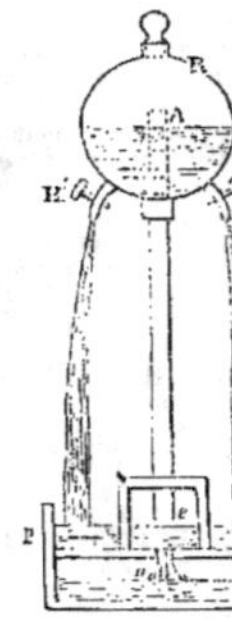

Il existe dans la nature un assez grand nombre de sources qui ont des intermittences comme l'appareil qui précède ;

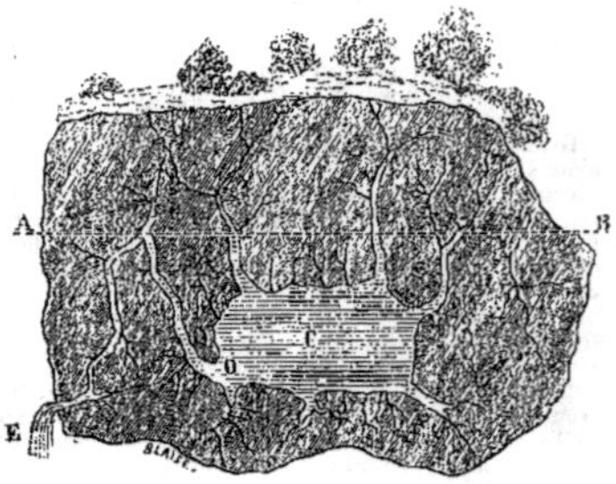

Fig. 1.

Fig. 2.

mais si le résultat est le même, le principe est bien différent. En effet, l'intermittence de ces sources résulte de la disposition en siphon du conduit souterrain par lequel leurs eaux arrivent à l'extérieur. Soit, par ex. (Fig. 2) un réservoir intérieur C alimenté par diverses fissures et communiquant avec l'extérieur par le conduit recourbé OSE représentant une espèce de siphon. Si le canal d'écoulement avait la direction OE, il verserait l'eau à mesure de son arrivée dans le réservoir ; mais ici, comme il se relève au-dessus de la partie supérieure de la cavité, il faut, pour que le liquide s'écoule, qu'il atteigne la ligne d'élévation AB. Aussitôt l'eau sort par la branche du siphon, et le réservoir se vide entièrement. L'écoulement s'arrête alors pour recommencer quand la cavité se trouve de nouveau remplie jusqu'à la ligne AB. Toutefois, pour que le siphon puisse fonctionner, il faut que la surface de l'eau dans le réservoir soit soumise à la pression atmosphérique, condition qui est facilement remplie, grâce aux nombreuses fissures que le sol présente toujours.

Les périodes d'intermittence varient pour chaque source, ce qui résulte des circonstances locales. Ainsi, la fontaine de Fonsanche (Gard) coule pendant 7 h. 30 min. et s'arrête pendant 5 heures, tandis que celle de Ronde (Doubs) coule 7 minutes et s'arrête 4 minutes. Certaines sources, comme en les de Fontestorbe (Ariège) et de Rigny (Indre-et-Loire), perdent leur intermittence pendant la saison humide ou à la suite des fortes pluies, parce que le filet d'eau qui alimente leur réservoir est alors plus abondant que le débit du siphon. D'autres ne tarissent pas entièrement et ne présentent que des maxima et des minima. Tel est, par exemple, le cas du Bonidou (Gard), qui croît pendant 12 minutes et décroît pendant 20 à 25. Enfin, il en est un grand nombre dont les intermittences sont longues et irrégulières. Nous citerons un d'abord la fontaine de Noircombe (Jura), de la Cuzanne (Côte-d'Or), de la Font-Bonduire (Cantal), et de Baulecombe (Mont-Blanc).

INTERMOBILE. adj. 2 g. (lat. *inter*, entre, et fr. *mobile*). T. Méc. Se dit d'un levier dans lequel le point d'appui est placé entre la puissance et la résistance.

INTERMOLÉCULAIRE adj. 2 g. (lat *inter*, entre, et fr. *molécule*). T. Phys. Qui est entre les molécules.

INTERMONDE. s. m. (lat. *intermundium*. m. s. de *inter*, entre, et *mundus*, monde). Espace entre les mondes.

INTERMUSCULAIRE adj. 2 g. (lat. *inter*, entre; *musculus*, muscle). T. Anat. Qui est situé entre les muscles. *Aponévroses intermusculaires.*

INTERNAT. s. m. (Pr. *internal*) (R. *interne*). Se dit par oppos. à *Externat*, d'un établissement d'instruction dans lequel les élèves habitent. || Dans les hôpitaux civils, le service dont est chargé un élève interne. — La durée de ce service. || État d'un élève interne.

INTERNATIONAL. ALE. adj. (Pr. *interna-sional*) (lat. *inter*, entre, et fr. *nation*). Qui a lieu de nation à nation. *Rapports internationaux. Commerce i. Droit i.* Voy. Droit.

Internationale des travailleurs. — Association formée en 1866 dans le but de procurer un point central de communication et de coopération entre les travailleurs des différents pays aspirant au même but ; le concours mutuel, le progrès et le complet affranchissement de la classe ouvrière. Un conseil général, composé d'ouvriers représentant les différentes nations, devait diriger l'association et réunir, chaque année, un congrès où seraient examinées les questions intéressant les intérêts communs et devait établir des relations avec les différentes associations ouvrières, « de telle sorte que les ouvriers de chaque pays soient constamment au courant des mouvements de leur classe dans les autres pays; qu'une enquête sur l'état social soit faite simultanément et dans un même esprit; que les questions proposées par une société et dont la discussion est d'un intérêt général soient examinées par toutes et que, lorsqu'une idée pratique ou une difficulté internationale réclamerait l'action de l'association, celle-ci puisse agir d'une manière uniforme ». (Statuts.) Le premier congrès eut lieu à Genève, le 3 septembre 1866; le second à Lausanne, en 1867; le troisième à Bruxelles, en 1868. Dans le quatrième, tenu à Bâle en 1869, Bakounine prêcha ouvertement la révolution. L'association était alors extrêmement florissante et sa puissance alarmait les gouvernements. La guerre de 1870 arrêta ses progrès. En France sa participation à la Commune lui attira des mesures de répression. La loi du 14 mars 1872 établit des peines contre ses affiliés et déclare même que toute association internationale, sous quelque dénomination que ce soit, est un attentat contre la paix publique. Le cinquième congrès ne put avoir lieu qu'en 1872, à la Haye. Depuis quelques années, des discussions intestines affaiblissaient l'action de l'in. Karl Marx et Bakounine se séparèrent violemment. Un dernier congrès eut lieu à Genève en 1873; il fut sans importance. L'internationale avait vécu. Elle a eu sur l'évolution du socialisme une influence considérable,

et presque tous les articles des programmes élaborés par ses différents congrès sont passés tels quels dans les professions de foi des socialistes de tous les pays (coopération, journée de 8 heures, réglementation du travail des enfants et des femmes, suppression des armées permanentes, réforme des impôts, grèves, etc.).

INTERNATIONALEMENT. adv. (Pr. *interna-sionale-man*). D'une façon internationale.

INTERNATIONALISME s. m. (Pr. ...*sio*...). État de relations internationales. || Codification du droit des gens et arbitrage international.

INTERNATIONALITÉ. s. f. (Pr. ...*sio*...). Caractère de ce qui est international.

INTERNE. adj. 2 g. (lat. *internus*, m. s.). Qui est au dedans, qui appartient au dedans. *Qualité i. Cause i. Principes internes. Douleur i. Maladie i. Pathologie i.*, Qui traite des maladies internes. *La tunique i. de l'intestin. Les angles internes d'un polygone*, Les angles formés par l'intersection d'une sécante avec deux parallèles, et situés à l'intérieur des deux parallèles. || Fig., Qui appartient au dedans, *Principes internes, causes internes.* — *Observation i.*, Observation psychologique de ce qui se passe dans l'âme. || Dans les établissements d'instruction, *Élève i.*, ou simplement *Interne*, Élève qui habite dans la maison. — Dans les hôpitaux civils, on donne le même nom aux Élèves attachés au service de l'hôpital et qui y font leur demeure. *Les places d'internes se donnent au concours.* ⸗ Syn. Voy. INTÉRIEUR.

INTERNEMENT. s. m. (Pr. *interne-man*). Action d'interner; état d'une personne internée.

INTERNER. v. a. (R. *interne*). Assigner à quelqu'un, par mesure administrative, une résidence déterminée à l'intérieur du pays, dans un lieu autre que celui de son domicile. *Les réfugiés politiques ont été internés dans les départements de l'Ouest. On l'a interné à Cahors.* ⸗ INTERNÉ, ÉE. part. || Subst., *Les internés ont reçu l'autorisation de rentrer dans leurs départements respectifs.*

INTERNISSABLE. adj. 2 g. (Pr. *interni-sable*). (R. in priv., et *ternir*). Qui ne peut être terni.

INTERNO-MÉDIAL, ALE. adj. (R. *interne* et *médial*). T. Entom. Se dit de la quatrième nervure principale de l'aile des Insectes.

INTERNONCE. s. m. (lat. *internuncius*, nonce par intérim, de *inter*, entre, et *nuncius*, messager). Celui qui fait fonction de nonce auprès d'un gouvernement, lorsqu'il n'y a pas de nonce. Voy. DIPLOMATIE.

INTERNONCIATURE. s. f. Charge ou dignité d'un internonce.

INTERNUCLÉAIRE. adj. 2 g. (lat. *inter*, entre; *nucleus*, noyau). T. Anat. Qui est placé entre les noyaux ou petites masses de substances organiques.

INTEROCÉANIQUE. adj. 2 g. (lat. *inter*, entre, et fr. *océan*). Qui fait communiquer deux océans.

INTEROCULAIRE. adj. 2 g. (lat. *inter*, entre; *oculus*, œil). Qui est placé entre les deux yeux.

INTEROPERCULE. s. m. (lat. *inter*, entre, et fr. *opercule*). T. Zool. Une des pièces de l'opercule des poissons.

INTERORGANIQUE. adj. 2 g. (lat. *inter*, entre, et fr. *organe*). Qui est placé entre les organes.

INTEROSSEUX. EUSE. adj. (lat. *inter*, entre, et fr. *osseux*). T. Anat. Qui est placé entre les os. *Muscles i. Ligaments i. Artères, veines interosseuses.* || T. Chir. *Couteau i.*, Couteau à deux tranchants dont on se sert pour désarticuler.

INTERPARIÉTAL, ALE. adj. (lat. *inter*, entre, et fr. *pariétal*). T. Anat. *Os i.*, Os du crâne qui chez les Mammifères est placé entre les frontaux, les pariétaux et l'occiput supérieur.

INTERPELLANT. s. m. [Pr. *interpè-lan*]. Celui qui fait une interpellation.

INTERPELLATEUR, TRICE. s. [Pr. *interpè-lateur*] (lat. *interpellator*, m. s.). Celui, celle qui interpelle.

INTERPELLATION. s. f. [Pr. *interpè-la-sion*] (lat. *interpellatio*, m. s.). T. Jurisp. Sommation, demande, interrogation faite par un juge, un notaire ou autre officier public de déclarer quelque chose. *Sur l'i. de signer, il déclara ne savoir. Il ne répondit à aucune des interpellations qui lui furent faites.* || Dans le langage parlementaire, demande catégorique faite par un membre du parlement à un ministre au sujet de faits relatifs à ses fonctions, et qui donne naissance à un débat dont la sanction est un *ordre du jour* favorable ou défavorable au ministère. Il est de règle que si la majorité vote un ordre du jour non accepté par le ministre, celui-ci donne sa démission. L'i. est ainsi, dans le régime parlementaire, le moyen le plus souvent employé pour provoquer un changement de ministère. En France, dans le régime actuel, tout député ou sénateur a le droit d'interpeller le ministre. || Par ext., se dit dans le langage ordinaire. *Cette brusque i. le troubla.*

INTERPELLER. v. a. [Pr. *interpè-ler*] (lat. *interpellare*, m. s., de *inter*, entre, et l'inus. *pellare*, qui se retrouve dans *appellare*, appeler, *compellere*, pousser et qui est dérivé de *pellere*, pousser). T. Jurisp. Requérir, sommer de répondre sur un fait. *Il fut sommé et interpellé de répondre. Je vous interpelle de dire la vérité. L'ayant interpellé de signer, il déclara ne savoir.* || T. Parlem. *I. un ministre,* Lui demander de s'expliquer sur les actes devant le Parlement. || Se dit aussi dans le langage ordinaire. *Il m'interpella d'une façon grossière. J'interpelle votre bonne foi, votre conscience.* == INTERPELLÉ, ÉE. part.

INTERPÉTIOLAIRE. adj. 2 g. [Pr. *interpé-siolère*] (lat. *inter*, entre, et fr. *pétiole*). T. Bot. Se dit des pédicelles naissant entre deux feuilles opposées.

INTERPINNÉ, ÉE. adj. [Pr. *interpin-né*] (lat. *inter*, entre; *pinna*, penne). T. Bot. Se dit des feuilles pennées qui ont entre leurs folioles principales des folioles plus petites.

INTERPLANÉTAIRE. adj. 2 g. (lat. *inter*, entre, et fr. *planète*). Qui est entre les planètes.

INTERPOLAIRE. adj. 2 g. (lat. *inter*, entre, et fr. *pôle*). Placé entre les pôles d'une pile.

INTERPOLATEUR. s. m. (lat. *interpolator*, m. s.). Celui qui interpole.

INTERPOLATION. s. f. [Pr. *...sion*] (lat. *interpolatio*. m. s.). Action d'interpoler, ou le résultat de cette action. *L'i. de ce passage est évidente. Aristarque débarrassa les poèmes d'Homère d'un grand nombre d'interpolations.*
Algèbre. — En termes de Mathématiques, on nomme *I.* une méthode de calcul qui consiste à remplir les termes intermédiaires d'une série de nombres ou d'observations, par des nombres qui suivent la même loi. Briggs est le premier inventeur de cette méthode : il fit usage de l'i. par différences pour calculer ses tables de logarithmes; mais ce procédé a été traité d'une manière plus générale par Wallis, Newton, Lagrange, etc. Les mathématiciens modernes traitent l'i. comme une branche du calcul des différences finies. Énoncé en termes précis, le problème consiste à déterminer une fonction connaissant les valeurs qu'elle prend pour une suite de valeurs données de la variable. Ce problème est évidemment indéterminé. On choisit la fonction la plus simple. L'i. est d'un grand usage dans les sciences physiques pour relier par une formule générale les résultats des observations ou des expériences isolées. Mais c'est surtout en astronomie qu'on fait un fréquent emploi de cette méthode. Ainsi, par ex., supposons qu'on ait déterminé par l'observation 20 lieux d'une comète : on dit que ses lieux sont interpolés lorsqu'on a trouvé une courbe définie par une équation analytique qui passe par tous ces lieux. On peut au moyen de cette courbe déterminer le lieu où était la comète aux temps intermédiaires aux observations. Voy. DIFFÉRENCE.

INTERPOLER. v. a. (lat. *interpolare*, entremêler, de *inter*, entre, et *polare*, retourner). Insérer, par ignorance ou par fraude, un mot, une phrase dans le texte d'un manuscrit ou d'un acte. *Ici le copiste a évidemment interpolé la glose dans le texte.* || T. Math. et Physiq. Intercaler certains termes pour lier une série de nombres ou d'observations. Voy. INTERPOLATION, DIFFÉRENCE. == INTERPOLÉ, ÉE. part.

INTERPONCTUATION. s. f. [Pr. *...sion*] (lat. *inter*, entre, et fr. *ponctuation*). Nom donné à des suites de points qui, intercalés dans le discours, servent à exprimer des réticences, des temps d'arrêt.

INTERPOSEMENT. s. m. [Pr. *interpo-ze-man*]. Action d'interposer, résultat de cette action.

INTERPOSER. v. a. [Pr. *interpo-zer*] (lat. *interponere*, m. s., de *inter*, entre, et *ponere*, poser). Mettre une chose entre deux autres. *Si l'on interpose un prisme entre la source lumineuse et l'écran qui reçoit les rayons.* || Figur., *I. son autorité, son crédit. I. le nom, la faveur, la médiation de quelqu'un.* == s'INTERPOSER. v. pron. *Il y a éclipse de soleil, quand la lune vient à s'i. entre cet astre et la terre.* || Fig., Intervenir comme médiateur. *Des amis communs se sont interposés pour les réconcilier.* == INTERPOSÉ, ÉE. part. *Négocier par personnes interposées,* Se servir de la médiation, de l'entremise de quelques personnes pour la négociation d'une affaire. || T. Jurisp. *Personne interposée,* Celle qui prête son nom à quelqu'un pour lui faciliter des avantages qu'elle ne pourrait pas obtenir directement.

INTERPOSITIF, IVE. adj. [Pr. *interpo-zitif*]. Qui s'interpose.

INTERPOSITION. s. f. [Pr. *interpo-zi-sion*] (lat. *interpositio*, m. s.). Action d'interposer. Situation d'un corps placé entre deux autres. *Les éclipses de soleil sont produites par l'i. de la lune entre le soleil et la terre. L'i. d'un nuage empêcha d'observer l'occultation de l'étoile.* || Intervention; en ce sens, il se dit surtout d'une autorité supérieure. *L'i. de l'autorité du roi.* || T. Jurisp. *I. de personne,* se dit en parlant d'une libéralité faite à une personne interposée.

INTERPRÉTABLE. adj. 2 g. Que l'on peut interpréter.

INTERPRÉTATEUR. s. m. (lat. *interpretator*, m. s.) Celui qui interprète. == adj. Qui interprète le sens, la pensée. *Regards interprétateurs des paroles.*

INTERPRÉTATIF, IVE. adj. (lat. *interpretativus*, m. s.). Qui explique, qui explique. *Déclaration interprétative.*

INTERPRÉTATION. s. f. [Pr. *...sion*] (lat. *interpretatio*, m. s.). Explication d'une chose : il a tous les sens du verbe Interpréter. *I. littérale, allégorique. I. d'un passage de l'Écriture sainte. Ce passage ne peut recevoir une meilleure i. Trouvez, si vous pouvez, une autre i. L'i. des lois, des conventions. Règles d'i. L'i. des songes, des augures. On a donné à vos paroles une mauvaise i. Cette action peut recevoir diverses interprétations. Cela est sujet à i.*

INTERPRÉTATIVEMENT. adv. D'une manière interprétative.

INTERPRÈTE. s. 2 g. (lat. *interpres, etis*, m. s., de *interpretare*, interpréter). Celui qui rend les mots, les phrases d'une langue par les mots, par les phrases d'une autre langue, Traducteur. *Les interprètes grecs de l'Ancien Testament. Il a traduit ce discours non en simple i., mais en orateur.* || Truchement, celui qui traduit d'une langue dans la langue qu'elle parle ce qui a été dit ou écrit par une autre dans une langue différente. *Bon, savant, fidèle i. Un mauvais i. I. de la Porte. I. du gouvernement pour les langues orientales. Ils se parlent par i. Vous nous servires d'i., vous serez notre i. Donner un i. à l'accusé. I. juré près la cour d'appel.* || Celui qui fait connaître, qui éclaircit le sens d'un auteur, d'un discours. *Les interprètes d'Aristote. Ce passage a été mal expliqué par les interprètes.* || Celui qui a charge de déclarer, de faire connaître les intentions, les volontés d'un autre. *Les augures,* chez les païens, étaient regardés comme les interprètes de la volonté des dieux. Il n'est ici que l'i. de son maî re. Soyez l'i. de mes sentiments. || Celui qui explique ce que présage quelque chose. I. des songes. I. du vol des oiseaux. || Fig., Les yeux sont les interprètes du cœur. (PASCAL.)

Mais toujours de mon cœur ma bouche est l'interprète
RACINE.

INTERPRÉTER. v. a. (lat. interpretare, m. s., de inter, entre, et d'un rad. pret, qui sign. connaître). Traduire d'une langue en une autre. Les Septante ont interprété l'Ancien Testament. Le discours de l'ambassadeur fut aussitôt interprété par le drogman. || Expliquer ce qu'il y a d'obscur dans un écrit, dans une loi, dans un acte. I. ; déterminer sa signification exacte. I. bien. I. mal. I. l'Écriture sainte. Comment interprétez-vous ce passage? Les jurisconsultes interprètent cet article de plusieurs ma-nières. — I. une loi, sign. encore En déterminer le sens par une loi spéciale. Autrefois, on disait aussi, I. un arrêt, L'expliquer par un second arrêt. || Rendre, représenter suivant les intentions d'un auteur. Cet acteur interprète bien Racine. Un graveur qui interprète bien un tableau, Qui en rend avec tous les détails, toute l'expression. || Expliquer, deviner une chose par induction, ou tirer d'une chose quelque induction, quelque présage, etc. I. les intentions, les sentiments, la volonté de quelqu'un. Vous interprétez mal ma pensée. Comment dois-je i. ce silence? I. les songes, le vol des oiseaux. || Prendre une action en bonne ou en mauvaise part. I. favorablement, malicieusement, méchamment. Je ne sais comment ce qu'il a dit sera interprété. Cela peut être diversement interprété.

Je dois interpréter à charitable soin
Le désir d'embrasser une femme !
MOLIÈRE.

= s'INTERPRÉTER. v. pron. Les articles d'une loi doivent s'i. les uns par les autres. Dans le doute, la convention s'interprète en faveur de celui qui est obligé. Cette action peut s'i. en bien, en mal, en mauvaise part. — INTERPRÉTÉ, ÉE. part. = Conj. Voy. CÉDER.

INTERPUISSANT. adj. m. [Pr. in-erpui-sant] (lat. inter, entre, et fr. puissant). T. Mécan. Levier i., Levier où la puissance est placée entre le point d'appui et la résistance.

INTERRADIAL, ALE. adj. [Pr. inter-radial] (lat. inter, entre; radius, rayon). Qui est entre les rayons.

INTERRÈGNE. s. m. [Pr. inter-règne, gn mouillé] (lat. interregnum, m. s., de inter, entre, et regnum, règne). Intervalle de temps pendant lequel il n'y a point de roi héréditaire ou électif. Après la mort de ce roi, il y eut un i. de six mois. || Par extension, se dit aussi des États qui n'ont pas de rois. Après la mort du doge de Venise, l'i. était fort court. Du temps des juges d'Israël, il y eut de longs interrègnes.

INTERRÉSISTANT. adj. m. [Pr. inter-ré-zistan] (lat. inter, entre, et fr. résistant). T. Mécaniq. Levier i., Levier où la résistance est placée entre le point d'appui et la puissance.

INTERROGANT. adj. [Pr. in-tè-rogan] (lat. interrogans, part. prés. d'interrogare, interroger). Qui a la manie d'interroger. || T. Gramm. Point i., Point d'interrogation. Peu usité.

INTERROGATEUR, TRICE. s. [Pr. in-tè-rogateur] (lat. interrogator, m. s.). Celui, celle qui interroge : se dit guère qu'en parlant d'examens. Il ne put répondre à aucune des questions que lui firent les interrogateurs. | Adj. Un regard i.

INTERROGATIF, IVE. adj. [Pr. inte-rogatif] (lat. interrogativus, m. s.). T. Gramm. Qui sert à interroger. Particule interrogative. La même façon de parler peut être simple ou interrogative.

INTERROGATION. s. f. [Pr. inte-roga-sion] (lat. interrogatio, m. s., de interrogare, interroger). Question, demande qu'on fait à quelqu'un. Il a bien répondu aux interrogations qu'on lui a faites. || T. Gramm. Point d'i.,

Point dont on se sert dans l'écriture pour marquer l'interrogation et que l'on figure ainsi (?).

Rhétor. — En rhétorique, on nomme Interrogation une figure de pensée qui consiste à interroger sans attendre de réponse. Très simple en elle-même, cette figure est d'un grand effet dans les situations passionnées, dans la douleur, l'indignation, la crainte, l'étonnement. Souvent l'i. accumule les questions :

Pourquoi l'assassiner? Qu'a-t-il fait? A quel titre?
Qui te l'a dit?
RACINE, Andromaque.

D'autres fois, il suffit d'une seule i. jetée soudainement au milieu d'un discours pour exciter une émotion profonde. Tel est ce demi-vers de Virgile :

Usque adeone mori miserum est?
(Æn. XII, 646.)

La subjection est une i. moins vive, qu'on peut définir l'i. suivie de la réponse. Cette sorte d'i. excite l'attention de l'auditeur, qui cherche la réponse et se fait un plaisir de la prévoir. Les anciens distinguaient deux sortes de subjection : la Subjection proprement dite, par laquelle l'orateur semble interroger les autres, tout en faisant lui-même la réponse; et la subjection appelée ratiocinatio, par laquelle l'orateur s'entretient avec lui-même.

INTERROGATOIRE. s. m. [Pr. in-tè-roga-touare] (lat. interrogatorius, qui interroge). T. Jurispr. L'ensemble des questions qu'adresse un magistrat et des réponses que fait celui qui est interrogé, dans une affaire criminelle ou dans certaines affaires civiles. Procéder à un i. Faire subir un i. Son i. a duré deux heures. Il s'est coupé dans son i. — I. sur faits et articles, se dit, en matière civile, de l'interrogatoire que l'une des parties subit devant le juge sur les faits précis et déterminés qui sont allégués par la partie adverse, et qui peuvent influer sur la décision des juges. || Procès-verbal qui contient les interrogations du juge et les réponses de l'accusé. On lui a lu son i. et il l'a signé.

INTERROGER. v. a. [Pr. in-tè-rojer] (lat. interrogare, m. s., de inter, entre, et rogare, demander). Faire une question ou des questions à quelqu'un, soit pour s'informer de quelque chose, soit pour s'assurer que la personne questionnée possède certaines connaissances. Pourquoi m'interrogez-vous? Je vous engage à l'i. sur ce point, sur cette matière. I. un accusé. On vient d'i. les témoins. I. un élève. Les examinateurs l'ont interrogé longtemps. || Figur., Consulter, examiner. I. la nature, les faits. I. l'histoire. I. l'Écriture. Interrogez votre conscience.

Des victimes vous-même interrogez le flanc.
RACINE.

= s'INTERROGER. v. pron. S'examiner, se consulter. Je me suis interrogé moi-même et ne me suis point trouvé coupable. || Se faire mutuellement des questions. Nous nous interrogions l'un l'autre sur nos voyages. Ils s'interrogeaient mutuellement pour se préparer à subir leur examen. = INTERROGÉ, ÉE. part. = Conj. Voy. MANGER. = Syn. Voy. DEMANDER.

INTERROI. s. m. [Pr. inter-roua] (lat. interrex, m. s., de inter, entre, et rex, roi). Magistrat romain à qui le pouvoir était confié entre la mort d'un roi et l'élection de son successeur ou dans l'intervalle des consulats. Titre que prenait l'archevêque primat pendant la vacance du trône en Pologne.

Hist. — Chez les Romains, on nommait Interroi (interrex) le sénateur qui, après la mort du roi, était désigné pour présider à l'élection de son successeur. D'après Tite-Live, à la mort de Romulus, chacune des dix décuries qui composaient alors le sénat désigna un sénateur pris dans son sein. Ces dix sénateurs avaient le titre d'interrois, et chacun d'eux exerçait le pouvoir royal pendant cinq jours. Ils s'entendaient entre eux pour la désignation du roi futur, et s'ils avaient approuvé leur choix, les curies étaient réunies pour l'accepter ou le rejeter. L'approbation du sénat était appelée patrum auctoritas, et le choix des curies, jussus populi. — Sous la République, on conserva le nom d'interrois aux magistrats chargés de présider les comices pour l'élection des consuls, quand ceux-ci étaient dans l'impossibilité de remplir cette fonction. Ces interrois étaient nommés parmi tous les sénateurs. Cependant, comme les plébéiens n'étaient pas admissibles à cette charge, les sénateurs plébéiens ne participaient pas à l'élection des interrois. Les fonctions de chaque interroi duraient cinq jours, comme sous la royauté.

INTERROMPRE. v. a. [Pr. in-tè-rompre] (lat. *interrumpere*, m. s., de *inter*, entre, et *rumpere*, rompre). Couper, rompre la continuité d'une chose; ou arrêter, empêcher, suspendre la continuation d'une chose. *Une large tranchée interrompait le chemin. On a construit une digue pour i. le cours de la rivière.* || Figur., *I. un discours, le fil d'un discours. I. le sommeil de quelqu'un. Ces événements interrompirent nos travaux. La mort est venue i. le cours de ses victoires. Il fut obligé d'i. ses études. I. ses prières, ses méditations.* — *I. un orateur au milieu de son discours. Pourquoi m'interrompez-vous?* — Fam., on dit, *Sans vous i.,* pour faire une sorte d'excuse de ce qu'on interrompt le discours de quelqu'un. || T. Jurispr. *I. la possession, la prescription,* etc., Empêcher qu'une possession, etc., ne continue. = S'INTERROMPRE, v. pron. Cesser de faire une chose. *Il s'interrompit au milieu de son récit. L'orateur s'interrompit tout à coup.* = INTERROMPU, UE. part. *Des travaux interrompus. Possession non interrompue. Propos interrompus.* Voy. PROPOS. || T. Bot. *Épi interrompu,* Épi qui, par suite de l'allongement d'un ou de plusieurs entre-nœuds, laisse voir une partie de son axe, qui semble dépouillé.

INTERRUPTEUR, TRICE. s. [Pr. intè-rupteur] (lat. *interruptor*, m. s.). Celui, celle qui interrompt une personne qui parle. *On mit les interrupteurs à la porte.* || T. Phys. Appareil destiné à interrompre le passage d'un courant électrique dans un circuit conducteur.

INTERRUPTIF, IVE. adj. [Pr. intè-ruptif]. Qui a le pouvoir d'interrompre.

INTERRUPTION. s. f. [Pr. intè-rup-sion] (lat. *interruptio*, m. s.) Action d'interrompre; État de ce qui est interrompu. *Cette fontaine coule sans i. L'i. des travaux a jeté une foule d'ouvriers dans la misère. L'i. du commerce avec l'Amérique. Travailler, parler sans i. L'i. d'une séance. I. de prescription.* || Action d'interrompre une personne qui parle. *La moindre i. peut troubler un orateur. De bruyantes interruptions.* || T. Rhétor. Se dit quelquefois pour suspension ou réticence.

INTERSCAPULAIRE. adj. 2 g. (lat. *inter*, entre; *scapulum*, épaule). T. Anat. Qui est situé entre les épaules.

INTERSCAPULUM. s. m. [Pr. interskapu-liome] (lat. *inter*, entre; *scapulum*, épaule). T. Zool. La région du dos, entre les épaules.

INTERSCIENTIFIQUE. adj. 2 g. [Pr. inter-sian-tifik] (lat. *inter*, entre; *scientia*, science). Qui va d'une science à l'autre.

INTERSÉCANCE. s. f. (lat. *inter*, entre; *secare*, couper). Motif d'ornement qui en coupe un autre.

INTERSÉCANT, ANTE. adj. Qui produit l'intersécance.

INTERSECTION. s. f. [Pr. intèr-sek-sion] (lat. *intersectio*, m. s., de *inter*, entre, et *sectio*, section). T. Géom. Point d'i., Celui où deux lignes se coupent l'une l'autre. *Ligne d'i.,* Ce le où deux surfaces se coupent. *Le centre d'un cercle est à l'i. de deux de ses diamètres.* || L'i. de deux routes.

INTERSESSION. s. f. [Pr. intersè-sion] (lat. *inter*, entre, et fr. *session*). L'espace entre deux sessions d'une assemblée législative.

INTERSIGNE. s. m. (lat. *inter*, entre; *signum*, signe). Lien mystérieux entre deux faits qui se produisent au même moment, souvent à de grandes distances.

INTERSTELLAIRE. adj. 2 g. [Pr. interstel-lère] (lat. *inter*, entre; *stellaris*, de *stella*, étoile). Qui est situé entre les étoiles. *Les espaces interstellaires.*

INTERSTICE. s. m. (lat. *interstitium*, m. s., de *inter*,

entre, et *stare*, se tenir). Se dit des espaces ou intervalles que laissent entre elles les molécules d'un corps. || Intervalle de temps. || T. Droit canon. Temps que l'Église fait observer entre la réception de deux ordres sacrés. Voy. ORDRE.

INTERSTITIEL, ELLE. adj. [Pr. intersti-siel] (R. *interstice*). Qui est situé ou qui a lieu dans les interstices d'un corps. *Substance, absorption interstitielle.*

INTERSTRATIFIÉ, ÉE. adj. (lat. *inter*, entre, et fr. *stratifié*). T. Géol. Qui est stratifié intermédiairement à d'autres couches.

INTERTRACHÉLIEN. adj m. [Pr. intertra-ké-li-in] (lat. *inter*, entre; gr. τράχηλος, cou). T. Anat. *Muscles intertrachéliens,* Muscles situés entre les vertèbres transversales du cou.

INTERTRANSVERSAIRE. adj. 2 g. (lat. *inter*, entre, et fr. *transverse*). T. Anat. Se dit des faisceaux fibreux qui s'attachent à toutes les apophyses transverses des vertèbres et des muscles situés entre les apophyses transverses de deux vertèbres superposées du cou et des lombes.

INTERTRIGINEUX, EUSE. adj. Qui a le caractère de l'intertrigo.

INTERTRIGO. s. f. (lat. *inter*, entre; *terere*, frotter). Érythème de la face interne des cuisses. Voy. ÉRYTHÈME.

INTERTROPICAL, ALE. adj. (lat. *inter*, entre, et fr. *tropique*). Situé entre les tropiques.

INTERUTÉROPLACENTAIRE. adj. 2 g. (lat. *inter*, entre, et fr. *utérus* et *placenta*). T. Anat. Qui est placé entre l'utérus et le placenta.

INTERUTRICULAIRE. adj. 2 g. (lat. *inter*, entre, et fr. *utricule*). Qui est entre les cellules végétales.

INTERVALLAIRE. adj. 2 g. [Pr. interva-lère]. Qui est situé dans les intervalles.

INTERVALLE. s. m. [Pr. interva-le] (lat. *intervallum*, m. s., de *inter*, entre, et *vallum*, palissade). Distance qui sépare un lieu d'un autre. *Grand, long i. Il y a un i. de trois mètres entre le fossé et le mur. Quand on range une armée en bataille, on laisse certains intervalles entre les bataillons. Franchir un i.* || Par analog., se dit du temps. *Un i. de temps. Dans cet i., dans l'i., il arriva plusieurs événements. Il y a tant d'années d'i. entre ces deux règnes. Cette comète ne reparaît qu'à de longs intervalles. Cette maladie le prend et le quitte par intervalles. Ce fou a de bons intervalles, des intervalles lucides.* || Distance qui sépare un son d'un autre. || Fig. Distance qui sépare les diverses conditions sociales.

Mus. — En musique, on nomme *Intervalle* la distance qui se trouve entre deux termes de l'échelle générale des tons du système musical. Cette échelle, en y comprenant seulement les tons musicaux généralement adoptés, forme une succession d'environ 8 octaves, à partir de l'*ut* produit par un tuyau de 32 pieds. Si l'on fait entendre successivement les deux tons dont il se compose, l'i. devient le premier élément de la mélodie; si, au contraire, on les fait entendre simultanément, il devient le premier élément de l'harmonie. Les intervalles sont appelés *ascendants,* quand ils partent du grave pour aller à l'aigu, et *descendants,* quand ils vont de l'aigu au grave. Ils sont *simples,* quand ils sont contenus dans la même octave, et *composés* ou *multiples,* quand leurs termes passent d'une octave à une autre. On dit encore qu'ils sont *naturels* ou *altérés.* Les intervalles *naturels* sont ceux qui fournit l'échelle de mode primordial d'*ut majeur,* ou que l'on prend sur une échelle transposée quelconque, pourvu que sa succession diatonique soit semblable; on les dit alors *majeurs, mineurs* ou *neutres.* Les intervalles *altérés* sont ceux qui proviennent de la variation en plus ou moins de l'un des termes de l'i. naturel; selon le cas, on les dit *diminués* ou *augmentés.* — Avant de dénombrer les intervalles, il faut d'abord remarquer que ce que l'on nomme le clavier général est renfermé dans une étendue de 4 octaves, qui forment la puissance ordinaire des voix réunies de basse-taille et de soprano. Tout ce qui se fait au delà de ces limites, au grave comme à l'aigu, n'est que le redoublement de ce qui se fait dans leur intérieur. Le tableau ci-dessous représente les intervalles simples avec les modifications dont ils sont susceptibles.

Avec ce tableau, il est facile de se rendre compte de la composition des intervalles. 1° *Unisson* ou *Unison*; il y a deux espèces : l'*unis. juste*, de deux tons sur le même degré; et l'*unis. augmenté*, un demi-ton. 2° La *Seconde* présente trois espèces : la *seconde mineure*, formée d'un demi-ton; la *seconde majeure*, formée d'un ton entier; la *seconde augmentée*, composée d'un ton et demi 3° La *Tierce* a quatre espèces : la *tierce mineure*, un ton et demi; la *tierce majeure*, deux tons; la *tierce augmentée*, deux tons et demi; la *tierce diminuée*, deux demi-tons inégaux. 4° La *Quarte* compte trois espèces : la *quarte mineure* ou *juste*, deux tons et un demi-ton; la *quarte majeure*, trois tons pleins (de là le nom de *Triton* qu'on lui donne quelquefois); la *quarte diminuée*, un ton et deux demi-tons. 5° La *Quinte* présente trois espèces : la *quinte juste*, trois tons et demi;

Unisson.

Seconde.

Tierce.

Quarte.

Quinte.

Sixte.

Septième.

Octave.

la *quinte mineure*, appelée par quelques musiciens *quinte diminuée*, et par d'autres *fausse quinte*, deux tons et deux demi-tons; la *quinte augmentée*, appelée autrefois *quinte superflue*, trois tons et deux demi-tons. 6° La *Sixte* est de trois sortes : la *sixte mineure*, trois tons et deux demi-tons; la *sixte majeure*, quatre tons et un demi-ton; la *sixte augmentée*, quatre tons et deux demi-tons. 7° La *Septième* est de trois sortes : la *septième mineure*, quatre tons et deux demi-tons; la *septième majeure*, cinq tons et un demi-ton; la *septième diminuée*, trois tons et trois demi-tons. 8° L'*Octave* admet trois espèces : l'*octave juste*, cinq tons et deux demi-tons; l'*octave augmentée*, cinq tons et trois demi-tons; l'*octave diminuée*, quatre tons et trois demi-tons. — Dans le tableau qui précède, on ne s'est servi que du dièse pour obtenir l'altération des intervalles naturels. Ainsi, l'augmentation a été obtenue par l'opposition du dièse devant la note supérieure de l'i. majeur, et la diminution par celle de ce même signe devant la note inférieure de l'i. mineur. On obtiendrait un résultat semblable, ou du moins admis comme tel, au moyen de bémols, c.-à-d. en plaçant le bémol, pour l'augmentation devant la note inférieure des intervalles majeurs, et, pour la diminution, devant à note supérieure des intervalles mineurs. — On peut encore continuer la série des intervalles au delà de l'octave, de façon à avoir des *neuvièmes*, des *dixièmes*, des *douzièmes*, etc. Mais la *neuvième* n'est qu'une seconde doublée de l'octave; la *dixième* est le doublé de la tierce; la *onzième* est le doublé de la quarte, etc. En conséquence, les intervalles qui dépassent la neuvième conservent les noms de *tierce*, *quarte*, quinte, etc.

Outre les intervalles dont nous venons de parler, on en existe d'autres beaucoup plus petits, appelés *Commas*, dont les théoriciens sont obligés de tenir compte dans le calcul des proportions de l'échelle musicale, mais qui sont trop peu sensibles pour qu'on puisse en faire usage dans la musique pratique. Le *comma* vaut la neuvième partie d'un ton; il représente l'intervalle entre une note dièsée et la note suivante bémolisée. Voy. GAMME.

INTERVALVAIRE. adj. 2 g. (lat. *inter*, entre, et fr. *valve*). T. Bot. Qui est placé entre les valves d'un péricarpe.

INTERVENANT, ANTE. adj. T. Pratiq. Qui intervient. *Il demande à être reçu partie intervenante dans ce procès.* — Subst., *L'i. a été condamné.*

INTERVENIR. v. n. (lat. *intervenire*, m. s., de *inter*, entre, et *venire*, venir). Prendre part à une chose, entrer dans une affaire par quelque intérêt que ce soit. *I. dans une négociation. Le mari doit i. dans le contrat pour autoriser sa femme.* || Se dit d'une personne supérieure qui interpose son autorité, sa médiation dans une affaire *Le pape intervint dans le différend entre ces deux princes pour les accorder. L'autorité supérieure est intervenue dans cette affaire. La force armée fut obligée d'i.* || T. Jurisp. Demander d'être reçu dans une instance, dans un procès. *I. dans un procès, en procès. Il a fait i. un tiers.* || Se dit aussi des jugements qui se rendent, dans le cours d'un procès, et de toutes les choses qui arrivent pendant la durée d'une affaire. *Il intervint plusieurs arrêts. Il serait trop long de dire tous les incidents qui intervinrent pendant la négociation.* == INTERVENU, UE. part. == Conj. Voy. VENIR.

INTERVENTEUR. s. m. [Pr. *inter-van-teur*] (lat. *interventor*, m. s.). Celui qui intervient.

INTERVENTIF, IVE. adj. [Pr. *inter-van-tif*]. Qui appartient à l'intervention.

INTERVENTION. s. f. [Pr. *inter-van-sion*] (lat. *interventio*, m. s.). Action par laquelle on intervient dans un acte, dans un procès, dans une affaire controversée, dans une querelle, une guerre, etc. *Par son i. au contrat, il s'est rendu caution du prêt. Cette i. fit suspendre l'affaire pour quelque temps. Moyens d'i. Sans avoir égard à l'i. Il fallut recourir à l'i. de l'autorité souveraine. Cette révolte nécessita l'i. de la force armée. La Belgique sollicita l'i. de la France. I. armée, pacifique. Droit d'i. Politique d'i., de non-i.* == Jurisp. commerciale. *Acceptation par i.*, ou *I. à protêt.* Voy. CHANGE.

INTERVERSION. s. f. (lat. *interversio*, m. s., de *inter*, entre, et *versio*, action de tourner). Renversement, dérangement d'ordre. || T. Chimie. *I. du sucre*, Dédoublement du sucre de canne en glucose et lévulose.

INTERVERTÉBRAL, ALE. adj. (lat. *inter*, entre, et fr. *vertèbre*). T. Anat. Se dit du tissu placé entre les corps des vertèbres.

INTERVERTÉBRO-COSTAL, ALE. adj. (lat. *inter*, entre; fr. *vertèbre* et *côte*). T. Anat. Syn. de *costo-vertébral*.

INTERVERTIR. v. a. (lat. *intervertere*, m. s., de *inter*, et *vertere*, tourner). Déranger, renverser. *I. l'ordre des droits, des réponses. I. l'arrangement des mots d'une phrase.* == INTERVERTI, IE. part. — T. Chim. *Sucre interverti*, Sucre incristallisable, produit par la levure mise dans le sucre de canne et dont le pouvoir rotatoire présente un signe contraire à celui du sucre primitif.

INTERVERTISSEMENT. s. m. [Pr. *inter-verti-se-man*]. État de ce qui est interverti. *L'i. des droits établis.*

INTERVERTISSEUR. s. m. [Pr. *interverti-seur*]. Celui qui intervertit.

INTERVIEW. s. m. [Pr. *inter-viou*] (angl. *interview*, m. s., dérivé du fr. *entrevue*). Visite d'un journaliste à un personnage en vue, pour l'interroger sur sa vie, ses idées, ses actes, etc., afin de publier ses réponses.

INTERVIEWER, v. a. [Pr. *inter-viouver*] (R. *interview*). Soumettre quelqu'un à un interview.

INTERVIEWER. s. m. [Pr. *inter-riou-reur*] (mot anglais). Journaliste chargé d'aller interviewer quelque personnage.

INTESTAT. s. m. [Pr. *intes-ta*] (lat. *intestatus*, m. s. de *in* priv., et *testare*, tester). T. Jurisp. Ne se dit que dans ces phrases : *Mourir, décéder i.*, Mourir sans avoir fait de testament. *Hériter ab i.*, Hériter d'une personne qui n'a point fait de testament. On dit de même, *Succession ab i. Hériter ab i.*

INTESTIN, INE. adj. (lat. *intestinus*, m. s., de *intus*, en dedans). Qui est interne, qui est dans le corps. *Mouvements intestins. Douleur, chaleur intestine.* || Fig., en parl. d'un État. *Guerre intestine. Discordes, luttes, divisions intestines.*

INTESTIN s. m. (lat. *intestinum*, m. s., prop. ce qui est à l'intérieur). T. Anat. Portion du tube digestif au delà de l'estomac. == **INTESTINS**. s. m. pl. *Les intestins*, m. s. qu'au sing.

Hist. nat. — L'i. est la portion du tube digestif qui s'étend de l'estomac à l'anus. Il est limité en haut par la valvule pylorique (Voy. PYLORE), en bas par le sphincter anal.

I. *Anatomie.* — L'i. doit être divisé, au point de vue anatomique, en deux portions : l'*i. grêle*, organe de la chylification et de l'absorption, qui succède à l'estomac et qui est limité inférieurement par la valvule iléo-cæcale; celle-ci le sépare du *gros i.*, segment terminal du tube digestif.

1° — L'*i. grêle* (Fig. 1, 1) est un conduit musculo-membraneux, aplati à l'état de vacuité, cylindrique quand il est distendu. L'anatomie comparée nous apprend que son développement est subordonné dans la série animale au genre d'alimentation, très considérable chez les herbivores, beaucoup moindre chez les carnassiers. Chez l'homme, dont le régime est mixte, il mesure de 6 à 8 mètres de longueur; son diamètre est plus grand à sa naissance qu'à sa terminaison. Pendant longtemps, on a divisé l'*i.* grêle en 3 portions : le *duodénum*, le *jéjunum* et l'*iléon*; mais si le duodénum a une physionomie spéciale, particulière, aucune démarcation ne peut être établie entre les deux parties inférieures que l'on décrit en bloc. — Le duodénum est la partie fixe de l'*i.* grêle; il se termine au moment où l'*i.* entre dans le mésentère et devient ainsi flottant; sa direction est très contournée; il représente les 4/5 d'un cercle, anneau ouvert embrassant dans sa concavité la tête du pancréas, à peu de nom d'anse pancréatique qui lui a été décerné. Il présente à noter dans son parcours l'abouchement des canaux cholédoque et pancréatique. Ces rapports sont des plus importants : avec la face inférieure du foie et la vésicule biliaire, avec la veine porte et l'artère hépatique, avec l'épiploon gastro-hépatique et le grand épiploon, avec les côlons transverses et ascendants, la veine cave inférieure, le rein droit, la tête du pancréas et les canaux excréteurs de cette glande, etc. — Le jéjuno-iléon se distingue par la multiplicité de ses replis et son extrême mobilité, portion flottante de l'*i.* grêle; il remplit la plus grande partie de l'abdomen inférieur, les régions ombilicales et hypogastriques surtout, se répandant dans les flancs et jusque dans le petit bassin, attaché à la paroi postérieure de l'abdomen par le mésentère, repli important du péritoine. Son trajet subit des inflexions successives, il passe de droite à gauche et de gauche à droite, se rapprochant peu à peu de la partie inférieure de l'abdomen jusqu'à la fosse iliaque droite, où il s'ouvre dans le cæcum; les replis que forme cette portion de l'*i.* ont reçu le nom de *circonvolutions intestinales*, chacune d'elles formant une anse à concavité généralement latérale. Tandis que le duodénum est relativement court (27 centimètres) le jéjuno-iléon mesure environ 6 mètres. Considérée dans son ensemble, la masse des circonvolutions est en rapport en arrière avec la paroi postérieure de l'abdomen (aorte veine-cave), en avant avec la paroi antérieure de la même cavité, dont elle est séparée par le grand épiploon; latéralement, elle est contact avec les portions ascendantes et descendantes du gros i.; en haut, elle est recouverte par le côlon transverse et son mésocôlon sur lesquels reposent le foie, l'estomac, la rate; en bas, les anses descendent jusque dans le petit bassin, s'intercalant entre le rectum, la vessie, l'utérus chez la femme, tendant, dans la station debout, à forcer les orifices inguinal et crural de la paroi abdominale antérieure.

Au point de vue de sa constitution anatomique, l'*i.* grêle se compose de quatre couches, ou tuniques, superposées. L'externe ou *séreuse* est une dépendance du péritoine; sur le

duodénum, le péritoine se comporte différemment, suivant la portion que l'on considère, l'entourant totalement (première portion), ne revêtant que sa moitié antérieure (deuxième portion), ou enfin ne recouvrant que des parties peu étendues çà et là (troisième et quatrième portion); le jéjuno-iléon possède une gaine à peu près complète, le mésentère, repli péritonéal qui, après avoir englobé l'*i.*, forme un feuillet unique par adossement des deux primitifs et qui vient s'attacher sur la paroi postérieure de la cavité abdominale contenant, dans son épaisseur, les vaisseaux sanguins et les lymphatiques destinés au jéjuno-iléon. — La seconde tunique *musculeuse* se compose de deux plans de fibres, l'un superficiel longitudinal, l'autre profond, circulaire; histologiquement, ces fibres sont uniformément lisses. — La tunique sous-jacente, *celluleuse* ou *sous-muqueuse*, est essentiellement constituée de faisceaux conjonctifs et élastiques, entrecroisés, et renferme les vaisseaux et les nerfs qui se rendent à la muqueuse. — Enfin, la *tunique muqueuse*, la plus interne, revêt, sans discontinuité, toute la surface intérieure de l'organe, continue en haut à la muqueuse stomacale, en bas à la muqueuse du gros i. D'un blanc rosé ou grisâtre, elle adhère intimement aux couches sous-jacentes, et présente vers la lumière du canal des particularités de conformation très intéressantes. Ce sont : les *valvules conniventes*, replis permanents de la muqueuse occupant les 2/3 environ de la circonférence du canal, ayant pour résultat d'accroître la superficie de la muqueuse, et, par suite, le nombre de ses appareils sécréteurs et absorbants; — les *villosités intestinales*, petites saillies se dressant si nombreuses et si rapprochées qu'elles donnent à la surface un aspect velouté caractéristique (on en compte 1,000 environ par centimètre carré); — les *follicules clos* et les *plaques de Peyer*, organes lymphoïdes, solitaires ou agminés, situés dans l'épaisseur du chorion muqueux ou dans la tunique celluleuse, siégeant plus particulièrement dans le jéjuno-iléon; — enfin, les *orifices glandulaires* répondant aux glandes que nous allons étudier. L'étude microscopique de la muqueuse intestinale présente à étudier un *épithélium* qui suit tous les accidents de la surface libre et dont les cellules sont d'une manière générale prismatiques, présentant un plateau superficiel strié perpendiculairement, parsemées çà et là de quelques éléments caliciformes; — un *chorion muqueux* formé de tissu conjonctif réticulé où se trouvent les follicules clos; — une *couche musculaire* (*muscularis mucosæ*) formée de fibres longitudinales et circulaires. Ici se rattache la description des villosités formées par le chorion muqueux dans lequel cheminent des vaisseaux (lymphatiques représentant l'origine des chylifères, sanguins, artériels, capillaires et veineux), le tout recouvert par l'épithélium; quant aux glandes, elles sont de deux sortes, les glandes de *Brunner*, glandes en grappes, exclusivement duodénales, et les *glandes de Lieberkühn*, glandes en tubes, simples, existant sur tous les points de la surface intestinale, sauf au niveau des follicules clos, et venant s'ouvrir entre les villosités. — Restent à étudier les vaisseaux et nerfs de l'*i.* grêle. Les artères du duodénum proviennent de deux sources, la *gastro-épiploïque droite* et la *mésentérique supérieure*; celles du jéjuno-iléon émanent de la convexité de la mésentérique supérieure. Quelle que soit leur provenance, ces vaisseaux, après avoir cheminé entre la muqueuse et la celluleuse, pénètrent dans la sous-muqueuse, et forment en la couche muqueuse un réseau étroit très remarquable, d'où se détachent les ramuscules qui se distribuent aux follicules clos, aux glandes et aux villosités. Les veines naissant à la base des villosités, forment un premier réseau sous-muqueux, un second dans la couche sous-péritonéale, et s'échappent de l'*i.* au niveau de son bord adhérent, pénétrant dans l'épaisseur du mésentère où ils constituent, par leur réunion, la *grande veine mésentérique*, branche principale de la veine porte. Les lymphatiques, nés des chylifères villeux, forment des réseaux sous-muqueux intra-musculaires, et sous-séreux, aboutissant aux ganglions mésentériques, puis au groupe ganglionnaire présortique, et enfin à la citerne de Pecquet. Les nerfs de l'*i.* grêle émanent du plexus solaire et se portent vers le bord mésentérique de l'*i.* où ils forment un premier plexus sous-péritonéal, puis cheminent, les uns jusqu'à la couche musculaire où ils constituent le *plexus mesentericus* ou d'Auerbach, les autres jusqu'à la couche sous-muqueuse où s'étale le plexus de Meissner.

2° — Le *gros intestin* qui succède à l'i. grêle, dont il est séparé par la valvule iléo-cæcale, s'ouvre dans le milieu intérieur par l'orifice anal. Il a la forme d'un conduit cylindroïde; sa longueur est de 1ᵐ,50 environ; son diamètre, de 7 centimètres au début, diminue dans sa portion terminale jusqu'à 3 centimètres environ. Il est remarquable à l'inspection par la présence de bandes musculeuses à direction longitudinale très apparente qui se poursuivent sans interruption depuis son origine jusqu'au voisinage de sa terminaison; ces bandes sont au nombre de 3, antérieure, postéro-interne, et postéro-externe; entre elles la paroi intestinale se soulève en de nombreuses bosselures irrégulières; le long des bandelettes, le péritoine se soulève en prolongements flottants connus sous le nom d'*appendices épiploïques*. A son origine, le gros i. occupe la fosse iliaque droite; de là, il se porte verticalement en haut, dans le flanc droit, se courbe à angle droit, au-dessous du foie, et se porte transversalement de droite à gauche jusqu'à la rate, où il descend à angle droit pour gagner la fosse iliaque gauche qu'il parcourt obliquement; finalement, il s'engage dans le petit bassin, longe le sacrum, et se termine au périnée par l'anus. Son trajet forme en quelque sorte une circonférence qui inscrit la masse flottante de l'i. grêle. — Le gros i. se divise en trois parties, une très courte, en cul-de-sac, le *cæcum*, une moyenne très longue et à courbures multiples, le *côlon*, une terminale presque droite, le *rectum*.

Le cæcum ne s'abouche pas bout à bout avec l'i. grêle; celui-ci s'ouvre presque à angle droit sur la paroi latérale gauche du gros i. et cet orifice rétréci par la valvule iléo-cæcale est justement la limite supérieure du cæcum. Le cæcum a donc la forme d'une ampoule continue en haut avec le côlon et terminée en bas par une extrémité fermée, arrondie, fond qui donne naissance à un prolongement cylindrique, l'*appendice cæcal*. Le cæcum, oblique de bas en haut, de gauche à droite, et d'avant en arrière, est long de 7 centimètres environ, et sa capacité est de 2 à 300 centimètres cubes. Vu extérieurement, l'ampoule présente les trois bandelettes musculaires qui prennent naissance au point d'implantation de l'appendice; intérieurement, les bandes forment des saillies rubanées et les sillons qui circonscrivent les bosselures externes se traduisent par des crêtes falciformes. Cette surface interne est surtout remarquable par la valvule iléo-cæcale (valvule de Bauhin ou barrière des apothicaires), composée de deux valves dont les lèvres circonscrivent un orifice linéaire et virtuel quand elles sont rapprochées, réel seulement au moment du passage des matières alimentaires; cette valvule, résultat d'une invagination de l'i. grêle dans le cæcum, n'est formée qu'aux dépens d'une partie de la paroi intestinale; elle a pour fonction de permettre le libre passage des matières de l'i. grêle dans le gros i. et de s'opposer à la régression de ces mêmes matières. — L'appendice cæcal, encore appelé vermiculaire, est un petit tube cylindrique, flexueux, de longueur variable, généralement implanté sur le côté interne, mais il n'est rien de plus variable que sa situation et sa direction; il est entouré d'un repli du péritoine, méso-appendice, dépendance du feuillet inférieur du mésentère. La cavité est fort étroite, souvent virtuelle, occupe toute la longueur; sa structure est la même que celle du cæcum; il représente le rudiment, une partie atrophiée du cæcum, qu'on rencontre au début de son développement chez le fœtus.

Le côlon (en grec χῶλον, de χωλὑω, j'arrête) se divise en *côlon ascendant*, *transverse*, *descendant*, et *côlon iliaque* ou *S iliaque*. Le côlon ascendant est profondément situé dans la fosse lombaire, maintenu étroitement en position par le péritoine, directement en rapport avec le rein droit. — Le côlon transverse se porte transversalement, de la face inférieure du foie vers la partie inférieure de la rate, remontant légèrement vers l'hypocondre gauche, et décrivant une courbe à concavité postérieure, occupant la limite des régions épigastrique et ombilicale, rattaché à la paroi abdominale postérieure par le méso-côlon transverse. — Le côlon descendant, profond dans la fosse lombaire; répond au bord externe du rein gauche. — Enfin, le côlon iliaque est situé dans la fosse iliaque gauche, et passe bientôt dans le bassin; il est très mobile grâce à la lâcheté de son méso-côlon, et se continue avec le rectum au niveau de la troisième vertèbre sacrée. Il présente une première portion verticalement descendante, une deuxième portion en somme transversale, une troisième en forme d'anse à concavité supérieure qui s'étend de la fosse iliaque gauche à la fosse iliaque droite, et une quatrième portion légèrement courbe, oblique en bas et en dedans, qui aboutit au rectum. Au point de vue de sa configuration, rappelons seulement que vers la fin de son parcours, les trois bandes musculaires primitives se réduisent à deux, l'une antérieure, l'autre postérieure.

Le rectum n'a pas à vrai dire de limite tranchée qui le sépare de l'S iliaque. Cette limite supérieure étant toute conventionnelle, il est rationnel de la fixer au bord inférieur du méso-côlon. Ainsi compris, le rectum mesure environ 12 centimètres; aplati d'avant en arrière, sa cavité est virtuelle à

l'état de vacuité; à l'état de réplétion son volume est presque égal à celui du cæcum, mais sa dilatation est loin d'être uniforme, car d'une part au sommet de la prostate il est relativement étroit, tandis qu'il se dilate en ampoule au-dessus pour se rétrécir de nouveau avant de devenir côlon. Le rectum assujetti par le péritoine à la paroi postérieure du bassin, l'est encore bien davantage de par ses connexions avec le périnée, en sorte que son siège est invariable. Directement appliqué contre la paroi postérieure du bassin dont il suit la concavité, il s'infléchit en bas et en arrière au niveau du sommet du coccyx pour aboutir à l'anus, présentant une concavité supérieure dirigée en avant, et une concavité inférieure dirigée en arrière. — Conduit cylindroïde très régulier, il présente en avant des rapports intéressants qui diffèrent suivant le sexe. Chez l'homme il avoisine la vessie, séparé par le cul-de-sac péritonéal recto-vésical si important au point de vue chirurgical; chez la femme, c'est le vagin qui se trouve séparé par le cul-de-sac recto-vaginal au-dessous duquel se forme une cloison membraneuse très résistante, la cloison recto-vaginale, tandis que chez l'homme, à ce niveau, se trouve le triangle

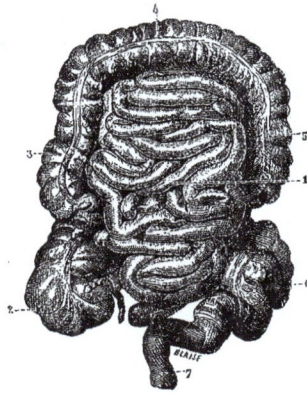

Fig. 1.

recto-uréthral dont le sommet répond à la prostate. — Vu intérieurement le rectum présente des plis longitudinaux à côté desquels se voient un certain nombre de plis transversaux, généralement de forme semi-lunaire (*valvules de Houston*), simples replis sans signification physiologique, effacés par la distension; immédiatement au-dessus de l'anus se trouvent cinq ou six replis curvilignes à concavité supérieure (*valvules semi-lunaires*) dont les bords se rejoignent en saillies longitudinales (*colonnes du rectum*).

(Fig. 1. — 1 Intestin grêle; — 2 Cæcum; — 3 Côlon ascendant; — 4 Côlon transverse; — 5 Côlon descendant; — 6 Rectum; — 7 Anus.)

Au point de vue de sa constitution anatomique, le gros i. se compose de quatre tuniques superposées dans le même ordre que celles de l'i. grêle. — La tunique séreuse se comporte différemment suivant les portions du gros i. et nous avons donné au cours de notre description un aperçu suffisant de la manière dont le péritoine se comporte. — La tunique musculeuse comprend deux ordres de fibres musculaires, réciproquement perpendiculaires, les superficielles longitudinales, les profondes circulaires. Nous avons indiqué la disposition des fibres longitudinales en bandelettes dont la situation varie suivant les diverses portions du côlon. A la partie inférieure du rectum, les fibres longitudinales se divisent en trois groupes: les superficielles forment le faisceau rétracteur de l'anus, les moyennes se dispersent sur les côtés, les profondes se fixent à la face profonde de la peau périanale. Les fibres circulaires, en plan continu sur le reste du gros i., forment au-dessous de l'ampoule rectale un anneau musculaire dit *sphincter interne* concentrique au *sphinc-*

ter externe. — Rien à dire de la tunique celluleuse. — Quant à la muqueuse, blanc cendré, elle ne présente plus trace des formations que nous avons étudiées dans l'i. grêle; seuls les follicules clos persistent, et un semis d'orifices glandulaires. L'épithélium et le chorion de la muqueuse ne présentent rien d'intéressant; on n'y rencontre que des glandes de Lieberkühn.

Les artères du gros i. présentent la même disposition que sur l'i. grêle, issues des arcades que forment les branches des deux mésentériques. — Les artères du cæcum proviennent de la terminaison de la mésentérique supérieure. Le côlon reçoit trois branches côliques droites de la mésentérique supérieure, et trois côliques gauches de la mésentérique inférieure. L'irrigation du rectum est la plus importante; les artères hémorrhoïdales supérieures sont une bifurcation de la mésentérique inférieure; les hémorrhoïdales moyennes proviennent de l'iliaque interne; enfin les hémorrhoïdales inférieures sont des branches de la honteuse interne. — Les veines du cæcum se jettent dans la mésentérique supérieure. — Les veines du côlon aboutissent les unes à la mésentérique supérieure, les autres à la mésentérique inférieure. — Quant aux veines du rectum, dont les origines forment le riche plexus hémorrhoïdal, elles se réduisent en deux groupes, veines hémorrhoïdales supérieures qui se rendent à la veine mésentérique inférieure, affluent principal de la veine-porte, et veines hémorrhoïdales inférieures qui se terminent dans la veine honteuse interne et finalement dans la veine cave inférieure. — Les lymphatiques ne présentent rien de remarquable : nés à la fois de la muqueuse et de la musculeuse, ils se jettent les uns dans les ganglions iléo-cæcaux, les autres dans les ganglions sacrés, etc. — L'innervation du gros i. est sous la dépendance des trois plexus solaire, lombo-aortique et hypogastrique, dont les filets nerveux forment, dans les tuniques intestinales, les deux plexus d'Auerbach et de Meissner.

II. *Physiologie.* — Le duodénum reçoit une ondée le contenu de l'estomac, et ces matières passent dans la partie qui a reçu le nom de jéjunum parce qu'on la trouve d'ordinaire vide (*jejunus, à jeun*), le contenu intestinal allant s'accumuler dans l'iléon. A ce moment, sont seuls versés dans l'i. les produits sécrétés par les glandes de Lieberkühn et le pancréas, dont le canal aboutit dans le duodénum, tandis que la bile n'arrive qu'après le passage du produit stomacal, cette sécrétion étant adaptée non à la digestion, mais à l'absorption. Le liquide des glandes de Lieberkühn ou *suc entérique*, limpide et alcalin, agit seulement sur la fibrine du sang qu'il transforme en peptone, et sur le sucre de canne qu'il transforme en sucre interverti (mélange de glycose et de lévulose), grâce à son ferment inversif. Le *suc pancréatique*, ou salive abdominale, très épais, très coagulable par la chaleur, très riche en albuminoïdes et alcalin, neutralise l'acidité du produit stomacal imprégné de suc gastrique, et agit alors par les ferments qu'il contient : il transforme les matières amylacées en sucre, comme la salive, et les albuminoïdes en peptone, comme le suc gastrique; de plus, et c'est son action la plus importante, il émulsionne les graisses, c'est-à-dire les met dans un état de division tel qu'elles deviennent absorbables par les villosités intestinales, en même temps qu'une partie des corps gras se saponifient et dédoublée en acide gras et glycérine. Ces actions sont dues à la pancréatine, mélange de trois ferments particuliers qui ont été isolés. La sécrétion du pancréas, bien qu'à peu près continue, ne devient considérable que lorsque le produit stomacal arrive dans l'i., obéissant ainsi à un acte réflexe. — Les aliments, ainsi modifiés, parcourent l'i. grêle sous l'influence de ces *mouvements péristaltiques*, mouvements normalement lents et faibles dont l'exagération produit les douleurs connues sous le nom de coliques. La marche des matières est souvent lente dans l'iléon et comme, pendant ce trajet, les matières alimentaires sont soumises à l'absorption, on peut dire que leur marche se ralentit à mesure que leur consistance augmente et que leur quantité diminue.

Les phénomènes d'absorption sont essentiellement, au point de vue physique, des phénomènes de diffusion et d'endosmose; mais ces phénomènes sont régis par la nature même de l'épithélium qui doit être traversé pour que les substances arrivent à se distribuer dans l'organisme ou y être entraînées par la circulation. L'état du sang (richesse ou pauvreté en principes à absorber) et l'état de la circulation (pressions fortes ou faibles) influent beaucoup sur la rapidité et l'intensité de l'absorption. Pour l'absorption intestinale, la clef du phénomène est dans le rôle de l'épithélium cylindrique qui recouvre les villosités : les aliments dissous et décomposés par les sucs digestifs formeraient, d'après certains auteurs, une sorte de blastème générateur que les cellules épithéliales incorporent à leur propre substance pour le transmettre ensuite au milieu

intérieur sous-jacent (lymphe ou chylifère central et sang des capillaires périphériques); c'est ainsi surtout que s'explique l'absorption des corps gras, absorption qui se ferait simplement par combinaison avec les substances albuminoïdes des cellules.

[Fig. 2. Villosité intestinale montrant le vaisseau chylifère central par où est emporté le produit de l'absorption.]

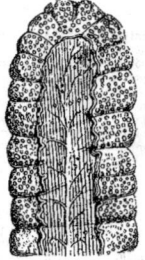

Fig. 2.

Quant aux 1,300 grammes de bile sécrétés en vingt-quatre heures, ils sont destinés à être en partie résorbés dans l'i., leur perte amenant un grand état de souffrance du système pileux (perte du soufre contenu dans la taurine de la bile). Des rôles divers ont été attribués d'ailleurs à cette sécrétion : neutraliser le chyme; émulsionner et dédoubler les graisses, etc.; mais les fonctions les plus certaines paraissent être l'obstacle qu'elle met à la fermentation putride du contenu intestinal et le concours qu'elle apporte à la desquamation épithéliale après chaque absorption.

Ce que l'i. grêle livre au gros i. est une matière déjà épaisse, un résidu destiné à l'expulsion et qui ne peut plus rétrograder grâce à la valvule iléo-cæcale; c'est à peine si quelques substances qui ont échappé à l'i. grêle peuvent être prises par le courant sanguin à ce niveau. On sait, d'ailleurs, que des liquides directement introduits dans le rectum peuvent être absorbés, et chez certains animaux une sorte de digestion se produit au niveau du cæcum. Toujours est-il que vers le milieu du gros i., le contenu n'est plus formé que par les fèces : celles-ci sont considérées à tort comme formées essentiellement par les parties non assimilables des aliments : car même lorsqu'un aliment est tout entier absorbable, il se produit des fèces (*méconium du fœtus*). C'est qu'en effet le principal produit rejeté au dehors ce sont les débris de l'épithélium desquamé; parfois même chez l'adulte ces débris forment à eux seuls toutes les matières fécales. Ce n'est qu'au second rang qu'il faut ranger les matières non assimilables : cholestérine, matière colorante de la bile, cellulose et ses dérivés, tendons et tuniques artériels des animaux ingérés. Ces matières sont poussées par des contractions lentes jusque vers l'S iliaque où elles s'arrêtent. Quant au rectum, les matières ne s'y portent que d'une manière intermittente sous l'influence de contractions plus vives, donnant naissance au phénomène réflexe de la défécation.

III. *Pathologie.* — L'i. est, comme tous les organes, sujet à des affections d'ordre divers qui peuvent procéder de processus inflammatoires ou néoplasiques, ou provenir d'accidents traumatiques, de l'introduction de corps étrangers vivants ou non, enfin d'affections du voisinage. — Nous ne dirons rien des *entérites* qui ont été décrites à leur place, du *choléra infantile*, de la *typhlite*, de la *dysenterie*, ni des *hémorrhoïdes*, dont on trouvera la description aux articles correspondants, ni des *hémorrhagies intestinales*, qui ne sont jamais qu'un symptôme dépendant d'une maladie plus ou moins grave. — Le *cancer de l'i.* présente l'évolution sourde et les symptômes mal caractérisés de toutes les tumeurs abdominales à siège difficile à déterminer; sa gravité est facile à prévoir. — Le parasitisme intestinal a été étudié à l'article HELMINTHIASE. — L'*occlusion intestinale* est l'arrêt des matières par un obstacle autre qu'une hernie, qu'il soit dû à une cause extrinsèque (étranglement interne, compression), à une cause pariétale (rétrécissement, vice de position) ou à une cause siégeant dans la lumière du conduit; les symptômes d'obstruction sont généralement nets, quelle qu'en soit l'origine; le diagnostic différentiel est plus difficile, mais les progrès modernes de la chirurgie permettent d'intervenir avec succès pourvu que l'on connaisse le siège approximatif de l'obstacle. — Restent les *ulcérations intestinales* et les *perforations*, dont l'étude ne présente aucun trait caractéristique, si ce n'est leur terminaison la plus fréquente, qui est aussi la plus grave, la péritonite.

IV. *Anatomie comparée.* — L'i. des Mammifères ressemble beaucoup à celui de l'homme; cependant leur i. grêle présente la pointe quelques vestiges des valvules conniventes. Le tube intestinal est d'autant plus court que l'espèce est plus exclusivement carnivore. Le cæcum est la partie la plus sujette à varier : ainsi, l'Ours, le Blaireau, la Chauve-Souris, le Hérisson, le Dauphin, la Baleine, n'en ont point, tandis que, chez d'autres, comme les herbivores à estomac simple, il est souvent énorme. L'i. des Oiseaux se compose aussi de deux portions, et, comme chez les Mammifères, ses dimensions sont en rapport avec la nature du régime. À son extrémité intérieure, le rectum se dilate ou une sorte de poche, appelée *Cloaque*, où aboutissent les uretères et les oviducles. Chez les Reptiles, le canal intestinal est assez court, excepté dans les espèces herbivores; le gros i. est peu différent de l'i. grêle, il débouche aussi à un cloaque. Le tube digestif des Poissons présente d'assez grandes variétés sous le rapport des dimensions et de la forme. Ce qu'on nomme l'i. *antérieur* correspond au pharynx, à l'œsophage et à l'estomac; l'i. *moyen* représente l'i. grêle; et enfin l'i. *postérieur* est l'analogue du rectum des vertébrés supérieurs. — Chez les Articulés, c.-à-d. chez les Insectes, Arachnides et Crustacés, la longueur de l'i. est assez variable. Tantôt le tube intestinal franchit directement l'espace qui sépare la bouche de l'anus, tantôt il décrit dans son parcours des circonvolutions plus ou moins nombreuses, ou bien offre un nombre plus ou moins considérable d'appendices cæcaux. — Dans l'embranchement des Mollusques, l'i. varie selon les classes : les Céphalopodes possèdent un i. court et rarement flexueux; chez i. des Gastéropodes est contourné sur lui-même; celui des Lamellibranches forme autour du foie plusieurs circonvolutions avant de gagner l'anus, et, dans la plupart des espèces, il traverse le cœur. — Chez les Échinodermes et les Cœlentérés, l'organisation du canal intestinal devient de plus en plus simple. En effet, si, dans plusieurs classes, il a encore la forme d'un tube ouvert à ses deux extrémités, il en est d'autres dans lesquelles il consiste en un simple cul-de-sac dont l'orifice unique tient lieu de bouche et d'anus. Enfin, tout au bas de l'échelle zoologique, on rencontre quelques animaux qui n'ont point de tube digestif, et qui, par conséquent, absorbent les matériaux nécessaires à la nutrition par la surface externe du corps.

INTESTINAL, ALE. adj. T. Anat. Qui appartient aux intestins. *Canal i. Vers intestinaux.* Voy. ENTOZOAIRES.

INTIMATION. s. f. [Pr. ... *sion*] (lat. *intimatio*, m. s.). Action d'intimer; et particul., Acte de procédure par lequel on assigne pour procéder sur un appel.

INTIME. adj. 2 g. (lat. *intimus*, superlatif de *intus*, dont le comparatif est *interior*, intérieur). Intérieur et profond; se dit de ce qui fait l'essence d'une chose ou de ce qui lie étroitement certaines choses entre elles. *Ces corps contractent une union i. Il existe entre ces idées une connexion i.* || Fig., Ce qui existe au fond de l'âme. *Le sens i. de la conscience,* ou simplement, *Le sens i.* || Fig., se dit en parlant d'amitié, d'attachement, de confiance réciproque. *Un ami i., Liaison i. Ils ont des relations intimes.* — Se dit aussi de celui qui a pour qui on a une affection très forte. *C'est mon ami i. C'est le confident i. de tous mes secrets. Ils sont très intimes.* Subst. et fam., *C'est son i. Ce sont deux intimes.*
Obs. gram. — *Intime* étant déjà un superlatif ne devrait pas admettre les degrés de comparaison. Cependant le sens du mot a tellement changé dans le passage en français que ce caractère de superlatif s'est perdu, et qu'on dit très bien *plus intime,* le *plus intime.*

INTIMEMENT. adv. D'une manière intime. Très étroitement. *Des parties i. unies entre elles.* — Fig., *Ces dames sont i. unies.* || Fig., Intérieurement et profondément. *En suis-i. persuadé, convaincu.*

INTIMER. v. a. (lat. *intimare*, m. s., *introduire*, de *intimus*, intime). Déclarer, faire savoir, signifier avec autorité. *On lui intima l'ordre de quitter la France.* — T. Jurisp. Se dit d'une signification légale. *On lui a fait i. la vente de ses meubles.* — Particulier., se dit d'une assignation pour procéder sur un appel. *Il m'a fait signifier son appel, mais il ne m'a point intimé. Il l'a intime en son propre et privé nom.* || *I. un concile,* Assigner le lieu et le temps auxquels un concile doit se tenir. INTIMÉ, ÉE. part. || Subst., se dit pour défendeur en cour d'appel. *L'intimé. L'intimée.*

INTIMIDABLE. adj. 2 g. Qui peut être intimidé, qui est susceptible de se laisser intimider.

INTIMIDATEUR. s. m. Celui qui intimide. = INTIMIDATEUR, TRICE. adj. Qui intimide. *Mesures intimidatrices.*

INTIMIDATION. s. f. [Pr. ... *sion*]. Action d'intimider;

menace pour inspirer de la crainte. *Un acte fait par i. est nul de plein droit. — Système d'i.,* se dit de l'emploi de la terreur adoptée systématiquement.

INTIMIDER. v. a. (lat. *in*, dans; *timidus*, craintif). Donner de la crainte, de l'appréhension à quelqu'un. *C'est un homme qui ne se laisse point i., qu'on n'intimide pas facilement. Il n'y a qu'un moyen d'en venir à bout, c'est de l'i. Son aspect m'intimida.* = S'INTIMIDER. v. pr. *Il commence à s'i.* = INTIMIDÉ, ÉE. p.

INTIMITÉ. s. f. Qualité de ce qui intime. *L'i. des rapports qu'on observe entre ces deux phénomènes.* || Liaison très étroite. *Ils vivent ensemble dans la plus grande intimité.*

INTINCTION. s. f. [Pr. *in-tink-sion*] (lat. *intinctio,* m. s., de *in*, en, et *tingere,* mouiller, teindre). Mélange qui se fait, à la messe, entre la consécration et la communion, d'une petite partie de l'hostie consacrée avec le vin.

INTINE. s. f. (lat. *intus,* en dedans). T. Bot. Nom donné par les anciens botanistes à la membrane interne des grains de pollen.

INTIRABLE. adj. 2 g. (R. *in* priv., et *tirer*). Qui ne peut pas être tiré.

INTITULATION. s. f. [Pr. ... *sion*]. Action d'intituler, de donner un titre à un ouvrage, résultat de cette action.

INTITULER. v. a. (lat. *intitulare,* m. s., de *in*, dans, et *titulus,* titre). Donner un titre à un livre, à une comédie, à quelque ouvrage d'esprit. *Comment intitulerez-vous cette comédie? L'ouvrage qui vient de paraître est intitulé...* || T. Jurisp. Se dit de la formule qu'on met en tête d'une loi, d'une ordonnance, d'un jugement, etc. *Les expéditions des jugements, de même que les lois, doivent être intitulés au nom du chef de l'État. In. un acte.* = S'INTITULER. v. pron. Se donner un titre. *Il s'intitule prince de...* Fam., et ne se dit guère que par dénigrement. = INTITULÉ. ÉE. part. || T Jurisp. Se dit, substant., de la formule usitée qui se met en tête d'une loi, d'un acte, d'un jugement. *Un acte n'est pas exécutoire s'il n'a pas d'intitulé. Le titre d'une loi indique son objet, l'intitulé indique de quelle autorité elle émane.* || Titre d'un livre.

INTOLÉRABILITÉ. s. f. (lat. *intolerabilitas,* m. s.). Qualité de ce qui est intolérable.

INTOLÉRABLE. adj. 2 g. (lat. *intolerabilis,* m. s.). Qui n'est pas tolérable, qu'on ne peut souffrir, qui ne se peut tolérer. *Des douleurs intolérables. La chaleur est i. Cela est i. Cette injure est i.*

INTOLÉRABLEMENT. adv. D'une manière intolérable.

INTOLÉRAMMENT. adv. [Pr. *intoléra-man*]. D'une manière intolérante.

INTOLÉRANCE. s. f. (R. *in* priv., et *tolérance*). Défaut de tolérance, disposition à violenter ceux avec lesquels on diffère d'opinion ; se dit le plus souvent en matière de religion. *Son i. lui fit beaucoup d'ennemis.*

INTOLÉRANT, ANTE. adj. (R. *in* priv., et *tolérant*). Non tolérant. Qui manque de tolérance, qui ne peut souffrir aucune autre opinion que la sienne ; se dit surtout en matière de religion. *On ne peut discuter avec lui, il est trop i. Une secte intolérante.* — On dit aussi : *Religion, doctrine intolérante.* || Subst., *Un i. Les intolérants.*

INTOLÉRANTISME. s. m. (R. *intolérant*). Sentiment de ceux qui ne veulent souffrir aucune autre religion que la leur. Peu usité.

INTOLÉRÉ, ÉE. adj. (R. *in* priv., et *toléré*). Qui n'est pas toléré ou permis.

INTONATION. s. f. [Pr. ...*sion*] (lat. *intonare* entonner, de *in*, dans, et *tonare,* tonner). T. Musique. Manière d'attaquer une note, d'émettre un son. *I. fausse, douteuse. I. juste. Cette i. est difficile à saisir. Il n'est pas encore ferme sur les intonations.* || En parlant du plain-chant,

Action de mettre un chant sur le ton où il doit être. *L'i. de ce psaume est de tel ton. Faire l'i. d'un chant.* || Par ext., se dit des divers tons que l'on prend en parlant ou en lisant. *1. forte, élevée, sourde. Cet acteur a des intonations fausses, désagréables. Il faut varier ses intonations.*

INTORSION. s. f. (lat. *in*, dans, et fr. *torsion*). T. Hist. nat. Action de s'entortiller autour d'un corps, de dehors en dedans.

INTOUCHABLE. adj. 2 g. (R. *in* priv., et *toucher*). Qui ne peut pas être touché.

INTOXICATION. s. f. [Pr. *intok-si-ka-sion*] (lat. *in*, dans; *toxicum*, poison). T. Méd. Empoisonnement.

INTOXIQUER. v. a. [Pr. *intok-si-ker*] (lat. *intoxicare*, m. s., de *in*, dans, et *toxicum*, poison). Empoisonner par l'absorption d'un toxique. — INTOXIQUÉ, ÉE, part.

INTRA, ville d'Italie, agréablement située sur e lac Majeur; 5,000 hab.

INTRACÉ, ÉE. adj. Qui n'est point tracé, frayé.

INTRACRÂNIEN ENNE. adj. [Pr. *intrakrani-in*] (lat. *intra*, à l'intérieur, et fr. *crâne*). T. Anat. Qui appartient à l'intérieur du crâne.

INTRADE. s. f. (Prov. *intrada*, entrée). T. Métall. Saillie de la tuyère dans le creuset d'un four catalan.

INTRADERMIQUE. adj. 2 g. (lat. *intra*, à l'intérieur; gr. δέρμα, peau). Qui est dans l'épaisseur de la peau.

INTRADILATÉ, ÉE. adj. (lat. *intra*, à l'intérieur, et fr. *dilaté*). T. Bot. *Squames in.*, Squames qui, rangées par deux, sont plus larges dans le rang interne que dans le rang externe. Juss.

INTRADOS. s. m. [Pr. *intra-dô*] (lat. *intra*, à l'intérieur, et fr. *dos*). T. Archit. Partie concave d'une voûte. Voy. ARCADE et VOUTE.

INTRADUISIBLE. adj. 2 g. [Pr. ...*zible*] (R. *in* priv., et *traduire*). Qu'on ne peut traduire. *Un auteur i. Ce genre de beauté est i.*

INTRADUIT, ITE. adj. Qui n'a pas été traduit.

INTRAFOLIACÉ, ÉE. adj. T. Bot. (lat. *intra*, en-dedans; *folium*, feuille). Qui naît entre des feuilles.

INTRAIRE. adj. 2 g. (lat. *intra*, dedans). T. Bot. *Embryon i.* Se dit d'un embryon complètement plongé dans l'albumen.

INTRAITABLE. adj. 2 g. (lat. *intractabilis*, qu'on ne peut manier, de *in* priv., et *tractare*, manier). Rude, d'un commerce, d'un caractère difficile, qu'on ne peut traiter. *Un homme, un esprit, une humeur i.* || À qui on ne peut faire entendre raison sur quelque chose. *Il est i. sur ce point.*

INTRAMARGINAL, ALE. adj. 2 g. (lat. *intra*, en dedans, et fr. *marginal*). T. Bot. Qui est placé en dedans des bords.

INTRAMÉDULLAIRE. adj. 2 g. [Pr. *intra-médul-lère*] (lat. *intra*, en dedans, et fr. *médullaire*). T. Anat. Qui est au dedans de la moelle nerveuse.

INTRAMERCURIEL, ELLE. adj. (lat. *intra*, en dedans, et fr. *Mercure*). T. Astr. Placé entre Mercure et le Soleil.

INTRAMOLÉCULAIRE. adj. 2 g. (lat. *intra*, en dedans, et fr. *molécule*). Qui est au dedans des molécules.

INTRA-MUROS. loc. adv. [Pr. l's finale]. Mots latins qui signifient En dedans des murs de la ville. *Il demeure intra-muros.*

INTRANSACTIONNEL, ELLE. adj. [Pr. *intran-zak-sio-nel*] (R. *in* priv., et *transaction*). Qui est contraire aux transactions.

INTRANSFÉRABLE. adj. 2 g. (R. *in* priv., et *transférer*). Qui ne peut être transféré.

INTRANSIGEANCE. s. f. [Pr. *intran-zi-jan-se*]. Disposition des intransigeants.

INTRANSIGEANT, ANTE. adj. [Pr. *intran-zi-jan*] (R. *in* priv., et *transiger*). Qui ne transige pas, qui n'accepte aucun accommodement. — Subst. *Les intransigeants.* Ceux qui n'acceptent aucun accommodement en religion, en politique, etc.

INTRANSITIF, IVE. adj. [Pr. *intranzitif*] (lat. *intransitivus*, m. s., de *in* priv., et *transitivus*, transitif). T. Gram. *Verbe i.*, Verbe neutre. Voy. VERBE.

INTRANSITIVEMENT. adv. [Pr. *intran-zitive-man*]. D'une manière intransitive.

INTRANSMUABLE. adj. 2 g. (R. *in* priv., et *transmuer*). Qui n'est pas susceptible de transmutation.

INTRANSPARENCE. s. f. [Pr. *intrans-pa-ranse*]. Défaut de transparence.

INTRANSPARENT, ENTE. adj. [Pr. *intransparan, ante*]. Qui n'est pas transparent.

INTRANSPORTABLE. adj. 2 g. (R. *in* priv., et *transporter*). Qui ne peut être transporté.

INTRANT. s. m. (lat. *intrans, antis*, part. prés. de *intrare*, entrer). Nom que l'on donnait autrefois dans l'université de Paris à celui qui était choisi par l'une des quatre nations pour élire le recteur.

INTRAPÉTIOLAIRE. adj. 2 g. [Pr. *intrapé-siolère*] (lat. *intra*, en dedans, et fr. *pétiole*). T. Bot. Placé entre les pétioles.

INTRAPILAIRE. adj. 2 g. (lat. *intra*, en dedans, et fr. *pile*). Qui se passe dans l'intérieur d'une pile électrique. *Courant i.*

INTRAPULMONAIRE. adj. 2 g. (lat. *intra*, en dedans, et fr. *pulmonaire*). T. Anat. Qui est au dedans du poumon.

INTRARACHIDIEN, IENNE. adj. [Pr. *intrarachidi-in*] (lat. *intra*, en dedans, et fr. *rachis*). Qui est dans l'intérieur du rachis.

INTRASTELLAIRE. adj. 2 g. [Pr. *intrastel-lère*] (lat. *intra*, en dedans; *stella*, étoile). En dedans des étoiles. Qui est plus proche de nous que les étoiles.

INTRATROPICAL, ALE. adj. (lat. *intra*, en dedans, et fr. *tropical*). Synonyme d'intertropical.

INTRATUBAIRE. adj. 2 g. (lat. *intra*, en dedans, et fr. *tube*). Qui se fait dans l'intérieur d'un tube.

INTRA-UTÉRIN, INE. adj. (lat. *intra*, en dedans; *uterus*, matrice). Qui a lieu à l'intérieur de l'utérus. *Grossesse intra-utérine. Pendant la vie intra-utérine.*

INTRAVASCULAIRE. adj. 2 g. (lat. *intra*, en dedans, et fr. *vasculaire*). T. Physiol. Qui est au dedans des vaisseaux.

INTRAVEINEUX, EUSE. adj. (lat. *intra*, en dedans, et fr. *veine*). Qui est à l'intérieur des veines.

INTRAVERSABLE. adj. 2 g. (R. *in* priv., et *traverser*). Qu'on ne peut traverser.

INTRAVERSÉ, ÉE. adj. Qu'on n'a pas traversé.

INTRAVERTÉBRÉ, ÉE. adj. (lat. *intra*, en dedans, et fr. *vertèbre*). T. Anat. Se dit des animaux qui ont leur appareil osseux dans l'intérieur du corps.

IN-TRENTE-DEUX. adj. et s. m. T. Imp. et Libr. Format où la feuille est pliée en trente-deux feuillets. Voy. FORMAT.

INTRÉPIDE. adj. 2 g. (lat. *intrepidus*, m. s., de *in* priv., et *trepidus*, qui est effrayé). Qui ne craint point le péril. *Homme i. Un courage i. Marcher à la mort d'un* pas *i.* || Par exag., se dit fam. de celui qui n'est point rebuté par les désagréments, par les obstacles. *Un so-lici-teur i.*

INTRÉPIDEMENT. adv. [Pr. *intrépi-de-man*]. D'une manière intrépide. *Nos soldats montèrent i. à l'assaut.*

INTRÉPIDITÉ. s. f. Qualité de celui qui est intrépide. Courage, inébranlable fermeté d'âme dans le péril. *Une i. héroïque. Faire preuve d'i., d'une grande i.*

INTRIGAILLER. v. n. [Pr. *intriga-ller*, ll mouillées] (R. *intriguer*, avec le suff. péjoratif *aille, ailler*). S'occuper d'intrigues petites et basses. *Il passe sa vie à i.*

INTRIGAILLEUR, EUSE. s. [Pr. *intriga-lleur*, ll mouillées]. Intrigant de bas étage.

INTRIGANT, ANTE. adj. [Pr. *intri-gan, g dur*] (ital. *intrigante*, m. s., de *intrigo*, intrigue). Qui s'occupe d'intrigues. *Cet homme est i. Une femme fort intrigante.* || Subst., *C'est un i. Il s'est attaché à une intrigante.*

INTRIGUE. s. f. [Pr. *intri-ge, g dur*] (ital. *intrigo*, m. s., du lat. *intricare*, embrouiller, de *in*, dans, et *tricæ*, embarras). Pratique secrète qu'on emploie pour faire réussir ou échouer une affaire. *I. basse, tortueuse. I. politique. Les intrigues de la cour. Une i. difficile à démêler à débrouiller. Former, conduire, mener une i. Démêler, dénouer une i. Une femme d'i. L'esprit d'i. Vivre d'i.* || Commerce secret de galanterie. *Une i. galante. Cette femme a eu de nombreuses intrigues.* || T. Littér. Se dit des différents incidents imaginés par l'auteur d'une pièce dramatique ou d'un roman, et de leur combinaison. *Une i. compliquée. Une i. bien conduite. Le fil de l'i. Le nœud, le dénouement de l'i.* — Comédie d'i., Voy. DRAMATIQUE. | Se dit quelquefois d'un incident, d'un embarras fâcheux. *Me voilà hors d'i.* Vieux et peu usité. = Syn. Voy. CABALE.

INTRIGUER, v. a. [Pr. *intri-ger, g dur*] (ital. *intrigare*, m. s., du lat. *intricare*, embrouiller, de *in*, dans, et *tricæ*, embarras). Embarrasser, inquiéter. *Je l'ai beaucoup intrigué par ce que je lui ai dit. Cela m'intrigue beaucoup.* || T. Littér. Composer avec une action plus ou moins compliquée. = INTRIGUER. v. n. Faire une intrigue, des intrigues. *Il intrigue à la cour. C'est un homme qui ne fait qu'i. Ils intriguèrent pour le perdre.* = S'INTRIGUER. v. r. Faire beaucoup de démarches, employer toutes sortes de moyens pour faire réussir une affaire. *Il s'est bien intrigué pour parvenir à son but.* || S'i. partout, Se fourrer partout, tâcher de s'insinuer partout. = INTRIGUÉ, ÉE. part. *Il est fort intrigué.* || *Cette pièce de théâtre est bien intriguée*, Elle est remplie d'incidents qui piquent la curiosité et provoquent l'intérêt du spectateur.

INTRIGUEUR, EUSE. s. [Pr. *intri-geur, g dur*]. Celui, celle qui intrigue. Vx.

INTRINSÈQUE. adj. 2 g. (lat. *intrinsecus*, en dedans, de *intra*, en dedans, et *secus*, le long). Qui est au dedans de quelque chose et qui lui est propre, essentiel. *Qualités, propriétés intrinsèques. Bonté i.* || *Valeur i.*, Celle qu'ont les choses considérées en elles-mêmes. *La valeur i. des monnaies dépend de la quantité de fin qu'elles contiennent.* || T. Log. *Arguments intrinsèques*, Arguments tirés du fond même du sujet. = Syn. Voy. INTÉRIEUR.

INTRINSÈQUEMENT. adv. [Pr. *intrinsè-ke-man*]. D'une manière intrinsèque. *Cela est bon i.*

INTRIQUER. v. a. [Pr. *intri-ker*] (lat. *intricare*, embrouiller, de *in*, dans, et *tricæ*, embarras). T. Histol. Disposer en croisant et recroisant. = INTRIQUÉ, ÉE. part. *Fibres intriquées.*

INTRIT. s. m. [Pr. *in-tri*] (lat. *intritus*, broyé dans, de *in*, dans, et *tritus*, broyé). T. Minér. Roches mélangées dans lesquelles une espèce minérale est cimentée avec d'autres sur une pâte.

INTRODUCTEUR, TRICE. s. (lat. *introductor*, m. s.). Celui ou celle qui introduit. *Je serai votre i. Veuillez être*

mon *introductrice.* || *I. des ambassadeurs*, Celui qui a pour fonction de conduire les ambassadeurs et les princes étrangers à l'audience du souverain. || Auteur d'une introduction.

INTRODUCTIF, IVE. adj. (R. *introduire*). T. Prat. Qui sert de commencement à une procédure. *Exploit i. d'instance. Requête introductive.*

INTRODUCTION. s. f. [Pr. *introduk-sion*] (lat. *introductio*, m. s.). Action par laquelle on introduit quelqu'un. *L'i. d'un ambassadeur auprès de l'empereur. L'i. d'une personne dans une société. Lettre d'i. L'i. d'un personnage dans une pièce, dans un roman.* || Action d'introduire, de faire entrer une chose dans une autre. *L'i. de la sonde dans la vessie. On prohiba l'i. en France des marchandises anglaises.* — Se dit aussi des choses qui s'introduisent d'elles-mêmes. *L'i. de l'air dans les poumons.* || Fig., *L'i. d'un usage nouveau, d'une coutume étrangère.* || Fig., Ce qui sert comme d'entrée, de préparation à une science, à une étude, etc. *I. à une science. I. à l'astronomie. I. à la vie dévote.* || Espèce de discours préliminaire que l'on place à la tête d'un ouvrage. *Ce grand travail est précédé d'une i. historique.* || T. Mus. Voy. ci-après. || T. Prat. *L'i. d'une instance*, Le commencement d'une procédure à quelque tribunal.

Mus. — En Musique, on appelle *Introduction* un mouvement lent, grave, quelquefois même solennel, mais ordinairement assez court, par lequel commencent le plus souvent une symphonie, un quatuor, une ouverture. L'i. a pour but d'appeler l'attention de l'auditeur sur le morceau vif et brillant qui va suivre, c.-à-d. sur l'*allegro*. — Dans un opéra, l'i. est le morceau de musique qu'on chante au lever du rideau et qui sert d'exposition, tel qu'un chœur ou un morceau d'ensemble. Le plus souvent l'i. se lie à la symphonie d'*ouverture* ; parfois même il en tient lieu. Aujourd'hui, particulièrement, l'ouverture proprement dite n'étant, sinon tombée en désuétude, du moins très réduite dans ses proportions primitives.

INTRODUCTOIRE. adj. 2 g. [Pr. *introduk-touare*] (lat. *introductorius*, m. s., de *introducere*, introduire). Qui a rapport à l'introduction.

INTRODUIRE. v. a. (lat. *introducere*, conduire dans, de *intro*, en dedans, et *ducere*, conduire). Procurer l'admission de quelqu'un dans un lieu, dans une maison, dans une société ; lui procurer l'accès auprès de quelqu'un. *On l'introduisit dans la chambre où devait passer le roi. Nous fûmes aussitôt introduits dans le cabinet du ministre. Il a introduit l'ennemi dans la place. Il m'a introduit à la cour. Elle l'a introduit chez son ami dans cette société. Il se chargea de l'i. auprès du ministre.* || Faire paraître, faire figurer un personnage dans un dialogue, dans une pièce de théâtre. *Il a introduit dans sa pièce un nouveau personnage. I. un personnage sur la scène.* || Faire entrer une chose dans une autre. *I. une sonde dans une plaie. I. des marchandises dans un pays.* || Fig. Faire adopter, faire prendre en faveur ; causer. *Il voulut i. dans l'État des coutumes étrangères. Il introduisit dans ce pays l'amour des lettres et des arts. Cette mesure introduisit le désordre, la confusion.* || T. Procéd. *I. une instance devant un tribunal.* — T. Fauc. *I. un oiseau au vol*, L'y dresser. = S'INTRODUIRE, v. pronom. S'employer dans presque toutes les acceptions précédentes. *Il s'introduisit furtivement dans la maison. Cet homme s'est introduit partout. Il s'est introduit de lui-même. L'air s'introduit dans les poumons. Les abus qui s'étaient introduits, dans l'administration. Ces tissus ne peuvent s'i. que par fraude. De nouveaux usages s'introduisirent chez ce peuple.* = INTRODUIT, ITE. part. = Conj. Voy. NUIRE.

INTROÏT. s. m. [On prou. le *t* final.] (lat. *introitus*, entrée, de *intro*, en dedans, et *ire*, aller). T. Liturg. Prières dites par le prêtre au début de la messe. Voy. MESSE.

INTROMISSION. s. f. [Pr. *intromi-sion*] (lat. *intromissus*, part. de *intromittere*, faire entrer dans, dérivé de *intro*, dedans, et *mittere*, envoyer). Action par laquelle on introduit un corps dans un autre.

INTRÔNER. v. a. (lat. *in*, dans, et fr. *trône*). T. Néol. Mettre sur le trône, à la place de celui qui l'occupait. = INTRÔNÉ, ÉE, part.

INTRONISATION. s. f. [Pr. *introni-za-sion*]. Action par laquelle on intronise. *Après son i.*

INTRONISER. v. a. [Pr. *introni-zer*] (lat. *in*, sur; *thronus*, trône). Placer solennellement un évêque sur son siège épiscopal, un pape sur la chaire pontificale, un souverain sur le trône. *Après l'avoir intronisé, on chanta le Te Deum.* ‖ Fig., Établir souverainement. *Les doctrines qui se sont intronisées.* = INTRONISÉ, ÉE. part.

INTROPELVIMÈTRE. s. m. (lat. *intro*, en dedans; fr. *pelvimètre*). Instrument pour mesurer l'étendue des détroits du bassin.

INTRORSE. adj. 2 g. (lat. *introrsum*, en dedans). T. Bot. Se dit d'une étamine dont l'anthère s'ouvre sur une face qui regarde le centre de la fleur.

INTROSPECTIF, IVE. adj. (lat. *intro*, en dedans; *spectare*, observer). T. Did. Qui examine à l'intérieur.

INTROSPECTION. s. f. [Pr. *introspek-sion*] (lat. *introspectio*, m. s., de *intro*, en dedans, et *spectare*, regarder). T. Did. Examen de l'intérieur.

INTROUVABLE. adj. 2 g. (R. *in* priv., et *trouvable*). Qu'on ne peut trouver. *C'est un homme i. Cette clef est donc i.?* Fam. ‖ Dont on ne peut trouver le pareil. *La chambre introuvable*, Chambre des députés de 1815, ainsi surnommée parce qu'il paraissait impossible d'en trouver une aussi royaliste.

INTROUVÉ, ÉE. adj. (R. *in* priv., et *trouvé*). Qui n'a pas été trouvé.

INTRUS, USE. [Pr. *intru*, *truze*] (part. pass. du verbe *Intruse*, qui est inus. et qui vient du lat. *intrudere*, de *in*, dans, et *trudere*, pousser). Introduit, établi par force, par ruse, ou contre le droit et sans titre, dans quelque charge, dans quelque dignité, dans quelque emploi, etc. *Il s'était i. dans ce bénéfice, dans cet évêché. Il s'est i. dans cette charge, dans cette gestion, dans cette tutelle.* = INTRUS, USE. adj. *Un évêque i. Cette abbesse est intruse.* ‖ Subst., *C'est un i.* — Fam., et par ext., se dit de celui qui s'introduit quelque part sans avoir qualité pour y être admis. *Il me semble qu'il y a plusieurs intrus parmi nous.*

INTRUSIF, IVE. adj. [Pr. *intru-zif*]. Qui a le caractère de l'intrusion.

INTRUSION. s. f. [Pr. *intru-sion*] (R. *intrus*). Action par laquelle on s'introduit, contre le droit ou sans titre, dans quelque dignité, dans quelque bénéfice, dans quelque charge, dans quelque compagnie, etc. *Une i. violente. Après son i.*

INTUITIF, IVE. adj. T. Philos. Qui s'obtient par intuition. *Ce sont là des vérités intuitives.* ‖ T. Théol. *La vision intuitive de Dieu*, La vision de Dieu telle que les bienheureux l'ont dans le ciel.

INTUITION. s. f. [Pr. *intui-sion*] (lat. *intuitio*, vue, de *in*, dans, et *tueri*, voir). T. Philos. Faculté que possède l'âme humaine d'acquérir certaines connaissances d'une manière directe et immédiate. *C'est par l'i. pure que nous atteignons l'infini. Vérités d'i.*, Celles que nous saisissons par simple intuition. Voy. RAISON. ‖ Par ext., Intelligence rapide des choses. ‖ T. Théol. Se dit de la vision de Dieu telle que les bienheureux l'ont dans le ciel.

INTUITIONNISTE. adj. 2 g. [Pr. *intui-sio-niste*]. T. Philos. Qui a rapport à la doctrine de l'intuition.

INTUITIVEMENT. adv. T. Philos. Par intuition. *C'est i. que nous prenons connaissance des états de notre âme.* ‖ T. Théolog. D'une vision intuitive. *Voir Dieu intuitivement.*

INTUMESCENCE. s. f. [Pr. *intumes-sanse*] (lat. *intumescere*, se gonfler, de *in* dans, et *tumescere*, se gonfler). Action par laquelle une chose s'enfle. *L'i. des chairs.*

INTUSSUSCEPTION. s. f. [Pr. *intu-sus-sep-sion*] (lat. *intus*, en dedans; *suscipere*, recevoir). T. Biol. Acte par lequel les matières alimentaires sont introduites dans les corps organisés pour y être absorbées. Voy. ACCROISSEMENT. ‖ T. Chir. Entrée d'une portion d'intestin dans une autre. On dit plutôt, dans ce sens, *invagination*.

INULASE. s. f. [Pr. *inula-ze*] (R. *inule*). T. Chim. Diastase qui est sécrétée par l'*Aspergillus niger* et qui produit le dédoublement de l'inuline en lévulose et glucose.

INULE. s. f. (lat. *inula*, m. s.). T. Bot. Genre de plantes Dicotylédones (*Inula*), appelé aussi *Aunée* et *Aulnée*, de la famille des *Composées*. Voy. ce mot.

INULÉNINE. s. f. T. Chim. Voy. INULINE.

INULINE. s. f. (R. *inule*). T. Chim. Hydrate de carbone ressemblant à l'amidon et contenu dans les racines de l'Aunée (*Inula helenium*). On rencontre aussi l'i. dans les racines du dahlia, du topinambour, de la chicorée, du pissenlit, dans les tubercules du colchique d'automne, etc. C'est une poudre blanche, insipide, hygroscopique, formée de petits granules irréguliers. Elle se gonfle dans l'eau froide, se dissout facilement dans l'eau bouillante sans former d'empois. Insoluble dans l'alcool et l'éther, elle se dissout sans altération dans la potasse aqueuse. Ses solutions sont lévogyres; elles se colorent en brun par l'iode; elles réduisent à chaud, en présence de l'ammoniaque, les sels de plomb, de cuivre et d'argent. L'i. fond au-dessus de 160° en s'altérant. Chauffée avec les acides étendus, elle fixe de l'eau et se transforme en lévulose, avec un peu de glucose. La formule de l'i. est un multiple de $C^6H^{10}O^5$; d'après les déterminations cryoscopiques elle serait $C^{180}H^{300}O^{150} + H^2O$.

L'*inulénine* et la *pseudo-inuline* sont des substances isomériques avec l'i. qu'elles accompagnent ordinairement et dont elles ne diffèrent que par leurs propriétés physiques. L'*inuloïde* ou *i. soluble*, contenue dans le dahlia et le topinambour, est semblable à l'i., mais plus soluble dans l'eau. Quelques auteurs ont donné le nom d'*inuline* à la matière glycogène qui se forme dans le foie, peut-être parce qu'ils ont cru pouvoir l'identifier avec l'i. proprement dite; mais cette assimilation est bien hasardée, et paraît peu probable. Voy. FOIE.

INULOÏDE. s. f. (R. *Inule* et gr. εἶδός, forme). T. Chim. Voy. INULINE.

INURBANITÉ. s. f. Défaut d'urbanité.

INUSABLE. adj. 2 g. [Pr. *inu-zable*] (R. *in* priv., et *user*). Qui ne s'use pas.

INUSITÉ, ÉE. adj. [Pr. *inu-zité*]. Qui n'est point usité. *C'est une chose inusitée parmi nous. Ce mot est i.*

INUSTION. s. f. (lat. *inustio*, m. s., de *in*, et *ustio*, brûlure). Opération où l'on emploie le feu et qui se pratique dans la peinture à l'encaustique. Voy. PEINTURE.

INUTILE. adj. 2 g. (lat. *inutilis*, m. s., de *in* priv., et *utilis*, utile). Qui ne produit aucune utilité, aucun profit; qui ne sert à rien. *Un travail, une peine i. Un serviteur i. C'est un homme i. à l'État. Pas, démarches, paroles inutiles. Soins, précautions inutiles. Souhaits, regrets inutiles. Il est i. de vous plaindre.* ‖ Dont on ne se sert pas. *Un meuble i.* — *Laisser quelqu'un i.*, Ne pas employer ses talents. ‖ Subst., *L'inutile*, Ce qui ne sert à rien. *Les inutiles*, Les gens inutiles.

INUTILEMENT. adv. Sans utilité, en vain. *Travailler, se fatiguer, se tourmenter i.*

INUTILISABLE. adj. 2 g. [Pr. ...*zable*] (R. *in* priv., et *utiliser*). Qui ne peut être utilisé, dont on ne peut tirer aucune utilité.

INUTILISÉ, ÉE. adj. [Pr. *inutili-zé*]. Qui n'est pas utilisé, qui demeure inutile.

INUTILITÉ. s. f. (lat. *inutilitas*, m. s.). Manque d'utilité. *On a reconnu l'i. de cette machine. L'i. d'un meuble. Il s'est retiré dès qu'il a vu l'i. de ses soins. L'i. de vos efforts.* ‖ Défaut d'emploi, d'occasion de servir. *Laisser un homme de mérite dans l'i.* ‖ Chose inutile, superflue; en ce sens, ne se dit guère qu'au plur. *Son discours est rempli d'inutilités.*

INVAGINATION. s. f. [Pr. ...*sion*] (lat. *in*, dans; *vagina*, gaine). T. Méd. Accident par lequel une portion de l'intestin se replie en se doublant dans les parties voisines. || T. Chir. Introduction d'un bout d'intestin dans un autre en vue de rétablir la continuité du canal. Voy. INTESTIN.

INVAGINER. v. a. (lat. *in*, dans; *vagina*, gaine). T. Chirur. Faire l'opération de l'invagination. = s'INVAGINER. v. pron. Éprouver l'accident dit invagination. = INVAGINÉ, ÉE. part. *Anse invaginée*, Anse d'intestin qui rentre dans une autre.

INVAINCU, UE. adj. Qui n'a jamais été vaincu; ne se dit qu'en poésie et dans le style soutenu.

     Ton bras est invaincu, mais non pas invincible.
                         CORNEILLE.

INVALABLE. adj. 2 g. Qui n'est pas valable.

INVALABLEMENT. adv. D'une manière qui n'est pas valable.

INVALIDABLE. adj. 2 g. Qui ne peut être invalidé.

INVALIDATION. s. f. [Pr. ...*sion*]. Action d'invalider. *L'i. d'une élection, d'un sénateur, d'un député.*

INVALIDE. adj. 2 g. (lat. *invalidus*, m. s., de *in* priv., et *validus*, valide). Infirme, qui ne peut plus travailler et gagner sa vie. *Un ouvrier i. Les mendiants tant valides qu'invalides.* || Se dit particul. des militaires que l'âge ou leurs blessures ont rendus incapables de servir. *Les soldats invalides.* — On dit aussi, subst., *Un i., L'hôtel des Invalides* (Voy. ci-après), et par ellipse, *Les Invalides*, en parlant de cet hôtel. *Je vais aux Invalides.* || Fig. *Avoir ses invalides*, Avoir une retraite honorable, une récompense pour prix de longs services. || T. Dr. Qui n'a pas les qualités requises par la loi pour produire son effet. *Acte i. Une donation nulle et i. Ce mariage est i. par défaut de consentement du père.*

    Hist. et Admin. — I. — La généreuse idée d'ouvrir, aux soldats mutilés ou devenus infirmes au service de la patrie, des asiles où ils puissent passer, à l'abri du besoin, le reste de leurs jours, est une pensée toute moderne. Chez les Grecs, le peuple accordait parfois à quelques hommes le privilège d'être nourris aux dépens du trésor public; à Rome, les vétérans obtenaient quelquefois une part des terres conquises mais ces récompenses n'émanaient pas de lois stables, elles étaient accordées par le caprice du peuple, ou par le bon plaisir des généraux qui voulaient se rendre populaires. Les bénéfices et les fiefs de nos deux premières races étaient des récompenses militaires, mais au profit des chefs; quant aux soldats, on ne s'en occupait nullement. Sous les rois de la troisième race, on imagina de placer les soldats invalides dans les monastères de fondation royale, où, sous les noms d'*Oblats* et de *Moines lais*, ils étaient nourris et soignés aux frais de la communauté, qui d'ailleurs les chargeait de certains services inférieurs; d'autres étaient envoyés dans les châteaux à peu d'importance pour en former la garnison; ces derniers étaient appelés *Mortes-payes*. Philippe-Auguste, dit-on, songea à réunir ses vieux soldats dans un asile particulier; mais s vraisemblablement ce projet ne concernait que les officiers, ma s les *Quinze-vingts*, fondés par saint Louis en 1254, n'admettaient que des gentilshommes. En 1575, Henri III ordonna la création, sous le nom d'*Ordre de la charité chrétienne*, d'un véritable ordre de chevalerie composé d'officiers et de soldats infirmes. Il était pourvu à leur entretien au moyen de pensions payées par les couvents qui auraient été obligés de les recevoir comme oblats. En 1597, Henri IV leur ouvrit un asile rue de Lourcine, à Paris; mais cet établissement, n'ayant ni les bâtiments ni les fonds nécessaires pour remplir sa destination, fut supprimé en 1611. En 1632, Richelieu fit revivre le projet des rois précédents, et engagea Louis XIII à faire du château de Bicêtre, que ce prince venait d'acquérir, un hospice pour les invalides, sous le nom de *Commanderie de Saint-Louis*. Les travaux d'appropriation étaient déjà en cours d'exécution, quand la mort du cardinal, suivie bientôt de celle du roi, vint les arrêter.

    II. — Il était réservé à Louis XIV de réaliser sur une grande échelle cette noble idée. Il fit acheter de vastes terrains sur la rive gauche de la Seine, et par arrêt de son conseil du 12 mars 1670, il assigna les fonds nécessaires à la construction et à la dotation de l'établissement. Le monument fut commencé le 30 nov. suivant, sur les plans de Libéral Bruant, et terminé trois ans après, par J.-Hard. Mansard, qui dirigea la construction et qui donna seul les plans du dôme. Il jouissait en 1789 d'un revenu annuel de 1,700,000 livres. Les guerres de la Révolution et de l'empire lui firent adjoindre trois succursales qui furent établies à Versailles, Gand et Avignon, et qui ont été successivement supprimées : celle d'Avignon a subsisté jusqu'en 1850.

    L'Hôtel des Invalides ressortit naturellement au Ministère de la guerre, mais son administration est confiée à un général de brigade qui porte le titre de *Gouverneur* et qui est assisté d'un nombre d'officiers proportionné à l'effectif des pensionnaires. Il avait été construit pour recevoir 6,000 hommes, mais un aménagement plus comfortable avait réduit ce nombre à 4,000.

    Pour y être admis, il faut : 1° être âgé d'au moins 60 ans ou avoir perdu un membre ou être atteint d'infirmités équivalant à la perte d'un membre; 2° être possesseur d'une pension de retraite. Les invalides sont organisés militairement. Par suite de la suppression presque complète des retraites pour les simples soldats et de l'absence des grandes guerres, le nombre des invalides entretenus à l'hôtel a considérablement diminué. Il a même été question, à plusieurs reprises, pendant ces dernières années, de supprimer l'institution : une grande partie des locaux est actuellement affectée à des services de l'armée (intendance, service de santé, état-major, archives, etc.).

    L'Hôtel des Invalides est un des plus beaux monuments de Paris. Il forme un quadrilatère de 126,985 mètres carrés de superficie, et se compose d'une agrégation de bâtiments qui se développent autour de 19 cours ou jardins. La façade qui regarde le nord, a 196 mètres de développement. Elle est précédée d'une avant-cour au-devant de laquelle s'étend une vaste esplanade qui se prolonge jusqu'à la Seine. Les parties les plus importantes de l'édifice sont la cour d'honneur et l'église. La première est sur l'axe du monument. Elle est de forme quadrangulaire, longue de 102 mètres, large de 62, et entourée de bâtiments avec galeries à deux rangs d'arcades superposées. On y pénètre par une porte monumentale ouverte au centre de la façade. L'église se compose de deux parties : la nef ou l'église des soldats, et le dôme ou l'église royale. La nef sert aux cérémonies du culte. Sa voûte est ornée de drapeaux pris sur l'ennemi, et sous son pavé se trouvent des caveaux où sont enterrés les gouverneurs de l'Hôtel et plusieurs officiers généraux. Le dôme est bâti sur le plan d'une croix grecque et couronné par une coupole surmontée d'une lanterne et d'une croix. Extérieurement, le dôme est divisé en larges côtes saillantes dont les intervalles sont ornés de trophées en haut relief. Il a 26 mètres 63 de diamètre extérieur, et 17 environ de diamètre intérieur; sa hauteur, à partir du pavé, est de 71 mètres jusqu'à la lanterne, et de 100 mètres 70 jusqu'à l'extrémité de la croix. Enfin, le massif circulaire qui le supporte est percé de 12 fenêtres, entre lesquelles se trouvent 24 colonnes corinthiennes engagées et accouplées deux à deux. Au-dessus de ces colonnes règne un attique décoré de pilastres et de contreforts en consoles renversées (Fig. ci-dessus). Vue du dôme et de la façade de l'église des Invalides, prise de l'avenue de Breteuil). L'intérieur du dôme est décoré de peintures et de sculptures dues à Lafosse, Jouvenet, Coypel, etc. On y remarque également les tombeaux de Turenne et de Vauban. Enfin, dans une chapelle demi-souterraine pratiquée au centre de la construction, se voit le tombeau de Napoléon, qui a été élevé, de 1843 à 1853, sur les plans de Visconti. A l'entrée du caveau de l'empereur, se trouvent les tombeaux des maréchaux Duroc et Bertrand.

La plupart des nations de l'Europe ont imité la belle création de Louis XIV. Dès 1682, l'Angleterre fonda pour les invalides de l'armée de terre l'établissement appelé *Chelsea college*, qui fut suivi, en 1708, de la fondation du *Greenwich hospital* pour les invalides de la marine. En 1745, Frédéric II établit, à Berlin, un hôpital pour les invalides qu'avaient faits ses nombreuses guerres. Vers le même temps, la Suède créa aussi un hôtel des invalides à Upsal. Enfin, en 1839, l'empereur de Russie, Nicolas Ier, a fondé, près de Saint-Pétersbourg, une colonie d'invalides, sous le nom de *Slobode Pavlofskaia*.

III. — En même temps qu'il fondait un établissement pour les invalides de l'armée de terre, Louis XIV créait (23 sept. 1673), en faveur de ceux de la marine, une institution qui subsiste encore : c'est la *Caisse des invalides de la marine*. En dehors d'une subvention annuelle de l'État, les principales ressources de cette caisse sont les suivantes : retenue de 5 p. 100 sur les émoluments des officiers de marine naviguant à bord des navires de commerce; droits établis sur les armements du commerce et de la pêche; produit non réclamé des successions des marins et autres personnes mortes en mer; arrérages des inscriptions de rente appartenant à la caisse; droits et amendes perçus dans les colonies pour contravention aux lois sur la navigation et la pêche maritimes; soldes des marins déserteurs, etc., etc. Les principales dépenses incombant à la caisse des invalides de la marine consistent dans le paiement d'une demi-solde accordée aux marins de l'État et du commerce après 25 ans de navigation, des suppléments pour blessures, infirmités ou vieillesse, de gratifications aux marins non pensionnés pour infirmités, de pensions ou secours pour les veuves et orphelins de marins jouissant de la demi-solde ou y ayant droit. Le montant total des dépenses s'est élevé pour l'année 1887 à 12,500,000 francs environ. — La caisse est administrée par un fonctionnaire spécial qui relève du ministre de la Marine et dont la gestion est contrôlée par une *commission supérieure* qui, tous les ans, adresse un rapport au ministre.

INVALIDEMENT. adv. [Pr. *invali-de-man*]. D'une manière invalide, nulle, sans effet. *Contracter i.*

INVALIDER. v. a. T. Jurispr. Déclarer invalide, rendre nul. *I. un testament, un mariage, une donation. Qu'avez-vous à dire pour i. cet acte?* Pour établir qu'il est invalide, de nul effet? *I. une élection, un député.* == INVALIDÉ, ÉE. part

INVALIDITÉ. s. f. T. Jurispr. Manque de validité. *L'i. d'un contrat, d'un mariage, d'une procédure.* || État de l'homme invalide.

INVARIABILITÉ. s. f. Qualité de ce qui est invariable. *L'i. de ses principes.*

INVARIABLE. adj. 2 g. (R. *in* priv., et *variable*). Qui ne change point. *Le cours i. des astres. L'ordre i. des saisons. C'est un homme i. dans ses principes, dans ses résolutions. Ma détermination est i. Je me suis fait une règle i. de...* || T. Gram. Se dit des mots dont la terminaison n'éprouve jamais de changement. *Particule i. Les adverbes sont des mots invariables*

INVARIABLEMENT. adv. D'une manière invariable. *Il est i. attaché à son devoir.*

INVARIANCE. s. f. T. Alg. Propriété des invariants.

INVARIANT. s. m. (R. *in* priv., et *varier*). T. Alg. Un *i.* est une fonction des coefficients d'une forme algébrique telle que si on effectue dans la forme une substitution linéaire et qu'on calcule la même fonction en y remplaçant les coefficients de l'ancienne forme par ceux de la nouvelle forme, la nouvelle valeur de la fonction est égale à l'ancienne multipliée par une certaine puissance du module de la substitution. C'est ainsi que le *discriminant* d'une forme quadratique est un *i.* Voy. FORME. — En géométrie analytique on appelle *i.* de *l'équation d'une courbe ou d'une surface*, une fonction des coefficients de l'équation et des angles des axes qui conserve la même valeur quand on remplace l'équation donnée par celle qu'on obtient en changeant les axes des coordonnées. On conçoit sans peine que ces invariants jouent un grand rôle dans la théorie des courbes et des surfaces, précisément à cause de l'indépendance où ils sont du choix des axes de coordonnées. Par exemple, l'équation d'une conique étant représentée par :

$$A x^2 + 2 B x y + C y^2 + 2 D x + 2 E y + F = 0,$$

et θ désignant l'angle des axes de coordonnées, on démontre qu'il y a trois invariants, et trois seulement, qui sont :

$$\frac{A + C - 2 B \cos\theta}{\sin^2\theta}, \quad \frac{AC - B^2}{\sin^2\theta} \quad \text{et} \quad \frac{\Delta}{\sin^2\theta},$$

Δ désignant le discriminant du premier membre rendu homogène. Il est clair que toute fonction de ces trois invariants est un nouvel *i.* Aussi, quand on dit qu'il n'y a que trois invariants, cela veut dire que tous les invariants sont des fonctions de trois d'entre eux, et en particulier des trois précédents.

Si on s'astreint à n'employer que des coordonnées rectangulaires, l'angle des axes n'intervient plus, et les invariants de la conique deviennent :

$$A + C, \quad AC - B^2 \quad \text{et} \quad \Delta.$$

De même si l'on considère l'équation d'une surface du second ordre :

$$A x^2 + A' y^2 + A'' z^2 + 2 B y z + 2 B' z x + 2 B'' x y$$
$$+ 2 D x + 2 D' y + 2 D'' z + F = 0,$$

rapportée à des axes *rectangulaires*, on démontre que la détermination des plans principaux ou plans de symétrie dépend de la résolution de l'équation suivante connue sous le nom d'équation en *s*, et qui est du 3e degré :

$$\begin{vmatrix} A - s & B'' & B' \\ B'' & A' - s & B \\ B' & B & A'' - s \end{vmatrix} = 0$$

On démontre que les trois racines de cette équation sont toujours réelles, et que ce sont des *invariants*, pourvu qu'on ne considère jamais que des axes rectangulaires. La considération des invariants des courbes et des surfaces permet de calculer facilement les éléments métriques d'une courbe ou d'une surface dont on connaît l'équation, par ex., les longueurs des axes d'une parabole, ou le paramètre d'une parabole, etc.

Enfin, dans la théorie des équations différentielles, on a donné le nom d'*invariants différentiels* à certaines quantités qui ne changent pas ou se reproduisent multipliées par des facteurs simples quand on effectue un changement de variables ou un changement de fonction.

INVASIF, IVE. adj. [Pr. *inva-zif*]. Qui appartient à l'invasion.

INVASION. s. f. [Pr. ...*zion*] (lat. *invasio*, m. s., de *invadere*, envahir, de *in*, dans, et *vadere*, aller). Irruption faite par une armée ou une grande multitude de peuple dans un autre pays, dans le dessein de le piller ou de s'en emparer. *L'i. d'Attila en 451. Une grande i. Une i. subite. De fréquentes invasions. L'i. des Arabes en Espagne.*

Faire une i. Une guerre d'i. — Envahissement d'un pays par une armée pendant une guerre. *L'i. de la France en 1814, en 1815. L'i. du n nuva s goût, les fausses doctrines.* — *L'i. du choléra en Russie fut l'occasion de scènes horribles. L'i. du phy l'oxera.* ‖ T. Méd. Le début d'une maladie. *L'i. de la sca latine s'annonce par...* == Syn. Voy. INCURSION.

INVECTIF, IVE. adj. Qui a le caractère de l'invective.

INVECTIVE. s. f. (lat. *invectiva* [sous-entendu *oretio*] discours violent, de *invectum*, sup. de *invehi*, s'avancer contre, de *in*, dans, et *vehere*, traîner). Discours violent contre quelqu'un ou contre quelque chose. *Une sanglante, une furieuse i. Un plaidoyer plein d'invectives. Vomir des invectives. Se répandre en invectives contre quelqu'un. Il s'emporta en invectives. Il se jette da s l'i.* == Syn. Voy. INJURIER.

INVECTIVER. v. n. Dire des invectives. *I. contre quelqu'un. I. contre le vice. I. contre le luxe des femmes.* == v. a. *I. quelqu'un.* == Syn. Voy. INJURIER.

INVENDABLE. adj. 2 g. [Pr. *in-van...*] (R. *in* priv., et *vendre*). Qu'on ne peut pas vendre. *Cette terre est i. Ces marchandises sont invendables.*

INVENDU, UE. adj. [Pr. *in-van...*]. Qui n'a pas été vendu.

INVENTAIRE. s. m. (lat. *inventarium*, m. s., de *inventum*, sup. de *invenire*, trouver).

Droit. — En droit, on appelle *inventaire*, un état détaillé, une énumération et une description, article par article, des biens meubles et des titres, soit d'une personne, soit d'une société. L'i. a pour but, en mettant obstacle à la fraude, de protéger les droits des tiers intéressés, et il y a lieu d'y procéder quand il est utile de connaître la position de que qu'un. En matière civile, la loi prescrit cette formalité dans un très grand nombre de cas. Sont tenus de faire i. : l'envoyé en possession provisoire des biens d'un absent (C. civ. 126); le tuteur à son entrée en fonction (451); l'héritier bénéficiaire (794); le curateur d'une succession vacante (813); l'époux survivant qui prétend avoir droit à la succession (769); l'exécuteur testamentaire, quand il y a des mineurs, des interdits ou des absents (1031); le mari, quand il survient une succession intéressant les époux en communauté (1414); l'usufruitier à son entrée en jouissance (600), etc. L'i. n'est opposable et justice qu'autant qu'il est fait par-devant notaire, et à la loi accorde, en général, un délai de trois mois pour y procéder. Dans le cas d'ouverture de succession, l'i. est précédé de l'apposition et de la levée des scellés, formalités qui n'ont pas lieu quand tous les héritiers sont présents et majeurs, et que l'apposition n'a pas été requise par les créanciers. Tous les intéressés, c.-à-d. ceux qui prétendent avoir droit à la succession ou à la communauté, et les créanciers, peuvent requérir l'i., qui se fait dans les formes prescrites par les art. 937, 94., 944 du C. de Procéd., et en présence du conjoint survivant, des héritiers présomptifs, de l'exécuteur testamentaire, des donataires et légataires universels (942). S'il n'y a rien à inventorier, le notaire dresse *procès-verbal de carence*.

En matière commerciale, l'i. est un état détaillé de toutes les valeurs actives et passives, des effets mobiliers e. immobiliers que possède un commerçant. Tout commerçant est tenu de faire chaque année, sous seing privé, un i. qu'il doit copier sur un registre paraphé et visé une fois par an, qu'on appelle *livre des inventaires* (C. Comm. 9, 10). En faisant chaque année la balance de son actif et de son passif, il peut apprécier d'une manière exacte le bénéfice que lui procurent ses opérations, on s'arrêter à temps s'il est engagé dans une mauvaise voie. C'est donc essentiel que cet i. soit fait avec sincérité, tant dans l'intérêt du commerçant que dans celui des tiers. Voy. COMPTABILITÉ. En cas de faillite, toute supposition de dettes ou de dépenses entraîne la condamnation pour banqueroute frauduleuse. Enfin, le failli qui ne présente pas de livre d'i. peut être poursuivi comme banqueroutier simple (586).

INVENTER. v. a. [Pr. *in-van...*] (lat. *inventum*, sup. de *invenire*, trouver, de *in*, dans, et *venire*, aller). Trouver quelque chose de nouveau, d'ingénieux par la force de son esprit, de son imagination. *I. un art, une science un système. I. un instrument, une machine, un moyen, un expédient. I. un mode, un jeu. Celui qui a inventé la poudre à canon, qui a inventé l'imprimerie. Cela est bien*

inventé, heureusement inventé. Ce poète invente bien. C'est votre enfant qui a inventé cette malice. — Fig. et prov., *un dit d'un homme sans esprit. Il n'a pas inventé la poudre.* ‖ Supposer, controuver. *C'est un menteur, il a inventé cela.*

Ciel ! rien de plus cruel peut-il être inventé ?

MOLIÈRE.

Ce fait est inventé. I. une fausseté, une calomnie. == INVENTÉ, EE. p.

Syn. — *Trouver.* — *Inventer*, c'est imaginer, c'est créer une chose qui n'existait point; *trouver*, c'est apercevoir et remarquer une chose qui existait déjà. On *invente* une machine, on *trouve* un trésor. On *trouve* la solution d'un problème; mais on *invente* une nouvelle méthode pour le résoudre. Harvey a *trouvé* la circulation du sang; on ignore qui a *inventé* la poudre.

INVENTEUR, TRICE. s. [Pr. *in-van...*]. Celui, celle qui a inventé. *Le premier i. L'i. de l'imprimerie. L'i. d'une machine, d'un procédé. C'est lui qui est l'i. de cette mode. Les inventeurs de mots nouveaux. L'i. d'une calomnie, d'une fable, d'une ruse. Les poètes ont regardé Cérès comme l'inventrice du labourage.*

INVENTIF, IVE. adj. [Pr. *in-van...*]. Qui a le génie, le talent d'inventer. *Un homme i. Un esprit i. Une imagination inventive.*

INVENTION. s. f. [Pr. *in-van-sion*] (lat. *inventio*, action de trouver). Faculté d'inventer. *Ce poète, ce peintre n'a point d'i. C'est un homme plein d'i.* ‖ Action d'inventer, ou la chose inventée. *L'i. de l'imprimerie, de la boussole, du télégraphe électrique, des chemins de fer. Il est fertile en inventions. C'est de son i. Belle, heureuse, ingénieuse i. Une i. malheureuse. C'est une i. diabolique. Brevet d'i.* ‖ Action d'imaginer une chose que l'on donne pour vraie. i. Dans le lang. ecclésiastique, se dit pour découverte. *L'i. de la sainte croix. L'i. des corps de saint Gervais et de saint Protais.* ‖ T. Littér. Voy. RHÉTORIQUE. == Syn. Voy. DÉCOUVERTE.

Législ. — Au moyen âge, quand l'industrie était concentrée dans l'enceinte d'un petit nombre de corporations, des obstacles insurmontables s'opposaient à la production des inventions, et si quelquefois un inventeur obtenait de tirer parti de ses travaux, ce n'était qu'en vertu d'un privilége qui constituait la nouvelle profession en monopole. En proclamant l'émancipation industrielle, les sociétés modernes ont reconnu en même temps la liberté des inventeurs, mais l'application du nouveau régime donna lieu de principe, à un grand nombre de difficultés. D'abord on se demanda si un inventeur a droit à une rémunération pour le fait même de son i., et ensuite, dans le cas de l'affirmative, quelle est la nature de ce droit et par quels s dispositions législatives il convient de le sanctionner. Quelques esprits nièrent de la manière la plus absolue l'existence du droit à une rémunération. A leurs yeux, une i. nouvelle est sans doute un bienfait acquis à la société, mais son auteur doit être suffisamment récompensé par l'idée d'avoir procuré quelque utilité à ses semblables. D'autres, au contraire, assimilèrent au droit de propriété, et demandèrent que, à l'ex. de ce dernier, il fût déclaré absolu et perpétuel. Aucune de ces opinions extrêmes n'a été admise. La première a été repoussée parce que, dès qu'on reconnaît qu'une i. utile au service rendu à la société, il est évident que celui qui en est l'auteur a droit à une rémunération équivalente. La deuxième a été également rejetée par des considérations de justice et d'utilité sociale. En effet, attribuer à l'inventeur un droit perpétuel, ce serait dépouiller injustement tout le société à son profit, et empêcher tout progrès ultérieur. Il n'y a point d'i. qui ait été créée de toutes pièces; et il en est point qui ne soit composée d'éléments empruntés en grande partie, souvent même en totalité, au fonds commun accumulé par les siècles et qui est le domaine de tous. D'ailleurs, l'i. qu'un homme a faite aujourd'hui, un autre la fera demain, bien qu'ignorant les travaux de celui qui l'a précédé. En outre, la même idée vient souvent à plusieurs personnes en même temps, et comment pourrait-on alors accorder un privilége perpétuel à celui qui aurait réclamé sa récompense quelques jours ou quelques heures avant les autres? Enfin, dans ce système, ainsi que nous l'avons dit, l'outil progrès devient impossibles car une i. n'est jamais parfaite du premier coup et exige toujours le concours successif de plusieurs travailleurs. Supposons un individu qui fait une i. utile en principe, mais que son imperfection ne permet pas encore d'appliquer avantageusement, il faudra qu'elle reste perpétuellement dans cet état : car nul n'aura le

490

droit de se l'approprier pour la perfectionner, la transformer; en un mot, pour lui donner toute la valeur et toute l'utilité dont elle est susceptible.

II. — Ces considérations et une foule d'autres dont la simple énumération nous entraînerait trop loin, ont déterminé le législateur à adopter un système mixte qui concilie les intérêts de l'inventeur et ceux de la société. Il consiste à attribuer au premier le droit d'exploiter exclusivement son i. pendant un certain nombre d'années, c.-à-d. à lui accorder un monopole temporaire. Ce droit d'exploitation limitée permet à l'inventeur de rentrer dans ses avances et de faire un bénéfice plus ou moins considérable, lequel est naturellement, en général, proportionnel à l'importance de l'i. Quant à la société, elle n'a pas trop à souffrir des inconvénients du monopole qui en résulte, car l'inventeur est directement intéressé à ne point faire payer trop cher ses produits : en effet, d'un côté, il diminuerait ses bénéfices en paralysant la consommation, et, de l'autre, l'exagération du profit provoquerait la contrefaçon. Enfin, le système dont nous parlons n'empêche pas que la loi ne puisse, avec le consentement de l'inventeur, substituer au droit d'exploitation temporaire un autre mode de rémunération. C'est ainsi, par ex., qu'en vertu d'une loi du 7 août 1839, le gouvernement a acheté à Niepce et à Daguerre la jouissance immédiate des procédés de la daguerréotypie, et les a mis aussitôt dans le domaine public.

L'Angleterre est le premier pays qui ait réservé et garanti, à titre rémunératoire, un droit temporaire et exclusif au profit des inventeurs : c'était en 1623. L'Union américaine est entrée dans la même voie en 1787, la France en 1791, le royaume des Deux-Siciles en 1810, la Russie en 1812, la Prusse en 1815, la Belgique et la Hollande en 1817, l'Espagne et l'Autriche en 1820, etc. Mais si ce système figure aujourd'hui dans la législation de tous les peuples civilisés, son application n'a pas lieu partout de la même manière. Les différences portent principalement sur la durée du privilège accordé à l'inventeur, qui varie de 14 ans (Angleterre) à 20 ans (Belgique et Espagne). Dans quelques États, le droit de l'inventeur n'est reconnu qu'après un examen préalable destiné à constater la réalité et le mérite de l'i., tandis que, dans les autres, on se contente simplement de déclarer qu'à telle époque tel individu a présenté un procédé qu'il a dit nouveau et provenir de ses recherches particulières, sauf à lui à faire respecter sa propriété devant les tribunaux compétents, si l'on vient à lui contester son i. Ce dernier système a prévalu, particulièrement en Angleterre et en France, etc.; tandis que le premier a été adopté en Allemagne, en Hongrie, en Autriche, en Russie. — Le système de l'examen préalable a séduit, même chez nous, un grand nombre d'esprits : cependant il est radicalement vicieux, d'abord à cause de l'impossibilité de former des jurys compétents; ensuite parce que, même avec un jury éclairé et complètement désintéressé, il ne peut qu'entraver l'industrie en donnant le moyen de rejeter les inventions les plus sérieuses. En effet, une i., comme nous l'avons déjà remarqué, n'est jamais le fait d'un seul homme, et, avec un peu de bonne volonté, il est toujours possible d'en trouver le germe dans une multitude d'essais antérieurs, souvent très futiles, qui, pour un motif quelconque, n'ont pu donner de résultats appréciables. De plus, qui peut garantir l'infaillibilité des jurys? Et, comme ils sont exposés à se tromper, sera-t-on admis à attaquer leurs décisions? « Si les attaques sont recevables, dit le savant jurisconsulte et économiste Renouard, on aggrave notablement la condition des brevetés, puisque les lenteurs, les désagréments, les chances d'un examen préalable ne suffisent pas pour les dispenser de futures contestations. Peut-être est-ce la garantie des lumières que l'administration leur offrait, qui aura suffi pour les rassurer : ils se seront endormis dans une confiance qu'ils n'auraient pas eue, s'ils n'avaient dû compter que sur eux-mêmes, et ils ne se seront pas entourés des lumières qui les auraient éclairés sur leur faiblesse. Les décisions de l'administration, la compétence, l'attention ou la bonne foi des examinateurs, seront remis en question, et serviront de texte à de fâcheux débats. Si, pour échapper à ces inconvénients, on déclare, de plein droit, bien acquis les brevets préalablement autorisés, on tombera dans un danger plus sérieux. La concession d'un monopole n'est jamais gratuite, puisqu'elle prive tous les autres citoyens de l'imitation et de la concurrence. Mais, si cette concession a été l'effet d'une prévarication ou d'une erreur, comment interdire au public ou aux particuliers, dépouillés de droits qui leur étaient acquis, la possibilité d'un recours? Comment accorder à l'administration la faculté d'excéder impunément ses pouvoirs, et de franchir irrévocablement les limites de sa capacité, en créant un privilège exclusif sur une industrie qui n'était

pas cependant juste matière de monopole, puisqu'elle appartenait déjà, soit à quelque autre privilégié, soit à l'universalité des citoyens? »

III. — Nous venons de dire que la législation française relative aux droits des inventeurs remonte à l'année 1791; mais elle a été depuis cette époque complétée et perfectionnée à plusieurs reprises. La loi qui régit actuellement la matière est celle du 5 juill. 1844, partiellement modifiée par la loi du 31 mai 1856. Aux termes de cette loi, toute i. ou découverte nouvelle confère, pour un temps, à son auteur le droit exclusif d'exploitation. Pour constater son droit et prendre date, l'inventeur ou soi-disant tel doit déposer au ministère du Commerce une demande qu'il accompagne de la description exacte, claire et précise de son i., et des dessins et échantillons nécessaires à l'intelligence de celle-ci. À la suite de ce dépôt, le ministre prend un arrêté qui est remis au demandeur et constitue le *Brevet d'i*. Le brevet est délivré sans examen préalable, sans aucune espèce de garantie de la part du gouvernement, et par conséquent ne signifie nullement, comme on le croit communément, que la chose brevetée constitue une i. réelle ou utile. Le préjugé dont nous parlons est tellement enraciné dans les esprits et exploité si audacieusement par une foule de brevetés, que la loi exige que toute mention du brevet faite par un industriel soit accompagnée de la formule *sans garantie du gouvernement*, que l'on remplace dans l'usage par l'abréviation S. G. D. G. Celui qui prend un brevet est en outre soumis à une taxe annuelle de 100 fr., qui doit toujours être payée d'avance. La durée du brevet est fixée à 5, 10 ou 15 ans, suivant la volonté de l'inventeur. Toutefois, à l'expiration de la quinzième année, une loi peut, dans des circonstances exceptionnelles, accorder à celui-ci une prorogation de cinq années. Les descriptions et dessins sont conservés, jusqu'à l'expiration de brevet, au ministère du Commerce où on les communique à toute réquisition, que l'on remplace dans l'usage par l'abréviation. Un décret, inséré au *Bulletin des Lois*, proclame tous les trois mois les brevets délivrés, ainsi que les mutations survenues dans la propriété des brevets. En outre, le gouvernement publie, depuis 1883, la liste des brevets dans le *Bulletin de la propriété industrielle*. De plus, l'Imprimerie nationale vend par fascicules le catalogue des brevets. Enfin, lorsque le paiement de la seconde annuité est venu à manquer, les descriptions et dessins sont publiés textuellement ou par extraits. À l'expiration des brevets, les originaux des descriptions et dessins sont déposés au Conservatoire des arts et métiers. — Indépendamment des brevets, la loi reconnaît les *Certificats d'addition* pour les changements, additions ou perfectionnements apportés à une i. déjà brevetée. Ces certificats sont soumis aux conditions des brevets ordinaires, avec lesquels ils s'incorporent et dont ils deviennent partie intégrante. L'inventeur (ou ses ayants droit) peut seul les obtenir pendant la première année du brevet. Passé ce délai, ils sont délivrés aux tiers étrangers au brevet, mais ces derniers n'acquièrent pas par là le droit d'exploiter l'i. antérieurement brevetée, comme aussi le propriétaire de celle-ci n'a pas le droit d'exploiter l'i. objet du certificat. Les certificats d'addition, plus spécialement ceux qui sont pris par des étrangers, recevaient autrefois la dénomination de *brevets de perfectionnement* qui a été supprimée par la loi de 1844. Autrefois aussi, on délivrait des *brevets d'importation* pour les inventions introduites des autres pays. Les inventions de cette origine donnent lieu aujourd'hui à des brevets ordinaires, lesquels ne peuvent être demandés que par les inventeurs véritables et dont la durée ne peut excéder celle des titres analogues antérieurement pris à l'étranger. Tous les brevets, quelle que soit leur nature, sont transmissibles comme les autres biens et de la même manière.

Conformément au principe de l'absence d'examen préalable, la loi française reconnaît à toute personne, homme, femme, mineur, interdit, le droit d'obtenir un brevet et sur toutes choses; néanmoins elle a prévu quelques exceptions. Il y a donc lieu de distinguer les objets *brevetables* et ceux qui ne le sont pas, et, parmi les premiers, ceux qui ne peuvent pas être brevetés valablement. Sont brevetables tous les objets autres que les compositions pharmaceutiques ou remèdes de toute espèce (lesquels restent soumis à une législation spéciale), et les plans ou combinaisons de crédit et de finances. Mais pour que les objets brevetables puissent être valablement brevetés, en d'autres termes, pour qu'ils puissent supporter l'épreuve d'un procès, il faut qu'ils remplissent certaines conditions. L'i. doit être nouvelle et avoir un caractère industriel, c.-à-d. porter, soit sur de nouveaux produits industriels, soit sur de nouveaux moyens pour l'obtention d'un résultat ou d'un produit industriel. Par conséquent, les brevets obtenus pour une i. qui n'est pas nouvelle, ou qui porte sur un principe, une méthode, un système, une conception théorique ou purement scientifique dont on n'a pas indiqué les applications industrielles, ne peuvent avoir d'effet. A ces causes d'invalidité ou de nullité, la loi en ajoute encore d'autres. Un brevet est censé n'avoir jamais existé s'il porte sur une chose reconnue contraire à l'ordre ou à la sûreté publique, aux bonnes mœurs et aux lois de l'État; si le titre sous lequel il a été demandé indique que frauduleusement un objet autre que le véritable objet de l'i.; si la description jointe au brevet n'est pas suffisante pour l'exécution de l'i., ou si elle n'indique pas d'une manière complète et loyale les véritables moyens de l'inventeur; s'il y a violation de la réserve légalement faite, pendant une année, en faveur du breveté, pour changements ou additions; enfin, pour les certificats d'addition, s'ils sont relatifs à un objet ne se rattachant pas au brevet principal. Quant à l'inventeur, il perd tous ses droits dans trois circonstances : s'il ne paye pas son annuité au commencement de chaque année; s'il n'exploite pas son i. ou sa découverte en France, dans le délai de 2 ans à dater du jour de la signature du brevet, ou s'il cesse de l'exploiter pendant 2 années consécutives, sauf, dans les deux cas, à justifier des causes d'inaction; enfin, s'il introduit en France des objets fabriqués en pays étranger et semblables à ceux qui sont garantis par son brevet. La nullité et la déchéance, quel qu'en soit le motif, ne peuvent être prononcées que par les tribunaux, dont l'intervention est provoquée par les particuliers intéressés ou par le ministère public, suivant les cas.

IV. — L'atteinte portée aux droits du breveté s'appelle *contrefaçon.* Dans notre législation, la contrefaçon constitue un délit, qui donne naissance à deux actions, une action publique ou pénale et une action civile en dommages et intérêts. Les peines qui peuvent être prononcées contre le contrefacteur sont les suivantes : amende de 100 à 2,000 francs et en outre, en cas de récidive, un emprisonnement de 1 à 6 mois.

V. — Pour terminer, nous donnerons quelques indications sur le nombre des brevets délivrés en France depuis 1889 jusqu'au 1ᵉʳ janvier 1894 :

	Brevets.	Certificats d'addition.	Totaux.
Année 1889. . . .	7,810	1,477	9,287
— 1890. . . .	7,634	1,375	9,009
— 1891. . . .	7,863	1,429	9,292
— 1892. . . .	8,432	1,470	9,902
— 1893. . . .	8,358	1,702	10,060
Totaux.	40,097	7,453	47,550

Il est inutile d'ajouter que parmi cette multitude d'inventions ou soi-disant telles, il en est réellement très peu qui soient d'un intérêt capital, et que, parmi les autres, il en est beaucoup qui sont absolument sans aucune valeur.

INVENTORIER. v. a. [Pr. *in-van...*] (R. *inventaire*, ancienne forme d'inventaire). Dresser un inventaire ou mettre dans un inventaire. *I. les meubles d'une maison. On a inventorié avec soin ses livres et ses papiers. On n'a pas inventorié cette pièce.* = INVENTORIÉ, ÉE. part. *Une bibliothèque inventoriée. Papier inventorié,* Papier sur le dos duquel l'officier public a mis un numéro d'ordre et son paraphe. = Conj. Voy. PRIER.

INVÉRIFIABLE. adj. 2 g. (R. *in* priv., et *vérifier*). Qui ne peut être vérifié.

INVÉRIFICATION. s. f. [Pr. *...sion*] (R. *in* priv., et *vérification*). État, qualité de ce qui n'est pas vérifié.

INVERNESS, v. forte d'Écosse, à 179 kilom. N.-O. d'Édimbourg, ch.-l. du comté d'*Inverness*; 18,550 hab. — Le comté a 90,450 hab.

INVERSABLE. adj. 2 g. (R. *in* priv., et *verser*). Qui ne peut verser. *Il a imaginé un nouveau système de voitures inversables.*

INVERSE. adj. 2 g. (lat. *inversus,* m. s., de *in,* dans et *versus,* tourné). Opposé, renversé par rapport à l'ordre, au sens, à la direction actuelle ou naturelle des choses. *Disposer des objets dans un ordre i., dans l'ordre i. Tourner en sens i., dans un sens i. Prendre la direction i. Les objets sont réfléchis dans l'eau en sens i.* || T. Logiq. *Proposition i.* Voy. PROPOSITION. || . T. Arith. *Raison i.* Voy. PROPORTION-

NEL. — *Nombres inverses,* Nombres dont chacun est le quotient de l'unité par l'autre, et dont, par conséquent, le produit est égal à 1, comme 1 et $\frac{4}{3}$, $\frac{4}{5}$ et $\frac{5}{4}$, etc. || T. Alg. *Fonctions inverses.* Si $y = f(x)$, x est aussi une fonction de y : les deux fonctions y de x, et x de y seront dites inverses. || T. Géom. *Figures inverses* ou *réciproques.* Voy. INVERSION. = INVERSE. s. m. *Faire l'i.,* Reprendre une opération, une action accomplie, mais dans l'ordre, dans le sens, dans la direction inverse. — Fam., *Faire l'i.,* se dit aussi pour faire le contraire de ce qu'on attendait, de ce qui était prescrit. *Il lui avait dit d'aller chez vous d'abord, puis à la poste; il a fait précisément l'i.* = A L'INVERSE DE. D'une façon absolument contraire.

INVERSEMENT. adv. D'une manière inverse. *Grandeurs i. proportionnelles.* Voy. PROPORTIONNEL.

INVERSER. v. n. (R. *inverse*). T. Phys. Prendre une direction inverse, en parlant d'un courant électrique.

INVERSEUR. s. m. (R. *inverser*). T. Phys. Appareil destiné à renverser à volonté le sens d'un courant électrique. Voy. COMMUTATEUR.

INVERSIF, IVE. adj. T. Gram. Qui use de l'inversion.

INVERSION. s. f. (lat. *inversio,* m. s., de *invertere,* retourner, de *in,* dans, et *vertere,* tourner). Action de mettre dans un sens opposé. || T. Gram. Se dit de toute construction où l'on donne aux mots un autre ordre que l'ordre direct. *Une i. heureuse, hardie. Notre langage ne comporte que peu d'inversions.* Voy. plus bas. || T. Mus. Reproduction d'une phrase musicale ou d'une partie dans un ordre renversé ou différent. || T. Mar. Évolution qui porte en dernière ligne les bâtiments qui étaient en tête. || T. Théorie milit. Renversement d'un ordre de marche ou de bataille. || T. Physiol. Transposition. *Voilà un exemple d'i. splanchnique.* || T. Chim. *I. du sucre,* Dédoublement du sucre en glucose et en lévulose. || T. Géom. Voy. plus bas. || T. Alg. *I. dans les permutations.* Voy. DÉTERMINANT. — *I.* d'une intégrale. Si on a :

$$y = \int_{x_0}^{x} f(z)\,dz,$$

y est défini comme fonction de x. Inversement x est une fonction de y. Déterminer cette fonction x de y s'appelle faire l'i. de l'intégrale. On en trouve des exemples aux mots ELLIPTIQUE et HYPERELLIPTIQUE.

Gramm. — Les grammairiens définissent généralement l'i. une construction où les mots ne sont pas placés dans l'ordre logique; mais qu'est-ce que l'ordre logique ? Il semble que pour la plupart des auteurs de grammaire la question ne se pose même pas. L'ordre logique, disent-ils, c'est l'ordre même de la construction française : sujet, verbe, attribut, et en général le mot régissant avant le mot régi, le substantif avant l'adjectif, etc. Il est admis que cet ordre est le seul *logique.* Le tout est de s'entendre sur le mot *logique.* Si on le prend dans le sens philosophique, il faudra reconnaître que les Anglais, qui mettent invariablement l'adjectif avant le substantif, ce qui, entre parenthèse, se fait souvent en français, les Allemands, qui mettent invariablement le verbe à la fin de toute proposition incidente, et tant d'autres peuples dont les langues se prêtent à des constructions variées, n'ont aucune logique dans l'esprit. Les Grecs et les Latins, pour qui l'ordre des mots était arbitraire, devaient être aussi de bien mauvais logiciens. Avouons donc qu'il ne s'agit que de l'usage de la langue française ou *logique,* ici, ne veut pas dire autre chose que *usuel en français.* La logique philosophique n'a rien à voir avec l'ordre direct. La phrase simple : *Paul aime Virginie* peut s'écrire en latin de six manières : *Paulus amat Virginiam, Virginiam Paulus amat,* etc. De ces six manières, de ces six permutations, comme disent les mathématiciens, quelle sera la plus logique ? Ne dira-t-on pas en français *Virginie est aimée de Paul,* et cet ordre n'est encore l'ordre logique des grammairiens, et les idées n'arrivent-elles pas à l'esprit dans le même ordre que la phrase latine *Virginiam amat Paulus ?* La vérité, c'est que les six permutations, également claires au point de vue du sens, sont absolument équivalentes au point de vue de la simple énonciation du fait : mais elles ne le sont plus au point de vue de l'expression pittoresque, l'ordre des mots invitant l'attention à se fixer de préférence sur l'une des trois idées, et la première et la dernière ayant à cet égard une valeur supérieure au mot intermédiaire.

En réalité, *il n'y a pas d'ordre logique*, il n'y a qu'un *ordre usuel*, et nous définirons l'inversion *Une construction où les mots sont rangés dans un ordre différent de l'ordre le plus habituellement usité*. Ainsi définie, j'i. ne saurait exister dans les langues où la grammaire ne prescrit aucun ordre, comme le latin et le grec ; mais pour que l'ordre des mots puisse être indifférent, il faut que les substantifs reçoivent des désinences qui fassent reconnaître dans la phrase leur rôle de sujet ou de régime. Les langues à déclinaison peuvent seules se permettre cette liberté de permutation. En français, où les déclinaisons n'existent pas, le sujet et le régime ne se distinguent que par leur place dans la phrase et c'est pourquoi l'ordre est nécessairement imposé. Il ne suit pas de là que toute langue à déclinaison ait par cela même la liberté de la construction. Cela dépend du génie de la langue, et, malgré les flexions des substantifs, l'ordre peut être imposé par un usage passé à l'état de règle grammaticale. C'est ainsi qu'en allemand, où les substantifs se déclinent, l'ordre de la construction est tout aussi rigoureux qu'en français, quoique très différent. La liberté de construction constitue évidemment une richesse pour la langue qui en jouit, et une ressource précieuse pour l'art oratoire et poétique ; mais elle prête souvent à l'amphibologie, ce qui arrive en particulier toutes les fois que les désinences du sujet et du régime deviennent identiques. C'est ainsi que la phrase latine : *Dico Alexandrum vicisse Darium* veut dire aussi bien : *je dis qu'Alexandre a vaincu Darius*, et *je dis que Darius a vaincu Alexandre*. Pour éviter la confusion, il faut tourner par le passif : *Dico Darium ab Alexandro victum fuisse* : Je dis que Darius a été vaincu par Alexandre.

La rigueur de l'ordre grammatical amène donc la clarté et la précision du langage, mais elle lui donne de la sécheresse et de la monotonie, elle se prête mal aux élans de l'art oratoire et aux effets pittoresques et poétiques. De là la nécessité de l'i. Le plus souvent l'i. a pour objet d'exprimer au début de la phrase l'idée qui doit attirer l'attention : la langue française, si sévère pour la construction, accepte cependant des compromis pour répondre à cette nécessité. C'est ainsi qu'on dit : *Cet homme, je le hais*, au lieu de *Je hais cet homme*. Tout le monde sent combien la première tournure est plus énergique. L'i. n'aura donc aucune place dans la langue didactique ou scientifique, tandis qu'elle est inévitable dans la langue oratoire et poétique ; elle constitue une ressource précieuse, dont les auteurs habiles savent tirer les plus beaux effets. En voici quelques exemples classiques :

> Déjà prenait l'essor pour se sauver dans les montagnes, cet aigle dont le vol hardi avait effrayé nos provinces.
> FLÉCHIER.

> Quoi, lorsque vous voyez périr votre patrie,
> Pour quelque chose, Esther, vous comptez votre vie !
> RACINE.

> De la dépouille de nos bois
> L'automne avait jonché la terre.
> MILLEVOYE.

Rétablissez l'ordre grammatical et vous aurez des phrases ternes, sans énergie ni pittoresque, presque ridicules, parce que l'idée principale, au lieu d'être mise en vedette, sera noyée dans le reste de la phrase :

Cet aigle dont le vol hardi avait effrayé nos provinces prenait déjà l'essor pour se sauver dans les montagnes. — Quoi ! Esther, vous comptez votre vie pour quelque chose lorsque vous voyez votre patrie périr. — L'automne avait jonché la terre de la dépouille de nos bois.

Mais si l'i. ainsi comprise constitue une nécessité de la langue poétique et devient la source de très beaux effets, on ne saurait, en revanche, s'élever avec trop d'énergie contre l'i. qui n'a d'autre objet que de faciliter la facture des vers et ne se justifie par aucune considération esthétique. Les poètes du XVIIᵉ et surtout du XVIIIᵉ siècle ont abusé de ce genre d'inversions, qui sont de véritables fautes. Par exemple, ces vers de Voltaire :

> Par des chemins nouveaux
> *De l'amoureux Alphée* il conduisit les eaux...
> Depuis peu la fortune, en ces tristes climats
> *D'une illustre mortelle* avait guidé les pas...
> Celle qui *des Romains* avait dompté le maître...

Etc., etc.

Les poètes contemporains, à de rares exceptions près, ne se permettent plus de pareilles licences. Théophile Gautier s'est agréablement moqué de ces tournures surannées en répondant à un auteur qui lui demandait son avis sur un ouvrage de sa façon :

De chemin, mon ami, suis ton petit bonhomme.

Géom. — L'*i.* est un mode particulier de transformation des figures qu'on appelle aussi *transformation par rayons vecteurs réciproques*, et qui se définit de la manière suivante : On dit que deux figures sont *inverses* ou *réciproques* quand elles se correspondent point par point de manière que deux points correspondants A et A' sont en ligne droite avec un point fixe O appelé *pôle d'i.*, et que le produit de leurs distances à ce pôle est constamment égal à un nombre constant μ, appelé *module* ou *puissance* de l'inversion :

$$OA \times OA' = \mu.$$

Quand le module μ est positif, les points A et A' sont du même côté du pôle ; ils sont de part et d'autre, si le module μ est négatif. Si le point A décrit une certaine courbe (C), le point inverse A' décrira une autre courbe (C') qui est l'inverse de la première. On définit de même deux surfaces inverses.

La propriété capitale de cette transformation, c'est que *l'angle de deux lignes ou surfaces est égal à l'angle des*

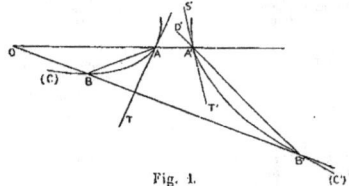

Fig. 1.

lignes ou surfaces inverses, ce qu'on exprime en disant que l'inversion conserve les angles. Pour le démontrer, considérons d'abord deux courbes inverses (C) et (C') et deux points inverses A et A' de ces courbes (Fig. 1). Prenons sur la courbe (C) un point B, voisin de A ; son inverse sera B' sur (C') en ligne droite avec O et B, et l'on aura :

$$OA \times OA' = OB \times OB'$$

ou :

$$\frac{OA}{OB} = \frac{OB'}{OA'},$$

ce qui montre que les deux triangles OAB, OA'B' sont semblables comme ayant un angle commun O, compris entre deux côtés proportionnels. Donc les angles OAB et OB'A' sont égaux ; mais si le point B se rapproche indéfiniment du point A, les droites AB et A'B' deviennent respectivement les tangentes AT et S'A'T' aux deux courbes. L'angle OAB a pour limite OAT, et l'angle OB'A' a pour limite OA'S'. Ces deux limites étant égales, il en résulte déjà que deux lignes inverses coupent sous le même angle un même rayon d'inversion. Soit maintenant deux courbes (C) et (D) se coupant en A, et les deux courbes inverses (C') et (D') se coupant en A'

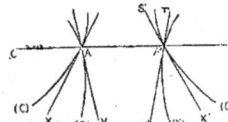

Fig. 2.

(Fig. 2). Menons les quatre tangentes AX, AY, S'A'X', T'A'Y'. Les deux trièdres AOXY et A'O'S'T' ont les dièdres OA et OA' égaux comme opposés par l'arête, et ces dièdres sont compris entre les faces égales OAx et OA's' d'une part, OAy, OA'T' d'autre part. Donc, ces dièdres ont tous leurs éléments égaux et, en particulier, les angles des deux courbes XAY, S'A'T' sont égaux. c. Q. F. D. — Enfin on passe des courbes aux surfaces en remarquant : 1° que la figure formée par une surface et sa normale se transforme en une autre surface avec sa normale, puisque les angles de la nouvelle ligne avec toutes les lignes tracées sur la nouvelle surface doivent être drx ts, et 2° que l'angle de deux surfaces est égal à l'angle de leurs normales, lequel n'est pas altéré par l'inversion.

Enfin, on établit facilement les proprit us suivantes, dont nous omettrons la démonstration très simple :

La figure inverse d'une droite qui ne passe pas au pôle est un cercle qui passe au pôle et dont la tangente en ce point est parallèle à la droite donnée. — La figure inverse d'un plan qui ne passe pas par le pôle, est une sphère qui passe au pôle et dont le plan tangent au pôle est parallèle au plan donné. — Réciproquement, la figure inverse d'un cercle qui passe au pôle est une droite parallèle à la tangente au pôle, et la figure inverse d'une sphère qui passe au pôle est un plan parallèle au plan tangent au pôle. — La figure inverse d'un cercle ou d'une sphère qui ne passe pas au pôle est un autre cercle ou une autre sphère, et le pôle est un centre de similitude des deux cercles ou des deux sphères. — Ajoutons que deux cercles ou deux sphères quelconques, une sphère et un plan, un cercle et une droite située dans son plan, peuvent toujours être considérés comme des figures inverses, et cela de deux manières, chacun des deux centres de similitude pouvant être pris pour pôle d'i.

On conçoit aisément, d'après ce qui précède, que l'inversion soit une méthode précieuse pour la résolution de certains problèmes et la démonstration de certains théorèmes; les avantages de cette méthode se manifestent toutes les fois que la figure inverse d'une figure donnée est plus simple que cette figure donnée, comme il arrive dans le cas du cercle et de la sphère qui peuvent être transformés en droite et en plan respectivement. Enfin, l'inversion peut aussi servir à la transformation des relations métriques, par l'emploi de la formule suivante, qui découle de la similitude des deux triangles OAB, OA′B′ (Fig. 1) :

ou :

$$\frac{AB}{A'B'} = \frac{OA}{OB'} = \frac{\mu}{OA'.OB'}$$

$$AB = \frac{\mu \ A'B'}{OA'.OB'}$$

INVERTÉBRÉ, ÉE. adj. (R. *in* priv., et *vertébré*) T. Zool. Qui n'a pas de vertèbres. = INVERTÉBRÉS. s. n. pl. Se dit de tous les animaux autres que les vertèbres. Voy. VERTÈBRE, VERTÉBRÉS et ZOOLOGIE.

INVERTINE. s. f. (R. *invertir*) T. Chim. Diastase qui produit l'inversion du sucre de canne. Voy DIASTASE.

INVERTIR. v. a. (lat. *invertere*, m. s., de *in*, dans, et *vertere*, tourner). Renverser symétriquement. ‖ T. Mé l. Placer une troupe, un corps d'armée er inversion. = INVERTI, IE. part. *Sucre inverti* ou *interverti*, Sucre qui a été dédoublé en glucose et en lévulose.

INVESTIGATEUR, TRICE. s. (lat. *investigato*-, *trix*, m. s.). Celui, celle qui fait des investigations, des recherches suivies sur quelque objet. *I. des secrets de la nature.* ‖ Adjectiv., on dit aussi : *Un génie* i *Une curiosité investigatrice. Des regards investigateurs.*

INVESTIGATION s. f. [Pr. ...sion] (lat. *investigatio*, m. s.,. de *investigare*, suivre à la trace, de in, dans, et *vestigium*, trace). Recherche suivie sur quelque objet. *L'i. de la vérité. Il poursuit ses investigations.* ‖ T. Gram *L'i. du thème*, La recherche analytique du radical d'un verbe.

INVESTIR. v. a. (lat. *investire*, revêtir, de in en, et *vestire*, vêtir). Conférer, avec de certaines formalités, le titre d'un fief ou d'un bénéfice ecclésiastique et la faculté de le posséder. *L'empereur l'a investi de ce duché.* ‖ Par ext., Mettre en possession d'un pouvoir, d'une autorité quelconque. *Il fut investi de la souveraine puissance* ‖ Entourer de troupes une place de guerre, etc., de manière qu'elle ne puisse recevoir aucun secours d'hommes ou de provisions. *Le général investit la place avec son corps d'armée. On investit les ennemis dans leur camp. — I. une maison*, L'environner de gardes, de manière à empêcher l'entrée et la sortie. = INVESTI, IE. part.

INVESTISON. s. m. [Pr. *investi-zon*]. T. Min. Masse minérale qui sert de limite à une concession, qui sépare plusieurs concessions l'une de l'autre.

INVESTISSEMENT. s. m. [Pr. *investi-se-man*]. Action d'investir une ville, une place, etc. Voy. FORTIFICATION, III.

INVESTITURE. s. f. (R. *investir*). Action d'investir. *L'i. d'une place de guerre.* Vx. On dit aujourd'hui Investissement.

Dr. anc. — En termes de Droit féodal, on appelait *Investiture* la tradition ou la mise en possession d'un fief ou d'un bien-fonds donné par un seigneur à son vassal, laquelle s'opérait en général au moyen d'une cérémonie symbolique Voy. FIEF. En matière bénéficiale, le mot i. avait le même sens. Les princes ayant doté les évêchés et les abbayes, en leur assignant des terres et autres biens-fonds, avaient naturellement le droit d'investir les prélats du temporel de leurs évêchés ou de leurs abbayes. Or, l'i. pour les dignités ecclésiastiques se faisait, non par le sceptre, mais par la tradition de la crosse et de l'anneau. Cet usage n'avait en lui-même rien que de très légitime, pourvu qu'on limitât son effet à la collation du temporel; mais il devint, en Allemagne, la cause de graves désordres, parce que, comme la crosse et l'anneau sont surtout les emblèmes de l'autorité spirituelle, les empereurs prétendirent conférer à la fois le pouvoir temporel et la juridiction spirituelle, et disposer des évêchés et des abbayes en matières absolus, au détriment des droits et de la discipline de l'Église. Cette prétention devint l'origine de la *querelle des investitures*, qui s'éleva en 1045, sous Grégoire VI, entre les empereurs d'Allemagne et les souverains pontifes, et qui ne fut terminée qu'en 1122, par un compromis, connu sous le nom de *Concordat de Worms*, intervenu entre le pape Célestin II et l'empereur Henri V. Ce dernier renonça à l'i. spirituelle et à l'emploi des signes symboliques du pouvoir ecclésiastique. Dès lors les dignitaires de l'Église furent investis par le sceptre des droits temporels qu'ils tenaient du pouvoir laïque.

INVÉTÉRER (S'). v. pron. (lat. *inveterare*, m. s., de *in*, dans, et *veterare*, vieillir, de *vetus*, *veteris*, vieux). Devenir ancien; se dit des maladies, des mauvaises coutumes, des préjugés, des haines, etc., qui persistent depuis longtemps. *Le mal s'est tellement invétéré qu'on ne peut le guérir. Cette mauvaise habitude s'est invétérée.* — Avec ellip. du pron. *Il ne faut pas laisser i. les maladies. On laissa i. les abus.* = INVÉTÉRÉ, ÉE. p. *Un mal invétéré. Une habitude, une haine invétérée.*

INVIGILANCE. s. f. Défaut de vigilance.

INVIGORATION. s. f. [Pr. ...sion] (lat. *in*, dans ; *vigorare*, rendre vigoureux). T. Physiol. *Période d'i.*, Période pendant laquelle le corps et les facultés atteignent chez l'homme leur complet développement.

INVINATION. s. f. [Pr. ...sion] (lat. *in*, dans ; fr. *vin*). T. Théol. Opération par laquelle le vin de la cène devient le sang de Jésus-Christ, tout en restant vin.

INVINCIBILITÉ. s. f. Qualité de ce qui est invincible.

INVINCIBLE. adj. 2 (lat. *invincibilis*, m. s., de *in* priv. et *vincere*, vaincre). Qu'on ne saurait vaincre. *Une armée i. Un prince i. Un courage i.* ‖ Fig., Qu'on ne peut surmonter, faire céder; qui est irrésistible, plus fort que la volonté. *Obstacle i. Opiniâtreté i. Force i. Attrait i. Antipathie i. — Tristesse i. — Argument, raison i.*, Auquel il n'y a point de bonne réplique. — *Ignorance i.*, Ignorance des choses dont il est impossible qu'une personne ait eu connaissance.

INVINCIBLEMENT. adv. D'une manière invincible. *Ce fait prouve i. ce que j'avance.*

IN VINO VERITAS, « Dans le vin la vérité ». Un homme qui a bu fait des confidences qu'il n'avouerait pas en pleine possession de sa raison.

INVIOLABILITÉ. s. f. Qualité de ce qui est inviolable. *L'i. du souverain. L'i. des ambassadeurs. L'i. d'un asile. L'i. des serments.*

Législ. — *Inviolabilité parlementaire.* — En vue d'assurer aux députés et sénateurs l'indépendance dans l'exercice de leurs fonctions législatives, la loi constitutionnelle du 16 juillet 1875 leur accorde la garantie de l'i. parlementaire : « Aucun membre de l'une ou l'autre Chambre », dit l'article 14 de cette loi, « ne peut, pendant la durée de la session, être poursuivi ou arrêté, en matière criminelle ou correctionnelle, qu'avec l'autorisation de la Chambre dont il fait partie, sauf le cas de flagrant délit ; en outre, la détention ou la poursuite d'un membre de l'une ou l'autre Chambre est suspendue pendant la session et pour toute la durée, si la Chambre le requiert. » On a ainsi voulu prévenir les poursuites inopportunes qui pourraient troubler ou empêcher arbitrairement l'exercice du mandat dont sont investis les membres du Parlement. Il demeure entendu que ces dispositions ne visent pas les actes d'instruction, tels que constatations judiciaires, audition de témoins, qui, en ne portant pas directement atteinte à la liberté de l'inculpé, ne font pas obstacle à l'accomplissement de sa mission législative.

INVIOLABLE. adj. 2 g. (lat. *inviolabilis*, m. s., de *in* priv., et *violare*, violer). Qu'on ne viole point, qu'on n'enfreint jamais. *C'est une loi i. parmi ces peuples. C'est un homme dont la parole est i.* || Qu'on ne doit point violer. *Les serments doivent être inviolables. Un droit i. Les temples étaient autrefois des asiles inviolables. Il lui jura une fidélité i.* || Auquel on ne doit jamais attenter ; qui a le privilège d'être à l'abri de toute poursuite, même en cas de culpabilité. *La personne de l'empereur est i. Les ambassadeurs sont inviolables. Les députés étaient inviolables.*

INVIOLABLEMENT. adv. D'une manière inviolable. *Il tient i. toutes ses promesses.*

INVIOLÉ, ÉE. adj. (lat. *inviolatus*, m. s.). Qui n'a pas été violé, enfreint. || Qui n'a pas été forcé, en parlant d'un asile.

INVISCANT, ANTE. adj. (part. prés. de *invisquer*). Qui rend visqueux.

INVISCATION. s. f. [Pr. ...*sion*] (R. *invisquer*). Action de la salive imbibant les aliments pendant la mastication.

INVISIBILITÉ. s. f. [Pr. *invi-zi*...]. État de ce qui est invisible. *L'i. des atomes. L'i. des esprits.*

INVISIBLE. adj. 2 g. [Pr. *invi-zible*] (lat. *invisibilis*, m. s., de *in* priv., et *visibilis*, visible). Qui échappe à la vue par sa nature, par sa petitesse, par sa position ou par sa distance. *Le monde i. est incomparablement plus vaste que le monde visible. Les substances spirituelles sont invisibles. Des atomes invisibles. Un animalcule i. à l'œil nu. Cette partie de la lune est toujours i. pour nous. Ces étoiles sont presque invisibles. Filet i.,* Résille pour retenir les cheveux des femmes sur le front. || Fig., Qui ne se laisse pas voir, qui se cache, que l'on ne saurait trouver. *Il vivait au fond de son palais, i. pour tout son peuple. Je ne sais où il est, il est i. Cet homme est i., on ne le trouve jamais chez lui.* || *Devenir i.,* Disparaître subitement, sans que personne en s'aperçoive. *Il était là tout à l'heure, il est devenu i.* — Se dit aussi des choses. *Ma montre était tout à l'heure sur cette table, elle est devenue i.*

INVISIBLEMENT. adv. [Pr. *invizi-bleman*] D'une manière invisible. *Le corps de Notre-Seigneur est réellement, quoique i., sous les espèces sacramentelles.*

INVISQUER. v. a. (lat. *inviscare*, engluer, de *in*, dans, et *viscum*, glu). Enduire de viscosité.

INVITATIF, IVE. adj. Qui a la propriété d'inviter.

INVITATION. s. f. [Pr. ...*sion*] (lat. *invitatio*, m. s.). Action d'inviter. *I. à un festin, à un bal, à une noce. J'ai fait toutes mes invitations. Recevoir, accepter une i. Se rendre à une i. Il reçut l'i. de se rendre à... Lettre, billet d'i.*

INVITATOIRE. s. m. (lat. *invitatorius*, m. s., de *invitare*, inviter). T. Liturg. L'antienne qui se chante sur le *Venite exultemus. L'i. du dimanche.* — *Lettres invitatoires,* Lettres du pape invitant les évêques voisins de Rome à venir célébrer le concile romain.

INVITE. s. f. (R. *inviter*). Ce qui invite à faire quelque chose. Fam. || T. Jeux. Carte que l'on joue pour faire connaître son jeu à son partenaire et l'inviter à jouer dans la même couleur.

INVITEMENT. s. m. [Pr. *invite-man*]. Action d'inviter.

INVITER. v. a. (lat. *invitare*, m. s.). Convier, prier de se trouver, d'assister à... *I. à dîner, à un bal. Vous êtes invité à assister à la séance.* || Engager, exciter à quelque chose. *Il vous invite à vous tranquilliser. On l'invita à s'expliquer.* || Fig., *Le beau temps invite à la promenade. La raison, le devoir, l'honneur vous invitent à suivre cette voie jusqu'au bout.* = s'INVITER. v. pron. *Ils s'invitent tour à tour à de petites réunions de famille.* — On dit aussi d'une personne qui vient d'elle-même quelque part sans y avoir été conviée, qu'*Elle s'est invitée elle-même.* = INVITÉ, ÉE. p. *Les personnes invitées.* || Subst., *Quels sont vos invités ?* = Syn. Voy. CONVIER.

INVITEUR. s. m. Celui qui invite. T. Néol.

INVOCATEUR, TRICE. s. (lat. *invocator*, m. s.). Celui, celle qui invoque.

INVOCATION. s. f. [Pr. ...*sion*] (lat. *invocatio*, m. s.). Action d'invoquer. *I. à Dieu. Après l'i. du Saint-Esprit. L'i. des anges. L'i. des saints. L'i. des démons. Le magicien fit ses invocations.* — *Cette église est consacrée sous l'i., est sous l'i. de la sainte Vierge, de tel saint,* Est dédiée à la sainte Vierge, etc. || En poésie, la prière que le poète, en commençant son ouvrage, adresse à quelque divinité, surtout à sa Muse, pour en être inspiré. *Une belle i. I. à la Muse, à la vérité. L'i. est propre au poème épique. L'i. de l'Iliade.*

INVOCATOIRE. adj. 2 g. Qui appartient à l'invocation.

INVOLONTAIRE. adj. 2 g. (lat. *involuntarius*, m. s.). Qui n'est pas volontaire, qui se fait sans le concours de la volonté. *Mouvement i. Tous les actes de la vie organique sont involontaires. Une erreur i.*

INVOLONTAIREMENT. adv. Sans le vouloir.

INVOLUCELLE. s. m. (Dim. d'*involucre*) T. Bot. Nom donné à l'ensemble des bractées qui se trouvent à la base des ombellules. Voy. INFLORESCENCE.

INVOLUCRE. s. m. (lat. *involucrum*, enveloppe, de *involvere*, envelopper, de *in*, dans, et *volvere*, rouler). T. Bot. Nom donné à l'ensemble des bractées qui se trouvent à la base des ombelles. Voy. INFLORESCENCE.

INVOLUTÉ, ÉE. adj. (lat. *involutus*, part. de *involvere*, rouler dans). T. Bot. Qui est roulé en dedans.

INVOLUTIF, IVE. adj. (lat. *involutus*, roulé dans). T. Bot. Qui se roule de dehors en dedans. *Feuilles involutives.* Voy. PRÉFOLIATION. || T. Géom. Qui a rapport à l'involution, qui est en involution. *Faisceau i. Division involutive.* Voy. INVOLUTION.

INVOLUTIFOLIÉ, ÉE. adj. (lat. *involutus*, roulé dans ; *folium*, feuille). T. Bot. Dont les feuilles sont roulées du sommet à la base.

INVOLUTION. s. f. [Pr. ...*sion*] (lat. *involutum*, sup. de *involvere*, rouler dans). T. Palais. Assemblage d'embarras, de difficultés. *I. de procès, de procédures.*
   Géom. — On dit que deux divisions tracées sur une même droite ou sur deux droites différentes sont *homographiques,* quand elles se correspondent point par point, de manière que le rapport anharmonique des 4 points de la première soit égal au rapport anharmonique des 4 points correspondants de la seconde. Cette condition peut encore s'exprimer en disant que deux divisions sont homographiques si, en déplaçant les droites sur lesquelles elles sont tracées, on peut les mettre en *perspective.* Voy. HOMOGRAPHIE. Considérons alors deux divisions homographiques tracées sur la même droite. A un point A de la première correspondra un point A' de la seconde ; mais il y a un point B de la première qui coïncide avec le point A'. A ce point B correspond un point B' de la seconde division.

En général, ce point B' ne coïncide pas avec le point A; mais cette circonstance particulière peut se présenter, et alors : le se présentera pour tous les autres couples de points. Cette propriété importante peut s'établir, soit par la considération de la perspective, soit par celle des rapports anharmoniques, soit par l'algèbre. Cette dernière méthode est la plus rapide. Si x et x' désignent les abscisses de deux points homologues, la condition de l'homographie se traduit par l'égalité :

$$axx' + bx + b'x' + c = 0.$$

Soit x_1 l'abscisse du point A, x_2 celle du point B. L'équation doit être vérifiée, si l'on fait $x = x_1$, et $x' = x_2$, et aussi, à cause de la symétrie supposée, si l'on fait :

$$x = x_2 \text{ et } x' = x_1.$$

On aura donc les deux conditions :

$$ax_1x_2 + bx_1 + b'x_2 + c = 0,$$
$$ax_1x_2 + bx_2 + b'x_1 + c = 0,$$

qui donnent par soustraction :

$$(b - b')(x_1 - x_2) = 0,$$

et comme x_1 est différent de x_2 :

$$b = b'.$$

La relation homographique se réduit alors à la relation symétrique :

$$(1) \qquad axx' + b(x + x') + c = 0,$$

qui sera vérifiée indifféremment par :

$$x = x_1 \qquad x' = x_2,$$

ou :

$$x = x_2 \qquad x' = x_1,$$

et cela, quelle que soit la valeur de x_1, ce qui montre bien que si au point A correspond le point A, de même au point B coïncidant avec A' correspondra le point B' coïncidant avec A. Dans ce cas, on dit que les deux divisions sont *involutives*, ou encore qu'elles forment une *involution* sur la droite considérée. On peut donc définir l'i. de la manière suivante :

On dit qu'on a une i. sur une droite, quand les points de cette droite se correspondent symétriquement deux par deux, de manière que le rapport anharmonique de 4 points soit égal au rapport anharmonique des 4 points correspondants.

L'i. se définie algébriquement par l'équation (1). On peut chercher s'il y a un point qui coïncide avec son homologue. Il faut pour cela que $x = x'$, ce qui donne l'équation du second degré :

$$ax^2 + 2bx + c = 0,$$

qui a deux racines réelles ou imaginaires.

On trouve ainsi deux points particuliers qu'on appelle les *points doubles* de l'i. : ils sont tantôt réels, tantôt imaginaires, ce qui répartit les involutions en deux classes.

Si l'on change d'origine des abscisses, il faudra remplacer x par $x + h$, x' par $x' + h$, et l'équation (1) deviendra :

$$a(x + h)(x' + h) + b(x + x' + 2h) + c = 0$$

ou :

$$axx' + (b + ah)(x + x') + ah^2 + 2bh + c = 0.$$

Si alors on choisit :

$$h = -\frac{b}{a},$$

les termes du premier degré disparaîtront, et l'équation se réduira à :

$$xx' = k.$$

Si k est positif, les points doubles sont réels et ont pour abscisse :

$$x = \pm \sqrt{k},$$

si k est négatif, les points doubles sont imaginaires.

La nouvelle origine d'abscisse O a pour homologue le point à l'infini de la droite. On l'appelle le *point central de l'involution*.

Il résulte de là qu'on peut encore dire qu'on a une involution sur une droite, quand les points de cette droite se correspondent symétriquement deux par deux, de manière que le produit des distances de deux points homo-logues à un point fixe appelé point central, soit constant.

Supposons h positif et égal à k^2. Soit O le point central

Fig. 1.

(Fig. 1), LL' les points doubles, et AA' deux points homologues.

On aura :

$$OL = -OL' = k \qquad x = OA \qquad x' = OA'.$$

Donc :

$$OA \times OA' = \overline{OL}^2,$$

ce qui montre que les points A et A' sont conjugués harmoniquement par rapport au segment LL'. Ainsi :

L'involution se compose de points qui se correspondent symétriquement deux par deux, de manière que les points homologues sont conjugués par rapport à un même segment.

On démontre aisément que tous les cercles qui ont le même axe radical (Voy. RADICAL) déterminent chacun sur une droite fixe quelconque deux points d'intersection qui sont en i. La

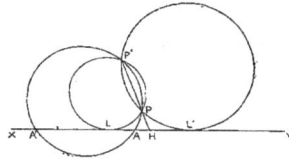

Fig. 2.

proposition est particulièrement évidente si les cercles passent par deux points fixes : car, en appelant H le point d'intersection de la corde commune avec la droite XY (Fig. 2) et A et A' les deux points d'intersection de XY avec un cercle quelconque passant par les deux points fixes P et P', on aura :

$$HA \times HA' = HP \times HP'.$$

et ce produit reste constant quand on fait varier le cercle. Les points doubles seront les points de contact L et L' des deux cercles tangents à la droite XY que l'on peut faire passer par les points P et P'.

Une i. est complètement déterminée par deux couples de points AA', BB'. Le problème fondamental de l'i. consiste à trouver le point central et les points doubles. Le théorème précédent en donne la solution. On fait passer par A, A' et par B, B' deux cercles qui se coupent en P et P'. Le point H, où PP' rencontre XY, est le point central, et les points doubles s'obtiennent en traçant les cercles tangents à XY qui passent par P et P'. Ces points doubles seraient imaginaires si P et P' étaient de part et d'autre de XY.

Faisceaux en involution. — Si l'on joint à un point fixe O du plan tous les points d'une i. rectiligne, on obtiendra un

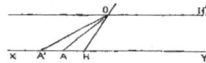

Fig. 3.

faisceau formé de rayons qui se correspondront symétriquement, deux par deux, de manière que le rapport anharmonique de 4 rayons sera égal au rapport anharmonique des 4 rayons correspondants. Un pareil faisceau est dit *involutif*; on dit aussi qu'il forme une i. autour du point O. Réciproquement, tout faisceau involutif déterminera sur une droite quelconque, par les intersections de ses rayons, une i. rectiligne. L'équation (1) peut encore servir à caractériser algébriquement un faisceau involutif; mais alors x et x' désignent les coefficients *angulaires* de deux rayons correspondants. Un faisceau involutif admet des rayons doubles qui peuvent être réels ou imaginaires. Il n'y a rien d'analogue au point central, car si OH (Fig. 3) est le rayon qui joint le sommet O du faisceau au point central de l'i. tracée sur XY, le rayon homologue de OH sera OH' parallèle à XY.

Un faisceau involutif est défini par deux couples de rayons. Le problème fondamental consiste à trouver les rayons doubles et les rayons homologues qui sont perpendiculaires. On le résout par le théorème suivant, connu sous le nom de théorème de Frégier.

Si l'on fait tourner une droite autour d'un point fixe P et qu'on joigne les points d'intersection de cette droite avec un cercle C à un point fixe O de la circonférence de ce cercle, on obtient un faisceau en involution.

Soit alors OA, OA'; OB, OB' les deux couples de rayons homologues. On fera passer par O un cercle quelconque (Fig. 4) qui coupera ces 4 rayons aux points A, A'; B, B'; on joindra AA', BB' qui se coupent en P. Pour obtenir les rayons doubles on mènera les deux tangentes de P : PL, PL₁. OL et OL₁ seront les rayons doubles : chacun d'eux est en effet confondu avec son homologue. Pour avoir les rayons homologues perpendiculaires, on joindra PC qui coupe le cercle en D et D' : OD et OO' seront homologues et perpendiculaires. Les rayons doubles sont réels si le point P est extérieur au cercle; ils sont imaginaires si le point P est intérieur. — En général, il n'y a qu'un seul couple de rayons homologues perpendiculaires; mais si le point P se confond avec le centre C de cercle, tous les rayons homologues sont perpendiculaires entre eux. Ainsi,

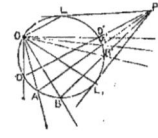

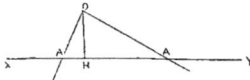

Fig. 4.

un angle droit qui tourne autour de son sommet engendre un faisceau involutif. Cette proposition importante peut s'établir directement : il suffit de couper le faisceau par une transversale quelconque et d'abaisser la perpendiculaire OH (Fig. 5). En désignant par A et A' le point d'intersection, on aura, dans le triangle rectangle OAA' :

$$HA.HA' = -\overline{HA}^2$$

Fig. 5.

Le produit HA.HA' restant invariable quand l'angle droit tourne autour de son sommet, les points A et A' forment sur la transversale une i. dont H est le point central, et, par suite, le faisceau est aussi en i.

La théorie de l'i. donne avec la plus grande facilité la plupart des propriétés des coniques, ce qui tient à un assez grand nombre de propositions dont voici les principales :

Les diamètres conjugués d'une conique sont en i.
Le théorème de Frégier reste vrai si l'on remplace le cercle par une conique.
Les points conjugués par rapport à une conique qui appartiennent à une même droite, forment sur cette droite une i.
Les droites conjuguées par rapport à une conique qui passent par un point fixe forment un faisceau en i.
Toutes les coniques qui passent par 4 points fixes déterminent par leur intersection avec une sécante fixe quelconque des points en i. (Théorème de Desargues).
Si, par un point du plan, on mène des parallèles aux deux asymptotes de chacune des coniques qui passent par 4 points fixes, on obtient un faisceau en i.
Si, par un point du plan, on mène deux tangentes à chacune des coniques tangentes à 4 droites fixes, on obtient un faisceau en i.

INVOQUER. v. a. [Pr. *invo-ker*] (lat. *invocare*, m. s., de *in*, dans, et *vocare*, appeler). Appeler à son secours, à son aide; se dit surtout d'une puissance divine ou surnaturelle. *I. Dieu à son aide. I. le Saint-Esprit. les saints. I. les démons. I. Apollon. I. les Muses.* On dit aussi, *I. le secours,* l'aide, etc., de quelqu'un. *I. la clémence du roi.* || T. Écrit. sainte. *I. le nom de Dieu, du Seigneur,* L'adorer, faire un acte de religion. || Fig., Citer en sa faveur, en appeler à... *I. une loi, un témoignage. I. le droit des gens.* = Invoqué, ée. part.

INVRAISEMBLABLE. adj. 2 g. [Pr. *in-vrè-san-blable*]. Qui n'est pas vraisemblable.

INVRAISEMBLABLEMENT. adv. [Pr. *in-vrè-sanblable-man*]. D'une manière invraisemblable.

INVRAISEMBLANCE. s. f. [Pr. *in-vrè-san-blanse*]. Défaut de vraisemblance. *L'i. d'un fait, d'un récit.* || Se dit des choses invraisemblables que contient une pièce de théâtre, un roman, etc. *Une i. choquante. Ce drame est plein d'invraisemblances.*

INVULNÉRABILITÉ. s. f. État, qualité de ce qui est invulnérable.

INVULNÉRABLE. adj. 2 g. (lat. *invulnerabilis*, m. s.). Qui n'est pas vulnérable, qui ne peut être blessé. *D'après la Fable, Achille était i., excepté au talon.* || Fig., *Il est i. aux traits de la médisance.*

Mon cœur à tous ses traits demeure invulnérable.
CORNEILLE.

INVULNÉRABLEMENT. adv. De manière à être invulnérable.

IO, fille d'Inachus, qui, selon la Fable, fut enlevée par Jupiter et changée en génisse.

IODARGYRE. s. m. (R. *iode*, et gr. ἄργυρος, argent). T. Minér. Iodure d'argent, en petits cristaux ou en masses jaunes translucides.

IODATE. s. m. T. Chim. Nom des sels formés par l'acide iodique. Voy. IODE.

IODE. s. m. (gr. ἰώδης, violet, de ἴον, violette; ἴον, pour ϝίον, qui est le même que le lat. *viola*). T. Chim. L'iode est un métalloïde trouvé par Courtois, en 1812, dans les eaux mères des varechs; c'est à Gay-Lussac (1813) que l'on doit l'étude de ses combinaisons principales. À l'état solide, l'iode se présente sous la forme de paillettes micacées d'un gris foncé, possédant au plus haut degré l'éclat métallique, et ressemblant à la plombagine. Il cristallise en lames rhomboïdales et souvent en octaèdres allongés. À la température de 113°, il fond et affecte la forme d'un liquide brun, presque noir. Il bout au delà de 200° en produisant une vapeur d'une riche couleur violette, d'où le nom qu'on lui a donné Cependant, à la température ordinaire, il émet déjà des vapeurs sensibles; il est facile de s'en assurer en plaçant une lame d'argent à quelques centimètres au-dessus d'une couche d'iode solide. Sa densité est 4,95 à l'état solide. Celle de sa vapeur est 8,72 vers 450° et correspond à une molécule formée de deux atomes; mais quand on élève beaucoup la température, cette densité diminue et tend à se réduire à la moitié de sa valeur primitive, ce qui indique une dissociation des molécules en atomes. La saveur de l'i. est très âcre, quoique sa solubilité soit extrêmement faible; son odeur rappelle jusqu'à un certain point celle du chlore et du brome; il tache profondément la peau en jaune brun très foncé, mais cette coloration se dissipe peu à peu. L'eau en dissout environ 1/7000e de son poids, et se colore en jaune orangé; l'alcool, l'éther, les solutions aqueuses d'iodure de potassium ou d'acide iodhydrique le dissolvent en forte proportion, avec une coloration brune; le benzène, le chloroforme et le sulfure de carbone donnant des solutions violettes. L'iode présente, sous le rapport des propriétés chimiques, la plus grande ressemblance avec le chlore et le brome; cependant ses affinités sont en général inférieures à celles de ces deux corps. Le chlore et le brome lui, enlèvent l'hydrogène et les métaux avec lesquels il est combiné; mais, en revanche, l'iode chasse ces deux métalloïdes de leurs combinaisons avec l'oxygène. En présence de l'eau son pouvoir décolorant est presque nul et son action oxydante est beaucoup plus faible que celle du chlore ou du brome; il oxyde néanmoins l'acide sulfureux, les hyposulfites, l'acide arsénieux; il décompose l'acide sulfhydrique et les sulfures dissous en produisant un dépôt de soufre. L'i. libre colore en bleu très intense une liqueur renfermant de l'empois d'amidon. Ce caractère est employé dans les laboratoires pour constater la présence de l'iode, n'y en eût-il qu'un millionième dans une dissolution. L'i. se comporte le plus souvent comme un élément univalent; dans un petit nombre de composés il est tri- ou quinqu-valent. Son symbole est I ou Io, et son poids atomique est 126,5.

L'iode est très répandu dans la nature, bien qu'on ne le rencontre jamais en grande quantité; on en trouve des traces dans la plupart des eaux potables, et il est l'un des principes actifs d'un certain nombre de sources minérales. Il abonde surtout dans les mers: un mètre cube d'eau de mer renferme à peu près un gramme d'un mélange d'iodures de potassium, de sodium et de magnésium. Les plantes marines, et surtout celles de la famille des Fucacées que l'on nomme communément varechs sur nos côtes, absorbent et condensent ces composés iodés, de sorte que leurs cendres sont beaucoup plus chargées d'iode que l'eau dans laquelle la plante a végété. Pour séparer ce corps, on incinère les varechs, on lessive leurs cendres et l'on concentre la dissolution de manière à faire cristalliser les chlorures et les sulfates, tandis que les iodures, plus solubles, restent dissous dans les eaux mères. Au lieu d'incinérer les varechs, on peut les faire fermenter et dialyser les jus provenant de cette fermentation, afin d'en extraire les sels solubles. Pour retirer l'i. de ces eaux mères on y fait passer un courant de chlore qui précipite l'i.; on peut aussi, en les chauffe, dans des cornues en fonte, avec du bioxyde de manganèse et de l'acide sulfurique; dans ce cas l'iode se volatilise

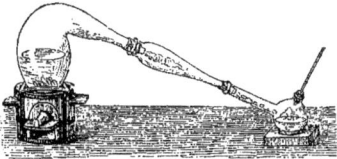

et va se condenser dans des allonges en terre. — Depuis quelque temps on extrait aussi ce métalloïde de l'azotate de soude brut du Chili, qui le renferme à l'état d'iodure et d'iodate de sodium, presque dans la proportion de 2 p. 100; ces sels restent en solution dans les eaux mères du raffinage de l'azotate. Pour ne pas perdre l'i. contenu dans l'iodate, on fait passer un courant d'anhydride sulfureux dans les eaux mères additionnées de sulfate de cuivre; l'iodate est réduit par l'acide sulfureux, et tout l'i. se précipite à l'état d'iodure cuivreux Cu²I² insoluble; ce dernier sel est ensuite décomposé par le bioxyde de manganèse et l'acide sulfurique. — L'i. brut doit être purifié par sublimation: on le chauffe au bain de sable à 110° dans des cornues en grès et l'on dirige ses vapeurs dans de grands récipients en grès où il cristallise. — Dans les laboratoires on prépare l'i. à l'aide de l'iodure de potassium que l'on chauffe avec du bioxyde de manganèse et de l'acide sulfurique dans un appareil distillatoire (Fig. ci-dessus). Les vapeurs d'i. viennent se condenser, sous forme de paillettes cristallines, dans l'allonge du cou le récipient qu'on adapte à la cornue.

Combinaisons oxygénées de l'iode. — Quand on dissout de l'i. dans de la potasse très aqueuse, on obtient une solution jaune qui possède les propriétés décolorantes et qui paraît renfermer de l'*acide hypo-iodeux* IOH à l'état de sel de potassium; mais au bout de quelque temps la solution ne renferme plus que de l'iodure et de l'iodate.

L'*anhydride iodeux* I²O³ est une poudre jaune éclipce-cente produite par l'action de l'ozone sur l'i. Au contact de l'eau, il ne donne pas d'acide iodeux, mais il se décompose en i. et acide iodique.

L'*acide iodique* IO³H est le composé oxygéné le plus important. Il se produit par l'ébullition de l'i. avec de l'acide azotique concentré, ou par l'action du chlore sur l'i. en présence de l'eau. On peut aussi l'obtenir par le procédé de Millon. On fait bouillir dans un ballon 80 gram. d'i., 75 de chlorate de potasse, 400 d'eau distillée et 1 d'acide azotique, jusqu'à ce que le chlore se dégage en abondance et que l'i. ait disparu. On ajoute alors au liquide une dissolution de 90 gram. d'azotate de baryte: tout l'acide iodique se dépose sous forme d'iodate de cette base. On lave ce dépôt, puis on le traite par 40 gram. d'acide sulfurique étendu d'eau; l'i. se forme ainsi du sulfate de baryte tout à fait insoluble et de l'acide iodique,

qui reste en dissolution dans l'eau et que l'on fait cristalliser par l'évaporation. L'acide iodique est très soluble dans l'eau. Il peut former des combinaisons stables avec les acides sulfurique, azotique, phosphorique, borique. Chauffé à 170° il se transforme en *anhydride iodique* I²O⁵, masse cristalline blanche. Au rouge sombre, l'acide iodique se décompose en iode et oxygène; il cède facilement ce dernier principe aux substances réductrices, telles que l'acide sulfureux, l'hydrogène, etc. L'acide chlorhydrique le décompose en dégageant du chlore.

Les *iodates* ont pour formule IO³M ou (IO³)²M, suivant que le métal qu'ils contiennent est univalent ou bivalent. Les iodates alcalins et celui de calcium sont solubles dans l'eau, les autres sont peu ou point solubles. De même que l'acide iodique, ils sont très oxydants; avec les corps combustibles ils forment des mélanges explosifs. Les iodates sont tous solubles dans l'acide chlorhydrique avec dégagement de chlore. L'acide sulfureux et l'acide sulfhydrique les décomposent et en séparent l'iode; il en est de même de l'hydrogène naissant; mais le chlore ne les décompose point. Un certain nombre d'iodates fusent sur les charbons ardents; celui d'ammoniaque est fulminant. À une chaleur rouge obscur, tous sont décomposés: quelques-uns donnent de l'oxygène et un iodure; les autres de l'oxygène et de l'i.

L'*acide periodique* ou *hyperiodique* cristallise en prismes orthorhombiques déliquescents, répondant à la formule IO⁴H⁵ ou IO⁴H,2H²O. Il fond à 136° et se décompose à 140°. Pour le préparer on dirige un courant de chlore dans une solution très alcaline d'iodate de sodium; on obtient du periodate de sodium IO⁴Na² H³ qui cristallise et qu'on transforme en periodate d'argent IO⁴Ag; celui-ci est décomposé par l'eau bouillante en un sel basique insoluble et en acide periodique. — Les *periodates* se rapportent à différents types; on distingue les *méta-periodates* dérivant de l'acide IO⁴H, les *para-periodates* dérivant de l'hydrate IO⁵H³ et les *periodates normaux* dérivant de IO⁶H⁵; dans ces derniers, l'hydrogène n'est généralement remplacé qu'en partie par le métal.

Combinaison de l'iode avec l'hydrogène. — Il n'en existe qu'une, l'*Acide iodhydrique* (HI). Cet acide est un gaz incolore dont l'odeur piquante et suffocante rappelle celle de l'acide chlorhydrique. Comme ce dernier, il éteint les corps en combustion et répand à l'air d'épaisses fumées. Sa densité est de 4,4. Un froid très intense peut le liquéfier et même le solidifier: dans ce dernier état, il est incolore, transparent, et ressemble à de la glace. La chaleur le décompose en ses éléments, iode et hydrogène. À l'abri de l'eau, il ne s'altère point, même ou mélange avec l'air; mais sous la double influence de l'air et de l'eau, il cède son hydrogène à l'oxygène de l'air, et l'iode devient libre. De même que l'oxygène humide, le chlore et le brome, même à l'état sec, décomposent cet acide en s'emparant de son hydrogène, tandis que la plupart des métaux lui enlèvent son iode pour se transformer en iodures. Il se dissout dans l'eau en proportions considérables, mais la liqueur abandonnée à l'air elle-même, dans un vase mal fermé, se colore rapidement en brun, à cause de l'iode qui devient libre. L'acide iodhydrique se fixe directement sur un certain nombre de composés non saturés, par ex. sur les hydrocarbures éthyléniques. Il est très employé dans les laboratoires comme agent de réduction et d'hydrogénation. Comme il réduit l'acide sulfurique, on ne peut pas le préparer par l'action de cet acide sur les iodures. Pour l'obtenir à l'état gazeux on se sert d'une cornue tubulée et bouchée à l'émeri, ou sur la tubulure on soude un tube recourbé qui s'engage dans un flacon rempli d'air sec. On introduit dans la cornue de l'eau, puis du phosphore et de l'i. en proportions telles que la quantité du second de ces métalloïdes égale toujours 12 fois celle du premier. La réaction est représentée par la formule:

$$Ph + 5I + 4H²O = PhO⁴H³ + 5HI.$$

Le gaz qui se dégage ne peut être recueilli sur le mercure; car, ainsi que nous l'avons dit, la plupart des métaux le décomposent. On le reçoit dans des flacons secs, comme on le ferait si l'on recueillait du chlore. La préparation de l'acide iodhydrique en dissolution dans l'eau est beaucoup plus simple; il suffit pour l'obtenir de faire passer un courant d'acide sulfhydrique dans de l'eau tenant de l'iode en suspension. L'hydrogène du gaz sulfhydrique se porte sur l'i. et il se dépose du soufre. Dès que la totalité a disparu, on chauffe le liquide pour expulser l'excès d'acide sulfhydrique, puis on sépare le soufre par la filtration, et l'on concentre la liqueur par évaporation.

Iodures. — Les *iodures métalliques* sont tous les sels qui correspondent à l'acide iodhydrique. Ils présentent les plus grandes analogies avec les chlorures et les bromures. Tous sont solides, inodores, et plusieurs, tels que les iodures de plomb et de mercure, offrent des couleurs qui les font rechercher pour la peinture. Chauffés en vase clos, quelques iodures, comme ceux d'or et de platine, se décomposent; d'autres se subliment sans décomposition; la plupart fondent et se prennent par le refroidissement en masse cristalline. Le chlore, le brome, l'ozone, les décomposent tous, et chassent l'i., auquel ils se substituent. Les iodures alcalins sont solubles dans l'eau: leurs solutions peuvent dissoudre de grandes quantités d'i.; les iodures de plomb, de cuivre, de bismuth, de mercure et d'argent sont insolubles; enfin, le contact de l'eau décompose en acide iodhydrique et oxyde métallique les iodures à base d'étain ou d'antimoine. Les acides chlorhydrique et bromhydrique en dissolution aqueuse sont sans action sur les iodures; l'acide sulfhydrique réagit sur eux toutes les fois qu'il peut former avec leur métal un sulfure insoluble: il se produit en même temps de l'acide iodhydrique. L'acide azotique et l'acide sulfurique concentrés les décomposent instantanément et en séparent l'i. Quand on le chauffe avec de l'acide sulfurique et du peroxyde de manganèse, l'i. distille à l'état libre. Les iodures solubles dans l'eau donnent, avec l'azotate d'argent, un précipité d'iodure d'argent blanc jaunâtre, passant au noir à la lumière. Ce précipité est insoluble dans l'acide nitrique étendu, et très peu soluble dans l'ammoniaque. C'est sous forme d'iodure d'argent que l'on dose habituellement l'i. des iodures. La réaction suivante est caractéristique: on ajoute à la dissolution d'un iodure un peu d'empois d'amidon, puis on y verse goutte à goutte de l'eau de chlore; l'i. mis en liberté colore l'amidon en bleu. Il faut éviter un excès de chlore qui produirait du chlorure d'i. ou de l'acide iodique sans action sur l'amidon.

Les *iodures alcooliques* sont les éthers iodhydriques des alcools, et, en même temps, les dérivés iodés des hydrocarbures correspondants. Tels sont l'iodure de méthyle CH^3I, l'iodure d'éthyle C^2H^5I, etc. On les prépare en traitant les alcools par l'i. et le phosphore. Ils servent en chimie organique à introduire des radicaux hydrocarbonés (méthyle, éthyle, etc.) dans la molécule d'un composé.

Autres combinaisons de l'iode. — L'i. s'unit directement au chlore, au brome, au soufre, au phosphore, et peut donner des composés binaires avec tous les métalloïdes, sauf le bore. — Le *Protochlorure* ICl, obtenu par l'action du chlore sur l'i., est un liquide rouge brun, très soluble dans l'eau; il se transforme à la longue en un solide cristallisé, fusible à 25°. Il agit comme un chlorurant énergique. C'est probablement la formation passagère de ce corps qui fait que la présence d'un peu d'i. facilite l'action du chlore sur les matières organiques. Le *Trichlorure* ICl³ se produit quand un excès de chlore réagit sur l'i., ou sur l'acide iodhydrique. Il forme des cristaux jaunes solubles dans l'eau. Il se dissocie à 67° en chlore et protochlorure. — Quand on se sert du chlore pour extraire ou déceler l'i. des iodures, on doit éviter la formation de ces chlorures d'i. qui resteraient en solution et qui ne bleuiraient pas l'empois d'amidon. — Les *iodures de phosphore* sont décomposables par l'eau; on les prépare en dissolvant de l'i. et du phosphore dans le sulfure de carbone et mélangeant les solutions. Suivant les proportions employées on obtient un *pentaiodure* ou *periodure* PhI^5 peu stable, un *triiodure* PhI^3 cristallisé en lames hexagonales fusibles à 55°, et un *biiodure* Ph^2I^4. Ce dernier corps forme une masse cristalline rouge orangé qui fond à 110°; traité par l'eau il produit un dégagement régulier d'acide iodhydrique. On emploie les iodures de phosphore pour réduire les composés organiques et pour obtenir des dérivés iodés. — L'azote forme avec l'iode un composé remarquable, l'*Iodure d'azote*, qui s'obtient en triturant pendant quelques instants de l'i. recouvert d'une dissolution d'ammoniaque. Si l'on verse le produit sur plusieurs petits filtres et qu'on le lave avec de l'eau légèrement ammoniacale, on obtient, par la dessiccation dans un air tranquille, une poudre noire fulminante. En effet, il suffit de la toucher avec la barbe d'une plume pour qu'elle détone avec violence en émettant des fumées violettes. Quelquefois la détonation a lieu spontanément.

L'i. réagit sur les composés organiques avec bien moins d'énergie que le chlore ou le brome. Il peut se fixer sur certains composés non saturés, tels que les hydrocarbures éthyléniques. Il n'agit pas sur les hydrocarbures saturés pour former des dérivés de substitution; ces *dérivés iodés* s'obtiennent par voie détournée; nous avons déjà parlé des dérivés mono-iodés ou iodu-es alcooliques; parmi les dérivés tri-iodés on rencontre un corps important, l'*Iodoforme* (Voy. ce mot)

Usages de l'iode et de ses composés. — L'i. est très employé dans les laboratoires: il sert à certaines opérations ana-

lytiques comme le dosage de l'acide sulfhydrique et des sulfures, à la préparation des iodures et d'une foule de composés organiques. — Dans l'industrie, il est utilisé pour la fabrication de certaines matières colorantes, comme les éosines iodées. Les applications photographiques de l'i. seront traitées au mot PHOTOGRAPHIE. — En médecine l'i. et certains de ses composés sont très usités. A haute dose l'i. agit comme un poison irritant; à dose altérante, ce corps et les préparations iodurées exercent sur l'organisme une action stimulante qui se fait sentir plus particulièrement sur les muqueuses pulmonaire et gastro-intestinale, et sur l'appareil génito-urinaire. Elles exercent en outre une action remarquable, et pour ainsi dire spécifique, sur les glandes en général, et particulièrement sur la thyroïde L'i. a été d'abord employé contre le goitre par Coindet (de Genève); puis Lugol l'administra contre les affections scrofuleuses. Aujourd'hui les préparations iodurées sont considérées, pour ainsi dire, comme le spécifique de la cachexie scrofuleuse et des états analogues. On les a encore employées avec succès dans le traitement de la syphilis constitutionnelle, des rhumatismes chroniques, des diarrhées rebelles, etc. Elles sont aussi douées de propriétés emménagogues: en conséquence, on les administre dans le cas de dysménorrhée. Les préparations iodurées s'emploient à l'intérieur, et à l'extérieur, en bains, lotions, injections, sous forme de pommade, etc. Dans tous les cas, l'usage interne des préparations iodurées, et particulièrement de l'i., exige de la prudence, et l'on doit le suspendre dès qu'on voit survenir l'amaigrissement ou une irritation gastro-intestinale. Parmi les préparations les plus usitées, nous mentionnerons: l'*eau iodée*, qui n'est autre chose que de l'eau distillée dans laquelle on a trituré 2 décigr. d'i. et 4 décigr. d'iodure de potassium pour un litre de liquide; la *teinture d'iode*, qui n'est qu'une dissolution alcoolique d'i.; l'*iodure de potassium*, qui s'administre surtout en boisson; l'*iodure de fer*, qu'on emploie sous forme de pastilles, de pilules, de sirop, etc.; les *iodures de plomb, de baryum, de mercure, de soufre,* qui servent surtout à l'usage externe.

IODER. v. a. Couvrir d'iode. ‖ Mêler, combiner avec l'iode. = Iodé, ÉE. part. *Coton iodé,* Ouate imbibée de teinture d'iode. ‖ T. Chim. et Pharm. Qui renferme de l'iode. *Dérivé i.,* Dérivé produit par substitution d'iode dans un composé.

IODEUX. adj. m. Relatif à l'iode. *Anhydride i.* Voy. IODE.

IODHYDRATE. s. m. T. Chim. Composé d'addition formé par l'union de l'acide iodhydrique avec un autre corps.

IODHYDRIQUE. adj. 2 g. (R. *iode* et *hydrogène*). T. Chim. *Acide i.* Voy. IODE.

IODIQUE. adj. 2 g. T. Chim. *Acide i.* Voy. IODE.

IODISME. s. m. (R. *iode*). Action morbifique que l'usage prolongé de l'iode produit sur l'économie. ‖ Espèce d'ivresse que produisent l'iode et ses préparations ingérées à haute dose.

IODITE. s. m. (R. *iode*). T. Minér. Syn. d'*iodargyre*.

IODOFORME. s. m. (R. *iode* et *formique*). T. Chim. Composé iodé analogue au chloroforme et constitué par du méthane tri-iodé CHI^3, préparé pour la première fois en 1822 par Serullas, étudié par Dumas, Bouchardat, Filhol. C'est un corps solide qu'on obtient sous la forme de paillettes nacrées d'un jaune de soufre. Il se dissout aisément dans l'alcool, l'éther, les huiles grasses, les huiles essentielles, le chloroforme, le sulfure de carbone; mais il est à peu près insoluble dans l'eau. On peut le préparer en ajoutant de l'iode à une solution de carbonate de soude additionnée d'alcool. On préfère aujourd'hui faire réagir un hypochlorite alcalin sur un iodure en présence d'alcool ou d'acétone. — L'i. est un puissant antiseptique et un anesthésique local; on l'emploie surtout pour le pansement des plaies et des brûlures. Son odeur est forte, pénétrante et désagréable.

Le *di-iodoforme*, qui possède les mêmes propriétés thérapeutiques, est le dérivé tétra-iodé de l'éthylène. Voy. ÉTHYLÈNE.

IODOGNOSIE. s. f. [Pr. *iodog-no-zi*, *gn* dur] (R. *iode* et gr. γνῶσις, connaissance). Étude de l'iode.

IODOL. s. m. (R. *iode*). T. Chim. Dérivé tétra-iodé du pyrrol. L'iodol a pour formule C^4I^4AzH. Il se produit en petite quantité par l'action de l'iode sur une solution alcaline de pyrrol. On le prépare en chauffant le dérivé tétra-chloré du pyrrol avec de l'iodure de potassium. L'i. cristallise en paillettes jaunes insolubles dans l'eau, solubles dans l'alcool, solubles dans la potasse en donnant un dérivé potassé. C'est un antiseptique énergique, utilisé en chirurgie.

IODOMÉTHÉ. s. f. (R. *iode* et gr. μέθη, ivresse). Ivresse iodique.

IODOMÉTRIE s. f. (R. *iode* et gr. μέτρον, mesure). Méthode de dosage de la quantité d'iode contenue dans un liquide.

IODONIUM. s. m. [Pr. *iodoni-ome*]. T. Chim. Voy. IODOSÉ.

IODOPHTISIE. s. f. (R. *iode*, et *phtisie*). Diminution des chairs et des forces produite par un abus de l'iode.

IODOSÉ. adj. [Pr. *iodo-zé*]. (R. *iode*) T. Chim. On donne le nom de *dérivés iodosés* aux composés qui contiennent le groupe univalent — I = O. Ces corps se forment par l'action de l'acide azotique fumant ou du permanganate de potassium sur certains dérivés iodés. On peut aussi les obtenir en traitant ces dérivés par le chlore, puis par l'eau ou la potasse : si par ex. on dirige un courant de chlore dans une solution chloroformique d'iodo-benzène C⁶H⁵I, on obtient du chlorure d'iodobenzène C⁶H⁵I¹Cl² que l'eau ou la potasse transforme en *iodoso-benzène* C⁶H⁵IO. Les dérivés iodosés sont généralement solides, jaunâtres, solubles dans l'eau bouillante et dans l'alcool. La chaleur les décompose, souvent avec explosion. Ils sont neutres au tournesol, mais peuvent s'unir à deux molécules d'acide en donnant des sels solides. Traités par l'iodure de potassium en solution acide, ils mettent en liberté une molécule d'iode et se transforment en dérivés iodés.

Lorsqu'à l'aide d'un courant d'air on oxyde, en solution aqueuse bouillante, les dérivés iodosés, on obtient des *dérivés iodylés*, tels que l'*iodylo-benzène* C⁶H⁵IO². Ces nouveaux composés sont caractérisés par le groupe IO² dans lequel l'iode est quintivalent. Ce sont des solides solubles dans l'eau insolubles dans les dissolvants organiques. Ils détonent sous l'action de la chaleur. Ils sont neutres, très oxydants. Avec l'iodure de potassium en solution acide ils mettent en liberté deux molécules d'iode. L'acide nitrique fumant les convertit en dérivés à la fois iodés et nitrés.

Quand on fait agir l'oxyde d'argent humide sur le mélange d'un dérivé iodosé et d'un dérivé iodylé, en milieu aqueux, on obtient des *bases iodonium* telles que l'*hydrate de diphényl-iodonium* (C⁶H⁵)²IOH. Ces corps, qu'on peut comparer aux hydrates d'ammonium, s'unissent à la plupart des acides pour former des sels cristallisables, généralement solubles dans l'eau chaude. Il est remarquable que l'iode éminemment électro-négatif puisse, par son union avec des radicaux électro-négatifs eux-mêmes, donner naissance à des composés fortement basiques.

IODOTHÉRAPIE. s. f. (R. *iode*, et gr. θεραπεία, traitement, guérison). Traitement par l'iode.

IODURE. s. m. T. Chim. Nom des sels formés par l'acide iodhydrique. Voy. IODE.

IODURÉ. adj. T. Chim. Qui contient de l'iode ou un iodure.

IODYLÉ. adj. T. Chim. Voy. IODOSÉ.

IOLCOS, v. de Thessalie d'où partirent les Argonautes pour la conquête de la Toison d'or.

IOLE. s. f. Voy. YOLE.

IOLITHE. s. f. (gr. ἴον, violette; λίθος, pierre). T. Minér. Pierre qui a la couleur de la violette (*cordiérite*).

ION, descendant d'Hellen par Xuthus, fut le père des Ioniens.

ION, poète tragique athénien (V° siècle avant J.-C.).

ION. s. m. (gr. ἰών, ce qui va, part. prés. de εἶμι je vais). T. Phys. et Chim. L'électrolyse d'un composé le scinde en deux parties qu'on appelle les *ions*. Le *cathion* se dégage à la cathode, l'*anion* à l'anode. Voy. ÉLECTROCHIMIE et DISSOLUTION.

IONÈNE. s. f. (gr. ἴον, violette) T. Chim. Hydrocarbure cyclique de la formule C¹³H¹⁸, obtenue en traitant l'ionone

par de l'acide iodhydrique. Les agents oxydants transforment l'i. en différents acides ; le produit ultime de l'oxydation est l'acide *ionirégène-tricarbonique* C¹²H¹²O⁶, qui est un dérivé carboxylique de l'acide diméthyl-homophtalique et qui à 150° se convertit en un anhydride bouillant à 221°.

IONIDE. s. m. (gr. ἴον, violette; εἶδος, aspect). T. Bot. Genre de plantes Dicotylédones (*Ionidium*) de la famille des *Violacées*. Voy. ce mot.

IONIE, partie de l'Asie Mineure comprise entre les fleuves Hermès et Méandre ; v. pr. Milet, Éphèse, Phocée.

IONIEN, IENNE. adj. [Pr. *ioni-in*]. Syn. d'*Ionique*. Se dit de la branche de la race grecque qui s'était fixée en IONIE. *Mode i. Vers i. Le dialecte i.*, L'*ionien*. L'un des dialectes de la langue grecque. Voy. DIALECTE. || *Mer Ionienne*, partie de la Méditerranée, au sud de l'Adriatique, entre la Grèce et l'Italie. || *Iles Ioniennes*, groupe d'îles dans la mer Ionienne (à la Grèce).

IONIQUE. adj. 2 g. (lat. *ionicus*; gr. ιωνικός, m. s.). Qui vient d'Ionie, qui a rapport à l'Ionie; qui est imité des Ioniens. *Le dialecte i.*, ou simpl., L'*ionique*, Voy. DIALECTE. L'*ordre i.* Voy. ORDRE et ARCHITECTURE. *L'École i.*, L'École philosophique dont Thalès de Milet était le chef.

Littér. — En termes de Versification grecque et latine, on appelle *Vers i.*, un vers composé de *pieds ioniques*, c.-à-d. de mesures formées de deux brèves et de deux longues (̆ ̆ ̄ ̄). Cette sorte de vers est employée dans la 12° ode du III° livre d'Horace. La strophe, dans cette ode, comprend deux vers de quatre pieds et un de deux.

> Miserarum est, neque amori dare ludum, neque dulci
> Mala vino lavere; aut exanimari, metuentes
> Patruæ verbera linguæ.

On distingue encore un *vers i. majeur*, qui est composé de trois *grands pieds ioniques* (̄ ̄ ̆ ̆) suivis d'un spondée :

> Vocalia quædam memorant, consona quædam.
>   T. MAURUS.

Ce vers est aussi appelé *sotadique*, d'un poète grec nommé Sotadès, qui avait écrit les satires dans ce mètre.

IONONE. s. f. (gr. ἴον, violette). T. Chim. Parfum artificiel qui possède l'odeur de la violette en fleur. Tiemann et Krüger ont obtenu l'i. en faisant bouillir la pseudo-ionone (Voy. plus bas) avec de l'acide sulfurique très étendu, en distillant dans le vide le produit de la réaction. L'i. bout à 128° sous la pression de 12 millimètres. C'est une cétone non saturée, dont la molécule renferme une chaîne cyclique et dont la constitution est représentée par la formule :

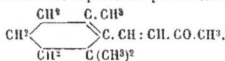

$$CH^2 \diagdown \begin{array}{c} CH^2 - C.CH^3 \\ | \qquad\qquad \diagdown \\ CH^2 - C(CH^3)^2 \end{array} C.CH : CH.CO.CH^3.$$

La *pseudo-ionone* se prépare en faisant réagir l'acétone sur le géraniol en présence de l'air et des hydrates alcalins. Le produit de la réaction, soumis à la distillation fractionnée dans le vide, fournit la pseudo-ionone sous la forme d'une huile incolore qui distille vers 143° sous la pression de 12 millimètres. C'est une cétone non saturée, isomérique avec l'ionone ; mais sa molécule est constituée par une chaîne ouverte :

$$(CH^3)^2C : CH.CH^2.CH^2.C : CH.CH : CH.CO.CH^3$$

IOTA. s. m. La neuvième lettre de l'alphabet grec, et dont la figure (ι) est la plus simple et la plus petite de toutes. Ce mot s'emploie fig. dans quelques phrases famil. pour signifier, pas la moindre chose, rien. *Voilà un ouvrage parfait, il n'y manque pas un i. Il a copié cet article dans tel auteur, sans y changer un i. Je n'omettrai pas un i.*

IOTACISME. s. m. (R. *iota*). T. Gramm. Emploi fréquent du son i dans les mots d'une langue. On reproche l'i. à la langue grecque moderne. — Voy. PRONONCIATION. || Vice de prononciation qui empêche d'articuler g et j doux.

IOULER. v. n. (Onomatopée). Chanter à la manière des Tyroliens, avec des coups de gosier très rapides du grave à l'aigu.

IOWA, un des États-Unis d'Amérique (Centre); pop. 1,912,000 hab.; ch.-l. *Des Moines*.

IPÉ. s. m. T. Bot. Nom vulgaire de quelques espèces de *Tecoma*. Voy. BIGNONIACÉES.

IPÉCACUANHA. s. m. (mot brésil. sign. *racine rayée*). T. Bot. et Mat. méd. Sous ce nom on désigne diverses racines qui toutes jouissent de propriétés émétiques. Néanmoins, lorsqu'on l'emploie au sens absolu, on entend toujours la racine du *Cephælis ipecacuanha*, plante de la famille des *Rubiacées*. Dans le commerce, on l'appelle *I. annelé*, parce qu'il est en morceaux allongés, de la grosseur d'une plume à écrire, entrecoupés d'anneaux et d'étranglements successifs. La racine du *Psychotria emetica*, qui appartient à la même famille, se vend sous le nom d'*I. strié*, et celle du *Richardsonia scabra* est connue sous le nom d'*I. ondulé*. On nomme *I. blanc*, Faux *I.*, la racine de l'*Ionidium ipecacuanha*, de la famille des Violacées; *I. de la Guyane*, celle du *Boerhaavia procumbens* (Nyctaginées); *I. de Venezuela*, celle du *Sarcostemna glaucum* (Asclépiadées); et *I. sauvage des Indes occidentales*, celle de l'*Asclepias curassavica*, de la même famille. Enfin, une espèce d'Euphorbe est appelée *Euphorbia ipecacuanha*, parce que sa racine possède aussi des propriétés vomitives.

IPÉCACUANHIQUE. adj. 2 g. T. Chim. L'*acide i.* accompagne l'émétine dans les racines d'ipécacuanha. On l'obtient sous la forme d'une masse brune, amorphe, très amère, très soluble dans l'alcool et dans l'eau.

IPHICRATE, général athénien, vainqueur des Spartiates en 392; mort en 348 avant J.-C.

IPHIGÉNIE, fille d'Agamemnon et de Clytemnestre, allait être sacrifiée, à Aulis, pour obtenir un vent favorable à la flotte des Grecs, lorsqu'elle fut sauvée par Diane, qui en fit sa prêtresse en Tauride.

IPOMÉE. s. m. T. Bot. Genre de plantes Dicotylédones de la famille des *Convolvulacées*. Voy. ce mot.

IPOMÉINE. s. f. (R. *Ipomée*). T. Chim. Glucoside contenu dans la racine de l'*Ipomea paniculata*. L'ébullition avec les alcalis le dédouble en acide méthylcrotonique et en acide *ipoméique* $C^{24}H^{42}O^{18}$. Ce dernier, par ébullition avec les acides étendus, se dédouble lui-même en un sucre et en un autre acide, appelé *ipoméolique*.

IPOMIQUE. adj. 2 g. (R. *Ipomée*). T. Chim. L'*acide i.* a été obtenu en faisant réagir l'acide azotique sur la jalapine. Il ressemble beaucoup à l'acide sébasique. Son point de fusion est 104°.

IPSO FACTO. Expression adv. empruntée du latin qui sign. Par le fait même, et qui se dit de tout ce qui suit infailliblement et immédiatement quelque fait. *Celui qui frappe un prêtre est excommunié* ipso facto.

IPSUS, v. de Phrygie, près de laquelle fut livrée une grande bataille où périt Antigone, et après laquelle l'empire d'Alexandre fut partagé en 4 royaumes (301 av. J.-C.).

IPSWICH, v. d'Angleterre (Suffolk); 50,500 hab.

IQUIQUE, v. maritime du Chili, ch.-l. de la prov. de Tarapaca; 16,400 hab.

IRA, forteresse de Messénie, se défendit contre les Spartiates (688-671 av. J.-C.).

IRADÉ. s. m. (Prononciation turque de l'arabe *irada*, volonté, désir). Décret du gouvernement de la Sublime Porte.

IRAGNON. s. m. (anc. fr. *irague*, ou *aragne*, araignée). Sorte de filet pour la chasse aux oiseaux.

IRAK-ADJÉMI, anc. Médie, prov. de la Perse; v. princ. *Téhéran, Ispahan*.

IRAM ou **IRAN.** s. m. Nom persan de la Perse.

IRANIEN, ENNE. adj. [Pr. *irani-in, ièné*]. T. Géogr. Habitant de l'Iran ou de la Perse; qui appartient à cette contrée ou à ses habitants.

Ling. — Les langues iraniennes, appartenant à la famille des langues indo-européennes, comprennent le *Zend*, dans lequel sont écrits les livres de Zoroastre, et les idiomes qui en sont dérivés, savoir le *vieux perse* des inscriptions cunéiformes du temps des Achéménides, le *pehlvi* ou *huzvaresch*, parlé après la dynastie des Sassanides, et qui est déjà considérablement mêlé de mots sémitiques, le *parsi* qui a subi l'influence de l'arabe à l'époque de la conquête de la Perse par les Musulmans, et enfin le *persan* moderne avec ses nombreux dialectes. Aux langues iraniennes, on rattache encore le *kourde*, l'*arménien*, l'*ossète* parlé dans les montagnes du Caucase, le *pouchton* ou *poukton*, langue des Afghans, et le *bélout cha* parlé dans les pays compris entre l'Afghanistan et la mer.

IRAOUADDY, fleuve de l'Indo-Chine occidentale, prend sa source dans le Thibet oriental, traverse la Birmanie et le Pégou, et se jette dans le golfe de Martaban; 1900 kil.

IRASCIBILITÉ. s. f. [Pr. *iras-sibilité*]. Défaut de celui qui est irascible.

IRASCIBLE. adj. 2 g. [Pr. *iras-sible*] (lat. *irascibilis*, m. s., de *ira*, colère). Qui est prompt à se mettre en colère. *Un homme i. Elle est fort i.* — On dit aussi, *Caractère, tempérament, humeur i.* || T. Phil. scolast. Voy. APPÉTIT.

IRATO (AB). loc. lat. qui signifie : Par un homme en colère. *Testament* ab irato. *Satire écrite* ab irato.

IRE. s. f. (lat. *ira*, colère). Courroux, colère. Vieux et ne s'emploie plus que dans la poésie fam. *Par ces propos pleins d'ire et de menace...*

Le vieillard me paraît un peu sujet à l'ire.
                         REGNARD.

IRÈNE. s. m. (R. *irone*). T. Chim. Hydrocarbure obtenu en traitant l'irone par l'acide iodhydrique. L'*i.* est isomérique avec l'iodune $C^{13}H^{18}$ et se transforme comme lui, par oxydation, en acide ionirégène-tricarbonique.

IRÈNE, impératrice de Constantinople (780-802), fit périr son fils Constantin VI, après la mort de son mari Léon IV, pour garder le pouvoir, régna avec faste, et fut détrônée par Nicéphore le Logothète. Née à Athènes vers 752, elle mourut à Lesbos en 803. || IRÈNE, impératrice de Constantinople, née vers 1066, morte après 1118, femme d'Alexis Comnène, couronnée en 1081. || IRÈNE, impératrice de Constantinople, femme de Manuel Comnène (1143-1180).

IRÉNÉE (SAINT), 2ᵉ évêque de Lyon, fut martyr vers 202.

IRÉNIQUE. adj. 2 g. (gr. εἰρηνικός, pacifique, de εἰρήνη, paix). T. Théol. *Livres iréniques*, Livres destinés à pacifier les discordes entre les opinions chrétiennes des premiers siècles.

IRÉTOL. s. m. T. Chim. Voy. IRIDINE.

IRETON (HENRI), général angl. gendre de Cromwell, un des adversaires les plus acharnés de Charles Iᵉʳ (1610-1651).

IRIDECTOMIE. s. f. (gr. ἶρις, ἰριδος, iris; ἐκτομή, amputation). T. Chir. Opération qui consiste à exciser un lambeau d'iris, afin de créer une pupille artificielle, lorsque l'ouverture de la pupille naturelle est marquée par une tache opaque de la cornée, ou bien pour supprimer un fragment d'iris qui adhère à la cornée. Voy. Ius.

IRIDÉES. s. f. pl. (R. *iris*). T. Bot. Famille de végétaux Monocotylédones de l'ordre des Iridinées.
Caract. bot. : Plantes herbacées, ordinairement glabres. Tige aérienne provenant ordinairement soit d'un rhizome horizontal rameux, soit d'un tubercule; parfois la tige est dépourvue de rhizome et de tubercule et alors elle est herbacée ou ligneuse. Feuilles équitantes et distiques dans la plupart des genres. Inflorescence terminale en épi, en corymbe, ou en panicule. Bractées spathacées; une partie des bractées est souvent scarieuse. Périanthe régulier, rarement zygomorphe, formant un tube adhérent à l'ovaire, libre supérieurement et présentant 6 divisions colorées et pétaloïdes, disposées sur deux rangs bien distincts. Étamines 3, naissant de la base

des sépales; filets distincts ou connés; anthères fixées par leur base, extrorses et biloculaires. Pistil formé de 3 carpelles concrescents en un ovaire à 3 loges multiovulées; ovules anatropes; style unique; stigmates 3, souvent pétaloïdes, parfois bilabiés. Fruit capsulaire à 3 loges et à 3 valves, à déhiscence loculicide. Graines attachées à l'angle interne des loges, et quelquefois à une colonne centrale; albumen charnu ou corné; embryon axile, avec la radicule rapprochée du hile. [Fig. 1. *Crocus vernus;* 2. Fleur fendue et ouverte; 3. Stigmates; 4. Coupe transversale de l'ovaire; 5. Coupe de la graine pour montrer l'embryon; 6. Capsule mûre d'*Iris germanica*].

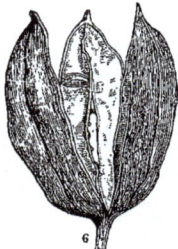

La famille des *Iridées* se compose de 57 genres et d'environ 700 espèces. Le plus grand nombre habitent le cap de Bonne-Espérance et les régions tempérées de l'Europe et de l'Amérique du Nord. Elles sont rares entre les tropiques. On divise cette famille en 3 tribus :

TRIBU I. — *Moréées.* — Branches du style épisépales (*Iris, Morœa, Tigridia,* etc.)

L'*Iris florentine* donne son rhizome connu sous le nom d'*Iris de Florence,* qui exhale une forte odeur de violette. On en fait aussi des pois à cautères. Les *I. germanica* et *I. pallida* donnent des rhizomes aussi odorants que ceux de l'espèce précédente. L'*I. florentina* ainsi que l'*I. faux-Acore* (*I. pseudo-Acorus*) jouissent de propriétés diurétiques, purgatives et émétiques. Ce dernier, vulgairement appelé *Iris jaune* et *Iris des marais,* et l'*I. hermodacte* (*I. tuberosa*), sont encore quelquefois employés par les paysans dans les cas d'hydropisie, de diarrhée, etc.

Les pétales de l'*Iris germanique* (*I. germanica*), vulgairement appelé *Flambe,* et de l'*I. des prés* (*I. sibirica*), traités avec la chaux, donnent une couleur verte nommée *Vert d'iris,* qui est usitée pour la miniature et la gouache. L'*I. des prés* a été considéré comme antisyphilitique, et l'*I. fétide* (*I. fœtidissima*), plus connu encore sous les noms vulgaires d'*Iris giyot* ou de *Glaïeul puant,* a été employé contre les scro-

fules. Les graines grillées de l'*I. faux-Acore* pourraient, paraît-il, s'employer en guise de café. La fécule que renferme les rhizomes des *Iris,* serait assez abondante pour servir d'aliment si on la débarrassait du principe âcre et de l'essence qu'elle renferme.

TRIBU II. — *Sisyrinchiées.* — Branches du style alternipétales; fleurs solitaires (*Crocus, Galaxia, Romulea, Sisyrinchium, Witsenia,* etc.). La substance connue sous le nom de *Safran* n'est autre chose que les stigmates desséchés du *Crocus sativus,* appelé communément *Safran officinal, Safran d'automne.* En médecine, le Safran agit comme stimulant et antispasmodique. On s'en sert aussi en manière de condiment. Enfin on l'emploie fréquemment comme matière colorante jaune dans les vermicelles, pâtes d'Italie, etc.; mais sa belle couleur jaune orangé est trop fugace pour qu'on puisse l'appliquer à la teinture. Le *Sisyrinchium galaxioides* jouit de propriétés purgatives. La tige du *Witsenia maura* contient un liquide sucré assez abondant.

TRIBU III. — *Ixiées.* — Branches du style alternipétales; fleurs en épi ou en grappe (*Ixia, Tritonia, Sparaxis, Gladiolus,* etc). Le *Glaïeul des moissons* (*Gladiolus segetum*) passait jadis pour aphrodisiaque.

Un grand nombre d'*Iridées* sont cultivées pour leur beauté, notamment les Iris, les Glaïeuls, les Bermudiennes, les *Ixia,* les *Sparaxis,* les *Sisyrinchium,* etc.

IRIDESCENT. ENTE. adj. [Pr. irides-san, ante] (lat. *iris, iridis,* iris). Qui réfléchit les couleurs de l'iris.

IRIDEUX. adj. T. Chim. Voy. IRIDIUM.

IRIDIÉ, ÉE. adj. A quoi on a allié de l'iridium. *Platine i.*

IRIDINE. s. f. (R. *Iris*). T. Chim. Glucoside extrait de la racine d'iris par De Laire et Tiemann. L'i. a pour formule $C^{24}H^{26}O^{12}$. Elle fond à 208°. Sous l'action des acides étendus, elle se dédouble en irigénine et en glucose.

L'*irigénine* $C^{18}H^{16}O^8$, cristallise dans l'alcool en rhomboèdres fusibles à 186°. Chauffée avec la potasse ou la soude caustiques, elle se décompose en acide formique, acide iridique et irétol.

L'*acide iridique,* fusible à 118°, est à la fois acide monobasique, phénol et éther diméthylique; il a pour formule $C^7H^3(OCH^3)^2(OH,CO^2H)$.

L'*irétol,* qui fond à 186°, est l'éther méthylique d'un tétraoxybenzène et répond à la formule $C^6H^2(OH)^3(OCH^3)$.

IRIDINÉES. s. f. pl. (R. *Iris*). T. Bot. Ordre de plantes Monocotylédones caractérisé surtout par la corolle pétaloïde et l'ovaire infère. Cet ordre comprend les familles suivantes : *Amaryllidacées, Dioscorécacées, Iridinées, Hæmodoracées, Broméliacées, Scitaminées, Orchidées, Hydrocharidées.* Voy. ces mots.

IRIDIPENNE. adj. 2 g. [Pr. iridi-pène] (R. *iris,* et lat. *penna,* plume). T. Zool. Qui a les ailes irisées.

IRIDIQUE. adj. T. Chim. *Acide i.* Voy. IRIDINE. *Anhydride i.* Voy. IRIDIUM.

IRIDIUM. s. m. [Pr. iridi-ome] (R. *iris,* à cause des couleurs irisées des dissolutions des sels de ce métal). T. Chim. Métal qu'on rencontre, ordinairement à l'état d'osmiure, dans les minerais de platine, d'où il a été extrait en 1803 par Tennant. Il est blanc, très dur, cassant. Plus réfractaire que le platine, il ne fond qu'au chalumeau à gaz oxhydrique. Fondu, il a pour densité 22,4. Chauffé à l'air, il s'oxyde vers 1000°, mais il perd cet oxygène à une température plus élevée. On peut l'oxyder par le bisulfate de potassium en fusion. L'i. résiste à l'action des acides et même de l'eau régale. Il n'est attaqué que difficilement par le chlore au rouge. Chauffé dans la flamme de l'alcool, il se recouvre d'un carbure combustible. Il s'allie au zinc et à l'étain avec dégagement de chaleur. Le symbole de l'i. est Ir et son poids atomique 192,5.

Le *Sesquioxyde d'i.* a pour formule Ir^2O^3. C'est une poudre bleu foncé qu'on obtient en chauffant le chlorirédite de potassium avec du carbonate de sodium. Son *hydrate* $Ir(OH)^3$ est jaune verdâtre; il s'oxyde à l'air en formant l'hydrate du bioxyde; il se dissout dans les alcalis en formant probablement des *iridites.* — Le *Bioxyde* IrO^2 est une poudre noire, soluble dans l'acide chlorhydrique; la solution, d'abord bleue, devient bientôt verte, puis rouge brun. L'hy-

drate correspondant $Ir(OH)^4$ est bleu, insoluble dans les acides azotique et sulfurique. — On connaît un *iridate de potassium* $Ir^2O^7K^2$ qui correspond à un *Anhydride iridique* IrO^3 non isolé, et quelques sels qui se rapportent à un *Protoxyde* IrO inconnu.

Le *Sesquichlorure* $IrCl^3$ résulte de l'action du chlore sur l'i. au rouge. On l'obtient à l'état d'hydrate cristallisé quand on fait passer de l'hydrogène sulfuré dans la solution chlorhydrique du bioxyde d'i. Il forme des chlorures doubles de couleur verte, avec les chlorures de potassium, de sodium et d'ammonium. — Le *Tétrachlorure* $IrCl^4$ se forme quand on dissout les oxydes d'i. dans l'eau régale. C'est une masse déliquescente qui donne avec l'eau une solution jaune, presque noire quand elle est concentrée. Il s'unit aux chlorures alcalins pour donner des chlorures doubles appelés *Chloriridates;* tel est le chloriridate de potassium IrK^2Cl^6 cristallisé en octaèdres réguliers noirs, à poussière rouge. — Il existe aussi un *Sesquibromure*, un *Tétrabromure* et des *Bromiridates*.

En fait de sels oxygénés, on ne connaît que des *Sulfites* de composition assez complexe et des *Azotites* doubles. Ces sels se rapportent au protoxyde et au sesquioxyde.

On extrait l'i. de son osmiure, alliage d'i. et d'osmium qui renferme aussi du rhodium, du ruthénium et un peu de platine. Ce composé étant trop dur pour être pulvérisé mécaniquement, on le chauffe au rouge avec du zinc, qui le dissout et qui se volatilise ensuite en laissant l'osmiure à l'état de masse poreuse et friable. Dans le procédé de Deville et Debray, cette masse pulvérisée est chauffée au rouge cerise avec du bioxyde de baryum, et l'on fait bouillir le produit avec de l'eau régale, de manière à volatiliser l'acide osmique. On traite le liquide restant par l'acide sulfurique pour précipiter la baryte, puis par un excès de chlorhydrate d'ammoniaque qui précipite l'i., le ruthénium et le platine à l'état de chlorures, tandis que le chlorure de rhodium reste dissous. En réduisant le précipité par l'hydrogène on obtient la *mousse d'i.*, contenant l'i. mélangé de ruthénium et d'un peu de platine. Si l'on veut séparer ces métaux, on traite la mousse par de l'eau régale pour éliminer le platine, puis on la chauffe avec un mélange de nitre et de potasse; il se forme du ruthéniate de potassium soluble, qu'on enlève par lavage à l'eau, et de l'iridate de potassium insoluble, qu'on prive de la potasse à l'aide d'une solution de chlorhydrate d'ammoniaque et qu'on réduit ensuite par l'hydrogène.

L'i. peut servir à fabriquer des pièces très dures et inaltérables, par ex. des supports pour les couteaux des balances de précision. Mais on l'emploie surtout à l'état d'alliage avec le platine, dans la proportion de 10 à 25 p. 100 d'i. Ces alliages, tout en conservant la malléabilité et la ductilité du platine, ont beaucoup plus de dureté et d'élasticité; ils sont moins fusibles et résistent mieux à l'action des réactifs. L'alliage à 10 p. 100, de densité 21,615 a été adopté par la Commission internationale du mètre pour la confection des étalons du système métrique; il sert aussi à fabriquer des creusets très réfractaires.

IRIDOCÈLE. s. f. (fr. *iris;* gr. κήλη, tumeur). Hernie de l'iris à travers une plaie ou un ulcère de la cornée.

IRIDOCOLOBOME. s. f. (fr. *iris;* gr. κολόβωμα, mutilation). Scission de l'iris.

IRIDODIALYSE. s. f. (fr. *iris;* gr. διάλυσις, séparation). Décollement d'une partie de la grande circonférence de l'iris pour produire une pupille artificielle.

IRIDOLINE. s. f. T. Chim. Alcaloïde de la formule $C^{10}H^9Az$, bouillant vers 255°, contenu dans les huiles de goudron de houille.

IRIDOPTOSE. s. f. (fr. *iris;* gr. πτῶσις, chute). Procidence de l'iris.

IRIDOSCOPE. s. m. (fr. *iris;* gr. σκοπέω, j'examine). T. Chir. Instrument destiné à l'examen de l'intérieur de l'œil.

IRIDOSMINE. s. f. (lt. *iridium* et *osmium*). T. Minér. Osmiure d'iridium, en lamelles ou en grains d'un blanc d'étain, accompagnant les minerais de platine et renfermant du rhodium et du ruthénium. Il sert à la préparation de ces métaux, ainsi qu'à celle de l'iridium. Voy. IRIDIUM. En raison de sa dureté et de son inaltérabilité, il sert aussi à fabriquer des pointes de plumes métalliques, des coussinets de boussoles et de montres, etc.

IRIDOTOMIE. s. f. (gr. ἶρις, ἶριδος, iris; τομή, section). T. Chir. Opération qui consiste à faire une section dans le tissu de l'iris, pour créer une pupille artificielle. Voy. IRIS.

IRIEN, IENNE. adj. [Pr. *iri-in*]. Qui appartient à l'iris.

IRIGÉNINE. s. f. (fr *iris;* gr. γεννάω, j'engendre). T. Chim. Voy. IRIDINE.

IRIS. s. m. [Pr. l's] (lat. *iris, idis;* gr. ἶρις, ἶδος, m. s.). Nom ancien de l'arc-en-ciel. *Les couleurs de l'i.* Voy. IRIS. T. Mythol. || Par ext., se dit des couleurs qui apparaissent autour des objets quand on les regarde avec une lunette. *Cette lorgnette est mauvaise, elle produit un i. très marqué.* ¶ T. Anat. Voy. ci-après. || T. Minér. *Pierre d'i.,* ou simpl., *Iris.* Voy. QUARTZ. || T. Peint. *Vert d'i.,* ou simpl. *Iris.* Voy. IRIDÉES. || T. Entom. Espèce de papillon. || T. Bot. Genre de plantes Monocotylédones de la famille des *Iridées.* Voy. ce mot.

Méd. — L'i. est un diaphragme membraneux, contractile, placé verticalement au-devant du cristallin avec lequel il affecte des rapports immédiats.

1° *Anatomie.* — L'i., étant un diaphragme, est percé d'une ouverture circulaire appelée pupille, qui permet aux rayons lumineux de pénétrer au fond de l'œil. Cet orifice a des dimensions très variables, moyennement de 3 à 4 millimètres, mais soumises à des modifications importantes physiologiques et pathologiques (dilatation ou rétrécissement) : physiologiques sous l'influence de la lumière et de l'accommodation; pathologiques par suite de la paralysie des nerfs de la troisième paire et presque toujours consécutivement aux affections du système nerveux accompagnées de dépression ou d'excitation, ou par suite de l'ingestion de certaines substances toxiques (belladone). Par sa portion périphérique ou ciliaire, l'i. peut être considéré comme un prolongement de la choroïde à laquelle il est d'ailleurs rattaché par un ensemble de fibrilles nommées *ligaments pectinés;* l'insertion périphérique de l'i. ne siège pas au niveau du pourtour de la cornée, mais à un millimètre environ au delà, dans le tissu sclérotical. La face antérieure de l'i., baignée par l'humeur aqueuse, forme la paroi postérieure d'une cavité circonscrite en avant par la cornée et appelée *chambre antérieure.* L'i. présente les nuances de coloration les plus diverses, se rapportant en somme à deux types, les unes se rapprochant du bleu plus ou moins clair, les autres du brun plus ou moins foncé. La face postérieure se trouve en contact au niveau du pourtour de la pupille avec la face antérieure du cristallin; il existe un espace libre entre les parties périphériques de l'i. et du cristallin, espace qu'on désigne sous le nom de *chambre postérieure.* Cette face est recouverte d'une couche uniforme de cellules remplies de granulations pigmentaires noirâtres, c'est l'*uvée.*

Le tissu de l'i. se compose, au point de vue histologique, de vaisseaux, de nerfs, de fibres musculaires, et d'un stroma où sont plongés ces éléments. Les artères proviennent des deux artères ciliaires longues, interne et externe, dont les branches ascendantes et descendantes forment par leur réunion deux dessins circulaires dits *grand cercle artériel* et *petit cercle artériel* de l'i. Les veines se rendent, les unes en arrière vers le corps ciliaire, les autres au *canal de Schlemm* situé dans la sclérotique au niveau de l'insertion ciliaire de l'i., plexus veineux communiquant avec les veines ciliaires antérieures. Les nerfs de l'i., comme les nerfs ciliaires dont ils émanent, reconnaissent une triple origine : ceux qui président à la dilatation de la pupille proviennent du grand sympathique; ceux qui la font contracter sont fournis par le moteur oculaire commun; enfin, les douleurs violentes qui accompagnent les affections de l'i. prouvent que la cinquième paire envoie aussi des rameaux sensitifs. L'appareil musculaire se compose du constricteur ou sphincter de la pupille, large d'un millimètre, composé de fibres lisses circulaires et du dilatateur de la pupille constitué par des fibres perpendiculaires à la direction du sphincter. Le stroma est formé de fibrilles et de cellules conjonctives.

2° *Physiologie.* — L'i. est destiné à modérer l'action de la lumière et à régler pour ainsi dire la pénétration des rayons lumineux dans l'intérieur de l'œil. Il se contracte sous l'impression d'objets fortement éclairés, et se dilate au contraire dans la demi-obscurité, ce qui nous permet de distinguer des objets qui nous échapperaient sans cela. C'est l'impression de la lumière sur la rétine qui joue le rôle d'excitant par l'intermédiaire du nerf optique; aussi, dès que la rétine ou le nerf optique perdent leur sensibilité, la pupille reste immobile ou dilatée; il est bon d'ajouter que les mouvements des deux pupilles sont synergiques. La lumière n'est pas le seul agent qui ait une action manifeste sur ces mouvements; l'irritation des filets nerveux de la cinquième paire provoque la contraction. En effet, ce sont surtout le moteur oculaire commun qui préside au resserrement de la pupille, et le grand sympathique qui commande sa dilatation.

3° *Pathologie.* — A. *Iritis.* — L'inflammation de l'i. se traduit dès l'abord par un changement dans l'aspect extérieur du globe oculaire : le bord de la cornée s'entoure d'une vive injection sous-conjonctivale (chémosis), la coloration du tissu iridien s'altère, l'humeur aqueuse se trouble, les milieux oculaires prennent un aspect terne. Des exsudats, des synéchies, se forment autour de l'irido-uvée. En même temps, les mouvements de la pupille deviennent paresseux, la vision s'affaiblit, et les malades éprouvent des douleurs intenses s'irradiant le long des branches du trijumeau avec un caractère névralgique. Autant ces accidents se résolvent aisément sous l'influence d'une thérapeutique bien dirigée, autant, si la médication est négligée ou intempestive, les conséquences peuvent être graves. Il ne suffit pas, en effet, de parer aux accidents locaux (émissions sanguines, instillations d'atropine); il faut, et c'est le point capital, faire un traitement général, variant suivant la nature de l'iritis (rhumatismale, syphilitique, blennorrhagique, etc.). D'ailleurs, des complications très graves peuvent survenir : telles l'irido-cyclite, extension aux parties adjacentes et au corps ciliaire par l'intermédiaire des synéchies de l'inflammation primitive, et l'irido-choroïdite où l'inflammation envahit toute la choroïde. Le traitement varie suivant qu'il s'agit de l'une ou de l'autre de ces variétés : dans la première, la médication doit être dirigée contre la diathèse dont l'état pathologique de l'œil est la manifestation. Dans la deuxième, où l'affection est toute locale, c'est sur l'intervention chirurgicale, l'iridectomie ou choréomorphosis que l'on doit compter.

B. *Troubles fonctionnels.* — Ces troubles sont au nombre de deux. La *mydriase* est la dilatation anormale de la pupille avec abolition plus ou moins complète des mouvements de l'i. Elle s'observe au cours de nombreuses affections du système nerveux, à la suite de l'ingestion de certaines substances, enfin au cours d'affections oculaires où les éléments conducteurs et sensoriels de la rétine ont perdu plus ou moins leurs propriétés physiologiques. — On désigne sous le nom de *myosis* la diminution anormale de la pupille accompagnée d'une perte plus ou moins complète des mouvements de l'i. et qui se trouve sous la dépendance d'altérations analogues de la mydriase.

C. *Lésions traumatiques.* — Ces lésions sont rares en raison de la situation même de cet organe; elles sont, en tous cas, généralement bénignes. Cependant, à la suite de rupture traumatique ou spontanée de la cornée, lorsque l'humeur aqueuse s'échappe de la chambre antérieure, l'i. refoulé en avant par la pression intra-oculaire, s'engage parfois entre les lèvres de la plaie et peut même faire saillie au dehors, accident qu'on désigne sous le nom de *hernie de l'i.*; ce fait se présente fréquemment à la suite de *kératite ulcéreuse* terminée par perforation; la gravité en est considérable, car des phénomènes d'irido-choroïdite, le développemen de staphylomes en sont souvent la conséquence.

D. *Synéchies.* — On donne le nom de synéchies aux adhérences qui se produisent entre l'. et les parties adjacentes. Les adhérences qui se produisent entre la face postérieure de l'i. et le cristallin constituent les synéchies postérieures, celles qui unissent la face antérieure à la face postérieure de la cornée ont reçu la désignation de synéchies antérieures.

E. *Opérations qui se pratiquent sur l'iris.* — L'iridectomie est une opération qui consiste à exciser un segment plus ou moins considérable de l'i. : tantôt elle est pratiquée dans un but optique pour frayer un passage aux rayons lumineux (pupille artificielle), tantôt elle est employée comme moyen curatif pour combattre certains états pathologiques de l'œil. — L'*iridorhexis* et la *corélysis* sont destinés à rompre les synéchies. — L'*iridoedèsis* ou déplacement pupillaire est une opération, abandonnée aujourd'hui, qui avait été imaginée pour améliorer la vision dans les cas de *kératocône.* — L'iridotomie consiste à faire la section de l'i. sans excision; elle s'emploie dans certains cas de cataracte congénitale et de kératocône.

F. *Anomalies congénitales.* — Nous ne ferons ici qu'une énumération rapide; on peut observer : la persistance de la membrane pupillaire; l'absence congénitale de l'i. ou *iridérémie* s'accompagnant généralement de luxation du cristallin; le *coloboma* ou arrêt de développement partiel de l'i.; la *polycorie*, arrêt de développement consistant en l'existence de plusieurs lacunes produisant des pupilles multiples; la *corectopie*, ou excentricité exagérée de l'ouverture pupil-

laire, l'*iris tremulans* ou *iridodonésis*, ou tremblotement continuel de l'i. dû soit à l'absence de cristallin, soit à un ramollissement du corps vitré.

G. *Tumeurs de l'iris.* — Signalons rapidement, à part les gommes syphilitiques de l'i. assez fréquentes, quelques tumeurs exceptionnelles : *télangiectasie, mélano-sarcolème, kystes.*

IRIS. s. f. T. Mythol. La déesse qui remplissait les fonctions de messagère de Jupiter et de Junon. *Iris était la personnification de l'arc-en-ciel.*

IRISABLE. adj. 2 g. [Pr. *iri-zable*]. Qui est susceptible de prendre l'irisation.

IRISAGE. s. m. [Pr. *iri-za-je*]. Action d'iriser.

IRISATION. s. f. [Pr. *iri-za-sion*]. Production des couleurs de l'iris à la surface de certains cristaux, de certains verres, de certains métaux, minéraux, etc. || Par ext., se dit de ces couleurs elles-mêmes.

IRISER. v. a. [Pr. *iri-zer*] (R. iris). Colorer des couleurs de l'iris. = Inusit. au part. *Verres irisés. Pierre, coquille irisée.*

IRISINE. s. f. [Pr. *iri-zine*] (R. iris). T. Chim. Hydrate de carbone extrait des rhizomes du Glaïeul des marais (*Iris pseudo-acorus*). L'i. est analogue à l'inuline, mais plus soluble dans l'eau, ses solutions sont plus fortement lévogyres que celles de l'inuline.

IRITE. s f. (R. Iris). T. Minér. Mélange d'iridosmine et de chromite.

IRITIS ou **IRIDITE.** s. f (R. iris). T. Méd. Inflammation de l'iris de l'œil. Voy. Ius.

IRKOUTSK. v. de Russie (Sibérie); 36,200 hab.

IRLANDE, grande île située à l'ouest de l'Angleterre et faisant partie du Royaume-Uni des Iles Britanniques (Voy. la carte d'ANGLETERRE). Elle est baignée à l'ouest par l'Océan Atlantique, à l'est par la mer d'Irlande, laquelle est réunie à l'Océan par le canal du Nord et le canal Saint-Georges. Cette île, peu montagneuse et pas assez étendue pour contenir des fleuves considérables, a des côtes généralement déchiquetées, mais surtout du côté océanique, où l'on remarque du nord au sud les grands golfes de Donegal et de Solway, le profond estuaire du Shannon, la presqu'île de Thalée et la baie de Bantry.

Cette terre fut peuplée de bonne heure, d'après l'histoire, par un peuple gaélique venu des Gaules, les Erses, qui lui donnèrent le nom d'Erin. Placée, par sa position géographique, à l'abri des invasions Britannique, Kymrique, Romaine, Saxonne, Danoise, qui fondirent successivement sur la Grande-Bretagne, elle conserva jusqu'au XIe siècle son autonomie, divisée en plusieurs royaumes indépendants, dont les principaux étaient : l'Ulster, au nord ; le Connaught, à l'ouest ; le Leinster, à l'est ; le Munster, au sud. Mais, à cette époque, un chevalier normand l'envahit et, au siècle suivant, le roi d'Angleterre, Henri II, en fit définitivement la conquête ; depuis, malgré des révoltes continuelles, elle ne cessa de faire partie du royaume anglais. Le nom d'Erse devint, en anglais, Irish. — L'Erin s'appela Ireland, d'où nous avons fait Irlande pour le pays et Irlandais pour les habitants.

L'Irlande est divisée en 4 provinces, formées des anciens royaumes cités plus haut. Sa capitale est Dublin, dans le Leinster. Les Anglo-Saxons n'ont peuplé que le rivage oriental de l'île et particulièrement l'Ulster, où l'on remarque les villes de Londonderry et de Belfast ; le reste, c.-à-d. plus des trois quarts du territoire, est demeuré gaël par cela même ; est demeuré cruellement de la domination très dure des Anglais ; ceux-ci sont grands propriétaires du sol. L'indigène ne peut être, partout, que petit fermier et, lorsqu'il ne paie pas sa redevance, la loi anglaise autorise le propriétaire à lui brûler sa maison et tout son avoir. Les années de mauvaise récolte donnent lieu à des scènes déchirantes. Aussi, les Irlandais émigrent-ils en masse vers le Canada et les États-Unis, et ceux qui demeurent réclament-ils leur autonomie avec énergie et persévérance, mais, jusqu'à présent, sans succès. La belle et éloquente Irlandaise Mlle Maud Gonne, qui s'était faite récemment l'avocat de cette belle cause, dut s'expatrier et se réfugier en France. Ce sera la principale gloire de l'illustre ministre anglais Gladstone, le « Grand Old Man », d'avoir consacré les dernières années de sa belle carrière à élaborer et à soutenir devant le Parlement un bill d'autonomie qui fut malheureusement repoussé. Il faut ajouter que la malheureuse condition de l'Irlande tient à des causes économiques autant que politiques, et qu'un changement de régime politique ne suffirait pas à y ramener la prospérité. L'une de ces causes, et l'une des plus importantes, c'est que la propriété foncière est presqu'entièrement dans les mains de riches Anglais qui n'habitent pas l'île et qui souvent n'ont jamais visité leurs propriétés. Voy. ABSENTÉISME.

IRLANDE (Mer d'), petite mer qui sépare l'Irlande de la Grande-Bretagne.

IRMAK, fleuve d'Anatolie, se jette dans la mer Noire; 850 kil.

IRMINSUL, idole des anciens Saxons qui lui avaient élevé une statue sur la montagne d'Ehresbourg sous les traits d'*Arminius.*

IROISE (PASSAGE DE L'), entre les îles de Sein et d'Ouessant, en Bretagne.

IRONE. s. f. (R. *iris*) T. Chim. Principe odorant de l'iris et de la violette. De Laire, Tiemann et Krüger l'ont obtenu en traitant par un courant de vapeur d'eau l'extrait éthéré ou alcoolique de la racine d'iris. L'i. est liquide, dextrogyre, presque insoluble dans l'eau, facilement soluble dans l'alcool, l'éther, le chloroforme, le benzène, la ligroïne. Elle bout à 144° sous la pression de 16 millimètres. Elle possède les propriétés générales des cétones, fournit une oxime cristallisable et se combine avec la phénylhydrazine; mais elle ne s'unit pas au bisulfite de sodium. Elle se transforme en irène, quand on la chauffe avec de l'acide iodhydrique. L'i. a pour formule: $C^{13}H^{20}O$; elle est isomérique avec l'ionone. Lorsqu'elle est convenablement étendue, elle possède, comme l'ionone, une odeur identique à celle de la violette.

IRONIE. s. f. (lat. *ironia*; gr. εἰρωνεία, feinte). T. Rhétor. et Philos.

Rhétor. — L'*Ironie* est une figure par laquelle on dit le contraire de ce qu'on veut faire entendre: aussi Quintilien l'appelle-t-il *diversiloquium.* Dumarsais, d'après le rhéteur latin, en distingue deux espèces : l'une est un trope, l'autre une figure de pensée. La première consiste en un ou deux mots, la seconde est soutenue. Ainsi, par exemple, lorsque Delphobe, mutilé par la trahison d'Hélène, sa femme, dit : « Voici les gages que ma vertueuse épouse m'a laissés de son amour, » c'est une i. de la première espèce. Au contraire, lorsque Oreste, apprenant qu'Hermione n'a pu survivre à Pyrrhus qu'il vient lui-même d'immoler, s'écrie :

Grâce aux dieux, mon malheur passe mon espérance !
Oui, je te loue, ô ciel, de la persévérance !

et termine son discours par ce vers sublime de rage ;

Eh bien! je meurs content, et mon sort est rempli!

c'est une i. de la seconde espèce. — Les rhéteurs désignent encore, sous le nom d'*Astéisme,* une sorte d'i. qui déguise le blâme sous le voile de la louange. — Enfin, dans le langage ordinaire, *ironie* se dit souvent d'une raillerie insultante.

Philos. — Le terme d'*Ironie* est également usité dans le langage de la philosophie. L'i. *socratique* est ce procédé dialectique qui consiste, dans une discussion, à feindre l'ignorance et la simplicité, et à interroger habilement son adversaire, de façon à l'amener; soit à se contredire lui-même, soit à aboutir à une absurdité évidente. Ce procédé dialectique n'a certes pas été inventé par Socrate; mais il a reçu son nom à cause de l'usage habituel qu'en faisait ce philosophe. — Dans la philosophie allemande moderne, on connaît, sous le nom de *doctrine de l'ironie,* une théorie esthétique d'après laquelle le but de l'art serait de révéler à la conscience humaine le néant des choses finies et des événements du monde réel. D'après elle, le génie consiste donc à se placer au point de vue d'un être supérieur qui se joue des choses créées, se rit des intérêts, des joies, des souffrances, des passions et des luttes de la vie humaine, et à faire planer sur cette tragi-comédie la puissance immuable de l'absolu. Cette théorie a été surtout développée par Solger.

IRONIQUE. adj. 2 g. (lat. *ironicus*; gr. εἰρωνικὸς, m. s.). Où il y a de l'ironie. *Discours i. Il a dit cela d'un ton ironique.*

IRONIQUEMENT. adv. D'une manière ironique, avec ironie. *Il a dit cela i.*

IRONISER v. n. [Pr. *ironi-zer*] (gr. εἰρωνίζειν, m. s., de εἰρωνεία, ironie). Railler avec ironie en feignant de louer.

IRONISTE. s. m. Celui qui ironise.

IROQUOIS. s. m. Nom d'une peuplade sauvage de l'Amérique septentrionale. — Figur. et famil., on dit d'une personne dont les actions et la conduite sont bizarres, ou contraires au bon sens et aux usages reçus, *C'est un Iroquois.*

Philol. — L'*iroquois* est, selon Smith Barton, la plus perfectionnée des langues de la région alléghanique dans l'Amérique du Nord. C'est, comme tous ces idiomes, une langue agglutinante particulièrement remarquable par la facilité qu'elle a de former des mots composés à l'infini. On cite, comme curiosité linguistique, le mot *oncharadeschoengtseragheric* qui signifie *vin.* Une autre particularité de l'iroquois, c'est qu'il manque entièrement de consonnes labiales.

IRRACHETABLE. adj. 2 g. [Pr. *ir-rachetable*] (R. *in* priv., et *racheter*). Qu'on ne peut racheter. *Des rentes irrachetables.*

IRRACHETÉ, ÉE. adj. [Pr. *ir-racheté*]. Qui n'a point été racheté.

IRRACCOMMODABLE. adj. 2 g. [Pr. *ir-rako-mo-dable*] (R. *in* priv., et *raccommoder*). Qu'on ne peut raccommoder, réparer.

IRRACONTABLE. adj. 2 g. [Pr. *ir-rakontable*] (R. *in* priv., et *raconter*). Qui ne peut être raconté.

IRRADIATEUR, TRICE. adj. [Pr. *ir-radiateur*]. Qui irradie.

IRRADIATION. s. f. [Pr. *ir-radia-sion*] (lat. *irradiatio*, m. s., de *in*, dans, et *radiare*, rayonner, de *radius*, rayon). T. Physiq. et Physiol. Se dit de tout mouvement qui part d'un centre et rayonne dans toutes les directions. L'i. des rayons solaires. L'i. de la chaleur. L'i. nerveuse qui part de l'encéphale. Dans ce sens, on dit plutôt aujourd'hui *radiation,* et mieux *rayonnement,* le mot *irradiation* étant réservé pour désigner le phénomène que nous décrivons ci-après.

Phys. — En physique et en astronomie, on appelle *Irradiation* le phénomène d'agrandissement apparent d'un objet, qui résulte de l'action de la lumière sur la rétine. Il est facile de constater la réalité du phénomène au moyen de l'expérience suivante. La Fig. ci-dessous nous offre deux cercles, l'un blanc et l'autre noir, qui ont exactement le même diamètre : or, si

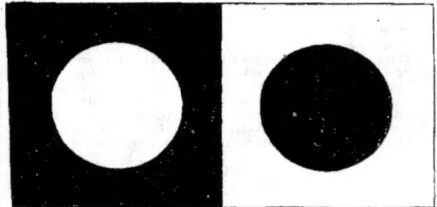

on les regarde simultanément, le premier paraît plus grand que le second. Cette illusion tient évidemment à la conformation de notre œil. L'impression produite par la lumière sur la rétine semble s'étendre, dans qu'une distance extrêmement petite, autour du foyer des rayons concentrés par les lentilles des yeux. C'est par un effet d'i. qu'une étoile ne nous apparaît jamais comme un point, mais comme un disque ayant un diamètre sensible et d'autant plus large que la lumière est plus intense. De là vient aussi que la partie brillante de la lune en croissant semble plus grande que la partie sombre éclairée seulement par la lumière cendrée. C'est aussi par suite de cette illusion, que les anciens astronomes attribuaient aux planètes des dimensions beaucoup trop considérables. Tycho-Brahé, par ex., estimait le diamètre de Vénus onze fois trop grand, et Képler sept fois. L'invention des lunettes a donné sur la grandeur des astres des notions beaucoup plus exactes. En circonscrivant mieux les objets, ces instruments diminuent considérablement la quantité de l'i., sans toutefois la supprimer complètement.

Il y a dans l'irradiation deux phénomènes distincts qui concourent à produire l'illusion. Le premier consiste en ce que l'image d'un point fournie par un système de lentilles ou de milieux convergents, tel que l'œil, n'est pas un point, mais un petit cercle composé de zones alternativement claires et obscures : c'est un phénomène de diffraction qui a déjà pour effet d'agrandir l'image rétinienne. Cet effet diminue avec la distance focale des lentilles ; il est de beaucoup atténué par l'emploi des lunettes. Le second phénomène consiste en ce que l'impression produite par la lumière sur la rétine s'étend un peu au delà des rayons frappés par la lumière : il se manifeste aussi dans l'action photographique qui présente une certaine analogie avec l'action de la lumière sur la rétine. Après une pose prolongée, la couche sensible de la plaque photographique est impressionnée sur une région qui dépasse quelque peu la région frappée par lumière.

IRRADIER. v. n. [Pr. *ir-radier*] (lat. *irradiare*, rayonner, de *in*, dans, et *radiare*, rayonner ; de *radius* rayon). Diverger d'un point quelconque vers les parties environnantes, ou s'étendre de l'intérieur à l'extérieur.

IRRAISONNABLE. adj. 2 g. [Pr. *ir-ré-zo...*] (R. in priv., et *raisonnable*). Qui n'est pas doué de raison. *Un animal i.*

IRRAISONNABLEMENT. adv. [Pr. *irré-zo-nableman*]. D'une manière irraisonnable.

IRRAISONNÉ, ÉE. adj. [Pr. *irré-zo-né*]. Qui n'est pas raisonné.

IRRAMENABLE. adj. 2 g. [Pr. *ir-ramenab...*] (R. in priv., et *ramener*). Qu'on ne peut ramener au devoir apaiser.

IRRASSASIABLE. adj. 2 g. [Pr. *irra-sa-ziab...*] (R. in priv., et *rassasier*). Que l'on ne peut rassasier.

IRRASSASIÉ, ÉE. adj. [Pr. *irra-sa-zié*]. Qui n'est point rassasié.

IRRATIFIABLE. adj. 2 g. [Pr. *ir-ratifiable*] (R. in priv., et *ratifier*). Que l'on ne peut ratifier.

IRRATIONNEL, ELLE. adj. [Pr. *ir-ra-sio-nel*] (lat. *irrationalis*, m. s., de in priv., et *ratio*, raison). Qui n'est pas conforme à la droite raison. || T. Math. Syn. d'*Incommensurable*.

IRRATIONNELLEMENT. adv. [Pr. *irra-sio-nè-leman*]. D'une manière irrationnelle.

IRRÉALISABLE. adj. 2 g. [Pr. *ir-réali-zable*] (R. in priv., et *réaliser*). Qui ne peut se réaliser. *Projet i. Des désirs irréalisables.*

IRRECEVABILITÉ. s. f. [Pr. *ir-re-sevabili-té*]. Qualité de ce qui n'est pas recevable.

IRRECEVABLE. adj. 2 g. [Pr. *ir-re-sevable*]. Qui n'est pas recevable.

IRRECHERCHABLE. adj. 2 g. [Pr. *ir-recherchable*] (R. in priv., et *rechercher*). Que l'on ne peut rechercher ni poursuivre.

IRRÉCITABLE. adj. 2 g. [Pr. *ir-récitable*] (R. in priv., et *réciter*). Qui ne peut être récité.

IRRÉCOMPENSABLE adj. 2 g. [Pr. *irré-kon-pan-sable*] (R. in priv., et *récompenser*). Qu'on ne peut récompenser.

IRRÉCOMPENSÉ, ÉE. adj. [Pr. *irré...*]. Qui n'est pas, n'a pas été récompensé.

IRRÉCONCILIABILITÉ. s. f. [Pr. *ir-ré...*]. Disposition de celui qui est irréconciliable.

IRRÉCONCILIABLE. adj. 2 g. [Pr. *ir-ré...*] (R. in priv., et *réconcilier*). Qu'on ne peut réconcilier. *Deux ennemis irréconciliables. Haine i.*

IRRÉCONCILIABLEMENT. adv. [Pr. *ir-ré...*]. D'une manière irréconciliable. *Ils sont brouillés i.*

IRRÉCONCILIÉ, ÉE. adj. [Pr. *ir-ré...*]. Qui n'est point réconcilié.

IRRÉCOUVRABLE. adj. 2 g. [Pr. *ir-ré...*] (R. in priv., et *recouvrer*). Qu'on ne peut recouvrer.

IRRECTIFIABLE. adj. 2 g. [Pr. *ir-rektifiable*] (R. in priv., et *rectifier*). Qui ne peut être rectifié.

IRRÉCUPÉRABLE. adj. 2 g. [Pr. *ir-ré...*] (R. in priv., et *récupérer*). Qu'on ne peut récupérer.

IRRÉCUSABLE. adj. 2 g. [Pr. *ir-réku-zable*] (R. in priv., et *récuser*). Qui ne peut être récusé. *Un juge i. Des témoins, des témoignages irrécusables.*

IRRÉCUSABLEMENT. adv. [Pr. *irré-ku-zable-man*]. D'une manière irrécusable.

IRRÉDENTISME. s. m. [Pr. *ir-ré-dan-tisme*] (ital. *irredento*, non délivré). Doctrine politique au nom de laquelle on réclame l'annexion à l'Italie de certaines contrées appartenant à la France, à l'Autriche, etc., telles que le comté de Nice, l'île de Corse, etc.

IRRÉDENTISTE. s. m. [Pr. *ir-ré-dantiste*]. Partisan de l'irrédentisme.

IRRÉDUCTIBILITÉ. s. f. [Pr. *ir-ré...*]. Qualité de ce qui est irréductible. *L'i. d'une équation.*

IRRÉDUCTIBLE. adj. 2 g. [Pr. *ir-ré...*] (R. in priv., et *réductible*). T. Chim., Chirurg. et Math. Qu'on ne peut réduire. *L'oxyde d'antimoine est i. par la chaleur. Luxation, hernie i. La fraction 2/3 est i. Cas i. de l'équation du 3e degré.* Voy. Cubique. || *Rente i.*, Rente dont on ne peut abaisser le taux de l'intérêt.

IRRÉEL, ELLE. adj. 2 g. [Pr. *ir-réel*] (R. in priv., et *réel*). Qui manque de réalité.

IRRÉFLÉCHI, IE. adj. [Pr. *irré...*] (R. in priv., et *réfléchi*). Qui est dit ou fait sans réflexion. *Un propos i. Des actions irréfléchies.*

IRREFLÉTÉ, ÉE. adj. [Pr. *ir-reflété*]. Qui n'est pas, n'a pas été reflété.

IRRÉFLEXION. s. f. [Pr. *ir-ré-flek-sion*] (R. in priv., et *réflexion*). Défaut de réflexion. *L'i. est un défaut des esprits légers. Il a commis cette faute non par ignorance, mais par i.*

IRRÉFORMABILITÉ. s. f. [Pr. *ir-ré...*]. Qualité de ce qui est irréformable.

IRRÉFORMABLE. adj. 2 g. [Pr. *ir-ré...*] (R. in priv., et *réformer*). T. Palais. Qui ne peut être réformé. *Jugement i.*

IRRÉFORMÉ, ÉE. adj. Qui n'est pas, n'a pas été réformé.

IRRÉFRAGABILITÉ. s. f. [Pr. *ir-ré...*]. Qualité de ce qui est irréfragable.

IRRÉFRAGABLE adj. 2 g. [Pr. *ir-ré...*] (lat. *irrefragabilis*, m. s., de in priv., et *frangere*, briser). Qu'on ne peut contredire, qu'on ne peut récuser. *Une autorité i. Une preuve, un témoignage i.*

IRRÉFRAGABLEMENT. adv. [Pr. *ir-ré...*]. D'une manière irréfragable.

IRRÉFUTABILITÉ. s. f. [Pr. *ir-ré*...]. Qualité de ce qui est irréfutable.

IRRÉFUTABLE. adj. 2 g. [Pr. *ir-ré*...] (R. *in* priv., et *réfuter*). Qu'on ne saurait réfuter. *Un raisonnement i. Une preuve, un témoignage i.*

IRRÉFUTABLEMENT. adv. [Pr. *ir-ré*...]. D'une manière irréfutable.

IRRÉFUTÉ, ÉE. adj. Qui n'a pas été réfuté.

IRRÉGÉNÉRABLE. adj. 2 g. [Pr. *ir-ré*...] (R. *in* priv., et *régénérer*). Qu'on ne peut régénérer.

IRRÉGULARITÉ. s. f. [Pr. *ir-ré*...]. Défaut de ce qui est irrégulier. *L'i. d'un bâtiment. L'i. des traits du visage. L'i. des saisons. L'i. du pouls. L'i. d'un poème. L'i. de la conduite, des procédés de quelqu'un.* || État où est un clerc, un prêtre irrégulier. *Encourir l'i. Tomber dans l'irrégularité.*

IRRÉGULIER, IÈRE. adj. [Pr. *ir-régulier*]. Qui n'est pas régulier, qui n'est point selon les règles, qui ne suit point les règles. *Poème i. Nom, verbe i. Une conduite irrégulière. Une procédure irrégulière.* — Au sens moral, on dit : *Esprit i., génie i.,* Qui ne suit ou ne peut s'assujettir aux règles. || Qui n'est pas symétrique, uniforme. *Un corps i., de forme irrégulière, de figure irrégulière. Un édifice i. Des traits irréguliers. Une disposition irrégulière. Un ensemble i. Son pouls est i. La marche de cette machine est irrégulière. Des mouvements irréguliers.* || T. Gram. *Noms, verbes irréguliers,* Dont la déclinaison, la conjugaison, ne suit pas les règles générales. || T. Art milit. *Troupes irrégulières,* ou s. m., *Les irréguliers,* Corps francs, troupes qui n'appartiennent pas à l'armée régulière. || T. Bot. *Fleur, corolle irrégulière. Calice i.* Voy. **Fleur.** || T. Littér. *Vers irréguliers* ou *libres.* Voy. **Versification.** || T. Droit can. Celui qui, après avoir reçu les ordres, devient incapable d'exercer ses fonctions ecclésiastiques pour avoir encouru les censures. *Ce prêtre est devenu i. pour un meurtre qu'il a commis.*

IRRÉGULIÈREMENT. adv. [Pr. *ir-ré*...]. D'une façon irrégulière. *Cela est bâti i. Il vit très i.*

IRRÉITÉRABLE. adj. 2 g. [Pr. *ir-ré-itérable*] (R. *in* priv., et *réitérer*). Qui ne peut être réitéré.

IRRELATIF, IVE. adj. [Pr. *ir-relatif*]. T. Philos. Qui n'est pas relatif, qui existe en soi et par soi.

IRRÉLIGIEUSEMENT. adv. [Pr. *ir-réli-jieuzeman*]. Avec irréligion.

IRRÉLIGIEUX, EUSE. adj. [Pr. *ir-réli-jieu*]. Qui n'est pas religieux. Qui ne respecte pas la religion, qui l'offense par sa conduite, ses discours ou ses écrits. *Un homme i. Un écrivain i.* || En parl. des choses, Qui blesse le respect dû à la religion. *Des sentiments, des discours i. Une conduite irréligieuse.*

IRRÉLIGION. s. f. [Pr. *ir-ré*...]. Manque de religion. *Son i. le fit expulser du pays. On l'accuse d'i. Il fomente l'esprit d'i.*

IRRÉLIGIOSITÉ. s. f. [Pr. *ir-réli-jio-zité*] (R. *in* priv., et *religiosité*). Absence de dispositions religieuses.

IRREMARQUABLE. adj. 2 g. [Pr. *ir-remarkable*] (R. *in* priv., et *remarquable*). Qui n'est pas digne d'être remarqué.

IRREMBOURSABLE. adj. 2 g. [Pr. *ir-ran*...]. Qui n'est pas remboursable, qui ne peut être remboursé.

IRRÉMÉABLE. adj. 2 g. [Pr. *ir-ré*...] (lat. *irremeabilis,* m. s., de *in* priv., et *remeare*; de *re* et *meare,* aller, passer). D'où l'on ne peut revenir.

IRRÉMÉDIABLE. adj. 2 g. [Pr. *ir-ré*...] (lat. *irremediabilis,* m. s., de *in* priv., et *remedium,* remède). A quoi on ne peut remédier. *C'est un mal i.* || Figur., *Une faute i. La calomnie cause des maux irrémédiables.*

IRRÉMÉDIABLEMENT. adv. [Pr. *ir-ré*...]. D'une manière irrémédiable.

IRRÉMISSIBLE. adj. 2 g. [Pr. *ir-rémi-sible*] (lat. *irremissibilis,* m. s., de *in* priv., et *remissum,* sup. de *remittere,* remettre). Qui n'est pas pardonnable, qui ne mérite point de rémission. *Un crime i. Le cas est i.* || T. Théol. *Le péché i.,* Le péché contre le Saint-Esprit, le seul qui ne puisse être pardonné.

IRRÉMISSIBLEMENT. adv. [Pr. *ir-ré-misi-bleman*] (R. *irrémissible*). Sans rémission, sans miséricorde. *Il sera condamné et puni irrémissiblement.*

IRRÉMITTENT, ENTE. adj. [Pr. *ir-rémit-tan*]. Qui n'est pas rémittent, qui ne se relâche pas.

IRREMPLAÇABLE. adj. 2 g. [Pr. *ir-ran-pla-sable*] (R. *in* priv., et *remplacer*). Qui ne peut être remplacé.

IRRÉPARABILITÉ. s. f. [Pr. *ir-ré*...]. Qualité de ce qui est irréparable.

IRRÉPARABLE. adj. 2 g. [Pr. *ir-ré*...] (lat. *irreparabilis,* m. s., de *in* priv., et *reparare,* réparer). Qui ne peut être réparé. *La perte du temps est i. Un dommage i.*

Pour réparer des ans l'irréparable outrage.

RACINE.

En perdant son père, il a fait une perte i.

IRRÉPARABLEMENT. adv. [Pr. *ir-ré*...]. D'une manière irréparable.

IRRÉPARÉ, ÉE. adj. [Pr. *ir-ré*...]. Qui n'est point réparé.

IRREPASSABLE. adj. 2 g. [Pr. *ir-repa-sable*] (R. *in* priv., et *repasser*). Qu'on ne peut repasser.

IRRÉPLICABLE. adj. 2 g. [Pr. *ir-ré*...] (R. *in* priv., et *répliquer*). A quoi l'on ne peut répliquer.

IRREPOSÉ, ÉE. adj. [Pr. *ir-repo-zé*]. Qui n'a pas été reposé, qui n'a pas été rafraîchi par le repos.

IRRÉPRÉHENSIBILITÉ. s. f. [Pr. *ir-répré-an*...]. Qualité de ce qui est irrépréhensible.

IRRÉPRÉHENSIBLE. adj. 2 g. [Pr. *ir-répré-ansible*] (lat. *irreprehensibilis,* m. s., de *in* priv., et *reprehensibilis,* répréhensible). Qui ne donne pas lieu à reprendre. *Il est i. dans ses mœurs. Sa vie est i. Une action i.*

IRRÉPRÉHENSIBLEMENT. adv. [Pr. *ir-répré-an-sibleman*]. D'une manière irrépréhensible.

IRREPRÉSENTABLE. adj. 2 g. [Pr. *ir-repré-zantable*] (R. *in* priv., et *représenter*). Qui ne peut être représenté, qui ne peut avoir de représentant. || Qui ne peut être joué sur un théâtre.

IRRÉPRESSIBLE. adj. 2 g. [Pr. *ir-répré-sible*] (lat. *in* priv.; *repressum,* sup. de *reprimere,* réprimer). Qu'on ne peut réprimer. *Force i.*

IRRÉPROCHABILITÉ. s. f. [Pr. *ir-ré*...]. Qualité de ce qui est irréprochable.

IRRÉPROCHABLE. adj. 2 g. [Pr. *ir-ré*...] (R. *in* priv., et *reprocher*). A qui ou à quoi on n'a rien à reprocher. *C'est un homme i. Sa conduite, sa vie est i. Des mœurs irréprochables.* || T. Palais. *Témoin i.,* Témoin contre lequel on ne peut alléguer aucune cause de récusation.

IRRÉPROCHABLEMENT. adv. [Pr. *ir-ré*...]. D'une manière irréprochable. *Il a toujours vécu irréprochablement.* Peu us.

IRREPRODUCTIF, IVE. adj. [Pr. *ir-reproduk-tif*]. T. Écon. polit. Qui n'est pas reproductif, qui n'amène pas une nouvelle production.

IRRÉSISTANCE. s. f. [Pr. *ir-ré-zistanse*]. Absence, défaut de résistance.

IRRÉSISTIBILITÉ. s. f. [Pr. *ir-ré-zis...*]. Qualité de ce qui est irrésistible.

IRRÉSISTIBLE. adj. 2 g. [Pr. *irré-zistible*] (lat. *irrœsistibilis*, m. s., de *in* priv., et *resistere*, résister). A quoi on ne peut résister. *Force i. Des attraits irrésistibles. Un penchant i. m'entraîne vers elle.* || Par ext., *Homme i.*, Homme aux volontés, aux désirs duquel on ne peut résister.

IRRÉSISTIBLEMENT. adv. [Pr. *i--ré-zistiblema m*]. D'une manière irrésistible. *Il est entraîné irrésistiblement.*

IRRÉSOLU, UE. adj. [Pr. *ir-ré-zol t*] (R. *in* priv., et *résolu*). Qui n'a pas été résolu. *Problème i.* || Qui a peine à se résoudre, à se déterminer. *Un homme, un esprit, un caractère i. Une âme timide et irréso ue.*

Elle porte au hasard ses pas irrésolus.
            RACINE.
== Syn. Voy. DOUTEUX.

IRRÉSOLUBLE. adj. 2 g. [Pr. *ir-ré-zo...*] (R. *in* priv., et *résoluble*). Que l'on ne peut résoudre.

IRRÉSOLUMENT. adv. [Pr. *ir-ré-zoluman*]. D'une manière irrésolue, incertaine.

IRRÉSOLUTION. s. f. [Pr. *ir-ré-zolu-sion*]. Manque de résolution. État de celui qui est incertain sur le parti qu'il doit prendre dans une affaire. *L'i. est un état pénible. Je suis toujours dans l'i. Il est dans de perpétuelles irrésolutions.* == Synon. Voy. DOUTE.

IRRESPECTUEUSEMENT. adv. [Pr. *ir-respek-tu-euze-man*]. D'une manière irrespectueuse.

IRRESPECTUEUX, EUSE. adj. [Pr. *ir-res...*]. Qui n'est pas respectueux, qui manque au respect ou qui blesse e respect. *Il s'est montré très i. envers son père. Des propos i. Contenance irrespectueuse.*

IRRESPIRABILITÉ. s. f. [Pr. *ir-res...*]. Qualité de ce qui est irrespirable.

IRRESPIRABLE. adj. 2 g. [Pr. *ir-res...*] (R. *in* priv., et *respirer*). Qui est impropre à la respiration. *Gaz i.*

IRRESPONSABILITÉ. s. f. [Pr. *ir-res...*]. Qualité de celui qui est irresponsable. *L'i. royale.*

IRRESPONSABLE. adj. 2 g. [Pr. *r-res...*]. Qui n'est pas responsable de ses actes. *Un roi peut être i. en vertu de la constitution du pays; mais il est responsable devant Dieu et devant l'histoire.*

IRRESPONSABLEMENT. adv. [Pr. *ir-responsable-man*]. D'une manière irresponsable.

IRRÉTRACTABLE. adj. 2 g. [Pr. *ir-ré...*] (lat. *i retractabilis*, m. s., de *in* priv., et *retractare*, rétracter). Qu'on ne peut rétracter.

IRRÉUSSITE. s. f. [Pr. *ir-ré-u-site*]. Défaut de réussite.

IRRÉVEILLABLE. adj. 2 g. [Pr. *r-ré-vè-lla-ble*. Il mouillées] (R. *in* priv., et *réveiller*) Qu'on ne peut réveiller.

IRRÉVÉLABLE. adj. 2 g. [Pr. *ir-ré...*] (R. *in* priv., et *révéler*). Qu'on ne peut révéler.

IRRÉVÉREMMENT. adv. [Pr. *ir-révé-ra-man*] (R. *irrévérent*). Avec irrévérence. Peu us.

IRRÉVÉRENCE. s. f. [Pr. *ir-révé-ran-se*] (lat. *irreverentia*, m. s., de *in* priv., et *reverentia*, respect). Manque de respect, de révérence. *On a remarqué votre i. à l'église. Affecter l'i. Parler avec i.* || Action, parole irrévérente. *Quelle i.! Commettre des irrévérences.*

IRRÉVÉRENCIEUSEMENT. adv. [Pr. *ir-révé-ran-sieu-ze-man*]. D'une manière irrévérencieuse.

IRRÉVÉRENCIEUX, EUSE. adj. [Pr. *ir-ré-véran-sieu* (R. *irrévérence*). Qui témoigne de l'irrévérence. *Parole, action irrévérencieuse.*

IRRÉVÉRENT, ENTE. adj. [Pr. *ir-révé-ran*] (lat. *irreverens*, m. s., de *in* priv., et *revereri*, révérer). Qui est contre le respect, contre la vénération qu'on doit; ne se dit guère qu'en parlant de religion et des choses saintes. *Discours i. Posture irrévérente.*

IRRÉVOCABILITÉ. s. f. [Pr. *ir-ré...*]. Qualité de ce qui est irrévocable. *L'i. des jugements de Dieu.*

IRRÉVOCABLE. adj. 2 g. [Pr. *ir-ré...*] (lat. *irrevocabilis*, m. s., de *in* priv., et *revocare*, révoquer). Qui ne peut être révoqué. *Serment i. Loi i. Donation i. Un arrêt i. Les décrets de Dieu sont irrévocables.* || En parl. du temps, Qui ne peut revenir.

IRRÉVOCABLEMENT. adv. [Pr. *ir-ré...*]. D'une manière irrévocable. *Cela a été décidé i.*

IRRÉVOQUÉ, ÉE. adj. [Pr. *ir-ré-voké*]. Qui n'a point été révoqué, abrogé.

IRRIGABLE. adj. 2 g. [Pr. *ir-ri...*]. Qui peut être irrigué.

IRRIGATEUR. s. m. [Pr. *ir-ri...*]. T. Techn. Instrument propre à l'irrigation, à l'arrosement des allées, des rues, etc. || T. Chir. Instrument principalement destiné à administrer automatiquement un lavement à un malade sans qu'il lui soit nécessaire, pour cette opération, de réclamer l'aide de personnes étrangères.

Chir. — L'i. a été imaginé par le docteur Éguisier; on l'emploie couramment aujourd'hui. Cet instrument, d'une utilité et d'une commodité incontestables, supprime d'une manière absolue l'usage de la seringue, à laquelle avait succédé en son temps le clysopompe, abandonné également, mais qui, néanmoins, témoignait d'un réel progrès.

L'i. du docteur Éguisier se compose essentiellement d'un corps de pompe vertical métallique, en cuivre, argent ou or, dans lequel se meut de bas en haut et inversement un piston de forme spéciale, sur le plateau duquel appuie la partie inférieure d'un ressort à boudin contenu dans le récipient. La tige du piston a l'apparence d'une crémaillère engrenant avec un petit pignon que l'on fait mouvoir à la main au moyen d'une clef ou poignée placée à la partie supérieure du cylindre. Le piston proprement dit comprend une armature de même métal que le récipient et contenant nombre de trous. Son rôle consiste à augmenter la résistance d'un cuir embouti circulaire frottant contre les parois intérieures du cylindre ou corps de pompe.

Un robinet d'arrêt est monté à la partie inférieure de ce cylindre permettant, par son ouverture ou sa fermeture, l'écoulement ou l'arrêt complet du lavement à travers un long tube de caoutchouc que termine une canule.

Le fonctionnement de l'i. est extrêmement simple : on commence par remplir le corps de pompe du liquide devant servir de lavement, en ayant soin de fermer, au préalable, le robinet d'arrêt. A l'aide de la clef ou poignée, on fait manœuvrer le pignon qui, à son tour, entraînant la tige à crémaillère, l'oblige à monter. Le cuir embouti dont se compose le dessous du plateau du piston se courbe légèrement, laissant passer le liquide entre sa périphérie et la paroi du récipient. La plaque circulaire métallique contre laquelle s'appuie le cuir l'empêche de se retourner, de telle sorte que le liquide se trouve emmagasiné au-dessus du piston au fur et à mesure de l'ascension de ce dernier.

Mais, d'autre part, en montant, le piston tend de plus en plus le ressort à boudin qui pèse sur lui, de telle sorte que le liquide se trouve assez fortement comprimé entre le robinet d'arrêt et la face intérieure du cuir embouti. Dès qu'on ouvre le robinet d'arrêt, le liquide est chassé dans le tube en caoutchouc et s'échappe par la canule, accomplissant son action bienfaisante à l'intérieur du corps. Le jet cesse dès que le piston est arrivé au bas de sa course et que le ressort se trouve détendu après avoir refoulé tout le liquide.

IRRIGATION. s. f. [Pr. *ir-riga-sion*] (lat. *irrigatio*, m. s., de *irrigare*, arroser).

I. — L'irrigation est l'arrosement artificiel des terres, à l'aide de constructions et de travaux convenables, qui ont pour objet d'amener l'eau sur une grande étendue de terrain. L'i. est surtout nécessaire dans les pays chauds, secs, et où les pluies sont rares. De tout temps, les populations agricoles ont reconnu l'avantage des irrigations. Les travaux prodigieux exécutés dans ce but par les Chinois font l'admiration des voyageurs. Ceux dont les Maures ont doté l'Espagne au moyen âge ont également acquis une grande célébrité.

On distingue trois systèmes principaux d'i. — L'i. *par submersion* s'applique ordinairement aux vallons à pente faible et à fond plat, qui sont parcourus par un cours d'eau. A cet effet, on retient les eaux au moyen d'un barrage construit en travers et muni d'une vanne. L'étendue de terres que l'on peut couvrir d'eau est déterminée par la hauteur de l'obstacle. Ce procédé convient aux prairies, aux fourrages et aux céréales, surtout au riz. C'est le plus économique quand la disposition des lieux le permet, mais il a l'inconvénient de dépenser beaucoup d'eau. — L'i. *par infiltration* se pratique en conduisant l'eau sur le terrain à l'aide d'un petit canal appelé *canal d'amenée*, d'où on la fait refluer dans des rigoles horizontales, très rapprochées et sans issue, dans lesquelles elle séjourne jusqu'à ce qu'elle se soit peu à peu infiltrée dans le sol. Ce mode d'i. s'applique spécialement aux jardins maraîchers, ainsi qu'aux prés naturels et terrains plats et tourbeux. Il a l'avantage de consommer peu d'eau, mais il exige des travaux assez coûteux. — L'i. *par ruissellement* ou *déversement* consiste aussi à amener l'eau sur le terrain au moyen de canaux et de rigoles; mais, au lieu de séjourner, comme dans les systèmes précédents, dans les excavations destinées à le recevoir, le liquide ne cesse jamais de s'écouler. Elle s'applique de trois manières différentes, suivant la nature et le relief du sol, et la quantité d'eau dont on peut disposer. Dans la méthode par *reprise d'eau*, on fait arriver l'eau dans un canal établi sur le point le plus élevé du sol, d'où elle se déverse par le bord d'aval dans des rigoles étagées au-dessous en arrosant successivement les espaces intermédiaires. En général, on s'attache à disposer les choses de telle sorte que le liquide coule partout en nappe. Pour employer ce procédé, il faut que le terrain ait au moins 2 centimètres de pente par mètre. Quand on l'applique aux terres arables, on ne peut cultiver que les intervalles, parce que les rigoles sont à demeure fixe. Dans la méthode dite *par dosses* ou *billons*, on divise la surface du sol en billons à dos d'âne dirigés dans le sens de la pente et pourvus à leur sommet d'une rigole, dont l'eau, prise dans un canal de dérivation, se déverse de chaque côté, en arrosant les deux plans ou *Ailes* du billon, et va tomber dans les rigoles d'écoulement qui séparent les billons entre eux. Ce mode d'i. est surtout usité pour les prairies en terrains humides et tourbeux ayant moins de 2 centimètres de pente. Dans l'i. *par planches*, on divise le terrain en compartiments de grandeur variable, et l'on arrose chacun d'eux en amenant l'eau par des rigoles munies de petits barrages qui servent à la déverser par-dessus le bord. Cette méthode est surtout appliquée aux terres arables. Elle exige un terrain presque plat et un sol assez perméable. — Lorsqu'elle est exclusivement appliquée suivant un système unique, l'i. est dite *simple*; mais il arrive fréquemment que le relief du terrain est disposé de telle sorte qu'on est obligé de le diviser en plusieurs sections et d'arroser chacune d'elles suivant une méthode différente : alors l'i. est dite *composée*. Quant à la quantité d'eau qui est nécessaire pour obtenir un arrosage convenable, elle varie suivant le climat, le mode d'i., la nature du sol et celle des récoltes. La composition chimique et la température des eaux exercent aussi une grande influence sur les résultats de l'i.; mais l'examen des questions que soulèvent ces diverses circonstances ne peut trouver place que dans les traités spéciaux.

L'i. bien entendue donne des résultats prodigieux. Grâce à elle, les Américains sont parvenus à transformer en régions luxuriantes des territoires arides, de véritables déserts situés dans le Texas, la Californie, etc. Le plus souvent, l'eau nécessaire est fournie par des puits artésiens dont on a creusé plus de 15,000 dans les régions dont nous parlons. Quelques-uns de ces puits ont un débit énorme qui s'élève parfois à plusieurs millions de litres par jour. Les canaux creusés pour recevoir et diriger ces masses d'eau finissent par constituer de véritables rivières.

II. — De bonne heure l'autorité publique a dû prendre des mesures pour réglementer les prises d'eau nécessaires aux irrigations. Aujourd'hui, en France, nul ne peut détourner le cours des rivières et canaux navigables ou flottables, ou y faire des prises d'eau ou saignées pour l'arrosage des terres, qu'après y avoir été autorisé par l'administration. Quant aux rivières non navigables, ni flottables, les propriétaires riverains peuvent en tirer parti, mais en se conformant aux règlements sur la matière et aux usages locaux, et de manière que chacun puisse en user à son tour sans nuire à son voisin. Les inté-

ressés forment une association *ad hoc*, qui est placée sous la surveillance de l'autorité administrative et qui est régie par un *syndicat* dont les membres sont tantôt choisis par le préfet, tantôt élus par les ayants droit. Cette commission représente l'association en justice, veille à l'exécution et à l'entretien des travaux, ainsi qu'à l'observation des lois, propose les améliorations, provoque la répression des contraventions, etc. Enfin, dans le but d'étendre la pratique des irrigations, les lois du 29 av. 1845 et 15 juill. 1847 autorisent tout propriétaire qui veut employer à l'arrosage de ses terres les eaux naturelles ou artificielles dont il a le droit de disposer, à les faire passer sur les fonds intermédiaires, à charge d'indemnité.

III. — En termes de médecine, on donne le nom d'*irrigation* à une méthode antiphlogistique qui consiste à arroser constamment la partie malade, ce qui se fait ordinairement en y laissant tomber de l'eau froide. Ce moyen produit des effets sédatifs extrêmement puissants.

IRRIGATOIRE. adj. 2 g. [Pr. *ir-ri-ga-touare*]. Qui est propre à l'irrigation. *Machine i.*

IRRIGUER. v. a. [Pr. *ir-ri-gher, g dur*] (lat. *irrigare*, m. s., de *in*, dans, et *rigare*, arroser, d'un radical qu'on retrouve dans *rigole*). T. Did. Arroser. *I. une plaie.* Vx || *I. une prairie*, à l'aide de canaux, de tuyaux, de drains, etc.

IRRISION. s. f. [Pr. *ir-ri-zion*] (lat. *irisis*, m. s., de *irrisum*, supin de *irridere*, se moquer, de *in* dans, et *ridere*, rire). Action de se rire de. Action de celui qui se rit de. Vx.

IRRITABILITÉ. s. f. [Pr. *ir-ri...*]. Qualité de ce qui est irritable. *L'i. des muscles. L'i. des fibres nerveuses. L'i. du caractère*, Caractère de celui qui s'irrite facilement.

Bot. — Certains botanistes ont également adopté cette mauvaise expression pour désigner l'aptitude à produire certains mouvements qui se remarquent dans quelques organes, notamment dans les feuilles et dans les étamines de diverses espèces de végétaux (Feuilles de Dionée attrape-mouches, poils des feuilles de Rossolis, feuille de la Sensitive, étamines d'Épine-vinette, etc.).

IRRITABLE. adj. 2 g. [Pr. *ir-ri...*] (lat. *irritabilis*, m. s.). Qui est susceptible d'excitation, d'irritation. *Les muscles, les fibres nerveuses sont irritables. Étamines irritables.* || Au sens moral, Qui ressent très vivement les impressions. *Il a le système nerveux i.* — Particul., Qui est susceptible, qui se pique facilement. *C'est un homme très i., d'un esprit irritable.*

IRRITANT, ANTE. adj. [Pr. *ir-ri...*] (lat. *irritus*, annulé; de *in* priv., et *ratus*, ratifié). T. Jurispr. Qui casse, qui annule; ne se dit que dans cette loc., *Condition, clause irritante*, Condition, clause tellement essentielle de la validité d'un acte, qu'il serait nul, si elle n'était pas remplie. Vx. || T. Droit can. *Décret i.*, se dit des clauses insérées dans les bulles de la cour de Rome, dont l'inexécution fait perdre la grâce et emporte nullité.

IRRITANT, ANTE. adj. [Pr. *ir-ri...*] (R. irriter). Qui met en colère. || T. Physiol. Qui détermine de l'irritation. || s. *Il faut recourir aux irritants.* || Action des irritants, ou état d'une partie qui est irritée.

IRRITATIF, IVE. adj. [Pr. *ir-ri...*]. T. Méd. Qui a la faculté d'irriter.

IRRITATION. s. f. [Pr. *...sion*] (lat. *irritatio*, m. s.). T. Physiol. Action d'irriter au moyen d'un stimulant. || Fig. Agitation violente de l'esprit. *Il est dans une grande i. Calmer l'i. des esprits.*

IRRITER. v. a. [Pr. *ir-riter*] (lat. *irritare*, m. s., fréq. de *irrire*, gronder, grogner en parlant d'un chien). Mettre en colère. *On vous a irrité contre moi. Un rien suffit pour l'i. I. les esprits par des mesures imprudentes. I. un lion, un taureau.* || Fig. Augmenter, rendre plus fort, plus violent. *I. la colère, le courroux de quelqu'un. Les obstacles irritent son courage. Les mets irritent l'appétit. Ce breuvage ne fit qu'i. sa soif. Cela ne fit qu'i. sa passion, ses désirs, sa cupidité. sa douleur. I. la fièvre, la maladie. Les excès qu'il a faits ont irrité son mal.* || T. Physiol. Exciter, accroître l'activité d'un tissu, d'un organe. *Les bains alcalins irritent la peau. La muqueuse intestinale est fort irritée.* — Famil., *Cela m'irrite les*

nerfs. == s'IRRITER. v. pron. *Cet homme s'irrite facilement. Sa fureur s'irritait de cette résistance. L'amour
ne fait que s'i. par les obstacles. Ma fièvre s'est beau-
coup irritée. Cette membrane s'irrite aisément.* || Fig. *La
mer s'irrite, commence à s'i.* La mer s'agite, commence à
s'agiter. == IRRITÉ, ÉE. part. *Un père i rité. Un vainqueur
irrité.* || Fig. et poétiq., *Une mer irritée. Les vents irrités.
Le fleuve irrité franchit ses rivages.*

IRRORATEUR. s. m. [Pr. *ir-ro...*] [R. *irroration*]. Instrument qui sert à parfumer les appartements en y répandant
une poussière liquide parfumée.

IRRORATION. s. f. [Pr. *ir-rora-sion*] (lat. *irroratio*,
m. s., de *in*, dans; *ros*, *roris*, rosée). Action d'exposer à la
rosée ou à un arrosement par gouttes. *Bain par i.*

IRRUPTION. s. f. [Pr. *ir-rup-sion*] (lat. *irruptio* m. s.,
de *irrumpere*, se précipiter sur, de *in*, dans, et *rumpere*,
rompre). Entrée soudaine et imprévue des ennemis dans un
pays, ordinairement accompagnée de dégât et de ravage. *Les
ennemis firent une i. dans ce pays. Cette place forte met
le pays à couvert des irruptions.* || Par extens., *Désorde-
ment, envahissement de la mer, d'un fleuve, sur les terres.
L'i. du fleuve fut soudaine. Les irruptions de l'Océan sur
les terres.* == Syn. Voy. INCURSION.

IRTYCH, riv. de la Sibérie, affl. de l'Obi; 700 kil.

IRUN, v. d'Espagne, prov. de Guipuzcoa; 7,500 hab., sur
la Bidassoa.

IRVING (WASHINGTON), littérateur et romancier américain
(1783-1859).

IRVINGIE. s. m. (R. *Irving*, n. d'homme). T. Bot. Genre
de plantes Dicotylédones (*Irvingia*) de la famille des Simaru-
bacées. Voy. ce mot.

ISAAC, patriarche hébreu, fils d'Abraham et de Sarah,
épousa Rébecca, dont il eut deux fils, Ésaü et Jacob.

ISAAC I⁰ʳ COMNÈNE, empereur de Constantinople (1057-
1059), abdiqua et mourut dans un cloître. || ISAAC II *l'Ange*,
empereur de Constantinople, succéda à Andronic (1185), fut
détrôné par son frère Alexis, qui lui fit crever les yeux,
puis rétabli par les croisés (1203), et renversé de nouveau
(1204).

ISABEAU DE BAVIÈRE, reine de France (1371-1435),
épouse de Charles VI (1385), célèbre par ses débordements, livra la France aux Anglais en signant le traité de Troyes, qui
enlevait la couronne à son fils pour la donner au roi d'Angleterre Henri V (1420).

ISABELLE. adj. 2 g. [Pr. *iza-bele*] (R. nom propre). Qui
est de couleur mitoyenne entre le blanc et le jaune, mais dans
lequel le jaune domine; se dit surtout du poil des chevaux.
Couleur i. Cheval i. Ruban i. == ISABELLE. s. m. Cheval de
poil isabelle. *Voilà un bel i. I. clair. I. foncé* || T. Zool.
On donne encore ce nom à une coquille du genre Porcelaine;
à une Demoiselle du genre Agrion; à un squale de l'Océan
Pacifique, etc.
     Anecd. — On dit que l'archiduchesse Isabelle, fille de Phi-
lippe II, gouvernante des Pays-Bas, fit vœu, lors du siège
d'Ostende (1601-1604), de ne pas changer de chemise jusqu'à
ce que son mari fût victorieux, et que la couleur de cette
chemise, au bout du temps juré, prit le nom de la princesse.
Bien ne garantit cette historiette, que l'on a attribuée aussi
à Isabelle la Catholique, au siège de Grenade, lequel dura
neuf mois (mai 1491-janvier 1492). En tout cas, Isabelle, nom
propre, est Jézabel (Isabel), femme d'Achab.

ISABELLE DE FRANCE, fille de Philippe le Bel, épousa
en 1309 Édouard II d'Angleterre, et fut régente à la mort de
son époux, jusqu'à ce que son fils Édouard III lui reprit le
pouvoir (1330).

ISABELLE I⁰ʳᵉ, reine de Castille, surnommée *la Catholique*, épousa Ferdinand d'Aragon, prépara par ce mariage
l'unité territoriale de l'Espagne, et donna un monde à l'Espagne en se chargeant des frais de l'entreprise de Christophe Colomb (1450-1504).

ISABELLE II, fille de Ferdinand VII et de Marie-Christine,
née en 1830, devint reine d'Espagne en 1833, et fut détrônée
en 1868; mère du roi Alphonse XII.

ISABEY (J.-B.), peintre français (1767-1855).

ISADELPHE. adj. 2 g. [Pr. *iza-delf*] (gr. ἴσος, égal;
ἀδελφός, frère). T. Bot. Qui a les étamines réunies en deux
faisceaux égaux.

ISADELPHIE. s. f. [Pr. *iza-delfi*]. T. Bot. État des
plantes isadelphes. || T. Térat. État de monstres doubles com-
posés de deux corps bien organisés qui ne tiennent l'un à
l'autre que par des parties sans importance, comme étaient
les frères Siamois.

ISAGOGIQUE. s. f. [Pr. *iza...*] (gr. εἰσαγωγικός, m. s. de
εἰσαγωγή, introduction, de εἰς, dans, et ἀγωγή, action de conduire). La science de l'introduction. Nom que donnent certains
théologiens à l'étude de la Bible.

ISAÏE, le 1⁰ʳ des quatre grands prophètes, prophétisa sous
les rois Osias, Achaz, Ézéchias; ce dernier le fit périr.

ISALIZARINE. s. f. [Pr. *iza...*] (gr. ἴσος, égal; fr. *alizarine*). T. Chim. Substance jaune, soluble en rouge dans les
alcalis, isomérique avec l'alizarine, qu'elle accompagne dans la
garance. Elle ne teint pas les tissus mordancés.

ISAMBERT, jurisconsulte et homme politique fr. (1792-
1857).

ISAMIQUE. adj. 2 g. [Pr. *iza...*] (R. *isatine*, et *ammoniaque*). T. Chim. *Acide i.* Voy. ISATINE.

ISANTHE. adj. 2 g. [Pr. *izan-te*] (gr. ἴσος, égal; ἄνθος,
fleur). T. Bot. Dont toutes les fleurs se ressemblent. Inus.

ISANTHÈRE. adj. 2 g. [Pr. *izan-tère*] (gr. ἴσος, égal;
fr. *anthère*). T. Bot. Dont les anthères sont égales ou semblables. Peu us.

ISANTHRAFLAVIQUE. adj. 2 g. [Pr. *izan-tra...*] (gr.
ἴσος, égal; fr. *anthraflavique*). T. Chim. Voy. ANTHRAFLA-
VIQUE.

ISAPIOL ou **ISO-APIOL.** s. m. [Pr. *iza-piol*] (gr. ἴσος,
égal; fr. *apiol*). T. Chim. Voy. APIOL.

ISARD. s. m. [Pr. *i-zar*]. T. Mamm. Espèce d'*Antilope*
qui habite les Pyrénées. Voy. CHAMOIS.

ISARIA. s. f. T. Bot. Genre de Champignons de la famille
des Pyrénomycètes, parasites de certains insectes. Voy. CHAM-
PIGNON et PYRÉNOMYCÈTES.

ISATANE. s. m. [Pr. *iza...*] (R. *isatine*). T. Chim. Composé de la formule $C^{32} H^{26} Az^4 O^6$, qu'on obtient, sous forme
de précipité blanc, insoluble dans l'eau et soluble dans l'alcool, lorsqu'on fait agir l'amalgame de sodium sur l'isatine
en solution acide.

ISATHYDE. s. f. [Pr. *iza...*] (R. *isatine* et *hydrogène*).
T. Chim. Composé de la formule $C^{16} H^{12} Az^2 O^4$, qu'on obtient
en hydrogénant l'isatine par le zinc et l'acide sulfurique. C'est
une poudre blanche, presque insoluble dans l'eau; sous l'action de la chaleur elle se décompose sans fondre.

ISATIDÉES. s. f. pl. [Pr. *iza...*] (R. *Isatis*). T. Bot. Tribu
de plantes de la famille des *Crucifères.* Voy. ce mot.

ISATINE. s. f. [Pr. *iza...*] (gr. ἴσατις, pastel). T. Chim.
Composé cyclique $C^8 H^5 Az O^2$ qui dérive de l'indol et dont les
réactions se rapportent à deux formules de constitution différente :

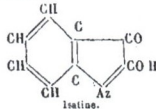

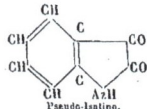

Isatine.   Pseudo-Isatine.

Le premier schéma répond à la forme stable que possède l'i. à l'état libre. La pseudoforme n'a pas été isolée, mais elle se manifeste dans un grand nombre de dérivés.

L'i. a été découverte par Laurent en 1841 ; Baeyer a établi sa constitution et a réalisé sa synthèse par diverses méthodes. On prépare l'i. en oxydant à chaud l'indigo par l'acide azotique ou par l'acide chromique. Pour l'obtenir synthétiquement on peut faire bouillir l'acide ortho-nitro-phénylpropiotique avec un alcali ; on peut aussi oxyder l'indoxyle, le dioxindol, l'oxindol ou son dérivé amidé, par le perchlorure de fer. L'i. cristallise en prismes rouges, fusibles à 201°, inodores, amers, solubles en rouge dans l'eau et surtout dans l'alcool, solubles en brun dans les alcalis. Elle possède des propriétés cétoniques, s'unit aux bisulfites alcalins, fournit une oxime et une hydrazone. Avec le chlore, le brome et l'acide azotique, elle donne des dérivés de substitution chlorés, bromés, nitrés ; ces substitutions se font dans le noyau benzénique. Elle peut aussi fournir des dérivés métalliques (isatides) ; traitée en solution alcoolique par l'azotate d'argent, elle donne un précipité rouge d'argent-isatine $C^8 H^4 Ag Az O^2$; ce corps, chauffé avec les iodures alcooliques, fournit les dérivés méthylés, éthylés, etc., de l'i.

Les agents de réduction transforment l'i. en isathyde, puis en dioxindol et en oxindol. L'action de l'ammoniaque donne naissance à un assez grand nombre de composés, entre autres à l'acide isamique $C^{16} H^{13} Az^3 O^4$, soluble dans l'acide chlorhydrique, d'où il se dépose en cristaux violets. — Par l'action du perchlorure de phosphore sur l'isatine en solution benzénique on obtient le chlorure d'isatyle $C^6 H^4 \diagup^{CO}_{Az} \diagdown C.Cl$ solide

qui fond et se décompose à 180° et qui, par réduction, donne de l'indigotine.

En présence des agents de déshydratation, comme l'acide sulfurique ou le chlorure de zinc, l'i. s'unit au toluène, au phénol et à la diméthyl-aniline avec élimination d'eau. En se combinant avec l'indoxyle elle donne naissance à l'indirubine. Dissoute dans l'acide sulfurique concentré, l'i. s'unit au thiophène en perdant une molécule d'eau et donne de l'indophénine qui la colore en bleu.

ISATIQUE. adj. [Pr. iza-tike] (R. isatine). T. Chim. L'acide i. ou amido-phénylglyoxylique $C^6 H^4 (AzH^2) CO. CO^2H$ est un acide cétonique amidé dont le sel de potassium se forme quand on fait bouillir l'isatine avec une solution concentrée de potasse.

ISATIS. s. m. [Pr. isa-tis-se] (gr. ἴσατις, pastel). T. Bot. Genre de plantes Dicotylédones de la famille des Crucifères. Voy. ce mot. || T. Mamm. Nom vulgaire du Renard bleu. Voy. RENARD.

ISATOGÈNE. s. m. [Pr. iza...] (gr. ἴσατις, pastel, dans le sens de bleu, et γεννάω, j'engendre). T. Chim. Nom donné au radical univalent $C^8 H^4 Az O^2$ contenu dans le di-isatogène et dans l'acide isatogénique. Sa constitution est représentée par la formule :

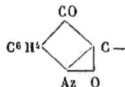

$$C^6 H^4 \diamond \begin{matrix} CO \\ C- \\ Az \ O \end{matrix}$$

Le di-isatogène $(C^8 H^4 Az O^2)^2$ résulte de l'union de ce radical avec lui-même. Pour le préparer, on fait agir l'acide sulfurique fumant sur le dérivé dinitré du diphényldiacétylène. Le di-isatogène cristallise en aiguilles rouges, insolubles dans l'alcool et dans l'éther, solubles dans le benzène bouillant. Traité par des réducteurs tels que le sulfure d'ammonium, le glucose en présence des alcalis, la poudre de zinc en présence de l'ammoniaque, il se convertit totalement en indigotine.

ISATOGÉNIQUE. adj. [Pr. iza...] (gr. ἴσατις, pastel ; γεννάω, j'engendre). T. Chim. L'éther i. se produit par l'isomérisation de l'éther orthonitro-phénylpropiotique sous l'influence de l'acide sulfurique. Il cristallise en aiguilles jaunes, fusibles à 115°, répondant à la formule
$$C^8 H^4 Az O^2. CO^2 (C^2 H^5).$$
C'est l'éther éthylique de l'acide isatogénique
$$C^8 H^4 Az O^2. CO^2 H.$$

Cet acide, en perdant l'hydrogène et de l'anhydride carbonique, donne naissance au di-isatogène.

ISATOXIME. s. f. [Pr. isa-tok-sime] (R. isatique, et oxime). T. Chim. L'i. ou nitroso-oxindol est l'oxime de l'acide isatique et s'obtient par l'action de l'acide azoteux sur l'oxindol ou par l'action de l'hydroxylamine sur l'isatine. Elle cristallise en aiguilles d'un jaune d'or, fusibles à 202°, répondant à la formule :

$$C^6 H^4 \diamond \begin{matrix} C = Az\ OH \\ CO \\ Az\ H \end{matrix}$$

ISATROPIQUE. adj. [Pr. iza...] (gr. ἴσος, égal, et atropique). T. Chim. Voy. ATROPIQUE.

ISATYLE. s. m. [Pr. iza...]. T. Chim. Chlorure d'i. Voy. ISATINE.

ISAURE (CLÉMENCE), dame de Toulouse, institua les Jeux floraux vers 1490.

ISAURIE, contrée de l'Asie Mineure, entre la Pamphylie et la Cilicie ; capitale Isaura.

ISBOSETH, fils et successeur de Saül, régna sur onze tribus pendant que David régnait sur la seule tribu de Juda ; il fut assassiné (1056-1049 avant J.-C.).

ISCARIOTE, surnom donné à l'apôtre Judas, parce qu'il était du village d'Iscarioth.

ISCHÉMIE. s. f. [Pr. iské-mie] (gr. ἴσχειν, arrêter ; αἷμα, sang). T. Méd. Arrêt de la circulation artérielle ; état des parties où il n'arrive plus de sang.

ISCHÉMIQUE. adj. 2 g. [Pr. iské-mike]. (R. ischémie), T. Méd. Qui arrête le mouvement du sang dans les vaisseaux. || Qui dépend de l'ischémie.

ISCHIA, île de la Méditerranée, à l'entrée du golfe de Naples, fut bouleversée par un tremblement de terre en 1883 ; 4,000 hab.

ISCHIADELPHES. adj. 2 g. [Pr. iski-adelfe] (R. ischion, et gr. ἀδελφός, frère). Monstres i., Monstres doubles dont les corps sont accouplés par le bassin.

ISCHIAGRE. s. f. [Pr. iski-agre] (fr. ischion, et gr. ἄγρα, prise). Goutte fixée sur la hanche. Inus.

ISCHIAL, ALE. adj. [Pr. iski-al]. T. Anat. Qui a rapport à l'ischion.

ISCHIATIQUE. adj. 2 g. [Pr. is-kia-tike] (gr. ἰσχίον, hanche). Qui a rapport à la hanche. Artère i. Échancrure i. Douleur i.

ISCHIO-ANAL ALE. adj. [Pr. iskio...]. T. Anat. Qui a rapport à l'ischion et à l'anus.

ISCHIO-CAVERNEUX. s. m. [Pr. iskio...]. T. Anat. Muscles de la partie latérale du périnée qui concourent à l'érection de la verge.

ISCHIOCÈLE. s. f. [Pr. iskio-sèle] (R. ischion, et gr. κήλη, tumeur, hernie). Hernie à travers l'échancrure ischiatique.

ISCHIO-CLITORIDIEN. adj. m. [Pr. iskio-klitoridi-in] (R. ischion et clitoris). Muscle pair qui est, chez la femme, l'homologue du muscle ischio-caverneux chez l'homme.

ISCHIO-COCCYGIEN. s. m. [Pr. iskio-kok-si-ji-in] (R. ischion et coccyx). T. Anat. Muscle de la région ano-coccygienne qui s'étend de l'épine sciatique de l'os iliaque au coccyx, qu'il maintient solidement dans sa position normale en se contractant.

ISCHIO-FÉMURAL, ALE. adj. [Pr. iskio...]. T. Anat. Qui se rapporte à l'ischion et au fémur.

ISCHION. s. m. [Pr. is-kion] (gr. ἰσχίον, hanche). T. Anat.

Celui des trois os formant l'os coxal ou os innominé, où l'os de la cuisse est emboîté. — Ce mot entre dans la formation d'un grand nombre de termes anatomiques, tels que : *Ischio-caverneux, Ischio-coccygien, Ischio-périnéal,* etc.

ISCHIOPAGE. s. m. [Pr. *iskio-paje*] (R. *ischion,* o. gr. πχγετς, fixé). T. Térat. Monstre double dans lequel les deux individus presque complets sont réunis dans la région hypogastrique ou pelvienne.

ISCHIOPAGIE. s. f. [Pr. *iskio-paji*]. Anomalie qui caractérise les monstres ischiopages.

ISCHIO-PÉRINÉAL, ALE. adj. [Pr. *iskio...*]. T. Anat. Qui appartient à l'ischion et au périnée.

ISCHIO-TIBIAL, ALE. adj. [Pr. *iskio...*]. T. Anat. Qui a rapport à l'ischion et au tibia.

ISCHL, bourg pittoresque des Alpes autrichiennes, au confluent de l'Ischl et de la Traun, dans le Salzkammergut; 2,200 hab.

ISCHNOPHONIE. s. f. [Pr. *is-kno-fonie*] (gr. ισχνός, grêle ; φωνή, voix). T. Méd. Faiblesse de la voix. Inus.

ISCHURÉTIQUE. adj. 2 g. [Pr. *is-kuréti-ke*]. Se lisait des remèdes crus propres à guérir l'ischurie. Inus.

ISCHURIE. s. f. [Pr. *is-kurie*] (gr. ισχουρία, m. s., de ίσχω, je retiens, et ούρον, urine). T. Méd. Rétention d'urine complète.

ISÉE, un des dix orateurs attiques, ouvrit à Athènes une école de rhétorique.

ISENGRIN. s. m. [Pr. *izan-grin*]. Nom du loup dans le *roman du Renard.*

ISENTROPIQUE. adj. 2 g. [Pr. *izan...*] (gr. ίσος, égal, et fr. *entropie*). Qui est d'égale entropie.

ISÈRE, rivière de France, passe à Grenoble, se jette dans le Rhône près de Valence, 290 kil.

ISÈRE (Dép. de l'), formé d'une partie du Dauphiné ; ch.-l. *Grenoble; 3* autres arr. : *Saint-Marcellin, La Tour-de-Pin, Vienne;* 580.270 hab.

ISÉRINE. s. f. [Pr. *izé-rine*] (R. *Iser,* rivière de Bohême). T. Minér. Titanate de fer naturel. Voy. Fer, VII, E.

ISERLOHN, ville industrielle de la Westphalie ; 20,100 hab.

ISÉTHIONIQUE. adj. (gr. ίσος, égal ; fr. *éthionique*). T. Chim. L'acide i. ou *glycolsulfureux* est un dérivé sulfonique de l'alcool ordinaire et répond à la formule :

$$CH^2OH . CH^2 . SO^3H.$$

On l'obtient en traitant l'alcool ou l'éther par l'anhydride sulfurique, et en faisant bouillir avec le produit de cette réaction. L'acide i. se forme aussi par l'action de l'acide sulfurique fumant sur l'éthylène, ou par l'action du sulfite de potassium sur la chlorhydrine du glycol. L'acide i. est un liquide sirupeux, très acide, qui se décompose quand on le chauffe. Par son groupe SO³H il fonctionne comme acide monobasique et peut donner naissance à des sels et à des éthers appelés *iséthionates*. Par son groupe CH²OH il fonctionne comme alcool et peut se combiner avec les acides ou les alcools pour former une autre série d'éthers.

Le *chlorure i.* CH²Cl.CH².SO²Cl se produit quand on chauffe l'iséthionate de potassium avec du perchlorure de phosphore. C'est un liquide à odeur irritante; traité par l'eau il perd de l'acide chlorhydrique et se transforme en un acide appelé *chloro-éthanesulfonique* ou *chloro-étaylsulfureux* CH²Cl.CH².SO³H cristallisable, déliquescent, que l'ammoniaque transforme en taurine.

Les hydrocarbures éthyléniques traités par l'acide sulfurique fumant donnent naissance à des acides analogues à l'acide i. Ces composés, qui possèdent une fonction alcool et une fonction acide sulfonique sont isomériques avec les sulfates acides, tels que l'acide éthylsulfurique; ils s'en distinguent par leur stabilité en présence de l'eau.

ISIAQUE. adj. [Pr. *izi-ak*]. Qui appartient à Isis, divinité égyptienne; se dit surtout en parlant d'un célèbre monument de l'antiquité sur lequel sont représentés les mystères d'Isis. *La table i. est au musée de Turin.*

ISIDORE DE SÉVILLE, savant prélat espagnol (570-636).

ISIGNY, ch.-l. de c. (Calvados), arr. de Bayeux ; 2,800 hab. Beurre renommé.

ISIKAVA. Voy. Kanazawa.

ISINDAZOL. s. m. [Pr. *i-zin...*] (gr. ίσος, égal ; fr. *indazol*). T. Chim. Voy. Indazol.

ISIS, ancienne divinité égyptienne, sœur et femme d'Osiris.

ISLAM. s. m. (mot ar. qui sign. *résignation*). Religion des Musulmans. || L'ensemble des peuples musulmans. — Voy. Mahométisme.

ISLAMIQUE. adj. 2 g. Qui appartient à l'islamisme.

ISLAMISME. s. m. (R. *Islam*). Religion des Mahométans. Voy. Mahométisme.

ISLAMITE. s. m. Qui professe l'Islam.

ISLANDAIS, AISE. adj. Qui appartient à l'Islande.

ISLANDE, île de l'océan Glacial Arctique, au Danemark, 104,785 kil. carrés ; 72,400 hab.; cap. *Reikiavik.* Volcans (*Oërufa, Oskjadja, Hécla*) et geysers. Climat très froid, voisin de 0° pour un grand nombre de points. Orages plus fréquents en hiver qu'en été. Pas de nuits en été. Peu de jour en hiver. Aurores boréales. L'Islande est gouvernée par le Danemark.

ISLE, riv. de France, prend sa source dans le Limousin, passe à Périgueux et se jette dans la Dordogne à Libourne ; 235 kil.

ISLE (L'), ch.-l. de c. (Vaucluse), arr. d'Avignon, dans une île formée par la Sorgues; 6,000 hab.

ISLE-ADAM (L'), ch.-l. de c. (Seine-et-Oise), arr. de Pontoise, sur l'Oise; 3,500 hab.

ISLE-EN-DODON (L'), ch.-l. de c. (Haute-Garonne), arr. de Saint-Gaudens; 2,400 hab.

ISLE-JOURDAIN (L'), ch.-l. de c. (Gers), arr. de Lombez; 4,400 hab.

ISLE-JOURDAIN (L'), ch.-l. de c. (Vienne), arr. de Montmorillon ; 1,100 hab.

ISLE-SUR-LE-DOUBS (L'), ch.-l. de c. (Doubs), arr. de Baume-les-Dames; 2,600 hab.

ISLY, riv. d'Afrique sur la frontière du Maroc, près de laquelle le maréchal Bugeaud remporta sur les Marocains une victoire qui lui valut le titre de duc (1844).

ISMAËL, fils d'Abraham et d'Agar, s'établit dans le désert, et eut douze fils, pères des douze tribus arabes.

ISMAÉLIENS. s. m. pl. [Pr. *ismaéli-in*]. Nom d'une secte musulmane.

ISMAÉLISME. s. m. Religion des ismaéliens.

ISMAÉLITE. s. m. Nom donné parfois aux Arabes, comme descendants d'Ismaël, fils d'Abraham.

ISMAÏLIA, v. d'Égypte sur le canal de Suez; 2,000 hab.

ISMAÏL-PACHA, vice-roi d'Égypte ou khédive, le 2° des trois fils d'Ibrahim, succéda à son oncle Saïd-Pacha (1863) et abdiqua en 1879 en faveur de son fils Tewfick.

ISMÈNE, fille d'Œdipe et de Jocaste, fut condamnée à

mort par Créon, avec sa sœur Antigone, pour avoir enseveli son frère Polynice.

ISNARD, membre de l'Assemblée Législative et de la Convention, échappa à la proscription du parti girondin, et figura ensuite dans le conseil des Anciens (1751-1830).

ISNARDIE. s. f. (R. *Danty d'Isnard*, nom d'un botaniste fr.). T. Bot. Genre de plantes Dicotylédones (*Isnardia*) de la famille des *Œnothéracées*. Voy. ce mot.

ISO. [Pr. *i-zo*] T. Chim. Préfixe dérivé du grec ἴσος, égal, qu'on place devant le nom d'un composé pour nommer un isomère de ce corps. La lettre finale *o* se supprime quelquefois devant une voyelle, comme dans *isalizarine* au lieu de *iso-alizarine*. Pour les mots en *iso* qu'on ne trouverait pas ici, voyez le mot qui suit ce préfixe.

ISO-ALCOOL. s. m. [Pr. *i-zo...*] (gr. ἴσος, égal; fr. *alcool*). T. Chim. Syn. d'*Alcool secondaire*.

ISO-AMYLIQUE. adj. [Pr. *i-zo...*] (gr. ἴσος, égal; fr. *amylique*). T. Chim. L'alcool amylique ordinaire

$$CH^2 OH.CH^2.CH(CH^3)^2$$

qui bout à 132°, dérive de l'iso-pentane et devrait s'appeler *iso-amylique*. Il contient ordinairement une certaine quantité d'alcool amylique *actif*, c.-à-d. doué du pouvoir rotatoire; cet alcool bout à 128° et répond à la formule

$$CH^2 OH.CH \Big\langle \begin{matrix} CH^3 \\ C^2 H^5 \end{matrix}$$

— Quant à l'alcool amylique *normal* qui bout à 137°, on l'obtient en hydrogénant l'aldéhyde valérique normale.

ISOAMYLMÉTHYLCARBINOL. s. m. [Pr. *izo...*] (gr. ἴσος, égal; fr. *amyle*, *méthyle* et *carbinol*). T. Chim. Voy. HEPTYLIQUE.

ISOAMYLMÉTHYLCÉTONE. s. f. [Pr. *izo...*] (gr. ἴσος, égal; fr. *amyle*, *méthyle* et *acétone*). T. Chim. Voy. HEPTYLIQUE.

ISOAXIQUE. adj. 2 g. [Pr. *izo-ak-sike*] (gr. ἴσος, égal; ἄξων, essieu, axe). T. Minér. Qui a des axes égaux.

ISOBAPHIE. s. f. [Pr. *izo-bafi*] (gr. ἴσος, égal; βάφω, je teins). T. Hist. nat. État d'un corps qui ne réfléchit qu'une seule couleur.

ISOBARE. adj. 2 g. [Pr. *izo...*] (gr. ἴσος, égal; βάρος, pesanteur). T. Météor. Où la hauteur barométrique est la même. *Courbe i.*, Courbe reliant les lieux de la Terre où la hauteur barométrique est la même. — Subst., L'*i*. de 760 millimètres, pour la courbe i.

ISOBARIQUE. adj. 2 g. [Pr. *izo-barik*] (gr. ἴσος, égal; βάρος, pesanteur). T. Phys. Où la pesanteur est la même. *Courbe i.*, Courbe reliant les lieux de la Terre où la pesanteur est la même. || T. Météor. S'emploie quelquefois comme syn. d'*isobare*).

ISOBAROMÉTRIQUE. adj. 2 g. [Pr. *izo...*] (gr. ἴσος, égal; fr. *baromètre*). Lignes isobarométriques, Courbes passant par lieux où l'amplitude moyenne des variations barométriques est la même.

ISOBIPHÉNIQUE. adj. [Pr. *izo...*] (gr. ἴσος, égal; lat. *bis*, deux fois; fr. *phénique*). T. Chim. Acide i. Voy. FLUORANTHÈNE.

ISOBRÉSILÉINE. s. f. [Pr. *izo...*]. T. Chim. Voy. BRÉSILINE.

ISOBRYÉ, ÉE. adj. [Pr. *izo-brié*] (gr. ἴσος, égal; βρύειν, pousser activement). T. Bot. Qui a autant de force d'accroissement d'un côté que de l'autre. Inus.

ISOBUTÉNYLE. s. m. [Pr. *izo...*]. T. Chim. Voy. BUTÉNYLE.

ISOBUTYLÉNIQUE. adj. 2 g. [Pr. *izo...*]. T. Chim. Voy. BUTYLÉNIQUE.

ISOBUTYLÉTHYLCARBINOL. s. m. [Pr. *izo...*] (gr. ἴσος, égal; fr. *buthyle*, *éthyle* et *carbinol*). T. Chim. Voy. HEPTYLIQUE.

ISOBUTYLIQUE. adj. 2 g. [Pr. *izo...*]. T. Chim. Voy. BUTYLIQUE.

ISOBUTYLTOLUÈNE. s. m. [Pr. *izo...*] T. Chim. Voy. BUTYLTOLUÈNE.

ISOBUTYLXYLÈNE. s. m. [Pr. *izo...*] T. Chim. Voy. BUTYLXYLÈNE.

ISOBUTYRIQUE. adj. 2 g. [Pr. *izo...*]. T. Chim. Voy. BUTYRIQUE.

ISOCAPRIQUE. adj. [Pr. *izo...*] (gr. ἴσος, égal; fr. *caprique*). T. Chim. *Alcool i*. Voy. DÉCYLIQUE.

ISOCARDE. s. f. [Pr. *izo...*] (gr. ἴσος, égal; καρδία, cœur, à cause de la forme de la coquille). T. Zool. Genre de Mollusques *Lamellibranches*. Voy. CHAMACÉS.

ISOCARPÉ, ÉE. adj. [Pr. *izo...*] (gr. ἴσος, égal; καρπός, fruit). T. Bot. Se dit de plantes dont les divisions du fruit sont en nombre égal à celui des divisions du périanthe.

ISOCÈLE. adj. 2 g. [Pr. *izo...*]. Voy. ISOSCÈLE.

ISOCHIMÈNE. adj. f. [Pr. *iso-ki-mène*] (gr. ἴσος, égal; χειμών, hiver). T. Géogr. Lignes isochimènes, Lignes reliant les points qui ont la même température moyenne en hiver. Voy. CLIMAT.

ISOCHORE. adj. 2 g. [Pr. *izo-kore*] (gr. ἴσος, égal; χόρος; chœur). T. Ant. *Vers i*., Hexamètre tout composé de spondées.

ISOCHRISTE. s. m. [Pr. *izo-krist*] (gr. ἴσος, égal; χριστός; Christ). T. Bot. Membre d'une secte chrétienne qui prétendait que les apôtres étaient égaux au Christ.

ISOCHROMATIQUE. adj. 2 g. [Pr. *izo-kromatike*] (R. *isochromic*). Dont la teinte est uniforme.

ISOCHROMIE. s. f. [Pr. *izo-kromi*] (gr. ἴσος, égal; χρῶμα, couleur). Syn. de *Lithochromie*.

ISOCHRONE. adj. 2 g. [Pr. *izo-krone*] (gr. ἴσος, égal; χρόνος, temps). T. Mécan. Se dit des mouvements qui s'exécutent en même temps et dans des temps égaux.

ISOCHRONIQUE. adj. 2 g. [Pr. *izo-kronike*]. Syn. d'*Isochrone*.

ISOCHRONIQUEMENT. adv. [Pr. *izo-kronike-man*]. D'une manière isochrone.

ISOCHRONISME. s. m. [Pr. *izo-kronisme*] (R. *isochrone*). Égalité de durée dans les mouvements d'un corps. *L'i. des vibrations d'un pendule.* V. PENDULE.

ISOCLINE. adj. 2 g. [Pr. *izo...*] (gr. ἴσος, égal; κλίνη, inclinaison). Lignes isoclines, Lignes passant par les lieux où l'inclinaison et la déclinaison de l'aiguille aimantée est la même.

ISOCOLE. adj. 2 g. [Pr. *izo-kol*] (gr. ἴσος, égal; κῶλον, membre). T. Gram. *Période i.*, Dont les membres sont égaux.

ISOCOLON. s. m. [Pr. *izo-kolon*] (gr. ἴσος, égal; κῶλον, membre). T. Rhétor. Période dont les membres sont égaux.

ISOCRATE, orateur et rhéteur athénien, ouvrit à Athènes une célèbre école d'éloquence. Il se laissa mourir de faim après la bataille de Chéronée, qui livrait la Grèce à Philippe de Macédoine, pour ne pas survivre à l'asservissement de la Grèce (406-338 av. J.-C.).

ISOCYANATE. s. m. [Pr. *izo...*]. T. Chim. Voy. CYANIQUE.

ISOCYANIQUE. adj. 2 g. [Pr. *izo...*]. Voy. CYANIQUE.

ISOCYLINDRIQUE. adj. 2 g. [Pr. *izo...*] (gr. ἴσος, égal; κύλινδρος, cylindre). A cylindres égaux. *Projection i.*

ISODACTYLE. adj. 2 g. [Pr. *izo*...] (gr. ἴσος, égal; δάκτυλος, doigt). T. Zool. Dont les doigts sont égaux.

ISODOME. adj. 2 g. [Pr. *izo-dome*] (gr. ἴσος, égal; δέμω, je bâtis). T. Ant. anc. *Mur i.*, Mur dont les assises de pierre sont égales.

ISODONTE. adj. 2 g. [Pr. *izo*...]. (gr. ἴσος, égal; ὀδούς, ὀδόντος, dent). T. Zool. Dont les dents sont égales ou semblables.

ISODULCITE. s. f. [Pr. *izo*...] (gr. ἴσος, égal; fr. *dulcite*). T. Chim. Syn. de *Rhamnose*.

ISODURÈNE. s. m. [Pr. *izo*...]. T. Chim. Voy. DURÈNE.

ISODURÉNOL. s. m. [Pr. *izo*...]. T. Chim. Voy. DURÉNOL.

ISODURYLIQUE. adj. 2 g. [Pr. *izo*...] (gr. ἴσος, égal; fr. *durylique*). T. Chim. Voy. DURÈNE.

ISODYNAMIQUE. adj. 2 g. [Pr. *izo*...] (gr. ἴσος, égal; δύναμις, force). Qui a la même force, la même intensité.

ISOÉDRIQUE. adj. 2 g. [Pr. *izo*...] (gr. ἴσος, égal; ἕδρα, face). T. Minér. Qui a des facettes semblables.

ISOÈTE [Pr. *izo-ète*] (gr. ἴσος, égal ; ἔτος, année). T. Bot. Genre de plantes (*Isoetes*), de la famille des *Isoétées*. Voy. ce mot.

ISOÉTÉES. s. f. pl. [Pr. *izo-été*] (R *Isoète*). T. Bot. Famille de plantes Cryptogames vasculaires de l'ordre des Lycopodinées hétérosporées.

Caract. bot. : Les Is. sont des plantes terrestres, aquatiques ou amphibies, pourvues d'une tige épaisse et courte, à peu près complètement souterraine, croissant très lentement sans jamais se ramifier ; son extrémité, parfois creusée en entonnoir, porte une rosette de feuilles dont les bases se touchent sans laisser d'entre-nœuds. Elle est divisée, par 2 ou 3 sillons longitudinaux en autant de lobes du fond lesquels s'échappent les racines, disposées en 2 séries de chaque côté de la ligne médiane. Les feuilles sont grandes, mesurant de 4 à 60 centimètres de longueur, composées d'une gaine et d'un limbe entier muni d'une seule nervure médiane.

Les sporanges sont insérés isolément dans la gaine des feuilles végétales. Chaque année il se fait d'abord un certain nombre de feuilles à macrosporanges, puis un nombre un peu plus grand de feuilles à microsporanges semblables aux premières, enfin un nombre moindre de feuilles stériles différant des précédentes par des caractères variables suivant les espèces. La gaine des feuilles fertiles est creusée sur la face interne d'une fossette allongée, où est niché le sporange; les bords de cette fossette se prolongent souvent en une mince membrane qui s'étend plus ou moins au-dessus du sporange. Les sporanges des 2 sortes sont divisés en loges incomplètes par des lames plus ou moins stérile ou *trabécules*, tendues de la face dorsale à la face ventrale; aussi, ne s'ouvrent-ils pas, et est-ce seulement par la désorganisation de la paroi que les spores sont mises en liberté.

Au printemps, la microspore germe et se partage par une cloison en 2 cellules très inégales. La petite reste stérile et représente le côté seule la portion végétative du prothalle mâle; la grande produit l'anthéridie : à cet effet, elle subit des cloisonnements particuliers, qui donnent naissance à deux cellules internes, complètement enveloppées par 4 cellules externes. Les premières produisent les anthérozoïdes; les autres forment la paroi de l'anthéridie. Chacune des cellules internes se divise en deux par une cloison transversale, puis chacune des 4 cellules ainsi formées produit un anthérozoïde avec un corps spiralé portant en avant le nombreux cils vibratiles.

La macrospore, quelque temps après sa mise en liberté, se remplit peu à peu d'un tissu qui n'est autre chose que le prothalle femelle. En se gonflant, il fait éclater l'exospore qui s'ouvre suivant ses 3 arêtes par une fente étoilée; plus tard, l'endospore se résorbe à cet endroit et laisse apparaître la partie correspondante du prothalle. Sur ce sommet libre, se fait d'abord un archégone; s'il n'est pas fécondé, il s'en fait d'autres à côté. L'œuf se partage comme d'ordinaire en 8 octants, dont deux produisent le pied, deux la première racine, deux la tige et deux la première feuille.

La famille des Is. se compose du seul genre Isoète dont les nombreuses espèces sont répandues par toute la terre, mais abondent surtout dans la région méditerranéenne. On en connaît deux espèces fossiles, trouvées toutes les deux dans les calcaires miocènes d'Œningen.

Toutes les espèces de cette famille sont sans usage.

ISOFÉRULIQUE. adj. 2 g. [Pr. *izo*...]. T. Chim. Voy. FÉRULIQUE.

ISOGAME. adj. 2 g. [Pr. *izo*...] (gr. ἴσος, égal; γάμος, mariage). T. Bot. Se dit d'une plante dont l'œuf se forme par isogamie.

ISOGAMIE. s. f. (gr. ἴσος, égal; γάμος, mariage). T. Bot. Égalité absolue des deux gamètes dans la formation de l'œuf. Voy. CRYPTOGAME.

ISOGÉOTHERME. adj. 2 g. [Pr. *izo*...] (gr. ἴσος, égal; γαῖα, terre, θερμός, chaud). T. Phys. *Ligne i.*, Ligne passant par tous les points où la température moyenne du sol est la même.

ISOGONE. adj. 2 g. [Pr. *izo*...] (gr. ἴσος, égal; γωνία, angle). T. Cristallogr. Qui a des angles égaux.

ISOGONIQUE. adj. 2 g. [Pr. *izo*...] (gr. ἴσος, égal; γωνία, angle). Syn. d'*Isocline*.

ISOGRAPHIE. s. f. [Pr. *izo*...] (gr. ἴσος, pareil; γράφω, j'écris). Reproduction des écritures; exécution de fac-similés; recueil de fac-similés.

ISOHYPSE. adj. 2 g. [Pr. *izo-ipse*] (gr. ἴσος, égal; ὕψος, hauteur). Qui est de même altitude.

ISOLABLE. adj. 2 g. [Pr. *izo*...]. Qui peut, qui doit être isolé. || T. Physiol. Qui peut être séparé de toute connexité.

ISOLANT, ANTE. adj. [Pr. *izo-lan*]. Qui isole. || T. Phys. *Corps isolants*, Corps mauvais conducteurs de l'électricité qui isolent un corps électrisé des corps qui pourraient lui soutirer son électricité.

ISOLATEUR, TRICE. adj. [Pr. *izo*...]. Qui isole, qui sert à isoler. Se dit surtout en physique, des supports non conducteurs de l'électricité. || Subst., *Un i.*, Un support qui maintient un fil isolé. *I. en porcelaine, en verre, en ébonite*.

ISOLATIF, IVE. adj. [Pr. *izo*...]. T. Gram. Qui a la propriété d'isoler, de séparer.

ISOLATION. s. f. [Pr. *izo-la-sion*]. T. Phys. Action d'isoler un corps pour l'électriser. || Fig. État d'une personne qui s'isole.

ISOLEMENT. s. m. [Pr. *izo-leman*] (R. *isoler*). État d'une personne qui vit séparée de la société. *Vivre dans l'i., dans un complet i. Cet état d'i. est fort pénible*. || T. Archit. La distance qu'il y a entre deux parties de construction qui ne se touchent pas. || T. Phys. Se dit d'un corps qui est isolé ou isolé du sol par des substances non conductrices de l'électricité.

ISOLÉMENT. adv. [Pr. *izo-léman*]. Séparément, à part. *Considérons chacun de ces objets isolément*.

ISOLER. v. a. [Pr. *izo-ler*] (italien, *isola*, île; du lat. *insula*, île). Séparer de ce qui entoure, de façon qu'il n'y ait pas de contact, pas de communication. *Pour i. son palais, il fit abattre toutes les maisons contiguës. Ces colonnes sont isolées du mur. On plaça un cordon de troupes autour de la ville pour l'i. du reste de la province, qui était infestée par la peste*. || T. Phys. *I. un corps*, Le mettre hors de contact avec des corps bons conducteurs de l'électricité. || T. Chim. *I. un corps*, Le séparer des éléments chimiques avec lesquels il est combiné. || Fig. au sens moral. *On l'isola de ceux qui auraient pu l'éclairer sur sa position*. = s'ISOLER, v. pron. Se séparer de la société. *Vous vous isolez trop. Il trouve le moyen de s'i. au milieu de la cour*. = ISOLÉ, ÉE. part. *Un hôtel isolé. Colonne isolée. Statue isolée*. || Adjectiv., Se dit pour solitaire. *Un lieu i. Habiter une campagne,* *une maison isolée. Colonne isolée.* Qui ne tient pas au mur de l'édifice. || Fig., Qui vit sans relations de société, à qui personne ne s'intéresse. *C'est un homme isolé. Il vit isolé. Elle se trouve tout à fait isolée depuis qu'elle a perdu sa sœur.* || Dans l'administration militaire, *Homme, soldat isolé,* Qui momentanément n'appartient à aucun corps.

ISOLINE. s. f. [Pr. *izo-line*]. T. Chim. Nom donné aux bases pyridiques de la formule $C^{14}H^{17}Az$.

ISOLITHE. s. f. Voy. IXOLITE.

ISOLOGUE. adj. 2 g. [Pr. *izo-loghe, g* dur] (gr. ἴσος, égal ; λόγος, rapport). T. Chim. *Corps isologue,* Ayant une composition analogue.

ISOLOIR. s. m. [Pr. *izo-loar*] (R. *isoler*). T. Phys. Appareil formé de substances non conductrices de l'électricité, et sur lequel on pose les corps que l'on veut électriser. Voy. ÉLECTRICITÉ.

ISOMARCHE. adj. 2 g. [Pr. *izo...*] (gr. ἴσος, égal ; fr. *marche*). Se dit des chronomètres qui ont une marche égale entre eux.

ISOMÈRE. adj. 2 g. [Pr. *izo...*] (gr. ἴσος, égal ; μέρος, partie). T. Chim. Voy. ISOMÉRIE. || T. Bot. Se dit d'une fleur dont tous les verticilles renferment le même nombre de pièces florales.

ISOMÉRIE. s. f. [Pr. *izo...*] (R. *isomère*). T. Chim. On rencontre souvent des corps qui sont composés des mêmes éléments, combinés dans les mêmes proportions, et qui, néanmoins, diffèrent par leurs propriétés physiques ou chimiques. On appelle *polymères* ceux qui ont la même composition centésimale, mais des poids moléculaires différents (Voy. POLYMÉRIE). Ceux qui possèdent en outre le même poids moléculaire sont dits *isomères.* Les isomères *chimiques* diffèrent par leurs propriétés chimiques et physiques ; les isomères *physiques*, par leurs propriétés physiques seulement ; les isomères *optiques* ne présentent de différence que dans leur action sur la lumière polarisée. Les molécules des corps isomères étant identiques quant à la nature et au nombre des atomes de chaque élément constituant, on a cherché à rendre compte de la différence de propriétés par une différence dans l'arrangement des atomes à l'intérieur des molécules. La théorie des valences (Voy. ATOMICITÉ) a donné une explication satisfaisante d'un grand nombre d'isoméries ; mais dans certains cas elle est insuffisante et il faut recourir à la théorie stéréochimique. Nous distinguerons donc l'isomérie proprement dite et l'i. stéréochimique.

L'*i. proprement dite* tient au mode d'enchaînement des atomes, c.-à-d. à la manière dont se fait l'échange de leurs atomicités. Elle se subdivise à son tour en i. de compensation et en i. de position. — Les *isomères par compensation* ne possèdent pas les mêmes fonctions chimiques ; les chaînes qui constituent leurs molécules sont formées par des groupes différents ; aussi les propriétés chimiques ne présentent-elles aucune analogie. Tel est le cas de l'acide glycérique

$$CO^2 H. CH^2, CH^3,$$

de l'acétate de méthyle $CH^3. CO. O CH^3$ et du glycide

$$CH^2 OH — CH — CH^2$$
$$O$$

qui possèdent tous trois la même formule brute $C^3 H^6 O^2$. — Les *isomères de position* possèdent les mêmes fonctions chimiques ; mais les groupes d'atomes qui représentent ces fonctions occupent des positions différentes dans les molécules ; les propriétés chimiques sont analogues, quoique distinctes. Le méthylpropylcarbinol $CH^3. CH OH. CH^2. CH^2. CH^3$ et le diéthylcarbinol $CH^3. CH^2. CH OH. CH^2. CH^3$ sont des isomères de ce genre. Toute substitution double dans la molécule du benzène peut fournir trois isomères de position, qu'on distingue par les préfixes ortho, méta et para. Voy. BENZÈNE. — Deux corps isomères appartenant à une des deux classes précédentes possèdent la même formule brute ; mais leur différence de constitution peut se représenter par des formules planes, comme le montrent les exemples cités. Dans ces formules de constitution on cherche à figurer, non pas la forme réelle de la molécule, mais seulement la manière dont les atomes ou les groupes d'atomes sont enchaînés par suite de 'échange de leurs atomicités.

Les *isomères stéréochimiques* possèdent les mêmes groupes fonctionnels, le même mode d'enchaînement des atomes et par conséquent la même formule de constitution. Pour expliquer les différences de propriétés on a cherché à se représenter la forme des molécules dans l'espace. Voy STÉRÉOCHIMIE. Les formules stéréochimiques se déduisent des formules de constitution ordinaire en y figurant l'atome de carbone par un tétraèdre dont les sommets sont occupés par les atomes ou les groupes d'atomes attachés à ce carbone. Les isomères stéréochimiques sont ainsi représentés par des édifices moléculaires qui ne sont pas superposables dans l'espace, tout en correspondant à une même formule plane. En général, deux isomères de cette classe peuvent différer entre eux par toutes leurs propriétés physiques. Mais, dans le cas où ils sont *énantiomorphes*, c.-à-d. comme l'image l'un de l'autre dans un miroir, ils ne diffèrent que par leurs pouvoirs rotatoires, qui sont égaux et de sens contraires.

ISOMÉRIQUE. adj. [Pr. *izo-mérike*] T. Chim. Syn. d'*Isomère.* Voy. ISOMÉRIE.

ISOMÉRISATION. s. f. [Pr. *izo-méri-za-sion*]. T. Chim. Transformation d'un composé en un isomère.

ISOMÉTRIQUE. adj. 2 g. [Pr. *izo-métrike*] (gr. ἴσος, égal ; μέτρον, mesure). T. Minér. Dont les dimensions sont égales.

ISOMORPHE. adj. 2 g. [Pr. *izo-morfe*] (gr. ἴσος, égal ; μορφή, forme). T. Chim. et Min. On dit que deux corps sont *isomorphes* quand ils se présentent sous les mêmes formes cristallines et que leurs molécules peuvent se remplacer en proportion quelconque dans un même cristal. Voy. CRISTALLOGRAPHIE IX. B. Toutefois, les formes cristallines des corps isomorphes ne sont rigoureusement égales que si elles appartiennent au système cubique ; dans les autres systèmes elles sont très voisines sans être identiques ; aussi, a-t-on proposé de remplacer les mots i. et isomorphisme par homéomorphie et homéomorphisme. — On dit aussi que deux ou plusieurs éléments sont i. quand ils sont capables, en s'unissant avec d'autres corps, de former des composés isomorphes ; tel est le cas du chlore, du brome, de l'iode et du fluor.

ISOMORPHISME. s. m. [Pr. *izo...*] T. Chim. et Minér. État ou qualité des corps isomorphes. Voy. ISOMORPHE et CRISTALLOGRAPHIE. — *Loi de l'isomorphisme :* Les composés isomorphes ont la même constitution chimique, c.-à-d. contiennent le même nombre d'atomes groupés de la même manière.

ISONANDRE. s. m. [Pr. *izo...*] (gr. ἴσος, égal ; ἀνήρ, ἀνδρὸς, mâle). T. Bot. Genre de plantes Dicotylédones (*Isonandra*) de la famille des *Sapotacées.* Voy. ce mot.

ISONITRILE. s. m. [Pr. *izo...*] (gr. ἴσος, égal ; fr. *nitrile*). T. Chim. Syn. de *Carbylamine.*

ISONITROSÉ. adj. [Pr. *izo-nitro-zé*]. T. Chim. Se dit des composés renfermant le radical bivalent Az OH ; ce sont des oximes.

ISONOME. adj. 2 g. [Pr. *izo...*] (gr. ἴσος, égal ; νόμος, loi). T. Minér. *Cristaux isonomes,* Dont les décroissements sont égaux sur les bords, aussi bien que ceux qui se font sur les angles.

ISONOMIE. s. f. [Pr. *izo...*] (gr. ἴσος, égal ; νόμος, loi). T. Minér. État des cristaux construits suivant la même loi.

ISONZO, rivière d'Illyrie, se jette dans le golfe de Trieste ; 130 kil.

ISOPATHIE. s. f. [Pr. *i-zopa-ti*] (gr. ἴσος, égal ; πάθος, maladie). Nom donné à un système médical dérivé de l'homœopathie. Voy. HOMŒOPATHIE.

ISOPÉRIMÈTRE. adj. 2 g. [Pr. *izo...*] (gr. ἴσος, égal ; περιμέτρον, contour). Se dit des figures dont les contours ou périmètres sont égaux.

ISOPÉTALE. adj 2 g. [Pr. *izo...*] (gr. ἴσος, égal ; fr. *pétale*). T. Bot. Dont les pétales sont égaux.

ISOPHONE. adj. 2 g. [Pr. *izo-fone*] (gr. ἴσος, égal ; φωνή, son). T. Gram. Qui a le même son.

ISOPHYLLE. adj. 2 g. [Pr. izo-fil-ie] (gr. ἴσος, égal; φύλλον, feuille). T. Bot. Dont les feuilles sont égales.

ISOPODES. s. m. pl. [Pr. izo...] (gr. ἴσος, égal; πούς, ποδὸς, pied). T. Zool. Les Isopodes sont des Crustacés Édriophthalmes qui ressemblent beaucoup aux Amphipodes par leur conformation générale; mais leur corps est déprimé, en général assez large, et souvent ovalaire. Ils s'en distinguent surtout en ce que leur abdomen ne se termine jamais par des appendices propres au saut : sa portion terminale affecte toujours la forme d'une lame plus ou moins grande. En outre, au lieu que, chez les Amphipodes, l'appareil respiratoire est représenté par des sacs membraneux que portent les pattes thoraciques, chez les I. il est formé par les lames foliacées qui terminent les cinq paires de fausses pattes abdominales. Ces crustacés ont les yeux sessiles, un thorax ordinairement composé de sept anneaux distincts et portant sept paires de pattes ambulatoires. A la base de ces pattes, on observe généralement, chez les femelles, de grandes lames disposées de manière à constituer une sorte de poche destinée à loger les œufs, et où les petits passent les premiers temps de leur vie. Ceux-ci, au moment de la naissance, ont souvent une forme assez différente de celle qu'ils auront par la suite. — L'ordre des I. a été divisé par Milne Edwards en trois sections : les I. marcheurs, les I. nageurs et les I. sédentaires.

Les I. marcheurs comprennent trois familles, les Idotéides, les Asellotes et les Cloportides. Nous citerons dans la première l'I. échancrée (Idotea emarginata) [Fig. 1], qui habite les côtes d'Angleterre. Le type de la fam. des Asellotes est l'Aselle d'eau douce (Asellus vulgaris) [Fig. 2 très grossie], fort petite espèce qui est commune dans nos eaux douces.

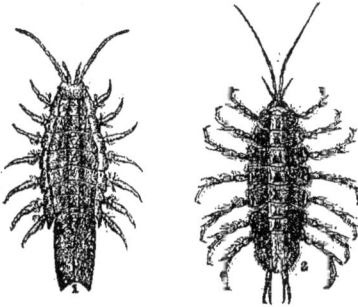

Nous mentionnerons aussi la Limnorie perforante (Limnoria terebrans), qui, malgré sa petitesse, commet des dégâts considérables sur plusieurs points du littoral de la Grande-Bretagne, en perforant et en détruisant les charpentes de diverses constructions hydrauliques. Heureusement on n'a pas encore signalé la présence de ce Crustacé sur nos côtes. La famille des Cloportides se compose d'espèces terrestres et d'espèces marines. Parmi celles-ci, on remarque la Lygie océanique (Lygia oceanica) [Fig. 3], qui est très répandue sur nos côtes. Ce Crustacé grimpe avec facilité sur les rochers des rivages ou sur les parapets des constructions maritimes. Lorsqu'on cherche à le prendre, il replie promptement ses pattes et se laisse tomber. Tout le monde connaît le Cloporte des murailles (Oniscus murarius) [Fig. 4], qui est le type du genre de même nom et des Cloportides terrestres. Les Cloportes habitent de préférence les lieux humides et obscurs, et se tiennent ordinairement dans les fentes de murailles, dans les joints mal réunis de cloisons, sous les pierres, etc. Ils paraissent vivre de matières végétales en décomposition. Leur démarche est habituellement lente; mais, quand ils éprouvent quelque crainte, ils courent assez vite, et, lorsqu'on les saisit, ils se roulent en boule. On a longtemps employé ces petits animaux comme diurétiques, absorbants ou apéritifs : on les administrait pilés avec du sucre; mais aujourd'hui ils ne sont plus usités. Les Porcellions (Porcellio) et les Armadilles (Armadillo) se rapprochent beaucoup des Cloportes par leur manière de vivre. — Les I. nageurs se composent aussi de trois familles, les Pranizions, les Sphéromiens et les Cymothoadiens, ou Cymothoïdes. La première ne comprend

que le seul genre Ancée (Ancea), car les Pranizes, ainsi que l'a observé Hesse, ne sont que des Ancées à l'état de larves. Dans la fam. de Sphéromiens, nous nous contenterons de citer le genre Sphérome, dont le type est le Sph. denté (Sphæroma dentatum) [Fig. 5, grossie], qui est très répandu sur les côtes de la Manche et de la Méditerranée. Enfin, parmi les genres qui composent celle des Cymothoadiens, nous nommerons les

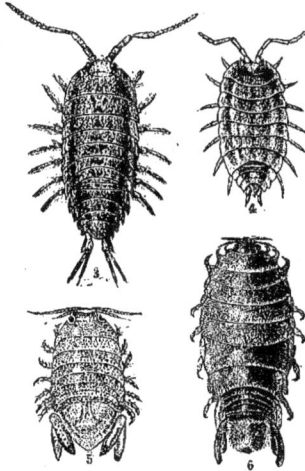

Cymothoés (Cymothoé), qui vivent en parasites sur le corps des Poissons, auquel elles adhèrent fortement au moyen de leurs ongles recourbés; et les Anilocres, qui vivent également en parasites, mais qui sont beaucoup mieux conformés pour nager. L'Anil. de la Méditerranée (Anilocra Mediterranea) [Fig. 6]

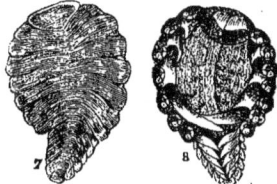

n'est pas rare dans cette mer. — Quant aux Isop. sédentaires. ce sont tous des animaux essentiellement et forcément parasites; Ainsi, le Bopyre des Crustacés (Fig. 7. Femelle vue en dessus, 8. La même, vue en dessous et grossie) se fixe sous le test des Squilles et des Palémons, où il produit une tumeur d'autant plus grosse qu'il est lui-même plus âgé.

ISOPRÈNE. s. m. [Pr. izo...] T. Chim. Hydrocarbure liquide, bouillant vers 37°, obtenu dans la distillation pyrogénée du caoutchouc ou de l'essence de térébenthine. Il est constitué par le mélange de deux hydrocarbures : l'un est l'amylène ordinaire ou triméthyléthylène, l'autre est probablement le valérylène. L'i. absorbe l'acide chlorhydrique et s'unit énergiquement au brome. Il s'oxyde rapidement à l'air en devenant sirupeux. Chauffé vers 270°, il se polymérise en donnant naissance à un terpène de la formule $C^{10}H^{16}$.

ISOPROPYLACÉTYLÈNE. s. m. [Pr. izo...] (gr. ἴσος, égal; fr. propyle et acétylène). T. Chim. Voy. VALÉRYLÈNE.

ISOPROPYLBENZÈNE. s. m. [Pr. izo...] (gr. ἴσος, égal; fr. propyle et benzène). T. Chim. Syn. de Cumène. Voy. ce mot.

ISOPROPYLÉTHYLÈNE. s. m. [Pr. *izo...*]. (gr *ίσος*, égal; fr. *propyle* et *éthylène*). T. Chim. Voy. PENTÈNE.

ISOPYRE. s. m. [Pr *izo...*] (gr. *ίσος*, égal; πῦρ, feu). T. Chim Minéral amorphe, d'un noir grisâtre, à éclat vitreux, renfermant de la silice, de l'alumine, du sesquioxyde de fer, de la chaux et de l'oxyde de cuivre.

ISOSCÈLE. adj. 2 g. [Pr *izo-sèle*] (gr. *ίσος*, égal ; σκέλος, jambe). T. Géom. *Triangle i.*, Qui a deux côtés égaux. Dans un triangle i., les angles opposés aux côtés égaux sont égaux, et réciproquement un triangle qui a deux angles égaux est i. — *Trapèze i.*, Celui dans lequel les deux côtés non parallèles sont égaux. — *Trièdre i.*, Celui qui a deux faces égales.

ISOSPHÉRIQUE. adj. 2 g. [Pr. *izo...*] (gr. *ίσος*, égal: σφαῖρα, sphère). Qui est de sphère égale.

ISOSTATIQUE. adj. 2 g. [Pr. *izo...*] (gr. *ίσος*, égal; fr. *statique*). T. Mécan. Où l'équilibre est égal.

ISOSTÉMONE. adj. 2 g. [Pr. *izo...*] (gr. *ίσος*, égal; στήμων, filament). T. Bot. Dont les pétales et les étamines sont en nombre égal.

ISOTHÈRE. adj. 2 g. [Pr. *izo-tère*] (gr. *ίσος*, égal; θέρος, été). *Lignes isothères*, Lignes reliant les points de la Terre qui ont la même température en été. Voy. CLIMAT.

ISOTHERME. adj. 2 g. (Pr. *izo...*] (gr. *ίσος*, égal; θερμός, chaleur). T. Phys. Qui a une égale chaleur. *Transformation i.*, Celle qui s'opère sans que la température des corps qui la subissent varie. — *Lignes isothermes*, Lignes représentant la variation simultanée de la pression et du volume d'un corps dont la température demeure invariable. Voy. THERMODYNAMIQUE. || T. Géog. *Lignes isothermes*, Celles qui relient les points qui ont, soit la même température à un moment donné, soit la même température moyenne. || Subst., L'*i.* de 10°, pour la ligne i. Voy. CLIMAT.

ISOTHERMIQUE. adj. 2 g. [Pr. *izo...*]. T. Phys. Synon. d'*isotherme.* || T. Thermodyn. *Lignes isothermiques*, Représentant la loi de transformation d'un corps qui passe d'un état à un autre en conservant une température constante.

ISOTHERMIQUEMENT. adv. [Pr. *izo...*]. D'une manière isothermique.

ISOTOME. s. m. [Pr. *izo...*] (gr. *ίσος*, égal; τομή, section). T. Bot. Genre de plantes Dicotylédones (*Isotoma*), de la famille des *Campanulacées*. Voy. ce mot.

ISOTROPE. adj. 2 g. [Pr. *izo....*] (gr. *ίσος*, égal; τρέπω, je tourne). Se dit de toute substance qui fait tourner dans le même sens les rayons de la lumière polarisée. || T. Bot. Se dit des végétaux chez qui toutes les parties du corps obéissent à l'action de la pesanteur et de la radiation.

ISOTROPIE. s. f. [Pr. *izo...*]. T. Phys. et Bot. État des milieux ou des végétaux isotropes. Voy. ISOTROPE.

ISOXAZOL. s. m. [Pr. *izo-ksa-zol*] (gr. *ίσος*, égal; fr. *oxazol*). T. Chim. Voy. OXAZOL.

ISOXYLIQUE. adj. [Pr. *izo-ksi-lik*] (gr. *ίσος*, égal; fr. *xylique*). T. Chim. Voy. ÉTYLXYLÈNE.

ISPAGHULA. s. m. T. Bot. Nom persan des graines du *Plantago decumbens*. Voy. PLANTAGINÉES.

ISPAHAN, anc. cap. de la Perse, auj déchue; 90,000 hab.; ch.-l. de la prov. de l'Irak-Adjmi.

ISRAËL, nom qui aurait été donné à Jacob par un ange. || Le peuple hébreu. || Royaume d'Israël, l'un des deux royaumes formés en Judée après la mort de Salomon (976 av. J.-C.) avec dix des douze tribus; il dura 255 ans, de Jéroboam à Osée, et fut détruit en 721 par Salmanasar, roi d'Assyrie. — Voy. JUDÉE, JUIFS.

ISRAÉLITE. s. 2 g. [Pr. *iz-ra...*]. Descendant d'Israël. — Fam., on dit d'un homme simple et plein de candeur : *C'est un bon I* || Adjectiv., *Le culte i.; Le Consistoire i.*, Le culte, etc., des juifs. — Voy. JUDÉE, JUIFS.

ISRAÉLITISME. s. m. [Pr. *iz-ra...*]. Ensemble des idées religieuses du peuple juif.

ISSACHAR, 5° fils de Jacob et de Lia, père de l'une des douze tribus.

ISSANT, ANTE. [Pr. *i-san*] (partic. prés. du verbe inusité *issir*, qui sign. *sortir*, et vient du lat. *exire*, sortir, de *ex*, hors de, et *ire*, aller). T. Blas. Se dit des animaux dont on ne voit que la partie supérieure, qui paraît sortir d'une autre pièce ou du champ de l'écu. — *Un enfant i.*, ou substantiv., *Un i.*, Figure d'enfant à mi-corps, sortant de la gueule ouverte d'un animal.

ISSINGEAUX. Voy. YSSINGEAUX.

ISSOIRE, ch.-l. d'arr. (Puy-de-Dôme), à 35 kil. de Clermont, près de l'Allier; 6,200 hab.

ISSOUDUN, ch.-l. d'arr. (Indre), à 27 kil. de Châteauroux; 13,600 hab.

ISSU, UE. [Pr. *i-su*]. (part. pass. du verbe *issir*. Voy. *Issant*). Venu, descendu d'une personne ou d'une race: *I. de tel père. Elle est issue du sang des rois. Il est i. de la race de. I. de bas lieu. De ce mariage sont issus tant d'enfants.* — *Cousins issus de germain*, Les enfants de deux cousins germains. *Il est son cousin i. de germain*, et ellipt., *Ils sont issus de germain.*

ISSUE. s. f. [Pr. *i-sue*] (part. pass. de *issir*. Voy. *Issant*). Sortie, lieu par où l'on sort. *Une issue apparente. Une i. secrète. Cette maison a une i. sur le derrière, dans telle rue. L'ennemi s'empara de toutes les issues du château.* || Par ext., Passage, ouverture par laquelle une chose peut sortir. *Ce lac n'a point d'i. Ménager une i. aux eaux. Il faut donner une i. à la fumée.* || On dit encore, au plur., *Les issues d'une ville, d'une maison*, pour désigner les dehors, les environs. *Cette maison de campagne a de belles issues.* || Fig., La fin, l'événement final. *Bonne, heureuse i. Mauvaise, funeste i. On attend l'i. de son procès. Tout dépend de l'i. de la bataille, de la guerre.* || Moyen, expédient pour sortir d'une affaire. *Je ne trouve point d'i. à cette affaire. Une seule i. nous reste encore. Se ménager des issues.* || T. Boucherie. Les extrémités et les viscères des animaux. *Une i. d'agneau.* || T. Meunerie. On appelle Issues, au plur., Ce qui reste des moutures après la mouture, comme le son, la recoupe, etc. || T. Hist. *Droits d'i.*, Droits féodaux payés par le vassal sortant de la domination de son seigneur. — A L'ISSUE DE. loc. adv. A la sortie de... *A l'i. du conseil. A l'i. de la messe, du sermon. A l'i. du dîner.*

IS-SUR-TILLE, ch.-l. de c. (Côte-d'Or), arr. de Dijon; 1,900 hab.

ISSUS, anc. v. de Cilicie, en Asie Mineure, célèbre par la victoire d'Alexandre le Grand sur Darius (333 av. J.-C.).

ISSY, comm. du dép. de la Seine, arr. de Sceaux; 12,800 hab.

ISSY-L'ÉVÊQUE, ch.-l. de c. (Saône-et-Loire), arr. d'Autun; 2,200 hab.

ISTANKOÏ. Voy. Cos.

ISTAR, déesse de l'amour chez les Chaldéens, présente un certain rapport avec la *Vénus Astarté* des Grecs.

ISTHME. s. m. [pr. *is-me*] (gr. ἰσθμὸς, m. s.). T. Géogr. Langue de terre entre deux mers ou deux golfes, qui unit une terre à une autre, une presqu'île au continent. *L'i. de Corinthe. L'i. de Suez. L'i. de Panama. L'i. de* || T. Anat. *L'i. du gosier*, Le rétrécissement qui sépare la cavité buccale d'avec le pharynx. — *I. de l'encéphale.* Voy. ENCÉPHALE.

ISTHMIEN, IENNE. adj. [Pr *is mi-in*]. Qui a rapport à un isthme.

ISTHMIQUES. adj. m. pl. [Pr *is-mike*]. T. Antiq. Voy. JEU.

ISTHMOCARPE. adj. 2 g. [Pr. *is-mocarpe*] (gr. ἰσθμὸς, passage; καρπὸς, fruit). T. Bot. Dont le fruit offre un rétrécissement à sa partie moyenne.

ISTIURE. s. m. T. Erpét. Genre de *Sauriens*. Voy. AMAMIENS.

ISTRES, ch.-l. de c. (Bouches-du-Rhône), arr. d'A x; 3,400 hab.

ISTRIE, prov. des États autrichiens, sur l'Adriatique; 318,300 hab.; ch.-l. *Bisino.*, v. pr. *Capo d'Istria, Pola.*

ISTURITZ (F.-X. DE), homme d'État espagnol (1790-1871).

ISURÉTINE. s. f. [Pr. izu...] (gr. ἴσος égal,; fr. urée). T. Chim. L'*isurétine*, qu'on appelle aussi *formamidoxime*, et *méthénylamidoxime*, est produite par l'union directe de l'acide cyanhydrique et de l'hydroxylamine. Elle est isomérique avec l'urée et répond à la formule :

$$Az H^2 . CH : Az O H.$$

Elle forme de grands cristaux très solubles dans l'eau. C'est une base assez énergique qui donne, avec les acides, des sels cristallisés, décomposables par la chaleur. Sa solution aqueuse possède une réaction fortement alcaline et précipite les sels de cuivre et de plomb ; par évaporation elle se décompose en donnant de l'urée, du biuret, de l'azote, de l'anhydride carbonique et de l'ammoniaque.

ITACISME. s. m. T. Gram. Prononciation de l'η grec comme un *i* (prononciation des Grecs modernes). On dit mieux *Iotacisme.*

ITACISTE. s. m. Partisan de l'itacisme.

ITACOLUMITE. s. f. T. Min. Roche micacée du Brésil qui passe au grès par une série de variétés intermédiaires et constitue souvent des plaques flexibles.

ITACONIQUE. adj. T. Chim. L'*acide i.* $C^5 H^6 O^4$ s'obtient en distillant l'acide citrique vers 170° ou en chauffant à 150° l'acide citraconique avec de l'eau. Il cristallise en octaèdres orthorhombiques solubles dans l'eau. Il fond à 160° ; à une température plus élevée il perd une molécule d'eau et se transforme en anhydride citraconique. Traité par l'amalgame de sodium il se convertit en acide pyrotartrique. Il n'est pas saturé ; aussi peut-il s'unir directement à l'acide bromhydrique pour donner de l'acide *itabromopyrotartrique* $C^5 H^7 Br O^4$, et au brome pour former de l'acide *itatibromopyrotartrique* $C^5 H^6 Br^2 O^4$. Avec l'acide chlorhydrique et avec le chlore il forme des composés analogues.

L'acide i. est bibasique ; il a la même formule de constitution

$$\text{que les acides citraconique et mésaconique } CH^2 = C \begin{matrix} CO^2 H. \\ CH^2 . CO^2 H. \end{matrix}$$

Ces trois acides sont des isomères stéréochimiques.

ITAGUE. s. f. [Pr. *ita-ghe, g* dur]. T. Mar. Cordage pour hisser des fardeaux. Voy. CORDAGE.

ITALIANISATEUR. s. m. [Pr. ...za-teur]. Celui qui italianise.

ITALIANISATION. s. f. [Pr. ...za-sion]. Action d'italianiser.

ITALIANISER. v. a. [Pr. ...ni-zer]. Donner à un mot une terminaison italienne, introduire dans une langue des tournures italiennes. *C'est une cantatrice allemande qui a italianisé son nom. Au seizième siècle, on a tenté vainement d'i. la langue française.* = ITALIANISÉ, ÉE. part.

ITALIANISME. s. m. T. Gram. Manière de parler propre à la langue italienne. *Il lui échappe souvent des italianismes.*

ITALIE, grande péninsule de l'Europe méridionale, baignée au sud par la mer Méditerranée, au nord-est et au sud-ouest par ses dépendances, les mers Adriatique et Tyrrhénienne, et limitée au nord par la chaîne circulaire des Alpes, qui la rattache au reste de l'Europe. Une seconde chaîne, les Apennins, qui se détache du l'extrémité sud-ouest des Alpes, s'infléchit d'abord vers l'est, puis suit à peu près la médiane de la péninsule du nord-ouest au sud-est.

Le périmètre de l'Italie affecte sensiblement la forme d'une botte : peu tourmentées du côté de l'Adriatique, les côtes en dessinent le mollet, avec seulement les lagunes de Venise au jarret, le golfe de Manfredonia à la hauteur de la cheville ; la terre d'Otrante et le cap Santa-Maria di Leuca forme le talon, le golfe de Tarente, la cambrure inférieure du pied ; les caps Sparlivento et dell' Armi la pointe, dirigée vers la Sicile et plus haut les îles Lipari. Sur le devant, à la hauteur de la cheville, les golfes de Policastro, de Salerne, de Naples et de Gaëte ; en face du Libia, les îles de Sardaigne, de Corse et d'Elbe ; sous la rotule, le golfe de Gênes ; autour du genou, les Alpes

On trouve en Italie trois importants volcans : le Vésuve près de Naples, l'Etna en Sicile, le Stromboli dans les îles Lipari.

Dans la plaine septentrionale, entre les Alpes au nord et les Apennins au sud-ouest, coulent le Pô et ses affluents, dont quelques-uns sont célèbres dans l'histoire : à droite, la Bormida, la Trébie, le Taro, la Parma, la Secchia, le Panaro, le Reno ; à gauche, la Doria Balta, la Sesia, le Tésin qui traverse le lac Majeur, l'Adda qui traverse le lac de Côme, l'Oglio, le Mincio qui sort du lac de Garde ; au nord du Pô, on remarque l'Adige, la Brenta, la Piave et le Tagliamento ; tous ces fleuves se jettent dans les lagunes de Venise sur l'Adriatique. Dans la partie resserrée de l'Italie, entre la chaîne des Apennins et les deux mers, les fleuves manquent de la place nécessaire pour se développer : les plus importants sont l'Arno et le Tibre, qui se jettent dans la mer Tyrrhénienne.

Les premiers peuples dont on retrouve la trace en ce pays, sont les suivants : venus de l'est, les Tyrrhéniens au centre et les Pélasges au sud, puis les Étrusques qui se superposèrent aux Tyrrhéniens et fondèrent l'Étrurie de l'Arno au Tibre ; venus de l'Ouest (Espagne et midi de la Gaule), les Osques et les Latins sur la rive gauche du Tibre, les Ligures autour du golfe de Gênes, les Sicanes et les Sicules qui donnèrent leur nom à la Sicile appelée par les Grecs Trinacria (la Triangulaire) ; venus du nord de la Gaule, les Galls qui, des Apennins à l'Adriatique, fondèrent l'Ombrie, du nom d'une de leurs peuplades, les Ambrons, dont le cri de guerre était Ambra! et plus tard (Cénomans, Lingons, Boïens, Insubriens) peuplèrent tout le bassin du Pô, appelé dès lors Gaule Cisalpine. De leur côté, les Grecs colonisèrent l'Italie méridionale qu'ils nommèrent Grande Grèce, y bâtissant des villes comme Tarente, Héraclée, Sybaris, Crotone, Parthenopolis ou Neapolis (Naples), enfin Agrigente et Syracuse en Sicile.

Mais, parmi les peuples Osques, une ville, *Rome*, fondée en 753 avant Jésus-Christ, s'agrandit peu à peu aux dépens de ses voisins, Latins, Sabins, Étrusques, Volsques, Samnites, fonda, après deux siècles de monarchie, la plus puissante des Républiques et, bien que mise en sérieux péril, une première fois en 390 par les Galls, une seconde fois en 280 par Pyrrhus, roi d'Épire, une troisième fois par le Carthaginois Annibal, finit par dominer toute l'Italie, puis l'Illyrie au delà de l'Adriatique, l'empire de Carthage en Afrique, puis l'Espagne, la Sicile, l'Épire, la Macédoine, la Grèce, l'Asie Mineure, l'empire des Perses, la Numidie, la Mauritanie, la Gaule, l'Égypte, une partie de la Grande-Bretagne et de la Germanie, et, à travers des guerres intestines qui amenèrent la fin de la République, établit le vaste Empire qui absorba le monde entier connu alors, des côtes de l'Atlantique à l'Indus.

Au cours de cette expansion rapide, Rome, ou mieux l'I. unifiée, avait produit non seulement des hommes publics comme les Fabius, les Scipions, les Gracques, des empereurs comme les Césars et les Antonins, mais encore nombre de poètes et de prosateurs dignes émules des Grecs : Virgile, Horace, Lucrèce, Juvénal, Ovide, Lucain, Cicéron, Tacite, Tite-Live, Pline, etc. Mais les arts et les sciences n'y furent qu'un bien pâle reflet de ceux de la Grèce. Archimède, l'illustre Syracusain, était Grec.

Cependant, par la suite, ce monde, divisé d'abord en tétrarchies, puis en empires d'Orient et d'Occident (395 après Jésus-Christ), devint au V° siècle la proie des barbares venus du Nord. L'I., envahie, traversée, saccagée par plusieurs peuples, resta un moment aux mains des *Goths*, vite policés sous leur roi Théodoric et convertis à la secte chrétienne d'Arius, puis tomba sous les *Lombards* plus sauvages et plus réfractaires à la civilisation. Les rois de France, Pépin le Bref et Charlemagne, réduisirent ces derniers, dominèrent l'Italie et y taillèrent autour de Rome, mais sous leur dépendance, en faveur des papes, le petit royaume qu'on appela le *Patrimoine de Saint-Pierre* (800).

Mais, dès 846, l'I., attaquée par les Arabes, menacée par les Hongrois, tomba dans la pire anarchie, en proie à la curée de mille petits tyrans indépendants, marquis, ducs, évêques. Puis, envahie, en 889, par Arnulf, roi de Germanie, elle ne cessa pendant des siècles de subir la domination allemande. En vain les *Normands* qui, sous Robert Guiscard, venaient de s'emparer du midi de la péninsule sur les Musulmans et les Grecs, soutinrent-ils la puissance des papes contre celle des empereurs; toute l'I. se trouva déchirée entre les deux factions allemandes des Welff (maison de Bavière) et des Weiblingen (maison de Souabe), devenues *Guelfes* et *Gibelins*, les premiers représentant le parti de la Papauté, les seconds celui de l'Empire. Il y eut des deux parts, dans cette lutte du sacerdoce et de l'Empire, de terribles champions, dont le plus superbe fut le pape Grégoire VII, devant lequel l'empereur Henri IV vint faire amende honorable à *Canossa* (1040).

La querelle n'en continua pas moins. Les papes Urbain IV et Clément IV, qui tous deux étaient Français, offrirent en 1266 la couronne de Naples et des Deux-Siciles au duc d'Anjou, frère de Louis IX, de France, dont le règne finit en 1282 par le sanglant massacre des *Vêpres siciliennes*. La couronne passa aux mains de la maison d'Aragon.

Au milieu de ces calamités, des villes maritimes pouvaient seules prospérer. Venise posséda, outre la côte italienne, l'Istrie, la Dalmatie, les îles Ioniennes, Négrepont, Candie, une partie du Péloponèse; Gênes acquit la Corse, les îles de Chio et de Lesbos, une partie de Chypre. Parmi les nombreuses petites principautés du nord, Milan et la Toscane commençaient à se développer, mais dans des proportions bien moindres.

A la fin du XVᵉ siècle, la lutte des Guelfes et des Gibelins durait encore, déchaînant sur l'I. les invasions des Allemands, des Français, des Espagnols. Les rois de France, Charles VIII, Louis XII, François Iᵉʳ, qui invoquaient de prétendus droits sur le Milanais, y firent des expéditions triomphales, finalement brisées à Pavie par Charles-Quint, empereur et roi d'Allemagne et d'Espagne (1525) dont l'armée pilla Rome.

Et cependant, malgré tant de désastres, sous l'impulsion des artistes grecs qui fuyaient Constantinople devant les Turcs, et sous la protection des papes Jules II et Léon X (celui-ci un Médicis), l'I. reprenait la continuation de l'œuvre de la Rome antique. Une magnifique éclosion des arts et des lettres se développait, la *Renaissance*, comme on l'a appelée, produisant des poètes comme le Dante, le Tasse, l'Arioste à Ferrare, des politiques comme Machiavel à Florence, des architectes comme Bramante et Michel-Ange Buonarotti à Rome, ce dernier à la fois peintre et sculpteur. Toute une école de peintres primitifs, Mantegna, Botticelli, avait retrouvé la science du dessin; Léonard de Vinci à Milan, Raphaël Sanzio à Rome, connurent celle du modelé; Titiano Vecelli et le Tintoret à Venise, avec Paul Caliari de Vérone (le Véronèse) inventèrent l'art merveilleux du coloris, continués plus tard par Caravage, Salvator Rosa, etc. Dans le domaine des sciences, Galilée sentit tourner la Terre et, par la suite, Torricelli pesa l'atmosphère. Aux siècles suivants, les arts plastiques et les sciences ayant dégénéré, l'Italie maintint sa gloire avec des musiciens tels que Pergolèse, Palestrina, Bellini, Donizetti, Rossini, Verdi.

Cependant, un duché situé au nord des Alpes, plutôt français par conséquent, la *Savoie*, à qui Henri IV enleva plusieurs provinces, s'étendit en Italie et domina le Piémont; son duc, au XVIIᵉ siècle, se fit reconnaître roi de Sardaigne et de Chypre; au XVIIIᵉ, la maison d'Autriche, héritière de celle d'Aragon, céda le royaume des Deux-Siciles aux Bourbons et Gênes vendit la Corse à la France (1769). Le roi de Sardaigne ayant pris part à la coalition contre la Révolution française, la République lui enleva la Savoie et le comté de Nice, puis, Napoléon Bonaparte, continuant ses conquêtes et devenu empereur des Français, se fit sacrer roi d'Italie en 1805 et donna le royaume de Naples d'abord à son frère Joseph, ensuite en 1807 à son beau-frère, le maréchal Murat. En 1815, tout fut rétabli comme avant 1790. Tout le nord de l'Italie restait à l'Autriche, y compris Venise dont la puissance était anéantie. Une vaste insurrection se souleva en 1848, à laquelle la France, alors en république, offrit son concours. Mais le Piémont, qui avait pris la cause en main, répondit par le mot célèbre: « L'Italia farà da se » (L'Italie fera par elle-même), et l'Italie fut brisée. A ce moment la réaction triomphait en France. Le condottière Garibaldi s'étant emparé de Rome, des troupes françaises la lui reprirent et la rendirent au pape (1849).

Un nouveau soulèvement s'étant produit en 1859, le roi de Piémont, Victor-Emmanuel, qui, en 1855, s'était allié à la France en Crimée, et qui commençait déjà la guerre par de nouvelles défaites, accepta cette fois son intervention. Victorieux dès lors avec l'aide des troupes françaises à Palestro, à Magenta, à Solférino, il acquit la Lombardie (Milanais) et restitua Nice et la Savoie à la France. Dans les années qui suivirent, Garibaldi conquit les deux Siciles et déposséda les Bourbons de Naples. L'Italie du Nord, sous le grand ministre Cavour, s'agrandit de la Toscane et de la Romagne, et profitant des guerres malheureuses de l'Autriche d'abord (1866), et de la France ensuite (1870) contre la Prusse, réussit, malgré de nouvelles défaites, à s'adjoindre Venise et finalement Rome, qui devint capitale de l'Italie unifiée. Le petit royaume qui en, dix ans, était devenu une grande puissance, convoitait déjà la Tunisie, quand la France, dont la colonie algérienne se trouvait menacée, y établit son protectorat (1881). L'Italie, qui trouvait bon que les alliés auxquels elle devait une partie de sa grandeur, fussent amoindris et perdissent de leur patrimoine national, sans compensation, se livra à une vaste haine contre la France et s'allia avec ses vainqueurs pour assurer une paix oppressive de l'Alsace et de la Lorraine. Puis elle se rabattit sur l'Abyssinie, et l'échec sanglant qu'elle y essuya (Voy. ÉRYTHRÉE) donne à penser qu'elle n'eut pas mieux réussi en Tunisie et que la France ne lui a pas fait grand tort en colonisant cette annexe naturelle de l'Algérie.

ITALIE

L'Italie a à sa tête un roi constitutionnel, héritier de Victor-Emmanuel, qui choisit les ministres, lesquels sont responsables devant deux Chambres : la première élue (Chambre des députés) par le suffrage universel; la seconde (Sénat) nommée par le roi. Le pays est divisé au point de vue administratif en 69 provinces ou départements; au point de vue militaire en 12 corps d'armée; au point de vue de l'instruction publique en 21 universités. La population est d'environ 32,000,000 d'habitants. La superficie du territoire est de 296,300 kilomètres carrés. L'Italie exporte surtout des vins, produit des céréales; mais la pauvreté des moyens agricoles l'empêche de tirer de son sol toutes les richesses qu'on serait en droit d'en attendre.

Liste chronologique des souverains des États Sardes et de l'Italie : Berthold, comte de Maurienne, prend le titre de *Comte de Savoie,* en 999: Amédée VIII, son 17e successeur, prend celui de *Duc de Savoie.* — Amédée VIII, 1416. — Louis, 1459. — Amédée IX, 1465. — Philibert Ier, 1472. — Charles Ier, 1482. — Charles II, 1489. — Philippe II, 1496. — Philibert II, 1497. — Charles III, 1504. — Emmanuel-Philibert, 1553. — Charles-Emmanuel Ier, 1580. — Victor-Amédée Ier, 1630. — François-Hyacinthe, 1637. — Charles-Emmanuel II, 1638. — Victor-Amédée II 1675; il prend le titre de *Roi de Sardaigne* sous le nom de Victor-Amédée Ier, 1720. — Charles-Emmanuel III, 1730. — Victor-Amédée II, 1773. — Charles-Emmanuel IV, 1796; ne règne qu'en Sardaigne à partir de 1798, par suite de la réunion de ses États de terre ferme au territoire français. — Victor-Emmanuel Ier, 1802; ne règne d'abord que sur la Sardaigne, mais il est rétabli en 1814 dans ses provinces du continent. — Charles-Félix, 1821. — Charles-Albert, 1831. — Victor-Emmanuel II, 1849, qui prend en 1860 le titre de *Roi d'Italie.* — Humbert Ier, 1878.

Pour les rois de Naples, Voy. NAPLES.

ITALIEN, IENNE. adj. [Pr. *itali-in*]. Qui appartient à l'Italie. *Les peuples italiens. Les villes italiennes. La littérature, la musique italienne. Les mœurs italiennes.*

ITALIOTE. adj. 2 g. (gr. Ἰταλιώτης, d'Italie). Se dit des populations établies en Italie avant la domination romaine et particulièrement des colonies grecques établies au sud de cette presqu'île. *Colonies Italiotes.* — ITALIOTES. s. m. pl. S'emploie aussi comme nom générique des populations primitives de l'Italie centrale : *Latins, Ombriens, Samnites,* etc.

ITALIQUE. adj. 2 g. (lat. *italicus,* d'Italie). Qui appartient à l'Italie; ne se dit qu'en parlant de l'Italie antique. *Les campagnes italiques. Les races italiques.* — Philos. *École i.,* École philosophique fondée par Pythagore, ainsi nommée parce que ce philosophe résida longtemps dans l'Italie méridionale. Voy. PYTHAGORE. | T. Typogr. Voy. CARACTÈRE.

ITALIQUÉ, ÉE. adj. Écrit en caractères italiques.

ITAMALIQUE. adj. T. Chim. L'*acide i.* est un acide bibasique possédant une fonction alcool et répondant à la formule :

$$CH_2OH.CH\begin{cases} CO_2H \\ CH_2.CO_2H \end{cases}$$

On le prépare en traitant l'acide itaconique successivement par le brome, puis par l'eau. Quand on évapore sa solution, il perd de l'eau et se transforme en *lactone* s. $C^5H^6O^4$ cristallisable, fusible à 58°, connu sous le nom d'*acide paraconique.*

ITAPYRUVIQUE. adj. T. Chim. Voy. ITATARTRIQUE.

ITATARTRIQUE. adj. T. Chim. L'*acide i.* $C^5H^8O^6$ se prépare en traitant l'acide itadibromopyrotartrique. Voy. ITACONIQUE) par l'oxyde d'argent. C'est un acide bibasique qui se présente sous la forme d'une masse vitreuse, déliquescente. La distillation sèche lui fait perdre de l'eau et de l'anhydride carbonique, et le convertit en *acide itapyruvique* $C^4H^6O^3$ monobasique, liquide visqueux, très soluble dans l'eau et dans l'alcool.

ITCHANG, ville commerçante de la Chine, sur le Yang-Tse-Kiang; 34,000 hab.

ITÉE. s. m. T. Bot. Genre de plantes Dicotylédones (*Itea* de la famille des Saxifragacées. Voy. ce mot.

ITEM. Mot lat. qui sign. *De même, aussi,* et qu'on emploie adverb. dans les états que l'on fait. *J'ai donné tant pour cela, i. pour cela.* || Subst., se dit pour Article de compte. *C'est un bon i. Voilà bien de petits item.* Fam. || Fam., *Voilà l'i.,* Voilà de quoi il s'agit, voilà le point de la difficulté.

ITE MISSA EST, mots latins qui signifient : *Allez, elle est renvoyée,* c.-à-d. la réunion est terminée, et non pas : *La messe est dite.* Mais, en fait, le prêtre dit ces paroles à la fin de la messe.

ITÉRATIF, IVE. adj. (lat. *iterativus,* m. s., de *iterum,* de nouveau). Répété plusieurs fois de suite. *Commandement i.* || T. Prat. Qui est fait une seconde, une troisième ou une quatrième fois. *Itérative défense. Remontrances itératives.* || T. Gramm. Qui indique une action répétée plusieurs fois de suite. *Verbe i.* Vx.

ITÉRATION. s. f. [Pr. ...*sion*] (lat. *iteratio,* m. s.). Action d'itérer.

ITÉRATIVEMENT. adv. T. Prat. Pour la seconde, troisième ou quatrième fois. *On l'a sommé i.*

ITÉRER. v. a. (lat. *iterare,* m. s., de *iterum,* derechef). Faire une seconde fois, une troisième, etc.

ITHAQUE, auj. *Théaki,* une des îles Ioniennes; ancien royaume d'Ulysse, 4,700 hab.

ITHOME, montagne et forteresse de l'anc. Messénie.

ITHOS. s. m. (gr. ἦθος, mœurs). Voy. PATHOS.

ITHYPHALLE. s. m. [Pr. *iti-fale*] (gr. Ἰθύφαλλος, m. s., de ἰθύς, droit et φαλλός, phallus). T. Antiq. Amulette en forme de phallus en érection qui figurait dans certaines fêtes de Bacchus.

ITHYPHALLIQUE. adj. 2 g. [Pr. *iti-fali-ke*]. Qui a rapport à l'ithyphalle. *Culte i.* || *Vers ithyphalliques,* Composés de trois trochées.

ITINÉRAIRE. s. m. (lat. *itinerarius,* m. s. de *iter, itineris,* chemin). Chemin à suivre pour aller d'un lieu dans un autre. *Je vais vous tracer votre i.* || Par ext., Description des lieux par où l'on passe pour aller d'un pays à un autre, et quelquefois aussi Récit des choses qui sont arrivées à ceux qui en ont fait le chemin. *I. de Suisse. I. de Paris à Jérusalem. I. d'Antonin.* || *I. d'un chemin de fer,* Indication de toutes les stations qui sont sur le parcours, des divers trains qui y passent par jour, des heures où ils passent, du prix de transport, etc. || Se dit de certaines prières marquées dans les livres d'église pour ceux qui voyagent. *L'i. des clercs.* || On dit aussi adjectiv., *Colonne i.,* Colonne posée dans un carrefour, avec des inscriptions indicatrices des routes. — *Mesures itinéraires,* Mesures dont on fait usage pour mesurer et indiquer la longueur des routes et des chemins publics. Voy. ci-après.

Métrol. — En France et dans tous les pays qui ont adopté le système métrique, l'unité de mesure i. est le *kilomètre,* qui vaut 1,000 mètres, ou le *myriamètre,* qui en vaut 10,000. Le kilomètre se divise en 10 *hectomètres,* qui valent chacun 100 mètres, et l'hectomètre en 10 *décamètres* qui valent chacun 10 mètres. Avant l'établissement du système métrique, la *mesure i.* généralement adoptée portait le nom de *Lieue,* mais sa longueur variait suivant les provinces. Cependant la *Lieue de poste,* qui valait 3898 mèt., était usitée dans tout le royaume. En outre, les géographes et les savants employaient la *Lieue de 15 au degré* = 7408 m., la *Lieue de 18 au degré* = 6173 m., la *Lieue de 25 au degré* = 4445 m. Quant aux marins, ils se servaient du *Mille marin* ou *Mille géographique* de 60 au degré = 1852 m., et de la *Lieue marine* ou *géographique* de 20 au degré = 3 milles marins = 5556 m. Enfin, dans la marine, on fait encore usage du *Nœud* = 15 m. 432, et de l'*Encâblure,* dont il y a deux espèces, l'encâbl. *ancienne* = de 100 toises = 194 m. 904, et l'encâbl. *nouvelle.* = 200 m. Tous les nombres qui suivent sont exprimés en mètres.

Nous allons maintenant énumérer les mesures itinéraires usitées chez les principaux peuples modernes, en donnant leur évaluation en mètres et en nombres ronds. — Il convient de remarquer que presque tous les peuples de l'Europe ayant adopté le système métrique, ces mesures sont déjà des mesures anciennes : elles sont néanmoins utiles à connaître.

ANGLETERRE. Voy. GRANDE-BRETAGNE.

AUTRICHE-HONGRIE : *Autriche proprement dite*, Mille de poste, 7586; Mille marin, 1852. *Bohême*, Mille, 7484. *Hongrie*, Mille ancien, 8371 ; Mille nouveau, 7586.

BADE. Lieue, 4444 ; Mille, 2 lieues, 8888.

BAVIÈRE. Lieue, 3704; Mille, 7408.

BELGIQUE. Kilomètre, 1000; Lieue de Brabant, 5556; Lieue de Flandre, 6277.

BOHÊME. Voy. AUTRICHE-HONGRIE.

DANEMARK. Mille, 7532.

ÉCOSSE. Voy. GRANDE-BRETAGNE.

ESPAGNE. Kilomètre, 1000; Lieue de 5000 varas, 4177; Lieue commune, 5572; Lieue royale (depuis 1766), 6680 ; Mille marin, 5555.

GRANDE-BRETAGNE. Mille légal (*Statute mile*), 1609 ; Mille de Londres (*London mile*) dit impropr. Mille d'Angleterre, 1524; Lieue légale, 3 milles légaux, 4827 ; Lieue de Londres, 3 milles de Londres, 4572; Mille marin ou géograph., 1864; Lieue marine, 3 milles marins, 5552. On se sert encore en Écosse, dans les transactions non officielles, du Mille d'Écosse, 1814 ; et en Irlande, du Mille d'Irlande, 2408.

GRÈCE. Stadion royal, 1000 ; Mille, 10 stadions, 10000.

HAMBOURG. Mille, 7538.

HANOVRE. Mille, 7425.

HOLLANDE. Mille légal (depuis 1821), 1000 ; Lieue hollandaise, 6216; Mille marin, 5556; Mille de 15 au degré, 7408.

HONGRIE. Voy. AUTRICHE.

IRLANDE. Voy. GRANDE-BRETAGNE.

ITALIE. Mille métrique, 1000; Mille de Naples, 1852 ; Mille de Sicile, 1487 ; Mille romain, 1489; Mille géographique, 1852 ; Mille de Piémont, 2466; Mille de Gênes, 2534 ; Mille toscan, 1654.

NORVÈGE. Mille, 11295.

PORTUGAL. Petit mille, 2060; Lieue commune ou Grand mille, 3 petits milles, 6180; Mille marin, 1852 ; Lieue marine, 5556.

PRUSSE. Mille du Rhin ou de Prusse, 7532; Mille de Silésie, 6552.

RUSSIE. Verste, 1067 ; Mille, 10 verstes, 10670; Mille de Lithuanie, 8954.

SAXE. Mille ancien de poste et de police, 9063; Mille nouveau (depuis 1840), 7500.

SUÈDE. Mille, 10688.

SUISSE. Lieue, 4800.

TURQUIE. Berri, 1476; Agalsch, 5333; Mille marin, 1312.

WURTEMBERG. Lieue, 3724; Mille, 7407.

ASIE. ARABIE : Mille = 1964. CHINE : Li = 577. INDE ANGLAISE : Coss ou Mille du Bengale = 1789. PERSE : Parasang = 5565. SIAM : Roëneng = 3844.

AMÉRIQUE. Les mesures itinéraires usitées dans les États civilisés du nouveau continent sont, ou celles du système métrique, ou celles de l'Angleterre, de l'Espagne et du Portugal, suivant que les pays sont occupés par des colons d'origine anglaise, espagnole ou portugaise.

Nous terminerons par quelques mots sur les mesures itinéraires des peuples de l'antiquité. Leur évaluation a donné lieu à plusieurs opinions contradictoires, parce qu'on a quelquefois voulu les ramener à des rapports simples avec les degrés du méridien terrestre. « Or, dit Saigey, en imaginant leurs mesures itinéraires, les anciens n'avaient nullement songé à les mettre d'accord avec les dimensions du globe, qu'ils ignoraient entièrement. Elles devaient comprendre et comprenaient, en effet, des nombres ronds de petites mesures d'un usage familier; tellement qu'on peut admettre, en règle générale, que toute mesure i. est cent fois, mille fois, ou dix mille fois une autre petite mesure en usage chez le peuple qui l'a imaginée. Et, si l'un de ces rapports n'existait pas, on ne pourrait conclure que la mesure i. en question était imitée d'un autre peuple. » Suivant le même métrologiste, les différentes mesures itinéraires des anciens seraient dérivées de trois mesures primordiales : le *Stade*, 180 m.; le *Mille*, 1472 m 5, et la *Parasange*, 5250 m.

On n'a de notion sur les mesures de l'ancienne ÉGYPTE qu'à partir de la domination des Lagides, c.-à-d. après l'établissement du système philétérien. On se servit alors du *Stade d'Alexandrie* ou *Stade philétérien* de 600 pieds philétériens ou 216 m.; du *Mille égyptien* de 7 stades 1/2 philétériens ou 1620 m., et de la *Parasange d'Égypte* de 30 stades

philétériens ou 6480 m. Quant au *Schœne égyptien*, dont il est si souvent question dans Hérodote, cet historien l'estime au double de la *parasange primitive*, dont il fixe la valeur à 10000 coudées royales égyptiennes ou 5250 m.; mais, au temps de l'astronome Ptolémée et de Héron d'Alexandrie, on confondait cette mesure avec la parasange philétérienne. — Les HÉBREUX, à leur sortie d'Égypte, conservèrent les mesures de ce pays. Moïse parle toujours dans le système de la coudée. Après la création du système philétérien, ils firent un *Mille* de 4000 pieds philétériens ou 1440 m., et adoptèrent les mesures égyptiennes de ce système. — Ces dernières mesures pénétrèrent également en SYRIE, de sorte que le *Stade syrien* et la *Parasange syrienne* ne sont en réalité que le stade d'Alexandrie et la parasange d'Égypte, désignés sous des noms différents. On se servait aussi en Syrie d'une autre mesure appelée *Dolichos*, qui, au témoignage de saint Épiphane, valait 12 stades philétériens ou 2592 m. — La *Parasange primitive* des CHALDÉENS et des PERSANS était, ainsi que nous l'avons vu, égale à 5250 m., et valait 10000 coudées égyptiennes. Plus tard, elle valut 5760 m. Le *Stathme persan*, qui représentait la distance d'un relais à l'autre, équivalait à 4 parasanges persanes ou à 21000 mèt. — En ARMÉNIE et dans une partie de l'ASIE MINEURE, on employait le *Mille arménien*, qui était de 1000 pas, chacun de 6 pieds philétériens, et valait 2160 m. Cette mesure elle-même équivalait à 10 *Asparez* ou à 7 *Grands asparez*. Par conséquent, l'*Asparez* était un véritable stade philétérien valant 216 m., et le *Grand asparez* valant 308 m. 6, représentait exactement 1000 pieds olympiques. La *Parasange arménienne* n'était autre que la parasange d'Égypte et de Syrie. Au temps des Romains, le *Stathme* ou relais dans l'Asie Mineure et dans la Syrie, fut fixé à 6 milles égyptiens, ou 9720 m. — Parmi les autres mesures itinéraires usitées en Asie, nous citerons le *Mille arabe*, qui valait 1000 pas, chacun de 3 coudées hachémiques, ou 1920 m. Almamoun en établit dans un autre, de 4000 *coudées noires*, qui était identique avec le mille arménien, et par conséquent correspondait à 2160 m. La *Parasange arabe* n'était autre chose que la parasange persane; elle représentait 3 milles arabes ou 5760 m. Les INDIENS se servaient d'une mesure appelée *Cos*, qui paraît avoir valu primitivement 5250 m., et qui, au temps des Mongols, renfermait 8000 coudées hachémiques, ou 5120 m. Quatre cos formaient un *Yojana* ou 20480 m.

En GRÈCE, le *Stade primitif* valait 600 pieds, ou 400 coudées, ou 100 orgyies, ou 6 plèthres; mais le pied n'étant pas le même chez toutes les populations helléniques, il y avait des stades de diverses longueurs. Le plus usité était le *Stade olympique* ou stade grec par excellence, qui valait 184 m.8, c.-à-d. 4 m. 8 de plus que la mesure primitive de même nom. Au dessus du stade, les Grecs connaissaient le *Diaule* ou double stade, et le *Dolichos* dont nous avons déjà parlé. Sous la domination romaine, les distances furent indiquées sur les routes au moyen de bornes ou pierres miliaires éloignées les unes des autres de 1000 pas, ou 5000 pieds italiques, ce qui donna lieu au *Mille grec* de 1500 m.

A Rome, la mesure i. usitée était le *Mille* ou *Milliaire*, qui contenait 1000 pas ou 5000 pieds romains, et correspondait à 1472 m. 5, ou à peu près au tiers de la lieue commune de 25 au degré. Cette mesure fut successivement introduite dans les divers pays sur lesquels Rome étendit son empire. Néanmoins, dans plusieurs de ces pays, les populations continuèrent à se servir, dans leurs relations ordinaires, de leurs mesures nationales. Nous citerons seulement la *Leuca* des Gaulois de 2218 m., qui représentait à peu près un mille romain et demi, et le *Rats* des Germains, qui valait 2 lieues gauloises, ou 4418 m.

ITINÉRANT, ANTE. adj. (lat. *itinerare*, voyager, de *iter, iteris*, chemin). Se dit des Prédicateurs méthodistes qui vont de lieu en lieu prêcher l'Évangile.

ITON, riv. de France, affl. de l'Eure, passe à Évreux; 140 k.

ITTNÉRITE. s. f. (R. *Ittner*, nom d'homme). T. Minér. T Chim. Silicate hydraté d'alumine, de soude et de chaux, contenant de l'acide sulfurique. En masses translucides d'un gris bleuâtre.

ITURBIDE (AUGUSTIN DE), général mexicain, expulsa les Espagnols du Mexique, et se fit proclamer empereur (1822). Mais il fut bientôt obligé d'abdiquer et condamné à l'expatriation. Ayant voulu rentrer dans sa patrie, il fut pris et fusillé (1783-1824).

IULACÉ, ÉE. adj. (gr. ἴουλος, poil follet). T. Bot. Qui a la forme d'un chaton, qui croît sur les chatons.

IULE. Voy. ASCAGNE.

IULE. s. m. (lat. *iulus*, chaton de coudrier, du gr. ἴουλος, poil follet et ver de terre). T. Zool. Genre de *Myriapodes*. Voy. ce mot.

IULIFLORE. adj. 2 g. (gr. ἴουλος, poil follet; lat. *flos, floris*, fleur). T. Bot. Dont les fleurs sont disposées en manière de chaton.

IULIFORME. adj. 2 g. (gr. ἴουλος, poil follet; lat. *forma*, forme). T. Bot. Qui a la forme d'un chaton.

IVA. s. m. T. Bot. Nom donné, dans certains pays, à l'*Achillea moschata*, de la famille des *Composées*.

IVAÏNE. s. f. (lt. *iva*). T. Chim. l'essence vert bleuâtre qu'on retire des tiges et des feuilles de l'iva (*Achillea moschata*) donne à la distillation une portion volatile appelée *Ivaol*, qui passe vers 190°, et un résidu d'où l'on extrait, à l'aide de l'alcool, une substance résineuse jaune, amère, insoluble dans l'eau, appelée *Ivaïne*.

IVAKI, province du Japon, à l'est de l'île de Nippon; 400,000 hab.

IVAN, nom de six souverains de Russie : IVAN Iᵉʳ prit le premier le titre de *Grand Prince de toutes les Russies*; m. en 1340. || IVAN II, son fils, grand-duc de 1353 à 1359. || IVAN III *le Grand* (1462-1505) conquit Novogorod, affranchit la Russie des Tatars. || IVAN IV fut le premier sacré tsar en 1547. Il régna de 1533 à 1584. || IVAN V régna conjointement avec son frère, Pierre Iᵉʳ, sous l'autorité de sa sœur Sophie, de 1682 à 1689. || IVAN VI, tsar en 1740, fut détrôné par Élisabeth, puis assassiné par ordre de Catherine II (1764).

IVAOL. s. m. (R. *iva*). T. Chim. Voy. IVAÏNE.

IVE ou IVETTE. s. f. (orig. germanique. Probablement la même que *If*). T. Bot. Nom donné à une plante du genre *Ajuga*, l'*A. iva*, de la famille des Labiées. Voy. ce mot.

IVERNIA. Voy. HIBERNIE.

IVETEAU. s. m. [Pr. *ive-to*]. Petit if.

IVIÇA, la plus occidentale des trois grandes îles Baléares; ch.-l. *Iviça*, 6,000 hab.

IVOIRE. s. m. (lat. *eburneum*, d'ivoire, de *ebur, oris*, ivoire). Matière qui constitue les défenses de l'éléphant. *Statue d'i. Crucifix d'i. Boîte d'i. Blanc comme de l'i.* || Par ext., se dit des dents et défenses de quelques autres animaux, tels que l'hippopotame, le narval, etc. *La dent du narval est d'un bel ivoire.* || La partie dure des dents revêtue à la couronne d'une autre partie dite *émail*. || Fig. et poétiq., *Un cou d'i., Un cou très blanc.* — On dit de même, *L'i. de son cou, de son sein*, etc. || Poétiq., *l'ivoire*, se dit pour le peigne. || T. Techn. *Noir d'i.*, Poudre noire très fine, faite d'ivoire calciné et pulvérisé, employée en peinture || T. Zool. Coquille du genre bucein.

Techn. — *L'ivoire* est la substance principale qui constitue les dents des Mammifères; mais, dans le commerce, on donne particulièrement ce nom à celui qui est fourni par les défenses de l'éléphant. L'i. est plus blanc, plus dur, et plus compact que l'os, dont il se distingue aisément par le réseau de losanges ou d'aréoles rhomboïdales que présente sa coupe transversale. Il se recommande par la finesse de son grain et par la facilité avec laquelle il prend, sous le ciseau du sculpteur, les formes les plus variées et les plus délicates. L'i. doit à ces qualités d'avoir été de tout temps d'un très grand usage dans les arts. Aujourd'hui on l'emploie surtout en feuilles minces pour la miniature et la marqueterie; on en fait aussi une foule de petits objets sculptés ou tournés, comme crucifix, échecs, dames, billes, etc. — L'i. fourni par l'éléphant d'Afrique est généralement plus estimé que celui de l'éléphant de l'Inde et de l'Archipel Indien, parce que les défenses du premier sont plus grosses, ont une plus grande durée, et offrent un grain plus serré. Néanmoins l'i. de Siam est préféré à tous les autres,

parce qu'il ne jaunit pas. Quelle que soit sa provenance, l'i. de l'éléphant est blanc; mais quand on coupe longitudinalement des défenses récemment enlevées à l'animal, on y trouve quelquefois intérieurement des parties dont la teinte est olivâtre; c'est à ces parties que l'on donne le nom d'i. vert. Elles sont très recherchées pour les ouvrages de luxe. Elles sont plus tendres et plus faciles à travailler; ensuite elles durcissent en vieillissant et prennent une blancheur éclatante qui ne s'altère pas au contact de l'air. Quant à l'i. bleu, c'est un produit fossile qui est fourni par des dents de mammouth et auquel des sels métalliques ont communiqué la coloration qui le caractérise. La plupart des espèces d'i. ont l'inconvénient de jaunir avec le temps; mais il est facile de leur rendre leur blancheur primitive. Il suffit de brosser l'objet jauni avec de la pierre ponce calcinée et délayée dans l'eau, puis de l'enfermer, encore humide, sous une cloche de verre exposée aux rayons du soleil. Pour teindre l'i., on le laisse tremper quelques heures dans une solution d'alun ou de vinaigre, et on le plonge ensuite dans un bain contenant la matière colorante qu'on veut lui communiquer.

Par ext., on désigne encore sous le nom d'i. les dents de diverses espèces d'animaux, de l'hippopotame, du morse, du lamantin, du phoque, la défense du narval, etc. L'i. de l'hippopotame surpasse en finesse et en dureté celui de l'éléphant; mais comme les dents de cet animal sont creuses, on ne peut en faire usage que pour de très petits objets. La plus grande partie est employée par les dentistes pour faire des dents artificielles.

Ivoire factice. — Les tourneurs substituent quelquefois à l'i. une matière éburnacée, d'une grande blancheur, qu'on nomme *i. végétal* et qui n'est autre que la substance intérieure du fruit d'un arbrisseau de la famille des Palmiers (*Phytelephas macrocarpa*), qui croît au Pérou. On en fait une foule d'objets élégants qu'on paie très cher, parce qu'ils sont vendus pour de l'i. animal qui vaut 30 fr. le kilog. à l'état brut, tandis que l'autre ne coûte que 4 fr. Voici le moyen de distinguer ces deux sortes d'i. L'acide sulfurique concentré développe, au bout de 12 à 15 minutes de contact sur l'i. végétal, une teinte rose qu'un simple lavage à l'eau fait disparaître, tandis que le même acide ne produit aucune coloration sur l'i. animal.

IVOIRERIE. s. f. L'art, le métier de l'ivoirier. — Sculpture de l'ivoire.

IVOIRIER. s. m. Artisan qui travaille, façonne, sculpte l'ivoire.

IVOIRIN, INE. adj. Qui est d'ivoire, ou semblable à l'ivoire. *Les bras ivoirins.* Vx. — *Papier i.*, Qui a l'apparence de l'ivoire.

IVORIDE. s. m. (R. *ivoire*). Matière plastique imitant l'ivoire, l'écaille, l'ambre, le corail, etc., et faite de coton soluble, d'essences, de camphre, d'alcool méthylique et d'un corps gras.

IVRAIE. s. f. (lat. *ebrius*, m. s., mot qui signi. propr. *ivre* et qui a été attribué à ce genre à cause des propriétés enivrantes d'une de ses espèces). T. Bot. Genre de plantes Monocotylédones (*Lolium*), de la famille des Graminées. Voy. ce mot. || Fig. *Séparer l'i. d'avec le bon grain*, Séparer la mauvaise doctrine d'avec la bonne, ou les méchants d'avec les bons.

Agric. — On cultive plusieurs sortes d'i. — L'i. *vivace, ray-grass d'Angleterre* (*Lolium perenne.* L.). C'est surtout à cette graminée que doit s'appliquer la description si juste et si pittoresque de Linné, dont chaque mot renferme une allusion piquante : « les Grameus, plébéiens, campagnards, pauvres gens de chaume, vulgaires, simples, vivaces, constituent la force et la puissance du règne végétal, et se multiplient d'autant plus qu'on les maltraite et qu'on les foule aux pieds. » — De toutes les herbes des prés, le ray-grass est peut-être la plus commune en France; elle croît partout, sur le bord des chemins et forme le fond de la plupart des pâturages et des pelouses naturelles. C'est aussi l'espèce dont on fait le plus fréquemment des semis séparés pour former des tapis de verdure ou gazons. Dans la grande culture, les résultats qu'on en obtient varient considérablement en raison du climat, du sol, et de diverses influences locales. En général, les terrains secs lui sont défavorables, surtout comme plante à faucher. Partout ailleurs, sa précocité, son aptitude à repousser sous la dent des bestiaux, à taller et à se fortifier d'autant plus qu'elle est plus broutée et piétinée, enfin la qualité nourrissante et engraissante de son herbe, lui donnent un mérite que peut-être aucune autre graminée ne possède au même degré. Sa durée est de 3 à 4 années; mais elle peut être allongée beaucoup au delà de ce terme au moyen de la tonte fréquente, du roulage et du terreautage. On sème au printemps ou à l'automne, à raison de 50 kilog. à l'hectare, pour les prés et pâturages; on peut doubler cette quantité pour les gazons.

L'i. ou *ray-grass d'Italie* (*Lolium italicum*) ressemble beaucoup à l'espèce précédente. Cependant, elle ne gazonne pas comme elle; ses jets et ses feuilles poussent plus verticalement; celles-ci sont plus larges, d'un vert plus pâle; les tiges plus élevées; les fleurs toujours barbues. Si l'on ajoute à ces caractères les avantages de remonter rapidement après la coupe, de donner, dès la première année, trois récoltes abondantes, on en conclura que l'i. d'Italie a son emploi indiqué dans les trèfles dont elle peut remplir les espaces trop clairs. Son fourrage vert ou sec est d'excellente qualité, sa durée, comme produit abondant, est de 2 années. Toutefois, elle offre une grande irrégularité dans les résultats; il n'est pas rare que dans une terre qui semblerait lui convenir parfaitement, elle ne donne que de chétifs produits. On sème à raison de 40 à 50 kilog. à l'hectare. — Dans les terres de bruyère humides maigres, où le trèfle et les autres fourrages ordinaires ne réussissent pas, on peut semer avec avantage l'*i. multiflore* (*Lolium multiflorum*). Le foin de cette plante annuelle est gros; mais les animaux le mangent bien. On sème à raison de 30 kilog. environ à l'hectare. La variété sans barbe, ou à barbe courte, est d'un secours puissant dans les sables argileux, rudes et cailloutoux, secs en été, humides en hiver. Son foin est excellent; les tiges sont plus fines que celles de la variété précédente, un peu moins élevées avec des feuilles moins développées. On sème à 20 ou 25 kilog. à l'hectare. — Enfin, il y a l'*i. des moissons* (*Lolium temulentum*), l'*infelix lolium*, de Virgile, qui croît dans les champs cultivés. La farine de sa graine, mêlée à celle du froment, communique au pain des qualités vénéneuses. Les symptômes de l'empoisonnement se traduisent par une pesanteur de tête, des vertiges, des tintements d'oreille, le tremblement général, une gêne dans la prononciation, la déglutition et l'aspiration, douleur à l'épigastre, vomissements, sueur froide, etc. D'après Clabaud et Gaspard, de Lyon, la graine d'i. serait un poison non seulement pour l'homme, mais encore pour le mouton, le cheval, les poissons, tandis qu'elle ne serait pas nuisible au bœuf, au lapin, au cochon, au canard, à la poule. On sait, d'ailleurs, que les fermières ont coutume d'engraisser rapidement leurs volailles en mélangeant de la farine d'i. à la pâtée qu'elles leur destinent.

IVRE. adj. 2 g. (lat. *ebrius*, m. s.). Qui a le cerveau troublé par l'action du vin ou de quelque autre boisson spiritueuse. *Un homme i. Il est tellement i. qu'il ne peut se tenir debout.* Proverb., *Être i. mort*, Être ivre au point d'avoir perdu tout sentiment. Pop., *Être i. comme une soupe.* || Fig., *I. de sang*, se dit d'un individu qui, par fureur ou par cruauté, verse le sang avec plaisir. *Les soldats étaient ivres de sang. Un tyran i. de sang.* Par anal., on dit, *I. de carnage.* || Figur., se dit du transport, du délire qu'une passion produit dans l'âme. *Être i. de joie, d'amour, de bonheur. Être i. d'ambition, de vanité, d'orgueil.*

IVRESSE. s. f. [Pr. *ivrè-se*]. État d'une personne ivre. *I. de vin, de bière*, etc. *Il n'est pas encore revenu de son i. Être plongé dans l'i.* || Fig., *L'i. des passions, des grandeurs, du succès.*

De l'absolu pouvoir vous ignorez l'ivresse.
RACINE.

Une douce i. Dans l'i. du plaisir, de la joie. L'i. des sens. — On dit aussi, *Une poétique i.*, en parl. de l'enthousiasme poétique.

Législ. — Jusqu'en 1873, la législation française ne contenait aucune disposition pénale contre l'i. Une loi portant la date du 23 janvier de cette année punit d'amende et de prison l'i., lorsqu'elle se manifeste publiquement. Ceux qui sont trouvés en état d'i. dans les rues, cafés, cabarets ou autres lieux publics sont punis, pour la première fois, d'une amende

de 1 à 5 fr.; en cas de récidive dans l'année, d'un emprisonnement de trois jours au plus; en cas de nouvelle récidive, moins d'un an après la deuxième condamnation, d'un emprisonnement de six jours à un mois et d'une amende de 16 à 300 fr.; une quatrième condamnation prononcée moins d'un an après la troisième fait encourir le maximum des peines qui précèdent, et le tribunal peut les porter au double; il peut en outre infliger dans ce cas l'interdiction des droits civiques (droit de vote, de port d'armes, etc.) et la déchéance de la puissance paternelle. (Loi du 24 juil. 1889). Les débitants qui donnent à boire ou qui reçoivent dans leur établissement des gens manifestement ivres encourent également, suivant le cas, une amende qui peut être portée à 600 fr., un emprisonnement dont la durée peut être de deux mois, l'interdiction des droits civiques, la fermeture de l'établissement pour un mois au maximum. Sont punis également d'amende, de prison et d'interdiction les débitants qui servent des liqueurs alcooliques sciemment à des mineurs de 16 ans, ainsi que les personnes qui auront fait boire ces derniers jusqu'à l'i. Le tribunal peut en outre ordonner l'affichage de toute condamnation prononcée en exécution de la loi de 1873. Le texte de ladite loi doit être affiché dans la salle principale de tous cabarets, cafés et autres débits de boissons.

IVROGNE. adj. [Pr. *gn* mouillé] (R. *ivre*, avec un suff. péjor. qu'on retrouve dans *charogne*). Qui est sujet à s'enivrer ou à boire avec excès. *Un valet i.* || Subst., *Un franc i. C'est un vieil ivrogne.*

IVROGNER. v. n. [Pr. *gn* mouillé] (R. *ivrogne*). Boire avec excès et souvent. *Il ne fait d'autre métier que d'i.* Popul.

IVROGNERIE. s. f. [Pr. *gn* mouillé] (R. *ivrogne*). Habitude de s'enivrer. *L'i. est un vice à peu près incurable.* || Au plur., se dit de l'action même de s'enivrer. *Cette femme a beaucoup à souffrir des ivrogneries de son mari.*

IVROGNESSE. s. f. [Pr. *ivro-gnè-se*, *gn* mouillé] (R. *ivrogne*). Femme sujette à s'enivrer. *C'est une vieille i.* Popul.

IVRY. petite ville du dép. de la Seine, banlieue sud de Paris, arr. de Sceaux; 22,400 hab.

IVRY-LA-BATAILLE, bourg du dép. de l'Eure, arr. d'Évreux, près duquel Henri IV battit les ligueurs commandés par Mayenne (1590); 1,100 hab.

IXIA. s. f. [Pr. *ik-sia*] (R. *Ixion*, n. mythol. par all. à la forme de la fleur qu'on a comparée à la roue d'Ixion). T. Bot. Genre de plantes Monocotylédones de la famille des *Iridées*. Voy. ce mot.

IXIÉES. s. f. pl. [Pr. *ik-sié*] (R. *Ixia*). T. Bot. Tribu de la famille des *Iridées*. Voy. ce mot.

IXIOLITHE. s. f. [Pr. *ik-siolite*] (R. *Ixion*, n. mythol.; gr. λίθος, pierre). T. Minér. Variété de tantalite.

IXION, personnage mythologique, roi des Lapithes, fut précipité dans le Tartare par Jupiter, et attaché sur une roue qui tournait sans cesse.

IXODE. s. m. [Pr. *ik-sode*] (gr. ἰξώδης, collant, de ἰξός, glu). T. Zool. Genre d'*Arachnides* parasites. Voy. HOLÈTRES.

IXOLITE ou **ISOLITHE**. s. f. [Pr. *ik-solite*] (gr. ἴξος, glu; λίθος, pierre). T. Minér. Résine fossile rouge, à poussière jaune, trouvée dans certaines houilles bitumineuses.

IXORA. s. m. [Pr. *ik-sora*] (nom mythol.). T. Bot. Genre de plantes Dicotylédones de la famille des *Rubiacées*. Voy. ce mot.

IZÉMIEN, IENNE. adj. [Pr. *izémi-in*] (gr. ἴζημα, action d'atier au fond, de ἴζω, je fais asseoir). T. Géol. *Terrains izémiens*, Terrains formés par voie de sédiment.

IZERNORE, ch.-l. de c. (Ain), arr. de Nantua; 1,000 hab.

J

J. s. m. La dixième lettre de notre alphabet et la septième de nos consonnes. On la nomme *Ji*, suivant l'appellation ancienne et usuelle, et *Je* suivant la méthode nouvelle, qui n'a pas été adoptée. *Un grand J. Un petit j. Le J ne se redouble jamais. On met un point sur le j, excepté quand il est majuscule, comme dans Jupiter, Jacob, Jean, etc.*
Gram. — Notre lettre J correspond à l'articulation *ch* adoucie, et c'est à cette circonstance qu'il faut attribuer l'usage vicieux, si commun à Paris, de prononcer le mot *acheter*, comme s'il s'écrivait *ajeter*. Cette lettre n'existait pas en latin. On ne la trouve même pas dans la plupart des langues modernes, et, parmi celles qui possèdent cette sorte d'articulation, plusieurs la représentent par des signes graphiques différents : dans le polonais, par ex., elle est figurée par un z accentué (ż). Le *j* des Anglais a la prononciation *dj*; les Italiens n'ont aussi cette articulation combinée, mais ils l'expriment par la lettre *g*. — Dans le principe, notre lettre J a été figurée par un *i*, mais au XVIᵉ siècle Ramus lui donna la forme qu'elle a aujourd'hui. Elle a été longtemps désignée par nos imprimeurs sous le nom de l'*hollandais*, parce que ce sont les typographes de la Hollande qui les premiers en ont fait usage. Enfin, ce n'est qu'à la fin du XVIIIᵉ siècle qu'on a définitivement séparé, dans nos dictionnaires, les mots commençant par J de ceux qui commencent par I. — La lettre *j* n'existant pas en latin, elle ne figure pas dans l'épigraphie romaine. En français, elle est fréquemment employée, comme initiale de prénoms, pour signifier *Jean, Joseph, Jules* et *Jacques*. J.-J. veut dire ordinairement *Jean-Jacques*, et J.-B. *Jean-Baptiste*. On écrit J.-C. pour *Jésus-Christ*, et le sigle J. H. S., que l'on rencontre fréquemment dans les livres de piété est pour *Jesus hominum salvator* (Jésus-sauveur des hommes). Toutefois, dans le principe, cette dernière abréviation représentait simplement les trois premières lettres du grec IΗΣΟΥΣ.

JA. adv. (lat. *jam*, m. s.). A le même sens que *Déjà*. Vx., et ne s'emploie que dans le style marotique.

JABET. s. m. [Pr. *ja-bè*]. Très pet te espèce de coquille, encore nommée l'esche africaine.

JABIRU. s. m. T. Ornith. Genre d'Échassiers vivant au Sénégal et à la Guyane. Voy. CIGOGNE.

JABLE. s. m. T. Tonnellerie. Rainure pratiquée aux douves des futailles pour arrêter les pièces du fond. || Par ext., La partie des douves qui excède les deux fonds d'un tonneau et qui forme en quelque sorte la circonférence extérieure de chacune de ses extrémités. || Par anal. Jonction du fond d'un vase avec la partie qui s'élève pour former le corps.

JABLER. v. a. Faire la rainure appelée *Jable*. = JABLÉ, ÉE. part.

JABLIÈRE. s. f. (R. *jabler*). Couteau à gaine, servant à jabler un tonneau.

JABLOCHKOV (PAUL), électricien russe, inventeur des bougies électriques (1847-1894). Voy. LUMIÈRE ÉLECTRIQUE.

JABLOIRE. s. f. Syn. de *Jablière*.

JABLONSKI, théologien protestant allemand, né à Dantzig (1660-1742). || Son fils, PAUL-ERNEST, théologien et orientaliste, né à Berlin (1693-1767).

JABONINE. s. f. T. Chim. Base liquide, insoluble dans l'eau, incolore, à odeur fétide, bouillant vers 240°, qu'on obtient en distillant la pilocarpine avec de la baryte. La j. est un dérivé amidé et méthylé de la pyridine et répond à la formule C⁹H¹⁴Az².

JABORANDI. s. m. T. Bot. Nom sous lequel on désigne d'une Amérique du Sud le *Pilocarpus pinnatifolius*, arbuste de la famille des *Rutacées*. Voy. ce mot.

JABORANDINE. s. f. (R. *Jaborandi*). T. Chim. Alcaloïde de la formule C¹⁰H¹²Az²O³, obtenu en évaporant une solution de pilocarpine dans l'acide azotique ou l'acide chlorhydrique.

JABORINE. s. f. (R. *Jaborandi*). T. Chim. Alcaloïde de la formule C¹¹H¹⁶Az²O², retiré du Jaborandi en même temps que la pilocarpine, son isomère. La j. s'obtient sous la forme d'une résine friable, insoluble dans l'eau, soluble dans l'alcool et surtout dans l'éther. Par ébullition avec la potasse concentrée ou avec l'acide chlorhydrique, elle se convertit en pilocarpidine. Elle est vénéneuse; son action physiologique est analogue à celle de l'atropine.

JABORIQUE. adj. 2 g. (R. *Jaborandi*). T. Chim. L'*acide j.* C¹⁹H²⁶Az³O⁸ se forme, en même temps que la jaborine et la pilocarpidine, lorsqu'on chauffe brusquement la pilocarpine vers 170° et qu'on la maintient à cette température. L'acide j. se présente sous la forme d'une masse résineuse, très soluble dans l'eau. Il s'unit aux alcalis en donnant des sels gommeux, solubles dans l'eau et dans l'alcool.

JABOROSE. s. m. [Pr. *jaboro-ze*]. T. Bot. Genre de plantes Dicotylédones (*Jaborosa*) de la famille des *Solanacées*. Voy. ce mot.

JABOT. s. m. (lat. *gibba*, bosse ?). T. Anat. comparée. Le premier estomac des Oiseaux et des Insectes. Voy. ESTOMAC et INSECTE. || Pièce de batiste, de mousseline, de dentelle, qu'on attache par ornement à l'ouverture d'une chemise au-devant de la poitrine. *Une chemise à j. Porter un j.* — Fig. et fam., *Faire j.* Se rengorger, se donner des airs avantageux. || T. Pathol. et Vétér. Dilatation anormale de l'œsophage chez l'homme et les animaux, produite par la présence d'un corps étranger.

JABOTAGE. s. m. Action de jaboter. Fam.

JABOTER. v. n. (R. *jabot*). En parlant de certains oiseaux pousser des cris en secouant le jabot. *Les perruches jabotent.* || Par anal., Caqueter, dire des bagatelles. *Entendez-vous comme elles jabotent.* Fam. = Syn. Voy. CAQUETER.

JABOTEUR, EUSE. adj. Celui, celle qui jabote. == Subst., Le *Jaboteur*, Merle d'Afrique.

JABOTIÈRE. s. f. Mousseline du jabot. || Espèce de cygne de Guinée.

JACA, ville d'Espagne, prov. de Huesca; 12,000 hab.

JACAMAR. s. m. T. Ornith. Famille d'Oiseaux de l'ordre des Grimpeurs. Les oiseaux qui composent cette petite famille (*Galbulidés* ou *Jacamars*) se rapprochent beaucoup des Martins-Pêcheurs par leur bec allongé, aigu, dont l'arête supérieure est vive, et par leurs pieds courts, dont les doigts antérieurs sont en partie réunis; cependant ce ne

sont pas les mêmes doigts que dans les Martins-Pêcheurs. En outre, le plumage des Jacamars est moins lisse, et a toujours un éclat métallique. Ils se tiennent dans les bois humides de l'Amérique méridionale, vivent exclusivement d'insectes et nichent sur les branches basses. On a divisé cette famille en trois genres : les *Jacamars* proprement dits, qui ont 2 doigts devant, 2 derrière, et dont le bec est droit; les *Jacamerops*, qui ont le bec un peu arqué et les *Jacamalcyons*, qui n'ont que 3 doigts seulement. Nous citerons comme type de ce genre le *J. à queue rousse* (Fig. ci-dessus), qui habite l'île de la Trinité, et se distingue de ses congénères par la couleur de sa queue et par la ceinture vert doré qu'il porte sur la poitrine.

JACANA. s. m. T. Ornith. — Les Jacanas sont de petits *Échassiers*, qui sont caractérisés par leurs pieds à 4 doigts

de ce genre, les unes ont deux barbillons charnus sous le bec et sur le front une membrane nue; les autres n'ont pas de barbillons; enfin une deuxième espèce a le front garni de plumes. C'est au premier groupe qu'appartient le *J. commun* (Fig. 1). Cet oiseau a le manteau roux, la tête, le cou, la gorge et tout le dessous du corps d'un noir violet. Il habite le Brésil, dans les terrains marécageux, où il marche aisément sur les herbes, au moyen de ses longs doigts. Il se nourrit principalement d'insectes aquatiques. — Les *Kamichis (Palamedea)*

Fig. 2.

représentent les Jacanas, mais en très grand, par les 2 forts ergots qu'ils portent à chaque aile, par leurs longs doigts et par leurs ongles forts; mais leur bec est peu fendu, et sa mandibule supérieure est légèrement arquée. Ce genre ne renferme qu'une espèce, le *Kam. cornu* (Fig. 2), qui habite

Fig. 3.

le Brésil et la Guyane. C'est un oiseau plus grand que l'Oie; il est noirâtre, avec une tache rousse à l'épaule, et il porte sur la tête une longue tige cornée mince et mobile. Il se tient dans les lieux inondés, où il pâture l'herbe à la manière des Oies, et fait entendre de loin les éclats de sa puissante voix. Il vit par paires avec beaucoup de fidélité. — Le *Chaia* ou *Chavaria* a à peu près la tête et le port du Dindon. Il a les mêmes mœurs que le Kamichi, mais il en diffère beaucoup

Fig. 1.

très longs, séparés jusqu'à la racine, et dont les ongles, surtout celui du pouce, sont aussi longs et très pointus. Leur bec est médiocre avec un léger renflement au bout, et leur aile est armée d'un éperon. Parmi les espèces connues

par son aspect extérieur. Il n'a pas de corne sur la tête, et son occiput est orné d'un cercle de plumes qui peuvent se relever. Les Indiens du Paraguay l'élèvent quelquefois en domesticité : il vit tranquille dans la basse-cour, et défend ses habitants contre les attaques des oiseaux de proie. — Le genre *Mégapode* (*Megapodius*) est propre à l'archipel Indien. Les oiseaux qui le composent ont le bec voûté, un peu comprimé, des narines membraneuses fort étendues, du m. autour de l'œil, les tarses et les pieds forts, les ongles extrêmement longs et un peu plats, et, au poignet, un petit tubercule, dernier vestige de l'éperon des genres précédents. Nous citerons comme ex. le *Még. Freycinet* (Fig. 3), dont le plumage entier est d'un noir brun, qui s'éclaircit un peu sous le ventre : il habite l'île de Waigiou.

JACARANDA. s. m. T. Bot. Genre de plantes Dicotylédones de la famille des *Bignoniacées*. Voy. ce mot.

JACASSE. s. f. [Pr. *ja-ka-se*]. Fille, femme qui bavarde d'une façon fatigante.

JACASSER. v. n. [Pr. *jaka-ser*]. Crier ; se dit proprement de la pie. *Cette pie ne fait que j.* ∥ Fam. Babiller bruyamment. *Ces ouvrières ne font que jacasser.*

JACASSERIE. s. f. [Pr. *jaka-serie*]. Caquetage bruyant. *Ces femmes m'étourdissent avec leur j.*

JACÉE. s. f. T. Bot. Nom vulgaire de la *Centaurea Jacea*. Voy. Composées.

JACENT, ENTE. adj. [Pr. *ja-san*] (lat. *jacens*, gisant part. prés. de *jacere*). T. Palais. *Biens jacents*, Qui n'ont point de propriétaire connu. *Succession jacente*, Succession dont l'héritier ne se présente point.

JACHÈRE. s. m. (lat. *jacere*, se reposer). T. Agric. État d'une terre labourable qu'on laisse reposer pendant un certain nombre d'années pour la faire produire de nouveau. *Mettre une terre en j.*, La laisser en j.* ∥ La terre même quand elle repose. *Labourer des jachères.* — *Terre en j. complète*, Qui dure une année. *Terre en j. incomplète*, Qui dure une saison.

Agric. — La conviction que la terre appauvrie par une succession de récoltes peut recouvrer une partie de sa fécondité au moyen du repos, remonte aux premiers âges de la pratique agricole. Mais l'idée, venue de l'observation, ne nous apprend rien sur les causes qui rendent au sol sa fertilité. Nous allons indiquer brièvement l'influence de la j. et essayer d'en expliquer les effets. — Au point de vue géologique, on peut diviser les terrains, sinon d'une manière rigoureuse, au moins suffisante pour l'objet qui nous occupe, en deux grandes coupes : les terrains primitifs cristallisés et les terrains sédimentaires ou de dépôts. Les premiers ont été formés antérieurement à la création de la vie sur notre planète ; les seconds ont été constitués par les débris détachés des premiers par l'agitation des eaux et broyés par les frottements. Ces terrains secondaires, contemporains des animaux destinés à vivre au milieu des mers, ont enseveli dans leurs dépôts la dépouille de ces premiers êtres. Si l'on étudie, âge par âge, la succession des couches sédimentaires, on voit que les quantités relatives des débris organiques augmentent graduellement. Ce sont ces restes, connus généralement sous le nom de fossiles, qui ont imprégné le sol du phosphate de chaux nécessaire à la production de nos plantes agricoles ; et celles-ci en font une grande consommation, puisque la cendre du foin, par ex., renferme 47 p. 100 d'acide phosphorique. Mais le phosphate de chaux, tel qu'il existe dans les terrains, n'est pas à l'état tri-basique, a besoin d'éprouver des modifications profondes pour devenir soluble dans l'eau et pénétrer, par ce moyen, dans les organes de la plante. Or, beaucoup de causes s'opposent à ces transformations. D'abord son état d'adhérence avec les roches qui constituent le terrain ; cette force de cohésion n'est vaincue que lentement par l'action des agents atmosphériques, c.-à-d. par les alternatives d'humidité et de sécheresse et par les gelées. En outre, le phosphate de chaux, même désagrégé, ne devient soluble dans l'eau qu'à la faveur de l'acide carbonique, qui agit lui-même avec d'autant plus d'énergie que la roche effritée s'est trouvée plus longtemps au contact de l'air. Mais cet acide est toujours en faible quantité dans l'eau. Avant qu'une dose convenable d'acide phosphorique ait été élaborée pour produire une nouvelle récolte, il faudra donc une période de temps d'autant plus considérable

que le terrain renferme une plus faible quantité de cet acide. Ces difficultés matérielles expliquent pourquoi les anciennes jachères se prolongeaient quelquefois jusqu'à sept ans et au delà, dans les terrains de première formation qui, sont si pauvres en phosphates. Pendant cet intervalle, les champs produisaient des genêts et des ajones qui, comme toutes les légumineuses, ont le pouvoir de condenser dans leurs tissus de grandes quantités de l'azote de l'air, et leurs détritus enrichissaient la terre de cet autre élément indispensable de la fertilité. Enfin, ces plantes vigoureuses allaient chercher dans la profondeur du sol la potasse et le phosphate de chaux, dont elles sont avides, et les ramenaient du fond à la surface. Les champs ainsi reposés et amendés se trouvaient préparés pour une nouvelle récolte de céréales.

Quand on a essayé d'expliquer l'heureuse influence de la j., on s'est demandé si le sol ne recevrait pas par les eaux météoriques une quantité notable de matières fertilisantes, et l'on a cherché à déterminer les poids d'ammoniaque et d'acide nitrique contenus dans l'eau de pluie, les brouillards et les neiges. On a reconnu que ces quantités sont très faibles et qu'elles ne peuvent avoir qu'une influence médiocre sur la végétation. Ainsi, d'après Boussingault, il tombe annuellement en Alsace 680 millimètres de pluie, ce qui donne par hectare 6.800 mètres cubes d'eau, contenant chacun $0^{gr},5$ d'ammoniaque, soit $3^k,4$ d'ammoniaque ou $2^k,8$ d'azote. Mais les eaux de pluie renferment aussi des nitrates, et l'on peut évaluer qu'elles apportent une moyenne de $3^k,4$ d'azote par hectare ; soit un total de $6^k,2$. Ce serait une erreur de croire que cette quantité d'azote profite entièrement à la terre. D'abord, les eaux de pluie ne pénètrent pas toutes dans le sol ; une partie s'écoule à la surface et se perdre au ruisseau et à la rivière ; de plus, une partie de cette ammoniaque absorbée par la terre est évaporée sans profit pour la culture. Boussingault en trouve la preuve dans ce fait que la neige ayant couvert le sol pendant quelque temps renferme, par litre, dans son eau de dissolution, jusqu'à $10^{mg},34$ d'ammoniaque, tandis que l'eau de neige récente n'en accuse que $1^{mg},84$. C'est sans doute là l'explication de ce vieux dicton, répandu parmi les cultivateurs, à savoir que la neige engraisse la terre ; elle empêche simplement la perte des matières ammoniacales.

En résumé, on constate que, pendant la j., temps où le sol remué par la charrue et la herse, puis les rouleaux, reste au contact de l'air, les matières organiques éprouvent une décomposition lente, favorable à la formation des nitrates par les ferments du sol ; nous avons vu que les phosphates deviennent plus solubles, et il en est de même des combinaisons potassiques. Ainsi, les principes indispensables au développement des végétaux qui étaient insolubles deviennent assimilables. On comprend alors que, dans une culture qui dispose de peu d'engrais, la j. soit utilisée, puisqu'elle se sert du fond de richesse renfermé dans le sol. Mais elle laisse ce sol improductif pendant une période plus ou moins longue d'années, c.-à-d. que, dans le cas le plus favorable, le propriétaire qui possède trois hectares de terre se trouve dans la même situation que s'il n'en possédait que deux. Le cultivateur qui peut disposer d'une somme d'engrais suffisante en fumiers et sels minéraux, a donc tout intérêt à ne pas attendre l'effet de la j., et il s'empresse de la supprimer ; il commencera son assolement par la récolte d'une plante sarclée, pour enlever par les binages les mauvaises herbes qui auraient été détruites par la j., et la terre, sans se reposer, produira chaque année le maximum de rendement désirable. Voy. Assolement.

JACHÉRER. v. a. T. Agric. Labourer les jachères. — *Jachéré, ée.* part. = Conj. Voy. Céder.

JACINTHE. s. f. (altér. de *Hyacinthe*, n. mythol.). T. Bot. Genre de plantes Monocotylédones (*Hyacinthus*) de la famille des *Liliacées*. Voy. ce mot.

JACKSON, 7e président des États-Unis d'Amérique, en 1829 et 1833 (1767-1845).

JACKSONVILLE, v. des États-Unis d'Amérique (Floride) ; 9,000 hab. = v. des États-Unis (Illinois) ; 12,000 hab.

JACMEL, port de la rép. d'Haïti ; 5,000 hab. Commerce important de bois, café, oranges, coton.

JACO. s. m. T. Ornith. Nom popul. des *Perroquets*. Voy. ce mot.

JACOB, patriarche hébreu, 2° fils d'Isaac et de Rébecca, père de douze fils, Ruben, Siméon, Lévi, Juda, Issachar, Zabulon, Dan, Nephtali, Gad, Aser, Joseph et Benjamin.

JACOBÉE. s. f. (R. *Jacob*, n. propre). T. Bot. Nom vulgaire du *Senecio Jacobæa*. Voy. COMPOSÉES.

JACOBI (FRÉD.-H.), philosophe allemand, né à Dusseldorf (1742-1819).

JACOBI (CH.-GUST.-J.), célèbre mathématicien allemand, né à Potsdam (1804-1851).

JACOBIN; INE. s. m. (lat. *Jacobus*, Jacques). Nom qu'on donnait autrefois, en France, aux religieux et religieuses qui suivent la règle de Saint-Dominique, parce que leur premier couvent à Paris était situé rue Saint-Jacques. *Le couvent des Jacobins. Elle est entrée aux Jacobines.* — Dans le style grave, on disait, *Dominicains*, et *Filles de Saint-Dominique.* || Pendant la Révolution, on appelait *Jacobins* les membres d'un club fameux par ses excès, parce que la société tenait ses séances dans un ancien couvent de jacobins. — Par extens., on qualifie quelquefois de *Jacobin* un partisan outré de la démocratie. *C'est un jacobin.* || T. Zool. *Jacobin*, nom de plusieurs oiseaux à plumage noir et blanc, et d'une variété de pigeons dont les plumes du cou sont relevées en forme de capuchon. || T. Bot. *Jacobine*, variété de champignon comestible blanc et noir.

JACOBINIÈRE. s. f. Club des jacobins; puis, par extens., toute réunion de démocrates.

JACOBINISER. v. a. [Pr... *ni-zer*]. Donner les opinions jacobines. = v. n. Imiter les jacobins.

JACOBINISME. s. m. Doctrine politique des jacobins. *Histoire du jacobinisme.*

JACOBITE. s. (lat. *Jacobus*, Jacques). Nom d'une secte chrétienne qui n'admettait qu'une nature en Jésus-Christ. = Celui, celle qui suivait le parti de Jacques II d'Angleterre, après la dépossession de ce prince, en 1688.

JACOBS, philologue allemand, né à Gotha (1764-1847).

JACOBSEN, célèbre marin, né à Dunkerque, arrière grand-père de Jean-Bart (1560-1633).

JACOBUS. s. m. (nom lat. de Jacob). Ancienne monnaie d'or d'Angleterre.

JACOLLIOT (Louis), littér. fr. (1837-1890).

JACONAS. s. m. [Pr. *jako-nâ*]. Espèce de mousseline demi-claire. *Acheter du j. Une robe de j.*

JACOPONE (FRA), célèbre poète italien (1230-1306).

JACOTOT (JOSEPH), instituteur français, inventeur d'une méthode d'enseignement (1770-1840).

JACQUAND (CL.), peintre français, né à Lyon (1805-1878).

JACQUARD (Jos.-MARIE), mécanicien français, inventeur d'un métier à tisser les étoffes (1752-1834). Voy. TISSAGE.

JACQUE (CH.-ÉM.), peintre fr. (1813-1894).

JACQUEMART (JULES-FERD.), peintre et graveur français, né à Paris (1837-1880).

JACQUEMART. s. m. Voy. JAQUEMART.

JACQUEMONT (VICTOR), voyageur et naturaliste français, né à Paris (1801-1832).

JACQUERIE ou JAQUERIE. s. f. [Pr. *Ja-keri*]. T. Hist. Pendant la captivité du roi Jean, en 1358, les paysans de l'Ile-de-France, du Beauvoisis, du Soissonnais et des pays voisins, poussés à bout par les exactions, les violences et la tyrannie de la noblesse féodale, se soulevèrent dans le but d'anéantir la race de leurs oppresseurs. En conséquence, armés de bâtons ferrés et de couteaux, ils attaquèrent les châteaux, brû-

lèrent tous ceux dont ils purent s'emparer, et en firent misérablement périr tous les habitants, hommes, femmes et enfants. Mais leurs succès furent de peu de durée; les gentilshommes se réunirent et n'eurent pas de peine à écraser ces bandes sans discipline et, pour ainsi dire, sans armes. La répression ne fut pas moins atroce que ne l'avait été l'insurrection des *Jacques*, car tel est le nom qu'avaient adopté les paysans soulevés, accolant ainsi le sobriquet de Jacques Bonhomme sous lequel la noblesse désignait la gent taillable et corvéable à merci. De là aussi le nom de *Jacquerie* que l'on a donné à cette effroyable insurrection.

JACQUES. s. m. (lat. *Jacobus*, m. s.). Paysan. Voy. JACQUERIE.

JACQUES (SAINT), *le Majeur*, un des douze apôtres, martyrisé en 44. Fête le 26 juillet. JACQUES (SAINT), *le Mineur*, un des douze apôtres, martyrisé en 60. Fête le 1er mai. Ces deux saints ont joué un certain rôle par leur nom dans l'histoire des peuples chrétiens. — Voy. Ordre de Saint-Jacques. Voy. ORDRE. — Saint Jacques de Compostelle. Voy. SANTIAGO — Chemin de Saint-Jacques (nom populaire de la voie lactée). — Coquilles de Saint-Jacques, grandes valves d'un mollusque marin dans lesquelles on prépare certains plats de hachis.

JACQUES, nom de 6 rois d'Écosse, dont le 5° (1513-1542), était le père de Marie Stuart; le 6° (1603-1625), fils de Marie Stuart, fut à la fois roi d'Angleterre et d'Écosse.

JACQUES, nom de deux rois d'Angleterre : JACQUES Ier (Jacques VI d'Écosse), fils de Marie Stuart (1603-1625). || JACQUES II, fils de Charles Ier (1685-1688); détrôné par son gendre Guillaume d'Orange, il se retira auprès de Louis XIV, et mourut à Saint-Germain-en-Laye en 1701.

JACQUES, nom de deux rois d'Aragon (1213 à 1276; — 1291 à 1327).

JACQUES DE VORAGINE, dominicain, archevêque de Gênes, auteur de la *Légende dorée* (1230-1298).

JACQUET. s. m. [Pr. *ja-kè*] (dim. de *Jacques*). Domestique, laquais. Vx. || Jeu analogue au trictrac.

JACQUEZ. s. m. Cépage américain très répandu en France comme porte-greffe.

JACQUIER. s. m. [Pr. *ja-kié*]. T. Bot. Nom vulgaire de l'*Artocarpus integrifolia*, arbre de la famille des *Urticacées*. Voy. ce mot.

JACQUIN (Baron), célèbre botaniste hollandais (1727-1817).

JACQUINIA. s. m. [Pr. *ja-kinia*] (R. *Jacquin*, n. d'un botaniste hollandais). T. Bot. Genre de plantes Dicotylédones de la famille des *Myrsinées*. Voy. ce mot.

JACQUOT. s. m. [Pr. *ja-kô*] (Dim. de *Jacques*). Nom vulgaire de plusieurs espèces de perroquets.

JACQUOT (GEORGES), statuaire fr. (1794-1874).

JACTANCE. s. f. (lat. *jactantia*, m. s.). Vanterie. *Quelle j.! Des discours pleins de j.* — *Des jactances ridicules.*

JACTATION ou JACTITATION. s. f. [Pr. ...*sion*] (lat. *jactare*, jeter çà et là). T. Méd. Agitation extrême qui ne permet pas au malade de rester un seul instant dans la même position.

JACULATOIRE. adj. 2 g. (lat. *jaculatorius*, qui lance, de *jaculari*, lancer). Ne se dit que dans la loc. *Oraison j.* Prière courte et fervente.

JACZBERENY, ville de Hongrie, 21,500 hab.

JADDUS, grand prêtre des Juifs, alla, suivant l'historien Josèphe, au-devant d'Alexandre le Grand, qui voulait punir Jérusalem, et l'apaisa (332 av. J.-C.).

JADE. s. m. T. Minér. On désigne communément sous ce nom une pierre qui nous est apportée de l'Orient en cailloux roulés peu volumineux, ou en objets travaillés avec plus oumoins d'art. C'est une substance d'une extrême compacité, offrant ordinairement une teinte verdâtre ou olivâtre, mais quelquefois blanc laiteux, ou vert clair, avec un aspect gras, qui empêche de lui donner un poli éclatant. Le jade est un composé de silice, de chaux de magnésie et d'oxyde de fer. Sa ténacité et sa dureté sont prodigieuses. En outre, il ne fond qu'à une très haute température. Les Chinois ont cette pierre, qu'ils nomment Ju, en estime singulière. Ils s'en servent pour faire des amulettes, des vases, des poignées de sabre, etc. De plus, ils lui attribuent diverses propriétés médicales. entre autres, celle de calmer les coliques néphrétiques, d'où le nom de jade néphrétique par lequel on distingue ce minéral de quelques substances analogues auxquelles on applique parfois la dénomination de jade.

JADÉITE. s. f. (R. jade) T. Min. Silico-aluminate de soude que l'on trouve, au Thibet, en fragments roulés.

JADIEN, IENNE. adj.[Pr. jadi-in]. Qui a le caractère du jade.

JADIS. adv. (lat. jam diu, depuis longtemps). Autrefois, au temps passé. *J. on pensait différemment! Ce château fut j. la demeure de tel roi.* || Fam., on dit, *Au temps j.,* pour sign. Dans l'ancien temps. *Les bonnes gens du temps j.* = Syn. Voy. ANCIENNEMENT.

JADOT. s. m. Instrument de fer dont se servent les boulangers pour donner au pain la forme de couronne.

JAËN, v. d'Andalousie (Espagne); 25,000 hab. La prov. a 437,800 hab.

JAFFA, anc. Joppé, port de Syrie, sur la Méditerranée; 20,000 hab. Bonaparte s'en empara le 6 mars 1799; la peste y décima l'armée.

JAFFET. s. m. [Pr. ja-fè]. Crochet pour abaisser les branches des arbres dont on veut cueillir les fruits.

JAGELLONS, anc. famille qui a donné des souverains à la Lithuanie, à la Pologne, à la Hongrie et à la Bohême, et dont le chef fut Jagellon, duc de Lithuanie en 1377, nommé roi de Pologne en 1386.

JAGGRENAT. Voy. DJAGGERNAT.

JAGRE. s. m. Jus de palmier.

JAGUAR. s. m. [Pr. ja-gouar] (brés. janouara, m. s.). T. Mamm. Parmi les félins propres à l'Amérique, les deux espèces les plus remarquables par leur taille et par leur force sont le pampas de Buenos-Ayres. Le *Jaguar (Felis onça),* qu'on nomme aussi *Tigre d'Amérique* (Fig. 1), est presque aussi grand que le Tigre d'Asie. D'Azara en a mesuré un qui avait 1m.95 de longueur, non compris la queue qui avait elle-même 60 centim. Son pelage est d'un fauve vif en dessus, marqué le long des flancs de quatre rangées de taches noires ocellées, c.-à-d. formant un anneau plus ou moins complet avec un point noir au milieu; il est blanc en dessous, avec de grandes taches irrégulières, pleines et noires. Le *Couguar (Felis concolor)* (Fig. 2) est d'une taille moindre; cependant il atteint 1m.30 de longueur, non compris la queue, qui a 70 centimètres. Il a le poil d'un fauve uniforme sans aucune tache; l'extrémité de sa

Fig. 1.

queue est noire, ainsi que ses oreilles. On l'appelle vulgairement *Lion d'Amérique,* parce qu'il offre quelque ressemblance avec le Lion; cependant il n'a ni crinière, ni flocons de poils au bout de la queue. Le *Jaguar noir* et le *Couguar noir* paraissent n'être que de simples variétés, peut-être même accidentelles, de l'espèce ordinaire. Le J. est beaucoup plus fort et plus redoutable que le Couguar; il attaque les plus gros animaux et quelquefois même l'homme; ses habitudes, en un mot, sont celles du Tigre. Les mœurs du Couguar, au contraire, sont plutôt celles du Loup. La nuit, il vient rôder autour des habitations et tâche de se glisser dans les basses-cours; une fois entré, il égorge, s'il en a le temps, tous les moutons avant d'en manger un. D'ailleurs, il attaque rarement le gros bétail, et jamais l'homme.

JAHDE (GOLFE DE), golfe de la mer du Nord, sur la côte N.-O. de l'Allemagne.

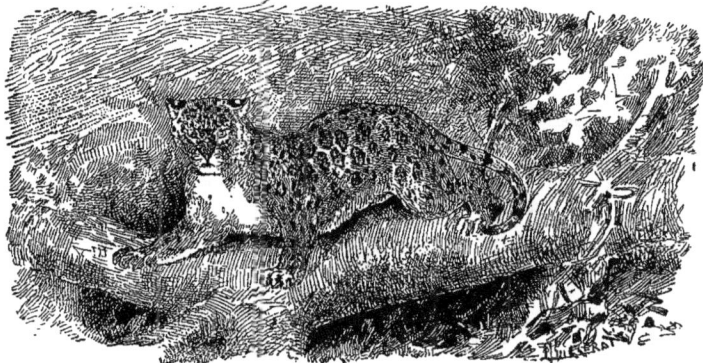

Fig. 2.

Jaguar et le *Couguar* ou *Puma :* toutes deux habitent les parties chaudes du nouveau continent depuis le Mexique jusqu'aux

JAHEL, Juive qui tua Sisara, général du roi d'Asor Jabin, en lui enfonçant un clou dans la tête.

JAHN (Jean), orientaliste allemand et théologien catholique, né en Moravie (1750-1816).

JAHN (Frréd.-L.), patriote allemand qui contribua beaucoup au soulèvement de l'Allemagne contre la domination française en 1813 (1778-1852).

JAHN (Otto), archéol. et mus. allem. (1813-1869).

JAÏET. s. m. Synon. de *Jais*. Voy. Houille.

JAILLIR. v. n. [Pr. *ja-llir*, *ll* mouillées] (lat. *jaculari*, lancer). Sortir impétueusement. Se dit de l'eau ou de quelque autre chose fluide. *L'eau qui jaillit de la source. Moïse fit j. une fontaine du rocher. Le sang jaillit avec force. Ce cheval a fait j. de la boue en galopant. Elle souffla sur le feu et il en jaillit aussitôt mille étincelles.* || Fig., *La lumière jaillit du choc des opinions. Dans sa conversation il jaillit à chaque instant des traits inattendus.*

Syn. — *Rejaillir.* — *Jaillir* désigne l'action d'un liquide qui s'élance avec impétuosité. *Rejaillir* exprime l'action de jaillir plusieurs fois et de divers côtés. Le liquide d'un jet d'eau *jaillit* en s'échappant de son ajutage ; puis se divisant en filets différents comme une gerbe, il *rejaillit* sur divers points de la circonférence. *Jaillir* se dit des fluides pour lesquels le mouvement semble être en quelque sorte naturel. *Rejaillir* se dit des liquides et, par extension, des solides qui sont renvoyés, repoussés, réfléchis. On dit de même au figuré, les idées, les expressions *jaillissent* d'un esprit fécond, d'une bouche éloquente. *Rejaillir* exprime le retour, l'action de retomber de l'un sur l'autre. La gloire d'un grand homme *rejaillit* sur la ville qui lui a donné le jour.

JAILLISSANT, ANTE. adj. [Pr. *ja-lli-san*, *ll* mouil.]. (part. prés. de *jaillir*). Qui jaillit. *Des eaux jaillissantes. Une fontaine jaillissante.*

JAILLISSEMENT. s. m. [Pr. *ja-lli-se-man*, *ll* mouil.]. Action de jaillir. *Le j. des eaux, du sang.*

JAILLOT (J.-B.), érudit et géographe fr., mort à Paris le 5 avr. 1780.

JAÏRE, Juif de Capharnaüm dont Jésus ressuscita la fille, d'après le récit des évangiles.

JAIS. s. m. [Pr. *jè*] (lat. *gagates*, gr. γαγάτης, m. s., à cause du fleuve *Gagis*, en Lycie, suivant le témoignage de Pline). T. Minér. Variété de lignite d'un beau noir luisant, dont on fait des bijoux. Voy. Houille. || *J. artificiel*, Espèce d'émail ou de verre coloré et soufflé qu'on emploie à la place du jais naturel.

JAL (Aug.), érudit fr., né à Lyon (1795-1873).

JALAGE. s. m. (R. *jale*). Droit seigneurial qui se levait sur le vin vendu en détail.

JALAP. s. m. [Pr. *ja-lap*] (R. *Jalapa*, nom d'une ville du Mexique). T. Bot. Nom vulgaire de l'*Exogonium purga*, plante de la famille des *Convolvulacées*. Voy. ce mot.

JALAPA ou **XALAPA**, v. du Mexique oriental (prov. de Vera-Cruz) ; 14,200 hab.

JALAPINE. s. f. (R. *jalap*). T. Chim. Glucoside contenu dans la résine de Scammonée et dans le *Convolvulus orizabensis*. La j. forme, avec la convolvuline, la majeure portion de la résine du jalap. On l'extrait de cette résine à l'aide de l'éther qui dissout la j. et laisse la convolvuline. La j. est un corps résineux, amorphe, incolore, insipide; elle se ramollit à 123° et fond à 150°. Elle se dissout dans l'éther, le pétrole, le benzène, le chloroforme. Ses solutions sont laévogyres. Les alcalis en solution aqueuse bouillante la dissolvent rapidement et la convertissent en acide jalapique, qui se combine avec l'alcali. Les acides étendus la dédoublent à chaud en glucose, acide valérianique et jalapinol.

L'acide jalapique s'obtient sous la forme d'une masse translucide, amorphe, jaunâtre, inodore, à saveur irritante. Il se ramollit vers 100° et fond à 120°. Il est très soluble dans l'eau et dans l'alcool. Les acides étendus le dédoublent en glucose et en jalapinol.

Le *jalapinol* est cristallisable, très soluble dans l'alcool et dans l'éther. Il fond à 62°. Par ébullition avec les alcalis aqueux ou avec l'eau de baryte, il se transforme en *acide jalapinolique*, cristallisable, fusible à 65°, très soluble dans l'alcool et dans l'éther.

JALAPINOL. s. m. **JALAPINOLIQUE**. adj. 2 g. **JALAPIQUE**. adj. 2 g. T. Chim. Voy. Jalapine.

JALE. s. f. Espèce de grande jatte ou de baquet.

JALET. s. m. (autre forme de *galet*). Petit caillou rond, boule de terre cuite. Voy. Arbalète.

JALIGNY, ch.-l. de c. (Allier), arr. de Lapalisse ; 1,100 hab.

JALON. s. m. (Or. celt. ou germ. : bas-breton, *gwalen*, verge ; gothique, *valus*, bâton. À rapprocher d'un vieux mot *jaloux*, qui signifiait roseau). Perche qu'on plante en terre pour prendre des alignements. Voy. Arpentage. || Fig., se dit des idées principales qui servent à diriger dans une étude, dans un travail, etc.

JALONNEMENT. s. m. [Pr. *jalone-man*[. Action de jalonner.

JALONNER. v. a. [Pr. *jalo-ner*]. Planter des jalons de distance en distance. *J. une allée pour la dresser.* — Absol., *J'ai fini de j.* || Fig., *Ces savants jalonnèrent la route pour ceux qui viendraient après eux.* || T. Théor. milit. *J. une ligne, une direction*, ou simplem., *Jalonner*, Placer des jalonneurs, ou se placer en jalonneur, pour déterminer un alignement. = **Jalonné, Ée**. part.

JALONNEUR. s. m. [Pr. *jalo-neur*]. T. Théorie milit. Homme qu'on place, ou qui se place, en guise de jalon, pour déterminer d'avance une direction, un alignement. *Placer des jalonneurs.*

JALOT. s. m. (R. *jale*). T. Techn. Baquet pour couler le suif fondu.

JALOUSEMENT. adv. [Pr. *jalou-ze-man*]. D'une manière jalouse.

JALOUSER. v. a. [Pr. *jalou-zer*]. Avoir de la jalousie contre quelqu'un. *J. ses concurrents.* = **se Jalouser**. v. pron. *Ces frères se jalousent entre eux.* = **Jalousé, Ée**. part.

JALOUSIE. s. f. [Pr. *jalou-zie*] (R. *jaloux*). Tristesse de l'âme qui résulte de ce qu'on n'obtient ou ne possède pas ce qu'un autre obtient ou possède, comme la richesse, le succès, la gloire, le bonheur, les talents, etc. *Grande, violente, furieuse j. Une secrète, une basse j. Prendre, concevoir de la j. contre quelqu'un. A cette occasion, sa j. éclata. Les victoires de Miltiade excitaient la j. de Thémistocle. Il a fait cela par j. Il y a souvent de la j. entre les gens de même métier. C'est une j. de métier.* — Se dit aussi de certains animaux. *Ce chien témoigne beaucoup de j. quand il en voit caresser un autre.* || En parlant de l'amour, disposition ombrageuse d'une personne qui aime, et qui craint que la personne aimée n'éprouve un sentiment de préférence pour quelque autre, ou ne soit infidèle. *La j. de sa femme le tourmente beaucoup. Sa femme lui donne beaucoup de j. Il est possédé du démon de la j. Il endure tous les tourments de la j.* || Inquiétude, ombrage qu'un prince, qu'un État donne à d'autres par sa puissance, par ses forces. *Les succès de la France inspirèrent de la j. à tous ses voisins.* — Syn. Voy. Envie. || Treillis de bois ou de fer au travers duquel on voit sans être vu. — Particul., Espèce de contrevent formé de planchettes minces assemblées parallèlement, de manière qu'on peut les remonter et les baisser à volonté au moyen d'un cordon, et qui servent à se garantir de l'action trop vive du soleil ou de la lumière. *Mettre une j. à une fenêtre. Regarder par une j., au travers d'une j. Levez, baissez les jalousies.* = T. Bot. *Fleur de j.*, ou simplement, *Jalousie*. Voy. Caryophyllées.

JALOUX, OUSE. adj. [Pr. *jalou*, *ouze*] (bas-lat. *zelosus*, m. s., de *zelus*, gr. ξῆλος, zèle, envie). Qui a de la jalousie, qui envie la gloire, le succès, les talents, etc., d'autrui. *Il est j. de son concurrent. Elle est jalouse de toutes les jolies femmes. Thémistocle était jaloux de la gloire de Miltiade. Cet enfant est j. des caresses que l'on fait à son* *frère.* — *Cet animal est j.* — *Un cœur j. Une âme ja-louse. Il voit vos succès d'un œil j., avec des yeux j.* Une haine jalouse. || Fig.,

La fortune jalouse
N'a pas en votre absence épargné votre épouse.
RACINE.

|| Qui est tourmenté par la crainte de voir la personne aimée éprouver un sentiment de préférence pour un autre. *Un amant j. Une femme jalouse. Il est j. de sa femme, de tous ceux qui parlent à sa femme.*

C'est aimer froidement que n'être point jaloux.
MOLIÈRE.

Il est j. de son ombre. — *Des transports j. Des soupçons j.* — Fig. et poétiq., *Un voile j. dérobait ses traits à tous les yeux.* || Qui est fort attaché à une chose, qui tient beaucoup à la conserver. *Il est fort j. de son honneur, de sa réputation, de ses droits, de ses prérogatives, de son autorité. Un peuple j. de sa liberté. Je suis j. d'acquérir votre amitié, de conserver votre estime. Il est j. de vous plaire.* || T. Mar. Dans la Méditerranée, se dit d'un petit bâtiment qui vacille, qui roule et se tourmente beaucoup. *Cette barque est jalouse.* || Se dit aussi de berlines et autres voitures semblables, quand elles sont sujettes à pencher d'un côté ou de l'autre. = JALOUX, OUSE, s'emploie subst., en parlant des personnes. *Votre bonheur fai bien des j. Un vieux j. C'est une jalouse.* — Prov., *Il ne dort non plus qu'un j.*

JALPAÏTE. s. f. T. Minér. Sulfure double de cuivre et d'argent que l'on trouve à Jalpa (Mexique).

JAMAÏQUE, une des grandes Antilles (Amérique), 639,000 hab., aux Anglais, cap. *Kingston.* Sucre, café, poivre, bois de campêche. La superficie de l'île est de 16,250 kil. carrés.

JAMAIS. adv. de temps (lat. *jam magis,* déjà plus). *Jà et mais.* « Je ne le ferai plus jamais» équivaut à «Je ne le ferai plus dès à présent ». En quelque temps que ce soit. *C'est ce qu'on a j. dit de plus fort. La puissance des Normands était une puissance exterminatrice, s'il en fut j.* || Avec la négation, sign., en aucun temps. *Je n'ai j. vu cet homme. On n'a j. rien vu de pareil. Ne me parlez j. de ces choses-là.* — Avec ellipse de la négation et du verbe. *Son style est toujours élégant, j. recherché. Votre amitié m'est plus précieuse que j. Avez-vous été à Londres? J.* = *A jamais, à tout jamais,* Toujours. *Dieu soit béni à j.* — *Pour jamais,* Pour toujours. *Adieu pour j.* — *Jamais plus,* En aucun temps à partir du moment dont on parle. *On ne l'a j. plus revu.* || S'emploie quelquefois subst. et sign. Un temps sans fin. *Je vous quitte à·out j. J., au grand j. je ne ferai cela.* Fam.

JAMBAGE. s. m. [Pr. *jan-baje*] (R. *jambe*). 1. Archit. Construction de maçonnerie élevée d'aplomb pour soutenir quelque partie du bâtiment. *La poutre est posée sur un j. Les jambages d'une cheminée, d'une porte.* || I. Calligr. Les lignes droites de certaines lettres. *Les jambages de ces m sont mal formés.* || T. Féod. *Droit de j.,* Droit du seigneur de poser sa jambe dans le lit d'une vassale nouvellement mariée. — Par ext., Droit du seigneur sur la première nuit de noces d'une vassale. || T. Chas. Peau détachée de la patte d'un animal.

JAMBE. s. f. [Pr. *jan-be*] (bas lat. *gamba;* gr. καμπή, courbure?). La portion du membre inférieur qui est comprise entre le genou et le pied. *Avoir les jambes grosses, courtes, tordues. Avoir une belle j., la j. bien faite, la j. fine.* — *Faire la belle j.,* Marcher de manière à exhiber une belle j. et, par suite, faire le beau. *Avoir la j. leste. Être haut sur jambes. Le gras de la j. Avoir les jambes enflées. Ce vieillard a les jambes faibles, chancelantes. Cette femme va à cheval j. deçà, j. delà,* A califourchon. || T. Zool. La quatrième pièce des pattes simples chez les Crustacés; le troisième article principal de la patte chez les Insectes. || T. Manège. La science du cavalier consiste dans l'accord de sa main et des jambes. Se servir de la j. au dedans. Soutenir la j. de dehors. Ce cheval sent très bien les jambes. Il est sensible aux aides des jambes. Retenir la j. de dedans du cheval, ou celle du dehors, la gauche ou la droite, en mettant la rêne à soi. La j. de devant du côté du montoir.* Saisir avec précision *le temps des jambes du cheval.*

|| Se dit également de certaines animaux. *Les jambes d'un cheval, d'un bœuf, d'un chien, d'une autruche. Les jambes de devant, les jambes de derrière d'un chien, d'un cheval. Ce cheval a les jambes arquées, enflées, usées.* || T. Chasse. Chez les bêtes fauves, les deux os qui sont en bas de la partie postérieure de la j. et font trace sur la terre avec le pied. *J. large,* Où la distance d'un os à l'autre est grande. *J. serrée, rétrécie,* Où la distance est petite. *J. ravalée,* Où les os sont fort rabaissés vers le talon. || T. Escr. *Avoir des jambes,* Être toujours prêt à partir de la jambe droite, le pied gauche restant solidement appuyé à terre. || *J. de bois,* Morceau de bois taillé pour tenir lieu de j. Par ext., Celui qui porte une j. de bois. *C'est une j. de bois.* — *J. artificielle,* Appareil destiné à remplacer une j. amputée, et qui exécute, au moyen de ressorts, des mouvements de flexion et d'extension. || Famil., *Avoir de bonnes jambes, les jambes bonnes,* Être en état de marcher longtemps. *Aller, courir à toutes jambes,* Aller, courir fort vite, soit à pied, soit à cheval. — Par menace et exag., *Je lui romprai bras et jambes,* Je le rouerai de coups. || Fig., *L'affaire ne va que d'une j.,* Va mal. || Fig. et fam., *Avoir ses jambes de quinze ans,* Se dit d'une personne âgée qui est encore ferme sur ses jambes. *N'avoir plus de jambes,* N'avoir plus de force dans les jambes. *Prendre ses jambes à son cou,* Partir, s'enfuir en toute hâte. Popul., *Faire jambes de vin,* Boire deux ou trois coups pour marcher avec plus d'ardeur. — Prov., *Cela ne lui rend pas la j. mieux faite,* ou ironiq., *Cela lui fait une belle j.,* se dit de ce qui n'apporte aucun avantage à quelqu'un, ou ne lui apporte qu'un avantage insignifiant. En *aurez-vous la j. mieux faite?* Prov., *Jouer un chat aux jambes à quelqu'un, Jouer quelqu'un par-dessous j.,* *Couper bras et jambes à quelqu'un.* Voy. CHAT, JOUER et BRAS. || *Passer la j. à quelqu'un,* Lui donner un croc-en-jambe. *Traiter quelqu'un par-dessous la j.,* Traiter quelqu'un de haut en bas. || T. Techn. Pièce allongée dont l'extrémité supérieure soutient quelque chose. *Les jambes d'un siphon, d'un compas.* || T. Maçon. *J. étrière,* Pilier qui est à la tête d'un mur mitoyen. — *J. d'encoignure,* Pilier qui est à l'angle d'un mur. — *J. boutisse,* Pilier qui s'engage dans un mur de refend. || T. Archit. *J. sous poutre,* syn. de *Jambage.* — *Jambe de force,* Pièce de bois légèrement inclinée destinée à soutenir une poutre. Voy. COMBLE. || T. Pêch. *J. de filet,* Aile qu'on ajoute sur le côté d'un filet à manche. — *J. de maille,* Fil qui forme un des côtés de la maille.

Mœurs. — Les jambes ne sont pas ce qu'un vain peuple pense; elles servent à porter le corps, il est vrai, mais, comme les colonnes qui embellissent singulièrement l'édifice qu'elles soutiennent. Nous n'en voulons pour preuve que l'estime que de tout temps on a faite d'une jolie jambe, aussi bien chez les hommes que chez les femmes. Toutefois, il est bien plus souvent question de la jambe des femmes que de celle des hommes, soit qu'elle soit plus belle, en effet, soit peut-être aussi parce que notre sexe plus hardi et plus franc avoue plus ouvertement ses préférences.

Les femmes, les Parisiennes surtout, ont un talent tout particulier pour laisser apprécier l'élégance de cette partie de leur personne aux amateurs, en dépit des plus longues jupes et de toutes les formes données à la toilette féminine par les caprices de la mode. Elles connaissent le précepte qui défend de mettre la lumière sous le boisseau, et pensent avec raison qu'il ne servirait à rien d'avoir une jambe bien faite, si personne ne le savait.

Madame alléguera qu'elle monte en berline,
Qu'elle a passé les ponts quand il faisait du vent,
Que, lorsqu'on voit le pied, la jambe se devine,
Et tout le monde sait qu'elle a le pied charmant.
A. DE MUSSET.

JAMBÉ, ÉE. adj. [Pr. *jan-bé*] (R. *jambe*). Ne se dit que dans cette loc. fam., *Être bien, mal j.,* Avoir la jambe bien ou mal faite.

JAMBELET. s. m. [Pr. *jan-be-lè*] (R. *jambe*). Ornement circulaire pour la jambe.

JAMBETTE. s. f. [Pr. *jan-bè-te*] (Dimin.). Petite jambe. || Fig., *Donner la j. à quelqu'un,* Lui donner un croc-en-jambe. || T. Techn. Nom donné à divers petits poteaux qui servent à soutenir des pièces de charpente. — Pièce de la charrue qui relie la haie au cep. — Petit couteau de poche dont la lame se replie dans le manche.

JAMBIER, IÈRE. adj. [Pr. *jan-bié*] (R. *jambe*). T. Anat.

Qui a rapport à la jambe. *Aponévrose jambière. Les muscles jambiers.* — On dit aussi substant., en parlant de ces muscles, *Les trois jambiers. Le j. antérieur,* etc.

JAMBIER. s. m. [Pr. *jan-bié*] (R. *jambe*). Étrier de cuir que le couvreur, le peintre, s'attache aux jambes pour monter contre le mur, le long de la corde à nœuds. || Pièce de bois courbe qui maintient écartées les jambes de derrière d'une bête abattue, pendant que le boucher l'habille.

JAMBIÈRE s. f. [Pr. *jan-bière*] (R. *jambe*). Synon. de *Grève.* Voy. Armure. || Se dit encore aujourd'hui d'une pièce de cuir lacée qui emboîte le mollet, et que les soldats de plusieurs corps portent entre la guêtre et le pantalon, et d'une sorte de guêtre d'ouvrier. *Les cantonniers ont des jambières de bois.*

JAMBLIQUE, philosophe grec de l'école néoplatonicienne, né à Chalcis au milieu du IIIe siècle, m. vers l'an 333. De ses nombreux ouvrages, le plus important qui soit resté est une *Vie de Pythagore,* sorte d'introduction à la philosophie de Platon.

JAMBON. s. m. [Pr. *jan-bon*] (R. *jambe*). La cuisse ou l'épaule d'un cochon ou d'un sanglier, qui n'a été salée ou fumée pour être conservée. *J. de devant. J. de derrière. J. salé, fumé. J. de cochon, de sanglier. J. de Mayence, de Bayonne.*

JAMBONNEAU. s. m. [Pr. *jan-bo-no*] (Dimin.). Petit jambon. || T. Zool. Nom vulgaire du genre *Pinna,* appartenant aux *Mollusques Lamellibranches.* Voy. Ostracés.

JAMBOSIER. s. m. [Pr. *jan-bo-zié*] (sanscr. et malais *jambu,* m. s.). T. Bot. Nom vulgaire du *Jambosa vulgaris,* arbre de la famille des *Myrtacées.* Voy. ce mot.

JAMESONITE. s. f. (R. *Jameson,* n. d'un savant angl.). T. Minér. Sulfure double d'antimoine et de plomb.

JAMESTOWN, ch.-l. de l'île de Sainte-Hélène; 3,000 hab.

JAMESTOWN, v. des États-Unis d'Amérique (État de New-York); 12,000 hab.

JAMIN (Jules-Célestin), physicien fr. (1818-1886).

JAMYN (Amadis), poète fr. (1530-1585).

JAN. s. m. T. Jeu. Coup par lequel un joueur perd des points ou en fait perdre à son adversaire. Voy. Trictrac.

JANICEPS. s. m. (lat. *Janus,* et *ceps* pour *caput,* tête). T. Térat. Monstres ayant deux corps unis au-dessus de l'ombilic commun et une double tête à deux faces directement opposées.

JANICULE (Mont), l'une des sept collines de Rome, sur la rive droite du Tibre.

JANIE. s. f. (R. *Janus*). T. Bot. Genre d'Algues (*Jania*), de la famille des *Cryptonémiacées.* Voy. ce mot.

JANIN (Jules), critique fr., membre de l'Académie française (1804-1874).

JANINA, ville de l'Albanie méridionale (Turquie d'Europe), sur le lac de Janina, florissante sous Ali-Pacha; 16,000 hab.

JANISSAIRE. s. m. [Pr. *ja-ni-sère*] (ture, *ieni tcheri,* nouvelle milice). — La milice devenue si célèbre sous ce nom fut créée, en 1329, par le sultan Orkhan, qui la composa de jeunes prisonniers chrétiens élevés dans le mahométisme. Mais ce corps reçut une extension considérable sous Amurat Ier, en 1362, et ce fut alors qu'il fut appelé *icni tcheri,* c.-à-d. nouvelle troupe, dont nous avons fait *Janissaires.* Les services que cette milice rendit aux sultans lui valurent des privilèges exorbitants; alors une foule de jeunes Turcs se firent admettre dans ce corps, et bientôt on cessa de le recruter parmi les chrétiens. Mais la gloire des janissaires s'éclipsa lorsque des musulmans libres, ignorants et indisciplinés, refusèrent de se soumettre au régime imposé aux esclaves qu'ils avaient remplacés. Leurs nombreuses insurrections et les révolutions sanglantes qui les accompagnaient firent de cette milice un danger permanent pour le trône des sultans. En outre, les janissaires refusant de se plier à la tactique européenne, ils furent, malgré leur bravoure brutale, défaits à diverses reprises par les armées de l'Autriche et de la Russie. Il était donc devenu indispensable de supprimer cette milice turbulente et dangereuse. Plusieurs sultans le tentèrent et y périrent. Enfin, Mahmoud II y parvint. Le 14 juin 1826, les janissaires s'étant soulevés parce qu'on prétendait les assujettir à des manœuvres inusitées jusqu'alors, réclamèrent la tête des principaux fonctionnaires de la Porte. Mais le sultan avait prévu cette insurrection et avait pris ses précautions en conséquence. Il fit déployer l'étendard du prophète, et toutes les troupes régulières, assistées par une partie des habitants de Constantinople, assaillirent les révoltés. Les janissaires furent mitraillés dans l'At-Meidan dont ils avaient fait leur place d'armes, assiégés et brûlés dans leurs casernes, et massacrés dans les rues pendant deux mois. Ce qui en restait fut condamné à l'exil; mais la plupart périrent avant d'arriver à leur destination.

JAN MAYEN, île de l'Océan Glacial arctique, entre le Spitzberg et l'Islande.

JANRINETTE. s. f. [Pr. *janri-nète*]. Espèce de poire.

JANSÉNIEN, IENNE. adj. [Pr. *janséni-in*]. Qui a rapport aux jansénistes. Vieux.

JANSÉNISME. s. m. (R. *Jansenius,* n. pr.). T. Hist. relig. Nom donné aux doctrines de Jansénius et de ses partisans. L'origine du j. doit être cherchée dans les difficultés que faisait naître la notion de la grâce, difficultés inextricables, au milieu desquelles se débattaient en vain les théologiens, sans parvenir à formuler une doctrine suffisamment claire et capable de concilier le dogme de la grâce avec la croyance au libre arbitre. Réduite à ces termes, la fameuse querelle entre les Jansénistes et les Jésuites n'eût été qu'une dispute de théologiens sans grand intérêt pour les peuples et les gouvernements et sans influence historique; mais il est dans la nature humaine que les questions qui paraissent les plus obscures et les plus éloignées de toute importance pratique, sont précisément celles pour lesquelles on se passionne le plus. Aux controverses purement théoriques se mêlent bientôt les questions de rivalité personnelle; les personnages influents circonviennent les pouvoirs civils ou ecclésiastiques pour en faire les instruments de leurs haines. Puis la discussion s'élargit; les adversaires développent de leur côté et à leur manière, les conséquences de leurs doctrines et celles de leurs adversaires, jusqu'à ce qu'enfin surgissent des questions d'ordre pratique capables d'émouvoir un public qui n'aurait eu ni le pouvoir, ni la volonté de suivre les dissertations théoriques des docteurs. Alors la querelle devient à la fois religieuse par son origine et politique par l'ingérence des pouvoirs publics; et pour peu que l'un des partis soit plus ou moins persécuté par celui qui détient le pouvoir, les questions de sentiment viennent encore augmenter la confusion, et, finalement, un problème purement théologique, dont les échos n'auraient pas dû franchir les murs des Universités, devient un déterminant de premier ordre, une occasion de troubles et de désordres qui se continuent pendant plus d'un siècle et qui exercent une réaction considérable sur toute l'histoire politique et littéraire de l'époque.

Telle est, en effet, l'histoire du jansénisme, que nous allons essayer de rapporter brièvement et qui se mêle si intimement à celle du règne de Louis XIV et à celle de la première moitié du XVIIIe siècle. Il est bon de rappeler que la question de la grâce et de la prédestination est précisément l'une de celles, la plus grave peut-être, qui séparaient la théologie protestante de la théologie catholique. Sans insister sur les points de détail qui divisaient les diverses sectes protestantes, on peut affirmer que toutes admettaient la *prédestination,* c.-à-d. la théorie d'après laquelle chaque homme est irrémédiablement et d'avance sauvé ou damné, suivant que Dieu lui a donné ou lui a refusé sa grâce : il n'y a dans l'humanité que des élus et des réprouvés, et il est impossible à l'homme de passer d'une des deux classes dans l'autre. Cette théorie, qui est en définitive la négation du libre arbitre et de toute responsabilité, a été soutenue avec une rare éloquence par Calvin, dans son livre célèbre de l'*Institution chrétienne.* L'Église

catholique tenait, au contraire, pour le libre arbitre, et nous avons exposé sa doctrine au mot GRÂCE. Il semblait donc que la discussion fût nettement circonscrite entre catholiques et protestants, quand elle fut réveillée, au sein même de catholicisme, par Michel Baïus, évêque de Louvain, en 1552. Ses propositions, qui se rapprochaient de la doctrine protestante, furent condamnées par le pape, et Baïus se soumit en 1579. Peu après, parut le livre du jésuite de Molina sur *l'accord du libre arbitre avec la grâce*, livre qui fut aussi décrié à l'autorité pontificale ; mais celle-ci refusa de se prononcer et interdit aux fidèles de s'occuper de cette question. Cependant, le pape ne pouvait empêcher les divergences d'opinion, puisque l'Église n'enseignait alors aucune doctrine positive et précise, et comme le molinisme se répandait de plus en plus par l'enseignement, qui était presque tout entier entre les mains des jésuites, ses adversaires ne pouvaient s'empêcher de s'émouvoir et de s'inquiéter. C'est alors que l'évêque d'Ypres, Cornelie Jansen, plus connu sous le nom latinisé de Jansénius, voulant s'opposer aux progrès du molinisme, résolut d'établir une théorie complète de la grâce, d'après saint Augustin. Il y travailla pendant plus de vingt ans et rédigea enfin ce fameux livre, *Augustinus*, que, par prudence, et pour obéir aux décisions pontificales, il ne laissa pas publier de son vivant, chargeant ses héritiers de le faire imprimer après sa mort. Ce livre parut en 1640 à Louvain. Le fond de la doctrine est que l'homme a perdu la liberté depuis la chute d'Adam, et que Dieu agit en lui par la grâce *gratie* et *victorieuse*, qui détermine ses actions d'une manière *irrésistible* quoique *volontaire*. Tout cela n'est ni clair ni précis ; mais il faut croire que l'ouvrage avait de réelles qualités, car, apporté à Paris par l'abbé Saint-Cyran, confesseur de Port-Royal, il fut fort goûté par les membres les plus célèbres de cette communauté : Arnauld, Nicole, de Sacy. Pascal, qui, sans appartenir à la communauté, avait cependant avec elle des accointances, recommanda aussi la lecture de Jansénius. Mais la famille Arnauld s'était montrée, dans le Parlement, le constant adversaire des Jésuites, et voici que le membre le plus célèbre de cette famille se prononçait ouvertement en faveur d'une doctrine contraire à la leur. Pour conserver leur influence, il leur fallait faire condamner le livre de Jansénius en cour de Rome. Ils n'y manquèrent pas. Cornet, syndic de la Faculté de théologie de Paris, résuma le livre de Jansénius en cinq propositions que le pape Innocent X condamna, malgré lui, dit-on, et sous la pression du gouvernement français. Il n'est peut-être pas inutile de citer ces cinq propositions fameuses, malgré leur abstraction pour quiconque n'est pas initié au langage de la théologie :

1° Il y a des commandements que l'homme juste ne peut observer, Dieu ne lui accordant pas une grâce suffisante. — 2° Dans l'état de nature et de péché, la grâce est irrésistible. — 3° Pour mériter ou démériter, dans l'état de nature déchue, il n'est pas nécessaire que l'homme ait la liberté opposée à la nécessité de vouloir, il suffit qu'il ait la liberté opposée à la contrainte. — 4° Dire que l'homme dans l'état de nature peut résister à la grâce prévenante ou y céder est semi-pélagien. — 5° Dire que le Christ est mort pour tous est semi-pélagien.

Arnauld voulut résister, il soutint que les cinq propositions condamnées étaient dans saint Augustin ; d'autres acceptaient la condamnation des propositions, mais affirmaient qu'elles n'étaient pas dans le livre de Jansénius et qu'on avait mal interprété la pensée de l'évêque d'Ypres. La Faculté de théologie de Paris intervint et exclut Arnauld de la Sorbonne, rigueur inutile, dont le premier effet fut de lui assurer de nombreuses et ferventes amitiés. A ce moment, la querelle changea de nature ; elle se concentra entre Port-Royal, d'une part, et les Jésuites soutenus par le gouvernement, d'autre part. C'est alors que s'élève contre les Jésuites la voix éloquente de l'un des plus puissants génies dont puisse s'honorer la France. Pascal porte immédiatement la discussion sur un terrain pratique, accessible à tous les hommes de cœur et de bonne volonté. Ce n'est pas la théologie des Jésuites qu'il critique, c'est leur morale qu'il attaque. Pour ne pas écarter de la religion les esprits légers, les caractères faibles, et la masse immense des hommes incapables de hautes et sévères vertus, les Jésuites enseignaient une morale facile, pleine d'accommodements et de compromissions, riche d'indulgences pour les faiblesses et les vices du monde. Les *casuistes* ont trouvé des excuses pour tout. Les livres d'Escobar et de Molina, rédigés pour servir de guide aux confesseurs, contenaient à cet égard des enseignements précieux. Les Jansénistes, au contraire, étaient des hommes austères, sévères pour eux-mêmes comme pour autrui, aussi rigides dans leur conduite que dans leurs

maximes. La molle indulgence de leurs adversaires excitait leur indignation. Arnauld, dans son livre de *la Fréquente Communion*, avait déjà critiqué leurs complaisances et signalé le danger ; mais Arnauld n'avait pas l'éloquence de Pascal. Celui-ci s'attaqua ouvertement aux maîtres, aux Escobar, aux Molina, etc. Il publia les *Lettres Provinciales*, où, dans une langue facile, limpide, il dévoile tout ce qu'il y a de relâché dans la morale des jésuites : le duel n'est même pas un péché ; le mensonge est permis, grâce *aux restrictions mentales*, les pires écarts de conduite ne sont que des peccadilles, etc.

Les *Lettres Provinciales* eurent un prodigieux succès. C'est un admirable monument de la littérature française, aussi remarquable au point de vue littéraire qu'au point de vue philosophique, le premier livre où se manifestent les qualités de netteté et de précision de la langue française. Elles ont été vivement attaquées. On a été jusqu'à reprocher à Pascal d'y manquer de bonne foi. Le reproche n'est pas soutenable ; tout ce que l'on peut dire, c'est que ce livre est un pamphlet et non un traité didactique. Pascal y emploie donc le procédé du pamphlet, qui consiste à développer les conséquences de la doctrine de l'adversaire et à présenter ses conclusions comme la doctrine même qu'il combat. Au lieu de dire : *Voilà où mènent vos théories* ; il dit : *voilà votre théorie*. Certes, on peut abuser, et on a souvent singulièrement abusé de ce procédé ; mais, dans l'espèce, les conclusions étaient trop faciles à tirer et les raisonnements trop logiques pour qu'on y puisse voir une mauvaise foi qui ne peut exister que si les conclusions sont mal déduites. L'identité d'une doctrine avec les conclusions qu'on en tire est parfaitement légitime, à la seule condition que les conclusions soient réellement contenues dans la doctrine. Un reproche plus juste, mais un reproche qui, loin d'entamer le caractère de l'auteur, ne peut que le rehausser, serait fondé sur la sévérité même de la morale prêchée par Pascal, sur l'impossibilité où serait la majorité des hommes d'en appliquer les préceptes. Or, c'est là précisément le caractère même de la morale janséniste. *On ne peut faire son salut dans le monde* était un axiome courant à Port-Royal. Là était la faiblesse de la doctrine ou le sens purement humain. C'est par là même qu'elle était condamnée à l'impuissance et qu'elle laissait aux Jésuites une victoire trop facile. Pour exercer une action sur le monde, il ne faut pas commencer par le renier. On peut mettre en parallèle l'indulgence des Jésuites avec la sévérité des Puritains d'Écosse et d'Angleterre, attribuer aux premiers la faiblesse de caractère et l'immoralité du XVIIIe siècle, aux autres la vigueur et l'énergie des fondateurs de l'Union Américaine ; mais alors, il n'est que juste de reprocher aux Jansénistes de s'être volontairement, par l'excès même de leur austérité, interdit toute action sur le monde.

Cependant, si le jansénisme ne pouvait imprimer une direction définitive à la marche du siècle, son influence fut loin d'être négligeable. D'abord, *Messieurs de Port-Royal* étaient des éducateurs de premier ordre, qui ont laissé des livres remarquables de logique et de grammaire rédigés par Arnauld, Nicole, Lancelot, etc. Beaucoup d'hommes célèbres avaient passé par leurs mains. Racine avait été leur élève et leur a toujours gardé ses sympathies. Ensuite, la fermeté de leur caractère et l'élévation de leur morale ne pouvaient manquer de faire impression sur tous les esprits cultivés, et toute la littérature du siècle de Louis XIV procède bien plus de l'austérité janséniste que de la complaisance jésuitique, et c'est en partie là la source pure qu'elle doit ce caractère de grandeur et cette puissance éducative qui lui valent d'être encore aujourd'hui des études littéraires françaises. On retrouve la trace de cette influence jusque dans Molière. Est-il possible d'affirmer que dans *Tartufe* il n'y a pas une arrière-pensée contre les Jésuites ? Et dans le *Misanthrope*, les sympathies ne vont-elles pas à Alceste, malgré ses ridicules, et Alceste n'est-il pas janséniste ?

Au point de vue philosophique, il y a une remarque bien curieuse à faire : ce sont précisément ceux dont la métaphysique nie ou, du moins, compromet le libre arbitre qui prêchent la morale sévère, et qui font la haute notion de la responsabilité qu'on assume par ses actes, tandis que ce sont les partisans du libre arbitre qui, par leur morale relâchée, font bon marché de cette responsabilité. Ne semble-t-il pas que la logique exigerait le contraire et que les actes eussent dû paraître indifférents à qui croyait que l'homme n'agissait pas par lui-même ? Cette contradiction singulière, que l'on retrouve dans l'histoire du protestantisme, ne paraît guère pouvoir s'expliquer par des motifs d'ordre philosophique : il faut en chercher la cause dans les nécessités de la vie pratique que les circonstances avaient faites aux uns et aux autres et dans les exigences de leurs polémiques.

Vers la fin du XVIIe siècle, l'histoire du jansénisme commence à perdre son intérêt. Les Jésuites triomphent et les Jansénistes sont persécutés. Cependant la querelle se ranima en 1702, à propos d'un opuscule intitulé *la Loi de conscience*, contre lequel le pape donna sa bulle *Vineam Domini*. Les persécutions se rallumèrent et finalement l'abbaye de Port-Royal-des-Champs fut rasée en 1709 ; les malheureuses religieuses qui l'habitaient furent brutalement expulsées et dispersées dans divers couvents du royaume. Il se passa des scènes lamentables : la rage des Jésuites ne respecta même pas les sépultures, dont plusieurs furent violées.

Pourtant tout n'était pas fini. Quesnel, devenu le chef de la secte depuis la mort d'Arnauld, publia les *Réflexions morales*, dans lesquelles la Compagnie de Jésus relevancent une propositions que le pape Clément XI condamna par la célèbre bulle *Unigenitus* (1713). Quesnel fut mis en prison, délivré par un gentilhomme, et alla mourir à Amsterdam en 1715. La bulle *Unigenitus* devint l'occasion de nouveaux troubles, l'archevêque de Paris, le cardinal de Noailles, ayant refusé de l'accepter ; mais celui-ci céda en 1718. Bientôt se produisit l'étrange maladie des convulsionnaires, qui renouvela la vieille querelle ; mais elle avait bien changé de nature. Il ne s'agissait plus que d'une opposition politique aux Jésuites et au pape : c'est pourquoi le Parlement se déclarait janséniste. Enfin, les Jésuites ayant été expulsés en 1764, le Jansénisme n'eut plus de raison d'être et disparut de la scène de l'histoire, quoiqu'il existe encore, paraît-il, en Hollande quelques communautés jansénistes.

En résumé, malgré leur expulsion, en 1764, ce sont les Jésuites qui ont triomphé, et nous en avons indiqué plus haut les raisons. L'influence du jansénisme fut surtout littéraire ; mais cela est considérable : la politique s'oublie, les mœurs changent, les chefs-d'œuvre durent.

JANSÉNISTE. adj. et s. 2 g. Partisan du jansénisme. *Il était j. C'est un zélé, une zélée j.* — On dit aussi, *Les principes jansénistes, la morale j.*, etc. = JANSÉNISTE. s. f. Longue mitaine qui couvrait la partie du bras que la manche courte laissait à nu. — Jupe baleinée moins ample que celles qu'on portait. ‖ *Reliure j.*, Reliure pleine sans ornements.

JANSÉNIUS (CORNEILLE-JANSEN, ou JANSON, dit), théologien hollandais (1585-1638), évêque d'Ypres (Belgique), auteur de la doctrine sur la grâce, dite jansénisme, condamnée en 1653 par le pape Innocent X. Voy. JANSÉNISME.

JANSSENS, peintre flamand, né à Anvers (1567-1631).

JANTE. s. f. Pièce de bois courbée qui fait partie du cercle de la roue d'un carrosse, d'un chariot, etc.

JANTHINE. s. f (gr. *ἰανθινος*, violet). T. Zool. Espèce de Mollusques Gastéropodes. Voy. JANTHINIDES.

JANTHINIDES. s. m. pl. (R. *janthine*). Famille de Gastéropodes Cténobranches dont le type est le genre *Janthine*. Ces Mollusques se rapprochent des Colimaçons par la forme de leur coquille. La tête, en forme de trompe cylindrique, se termine par une bouche fendue verticalement et armée de petits crochets : elle présente de chaque côté un tentacule fourchu. Les Janthinides n'ont point d'opercule et portent sous leur pied un organe vésiculaire de substance solide, et qui, néanmoins, a l'aspect d'une bulle d'écume ; cet organe empêche l'animal de ramper, mais il lui permet de flotter à la surface de l'eau. La *Janthine commune* (Janthina communis* (Fig. ci-dessus) est une jolie coquille violette très abondante dans la Méditerranée. Quand on la touche, l'animal répand une liqueur épaisse d'un violet jaune, qui teint l'eau autour d'elle.

JANTIER, IÈRE. s. T. Techn. Machine pour assembler les jantes.

JANTILLE. s. f. [Pr. *jan-tille*, *ll* mouill.] (R. *jante*). T. Techn. Ais appliqué autour de chaque jante dans la roue d'un moulin et recevant l'eau qui donne le mouvement à la roue.

JANTILLER. v. a. [Pr. *ll* mouill.]. T. Techn. Garnir de jantilles.

JANUS. s. m. T. Mythol. — D'après les légendes romaines, Janus était roi de cette partie de l'Italie dans laquelle se trouve Rome. Il reçut dans ses États Saturne poursuivi par Jupiter, et ce dieu leur donna le nom de *Latium* (de *latere*, se cacher) parce qu'il y avait trouvé un refuge. Mais Saturne donna en outre à Janus d'autres preuves de reconnaissance. Il doua ce prince de la faculté de connaître le passé et l'avenir. C'est pourquoi Janus est ordinairement représenté avec deux visages adossés. Romulus lui éleva, dans la ville qu'il venait de fonder, un temple célèbre, dont les portes restaient ouvertes en temps de guerre et fermées en temps de paix. Jusqu'à Auguste, le temple de Janus n'avait été fermé que deux fois, l'une sous Numa, et l'autre après la première guerre punique.

JANVIER. s. m. (lat. *januarius*, m. s.). Le premier mois de l'année moderne. Voy. ci-après. ‖ Fig., *Un soleil de j.*, Une personne sans énergie.

Le mois de *Janvier* a été ainsi nommé de *Janus*, divinité à laquelle il était consacré. Quelques étymologistes ont voulu tirer son nom de *janua*, porte, sous prétexte qu'il *ouvre* l'année ; mais ce mois fut introduit par Numa Pompilius dans l'année romaine, où il occupait le *onzième* rang, l'année commençant alors le 1er mars. Il ne devint premier mois qu'à l'époque de la réforme du calendrier par Jules César. À Rome, on offrait des sacrifices à Janus le premier j. — Après la chute de l'empire romain, l'usage s'introduisit chez les peuples soumis à l'Église latine de rapporter le commencement de l'année à quelque événement de la vie de J.-C. Les uns commençaient l'année à la Noël, c.-à-d. le 25 décembre ; d'autres remontaient jusqu'à l'Annonciation, c.-à-d. au 25 mars ; beaucoup préféraient le jour de Pâques, etc. Ce dernier usage devint général en France sous les premiers rois de la troisième race, et il subsista jusque dans la seconde moitié du XVIe siècle, où Charles IX, par un édit donné à Roussillon en Dauphiné, l'an 1563, ordonna que désormais l'année commencerait au 1er j. Cet édit ne fut enregistré au parlement que le 19 déc. 1564. Le fait suivant j. qui suivit l'enregistrement, le roi et la grande chancellerie comptèrent 1565. Le 1er j. suivant, la chancellerie de Paris obéit de nouveau à l'édit et compta 1566 ; mais au parlement de Paris et dans tout son ressort, on ne compta 1566 qu'au 14 avril, jour de Pâques. Enfin, le 1er j. suivant, on compta dans toute la France 1567. — Dans le cours de ce mois, les deux fêtes principales que célèbre l'Église, sont la *Circoncision* et l'*Épiphanie*, qui ont lieu, la première le 1er, et l'autre le 6 janvier.

JANVIER (SAINT), patron de Naples, fut martyrisé à Pouzzoles, sous Dioclétien. Fête le 19 septembre. — On raconte que son sang, conservé en certaines fêtes. Un jour que M. C. Flammarion se trouvait à la cathédrale de Naples, pendant la cérémonie, et que l'archevêque présentait l'ampoule à la vénération des fidèles, il regarda attentivement et constata que l'on ne s'était même pas donné la peine d'imiter le miracle par le procédé chimique bien connu.

JANVILLE, ch.-l. de c. (Eure-et-Loir), arr. de Chartres ; 1,300 hab.

JANZÉ, ch.-l. de c. (Ille-et-Vilaine), arr. de Rennes ; 4,800 hab.

JAPACONITINE. s. f. (R. *Japon* et *aconit*). T. Chim. Alcaloïde cristallisable de la formule $C^{66}H^{88}Az^2O^{21}$, contenue dans l'Aconit du Japon. La j. fond à 185°. Traitée par la potasse alcoolique, elle se dédouble en donnant de l'acide benzoïque et un nouvel alcaloïde, la *Japaconine*, qui a pour formule $C^{56}H^{84}Az^2O^{19}$.

JAPET, Titan, fils d'Uranus, frère de Saturne et père d'Atlas, de Prométhée et d'Épiméthée.

JAPHET, 3e fils de Noé, dont les 7 fils peuplèrent l'Europe et une partie de l'Asie.

JAPHÉTIQUE. adj. 2 g. [Pr. *jafé-tike*]. Qui est de la descendance de Japhet.

JAPON, ou mieux **NIPPON**, empire formé du vaste archipel situé en face des côtes orientales de l'Asie. Baigné à l'ouest par la mer du Japon et la mer Orientale ou mer Bleue, à l'est par le grand Océan Pacifique, il comprend du nord-est au sud-ouest les îles Houroup, Yeso, Nip-Hon, Sikok, Kiou-Siou entre les 45° et 35° degrés nord, puis, vers le 25° degré, les îles Licou-Kicou et enfin Formose récemment cédée par la Chine à la suite d'une guerre malheureuse en Corée (1894-95). Le développement des côtes de cet archipel est de plus de 4,400 kilomètres.

Les quatre principales îles sont très montagneuses et sujettes aux tremblements de terre. On y remarque le volcan Fusiyama. Les cours d'eau sont sans importance, en raison du peu de largeur de ces îles. La population totale est d'environ 40,7 5,000 habitants. La capitale est Tokio (1,600,000 hab.); les villes principales, dans l'île de Nip-Hon, la plus grande, Yokohama et Osaka, ports importants sur le Pacifique, Kioto sur la mer du Japon;

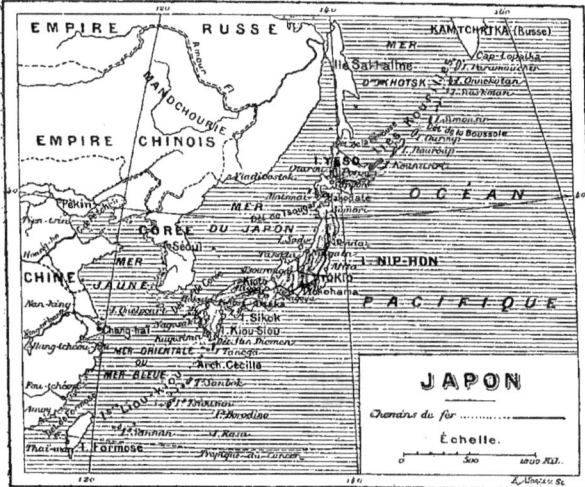

EMPIRE RUSSE — KAMTCHATKA (Russe)
EMPIRE CHINOIS
JAPON
Chemins de fer
Échelle.

dans l'île Kiou-Siou, Kagosima, Koumamotou et Nangasaki.

Les Portugais découvrirent le Japon au XVIᵉ siècle et y furent d'abord bien accueillis, mais, après un grand massacre de chrétiens en 1637, l'entrée en fut interdite aux Européens, sauf l'îlot de Deshima concédé aux Hollandais.

Ce n'est que vers le milieu du XIXᵉ siècle que les États-Unis, d'abord (1851), puis l'Angleterre, la Hollande, la France, la Russie, obtinrent l'accès de certains ports, et que les Anglais fondèrent Yokohama (1858); toutes ces concessions avaient été faites par le Taïkoun ou Shogun, sorte de maire du palais qui avait à sa dévotion une nombreuse et cruelle caste, les Daïmos et les Samuraï. En 1868, le nouveau prince régnant, le Mikado Mut-su-hito, détruisit cette puissance usurpatrice, mais maintint les concessions faites aux étrangers.

Les Japonais, quoique appartenant à la race jaune, sont, à l'encontre des Chinois, très accessibles à la civilisation européenne, et, depuis un demi-siècle surtout, ils ont adopté nos progrès scientifiques et industriels, nos coutumes, nos costumes, nos armements, et ont dû à cette transformation leurs récents et foudroyants succès sur la Chine, en Corée.

Le Japon est gouverné par un Mikado ou empereur, qui depuis les temps les plus reculés était absolu. Cet empire aurait été fondé 600 ans avant J.-C. par Tinmoutiet-No. Mais, en 1875, le monarque régnant a de sa propre autorité institué un parlement élu, que la Constitution nouvelle nomme assemblée provinciale.

Le climat du Japon est sensiblement le même que celui de l'Europe centrale. On y trouve cependant de nombreux spécimens de la faune et de la flore tropicales, tels que les serpents, le bison, le mûrier, le riz, le thé, la soie, le bambou, etc. Les productions principales sont : le riz, les céréales, le thé,

la soie, le papier, les laques, les porcelaines, les bronzes, les ouvrages en bambou, en ivoire, etc.

JAPON (MER DU), partie du Grand Océan entre l'archipel du Japon et la Chine.

JAPON. s. m. Nom que l'on donne à la porcelaine apportée du Japon. *Ces tasses sont d'ancien japon.*

JAPONISME. s. m. Goût et pratique des choses du Japon.

JAPONISTE. s. m. Celui qui étudie la langue, les choses du Japon.

JAPONNER. v. a. [Pr. *japo-ner*]. T. Techn. Rendu semblable au Japon. = JAPONNÉ, ÉE. part. *Porcelaine japonnée.*

JAPPAGE. s. m. [Pr. *ja-paje*] (R. *japper*). Cri de certains animaux. *Le j. du chacal.*

JAPPEMENT. s. m. [Pr. *jape-man*]. Action de japper. Le cri des petits chiens et du renard.

JAPPER. v. n. [Pr. *ja-per*] (Onomatopée?). Crier; se dit surtout du cri des petits chiens et du renard.

JAPPEUR, EUSE. s. [Pr. *ja-peur*]. Celui, celle qui jappe.

JAPYGES, peuple primitif de l'Italie centrale; venu par la vallée du Pô, il se confondit avec les Grecs qui occupèrent la partie méridionale de la péninsule.

JAQUE. s. m. (Malabar *tsjaka*, m. s.). Fruit du jaquier.

JAQUE. s. f. (all. *jacke*, surtout), Vx mot qui signifiait, un habillement court et serré. Il n'est plus usité que dans la loc., *J. de mailles*, Armure de mailles de fer allant du cou aux cuisses.

JAQUELINE. s. f. (R. nom propre). Cruche de grès à large ventre, en usage dans les Flandres.

JAQUEMART. s. m. (abrév. de *Jacques marteau*). Figure de fer qui représente un homme armé et qu'on met quelquefois sur le haut d'une tour pour frapper les heures avec un marteau sur la cloche d'une horloge. — Prov. et par déris., on dit d'un homme armé d'une cuirasse et embarrassé de ses armes, qu'*Il est armé comme un j.* || T. Archéol. Voy. ÉPÉE. || T. Techn. Ressort destiné à faire relever la vis des anciens balanciers à frapper les monnaies.

JAQUETTE. s. f. [Pr. *ja-kè-te*]. (Dim. de *jaque*). Sorte d'habillement qui descend jusqu'aux genoux ou plus bas, et qui était anciennement l'usage des paysans et des gens du peuple. || La robe que portent les petits garçons avant qu'on leur donne la culotte. *Un enfant à la j. Il portait encore la j.* — Pop., *Trousser la j. à un enfant*, Le fouetter. || T. Techn. Frette d'acier qui renforce la culasse d'une pièce d'artillerie.

JAQUIER. s. m. T. Bot. Voy. JACQUIER.

JAQUOTOT (Mᵐᵉ), peintre sur porcelaine, née à Paris (1778-1855).

JARDE. s. f. T. Art vétér. Voy. JARDON.

JARDIN. s. m. (all. *garten*, m. s. Le lat. *hortus* et le gr. χόρτος, sont du même rad.). Terrain où l'on cultive des légumes, des fleurs, des arbres, etc., dans un but d'utilité ou d'agrément, et sans employer la charrue. — Fig. et prov., *Jeter une pierre dans le j. de quelqu'un*, Mêler dans un discours des paroles qui attaquent quelqu'un indirectement. *Ce mot est une pierre jetée dans votre j.* || Fig., se dit d'un pays très fertile et dont la culture est très variée.

La Touraine est le j. de la France. || *J. sec,* Herbier. || T. Mar. Partie supérieure des bouteilles d'un navire. || T. Théât. Côté de la scène qui est à droite de l'acteur.

Hortic. — I. — On distingue, d'après leur destination, les *Jardins* en plusieurs catégories. Le *j. potager* ou *maraicher* est celui qui est exclusivement consacré à la culture des légumes: nos paysans n'en connaissent pas d'autres; le *J. fleuriste* est celui où l'on ne cultive que des fleurs ou des arbustes d'agrément; le *J. fruitier,* celui où l'on ne cultive que des arbres à fruit; le *J. mixte* combine les agréments et les avantages des diverses espèces qui précèdent. On nomme encore *J. médical* celui qui est affecté à la culture des plantes médicinales ; *J. botanique,* celui où l'on rassemble avec méthode des plantes de toutes sortes et de tous les pays, pour servir à l'étude et aux progrès de la science botanique; et *J. de naturalisation,* celui où l'on cultive des végétaux exotiques, soit utiles, soit d'ornement, dans le but de les acclimater et de les multiplier.
— C'est à l'Italie que revient l'honneur d'avoir créé les premiers jardins botaniques. Le plus ancien est celui de Pise, en Toscane, qui fut fondé par Luc Ghcini, en 1543, et qui fut longtemps dirigé par le célèbre Césalpin. Padoue eut le second j. botanique, en 1546. En 1568, Aldrovande fonda celui de Bologne. Vers la même époque, il fut établi aussi des jardins botaniques à Rome et à Florence. Bientôt après, Leyde, en Hollande (1577), et Leipsick, en Allemagne (1580), imitèrent l'Italie. La France ne vint qu'après.
Le plus ancien j. botanique de notre pays est celui de Montpellier (1597). La création du *J. des plantes* de Paris est due au médecin de Louis XIII, Guy de la Brosse, qui donna lui-même le terrain sur lequel il fut établi. Il fut ouvert au public en 1636. En 1793, la Convention le constitua à peu près tel qu'il est aujourd'hui, avec la ménagerie des animaux, sous le nom de *Muséum d'histoire naturelle.* Aujourd'hui toutes les capitales de l'Europe, et une foule de villes secondaires, ont des jardins botaniques plus ou moins riches.
II. — Au point de vue de la manière dont ils sont dessinés, les *Jardins d'agrément,* soit publics, soit privés, se divisent en deux grandes classes: les *Jardins symétriques* et les *Jardins paysagers,* appelés plus communément *jardins français* et *jardins anglais.* Parmi les jardins du premier système, on distingue les jardins de Versailles et les deux grands jardins publics de Paris, c.-à-d. celui des Tuileries et celui du Luxembourg. Les jardins paysagers sont ceux où l'on s'efforce d'imiter la nature, en lui conservant la variété qu'elle présente habituellement, au lieu de la soumettre aux lois absolues de la régularité et de la symétrie. Les plus beaux jardins de ce genre se trouvent en Angleterre et en Allemagne. Les *jardins dits hollandais* et les *jardins chinois* ne sont que des exagérations souvent grotesques, les premiers du système français, les seconds du système anglais. Parmi les artistes qui ont le plus fait pour l'art des jardins, nous citerons : Le Nôtre et la Quintinie, en France; Kent, Brown et Repton, en Angleterre; Sckell, Hake et Siebeck, en Allemagne.
III. — S'il est question d'établir un j. d'agrément, de plaisir ou paysager, on se conforme à l'exposition naturelle qui fournit le plus de pittoresque; l'art consiste, dans ce cas, à ménager des points de vue variés, qui plaisent à l'œil et frappent l'imagination. Le dessinateur et l'architecte sont autant consultés que l'horticulteur. Mais il n'en est plus ainsi lorsqu'il s'agit d'un j. fruitier ou d'un potager. Il faut obtenir de beaux et bons fruits, des légumes hâtifs, de bonne qualité et abondants; la science du jardinier reprend ses droits, et elle s'appuie, pour atteindre son but, sur les données expérimentales et rationnelles de la physique et de la chimie. Sous la zone de Paris, il faut, autant que possible, établir les jardins potager et fruitier dans une terre franche, assez meuble, douce, chaude et profonde. Les terres chaudes et légères sont favorables pour les primeurs, mais elles ne produisent en été qu'avec le secours d'arrosages fréquents. On sait que les terres chaudes sont siliceuses, suffisamment calcaires et noires; les terres froides sont argileuses et humides. On doit tenir compte, en outre, de l'exposition. Le fond du Nord convient aux primeurs, à beaucoup d'arbres verts, aux plantes dites de terre de bruyère; mais plusieurs fruits ne peuvent y mûrir, ou n'acquièrent pas de qualité; elle produit, d'ailleurs, un retard dans la végétation et les légumes manquent de saveur. — Les terrains exposés au levant se réchauffent dès le matin; le soleil les frappe alors plus directement et les abandonne au moment le plus chaud de la journée, c.-à-d. quand il y a abaissement non préjudiciable de température. Mais au printemps, cette exposition du levant fait courir de grands dangers aux plantes qui, chargées de givre, reçoivent tout à coup l'impression d'un soleil ardent; il y a dilatation brusque de

végétation; par conséquent, rupture des fibres végétales et perte des jeunes pousses. — Les terrains exposés au couchant restent plongés le matin dans l'humidité atmosphérique; la rosée y séjourne et se dissipe lentement; ils manquent de soleil pendant la portion la plus froide de la journée; mais le soir et pendant les heures les plus chaudes, ils reçoivent directement l'action des rayons solaires. Cette exposition produit donc un climat diurne extrême; cependant elle est plus tardive que celle du levant, et, d'ailleurs, les plantes y souffrent trop souvent des vents d'ouest qui dominent en automne. De toutes les expositions, celle du midi est la plus avantageuse. En hiver, elle jouit toute la journée du plein soleil; en été, les rayons solaires n'arrivent pas directement le matin, ils frappent longtemps obliquement et s'en vont de bonne heure le soir; la chaleur ne s'accroît donc et ne diminue que par une progression régulière. Les primeurs, les cultures hâtives, enfin, tous les végétaux qui ont besoin de beaucoup de chaleur, tels que le figuier, le pêcher, le muscat, les melons, les tomates, se plaisent à l'exposition du midi; quelques plantes seulement y languissent par trop de chaleur. — Le j. potager est en même temps, du moins le plus ordinairement, un j. fruitier; à cause de cette double destination, on l'entoure au moins de trois côtés, est, nord et ouest, de murs hauts de 2m,50 à 3m,50. Il est divisé intérieurement en carrés proportionnés à la grandeur et à la forme du terrain, d'abord par une allée de ceinture, ensuite par d'autres allées se sectionnant à angles droits. Sous le climat de Paris, comme les arbres plantés et conduits en espalier contre les murs produisent le plus souvent des fruits plus beaux, plus savoureux que ceux qui poussent en plein vent, on doit rendre la plate-bande qui règne au pied des murs aussi fertile que possible, et d'une largeur suffisante pour que les arbres y trouvent longtemps une nourriture abondante. L'usage n'est pas de défoncer les allées; mais les carrés et les plates-bandes doivent être retournés, fouillés, ameublis et fertilisés par toutes sortes d'engrais et d'amendements, jusqu'à la profondeur de 1m,20 au moins. L'eau étant de première utilité dans un j. potager, on construit le plus souvent un bassin ou réservoir vers le centre, et l'on y dirige les eaux de pluie que l'on peut se procurer; à moins que ce j. ne soit bordé par un cours d'eau ou favorisé d'un puits. Si l'on se propose de palissader les espaliers à la *Logue* (Voy. ce mot), il est nécessaire que les murs soient crépis et enduits d'une couche de plâtre d'environ 4 centimètres d'épaisseur, afin de pouvoir y enfoncer les clous et les retirer facilement plus tard. Si l'on préfère palisser sur treillage, il faut que le jardinier et le treillageur s'entendent pour que les mailles soient de grandeur convenable. Il est aussi très avantageux que les murs soient couronnés d'un chaperon présentant une saillie de 20 centim. environ. Quelques arboriculteurs conseillent un chaperon peu saillant, dans le but de préserver les arbres de l'influence des gelées printanières et de diminuer la vigueur de la végétation vers leur sommet, par privation des influences de la lumière; la sève, disent-ils, est alors attirée en plus grande abondance vers le centre et la base de l'arbre qui se développent avec plus d'énergie. Mais, à côté de ces avantages, un chaperon très saillant apporte l'inconvénient grave de rendre le sommet de l'arbre malade et improductif, sur une hauteur d'environ 30 centimètres. En outre, les espaliers exposés au midi et au levant souffrent d'être privés de l'influence bienfaisante des pluies et des rosées de l'été. Enfin, on peut remplacer ces saillies à demeure par des abris mobiles qui présentent les mêmes avantages privés d'inconvénients. Ces abris variables par la forme, leurs supports et les matières qui servent à leur confection, rappellent constamment celui qui fut imaginé par Girardot, au temps de Louis XIV, et qui est resté le plus économique. Cet arboriculteur ayant remarqué que les gelées printanières n'agissent vivement sur les plantes qu'autant qu'il n'existe pas d'obstacle entre ces plantes et le ciel, fit sceller tout le long de ses murs, au-dessus des chaperons, et tous les 0m,50, des tringles en bois de 65 centimètres de saillie et inclinées en avant sur un angle de 30 degrés. environ. Lorsque ses arbres entraient en végétation, vers la mi-février, il attachait sur ces tringles des paillassons longs de 2 mètres, larges de 65 centim., et disposés en forme de claie. Il maintenait ces paillassons jusqu'au moment où les fruits commençaient à nouer, c.-à-d. jusqu'à la fin de mai. Ces abris très simples, peu dispendieux, et qui remplissent parfaitement le but cherché, sont encore généralement employés à Montreuil. — Contre les murs qui doivent servir de clôture, on ne doit planter que des arbres à basse tige, dont les fruits ont besoin de beaucoup de chaleur pour acquérir toutes leurs qualités, et pour atteindre une maturité convenable. Mais l'arbre auquel l'espalier est indispensable, sous le climat parisien, est le pêcher. On plante au midi une ou deux espèces les plus hâtives, afin d'avancer encore la maturité et d'en jouir de bonne heure. On y joint quelques pêchers tardifs, afin d'avoir la certitude que leurs fruits mûriront; les espèces intermédiaires se distribuent au levant et au couchant. On peut placer aux expositions les plus chaudes de l'espalier un cerisier Royal hâtif, un prunier Reine-Claude pour obtenir des fruits exquis, un abricotier précoce. Le Bon-Chrétien d'hiver obtiendra une large place au midi ; on pourra y mettre aussi un Beurré, une Crassane, un Saint-Germain, un pied de raisin Muscat; mais la place de presque toutes les poires et des chasselas est au levant et au couchant. Quant à la distance à ménager entre les arbres, elle ne peut être déterminée qu'en raison de la fertilité de la terre et de l'étendue que doit occuper chaque espèce d'arbre. — On ne plante ordinairement dans les plates-bandes d'un j. fruitier-potager que des poiriers, des pommiers nains et des groseilliers. Les poiriers s'élèvent en pyramides ou en quenouille; les pommiers, greffés sur paradis ou sur doucin, prennent la forme d'un petit buisson arrondi, évidé au centre; les groseilliers subissent cette dernière forme. Toutes les espèces de poires, excepté le Bon-Chrétien d'hiver, peuvent se cultiver ainsi. Si les poires d'hiver ne deviennent pas aussi belles qu'en espalier, celles d'été et d'automne sont plus savoureuses.

Disons, cependant, que la réunion du fruitier au potager présente rarement de l'avantage; à l'exception toutefois des murs d'enceinte qu'il faut toujours réserver aux espaliers. Les pommiers nains, les quenouilles et les groseilliers nuisent aux légumes par leur ombrage, et ceux-ci nuisent aux arbres, soit par épuisement du sol, soit par les labours trop profonds et trop fréquents, soit par les arrosements trop copieux exigés par les légumes et qui font pourrir les racines des arbres. Il est donc plus convenable de séparer ces deux cultures en créant un j. fruitier et un potager placés sur deux points différents ou réunis dans un même enclos.

Du jardin fruitier. — Outre les murs de clôture, le j. fruitier sera divisé par des murs de refend uniquement destinés aux espaliers. Dans l'intervalle, les arbres assez rapprochés les uns des autres seront soumis à la taille annuelle; on les disposera en contre-espaliers, en cônes, en vases ou gobelets, les arbres à haut vent ou à haute tige en seront exclus. La destination de ce j. est de fournir la plus grande quantité possible de beaux fruits savoureux et dans les conditions les plus économiques. Si l'on n'est pas gêné par le voisinage, on donnera au j. fruitier la forme d'un rectangle. Les murs seront orientés de façon à ce que les longs soient dirigés du sud au nord. Il en résultera que les faces intérieures de ces murs auront leur plus grande exposition à l'est et à l'ouest, et la plus restreinte au nord. Mais cette dernière pourra encore être utilisée par quelques espèces d'arbres qui s'en accommodent. Les murs de clôture devront être construits de telle façon que l'on puisse utiliser les faces extérieures, qui seront protégées contre les maraudeurs par des obstacles quelconques, haies vives, ou grillages établis à 2 mètres environ. Les subdivisions de l'intérieur, à l'aide de murs de refend y sont utiles dans le nord et à région moyenne, en ce qu'ils augmentent la surface des espaliers et servent de brise-vents. Ces murs seront d'autant plus nombreux que le climat sera plus froid et qu'on aura moins de chance de l'olivier, les murs ne sont utiles ou comme clôture; les arbres qu'on y palisse souffrent trop de la chaleur concentrée. De nombreuses observations, il résulte que la couleur blanche des murs est la plus favorable pour stimuler la végétation des arbres qui sont palissés. La coutume de blanchir les murs a toujours été pratiquée à Montreuil, pour les pêchers, et à Thomery, pour la vigne ; c'est, d'ailleurs, le moyen de donner aux espaliers le maximum de chaleur que comportent le climat et l'exposition. Au contraire, il convient, dans le midi, de noircir les murs pour les fruits à pépins placés aux expositions les plus chaudes. On emploie souvent, pour la construction des murs, les matériaux que l'on trouve sur place. Toutefois, pour diminuer la dépense dans de grandes proportions et aussi dans l'intérêt de la santé des arbres, il est préférable de remplacer la maçonnerie proprement dite par le *pisé*, comme cela se pratique dans la Champagne et le Lyonnais, ou par une construction en terre pressée, comme on le fait en Normandie et en Picardie. Ces murs, auxquels on donne une épaisseur de 0,40 sont pourvus d'un socle en maçonnerie de 0,50 de hauteur; les angles, et, de place en place, des piliers sont également construits en maçonnerie, afin d'augmenter la solidité. On les recouvre avec une toiture de chaume. Quels que soient les matériaux employés, les murs devront toujours être

crépis et entretenus dans un grand état de propreté, afin d'empêcher les petits rongeurs et les insectes nuisibles de se loger dans leurs cavités. Voy. PALISSAGE, PLANTATION.

JARDINAGE. s. m. L'art de cultiver les jardins ou le travail que l'on fait aux jardins. *Il entend bien le j. Les produits du j.* || S'emploie comme nom collectif, en parl. des terrains qui sont cultivés en jardins. *Il n'y a dans cette ville qu'un tiers de maisons, le reste est en j.* || Se dit aussi des plantes potagères que produit un jardin. *Mener au marché une voiture de j.* || T. Forest. Mode d'exploitation consistant à choisir pour les coupes les arbres nuisibles ou inutiles à la bonne tenue de la forêt. || T. Lapid. Taches d'un diamant consistant en fêlures ou en infiltrations de matières étrangères.

Hortic. — Les termes de J. et d'*Horticulture* sont parfaitement synonymes; toutefois le premier se dit le plus souvent en parlant du modeste jardin potager; et le second quand il s'agit du jardin fleuriste ou du jardin d'agrément. Il semble que la forme latine de celui-ci lui donne un air de noblesse que ne possède pas le premier. Aussi les sociétés qui se sont fondées dans le but de favoriser les progrès du j., ont-elles toutes adopté le nom de *Sociétés d'horticulture.* La première société de ce genre a été fondée, en 1803, dans une petite ville d'Allemagne, Altenbourg. Dans la Grande-Bretagne, la plus ancienne remonte à 1809 : c'est la *Caledonian horticultural Society*, qui a son siège à Édimbourg. La Société d'horticulture de Londres n'est venue qu'après. Enfin, en 1827, la France a vu créer la *Société d'horticulture de Paris.* Cette dernière a rendu de grands services à l'art du j. considéré sous ses divers aspects, et contribué puissamment à ses progrès, soit au moyen de ses expositions publiques, soit par les prix qu'elle distribue annuellement, soit par la publication des *Annales d'horticulture*, qui mettent nos jardiniers et nos amateurs au courant de tous les essais faits et de tous les résultats obtenus tant en France qu'à l'étranger. Voy. JARDIN.

JARDINATOIRE. adj. 2 g. Qui a rapport au jardinage des forêts.

JARDINÉ, ÉE. adj. T. Lapid. Qui présente le défaut de *Jardinage.* Voy. ce mot.

JARDINEMENT. s. m. Action de jardiner.

JARDINER. v. n. (R. *jardin*). Travailler au jardin; ne se dit guère que d'une personne pour laquelle ce travail est un passe-temps. *Il s'amuse, il se plaît à j.* Fam. || Exploiter une forêt par jardinage. = JARDINÉE. v. a. T. Faucon. *J. l'oiseau*, Lui faire prendre l'air au jardin.

JARDINET. s. m. (Dim). Petit jardin. || T. Mar. Compartiment dans lequel on parque les harengs.

JARDINEUX, EUSE. adj. (R. *jardin*). T. Joaill. *Émeraude j.*, Qui a quelque chose de sombre et de peu net.

JARDINIER, IÈRE. s. Celui, celle dont le métier est de travailler aux jardins, ou qui cultive un jardin pour en vendre les produits. *Un bon, un habile j. C'est votre jardinière. Un j. fleuriste.* || Fig., *Un chien de j.*, Un homme hargneux. Fam. || Celui qui entend bien la composition, l'ordonnance et l'embellissement des jardins. Peu us. en ce sens. = JARDINIÈRE. s. m. T. Ornith. Ortolan ou bruant des jardins. || T. Entom. Nom vulg. de plusieurs insectes, comme le *Carabe doré* et la *Courtilière*, qu'on suppose vivre aux dépens des plantes cultivées dans les jardins. = JARDINIÈRE. s. f. Meuble d'ornement qui supporte une caisse dans laquelle on cultive des fleurs. *Une jardinière d'acajou. Une jardinière suspendue.* = T. Cuisine. Mets composé de diverses sortes de légumes. Petite broderie de fil, étroite et légère, exécutée à l'extrémité d'une manchette de chemise ou de quelque autre vêtement semblable. || Voiture de campagne dans laquelle les maraîchers transportent leurs produits. || Coiffure du XVIIe siècle consistant en une longue cornette bordée d'une broderie de fil, étroite et légère. = JARDINIER, adj. Qui a rapport aux jardins, *Cultures jardinières* || T. Forest. *Exploitation jardinière*, Exploitation d'une forêt par *Jardinage.* Voy. ce mot.

JARDINISTE. s. m. Celui qui dessine des jardins.

JARDON. s. m. (ital. *giardone*). T. Art vét. Tumeur dure, quelquefois phlegmoneuse, qui se développe à la partie latérale externe du jarret du cheval, sur la partie postérieure et supérieure de l'os du canon.

JARGAUDER. v. n. Couvrir la femelle en parlant du jars.

JARGEAU. ch.-l. de c. (Loiret), arr. d'Orléans, sur la Loire ; 2,500 hab.

JARGON. s. m. (R. *jars*). Langage corrompu. *Cette personne parle si mal français, que je n'entends point son j.* || Absol. et par mépris, se dit quelquefois d'une langue étrangère, parce qu'on ne l'entend pas. *Quel j. parlent ces gens-là? je ne comprends pas une seule de leurs questions.* || Langage de convention où l'on emploie les mots dans des sens qu'ils n'ont pas communément, et qui est en usage parmi certaines gens qui, en général, ne veulent pas être compris par ceux qui les entendent. *Les bohémiens, les gueux, les filous, ont leur j. particulier que personne n'entend.* — Figurém. et par déris., on dit : *Le j. des précieuses, des petits-maîtres. Le j. de la galanterie.* == Ce mot est fam. dans toutes ses acceptions.

JARGON. s. m. (ital. *giargone*, m. s.). T. Minér. Diamant jaune moins dur que le vrai diamant. — Petite pierre grosse comme une tête d'épingle, très commune en Auvergne. Voy. **Zirconium.**

JARGONELLE. s. f. [Pr. *jargo-nèle*] (R. *jargon*). T. Minér. Variété de pierre, très pierreuse.

JARGONNER. v. n. [Pr. *jar-go-ner*, g dur] (R. *jars*). Se dit du cri du jars, *Le jars jargonne.* || Parler un langage barbare, corrompu, non intelligible. *Ils jargonnaient ensemble.* — Activ., on dit : *Qu'est-ce qu'ils jargonnent? Ils jargonnaient je ne sais quoi.* Fam. == **Jargonné, ée.** part.

JARGONNESQUE. adj. 2 g. [Pr. *jar-go-neske*]. Qui tient du jargon.

JARGONNEUR. s. m. [Pr. *jar-go-neur*]. Celui qui jargonne.

JARLOT. s. m. T. Mar. Entaille où l'on fait entrer le bordage d'un bâtiment.

JARNAC. ch.-l. de c. (Charente), arr. de Cognac, sur la Charente ; 4,900 hab. — Victoire du duc d'Anjou sur les calvinistes (1569).

JARNAC (Guy Chabot, seigneur de), gentilhomme français, qui, dans un duel célèbre, en présence de toute la cour (1547), blessa la Châtaigneraie, son adversaire, au jarret d'un coup inattendu; de là *coup de Jarnac*, coup donné par trahison.

JARNI, JARNIBLEU, JARNIDIEU, JARNIGUÉ, JARNIGUIENNE. interj. (altér. et abr. de *je renie Dieu*). Jurement mis dans la bouche des personnages de comédie, principalement des paysans.

JAROSITE. s. f. [Pr. *jaro-zite*]. T. Minér. Sous-sulfate hydraté de fer et de potasse ou de soude, en petits cristaux rhomboédriques ou en masses jaunes d'ocre.

JAROSSE. s. f. [Pr. *jaro-se*]. T. Bot. Nom vulgaire du *Lathyrus cicera*. Voy. **Gesse, Légumineuses.**

JARRAS (Hugues-Louis), général fr. (1811-1890), signa la capitulation de Metz (27 octobre 1870).

JARRE. s. f. [Pr. *ja-re*] (esp. *jarro*, pot.). Grand vase de terre cuite et vernissée dans lequel on met de l'eau, de l'huile, etc. *Mettre de l'eau dans des jarres. Une j. d'huile.* || Fontaine de terre cuite pour conserver l'eau dans les maisons. || Mesure usitée en Orient pour le commerce des vins. || Futaille où tombe le son dans un moulin. || T. Filat. Brin gros et rigide, offrant quelque ressemblance avec les poils communs, mêlé quelquefois à la laine. || Grand bocal de verre ou de cristal, dont on se sert en physique pour construire les batteries électriques. || T. Techn. Poils longs et luisants qui déparcraient les pelleteries et qu'on arrache. V. **Poil.**

JARREBOSSE. s. f. [Pr. *jarre-bo-se*]. T. Mar. Corde garnie d'un crampon, qui sert à accrocher l'anneau de l'ancre pour le tirer de l'eau.

JARRET. s. m. [Pr. *jarè*] (celt. *garr*, jambe). Partie du membre inférieur qui est située derrière l'articulation du genou, et où s'opère la flexion de la jambe. *Il a le j. souple. Plier, roidir, tendre le j.* — Fig. et fam. *Être ferme sur ses jarrets.* Faire bonne contenance. *Avoir du j.* Être bon marcheur, danseur infatigable. *Avoir des jarrets d'acier, Avoir des jarrets solides.* || L'endroit où se plie la jambe de derrière des animaux à quatre pieds. *Ce cheval a les jarrets secs, nerveux. Couper les jarrets aux chevaux. Mettre un j. de veau dans le pot.* || T. Archit. Espèce de saillie ou de bosse qui est une défectuosité. *Cette voûte a un j.* || T. Techn. Longue branche d'arbre une dépouillée d'autres branches. — Coude formé par la jonction de deux tuyaux de conduite. || T. Man. Partie du mors du cheval qui descend du rouleau aux petits poucets de la première chaînette. || T. Charp. Défaut du bois qui consiste en une sorte de saillie, de bosse.

JARRETÉ, ÉE. adj. [Pr. *jare-té*] (R. *jarret*). Se dit de tout quadrupède qui a les jambes de derrière tournées en dedans, et si peu ouvertes que les deux jarrets se touchent presque en marchant. *Un mulet j.* || Par anal. *Un danseur j.* Dont les genoux se touchent et les pieds s'écartent. || T. Archit. Se dit d'une surface qui a un jarret. *Pilastre j. Voûte jarretée.*

JARRETELLE. s. f. [Pr. *jaretèle*[(R. *jaretière*). Ruban élastique servant à fixer les bas au corset.

JARRETER. v. n. [Pr. *ja-re-ter*] (R. *jarret*). T. Techn. Former coude. *Une ligne qui jarrette.* == **Jarreter.** v. a. Garnir de jarreterie. == **Se Jarreter.** v. pron. Mettre des jarretières. == **Jarreté, ée.** part.

JARRETIER, IÈRE adj. (R. *jarret*). T. Man. *Cheval j.* Ayant les jarrets trop proches l'un de l'autre.

JARRETIÈRE. s. f. [Pr. *ja-re-tière*] (R. *jarret*). Sorte de ruban généralement élastique et à boucle, servant à fixer les bas à la jambe, au-dessus ou au-dessous du genou. *La j. de la mariée*, Ruban en faveur que l'usage de certains pays veut qu'on détache de la jambe de la mariée, et dont les invités de la noce portent un bout à la boutonnière. — *L'ordre de la Jarretière*, Ordre de chevalerie, institué en Angleterre par Édouard III. Voy. **Ordre.** || Fig. *Il ne lui va pas à la j.*, Il est bien au-dessous de lui en valeur. || T. Méd. Dartre farineuse autour de la jambe. || T. Icht. Genre de poisson au corps en forme de ruban.

JARREUX, EUSE. adj. [Pr. *ja-reu*] (R. *jarre*). Se dit de la toison d'un animal qui porte plus ou moins de jarres.

JARRON. s. m. [P. *ja-ron*]. Petite jarre.

JARS. s. m. [Pr. *jar*] (celt. *gars*). Le mâle de l'oie. *Un beau j.* || Fig. et pop. *Il entend le j.*, Il est fin, on ne lui en fait pas facilement accroire.

JAS. s. m. [Pr. *ja*]. T. Mar. Pièce de bois ajustée par le milieu à l'extrémité de la verge d'une ancre.

JASEMENT. s. m. [Pr. *ja-ze-man*]. Action de jaser.

JASER. v. n. [Pr. *ja-zer*] (ital. *gazza*, pie). Causer, babiller. *Vous jasez beaucoup. Il ne fait que j.*

     Ah ! jamais les amants ne sont las de jaser.

                     Molière.

— Prov. *Vous jasez bien à votre aise, vous avez les pieds chauds.* Voy. P. || Famil. Dire et révéler quelque chose qu'on devrait tenir secret. *Gardez le secret; si vous allez j., vous nous perdez. Je suis sûr que vous avez j. Sans avoir l'air de rien, on le fit j.* || Par ext. se dit des geais et de quelques autres oiseaux, particulièrement des pies, des perroquets, etc., qui parlent. *Cette pie jase toute la journée.* || Fig. *Jaser comme une pie borgne*, Parler à tort et à travers. = Syn. Voy. **Caqueter.**

JASERAN ou **JASERON.** s. m. [Pr. *ja-ze...*] (ar. *Djezair*, Alger, parce qu'on en fabriquait dans cette ville). Espèce de cotte de mailles. || Chaîne d'or à fines mailles et à plusieurs tours que beaucoup de femmes de la campagne portent autour du cou.

JASERIE. s. f. [Pr. *ja-ze-rie*] Babil, caquet. *C'est dans l'atelier une j. continuelle.* Fam.

JASEUR, EUSE. s. [Pr. *ja-zeur, zeuze*] Causeur, bavard. *C'est une grande jaseuse.* Fam. | Celui qui est sujet à redire ce qu'il entend. *Défiez-vous de lui, c'est un j.* Fam. || T. Ornith. *Genre de Passereaux.* Voy. COTINGA.

JASMIN. s. m. (esp. *jasmin*, de l'ar. *âsmin*, m. s. T. Bot. Genre de plantes Dicotylédones (*Jasminum*) de la famille des *Oléacées.* Voy. ce mot || On applique vulg. le nom de *Jasmin* à diverses plantes qui appartiennent à d'autres familles : *J. d'Afrique* ou *J. bâtard*, Lyciet du Cap (Solanacées) ; *J. d'Amérique* ou *J. rouge des Indes*, Quamoclit écarlate (Convolvulacées) ; *J. du Cap*, Gardenia florida (Rubiacées) ; *J. de Perse*, Lilas à feuilles de troène (Oléacées) ; *J.-trompette* ou *J. de Virginie*, Tecoma radicans (Bignoniacées) ; *J. jaune* ou *J. de la Caroline*, Gelsemium sempervirens (Apocynées).

JASMIN (JACQUES BOÉ, dit), poète agenais, dit le *Perruquier poète*, a réuni ses œuvres sous ce titre : *Las Papillotos* (1798-1864).

JASMINÉES. s. f. pl. (R. *jasmin*). T. Bot. Tribu de plantes de la famille des *Oléacées.* Voy. ce mot.

JASON, héros grec, chef des Argonautes enleva la Toison d'or en Colchide.

JASPAGATE. s. f. Pierre composée de jaspe et d'agate.

JASPAGE. s. m. Travail qui consiste à faire des jaspures sur un mur, une boiserie, la tranche d'un livre, etc.

JASPE. s. m. (gr. ἴασπις, m. s.). T. Min. Variété de quartz dure et opaque. Sa couleur est très variable ; le j. vert de Sibérie est connu sous le nom de *Fausse-malachite*. Voy. QUARTZ. || T. Techn. Couleurs dont le relieur marbre la tranche ou la couverture d'un livre.

JASPER. v. a. (R. *jaspe*). Bigarrer de différentes couleurs en imitant le jaspe. *J. la tranche d'un livre.* = JASPÉ, ÉE. part. Peint et bigarré, soit naturellement, soit par effet de l'art, d'une manière qui imite le jaspe. *Marbre jaspé. Colonne jaspée. Tulipe jaspée. Livre re ié en veau jaspé. Fil jaspé.* || T. Filat. Se dit des fils retors formés de brins de couleurs différentes.

JASPERON s. m. T. Techn. Très gros bouillon entier pour les bordures de la passementerie.

JASPILLER v. n. [Pr. *jaspi-ller, ll* mouil.]. Pop. Lavarder, jaser. On dit plutôt aujourd'hui, *jaspiner*.

JASPINER. v. n. Voy. JASPILLER.

JASPIQUE. adj. 2 g. T. Minér. Qui est formé de jaspe.

JASPOÏDE. adj. 2 g. (R. *jaspe*, et gr. εἶδος, forme). T. Min. Qui a l'apparence du jaspe.

JASPURE. s. f. Action de jasper ou l'effet de cette action. *La j. d'une tulipe, d'un livre.*

JASSE. s. m. T. Entom. Espèce d'*Insectes Hémiptères.* Voy. CICADAIRES.

JASSY, capitale de la Moldavie, prov. de la Roumanie ; 90.000 hab.

JATROPHA. s. m. (gr. ἰατρός, médecin ; φάγω, je mange). T. Bot. Genre de plantes Dicotylédones de la famille des *Euphorbiacées.* Voy. ce mot.

JATTE. s. f. [Pr. *ja-te*] (lat. *gabata*, écuelle). Vase de bois, de faïence, de porcelaine, etc., qui est rond, peu d'une pièce et sans rebord. *Une petite j. Une j. de bois. Une j. pleine de lait*, ou simplement, *Une j. de lait.* || Fig, *Cul-de-j.* Voy. CUL.

JATTÉE. s. f. [Pr. *ja tée*]. Plein une jatte. *Une j. de lait.*

JAUBERT (Chevalier AMÉDÉE), orientaliste français, né à Aix-en-Provence (1779-1847).

JAUCOURT (Marquis de), homme d'État français, né à Paris (1757-1852).

JAUGE. s. f. (lat. *jaculum*, trait, verge, ou le vx fr. *jale*, baquet). Verge de bois ou de fer, divisée en décimètres, centimètres et millimètres, avec laquelle on mesure la capacité des futailles. *J. brisée. J. à crochets. Mesurer avec la j.* On dit qu'*elle n'est pas de j.*, qu'*elle n'a pas la j.* || Longueur déterminée mesurant un certain nombre de mailles dans un tricot. || Boîte percée de plusieurs trous, qui sert à mesurer la quantité d'eau débitée par une source. || Se dit dans quelques arts de divers instruments qui servent à mesurer les dimensions de certains corps solides. *J. de charpentier. J. pour mesurer la grosseur des cordages*, etc. || Cheville qui, par sa position sur le haie de la charrue, règle le degré de pénétration du soc. || Tranchée creusée dans le sol pour conserver momentanément des plantes || Barre de fer avec laquelle le forgeron manie l'enclume qu'il fabrique, soulève de grosses masses de fer, etc.

JAUGEAGE. s. m. Action de jauger. *Faire le j. d'un tonneau. Le j. d'un navire. Il entend le j.* || Droit que prennent les jaugeurs. *Il y a tant pour le j.*

JAUGER. v. a. (R. *jauge*). Mesurer une futaille, un vase quelconque, pour voir s'il est de la mesure dont il doit être, ou pour déterminer la quantité de matière qu'il contient. *J. des tonneaux Ces futailles ont été jaugées.* || Mesurer un navire pour en connaître la capacité. *Méthode pour j. un navire. On a jaugé ce bâtiment : il est de cinq cents tonneaux.* || Fig. et fam., *J'ai jaugé cet homme, je connais sa capacité.* = JAUGÉ, ÉE. part. — Conj. Voy. MANGER.

JAUGEUR. s. m. Celui dont l'emploi est de jauger *Maître j. J. juré.* || Ouvrier qui manie l'enclume ou de grosses masses de fer à l'aide de la jauge.

JAUMIÈRE. s. f. T. Mar. Trou pratiqué à la voûte d'un navire pour laisser passer la tête du gouvernail.

JAUNÂTRE. adj. 2 g. (R. *jaune*, avec le suff. péjor. *âtre*). Qui tire sur le jaune.

JAUNE. adj. 2 g. (lat. *galvinus*, jaune vert, dérivé de *galvus*, jaune). Qui est de couleur d'or, de citron, de safran. *Couleur j. Fleur j. Drap j. Il a le teint j.* — Fam. *Être j. comme un coing*, Avoir le teint fort jaune. || Fig. et prov. *Faire payer à quelqu'un son bec j.*, Lui faire payer sa bienvenue. On pron. plus ordin. *Béjaune. Montrer à quelqu'un son bec j.* Voy. BÉJAUNE. *Faire des contes jaunes*, Dire des choses incroyables. || T. Méd. *Fièvre j.* Voy. Plus bas. || *Race j.*, Une des divisions du genre humain, dont la peau a une teinte jaunâtre, les Chinois, les Japonais, etc. || Substant. *Les jaunes*, Les hommes de race jaune. *Le péril jaune*, Le danger d'une invasion future de l'Europe par les Chinois. = JAUNE. s. m. La couleur jaune. *J. pâle. J. doré. J. paille. J. citron. C'est du j., du beau j.* || Matière colorante jaune. *J. de chrome. J. de cartagne. J. de Mars. J. minéral. J. de Naples. J. d'orpin. J. indien*, etc. Voy. COLORANTES (Matières), COULEUR et TEINTURE. || *J. d'œuf*, Partie de l'intérieur de l'œuf qui est jaune. *Avaler un j. d'œuf. Dorer de la pâte avec des jaunes d'œufs.* || *Le j.-écarlate*, Agaric orangé, sorte de champignon. *J. à collet rouge*, Champignon blanc, cerné de jaune avec un collet un peu rouge. || *J.-manger*, Mets qui se prépare en battant huit jaunes d'œufs dans un demi-litre de vin blanc coupé de même quantité d'eau, auquel on ajoute de la gélatine, du sucre et des zestes de citron. || *J. antique.* Voy. MARBRE. = JAUNE, adv. *Rire j.*, Rire d'un rire forcé.

Méd. — *Fièvre jaune.* — La fièvre j. est une maladie infecto-contagieuse, épidémique, caractérisée par un état typhoïde prononcé, par une teinte ictérique des téguments et par des vomissements noirs. Ainsi se comprennent les expressions par lesquelles on la désigne encore : *typhus amaril, typhus ictéroïde, vomito negro.*

Cette maladie règne endémiquement en Amérique ; mais, à

496

plusieurs reprises, des expansions épidémiques ont sévi en Europe sur les côtes d'atterrissage. — Bien que l'organisme pathogène reste à découvrir, cette maladie est considérée comme infectieuse à juste titre, car elle se comporte comme telle. L'encombrement, la misère, le surmenage, sont des facteurs propices à son développement. Les régions basses, les saisons chaudes, semblent lui plaire. L'acclimatement dans les pays où elle est implantée donne une immunité complète pour les races autochtones, passagère pour les colons; et il est d'observation quotidienne qu'un Européen de retour des colonies ne soit frappé de l'infection qu'après son départ du foyer. La propagation semble se faire par le contact des malades et de leurs vêtements, mais l'air, l'eau potable, les aliments même, sont susceptibles d'introduire le germe dans le tube digestif et d'en déterminer l'éclosion.

L'incubation de la fièvre jaune varie de 2 à 6 jours. Le début en est généralement brusque, nocturne, par un violent frisson, qui élève la température à 40°, en même temps qu'une douleur lombaire intense éclate (coup de barre). La face et les yeux s'injectent; la peau, à commencer par le visage, prend une teinte acajou: les fonctions digestives sont troublées, il y a de la constipation, des nausées et des vomissements. Trois ou quatre jours après la température s'abaisse vers 38° et les symptômes propres apparaissent : ictère, vomissements noirs, état typhoïde. La température oscille quelques jours entre 38° et 40°; l'anorexie est grande; les selles se caractérisent par une odeur repoussante et du mélæna; les urines sont rares ou nulles, albumineuses. Après six ou dix jours, l'issue est définitive, c'est la mort, généralement avant le huitième jour, ou la guérison, annoncée par des phénomènes critiques, sueurs abondantes, diarrhée, polyurie. — Diverses complications peuvent s'adjoindre, des processus inflammatoires, tels qu'adénites, gangrènes de la peau, des néphrites, des paraplégies, etc. En tous cas, la gravité est presque toujours notable, la mortalité variant de 14 à 75 p. 100.

Le diagnostic est, en général, facile à poser : l'ictère grave primitif, les accès pernicieux, palustres, la fièvre bilieuse hémorrhagique présentent, dans leur symptomatologie, des caractères assez précis pour les faire reconnaître. — A l'autopsie, en dehors de la teinte jaune communiquée aux téguments et aux viscères, on rencontre surtout des lésions de congestion et de dégénérescence graisseuse : rien de spécial.

La prophylaxie de la maladie se borne à exiger une observation et une désinfection attentives des navires provenant des rives infectées; le séjour sur les hauteurs met souvent les habitants de ces pays à l'abri de la contamination. — Contre l'infection elle-même, il n'existe pas de traitement spécifique; on combat les symptômes; les antithermiques, les purgatifs, les toniques, le lait comme aliment, constituent les moyens banaux en usage.

JAUNE (Fleuve). Voy. Hoang-Ho.

JAUNE (Mer), mer qui s'étend entre la Chine et la presqu'île de Corée (Asie).

JAUNEAU. s. m. [Pr. jô-no] (R. jaune). T. Bot. Renoncule jaune.

JAUNELET. s. m. (Dimin. de jaune). T. Bot. Nom vulgaire de la Chanterelle comestible (Cantharellus cibarius), champignon de la famille des Hyménomycètes.

JAUNEMENT. adv. D'une manière jaune.

JAUNET, ETTE. adj. (Dimin. de jaune). Qui est un peu jaune. == Subst. Un jaunet, Une pièce d'or. Fam. || T. Bot. Le jaunet, Petite fleur jaune des prés.

JAUNIFIQUE. adj. 2 g. (R. jaune, et un suff. dérivé du lat. ficare, faire). Qui produit le jaune.

JAUNIR. v. a. Rendre jaune, peindre ou teindre en jaune. Le soleil jaunit les moissons. Il faut j. le plancher. == Jaunir. v. n. Devenir jaune. Les blés commencent à j. Toute la campagne jaunissait. Cette personne jaunit à vue d'œil. == Jauni, ie. part.

JAUNISSANT, ANTE. adj. [Pr. jo-ni-san]. Qui jaunit; ne se dit guère que dans le style poétiq. Les blés jaunissants. Les moissons jaunissantes.

JAUNISSE. s. f. [Pr. jo-ni-se]. Voy. Ictère.

JAUNISSEMENT. s. m. [Pr. jo-ni-se-man]. Action de jaunir, de rendre jaune, de devenir jaune.

JAUNOIR. s. m. (R. jaune). Espèce de merle jaune et noir du Cap.

JAUNOTTE. s. f. [Pr. jono-te] (R. jaune). Espèce de champignon du genre agaric.

JAURÉGUIBERRY (Jean-Bernard), marin français (1815-1887)

JAVA, l'une des îles de la Sonde, où se trouve Batavia, capitale des Indes Néerlandaises. Pop. 23,862,000 hab. Voy. Inde et la carte qui y est annexée.

JAVA (Mer de), formée par l'Océan Indien au N. de Java et au S. de Bornéo.

JAVAN, 4° fils de Japet, père des Ioniens ou Grecs.

JAVANAIS, AISE. adj. Qui appartient à l'île de Java.

JAVART. s. m. [Pr. ja-var]. T. Méd. vétér. Tumeur flegmoneuse qui se forme parfois au pied du cheval et du bœuf.
Méd. vét. — On distingue trois sortes de javarts : le j. cutané, le j. tendineux, et le j. cartilagineux. Quand il siège, chez le bœuf, dans l'espace interdigité, le j. prend le nom de limace.

Le j. cutané est une exfoliation de tissu mortifié sous forme de bourbillon. Il est causé par des contusions, macérations de la peau par les boues, le macadam, les fumiers, par la fonte trop complète des poils du pli du paturon, et se remarque plutôt dans les saisons pluvieuses. Les symptômes sont la tuméfaction, la chaleur, une douleur parfois excessive si le lambeau d'exfoliation est étendu ; il se produit de la fièvre, de l'œdème, de la lymphangite, de la boiterie. Un petit abcès, donnant un pus sanguinolent et laissant échapper un bourbillon, se forme; parfois la peau se mortifie et tombe en large lambeau. La plaie qui en résulte se cicatrise assez facilement, mais parfois il reste une fistule plus ou moins profonde et douloureuse. — On traite le j. cutané par des bains, des cataplasmes, le débridement profond. Si le sphacèle se détache difficilement, on hâte sa chute par les bains de sulfate de cuivre. La plaie se panse à la teinture d'aloès ou à l'égyptiac. S'il persiste une fistule, on emploiera des injections de sulfate de cuivre et un débridement dans toute la profondeur.

Le j. tendineux est une lésion semblable à celle du j. cutané, mais cette lésion s'étend aux tendons, aux ligaments, et même à l'os, entraînant parfois des arthrites, des synovites, etc. Il est caractérisé par l'apparition de chaleur, engorgement, douleur excessive, fièvre, inappétence, douleurs lancinantes ; membre toujours en mouvement, appui nul. Le travail d'élimination est long à se faire ; souvent le pus forme un phlegmon diffus ; la chute du bourbillon peut laisser les tendons à nu, les gaines ouvertes ou l'os nécrosé. La gravité de cette affection est donc variable, suivant l'étendue des désordres provoqués; une infection purulente peut apparaître : abcès métastatiques, etc. Le traitement consiste en débridements précoces et profonds ; en bains simples ou au sulfate de cuivre, en applications de cataplasmes. Si des fistules persistent, on aura recours aux moyens déjà préconisés pour le j. cutané. Pour dissoudre les engorgements successifs, employer les vésicatoires ou cautérisation.

Le j. cartilagineux est particulier aux équidés ; c'est une nécrose partielle du fibro-cartilage latéral du 1er du pied, à marche progressive et envahissante, prenant forme d'une parcelle vert pomme tenant aux parties saines par un léger pédoncule et qui se propage de proche en proche, même après l'exfoliation de la partie la plus anciennement nécrosée. Il relève des mêmes causes que le j. cutané, et succède souvent aussi à la bleime suppurée, à la piqûre de maréchal, aux seimes quartes Comme symptômes, on observe : la tuméfaction du cartilage, qui devient douloureux ; une boiterie plus ou moins forte ; la formation d'une ou plusieurs fistules laissant écouler un pus clair, sanguinolent, collant au sabot et mêlé de débris verdâtres ; ces fistules sont généralement sinueuses, isolées ou se communiquant entre elles, et, si elles se cicatrisent, il s'en forme d'autres, progressant d'arrière en avant. Si le j. est ancien, le sabot éprouve des déformations ; s'il est très ancien, le cartilage tend à s'ossifier, les parties avoisinantes s'indurent et augmentent de volume. Employer comme traitement les cataplasmes, les bains. La cautérisation donne des résultats incertains ; il faut lui préférer les injections caustiques de liqueur de Villate, de solution saturée à froid de sulfate de zinc, d'eau de Rabel, de liqueur de Cherry, de sublimé uni à l'alcool ; le sulfate de cuivre en solution concentrée peut être également recommandé. Parfois on est contraint d'en venir à l'extirpation du fibro-cartilage.

JAVEAU. s. m (anc. fr. *javel*, monceau). T. Eaux et Forêts. Ile formée de sable et de limon par un débordement d'eau.

JAVEL, village de l'ancienne banlieue de Paris, aujourd'hui dans l'enceinte, et où était un célèbre manufacture de produits chimiques. — *Eau de Javel*, qu'on écrit quelquefois, par erreur, *eau de javelle*, Chlorure décolorant, employé pour le blanchiment et le blanchissage. C'est un mélange d'hypochlorite et de chlorure de potassium, qu'on obtient en dirigeant un courant de chlore dans une lessive faible de potasse, ou encore en ajoutant une solution de carbonate de potasse à une solution de chlorure de chaux et laissant déposer.

JAVELAGE. s. m. Action de javeler le blé, le sel ; résultat de cette action.

JAVELER. v. a. (R. *javelle*). T. Agric. Mettre les blés, le sel, par petites poignées et les laisser couchés sur les sillons, afin que le grain sèche et jaunisse. *J. des blés, des avoines.* — On dit aussi neutral., *Le blé javelle. Il faut laisser j. cette avoine.* = JAVELÉ, ÉE. part. || *Avoines javelées*, Celles dont le grain est devenu noir et pesant par la pluie qui les a mouillées tandis qu'elles étaient en javelle. = Conjug. Voy. APPELER.

JAVELEUR, EUSE. s. m. T. Agric. Celui, celle qui javelle. || Machine annexée aux moissonneuses et qui fait les fonctions du javeleur.

JAVELINE. s. f. (Dimin. de *javelle*). Petite javelle de blé. || Dard long et mince. Voy. LANCE.

JAVELLE. s. f. (Pr. *javè-le*] (lat. *capellus*, poignée ?). T. Agric. Quantité de blé, d'avoine, etc., que le moissonneur peut embrasser avec sa faucille et couper d'une seule fois. *On ramasse les javelles pour en former des gerbes. Mettre de l'avoine en j. Amasser les javelles.* || Par ext., se dit des petits faisceaux de sarments, d'échalas, de lattes. *Tonneau qui tombe en j.*, Dont les douves se séparent du fond, lorsbent en boîtes. || *Mettez une j. au feu.* || *Une j. de sel*, l'as de sel retiré du marais salant. || T. Pêche. *J. de morues sèches*, Paquet de huit morues.

JAVELOT. s. m. (lat. *capellus*, poignée?). Arme de trait se lançant à la main. Voy. LANCE.

JAVOTTE. s. f. (Pr. *javo-te*]. Masse de fer coulé dans laquelle s'encastre l'enclume d'une grosse forge.

JAY, littérateur fr. (1770-1854).

JAYET. s. m. Syn. de *jais*. Voy. ce mot et HOUILLE.

JAZERAN s m. T. Art milit. Voy. CUIRASSE.

JE. pron. 2 g. qui désigne la première personne du sing. Il est toujours le sujet du verbe.

Obs. gram. — En règle générale, le pron. *Je* se met immédiatement devant le verbe, et l'on élide l'*e*, quand celui-ci commence par une voyelle ou par une *h* non aspirée : *J'écris, J'ordonne, J'hésite.* On ne le sépare du verbe que dans certaines formules énonciatives des qualités de celui qui parle, comme : *Je soussigné, conservateur des hypothèques, certifie que.* Je se met après le verbe dans les cas suivants : 1° Dans les phrases interrogatives ou admiratives : *Où suis-je? Que dirai-je? Que deviendrai-je? Aurais-je pu vous répondre?* 2° Quand le verbe se trouve enfermé dans une parenthèse : *Vous remarquerez, lui répondis-je, que...* 3° Lorsqu'on l'emploie par manière de souhait ou de doute, comme : *Puissé-je vous voir heureux. Peut-être irai-je. Le sais-je.* 4° Enfin, quand il est précédé de la conjonction *Aussi* ou de certains adverbes, tels que, *A peine, en vain*, etc. : *Aussi ne lui ai-je pas répondu; A peine fus-je arrivé; En vain chercherais-je à vous convaincre.* Ici, cependant,

l'inversion n'est pas obligée. Dans tous les cas où le pronom *Je* est placé après le verbe, c'est toujours immédiatement sans qu'on puisse rien mettre entre deux. Si la première personne du verbe se termine par un *e* muet, comme *J'aime, Je veille*, cet *e* muet se change en *é* ouvert, et l'on dit *Aimé-je, Veillé-je.* Si ce pronom, placé après le verbe, produit un son dur et désagréable, comme dans ces formes, *Dors-je, Rends-je. Interromps-je*, on doit prendre un autre tour, et l'on dit, *Est-ce que je dors? Est-ce que je rends? Est-ce que j'interromps?* Dans ce cas, c'est l'oreille qui est le juge suprême. Enfin, *Je* se répète devant les verbes employés à des temps différents et quand la phrase présente une sorte d'opposition : *Je dis et je dirai toujours que vous avez tort.* Si les verbes sont au même temps et qu'il n'y ait pas d'opposition, on peut ne répéter le pronom devant chaque verbe, ou ne l'exprimer qu'une fois devant le premier. *Je suis venu, j'ai vu, j'ai vaincu. Je vous attendais et craignais de ne point vous voir.*

JEAN. Nom d'un grand nombre de personnages historiques.

1° Papes. — JEAN Iᵉʳ, de 523 à 526. || JEAN II, de 532 à 535. || JEAN III, de 560 à 573. || JEAN IV, de 640 à 642. || JEAN V, de 686 à 687. || JEAN VI, de 701 à 705. || JEAN VII, de 706 à 707. || JEAN VIII, de 872 à 882. || JEAN IX, de 898 à 900. || JEAN X, de 914 à 928. || JEAN XI, de 931 à 936. || JEAN XII, de 956 à 963. || JEAN XIII, de 965 à 972. || JEAN XIV, de 984 à 985. || JEAN XV, en 985. || JEAN XVI, de 985 à 996. || JEAN XVII, en 1002. || JEAN XVIII, de 1003 à 1009. || JEAN XIX, de 1024 à 1033. || JEAN XX, antipape, de 1045 à 1046. || JEAN XXI, pape, de 1276 à 1277. || JEAN XXII, de 1316 à 1334. || JEAN XXIII, pape en 1410, fut déposé par le concile de Constance pour mettre fin au schisme d'Occident (1415).

2° Empereurs d'Orient. — JEAN Iᵉʳ, *Zimiscès*, empereur grec de 969 à 976. || JEAN II. *Comnène*, empereur grec, de 1118 à 1143. || JEAN III, *Ducas Balatzitès*, empereur de Nicée, de 1222 à 1255. || JEAN IV, *Lascaris*, empereur de Nicée, de 1259 à 1261. || JEAN V, *Paléologue*, empereur d'Orient, de 1341 à 1347. || JEAN VI., *Cantacuzène*, empereur grec, de 1347 à 1355. || JEAN VII, *Paléologue*, empereur grec de 1399 à 1403. || JEAN VIII, *Paléologue*, empereur grec de 1425 à 1448.

3° Rois de France. — JEAN Iᵉʳ, roi de France, fils posthume de Louis X, le Hutin, ne vécut que quelques jours (1316). || JEAN II, dit *le Bon*, roi de France, succéda à son père Philippe VI de Valois (1350), fut vaincu et fait prisonnier à Poitiers par le prince Noir (1356). Rendu à la liberté par le désastreux traité de Brétigny (1360), il se reconstitua prisonnier en apprenant la fuite d'un de ses fils laissé comme otage, et mourut à Londres (1364).

4° Prince français. — JEAN *sans Peur*, duc de Bourgogne (1404), fils de Philippe le Hardi, disputa le pouvoir, lors de la folie du roi Charles VI, au duc d'Orléans, frère du roi, puis l'assassina. Il est alors à lutter contre le parti des Armagnacs, ayant pour chef le beau-père du nouveau duc d'Orléans. Pressé de se réconcilier avec ses ennemis, pour résister aux Anglais, il fut assassiné dans une entrevue au pont de Montereau, sous les yeux du dauphin Charles (1419).

5° Roi d'Angleterre. — JEAN *sans Terre*, roi d'Angleterre, de 1199 à 1216, quatrième fils de Henri II et d'Éléonore d'Aquitaine, s'empara du trône au frère Richard et fit périr son neveu Arthur. Il fut pour ce crime dépouillé de ses possessions en France par Philippe-Auguste (1203), et obligé d'accorder la *Grande charte* à ses barons révoltés (1215).

6° Rois d'Aragon. — JEAN Iᵉʳ, roi d'Aragon, de 1387 à 1395. || JEAN II, roi de Navarre en 1425, roi d'Aragon en 1458, mort en 1479.

7° Rois de Portugal. — JEAN Iᵉʳ, de 1385 à 1433, fils naturel de Pierre le Cruel. || JEAN II, de 1481 à 1495. || JEAN III, de 1522 à 1557. || JEAN IV, d'abord *duc de Bragance*, puis roi de Portugal de 1640 à 1656 ; || JEAN V, de 1706 à 1750. || JEAN VI, d'abord régent de Portugal, pendant la démence de sa mère, vit le royaume envahi par les Français en 1807, partit pour le Brésil, et revint en 1821 ; mort en 1826.

8° Saints. — JEAN-BAPTISTE (*Saint*), dit le *Précurseur*, fils du prêtre Zacharie et d'Élisabeth, baptisa Jésus dans le Jourdain, fut mis à mort par ordre d'Hérode-Antipas, à la demande de Salomé, fille de sa femme Hérodiade. Fête le 24 juin. *Feux de la Saint-Jean*, feux que l'on allume en certains pays le jour de cette fête et qui paraissent être une continuation de la fête antique du soleil au solstice d'été. On les retrouve encore aujourd'hui en plusieurs points de la France, et même aux environs de Paris. Ils ont duré à Paris jusqu'à la Révolution : on les allumait en place de Grève, le roi lui-même y mettait souvent le feu, etc. On avait la barbarie d'y faire brûler vifs des chats, dont nos aïeux savouraient les gémissements.

JEAN L'ÉVANGÉLISTE (*Saint*), l'un des douze apôtres; auteur d'un des quatre Évangiles et de l'Apocalypse; disciple bien-aimé de Jésus, il le suivit fidèlement jusqu'au Calvaire, et paraît ensuite avoir pieusement gardé sa Mère avec lui. Né 5 ans après Jésus, mort à l'âge de 95 ans. Fête le 27 décembre.

JEAN CHRYSOSTOME, l'un des Pères de l'Église, évêque de Constantinople (347-407).

JEAN DE MATHA, fondateur de l'ordre des Trinitaires, voué au rachat des captifs (1161-1213).

JEAN DE DIEU, fondateur de l'ordre de la Charité, né en Portugal (1495-1550).

JEAN DE LA CROIX, Espagnol, fondateur de l'ordre des Carmes déchaussés (1542-1591).

2° Divers. — **JEAN DE LEYDE**, chef des anabaptistes, fut pris à Munster et livré à un supplice horrible (1536).

JEAN DE SALISBURY, philosophe scolastique, s'attacha à Thomas Becket (1110-1180).

JEAN le Prêtre, personnage énigmatique du XII° siècle, qui paraît avoir été un souverain asiatique devenu chrétien et pontife.

JEAN DE TROYES, chroniqueur fr. du XV° siècle.

JEAN, archiduc d'Autriche, fils de l'empereur Léopold II (1782-1859), fut vaincu par Moreau à Hohenlinden (1800) et par le prince Eugène de Beauharnais à Raab (1809).

JEANNE (La papesse), interprétation très contestée du pontificat de Jean VIII, entre Léon IV et Benoît III, vers l'an 872, lequel Jean VIII, d'après Barthélemy Sacchi, dit Platina, bibliothécaire du Vatican, qui publia, en 1479, une histoire de la vie des papes, aurait été une femme d'un grand savoir, anglaise, qui, après avoir fait de brillantes études à Athènes, serait venue se fixer à Rome et aurait été élue au Saint-Siège sous le nom de Jean VIII.

JEANNE I°, reine de Naples de 1343 à 1382. ǁ JEANNE II, reine de Naples de 1414 à 1435.

JEANNE D'ALBRET, reine de Navarre, mère du roi Henri IV (1528-1572).

JEANNE D'ARC ou *Darc*. Voy. DARC.

JEANNE DE BOURGOGNE, nom de deux reines de France épouses de Philippe le Long (1307), et de Philippe de Valois (1313).

JEANNE DE FLANDRE, duchesse de Bretagne, épouse de Jean IV.

JEANNE DE PENTHIÈVRE, soutint contre Jeanne de Flandre, au XIV° siècle, la guerre des Deux Jeanne, en Bretagne, pour disputer le duché de Bretagne, auquel elle renonça en 1365, à la suite du traité de Guérande.

JEANNE HACHETTE. Voy. HACHETTE.

JEANNE LA FOLLE, reine de Castille, mère de Charles-Quint, mourut folle en 1555.

JEANNETTE. s. f. [Pr. *ja-nète*] (Dimin. de *Jeanne*). Mince chaîne d'or ou d'argent à laquelle s'attache une croix.

JEANNIN (Le Président), magistrat fr., ministre sous Henri IV, auteur de *Mémoires* (1540-1622).

JEANNOT. s. m. [Pr. *ja-no*] (R. *Jean*). Un niais.

> Après qu'il eut brouté, trotté, fait tous ses tours,
> Jeannot Lapin retourne aux souterrains séjours.
>   LA FONTAINE.

JEANNOTISME. s. m. [Pr. *ja-no-tisme*]. Caractère du jeannot. = Vice de langage qui consiste à établir entre les mots des relations qui ne peuvent raisonnablement subsister. *Je viens chercher du bouillon pour ma mère qui est malade dans un petit pot.*

JEANRON (PHILIPPE-AUGUSTE), peintre et littérateur français (1809-1877).

JÉBUSÉENS [Pr. *jébu-zé-in*]. Peuple de la Terre de Chanaan, qui avait pour capitale Jébus (Jérusalem), et qui fut soumis par David.

JÉCHONIAS. Voy. JOACHIM ou ELIACIN.

JÉCORINE. s. f. (lat. *jecur, jecoris*, foie). T. Chim. Substance azotée et phosphorée, trouvée dans le foie et dans la rate. Elle est amorphe, hygroscopique, soluble dans l'eau et dans l'éther aqueux. Sa solution ne se coagule pas sous l'action de la chaleur.

JECTISSES. adj. f. pl. [Pr. *jekti-se*] (vx. fr. *ject*, de *terre*, terre rejetée). Se dit des terres qui ont été remuées ou rapportées. *On ne peut bâtir sur ce fond, ce sont des terres jectisses.* ǁ T. Maçonn. Pierres jectisses, Celles qui peuvent se poser à la main.

JEFFERSON, une des branches mères du Missouri; 300 kilomètres.

JEFFERSON (THOMAS), homme d'État américain (1743-1826), succéda à Franklin comme ambassadeur à Paris, et fut président des États-Unis en 1801 et 1805.

JEFFERSONITE. s. f. (R. *Jefferson*, homme d'État américain). T. Minér. Pyroxène manganésifère, d'un vert olive foncé ou d'un brun noir.

JEFFREYS (GEORGE), chancelier d'Angleterre, se fit l'instrument des vengeances de Charles II et Jacques II; né en 1648, m. à la tour de Londres en 1689.

JEGUN, ch.-l. de c. (Gers), arr. d'Auch; 1,600 hab.

JÉHOVAH. Nom de Dieu chez les Hébreux. Ce mot s'écrivait en hébreu au moyen de quatre consonnes correspondant à peu près aux lettres françaises IHWH. Sa véritable prononciation est inconnue, d'autant plus que le grand prêtre seul avait le droit de prononcer ce nom mystérieux. On a beaucoup discuté la question de savoir si ce mot est d'origine hébraïque ou si les Hébreux l'ont pris à d'autres nations.

JÉHU, fils de Josaphat, roi d'Israël (883-855 av. J.-C.), fit périr toute la famille d'Achab. ǁ *Compagnies de Jéhu*, Bandes de royalistes qui commirent de sanglants excès dans le Midi, après le 9 thermidor (1794).

JEJUNO-ILÉON. s. m. T. Anat. Partie de l'intestin grêle faisant suite au jéjunum et commençant l'iléon. Voy. INTESTIN.

JEJUNUM. s. m. [P. *jéjunome*] (lat. *jejunus*, à jeun, vide). T. Anat. La seconde partie de l'intestin grêle. Voy. INTESTIN.

JÉLIOTTE, célèbre chanteur fr. (1711-1782).

JELLACHICH (JOSEPH JELACIC ou), célèbre ban de Croatie (1801-1859).

JEMBLET. s. m. [Pr. *jan-blè*]. Partie du moule du fondeur en fer.

JEMMAPES, ville du Hainaut (Belgique), où Dumouriez battit les Autrichiens, 6 novembre 1792; 12,000 hab.

JENNER (ÉDOUARD), médecin anglais (1749-1823), inventeur de l'inoculation de la vaccine, vers 1776.

JENNÉRIEN, IENNE. adj. [*jen-néri-in*]. Qui appartient à Jenner.

JENNY. s. f. (angl. *Jenny*, Jeannette). Machine à filer le coton, portant un grand nombre de fuseaux. Voy. COTON.

JEPHTÉ, juge d'Israël (XIII° siècle av. J.-C.), délivra les Juifs du joug des Ammonites.

JÉQUIRITI. s. m. Nom vernaculaire de l'*Abrus precatorius*, liane de la famille des *Légumineuses*. Voy. ce mot.

JÉRÉMIADE. s. f. Se dit, par allusion aux *Lamentations de Jérémie*, d'une plainte fréquente et importune. *C'est une j. continuelle. Il m'accable de ses jérémiades.* Famil.

JÉRÉMIE, l'un des quatre grands prophètes, vivait de 650 environ à 590 av. J.-C. Il prophétisa les malheurs de Jérusalem.

JEREZ DE LA FRONTERA. Voy. Xérès.

JÉRICHO, v. de Palestine, fut prise par Josué; ses murailles, dit la Bible, tombèrent au son des trompettes.

JÉROBOAM Ier, roi d'Israël de 962 à 954 av. J.-C. || Jéroboam II, roi d'Israël de 817 à 776 av. J.-C.

JÉRÔME (Saint), Père de l'Église latine, se retira à Bethléem, et y composa la traduction latine des saintes Écritures appelée *Vulgate* (346-420).

JÉRÔME BONAPARTE, le plus jeune des frères de Napoléon Ier (1784-1860), roi de Westphalie de 1807 à 1813, eut de son mariage avec la princesse de Wurtemberg le prince Napoléon et la princesse Mathilde.

JÉRÔME DE PRAGUE, disciple de Jean Huss, périt sur le bûcher (1378-1416).

JÉROSE. s. f. [Pr. *jèro-ze*]. T. Bot. Nom vulgaire de la *Rose de Jéricho* (*Anastatica hierochuntica*), de la famille des *Crucifères.* Voy. ce mot.

JERSEY. s. m. [Pr. *jer-zè*]. Tissu élastique. ¶ Corsage de femme qui se moule sur le buste.

JERSEY, ancienne Cesarea, une des îles Anglo-Normandes, dans la Manche; 52,500 hab. Cap. *Saint-Hélier.* L'île de Jersey a été presqu'île rattachée au continent jusqu'à la grande marée de l'an 709, qui l'en détacha définitivement.

JÉRUSALEM. anc. capitale de la Palestine; appartient à la Turquie; 28,613 hab. || Royaume de Jérusalem, fondé en 1099, lors de la première croisade, par Godefroy de Bouillon, détruit par Saladin en 1187.

Hist. — *Liste chronologique des rois chrétiens de Jérusalem, en y comprenant ceux qui ont conservé le titre, après avoir perdu la ville.* — Godefroy de Bouillon, 1099. — Baudouin Ier, 1100. — Baudouin II, 1118. — Fouques d'Anjou, 1131. — Baudouin III, 1142. — Amaury Ier, 1463. — Baudouin IV, 1173. — Baudouin V, 1185. — Guy de Lusignan, 1186. — Henri de Champagne, 1192. — Amaury II de Lusignan, 1197. — Jean de Brienne, 1210. — Frédéric II, 1229.

JERVINE. s. f. T. Chim. Alcaloïde oxygéné, cristallisable, contenu dans les rhizomes de l'ellébore blanc (*Veratrum album*). La j. fond à 236°; elle est soluble dans l'alcool, presque insoluble dans l'eau. Elle est lévogyre. Elle forme un sulfate insoluble.

L'ellébore blanc renferme en outre une base amorphe, résineuse, appelée *Vératralbine*, et deux alcaloïdes cristallisables : la *Pseudo-jervine* fusible à 209°, et la *Rubijervine* fusible à 236°.

JÉSUITE. s. m. (R. *Jésus*). Nom des membres de l'ordre religieux appelé *Compagnie* ou *Société de Jésus.* || Fig. Hypocrite dont il faut se défier. Fam.

Hist. rel. — On désigne communément sous le nom de *Jésuites* les membres d'un ordre religieux célèbre par le rôle qu'il a joué dans le monde entier pendant les trois derniers siècles. Cet ordre doit son origine à un gentilhomme espagnol, Ignace de Loyola, né à Loyola, dans le Guipuzcoa, en 1491. Ce jeune gentilhomme suivit d'abord la carrière des armes et mena quelque temps une vie dissipée. Ayant été blessé en 1521 au siège de Pampelune, il lut pendant sa convalescence quelques temps une vie dissipée et particulièrement l'*Imitation de J.-C.*, qui firent sur lui une impression profonde. Dès lors il fit vœu de se donner tout entier à la religion et de consacrer sa vie à la conversion des infidèles et à la défense de la foi catholique. Il commença par faire une retraite à Manresa pour se vouer à la Vierge, et, cet acte accompli, il se rendit à Jérusalem, où il arriva le 4 septembre 1523. Mais bientôt il sentit l'insuffisance de son instruction pour remplir avec succès la mission qu'il s'était donnée; il revint donc en

Europe, et se livra à l'étude avec ardeur, d'abord à Barcelone, puis à Alcala, et ensuite à Paris, où il arriva en 1527. Là il se fit recevoir maître ès arts en 1534. Ayant communiqué son ardeur religieuse à six de ses condisciples, pour la plupart Espagnols comme lui, tous se rendirent, le 15 août 1534, jour de l'Assomption, dans la chapelle de la Vierge de l'église de Montmartre, et ils prononcèrent ensemble ces trois vœux, de se contenter du nécessaire, de se vouer à la conversion des infidèles, et d'aller en pèlerinage à Jérusalem. Enfin, dans le cas où ce dernier vœu ne pourrait pas se réaliser, ils s'engagèrent à offrir au pape leurs services. C'est ce qui eut lieu en effet. Lorsqu'ils se rendirent à Venise, en 1537, pour se rendre en Orient, la guerre avec les Turcs les empêcha de s'embarquer; ils restèrent donc en Italie et ne tardèrent pas à gagner la bienveillance du pape Paul III. Le 15 avril 1539, les sept associés prononcèrent, outre les vœux ordinaires de pauvreté, de chasteté et d'obéissance, celui d'une soumission absolue au chef de l'ordre et au souverain pontife, et, conformément à une vision, Ignace donna à l'Institut naissant le nom de *Société de Jésus.* La même année, ce dernier fit présenter au pape un projet de statuts qui exposait le but de l'association et les principes de son organisation. Une bulle spéciale du pape Paul III, en date du 27 septembre 1540, approuva l'ordre, dont les membres, dans une assemblée tenue l'année suivante, élurent Ignace pour leur premier général. L'œuvre principale à laquelle ils se dévouèrent immédiatement fut la conversion des infidèles, l'éducation de la jeunesse et le maintien du catholicisme contre les envahissements du protestantisme. La nouvelle société prospéra rapidement. Dès le 15 mars 1544, elle obtint du pape que le nombre de ses membres, qui avait été fixé à 60 seulement, serait désormais illimité, et qu'ils pourraient changer ou compléter leurs statuts sans avoir besoin de l'approbation du chef de l'Église. De plus, en 1545, la compagnie obtint encore la faculté d'exercer les fonctions du ministère sacré en tous lieux et dans toutes les églises, et d'absoudre même pour les cas réservés au saint-siège. Enfin, Jules III leur concéda plusieurs privilèges, qui avaient pour objet de donner à l'ordre une indépendance absolue de l'autorité ecclésiastique séculière, et de l'affranchir de diverses obligations imposées aux membres du clergé séculier et des autres congrégations religieuses. L'ordre se répandit rapidement en Italie, en Espagne, en Portugal, dans une partie de l'Allemagne; mais il eut beaucoup de peine à s'établir en France, où il ne fallut lutter contre le clergé régulier et contre l'Université. La lutte dura depuis 1550 jusqu'au 18 novembre 1560, où le parlement enregistra les lettres patentes du roi et les bulles du pape qui l'autorisaient à établir un collège et à se livrer à l'enseignement; encore y mit-on diverses restrictions. Malgré ces difficultés, les Jésuites, à la mort d'Ignace, en 1556, avaient fait tels progrès qu'ils comptaient au moins un millier de membres, et possédaient déjà 17 provinces, savoir : 12 en Europe, 3 en Amérique, 1 en Afrique et 1 en Asie. Lainez remplaça Ignace comme général. D'abord élu pour trois ans, il parvint à faire décider, par une assemblée de l'ordre tenue en 1558, que la fonction de général serait à vie, mesure qui acheva de donner à la société une puissance inouïe dans l'histoire des ordres religieux.

L'organisation définitive de la société de Jésus date de Lainez, génie profondément politique, qui comprit la nécessité d'une hiérarchie absolument militaire pour un ordre qui se proposait, en effet, d'être la milice du catholicisme. D'après cette organisation, le *général* de l'ordre est élu à vie par la compagnie assemblée, et exerce le pouvoir le plus absolu et le plus illimité. Il réside à Rome. La compagnie donne à ce chef plusieurs conseillers, appelés *Assistants*, qu'il doit consulter dans toutes les affaires relatives à son administration, mais dont il est libre de suivre ou non les avis. Elle attache également à sa personne un *Admoniteur*, qui a pour fonction de l'avertir en secret de ce qu'il peut remarquer d'irrégulier dans sa conduite privée. Quant à la société elle-même, elle se compose de trois classes de personnes : les *Écoliers approuvés*, les *Coadjuteurs spirituels* et les *Profès.* Les Écoliers, qu'on appelle aussi *Étudiants* ou *Scolastiques*, constituent le dernier rang de l'ordre. Ce sont des ecclésiastiques versés dans les sciences et les lettres, et qui se vouent le plus généralement à l'instruction de la jeunesse. On les emploie aussi comme prédicateurs, directeurs de consciences, et comme assistants dans les missions; ils ne font que des vœux simples. Au-dessus d'eux viennent les *Coadjuteurs spirituels.* Ces pères sont ainsi nommés parce qu'ils sont comme les aides des profès. Ils exercent les mêmes fonctions que ces derniers, et contractent les mêmes engagements qu'eux à l'égard de la compagnie ; mais celle-ci n'a pas le même engagement à leur égard, et ils peuvent être renvoyés si la chose est jugée nécessaire. Enfin, ils sont soumis aux vœux de pauvreté, de chasteté et d'obéissance, et peuvent exercer le professorat, moins toutefois l'enseignement de la théologie. Les *Profès* forment la partie la plus importante de la société. On les choisit parmi les membres des classes inférieures qui ont donné le plus de preuves d'expérience, de prudence et d'activité. Ils ont seuls le droit de prendre part à l'élection du général, qui doit lui-même avoir été profès, et ils ont le privilège de fournir tous les hauts dignitaires. Les profès se divisent en deux catégories. Les uns, dits *ordinaires*, font les mêmes vœux que les coadjuteurs spirituels, tandis que les autres ajoutent aux trois vœux précédents celui d'un entier dévouement aux ordres du pape : aussi les appelle-t-on profès *des quatre vœux*. — En dehors de la société proprement dite se trouvent les *Novices* et les *Coadjuteurs temporels*. La première dénomination s'applique aux personnes qui désirent entrer dans l'ordre, et qui, avant leur admission, sont soumises à certaines épreuves dans des établissements spéciaux. On distingue même, parmi les novices, des *collaborateurs*, qui ne font pas de vœux conventuels, et qui tantôt sont de simples affiliés, tantôt servent d'aides aux pères des degrés supérieurs. C'est à ces derniers que l'on donne quelquefois, par dénigrement, le nom de *jésuites de robe courte*. Quant aux coadjuteurs temporels, ce sont des laïques attachés aux maisons de l'ordre, où ils sont ordinairement occupés à des travaux manuels. — Les maisons de la société se divisent en *Maisons de probation* ou *de noviciat*, *Maisons professes*, *Collèges* et *Missions*, dont le nom fait connaître la destination. Elles sont administrées par des *Recteurs* ou des *Supérieurs*, et distribuées en circonscriptions ou *provinces*, à la tête de chacune desquelles est placé un *Provincial*. Enfin, des *Commissaires* et des *Visiteurs* ont pour fonctions de les inspecter de temps à autre pour recueillir les plaintes et réformer les abus.

Il n'entre pas dans notre plan de faire l'histoire des vicissitudes qu'éprouva l'ordre des Jésuites, soit en France, soit dans le reste de l'Europe. Malgré les échecs subis sur divers points, la grandeur de l'ordre ne fit que s'accroître jusqu'à la fin du XVIIe siècle. A cette époque, la société était parvenue à son apogée : elle avait été rétablie dans tous les pays d'où elle avait été expulsée ; dans toutes les contrées catholiques, elle dirigeait la conscience des rois et des princes ; partout elle dirigeait l'éducation de la jeunesse ; et son chef, qui aurait pu marcher de pair avec les princes les plus puissants, exerçait une action plus profonde qu'aucun d'eux. Mais le XVIIIe siècle fut pour l'ordre un temps de bien rudes épreuves. Il fut successivement banni du Portugal en 1759, de France en 1764, de l'Espagne et de Naples en 1767, etc. Enfin, le 21 juillet 1773, le pape Clément XIV, cédant aux sollicitations de la plupart des princes de l'Europe, et particulièrement des princes de la maison de Bourbon, supprima, par la bulle solennelle *Dominus ac Redemptor noster*, la société de Jésus « pour cause d'abus et de désobéissance au Saint-Siège ». Avant d'en venir à cette extrémité, le souverain pontife avait proposé au général de l'ordre de modifier ses statuts : *Sint ut sunt, aut non sint*: qu'ils soient tels qu'ils sont, ou qu'ils ne soient pas, avait répondu l'inflexible Ricci. A cette époque, la compagnie possédait 24 maisons de profès, 669 collèges, 176 séminaires, 61 noviciats, 335 résidences, et 273 missions, tant chez les idolâtres que dans les pays protestants. Il se composait en tout de 22 589 membres, dont la moitié environ avait reçu l'ordre de la prêtrise. — Au reste, cette suppression ne détruisit pas la société : elle ne fit que la démembrer ; les Jésuites continuèrent de subsister dans l'Allemagne catholique, en Prusse, en Russie, sous la protection de Frédéric II et de Catherine. Après les orages de la Révolution française, les membres de l'ordre profitèrent habilement de la disposition morale des esprits pour arriver à sa reconstitution complète. Dès 1801, le pape Pie VII reconnut l'existence de la compagnie dans la Petite-Russie et en Lithuanie, où, sous la direction du vicaire général Daniel Gruber, elle se consacrait aux fonctions sacerdotales et à l'enseignement. En 1804, il rétablit l'ordre pour la Sicile. Enfin, en 1814, par la bulle *Sollicitudo omnium*, en date du 7 août, le souverain pontife autorisa la reconstitution de la société avec ses droits et ses statuts pour toute la chrétienté. En conséquence, la compagnie reparut ostensiblement dans les divers États de l'Italie, en Espagne et dans l'Allemagne catholique. En France, ses membres ne prirent d'abord que le titre de *Pères de la foi ;* mais ils n'en exercèrent pas moins une influence considérable par les nombreuses missions qu'ils établirent, et par

les établissements d'instruction qu'ils fondèrent. Aujourd'hui, ils portent ostensiblement leur véritable nom, et continuent de se consacrer principalement à l'instruction et à la prédication, indépendamment des autres fonctions du ministère ecclésiastique.

A la vérité, les Jésuites furent de nouveau expulsés d'Italie en 1870, et de France en 1880 ; mais cette mesure ne leur fut appliquée qu'en tant que *congrégation* et non en tant qu'*individus*. Ils purent donc rester chacun dans son pays ou y rentrer après un court exil, et cette expulsion ne fut que nominale. La prospérité même de leurs maisons d'éducation ne fut pas atteinte par ces mesures. Pour ne parler que de la France, quelques collèges furent bien transportés en Angleterre, à Jersey et à Cantorbéry ; mais la plupart furent rouverts après une courte suspension, ou même ne cessèrent jamais de fonctionner. Il leur était d'autant plus facile de tourner la loi que, faute d'organisation financière de la société, on peut-être en prévision de persécutions possibles, tous leurs immeubles appartiennent légalement, non à la société, mais à des individus qui lui servaient de prête-nom. Pour se mettre en règle avec la loi, il suffit alors aux Jésuites de nommer dans chaque maison un directeur ayant qualité, d'après la loi française, pour diriger cet établissement, ce qui n'était pas difficile à trouver. Chacune de leurs maisons d'éducation est ainsi, devant la loi, la propriété privée d'une personne particulière, et tout est régulier ; mais l'autorité de la compagnie de Jésus n'y est pas moins absolue.

Rien de plus contradictoire que les jugements qui ont été portés sur la société de Jésus, et ces divergences d'opinion s'expliquent par le rôle considérable qu'a joué cette société dans l'histoire, et qui lui a nécessairement attiré de nombreux partisans et de non moins nombreux adversaires. Les uns et les autres ont apporté dans leurs jugements toutes les passions des partis politiques et religieux.

Au point de vue religieux, les catholiques ne peuvent que rendre justice à l'œuvre de prosélytisme accomplie avec tant d'ardeur par les Jésuites. Les merveilleux succès de leurs missions en Chine, au Japon et dans l'Amérique sont non seulement la preuve de leur zèle, mais encore de leur habileté dans la tâche si difficile de convertir des hommes voués à d'antiques superstitions, et de civiliser des peuples encore plongés dans la barbarie. Leurs efforts persévérants et généralement heureux pour arrêter les progrès du protestantisme, et pour reconquérir sur lui une partie du terrain envahi par ce dernier, ont justifié aux yeux de tous les catholiques ce rôle de milice de la foi que l'ordre s'était donné.

Sous le rapport de leur influence morale, leur œuvre est très discutable. Leur morale et leurs casuistes ont été depuis longtemps l'objet de vives attaques. Il faut lire les *Provinciales* de Pascal pour comprendre jusqu'à quel degré ils poussaient l'indulgence, dans le but avoué de conserver à la religion ceux qui se sentaient le moins disposés à pratiquer la vertu. Il n'y a pas de faute, pas de crime, pour lequel quelque casuiste n'ait trouvé des excuses. Il est vrai que les partisans des Jésuites prétendent que les casuistes sont sujets à errer et que l'interprétation des cas de conscience et que les casuistes jésuites ne se sont ni plus ni moins trompés que ceux qui étaient leurs adversaires. Malheureusement pour cette théorie, les théories casuistiques sont l'œuvre des hommes les plus éclairés et les plus vénérés de la société ; de plus, ces théories ne se bornent pas à l'examen de quelques cas particuliers ; elles prennent un caractère de généralité essentiellement grave, comme on peut le voir par les citations d'auteurs qui abondent dans Pascal. L'un des traits les plus caractéristiques est la théorie des restrictions mentales, dont nous avons à parler. Un de leurs auteurs, le Père Casnedi, a été jusqu'à prouver cette étrange assertion : « Cette manière (de dire le contraire de la vérité sans mentir) consiste à ne parler que matériellement, à la prononcer des paroles sans intention de leur faire rien signifier, comme si en effet elles ne signifiaient rien, tout comme je prononce le mot *blictri*. » Quoi qu'il en soit, il est indéniable que les Jésuites, au moins au XVIIe et au XVIIIe siècle, enseignaient une morale relâchée, et que les confesseurs et directeurs de consciences jésuites ne faisaient jamais, ou presque jamais, acte de sévérité envers leurs pénitents et pénitentes. Ce que nous avons dit de cette morale à propos des Jansénistes nous dispense d'insister plus longtemps sur ce sujet. Voy. JANSÉNISME.

En ce qui concerne l'enseignement, il est indéniable que les Jésuites ont été d'excellents maîtres, et qu'ils ont formé, dans les deux derniers siècles, plusieurs générations d'hommes instruits et d'esprits éminents. Aujourd'hui, les procédés d'enseignement se sont vulgarisés, et partout, on peut le dire, on enseigne aussi bien que chez eux. Il convient d'ajouter aussi qu'ils sont nécessairement les adversaires des principes de tolérance et d'égalité qui sont les bases de la société moderne et, quelle que soit l'opinion qu'on professe, il faut bien reconnaître qu'un gouvernement issu de ces principes, et chargé de les défendre, ne peut voir d'un œil favorable l'éducation de la jeunesse livrée précisément à ces adversaires, et doit tout essayer pour empêcher la diffusion de cette éducation dont la tendance est précisément de combattre et de détruire les idées qui sont sa raison d'être.

Enfin, au point de vue politique, l'existence d'une société cosmopolite, organisée presque militairement, et ayant ses chefs à l'étranger, constitue un danger pour l'autorité civile ; ce danger est encore accru par le principe fondamental d'*obéissance* qui est la base des statuts de la Société de Jésus. Tout jésuite doit obéissance à ses chefs d'une manière absolue ; il doit être entre leurs mains *perinde ac cadaver*, comme un cadavre, exécuter tous les ordres sans discussion ni atermoiement, et collaborer ainsi à une œuvre qu'il ignore la plupart du temps. Dans ces conditions, quelle soumission peut attendre l'autorité civile d'hommes qui ont pris de tels engagements ? Et comment ces gens-là se conformeront-ils aux lois de leur pays si leur général leur a ordonné d'agir autrement ? Cette seule considération suffit à expliquer les conflits si nombreux qui se sont élevés entre la Société de Jésus et plusieurs gouvernements européens, et elle justifie pleinement les mesures de rigueur qui ont été si souvent prises à leur égard.

JÉSUITESSE. s. f. [Pr. *jé-zui-tè-se*]. Religieuse d'une communauté qui a existé en Flandre et en Italie. || Figur., Femme hypocrite.

JÉSUITIQUE. adj. 2 g. Qui est propre aux jésuites: ne se dit qu'en mauvaise part. *Une restriction j. Les doctrines jésuitiques.*

JÉSUITIQUEMENT. adv. D'une manière jésuitique. *C'est parler jésuitiquement.*

JÉSUITISME. s. m. Système de conduite des jésuites ou de leurs adhérents; caractère de ce qui est propre aux jésuites ou conforme à leur doctrine.

JÉSUS ou **JÉSUS-CHRIST**, l'un des plus grands esprits qui ait brillé sur notre planète depuis les origines de l'humanité, et celui dont l'influence a été la plus considérable dans la civilisation de la race humaine. Né à Nazareth (et non à Bethléem) non pas en l'an 753 de Rome, admis par la chronologie usuelle, mais quatre ans auparavant, c.-à-d. en l'an 749 (l'ère chrétienne a été calculée au VI° siècle par le moine Denys le Petit, avec une erreur de quatre ans). Sa prédication, qui eut surtout pour but la sublime morale enseignée dans les Évangiles, paraît avoir duré trois ans, de sa trentième à sa trente-troisième année. On ne connaît rien ou presque rien de ses années antérieures. Jésus fut condamné à mort et crucifié à Jérusalem, comme révolutionnaire des idées reçues en religion et en politique, le vendredi 14 du mois de nisan de l'an 29 (qui devrait être l'an 33). La semence spirituelle jetée sur le monde par le divin semeur fut rapidement féconde, et quelques années après le crucifiement, saint Paul instituait la doctrine chrétienne sur ses bases fondamentales.

On ne connaît la vie de Jésus que par les *Évangiles*, auxquels il faut ajouter quelques passages des *Épîtres* et des *Actes des Apôtres*. Les historiens profanes en ont à peine parlé, et leurs témoignages se réduisent à trois : 1° Tacite raconte que Néron, à la suite de l'incendie de Rome, fit mettre à mort un certain nombre de chrétiens, et il explique que cette secte tire son nom du *Chrisus*, qui fut condamné au supplice par le procurateur Ponce-Pilate. — 2° L'historien Josèphe, qui écrivait sous *Domitien* environ 40 ans après la mort de Jésus, parle d'un homme sage, nommé Christ, qui faisait beaucoup de merveilles et enseignait la vérité, et qui, ayant été amené auprès de Pilate par les principaux de la nation, fut condamné à mort. Josèphe ajoute que ces choses avaient été prédites par les prophètes. Certains commentateurs ont cru que ce passage avait été interpolé dans le texte de Josèphe. M. Renan n'est pas de cet avis ; mais le texte a pu être altéré par les chrétiens, qui puisaient que ces écrits de Josèphe comme des documents essentiels de leur histoire sacrée. — 3° Le *Talmud* explique la procédure suivie contre le *séducteur religieux*, laquelle consiste à amener le séducteur à exposer sa doctrine devant deux témoins cachés, et raconte que ce fut de la sorte qu'on agit envers Jésus.

Nous nous bornerons ici à résumer la biographie de Jésus telle qu'elle résulte de la tradition chrétienne, sans commentaire ni discussion.

Jésus, c.-à-d. le *Sauveur*, est le Fils de Dieu et le Messie prédit par les prophètes. Conçu par l'opération du Saint-Esprit dans le sein de la Vierge Marie, épouse de Joseph, il vint au monde dans une étable de Bethléem, pendant le douzième consulat d'Auguste. Presque aussitôt ses parents l'emmenèrent en Égypte pour le soustraire au massacre des nouveau-nés ordonné par le roi Hérode, à qui une prédiction avait annoncé pour cette année-là la naissance d'un *roi des Juifs*. Quelques années après Joseph vint s'établir à Nazareth, en Galilée. Jésus avait douze ans lorsqu'on le mena à Jérusalem pour y faire la Pâque. Il resta dans le Temple à l'insu de ses parents, et ceux-ci le retrouvèrent discutant au milieu des docteurs de la loi et les confondant par la profondeur de ses réflexions. Dans la quinzième année du règne de Tibère, Jean-Baptiste, le *précurseur*, commença de prêcher la pénitence sur les bords du Jourdain, baptisant ceux qui se présentaient, et annonçant la venue du Messie. Jésus vint à lui, se fit baptiser, et Jean-Baptiste le désigna à la foule comme le Messie prédit par les prophètes et attendu par les Juifs. Alors commence la mission de Jésus; mais, pour s'y préparer, celui-ci va jeûner quarante jours dans le désert. C'est là qu'il subit et repousse la tentation de Satan. Enfin, il se met à parcourir la Judée et la Galilée, annonçant la *bonne nouvelle*, prêchant une morale plus élevée que celle de la religion juive, s'adressant surtout aux humbles et aux malheureux, guérissant les malades, les aveugles, les sourds, les paralytiques, et chassant les démons du corps des possédés. Il change l'eau en vin aux noces de Cana ; dans le désert, il nourrit toutes les multitudes accourues à sa suite avec quatre petits pains et quelques poissons salés qui se multiplient sous ses doigts, de manière à suffire à tout le monde. Au bord du lac de Tibériade, il apaise les flots soulevés, marche sur les ondes, fait faire aux pêcheurs une pêche miraculeuse, etc. L'un de ceux-ci s'attache alors à sa personne, c'est l'apôtre Pierre. Parmi tous ses disciples, Jésus en choisit douze pour être les douze *apôtres des nations*. Enfin, au commencement de la quatrième année de sa mission, il vient à Jérusalem, où sa réputation et ses enseignements lui ont déjà suscité de nombreux ennemis. Tout ce qu'on pouvait appeler le monde officiel, les princes des prêtres, les pharisiens, etc., sont contre lui. Jésus sait le sort qui lui est réservé. Le jeudi d'avant la Pâque, il fait un dernier repas avec ses disciples, la Cène, et leur donne ses dernières instructions. Le soir même il est livré à ses ennemis par la trahison de Judas, mené devant le pontife, puis devant Ponce-Pilate, gouverneur de la Judée pour les Romains. Celui-ci ne peut parvenir à découvrir le crime de Jésus; mais les Juifs insistent et prétendent qu'il est coupable d'après la loi juive. Comme la politique romaine exige qu'on laisse une certaine liberté aux peuples conquis, en ce qui concerne leurs affaires intérieures, Pilate leur abandonne Jésus, en disant *qu'il se lave les mains du sang de ce juste*. Enfin, Jésus est condamné à être crucifié ; on le couronne d'épines parce qu'il s'est fait appeler roi des Juifs ; il est flagellé ; il porte lui-même sa croix sur le mont Calvaire où il est crucifié entre deux larrons. Un soldat romain l'achève d'un coup de lance, et le soir même du vendredi, car tout ce drame n'a duré qu'une nuit et un jour, des mains pieuses le détachent de la croix et l'enferment dans un tombeau. Mais, le dimanche matin, le tombeau est vide. Jésus est ressuscité ! Il apparaît à plusieurs reprises à ses disciples pour leur donner diverses instructions et, finalement, il monte au ciel quarante jours après sa résurrection, dernier miracle que l'Église célèbre sous le nom d'*Ascension*.

Bibliogr. — Dʳ E. STRAUSS, *Vie de Jésus*, 1835 ; — EDGAR AMIOT, *Examen critique de la Vie de Jésus du Dʳ Strauss* ; — J. SALVADON, *Jésus-Christ et sa doctrine* (1838) ; — KARL HASE, *Vie de Jésus* (1854) ; — ERNEST RENAN, *Vie de Jésus* (1859) ; — ERNEST HAVET, *Jésus dans l'histoire*, Examen de la Vie de Jésus, par RENAN (1863) ; — T. COLAS-I, *Examen de la Vie de Jésus de Renan* (1864) ; — T. COLASSI, *Jésus-Christ et les croyances messianiques de son temps* (1864) ; — Le P. DIDON, *Vie de Jésus* (1889).

JÉSUS, fils de Sirach, auteur d'un des livres de l'Ancien Testament, l'*Ecclésiastique* (III° siècle av. notre ère).

JÉSUS. s. m. [Pr. *jé-zu*]. T. Pap. *J.* ou *papier-jésus*, Sorte de papier de grandes dimensions. Voy. PAPETERIE.

JET. s. m. [Pr. *jè*] (R. *jeter*). Action de jeter, ou Mouvement qu'on imprime à un corps en le jetant. *Un jet rapide.* *Le jet d'une bombe, d'une pierre.* — *Jet de pierre,* L'espace que peut parcourir une pierre qu'un homme jette de toute sa force. *De ma main à la sienne, il n'y a guère qu'un jet de pierre. Bois de j.,* Bois de chauffage qu'on jette à flot pour le transporter. ‖ T. Art mil. *Arme de jet.* Voy. ARME. *Le jet des bombes,* L'art de tirer les bombes. ‖ T. Droit commerc. *Jet de marchandises,* L'action de jeter à la mer, quand il est nécessaire d'alléger le navire, une partie des marchandises dont il est chargé. ‖ T. Pêche. *Le jet d'un filet,* se dit d'un filet qu'on jette pour prendre du poisson. *Acheter le jet du filet,* Acheter tout le poisson qui sera pris par un coup de filet. ‖ T. Point. et Sculpt. *Le jet d'une draperie,* La manière plus ou moins naturelle dont les plis d'une draperie sont rendus dans un tableau, etc. *Des draperies d'un beau jet.* ‖ T. Fonderie. Action d'introduire, de faire couler la matière dans le moule lorsqu'elle est en fusion; n'est guère usité que dans les phrases. *Fondre, couler une figure d'un seul jet. Cette statue est d'un seul jet,* se dit d'une pièce dont toutes les parties sont fondues à la fois dans un seul moule. — Fig., en Littér. et dans les Arts, on dit, *D'un seul jet, du premier jet,* en parlant d'une composition faite sans y revenir à plusieurs fois. *Cette pièce de vers a été faite d'un seul jet. J'ai écrit cette strophe du premier jet.* On dit aussi, *C'est le premier jet, Ce n'est qu'un premier jet,* en parl. de ce qui n'est qu'ébauché, des idées que l'on s'est hâté de fixer sur la toile ou sur le papier dans un moment d'inspiration. ‖ T. Fond. Se dit encore des ouvertures ménagées pour donner passage à la matière en fusion et la distribuer dans toutes les parties du moule. Dans les fonderies de caractères, partie du métal jeté dans le moule qui est en excédent sur le caractère et qu'on détache. ‖ Action de verser la cire fondue sur les mèches jusqu'à ce qu'elles aient le poids voulu. ‖ *Jet* se dit encore d'un liquide qui jaillit avec force en filet, en colonne, etc. *Un jet de sang. Un jet plus gros que le bras. L'eau s'échappait de tous côtés par petits jets.* On dit de même, *Un jet de vapeur.* ‖ *Jet de lumière,* Rayon de lumière qui paraît subitement. ‖ *Jet d'abeilles,* Nouvel essaim qui sort de la ruche. ‖ Se dit des bourgeons, des scions que poussent les arbres, les vignes. *Cet arbre a donné de beaux jets cette année.* — *Cette canne est d'un seul jet,* Elle n'a point de nœuds. On dit quelquefois absol., *Un jet,* pour dire, Une canne d'un seul jet. *Voilà un beau jet. Ce jet est fort cher.* ‖ T. Fauconnerie. Menue courroie qu'on met autour de la jambe de l'oiseau. *Retirer, ôter les jets à un oiseau.* ‖ T. Techn. Ajutage placé à l'extrémité de la conduite d'où part le jet d'eau et en général ajutage placé à l'extrémité d'une conduite. — Partie du bas d'une croisée, du seuil d'une porte qui renvoie au dehors l'eau et la pluie. ‖ Sonde de jonc pour dégorger un tuyau.

Hydraul. — On appelle *Jet d'eau,* une colonne d'eau qui jaillit avec force d'un orifice par l'effet de la pression qu'exerce une masse liquide plus ou moins élevée au-dessus de ce dernier. Il y a des jets d'eau qui s'élèvent verticalement de bas en haut, et d'autres qui s'élèvent en gerbe suivant des paraboles de diverses amplitudes. Les orifices qui donnent naissance aux premiers sont percés dans des parois horizontales, et ceux qui donnent naissance aux seconds sont percés dans des parois diversement inclinées. Dans tous les cas, d'après le théorème de Torricelli (Voy. HYDRODYNAMIQUE), les molécules liquides ont à l'orifice la même vitesse que si elles fussent tombées d'une hauteur égale à la hauteur du niveau du liquide dans le réservoir d'où elles viennent. En conséquence, le jet est vertical, il doit atteindre précisément cette même hauteur. Cependant le jet ne s'élève jamais au niveau du point de départ de l'eau, à cause des résistances qui agissent sur les molécules liquides, qui sont au nombre de trois, savoir : le frottement dans les tuyaux de conduite et contre les parois de l'orifice; la résistance de l'air; la chute du liquide qui retombe sur celui qui s'élève. Pour réduire ces résistances à leur moindre valeur, on suit dans la pratique des règles ci-après : 1° On donne aux tuyaux de conduite un diamètre qui dépend de leur longueur, de la grandeur de l'orifice et de la hauteur du réservoir, de telle sorte que la vitesse de l'eau dans les conduites soit tout au plus de 2 ou 3 décim. par seconde. 2° On fait l'orifice circulaire, et on le perce en mince paroi dans une plaque qu'on appelle la *Platine.* La platine est plane ou bombée, suivant que l'on veut avoir un jet vertical ou une gerbe à plusieurs jets paraboliques. Les orifices en mince paroi sont, en outre, ceux qui donnent le plus de régularité et de transparence au jet. Les ajutages coniques produisent aussi des jets unis et transparents; mais leur hauteur n'est pas plus que les 8 ou 9 dixièmes de celle qui donne un orifice en mince paroi. Enfin, les ajutages cylindriques produisent des jets troubles,

dont la hauteur n'est que les deux tiers de celle du premier. — En modifiant les formes des ajutages, on peut obtenir une variété infinie d'effets dont quelques-uns sont véritablement très pittoresques. On en trouvera de nombreux modèles dans les figures de l'*Almanach du Bon Jardinier,* par DECAISNE et HÉRING.

JETAGE. s. m. Action de jeter. ‖ Ce qui jette, en parlant d'humeurs. ‖ T. Vétér. Écoulement par les naseaux d'un mucus plus ou moins abondant.

JETÉ. s. m. T. Danse. Mouvement qui fait partie d'un pas et ne remplit pas seul une mesure. *Un j. seul ne peut remplir une mesure. Un j. battu.*

JETÉE. s. f. Sorte de chaussée construite en pierres, ou en bois ou en terre, qui s'avance plus ou moins dans la mer pour couvrir l'entrée d'un port, rompre l'impétuosité des vagues, et empêcher l'encombrement du bassin par le sable ou les galets. *Les ports de Calais, de Cherbourg, de Dunkerque, ont de magnifiques jetées.* — Se dit aussi d'une construction semblable faite dans le lit d'un fleuve pour redresser le cours des eaux. *La construction de la j. du Rhône à Lyon a offert de grandes difficultés.* Voy. DIGUE. ‖ Se dit des amas de pierres, de sable et de cailloux jetés dans la longueur d'un mauvais chemin pour le rendre plus praticable. *Le chemin est devenu très commode depuis qu'on y a fait une jetée.* ‖ T. Techn. Action de jeter, de couler la fonte. — *Une j. de chandelles,* Ce qu'on peut mouler de chandelles en une seule fonte de suif. ‖ T. Apic. *J. d'abeilles,* Nouvel essaim d'abeilles qui s'élance du la ruche. ‖ T. Méd. *Jetée goutteuse,* Mouvement de la goutte qui se porte sur les articulations ou sur un organe intérieur.

JETER. v. a. (lat. *jactare,* fréq. de *jacere,* m. s.). Lancer avec la main ou de quelque autre manière. *J. des pierres. J. un dard, un javelot. J. des fusées, des grenades. J. ses armes pour s'enfuir. J. des cendres au vent. J. une balle en l'air. J. un bâton à la tête de quelqu'un. J. de l'eau par la fenêtre. J. un filet pour pêcher. Cela n'est bon qu'à j. au feu. J. le grappin sur un vaisseau ennemi. J. les dés hors du cornet. J. des marchandises à la mer. J. des semences en terre. J. quelque chose de haut en bas.* ‖ S'emploie au Figuré tant au sens physique qu'au sens moral. *J. un coup d'œil sur quelqu'un, sur quelque chose. J. un regard, des regards de compassion sur une personne. J. les yeux sur un livre. Jetez un instant les yeux de côté. J. un regard sur le passé. J. son dévolu sur quelqu'un, sur quelque chose. J. du ridicule sur quelqu'un. J. de l'odieux sur une action. J. ses soupçons sur quelqu'un. Ce mot jeté de l'obscurité dans ce passage. L'effroi, l'épouvante, dans une maison, dans une armée. Le berger prétendait qu'on avait jeté un sort sur son troupeau. J. rapidement ses idées sur le papier, sur la toile. J. des semences de vertu dans le cœur d'un jeune homme. J. l'argent par la fenêtre,* Le dépenser follement. — *J. les yeux sur quelqu'un,* Avoir sur quelqu'un des vues particulières, le destiner à quelque chose. *Il a jeté les yeux sur ce jeune homme pour en faire son gendre. Le roi a jeté les yeux sur lui pour commander l'armée. J. des propos,* Avancer des propos qui vont indirectement à insinuer à découvrir quelque chose. *Le ministre a jeté des propos de paix, de guerre.* — *J. des soupçons contre quelqu'un,* Faire soupçonner quelqu'un. — *J. au sort,* Décider quelque chose par la voix du sort. *Le sort en est jeté,* Le parti en est pris. On dit de même, *Le dé en est jeté.* ‖ Fig., prov. et fam., *J. de la poudre aux yeux.* Éblouir, surprendre par de faux brillants, par des raisons spécieuses. *Il a jeté de la poudre aux yeux à toute l'assemblée. Ce discours a jeté de la poudre aux yeux.* — Se dit aussi des personnes qui séduisent par l'extérieur, par les apparences. *Il a jeté de la poudre aux yeux de toute la famille, et il est parvenu à épouser la fille.* — *J. une chose à la tête,* L'offrir à vil prix ou l'offrir sans qu'on la demande. *Il y avait tant de gibier au marché, qu'on le jetait à la tête. Ne pensez pas que je lui jette mon bien et ma fille à la tête. J. son bien par la fenêtre,* Le dissiper en folles dépenses. *J. le froc aux orties.* Voy. FROC. *J. son bonnet par-dessus les moulins.* Voy. BONNET. *J. le groppin sur quelqu'un.* Voy. GRAPPIN. *J. de l'huile sur le feu.* Voy. HUILE. *J. le manche après la cognée.* Voy. COGNÉE. *J. sa part aux chiens, sa langue aux chiens.* Voy.

PART et LANGUE. || *J. un châle, un manteau, etc., sur ses épaules, sur les épaules de quelqu'un*, Mettre avec quelque hâte un châle, etc. On dit aussi, *Ce vêtement, cette draperie est jetée avec grâce, avec élégance*, en parlant d'un vêtement ou d'une draperie disposée avec une apparente négligence, mais avec grâce, etc. — Fig., *J. un voile sur quelque chose*. Voy. VOILE. || Pousser avec violence, de façon à renverser, à déplacer; se dit soit au propre, soit au fig. *J. un homme par terre. Les vents nous jetèrent sur un écueil. La tourmente politique les avait jetés loin de leur patrie.* — *J. par terre une maison, un mur, une cloison*, etc., Démolir, abattre une maison, etc. On dit dans le même sens : *J. bas. J'ai fait j. bas ces arbres qui gênaient la vue.* || On dit, *J. quelqu'un dans un cachot, dans les fers*, Le mettre ou le faire mettre au cachot, en prison, parce que cette action ne se fait guère sans quelque violence. — Fig., *J. quelqu'un dans le péril, dans un danger*, dans un grand embarras. *J. dans l'inquiétude. J. dans l'erreur, dans l'illusion. La surprise où nous jeta cette nouvelle.* || Pousser, envoyer, émettre, lancer hors de soi. *Un animal qui jette son venin. Cette fontaine jette beaucoup d'eau. Cette lampe jette un éclat très vif. Il ne jeta pas une larme. J. un soupir, un cri. J. les hauts cris.* — Fig., *Cela jette une vive lumière, un grand jour sur les causes de cet événement.* — Fig. et fam., *J. son venin*. Voy. VENIN. *J. son feu, tout son feu; J. feu et flamme*, Voy. FEU. || Se dit particul. De certaines sécrétions morbides. *Cet abcès jette du pus.* Absol., *Cet ulcère jette beaucoup. Sa plaie commence à j. Son oreille a beaucoup jeté.* — En parl. des chevaux. *Ce cheval jette sa gourme.* Absol., *Ce cheval jette, il est morfondu.* || Se dit des abeilles qui produisent et mettent dehors un nouvel essaim. *De bonnes mouches jettent deux fois l'an. Cette ruche n'a pas encore jeté.* || Se dit des arbres et des plantes qui produisent des bourgeons et des scions. *Cette vigne a jeté bien du bois. Cet arbre a jeté des scions.* Absol., *Les arbres commencent à j. La vigne ne jette pas encore.* — On dit, dans un sens anal., *J. des racines.* = Calculer avec des jetons. *Jeter ces sommes-là.* Vieux et inus. == T. Archit. *J. les fondements d'un édifice*, Les asseoir, les établir. Fig., *J. les fondements d'un empire, d'une république*, etc., Fonder, établir un empire, etc. — *J. un pont sur une rivière*, Établir un pont sur une rivière; se dit surtout des ponts que l'on fait à la hâte pour le passage d'une armée. || T. Beaux-Arts. *J. une draperie*, Donner une certaine disposition aux plis de la draperie dont on revêt une statue, une figure dans un tableau. *Ce peintre jette mal ses draperies. Les plis de ce manteau sont bien jetés.* || T. Fauconnerie. *J. le faucon*, Le laisser partir pour le vol. En parlant de l'autour, on dit *Lancer*. || Fonderie. Faire couler du métal en fusion dans un moule. *J. une statue en bronze. J. en sable. J. en moule.* Absol., *Ce fondeur jette bien.* — Fig. et fam., *Cela ne se jette pas en moule*, Cela ne se fait pas aisément et d'un seul coup. || T. Guerre. *J. des hommes dans une place, y. j. des munitions, des vivres*, etc., Y introduire, malgré l'ennemi, des renforts en hommes, en vivres, etc., dont elle a besoin. || T. Jeu de cartes. *J. ses cartes. Les jouer.* || T. Marine. *J. l'ancre, le plomb, la sonde*, Laisser tomber l'ancre, la sonde dans la mer pour arrêter le navire, pour connaître la profondeur de la mer, etc. Fig., fa r. et prov., *J. son plomb sur quelque chose*, Porter ses vues sur quelque chose, former le dessein de l'obtenir. — *J. son navire à la côte*, Le faire échouer exprès afin d'éviter un danger plus grand. || T. Typogr. *J. un blanc, une espace, une interligne*, Laisser un blanc, mettre une espace, une interligne. || T. Vénerie. *Le cerf jette sa tête*, || quand son bois. = SE JETER. v. pronom. Signifie, tant au propre qu'au fig., Se lancer, se précipiter, se porter impétueusement dans, contre, vers quelqu'un ou quelque chose. *Se j. à terre. Se j. par la fenêtre. Se j. dans le feu, dans la rivière. Se j. au cou de quelqu'un pour l'embrasser. Se j. à ses pieds. Se j. sur quelqu'un pour le tuer. Le loup se jette sur sa proie. Il se jette à corps perdu au milieu des ennemis. Se j. dans le péril. Se j. dans un parti. Elle s'est jetée dans la dévotion. Abandonner un excès pour se jeter dans un autre. Notre vaisseau se jeta contre un rocher ou à la côte.* On dit aussi par métonymie, *Nous nous jetâmes contre un rocher.* — *Se j. sur quelque chose*, S'y porter avidement. *Les soldats se jetèrent sur ces provisions et les pillèrent.* — Fig. et fam., *Se jeter à la tête de quelqu'un*, S'offrir à lui avec empressement et sans être recherché. On dit aussi absol., *Il est imprudent de se jeter ainsi à la tête.* || *Cette rivière se jette dans telle autre, se jette dans la mer, dans un lac*, etc., Elle porte ses eaux à telle autre, à

la mer, etc. || Entrer, se réfugier précipitamment en quelque endroit. *On poursuivit le voleur, mais il se jeta dans une allée obscure et disparut. Il se jeta dans le plus épais du bois. Il se jeta dans la forteresse avec sa troupe.* — *Se j. au couvent*, Y entrer. = JETÉ, ÉE. part.

Conj. — *J. Je jette, tu jettes, il jette; nous jetons, vous jetez, ils jettent. Je jetais; nous jetions. J. jetai; nous jetâmes. J'ai jeté; nous avons jeté. J'eus jeté; nous eûmes jeté. J'avais jeté; nous avions jeté. — Je jetterais; nous jetterions. J'aurais jeté; nous aurions ou nous cussions jeté. — Jette; jetons, jetez. — Que je jette, que tu jettes, qu'il jette; que nous jetions, que vous jetiez, qu'ils jettent. Que je jetasse; que nous jetassions. Que j'aie jeté; que nous ayons jeté. Que j'eusse jeté; que nous eussions jeté. — Jeter. Avoir jeté. Jetant. Jeté, ée. Devant jeter.*

JÉTHRO, prêtre madianite, beau-père de Moïse.

JETISSE. adj. 2 g. [Pr. *je-tise*] (R. *jeter*). T. Techn. Qui a été jeté, qui peut se jeter. *Terre jetisse*, Terre prise dans un lieu et jetée dans un autre. *Pierres jetisses*, Pierres pouvant se poser à la main dans toute sorte de construction. *Laine jetisse*, Laine jetée comme rebut.

JETON. s. m. (R. *jeter*, jet). Pièce de métal, d'ivoire, de nacre, etc., plate et ordinairement ronde, dont on se servait autrefois pour calculer des sommes, et dont on se sert encore pour marquer et payer au jeu. *Jetons de cuivre, d'argent, d'ivoire.* Compter, marquer avec des jetons. *Être faux comme un j.*, Avoir un caractère faux, parce qu'en général les jetons n'ont qu'une valeur nominale. — *J. de présence*. J. du métal que l'on donne dans certaines sociétés ou compagnies, à chacun des membres qui sont présents à la séance. Par extens. Honoraires payés pour chaque séance à laquelle on a assisté. || Petit instrument avec lequel on vérifie si les caractères d'imprimerie sont bien de niveau. || T. Apic. Jetéo, essaim d'abeilles. Voy. ESSAIMAGE.

JETONNIER. s. m. [Pr. *jeto-nié*]. Celui qui reçoit des jetons de présence. *Académicien j.* Vx.

JETTATURE. s. f. [Fr. *jet-tatur*] (ital. *gettatura*, m. s.). Action de jeter un sort par des signes et surtout par le regard. On y croit beaucoup en Italie. Il y a là, le plus souvent, un effet d'auto-suggestion.

JETTE-FEU. s. m. [Pr. *jète-feu*]. Appareil ménagé sur les grilles de certaines chaudières à vapeur, pour permettre de faire tomber le feu instantanément en cas de besoin.

JETTEMENT. s. m. [Pr. *jè-te-man*]. Action de jeter.

JEU. s. m. (lat. *jocus*, m. s.). Divertissement, récréation ; tout ce qui se fait par esprit de gaieté et par amusement. *Jeux bruyants. Jeux de l'enfance. Jeux d'enfant. Jeux innocents. Jeux de société. Jouer à de petits jeux. Je n'ai dit cela que par manière de jeu.* On ne veut pas lui faire de mal, ce n'est que pour jeu. || *Jeu de main, Jeu où l'on se frappe légèrement les uns les autres.* Se dit aussi de l'action de lutter, de se porter des coups réciproques en plaisantant. *Les jeux de main finissent souvent par des querelles.* Prov. *Jeu de main, jeu de vilain*, Les jeux de main ne conviennent qu'à des gens mal élevés. — *C'est un rude jeu*, se dit d'un jeu qui va à fâcher ou à blesser quelqu'un. Prov., *Ce sont jeux de prince qui ne plaisent qu'à ceux qui les font*, ou *Ce sont jeux de prince*, Ce sont jeux où les autres pâtissent. || Fig. et fam., *C'est un jeu à se rompre le cou, les jambes*, etc., se dit d'une action qui expose à se tuer, etc., *Ce n'est pas un jeu d'enfant*, se dit d'une affaire grave et sérieuse, qui d'un engagement dont on ne peut se dédire. — *Prendre quelque chose en jeu*, La prendre ou plaisanterie. *Cela passe le jeu*, Cela passe la raillerie. || Fam. *Ce n'est qu'un jeu*, se dit d'une chose qu'on fait facilement. *Les plus grandes difficultés ne sont qu'un jeu pour lui.* — *Se faire un jeu de quelque chose*, Y mettre son plaisir. *Se dit qu'en mauvaise part. Il se fait un jeu de la tourmenter. Il se fait un jeu de sa douleur.* — Fig. et fam., *Le jeu lui plaît*, se dit d'une personne qui veut recommencer une chose qui lui plaît. || *Jeux d'esprit*, Certains petits jeux qui demandent quelque agrément d'esprit. Fig., se dit aussi de certaines productions d'esprit qui sont tout à fait futiles, comme les charades, les énigmes, les bouts-rimés, les anagrammes, etc. — *Jeu de mots*, V. Mor. — *Poétiq.*, *Les jeux de la scène*, Les représentations théâtrales. || *Fig.*, *Jeu de la nature*, Action de la nature qui produit une chose bizarre, extraordinaire, ou la chose même qui est ainsi produite. *La nature, dans ses jeux, est infiniment variée. Cette coquille est un jeu de la nature.* || *Fig.* et *poétiq.*, *Les jeux sanglants de Mars*, La guerre, les combats. — *Fig.*, *C'est un jeu du hasard*, Ce n'est qu'un effet du hasard. *Les jeux de la fortune*, V. Fortune. || *Au plur.*, se dit, en poésie, de certaines divinités allégoriques qui sont censées présider à la gaieté, à la joie. *Les Jeux, les Ris, les Grâces. Les Jeux et les Amours*, etc. == *Jeu* se dit le plus souvent d'un exercice de récréation qui est soumis à certaines règles, et auquel on hasarde ordinairement de l'argent. *Le biribi est un jeu de hasard. Les échecs sont un jeu de combinaison. Un jeu sérieux, divertissant, ennuyeux. Les règles du jeu.* — *Intéresser le jeu*, Y risquer une petite somme, pour lui donner plus d'intérêt. — Les phrases suivantes et d'autres semblables s'appliquent surtout aux jeux de commerce ou de hasard, comme les cartes et les dés. *Aimer le jeu. Avoir la passion du jeu. Être adonné au jeu. Être âpre, ardent, attaché au jeu. Heureux, malheureux au jeu. Gagner, perdre au jeu. Vivre du jeu, Tromper au jeu. Le jeu l'a ruiné. Se mettre, s'engager au jeu. Sortir du jeu. On ne saurait le tirer du jeu. La perte, le gain, l'argent du jeu.* — Par ext., *Jeu de bourse*, se dit de toute espèce de pari sur les fonds publics. || *Académie de jeux* ou *Jeux publics*, Lieux où l'on donne à jouer à toutes sortes de jeux. — *Maison de jeu*, Lieu où on ne joue ordinairement qu'à des jeux de hasard. || *La ferme des jeux*, autrefois, la ferme des maisons de jeu publiques. — *Il y a grand jeu dans cette maison*, Il s'y réunit beaucoup de joueurs. — *Tenir un jeu*, Donner à jouer chez soi ou en public. *On tient un jeu dans cette maison. Les gens qui tiennent les jeux dans une foire. Tenir le jeu de quelqu'un*, signif. Jouer pour lui. Absol., *Tenir jeu*, Continuer à jouer avec une personne qui perd. — *Couper jeu*, Se retirer avec gain, et ne vouloir pas tenir jeu. — *Mettre au jeu*, Donner, déposer son enjeu. — *L'argent qui est au jeu*, sur le jeu, sur jeu, La somme des enjeux, ce que les joueurs ont mis au jeu. — *Aux jeux de renvi, Ouvrir le jeu*, Faire la première vade et ne point faire de renvi. — *Entrer en jeu*, se dit, à certains jeux de cartes, de celui qui, ayant levé une main, est en état de jouer comme il lui plaît; et *Fig.*, signif. Entrer dans une affaire, dans une discussion, avoir son tour, soit pour agir, soit pour parler, etc. *D'entrée de jeu*, Voy. Entrée. — *Se piquer au jeu*, Voy. Piquer. — *Fig.* et *fam. Mettre quelqu'un en jeu*, Le citer sans sa participation, le mêler à son insu dans une affaire. *Il m'a mis en jeu mal à propos. Mettre tout, Mettre une chose en jeu*, La faire agir, l'employer. *Il met en jeu toutes les ressources de son imagination.* — *Fig.* et *prov., Le jeu ne vaut pas la chandelle*, se dit d'une chose qui ne mérite pas la peine qu'on se donne, la dépense qu'on fait. — *Se dit des règles du jeu*, de la manière dont il convient de jouer ou dont une personne joue. *Il sait bien le jeu. Jouer le jeu. C'est le jeu, le vrai jeu. Ce n'est pas mon jeu que de jouer ainsi. Ce joueur a un jeu perfide.* || *Fig.* et *fam.*, *C'est son jeu*, se dit de celui qui fait précisément ce qui convient le mieux à ses intérêts, ce qu'il doit faire pour réussir. *C'est son jeu de tirer l'affaire en longueur.* On dit même, *C'est un homme qui sait son jeu. Jouer bien son jeu*, Voy. Jouer. == L'ensemble des cartes qui sont venues à chacun des joueurs et dont il doit se servir; les points qu'en amène au dés, ou, en général, la situation dans laquelle on se trouve par rapport à quelque jeu que ce soit. *J'ai une carte de trop dans mon jeu. Il lui est venu beau jeu, bien du jeu. Il m'est rentré un jeu détestable. J'ai ruiné mon jeu en écartant. Cette carte raccommode mon jeu. On voit votre jeu. Cachez votre jeu. Montrez votre jeu. Vous m'avez donné beau jeu. J'ai fort mauvais jeu. Je n'ai point de jeu. Vous avez perdu à beau jeu. Mon jeu vaut mieux que le vôtre. Il ne joue jamais qu'à jeu sûr. Il ménage, il conduit bien son jeu. Il joue bien son jeu.* || *Fig.* et *fam., Donner beau jeu, faire beau jeu à quelqu'un*, Lui présenter une occasion favorable de faire ce qu'il souhaite. On dit dans un sens anal., *Avoir un beau jeu. Jouer à jeu sûr*, Être certain du succès, des moyens qu'on emploie dans une affaire. *Perdre à beau jeu*, Échouer dans une tentative dont le succès paraissait assuré. — *À tout venant beau jeu*, se dit pour exprimer qu'on est en état de tenir tête à tous ceux qui se présenteront. *À beau jeu beau retour*, se dit pour faire entendre qu'on saura bien rendre la pareille, ou même qu'on l'a déjà rendue. — *Faire voir beau jeu à quel-*

qu'un, Le maltraiter, lui nuire par vengeance, par un mouvement de colère; ou l'emporter sur lui dans une discussion. *Si on le fâche, on verra beau jeu*, se dit pour exprimer qu'on ne peut s'attaquer à quelqu'un sans éprouver les effets de son ressentiment. — *Faire bonne mine à mauvais jeu*, Voy. Mine. *Cacher son jeu*, Voy. Cacher. *Avoir le jeu serré*, Voy. Serrer. || *Ce que l'on met au jeu. Jouer gros jeu, petit jeu. Jouer un jeu d'enfer. Il joue un jeu à se ruiner. Faire le jeu.* — Au brelan et aux autres jeux de renvi, on dit : *J'y vais du jeu. Je suis du jeu*; et, par abrév., *J'en suis*, Pour avertir que l'on joue une somme pareille à celle qui est sur le jeu. *Jouer beau jeu*, Jouer le jeu que les autres veulent. || *Fig.* et *fam., Jouer un gros jeu, un jeu à se perdre*, S'engager dans une affaire où l'on hasarde beaucoup sa réputation, pour sa fortune, pour sa vie. *Tirer son épingle du jeu*, Voy. Épingle. || Au jeu de paume, se dit de chacune des divisions de la partie. *Une partie de quatre jeux. Jouer en six jeux. Gagner le premier jeu. Ils sont à deux de jeu.* — *Fig.* et *fam. Être à deux de jeu*, se dit de deux personnes qui ont l'une à l'égard de l'autre un avantage ou un désavantage égal. On le dit aussi de deux personnes qui se sont rendu réciproquement de mauvais offices, et de deux personnes qui ont été également maltraitées dans quelque affaire. || Lieu où l'on joue à certains jeux. *Entrer dans un jeu de paume. Il a fait faire un jeu de boules dans son jardin.* || Ce qui sert à jouer à certains jeux. *Un jeu d'échecs. Un jeu de cartes. Un jeu de quilles. Un jeu neuf. Un jeu complet. Il manque une carte à ce jeu.* — *Fig.*, en T. Mar, on dit : *Un jeu d'avirons*, Le nombre d'avirons nécessaires pour un canot; *Un jeu de voiles*, L'assortiment complet de toutes les voiles d'un bâtiment. == *Jeux*, au pluriel, se dit des spectacles publics des anciens, comme les courses, les luttes, les combats de gladiateurs, etc. Voy. plus bas. || *Jeux de prix*, se dit, au part. des peuples anciens et des modernes, des exercices qui exigent de la force, de l'agilité ou de l'adresse, comme la course, le jeu de l'arc, le tir au fusil, et dans lesquels un prix est destiné au vainqueur. || *Jeux floraux*, Voy. Floral. == Se dit du maniement de certaines armes. *Le jeu de la hallebarde. Le jeu de la pique. Le jeu du bâton à deux bouts. Le jeu de l'espadon.* Vx. || La manière de faire des armes. *J'ai étudié son jeu. Son jeu est de porter en parant*, etc. — *Fig.* et *fam., Savoir le jeu de quelqu'un*, Connaître sa manière d'agir. == Manière de jouer d'un instrument de musique. *Avoir le jeu brillant, large, hardi. Un jeu doux, pur, délicat.* || *Fig.* et *fam.*, *C'est le vieux jeu*, se dit de certaines vieilles habitudes ou de plaisanteries rebattues. || *Jeu de viole*, se disait autrefois de quatre ou cinq violes de différentes grandeurs pour jouer les différentes parties de la musique. *Jeu d'orgues*, Voy. Orgues. == Manière dont un comédien remplit ses rôles. *Ce comédien a le jeu brillant, touchant, pathétique. Il a le jeu noble. Le jeu de cette actrice charme tous les spectateurs.* || *Jeu de théâtre*, se dit, de certains effets de scène qu'on produit surtout par les gestes et par les expressions du visage. *Ces jeux de théâtre produisent toujours beaucoup d'effet.* — *Prov., C'est un jeu joué*, se dit d'une feinte concertée entre deux ou plusieurs personnes. == *Jeu* se dit du mouvement d'une chose qui tend à produire un effet. *Le jeu d'un ressort. Le jeu d'une serrure. Le jeu des différentes parties d'une machine. Étudier le jeu des organes du corps humain.* — *Fig.*, *Le jeu de la machine politique. Le jeu des passions humaines.* || On dit encore, *Donner du jeu à un ressort, à une fenêtre, à un balancier*, Procurer de l'aisance au mouvement qu'ils doivent avoir. On dit, dans le même sens, *Ce balancier n'a pas assez de jeu. Cette porte a trop de jeu.* — *Fig.*, en T. Peinture, *Il y a du jeu dans cette composition*, se dit d'un tableau où les objets ne sont point entassés, où il y a du jour et de l'espace entre les personnages. — T. Archit. hydraul. *Jeu d'eau*, se dit de la diversité des for nes que l'on fait prendre aux jets d'eau en variant celle des ajutages.

Mœurs. — On distingue communément les *Jeux* en trois grandes catégories : les *jeux corporels*, les *jeux intellectuels* et les *jeux de hasard*. La première comprend tous les exercices qui ont pour objet de développer les forces, l'agilité, l'adresse, la grâce, etc. Tels étaient les *jeux de gymnase* et du *cirque* chez les anciens, les *joutes* et les *tournois* du moyen âge. Aujourd'hui, ces jeux sont généralement tombés en désuétude, et nous n'en avons plus que les diminutifs, comme la *danse*, les *boules*, la *balle*, et quelques jeux d'enfants, tels que les *barres*, la *corde*, le *cerceau*. Cependant, depuis 1870, une réaction s'est produite en faveur d'une part plus grande accordée dans l'éducation aux exercices physiques ; aujourd'hui, les jeunes gens, et même des hommes mûrs, s'adonnent volontiers à des jeux qui exigent une grande activité physique, comme le *jeu de paume*, si pratiqué au moyen âge, le *lawn-tennis* et le *foot-ball*, d'origine anglaise. — Les *jeux intellectuels* comprennent les *jeux d'esprit* et les *jeux de calcul* ou de *combinaison*. Les jeux d'esprit sont les *énigmes*, les *charades*, les *bouts-rimés*, etc.; les jeux de combinaison les plus usités sont les *dames* et les *échecs*. Les *jeux de hasard* sont fort nombreux; nous citerons les *dés*, la *roulette*, le *loto*, et divers jeux de cartes, tels que le *lansquenet*, le *baccarat*, etc. On range également dans cette catégorie les *jeux mixtes*, où l'on peut, à l'aide du calcul et de certaines combinaisons, corriger plus ou moins les chances du hasard, comme dans le *trictrac*, les *dominos*, ainsi que dans la plupart des jeux de cartes qui se jouent en société, tels que la *bouillotte*, le *boston*, l'*écarté*, etc.

Les chances de gain ou de perte dans les jeux de hasard donnent lieu à des calculs intéressants et instructifs qui dépendent du calcul des probabilités. Voy. PROBABILITÉ.

Législ. — Les jeux de pur hasard sont prohibés par la loi, soit lorsqu'ils se tiennent dans un lieu public, soit lorsqu'ils ont lieu dans une maison particulière où le public peut être admis. Le Code pénal réprime plus ou moins sévèrement « tenue de jeux de hasard suivant qu'elle a lieu d'une manière habituelle ou simplement accidentelle: dans le premier cas, elle constitue un délit puni d'amende (100 à 3,000 francs) et d'emprisonnement (2 à 6 mois); dans le second cas, elle constitue une contravention entraînant une amende (6 à 10 fr.). En outre, tous les appareils employés au service des jeux, fonds, effets, lots, etc., sont confisqués. Mais le législateur ne pouvant poursuivre la passion du jeu jusque dans l'enceinte de la demeure privée, a cherché à l'atteindre indirectement. A cet effet, le Code civ. n'accorde aucune action pour le paiement d'une dette de jeu. Néanmoins, lorsque le perdant a volontairement payé, il ne peut répéter ce paiement, à moins qu'il n'y ait eu, de la part du gagnant, dol, supercherie ou escroquerie. Cependant les jeux qui tiennent à l'adresse ou à l'exercice du corps, comme les assauts d'armes, les courses à pied et à cheval, le jeu de paume, etc., ayant un certain but d'utilité sociale, la convention qui tend à les intéresser dans une certaine mesure est exceptée de la juste défaveur qui s'attache en général au jeu, et la loi ne refuse plus l'action en paiement. Encore faut-il, même dans ces cas, que la somme ne soit pas excessive (C. civ. 1965 à 1967). — Tandis que d'un côté, le Code pénal interdisait, sous des peines rigoureuses, la tenue de jeux de hasard, dans un intérêt purement fiscal, l'administration autorisait le fonctionnement de maisons de jeu publiques dirigées par des entrepreneurs qui payaient, pour ce privilège, des redevances considérables. La loi du 31 décembre 1837 mit fin à cet abus. Par une tolérance regrettable, on autorise encore actuellement la tenue de maisons de jeu, cercles ou casinos, à Paris et dans les stations de villégiature. Les jeux publics ont été supprimés en Angleterre en 1853, en Allemagne en 1872. Aux États-Unis, ils sont très sévèrement réprimés.

Archéol. — Dans l'antiquité grecque et romaine, on donnait le nom de *jeux* (*ludi*) à l'ensemble des spectacles, des courses, des luttes, des représentations dramatiques qui se célébraient, en Grèce et à Rome, à certaines époques solennelles, soit en l'honneur des dieux et des héros, soit à l'occasion de quelque événement mémorable, soit aux funérailles d'un personnage éminent.

I. — Nous parlerons d'abord des jeux de la Grèce, et ensuite de ceux qui étaient en usage chez les Romains.

A. Les *Jeux Olympiques* (ὀλύμπια) étaient la plus importante des fêtes nationales de la Grèce. Ils se célébraient en Élide, dans une petite plaine située à l'ouest d'Élis, et bornée au nord et au nord-ouest par les monts Cronius et Olympe, au sud par le fleuve Alphée, et à l'ouest par le Cladeus, affluent de l'Alphée. Le nom d'Olympie ne désignait point une ville, mais plutôt une réunion de temples et de monuments publics, érigés successivement à l'occasion des jeux. Leur célébration ayant été interrompue par les troubles qui accompagnèrent l'invasion dorienne, ils furent remis en honneur, conformément à un oracle de Delphes, par Iphitus, roi d'Élide, avec le concours de Lycurgue, le législateur de Sparte, et de Cléosthènes de Pise. C'est à Iphitus que les Grecs attribuaient l'établissement de la trêve sacrée (ἐκεχειρία), en vertu de laquelle toute hostilité entre nations helléniques devait être suspendue pendant le mois où avait lieu la célébration des jeux. Cette trêve était proclamée par des hérauts de paix (σπονδοφόροι) que les Éléens envoyaient dans toute la Grèce. Le territoire de l'Élide en particulier était regardé comme in-

violable pendant la trêve, et y porter atteinte était un sacrilège. Depuis cette époque, ils furent célébrés sans interruption jusqu'à l'an 394 de notre ère, où l'empereur Théodose les interdit. Les jeux Olympiques étaient quinquennaux, c.-à-d. que, suivant la manière de compter des anciens, il s'écoulait quatre années pleines entre chaque célébration de cette solennité. Cet espace de quatre années constituait une *Olympiade* (Voy. ce mot). Les jeux avaient lieu à la pleine lune qui suivait le solstice d'été, laquelle tombait ordinairement dans le mois attique Hécatombéon. La fête était consacrée à Jupiter Olympien, dont le temple passait pour une des merveilles architecturales de la Grèce: c'était dans le temple d'Olympie que se trouvait la fameuse statue de Jupiter par Phidias. Au reste, la plupart des dieux avaient des temples et des autels à Olympie.

A l'origine, les populations seules du Péloponèse prirent part à ces jeux, mais, à mesure que leur renommée s'étendit, les habitants des autres parties de la Grèce s'y rendirent également, de manière qu'ils devinrent peu à peu la grande fête nationale des peuples helléniques. Nul ne pouvait y figurer comme acteur s'il n'était de pure race grecque. Les étrangers ne pouvaient y paraître que comme spectateurs, et les esclaves en étaient absolument exclus. Parmi les citoyens grecs eux-mêmes, ceux qui avaient encouru, dans leur propre pays, la peine de l'atimie, ou qui avaient commis quelque infraction aux lois divines, n'étaient pas admis à disputer les prix. L'exclusion pouvait même frapper une cité tout entière. C'est ainsi que les Lacédémoniens, pendant la 90e olympiade, furent exclus des jeux, parce qu'ils n'avaient pas payé l'amende à laquelle on les avait condamnés pour avoir violé le territoire éléen. Lorsque la race hellénique eut envoyé des colonies en Asie, en Afrique et dans plusieurs parties de l'Europe, les athlètes de ces divers pays furent admis à figurer aux jeux comme acteurs. Enfin, après l'asservissement de la Grèce par les Romains, ceux-ci purent aussi disputer les prix. On vit alors deux empereurs, Tibère et Néron, remporter la victoire. Pausanias parle d'un sénateur romain qui obtint aussi le même honneur. — A l'exception de la prêtresse de Cérès, il était interdit aux femmes, sous peine de mort, d'assister aux jeux, et même de traverser l'Alphée pendant tout le temps que durait leur célébration. Les historiens ne citent qu'un seul cas où cette défense fut enfreinte, et la coupable, ayant été reconnue, ne fut pardonnée que parce que son père, ses frères et son fils avaient été proclamés vainqueurs. Néanmoins il était permis aux femmes d'envoyer des chars pour la course, et la première dont les chevaux remportèrent le prix fut Cynisca, fille d'Archidamus et sœur d'Agésilas. Enfin, on renonça peu à peu à la sévérité des premiers temps, et les deux sexes indistinctement purent jouir du spectacle. — Les jeux Olympiques réunissaient un nombre immense de spectateurs. Les divers États de la Grèce s'y faisaient représenter officiellement par des députés (θεωροί), qui étaient toujours choisis parmi les citoyens les plus illustres et les plus riches, et qui s'efforçaient d'y paraître de la manière la plus propre à donner une idée avantageuse de leur cité. On accourait avec d'autant plus d'empressement à Olympie, que ces fêtes étaient à la fois des lieux de réjouissance et des espèces de grandes foires auxquelles se rendaient les marchands de toutes les parties du sol hellénique.

La direction et la présidence des jeux Olympiques appartint d'abord aux habitants de Pise; mais elle passa ensuite à ceux d'Élée, qui la conservèrent toujours depuis. Ceux-ci la confiaient à des magistrats spéciaux appelés *Hellanodices* (ἑλλανοδίκαι), qui étaient désignés par la voie du sort, et dont les fonctions n'avaient vraisemblablement d'autre durée que celle des fêtes. Le nombre de ces magistrats varia selon les temps; il y en avait 10 à l'époque où écrivait Pausanias. Les Hellanodices portaient une robe de pourpre et avaient dans le stade des sièges placés de manière qu'ils pussent surveiller tout ce qui s'y passait. Outre la police de la solennité, ils étaient chargés de décerner les prix et de les remettre aux vainqueurs. Le seul prix donné à ces derniers consistait en une couronne d'olivier; on y joignait une branche de palmier comme symbole de la victoire. Enfin, on érigeait des statues aux vainqueurs, et leurs succès constituaient un titre de gloire, non seulement pour leurs familles, mais encore pour leurs villes natales qui leur accordaient presque toujours des privilèges plus ou moins importants. Les mêmes usages existaient d'ailleurs pour les autres jeux. Voy. ATHLÈTE.

Comme une foule de citoyens de toutes les cités grecques accouraient aux jeux Olympiques, cette solennité fournissait aux écrivains et aux artistes une admirable occasion de faire connaître leurs œuvres. En conséquence, les peintres et les sculpteurs exposaient leurs tableaux et leurs statues à Olympie, et les auteurs y faisaient lecture de leurs œuvres les plus importantes. C'est ainsi qu'Hérodote, dit-on, lut son histoire à la Grèce assemblée ; mais, quoiqu'il y ait lieu de douter de l'exactitude de ce récit, il est certain que d'autres écrivains, tels que le sophiste Hippias, Prodicus de Céos, Anaximène, l'orateur Lysias, Dion Chrysostome, mirent à profit ce mode de publicité. Au reste, ces lectures et ces expositions d'œuvres d'art n'étaient point des concours, et ne faisaient point partie de la fête.

B. Les *Jeux Isthmiques* (Ἴσθμια) étaient ainsi appelés parce qu'ils se célébraient à l'isthme de Corinthe. Ils avaient été institués à l'origine par Sisyphe, roi de cette ville, en l'honneur de Mélicerte, appelé aussi Palœmon. Ils avaient lieu primitivement la nuit, et, comme Plutarque le remarque, tenaient beaucoup plus du caractère des mystères que de celui d'une grande solennité nationale. Après l'époque de Thésée, ils furent consacrés à Neptune, et cette innovation est attribuée à ce héros lui-même, qui, suivant une légende, était fils du dieu des mers, et qui avait voulu, en réformant les jeux isthmiques, imiter Hercule, fondateur de ceux d'Olympie. La direction des jeux appartenait aux Corinthiens ; mais Thésée y réserva aux Athéniens une place d'honneur. Après avoir été suspendus pendant le règne des Cypsélides à Corinthe, c.-à-d. pendant environ 70 ans, les jeux Isthmiques devinrent peu à peu une des grandes fêtes nationales de la Grèce, et à partir de la 49° olympiade, ils furent célébrés régulièrement de trois ans en trois ans, c.-à-d. la première et la troisième année de chaque olympiade. La première année de l'olympiade, la fête tombait au mois d'Hécatombéon ; et la troisième, elle avait lieu au mois de Munychion ou de Thargélion. L'an 228 av. J.-C., les Romains obtinrent le privilège de prendre part aux jeux Isthmiques. Ce fut pendant leur célébration que, l'an 196 av. J.-C., le consul Flaminius proclama, au milieu d'une immense assemblée, l'indépendance de la Grèce. — Les exercices qui avaient lieu aux jeux isthmiques étaient les mêmes que ceux dont on disputait le prix à Olympie ; mais, en outre, il y avait entre les musiciens et les poètes des concours auxquels les femmes mêmes pouvaient prendre part. Plutarque dit, d'après Polémon, qu'il existait dans le trésor de Sicyone un livre d'or offert par une femme poète, Aristomaque, après qu'elle eut remporté le prix aux jeux Isthmiques. Sous l'empire, le caractère des jeux éprouva de profondes altérations par l'introduction des combats d'animaux féroces. Dans le principe, le prix décerné au vainqueur consistait en une couronne de branches de pin, à laquelle on substitua plus tard une couronne de lierre, pour revenir ensuite à la couronne de pin. La gloire du vainqueur était célébrée par les poètes dans des odes appelées *Epinikia*, c'est-à-dire chants de triomphe, dont les œuvres de Pindare nous offrent de magnifiques exemples. Les jeux Isthmiques subsistèrent jusqu'au IV° siècle de notre ère.

C. Les *Jeux Néméens* (νέμεα, νέμεια, νεμεία) se célébraient au bourg de Némée, près de Cléone, dans l'Argolide. Ces jeux, ainsi que nous l'apprend Pindare, avaient lieu en l'honneur de Jupiter. Dans le principe, ils eurent un caractère exclusivement militaire, car les guerriers et leurs fils pouvaient seuls y figurer ; mais ensuite, tous les Grecs y furent admis, et, dès lors, on y introduisit divers exercices gymnastiques et des concours de musique. Le vainqueur recevait une couronne d'olivier, qui fut ensuite remplacée par une couronne d'ache. La direction de la présidence des jeux Néméens appartint, suivant les temps, à Cléone, à Corinthe et à Argos. Les juges qui déternaient les prix étaient vêtus de robes noires. — La célébration des jeux Néméens, du moins à partir de la 53° olympiade, avaient lieu régulièrement au commencement de chaque seconde année olympique, pendant l'hiver, et aussitôt après l'hiver de la quatrième, pendant l'été. En 208 av. J.-C., les jeux Néméens furent présidés par Philippe, roi de Macédoine. Plus tard, Quintus Flaminius y proclama la liberté des Argiens. Il ne paraît pas que ces jeux aient subsisté aussi longtemps que les précédents, car il n'en est pas question dans les écrivains postérieurs au règne d'Adrien.

D. Les *Jeux Pythiques* ou *Pythiens* (πύθια) se célébraient dans le voisinage de Delphes, anciennement Pytho, en l'honneur d'Apollon, de Diane et de Latone. La plaine de Crissa, où ils avaient lieu, renfermait à cet effet un hippodrome, un stade et un théâtre. Il est probable qu'il y avait aussi, comme à Olympie, un gymnase et d'autres édifices du même genre. Il arriva une fois que les fêtes furent célébrées à Athènes, d'après l'ordre de Démétrius Poliorcète, parce que les Étoliens se trouvaient maîtres des passages qui conduisaient à Delphes. Il paraît qu'à l'origine, la fête consistait simplement en cérémonies religieuses, dans lesquelles on chantait des hymnes. Bientôt ces hymnes donnèrent lieu à des concours

poétiques et musicaux, auxquels on joignit plus tard la plupart des exercices gymnastiques et équestres usités dans les autres jeux. Cette innovation commença à s'introduire aux jeux qui furent célébrés la troisième année de la 48° olympiade (586 av. J.-C.), c.-à-d. à l'époque même où les Delphiens, qui jusqu'alors avaient rempli les fonctions d'*Agonothètes* des jeux, en cédèrent la direction et la surveillance aux Amphictyons. En outre, les jeux qui auparavant se célébraient de neuf ans en neuf ans, ou mieux chaque huitième année, devinrent alors quinquennaux, comme les jeux Olympiques, et donnèrent lieu à la création de l'ère des *Pythiades*, la pythiade ayant précisément la même durée que l'olympiade. La première année de la pythiade correspondait à la troisième de l'olympiade. Les jeux Pythiques, ainsi que le croient la plupart des archéologues, se célébraient au printemps, pendant le mois de Bysius, lequel était le même que le mois attique de Munychion. Ils duraient plusieurs jours, mais on ignore le nombre de ces derniers. — Les jeux Pythiques attiraient une multitude de citoyens de tous les pays helléniques. En outre, les cités qui faisaient partie de l'amphictyonie de Delphes y envoyaient régulièrement des *théories* : celles d'Athènes étaient toujours particulièrement brillantes. L'empressement avec lequel on se rendait à Delphes provenait principalement de l'importance qu'y avaient les concours littéraires et artistiques. Aussi étaient-ils, sous ce rapport, infiniment supérieurs aux grandes fêtes d'Olympie. La direction des jeux et le soin de décerner les prix étaient confiés par les Amphictyons à des commissaires spéciaux appelés *Epimélètes* (ἐπιμεληταί). Quant aux prix, ils consistaient en couronnes de laurier ; le vainqueur obtenait en outre une branche de palmier, et il avait le droit de faire ériger sa statue dans la plaine de Crissa. On ignore à quelle époque les jeux Pythiques cessèrent d'être célébrés, mais il est vraisemblable qu'ils durèrent autant que ceux d'Olympie, c'est-à-dire jusqu'à l'année 394 de notre ère.

E. Les jeux Olympiques, Isthmiques, Néméens et Pythiques étaient des panégyries, c.-à-d. des fêtes communes à tous les peuples de race hellénique ; à défaut d'un lien politique plus étroit, il y avait au moins entre eux ce lien religieux. Au reste, chacune des cités de la Grèce et des colonies grecques disperses autour de la Méditerranée solennisait des grandes fêtes qui lui étaient propres par des cérémonies et des jeux analogues à ceux dont nous venons de parler. Parmi ces fêtes, nous mentionnerons les *Jeux Olympiques* célébrés en l'honneur de Jupiter Olympien à Athènes, à Smyrne, à Ephèse, à Pergame, etc. ; les *Jeux Pythiques* de Délos, de Mégare, d'Ancyre, etc. ; les *Hérées* et les *Hécatombées*, qui se célébraient à Argos en l'honneur de Junon ; les *Panathénées*, ou grande fête de Minerve, à Athènes ; les *Héraclées*, qui avaient lieu à Thèbes en l'honneur d'Hercule ; les *Dioscuries*, célébrées par les Cyrénéens pour honorer les Dioscures, c.-à-d. Castor et Pollux ; les *Hyacinthies* et les *Carnées*, qui étaient propres à la Laconie ; les *jeux de Tlépolème*, qui se célébraient à Rhodes ; les *Mégalesclépies* d'Épidaure, en l'honneur d'Esculape, etc. Cette dernière fête, ainsi que les Panathénées et quelques autres, admettait, outre les jeux ordinaires, des combats de poètes et de musiciens.

II. — A Rome, sans être aussi importants que chez les nations helléniques, les jeux constituaient encore de véritables fêtes nationales auxquelles toutes les classes de la société accouraient. On les distinguait en *publics* (*Ludi publici*) et *privés* (*Ludi privati*), suivant que les frais en étaient payés par l'État ou par de simples particuliers. De plus, outre les épithètes de *stati*, *imperativi* et *votivi*, qui leur étaient communes avec les féries (Voy. ce mot), on les divisait en *Ludi circenses* et *Ludi scenici*, suivant qu'ils avaient lieu au cirque ou au théâtre. Dans le premier cas, ils consistaient dans les exercices que nous avons décrits aux mots CIRQUE et GLADIATEURS, tandis que, dans le second, ils se composaient de représentations dramatiques. Leur direction appartenait la plus généralement aux édiles.

A. Les *Jeux Apollinaires* (*L. Apollinares*) furent institués, pendant la seconde guerre punique, après la bataille de Cannes (212 av. J.-C.), pour obéir à un ordre trouvé dans les livres de certain devin Marcius (*Carmina marciana*). Ils avaient pour objet d'obtenir la protection d'Apollon pour chasser les Carthaginois de l'Italie et préserver la république du tout danger. Indiqués d'abord pour une seule et unique fois, ils furent célébrés de nouveau l'année suivante, et un sénatus-consulte décida qu'ils le seraient désormais tous les ans. Ces jeux avaient lieu dans le grand cirque, sous la présidence du préteur urbain, et les citoyens qui y assistaient portaient des couronnes sur la tête. Pendant quelques années, leur célébration se fit à des époques variables, mais, l'an 208 av. J.-C., le préteur urbain L. Licinius Varus leur fit assigner le 6 juillet. Toutefois, il paraît que, sous l'empire, on changea ce jour, et qu'on les fixa au 26 mai.

B. Les *Jeux d'Auguste* (L. *Augustales*) se célébraient à Rome, à Naples, à Alexandrie et dans plusieurs autres villes, en l'honneur de l'empereur de ce nom. L'époque où on les solennisait variait suivant les localités. C'était tantôt le jour où la victoire d'Actium fut connue du Sénat, tantôt le jour anniversaire de la naissance d'Auguste; ailleurs on préférait le jour où ce prince avait fait son entrée à Rome, etc.

C. *Jeux de Bacchus* (L. *liberales*). Voy. BACCHANALES.

D. Les *Jeux Capitolins* (L. *Capitolini*) avaient été établis, sur la proposition du dictateur Camille (387 av. J.-C.), après la retraite des Gaulois, pour témoigner la reconnaissance publique à Jupiter Capitolin. On ignore à quelle époque ils se célébraient. Tombés en désuétude sous les premiers empereurs, ils furent renouvelés par Domitien.

E. *Jeux Floraux* (L. *florales*). Voy. FLORAL.

F. Les *Grands jeux* ou *Jeux romains* (L. *circenses, magni* ou *romani*) étaient les plus grandes solennités de cette espèce. Ils étaient annuels et duraient sept jours, du 4 au 12 septembre. Ils étaient consacrés, suivant les uns, à Jupiter, à Junon et à Minerve; suivant les autres, à Jupiter, à Consus et à Neptune.

G. Les *Jeux Mégalésiens* ou *Mégalésies* (L. *Megalenses* ou *Megalexia*) étaient célébrés en l'honneur de Cybèle. Ils furent institués quand la statue de cette déesse fut transportée de Pessinonte à Rome (203 av. J.-C.), et fixés régulièrement, douze ans après, au 4 avril de chaque année. La fête durait six jours; les deux premiers étaient consacrés aux cérémonies religieuses, et les autres aux jeux, qui consistaient exclusivement en représentations dramatiques. Les Mégalésies étaient présidées par les édiles curules; les magistrats y paraissaient vêtus de la prétexte et de la toge de pourpre. C'est peut-être à cause de leur caractère pacifique, comparé aux sanglants spectacles du cirque, que ces jeux devaient le nom de *très chastes* (*maxime casti*) sous lequel on les désignait quelquefois.

H. Les *Jeux Plébéiens* (L. *Plebeii*) avaient probablement été établis pour célébrer la réconciliation des patriciens avec les plébéiens, après la double retraite de ces derniers sur le mont Sacré et sur le mont Aventin. Ils avaient lieu, chaque année, du 16 au 19 nov., sous la présidence des édiles plébéiens.

I. Les *Jeux Séculaires* (L. *Sæculares*) n'étaient point, malgré leur nom, des jeux que l'on célébrât régulièrement chaque siècle. Avant l'empire, ils étaient simplement appelés *Ludi Taurii* ou *Terentini*. Parmi les traditions relatives à l'institution de ces jeux, la moins invraisemblable est celle qui la place sous le règne de Tarquin le Superbe. Une maladie redoutable sévissant dans le Latium, on institua des jeux pour fléchir les dieux infernaux, et l'on sacrifia à ces divinités des vaches stériles, en latin *taurae*. En outre, ces jeux et ces sacrifices eurent lieu au champ de Mars, dans un endroit de ce champ qu'on appelait *Terentum*. De là les noms donnés à ces jeux. La célébration de ces fêtes paraît n'avoir été répétée qu'à de longs intervalles, et fort irrégulièrement, car elle n'avait lieu qu'à l'occasion de quelque calamité extraordinaire, et toujours en l'honneur des divinités infernales. On ne peut rien dire de certain sur le nombre de fois que furent célébrés ces jeux jusqu'à l'époque d'Auguste. Ce dernier, devenu maître de l'empire, les fit célébrer avec une pompe extraordinaire, dans l'été de l'an 17 av. J.-C., mais en changeant leur nom et leur signification: car des sacrifices furent offerts à tous les grands dieux, et dans ces sacrifices Pluton et Proserpine ne figurèrent qu'au dernier rang. Outre les sacrifices qui eurent lieu au champ de Mars, dans le Terentum, on en offrit aussi dans les temples de Rome. La fête dura trois jours et trois nuits: des jeux et des représentations de toutes sortes furent donnés au peuple dans tous les cirques et dans tous les théâtres. C'est à l'occasion de ces fêtes qu'Horace, sur la demande d'Auguste, composa son beau *Chant séculaire* (*Carmen seculare*), qui fut en effet chanté dans le temple d'Apollon. Après Auguste, il y eut encore trois célébrations des Jeux séculaires : la première sous Claude (47 ap. J.-C.), la seconde sous Domitien (88 ap. J.-C.), et la troisième sous Philippe (248 ap. J.-C.), en environ 1000 ans après la fondation de Rome.

J. Parmi les jeux en usage dans l'ancienne Rome, nous nommerons encore les *Jeux des carrefours* (L. *compitales*) établis par Tarquin l'Ancien en l'honneur des Lares des carrefours (*lares compitales*); les *Jeux de Mars* (L. *Martiales*), qui étaient consacrés au dieu Mars; les *Jeux* appelés *Ludi natalitii*, qui avaient lieu le jour anniversaire de la naissance de l'empereur; les *Jeux Palatins* (L. *Palatini*), établis par Livie en l'honneur d'Auguste, et qui se célébraient sur le mont Palatin; les *Jeux des pêcheurs* (L. *piscatorii*), qui étaient offerts aux pêcheurs, le jour de leur fête, par le préteur urbain; les *Jeux questoriaux* (L. *quæstorii*), institués par Claude, qui força les questeurs à les donner au peuple à leur entrée en charge, etc. Ces derniers appartenaient, ainsi que ceux qu'on appelait *Jeux des Pontifes* (*Ludi pontificales*), à la classe des *Jeux honoraires* (L. *honorarii*) que les magistrats ou les particuliers offraient, à leurs frais, à la population de Rome, afin de capter sa bienveillance.

JEUDI. s. m. (lat. *Jovis dies*, jour de Jupiter). Le cinquième jour de la semaine. *J. passé. J. prochain. De j. en huit. Le j. gras*, le jour qui précède le mardi gras. *Le j. saint*, ou *J. de l'absoute*, le jeudi de la semaine sainte. — Prov. et popul., *La semaine des trois jeudis*, Jamais. *Je vous le rendrai la semaine des trois jeudis.*

JEUMÉRANTE. s. f. Petite planche qui sert de patron pour tailler les jantes des roues.

JEUN (A). loc. adv. [Pr. *jun*] (lat. *jejunus*, m. s.). Se dit d'une personne qui n'a rien mangé de la journée. *Je suis encore à j. Il faut prendre ce remède à j. Ne restez pas si longtemps à j.*

JEUNE. adj. 2 g. (lat. *juvenis*, m. s.). Qui n'est pas avancé en âge. *Un j. enfant. Un j. garçon. Un j. homme. Une j. fille.*

> On voit ici que de jeunes enfants,
> Surtout de jeunes filles,
> Belles, bien faites et gentilles,
> Font très mal et pousser toutes sortes de gens,
> Et que ce n'est pas chose étrange
> S'il en est tant que le loup mange.
>   PERRAULT.

Une j. femme. Je l'ai connu tout j. Elle est trop j. pour se marier. Les jeunes gens sont présomptueux. Il fait le j. homme. Elle fait la j. Il commence à n'être plus j. Un j. cœur s'enflamme aisément. C'est un j. fou. Il est trop j., il est moins j. que moi de deux ans. || Se dit par rapport aux emplois, aux dignités qu'on ne donne ordinairement qu'à des hommes d'un certain âge. *Il est bien j. pour un emploi si important. Il a été fait chancelier bien j. Il fut général très j.* — Se dit aussi par oppos. à Aîné et à Ancien. *Un tel, le j. Raymond j., épicier. Denys le j. Pline le j.* || Au sens moral et dans le style élevé, se dit de ce qui appartient, et ce qui est propre à une personne j. *De jeunes ardeurs. De jeunes désirs. Un j. cœur. Ces récits enflammaient son j. courage.* — *Le j. âge*, l'âge, le temps où l'on est j. *Dès son plus j. âge.* Poét., *Dans ses jeunes années. Dans ma j. saison.* Fam., *Dans son j. temps*, etc. *Cette couleur est j.*, Elle ne convient qu'à des personnes jeunes. — Fig. et fam., *Une j. barbe*, Voy. BARBE. || Par ext., Celui qui a encore quelque chose de la vigueur, de l'agrément ou des inclinations de la jeunesse. *Il ne vieillit point, il est toujours j.* On dit, dans le même sens : *Il a le visage encore bien j.*, Il n'avait que vingt ans. *Avoir la voix j. Il a l'esprit j., l'humeur j., le cœur j. Avoir encore le goût j., les goûts jeunes.* || Se dit d'une personne étourdie, évaporée, qui n'a point encore l'esprit mûr. *Mon Dieu, qu'il est j. Je crois qu'il sera longtemps j., qu'il sera toujours j.* || En parlant des animaux, se dit surtout par rapport à l'âge qu'ils vivent ordinairement. *Un j. chien. Un j. chat. Un j. cheval. Un j. coq.* Proverbialement, *Il est fou comme un j. chien*, se dit d'un jeune garçon étourdi et folâtre. *J. chair et vieux poisson*, La viande des jeunes bêtes est la plus délicate, et les poissons sont ordinairement meilleurs quand ils sont devenus gros que lorsqu'ils sont petits. || Se dit aussi des arbres et des plantes. *Un j. arbre. Un j. chêne. Un j. noyer. Un j. arbrisseau. Un j. taillis. Une j. vigne. Une j. plante.* — T. Admin. forest. *J. baliveau.* Voy. SYLVICULTURE. = Substant., on appelle *Jeunes de langue*, des jeunes gens, entretenus par l'État, qui étudient les langues orientales pour devenir interprètes.

JEÛNE. s. m. (lat. *jejunium*, m. s.). Abstinence d'aliments. *Un trop long j. ruine la santé.* Voy. ABSTINENCE. — Se dit particul. de l'abstinence à laquelle on s'astreint par motif religieux, par esprit de mortification. — Fig. et prov., *Il a fait bien des jeûnes qui n'étaient pas de commandement,*

Il a été souvent sans avoir de quoi manger. || Fig. et fam., se dit de toute espèce d'abstinence ou de privation. *Il y a trois mois que, par ordonnance du médecin, je n'ai ouvert un livre; c'est un j. bien long.*

Hist. — Le *Jeûne* a un double fondement, physiologique et religieux. Au point de vue physiologique, le j. est la conséquence et l'expression naturelle d'une douleur, d'une affliction profonde. Notre volonté n'entre pour rien dans l'abstention d'aliments à laquelle nous nous soumettons alors : car, loin d'éprouver pour eux la moindre appétence, ils nous inspirent souvent un dégoût que nous avons peine à vaincre. Au point de vue religieux, le j. a son principe dans la doctrine de l'expiation, qui se retrouve dans toutes les religions. Aussi trouve-t-on la pratique du j., comme cérémonie expiatoire, non seulement dans le mosaïsme et dans le christianisme, mais encore dans toutes les religions de l'Orient et de l'Occident. Parmi les jeûnes usités dans les religions païennes, nous citerons d'abord ceux qu'observaient les Phéniciens et les anciens Égyptiens. Ces derniers, par ex., jeûnaient solennellement en l'honneur d'Isis, et en outre faisaient toujours précéder leurs sacrifices par des jeûnes, afin de purifier ceux qui devaient y assister. Chez les Grecs, la célébration des mystères d'Éleusis et celle des Thesmophories étaient précédées de jeûnes fort sévères, surtout pour les femmes, qui devaient passer une journée entière sans prendre la moindre nourriture. Un j. de dix jours était imposé à ceux qui voulaient se faire initier aux mystères de Cybèle. On jeûnait avant de descendre dans l'antre de Trophonius, ainsi que dans quelques autres circonstances. A Rome, il y avait également un j. public quinquennal en l'honneur de Cérès : ce j. avait été institué l'an 193 av. J.-C., d'après l'ordre des livres sibyllins. — Chez les Juifs, le j. était extrêmement sévère : car ils passaient le jour entier sans boire ni manger jusqu'à la nuit. Les jeûnes publics étaient annoncés au son de la trompette, comme les fêtes. La loi n'avait ordonné qu'un seul jour de j., le 10 du septième mois, qui était la fête des Expiations; mais, dès le temps du prophète Zacharie (VIᵉ siècle av. J.-C.), on en comptait deux autres, l'un dans le cinquième mois, et l'autre dans le dixième. En outre, il y avait des jeûnes extraordinaires, les uns dans les calamités publiques, comme fut la défense dont parle Joël; les autres dans les afflictions particulières, comme les jeûnes de David pour la maladie de l'enfant qui était né de son crime, et pour la mort d'Abner. Enfin, les Juifs jeûnaient quelquefois par simple dévotion, pour s'acquitter de quelque vœu. — Les sectateurs du brahmanisme et du bouddhisme ont aussi des jeûnes fort sévères, qu'ils observent très strictement. Il en est de même des peuples musulmans, qui pratiquent le j. de la même manière que les Juifs et les premiers chrétiens.

Les premiers chrétiens jeûnaient plus souvent que les Juifs, mais la manière de jeûner était à peu près la même. L'essentiel était de ne manger qu'une fois le jour, vers le soir, de s'abstenir du vin et des aliments les plus délicats ou les plus nourrissants, et de passer la journée dans la retraite et la prière. On croyait rompre le j. en buvant hors du repas. Dans les premiers temps, on ne comptait pour jeûnes d'obligation que ceux qui précédaient la Pâque, c.-à-d. le *carême*. L'Église les observait en mémoire de la passion de J.-C. Il y avait d'autres jeûnes qui n'étaient que de dévotion; tels étaient le jeûne du mercredi de chaque semaine, les jeûnes commandés par les évêques pour les besoins extraordinaires des églises, et ceux que chacun s'imposait volontairement. Le j. du mercredi et du vendredi se nommait *station*, et il était également fondé sur la passion de N.-S., parce que le mercredi on tint conseil contre lui, et que le vendredi il mourut. Ces jeûnes étaient différents, et l'on en comptait de trois sortes : les jeûnes de *stations*, appelés aussi *demi-jeûnes*, qui ne duraient que jusqu'à none, en sorte que l'on mangeait à 3 heures après-midi; le j. de *carême*, qui durait jusqu'à vêpres, c.-à-d. jusqu'à 6 heures du soir environ; et le j. *double* ou *renforcé* (*superpositio*), dans lequel on passait un jour entier sans manger. On jeûnait de cette dernière façon le samedi saint; quelques-uns y joignaient le vendredi; d'autres passaient trois jours, d'autres quatre, d'autres tous les six jours de la semaine sainte, sans prendre de nourriture, chacun suivant ses forces. Les degrés d'abstinence étaient encore différents : les uns observaient l'*Omophagie*, c.-à-d. de ne rien manger de cuit; d'autres la *Xérophagie*, c.-à-d. qu'ils se réduisaient à des aliments secs, s'abstenant non seulement de la chair et du vin, mais des fruits succulents, et ne mangeant avec le pain que des noix, des amandes et des fruits semblables; quelques-uns se contentaient de pain et d'eau.

Aujourd'hui, la discipline de l'Église au sujet du j. est beaucoup moins sévère que dans les premiers temps. Indépendamment du j. quadragésimal, l'Église ne prescrit de jeûner qu'aux *Quatre-Temps*, c.-à-d. le mercredi, le vendredi et le samedi d'une semaine prise au commencement de chaque saison; et aux *Vigiles*, c.-à-d. la veille de certaines fêtes, savoir : Noël, la Pentecôte, la fête de saint Pierre et saint Paul, l'Assomption et la Toussaint. Le j. renferme trois choses : l'interdiction de la viande, la défense de faire plus d'un repas et l'heure où il est permis de faire ce repas. On entend par *viande*, la chair des animaux qui naissent et vivent sur la terre. Cette défense s'étend encore au sang, à la graisse, à la moelle. Il en est de même, mais seulement pour le carême, des œufs, du laitage, du beurre et du fromage, parce que ces aliments proviennent des animaux. Mais il est permis, même en carême, de manger du poisson, de la tortue, des écrevisses, des limaçons, etc. Quant aux oiseaux aquatiques, ils sont généralement compris dans la défense de manger de la chair les jours de j. Cependant les usages sous ce rapport et sous quelques autres varient suivant les diocèses. En outre, l'Église est dans l'habitude d'accorder aux fidèles une dispense générale relativement aux œufs, au laitage et à ses produits. Au repas unique que prescrivait l'ancienne règle, il est permis, d'après un usage généralement reçu, d'ajouter un repas léger appelé *Collation*; mais cette collation doit être telle, pour la qualité et la quantité des aliments, qu'on ne puisse la regarder comme un second repas. Quant à l'heure, il est de règle que l'on ne doit rompre le j. que vers midi, soit que l'on commence par le repas, pour faire la collation vers cinq ou six heures du soir, soit que l'on renverse cet ordre, en commençant par la collation, et en faisant le principal repas dans la soirée. — Il ne faut point confondre l'obligation du j. avec celle de l'*abstinence*; celle-ci est beaucoup moins étendue que celle-là. Le j. entraîne toujours l'abstinence de la viande, mais l'abstinence de la viande n'entraîne pas toujours l'obligation du j. Ainsi, par exemple, les mercredis du carême, et généralement les vendredis et samedis de l'année où le j. pas, quoiqu'on soit tenu d'observer l'abstinence en faisant maigre. Au reste, les prescriptions de l'Église, pour ce qui concerne l'abstinence, sont devenues moins sévères. Les plus rigoristes ne pratiquent plus l'abstinence du samedi, et se contentent de celle du vendredi et du mercredi de carême. D'un autre côté, celui qui est autorisé à faire gras, soit en carême, soit aux Quatre-Temps, soit un jour de vigile, n'est pas dispensé pour cela du jeûner. — Les lois de l'Église sur le j. et l'abstinence obligent, sous peine de péché mortel, à moins qu'il n'existe une cause légitime qui en exempte. Les causes sont ou nombre de trois, savoir : la *dispense*, l'*impuissance physique* ou *morale*, et le *travail*. La dispense peut être accordée par le pape, par l'évêque, et généralement par tous ceux qui sont chargés du gouvernement d'une paroisse ou d'une communauté. Le souverain pontife seul dispense à l'égard de tous les chrétiens; l'évêque ne le peut qu'à l'égard de ses diocésains, et encore pour des cas particuliers seulement. En France, cependant, les évêques, se fondant sur l'usage et le consentement présumé du chef de l'Église, dispensent d'une manière générale leurs diocésains d'une partie de l'abstinence prescrite pour le carême, en prescrivant des aumônes applicables à des œuvres pies. Les curés peuvent aussi dispenser leurs paroissiens, mais uniquement pour des cas particuliers. L'impuissance physique sert d'excuse aux personnes infirmes, malades, convalescentes, aux femmes enceintes et aux vieillards. Les pauvres qui n'ont pas de quoi faire un repas suffisant pour la journée entière, et les jeunes gens qui n'ont pas 21 ans accomplis, sont dispensés du j., mais non de l'abstinence. Parmi les causes qualifiées d'impuissance morale, nous citerons les femmes auxquelles leurs maris ne permettent pas absolument de jeûner. Quant au travail, il faut, pour qu'il exempte légitimement du j., qu'il soit pénible, exige une grande dépense de force, et soit incompatible avec l'accomplissement du précepte de l'Église.

JEUNEMENT. adv. D'une manière jeune, en jeune homme. || T. Véner. Ne se dit que dans cette loc., *Cerf de dix cors j.,* Cerf qui a pris depuis peu un cors de dix andouillers de chaque côté.

JEÛNER. v. n. (lat. *jejunare,* m. s.). S'abstenir d'aliments ou de certains aliments, par esprit de religion, de mortification. *Il passe sa vie à j. et à prier. J. au pain et à l'eau. Il jeûne deux fois la semaine. Les mahométans jeûnent jusqu'à la nuit. Il jeûne tout le carême, durant* *tout le carême. Jésus-Christ jeûna pendant quarante jours.* || *Manger peu, manger moins qu'il ne faut, ou même ne point manger du tout, soit par une abstinence volontaire, soit par une abstinence forcée et faute d'aliments. C'est un avare qui fait j. ses domestiques. Les soldats ont souvent jeûné pendant cette rude campagne.* || Fig. et fam., *S'abstenir ou être privé de certaines jouissances,* etc. *Il y a plus de six mois que je n'ai reçu de vos lettres; c'est me faire j. trop longtemps.*

JEUNESSE. s. f. [Pr. *jeune-se*] (R. *jeune*). Cette partie de la vie de l'homme qui est entre l'enfance et l'âge civil. *La j. passe bien vite. Durant la j. Dans sa première j. Dans sa verte j.*

Sur les ailes du temps, la jeunesse s'envole.
DELILLE.

La vigueur, le feu, les feux, l'ardeur, les ardeurs de la j. L'éclat, la fraîcheur de la j. Les plaisirs de la j. Passer sa j. dans les plaisirs. Il a bien employé sa j. Il a perdu sa j. Il a passé sa j. à voyager. Voy. AGE. — Fig., *Il a eu une j. orageuse, une j. folle. Les fautes, les erreurs de la j.* — Prov., *J. est difficile à passer,* Dans la j. on a bien de la peine à modérer ses passions. On dit à peu près dans le même sens, *Il faut que j. se passe,* On doit avoir de l'indulgence pour les fautes que la vivacité et l'inexpérience de la jeunesse font commettre. || Par ext., se dit encore de l'enfance. *La j. de cet enfant m'intéressa. Dès sa plus tendre j.* || *Avoir un air de j,* Paraître encore jeune, quoique l'on soit déjà d'un certain âge. ⹀ Se dit collectiv. de ceux qui sont dans l'âge de la j., et même de ceux qui sont encore dans l'enfance. *Élever, corriger la j. L'instruction de la j. Il ne faut pas donner trop de liberté à la j.* Prov., *Si j. savait, si vieillesse pouvait.* — Fig. et prov., *La j. revient de loin,* Les personnes jeunes réchappent souvent des maladies les plus dangereuses; ou encore, la j. peut revenir de grandes erreurs, de grands égarements. ¶ Se dit encore collectiv., de ceux qui sont de l'âge de dix-huit à trente-cinq ans ou environ. *Toute la j. de la ville prit part à la fête. Il y avait bien de la j. à ce bal. Avez-vous jamais vu de plus belle j.?* — Dans ce dernier sens, se dit particul. des individus du sexe masculin. *Toute la j. de la ville s'exerçait aux armes. On arma toute la j. La fleur de notre j. a péri dans ce combat.* || Popul., se dit quelquefois en parlant d'une personne jeune, surtout d'une jeune fille. *C'est une j. Cette j. fait la fière.* ⹀ Se dit aussi des animaux et même des arbres. *Dans sa j. ce singe est doux et docile; mais avec l'âge il devient farouche et méchant. Cet arbre dans sa j. est très sensible au froid.* || Fig., Période d'existence d'une chose capable de durer et de se développer. *L'humanité en sa j., la j. du monde.*

JEUNET, ETTE. adj. (Dim.) Qui est extrêmement jeune. *Il est tout j. Elle est encore jeunette.* Fam. et ne se dit guère qu'au fém.

JEÛNEUR, EUSE. s. Celui, celle qui jeûne. Term. et ne se dit guère qu'avec l'adject. *Grand C'est une grande jeûneuse. Les Orientaux sont de grands jeûneurs.*

JEVONS (STANLEY), philosophe et économiste anglais, né à Liverpool (1835-1882).

JÉZABEL, femme d'Achab et mère d'Athalie, tuée par ordre de Jéhu (876 av. J.-C.).

JEZRAËL, ancienne v. de Palestine.

JIMENA DE LA FRONTERA, v. d'Espagne (Andalousie). 6,000 hab.

JIQUILITE. s. m. [Pr. *jiki-lite*]. Sorte d'indigo.

JIRECEK (JOSEPH), savant et homme d'État tchèque (1825-1890).

JITOMIR, v. de Russie; ch.-l. de la Volhynie; 54,800 hab.

JOAB, général juif neveu de David, se révolta contre Salomon, qui le fit mettre à mort.

JOACHAZ, roi d'Israël, fils et successeur de Jéhu (840 av.

J.-C.). || Roi de Juda, fils de Josias, détrôné en 609 av. J.-C. par Néchao.

JOACHIM ou **ÉLIACIN**, roi de Juda, fils et successeur de Josias (609-598 av. J.-C.). Il fut détrôné par Nabuchodonosor.

JOACHIM (SAINT), mari de sainte Anne et père de la sainte Vierge. Fête le 20 mars.

JOACHIM DE FLORE, écrivain ascétique italien (1130-1201), annonçait que, vers l'année 1260, une révolution devait se faire dans les consciences, à la suite de laquelle au règne du *Fils* succéderait le règne du *Saint-Esprit.* Sa doctrine, qui fut condamnée par l'Église, est connue sous le nom de doctrine de l'*Évangile éternel,* du nom d'un livre de l'auteur, parce qu'il y prétendait que l'Évangile de J.-C. serait aboli comme l'ancien Testament.

JOACHIMISME. s. m. [Pr. *joaki-misme*]. Doctrine de l'Évangile éternel.

JOACHIMITE. s. m. [Pr. *joaki-mite*]. Sectateur de Joachim de Flore (XIIe s.).

JOAD ou **JOÏADA**, grand prêtre des Juifs, détrôna Athalie et replaça Joas sur le trône de Juda (870 av. J.-C.)

JOAILLERIE. s. f. [Pr. *joua-lle-rie*]. Art, commerce de joaillier. *Il s'est enrichi dans la j.* || Se dit aussi des marchandises qui consistent en joyaux, en pierreries, etc. *Des articles de joaillerie.*

JOAILLIER, IÈRE. s. [Pr. *joua-llé,* ll mouill.]. Celui, celle qui travaille en joyaux, en pierreries, ou dont la profession est d'en vendre.

JOANNE (ADOLPHE), géographe fr., né à Dijon, auteur de *Guides* très répandus (1823-1881).

JOAS, roi de Juda, fils d'Ochosias et petit-fils d'Athalie; rétabli par Joad, il fit périr le fils de son bienfaiteur et périt lui-même assassiné (877-837 av. J.-C.). C'est l'*Éliacin* de Racine. || JOAS, fils de Joachaz, roi d'Israël de 832 à 817 av. J.-C.

JOATHAN, roi de Juda, fils d'Osias (752-737 av. J.-C.).

JOB, personnage de la Bible, célèbre par ses malheurs et par sa patience (1,500 av. J.-C.).

JOBARD, savant belge d'origine française (1792-1861).

JOBARD, ARDE. s. [Pr. *jo-bar*] (vx fr. *jobe,* m. s., qu'on a fait dériver du patriarche *Job,* mais qui vient plutôt du flamand *jobbe,* nigaud). Se dit d'un niais ou d'une niaise, très crédule, qui se laisse aisément duper. *C'est un j.* Pop.

JOBARDERIE. s. f. Niaiserie de jobard.

JOBET. s. m. [Pr. *jo-bè*]. T. Fondeur. Fil de fer qui tient la matrice.

JOC. s. m. Repos du moulin. *Mettre le moulin à j.,* L'arrêter.

JOCASTE, femme de Laïus, roi de Thèbes, et mère d'Œdipe, qu'elle épousa ensuite sans le connaître. De cette union naquirent deux fils, Étéocle et Polynice, et deux filles, Antigone et Ismène. Jocaste se pendit de désespoir, quand elle apprit le secret de cette union.

JOCKEY. s. m. [Pr. *jo-ké*] (angl. *jockey,* m. s., dimin. de *Jack,* Jean). Domestique chargé du soin des chevaux, et qui les exerce, les entraîne et les monte dans les courses. || Domestique qui est chargé de conduire la voiture en postillon. *On choisit les jockeys petits, jeunes et légers.* || *Jockey-Club,* Société d'encouragement pour l'amélioration de la race chevaline, et cercle important de Paris.

JOCKO. s. m. Espèce de singe. Voy. ORANG-OUTANG.

JOCRISSE. s. m. [Pr. *jokri-se*] (R. Nom d'un personnage du théâtre comique). T. injurieux. Benêt qui se laisse gouverner ou qui s'occupe des soins les plus bas du ménage. Pop. || Valet niais et maladroit. Très fam.

JODELET (Julien JOFFRIN, dit), acteur et farceur fr., m. à Paris en 1660.

JODELLE (Étienne), poète dramatique français, membre de la *Pléiade* (1532-1573).

JOËL, un des 12 petits prophètes juifs (VIIIᵉ siècle av. J.-C.).

JOHANNESBURG, v. pr. du Transvaal; 41,000 hab.

JOHANNIQUE. adj. 2 g. [Pr. *jo-ann-nike*]. Qui a rapport à l'apôtre Jean.

JOHANNISBERG, village d'Allemagne (Nassau), vignobles fameux.

JOHANNITE. s. m. [Pr. *jo-ann-nite*]. Sectateur d'une doctrine qui prétend que le baptême ne doit être administré qu'au nom de saint Jean-Baptiste.

JOHANNITE. s. f. [Pr. *jo-ann-nite*]. (R. *John*, nom d'un minéralogiste angl.). T. Minér. Sulfate hydraté d'urane en petits cristaux groupés d'un vert émeraude.

JOHANNOT (Alfred et Tony), peintres et graveurs fr., le premier né à Francfort-sur-le-Main (1800-1837), et le deuxième à Offenbach (1803-1852).

JOHN-BULL. s. m. [Pr. *djon-boul*] (R. angl. *John*, Jean; *bull*, taureau). Expression symbolique par laquelle le peuple anglais se désigne lui-même.

JOHNSON (Benjamin) ou **BEN JOHNSON**. Voy. Jonson.

JOHNSON (Samuel), célèbre littérateur angl., auteur d'un excellent dictionnaire (1709-1784).

JOHNSON (Andrew), président des États-Unis, en 1865, après l'assassinat de Lincoln (1808-1875).

JOHNSTONITE. s. f. (R. *Johnston*, nom d'un minéralogiste angl.). T. Minér. Variété de galène contenant un excès de soufre.

JOÏADA. Voy. Joad.

JOIE. s. f. [Pr. *jouè*] (lat. *gaudia*, pl. de *gaudium*, m. s.). Sentiment de satisfaction qu'éprouve l'âme à l'idée d'un bien réel ou imaginaire, et qu'on témoigne souvent au dehors.

> A ces mots le corbeau ne se sent pas de joie.
>   LA FONTAINE.

Grande j. J. extraordinaire, excessive, immodérée. Longue, courte j. Épanchement, mouvement, transport de j. Cris de j. Larmes de j. Signes de j. Être saisi, ravi, transporté, ivre de j. Donner, causer, recevoir de la j. Combler quelqu'un de j. Tressaillir, pleurer de j. Pâmer, mourir de j. Vous êtes dans la j. La j. brillait sur son visage. Cette nouvelle nous remplit de j. La j. épanouit le cœur. Je prends part à votre j. Leur j. se changea en tristesse. Que le ciel vous tienne en j. La j. soit avec vous, Anciennes formules de politesse. — Faire la j., être la j. de quelqu'un, Être pour lui un sujet de vive satisfaction. Ce jeune homme est la joie de ses parents.

> O mon fils ! ô ma joie ! ô l'honneur de nos jours !
>   CORNEILLE.

— Fam., Être à la j., et mieux, Être dans la j. de son cœur, Être transporté de joie. Prov., Se donner au cœur j. Voy. Donner. — Feu de j. Voy. Feu. || Gaieté, humeur gaie. Cet homme est toujours en j. La j. bruyante des convives. — Une fille de j., Une prostituée. || Au plur., se dit pour plaisirs, jouissances. Les joies d'une mère. Vivre dans les joies du monde. Les joies du paradis. = Syn. Voy. Aise et Gaieté.

JOIGNANT, ANTE. adj. [Pr. *joué-gnan*, gn mouill.] (part. prés. de *joindre*). Qui est contigu; ne se dit que des maisons et des champs. Une vigne joignante à la prairie. Une maison joignante à la mienne. Les maisons joignantes ont été brûlées. = Joignant, préposit. Tout proche, sans

qu'il y ait rien entre deux. Il a acheté la maison tout j. la vôtre. J. l'église de...

JOIGNEAUX (Pierre), agronome et homme politique fr. (1815-1892).

JOIGNY, ch.-l. d'arr. du dép. de l'Yonne, à 29 kilomètres d'Auxerre, sur l'Yonne; 6,500 hab. Vins rouges de la côte Saint-Jacques.

JOINDRE. v. a. [Pr. *joindre*] (lat. *jungere*, mettre sous le même joug). Approcher deux choses l'une contre l'autre en sorte qu'elles se tiennent. J. deux planches avec de la colle forte. J. deux morceaux d'étoffe en les cousant ensemble. J. deux tomes en un volume en les reliant. — J. les mains, Approcher les deux mains en sorte qu'elles se touchent en dedans. J. les mains pour prier Dieu. — Fig., Avoir de la peine à j. les deux bouts. Voy. Bout. || Ajouter, mettre une chose avec une autre, en sorte qu'elles fassent un tout, ou que l'une soit le complément de l'autre. Joignez cette maison à la vôtre. J. les intérêts au capital. Il faut j. ce petit traité au livre que vous avez fait. Joignez à votre réclamation les pièces à l'appui. Joignez à cela que... — En T. Gram. J. un mot à un autre. On joint quelquefois ce verbe avec le pronom personnel. — En T. Proc. J. deux instances. J. un incident à l'instance principale. || Unir, allier. J. l'utile à l'agréable. J. l'autorité spirituelle avec la temporelle. J. la prudence et la valeur. J. ses prières à celles d'un autre.

> Joins Sabine à Camille et ta femme à la sœur.
>   CORNEILLE.

> Ils sont joints d'amitié, il faut les j. encore d'intérêt.

> Un ami qui m'est joint d'une amitié fort tendre.
>   MOLIÈRE.

Ils sont joints ensemble pour leur intérêt commun. Ils joignirent leurs efforts. Ils résolurent de j. leurs forces, de j. leurs armes. || Se réunir à. L'armée de Sambre-et-Meuse avait joint l'armée du Rhin. L'escadre a joint l'armée navale. Atteindre, attraper. Nous joignîmes l'ennemi à quelques lieues de la ville. Quoiqu'il eût pris les devants, je le joignis bientôt. — Au navire, L'atteindre en le chassant ou en cherchant à le rallier. — J. quelqu'un, Se rencontrer avec lui, parvenir à le trouver et à lui parler. Si je puis le j., je lui parlerai comme il faut. = Joindre. v. n. Se dit dans le premier sens. Ces planches, ces fenêtres ne joignent pas bien. Faites que cela joigne mieux. = Se Joindre. v. pron. Nos deux maisons se joignent. A tel endroit cette rivière se joint à telle autre. A ces difficultés vint se j. une nouvelle difficulté plus grave encore. En lui la douceur se joint à une très grande fermeté. Ils se sont joints ensemble pour leur intérêt commun. Ce verbe se joint quelquefois au pronom personnel. Les deux armées combinées se joignirent pour livrer bataille. Nous nous joignîmes à la promenade. Depuis que nous sommes l'un et l'autre à Paris, nous n'avons pu nous j. une seule fois. = Joint, ointe, part. Des ais mal joints. Sauter à pieds joints. Une instance jointe au principal. || Ci-joint, ici joint ou joint à ceci; se dit d'un écrit, d'une pièce que l'on joint à une lettre, à un mémoire. Les papiers ci-joints. La déclaration ci-jointe. Vous trouverez ci-jointe une copie de votre contrat de vente. Il reste invariable : 1° quand le subst. qui suit est employé sans article; 2° lorsque, précédant un subst. qui a l'article, il commence la phrase. Ci-joint quittance. Ci-joint la grosse de votre obligation. Ci-joint loc. conj. Ajoutez que, outre que. Il n'a pu rien faire parce qu'il était malade, joint qu'il n'avait pas les livres nécessaires. On dit plus ordin., Joint à ce que, joint à cela que. = Syn. Voy. Aborder.

Conjug. — Je joins, tu joins, il joint, nous joignons, vous joignez, ils joignent; je joignais; nous joignions; je joignis, nous joignîmes; je joindrai, nous joindrons; je joindrais, nous joindrions; joins, joignons, joignez; que je joigne, que nous joignions; que je joignisse, que nous joignissions; joignant; joint, jointe.

JOINQUÉE. s. f. [Pr. *join-kée*] Laitage solide obtenu en suspendant dans un linge du lait à demi-caillé.

JOINT. s. m [Pr. *jou-in*] (part. pass. de *joindre*). Articulation, l'endroit où deux os se joignent. Le j. de l'épaule. Je ne puis trouver le j. de l'aile de ce canard. — Fig. et fam., Trou-

ver le j., Trouver la meilleure façon de prendre une affa re. || L'intervalle plein ou vide qui reste entre deux pierres, entre deux pièces de bois contiguës. *Remplir les joints des pierres avec du mortier. Ce meuble est si bien fait qu'on n'en voit pas les joints. Les joints d'une voûte.* — *Le j. de deux pavés*, L'entre-deux de deux pavés contigus. *J. en arve*, Entre-pavés d'une même rangée. *J. en bout*, Entre-pavés de deux rangées consécutives. *Le j. de deux pierres de taille*, Chacune des deux faces latérales par lesquelles elles sont contiguës. *Le j. d'une planche*, La face la plus étroite. *Planches posées à plat j.*, Planches contiguës par leur j. mais non assemblées à rainures et à languettes. || T. Mécan. Se dit des articulations de diverses formes qui unissent entre elles les pièces destinées à exécuter l'une par rapport à l'autre un mouvement différent, sans cesser d'être solidaires. — *J. universel. J. hollandais*, Mode d'articulation de deux arbres qui permet de transmettre le mouvement de rotation de l'un à l'autre, tout en laissant l'un des deux libre de prendre toutes les directions autour de l'articulation. Voy. MÉCANISME. || T. Min. Fissures dans un minéral, une roche.

JOINTE. s. f. [Pr. *jouinte*] (part. pass. de *joindre*). T. Manége. Paturon du cheval. || T. Techn. Fil d'organsin avec lequel on renoue des fils de soie qui se cassent. — Planche e'une cloison, d'un plancher assemblé avec d'autres à rainures et à languettes.

JOINTÉ, ÉE. adj. [Pr. *jouin-té*] (R. joint, joint). T. Art vétérin. Ne se dit guère qu'en parlant des chevaux, dans les locutions suivantes : *Court j., long j., bas j.*, Cheval dont les jointes sont courtes, sont longues, ont une forme qui se rapproche de l'horizontale.

JOINTÉE. s. f. [Pr. *jouinté*] (R. joindre). Autant que les deux mains rapprochées peuvent contenir. *Une j. d'orge.*

JOINTEMENT. s. m. [Pr. *jouinte-nan*]. Action de joindre, de clore en joignant. || Se dit aussi pour *Jointoiement.* Voy. ce mot.

JOINTIF, IVE. adj. [Pr. *jouintif*] (R. joindre). T. Archit. et Menuis. Qui est joint. *Les planches de cette cloison sont jointives.* = JOINTIVE. s. f. Cloison de planches brutes posées à plat joint.

JOINTIVEMENT. adv. [Pr. *jouin-tive-man*]. D'une manière jointive.

JOINTOIEMENT. s. m. [Pr. *jouin-toué-man*]. Action de jointoyer.

JOINTOYER. v. a. [Pr. *jouin-to-icr*] (R. joint). T Maçon. Remplir les joints des pierres avec du mortier ou du plâtre. = JOINTOYÉ, ÉE. part. = Conj. Voy. EMPLOYER.

JOINTURE. s. f. [Pr. *jouin-ture*] (lat. *junctura*. m. s., de *junctum*, sup. de *jungere*, joindre). Articulation. *Il a des douleurs dans les jointures. Au-dessus de sa j.* || Joint. *Ces deux pièces sont si bien ajustées, qu'on n'aperçoit pas les jointures.* Peu usité dans ce sens. || T. Vétér. Paturon du cheval.

JOINVILLE, ch.-l. de c. (Haute-Marne), arr. de Vassy; 4,500 hab. De l'ancien château des sres de Joinville, il ne reste plus guère que l'emplacement sur la colline.

JOINVILLE (JEAN, sire DE), sénéchal de Champagne, accompagna Louis IX en Égypte, et a laissé des *Mémoires* (1224-1316).

JOINVILLE-LE-PONT, bourg du dép. de la Seine, arr. de Sceaux, sur la Marne; 4,300 hab.

JOLI, IE. adj. (anc. scand. *jul*, mot qui désigne les fêtes et festins solennels). Gentil, agréable; ne se dit guère que de ce qui est petit en son espèce et qui plaît plutôt par la gentillesse que par la beauté. *Un j. enfant. Une jolie fille. Une jolie personne. Un j. minois. Une très jolie que belle. C'est un j. garçon, un j. cavalier, un j. officier. Il est d'une jolie taille.*

> Que vous êtes joli ! que vous me semblez beau !!
> LA FONTAINE.

Elle a de jolis yeux, un j. pied. Un j. cheval. Un j. petit chien. Une jolie coiffure. Faire le j. cœur, Prendre des manières agréables. Un j. habit. Un j. salon. Un j. paysage. Un j. spectacle. Une jolie fête. Dire de jolies choses. Faire de jolis vers. Un j. madrigal. Une jolie chanson.

> Chacun a sa folie :
> Les uns l'ont importune, et la tienne est jolie.
> CORNEILLE.

|| Fig., *C'est un j. sujet*, se dit d'un jeune homme qui s,, distingue et se fait estimer par sa bonne conduite, par son mérite. — Ironiq. et pop., *Il est j. garçon.* Voy. GARÇON. On dit encore d'un homme qui s'est enivré, qui a été battu, qui est en mauvais état, *Il est dans un j. état.* || Fam., *Le tour est j*, Le tour est plaisant. On dit de même, *Il tui a joué un j. tour.* || Fam., se dit quelquefois pour avantageux. *Il vient d'obtenir une assez jolie place. Le voilà dans une très jolie position. Elle a cent mille francs de dot; c'est j.* || Ironiq. et fam., se dit d'une personne ou d'une chose déplaisante, ridicule. *Je vous trouve bien j. Vraiment vous êtes j. de me parler de la sorte. Vous avez fait là une jolie action. Vous tenez là de jolis discours. Cela est j. de se faire attendre.* = JOLI. s. m. Se dit dans le premier sens de l'adj. *Le beau est au-dessus du j. Cela passe le j.* || Fam., *Le j. de l'affaire est que...* = Syn. Voy. BEAU.

JOLIET, ETTE. adj. [Dim. de *joli*]. Fam., et ne se dit guère qu'au fém. *Elle est joliette.* = JOLIETTE. s. f. Planche couverte d'une potée d'étain pour polir.

JOLIMENT. adv. D'une manière jolie, bien. *Cela est j. travaillé. Il danse fort j. Il est j. vêtu. Il écrit très j.* || Fam., *Je l'ai j. lancé. Vous vous êtes j. trompé.* Ironiq., *J'ai j. arrangé le drôle.*

JOLIVETÉ. s. f. (R. *jolif*, anc. forme de *joli*). Babiole, petit ouvrage qui a peu ou point d'utilité. *Il a apporté de son voyage mille petites jolivetés.* || Se dit des gentillesses d'un enfant.*C'est un aimable enfant, il fait cent petites jolivetés.* — Vieux dans les deux sens, et ne se dit qu'au pluriel.

JOLLYTE. s. f. [Pr. *jol-lite*] (R. Jolly, n. d'un médecin fr.] T. Minér. Silicate hydraté d'alumine et de protoxyde de fer, avec un peu de magnésie. En masses amorphes, brunes.

JOLY DE FLEURY, magistrat fr. (1675-1756).

JOMARD, géographe fr. (1777-1862).

JOMBARDE. s. f. [Pr. *jon-barde*]. Sorte de flûte à trois trous.

JOMELLI, célèbre compositeur, surnommé le Gluck de l'Italie (1714-1774).

JOMINI (HENRI, baron), général français, auteur d'écrits historiques relatifs à l'art de la guerre (1779-1869).

JONAS, l'un des douze petits prophètes. — La Bible raconte qu'il fut avalé par une baleine, resta trois jours dans le ventre de l'animal, y composa un cantique qui nous a été conservé et fut rejeté vivant sur le rivage.

JONATHAN (FRÈRE), sobriquet que les Anglais donnent au peuple des États-Unis. Provient de lettres américaines écrites il y a une centaine d'années et qui étaient signées de ce nom.

JONATHAS, fils de Saül et ami de David, périt avec son père à la bataille du mont Gelboé.

JONATHAS, le plus jeune des Machabées.

JONC. s. m. [Pr. *jon*] (lat. *juncus*, de *jungere*, lier). T. Bot. Genre de plantes Monocotylédones (*Juncus*) de la famille des Joncacées. Voy. ce mot. || *J. à balais*, l'Arundo Phragmites (Graminées); *J. des chaisiers ou des tonneliers*, le Scirpus lacustris (Cypéracées); *J. à coton*, l'Ériophore ou Linaigrette (id.); *J. du Nil*, le Cyperus papyrus (id.); *J. épineux ou J. marin*, l'Ajonc d'Europe (Légumineuses); *J.

d'Espagne, le Genêt d'Espagne ou Spartium junceum (id.); *J. fleuri*, le Butome ombellé (Alismacées); *J. odorant*, l'Acore vrai (Aroïdées); *J. de la passion*, la Massette à larges feuilles (Typhacées). Enfin, on désigne sous le nom de *J. des Indes*, diverses espèces du genre Calamus, de la famille des Palmiers. C'est principalement le *Rotang* (Calamus rotang) qui s'emploie de préférence pour faire les cannes et les baguettes flexibles communément appelées *Joncs* et *Rotins*. || Les joailliers appliquent encore la dénomination de *Jonc* à une bague unie, dont le cercle ou l'anneau est partout égal. Il y a des joncs qui sont simplement de métal, et d'autres qui sont enrichis de pierres précieuses; alors on dit: *Un j. d'or. Un j. de diamants*, etc.

JONCACÉES. s. f. pl. (R. *Jonc*). T. Bot. Famille de végétaux Monocotylédones de l'ordre des Joncinées.

Caract. bot.: Plantes presque toujours vivaces à l'aide d'un rhizome, tantôt rampant et produisant des branches

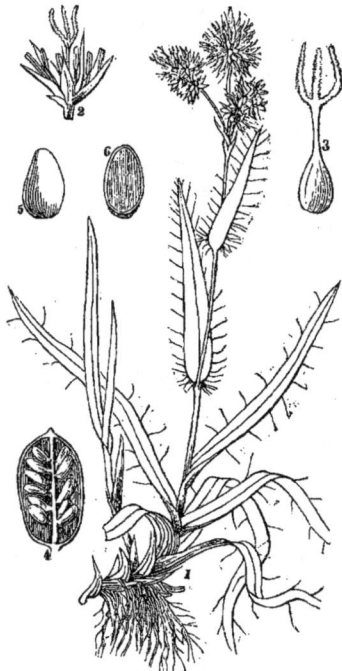

Fig. 1.

aériennes herbacées qui se ramifient rarement, tantôt se redressant en une tige ligneuse (Xanthorrhœa), parfois grimpante (Flagellaire). Dans le premier cas, les feuilles sont spiralées ou distiques à limbe entier, aplati ou cylindrique; dans le second cas, les feuilles sont ramassées en bouquet au sommet de la tige (Xanthorrhœa) ou éparses le long de la tige (Flagellaire). Inflorescence terminale. Fleurs généralement brunes ou vertes, en ombelles, en grappes, ou en longs épis compacts, ou même en panicules. Périanthe formé de 6 pièces sépaloïdes en 2 verticilles alternes. Étamines 6, parfois au nombre de 3 seulement, et alors opposées au calice. Anthères biloculaires, introrses, à déhiscence longitudinale ou poricide. Pistil formé de 3 carpelles concrescents en un ovaire uniloculaire et triovulé ou triloculaire et pluriovulé; style 1; stig-

mates 3, quelquefois 1; ovules anatropes. Le fruit est tantôt une capsule à déhiscence dorsale ou loculicide, tantôt un akène, tantôt une drupe (Flagellaire, *Susum*, etc.). Graines petites à tégument mince; albumen ferme, charnu ou cartilagineux; embryon très petit, logé près du hile. [Fig. 1. — 1. *Luzula campestris*. — 2. *Juncus acutiflorus*, Fleur; 3. Pistil; 4. Coupe verticale de l'ovaire; 5. Graine; 6. Coupe de la même].

Les J. se composent de 17 genres et d'environ 250 espèces. Les deux genres les plus nombreux en espèces et les seuls

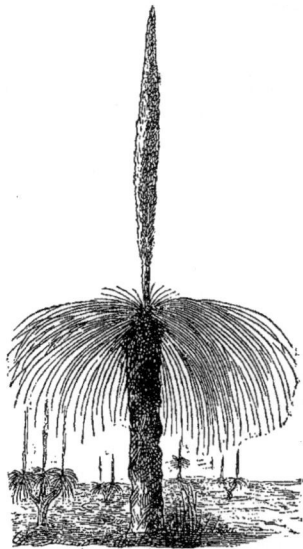

Fig. 2.

indigènes, Jonc et Luzule, sont répandus dans les lieux humides de toutes les contrées tempérées; les autres appartiennent tous à l'hémisphère austral, à l'Australie, à l'Afrique centrale, à l'Amérique australe, quelques-unes aux régions chaudes de l'ancien continent. On a trouvé 3 espèces de jonc dans les couches tertiaires.

On divise cette famille en 4 tribus:

TRIBU I. — *Joncées*. — Albumen charnu; anthères basifixes; style trifide (*Juncus*, *Luzula*, *Thurnia*, etc.). Dans les jardins on fait un grand usage de diverses espèces de Joncs, et particulièrement du *Jonc glauque* (Juncus glaucus), appelé *Jonc des jardiniers*, comme lien, soit pour palisser les arbres, soit pour attacher les plantes à leurs tuteurs. On s'en sert aussi pour faire des fonds de chaises. Au Japon, on cultive, à la manière du Riz, une espèce de Jonc avec laquelle on confectionne des nattes. La moelle de quelques espèces est employée pour faire des mèches de veilleuses et de chandelles. Les rhizomes de la *Luzule champêtre* et de plusieurs espèces de Joncs, telle que le *J. glauque*, le *J. épars* (J. effusus) et le *J. aggloméré* (J. conglomeratus), sont usités comme diurétiques en Chine et dans le nord de l'Europe. Les feuilles du *Narthecium ossifragum* étaient autrefois regardées comme vulnéraires.

TRIBU II. — *Calectasiées*. — Albumen charnu; anthères basifixes; style simple (*Calectasia*, *Kingia*, etc.)

TRIBU III. — *Xérotées*. — Albumen charnu; anthères dorsifixes (*Xerotes*, *Anthocarpus*, *Xanthorrhœa*, etc.).

Dans l'Australie, les sommités de différentes espèces de *Xanthorrées* (Xanthorrhœa) constituent un excellent fourrage pour toutes les espèces de bestiaux. Bien plus, les indigènes de la Tasmanie, quand ils sont pressés par la faim, mangent la base des feuilles intérieures de ces plantes. Les aborigènes abattent les têtes de ces singuliers végétaux et les frappant vers le sommet du tronc avec un grand bâton (**Fig. 2.** *X. hastilis*). Alors ils arrachent les feuilles extérieures et coupent celles de l'intérieur, en laissant 40 millimètres de la portion tendre et blanche qui touche le tronc. C'est cette partie qu'on mange crue ou cuite ; elle est loin d'être désagréable au goût, et possède une saveur douce et légèrement balsamique.

Le *Xanthorrhœa arborea* fournit une résine balsamique, à odeur de benjoin, connue dans le commerce sous le nom de *gomme acroïde* et de *résine de Botany-Bay*. Les médecins australiens l'emploient contre les maladies de la poitrine. Les naturels la fondent avec de la terre et en préparent un mastic employé pour assujettir leurs armes, calfater les pirogues, etc.

Tribu IV. — *Flagellariées*. — Albumen amylacé ; drupe (*Flagellaria*, *Susum*, etc.). Les rhizomes du *Susum*, plante de Java, sont anthelmintiques et employées comme telles dans la médecine vétérinaire.

JONCÉES. s. f. pl. (R. *jonc*). T. Bot. Tribu de végétaux de la famille des *Joncacées*. Voy. ce mot.

JONCER. v. a. T. Techn. Garnir de jonc.

JONCHAIE. s. f. Lieu planté de joncs.

JONCHE. s. f. (R. *jonc*). T. Pêch. Ganse de corde qui sert à joindre plusieurs pièces de filet au bout l'une de l'autre.

JONCHÉE. s. f. (bas-lat. *juncata*, m. s., de *juncare*, coucher). Se dit de toutes sortes d'herbes, de fleurs et de branchages dont on jonche les rues, les églises, etc., un jour de cérémonie. *Faire une j. d'herbes et de fleurs.* || Fig. *Une j. de cadavres.* || Petit fromage de crème ou de lait caillé, fait dans une clisse de jonc. *Une j. de crème. Acheter de la jonchée.*

JONCHEMENT. s. m. Action de joncher.

JONCHER. v. a. (R. *jonc*). Répandre sur la terre du jonc, du feuillage, des branchages verts, des fleurs, pour une cérémonie. *J. la terre de fleurs. L'église était jonchée de fleurs.* || Fig., *Les débris que l'ouragan avait jonché le sol. Les ennemis jonchèrent de leurs morts le champ de bataille. Dix mille cadavres jonchaient la plaine. La terre était jonchée de morts.* = JONCHÉ, ÉE. part.

JONCHÈRE. s. f. Touffe de joncs dans un étang, un marais, au bord de l'eau.

JONCHETS. s. m. pl. (R. *joncher*). Petits bâtons d'os, de bois, d'ivoire, fort menus, que l'on jette confusément les uns sur les autres pour jouer à qui en retirera le plus avec un crochet, sans en faire remuer d'autres que celui qu'on cherche à dégager. *J. d'ivoire. Jouer aux j.* — Quelques-uns disent *Honchets*.

JONCHEUR. s. m. Celui qui jonche.

JONCINÉES. s. f. pl. (R. *jonc*). T. Bot. Ordre de plantes Monocotylédones caractérisé par une corolle sépaloïde et un ovaire supère. Cet ordre comprend les cinq familles suivantes : *Joncacées, Restiacées, Ériocaulées, Triglochinées* et *Palmiers*. Voy. ces mots.

JONCINELLE. s. f. [Pr. *jonsinè-le*] (Dimin. de *Jonc*). T. Bot. Nom vulgaire de l'*Eriocaulon setaceum*. Voy. ÉRIOCAULÉES.

JONCTION. s. f. [Pr. *jonk-sion*] (lat. *junctio*, m. s., de *junctum*, sup. de *jungere*, joindre). Action de joindre ; union, réunion. *La j. de deux armées. La j. de deux rivières, de deux chemins. La j. des deux mers. La j. d'un incident au principal.* || T. Dr. *J. d'instance*, Action de joindre deux instances connexes, une demande incidente à une demande principale, afin que le tribunal statue sur le tout par un seul et même jugement.

Syn. — *Union.* — La *jonction* semble supposer le mouvement ; l'*union* renferme une idée d'accord ou de convenance : on dit la *jonction* de deux armées, qui produit les unes, et l'*union* des couleurs, l'*union* de l'âme et du corps, l'*union* conjugale. Ce qui n'est pas *uni* est *divisé*, ce qui n'est pas *joint* est sé-

paré. *Jonction* ne s'emploie qu'au propre, tandis qu'*union* s'emploie surtout au figuré. La *jonction* des ruisseaux fait les grandes rivières. L'*union* soutient les familles et fait la puissance des États.

JÔNES (INIGO), architecte angl. d'origine espagnole, surnommé le *Vitruve anglais* (1572-1651).

JONES (Sir WILLIAM), savant indianiste angl. (1746-1794).

JONES (JOHN PAUL, surnommé), célèbre marin, né en Écosse (1747-1792). Alex. Dumas en a fait le héros de son *Capitaine Paul*.

JONGERMANNE. s. f. [Pr. *jon-jerma-ne*] (R. *Jungermann*, nom d'un botaniste all.). T. Bot. Genre d'Hépatiques (*Jungermannia*) de la famille des *Jongermanniacées*. Voy. ce mot.

JONGERMANNIACÉES. s. f. pl. [Pr. *jon-jerma-nia-sé*] (R. *Jongermanne*). T. Bot. Famille d'Hépatiques de l'ordre des Jongermanninées.

Caract. bot.: Plantes ayant un appareil végétatif constitué tantôt par un thalle qui peut être dépourvu de feuilles ou feuillé, tantôt par une tige filiforme, pourvue de feuilles sessiles à large insertion. Ces feuilles sont quelquefois disposées en deux séries, rapprochées sur la face supérieure de la tige ; mais le plus souvent il y a trois rangs de feuilles, parce que, entre les deux séries dorsales, il s'en fait une troisième sur la face ventrale ; ces feuilles ventrales sont souvent nommées *Amphigastres*. Thalle ou tige feuillée, l'appareil végétatif rampe sur le substratum et est symétrie est bilatérale.

Les organes sexués se rencontrent tantôt sur la même plante, tantôt sur des plantes différentes. Dans les formes à thalle, ils naissent sur la face dorsale des branches, protégés par une enveloppe d'origine variable ; dans les formes feuillées, ils naissent au sommet des branches principales, ou de petits rameaux particuliers. Les anthéridies sont ordinairement axillaires, isolées ou groupées. Les archégones se forment habituellement par groupes au sommet de branches qui tantôt portent plus bas des anthéridies, tantôt sont exclusivement femelles. Les archégones sont le plus souvent enveloppés par les feuilles voisines qui forment autour d'eux un involucre ou *périchèze* ; ou outre, il se produit autour des archégones un repli membraneux qui a reçu le nom de *Périanthe*.

Après la fécondation l'œuf se développe en sporogone. A cet effet, il se divise d'abord par une cloison transversale, et des deux cellules ainsi formées, c'est la supérieure seule qui produit le sporogone par des segmentations ultérieures. La partie basilaire du sporogone se renfle en forme de toupie et s'enfonce dans le tissu de la tige, qui l'enveloppe ainsi dans une sorte de gaine nommée *Vaginule*, et la nourrit. En même temps, la paroi se différencie d'avec le tissu intérieur, qui doit former les spores et les élatères. Dans la plupart des j., c'est une colonne de tissu

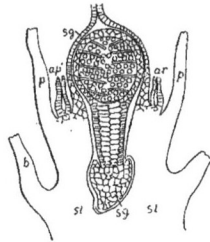

Fig. 1.

formée de séries cellulaires verticales et enveloppée par une double assise pariétale, qui produit les élatères et les spores ; les élatères sont alors horizontales et s'étendent de la paroi vers l'axe du sporange.

Par un fort accroissement intercalaire du pédicelle, jusque-là resté fort court, la coiffe qui recouvre le sporogone est enfin déchirée au sommet de ce pédicelle (Fig. 1). Puis la paroi du sporogone se déchire suivant quatre valves longitudinales (Fig. 2 — 2) qui se rabattent en forme d'étoile en entraînant les élatères et disséminant les spores (Fig. 2 — 4 et 6). [Fig. 1. — Section longitudinale du sporogone de *Jungermannia bicuspidata* ou voie de développement. — Fig. 2. — 1. Jungermannia bidentata. — 2. Sporange de *Jung. hyalina*, parvenu à maturité et au moment où il se rompt. — 3. Le même très jeune et couvert de sa coiffe. — 4. Élatère et spore 5. — 6. Anthéridie. — 6. Élatère et spore de *Monoclea crispata*.]

La famille des J. se compose d'une trentaine de genres que l'on peut grouper en deux tribus :

TRIBU I. — *Metzgériées* ou *Anacrogynes*. — Archégones non

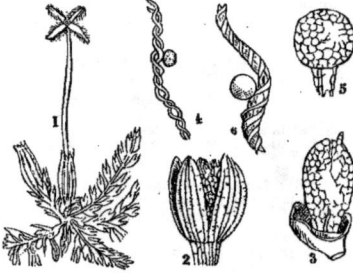

Fig. 2.

terminaux; presque toujours un thalle (*Metzgeria, Aneura, Pellia, Blasia, Fossombronia*, etc.).

TRIBU II. — *Jongermanniées* ou *Acrogynes*. — Archégones terminaux; tige feuillée (*Jongermannia, Lejeunia, Frullania, Radula, Geocalyx, Scapania, Madotheca*, etc.). On ne leur connaît aucun usage.

JONGERMANNIÉES. s. f. pl. [Pr. *ion-jer-ma-nié*] (R. *jongermannie*). T. Bot. Tribu d'Hépatiques de la famille des *Jongermanniacées*. Voy. ce mot.

JONGERMANNINÉES. s. f. pl. [Pr. *jon-jer-ma-niné*] (R. *jongermannie*). T. Bot. Ordre d'Hépatiques caractérisé par la déhiscence longitudinale du sporange. Il comprend deux familles: les *Jongermanniacées* et les *Anthocérées*. Voy ces mots.

JONGLER. v. n. (R. *jongleur*). Faire des tours de passepasse, des tours d'adresse. — Se dit particulièrement d'un jeu qui consiste à faire sauter plusieurs boules ou divers objets qu'on reçoit et qu'on lance alternativement.

JONGLERIE. s. f. (R. *jongler*). Charlatanerie, tour de passe-passe. || Fig. et fam., se dit de toute fausse apparence, de toute manœuvre, par laquelle une personne cherche à en imposer, à tromper. *Je ne suis pas dupe de ses jongleries*.

JONGLEUR. s. m. (lat. *joculator*, celui qui joue, bouffon). Se disait autrefois d'une espèce de ménétriers qui allaient, chantant des chansons, dans les cours des princes et dans les maisons des grands seigneurs. || Faiseur de tours de passepasse, bateleur, charlatan. *C'est un j., un vendeur d'orviétan. Chez les peuples sauvages, on trouve des jongleurs qui jouent le rôle de médecins et de sorciers*. || Plus partic., se dit de ceux qui font certains tours d'adresse, comme de jouer avec des boules, des poignards, etc. || Fig. et fam., se dit d'un homme qui cherche à en imposer par de fausses apparences. *C'est un j. politique*.

JONKŒPING, v. de la Suède méridionale, à la pointe S. du lac Wetter; 19,900 hab.

JONQUE. s. f (Mot chinois). T. Marine. On appelle ainsi de grands bâtiments chinois, du port de 200 à 300 tonneaux, qui sont destinés à la navigation maritime. Les jonques sont très lourdes et marchent fort mal. Elles sont relevées en avant et en arrière, et, de plus, la proue et la poupe sont également carrées. Elles portent trois mâts, et leurs voiles sont faites d'une toile de coton très grosse, ou plus souvent de nattes réunies par bandes. En général, les jonques chinoises s'éloignent le moins possible des côtes; cependant elles s'aventurent quelquefois dans des voyages fort longs, comme ceux des Philippines et des Moluques. On en a même vu qui sont allées jusqu'en Angleterre.

JONQUILLE. s. f. [Pr. *jonki-lle, ll* mouil.] (Dimin. de *jonc*). T. Bot. Nom vulgaire de certains Narcisses. Voy. AMARYLLIDACÉES.

JONSON ou **JOHNSON** (BENJAMIN, dit BEN), célèbre auteur dramatique anglais (1573-1637).

JONZAC, ch.-l. d'arr. (Charente-Inférieure), à 116 kil. de la Rochelle; 3,400 hab. Vins, eaux-de-vie.

JOPPÉ, v. de Palestine, aujourd'hui Jaffa.

JORAM, fils d'Achab et roi d'Israël de 887 à 876 av. J.-C., fut percé d'une flèche par son général Jéhu. || Roi de Juda de 880 à 877 av. J.-C., épousa Athalie.

JORAT, partie de la chaîne des Alpes, entre les lacs de Genève et de Neuchâtel.

JORDAENS (JACQUES), peintre d'Anvers, ami et élève de Rubens (1593-1678).

JORDAN (CAMILLE), écrivain et homme politique français (1771-1821); quoique royaliste, il fut un des chefs de l'opposition en 1820.

JORDAN (RODOLPHE), peintre allemand, né à Berlin (1810-1887).

JORDANÈS. Voy. JORNANDÈS.

JORDANITE. s. f. (R. *Jordan*, n. d'homme). T. Minér. Variété de dufrénoysite à poussière noire.

JORDANO BRUNO. Voy. BRUNO.

JORNANDÈS, suivant l'orthogr. usuelle, ou mieux **JORDANÈS**, évêque et historien du VIᵉ siècle, a écrit en latin une Histoire des Goths.

JOSABETH, femme du grand prêtre Joad.

JOSAPHAT, un des plus vieux rois de Juda, de 904 à 880 av. J.-C.

JOSAPHAT (Vallée de), près de Jérusalem, au pied du mont des Oliviers, arrosée par le Cédron, dans laquelle une ancienne légende annonce que doit avoir lieu le jugement dernier.

JOSÉITE. s. f. [Pr. *jo-zéite*] (R. *José*, n. d'homme). T. Minér. Variété de tétradymite.

JOSEPH. adj. m. et s. [Pr. *jo-zef*]. T. Technol. Sorte de papier mince et transparent. Voy. PAPIER.

JOSEPH, fils de Jacob et de Rachel, fut vendu par ses frères, devint ministre du Pharaon d'Égypte, et établit sa famille dans la terre de Gessen.

JOSEPH (SAINT), époux de la Vierge Marie. Fête le 19 mars.

JOSEPH (FRANÇOIS DU TREMBLAY, dit le *Père*), capucin qui fut l'agent de Richelieu, et surnommé l'*Éminence grise* (1577-1638).

JOSEPH Iᵉʳ, empereur d'Allemagne, succéda à son père Léopold Iᵉʳ (1705), et continua la guerre de la Succession d'Espagne; m. en 1711. || JOSEPH II, empereur de 1765 à 1790, fils de François Iᵉʳ et de Marie-Thérèse, frère de Marie-Antoinette, s'entendit avec Frédéric II de Prusse pour le premier partage de la Pologne en 1772, et tenta d'utiles réformes dans ses États.

JOSEPH, roi de Portugal de 1750 à 1777.

JOSEPH BONAPARTE. Voy. BONAPARTE.

JOSEPH D'ARIMATHIE, Juif, ne voulut pas prendre part au jugement qui condamna Jésus, et obtint de Pilate le corps du Juste pour l'ensevelir.

JOSÈPHE (FLAVIUS), historien juif (37-100 ap. J.-C.), jouit de la faveur de Vespasien et de Titus, et écrivit en hébreu, puis en grec, l'*Histoire de la guerre des Juifs contre les Romains*.

JOSÉPHINE TASCHER DE LA PAGERIE, née à la Martinique en 1763, morte à la Malmaison (Seine-et-Oise) en 1814, épousa le vicomte de Beauharnais. Restée veuve avec ceux enfants, Eugène et Hortense, elle épousa Bonaparte en 1796, fut sacrée impératrice en 1804, et répudiée par Napoléon en 1809.

JOSÉPHISME. s. m. Ensemble des mesures prises par Joseph II, empereur d'Allemagne, pour subordonner l'Église à l'État.

JOSÉPHISTE. s. m. Nom des partisans du roi Joseph en Espagne. = JOSÉPHISTE. adj. 2 g. Qui a le caractère du joséphisme.

JOSEPPIN, peintre italien (1560-1640).

JOSIAS, roi de Juda, de 639 à 609 av. J.-C., péri à la bataille de Mageddo, gagnée par Nékao, roi d'Égypte.

JOSSE, personnage de Molière, dans l'*Amour médecin,* orfèvre qui propose de faire acheter une belle garniture de diamants. Loc.: vous êtes orfèvre, monsieur Josse, c.-à-d.: vous nous donnez un conseil intéressé.

JOSSELIN, ch.-l. de c. (Morbihan), arr. de Ploërmel; 2,400 hab. Beau château du connétable de Clisson. Près de là eut lieu le fameux combat des Trente en 1351.

JOSUÉ, successeur de Moïse, conquit la terre de Chanaan et la partagea entre les douze tribus; m. vers 1580 av. J.-C.

JOTA. s. f. Danse nationale du nord de l'Espagne.

JOTTEREAUX. s. m. pl. [Pr. *jote-ro*] (R. *jotte*, un des noms vulgaires de la botte). T. Mar. Voy. MAT.

JOTTES. s. f. pl. [Pr. *jo-te*] (R. *joue*). T. Mar. Les deux côtés de l'avant d'un vaisseau.

JOUABLE. adj. 2 g. Qui peut être joué.

JOUAIL. s. m. [Pr. *jou-all, all* mouil.] (R. *joug*). T. Mar. Jus de l'ancre. Voy. ANCRE.

JOUAILLER. v. n. [Pr. *joua-ller, ll* mouillées.] (R. *jouer,* avec le suff. péjor. *aille*). Jouer petit jeu et seulement pour s'amuser. *Il ne fait que j.* Fam. || Jouer médiocrement d'un instrument de musique.

JOUAN (Golfe), ou golfe de Jouan, sur la côte S.-O. du dép. des Alpes-Maritimes, entre Cannes et Antibes, où Napoléon Iᵉʳ débarqua au retour de l'île d'Elbe (1815).

JOUBARBE. s. f. (lat. *Jovis barba,* barbe de Jupiter. Cependant, la plante ressemble peu à une barbe, fût-elle de Jupiter, et le gaulois avait le mot *ioumbarozza,* désignant une plante analogue, sinon la même. Il est probable qu'il y aura eu confusion entre les deux mots et que les gens de langue latine habitant les Gaules auront traduit le mot gaulois par *Jovis barba*). T. Bot. Genre de plantes Dicotylédones (*Sempervivum*) de la famille des Crassulacées. Voy. ce mot.

JOUBERT (JOSEPH), moraliste fr. (1754-1824).

JOUBERT (BARTHÉLEMY), général français, se distingua dans les campagnes d'Italie sous la République (1769-1799).

JOUE. s. f. (lat. *gena,* m. s., ou d'après D ez de *gabata,* jatte). La partie du visage de l'homme qui est au-dessous des tempes et des yeux, et qui s'étend jusqu'au menton. — *Donner sur la j., couvrir la j. à quelqu'un,* Lui donner un soufflet. Fam. *Tendre la j.,* Présenter la joue. — *Coucher, mettre en j.* Voy. COUCHER. — *En joue! Feu!* Commandement aux soldats de mettre le fusil en joue et de tirer. || Partie de la tête des animaux qui répond à la joue dans l'homme. *Ce cheval a trop de j. Cet oiseau a les joues nues.* || T. Mar. Partie arrondie de la coque d'un bâtiment, qui, placée au-dessus de l'eau, est comprise entre le mât de misaine et l'étrave. *Ce vaisseau a la j. forte* || T. Techn. *Les joues d'une poulie, d'une boucle, d'un peson,* Les deux côtés de la caisse d'une poulie, les deux âges qui maintiennent les barrettes d'une boucle, les petites plaques qui terminent les broches du peson. — *Joues de coussinet,* Parois latérales d'une voie ferrée. *Joues du coussinet,* Les deux parties du coussinet d'une machine. ||

T. Charp. Épaisseur du bois de chaque côté d'une rainure, d'une mortaise. — *J. de solive,* Face latérale d'une solive considérée par l'entrevous. — T. Artill. *Joues de l'épaulement d'une batterie,* Les deux côtés de l'embrasure.

JOUÉE. s. f. (R. *joue*). T. Archit. Épaisseur du mur dans l'ouverture d'une porte, d'une fenêtre, d'une lucarne. *Cette fenêtre a beaucoup de j.* || Par anal., *La j. d'un abat-jour, d'une lucarne.* || T. Techn. Partie d'étoffe avec laquelle on ferme l'espace vide entre le siège et les bras d'un fauteuil, d'un canapé. || T. Mar. *J. de pompe, J. de sep de drisse,* Plaque de fer clouée de chaque côté des fourches de la potence d'une pompe, de chaque côté du sep d'une drisse.

JOUELLE. s. f. [Pr. *jou-èle*] (R. *joug*). T. Agric. Sorte de joug avec lequel on rattache la vigne.

JOUER. v. n. (lat. *jocari,* badiner). Se récréer, se divertir, s'ébattre, s'occuper à un jeu quelconque. *Menez j. ces enfants. Ils jouent ensemble. Vous ne pouvez j. sans vous fâcher. Ne jouez pas avec ce pistolet, il est chargé. Elle joue avec sa poupée. J. aux barres, à la paume, au billard, aux échecs, aux cartes, aux dés. J. avec quelqu'un, contre quelqu'un. J. deux contre deux. J. à qui perd gagne. J. à quitte ou double ou J. quitte ou double. J. de son reste. Aller j. dans un tripot. — Ce cheval joue avec son mors,* Il mâche son mors avec action. || Fig., *J. avec sa vie, avec sa santé,* etc., N'user d'aucun ménagement pour conserver sa vie, sa santé, etc. *J. avec la vie,* Ne point la regarder comme une chose sérieuse et agir en conséquence. — *J. à,* se dit pour Se mettre en danger de. *Vous jouez à vous casser le cou. Il joue à tout perdre. Il joue à se faire pendre.* — *J. sur le mot, sur les mots,* Faire des allusions, des équivoques sur les mots. — *J. au roi dépouillé,* Voy. DÉPOUILLER. || Absol., se dit de l'habitude du j. des jeux de commerce ou de hasard, et se prend ordinairement dans un sens défavorable. *C'est un homme qui joue. Il commence à se ranger, il ne joue plus. Rien ne peut l'empêcher de j.* Prov., *Il jouerait les pieds dans l'eau.* — A certains jeux de cartes, *Faire j.,* Nommer la couleur dans laquelle le coup doit être joué. *C'est lui qui fait j.* On dit aussi, *J. sans prendre,* ou simpl., *Jouer,* et *Faire j. sans prendre,* ou simpl., *Faire j.,* J., obliger l'adversaire à j., sans écarter et sans prendre de nouvelles cartes. *Jouez-vous? Faites-vous j.?* || A certains jeux de cartes, en parlant de la couleur dans laquelle on joue, on dit, *J. en carreau, en cœur, en trèfle,* etc. || En parlant de l'espèce de monnaie qu'on met au jeu, on dit quelquefois, *J. aux écus, J. aux louis.* || En parlant de l'instrument nécessaire pour jouer à tel ou tel jeu, on dit: *J. du battoir, au battoir. J. avec une raquette. J. de queue. J. des gobelets.* — *J. des mains,* Se donner des coups l'un à l'autre avec les mains. *Ces enfants ont la mauvaise habitude de j. des mains.* — Fig. et fam., *J. des jambes,* S'enfuir en toute hâte. *J. de la prunelle,* Voy. PRUNELLE. || *J. de l'espadon, j. du bâton à deux bouts,* etc., Les manier avec adresse. On dit, dans un sens anal., *J. du drapeau.* — Fig. et pop., *J. des couteaux,* Se battre à coups de couteau. *J. de la poche, Tirer de l'argent de sa poche pour payer. J. du pouce,* Compter de l'argent pour payer. || Par ext., Se servir d'un instrument de musique, en tirer des sons. *J. du violon, de la harpe, de la flûte, du hautbois,* etc. *Il joue sur tous les tons. Il joue dans la manière d'un tel.* || Se mouvoir, agir d'une certaine façon; se dit surtout des ressorts, des pièces d'une machine, etc. *Ce ressort joue en sens inverse de l'autre. Expliquez-nous comment ces pièces jouent entre elles.* — Se dit particul. de l'aisance et de la facilité avec laquelle ces mouvements s'exécutent. *Ce piston ne joue pas bien. Cet os ne joue pas comme il faut dans l'emboîture. Cette serrure ne joue pas. Ces ressorts jouent bien.* — Fig., *Faire j. toutes sortes de ressorts,* Voy. RESSORT. || Se dit aussi des cascades, des jets d'eau, etc., qu'on lâche pour les faire couler ou jaillir. *On fit j. les eaux. Les eaux jouèrent toute la journée.* Autrefois, on disait activ.: *On joua les eaux, on a joué les eaux.* || Se dit encore d'une mine que l'on fait sauter, d'une pièce d'artillerie, d'un artifice que l'on fait partir en y mettant le feu. *La mine, le fourneau joua. Faire j. la mine. On fit j. le canon. Faites j. les pétards.* || Par anal., on dit, *Faire j. une pompe,* La faire fonctionner. — Fig., *Faire j. l'intrigue, les intérêts, les passions.* || *Un navire qui joue sur son ancre,* Que le vent agite à la place où le retient l'ancre. *Le gouvernail joue,* Est mis en mouvement. || *Pièce de bois qui joue, meuble qui joue,* Dont les parties se dilatent ou se contractent par le travail du bois. || *Couleurs qui jouent,* Dont les nuances se reflètent les unes sur les autres. = JOUER. v. a. En parlant d'un jeu ou d'une partie de jeu, d'un coup au jeu, etc., *Jouer* signifie simplement Faire. *J. un jeu. J. une partie. J. un coup. J. le piquet, un cent de piquet. J. une partie de trictrac. J. la partie d'honneur.* — A la paume, *J. une balle,* Pousser une balle. — *J. une carte,* Jeter une carte. *J. cœur, j. carreau,* etc., Jeter une carte de ces couleurs. || En parlant de la manière de jouer, on dit : *J. bien les cartes,* Tirer tout le parti possible de ses cartes. *J. le jeu,* Jouer conformément aux règles du jeu. *J. un jeu,* Le savoir bien j., ou le j. par préférence, être dans l'habitude de le j. *Quel jeu jouez-vous? Je ne joue que le trictrac.* — Fig. et fam., *J. bien son jeu,* Se conduire, agir dans une affaire précisément de la meilleure manière pour réussir. || En parlant de ce que l'on hasarde au jeu, on dit : *J. gros jeu, petit jeu, un jeu d'enfer. J. dix louis sur une carte. Dès qu'il a quelque chose, il va le j.* — Prov., *Il jouerait jusqu'à sa chemise.* — Fam. et en plaisantant, *Ne j. que l'honneur,* ou *Ne j. que pour l'honneur,* Jouer sans intéresser le jeu. — Fig. et fam., *J. gros jeu,* S'engager dans quelque affaire où l'on court de grands risques, soit pour sa fortune, soit pour sa réputation ou pour sa vie. — Fig., *J. sa vie,* L'exposer témérairement. || *J. quelqu'un, J. avec quelqu'un;* en ce sens, il ne se dit que dans ces phrases du jeu de paume et de volant. *Je l'ai j. au battoir. Il me gagne toujours, quoiqu'il me joue par-dessous jambe.* — Fig. et fam., *J. quelqu'un,* Le tromper, l'abuser. *Il le joue depuis plus de trois ans, en lui faisant espérer cet emploi. Je vois que l'on m'a joué.* — Fig. et fam., *J. quelqu'un,* Tromper deux personnes ou deux parties qui ont des intérêts opposés, en faisant semblant de les servir l'une contre l'autre. *J. quelqu'un par-dessous jambe,* Déranger avec facilité les projets de quelqu'un, ou l'amener sans peine aux vues que l'on a soi-même. || Fig. et prov., *J. une pièce, un tour à quelqu'un,* Lui faire un tour ou malin ou méchant. *Il a voulu me j. un tour auprès d'un tel. On lui a joué une pièce sanglante.* — On dit aussi neutral., *J. d'un tour à quelqu'un,* Lui en j. d'une bonne. *S'il me joue de celui-là, je lui en jouerai d'un autre.* || Exécuter un air, un morceau de musique sur un instrument, avec des instruments. *J. un air. J. une contredanse. J. une ouverture. J. un air sur le violon, sur le piano,* etc. || Représenter, se dit soit de la pièce de théâtre, soit de chacun des personnages qui y figurent. *J. une comédie, une tragédie, une farce, un opéra. J. un personnage. J. les amoureux, les ingénues,* etc. *On a joué Andromaque. Cet acteur a joué le rôle d'Oreste.* — Absol., *Cet acteur joue fort bien. C'est la première fois qu'il joue.* — *J. la comédie,* Exercer la profession de comédien. Absol., *Cette actrice ne joue plus.* Par ext., *J. la comédie,* Faire des actions plaisantes pour exciter à rire, et Fig., Feindre des sentiments qu'on n'a pas. *Vous le croyez affligé, il joue la comédie.* Fig., on dit, dans un sens anal., *J. la douleur, la surprise. J. l'affligé. J. l'homme d'importance.* || Par ext., *J. tel rôle,* Figurer dans quelque affaire en telle ou telle qualité, ordinairement pour faire ou pour faciliter quelque tromperie. *Le prétendu mariage eut lieu : un tel joua le rôle de prêtre, et deux valets du séducteur, celui de témoins.* — Fig., Figurer dans quelque affaire, dans certains événements, y prendre part, soit à son avantage, soit d'une manière fâcheuse. *Il joua un grand rôle dans ces événements. Tous les hommes qui avaient joué un rôle dans la Révolution. Il vit bien qu'il jouait le rôle de dupe. Il y a joué un sot rôle, un fort mauvais rôle.* — Se dit quelquefois des choses personnifiées. *Le rôle que joue la mémoire dans les opé-*

rations de l'entendement. — On dit aussi en parlant des personnes, *J. un mauvais personnage, un sot personnage,* etc. — *J. un grand rôle,* sign. encore faire une figure, occuper une grande place dans l'État; et par oppos., on dit, *J. un petit personnage,* Être dans un poste peu honorable, ou avoir peu d'influence dans une affaire. || Railler quelqu'un, le tourner en ridicule sur le théâtre. *Molière a joué les faux dévots. Voltaire, dans Nanine, a joué Fréron sous le nom de Frelon.* || *Jouer,* se dit de certaines choses qui en imitent une autre, qui en ont l'apparence. *Ce papier joue le velours. Cette étoffe joue la soie. Cette composition joue le diamant.* = SE JOUER. v. pron. S'amuser, folâtrer. *Cet enfant se joue avec tout ce qu'on lui donne. Les petits chats se jouent avec des boules de papier. Des oiseaux qui se jouent dans le feuillage.* — Poét., se dit des choses. *Le ruisseau qui se joue dans la prairie.* || *Faire quelque chose en se jouant,* La faire comme en s'amusant, sans application et sans peine. || *Se j. de quelque chose,* Faire sans peine, et comme en s'amusant, ce qui, pour d'autres, semble difficile, dangereux, etc. *Les hommes robustes se jouent des travaux les plus rudes. Il se joue de toutes les difficultés.* — Fig., se dit pour se moquer d'une chose, la traiter d'une manière dérisoire, témoigner qu'on n'en fait point de cas. *C'est un homme sans foi, il se joue de ses engagements. Il ne faut pas se j. ainsi des lois.* Signifie aussi : Disposer de quelque chose arbitrairement et selon son caprice. *Se j. de la vie des hommes.* — En T. Jurispr. féod., on disait qu'*Un seigneur pouvait se j. de son fief,* Lorsqu'il lui était permis de le démembrer. Voy. FIEF. || Fig., *Se j. de quelqu'un,* Se moquer de lui, le railler adroitement; ou le tromper en lui donnant de belles paroles. *Ne voyez-vous pas qu'on se joue de vous? Croit-il se j. de moi? Je vois maintenant qu'avec ses promesses il se jouait de moi.* — On dit, dans un sens anal., que *La fortune se joue des hommes,* Quand elle dérange leurs projets, trompe leurs espérances, etc. — On dit aussi que : *Le chat se joue de la souris qu'il a prise;* que *Le tigre se joue de sa proie,* etc., Lorsqu'il feint à plusieurs reprises de la laisser échapper, pour la ressaisir aussitôt. || Fig. et fam., *Se j. à quelqu'un,* L'attaquer inconsidérément. *Ne vous jouez pas à lui, il n'entend pas raillerie. Quoi! il a osé se j. à moi?* — On dit de même : *Ne vous jouez pas à cela, ne vous y jouez pas,* Ne soyez pas assez fou, assez téméraire pour cela, vous vous en repentiriez. == JOUÉ, ÉE. part.

Conj. — *Je joue; nous jouons. Je jouais; nous jouions. Je jouai; nous jouâmes. Je jouerai; nous jouerons. — Je jouerais; nous jouerions. — Joue; jouons. — Que je joue; que nous jouions. Que je jouasse; que nous jouassions.*

JOUEREAU. s. m. [Pr. *jou-rô*] (R. *joueur*). Celui qui ne joue pas bien à quelque jeu ou qui joue petit jeu. Fam. et peu us.

JOUES-CUIRASSÉES. s. f. pl. T. Icht. — Les Poissons ainsi appelés doivent leur nom à l'aspect de leur tête, qui est hérissée et cuirassée d'une manière singulière. Ils se rapprochent beaucoup des Percoïdes ; mais ils s'en distinguent essentiellement par leurs sous-orbitaires qui, au lieu d'encadrer

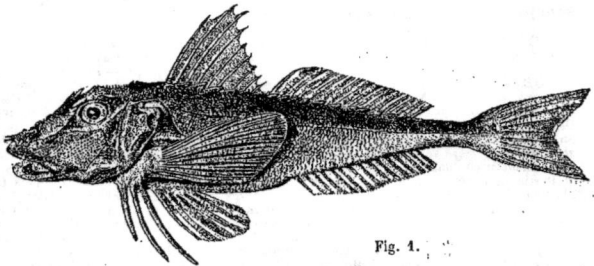

Fig. 1.

simplement les yeux en dessous, s'étendent sur les joues, et, en outre, vont s'articuler en arrière avec le préopercule ou premier os de l'opercule. Les Joues-cuirassées forment la deuxième famille des *Acanthoptérygiens* de Cuvier, et comprennent un assez grand nombre de genres, dont il nous suffira de citer ici les principaux. — Les *Trigles* (*Trigla*) sont caractérisés par un énorme sous-orbitaire qui leur couvre entièrement la joue, et par la forme presque cubique de leur tête. Leur dos porte deux nageoires distinctes, et ils ont trois rayons épineux libres sous la pectorale. Plusieurs espèces font entendre, quand on les prend, des sons qui leur ont valu le nom vulgaire de *Grondins*; on les appelle encore *Rougets*, parce que la plupart sont de cette couleur. Le *Rouget commun* (*Tr. Pini*), le *Perlon* (*Tr. hirundo*) [Fig. 1], et le

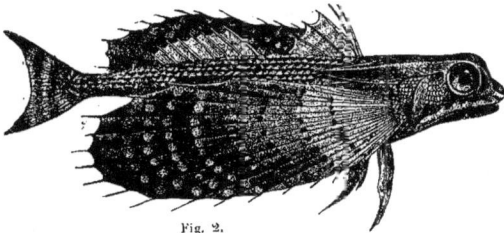

Fig. 2.

Grondin, Gronau ou *Gurnard* (*Tr. gurnardus*) sont communs sur nos marchés. — Les *Dactyloptères*, plus connus sous le nom de *Poissons volants* ou d'*Hirondelles de mer*, ont les nageoires pectorales tellement développées qu'elles peuvent fonctionner comme des ailes. Aussi, voit-on ces poissons s'élancer hors de la mer et voler quelques secondes pour échapper aux Bonites et autres espèces voraces qui les

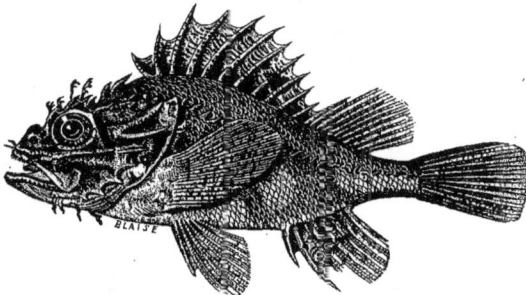

Fig. 3.

poursuivent avec acharnement. Mais ils retombent dans l'eau aussitôt que la membrane qui unit les rayons des nageoires est desséchée. Le *Dact. de la Méditerranée* (*Dactyloptera pirapeda*) [Fig. 2] est long de 35 centim., brun en dessus,

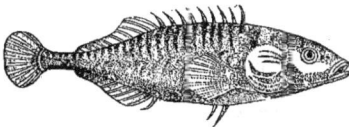

Fig. 4.

rougeâtre en dessous, et a les nageoires noires diversement tachetées de blanc. — Les *Chabots* ou *Cottes* (*Cottus*) ont la tête large, déprimée, cuirassée et armée d'épines ou de tubercules. Nos côtes en ont deux espèces qu'on nomme vulgairement *Chaboisseaux* et *Scorpions de mer*. Il y a aussi des espèces d'eau douce; mais celles-ci ont la tête presque lisse,

et seulement une épine au préopercule. La plus commune, chez nous, est le *Ch. de rivière*: c'est un petit poisson noirâtre et long de 10 à 13 centim. — Le genre *Aspidophore* (*Agonus*. Bl.) n'est représenté sur nos côtes que par une petite espèce appelée *Asp. lisse*. — Les *Scorpènes* (*Scorpæna*) se distinguent des Chabots par la forme comprimée de leur tête, et par la présence d'une nageoire dorsale unique. En outre, leur peau est en général molle et spongieuse, et les lambeaux cutanés épars sur les différentes parties de leur corps leur donnent un aspect dégoûtant; enfin, leurs piquants passent pour faire des blessures dangereuses. Nous en avons deux espèces, appelées *Grande* et *Petite Scorpène* (*Scorp. scropha* et *Scorp. porcus*) [Fig. 3. Petite Scorpène], mais que les pêcheurs nomment *Rascasses, Diables de mer, Crapauds de mer*, etc. — Les *Épinoches* (*Gasterosteus*) diffèrent des précédents en ce que leur tête n'est ni épineuse ni tuberculeuse; mais leur caractère particulier consiste dans leurs épines dorsales qui sont libres, et ne forment point une nageoire. Les espèces de ce genre, parmi lesquelles on distingue surtout la *Grande Épinoche* et l'*Épinochette* (Fig. 4) sont très communes dans nos eaux douces. Elles sont quelquefois si abondantes dans certaines eaux de l'Angleterre et du Nord, qu'on les emploie à faire de l'huile, à nourrir les cochons et à fumer les terres. L'Épinochette est le plus petit de nos poissons. Une autre espèce de ce genre, le *Gastré*, est marine, et se trouve sur nos côtes. Les poissons du genre Épinoche se distinguent en outre par une particularité de mœurs fort curieuse. En effet, Coste et d'autres observateurs ont constaté que le mâle construit un nid où la femelle vient déposer ses œufs. Après les avoir fécondés, le mâle surveille son nid jusqu'à l'éclosion, et ensuite il protège et défend les petits jusqu'à ce qu'ils aient acquis une certaine grosseur. Certains auteurs font du genre *Épinoche* une famille spéciale sous le nom de *Gastérastéidés*.

JOUET. s. m. [Pr. *jou-è*] (R. *jouer*). Se dit des objets qu'on donne aux enfants, et avec lesquels ils jouent. *J. d'enfant. Acheter des jouets. Tout ce qui lui tombe sous la main lui sert de j.* — Par ext., *Le j. d'un chat, d'un jeune chien.* || Fig., se dit d'une personne dont on se joue, dont on se moque. *Il est le j. de cette société. Pensez-vous que je veuille être votre j.?* || Fig., surtout dans le style poétique, on dit qu'*Un vaisseau est le j. des vents, des flots, des tempêtes.* — On dit de même, mais au sens moral, qu'*Un homme est le j. de la fortune, du sort, des événements;* qu'*Il est le j. de ses passions, le j. des caprices d'un maître,* etc. || T. Mar. Petite chaînette suspendue à la brisure du canon qui forme l'embouchure.

JOUETTE. s. f. [Pr. *jou-è-te*] (R. *jouer*). T. Chas. Trou moins profond que le terrier, que le lapin creuse en se jouant.

JOUEUR, EUSE. s. Celui, celle qui joue, qui folâtre avec quelqu'un ; *Un rude j., une rude joueuse*, Une personne qui ne sait point jouer sans faire mal à ceux avec qui elle joue. — Fig. et fam., *C'est un rude j.*, C'est un homme avec qui il ne fait pas bon avoir quelque chose à démêler. || Plus ordin., Celui qui joue à quelque jeu où il y a des règles. *J. de paume. J. de boule. C'est un bon j., un habile j. Combien sont-ils de joueurs? Un j. de mauvaise foi.* — *Beau j.* ou *Bon j.*, Celui qui, au jeu, est d'une humeur égale, soit qu'il gagne, soit qu'il perde. On dit dans le sens contraire, *Mauvais j.* || Absol., Celui qui a la passion du jeu, ou celui qui fait, en quelque sorte, métier de jouer. *C'est un j. qui finira par se ruiner. C'est un j. de profession. Cette femme est une grande joueuse.* || *J. d'instrument*, Celui qui joue de quelque instrument de musique ; ne se dit guère que des musiciens de bas étage. *J. de violon. Joueuse de guitare. Un j. d'orgues.* || *J. de farces. J. de gobelets. J. de marionnettes*, se dit de ceux qui divertissent le public par des farces, etc. = JOUEUR, EUSE. adj. *Un enfant joueur,* *Qui aime à jouer.*

JOUFFLU, UE. adj. [Pr. *jou-flu*] (R. *joue* et *enfler*?). *Qui a de grosses joues. Il est trop j.* || Subst.. *C'est un gros j.,* *une grosse jouffue.* — Ce mot est familier. || T. Mar. *Un navire j.,* Dont les joues sont renflées.

JOUFFROY (SIMON-THÉODORE), professeur et philosophe français (1796-1842).

JOUFFROY D'ABBANS (Le marquis DE), né à Roche-sur-Rognon (Haute-Marne) en 1751, mort aux Invalides, à Paris, en 1832 inventeur des bateaux à vapeur, qu'il fit marcher sur la Saône, à Lyon, en 1783. Mais on refusa son invention, et la France en laissa la gloire à l'Américain Fulton.

JOUG. s. m. [Pr. *joug*] (lat. *jugum* m. s. ; gr. ζύγος ; all. *joch*. C'est une racine commune à toutes les langues aryennes qu'on retrouve dans le lat. *jungere*, joindre). Pièce de bois qu'on met sur la tête des bœufs et qui sert à les attacher pour tirer, pour labourer. *Mettre les bœufs au j. Leur ôter le j. Les habituer au j.* || Fig., Servitude, sujétion. *Un j. pesant, rude, insupportable. Le j. de la servitude. Mettre, tenir sous le j. Imposer un j.*

Fut-il jamais au joug esclave plus soumis ?
　　　　　　　　　　　　　RACINE.

Porter, subir, secouer le j. Le j. s'appesantit de plus en plus sur ce malheureux peuple. Le j. de la loi. Le j. du mariage.

Au joug d'un autre hymen sans amour destinée.
　　　　　　　　　　　　　RACINE.

Le j. de l'étiquette. || Dans l'Histoire romaine, pique attachée en travers au bout de deux autres piques fichées en terre et sous laquelle on faisait passer les ennemis vaincus. *Faire passer une armée sous le j.* || Fig. *Faire passer quelqu'un sous le j.,* Le soumettre à une obéissance honteuse. || T. Mar. Forte pièce de bois qui, dans les galères, traversait le navire et supportait tout l'appareil des rames. — Bâton dont le matelot se sert pour tordre les cordages de moyenne grosseur et pour serrer les ligatures. || T. Méc. Bâton ou fléau d'une balance.

JOUIÈRE. s. f. ou **JOUILLÈRE.** (R. *joue*). T. Techn. Chacun des deux murs d'aplomb d'une écluse, qui retiennent les berges.

JOUIR. v. n. [Pr. *jou-ir*] (lat. *gaudere*, se réjouir). Avoir l'usage, la possession actuelle d'une chose et en tirer tous les fruits, profits, avantages, agréments, etc., qu'elle peut procurer. *J. d'une terre, d'une maison, d'un emploi, d'une pension. Il jouit de cent mille livres de rente. Il jouit de son bien depuis sa majorité. Il ne jouit de rien. Il jouit de sa fortune en bon père de famille. J. d'un privilège, d'un monopole.* — *J. d'un droit. J. de ses droits civils et politiques.* — *J. d'une bonne santé. Il sait j. de la vie. Il jouit du présent sans trop songer à l'avenir. J. du monde, des plaisirs du monde. Il jouit de sa victoire. J. de l'estime de quelqu'un. J. du repos, de la paix. J. de la félicité, de la gloire éternelle.* — *J. de l'estime et du crédit. J. de la considération générale. J. d'une grande réputation, d'un immense crédit. Il n'a pas assez vécu pour jouir de toute sa gloire. J. de la présence, de la société de quelqu'un. Nous jouissons des charmes de votre amitié.* || Abs., *Il jouissait paisiblement de sa fortune. Vous m'avez vendu votre terre, faites-moi j. Le temps fuit, jouissons. Il est riche, mais il ne sait pas j.* || *Jouir de quelqu'un,* Avoir le temps, la liberté de l'entretenir, d'en tirer quelque service, quelque plaisir. *Nous jouirons de lui pendant tout l'été. On n'en jouit pas comme on veut.* || *Être complètement heureux.* — *J. d'une femme,* Avoir commerce avec elle. || *J. de l'embarras de quelqu'un, de son affliction, de sa détresse,* etc., Éprouver du plaisir à le voir embarrassé, affligé, etc. || En parlant des animaux et des choses, sign. Posséder. *Cet animal jouit de la faculté de... Cette plante jouit de la propriété de... La réputation extraordinaire dont ce remède a longtemps joui.*

JOUISSANCE. s. f. [Pr. *jou-i-sanse*]. Action de jouir. || Usage et possession d'une chose. *J. paisible. La j. d'un droit, d'un privilège. La j. des droits civils et politiques. Avoir pleine et entière j. de ses biens. Il n'a pas la propriété de cette terre, il n'en a que la j. Entrer en j. On*

lui a laissé la j. de la maison. Après une j. de plusieurs années. Maintenir, troubler quelqu'un dans la j. d'un bien. || T. Fin. *J. de telle époque,* se dit en parlant de l'époque de l'année où le Trésor public paie les intérêts d'une rente inscrite au grand-livre. — *Action de j.* Voy. ACTION. || Fam. *Avoir la j. d'une femme,* Avoir commerce avec elle. Fam. et un peu lib. || Plaisir, volupté. *Le travail est pour lui une j. Il trouve une sorte de j. à remplir ce pénible devoir. Goûter de nobles jouissances. La civilisation multiplie nos besoins et nos jouissances.*

JOUISSANT, ANTE. adj. [Pr. *jou-i-san*] (part. prés de *jouir*). T. Jurisp. Qui jouit. *Mineur usant et j. de ses droits. Fille usante et jouissante de ses droits.*

JOUISSEUR, EUSE. s. [Pr. *jou-i-seur*]. Celui, celle qui jouit. || Spécialement, celui, celle qui ne songe qu'à jouir de la vie. Néol.

JOUJOU. s. m. (R. *jouet*). Jouet d'enfant. *Donner des joujoux à un enfant.* Fam. || Action de jouer. *Faire j.* || Se dit aussi, par plaisanterie, de divers objets, un canon, un revolver, un télescope. « *C'est avec ce joujou que nous avons vu de nouveaux cieux.* » (VOLTAIRE.)

JOULE. s. m. (nom d'un physicien angl.). Unité pratique de travail ou d'énergie valant dix millions d'*ergs* ou 10 *megergs*. *Un j.* vaut environ 1/10 de kilogrammètres. Voy. UNITÉ.

JOUR. s. m. (ital. *giorno*, du lat. *diurnus*, adj. dériv. de *dies*, m. s.). Clarté, lumière que le soleil répand lorsqu'il est sur l'horizon ou qu'il en est proche. *J. pur, serein, brillant, faible, sombre. Avant le j. Le j. commence à poindre. Le j. va bientôt paraître. Il commence à faire j. Au point, à la pointe du j. Il est grand j. Examiner une chose au grand j. Le j. baisse. Sur le déclin, à la chute du j. Ce travail doit se faire de j., en plein j. Il travaille de nuit et de j. Regardez cette étoffe au grand j. Avoir le j. dans les yeux. Le j. vient d'en haut, vient de côté, vient par là. Cette chambre ne reçoit pas assez de j. Le j. n'a jamais pénétré dans ce cachot. Loin du j. Fuir le j., la lumière, l'éclat du j.* — *Demi-j.,* Clarté faible. *Son boudoir n'est éclairé que par un demi-j. voluptueux.* — Prov. *Elle est belle comme le j. Cela est clair comme le j.*

Le jour n'est pas plus pur que le fond de mon cœur.
　　　　　　　　　　　　　RACINE.

— Poétiq., *Le soleil est le père du j., l'astre du j., le flambeau du j.,* etc. || Par ext., se dit de toute autre clarté que celle produite par les rayons solaires. *Le j. artificiel que donnent les bougies. Le faible demi-j. que la lune répand sur les objets.* || Fig. et fam. *Brûler le j.,* se dit quand on allume des flambeaux pendant qu'il fait encore jour. — On dit aussi de deux choses ou de deux personnes qui diffèrent beaucoup entre elles : *Elles ne se ressemblent pas plus que le j. et la nuit.* || Fig., on dit : *Ce fait jette un j. nouveau sur la question. Cette découverte a répandu un grand j. sur la partie la plus obscure de telle science. L'Évangile fit luire un j. nouveau sur le monde.* || Dans le style élevé et poét., *J. se* dit pour La vie, l'existence, *Depuis que je vois le j. Depuis que je suis né. Il n'avait pas encore vu le j.,* Il n'était pas encore né. *Mettre au j.,* Donner la naissance.

Sous quel astre cruel avez-vous mis au jour
Le malheureux objet d'une si tendre amour ?
　　　　　　　　　　　　　RACINE.

Ceux à qui je dois le j., qui m'ont donné le j., Ceux de qui je suis né. *Perdre le j.,* Mourir. *Priver quelqu'un du j.,* Le tuer. — Fig., *Voir le j.,* se dit des choses qu'on expose au j., qu'on retire du lieu où elles sont cachées, et d'un ouvrage d'esprit que l'on publie pour la première fois. *Il y a bien des années que ce meuble n'a vu le j. Ce livre n'a vu le j. qu'après la mort de son auteur.* On dit aussi dans ce dernier sens, *Mettre un livre, un ouvrage au j.,* Le faire imprimer, le rendre public. — *Mettre une chose au j., au grand j.,* s'emploie quelquefois dans le sens de divulguer. *Je mettrai au j. sa perfidie.* — On dit encore qu'*Un homme craint le j.,* pour faire entendre qu'il craint de se montrer, d'être connu. — Enfin, dans un sens anal., on dit : *Le grand j. de la publicité. Le grand j. de l'impression.* || *J.* se dit aussi de la manière dont la lumière frappe un objet. *Ce tableau devrait être placé dans un autre j. Cette statue est dans un mauvais j. Présenter une étoffe à* différents jours. — *Faux j.*, Lumière qui éclaire mal les objets; de manière à les faire voir autrement qu'ils ne sont. *Ce tableau est en faux j. Ce marchand place ses étoffes dans un faux j. pour tromper sur leur nuance.* — *J. droit*, Qui vient d'une fenêtre à hauteur d'appui. — *J. à plomb*, Qui vient directement d'en haut. — *Mettre quelque chose dans son j.*, la placer à un jour convenable, de manière qu'on puisse bien la voir. On dit aussi, Fig., *Mettre une pensée dans son j. dans tout son j. Mettre une affaire dans un faux j.*, la présenter sous un faux j. *Il me présenta la chose sous un j. si avantageux, que...* || En peint. Imitation de la lumière qui se répand sur les objets représentés dans un tableau. *Dans ce tableau, le j. vient d'en haut, vient de tel côté.* — *Placer, mettre un tableau à son j.* Le placer de manière que le jour de l'endroit où on l'expose vienne du même côté que le j. par lequel les objets représentés dans le tableau paraissent éclairés. *Ce tableau n'est pas à son j.* — Au plur., se dit encore des touches les plus claires d'un tableau. *Ce peintre observe bien les jours et les ombres. Les jours sont bien ménagés dans ce tableau. Des jours de reflet.* ⇒ Se dit des fenêtres, des ouvertures qu'on fait aux bâtiments pour qu'ils puissent recevoir le j. *Des jours bien ménagés.* — *Tirer du j. d'un certain côté*, Pratiquer de côté une fenêtre, une ouverture. || T. Jurisp. *J. de coutume*, Ouverture ou fenêtre que le propriétaire d'une maison fait ouvrir dans un mur non mitoyen. *J. de servitude*, Celui qui est fait dans un jour, en vertu d'un titre, d'une convention particulière. *J. de souffrance*, Celui qui donne sur la propriété d'un voisin qui le souffre ou qui l'a permis. On dit de même, *Cette maison a des jours sur la propriété voisine.* || *Cet édifice, cette maison est à j., tout à j.*, se dit d'un édifice dont les portes et les fenêtres ne sont pas encore placées, ou n'existent pas. || Se dit de certaines ouvertures par où le jour, l'air, peut passer. *Ces planches ne sont pas bien jointes, il y a du j. entre deux. Il y a dans cette muraille des jours à y passer la main.* — *Percé à j.*, Percé de part en part, de sorte qu'on voit le j. au travers. On dit, dans un sens anal., *Broderie à j. Points à j.*, etc. *Monter un diamant à j.*, Le sertir de façon qu'il soit presque entièrement visible. || *Se faire j.* Se faire ouverture et passage. *L'eau se fait j. à travers la digue. Il s'est fait j. au travers des ennemis.* — Fig., *Tôt ou tard la vérité se fait j.*

Au travers des périls un grand cœur se fait jour.
RACINE.

|| Fig., Facilité, moyen pour venir à bout de quelque affaire. *Si je vois j. à cette affaire. Je n'y vois point de j. Je vois j. à le servir.* ⇒ J. se dit souvent du temps qui s'écoule entre le lever et le coucher du soleil, ainsi que de l'espace de vingt-quatre heures qui comprend également une nuit. Le sens du discours suffit ordinairement pour déterminer quelle est, de ces deux acceptions, celle que le mot doit recevoir. *L'année commune se compose de 365 jours. Cette année, février aura 29 jours. Le premier j., le second j.*, etc. *Quel j. est-il? Quel j. est-ce aujourd'hui? J. ouvrier. J. ouvrable. J. de fête. J. férié. J. gras. J. maigre. Le saint du j. Le j. de Noël, de Pâques. Le premier j. de l'an, de l'année ou le j. de l'an. Le j. d'après. Un j. après. Un j. trop tôt. Le j. de ses noces. Un j. de bataille. Un j. de triomphe. Un j. de marché. Le j. solennel. Il fut condamné à huit jours d'emprisonnement. Il fut deux jours absent. On lui donna huit jours pour mettre ordre à ses affaires. Travailler tout le j. Travailler nuit et j. Il vient ici tous les jours, tous les tous jours. C'est mon habit de tous les jours. C'est le plus beau j. de ma vie. En ce grand j. Il n'a plus que quelques jours à vivre. Un j. heureux. Un j. malheureux. Prendre, donner, marquer, fixer, indiquer, assigner un j. J. préfixé. A j. nommé. Quand le j. fut venu. Ils commandèrent chacun leur j. C'était le j. d'un tel; le sien était le j. d'après. Je l'attends de j. en j., de j. à autre, d'un j. à l'autre. Il paie tant par j. J'ai fait le relevé j. par j. Il est mort un an après sa femme j. pour j. Le j. du jugement. Un j. viendra que... Souhaiter le bon j.*, ou mieux le *bonjour*, en un seul mot. Voy. BONJOUR. — *J. vrai*, Espace de temps compris entre deux passages du soleil au même méridien. *J. moyen*, Dont la durée est la moyenne des jours vrais. *J. civil*, De minuit à minuit. Voy. ci-après. — *J. religieux, ecclésiastique*, Allant d'un coucher du soleil au coucher suivant. — *Jours complémentaires*, Les cinq ou six jours ajoutés pour compléter l'année dans le calendrier républicain, dont tous les mois étaient de trente jours. || Se dit quelquefois

par rapport à la saison, à l'état de l'atmosphère, de la température. *Un j. de printemps, d'été, d'automne*, etc. *Un beau j.*

Rien ne trouble sa fin : c'est le soir d'un beau jour.
LA FONTAINE.

Un j. de pluie. Prov. *Ennuyeux comme un j. de pluie. Un j. de beau temps.* — *Les jours caniculaires.* Voy. CANICULE. || *Les beaux jours*, Les premiers jours du printemps ; et Fig., Le temps de la première jeunesse, ou les temps les plus heureux de la vie. *Remettez votre voyage aux beaux jours. Mes beaux jours sont passés.* || *Un bon j.*, Un jour où l'Église célèbre quelque fête. Prov., *Bon j. bonne œuvre*, se dit d'une bonne action faite en un jour solennel. *Ils se sont réconciliés le j. de Pâques : bon j. bonne œuvre.* Ironiq., *Il a volé le j. de Noël : bon j., bonne œuvre.* — Pop., *Faire son bon j.*, Faire ses dévotions, recevoir la communion. || Fam., *C'est aujourd'hui son mauvais j., il est dans son mauvais j.*, Il a aujourd'hui un accès de la maladie, de la mauvaise humeur, de la mélancolie, etc., à laquelle il est sujet. On dit de même : *C'est son j. de fièvre, son j. de mauvaise humeur*, etc. *Avoir de bons et de mauvais jours. Avoir des jours de gaieté et des jours de tristesse.* — *J. de médecine*, Le jour où une personne malade prend médecine. — *Jours de barbe*, Les jours où l'on a l'habitude de se faire la barbe. — *Jours d'usance*, Terme variable dans certaines places de banque étrangère, pour le paiement des lettres de change. — *Jours utiles*, Pendant lesquels il est possible d'agir juridiquement. — *Les grands jours*, Assises extraordinaires, tenues par des juges tirés des cours supérieures et envoyés par le roi dans les provinces éloignées. Voy. ci-après. — *Les jours gras*, Les derniers jours du carnaval. || Fam., *Gagner sa vie au j. la journée, vivre au j. le j.*, N'avoir pour subsister que ce qu'on gagne chaque jour par son travail. Fig., *Vivre au j. le j., au j. la journée*, signif. encore S'inquiéter peu du lendemain, être sans prévoyance. — Prov., *A chaque j. suffit sa peine*, Il ne faut pas se tourmenter inutilement sur l'avenir, se faire des chagrins d'avance. || Fig., *Faire du j. la nuit et de la nuit le j.*, Dormir le j. et veiller la nuit. || Fig. et fam. *Mettre quelqu'un à tous les jours*, l'employer trop souvent, ne point user de discrétion à son égard. *Quand on a un bon protecteur il ne faut pas le mettre à tous les jours.* On dit aussi, *Se mettre à tous les jours*, S'exposer trop, se prodiguer. *Il ne faut pas qu'un général se mette trop à tous les jours*, S'expose constamment au péril. Ces phrases ont vieilli. — T. Comm. *Se mettre à j.*, Mettre en règle ses comptes, sa correspondance, etc., jusqu'au jour où l'on se trouve. On dit dans le même sens, *Être à j.* et *Se tenir à j.* || Fig. et fam. *Le saint du j.*, se dit d'un homme qui est à la mode ou en crédit depuis peu. — *Le goût du j.*, Le goût qui règne au moment dont on parle. On dit, dans un sens anal., *Un homme du j. Les élégants du j. La curiosité du j.*, etc. || *Être à son dernier j.*, Être au j., au moment où l'on doit mourir. On dit dans le même sens : *Son dernier j. approche. Jusqu'à son dernier j.* || T. Comm. *Jours de faveur ou de grâce*, Les dix jours de délai que l'ancienne législation accordait à celui sur lequel une lettre de change était tirée. — Fig. J. se dit quelquefois d'une époque indéterminée dans le passé ou dans l'avenir. *Je lui dis un j., qu'il m'était impossible de... Un j. vous vous repentirez de ne l'avoir point écouté. S'il arrivait, un j., qu'on voulût... Un certain j. que je me promenais. Un beau j. il prit la fuite.* Les locut., *Un certain j. Un beau j.*, sont fam. || *Joindre les j.* sign. quelquefois : de j. en j. *Devient tous les jours plus insupportable.* — Fig., J. se dit encore d'une manière vague ou moins long, pour exprimer la rapidité avec laquelle il s'écoule ou s'est écoulé. *Ce bonheur n'a duré qu'un j. La vie de l'homme n'est qu'un j.* || Au plur. il se dit également d'une certaine durée, d'une certaine période de temps, par rapport aux événements qui la remplissent. *Aux premiers jours du monde. En ces tristes jours. En ces jours de calamité. Elle a connu des jours meilleurs. Pendant les beaux jours de ce règne glorieux. Nous ne reverrons plus ces heureux jours, les jours de notre enfance.* — Dans l'Écriture sainte, *L'Ancien des jours*, Dieu. || Enfin, se dit plus particul. de la durée de l'existence, de la vie. *A la fin de nos jours. Je tremble pour ses jours. Quand il sera sur ses vieux jours.* — *Mourir plein de jours*, Mourir très vieux.

Trop heureuse, pour lui de hasarder vos jours !
RACINE.

Syn. — *Journée.* — Il en est de la synonymie de *jour* et de *journée* comme de celle d'*an* et d'*année*. *Jour* exprime surtout une unité de temps ; *journée* se dit, au contraire, quand on envisage cet intervalle de temps au point de vue de son contenu, c.-à-d. des événements qui en remplissent la durée. *Jour* est absolu ; *journée* est relatif. Le *jour* est le même pour tout le monde ; la *journée*, espace de temps qui s'écoule depuis l'heure où l'on se lève jusqu'à celle où l'on se couche, est excessivement variable. Elle peut être heureuse ou malheureuse, agréable ou triste, selon les individus et les événements qui les touchent. — De plus, *jour* s'oppose à *nuit*, ce qui n'est pas vrai pour *journée*, puisque la journée de travail, par ex., peut se prolonger une partie de la nuit. Enfin, *jour*, pris pour unité de temps, comprend le jour et la nuit ; la *journée* n'embrasse que le temps pendant lequel on est éveillé.

Astron. — On appelle *Jour naturel*, l'espace de temps pendant lequel le soleil reste au-dessus de l'horizon. Il est opposé à la *Nuit*, qui est le temps pendant lequel le soleil, se trouvant au-dessous de l'horizon, cesse de nous envoyer sa lumière. Les Grecs désignaient la réunion de ces deux portions de la durée par le mot de *Nychthémère*, qui n'a point de terme correspondant dans notre langue. On sait que le jour varie dans nos climats en sens inverse de la nuit, et que, deux fois seulement par année, aux équinoxes, sa longueur est égale à celle de la nuit dernière. Voy. SAISON. — En Astronomie, le mot *Jour* s'emploie encore dans plusieurs sens différents pour désigner diverses unités de temps, qui dépendent toutes de la rotation de la terre. On appelle *J. solaire*, *J. vrai*, *J. astronomique*, l'intervalle qui s'écoule entre deux retours consécutifs du même méridien terrestre au centre du soleil. Mais les jours solaires vrais varient de longueur, et cela pour deux raisons : 1° l'inégale vitesse de la terre dans son orbite, par suite de laquelle le mouvement diurne apparent du soleil est plus rapide en hiver qu'en été ; 2° l'obliquité de l'écliptique, en conséquence de laquelle le mouvement diurne apparent du soleil en ascension droite, c.-à-d. dans le plan de l'équateur terrestre, est plus petit aux équinoxes qu'aux solstices. — Le *J. civil* ou *j. solaire moyen* est la moyenne entre tous les jours solaires de l'année ; sa longueur est toujours la même. C'est celui dont on se sert pour les besoins ordinaires de la vie, et d'après lequel doivent marcher les horloges bien réglées. La plupart des nations modernes le font commencer à minuit, comme faisaient autrefois les Romains. Mais, dans l'antiquité, plusieurs peuples suivaient un système différent. Ainsi, les Babyloniens, les Syriens, les Perses, etc., avaient fixé son commencement au lever du soleil ; les Juifs, les Grecs, les anciens peuples de l'Italie, etc., au coucher de ce même astre ; les Arabes, à midi, etc. Voy. HEURE. — Enfin, le *J. sidéral* est le temps compris entre deux retours successifs d'une étoile quelconque au même méridien terrestre. Sa longueur est toujours la même, mais elle est un peu plus courte que celle du j. solaire vrai et du j. solaire moyen : elle est de 23 h. 56 m. 4 s. de temps moyen. — Quant au *J. lunaire*, c.-à-d. au temps que la lune met pour revenir au même méridien, il est en moyenne de 24 h. 54 m. de notre temps moyen. Pour plus de détails, voy. TEMPS, où nous donnerons toutes les explications relatives aux diverses manières de mesurer et de compter le temps. — *Jours complémentaires*, Voy. CALENDRIER. — *Jours alcyoniens*, Voy. ALCYONIEN.

Hist. — Autrefois, on appelait *Grands jours*, certaines assises extraordinaires que le roi envoyait tenir par ses commissaires ou qu'il tenait quelquefois lui-même dans les provinces éloignées de la capitale. Les magistrats qui composaient ces commissions étaient choisis dans le sein des parlements, et ils jugeaient en dernier ressort. Du reste, ces commissions ne s'occupaient que des affaires importantes et des justices locales se trouvaient impuissantes : c'est dire que les grands jours avaient surtout pour objet d'arrêter ou de punir les brigandages, les violences et les crimes de la noblesse. C'est le règne de François I⁰ʳ qui offre le plus d'exemples de ces sortes d'assises : il fit tenir les grands jours à Poitiers, en 1534 et 1541 ; à Moulins, en 1534, 1540 et 1545 ; à Troyes, en 1535 ; à Angers, en 1539 ; à Riom, en 1546 ; à Tours, en 1547. Nous citerons encore les grands jours tenus sous Henri IV, à Limoges, en 1605 ; sous Louis XIII, à Poitiers, en 1634 ; et enfin ceux qui ont été tenus sous Louis XIV, en 1665, au Puy-en-Velay pour le Languedoc, et à Clermont pour l'Auvergne. Ce furent les dernières assises de ce genre. Fléchier nous a laissé un récit curieux des grands jours de Clermont. — Lorsque les parlements étaient encore ambulatoires, on désignait quelquefois leurs sessions sous le nom de *Grands jours*. Enfin,

il y avait eu aussi des Grands jours seigneuriaux : les plus anciens sont ceux que le comte de Champagne tenait à Troyes ; ce furent même les premières assises extraordinaires qui reçurent ce nom. Ces grandes assises seigneuriales furent supprimées par l'édit de Roussillon de 1563.

JOURDAIN, fleuve de Palestine qui se jette dans la mer Morte.

JOURDAIN (CH.), philosophe français, né à Paris (1817-1886).

JOURDAN (MATHIEU JOUVE, dit *Jourdan Coupe-Tête*), un des plus féroces révolutionnaires ; mort sur l'échafaud (1749-1794).

JOURDAN (JEAN-BAPTISTE, comte), maréchal de France (1762-1833), conquit la Belgique et sauva la France par la victoire de Fleurus en 1794.

JOURDE (FRANÇOIS), historien politique français (1843-1893).

JOURNAL. s. m. (lat. *diurnalis*, de *jour*). Relation jour par jour de ce qui se passe ou s'est passé en quelque pays, en quelque endroit, en quelque affaire, etc. *J. historique. J. d'un voyage. J. d'une navigation. J. des audiences d'une cour. J. d'un siège. Faire, écrire, tenir un j.* — T. Comm. *Livre j.* Voy. COMPTABILITÉ. || Ouvrage quotidien ou périodique qui se publie par feuilles, par numéros, et qui fait connaître, soit par de simples annonces, soit par des articles raisonnés, les nouvelles politiques, scientifiques et littéraires, les ouvrages nouveaux, etc. || Ancienne mesure agraire. *Le j. variait suivant les provinces.*

Hist. et législ. — I. — Il est généralement admis que les anciens n'ont pas connu l'usage des *Journaux*. Cependant les Grecs avaient leurs *Éphémérides* et les Romains leurs *Actes diurnes* (*Acta diurna*), où l'on enregistrait jour par jour les actes de l'autorité publique et les événements importants. Les *Acta diurna* des Romains, qu'on appelait aussi par abréviation *Diurna* ou *Diurni*, remontent aux derniers siècles de la République, où ils remplacèrent les *Grandes annales* ou *Annales des pontifes*, dont la rédaction était confiée au collège des prêtres. On ignore la date précise de leur création, mais elle est évidemment antérieure à Jules César : car ce dernier, lors de son premier consulat (49 av. J.-C.), ordonna que ces actes seraient rendus publics tous les jours et qu'on y ajouterait le compte rendu des délibérations du sénat (*acta senatus*). Indépendamment des nouvelles politiques, les *Diurna* rapportaient tous les événements extraordinaires, annonçaient les spectacles, les mariages des grandes familles, la mort des personnages illustres, etc., décrivaient les phénomènes météorologiques, donnaient les commérages. Enfin, sous l'empire on y fit paraître un bulletin des réceptions de la cour. Quant à leur mode de multiplication et de propagation, il devait être nécessairement très borné, mais nous n'avons aucun renseignement à ce sujet. Les *Diurna* disparurent avec la puissance romaine, et, durant tout le moyen âge, la curiosité ne put se satisfaire qu'en interrogeant les voyageurs arrivés de contrées lointaines. Mais les choses changèrent aussitôt après l'invention de l'imprimerie. Dès les premières années de la seconde moitié du XV⁰ siècle, des imprimeurs, peut-être de Mayence ou de Strasbourg, eurent l'idée de publier, de temps à autre, des feuilles volantes qui donnaient les nouvelles les plus importantes. Vers le milieu du siècle suivant (1563), pendant leur guerre contre les Turcs, les Vénitiens imaginèrent d'en faire connaître les événements au moyen de publications analogues qu'ils appelèrent *Notizie scritte*, parce qu'elles étaient écrites à la main, le gouvernement n'en ayant pas permis l'impression ; on leur donna encore le nom de *Gazetta* de la petite pièce de monnaie (*gazetta*) qu'on payait pour les lire. Ces notices, qui furent imitées dans plusieurs pays, ne paraissaient qu'à des époques indéterminées. Les journaux à publication régulière n'ont paru qu'au XVIIᵉ siècle. Plusieurs pays, l'Italie, l'Allemagne et la France se disputent la priorité à ce sujet. Quoi qu'il en soit de la question d'origine, il est incontestable que c'est en Angleterre que le journalisme s'est développé le plus rapidement et a promptement acquis une influence considérable. Le cadre de notre livre nous interdisant de faire l'histoire de la presse périodique dans les divers pays où elle a pénétré, nous dirons seulement quelques mots de son origine en France. La première feuille régulièrement périodique que nous ayons eue est la *Gazette* du médecin Théophraste Renaudot, dont le premier numéro parut le 30 mai 1631. D'abord hebdomadaire, la Gazette devint bi-hebdomadaire en 1762, et enfin quotidienne à la fin du XVIII° siècle. La publication de Renaudot fut suivie, quelques années après (650), de la *Gazette burlesque en vers* de Loret, que l'on consulte encore chaque jour pour étudier l'état des mœurs parisiennes au XVII° siècle. Vint ensuite le *J. des savants*, publication hebdomadaire à l'origine, qui fut fondée en 1665 par Denis Sallo, conseiller au parlement. Le *J. de Paris*, créé en 1777, est le second j. quotidien qui ait paru en France. Mais toutes les feuilles politiques publiées avant la Révolution n'é aient, à proprement parler, que de simples recueils de nouvelles dont le choix était d'ailleurs entravé par les règlements sur la police de la presse, et les privilèges en vertu desquels chacune d'elles était autorisée à paraître. La presse politique n'a réellement pris naissance chez nous qu'avec la Révolution mais nous n'avons pas à la suivre dans la voie nouvelle où elle entra à cette époque. Disons seulement que la publication qui a été remplacée par le *Journal officiel* a été fondée sous le nom de *Moniteur universel* en 1789 par l' imprimeur Panckoucke. Son premier numéro parut le 5 mai, c.-à-d. le jour même de l'ouverture des États Généraux. Il devint quotidien le 24 nov. suivant, et le 1ᵉʳ nivôse an VIII (22 déc. 1789), il devint l'organe officiel du gouvernement. En 1868, le gouvernement impérial retira au *Moniteur universel* le caractère d'organe officiel du gouvernement et mit en adjudication la fondation de deux journaux officiels, l'un du matin, l'autre du soir, moins important. Le petit j. officiel du soir fut supprimé en 1871, et remplacé par le *Moniteur des communes*, qui depuis a pris le nom de *Bulletin des communes*, et depuis 1885 celui de *Journal officiel des communes*. Voy. BULLETIN.

II. — La presse périodique a été soumise, dès son origine, à une législation spéciale, qui a nécessairement varié suivant les temps et les circonstances. Elle était autrefois régie en France par le décret organique du 17 février 1852, combiné avec plusieurs dispositions des lois antérieures. On distinguait deux sortes de journaux : ceux qui traitent de matières politiques ou d'économie sociale, et ceux qui ne s'occupent point de ces matières. Les feuilles de la première catégorie ne pouvaient, quel que fût leur mode de publication, être créées et publiées sans avoir au préalable obtenu l'autorisation du ministre de l'intérieur, et cette autorisation ne pouvait être accordée qu'à un Français majeur, jouissant de tous ses droits civils et politiques. Une déclaration préalable était obligatoire lorsque le j. changeait d'imprimeur, lorsqu'il cessait de paraître, ou lorsqu'il survenait une mutation, soit dans sa périodicité ou dans son titre, soit parmi ses propriétaires ou gérants responsables. Enfin, les journaux politiques ou d'économie sociale étaient soumis à un cautionnement et à un droit de timbre. Le cautionnement, variable suivant la fréquence et l'importance de la population, pouvait s'élever à 50,000 francs.

Quant aux journaux étrangers aux matières politiques ou d'économie sociale, ils n'étaient soumis ni à l'autorisation préalable, ni au cautionnement : ils étaient simplement astreints à la déclaration.

La loi du 29 juillet 1881, après avoir proclamé la liberté de l'imprimerie et de la librairie, décide que tout j. ou écrit périodique peut être publié, sans autorisation préalable et sans dépôt de cautionnement. Toutefois, la même loi ajoute que tout j. doit avoir un gérant, et qu'avant la publication il doit être fait une déclaration contenant : 1° le titre du j. et son mode de publication ; 2° le nom et la demeure du gérant ; 3° l'indication de l'imprimerie où il doit être imprimé. Le gérant doit être Français, avoir la jouissance de ses droits civils et civiques. Toute contravention aux dispositions qui précèdent font encourir au propriétaire ou gérant, ou à défaut à l'imprimeur, une amende de 50 à 500 francs, et si la publication irrégulière continue malgré le jugement de condamnation, elle entraîne pour les mêmes personnes une amende de 100 fr. pour chaque numéro publié postérieurement audit jugement. Au moment de la publication de chaque feuille ou livraison, il doit en être remis deux exemplaires au parquet du procureur de la République, ou à défaut, à la mairie ; pareil dépôt doit être effectué pour Paris, au ministère de l'intérieur ; pour les départements, à la préfecture, à la sous-préfecture ou à la mairie — c tout à une l'amende. — Le nom du gérant doit être imprimé au bas de tous les exemplaires à peine, contre l'imprimeur, de 16 à 100 fr. d'amende par chaque numéro publié en contravention de cette disposition. — Aux termes de la loi précitée (art. 12 et 13), le gérant est tenu d'insérer gratuitement, en tête du plus prochain numéro du j. ou écrit périodique, toutes les rectifi-

cations qui lui ont été adressées par un dépositaire de l'autorité publique, au sujet des actes de sa fonction qui ont été inexactement rapportés par ledit j. ou écrit périodique. Toutefois, ces rectifications ne peuvent dépasser le double de l'article auquel elles répondent. En cas de contravention à ces règles, le gérant est puni d'une amende de 100 à 1,000 fr. D'autre part, le gérant est tenu d'insérer dans les trois jours de leur réception ou dans le plus prochain numéro, s'il n'en était pas publié avant l'expiration de trois jours, les réponses de toute personne nommée ou désignée dans le j. ou écrit périodique, sous peine d'une amende de 50 à 500 fr., sans préjudice des autres peines et dommages-intérêts auxquels l'article pourrait donner lieu. Cette insertion doit être faite à la même place et en mêmes caractères que l'article qui l'a provoquée. Elle est gratuite lorsque les réponses ne dépassent pas le double de la longueur dudit article. Si elles le dépassent, le prix d'insertion est dû pour le surplus seulement. Il est calculé au prix des annonces judiciaires. — La circulation en France des journaux ou écrits périodiques publiés à l'étranger ne peut être interdite que par une décision spéciale délibérée en conseil des ministres ; la circulation d'un numéro peut être interdite par une décision du ministre de l'intérieur. La mise en vente ou la distribution faite sciemment, au mépris de l'interdiction, est punie d'une amende de 50 à 500 francs. — La loi du 19 mars 1889 réglemente les annonces de journaux sur la voie publique : les journaux ne peuvent être annoncés que par leur titre, leur prix, l'indication de leur opinion et de leurs auteurs ou rédacteurs. Aucun titre obscène ou contenant des imputations, diffamations ou expressions injurieuses pour une ou plusieurs personnes, ne peut être annoncé sur la voie publique. Les infractions aux dispositions qui précèdent sont punies d'une amende de 1 à 15 fr., et, en cas de récidive, d'un emprisonnement de 1 à 5 jours. Voy. IMPRIMEUR.

III. — *Statistique des journaux ou revues de la France en mai 1897.*

	Paris.	Départements et colonies.	Totaux.
Quotidiens	130	318	448
Hebdomadaires	651	1 527	2.178
Bi-hebdomadaires . . .	32	331	363
Tri-hebdomadaires . . .	12	148	160
Mensuels	776	573	1.349
Bi-mensuels	331	176	507
Trimestriels	129	99	228
Semestriels.	6	37	43
Périodicité irrégulière.	260	284	544
TOTAUX GÉNÉRAUX. . .	2.327	3 493	5 820

JOURNALIER, IÈRE. adj. (R. *journal*, du lat. *diurnalis*, journalier). Qui se fait chaque jour. *C'est un travail j. Mon occupation, ma tâche journalière.* || Inégal, qui est sujet à changer. *Son esprit est j. Son humeur est journalière. Les armes sont journalières. Femme journalière. D'humeur ou de beauté journalière.* = JOURNALIER. s. m. Celui qui travaille à la journée. *C'est un pauvre j. Prendre des journaliers.* || T. Mar. Se dit des vivres tirés des magasins de l'arsenal, qu'on distribue à un bâtiment dans le port. *On vit du j. lorsqu'on est en armement ou en rade, et l'on ne prend sur les vivres de campagne que lorsqu'on est à la mer.* = SYN. Voy. DIURNE.

JOURNALISER. v. n. [Pr. *journali-zer*] (R. *journal*). Faire des journaux, des recueils périodiques. Inus.

JOURNALISME. s. f. La profession du journaliste. *Il s'est lancé dans le j.* || L'influence des journaux. *Le j. est une puissance avec laquelle tout gouvernement est obligé de compter.* || L'ensemble des journaux. *Le j. parisien.*

JOURNALISTE. s. m. (R. *journal*). Celui qui fait, qui rédige un journal, qui travaille, comme rédacteur, à un journal. *La profession de j. Il s'est fait j.* || T. Typog. Ouvrier attaché à la composition, à l'impression d'un journal.

JOURNÉE. s. f. (bas-lat. *diurnata*, m. s., de *diurnus*, de jour). L'espace de temps qui s'écoule depuis l'heure où l'on se lève jusqu'à l'heure où l'on se couche. *Une belle, une heureuse, une triste j. J'ai passé la j. tristement.* Fam. *Vivre au jour la j.* Voy. JOUR. || Travail d'un ouvrier pendant un jour. *Un homme de j. Travailler à la j. Louer des gens à la j. La j., les journées d'un ouvrier. Il n'a fait qu'une demi-j.* — Figur. et prov. *Faire tant par ses journées que...* Faire en sorte par son travail, par son industrie, que... *Il a fait tant par ses journées qu'il est venu à bout de telle chose.* Ironiq., *Il a tant fait par ses journées qu'il a été chassé de la cour.* Ces phrases ont vieilli. || Le salaire qu'on donne à un ouvrier pour le payer du travail qu'il a fait pendant un jour. *Il a bien gagné sa j. On lui doit vingt journées.* || Fig. *Mentir à la j.,* Comme si on était payé à la journée pour le faire. || Chemin qu'on fait dans l'espace d'une journée. *Une j. de messager. Une j. d'armée. Il y a une j. de chemin de ce lieu à tel autre. Il marchait à grandes, à petites journées.* || T. Théat. *Comédie en trois journées,* Division des pièces dans l'ancien théâtre espagnol, le spectacle comprenant trois parties dont chacune avait lieu dans une journée. || T. Sport. Ensemble des courses courues dans la même journée. || *Journée,* se dit quelquefois pour le jour d'une bataille, ou pour la bataille même. *Cette grande j. décida du sort de la campagne. Il eut l'honneur de cette fameuse j. La funeste j. de Poitiers. La mémorable j. d'Austerlitz.* — Par anal., se dit d'un jour signalé par quelque grand événement. *La j. du 10 août. Les journées de juillet.*

La fameuse journée
Où sur le mont Sina la loi nous fut donnée.
RACINE.

|| *J. de terre,* Ce qu'on peut labourer de terre dans une journée. = Syn. Voy. JOUR.

JOURNELLEMENT. adv. [Pr. *journè-le-man*]. Tous les jours, chaque jour. *Il y travaille j. C'est ce qu'on lui répète j.*

JOUTE. s. f. (R. *jouter*). Dans les tournois, combat à cheval d'homme à homme avec la lance. *Une j. à lances brisées, à fer émoulu.* || *J. sur l'eau,* Divertissement dans lequel deux hommes, placés l'un sur un batelet, et l'autre sur un autre, tâchent de se faire tomber dans l'eau en se poussant l'un l'autre avec de longues lances au moment où les bateaux s'approchent. || Se dit de certains animaux qu'on fait combattre les uns contre les autres. *Une j. de coqs, de cailles.* || Fig., Discussion, concours. *Les joutes du barreau, de la tribune. Dix concurrents prirent part à la j.*

JOUTER. v. n. (bas-lat. *juxtare,* joindre, faire joindre, de *juxta,* à côté). Combattre avec des lances l'un contre l'autre. *Dix chevaliers joutèrent les uns contre les autres.* — Par ext., *Faire j. des coqs, des cailles,* Les faire combattre. || Figur. et famil., Disputer. *Je ne vous conseille pas de j. contre lui.*

JOUTEUR. s. m. Celui qui joute. Au propre et au fig., on dit, *C'est un rude j.,* en parlant d'un homme avec qui il ne fait pas bon se mesurer. Fam.

JOUVENCE, nymphe que Jupiter métamorphosa en une fontaine dont les eaux rajeunissaient ceux qui les buvaient.

JOUVENCE. s. f. [Pr. *jou-van-se*] (lat. *juventa,* m. s.). Jeunesse. Ne se dit que dans cette loc., *La fontaine de Jouvence,* Fontaine dont les eaux ont la vertu de rajeunir. *La croyance à la fontaine de Jouvence existait déjà dans l'antiquité; mais c'est dans les romans du moyen âge qu'il est surtout fait mention de cette source fabuleuse.* || *Eau, élixir de j.,* Nom de produits de parfumerie.

JOUVENCEAU. s. m. [Pr. *jou-van-so*] (lat. *juvencellus,* m. s., dimin. de *juvenis,* jeune). Jeune homme qui est encore dans l'adolescence; ne se dit par plaisanterie. *Un aimable j.*

Passe encor de bâtir; mais planter à cet âge!
Disaient trois jouvenceaux, enfants du voisinage.
LA FONTAINE.

Vous êtes un joli j. de me venir donner des conseils.

JOUVENCELLE. s. f. [Pr. *jou-van-sèle*] (fém. de *jouvenceau*). Jeune fille; ne se dit plus que dans le style badin. *Une aimable j.*

JOUVENCY (JOSEPH DE), savant jésuite, né à Paris (1643-1719), auteur de *l'Appendix de Diis et Heroibus.*

JOUVENET (JEAN), peintre français, né à Rouen (1644-1717).

JOUX (Fort de), fort sur la rive droite du Doubs, à 5 kil. de Pontarlier.

JOUXTE. prép. [Pr. *jouk-ste*] (lat. *juxta,* m. s.). Proche. *J. le palais.* || Conformément à... *J. la copie originale.* Vx.

JOUY (ÉTIENNE, dit DE), littérateur et journaliste français, auteur des paroles des opéras *la Vestale, Guillaume Tell* (1764-1846).

JOVE (PAUL), Italien (1483-1552), écrivit en latin l'*Histoire de son temps,* de 1494 à 1547.

JOVIAL, ALE. adj. (lat. *jovialis,* de Jupiter). Gai, joyeux. *Il est fort j. Esprit j. Humeur joviale. Il a une face joviale.* Fam. Il n'a point de plur. au masculin.

JOVIALEMENT. adv. D'une manière joviale.

JOVIALITÉ. s. f. Caractère d'une personne joviale. *Il est d'une j. que rien ne peut altérer.* || Trait de j.

JOVICENTRIQUE. adj. 2 g. [Pr. *jovi-san-trik*] (lat. *Jovis,* Jupiter, et fr. *centre*). T. Astr. Qui se rapporte au centre de Jupiter.

JOVIEN, empereur romain, succéda à Julien (363-364 ap. J.-C.).

JOVILABE. s. m. (lat. *Jovis,* Jupiter; gr. λαϐεῖν, prendre). Petit instrument, employé au XVIII° siècle, qui montrait les situations respectives apparentes des satellites de Jupiter.

JOVIN, noble gaulois, proclamé empereur en 411 et tué en 412.

JOYAU. s. m. [Pr. *jo-yo*] (bas-lat. *jocalia,* m. s., de *jocari,* jouer). Ornement précieux d'or, d'argent, de pierreries, qui sert à la parure des femmes, comme sont les bracelets, les pendants d'oreilles, etc. *Beau j. Un riche j.* — *Les joyaux de la couronne,* Ceux qui appartiennent à la couronne. || T. Jurisp. *Bagues et joyaux,* Voy. BAGUE.

JOYEUSE, ch.-l. de c. (Ardèche), arr. de Largentière; 2,100 hab. Soieries.

JOYEUSE (ANNE, duc DE), favori de Henri III, fut tué à la bataille de Coutras, en combattant Henri de Navarre (1561-1587). || JOYEUSE (François DE), cardinal français, frère du précédent (1562-1615). || JOYEUSE (Henri DE), frère des précédents (1567-1608).

JOYEUSEMENT. adv. [Pr. *joué-ieu-zeman*]. Avec joie.

JOYEUSETÉ. s. f. [Pr. *joué-ieu-zeté*] (R. *joyeux*). Plaisanterie, mot pour rire. *C'est un homme de belle humeur qui dit force joyeusetés. Des joyeusetés de mauvais goût.* Fam., et ne se dit guère qu'avec une intention de blâme.

JOYEUX, EUSE. adj. [Pr. *joué-ieu*] (lat. *jocosus,* m. s.). Qui a de la joie, qui est rempli de joie. *Un homme j., bien j. Je suis tout j. de vous voir. J'en suis tout j. Vivre j. et content. Il est d'humeur joyeuse.* — *Mener joyeuse vie,* Voy. VIE. || Qui exprime la joie. *Des cris, des chants, des transports j. Des acclamations joyeuses. Le j. concert des oiseaux.* || Qui donne, qui inspire de la joie. *Une joyeuse nouvelle, Une chanson joyeuse.* || T. Hist. *Droit de j. avènement,* Impôt qu'on payait autrefois au roi de France lors de son avènement au trône. *Louis XVI fit remise du droit de j. avènement.* || Fig. et poét., *Les moissons joyeuses.*

JUAN D'AUTRICHE (Don), fils naturel de Charles-Quint (1545-1578), grand capitaine, remporta sur la flotte ottomane la victoire de Lépante (1571), et fut nommé gouverneur des Pays-Bas (1576). || Fils naturel de Philippe IV d'Espagne (1629-1679), fut vaincu par Turenne à la bataille des Dunes (1658).

JUAN-FERNANDEZ (Archipel de), îles du Pacifique à l'O.

du Chili, théâtre des aventures du matelot anglais A. Selkirk, qui y séjourna de 1704 à 1709, et qui a servi de type au Robinson Crusoé.

JUAREZ (Benito), président de la République du Mexique, soutint la guerre contre l'armée française et le nouvel empereur du Mexique Maximilien (1861-67), et, après l'exécution de celui-ci, fut réélu président (1806-1872).

JUBA Ier, roi de Numidie, embrassa le parti de Pompée, fut défait par César à Thapsus et se donna la mort (46 ans av. J.-C.). || Juba II, son fils, fut rétabli en Numidie par Auguste, et écrivit en grec une Histoire romaine et une Histoire de l'Afrique.

JUBARTE. s. f. T. Mamm. Espèce de Cétacé. Voy. Baleine.

JUBÉ. s. m. (lat. *jube*, ordonne; premiers mots de la prière : *Jube, domine, benedicere*). T. Archit. Voy. l'article ci-après. || Fig. et prov., *Venir à j.*, Se soumettre, venir à la raison par contrainte, malgré qu'on en ait. *Je le ferai bien venir à j.*

Archit. — Dans les basiliques primitives, on élevait, parallèlement au chœur et sur ses côtés, deux petites tribunes appelées *Ambons* (du gr. ἀναβαίνειν, monter), sur lesquelles les diacres se plaçaient, pendant la messe, pour lire l'épître et l'évangile. Plus tard, quand les architectes chrétiens abandonnèrent le plan des basiliques, les ambons changèrent de place et furent généralement établis contre le *Chancel*, c.-à-d. contre la balustrade qui séparait le sanctuaire de la nef, et qui est aujourd'hui représentée par notre *Table de communion*. Enfin, vers la fin du XIIIe siècle ou au commencement du XIVe, on les supprima presque partout, et dans beaucoup d'églises on les remplaça par une galerie haute que l'on appela *Jubé*, du premier mot de la formule *Jube, domine, benedicere* par laquelle, avant de commencer leurs lectures, les diacres demandaient la bénédiction du célébrant. Cette galerie courait d'un côté à l'autre de la nef : elle était, tantôt de bois, tantôt de pierre, mais toujours ornée avec le plus grand soin. Ordinairement, sa partie inférieure était divisée en trois arcades, dont une seule, celle du milieu, était ouverte pour permettre la vue de l'autel, au moins aux fidèles qui se trouvaient placés à peu près dans l'axe de l'ouverture. Quant aux autres, ils ne pouvaient apercevoir le célébrant, ni suivre de l'œil les cérémonies du saint sacrifice. Cet inconvénient détermina presque partout, dans le cours du XVIIe siècle, la suppression des jubés. Quelques-uns seulement échappèrent à la proscription : tels sont ceux de la Madeleine, à Troyes, et de Saint-Étienne du Mont, à Paris. Ce dernier, qui est représenté par la Fig. ci-dessus, a été construit vers la fin du XVIe siècle. C'est un des plus gracieux spécimens du style de fantaisie qui régnait à cette époque. — La destruction des jubés ramena l'usage des ambons. Toutefois, beaucoup d'églises modernes en sont dépourvues. Dans ce cas, aux messes solennelles, les diacres lisent l'épître et l'évangile au milieu du sanctuaire, sur un simple pupitre portatif.

JUBILAIRE. adj. 2 g. Qui a rapport au jubilé. *Année j.* || *Religieux, chanoine, docteur j.*, Religieux, etc., qui a cinquante ans de profession, de service, de doctorat.

JUBILANT, ANTE. adj. Qui jubile. Fam.

JUBILATE. s. m. (R. *jubiler*). T. Liturg. Nom que l'on donne au troisième dimanche après Pâques.

JUBILATION. s. f. (Pr. *jubila-sion*) (lat. *jubilare*, se réjouir). Réjouissance. *Il y a grande j. dans la maison. Ils étaient en j. Avoir un air de j. C'est un vrai visage de j.* Fam.

JUBILÉ. s. m. (lat. *jubilæus*, m. s., de l'hébreu *jobel*, son du cor). Chez les anciens Juifs, solennité publique qui se célébrait de cinquante en cinquante ans, et dans laquelle toutes les dettes étaient remises. — Fam., dans certains jeux, *Faire j.*, sign. Brouiller le jeu, de manière qu'il n'y ait ni perdants ni gagnants. || Fête qu'on célèbre en l'honneur de celui qui est arrivé à la cinquantième année de sa fonction. == JUBILÉ, ÉE. adj. Voy. Jubilaire.

Hist. relig. — I. Chez les Juifs, on donnait à chaque 50e année le nom de *Jubilé* ou d'*Année jubilaire*, du mot *jobel*, trompette, parce qu'on l'annonçait au peuple, comme d'ailleurs toutes les fêtes, au son de cet instrument. Lorsque cette année arrivait, tout devait rentrer dans le même ordre où il était au commencement du demi-siècle. En conséquence, celui que la misère avait jeté dans l'esclavage recouvrait sa liberté. Le propriétaire qui avait disposé, non pas de la propriété, car la terre était inaliénable, mais de l'usufruit de son fonds, rentrait de plein droit dans la possession de celui-ci. Enfin, le débiteur était entièrement libéré de ses dettes. Le but de Moïse, en établissant le j., avait été, d'une part, de perpétuer le partage des terres tel qu'il avait été fait à l'arrivée des Israélites dans la Palestine, et, de l'autre, de prévenir l'inégalité qu'un système contraire n'aurait pas manqué de produire entre les familles. Mais cette institution ne fut pas rétablie après le retour de la captivité.

II. — Dans l'Église catholique, le mot *Jubilé* désigne l'indulgence plénière la plus importante et la plus solennelle. Ce fut l'an 1300 que le pape Boniface VIII établit le premier j. en faveur de tous les fidèles qui feraient le pèlerinage du tombeau des saints Apôtres, à Rome. Suivant la bulle qui l'institua, cette solennité devait revenir la première année de chaque siècle; mais, dès l'année 1350, Clément VI abrégea ce terme, et voulut qu'elle eût lieu tous les 50 ans. Dans le même siècle, en 1389, Urbain V réduisit cette période à 3 ans; mais, en 1449, Nicolas V rétablit le terme de 50 ans. Enfin, Paul II, en 1470, le réduisit à 25 ans, et Sixte IV, en 1473, confirma cette décision, afin que chacun pût jouir de cette grâce une fois dans sa vie. L'année du j. porte, à Rome, le nom d'*Année sainte*. Pour gagner les indulgences attachées au j., il fallait autrefois faire le voyage de Rome; mais afin de faire participer tous les fidèles de bonne volonté à cette grâce extraordinaire, les papes ont substitué à ce pèlerinage, impossible au plus grand nombre, différentes pratiques religieuses et des œuvres de charité, comme des stations dans les églises de la localité désignées à cet effet par l'autorité ecclésiastique, des prières, des jeûnes, des aumônes, etc. Pendant le j., le pape accorde aux confesseurs le pouvoir d'absoudre les cas réservés et de commuer les vœux simples. — Le j. dont il vient d'être question est le *j. ordinaire*. On

appelle *j. extraordinaire*, celui que le Saint-Père accorde dans certaines circonstances particulières, comme, par ex., l'exaltation d'un nouveau pape, la cessation d'une épidémie, d'une guerre, etc. Les indulgences de cette espèce n'ont rien de fixe, ni quant à leur nombre, ni quant à leur époque, etc. ; et les bulles qui les instituent indiquent toujours les conditions auxquelles on peut les gagner.

JUBILÉ, ÉE. adj. Qui est en titre, en fonction depuis cinquante ans. *Chanoine j. Professeur j. Docteur j.*

JUBILER. v. n. (lat. *jubilare*, pousser des cris de joie). Éprouver une joie bruyante, expansive. Fam.

JUBINAL (ACHILLE), littér. fr. (1810-1875).

JUBIS. s. m. Nom donné aux raisins secs de Provence envoyés en caisses.

JUG. s. m. (orig. germ.). Le bâton où perchent les poules.

JUCHER. v. n. et SE **JUCHER.** v. pron. (R. *juc*). Se dit des poules et de quelques autres oiseaux qui se mettent sur une branche, sur une perche pour dormir. *Les poules juchent dans le poulailler. Les faisans juchent sur les arbres. Quand les poules se juchent.* || Fig. et pop., se dit d'une personne logée très haut ou placée dans un lieu élevé. *Il est allé j. à un quatrième étage. Il juche, je crois, sur les hauteurs de Montmartre. Où est-il allé se j.?* == JUCHER. v. a. Hisser. *On juche les bagages sur l'impériale de la diligence.* == JUCHÉ, ÉE. part. || T. Art vét. *Cheval juché*, Cheval dont le boulet se porte tellement en avant qu'il marche et repose sur la pince. On dit *Bouleté*, lorsqu'il s'agit des pieds de devant.

JUCHOIR. s. m. L'endroit où juchent les poules.

JUDA, 4ᵉ fils de Jacob, chef d'une des 12 tribus d'Israël. || *Royaume de Juda*, l'un des deux États formés après la mort de Salomon par le schisme de 10 tribus ; les tribus de Juda et de Benjamin restées fidèles à Roboam constituèrent le royaume de Juda, détruit par les Assyriens en 587 av. J.-C.

JUDAÏQUE. adj. 2 g. (lat. *judaicus*, m. s.). Qui appartient aux Juifs. *La loi j. Une superstition j. Les antiquités judaïques.* || Fig., Trop étroitement attaché à la lettre. *Interprétation j.* || Autrefois, on appelait, *Pierres judaïques*, des pointes d'Oursins et des articulations d'Encrines, trouvées, à l'état fossile, dans la Palestine et divers autres lieux.

JUDAÏQUEMENT. adv. [Pr. *judaï-ke-man*]. D'une manière judaïque.

JUDAÏSER. v. n. [Pr. *judaï-zer*]. Suivre et pratiquer en quelques points les cérémonies de la loi judaïque. *C'est j. que de garder le jour du sabbat.*

JUDAÏSME. s. m. (R. *Juda*). La religion des Juifs. *Faire profession de j.* Voy. MOSAÏSME.

JUDAS. s. m. (R. *Judas*, n. propre). Se dit dans le sens de Traître. *C'est un J. Un baiser de J.* Fam. || Fig., Petite ouverture pratiquée à un plancher pour voir, sans être vu, ce qui se passe au-dessous.

JUDAS ISCARIOTE (né à Kérioth). L'apôtre qui trahit Jésus-Christ.

JUDAS MACCHABÉE. Voy. MACCHABÉE.

JUDE (SAINT), l'un des douze apôtres, surnommé *Thaddée*, était le frère de saint Jacques le Mineur. Fête le 28 octobre.

JUDÉE, province méridionale de l'antique *Palestine.* Voy. ce mot et JUIFS.

JUDELLE. s. f. [Pr. *ju-dèle*]. T. Ornith. Nom vulgaire de la morelle dans quelques provinces. Voy. FOULQUE.

JUDÉO-CHRÉTIEN. s. m. [Pr. *judé-o-kré-ti-in*]. Partisan du judéo-christianisme.

JUDÉO-CHRISTIANISME. s. m. [Pr. *judéo-kristia-*

nisme]. Opinion de ceux qui, parmi les premiers chrétiens, enfermaient le christianisme dans le cadre du judaïsme.

JUDICA. s. m. (lat. *judica*, impér. de *judicare*, juger). T. Liturg. Le dimanche de la Passion.

JUDICAËL, roi des Bretons ; mort en 658.

JUDICATEUR. s. m. (lat. *judicare*, juger). Celui qui juge les œuvres littéraires, les œuvres d'art. Néol.

JUDICATIF, IVE. adj. (lat. *judicare*, juger). T. Gramm. Nom donné à l'indicatif.

JUDICATION. s. f. [Pr. ...*sion*] (lat. *judicatio*, m. s., de *judicare*, juger). T. Philos. Opération de l'esprit qui consiste à porter un jugement.

JUDICATRICE. s. f. Jugement, faculté de juger. Vx.

JUDICATUM SOLVI. [Pr. *judi- katome...*]. T. Droit. Voy. ÉTRANGER.

JUDICATURE. s. f. (lat. *judicare*, juger). État, profession de toute personne employée à l'administration de la justice. *Charge, office de j. Il s'est mis dans la j.*

JUDICIAIRE. adj. 2 g. (lat. *judiciarius*, qui concerne les juges et les jugements). Qui est relatif à la justice, à l'administration de la justice. *La hiérarchie j. Le pouvoir j. Les membres de l'ordre j.* || Qui se fait en justice, par autorité de justice. *Acte j. Enquête j. Caution j. Poursuites judiciaires.* Cela est contre toutes les formes judiciaires. — *Témoin j.,* Celui qui est appelé à déposer en justice. — *Combat j.,* Voy. ORDALIE. || T. Rhét. *Genre j.,* Voy. ÉLOQUENCE. || *Astrologie j.,* Partie de l'astrologie qui avait pour but de prédire l'avenir d'après les configurations des astres. Voy. ASTROLOGIE. == JUDICIAIRE. s. f. La faculté de juger. *Cet homme a une bonne, une excellente j.* Fam.

Légis. — I. L'*Organisation judiciaire* de la France actuelle date de la Révolution. Avant cette époque, la multiplicité des juridictions et la confusion qui régnait dans leurs attributions rendaient une réforme nécessaire. Cette réforme, commencée dans la nuit du 4 août 1789, par l'abolition des justices seigneuriales et ecclésiastiques, fut poursuivie par la suppression des parlements, des officialités temporelles, et enfin par l'interdiction de la vénalité de la justice et de l'hérédité des charges. Après avoir détruit l'ancien ordre de choses, l'Assemblée constituante, par la loi du 16-24 août 1790, reconstruisit en entier l'organisation j., qui, bien que différente en plusieurs points de celle qui existe aujourd'hui, n'en est pas moins sa base fondamentale. Elle confia la juridiction civile aux tribunaux de district, tous égaux entre eux, en les rendant réciproquement juges d'appel les uns à l'égard des autres, et la justice criminelle à des tribunaux de police municipale et correctionnelle et à des tribunaux criminels du département. De plus, elle établit un juge de paix par canton, et des tribunaux de commerce là où ils paraissaient nécessaires. Enfin, au-dessus de toutes ces juridictions, elle plaça la Cour de cassation. La constitution de 1793 substitua des arbitres publics aux tribunaux de district. Heureusement cette déplorable innovation fut de courte durée. La constitution de l'an III rétablit les juridictions civiles créées par la Constituante, mais en remplaçant les tribunaux de district par des tribunaux de département. Bientôt après, sous le Consulat, la loi du 27 ventôse an VIII (18 mars 1800) constitua l'ordre j. tel qu'il existe encore aujourd'hui, sauf quelques modifications partielles. En effet, cette loi maintint les justices de paix, les tribunaux de commerce, les tribunaux criminels de département et la Cour de cassation, créa 29 tribunaux d'appel, et conserva l'institution du ministère public près de tous les tribunaux, à l'exception des justices de paix et des tribunaux de commerce. Voy. MINISTÈRE PUBLIC. Lors du rétablissement du gouvernement monarchique par le sénatus-consulte du 28 floréal an XII (18 mai 1804), les cours d'appel reçurent le titre de *Cours impériales*, et leurs membres celui de *Conseillers*, tandis que les membres des tribunaux d'arrondissement conservèrent le nom de *Juges.* Le code d'instruction criminelle régla la compétence et l'organisation des divers tribunaux de répression. La Charte de 1814 proclama sans restriction le principe de l'inamovibilité des juges, à l'exception des juges de paix, des juges administratifs, et des membres des juridictions temporaires, comme les tribunaux de commerce. Enfin, la Charte de 1830 interdi⁅ l'établissemen⁅ de toute juridiction exceptionnelle, sous quelque dénomination que ce pût être.

Pour nous rendre compte de l'organisa⁅ion j. de la France, nous allons passer en revue les diverses catégories de tribunaux qui la composent. — La *Juridiction* détermine les attributions respectives des divers ordres de tribunaux; on l'appelle quelquefois *compétence à raison de la matière*. La *compétence* proprement dite, que l'on appelle aussi *compétence à raison de la personne ou du lieu*, sert à préciser, entre tous les tribunaux du même ordre, celui ou ceux devant lesquels la contestation doit être portée. On dit encore que la compétence du juge est *absolue* quand la matière entre dans ses attributions, et qu'elle est *relative* lorsqu'il est le juge naturel de la cause à raison, soit du domicile du défendeur, soit de la situation de l'objet en litige. Les questions qui ont trait à la compétence absolue sont les seules qui se rattachent à l'organisation j.; celles qui ont trait à la compétence relative sont du domaine de la procédure. Dans ce dernier cas, en effet, il n'y a plus à déterminer les limites des diverses juridictions, mais simplement à désigner, parmi les tribunaux ayant une égale compétence, celui qui devra être appelé à connaître de la cause.

II. *Juridictions civiles.* — La juridiction civile comprend deux sortes de tribunaux : les *tribunaux d'arrondissement*, qui forment la juridiction ordinaire, et qui, sauf restriction expresse, connaissent de toutes les affaires civiles, et les *justices de paix.*

A. *Justices de paix.* — La dénomination de *juge de paix* a été empruntée par la Constituante aux institutions anglaises. La loi du 24 août 1790 établit dans chaque canton un juge de paix électif et deux assesseurs; mais la loi du 29 ventôse an IX (20 mars 1801) ayant supprimé les deux assesseurs, le juge de paix, assisté de son greffier, compose aujourd'hui tout le tribunal. Depuis la Charte de 1814, les juges de paix sont nommés par le gouvernement et peuvent être révoqués. Ils doivent être âgés de 30 ans au moins, avoir la jouissance des droits civils et politiques, et ne sont d'ailleurs soumis à aucune condition de capacité. A chacune justice de paix il est attaché deux suppléants pour remplir les fonctions de juge dans le cas où celui-ci en est empêché. — La première attribution du juge de paix est une mission de conciliation. Aucune demande en justice ne peut être portée devant un tribunal d'arrondissement sans avoir été précédée d'une citation en conciliation devant le juge de paix, qui s'efforce de concilier les parties. Les attributions de ces juges s'étendent en outre à la présidence des conseils de famille, à l'apposition et à la levée des scellés, etc. — Enfin, leur pouvoir, lorsqu'ils statuent comme juges, est tantôt une juridiction de premier ressort, tantôt une juridiction sans appel. Ils peuvent prononcer sur les demandes personnelles et mobilières de l'ordre civil, jusqu'à la valeur de 100 fr. en dernier ressort, et jusqu'à celle de 200 à charge d'appel. Dans certains cas particuliers, énumérés dans la loi de 1838 et dans l'article 1er de la loi du 2 mai 1855, leur compétence, à charge d'appel, peut s'étendre au taux de la compétence des tribunaux d'arrondissement, c.-à-d. à 1500 fr. et même à des sommes illimitées. Enfin, la loi leur défère encore les contestations civiles relatives aux pensions alimentaires n'excédant pas 150 francs, les actions possessoires et l'action en bornage, etc. — La procédure usitée devant la justice de paix est de la plus grande simplicité (C. Proc. 1 à 7; Loi du 25 mai 1838, art. 11 à 19). Toute citation est précédée d'un avertissement sans frais envoyé par le greffier aux parties. En cas de jugement en premier ressort, l'appel est porté devant le tribunal d'arrondissement. Un excès de pouvoir du juge de paix peut seul donner lieu à pourvoi en cassation.

B. *Tribunaux d'arrondissement.* — Chaque arrondissement possède un *tribunal civil*, appelé *tribunal de première instance*. Toutefois le département de la Seine n'en a qu'un qui porte le titre de *tribunal de la Seine*. Les lois du 27 ventôse an VIII (18 mars 1800), du 20 avril 1810, du 11 avril 1838 et du 30 août 1883, ont déterminé l'âge, les conditions de capacité des juges, et fixé leur nombre selon l'importance des localités. Tout juge doit être Français, âgé de 25 ans, licencié en droit, et avoir fait, près d'un tribunal, deux ans de stage. En outre, toute autre fonction est incompatible avec celle de juge. A chaque tribunal sont attachés des juges suppléants, pris habituellement parmi les avocats. Les juges sont inamovibles et nommés par le chef de l'État, qui désigne également le président et le vice-président de chaque tribunal. Le nombre des juges qui composent un tribunal d'arrondissement varie selon la population des villes où il est placé. La loi du 30 août 1883 a fixé le nombre des membres de chaque tribunal et celui des chambres qui le composent. Cette loi décide en outre que les jugements des tribunaux de première instance doivent être rendus par des magistrats délibérant en nombre impair, au nombre de trois au minimum. — Les tribunaux civils jugent en dernier ressort des actions personnelles et mobilières jusqu'à la valeur de 1500 fr. en principal, et des actions immobilières jusqu'à 60 fr. en revenu déterminé, soit en rentes, soit en prix de bail; au delà de ce chiffre, leurs décisions sont susceptibles d'appel devant la cour d'appel. Ils connaissent, en appel, des jugements rendus en premier ressort par les juges de paix. Leur compétence d'attribution est générale : elle embrasse toutes les affaires qui ne sont pas de la juridiction administrative ou de celle des juges de paix, des tribunaux de commerce et des prud'hommes. Elle s'étend aux affaires commerciales là où il n'y a point de tribunal de commerce. Elle comprend : les difficultés d'exécution, tant de leurs propres jugements que de ceux des tribunaux de commerce et de ceux des juridictions criminelles, en ce qui touche aux condamnations civiles; les actions en nullité ou en déchéance des brevets d'invention, etc. Quant à leur compétence territoriale, elle est déterminée par la nature de l'action. En matière personnelle, la contestation est portée devant le tribunal du domicile ou de la résidence du défendeur. En matière réelle, elle est portée devant celui de la situation de l'objet litigieux. La loi détermine en outre la compétence en matière de succession, de faillite, etc. Enfin, dans un grand nombre de cas, le président du tribunal peut, en vertu de son pouvoir discrétionnaire, ordonner les mesures d'urgence exigées par les circonstances, et juger sommairement et sans délai, dans les cas où il y a lieu à *référé*.

III. — La *Juridiction commerciale* comprend les *tribunaux de commerce* et les *conseils de prud'hommes.*

A. — Les *Tribunaux de commerce* n'existent que dans les localités où le développement des intérêts commerciaux et industriels les rend nécessaires. Il en existe environ 220 en France. En général, ils sont établis aux chefs-lieux d'arrondissement et ont le même ressort que les tribunaux de première instance. Lorsqu'il n'a pas été établi de tribunal de commerce spécial dans un arrondissement, c'est le tribunal civil qui en exerce les attributions. Depuis la loi du 8 décembre 1883, les membres des tribunaux de commerce sont élus par tous les commerçants du ressort, citoyens français, exerçant depuis cinq ans au moins et n'ayant pas encouru de déchéances judiciaires ou de condamnations déshonorantes. Sont éligibles tous les commerçants électeurs du tribunal de commerce, âgés de 30 ans, et les anciens commerçants français ayant exercé pendant 5 ans au moins dans l'arrondissement et y résidant. Chaque tribunal de commerce se compose d'un président, de juges et de suppléants. Lors de la première élection, le président et la moitié des juges et suppléants sont élus pour 2 ans, et l'autre moitié pour 1 an; aux élections suivantes, toutes les élections se font pour 2 ans, de sorte que la moitié du tribunal se renouvelle chaque année. Le président et les juges sortants peuvent être réélus pour 2 autres années; mais cette période expirée, ils ne sont éligibles qu'au bout d'une année d'intervalle. Le nombre des juges ne peut être au-dessous de 2, ni au-dessus de 14, non compris le président. Leurs fonctions sont gratuites. Il n'y a point de ministère public près les tribunaux de commerce. Le ministère des avoués y est également interdit. — La compétence d'attribution des tribunaux de commerce embrasse toutes les contestations relatives aux engagements et transactions entre commerçants, et, entre toutes personnes, les contestations relatives aux actes de commerce définis par les articles 631-638 du Code de Commerce. Ils jugent en dernier ressort, comme les tribunaux civils, jusqu'au taux de 1500 fr. en principal, et, quel que soit le taux, quand leurs justiciables déclarent vouloir être jugés définitivement et sans appel. La procédure des tribunaux de commerce est sommaire et rapide, et les appels de leurs jugements en premier ressort sont portés devant les cours d'appel. Voy. AGRÉÉ.

B. *Conseils de prud'hommes.* — L'institution des prud'hommes correspond, en matière commerciale, à celle des juges de paix en matière civile. Les prud'hommes sont nommés par la voie de l'élection. Sont électeurs : 1° les patrons; 2° les chefs d'atelier, contremaîtres et ouvriers, âgés de 25 ans, exerçant depuis 5 ans et domiciliés depuis 3 ans dans la circonscription. Sont éligibles, les électeurs âgés de 30 ans accomplis et sachant lire et écrire. Les ouvriers, réunis en assemblée particulière sous la présidence du juge de paix, nomment les prud'hommes ouvriers; il en est de même de l'élection des prud'hommes patrons par les chefs d'industrie, sous la présidence du suppléant du juge de paix. Le nombre des membres du conseil ne peut être inférieur à 6, non compris le président et le vice-président. Chaque conseil doit comprendre en nombre égal des ouvriers et des patrons. Les conseils de prud'hommes sont renouvelés par moitié tous les 3 ans; les membres sortants sont rééligibles. Les prud'hommes, réunis en assemblée générale, élisent un président et un vice-président, les deux ne pouvant être choisis à la fois soit parmi les prud'hommes patrons, soit parmi les prud'hommes ouvriers. Leurs fonctions ont pour objet principal de concilier les différends entre ouvriers et patrons, et de juger en cas de non-conciliation. Une loi du 7 août 1850 a facilité l'accès de leur juridiction en décidant que, dans les contestations entre patrons et ouvriers portées devant les conseils, tous actes de procédure et jugements seraient rédigés sur papier visé pour timbre et enregistrés en *débet*, dispensant ainsi le plaideur de l'avance des frais. La procédure est des plus simples : l'affaire est d'abord portée devant le *bureau de conciliation*, composé d'un patron et d'un ouvrier, qui doit tenter d'amener les parties à se concilier. A défaut de conciliation, l'affaire est jugée par le *bureau de jugement* comprenant au moins 3 membres. Les conseils prononcent en dernier ressort jusqu'à concurrence de 200 fr., et indéfiniment à charge d'appel. L'appel est porté devant le tribunal de commerce. Là où il n'y a pas de conseil de prud'hommes, c'est le juge de paix qui remplace ce tribunal.

IV. *Juridiction criminelle*. — Elle comprend trois degrés, savoir : les *tribunaux de simple police*, chargés de la punition des contraventions; les *tribunaux correctionnels*, chargés de celle des délits; et enfin, les *cours d'assises*, chargées de celle des crimes. — Dans chaque arrondissement, un *Juge d'instruction* est particulièrement chargé de l'instruction des affaires pénales. Saisi des affaires par le ministère public, ce magistrat statue sur les incidents de l'instruction, sur les demandes de mise en liberté provisoire; il détermine la juridiction appelée à juger le prévenu. Le juge d'instruction rend des *ordonnances* qui portent le titre d'*ordonnances de non-lieu*, lorsqu'elles libèrent l'inculpé de la poursuite, d'*ordonnances de renvoi*, lorsqu'elles le défèrent au tribunal de simple police, au tribunal correctionnel, ou à la chambre des mises en accusation, chargée de décider s'il y aura ou non jugement en cour d'assises.

A. *Tribunaux de simple police*. — Autrefois, les jugements des contraventions de simple police étaient répartis entre les juges de paix et les maires. Les tribunaux de simple police, organisés par la loi du 27 janvier 1873, sont chargés de la répression des infractions désignées sous le nom de contraventions, c.-à-d. de celles qui entraînent au maximum 15 francs d'amende et 5 jours de prison. Ces tribunaux sont composés d'un seul juge : le juge de paix, et d'un greffier. Le ministère public est rempli par le commissaire de police, à défaut, par le maire ou son adjoint. Les jugements des tribunaux de simple police sont susceptibles, suivant les cas, d'opposition, d'appel ou de pourvoi en cassation.

B. *Tribunaux correctionnels*. — Les tribunaux d'arrondissement sont qualifiés de *tribunaux correctionnels* lorsqu'ils prononcent en matière correctionnelle, c.-à-d. sur les infractions à la loi passibles d'une peine excédant 15 francs d'amende et 5 jours de prison. Ces infractions sont déterminées par le code Pénal et par les lois particulières. Nous citerons : les délits forestiers poursuivis à la requête de l'administration, ceux qui sont relatifs à l'habitude d'usure, à la chasse, à la pêche dans les rivières navigables, etc. — Les jugements correctionnels peuvent être rendus par trois juges, selon les formes prescrites par le Code d'Inst. crim. (182 et suiv.). Si le fait porté devant le tribunal n'est qu'une contravention et que le délinquant ne demande pas son renvoi devant le juge de police, le tribunal prononce. Il est aussi tribunal d'appel en ce qui concerne les jugements de simple police. Les appels des jugements de police correctionnelle sont déférés à la cour d'appel du ressort (chambre des appels de police correctionnelle).

C. *Cours d'assises*. — Il en a été parlé au mot Assises.

V. *Cours d'appel*. — Les cours d'appel ont pour fonctions de prononcer sur les appels faits tant en matière civile et commerciale qu'en matière correctionnelle. Chaque cour se divise en chambres. La loi du 30 août 1883 a réduit le nombre des chambres et des magistrats de cour d'appel. Un tableau annexé à ladite loi détermine le nombre de chambres de chaque cour et celui des magistrats qui la composent. En toute matière, les arrêts des cours d'appel sont rendus par 5 juges au moins, président compris. Lorsque l'affaire est portée en *audience solennelle*, les arrêts sont rendus par

9 juges au moins. Chaque cour comprend un *premier président*, des *présidents de chambre*, des *conseillers*, un *procureur général*, des *avocats généraux*, des *substituts du procureur général*, un *greffier en chef*, des *commis-greffiers*. Les cours d'appel statuent en dernier ressort sur l'appel des jugements des tribunaux d'arrondissement, des ordonnances de référé, des jugements des tribunaux de commerce, de ceux des arbitres volontaires quand l'affaire était de la compétence des tribunaux d'arrondissement, etc. En outre, elles prononcent en premier et en dernier ressort sur la réhabilitation des faillis, sur les prises à partie, etc. Chaque cour d'appel a une chambre appelée *chambre des mises en accusation*, qui a pour fonction d'examiner, d'après le rapport du procureur général sur une instruction, s'il y a lieu ou non de renvoyer le prévenu devant la cour d'assises. Elle peut, si elle le juge nécessaire, ordonner des informations nouvelles, et, selon les résultats de son examen, ordonner la mise en liberté du prévenu, ou sa mise en accusation et son renvoi devant la cour d'assises, ou bien encore l'envoyer devant le tribunal correctionnel ou celui de simple police, selon qu'elle considère l'infraction comme un délit ou une contravention.

Les cours d'appel de la France sont aujourd'hui au nombre de 26. En voici la liste, avec l'indication des départements qui forment leur ressort : *Agen* : Lot-et-Garonne, Gers, Lot; *Aix* : Bouches-du-Rhône, Basses-Alpes, Var, Alpes-Maritimes; *Amiens* : Somme, Aisne, Oise; *Angers* : Maine-et-Loire, Mayenne, Sarthe; *Bastia* : Corse; *Besançon* : Doubs, Jura, Haute-Saône, Haut-Rhin; *Bordeaux* : Gironde, Charente, Dordogne; *Bourges* : Cher, Indre, Nièvre; *Caen* : Calvados, Manche, Orne; *Chambéry* : Savoie, Haute-Savoie; *Dijon* : Côte-d'Or, Haute-Marne, Saône-et-Loire; *Douai* : Nord, Pas-de-Calais; *Grenoble* : Isère, Hautes-Alpes, Drôme; *Limoges* : Haute-Vienne, Corrèze, Creuse; *Lyon* : Rhône, Ain, Loire; *Montpellier* : Hérault, Aude, Aveyron, Pyrénées-Orientales; *Nancy* : Meurthe-et-Moselle, Ardennes, Meuse, Vosges; *Nîmes* : Gard, Ardèche, Lozère, Vaucluse; *Orléans* : Loiret, Indre-et-Loire, Loir-et-Cher; *Paris* : Seine, Aube, Eure-et-Loir, Marne, Seine-et-Marne, Seine-et-Oise, Yonne; *Pau* : Basses-Pyrénées, Hautes-Pyrénées, Landes; *Poitiers* : Vienne, Charente-Inférieure, Deux-Sèvres, Vendée; *Rennes* : Ille-et-Vilaine, Côtes-du-Nord, Finistère, Loire-Inférieure, Morbihan; *Riom* : Puy-de-Dôme, Allier, Cantal, Haute-Loire; *Rouen* : Seine-Inférieure, Eure; *Toulouse* : Haute-Garonne, Ariège, Tarn, Tarn-et-Garonne. Le chiffre il convient aujourd'hui d'ajouter la cour établie à Alger.

VI. *Cour de cassation*. — Au sommet de la hiérarchie j. civile et criminelle se trouve la cour de cassation, qui a pour objet de maintenir l'unité de la législation et de la jurisprudence, en ramenant perpétuellement à l'exécution de la loi toutes les décisions judiciaires qui tendraient à s'en écarter. Elle ne constitue donc pas à l'égard des parties, comme beaucoup de personnes se l'imaginent, un troisième degré de juridiction. La cour de cassation ne prononce pas entre les parties, elle recherche simplement si la décision qui lui est déférée ne contient aucune violation de la loi : elle prononce entre celle-ci et le jugement rendu. Voy. CASSATION.

VII. *Juridictions administratives*. — Lorsque des particuliers croient éprouver quelque préjudice par suite d'une mesure ou d'un arrêté pris par un administrateur, ils peuvent en demander l'annulation ou la réformation à son supérieur immédiat : au préfet, si l'arrêté émane du maire; et s'il émane du préfet, au ministre qui a dans ses attributions l'objet auquel cet arrêté se rapporte. Mais si l'arrêté n'a fait que blesser des intérêts sans léser un droit acquis, il ne peut y avoir aucune sorte de recours contre la décision de l'administration supérieure. Cependant, comme les mesures prescrites par cette administration ne sauraient lier celle qui la suit, celle-ci peut toujours changer ou modifier ce qu'avait prescrit celle-là. Ces mesures constituent ce qu'on nomme l'*administration* proprement dite, ou le *pouvoir gracieux* de l'administration. Quand, au contraire, des particuliers ou des corporations prétendent qu'un acte de l'administration lèse des droits qui leur étaient acquis, il y a un véritable procès qui ne peut être tranché que par une décision basée sur les principes du droit : c'est ce qu'on appelle le *contentieux administratif*. — Comme la décision de semblables procès intéresse l'État au plus haut degré, le législateur a cru devoir l'attribuer, tantôt aux administrateurs eux-mêmes, tantôt et le plus souvent à des juges placés sous l'influence directe de l'administration. On comprend les uns et les autres sous la dénomination de *juges* ou *tribunaux administratifs*. Ces juges sont parfois chargés de réprimer certaines contraventions qui blessent d'une façon plus particulière les intérêts de l'État, et de prononcer à cet effet des peines pécuniaires; mais ils ne peuvent infliger de peines corporelles. On distingue les tribunaux administratifs en *temporaires* et *permanents*. Les *tribunaux administratifs permanents* embrassent les maires, sous-préfets, préfets et ministres, en tant que ces administrateurs sont chargés par des lois ou ordonnances spéciales de statuer sur certaines questions contentieuses, les conseils de préfecture, et le Conseil d'État. Les attributions des maires, sous-préfets et préfets, en tant que juges administratifs, sont fort limitées; celles des ministres sont plus étendues. Ainsi, outre qu'ils connaissent par appel de toutes les décisions contentieuses rendues par les préfets, ils statuent en général sur les réclamations de ceux qui se prétendent créanciers de l'État pour des objets rentrant dans les attributions de leur ministère; ils statuent aussi sur les contestations qui naissent des marchés de fournitures ou autres qu'ils ont passés eux-mêmes, ou qui ont été passés en leur nom par leurs délégués. Les deux autorités qui exercent la plénitude de la juridiction contentieuse, sauf dérogation expresse, sont, en première instance, les *Conseils de préfecture*; en dernier ressort le *Conseil d'État*. Nous avons fait connaître ailleurs leur organisation et leurs attributions (Voy. CONSEIL et DÉPARTEMENT); en conséquence, nous n'y reviendrons pas ici.

VIII. *Juridictions spéciales.* — Indépendamment des tribunaux dont il vient d'être parlé, et qui appartiennent au droit commun, il existe des juridictions spéciales pour les citoyens qui appartiennent à certaines catégories, ou pour réprimer certaines infractions à la loi. Tels sont les *Conseils de guerre*, qui jugent les délits et crimes commis par les militaires; la *Haute Cour*, qui connaît des crimes, attentats et complots contre la sûreté intérieure et extérieure de l'État, la *Cour des Comptes*, tribunal administratif qui statue sur les comptes de tous ceux qui ont le maniement des deniers publics et les juridictions disciplinaires. Les membres des corporations organisées par la loi, telles que celles des agents de change, avocats, avoués, huissiers, notaires, sont soumis, au point de vue de la discipline, à des chambres ou conseils institués pour sauvegarder la dignité et l'honneur professionnels. Il existe également dans l'armée et la marine des *conseils de discipline* ou *conseils de corps* chargés de réprimer les infractions à la discipline. Voy. COMPTE, COUR, MILITAIRE, etc.

JUDICIAIREMENT. adv. En forme judiciaire.

JUDICIEUSEMENT. adv. [Pr. ju-di-sieu-zeman]. D'une manière judicieuse. *Parler, agir j. Cela est j. pensé.*

JUDICIEUX, EUSE. adj. [Pr. juai-sieu, euze] (lat. *judicium*, jugement). Qui a le jugement bon. *Il est fort j. Il est peu j., Un historien j.* || Fait avec jugement. *Réflexion, remarque, critique judicieuse. Ce discours est peu j. Trouvez-vous que cette action soit bien judicieuse?*

JUDITH, héroïne juive qui tua Holopherne assiégeant Béthulie (VII° s. av. J.-C.).

JUDITH de Bavière, seconde femme de Louis le Débonnaire, fut cause des malheurs qui accablèrent ce prince; en voulant favoriser son fils Charles le Chauve.

JUGAL, ALE. adj. [Pr. ju-ghal, g dur] (lat. *jugalis*, m. s. de *jugum*, joug). T. Anat. Syn. de Zygomatique. V. ce mot.

JUGE. s. m. (lat. *judex, icis*, m. s., de *jus, droit*, et *dex*, celui qui dit, de *dico*, je dis). Celui qui juge, qui a le droit et l'autorité de juger. *Dieu est le souverain j., le j. suprême. Les jurés ne sont juges que du fait. Les juges d'un concours.* || Particul., Celui qui est préposé par l'autorité publique pour rendre la justice aux citoyens. *J. équitable, intègre, incorruptible. J. corrompu, inique, prévaricateur. J. sévère, rigoureux, inflexible, impassible. J. compétent, incompétent. J. souverain, supérieur, inférieur, subalterne. J. en première instance. J. d'appel. J. en dernier ressort. J. civil. J. criminel. Nommer, instituer des juges. Les fonctions de j. Récuser un j. Prendre un j. à partie. Donner des juges à quelqu'un. Quand il paraît devant ses juges. On ne peut être à la fois j. et partie.* — Collectiv. et absol., se dit souvent pour Tribunal. *Renvoyer devant le j., par-devant le j. J. botté*, se disait anciennement d'un juge qui n'était pas gradué, et se dit encore

quelquefois, Fig. et par dénigr., en parlant d'un juge sans lumières et sans capacité. || Toute personne choisie pour prononcer sur un différend, ou un jugement, à l'opinion de laquelle on s'en rapporte sur quelque chose. *Il vous a reconnu pour j. Je vous en fais j. Vous serez notre j. Vous en serez le j. Je veux bien que monsieur un tel, que madame une telle en soit le j.* || Par ext., Celui qui est capable de juger d'une chose. *Vous êtes mauvais j. en cela. Vous n'êtes pas bon j. en poésie, en musique, en peinture,* etc. *Il n'est pas j. de ces choses-là.* — *Se faire, s'établir, se constituer j. de quelqu'un, de quelque chose*, Prétendre avoir le droit, la capacité de juger. Prov., *De fou j. brève sentence*, Les ignorants décident sans examiner. || Fig., dans un sens anal. à celui qui précède, on dit, en parlant des sens, de la conscience, etc. : *Les sens sont quelquefois des juges bien trompeurs. La raison est un j. sévère. La conscience est j. de la moralité des actions. C'est l'oreille que l'écrivain doit prendre pour j.* || T. Hist. *Les Juges*, Les magistrats qui gouvernèrent le peuple juif, durant la période qui commence à la mort de Josué et qui finit à la mort de Samuel. — *Le livre des Juges*, ou simplement, *Les Juges*, Le livre de l'Ancien Testament qui contient l'histoire des Juifs sous le gouvernement des juges. — *Grand-juge*, Ministre de la Justice sous Napoléon I°. — *J. d'armes*, Officier qui était chargé de vérifier et certifier les armoiries et titres de noblesse. — *Juges du camp*, Officiers qui étaient chargés de veiller, lors d'un tournoi ou d'un combat judiciaire, à ce que tout se passât suivant les règles de la loyauté.

Législ. — Les *Juges* qui font partie des diverses juridictions reçoivent fréquemment des qualifications particulières, en raison de la juridiction à laquelle ils appartiennent, ou des fonctions spéciales dont ils sont chargés. — *J.-commissaire*, Celui qui est commis par un tribunal pour une opération quelconque comme enquête, ordre, etc. : on disait autrefois *J. délégué*. — *J. rapporteur*, Celui qui est chargé de faire à un tribunal un rapport sur une affaire dont l'examen lui a été confié. — *J. d'instruction*, *J. de paix* et *J. suppléant*. Voy. JUDICIAIRE. — Les *Juges auditeurs*, institués par la loi du 30 mars 1808, siégeaient sans avoir voix délibérative : c'était une sorte de stage pour la jeunesse qui se destinait à la magistrature. Ils ont été supprimés par la loi du 10 déc. 1830. — Sous l'ancien régime, on distinguait les *Juges royaux* qui rendaient la justice au nom du roi, des *Juges des seigneurs*, *Juges seigneuriaux* ou *Juges subalternes*, qui jugeaient au nom des seigneurs ayant justice; ces derniers ne pouvaient connaître des causes et contestations dont la connaissance était réservée aux premiers. — Les *Juges des exempts* étaient des officiers de justice qui connaissaient, au nom du roi, de tous les délits commis dans les terres ou provinces qui formaient l'apanage du prince. — Dans le midi de la France, on donnait le titre de *J. mage* ou *maje (judex major)* au lieutenant du sénéchal, parce qu'il présidait le tribunal. — On appelait *Juges souverains*, ceux qui jugeaient en dernier ressort et sans appel, et *Juges inférieurs*, ceux dont les sentences pouvaient être attaquées par la voie de l'appel. On nommait encore *Juges ordinaires*, ceux qui connaissaient des différends et contestations entre personnes soumises à leur juridiction, en conséquence du droit commun; et, par opposition, *Juges extraordinaires*, ceux qui jugeaient en vertu d'une juridiction particulière qui leur avait été attribuée par quelque privilège personnel, ou par rapport à la matière de la contestation entre les parties. Ainsi les juges extraordinaires étaient de plusieurs sortes. Les uns connaissaient des matières de la juridiction ordinaire, mais entre personnes privilégiées : tels étaient les *Juges des requêtes de l'hôtel* et les *Juges des privilèges de l'Université*. Les autres connaissaient seulement de certaines affaires entre toutes sortes de personnes, comme l'Amirauté, la Connétablie, les Eaux et Forêts, etc. On qualifiait de *Juges d'attribution*, ceux qui étaient spécialement établis pour connaître de certaines affaires, à l'exclusion des juges ordinaires : tels étaient, par ex., les Élus, auxquels était attribuée en première instance la connaissance des différends qui naissaient au sujet des tailles, etc. — Par opposition aux Commissions spéciales nommées par le pouvoir pour juger certains cas individuels, on appelait et l'on appelle encore *Juges naturels*, ceux qui appartiennent à une juridiction légale et régulière. — Les *Juges ecclésiastiques*, ou *Juges d'Église*, étaient ceux qui exerçaient la juridiction ecclésiastique. Ils connaissaient des matières purement personnelles entre ecclésiastiques, ou quand le défendeur était ecclésiastique; mais ils ne pouvaient, en aucun cas, connaître des actions mixtes. — *J. de police*. Voy. POLICE.

JUGEABLE. adj. 2 g. [Pr. *ju-jable*]. Qui peut être mis en jugement. || Sur quoi on peut porter un jugement.

JUGEMENT. s. m. [Pr. *ju-jeman*] (R. *juger*). T. Jurispr. Action de juger, de prononcer une décision; ou la décision prononcée sur une contestation portée devant le juge. *Le roi attribua au parlement le j. de ces causes. Assister au j. d'un procès. J. juste, équitable, inique. Prononcer un j. en faveur de quelqu'un. Il a été condamné par j. de tel tribunal. Les motifs, le dispositif, le prononcé d'un j. La minute, la copie, la grosse d'un j. Appeler d'un j. Confirmer, infirmer, casser, déclarer nul un j. Faire signifier un j. Exécuter un j. En vertu de tel j.* — *Mettre quelqu'un en j.*, Lui faire un procès criminel. *Ester en j.*, Voy. ESTER. || *J. de Dieu*, Dessein, décret de la justice, de la Providence, de la miséricorde divine. *Les secrets jugements de Dieu. Adorer les jugements de Dieu. Par un j. de Dieu.* — *J. de Dieu ou Épreuve judiciaire*, Voy. ORDALIE. — *J. dernier*, Voy. RÉSURRECTION. || La faculté intellectuelle ou l'acte par lequel l'esprit affirme ou nie, et, plus particulièrement, affirme ou nie l'existence d'un rapport. *Il a le j. bon, sain, solide. Il a du j. C'est un homme de grand j. Il a de l'esprit, mais il n'a point de j. Il manque de j. Il est sans j., dépourvu de j. Sa passion lui ôte le j. Il a perdu le j. Si vous croyez cela, vous faites tort à votre j. En logique, tout j. qu'on exprime est une proposition. Faire un faux j.* || Avis, sentiment, opinion. *Je me rends, je m'en rapporte, je m'en tiens à votre j. Porter, donner son j sur un écrit, sur un auteur. Asseoir, fonder son j. sur... Il est revenu sur son premier j. La postérité a réformé ce j. inique. Le j. de l'histoire.* || Approbation ou improbation de quelque action morale. *Un j. favorable. Un j. charitable. Vous faites de mauvais jugements. C'est un j. téméraire.*

Droit. — Dans un sens général, ce mot indique toute décision rendue par le juge sur un différend qui lui est soumis; mais dans le langage juridique de la France, on n'appelle *Jugement* que les décisions rendues par les tribunaux inférieurs, les décisions des Cours d'appel et de la Cour de cassation étant particulièrement qualifiées *Arrêts*. Parfois encore on désigne sous le nom de *Sentences* les jugements émanés des juges de paix. — Aux termes de la loi, tout j. doit satisfaire aux conditions suivantes : 1° il doit être rendu à la pluralité des voix; 2° il doit contenir les noms des juges, du procureur de la République, s'il a été entendu, des avoués, ainsi que les noms, professions et demeure des parties; 3° il doit contenir les conclusions de celles-ci, l'exposition sommaire des points de fait et de droit, et celle des *motifs* qui ont déterminé le j.; 4° il doit exprimer le *dispositif* du j., c.-à-d. de l'injonction que fait le juge; 5° il doit être rendu publiquement, et la minute doit être signée par le président par le greffier. Toute contravention à ces règles entraîne la nullité du j. — Il y a plusieurs espèces de jugements. Le j. est dit *contradictoire*, lorsqu'il est rendu après que toutes les parties ont présenté leurs moyens, ou du moins pris des conclusions à l'audience. Le j. *par défaut* est celui qui est rendu contre une partie qui n'a pas présenté ses moyens de défense. On distingue deux sortes de jugements par défaut : le j. par défaut *faute de comparaître ou de constituer avoué*, et le j. par défaut *faute de défendre ou de conclure*. En matière criminelle, le j. par défaut est appelé j. *par contumace*. On appelle jugements *par forclusion* ceux qui sont rendus en toute matière où la loi fixe des délais qui ne peuvent être étendus, contre la partie qui n'a pas remis ses pièces ou présenté ses moyens dans le délai fixé. On appelle j. *préparatoire* celui qui prescrit quelque opération destinée à éclairer le juge, mais toutefois que cette opération puisse préjuger le fond : tel est celui qui ordonne un rapport d'experts, une descente de juges, etc. Mais lorsque le résultat de l'opération ordonnée doit préjuger le fond, le j. est dit *interlocutoire*. Le j. *provisoire ou provisionnel* est celui par lequel le juge ordonne les mesures propres à prévenir les inconvénients qui pourraient résulter du laps de temps pendant lequel a lieu l'instruction du procès. Le j. *définitif* est celui qui termine le procès, soit en adoptant les prétentions des parties, soit en les modifiant, soit en les rejetant. On nomme encore j. *convenu ou expédient* ceux d'espèce de transaction arrêtée entre les parties, sous la forme de j., qui est présentée au juge et acceptée par celui-ci. — Les voies *ordinaires* pour attaquer les jugements sont l'opposition et l'appel; les voies *extraordinaires* sont le pourvoi en cassation, la tierce opposition, la requête civile et la prise à partie. Les voies ordinaires ont un effet suspensif, tandis que les voies extraordinaires, sauf, dans certains cas, la tierce opposition, n'empêchent pas l'exécution de la décision attaquée. — Pour être *exécutoire*, tout j. doit porter le même intitulé que les lois, et se terminer par un mandement aux officiers de justice. La partie en faveur de laquelle le j. a été prononcé doit d'abord le signifier à la partie condamnée, afin de le lui faire connaître et de la mettre à même de l'exécuter volontairement. A défaut d'acquiescement, on le fait exécuter par les voies légales. Voy. SAISIE et CONTRAINTE.

Philos. — Le J. est cette faculté intellectuelle par laquelle notre esprit affirme ou nie. On peut même retrancher ce dernier terme, car une négation est aussi une véritable affirmation; seulement elle est opposée à une affirmation contraire. Par une extension inévitable, nous désignons également par le nom de j. l'acte interne de cette faculté, c.-à-d. l'affirmation mentale, ainsi que l'expression de cet acte par le langage. Le j. traduit dans le langage est une *Proposition*, c.-à-d. l'expression d'une pensée par deux, ou par trois termes, qui sont le sujet, le verbe et l'attribut : « Dieu est ; Dieu est juste. » La faculté de juger et toutes ses manifestations peuvent être étudiées et analysées, soit dans leur rapport avec la réalité objective que les jugements représentent : c'est le point de vue propre à la logique ; soit dans les diverses formes dont le langage peut les revêtir : c'est l'étude propre de la grammaire. Mais comme la faculté de juger ne peut être étudiée et connue que dans ses opérations, et comme ces opérations se traduisent toujours par des mots, la plupart des psychologues et des logiciens ont tiré la théorie du j. de l'étude des formes de la proposition, et ainsi se sont trouvées mêlées les études grammaticales, logiques et psychologiques. Ce mélange se remarque surtout dans l'*Organon* d'Aristote, dans la *Logique* de Port-Royal et dans l'*Analytique* de Kant.

Selon le point de vue auquel on les envisage, nos jugements ont été répartis par les logiciens en un certain nombre de classes ; nous en admettrons huit principales. — 1° Au point de vue de l'*objet* auquel ils se rapportent, on distingue les *jugements d'existence ou jugements substantifs*, qui affirment l'existence ou la non-existence : « Il y a un Dieu ; Il n'y a pas de causes occultes » ; et les *jugements de qualité*, appelés aussi *jugements attributifs, adjectifs ou comparatifs*, qui affirment le rapport entre une qualité et un sujet : « Dieu est juste ; Les causes occultes sont imaginaires. » Les jugements attributifs étant de beaucoup les plus nombreux, la plupart des logiciens, depuis Aristote jusqu'à Condillac et à Kant, ont donné la définition qui leur est propre comme convenant à toute espèce de jugements. C'est une erreur qui vient de l'omission des jugements d'existence et qui a été relevée par Reid et vivement critiquée par Cousin, dans ses *Études sur Locke*. — 2° D'après leur *origine*, les jugements sont dits *spontanés ou primitifs*, lorsqu'ils sont le fait d'une aperception immédiate de l'esprit, comme, par ex., lorsque nous disons : « Je suis ; Il y a des corps. » Ils sont *réfléchis ou secondaires*, quand ils résultent d'un travail plus ou moins lent de l'intelligence : « La pesanteur est une propriété des corps ; La charité est marquée par... » — 3° Relativement à la *matière*, c.-à-d. au contenu des jugements, on distingue les *jugements identiques* dont l'attribut n'est que le développement et l'équivalent du sujet : « Le triangle est une figure de trois côtés » ; les *jugements analytiques*, dont l'attribut est impliqué dans l'idée même du sujet : « Les corps sont étendus » ; et les *jugements synthétiques*, dont l'attribut ajoute une ou plusieurs qualités à l'idée du sujet : « Ce corps est dur et brillant. » Parmi ceux-ci, Kant distingue les *jugements synthétiques a posteriori*, qui sont formulés à la suite de l'expérience, et les *jugements synthétiques a priori* qui sont immédiatement formulés par la raison. Ces derniers seraient les propositions connues vulgairement sous le nom d'axiomes. Nous avons déjà discuté longuement la notion d'axiome, et il résulterait de notre discussion que les axiomes établissant entre des idées une relation sans laquelle ces idées ne pourraient être conçues, devraient être, au contraire, qualifiés de *jugements analytiques a priori*. Voy. AXIOME. — 4° Par rapport à leur *quantité*, c.-à-d. au plus ou moins d'extension du sujet, les jugements sont *généraux ou particuliers*. Les premiers sont ceux dont l'attribut convient au sujet pris dans toute son extension : « Tous les triangles sont des demi-parallélogrammes ». Les seconds sont ceux dont l'attribut n'est affirmé que d'une partie du sujet : « Quelques triangles sont des demi-carrés. » Les logiciens font remarquer, à cette occasion, que si deux propositions de quantité différente ont même sujet et même attribut, la vérité de la proposition générale est une garantie de la vérité de la proposition particulière, qui est alors dite sa *subalterne*. Ainsi, tous les triangles étant des demi-parallélélogrammes, cela est également vrai de quelques triangles. Mais, de la vérité de la proposition particulière on ne peut conclure la vérité de la proposition générale. Par ex., de ce que certains triangles sont des demi-carrés il ne s'ensuit pas que tous les triangles soient des demi-carrés. — 5° Eu égard à la *qualité* des jugements, c.-à-d. au plus ou moins d'extension de l'attribut, on distingue les *jugements affirmatifs* : « Socrate était innocent » ; et les *jugements négatifs* : « Socrate n'était pas impie. » Deux jugements de même sujet et de même attribut, différant de qualité, mais ayant la même quantité, sont appelés *contraires* s'ils sont généraux, et *subcontraires* s'ils sont particuliers. Les propositions contraires ne peuvent être toutes deux vraies. Ainsi, comme il est vrai que « Tout homme est animal », il n'est pas vrai de dire : « Nul homme n'est animal ». Mais elles peuvent être toutes deux fausses ; telles sont les deux contraires « Tout homme est juste ; Nul homme n'est juste ». Les subcontraires peuvent être toutes deux fausses ; mais elles peuvent aussi être vraies toutes deux, comme ces propositions : « Quelques hommes sont justes ; Quelques hommes sont injustes. » Les logiciens, pour compléter cette théorie de l'*opposition*, ajoutent la catégorie des jugements qu'ils appellent *contradictoires*. Ces jugements contradictoires s'expriment par des propositions ayant même sujet et même attribut, mais différant en quantité et en qualité. Des contradictoires, l'une est nécessairement vraie, comme on voit par ces exemples : « Tout homme est animal ; Quelque homme n'est pas animal ; Nul homme n'est juste ; Quelque homme est juste. » C'est encore sur la considération de la quantité et de la qualité des jugements qu'est fondée la distinction des propositions en *convertibles* et *non convertibles* ; mais il en sera parlé au mot PROPOSITION. — 6° Au point de vue de leur *composition*, les jugements se divisent en *simples* et en *composés*. Les jugements *simples* n'ont qu'un sujet et qu'un attribut : « Alexandre était roi de Macédoine ». Les *jugements composés* ont plus d'un sujet ou plus d'un attribut : « Philippe et Alexandre étaient rois de Macédoine ; Alexandre a conquis la Perse et porté la civilisation grecque jusque dans les Indes ». — 7° D'après la *relation*, c.-à-d. d'après l'examen du rapport entre le sujet et l'attribut, on distingue : les *jugements catégoriques* : « Dieu est juste » ; les *jugements copulatifs* : « La mort et la vie sont au la puissance de Dieu » ; les *jugements disjonctifs* : « Le monde existe, ou par hasard, ou par une nécessité interne, ou par une cause extérieure » ; les *jugements hypothétiques* ou *conditionnels* : « S'il est une justice parfaite, les méchants seront punis » ; les propositions *causales* : « Malheur aux riches, parce qu'ils ont leur consolation en ce monde » ; et les *jugements relatifs* : « Telle est la vie, telle est la mort ». — 8° Au point de vue de la *modalité*, c.-à-d. d'après la valeur que l'esprit attache au rapport entre les termes du jugement, on distingue : les *jugements problématiques* : « S'il est une justice parfaite... » (la chose est possible) ; les *jugements assertoriques* : « L'homme est raisonnable » (la chose est vraie en matière contingente) ; et les *jugements apodictiques* : « Tout cercle a un centre » (la chose est vraie en matière nécessaire). C'est à ces trois dernières formes que Kant a ramené toutes les jugements de l'esprit humain. Kant a reproduit en d'autres termes l'immortelle classification d'Aristote ; il a ajouté la distinction essentielle des jugements analytiques et des jugements synthétiques, et celle des *jugements synthétiques a posteriori* et *a priori*, qui a été la source de graves discussions.

Si divers que paraissent et que soient tous ces faits psychologiques, la science les rapporte légitimement à une seule et même opération intellectuelle, à une seule et même faculté. Le j. est le fait premier et dernier de la pensée, la vie intellectuelle n'est rien qu'une suite de jugements. Si donc nous distinguons dans la proposition les termes, et dans le j. les idées qui le composent, c'est par une analyse postérieure et toute scientifique, comme l'analyse du chimiste qui, dans les composés de la nature, distingue les corps simples ou éléments dont les premiers sont formés. Il n'y a aucune opération de l'esprit qui n'implique nécessairement le j. : percevoir, avoir conscience, se souvenir, imaginer, raisonner, etc., tout cela c'est juger. Aussi, est-ce à la bonne direction du j. que le logicien et le moraliste doivent appliquer tous leurs efforts : la logique est l'art de diriger le j. dans la vie spéculative ; la morale est l'art de le diriger dans la vie pratique.

JUGER. v. a. (lat. *judicare*, porter un jugement, de *jus* droit, et *dicere*, dire). Décider une affaire, un différend en qualité de juge. *J. un procès, une affaire, une cause. Bien j. Mal j. J. précipitamment, impartialement. J.*

sur les pièces. J. avec connaissance de cause. J. contre droit et raison. J. en dernier ressort. Une affaire prête à j., ou en état d'être jugée. — Par anal., *Juger ce coupTà. Je m'en rapporte à ce qu'il en jugera. Un coup difficile à j.* On dit aussi : *Regardez-vous jouer, vous jugerez des coups.* — Fig. et prov., *J. sur l'étiquette du sac,* Voy. ÉTIQUETTE. || *J. une personne, Juger son procès. Il sera jugé demain. J. par contumace, Il a été jugé, on l'a jugé à mort. On l'a jugé, il est absous.* — Par analogie, on dit : *Dieu viendra j. les vivants et les morts.* || Absol., Reconnaître la convenance ou la disconvenance de deux idées. *Cet enfant n'est pas encore en état de raisonner et de j.* || Se former un avis, une opinion sur une personne ou sur une chose. *Vous jugez cet homme trop sévèrement. Vous le jugez bien, c'est un fripon. Vous me jugez fort mal. Je l'ai jugé de prime abord. J. une pièce de théâtre, un tableau, etc. Vos préventions vous empêchent de j. sainement.* — On dit, dans le même sens, *J. de. J. des gens sur l'apparence. Jugez de la pièce par l'échantillon. Je ne pouvais pas bien j. de la distance. Pour mieux j. de la chose, pour mieux en j. J. sainement des choses.* Par anal., *L'œil juge des couleurs. L'oreille juge des sons,* etc. || Décider du défaut ou de la perfection de quelque chose. *Il juge bien de la poésie, de la peinture. Il juge mal de ces sortes de choses. Il en juge comme un aveugle des couleurs.* — Se dit aussi des personnes, en parlant de leurs qualités bonnes ou mauvaises, de leurs pensées, de leurs sentiments, de leurs intentions, etc. *J. favorablement de quelqu'un, J. mal de son prochain. Vous en jugez un peu témérairement.* Absol., *Ne jugez point, si vous ne voulez être jugé.* — *J. d'autrui par soi-même,* Estimer les sentiments d'autrui par les siens propres. || Croire, estimer que, être d'avis, d'opinion que, etc. *Jugez-vous cela bien nécessaire ? Il n'a pas jugé à propos de s'y trouver. Si vous jugez qu'il puisse remplir cette mission. Prenez le parti que vous jugerez le meilleur. Que jugez-vous que je doive faire ?* || Conjecturer. *Si j'en juge par ce qu'il m'a dit, il est peu disposé à un accommodement. Je jugeai, à son air, qu'il était fort inquiet. Que jugez-vous de cela ? Je jugeai bien que telle chose arriverait. Je ne sais trop qu'en j.* — Au Jeu de Paume, *J. la balle,* Voy. BALLE. || Se figurer, s'imaginer. *Jugez combien je fus surpris. Jugez de ma surprise. Jugez quelle fut ma surprise. Vous pouvez bien j. qu'il n'en fut pas très satisfait. Jugez si je fus ravi de le voir. Il est aisé de j. d'où part le coup.* || T. Méd. Se dit des phénomènes critiques des maladies. *Cette évacuation a jugé la maladie.* || T. Chas. *J. la bête,* La reconnaître à ses traces. — *Tirer au j.,* Tirer dans une direction en supposant que la bête est là. == **SE JUGER.** v. pron. Être jugé. *L'affaire doit se j. demain.* || Avoir, se former une opinion sur soi-même, s'estimer soi-même. *Il se juge très sévèrement. Ce poète s'est jugé lui-même dans sa préface. Nous nous jugeons rarement comme les autres nous jugent. Vous en jugez-vous capable ?* — Se dit aussi dans le sens réciproque. *Ils ne se jugèrent pas l'un l'autre très favorablement. Ils se jugèrent faits l'un pour l'autre.* || T. Méd. *La maladie se jugera vraisemblablement par une sueur abondante.* == **JUGÉ, ÉE.** part. || T. Jurispr. *La chose jugée,* se dit d'un point de contestation qui a été jugé par les tribunaux. *Le respect dû à la chose jugée. Condamné passé en force de chose jugée,* Décision qui ne peut plus être réformée par aucune voie légale, attendu que la partie condamnée ne s'est pas pourvue dans le délai fixé. || *Bien jugé, mal appelé ; mal jugé, bien appelé,* Formules employées dans les jugements, quand un juge supérieur confirme ou réforme la sentence d'un juge inférieur. On dit substt., dans le même sens, *Le bien jugé. Maintenir le bien jugé.* Voy. JUGEMENT. == Conj. Voy. MANGER. = Syn. Voy. DÉCIDER.

Remarque. — Il est difficile de juger absolument. On pense, on apprécie, on conclut, d'après ses propres impressions, sa nature, son éducation. Ainsi, en général, l'homme juge plutôt par l'esprit, par la raison, par la logique, et la femme par le cœur, par le sentiment. Nos jugements ne peuvent donc guère prétendre à une justice absolue. La valeur d'un jugement est souvent en raison inverse du pouvoir de juger.

JUGÈRE. s. m. T. Métrol. Mesure agraire usitée chez les anciens Romains et dont la valeur est mal connue. On l'évalue à environ 25 ares.

JUGEUR. s. m. (R. *juger*). Celui qui se pose en juge de quelque chose.

JUGLANDÉES. s. f. pl. (lat. *juglans*, noyer). T. Bot. — Famille de végétaux Dicotylédones de l'ordre des Apétales inférovariées.

Caract. bot. : Arbres à suc aqueux ou résineux. Feuilles alternes, pennées, ordinairement non ponctuées. Stipules nulles. Fleurs unisexuées monoïques; les fleurs mâles en chatons, les femelles terminales; quelquefois les deux espèces sont mêlées dans le même épi. Fleurs mâles munies de 2 bractées manquant dans le Cryptocaryer; calice formé de 2, 3, 4 sépales, nul dans le Cryptocaryer; étamines 4, ou un plus grand nombre, avec des filets courts et libres, et des anthères dressées biloculaires. Fleurs femelles : calice adhérent à l'ovaire qu'il recouvre et se partageant au-dessus de lui en 4 lobes, rarement en 3 ou en 5; il est dans quelques cas doublé à sa base par un involucre cupuliforme. Pistil formé de 2 carpelles concrescents en un ovaire uniloculaire. Ovule solitaire, dressé, orthotrope. Styles 1 ou 2, très courts; stigmates 2-4, rarement davantage, inégaux, frangés; parfois sessiles, discoïdes, quadrilobés. Le fruit est une drupe dont la cavité se cloisonne incomplètement pendant la croissance en 2 ou 4 compartiments; la zone charnue du péricarpe se fend quelquefois en 4 valves à la maturité; le noyau scléreux s'ouvre parfois aussi en 2 valves (Noyer). La drupe est souvent munie de 2 ailes provenant des bractées concrescentes (*Pterocarya*). Graine dressée, sans albumen, quadrilobée au sommet et à la base, à lobes séparés par les cloisons; cotylédons charnus, huileux, sinueux; radicule supère et très courte [Fig. 1. *Juglans regia :* Chaton mâle; 2. Groupe de fleurs femelles; 3. Coupe verticale d'une fleur femelle; 4. Coupe verticale du fruit parvenu à maturité].

Cette famille se compose seulement de 5 genres (*Carya, Juglans, Pterocarya, Engelhardtia, Platycarya*) et 27 espèces. La plupart habitent l'Amérique du Nord; quelques-unes appartiennent aux Indes orientales. Une espèce, le Noyer commun, est originaire de la Perse et du Cachemire; une autre du Caucase, et une troisième des îles des Indes occidentales. On en a trouvé jusqu'à 92 espèces fossiles, presque toutes dans le terrain tertiaire. — L'écorce des J. est âcre et purgative; il en est de même du brou du fruit du *Noyer commun* (*Juglans regia*), nonobstant son astringence. Cette propriété est même tellement prononcée dans une espèce américaine, qu'elle lui a valu son nom spécifique de *Jugl. cathartica*. Le fruit du Noyer commun est une ressource précieuse pour plusieurs pays. On mange les Noix avant leur maturité, pendant le mois d'août, sous le nom de *Cerneaux*. Après leur maturité, on les mange encore, soit sèches, soit fraîches. Fraîche et dépouillée de la pellicule qui la revêt, leur amande constitue un aliment sain et agréable; mais, en séchant, elle devient indigeste, et elle prend même souvent une rancité qui la rend nuisible. Quand elle est encore jeune, et avant que son noyau soit formé, on en prépare une liqueur stomachique en la faisant infuser dans de l'eau-de-vie (*Eau de noix*). L'extraction de l'huile bien connue sous le nom d'*Huile de noix* absorbe des quantités considérables de ce fruit. Pour faire cette extraction, on casse le noyau avec un maillet et l'on soumet l'amande dénudée à l'action d'une meule verticale. La pâte qu'on obtient ainsi est enfermée dans des sacs de toile, et soumise à l'action de la presse. L'huile qui s'écoule alors, et qu'on nomme *Huile vierge*, est claire, bonne à manger, bien qu'elle conserve un goût de Noix peu agréable pour les personnes qui n'y sont pas accoutumées. Elle n'entre guère dans le commerce et se consomme sur place. Après cette première expression, on retire la pâte des sacs pour la mouiller d'eau chaude et la chauffer modérément dans des chaudrons; alors on l'introduit de nouveau dans les sacs, et on la presse fortement. L'huile qui résulte de cette seconde pression est toujours âcre, très colorée, et s'emploie, à cause de ses propriétés siccatives, pour la préparation des couleurs dans la peinture à l'huile. Le fruit du Noyer est encore utilisé pour son brou, qui fournit une couleur brune très solide, analogue à celle qu'on retire aussi des racines de cet arbre. Le fruit de l'espèce américaine appelée *Noyer noir* (*Juglans nigra*) est bien inférieur à celui du Noyer ordinaire; néanmoins on en consomme, aux États-Unis, des quantités considérables. En Amérique, on mange également l'amande de plusieurs espèces de *Carya*, particulièrement du *Carya alba* ou *Noyer blanc*, et du *Car. olivæformis* ou *Noyer Pacanier*, dont le fruit, de la grosseur d'une olive, est de fort bon goût. Mais celui du *Car. amara* est trop amer pour servir d'aliment. Le bois des différentes espèces du genre *Noyer* est fort employé dans l'ébénisterie, à cause de ses belles veines brunâtres, de son grain serré et de sa dureté. Celui des Caryers sert aux mêmes usages. Les espèces qui appartiennent au genre *Engelhardtia* sont très résineuses. L'*Eng. spicata*, grand arbre de Java, qui atteint jusqu'à 60 mètres de hauteur, a un bois brun pâle, dur et pesant; on en fait des roues de voiture d'une seule pièce, en coupant le tronc par tranches horizontales.

JUGLANDINE. s. f. (lat. *juglans*, andis, noyer). T. Chim. Principe amer extrait du brou de noix vert.

JUGLON. s. m. T. Chim. Syn. de *Juglone*.

JUGLONE. s. f. (lat. *juglans*, noyer, et la term. *one* d'*acétone*). T. Chim. Dérivé oxhydrylé de la naphtoquinone. On l'obtient par l'oxydation de l'hydrojuglone qui existe dans l'enveloppe verte des noix : on fait macérer le brou de noix dans l'éther et l'on oxyde la solution à l'aide du mélange chromique; on distille l'éther et on reprend le résidu par un mélange de chloroforme et de ligroïne. La j. cristallise en aiguilles rouge foncé, qui fondent à 154° en donnant un liquide presque noir. Elle a pour formule $C^{10}H^6O^3OH$. Elle est à peu près insoluble dans l'eau, mais elle se dissout dans l'alcool et surtout dans le chloroforme. Avec les alcalis elle donne des solutions qui s'oxydent à l'air en formant de l'*oxyjuglone :* celle-ci est une dioxy-naphtoquinone cristallisable, fusible vers 220°. L'acide azotique convertit la j. en un acide bibasique, l'*acide juglonique* $C^6H(AzO^2)^2OH(CO^2H)^2$, dérivé dinitré de l'acide oxyphtalique. Traitée par l'hydrogène naissant, la j. se convertit en hydrojuglone. Distillée avec la poudre de zinc, elle donne du naphtalène. Elle colore la peau en brun; on la teint pas les tissus mordancés.

L'*hydrojuglone* $C^{10}H^8O^3$ se rencontre dans le brou de noix sous deux formes isomériques. L'*α-hydrojuglone* cristallise en lamelles ou en aiguilles incolores, à saveur brûlante, fusibles à 170°, très solubles dans l'alcool et dans l'éther, presque insolubles dans le benzène. Elle est toxique; il suffit de 5 décigrammes pour tuer un lapin. Sous l'action des oxydants elle se convertit facilement en j. Ses solutions dans la potasse aqueuse, d'abord jaunes, s'oxydent rapidement à l'air en devenant violettes. Chauffée au-dessus de son point de fusion, elle se transforme bientôt en β-hydrojuglone. Celle-ci cristallise en tables ou en aiguilles argentées, très solubles dans le chloroforme et dans le benzène, peu solubles dans l'éther et dans l'alcool à froid; elle possède une odeur aromatique et une saveur brûlante; ses solutions alcalines sont jaunes et rougissent à l'air. Par ébullition avec de l'acide chlorhydrique, la β-hydrojuglone se convertit à la longue en son isomère α.

JUGLONIQUE. adj. 2 g. T. Chim. *Acide j.* Voy. JU-GLONE.

JUGULAIRE. adj. 2 g. (lat. *jugulum*, gorge). T. Anat. Qui appartient à la gorge. *La fosse j.* — *Les veines jugulaires.* — *Poissons jugulaires,* Poissons qui ont les nageoires ventrales placées en avant des pectorales près du cou. — Se dit aussi substant., en parlant des veines jugulaires. *La j. externe.* On l'a saignée à la j. = JUGULAIRE. s. f. Courroie de cuir recouverte de lames de métal qui sert de mentonnière aux shakos, aux casques, etc. *Baisser, relever les jugulaires.*

JUGULATEUR. s. m. (lat. *jugulator*, égorgeur). Celui qui jugule.

JUGULER. v. a. (lat. *jugulare*, égorger, de *jugulum*, gorge). Fig. et fam. Pressurer quelqu'un, abuser de la situation où il se trouve, ou le tourmenter sans relâche. *Il m'a jugulé pour me prêter mille écus dont j'avais besoin.*

JUGULIBRANCHE. adj 2 g. (lat. *jugulum*, gorge; fr. *branchies*). Dont les ouïes s'ouvrent su~ la gorge.

JUGURTHA, roi de Numidie, petit-fils de Masinissa (154-104 av. J.-C.), fut adopté par son oncle Micipsa, qui partagea son royaume entre son neveu et ses deux fils, Hiempsal et Adherbal. Jugurtha fit périr ses deux cousins (118, 112), gagna les généraux romains envoyés contre lui; mais, vaincu et pris par Marius, il fut jeté dans un cachot à Rome et y mourut de faim.

JUIF, IVE. adj. et s. (lat. *Judæus*; gr. ἰουδαῖος, m. s.). Celui, celle qui professe la religion judaïque. *Il est j. Elle est juive. Un marchand j. Les juifs de Pologne, d'Allemagne, de France.* — Prov., *Il est riche comme un j.*, Il est fort riche. || Fig. et fam., se dit d'un usurier, d'un marchand qui vend exorbitamment cher, et, en général, de quiconque cherche à gagner de l'argent par des moyens injustes et sordides. *C'est un j., un vrai j.* || *J. errant,* Voy. LAHANT.

Hist. — Le peuple que nous appelons *Juif* et qui se donne de préférence le nom d'*Israélite*, est en réalité le peuple *hébreu*, de la famille Chaldéenne, issu à l'aurore de son histoire de la région d'*Héber*, sur la rive gauche du Tigre, grand fleuve tributaire du golfe Persique. D'après ses propres traditions, il descendrait d'Adam, dont en a voulu faire le père de l'humanité tout entière, et puis, après plusieurs générations, de Sem, fils de Noé, seule famille échappée à une terrible inondation désignée du nom de *déluge*, d'où la dénomination de *Sémites*, donnée aux Hébreux et à leurs proches parents, les Chaldéens (Assyriens et Babyloniens), les Phéniciens, les Arabes, etc. Essentiellement nomade à ses débuts, après avoir contribué à la construction de Babylone (tour de Babel) et avoir campé soit en Mésopotamie, soit de l'Euphrate à l'Arabie, sous la conduite des patriarches Abraham, Isaac, Jacob, le peuple hébreu, qui avait pris le nom d'*Isra-eli* (fort devant Dieu), gagna l'Egypte, y séjourna quelque temps dans une condition voisine de l'esclavage, attelé à tous les grands travaux des Pharaons. Chassé par l'un de ces rois et fuyant à travers les sables de la mer Rouge sous la direction de Moïse, il erra misérablement dans tous les sens entre l'Egypte et l'Arabie Pétrée et finalement atteignit la *Terre promise*, terre de *Chanaan* ou *Palestine*, entre le bassin du Jourdain et de la mer Morte et la Méditerranée, entre les Philistins ou Phéniciens au Nord et les Syriens au Sud et à l'Est, dans la région montagneuse du Liban, et en fit la conquête sous un chef de guerre surnommé *Josué* (de Jessiah, sauveur) vers 1600 av. J.-C.

Durant cet exode, Moïse avait dicté des lois au nom du dieu Jehovah, et une famille, celle de Lévy, avait acquis le privilège du sacerdoce, d'où le nom de *Lévites*, donné aux prêtres de la religion nouvelle. Le peuple d'Israël se trouva divisé en douze tribus, du nom de leurs chefs, qui se partagèrent la terre de Chanaan, ainsi qu'il suit, du sud au nord : Juda, Siméon, Dan, Benjamin, Ruben, Éphraïm, Gad, Manassé, Issachar, Zabulon, Azer et Nephtali. Ces tribus étaient gouvernées par des juges. Dans la terre de Benjamin se trouvait Solima, dont on fit Jérusalem la capitale, la ville Sainte. Mais la tribu de Juda, qui était la plus nombreuse, exerça un ascendant sur les autres, de sorte que le nom de Judää, d'où nous avons fait *Juif*, se substitua à ceux d'Hébreu et d'Israélite.

Après cinq siècles de ce régime, pendant lesquels le peuple d'Israël eut beaucoup à souffrir de ses voisins, il se réunit sous des rois : Saul, David, Salomon, qui construisit le fameux temple de Jérusalem; puis, après la mort de ce dernier, les tribus de Juda et de Benjamin, voisines de la mer Morte, se séparèrent, sous le nom de Judée, des autres qui prirent le nom d'Israël. Israël, au nord et à l'ouest de Juda, prit Sichem pour capitale; et chacun des deux royaumes de Judée et d'Israël eut sa dynastie. En 553 av. J.-C., les Juifs furent soumis par Nabuchodonosor, roi de Babylone; leurs chefs et leurs prêtres emmenés en captivité. Cette soumission dura 70 ans, jusqu'au jour, où Cyrus, roi des Perses, vainqueur de Babylone, rendit la liberté aux Israélites et aux Juifs. Le grand prêtre Esdras, qui réorganisa la nation avec l'autorisation du successeur de Cyrus, Artaxercès (Assuérus), écrivit ou revisa la loi et les livres attribués à Moïse, reconstruisit le temple de Salomon, et fonda un sénat de 70 membres, appelé *Sanhédrin*, choisi dans la caste sacerdotale.

Comme les peuples d'Israël et de Juda étaient désormais le chaldéen et que l'hébreu était devenu une langue morte, Esdras rassembla en un seul monument appelé *Bible* (le Livre) toutes les œuvres anciennes, la plupart mystico-religieuses, composées en cette langue par les prophètes, sorte de philo-

sophes-poètes, dont quatre grands : Isaïe, Jérémie, Ézéchiel et Daniel; et 12 petits : Osée, Joël, Amos, Abdias, Jonas, Michée, Nahum, Habacuc, Sophonie, Aggée, Zacharie et Malachie.

. Le sanhédrin confessa un Dieu unique, éternel ; mais, toujours sous le coup du protectorat des Perses, il proclama deux lois : l'une écrite, qu'on pouvait montrer à l'étranger; l'autre verbale, secrète, dont le nom hébraïque est devenu la *cabale.* Voy. ce mot.

En 332 av. J.-C., l'empire des Perses fut à son tour brisé par Alexandre de Macédoine. Le peuple d'Israël se soumit au vainqueur, puis, après sa mort, fut réuni à la Syrie et attribué à Seleucus et à ses successeurs, dont l'un, Antiochus Épiphane, imposa à Jérusalem le culte de Jupiter (175). Ce fut la cause d'une insurrection au cours de laquelle (165 à 145) la famille des Macchabées rétablit l'indépendance du pays et le culte de Jéhovah. Israël fut alors divisé en 4 provinces : trois de la mer Méditerranée à la mer Morte et au Jourdain, Judée au sud, Samarie au centre, Galilée au nord, la quatrième, Pérée, sur la rive gauche du Jourdain. Mais les dissensions intestines commencèrent entre Pharisiens, partisans de la dynastie de David, Sadducéens, partisans des Macchabées, Esséniens, parti du peuple. Les Pharisiens invoquèrent l'appui de Rome, alors toute-puissante, le consul Cneius Pompée entra dans Jérusalem et la Judée fut réduite en province romaine. L'empereur Auguste lui donna pour roi un certain Hérode Ascalonite, né dans l'Idumée ou Arabie Pétrée. A sa mort, le nord et l'est de son royaume furent seuls partagés entre ses trois fils, les provinces de Judée et de Samarie restant directement sous l'administration romaine; il y eut une succession d'Hérodes : Hérode Antipas fit décapiter Jean-Baptiste, et, pour flatter l'empereur Tibère, fonda Tibériade. Sous son règne, Jésus de Nazareth, en Galilée, se déclara l'envoyé de Dieu, recruta des fidèles dans les provinces, mais échoua à Jérusalem où il s'attaqua aux prêtres, et mourut crucifié. Puis vint Hérode Agrippa, ami de l'empereur Caligula, et qui persécuta les premiers Nazaréens, disciples de Jésus, appelés plus tard Chrétiens; enfin, un second Hérode Agrippa, fils du précédent, lequel s'unit aux légions romaines de Vespasien et de Titus pour assiéger et réduire Jérusalem insurgée, dont le fameux temple fut incendié pendant le pillage (70 ap. J.-C).

Cependant les prêtres, sous la conduite de Ben-Zakaï, obtinrent la permission de se retirer à Jamna et d'y fonder une école. De là partit au siècle suivant un dernier champion de l'indépendance, Bar-Kokebach (fils d'Étoile) lequel se proclama Christ et Messie, rassembla une nombreuse armée, mais fut écrasé par Julius Sévère (127 à 135). Cette fois, tout ce qui restait de Jérusalem fut rasé par ordre de l'empereur Adrien, et une ville romaine, Aelia Capitolina, s'éleva sur ses ruines.

Les Juifs dispersés se répandirent dans tout l'Empire romain et s'y adonnèrent à peu près exclusivement au trafic de l'argent, avec d'autant plus de succès que ce commerce était déconsidéré auprès des Romains et des autres peuples. Mais ils apportaient avec eux leur Foi. C'est l'honneur et la force du peuple juif d'avoir le premier adopté la croyance en un Dieu unique, éternel et invisible (dans le temple d'Esdras, Jéhovah n'avait pas de statue). Les magnifiques poèmes de la Bible, chantés dans le Temple à la gloire de l'Éternel, avaient déjà plongé les autres peuples dans le ravissement. A ce moment, la débâcle du polythéisme s'achevait dans le mépris général. Les religions dérivées du Judaïsme, le Christianisme d'abord, et plus tard le Mahométisme, conquièrent successivement ou se partagèrent le monde civilisé.

Mais les Juifs restèrent toujours réfractaires aux dogmes nouveaux, qu'ils considéraient comme des schismes. En 470, le sanhédrin de Babylone proclama une nouvelle loi, le *Talmud.*

Au milieu des nations formées de tant d'éléments différents et bien vite confondus, eux seuls, grâce à leur foi inébranlable, ne se marièrent qu'entre eux, et leur foi conservèrent leur individualité. Un reste de pratique barbare, la circoncision, achevait d'en faire un peuple à part. Sous l'influence de l'intolérance religieuse qui sévit pendant tout le moyen âge et les temps modernes, les Juifs furent constamment persécutés par les Chrétiens, qui les rendaient tous et toujours responsables du supplice de Jésus. En Espagne, surtout, l'Inquisition en immola un grand nombre, en convertit une partie et expulsa le reste. Dans les autres pays européens, les rois (en France, par ex.) et les papes les protégèrent généralement, ayant souvent recours à eux dans leurs embarras financiers. Mais dès que la foule se mutinait contre le roi, le massacre des Juifs était un corollaire fréquent.

La Révolution française, en proclamant l'égalité de tous les citoyens, a fait sortir les Juifs de la condition d'infériorité et d'exception où ils étaient réduits depuis 17 siècles; elle les a admis dans tous les corps de l'État, armée : magistrature, administration, etc. Un grand nombre d'entre eux, continuant, par tradition, à s'adonner à la spéculation financière, ont acquis, depuis le commencement de ce siècle surtout, des fortunes colossales. Mais par la force, soit de l'habitude, soit du préjugé, ils ont continué à se peu croiser avec les nations diverses au milieu desquelles ils vivent, conservant toujours intactes leurs mœurs, leur religion, et surtout leur nationalité, qui semble se fondre avec l'habitude, dans chaque État, que des citoyens d'adoption. Leurs prêtres se nomment *Rabbins*.

On évalue à 9,000,000 environ le chiffre des Juifs ou Israélites répartis par le monde, dont 600,000 en France. Ils ont compté quelques hommes très supérieurs : le philosophe Spinosa, en Hollande; les musiciens Mendelssohn, en Allemagne, et Halévy, en France. Mais le drainage de l'or a soulevé contre eux tout un mouvement d'hostilité. L'*antisémitisme* est déjà ancien dans les pays où les Juifs sont nombreux, en Russie, en Allemagne, en Algérie. La France, pays du libéralisme et du scepticisme par excellence, résista longtemps à ce courant, mais on cherche à l'y entraîner depuis quelques années. De leur côté, les Israélites ont entrepris une campagne pour obtenir en Orient la concession d'une province, afin de s'y retirer et de reconstituer un peuple autonome. Un congrès tenu en 1897, à Bâle, n'a pas encore obtenu de résultat.

Liste chronologique des gouvernements successifs des juifs :

Moïse, 1632 av. J.-C., époque de l'Exode. — Josué, 1592. — Conseil des anciens, 1556. — Époque des Juges, 1541 : Othoniel, Aod, Débora, Gédéon, Abimelech, Thola, Jaïr, Jephté, Abesan, Abialon, Abdon, Samson, Héli, Samuel. — Établissement de la Royauté : Saül, 1080. — David, 1040. — Salomon, 1001. — Schisme des dix tribus, et formation de 2 royaumes, 962. — *Royaume de Juda* (composé des 2 tribus de Juda et de Benjamin, restées seules fidèles à la race de David) : Roboam, 962. — Abiam, 946. — Asa, 944. — Josaphat, 901. — Joram, 880. — Ochosias, 877. — Athalie, 876. — Joas, 870. — Amasias, 831. — Osias, 803. — Joathan, 752. — Achaz, 737. — Ézéchias, 723. — Manassé, 694. — Ammon, 640. — Josias, 639. — Joachas, 609. — Sédécias, 598; Destruction du Temple et du royaume de Juda, 587. — *Royaume d'Israël* (formé des dix autres tribus) : Jéroboam, 962. — Nadab, 942. — Baaza, 919. — Ela, 918. — Zambri, 918. — Amri, 907. — Achab, 888. — Ochosias, 887. — Joram, 876. — Jéhu, 848. — Joachas, 833. — Joas, 817. — Jéroboam II, 776. — Zacharie, 767. — Sallum, 766. — Manahem, 766. — Phaceïa, 755. — Phacée, 753. — Osée, 730; Prise de Samarie et fin du royaume d'Israël, 718.

JUILLAC, ch.-l. de c. (Corrèze), arr. de Brive ; 2,500 hab.

JUILLET. s. m. [Pr. *ju-llè*, *ll* mouillées] (lat. *julius*, m. s.). Le septième mois de l'année. Voy. ci-après. || T. Hist. *Les ordonnances de J.*, *les journées de J.*, *Le gouvernement de J.*, en parlant de la révolution de Juillet 1830.

Chronol. — Ce mois est le septième mois depuis la réforme du calendrier par Jules César. Dans l'année de Romulus, il était le cinquième, et en conséquence portait le nom de *Quintilis*. Ce fut en l'honneur du dictateur, et l'année même de sa mort (44 av. J.-C.), que le consul Marc-Antoine fit donner à ce mois le nom de *Julius*, dont nous avons fait *Juillet*. Il se compose de 31 jours. C'est le 3 de ce mois que commencent les *Jours caniculaires*. Voy. CALENDRIER.

JUILLY, vge de l'arr. de Meaux, célèbre par son ancienne abbaye, qui fut transformée en collège par les Oratoriens, en 1638; 1,400 hab.

JUIN. s. m. [Pr. *jun*] (lat. *junius*, m. s.). — L'étym. du mot latin *junius*, dont nous avons fait *Juin*, est fort incertaine. Plusieurs le font venir d'un personnage nommé Junius; d'autres, du mot *juniores*, qui signifie *les jeunes gens*, par opposition à *Mai*, que l'on fait venir de *majores*, qui veut dire *les hommes âgés*. Il est plus probable que *junius* veut dire le mois consacré à Junon. Aujourd'hui, ce mois est le sixième de l'année, et se compose de 30 jours ; mais dans l'ancien calendrier romain il était le quatrième, et n'avait que 29 jours, ce fut César qui y ajouta le trentième jour.

JUIVERIE. s. f. Quartier d'une ville habité par les juifs.

La j. de Metz. || *Corporation des Juifs*, Ensemble des Juifs d'une ville ou d'un pays. || Marché usuraire. *C'est une vraie j. Il m'a fait une j.* Fam.

JUJUBE, s. f. (lat. *zizyphus*; gr. ζίζυφος, m. s.). Le fruit du jujubier. || *Du suc de j.* ou *du j.*, Suc extrait de la j. — *Pâte de j.*, Pâte pectorale faite avec la jujube.

JUJUBIER. s. m. (R. *jujube*). T. Bot. Genre de plantes Dicotylédones (*Zizyphus*), de la famille des *Rhamnées*. Voy. ce mot.

JULE. s. m. T. Zool. Voy. IULE. || T. Métrol. Nom d'une monnaie romaine valant de 0ʳ,25 à 0ʳ,35, et qu'on a attribuée au pape Jules II, mais qui remonte plus loin.

JULEP. s. m. [Pr. le *p*] (arabe *djoulab*, m. s.). — On nomme ainsi des potions adoucissantes ou calmantes dans la composition desquelles il n'entre que des eaux distillées et des sirops. Le *J. calmant* du Codex est composé d'eau distillée de laitue (125 gram.), d'eau de fleur d'oranger (12 gram.), et de sirop d'extrait d'opium (8 gram.). Le *J. gommeux* se prépare en dissolvant dans un mortier de marbre, au moyen de 96 gram. d'eau, 8 gram. de gomme arabique pulvérisée, puis en ajoutant 16 gram. d'eau de fleur d'oranger et 22 de sirop de guimauve.

JULES Iᵉʳ (SAINT), pape, successeur de saint Marc (337 à 353). = JULES II, pape de 1503 à 1513, lutta d'abord contre les Vénitiens, puis contre Louis XII, pour affranchir l'Italie des étrangers. Il commença la construction de Saint-Pierre de Rome. = JULES III, pape de 1550 à 1555.

JULES ROMAIN, peintre italien, élève favori de Raphaël (1492-1546).

JULIA (GENS), illustre famille de Rome, à laquelle appartenait Jules César et qui prétendait descendre d'Iule ou Ascagne, fils d'Énée.

JULIA DOMNA, femme de Septime Sévère, mère de Caracalla et de Géta (150-218 ap. J.-C.).

JULIE, fille de Jules César, épousa Pompée en 59 av. J.-C., mourut en 55. || Fille d'Auguste et de Scribonie, épousa successivement Marcellus, Agrippa et Tibère, fut exilée par son père pour son inconduite.

JULIE (SAINTE), d'une famille illustre de Carthage; martyre en 439. Fête le 22 mai.

JULIEN, IENNE. adj. [Pr. *juli-in, ène*] (R. n. prop. *Jules* ou *Julien*). T. Chronol. *Année julienne*. Voy. ANNÉE, CALENDRIER. *Période julienne*. Voy. CYCLE. = JULIENNE. s. f. T. Bot. Genre de plantes Dicotylédones (*Hesperis*), de la famille des *Crucifères*. Voy. ce mot. || T. Cuis. Potage fait avec plusieurs sortes d'herbes et de légumes taillés très menu et cuits dans le bouillon. *Servir une j. Potage à la j.*

JULIEN, dit *l'Apostat*, neveu de Constantin le Grand, né à Constantinople en 331, fut nommé *césar* et gouverneur des Gaules par son cousin Constance (355), puis proclamé empereur par ses soldats, au palais des Thermes, à Paris (361). Élevé dans le christianisme, il l'abjura et tenta de rétablir le polythéisme, et périt, à l'âge de 32 ans, dans une expédition contre les Perses (363). — C'était un prince très éclairé et l'un des meilleurs qu'ait connu l'Empire romain. Sa politique religieuse s'explique par l'idéal qu'il s'était fait du polythéisme antique renouvelé par la philosophie panthéiste, et par certaines tendances du christianisme naissant contraires à la pratique des affaires, et qui l'ont, en effet, rendu incapable de défendre l'Empire contre les invasions des Barbares. On peut se demander, cependant, si le polythéisme de Julien, au cas où il aurait réussi à étouffer le christianisme, aurait été plus heureux. — Les œuvres de l'empereur Julien ont été traduites en français.

JULIEN (Comte), gouverneur de l'Andalousie, appela les Arabes en Espagne, pour se venger du Visigoth Roderic (711).

JULIEN, statuaire français, auteur de la *Baigneuse*, né à Saint-Paulien (Haute-Loire) (1731-1804).

JULIEN (Noël, dit *Stanislas*), célèbre sinologue français, né à Orléans (1797-1873).

JULIEN L'HOSPITALIER (Saint), martyr, mort vers 313. Fête le 9 janvier.

JULIENNES (ALPES), partie des A pes entre le Carniole et l'Illyrie.

JULIERS, v. de la prov. Rhénane (P usse) ; 5,500 hab. Autrefois cap. du duché de Juliers.

JUMART. s. m. [Pr. *ju-mar*] (provenç. *gemarre*, m. s., qui fait penser à *Chimère*). Nom donné au produit problématique de l'accouplement également problématique du taureau avec la jument ou de l'ânesse, ou du cheval avec la vache.

JUMEAU, ELLE. adj. [Pr. *jumo, mèle*] (lat. *gemellus*, m. s.). Se dit de deux ou de plusieurs enfants nés d'un même accouchement. *Deux frères jumeaux. C'est sa sœur jumelle.* Se dit quelquefois des animaux. *Des chiens jumeaux.* — Subst., *Elle est accouchée de deux jumeaux, de trois jumeaux.* || Se dit des fruits quand il s'en trouve deux joints ensemble. *Une pomme jumelle. Des abricots jumeaux. Une noix jumelle.* || Lits jumeaux, Deux lits de même forme et de même dimension placés parallèlement dans la même pièce. || T. Anat. *Muscles jumeaux*, ou subst., *Les jumeaux*, se dit de deux muscles pairs accolés l'un à l'autre à la partie postérieure de la jambe où ils forment le mollet. On appelle aussi *jumeaux de la cuisse* ou *Petits jumeaux*, deux petits faisceaux musculaires situés à la partie supérieure de la cuisse. — *Artères jumelles, Nerfs jumeaux*, Artères et nerfs qui se distribuent dans les jumeaux de la jambe ; *Veines jumelles*, celles qui viennent des jumeaux. || *Alambics jumeaux*, dont le bec de chacun entre dans le ventre de l'autre, de manière à former double circulation pour la distillation. || *Pièce jumelle*, ou subst., *Jumelle*, L'une des deux pièces semblables et semblablement disposées qui entrent dans la composition d'une machine, d'un outil. *Les jumelles d'un pressoir, d'un tour, d'un étau*, etc. = Jumelle. s. f. Double lorgnette dont on se sert principalement au spectacle, en voyage, dans une expédition militaire, etc. || T. Techn. Montant d'une presse, d'un étau ; montant ou poteau du bocart à pulvériser le minerai. — Celle des deux rangées de pavés formant un ruisseau qui joint la chaussée. || T. Mar. Pièce de bois appliquée sur une autre pour la fortifier. || T. Artill. Ancienne pièce de canon à double bouche et à une seule lumière. || T. Tiss. Les deux lames de bois ou les deux petites tringles entre lesquelles on place les broches ou dents métalliques du peigne à tisser ; les deux montants du bâti et la mécanique acquard. || T. Blas. Réunion des deux petites fasces, bandes, barres, etc., parallèles qui ne prennent que le tiers de la largeur ordinaire. Voy. Héraldique.

JUMEAUX, ch.-l. de c. (Puy-de-Dôme), arr. d'Issoire ; 1,200 hab.

JUMELAGE. s. m. Action de jumeler. Résultat de cette action.

JUMELER. v. a. (R. *jumeau*). T. Techn. Accoupler deux objets semblables et semblablement disposés. || T. Mar. Fortifier par une jumelle. = Jumelé, ée. part. *Pièce jumelée*, Formée de deux pièces jumelles. || T. Blas. Se dit d'un sautoir, d'un chevron, de toute pièce formée de deux jumelles. = Subst., Jumelées, Deux pièces de bois qui s'appuient l'une contre l'autre, dans le sens de leur longueur.

JUMENT. s. f. [Pr. *ju-man*] (lat. *jumentum*, bête de somme, pour *jugmentum*, de *jungere*, joindre, *jugum*, joug). La femelle du cheval. || T. Techn. Fer à gaufrer avec lequel on faisait et on marquait les pièces de monnaie avant l'invention du balancier.

JUMENTERIE. s. f. [Pr. *juman...*] (R. *jument*). Haras où l'on produit des étalons.

JUMENTEUX, EUSE. adj. [Pr. *ju-manteu, euze*] (R. *jument*). T. Méd. *Urine jumenteuse*, Urine colorée et trouble. Voy. Urine.

JUMET, v. de Belgique (Hainaut) ; 23,400 hab.

JUMIÉGES, village de l'arr. de Rouen, sur la Seine. Ruines d'une abbaye de Bénédictins ; 1,000 hab.

JUMILHAC (Marquis de), homme politique fr., né à Paris (1764-1826).

JUMILHAC-LE-GRAND, ch.-l. de c. (Dordogne), arr. de Nontron ; 3,100 hab.

JUNCACÉES, JUNCACINÉES, JUNGERMANIÉES. Voy. Joncacées, etc.

JUNGFRAU, c.-à-d. la *Jeune fille* ou *la Vierge*, sommet des Alpes Bernoises ; 4,180 mètres.

JUNGLE ou **DJUNGLE**. s. f. [Pr. *jon-gle*] (sanscr. *jongala*, m. s.). Épais fourré, en général marécageux, qui est formé d'herbes élevées, de joncs, de bambous, d'arbres plus ou moins élevés et de plantes grimpantes. *Les jungles des embouchures du Gange servent de retraite à une foule d'animaux féroces.* || *Fièvre de jungle*, Fièvre paludéenne à forme rémittente. — Voy. Désert.

JUNIA (Gens), illustre famille de Rome, d'où sortit Junius Brutus.

JUNIVILLE, ch.-l. de c. (Ardennes), arr. de Rethel ; 1,100 hab.

JUNKÉRITE. s. f. (R. *Junker*, n. d'un médecin all.). T. Minér. Carbonate de fer anhydre.

JUNON. s. f. (lat. *Juno*, m. s.). T. Mythol. Nom d'une déesse. Voy. plus bas. || T. Astr. Nom d'une planète télescopique, découverte par Harding, le 1er sept. 1804. Voy. Planète.

Mythol. — Junon est le nom d'une divinité romaine qui, à l'époque de la fusion des religions de la Grèce et de Rome, s'identifia avec la déesse hellénique *Héra*. — Celle-ci était une fille de Chronos et de Rhéa. Sœur de Jupiter, elle devint sa femme, et eut de lui Vulcain et Hébé. Mars était aussi son fils ; mais elle le mit seule au monde, pour imiter Jupiter, qui avait fait sortir Minerve de son cerveau. Cette déesse était considérée comme le type de la matrone et comme la personnification du mariage solennel. A ce dernier titre, elle était adorée sous le nom de *Gamelia*, et avait pour assistante *Ilithye*, déesse des accouchements. Son culte était très répandu dans toute la Grèce, mais c'était à Sparte, à Mycènes et à Argos qu'il se célébrait avec le plus d'éclat. Le temple (*heræum*) que cette déesse avait dans la vallée du mont Eubée, entre ces deux dernières villes, passait pour un des chefs-d'œuvre de l'art grec. On y célébrait, tous les cinq ans, des jeux, appelés *Herées*, où le vainqueur recevait un bouclier et une couronne de myrte. Des fêtes analogues et portant le même nom existaient dans plusieurs autres lieux. On sacrifiait à Héra des taureaux, des génisses blanches, des béliers, des porcs et des chèvres. Le coucou, la corneille, le paon, l'oie et le grenadier lui étaient consacrés. — La Junon latine paraît tirer son origine de plusieurs divinités italiotes, particulièrement de la déesse *Cupra*, que les Étrusques adoraient comme génie tutélaire des femmes. Le culte de cette dernière fut transporté de Véies à Rome, où on lui bâtit son premier temple sur le mont Aventin. Le mois de juin et les calendes de chaque mois lui étaient consacrés. On lui immolait des porcs et des agneaux, et ses fêtes offraient la plus grande analogie avec celles de Héra. La Junon latine était invoquée, sous le nom de *Lucine*, comme présidant aux accouchements. Enfin, les Romains lui assimilèrent une déesse des Sabins, nommée *Curitis*, que ces derniers adoraient sous la forme d'une lance. — L'art n'a pas toujours représenté Junon de la même manière. Toutefois, chez les Grecs, cette divinité demeura toujours le type de la reine. Ils la figuraient comme une femme d'une haute stature et d'une beauté noble et imposante, le front entouré de cheveux tombant en lignes onduleuses, de manière à former un triangle légèrement voûté, les yeux ronds, très ouverts et regardant droit devant eux. Sa tête était ornée, tantôt d'un diadème en forme de visière relevée, tantôt d'un large bandeau orné des figures en relief des Heures et des Grâces. Comme fiancée de Jupiter, elle portait le voile nuptial attaché sur le derrière de la tête ; néanmoins, dans toutes les statues des plus beaux temps, cette partie du costume est souvent supprimée. Sa tunique ne laissait exposés aux regards que le cou, la tête et les bras. Enfin, elle était ordinairement enveloppée d'un manteau qui ne reposait que sur une épaule et lui serrait la taille. C'est, dit-on, Polyclète qui avait arrêté le type qui précède. Sous l'empire romain, les impératrices affectèrent de prendre, dans les statues qu'on leur érigeait, les traits de la divinité hellénique : aussi, la plupart des statues de Junon que nous possédons de cette époque, ne sont-elles que des images d'impératrices. — Remarquons encore que les artistes romains ont souvent figuré cette déesse avec le caractère guerrier de la Curitis ou *Juno sospita* des Sabins. Ils lui donnaient alors le bouclier et la lance, et recouvraient son corps d'une double tunique et d'une peau de chèvre enveloppant en partie la tête.

JUNOT (ANDOCHE), duc D'ABRANTÈS, général français (1771-1813). || Sa femme, LAURE PERMON (1784-1838) a laissé des *mémoires* (1831-1834, 18 vol.) qui ont eu une grande vogue.

JUNTE. s. f. (esp. *junta*, assemblée, du lat. *juncta*, part. passé de *jungere*, joindre). Nom qu'on donne, en Espagne et en Portugal, à différentes assemblées politiques et à divers conseils administratifs. *J. sanitaire. J. de commerce. J. suprême.*

JUNTE (LES), illustre famille d'imprimeurs vénitiens au XVIe siècle.

JUPE. s. f. (ar. *jubbet*, vêtement de dessous). La partie de l'habillement des femmes qui descend de la ceinture jusqu'aux pieds. *J. de dessus, de dessous. Corps de j. Retrousser ses jupes.* || T. Hist. milit. Dans l'ancien uniforme pan de la redingote, du paletot, couvrant les cuisses.

JUPIN. s. m. Forme du nom de Jupiter dans l'ancien français.

JUPITER. s. m. [Pr. l'r]. T. Mythol. Nom du plus grand dieu du polythéisme antique. Voy. plus bas. || T. Astr. La plus grosse planète du système solaire. Voy. PLANÈTE.

Mythol. — *Jupiter* est le nom latin du dieu que les Grecs appelaient *Zeus;* il est dérivé de ce dernier avec l'addition du mot *pater*, père. Mais les traditions relatives à ce dieu présentent une confusion inextricable qui rend impossible la recherche des transformations que les légendes primitives ont subies avec le temps. Cicéron comptait 3 Jupiters, tandis que Varron, prenant sans doute les attributs et les surnoms d'un seul ou de plusieurs pour autant de personnages différents, en portait le nombre à 300. — Au temps d'Homère, Zeus était déjà considéré, par les Grecs, comme la plus grande de leurs divinités. Fils aîné de Saturne et de Rhéa, et frère-époux de Junon, il a pour frères Neptune et Pluton, avec lesquels il a partagé l'héritage paternel, en gardant pour son lot le ciel et la terre. En outre, en sa qualité de premier-né, il est supérieur à ses frères. Dieu très grand et très auguste, dieu suprême, il est le père des dieux et des hommes, et se fait obéir des uns et des autres. C'est lui qui gouverne tout par sa sagesse, et son regard embrasse l'univers entier. Il est le dieu du bien, le fondateur des empires, le protecteur de l'ordre et de la liberté. Sa main puissante s'étend sur les familles et les simples particuliers; le foyer domestique est sous sa sauvegarde. Juge suprême du serment et de la justice, il punit le parjure, châtie le méchant et protège le juste; il est le gardien de l'hospitalité, l'appui du mendiant qui n'a plus d'asile, de l'exilé qui n'a plus de patrie. Enfin, toute divination émane de lui. Sa demeure est sur l'Olympe, montagne divine qui s'élève jusqu'aux cieux. Il a pour armes l'éclair et le tonnerre, et le moindre signe de sa volonté suffit pour ébranler le monde et lui assurer l'universelle obéissance. — Dans les temps postérieurs à Homère, Zeus conserva invariablement son caractère de dieu suprême, mais les mythographes chargèrent sa légende d'une multitude de détails contradictoires. Suivant Hésiode, il était né à Lyctus, en Crète, et, comme Saturne, son père, dévorait tous ses enfants à mesure qu'ils naissaient, Rhéa n'avait pu le sauver qu'en usant de supercherie : après l'avoir mis au monde en secret, elle avait trompé son époux en substituant une pierre au nouveau-né. Devenu grand, Zeus, voyant son père attaqué par les Titans, avait combattu ces derniers et les avait vaincus, grâce à la foudre que les Cyclopes lui avaient donnée. Puis lui-même détrôna son père, et eut bientôt à se défendre contre les Géants, dont il ne put venir à bout qu'avec l'aide d'Hercule. Les traditions mythologiques au sujet des amours de Jupiter avec les déesses et les simples mortelles, et de l'innombrable progéniture qui en résulte, sont aussi nombreuses que variées et fournissent aux poètes et aux artistes une mine

presque inépuisable de fables et de tableaux. — Le culte de Zeus était commun à toute la Grèce. On célébrait en son honneur un nombre immense de fêtes, parmi lesquelles nous citerons les jeux Olympiques, les *Lycées* d'Arcadie, les *Eleuthéries* de Platée, les *Diasies* d'Athènes, les *Sthénies* d'Argos, etc. Le plus célèbre de ses temples était celui d'Olympie, et le plus renommé de ses oracles, celui de Dodone, en Épire. L'aigle, le chêne et les cimes des montagnes étaient consacrés à ce dieu. On lui sacrifiait des chèvres, des taureaux et des vaches, et on lui donnait ordinairement pour attributs l'aigle, le sceptre, la foudre, la victoire, la patère et la corne d'abondance. — Le *Jupiter* latin (*capitolinus, optimus, maximus*) était un être mixte résultant de la fusion du dieu de la foudre *Tinia*, adoré par les Étrusques, avec le Zeus hellénique. Comme les Grecs, les Romains le mirent à la tête de toute la hiérarchie céleste, et attribuèrent à son image, ainsi qu'à son culte, un caractère grave et sérieux. Il était pour eux le dieu vengeur (*ultor*), le dieu des armées (*victor*), le dieu de l'hospitalité (*hospitalis*), le dieu protecteur (*opitulator*), le dieu libérateur (*liberator*), etc. Enfin, après lui avoir, à l'ex. des Grecs, assimilé plusieurs des grandes divinités qu'ils trouvèrent dans les différents pays dont leurs conquêtes les rendirent maîtres, ils en firent le dieu du monde entier (*Deus universalis*).

L'art grec représentait Jupiter comme le père et le roi des dieux et des hommes. Phidias fut l'artiste qui réalisa cette conception avec le plus de succès dans son admirable statue si célèbre de *Jupiter Olympien*, parce qu'elle ornait le temple de ce dieu à Olympie. Les traits caractéristiques qu'il lui donna sont : la chevelure qui s'élève du milieu du front pour retomber ensuite, en forme de crinière, de chaque côté de la tête; le front clair et radieux dans sa partie supérieure, mais fortement voûté dans sa partie inférieure; les yeux très enfoncés, largement ouverts et arrondis; la barbe, épaisse et touffue, tombant en boucles nombreuses sur la poitrine (Fig. 1); quelquefois, le dieu est figuré avec un air moins austère, et même sous les traits d'un jeune homme, comme on le voit dans la Fig. 2 d'après un camée gravé par un artiste grec nommé Nisus. Le dieu est imberbe, et porte l'égide roulée autour du bras gauche. Dans les com-

Fig. 1.

Fig. 2.

positions où il ne figure pas seul, il est représenté avec la chèvre Amalthée, avec Rhéa, ou avec les Curètes; ou combattant les Titans; ou accompagné de l'une de ses innombrables maîtresses; Europe, Io, Léda; ou enfin, avec les Heures, les Parques, Junon, Minerve, les Grâces et Ganymède.

Les astronomes de l'antiquité avaient donné le nom de *Jupiter* à la plus considérable des planètes qui font partie de notre système solaire, nom que les modernes lui ont conservé. Voy. PLANÈTE.

JUPITÉRIEN, ENNE. adj. [Pr. *jupitéri-in, ène*]. Qui a le caractère dominateur, impérieux de Jupiter.

JUPON. s. m. (R. *jupe*). Courte jupe que les femmes mettent sous les autres jupes.

JUPONNER. v. a. [Pr. *jupo-ner*]. Revêtir d'un jupon. Se *juponner*. Néol. == JUPONNÉ, ÉE. part. Qui a mis un jupon.

JURA, chaîne de montagnes entre la France et la Suisse. Sa longueur est d'environ 270 kil. et sa largeur moyenne de 45 kil. Les cimes les plus élevées sont le *Reculet*, 1,720 mètres; le *Grand Credo*, 1,690 mètres; le *Mont Tendre*, 1,682 mètres.

JURA (Dép. du), formé d'une partie de la Franche-Comté; ch.-l. *Lons-le-Saunier*; 3 autres arr.: *Dôle, Poligny Saint-Claude*; 273,000 hab.

JURADE. s. f. Le corps des jurats.

JURANÇON, c. des Basses-Pyrénées, à 2 kil. de Pau, renommée pour son vin; 2,600 hab.

JURANDE. s. f. (R. *jurer*). La charge de juré d'un métier ou le temps pendant lequel on l'exerçait. *Passer par la j. Pendant sa j.* || Le corps des jurés ou syndics des anciennes corporations. *La j. était assemblée.* Voy. CORPORATION.

JURASSIEN, ENNE. adj. [Pr. *jurasi-in, ène*] Qui a rapport aux habitants du Jura.

JURASSIQUE. s. m. [Pr. *jura-sike*] (R. *Jura*). T. Géol. Le système du terrain Jurassique est un des terrains de l'époque secondaire. Il tire son nom des montagnes du Jura, où il est excessivement développé. Voy. SECONDAIRE.

JURAT. s. m. [Pr. *ju-ra*] (R. *jurer*). Nom que l'on donnait, dans certaines villes du Midi, et particulièrement à Bordeaux, aux consuls ou échevins. *L'élection des jurats.* Voy. COMMUNE.

JURATOIRE. adj. (lat. *juratorius*, m. s. de *jurare, jurer*). T. Jurisp. *Caution j.*, Serment que fait quelqu'un en justice de se représenter en personne ou de rapporter quelque chose dont il est chargé.

JURÉ, ÉE. adj. (lat. *juratus*, qui a juré). Dans les corporations, Celui, celle qui avait fait les serments requis pour la maîtrise. *Chirurgien j. Écrivain j. J. crieur. J. vendeur de marée, de volaille. Jurée lingère.* || Dans les corps de métiers, Celui qui était préposé pour faire observer les statuts et règlements aux individus du métier. *Les maîtres jurés.* — Subst., *Il était j. de sa communauté. La visite des jurés.* || *Écolier j.* se disait autrefois de celui qui avait fait des études de philosophie dans l'université, et qui en avait le certificat, pour être ensuite reçu maître ès arts. || Se dit encore quelquefois pour assermenté. *Expert j. Interprète j. ==* JURÉ. s. m. Celui qui est membre d'un jury. Voy. JURY.

JUREMENT. s. m. [Pr. *jure-man*] (lat. *juramentum*, m. s., de *jurare*, jurer). Serment qu'on fait en vain, sans nécessité et sans obligation. *On ne vous croira pas malgré tous vos jurements.* || Se dit le plus souvent pour blasphème, imprécation. *Proférer un j. Il fit d'affreux jurements.*

JURER. v. a. (lat. *jurare*, faire serment, de *jus, juris*, droit, qui tient au rad. sanscr. *yu*, lier, comme *jungere*, joindre, *jugum, joug*, etc.). Affirmer par serment en prenant Dieu, ou quelque chose, à témoin. *Dieu en vain tu ne jureras. J. sa foi. Il jure son Dieu, sa foi que...* || Blasphémer. *Il ne fait que j. Dieu, j. le nom de Dieu.* || Confirmer, ratifier une chose par serment, ou s'engager par serment à quelque chose. *J. la paix, l'alliance. J. fidélité, obéissance. Vous jurez de dire la vérité. La paix a été jurée par les deux rois. Jurez de ne l'abandonner jamais.* || Promettre, certifier fortement, quand même ce serait sans jurer. *Ils se sont juré une amitié éternelle. Il lui a juré le secret. J. une haine mortelle à quelqu'un. Je vous jure qu'il n'en est rien.* || Résoudre fermement une

chose. *J. la mort de quelqu'un. J. sa ruine, sa perte. Ils ont juré de le prendre. J'ai juré qu'on ne m'y reprendrait plus.* == JURER. v. n. Affirmer, s'engager par serment. *Il en a juré sur Dieu et par sa foi. Jurer sur les saints Évangiles. Il jure sur son honneur. Il a juré devant le juge. J. faux. Jurer en vain. Je n'en jurerais pas.* — Proverb. *Il ne faut j. de rien*, Il ne faut jamais répondre de ce qu'on fera, ni de ce qui peut arriver. || Faire des serments sans nécessité, par emportement, ou par une mauvaise habitude. *Il jure tout propos. On ne croit pas ceux qui jurent tant.* || Blasphémer. *Il jure comme un païen, comme un charretier. Il vint à moi en jurant.* — Fig., on dit, en parlant des sons aigres qu'un mauvais musicien tire de son violon: *Il fait j. son violon. Un violon qui jure sous l'archet.* || Fig., se dit de deux choses dont l'union est choquante. *Le vert jure avec le bleu. Des airs évaporés jurent avec des cheveux gris. Des airs évaporés et des cheveux gris jurent ensemble.* == JURÉ, ÉE. part. || *Ennemi juré*, Ennemi déclaré et irréconciliable.

JUREUR. s. m. (R. *jurer*). Celui qui prête serment. || Celui qui jure beaucoup par habitude ou par emportement.

JURI. s. m. Voy. JURY.

JURIDICTION. s. f. [Pr. *juridik-sion*] (lat. *jus, juris*, droit; *dictio*, action de dire). Le pouvoir du juge, de celui qui a le droit de juger. *J. civile, militaire, administrative. J. ordinaire. J. contentieuse. J. gracieuse. Cela est de votre j., sous votre j. Exercer sa j. Faire acte de j. Usurper la j. On lui a attribué la j. sur toute la province. Conflit de j. Reconnaître, décliner la j.* || *Degré de j.*, Chacun des tribunaux devant lesquels une même affaire peut être successivement portée. *Le premier, le second degré de j. Cette affaire a passé par tous les degrés de j.* || Le ressort, l'étendue du lieu où le juge a pouvoir de juger. *La j. de cette cour est très étendue. Cela est dans votre j., hors de votre j.* — Fig. et fam., *Cela n'est point de votre j.*, se dit à quelqu'un qui se mêle d'une chose qu'il n'entend pas. || Se dit, quelquefois, des juges mêmes de judicature. *Ce juge appartient à telle j. Les juridictions inférieures.* Voy. JUDICIAIRE.

JURIDICTIONNEL, ELLE. adj. [Pr. *juridik-sio-nel*]. Qui est relatif à la juridiction. *Droit, pouvoir juridictionnel.*

JURIDIQUE. adj. 2 g. (lat. *juridicus*, m. s., de *jus, juris*, droit, et *dicere*, dire). Qui est régulier et conforme au droit. *Une sentence, un arrêt j. Procédure, acte j. Cela n'est pas j.*

JURIDIQUEMENT. adv. [Pr. *juridi-keman*]. D'une manière juridique. *Une sentence prononcée j. Il faut procéder j.*

JURIEN DE LA GRAVIÈRE, amiral français (1772-1849). || Son fils, né en 1812, mort à Paris le 5 mars 1892, vice-amiral, dirigea l'expédition française contre le Mexique en 1861. Membre de l'Académie des Sciences et de l'Académie française, il a publié des écrits relatifs à la marine et à son histoire.

JURIEU, théologien protestant (1637-1713), fut l'adversaire de Bossuet et de Fénelon.

JURINITE. s. f. (R. *Jurine*, nom d'un naturaliste suisse). T. Minér. Synonyme de BROOKITE.

JURISCONSULTE. s. m. (lat. *jurisconsultus*, m. s., de *jus, juris*, droit, et *consultus*, savant). Celui qui est versé dans la science du droit, et qui fait profession de donner son avis sur des questions de droit. == Syn. JURISTE.

JURISPRUDENCE. s. f. [Pr. *jurispru-dan-se*] (lat. *jurisprudentia*, m. s., de *jus, juris*, droit, et *prudentia*, connaissance). La science du droit et des lois. *Il est savant en j. Termes de j.* || Particul., L'ensemble des principes de droit qui régissent dans chaque matière. *La j. romaine. La j. française. La j. commerciale. La j. criminelle. Ce principe n'est point admis dans notre j.* || La marche dont un tribunal juge habituellement telle ou telle question. *J. constante. J. de la cour de cassation. La j. de la cour n'a jamais varié sur ce point.*

JURISPRUDENTIEL, IELLE. adj. [Pr. *jurispru-dan-siel*]. Qui appartient à la jurisprudence.

JURISTE. s. m. (bas-lat. *jurista*, m. s., de *jus, juris*, droit.) Celui qui écrit, qui a écrit sur les matières de droit. *C'est un savant j.*
   Syn. — *Jurisconsulte, Légiste.* — Le *jurisconsulte* est celui qui est consulté sur le droit, sur les points de droit. Le *juriste* est celui qui est versé dans la science du droit, mais il s'occupe surtout de théorie et non de pratique, comme le *jurisconsulte.* Le *légiste* est celui qui fait profession de la science de la loi ; c'est l'homme de loi proprement dit : il est du nombre de ceux qu'on appelle gens de robe ou de judicature.

JURJURA. Voy. **Djurjura.**

JURON. s. m. Certaine façon de jurer dont une personne se sert habituellement. *C'est son j. favori.* Ventre-saint-gris *était le j. de Henri IV.* || Toute espèce de jurement. *Lâcher un j., un gros j.* — Fam. dans les deux sens.

JURY. s. m. (angl. *jury*, m. s.). T. Jurisp. Le corps des citoyens qui peuvent être jurés. — La réunion des jurés auxquels une affaire est confiée. || Nom de certaines commissions chargées d'un examen spécial. *Le j. de l'exposition. Le j. d'agrégation.*
   Législ. — En termes de Jurisprudence, on appelle *Jury* le corps, la réunion des *jurés*, c.-à-d. des citoyens qui sont ou peuvent être appelés à prendre part au jugement de quelque affaire judiciaire, soit civile, soit criminelle. — L'institution du j. est loin d'avoir été inconnue de l'antiquité. On en trouve des traces chez les Hébreux, où il y avait, d'après les lois de Moïse, un juge par dix minimes. A Athènes, cette institution avait reçu un développement extraordinaire, comme le seul moyen d'empêcher l'impunité des délits et des crimes commis par les hommes riches et puissants. Voy. **Dicaste.** — A Rome, les juges proprement dits n'étaient autre chose que de véritables jurés. Les magistrats posaient les questions auxquelles les juges devaient répondre. Au VIIIᵉ siècle, les *Rachimburgi* remplissaient des fonctions analogues à celles de nos jurés ; ils étaient convoqués par les comtes, et Charlemagne, pour qu'on ne pût leur imposer arbitrairement cette charge, fixa un tour de rôle. Le j. paraît avoir été introduit en Angleterre par les Saxons. Il en est fait mention expresse dans les constitutions de Clarendon (1164) et de Northampton (1174) sous Henri II, et dès cette époque, l'institution du j., tombée en désuétude sur le continent, se développait et s'étendait chez nos voisins d'outre-Manche. En Angleterre, le j. ne s'applique pas uniquement, comme chez nous, aux affaires criminelles ; il est également appelé à prononcer sur certaines contestations en matière civile. En matière criminelle, la loi anglaise distingue deux jurys : l'un décide s'il y a lieu à accusation, l'autre est appelé à prononcer sur le fait de la culpabilité ; le premier est nommé *grand j.*, et le second *petit j.* — En France, ce fut l'Assemblée constituante qui, par la loi du 16-29 sept. 1791, jeta les bases de l'institution du j., qui fut mise en vigueur à partir de janv. 1792 ; mais on ne l'appliqua qu'aux matières criminelles. A l'imitation de l'Angleterre, la loi de 1791 admit deux jurys : le *J. d'accusation* et le *J. de jugement.* En 1808, le code d'Instruction criminelle supprima le j. d'accusation, et le remplaça par la création, dans chaque cour d'appel, d'une *chambre des mises en accusation.* Le j. a encore subi différentes modifications depuis la promulgation du code d'Instruction criminelle, notamment par les lois du 5 fév. 1817, du 2 mai 1827, des 4 mars et 19 avril 1831, du 9 sept. 1835, par les décrets des 7 août et 20 octobre 1849, par les lois des 4 et 10 juin 1853, par le décret du 14 octobre 1870 et par la loi du 21 nov. 1872.
   D'après la législation actuellement en vigueur, tout Français âgé de 30 ans accompli et jouissant de ses droits politiques, civils et de famille, peut être juré. Il n'y a d'exception que pour les domestiques ou serviteurs à gages, et pour les individus qui ne savent ni lire ni écrire en français. En outre, la loi déclare incapables d'être jurés les faillis non réhabilités, les interdits, les individus pourvus d'un conseil judiciaire, les accusés, les contumaces, les condamnés à des peines afflictives ou infamantes ou à des peines correctionnelles pour délit de vol, etc. Les septuagénaires, les citoyens qui vivent d'un travail journalier et ceux qui ont rempli déjà les mêmes fonctions pendant l'année courante ou l'année précédente, sont dispensés de remplir les fonctions de juré.
   Enfin, ces dernières sont déclarées incompatibles avec l'existence de certaines fonctions publiques. — Chaque année, le soin de composer la liste des jurés est confié à deux commissions, une commission cantonale et une commission d'arrondissement. La première, composée du juge de paix, de ses suppléants et de tous les maires du canton, dresse une liste préparatoire qui contient un nombre de noms double de celui qui a été fixé pour le contingent du canton. La seconde, composée du président du tribunal civil ou de son délégué, de tous les juges de paix du canton et des membres du conseil général, élimine la moitié des noms figurant sur la liste cantonale. Dans chaque département, les listes d'arrondissement sont réunies pour former la liste départementale sur laquelle les noms figurent par ordre alphabétique. Pour Paris, la liste est d'abord dressée pour chaque quartier, puis par arrondissement. La liste annuelle du j. comprend, pour le département de la Seine, 3,000 jurés ; pour les autres départements, 1 par 500 habitants, sans que le nombre des jurés puisse être inférieur à 400 et supérieur à 600. Il est en outre dressé chaque année, par département, une liste supplémentaire. Dix jours au moins avant l'ouverture des assises, le président de la cour ou du tribunal tire au sort, sur la liste annuelle, les noms des 36 jurés qui doivent former le j. de la session, ainsi que ceux de 4 jurés supplémentaires. Sur ces 36 jurés, 12 sont désignés par le sort pour juger dans chaque affaire. Le ministère public, ainsi que l'accusé, ont le droit de récusation. Tout juré qui ne se rend pas à la citation qui lui est faite encourt une amende de 200 à 500 fr. pour la première fois, de 1,000 fr. pour la seconde, de 1,500 fr. pour la troisième, à moins qu'il ne justifie d'une excuse reconnue légitime (maladie dûment constatée, infirmité grave, etc.). Voy. **Assises.**
   Par extension, on applique la dénomination de *Jury* à certaines commissions chargées d'un travail particulier, et composées d'hommes spécialement aptes à remplir la mission qui leur est confiée. Nous citerons le *J. de l'exposition universelle*, le *J. des expositions de peinture*, un *J. d'expropriation* (Voy. **Expropriation**), les divers *Jurys d'examen* et les *Jurys médicaux.* Ces derniers, qui ont été supprimés par le décret du 24 août 1854, étaient chargés d'examiner les officiers de santé, les pharmaciens, les sages-femmes et les herboristes.

JUS. s. m. [Pr. *ju*] (lat. *jus*, bouillon, du rad. sanscr. *yu*, lier, réunir, ou de *su*, exprimer, extraire). Suc, liqueur que l'on tire de quelque substance végétale ou animale, par expression, par décoction, par évaporation, etc. *J. de citron. J. d'herbes. J. de viande. Le j. d'un gigot de mouton. Cela est plein de jus. Le j. en est nourrissant.* Exprimer, *tirer le j.* — Prov. *Le j. de la vigne, le j. de la treille*, le vin. || *J. de réglisse.* Extrait solide obtenu par condensation du suc fourni par la décoction de la réglisse.

Vous plaît-il un morceau de ce jus de réglisse !
                       MOLIÈRE.

JUSANT. s. m. [Pr. *ju-zan*] (lat. *jusum*, en bas). T. Mar. Descente de la marée qui baisse. Voy. **Marée.**

JUSÉE. s. f. [Pr. *ju-zée*] (R. *jus*). T. Techn. Liqueur acide dont on se sert pour gonfler les peaux. Voy. **Cuir.**

JUSQUE, et JUSQUES. prép. (bas-lat. *de usque*, du lat. *usque*, m. s.). Elle sert à marquer un certain terme au delà duquel on ne passe pas, qu'on n'excède point. *De Paris jusqu'à Rome. De la Loire jusqu'à la Seine. Depuis Pâques jusqu'à la Pentecôte. Il alla jusqu'en Afrique. Jusqu'à ce que ce soit fait. Jusqu'à la mort. On n'a point vu cela jusqu'à cette heure, jusqu'ici, jusqu'à notre temps. Lisez ce livre jusqu'au bout. Jusqu'où faut-il que j'aille ? Jusqu'à quand souffrirez-vous que... ? Ils en vinrent j.-là qu'on crut qu'ils s'allaient battre. J. sur le trône. J. dans les enfers. J. par-dessus la tête. Jusqu'à nouvel ordre. Jusqu'à concurrence de tant.* — Fam., on dit quelquefois *Jusqu'à temps que*, pour jusqu'à ce que. — Lorsque *J.* est suivi d'une voyelle, on l'écrit souvent avec un *s* à la fin, et l'on fait sentir la liaison. *Jusques au ciel. Cette nouvelle n'était pas encore venue jusques à nous. Jusques à quand ?*

Percé jusques au fond du cœur
D'une atteinte imprévue aussi bien que mortelle.
                       CORNEILLE.

|| *J.* s'emploie aussi en parlant d'une chose qui va au delà de

l'ordinaire, soit en bien, soit en mal *Il aime jusqu'à ses ennemis.*

J'aimais jusqu'à ses pleurs que je faisais couler.
RACINE.

JUSQUIAME. s. f. (lat. *hyoscyamus*, m. s.; du gr. ὑοσκύαμος, m. s., de ὗς, ὑός, cochon, et κύαμος, fève, propr., fève de porc). T. Bot. Genre de plantes Dicotylédones (*Hyoscyamus*) de la famille des Solanacées. Voy. ce mot.

JUSSEY, ch.-l. de c. (Haute-Saône), arr. de Vesoul; 2.800 hab.

JUSSIÉE. s. f. (R. *de Jussieu*, bot. fr.), T. Bot. Genre de plantes Dicotylédones (*Jussiæa*) de la famille des Œnothéracées. Voy. ce mot.

JUSSIEU (De), famille de naturalistes, dont le plus célèbre, ANTOINE-LAURENT (1748-1836), inventa une classification naturelle des plantes. || Son fils ADRIEN (1797-1853) est auteur d'un *Cours élémentaire de botanique.*

JUSSION. s. f. [Pr. *ju-sion*] (lat. *jussio*, m. s. de *jubere*, ordonner). Commandement. Se disait autrefois de lettres scellées, adressées par le prince aux juges d'une compagnie supérieure ou autre, pour leur enjoindre de faire quelque chose qu'ils avaient refusé de faire. *Le roi envoya des lettres de j. au Parlement. Après trois jussions réitérées.*

JUST (SAINT), martyrisé en Espagne vers le IVᵉ siècle. Fête le 6 août.

JUSTAUCORPS. s. m. (R. *juste au corps*). Espèce de vêtement étroit et à manches qui serrait le corps et descendait jusqu'aux genoux. — *J. à brevet,* Sorte de justaucorps bleu à parements rouges que quelques courtisans avaient droit de porter par brevet du roi.

JUSTE. adj. 2 g. (lat. *justus*, m. s. de *jus*, droit). Qui est conforme au droit, à la raison et à la justice. *Un arrêt, une sentence j. Une j. punition. Une j. récompense. Ce que vous demandez est fort j. Est-il j. de vouloir que. Rien de plus j.* Subst., *La science du j. et de l'injuste.* — Par ext., Qui est bien fondé, qui a une cause légitime. *Une j. colère. Un j. orgueil. De justes espérances. De justes soupçons. Je respecte votre j. douleur.* || Qui juge, qui agit selon le droit, selon l'équité. *Un magistrat j. Un prince j. Dieu est j.* — Par exclamation, *J. Dieu ! J. ciel !* || Qui observe exactement les devoirs que la religion prescrit à l'égard de Dieu et à l'égard des hommes. *Un homme j. Il était j. et craignait Dieu.* — Subst., *Dieu fait luire le soleil sur les justes et sur les pécheurs. Dieu éprouve le j. Le séjour, la demeure des justes, Le paradis.* || Qui est exact, qui convient, qui est tel qu'il doit être. *Balance j. La j. mesure. Le poids. La j. proportion. J. prix. Calcul j. Donnez-moi l'heure j. La j. grosseur. Cette note n'est pas j. Une voix j. Une expression, une pensée, une métaphore, une comparaison j. Votre conjecture était j. Se faire une idée j. de quelque chose. Réflexion, observation j. Votre raisonnement est fort j. Cette pensée est plus brillante que j.* — Prov., *Cela est j. comme l'or,* se dit de ce qui a précisément le poids, la qualité, etc., qu'il doit avoir. — *Cette pendule est j.,* Elle marque exactement l'heure. *On dit encore d'un fusil, ainsi que des armes de ce genre, qu'il est j.,* lorsqu'il n'imprime au projectile aucune déviation. || Qui apprécie bien, qui juge les choses avec exactitude. *Cet homme a l'esprit j. C'est un esprit fort j. Avoir l'oreille j., le coup d'œil j.* || En parlant des vêtements, signifie qui s'applique exactement au corps, e., par ext., Étroit, court. *Un habit j. Il ne faut pas qu'une redingote soit trop j. J'aime des gants un peu justes. Ces souliers sont si justes, que je ne puis les mettre.* — On dit adverb., *Être chaussé trop j.,* Avoir des souliers trop étroits. = Subst., *Un, une juste,* Ancien habillement de paysanne qui serrait le corps. = Juste. adv. Exactement, comme il faut, dans la juste proportion. *Mesurer j. Peser j. Cela entre j. Il chante j. Il a deviné j. Il raisonne j. Il faut parler j. devant vous. Il tire fort j.* — *Être habillé, chaussé, ganté trop j.,* Avoir un habit, etc., un peu étroit. || Précisément. *Voilà tout j. l'homme qu'il nous faut. Il est arrivé j. à l'heure du dîner. N'est-ce pas j. ce que vous demandez ? J.,* tout

j. = AU JUSTE. Locut. adv. Juste et précisément ; se dit du prix, du nombre, du poids et de la mesure. *Je vous dirai au j. ce que cela coûte. Dites-m'en le prix au j., au plus j., tout au plus j. Je veux savoir au j. quel âge il a. Voyez au j. ce que cela pèse.*

JUSTEL (CHRISTOPHE), érudit et canoniste protestant, né à Paris (1580-1649).

JUSTE-LIPSE. Voy. LIPSE.

JUSTEMENT. adv. Avec justice. *Il a jugé j. Il a agi j. Il a été puni j.* || Précisément, dans la juste proportion, ni plus ni moins qu'il ne faut. *Voilà j. ce qu'il vous faut. Vous arrivez j. à l'heure qu'il faut. C'est j. cela. Vous entrez j. dans ma pensée.*

JUSTESSE. s. f. [Pr. *juste-se*]. Qualité de ce qui est juste, exact, convenable, tel qu'il doit être. *Cette balance est d'une grande j., d'une extrême j. La j. de la voix. La j. des sons. La j. d'une expression. La j. d'une métaphore, d'une idée, d'une réflexion, d'un raisonnement. Une observation pleine de j.* || La qualité de l'esprit ou des sens qui fait qu'on apprécie les choses d'une manière exacte. *La j. de l'esprit, de l'oreille, du coup d'œil.* || La manière de faire une chose avec exactitude, avec précision, sans faute ni écart. *Il tire de l'arquebuse avec beaucoup de j. Il chante avec j. Il manie un cheval avec une j. parfaite. Il écrit, il pense, il parle avec beaucoup de j. Répondre avec j.*

Syn. — *Précision.* — La *justesse* empêche de donner dans le faux ; la *précision* empêche de tomber dans le vague et dans l'obscurité. Le discours *précis* est une marque ordinaire de la *justesse* de l'esprit.

JUSTICE. s. f. (lat. *justitia*, m. s., de *justus*, juste). Vertu morale qui fait que l'on rend à chacun ce qui lui appartient, que l'on respecte tous les droits d'autrui. *La j. est la première des vertus. Ce prince gouverne avec j. Il opposait la j. aux caprices du sultan. On vante sa j. Un acte de j. Chacun le sien, c'est j. Cela est de toute j.* — *En bonne j.,* Selon ce qui est de droit. — *J. commutative,* Celle qui regarde le commerce, les ventes, etc., et qui, dans l'échange d'une chose contre une autre, oblige à rendre autant qu'on reçoit. — *J. distributive,* Celle par laquelle on adjuge à chacun ce qui lui appartient, par laquelle on distribue, selon les mérites de chacun, les récompenses et les peines. Voy. DROIT. || Bon droit, raison, *J'ai la j. de mon côté. Ne comptez pas trop sur la j. de votre cause. On a reconnu la j. de ses prétentions. On le blâme avec j.* || Le pouvoir de faire droit à chacun, de récompenser et de punir, ou l'exercice de ce pouvoir. *La j. divine. La j. humaine. Toute j. émane du souverain. Prompte j. Avoir droit de j. Exercer la j. L'administration de la j. Le ministre de la j. Les magistrats chargés de rendre la j. La j. aura son cours. — Déni de j.,* Voy. DÉNI. || L'action de reconnaître le droit de quelqu'un à quelque chose, et celle de lui accorder ce à quoi elle a droit. *Demander, obtenir j. Faire j. à quelqu'un. Soyez certain que je vous sera faite. Se faire rendre j. Ne vous pourvoyez pas à ce tribunal, car vous n'auriez pas de j.* — On dit, dans un sens anal., *Il n'y a pas de j. en ce pays. N'y a-t-il donc plus de j. ?* Se *faire j. à soi-même,* Se venger soi-même, se payer par ses mains, etc., sans avoir recours à la voie des tribunaux. — On ne doit pas se faire j. à soi-même. — Absol., Se faire j., Se condamner soi-même quand on a tort. *Examinez votre conduite et faites-vous j. à vous-même. Personne ne se fait j.* || *Faire j. de quelqu'un,* Lui infliger la peine qu'il a encourue. *On a fait j. de ces brigands.* — Fig., se dit des personnes et des choses, signifie Traiter quelqu'un comme il le mérite, montrer l'inanité ou le ridicule d'une chose. *Il faudrait faire j. de ces écrivains sans conscience. Ce critique a fait bonne j. de ce roman scandaleux. La comédie fait j. des travers de la société. L'opinion publique fera j. de ces charlatans, de toutes ses impostures.* || *Rendre j. à quelqu'un,* Lui rendre la j. qui lui est due, etc., signifie aussi bien, ses bonnes qualités, ses talents, sa conduite, etc. *Je lui rends j., il a fait tout ce qu'il pouvait faire. C'est par j. que j'aime à lui rendre. On ne rend pas assez j. aux tentatives de ce prince. L'histoire lui rendra j. On doit lui rendre cette j.,* ou simplement, *On lui doit cette j. —* On dit aussi, *Rendre j. au* *mérite, au courage, aux bonnes intentions de quelqu'un.* || Se dit des tribunaux, des magistrats et officiers qui sont chargés d'administrer la *j. Déférer quelqu'un à la j. Appeler en j.* La *j.* en connaîtra. La *j. est descendue sur les lieux.* La *j. est à sa recherche. Les gens de j.* Un *homme repris de j.,* ou simplement, *Un repris de j.* Sous le nom de *Gens de j.,* sont compris quelquefois Les officiers inférieurs de j. *Les bois de j.,* Les bois de l'échafaud. *Se brouiller avec la j.,* Voy. BROUILLER. || Juridiction. *J. civile. J. criminelle. J. militaire. J. consulaire. J. de paix.* La *j. royale. Les justices seigneuriales.* || T. Théol. État d'innocence et de sainteté dans lequel Dieu met dans notre âme par sa grâce, et qui nous rend agréables à ses yeux. *La j. originelle. Persévérer dans la j.* || T. Mar. *Barre de j.,* Barre de fer employée à bord pour infliger la peine des fers. *Pavillon de j.,* Pavillon rouge qu'on arbore, en tirant un coup de canon, quand inflige à bord une peine afflictive.

Syn. — *Équité.* — La *justice* marque le respect d'un droit rigoureux, d'un droit que la loi positive a reconnu, et dont elle exige le maintien. L'*équité* consiste à traiter les autres comme nous voudrions être traités nous-mêmes; l'*équité* est la *charité* appliquée aux choses de la justice. Elle est ordonnée par la conscience, par le sentiment, mais elle n'emporte pas le pouvoir de contraindre. Souvent la *justice* exprimée par la loi positive ne voit que le fait, et n'entre pas dans la considération des intentions et des circonstances; l'*équité,* au contraire, tient compte de ces dernières : c'est parfois une *justice* plus intelligente. Il y a, au sujet de la *justice* qui applique littéralement la loi écrite, une maxime qui est vraie dans quelques cas rares : *summum jus summa injuria,* l'excès de la justice est l'excès de l'iniquité. En conséquence, sous notre ancienne législation, tandis que les juges subalternes étaient appelés *juges de rigueur,* parce qu'ils étaient tenus de prononcer selon la rigueur de la loi, les juges d'appel avaient la faculté d'adoucir quelquefois la rigueur de la loi. On avait voulu corriger la *justice* par l'*équité;* mais les inconvénients l'emportèrent bientôt sur les avantages, d'où le dicton : Dieu nous garde de l'*équité* de messieurs du parlement! L'antithèse de la *justice* et de l'*équité* est dangereuse, car il y a beaucoup d'arbitraire dans l'*équité,* précisément parce qu'elle a son principe dans le sentiment.

Hist. — I. — Le droit de rendre la J. étant un des attributs de la souveraineté, fut exercé, dès la première race, par les chefs militaires ou autres auxquels les rois avaient donné des terres à titre de bénéfice. Ce droit fut d'abord personnel; mais il suivit le sort des bénéfices et ainsi qu'eux, devint héréditaire. On le considéra même comme tellement inhérent à la terre, que les femmes elles-mêmes purent juger et remplir les fonctions de pairs à raison des fiefs qu'elles possédaient. Il y eut donc, à l'époque de la féodalité, deux espèces de justices, la J. *royale,* qui était rendue au nom du roi et par des agents royaux, et la J. *seigneuriale,* qui était rendue par chaque seigneur, dans l'étendue de ses domaines, en son nom et pour son compte. Mais, dès le règne de Philippe-Auguste, peut-être même avant, les juges royaux ne cessèrent d'empiéter sur les attributions des cours féodales, et ils finirent, après plusieurs siècles de luttes incessantes, par faire triompher cet axiome de l'ancienne monarchie, que *Toute j. émane du roi.* — La j. seigneuriale était donc un droit inhérent à la terre; néanmoins il s'y introduisit de bonne heure certaines distinctions tirées du rang que les seigneurs justiciers occupaient dans la hiérarchie féodale. Ceux qui, ayant été condamnés par un juge inférieur, ne se tenaient pas pour bien jugés, voulurent être entendus de nouveau par le seigneur supérieur, puis encore par celui dont ce dernier relevait. Il s'établit ainsi, peu à peu, trois degrés de juridiction seigneuriale, désignés sous les noms de *basse, moyenne* et *haute j.* Celle-ci comprenait les deux autres; et la moyenne la basse; aussi disait-on la basse *haut justicier,* qu'il avait *haute, moyenne* et *basse j.;* et du *moyen justicier,* qu'il avait *moyenne* et *basse j.* — En matière criminelle, le *Haut justicier* connaissait de tous les crimes commis dans l'étendue de son ressort, soit qu'ils n'emportassent qu'une peine pécuniaire, soit qu'ils méritassent une peine afflictive, à l'exception néanmoins des cas royaux (comme les crimes de lèse-majesté et de fausse monnaie). En conséquence, il avait le *Droit de glaive* et pouvait condamner au fouet, au carcan, à l'amende honorable, à la marque, au bannissement, aux galères et à mort. Pour exercer ce droit, il devait avoir des juges, des prisons, etc.; enfin, il pouvait faire élever des piloris, des carcans et des fourches patibulaires : cette dernière construction recevait, dans plusieurs provinces, le nom de *Justice;* elle avait plus ou moins de piliers suivant le titre du possesseur, 6 pour un comte, 4 pour

un baron, 3 pour un seigneur châtelain. Les biens des condamnés à la mort civile ou à la mort naturelle étaient confisqués au profit du haut justicier, dans les provinces où la confiscation était admise. En matière civile, le haut justicier connaissait de toutes les affaires réelles, personnelles ou mixtes non exceptées de sa compétence par des lois expresses. Enfin, il avait le droit de faire la police dans tous les lieux dépendants de sa juridiction. Les appels des jugements du haut justicier étaient portés devant les baillis et sénéchaux du roi, quand il relevait immédiatement de ce dernier; dans le cas contraire, devant son seigneur suzerain en matière civile, et devant les parlements en matière criminelle. Comme le haut justicier, le *Moyen justicier* avait la connaissance de toutes les causes civiles; mais, en matière criminelle, sa compétence variait suivant les coutumes. Dans le Nivernais, par ex., il ne pouvait connaître que des délits possibles d'une amende de 60 sous au plus, tandis qu'en Picardie sa compétence comprenait le *sang* et le *larron,* c.-à-d. les blessures entraînant effusion de sang et le vol non qualifié. Le *Bas justicier* connaissait de toutes les affaires personnelles jusqu'à 60 sous parisis, ainsi que des questions relatives aux cens, rentes, etc., dus au seigneur, à raison des héritages situés dans sa circonscription. En matière criminelle, sa compétence se bornait aux délits qui ne pouvaient être punis que d'une amende de dix sous parisis et au-dessous.

II. — Avant 1789, l'administration générale de la j. relevait du chancelier de France. La loi du 27 nov. 1790 ayant supprimé la charge de chancelier, une autre loi du 27 av.-27 mai 1791 confia sa fonction à un *Ministre de la justice.* Sous l'empire, ce ministre reçut le titre de *Grand juge.* Enfin, la Restauration ayant rétabli l'office de *Garde des sceaux,* le ministre de la j. réunit cette nouvelle qualification à la dénomination primitive. Le ministre de la j. est chargé de l'organisation et de la surveillance de toutes les parties de l'ordre judiciaire. En conséquence, il correspond habituellement avec les procureurs généraux pour tout ce qui est soumis à l'action et à la surveillance du ministère public; il poursuit les crimes et veille à l'exécution des condamnations; il pourvoit à la nomination des officiers ministériels; il surveille le notariat; il statue sur les diverses matières relatives à l'administration de la j., comme aussi sur les demandes de dispense d'âge et de parenté pour mariage, et sur celles de naturalisation; il présente au chef de l'État les recours en grâce et les commutations de peines. Il a la garde du sceau de l'État, qu'il est chargé d'apposer sur les lois, décrets et autres actes de chancellerie et promulgue les lois. En outre, il a dans son département l'Imprimerie nationale, la Grande Chancellerie de la Légion d'honneur, le Comité de Législation étrangère. Ses bureaux comprennent, outre le cabinet du ministre et le service du personnel qui y est rattaché, deux directions, celle *des affaires criminelles et des grâces,* et celle *des affaires civiles et du sceau.*

JUSTICIABILITÉ. s. f. Condition de celui qui est justiciable.

JUSTICIABLE. adj. 2 g. (R. *justicier*). Celui qui est soumis à la juridiction d'un juge. *Comme militaire, il est j. du conseil de guerre.* — Subst., *Je ne suis point votre j.* || Fig., *Tout écrivain est j. de la critique.*

JUSTICE. s. f. (R. *Justice,* n. d'un botaniste écossais). T. Bot. Genre de plantes Dicotylédones (*Justicia*) de la famille des *Acanthacées.* Voy. ce mot.

JUSTICIER. v. a. (R. *justice*). Punir quelqu'un d'une peine corporelle, en exécution d'un jugement. *Il a été justicié.* On a *justicié* quatre hommes. = JUSTICIÉ, ÉE. part. = Conj. Voy. PRIER.

JUSTICIER, IÈRE. s. (R. *justice*). Celui, celle qui aime à rendre, à faire justice. *Ce prince était grand j.* Vx. = adj. Celui, celle qui a droit de justice en quelque lieu. *Seigneur j. Dame justicière. Un haut j.* Voy. JUSTICE.

JUSTIFIABLE. adj. 2 g. Qui peut être justifié. *Ses procédés ne sont pas justifiables.*

JUSTIFIABLEMENT. adv. D'une manière justifiable.

JUSTIFIANT, ANTE. adj. T. Théol. Qui rend juste intérieurement. N'est guère usité que dans ces deux locutions : *La grâce justifiante* et *La foi justifiante.*

JUSTIFICATEUR, TRICE. s. (lat. *justificare*, jus.ifier). T. Techn. Ouvrier, ouvrière qui justifie les caractères d'imprimerie. — Outil dont l'ouvrier se sert pour cette opération.

JUSTIFICATIF, IVE. adj. (lat. *justificare*, justifi⌐). Qui tend à justifier quelqu'un ou Qui sert à prouver ce qu'on avance. *Fait j. Moyen j. Il vient de rédiger un mémoire j. Les pièces justificatives d'une histoire.*

JUSTIFICATION. s. f. [Pr. ...s on] (lat. *justificatio*, m. s.). Action de justifier quelqu'un, de se justifier, ou Les preuves qui servent à justifier. *J'entreprendrai leur j. Je veux travailler à ma j. Publier sa j. Je dois dire, à la j. de mon ami, que... Ce mémoire contient ma j., la j. de mes actes, de ma conduite. Une j. si évidente ne fut point reçue.* || Preuves que l'on fui d'une chose par titres, par témoins, etc. *La j. d'un fait. Voici la j. de mes prétentions.* || T. Typogr. La longueur de la ligne d'impression, par opposition à la marge. *J. ordinaire. Grande j. Ce vers dépasse la j.* — Action de justifier les interlignes, les lignes. || T. Fonder. Action de justifier les caractères d'imprimerie. || T. Techn. Action de rendre conforme à la justesse. == Syn. Voy. APOLOGIE.

JUSTIFIER. v. a. (lat. *justificare*, m. s., de *justus*, juste, 'et *ficare*, pour *facere*, faire). Prouver l'innocence de quelqu'un. *Il a été justifié de son crime. Cela le justifie pleinement. J. la mémoire de quelqu'un. L'honnêteté de ses démarches suffisait pour le j. à ses propres yeux.* — En parlant des actions, ces paroles, etc. Établir qu'elles sont innocentes et ne méritent point de blâme. *Je dois j. mes actions, mes paroles. Vous ne sauriez j. un tel procédé. Avec la doctrine du salut public, il n'est pas de crime que l'on n'ait prétendu j.* || Montrer qu'une chose était bien motivée, bien fondée, qu'elle n'est point fausse, erronée. *Les qualités du défunt justifient bien les regrets de ses amis. Sa conduite ne justifie que trop la sévérité qu'on a montrée envers lui. Il justifiera votre confiance. Il n'a point justifié les espérances qu'on avait conçues de lui. L'événement justifia leur politique.* || Montrer la vérité de ce qu'on avance. *J. un fait. Je vous justifierai le contraire. Il justifie sa noblesse par de bons titres. C'est ce que vous ne sauriez j.* — En T. Jurisp., on dit : *J. de quelque chose. Il devra j. de sa qualité. J. de son hypothèque par le certificat du conservateur.* || T. Théol. Faire passer l'homme de l'état de péché à l'état de grâce. *Nous sommes justifiés par le sang de Jésus-Christ.* || T. Techn. Rendre conforme à la justesse. || T. Typogr. Donner à une ligne, à une interligne, la longueur qu'elle doit avoir. *J. une ligne. Cette ligne est mal justifiée.* || T. Fonder. *J. les caractères*, Examiner si les caractères d'imprimerie, nouvellement fondus, reproduisent exactement le modèle et leur donner la dernière façon. == SE JUSTIFIER. v. pron. Établir sa propre justification. *Je vous aiderai à vous j. Je me justifierai de ces reproches, de ces calomnies. Voilà les sophismes ou moyen desquels je cherchais à me j. à mes propres yeux.* == JUSTIFIÉ, ÉE. part. — Conj. Voy. PRIER.

JUSTIFIEUR. s. m. (R. *justifier*). T. Techn. Principale partie du coupoir du fondeur de caractères.

JUSTIN (SAINT), docteur de l'Église et martyr vers l'an 165. Fête le 13 avril.

JUSTIN, historien latin du IIᵉ siècle après J.-C., auteur d'un abrégé de l'*Histoire universelle de Trogue Pompée*.

JUSTIN Iᵉʳ, empereur d'Orient (518), adopta son neveu Justinien. || JUSTIN II, neveu de Justinien, lui succéda (565-578), disgracia Narsès, qui appela les Lombards en Italie.

JUSTINE, impératrice romaine, épouse de Valentinien Iᵉʳ; morte en 388.

JUSTINE (SAINTE), de Padoue, martyre sous Dioclétien. Fête le 7 octobre.

JUSTINE (SAINTE), née à Antioche, martyrisée à Nicomédie, vers 304. Fête le 26 septembre.

JUSTINIEN Iᵉʳ, empereur d'Orient (527-565), triompha des Vandales en Afrique et des Ostrogoths en Italie, grâce à Bélisaire et à Narsès; fut moins heureux avec les Perses; s'est illustré par ses travaux de législation (*le Code, les Pandectes, les Institutes*). || JUSTINIEN II succéda à son père Constantin Pogonat (685), fut tué en 711.

JUTE. s. m. T. Bot. Nom donné à certaines espèces de *Corchorus.* Voy. MALVACÉES.

Techn. — Les plantes connues sous le nom de *Jute* sont cultivées aux Indes par de petits fermiers, comme textiles : ce sont les tiges qui fournissent les fibres textiles; on les fait rouir à l'eau, comme le chanvre en Europe. Après torsion et dessiccation, ces fibres sont expédiées en Europe par paquets de 40 à 80 kilogrammes. Avant d'être travaillé, le j. doit être graissé, afin que les fils acquièrent une certaine souplesse. On emploie pour cet objet l'huile de phoque ou un mélange d'huiles lourdes de pétrole. On peut alors le filer par deux méthodes :

1º Le *jute cardé* est d'abord soumis à l'action d'une machine qui le broie et le réduit en étoupes ou filaments de 20 à 30 centimètres de longueur; puis, cette étoupe est cardée et passe successivement par les étirages, le banc à broches et le métier à filer, qui sont construits comme pour la filature du lin, mais plus robustes.

2º Le *jute peigné* est d'abord coupé ou cassé en fragments de 60 à 80 centimètres de longueur, puis peignés, comme le lin, et enfin cardés et filés comme celui-ci. Le fil de j. peigné est moins pelucheux que le fil cardé et sa valeur est plus grande.

Les tissus de j. conservent toujours une odeur désagréable due à la matière grasse dont la fibre a été imprégnée; aussi ne peut-on les employer à aucun usage de corps. De plus, ces tissus supportent mal l'humidité et encore moins les lessives alcalines. Les usages du j. se réduisent ainsi à la confection de toiles d'emballage, de toiles cirées pour parquets, de tapis moquettes qui imitent les tapis de laine et qu'on teint de couleurs vives. Seul ou mélangé au coton, il sert encore à faire des tentures d'appartement à bon marché, et des toiles à matelas peu recommandables à cause de leur odeur. C'est la fabrication des toiles d'emballage qui absorbe la plus grande partie de ce textile.

JUTER. v. n. Rendre du jus. *Une pipe qui jute.* Fam.

JUTEUX, EUSE. adj. Qui a beaucoup de jus.

JUTLAND (Presqu'île du), partie continentale du Danemark; 943,000 hab. == Nom des hab. : JUTLANDAIS, AISE.

JUVEIGNEUR. s. m. [Pr. *ju-vè-gneur*, gn mouil.] (lat. *juvenior*, plus jeune). Titre féodal qui se donnait aux cadets apanagés. *Le titre de j. était surtout usité dans les maisons nobles de Bretagne.*

JUVÉNAL (DECIMUS-JUNIUS), poète satirique latin, né en 55 ap. J.-C., mort vers 127.

JUVÉNAL DES URSINS (JEAN), magistrat fr. (1350-1431). || Son fils, JEAN, qui vécut sous Charles VI et Charles VII (1388-1473), a laissé une *Chronique* estimée.

JUVÉNILE. adj. 2 g. (lat. *juvenilis*, m. s., de *juvenis*, jeune). Qui appartient, qui est propre à la jeunesse. *Une grâce j. Des formes juvéniles. Un éclat j.*

JUVÉNILEMENT. adv. D'une manière juvénile.

JUVENILIA. s. m. pl. Mot latin sign. les choses jeunes. Se dit des vers, des petites pièces qu'on a faites dans la jeunesse. *Ce sont les j. de Montesquieu.*

JUVÉNILITÉ. s. f. (R. *juvénile*). Caractère des choses qui sont propres à la jeunesse. *La j. des formes. La j. de son esprit.*

JUVIGNY-SOUS-ANDAINE, ch.-l. de c. (Orne), arr. de Domfront; 1,200 hab.

JUVISY, petite ville sur l'Orge, à 20 kil. de Paris, canton de Longjumeau (Seine-et-Oise); 3,100 hab. Gare sur les lignes d'Orléans, de Lyon et de la Grande-Ceinture. Le bourg s'étend de la Seine au côteau de la Cour-de-France, ou Fromenteau, où l'on remarque l'observatoire de M. Camille Flammarion, fondé en 1883 dans l'ancienne propriété de la Cour-de-France, ainsi nommée parce que les rois s'y arrêtaient dans leurs voyages annuels de Paris à Fontainebleau. (C'est dans le salon de

ce petit château que Napoléon apprit, le 30 mars 1814, la chute de l'empire et la capitulation de Paris.) L'observatoire de M. Flammarion est principalement consacré à l'étude des planètes de notre système et à la mesure des étoiles doubles. Il possède une station climatologique où l'on étudie spécialement l'action des diverses radiations solaires sur le sol et sur les plantes.

JUXTALINÉAIRE. adj. 2 g. [Pr. *juk-sta...*] (lat. *juxta*, auprès; *linea*, ligne). T. Didact. *Traduction j.*, Traduction donnant sur une colonne les mots du texte original, et sur une seconde colonne la traduction correspondante ligne par ligne.

JUXTAPOSER. v. a. [Pr. *juks-tapo-zer*] (lat. *juxta*, auprès; *ponere*, poser). Mettre une chose tout à côté d'une autre. = SE JUXTAPOSER. v. pron. Se dit des molécules qui viennent se joindre successivement à d'autres déjà réunies en une masse sensible. = JUXTAPOSÉ, ÉE. part. || T. Gramm. *Substantifs, adjectifs juxtaposés*, formés de mots réunis par un accord syntaxique sans ellipse; par ex.: *coffre-fort, arc-en-ciel.*

JUXTAPOSITION. s. f. [Pr. *juks-tapo-zi-sion*]. Action de juxtaposer des objets, résultat de cette action. || T. Hist. nat. Voy. ACCROISSEMENT.

JUXTATROPICAL, ALE. adj. [Pr. *juk-sta...*] (lat. *juxta*, auprès; fr. *tropical*). *Zone j.*, Zone qui environne les tropiques.

K

K. s. m. La onzième lettre de l'alphabet et la septième des consonnes. On la nomme *Ka* suivant l'appellation ancienne et usuelle, et *Ke* suivant une méthode nouvelle qui ne s'est pas répandue. *Un grand* k, *un petit* k.

Gram. — Le *k* nous vient du *kappa* des Grecs. Sa valeur correspond à celle du *c* devant les voyelles *a, o, u,* ou à celle du *q* suivi d'un *u*, comme dans *carême, corail, cumul, quatre, quérir,* etc. Cette lettre se rencontre dans un grand nombre de mots appartenant aux langues slavonnes et germaniques; mais en français il ne se trouve que dans quelques termes d'origine étrangère, où des raisons d'étymologie l'ont fait conserver. Quant à la double consonne KH, on ne s'en sert guère que pour la transcription de certains mots orientaux, pour représenter une articulation gutturale qui n'existe pas dans notre langue. Dans l'épigraphie latine, K signifie le plus souvent *Kalendæ, Kaius, Karissimus,* etc. Comme abréviation française, il est fréquemment employé pour *Kilogramme.* Enfin, comme signe numéral, il indique, sur quelques monuments romains, le nombre **250**; mais quand il est surmonté d'un trait horizontal, il vaut **25,000.**

KAABA. Voy. CAABA.

KAARTA, pays du Soudan, sur la r. dr. du Sénégal; 300,000 hab.

KABAK. s. m. Nom que l'on donne en Russie à une espèce d'estaminet où l'on vend du vin, de l'eau-de-vie, de la bière, etc.

KABASSOU ou **CABASSOU.** s. m. [Pr. *kaba-sou*]. T. Mamm. Nom d'une espèce d'édenté. Voy. ÉDENTÉS.

KABBALE. s. f. Voy. CABALE.

KABIN. s. m. T. Relat. Sorte de mariage en usage chez les mahométans, par lequel un homme épouse une femme pour un temps limité.

KABLÉ (JACQUES), homme politique alsacien (1830-1887).

KABOUL. Voy. CABOUL.

KABYLES, nom générique de tribus berbères qui, primitivement nomades, ont été refoulées par l'invasion des Arabes et se sont fixées dans la partie de l'Atlas algérien qui a reçu d'eux le nom de Kabylie. Il est difficile d'indiquer avec précision leur origine. Quelques érudits ont cru qu'ils descendaient de quelques tribus sémites venues de Phénicie, comme les Carthaginois. D'autres ont cru reconnaître en eux les Numides et les Gétules, qui, au temps des Romains, peuplaient la Mauritanie. Il est probable, sinon certain, que les Kabyles représentent la population primitive du nord de l'Afrique antérieure à la domination romaine, et même à l'établissement des Carthaginois. Conquis tour à tour par les Romains, les Vandales et les Arabes, ils ont gardé leurs anciennes mœurs et leur caractère original, malgré leur conversion à l'islamisme. On reconnaît chez eux la trace d'une civilisation très ancienne. Leurs coutumes sont très différentes de celles des Arabes. La propriété est chez eux nettement individuelle : ils ont des lois connues de tous par traditions et auxquelles ils se conforment volontairement; ils ont, paraît-il, horreur du mensonge. Ils sont hospitaliers, généreux, braves et bien supérieurs aux Arabes par leurs habitudes laborieuses et leur esprit industrieux. Ils respectent la femme et lui laissent une liberté inconnue à la femme arabe. Leur langue, très mal connue, comprend au moins quatre dialectes. Il paraît qu'il existait autrefois des monuments écrits de cette langue; mais ils ont tous péri, et l'alphabet ancien est oublié; on écrit aujourd'hui avec des caractères arabes. Une étude approfondie de ces dialectes pourrait peut-être jeter quelque jour sur l'origine ethnographique de ces peuples.

KABYLIE, région de l'Algérie, formée par le Jurjura ou Djurjura et divisée en *Grande Kabylie,* s'étendant de Dellys à Bougie, et *Petite Kabylie,* de Bougie à Collo. = Nom des hab. : KABYLE. Voy. ce mot.

KACHAN. Voy. KASCHAN.

KACHEMIRE. Voy. CACHEMIRE.

KACHGAR. Voy. KASCHGAR.

KACHUNDÉ. s. m. Voy. CACHUNDÉ.

KADICHAH ou **KADIDJAH,** femme de Mahomet, mère de Fatime (561-628).

KADINE. s. f. T. Relat. Mot turc qui sign. *Dame,* et qu'on donne aux esclaves qui sont, pour ainsi dire, les femmes en titre du sultan. *Le nombre des kadines est ordinairement de quatre, parce que le Koran fixe à quatre le nombre des femmes légitimes.*

KADJARS (LES), dynastie turcomane qui occupe le trône de Perse depuis 1794.

KADOCHE. s. m. (hébr. *kadasch,* sacré). Grade transcendant de la franc-maçonnerie.

KADSURE. s. m. (Mot japonais). T. Bot. Genre de plantes Dicotylédones (*Kadsura*), de la famille des *Magnoliacées.* Voy. ce mot.

KÆMMERÉRITE. s. f. (R. *Kæmmerer,* n. propre). T. Minér. Variété violette de pennine, riche en chrome.

KÆMPFERIE. s. f. (It. *Kæmpfer,* n. d'un bot. all.). T. Bot. Genre de plantes Monocotylédones (*Kæmpferia*), de la famille des *Scitaminées.* Voy. ce mot.

KAFFA ou **FÉODOSIA** ou **THÉODOSIE,** v. de Crimée, sur le détroit d'Ienikaleh; 9,000 hab.

KAFFA ou **GOMARA,** pays de l'Abyssinie méridionale, au S. du Choa.

KÂFIRISTAN, contrée montagneuse de l'Asie centrale, entre l'Afghanistan et l'Inde; 500,000 hab.

KAGNE. s. f. Sorte de pâte d'Italie faite avec la plus belle farine de froment, et à laquelle on donne la forme aplatie d'un ruban.

KAGOSHIMA, v. et port du Japon dans l'île de Kiou-Siou; 60,000 hab. Fabriques de faïences et de porcelaines renommées.

KAÏD. s. m. Voy. CAÏD.

KAÏ-FONG-FOU, v. de la Chine centrale, capitale de la province de Ho-Nan; 100,000 hab.

KAINARDJI. Voy. KOUTCHOUK.

KAÏNÇA ou **CAÏNÇA**. s. m. T. Bot. Sous le nom de *Racine de Kaïnça* ou *de Caïnça*, on désigne la racine du *Chiococcus anguifuga*. Voy. RUBIACÉES.

KAÏNITE. s. f. (R. *Kaïn*, n. propre). T. Minér. Sel dont la composition est assez variable et qui renferme principalement du sulfate de magnésie, du chlorure de potassium et de l'eau. On le rencontre dans les mines de sel gemme.

KAIRINE. s. f. [Pr. *kè-rine*]. T. Chim. Dérivé méthylé du tétrahydrure d'une oxyquinoléine. On le prépare en traitant ce tétrahydrure par l'iodure de méthyle. La k. a pour formule $C^9 H^9 (OH) Az (CH^3)$. Elle cristallise en tables orthorhombiques fusibles à 114°. Son chlorhydrate qui est très soluble dans l'eau, a été employé en médecine comme antithermique. La *k. A* est le dérivé éthylé correspondant et a servi au même usage. Ces médicaments, reconnus inférieurs à l'antifébrine, sont aujourd'hui abandonnés.

KAIROCOLLE. s. m. [Pr. *ké-roko-le*]. T. Chim. Composé cristallisable, fusible à 66°, répondant à la formule $C^{11}H^{13}AzO^3$, obtenu en chauffant le tétrahydrure d'oxyquinoléine avec de l'acide chloracétique.

KAIROLINE. s. f. [Pr. *kéroline*]. T. Chim. Dérivé méthylé du tétrahydrure de quinoléine. La k., qui a pour formule $C^9 H^{10} Az (CH^3)$, est un liquide insoluble dans l'eau; elle bout à 240° sous la pression de 720 millimètres. On l'obtient en chauffant le tétrahydrure de quinoléine avec de l'iodure de méthyle. La k. a été employée comme fébrifuge.

KAIROUAN, v. de l'Afrique septentrionale, dans la régence et à 130 kil. de Tunis; 15,000 hab.

KAISARIÊH, ancienne *Cæsarea*, ville de la Turquie d'Asie (Anatolie); 75,000 hab.

KAISARIÊH, ancienne *Cæsarea Palestina*, ville de Syrie, fondée par Hérode en l'an 25 avant J.-C.; aujourd'hui en ruines.

KAISERSLAUTERN, v. d'Allemagne (Bavière rhénane); 32,000 hab. Victoire des Français sur les Prussiens (29 et 30 nov. 1793).

KAKATOÈS. s. m. [Pr. *kakatoua*]. T. Ornith. Voy. CACATOES.

KAKERLAQUE, KAKRELAS. s. m. T. Entom. Nom vulgaire d'un *Insecte orthoptère*. Voy. BLATTE.

KAKODYLE. s. m. T. Chim. Voy. CACODYLE.

KAKOXÈNE ou **CACOXÈNE**. s. m. (gr. xaxòç, mauvais, laid; ξένος, étranger). T. Minér. Phosphate hydraté de fer, d'une couleur jaune d'ocre.

KALADANA. s. m. T. Bot. Nom indien du *Pharbitis Nil*. Voy. CONVOLVULACÉES.

KALAHARI (DÉSERT DE), entre le lac Ngami et le fleuve Orange (Afrique méridionale).

KALAMATA. v. et port de Grèce (Messénie); 5.000 hab.

KALB (JEAN), général au service de la France, né près de Nuremberg; il s'illustra dans la guerre de l'indépendance en Amérique (1721-1780).

KALÉIDOPHONE. s. m. (gr. xaλòç, beau; εἶδος, image et φωνή, son). Instrument inventé par Wheatstone, pour étudier les mouvements vibratoires. Il se compose essentiellement d'une verge métallique surmontée d'une perle de verre argenté; quand la tige vibre, on voit une courbe lumineuse dessinée par le point brillant que la lumière forme dans la perle par réflexion.

KALÉIDOSCOPE. s. m. (gr. xaλòç, beau; εἶδος, image; σxoπεῖν, voir). T. Phys. Le *Kaléidoscope* est un instrument d'optique fort ingénieux, dont la construction est fondée sur la théorie de la réflexion de la lumière. Cet instrument a été décrit par J.-B. Porta, en 1565, et réinventé en 1817, par David Brewster. Il se compose d'un tuyau cylindrique de carton ou de métal. A l'une des extrémités, qui est fermée par un verre transparent, s'ajuste un autre tuyau de même diamètre, mais beaucoup plus court, terminé par un verre dépoli, de telle sorte que, les deux cylindres étant bout à bout, l'espace qui reste entre les deux verres forme une espèce de boîte dans laquelle on enferme un certain nombre de menus objets, comme morceaux de fleurs artificielles, fragments ou grains de verre coloré, etc. Le second bout du grand tuyau est percé d'une petite ouverture servant d'oculaire, et l'intérieur de ce même tuyau est muni, dans toute sa longueur, de deux lames de verre à miroir, doublées de papier noir et disposées comme

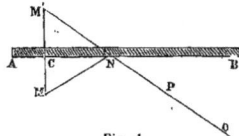

Fig. 1.

un livre entr'ouvert. Quand on regarde par l'oculaire, les fragments renfermés dans la boîte produisent une image d'une régularité et d'une symétrie parfaites, image qui change de forme, sans changer de caractère, dès qu'on agite le k. de façon à déplacer les objets contenus dans la boîte. Ce curieux effet d'optique est facile à expliquer. On sait que si un point lumineux, comme, par ex., le centre de la flamme d'une bougie, est placé en M (Fig. 1), au-devant d'un miroir AB, ce point envoie des rayons lumineux dans toutes les

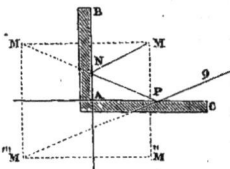

Fig. 2.

directions. Parmi ces rayons, ceux qui, comme MN, tombent sur la surface du miroir, sont réfléchis de manière que l'angle BNP est égal à l'angle ANM. Il suit de là que lorsqu'un observateur est placé en O, et qu'un obstacle l'empêche de voir directement le point lumineux M, ce point lui semble placé en M', à une distance CM' égale à la distance CM. Si, maintenant, au lieu d'un miroir, on en suppose deux, AB, AC (Fig. 2), placés perpendiculairement l'un par rapport à l'autre, il est évident que le miroir AB donnera une image en M', le miroir AC une seconde image en M''; de plus, il y aura une troisième image en M'''. En effet un rayon, tel que MN, se réfléchit d'abord en N, suivant la direction NP, comme s'il venait de M'; puis, tombant sur AC, il se réfléchit une seconde fois, de manière qu'il semble provenir d'un point situé en M'''. Si donc on regarde par l'ouverture du k. un objet placé dans l'intérieur de la boîte, et si deux miroirs sont perpendiculaires, on apercevra cet objet directement et en outre ses trois images, en sorte que l'on croira voir quatre objets semblables et placés symétriquement. En donnant aux miroirs une autre inclinaison, on pourra, au lieu de quatre images du même objet, en obtenir cinq, six, et même autant qu'on voudra; mais il faut que l'angle d'inclinaison soit toujours représenté par un sous-multiple pair de 360°, autrement, les images se superposeraient et seraient confuses. En général, les miroirs du k. sont inclinés à 60°, et au lieu de deux, on voit trois formant un prisme dont la base est un triangle équilatéral. Il est facile de comprendre quel e immense variété de dessins peut fournir le k.; car il suffit de lui imprimer le plus petit mouvement pour obtenir, comme par enchantement, les changements à vue les plus surprenants. — Le k. est surtout un jouet d'enfant; néanmoins, les dessinateurs pour broderies, soieries et toiles peintes, en font usage pour obtenir une infinie variété de figures symétriques.

KALENDES. s. f. pl. Voy. CALENDES.

KALEVALA, célèbre épopée finnoise.

KALGOUIEV ou **KALGOUIEF,** île de la Russie d'Europe, dans l'Océan Glacial arctique.

KALI. s. m. T. Bot. Mot arabe qui signifie potasse, et que les anciens auteurs appliquaient à diverses espèces de plantes qui donnent de la soude par incinération, comme les espèces des genres *Salicornia, Salsola, Bali*, etc.

KALIBORITE. s. f. (gr. καλὸς, beau; fr. *bore*). T. Minér. Borate hydraté de potassium et de magnésium.

KALIDASA, poète sanscrit du 1er siècle avant J.-C., auteur de deux beaux drames : *Sakountala* et *Ourvaci*.

KALISZ, v. de Russie (Pologne); 20.000 hab., sur la frontière de Prusse.

KALIUM. s. m. [Pr. *kali-om*]. T. Chim. Voy. POTASSIUM.

KALKBRENNER, nom de deux musiciens allemands : CHRÉTIEN (1755-1806) et FRÉDÉRIC-GUILLAUME (1784-1849).

KALMIE. s. f. (R. *Kalm*, nom d'un botaniste suédois). T. Bot. Genre de plantes Dicotylédones (*Kalmia*) de la famille des Éricacées. Voy. ce mot.

KALMOUKS, s. m. pl. Habitants mongols de certaines parties de la Chine et de la Russie.

KALOUGA, v. de Russie, ch.-l. du gouvernement du même nom, sur l'Oka; 40,000 hab. Le gouvernement a 1,140,000 h.

KALPAK. s. m. Sorte de bonnet tartare garni de fourrures. Voy. COLBACK.

KAMA, riv. de la Russie orientale, affl. de gauche du Volga; 1.280 kil.

KAMACITE. s. f. (gr. κάμαξ, charpente). T. Minér. Combinaison ferrugineuse qui se trouve dans le fer météorique et qui en fait la charpente.

KAMAKOURA, ancienne capitale du Japon, au S.-O. de Yédo, aujourd'hui abandonnée.

KAMALA. s. m. Nom donné à la poudre rouge constituée par les glandes du fruit du *Rotheria tinctoria*. Voy. EUPHORBIACÉES.

KAMICHI. s. f. T. Ornith.. Genre d'oiseaux de l'ordre des Échassiers. On l'a divisé en deux genres : le *Kamichi* et le *Chavaria*. Ce sont de gros oiseaux de la taille d'un dindon. L'espèce la plus intéressante est le *K. cornu*, qui habite les contrées chaudes de l'Amérique méridionale.

KAMPEN, v. forte de la Hollande, prov. d'Over-Yssel; 17,500 hab., sur l'Yssel.

KAMPONG. s. m. Nom donné, à Java, à des agglomérations d'habitations.

KAMTCHADALE. s. m. Habitant du Kamtchatka.

DICTIONNAIRE ENCYCLOPÉDIQUE. — T. V.

KAMTCHATKA, vaste presqu'île à l'extrémité N.-E. de l'Asie, entre les mers de Behring et d'Okhotsk (à la Russie); 20.000 hab.

KAN. s. m. Voy. KHAN.

KANA. Voy. CANA.

KANARIS, amiral grec, s'illustra dans la guerre de l'Indépendance (1792-1860).

KANAZAWA ou **ISIKAVA,** v. du Japon (Nippon); 107,900 hab.

KANDAHAR, une des principales villes de l'Afghanistan, aux Anglais; 50.000 hab.

KANDJAR, KANDJIAR ou **KANGIAR.** s. m. Voy. CANDJIAN.

KANE, voyageur américain, fit deux expéditions dans les régions arctiques (1832-1885).

KANEM, pays du Soudan, au N.-E. du Bornou.

KANH-HOA, v. d'Annam, au S. de Hué.

KANGOUROO ou **KANGOUROU.** s. m. [Pr. *kan-gou-rou*]. T. Mamm. Espèce de mammifère propre à l'Australie. Voy. MARSUPIAUX.

KANO, v. de l'empire de Sokoto (Soudan oriental); 30.000 h.

KANSAS, riv. des États-Unis d'Amérique, se jette dans le Missouri; 1,800 k. = KANSAS, un des États-Unis d'Amérique (Centre); pop. 1,470,000 hab.; cap. *Topeka*.

KANSAS CITY, v. du Missouri (États-Unis), 55.700 hab., sur le Missouri.

KAN-SOU, prov. de Chine, près du Turkestan russe; 9,300,000 hab. Ch.-l. *Lantchéou*.

KANT (EMMANUEL), célèbre philosophe allemand, né à Kœnigsberg en 1724, mort dans la même ville en 1804. Principaux ouvrages : *Critique de la raison pure* (1781); *Histoire naturelle du monde et Théories du ciel* (1755), dans lequel il expose la cosmogonie; *Critique de la raison pratique* (1787); *Principes métaphysiques de la science et de la nature* (1786). Voy. CRITICISME.

KANTISME. s. m. T. Phil. Ensemble des doctrines de Kant. Voy. CRITICISME.

KANTISTE. s. m. Partisan du kantisme.

KAOLIN. s. m. (chinois *kaoling*. Nom des lieux d'où on extrait le kaolin, de *kao*, élevé, et *ling*, colline). T. Minér. Sorte de terre argileuse, blanche et friable, qui résulte de la décomposition de certains granits, et qui est la base de la fabrication de la porcelaine. Voy. ARGILE, CÉRAMIQUE et FELDSPATH.

KAOLINIQUE. adj. 2 g. Qui appartient au kaolin.

KAOLINISATION. s. f. [Pr. ... *za-sion*]. Transformation en kaolin.

KAOLINISER. v. a. [Pr. ... *ni-zer*]. Transformer en kaolin. = SE KAOLINISER. v. pron. Être transformé en kaolin. = KAOLINISÉ, ÉE. Part.

KARA, riv. de Russie, sort des monts Ourals, sépare l'Europe de l'Asie, se jette dans le golfe de Mara (Océan glacial arctique).

KARA (MER DE), formée par l'Océan Glacial Arctique, entre la Nouvelle-Zemble et le continent.

KARABÉ. s. m. (mot persan qui signifie *tire-paille*). T. Pharm. Ambre jaune. Voy. AMBRE.

KARA-BOGHAZ, golfe de la côte E. de la mer Caspienne.

KARAGAN. s. m. T. Mamm. Espèce de *Carnivore* habitant la Tartarie. Voy. CHACAL.

KARAGEORGEWITCH (ALEXANDRE), prince de Serbie, de 1842 à 1857, né en 1806.

KARAKORAM, chaîne de montagnes du centre de l'Asie, à l'O. du plateau du Thibet.

KARAKOUL, v. de Boukharie ; 30.000 hab.

KARAMANIE, pays de l'Asie Mineure méridionale.

KARAMSIN, historien russe (1765-1826).

KARA-MUSTAPHA, grand vizir de Mahomet IV, vaincu sous les murs de Vienne par Jean Sobieski, en 1683.

KARAT. s. m. [Pr. *ka-ra*]. T. Métrol. Voy. CARAT.

KARATAS, s. m. T. Bot. Nom donné aux espèces de Broméliacées dont on tire des filaments textiles.

KARATCH. s. m. (mot arabe qui signifie *rachat*). Voy. CARACH.

KARDEC (ALLAN), pseudonyme d'Hippolyte Rivail, écrivain spirite fr., auteur du *Livre des Esprits*, etc. (1803-1869).

KARÉLINITE. s. f. (R. *Karelin*, n. pr.). T. Minér. Oxysulfure de bismuth.

KARIKAL, v. de l'Hindoustan français, sur la côte de Coromandel ; à la France ; 70,500 hab.

KARMATIQUE. adj. 2 g. Se dit d'une écriture arabe qui ne porte pas de points diacritiques, mais qui est plus arrondie que l'écriture koufique.

KARNAK, village de la Haute-Égypte, au milieu de ruines de l'ancienne Thèbes.

KARNATIC, partie de la présidence de Madras, située le long de la côte de Coromandel.

KAROLINGIEN, ENNE. adj. Voy. CAROLINGIENS.

KARPATHES. Voy. CARPATHES.

KARR (ALPHONSE), littérateur français, né à Paris (1808-1896).

KARRONS ou **KARROUS,** nom de vastes plaines stériles, au sud de l'Afrique, dans le pays des Hottentots. Sol glaiseux et pierreux. Voy. DÉSERT.

KARS, v. de l'Arménie russe, cédée à la Russie par la Turquie, en 1878 ; 12.000 hab.

KARSTÉNITE. s. f. (R. *Karsten*, n. d'un minéralogiste all.). T. Minér. Synonyme d'*anhydrite*.

KARYOCINÈSE ou **KARYOKINÈSE** (gr. χάρυον, noix, noyau ; χίνησις, mouvement). T. Biol. Mode de prolifération de la cellule par le mouvement et le dédoublement du noyau. Voy. HISTOLOGIE.

KASAN, v. forte de la Russie d'Europe, ch.-l. de gouvernement, à l'est ; 140,800 hab. Le gouvernement a 1,955,500 hab.

KASBEK ou **MQINVARI,** montagne du Caucase central ; 4,680 mètres.

KASCHAN ou **KACHAN,** v. de Perse (Irak-Adjmi) ; 70,000 hab.

KASCHGAR ou **KACHGAR.** v. commerçante du Turkestan oriental (Chine). 50,000 hab.

KASCHMIR. Voy. CACHEMIRE.

KASR-SAÏD, village de Tunisie où fut signé, en 1881, le traité établissant le protectorat de la France sur la Tunisie.

KASSA ou **KASCHAN.** v. de la Hongrie septentrionale ; 26,100 hab.

KASTAMOUNI, v. de la Turquie d'Asie (Anatolie), ch.-l. de la prov. de même nom ; 20,000 hab.

KATKOF, publiciste russe (1820-1887).

KATMANDOU, v. de l'Hindoustan, cap. du Népaul, 30,000 hab.

KATRAN. s. m. T. Bot. Voy. PLOMBAGINÉES.

KATTACK, v. de l'Hindoustan anglais (Bengale) ; 50,900 hab.

KATTÉGAT. Voy. CATTÉGAT.

KAUFFMANN (ANGÉLIQUE), femme peintre de la Suisse (1741-1807).

KAULBACH (G. DE), peintre allemand (1808-1874).

KAUNITZ (Prince DE), homme d'État autrichien, conclut en 1756 un traité d'alliance entre la France et l'Autriche.

KAWAÏNE. s. f. T. Chim. Résine âcre et aromatique contenue dans les racines du Kawa-Kawa et à laquelle on attribue les propriétés sudorifiques de cette racine.

KAWA-KAWA. s. m. T. Bot. Nom donné dans les îles Marquises aux racines du *Piper methysticum*, de la famille des *Pipéracées*. Voy. ce mot.

KAYES, capit. du Soudan français, sur la rive gauche du haut Sénégal ; 10,000 hab.

KAYSERBERG, anc. ch.-l. de c. (Haut-Rhin), arr. de Colmar, 3,200 hab. (à l'Allemagne depuis 1871).

KAZAN. Voy. KASAN.

KAZBEK. Voy. KASBEK.

KAZBIN ou **KAZVIN,** v. de Perse (Irak-Adjmi) 40,000 hab.

KAZIMIRSKI, orientaliste fr. (1808-1887).

KEAN, célèbre acteur anglais'(1787-1833).

KECSKEMET, v. de la Hongrie centrale ; 46,900 hab.

KEEPSAKE. s. m. [Pr. *kip-sèk*] (mot anglais qui signifie *pour garder souvenir*). Titre commun qu'on donne à certains livres ornés de vignettes et élégamment reliés, et cela parce qu'ils sont surtout destinés à servir de présent, d'étrennes, de souvenir.

KÉFIR. s. m. Boisson que les montagnards du Caucase préparent en faisant fermenter le lait de vache ou de chèvre dans des outres spéciales, à l'aide d'un ferment qui porte lui-même le nom de kéfir et dont l'origine est attribuée à Mahomet. Cette boisson ressemble beaucoup au koumiss ; elle est légèrement alcoolique et peptonisée ; elle contient aussi de l'acide lactique et une assez forte proportion de sucre, de corps gras et de caséine. On l'emploie comme stimulant de l'estomac dans les troubles digestifs.

KEHL, v. du grand-duché de Bade, sur la rive droite du Rhin, en face de Strasbourg, auquel il est relié par un pont autrefois tournant ; 5,100 hab.

KEILHAUITE. s. f. (R. *Keilhau*, n. pr.). T. Min. Minéral composé d'acide silicique et d'acide titanique combinés avec de la chaux, de l'alumine et de l'yttria.

KEISER, compositeur allem. (1673-1739).

KEITH (GEORGE), célèbre amiral angl. (1746-1823).

KÉLAT, cap. du Béloutchistan ; 14,000 hab.

KÉLÈNE. s. m. T. Chim. Nom donné au chlorure d'éthyle, employé en médecine comme anesthésique local. Voy. ÉTHYLE.

KELLER (JACQUES ou CELLARIUS), théologien allem. (1560-1631).

KELLER, habile fondeur du siècle de Louis X.*, né à Zurich (1638-1702).

KELLERMANN, duc de Valmy, maréchal de France (1735-1820), battit avec Dumouriez les Prussiens à Valmy (1792).

KELLINE. s. f. [Pr. *kel-line*]. T. Chim. Glucoside retiré des graines d'Ammi visnaga (kell des Arabes). La k. cristallise en petites aiguilles soyeuses, très amères, solubles dans l'alcool et surtout dans l'éther. Elle possède des propriétés émétiques et narcotiques.

KÉLOÏDE. s. f. (gr. χηλή, pince : εἶδος, aspect). T. Méd. L'orthographe correcte serait *Chéloïde*, qui s'écrit aussi.

Méd. — La k. doit être rangée dans les difformités de la peau; sa bénignité et sa résistance ordinaire aux moyens de traitement empêchent de la considérer comme une véritable maladie. On a parfois divisé la k. en deux variétés : l'une k. vraie ou *kélis*, naît spontanément sans avoir été précédée par une ulcération ou une plaie; l'autre, k. cicatricielle, est toujours consécutive à une solution de continuité de la peau saine ou de la peau et du tissu cellulaire sous-cutané. Qu'elle soit spontanée ou non, la k. se présente sous l'aspect d'une tumeur bien limitée, saillante au-dessus du niveau de la peau, de 1 à 5 ou 6 millimètres, variable d'étendue, mais d'une consistance un peu ferme et élastique. Tantôt elle est allongée, cylindrique, semblable à un ver ou à un morceau de macaroni, tantôt elle est arrondie ou ovale; le plus souvent, elle est irrégulière et présente même quelquefois des prolongements latéraux qui lui donnent une vague ressemblance avec un crabe ou une écrevisse. La surface est tantôt lisse, tantôt verruqueuse ou sillonnée par des brides à dessins variés. La coloration est tantôt celle de la peau, tantôt d'un blanc mat, tantôt violacée ou rosée. La tumeur, parfois indolente, est souvent sensible à la pression, surtout dans la k. spontanée. Relativement à son siège, la région sternale en paraît le lieu d'élection; on la rencontre sur le dos, au cou, etc. La santé générale n'est nullement troublée à moins de douleurs particulièrement vives. Après une croissance lente de plusieurs années, la k. reste stationnaire et persiste indéfiniment. Ses caractères sont suffisamment tranchés, diffèrent assez de ceux des nævi, des verrues, des affections syphilitiques ou lépreuses de la peau pour que la confusion ne soit pas possible. Si la guérison par un affaissement graduel paraît être possible, ce mode de terminaison est si rarement observé qu'on ne doit pas y compter. — Ce fait tient sans doute à l'étiologie de la maladie. Elle ne se développe guère que dans la jeunesse et à l'âge adulte, et se rencontre presque exclusivement chez les scrofuleux (cicatrices kéloïdiennes). — Étant donné ces notions on devine que tous les traitements externes ont échoué; il en est de même d'ailleurs de tous les médicaments utilisés pour modifier l'état général. Le chirurgien, comme le médecin, sont donc impuissants, car l'incision ni la cautérisation ne la plaque kéloïdienne ne donnent de succès; l'expérience clinique a démontré d'une manière absolue que toute k. enlevée récidive et donne lieu à une nouvelle tumeur plus étendue et plus saillante que la première.

KÉLOTOME. s. m. T. Chir. (gr. κήλη, tumeur; τομή, section). Ancien instrument pour l'opération de la hernie étranglée.

KÉLOTOMIE. s. f. (gr. κήλη, tumeur; τομή, section). T. Chir. L'opération de la hernie étranglée. Voy. HERNIE.

KE-LUNG, port du N.-E. de l'île Formose; 5.000 hab.

KENNETH, nom de trois rois d'Écosse; le premier de 604 à 605, le second de 833 à 887, le troisième de 976 à 984. Le dernier publia un recueil de lois.

KENNGOTTITE. s. f. [Pr. *ken-ngot-tite*] (◌ *Kenngott*, n. pr.). T. Minér. Synonyme de *miargyrite*.

KÉNOZOÏQUE. adj. 2 g. (gr. καινὸς, nouveau; ζῶον, animal). T. Géol. Se dit d'un terrain tertiaire contenant les plus récents parmi les animaux fossiles.

KENSINGTON, v. d'Angleterre, comté de Middlesex, actuellement incorporée dans Londres, et dont le château est devenu un musée et une institution scientifique.

KENT (Royaume de), l'un des sept États anglo-saxons, cap. *Cantorbéry*. ‖ Comté maritime au sud-est de l'Angleterre; 978,000 hab., ch.-l. *Maidstone*.

KENTUCKY, riv. des États-Unis, affluent de l'Ohio; 129,375 kil. = KENTUCKY, un des États-Unis d'Amérique (Sud); pop. 2,220,000 hab.; cap. *Francfort*.

KÉPI. s. m. (allem. *kœppi*, dimin. de *kappe*, bonnet). Espèce de casquette légère et munie d'une visière, que portent les soldats en petite tenue, pour remplacer le shako. A commencé à être employé pendant les guerres d'Afrique, vers 1830. ‖ Coiffure de même forme que portent les élèves dans les collèges, lycées, etc.

KÉPLER ou **KEPPLER** (JEAN), l'un des créateurs de l'astronomie moderne, né à Magstatt (Wurtemberg), en 1571, mort à Ratisbonne en 1630. Principales œuvres : *De Mistibus stellæ Martis* (1609), dans laquelle il expose ses lois; *Harmonius Mundi* (1619); *Prodonus mysterium cosmographicum* (1596); *Epitome Astronomice copernicana* (1618); *Displrice* (1620). — *Lois de Kepler*. Voy. PLANÈTE.

KÉPLÉRIEN, IENNE. adj. [Pr. *képléri-in, ìène*]. Qui appartient à Képler.

KÉRACÈLE. s. f. (gr. κέρας, corne; κήλη, tumeur). Tumeur de la face interne du sabot.

KÉRALIO (L.-P.), érudit fr. né à Rennes (1731-1793).

KÉRAPHYLLEUX. adj. m. [Pr. *kéraf-il-leu*] (gr. κέρας, corne; φύλλον, feuille). Tissu k., portion interne du tissu corné de la paroi du sabot du Cheval et des Ruminants, formant de nombreuses lames verticales qui s'engrènent avec les lames du tissu podophylleux.

KÉRAPHYLLOCÈLE. s. m. [Pr. *kéraf-il-losèle*] (gr. κέρας, corne; φύλλον, feuille, et κήλη, tumeur). Tumeur cornée de la face interne de la muraille, dans le sabot du cheval.

KÉRAPSEUDE. s. f. (gr. κέρας, corne; ψεῦδεν, tromper). Corne fendillée et raboteuse qui recouvre une portion de corne dans certaines maladies du sabot.

KÉRARGYRE. s. m. T. Minér. Syn. de *kérargyrite*.

KÉRARGYRITE. s. f. (gr. κέρας, corne; ἄργυρος, argent). T. Min. Argent chloruré, ou argent corné. Voy. ARGENT.

KÉRASINE. s. f. [Pr. *kéra-zine*] (gr. κέρας, corne). T. Minér. Syn. de *mendipite*.

KÉRATECTOMIE. s. f. (gr. κέρας, cornée; ἐκτομή, excision). Opération de pupille artificielle, par excision d'une portion de la cornée.

KÉRATINE. s. f. (gr. κέρας, κέρατος, corne). T. Chim. Substance organique, azotée et sulfurée, qui tient la place du protoplasma dans les cellules superficielles de l'épiderme, et qui constitue en majeure partie les ongles, les cornes, les sabots des solipèdes, les écailles et les carapaces des reptiles, les plumes, la laine, les cheveux et les poils. On la prépare ordinairement à l'aide de la corne que l'on râpe et qu'on fait bouillir successivement avec une solution étendue de carbonate de soude, avec de l'eau acidulée, de l'alcool et de l'éther. La k. pure est constituée par un résidu insoluble. Elle se gonfle dans l'eau bouillante sans s'y dissoudre; mais quand on la chauffe avec l'eau en vase clos, à la température de 150°, elle donne lentement une solution trouble. Elle se dissout dans les alcalis aqueux à l'ébullition; la solution, additionnée d'un acide, dégage le soufre de la k. sous forme d'hydrogène sulfuré. Par une longue ébullition avec l'acide sulfurique étendu, la k. donne des acides gras avec un peu d'acide aspartique, de la leucine et de la tyrosine. En brûlant à l'air, la k. dégage l'odeur caractéristique de la corne brûlée. On a donné le nom de *neurokératine* à la substance qui forme le névrilemme et ses cloisons. Elle possède la plupart des propriétés de la k. ordinaire; elle est moins soluble dans les solutions bouillantes de potasse caustique.

KÉRATINISER (SE). v. pr. [Pr. ...*ni-zer*] (gr. κέρας;

χέρατος, corne). T. Biol Se durcir par la formation d'une substance analogue des cornes. Se dit des cellules qui doivent former l'épiderme. Voy. HISTOGÉNIE.

KÉRATITE. s. f. (gr. χέρας, cornée). T. Méd. Inflammation de la cornée. Voy. ŒIL.

KÉRATOCÈLE. s. m. (gr. χέρας, corne; χήλη, tumeur). Hernie à travers une ulcération de la cornée transparente.

KÉRATOCONE. s. m. (gr. χέρας, χέρατος, corne; fr. cône). T. Méd. Staphylome épithélial de la cornée en forme de cône ou de verrue.

KÉRATOGÈNE. adj. 2 g. (gr. χέρας, corne; γεννάω, j'engendre). T. Anat. Appareil k., Ensemble des parties du derme qui sécrètent la corne.

KÉRATOGLOSSE. s. m. (gr. χέρας, corne; γλῶσσα, langue). Fibres du muscle hyoglosse prenant attache aux cornes de l'os hyoïde. Le grand k., le petit k.

KÉRATOÏDE. adj. 2 g. (gr. χέρας, corne; εἶδος, forme). Qui ressemble à une corne.

KÉRATOMALACIE. s. f. (gr. χέρας, cornée; μαλαχὸς, mou). Ramollissement de la cornée.

KÉRATONYXIS. s. f. [Pr. kératonik-sis] (gr. χέρας, χέρατος, corne; νύσσειν, percer). T. Chir. Voy. CATARACTE.

KÉRATO-PHARYNGIEN, IENNE. adj. [Pr. kératofarinji-in, ièn] (gr. χέρας, corne et pharyngien). T. Anat. Qui appartient à la corne de l'os hyoïde et au pharynx.

KÉRATOPHYTE. s. m. (gr. χέρας, χέρατος, corne; φυτόν, plante). Nom donné par les anciens naturalistes aux polypiers dont la substance est transparente comme la corne.

KÉRATOSTAPHYLIN. adj. m. (gr. χέρας, χέρατος, corne; σταφύλη, luette). T. Anat. Muscle k., ou subst., Le k., Muscle s'étendant de la corne de l'hyoïde vers la luette.

KÉRATOTOME. s. m. (gr. χέρας, χέρατος, corne; τομή, section). T. Chir. Couteau à cataracte.

KÉRATOTOMIE. s. f. (R. kératotome). L'opération de la cataracte par extraction. Voy. CATARACTE.

KÉRATRY (Comte de), écrivain et homme politique fr., né à Rennes (1769-1859).

KÉRAUNIQUE. adj. 2 g. (on dit aussi céraunique et céraunien) [gr. κεραυνός, foudre). Qui a rapport à la foudre. Rayons cérauniques, Rayons de l'éclair qui photographient des images sur la peau des foudroyés.

KÉRAUNOGRAPHIQUE. adj. 2 g. (gr. κεραυνός, foudre; γράφειν, tracer). T. Phys. Empreintes kéraunographiques, images d'objets voisins que la foudre imprime sur les corps qu'elle frappe.

KERFERÈS ou mieux **SNOFROUX**, roi égyptien de la IIIᵉ dynastie.

KERGORLAY (Comte de), homme politique fr. (1769-1856).

KERGUELEN (Iles), groupes d'îles de l'Océan Indien. La principale s'appelle Ile de la Désolation, à la France.

KERGUELIN (DE), navigateur fr. né en Bretagne; découvrit en 1772 les îles Kerguelen (1745-1797).

KERMAN, v. de la Perse méridionale; 45,000 hab.; ch.-l. de la prov. de Kerman.

KERMANCHAH ou **KERSMANCHAN**, cap. du Kourdistan persan; 12,000 hab.

KERMÈS. s. m. [Pr. ker-mès] (arabe kirmiz, m s.). T. Ent. Genre d'Insectes Hémiptères voisins des pucerons et des cochenilles, qu'on trouve sur plusieurs plantes et qu'on appelle vulgairement graines d'écarlate. Celui qui vit sur le chêne

vert s'appelle aussi Cochenille du chêne vert. Voy. COCHENILLE. || T. Chim. et Pharm. K. minéral. Voy. ANTIMOINE. || Se dit quelquefois pour Alkermès.

KERMÉSITE. s. f. [Pr. kermé-zite] (R. kermès). T. Minér. Oxysulfure d'antimoine en aiguilles groupées, de couleur rouge cerise ou rouge brunâtre.

KERMESSE ou **KARMESSE**. s. f. [Pr. kermè-se] (flamand, kerkmisse, m. s. de kerk, église; mess, compagnie). Nom qu'on donne, en Hollande et dans les Flandres, à des foires annuelles qui se célèbrent avec des processions, des danses, des mascarades et autres divertissements.

KERN, diplomate suisse (1808-1888).

KÉRODON. s. m. (gr. χέρας, corne; ὀδοὺς, dent). T. Mamm. Petit Rongeur de l'Amérique centrale. Voy. CABIAI.

KÉROSÈNE. s. m. [Pr. kéro-zène]. Portion du pétrole brut qui passe à la distillation entre 150° et 200°. Après avoir subi un raffinage, le k. constitue l'huile d'éclairage qu'on emploie dans les lampes à pétrole.

KÉROUAL (LOUISE-PENROET), duchesse de Portsmouth, favorite de Charles II d'Angleterre, vendue à la politique française (1652-1725).

KERRY, comté d'Irlande (prov. de Munster); 201,000 hab. ch.-l. Tralee.

KERSAINT (Comte de), marin fr. (1707-1759). — Son fils, conventionnel, né à Paris, mort sur l'échafaud (1742-1793).

KERSANTITE. s. f. T. Minér. Syn. de kersanton.

KERSANTON. s. m. T. Minér. Roche grise ou d'un vert grisâtre, composée d'oligoclase, de mica, de carbonate de chaux et de carbonate de fer.

KERSON, fausse orthogr. Voy. KHERSON.

KERTCH (Détroit de), le même que le détroit d'Iénikaleh.

KERTCH, v. de Russie (Crimée); 22,500 hab.

KESCHO, Voy. HANOÏ.

KETCH. s. m. Sorte de bâtiment anglais qui sert au cabotage. Le k. est du port de 50 à 300 tonneaux; il a un grand mât et un mât d'artimon; ses voiles sont gréées sur des cornes, et il a deux grands focs sur son beaupré.

KÉTINE. s. f. T. Chim. Nom sous lequel on désigna tout d'abord la diméthyl-pyrazine et les autres homologues de la pyrazine.

KETMIE. s. f. (ar. khatmigy, m. s.). T. Bot. Genre de plantes Dicotylédones (Hibiscus) de la famille des Malvacées. Voy. ce mot.

KÉTOL. s. m. T. Chim. Syn. d'Indol.

KEUPRIQUE. adj. 2 g. T. Géol. Se dit des terrains auxquels appartiennent les marnes irisées.

KEW, village d'Angleterre, comté de Sussex, à 13 kil. au nord de Londres. Château royal, jardin botanique et observatoire; 1,500 hab.

KEYSER (NICAISE DE), peintre belge (1813-1887).

KHAÏBER, défilé qui fait communiquer l'Inde et l'Afghanistan.

KHALED, général arabe (581-642), conquit la Syrie sous Omar.

KHALIFAT, KHALIFE. s. m. Voy. CALIFAT, etc.

KHAMITE, KHAMITIQUE Voy. CHAMITE.

KHAMSIN ou **CHAMSIN**. [Pr. ...sine]. Vent brûlant d'Égypte, venant du désert, de l'arabe *Khamsin* (cinquante) parce qu'il souffle souvent pendant cinquante jours. Voy. VENT.

KHAN. s. m. (mot mongol qui sign. *chef*). Le mo* *Khan* est le titre que prenaient les souverains mongols, et que Djinghiz-Khan, qui l'a particulièrement rendu célèbre, transmit à ses successeurs. Adopté par les chefs des hordes mongoles et tartares, ce titre passa avec eux dans l'Afghanistan dans l'Hindoustan, en Perse et en Turquie. Oktaï, fils de Djinghiz, pour marquer sa supériorité sur les autres chefs tartares, se fit appeler *Chakhand*, c.-à-d. khan des khans, et les chefs mongols en Perse prirent le titre de *Ilkhan*, qui signifie grand khan. Aujourd'hui, le titre de Khan est encore porté par certains chefs de tribus qui habitent la Russie d'Asie, le nord de la Perse, le Caucase, etc.; mais les seuls qui soient réellement indépendants sont ceux de Khiva, de Balk et de Boukhara. Du nom de *Khan* est dérivé celui de *Khanat*, qu'on donne à ces derniers territoires. — Les Arabes désignent aussi les caravansérails sous le nom de *khan*.

KHARADJ. s. m. Voy. CARACH.

KHARKOF, v. du S.-O. de la Russie, cap. de l'Ukraine; 188,000 hab.

KHARTOUM, v. du Soudan, au confluent du Nil Blanc et du Nil Bleu. 20,000 hab. Siège célèbre où Gordon fut tué (1885).

KHATMANDOU, v. de l'Inde septentrionale; cap. du Nepaul; 50,000 hab.

KHAYA. s. m. [Pr. *ka-ia*] (R. *Khay*, n. pr.). T. Bot. Genre de plantes Dicotylédones de la famille des *Méliacées* Voy. ce mot.

KHÉDIVE. s. m. (persan *Khédiv*, roi, prince). Titre du vice-roi d'Égypte.

KHÉLAT. s. m. Nom que l'on applique, en Turquie, à tout don que le sultan fait à ceux qui lui sont présentés, comme pelisse; armes, etc.

KHERSON, v. forte de la Russie d'Europe, à l'embouchure du Dniéper; 60,950 hab. Ch.-l. du gouvernement de *Kherson*; 1,865,000 hab.

KHITI. Voy. HÉTHÉENS.

KHIVA, v. forte du Turkestan, fut prise par les Russes en 1873; 12,000 hab. Depuis cette époque, le pays de Khiva est sous l'obéissance de la Russie.

KHMER (Empire), vaste État du Cambodge très puissant au moyen âge. Monuments imposants. Voy. INDE.

KHOÏN. Voy. HOTTENTOTS.

KHOKAND, v. du Turkestan, fut annexée à la Russie d'Asie en 1876; 30,000 hab.; anc. résidence de Gengis-Khan.

KHONDS, peuplade de l'Indoustan anglais, à 440 kilom. à l'E. de Calcutta, où l'on avait, de temps immémorial, l'habitude d'immoler des enfants, des jeunes gens et des jeunes filles et de les dépecer en lambeaux de chair.

KHORAÇAN ou **KHORASSAN**, prov. du N.-E de la Perse; 1,160,000 hab.; ch.-l. Meshed.

KHORSABAD, village de la Turquie d'Asie, à 20 kil. de Mossoul, où l'on a découvert les ruines d'un ancien palais assyrien.

KHOUANS. s. m. pl. Nom d'une confrérie religieuse arabe très puissante.

KHOUZISTAN ou **ARABISTAN**, prov. du S.-O. de la Perse; cap. *Chouster*.

KHROUMIRS, tribus pillardes de la frontière algéro-tunisienne.

KIANG-SI, prov. du centre de la Chine; 23,151,000 hab.; cap. *Nonchang*.

KIANG-SOU, prov. maritime de la Chine orientale; 40,000,000 hab.; cap. *Nan-King*.

KIBDÉLOPHANE. s. f. (gr. κίβδηλος altéré, corrompu; φαίνω, je parais). T. Minér. Variété de fer titané.

KICHINEV, v. du S.-O. de la Russie d'Europe, 130,000 hab.; cap. du gouvernement de Bessarabie; ville très commerçante.

KIEF. s. m. Le repos absolu chez les Turcs.

KIEF, v. de Russie; ch.-l. de gouvernement; 202,000 hab. sur la rive droite du Dniéper; le gouvernement de Kief a 2,507,000 hab.

KIEL, v. et port du Holstein, fut réuni à la Prusse en 1866; 50,440 hab. Observatoire et Bureau astronomique central.

KIEL (Canal de), va de Kiel à l'embouchure de l'Elbe.

KIERSY-SUR-OISE, village de l'arr. de Laon, où Charles le Chauve rendit le capitulaire qui sanctionna l'hérédité des bénéfices et offices royaux, en 877.

KIESELGUHR. s. m. [Pr. *ki-sel-gour*]. T. Minér. Silice farineuse, composée de carapaces d'infusoires, employée pour la fabrication de la dynamite.

KIÉSÉRITE. s. f. [Pr. *kié-zérite*] (R. *Kieser*, nom d'un sav. all.). T. Minér. Espèce de sulfate de magnésie natif.

KILBRICKRÉNITE. s. f. T. Minér. Synonyme de *Géokronite*.

KILDARE, v. d'Irlande, ch.-l. du comté de *Kildare* (prov. de Leinster); 2,100 hab. Le comté a 75,800 hab.

KILIARE. s. m. (gr. χίλιοι, mille; fr. *are*). Mille ares ou dix hectares.

KILIMANDJARO, hautes montagnes de l'Afrique centrale, à l'O. de Zanguebar.

KILKENNY, v. d'Irlande, ch.-l. du comté de *Kilkenny* (prov. de Leinster); 12,500 hab. Le comté a 99,500 hab.

KILLINITE. s. f. [Pr. *kil-linite*] (R. *Killiney*, nom de lieu, près de Dublin). T. Minér. Silicate hydraté naturel d'aluminium et de potasse.

KILMAINE, général fr., né à Dublin (1751-1799).

KILMEYERA. s. m. T. Bot. Genre de plantes Dicotylédones de la famille des *Ternstrémiacées*. Voy. ce mot.

KILO. préf. dérivé du grec χίλιοι, mille, et qui se met devant une unité de mesure pour désigner une unité mille fois plus grande. Le kilomètre vaut mille mètres, le *kilogramme* mille grammes, etc. Voy. MÉTRIQUE.

KILOGRAMME. s. m. (gr. χίλιοι, mille, et fr. *gramme*). T. Métrol. Mille grammes, poids d'un litre d'eau distillée à sa température de plus forte densité (4°). Voy. MÉTRIQUE.

KILOGRAMMÈTRE. s. m. [Pr. *kilo-gramm-mètre*] (R. *kilogramme*, et *mètre*). Unité de mesure représentant le travail d'un poids d'un kilogramme tombant de 1 mèt de hauteur, ou l'énergie nécessaire pour élever un kilogramme à la hauteur d'un mètre. Voy. UNITÉS.

KILOLITRE. s. m. (gr. χίλιοι, mille, et fr. *litre*). T. Métrol. Capacité de mille litres. Voy. MÉTRIQUE.

KILOMÉTRAGE. s. m. Mesure par kilomètres.

KILOMÈTRE. s. m. (gr. χίλιοι, mille, et fr. *mètre*). Longueur de mille mètres. Voy. MÉTRIQUE.

KILOMÉTRER. v. a. T. Techn. Garnir une route de bornes ou de poteaux indicateurs de kilomètre.

KILOMÉTRIQUE. adj. 2 g. Qui appartient au kilomètre. *Poteau k,*

KILOMÉTRIQUEMENT. adv. Par kilomètre.

KILOWATT. s. m. (R. *kilo*, et *watt*). Unité de travail valant mille watts. Voy. UNITÉ et WATT.

KILSÉRITE. s. f. T. Minér. Sulfate hydraté de magnésie.

KIMMÉRIDGIEN. adj. [Pr. *kim-méridji-in*]. T. Géol. Terrains ayant le caractère de ceux que l'on trouve près de Kimmeridge, en Angleterre.

KINA. Voy. QUINQUINA.

KINCARDINE, comté d'Écosse; 34,500 hab. Cap. *Stonchaven.*

KINÉMATOGRAPHE ou **CINÉMATOGRAPHE.** s. m. T. Phys. (gr. κίνημα, mouvement; γράφω, j'écris). Voy. KINÉTO-SCOPE.

KINÉSITHÉRAPIE. s. f. [Pr. *kiné-zi...*] (gr. κίνησις, mouvement; θεραπεία, traitement médical). Procédé de gymnastique consistant à provoquer la contraction volontaire des muscles pendant qu'on s'oppose à leur raccourcissement et à exercer des tractions sur eux pendant qu'ils sont raccourcis.

KINÉSODIQUE. adj. 2 g. [Pr. *kiné-zodike*] (gr. κίνησις, mouvement; ὁδός, chemin). T. Physiol. Qui conduit les mouvements.

KINÉTOSCOPE. s. m. (gr. κίνητος, mobile; σκοπέω, j'examine). T. Phys. On a construit depuis longtemps des jouets ayant pour but de produire des images mouvementées. Tout le monde connaît le zootrope, le phénakistiscope (Voy. ZOOTROPE), qui sont encore en vogue. Grâce à la rapidité avec laquelle on peut aujourd'hui obtenir des images photographiques au moyen du procédé au gélatino-bromure d'argent, Edison a pu construire son *kinétoscope* qui laisse bien loin derrière lui les jouets imparfaits que nous venons de citer. Pour reproduire des scènes mouvementées, Edison fait sans interruption de 30 à 40 photographies du sujet par seconde, soit 1,800 à 2,400 clichés par minute. Ces clichés se font sur une bande de celluloïd sensibilisé qui a environ 15 mètres de long et 3 centimètres de large, et qui se déroule dans un appareil photographique muni d'un obturateur spécial donnant les 30 ou 40 poses à la seconde. Ce long négatif pelliculaire est ensuite développé et, finalement, on en tire un positif également sur une bande de celluloïd sensible. Ce positif est ensuite transporté dans le kinétoscope sur une série de rouleaux que l'on peut faire tourner au moyen d'un petit moteur électrique, ce qui entraîne la bande rapidement. À la partie supérieure de son trajet elle est horizontale, on l'éclaire par en dessous au moyen d'une petite lampe à incandescence; de l'autre côté, au-dessus de la bande se trouve une loupe grossissante à travers laquelle on regarde. Entre la loupe et la bande d'images se trouve un disque percé d'une fente; ce disque est animé d'un mouvement de rotation très rapide, de manière à laisser voir successivement chacune des images pendant un temps très court. Comme il défile ainsi de 30 à 40 images à la seconde, l'œil reçoit l'impression de la continuité du mouvement.

Cinématographe. — Le kinétoscope d'Edison ne peut servir qu'à un très petit nombre de personnes à la fois, et cela en le compliquant par l'adjonction d'autant de loupes ou oculaires qu'il y a de personnes; et, même, dans le premier modèle de ce genre d'appareil, une seule personne à la fois pouvait regarder. MM. Lumière frères sont arrivés à projeter les scènes mouvementées sur un écran de manière à les rendre visibles à toute une salle. Ils ont donné le nom de *cinématographe* à leur invention. On se sert encore dans cet appareil d'une bande de celluloïd analogue à celle du kinétoscope et sur laquelle on a fait quinze épreuves par seconde de la scène à reproduire. Cette bande se déroule derrière l'objectif d'un appareil à projection. Elle est entraînée par un mécanisme spécial qui arrête chaque épreuve pendant un instant très court; à ce moment même, l'obturateur démasque l'objectif pendant un instant (environ 1/25 de seconde) et l'image se trouve projetée sur l'écran. Cela se répète 15 fois par seconde et donne l'illusion de la continuité du mouvement. C'est grâce à cet arrêt de la

pellicule permettant de projeter chaque image pendant 1/25 de seconde que l'on peut rendre l'éclairement suffisant pour qu'une nombreuse assemblée puisse voir les projections animées. On se sert de préférence de la lumière électrique pour ce genre de projections.

KING. s. m. [Pr. *kinng*, *g* dur] (Mot chinois qui signifie *livre*). C'est le nom que les Chinois donnent à d'anciens livres qu'ils considèrent comme sacrés depuis le VIe siècle avant notre ère, époque où ils furent revus et mis en ordre par Kong-fou-tseu (*Confucius*). Ces livres, au nombre de cinq, sont : le *Y-king*, ou Livre des transformations ; le *Choq-king*, ou le Livre des annales ; le *Chi-king*, ou le Livre des chants ; le *Li-king*, ou le Livre des rites, et le *Tchun-thsiéou*, ou le Printemps et l'Automne. — Ce titre de *King* est encore appliqué par les Chinois à divers autres ouvrages également révérés et réputés sacrés par les sectateurs de ceux qui les ont écrits : tels sont le *Tao-te-King*, ou le Livre de la raison suprême et de la vertu, par Lao-tseu et le *Nan-hoa-king*, ou Livre des fleurs du Midi, de Tchouang-tseu.

KING-CHARLES. s. m. [Pr. *kinn-tchârls*] (Mots angl. sign. *roi Charles*). T. Mamm. Variété de petit épagneul à longs poils. Voy. CHIEN.

KING'S-COUNTY (comté du roi), comté d'Irlande (prov. de Leinster); 72,900 hab. Cap. *Tullamore.*

KINGSTON, v. pr. et port de la Jamaïque; 37,800 hab. || Ville forte du Haut-Canada (Amérique anglaise); 14,100 hab.

KININE. s. f. Voy. QUININE.

KINKAJOU. s. m. T. Mamm. Le *Kinkajou* (*Cercoleptes*), appelé aussi *Potto*, est un animal de la taille de la Fouine, qui constitue à lui seul un genre bien distinct dans l'ordre des Carnivores. Is. Geoffroy Saint-Hilaire le place à la tête de cet ordre. En effet, par sa marche plantigrade, il se rapproche des Ours et par des Viverridés, tandis que, par sa longue queue

prenante, il rappelle les Sapajous. Il a en outre le museau court, une langue grêle et extensible, deux mâchelières pointues en avant et trois tuberculeuses en arrière. Le Kinkajou (Fig. ci-dessus) habite les parties chaudes de l'Amérique. Son poil est laineux, d'un gris ou brun jaunâtre. Cet animal est nocturne et de mœurs assez douces. Quoique carnivore, il vit aussi de lait, de miel, de fruits, etc.

KINKEL, poète et homme politique allemand (1815-1882).

KINO. s. m. (Mot indien). T. Pharm. Suc desséché de couleur rougeâtre et en majeure partie composé de tanin, qui provient de diverses espèces de végétaux. Le *K. de l'Inde* et le *K. d'Afrique* sont fournis par des *Pterocarpus* ; le *K. du Bengale* provient du *Butea frondosa*. Voy. LÉGUMINEUSES. On connaît encore le *K. d'Australie*, provenant de divers *Eucalyptus* ; le *K. de la Jamaïque*, obtenu par décoction du bois du *Coccoloba uvifera* (Voy. MYRTACÉES); le *K. de la Colombie*, extrait du *Rhizophora Mangle*. Voy. RHIZOPHORACÉES.

KINOÏNE. s. f. T. Chim. Substance cristallisée, extraite du kino. Elle est incolore, soluble dans l'eau chaude, et répond à la formule $C^{14} H^{12} O^6$. Chauffée à 120°, la k. se transforme en *rouge de kino* $C^{28}H^{22}O^{11}$, substance amorphe, fusible vers 165°, qui constitue la matière colorante du kino.

KINROSS, v. d'Écosse, ch.-l. du comté de *Kinross* ; 2,500 hab. Le comté a 6,700 hab.

KINZIGITE. s. f. (R. *Kinzigthal*, n. de lieu). T. Minér. Roche formée d'un mélange cristallin de mica noir, de grenat et de cordiérite.

KIOSQUE. s. m. (turc *kiouchk*, m. s.). Pavillon dans le goût oriental dont on décore les jardins, les parcs, etc. || A Paris et dans les grandes villes, petit pavillon étalé pour la vente des journaux, des fleurs, etc.

KIOTO ou MIAKO, v. du Japon, dans l'île de Nippon; 263,400 hab. Faïences estimées.

KIOTOME. s. m. (gr. κῖον, colonne; τομή, section). Instrument servant à couper les brides accidentelles formées dans le rectum ou dans la vessie.

KIOU-KIANG, v. de la Chine orientale (prov. de Kiang-Si); 53,000 hab. Sur le fleuve Bleu.

KIOUNG-TCHEOU, port ouvert de l'île Haï-Nan; 40,000 hab.

KIOU-SIOU, l'une des plus grandes îles du Japon; pop. 5,214,000 hab.; v. pr. *Nagasaki, Kayoshima, Koumamoto.*

KIRCHER (ATHANASE), savant jésuite allemand (1602-1680).

KIRCHHOFF, savant physicien, né à Kœnigsberg, a découvert l'analyse spectrale, en collaboration avec *Bunsen.* (1824-1887).

KIRGHIZ, peuple nomade, d'origine mongole, habitant le pays situé au N. du Turkestan, de l'Oural à l'Irtych.

KIRKCUDBRIGHT, v. d'Écosse 3,500 hab.; ch.-l. du comté de *Kirkcudbright.* Le comté a 42,100 hab.

KIRRHONOSE. s. f. [Pr. *kir-rono-ze*] (gr. κιρρὸς, jaune; νόσος, maladie). Mélanose tirant sur le jaune.

KIRSCH-WASSER ou KIRSCHENWASSER ou simplement KIRSCH. s. m. (Pr. *kirch-vas-sèrc*) (all. *kirsch*, cerise; *wasser*, eau). Eau-de-vie de cerises. Voy. CERISIER.

KIRWANITE. s. f. (R. *Kirwan*, n. d'homme). T. Minér. Silicate hydraté de fer, de chaux et d'alumine; en masses fibreuses, vertes.

KISCHTIMITE. s. f. T. Minér. Carbonate fluorifère de cérium et de lanthane, trouvé à Kischtim (Oural).

KISLAR-AGA. s. m. (turc *kiz*, fille; *aga*, chef). Le chef des eunuques noirs, dans le harem du sultan.

KISS, sculpteur allemand (1801-1865).

KITA, poste fr. du Haut-Sénégal.

KIZIL-ERMAK, anc. Halys, riv. de la Turquie d'Asie, se jette dans la mer Noire; 900 kil.

KLAGENFURTH, v. d'Autriche, ch.-l. de la Carinthie, prise par Masséna en 1797; 29,900 hab.

KLAPROTH (MARTIN-HENRI), chimiste allemand (1743-1817), a découvert le zirconium, le titane et l'uranium. || Son fils, HENRI-JULES (1783-1835), a été un célèbre orientaliste.

KLAPROTHINE ou KLAPROTHITE. (R. *Klaproth*, n. d'un minéralogiste all.). T. Minér. Phosphate hydraté d'alumine, de magnésie, de fer et de chaux; en masses compactes ou en cristaux clinorhombiques. On l'appelle aussi *Lazulite*, à cause de sa couleur bleue qui rappelle le lapis-lazuli.

KLAUSENBOURG ou KOLOZVAR, v. de Hongrie (Transylvanie); 29,950 hab. Patrie de Mathias Corvin.

KLAUSTHAL, v. de Prusse (Hanovre); 10,000 hab.

KLAVAIS. s. m. Espèce de filon coupant les lits de houille.

KLÉBER, général fr. (1753-1800), remporte en Égypte la brillante victoire d'Héliopolis, et fut assassiné au Caire.

KLEIST (HENRI DE), auteur dramatique allemand (1777-1811).

KLEPHTE. s. m. Voy. CLEPHTE.

KLEPTOMANIE. s. f. (gr. κλέπτης, voleur; μανία, folie). T. Path. Monomanie qui pousse irrésistiblement à dérober certains objets, et qui se rencontre le plus souvent chez des femmes hystériques.

Méd. — Le terme de k. a été substitué par Marc à celui de klopémanie (de κλοπή, vol), attribué jadis à une sorte de vésanie uniquement caractérisée par une tendance à dérober sans nécessité, sans y être porté par la misère ou quelqu'un des autres mobiles ordinaires du vol. L'installation des grands bazars modernes a donné une extension considérable à l'étude de cette manie, dont on doit faire un symptôme accessoire faisant partie de l'ensemble des manifestations morbides qui constitue une espèce de folie. La k. est très fréquente au début de la paralysie générale, chez les épileptiques et les hystériques, parmi les imbéciles et les déments. Dans d'autres cas plus rares on découvre seulement chez le malade un ensemble de caractères morbides, tels que : prédisposition héréditaire à la folie, constitution névropathique, convulsions dans l'enfance, etc., appartenant à la vésanie que l'on décrit sous le nom de *folie instinctive* ou *des actes*. Enfin nous ne pouvons passer sous silence les tendances kleptomaniques qui ont été signalées chez les femmes enceintes.

KLIPPER. s. m. (angl. *to clip*, couper, fendre). Espèce de bâtiment anglais d'une vitesse remarquable.

KLIPSTEINITE. s. f. (R. *Klipstein*, n. pr.). T. Minér. Synonyme d'*Opsimose.*

KLOPICKI (JOSEPH), général polonais (1772-1854).

KLOPSTOCK, l'un des plus grands poètes de l'Allemagne (1724-1803), auteur du poème épique la *Messiade.*

KLOSTERKAMPF, village de la Prusse Rhénane où les Français remportèrent, en 1760, une victoire célèbre, due au dévouement du *chevalier d'Assas.* Voy. ASSAS.

KNAUFFITE. s. f. (R. *Knauff*, n. pr.). T. Minér. Synonyme de *Volborthite.*

KNEBÉLITE. s. f. (R. *Knebel*, n. pr.). T. Minér. Silicate ferreux et manganeux, en masses cristallines ou amorphes, de couleur grise, brune ou verte.

KNÉPIER. s. m. T. Bot. Genre de plantes Dicotylédones de la famille des *Sapindacées.* Voy. ce mot.

KNOLLES (ROBERT), général anglais, adversaire de Du Guesclin (1317-1406).

KNOUT. s. m. (russe *knut*, fouet). — Le *Knout* est un fouet composé de plusieurs lanières de cuir qui se terminent par des fils de fer tordus. La condamnation à 100 ou 120 coups de k., nombre qu'on ne dépasse jamais, équivaut à une condamnation à mort. Si par hasard le patient survit à cet horrible supplice, il est envoyé en Sibérie pour la vie. La peine du k. est infligée aux criminels ordinaires et aux soldats. La noblesse en est exempte; néanmoins ce privilège n'a pas toujours été respecté.

KNOWLTONIA. s. m. (R. *Knowlton*, n. d'un botaniste anglais). T. Bot. Genre de plantes Dicotylédones de la famille des *Renonculacées.* Voy. ce mot.

KNOX (JOHN), principal auteur de la réforme en Écosse (1505-1572).

KOBANG. s. m. T. Métrol. Monnaie d'or du Japon, ayant la forme d'une lame longue et mince. Il y en a un petit d'une valeur de 22 francs et un grand, plus ancien, d'une valeur de 33f,67.

KOBELLITE. s. f. (R. *Kobell*, n. pr.). T. Minér. Sulfure de plomb, de bismuth et d'antimoine.

KOBEZ. s. m. T. Ornith. Espèce de *Rapace* diurne. Voy. FAUCON.

KOBI ou GOBI (DÉSERT DE), partie occidentale des déserts du plateau central de l'Asie, dans l'empire chinois.

KOBOLD, nom de certains lutins habitant les mines.

KOBOLDINE. s. f. (all. *Kobold* ou *Kobalt*, lutins des mines et le métal *cobalt*). T. Minér. Sulfure de cobalt et de nickel, en cristaux octaédriques, gris, à éclat métallique.

KOBOLT. s. m. Voy. Cobolt.

KOCH (C.-G. de), publiciste fr (1737-1815).

KOCK (Charles-Paul de), fécond romancier fr., né à Paris (1794-1871). = Son fils, Henri, romancier et auteur dramatique, né à Paris (1821-1892).

KŒCHLIN, famille d'industriels alsaciens qui a fondé à Mulhouse la première fabrique d'indiennes en 1746.

KŒNIG, mathématicien allemand (1712-1757).

KŒNIGIE. s. f. [Pr. *keuni-jie*]. T. Bot. (R. *Kœnig*, nom d'un botaniste allemand). Genre de plantes Dicotylédones (*Kœnigia*) de la famille des *Polygonacées*. Voy. ce mot.

KŒNIGIÉES. s. f. pl. [Pr. *keuni-jiées*] (R. *kœnigie*). T. Bot. Tribu de plantes de la famille des *Polygonacées*. Voy. ce mot.

KŒNIGSBERG (*montagne du roi*), v. forte et cap. de la pr. de Prusse de l'Est; 161,150 hab. Université. Patrie de Kant.

KŒNIGSHUTTE, v. de Prusse (Silésie); 32,000 hab.

KŒNIGSMARK, un des généraux de Gustave-Adolphe (1600-1663).

KŒNLEINITE. s. f. [Pr. *kènn-lè-nite*]. T. Minér. Hydrocarbure solide, fusible vers 110°, trouvé dans certains lignites.

KŒRNER, poète, le *Tyrtée de l'Allemagne*, fut tué au combat de Rosenberg (1791-1813).

KOFF. s. m. Sorte de bâtiment hollandais qui a deux mâts, souvent un tape-cul, et qui porte des voiles à livardes. *Le k. sert au cabotage dans la mer du Nord.*

KOHOL. s. m. [Pr. *kol*]. Cosmétique en poudre ou liquide dont les femmes d'Orient se servent pour teindre leurs paupières, leurs cils et leurs sourcils. Était déjà en usage du temps du prophète Ézéchiel.

KOLA. s. m. Nom donné aux semences du *Sterculia acuminata* que l'on appelle encore *Noix de Kola*. Propriétés toniques et reconstituantes remarquables. Voy. Malvacées.

KOLBACK. s. m. Voy. Colback.

KOLÉA. Voy. Coléa.

KOLLIN ou **NEU-KOLIN**, v. de Bohême sur l'Elbe; 11,600 hab.

KOMAROM ou **KOMORN**, v. de la Hongrie occidentale, sur le Danube; 13,200 hab.

KONAKRY, v. de la Guinée française, cap. de la colonie (des rivières du Sud); port sur l'Océan.

KONG (Monts), chaîne de montagnes de l'Afrique occidentale entre le Dahomey et le Soudan.

KONICHALCITE. s. f. T. Minér. Voy. Conicalcite.

KONIÉH, anc. *Iconium*, v. forte de la Turquie d'Asie (Asie Mineure); 40,000 hab.

KONIGINE. s. f. (R. *Konig*, n. d'un naturaliste anglais). T. Minér. Synonyme de *Brochantite*.

KOPECK. s. m. T. Métrol. Voy. Copeck.

KOPPA. s. m. T. Philol. Ancienne lettre de l'alphabet grec, tombée assez vite en désuétude. Voy. Q.

KOPROLI, grand vizir de Mahomet IV (le Richelieu de la Turquie) (1585-1661).

KORAISCHITES. Voy. Coraischites.

KORAN. s. m. (ar. *Koran*, lecture). Livre sacré des Musulmans.

Hist. relig. — Le *Koran* ne contient pas seulement la loi religieuse des peuples musulmans; il renferme encore la loi civile et la loi politique. Ce livre, suivant Mahomet, son auteur, lui a été révélé par l'entremise de l'archange Gabriel, fragment par fragment, dans l'espace de 23 ans. — Le Koran est composé de 114 chapitres ou *sourates*, qui ne sont pas distingués par leur ordre numérique, mais par un titre particulier, comme *La Vache, Le Butin, Abraham, Les Anges*, ou par des lettres isolées dont la signification est inconnue. Chaque chapitre est partagé en très petites divisions assez analogues aux versets de l'Écriture Sainte. Ce livre est écrit non pas en vers, comme on l'a si souvent répété, mais en une espèce de prose poétique et cadencée. Les Musulmans disent que Mahomet est le sceau, c.-à-d. le dernier des prophètes, et que le Koran étant le livre sacré qui est descendu du ciel le dernier, doit être suivi jusqu'au jour du jugement dans les lois qu'il a établies, et ne peut être ni abrogé ni changé. Le Koran, à leurs yeux, est la parole de Dieu. Les Mahométans regardent le Koran comme le plus grand miracle de leur religion, et ils pensent qu'aucune créature du monde ne peut faire un chapitre semblable à l'un des plus courts de ce livre divin. Il est en effet dans l'ordre, dit un docteur musulman, que le Koran étant la parole de Dieu, les créatures ne puissent rien faire de pareil. — Mahomet lui-même s'exprime ainsi : « Si vous avez des doutes sur le livre que nous avons envoyé à notre serviteur, produisez un chapitre au moins pareil à ceux qu'il renferme.» (Chap. de *La Vache*, 21.) — Le Koran, que Mahomet faisait descendre du ciel lambeaux par lambeaux, au fur et à mesure des besoins de sa politique ou des exigences de sa situation, était recueilli par ses auditeurs qui l'inscrivaient sur des os, des feuilles de palmier, etc. Sa rédaction, dans la forme où nous le possédons, ne date que de la 13e année de l'hégire, la 2e de la mort du prophète. Ce fut Abou-Bekr qui fit recueillir par Zéid, secrétaire de Mahomet, les fragments de ce livre. Celui-ci rapprocha des versets qui ont entre eux quelque analogie, observant surtout de placer ensemble ceux qui sont terminés par une même rime. Il eut encore soin de mettre en tête les versets clairs et intelligibles, et de rejeter à la fin ceux qui présentaient un sens obscur : aussi les premiers chapitres sont-ils bien plus faciles à entendre que les autres. La division en chapitres est postérieure. Les premiers, à l'exception de celui qui ouvre le livre, sont très longs; ceux qui suivent le sont moins, et enfin les derniers sont fort courts. — Le Koran, ainsi qu'il est aisé de le comprendre, doit donc être nécessairement un pêle-mêle de préceptes concernant le dogme, le culte, la morale, de prescriptions politiques et de dispositions concernant la loi civile. Il contient une foule d'histoires faisant partie du fonds commun des traditions sémitiques, mais qui sont racontées par le législateur arabe d'une façon parfois très différente de la version biblique. Voy. Mahométisme.

KORANAS, peuple de la Hottentotie.

KORDOFAN, contrée de l'Afrique orientale (Soudan), fut annexé à l'Égypte en 1820; 278,740 hab.

KORYNITE. s. f. T. Minér. Voy. Corynite.

KORZEC. s. m. T. Métrol. Mesure de capacité usitée en Pologne et valant 51lit,137. Voy. Capacité.

KOS. Voy. Cos.

KOSCIUSZKO, général polonais (1746-1817), défendit l'indépendance de sa patrie contre les Autrichiens, les Russes et les Prussiens.

KOSINE. s. f. T. Chim. Voy. Cosine.

KOSSIER ou **KOCIER**, v. de la Haute-Égypte sur la mer Rouge; 1,500 hab.

KOSSUTH, chef de la révol. hongroise de 1848 (1806-1894).

KOSTROMA, v. de la Russie centrale, ch.-l. du gouvernement de *Kostroma*; 29,000 hab., sur le Volga. Le gouvernement a 1,300,000 hab.

KOTONOU, v. de la Guinée septentrionale.

KOTSCHUBÉITE. s. f. (R. *Kotschuf*, n. pr.). T. Minér. Variété violette de clinochlore.

KOTZEBUE, écrivain allemand, célèbre surtout par ses drames (1761-1819), fut assassiné par l'étudiant Sand. | Son fils, OTTO KOTZEBUE, navigateur au service de la Russie, a découvert sur la côte N.-O. de l'Amérique le golfe qui porte son nom (1816).

KOUANG-SI, prov. de la Chine méridionale; 25,000,000 d'hab.; cap. *Koué-lung*.

KOUANG-TOUNG, prov. du sud de la Chine; elle a, avec l'île d'Haï-nan, 30,000,000 d'hab.; cap. *Canton*.

KOUBAN (LE), fleuve de la Russie méridionale, tributaire de la mer d'Azof; 810 kil. Province du même nom; 1,107,922 hab.; cap. *Iékatérinodar*.

KOUFIQUE. adj. 2 g. Se dit de l'ancienne écriture arabe. Voy. ÉCRITURE.

KOUKA ou **KOUKO**, v. du Soudan, cap. du Bornou; 60,000 hab.

KOULDJA, v. de la Chine occidentale; 50,000 hab.

KOUMAMOTO, v. du Japon, dans l'île de Kiou-Siou; 45,923 hab.

KOUMISS ou **KUMYS**. s. m. Boisson mousseuse, alcoolique et acidulée, obtenue par la fermentation du lait de jument. On le prépare en ajoutant dix volumes de lait de jument à un volume de koumiss déjà fait, et en abandonnant le mélange à l'air à une température modérée. Il se produit une fermentation lacto-alcoolique; le sucre de lait disparaît pour faire place à de l'alcool et à de l'acide lactique. Pendant longtemps le k. n'était connu que dans la Russie méridionale et la Tartarie; mais depuis quelques années on le prépare en grandes quantités en Europe. Le k. excite l'appétit, est assez nutritif et se digère facilement. On l'emploie en médecine comme excitant de l'estomac et comme boisson nutritive dans les affections gastriques et dans les maladies débilitantes.

KOUPARA. s. m. T. Mamm. Chien de la Guyane. Voy. CHIEN.

KOUPHOLITE. s. f. (gr. κοῦφος, léger; λίθος, pierre). T. Minér. Variété écailleuse et blanche de prehnite.

KOUR, rivière de la Turquie d'Asie, se jette dans la mer Caspienne; 1,050 kil.

KOURDES, peuple de l'Asie occidentale qui habite le pays montagneux situé à l'Est du Tigre. C'est un peuple très ancien. Xénophon en parle sous le nom de *Carduques*. Les Kourdes sont de race aryenne et d'origine iranienne. Ils ont été convertis à l'islamisme par les Arabes. Leur langue, mêlée d'arabe et de turc, a beaucoup de rapport avec le persan. Ils n'ont pas de littérature.

KOURDISTAN ou **KURDISTAN** ou pays des *Kourdes*, contrée de la Turquie d'Asie, ancien pays des Carduques et partie de l'Assyrie; v. pr. *Mossoul* || Prov. de Perse; ch.-l. *Kermanchah*.

KOURILES, archipel japonais d'Asie; longue chaîne d'îles, du Kamtchatka à l'île Yéso.

KOURO-SIVO, courant du Pacifique qui baigne les côtes orientales du Japon.

KOURSK, v. de la Russie centrale, ch.-l. du gouvernement de *Koursk*; 44,000 hab. Le gouvernement a 1,954,800 hab.

KOUSSO. s. m. T. Pharm. Nom donné aux sommités fleuries de l'*Hagenia abyssinica*, arbre de la famille des *Rosacées*. Voy. ce mot.

KOUTAÏS, v. de la Transcaucasie, au N.-O. de Tiflis; ch.-l. du gouv. de *Koutaïs*; 12,700 hab. Le gouv. a 700,000 hab.

KOUTCHOUK-KAÏNARDJI, village de Bulgarie où fut signé, en 1774, un traité célèbre entre la Russie et la Turquie.

KOUTOUSOFF. Voy. KUTUSOF.

KOWNO, v. de Russie, ch.-l. du gouv. de *Kowno*; 49,500 hab. Le gouv. a 1,500,000 hab.

KRA, île qui unit la presqu'île de Malacca à l'Indo-Chine.

KRABLITE. s. f. T. Minér. Perlite blanche du mont Krabla (Islande).

KRACH. s. m. [Pr. *krak*]. Mot allemand qui signifie *écroulement* et qui est souvent appliqué aux grandes débâcles financières.

KRAFT (G.-W.), savant physicien wurtembergeois (1701-1754).

KRAKATOA, île volcanique du détroit de la Sonde, entre Java et Sumatra. Le 25 août 1883, une éruption formidable fit éclater le sommet du volcan, détruisit les villes et ports de Télok-Bétong, d'Anjer, de Tiéringin (40,000 victimes), et une partie de la côte; lança des poussières jusqu'à 20,000 mètres d'altitude et produisit un raz de marée de 35 mètres de hauteur, qui se répandit sur tout l'Océan, et une onde atmosphérique puissante qui fit trois fois le tour du monde. C'est le plus grand phénomène géologique des temps modernes.

KRAKEN. s. m. Nom que les marins du Nord de l'Europe appliquent à un prétendu poulpe gigantesque qui, selon les légendes, serait capable de faire sombrer un vaisseau en l'enlaçant de ses bras immenses.

KRAMERIA. s. m. T. Bot. Genre de plantes Dicotylédones, de la famille des *Polygalées*. Voy. ce mot.

KRANCHIL. s. m. T. Mamm. Petit *Ruminant* qui vit à Sumatra. Voy. CHEVROTAIN.

KRANTZITE. s. f. (R. *Krantz*, n. d'homme). T. Minér. Résine fossile, fusible au-dessous de 288°, analogue au succin.

KRAY (Baron de), célèbre général autrichien (1735-1804).

KREITTONITE. s. f. [Pr. *krè-tonite*]. T. Minér. Variété de gahnite renfermant du fer.

KREMERSITE. s. f. (R. *Kremer*, n. d'un savant all.). T. Minér. Chlorure hydraté de potassium, d'ammonium et de fer, en petits octaèdres rouges très solubles dans l'eau, trouvé dans les fumerolles du Vésuve.

KREMLIN. s. m. Nom donné en Russie et, en général, chez tous les peuples slaves, à toute enceinte murée offrant un point de résistance. Palais sacré au milieu de Moscou.

KREUTZER. s. m. (all. *kreuz*, croix). T. Métrol. Monnaie de cuivre employée en Autriche et en Allemagne, dont la valeur est de 4 centimes. Voy. MONNAIE.

KREUTZER, violoniste et compositeur fr. (1766-1831).

KREUZNACK, v. de Prusse (prov. du Rhin); 15,300 hab. Eaux salines.

KRICHNA. Voy. CRICHNA.

KRILOF (IVAN), célèbre fabuliste, né à Moscou (1768-1844).

KRISUVIGITE. s. f. T. Minér. Syn. de *Brochantite*.

KRONA. s. f. Monnaie suédoise en argent valant 1 fr. 35.

KRONSTADT. Voy. CRONSTADT.

KROUMIRS. Voy. KHROUMIRS.

KRUDENER (Mme DE), célèbre mystique russe (1766-1824).

KRUMMACHER, écrivain allemand (1768-1845).

KRUPP, industriel allemand, propriétaire de la fabrique d'acier fondu d'Essen (Prusse rhénane), créée par son père en 1810, et où se fondent les canons qui portent son nom (1810-1887).

KRUZENSTERN, navigateur russe (1770-1846).

KUHN, savant médecin et physiologiste allemand (1754-1840).

KUHNITE. s. f. (R. *Kuhn*, n. d'homme). T. Minér. Arséniate de calcium, de magnésium et de manganèse.

KUMMEL. s. m. [Pr. *ku-mel*] (n. all. du *cumin*). Liqueur alcoolique aromatisée avec du cumin.

KUMYS. s. m. Voy. KOUMYS.

KUPFÉRITE. s. f. T. Minér. Silicate de magnésie avec un peu de chrome qui le colore en vert.

KUPRULI. Voy. KOPROLI.

KURDES, KURDISTAN. Voy. KOURDES, KOURDISTAN.

KURTCHIS. s. m. pl. Corps de cavalerie persane, composé de l'ancienne noblesse.

KUSTÉLITE. s. f. T. Minér. Variété d'argent natif renfermant de l'or et du plomb.

KÜSTENLAND. pays d'Autriche qui comprend Trieste et son territoire Goritz et l'Istrie.

KUTAIEH, v. de la Turquie d'Asie; 50,000 hab.

KUTUSOF, général russe (1745-1813), fut battu par Napoléon Ier à la Moskova, mais poursuivit les Français pendant la retraite de Russie (1842).

KWAS. s. m. [Pr. *kou-as*]. Boisson fort usitée en Russie, qui se prépare, au moyen de la fermentation, avec de la farine de seigle et de l'eau.

KYAXARÈS ou KHYAKHSHATRA. Voy. CYAXARE.

KYDIA. s. m. (gr. κΰδος, gloire). T. Bot. Genre de plantes Dicotylédones, de la famille des *Malvacées*. Voy. ce mot.

KYLLINGA. s. f. [Pr. *kil-linga*]. T. Bot. Genre de plantes Monocotylédones de la famille des *Cypéracées*. Voy. ce mot.

KYLLOPODIE. s. f. [Pr. *kil-lopodi*] (gr. κύλλος, courbé; πούς, ποδός, pied). Nom générique des diverses difformités du pied vulgairement appelées *Pieds-bots*.

KYMOGRAPHION. s. m. (gr. κύμα, flot; γράφω, j'écris). Appareil qui note les battements du pouls.

KYMRIQUE. adj. 2 g. et s. m. Idiome celtique. Voy. CELTIQUE.

KYMRIS ou CIMBRES, anc. peuple, scythe d'origine, qui s'établit dans la Gaule. Voy. GAULE et GAELS.
Les *kymris*, que les Grecs appelaient Κιμμέριοι, et qui habitaient la presqu'île cimmérienne, aujourd'hui Crimée, se transportèrent quelques siècles avant J.-C. vers la presqu'île située au nord de la Germanie, que les Romains (qui probablement prononçaient le *c* comme un *k*) nommèrent *Cimbrique*, aujourd'hui Jutland. Les Kymris ou, par l'introduction latine du *b* euphonique, les Cimbri, dont nous avons fait *Cimbres* étaient les voisins des Teutons, avec lesquels ils envahirent la Gaule, en l'an 113 avant J.-C., sous la poussée d'une inondation de la mer du Nord; mais ils paraissent être plus proches parents des Galls ou Gaëls; les Belges étaient Kymris comme la plupart des Gaulois du nord. On voit des exemples où, dans la langue latine, le mot *Cimbricus* est employé pour *Gallicus*. La distinction qui ne cessa d'être faite entre les Cimbres et les Teutons, lors de l'invasion, montre qu'on n'a jamais con-

fondu ces deux peuples; du reste, ils marchèrent séparés; tandis que les Teutons se faisaient écraser à Aix-en-Provence (102), les Cimbres se répandaient en Espagne, puis en Germanie, et finalement, envahissant l'Italie, se faisaient battre à leur tour à Verceil, en 101. Les noms de leurs chefs soulignent encore la différence des races. Le chef des Cimbres, Boïorix, avait la même terminaison que les chefs des Gaulois Orgétorix, Dubnorix, Ambiorix, Eporédirix, Vercingétorix, tandis que celle du roi des Teutons, Teutobod, ne se retrouvera que dans les noms de la grande invasion germanique, Mellobaude, Merobaude, Gondebaud, Theodebald, etc. Enfin, les Kymris se tr.. ..ent partout mêlés aux Galls, non seulement dans tout le n..d de la Gaule, mais en Grande-Bretagne, où le pays de Galles s'appela *Cumbria* et plus tard *Cumberland*, par la confusion assez fréquente de l'*y* et de l'*u*; et les Gallois parlent encore une langue qu'ils nomment le *cymreag* [Pr. *Cymrig*] et que les Anglais, race germanique, appellent le *Welsch*, de ce même nom dont les Allemands désignent encore les peuples de Gaule.

KYNANCIE. s. f. T. Méd. Voy. CYNANCIE.

KYNURÉNIQUE. adj. T. Chim. Voy. CYNURÉNIQUE.

KYNURINE. s. f. T. Chim. Syn. de *Cynurine*. Voy. CYNURÉNIQUE.

KYRIE. s. m. [Pr. *ki-rié*]. T. Liturg. Le *Kyrie* est une invocation qui se fait à la messe entre l'*Introït* et le *Gloria in excelsis*. On dit trois fois de suite *Kyrie, eleison* (mots grecs qui signifient Seigneur, ayez pitié de nous), puis on dit trois fois *Christe, eleison*, et l'on répète encore trois fois *Kyrie, eleison*. Ces paroles ont passé de l'ancienne liturgie grecque dans la liturgie latine au Ve ou au VIe siècle.

KYRIELLE. s. f. [Pr. *kiri-è-le*]. Ce mot, dérivé de *Kyrie*, se dit quelquefois pour *Litanies*, parce que cette prière commence en effet par l'invocation *Kyrie, eleison*. Mais il est surtout usité, dans le langage familier, pour désigner une longue suite, une longue énumération de choses ennuyeuses ou fâcheuses. *Une kyrielle de reproches, d'injures. Une longue kyrielle de noms inconnus et barbares.*

KYRIOLOGIE. s. f. (gr. κύριος, propre; λόγος, discours). Usage des expressions propres, par opposition à : langage figuré.

KYRIOLOGIQUE. adj. 2 g. (R. *kyriologie*). *Écriture k.*, Écriture des Égyptiens, ainsi appelée par saint Clément d'Alexandrie, parce qu'elle consistait à représenter les objets par la lettre initiale du nom qu'ils portaient dans la langue vulgaire.

KYROSITE. s. f. [Pr. *kirio-zite*]. T. Minér. Variété arsénifère de marcassite.

KYSTE. s. m. (gr. κυστίς, vessie, bourse). T. Méd. Les k. sont des tumeurs ayant la forme de cavités closes qui contiennent une matière généralement liquide ou molle et dont les parois sont constituées par une membrane dont la face interne est en continuité avec les tissus ambiants, tandis que la face interne est en simple contiguïté avec le contenu. En raison de l'usage, on est convenu de distraire du groupe des k. certaines collections liquides qui n'en diffèrent cependant par aucun signe essentiel; telles l'hydarthrose, l'hydrocèle, l'ascite... — Il est, sans aucun doute, inutile de nous attarder sur les divisions et les classifications multiples qui ont été proposées pour les k.; on en a fait de très compliquées, mais aucune ne peut avoir de base absolument rationnelle; aussi les plus simples paraissent-elles les meilleures, encore qu'elles ne vaillent rien. Il convient néanmoins d'énumérer quelques-uns des qualificatifs dont on a doté les k., pour éviter toute surprise au lecteur. On distingue des k. séreux, vasculaires, muqueux, glandulaires, sébacés, dermoïdes, suivant le tissu où ils ont pris naissance ou la structure de leur paroi, des k. néogènes ou périgènes suivant que leur développement est spontané ou consécutif à la présence d'un corps étranger, etc., etc.
L'anatomie pathologique des k. ne peut pas donner lieu à de longs développements, car elle doit être envisagée spécialement pour chaque région. Ces tumeurs se rencontrent partout, de préférence dans le tissu conjonctif, dans certaines glandes (mamelle, rein), ou au voisinage des synoviales; mais

il en existe aussi dans la substance compacte des os. Suivant la constitution de leur cavité, les k. sont dits *uniloculaires, multiloculaires, aréolaires*. La paroi est généralement constituée par une membrane propre tapissée par un épithélium ; la surface interne donne souvent lieu à des productions végétatives de nature diverse qui peuvent devenir libres dans la cavité (graine de riz, grains hordéiformes). Le contenu est tantôt un liquide séreux, tantôt du sang, de la matière colloïde, du mucus, de la matière sébacée, du lait, de la salive, du sperme, des parasites animaux (cysticerques y échinocoques). — Certaines altérations peuvent atteindre soit les parois, soit le contenu du k. Ce sont l'induration, la calcification, la dégénérescence graisseuse, le ramollissement... — D'autre part, suivant l'époque de leur apparition, les kystes peuvent être divisés en deux groupes : les kystes acquis, postérieurs à la naissance, et les kystes congénitaux. Tandis que dans les premiers le processus se borne à une irritation sécrétoire, dans le second il faut un travail préalable, ayant pour effet de rendre close la cavité où l'épanchement va se collecter, et ces dernières productions relèvent, par suite, tantôt d'une obstruction, tantôt d'une rétention. Les kystes congénitaux sont peut-être les plus intéressants, étant connée l'étiologie particulière du plus grand nombre d'entre eux, qui résultent d'un accident survenu dans le développement de l'embryon.

Au point de vue clinique, envisagés d'une façon générale, les kystes sont des tumeurs circonscrites, arrondies, le plus souvent mobiles, laissant intacte la peau qui les recouvre ; la fluctuation y est généralement facile à concevoir. Lorsque les kystes sont très volumineux, ils donnent naissance à certaines ondulations, certaines vibrations, certains frémissements très significatifs. On ne peut donner comme constante la transparence de ces néoformations : car elle dépend d'une façon absolue de l'épaisseur et de la nature de leur paroi. — Les kystes présentent d'ordinaire un accroissement progressif et peu rapide. Quelques-uns demeurent stationnaires, d'autres éprouvent des alternatives d'augmentation et de diminution ; ou voit même disparaître spontanément d'une façon définitive. Certains accidents peuvent se montrer dans le cours de leur évolution ; nous en indiquerons trois principaux : l'inflammation, la rupture et la dégénérescence. L'inflamma-

tion peut être spontanée, après une distension par accroissement rapide, ou provoquée par un choc, une pression ; tantôt le k. se rompt, son contenu s'évacue, et les parois adhérant amènent la guérison complète du k. ; tantôt le contenu ne s'écoule que partiellement, et il persiste une fistule ; tantôt enfin l'ouverture se referme et le k. se reproduit. La rupture, qui peut être consécutive à une inflammation ou à un choc, peut être aussi spontanée ; elle peut se faire à l'extérieur, dans une muqueuse ou dans une cavité séreuse, et, s'il est vrai qu'en général la tumeur tend à se reproduire, la guérison peut être parfois la conséquence de cet accident ; d'autres fois des accidents inflammatoires très graves peuvent succéder à l'irruption du contenu du k. dans la cavité où elle se fait.

Les caractères que nous avons assignés aux kystes suffisent à les faire reconnaître, si l'on a soin, toutefois, de considérer la transparence comme un signe absolu, quand il existe, mais dont l'absence n'est pas inévitablement négative. La fluctuation reste donc le signe principal ; il faut cependant y adjoindre, comme moyen d'assurer le diagnostic, un procédé très en faveur aujourd'hui et absolument inoffensif, la ponction exploratrice. — Le pronostic est évidemment très variable, suivant l'espèce du k., son siège, son volume, ses rapports. — Quoi qu'il en soit, s'il y a quelques espèces de kystes que l'on peut sans inconvénient abandonner à elles-mêmes pour ne pas tenter d'opération susceptible d'amener la résolution de la tumeur, de provoquer l'oblitération de la cavité, ou d'enlever et de détruire entièrement le k. A l'heure actuelle, où l'antisepsie rend l'intervention toujours innocente, il convient de rompre avec les procédés enfantins et illusoires d'oblitération (écrasement, injection irritante, électricité, etc.), il est de mise de condamner ces méthodes aveugles, lorsqu'il est si aisé d'inciser à ciel ouvert, de disséquer la poche, et d'en faire l'ablation totale, se mettant ainsi à l'abri des récidives et des complications non prévues.

KYSTIQUE. adj. 2 g. T. Chir. Qui appartient, qui a rapport au kyste.

FIN DU TOME CINQUIÈME

Série 92

Prix : 50 centimes

CAMILLE FLAMMARION

DICTIONNAIRE ENCYCLOPEDIQUE UNIVERSEL

ILLUSTRÉ DE 20000 FIGURES

SCIENCES
ARTS
LETTRES
INDUSTRIE
HISTOIRE
GRAMMAIRE
GEOGRAPHIE
DÉCOUVERTES

PARIS
E. FLAMMARION
LIBRAIRE-ÉDITEUR
26, RUE RACINE, PRÈS L'ODÉON

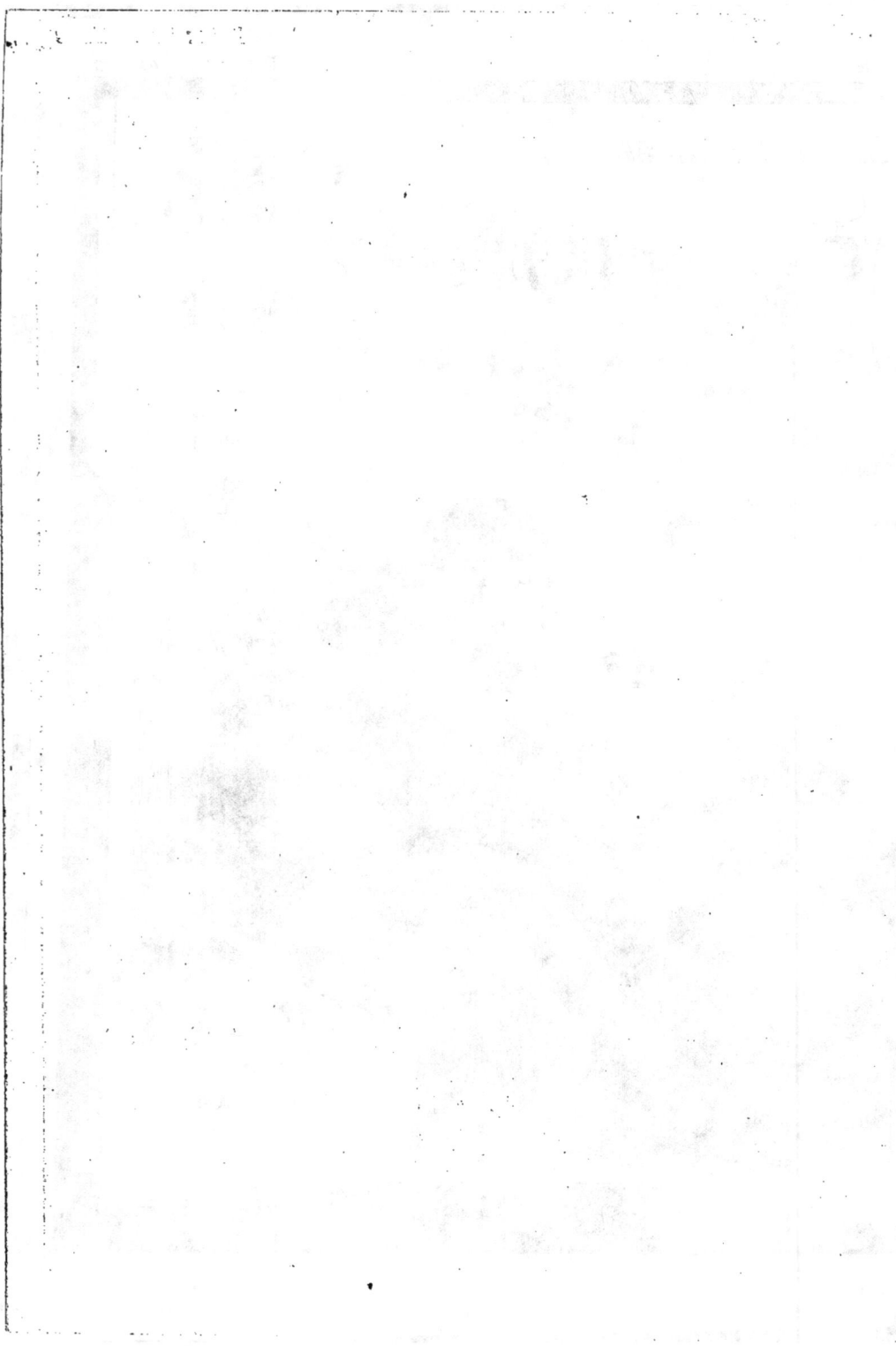

CAMILLE FLAMMARION

DICTIONNAIRE
ENCYCLOPEDIQUE
UNIVERSEL

ILLUSTRÉ DE
20000 FIGURES

SCIENCES
ARTS
LETTRES
INDUSTRIE
HISTOIRE
GRAMMAIRE
GEOGRAPHIE
DÉCOUVERTES

Bourdin

PARIS
E. FLAMMARION
LIBRAIRE-ÉDITEUR
26, RUE RACINE, PRÈS L'ODÉON

Série 34   Prix : 50 centimes

CAMILLE FLAMMARION

DICTIONNAIRE ENCYCLOPEDIQUE UNIVERSEL

ILLUSTRÉ DE 20000 FIGURES

SCIENCES
ARTS
LETTRES
INDUSTRIE
HISTOIRE
GRAMMAIRE
GÉOGRAPHIE
DÉCOUVERTES

PARIS

E. FLAMMARION

LIBRAIRE-ÉDITEUR

26, RUE RACINE, PRÈS L'ODÉON

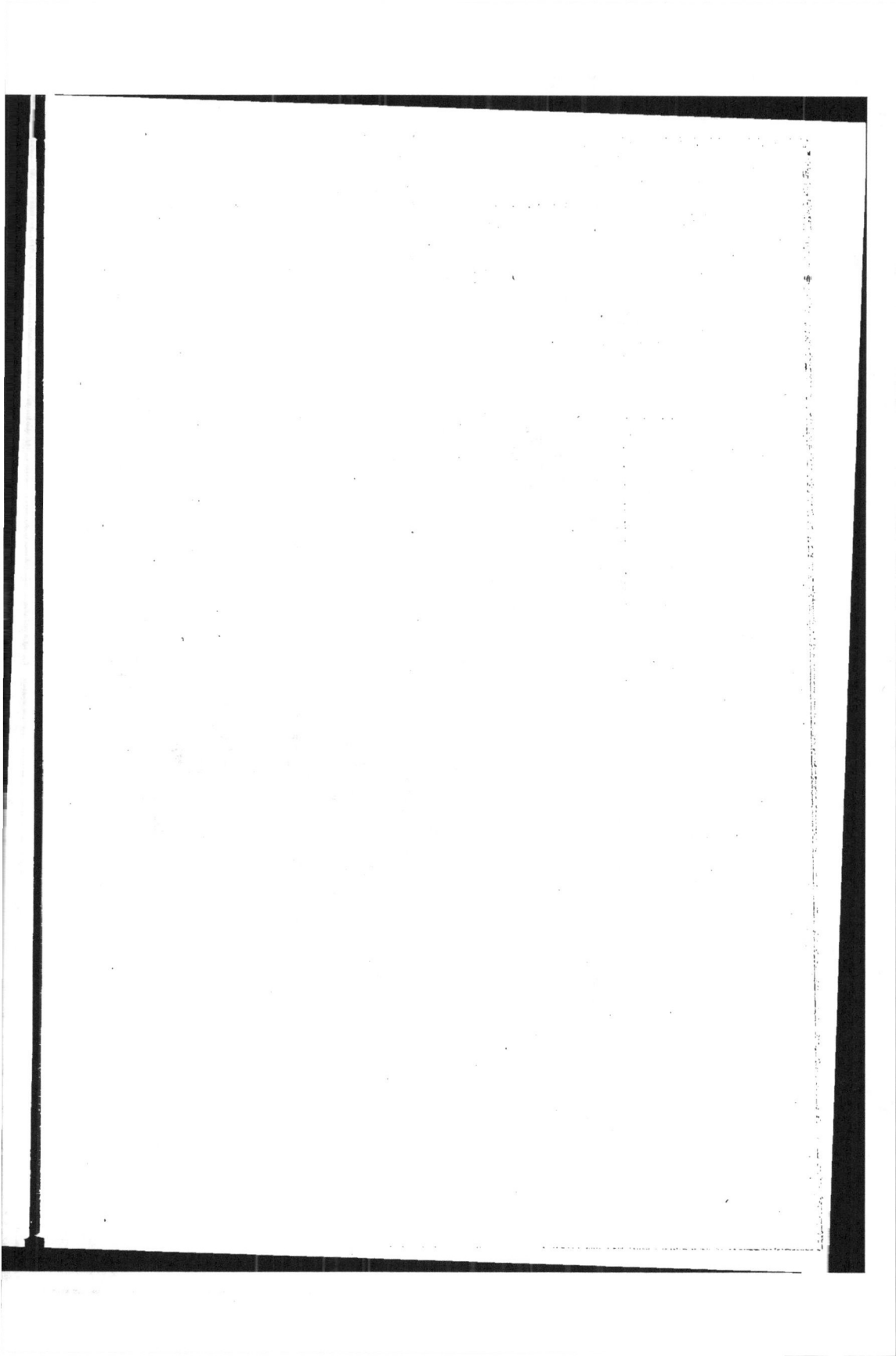

Série 85

Prix : 50 centimes

Camille Flammarion

Dictionnaire Encyclopédique

Universel

Illustré de 20000 Figures

Sciences
Arts
Lettres
Industrie
Histoire
Grammaire
Géographie
Découvertes

Bourdin

PARIS

E. FLAMMARION

LIBRAIRE-ÉDITEUR

26, RUE RACINE, PRÈS L'ODÉON

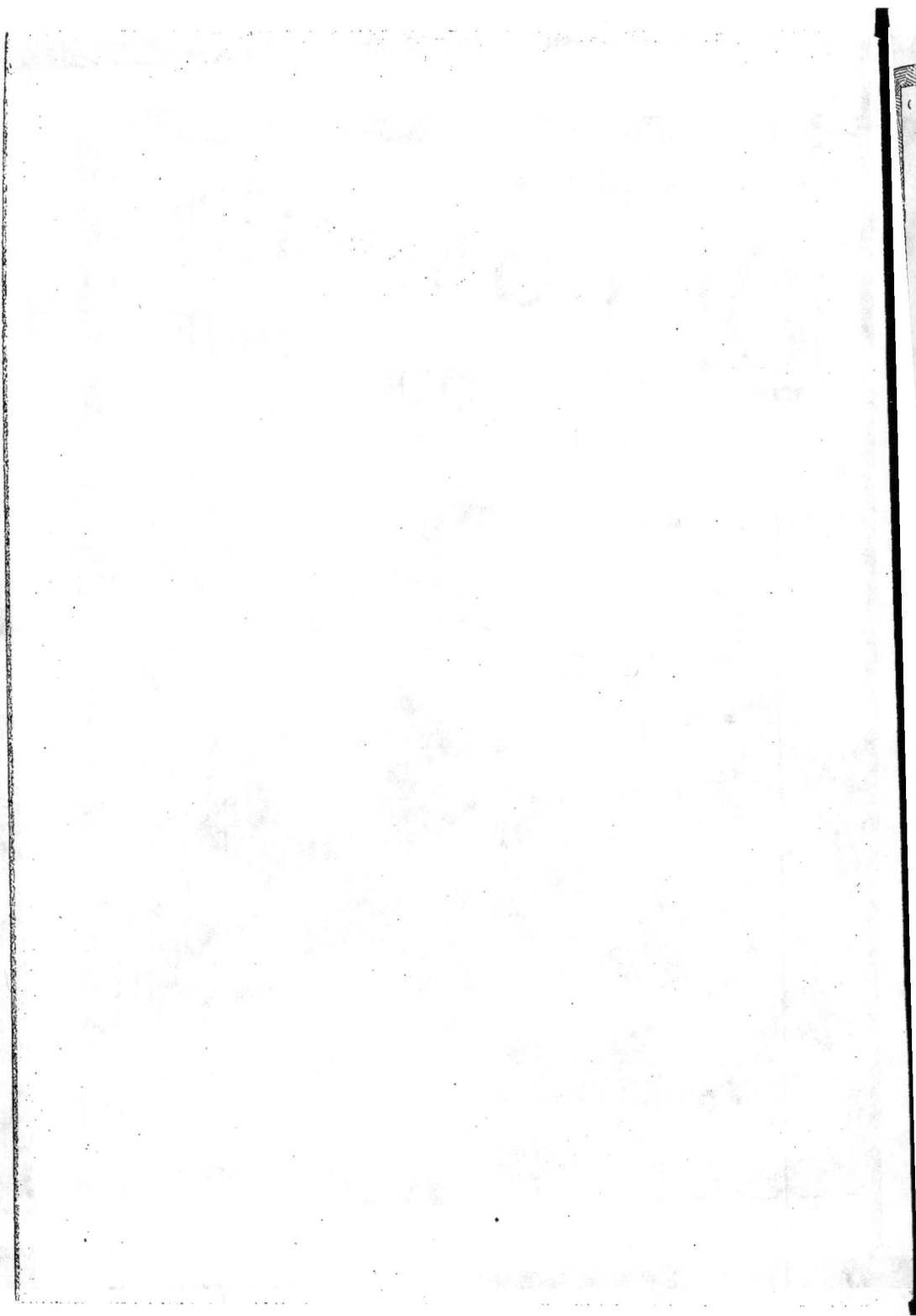

80⁰ Série.

Prix : **50 cent.**

Camille Flammarion

DICTIONNAIRE

ENCYCLOPÉDIQUE

UNIVERSEL

ILLUSTRÉ DE
20000 FIGURES

SCIENCES
ARTS
LETTRES
INDUSTRIE
HISTOIRE
GRAMMAIRE
GÉOGRAPHIE
DÉCOUVERTES

PARIS

E. FLAMMARION

LIBRAIRE-ÉDITEUR

26, RUE RACINE, PRÈS L'ODÉON

Bourdin

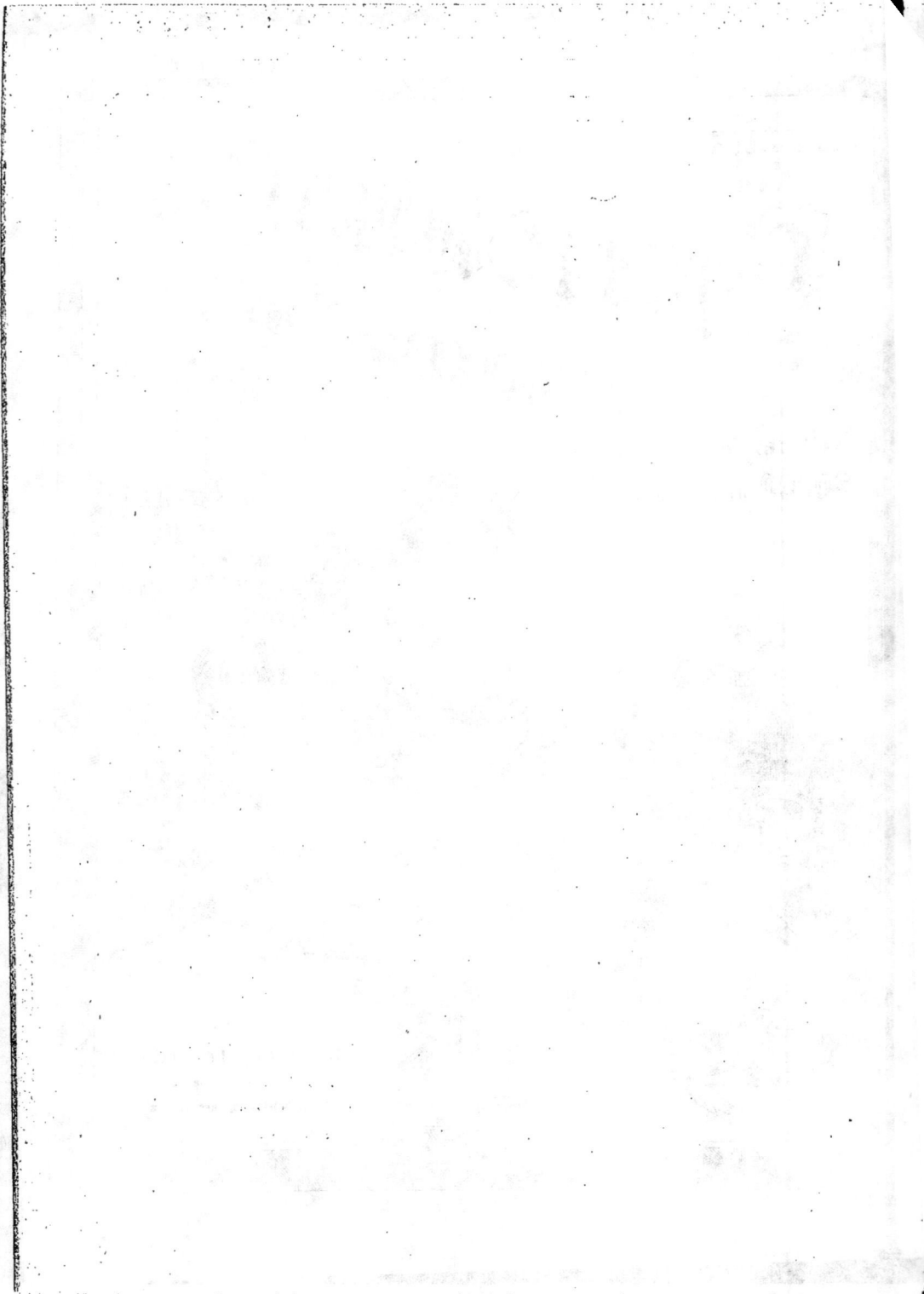

CAMILLE FLAMMARION

DICTIONNAIRE
ENCYCLOPEDIQUE
UNIVERSEL

ILLUSTRÉ DE
20000 FIGURES

SCIENCES
ARTS
LETTRES
INDUSTRIE
HISTOIRE
GRAMMAIRE
GÉOGRAPHIE
DÉCOUVERTES

Bourdin

PARIS
E. FLAMMARION
LIBRAIRE-ÉDITEUR
26, RUE RACINE, PRÈS L'ODÉON

CAMILLE FLAMMARION

DICTIONNAIRE ENCYCLOPÉDIQUE UNIVERSEL

ILLUSTRÉ DE 20000 FIGURES

SCIENCES
ARTS
LETTRES
INDUSTRIE
HISTOIRE
GRAMMAIRE
GÉOGRAPHIE
DÉCOUVERTES

PARIS

E. FLAMMARION

LIBRAIRE-ÉDITEUR

26, RUE RACINE, PRÈS L'ODÉON

14

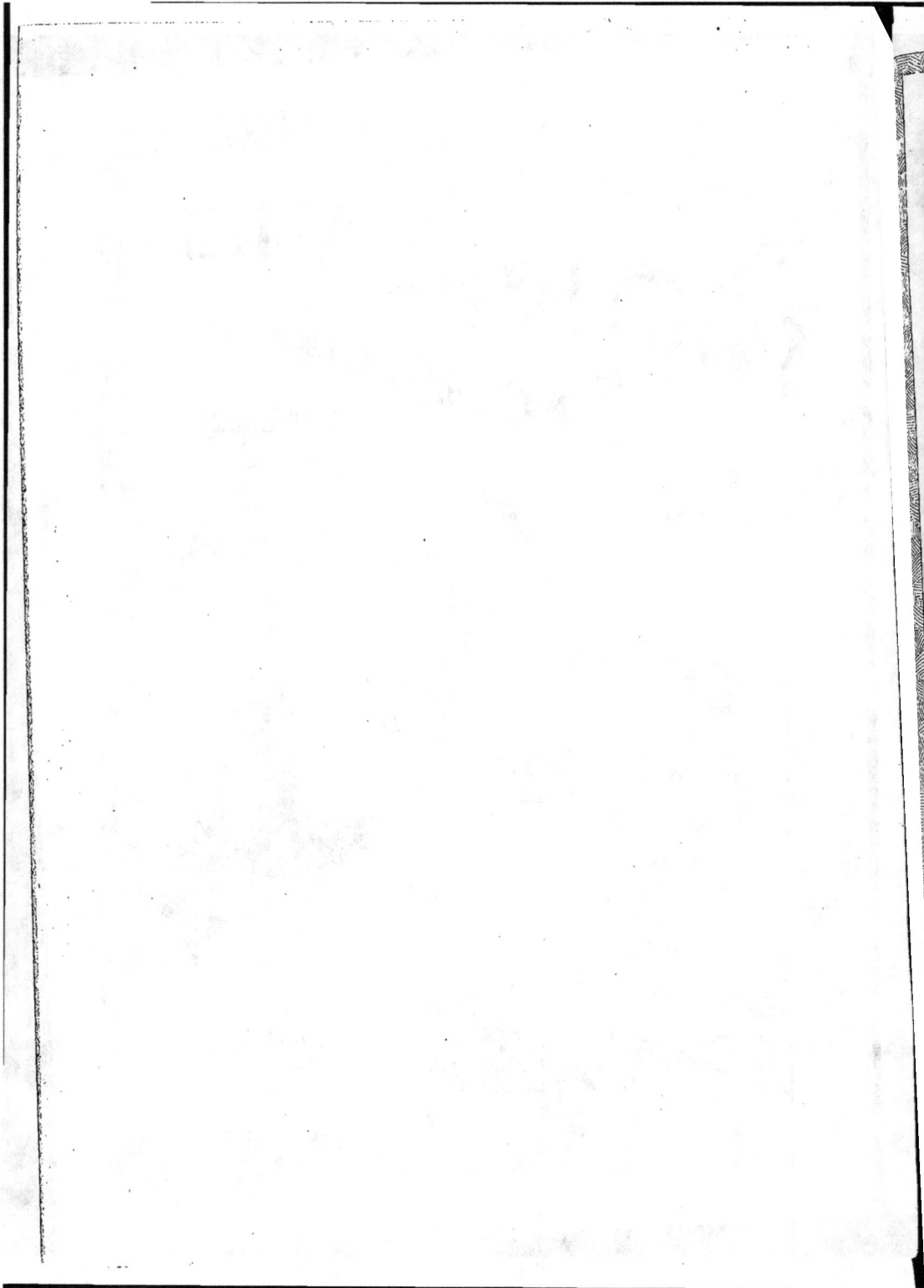

⁸ᵐᵉ Série. Prix : **50 cent.**

CAMILLE FLAMMARION

DICTIONNAIRE
ENCYCLOPÉDIQUE
UNIVERSEL

ILLUSTRÉ DE
20000 FIGURES

SCIENCES
ARTS
LETTRES
INDUSTRIE
HISTOIRE
GRAMMAIRE
GÉOGRAPHIE
DÉCOUVERTES

PARIS
E. FLAMMARION
LIBRAIRE-ÉDITEUR
26, RUE RACINE, PRÈS L'ODÉON

Bourdin

CAMILLE FLAMMARION

DICTIONNAIRE ENCYCLOPEDIQUE UNIVERSEL

ILLUSTRÉ DE
20000 FIGURES

SCIENCES
ARTS
LETTRES
INDUSTRIE
HISTOIRE
GRAMMAIRE
GÉOGRAPHIE
DÉCOUVERTES

PARIS
E. FLAMMARION
LIBRAIRE-ÉDITEUR
26, RUE RACINE, PRÈS L'ODÉON

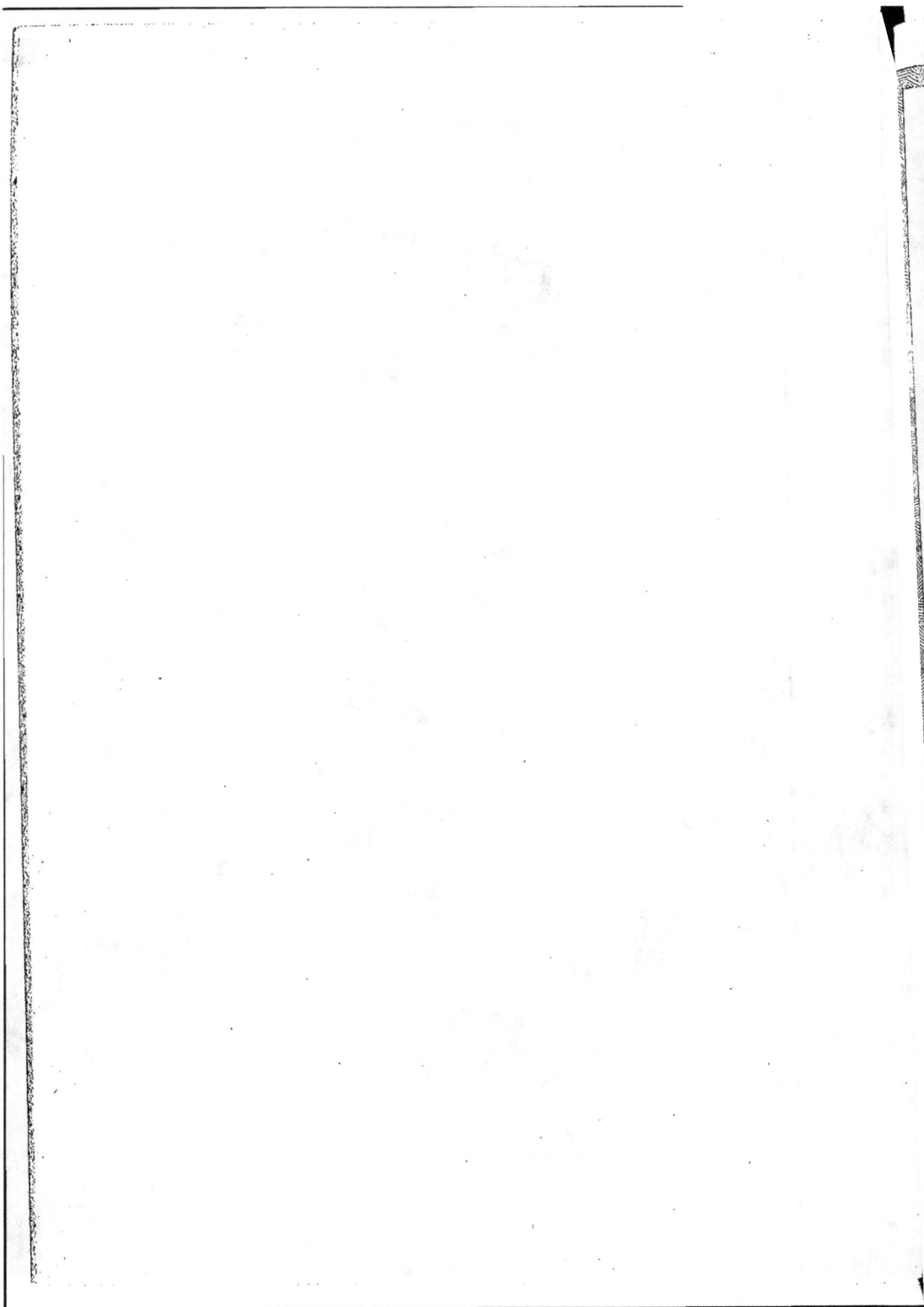

91ᵐᵉ Série.

Prix : **50** cent.

CAMILLE FLAMMARION

DICTIONNAIRE ENCYCLOPÉDIQUE UNIVERSEL

ILLUSTRÉ DE 20000 FIGURES

SCIENCES
ARTS
LETTRES
INDUSTRIE
HISTOIRE
GRAMMAIRE
GÉOGRAPHIE
DÉCOUVERTES

PARIS

E. FLAMMARION

LIBRAIRE-ÉDITEUR

26, RUE RACINE, PRÈS L'ODÉON

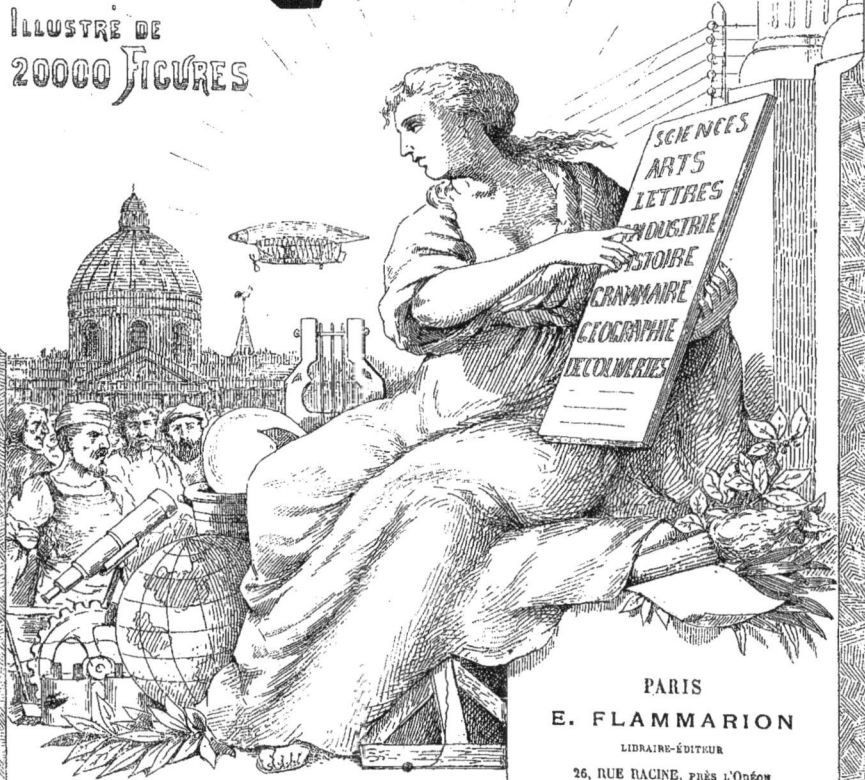

82ᵐᵉ Série.

Prix : **50** cent.

Camille Flammarion

Dictionnaire Encyclopédique Universel

Illustré de 20000 Figures

Sciences
Arts
Lettres
Industrie
Histoire
Grammaire
Géographie
Découvertes

Boudin

PARIS

E. FLAMMARION

LIBRAIRE-ÉDITEUR

26, RUE RACINE, PRÈS L'ODÉON

1897

90 me Série.

Prix : **50** cent.

CAMILLE FLAMMARION

DICTIONNAIRE
ENCYCLOPÉDIQUE
UNIVERSEL

DÉPÔT LÉGAL

ILLUSTRÉ DE
20000 FIGURES

SCIENCES
ARTS
LETTRES
INDUSTRIE
HISTOIRE
GRAMMAIRE
GÉOGRAPHIE
DÉCOUVERTES

PARIS

E. FLAMMARION

LIBRAIRE-ÉDITEUR

26, RUE RACINE, PRÈS L'ODÉON

Bourdier

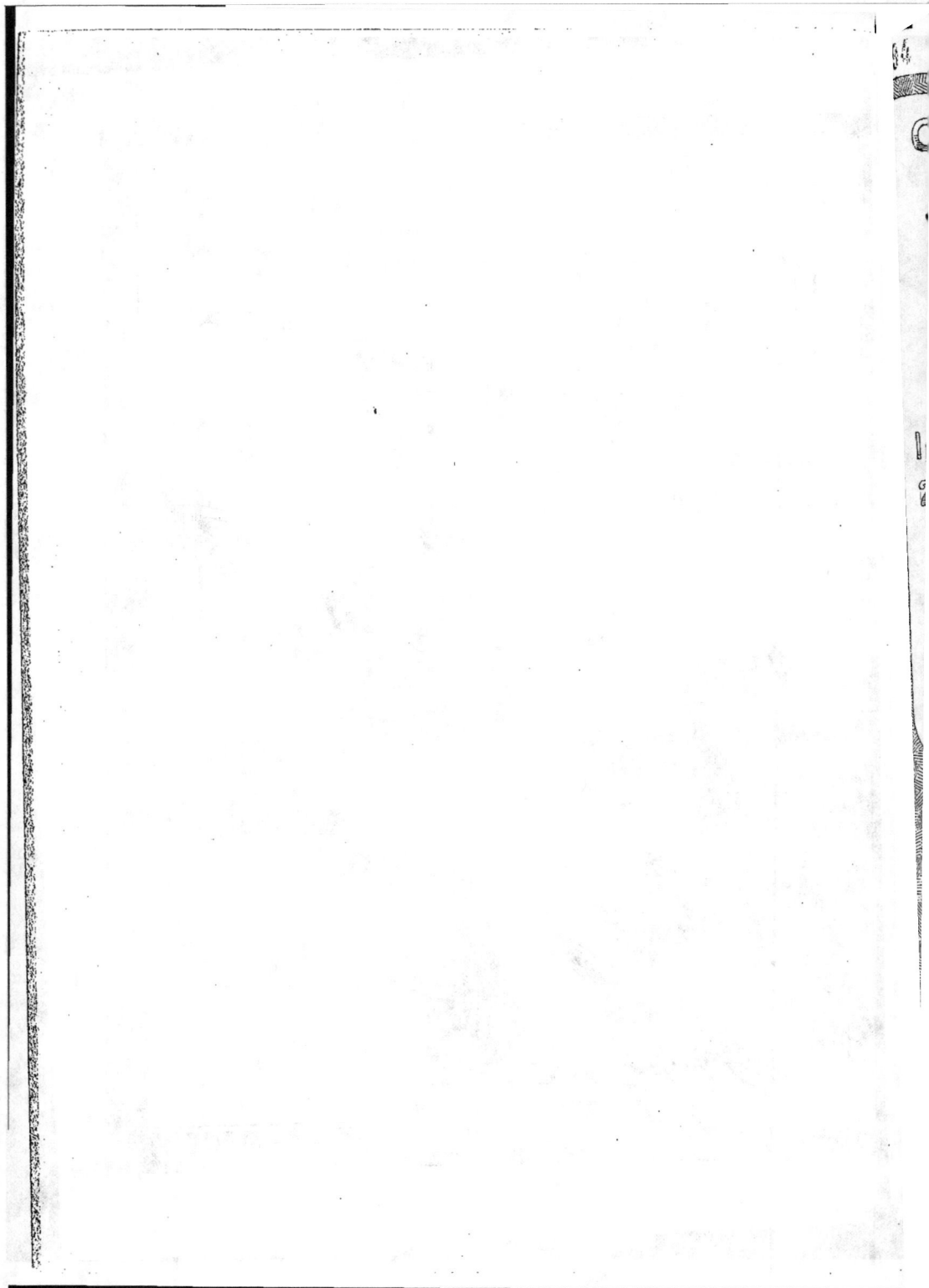

Série.   Prix : **50** cent.

CAMILLE FLAMMARION

DICTIONNAIRE
ENCYCLOPEDIQUE
UNIVERSEL

ILLUSTRÉ DE
20000 FIGURES

SCIENCES
ARTS
LETTRES
INDUSTRIE
HISTOIRE
GRAMMAIRE
GEOGRAPHIE
DECOUVERTES

Bourdin

PARIS
E. FLAMMARION
LIBRAIRE-ÉDITEUR
26, RUE RACINE, PRÈS L'ODÉON

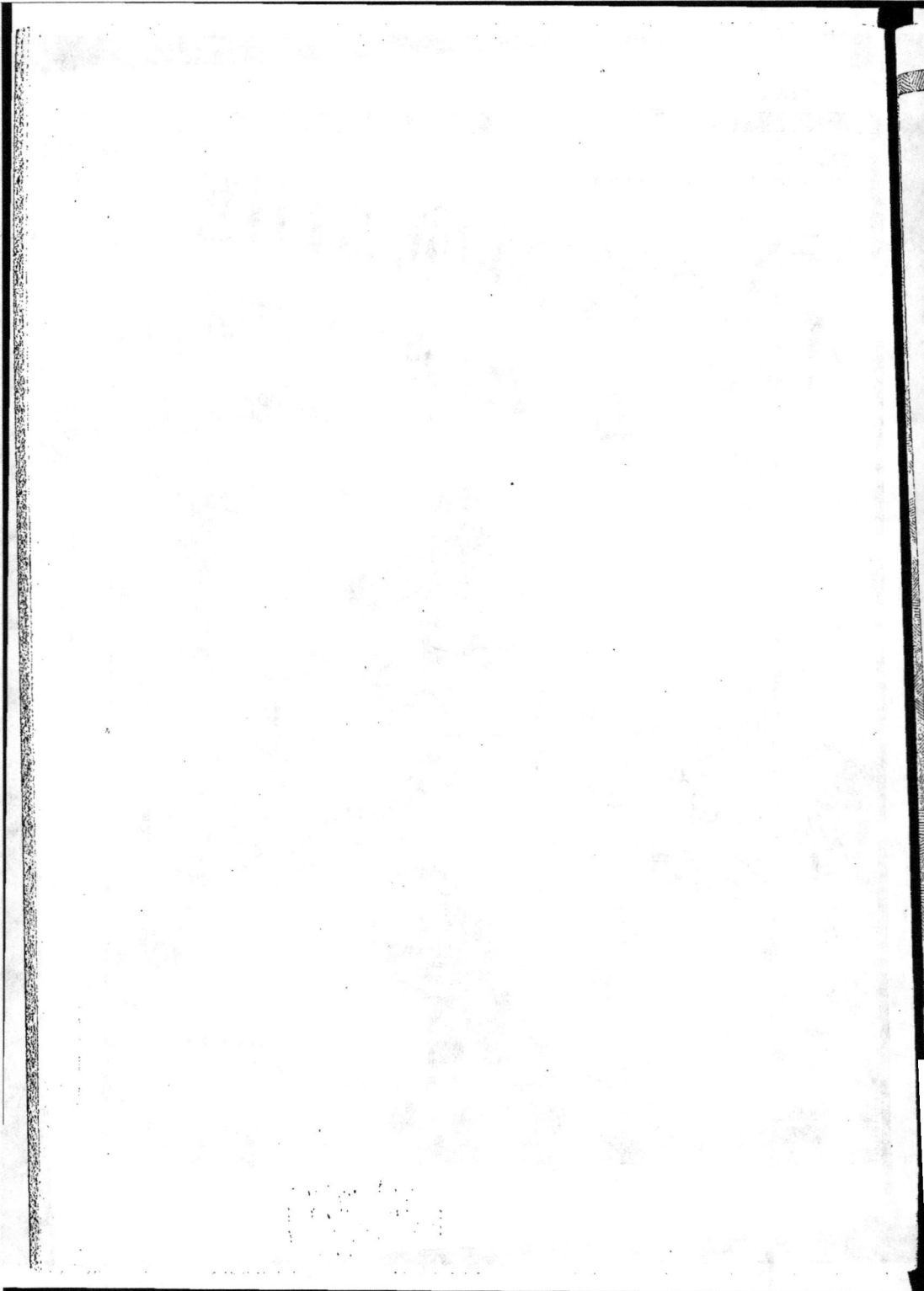

95me Série.

Prix : **50** cent.

CAMILLE FLAMMARION

DICTIONNAIRE
ENCYCLOPEDIQUE
UNIVERSEL

ILLUSTRÉ DE
20000 FIGURES

SCIENCES
ARTS
LETTRES
INDUSTRIE
HISTOIRE
GRAMMAIRE
GÉOGRAPHIE
DÉCOUVERTES

PARIS
E. FLAMMARION
LIBRAIRE-ÉDITEUR
26, RUE RACINE, PRÈS L'ODÉON

Bourdin

Prix : **50 cent.**

CAMILLE FLAMMARION

DICTIONNAIRE

ENCYCLOPEDIQUE

UNIVERSEL

ILLUSTRÉ DE
20000 FIGURES

DÉPÔT LÉGAL

SCIENCES
ARTS
LETTRES
INDUSTRIE
HISTOIRE
GRAMMAIRE
GÉOGRAPHIE
DÉCOUVERTES

PARIS
E. FLAMMARION
LIBRAIRE-ÉDITEUR
26, RUE RACINE, PRÈS L'ODÉON

Boudin

CAMILLE FLAMMARION

DICTIONNAIRE
ENCYCLOPEDIQUE
UNIVERSEL

ILLUSTRÉ DE
20000 FIGURES

DÉPOT LÉGAL

SCIENCES
ARTS
LETTRES
INDUSTRIE
HISTOIRE
GRAMMAIRE
GEOGRAPHIE
DÉCOUVERTES

PARIS

E. FLAMMARION

LIBRAIRE-ÉDITEUR

26, RUE RACINE, PRÈS L'ODÉON

Boudin

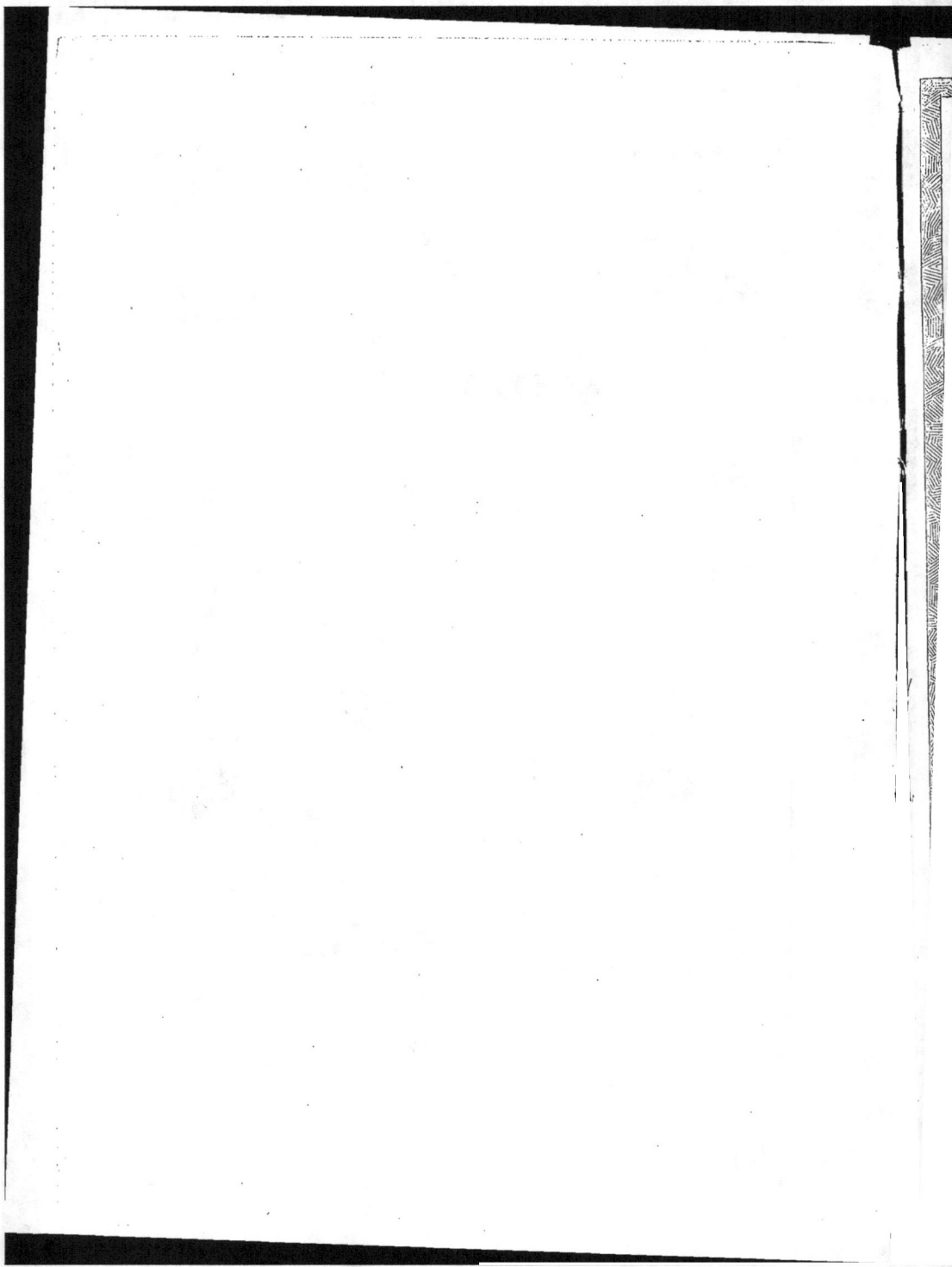

CAMILLE FLAMMARION

DICTIONNAIRE
ENCYCLOPEDIQUE
UNIVERSEL

ILLUSTRÉ DE
20000 FIGURES

DÉPÔT LÉGAL

SCIENCES
ARTS
LETTRES
INDUSTRIE
HISTOIRE
GRAMMAIRE
GÉOGRAPHIE
DÉCOUVERTES

PARIS

E. FLAMMARION

LIBRAIRE-ÉDITEUR

26, RUE RACINE, PRÈS L'ODÉON

Bourdin

e Série.

Prix : 50 cent.

Camille Flammarion

Dictionnaire

Encyclopédique

Universel

Illustré de
20000 Figures

DÉPÔT LÉGAL
N° 6
1891

SCIENCES
ARTS
LETTRES
INDUSTRIE
HISTOIRE
GRAMMAIRE
GÉOGRAPHIE
DÉCOUVERTES

Boudin

PARIS

E. FLAMMARION

LIBRAIRE-ÉDITEUR

26, RUE RACINE, PRÈS L'ODÉON

Prix : **50** cent.

CAMILLE FLAMMARION

DICTIONNAIRE

ENCYCLOPÉDIQUE

UNIVERSEL

ILLUSTRÉ DE
20000 FIGURES

DÉPÔT LÉGAL

SCIENCES
ARTS
LETTRES
INDUSTRIE
HISTOIRE
GRAMMAIRE
GÉOGRAPHIE
DÉCOUVERTES

PARIS
E. FLAMMARION
LIBRAIRE-ÉDITEUR
26, RUE RACINE, PRÈS L'ODÉON

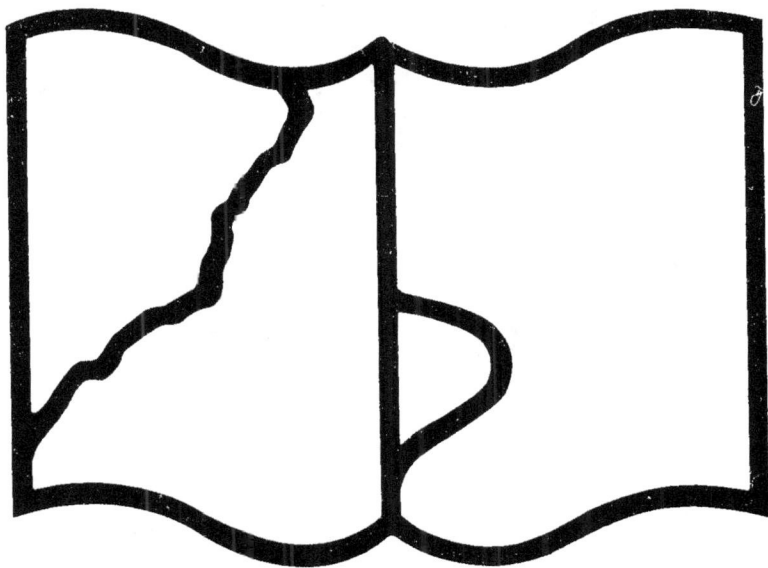

Texte détérioré — reliure défectueuse
NF Z 43-120-11

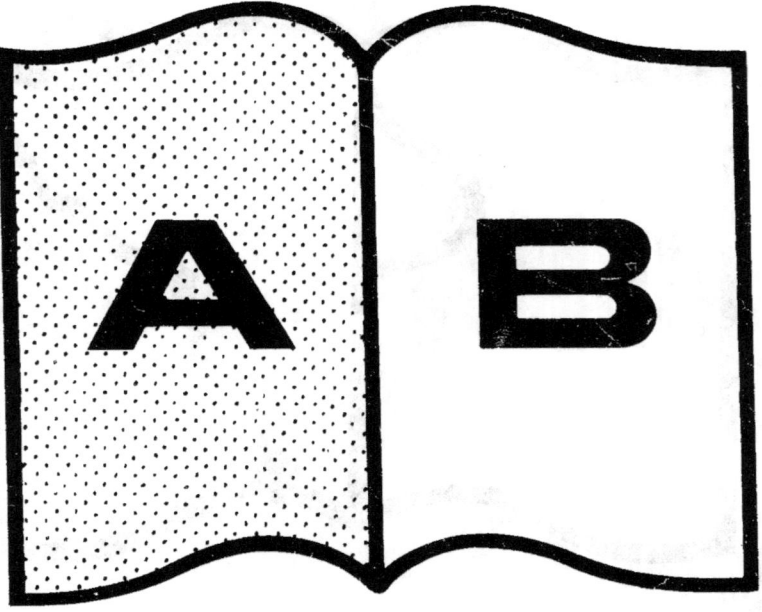

Contraste insuffisant

NF Z 43-120-14